국가와 헌법 I

Ernst-Wolfgang Böckenförde u. a.

Staat und Verfassung I

Herausgegeben und übersetzt

von

Hyo-Jeon Kim

SANZINI, Busan, Korea

2024

에른스트-볼프강 뵈켄회르데 外

국가와 헌법 I

김 효 전 옮김

산지니

역자 서문

이 책은 현대 헌법학의 기본원리를 다룬 독일의 대표적인 문헌들을 한국어로 번역한 것이다.

테마별로 보면 헌법과 헌법학, 국가와 사회의 구별, 법치국가, 기본권이론, 헌법재판 등을 비롯하여 한국에는 잘 알려지지 아니한 주요 독일 헌법학자들의 생애와 나치스 시대의 어두운 모습을 다루고 있다. 이것들은 헌법학의 기본원리로서 이론적인 고찰과 아울러 헌법사적인 접근을 병행하고 있는 것이 특징적이다.

인권선언 논쟁과 통합이론 논쟁, 그리고 헤르만 헬러와 카를 슈미트의 논고 두 편을 제외하고는 이 책에 수록한 논문과 저서들은 모두 제2차 세계대전 이후의 작품들이다. 집필자들도 에른스트-볼프강 뵈켄회르데(Ernst-Wolfgang Böckenförde)를 필두로 전부 전후에 활약한 학자들이다. 뵈켄회르데는 프라이부르크대학 교수와 독일연방헌법 재판소 재판관을 지내고 지난 2019년에 작고한 분으로 전후 독일의 헌법학계를 이론적으로나 실무적으로 이끈 사람 중의 하나이다. 그동안 독일의 헌법학계는 크게 변모하고 완전히 세대교체가 이루어진 동시에 이제는 그들도 서서히 학계에서 퇴장하는 과정에 있다. 이처럼 새로운 학설과 판례의 변화에 따라 독일은 자유민주주의 체제를 구가하는 방향으로 전환한 모습을 우리들에게 보여주고 있다.

역자 개인적으로는 '헌법학의 정복'이라는 원대한 계획과 포부를 가지고 학문에 입문한 지도 어언 반세기를 넘어 인생과 학문을 정리할 나이에 접어들었다. 그러나 이제야 '독일' 헌법학의 개요를 독자들에게 알리는 수준에 머무르고 있다. 나아가 영미와 프랑스 그리고 일본을 넘어서 정작 목표인 가나안 땅 '한국'은 아직도 바라만 보고 있는 실정이다. 그렇지만 크게는 한국 헌법학을 위한 기초 공사로서, 작게는 역자가 공부한 흔적의 일단을 관심 있는 독자들과 함께 나누고 싶다.

끝으로 시장성이 많지 않은 전문 서적을 계속해서 발간해주는 산지니의 강수걸 대표와 편집부 여러분에게 감사의 말씀을 전한다.

2024년 5월 7일 서울에서
김 효 전

차 례

차 례

제2편 국가와 사회

제3편 법치국가의 원리

제4편 독일 헌법사

제5편 통합이론과 그 비판

제6편 인권선언 논쟁

제7편 기본권 이론

제8편 헌법재판·민주주의·예외상황

제9편 독일의 헌법학자들

부 록

제1편
헌법과 헌법학

국법과 국법학의 특질*

에른스트-볼프강 뵈켄회르데

국법은 다른 법분야와 대비해볼 때 국법의 구조를 결정하는 고유한 특질을 가지고 있는 것일까? 그에 따라 국법학도 다른 법학 영역들에 대하여 구조적 특성을 가지고 있는가? 이와 같은 물음은 국법학자에 대해서 항상 현실적인 중요성을 띠고 있다. 왜냐하면 이 물음은 국법학자의 일을 고유한 전문분야로서 확보하는 데에 관련되기 때문이다. 다음의 고찰에서는 이러한 문제에 대해서 탐구하려고 한다. 그러기 위해서는 먼저 무엇이 국법의 대상영역인가(I), 다음에 국법에는 그 대상영역에서 어떠한 점에서 고유한 특질이 인정되는가, 그리고 그 특질은 어느 정도 고유한 것인가(II), 끝으로 국법의 특질로부터 어느 정도 국법학에도 고유한 특질이 생겨나는 것일까(III), 하는 것을 해명하기로 한다.

---

* Ernst-Wolfgang Böckenförde, Die Eigenart des Staatsrechts und der Staatsrechtswissenschaft, in: Recht und Staat im sozialen Wandel. Festschrift für Hans Ulrich Scupin zum 80. Geburtstag. Hrsg. von Nobert Achterberg, Werner Krawietz und Dieter Wyduckel, Berlin 1983, S. 317-331. jetzt in: ders., Staat, Verfassung, Demokratie. Studien zur Verfassungstheorie und zum Verfassungsrecht, Suhrkamp, Frankfurt a. M. 1991, S. 11-28.

I. 국법의 대상

1. 국법의 대상은 국가 자체에 관련된 법형식·법준칙·법제도이다 (여기서는 국가를 작용과 행위의 조직적 통일체로서 이해하기로 한다).[1] 또한 국가의 고권적인 지배결정권력의 행사에 관련된 법형식·법준칙·법제도도 국법의 대상이 된다. 따라서 국법에 포함되는 것은 첫째로, 국가의 질서형태와 그 조직적 구축, 그리고 최고 국가기관의 구성과 권한, 국가작용의 행사에 관한 규정이다. 그때에 국가작용 중에는 한 국가기관이 단독으로 행사하는 것도 있으며, 복수의 기관이 공동으로 행사하는 것도 있다. 둘째로, 복수의 최고 국가기관 상호관계 내지 상호작용의 가능성에 대해서도 국법이 규정한다. 끝으로 — 무엇보다도 먼저 — 국법은 국가와 시민의 근본적 관계 (그리고 이에 포함되는 국가와 사회의 관계)를 규정하는 것이다. 이러한 문제군들과 생활영역에 대해서 국법은 질서와 형태를 부여한다. 국법의 대상이 되는 영역은 다른 법분야와는 다르며, 사회생활의 특정한 부분영역 자체는 국법의 규율대상이 아니다(예컨대 혼인·가족, 재[財]·상품의 생산, 상업·유통, 재의 거래교환·이전 등은 아니다). 오히려 특정 영역에서 전개되는 사회생활 전체를 포괄하고 그에 대해서 구속력 있는 질서를 부여하는, 포괄적인 입법권의 보유자인 권력 및 결정의 통일체가 국법의 규율대상인 것이다.[2] 따라서 국법은 무엇보다도 법을 제정하는 권한(법)에 대한 법적 조직 및 규율을 그 대상으로 삼는다. 이것이야말로 국법의 특징을 나타내는 고유한 구조적 계기의 기초를 이루는 것이다.

2. 국법의 연구 범위는 **헌법**(Verfassung)과 동일하지 않다. 국법은 헌법의 범위를 초월하며 개인의 국가에의 귀속관계를 규율하는 국적도 그 대상으로서 포함한다. 그 결과 외국인법도 국법에 포함된다. 이에 대하여 헌법은 이른바 형식적 의미로 이해한다면, 헌법전(Verfassungsurkunde) 속에 포함되는 것을 의미한다. 형식적 의미에서의 헌법은 특별한 법적 특질과 존속을 보장받고 있다. 이 경우 헌법은 그 대상이 되는 범위의 측면에서는 국법보다도 좁은 경우가 많으며, 다음에 기술하듯이, 국법보다 넓은 것도 있다. 즉 헌법이 — 법개정을 곤란케 하기 위해서 — 다른 법영역에 속하는 법규범을 규정하는 경우에는 (예컨대 공무원의 권리나 축제일법),[3] 헌법은 국법보다 광범위한 대상에

---

1) 국가는 국가를 구성하는 개인으로부터 독립하여 그 자체로서 존재하는 통일체(실체적 통일체)가 아니며 반대로 또한 게오르크 옐리네크(Georg Jellinek, Allgemeine Staatslehre, ³ 1914, S. 177 ff. 김효전 옮김, 『일반 국가학』, 법문사, 2005, 141면 이하)가 생각하였듯이, 단순히 인간의 사유나 표상 속에만 존재하는 통일체도 아니다. 오히려 국가는 다수의 인간을 위한 (현실의) 행위와 작용의 통일체 (Handlungs- und Wirkeinheit)이다. 이와 같은 헤르만 헬러(Hermann Heller, Staatslehre, 1934, S. 88 f., 228 ff. 홍성방 옮김, 『국가론』, 민음사, 1997, 118면 이하, 324면 이하)의 인식은 이제 더욱 그 의의를 상실하지 않고 있다.

2) Ernst-Wolfgang Böckenförde, Der Staat als sittlicher Staat, 1978, S. 12-17을 보라.

3) 바이마르 헌법에는 이러한 보장도 포함되어 있었다. 제129조 공무원의 인사기록열람권, 그리고 제139조 일요일과 국가가 승인한 축제일은 노동을 쉬는 날과 정신적인 향상의 날로서 법률상 보호된다는 규정(이

걸치게 된다. 원래 그러한 법영역은 국가기관과는 무관계하며, 또한 국가와 시민 내지 국가와 사회와 같은 근본적인 관계에도 관련이 없으며, 따라서 국법의 규율대상이 아니기 때문이다. 반대로 선거법, 선거절차 내지는 상급 국가기관의 절차법(의원규칙)[4] 등과 같은 법영역은 국법의 대상에 속한다. 이러한 법영역을 헌법이 규율 대상 밖에 두는 경우에는 헌법은 국법의 대상영역보다 좁다.

국법의 대상영역을 행정법, 법원조직법, 형법(형사소송법)과 같은 공법의 다른 영역으로부터 분리하려고 하여도 그 경계선이 일의적으로 확정되는 것은 아니다.[5] 한편으로 국가기관의 조직법에 관한 한, 국법과 다른 공법 영역들은 다음과 같이 구분된다. 즉 국법은 정치적 결정권력의 행사에 직접 참여하는, 최고 국가기관의 영역에 한정된다.[6] 다른 한편, 조직법 이외의 점에서는 국법의 영역은 다음의 두 점에서 뚜렷한 특징을 나타내고 있다. 첫째로, 국법에 의해서 규율되는 문제군은 고유한 목적과 고유한 문제를 가지며, 그 결과 국법은 이 목적과 문제에 비추어 규율되게 된다. 그와 동시에 둘째로, 국가·시민관계, 국가·사회관계와 같은 근본적 관계는 국법에 의해서 규율되어야하며, 따라서 국법은 이 근본적 관계에 의해서 그 성격이 규정되는 것이다. 예컨대 오늘날의 형법, 형사소송법, 법원조직법, 경찰법의 근본규정도 이와 같은 의미에서 동시에 국법 또는 헌법을 형성한다고 말할 수 있다(기본법 제102조, 제103조, 제101조, 제104조). 그리고 이것은 여기서 다룬 공법의 각 영역에 그치지 않고 사법의 각 영역에도 타당하다. 왜냐하면 오늘날 일반적으로 인정되고 있듯이, 기본권은 헌법 이외의 법영역에 대해서도 방사적 효과를 가지기 때문이다.[7]

II. 국법의 특질

국법은 전술한 바와 같이, 우선 취급할 문제와 대상이란 점에서 다른 법분야로부터

규정은 기본법 제140조에 계승되고 있다).

4) 다음은 주목할 만하다. 즉 19세기의 몇몇 헌법들과는 달리 오늘날의 헌법은 최고 국가기관의 절차법과 관련하여, 일부 개별 사항들을 제외하면 거의 규율하고 있다. 이러한 의미에서 형식적 헌법의 영역으로부터는 상급 국가기관의 절차법은 제외되고 있다. 이런 종류의 절차법은 최고 국가기관의 직무처리규정 중에 규정되고 있다. 연방정부의 직무규정의 발포에 대해서만 다른 기관의 관여권, 즉 연방대통령의 관여권(기본법 제65조 4항)이 규정되어 있다. 이에 대해서 연방의회와 연방참사원은 의사규칙에 관하여 완전히 자율적으로 결정을 내릴 수 있다. 연방헌법재판소의 절차법은 일반 법률로써, 즉 연방헌법재판소법에 의해서 규율되며, 이것은 연방헌법재판소 직무규칙(BGBl. 1975, I, S. 2515) — 이것 역시 자율적으로 결정될 수 있는 — 에 의해서 보완되고 있다.

5) 이에 관하여는 Klaus Stern, Das Staatsrecht der Bundesrepublik Deutschland, Bd. 1, 1977, § I II, S. 6-8.

6) 이것을 보충하고 상술한 것으로서 Klaus Stern, ebd.

7) 이에 대해서는 Konrad Hesse, Grundzüge des Verfassungsrechts der Bundesrepublik Deutschland, [13] 1982, S. 118 ff. und S. 10 f.(계희열역, 『통일 독일헌법원론』[제20판], 박영사, 2001, 189면 이하 및 37면 이하) 참조.

구별된다. 그러나 그것만이 아니라 구조적 특질에 의해서도 다음 네 가지 점에서 다른 법분야로부터 구별된다. 즉 우선 첫째로, 국법은 (다른 법분야와의 관계에서) 근본법이다. 둘째로, 국법은 정치에 직접적으로 관련되어 있다는 점에서 정치적 법이기도 하다. 셋째로 국법은 대강만을 규정한 법이며, 더구나 그 중의 전형적인 예이기도 하다. 끝으로 국법은 그 많은 부분에서 (불완전하다는 의미에서의) 단편적인 법이다.

1. 국법이 **근본**법인 것은, 국법 그 자체가 법제정을 위한 전제·형식·절차를 규정하고 국가에 의한 법제정을 위한 일정한 원리와 한계도 확정하며, 국가기관에 의한 법적용과 법실현을 위한 양식과 방법을 규율하고 있기 때문이다. 다만, 국가는 조직된 행위통일체로서 인간의 상호관계와 상호 관련되고 정서된 행위를 통해서만 현실적으로 활동하는 것이 된다. 따라서 국가는 국법에 의해서 비로소 질서있게, 즉 규칙이 요구하는 대로 행위할 수 있게 되고, 특히 이리하여 국가는 법형성에서 결정적으로 중요한 담당자로서 또 법질서를 보장하는 주체로서(각기 그와 같은 과제를 위하여 설립된 국가기관(Instanz)을 통하여) 등장할 수 있는 것이다. 국법의 이러한 기능은 동시에 또한 법질서 중의 다른 법분야에 대해서도 기초를 제공한다. 즉 민법·상법·형법 등과 같은 법분야가 오늘날 존재하고, 고유한 내용을 가지며 그 규범적 타당성을 확보하는 것은 국법과 무관계하거나, 국법에 선행하는 것이 아니라 오히려 이 법분야는 국법의 지붕 아래서(만) 가능한 것이다. 나아가 또한 국법은 개개의 법분야에서 법흠결이 생기더라도 이것이 보완되도록 보장한다. 그러한 보장은 국법 자체가 법흠결을 내용적으로 보완하기 위한 형성원리를 규정하거나 국법이 특정한 기관 내지 심급에 규율권한을 수권하는 것을 통해서 이루어진다.

이것은 베이컨(F. Bacon)의 자주 인용되는 다음의 말 속에 표현되어 있다. 「사법은 공법의 비호 아래 있다」(ius privatum sub tutela iuris publici latet).[8] 그러나 그러한 사태가 실제의 법생활에 명시적으로 나타나는 것은 매우 드물다. 왜냐하면 국가에 의한 법집행, 법실현 그리고 개개의 법분야에 있어서의 법흠결의 보완은 질서가 잘 잡힌 국가에서는 「저절로」행해지는 것처럼 보이며, 따라서 자명한 것이라고 생각하기 때문이다. 또한 개개의 법분야의 형성에 관해서는 국가의 헌법은 통상 매우 근소한 원칙만을 규정할 뿐이며 대부분 이를 입법기관에 맡기고 있다. 국법의 근본적 성격은 형법 및 절차법의 분야에서 분명히 드러난다. 이 법분야의 중심적 명제, 즉 「법률 없으면 형벌 없다」(nulla poena sine lege), 「동일한 범죄에 대해서 거듭 처벌할 수 없다」(ne bis in idem), 「법률에 정한 법관」, 자유박탈은 법관에 의해서만 할 수 있다와 같은 중심명제는 법치국가의 국법과 헌법의 구성요소를 이루기 때문이다.

2. (1) 국법은 어떤 특수한 의미에서 **정치에 관한 법**이다. 이것은 국법이 정치에 가장 가까우며, 정치와 직접으로 교차하는 법분야라는 데에서 유래한다. 오늘날 국법은

---

8) 인용은 Hermann Heller (Fn. 1), S. 268 (역서, 380면)에 의함.

국가에 집중되어 있는 정치적 권력에 접근하는 방법을 규율하며, 권력행사를 위한 절차와 한계를 정한다. 이와 같이 하여 국법은 공동생활을 형성하고 질서를 부여한다는 관점 아래 권력을 행사하며 결정을 내리는 국가의 기관들을 규제하며 이에 권한을 분배한다. 그리고 또 국법은 미래형성의 가능성과 한계를 정하며, 정치적 의사형성과정에 질서와 방향을 제시하여 준다. 이와 같이 국법상의 규칙들은 그것이 내용적으로 어떠한 형태를 취하는가 하는 것과는 무관하게 저절로 정치에 관련되는 것이다. 즉 국법의 규칙은 정치적 통일체로서의 국가에 대해서 정치생활의 구조와 규율을 부여하는 요소로서 작용하는 것이다. 그러나 동시에 국법은 정치에 관련한다는 특질을 지니기 때문에 재삼재사 특수한 긴장상태를 내용으로 하는 고도의 정치성을 띠게 된다.[9] 국법이 이러한 정치와의 관계에서 해방될 수는 없다. 왜냐하면 국법은 항상 정치권력의 질서와 규제에 관계하며, 그 결과 끊임없는 정치적 대립 속의 중심영역에 관련되기 때문이다.

물론 이상 서술한 것은 오해되어서는 안 된다. 즉 여기서 국법 이외의 법분야, 예컨대 형법·경제노동법·재산법 등은 그 자체로서 비정치적이다 라고 말하는 것은 아니다. 이들 법분야는 과연 대상이란 점에서는 정치와 직접 관련은 없으며, 또한 정치과정을 규율하는 것도 아니다. 그러나 국법과 마찬가지로 정치적 집약상황에 빠지는 일은 있으며, 이러한 의미에서 또한 정치적인 것이 될 수 있다. 어떠한 법규칙이든, 어떠한 법문제이든 정치와의 관계를 가지거나 정치적 긴장상태에 빠지는 일이 있으며, 그리고 그러한 한에서 (현실의 모습으로서는) 정치적인 것이 될 수 있다. 바꾸어 말하면 정치적 긴장상태에서는 공동생활의 질서에 관한 상이한 견해나 목적의식이 어떤 특정한 법규칙이나 법문제를 대상으로 하여 특히 집중적으로 분출해 오는 일이 있다. 왜냐하면 국법과 다른 법분야는 적어도 다음의 점에서는 구별할 수 있을 것이다. 즉 국법 이외의 법분야에서는 그것이 정치적 긴장 속에 빠지는 것은 우연적이며 사건에 따라서 또 시간적으로도 한정되어 있다. 이에 대해서 국법은 그 전형적인 장면에서 정치적 긴장관계 속에 나타난다. 왜냐하면 국법은 정치권력에 참여하는 방법이나 정치적 결정에 이르는 방도를 규율하며, 권력의 한계 등을 정하고 그리하여 정치적인 것 그 자체에 규범을 부여하는 것을 목표로 하기 때문이다.

(2) 이상의 고찰에서 몇 가지의 결론이 도출된다. 우선 첫째로 국법의 규율들과 원칙들은 다른 법분야에 비하여 훨씬 직접적으로 정치적 질서관념 혹은 정치적 결정의 표명이며, 정치적 타협의 표현이기도 하다. 규율대상이란 점에서도 국법의 규칙과 원칙은 특히 강도 높게 정치와 관련된 내용을 포함하고 있다. 예컨대 민주주의·법치국가·연방국가

---

9) 이것의 기초를 이루는 것은 다음과 같은 인식이다. 즉 정치적인 것의 영역에서는 그 대상이 되는 것의 범위를 객관적으로 획정할 수 없다. 오히려 정치적인 것이란 인간과 인간집단 사이의 공공적 관계의 집약상황에 의해서 특징지워진다. 즉 공속성(결합)이나 대립(해체)이 일정한 정도에 달한 때에 정치적인 것의 집약상황이 나타난다. 그런데 모든 사항영역과 생활영역에서 유래하는 「요인」(Material)이 그와 같은 공속이나 대립의 정도에 영향을 미칠 수 있다. Carl Schmitt, Der Begriff des Politischen, [3] 1963, S. 26 ff. (김효전·정태호 공역, 『정치적인 것의 개념』, 살림, 2012, 38면 이하).

•자유민주적 기본질서 등과 같은 국법과 헌법의 근본개념은 정치적 이데올로기에 의해서 각인되고 있다. 더구나 이것은 단순한 우연이 아니며 필연적으로 그럴 수밖에 없다. 이것으로부터 다시 두 번째로 국법과 헌법상의 쟁점이 되는 문제들에 대해서도 다음과 같이 결론지을 수 있다. 즉 국법과 헌법상의 논쟁점도 또한 특별한 방법으로 정치에 관련된 문제를 논쟁의 내용으로서 제기하게 된다. 그러므로 다툼이 있는 문제 자체가 필연적이라고는 말하지 않더라도 매우 용이하게 정치적 대립의 집약상황 속에 빠지는 것이다. 그렇다고 하여 국법과 헌법에 관련된 쟁점이 법적 쟁점인 것이 중지되지는 않는다. 즉 리하르트 토마가 정당하게 지적하듯이, 어떠한 국법상의 제도이든 「역사의 흐름 속에서 정치문제를 해결하는 시도」인 것에는 변함이 없다.10)

  3. 국법은 모두는 아닐지라도 그 중요한 부분에서는 **단편적인 형태로 존재하는** 법이다. 즉 국법은 그것이 명문으로 규율하는 것에 대해서 「국법전」(Staatsgesetzbuch)과 같은 류의 법전을 형성하는 것은 아니다. 오히려 국법은 불완전한 형태로 존재한다. 이것은 특히 실정헌법의 영역에서 나타난다. 원래 헌법은 국가의 정치생활 속에서 특히 중요하다고 간주되는 문제, 또는 쟁점이 되는 특정한 문제만을 선발하며 이것을 직접 규율한 것이다. 그리고 이것은 모든 헌법제정에 타당한 구조적 계기이다. 반대로 자명한 것으로 간주된 문제나 쟁점이 되지 않은 문제에 대해서는 헌법에 의해서 규율되지 않은 채로 방치된다. 왜냐하면 이 경우 어떠한 내용의 것이 타당해야 하는가 하는 문제는 은연 중에 이미 전제되어 있기 때문이다. 나아가 또한 규칙의 규정이란 방법과 그 기술에 관해서도 국법은 단편적인 것이다. 즉 국법은 ── 정치적 특질을 지닌 것의 결과로서 ── 일반적 개념이나 불확정개념을 사용하여 규정되는 일이 적지 않다. 이런 종류의 개념은 일정한 규범적 내용을 표현한 것이며, 그 내용은 말과 법학적 용어법을 사용하여도 개념 그 자체로부터 일의적으로 확정할 수 없는 것이다. 예컨대 이른바 비문적 명제 (Lapidarsatz), 즉 힘있게 선언하거나 짧고 상세하지 못한 명제가 근본적·정치적 결정을 표명하기 위해서 명문화된 일이 있다(예컨대 기본법 제20조). 또한 신중한 교섭의 결과 성립한 타협이 국법상의 규정으로 명시되는 일도 있다. 이런 종류의 규정은 많은 경우 합의가 성립하지 않았다는 것을 명확히 한다는 데에 바로 그 규범적 의미를 가지고 있다.11) 혹은 또 오늘날에는 자주 원리와 목표규범 그리고 그것을 다시 구체화하기 위한 법형성위임이 규정되고 있다(예컨대 기본법 제20조, 제28조의 사회국가원리. 기본법 제3조의 권리평등의 원칙). 이들 규정은 본래의 조직구성법이나 연방국가적 권한분배법과는 달리 규정되고 있다. 그러나 이와 같은 규정에 대해서는 거기에서 어느 정도의 규범내용을 확정할 수 있는가 하는 문제가 지적되고 있다. 그리고 이 문제를 별도로 하더라도

---

10) Richard Thoma, HDStR, Bd. 1, 1930, §1, S. 5.

11) Carl Schmitt, Verfassungslehre, ⁵ 1970, S. 32 (김기범역, 『헌법이론』, 교문사, 1976, 52면). 카를 슈미트 이래 「어정쩡한 타협의 정식」이라는 적절한 표현에, 말하자면 시민권이 주어지고 있다.

이런 종류의 규정은 여하튼 일반적인 방향제시와 이를 위한 기준점만이 포함되며, 그 자체로서 적용될 수 있는 법명제를 포함하지 않는다.[12] 따라서 이러한 규정을 집행가능한 법으로 만들기 위해서는 먼저 입법자가 규칙을 제정하고 구체화하여야 한다.

4. 국법에 고유한 특성으로서 끝으로 국법은 의식적으로 활동의 여지를 열어두고 있다는 것을 들 수 있다. 즉 국법은 **틀이 되는 규칙**만을 규정한 것이다. 그리고 이 틀을 충족하고 실천가능한 것으로 만드는 것은 국가의 실천에 맡겨진다. 따라서 국가는 그 구체화와 완성에 즈음하여 상황과 목적에 따라서 여러 가지 형태를 부여할 수가 있다. 틀이 되는 규칙이란 단편에 불과한 불완전한 규칙이 아니라, 오히려「틀」만을 의도한 자기완결적인 규칙을 말한다. 왜냐하면 지도적 국가기관의 상호관계와 같은 국가정치생활의 특정한 문제군, 혹은 대외방어정책과 같은 특정한 활동영역은 규범으로 상세하고 견고하게 규정하는 데에서 벗어나 있기 때문이다.[13] 기본법에서 찾아볼 수 있는 그 중요한 예로는 정부조직에 관한 규정(기본법 제62조, 제65조) 그리고 정부와 의회의 관계에 관한 규정(기본법 제63조, 제65조, 제67조, 제68조)을 들 수 있다.

Ⅲ. 국법학의 특질

국법학의 특질과 고유한 과제는 국법의 다른 법분야에 대한 특질에 대응한 것이다. 그때에 물론 국법학은 법학의 일부에 속한다는 것에 반하여 규정되는 것은 아니다. 오히려 국법학은 이것을 기초로 하여 전개되지 않으면 안 된다.

1. 상술하였듯이, 국법은 특히 강도 높게 정치적인 법이다. 그러나 그렇다고 하여 국법학이 정치학에 속하는 것이 아니며 **법학**(juristische Wissenschaft)의 한 분야이다. 국법학의 과제는 법에 관한 연구, 즉 현행 국법의 인식·해석·체계적 설명과 해명이다. 그리고 그때에 실무에 있어서의 국법의 적용가능성, 즉 대부분의 경우에는 법률사건에의 국법의 적용가능성과 국법의 발전적 형성도 국법학의 연구대상이 된다. 이와 같은 국법학의 임무는 법학적 방법에 근거하여 그리고 그 방법을 사용하여 수행된다(이 경우 오늘날에는

---

12) 이 문제에 대해서 학설상의 용어법은 반드시 개념적으로 명확하게 구별되는 것은 아니다. 예컨대「헌법위임」(Verfassungsauftragen),「헌법에 의한 행위지시」(Verfassungsdirektiven)(페터 레르헤),「국가목표규정」(Staatszielbestimmungen)(울리히 쇼이너), 헌법상의 지도원리(verfassungsrechtliche Leitgrundsätze)와 같은 용어가 사용되고 있다. Klaus Stern (Fn. 5), §3 III, S. 66 m. w. Nachw.

13) Konrad Hesse (Fn. 7), S. 16 f.; Erich Kaufmann, Zur Problematik des Volkswillens, 1931=ders., Gesammelte Schriften, Bd. 3, 1960, S. 276을 보라. 에리히 카우프만의 이해에 의하면, 헌법은 일반적으로 민족 속에 존재하는 윤리적 힘과 카리스마적 힘이 표출되기 위한 형식과 틀을 준비하는 데에 한정된다. 즉 거기에서는 건설적인 사회세력들 모두에게 틀을 제공하는 것이야말로「헌법의 본래적이며 유일한 임무」라고 생각한다.

당연한 일이지만 무엇이 올바르고 적절한 법학적 방법인가 하는 것에 관해서는 다툼이 있다).
이 점에서 국법학은 정치과정의 서술・분석・비판과 구별되며, 정책형성의 문제를 주제
로서 다루는 것과도 구별된다. 그것은 정치학의 과제에 속하는 것이다. 물론 국법학에
대해서도 이러한 정치학상의 인식은 중요하며, 특히 국법학이 스스로의 판단형성을
행할 때에 그것을 위한 전제문제로서 의미를 지니고 있다. 그렇다고 하여 그것이 국법학의
고유한 대상이 되는 것은 아니다. 다만, 여기서 국법의 법학적 연구가 정치적 영향을
발휘하지 않는다고 말하거나 국법상의 문제에 대한 해답이라면 어떠한 것일지라도 정치적
관점과 그때그때의 정치상황에 따라 의문의 대상이 되고 또 비판이나 평가를 받게 된다는
것, 즉 모두가 정치적 관계의 영역 및 긴장영역 속에 빠진다고 말하는 것은 아니다.

　물론 실제로 이러한 사태는 일어날 수 있지만 그러나 그것은 국법이 정치적 특질을
가진다는 것의 귀결로서 발생하는 것에 불과하다. 원래 국법은 주로 정치과정과 정치권력
을 규율하고 질서지우는 데에 관련되어 있다(상술). 그리고 그 결과로서 국법학이 제시하
는 해답이 정치적 긴장관계 속에 빠지는 일이 있다. 그러나 바로 그 때문에 국법의
연구가 정치적 이해나 정세에 따라서 규정되거나 혹은 단지 기능화되어서는 안 된다.
오히려 국법의 연구는 그 자체 법학으로서의 성격을 유지하여야 하며 그 자체로서 결함이
있어서는 안 된다. 왜냐하면 그러한 경우에만 국법은 정치과정에 있어서의 과제와 기능을
수행할 수 있기 때문이다. 즉 정치적 의사형성과 결정권력에 법을 통하여 형식과 질서를
부여하고 틀을 제시하며 한계를 정하는 국법의 과제와 기능을 다할 수 있기 때문이다.
이와 같은 국법과 국법학의 연관은 니클라스 루만의 사법(司法)에 대한 표현을 빌려
다음과 같이 말할 수 있을 것이다. 즉 국법학은 (국가 전체를 위한 정치라는 의미에서)
정치적 기능을 수행하기 위해서 (현실 정치 내지 정당정치라는 의미에서는) 비정치적인
것이어야 한다.14)

　이러한 의미에서 국법실증주의의 창시자인 C. F. 폰 게르버*와 파울 라반트*는 다음의
것을 요구하고 있다. 그들에 의하면 국법은 정치적으로 판단하거나 국가철학적으로
고찰하는 것이 아니라 법학적으로 논구하고 구성하여야 한다.15) 이 요구는 지금도 여전히
정당한 것이다. 다만, 게르버와 라반트는 국법의 법학적 논구라는 것을 단순한 형식논리적
인 방법 내지는 실증주의적 방법과 동일시하였다. 그들의 실증주의적 방법은 한편으로는
국법학을 그 자신의 정치적 기초나 이론적 기초로부터 절단한 점에서 실증주의적 환원주
의의 성격을 지니고 있었다. 다른 한편, 그들의 방법은 당시의 민법에 있어서의 개념적
축적에 규정되고 있었던 점에서 형식주의적인 성격도 가지고 있었던 것이다.16) 그러나

---

14) Niklas Luhmann, Funktionen der Rechtsprechung in politischen System, in: Dritte Gewalt heute?
　　Schriften der evangel. Akademie Hessen-Nassau, Heft 4/1969, S. 9 f.

15) 다음의 것을 보라. Carl Friedrich Gerber, Ueber öffentliche Rechte, Tübingen 1852, S. 27; Paul
　　Laband, Das Staatsrecht des deutschen Reiches, Bd. 1, ⁵ 1911, Vorwort zur 1. Aufl. (S. VI/VII)
　　und Vorwort zur 2. Aufl. (S. IV/X).

16) 예컨대 파울 라반트, 앞의 책, 제2판 서문(Paul Laband, ebd., Vorwort zur 2. Aufl.)에 다음과 같이
　　서술한 점을 참조.「어떤 실정법의 교의학에 대해서 그 학문적 과제가 되는 것은 법제도의 구성, 개별

그들의 이러한 방법론적 요구는 바로 국법학을 위기로 빠트린 것이었다.

2. 국법학은 법학으로서의 임무 때문에 그 특수한 방법에서 볼 때 **교의학적** 학문 (dogmatische Wissenschaft)이란 것을 목표로 한다.

(1) 국법학은 그 대상인 국법에 관한 것이어야 한다. 국법은 규범적 소여로서, 즉 이미 실체적으로 결정된 것으로서 국법학에 의해서 해석되며 체계적으로 전개되고 국법규칙의 체계적 연관에 의해서도 보완되며, 또한 추론과 이론구성을 통하여 발전적으로 형성된다. 국법학은 이와 같이 교의학으로서의 구속이 부과됨으로써 비로소 구명의 대상으로서의 (현행) 국법을 올바르게 파악할 수 있다. 반복한다면 (현행) 국법이야말로 학문이라는 형태로 전달되어야할 대상이다. 원래 국가는 그 자체로서 통일성을 가지는 것이 아니라 조직에 의해서 통일성을 지니게 되며, 조직으로서 활동하는 통일체이다.[17] 이 국가라는 통일체가 행위하는 경우 질서에 근거를 둠으로써 안정된 것이 되며, 또한 그럼으로써 통일체로서 유지된다. 바로 국가가 이러한 것이기 때문에 국가를 뒷받침하는 질서는 국가가 성립한 후에 비로소 확립되는 것은 아니다. 오히려 국가를 뒷받침하는 질서는 규칙을 필요로 하며, 더구나 규범적으로 주어지고 또한 구속력 있는 질서로서 현실로 작용하지 않으면 안 된다. 이와 같은 사태가 발생하는 경우에만 국법의 임무는 다음과 같은 것으로서 실현될 수 있는 것이다. 원래 국가라는 조직적 통일체 속에는 국가를 위해서 행위하는 자가 나타난다. 그리고 그 다수를 차지하는 자가 정치적 결정을 내리는 시원적 권력을 보유하고 행사한다. 이 시원적 권력에 대해서는 국법이 실효적인 방법으로 통제와 조정 그리고 한계를 설정하여야 한다. 이리하여 다수자에 의한 시원적 권력에 일정한 질서와 형식을 부여하게 되고 그것이 장기에 걸쳐 정착할 수 있게 된다. 이에 반하여 만약 국법학이 교의학으로서의 구속을 거부한다면, 그것은 소여의 구속이 아닌 「열린」 학문인 것을 의미하게 된다. 거기에서는 각각의 논자가 법 이전의 스스로의 입각점에 근거하여 국가생활의 질서의 의미에 대해서 실로 다양한 구상을 시도할 것이다. 더구나 그 구상은 변화하는 구체적 정치상황에 따라서 모습을 바꾸어갈 것이다. 그렇다면 국가생활의 질서에 법규범을 부여하였다고 하여도 그것은 변전하는 질서 속의 단순한 일시적인 정지지점을 의미하는 것에 불과하게 된다.[18] 국법학이 이와 같이 되어버린다면

규정의 일반개념에로의 환원 그리고 반대로 일반개념에서 생기는 귀결의 도출이다. 이것은 현행 실정법 규정의 탐구인 것을 제외한다면 … 순수하게 논리적인 활동이다. 이러한 임무를 수행하기 위해서 논리학 이외의 방법은 없다. 논리학은 이 목적을 위해서 다른 어떤 것에 의해서도 대체되어서는 안 된다. 역사적·정치적·철학적 고찰은 모두 ― 그것이 그 자체로서 가치 있는 것이라 하더라도 ― 주체적 법소재의 교의학에 대해서는 중요하지 않다 …」. 이 점에 대해서는 Walter Wilhelm, Zur juristischen Methodenlehre im 19. Jahrhundert, 1958, S. 133-52 그리고 Ernst-Wolfgang Böckenförde, Gesetz und gesetzgebende Gewalt, ² 1981, S. 211 ff. (「국법실증주의」)를 보라.

17) 주 1) 참조.

18) 이것은 「토포스적」 국법학이라든지, 문제지향적 국법학이라고 말하는 유파의 근본방침이다. 이 유파는 ―민법의 의론을 취하여― 엠케가 창시하고 이를 쇼이너가 지지하고 해벌레가 발전시키고 나아가 민주적인 것으로 하였다. 그리고 이 흐름은 규범적 구속성을 해체시켜 버리는 데까지 나아간 것이다. 다음을 참조하

그 성격은 근저로부터 바뀌어 버리고 그 대상도 완전히 다른 것이 되어 버린다. 그 결과
국법이 의도하였던 국가행위의 구조는 국법학에 의해서 의식되거나 통찰되지 않으며,
따라서 의미 있게 적용할 수는 없는 것이 된다(그렇게 때문에 동시에 국법의 보완적 형성이나
개정을 불가피하게 만드는「흠결」의 존재를 명백하게 보여주지 못할 것이다). 오히려 이로써
국법학은 국법에 의해서 의도된 국가행위의 구조를 현존하는 역학관계에 맞추어 조절되는
영원한 정치과정 속에서 해체시키게 된다. 이와 같은 사태야말로 바로 유동적 (용해적)
국가[19]라고 표현되는 사태인 것이다.

   (2) 국법학의 교의학으로서의 특질은 단지 국법학이 규범적 소여로서의 국법에 구속된
다는 것에서만 발견되는 것은 아니다. 오히려 국법에의 구속이라는 요청 그 자체는
단순한 추상적인 요청에 머무르게 된다. 따라서 그 구체적 형태는 적절한 해석방법
속에서, 즉 교의학이라는 해석방법 중에서 획득되어야 한다. 교의학적 방법이란 다음과
같은 과제를 수행하는 해석방법이다. 즉 먼저 법적 개념·원칙·결정규칙으로부터 내재
적으로 일정한 체계적 구조를 도출한다. 그리고 이 체계적 구조를 사용하여 현행 국법을
총체적으로 인식하고 그 내용을 간결하게 정리하고 실무상의 취급이 가능하게 한다.[20]
국법학은 교의학적 구속을 받는 학문이기 때문에 이와 같은 형태로 해석을 행할 때에도
근본적인 도그마에 구속된다. 바꾸어 말하면 국법학은 법과 윤리 내지 법과 정치에
동시에 관련되는, 근본원리와 근본결정에 구속되는 것이다. 왜냐하면 국법규범의 통일성
은 그러한 근본원리, 근본결정에 의해서 매개되며, 또한 뒷받침되기 때문이다. 이와
같은 근본원리, 근본결정은 국법학에 대해서는 이미 확정된 소여이며 국법학에 과제로서
맡겨진 것은 아니다. 바꾸어 말하면 국법상의 근본원리, 근본결정은 교의학적 해석 속에
만들어지거나 변하는 것이 아니라 교의학적 해석에 의해서 이론적으로 상세하게 전개되며
이에 근거하여 법실무에서 실현되는 것이다.[21]

   물론 법학이 이처럼 교의학적 성격을 가지는 경우에 다음과 같은 것이 전제가 된다.
즉 어떤 법영역을 설명하고 이론적으로 구성하려고 하는 경우 그 법영역은 근본원리와
근본결정에 의해서 형태지워지는 통일체로서 파악될 수 있는 것이어야 한다. 그러나

라. Horst Ehmke, Prinzipien der Verfassungsinterpretation: VVDStRL 20 (1963), S. 53-102(헌법해
   석의 원리, 계희열편역,『헌법의 해석』, 고려대 출판부, 1993, 163-216면); Ulrich Scheuner,
   Pressefreiheit, VVDStRL 22 (1965), S. 60 ff.; Peter Häberle, Die offene Gesellschaft der
   Verfassungsinterpretation: JZ 1975, S. 297 ff.; ders., Zeit und Verfassung: ZsPol. 1974=ders.,
   Verfassung als öffentlicher Prozeß, 1978, S. 59 ff. (83).

19) 이에 대해서 Wilhelm Henke, Der fließende Staat. Zu Peter Häberles Verfassungstheorie: Der
   Staat 20 (1981), S. 580 ff.

20) Winfried Brohm, Die Dogmatik des Verwaltungsrechts vor den Gegenwartsaufgaben der
   Verwaltung : VVDStRL 30 (1972), S. 246-52 mit Leitsatz 2 (S. 307). 이 논문은 법교의학의 의미와
   기능에 대해서 상세하게 논한 것이며 행정법의 영역을 넘어서 광범위한 분야에 걸쳐 근본적인 의의를
   지니고 있다. 그러나 지금까지 이 논문에 대해 적절하게 주목하지 않은 것은 유감스러운 일이다.

21) 이 점에 대해서는 Theodor Viehweg, Zwei Rechtsdogmatiken, in: Philosophie und Recht. FS
   für C. A. Emge, 1960, S. 106 ff. und ders., Über den Zusammenhang zwischen Rechtsphilosophie,
   Rechtstheorie und Rechtsdogmatik, in: FS für Legaz y Lacambra, 1960, S. 203-212.

그렇기 때문에 오늘날 민사법학의 교의학적 성격은 더욱더 의문시되고 있다. 이 문제에 대해서 근래에 H. M. 파블로브스키[22]*는 다음과 같이 지적한다. 즉 현대의 민법에서는 자체 일관성 있는 입법자의 의사로 환원될 수 있는 통일적 규율관련이 존재한다고 말하는 것이 점점 더 어려워지고 있으며, 오늘날의 민법에서는 다양한 규칙의 내용과 법정책적 목표란 점에서 실로 구별되며, 때로는 대립하기도 하는 규범군이 서로 들어와 혼란스럽게 병립하고 있다는 것이다. 이와 같은 사태는「평가법학」(Wertungsjurisprudenz)에로의 이행을 초래한다는 것이다. 더구나 이 평가법학은 다양한 모습으로 나타난다(「규범적」 평가법학, [철학적으로 기초지워졌다는 의미에서]「객관적」평가법학 혹은「사회적」평가법학으로 서). 무엇보다도 중요문제와 개별 사례에 있어서의「정당한」(공정한) 해결을 지향한다고 한다. 이상의 파블로브스키의 인상깊은 상론에 대해서 여기서 논쟁을 제기할 여유는 없다. 중요한 점은 파블로브스키 자신이 다음과 같이 유보한 것에 있다고 생각한다. 즉 그에 의해서 서술된 상황은 헌법의 분야에서는 아직 다르게 나타날 수 있다는 것이다. 즉 헌법의 규범들에 대해서는 이제 더욱 (헌법) 제정권력자의 통일적 의사를 출발점으로서 삼을 수 있다는 것이다.[23]

앞에서 서술하였듯이, 국법은 그 대부분이 단편적인 법이며 때로는 틀만을 규정한 법에 불과하다(상술 II 3, 4). 그러나 이러한 지적은 국법학에 대해서 교의학적 해석방법이 불가결하다는 것에 대한 반박이 되지는 않는다. 교의학적인 해석과 구성은 법전의 형식을 취한 상세한 규율에 대해서만 사용할 수 있는 것은 아니다. 다시 한번 반복한다면, 국법의 규칙들은 헌법의 영역에서는 단지 틀을 규정함에 그치며 다분히 불완전하고 단편적인 형태로 존재한다. 그러나 이러한 국법의 특질을 감추어버리지 않기 위해서, 바로 규범적으로 확정된 것과 규정 없는 열린 활동의 여지를 구별하여야, 즉 내용이 확정된 규범과 구체화할 수 있는 열린 원리의 표명을 구별할 필요가 있다. 이 구별은 결코「구체화」라는 말로 바로 애매하게 되어서는 안 되며, 더구나 이 구별을 없애 버리는 것은 단연 허용되지 않는다. 그러나 오늘날「구체화」라는 것으로 시도된 것은 이미 방법론적으로 확립된 해석으로부터 멀리 떨어져버린 것이다.

3. 국법학이 필연적으로 교의학적 성격을 가진다는 것을 항상 염두에 두지 않으면 안 된다. 그러나 그렇다고 하여 그것이 국법학이「실증주의」라든지「개념법학」과 같은 형태로 고립하는 것을 요구하는 것은 아니다. 또한 국법학이 형식논리적인 입장으로 돌아가거나 혹은 자칭 정치적「중립」이라는 입장을 채택해야 한다는 것을 의미하지도 않는다. 이와 같은 부당한 요구의 배후에는 이제 더욱 법실증주의가 초래한 오해가 있으며, 이 오해는 여전히 널리 만연하고 있다. 리하르트 토마*도 이미 바이마르 시대 말기에 이 오해를 적절하게 바로 잡았으나,[24] 당시에는 적당한 반향을 얻지 못하였다.

22) Hans Martin Pawlowski, Methodenlehre für Juristen, 1980, S. 60-82.
23) Ebd., S. 60.

(1) 교의학적 국법학은 국법의 원리들과 근본결정 그리고 헌법과 법률을 구속력 있는 소여로서 취급한다. 국법학은 이러한 대상을 실무적으로 적용하는 것을 시야에 넣으면서 해석하며 이론적으로 상세하게 전개하여야 한다. 그리고 법규칙, 법제도의 목적과 기능은 무엇인가, 또한 그것을 뒷받침하는 정치사회적 이념과 질서관념은 무엇인가 하는 물음을 단념해서는 안 된다. 따라서 법규칙이나 법제도의 전제를 이루는 정치적 상황에 대해서 나아가서는 법규칙이나 법제도가 정치사회생활과 정치과정에 미치는 영향에 대해서도 예견가능한 한 질문하지 않으면 안 된다. 그리고 또한 법과 사회적 현실, 규범성과 사실성, 법과 정치 사이에 괴리가 생기는 경우에는 양 요소의 상호관계에 대해서도 국법학은 통찰하여야 한다. 이러한 모든 것을 포함하여 국법학은 해석과 교의학적 구성이라는 임무를 방법적 자각 아래 의의 있게 수행할 수 있는 것이다. 따라서 만약 국법학이 형식논리적인 고찰과 규범군의 분류에만 한정한다면, 더구나 켈젠*의 의미에서의 순수규범논리학에 한정되어버린다면 필연적으로 국법학은 교의학으로서의 임무를 수행하지 못하게 된다. 그러지 않기 위해서도 법사회학, 경험과학으로서의 정치학, 헌정사, 국가이론 등이 가져오는 지식이나 문제의식도 ── 국법학의 독자성을 박탈하지 않고 ── 국법학의 교의학적 작업 속에 넣어야 한다. 그럼으로써 국법학은 보다 풍부한 성과를 가져올 것이 틀림 없다.

현대 법학의 위기는 그 대부분은 동시에 **법교의학의 위기**이기도 하다. 법실증주의는 법이론과 법철학이 가져온 기본으로부터 교의학을 분리하여 버렸다. 본래 법이론이나 법철학은 법교의학의 기초・의미・한계에 관한 물음 그리고 법교의학이 실체법의 실현에 어느 정도 공헌하고 있는가 하는 문제를 제기하고 또 이 물음에 대한 답을 확정하지 않는다. 그러나 이러한 문제제기는 법실증주의에는 비학문적인 것으로 간주된 것이었다.[25] 나아가 그뿐만 아니라 법실증주의는 법교의학을 법의 사회과학적 고찰・기능적 고찰・실질적 고찰로부터도 유리시켰다. 본래 사회과학적 고찰방법에서 법은 소여의 정치사회적 문제상황에 대한 규범적 해답으로서 파악된다. 더구나 문제상황은 항상 변전하는 것인데 대해서, 규범적 해답으로서의 법은 목적이나 목표에 관한 특정한 관념에 의해서 지속적으로 뒷받침되고 있다. 그리고 그러한 목적관념이나 목표관념은 법과 윤리 내지는 법과 정치의 양쪽의 요소를 포함하는 것으로서 성립한다. 법의 사회과학적 고찰은 이와 같은 법과 사회의 연관을 명백하게 함으로써 법해석에 대해서도 실로 풍부한 인식을 가져오게 하는 것이다. 그럼에도 불구하고 일찍이 법교의학은 개념법학에로 기울어지고 사회과학적 고찰로부터 고립되고 말았다. 개념법학은 자신을 「순수법학적」

24) Richard Thoma, HDStR, Bd. 1, 1930, §1, S. 1-7. 토마의 저작과 방법론에 관한 기본적 입장에 대해서 오늘날의 문헌으로서는 Hans-Dieter Rath, Positivismus und Demokratie. Richard Thoma 1874-1957, 1981, insbes. S. 63 ff.을 참조.

25) 이에 대해서는 Franz Wieacker, Privatrechtsgeschichte der Neuzeit, ² 1967, §23, S. 430-42; Theodor Viehweg, "Über den Zusammenhang zwischen Rechtsphilosophie, Rechtstheorie und Rechtsdogmatik,"(Fn. 21), S. 203/212를 보라.

방법으로 이해하고 있었음에도 불구하고, 실제로 그것은 단순한 형식논리적 방법에 불과하며, 그 결과 법교의학을 단순한 법기술에로 전락시켰다.26)

(2) 국법에 대해서 논구할 때에 더이상 실증주의로 좁아들지 않고 더구나 교의학적 방법에 구속되어야 하는 것은, 결코 국법학의 논구가 비판적 기능이나 (거기에서 생기는) 법정책적 기능을 가지지 않는 것을 의미하지는 않는다. 오히려 이와 같은 해석방법에서 다음과 같은 결론에 이르게 된다. 다만, 정치사회적 현실이 시간적 경과 속에서 본질적으로 변해버린 경우에는 그 현실에 대해서 헌법 속의 특정한 규칙이나 개별 규정 혹은 헌법의 일부마저도 이미 만족할 만한 규범적 해답을 줄 수 없게 된다. 이와 같은 경우에는 헌법의 당해 규칙은 그 전제가 되는 사태가 존재하지 않기 때문에 본래 예상되고 의도되고 있던 것과는 현저하게 다른 효과를 가져오게 된다. 그리고 이로써 헌법상의 다른 규칙이나 원리와의 사이에서 긴장이나 모순이 생긴다. 국법의 교의학적 해석이 이와 같은 결론에 이른 경우에 다시 다음의 것이 국법교의학의 임무로서 부과되게 된다. 즉 이와 같이 생긴 헌법상의 괴리가 소여의 규범에 근거하여 확실한 방법과 의미 있는 해석에 의해서 해소될 수 없는 것이라면 국법교의학은 이러한 괴리를 괴리 그 자체로서 제시하고, 이를 깨닫도록 하지 않으면 안 된다. 나아가 현행 질서의 전체적 연관에 비추어 어떠한 법정책적 해결이 가능한가 하는 문제도 고찰하지 않으면 안 된다. 이와 같은 작업이야말로 국법교의학이 국법을 구명할 때의 중요하고 생산적인 활동분야인 것이다. 이에 반하여 헌법의 규범 상호간에 모순이 생기거나 긴장이나 저어가 나타나는 경우에, 국법교의학이 제멋대로의 해석으로 이를 스스로 제거하거나 하물며 감추는 것은 허용되지 않는다. 이러한 일은 국법교의학의 임무가 아니며 법개정이나 새로운 법형성에 속하는 문제인 것이다.27)

(3) 이미 서술하였듯이, 국법은 특히 정치 내지 정치적인 것의 가까이에 위치하고 있다(상술 II 2). 그러므로 국법의 해석과 교의학은 국법을 전체적으로나 개별적인 규칙이나 제도의 레벨에서나 정치적 맥락으로부터 단절해서는 안 된다. 무엇보다 국법과 정치를 단절하려는 시도는 국법을 바로 「순수하게 문제에 비추어」(rein sachlich) 또한 (정당) 정치적으로 중립적인 것으로, 또 보편적으로 타당한 것으로서 이해하고 또 그러한 것으로 적용할 것을 기대하고 있었던 것이다. 국법실증주의의 시도는 이와 같이 「중립적 해석」을 위해서 국법의 근본개념을 정치적 맥락으로부터 단절하고, 더구나 근본개념 자체 속에 기초를 발견하려고 하였던 것이다. 바꾸어 말하면 근본개념의 형식적 특질 위에, 즉 근본개념이 근본성을 가진다는 것 그 자체 위에 국법 전체를 기초지우려고 한 것이었다. 그러나 이와 같은 시도는 이미 좌절되고 또한 필연적으로 좌절되지 않을 수 없었던 것이다.28) 오히려 본래 국법의 해석과 교의학은 다음 두 가지를 시야에 넣지 않으면

---

26) 이 전개에 개관을 부여해 주는 것으로서 Karl Larenz, Methodenlehre in der Rechtswissenschaft, ⁴ 1976, S. 24-49.
27) 이에 대해서는 이미 Ernst-Wolfgang Böckenförde, Die Organisationsgewalt im Bereich der Regierung, 1964, S. 15 f.

안 된다. 우선 첫째로 국법의 규칙과 결정은 일정한 정치적 문제상황 내지는 정치사회적 문제상황에 대한 규범적 해답이라는 것이다. 즉 국법상의 규칙과 결정은 정치과정이나 정치생활에 안정과 구조를 부여하는 요소이며, 그 때문에 제정되고 행사된다. 그리고 둘째로, 국법상의 규칙이나 결정은 그 자체 정치적 지도이념과 질서관념의 표명이라는 것이다. 더구나 그것은 자주 정치적 대립의, 혹은 정치적 타협의 산물이기도 하다. 따라서 국법해석과 국법교의학은 어떤 명제 내지 논거가 정치적 효과를 가져오는 경우일지라도 그것을 피하는 것은 허용되지 않는다. 물론 국법의 해석에 있어서의 명제나 논거는 정치적 대립 중에서는 한쪽 당사자로부터 자기에게 유리한 방법으로 이끌어내는 일은 있을 수 있다. 그러나 이것을 이유로 하여 국법교의학은 그러한 명제나 논거를 회피하는 것은 허용되지 않는다. 이와는 반대로 국법해석과 국법교의학은 단순한「다른 수단을 사용한 정치」로 타락해버리는 것도 허용되지 않는다. 그러기 위해서는 검증되고 또 통제가능한 법해석방법을 사용해야 한다. 그리고 그러한 방법에 근거하여 정치적 효과를 수반하는 명제나 논거를 논증하고, 나아가 그러한 논증의 연관 속에 적절하게 위치를 지워야 하는 것이다.29)

나아가 국법은 정치와 밀접한 관련을 가지기 때문에 다른 법분야보다 더욱 역사적 · 정치적 발전의 흐름과 정치이념과 지도적 관념의 변천에 구속된다. 민주주의 · 법치국가 · 사회국가 · 대표제 · 대(對)의회 책임내각제, 헌법질서 등과 같은 국법원리와 근본개념은 그 내용의 면에서 정치적 이데올로기의 강력한 영향을 받고 있다(상술 II 2). 그러므로 이와 같은 국법원리나 근본개념은 발전적 형성이나 내용적 변천에 대해서 단절되어 있는 것이 아니라, 오히려 정치나 윤리에 관련된 질서이념이 법적 의의를 획득할 수 있기 위한, 말하자면 법으로 유입될 수 있는「통로를 여는」기능을 수행하는 것이다. 왜냐하면 질서이념은 결코 정태적이 아니며 오히려 내적으로는 항상 변화하고 있으며, 더구나 법과 정치의 혹은 법과 윤리라는 두 개의 요소에 동시에 관련되기 때문이다. 그때문에 바로 이와 같은 법적 의의를 획득하기 위한 개방적 개념(Schleußenbegriff)이 요청되는 것이다.30) 그렇지만 국법원리, 근본개념은「개념의 변개를 통한 헌법의 변형」 (Verfassungsumwandlung)을 초래하는 침식이나 인위적 조작에 대해서도 노정되어 있다. 그러나 또한 그러한 헌법변개에 노정되어 있기 때문에 국법학이 정치적 이데올로기에 의해서 압류되거나 분열할 우려가 생긴다. 이러한 결과를 피하기 위해서도 국법학에는 검증되고 통제가능한 법해석방법이 불가결한 것이 된다.

---

28) Heinrich Triepel, Staatsrecht und Politik, 1927.
29) 이미 리하르트 토마 (Fn. 24), S. 7는 다음과 같은 위험성을 경고하였다. 즉 법률해석에서는 정치적 가치평가가 이론구성 중으로 인도하며, 그 결과 순수하게 학문적인 전제에서 바라는 대로 결과가 얻어지는 일이 있다. 그러나 실은 이 순수하게 학문적인 전제 중에 정치적 의도가 숨어 있는 것이다. 그리고 이것은 특히 법률해석이 일반개념 내지는 법제도의「법적 본성」에 인도되어 수행되는 경우에 문제로 된다.
30) 이 점에 대해서 Ernst-Wolfgang Böckenförde, Gesetz und gesetzgebende Gewalt, ² 1981, Nachwort, S. 388 f.

4. 이상에서 고찰한 결론을 다음과 같이 요약할 수 있을 것이다. 국법학의 임무는 국법을 교의학적으로 해석하는 것이며, 더구나 그때에 해석자는 한편으로는 정치성을 의식하여야 하며, 다른 한편 동시에 「검증된 법학적 방법에 구속될 것」을 요청한다. 여기서 법학적 방법이란 객관적인 기준에 따라서 논증하는 것, 바꾸어 말하면 합리적으로 간주관적으로 전달할 수 있는 방법으로, 또한 검증에 견딜 수 있는 방법으로 논증을 진행시키는 방법이다. 그러므로 이 방법에 기초한다면, 임의의 주관성이나 선이해에 근거하여 자유로운 선택에 길이 열려 있는 것은 아니다. 이와 같이 국법학의 해석이 방법적 구속을 받는 것은 바로 국법이 대상이란 점에서 정치적 영역과 밀접하게 관련을 가지기 때문이다. 더구나 국법은 그 중심적인 대상영역이 정치에 관련을 가지고 있음에도 불구하고 바로 이 정치적 영역 속에서, 또한 그것에 대항하여 정치에 질서를 부여하고 규제하며 한계를 설정하지 않으면 안 된다. 그것이 국법이 수행할 기능인 것이다. 그러한 기능을 수행하기 위해서 국법은 해석과 교의학적인 이론구성을 필요로 한다. 즉 교의학적인 해석과 구성에 의해서 변전하는 정치적 논쟁에 대해서 혹은 정치적 당파에 의해서 이용되는 것에 대항하여 국법학적 해석의 독자성을 나타낼 수 있는 것이다. 더구나 이 독자성은 해석의 대상으로서의 국법에 대해서 적합하고 검증된 방법을 통하여 제시되어야 한다. 국법학이 이와 같은 방법으로 수행된다면, 나아가 다음의 것에도 기여할 수 있다. 즉 국법학이 국법의 해석과 구성을 교의학적으로 행한다면, 국법학·헌법재판· 국가실무라는 세 개의 서로 다른 영역에 정당한 해석을 둘러싼 논증에 관한 일정한 논증의 연관을 창출할 수 있다. 그때에 헌법재판에도 그것이 재판의 형태를 취하기 때문에 국법학과 마찬가지로 합리적이며 검증가능한 방법과 기준에 구속되어야, 즉 법학적 추론과 법학적 이유제시라는 해석방법에 구속되기 때문이다.[31] 국법학·헌법재 판·국가실무 사이에서 국법해석에 관한 논증의 연관이 성립한다면, 허용되는 해석의 범위가 정해지며 또한 해석의 한계가 제시되게 된다. 즉 거기에서 명백하게 되는 것은 국법에 관하여 어떠한 해석이든 타자의 이해를 얻을 수 있는가, 어떠한 해석은 이론의 여지가 없는 것으로서 확정될 수 있는가, 또한 어떠한 해석이 비판의 대상이 되는가 하는 것이다. 이와 같이 국법의 해석 범위가 정해짐으로써 국법은 정치투쟁 속의 단순한 하나의 기능으로 타락해버리는 것을 면하는 것이다.[32]

국법학의 검증되고 적절한 법학적 방법이란 무엇인가 하는 물음은 오늘날 특히 정당한 헌법해석이란 무엇인가 라는 물음으로 제기되고 있다. 물론 현대 국법학에서는 승인된 통일된 헌법해석의 방법이 존재한다고 말할 수 없다.[33] 오히려 반대로 적어도 이론

---

31) 이 점에 대해서는 근래의 것으로서 Hans-Ulrich Scupin, Judex praeceptor legis actoris?, in: FS für Johannes Broermann, 1982, S. 555 ff. 나아가 Klaus Schlaich, Verfassungsgerichtsbarkeit im Gefüge der Staatsfunktionen: VVDStRL 39 (1981), S. 89 (126 ff.).

32) 이 점에 대해서는 Bernhard Schlink, Zum Stand der Methodendiskussion in der Verfassungsrechtswissenschaft: Der Staat 19 (1980), S. 73 ff.

33) Ernst-Wolfgang Böckenförde, Die Methoden der Verfassungsinterpretation. Bestandsaufnahme und Kritik: NJW 1976, S. 2089 ff.; in: ders., Staat, Verfassung, Demokratie, S. 53 ff. (헌법해석의

레벨에서의 의론에 관한 한 (그리고 재판실무도 영향을 받을 수밖에 없는데) 혼란스럽기 그지 없는 방법론적 다원주의가 확산되고 있다. 이러한 의론상황은 국법을 규범적으로 불안정한 것으로 만들뿐이다. 바로 그때문에 이러한 상황에 만족하거나 체념해서는 안 된다. 오히려 헌법해석을 위해서 합리적이고 검증된 그리고 통제가능한 방법이 모색되어야 하며, 그리하여 헌법해석을 확고한 기준 위에 올려놓고 논증에 근거한 합의에 의해서 뒷받침하여야 한다. 그럼으로써 국법학은 그 임무와 기능을 수행하기 위해서 불가결한 교의학이라는 특질을 다시 얻을 수 있다. 이것이야말로 오늘날 더욱 절박한 과제이다.

방법 ─ 재고와 비판, 김효전 옮김, 『독일 헌법학의 원천』, 산지니, 2018, 179면 이하).

헌법의 역사적 발전과 의미변천*

에른스트-볼프강 뵈켄회르데

《차 례》

헌법이라는 개념은 국가라는 개념보다 더 오래된 것이다.* 이미 아리스토텔레스가 헌법에 대해서 말한 바 있다. 그는 헌법이라는 말을 폴리스의 여러 가지 관직(권력)의 질서를 의미하는데 사용하였다.[1] 이때에 그가 염두에 두었던 폴리스는 우리가 국가라고 부르는 정치적 질서형태와는 다른 것이다. 우리가 말하는[2] 신성로마제국의 헌법도 국가의 헌법과는 다른 어떤 것이었다. 현대에 들어와서는 헌법이라는 개념이 국가와 밀접한 관계를 가지고 있다는 것은 확실하다. 단순히 「헌법」(Verfassung)을 또는 「특정 헌법」(die

---

* Ernst-Wolfgang Böckenförde, Geschichtliche Entwicklung und Bedeutungswandel der Verfassung, in: Festschrift für Rudolf Gmür zum 70. Geburtstag am 28. 7. 1983. Hrsg. v. Arno Buschmann, Franz-Ludwig Knemeyer, Gerhard Otte, Werner Schubert. Gieseking, Bielefeld 1983, S. 7-19. jetzt in: ders., Staat, Verfassung, Demokratie. Studien zur Verfassungstheorie und zum Verfassungsrecht, Suhrkamp, Frankfurt a. M. 1991, S. 29-52.

1) Aristoteles, Politik, Buch III, Kap. 6 (1278 b). 그 사용된 표현은 폴리테이아.
2) 예컨대 Rudolf Gmür, Grundriß der deutschen Rechtsgeschichte (JA-Sonderheft 2) 1978, S. 63 ff.를 보라.

Verfassung)이라고 말하면, 그것은 국가적·정치적 생활에 있어서의 기본질서와 기본구
조로서의 국가헌법(국헌, Staatsverfassung)을 의미한다. 그러나 이렇게 사용한다고 해서
헌법의 개념이 명확해지는 것은 아니다. 헌법이라는 개념은 오히려 여러 시대에 있어서
여러 가지의 정치적 및 법적 의미를 지녀왔다. 이러한 의미들은 정치적·사회적인 일반적
상황 — 그 속에서 헌법은 그 효력을 획득하고 그 실효성을 전개시켰다 — 에 따라
발전해왔고 변화해 왔다. 거기에 덧붙여진 것은 그때마다의 상황에 영향을 받고 또
스스로를 변화시키는 헌법이론과 헌법 이데올로기, 즉 헌법에 대한 관념들이었다. 그러한
관념들은 또한 헌법에 대한 이해를 함께 만들어 왔으며, 그 일을 계속해왔다. 다음의
서술은 17~18세기부터 현재에 이르기까지 나타난 여러 가지 헌법개념의 법적 및 정치적
인 의미 내용에 대해서 개괄적으로 고찰하려는 것이다.

Ⅰ. 자유의 증서, 지배계약 그리고 통치형태로서 헌법

자유의 증서(Freiheitsbrief), 지배계약(Herrschaftsvertrag), 그리고 통치형태
(Regierungsform)로서의 헌법이라는 의미는 프랑스 혁명 이전의 구 유럽의 정치질서에
속하는 것이다. 정치적 결정권과 정치적 지배권력의 조직과 행사에 관한 전체적 규율과
결정으로서의 헌법은 아직 알려져 있지 않았으며, 개별적인 헌법계약, 헌법협약, 그리고
헌법「률(律)」만이 존재하였다. 이러한 것들은 상급자(국왕·군주)와 종속자 사이에 맺어
지는 통치계약의 특정한 직선적 지배관계를 규율하고, 드물게는 농촌의 법원관할구역의
대표들과 국왕 내지는 군주의 관할구역의 대표들을 규율하기도 하였다. 그것들에 대한
명칭은 매우 다양해서「헌장」(Charta),「특허장」(Privileg),「서명증서」(Handfeste),「협
약」(Vergleich),「통치형태」(Regierungsform) 등등으로 나타났다.

1. 이러한 헌법계약 중에서 가장 널리 알려진 것은 1215년의 대헌장(Magna Charta
Libertatum)[3]*으로서, 그것은 영국의 귀족과 도시들의 여러 가지 자유(예컨대 모든 국민과
같은「인간 일반」의 자유 —나중에 회고적으로 관찰할 때에는 이것을 인정해야 하겠지만—
는 결코 아니었다)를 보장하였고, 새로이 확립하였다. 독일의 영토와 제국으로부터 예를
찾자면, 1311년의 바이에른 서명증서(Handfeste), 1514년의 튀빙겐 계약, 1519년의
카를 5세(Karl V)의 선거협약, 1653년의 브란덴부르크 협정, 1663년의 스웨덴·포메라
니아의 통치형태(die schwedisch-pommersche Regierungsform), 1755년의 메클렌부르
크 상속협약(相續協約) 등이 있다.

---

3) 마그나 카르타의 개관은 Gerhard Oestreich, Die Entwicklung der Menschenrechte und
   Grundfreiheiten, in: Die Grundrechte, hrsg. v. Bettermann, Neumann, Nipperdey, Bd. 1, 1, 1966,
   S. 18 f. 나아가 Adalbert Erler, Magna Charta libertatum, Handwörterbuch zur deutschen
   Rechtsgeschichte, Bd. 3, Sp. 145 ff. 참조.

　이러한 협정들은 한편으로는 상위의 통치권자들(군주·국왕·제국의 首長으로서의 황제)이 가지는 통치권능에 대한 제한을 그 내용으로 하며, 다른 한편으로는 '자유시'들을 포함하여 종속적 지위에 있는 통치권력의 담당자들의 자유, 특히 (귀족) 계급의 자유에 대한 제한을 그 내용으로 가진다. 즉 그 자체가 근원적인 것이라고 인정되는 통치권의 범위와 그 영역이 개별적으로 한계지워지고 축소되며, 부분적으로는 한 란트(Land)의 통치형태와 그것에 대한 각 계급들의 관여도 확립된다. 이러한 것의 가장 현저한 예로는 1648년의 베스트팔렌 조약과 1653년의 올리버 크롬웰(Oliver Cromwell)의 정체서(Instrument of Government)를 들 수 있다. 이와 같이 승인된「자유」또한 강화된「자유」가 현대의 국민적 자유에 대해서 가지고 있는 관계는 양면적이다. 한편으로는 그러한 자유 속에서 일반적인 국민적 자유의 원형을 발견할 수 있다. 그러한 자유가 통치자들이 일방적으로 행하는 특정한 관여(조세의 부과, 자의적인 인신구속 등)로부터의 자유(처음에는 귀족들만이 이러한 자유를 누렸다)를 확립하고, 더불어 군주의 권력의 행사에 대하여 통치권의 제한과 그러한 권력으로부터의 보호수단을 내포하고 있기 때문이다. 다른 한편으로는 이러한 자유는 지배자에 대한 급부의무(給付義務)의 자유 또한 제한을 의미하며, 무엇보다도 고유한 관할구역의 자유, 즉 지방의 구역에 있는 토지와 인민에 대한 (기본적 지배로서의) 귀족의 지배, 수도원과 도시의 지배를 의미한다. 이러한「지방정부」는 예컨대 1653년의 브란덴부르크 협약에서 6년 기한의 조세를 그러한 계급들에게 승인해 줌으로써 확인되었다.[4]

　2. 한 국가 내지 영토의 헌법은 그러한 지배계약, 특허장, 협약 등의 구조라는 형태로 나타난다. 모저(Johann Jacob Moser)*는 1770년에 란트 헌법을 결정하는 지방귀족계급들의「다소간의 자유」에 대해서 언급한 바 있다.[5] 구 제국 헌법은「제국기본법」(Reichsgrundgesetz)에 그 토대를 두고 있었다. 그런데 이「제국기본법」은 일방적인 명령으로서의 성격을 가지고 있는 것이 아니라 협약으로서의 성격, 구래의 의미에 있어서의 황제와 제국 귀족계급들 사이의 규약으로서의 성격을 가지고 있는, 통치를 규제하고 통치에 제한을 가하는「법률」들을 묶어 놓은 것이다.[6] 금인칙서(金印勅書, 1356년), 란트 영구평화령(1495년), 카를 5세의 선거협약(1519년), 아우크스부르크 종교화의(1555년), 베스트팔렌 평화조약(1648년) 등이 그러한 것들에 속한다.[7] 그러한 것들 속에는 아직

---

4) 1653년 7월 26일의 마르크 브란덴부르크 지방의회 협약(Landtagsrezeß für die Mark Brandenburg vom 26. 7. 1653) 제22조(Wilhelm Altmann, Ausgewählte Urkunden zur brandenburgisch-preußischen Verfassungs-und Verwaltungsgeschichte, T. 1, 2. Aufl., 1914, S. 91).

5) Johann Jacob Moser, Von der Landeshoheit in Regierungssachen, 1772, Kap. 2, § 6 (S. 30).

6) Wilhelm Ebel, Geschichte der Gesetzgebung in Deutschland, 2. Aufl., 1958, S. 43 ff., 67 ff.; Thassilo Unverhau, Lex. Eine Untersuchung zum Gesetzesverständnis deutscher Publizisten des 17. und 18. Jahrhunderts, Diss. jur. Heidelberg 1971, S. 40 ff.

7) 선거협약들도 — 대체로 — 라이히 기본법 속에 포함되었다. 1711년의 영구 선거협약의 초안은 신성 제국의 말기까지 의결되지 못하였으며, 그럼에도 불구하고 이 초안은 그러나 그 이외의 개별적인 선거협약을 위한 방침이 되었다. Hermann Conrad, Deutsche Rechtsgeschichte, Bd. 2: Neuzeit, 1966, S. 71 u.

구체적인 정치적·사회적 제도의 종류와 형태에 대한 전체적 규율이 의도되지 않았으며, 또한 일방적이며 최후의 구속력을 갖는 결정권능으로서의 주권이라는 개념도 실현되어있지 않다. 전체 제도는 주어지고 전승된 것으로서 효력을 가지고 있으며, 결정에 따라야 할 어떤 사항이 아니라 개별적인 헌법계약에서 이미 전제되어 있다. 그렇지만 개별적인 근본법(leges fundamentales)이나 자유의 증서들 그 자체가 고려의 대상이 되는 일은 더 이상 없게 되고, 그것들을 복합적인 단일체로, 그리고 그에 상응하는 규제관계로 파악하게 됨에 따라 헌법의 개념을 제도에 대한 전체적 규율, 국가의 통치권의 행사와 제한이라고 보는 발전방향이 등장하게 된다.[8] 또한 17세기 이래 흔히 이루어졌던 란트의 통치형태와 확정 ―그것은 통일적인 영토적 통치권력과 국가권력의 형성과 상응하는 것이다― 속에서 전체적 규율로서의 헌법에로의 발전을 찾아볼 수 있다.[9]

Ⅱ. 군주의 절대권력에 대한 제한으로서의 헌법

군주의 절대권력에 대한 제한으로서의 헌법이 가지는 법적 및 정치적 성격은 19세기의 입헌군주제, 그리고 그와 더불어 발생했던 ― '이원론'의 의미에 있어서의 ― 국가와 사회의 교섭관계의 형성 속에서 볼 수 있다. 전제가 되는 것은 포괄적이고 통일적인 정치적 결정권력 및 지배권력으로서의 국가권력의 형성과 군주를 이러한 국가권력의 '담당자'로서 위치짓는 것, 군주가 사용하는 관청기구와 행정기구의 지위설정이다. 그렇게 되면 헌법은 이제 개별적인 규율을 목표로 하는 것이 아니라, 국가의 지배권 및 결정권의 조직과 행사에 대한 전체적 규율을 목표로 하게 된다. 헌법은 강대한 군주권력의 행사를 엄격한 형식과 절차 속에 구속시키고, 그 행사의 범위를 국민의 대표가 동의한 것에 따르게 함으로써, 군주와 국가행정의 강대한 권력을 부르주아를 위해 제한하는 기능을 가진다. 이 때에 헌법은 국가의 통치권과 결정권을 창설해 내는 것이 아니라, 헌법은 그것들이 이미 헌법에 앞서 존재하고 있다고 전제한다. 헌법의 확립된 규정과 한계설정이 있을 때에만 군주는 구속을 받는다.[10] 그 나머지의 점에 있어서는 군주는 그에게 남겨진 국가권력을 「자유롭게」 행사할 수 있다.[11]

---

360 참조.

8) 이것은 라이히 기본법을 위해서 나타났으며, 예컨대 Karl Friedrich Häberlin, Handbuch des Teutschen Staatsrechts, Bd. 1, 1794, S. 172 ff.

9) Gerhard Oestreich, Vom Herrschaftsvertrag zur Verfassungsurkunde=ders., Strukturprobleme der frühen Neuzeit, 1980, S. 229-252.

10) 이 점에 관하여는 Ernst-Wolfgang Böckenförde, Recht, Staat, Freiheit, 1991, S. 217 f. 참조.

11) 이 점에 관하여 ― 역사적으로는 ― Ernst Rudolf Huber, Deutsche Verfassungsgeschichte seit 1789, Bd. 1, 1957, S. 318 f.; Werner Näf, Die Epochen der neueren Geschichte, Bd. 2, Aarau 1946, S. 266 ff.; Fritz Hartung, Deutsche Verfassungsgeschichte vom 15. Jahrhundert bis zur Gegenwart, 8. Aufl., 1964, S. 205 ff.; Hans Boldt, Deutsche Staatslehre im Vormärz, 1975, S. 33 ff. 체계적인 것은 Georg Meyer/Gerhard Anschütz, Deutsches Staatsrecht, 7. Aufl., 1919, §§83, 84; Carl Schmitt,

헌법이 지니는 이러한 의미를 잘 나타내 주고 있는 것이 1818년 바이에른 헌법 제2장 1절로서 그 내용은 다음과 같다.

「국왕은 국가의 수장이며 국가권력의 모든 권리를 가지며, 그것을 국왕에 의해 주어지고 현행 헌법전 속에 확정되어 있는 제한 하에서 행사한다」.

이러한 문구가 불러일으킬 수 있는 인상, 즉 국왕이 헌법 속에 주어져 있는 '제한'을 철회할 수 있고 어느 정도 그의 국가권력에 의존할 수 있을 것이라는 인상은 잘못된 것이다. 한 번 이루어진 제한과 헌법상의 구속은 정치적으로도 법적으로도 결정적인 것이다. 왜냐하면 헌법의 개정 또한 헌법 속에 확정되어 있는 형식 —그것은 바로 국민대표의 동의를 말한다— 에 의해서만 있을 수 있기 때문이다.[12] 따라서 입헌적 헌법은 하나의 정치적 타협의 표현이다. 그 타협이란, 부르주아 계급에 의해 대표되고 있는 국민은 그 스스로가 국가권력의 담당자가 되고, 따라서 헌법의 주인이 되기에는 정치적으로 충분히 강력하지 못했고, 또한 부분적으로는 그러한 담당자나 주인이 되려는 의사가 없었지만, 그러나 국민은 군주로 하여금 군주에게 귀속되어 있는 국가권력을 행사함에 있어 이에 관한 그의 의사의 지속을 고려함이 없이 구속을 받도록 하기에는 충분할 정도로 강했다는 두 가지 사실의 타협이다. 그에 따라 (국가적 통일체 내부에서의) 주권자에 대한 문제는 미결인 채로 유지되었고 헌법을 토대로 해서 결정되지는 못하였다.[13]

여기서 설명한 헌법의 기본적 의미의 결과, 헌법의 규범적 진전방향은 일방적인 것이 되었다. 즉 그것은 개인과 단체가 가지는 자유와 고유의 영역을 보장한다는 목적을 위해 군주의 결정권·지배권을 제한하는 것을 목표로 삼지만, 국민대표에 의해서 표현되는 것과 같은 민주적 결정의 요소를 제한하는 것을 목표로 삼지는 아니하였다. 그 결과 입헌주의적 헌법 속에 내포되어 있는 기본권은 당연히 (군주의) 집행에 대한 제한이었으나, 포괄적인 입법 —이 입법에 국민대표가 관여하고 있다— 으로써 그것을 더욱 상세하게 형성하거나 제한하는 규율에 대항하는 것은 아니었다.[14] 국민대표 자체가 자유권을

Verfassungslehre, 5. Aufl., 1970, S. 53 ff. (김기범역, 『헌법이론』, 74면 이하).

12) 이 점에 관하여는 Ernst Rudolf Huber, Deutsche Verfassungsgeschichte seit 1789, Bd. 2, 1960, S. 92 ff.가 1837년의 하노버 헌법분쟁을 예로 들고 있다. 군주제의 법적 기초와 정당성의 기초에 관한 변경과 교환이라는 배후에 있는 원칙적인 문제들에 관하여는 Michael Köhler, Die Lehre vom Widerstandsrecht in der deutschen konstitutionellen Staatsrechtstheorie der 1. Hälfte des 19. Jahrhundert, 1973, S. 86 ff.

13) 이에 관하여 상세한 것은 Ernst-Wolfgang Böckenförde, Der deutsche Typ der konstitutionellen Monarchie, in: ders. (Hg.), Moderne deutsche Verfassungsgeschichte (1815-1914), 2. Aufl. 1981, S. 146 (155 ff.). 참조 Recht, Staat, Freiheit S. 273 (292 ff.)(본서 373면, 386면 이하). 부분적으로 상이한 것은 Ernst Rudolf Huber, Die Bismarcksche Reichsverfassung im Zusammenhang der deutschen Verfassungsgeschichte, ebd., S. 171 (198 ff.) 및 ders., Deutsche Verfassungsgeschichte seit 1789, Bd. 3, 1963, S. 1-20. 나아가 Hans Boldt, Verfassungskonflikt und Verfassungstheorie, in: Probleme des Konstitutionalismus im 19. Jahrhundert (Beiheft 1 zu Der Staat), Berlin 1975, S. 75 ff.

수호하는 기관으로서의 역할을 한다. 그것을 뛰어넘는 헌법의 우위는 미국헌법의 작성에 의해 최후로 요구된 것이 아니라 이따금씩 요구되고 있었다. 그러나 일반적인 형태로 형성될 수는 없었다.[15) 또한 헌법은 전체 공동체가 가지는 정치적·사회적 공동질서의 규범적 토대(근본법, fundamentalis)는 결코 아니었고, 이들 질서 내에서 정치적 결정영역 과 정치적 통치조직을 조직화하고 제한하는 한 요소를 이루었을 뿐이다. 공동체의 가치질 서와 생활질서는 헌법 이전에 이마 완전히 존재하고 있었다.

Ⅲ. 계약으로서의 헌법

계약으로서의 (국가) 헌법의 의미는 이중적인 형태로 등장한다. 즉 국가 내에서의 헌법계약으로서, 그리고 연방단일체 내지 연방 국가적 단일체를 기초지우고 형성시키기 위한 독립국가들 사이의 연방계약으로서.

1. **헌법계약**으로서, 다시 말해서 국가 내의 헌법상의 권력들 사이의 협정으로서, 헌법은 19세기의 일부의 헌법운동에 의해서 요구되고 그 성격이 결정되었다.[16) 이 때에 중요한 것은 헌법의 성립, 헌법내용의 확정과 사정에 따라 있을 수 있는 헌법내용의 개정이며, 헌법이 일단 효력을 가지기만 하면, 헌법의 법적 성격이 가지는 중요성은 줄어든다. 그에 따라 헌법은 군주가 일방적으로 흠정(欽定)하거나 수여할 수 없고 국민이 나 국민의 대표가 직접적으로 결의할 수도 없다. 헌법은 오히려 ― 정치적 기본질서로서 ― 두 개의 헌법상의 권력, 즉 군주와 국민 사이에서 협약되는 것이다.[17) 그러한 점은 군주제와 국민주권 사이에 있는 시민적 헌법운동이 가지는 중간적 상황으로부터 이야기 된다. 19세기를 지배했던 충돌, 즉 왕과 국민대표들 사이에 있었던 드러나지 않은 충돌인 주권 충돌이 그것의 배경을 이루고 있다. **협약**헌법(die *vereinbare* Verfassung) 이라는 생각은 그 충돌을 넘어서 만들어져야 했고, 주권문제에 대한 결정을 필요로

---

14) Ulrich Scheuner, Die richterliche Tragweite der Grundrechte in der Verfassungsentwicklung des 19. Jahrhunderts, in: Ernst-Wolfgang Böckenförde (Hg.), Moderne deutsche Verfassungsgeschichte (1815-1914), 2. Aufl. 1981, S. 319-345; Rainer Wahl, Rechtliche Wirkungen und Funktionen der Grundrechte im deutschen Konstitutionalismus des 19. Jahrhunderts, ebd., S. 346-371.

15) 그리하여 Robert v. Mohl, Über die rechtliche Bedeutung verfassungswidriger Gesetze = ders., Staatsrecht, Völkerrecht und Politik, Bd. 1, 1860, S. 66 ff.에서, 또한 Rainer Wahl, Der Vorrang der Verfassung: Der Staat 20 (1981), S. 481 (491 ff., m. w. Nachw.)(헌법의 우위, 김효전 옮김, 『독일 헌법학의 원천』, 122면 이하) 참조.

16) 이 점에 관하여는 Carl Schmitt, Verfassungslehre, S. 63 ff. (역서, 83면 이하).

17) 이에 대해서 모범적인 것은 Carl Theodor Welcker, Artikel Gesetz, in: Rotteck/Welcker (Hg.), Staatslexikon, Bd. 6, 1838, S. 739. 나아가 Friedrich Christoph Dahlmann, Die Politik, auf den Grund und das Maß der Zustände zurückgeführt, 3. Aufl. 1847, S. 9.

하지 않았다. 그것은 「평온했던 시대 또는 아주 운이 좋았던 시대에 있었던 매우 사려
깊은 타협」이었다.[18]

협약헌법으로서의 헌법은 그것에 상응하는, 제도화된 정치적 타협의 표현이다. 헌법의
해석과 적용에 따르는 모든 결정적으로 중요한 문제들에 있어서 헌법은 이러한 타협의
지속에 결부되어 있고, 모든 실제적인 헌법의 충돌은 바로 헌법의 핵심과 그 존속에
관계되어 있다. 충돌이 있는 경우 최종적인 발언권을 가지고 있는, 헌법상의 권력들
간의 최종적이며 최고의 결정적인 법정은 존재하지 아니한다. 따라서 그것에 대한 해결은
또다시 오직 협약적으로만, 다시 말해서 타협을 새로이 함으로써만 발견될 수 있는
것이다. 새로운 타협이 이루어지지 않는다면 주권문제에 대한 결정은, 그리고 그와 더불어
발생하는 협약헌법의 종말은 피할 수 없게 된다.

국법학은 이러한 문제를 무엇보다도 회피하려고 하였다. 그렇게 하기 위해서 입헌국가
적 사고는 헌법 자체를 「최상」이라고 보고, 군주와 국민이라는 두 개의 헌법상의 권력은
헌법 **아래**에 있는 단순한 국가기관으로 놓으려 했다.[19] 이러한 생각은 바로 협약헌법의
옹호자들에 의해 제기되었고 또한 지지되었다. 따라서 한 번 맺어진 헌법협약은 정치적
타협의 지속으로부터 해소되어 스스로를 유지해가는 것으로서 생각될 수 있었다. 끝까지
일관되게 생각해 보면, 이러한 생각은 헌법재판제도의 창설을 요구하게 될 것이 확실하다.
헌법상의 권력의 외부에 서 있는 그러한 헌법재판제도 ─ 그것은 헌법을 해석하는 과정에
서 헌법의 내용을 확실하게 확정짓고 형성해 나간다 ─ 는 주권문제를 결정지을 수
없는 협약헌법의 기본공리와 조화될 수 없었다.

19세기의 협약헌법 ─이 말은 이 헌법을 명확하게 특징짓는 것이다─ 으로는 1819년의
뷔르템베르크 헌법, 1831년의 작센 헌법,[20] 나아가 가장 유명한 것으로서 1867년의
북독일연방 헌법 등이 있다. 이 북독일 연방 헌법은 북독일 연방에 함께 참가하고 있던
군주들(Fürsten)과 자유시들 간의 (진정한) 연방계약일 뿐만 아니라, 그 밖의 또 그와
동시에 한편으로는 이들 군주들과 자유시들 사이의 헌법계약이기도 하며, 다른 한편으로
는 그 자체가 이러한 헌법심의를 목적으로 선거된 헌법심의 제국의회와의 사이에 맺어졌
던 헌법계약이기도 했다. 그에 따라 1867년 7월 26일에 있었던 이 헌법의 공고에서는

18) Carl Schmitt, Verfassungslehre, S. 65 (역서, 85면).
19) 매우 명백한 것은 Otto von Gierke, Das deutsche Genossenschaftsrecht, Bd. 1, 1868, S. 828
f., 833. 모범적인 것은 이러한 견해가 국가기관으로서의 주권자에 관한 군주의 지위를 목적해석함으로써
이루어졌으며, 이것은 알브레히트가 최초로 그의 유명하게 된 비평 속에서 오늘날의 독일 국법학의
마우렌브레허(Maurenbrecher)의 원칙들에 대해서 시도한 것이다. Wilhelm Eduard Albrecht,
Göttingische gelehrte Anzeigen 1837, S. 1492 und 1512. 이 점에 관하여는 Ernst Rudolf Huber
(Anm. 11), S. 376 f. 및 Helmut Quaritsch, Staat und Souveränität, Bd. 1, 1970, S. 487 ff.를
보라.
20) 그리하여 뷔르템베르크 왕국 헌법 전문에서는 「마침내 최고의 결의와 가장 공손한 항의를 통하여 양측의
완전한 결합」을 성취할 것을 선언하고 있으며(Ernst Rudolf Huber, Dokumente zur deutschen
Verfassungsgeschichte, Bd. 1, 1961, S. 171), 작센 왕국 헌법의 전문에서도 국왕과 공작은 「등족의
조언과 동의를 얻어 우리나라 헌법을 다음과 같이 제정한다」고 말하고 있다(ebd., S. 223).

다음과 같이 말하고 있다(Bundesgesetzblatt S.1 [연방법령집 1면]). 즉「그에 따라 북독일 연방의 헌법은 이러한 목적을 위해 소집된 제국의회와 더불어 우리 (프로이센 국왕), 작센 국왕 폐하...등등에 의해 협약되었다...」.

협약헌법과 군주에 의해 일방적으로 수여되거나 흠정(欽定)된 헌법 사이의 차이는 언뜻 보기에는 큰 것 같으나 사실은 그렇게 크지 않다. 왜냐하면 수여되거나 흠정된 헌법 또한 그 개정은 입법의 절차에 따라서만 할 수 있고, 또한 국민대표의 참여와 동의 하에서만 이루어질 수 있다는 것을 확정하고 있기 때문이다.[21] 그러한 한에서 이들 헌법은, 일단 효력을 가지고 난 이후에는, 협약헌법과 같은 지위에 섰다. 그러한 점 속에 입헌군주제의 타협형태, 군주제에서 국민주권으로 넘어가는 입헌군주제의 과도적 성격이 명확하게 표현되어 있는 것이다.[22]

2. 연방계약(Bundesvertrag)으로서 헌법이 존속하는 경우는 다수의 국가가, 그 고유의 정치적 독자성을 포기함이 없이, 지속성 있는 정치적 통일체를 결성하는 경우이다. 하나의 결합(연방 또는 연방국가)이 나타나게 되고, 이 결합은 연방계약에 의해서 만들어진, 그 자체가 고유성을 가지는 하나의 헌법을 가지며, 그럼으로써 구성국가들의 헌법과 정치적 지위를 변경시킨다. 연방계약으로서의 헌법은 실질적인 지위계약의 형식과 내용을 가진다. 헌법계약의 당사자들은「법률」로서의 헌법 밑으로 들어가기 위하여 기초(起草)에 있어서만 존재하는 것이 아니라, 비록 그 당사자들이 가졌던 지위는 변경되었다 하더라도, 그 결합 내에서도 그 자체로서 계속해서 존재하게 된다.[23] 헌법의 계약적 성격은 연방 또는 연방 국가를 형성하는 국가들의 내부에서 주권의 문제가 결정되어 있는가의 여부와는 관계가 없다. 헌법의 계약적 성격은 민주주의 국가들의 연방 또는 연방국가에서와 마찬가지로 군주국들의 연방 또는 연방국가에도 존재한다.

이러한 의미에서의 연방계약으로는 1815년의 독일연방 약관 속에 들어 있고, 1820년의 빈 최종규약*에 의해서 보완된 독일연방(1815~1866년)의 헌법과 1815년의 스위스 서약동맹(Eidgenossenschaft)의 헌법 등을 들 수 있다.[24] 또한 1787년의 미국헌법, 1867년의 북독일 연방 헌법, 그리고 사실상 연방국가의 헌법이었던 1871년의 제국헌법 등도 참가국들 사이의 협약 과정에서 연방계약으로서 성립한 것들이다.

물론 모든 **연방국가적** 헌법의 경우에는 하나의 특별한 문제가 발생한다. 그러한 헌법은 한편으로는 연방국가가 실질적인 연방국가인 한에서는, 즉 그 연방의 토대를 상실하지

---

21) 예를 들면 1848/50년의 프로이센 헌법 제106조, 1818년의 바이에른 헌법 제10장 7절, 1818년의 바덴 헌법 제64절.

22) Ernst-Wolfgang Böckenförde (Anm. 12), S. 161, 170. 다른 견해로는 Ernst Rudolf Huber, Die Bismarcksche Reichsverfassung (Anm. 12), S. 197 ff.

23) 상세한 서술로는 Carl Schmitt, Verfassungslehre, S. 66 ff. (역서, 86면 이하), 367 f. (394면 이하).

24) 이 헌법은 국민에게 묻지 않고 칸톤 정부에 의해서 명백히「연방계약」으로서 협정하고 나타내었다. Fritz Fleiner/Zaccaria Giacometti, Schweizerisches Bundesstaatsrecht, 1949, S. 6; Andreas Heusler, Schweizerische Verfassungsgeschichte, 1920, S. 327 ff. 참조.

않는 한에서는, 연방계약으로서의 성격을 가진다. 그러나 다른 한편으로는, 연방국가에로
의 국가들의 결합은 하나의 (새로운) 국가를 창설하기 때문에, 그러한 헌법은 이러한
국가의 헌법-법률(Verfassungs-Gesetz)로서 나타나고, 또한 그러한 것으로서 효력을
가진다. 그러한 전형을 보여주는 것이 1871년 제국헌법의 형성과 그 적용방식이다.
전문(前文)이 끝나고 난 뒤 북독일 연방의 명의를 대표한 프로이센 국왕, 바이에른 국왕,
뷔르템베르크 국왕과 바덴과 헤센의 대공(大公)은 연방의 능력과 그 속에서 적용되는
법을 보호하기 위하여, 그리고 독일 국민의 안전과 복지를 위하여 「영원한 연방」을
만들었다. 이것은 계약으로서의 성격과 일치하며, 또 이미 체결된 남부 독일의 국가들과의
가맹 조약들과도 일치하는 것이다. 다른 한편, 제국헌법은 「독일제국의 헌법에 관한
법률」에 의해서 발효되었고, 연방법률로서 공포되었다(RGBl. 1871, S.1).25) 그 배후에
는 모든 진정한 연방국가에서 해결되지 못한 문제, 즉 국가주권은 누구에게 속하는가,
연방(중앙국가)에게, 구성국가에게 또는 연방과 구성국가 전체에게 속하는가 하는 문제가
있다. 헌법이나 정치적 발전에 의하여 헌법제정권력을 포함한 주권이 연방(중앙국가)에
있으며, 특히 연방만이 연방국가의 헌법을 개정할 권한을 가진다는 결론이 나면, 연방국가
는 그 연방의 토대를 상실하게 된다. 연방헌법은 그 정치적 실체에 따라 「국가 내부적
분절」(innerstaatliche Gliederung)이라는 형태로 된다.26)

Ⅳ. 국가의 지배권과 국가의 기본조직의 기초로서의 헌법

헌법이 지니는 이러한 의미와 기능에 대한 출발점은 개별적으로 고립되었다고 생각되는
개인이 가지는 자유와 법적 평등이 시원적인 것이라는 사회이론적 전제와 사회계약
내지 국가(창설)계약이라는 모델이다. 이러한 사상은 유럽에서 프랑스 혁명에 의해서
최초로 실현을 본 국민주권의 원리와 결부되어 있다. 따라서 지배권과 정치적 결정권은
미리 주어진 것이 아니고, 세밀한 조직과 특정 인물에로의 위임을 필요로 한다. 그것들은
개인 또는 자신을 정치적 크기로서 자각한 국민에 의해서 비로소 제도화된다.
1789년의 인간과 시민의 권리선언*은 이러한 원칙을 완전하게 표현하고 있다. 즉
모든 주권의 원리는 본질적으로 국민에게 있다. 어떠한 단체나 어떠한 개인도 국민으로부
터 명시적으로 나오는 것이 아닌 권위를 행사할 수 없다(제3조). 군주제의 헌법이 아니라
국민주권의 기초에 입각한 헌법인 1831년의 벨기에 헌법도 「모든 권력은 국민으로부터

---

25) 이러한 특성과 거기에 내재된 「연방과 주의 서로 배타적인 구조」의 결합을 지적하는 것은 Ernst Forsthoff,
Deutsche Verfassungsgeschichte der Neuzeit, 4. Aufl. 1972, S. 154.
26) 이것은 스위스 연방헌법의 전면개정을 위한 1977년의 초안 속에서의 경우가 그러하다. 이 초안에는
지금까지의 헌법 속에 확립된 연방의 기초(제1조)와 칸톤들에 대한 구성의 보장(제5조)과 그 존재는
법적으로 불가침으로 규정한 것이 결여되어 있다. 또한 연방의 구성도 그 자체가 결코 제한이 되지
못하는 헌법개정에 대해서는 대기상태에 있는 것이다(제1조, 제112조~제118조. 원문은 AöR 104 (1979),
S. 475, 498 f.).

나온다」(제25조)고 하고 있다. 오늘날의 헌법에서 이러한 원리는 자명한 것이 되었다. 즉 국가권력은 국민으로부터 나온다(바이마르 헌법 제1조 2항), 모든 국가권력은 국민으로부터 나온다(기본법 제20조 2항 1문)고 하고 있다. 이러한 사고의 정신적 뿌리는 계몽주의의 이성법 속에 있다. 그 속에서는 개별적이며 자유롭고 독립적인 개인이 모든 정치적·사회적 질서의 출발점과 연결점이라고 설명된다.[27] 따라서 그러한 질서의 정통성은 통치를 받는 개인의 동의로부터만 기초 지어질 수 있었고, 개인은 그에 상응하여 ―계약이라는 사고상의 형상을 수단으로 하여― 그들의 결합을 통하여, 그리고 이론적인 기초지움이 현실정치의 영역 내로 변환된 경우에는 민주적인 기초 위에서, 정치적·사회적 질서를 스스로 내놓는다.[28]

이러한 사회이론적·국가이론적 출발점으로부터 헌법에 관해서는, 헌법이 이미 존재하고 있는 권력과 결정권을 형성시키고 한정짓는 것이 아니라, 법적인 관점에서 볼 때, 이들 권력과 결정권을 처음으로 창설하고 만들어 낸다는 결과가 나온다. 헌법은, 민주적 헌법이론이라는 의미에서 볼 때, 기초를 이루는 것이며, 국가의 통치권 행사를 조직화하고 한계 짓는 요소에 불과한 것은 아니다. 따라서 그러한 헌법은 군주적·입헌적 헌법이 가지고 있는 것과 같은 특정되고 일방적인 규범적 진전 방향은 결코 가지지 않으며, 오히려 **모든** 국가적 결정권을 창설하고 그러한 국가적 결정권에 한계를 지우는 규범적 기초인 것이다.[29] 국가의 기본조직, 즉 최고의 국가기관들과 그들의 상호관계도 헌법에 의해서 비로소 창설된다. 국가기관이 헌법적인 행위를 할 수 있도록 만들어 주는 어떠한 권원(權原)도 헌법에 '앞에서', 또는 헌법의 '외부에' 존재하지는 않는다. 모든 국가적 행위는 헌법 **내**의 법적 근거를 필요로 한다. 왜냐하면 그러한 행위는 그러한 근거에 의해서 비로소 그 토대와 정당성을 유지하기 때문이다. 실질적 의미에 있어서의 입헌국가라는 생각은 이러한 헌법개념의 귀결이며, 그에 따라 모든 국가기관과 국가의 권능은 헌법 **아래**에 서며, 국가는 헌법에 의해서 비로소 창설된다. 물론 한 번은 국가권력의 담당자로서의, 또 한 번은 「헌법제정권력」의 소유자로서의 국민이 가지는 주권의 문제인 국민주권의 문제는 남는다.

---

27) Hans Welzel, Naturrecht und materiale Gerechtigkeit, 4. Aufl., 1962, S. 108-114 (박은정역, 『자연법과 실질적 정의』, 삼영사, 2001); Ernst Cassirer, Die Philosophie der Aufklärung, 1932, S. 339 f.를 보라.

28) 이론적인 근거 ― 이성법적인 국가학에 확정적인 것은 ― Immanuel Kant, Metaphysik der Sitten, T. 2, §§47, 44 (백종현 옮김, 『윤리형이상학』, 아카넷, 2012). 19세기에 있어서의 이와 같은 모델을 민주적으로 전환하려는 노력은 부당하지 않으며, 이것을 넘어서 항상 칸트를 다시 불러내는 것이다. 그리하여 하나의 원리적인 이유에서 선험적으로 발전된 이론이, 비록 그 이론이 거기에 대한 호소가 아니라 이전의 초월적인 것으로서 주장되었지만, 실제적 정치적인 실현에 따라서 밀어닥치게 되었다.

29) 이 점에 관하여는 Martin Kriele, Einführung in die Staatslehre, 1975, S. 238 ff. (국순옥 옮김, 『헌법학 입문』, 종로서적, 1983, 296면 이하), S. 267 ff. (역서 334면 이하). 그것에 대한 이론적 기초는 John Locke, Two Treatise of Government, T. 2, §§124 ff., 138, 149 (이극찬역, 『시민정부론』, 연세대출판부, 1970)에서 발견되며, 로크는 모든 '권력들'을 입법권이라는 최고의 권력(supreme power)도 역시 「위임된」 그리고 「신탁을 받은」 권력으로서 이해하며, 이러한 권력들은 신탁관계(trustee) 속에서 (양도할 수 없는) 구성적 권력의 담당자에게보다는 국민에게 있는 것이다.

Ⅴ. 계급타협의 산물로서의 헌법

마르크스주의 이론은 모든 헌법을 특정한 계급상황의 표현이며 반영이라고 파악한다. 이러한 계급상황에 따라 (모든 규칙에 있어서) 헌법은 지배계급의 권력수단이거나 (드문 경우이기는 하지만) 계급타협의 표현이다.[30] 마르크스주의 역사이론과 사회분석이 지니는 의미 함축과는 별개로 계급타협으로서의 헌법이 가지는 의미는 객관적인 현실관련을 가지고 있다. 시민사회라는 바탕 위에서 대립적인 소유계급들이 정치적 권위를 지닌 당파들로 안정화되고, 각각 대립적인 헌법목표를 관철시키려고 노력하는 경우에, 그 의미는, 다른 의미들을 종속적인 것으로 만들면서, 지배적인 지위를 가지게 된다. 그렇게 되면, 외면적인 평화질서를 위해서 그러한 계급들이 (자신의 헌법목표를 현실화시키기 위해서) 「공공연한」 헌법의 타협 위에서 협력하고, 그러한 협력은 그들 계급 사이에 전체적인 합법성의 근거를 부여해준다고 하는 현상이 나타난다. 계급타협으로서의 헌법이 반드시 민주적인 헌법상(憲法像)과 결부되는 것은 아니지만 제1차 세계대전 이후 계급타협으로서의 헌법은 바로 그러한 헌법상을 모범으로 하여 실현되었다.

계급타협으로서의 헌법에는 두 가지의 현상형태가 있다. 그 하나는 (잠정적인) 실질적 타협으로서, 그 타협 내에서 다양한 제도의 목표(Ordnungsziele) 사이의 조정이 이루어지고, 그럼으로써 헌법은 타협에 의해서 확고한 토대를 가지게 된다. 다른 하나는 형식적 타협에 머무를 수 있는 것이며, 거기에 본질적인 것은 헌법이 광범위한 정치적·사회적 개혁을 합법적 가능성으로 열어놓고, 그것을 위하여 「평화의 수단」(instrumentum pacis)으로 된다는 점에 있다. 두 가지의 형태에서 결정적으로 중요한 것은, 헌법의 그 이상의 발전이나 변경은 불가침성의 조항에 의해서 봉쇄되지 아니한다는 점이다. 그러한 점을 위해서 헌법은 문화적 질서 그리고 경제질서·사회질서라는 개별적 요소들로 이루어진 여러 가지 규정과 '보장'을 포함하는 것이 보통이며, 이러한 것들은 바로 그럼으로써 단순한 입법자들, 즉 변화하기 쉬운 의회 내의 다수들의 간섭을 벗어나야만 하는 것이다. 그 밖에 지연적인 타협이 등장하는데, 그것은 분쟁의 대상이 된 특정한 문제에 대한 불일치를 나타내며, 따라서 그러한 문제의 해결을 지연시킨다. 그러한 헌법의 존속은 헌법적 타협을 이루기 위해서 노력하는 정치적 당파들이 광범위하게 중립화되느냐, 그리고 그와 동시에 헌법과 동일시되는 비교적 강력한 (의회적 연립[聯立]을 위해 필요한)

---

30) 그와 같은 계급적 타협을 카를 마르크스는 계몽 절대주의의 시대, 예컨대 프로이센에서의 프리드리히 대왕과 프리드리히 빌헬름 2세 시대에 받아들였다. Karl Marx, in MEW, Bd. 4, S. 346 (도덕화 된 비판과 비판화 된 도덕) 및 MEW, Bd. 3, S. 178 (Marx/Engels, Die deutsche Ideologie (『독일 이데올로기』, 이병창 옮김, 먼빛으로, 2019; 김대웅 옮김, 두레, 2015; 박재희 옮김, 청년사, 1988) 참조. 또한 Heinrich August Winkler, Primat der Ökonomie? Zur Rolle der Staatsgewalt bei Karl Marx und Friedrich Engels, in: ders., Revolution, Staat, Faschismus, 1978, S. 35 ff.도 참조.

'헌법정당'이 존재하느냐의 여부에 달려있다. 이러한 상태가 충분히 오랫동안 유지된다
면, (잠정적인) 실질적 타협이 안정화되거나, 아니면 순전한 형식적 타협이 실질적 타협으
로 발전할 수 있다. 두 경우 다 헌법은 진정한 합법성을 획득하게 된다.

여러 관점에서 볼 때 바이마르 헌법*은 형식적 타협으로서, 그리고 실질적 타협이라고도
할 수 있는 것으로서, 계급타협으로서의 헌법의 한 예를 이룬다. 바이마르 헌법은 전쟁과
혁명 이후에 서로 적대적으로 대립하고 있는 정치적 당파인 '우익'과 '좌익' ─그들은
각각 서로 다른 자신들의 헌법적 목표를 추구하고 있었다─ 그리고 국가의 운영을 담당하
고 있던 '중도파', 즉 자유민주적 공화국을 신봉했던 '중도파' ─그들은 시간이 지남에
따라 점점 약화되어 가고 있었다─ 사이에서 (임시적인) 협조방식(modus vivendi)으로
나타났다. 그 결과 바이마르 헌법은 특정한 또는 기존의 (시민적) 사회질서에 대한 어떠한
명확한 결정도 내포하고 있지 않으며, 경제질서와 사회질서에 대한 일련의 개별적 보장
─이러한 보장은 일부에 있어서는 서로 이질적인 것들이다─(제151조~제165조), 제153
조~제156조의 소유권과 사회화의 타협, 그리고 무엇보다도 제76조*의 모든 헌법개정에
대한 '중립화' ─따라서 3분의 2의 다수만 있으면 헌법의 어떠한 내용도 마음대로 할
수 있다─ 등을 포함하고 있다.31) 1928~1932년 동안에 바이마르 국법학자들 중의
일부(카를 빌핑거[Carl Bilfinger],* 카를 슈미트[Carl Schmitt],* 하인리히 트리펠[Heinrich
Triepel]* 등)는 제76조에 따른 헌법개정의 권능은 헌법의 기본적 결단에는 미치지 못한다
는 견해를 주장하였는데, 그것은 독일공산당이나 국가사회주의독일노동자당[나치스]측
으로부터의 「합법적 혁명」이 임박한데 대하여, 타협의 결과로 생겨난 헌법의 공공성을
그 핵심적 내용(민주주의, 법치국가)의 불가침성을 위해서 제한하려는 시도였다.32)

1920년의 오스트리아 헌법도 그것이 생겨난 시대적 상황에 따라 계급타협의 성격을
가졌다. 이러한 성격은 처음부터 위협을 받았는데, 왜냐하면 1933년까지 독일에서
중심세력을 이루었던 기독교사회당이 중간세력의 헌법정당으로서의 지위를 가지지
못하였고, 오히려 헌법적 타협으로부터 이탈하여 '우경화'하는 경향이 있었기 때문이다.
그렇게 되자 계급적 타협 또한 권위적인 신분국가의 등장에 의해서 우익으로부터 깨어지
게 되었다. 1945년 이후 오스트리아 공화국의 재건에 있어서 1920년의 헌법을 도로
찾는다는 것은 광범위한 합의에 의해서 이루어졌고, 20년이 넘는 黑과 赤의 제휴 ─그
제휴의 정치는 계급적대를 해소시켜버렸다─ 에 의해서 공고화된 의도적인 실질적
타협을 의미하였다.

---

31) 바이마르 헌법에 대한 안쉬츠(Gerhard Anschütz, 14. Aufl., 1933)*의 '고전적' 주석서가 명백하게 확인하
　는 바에 의하면, 헌법개정은 제76조에 규정된 「모든 종류」의 헌법개정의 방도로, 즉 「라이히와 각주의
　국가형태와 정부형태(공화국・민주주의・선거법・의회주의・국민결정・국민투표), 그리고 다른 원리
　적인 문제(기본권!)에 관련된」 그러한 것들이 허용된다는 것이다(Erl. 3 zu Art. 76).

32) 이러한 견해에 명백히 반대하는 것은 게르하르트 안쉬츠와 함께 리하르트 토마도 그렇다. Richard Thoma,
　Die juristische Bedeutung der grundrechtlichen Sätze der Deutschen Reichsverfassung im
　allgemeinen, in: Hans Carl Nipperdey (Hg.), Die Grundrechte und Grundpflichten der
　Reichsverfassung, Bd. 1, 1929, S. 38 ff.

Ⅵ. 정치적 공동체의 법적 생활질서와 가치토대로서의 헌법

정치적 공동체의 법적 생활질서와 가치토대로서의 헌법은 우선 제Ⅳ장에서 설명한 헌법의 의미의 확장으로서 생겨난다. 헌법이 모든 국가적 지배권의 기초가 되고 구성원리로 되면, 헌법을 국가뿐만 아니라 공동체 전체 ―그것이 모든 물적 영역과 생활영역에 있어서― 의 법적 기본질서로 볼 수 있는 길이 곧 열린다. 헌법이 단지 법형식과 법적 문서에 지나지 않는 것이 아니라 그 속에서, 그리고 그것을 넘어서 공동체의 「가치토대」와 「가치질서」를 이룬다고 하는 독일연방공화국 내의 관점은 무엇보다도 그러한 것과 결합되어 있는 것이다. 그 양자의 전개는 광범위한 헌법의 변천과 의미변화를 초래하는데, 그것은 헌법에 대한 사상과 그로부터 나오는 헌법이해에 의해서 권위적으로 수행된다.

1. 이러한 의미변화는 제1차 세계대전 이후의 독일에서의 상황을 그 출발점으로 삼는다. 패전과 혁명은 국민들로 하여금 깊은 자기각성을 하도록 만들었고, 국민들은 서로 간에 다원적이고 계급적으로 분산되었으며, 국가형태에 대해서 일치를 이룰 수 없었다. 군주제의 붕괴는 한편으로는 사회의 광범위한 해체, 지금까지 지배적이며 확고한 것으로 여겨졌던 기본적 확신의 갑작스런 소멸과 결부되어 있고, 다른 한편으로는 경제질서와 사회질서의 근본적인 변혁을 목표로 삼고 있는 강력한 정치집단을 극복하였다. 위협적인 것으로 여겨지는 전체적 혁명 또는 단순히 잠정적인 계급타협에 대한 대안으로서 절충의 여지가 없는 것으로 간주되는, 공동생활이라는 부르주아의 기본관점(정치적 공동체를 뒷받침하는 이른바 「가치들」)을 법에 의해서 보장한다는 문제가 이러한 상황에서 생겨나게 된다. 그것을 수단으로 하여 「표결에 부칠 수 없는 문제들에 대한 일치」가 민주적 다수결[33]의 전제로서 보장되어야 하고 잠재적인 내전을 방지하여야 한다.

이와 같은 방식으로 정치적 통일질서에 대해서 뿐만 아니라 그것을 넘어서 사회의 법적 생활질서 전체에 대해서도, 입헌적인 의미가 헌법에 주어졌다. 보다 오래된 개념을 결부시켜서 말하자면, 헌법은 오로지 「지배계약」으로서만, 즉 정치적 지배권의 조직, 행사, 그리고 제한에 대한 구속적 규제로서만 효력을 가지는 것이 아니라, 동시에 「사회계약」으로서, 즉 사회적 공동생활 일반의 실질적 기본구조로서 효력을 가지는 것이다. 따라서 헌법은 모든 생활영역에 침투해야 하고, 정치적 재량의 한계를 확정할 뿐만 아니라 정치적 영역에 대한 법적 형성에 있어서의 실질적 표준척도 ―그것은 확고한 실행(통일성의 연결점과 척도로서의) 확고한 실행을 하도록 만든다― 또한 확정한다.

바이마르 시대의 국법학에 있어서 이러한 문제는, 잠재적인 혁명적 환경에 직면한 헌법의 안정화기능에 따라, 전전(戰前)의 국법학상의 실증주의를 극복하려는 시도와

---

33) Adolf Arndt, Politische Reden und Schriften, 1976, S. 128 f.

결합되어 있었다. 당시의 국법학이 그 당시의 시대적 (가치) 철학과 연결되어 있었던 점은 이러한 시도가 그것을 이해하게 해준다. 루돌프 스멘트(Rudolf Smend)*는 그가 만든 통합이론과 정신과학적·가치관련적 방법을 도구로 삼아 국법학에 있어서의 가치론적 헌법이해의 개척자가 되었다. 헌법은 동태적·가동적(可動的) 통합기능으로서의 의미를 가지게 되었고, 그러한 기능은 공동의 사물가치와 문화가치의 채택에 있어서는 끊임없는 통일성의 형성의 동인(動因)이며 요소이다.[34] 이에 반하여 카를 슈미트는 결단으로서의 헌법을 다시 채용함으로써 분산되는 공동체의 일체성과 통일성을 중재시키려고 하였다. 그것은 (정적[靜的]이고 기초수립적인) 정치적인 통일점을 이루어야 하고, 그러한 통일점은 그 자체가 헌법률적 규범화보다 앞서 존재하지만, 그러나 그러한 규범화 속에서 진행할 수 있는 것으로 된다.[35]

2. 1945년 이후 헌법의 의미와 중요성에 대한 논쟁은 이러한 문제상황에 결부되어 있었다. 1945년의 정치적 붕괴, 그리고 그와 결부되어 있는 상실, 즉 국가적 통일의 상실은 물론 국가적 확신과 동질성의 상실에 직면하여, 헌법 속에서, 헌법이 (전체의) 「가치질서」를 약속하고 있는 만큼, 이제는 더 이상 정치적·국민적이지 못한 통일의 기초가 아니고 실질적·보편적인 통일의 기초를 발견하기는 쉬운 일이다. 따라서 가치론적인 헌법사상은 토대를 획득하게 되었다. 왜냐하면 사람들은 그러한 헌법사상 속에 나치스시대의 법을 남용한 경험이 소화되어 있고 법실증주의가 — 자연법으로 되돌아가는 일없이 — 극복되어 있다고 믿었기 때문이다.

독일연방공화국의 연방헌법재판소는 여러 판결에서 가치론적인 헌법이해를 확고하게 인정해 왔고(E 6, 32 [40]; 6, 55 [72]; 7, 198 [204]; 10, 59 [81]; 21, 360 [372]), 기본법은 전체적으로나 개별적 조항에 있어서도, 하나의 「가치질서」, 「가치결정」 그리고 — 기본권 속에 — 「가치체계」를 포함하고 있다는 점을 강조해 왔다. 국법학에 있어서 가치론적인 헌법이해는 한 번은 루돌프 스멘트의 학설을 채택하고 발전시킴으로써 주장되었고, 또 한 번은 누구보다도 귄터 뒤리히(Günter Dürig)*에 의해서 니콜라이 하르트만(Nicolai Hartmann)*과 막스 쉘러(Max Scheler)*의 가치철학과 결부되어 주장되었다.[36] 1960년 이래 발간되고 있는 마운츠(Maunz)*와 뒤리히의 표준적인 주석서(오늘날은 마운츠/ 뒤리히 / 헤어초크*/ 숄츠*[Maunz/ Dürig/ Herzog/ Scholz]) 속에는 그렇게 해서 만들어진 뒤리히의 주석이 들어 있는데, 그 주석은 가치론적 헌법이해를 확산시키는데 중대한 공헌을 해왔고, 또다시 연방헌법재판소의 판결에 영향을 미쳤다.

---

34) Rudolf Smend, Verfassung und Verfassungsrecht, 1928, S. 44 ff. = ders., Staatsrechtliche Abhandlungen, 2. Aufl., 1968, S. 160 ff. (본서 682면 이하).

35) Carl Schmitt, Verfassungslehre, §3, S. 21 ff.

36) 기본적으로는 Günter Dürig, Der Grundrechtssatz von der Menschenwürde: AöR 81 (1955/56), S. 117 ff. 나아가 ders., in: Maunz/Dürig, Grundgesetz, 1. Aufl., 1960, Erläuterungen zu Art. 1 Abs. 1.

　헌법이 이러한 방식으로 「가치질서」로서, 그리고 가치합의(價値合意)의 표현으로 이해되게 하면, 헌법 속에는 헌법의 효력에 대한 요구가 이데올로기적으로 고양되게 된다. 이러한 요구는 가치사상 자체로부터 정통성을 부여받는 하나의 새로운 절충불가능성으로 무장된다. 가치는 존재가 아니며, 그 실재는 오로지 그 효력에 있으므로 아무것도 아닌 것으로 분해되지 않기 위하여 지속적인 실현에 의존하고 있다. 나아가 효력에 대한 가치의 요구는 일반적인 것이어서, 특정한 법영역에 한정되지 아니한다. 따라서 가치론적으로 이해된 헌법은 하나의 새로운 전체성에로의 커다란 전진을 의미한다. 즉 헌법은 이제 더 이상 그 전통적인 대상에 한정되지 않고, 헌법의 가치확립적인 규범화는 보편성으로 가지며 모든 사회적 생활영역 속으로 들어간다. 헌법은 사회적 전체를 헌법 속에 편입시키며, 모든 법영역에 미치는 무조건적인 요구인 효력에 대한 요구를 가치질서로서, 그리고 가치체계로서 제기하게 된다. 연방헌법재판소는 그러한 것을 일관되게 언명하고 있다.37) 그 결과는 자유의 보장의 해체이다. 가치관련적인 헌법은 자유 ― 정치적 자유뿐만 아니라 개인적·단체적 자유― 를 무조건적으로 다시 말해 국가의 개입을 법적·공식적으로 한정함으로써 보증하는 것이 아니라 그 자체의 가치질서의 내에서, 그리고 그러한 가치질서의 표준에 따라 보증할 뿐이다. 그러한 것은 처음부터 완전히 논리적이다. 즉 그것은 고유의 자기확신과 일반적으로 승인된 구속력을 상실했지만, 그럼에도 불구하고 혁명과 무정부상태로부터 자기 자신을 지키려고 하는 공동체에 대해서 치루어야 할 생존의 비용을 이루는 것이다.

　가치론적인 헌법이해와, 특히 헌법의 「가치질서」라는 틀 속에서의 자유보장이 제기하는 법학적인 문제는 합리적으로 통제 가능한 「가치」인식과 「가치질서」 인식이 존재하지 않으며, 서로 충돌하는 일이 흔히 있는 여러 가지 가치들이 요구하는 경합적인 요구인 효력에 대한 요구들을 위해 합리적으로 근거지워진 우선 순위의 체계·형량의 체계는 더욱 존재하지 않는다는 점에 있다.38) 자유·평등·정의·안전·자기실현·연대·생활보호 등은 헌법 속에 내포되어 있는 「가치들」로서 병렬적으로 존재하고 있다. 그러나 왜 그것들이 「가치들」이며, 또 그것들과 그것들로부터 나오는 당위적인 법실무적 귀결들이 서로에 대해 어떠한 우열의 관계, 동등의 관계에 서는가 하는데 대해서는 언급이 없다. 「가치」를 원용하는 것은 이제 더 이상 국가질서와 사회질서의 창설을 고려하여 의미전달적인 근거를 필요로 하는 (이러한 근거가 이 원용 자체와 더불어 이미 주어져 있지 않은 경우에) 어떤 것에 대한 다원론적인 화합의 공식으로서의 원용이 아니다. 따라서 엄밀하게 볼 때, 「가치」는 바로 이미 존재하는 또는 전제된 콘센서스에 대한 명칭이다.

---

37) BVerfGE 6, 55 (72); 10, 59 (81)을 보라. 모든 법 영역 안에서의 기본권의 방사작용이라는 문제는 따라서 긍정적으로 결정된다. 다만, 그 외연(外延)은 여전히 다툼의 소지가 있다.

38) Arnold Brecht, Politische Theorie, 1959, S. 155 ff., 342 ff.; Carl Schmitt, Die Tyrannei der Werte, in: Säkularisation und Utopie. Ebracher Studien. Ernst Forsthoff zum 65. Geburtstag, 1967, S. 57 ff.(가치의 전제, 김효전 옮김, 『헌법과 정치』, 산지니, 2020, 715면 이하); Adalbert Podlech, Grundrechte und Staat: Der Staat 6 (1967), S. 348 ff.

따라서 「가치질서」의 내용이 무엇인가 하는 것은 또한 이러한 이미 존재하는 또는 전제된 콘센서스에 따라 정해진다. 그러나 그것은 (이데올로기적) 의견과 견해, 그리고 시대적 가치평가의 밑바탕을 이룬다. 법학적으로 볼 때 헌법을 가치토대와 가치질서로 이해하는 것은 그러한 이해가 가져올 것이라고 기대되었던 초실증적인 근본기초형성을 가져오지 못하고, 오히려 변화가 심한 관념 또는 전제인 콘센서스라는 관념과 전제가 헌법의 해석과 적용에 유입될 수 있는 길을 열어주는 것이다. 그럼으로써 그것의 규범적 내용은 그때그때의 시대조류에 종속되는 것이다.

국민의 헌법제정권력*
― 헌법학의 한계개념 ―

에른스트-볼프강 뵈켄회르데

≪차 례≫

나는 이 테마를 서로 연결되어 있는 네 개의 장으로 나누어 다루고자 한다. 제1장은 헌법제정권력의 문제와 개념을 다루며, 제2장은 헌법제정권력의 담당자(주체)를 다룬다. 제3장은 국민의 헌법제정권력의 행사와 행사의 형태를 논구하며, 제4장은 이러한 헌법제정권력에 대한 법적인 구속에 대해서 논구한다.

I. 헌법제정권력의 문제와 개념

1. 헌법(die Verfassung) ―여기서는 물론 이후로도 항상 법적인 헌법(rechtliche Verfassung)을 의미함― 은 오늘날 널리 국가의 법적 기본질서로서, 더 나아가서는 실로 사회의 법적인 기본질서로서 파악된다. 법률과 그 밖의 법원(法源)에 비해 헌법에는 특별한 지위가 주어지며, 헌법은 모든 법질서의 영역에 침투한다.1) 그러나 (법적) 헌법은

---

* Ernst-Wolfgang Böckenförde, Die verfassunggebende Gewalt des Volkes. Ein Grenzbegriff

이러한 특별한 효력과 작용을 어디로부터 받는 것인가? 헌법은 더 이상 소급할 수
없는 원현상(原現象)으로서 스스로의 내부에 단순하게 존재하는 것은 아니다. 헌법은
헌법사를 일별만 하더라도 알 수 있는 것과 같이, 오히려 특정한 역사적·정치적 과정에
서 생겨나며, 특정한 힘들에 의해 유지되고 형성되며 경우에 따라서는 지양되기도
한다.2) 헌법이 그 효력에 대한 요구와 특별한 법적 성질을 헌법의 존재라는 단순한
사실에서 도출하는 것이 아니라면, 헌법은 그것들을 특별한 힘 또는 권위라는 모습으로
헌법 속에 **선재**(先在)하는 크기(Große)로부터 도출하는 것이다. 프랑스혁명 이후 이러한
크기는 헌법제정권력(pouvoir constituant)이라는 말로 표현되고 있다.3) 따라서 우리가
논구하려고 하는 헌법제정권력에 대한 문제는 법적 헌법의 기원과 효력근거에 관한
문제를 그 자체 속에 포함하고 있다.

　이러한 문제는 하나의 헌법적 문제이다. 왜냐하면 이러한 문제가 헌법 자체로부터
발생하기 때문이다. 그러나 이들은 그 이상의 문제이기도 하다. 이 문제는 헌법의 근거,
헌법을 형성시키는 힘, 헌법의 정당성 등을 목표로 삼기 때문에 그러한 문제의 출발점이
되는 현행 실정법(즉 현행의 법적 의미의 헌법)의 영역을 넘어선다. 그럼에도 불구하고
이러한 문제는 그 헌법적 의미를 가진다. 빌헬름 헨케(Wilhelm Henke)*가 적절하게
지적하였듯이, 법의 근거도 법에 속하는 것이다.4) 어떠한 현존하는 법질서도 법 이전의
소여(所與)에서부터 스스로를 근거지우고 정당화시킬 필요성으로부터 벗어나지 못한다.
법 이전이 소여에서부터 스스로를 근거지우고 정당화시키지 못할 때에는 법질서는 효력과
효력에 대한 요구권을 잃어버리고 만다. 예컨대 명령과 법률, 법률과 헌법 사이의 소급과
같은 것이 가능한 것처럼 법질서의 내부에서는 법에서 법으로 소급이 가능하다. 그러나
법질서의 최고단계에 이르면 그러한 소급은 이제 불가능하다.5) 그렇게 되면 법과 법

---

　　des Verfassungsrechts, Alfred Metzner, Frankfurt a. M. 1986, 32 S. (Würzburger Vorträge zur
　　Rechtsphilosophie, Rechtstheorie und Rechtssoziologie, Heft 4).

1) 다른 것보다도 Werner Kägi, Die Verfassung als rechtliche Grundordnung des Staates, Zürich
　　1945 (홍성방 옮김,『국가의 법적 기본질서로서의 헌법: 근대 헌법에서 제 발전 경향에 관한 연구』,
　　유로, 2011); Konrad Hesse, Grundzüge des Verfassungsrechts der Bundesrepublik Deutschland,
　　15. Aufl. 1985, S. 10 (계희열역,『통일 독일헌법원론』, 박영사, 2001, 37면). 여기서는 다음에 필요한
　　지시에 대한 주에 한정한다.
2) 이에 관하여는 독일에서의 1848/1849년, 1918/1919년, 1948/1949년의 헌법제정을 본보기로 한
　　Henning von Wedel, Das Verfahren der demokratischen Verfassungsgebung, Berlin 1976, S.
　　85 ff.를 보라.
3) 프랑스 혁명 이전과 혁명기 동안에 헌법제정권력에 관한 이론의 발전에 관하여 아직도 여전히 기본적인
　　것은 Egon Zweig, Die Lehre vom Pouvoir Constituant. Ein Beitrag zum Staatsrecht der
　　Französischen Revolution, Tübingen 1909.
4) Wilhelm Henke, Der Staat, Bd. 7 (1968), S. 165 (171); 그러나 ders., Der Staat 19 (1980), S.
　　181, 194 ff.도 참조.
5) 켈젠도 역시 바로 그가 실증주의적으로 지향된 규범주의를 시종일관 견지하였기 때문에 그 점을 다투지는
　　아니하였다. Hans Kelsen, Hauptprobleme der Staatsrechtslehre, 2. Aufl. 1923, S. 9 f. 참조.「매우
　　중요한 의미를 가지는 것은, 당위의 시초와 종말, 그 발생과 소멸에 관한 물음은 당위의 세계로부터
　　존재의 세계로 이행할 때에만 대답할 수 있으며, 또한 존재에 관련된 동일한 물음에 대해서도 당위의
　　세계로 들어간다는 사실이다. 거기에서 명백하게 드러나는 것은, 당위의 발생과 소멸에 관한 문제는

이전의 소여와의 관계, 즉 규범성과 사실성 사이의 결여되어 있는 연결이라는 문제가 불가피하게 등장하게 된다. 이 문제는 헌법 속에, 바로 헌법 속에 자신의 체계적인 위치를 가지고 있다.

2. 헌법적 **한계개념**으로서의 헌법제정권력의 문제는 여러 가지 관점에서 제기될 수 있다. **발생적** 문제로서는 그 문제는 헌법의 역사적·정치적 기원, 헌법의 성립, 그리고 그에 관련된 힘들을 목표로 삼는다. **법이론적** 문제로서 그 문제는 헌법의 효력에 대한 요구를 발생시키는 헌법의 규범적 타당근거를 지향한다. 이러한 문제가 형식적인 것에 머무르지 않는다면 그 문제는 헌법의 내용적 효력근거에 대한 **법철학적** 문제로 넘어간다. 오늘날 자주 그렇게 이해되듯이, 헌법이 사회의 법적 근본질서로 이해된다면 이런 문제는 그러한 것들에서 법의 (내용적) 효력근거 일반에로 확대된다. 헌법에 그 (민주적) 정통성과 정당성을 부여하는 기관이나 힘에 대한 **헌법이론적** 문제 역시 그와 동일하지는 않지만 그와 비슷한 방향을 보여준다. 마지막으로 그 문제는 **헌법교의적**으로 제기될 수도 있다. 그렇게 되면 그 문제는 헌법 자체 안에 예상되어 있는 헌법을 개정하는 입법자를 통하여, 헌법에 근거를 부여하고 헌법의 핵심내용에 해당하는 헌법의 변형이나 배제로부터 정상적인 헌법개정을 구분하는 것을 지향하고 있는데, 그러한 헌법의 변형과 배제는 헌법을 개정하는 입법자에게 맡겨진 것이 아니라, 오직 헌법제정자 자신(즉 헌법제정권력)에게만 유보되어 있는 것이다.

내가 몰두하려고 하는 국법학적 고찰은 헌법제정권력의 헌법이론적 관점과 헌법교의적 관점에 관한 것이다. 국법학적으로 헌법제정권력의 개념은 한편으로는 헌법의 성립에 대한 설명을 넘어서서 헌법의 규범적 효력을 근거지우는 정통성의 개념으로 나타나고, 다른 한편으로는 이러한 효력을 안정화시키려는 목적을 가진 구조적인 교의적 개념으로 나타난다.

이러한 헌법이론적 관점과 헌법교의적 관점 하에서는 헌법제정권력을 오로지 전제된 근본규범으로서 규정하는 것은 불충분한데, 근본규범이라는 가설을 취할 필요성은 헌법의 규범적 효력이라는 사실을 설명하기 위해서 필요한 것이다. 그러한 구조는 실로 켈젠(Kelsen)의 실증적 규범주의로부터 이해되는 것이다.6) 그러나 그러한 구조는 정통성의 **문제**만을 공식화시킬 뿐이며 대답에 대해서는 공허할 뿐이다.

헌법제정권력 속에서 헌법에 대하여 규범적 구속력을 부여하거나 박탈하는, 일종의 자연법적 종류의 이따금씩 요구되는 관념적·규범적 토대만을 보는 것도 꼭같은 정도로 불충분하다. 그렇게 되면 헌법제정권력은 헌법의 관념적·규범적 귀속점으로 환원될 것이며, 이러한 개념에서 핵심적인 것은 사실적인 것과 규범적이고 합법적인 것의 매개는

오로지 당위에게로만 지향하고 있는 관찰의 차원이나 규범적 인식방법의 내부에는 더 이상 존재하지 아니한다는 것이다」.

6) Hans Kelsen, *Reine Rechtslehre*, 2. Aufl., 1960, S. 203 f. (변종필·최희수 옮김, 『순수법학』, 길안사, 1999).

처음부터 옆으로 밀쳐 놓게 될 것이다. 그리고 헌법제정권력은 정치적인 것의 영역으로부터 제외되게 될 것인데, 사실은 헌법제정권력은 정치적인 것의 영역에 필연적으로 속하는 것이다. 헌법은 그 규범적 확정과 규제력을 존재하지도 않는 것들인 헌법보다 높은 법적 규범이나 특별한 재가(裁可)로부터 획득하는 것이 아니라, 한번 확립되고 유지되며 정치적 의사결단에 의해서 규범적으로 확립되는, 국민 내지는 사회 내의 규준부여적(規準賦與的)인 집단이나 힘이 가지고 있는 질서이념으로부터 획득한다. 따라서 헌법을 제정하고 헌법에 정통성을 부여하는 힘이 적어도 정치적인 크기로 나타나지 않을 수 없다.[7] 정치적 질서이념인 정의의 관념이나 정당성의 관념은 사람들이나 사람들의 집단이 그런 관념들을 살아있는 확신으로 증명해 보일 때에만 비로소, 그리고 그런 관념들이 정치적 힘이나 크기 속에서 그러한 확신의 담당자로서 구체화될 때에만 비로소, 인간의 공동생활을 형성하고 합법화하는 힘을 획득하게 된다. 그러므로 헌법이론적이고 헌법교의적인 개념으로서의 헌법제정권력은 순전히 가설적인 근본규범으로 규정될 수는 없으며, 또 자연법적인 근본규범만으로 규정될 수도 없다. 헌법제정권력은 헌법의 규범적 효력에 근거를 부여하는 실제적인 정치적 크기로도 이해되어야만 한다. 그러한 것으로서 헌법제정권력은 확실히 헌법에 의해 창설된 「기관」과 같은 어떤 것으로서 헌법의 내부에나 헌법의 토대 위에 존재할 수는 없고, 헌법과 헌법에 의해서 규정되고 한계지워진 헌법상의 권력(pouvoirs constitués)보다 선재(先在)해야만 한다. 헌법상의 권력보다 앞서 존재하고, 그 상위에 존재하는 질서라는 바로 이러한 점이 헌법제정권력의 고유한 성질을 이루는 것이다.

3. 이러한 필수적인 한계설정과 예비적 해명이 있는 이후에야 헌법제정권력에 대한 정의를 내리려는 시도가 이루어질 수 있으며, 이제 그에 대한 정의를 내려보면 다음과 같다. 즉 헌법제정권력은 헌법의 규범적 효력에 대한 요구에 있어서 헌법을 창설하고 유지하며 폐지하는 지위에 있는 (정치적인) 힘과 권능이다.[8] 헌법제정권력은 성문화된 국가권력과 동일한 것이 아니라 그러한 국가권력에 앞서서 존재한다. 그러나 헌법제정권력은 그것이 표출될 때에는 이러한 국가권력에 대하여 효력을 미치며 표출된 뒤에는 그 속으로 들어간다.

---

7) 국민의 헌법제정권력이라는 관점에서 적절하게 고찰한 것은 Rainer Eckertz, Das Grundrecht der Kriegsdienstverweigerung aus Gewissensgründen als Grenzproblem des Rechts, 1986, S. 222-224.

8) 이러한 정의는 그것이 정치적 결단의 단행을 목표로 하지 않고 헌법의 규범적인 효력요구의 창설과 유지 또는 지양을 목표로 하는 한에서는 Carl Schmitt, Verfassungslehre, 5. Aufl., 1970, S. 75 (김효전 옮김, 헌법제정권력, 동인 옮김, 『독일 헌법학의 원천』, 81면; 김기범역, 『헌법이론』, 교문사, 1976, 96면)의 정의와는 구별된다. 따라서 헌법제정권력은 정당성의 개념으로 파악하고 있다. 또 다른 정의는 Udo Steiner, Verfassunggebung und verfassunggebende Gewalt des Volkes, 1966, S. 82 f., 91; Dietrich Murswiek, Die verfassunggebende Gewalt nach dem Grundgesetz für die Bundesrepublik Deutschland, Bd. 1, 1977, §5 I 2, S. 120 ff. 아울러 그러한 개념 일반에 관하여 회의적인 것은 Konrad Hesse (Fn. 1). S. 16 f. (역서 46면 이하) 참조.

II. 헌법제정권력의 담당자 (주체)

1. 헌법제정권력의 담당자나 주체에 대한 질문은 그러한 담당자가 여러 가지 있을 수 있다는 것을 암시하고 있다. 그렇지만 여기에 이미 하나의 문제가 존재한다. 헌법제정권력이라는 개념은 그 기원과 내용에 따르면 바로 **민주주의적인** 헌법이론과 관련해서만 그 위치를 가질 수 있는 민주적이고 혁명적인 개념이다. 헌법제정권력이라는 개념은 1788~1789년에 아베 시에예스(Abbe Sieyès)*에 의해 최초로 전개되었다. 그의 목표는 헌법을 창설하는 힘으로서의 국민의 원초적이고 구속당하지 않는 정치적 결단권을 법과 전통에 근거를 가지고 있는 왕의 통치권에 대립시키는 것이었다.[9] 그 자신 신학자였던 시에예스는 내용적으로 헌법제정권력이라는 개념 안에서 그것이 기독교 신학 속에서 전개되었던 것이었던만치 특정한 신의 속성을 국민에게로 이전시킨 것이다. 즉 규준(規準)으로서의 헌법제정권력은 어떤 것으로부터 나오는 것은 아니다(potestas constituens, norma normans, creatio ex nihilo). 신학적인 개념을 정치적인 개념 ─ 엄밀하게 말하면 그 기원적인 의미에 있어서는 「정치신학」[10]으로 이렇게 변환시키는 것의 의미는 명확하다. 그것은 정치적·사회적 질서에 대한 완전한 행사권이 인간적 주체로서의 국민에게 귀속되어야 하며, 국민은 진정한 의미에서 그러한 행사권의 원초적 담당자가 되어야 한다는 것이며,[11] 이제 더 이상 신적(神的)인 세계질서나 자연질서가 정치적·사회적 질서의 근거나 이미 존재하는 관계를 결정하는 것이 아니라 인간이 인간의 의지나 절대적인 결단으로써 인간의 운명과 세계의 질서를 담당한다는 것이다.

그렇게 기초된 개념으로서의 헌법제정권력은 군주에게 양도될 수 없다. 왜냐하면 군주의 지배적 지위는 비록 외면적인 주권을 필요로 한다고 하더라도 전혀 다른 근거관계에 입각하고 있기 때문이다. 그럼에도 불구하고 1815년 이후 두 개의 정치적 형식원리로서의 군주제와 국민주권의 대결에서 헌법제정권력은 군주들 역시 요구한 것이었다. 그러나 그러한 사실은 프랑스혁명에서 등장하게 된 새로운 질서원칙이 이미 얼마나 저항할 수 없는 것이었던가 하는 것을 나타내 줄 뿐이다. 군주라는 지위는 사람들이 그것을 국민주권의 원칙으로부터 전개되어 나온 법률적인 근본개념으로 보고, 그 지위를 군주에게 되돌려 줄 것을 요구하지 않는 한 달리는 더 이상 잘 지켜낼 수 없는 지위이다.[12]

---

9) Karl Loewenstein, Volk und Parlament nach der Staatstheorie der französischen National-versammlung von 1789, 1922, S. 12 f.

10) Carl Schmitt, Politische Theologie, 2. Aufl., 1934, S. 49 ff. (김효전 옮김, 정치신학, 『헌법과 정치』, 산지니, 2020, 31면 이하).

11) Carl Schmitt, Die Diktatur, 2. Aufl., 1928, S. 142 f. (김효전 옮김, 『독재론』, 법원사, 1996); Ernst-Wolfgang Böckenförde, Organ, Organismus, Organisation, politischer Körper VII-IX, in: Geschichtliche Grundbegriffe, Bd. 4, S. 567-569.

12) 이것은 Carl Schmitt (Fn. 8), S. 80 f. (역서 101면 이하)에 대한 보충

그리고 사실상 그런 일은 이루어질 수 없었다. 그 지위가 법적으로 형성된 제도, 즉 특정한 왕위 계승질서에 의존하고 있는 군주는 그 자체가 헌법 안에서 그 형태를 획득하게 되는 정치적·법적 질서의 무정형의 형성자인 궁극적 근거나 원천으로 간주될 수 없다. 군주의 그러한 헌법구성적인 권력은 군주와 그의 가족이 종교적으로 정당화되는, 즉 전능한 신의 의지의 수탁자나 대표자로 나타날 수 있고, 등장할 수 있는 신적(神的)으로 정당화된 세계질서의 틀 속에서만 근거를 가질 수 있다. 이러한 일은 세속적인 국가질서에 대해서는 이미 이루어질 수 없는 것이다. 헤르만 헬러(Hermann Heller)는 그의 국가학에서 「신의 은총을 입은 가족이라는 보편적인 내재적 관점 내에서 헌법제정권력을 운위하는 것의 극복할 수 없는 어려움」에 대하여 언급하고 있는데 그것은 옳은 것이다.[13)]

2. 따라서 헌법제정권력의 담당자(주체)로서는 **오로지 국민**만을 고찰하게 된다. 헌법제정권력은 개념적으로 국민의 헌법제정권력이다. 그러면 이러한 맥락에서 볼 때 국민(das Volk)이란 무엇을 의미하는가?

그것이 의미가 없는 것은 아니지만 국민이라는 개념이 (투표권이 있는) 능동적 시민(Aktivbürgerschaft)인 것은 아니다. 국민이 공통의 언어와 혈통 또는 문화에 의해 결합되어 있는 인간의 집단으로서의 자연적 또는 인종적 의미의 국민과 일치하는 것도 아니다. 오히려 국민은 정치적 의미를 가진 것으로서 인민(die Nation), 즉 그 자신을 정치적인 권위로서 의식하고 그러한 것으로서 행위하면서 역사에 등장한 (정치적으로 결합하고 범위가 정해진) 인간의 집단을 의미한다. 이러한 정치적 의미의 국민은 자연적인 의미에서의 국민일 수는 있으나 반드시 동시에 자연적인 의미에서의 국민이어야만 하는 것은 아니다. 그러한 점에 대해서는 스위스가 가장 명확한 하나의 예가 된다.[14)]

어떤 국민 내의 특정 집단이나 계층(Schicht)도 헌법제정권력의 담당자가 될 수 있다. 그러나 이러한 일은 그러한 집단이나 계층이 정치적인 국민, 즉 인민의 대표자로서 성공적으로 등장할 수 있고, 거기에서 승인을 얻을 때에만 가능한 것이다. 그렇게 되면 그러한 집단이나 계층은 여전히 헌법제정권력의 담당자로 남아있는 국민을 **위해서** 존재한다. 프랑스혁명에 있어서의 제3신분(부르주아)의 지위가 그랬었다.[15)]

마르크스·레닌주의의 정치이론에 있어서는 헌법제정권력이 프롤레타리아에게 속한다. 가장 심한 소외를 겪은 프롤레타리아는 이미 계급적 기준에 의해서 소외당하지 않은 진실되고 진정한 인민의 의지를 구체화하며, 그러한 한에 있어서 프롤레타리아는 국민 전체의 대표자이다.[16)] 프롤레타리아 쪽에서 보면 그들은 전위적으로 창설된 그들의

---

13) Hermann Heller, Staatslehre, 3. Aufl., 1971, S. 278 (홍성방 옮김, 『국가론』, 민음사, 1997, 393면).

14) 문헌에 자주 나오는 국가국민(Staatsnation)과 문화국민(Kulturnation)의 구별이 그것에 상응한다.

15) 그것은 1789년 초에 (처음에는 익명으로) 출판되었고, 혁명의 불씨를 당기는 역할을 한 Sieyès, Qu'est-ce que le tiers état? (박인수 옮김, 『제3신분이란 무엇인가』, 책세상, 2003)라는 팜플렛 속에 정치적으로 전제되었고 동시에 명확하게 표현되어 있다.

16) 이에 대하여 기본적인 것은 Karl Marx, Die deutsche Ideologie (1 Teil) = ders., Die Frühschriften, hrsg. v. Siegfried Landshut, Stuttgart 1953, S. 395 ff. (이병창 옮김, 『독일 이데올로기』, 먼빛으로,

공산당과 행위가 일치하며, 따라서 헌법제정권력의 대리는 그 실제적·정치적 집행에서는 공산당에 속한다.

 3. 국법적·헌법적 개념으로서의 국민의 헌법제정권력은 프랑스에서뿐만 아니라 독일의 헌법제정권력의 원용(援用)은 1848년의 헌법제정운동에서 최초로 시작되었다. 바울교회 의회(Paulskirchenparlament)*에 대한 선거의 요구와 선거의 공고는 「(독일) 제헌 국민의회」를 위해서 일어난 일이었고, 선출된 국민의회 자체도 국민의 헌법제정권력을 원용하였는데, 국민의회는 국민의 헌법제정권력을 국민의회 자신을 위해서 요구하였던 것이다.17) 바이마르 헌법은 그 전문에서 독일 국민의 헌법제정권력을 그것의 진정한 기초로 전제한다(독일국민은…이 헌법을 제정하였다). 서독 기본법보다 명확하게 이 헌법제정권력을 원용하고 있는데, 전문에서는 명시적으로 자체의 근거부여와 정당화를 위해서 원용하고, 제146조에서는 간접적으로 한 번 더 독일 국민 전체의 자유로운 의사결정에 따른 기본법 자체의 실효(失效)를 염두에 두고 원용하고 있다.18) 그렇게 해서 헌법제정권력의 개념뿐만 아니라 헌법제정권력의 (필연적인) 담당자로서의 국민도 또한 국법적인 권위로 승인된다. 주헌법(州憲法)들을 한 번 보면, 국민의 헌법제정권력을 인용하고 있는 것이 각각 다르다. 바덴-뷔르템베르크(Baden-Württemberg) 주헌법과 같은 일부 헌법은 명시적으로, 그리고 다른 일부의 주 헌법 사실상으로 당해 주민(州民)의 헌법제정권력을 원용하고 있다.19) 특히 헤센 주헌법의 전문(前文)이 눈여겨 볼만하다. 그 전문은 「헤센 사람들」(Hessen)이 다음의 헌법을 제정하였다고 언급하고 있다. 오로지 조직규정만 가지고 있는 모든 헌법들은 스스로를 통상적인 법률로 보고 있으며, 그 이상의 정당화 근거를 포기하고 있다.20)

2019). 정치적 및 강령적으로 정식화된 것은 Manifest der kommunistischen Partei, ebd., S. 534-538 (김재기 편역, 「공산당선언」, 『마르크스·엥겔스 저작선』, 거름, 1988). 같은 책 S. 539에 이미 프롤레타리아트의 전위로서의 공산당의 지위가 언급되어 있다.

17) 1848년 3월 31일과 4월 1일부터 4일까지 개최된 예비의회의 의결이나 1848년 4월 7일의 연방의결도 「제헌 (독일) 국민의회」에 관하여 말하고 있다. Ernst Rudolf Huber (Hrsg.), Dokumente zur deutschen Verfassungsgeschichte, Bd. 1, 1961, S. 271, 274 참조. 1849년 3월 28일의 독일 제국헌법에 관한 법률적 결정은 「독일 제헌 국민회의는 의결하였다」라는 말로 시작한다. ebd., S. 304.

18) 전문에서는 다음과 같이 말한다. 즉 「각 주의 독일 국민은 과도기의 국가생활이 새로운 질서를 확립하기 위하여 헌법제정권력에 의하여 이 독일 연방공화국 기본법을 의결한다」.

19) 1953년 11월 11일의 바덴-뷔르템베르크 주헌법, 전문; 바이에른 자유국가 헌법, 전문(「바이에른 주민(州民)은 다음의 민주헌법을 제정한다」); 노르트라인-베스트팔렌 주헌법, 전문(「노르트라인-베스트팔렌 주의 성인 남녀[Männer und Frauen]는 이 헌법을 제정한다」); 라인란트-팔츠 주헌법. 전문(「라인란트-팔츠 주민(州民)은 이 헌법을 제정한다」).

20) 자유 및 한자 도시 함부르크 헌법, 니더작센주 임시헌법과 슐레스비히-홀슈타인 주규약(州規約)이 그러하다.

Ⅲ. 국민의 헌법제정권력의 행사와 행사형태

이제 세 번째의 문제 범주인 국민의 헌법제정권력의 행사와 형사형태에 대해 살펴보자. 여기에 곧 바로 헌법이 가지는 한계 개념적 성질을 명확하게 부각시켜 주는 헌법제정권력이라는 개념의 중심문제가 등장한다.

1. 법적인 헌법에 **선재**(先在)**하는** pouvoir constituant으로서의 국민의 헌법제정권력은 헌법 자체에 의해서 법적으로 규범 가능하거나 그 표현형식이 결정될 수는 없다. 국민의 헌법제정권력은 시원적(始原的)이고 직접적이며 기본적인 성격을 가지고 있다. 그 결과 국민의 헌법제정권력은 바로 정치적인 크기로서 스스로 그의 표명형식을 추구하고 창조할 수 있는 지위에 있는 것이다. 그러나 그렇다면 국민의 헌법제정권력이 도대체 국법적인 크기나 국법적인 개념으로서 사용될 수 있는가? 종국에 형식과 절차 속에 맞추어 넣어지는 것, 그리고 그럼으로써 생겨나게 되는 한계설정과 배출방법의 결정을 거부할 수 있는 국법적인 크기가 도대체 존재할 수 있는가? 그렇다면 헌법제정권력은 그것이 헌법에 효력과 정당성을 부여했을 때에는, 미리 규범적으로 구속당하지 않은, 따라서 예측할 수도 없는 정치적 힘의 행동 앞에서 헌법의 효력과 존립을 보장하기 위해 침묵하도록 만들어져야 하지 않는가?

이러한 해결이 정치적인 것의 측량불가능성 앞에서 법적인 헌법을 보호하기 위해서는 유용한 것일 수 있으며, 마르틴 크릴레(Martin Kriele)*는 그것을 명시적으로 지지한다.21) 그러나 국법적으로 고찰해 볼 때 그러한 해결을 하나의 법적인 인위개념(人爲槪念)과 하나의 의제(擬制)를 내포하고 있다. 국민의 헌법제정권력이 (또한) 진정한 정치적 크기와 힘으로서 헌법과 헌법의 효력에 대한 요구를 정당화시키기 위해 필수적인 것이라고 한다면, 국민의 헌법제정권력은 이러한 일을 수행한 이후 법적으로 무(無) 속으로 사라져 버릴 수는 없는 것이다. 그것은 그 후에도 계속해서 이러한 크기와 힘으로 존재하며 이러한 크기와 힘으로 남는 것이다. 헌법에 대한 필수적인 —그리고 필수적이라고 승인된 — 정당화가 어떤 시점에서 그 (혁명적) 발현이 수축되어 버릴 수 있고, 그 시점 이후에는 어느 정도까지는 헌법이 스스로 효력을 유지하며 이러한 정당화의 지속에 의존하지 않는다는 것은 하나의 실제적인 관념이다.22) 국가적으로 통일된 구체적인 공동체 속에 살아있는 정치적이고 법적인 확신에 의해 내려지고 시간적으로 지속적이며 스스로를 새롭게 하는 헌법의 근본적 결단이라는 존재적인 토대물(土臺物)이 결여되어 있다면, 헌법 자체가 어쩔 수 없이 침식과정 속에 빠지게 되어 헌법의 규범성은 하나의 또 다른 질서를 의욕하는 헌법정책적 기본확신들의 상호투쟁 사이에서 소실되거나 스스로가

---

21) Martin Kriele, Einführung in die Staatslehre, 2. Aufl., 1981, §66, S. 260 ff. (국순옥 옮김, 『헌법학입문』, 종로서적, 1983, 325면 이하).

22) 이에 관하여 역시 비판적인 것은 Helmut Quaritsch, Der fortschreitende Verfassungsstaat, Der Staat 17 (1978), S. 427 f.

일반적인 무감각에 빠지고 만다.

어디에 문제가 있는가? 문제는 기본적인 정치적 크기와 힘으로서의 국민의 헌법제정권력을 정치적 크기와 힘으로서 제거해버리지 않고 가능한 한 그 헌법제정권력이 한번 가졌던 표현과 결단으로 확보하는 것에 있다. 그것은 국법적으로는 다음과 같은 질문으로 공식화된다. 즉 어떻게 법적인 헌법이 헌법제정권력에 의한 정당화로부터 절연됨이 없이 그 효력근거와 그 존립에 있어 이미 규범적으로는 구속되어 있지 않은 힘의 흔들림의 바깥에 놓이는 일로부터 지켜질 수 있는가, 어떻게 그것이 기본적인 정치적 행위와 감정 속에서, 그리고 또한 언제나 유동적인「생활」속에서 스스로를 드러낼 수 있으며, 또 드러내는가?

이 문제를 배제시키지 않으려고 한다면, 이러한 목표는 절대적으로는 한 번도 달성될 수 없다는 사실을 인정해야 한다. 국민의 헌법제정권력이 스스로 법적인 헌법을 정당화하는 —그리고 그 정당화를 위해서 요구되는— 힘을 가진다고 한다면, 그것은 또한 전적이며 돌발적이든(헌법의 폐지, Verfassungsbeseitigung), 점차적이며 개별 단계적이든(헌법의 지양[止揚], Verfassungsaushöhlung), 이러한 정당화를 폐지시킬 힘도 가지는 것이다. 그러한 한 바로 민주적인 시대에 있어서는 정치가 우리의 모든 운명인 것이다.23) 국법적인 기본개념과 한계개념을 정치적인 것과의 밀착성으로부터 분리시킨다는 것은 처음부터 성공할 수 없는 일이다. 국법의 중요한 과제를 이루는 것으로서 다음과 같은 것은 성공될 수 있다. 즉 결코 배제시킬 수는 없는 국민의 헌법제정권력의 행위는 어떤 방법으로든 한계 지워질 수는 있고, 그것이 등장할 때 그것의 표현이 그러한 표현을 위해 미리 준비되어 있는 방법에 합치하고 구속당하게 되며 효력을 가지도록 스스로를 배출하고, 이러한 방법을 통해서 현실화의 가능성도 가지게 되는 일은 적절한 준비를 통해서 달성될 수 있다.

2. 헌법제정권력을, 그것을 차단하는 일 없이, 한계 짓고 그것에 배출로를 설정해 준다는 목표를 달성시키는 데에는 여러 가지 방법과 가능성이 존재한다.

a) **첫 번째** 방법은 헌법제정권력(pouvoir constituant)과 헌법에 의하여 조직된 권력(pouvoirs constitués)을 구별하고 경계짓는 것이다. 이러한 구별은 민주주의적인 국법에 대한 법리적·개념적 작업의 고전적 부분을 이루는 것이다.24) 입법권과 헌법개정권을 포함하여 헌법에 의해서 규율되고 동시에 한계가 지워지는 권력이 헌법제정권력과 그 속에 구체화되어 있는 국민의 주권으로부터 경계 지워지고, 그러한 헌법상의 권력이 헌법의 핵심과 헌법 전체에 침입하는 것이 방지됨으로써 세 가지가 달성된다. (1) 헌법의 규범적 효력이 강화된다. 왜냐하면 모든 헌법상의 권력, 즉 국가의 기능에 있어서의

---

23) 그 점에서 일치하는 것은 Wilhelm Henke, Der Staat 19 (1980), S. 208 ff.

24) Carl Schmitt, Die legale Weltrevolution, Der Staat 17 (1978), S. 321 (337)(김효전역, 합법적 세계혁명,『헌법과 정치』, 산지니, 2020, 818면); Klaus Stern (Fn. 8), § 513 b, S. 125 ff. 프랑스 혁명 시대에 관하여 역사적인 것은 Karl Loewenstein (Fn. 10), S. 278 ff.

정치적 지배권의 구체적인 담당자들이 헌법 아래에 놓이게 되기 때문이다. (2) 정당성을 부여하는 (현실적인 정치가 권위로서의) 상위의 권력의 필요성과 존재가 인정된다. (3) 합법적인 헌법개정이라는 가장(假裝) 하에 또는 헌법의 파훼(Verfassungsdurchbrechung)에 의해서 이루어지는 이러한 정치적 크기에 의해 정당성을 부여받은 법적 헌법에 대한 모든 침해가 이러한 정치적 크기로부터 절연된다. 따라서 헌법을 근본적으로 침해하는 행위는 비상한 상황에로 억제 당하고 또 조직화되어 있고 법적으로, 방법적으로 구속되어 있는 헌법 생활을 극복하고 그러한 행위가 효력을 가지기 위해서는 특별한 에너지를 필요로 하게 되는 것이다.

b) **두 번째** 방법은 헌법제정권력의 담당자가 결단을 준비하고 행사하며 보다 명확하게 하는데 도움이 되는 민주적인 방식을 발전시키고 실행하는 것이다. 헌법제정권력의 표명은 특히 그것이 헌법의 기초가 되는 것이 개정과 관계되거나 이제까지 효력을 가지고 있던 헌법의 폐지와 관계될 때, 기본적인 성격을 가지게 된다. 그러한 표명은 거의 언제나 부정(否定)일 때에만 명확하며, 반대로 긍정인 경우에는 그러한 표명은 특정한 노선을 명확하게 하는 것을 제외하고는 애매한 상태로 남으며 이미 주어진 문제설정에 의존한다. 따라서 이러한 표명을 즉각적으로 그 불특정성에서부터 구출해 내어 특정한 형태와 실현 가능한 질서 속으로 옮겨 놓는 것이 중요하게 된다. 전자의 일은 전체적인 조치로서 그리고 예비적으로 이루어질 수 있으며, 후자의 일은 결과적으로 그리고 실행적으로 이루어질 수 있다. 그러나 두 경우 모두 적절한 방식이 필요하다. 민주국가의 관행은 프랑스 혁명기의 모범을 좇아 여러 가지의 그러한 방식들을 만들어 왔으며, 그러한 방식들에 대해서는 카를 슈미트(Carl Schmitt)가 그의 헌법학 속에서 자세히 기술하고 있다.[25]

첫 번째 방식 : 이미 내려진 근본결단을 더욱 자세하게 실행한다는 성격을 가지는 헌법률상(verfassungsgesetzlich)의 규정을 결정하거나 폐지시키는, 민주적 선거에 의해 구성된 **헌법제정** 국민의회. 투표권이 있는 국민(stimmberechtigte Staatsürger)이라는 의미에 있어서의 국민(das Volk)을 통한 확증이나 결정은 발생하지 않는다.

1919년의 바이마르 헌법은 이러한 방식으로 제정되었다. 그 헌법은 보통·평등 선거권의 원칙에 따라 선출된 바이마르 국민의회가 결정하고 시행하였다. (1918년 11, 12월의) 혁명적 국면에서 이미 군주제를 반대하고 민주공화국을 지지하며, 단일국가를 반대하고 — 국민의회를 구성하기 위한 선거공고와 더불어 — 소비에트체제에도 반대하며 의회민주제를 지지하는 결단이 내려졌고, 그 결단은 국민의회에 의해서 더 세밀하게 형성되었던 것이다.

두 번째 방식 : 이른바 콘벤트(Konvent)라고 하는 **헌법을 기초하는** 의회를 소집하거나 선거하는 것이다. 그것은 국민에 **대하여** 하나의 제안으로서 헌법초안을 제시하고, 국민 자신이 그것의 채택과 거부를 결정한다.

---

25) Verfassungslehre, S. 84-87 (김효전 옮김, 『독일 헌법학의 원천』, 88-91면).

1945년 이후 남독일 각 주(바이에른, 뷔르템베르크-바덴, 헤센, 라인란트-팔츠)의 헌법과 브레멘주, 노르트라인-베스트팔렌주의 헌법은 동시에 헌법기초의회(콘벤트)이기도 했던, 주민(州民)이 선출한 주의회(州議會)에 의해서 심의·결의되고, 각각 주민투표(州民投票)에 의해서 채택되었다. 1952년에 바덴, 뷔르템베르크-바덴, 뷔르템베르크-호헨촐레른주를 합병하여 바덴-뷔르템베르크주를 만듦에 있어서는 더 이상 그러한 주민투표는 없었다. 헌법을 제정하기 위해서 선출된 주민대표회의(州民代表議會, Volksvertretung)가 헌법제정의회의 지위를 가졌던 것이다.

세 번째 방식: 특정한 국가기관이나 일정 수의 투표권이 있는 국민에 의해서 (이른바 국민발안) 제출된, 법적인 헌법에 대한 근본적 개정이나 새로운 제정의 제안에 대한 일반국민투표.

전면개정(제119조 이하)에 관한 **스위스 연방헌법**의 규정이 이러한 방식이다. 전면개정은 대상이나 내용에 관한 어떠한 한계설정에도 구속당하지 않으며, 오직 절차규정에 따라서만 이루어지며, 따라서 흔히 헌법국민투표(Verfassungsreferendum)라는 방법에 의한 일종의 헌법제정권력의 행사이다. 이것과 구별해야 할 것은 바이에른주(제74조, 제75조 1항)와 바덴-뷔르템베르크주(제60조 1항, 제64조 2항) 등과 같은 연방공화국의 일부 주들이 채택하고 있는 것과 같은 국민의 헌법개정요구와 그에 따른 국민투표의 가능성이다. 이러한 국민요구는 언제나 헌법의 근본결단을 침해함이 없이 오직 헌법의 **헌법률적인** 개정에만 관계되는 것이며, 헌법의 지배 아래 있는 헌법상의 권력의 틀 속에서 머무른다.[26]

네 번째 방식: 대개 거의 **배타적으로** 통치권력의 소유자가 초래한, 그 합법성에 적어도 **의심의 여지가 있는** 헌법의 새로운 질서와 규정에 대한 일반국민투표(Allgemeine Volksabstimmung).

쿠데타(Staatsstreich)에 대한 플레비지트적인 정당화에 필적하거나 그와 동등한 이 방식은 무엇보다도 1799년, 1802년, 1804년, 1815년에 있었던 나폴레옹의 플레비지트와 1851년과 1852년의 나폴레옹 3세의 플레비지트에서 행해졌다. 그러한 방식은 혁명정권이나 혁명체제에 의해 창출된 사태를 국민을 통해서 정당화하기 위해서 무엇보다도 혁명정권이나 혁명체제에 대해서 나타나며, 또 합법적인 정권의 혁명적 행동에 대해서도 나타나는데, 그를 통해서 그런 행동이 즉각적으로 지니게 되는 불법성이 제거된다. 프랑스 제5공화국에서 드골(de Gaulle) 장군은 대통령의 자격으로 그가 에비앙 조약*에서 인정한 프랑스 영토의 일부로서의 알제리 지역의 포기 ―그것은 헌법에 따른다면 허용될 수 없는 것이었다― 를 플레비지트를 통해 재가(裁可)되도록 하였다.[27]

---

26) 그것은 바이에른 주헌법 제75조 1항 2문과 바덴-뷔르템베르크 주헌법 제 64조 1항 2문에서 명백하게 나오는 것인데, 그에 따르면 헌법개정은 국민의 열망에 근거한 것일지라도 「민주적 기본사상」 내지 「민주적·사회적 법치국가의 원칙」을 위배하는 것은 허용되지 아니한다.

27) 1962년 4월 8일의 국민투표, Pierre Gaxotte, Histoire des Français, Paris 1972, S. 801 참조. 1958년의 프랑스 헌법 제69조 4항에 따르면 「국가영역의 불가침성」을 침해하는 헌법개정절차는 도입될 수도

c) 헌법제정권력의 명확한 표명을 준비하거나 그것을 하나의 실행 가능한 질서 속으로 인도해 가는 이들 여러 가지 방식과 더불어 헌법제정권력의 명료한 표현을 보존시키며 동시에 그것을 한계짓고 그것에 배출로를 열어주는 **세 번째** 방법이 존재한다. 그 방법이란 조직화되지 못한 국민에게 헌법의 **틀 속에서** 영향력을 행사할 수 있는 길을 열어주는 것이다. 국민은 그에게 열려진 그러한 가능성들을 인식함으로써 헌법에「생기를 불어 넣으며」, 현실화된 컨센시스 속에서 헌법의 정당성을 새롭게 만든다. 그러한 가능성들이 일단 (공공의) 의견의 자유, 언론출판의 자유, 집회의 자유의 보장에 의해서 창조되면, 그렇게 되면 조직화되지 못한 국민이 비록 산만한 형태라고는 하더라도 스스로를 직접적 으로 명확하게 표현할 수 있게 된다. 둘째로, 그러한 가능성은 능동적 시민 (Akivbürgerschaft), 즉 조직화된 국민에게 선거와 투표와 국민결정에 대한 법적 영향력행 사의 가능성을 만들어 줌으로써 나타나게 된다. 왜냐하면 능동적 시민이라는 형태의 조직화된 권위로서의 국민이 행동적으로 등장할 때마다 헌법제정권력을 지닌 조직화되지 못한 국민 또한 그에 관여하고 참여하기 때문이다. 국가적·정치적 실제에 있어서 기관으 로서의 국민과 주권자로서 국민이 구별된다는 것은 정말이다. 그러나 그 둘은 서로 다른 두 개의 실체적인 크기들임에도 불구하고 서로 서로 분리되지는 않는다. 그 둘은 결국에는 동일한「국민」인 것이다.[28]

3. 이제는 국민의 헌법제정권력의 행사와 행사형태를 고려하면서 기본법과 주헌법을 한 번 고찰하려고 한다.

a) 기본법은 의식적으로 헌법제정권력과 헌법에 의하여 조직된 권력을 구별하였다. 기본법은 제79조 3항의 헌법개정권력을 헌법의 지배를 받은 헌법에 의하여 조직된 권력이라는 의미에 있어서의 한계 내의 권능으로 규정하였으며, 제146조의 경우와 독일 통일헌법이 제정되는 경우를 위하여 헌법제정권력이 행사될 수 있는 영역을 명시적으로 열어 놓았다. 그와 함께 기본법은 바이마르 헌법의 합법적인 종말에 대한 경험에서 아주 명확하게 국민의 헌법제정권력을 제한하고 그것에 배출로를 설정해 주는 길을 걸었다. 기본법 자체가 국민의 헌법제정권력에 의해서 정통성을 부여받은 것이라고 볼 때 ―기본법은 그 전문(前文)에서 이러한 사실로부터 출발하고 있다― 그럼으로써 헌법제정권력은 자신에 대한 지속적인 한계설정에 동의했는가 하는 문제가 논의되게 된다.[29] 이러한 한계설정은 확실히 하나의 **자기구속**으로 머무르며, 헌법제정권력이 헌법의 지배를 받는 것이 아니라 오히려 헌법이 헌법제정권력에 의하여 처음으로 근거와 정통성을 부여받는 것이기 때문에, 부과된 **법적 구속**으로 간주될 수 없다. 그러나 그럼에도 불구하고 그러한 한계설정이 의미가 없는 것은 아니다. 그것은 헌법제정권력의 표명에

없으며 계승할 수도 없다.
28) Klaus Stern (Fn. 8), §5 1 3 b, S. 124 f. 역시「동일한 국민」이 활동하는 것으로 본다. 그러나 그 문제를 구조적으로 해명하고 해결할 수 있다고 한다.
29) 이에 대하여 비판적인 것은 Dietrich Murswiek (Fn. 8), S. 180 ff.

대한 정치적인 논쟁에 있어서 실효적인 정통성의 논거를 헌법에 의해 만들어진 권력들에게 부여하는 것이다. 따라서 헌법제정권력의 실행이 극복해야하는 장애물은 명백히 예전보다 더 높아진 것이다.[30]

기본법은, 헌법의 정당화에 국민을 연결시키기 위해서, 조직화되지 아니한 국민에게 능동적 시민의 법적 영향력행사 가능성에 대하여 국민입법(Volksgesetzgebung)이나 헌법국민투표(Verfassungsreferendum) 등과 같은 간접적인 표명가능성을 제공해 주지 않았다. 그 점에 있어서 국민은 결정적인 대표제 민주주의 형성의 결과 오직 매 4년마다 있게 되는 선거만을 고수하게 된다. 나머지 점에서는 조직화되지 못한 정치적 크기와 힘으로서의 국민은 그 정치적 의사를 명확하게 표명하기 위해서는 —산만한 것임에는 틀림없지만— 여론이라는 수단에 의존하게 되며, 그러한 여론의 형성과 활동의 가능성은 헌법이 명시적으로 보장하고 있다. 헌법제정권력이 정치적으로 현존하며 또 활동적인 경우에 추구하게 되는 또 다른 기본적인 표명형식에 관해서는, 그것을 배출하는 방식이 존재하지 않는다. 이러한 것은 기본법에 대해서 위협이 될 수 있다.

b) 주헌법(州憲法)들은 조직화된 주민(州民)의 법적 영향력행사의 가능성— 그 속에서 조직화되지 못한 주민(州民)도 하나의 표명가능성을 가진다— 에 대한 고려에 있어서 보다 대범하다. 일부의 주헌법들은 모든 헌법개정에서 주민에 의한 승인을 규정하고 있으며,[31] 그보다 더 나아가서 많은 수의 주헌법들은 법률의 공포에 대한, 그리고 일부에서는 헌법개정의 공포에 대한 주민발안(州民發案)을 규정하고 있다.[32]

이러한 국민입법방식에 있어서, 헌법에 의하여 조직된 권력(pouvoir constitués)이며 헌법의 지배 아래 있는 조직화된 국민의 행위와, 헌법제정권력의 담당자이며 주권자인 조직화되지 못한 국민의 의사표명 사이의 관계가 명확하게 등장하게 된다. 헌법기관으로서의 국민은 헌법의 틀과 한계 내에서만 활동이 허용된다. 그에 따라 그의 발의권은 그 합헌성에 대한 검증과 통제에 복종하게 된다. 다른 면에서 보면 그것은 국민에 의해 구속적으로 이루어진 결단이 나중에 국민의 이름으로 심판하는 법원에 의해서 그 합헌성과 비합헌성이 드러나게 된다는, 이론적으로 그리고 실제적·정치적으로 해결하기 힘든 문제를 제기한다.[33] 이러한 문제는 능동적 국민으로서의 (조직화된) 국민이 담당하도록

30) Dietrich Murswiek (Fn. 8), S. 226 ff.; Theodor Maunz/Günter Dürig, Rdnr. 30 zu Art. 79 (Bearb. 1960), in: Maunz/Dürig, Grundgesetz를 보라.
31) 바이에른 자유국가 헌법(제75조 2항), 브레멘 자유 한자도시 주헌법(제125조 3항. 주민(州民)이 헌법개정을 전원일치로 의결하지 못한 경우를 제외하고), 헤센 주헌법(제123조 2항)이 그렇다.
32) 주 31에서 말한 헌법들(바이에른주 제74조; 브레멘주 제123조; 헤센주 제124조)이 그러하며, 나아가 바덴-뷔르템베르크 주헌법(제59조 2항), 노르트라인-베스트팔렌 주헌법(제68조), 라인란트-팔츠 주헌법(제109조), 자알란트 주헌법(제99조)도 그렇다.
33) 프랑스 헌법위원회(Conseil Constitutionel)는 1962년 11월 6일의 유명한 결정에서 헌법위원회는 국민주권의 직접적 표현(expression directe de la souveraineté nationale)인 법률을 평가할 권한이 없다고 하였다. Louis Favoreu/Loïc Philip, Les grandes décisions du conseil constitutionel, 2. Aufl. Paris 1979, S. 176-185 참조. 그것은 드골이 헌법개정에 관한 규정(제59조 1-3항)을 무시하고 직접적인 플레비지트에 의해서 국민에 의한 대통령 선거제를 도입한 데에 기인한다. 이에 관하여는 Henry W.

되어 있는 결단이나 의사표시에 있어서 항상 또한 주권자로서 국민이 관계하고 있으며 함께 하고 있다 ―이 점에 대해서는 이미 말한 바 있다― 는 이유 때문에 발생한다. 그 문제에 대한 법적인 해결은 국민입법과 국민발안이 국민에 의해 결정되기 이전에, 흔히 주민청원(州民請願)에 대한 주들의 법규정이 미리 고려하고 있는 바와 같이, 그 헌법적인 허용가능성을 검증받는다는 점에 존재한다.34) 이러한 검증은 국민 자신의 결단에는 해당되지 않으며 오직 **국민에 대한 문제 제기에만** 해당된다. 이러한 문제제기의 측면에서 보면 국민 자신으로부터 나오는 것은 아니며, 그러한 목적을 위해 소집된 헌법기관으로부터 나오거나 또는 국민청원에서는 일정수의 개별적인 국민으로부터 나오거나 국민집단으로부터 나오는 것이다. 이들의 행위를 헌법과 연결시키고 그럼으로써 이들의 행위를 통제하는데 있어서 주권자로서의 국민과 관계되는 문제는 하나도 발생하지 않는다. 국가기관으로서의 국민(그리고 그 경우에 함께 존재하는 주권자로서의 국민)에 대해서는 오직 **헌법에 적합한**(verfassungsmäßig) 문제들만이 대답과 결정을 위해 제시된다는 일은 이러한 방법으로 이루어진다. 물론 그 일에 대해서는 국민에 대한 문제제기에 대해서, 사후에야 비로소 있게 되는 것이 아닌, **사전**의 검증과 판단이 필수적이다.

Ⅳ. 헌법제정권력에 대한 법적 구속

1. 민주헌법 내에서, 그리고 민주적 헌법론에 대해서 헌법제정권력이라는 개념이 가지고 있는 본원적(本源的)인 의미에서 본다면 헌법제정권력에 대해서는 미리 주어진 어떠한 법의 구속도 존재하지 않는다. 법적인 헌법은 헌법제정권력의 시원적(始原的)인 행위에 의해서 비로소 제정되고 또 정통성을 부여받는 것이지 법적인 헌법이 헌법제정권력보다 앞서 존재하는 것은 아니다. 이미 언급한 바 있는 헌법제정권력의 담당자의 주권이라는 사상과 그에 대한 신적 속성(神的 屬性)의 위임이라는 것도 헌법제정권력에 대한 법의 사전적 구속을 배제시킨다.

그럼에도 불구하고 이러한 헌법제정권력이론 속에서 임의적이고 경우에 따라서는 자의적인 크기나 힘이 생각되는 것은 아니다. 첫째로 헌법제정권력은 그 이름이 이미 말해주는 바와 같이, 헌법을 향하고 있는 의지로 결정되어 있다. 헌법이란 국가적·정치적인 힘의 법적인 질서와 조직을 의미하며 동시에 그러한 힘의 계통적 구성과 한계설정을 의미한다. 이러한 계통적 구성과 한계설정은 모든 법질서에 고유한 것이며 이러한 질서가

Ehrmann, Verfassungsgerichtsbarkeit im Frankreich der Fünften Republik, in: Der Staat 20 (1981), S. 373 (376 f.).

34) 다음과 같은 것을 보라. 1974년 3월 6일의 바이에른 주선거법(Landeswahlgesetz) 제71조 1항 (GVBl, S. 133); 1950년 5월 16일의 국민청원과 국민표결에 관한 법률(Gesetz über Volksbegehren und Volksentscheid) 제3조 2항(GVBl S. 103); 1951년 8월 3일의 노르트라인-베스트팔렌주 국민표결과 국민청원의 절차에 관한 법률(Gesetz über das Verfahren bei Volksentscheid und Volksbegehren) 제5조 1항(GS NW, S. 60).

어떠한 방식으로 형성되었는가 하는 문제와는 관계가 없다. 절대적인 상태로 남고자 하는 절대적인 힘은 스스로를 헌법 속에 편입시키지 않는다.[35] 따라서 입헌성 (Konstitutionalität)이라는 것은 어느 정도 헌법제정권력이라는 개념 속에서 이미 생각되고 전제되어 있는 것과 같이, 임의적인 힘이나 순전히 자의적인 지배에 대한 한계설정을 의미하는 것이다. 둘째로, 시에예스는 **국민**(Nation)을 헌법제정권력의 담당자라고 말하였다. 그것은 그 자연적인 의지의 상태에 있는 경험적인 주민을 의미하는 것이 아니라 스스로를 정치적 주체로서 의식하게 된 국민의 의식의 총체를 의미하는 것이다. 이러한 의미에서의 국민은 그 정치적 의지에 있어서 특정한 정치적・윤리적・문화적 관념과 확신에 의해서 형성된 것이다. 「국민의 의사」는 또한 다수의 특별의사의 합계(전체의사, volonté de tous)로 생각된 것이 아니라 루소(Rousseau)적 의미에 있어서의 일반의사 (volonté générale)를 의미하며, 이 일반의사 속에 공적인 생활의 형성과 생활의 영위에 대한 원칙들이 표현되게 되는 것이다.[36]

2. 그간에 발생했던 주권의 변질(Souveränitätsentartung)과 민주적 주권자의 변질의 경험, 더 나아가서는 의심할 수 없는 공통적인 근본견해의 퇴행으로 해서 현재에는 ―무엇보다도 1945년 이후에는― 근본적인 정의의 원칙과 자연법이 헌법제정권력에 대해 구속을 가하고 제한을 부과하고 있는 것이 아닌가 하는 문제가 제기되었다. 이러한 방식으로 헌법제정권력에 대해 요구되는 구속과 제한은 **외부로부터** 초실정법적으로 부과된 법적 구속으로 이해되거나 아니면 자체에 한계를 가지고 있는 헌법제정권력의 자유에 대한 **내부적 제한**으로 이해된다. 그것은 무엇보다도 헌법제정권력에 대해 그러한 것으로서 부과된 법적 구속이나 내부적 한계설정으로 요구되고 있는 인권 (Menschenrecht)에 대한 승인인 것이다.[37] 헌법제정권력의 국제법에 대한 구속의 문제는 특별한 문제로서 여기서는 고려하지 아니하였다.

연방헌법재판소(Bundesverfassungsgericht)는 그의 초기의 판결들에서 헌법제정권력을 점유하고 있는 제헌의회는 어떠한 외부적 제한에도 구속당할 수 없으나, 「모든 성문법에 앞서서 존재하는 초실정적인 법원칙」에는 구속당한다는 전제를 근거로 삼고 있다 (BVerfGE 1, 14 [61]). 그 이후에 나온 몇 개의 판결(BVerfGE 3, 225 [232 f.])에서는 이것을 근거로 삼아, 「기본법의 입법자는 그의 근본결단에 있어서 흔히 초법률적이라고

---

35) 특징적인 것은 독일에서 1933년 이후 히틀러가 가지고 있었던 지도자의 권력(Führergewalt)을 어떠한 방법으로 헌법 속으로 이끌어들여 지도자국가(Führerstaat)의 헌법을 제정하려고 시도하지도 않았으며 또한 가능하지도 않았다는 사실이다. Ernst Rudolf Huber, Verfassungsrecht des Großdeutschen Reiches, 2. Aufl., 1939, S. 230은 지도자의 권력을 「포괄적이고 전체적이다. … 자유롭고 구속되어 있지 않으며 독점적이고 무제한하다」라고 기술한다.

36) 루소에 있어서 일반의사의 규범적 의미에 관하여는 Iring Fetscher, Rousseaus politische Philosophie, 1960, S. 111 ff.를 보라.

37) Konrad Hesse (Fn. 1), S. 262 f. (역서 399면 이하); Theodor Maunz u. Günter Dürig (Fn. 30), Rdnr. 26; 오히려 비판적인 것은 Brun-Otto Bryde, Rdnr. 24-27 zu Art. 79, in: Ingo v. Münch (Hrsg.), Grundgesetz-Kommentar, Bd. 3, 3. Aufl. 1983.

표현되는 규범들을 포함시켰다」는 사실도 이러한 규범들의 특수한 성격, 즉 초법률적인 성격을 상실시키지는 못한다고 하였다. 따라서 그것은 그 개별적인 형성에 있어서, 그 한도 내에서는, 헌법제정자의 처분에 따를 것이며, 「정의의 마지막 한계」는 아닌 것으로서 초월될 수는 없을 것이다.

이러한 테제에서는 초실정적인 원칙과 그에게 부과된 구속이 어떠한 종류의 법과 법효력을 의미하는가 하는 것이 분명하지 않다. 그로써 진정한 문제가 은폐되게 된다. 현존하는 구속에 대한 복종의 법적·절차적으로 요구될 수 있다는 의미에서의 법효력은 실정법질서의, 따라서 시행 중인 헌법의 속성을 이미 전제하고 있다. 그러나 이것은 그의 측면에서 보면 헌법제정권력에 의해서 비로소 창설될 수 있으며 정당화 될 수 있다. 만약 이와 반대로 법효력이 헌법제정권력의 담당자에 대한 요청이라는 의미 ― 그것의 법적인 요청가능성은 그 의미가 그것과 일치하는 것에 달려 있다― 만을 나타낸다면, 구체적인 법효력은 다시 헌법제정권력의 담당자 자신에 의한 승인과 실정적인 전환에 달린 문제로 된다. 그래서 그러한 승인과 전환이 결여된 경우에는, 그것이 헌법제정권력의 행위의 정당성의 결핍을 야기시킬 수 있고 그렇게 해서 제정된 헌법의 구속성에 문제를 일으킬 수 있다. 그러나 그럼에도 불구하고 그것은 당해 법원칙에 대하여 요구되는 법으로서의 효력을 가지도록 도와주지는 않는다.

아마도 **연방헌법재판소**는 헌법제정권력의 담당자는 어떠한 외부적인 구속에도 복종하지 않으며 오직 「초실정적인 법원칙」에만 구속되어 있다는 그의 테제로써, 그것이 의도한 것 외에, 실질적인 문제와 그 해결을 명확하게 공식화시켰다. 초실정적인 법원칙은, 우리가 그것을 그 자체로서 진지하게 파악할 경우, (아직) 실정법의 일부분은 아니며 실정적인 것의 이전의 상태(vor-positiv)에 있다. 그러한 원칙들은 실정법의 전제가 되며 실정법에 요구되는 정당성을 부여해 준다. 헤르만 헬러는 이들 법원칙을 **윤리적**(ethische) 법원칙이며 법외적(法外的)인 규범성이라고 하였는데 그것은 적확한 말이다.[38] 그것이야 말로 실정법규에 윤리적인 의무력을 부여하거나 또는 박탈하는 법원칙인 것이다. 그 법원칙들은 헬러에게 있어서 작은 부분에서는 무엇보다 중요한, 그러나 문화적 범주에 결부되어 있고, 그러한 한에서 역사적으로 변화할 수 있는 선험적인 자연인 것이다. 그 원칙들은 공동체(국민)의 윤리적·도덕적 의식 속에 자리잡고 있다. 그 원칙들은, 실정법의 일부분은 아니면서, 실정법의 원칙과 기준점으로서 작용하는 것이다.

3. 이러한 고찰에서부터 헌법제정권력의 자의적인 행위를 억압해야 하는 헌법제정권력에 대한 내용적 구속에 대한 문제가 선재(先在)하는 **법**(Recht)에 요구되는 구속의 문제로 공식화되는 것은 잘못된 문제의 제기라는 추측이 강하게 일어나는 것이다.[39] 그러한

---

38) Hermann Heller (Fn. 13), S. 255 f., 222.

39) 다음의 고찰은 Wilhelm Henke, Der Staat 19 (1980), S. 204-211의 문제점에 관한 대답이다. 또한 Hermann Heller (Fn. 13), S. 277 f.도 참조.

문제의 제기는, 그것이 직접적으로 신적(神的)인 실현이나 신적 현시(神的 現示)에 대해서건 아니면 간접적으로 신에 의해서 창조되고 그의 몰이성(沒理性)에 의해서 만들어진 「자연」에 대해서건, 신을 법의 근거와 원천으로 파악하는 의무요청적 세계관과 세계의미의 틀 속에서는 가능할 것이다. 이러한 세계관과 세계의미의 구속력이 지양되고 나면 ― 그리고 헌법제정권력의 개념이 국민주권의 속성으로 파악되는 경우 항상 이러한 지양이 이루어진다― 헌법제정권력에 선재(先在)하며 헌법제정권력을 사전적(事前的)으로 구속하는 법은 더 이상 효력을 유지할 수 없다.

그러나 그 문제는 또 다른 근거에서 여전히 잘못 제기된 것이다. 즉 그 문제 속에는 헌법제정권력의 담당자의 의지는 우선 완전히 자유로우며 구속되어 있지 않은, 규범적으로 공허한 상태라는 것과 외부로부터 그에게 주어지는 법적 당위에 의해서 비로소 내용적・규범적으로 구속되며 주조(鑄造)된다고 하는 것이 전제되어 있다. 그러한 전제의 바탕에는 신칸트학파의 공준(公準)에는 상응하지만 인간의 삶의 현실성과 공동생활의 현실성을 왜곡되게 하는 존재와 당위의 방법이원론적인 상호분리가 놓여 있다. 하나의 구체적인 상황에서의 헌법제정권력의 의지와 관념은 결코 여전히 사실적인 것이 아니며, 윤리적・도덕적으로 공허한 것이 아니다. 그러한 의지와 관념은 국민 내지는 민족 속에 살아있고 현존하고 있는 정신적인 질서이념, 윤리적・도덕적인 관념과 원칙, 정치적 동기 등에 결정된다.[40] 역(逆)으로 어떠한 초실정적 법과 정치적 질서이념도 어떤 역사적・정치적 힘이 그것을 자신의 것으로서 채용하고 자신의 확신과 생각으로 옹호하며 그를 위해 개입하지 않는 한, 그리고 그러한 채용・옹호・개입에 의해 역사적・정치적 현실성 속으로 그것을 전환시키지 않는 한, 구체적으로 실효적일 수 없다. 따라서 국민이 헌법제정권력으로서 행위할 경우 그 국민 속에서 살아있는 법인식, 실효적인 질서이념, 윤리적・정치적 형성의지 등이 존재하고 있다는 것, 다시 말해 국민은 스스로를 제도・법규・절차 등의 속에서 형성해낼 수 있고, 또 형성해내는 하나의 「정신」을 그 내부에 가지고 있다는 것이 중요하다. 이러한 것이 결여되어 있으면 아무리 훌륭한 근거를 가지고 있는 공리(公理)라 할지라도 국민 내지 민족 속에 진정한 정신으로 살아있지 않은 어떤 것으로부터 효력을 이끌어낼 수는 없다.

그러한 정신이 한 국민의 내부에 현존하며 살아있는 것으로서 유지된다고 하는 일이 어떻게 해서 이루어질 수 있는가 하는 것은 보다 광범하고 국법적인 고찰의 한계를 결정적으로 뛰어넘는 문제이다. 물론 그 문제에 대해서는 다른 것들과 더불어 이제는 마음대로 사용할 수 없게 된, 세계의 신적(神的) 질서 ― 그러한 질서 속에 법은 근거를 가지고 있다― 라는 관점이 중대한 요소를 이루고 있다. 이러한 관점은 일반적이고 구속력이 있는 관점으로서의 현대 세계에서는 지양되었고, 다양한 관점의 다원주의에 의해서 대체되었는데, 그러한 다양한 관점으로부터는 자체 내에서 유래하는 의무를

---

40) 이에 관하여, 국민의 의사 일반에 관하여는 Erich Kaufmann, Zur Problematik des Volkswillens, 1931 = ders., Gesammelte Schriften, Bd. 3, Göttingen 1960, S. 272 (273-278).

요구할 수 없다. 그러한 상황에서는 국민이 가지고 있는 정신적·문화적 유산이 결정적인 중요성을 가진다. 이러한 유산은 여러 세대 속에서 스스로를 활기있게 유지하며 확고한 토대를 획득할 수 있으며, 마찬가지로 또 해체되고 붕괴될 수도 있다. 오늘날 널리 유포되어 있는 가치들이나 기본적 가치들*에 의지하는 것은 안정을 기하는데 아무런 도움이 되지 않는다. 왜냐하면「가치들」이라는 것은 효력(Gelten)의 범주이기 때문이다. 그것은 매우 추상적인 방식으로 기존의 콘센서스나 가정된 콘센서스를 나타내는 것이지만 그러한 콘센서스에 스스로 근거를 부여할 수는 없는 것이다.[41]

---

41) Ernst-Wolfgang Böckenförde, Bemerkungen zum Verhältnis von Staat und Religion bei Hegel, in: Der Staat 21 (1982), S. 481 (503); ders., Recht, Staat, Freiheit, Frankfurt/M. 1991, S. 115, 141 f.

헌법국가의 개념과 문제들*

에른스트-볼프강 뵈켄회르데

어떠한 국가도 통치조직과 행위의 통일체로서 존속하면서 존속에 필요한 정당성을 인정받으려면, 법질서와 형식을 필요로 한다. 국가가 통일체와 질서로서 존속할 수 있으려면 국가의 통치권과 결정권에 관하여, 담당자와 담당자가 되는 방법, 행사방법과 절차, 개인에 대해서 가지는 명령권과 금지권의 한계에 대해서 구속력 있는 규율을 필요로 한다. 국가는 어떤 식으로든 법질서를 갖출 때 비로소 구체적인 형식과 구조를 획득하며 단순한 권력의 집중 이상의 것이 된다.

그런데 헌법국가의 사상과 개념은 국가와 법 사이에 존재하는 위와 같은 보편적이며 기초적인 관계 이상의 것을 목표로 한다. 그것은 국가와 국가생활에 관한 특정한 성질의 법질서를 목표로 하며, 특히 거기에서는 법적 헌법이라는 의미에서 이해된 헌법의 특별한 의의와 기능이 핵심을 이룬다. 나는 이하에서 이러한 점과 관련된 문제들을 검토하기로 한다. 즉, I에서는 헌법국가의 개념, II에서는 헌법, 국가와 주권의 관계, III에서는 국가와 헌법의 관계에 대해서 각각 서술하기로 한다.

---

* Ernst-Wolfgang Böckenförde, Begriff und Probleme des Verfassungsstaates, in: R. Morsey, H. Quaritsch, H. Siedentopf (Hrsg.), Staat, Politik, Verwaltung in Europa. Gedächtnisschrift für Roman Schnur, Berlin 1997, S. 137-147. jetzt in: ders., Staat, Nation, Europa. Studien zur Staatslehre, Verfassungstheorie und Rechtsphilosophie, Suhrkamp, Frankfurt a. M. 1999, S. 127-140.

Ⅰ. 「헌법국가」의 개념

헌법국가(Verfassungsstaat)의 개념은 18세기 말부터 19세기에 걸친 (부르주아) 입헌주의 운동에서 유래한다. 그것은 항의적인 정치개념으로서 절대주의를 표적으로 하고 있던 개념이며 국가권력의 조직과 행사를 기술적 의미에서의 질서를 창조하는 어떠한 국가권력의 내부의 규칙에 의해서 구속하는 것을 목적으로 하는 것이 아니라, 오히려 권력에 한계를 설정하고 책임을 확립하며 자유를 보장하는 확정된 양면적 구속력을 갖는 법에 의해서 국가권력을 구속하는 것을 목적으로 한다. 그런데 이와 같은 헌법국가의 개념은 일반적으로 다른 법적 귀결을 수반하는 두 개의 의미로 사용되고 있다.

1. 하나는 **형식적** 의미의 헌법국가이다. 이것은 성문헌법이라는 의미에서의 법적 헌법이 존재하면서 효력을 발휘하는 모든 국가를 말한다. 여기서는 헌법이 특정한 내용을 가지느냐의 여부는 중요하지 않다. 이러한 의미의 헌법국가의 법적으로 중요한 특징은 다음과 같은 것이다. 즉 담당자가 누구이든 국가의 통치권력의 행사가 확정된 형식과 절차에 구속되며, 그것에 의해서 통치권력의 행사가 법률질서 안에서 이루어지며, 공적 책임을 수반하게 된다는 것이다. 그리고 이러한 특징에 의해서 「입헌성」(Konstitutionalität)이 달성되게 되는데, 이 입헌성은 국가형태나 헌법제정권력의 담당자 여하에 의해서 좌우되는 것이 아니라 절대군주제에 대해서와 마찬가지로, 민주적 절대주의에 대해서도 국가행위를 억제하고 제한하는 요인으로서 작용한다.

이러한 의미의 헌법국가에로의 이행은 유럽 대륙에서는 1791년의 프랑스 헌법에 의해서 최초로 행하여졌다. 독일에서는 이러한 이행은 19세기에 여러 란트의 (입헌군주제) 헌법과 아울러 1876년의 북독일연방 헌법이나 1871년의 비스마르크 헌법의 시행에 의해서 행하여졌다. 이와 같이 하여 실현된 「입헌성」은 그 후 1918~1919년에 걸쳐 진행된 민주제로의 이행에 즈음해서도 유지되었다. 즉 입헌군주제 후에 생긴 것은 절대 민주주의가 아니라 바이마르 헌법을 통해 구체화되었듯이, 마찬가지로 **입헌** 민주주의였다.

형식적 헌법국가의 실효성은 현행 헌법의 준수를 확보하기 위한 보장이나 제재가 존재하고 있는가의 여부에 달려 있다. 그러한 보장이나 제재가 존재하여 비로소 헌법은 국가권력도 구속한다는, 요청된 성격을 실제로도 획득하게 된다. 그런데 그러한 보장 중에서 가장 중요한 것은 일찍이 칸트에 의해서 간원된 「펜의 자유」[1]에, 즉 자유로운 프레스와 여론의 존재에 있다. 즉 「펜의 자유」가 풍부하게 존재하며 그것이 사회 전체의 의식에 의해서 뒷받침되는 경우에는 그러한 자유는 헌법을 무시한 경우에 예상되는

---

1) Immanuel Kant, Über den Gemeinspruch. Das mag in der Theorie richtig sein, taugt aber nicht für die Praxis, Ⅱ, in: ders., Werke, hg. von Weischedel, Bd. 6, Darmstadt 1964, S. 161 f.

결과에 대한 두려움에서 헌법을 무시하는 것을 정치적·실제적으로 불가능하게 하기 때문이다. 헌법상의 제도로서 존재하는 그 밖의 보장으로서는 19세기에서는 특히 군주의 행위에 대한 부서제도, 의회에 대한 대신책임제도, 의회의 협찬권과 통제권, 특히 예산에 관한 권한이 존재하고 있었으나, 오늘날에는 이러한 보장은 무엇보다도 확충·강화된 헌법재판권에 있다. 그리고 일단 확정된 헌법도 이러한 보장을 결여하는 경우에는 그 (양면적인) 구속력과 효력을 쉽게 상실하게 된다. 즉 그러한 보장을 결여한 경우에 헌법은 — 카를 뢰벤슈타인*이 유연하게 정식화하고 있듯이 — 국가에 대해서는 실제로도 입을 수 있는 옷이 아니라 단지 가면무도회용 옷에 불과한 **의미론적** 헌법으로 될 가능성을 가진다.2) 이러한 의미론적 헌법의 전형적인 예는 1989년 혹은 1990년까지의 동구권 국가들의 헌법, 특히 독일 민주공화국(동독) 헌법이었다. 이들 헌법에는 통제의 수단이나 권리구제수단마저 존재하지 않았기 때문에 이들 헌법이 규정하고 있던 형식적 보장이나 규범적·법치국가적 외관마저 상당히 이전부터 실제로는 기능하지 못했던 것이다.

2. 헌법국가의 개념은 이상의 형식적 의미와 아울러 보다 좁은 **실질적 의미**로도 사용된다. 이러한 의미의 헌법국가 개념에 의하면, 헌법은 단지 국가의 통치에 형식을 부여하고 그것을 제약하는 요소일 뿐만 아니라 무엇보다도 먼저 국가권력을 행사하기 위한 전제조건을 창출하는 것이 된다. 즉 이 개념에 의하면, 헌법은 국가와 그 일체의 통치권과 결정권을 창설하는 「최고의 법률」로서의 효력을 갖게 되는 것이다.

(1) 이러한 의미에서의 헌법국가의 법적 특징은 다음과 같은 것이다. 즉 이 헌법국가에는 주권의 보유자 그 자체인 어떠한 심급도 존재하지 않는다는 것이다. 즉 거기에서는 모든 국가기관은 헌법에 의해서 창설된, 헌법에 **복종하는** 권력이며 헌법에 의해서 부여된 권한의 담당자에 불과한 것이 된다. 이것은 집행기관뿐만 아니라 입법기관에 대해서도 타당하며, 국민조차도 — 비록 민주적으로 조직된 국가일지라도 — 헌법의 「주인」으로서 나타나는 것은 아니다. 국민도 의회선거나 국민표결이나 국민발안의 경우와 같이, 헌법상 명시적으로 인정된 일정한 권한을 가진 기관으로서 헌법의 범위 내에서 행동하는데 불과하다. 즉 도대체 주권자라는 것이 있다면 주권자는 헌법 그 자체뿐이라는 것이다. 그리고 헌법은 바로 「주권적」 헌법이라는 것에 의해서 권력의 규제와 자유의 보장의 깃발이 되는 것이다.

헌법국가의 개념은 단순히 이론상의 관념에 머무르는 것은 아니다. 그것은 또한 실제적인 효과를 가진다. 즉 이 개념에 의하면, 개인에게 부담을 부과하는 이른바 침해적 조치뿐만 아니라 모든 종류의 국가활동은 헌법에 근거를 갖지 않으면 안 된다. 즉 일체의 국가활동은 그것을 수권하거나 혹은 적어도 용인하는 헌법상의 권한을 필요로 하게 된다. 이것은

---

2) 「의미론적 헌법」이라는 개념은 Karl Loewenstein에 의해서 1952년의 논문, Verfassungsrecht und Verfassungsrealität 중에서 최초로 만들어졌다. ders., Beiträge zur Staatssoziologie, Tübingen 1961, S. 448 (김효전 옮김, 『독일 헌법학의 원천』, 산지니, 2018, 911면; 동 『비교헌법론』, 교육과학사, 1991, 243면) 참조.

법률 유보의 원리와는 별개의 것이며, 모든 국가활동에 대한 **헌법의** 유보의 원리에 관련되는 것이다. 그리고 이 견해에 의하면, 예컨대 급부행정의 분야에서 어떤 행위를 행하는 것이 법치국가적 관점에서 보아 법률에 의한 수권을 요하지 않는 것이라 하더라도 그것만으로 곧 당해 행위를 행할 수 있는 집행부의 권한이 생기는 것이 되지는 않는다. 오히려 당해 행위에 대해서는 헌법 자체 중에 수권 혹은 위임이라는 근거가 있을 것이 필요하게 된다. 기본법에서 이러한 근거는 제20조 제2항과 제3항에서 볼 수 있다.

또한 국가기관은 자신이 주권자를 대표한다는 것을 이유로 하여 전헌법적 또는 초헌법적 권한에 호소하는 것은 허용되지 않는다. 이러한 권한은 실질적 헌법국가에서는 존재하지 않기 때문이다. 이는 특히 비상사태 권한에 대해서 타당하다. 이러한 권한이 특정한 기관에게 명시적으로 부여되지 아니한 경우에는 그러한 권한은 ── 헌법국가의 관점에서 본다면 ── 존재하지 않으며, 따라서 이러한 경우에 초헌법적 비상사태나 불문의 국가긴급권에 호소할 수 없는 것이다.

(2) 헌법국가의 이와 같은 좁은 의미의 실질적 개념은 두 개의 다른 정신적·정치적 연원을 가진다. 첫 번째 연원은 특히 미합중국에서 정착한 코먼로의 전통이다. 이 전통과는 국내문제와 관련되는 한에서의 주권사상은 무릇 관련이 없다. 코먼로의 전통에 의하면, 국가의 내부에서는 단지 특정된 「권력」(power)과 「기능」(function)이 존재할 뿐이며 이들 권력과 기능은 현행법, 즉 헌법에 그 근거와 한계를 가지며, 그러한 권력과 기능이 전체로서 government를, 즉 넓은 의미에서의 통치권을 형성하게 된다. 그런데 이와 같은 전통에 이론적 기초를 제공한 것은 존 로크였다. 즉 로크는 최고권력인 입법권을 포함하여 모든 「권력」을 「위임되고」(delegated) 또한 「신탁된」(fiduciary) 권력으로 이해한다. 즉 그에 의하면, 모든 권력은 (양도할 수 없는) 헌법제정권력의 담당자인 국민에 대해서 신탁관계(trusteeship)에 있으며, 그러므로 모든 권력은 당초부터 국가창설 일반의 목적인 「property의 보전」에, 즉 자유와 재산의 보전에 그 활동이 한정되게 마련이다.[3]

두 번째의 연원은 독일 부르주아의 입헌주의 운동이다. 이 운동의 목적은 국가권력의 **유일한** 담당자인 군주의 주권을 제한하는 것, 나아가 그것을 극복하는 것이었다. 그러나 군주의 주권에 대신하여 등장한 것은 국민의 주권이 아니라, 특히 오토 폰 기이르케가 표현하였듯이,[4] 국가라는 고차의 통일체 안에서 왕권과 국민의 자유를 유기적으로 결합하는 것이었다. 그리고 이것은 독일 입헌군주제의 헌법상황에 대응하고 있었다. 즉 끊임없는 타협에 의해서 주권의 문제를 미결의 상태로 두고, 그러한 가운데 군주와 국민의

3) John Locke, Two treatise on Government, II, §§124 f., 138, 149 (강정인·문지영 옮김, 『통치론』, 까치, 1996, 120면 이하, 133면, 143면) 참조. 코먼로의 전통과 로크의 이론이 미국의 독립선언과 1787년의 합중국 헌법에 미친 영향에 대해서는 Otto Vossler, Studien zur Geschichte der Erklärung der Menschenrechte, in: Schnur (Hg.), Zur Geschichte der Erklärung der Menschenrechte, 1964, S. 167 ff.; W. Gough, The Social Contract, 2. Aufl. Oxford 1957, S. 230 ff. 참조.

4) Otto von Gierke, Das deutsche Genossenschaftsrecht, Bd. 1, 1868, S. 833; ders., Der germanische Staatsgedanke, 1919, S. 7 f. 상세한 것은 Helmut Quaritsch, Staat und Souveränität, Frankfurt 1970, S. 471-505의 기초적인 설명을 참조하라.

양자를 헌법에 **복종**시킴으로써 왕권과 국민의 자유의 유기적 결합이라는 목표를 달성하려
고 한 것이다. 즉 당시에 군주와 국민은 자기의 권한을 헌법에서만 도출할 수 있는,
통일적 국가인격의 「기관」으로서 이해되었고, 다른 한편 헌법은 군주와 국민에 대해서
고차의 통일체인 유기적 국가인격의 표현물로 간주되었다. 그리고 이 국가인격, 즉 국가로
서 조직된 행위의 통일체 그 자체가 군주나 국민을 대신하여 주권의 담당자가 되었던
것이다. 그런데 이것이 의미하는 것은 무엇인가? 행위통일체로서의 국가는 ― 그리고
이른바 국가인격 역시 ― 기관 안에서, 또한 기관을 통해서만 행동할 수 있을 뿐이기
때문에 기관과 무관할 수 없다. 실제로 주권은 이들 기관들 중 하나에게 있거나 ―
이 경우 「기관주권」이라는 개념을 사용함으로써 국가가 주권의 담당자라는 주장과 일치시
키려고 한다 ― 그렇지 않으면 법적으로 보아 주권은 국가조직에서 배제하게 되는
것이다.

  (3) 지금까지의 서술이 보여주듯이, 실질적 헌법국가의 개념은 권력의 통제와 자유를
갈구하는 입헌주의 운동의 요구가 일정한 질서이념으로 결실을 맺은 것이었다. 19세기에
서 이 개념은 군주권력을 제한하는 방향으로 입헌군주제를 개혁하는 것을 목표로 하고
있었다. 즉 군주에게 국가기관성을 부여함으로써 군주로부터 주권자로서의 지위와 절대
적 권력을 박탈하려고 한 것이다. 헌법국가의 개념은 또한 민주주의에로의 이행에 즈음해
서는 별도의 방향에서 정치적·법적으로 중요한 의의를 획득하게 되었다. 즉 민주주의에
서 이 개념의 사용은 다음과 같은 것을 가져왔다. 즉 의회는 「헌법의 주인」이며 또한
주권에서 유래하는 절대적 권력의 보유자라는, 군주가 일찍이 차지하고 있던 지위를
계승하지 못하고, 명시적으로 인정된 헌법상의 권한을 행사할 뿐인 기관이라는 지위에
당초부터 한정되게 되었다는 것이다. 그리고 이로써 민주주의는 헌법국가에로 말하자면
유도되고, (두려움)의 대상이었던 의회주권에의 길은 단절된 것이다.5)

  나아가 실질적 헌법국가의 개념은 헌법개정권의 내재적 한계설에 이론적 기초를 제공하
여 왔다. 이 설은 주지하듯이, 바이마르 헌법 제76조의 해석에서 중요한 역할을 하였으며,
그 후 기본법제정 회의에 의해서 기본법 제79조 제3항에 명시적으로 채택되게 되었다.
민주주의의 관점에서 본다면 이 설에 대해서는 이론(異論)이 있을 수 있으나, 그럼에도
불구하고 내재적 한계설은 스스로 헌법에 **복종하며** 헌법에 권한의 근거를 가지는 기관은
헌법개정에 즈음해서도 헌법의 주인이 될 수 없다는 헌법국가사상의 논리적 귀결을
제시한 것에 불과하다.

---

5) 실질적 헌법국가의 개념이 가지는 이와 같은 효과를 유감없이 나타낸 것으로서는 1920년에 발간된 Erich
   Kaufmann, Untersuchungsausschuß und Staatsgerichtshof, in : ders., Gesammelte Schriften, Bd.
   1, S. 309 (312 ff., 317 ff.)가 있다.

Ⅱ. 헌법국가와 주권

1. 실질적 헌법국가라는 생각은 이미 살펴보았듯이, 헌법국가와 주권*의 관계에 대한 물음을 제기한다. 이러한 생각은 주권 그 자체를 소멸시키는 것을 목표로 하고 있었다. 즉 실질적 헌법국가의 생각에 대해서 주권에 대한 물음이 의미를 가지는 것은 헌법제정시에 헌법에 정당성과 타당성을 부여하는 헌법제정권력의 담당자를 묻는 경우뿐이다. 즉 헌법의 효력이 일단 발생하면, 주권은 말하자면 헌법 자신에로 이행하게 된다.[6] 다시 말하면 군주든 국민이든 주권자는 헌법의 제정을 통하여 자신을 포기하고 소멸하는 것이다. 그리고 국가의 통일과 질서는 그 후에는 오로지 각 국가기관의 권한에 따른 협동에 의해서, 즉 헌법의 준수와 집행에 의해서 형성되게 된다. 바꾸어 말하면 헌법은 말하자면 자신이 자신을 뒷받침하는 것이 되며, 그러한 것으로서 국가 자체를 기초지우며 국가의 전제조건이 되며, 다른 한편, 국가는 헌법상 확정된 권한들로서만 나타나며, 최고권력의 보유자인 국권의 담당자로서 나타나지 않게 된다. 그리고 이러한 실질적 헌법국가의 생각은 기본법 제79조 제3항에 보이듯이, 헌법에 개정금지조항이 규정되는 경우에 완성된다. 왜냐하면 그 경우에는 국권의 담당자가 헌법의 정당성을 인정하고 헌법의 기본적인 변경, 경우에 따라서는 그 폐지에 대해서 결정하는 것이 아니라 기본원리가 법적으로 불가침하게 된 헌법 측이 「주권자」의 어떠한 정치목표가 정당한가를 결정하는 것이 되기 때문이다.

2. 그러나 이와 같은 헌법의 주권이라는 생각은 단지 사물의 논리의 외관에 불과하다. 즉 이러한 생각은 국가의 내부에 중대한 분쟁이 발생하지 않고, 헌법 자체의 내용과 타당성이 의문시되지 않는 한에서만 타당할 뿐이다. 이에 대해서 헌법의 영역에서 진정한 분쟁이 발생한다면, 헌법의 내용과 적용에 대해서 「최후의 결정」을 내리는 것은 누구인가, 그리고 그 결정을 통용시킬 수 있는 것은 누구인가와 같은 사실상뿐만 아니라 법적으로도 중요한 문제가 곧 생기게 된다. 즉 최종적이며 최고의 결정기관과 권력기관에 대한 문제가 생기는 것이다. 어떠한 국가도 평화로운 행위통일체로서 존속하려고 하는 한 그러한 기관을 포기할 수는 없다.

그리고 헌법이 그와 같은 규율을 하는 경우에는, 즉 진정한 분쟁이 발생한 경우를 위해서 헌법이 최고이고 최종적으로 결정하는 기관을 규정한다면, 헌법은 주권의 담당자를 지시하는 것이 되고, 동시에 그럼으로써 실질적 헌법국가의 관념을 스스로 초월해버릴 것이다. 여기에 필연적으로 「주권자란 비상사태를 결정하는 자이다」라는 카를 슈미트의 명제[7]가 머리에 떠오르게 된다. 그러나 이러한 슈미트의 명제는 별론으로 하더라도,

---

6) 이 견해를 취하는 것으로서 예컨대 Martin Kriele, Einführung in die Staatslehre, Hamburg 1975, §§ 28, 57 (국순옥 옮김, 『헌법학입문』, 종로서적, 1983, 124면, 279면 이하).

7) Carl Schmitt, Politische Theologie. Vier Kapitel zur Lehre von der Souveränität, 2. Aufl. 1934, S. 11 (정치신학, 김효전 옮김, 『헌법과 정치』, 산지니, 2020, 11면).

헌법의 내용과 효력에 대한 최후의 결정을 내리는 헌법상의 권한의 보유자는 분쟁이 발생한 경우에는 단지 헌법에 봉사하는 존재일 뿐만 아니라 헌법의 지배자에 있기도 한 것이다. 이것은 모든 헌법재판권이나 헌법의 다른 「수호자」에 대한 근본문제인 것이다.

다른 한편, 헌법이 진정한 분쟁이 발생한 경우를 위해서 그와 같은 규율을 두고 있지 않은 경우에는 그것으로써 문제가 존재하지 않게 되는 것은 아니다. 그러한 경우에 중대한 분쟁이 발생한다면, 어떠한 헌법상의 기관이, 경우에 따라서는 헌법 외의 정치세력이, 스스로 헌법의 내용과 효력에 대해서 구속력 있는 최종결정을 내리는 권한을 가지는 기관임을 주장하게 될 것이다. 그 경우에 이러한 기관이나 심급이 기존의 정당성 또는 특별하게 발생하는 정당성에 의거할 수 있거나 다른 어떤 방법으로든 자신의 의지를 관철할 수 있다면, 그 기관은 스스로 주권의 (새로운) 담당자라는 것을, 또는 주권자의 대표자라는 것을 실증하게 되는 것이다.

그런데 실질적 헌법국가의 개념과 밀접하게 결부되어 있는 헌법의 주권이라는 생각은 규범은 스스로를 집행하거나 적용하지는 않기 때문에 결국 하나의 의제에 불과한 것이 된다. 그러므로 이러한 생각에 의해서 실제로 생기는 결과는 헌법에 의해서 대체되거나 혹은 헌법에 의해서 제거되거나 함으로써 주권이 소멸한다는 것은 아니다. 그렇지 않고 주권은 잠재하면서 분쟁이 발생한 경우에 헌법의 내용과 적용에 대해서 최종적인 구속력을 가지고 실제로 결정할 수 있는 심급에서 주권에 대해서 불가결한 구체적인 담당자를 발견한다는 것이다. 이것은 헌법상의 권한과 그 해석에 근거하여 행해지는 일도 있을 것이며, 사실상 승리한 주장에 근거하여 행해지는 일도 있을 것이다.

3. 따라서 국가에 **있어서의** 최고의 권위 또는 권력에 대한 질문은 국가가 권력과 결정의 평화적인 통일체로서 계속 존재하려는 한 헌법국가의 개념이나 원리를 원용함으로써 회피하거나 배제할 수 없는 질문이다. 19세기에는 이 질문은 군주냐 국민이냐, 즉 군주주권이냐 국민주권이냐 하는 양자택일로 수렴되었다. 민주주의는 이 질문을, 원리적으로 보는 한, 국민 측에, 보다 상세하게 말하면 국민을 직접 대표하는 자 측에게 유리하게 결정하였다. 그렇지만 헌법국가의 원리는 이 질문을 재차 부동상태에 빠트렸다. 특히 헌법이, 법률의 합헌성이나 헌법개정의 한계에 대해서 최종적 구속력을 가지고 결정하는 헌법재판권을 규정하고 있는 경우에는 그렇다. 이러한 경우에는 확실히 헌법 밖에서가 아니라 헌법에 기초를 가진 별개의 주권적 지위의 요구자가 존재할 수도 있게 된다. 분쟁 시에 중요한 것은 보다 강한 민주적인 정당성과 권위를 자신을 위해서 요구할 수 있는, 그럼으로써 주권자인 국민의 대표자로서 등장할 수 있는 것은 누구인가라는 것이다. 이 점에서 스위스·영국·덴마크 그리고 스웨덴과 같은 훌륭한 민주적 전통을 가진 국가들에서는 헌법의 준수에 관하여 입법자, 구체적으로는 국민 혹은 국민을 직접 대표하는 기관을 통제하는 헌법재판권이 존재하지 않았다는 것은 주목할 만하다. 이것은 국민주권이나 국민대표기관인 의회에 대한 신뢰가 상실하지 않는 한 그 자체 일관성이

있는 일이라고 생각된다.

Ⅲ. 국가와 헌법

실질적 헌법국가라는 관념의 일부를 구성하는 것에 국가와 헌법의 관계에 대한 일정한 견해가 있다. 이 견해는 다음의 것에서 출발한다. 즉 정치적 통일체와 행위의 통일체로서의 국가는 헌법에 의해서 비로소 창설되는 것이며, 헌법이 정치적 통일체로서의 국가의 존재를 전제로 하여 그러한 국가에 형식과 구조를 부여하는 것은 아니라는 것이다. 그렇지만 국가와 헌법의 관계를 이와 같이 규정하는 것은 정치적·사회적 현실이야말로 기본적 여건(소여)이라는 것을 간과하고 있으며 그것은 규범주의적 환원법의 표현에 불과하다.

1. 국가와 헌법의 관계를 이와 같이 규정하는 것은 확실히 민주주의의 헌법이론에 대해서는 자연스러운 것이다. 즉 민주주의의 헌법이론은 국가의 및 국가에 있어서의 일체의 통치권과 결정권은 국민에 의해서만 창설될 수 있고 또 국민에서 유래해야만 한다는 기본원리에서 출발하는데, 이러한 원리에서 본다면 결정통일체와 통치질서인 국가는 통치권과 결정권이 헌법에 의해서 창설되고 조직에 배분됨으로써 비로소 성립하며 활동가능하게 된다고 생각하는 것, 즉 헌법 이전에는 아무것도 존재하지 않는다고 생각하는 것은 시종일관된 것이기 때문이다.

그러나 이와 같은 논증은 국가와 헌법에 관한 민주적 정당성이론의 범위에서, 더구나 그 범위 내에서만 정당할 뿐이다. 즉 이 논증은 만인의 평등과 통치의 시원적인 부존재라는 민주적인 원리를 전제로 하면서 그러한 민주주의 원리와 일치하기 위해서는 국가와 헌법은 어떻게 생각되고, 구성되며 서로 관계를 가져야 하는가 하는 것을 설명하는 것이다. 따라서 그것이 국가와 헌법의 성립과 존속에 관한 현실과 실제의 조건들의 설명으로서 주장되는 경우에는 부적절한 것이 된다. 상술한 논증은 정치적·사회적 현실에 있어서는 인간 상호의 실제의 생활관계나 생활질서는 지배와 복종이라는 사실상의 힘 관계없이는 존재하지 않는다는 것을, 더구나 그것은 모든 법적 헌법에 선행하여 존재한다는 것을 오인하고 있다.

2. 민주적으로 조직된 국가를 포함하여 모든 국가에 말하는 것은 권력과 결정의 평화로운 통일체로서의 국가는 법적 헌법에 의해서 비로소 창출되고 형성되는 것이 아니라, 오히려 법적 헌법에 선행하여 존재한다는 것,[8] 바꾸어 말하면 현실의 법적 헌법은 국가라

---

8) Josef Isensee, Staat und Verfassung, in: Isensee/Kirchhof (Hg.), Handbuch des Staatsrechts der Bundesrepublik Deutschland, Bd. 1, 1987, §13, S. 592 ff.(이승우역,『국가와 헌법』, 세창출판사, 2001, 11면 이하)는 부분적으로만 일치할 뿐이며 오히려 국가와 헌법의 법적 일치에 기울고 있다.

는 통일체의 존재를 전제로 한 위에 그러한 국가의 조직의 상세를 규정한다는 것이다. 이것은 다음의 것에서 명백해진다.

어떤 헌법이 심의되고 확정되고 적용되는 경우, 그것은 어떤 성질을 가진 정치적 통일체가 이미 존재하며, 거기에는 취약한 것일지라도 어떤 질서 있는 상태가 존재하고 있다는 것을 전제로 한다. 이것들이 존재하여 비로소 헌법의 심의, 확정 그리고 적용이 가능하게 된다. 즉 심의에 의하든, 시행에 관한 결정에 의하든 이러한 헌법제정작용에 관여하는 권한을 누가 가지는가 하는 것이 확정되어 있거나 또는 그것을 확정하기 위해서는 어떤 구조를 가지고 처음부터 조직화되고, 외부에 대해서 경계가 획정된 통일체가 이미 존재하지 않으면 안 된다. 국민의 헌법제정권력에 대해서도 그것이 현실로 발동될 수 있으려면 유기적인 작용관련 중에서 구체적인 정치적 단일체로서 국민을 확인할 수 있지 않으면 안 되며, 그러므로 한 무리의 인간이 일정한 소속에 의해서 국민으로서 존재하지 않으면 안 되는 것이다. 그리고 이와는 다른 일체의 이해는 한편으로는 (단일체로서 존재하는) 국민이 헌법을 확정하는데, 다른 한편 그러한 헌법에 의해서 비로소 국민이라는 단일체가 창출된다는 순환에 불가피하게 빠지게 될 것이다.[9]

최근 20년 동안에 생긴 국가의 혁명적 변혁 혹은 헌법의 근본적인 변화는 이상의 이해가 정당하다는 것을 증명하고 있다. 즉 1974년부터 1975년까지의 포르투갈이나 1979년의 이란에서 혁명적 변혁 후 먼저 최초로 행해진 것은 (어떤 수단에 의해서든) 국가의 정치질서의 확립이며, 그 후 비로소 헌법이 기초되고 결정되었다. 동일한 것은 남아메리카 국가들의 군사독재에 대해서도 타당하다. 거기에서는 (혁명적) 쿠데타에 의해서 먼저 국가의 권력적 지위가 탈취되고 종래의 헌법이 실효되며 국가질서가 (군부의 판단에 의하면) 충분히 확립된 후에 선거가 실시되고 새로운 헌법이 공포·시행되었다. 바이마르 헌법의 제정도 이와 같은 모델에 따른 예이다. 즉 군주제가 폐지된 후 먼저 생긴 것은 임시정부에 의한 헌법 없는 「주권적 독재」*였다. 이 임시정부는 에버트(Ebert)* 의 지도 아래 ── 군의 최고지도부와 협력하여 ── 국가의 정치질서와 라이히의 통일을 여하튼 확립하고, 그것에 근거하여 헌법제정국민의회의 선거를 공시하였다. 그리고 헌법제정국민의회는 그 후 1919년 2월에 잠정적 라이히 권력에 관한 법률을 가결하고 라이히의 잠정헌법을 제정하였으며, 이리하여 같은 해 8월 11일에 바이마르 헌법은 발효할 수 있었던 것이다.[10] 마찬가지로 1989년부터 1990년 봄에 걸쳐 독일 민주공화국(동독)에서 일어난 헌법상의 변혁도 국가의 해체나 새로운 국가의 건설이 행해지지 않고 기존의 국가의 틀 안에서, 즉 독일 사회주의 통일당(「국민전선」)이 가지고 있던 독점적 대표권을 헌법개정에 의해서 폐지함으로써 행하였다. 즉 1990년 3월 18일의 자유선거에서 독일 민주공화국의 시민은 헌법제정권력을 발동하여 독일 민주공화국 헌법의 근본결정을

---

9) Udo Steiner, Verfassunggebung und verfassunggebende Gewalt des Volkes, Berlin 1966, S. 34-36는 이 점을 정당하게 보고 설명하고 있다.

10) 각 단계의 묘사에 대해서는 E. R. Huber, Deutsche Verfassungsgeschichte seit 1789, Bd. 5, Stuttgart 1978, S. 726 ff., 777 ff., 1077 ff.

폐지하고 그 후 형식적인 그릇에 불과하게 되어버린 이 헌법을 —— 그 후 자주 개정하게
된 —— 조직규정으로서 존속시킨 것이다.[11]

무엇보다 분리가 성공적으로 행해진 후의 새로운 국가 건설의 경우처럼, 국가의 건설과
헌법제정이 거의 동시에 진행하는 것, 그 밖에도 양자가 하나가 되어 진행하는 것도
때로는 보인다. 예컨대 1830년에 발생한 네덜란드 왕국으로부터 벨기에 왕국이 분리될
때에 사정은 그러하였다. 그러나 그 경우에도 성공리에 행해진 분리라기 보다도 독립에서
는 (아마 동시일지도 모르지만) 제정된 헌법 중에 새로이 창설되어야할 것으로 규정된
정치적 통일체는 헌법에 선행하여 형성되고 있었다.

3. 국가에 대한 관계에서 헌법이 가지는 임무와 기능은 다음의 점에 있다. 즉 헌법은
국가에 특정한 구조와 조직을 부여하고 국가의 행위가능성에 한계를 설정하며, 그럼으로
써 동시에 국가에게 정당성을 부여하고 안정시킨다는 것이다. 이와 같이 국가의 조직을
세부에 걸쳐서 형성하는 것은 국가가 **계속 존속하기** 위해서는 필요한 것이다. 왜냐하면
국가는 국가에 복종하고 봉사하려는 개개인의 마음의 각오와 무관계한 부동의 조직체로서
존재하는 것은 결코 아니기 때문이다. 행위와 작용의 통일체로서의 국가는 국가를 구성하
는 사람들의 행위에서, 또한 그러한 행위를 통하여 끊임없이 확인되고 재생산될 것이
필요하다. 그리고 이러한 확인과 재생산이 지속적으로 일어나려면 어떤 조직과 구조를
가진 질서가 존재함과 동시에 그러한 질서가 질서이념으로 방향지워지고 형식과 절차와
통제가 부여됨으로써 개인들과 국민 속에 생동하는 자유의 의식과 법원칙에 비추어
정당한 것으로서 승인되어야 한다.[12] 그러한 의미에서는 헌법이 국가존속의 조건이
되어 있는 것은 사실이다. 그러나 이것은 헌법이 국가라는 정치적 통일체에 선행하여
존재하며 국가가 헌법에 의해서 창설된다는 것을 의미하는 것은 아니다.

4. 국가이론적으로 뿐만 아니라 법학적으로도 국가와 헌법의 동일성에서 출발할 수는
없다. 국가가 법적 헌법에 선행하여 존재하거나 법적 헌법과 병행하거나 혹은 법적
헌법 밖에 존재할 수 없다는 주장은 정당하지 않다.

이것은 먼저 헌법이 교체되거나 폐지된 경우의 국가의 계속성에 대한 질문에 의해서
명백하게 된다. 왜냐하면 원래 이러한 질문을 제기할 수 있는 것은 국가가 헌법의 창조물
이상의 그리고 그것과는 다른 어떤 것인 경우뿐이기 때문이다. 만약 국가가 헌법의
창조물에 불과하다면 현재 통용하고 있는 모든 법적 헌법의 혁명적 폐지는 당연히 국가의
종말을 의미하게 될 것이다. 그리고 만약 이와 같은 입장에 선다면, 독일 국가는 1918년에
다분히 또는 1933년에도, 그리고 1945년에는 확실히 멸망한 것이 될 것이며, 폴란드

---

11) 상세한 경과에 대해서는 Thomas Würtenberger, Die Verfassung der DDR zwischen Revolution
   und Beitritt, in: Isensee/Kirchhof (Fn. 8), Bd. 8, S. 101 ff.
12) Hermann Heller, Staatslehre, 3. Aufl. Leyden 1971, S. 190 ff., 253 ff. (홍성방 옮김, 『국가론』,
   민음사, 1997, 266면 이하, 359면 이하) 참조.

국가도 마찬가지로 1988년에 멸망한 것이 될 것이다.

다른 한편으로는 국가와 헌법 사이에는 그때그때의 상황에 따라서 **긴장관계**가 생길 수 있다는 것에 의해서 명백하게 된다. 현재 통용하고 있는 법적 헌법이 국가가 존속하기 위한 조건들에 비추어 현상(現狀)에서 객관적으로 충분하지 못한 사태가 발생할 수 있는 것이다. 예컨대 현재 통용하고 있는 법적 헌법이 지도기관을 형성하는 방법(선거법)이나 유효한 결정이 성립하기 위한 절차적 규율에 의해서 행위통일체로서의 국가가 그 결정능력을 유지할 수 없게 만드는 경우가 그렇다. 또한 현재 통용하고 있는 법적 헌법의 이념과 근본결정에 대해서 이미 콘센서스가 존재하지 않고, 그 결과 합법성과 정당성 사이에 괴리가 발생함으로써 법적 헌법이 국가통일체의 존립을 위협하는 사태도 일어날 수 있다. 바로 이러한 상황에서 국법의 한계문제가 발생하게 된다. 이 한계문제는 초헌법적인 것이기 때문에 존재하지 않는다고 설명함으로써 해소되는 것은 아니다. 이러한 상황이 현실에 발생하고 헌법이 규정한 절차와 수단에 의해서 대처할 수 없거나 충분히 대처할 수 없는 경우에는 국가와 헌법의 분열에 직면하여 무엇이 필요한가라는 질문이 불가피하게 일어나게 된다. 가령 법적 헌법이 원인이 되어 국가가 붕괴하거나 빈사의 고통에 빠지더라도 현재 통용하고 있는 법적 헌법은 국가에 대해서 더욱 「최고의 가치」인가? 그렇다면 국가는 현재 통용하고 있는 법적 헌법과 병행하여 혹은 그것과 관계없이 계속적 실존에 대한 권리를 가질 수 있을 것인가?

여기서 국법은 끝나고 정치의 영역으로 이행하기 때문에 이 질문에 국법적인 해답을 제시하는 것은 불가능하다고 생각한다. 이와 같이 생각하는 것이 정당한가의 여부에 대해서는 여기서는 들어가지 않기로 한다.[13] 그렇지만 이 질문을 국법학상의 문제로서 의의 있게 고찰하려면 다음과 같은 생각이 전제되어야 한다. 즉 어떤 구체적인 헌법이 실제로 통용할 수 있기 위한 전제들을 묻는 것을 거부하지 않고, 법과 권력 그리고 법과 국가 사이에는 종국적으로는 변증법적인 관계가 존재하는 것을 거부하지 않는 생각이다. 이렇게 생각하는 대신에 1945년 이후의 독일 연방공화국에서 지배적으로 되었듯이, 국가를 오로지 법과 헌법으로만 이해하려고 한다면, 그것은 결국 내향적인 법치국가적 사고[14]가 되어버릴 것이다. 이러한 사고는 앞의 문제를 존재하지 않는다고 설명하거나 혹은 가상의 문제라고 설명하게 된다. 그러나 거기에서 문제가 되어 있는 것이 단순한 가상의 문제가 아니라는 것은 20세기의 독일 헌법사 중의 하나의 중요한 예가 보여주고 있다. 즉 애국자였던 공화국 초대 대통령 프리드리히 에버트는 그가 대통령이 되기 이전인 1918년 11월의 상황을 보고 다음과 같이 서술하였다. 「만일 내가 헌법과 독일 국가 사이에서 선택해야 한다면, 나에 대해서 이 선택은 의문의 여지가 없다」[15]라고. 그는 이처럼 행한 선택에 따라서 행동하였다. 즉 그는 1918년 11월에

---

13) 바이마르 공화국 말기 무렵에 이 문제는 「국가긴급권」이란 제목 아래 논의되었다.

14) Ernst Forsthoff, Der introvertierte Rechtsstaat und seine Verortung, in : ders., Rechtsstaat im Wandel, 2. Aufl. München 1976, S. 175 ff.

15) 에버트의 말로 기록하고 있는 문헌으로는 Otto Gessler, Reichswehrpolitik in der Weimarer Zeit,

(국민대의원 평의회의) 「주권적 독재」의 방식으로 라이히 헌법을 무시한 채 독일 국가의 존립을 지키고 독일에 바이마르 헌법이라는 새로운 질서를 부여하였던 것이다.

Stuttgart 1958, S. 324. 출처를 밝히지 않은 채 이 말을 인용하는 것으로 Adolf Arndt, "Der Rechtsstaat und sein polizeilicher Verfassungsschutz," in: ders., Gesammelte juristische Schriften, München 1976, S. 170, Anm. 5.

제2편
국가와 사회

국가와 사회의 헌법이론적 구별

에른스트-볼프강 뵈켄회르데

한국어판을 위한 서문

이 논문에서 논구되고 있는 바와 같은 국가와 사회의 구별에 관한 문제는 독일의 국가적 및 헌법이론적 논의에 있어서 현저한 특색을 이루는 것이다. 그 문제는 헤겔(G. W. F. Hegel)이나 로렌츠 폰 슈타인(Lorenz von Stein)과 같은 위대한 국가이론의 사상가들과 연결될 뿐만 아니라 카를 마르크스(Karl Marx)와 같은 사상가와도 연결된다. 그러나 영국이나 미국에 있어서는 이 문제가 이러한 형식으로는 알려져 있지 않다. 그러면 이 논문의 한국어판은 의미를 가질 것인가? 그리고 한국의 독자들에게 적어도 가치 있는 정보와 인식을 가져다 줄 수 있을 것인가?

오늘날 세계의 여러 국가들은, 그 속에서 하나의 정치적 제도(Ordnung)를 형성해야 하는데, 거기에서는 한편으로는 공공의 평화를 보증하는 주권적이고 최고의 우위에 있는 정치적 결정권이 본질을 이루고 있으며, 다른 한편으로는 인권이 갈수록 비중 높게 인정되고 있다. 이러한 과정은 유럽을 넘어서 광범하게 발생하였다. 어떤 제도 내에서 인권, 특히 소유권과 더불어 법적 평등, 일반적인 행동의 자유, 그리고 경제활동의 자유 등이 인정되는 정도에 따라 「사회」(Gesellschaft)의 현저한 특징을 이루는 공동생활(Zusammenleben)의 형태가 형성되고, 정치적 결정권이 더 이상 그 결정권을 자신들의 개인적인 부(富)를 위해 사용하는 특정한 가족이나 작은 사회적 집단들의 소유물로 되지 않고, 반대로 모든 개인이 복종하며 그의 법이 모든 사람에게 효력을 가지는 하나의 일반적인 제도상의 권력(Ordnungsgewalt), 특정한 인물로부터 분리된 제도상의 권력으로 되는 정도에 따라 「국가」로서의 성격을 가지는 정치적 조직의 형태가 등장하게 된다. 유럽에서 발생하였고, 유럽에서 처음으로 그 이론적 근거를 가지게 되었던 국가와 사회와 같은 제도들은 이러한 방식으로 유럽을 넘어서 하나의 의미를 가지게 되었다. 그것들은 함께 생활하는 하나의 세계 속에서 상이한 정치적・문화적 그리고 종교적 전통을 가진 민족들에게도 실제적인 것으로 되는 것이다.

　따라서 한국인들도 또한 하나의 정치적・사회적 제도의 모델로서의 국가와 사회의 구별에 관한 연구에 쉽게 몰두할 수 있을 것이다. 이 논문은 이러한 모델의 역사적 기원, 정신적 기초, 광범한 발전, 그리고 이러한 모델에 대한 문제제기 등을 추구하며, 오늘날 그것을 실현하기 위한 전제와 조건들을 제시하려고 한다. 뿐만 아니라 동시에 인간의 공동생활에 있어서의 자유의 회복과 수호 역시 문제로 된다. 이러한 의미에서 나는 한국어판이 나오게 된 것을 기쁘게 생각한다. 그것을 위해서 커다란 공헌을 한 동료 김효전 교수에게 깊은 감사를 드린다.

1988년 11월 프라이부르크에서

에른스트-볼프강 뵈켄회르데

Vorwort zur koreanischen Ausgabe

Die Frage nach der Unterscheidung von Staat und Gesellschaft, wie sie in dieser Schrift erörtert wird, ist eine Eigentümlichkeit vorwiegend der deutschen staatswissenschaftlichen und verfassungstheoretischen Diskussion. Sie knüpft an große staatstheoretische Denker wie G. W. F. Hegel und Lorenz v. Stein, aber auch an Karl Marx an. Schon in Großbritannien und den Vereinigten Staaten ist sie in dieser Form unbekannt. Hat dann aber eine koreanische Ausgabe dieser Schrift einen Sinn, kann sie für koreanische Leser überhaupt verwertbare Informationen und Erkenntnisse bringen?

Die Staaten der Welt sind heute dabei, eine politische Ordnung auszubilden, in der einerseits eine souveräne, hoheitlich überlegene politische Entscheidungsgewalt besteht, die den öffentlichen Frieden gewährleistet, anderseits zunehmend die Menschenrechte anerkannt werden. Dieser Vorgang greift über Europa weit hinaus. In dem Maße aber, in dem in einer politischen Ordnung die Menschenrechte anerkannt werden, insbesondere die Rechtsgleichheit, die allgemeine Handlungsfreiheit und die wirtschaftliche Betätigungsfreiheit sowie das Recht auf Eigentum, bildet sich eine Form des Zusammenlebens heraus, welche die kennzeichnenden Merkmale einer ‚Gesellschaft' aufweist; und in dem Maße, in dem die politische Entscheidungsgewalt nicht mehr ein Besitz einiger Familien oder einer kleinen sozialen Gruppe ist, die sie zu ihrem persönlichen Reichtum ausnutzen, sondern eine allgemeine, von bestimmten Personen getrennte Ordnungsgewalt darstellt, der jeder einzelne unterworfen ist und deren Gesetze für alle gelten, entsteht eine Form politischer Organisation, die den Charakter eines ‚Staates' hat. Auf diese Weise erhalten Einrichtungen wie Staat und Gesellschaft, die in Europa entstanden sind und dort zuerst ihre theoretische Begründung erfahren haben, eine Bedeutung über Europa hinaus. Sie werden im Zeichen der zusammenwachsenden Welt aktuell auch für solche Völker, die aus anderen politischen, kulturellen und religiösen Traditionen kommen.

Daher mag es auch für Koreaner naheliegen, sich mit der Unterscheidung von Staat und Gesellschaft als einem Modell politisch-sozialer Ordnung zu beschäftigen. Die vorliegende Schrift geht dem historischen Ursprung, der geistigen Grundlage, der weiteren Entwicklung und auch der Infragestellung dieses Modells nach und sucht die Voraussetzungen und Bedingungen für seine heutige Verwirklichung aufzuweisen. Es geht dabei zugleich um die Herstellung und Bewahrung von Freiheit im Zusammenleben der Menschen. In diesem Sinn freue ich mich über das Erscheinen der koreanischen Ausgabe. Mein herzlicher Dank gilt Herrn Kollegen Hyo-Jeon Kim, der sich darum große Verdienste erworben hat.

Freiburg i. Br., im November 1988

Ernst-Wolfgang Böckenförde

역자 서문

이　책은　Ernst-Wolfgang　Böckenförde,　Die　verfassungstheoretische Unterscheidung von Staat und Gesellschaft als Bedingung der individuellen Freiheit, Opladen: Westdeutscher Verlag, 1973, 65 S.의 한국어 번역이다.

국가와 사회의 구별 문제는 원래 특수 유럽적인 것으로서 근대에 형성되었으며, 그 구별은 이 책의 저자도 지적하고 있듯이, 서양 합리주의의 전형적인 업적의 하나이다. 따라서 유럽에서와 같은 중세의 등족제도, 국가와 교회 또는 시민계급과의 투쟁, 지배구조와 사회체제의 구별 그리고 국가와 사회라는 한 쌍의 개념을 알지 못하는 역사를 가진 한국에서 이 문제는 생소할 수밖에 없으며, 문제 자체의 이해에도 근대 서양사에 대한 약간의 기본적 이해가 당연히 선행되지 않으면 아니된다.

지금까지의 한국은 국가가 사회 전반의 문제를 다루어 왔으며, 더구나 국가권력이 일방적으로 사회적 통합을 강요하여 온 권위주의 체제였다. 따라서 국가와 사회는 구별되지 못하고, 사회는 국가에 대하여 어떠한 영향력을 행사하거나 견제력을 발휘하지도 못하였다. 그러나 4월혁명을 계기로 학생집단은 하나의 사회력(社會力)을 나타내면서 국가에 대한 견제력으로 작용하게 되었으며, 이어서 지식인 집단, 종교단체, 노동단체 등이 새로운 사회집단으로서 결속을 강화하고 성장하게 되었다. 이제 한국은 국가가 위에서부터 아래로 사회를 통합하던 시대는 이미 지나가고 경제성장과 더불어 야기된 사회계층 간의 갈등, 그리고 재산과 교양을 가진 시민계층의 민주화에 대한 열망 속에 아래로부터의 요구는 국가와 정치력(政治力)에 투영되는 단계에 이르렀다. 여기에 더하여 한국의 새로운 좌표를 찾으려는 이데올로기의 대립이 새삼스레 부각되고 있는 현 시점에서 서구 시민사회의 경험과 역사적 발전은 시련에 처한 우리들 한국인에게 많은 시사를 줄 것이다.

그러나 국가와 사회의 문제에 대한 국가이론적 및 헌법이론적인 분야에서의 학문적인 논의는 결코 이제 새로이 시작하는 것은 아니다. 그것은 일찍이 구한말에 발간된 각종의 저작 속에서도 발견되며, 또 근래에는 서독의 이론을 중심으로 각종 교과서와 학술 논문에서 이 문제를 더욱 활발하게 다루고 있다. 이 가운데 뵈켄회르데 교수의 논문은 국가와 사회의 구별 문제에 대한 표준적인 저작으로서 서독에서는 물론 한국과 일본의 학계에서도 많은 주목을 받고 있으며, 여러 문헌에서 자주 인용되고 있다. 그러나 그 전체적인 이해에는 미흡한 점이 적지 않으며, 때로는 오해한 부분마저 있기 때문에 그의 이론의 정확한 이해를 위해서 여기에 그의 강연 전문과 토론을 번역한 것이다.

원래 이 책은 뵈켄회르데 교수가 1972년 7월 12일 뒤셀도르프에서 개최된 라인-베스트 팔렌 과학아카데미(Rheinisch-Westfälische Akademie der Wissenschaft) 제178차 총회에서 행한 강연과 토론을 정리한 것이며, 그 다음 해에 책으로 출판된 것이다.

저자인 뵈켄회르데 교수는 현대 서독의 대표적인 공법학자의 한 사람이다. 그는 1930년 카셀(Kassel)에서 출생하였으며, 뮌스터대학에서는 법학을 공부하여 법학박사의 학위를 취득하고, 이어서 뮌헨대학에서는 역사학을 공부하여 철학박사가 되었다. 1964년 뮌스터 대학에서 교수자격논문이 통과되어 그 해부터 하이델베르크, 빌레펠트, 프라이부르크 등지의 대학교수를 역임하였다. 1983년 12월에는 연방헌법재판소의 재판관으로 선출되어 현재 재판관과 프라이부르크대학 교수를 겸직하고 있다. 그의 연구 분야는 부록에 게재된 그의 저작목록에서도 알 수 있듯이, 국가이론과 헌법이론을 비롯하여 국가법과 헌법, 헌법사, 국가와 교회의 관계, 교회와 정치의 관계 등 다양하게 걸쳐 있으며 한국에도 몇 가지가 소개된 바 있다.

역자 개인적으로는 뵈켄회르데 교수의 문하에서 직접 헌법을 공부한 인연이 있기 때문에 이제는 그에게 감사하는 마음과 아울러 프라이부르크 시절의 추억을 떠올리게 만든다. 이번에도 뵈켄회르데 교수는 이 책의 한국어판 출판을 기꺼이 승낙하시어 서문을 써주시고, 또한 괴레스 협회(Görres-Gesellschaft)가 편찬하는 국가학사전(Staats-lexikon) 제7판에 수록하기 위해서 새로이 집필한 「국가와 사회」 항목의 원고를 보내어 이 책에 함께 수록하도록 편의를 보아 주었으며, 그 밖에도 역자의 요청에 따라 상세한 저작 목록과 사진을 보내주었다. 다시 한번 동 교수에게 진심으로 감사를 드린다.

끝으로 아무런 조건도 없이 이 책의 한국어판 출판을 쾌히 동의해 준 베스트도이취 출판사(Westdeutscher Verlag)에게도 고마움을 전한다.

1988년 12월 부산에서
김 효 전

증보판 서문

헌법학의 전문 서적인 이 책자는 예상보다 훨씬 일찍 매진되었다. 이처럼 난해한 학술서적이 수요가 많다는 것은 그만큼 한국 헌법학의 수준이 높다는 증거라고도 보겠으나, 반면에 역자로서는 더 큰 책임과 사명감을 느낀다. 그리하여 이번 증보판에서는 기왕에 발표된 저자의 또 다른 논문인 「현재의 민주적 사회국가에 있어서의 국가와 사회의 구별의 의미」와 호르스트 엠케의 「헌법이론적 문제로서의 '국가'와 '사회'」를 첨가하였다. 원전의 출처는 다음과 같다.

(1) E.-W. Böckenförde, Die Bedeutung der Unterscheidung von Staat und Gesellschaft im demokratischen Sozialstaat der Gegenwart, in: Rechtsfragen der Gegenwart. Festgabe für Wolfgang Hefermehl zum 65. Geburtstag, Stuttgart 1972, S. 11-36. jetzt in: ders., Recht, Staat, Freiheit. Studien zur Rechtsphilosophie, Staatstheorie und Verfassungsgeschichte, Frankfurt a. M. Suhrkamp 1991, S. 209-243.

(2) Horst Ehmke, "Staat" und "Gesellschaft" als verfassungstheoretisches Problem, in: Staatsverfassung und Kirchenordnung. Festgabe für Rudolf Smend zum 80. Geburtstag am 15. Januar 1962, Tübingen 1962, S 23-49. jetzt in: ders., Beiträge zur Verfassungstheorie und Verfassungspolitik, Königstein/Ts. Athenäum 1981, S. 300-324.

이번에 수록한 저자의 논문은 저자 자신이 말하고 있듯이, 국가와 사회의 문제를 헌법적으로, 특히 서독 기본법에 의하여 창조된 헌법질서에 중점을 둔 것으로서 국가학과 헌법이론의 문제로서 다룬 이 책과는 그 문제의 제기와 인도가 다른 것이다. 그러나 약간의 사고와 언어상의 일치는 당연한 것이다.

함께 수록한 엠케 의원의 논문은 일찍이 루돌프 스멘트 축하논문집에 발표된 것으로 국가와 사회를 일원적으로 파악하는 문헌의 대표적인 것이다. 엠케 의원은 그의 학위 논문인 「헌법개정의 한계」를 통하여 한국의 헌법학계에도 널리 알려진 사람이다. 그러나 학계를 떠난 지 오래이기 때문에 간단히 소개하기로 한다.

그는 1927년 단치히(Danzig)에서 외과의사의 아들로 출생하여 1946년부터 1951년까지 괴팅겐대학과 미국 프린스턴대학에서 법학·정치학·역사학 등을 공부하였다. 1952년에는 괴팅겐대학에서 스멘트의 지도 아래 법학박사의 학위를 취득하였으며, 1960년에는 본대학에서 교수자격논문이 통과되고, 같은 해에 본대학에, 1963년에는 프라이부르크대학의 초빙을 받아 부임하였다. 1969년 이래 연방의회의 의원이 되어 현재에 이르고 있다. 주요 저서로는 『경제와 헌법』(Wirtschaft und Verfassung, 1961), 『도전으로서의 정치 — 연설·강연 및 논문들』(Politik als Herausforderung. Reden, Vorträge, Aufsätze, 1974), 그리고 『헌법이론과 헌법정치 논집』(Beiträge zur Verfassungstheorie und Verfassungspolitik, 1981) 등이 있다.

이제 증보판을 발간함으로써 역자는 국가와 사회의 문제에 관한 독일 학계의 대표적인 두 견해를 아울러 소개하였기 때문에 이에 대한 논의는 거의 정확하게 전달되었다고 믿는다. 따라서 우리는 불충분하게 소개한 간접 문헌에 의하지 않고도 독일 헌법학에서의 기본 문제의 하나를 바로 인식할 수 있게 된 것이다. 이와 같은 부단한 노력을 통해서만이 비로소 서구의 헌법학은 우리 앞에 그 정체를 드러내게 되며 한국의 헌법학도 그 토대가 확고해지는 것이다.

1991년 12월 부산에서
김 효 전

한스 울리히 스쿠핀(Hans Ulrich Scupin)*의
70세 생일을 기념하여

차 례

에른스트-볼프강 뵈켄회르데, 빌레펠트
(Ernst-Wolfgang Böckenförde, Bielefeld)

　· 하랄드 폰 페트리코비츠(Harald v. Petrikovits)

　· 에른스트-볼프강 뵈켄회르데(Ernst-Wolfgang Böckenförde)

　· 테오도르 쉬이더(Theodor Schieder)

　· 에버하르트 프라이헤르 폰 메뎀(Eberhard Freiherr von Medem)

　· 요제프 피이퍼(Josef Pieper)

　· 한스 벨첼(Hans Welzel)

　· 요아힘 리터(Joachim Ritter)

　· 루드비히 란트그레베(Ludwig Landgrebe)

오늘날, 특히 정치학의 분야에서 현대 민주주의라는 특징과 사회국가라는 특징에서
볼 때, 국가와 사회의 분리(Trennung)가 극복되어야 한다는 것은 거의 일치된 의견*이
다.1) 이들의 분리 대신에 시간이 지나면 지날수록 필연적인 결합과 혼합현상이 일어날
것이다. 오늘날 사회국가적인 간섭(Intervention)과 생존배려(Daseinsvorsorge)라는 특
징에서 보면 '국가 없는 사회'란 더 이상 존재하지 않을 것이며, 민주주의원리라는 특징에
서도 국가는 사회로부터 분리되어 고립된 것으로 이해될 수는 없을 것이다. 오히려
국가는 단지 사회의 한 기능이며 부분조직(Teilorganisation)일 것이다. 따라서 헌법이론
적 및 헌법조직적인 원리로서 국가와 사회의 분리를 유지하는 것은 시대착오이며, 현재의
정치적·사회적 현실을 그 제도(Ordnung)와 함께 인식하는 데 아무런 기여도 하지
못한다.2)

이데올로기에 대한 의혹은 표명되거나 표명되지 않거나 간에, 부분적으로 이러한
비판과 관련이 있다.3) 국가와 사회의 분리를 유지하거나 심지어 요구하는 것은 민주적으

---

* 다음에 상술하는 것의 대상은 부분적으로는 나의 논문 "Bedeutung der Unterscheidung von Staat und
Gesellschaft im demokratischen Sozialstaat der Gegenwart" (Rechtsfragen der Gegenwart. Festgabe
für Wolfgang Hefermehl zum 65. Geburtstag 1972, S. 11-36)과 중복된다. 따라서 약간의 사고와
언어상의 일치는 자명한 것이다. 그러나 두 논문에 있어서 문제의 상론에 대한 문제의 제기와 인도는
상이하다. 전자가 **헌법** 문제, 특히 기본법에 의하여 창조된 헌법질서에 중점을 두었다면, 여기서는 국가학과
헌법이론의 문제에 중점을 두고 있다.

1) 정치학 문헌으로는 *Abendroth*, Zum Begriff des demokratischen und sozialen Rechtsstaates im
Grundgesetz, in: Festschrift für Bergsträsser, 1954, = *Forsthoff* (Hrsg.), Rechtsstaatlichkeit und
Sozialstaatlichkeit, 1968, S. 114-144 (126/127); *O. H. v. d. Gablentz*, Staat und Gesellschaft:
Politische Vierteljahresschrift, 2. Jg. (1961), S. 2 ff.; *v. Krockow*, Staatsideologie oder
demokratisches Bewußtsein, ebd. 6. Jg. (1965), S. 118-131 (127 f.); *K. D. Bracher*, Staatsbegriff
und Demokratie in Deutschland, ebd. 9. Jg. (1968), S. 2-27 (19 ff.); *P. Römer*, Vom totalen
Staat zur totalen bürgerlichen Gesellschaft: Das Argument, 1970, S. 332 f.
사회학 문헌으로는 *H. Freier*, Das soziale Ganze und die Freiheit der einzeln unter den Bedingungen
des industriellen Zeitalters, 1957, S. 23 f.; *A. Gehlen*, Soziologische Voraussetzungen im
gegewärtigen Staat, in: Beilage zur Staats-Zeitung für Rheinland-Pfalz Nr. 1. v. 15. 1. 1956
= *Forsthoff* (Hrsg.), Rechtsstaatlichkeit und Sozialstaatlichkeit, 1968, S. 320-339 (329); *N.
Luhmann*, Grundrechte als Institution, 1965, S. 29 f.
법학 문헌으로는 *E. Forsthoff*, Lehrbuch des Verwaltungsrechts, Bd. 1, Allgemeiner Teil, 1. Aufl.,
1950, S. 3 이후 계속 주장하고 있다. a. a. O., 9. Aufl. 1966, S. 3. 하나의 제안과 수정은 최근 *ders.*,
Der Staat der Industriegesellschaft, 1971, S. 25 ff.; *U. Scheuner*, Artikel "Staat".: HSW Bd. 12
(1963), S. 660; *Ehmke*, "Staat" und "Gesellschaft" als verfassungstheoretisches Problem, in:
Staatsverfassung und Kirchenordnung, Festgabe für Rudolf Smend, 1962, S. 23-49 (24 f.); *K. Hesse*,
Grundzüge des Verfassungsrechts der Bundesrepublik Deutschland, 5. Aufl. 1972, S. 8 f.; *Zippelius*,
Allgemeine Staatslehre, 2. Aufl. 1970, §22, S. 135 ff.

2) 특히 *Hesse*, a. a. O. (N. 1), S. 8 f.; 나아가 *Ehmke*, a. a. O. (N. 1), S. 24, 42 ff.; *Zippelius*,
a. a. O. (N 1), S. 138.

로 볼 때 부당한, 사회를 초월하는 국가적 권위를 회복하려는 시도를 의미할 것이다. 따라서 국가와 사회의 이원론과 상호대립을 고수하는 것은 비현대적일 뿐만 아니라 위험하기도 하다는 것이다.

이에 반하여, 이 논제에는 하나의 명제가 내포되어 있다. 오늘날 국가와 사회의 분리가 극복되어야 한다고 생각하는 널리 확산된 견해의 대표자들이 개인의 자유를 위하여 몰두하고 이를 결코 포기하려고 하지 않을 때에는, 이 명제는 아주 도전적인 것이다. 그런데 나의 논제에서 의도적으로 국가와 사회의 분리(Trennung) 대신에 구별 (Unterscheidung)이라고 말함으로써 그 도전이 결코 더 사소하게 되는 것은 아니다.[4] 왜냐하면 비판의 대상은 오직 국가와 사회의 상호 대립에서 나타난 사고 일반이며, 이러한 사고 안에서 이루어지는 어떤 수정(Modifikation)은 아니기 때문이다. 바로 이 점에 대한 학문적 판단은 의심할 여지가 없는 것 같다.

이제 궁극적으로 그러한 판단이 내려지고 법적 효력(Rechtskraft) 안에서 전개되기 전에, 아마도 구속작용(Bindungswirkung)을 지닌 헌법의 범위 안에서 들을 권리(Recht auf Gehör)를 보장하는 것이 당연한 것 같다. 여러분들은 내 자신이 선택한 테마를 받아들임으로써 이러한 들을 권리를 보장하였는데, 나는 그 점에 대해서 감사드린다.

나의 상론은 두 개의 중심 문제로 나뉘어 질 것이다. 첫 번째 문제는 바로 국가와 사회의 구별이 어느 정도로, 그리고 무엇에 의해서 개인적 자유의 조건이 되는가이며, 두 번째의 문제는 오늘날 이러한 구별의 실현이 헌법이론과 헌법조직상으로 어느 정도 가능한가 하는 데에 있다.

첫 번째 문제에 대한 대답의 출발점으로서 국가와 사회의 구별이 **발생하게 된 것**에 대하여 시선을 돌릴 필요가 있다. 이러한 구별의 내용과 기능에 대한 접근은 우선 먼저 그 발생의 측면에서 이루어진다. 따라서 나는 우선 국가와 사회의 구별이 발생하게 된 데에 대하여, 그 다음에는 이 구별의 내용과 기능에 대하여 언급할 것이다.

I.

마르크스 · 레닌주의의 통상적인 저작을 보면 '국가'(Staat)와 '사회'(Gesellschaft)가

---

3) 예컨대 *v. d. Gablentz*, a. a. O. (N. 1), S. 2 ff.; *v. Krockow*, a. a. O. (N. 1), S. 128; *Bracher*, a. a. O. (N. 1), S. 22 ff. 참조.

4) 국가와 사회의 조직적 · 기능적인 구별은 몇몇 저자들에 의해서 중요하고 필요한 것으로서 인정된다. 참조 - *J. H. Kaiser*, Die Repräsentation organisierter Interessen, 1956, S. 338 f.; *Drath*, Artikel "Staat", in: Evangelisches Staatslexikon, Sp. 2114-2149 (2122 f.); *Herzog*, Allgemeine Staatslehre, 1971, S. 140 f., S. 146; *Henke*, Das Recht der politischen Parteien, 2. Aufl. 1972, S. 1 ff.; 또한 *H. Krüger*, Staatslehre, 2. Aufl., 1966, §§30 und 32는 '국가'와 '사회'를 떼어놓는 개념상의 관념을 그의 상이한 의식 내용에서 특별히 고려하지는 않았다. 나아가 수정된 이원주의라는 의미에서는 *Isensee*, Subsidiaritätsprinzip und Verfassungsrecht, 1968, S. 154.

일반적인 사회이론과 역사이론의 카테고리로서 나타나는데, 그것은 원시 공산주의 이후의 모든 시대와 사회형성에 적용될 수 있으며, 계급 없는 공산사회에까지 적용될 수 있다.5) 그것은 만일 우리가 법사와 헌법사에 관한 이전의 교과서를 보더라도 비슷한 상황이 된다. 거기에서는 중세 전성기에 프랑스 지방에 있었던 게르만족의 '국가'와 '사회'에 관하여 언급하고 있다.6) 그와 마찬가지로 우리는 고대 로마인들의 '국가'에 관하여 다루고 있는 학문적인 저술도 잘 알고 있다.7)

이에 반하여 국가와 사회의 구별은 근대 유럽의 헌법사 과정에서 나타난 결과라고 주장하기도 한다.8) 곧 언급하겠지만 국가와 사회의 구별은 근대 유럽에 이르러 비로소 형성되었다. 이 점은 바로 다음과 같은 사실을 의미한다. 즉 정치적·사회적 제도의 일정한 사실(Gegebenheit)에 있어서만 국가와 사회에 대하여 의미 깊게 언급할 수 있는데, 그것도 이러한 정치적·사회적 제도의 사실이 존속되는 한 그렇게 될 수 있었다. 나아가 국가와 사회를 구별할 때, 사고상의 추상화, 즉 단순한 관념뿐만 아니라 실제의 현실에 속하는 과정(Vorgang)도 문제시되었다고 말할 수 있다.

---

5) 예컨대 Grundlagen des Marxismus-Leninismus. Lehrbuch, Berlin-Ost 1964, S. 174 ff.; S. 183 ff.; Grundlagen der marxistischen Philosophie, Berlin-Ost 1965, S. 470 ff., 482 ff.를 보라. 이와 같이 일반화하는 것은 원래 마르크스와 엥겔스가 완결된 교리 구축과 체계를 위해서 역사적·구체적인 통찰과 진단을 변형하고 발전시킨 결과이다. 마르크스의 초기 저작에 있어서 역사적으로, 유럽 근대에 속하는 국가의 기원과 국가와 사회의 대립은 놀라울 정도로 의식하고 있다. 예컨대 Kritik der Hegelschen Staatsphilosophie (Frühschriften, ed. Landshut 1953, S. 85 ff., 96 ff.)와 유대인 문제에 관한 최초의 논문 (ebd. S. 196-199) 참조. 일반화하려는 시초는 Manifest der Kommunistischen Parteien (*Marx-Engels*, Ausgewählte Schriften, Bd. 1, Berlin-Ost 1960, S. 23 ff. 참조)에서 발견된다. 그것은 *Engels*, Der Ursprung der Familie, des Privateigentums und des Staates, 1884 (Ausg. Berlin-Ost 1953, insbes. S. 168-173)과 Herrn Eugen Dührings Umwälzung der Wissenschaft (Anti-Dühring), 1878 (Ausg. Berlin-Ost 1958, S. 347 f.)에서 더욱 상세하게 완성되었다. 이와 같은 '원천들'로부터 일반화는 *Lenin*, Staat und Revolution, Kap. I에서 중복된 관련으로서 인식되었듯이, 마르크스·레닌주의의 체계에 도달하였다.

6) *Heinrich Brunner*, Deutsche Rechtsgeschichte, Bd. 1, 2. Aufl. 1906, Bd. 2, 2. Aufl. (bearb. v. Claudius v. Schwerin), 1928; *Georg v. Below*, Der deutsche Staat des Mittelalters, Bd. 1, 1914; *Schröder-v. Künßberg*, Lehrbuch der deutschen Rechtsgeschichte, 7. Aufl. 1932; *Schwerin-Thieme*, Grundzüge der deutschen Rechtsgeschichte, 1949. 또한 *H. Conrad*, Deutsche Rechtsgeschichte, Bd. 1: Frühzeit und Mittelalter, 1952, 2. Aufl. 1962. 이에 대한 원리적인 비판은 *Otto Brunner*, Land und Herrschaft, zuerst 1939, 3. Aufl. 1943, S. 124 ff.; *ders.*, Moderner Verfassungsbegriff und mittelalterliche Verfassungsgeschichte: MIÖG, Erg. Bd. 14 (1939) = *H. Kämpf* (Hrsg.), Herrschaft und Staat im Mittelalter, 1956, S. 1-19; *Ernst Kern*, Moderner Staat und Staatsbegriff, 1949, S. 21-49 ff.를 보라.

7) 다른 것 대신에 *Th. Mommsen*, Römisches Staatsrecht, 3 Bde. 3. Aufl. 1887; *G. Ostrogorski*, Geschichte des Byzantinischen Staates, 1940; *Ernst Mayer*, Römischer Staat und Staatsgedanke, 1948, 3. Aufl. 1964.

8) 그 고전적인 정식화와 확립은 항상 *Hegel*, Grundlinien der Philosophie des Rechts, §260 mit Zus., §183 mit Zus. (Ausg. Gans, S. 338 und 262/263)에 있다. 국법학과 헌법사의 문헌으로는 *Hermann Heller*, Staatslehre, 1934, S. 125-139; *Otto Brunner*, Die Freiheitsrechte in der altständischen Gesellschaft = *ders.*, Neue Wege der Verfassungs-und Sozialgeschichte, 2. Aufl. 1968, S. 187-198.

[1] 그러면 국가와 사회를 구별하고 상호 대립을 유발시킨 역사상의 과정은 무엇인가? 다양하게 분산되고 제한된, 영토(Land)와 사람(Leute)에 대한 지배권(Herrschaftsbefugnisse)이 중세와 근대 초기의 정치적·사회적 질서에서는 알려지지 아니하였지만, 그것이 점차 증가하면서 역사적으로 변화되는 과정 속에서 보다 길어진 개별 단계 동안에 개인(Person)이나 기관(Instanz)으로 집중하게 되었으며, 계획에 의해서 광범위한 지배권한으로 형성되고 조직되었다. 지배적·정치적으로 형성된 중세와 근세 초기의 사회는 이러한 방법으로 변천되었는데, '지배가 있는 시민사회'(societas civilis cum imperio)는 새로 통일된 신하사회(Untertanengesellschaft)인 '지배가 없는 시민사회'(societas civilis sine imperio)가 되었다.9) 이러한 사회에서는 개별적인 지배권(Herrschaftsrecht) 자체가 다른 개개의 지배권에 대하여 행사되는 것이 아니라, 포괄적인 국가권력(staatliche Gewalt)의 담당자가 있어서, 그가 모든 개별적인 지배권에 대하여 지배권을 행사하는 것이다. 헤르만 헬러(Hermann Heller)는 자신의『국가학』속에서 이러한 과정을 의미 있게 서술하였다. 그는 "그 당시까지 영역적으로 불분명하고 이완되어 간헐적으로 결합되어 있던 다인지배(Polyarchien)를 지속시키려던 유럽 대륙에서는 엄격하게 조직된 권력통일체(Machteinheit)가 발전되었는데, 그 권력통일체는 하나의 유일하고 더구나 상비군이나 유일하게 완비된 관료계층제, 그리고 하나의 통일된 법질서를 알고 신민으로서의 자격 일반을 다스렸다"10)라고 서술하였다. 여기서는 이러한 과정의 여러 단계가 개별적으로 추구될 필요는 없다. 다시 말해서 정치적 신분의 박탈, 영토 범위 전체에 대한 국왕이나 군주의 사법권(Gerichtspflege)과 통치권(Verwaltungspflege)의 성립, 왕권(Königliche Oberhoheit)이나 군주권(landesherrliche Oberhoheit)의 현실화와 강화, 자유롭게 최종 결정을 내릴 수 있는 입법권(Gesetzgebungsrecht) 요구의 증가, 또한 군주에 의한 법(제정)권(Recht-(setzungs)gewalt)이 개별적으로 추구될 필요는 없다.11)

지배권의 집중화(Konzentrierung)와 중앙집권화(Zentralisierung)가 이렇게 진행되는 것은, 인간에게는 그들이 결속되어 있고 구체적으로 규정된 통치제도와 생활제도가 이탈되고 임의대로 되는 것을 의미한다. 이것들은 그 지배적·정치적인 특성을 상실하였다. 그 대신에 개개인이 피지배계급으로서 왕이나 군주에 대하여 직접적인 관계를 가지게

---

9) 이와 같은 구조적인 과정의 개별적인 것에 관하여는 *O. Brunner*, a. a. O. (N. 8), S. 187-198; *E. Angermann*, Das Auseinandertreten von Staat und Gesellschaft im Denken des 18. Jahrhunderts: ZPol 1963, S. 89 ff. 나아가 개념적으로 방향을 제시하는 *M. Riedel*, Hegels "bürgerliche Gesellschaft" und das Problem ihres historischen Ursprungs: ARSP, Bd. 48 (1962), S. 539-566 (542 ff.) 참조.

10) *H. Heller*, Staatslehre (N. 8), S. 129.

11) 이에 관하여는 *F. Hartung*, Deutsche Verfassungsgeschichte der Neuzeit, 9. Aufl. 1964, §§24-26, 30/31; *E. Forsthoff*, Verfassungsgeschichte der Neuzeit, 3. Aufl. 1967, S. 41 ff.; *G. Oestreich*, Die Verfassungspolitische Situation der Monarchie in Deutschland vom 16.-18. Jahrhundert = ders., Geist und Gestalt des frühmodernen Staates, 1969, S. 253-276 (268 ff.). 특히 법제정권의 형성에 관하여는 *E bel*, Geschichte der Gesetzgebung in Deutschland, 2. Aufl. 1958, S. 57-77 참조.

된다. 독자적이며 자생적인 정치적 지배권을 행사하였던 지배계급(Herrschaftsstände)이 사회계층으로 되었다. 다시 말하여 그 지배계급은 이미 요한 야콥 모저(Johann Jakob Moser)*가 말했듯이, 지배권의 집중화로 인하여 발생한 피지배계급 사회를 바탕으로 하여 특권을 부여받은 피지배계급 위에 있는 계급으로 나타났다.12) 그 계급이 존속하는 한, 그들의 우선권은 특권의 성격을 지녔으며, **사적** 지배(*Priva*therrschaft)의 형태가 되었다. 마찬가지로 농부들은 통치상의 신분으로 볼 때 사적 종속신분(Privat-abhängigkeit)으로서 그들의 영주에게 예속되는 현상이 일어났다.13) 이러한 판단에 대한 척도는 모든 개개인이 신민으로서 동일하다는 데에 있다. 즉 지배권을 상실하고 상호 독립이라는 점에서 동일하며, 이러한 단어의 이중적인 의미에서 개인(Individuum)의 주체적 입장(Subjektstellung)이 있게 된다.

이러한 과정은 이미 일찍이 정확하게 기술되어 있는데, 더욱이 젊은 시절의 카를 마르크스만이 그 과정을 기술하였다. 그는 자신의 저작 속에서 브루노 바우어(Bruno Bauer)*에 반대하여 다음과 같이 말한다.14) "정치국가(politischer Staat)를 일반적인 사실로서, 즉 실제국가(wirklicher Staat)로서 구성했던 정치혁명에 의하여, 그 공동체 (Gemeinwesen)로부터 민중(Volk)이 분리되는 것으로 많이 표현했던 모든 신분(Stand) · 단체(Korporation) · 동업조합(Innungen), 특권들이 필연적으로 붕괴되었다. 동시에 정치 혁명 ─ 프랑스혁명을 의미할 수도 있다 ─ 으로 인하여 시민사회의 정치적 특성이 파기되었다. 시민사회(bürgerliche Gesellschaft)는 정치혁명으로 인하여 단순한 구성 요소로 전락하였는데, 한편으로는 개인으로, 다른 한편으로는 생활 내용, 즉 이러한 개인들의 시민적 상황을 구성하는 물질적 · 정신적인 구성 요소로 전락하였다. 그 정치 혁명으로 인하여 봉건사회의 여러 가지 곤경 속에서 분할되고 해체되고 와해되었던 정치 정신(politischer Geist)의 속박이 풀리게 되었다. 왜냐하면 정치혁명에 의해서 이렇 게 분산된 것으로부터 정치 정신이 모아졌기 때문이다. 그리고 정치 혁명은 정치 정신이 시민 생활과 혼합되는 것으로부터 구해내었으며, 시민 생활의 특수한 요소와는 이상적으로 독립된 상태에서 그 정치 정신을 공동체의 영역으로, 즉 일반 민중의 일(Volks-angelegenheit)의 영역으로 구성하였기 때문이다. ..."

[2] 여기에 완성된 통치권의 집중화(Herrschaftskonzentrierung) 과정은 군주라는 인물

---

12) *J. J. Moser*, Von der deutschen Reichsstände Landen, 1769, S. 840.

13) 지배상태로부터 단순한 사회상태로 이행하는 중간단계는 등족개념의 기능화였는데, 거기에서는 기준으로서 그때그때마다 특별한 과제가 나타났는데 그것은 사회 안에서의 상태 내지는 국가를 위한 상태가 완료되는 것이다. 그리고 *Carl Gottlieb Svarez*, Vorträge über Recht und Staat, hrsg. v. H. Conrad und G. Kleinheyer, 1960, S. 260 ff. 그리고 프로이센 일반 란트법(Preuß. ALR) §§2, 6 Ⅱ 1 참조. 이에 대하여는 *R. Koselleck*, Preußen zwischen Reform und Revolution, 1967, S. 52 ff.; *E. Sieyès*, Qu'est-ce que le Tiers État (dt. Ausg. v. O. Brandt, 1924)에서의 단순히 특권화 된 사회상태에로의 완전한 환원 참조. 또한 *Hegel*, Grundlinien der Philosophie des Rechts, §§ 303 ff.는 시종일관 '사적 신분(私的 身分)'으로서의 신분에 관하여 말하고 있다.

14) *Karl Marx*, Zur Judenfrage, I, in: *ders.*, Frühschriften. Ausg. Landshut, 1953, S. 197 f.

(Person)과 관련해서 볼 때에, 비록 군주가 이러한 발전의 결정점(結晶點)이었을지라도, 개인의 권력을 상승시키려는 목적은 없었다. 오히려 지배자(Herrscher)는 하나의 기구 (Instanz: 도덕적 인간[persona moralis])였고, 그 통치권과 통치자격은 그 '목적'(Um-willen) 을 가지고 있었다. 다시 말해서 공공복지(salus publica)를 달성하는 것은 대체로 평화를 이루고, 생활과 개인의 법익, 그리고 자유를 보장하며, 복지를 촉진하는 것으로 이해되었 다.15) 이러한 국가 목적의 구성요소들이 통치권 집중화의 '권원'(權原)이 되었고, 그 정당화의 이유가 되었다. **직무사상**(*Amtsgedanke*)은 통치자의 입장이 객관화되는 것으로 나타났다.16) 이와 결부해서 생각된 통치권의 독립은, 국가이론에서 볼 때, 통치자라는 인물(Herrscherperson)에서 나타나거나, 통치자에 의해서 대표되어지는 국가적 인격 (Staatsperson)의 통일체(Einheit)로 계속 발전되었다.17) 또 다른 종류의 독립은 통치자의 임무 및 권한의 총괄개념(Inbegriff)으로 이해되는 국가가 통치자 자신과 대립됨으로써 이루어진다. 이 경우 통치자는 국가에 대한, 즉 국가사상과 국가목적에 대한 공복(Diener) 이 된다.18) 통치자가 제1의 공복이라는 프리드리히(Friedrich) 대왕의 말은 이러한 과정 을 의미 깊게 표현하고 있다. 실제의 역사를 볼 때, 이러한 과정은 영방(領邦, Territorium)의 전범위에 걸쳐서 군주의 관청(Behörde)과 관료(Ämter)라는 조직 형태로 조직화 된 협력 이 이루어짐으로써 구축되었는데, 그 관청과 관료들은 전 통치범위에 걸쳐서 통일적으로 조정된 방법을 중재하였다.19) 여기에서 상부로부터 조정된 국가가 실제로 조직화 된

---

15) *O. v. Gierke*, Die Staats-und Korporationslehre der Neuzeit (das deutsche Genossenschafts-recht, Bd. 4), 1913 (Neudruck 1954), S. 405 ff.에서의 수많은 지시들을 참조. *K. Wolzendorff*, Der Polizeigedanke des modernen Staates, 1918, S. 9-13, 63 ff. 나아가 *H. Maier*, Die ältere deutsche Staats-und Verwaltungslehre (Polizeiwissenschaft), 1966, S. 93 ff., 170 ff., 191 ff.

16) 참조 ― V. L. von Seckendorf의 예시에서 ― *H. Maier*, a. a. O. (N. 15), S. 170 ff. 특히 17·18세기의 프로테스탄트 국가이론 문헌은 국가적으로 형성된 지배의 직무상의 성격을 신학적인 기초에서 강력하게 주장하였다. 그러나 개별적인 지시들은 헌법사적 및 국가이론적인 연구의 결함이 되고 있다. 자연법적 국가론에서 직무사상은 지배자의 의무라는 제목 아래 나타난다. 이에 대하여는 일찍이 *Thomas Hobbes*, Elementa philosophica de cive, 1642, cap. 13 (그 독특한 제목은 de officiis eorum, qui summum imperium administrant); *Pufendorf*, De Jure Naturae et Gentium libri octo, 1672, lib. VII, cap. 6 §§1 u. 4 참조.

17) *Gierke*, Johannes Althusius und die Entwicklung der naturrechtlichen Staatstheorien, 4. Aufl. 1929, S. 189 ff.; ders., a. a. O. (N. 15), S. 413-425, 452 ff.; *H. Häfelin*, Die Rechtspersönlichkeit des Staates, 1959, S. 31-50. 최근에는 *H. Quaritsch*, Staat und Souveränität, Bd. 1, 1970, S. 473-480을 보라.

18) 예컨대 *C. G. Svarez*, Vorträge über Recht und Staat (N. 13), S. 467; Recht und Verfassung des Reiches in der Zeit Maria Theresia, hrsg. von *H. Conrad*, 1964, S. 241 ("폐하의 권리 또는 최고 권력 일반에 관하여") 참조. 현재 포괄적인 것은 *H. Conrad*, Staatsgedanke und Staatspraxis des aufgeklärten Absolutismus, 1971, insbes. S. 24 ff.; 38 ff. 나아가 *Gierke*, a. a. O. (N. 15), S. 458 ff., 484 ff.

19) 그것에 관하여는 브란덴부르크-프로이센과 합스부르크 주에 있어서의 발전이 이상적이다. *F. Hartung*, Studien zur Geschichte der preußischen Verwaltung = ders., Staatsbildende Kräfte der Neuzeit, 1961, S. 178-223; *G. Oestreich*, in: Gebhardt-Grundmann, Handbuch der deutschen Geschichte, Bd. 2, 9. Aufl. 1970, §§104-106 참조. 그 밖에 1791년의 프랑스 헌법 제2부 제1조 및 제3부 제4장 주 2 제1-3조에서의 혁명에 대한 새로운 조직을 참조.

통일체와 작용력(Wirkmacht)으로서 나타났다. 이 독립의 마지막 단계는 국가 자체가 조직(Organisation)으로, 즉 그 국가에 있는 목적(Um-willen)과 그 내부에서 협력작용을 하는 것으로 파악되고 이해됨으로써 달성되었다. 그런데 그 목적은 통치자에 의하여 조정되었지만, 이때에 통치자의 인물 — 군주나 민중 — 은 바뀔 수 있다.20) 국가는 그 자체가 독자적인 제도(Institution)로 존속한다.

프로이센 일반 란트법(das Preußische Allgemeine Landrecht)*은 그 유명한 §§1-4 II 3에서 바로 이러한 점을 표현하고 있다. 거기서 왕은 전혀 왕으로 나타나지 않고 국가원수(Staatsoberhaupt)로 되어 있으며, 국가의 목적에서 나온 권한이 모두 왕에게 주어진다.21) 칸트(Kant)가 '공화국'(res publica)과 '시민지위'(status civilis)라고 말한 중에서도 동일한 것을 찾아볼 수 있는데,22) 그는 이 말에서 통치의 객관적 목적이 구체화 되는 것을 이해하고 있다. 그리고 1789년의 인간과 시민의 권리선언에서도 그것을 발견할 수 있는데, 그 선언의 전문에서는 국가를 '사회집단'(corps social) 내지 '정치제 도'(institution politique)로 부르고 있다.23) 이러한 사상과 실현된 독립을 구체적으로 개념적으로 파악한 것은 국가조직이 갖추어지는 구체적인 목적 규정에 따라서, 그리고 이러한 독립 과정이 완성되는 역사적 상황에 따라서 서로 상이하다. 국가는 그렇게 조직(Einrichtung)이나 관청의 총괄개념으로 나타나서 국가원수라는 인물에 의해서 통일 체로 결합되는데,24) 다시 말하면 객관화 된 군주 통치권의 대상으로서,25) 한 국민의 합목적적인 통일체(Vereinigung)와 통치 기구로서,26) 혹은 19세기 국가학에서 얼마

---

20) 그 수단은 어떤 독자적인 국가 인물을 부각시켜 승인하는 것이었다. 19세기 독일에서 그와 관련된 헌정상의 구체적인 단호한 거부 태도에도 불구하고, 그 과정의 원칙적이며 구조적 특성이 간과되어서는 안 된다. *H. Quaritsch*, a. a. O. (N. 17), S. 473, S. 481 ff., 487 ff. 참조. 그는 여기서 "17세기와 18세기의 국가철학이 변질되어 법률화되고 있으며, 또 실증화되고 있음"(491)을 올바로 지적하고 있다. 전체적으로 는 *Häfelin*, a. a. O. (N. 17), S. 66-90도 참조.

21) 일반 란트법 제2편 제13장(ALR, Teil 2, Tit. 13)은 다음과 같다.
제1조: 시민과 거주민에 대한 국가의 모든 권리와 의무는 국가원수에게 집중되어 있다.
2조: 국가원수의 가장 중요한 의무는 외적 및 내적 질서와 안정을 유지하며, 각자의 재산을 폭력과 훼방으로부터 보호하는 것이었다.
제3조: 국가원수는 주민들이 자신의 능력과 힘을 길러나가고, 또 자신의 복지 증진을 위해 응용해 나갈 수단과 기회를 마련해 주는 제도를 돌 볼 의무가 있다.
제4조: 그러므로 국가원수에게는 당연히 이러한 궁극적 목표에 도달하기 위하여 필요한 모든 특권과 권리가 부여된다.
여기에 대해선 *Conrad*, a. a. O. (N. 18), S. 38 f., 59 f. 참조.

22) Metaphysik der Sitten, T. 2, Metaphysische Anfangsgründe der Rechtslehre, §§43, 45 (백종현 옮김, 『윤리형이상학』, 아카넷, 2012); *ders.*, Über den Gemeinspruch, II (Werke, ed. Weischedel, Bd. 9), S. 144 ff.

23) *Altmann*, Ausgewählte Urkunden zur außerdeutschen Verfassungsgeschichte seit 1776, 1897, S. 58.

24) 이러한 의미에서 *R. v. Mohl*, Das Staatsrecht des Königreiches Württemberg, Bd. 1, 1829, S. 1; *R. v. Gneist*, Der Rechtsstaat und die Verwaltungsgerichte in Deutschland, 2. Aufl. 1879, S. 15.

25) *M. v. Seydel*, Bayerisches Staatsrecht, Bd. 1, 2. Aufl. 1896, S. 70.

26) 이러한 방향에서 *R. Maurenbrecher*, Grundzüge des heutigen deutschen Staatsrechts, 1837, S.

동안 유기체적 인격(organische Persönlichkeit)과 인간 단체(Personenverband)로서[27] 통일체로 결합된다. 괴팅겐의 법률가 알브레히트(Albrecht)*에 의해서 1837년에 처음으로 시도되었듯이, 국가에 법인(juristische Person) 자격을 부여하는 것도 이러한 점과 관련이 있다. 알브레히트의 경우에는 국가사상에 들어 있는 윤리적 원칙에 '법적인 옷'(juristisches Gewand)을 입히는 것이 다루어졌는데, 그는 국가가 법인으로서의 자격을 부여받음으로써 이것은 이루어질 수 있고, 또 이루어져야 한다고 믿었다.[28] 구체적인 관련 사항을 보면, 통치자가 법조문에 따라서 국가 **아래에** 있어서 더 이상 개인적인 주권자(persönlicher Souverän)가 아니라 국가기관이며, 그의 권한은 국가의 권한이나 그 헌법에서 나오며, 그 반대로는 되지 아니한다.[29]

[3] 통일적인 지배조직으로서의 국가의 독자화(Verständigung)와 그로 인해서 생겨나는 국가와 사회의 대립은 필연적으로 국가와 사회의 관계 규정이라는 문제를 야기시켰다. 국가가 사회를 위하여 존재하는 것인가 혹은 반대로 사회가 국가를 위해서 존재하는 것인가? 이 문제는 국가 조직의 근본 목적과 목표 설정에 관련이 있다.

이 문제는 역사적으로 보면, 먼저 국가 완성과 국가적인 권력상승의 문제가 확실히 우선적이다. 사회를 이익상태에 있게 하고 이익을 얻도록 자유롭게 내버려두는 것은, 군주(Landesherr)나 전제군주(Monarch) 쪽에서 특히 경제력을 증가시키고 주민수를 증가시킴으로써 국가 재정을 개선시키고, 또 그로 인해서 궁중을 유지하고 상비군의 비용을 충당하기 위한 것, 다시 말해서 유럽에서 힘을 행사할 때 그 권리 주장에 충당하기 위한 것이다.[30] 그렇지만 통일된 국가권력에 있는 '목적'의 내재적 논리는 곧 관철되었다.

20; *H. Schulze*, Einleitung in das deutsche Staatsrecht, 1867, S. 121.

27) *Dahlmann*, Die Politik, auf den Grund und das Maß der Zustände zurückgeführt, 2. Aufl. 1847, S. 4; *G. Waitz*, Grundzüge der Politik, 1862, S. 1; *L. v. Stein*, Die Verwaltungslehre, Bd. 1, 2. Aufl. 1869, S. 4; *Bluntschli*, Allgemeines Staatsrecht, Bd. 1, 4. Aufl. 1863, S. 39/40; *O. v. Gierke*, Die Grundbegriffe des Staatsrechtes und die neueren Staatsrechtstheorien, Neudruck 1905, S. 52 ff.; *H. Preuß*, Gemeinde, Staat, Reich als Gebietskörperschaften, 1888, S. 143 ff. 국가와 국가임무의 독자성을 인정함과 동시에 국가와 국민의 결합, 그럼으로써 결국 — 부분적으로는 원하지 않는 — 민주적 결과를 목적으로 하는 이러한 '유기체' 국가관의 기초에 대해서는 *E. Kaufmann*, Über den Begriff des Organismus in der Staatslehre des 19. Jahrhunderts, 1908, S. 3-7; *P. v. Oertzen*, Die Bedeutung C. F. v. Gerber für die deutsche Staatsrechtslehre, in: Staatsverfassung und Kirchenordnung. Festgabe für Rudolf Smend, 1962, S. 183-208 (188 ff.) 그리고 *E. R. Huber*, Deutsche Verfassungsgeschichte seit 1789, Bd. 2, 1960, S. 374-379를 보라.

28) *W. E. Albrecht*, Rezension über Maurenbrechers Grundsätze des heutigen deutschen Staatsrechts: Göttingische Gelehrte Anzeigen 1837, S. 1489-1515 (1513). 이에 관하여는 현재 *H. Quaritsch*, a. a. O. (N. 17), S. 491 ff.

29) 참조 — *E. R. Huber*, a. a. O. (N. 27), S. 377; *E.-W. Böckenförde*, Die deutsche verfassungs-geschichtliche Forschung im 19. Jahrhundert. Zeitgebundene Fragestellungen und Leitbilder, 1961, S. 94 f.

30) 여기에 대해서는 *Max Weber*, Wirtschaftsgeschichte, 1923, S. 292 ff.; *O. Hintze*, Wesen und Wandlung des modernen Staates, in: *ders.*; Staat und Verfassung, 2. Aufl. 1962, S. 470 bis 496 (464-482); *Carl Brinkmann*, Wirtschafts-und Sozialgeschichte, 2. Aufl. 1953, S. 108-116을

다시 말해서 개개인의 생활, 권리, 자유 그리고 자기 발전의 보장이 관철되었다. 이러한 목표와 그 필연적인 과제는 최종 결정을 내리는 최고 기관(Instanz)의 설치를 가능하게 하고, 시대를 탁월하게 자각하여 이 기관의 광범위한 '명령권'(Anordnungsgewalt)을 인정하는 것이 가능하도록 하는 데에 있다.31) 일반적으로 절대주의 국가의 이론가로 간주되는 홉스(Hobbes)*가 이미 ─ 형식상으로 절대적인 ─ 통치자의 임무를 정의할 때와 마찬가지로, 국가 창설에 대해서 설명할 때에, 이러한 관계를 아주 분명하게 하였다.32) 계몽 절대주의에서의 이러한 관계는 개별 국가와 영토에서 나타나는 한, 실제로 쇠퇴하였는데, 여기서 법적 형태의 문서로는 1794년의 프로이센 일반 란트법이 언급될 수 있을 것이다.33) 인간과 시민의 권리선언(Declaration des droits de l'homme et du citoyen)에서는, 훨씬 더 심하게 그리고 보다 더 많이 근원적인 관계 규정이 반전(反轉)된 의미로, 국가가 그보다 먼저 출현한 사회 때문에 존재하는 것이라고 하였다. 이 선언 제2조와 전문은 다음과 같이 표현하고 있다. 즉 국가의 목적은 개인의 양도할 수 없는 인권을 보장하고 유지하는 것이다. 이어서 이러한 것은 개별적으로 열거된다. 그 이면에

보라.

31) 이러한 발전에 전형적인 것이 특히 프리드리히 대왕의 1752년과 1768년의 정치적 유언장들이다. 목표 달성을 위해서, 기초적이면서 개개인의 관심을 수용하는 국가목표들로까지 국가권력을 강화시킨다는 의미에서의 국시(Staatsräson)의 필연적인 과도기가 (국가의 권력강화와 결정권의 인정으로써) 그 두 유언장들에서 명확히 드러나고 있다. 이것들의 높은 평가에 대해서는 *O. Hintze*의 논문들 Das politische Testament Friedrichs des Großen von 1752 und Friedrich der Große nach dem Siebenjährigen Kriege und das Politische Testament von 1768, in: *ders.*, Regierung und Verwaltung, 2. Aufl. hrsg. von G. Oestreich, 1967, S. 429 ff., 448 ff.를 보라.

32) Elementa philosophica de cive, cap. 5 und 13. 평화와 안정을 추구하는 국가의 목표 설정은 사회계약과 동시에 국가계약, 즉 '통일'의 근거 설정에서 명확히 받아들이고 있다.「평화와 자기방어에 관한 문제에서 모든 사람들의 단일 의지가 필요하다. 그렇지만 각 개인이 어느 누구나 자신의 의지를 ... 자기 이외의 단일 의지에 복종시키지 않는 한, 평화를 유지하고 자기 방어를 실현할 수 없는데, 공동의 평화를 위해 필요한 일들에서 이 의지는 무엇이든 모든 일반 인간의 의지, 모든 개인의 의지라고 인정된다」(제5장 6).... requisitur ut *circa ea quae ad pacem et defensionem sunt necessaria* una omnium sit voluntas. Hac antem fierinon potest, nisi unusquisque volnttem manu, alterues minus ... ita subiciat, ut pro voluntate omnium et singulorum habendum sit, quicquid *de iis rebus quae necessariae sunt ad pacem communem* ille voluerit (cap. 5, 6)(이탤릭체는 필자가 한 것임).* 그러한 목표 설정은 제13장에서 구체화되고 있다(최고 통치권을 집행하는 사람들의 의무에 관하여; de offciis corum qui summum imperium administrant). 홉스의 '절대주의'의 본질은 이러한 의무들이 실정법상의 것이 아니라 자연법상의 것, 즉 가미할 수도 있고 생성할 수도 있는 권리들이라는 데에 있다. 그렇지 않다면 법적 공시와 금령에 대한 구속력 있는 최종 결정을 위한 관할권으로 이해되고 있는 통치자 내지는 국가권력이 문제시될 것이기 때문이다.『리바이어던』에서도 이러한 목표 설정과 국가와 개인 간의 관계 규정이 유지되고 있다. 더 포괄적인 것에 대해서는 *B. Willms*, Die Antwort des Leviathan ─ Thomas Hobbes politische Theorie, 1970, S. 134-175 참조.

33) 이에 관하여 포괄적인 것은 *H. Conrad*, Staatsgedanke und Staatspraxis des aufgeklärten Absolutismus, 1971, passim; *ders.*, Das preußische Allgemeine Landrecht als Grundgesetz des friderizianischen Staates, 1965; *G. Birtsch*, Zum konstitutionellen Charakter des preußischen ALR, in: Festschrift für Th. Schieder, 1968, S. 97 ff. 좀 오래된 문헌은 *F. Hartung*, Der aufgeklärte Absolutismus = ders., Staatsbildende Kräfte der Neuzeit, 1961, S. 149-177 (154 ff.); *P. Klassen*, Die Grundlagen des aufgeklärten Absolutismus, 1929; *W. Dilthey*, Gesammelte Schriften, Bd. 12: Zur preußischen Geschichte, 2. Aufl. 1960, S. 131 ff.

깃들여진 사상은 이러하다. 즉 자유와 평등이 있는 사회는 그 유지를 위해서 그 위에 존재하는 통일된 통치권한과 조직권, 즉 국가를 구성한다. 국가는 국가공민의 사회 (staatsbürgerliche Gesellschaft)가 되는데, 그 사회 속에서 개인은 사회생활의 주체이고, 그 사회는 국가의 바탕이 된다.[34] 여기서 국가활동의 효력 범위가 정해지는 한계가 생긴다. 그 이유는 개인의 자유권, 그리고 인간과 시민의 권리에서는 그것이 쇠퇴하기 때문인데, 사회적 관계에서 보면, 이러한 권리들은 개인(Individuen)으로서 가지는 사회의 자유권이기도 하다. 여기서 국가와 사회의 구별과 대립이 굳어졌으며, 그것은 개인의 자유보장을 위한 수단으로 형성되었다.

이것은 우연히 일어난 것이 아니다. 인간과 시민의 권리선언은 다른 부분에서 근본적으로는 법원리와 조직 원리에서도 이성법적인 국가이론의 쇠퇴를 가져왔다.[35] 실제적 및 정신사적인 발전과 운동이 주목할만 하게 조화되는 것으로 밝혀졌다. 이성법적인 국가이론의 출발점은 항상 그것이 절대군주의 유일하고 절대적인 통치권을 정당시하는 곳에서 개별화 된 개인, 즉 역사상의 제도와 억압으로부터 해방된 개개의 자유로운 개인이었다.[36] 동시에 이러한 개인은 그 국가이론의 목표점이기도 하였다. 그 존재가 역사상의 제도와 억압으로부터 해방된 자유로운 개인으로 있는 것을 가능하게 하고, 또 그렇게 유지하기 위해서 평화, 안정, 자유를 이룩하고 보장하는 데 필요한 모든 사항에 대하여 조치를 취할 수 있는 통일된 유일한 결정권이 필요하게 되었다. 그 후에 국가권력 (Staatsgewalt)의 내용과 범위가 결정된다. 이러한 목적 규정에 해당하는 것은 이미 국가 이전에 그 본질적인 의미를 가지고 있었다. 다시 말해서 개인의 자유 영역에 해당된다.[37] 따라서 개별적인 것은 완전하고 광범위한 것이 되지 못하며, 근본적인 국가 목적과 목표의 실현을 고려해 볼 때에, 국가의 통치 영역에 포함되며, 국가통치권(staatliche Herrschaftsgewalt)에 예속된다. 이와 같이 이성법적인 국가론에서 발전되고 그 기초가

---

34) 선언에 대한 인상적인 해석은 *L. v. Stein*, Geschichte der sozialen Bewegung in Frankreich von 1789 bis auf unsere Tage, Bd. 1, Ausg. Salomon, Neudruck 1959, S. 204 ff., 220 ff. 그리고 *J. Habermas*, Naturrecht und Revolution = *ders.*, Theorie und Praxis, 1963, S. 51-88 (57 ff.)을 보라.

35) 그와 아울러 중농주의의 학설과 요구들에 관하여는 *G. Oestreich*, Geschichte der Menschenrechte und Grundfreiheiten im Umriß, 1968, S. 53 ff. 참조.

36) 이러한 출발점은 이미 사회와 국가의 대립이라는 계약 모형에서 결정되어 나타나 있다. 이리하여 사회와 국가는 미리 주어진 재도로서가 아니라 개인의 그리고 개인을 위한 공동체로 존속하며, 개인과 관련된 목적과 목표를 위해 생겨나고 또 개별적으로 볼 때 한편으로는 폭 넓은, 다른 한편으로는 제한적 성격을 띨 수도 있다. 개인은 사회적 정치적 공동사회에 공평하고도 체계적으로 종속되어 있다. 상세한 — 여전히 기초가 되는 — 예증은, *O. v. Gierke*, a. a. O. (N. 15), S. 379 ff., 405 ff.에 나타나 있다. 나아가 *Wieacker*, Privatrechtsgeschichte der Neuzeit, 2. Aufl. 1967, S. 267 ff., 272 ff.도 보라.

37) 개별적인 것은 *Th. Hobbes*, Elementa philosophica de cive, cap. 5, 6 und 13 (oben N. 32); *John Locke*, Two Treatise on Government, T. 2, Nr. 124 ff.; *Kant*, Metaphysik der Sitten, T. 1, Bem. A nach §49; *C. G. Svarez*, Vorträge über Staat und Recht (N. 13), S. 464-468; *C. H. Beck*, Natur-und Völkerrecht, in: Recht und Verfassung des Reiches zur Zeit Maria Theresias (N. 13), S. 204-208, 241/42, 282를 보라. *Gierke*, a. a. O. (N. 15), S. 405-411의 일반적인 개설 참조.

마련된 사고 과정은 이른바 **법치국가적 배분원리**(der rechtsstaatliche Verteilungsprin-zip)38)에 따라서 법적으로 형성된다. 그리고 나서 국가의 권한(Zuständigkeit)이 원칙적으로 제한되어 처음부터 사회 전체를 포괄하지 못하며, 국가는 그때그때마다 구체적인 권한을, 즉 규제와 침해권한(Regulierungs-und Eingriffsbefugnisse)을 요청하는 법적인 권원(權原), 다시 말해서 그 목적을 실현시키기 위한 요구 사항의 입증이 필요하였다. 자유권으로서의 기본권, 즉 국가의 규제와 침해권한의 한계가 되는 기본권은 거기에 대한 보완장치(Pendant)를 만들어서, 권력분배가 국가권력의 균형화에 의해서 자유가 보장되는 조직원리(Organisationsprinzip)로서 나타났다.39)

[4] 이렇게 발전된 역사적 상황을 볼 때에, 국가와 사회의 관계는 사실상 처음에는 그렇게 분리된 것이었다. 국가는 개인과 사회에 시민적 자유를 주었고, 또한 법적 평등(Rechtsgleichheit)과 시민의 자유를 실현시킬 수 있는 일반적인 법질서를 확립함으로써 그 시민의 자유를 유지하였다. 그러나 지배조직(Herrschaftsorgansation)으로서의 국가는 사회에 대하여 분리되어 어느 정도 자체적으로 존속하였는데, 이것은 사회학적으로 볼 때 국가가 왕, 관료, 군대 그리고 부분적으로는 귀족에 의해서도 유지되었음을 의미한다.40) 그들은 원래 (시민) 사회에 속하지 않는 것으로 간주되었다.

그러는 동안에 국가와 사회가 비교적 엄격하게 분리된 시기에 비판이 일어나기 시작하였다. 국가와 사회의 이원론이 시민의 자유로 통하기는 하였지만, 그것이 정치적 자유로 통하지는 않았던 것 같다. 자유가 주어진 사회는 개인의 범위와 영리 획득의 범위 내에서 제한적으로 머물러 있었으며, 정치적 결정권에는 관여하지 못했던 것 같다. 따라서 국가와 사회의 분리는 후기 절대주의(Spätabsolutismus)와 초기 입헌주의(Frühkonstitution-alismus)에 속하지만, 민주주의 국가가 건설되기 시작함에 따라서 그 의미와 정당성을 상실했을 것이라는 역사적 진행 단계로 볼 수 있다.41)

이러한 비판에서 국가와 사회에 대한 관계 규정의 일정한 단계는 오로지 국가와 사회의 구별 및 상호 대립과 동일시되고 있다. 이렇게 엄격하게 분리하려는 의미에서 생겨난 국가와 사회의 관계 형성은 그것이 가능한 것이지만 구조적으로 요구되는 필연적인 형태는 아니었다. 그것은 이미 19세기에 이론적으로 그리고 실제적으로 극복되었다.

---

38) 여기에 대해서는 *E. R. Huber*, a. a. O. (N. 27), S. 377 ff.; *Carl Schmitt*, Verfassungslehre, 5. Aufl. 1970, §12, S. 126 ff.; *E. Forsthoff*, Zur heutigen Situation einer Verfassugslehre, in: Epirrhosis, Bd. 1, 1968, S. 195 ff. (김효전 옮김, 헌법학의 오늘날 상황에 대해서, 『독일 기본권이론의 이해』, 법문사, 2004, 160면 이하) 참조.

39) 이에 관해 개별적인 것은 *Carl Schmitt*, a. a. O. (N. 38), §§13 und 14.

40) 이에 관해서는 ― 독일의 좀 더 큰 개별 국가들에 대해서는 ― Staat und Gesellschaft im deutschen Vormärz, hrsg. v. Conze, 2. Aufl. 1970을 보라. 그 밖에 *E. R. Huber*, a. a. O. (N. 27), S. 309-311에 길게 요약되어 있다. 프랑스는 나폴레옹 치하에서 여러 가지 혁명헌법들이 좌절된 후 이 단계를 거쳤었다. *L. v. Stein*, a. a. O. (N. 34), Bd. 1, S. 408-426의 인상적인 설명을 참조.

41) 예컨대 *Ehmke*, a. a. O. (N. 1), S. 36 ff.; *Hesse*, a. a. O. (N. 1), S. 8; *K. H. Preuß*, Zum staatsrechtlichen Begriff des Öffentlichen, 1970, S. 84-86 u. ö. 참조.

인간과 시민의 권리선언은 이미 제6조에서, 법률은 국가의 결정적인 규정수단 (Ordnungsmittel)으로서 사회에 대하여 직접적으로, 혹은 그 대표자들에 의해서(제4조), 국민의 협력과 결부되어 있다는 점에서 출발하였다.[42] 또한 사회에 의해서 그리고 사회로 부터 국가와 국가의 결정에 영향을 미치는 것이 표현되어 있다. 평가선거법 (Zensuswahlrecht)이란 의미에서 협력이 이루어진 것은 19세기의 특징이 되는데, 거기에 서는 재산을 획득하여 소유하고 있는 시민은 시민사회의 대표로 간주된다고 표현하고 있다. 독일에서 초기에 나타난 자유주의적인 국가론과 후기에 나타난 헤겔의 국가론은 시민들이 입법권(die gesetzgebende Gewalt)에 일정하게 참여하는 것이 법률에서 포기할 수 없는 특징 자체라는 점에서 출발하였다.[43] 로렌츠 폰 슈타인(Lorenz von Stein)은 바로 이러한 이유에서 법률을 개개인의 자결(Selbstbestimmung)을 자체 내로 수렴할 수 있는 **자유로운** 국가의사로 규정하였다. "따라서 법률은 단순히 일반의사도 아니고 단순히 국가의사도 아니며, 법률은 헌법의 조직적인 방법으로 개개인의 자결을 자체 내로 수렴할 수 있는 국가의사이다. 그리고 이러한 의미에서 법률은 동시에 윤리적인 국가의사가 되고, 이 법률의 기본원칙은 그 의사 안에서 자결에 의해서 모든 개개인에 간직되어 있는 윤리적인 자유(sittliche Freiheit)가 된다."[44]

이리하여 서로 연관성이 없는 이원론의 의미에서 더 이상 분리되는 것이 아니라, 국가와 사회의 조직적·제도적인 구별에 바탕을 두는 하나의 교차관계(Wechsel-beziehung)가 생겨났고 또 요구되었다. 로렌츠 폰 슈타인은 그의『프랑스 사회운동사』에 서 다른 발전을 앞서 파악하고 분석하면서, 그 변화된 관계가 어느 정도 상이하게 형성될 수 있는가를 설명하였다. 그는 또한 그 변화된 관계가 민주주의의 과정을 배척하지 아니하였다는 점을 보여주었다.[45] 물론 민주주의 국가형태의 가능한 발전에 반대하여, 즉 일정한 사회 그룹 특히 노동자를 이롭게 하기 위한 사회활동에 반대하여 바로 19세기에 국가와 사회의 분리가 정치적 방어 주장으로서 드물지 않게 나타났음이 주목할 만하다. 이것은 국가와 사회의 구별이 여하튼 관헌국가(Obrigkeitsstaat)의 특징을 지닌 엄격한 분리와 동일하게 되는 데에 기여하였다.

그럼에도 불구하고 국가와 사회의 구별과 대립은, 그것이 역사적으로 형성되어 여러 가지 형태를 가질 수 있듯이, 민주주의에로의 이행(移行)에 직면하여, 생존배려

---

42) "법은 일반의사의 표현이다. 모든 시민은 직접 또는 그들의 대표에 의해서 만드는 데 협력할 권리가 있다 … "(*Altmann*, Ausgewählte Urkunden [N. 23], S. 58 f.).

43) *E.-W. Böckenförde*, Gesetz und gesetzgebende Gewalt, 1958, S. 129 f.를 보라.

44) Die Verwaltungslehre, Bd. 1, 2. Aufl. 1869, S. 86.

45) Geschichte der sozialen Bewegung (N. 34), Bd. 3, S. 123-147, 168-211. 슈타인의 "공화국 론"(Lehre von der Republik)에서 국가와 사회의 구별을 조건으로 해서, 그리고 그 기초 위에서 전개시킨 민주주의의 구조적 문제점들이 그가 전개한 사회적 왕권의 이념 쪽으로 일방적으로 방향을 잡았다고 해서 등한시되고 있다. 이로 인하여 로렌츠 폰 슈타인은 결코 이러한 범주에 들지 않는 데도 부당하게 입헌군주제의 이론가와 '보수주의자'로서 나타나고 있다. 또한 *E.-W. Böckenförde*, Lorenz von Stein als Theoretiker der Bewegung von Staat und Gesellschaft zum Sozialstaat, in: Alteuropa und die moderne Gesellschaft. Festschrift für Otto Brunner, 1963, S. 248-267 (266-272)도 참조.

(Daseinsvorsorge)를 위한 사회국가에로의 이행에 직면하여, 그리고 우리 시대의 국가와 경제가 점점 동일시되고 있는 점에 직면하여, 공전되어서는 안 되는가 하는 문제가 당연히 남아 있다. 그리하여 정치적·사회적 현실이 떨어져 나오기 때문에, 국가는 더 이상 개인적 자유의 조건이 될 수 없는 껍질로 되지 않았느냐 하는 문제가 제기되었다. 지금까지 이 문제에 대하여 역사적으로 숙고해 보더라도 아직 해답을 구할 수 없었다.

II.

이 문제에 대하여 대답할 수 있도록 하자면, 우선 국가와 사회의 구별에 대한 내용과 기능에 관하여 확인하는 것이 필요할 것이다. 국가와 사회의 상호 대립은 무가치하고 (더 이상) 생각할 필요가 없다고 간주하는 실제 정치적인 이론(異論)과 이론적인 이론(異論) 은 무수히 많다.

[1] 이제 국가와 사회의 분리 관계가 두 단체(Verband)의 상호 대립 관계로서 나타난다 는 널리 알려진 이론을 그 출발점으로 생각해 보자. 호르스트 엠케(Horst Ehmke)가 이러한 이론(異論)을 가장 분명하게 표현하였다. 그는 본질적으로 동일한 인간관계를 다루고 있기 때문에, 국가와 사회의 상호 대립과 분리가 어떠한 의미를 가질 수 있는가 하는 의문을 제기하였다.[46] 그는 경제에 대한 국가의 개입을 예로 들어 설명하였다. "우리가 가령 경제법이나 헌법 면에서 국가가 — 현대 사회의 핵심부로서 — '경제'에 개입한다고 말한다면, 그것은 어떤 의미를 가지는가? 우리 모두가 국가의 소속원이고 우리 모두가 경제 분야 어디엔가 있는데, 우리는 우리 자신에게 개입하지 않는다는 말인가?"[47] 엠케는 국가를 국가적 장치(staatlicher Apparat)로, 즉 정부 조직 (Regierungsorganisation)과 관청(Behörde)의 범위로 축소시키는 것 역시 문제 해결이 될 수 없다고 설명한다. 그 이유는 국적이나 국가제도(staatliche Verfassung) 문제에서 완전히 단체(Verband)로만 파악되어, 그 단체가 결정적인 관계점이 될 것이기 때문이다. 따라서 엠케는 미국의 이론과 관련하여 통일된 정치공동체(einheitliches politisches Gemeinwesen), 즉 political society에 바탕을 두고서, 그 political society에 이 정치공 동체 내에서 주도기능(主導機能)의 총괄개념으로서 *government*를 대립시킬 것을 제안 하였다. 이러한 government는 공동체 '위'에 있거나 그와 동일하지 않으며, 다만 통일된 정치공동체의 일정한 기능을 의미할 것이다.[48]
　엠케의 이러한 이론(異論)이 처음에는 매수당한 것처럼 여겨졌다. 결국 그를 망치게

---

46) *Ehmke*, a. a. O. (N. 1), S. 24/25.
47) A. a. O. (N. 1), S. 25.
48) *Ehmke*, a. a. O. (N. 1), S. 26, 45 ff.

한 약점들은 그의 견해에서 국가와 마찬가지로, 사회에 대해서도 단체라는 관념이 바탕이 되었고, 국가와 사회는 포괄적인 인간단체(Pesonenverband)로 파악되어, 그러한 인간단체가 이 인간들을 위해서 오직 한 번만 가능할 것이라는 결론을 내린 점에 있다.[49] 국가와 교회의 구별 및 상호 대립을 주시해 보면, 이러한 관념이 지속되지 못하게 된 이유가 분명하게 나타난다. 문제를 보다 분명하게 하기 위해서, 나는 ― 연구 가설로서 ― 한 국가의 시민들이 모두 한 교회에 속하여 우리에게 종교적으로 폐쇄된 한 국가가 있다는 점을 바탕으로 이야기하고자 한다. 이와 같은 국가에서는, 국가와 교회의 구별 및 분리에 대하여 논쟁하는 것이 가능하지도 않고 실제로 있을 수도 없다. 한편 엄격한 이원론도 가능한 것으로 인정되었다. 그러나 최종적으로는 국가와 사회의 관계에서처럼 동일한 근본 문제가 다루어지게 되었다. 단체 관념에 근거를 둔다면, 여기에서도 동일한 인간들에 대하여 존재하는 것은 두 개의 단체가 아닐까? 이제 엠케가 국가와 경제의 관계를 고려하여 제시한 논증을 국가와 교회의 관계에 적용해보자. 그렇게 되면 가령 국가교회법(Staatskirchenrecht)이나 헌법(Verfassungsrecht)에서 볼 때에, '국가'가 ― 현대 사회의 핵으로서의 ― 교회에 속한다고 이야기하는 것이 어떤 의미를 가질 수 있으며, 또 그것이 정식화되지 않고서도 가능한가? 우리 모두가 국가소속원이고, 어떤 방법으로든지 한 교회에 속해 있는데, 우리는 우리 내부 자체에 개입하고 있지 않다는 말인가? 여기에서는 어떠한 방법으로 해도 결론이나 비평적인 실마리가 확신될 수 없다. 그 점에 대한 객관적인 이유는 무엇인가?

항간에 엠케에 의해서 명백하게 표명된 의미를 보면, 국가나 교회는 단체(Verband)가 아니라 조직(Organisation)들이다. 더 자세하게 말하면, 조직화 된 작용통일체 (organisierte Wirkeinheit)이다. 그 조직들은 개인들의 규정된, 다만 규정된 행동범위 (Verhaltensbereich)와 행동영역(Verhaltenssphare)을 파악하고 조직하며, 그것의 강도 (Intensität)가 변화될 수 있게 하여 계획되고 단일화 된 행동으로 현실화시킨다. 이러한 조직과정(Organisationsvorgang)과 실현과정(Aktualisierungsvorgang)으로부터 실제로 나타날 수 있고, 제도적으로 고정되는 (조직되는) 여러 가지 작용통일체(Wirkeinheit)들이 생겨난다.[50] 이러한 통일체들은 오직 개개인의 행동에서만 **규정된**, 다시 말해서 단지 제한된 행동범위에 관해서만 단일화시키고 조직하기 때문에, 그리고 또 그렇게 단일화시키고 조직하는 한, 동일한 인간에 대해서 보다 많은 조직들이 존재할 수 있다. 국가와 교회는 근본적으로 상이한 행동범위와 목적에 의하여 서로 분리되어 있는데, 그것들이 한 쪽에서는 세속적인 일을 고려하고, 다른 한 쪽에서는 종교적인 것을 고려하고 있다.[51]

---

49) *Ehmke*, a. a. O. (N. 1), S. 24/25. 또한 *Isensee*, a. a. O. (N. 4), S. 150 f., 153에 나타난 비판도 보라.

50) 이러한 관계는 일단 ― 내가 보기로는 ― *Hermann Heller*, Staatslehre (N. 8), S. 88 ff., 238 ff.에서 체계적으로 전개되고 있는데, 그는 특히 플렝게(Plenge)와 슈판(O. Spann)의 사회학적 조직론들을 국가론과의 인식을 위해 활성화시키고 있다.

51) '정신적'과 '세속적'의 근본적 구별은 서임(敍任) 투쟁을 둘러싼 신학자들에 의해서 처음으로 발전되었다 (여기에 대해서는 *A. Mirgeler*, Rückblick auf das abendländische Christentum, 1961, S. 109 ff. 참조.

이러한 구별은 단지 근본적인 것일 따름이며, 상세히 보면 여러 가지의 중복현상들도 나타난다 — 예컨대 내적 및 외적, 즉 도덕과 종교의 관계는 엄격하게 나누어질 수 있는 것이 아니라 서로 맞물려 있다. 그렇기 때문에 국가와 교회 사이에는 경계 설정 문제에 대한 결정권의 문제와 무엇보다도 합성量(res mixtae) 개념에서 표현되어 온 공통된 벡터量(Vektor)이 있다. 따라서 국가와 교회 사이에는 종종 양측의 행동실현 (Verhaltensaktualisierung)의 범위와, 경우에 따라서는 그 내용을 규정해 주고, 또한 그것을 법적 형태로 확정하여 조정하는 합의 원칙을 규정해 주는 분야의 한계 설정 (Bereichsabgrenzung)이 필요하다.52)

[2] 국가 대 교회라는 관계를 이렇게 분석함으로써, 국가 대 사회라는 문제에 대하여 중요한 고찰 방법이 생겨나게 되었다. 국가는 엠케가 말한 의미에서의 단체가 아니라 조직이거나 조직화 된 작용통일체(organisierte Wirkeinheit)이다. 이 점은 헤르만 헬러가 근본적으로 인식한 것 중의 하나인데 그 의의(Tragweite)는 오늘날에야 비로소 완전하게 이해되었다.53) 우리의 테마와 관련해 볼 때, 이러한 인식은 세 가지 방향에서 중요하다.

그리고 국가를 세속적인 문제들에 한정시키는 것은, 이것이 점차 단계를 밟아 현실화됨에도 불구하고 종파상의 내란으로 인해 국가가 생겨났기 때문에 국가의 근원적 목적에 속한다(R. Schnur, Die französischen Juristen im konfessionellen Bürgerkrieg, 1960, S. 21 ff. 참조). 위 두 가지 사항이 국가와 교회를, 세속적인 것과 정신적 문제들에 치중하는 각기 독자적인 조치들로 병존 가능하게 하였다. 중세 질서와의 기본적인 차이점은 그 질서 안에서 정신적 그리고 세속적 임무들이 상이한, 때로는 그동안 혼합된 관료들에 의해 비록 인지되고는 있었지만 하나의 통일된 조직체 안에서 그러했다는 점이다. 이것이 바로 중세의 소위 종교-정치의 통일 세계의 핵심이다(이에 관하여는 E.-W. Böckenförde, Die Entstehung des Staates als Vorgang der Säkularisation, in: Säkularisation und Utopie. Ebracher Studien, 1967, S. 77 ff.를 보라). 특히 가톨릭 교회 교본들에 나타나 있는, 그 목적에 따라 구별되는 완전한 사회들로서의 국가와 교회의 정의는 (A. Ottaviani, Institutiones iuris publici ecclesiastici, Vol. 1, 4. Aufl. 1958, S. 29 ff., 141 ff.; J. B. Sägmüller, Lehrbuch des katholischen Kirchenrechts, Bd. 1, 3. Aufl. 1955, §§1-3 참조), 그 완전한 사회란 개념을 우리가 자체 내에 존재하며, 자발적으로 행동할 수 있는 조직으로 새로이 이해하는 한, 국가와 교회의 근대적 관계에 있어서 구조적 정당성을 가지게 된다.

52) 국가와 교회가 자기 구성원들의 행동반경과 행동수행을 가능한 한 **포괄적으로** 요구하는 조직들인 이상, — 신앙은 두드러지게 사회의 '세속적' 행동에 '정신적인' 면을 요구하며, 국가는 개인의 세속적·사회적 행동을 그 '정신적'·종교적 동기 때문에 행동의 조절력으로부터 배제시킬 수 없다 — 그 둘은 같은 수준에 있으면서 서로 정신적 문제들과 세속적 문제들을 구별하여 그 경계를 설정할 수 있는 상대방의 능력에 대해 논란을 벌이고 있다. (근대의) 국가는 자신의 주권을 이용하여 이런 경계설정능력을 철저히 요구해 왔고 다방면으로 그 관철을 위해 노력해왔으며, 이 때 교회의 저항과 자신의 능력을 적지 않게 의문시했던 내부의 갈등을 불러일으켰다. 여기서 분명해 진 것은 경계설정 문제에 있어서 다음 두 가지 사항이 중요하다는 점이다. 그 하나는 권력문제, 좀 더 정확히 말하면 구성원들이 행동준비 및 수행준비완료로 주선된, 조직들로서의 국가와 교회의 막강함이요, 다른 하나는 권력분배의 기본 형태이다. 양측이 다 받아들일 수 있는 해결점은 올바로 이해된 국가의 '중립성' (여기에 대해서 최근에 나온 Klaus Schlaich, Neutralität als verfassungsrechtliche Prinzip, 1972를 참조)과 정치적 지배욕을 포기하는 교회의 사명성 (여기에 대해선 Mikat, Kirche, Gesellschaft, Staat: Die politische Meinung, Heft 115 [Juni 1966], S. 38-46 참조)을 토대로 해서만 얻어질 수 있다.

53) 여기에 관해선 Luhmann, Grundrechte als Institution (N. 1), S. 17 참조. 국가(법)학에 있어서 그 중요성은, 조직 내지 조직화 된 작용단위란 개념을 통하여 인간 사회 구조의 실재 형태를 둘러싼 십년 묵은 논쟁이 생산적으로 해결된다는 데에 있다. 그 논쟁은 실재의 단체 인격과 조직체(O. v. Gierke,

a) 조직으로서의 국가는 실질적인 의사통일체(Willenseinheit)로, 다시 말해서 고유한 인격성(Persönlichkeit)이나 인격통일체(Personeneinheit)로 존속하는 것이 아니라, 인간의 행동이행(Verhaltensleistung)의 통일체로서 존속한다.[54] 국가는 사회·심리학적인 체험통일체와 문화적 공통성을 어느 정도로 그 전제 조건으로 가지고 있을지라도, 이미 그 두 가지가 존속함으로써 생겨난 것이 아니라, 의식적인 통일체의 형성과 조직에 의해서 비로소 생겨났다. 그 출발점과 결정점(結晶點)을 주도하는 기관과 관청, 그리고 그 내부나 그 배후의 인간에 두는 개개인의 행동이행을 목적에 맞추어 통일적으로 실현시키고 규정함으로써 통일된 행위관계 및 작용관계가 생기게 되었다. 이렇게 통일된 행위관계 및 작용관계는 궁극적으로 그 행동을 일정한 범위와 일정한 방향으로 실현시키고 규정하려는 개개인의 (항상 동기를 부여받은) 준비에 의해서 이루어진다. 이 행위관계 및 작용관계는 그 기초로서 개개인의 상대적인 동질성, 즉 개개인에게 있는 어느 정도의 의사통일화(Willensvereinheitlichung)를 전제로 한다.[55] 게오르크 옐리네크(Georg Jellinek)와 막스 베버(Max Weber)가 말했듯이, 그 관계는 사고적인 관념, 즉 우리 사고의 산물일 뿐만 아니라, 인지할 수 있고 인과관계로 작용하는 현실(Realität)이다.[56]

이러한 사실은 국가에만 있는 것이 아니다. 오히려 동일한 개개인은 이러한 방법으로 교회조직·경제조직·문화조직 그리고 정치조직과 같은 많은 조직에 영향을 미쳤다. 구조적으로 볼 때에, 그 과정은 동일한 유형으로 되어 있다. 개개인의 일정한 행동이행과 행동범위는 당해 조직에 의해서 요구되고, 이 조직 고유의 행동목적을 위해서 통일적으로 실현된다. 이리하여 조직 상호 간의 관계에서는, 은폐되거나 공개된 권력논쟁을 유발시키는 경합(Konkurrenz)과 경쟁(Rivalität)이 생기게 된다. 정치적·사회적 질서의 문제는 상이한 조직들이 서로 관계를 맺게 하고, 그들의 기능을 분화시키고, 그 조직들이 개개인의 행동을 실현시킬 수 있는 범위를 제한시키며, 무엇보다도 개인의 행동이행에 대하여 완전하게 전체적으로 요구하는 것이 **하나의** 조직에 의해서 배제되도록 하는 데에 있다.[57]

Das Wesen der menschlichen Verbände, 1902, Neudruck 1954, S. 13 ff.)라는 입장과 오로지 생각으로만, 의식 속에만 존재하는 통일체와 종합(G. Jellinek, Allgemeine Staatslehre, 3. Aufl. 1913, S. 179. 김효전 옮김, 『일반 국가학』, 168면)이란 입장이 대립되어 더 이상 진전되지 못했었고, 또 작용통일체나 행위통일체 안에서가 아니라 사회정신적 체험통일체 안에서 그 실재 형식을 찾으려고 했었던 통합이론 때문에 더 이상 진전을 보지 못했었다.

54) *Heller*, a. a. O. (N. 8), S. 228 ff. 특히 232 ff. 또한 그 다음에도 이어져 나타나고 있다. S. 236에서는 "국가란 어떠한 규범질서도 아니다. 국가는 또한 '국민'도 아니다. 그것은 인간들로 이루어진 것이 아니라 인간의 기능수행들로 이루어져 있다"고 간결하게 정의 내리고 있다.

55) *Heller*, a. a. O. (N. 8), S. 230, 234 f. 중요한 것은, 어떤 의사의 통일화가 일어나야만 하고 하나의 동질성이 존재해야만 한다는 것이지, 상대적인 의사통일화와 동질성이 발생하고 존재해야 한다는 것은 아니다. 완전한 의사통일화와 동질성이 전체주의와 같은 뜻이라는 사실이, 상대적 의사통일화와 동질성이 어떤 국가적 통일체의 불가결한 조건들임을, 더욱이 국가는 자체가 이미 하나의 의사통일체가 아니라 조직 내지 조직화 된 작용통일체이기 때문에 불가결한 조건들임을 간과하도록 해서는 안 된다.

56) 여기에 실재의 단체인격과 유기체 관념에 관한 이론의 올바른 핵심이 있다. *Heller*, a. a. O. (N. 8), S. 98 참조.

이로 인하여 본질적으로 개인의 자유가 유효하게 되지만, 전적으로 유효하게 되는 것은 아니다.

b) 다른 한편, 조직(Organisation)으로서의 국가가 지니는 이러한 특성 때문에, 국가를 인간으로부터 독립시켜서 생각할 수는 없게 되었다. 왜냐하면 인간은 최초로 계획하고 결정하고 실행한 자기의 행위에 의해서 조직화 된 행위관계(Handlungszusammenhang), 즉 국가로 표현되는 작용통일체(Wirkeinheit)를 출현시켰기 때문이다. 그러나 법적으로 침해받을 수 없는 지배상태가 더 이상 존재하지 않기 때문에, 그리고 또 그렇게 되는 한, 이 인간들은 사회로부터 나와서 동시에 사회적인 관계와 사회적인 이익관계에도 있게 된다. 국가라는 조직통일체(Organisationseinheit)의 의미에 부합하는 행위를 하기 위하여, 그 조직통일체가 역할을 변화시킴으로써 자기의 사회적 이익규정과 사회적 기원에 대하여 상대적인 거리를 유지하고, 또 그 조직통일체가 완전히 국가권한을 떠맡는 임무와 역할을 해내는 것이 가능하고 또 필요하기도 한데,[58] 그 조직통일체가 국가 관청을 인수하는 것은, 다시 말해서 사회의 구성원이 될 수도 있는 국가의 조직권이나 통일화권한(Vereinheitlichungsbefugnisse)을 의당히 포기하지 않고 있다. 그런데 일반적 인 일, 즉 모든 개개인에게 공통되는 일을 맡아 보도록 만들어진 국가의 통일화권한과 규제권한은 이러한 목적을 위해서가 아니라 주로 특수한 사회적 (집단) 이익을 위해서 제정되고, 이 이익이 사전에 숙고하는 과정이나 조정하는 과정을 거치지 않는 데에서 야기되는 문제점들은 우리 모두가 알고 있다.[59] 이러한 위험을 가능한 한 많이 방지하기 위해서는, 정치적 의사형성과 국가적 결정과정에 대하여 전문적이고도 조직적으로 준비 하는 것이 필요하고, 국가관청의 행위의 법적 구속력을 구체화시키는 것이 필요하며, 또 최종적인 것은 아니지만 국가관청 및 관청권한의 소유자에게 특수한 '관청의 품 격'(Amtsethos)을 구축하여 항상 새롭게 하는 것이 필요하다.[60]

---

57) 현대 사회학에서, 특히 체계이론 중심의 사회학에서는 이 문제가 '사회분화'라는 용어로 논의되고 있다. 그래서 *Luhmann*, a. a. O. (N. 1), S. 22 ff.는 기본권의 기능은 분화시키지 않으려는 '정치' 체계와 그 밖의 사회의 하부체계들의 경향을 막는데 있다고 보고 있다. 이러한 맥락에서 교회와 국가 사이의 분화의 의미에 대해서는 위의 주 52)를 보라.

58) 여기에 헌법, 법률 그리고 정부 결정에 따르는, 변화하는 정치적 지도에 충실한 행정 간부와 노동 간부로서의 직업적 관료 계급의 ― 민주주의 국가에서도 그렇다 ― 필연성과 의의가 있다. 그 문제는 물론 정치적 지도를 담당하는 관료 자체에게도 있다. '민주화'란 이름으로 관료 관계를 노동 관계로 전환시키려는 오늘날의 시도는, 국가라는 조직 단위의 불가결한 기능 조건들을 오인하는 데에 서 비롯되고 있다. 이 때의 노동 관계는 정상적인 고용인의 의무를 넘어서서 지금까지 관료 관계에 특징적인 (비록 축소되어 구현한다 할지라도) 어떠한 특수 봉사와 의무도 포함되어 있지 않다. 또 다른 문제는, 물론 그런 관료 간부를 유지하기 위해서 오늘날 보다 특수한 사회안정상의 이유들로 인하여 다각적으로 취해지고 있는 관료 관계들의 극적인 숫적 감소가 어느 정도까지 필요한 것인지, 그리고 어느 정도 그 수를 정말 존귀한 임무들을 지각하는 데 한정시킬 것인지 하는 것이다. Die Verhandlungen des 48. Dt. Juristentages, Bd. 2, Teil O: Empfiehlt es sich, das Beamtenrecht unter Berücksichtigung der Wandlungen von Staat und Gesellschaft neu zu ordnen? 1970 참조.

59) *J. Fijalkowski*, Artikel "Herrschaft", in: Evangelisches Staatslexikon, 1966, Sp. 758은 이 관계를 인상 깊게 분석하고 있다.

c) 국가가 사회에 대하여 조직상으로 독립되어 있을지라도, 국가는 바로 조직 (Organisation)으로서 기능상 사회와 관련이 있다. 국가는 사회를 위하여 필요한 유지기능 (Erhaltungsfunktion), 안정기능(Sicherungsfunktion), 변경기능(Veränderungsfunktion) 을 전체 기능으로 가지고 있다.[61] 국가가 이러한 기능들을 가지고 있다는 것은 사회 존립의 조건이 된다. 자유로이 세워지고 자유로이 발전하는 사회는 특히 동적인 영리사회 (Erwerbsgesellschaft) 및 산업사회로서 결코 자체적으로 규제되지 아니한다.[62] 그 사회 는 간섭을 할 수 있고 또 결정권을 가진 조직을 필요로 하는데, 그 조직은 다른 사회조직과 동일한 차원에서 경쟁만 하는 것이 아니라, 서로 획득하려고 하는 사회적 이익을 공통적인 제도와 결부시킬 수 있고, 유발된 충돌을 조정하거나 사전에 중재할 수 있고, 구속력 있는 범주질서(Rahmenordnung)를 사회행위를 위해서, 그리고 사회 안에서 확정・발전 시킬 수 있으며, 그 효력을 보장할 수 있어야 한다.[63] 국가는 사회를 **위하여** 정치적 결정통일체(Entscheidungseinheit)와 지배조직으로서 존속하거나, 사람들이 하고자 할 때에는 사회 이상으로 그렇게 존재한다. 이와 같이 국가와 사회 간에는 기능적으로 구별하고 조직적으로 분리하는 것을 파기하지 않은 채, 필연적으로 다양한 변화관계가 유지되고 있다. 이렇게 구별하고 분리하는 것이 국가와 사회의 단절(Isolierung)이나 분열(Auseinanderreißen)에 작용하는 것이 아니라, 그것은 오히려 국가와 사회 간의 특수한 관계 **강도**(Beziehungs*intensität*)의 기초가 된다.[64] 마르틴 드라트(Martin Drath)* 는 정당하게 국가와 사회라는 두 가지 부분 시스템(Teilsystem) 중에서 그 어느 것도 자기 자신을 위해서 존속하지 않으며, 그 어느 것도 전체 시스템(Gesamtsystem)을 스스로 해명할 수 있는 부분이 아니라고 말한다. "사회는 국가 없이 생각할 수 없고, 국가도 사회 및 사회의 영향으로부터 벗어나 있다고 생각할 수 없다."[65]

---

60) 이에 관해서는 *H. Krüger*, Staatslehre, 1964, S. 256 ff.; *ders.*, Amt und Amtsgewalt, in: Verfassung, Verwaltung, Finanzen. Festschrift für Gerhard Wacke, 1972, S. 13 ff.; *W. Hennis*, Amtsgedanke und Demokratiebegriff, in: Staatsverfassung und Kirchenordnung. Festgabe für Rudolf Smend, 1962, S. 51-70; *Henke*, a. a. O. (N. 4), S. 11 ff.를 보라.

61) *Martin Drath*, Der Staat der Industriegesellschaft: Der Staat 5 (1966), S. 274 ff.

62) *Drath*, a. a. O. (N. 61), S. 275 f. 상세한 것은 *Herzog*, Allgemeine Staatslehre, 1971, S. 54 ff.

63) 이에 관하여 개별적인 것은 Herzog, a. a. O. (N. 62), S. 133 ff.; *Drath*, a. a. O. (N. 61), S. 275/276, S. 279 f.

64) 이에 관하여는 *Luhmann*, a. a. O. (N. 1), S. 30에 나타난 언급을 보라. 이 언급은 국가와 사회의 엄격한 분리라는 관념의 과제는 비록 정당화하고 있지만, 국가와 사회의 조직적・제도적 구별의 과제는 정당화시키지 못하고 있다.

65) *Drath*, a. a. O. (N. 61), S. 276. 국가의 정치적 결정권을 행사하는 방법을 규정하기 위하여 사회로부터 국가에로의 행위와 그리고 개개인의 국가에 대해 기능수행과 수행 준비가 되어 있음을 유지하기 위한 국가로부터 사회에로의 행위, 즉 사회와 국가 간의 상호 행위 과정들은 불규칙적인 것이 아니라 국가와 사회를 조직적・제도적으로 분리하고 구별하는 **필연적** 요소들이다. 다른 한편으로 이것들은 국가와 사회의 분리와 구별의 의의와 기능을 결코 지양하지 않는다. 이러한 영향의 수용과 작용가능성들의 종류, 범위 그리고 절차상의 형상을 확정하는 것이 국가형태와 헌법형태의 기본 문제이다. 여기에 관하여 더 상세한 것은 *E.-W. Böckenförde*, Die Bedeutung der Unterscheidung von Staat und Gesellschaft

[3] 이러한 고찰에 의하면, 이제 국가와 사회를 구별하는 현실적 내용과 자유의 내용을 정식화하는 것이 가능할 것 같다.

a) 국가가 독자적인 조직통일체(Organisationseinheit) 및 작용통일체(Wirkeinheit)로 형성됨으로써, 이전에 다양하게 분산되어 있던 통치권과 결정권의 집중화 (Konzentration)가 이루어졌고, 동시에 개개의 권력은 이러한 정치적 통치권과는 다른 나머지 권력으로부터 해방되었다. 이러한 방법에 의하여, 처음에는 사회 안에서 파악할 수 없을 정도로 산만하게 분산되어 있다가 새로 생겨나, 평화와 자유에 대한 위협가능성을 한 곳에 모아서 통일적으로 판정을 내릴 수 있게 되었다.[66] 평화와 자유의 문제는 일반화 되어 통일적으로 결정될 수 있으며, 그 결정과정도 적절하게 조화될 수 있다.

b) 국가와 사회의 구별은 사회적인 직접성(Inmittelbarkeit)에 대하여, 필요한 정치적 결정기능에 절대적인 것이 아니라 상대적인 독립성을 부여한다. 즉 양자의 구별은 사회적 권력(Macht)이 직접 정치적 권력으로 바뀌어지지 않도록 하며, 사회적으로 권력이 있는 자가 정치적 권력까지 마음대로 이용하는 것을 방지하며, 특히 일반적 구속력이 있는 규정을 만들 수 있는 가능성을 마음대로 이용하지 못하게 한다.[67] 이러한 것은 조직화 (Organisiertheit)에 의해서, 그리고 그 안에 포함된 절차에 따라서 국가적 결정권을 완성함 으로써 가능한데, 그 결정권에서는 국가가 결정을 내릴 수 있는 위치에 접근하도록, 즉 필연적인 정당성과 통제 가능성에 접근하도록 특수하게 규정하는 것이 가능하고 또 필요하기도 하다. 그리하여 국가는 자유로운 개인과 그 개인의 조직화 된 사회적

---

im demokratischen Sozialstaat der Gegenwart, in: Rechtsfragen der Gegenwart. Festschrift für Wolfgang Hefermehl, 1972, S. 18-20 (본서 136-138면)을 보라.

66) *Luhmann*, a. a. O. (N. 1), S. 57. 여기에 관하여는 *Podlech*, Grundrechte und Staat: Der Staat 6 (1967), S. 341 ff. (344, 353).

67) 여기에 관하여는 또한 *H. Heller*, a. a. O. (N. 8), S. 135 ff.를 보라. *Luhmann*, a. a. O. (N. 1), S. 21 ff.는 — 체계이론상의 용어를 빌어 — 사회적 그리고 기능적 분화는 '정치체계'를 여타 사회의 하위체계들에 비해 **비교적 자립적**이게 끔 만들어놓고 있다고 말하고 있다. 이는 사실상 같은 것을 뜻한다. 만일 독일연방공화국에서 일어나고 있는 '체계비판'의 설명이 오늘날의 국가가 너무나 강력하다든가 국가만이 경제력과 개개의 경제 관심사들의 도구라는 것이라면 (다른 사람들보다 *J. Hirsch-St. Leibfried*, Materialien zur Bildung und Wissenschaftspolitik [ed. Suhrkamp 480], 1971; *J. Hirsch*, Wissenschaftlich-technischer Fortschritt und politisches System [ed. Suhrkamp 437], 1970을 참조하라), 이는 독특하게 시정책으로서 국가와 사회의 조직적·제도적 구별의 강화와 그와 관련해서 직접적인 사회적 점유에 대한 정치적 결정권의 상대적 독립성을 강화시키는 것이 아니라 실질적 민주화란 이름 아래 정치적 결정권을 사회로, 공적으로 중요한 사회구조로 되돌릴 것을 제안하고 있다. 여기에 대해서는 *H. K. Preuß*, Zum staatsrechtlichen Begriff des Öffentlichen, 1969, §§ 9-13을 보라. 여기서는 사회적으로 힘 있는 사람들이 정치적 영향력과 지배력을 **덜** 행사한다는 사실은 무엇에 근거를 두는지가 의문시된다. 또는 지금까지의 세도가들 자리에, 직접적인 정치적 결정권의 반환을 청구받게 될 새로운 사회적 세도가를 앉히는 것이 중요할까? 이는 물론 모두 민주화와는 다른 것일 테고 기껏해야 특권 양보의 전환일 것이다.

작용통일체에 대하여 상대적으로 독립된 **맞상대**(Gegenüber)이다.68)

c) 무엇보다도 정치적 결정권을 국가에 집중시킴으로써, 국가가 특수한 결정기능을 지니도록 축소시킬 수 있는 효과적인 가능성이 생겨났다. 정치적 지배권한 (Herrschaftsbefugnisse)은 한 곳으로 집약되어 실행되기 때문에, 만일 그 결정권이 제한된 다면, 국가의 지배조직이 미치는 모든 범위 내에서도 그것을 효과적으로 할 수 있다.69) 이러한 방법에 의해서 개개인이 광범위하지는 않지만 다만 일정한 영역과 일정한 관점에 서 통치적·정치적 행동규제와 행동실행에 포함된다. 이렇게 하기 위하여 필요한 수단은 국가행위를 근본적인 국가목적에 결부시키는 것인데, 다시 말해서 통치적·정치적 행동 조직 및 이행조직과 자발적인 동기에 바탕을 둔 개인적·사회적 행동조직 및 이행조직 사이의 분배규범들이 되는 기본권과 결부시키는 것이다.70) 그리하여 개인은 전체적으로 가 아니라, 다만 부분적으로 통치적·정치적 조직력에 포함되어, 그 자체가 국가에 우선하 는 상태로 남아 있게 된다.

d) 물론 국가는 그 옆에 있는 다른 조직통일체로부터 도달될 수 있는 유효범위를 제한할 때에도 질적으로 구별된다. 이것은 무엇보다도 국가에 특수한 기능이 있기 때문이 다. 다시 말해서 국가는 **정치적인** 결정통일체이며, 국가는 합법적인 물리적 권력 사용을 독점하는 것이 필요하여 그것을 독점하며, 법적 권력(Rechtsgewalt), 즉 일반적으로 구속력 있는 법규범(Rechtsnorm)을 만들고, 변경시키고, 실행할 수 있는 권한을 최종적으

---

68) 국가와 사회의 구별을, "이웃한 존재의 두 양식들의 변증법적 할당"(*Forsthoff*, Der Staat der Industriegesellschaft, 1971, S. 21)으로 이해하거나, 국가와 사회를 단지 "구별은 되나 완전히 상호 관련된 구조를 지닌 공적 삶의 두 가지 영역들"(*Henke*, a. a. O. [N. 4), S. 3) 내지는 두 가지의 국민의 응징 상태들(*Herzog*, a. a. O. [N. 62], S. 141)로 간주하는 것은 불충분하다. 그러한 구별이 실제적이고 정치적인 효력을 얻기 위해서는, 그의 조직적 고정, 즉 절차상 조정된 영향 수용과 상호 간의 작용가능성으로 써 **조직적·제도적** 분리로의 압축이 덧붙여야 된다. 그렇기 때문에 *Herzog*, R. c.가 현대의 국가와 현대의 사회를 "그때그때 상이한 조직과 절차 속에 있는 국민"으로 정의한 것은 정당하다. 또한 *Isensee*, a. a. O. (N. 4), S. 148 ff. 특히 S. 152 f.도 보라.

69) 그러한 한 자유를 보장하고 국가의 규제력을 제한하는 하나의 체계로서의 법치국가는 정치적 결정통일체로 서의 국가를 전제로 하고 있다. 만일 국가가 법규범, 특히 기본권을 준수하는 데에서 비로소 성립되어야 한다면, 이러한 ─ 변증법적 ─ 관계는 간과되는 셈이다. 그럴 경우 이른바 내성적 법치국가가 된다. 이 점에 대해서는 *Forsthoff*, Rechtsstaat im Wandel, 1964, S. 213 ff.; *A. Podlech*, a. a. O. (N. 66), S. 353과 *E.-W. Böckenförde*, Entstehung und Wandel des Rechtsstaatsbegriffs, a. a. O. (N. 38), S. 75 f. (본서 312면) 참조.

70) 이러한 의미에서의 '분배규범들'로서의 성격에 관하여는 *D. Conrad*, Freiheitsrechte und Arbeitsverfassung, 1965; *Luhmann*, a. a. O. (N. 1), S. 23 f.; *Hans H. Klein*, Grundrechte im demokratischen Staat, S. 47 ff., 69 ff.를 보라.
   이 문제의 핵심을 오토 폰 기이르케는 다음과 같이 표현하고 있다. 즉 "국민 각자는 기본권에서, 국가가 자신을 특정 관계에 있는 구성원이 아니라 자유로운 개인으로 취급할 것을 헌법상 요구한다. 그 기본권들은 국가라는 단체가 개성의 한 면만을 박탈하며, 지고의 보편성에 있어서도 개인적 자유의 불가침의 영역이 있다는 위대한 사상의 구체적이고 실정법상의 형성을 포함하고 있다." *O. v. Gierke*, Labands Staatsrecht und die deutsche Rechtswissenschaft, 초판 1883, Neudruck 1961, S. 37.

로 결정하면서 이용한다. 이로 인하여 다른 조직들의 작용범위와 작용 가능성을 확정하고, 규제되지 않거나 자발적인 개인적·사회적 발의권에 의해서 규제되고 조직화될 수 있는 행동방식의 범주를 확정하는 것도 국가이다. 따라서 국가는 조직화 된 다른 작용통일체와 같은 차원에 있는 것이 아니라, 오히려 전체적으로 그것과 대치되어 있다.71) 통치적·정치적으로 조직되어 실행되지 않는 인간의 행동범위와 작용범위에 대하여 자유의 범위 (Freiheitsraum)를 규정하고 보장해 주는 것은 국가이다. 국가는 사회를 위해서, 그리고 사회 안에서 유효한 일반 법질서를 형성·보존하면서 사회의 제도를 규정한다. 바로 (그 남용이 가능한 것은 예외로 하고) 이렇게 광범위하게 미칠 수 있는 규정권 (Verfügungsmacht) 때문에, 국가라는 조직이 자체적으로 강력하게 분화되고 (differenziert), 이러한 규제권과 작용권(Wirkungsmacht)이 미치는 범위는 원칙적으로 제한되는 것이 필요하다.72) 바로 이러한 점은, 국가와 사회를 구별하여 대치시킬 때에 표현할 수 있고 또 확실하게 할 수 있다.

[4] 여기서 제시된 현실적인 내용을 보면, 국가와 사회를 구별하는 것은 현대 세계를 조직하고 있는 '이원화'(Entzweiung)를 유지하고 보장하기 위한 적절한 법적 형태로 여겨진다. 아마도 이러한 점에 가장 중요한 자유의 기능이 있을 것이다. 여기서 이원화는 요아힘 리터(Joachim Ritter)*의 의미에서, 개인을 둘러싸고 있는 종교적·정치적 및 사회적 관계 속으로 결속시키는 것에 맞서서, 개인의 주관성(Subjektivität)을 관철하는 개인의 가능성으로, 다시 말해서 그 주관성을 쉽사리 상실하지 않고 이러한 결속을 정신적·실존적으로 극복하는 개인의 가능성으로 이해되고 있다.73) 이러한 점은 개인이 인격(Person)으로 인정됨으로써, 즉 모든 결속에 앞서서 자기 자신 속에 있기 때문에 그 결속을 초월하고, 또 자기 자신 속에 지니고 있는 주체(Subjekt) 속에서 생의 의미 (Lebenssinn)로 인정됨으로써 조정된다. 나는 이 속에 근대 세계와 현대의 자유이념의

---

71) 현대 사회학에서 국가가 사회의 정치적 '하위체계'로 평가되어 경제·종교·학문 등 기타 수많은 하위체계들이 같이 놓이게 되면, 이는 주변 요소들을 고려하지 않은 것이다(*Luhmann*, a. a. O. [N. 1], S. 15 ff. 참조). 사회학적 개념의 언어 속에 머물기 위해서는 정치적 하위체계가, 모든 다른 행위체계들(경제·문화·종교 등)에 잠재적으로 동시에 관련되어 이들을 조절할 수 있는, 자신에게만 할당된 구속력 있는 규제력, 결정기능과 강제기능을 부려 쓴다는 특성, 그러니까 방대하고도 포괄적인 하위체계를 나타낸다는 특성을 가지게 된다. 이리하여 하위체계로서의 그 특성은 모호하게 되어버린다.

72) 개인적 및 사회적 자유의 보장은 근본적으로 통일된 주권국가의 결정력, 즉 상응하는 헌법조직의 임무수행을 위한 적절한 형식과 절차의 발전 문제이지, 이 결정력 자체를 해제하거나 폐지하는 문제가 아니다. 이로 인해 도달될 수 있는 보장은 비록 절대적이진 않고 상대적인 것이긴 하지만, 상대적으로 가장 신뢰할 수 있는 것이다. 공동생활의 위험에 대해 절대적 보장을 획책하는 것은 불가능하다. 제아무리 발전된 국가론과 국가조직론이라 할지라도 다음과 같은 홉스의 통찰을 피할 수는 없다.「모든 사람을 보호하기에 충분한 힘을 가진 자는 또한 모든 사람을 억압하기에 충분한 힘을 가지고 있다」(홉스, 『시민론』제6장 13. 주). 즉 Qui satis habet virium ad omnes protegendos, satis quoque habet ad omnes opprimendos (Th. Hobbes, De cive, c. 6, 13 Annotiatio).*

73) 현재로는 *J. Ritter*, Entzweiung, entzweien, in: Historisches Wörterbuch der Philosophie, Bd. 2, 1972, Sp. 566-571 참조.

핵심과 시초가 있다는 것을 잘 알고 있다. 국가와 사회를 구별함으로써, 개개인은 자기가 살고 있는 정치적 통일체에 의하여 완전하게 포함되는 것이 아니라, 다만 영역적으로만 포함되며 나머지 영역에서는 자유롭게 되는 것이 실제적으로나 법적으로도 가능하다. 정치적 통일체인 국가는 여기서 이미 사회 전체를 포함하는 것이 아니라, 개개인이 실존적인 면에서 정치적 통일체보다 선행되어 있다.

이와는 반대로 그와 같은 관념에서는 최종적으로 추상화(Abstraktion)나 의제(Fiktion)가 다루어지고 있다는 점에 이의가 있을 수 없다. 왜냐하면 자유로운 개인은 사회와 정치적 공동체에 포함되어 있는 상태이지, 실제로는 그것들에 선행할 수 없을 것 같기 때문이다. 이 점이 올바른 것은 확실하지만, 어떠한 이의(異議)를 의미하는 것은 아니다. 왜냐하면 국가와 사회를 구별하여 상대적으로 분리한다는 의미는, 바로 정치적·사회적 현실과 그 현실 속에 있는 잠재적인 권력(Machtpotential)의 조직형태를 발견하는 것인데, 그 조직형태는 기존의 일반적인 사회적 구속(Eingebundenheit)에도 불구하고, 법적으로나 실제적으로나 구체적인 결속을 제한하는 것이 가능하고, 그 구속으로부터 영역별로 떨어지거나 심지어 완전히 벗어나는 것이 가능하고, 또한 사회의 조직화 된 활동과 맞서서 그리고 국가결정권 쪽에서 자유를 효과적으로 관철시키는 것이 가능하게 해야 한다. 여기에 국가와 사회의 구별 그리고 이른바 법치국가적 배분원리가 자유를 탁월하게 보장해 주는 의미가 있다. 국가 내에서 조직되는 것은 전체로서의 공동체(Gemeinwesen)가 아니며, 공동사회(Gemeinschaft)의 생활질서나 심지어 가치질서도 아니다. 국가 내에서 조직되고, 국가를 바탕으로 개개인의 행동이 규제되고 실행되는 것은 일정한 기능(Funktion)이다. 사회 전체와 그 개인 자체는 이미 선행되어 있다.74) 바로 이것이 실제 행위로 이행되어 효과적인 자유에 영향을 미치게 된다. 그리하여 국가와 사회를 구별하게 된 것은 서양 합리주의의 전형적인 업적의 하나이다. 이 합리주의는 우연한 정세와 권력한계(Machtgrenze)에서 발생된 조직이 아니라, 개인적 자유의 체계적인 조직을 대상으로 삼았다.

이러한 관계는 국가를 넘어서서 사회 전체를 장악하고, 개인 자체를 완전히 국가의 조직력(Organisationsmacht)에 포함시키기 위해서 바로 정치적·사회적 현실의 이러한 조직형태를 파기하려는 전체주의 체제(totalitäres Regime)의 변함 없는 의도에서 확인되었다.75) 프롤레타리아 독재를 확립함으로써 시민이 국가와 사회로부터 분리되는 것이, 즉 시민사회의 길항작용(Antagonismus)이라는 표현이 그 의미를 상실케 하는 것은, 공산주의의 국가 이데올로기와 국가 실제의 전제조건에 속한다. 그러나 이 양자는 그렇게 하는 대신에 결속하여 이익 통일체를 이루게 된다.76) 반대 방향에서 보면, 마찬가지로

---

74) 이 점에 관하여는 *Forsthoff*, Zur heutigen Situation einer Verfassungslehre, a. a. O. (N. 38), S. 186 ff. 특히 195 f.; *Luhmann*, a. a. O. (N. 1), S. 19-22, 71 ff.를 보라.

75) *Ehmke*, a. a. O. (N. 1), S. 25는 이 관계를 간과하지 않고 있다. 그럼에도 불구하고 그는 국가와 사회의 구별에 대하여 '그렇긴 하지만'이란 표현을 고집하고 있다. 그에 반대하는 것으로는 *Herzog*, a. a. O. (N. 62), S. 119 ff. 참조.

대략 1933년 경부터 국가와 사회의 구별과 분리를 극복하는 것이 선언되지 않았다. 이 해에 나온 한 저서에서는 ― 여기에는 많은 것에 대한 예시가 있었다 ― 다음과 같이 쓰여 있다. "그것 (전체적인 책임국가[der Staat der totalen Verantwortung])은 국가를 위하여 개개인이 전적으로 책임을 지는 것을 의미한다. 이렇게 책임을 지는 것은 개별적 존재(Einzelexistenz)의 사적(私的)인 성격을 지양하고 있다. 모든 면에서, 즉 가족 (Familie)이나 가정 공동사회(häusliche Gemeinschaft) 내에서처럼 공적인 행동이나 태도 에서, 각자는 국가의 운명에 책임을 진다."[77]

국가와 사회를 자칭 달리 더 낮게 구별하는 것 대신에 *political society*와 *government* 로 구별하더라도, 여기서 국가와 사회를 구별하는 문제로부터 결과적으로 생겨날 위험이 방지되는 것은 아니다. 왜냐하면 이러한 사고방식에서는, 바로 political society를 공동체 (Gemeinwesen)로, 다시 말해서 작용과 조직통일체로 조직되어 government에서 그 수행기능(Leistungsfunktion)을 가지는 사회 전체로 이해되기 때문이다. 그러나 동시에 현대적 자유이념의 기초가 되는 이원화의 구조(Entzweiungsstruktur)는 그것이 포기되지 는 않더라도 등한시될 것이다. 사회 전체와 개인은 우선 그 자체로서 공동체의 조직력에 포함된다.[78] 헌법은 정치적 결정기능을 조직하고 제한하는 것만이 아니라, 철저하게 공동체의 헌법이며 사회 전체의 가치기초가 된다.[79]

이러한 점은 핵심적으로 볼 때에, 새로운 전체(Totalität) ― 이것은 이러한 사고방식의 대표자들에게는 질문의 여지가 없다 ― 가 자유를 위해서 이해되고 또 조직되어야 할 때에, 그 새로운 전체를 선별하는 것이 된다.[80] 왜냐하면 이 모델에서 모든 정신적 변동(Fluktuation)과 가치변동을 법적인 조직관계에 포함시키는 것이 표명되었기 때문이 다. 즉 그 변동이 더 이상 제시되지 않았기 때문이다. 헌법이 공동사회(Gemeinschaft)의 가치기초라면, 이 공동사회의 정신적 변동과 가치변동 역시 헌법에 함께 포함되고, 그

---

76) 다른 것 대신에 *Lenin*, Staat und Revolution, Ausg. Berlin-Ost 1959, Kap. 5, 2 und 3, S. 90 ff. 참조. 구체적 성과는 이를 협력자격과 협력의무로 다르게 해석하고 있다는 공산주의의 기본권이론에 나타나 있다. 이에 관하여는 *H. Klenner*, Studien über Grundrechte, Berlin-Ost 1964, 특히 S. 52 f.와 *E.-W. Böckenförde*, Die Rechtsauffassung im kommunistischen Staat, 1967, S. 43 ff.를 보라.

77) *E. Forsthoff*, Der totale Staat, 1933, S. 42.

78) 공동체-정부(government) 모델 속에 세워진 이러한 관념의 실제 결과들의 일부는 *K. Lompes*의 계획이 론의 예시에 나타나 있다. *ders.*, Gesellschaftspolitik und Plannung, 1971; *Rainer Wahl*, Notwendigkeit und Grenzen langfristiger Aufgabenplannung: Der Staat 11 (1972), S. 470 ff.

79) *Ehmke*, a. a. O. (N. 1), S. 45와 *Hesse*, a. a. O. (N. 1), S. 11을 보라. 이러한 방향에서 기초적인 헌법이론은 *Rudolf Smend*, Das Recht der freien Meinungsäußerung, VVDStRL Heft 4 (1928), S. 46 ff. (= ders., Staatsrechtliche Abhandlungen, 1955, S. 91 ff.)와 Verfassung und Verfassungsrecht, 1928, ebd. S. 160 ff., 187 ff.(본서 682면 이하, 704면 이하). 나아가 *H. Krüger*, Staatslehre, 1964, S. 697 ff. 특히 703; *Dürig*, in Maunz-Dürig-Herzog, Grundgesetz, Rdn. 1-19, 49 ff. zu Art. 1 I 참조. 연방헌법재판소는 BVerfGE 2, 12; 7, 198의 결정 이래, 헌법은 법질서 전체의 기초로서 '객관적 가치질서' 내지 '가치질서'를 포함한다는 입장에서 출발하고 있다.

80) 이 점은 *Smend*, Verfassung und Verfassungsrecht, a. a. O. (N. 79), S. 187 ff. (본서 704면 이하)에서 분명히 드러나고 있다. 헌법은 '국가의 생활 전체'를 생산해 내기 위한 질서로 등장한다. *H. Krüger*, a. a. O. (N. 79), S. 703도 위와 비슷한 견해를 표명하고 있다.

변동이 헌법의 내용을 결정적으로 정하고, 헌법재판소의 판결에서 유효하게 되는 것은 논리적일 뿐이다.[81] 그러나 그렇다면, 개인이 최소한 자기의 법적인 자유상태에서 그 변동에 선행하도록 보장해 주는 일정한 ─ 그리고 20세기에 자주 바뀌는 ─ 정신적 변동과 가치변동에 의하여 개인의 요구를 배제시키는 것이 어떻게 가능해야 하는가? 에른스트 포르스토프(Ernst Forsthoff)가 바로 이러한 발전에 직면해서 표명했던 경고는,[82] 그것을 몸소 체험하여 경험하고 숙고함으로써 생기게 되는 것보다 훨씬 더 진지하게 받아들여져야 할 것이다.

III.

국가와 사회를 구별하는 내용과 기능에 대하여 이렇게 확신하더라도, 이러한 구별로부터 생기는 부담력에 대하여 구해야 할 대답이 오늘날의 헌법 현실에 여전히 남아 있다. 이렇게 구별할 때, 가능한 한 체계적이고도 효과적인 개인적 자유의 조직이 포함되더라도, 그 조직이 현재의 헌법 상황에서 헛되지 않게 현실을 능가했다는 것이 아직 입증되지는 않았다. 이미 이전에 언급된 세 가지 질문들은 동시에 이의(異議)로서 항상 다시 정식화될 것인데, 그 문제들은 이 자리에서 더 논의되어져야 한다.

즉 민주주의에로의 이행과정에서, 그 다음에 사회국가로의 이행과정에서, 그리고 마지막으로는 국가와 경제가 점점 더 동일시되어가는 점에서 나타나는 정치적·사회적 제도의 구성형태의 변화들이 더 논의되어져야 한다.

[1] 국가형태와 정부형태로서의 민주주의로 이행하는 것과 국가와 사회의 구별·대립이라는 것은 '국가'와 '사회'가 두 개의 독립적인 단체(Verband) 내지 공동체(Gemeinwesen)이며, 그 분리가 무관계성(Beziehungslosigkeit)을 의미하는 한, 확실히 일치할 수 없을 것이다. 그렇다면 국가와 사회를 대치시킬 때 국민(Volk)과 동시에 사회가 국가결정권에 대하여 민주주의를 위해서 필요한 일정한 영향을 미치는 데 한계가 있거나 혹은 그 영향을 미칠 수 없다는 사실이 함축되어 있을 것이다.

여기서 논의되었듯이, 국가와 사회를 구별하는 구조는 민주주의로 이행하는 것과

---

81) 그리하여 *Smend*, Das Recht der freien Meinungsäußerung, a. a. O. (N. 79)는 자신의 이론적 시초라는 의미에서 논리에 맞게 다음을 출발점으로 삼고 있다. 즉 기본권들이 "공공생활에 관여하는 가치 상태 문제"에 대하여 태도를 표명한다는 점, 그리고 "이러한 문제들과 기본권에서 주어졌거나 혹은 (제118조와 제129조에서처럼) 기본권을 통하여 그 시대의 도덕적·문화적 가치판단에 전가된 그러한 문제들에 대한 답변을 밝혀내는 것"(S. 53)이 기본권해석의 과제라는 점이다. 여기서 자유는 오로지 **내부에서**만 보장될 수 있는 것이며 공공생활을 규정하는, 변화되는 가치상태에 대해서도 보장될 수는 없다는 사실이 명백해진다. 여기에 관하여는 *E.-W. Böckenförde*, Das Grundrecht der Gewissensfreiheit: VVDStRL Heft 28 (1970), S. 58 mit Anm. 78을 보라.

82) Zur heutigen Situation einer Verfassungslehre, a. a. O. (N. 38), S. 209-211.

결코 모순되지 않는다.[83] 민주적인 국가조직과 정부형태는 그 관계에서 볼 때, 국가라는 조직통일체로부터 나오는 실행과정과 지도과정이 국민의사와 민주적인 정치적 의사형성의 과정에 반대로 관계하고 있음을 의미한다. 그리고 이로 인해서 그 구분이나 조직상의 분리가 지양되거나 문제시되지 않으면서, 국가와 사회 간에 필요한 교차작용과 교차관계가 가능하고, 또한 실현될 수 있도록 일정한 형태로 형성되는 것이 중요하다.

국가와 사회의 구별을 유지하는 것은 있을 수 있는 전체성(Totalität)의 요구에 대하여 민주주의를 제한하고 그 방향을 정하는 것(Kanalisierung)이라는 점은 확실하다. 왜냐하면 국가와 사회의 구별을 정립시킬 때, 민주적으로 조직된 통치권과 결정권도 중재 시스템에 결속되기 때문이다. 즉 자유민주주의의 실체(Substanz)를 완성시키는 중재 시스템에 결속되기 때문이다.[84] 한편으로는, 국가결정을 완성시키기 위해서 민주적인 의사형성과 민주적으로 조직되는 결정과정이 갖추어지고 규정된다. 모든 사람들이 일반적인 일에 민주적으로 협력하는 자유는 국가의 결정을 완성시키기 위한 본질적인 원칙이다. 다른 한편으로는, 개인과 사회적 자유에 대립되는 국가권력 자체가 모든 것을 점유할 가능성을 제한하는 것이 규정된다. 개개인의 자유는 정확하게 검토되어 이중으로 철(綴)해져야 한다. 즉 국가가 시행하고 시행할 수 있는 모든 결정들은 모든 시민들이 민주적으로 행하는 협력의 자유에 환원되어 그로부터 합법화되어야 한다. 그러나 이와 동시에 개인의 자유를 위하여 국가의 결정권 자체가 그 자유 밑에 있게 되는 제한 사항들은 언급되지 않고 있다.

이와 반대로 국가결정권에 있는 민주주의의 성격을 끌어들여 국가기능을 이렇게 감소시키는 것이 포기된다면, 민주적인 협력에 대한 자유가 감소된다. 왜냐하면 민주적으로 조직된 국가권력의 전권(Allzuständigkeit)이 바로 민주적일 것 같다는 이유로, 그 전권이 개개인의 자유로부터 유래하여 그 개개인에 의해서 유지된다는 것은, 동시에 개개인이 이렇게 조직화 된 결정권에 전적으로 포함된다는 것을 의미하기 때문이다. 그리하여 자유는 협력의 자유로서 민주적인 결정 과정 **안에** 있는 것이지, 민주적인 결정과정과 집단적인 결정권에 **대립하여** 있는 것이 아니다. 그 결과는 개개인이 완전히 민주적인 집단(Kollektive)의 부분이 되는 전체 민주주의(totale Demokratie)이다. 즉 모든 사람은 모든 것에 관하여 모든 것을 결정할 수 있다.[85] 여기서 국가가 사회 '옆에 있는', 사회

---

83) 또한 *Isensee* (N. 4), S. 151-153; *Hans H. Klein*, a. a. O. (N. 70), S. 34 f.의 설명도 보라.

84) 독일연방공화국의 기본법은 국가와 사회의 구별을 전제로 하며 그를 유지하는 자유로운 민주주의 형식의 찬성을 명확히 결정하였다. 동시에 이 기본법은 민주주의를 법치국가적 민주주의로(제20조 2항과 제28조) 규정하고, 자유권으로서의 기본권은 입법자에게도 구속력 있게 했으며(제1조 3항), 그 핵심 내용을 불가침의 것으로 천명하고 있다(제19조 2항, 제79조 3항). '자유민주적 기본질서'라는 개념은 연방헌법재판소가 이를 발전시켜 왔듯이, 그러한 결정의 구체화를 나타내고 있다. BVerfGE 2, 1 (12 f.)와 5, 85 (140 f.) 참조.

85) 이 전체 민주주의는 이미 루소의 사회계약론에서 출발하고 있다. 사회계약의 형식(제1권 6장)과 '시민종교'에 대한 마지막 장 참조. 문헌으로는 *J. Talmon*, Der Ursprung der totalitären Demokratie, 1961, S. 34 ff.; *Julien Freund*, Der Grundgedanke der politischen Philosophie von J. J. Rousseau: Der Staat 7 (1968), S. 1 ff. 참조.

'위에 있는', 혹은 사회를 '위한' 기구로서 파악되는 것이 아니라, 단순히 사회나 공동체의
자기조직(Selbstorganisation)으로서 파악될 때에 생기는 문제가 분명하게 나타난다.86)

그리고 마찬가지로 여기에 민주화(Demokratisierung)라는 개념이 병존하고 있음을
알 수 있다.87) 민주화는 국가의 결정과정과 정치적 의사형성 과정에 있는 민주적 조직을
개선하는 것으로 이해되는데, 이 민주화는 민주국가에서 있어서 중요한 정치적 요구
사항이 된다. 마찬가지로 민주주의라는 성격에서 볼 때, 정치적 결정과정 자체를 손상시키
는 사회권력의 집중화가 국가에 의해서 해체되고, 경우에 따라서는 국가의 책임으로
전가되어야 하는 것이 민주화와 관련이 있을 때에도, 그 민주화는 중요한 정치적 요구
사항이 된다. 이에 반해서, 한편으로는 사회를 국가로부터 자유롭게 하기 위해서, 다른
한편으로는 자체 내에서 민주화를 기하기 위해서, 민주화가 모든 영역의 사회적 자유가
부분 집단의 결정권에 예속되는 것으로 이해된다면, 그 민주화는 전체주의
(Totalitarismus)의 이정표가 될 것이다. 그렇게 되면 최종적인 것은 아니지만, 사회 자체로
부터 생겨나는 자유가 다양하게 손상되는 것에 맞서서, 부분 집단의 지도 요구와 통일화의
요구로부터 개인의 자유를 보장하기 위해서, 민주화에서 개인의 자유를 보장하는 데에
필수적 전제 조건이 되는 정치적 결정권(Entscheidungsgewalt)과 규정권
(Bestimmungsgewalt)을 국가에 집중시키는 것을 지양하게 된다.88)

[2] 국가와 사회를 구별(Unterscheidung)하는 것이 엄격하게 관계가 없는 분리
(Trennung)로 오해되지 않는다면, 사회국가로 이행하는 것이 그 구별을 필연적으로
철폐하거나 공전(空轉)시키는데 영향을 미치지 못한다. 오히려 국가가 사회적으로 간섭하
고 사회적 급부를 계속하는 문제는 바로 국가와 사회를 구별하는 데에서 생겨난다.
말하자면 이 문제는 그러한 구별과 대치되는 것이 아니라, 오히려 실질적으로 그리고
체계적으로 그 구별에 속해 있다.89) 이 점에 대해서는 보다 자세한 설명이 필요하다.

---

86) *Hesse*, a. a. O. (N. 1), S. 8. 즉 "통치의 통일된 주체를 더 이상 알지 못하는 현대의 민주주의 국가는
산업사회의 자기조직의 한 부분이 된다. 이 사회의 갈등은 정치적 통일체의 형성과 국가적 의사형성
과정 속으로 파고 든다. ..."

87) 최근의 연구로는 한편으로 기초적 이론에 대해서는 *J. Habermas*, Strukturwandel der Öffentlichkeit,
1962, S. 242 ff. (한승완역, 『공론장의 구조변동』, 나남, 2001). 그 밖에 *Nitsch, Gerhard, Offe, Preuß*,
Hochschule in der Demokratie, 1965, S. 189 ff.; *Ulrich K. Preuß*, Zum staatsrechtlichen Begriff
des Öffentlichen, 1969, S. 166 ff., 184 ff.; *H. v. Hentig*, Die Sache und die Demokratie: Die
Neue Sammlung, 9 (1969), S. 102 ff. 다른 한편으로는 *W. Hennis*, Demokratisierung. Zur Problematik
eines Begriffs, 1970; *H. Maier*, Vom Getto der Emanzipation — Kritik der "demokratischen" Kirche
= *ders.*, Kirche und Gesellschaft, 1972, S. 313-319. — 옛 문헌으로는 특히 *Franz Neumann*, Zum
Begriff der politischen Freiheit, in: *ders.*, Demokratischer und autoritärer Staat, 1967, S. 100-142,
insbes. 130 ff.를 보라.

88) 개인과 사회의 자유에 대한 위협이 국가로부터 나온다는 의심의 여지가 없는 가능성과는 달리, 오늘날의
토론에서는 그러한 위협이 사회 자체로부터도, 서로 관계를 맺고 있는 개인들로부터도, 사회의 집단들로부
터도 나올 수 있다는 사실을 자주 간과하고 있다. 이러한 자유의 위협에 대한 보호책으로는 정치적
결정력과 강제력을 주장하는 국가 말고는 없다. 앞의 주 66)에 인용된 문헌들도 보라.

89) 이 점에 관하여 기초적인 것으로는 *L. v. Stein*, a. a. O. (N. 34), Bd. 1, S. 123 f., 131 ff. 또한

국가와 구별되고 또 국가가 보장하는 일반적인 법질서에 의하여 자기 전개 (Selbstentfaltung)가 자유로운 사회는, 법적 평등(Rechtsgleichheit), 시민의 자유, 그리고 특히 영업의 자유(Erwerbsfreiheit)와 기득 재산의 보장이라는 원칙들 속에 그 기본 구조가 있다. 이러한 원칙들에는 인간의 완전한 전개를 위해서 인간의 자연적인 불평등과 재산상의 불평등이 자유로운 것도 포함되어 있다. 영업의 자유가 법적 평등을 바탕으로 해서 유지되고 기득 재산의 보장에 의해서 이행된다면, 인간의 자연적인 불평등과 재산상의 불평등 때문에, 그 결과와 '소득'이 필연적으로 상이하게 될 것이다. 이러한 결과와 소득은 기득 재산을 보장해 주기 때문에, 자기의 자유를 실천하여 그것을 획득한 자에게 법적으로 귀속된다. (시민) 사회 자체의 원칙들로부터, 즉 사회가 자유의 방향을 정함으로써, 사회적 불평등이 고정되었다.90) 종종 정치적 수사학의 슬로건으로만 사용되었던, '자유와 평등의 변증법'이 여기에서 구체적으로 입증된다. 이러한 사회적 불평등이 재산과 상속권을 보장해줌으로써 여러 세대에 걸쳐서 굳어진다면, 그 불평등은 사회적 **부자유**로 변하고, 또 법적 자유 역시 점점 공전하게 되는 식으로 사회적 불평등은 심해진다. 왜냐하면 법적 자유를 실제로 사용하는 것을 비로소 가능하게 해주는 최소치의 사회적 전제 조건 없이는, 법적 자유가 효과적으로 될 수 없기 때문이다. "자유는 자결(Selbstbestimmung)의 전제 조건으로서 동일인의 조건을, 즉 물질적·정신적 재산을 소유한 자에게서 비로소 효과적인 자유가 된다."91)

이에 따라서 국가의 사회 유지 기능이라는 면에서 볼 때, 국가는 **자유로운** 사회와 개개인의 자유의 보증자로서 '자유로운' 사회가 진행되도록 계속 중재해 나왔다. 국가가 아무런 활동도 하지 않으면서 국가에 의해서 보장되는 법적 자유와 평등이 점점 증가하는 시민들에게 공허한 형식이 되도록 방관하는 것이 아니라, 사회적 불평등에 맞서서 영향력을 행사하고, 모든 사람들에게 실제로 개인의 자유와 법적 평등을 유지하도록 사회적 조정과 사회적 활동에 의해서 그 사회적 불평등을 상대화시키는 것은, 국가의 근본적인 목적에 상응하고 국가와 사회 사이의 권한을 근원적으로 분배하는 것에 상응한다.92) 이 점에서 볼 때, 국가와 사회의 구별과 대치를 철폐하는 것이 아니라, 그것을 입증하는 것이다.

규제된 생활공간이 상실되는 것을 고려해 볼 때, 이와 동일한 상황이 개인이나 가족의 자급자족(Autarkie)에도 해당되는데, 그 생활공간은 19세기와 20세기의 산업기술과 사회 발전에 의해서 그 규모가 점점 더 커지게 되었다.93) 이렇게 규제된 생활공간은 **사회적**

Habermas, Strukturwandel der Öffentlichkeit (N. 87), S. 244 f.도 보라. 자유주의 법치국가가 사회국가로 변형하는 특성은 연속성에 있으며, 자유주의의 전통을 깨트리는 데에 있는 것이 아니라고 하버마스는 정당하게 지적하고 있다.

90) *L. v. Stein*, a. a. O. (N. 34), Bd. 2, S. 72 ff.를 보라.

91) *L. v. Stein*, a. a. O. (N. 34), Bd. 3, S. 104.

92) 여기에 사회와 국가의 변증법적 관계가 근거 설정되어 있다. 여기에 관하여는 *E. R. Huber*, Rechtsstaat und Sozialstaat in der modernen Industriegesellschaft = *Forsthoff* (Hrsg.), Rechtsstaatlichkeit und Sozialstaatlichkeit, 1968, S. 589-618 (596 ff.)를 보라.

생활공간에 의해서 대체되었다.[94] 사회생활의 영역에서는 자유가 법적 규제와 사회적 관계 **앞**이나 밖에서 실현되는 것이 아니라, 그 **안에서** 실현되는데, 예를 들면 사회의 임대권, 연금 등에 의해서 실현된다. 이러한 사회생활의 영역에서는, 다양하고 보다 강해진 사회관계와 사회활동 **안에서** 개개인의 자유를 유지하기 위해서 자연히 보다 많은 법적 규제가 필요하게 되었다. 이 점에서 볼 때, 국가가 개인과 사회의 자유를 철폐하는 것이 아니라, 변화된 사회조건에 직면하여 그 자유를 효과적으로 유지하기 위한 새로운 길이 있게 된다.

국가와 사회의 구별이라는 의미에서 결정적인 것은 양자의 경우, 국가에 의해서 사회적으로 조정하고 사회적 진행과정의 규제를 확대하거나 또는 개인적·사회적인 생활과정에의 보다 강화된 법적 규제가 이루어지는 것이 아니라 오히려 그것이 **어떠한 원리**에 따르는가 하는 점이다. 그 조정과 규제가 사회의 기본적인 구조(Grundverfassung)의 테두리 안에서 이루어지는가? 다시 말해서 그것이 자유로운 사회를 위해서 국가의 유지기능과 보장기능 면에서 그 정당성과 아울러 한계를 가질 수 있는가? 아니면 그것이 이러한 기본구조를 철폐하기 위해서 이루어지는가? 이 점에 대해서 이미 로렌츠 폰 슈타인은 사회국가적으로 방향을 설정하고 동기를 부여받은 국가의 활동에 대하여 **기준설정**(Maßbestimmung)을 하는 것이 근본적이라고 지적하였다.[95] 그러나 일반적인 사회발전을 촉진시키는 사회적인 부자유나 법적인 불평등에 대치하는 폐단을 조정하기 위하여 이전부터 국가의 의무로 되어 있는 범주조건(Rahmenbedingungen)을 넘어 서서 경제적·사회적 과정에 정확하게 더 이상 개입하지 못하고, 경제적·사회적 과정이 원래부터 완전히 국가의 지도요구와 규제요구에 속하게 된다면 변혁(Umschlag)이 일어난다. 이 경우에는 사회를 위하여 국가의 유지기능으로부터 생겨난 일정한 목적을 고려해서, 사회가 그 전권을 국가에 대하여 다만 제한적으로 행사할 수 있도록 자체적으로 전제된 성격을 상실한다.[96]

[3] 국가와 경제를 점점 더 동일시하는 것은, 앞에서 설명한 대로 사회국가의 특징에서 볼 때, 국가와 사회의 관계가 발전된 것과 구별된다. 국가와 경제를 동일시하는 것은 국가의 사회국가적인 활동에 의해서 필연적으로 이루어지는 것이 아니라, 그 활동과 더불어 부수적으로 생기게 된다. 그 대신에 아주 큰 위협이 나타났는데, 말하자면 국가와 사회의 구별을 부분적으로 철폐하게 되었다.

---

93) *Forsthoff*, Verfassungsprobleme des Sozialstaats, 2. Aufl. 1961 = *Forsthoff* (Hrsg.), Rechts-staatlichkeit und Sozialstaatlichkeit, 1968, S. 145-165 (146 ff.).

94) *Dieter Suhr*, Rechtsstaatlichkeit und Sozialstaatlichkeit: Der Staat 9 (1970), S. 67 ff. (83-87).

95) *L. v. Stein*, Handbuch der Verwaltungslehre, 3. Aufl. Bd. 3, S. 34 ff.

96) 한계를 넘어설 때에 변혁이 일어나는, 그러한 한계를 보다 자세히 확정짓는 것은 구속력 있는 국가목적 규정과 관련된 (필연적·가능적·금지된) 국가의 과제에 관한 이론 없이는 불가능하다. 이는 예나 지금이나 여전히 현대 국법학의 미해결의 문제이다. 이와 관련된 이론으로는 *Hans J. Wolff*, Verwaltungsrecht I, 8. Aufl., 1971, §11, S. 53 ff.

a) 본질적인 문제는 다음과 같다. 경제는 시간이 지나면 지날수록 더 이상 국가로부터 자유로운 영역이 되지 못한다. 이러한 영역은 국가의 과제를 재정적으로 뒷받침하기 위하여, 국가에 의해서 과세되는 영역이며, 공공의 안녕과 질서를 고려해 볼 때 국가의 감독을 받는 영역이다. 오히려 오늘날에는 경제적·사회적 과정 자체가 점점 더 국가에 의해서 규제되고 조정된다. 이러한 규제와 조정의 필요성은 사회국가의 새로운 국가적 임무에서 생겨난다. 법적 자유를 실현시키기 위해서 전제조건이 되는 정도뿐만 아니라, 그것을 넘어 서서 증진하는 복지가, 즉 사회발전이 그 과제로 되어 있을 때, 국가가 사회안정을 문제 없이 실현할 수 있도록 기대한다면,[97] 그 사회적 과제를 충족시키기 위하여 성장하는 경제, 안정된 경제적 팽창, 지속적으로 상승하는 사회생산이 필요하다. 국가는 그렇게 자체적으로 지니고 있는 목적설정과 기대 때문에, 경제에 크게 관심을 가지고, 또 그 경제와 동일시된다. 국가는 경제과정과 진보를 유지하기 위한 기능을 떠 맡아야 한다.[98]

b) 이러한 유지기능을 인식하게 됨으로써, 시장경제질서에서 볼 때 국가는 의무적으로 간접적인 조종수단(操縱手段)을 가지게 된다. 경제주체들이 투자, 임금 그리고 가격형성, 소비에 대하여 행할 수 있는 근본적인 결정의 자유는 시장경제질서에 속한다. 국가는 이러한 결정들을 명령이나 금지에 의하여 규정하거나 확정하는 것이 아니라, 오히려 간접적인 지도수단(Lenkungsmittel)을 이용한다. 다시 말해서 원칙적으로 볼 때, 동기를 유발시키는 효과적인 사항들을 설정하여, 법률상 자율적으로 이루어지는 경제적 사건(das wirtschaftliche Geschehen)을 시장전략적으로 위에서 결정해야(überdeterminieren)한다.[99] 형식상으로는 모든 것이 자유롭게 결정되지만, 그 결정은 국가가 자극을 하거나 부담(투자 공제, 저축 프리미엄, 경기 할증금[Konjunkturzuschlag] 등등)을 줌으로써 될 수 있는 대로 원했던 결과가 나오도록 조정된다.[100]

---

97) *Hans Peter Ipsen*, Diskussionsbeitrag in VVDStRL, Heft 24 (1966), S. 220은 '성장배려를 위한 헌법위탁'이라고 말하며, *Herzog*, a. a. O. (N. 62), S. 117은 국가에 책임이 있는 성장배려는 '거의 필연적으로 일반적인 발전배려'가 된다고 말하고 있다. 이리하여 열리는 장(場)은 물론 한계가 없다. 이미 바이마르 헌법 전문은 국가를 사회발전의 지주로 천명한 바 있다.

98) 이 점에 관하여는 최근 *Scheuner*, Wirtschaftslenkung im Verfassungsrechts des modernen Staates, in: *ders.* (Hrsg.), Die staatliche Einwirkung auf die Wirtschaft, 1972, S. 18-21.

99) *Hans Joachim Arndt*, "Staat" und "Wirtschaft": Studium generale 21 (1968), S. 712-733 (714-723); *Friauf* und *Wagner*, Staat und Wirtschaft, VVDStRL, Heft 27 (1968), S. 1 ff., 47 ff.; *Stern*, Grundfragen der globalen Wirtschaftssteuerung, 1969, S. 6 ff. 참조.

100) 이러한 조치의 간접적·전략적·조작적 성격 때문에, 조치들은 거의 완전히 법치국가의 전형적 형태와 통제를 거부하고 있다. 따라서 이것들은 기존의 기본권 보호를 무력하게 만드는 데 적합하다. 개개인이 직접 부딪치는 조세 규정에 있어서는 예외가 있다. 교살형조세(Erdrosselungssteuer)를 예외로 하고 어떤 조세부과가 여하한 몰수도 하지 않는다는, 아직까지 논란이 안 되어 왔던 원칙에 의해 조세 규정은 법치국가적인 보장체계로부터 계속 위임받고 있다. *Forsthoff*, Begriff und Wesen des sozialen Rechtsstaats = *ders.*, Rechtsstaat im Wandel, 1964, S. 52/53 (본서); BVerfGE 14, 221 (241);

이러한 방법에 의하여, 경제과정(Wirtschaftsablauf)은 전체 과정으로서 규제된다. 그 형식과 수단에 관한 것은 산업적·경제적 과정의 자체 조정수단에 적합하도록 선택되어야 한다. 국가는, 국가가 경제과정에 의존하기 때문이 아니라 스스로 주체적인 위치를 가지고 있는 산업적·경제적 과정에 대한 보충적인 기능 때문에, 그 조정기능을 더 이상 '보다 높은 제3자'로 간주되지 않는다.[101] 국가는 이러한 과정이 지속적으로 기능을 다하도록 결손보증(Ausfallbürgschaft)을 해주어야 한다.

산업적·경제적 과정은 그 자체로도 합리적으로 조정되는 행위관계와 기능관계로 나타나는데, 그 관계는 일종의 2차 시스템에 의하여 (프라이어[Freyer]*) 합목적적인 전제에서 거의 생겨나지 못하고 있다. 그런데 이러한 전제는 대략 이익획득, 합리적·기계적인 완성, 최대의 생산성, 비체계적인 장애 요소들의 철폐가 된다. 그러한 식으로 조정된 상업적·기능적 관계는 그 자체로서 주체가 되어 점점 더 다른 분야에 미치게 되는, 보다 광범위한 계획관계(Planungszusammenhang)에 관여하게 된다.[102] 여전히 포함되지 않는 상태에서 야기되는 장애 요소들은 점점 더 많이 철폐된다. 이렇게 관여된 계획관계는 아마도 산업적 자유 때문에 더 이상 부분적으로 정해질 수 없을 것이다. 왜냐하면 산업적·경제적 과정은 점점 더 특수화(Differenzierung)됨으로써 점점 더 예민해지기도 하고, 공급자·수요자 등의 계획되지 못한 행동에서 야기된 비용 부문이 점점 더 크게, 그리고 점점 더 적게 유지될 수 있기 때문이다. 다시 말해서 산업적·경제적 과정은 그 계획 사항의 상대적 신뢰성에 달려 있다.[103] 이러한 상대적 신뢰성은 국가가 보장해야 하는데, 그 기초는 산업적·경제적 과정 내에서 자율적으로 발전된다. 이것은 구체적으로 국가가 각각의 경기주기(景氣週期)에 따라서 전체적인 문제를 반주기적(反週期的)으로 조정하고 동시에 상대적으로 안정시켜야 함을 의미한다. 따라서 산업적·경제적 과정에 대하여 보충해 주는 안정화 기능은 국가에 해당된다. 여기에서 주체는 산업적·경제적 과정 자체이며 국가가 아니다. 국가는 그 내재적인 추진에 의하여 무한하게 자체 발전을 기할 수 있도록 해주는 보장 기능을 떠맡는다.

c) 국가는 이러한 방법으로 경제와 결속되고, 그 시민들을 '위에서 결정하고', 경제와 동일시될 때에, 그리고 그렇게 되는 한, 개인의 자유를 위한 경계선이기도 한, 국가와 사회의 경계선이 필연적으로 또 체계적으로 침범받게 된다. 이것은 몇 가지 실례에서

18, 119 (128 f.); 27, 111 (131); 29, 327 (335). 그러나 보다 최근의 것으로는 *Papier*, Die Beeinträchtigung der Eigentums-und Berufsfreiheit durch Steuern vom Einkommen und Vermögen: Der Staat 11 (1972), S. 483-514 참조.

101) *Forsthoff*, Zur heutigen Situation einer Verfassungslehre, a. a. O. (N. 38), S. 174 f. (김효전역, 헌법학의 오늘날 상황에 대해서, 동인 편역, 『독일 기본권이론의 이해』, 법문사, 2004, 147면 이하); *ders.*, Der Staat der Industriegesellschaft, 1971, S. 43 ff.

102) 미국과 관련시켜 이에 대한 분석을 한 *Galbraith*, Die moderne Industriegesellschaft, 1968, S. 67 ff., 332-335 참조. '2차 체계'의 모형에 대해서는 *Hans Freyer*, Theorie des gegenwärtigen Zeitalters, 1956, S. 79 ff.를 보라.

103) *Galbraith*, a. a. O. (N. 102), S. 339 f.

분명해 질 것이다.

첫 번째의 예: 수입·수익·재산형성은 그것이 국가재정에 종속되어 있는 한,104) 점점 더 독자적인 객관적 논리(Sachlogik)에 의해서 정해지는 것이 아니라, 그것이 사회·경제적 과정과 가지는 관계에 의해서, 그리고 그로 인해서 규정되는 상부결정(Über-determination)에 의해서 정해진다. 다시 말해서 전체 문제(책임성 있는 구매력의 증가, 경제에서 세율을 심의하기 위한 모범적 작용 등등)를 조절하기 위한 기능관계(Funktionsbeziehung)에 의해서 정해진다.

두 번째의 예: 사적인 영리행위(Erwerbstätigkeit)는 그것이 일정한 크기의 체제(Ordnung)에 이르면, 국가에 의해서 지원을 받는 공적인 중요한 영리행위로 변환한다. 일정한 크기의 적자에 이른 기업은 사회정책적인 일이 된다(헨쉘[Henschel], 크루프[Krupp]). 국가는 사회국가적인 목적설정과 경제적 보장기능에 의해서 유지되는데, 그 국가는 손실과 부족한 유동성(Liquidität)이 사회화되는 것을, 즉 국가에게 떠맡겨지고 조정되는 것을 중재하는 데 도움을 준다.105) 이로 인하여 그러한 기업의 이윤이 어떠한 내적인 법적 근거로 사유화될 것인가 하는 문제가 제기되는 것은 당연하다.

세 번째의 예: 공공투자의 상황. 현재 상태에서는 보다 큰 규모의 공공투자가 국가와 경제에 의해서 다만 보충적 기능(Komplementärfunktion)의 의미로만 이루어질 수 있다. 공공투자는 원칙적으로 이윤지향적인 사적 투자에 비하여 후위(後位)에 있다. 산업적·경제적 과정이 자체적으로 충분한 추진력을 이용할 수 있다면, 국가는 그 수요를 조정하면서 경기(景氣)가 지나치게 과열되는 것을 대비하기 위하여 독자적인 투자를 중지해야 한다. 경제적인 과정 자체에서 그 추진력이 충분히 크지 못할 때에만, 자극을 줄 정도의 수요가 필요해서 보다 큰 규모로 시장에 투자할 수 있다. 국가 쪽에서 볼 때, 그러는 동안에 산업적·경제적 과정 자체의 내재적인 추진 성향에 의무적으로 영향을 줄 가능성은 없다. 경제주체들의 투자 결정은 국가에게 제시되며, 마찬가지로 세율을 정할 때에도, 사회생산물의 분배를 사전에 처리하는 세율 담당자(Tarifpartner)의 결정은 세율의 자율성 때문에 국가에 제시된다.106) 국가는 그것에 대하여 지속적으로 반응을 보이며, 산업적·

---

104) 그러니까 공무원과 공공봉사직에 몸담은 직원, 부분적으로는 사회연금 수령자와 전쟁유가족에 대해서도.

105) 우리가 산업·경제적 산물의 사회시설적 침해비용과 환경침해비용을 고려한다면 이 문제는 그 범위가 훨씬 넓어진다. 여기에 대해서는 지금 현대 경제체제의 원리적인 비판으로서 구상된 논문집 Sozialisierung der Verluste? Die sozialen Kosten des privatwirtschaftlichen Systems, Hrsg. v. *K. W. Kapp* und *F. Vilmar*, 1972를 보라.

106) 이것은 시장경제질서 테두리 안에서 주어진 투자, 가격형성 그리고 소비에 대한 경제주체들의 결정의 자유와 헌법상으로 보장된 고용주와 고용인 사이의 임금의 자율적 결정의 자유(기본법 제9조 3항)와 관련해서 1967년 6월 8일자의 안정법(BGBl. I, S. 582)의 제1조(목표설정), 제3-8조, 제19-20조, 제26조(수단)가 표현하고 있듯이, 국가의 경기 조정수단과 목표설정으로부터 일관되게 나타나고 있다. 안정법은 (제1조에서) 국가의 지도조치들이 '시장경제질서의 테두리 안에서' 수행되어야 함을 명백히

경제적 과정의 기능을 다하도록 '이행보조수단'으로서 보증을 해 준다. 그러나 오늘날 그러한 바와 같이, 이른바 생존배려를 위한 활동과 사회적 진보에 대한 책임이 국가에 동시에 주어질 때, 그것이 어느 정도 관철될 수 있는가 하는 문제는 계속 남아 있다.[107]

　　d) 여기에서 언급된 바와 같이, 체계적인 목적 역시 상대화시킬 수 있는 준비 없이는, 사회의 영역이 국가의 지도전략(Lenkungsstrategie)에 점점 포함되는 것과, 거기에서 점점 더 크게 나타나는 국가와 사회의 혼합(Ineinander)이 방지될 수 없다. 국가의 기능 **감소**는 역사적·제도적으로 볼 때에 개인적 자유와 사회적 자유의 필연적인 조건이다.[108] 이러한 기능 감소가 철폐되거나 포기된다면, 주어진 사회상태에서, 즉 사회의 의사로부터 개인적 자유와 사회적 자유의 범위 역시 없어질 것이다. 국가는 사전에 받은 것 없이 줄 수는 없다.[109] 사회안정·경제성장·생활수준의 향상뿐만 아니라 **국가에 의하여 직접적으로 보장되는** 목적 역시 국가적으로 자유롭게 설정되는 것이 가능하다면, 경제상의 전체 과정이 국가의 지도와 통제로 넘어가는 것은 필연적이고도 불가피한 것이다. 그렇게 되면, 국가는 범주질서(Rahmenordnung) 내에서 일정한 목적을 고려하여 정확하게만 규제될 수 있도록 전제된 개인적·사회적 자유의 영역을 결정하게 된다. 그리하여 어떤 종류의 조정이 이용될 수 있느냐, 즉 우리가 현재 가지고 있는 간접적인 방법이 이용되느냐, 혹은 투자우선권(Investitionspriorität)·가격형성·소비경향을 고려한 표준을 제공함으로써 이루어지는 직접적인 방법이 이용되느냐는 더 이상 원리의 문제가 아니라 합목적성의 문제이다.[110]

*

　　이것으로써 나의 설명을 마치며, 끝으로 여기에서 숙고한 모든 것에 대하여 제기될 수 있는 반대 견해 한 가지에 대해서 언급하고 싶다. 이 반대 견해에서는, 내가 고려한 것에는 결국 권위주의적인 특징이 고수되어 있다고 하면서 다음과 같이 지적할 것이다. 즉 국가는 사회에 대해서, 동시에 국민(Volk)에 대해서도 일정한 고유성을 지니며, 국가는 사회의 각각의 의사를 목표로 하지 않고 고유한 임무와 고유한 정당성을 추구할 것이다.

　　　규정하고 있다. 임금의 자율조정과 가격형성에 대한 국가의 영향력은 법적으로 구속력이 없는 '콘체른 행위'(안정법 제3조)까지에만 행사할 수 있다. 콘체른 행위의 효과는 반드시 극히 한정되어 있다. *E. Hoppmann* (Hrsg.), Konzertierte Aktion. Kritische Beiträge zu einem Experiment, 1971. 그리고 여기에 관하여는 *Christoph Böckenförde*, Konzertierte Aktion. Zu institutionellen Problemen der Globalsteuerung: Der Staat 11 (1972), S. 367-375 참조.

107) 여기에 관해서는 *E.-W. Böckenförde*, a. a. O. (N. 65), S. 29를 보라.
108) Oben Abschnitt I, 3 (본서 84면) 및 Abschnitt II, 4 (97면) 참조.
109) *Carl Schmitt*, Verfassungsrechtliche Aufsätze, 1958, S. 496 ff., 503 f.
110) 자유시대의 특징인 국가권력과 경제력의 근본적인 분리는 이미 1934년 *H. Heller*, a. a. O. (N. 8), S. 137 f.에서 과도상태로 진단되었고, 그리고 나서 종말을 고하였다. 그로부터 비롯된 수많은 문제들은 별도의 언급을 필요로 한다.

국가는 비록 제한적이더라도 사회의 통치자(Herr)이며, 사회의 봉사자나 기능으로 이해되지 않을 것이다.111) 이 논문의 테마에서는 그러한 논제가 실제로 적합할 것이라고 쓰지 않았다. 그러나 문제는 그 견해로부터 근거가 확실한 반대 의견이 나올 것이냐 혹은 그 반대 의견이 어느 정도로 나올 것이냐이다. 그것은 핵심적으로 자율과 자유의 관계에 대한 질문으로 통한다고 평가할 수 있겠는데, 그 관계에 대해서는 여러분이 나에게 최종적으로 몇 마디하려고 할 것이다.

　개개인의 자결(Selbstbestimmung)로 이해되는 자유는 실제적인 자유, 즉 지속적이고 안전한 자유로서 **법적으로 제한된** 자유로 가능할 뿐이다. 제한받지 않는 완전한 자유는 자연상태(status naturalis)의 자유이다. 그 자유는 보다 강력한 자의 무제한적인 힘을, 다시 말해서 자연력의 지배(Walten)를 의미한다. 그러한 불구속을 제한하고 또 그 제한을 확실하게 함으로써 비로소 모든 사람에 대한 자유가 생긴다. 따라서 자유 속에서 영위되는 인간의 공동생활은 개인의 방종을 이렇게 제한하고 통제하며, 또 고려한 것을 관철시키는 하나의 혹은 다수의 기관(Instanz)에 달려 있다. 다만, 그렇게 함으로써, 비로소 개인과 사회의 자유가 보장된다. 이러한 기관의 행위는 물론 그 목적을 달성해야 할지라도, 임의로 수행되어서는 안 되며, 객관적인 임무를, 즉 칸트가 말했듯이 **한 사람의 자의(Willkür)를 자유의 일반원칙에 따라서 다른 사람의 자의와 일치시키려는** 임무를 따라야 한다.112) 여기에서, 한편으로는 이 기관의 행동피구속성(行動被拘束性, Gebundenheit)이 생겨나고, 다른 한편으로는 이러한 임무에 의하여 정당화되는 고유한 권위가 생긴다. 그러나 이 양자는 궁극적으로는 각국에서 정해지는 사회적 힘의 변화하는 의도(Intention)와는 무관하다. 그렇게 되는 한, 실제로 자율과 자유의 필연적인 획득(Bezogenheit)이, 즉 자유에 대한 기능적 장치와 마찬가지로 자유의 전제조건으로서 이해되는 이중적 의미의 획득이 있다. 토마스 홉스가 말했듯이,113) 그러한 자유와 조직화 된 결정권은 **최소 조건**(minimum condition), 즉 개인적 자유와 사회적 자유가 가능하고 또 실현되기 위해서 필요한 조건이 된다. 물론 그 자유와 결정권 자체가 이러한 자유가 가능하고 또 실현되는 **충분한** 조건은 아니다. 필요한 조건으로부터 충분한 조건도 이루어지는 것은 부가적인 요소에 달려 있다. 그러한 부가적인 요소의 **하나**는 개인과 사회의 임의성을 규제하고, 또한 그 의도된 규제를 법적으로 권력적으로 보장해 주는 기관의 올바른 조직이다. 내 생각으로는, 국가와 사회의 구별을 고수하는 것이 그러한 조직의 중요한 요인이 되는 것 같다.

---

111) 이런 방향으로 *K. D. Bracher*, a. a. O. (N. 1), S. 22 ff.는 독자적인 국가사상의 고정화에 대한 비판을 가하고 있다. *v. Krockow*, a. a. O. (N. 1), S. 128 f.도 비슷한 견해를 표명하고 있다.

112) Kant, Metaphysik der Sitten, T. 1, Einleitung in die Rechtslehre, § B.

113) Th. Hobbes, Elementa philosophica de cive, cap. 6, 13 Annotato; Leviathan, Kap. 19 a. E.

토 론

폰 페트리코비츠(v. Petrikovits) **교수**: 제가 젊었을 때에는 아마도 당시에 이미 낡은 것이 되어버린 국가국민(Staatsvolk)*이라는 개념을 사용하였습니다. 이러한 국가국민이라는 개념이 — 그 의미(Sinn)에서가 아니라 — 국가와 사회를 대치시킬 때 사회로서 명명되는 그 개념과 무엇으로 구별되는지를 질문해도 되겠습니까? 다시 말해서 국가국민과 다른 의미에서 국가에 대치시킬 수 있는 사회가 있습니까?

뵈켄회르데(Böckenförde) **교수**: 그 관계는 아마도 다음과 같을 것입니다. 국가에 대하여 국적(Staatsangehörigkeit)이라고 명명하는 소속 관계에 있는 사람(Person)들은 — 그런데 국가소속원(Staatsangehörigen)들의 총체를 국가국민(Staatsvolk)이라고 명명한다 — 동시에 사회의 구성원(Glied)들입니다. 그러나 이것은 아마도 이전에 군주(Monarch)와, 독자적으로 정당하게 통치권을 소유하고 있는 신분이 높은 옛날의 귀족과, 부분적으로 관리와 장교가 간접적으로 국왕이나 영주의 공복(Dienstleute)으로서 사회에 속한다고 생각하는 것이 아니라 특수·사회학적인 국가의 하부구조(Unterbau)로, 즉 '국가계급'으로 간주되었을 때에는 문제시될 수 있었습니다. 모든 국가시민(Staatsbürger)*이 법적으로나 정치적으로 평등하게 되도록 변화됨으로써, 보다 오래되고 계급관계가 두드러진 상황에 해당되는 견해들이 극복되었습니다. 오늘날에는 제도 관계로서의 사회와 국가가 실제로 평등한 인간 위에서 존재합니다. 따라서 국가와 사회가 마치 두 개의 상이한 단체(Verband)인 것처럼, 그 둘은 구별될 수 없었습니다. 국가에서는 사회를 구성하고 있는 사람들(Menschen) '위에 있는' 그리고 사람들을 '위한' 조직통일체가 다루어지는데, 그 조직통일체 자체는 개개인의 일정한 행동범위만을 구속하고 다른 범위들을 자유롭게 해주지만, 동시에 사회 구성원들의 자유로운 개인적 및 연합적 활동 범주를 규정하고 규제함으로써 다른 조직들을 능가하고 그것들과는 질적으로 구별됩니다.

국가국민의 개념은 오늘날에도 그 의미를 지니고 있습니다. 그러나 다만 한 가지의 예가 있을 뿐입니다. 모든 국가시민, 즉 선거 연령에 도달한 모든 국가소속원은 선거권이 있으며, 남성인 경우에 한해서 국방의 의무가 있습니다. 법질서(Rechtsordnung)에 예속되는 것은 물론 국가소속원에게만 한정된 것은 아닙니다. 왜냐하면 국가영역 내에 거주하는 자들 역시 — 국가 통치권은 영역과 관련이 있는 통치권이기 때문에 — 국가국민이거나 국가국민이 되어야 할 필요가 없이 이 법질서에 예속되기 때문입니다. 여기서 저는 다만 외국에서 온 노동자(Gastarbeiter)를 생각할 필요가 있습니다.

폰 페트리코비츠 교수: 국가를 나타내는 조직(Organisation)과 이 국가국민 사이의 대립이 이루어질 수 있다면, 이 경우에 국가소속원들의 총체나 국가국민과 동일시될 수 있는 사회는 하나의 의사통일체(Willenseinheit)라고 생각할 수 있습니까? 그것은 모순이 아닙니까? 의사통일체와 행동통일체(Aktionseinheit)는 다만 국가국민의 일부들이 아닙니까? 그리하여 국가와 사회를 대립시키는 것은 이렇게 정식화 할 때 이미 모순이 됩니까?

뵈켄회르데 교수: 통일체로서의 사회는 확실히 사회 관계를 형성하는 다수의 조직화된 관계와 개인의 행동방식으로 이루어진 총괄개념입니다. 사회 그 자체는 의사통일체가 아닙니다. 사회는 통일체로 결속되지만, 그 사회 자체가 최종적으로 광범위하고 파급적이며 한계를 설정하는 조직력이 되는 국가 통치권이나 결정권에 의해서 결합되는 것이 아닙니다. 따라서 가능한 많은 조직형성은, 즉 개인 및 집단별 행위와 행동방식의 총괄개념으로 생각할 수 있는 사회는 국가조직, 이 국가조직에서의 결정과정, 그리고 그 기관(Organ)이나 관청에 의해서 이루어지는 결정사항의 이행과 구별될 수 있습니다. 그러나 이것은 관계가 없는 분리(beziehungslose Trennung)를 의미하는 것은 아닙니다.

아마도 이 문제는 이익단체(Interessenverband)와 정당의 예에서 밝혀질 수 있습니다. 이익단체들은 사회의 영역에 속합니다. 왜냐하면 그것들은 자유로운 사회 안에서 결사의 자유(Vereinigungsfreiheit)에 바탕을 두고서 형성될 수 있기 때문입니다. 이익단체들은 정치적 결정과정에 영향력을 행사할 수 있지만 직접적인 정치적 결정권한은 없습니다. 따라서 이익단체들은 간접적인 수단을 이용하게 되었는데, 그들이 결정권을 실제로 수중에 넣도록 보장해 주는 것은 국가조직의 문제입니다.

이에 반해서, 국가에 대한 사회의 관계에서 볼 때, 정당은 '전동 벨트'와 같은 것입니다. 정당은 사회 영역에 그 바탕을 두고 있습니다. 정당은 일정한 정치적 목적을 설정하여 그것을 관철시키려는 인간집단(Personengruppe)의 자유로운 결정체(Zusammen-schlüsse)입니다. 의회에서는 정당들이 국가영역을 파고들기도 합니다. 당파(Fraktion)는 한 정당에 속하는 의원들의 결정체입니다. 이러한 중간 위치로부터 정당을 끄집어낼 수는 없습니다. 사회의 개개인이나 집단이 국가의 일에 활발한 영향력을 행사하고 상부 국가관청을 차지하는 것이 가능하도록 하기 위하여, 당파는 바로 그러한 과도적 기능(Übergangsfunktion)을 수행하고 있습니다.

쉬이더(Schieder) 교수: 교수님께서 제기하신 근본 문제에 대하여, 즉 현재 조건 하에서 국가와 사회의 구별이라는 문제에 대하여 상세하게 말씀드리고 싶습니다. 그렇게 되면 모든 것이 해결될 것 같습니다.

우선 저는 교수님의 견해에 원칙적으로 완전히 찬성합니다. 교수님께서 자세하게 말씀하셨듯이, 다만 국가의 위협은 어디에 있는가에 대해서 자문해 봅니다. 교수님께서 말씀하신 것을 아마도 단어상으로 다시 반복하는 것이 되겠습니다만, 국가를 질적으로 두드러지게 해주는 몇 가지 기능들, 예를 들어 입법권 독점(Rechtsetzungsmonopol)에 대해서 거론해 본다면, 오늘날 이 모든 분야에서 이전의 국가학에서 주권의 특징(Souveränitätsmerkmal)이라고 칭했던 것이 비상하게 침해당하고 있습니다. 대외안정에 대해서 말하자면, 이것은 이미 현대의 무기 시스템으로 인해서 더 이상 개별국가에 의해서 보장될 수 있는 것이 아니라 지구 전체의 일이 되었습니다. 이러한 점은 주권의 권리(Souveränitätsrecht)가 상위의 초국가적인 사령부 등으로 물러난 데에서 잘 나타나고 있습니다. 제가 그것을 상세하게 말씀드릴 필요는 없습니다. 이것은 바르샤바 조약에서와 유사하게 나토(NATO)에서도 개별적이기는 하지만 아주 문제점이 많습니다. 그러나 결국 이러한 의미의 주권은 초강대국들(Supermächte)만이 가지게 되고, 그 결과로 중소국가의 주권, 즉 중소국가의 대외안정을 지키는 것은 여러 가지 관점에서 볼 때, 허구에 불과합니다.

두 번째 질문으로는 이것이 될 수 있습니다. 즉 국가 간의 경쟁이 두드러지더라도, 이것이 대내 평화를 유지하는 데 어느 정도 까지 위협을 주지 않겠습니까? 미국에서 시민권운동(die Civil-Rights-Bewegung) 같은 것이 생겨나서, 결국 그 시대의 알력 속에서 요구된 것과 유사한 것이 요청되는 일은 아주 주목할 만 합니다. 그런데 오토 브룬너(Otto Brunner)는 그 시대의 알력이란, 국가외적으로 야만화되는 상태가 아니라 법적으로 스스로 안정되어 있었던 국가 이전의 상태라고 확신 있게 입증하였습니다. 저는 국가외적인 단체에 의해서 독립적으로 안정을 유지하도록 요구하는 것이 비교해 볼 수 있는 사항인지에 대해서 질문드리고 싶습니다. 왜냐하면 우리가 극단적이고 급진적인 경우에는 그와 유사한 것도 체험할 수 있지만, 여하튼 이론상으로는 신 좌익의 많은 기고(寄稿)에서 이러한 방향으로 제기된 요구 사항들이 아주 많이 있기 때문입니다.

세 번째 질문은 이것입니다. 교수님 자신께서는 마지막으로 국가의 가장 강력한 위협이 ― 여기서 국가는 항상 그 국가를 유지하고 있는 것에 의해서 정해진다고 말할 수밖에 없습니다만 ― 현재에는 경제로 인해서 발생한다고 말씀하셨습니다. 저는 여기서 산업시대(Industriezeitalter)에 있는 국가에 대하여 포르스토프(Forsthoff)가 기고한 글을 생각하게 됩니다만, 그는 ― 그가 이렇게 칭하였다 ― 사회적 실현(soziale Realisation)이 아니라 기술적 실현(technische Realisation)이 문제시된다고 했으며, 또 기술이란 이른바 자동적인 힘(autonome Macht)인데, 그 힘은 일차적으로 결핍한 것을 만족시키려 하지 않고 오히려 바로 그 결핍을 만들어가면서 그 힘 자체로부터 그 힘 자체가 자리잡는다고 말했습니다. 그런데 기술이 우리 일상생활의 모든 영역에서 파고들고 있음은 우리 모두가 잘 알고 있습니다. 그러나 여기서 국가가 ― 슬로건 하나를 빌려서 말하자면 ― 환경보호 및 그와 관련된 모든 사항에 의해서 그 한계를 어느 정도까지 실현할 수 있느냐 하는 것이 문제시되고 있습니다.

제가 상세히 언급하고 싶었던 마지막 문제는, 오늘날 한 쪽에서 국가는 죽었다고 말하는 주목할 만한 역설에 있습니다. 이 말은 니체(Nietzsche)의 '신은 죽었다'라는 말과 아주 유사하게 포르스토프에게서도 사용되었다고 믿습니다. 다른 한쪽에서 보면, 첫째로 세계사에서 현재만큼 많은 국가가 있은 적이 없었으며, 둘째로 동방 블록 국가에서는 국가주권이 다른 가치에 비해서, 그리고 심지어 프롤레타리아 혁명의 국제성에 비해서 이른바 최우위의 위치를 차지하고 있었는데, 이로 인해서 독자적인 노선이라는 관념에서 볼 때, 공산주의로 되는 밀접한 관계를 많이 가지게 되었습니다.

기술의 지배를 받는 사회에서도 — 이 점은 동서(東西)에서 아주 동일한 것인데 — 국가 없는 사회로 발전하리라고 예언한 것에 대하여 본질적으로 정반대의 의견을 나타내고 있습니다. 엥겔스(Engels)는 국가가 철폐되는 것이 아니라 사멸*되는 것이라고 말한 반면에, 쉘스키(Schelsky)*는 십 수년 전에, 기술국가(technischer Staat)에는 더 이상 정치적 결정이 없게 되며 오히려 본질적으로 객관적 이해에 대한 전문적인 감정(Sachverständigengutachten)에 대해서만 토론하게 되리라고 말한 적이 있습니다. 쉘스키는 이 점에서 단어상으로는 거의 엥겔스와 연관이 있지만, 완전히 다른 측면에서 문제점을 파악하고 있습니다.

저는 이러한 예언들, 즉 엥겔스의 예언뿐만 아니라 쉘스키의 예언이 현실성(Realität)에 의하여, 역사에 나타난 역사적 사실(Tatbestand)에 의하여 최근 50년 동안 철저하게 논박받았다고 말할 수밖에 없을지라도, 여기에 국가의 위험들이 나타나 있다고 믿습니다. 객관적 이해에 대한 전문적인 감정에 관해서 논쟁을 벌일 때에는 정치적 결정이 이루어지지 않는데, 바로 어중간한 사람들(Dilettanten) 간에는 아주 흔하게 있습니다. 그리하여 정치적인 것(das Politische)은 객관적인 이해(Sachverständ)에 대하여 종종 '피상주의'(Dilettantismus)로 나타나게 될 것입니다. 이러한 사실에서 제기되는 의문은 바로 국가가 이렇게 궁극적으로 발전하면, 그 국가는 자기의 정당하고 합법적인 요구들을 오로지 허구(Fiktion)로만 유지할 수 있는 위치로 되돌아갈 수 있지 않느냐 라는 점입니다. 이것은 그 어떤 방법으로도 변호될 수 있는 발전이 아닙니다. 그러나 이것은 우리가 오늘날 직면하고 있는 문제입니다.

뵈켄회르데 교수: 교수님께서 말씀하신 국가의 위험을 올바르게 평가하기 위해서 국가에서는 하나의 조직이, 즉 조직화 된 작용통일체(Wirkeinheit)가 중요하다는 인식이 우리에게 다시 도움이 될 수 있습니다. 국가는 하나의 조직이지만 그 자체가 의사통일체(Willenseinheit)가 아니기 때문에, 국가의 권력과 결정력은 궁극적으로 시민들의 참여준비(Einordnungsbereitschaft)와 충성(Loyalität)에 기인하고, 또 이러한 것들이 다음 세대에서 다시 재현된다는 데에 기인합니다. 그러나 국가에 대해서, 국가의 필요성에 대해서, 국가의 절대적인 임무에 대해서, 그리고 그러한 것들을 위해서 국가의 결정권에 대해서

더 이상 알고 있지 못하다면, 또 포르스토프의 테마를 이해하기 위해서 국가에 대하여 정신적·습속적으로 자체 설명을 하는 것이 불가능하다면, 참여준비와 충성은 쉽게 해결됩니다. 그렇게 되면 국가는 하나의 추상적인 것, 즉 형식적인 권한의 빈 껍데기가 됩니다. 현재 연방공화국에서 볼 때, 국가 해체에 관한 일은 경찰을 충분하게 갖추지 않거나 혹은 너무 적은 혁명이나 너무 많은 혁명이 일어남으로써 수행되는 것이 아니라, 완전히 다른 장소에서, 말하자면 학교 영역에서 수행됩니다. 국가가 정치조직으로 존속할 수 있도록 하기 위해서, 필요한 만큼의 참여준비와 상대적인 (결코 절대적인 아닌!) 의사통일화(Willensvereinheitlichung)가 함께 재현된다면, 국가는 아주 특수한 의미에서 그 활동(Wirksamkeit)의 토대를 상실하게 됩니다. 이렇게 볼 때, 10~15년이 지나면, 한 두 세대가 다시 건설할 수 있는 것보다 더 많이 해체될 수 있습니다. 국가의 결정권은 궁극적으로 그 권한이 이용되는 사람들의 복종 및 활동준비에서 반항이 일어나는 만큼 강해집니다. 그리고 이러한 준비 자체는, 국가와 국가의 행위에 의하여 개개인이나 사회에서 발견되는 정당성(Legitimation)으로 인해서 야기됩니다. 따라서 국가의 합법성 문제는 국가의 현실(Wirklichkeit)에 속합니다. 그것은 철학자나 법학자의 머리 속에서 만들어지는 추상적인 이데아가 아닙니다. 이러한 문제들이 대중의 의식 안에 더 이상 존재하지 않고 그것들이 더 이상 중재될 수 없다면, 국가는 아주 급속하게 겉만 번지르르하고 부당한 권력, 즉 억압력(Repressionsgewalt)으로 나타나게 되는데, 이 권력은 충성이나 자유의지에서 나온 참여준비를 요구하는 것을 부당하게 만들 수 있습니다. '황소'로 표현되는 경찰이라는 말이 ─ 비록 제한적이기는 하지만 ─ 공명을 얻고, 우리의 매스컴에서 일반적으로 놀라는 일이 없이 그렇게 말을 하며, 법관도 사람(Person)에 대하여 분명하게 권력을 행사하는 것은 그러한 징조로 관찰되어야 할 것입니다. 국가는 그것이 생각되어지는 것과 그것이 행위 면에서 어떻게 실현되는가와는 무관하게 바로 조직으로서, 행위와 작용에서의 통일체로 존재합니다. 오늘날 학생들에게 합법적인 권력 사용을 국가가 독점하는 것이 국가적인 평화통일체의 필수적인 조건이 되고, 국가의 일차적인 의미는 평화통일체를 보장하고 자유를 가능하게 하는 것이라고 확신시키려고 하는 우리들 각자는, 지금까지 우리가 믿었던 것을 간단하게 가정하고 어떻게 해서든지 이해시키기 위하여 마치 목사처럼 설교할 수밖에 없었습니다.

그러나 반대로 국가는 조직이기 때문에, 국가를 설명하고 현실화하는 것은, 헤겔이 정식화하였듯이, 항상 일반성이 있는 일들을 그와 동일시하는 자기 개인의 일로 만들 준비가 되어 있는 사람들(Menschen) ─ 반드시 일정한 집단이 아니라 사람들 ─ 이 있다는 데에 달려 있습니다. 이것은 행정관청 및 법원의 재직자뿐만 아니라 정치적 고위 관청의 재직자에게도 해당됩니다. 국가는 이것에 의해서만 정당성을 확고하게 반대를 색출해내는 방법으로 실현될 수 있는데, 다시 말해서 현실성(Realität)을 얻을 수 있습니다. 어떠한 이유에서든지 이렇게 될 수 없다면, 국가는 정신적으로 고수했던 모든 것을 상실하게 되고, 국가가 그 행위를 국가의 근본 목적에 둠으로써 그 정당성이나 합법성 면에서 경험하거나 얻을 수 있는 모든 것을 상실하게 되어, 하나의 순수한 권력조직(Machtorganisation)이 됩니다.

따라서 여기에 변화작용이 있습니다. 한편에서는 국가가 그 결정권과 작용권을 개개인의 활동준비와 참여준비에 바탕을 두고 있으며, 다른 한편에서는 그러한 활동준비와 참여준비에 국가 관청과 국가적인 임무를 신빙성 있게 합법적으로 인식하게 되는 관련 사항이나 평가 사항이 필요하다면, 그 활동준비와 참여준비는 유지되고 여러 세대를 거쳐서 재현되어야 합니다. 하나의 조직, 그 조직의 정신, 그 조직의 수립된 목적은 바로 그 조직을 이루고, 그 조직을 위해서 활동하는 사람들과 그 조직을 유지하고 있는 사람들의 행위에서 실현됩니다.

저는 여기서 대외주권(Außensouveränität)에 대해서는 더 상세하게 언급하고 싶지 않습니다. 그것은 내 강연의 관점에 있지 않은 특수한 문제입니다. 여기서 연방공화국이 이러한 의미로 볼 때 국가이냐, 즉 정치적 통일체이냐, 혹은 다만 원자력 강대국이냐 라는 질문이 고조됩니다. 저의 견해에 의하면, 후자에 대해서 할 이야기가 많지만, 여기서는 보류될 수 있습니다.

국가와 경제 사이의 관계에 관한 것이라면, 저는 여기서 그것들이 어떻게 점점 동일시되는가를 보여주려고 했지만, 이것은 어떤 필요성 때문에 이루어졌습니다. 저는 그 문제가 국가와 기술이라는 문제보다 선행한다고 믿지 않습니다. 기술에 의하여 생산과정이 일정한 크기로 독립적으로 진행될 수 있는 만큼, 그 생산과정을 확대시킬 수 있는 가능성이 있는 것은 당연합니다. 그러나 핵심적인 문제는 국가가 자체적으로 지니게 되는 자기 임무와 기대를 이행시켜야 하기 때문에, 경제를 지속적으로 진행시키고 경제성장을 보장해 주려고 하는 것이고, 또 국가가 그로 인해서 필연적으로 경제에 대하여 설명된 바 있는 보충기능(Komplementärfunktion)을 하게 되는 것입니다. 그리고 국가와 경제의 관계 및 국가와 기술의 관계에 대하여 공통적으로 생겨나는 문제에는 이것입니다. 즉 정치의 우위가 다시 관철될 수 있는 것은 가능하고 또 그것은 어떠한 방법으로 가능합니까? 오늘날에는 광범위하게 정치의 우위가 있습니다. 경제에 대해서는, 보다 정확하게 말해서 산업적·경제적 과정의 기능이 합법화되는 데 대해서는 여러 가지 조건들이 부과되고, 정치조직은 그 조건들에 부합해야 합니다. 왜냐하면 그 정치조직 자체는 일반적으로 받아들여진 국가의 사회적 임무를 실현시키기 위해서 경제수익(Wirtschaftsertrag)이 증가하도록 하기 때문입니다. 우리가 수 개월 전부터 성공했던 생활의 질적 개념에서 정치적 우위의 방향으로 약하게 행하는 것이 가능합니다. 지도 관념(Leitvorstellung)으로 서의 이러한 개념이 성공할 수 있도록 도와주는 것이 가능하다면, 그렇게 해왔습니다. 왜냐하면 그 개념에는 경제의 우위나 생활수준의 향상이라는 문제를 벗어나서 제한 없이 방향 전환을 하는 것이 포함되어 있기 때문입니다. 그렇게 되면 물론 일반적·인간적 인 및 생태학적 목적 설정의 이해 속에서 기술적 실현과 목적 없는 경제성장에 그 경제를 설정하고 있는 결정 사항들을 허용하고 관철시키기 위하여 굉장한 정치력이 필요하게 됩니다.

프라이헤르 폰 메뎀(Freiherr von Medem)* **교수**: 교수님께서 정식화하셨듯이, 국가와 사회에 대한 헌법이론적 구별이 개인적 자유의 조건이 된다고 하는 교수님의 강연의 논제는 전체주의 국가체제에 대하여 분명하게 됩니다. 예를 들어 그것을 미국에 관련시키면 문제가 생기는데, 교수님께서는 강연의 서두에서 미국에 그 바탕을 두고 있는 것 같은 엠케도 반대 입장의 대표자라고 인용하셨습니다.

지금 저는 미국 헌법의 전문가가 아닙니다. 그러나 금년 초에 미국에 있었을 때, 제 방문의 본래 목적에 부가적으로 오늘의 테마가 제기되었던 담화를 주재할 기회가 있었습니다. 저는 거기서 최소한 개개의 미국인 대화 상대자들의 개인적인 의식 속에서는 사회와 국가의 이론적인 구별이 생소한 것이고 이해될 수 없는 것이었다는 인상을 받았습니다. 바로 자유가 위협받는다는 인상을 받으면 ─ 이것은 교수님의 논제에 대한 증거가 되겠습니다만 ─ 그와 같은 인식이 미국에서도 관철되는 것이 아마도 가능할 것입니다. 이와 관련해서, 미연방대법원의 판결에 대하여 교수님의 의견을 말씀해 주실 수 있다면 고맙겠습니다. 그런데 그 판결은 수일 전에 한 사회 소송에서 ─ 말하자면 정당의 명령(Parteimandate)이 맥거번(McGovern)* 후보에 대해서 합법적이냐 혹은 아니냐 하는 문제에서 ─ 행정재판(Verwaltungsgericht)의 결정을 받아들이지 않고, 그것이 부당하다고 밝히면서 그 결정을 대법원이 속해 있는 국가의 영역으로부터 사회영역으로 보내도록 지시했는데, 그 이유는 그것이 민주당 회의(Konvent)만이 결정할 수 있는 사건이라는 것입니다.

강연의 논제에서 보면, 이 판결은 아마도 약간 지나친 일일 것입니다. 그러나 ─ 무엇보다도 이러한 방향의 경향을 알고 있다고 믿는다면 ─ 그것을 분명하게 할 수 있으리라고 믿습니다.

뵈켄회르데 교수: 저는 그 판결을 지금까지 신문 보도를 보고만 알고 있습니다. 교수님께서 제기하신 문제가 배후에 있는 것이 가능하다고 생각합니다. 법원이 모든 사회적 분쟁을 국가 영역에서 이루어지는 분쟁으로 생각할 준비가 되어 있지 않다고 밝혔다면, 그것은 국가가 강력하다는 표시일 것입니다. 그러한 논쟁은 사회 스스로가 규정하라는 말입니다. 일반적으로 볼 때, 모든 사회문제가 국가에 의해서 즉각 정치적인 문제로 받아들여질 필요가 없다면, 즉 국가가 그 문제를 사회 자체 내에서 마무리하라고 말한다면, 그것은 국가가 강력하다는 표지이지 국가가 무력하다는 표시는 아닙니다.

카를 슈미트(Carl Schmitt)는 양적인 전체국가, 즉 일정한 규정에 의하여 제한되어 있는 정치력을 더 이상 가지지 못하고, 모든 사건을 받아들여야 하는 국가는 원칙적으로 무력한 국가라고 언급했습니다. 이러한 의미에서 볼 때, 강력하다고 생각하는 국가에 대해서도 사회적인 문제를 피하는 것이 다만 제한적으로 가능하다는 것이 당연합니다.

왜냐하면 모든 사회문제가 인간 집단이 결속하거나 분리하는 일정한 강도 (Intensitätsgrad)를 해결해 줄 수 있다면, 그 문제가 필연적으로 정치적인 문제가 될 것이며, 동시에 ── 여전히 정치적 통일체인 한 ── 국가문제로 될 것입니다.

피이퍼(Pieper) **교수**: 마지막에 토론한 내용 때문에, 제가 말씀드리려고 했던 것이 없어지게 되었습니다. 그래서 몇 가지 주의 사항만 다루고 싶습니다.

우리의 문화 영역에서 볼 때, 국가와 사회의 구별이라는 말의 사용이 안심하고 수용될 수 있다고 믿습니다.

뵈켄회르데 교수님께서 (당연히 '개념적인' 구별뿐만 아니라 말하자면 '실제의' 구별로 생각된 이러한 구별에 의해서 개인의 자유가 전적으로 보장될 수 있는 논제의 관심 속에서) 마지막에서 이러한 구별이 다음 세대를 거쳐서 재현될 필요성이 있다고 말씀하신 것 ── 저는 이러한 것들이 전대미문의 현실에 관한 것이라고 믿습니다. 교수님께서는 무엇보다도 학생들에게 일정한 개념들을 설명할 때에 생기는 어려움을 말씀하셨습니다. 저는 우리들 중에서 이와 비슷한 경험을 하지 않았다고 말할 수 있는 사람은 하나도 없다고 믿습니다. 아마도 오늘날에는 경찰이 총포를 사용한다면, 원칙적으로 학생들이 돌을 던지는 것과는 다른 일이 벌어진다는 사실을 학생들에게 더 이상 설명할 필요가 없을 것입니다.

교수님께서는 '복종준비'(Gehorsamsbereitschaft)라는 말을 사용하셨습니다. 저는 이 점에서 추가적으로 이전의 고전적인 정의론(Gerechtigkeitslehre)에 대해서 회상하고 싶은데, 그 정의에서는 예컨대 신하, 즉 *subjecti* 역시 올바른 '판결'(Zuteilung)에 찬성하면서 왕의 정의에 참여할 수 있고 또 참여해야 된다고 쓰여 있습니다. 저는 도노소 코르테스(Donoso Cortés)*가 1850년 경에 의회에서 "국민들은 더 이상 지배당하지 않으려고 하는 상태가 될 것이다"라고 말한 것도 **부정적인 방식**(modus negativus)이기는 하지만, 이러한 방향으로 진행되는 것이라고 생각합니다. 의회 의사록에서는 이에 대하여 '웃음거리'라고 기록하고 있습니다. 그 동안에 이 '웃음거리'는 우리에게서 사라졌습니다. 요크 폰 바르텐부르크(Yorck von Wartenburg)*가 딜타이(Dilthey)와 서신을 교환할 때, "Sandatome는 주목을 불끈 쥐고 있을 뿐이다. 즉 Komplementum은 전제정치를 의미한다"라는 짤막한 문장에서 이야기한 것은, 아마도 사회와 국가라는 두 가지 카테고리의 구별을 철폐할 때에 생기는 사항을 다만 정식화한 것이 될 것입니다. 이러한 구별은 당연히 양쪽에서 철폐될 수 있는데, 이 때에 양쪽이 왜곡할 수도 있습니다. 그 구별은 전체주의적인 국가관에 의해서 철폐될 수 있으며, 또 반(反) 국가적인 유토피아 사회에 의해서 손상을 당하거나 철폐될 수 있습니다.

그러나 교수님의 강연과 직접적으로 연관이 있는, 제 본래의 견해는 이러한 것입니다. ── 교수님께서는 마지막으로 국가와 사회를 동일시하는 위험에 대해서, 특히 사회주의 국가에서 경제와 국가를 동일시하는 위험에 대해서 말씀하셨는데, 여기서 교수님의 논제에 상응하여 개인의 자유가 위협받을 위험이 있는 것 같습니다.

그래서 저의 질문은 다음과 같습니다. 동방 블록 국가에서, 즉 오늘날 고전적인 의미의 전체주의 국가에서는 국가가 자체 수단을 가지고 일정한 세계관을 힘으로 관철시키면서 국가와 세계관에 의해서 결정된 공동사회(Weltanschauungsgemeinschaft)를 동일시하고 있는데, 이렇게 동일시하는 것은 위에서 언급한 구별을 많이 손상시키는 것이 아닙니까? 교수님께서는 교회에 대해서 언급하셨습니다. 교회는 확실히 '사회'의 아주 중요한 측면의 중의 하나입니다. 다시 말해서 여하튼 처음으로 국가 **이전에** 전개된 자유로운 공동생활체(Gemeinleben)의 아주 중요한 측면 중의 하나입니다. 따라서 여기에서는 국가적인 수단을 가지고 구체적으로 무신론, 물질주의 등을 관철시키면서 자기 스스로 교황이 된 것을 주장하는 자는 바로 '황제'입니다. 따라서 저는 국가와 사회를 **이렇게** 동일시하는 것이 — 여기서 저는 사회를 말할 때 무엇보다도 '세계관에 의해서 결정된 공동사회'(혹은 이것을 달리 칭할 수 있다)를 의미하는데, 이것은 전문 용어의 문제입니다 — 최소한 실제로는 위협받게 되지 않는가를 묻고 싶습니다. 우리가 알고 있는 유명한 '좌익주의자'들은 원칙적으로 일종의 세계관에 의한 독재정치(Weltanschauungsdiktatur)도 하려고 합니다.

아마도 훨씬 더 일반적으로 질문을 드릴 수 있을 것입니다. 저는 물론 이 질문이 우리의 토론 범주에 속하는지는 정확하게 알지 못합니다. 따라서 저는 그러한 전체주의 국가의 실제에서 나타나는 일반적인 오류는, 제가 생각하기에는 원칙적으로 불가능한 **공공복지**(bonum commune)의 내용을 궁극적으로 정의하려는 시도가 **공공복지**의 강력한 관리인인 국가에 의해서 이루어지는 점에 있는 게 아닌가 하고 생각합니다. **공공복지**는 사회생활의 자유로운 힘으로부터 비로소 점진적으로 나타나는 것입니다. 따라서 **공공복지**는 원래부터 궁극적으로 정의될 수 없기 때문에 **공공복지**에 반대되는 것 역시 궁극적으로 정의될 수 없습니다.

뵈켄회르데 교수: 저는 많은 면에서 선생님의 의견에 동의합니다. 저는 일정한 기본적인 국가목적의 설정과 동시에 이 국가목적에 대한 제한이 무엇인가 주변적인 것뿐만 아니라 근본적으로도 국가에 속한다는 점을 단시일 내에 충분하게 설명할 수 없었습니다.

이러한 국가의 기본목적을 설정하고 동시에 제한하는 것은, 한 번 이루어져서 영원히 존재하고 확실하게 되는 것이 아니라, 항상 새롭게 실현되어야 하는 것입니다. 어느 한 편에서 볼 때, 문제는 국가가 구속력 있는 최종 결정권, 즉 주권을 가진 결정통일체로서 자유와 평화의 필수조건이라는 데에 있습니다. 그러나 이러한 것만이 충분한 조건은 아닙니다. 국가를 결정통일체로 정당화하여 뒷받침하려는 목적도 실현될 수밖에 없었습니다. 그러나 이것은 조직적인 안정 이외에도 국가권력을 행사하는 자들이 이러한 목적설정과 결속에 가담하고, 또 그것에 의해서 그들의 공직행위가 결정되도록 할 준비가 되어 있기 때문에, 그리고 이러한 것이 제도적으로 고정되었기 때문에 달성되었습니다. 이로 인해서 국가의 정신이 완성되고, 그 국가의 정신적 원리가 완성되었습니다. 그 결과 국가는 그 시민에 대해서도 '이성의 제국'으로 나타나게 되었습니다.

바로 이러한 점은 자연스럽게 지속되거나 혹은 다시 붕괴될 수 있습니다. 그리고 나서 그러한 국가들은 단순한 권력통일체(Machteinheit)로 축소되었습니다. 우리들은 물론 이것을 이해하는 과정에서 다음과 같이 말할 수 있습니다. 즉 우리는 국제적 교류에서 그러했듯이, 그러한 정치적 형성체(politisches Gebilde)를 국가로 명명한다 라고. 그러나 이러한 국가에서는 국가의 정신이 빠져 있는데, 정치적 권력통일체이자 결정통일체인 국가의 '목적'(Um-willen)을 이루는 것, 국가를 그러한 통일체로 인정하여 유지하는 것, 그리고 권력(Macht)과 법(Recht)의 결속도 주권의 개념에서 비로소 합법화시키는 것이 간단하게 제거될 수 없습니다. 그러니까 법적 개념으로서 주권의 개념 속에 포함되는 것은 사실상의 적나라한 권력이 아니라, 특정한 목적을 지향함으로써 한정되고 정당화된 권력입니다.

국가가 어떤 세계관과 일치하여 그 세계관을 강력하게 관철시키려고 할 때에는, 국가가 실제로 그 '목적'인 근본적인 목적설정을 포기하는데, 이것은 교수님께서 세계관에 의해서 결정되는 국가(Weltanschuungsstaat) 때문에 국가와 사회의 구별이 위협을 받으리라는 점에 대해서 제기하신 질문에 대한 답변이 되겠습니다. 종교단체로 나타난 교회가 전체성(Totalität)을 요구하는 반면에, 국가는 바로 그 시원에서 볼 때, 비동일성(Nicht-identifikation)의 원칙에 의해서 자유를 실현하고 관철시킵니다. 이렇게 되어, 국가가 사회 속에 있으면서 발전되는 확실한 것으로서 일정한 세계관 속에서 동일화된다면, 국가가 저절로 포기될 것입니다. 이렇게 왜곡된 위험만은 서방 국가에서 거의 문제시되지 않는데, 특히 연방공화국에서는 그렇지 않습니다.

만일 교수님께서 공공복지는 **궁극적으로** 정의될 수 없다고 말씀하신다면 저는 교수님의 의견에 동의합니다. 그러나 공공복지의 요소들은 정의될 수 있습니다. 바로 이것이 근본적인 국가목적을 규정할 때, 즉 아마도 국가제도의 원리인 종교의 자유 같은 기본권을 정식화할 때, 추구되는 것입니다. 저는 공공복지의 요소들을 규정하고, 또 상황이 변하면 그것들을 의무적으로 새로 규정하는 것이 가능하다는 것을 의심할 이유가 없다고 봅니다.

벨첼(Welzel) **교수:** 뵈켄회르데 교수님, 저는 교수님께서 최근에 국가와 경제에 관해서 기고하신 내용에 가장 흥미를 가졌습니다. 그러나 저는 서두 부분으로 되돌아갈까 합니다. 교수님께서 사회에 대한 질문을 제기하실 때, 헤겔(Hegel)이 아니라 마르크스(Marx)의 이야기로 시작하셨는데, 저는 처음에 놀랐습니다. 왜냐하면 그 출발점이 실제로는 헤겔에 있었기 때문입니다.

뵈켄회르데 교수: 그 점은 아주 간단하게 대답될 수 있습니다. 저는 마르크스를 역사적 발전에 대한 증거로 취했습니다. 저는 그렇게 함으로써, 마르크스를 국가와 사회에 대한 최초의 이론가로 끌어올리려 한 것이 아니라 — 이렇게 한 것은 의심할 여지 없이 헤겔입니

다 — 다만, 수 백년 동안의 역사적 과정을 모아서 설명하려고 했는데, 그 과정이 마르크스에게서는 실제로 그의 본체(本體)에 기술되어 있다고 믿습니다.

벨첼 교수: 좋습니다! 제가 물러서겠습니다. 교수님께서 국가와 경제에 대해서 최근에 기고하신 내용에 대하여 드리는 마지막 질문입니다! 이 점에도 그 예들만 있습니다! 슐리이커(Schlieker)*가 몰락하고, 보르크바르트(Borgward)*가 몰락했을 때, 어느 누구도 그것에 대하여 걱정하지 않았습니다. 그들은 파산했습니다. 다시 말해서 그들은 자기들의 가족재산을 잃어버렸습니다. 그러나 크루프(Krupp)가 몰락했을 때에는, 국가가 개입했습니다. 헨쉘(Henschel)에게서도 그랬습니다. 그렇다면 국가가 경제에 의존하고 있음이 사실이 아닙니까?

뵈켄회르데 교수: 그것은 문제점을 정확하게 지적하고 있습니다. 슐리이커의 경우에는 아주 흥미롭습니다. 슐리이커는 파산한(bankrott) 것이 아니라 다만 지불불능의(illiquid) 상태이었으며, 현금(Barmittel)이 없었습니다. 말하자면 슐리이커의 지불불능 액수(Konkursquote)는 상당히 컸습니다. 크루프는 어떤 법적 원칙에 의하여 3억 마르크의 담보 — 이 금액이 요구되지는 않았지만 그가 새로운 외상 거래(Kredit) 내지 연기된 외상 거래를 위해서 단순히 담보(Sicherheit)로 이용하였다 — 를 요구했으며, 슐리이커는 왜 이 요구를 하지 못했습니까? 비슷한 상황이 헨쉘/라인슈탈(Henschel/Rheinstahl)에도 해당됩니다. 여기서 우리나라의 신 좌익들이 "그렇다면 대체 이익(Gewinn)은 어떻게 된 것이냐? 손실이 언제나 사회화 될 수밖에 없고, 그 손실을 충당하는 것이 세금(Steuermittel)에서 지불되는 일반적인 일로 되어버린다면, 이익이 경제적으로 이용되는 한, 어째서 그것이 사적인 일이 될 수 있는가?"라고 질문한다면, 저는 그 신 좌익들이 옳을 수밖에 없다고 생각합니다. 경제적·사회적 과정을 전체적으로 지배하는 것이 국가에 의해서 이루어지거나 국가에 의해서 이루어져야 하기 때문에 국가가 손실을 감당할 수밖에 없는 상황이라면, 이 문제가 법적으로나 논리적으로나 양쪽 측면에서 문제가 제기될 수밖에 없습니다.

국가가 경기(景氣, Konjunktur)를 조정할 때에도, 유사한 방법으로 문제가 나타납니다. 우리가 실행하고 있는 간접적인 조정수단의 시스템에 의해서, 재산증식과 투자활동은 점점 더 없어지게 되었습니다. 경기를 활성화시키기 위해서 — 3년이나 5년 후에 — 투자를 특별히 감소시키는 것이 인정되어 재산이 훨씬 더 빨리 증식될 수 있다면, 그로 인해서 생기는 특전은 기업의 특수한 활동에 바탕을 두는 것이 아니기 때문입니다. 그 특전은 일반적으로 경제적인 이유가 경기를 조절하는 이유에서 생겨나는 반면에, 그 수익(Ertrag)은 사적 영역에 속하는 개인 기업에서 증식됩니다. 여기에서도 근본이 되는 법적 원칙에 대하여 의문이 제기됩니다. 혹은 보조금(Subvention)이 보장될 때에도 의문이 제기됩니다. 그것은 국가의 출자(出資, Beteiligung)일 것이라고 말할 수밖에 없습니까? 여기서 개인에게 지불된 것은 납세자의 돈, 즉 국민의 돈입니다.

여기에서 서로 일치하지 못하는 것은 제가 설명드린 대로, 국가가 시장경제 체제에서 간접적인 조정수단을 참조하는 데에 그 원인이 있습니다. 그러나 그 간접적인 조정수단이 비활동적인 재산상의 혜택을 없애는 데 바탕을 두고 있기 때문에 그 간접적인 조정수단에서는 합리적인 자유경제 체제가 문제시됩니다. 그 배후에 있는 문제는, 국가가 공공복지라는 이유에서 경기를 조절하면서 활동하게 되고 또 활동해야 될 때에, 국가는 사회와 국가의 관계를 훼손시키지 않고서 일차적으로 시장전략적인 사항 등을 설정하는 형태로 어느 정도까지 이것을 행할 수 있는가 하는 것입니다.

리터(Ritter)* **교수:** 뵈켄회르데 교수님, 교수님께서는 듣는 사람들로 하여금 국가와 사회를 헌법적으로 구별하는 데 주의를 기울이도록 하셨습니다. 이것은 모든 것을 사회와 관련시키고, 국가는 오로지 강제국가(Notstaat)나 오성국가(Verstandesstaat)라는 의미에서 그 기능으로만 생각하는 오랜 관습에 비하면, 고무적일 뿐만 아니라 감사를 드릴 만합니다.

이러한 구별은 교수님께서 특별히 강조하시지 않더라도, 헤겔의 고전적인 국가철학과 관계가 있습니다. 그런데 헤겔은 우선 시민적 산업사회가 국가 안으로 파고들고, 국가의 자율이 사회적 토대 안에서 문제됨으로써 국가의 개념과 본질이 정해지고 변화될 수 있다고 보았습니다. 욕망과 노동에 의해 중재된 '욕망의 체계'(System der Bedürfnisse)로서의 사회로 인하여, 보편적인 의미에서 처음으로 개개인이 자기목적이 되었고, "개개인의 복지와 그의 법적 현존재(Daseyn)*가 만인의 생존(Subsistenz), 복지(Wohl), 권리(Recht)*와 관계를 맺게 되었으며"(Grundl. d. Philos. d. Rechts Ww Glockner 7, §§182, 183; 임석진 옮김, 『법철학』, 2008, 355-357면), 인간(Mensch)은 인간으로 해방되어 주체(Subjekt)가 되고, 인간의 복지(Wohlfahrt)가 유일한 정치적 목적으로 되었습니다. 그 반면에 인간의 모든 다른 역사적·종교적·내면적 결정은 인간 자체 내에서, 그리고 그 인간의 주체성 속에서 그 주체성을 부정하는 위험으로부터 의도적으로 빠져나오게 되었으며, 시민사회는 "인간을 끌어당기는 거대한 위력이며, 인간은 이 사회를 위해서 일하고, 인간은 사회로 인하여 모든 것이 존재하고 사회에 의하여 행동하도록 요구하였습니다"(§238 Z; 역서 423/4면).

따라서 헤겔은 시민적 영리사회를 실질적인 자유가 시민생활을 위한 견고한 기반이 되지 못하도록 지속적인 혁명이 가능한 곳으로 여겼다. 그는 이와 관련해서 국가의 역사적 힘과 현실을 설정하고, 국가를 "개인과 일반적인 실체의 독립성(Substantialität)을 거대하게 통일시킨 것"으로 파악하였습니다(§33 Z).

교수님의 출발점은 다소 이러한 전통에 있습니다. 그러나 여기에는 역사적으로나 정치적으로나 교수님께서 언급하신 문제가 있습니다. 헤겔은 시민·귀족·관리·확고한 도덕적 교양과 정신을 가진 개개인들이 국가를 유지하기 때문에, 국가는 그 자신을 위해서 설정된 권력(Gewalt)을 갖는 것이 아니라 개개인을 위한 근본적인 일반 사항에 그 바탕을 두고 있다고 확신합니다. 다시 말해서 (윤리적 제도[sittliche Institution]) 속에서 실현되고 중재되는) "개인의 자기 감정은 그 개인의 현실을 이루게 되는데, 그 이후로 이성의 법칙과 특수한 자유의 법칙이 융합하여 나의 특수한 목적은 보편적인 것과 동일하게 될 것이다"라고 하였습니다(§§ 265, 265Z). 그리고 "종종 관념적으로는 국가가 권력 (Gewalt)과 연관이 있다고 생각하지만, 그것을 유지하고 있는 것은 오로지 모든 사람이 가지고 있는 조직에 대한 기본감정일 뿐인데"(§ 266 Z), 이것이 결여되면 "국가는 허공에 있게 된다"(§265 Z)고 하였습니다.

헤겔이 국가에 대하여 생각하고 있는 이러한 견해는 그 이후로 그 의미와 힘을 상실하였습니다. 다시 말해서 그 견해는 점전 더 쇠퇴하여, 누가 국가를 유지하고 누가 국가 현실의 본질을 이룰 수 있는가 하는 괴로운 질문이 생기게 되었습니다. 이 질문은 불안한 방법으로 공개되었습니다.

마치 '사회'가 모든 것이고 국가는 아무것도 아닌 것처럼, 사회라는 개념을 지나치게 사용하는 것은 (비록 아무도 독일·프랑스·이탈리아 그리고 소련의 사회는 말하지 않고, 서방에서처럼 동방의 정치현실이나 국제연합, 유럽경제공동체 등에서 언제나 국가의 주권이 논쟁의 내용을 이루고 결정하더라도), 궁극적으로 사회생산력이 팽창되어 발전하고 재화가 증가함으로써 복지가 이루어진다는 낡은 논제가 남아 있는 데에 기인합니다. 이제 여기에서는 그 한계를 볼 수 있습니다. 즉 경제력의 지속적인 성장이 더 이상 전제 조건이 되지 못한다면, 그리고 누가 그 발전을 제한하고 혹시 한정할 수 있는가 라는 질문이 제기될 수밖에 없다면, 어떤 일이 발생하는가 라는 점입니다(하이젠베르크[Heisenberg]). 환경보호의 문제는 아마도 긴박하게 인식하고 확실해졌을 것입니다. 그러나 이득이라고 정의되지 않고 비용이 든다고 생각하는 일을 실시할 힘은 누가 가져야 하는 것입니까? 기업에게 해야 할 일을 말하고 충고할 뿐만 아니라 기업에서 이를 실시할 수 있는 사람은 누구이겠습니까? 저는 이러한 문제는 피할 수 없기 때문에 국가나 국가연합 (Staatenunion)이 그 역할을 담당하게 된다고 말하고 싶습니다. 커다란 환경문제를 토론하는 것이 언제나 포기상태로 끝나는 것을 보면, 여기에서 제기되어 우리가 당면하게 되는 문제가 분명해 집니다. 이러한 문제는 발전이라는 것 때문에 더 이상 가려지지 않고, 사회와 사회의 팽창이 담당해야 할 공공복리의 목적과 관념이 그 역할을 해내는 데에 달려있습니다. 이러한 목적은 완전히 공공연하게 되었기 때문입니다.

국가와 사회 사이에 있는 관계를 설명하는 데에는 이러한 문제들을 냉정하게 받아들여서 판단하는 것이 필요할 것 같은데, 이 때에 이것이 결과로 될 것인가에 대해서는 말하지 않을 수가 없습니다.

뵈켄회르데 교수: 이제 저는 교수님의 문하생으로서, 제가 표현면에서 헤겔을 이야기하지 않았다는 점에 대해서 한마디 하지 않을 수가 없습니다. 저는 의식적으로 그렇게

했습니다. 그 이유는 오늘날 헤겔에 대해서 일반적으로 토론하자면, 오해와 방어 반응이 쉽게 나타나기 때문에, 우선 헤겔을 언급하지 않고 현재 그 상태가 발전하고 있는 의혹을 밝히는 것이 필요하기 때문입니다.

우리가 당면하고 있는 문제는 바로 윤리국가(sittlicher Staat)로서 헤겔식 국가에서 미해결 상태로 남아 있는 문제입니다. 우리는 시민사회의 자기 조직으로서 강제국가(Notstaat) 및 오성국가(Verstandesstaat)를 가지고 있습니다. 그러나 그 이상은 없습니다. 여기서는 먼저 그것이 충분하지 않다는 것을 알고, 그리고 나서 이 문제를 토론하도록 해야 합니다. 동시에 헤겔에게서 발견되었던 구체적인 해결방법이 오늘날에는 더 이상 실현될 수 없음을 알아야 하는 것이 당연합니다. 거기에 대한 전제조건이 없어진 것입니다.

그럼에도 불구하고 이 문제 자체는 여전히 남아 있습니다. 국가는 사회적·내재적 충동이나 이해관계의 운동(Interessenbewegung) 등에 대해서 보다 큰 정치적 결정력을 필요로 합니다. 이것은 국가의 윤리적·도덕적 정당성을 바탕으로 해서 가능할 뿐인데, 그 바탕에 의해서 그러한 결정력을 획득하여 유지하는 시민정신이 중재됩니다. 그것을 위해서 이 순간에 무엇이 행해질 수 있습니까? 저는 여기서 '삶의 질'(Qualität des Lebens)이라는 개념에 대해서 다시 한번 언급하고 싶습니다. 우리는 그 개념을 호의를 가지고 다루어야 할 것입니다. 그 개념이 하나의 출발점이라고 말하고 싶습니다. 양에 대해서 질을 대조해 보면, 그 개념은 명백한 작용을 하고 있습니다. 그 개념은 궁극적으로 공공복리(Gemeinwohl)의 관념과 관련이 있는데, 그 관념에서는 기능적인 조정체계를 넘어서서 국가를 오로지 강제국가 및 오성국가로만, 다시 말해서 사회의 기능으로만 파악하고 있지 않습니다. 이러한 개념이 관철된다면, 결과 역시 이러한 방향으로 유도된다고 확신하는데, 우리들 자신도 여기에 다소 기여할 수 있을 것입니다.

쉬이더(Schieder) 교수: 헤겔에 관한 것은 교수님께서 완전히 옳습니다. 헤겔은 산업팽창을 아주 일찍이 알고 있었습니다. 법철학의 표현에는 부(富)가 뭉쳐지는 것, 즉 부의 집중에 대해서 언급하는 중요한 항목이 있지만, 그에 반해서 빈곤의 집중이 일어나서, 그것은 오직 빈곤에 관한 입법에 의해서 고쳐질 수 있습니다. 아마도 여기에 — 저는 그렇게 말하고 싶습니다. 헤겔이 이러한 관점에서 국가의 임무를 구체적으로 인식하지 못한 한계가 있습니다.

란트그레베(Landgrebe) 교수: 동료 교수님, 저는 교수님의 설명에 의해서 드러난 질문 하나를 더 제기하고 싶습니다. 아주 오랫동안 국가학에서 등한시되었던 국가의 목적에 대하여 다시 질문이 제기된 것은 아주 만족할 만한 일입니다. 교수님의 강연뿐만 아니라, 국가의 목적이 적당하게 정의되어야 한다면, 그것이 보호국가(Fürsorgestaat)의 현대적 조건 하에서도 정립되어야 한다는 점이 명백해졌습니다.

이제 국가와 사회와 개인 간의 관계는 어떻게 생각될 수 있으며, '사회'에서 무엇을 이해해야 합니까? 사회가 단순한 개인의 집단(Konglomerat)이 아니라는 것은 확실합니다. 왜냐하면 사회는 그 정당한 이익이 그 이익에 속하는 개개인 모두를 대변해 주는 단체(Verband)들로 나누어져 있기 때문입니다. 그러나 사회는 단체들의 집단(Konglomerat)도 아닙니다. 그 이유는 이렇게 단체들로 나누어져 있는 것이 모든 개개인들에게 해당되기 때문입니다. 가족이라는 단체로부터 시작해 보면, 각자는 대체로 직업단체, 정당 등과 같은 많은 단체에 속해 있습니다. 국가는 단순히 국가가 경쟁하고 있는 단체들 가운데 하나가 아닙니다. 왜냐하면 시민의 권리선언에 의하면, 국가의 임무는 개개인을 위하여 권리와 자유를 보장하는 것이거나, 혹은 — 교수님께서 칸트가 내린 법의 정의를 예로 들어 말씀하셨듯이 — 국가가 법치국가(Rechtsstaat)로서 한 사람의 자의(Willkür)를 다른 사람의 자의와 조화시킬 기능을 가지고 있기 때문입니다. 따라서 국가가 단체들에 의해서 변호되는 부분적인 이해관계 — 이것이 바로 그 소속원들의 이해관계이다 — 를, 일반적인 것으로서 시민들 **각자**의 이해관계가 되는 일반적인 이해관계를 조화시켜야 하는 한, 국가는 단체들 위에서 존재합니다. 전통적으로 공공복지(bonum commune)라고 불리는 이러한 이해관계의 대상은 무엇입니까? 칸트가 내린 법의 정의에서는 자의의 자유가 이야기되고 있는데, 그 자의의 자유란 선거의 자유(Wahlfreiheit)가 되는 차별 없는 자유권(libertas arbitrii indifferentiae)을 의미합니다. 각자가 자신의 목표와 목적을 선택해야 됩니다. 이러한 자유는 국가가 보장해 주는 것을 필요로 하지 않습니다. 국가의 법질서에 의해서 보장되어야 하는 자유는 오히려 각자가 자기 양심에 책임질 수 있는 선택할 수 있는 가능성을, 다시 말해서 각자가 그 선택을 **자기 것**으로 인정할 수 있는 가능성을 의미합니다. 오로지 이로 인해서, 각자는 동일한 인격(Person)으로서 자기 자신으로 이루어져 있습니다. 이제 각자가 경쟁적인 이익관계를 가진 수많은 단체들에 동시에 속하고 있는 한, 이익투쟁을 중재하는 것은 각자 자신에 있으며, 일반적인 이해관계라는 의미에서 각자가 자유권의 보장체인 국가에 대하여 직접적인 관계를 가지게 됩니다. 따라서 개인은 다만 사회의 산물이며, 그 권리가 국가에 의해서 보호되어야 하는 개인의 양심적인 목소리는 사회의 목소리일 뿐이라고 말할 수 있습니다. 이러한 자유가 개개인 각자의 양심의 자유를 의미하지 않는다면, 사회는 어떻게 자유인(freie Menschen)의 사회로 간주될 수 있습니까? 칸트는 『실천이성비판』(die Kritik d. Pr. V.)에서 '방황하는 양심'을 연구하면서, 그리고 헤겔은 『정신현상학』(Phänomenologie des Geistes)에서 쓴 "양심, '아름다운 영혼', 악과 그 면죄"(Das Gewissen, die 'schöne Seele', das Böse und seine Verzeihung)라는 장에서 양심의 변증법을 전개하면서 이미 모든 논제를 제시하였는데, 이 모든 논제에 의해서 오늘날 사회의 목소리인 양심에 관한 가장 인기 있는 이론이 반박될 수 있습니다.

이리하여 제가 제기하려고 했던 문제에 이르게 됩니다. 즉 이러한 것이 개인-사회-국가라는 3상(相)에서 필수적인 구조 개념이 되어야 한다면, '사회'는 어떻게 이해되어야 합니까? 그 표현은 아마도 헤겔에 근원을 두고 있는데, 헤겔에게서 '시민사회'가 의미하는 것은 그의 법철학 내용에서 밝혀집니다. 헤겔은『정신현상학』에서 '나는 우리이고, 우리는 나이다'라는 일반적인 정의를 내렸지만, 이것은 우리들의 관계에서 보면 더 이상 도움이 되지 못합니다. 마르크스(K. Marx)는 파리의 기고(寄稿)에서 사회를 '자연적으로 완성된 인간의 실체'(die vollendete Wesenheit des Menschen mit der Natur)로 정의하였습니다. 그러나 거기에는 동일철학(Identitätsphilosophie)적이며 명상적인 공리(Theorem)가 숨어 있는데, 말하자면 인간이란 자기가 역사 속에서 자유롭게 발전할 때에, 자기의 의사(Wille)를 어느 정도 자동적으로 일반의사(volonté générale)와 조화시킬 것이라는 가정이 숨어 있습니다. 그러나 칸트의 표현을 빌리자면, 인간에게는 '성스러운 의사'(heilige Wille)가 가능성으로서 주어져야 합니다. 다시 말해서 개인적인 것으로서 일반의사와 일치하는 의사가 주어져야 합니다. 이리하여 우리는 유토피아의 영역에 들어서게 됩니다. 따라서 이러한 것이 저의 질문입니다.

뵈켄회르데 교수: 저는 지금 약간 지나친 질문을 받아서, 교수님께서 헤겔에게서 발견한 대답 이외에 어떠한 다른 대답을 직접 드릴 수가 없습니다. 개개인의 주체성(Subjektivität)은 사회의 조건입니다. 왜냐하면 그 주체성이 사회 안에서 전개되기 때문입니다. 그러나 그 주체성이 지속적인 바탕이지만 사회의 산물은 아닙니다. 다시 말해서 사회적 생활관계이자 생활과정인 사회는 개인, 즉 주체성에 의해서 이해되고 정의되어야 하며, 그 반대는 성립하지 않습니다. 또한 사회가 자치적인 공동체(Gemeinwesen)가 아니라 오히려 간섭할 수 있는 정치적 결정권 및 조직권을 필요로 한다는 사실은, 사회의 불충분한 면을 그 자체 내에 유지하는 것이 됩니다. 개개인의, 즉 개인의 자기 전개와 자신에 이르는 능력(Zu-sich-selbst-Können)을 포기할 수 없을지라도, 사회 자체 내에서는 오로지 사회에만 있는 해방으로서 헤겔이 '극도로 상실된 도덕'이라고 불렀던 것으로 되려는 경향이 있습니다. 지금 그 이상에 대해서는 유감스럽게도 교수님을 실망시킬 수밖에 없습니다.

란트그레베 교수: 저는 결코 실망하지 않습니다. 저 역시 답을 쉽사리 구할 수 없을 것 같습니다. 그러나 오늘날 '사회'를 우상화하는 아주 강력한 경향을 보면, 이 문제의 절박성에 대해서 언급해야 할 것 같습니다.

폰 메델 교수: 저는 전체의 토론 과정에서 — 다른 모든 기고(寄稿)에서도 그러했다고 말할 수 있습니다만 — 우리 현대 사회에서 개개인의 자유가 사회와 국가 사이를 구별하는 문제와 맺고 있는 긴밀한 관계가 간단하게 밝혀졌다는 인상만 받았습니다. 저는 수학자가 아닙니다. 그러나 제 생각으로는 — 수학적 정식, 즉 근사 방정식의 의미에서 — 개인적 자유의 범위, 즉 도덕적 인간이라는 의미에서 가지는 개인의 자유는 앞에서 정식화된 것처럼, 대략 국가와 사회 사이를 그렇게 구별할 필요성을 의식할 정도로 상관관계에 있다는 것을. 다시 말해서 이러한 의식이 사라지면 사라질수록 그만큼 더 약해진다고

말할 수 있습니다.

뵈켄회르데 교수: 저는 행정실무의 대표자들보다도 제 강연의 기본 논제를 더 많이
인정해 주신 데 대하여 감사드립니다.

현재의 민주적 사회국가에 있어서의
국가와 사회의 구별의 의미*

에른스트-볼프강 뵈켄회르데

  현대 민주주의와 사회국가에로의 발전의 시류 속에서 「국가」와 「사회」의 분리가 실제로 시대에 뒤떨어진 것이며 또 이론적으로 그 정당성의 근거를 상실하였다고 보는 견해[1]는, 오늘날 결코 일반적인 견해는 아니지만 지배적인 견해로서 통용되고 있다. 19세기에 속하는 분리 대신에 국가와 사회의 필연적인 결합과 혼합이 나타났다는 것이다. 경험적으로 본다면, 이른바 국가로부터 자유로운, 즉 자율적인 사회는 이미 존재하지 않으며, 오히려 사회적인 유출 속에 국가에 의한 의도적인 개입과 일정한 정치적·사회적인 목표 설정에서 나오는 그 규제가 통상적이며 필연적인 현상이라고 말하며, 반대로 이론적·규범적으로 본다면 민주주의 원리라는 표지 아래 국가는 이미 사회로부터 단절되었으며, 그것에 대해서 독자적인 것으로서가 아니라 단지 그 기능과 사회의 자기조직의 한 형태로 간주될 수 있다고 말한다.[2] 헌법이론적 및 헌법조직적인 원리로서의 국가와 사회의 분리를 오늘날에도 여전히 고수하려고 하는 자에 대한 명시적 또는 묵시적인 이데올로기 혐의가 이 마지막의 비판과 결합하는 것이 드물지 않다. 즉 이 국가와 사회의 분리를 고수하는 것은 민주적으로 정당하지 않으며, 사회를 초월한 국가적 권위의 복고라는

---

* Ernst-Wolfgang Böckenförde, Die Bedeutung der Unterscheidung von Staat und Gesellschaft im demokratischen Sozialstaat der Gegenwart, in: Rechtsfragen der Gegenwart. Festgabe für Wolfgang Hefermehl zum 65. Geburtstag, Stuttgart 1972, S. 11-36. jetzt in: ders., Recht, Staat, Freiheit. Studien zur Rechtsphilosophie, Staatstheorie und Verfassungsgeschichte, Frankfurt a. M. Suhrkamp 1991, S. 209-243.

1) 그 견해는 정치학자 사이에서 뿐만 아니라 법학자 간에도 공통된 견해(communis opinio)로서 고수되어 왔다. 최근의 것에서는 다른 것 대신에 Hesse, Grundzüge des Verfassungsrechts der Bundesrepublik Deutschland, 4. Aufl. Karlsruhe 1970, S. 8 ff.; v. Krockow, Staatsideologie oder demokratisches Bewußtsein: PVS 6. Jg. 1965, S. 118 ff.; Abendroth, Zum Begriff des demokratischen und sozialen Rechtsstaats im GG, in: Aus Politik und Geschichte. Festschrift für Bergsträsser, 1954, S. 279-300 (본서 262-281면)을 참조.

2) Hesse, a. a. O. (N. 1), S. 8은 그렇게 말한다.

것이다.3)

　이와 같은 상황에 비추어 다음에는 현재의 우리들의 헌법질서에 있어서의 국가와 사회의 구별의 정당성과 가능한 의미의 문제에 관하여 약간의 원리적 고찰을 시도하기로 한다. 이러한 목적을 위하여 먼저 국가와 사회의 구별의 역사적인 기초와 전제조건이 문제가 되는, 즉 어떠한 역사적 · 정치적 소여(Gegebenheit)에서 이 구별은 생겨났으며, 어떠한 방법으로 그것은 발전하였는가(I), 다음에 헌법조직상의 원리로서의 국가와 사회의 구별은 내용적으로 무엇을 서술하고, 또 서술할 수 있으며, 그리고 어떠한 형태를 취하는 힘이 있는가를 논하며(II), 그리고 이러한 기초 위에서 국가와 사회의 구별은 민주적 국가구조라는 전제조건 아래에서(III), 그리고 현대의 사회국가에 직면하여(IV) 존속하는지의 여부와 어느 정도 존속하는지, 그리고 그 때에 그것은 어떤 의미를 지닐 수 있는지를 살펴보기로 한다. 끝으로 국가와 경제의 동일화가 점증함에 따라서 국가와 사회의 관계에 미치는 영향을 문의하기로 한다(V).

I

　「국가」와 「사회」의 구별은 임의적인 역사적 시대에 관하여 타당한 일반적 소여가 아니라 헌법사적으로 생성되고 조건지워진 것이다.4) 그것은 한편으로는 단순한 이론의 산물이 아니며, 또한 역사적인 현실과의 관련을 결여한 추상적인 사고상의 모델이 아니며, 다른 한편으로는 국가와 사회의 구별 또는 어떠한 형태의 분리에 대해서는 정치적 · 사회적 질서의 일정한, 지시 가능한 조건 아래서만, 그리고 이 조건이 존속하는 한에서 말할 수 있다. 그것은 정치적 · 사회적인 현실 속에서 국가와 사회의 구별의 생성에 이르는 역사적인 조건들은 어떠한 것인가 하는 문제로 인도한다.

　1. 중세의 정치질서와 아울러 근세 초기의 영방군주제도, 그 속에 다양하게 분산되고

---

3) 예컨대 O. H. v. d. Gablentz, Staat und Gesellschaft: PVS 2. Jg. 1961, S. 2 ff.; v. Krockow, a. a. O. (N. 1), S. 120을 참조.

4) 비교적 낡은 법제사와 헌법사 교과서는 국가개념과 마찬가지로 국가와 사회의 구별도 여러 가지 역사적인 시기를 초월하여 타당하며 적용할 수 있는 일반적인 것으로서 전제하고 있었다. 예컨대, H. Brunner, Deutsche Rechtsgeschichte, Bd. 1. 2, 2. Aufl. München-Leipzig 1906; Schröder-v. Künßberg, Lehrbuch der deutschen Rechtsgeschichte, 7. Aufl. Berlin 1932; Schwerin-Thieme, Grundzüge der deutschen Rechtsgeschichte, Berlin-München 1949. 그러나 나아가 H. Conrad, Deutsche Rechtsgeschichte, Bd 1: Frühzeit und Mittelalter, Karlsruhe 1952, 2. Aufl. 1962을 참조. 이 점에 대한 원리적인 비판은 Otto Brunner, Land und Herrschaft, zuerst 1939, 3. Aufl. Baden b. Wien 1943, S. 124 ff.에 의해서 이루어졌다. 나아가 E.-W. Böckenförde, Die deutsche verfassungs-geschichtliche Forschung im 19. Jahrhundert. Zeitgebundene Fragestellungen und Leitbilder, Berlin 1961을 참조. ― 마찬가지로 마르크스주의 이론에서도 원래는 고유한 역사적인 현재의 분석에서 전개된 국가와 사회의 개념과 구별이 원시공산주의로부터 계급 없는 사회까지의 모든 사회사적인 구성체에 타당하는 일반적이며 사회과학적인 범주 체계에로 절대화된다.

각각 한정된 독자적인 정치적 지배권한이 존재하고 있는 것, 그들 위에 포괄적이며 최종 결정적인 정치적 지배권력은 고양되지 못하고 있다는 점에 의해서 특징지워진다.5) 「국가」와 「사회」의 구별, 대립은 다양하게 분산된 정치적 지배권한이 점차로 한 사람이나 한 기관에 집중하고, 거기에서 일체적이며 포괄적인 정치적 지배권력에로 계획적으로 조직하고 개조되는 것을 통하여 준비된다. 재판권능과 재판관할 권능, 특히 확대되는 입법권, 고권적 권리의 행사, 경찰과 군대에의 명령 등등은 요구에 따르면서 단계적으로 현실에 따라서 영방 군주 내지 군주와 그에 의해서 위탁된 자의 영분(領分)으로(만) 된다. 이와 같은 권능들은 군주에 의해서 위임된 (그리고 그 때문에 한정하고 반환 가능한) 권능으로서 군주의 이름에서만 다른 인간에 의해서 행사될 수 있는 것이다.6) 이와 같이 하여 중세와 근세 초기의 지배적·정치적으로 형성되고 쌓아올린 사회(통치권을 **가진** 시민사회[societas civilis *cum* imperio])로부터, 한편으로는 일체적이며 포괄적으로 그 개인적인 담당자에 대해서 조직적으로 독립시킨 국가권력이 다른 한편으로는 이러한 국가권력에 복종하는 자의 통일적인 새로운 사회(통치권을 **갖지 아니한** 시민사회[societas civilis *sine* imperio])가 성립한 것이다.7) 프랑스 혁명은 이 점에서 절대군주가 추구한 것만을 완성하였을 뿐이며, 이 때에 통일적인 국가권력의 담당자를 교체시킨 것이다.8)

 젊은 카를 마르크스(Karl Marx)9)는 이러한 과정을 아주 명확하게 보고 또 서술하였다. 「낡은 시민사회」, 그는 그렇게 부르는데, 그것은 「정치적 성격을 직접적으로 가지고 있었다. 즉 예컨대 소유, 가족 또는 노동의 종류와 양식과 같은 시민생활의 요소들은 영주권(Grundherrlichkeit), 신분과 직업단체(Korporation)의 형식으로 국가생활의 요소 들로 고양되고 있었다」…. 「정치적 혁명…, 그것은 보편적인 사안으로서의, 즉 현실의 국가로서의 정치적인 국가를 구성하였는데, 그것은 국민의 공동체로부터의 국민의 분리

---

5) 이 점에 대해서는 현재에는 Helmut Quaritsch, Staat und Souveränität, Bd. 1, Frankfurt 1970, S. 178-201 und 155-177에서의 최근의 탁월한 연구 성과를 체계적으로 총괄하는 서술을, 이전의 것에서는 나아가 Otto Brunner, a. a. O. (N. 4), S. 160 ff.을 보라.

6) 베스트팔렌 강화조약, IPO 제5조 30호 및 제8조 1항에서의, 그러한 경향에서 포괄적인 성격을 지닌 「영방 고권」(ius territoriale)의 통일적인 개념의 등장, 16세기부터 18세기의 국가이론에 있어서의 지배자의 「최고의 권력」(suprema potestas)의 근거지움과 형성, — 이 점에 대해서는 지금도 또한 O. v. Gierke, Johannes Althusius und die Entwicklung der naturrechtlichen Staatstheorien, 4. Aufl. Breslau 1929, S. 143 ff.을 —, 아울러 1794년의 프로이센 일반 란트법 제2편 제13장 제1조 내지 제4조에 있어서의 이러한 발전의 최종적인 조문화를 참조. 그 발전에 관한 포괄적인 개관은 G. Oestreich in: Gebhardt-Grundmann, Handbuch der deutschen Geschichte, 9. Aufl. Stuttgart 1970, §§91, 100-104, 108에 있다.

7) Otto Brunner, Die Freiheitsrechte in der altständischen Gesellschaft, in: ders., Neue Wege der Verfassungs-und Sozialgeschichte, 2. Aufl. Göttingen 1968, S. 187 ff.; E. Angermann, Das Auseinandertreten von Staat und Gesellschaft im Denken des 18. Jahrhunderts: ZPol 1963, S. 89 ff. 최근에는 M. Riedel, Zur Theorie und Geschichte des Begriffs 'Bürgerliche Gesellschaft' zwischen Aristoteles und Hegel, 1970.

8) 이 점에서의 절대군주제와 혁명의 연속성은 이미 Tocqueville, L'ancien regime et la Révolution (Ausg. J. P. Mayer, Paris 1950), Teil I, 2, II, 5 und 9 (이용재 옮김, 『구체제와 프랑스혁명』, 일월서각, 1989)에 의해서 강조되었다.

9) Frühschriften, hrsg. v. Landshut, Stuttgart 1953, S. 196 ff. 거기에는 다음의 인용도 그렇다.

를 나타내는 동일한 다수의 표현이었던 모든 신분, 직업단체, 동업조합(Innung), 특권을 필연적으로 분쇄하였다. … 그것은 시민사회를 그 단순한 구성부분에, 한편으로는 개인에게, 다른 한편으로는 이러한 개인의 생활내용, 시민적 상황을 구성하는 물질적 및 정신적 요소로 분쇄하였다. 그것은 말하자면 봉건제 사회의 여러 가지 막다른 길로 분산되고, 분해되고 녹아 들어가고 있던 정치적 정신을 해방하였다 …」.

2. 그 때까지 산재하였던 정치적 지배권력과 결정권력의 집중과 조직적인 완성과 함께, 마르크스의 저작에서 시사된 낡은 「사회」의 개조가 이루어진다. 왜냐하면 이 집중은 낡은 사회의 수많은 중간권력과 신분질서가 신속히 해체되고 균등화되고, 그 지배적 · 정치적 성격이 박탈되는 것을 의미하기 때문이다. 개인은 낡은 사회의 구체적인 지배질서와 생활질서(토지지배 · 도시지배 · 교회 [수도원] 지배)에의 지배적 · 정치적인 포섭으로부터 점차 해방되고, 군주(영방군주)-신민이라는 지배관계는 존속하며 — 그리고 그것에 의해서 특히 나타났는데—, 그 관계는 직접적인 관계가 되며, 군주라는 사람에 대한 「국가의」 지배권능의 관념적인 독립화가 나아가는 중에 국가-신민관계에로 형태변화를 수행하는 것이다. 실현의 압박을 받는 원리는 다음과 같은 것이다. 즉 이미 특정한 개인은 다른 개인에 대해서 지배권력을 행사해서는 안 된다는 것, 어떤 신분(귀족)이 다른 신분(농민)에 대해서 지배권력을 행사한다는 것이 아니라 포괄적인 국가권력의 담당자만이 모든 자에 대해서 통일적으로 그것을 행사한다는 것, 그 밖의 점에서는 개인은 「자유」이며, 즉 국가의 지배권력 이외의 것으로부터 자유라는 것이다. 이러한 원리는 이성법의 사회이론과 국가근거론에 대응하는 것이며, 그러한 이론은 개인의 근원적인 자유와 평등을 전제로 하며, 또한 개인 위에는 만인이 동일한 방식으로 복종하는 오직 하나의, 더구나 통일적인 결정권력과 질서유지 권력만을 근거지우는 것이다.[10]

사회의 이와 같은 개조는 그 때까지는 지배적 · 정치적인 형성물이며 상호간에 단절된 법적 등급(Rechtsklasse)이었던 신분으로부터 사회적인 계층(soziale Schicht)을 만든다. 그러한 것들이 예컨대 프로이센에 있어서의 토지소유귀족, 1848년까지의 영주의 재판권과 1878년까지의 영주의 경찰과 같이, 또한 개별적인 지배권을 주장하는 한에서 그들은 다른 사람에 대한 우선권을 가진 「특권이 부여된」(privilegierte) 신민이다. 그들의 지위를 이제 특권이라고 생각케 하는 기준은 법적인 평등의 기준이며, 더구나 하나의 국가권력 아래서의 모든 개인의 종속에서도, 그들 개인 상호간의 관계에 있어서의 개인의 독립에서도, 이중적인 의미에 있어서의 「주체」의 지위로서 그러한 것이다.

이와 같이 하여 통일적인 정치적 지배권력과 결정권력의 조직으로서의 국가에 대립하는, 「자유롭고」 법적으로 평등한 개인과 그 집단화로부터 새로운 사회가 성립한다.

---

10) 이 점에 대해서는 F. Wieacker, Privatrechtsgeschichte der Neuzeit, 2. Aufl., Göttingen 1967, S. 267 ff.; H. Conrad, Individuum und Gemeinschaft in der Privatrechtsordnung des 18. und beginnenden 19. Jahrhunderts, 1956, insbes. S. 16 f., 22 ff.; Carl G. Suarez, Vortäge über Staat und Recht, Köln-Opladen 1960, S. 461-68.

3. 통일적인 국가권력의 조직적인 완성은 포괄적인 정치적 결정권력에의 정치적인 지배권의 집중과 확대와 아울러 군주인 사람과 그 의향에 대한 이러한 결정권력의 독립화와 「객관화」를 가져올 뿐만 아니라,[11] 그것이 이러한 결정권력의 구속과 한정도 가져온다. 이것은 간과되는 일이 드물지 않은 발전의 다른 측면이다. 이러한 구속과 한정은 기본적인 국가목적의 정립과 그것에 대한 구속력의 부여의 결과로서 행해지며, 이러한 국가목적은 당초부터 국가권력의 창설과 완성에 수반하는 것이다.[12] 국가의 목적(Umwillen)을 구성하고 집중하는 국가권력과 결정권력 아래서의 개인의 복종을 의미있게 근거지우고, 보편성을 가진 제도로서의 국가를 우연한 힘의 집적으로부터 구별하는 것은 바로 그러한 국가목적이다. 개인과 해방된 사회에 대한 조직된 국가의 결정권력의 목표와 사정을 규정하고 한정하는 것이 이 국가목적의 기능이다. 개인과 사회는 국가로부터의 간섭과 아울러 개인의 태도나 행동의 그것에 의한 조직화와 현실화에는 전면적으로는 아니고, 따라서 모든 점에서가 아니라 특정한 점에서, 또한 특정한 영역에서만 바로 국가목적의 달성에 불가결한 그것에서만 복종시켜야 할 것이다. 그것을 넘어 나오는 부분은 고유한 의미에서 전국가적인 것이며, 국가에 의한 조직화와 현실화로부터는 자유로운 그대로, 즉 개인과 사회의 자유범위인 것이다. 국가의 결정권력의 이와 같은 규정과 한정은 개인의 자유권 속에, 가장 강조적으로는 1789년 8월 26일의 프랑스의 인간과 시민의 권리선언 속에 나타난다.[13] 그것들은 개인의 자유를 위한 기준과 한계이며, 그러나 또한 그 사회적인 관련에 있는 개인들로서의 사회의 자유에 관한 기준과 한계이기도 하다.

4. 개인과 사회에 대한 국가의 결정권력(그리고 그와 함께 국가 그 자신)의 이와 같은 한정과 목적구속은 프랑스 혁명에서, 그리고 사회의 성격을 **영리 사회**(Erwerbsgesellschaft)로서 근거지우는 **고유한** 방법에서의 시민의 자유획득운동에 의해

---

11) 이러한 객관화와 독립화는 H. Heller, Staatslehre, Leyden 1934, S. 132가 정당하게 인식하고 있듯이, 지배수단과 행정수단에 대한 재산권과 아울러 고권적 권리의 사물화(私物化)로 종결지었는데, 그 객관화와 독립화의 수단은 **관직사상**(Amtgedanke)이었다. 그것은 「도덕적 인격」(persona moralis)에의 지배권능의 독립화, 그리고 나아가서는 다른 국면에서는 지배자에 대해서 독립적인 국가 인격의 구성도 담당하였다. 이 점에 대해서는 현재 H. Quaritsch, a. a. O. (N. 5), S. 471 ff. insbes. 470 f.도 참조.

12) 이것은 이성법적 국가학의 매우 중요한 업적의 하나이며, 이성법적 국가학은 그것으로 일반적인 인식에만 머무르지 않고 18세기에는 원리적으로 제후의 궁정에서도 반향을 발견한 것이다. 그 국가이론의 절대주의적인 구성요소는 여하튼 확실히 지침적인 것으로서 Thomas Hobbes, Elementa philosophica de cive, 1647, c. XIII, 6; J. Locke, Two treatises on Government, T. 2, Nr. 124 ff.; I. Kant, Metaphysik der Sitten, T. 2, Anm. A nach §49 실무상의 현상은 §§ 1-2 Ⅱ 13 ALR.

13) 특히 불가양의 인권보장을 국가의 「최종목표」(but final)로서 규정한 제2조에서, 또한 제4조, 제6조 및 제17조(재산권의 보장)에. (초기) 입헌주의 헌법들에서의 기본권 또는 시민권도 국가의 집행권에 대해서 향해진 이러한 한정기능을 가지고 있다. E. R. Huber, Deutsche Verfassungsgeschichte seit 1789, Bd. 1, 2. Aufl. Stuttgart 1963, §21 참조.

서 이루어졌다. 주요한 요소는 (시민적인) 법적 평등, 일반적인 영업의 자유와 계약의
자유, 거주이전의 자유와 기득 재산의 보장의 확립과 보증이다. 낡은 사회에 관하여
「특권」에 그 현상형태를 가지고 있던 신분적이며 단체적으로 구속된 직업의 권리, 영업권,
재산권, 그리고 또한 인신에 대한 권리에도 규정적이었던,14) 시민의 영업활동의 질곡은
제거된다. 그것들은 법적 평등, 영업의 자유, 그리고 계약의 자유 등등을 목표로 하는
새로운 일반적인 권리에 의해서 대체되며, 그 권리의 출발점과 통과점은 자율적이며
영리를 지향한 자유로운 개인의 인격이다.15) 이 새로운 「시민적」 법질서의 창조와 공여를
통하여 국가는 영리에서, 그리고 영리에 대하여 사회를 해방하고, 그것은 고유한 의미에서
「시민사회」가 되는 것이다. 법적 평등과 영업의 자유의 기반 위에서 그 생산력이 전개되는
속에, 그것은 한편으로는 새로운 (경제적인) 힘의 형성과 집단의 형성(이른바 경제적 ·
사회적인 다원주의)의, 다른 한편으로는 사회적인 대립의 개막을 고하는 것이다. 왜냐하면
법적 평등, 영업의 자유, 그리고 기득 재산권의 보장이라는 3화음은, 낡은 특권을 제거할
뿐만 아니라 그것은 동시에 인간의 자연적인, 그리고 소유에 규정된 불평등의 완전한
전개를 가능케 하는 것이며, 그리고 다음에 경제과정을 거치는 중에 재산권의 보장에
의해서 매개되고 그 불평등에서 사회적인 계급분열이 생기는 것이다.16) 따라서 스스로
(새로운) 사회적인 불평등과 부자유를 야기하며, 국가를 「사회문제」(soziale Frage)라는
문제에 직면케 하는 것은 사회 자신이다.

5. 「국가」와 「사회」의 대치(對峙)가 형성되는 것과 함께, 나아가 (동시에) 국가의 결정권
력과 그 행사에 사회가 **관여**하는 문제가 생긴다. 그 생성과정에서 사회는 먼저 국가의
지배조직과 그것을 담당하는 계층으로부터 엄격하게 나누어 떨어지고 있었다. 국가는
개인과 사회를 **시민적** 자유 속에 두고, 국가는 새로운 일반적인 법질서를 창조하고
보장함으로써 그 자유를 거기에서 유지한 것인데, 개인과 사회는 **정치적** 자유는 요구하지
아니하나, 즉 국가 아래 집중된 정치적인 결정권력에의 관여와 그것에 대한 능동적인
영향력을 행사하는 제도화된 가능성은 요구하지 아니하였다. 지배조직으로서의 국가는
일정한 정도는 그 자신으로 존재한, 즉 사회학적으로는 왕위, 관료, 그리고 군대, 부분적으
로는 귀족에 의해서도 담당되었으며,17) 더구나 그러한 것으로서 시민계급에 의해서

---

14) 도시의 전매권, 독점과 같은 영업권, 수공업조합의 강제, 농민의 직업 의무와 농지의무를 귀족, 도시시민,
그리고 농민의 소유권 등과 같은 권리 등급을 상기하려고 한다. 이 점에 대해서는 A. Zycha, Deutsche
Rechsgeschichte der Neuzeit, 2. Aufl., Marburg 1950, §§ 43-49를 참조.
15) L. v. Stein, Gegenwart und Zukunft der Rechts-und Staatswissenschaften Deutschlands, Stuttgart
1876, S. 141; ders., Geschichte der sozialen Bewegung in Frankreich von 1789 bis auf unsere
Tage, Ausg. Salomon, München 1921, Bd. 1, S. 415 ff.
16) 시민사회의 이와 같은 필연적인 내적 발전은 이미 매우 이른 시기에 L. v. 슈타인과 카를 마르크스에
의해서 인식되고 분석되었다. 예컨대, L. v. Stein, Geschichte der sozialen Bewegung, a. a. O.,
Bd. 2, S. 16 ff., 27-34, 65-68의 「산업사회」의 구조 분석 참조. 후술 IV 1도 보라.
17) 이 점에 관하여 특징적인 것은 프로이센 일반 란트법에 있어서의 귀족(§1 Ⅱ9)과 관리(§68Ⅱ11)의
국가소속신분(Staatsstände)으로서의 기능 서술과 아울러 「국가원수」란 개념 아래서의 왕제의 소멸이다.

대표되는 사회로부터 조직적이며 제도적으로 「분리」되어 있었다.

국가와 사회와의 이와 같은 관계규정과 관계지움은 특히 독일에 있어서의 후기 절대주의와 초기 입헌주의의 단계에 대응하고 있었다. 그러나 그것은 단지 일정한 역사적인 단계를 나타내었을 뿐이며, 이러한 관계지움의 원리를 나타낸 것은 아니다. 이미 프랑스의 인간과 시민의 권리선언 제6조[18])는 국가의 입법권력이 사회를 위한 국가의 중요한 질서유지수단과 유도수단으로서 국민 내지는 그들에 의해서 선거된 대표의 동의에 불가피하게 구속된다는 것에서 출발하고 있었다. 그것은 국가 내지는 이른바 국가행동에 대한 사회에 의한, 또한 사회로부터 나오는 영향력 행사의 요청과 승인을 의미하고 있었다. 입헌주의의 헌법들은 모든 법률 내지는 「시민의 자유와 재산」에 관계되는 법률에 대해서 국민대표의 동의라는 요건을 유지함으로써 같은 방향을 가리켰으며,[19]) 입법권력에의 시민의 결정적인 관여를 법률 자체의 중요한 개념적 징표로 삼은 초기 자유주의의 국가학과 헤겔 이후의 국가학도 마찬가지이다.[20]) 국가와 사회의 많은 역할을 지닌 「2원주의」란 의미에 있어서의 엄격한 분리 대신에, 그들의 조직적·제도적인 구별에 근거하여 국가와 사회 간의 절차적이며 제도적으로 형성된 상관관계가 나타났다. 이러한 상관관계가 정치적 및 헌법적 상태에 따라서 어떠한 구체적인 형태를 취할 수 있었는지, 그리고 그것이 민주적인 국가형태로의 이행을 결코 배제하지 않았다는 것은, 이미 1850년에 슈타인(L. v. Stein)이 프랑스의 모범적인 예에서 유럽에 있어서의 일반적인 발전을 미리 파악하고 분석한 그의 『프랑스 사회 운동사』(Geschichte der sozialen Bewegung in Frankreich)에서 서술하였다.[21])

II

국가와 사회의 구별의 역사적·정치적 기초와 그것이 형성되고 보다 상세하게 형성된 역사적인 발전과정의 고찰로부터 국가와 사회의 구별, 그리고 대립의 내용은 엄격한

또한 R. Koselleck, Staat und Gesllschaft in Preußen, in: Staat und Gesellschaft im Vormärz, hrsg. v. W. Conze, 2. Aufl. Stuttgart 1970, S. 79 ff.도 참조.

18) 「법률은 일반의사의 표현이다. 모든 시민은 스스로 또는 대표자를 통하여 법률의 제정에 협력할 권리를 가진다」. …〈La loi est l'expression de la volonté générale. Tous les citoyens ont le droit de concourir personnellement ou part leurs représentants à sa formation...〉 (Altmann, Ausgewählte Urkunden zur außerdeutschen Verfassungsgeschichte seit 1776, 1897, S. 58 f.).

19) E. R. Huber, a. a. O. (N. 13), S. 346 f.; Dietrich Jesch, Gesetz und Verwaltung, Tübingen 1961, S. 123 ff. 참조.

20) 이 점에 대해서는 E.-W. Böckenförde, Gesetz und gesetzgebende Gewalt, Berlin 1958, S. 130 f. 이러한 입헌주의적인 법률개념의 국가학상의 내용은 가장 강조적으로는 L. v. Stein, Die Verwaltungslehre, Bd. 1, 1, 2. Aufl. Stuttgart 1869, S. 85 f.에 의해서 정식화되었다.

21) Geschichte der sozialen Bewegung, a. a. O., Bd. 3, S. 111-210. 오늘날의 관점 아래서는 J. H. Kaiser, Die Repräsentation oranisierter Interessen, Berlin 1956을 보라.

「분리」가 아니며, 하물며 두 개의 커다란 것 사이의 무관계나 무결함일 수는 없다는 것을 알 수 있다. 그것은 체계적으로 고찰함으로써 더욱 확인되는 것이다.

 1. 국가는 다른 정치적인 질서구조물도 그렇듯이, 그 본질에서 본다면 실체적인 통일체는 아니며, 또한 오늘날 보급되는 특징을 붙여 말하듯이 「공동체」(Gemeinwesen)도 아니며 조직이며, 보다 정확하게는 **조직화된 활동체**(*organisierte Wirkeinheit*)이다.[22] 그것은 국가가 그 통일성과 현실성을 (실체화된) 통일적 의사 또는 사회심리적인 체험통일체(Erlebniseinheit) 속에 가지고 있는 것이 아니라 조직화된 행동관련과 활동관련 속에 가지고 있다는 것을 말한다. 조직화된 활동통일체로서의 국가는 개별 인간의 활동이 지도적인 기관에 의해서 총괄되며, 통일적으로 유도 내지 조정되며, 그리고 현실화된다는 것에 의해서 발생하며 존속한다. 국가는 따라서 고유한 의미에서 그 「담당자」인 사람, 즉 계획하고 결정하고 집행하는 그 활동에 의해서 국가의 나타남으로서 조직화된 행동관련과 활동관련을 현실화하며 실현하는 자연인인 사람으로부터 독립하여 생각할 수는 없다. 이들 자연인인 담당자는, 그러나 그 자체는 사회 내지 사회의 일정한 계층 또는 집단에서 나온다. 그들은 과연 그들이 그 국가적 임무와 역할, 즉 보편성을 지닌 사무를 처리한다는 임무와 역할을 완전히 자신의 것으로서 그 사회적 결합과 이해상황을 「초월」함으로써 사회에 대한 거리를 둘 수는 있지만,[23] 그들은 사회의 구성원이기도 하다는 것을 곧 당연히 포기할 수는 없다. 그러한 담당자가 불가결한 일반적인 사무란 의미에서 뿐만 아니라 사회집단을 위한 부분적인 목표를 위해서도 (또는 제1차적으로 그 때문에) 국가의 지배적 지위와 결정적 지위를 조작하고 현실화하는 가능성과 위험은 항상 존재하고 있다.[24]

 다른 측면에서 조직화된 정치적 결정체로서의 국가는 그 활동에서 기능적으로 사회와 관련을 가진다. 국가는, 국가가 분쟁을 평화적으로 규율하기 위한 절차와 기관을 마련(권리보호와 권리실현)함으로써 국가에 의해서 유도되지 아니하는 자유로운 사회의 활동과 전개가 내부에서 행해질 수 있는 대강적 질서를 국가가 법률로써 확정하고 보장함으로써 국가가 사회의 존속과 안전을 위하여 위험을 침해적 또는 예방적 (계획적·협조적) 조치에 의해서 예방함으로써, 사회를 위하여 그 존속을 조건지우는 불가결한 유지기능, 보안기능을, 그리고 또한 변경기능도 수행하고 있다.[25] 국가와 사회는 이리하여 각각 완결된 서로 별도로 된 두 개의 단체 또는 공동체는 아니며,[26] 국가는 오히려 사회를 위한

---

22) Hermann Heller, Staatslehre, Leyden 1934, S. 228 ff.에 대해서도 같은 곳.

23) 그것이 ─ 그 절정에서는 ─ 과연 절대적은 아니지만 그러나 비교적 높은 정도로 실현된 뛰어난 관료제의 업적이었다.

24) 이러한 관련의 간명하고 정확한 분석은 J. Fijalkowski, Artikel 'Herrschaft', in: Evangelisches Staatslexikon, Stuttgart 1966, Sp. 758에 있다.

25) M. Drath, Der Staat der Industriegesellschaft: Der Staat 5 (1966), S. 274 ff.

26) 그렇게 말하는 것으로는 Ehmke, 'Staat' und 'Gesellschaft'als verfassungstheoretisches Problem, in: Staatsverfassung und Kirchenordnung. Festgabe für Rudolf Smend, Tübingen 1962, S. 25 f. (본서

(또는 말하려고 한다면 그「위에」있는) 정치적 결정통일체이며 지배조직인 것이다. 국가는 사회로부터 조직적 · 기능적으로 구별되고 나누어진 것을 포기하지 않고, 사회와의 불가결하고 다양한 상관관계에 있다. 한편에서 국가 내부의 평화적 통일을 가능케 하고, 다른 한편에서 개인의 자유를 위한 모든 정치적인 결정권력의 유효하고 기능적인 감축과 합목적적인 조정을 가능케 한 것은 바로 정치적인 결정기능의 이러한 조직적인 관련과 독립화, 사회적인 직접성으로부터의 그 기능의 상대적인 적출이다. 전체주의적인 체제에서 비로소 개인의 행동영역과 개인의 행동의 현실화에의 국가적인, 즉 지배적 · 정치적인 공격에 이미 한계가 **확정되지** 아니한다면, 거기에 고유한 의미에서 더 이상 선행하지 아니한다면, 거기에서는 비로소 국가와 사회는 중첩되며, 국가와 사회의 이른바「동일성」이 생기는데, 이것은 동시에 개인적 자유의 종말을 의미하는 것이다.

2. 따라서 국가와 사회의 구별과 대립에 대한 다양한 비판이 잘못된 전제를 널리 그 출발점으로 삼고 있다는 것이 분명해진다. 이와 같이 잘못된 전제들은 먼저 국가와 사회의 구별과 대립에서는 두 개의 단체 또는 공동체의 그와 같은 구별과 대립이 문제라고[27] 하는 견해에 근거하여, 다음에 이 구별과 대립의 불가결한 내용은 엄격한 분리와 무결합[28]이라는 것이 가정된다는 데에 근거하고 있다. 그렇다면 그것은 국가와 사회와의 관련관계의 구체적인 형성과정에서의 특정한 단계, 즉 후기 절대주의와 초기 입헌주의의 그것이 국가와 사회의 구별과 대립 일반을 등치시킨다는 것을 가져온다. 오늘날 실제로 그 단계의 전제조건은 소멸하고 있기 때문에 결론적으로 구별과 대립은 전체적으로 시대에 뒤떨어진 것이라고 설명되는 것이다. 출발점에서 시야를 좁히는 것은 국가와 사회의 구별에 의해서 조건지워지기 때문에 시대에 뒤떨어진 것이라고 설명하는 것은, 그 경우 어떤 제도적인 자유보장에 대해서 무엇인가를 간과하게 되는 것이다.[29]

補論: 현대 사회학에서는 특히 그것이 시스템 이론의 강한 영향을 받고 있는 한, 국가를 사회의「하위 시스템」이며, 더구나 정치적인 결정의 창출과 그 실시를 그 기능으로 하는 하위 시스템이라고 특징짓는 용어법이 확고한 지위를 차지하여 왔다(Niklas Luhmann, Grundrechte als Institution, 1965, S. 15 ff.).* 여기서「사회」의 개념은 넓게, 즉 인간간의 관계의 총체로서 파악된다. 사회적 행동의 과학으로서의 사회학에 대해서 그 의미를 가지는 이 출발점에서 본다면, 사회의 일부 또는 하위 시스템으로서의 국가에 대해서 말하는 것은 그 경우 시종일관하고 있다. 여기서 관심 있는 국가이론적 및 헌법적 문제로서의 국가와 사회의 구별과 대립은, 따라서 그렇게 반박되거나 해결을 보지도

151면 이하).

27) Ehmke, a. a. O.

28) 이러한 — 이전에도 널리 연구하고 있던 — 오해는 Hesse, a. a. O. (N. 1), S. 8 f. 그리고 Zippelius, Allgemeine Staatslehre, 2. Aufl. München 1970, S. 135, 138에.

29) 이 점에 관하여는 특히 후술 Ⅲ을 보라.

못하고 있다. 그것은 다른 개념상의 틀 속에서만 논의되는 것이다(예컨대 Luhmann, a. a. O., S. 17-24에서). 용어상의 오해에 대처한다면, 이 문제는 사회학적인 개념용어에서는 일정한 역사적인 발전과정에서 전체 사회의 정치적 · 사회적인 질서가 다음과 같이 형성된다는 것이 정식화되어야 할 것이다. 즉 모든 정치적인 결정기능이「국가」라는 조직체 아래 총괄되고, 그 밖의 행동 시스템에 대해서 상대적으로 독립시킨다는 식으로, 그리고 그 밖의 행동 시스템(경제 · 문화 · 종교 등등)에 관련하여 그러한 것들을 조종하는 국가에게만 귀속하는 구속적인 규율기능과 정치적인 결정기능에 의해서 이 국가라는 조직체가 이러한 행동 시스템과, 즉 좁은 의미의 사회와 병렬되는 것이 아니라 다른 차원에서 대립하고 그 때문에 이 사회는 그때마다 국가의 결정과정에 대하여 영향력을 얻으려고 시도한다는 것이다.

3. 전술한 고찰의 결과는 다음과 같이 정식화할 수 있다. 즉 국가와 사회의 구별의 성립과 대립은, 필연적으로 각각 구체적인 형태에 따라서 다양한 종류의, 그러나 항상 존재하며 유효한 양자의 관련관계를 구성한다는 데에 있다. 이러한 관련관계는 조직적인 구별과 분리에 근거한 (변증법적인 종류의) 교차관계로서 규정될 수 있다 (조직화된 활동체와 결정체로서의) 국가는 사회에 그 (법적) 질서를 부여하며 그것을 유지하고 사회 중에 작용하며, 사회를 위한 급부를 행한다. 사회, 즉 개별적인 것으로서 또한 그들이 집단화하는 속에 있는 개인들은 그 때문에 필연적으로 국가적 결정을 확정하는 양식과 그 내용에 관심이 있다. 거기에서 사회로부터 국가에로 향한 행동과정이 나온다. 사회는, 보다 정확히 말하면, 사회적인 집단 또는 활동영역은 국가의 결정권력과 활동력을 그 이익을 위하여 현실화하기 때문에 국가의 결정기관에 영향을 미치려고 시도하며, 그것을 지배 아래 두려고 하거나 또는 자신이 신뢰하는 인물로 그것을 점령하려고 시도한다. 반대로 국가는, 보다 정확하게는 국가적인 조직체는 그 활동을 위해서, 무엇보다도 거기에서 내려지는 결정의 유효성을 위해서 사회 측의 행동과 행동준비를 의지하고 있다.[30] 국가적인 조직체는 강력한 것이기 위해서 그 기준과 결정에 관한 사회에 있어서의 콘센서스를 전적으로 필요로 한다. 이 콘센서스의 불가결한 정도는 국가형태에 의해서 조건 지워진 국가와 사회 간의 교차관계의 형태에 의해서, 그리고 사회에 있어서의 인식상태에 따라서 다양하다. 그것은 독재제에서는 민주주의에서보다도 적지만, 어떠한 국가도 이 콘센서스 없이는 지낼 수 없다.[31] 따라서 지도적인 국가의 기관은 그 기관을 그때마다 담당하는 집단도 포함하여, 사회의 행동준비를 유지하거나 또는 고양시키고, 그럼으로써 (독자적인) 국가의 활동력을 방어하거나 또는 확보하기 위하여 사회 속에 영향을 미치려고 시도한다.

---

30) Heller, a. a. O. (N. 22), S. 237, 238 f.

31) 사회학적으로 본다면 필요한 콘센서스의 정도에 관한 결정적인 요인은 지도적 국가기관에 대하여 특별한 조직관계와 관련관계에 있는 이른바 집행요원의 특별한 행동준비이다. 이러한 (궁극적으로는 임의적인) 행동준비가 크려면 지도적인 국가기관은 존재하는 콘센서스를 고려하지 않고 비교적 광범위한 지배의 긴장의 위험을 범할 수 있다. 문제점에 대해서는 Fijalkowski, a. a. O. (N. 24), Sp. 757 f.를 참조.

이것이 성공하는 정도에 따라서 국가의 결정을 위한 활동범위는 강화되고 유지되는 것이다.

국가의 정신적 및 윤리적인 내용의 내부에, 국가의 정치적인 결정권력은 최종적으로 그 근거와 정당이유를 발견하는데, 그 국가의 정신적 및 윤리적인 내용의 실현도 또한 이 교차관계의 방식의 영향 아래에 있다. 그것은 국가의 조직체와 함께 있는 일은 전혀 없으며, 일정한 정도는 스스로 존재하는 것이다. 그것은 다음과 같은 것에 의해서 생기게 된다. 즉 자신이 사회적인 관련 속에 있거나 거기에서 나오는, 국가의 결정을 행하는 지위의 그 때마다의 담당자가 국가의 관직과 권능의 목적지향과 책임에 들어가는 것, 아울러 그들에 의해서 담당되는 그 행동이 개인에게서 그리고 사회 중에서 일반적인, 즉 모든 사람에게 공통되는 사무에 관한 생생한 관여 속에 발견함으로써 생기는 것이다.

4. 국가와 사회와의 관련관계의 이와 같은 특수한 특징이 인식되면, 그 관련관계의 구체적인 형성에 관한 기본문제는 어떠한지가 나타난다. 그것은 사회로부터 국가에로 향한 영향력 행사의 종류의 (헌법상의) 확정, 절차적인 형성과 한정 속에, 따라서 특히 정치적인 의사 형성과 국가적 결정과정의 조직과 형태 속에 있으며, 또한 마찬가지로 국가의 결정이 사회 속에 국가적으로 영향을 미치며 침투하는 그 양식, 형태, 그리고 한정 속에 있다. 이것은 동시에 국가형태와 헌법형태의 기본문제이다. 다양한 변종의 가능성이 약간의 기본형으로 환원된다면, 국가와 사회 간에 열려진 상관관계라는 의미에서, 국가에 대한 일방적으로 결정된 사회의 관련관계란 의미에서, 또는 사회 속으로의 일방적으로 결정된 국가의 관련관계란 의미에서, 이러한 확정 내지 형성은 이루어진다.

기준이 되는 기본형에 따라서 국가와 사회의 관계질서의 다양한 유형 또는 모델이 구별될 수 있다.[32] **권위주의적인** 모델은 사회에 의한 영향으로부터 국가의 정치적인 결정범위를 독자적으로 독립적인 것으로 하는 것을 목표로 한다. 국가의 지배조직은 사회에 대해서 자립한 것으로서 격리되며, 즉 국가를 담당하는 집단은 국가의 지배력의 행사를 둘러싸고 경쟁하지 아니한다. ― **민주적 · 자유주의적인** 모델은, 사회에 대한 국가의 영향력행사에 관한 확정된 한계는 고려하지 않으며, 정치적인 의사형성에 대한 만인의 규율된 관여가능성과 국가의 결정적 지위에 대한 열려진 접근통로로부터 출발하고 있다. ― **제도적인** 모델은 권위주의적인 모델과 민주적 · 자유주의적인 모델과의 중간형태인데, 그것은 국가라는 활동체를 사회로부터 엄격하게 격리되지 않고 매개(헤겔)의 제도인, 예컨대 공무원제도, 직업적 · 신분적인 직업단체, 게마인데의 자치, 그리고 또한 (그것만은 아니지만) 국민대표와 같은 구체적인 제도 속에 구현시키려고 시도한다. ― 끝으로 **전체주의적인** 모델은 국가와 사회의 대립이 해소된 것을 의미한다. 그것은 한편으로는 사회적 전체와 개인에 대한 지배적 · 정치적인 간섭을 모두 그 생활의 표출에서

---

32) R. 치펠리우스의 『일반 국가학』(R. Zippelius, Allgemeine Staatslehre, 2. Aufl. 1970)이라는 간략한 교과서는 현재의 국가학의 이와 같이 중요한 기본문제에 대해서 아무것도 언급하지 않은 것이나 다름없다.

가능케 하기 위한 국가적인 권한의 무한한 확대를 포함하며, 다른 한편으로는 국가를
하나의 사회적인 집단, 그 정당의 순수한 수단 또는 집행기관으로 하고, 그렇게 함으로써
초월적인 조직으로서의 국가의 성격, 국가의 보편성지향은 파기되는 것이다.

III

　지금까지의 고찰에도 불구하고, 민주주의에 있어서의 국가와 사회의 구별과 대립의
문제, 보다 정확하게는 민주적으로 조직된 국가에 있어서의 그것은 특별한 방식을 나타내
고 있다. 기본법도 제20조 2항 전단에서 확인하고 있듯이, 민주주의 원리에 의하면,
모든 국가의 결정권력은 국민에게 귀속되어야 하는 것이다. 그것은 국가의 결정질서
중에의 정기적인 선거 또는 국민 자신의 결정으로 국민에 의해서 구성되어야 하며,
국민 자신에 대한, 또는 그것에 의해서 구성되는 기관에 대한 책임관계와 통제관계에
의해서 국민에 대하여 정당화되어야 한다. 그러나 구체적으로 고찰하면, 국민은 사회와
「아울러」 또는 그 「이전에」 존재하는 것이 아니라 전체적으로 본다면 사회에(도) 있기
때문에, 국가와 사회의 구별과 대립은 그 경우 어떠한 의미와 어떠한 필요성을 여전히
가져야 하는가? 그것은 민주주의 원리의 상대화, 국민의사의 그때그때의 규준성의 한정
또는 부분적인 폐기마저도 가져와야만 하는 것인가?

　1. 민주주의 국가에 있어서의 국가와 사회의 구별과 대립의 유지는, 민주주의 원리의
폐기를 의미하는 것은 아니지만, 그러나 개인과 사회의 자유를 보장한다는 목적을 위한
민주주의 원리의 일정한 한정과 구속은 의미한다. 국민으로 구성되는 민주적인 지배권력
과 결정권력은 이와 같이 하여 중개적 지위 속에 구속되는 것이다. 즉 한편으로는 조직체인
국가의 결정을 위한 민주적인 의사형성과 협력의 자유가 실현되며, 국가가 「민주적인」
국가로 되며, 다른 한편 국가와 사회의 구별 속에 마련된 개인과 사회의 자유에 관한
국가권력의 한정과 기능감축이 유지되는 것이다. 자유는 이리하여 「이중으로 봉합되는
것이다」. 즉 국가권력의 결정에의 만인의 협력과 공동참가의 정치적인 자유에 대해서
국가권력 일반의 특정한 간섭을 앞에 둔 개인과 사회의 시민적인 자유가 다시 첨가되는
것이다. 자유를 2중으로 보장하기 위한 민주주의 원리의 이와 같은 구성과 동시에 구속이
야말로 바로 기본법이 민주주의를 법치국가적이며 자유주의적인 민주주의로서 파악하며
(기본법 제20조 2항과 제28조), 기본권을 입법자에 대해서도 구속적인 것으로 하며(제1조
3항), 그리고 그 핵심내용의 불가침을 선언하여(제19조 2항, 제79조 3항) 기본법이 결정을
내린 이유인 것이다.[33]

---

33) 이러한 결정의 한 구체화를, 연방헌법재판소가 전개한 「자유민주적 기본질서」의 개념이 나타내고 있다.
　　BVerfGE 2, 1 (12 f.), 5, 85, (140 f.). 나아가 또한 법치국가 원리에서 나오는 시민을 위한 자유의
　　추정에 대한 BVerfGE 17, 306 (313 f.)도 참조.

　그에 대해서 국가의 결정권력의 민주적 성격을 이끌어 내어 국가의 기능감축이 폐기되면, 민주적 협력의 자유에로 자유는 감축한다. 왜냐하면 국가의 민주적인 결정권력의 권한 전체는 바로 그것이 민주적이기 때문에 동시에 국가의 결정권력에의 개인과 사회의 편입이 전체적으로 된다는 것을 의미하기 때문이다. 그 경우에 민주주의란 만인이 모든 것에 대해서 모든 것을 결정할 수 있다는 것이다.[34] 민주적 과정에 **있어서**의 (협력의) 자유만이 여전히 존재하며, 민주적 과정에 **대한** 자유는 이미 존재하지 아니한다. 결과는 내부에서 개인이 완전하고 전적으로 민주적인 집단의 일원이며 바로 그 때문에 필연적으로 전체주의적인 성격을 띠는 **전체적** 민주주의이다.

　여기서 「민주화」란 개념의 이율배반성이 명백해진다.[35] 민주화는 그것이 국가의 결정권력의 민주적 구조를 개선한다는 것과 타인의 자유 또는 민주적 국가 자체에 위험을 미치는 사회의 권력적 지위가 민주적 통제 아래 두어야 한다는 것을 의미한다면, 의미있는 정치적 요청일 수 있다. 그에 대해서 민주화가 사회를 한편으로는 국가로부터 「자유롭고」 또한 다른 한편으로는 그 자체를 민주화하기 위해서 사회의 자유의 모든 영역이 부분적인 집단의 「민주적」 규제권력 아래 두어야 한다는 것을 의미한다면, 그것은 전체주의에 이르는 도로 표지이다. 그러면 바로 부분적인 사회집단의 지도 요구와 동일화의 요구에 대해서 개인의 자유를 보장하기 위한 것이며 개인의 자유를 보장하기 위해서 불가결한 조건인, 국가의 조직에 있어서의 정치적인 결정권력의 집중, 바로 그것은 해소되는 것이다.

　2. 민주적 국가에서도 국가와 사회의 구별을 유지하는 것의 실제의 헌법상의 의미는, 국가의 결정권력 그 자체의 한정에 있을 뿐만 아니라 정치적인 의사형성의 조직형식에 관하여, 그리고 공적인 영역으로부터 국가적 영역의 한계를 확정하는 것에 관하여 마찬가지로 의미가 있음을 알 수 있다.

　a) 민주주의에서는 국가와 사회가 「서로 중첩된다」는 것, 국가가 「사회의 자기조직」[36]

---

34) Rousseau, Contrat social Ⅰ, 6의 사회계약의 정식은 정당하여 결과적으로 그와 같이 된다. 「우리들 각인은 신체와 모든 힘을 공동의 것으로서 일반 의사의 최고의 지도 아래 둔다. 그리고 우리들은 각 구성원을 전체의 불가분의 일부로서, 한 묶음으로서 받아들이는 것이다」. 또한 Julien Freund, Der Grundgedanke der politischen Philosophie von J. J. Rousseau: Der Staat 7 (1968), S. 1 ff.도 참조

35) 최근의 논의에서 한편으로는 이론적인 근거지움에 대해서 J. Habermas, Strukturwandel der Öffentlichkeit, Neuwied-Berlin 1962, S. 242 ff. 나아가 상세한 점의 형성에 관하여는 Nitsch, Gerhard, Offe, Preuß, Hochschule in der Demokratie, Neuwied-Berlin 1965, S. 189 ff.; Ulrich K. Preuß, Zum staatsrechtlichen Begriff des Öffentlichen, Stuttgart 1969, S. 166 ff., 184 ff,; H. v. Hentig, Die Sache und die Demokratie; Die Neue Sammlung, 9 (1969), S. 101 ff. 다른 한편 W. Hennis, Demokratisierung. Zur Problematik eines Begriffs, Köln-Neuwied 1970: H. Maier, Vom Getto der Emanzipation: Hochland 62. Jg. 1970, S. 390 ff.을 보라. 비교적 오래된 문헌에서는 특히 Franz Neumann, Zum Begriff der politischen Freiheit: ders., Demokratischer und autoritärer Staat, Frankfurt 1967, S. 100-142, insbes. 130 ff.를 보라.

이 된다는 것을 출발점에 둔다면, 정치적인 의사결정은 원리적으로 본다면 「국가의」 과정도 「사회의」 과정도 아닌, 단순히 「공적인」 과정으로 되며, 그럼으로써 국가에 의한 임의의 규제와 아울러 사회의 형성에 의한 임의의 영향력 행사 요구와 자치 요구, 그리고 그와 함께 통일적인 정치적 결정권력의 분할화의 진행이 정당화되는 것이다.[37] 그에 대하여 정치적인 의사결정이 국가로부터 구별되고 그 간섭에 원리적으로 선행하는 사회로부터 국가로 향하는 과정으로서 나타난다면, 사회의 자유의 불가결한 규율로서의 대강질서의 보장을 초월하는 이러한 과정에의 국가의 영향력 행사는 당연히 불가능하다. 정당은 그 정치적인 기능과 그 국가조직 내부에의 작용에도 불구하고 그 자체는 국가의 기관이 될 수는 없으며, 필연적으로 사회와 국가 간의 특별한 중간적인 위치에 머무르고 있다. 즉 그것은 사회로부터 나와서 그것이 정치적으로 능동적으로 되는 한에서 국가 쪽에, 국가의 내부에로 향하는 행동기관이며, 또는 레닌(Lenin)의 말을 빌리면, 사회와 국가와의 「전동 벨트」인 것이다.[38] 사회 내부의 자유로운 형성물로서의 단체에 대해서도, 민주적으로 정당화되지 아니하는 기관(Instanz)의 압력으로부터 국가의 결정과정을 해방시켜 두기 위해서 국가의 결정과정에 대해서 이들 단체가 희구하는 영향력행사를 절차적으로 규율하기 위한 것이 아닌 한, 이들 단체는 마찬가지로 국가에 의해서 지도되지 아니하며, 또한 그 행동범위를 협소하게 할 수도 없다. 끝으로 개인과 사회의 자유의 영역으로서의 출판의 자유, 의견표명의 자유, 결사와 집회의 자유와 같은 보장은, 정치적인 의사형성과정에 대한 그들의 뛰어난 의미와 기능에도 불구하고, 예컨대 이러한 기본권의 민주적인 기능향상이 추구되는 것을 내세워 국가기관의 의도적인 간섭에 대해서 폐쇄된 그대로이다.[39]

b) 국가와 사회의 구별을 포기하면, 나아가 공적 내지 공적으로 중요한 임무로부터

---

36) Hesse, a. a. O. (N, I), S. 8는 바이마르 시대의 정석을 받아들이면서 그렇게 서술한다.

37) Ulrich K. Preuß, a. a. O. (N. 35), §§9-13에서는 이러한 방향에서 그러한 귀결들이 명시적으로 전개된다.

38) 1967년의 정당법에 나타났듯이, 현행 정당법은 이 중간적인 위치의 유도이며, 그것을 규범적으로 보장하는 것이다. 정당은 그 성립과 내부조직, 그리고 구성원의 권리에서 본다면 사회의 영역에 속하며, 그러한 한에서 원칙적으로 사법(私法)에 따르는데, 그 기능에서 그것은 헌법에 복종한다. 그 지위에의 반작용은 제21조에서 명시적으로 승인된 기능을 출발점으로 하기 때문에, 정당은 또한 그 내부조직과 구성원의 권리에서 기본법 제21조 2항이 스스로 이미 규정하고 있는 일정한 헌법상의 구속에도 복종한다. 따라서 「행정사법」(行政私法)에 의거하여 「정당사법」(Parteienprivatrecht)에 대해서 말할 수 있다. 정당법에서 (아직) 규율되지 아니한 것에서 발생하는 문제에 대해서는 예컨대, Knöpfle, Der Zugang zu den politischen Parteien: Der Staat 9 (1970), S. 321 ff.을 참조.

39) 기본권해석에 대해서 그 점에 있는 결정적인 의미는 명백하다. ― 기본법 제5조의 출판의 자유에 관하여는 E. Friesenhahn, Die Pressefreiheit im Grundrechtssystem des Grundgesetzes, in: Recht und Rechtsleben in der sozialen Demokratie. Festgabe für Otto Kunze, 1969, S. 21 ff.; Hans H. Klein, Öffentliche und privavate Freiheit. Zur Auslegung des Grundrechts der Meinungsfreiheit: Der Staat 10 (1971), S. 145 ff. 집회의 자유에 관해서는 Fritz Ossenbühl, Versammlungsfreiheit und Spontandemonstration: Der Staat 10 (1971), S. 53 ff. 다른 한편 A. Dietel und Kurt Gintzel, Demonstration und Versammlungsfreiheit, 1968 [dazu D. Merten, in: Der Staat 9 (1970), S. 274 ff.]을 보라.

국가적 임무를 한계획정하는 모든 가능성은 상실된다. 이 점에서 재판과 문헌에서 널리 유포되고 있는 불명확함이나 혼란은 그것에 관하여 매우 계발적이다.

연방헌법재판소는 최근 방송 영조물에 관한 매상세가 허용되지 아니한다는 판결[40] 속에서, 방송 영조물이 공적인 임무를 수행하며 기본법 제5조 1항에서 나오는 구속을 고려한 상당한 방법으로 조직되고 있다는 사정에서 바로 **공법상의** 임무가 문제이며, 그럼에도 불구하고 그 임무의 수행에 관해서는 동시에 국가로부터의 자유(Staatsfreiheit)의 요청이 있다는 결론을 도출하였다. 재판소가 구체적인 사안에서 텔레비전 판결(E 12, 205 [244 f.])[41]에 있어서의, 방송 영조물의 활동을 「행정」이라고 하는 성격을 붙임으로써 어느 점까지 판례에 의해서 선결된다고 보았는가 하는 문제는 접어 둔다면, 이 판결이유의 논리는 자명하다. 그 근거는 국가의 영역과 사회의 영역, 국가의 임무와 사회의 임무와의 모든 구별의 결여이며, 그 결과는 공적 임무와 책임과 공법상의 임무와 책임을 구별하는 가능성의 결여이다.[42]

마찬가지로 최근 케베니히(W. Kewenig)[43]는 교회에 관하여, 교회를 「공적인 것의 영역 속에」, 그리고 그러므로 「제도화된 국가성」에 가까운 것 속에, 사회적 집단화의 내부에서의 그 뛰어난 성격에서, 그리고 교회에 의해서 수행되는 (사회적 및 문화적인) 공적 임무에서, 한편으로는 그 지위가 공법상의 단체로서 정당화되며, 다른 한편으로는 교회로부터 교회세 징수권을 박탈하게 되는 경우에는 국가의 보조금을 요구하는 청구권이 발생한다는 명제를 정립하였다.[44] 노동조합과 사용자 단체는, 판결이유의 논리맥락이 받아들여진다면, 보다 적지 아니한 「우수성」을 나타낼 것이며, 공적인 임무의 수행, 즉 개인과 사회의 매우 유익한 공동생활에 불가결하며 당사자의 동의로 변경할 수 없는, 따라서 일반적인 임무의 수행을 나타내며, 그와 함께 국가의 보조금을 요구하는 상당한 청구권을 가진다는 것을 나타낼 수 있다. 일간지와 주간지, 나아가서는 또한 우유판매도 후에 계속할 수 있으며 계속될 것이다.

공적인 지위와 임무 또는 그 어느 것으로부터 국가에 의한 특별한 승인, 진흥, 그리고 보조금을 인출하는 여기서의 결론은 민주주의의 원리에 모순되는, 일반적인 법적 평등으로부터의 선별의 새로운 시스템, 즉 우선권과 특권의 시스템을 나타내게 한다. 민주주의의 원리란 의미에서의 일관성이 그러한 우선권이 부여된 공적 지위와 임무의 모든 담당자도 또한 민주적인 의사형성과 통제에 복종한 때에만 존재할 수 있다. 그것은 물론 사회에서

---

40) BVerfG v. 27. 7. 1971: NJW 1971, S. 1739 ff. [= BVerfGE 34, 314 ff.]

41) 이 판결에 첨부된 가이거(Geiger), 링크(Rinck), 그리고 반트(Wand) 재판관의 반대의견(dissenting opinion)은 그러한 판례의 채택에 명시적으로 반대하고 있다. 그러나 그 때문에 취해진 이유첨가는 바로 뒤틀린 것이며 설득적이지 못하다. NJW 1971, S. 1743 r. 참조. 반대의견에 의해서 비난된 이번 판결의 불명확함과 모순은 이미 텔레비전 판결에서 준비되고 있었다.

42) 그에 대해서 가이거, 링크, 그리고 반트 재판관의 반대의견은 다르며, 공적 임무와 국가적인 임무를 명확히 구별하고 있다. A. a. O. S. 1742 ff. [BVerfGE 31, 337 ff.]

43) W. Kewenig, Das Grundgesetz und die staatliche Förderung der Religionsgemeinschaften, in: Essener Gespräche zum Staat und Kirche 6. Münster/W. 1972, S. 24 f.

44) a. a. O. S. 28.

수행되는 그러한 공적인 임무와 지위의 사정범위에서는 사회적 영역의 광범위한 국가화 또는 시류(時流) 속에서는 보다 가까운 것인데, 「민주화」에 이르는 것이며, 그러한 위험성은 위에서 서술한 바 있다.

오늘날 점차 증대하고 있듯이,45) 실질적으로 공적인 것과 (실질적으로) 공적인 임무를 **헌법상의** 고찰의 출발점과 통과점으로 삼는 것이 아니라 **국가적인** 임무와 **사회적** 임무와의 대비를 (따라서 국가와 사회의 구별을) 출발점과 통과점으로 삼을 때에만 이것에 대항할 수 있다. 그럼으로써 사회의 내부에서 다양한 방법으로 (위에서 서술한 의미에서의) 공적인 임무가 수행되는 것, 그리고 예컨대 우유판매 또는 생활수단 판매에서와 같은 사인(私人)도 그러한 공적인 임무의 담당자일 수 있다는 것이 부정되어서는 안 된다. 그러나 그것으로부터는 아직 국가적인 영역 또는 **공법상의** 영역에로의 이행이 결론으로서 도출되지는 아니한다.46) 결정적인 문제는 오히려 어떤 공적인 임무에 대해서 헌법에 의하거나 헌법의 틀 내에서 행해진 민주적 입법자의 결정에 의해서 그것을 국가적인 임무로 한다고 **선언하며**, 그리고 그에 상당하게 조직되었는가의 여부, 또는 그것이 사회적인 임무로서 그대로 되고 있는가, 내지는 명시적으로 승인되고 있는가의 여부이다. 그것을 국가적인 임무로 한다고 선언한다면, 그 수행도 국가적인 조직관련과 책임관련 속에 집어넣어야 하며, 그것은 그 경우 국가에 의해서 감시된 자치의 가능성은 접어 두고, 민주적인 책임관련과 통제관련, 즉 국민에 관계되는 책임관련과 통제관련의 외부에 있는 사회의 개별 부분 또는 사회적인 집단에 자신의 「공적」 임무로서 그 처리가 맡겨져야 하는 것이다. 그것은 입헌주의에 병렬적인(parakonstitutionel) 권력의 설치를 의미한다.47) 그것에 대해서 그 임무가 국가에 의해서 요구되지 아니하는 사회적 임무라면, 그 수행은 사회에서, 그리고 사회를 위하여 타당한 일반적인 법에 복종하는 것이며, 일반에 대한 특별한 의미가 부여되는 경우에는 그것은 이 의미와의 관계에서 그 처리의 양식을 확보하는 그 상당한 구속에 복종시킬 수 있으나, 그러나 그것에 의해서 그것은 사회적인 영역을 제거하고, 「공적인」 특권을 요구하는 요구권을 매개하는 것은 아니다. 목표로 삼는 국가의 진흥 내지 보조금의 문제는, 공적인 중요성과의 관계에서 나타나는 것이 아니라 **사회의**

---

45) 다른 것보다도 Peter Häberle, "Offentliches Interesse" als juristisches Problem, Frankfurt 1969; ders., Besprechung von Ulrich K. Preuß, Zum staatsrechtlichen Begriff des Öffentlichen: AöR Bd. 95 (1970), S. 651 ff.; A. Rinken, Das Öffentliche als verfassungstheoretisches Problem, Berlin 1971을 참조

46) 그 문제에 대해서는 Hans H. Klein, Zum Begriff der öffentlichen Aufgaben: DÖV 1965, S. 755 ff.; Hans Peters, Öffentliche und staatliche Aufgaben, in: Festschrift Nipperdey, 1965, Bd. 2, S. 877 ff.를 보라.

47) 지방단체의 자치의 존재와 보장이 자주 이론(異論)으로서 지적되는데, 그 지적은 부적절하다. 우선 첫째로, 지방단체의 자치는 국가의 감독과 적지 아니한 국가의 인가유보를 통하여, 또한 모든 국가의 책임관련과 통제관련 중에, 비록 완화된 형식이기는 하지만 편입되고 있으며, 둘째로, 지방단체의 자치의 모든 자치적인 결정은 지역적인 임무범위에 대응하여 영역관련적인 인적(人的) 일반(그리고 그러한 한에서 「부분 국민」)으로서 게마인데 주민, 크라이스 주민에 관련된 스스로의 민주적인 정당성과 통제에 복종한다. 그럼으로써 그것은 바로 그러한 인적 일반성이 원인인 민주적인 정당성을 결여한, 일정한 이익 또는 기능에 근거한 「자치」와는 본질적으로 다른 것이다.

자유를 유지하기 위한 국가의 책임과의 관계에서 나타나며, 거기에는 오늘날 자유의 현실화를 위한 사회적인 전제요건의 보장도 또한 일정한 범위에 속하는 것이다(이 점에 대해서는 후술 IV).

공적인 임무 또는 공적으로 중요한 임무의 **어느 것**이 그것을 국가적인 임무로 한다고 선언할 수 있으며, 선언해야 하는가는 그 경우 소여(所與)의 헌법의 틀 내에서의 민주적인 결정의 문제, 즉 입법자의 결정의 문제이다. 결정의 여지는 물론 한정되어 있다. 예컨대 사법, 경찰, 대회안전보장과 같은 필연적으로 국가적 임무인 몇 가지의 공적인 임무가 있다. 그것과 아울러 국가적인 임무로 한다고 선언할 수는 있지만, 그러나 결코 해서는 안 되는, 따라서 국가적인 임무이면서 사회적인 임무로서도 병행적으로 수행할 수 있는 광범위한 공적 임무가 있으며(예컨대 학교와 교육), 끝으로 국가적인 임무로서 그것을 요구하는 것을 기본권의 보장을 위해서 배제되는, 따라서 사회에만 유보되어 있는 모든 공적이거나 공적으로 중요한 임무의 영역이 있다(예컨대, 출판제도, 종교적ㆍ세계관적인 신앙고백).

IV

그리하여 민주주의의 원리가 결코 필연적으로 국가와 사회의 구별과 대립의 폐지로 귀착하는 것이 아니라면, 그러한 폐지가 다른 이유에서, 즉 시민적 법치국가로부터 현대적 사회국가로의 이행에서 이미 생겨난 것은 아닌가, 또는 생겨나야 하는가의 여부에 관한 문제가 남는다. 국가에 의한 경제과정과 사회과정의 조정의 증대, 사회적 긴장과 사회적 불평등의 상대화를 목적으로 하는 규제입법, 조정입법, 그리고 배분입법의 증가, 국가에 의한 생활상 중요한 서비스 제공과 배려적 급부의 제공의 항상적이며 광범한 확대는 국가와 사회의 조직적인 구별과 분리가 점차 휘말려 들어가고, 그럼으로써 저절로 소멸한 다는 것보다 다른 무엇을 말할 수 있을 것인가?

그 문제는 곧 대답할 수 있는 것 같지만 그 대답은 보다 상세한 고찰을 필요로 한다. 왜냐하면 국가활동의 사회국가적인 증대, 특히 국가에 의한 생활상 중요한 사회적인 급부의 제공과 사회과정에의 국가의 사회적인 개입은 그것 자체로서는 국가와 사회의 구별의 반대원리는 아니며, 사안에 비추어 또한 체계적으로 그것에 정서되는 것이다.[48] (시민적) 사회의, 국가에 의해서 보장된 중요한 질서원리, 말하자면 그 「헌법」은 법적 평등, 영업의 자유, 그리고 기득 재산의 보장에 있다. 자연적 및 경제적인 불평등을 타인의 동등한 자유에 의해서만 한정되는 한에서 완전히 전개시키기 위해서 해방하여 두는 이러한 원리들의 현실화로부터 필연적으로 생기는 것은, 소유에 규정된 사회적인

---

48) 이 점에 대해서 기본적으로는 지금도 L. v. Stein, Geschichte der sozialen Bewegung, a. a. O. (N. 15), Bd. 1. S. 123 f., 131 ff.

불평등과, 그것들을 재산권의 보장에 의해서 법적으로 고정화하고 또 계속시킴으로써 사회에 있어서의 계급적인 적대관계이다. 사회 속에서 그 헌법으로부터 마련된 이러한 발전이 자유로운 과정에, 즉 국가에 의해서 방해를 받지 않고 수행된다면, 국가에 의해서 보장되고 보호된 법적인 자유와 평등은 점차 증대하는 다수의 인간에 대해서는 공허한 형식이 된다. 즉 원리적으로 본다면 가장 자유로운, 권리의 평등에 입각한 사회가 그 자체로 실질적인 부자유를 방면하는 것이다.[49] 따라서 국가는 완전히 국가와 사회의 본래적인 관계지움이란 의미에서 자유로운 사회와 그 기본구조의 보장자로서의 그 기능에 따라서 사회를 그 자기파괴로부터 지키기 위해서 위치지워지고 있다.[50] 사회가 먼저 지배적·정치적인 구속과 단체의 구속으로부터 해방되고, 그 영리구조를 전개하도록 방면됨에 따라서, 동일한 원리는 이제 이러한 사회의 자유와 아울러 법적 평등을 현실적으로 유지하기 위한 것이다. 「자유는 자기결정의 전제요건으로서의 자유의 조건을, 즉 물질적 및 정신적인 재화의 소유를 가진 자에 있어서 비로소 현실적인 것이다」(L. v. 슈타인).[51]

산업·기술의 발전에 따라서 생긴 「지배적 생활공간」[52]의 상실, 즉 개인의 생활영역에 있어서의 개인의 자급자족의 상실에 대해서 사정은 변함 없다. 디터 주어(Dieter Suhr)*의 함축성 있는 정식을 사용한다면, 그 대신에 「사회적 생활공간」이 나타난 것이다.[53] 거기에서 결과로 나타나는, 개인의 생활관계의 법적 규율의 증대는, 그 자체는 국가에 의한 개인의 자유와 사회의 자유의 폐지를 의미하는 것은 아니며, 개인과 사회의 자유를 점차 밀도 깊게 한 사회적 관계와 사회적 행동은 이제 **그 속에서** 이전과 같이 그것에 앞선 것이 아니라 유효하게 유지하는 것의 필요성에 대응하는 것이다.[54]

국가와 사회의 구별에 대해서는 다시 국가의 개입, 국가에 의한 사회적인 조정과 아울러 개인적 및 사회적인 생활과정의 법적 규율의 증대가 행해지는 것이 결정적이 아니라 그것이 **어떠한 원리에** 따르는가, 그리고 그것에 대응하여 어떠한 한계에 그것이 복종하는가가 결정적인 것이다. 그것은 다른 전제 아래서이기는 하지만 이미 L. v. 슈타인

---

49) L. v. Stein, a. a. O. (N. 15), Bd. 2, S. 72 ff.
50) 인간과 시민의 권리선언 제2조는 「인간의 자연적이고 시효로 소멸되지 않는 권리의 보전」을 국가의 목적으로 선언하고 있다. L. v. 슈타인은 프랑스혁명에서 내세우는 국가원리로서 「아주 완전한 인적 발전에의 매우 완전한 자유에 향하여 모든 개인을 인상하는 것」을 정식화하고 있다(a. a. O. [N. 15], Bd. 1, S. 35).
51) L. v. Stein, Geschichte der sozialen Bewegung, a. a. O. (N. 15), Bd. 3, S. 104. ― 이러한 관련은 볼프강 헤페르멜(Wolfgang Hefermehl)의 유명한 말로도 표현할 수 있다. 즉 「금전은 주조된 자유이다」. 이 정식의 자본주의적인 견해는 타당하지 않다. 왜냐하면 이 발언은 바로 자유는 자본으로서 유통화된 소유로서의 금전에 의존한다는 것이며, 따라서 자유의 보장은 소유보장과 소유의 창조로부터 독립한 것이 아니라 바로 소유보장과 소유창조를 통해서 행해진다는 것이다. 모든 사회국가적인 조정목표와 배분목표는 거기에서 그 정식이 그 명백한 채 일반의 의식 속에 침투한다면, 평등에서 출발하는 대신 자유에서 출발하기 때문에 매우 원리적인 새로운 정당성을 획득하는 것이다.
52) Ernst Forsthoff, Verfassungsprobleme des Sozialstaats, 2. Aufl. Münster 1967.
53) Dieter Suhr, Rechtsstaatlichkeit und Sozialstaatlichkeit: Der Staat 9 (1970), S. 67 ff.(83-87).
54) 이에 대해서는 Suhr, a. a. O. S. 85 f.

에 의해서 발견된 것이다.55) 중요한 것은 사회가 그 자신 선재하는 것으로서의 성격을 계속 유지하는가의 여부, 또는 필연적으로 사회국가적인 활동을 이끌어 내어 사회적 전체가 국가의 지도요구와 규제요구 아래 처음부터 주어지는가의 여부이다. 이러한 기준이 만인을 위한 자유의 실현을 위한 사회적 요건도 창출하기 위해서, 그때마다 사회와 그 질서에 대한 국가의 유지기능과 보장기능 속에 그 정도의 그 근거와 한계를 발견하지 못한다면, 즉 사회의 기본구조의 보장을 위해서, 그리고 그 틀 내에서 행해지지 않고, 예컨대 경제적·사회적인 과정의 직접적인 국가적 지도 속에 집어넣는다는 목표와 같은 광범위한 정치적 목표에 따를 때에 사태는 일변하는 것이다. 이러한 사례에서 사회는 국가에 대해서 한정적으로만, 또한 특정한 목적과의 관계에서는 국가로부터의 파악에 복종하는 그 자신 선재하는 것으로서의 성격을 상실하며, 국가 속에서 폐기된다. 결정적인 것은 따라서 국가에 의한 사회적 행정에 관한 **척도규정**(Maßbestimmung)이며, 그것은 국가와 사회와의 관계지움에 있어서의 (열려진 또는 은폐된) 전환을 결정하는 것이다.56)

기본법은 국가와 사회의 구별이 어려운 방향에로의 급변을 예방하려고 한 것이며, 그것은 사회국가에 단순히 자유로운 영역을 열어놓은 것이 아니라 — 의식적으로 — 법치국가와 사회국가를 병치한 것이며, 즉 법적인 관련지움과 상호 간의 한계획정에 둔 것이다.57) 생존배려, 사회적 조정과 사회적 재분배를 목표로 하는 사회국가적 활동을 위하여 입법자와 행정은 수권되며 소환된 것인데,58) 그러한 활동은 법치국가의 요청, 특히 개인과 사회를 위한 자유보장에서 면제되지는 아니한다. 그것들은 법치국가적인 보장과 한계지움의 틀 안에서 행해져야 한다. 기본법은 민주주의의 원리를 실현하기 위한 것과 마찬가지로, 기본법이 헌법상의 요청으로서 규정하고 있는 「사회적 문제」에 대한 국가적 해답을 위해서도 국가와 사회의 구별을 유지하고 유보한 것이다. 그러나 거기에서 이 구별은 또한 확실히 현실적인 것인가?

---

55) L. v. Stein, Handbush der Verwaltungslehre, 3. Aufl. Bd. 3. Stuttgart 1887. 슈타인은 여기서 「사회적 행정」(soziale Verwaltung)의 개념과 내용을 전개한다. 특히 S. 34 ff., 45-48, 82-86 참조.

56) 그러한 척도 규정은 구속적인 국가목표의 설정에 방향지워진 (필요적, 가능적이며 허용할 수 없는) 국가 임무의 이론 없이는 가능하지 않지만, 이 이론은 변함없이 국법학의 기초이기도 하다. 이에 대한 동기는 Hans J. Wolff, Verwaltungsrecht I, 8. Aufl. München 1971, §11, S. 53 ff.

57) E.-W. Böckenförde, Entstehung und Wandel des Rechtsstaatsbegriffs, in: Festschtift für Adolf Ardnt, Frankfurt 1969, S. 68-71 (본서 325-327면); D. Suhr, a. a. O. (N. 53), S. 87 ff.에서의 이러한 병렬관계의 주목할 만한 구체화의 시도를 보라.

58) 입법자와 행정에의 위탁으로서의 사회국가의 원리에 대해서는 P. Badura, Auftrag und Grenzen der Verwaltung im sozialen Rechtsstaat: DÖV 1968, S. 446 ff. 연방헌법재판소의 재판과 관련하여서 Werner Weber, Die verfassungsrechtlichen Grenzen sozialstaatlicher Forderungen: Der Staat 4 (1965), S. 409 ff.(430 ff.) 그 이후에는 다시 BVerfGE 22, 187 (204) 참조.

V

여기서는 (법치국가적으로 구속된) 사회국가에로의 이행과 동일하지는 않지만, 그것과 실질적으로 밀접한 관련을 가지면서 그 경우에 상당히 광범위하게 영향이 보여지는 사상(事象), 즉 국가와 경제의 동일화의 증대를 보다 상세하게 주시하는 것이 긴요하다.

1. 이와 같이 증대하는 동일화는 그 거대한 액수에 달하는 비용규모 때문에 생산과 유통이란 점에서 잠재적인 저해요인에 대처하기 위해서 현재의 확장단계에서 그 내재적인 기능성에서, 그리고 그 생산성을 위해서 점차 일층 광범위하게 영향을 미치는 계획관련 속에 집어넣는, 산업·기술의 과정 자체에 먼저 그 원인이 있다.[59] 이러한 계획관련은 경제적인 계획정보의 상대적인 신뢰성을 확보하기 위해서 국가의 영역에 있어서의 그에 상당하는 계획과정과 지도과정에 의한 지지보강을, 특히 내재적인 경제발전의 순환에 대응한 국가의 수요규제와 시장공황방지(경기조정)를 필요로 한다.

다른 한편, 새로운 사회국가적인 국가임무로부터 이러한 동일화는 생긴다. 국가는 오늘날 사회적 조정과 법적 자유의 실현을 위한 사회적인 전제조건의 창출을 초월하여 포괄적인 사회보장, 복지의 향상, 그리고 사회의 진보를 보장해야 하는 것이다.[60] 국가에 대한 이와 같은 기대는 현재 보편적인 것이며, 그리고 고도로 국가의 정당성을 기초지우는 것이다. 국가가 이러한 목표에 단순히 그것에 접근하기만 하더라도, 도달하려고 한다면, 그것은 사회생산의 증가를 전제로 한다. 국가는 그러므로 필연적으로 고도로 경제에 관심을 가지며 그것과 일체화 하고 있다. 국가는 그 자신의 임무를 위해서 경제의 과정과 진보를 위한 유지 기능을 인수하여야 한다. 그것은 이러한 측면에서도 국가에 의한 수요 규제와 공황방지를, 즉 경제적·사회적 과정의 국가에 의한 총체적 조정과 그것에 대응한 종합 계획화를 결과로서 가져오는 것이다. 국가에 의한 이와 같은 조정기능은,[61] 고권적으로는, 즉 직접적인 명령 또는 금지에 의해서는 그것을 행할 수 없으며, 그것은 자유경제의 시스템에서는 경제과정의 내재적인 조정수단에 적합해서만 가능하다. 경제적·사회적인 행태(투자·소비·저축활동)의 일정한, 그리고 점진적으로 점차 넓은 영역이 국가의 계획관련과 그것에 관련된, 국가로부터 발해진 시장전략인 데이터의 설정에 의한 지금까지의 것을 초월한 결정(조세 경감에 의한 투자 자극, 장려금 제도에 의한 저축 촉진, 조세에 의한 구매력 흡수를 통한 소비억제 등등) 속에 끌어넣는 것이다. 국가가 그때에 이용하는 수단은 조세정책·재정정책·금융정책 그리고 배분정책의 수단이다. 그것들은

---

59) 이 점에 대해서는 J. K. Galbraith, Die moderne Industriegesellschaft, München 1968, S. 67 ff., 332-355를 보라. 이러한 과정의 구조는 H. Freyer, Theorie des gegenwärtiger Zeitalters, Stuttgart 1956에 의해서 전개된 「제2차적 시스템」의 모델에 대응한다. 같은 책 S.79 ff. 참조.

60) 이미 바이르마르 헌법의 전문은 사회진보의 담당자로서의 국가를 선언하고 있었다.

61) 이제 이 점에 관하여는 K. H. Friauf und H. Wagner, Staat und Wirtschaft, in: VVDStRL, Heft 27 (1968), S. 1 ff., 47 ff.

개인에 대해서 대부분의 경우 명령이나 금지를 수반하여 직접적으로는 관계하는 것이 아니라, 간접적으로 자극·경감·배분의 증감을 통하여 관여하며, 그것들은 따라서 거의 전부 법치국가의 형식 유형과 통제로부터는 해방되어 있다.[62] 그럼에도 불구하고 개인의 자유를 위한 한계선이기도 하며, 또한 제1차적이기도 한 국가와 사회 간의 한계선을 직접적으로 없애는 것이 이루어진다.

여기서는 어떠한 방법으로 국가와 사회가 혼합하는가는 아른트(H. J. Arndt)[63]에 의해서 제시된 국가와 사회의 관계에 있어서의 세 가지 종류의 의회기능이 보여주고 있다. 그 입법권과 예산권에 의해서 의회는 첫째로 조세법과 배분법률을 통한 총체적인 소득정책과 배분정책의 담당자이며 — 여기서 의회는 사회국가적인 규제기능과 조정기능(전술한 Ⅳ 참조)에서 사회와 그 이해에 대립한다. 의회는 둘째로 국가적 임무와 그에 따르는 시장에 있어서의 국가적인 수요를 확정하려는 것을 통하여 경제과정에 있어서의 참가자로서 등장하며, 더구나 국가 재정의 규모에 의해서 경제 과정에 결정적으로 영향을 미치는 시장력 있는 참가자로서 등장한다. 의회는 셋째로 경제과정의 상술한 총체적 조정이 의무로서 속하는데, 그것을 위해서는 그렇지만 아무런 특별한 독자적인 수단을 사용할 수는 없으며, 첫 번째와 두 번째를 위한 수단이 사용되어야 하며, 더구나 이 임무의 독자적인 사물논리에 따라서가 아니라 총체적 조정의 목적을 위한 지금까지의 것을 초월한 결정에서 나오는 것이다. 예컨대, 소득, 이득, 재산형성이 국가의 재정 내지 국가의 법률에 의존하는 한,[64] 점차로 이미 그 독자적인 사물논리에서만이 아니라 제1차적으로는 아니지만 마찬가지로, 전체 수요의 규제를 위한 기능 관련에서도(책임성 있는 구매력의 증가, 경제에 있어서의 세율을 심의하기 위한 예시적 적용) 규정된다는 것, 그리고 사적인 기업 활동이 그것이 일정한 규모에 달할 때에 공적으로 중요한 것에 급변하고 결손과 유동성의 결여(헨셀[Henschel], 크루프[Krupp])가 「사회화」되는, 즉 국가에 의해서 인수 내지 조정된다는 것[65](그것은 물론 그 경우 어떤 이유에서 이득은 더욱 「사적으로 된」 채 남아있는가 하는 문제에 대해서 도전한다는 것인데)은, 지금까지의 이러한 것을 초월하는 결정이란 의미에서 그러한 것이다.

2. 여기서 개관한 발전은 점점 경제와 사회를 자신 속에 취합하고 지배하는 국가라는

---

62) 개인에게 직접적으로 관계되는 조세규율에 관해서는 예외가 있다. 그러나 그 조세규율은 조세가 하등 공용수용이 아니라는 지금까지의 다툼의 여지가 없는 원리에 의해서 법치국가의 보장 시스템에서 해방되어 있다. Forsthoff, Begriff und Wesen des sozialen Rechtsstaats; ders., Rechtsstaat im Wandel, Stuttgart 1964, S. 52-53 (사회적 법치국가의 개념과 본질, 본서)을 참조.

63) H. J. Arndt, "Staat" und "Wirtschaft": Studium generale 21 (1968), S. 712-733, insbes. 719 ff.

64) 따라서 공적인 근무의 관리, 피용자, 그리고 공무원에 관하여, 또한 부분적으로 노령연금생활자와 사회연금 생활자에 관하여.

65) 명백히 슐리이커 콘체른(Schlieker-Konzern)은 1961년에 이러한 「급변」 규모에 아직 도달하지는 아니하였으나, 그 슐리이커에서도 크루프(Krupp)에서처럼 유동성 장해가 문제였으며, 「파산」이 문제는 아니었다. 파산절차에서의 파산률은 100%에 못미쳤다. 어떤 것이 한편의 사례에 있어서의 국가 행동의 기초가 되는 법 원리이며, 어떤 것이 다른 한편의 사례에서의 국가의 부작위의 그것인가?

막대한 희생을 강요하는 몰록(Moloch)* 신이란 관념을 성립케 할는지 모른다. 그러나 현재의 경제와 사회와의 동일화에 관해서는 국가가 산업·경제 과정에 대해서 봉사기능을 가지게 된다는 것이 특징적이다. 과연 국가의 임무범위는 증대하고 있지만, 그러나 같은 정도로 국가 자신의 결정력의 나약함도 생기고 있다.66) 그 규제 기능과 조정기능에서 국가는 스스로 고삐를 장악한 「상위의 제3자」라는 지위에 있는 것이 아니라, 산업·경제 과정에 대한 **보충적 기능**의 담당자인 것이다.67) 국가는 경제과정의 발전과 규제에 대해서 기준이 되는 데이터를 국가 측으로부터 제시하는 것이 아니라, 경제 과정으로부터 국가에 대해서 자발적으로 생겨 나오는 데이터와 경향에 대해서 반작용적으로 행동하는 것이다. 이른바 총체적 조정과정의 주체는 국가가 아니며 산업·경제과정 그 자체인 것이며, 국가는 그것에 대해서는 「이행보조자」이며, 성장, 생산성, 그리고 수익에 향해서 조정된 내재적인 작동을 보장하기 위해서 「결손채무보증」을 하는 것이다.

공공투자의 상황만큼, 이와 같은 특징지움이 논쟁적인 과장이 아니라는 것을 분명히 하는 것은 없다. 공공의, 보다 정확하게는 국가와 지방자치단체의 투자는 국가와 경제의 동일화라는 현재의 시스템에서는 이른바 사적인, 즉 경제내재적이며 수익지향적인 투자에 대해서 원리적으로 **서열이 낮은 것이다**. 이것은 공공투자 일반에 대한 객관적인 긴급성을 고려하지 않으면 타당한 것이다. 공공투자는 산업·경제과정이 그 스스로 후퇴하고 있으며, 또한 자극이 되는 수요 확대를 필요로 할 때에만 비교적 대규모로 투입할 수 있다. 즉 그것은 국가지출의 증가로서 실행될 수 있다. 산업·경제과정이 자신의 구동력으로 호황상태나 적절한 확장을 유지하고 있다면, 국가는 그 유지기능에 의해서 시장에서 국가의 고유한 관여를 하며, 그리고 반작용적 조정에 의한 안정화의 수단으로서 투입되는 것이 공공지출이다. 즉 국가는 경기가 그 이상 가열하지 않도록 절제를 하는 것이다. 경제주체의 투자 결정과 아울러 특히 중요한 노동협약자치의 틀 내에서 사회생산의 배분을 미리 결정하는 것도 경제과정에 속하는데, 국가 측에서는 그 경제과정의 내재적인 구동력을 통제하는 가능성은 가지고 있지 않으며, 국가는 그들을 국가에 대해서 자치적으로 제시된 데이터로서 받아들여야 한다.68) 그 자체로서는 하등 일반에 대한 구속적인 책임에 복종하지 아니하는 산업·경제과정 그 자체의 주체적 지위는 여기서 명백하게 된다. 즉 국가는 산업·경제과정의 내재적·자치적 운동에서

---

66) 바이마르 시대에 이 점에 관하여 카를 슈미트에 의해서 「나약함에서 오는」 (양적으로) 「전체적인 국가」 (totaler Staat aus Schwäche)라는 특징이 붙여진 것이다.

67) E. Forsthoff, Von der sozialen zur technischen Realisation: Der Staat 9 (1970), S. 151 ff.; ders., Der Staat der Industriegesellschaft, München 1971, S. 43 ff.

68) 그것은 하나의 견해나 의견이 아니라 경제 주체의 결정의 자유(기본법 제2조 1항, 제12조), 그리고 헌법상 보장된 노동협약의 자치(기본법 제9조 3항)와 결부된 경제 안정법의 목표설정(제1조 경제 전체의 균형 = 사회 국가적인 4중의 과제), 그리고 수단(반순환적 재정정책과 재정운영, 경기조정적립금 내지는 과잉지출, 여신제한, 기한부 조세인상)에서 필연적 귀결로서 나오는 것이다. 국가의 영향력 행사의 가능성 은 여기서는 (법적으로는 비구속적인) 「협조행동」(konzertierte Aktion)(안정법 제3조)에까지 미치지는 아니한다. 경기규제적인 조세인상은 정치적으로는 완전히 특별한 예외적인 경우에만, 정상적인 수단으로 서는 사용할 수 없는 것이다.

이루어지는 무제한한 자기전개에 관해서 보장기능을 가지고 있는 것이다.[69]

　다른 한편, 또 보다 좋게 말하면, 동시에 국가에는 국가가 중요한 영역에서 생존배려의 임무를 인수하며 사회진보의 담당자로서 자신을 증명하는 것이 기대된다. 국가는 일반이 필요로 하는 다수의 공공시설(학교 · 병원 · 극장 · 양로원 등)을 설치하여야 하며, 또한 산업 · 경제 과정은 하부구조의 발전과 향상에 근거하여 비로소「자유롭게」전개될 수 있는데, 국가는 그 하부구조의 발전과 향상에 스스로 종사해야 하며, 끝으로 국가는 산업 · 경제과정의 일반적인 사회적 비용(환경보전, 무역의 안전과 무역의 확대 등)이 점차 증가하는 부분을 인수해야 하는 것이다. 그럼으로써 국가와 사회의 동일화라는 현재의 시스템이 내포하고 있는 내적인 모순은 명백하게 된다. 즉 한편으로 국가는 전체 수요의 규제(경기조종)에 관한 책임이나 생존배려와 사회적 진보에 관한 책임도 부담하며, 다른 한편 국가에는 투자와 우선 투자에 대한 결정과 아울러 사회적 생산물의 노동협약상의 우선 배분에 대한 결정, 그 양자는 경기발전, 경제생산성이라는 목표지향성의 부여와 가능한 국가의 지출한도에 대해서 넘겨줄 수 없는 데이터를 제시하는데, 그러한 결정에의 구속적인 영향력 행사의 가능성은 국가에는 부여되지 않은 채 있다. 국가는 단적으로 말하면, 받는 것 없이 주어야 하는 것이다. 현재의 국가와 경제와의 관계의 핵심문제는 따라서 국가에 투자유도의 권리(거기에 포함된 모든 결과의 경우에)와 사회적 파트너의 노동협약자치에의 구속적인 영향력 행사의 권리가 부여되지 아니한 때에 국가는 경기 조종과 사회진보에 관한 배려를 유효하게 실행할 수 있는가 하는 것이다. 이 문제에 대해서는 산업경제 시스템이 그 스스로 일반 사람들의 관심을 지향한 투자유도 그리고 우선투자와 아울러, 노동협약자치의 자기 규제를 행하는 상황에 있다는 가정이 충분한 이유에 의해서 정당화 될 때에만 아니라고 대답할 수 있는 것이다. 지금까지의 경험은 그것에 대응하는 것일까?

　3. 우리들이 관심을 가지는 문제제기에 문제를 되돌린다면, ── 제시된 모순으로부터의 미봉책으로서 ── 산업 · 경제과정이 직접 국가적인 규율영역과 책임영역으로 인수해야만 하는가의 여부 문제, 즉 국가에 선행하는, 따라서 점적(點的)으로만 규제되어야만 하며, 그 밖의 점에서는 보장되어야 하는 사회적 자유의 영역으로부터 산업 · 경제 과정이 도출되어야 하는가 하는 문제가 생긴다. 대답은 간단히「예스」또는「노」일 수 있다. 그 점에 대해서 결정적인 것은 기본적인 생존 보장과 기본적인 사회적 조정을 넘어서 나오는, 현대 국가의 사회국가적인 목표 설정에 대한 사회의 관계이다. 역사적으로 그리고 시스템적으로 사회적 자유의 시초에 기능**감축**이 있다.[70] 소여의 사회적 상태라는 객관적인 조건에서든, 사회의 의사에서든 그 감축이 폐기된다면 사회의 자유도 또한 감소되지

---

69) 국가가 자신의 일반적인 내용 없이 사회의 자기조직 또는 단순한 기능으로서 파악될 때 그것은 기본적으로는 논리적 귀결임에 불과하다.
70) 상술한 Abschnitt I, S. 13 f.(본서 129면 이하)를 보라.

않을 수 없다. 국가는 한편 받지 않고서는 줄 수 없는 것이다.71) 포괄적인 사회적 안전
· 경제적 성장 · 생활조건의 향상이 국가로부터 해방되고, 또한 가능하게 된 것뿐만 아니라
국가에 의해서 직접 실현되고 보장되어야 하는 목표라면, 경제과정 전체가 ── 사회
생산의 배분과 마찬가지로 ── 국가의 지도와 권한 범위에 집어넣지 않을 수 없다. 국가에
원리적으로 선행하며, 더구나 점적으로 국가에 의해서 규제되어야 하며, 그러나 그 자체는
국가에 의해서 유지되어야 하는 개인적 및 사회적 자유의 영역으로부터, 경제과정 전체는
그 때에는 필연적으로 제외된다. 중심적인 대산업을 국가에의 수중에 집어넣는다는
문제를 포함하는 직접 또는 간접적인 지도와 조종의 문제는 그 경우 (이미) 원리의 문제는
아니며 합목적성의 문제, 즉 기본법 제15조가 그 실현에 대해서 가능성을 열어놓고
있는 하나의 합목적성의 문제이며, 자유주의시대에 시작한 국가의 힘과 경제의 힘의
분리는72) 그 때에 종말을 맞이하는 것이다.

---

71) Carl Schmitt, Verfassungsrechtliche Aufsätze, Berlin 1958, S. 496 ff., 503 f.
72) Hermann Heller, Staatslehre, Leyden 1934, S. 137 f. 참조.

헌법이론적 문제로서의 「국가」와 「사회」*

호르스트 엠케

I

오토 브룬너(Otto Brunner)*는 20년 전에 중세 오스트리아 영역에서의 헌법사에 관한 그의 저작 속에서 「영토」(Land)와 「지배」(Herrschaft)를 그가 연구한 헌법구조의 기본범주로서 설명하였다.1) 이러한 입각점에서 브룬너는 법사가들이 ── 또는 여하튼 우선은 법사가들이 ── 중세 헌법사를 다루어 온 방법과 용어법에 반대하는 일종의 전면적인 공격을 가하였다. 그 비판은, 「국가」와 「사회」가 「공」법과 「사」법과 마찬가지로, 얼마만큼 논리적이며 보편타당한 범주로 전제되었는가 하는 데에 있다. 그러나 「국가」와 「사회」란 그렇지 않고 거의 18세기 중엽에 시작된 분리과정의 소산에 불과하며, 그 과정 중에서 국가는 결국 「법인」으로서 「정신적이며 물질적인 가치의 담당자」인 사회에 대치시켜 왔다는 것이다. 중세의 질서구조를 이해하기 위해서는 이러한 개념은 부적절하다고 한다. 중세 독일의 「국가」를 둘러싼, 예컨대 조옴(Sohm), 벨로프(Below), 그리고 기이르케(Gierke)의 이름으로 윤곽을 떠올릴 수 있는 학문적인 대 논쟁은, 따라서 외견상의 문제들을 둘러싼 그 논쟁의 실제적인 개별 성과와는 관계없이 야기되었다는 것이다.2)

---

* 이 논문은 내가 1960년 7월 28일에 본(Bonn) 대학 법학 및 국가학부의 교수취임을 계기로 행한 공개 강의를 부연하여 서술한 것이다.

  Horst Ehmke, "Staat" und "Gesellschaft" als verfassungstheoretisches Problem, in: Staatsverfassung und Kirchenordnung. Festgabe für Rudolf Smend zum 80. Geburtstag am 15. Januar 1962, J. C. B. Mohr, Tübingen 1962, S. 23-49. jetzt in: ders., Beiträge zur Verfassungstheorie und Verfassungspolitik, Athenäum, Königstein/Ts. 1981, S. 200-324.

1) Land und Herrschaft (4. Aufl. 1959). "Land"란 여기서는 토지를 지배하고 경작하는 사람들의 법과 평화의 공동체를 나타내며, "Herrschaft"란 공통법 아래에 있는 그 토지에 대한 보호권을 가리킨다. Otto Brunner, Moderner Verfassungsbegriff und mittelalterliche Verfassungsgeschichte, jetzt in: Herrschaft und Staat im Mittelalter (Wege der Forschung, Bd. II, 1956), S. 1; Ders., "Feudalismus". Ein Beitrag zur Begriffsgeschichte, Mainzer Akademie der Wissenschaften und der Literatur, Abhandlungen der Geistes-und Sozialwissenschaften Klasse (1958), S. 591을 보라. 또한 E. Kern, Moderner Staat und Staatsbegriff (1949)도 보라.

2) A. a. O., insb. Kap. 2.

여기서는 브룬너의 이와 같은 비판을 그 자체 상세하게 논하지는 않지만, 이러한 비판에 관해서는 두 종류의 흥미 깊은 것이 있다. 첫째로, 이러한 비판이 법사(法史)에 의해서 바로 수용되어 왔다는 것, 그리고 둘째로, 이러한 비판이 ─ 나의 견해가 정당하다면 ─ 근대에 있어서의 국가학과 국법의 문제 제기에 대해서 지금까지 무릇 어떤 영향도 주지 못하였다는 것이다. 문제는 이들 두 개의 현상이 함께 우리 공법이 존재하는 상태에 의해서 조건지워지고 있는가의 여부이다. 우리의 **공법**은 지난 세기의 최후의 3반 세기의 시대 이래 ─ 그 때문에 그 이른바「전성기」이래 ─ 때로는 정열적인 모든 저항에도 불구하고, 실증주의에 의해서 규정되어 왔다. 실증주의는 공법을 모든 역사적 문제 제기로부터 근본적으로 단절한 것이며, 법사(法史)가 민사법학자의 다툼 없는 영분(領分)이 되어 온 것은 바로 그 결과이다. 나아가 공법은 보다 엄밀하게 말하면, 19세기의 **민사법** 교의학의 영향 아래, 저 실증주의적 개념 장치를 만들어낸 것이며, 중세 헌법사에 대한 그것의 적용을 브룬너는 비판하는 것이다.3) 따라서 실증주의와 논전하는 공법학자에게 저절로 압박하여 나오는 생각은 브룬너식의 공격을 다른 방향에로, 즉 역사적 이해로부터 실증주의의 기초가 되는「국가」와「사회」의 분리를 의문시하는 방향에로 향하는 것이다. 다음에서는 이러한 문제 제기를 약술하는 시도를 해 보기로 한다.

우리들의 시도는「국가」와「사회」라는 범주 안에 있는 사정에 비추어 (우리나라에서는 절대주의 이후의 정식화 속에서 말하는)「국가와 헌법의 이론」의 근대적 문제를 사상적으로 압도할 수는 없다는 인식에서 단서가 나온다. 나는 그것을 이 기고의 결론에서 국가와 헌법이론의, 그리고 국법과 헌법의 근대에 있어서의 약간의 문제에 의해서 개별적으로 설명하려고 노력할 것이다. 그러나 여기서는 오직「국가」와「사회」의 개념적인 분리에 대한 것의 기본적 곤란함을 제시하려고 한다. 그 곤란함이란 양 개념에 의해서 인간의 단체가 제시한다는 것에 있으며,「국가」와「사회」의 대치에는 실제적으로 본다면, 동일한 단체가 문제라는 것에 있다. 우리들이 예컨대 경제법 또는 헌법에서 국가가 ─ 근대「사회」의 핵심으로서의 ─「경제」에「개입」한다는 것을 말할 때에, 그것은 어떠한 의미를 가질 수 있는가? 우리들 전원이 국가소속원이며, 전원이 여하튼 경제 가운데 있는 우리들은, 이 때에 우리들 자신 속에 개입하지 않는 것인가? 이러한 곤란은 단체라고 생각된 사회 내부의「국가적 장치」만을 포함하는「좁은 의미의 국가 개념」을 만드는 것이며, 정의상으로는 간단히 해결될 수 있다. 그러나 그럼으로써「국가」소속은 바로「국가」헌법과 마찬가지로, 공중에 떠 있으며, 양자는 장치(Apparat)가 아니라 단체에 (그것도 사회가 바로 비정치적인 것,「사적인 것」이라고 간주되는 것에 대해서 **정치적** 단체에) 관련한다.「국가」와「사회」의 이원론을 19세기에 대비하여 변화된 사회구조라는 관점에서 역사적으로「해결」되었다고 설명하는 것에 대해서, 우리나라의 경우는 이러한 종류의 논증이 그다지

---

3) 국법실증주의에 대한 민사법의 의의에 대해서는 P. v. Oertzen, Die soziale Funktion des staatsrechtlichen Positivismus (Diss. phil. Göttingen, 1952); H. Zwirner, Die politische Treupflicht des Beamten (Diss. iur. Göttingen, 1956), S. 88 ff.; W. Wilhelm, Zur juristischen Methodenlehre im 19. Jahrhundert (1958)을 보라.

멀지않은 이전에 전체국가를 후원하였던 사정에 비추어 경계하지 않으면 안 될 것이다. 다른 한편, 「국가」와 「사회」의 이원론을 단순히 「자유주의적 이데올로기」를 위한다고 설명하는 것은, 정치적 자유를 위해서는 명백히 생명에 위험을 주는 사안인 것이다.

이러한 딜레마에 있어서 우리나라의 한계를 일별하는 것은 도움을 줄는지도 모른다. 오토 브룬너는 중세의 질서구조를 「국가」와 「사회」라는 개념으로 파악할 수 없다는 그의 명제를 위해서 끊임없이 ― 절대주의를 파기하지 않고 ― 중세 질서에서 발전한 영국이 오늘날에도 여전히 우리나라의 실증주의적 용어법의 의미에서의 「국가」는 아니라는 것을 특히 이끌어 내었다. 영국의 공동체는 **코뮤니타스**(*Communitas*)이며 법인은 아니라는 것이다.[4] 영국의, 그리고 미국의 헌법사상의 기초 개념은 「국가」와 「사회」가 아니라 「시민사회」(civil society)와 「정부」(government)이다.[5] "Government"라는 개념은 거기에서는 제도적 계기와 인적 계기(人的契機)를 일치시키며, 그 정부의 「시민사회」에 대한 관계의 기본 개념은 「신탁」(trust)이다.[6] 「마을에 들어가면 그 마을의 이론에 따른다」(andere Länder, andere Theorien)라는 격언에 따르면, 이와 같이 다른 헌법사상에는 우리나라의 문제 관심에 대해서 어떠한 비교 가치도 인정하지 않을는지도 모른다. 그러나 그것에 관해서는 이중적인 의미에서 지장이 있을 것이다. 첫째로, 「시민사회」(civil society)와 「정부」(government)라는 범주에 있는 사고는 「국가」와 「사회」라는 범주에 있는 우리의 사고가 빠지는 모순에서 면제된다는 사정이며, 둘째로 우리의 「국가」나 우리의 「사회」가 아니라 「시민사회」야말로 고대 그리스·로마 정신과 기독교와의 결합에 의해서 기초지워지고 있는 유럽에 공통되는 중요한 정치사상의 전통의 소산이라는 사정이다. 그 전통은 「국가공동체 또는 시민사회, 또는 인민」(respublica sive societas civilis sive populus)에 대해서 말해 왔다. 「소시에타스」란 이 전통에 대해서는 정치적 공동체였던 것이다.

II

실제로는 매우 부분적으로만 해명된 복잡한 과정이 있어서, 그 중 우리의 정치사상은 유럽에 공통되는 전통과는 별개의 것이거나, 또는 아마도 보다 정확하게는 이러한 전통과 대립하여 독자적인 지위를 차지하고 있었거나, 그 과정에 여기에서 들어갈 수는 없다. 여기서 관심을 가지는 국가이론의 발전에 한정하는 것만으로도 내가 할 수 있는 것은 ―「국가」와 「사회」의 분리라는 전제에 각별히 주목한다면 ― 표어만을 부여할 뿐이다.

---

4) A. a. O., S. 146, 154 f.

5) 이에 관하여는 H. Ehmke, Wirtschaft und Verfassung (1961), S. 5 ff.

6) 이에 관하여는 E. Fraenkel, Das amerikanische Regierungssystem (1961), S. 180 ff.; H. Ehmke, 'Delegata potestas non potest delegari', A Maxim of American Constitutional Law, Cornell Law Quarterly, Bd. 47 (1961), S. 50을 보라.

그 표어는 문제의 제기로서 — **문제의 제기**로서인 것을 나는 강조해 두는데 — 생각하는 것이며, 회답으로서 생각하는 것은 아니다.

12세기 이래 나중에 「국민」(Nation) 전체를 포괄하게 되는, 강력하고 중앙집권적인 정치적 통일이 발전된 영국과 프랑스에 비해서, 우리나라의 정치발전의 특별한 형태는 [신성 로마] 제국의 완만한 붕괴 중에서 성장하여 온 절대주의적 영역국가들 (Territorialstaaten)의 영방독자주의(領邦獨自主義, Partikularismus)였다.[7] 문제는 등족들의 정치적 권리를 제거하여 말하는 이 「국가」란 원래 무엇이었는가 하는 것이다.[8] 우리들은 오늘날 「정치적 공동체」란 의미에서의 국가개념을 과연 「법률학적」인 그것은 아니지만 「사회학적」인 그것으로 사용하는 데에 매우 익숙해져 있으므로, 영역「국가」도 바로 이러한 의미에서 이해할 위험성이 있다. 이것과는 반대의 것을, 그러나 이미 — 우리들 독일인은 거의 관심을 두지 않지만 — 「국가」*라는 말의 역사가 말하고 있으며, 최근에는 예컨대 마이어(A. O. Meyer)가 서술한 것과 같다.[9]

라틴어의 status는 최초로 이탈리아어의 lo stato로 그 근대적 의미를 획득하였다. 루돌프 스멘트(Rudolf Smend)가 서술하였듯이, 이 개념은 원래 하나의 단순한 힘의 현상 내지 상태(Machtbestand und-zustand)가 아니라 법의 현상 내지 상태를 나타내고 있었으며,[10] 그것이 국가이성론의 문헌들과 함께 독일에 왔는데, 그러나 당시는 「마키아벨리즘적」 의미에서 보급되지는 아니하였다.[11] 왜냐하면 동시에 — 다른 유럽에서와

7) 이러한 차이가 「상대적으로 뒤떨어진 국민」을 독일사 해석의 동기가 되게 하였다. H. Heimpel, Kapitulation vor der Geschichte? (2. Aufl. 1957), S. 8 ff.; H. Plessner, Die verspätete Nation (1959)을 보라. 중세의 전성기에 있어서의 독일과 서구 국가들과의 상호 발전을 미타이스(H. Mitteis)는 영국과 프랑스에서의 봉건법이 구심적으로 작용하는 "Versachlichung"과 독일과 이탈리아에서의 봉건법이 원심적으로 작용하는 "Verdinglichung"으로서 나타내려고 시도하였다. Der Staat des hohen Mittelalters (4. Aufl. 1953).

8) 영방국가의 형성에 대해서는 T. Mayer, Die Ausbildung der Grundlagen des modernen deutschen Staates im Mittelalter, jetzt in: Herrschaft und Staat im Mittelalter (Wege der Forschung, Bd. II, 1956), S. 284. 나아가 H. Thieme, Die Funktion der Regalien im Mittelalter, Savigny Zeitschrift (Germ. Abt.), Bd. 62 (1942), S. 61; F. v. Bezold, E. Gothein, R. Koser, Staat und Gesellschaft der neueren Zeit (Die Kultur der Gegenwart 2 V 1, 1908); F. Hartung, Deutsche Verfassungsgeschichte (6. Aufl. 1950), Teil I, Abschnitt 5-8을 보라. — 독일 절대주의에 있어서의 등족의 지위에 대해서는 F. L. Carsten, Princes and Parliaments in Germany from the Fifteenth to the Eighteenth Century (1959), 그리고 K. v. Raumer, Absoluter Staat, korporative Libertät, persönliche Freiheit, HZ 183 (1957), S. 55를 보라.

9) Staat라는 용어의 역사에 대해서는 Die Welt als Geschichte, Bd. 10 (1950), S. 229. 그리고 거기에서의 전거를 보라.

10) Staatsrechtliche Abhandlungen (1955), S. 363 ff.

11) Meyer, a. a. O., S. 234, 238 f.의 사례를 보라. 또한 F. Meinecke, Die Idee der Staatsräson, Werke Bd. 1 (1957), S. 411 f.(이광주역, 『국가권력의 이념사』, 민음사, 1990)도 보라. Jacob Burckhardt, Die Kultur der Renaissance in Italien (1860)(이기숙 옮김, 『이탈리아 르네상스의 문화』, 한길사, 2003; 안인희, 정운용 역)가 19세기의 최후의 3반 세기에 현저한 「예술품」인 국가에의 찬미, 법이나 도덕적으로부터 자유로운 「국가이성」에의 상찬에 대해서 가지고 있던 의의에 대해서는 Smend, a. a.

마찬가지로, 그러나 약간 뒤떨어져서 — 우리나라에도 상황·등급·위계·상태·현상(Lage, Rang, Würde, Stand, Bestand)과 같은 의미에서의 "Staat"라는 개념이 발전하였다. 마지막에 열거한 [Bestand라는] 의미에서 이 개념은 군후(Fürst)가 등족들(Stände)과 논전하는 중심점이었던 군후의 재정관리(Finanzverwaltung)에서 각별한 의의를 지녔다. 니더헤센의 방백(Landgraf)인 빌헬름 4세의 「경제적 국가」(ökonomischer Staat)란 이 문맥에서는 일종의 재고 통계 조사(statistische Bestandsaufnahme)라고 부를 수 있거나,12) 또는 1651년의 대선제후령은 「우리들의 영방 전체의 정확한 Staat」(praecisen Staht aller unser Lande)를 제기한 것이 된다.13) 그러나 다른 한편, 대선제후는 「우리들의 status」나 「우리들의 Staat」와 같은 의미에서 「프로이센에 있어서의 우리들의 Estat」 전진 성벽 (Vormauer)인 [스웨덴의] 폼메른(Pommern)에 대해서 말한 것이다. 발데크 백작(Graf Waldeck)이 1655년 폼메른을 폴란드와 교환하는 제안을 한 때에는, 그가 쓴 것은 폴란드의 왕위는 선제후의 「완전한 staat와 안녕한 절대적 소유」에 맡긴다는 것이었다.14) 그러므로 「Staat」라는 말은 확실히 그것이 「고권의 총체」라는 말과 함께 서서히 바뀌어 왔듯이, 군후가 궁극적으로 자기의 지배영역에 관련시킨 소유와 권력상황을 의미하였다. 그러나 그러한 것으로서의 「Staat」란 이제 바로 정치적 공동체라는 것은 아니었다.

「국가」(Staat)라는 말의 역사에 대해서 여기서 소묘한 발전은 — 후에 할러(v. Haller)에 의해서 소생된 — 군후의 소유 상태에 아울러 만들어진 가산국가(家産國家) 이론도 포함되며, 이 이론은 동시에 쇠퇴하는 [신성 로마]의 「국법학」에 존재한 곤란성의 한 표현이었다.15) 당초에는 계수된 로마의 관념들과 개념들의 영향 아래 생성한 이 국법학은 보댕 (Bodin)의 주권론과 자연법론을 받아들였는데, 그러나 라이히에 관해서는 받아들인 근대적 개념을 어떻게 잘 적용하는가 하는 심각한 어려움에 직면하였다.16) 반대로 나중에

O., S. 364 ff.를 보라.

12) L. Zimmermann, Moderne Staatsbildung in Deutschland, jetzt in: Herrschaft und Staat im Mittelalter (Wege der Forschung, Bd. II, 1956), S. 365, 390을 보라.

13) 이 점에 대해서, 또한 다음의 점에 대해서 Meyer, a. a. O., S. 233 ff.

14) 영국을 곁눈질해서 본다면, 이러한 종류의 교환 제안은 당시에 무엇인가 주목할 만한 것이었는지도 모른다.

15) Staats-Lexikon der Görres-Gesellschaft, Bd. 4 (5. Aufl., 1931), S. 75에서의 K. Beyerle의 "Patrimonialstaat"의 항목을 보라. 낡은 가산국가 이론은 나에게는 — 그것이 생성된 상황에 밀접하게 관련지워서 — 복원시켜 다루어야 할 것으로 생각된다. 왜냐하면 폰 할러와 그에 반대하는 논전 중에서 나온 가산국가의 상은 왜곡되어 있기 때문이다.

16) R. Stintzing, Geschichte der Deutschen Rechtswissenschaft, Bd. I (1880), S. 57 ff., 462 f., 537 ff., 663 ff.; Bd. II (1884), S. 2 ff., 32 ff., 189 ff.; Stintzing-Landsberg, Bd. III/1 (1898), S. 1 ff.; O. Gier ke, Johannes Althusius (5. Ausg. 1958), Zweiter Teil; Ders., Das Deutsche Genossenschaftsrecht, Bd. 3 (1881), S. 604 ff., 627 ff.; Bd. 4 (1963), §§ 12-18; H. Rehm, Geschichte der Staatswissenschaft (1896), S. 205 f.; U. Häfelin, Die Rechtspersönlichkeit des Staates, Teil I (1959), Abschmitt I-IV. 나아가 M. P. Gilmore, Argument from Roman Law in Political Thought, 1200-1600 (Harvard Historical Monographs, XV, 1941); P. Laband, Die Bedeutung der Rezeption des Römischen Rechts für das Deutsche Sraatsrecht (Academica Straßburg, 1880), S. 24; M. Fleischmann, Über den Einfluß des römishen Rechts auf das Deutsche

는 라이히라는 관념은 항상 Staat라는 관념과의 긴장관계 속에서 생성하였다.17) 라이히에 게 주권의「주체」를 확증한다는 불쾌한 추상적인 이론구성상의 수고에 대해서 푸펜도르프 (Pufendorf)는 ― 바르톨루스(Bartolus)*의 말을 빌려,18) ―「정치적 괴물」인 라이히라는 명칭을 대치하였다. 이 명제는 유럽 대륙의 근대적인 정치와 국법이론의 조류나 개념에 대한 라이히의 정치적 상태의 실태에 관한 언명을 내포한 것으로, 푸펜도르프의 국가학은 발흥하고 있던 절대주의적 영역 국가의 근거지움과 정당화의 한 시도로서 이해하는 것이 가능하다. 루트비히 짐머만(Ludwig Zimmermann)은 이것을 푸펜도르프는「프로이 센적 도정(道程)을 위한 프로그람」을 쓴 것이라고 간단히 정식화하였다.19)

우리들의 문맥에서는 푸펜도르프 국가학의 두 가지 주요점이 강조되어야 한다(그 때에 이 국가학의 원형은 무엇인가 내지 이 국가학의 가능한 모범은 무엇인가 하는 문제는 이것을 그대로 남겨두기로 한다). 그 하나는 **도덕적 존재**(*entia moralia*)라는 이론에 뒷받침된, **결합된 도덕적 인격**(*persona moralis composita*)으로서의 국가인격(Staatsperson)이라 는 설이다. 계약이라는 일반적·개인주의적·자연법적 구성수단이 여기서는 오로지 전체인격(Gesamtperson)을 창출하는 데에 봉사한 것이며, 그 구성수단에서 영역 국가 내에 발전하고 있던 통일을 위한 개념이 획득되었다. 그 가장 본질적인 징표로서 나타난 것은「통일적 의사력」인데, 그러나 그것은「**최고의 지배권**」(*summum imperium*)으로서, 「국가인격」에서가 아니라 통치자인격(Herrscherperson)에 부여하는 것이 인정되었다. 두 번째의 요점으로서는 따라서 푸펜도르프의 국가학이「국가가 초개인적인 인격이라는 것을 통치기관(Herrschaftsorgan)의 그것과 바꾸었다」20)라는 사실을 강조할 수 있다.

그런데「통치기관」이라는 말을 이 문맥에서 사용하는 것에 대해서는 확실히 의문을 품어보아야 할 것이다. 여기서는 분명히「국가기관」이라는 근대적 개념이 과거에 투영되 고 있기 때문이다.21) 그러나 푸펜도르프의 국가학은 국가이론적으로 구성된「국가」인격

Staatsrecht (Mélanges Fitting, Bd. 2, 1908), S. 637; G. v. Below, Die Ursachen der Rezeption des Römischen Recht in Deutschland (1906), S. 54 ff.를 보라.

17) W. Mommsen, Zur Bedeutung des Reichsgedankens, HZ 174 (1952), S. 385 ff.; Plessner, a. a. O., insbes. S. 47 ff.를 보라.

18) Stintzing-Landsberg, Bd. III/2, Noten, S. 409를 보라.

19) A. a. O., S. 399. 푸펜도르프에 대해서는 다음의 것을 보라. v. Gierke, Genossenschaftsrecht, Bd. 4, S. 415 ff., 454 ff., 476; Ders., Althusius, S. 88 f., 102 ff., 113 ff., 182 ff., 192 ff.; Stintzing-Landsberg, a. a. O., Bd. III/1, S. 11 ff.; Meinecke, Die Idee der Staatsräson, S. 264 ff.; H. Welzel, Die Naturrechtslehre Samuel Pufendorfs (1958); E. Wolf, Große Rechtsdenker (3. Aufl. 1951), S. 306 ff.; U. Scheuner, Samuel Freiherr von Pufendorf, in: Die Großen Deutschen, Bd. 5 (1957), S. 126; H. Rabe, Naturrecht und Kirche bei Samuel Pufendorf (Schriften zur Kirchen-und Rechtsgeschichte, Heft 5, 1958); W. Zuber, Die Staatsperson Pufendorfs im Lichte der neuen Rechtslehre, AöR, Bd. 30 (1939), S. 33; U. Häfelin, a. a. O., S. 38 ff. mit weiteren Literaturangaben.

20) Welzel, a. a. O., S. 60 ff., 66 Anm. 34, S. 69 ff. 또한 v. Gierke, Althusius, S. 182 ff.; Ders., Genossenschaftsrecht, Bd. 4, S. 419, 454, 462를 보라. Zuber, a. a. O.도 보라.

21) 그러한 절차에 대한 비판이 R. Höhn, Der individualistische Staatsbegriff und die juristische Staats-person (1935)의 연구의 핵심인데, 그 주요 명제는 여하튼 ― 나중에 더 상세히 들어갈 것이지만

으로부터 통치자인격에로의 이행이라는 역사적 문턱에 서 있는 것은 아니다. 그것은 반대로 초기의 근대적 국가이론 — 마키아벨리·보댕·홉스 그리고 콘링(Conring)*의 이름을 열거해 두는 것만으로 좋다 — 의 요점에 있었던 통치자인격으로부터의 「국가인격」에로의 확대라는 문턱에 서 있는 것이다.

자신의 눈앞에서, 예컨대 브란덴부르크-프로이센에서 전개되고 있었던 실태에 직면하여, 푸펜도르프는 홉스의 「왕은 인민이다」(rex est populus)(또는 시민사회, 또는 국가공동체이다)(sive societas civilis sive republica)라는 말을 절대주의적 영방국가의 간결한 바꾸어 쓰기로서 간주할 수 있었다.22) 푸펜도르프 자신은 역시 정치적 현실의 관찰을 바로 독일 국법 연구의 유일하고 올바른 방법이라고 보고 있었다.23) 이러한 역사·사회학적 기초를 넘어서 국가를 실제상의 통치자에게 체현된 것으로 본 푸펜도르프의 이해는 그보다 깊은 근거를 루터의 관헌이론(Obrigkeitslehre)에 가지고 있었다.24)

이 이론에서 문제인 것은 정치적 공동체(Gemeinwesen)의 사회학적 문제 또는 국가이론적인 문제가 아니라 — 이 이론은 근본적으로는 무릇 정치적으로 생각된 것은 아니었다 — 신에 의한 구제의 설계도(Heilsplan Gottes) 중에서의 세속권력의 임무였다. 그것에 따르면 신이 만든 이 세상의 구원을 구하는 질서(Notordnung)의 구성요소인 세속권력은 그때그때의 관헌의 손에 맡겨지고 있었다. 그 관헌에 대해서 신민은 — 능동적인 저항권이 금지되며 — 모든 세속적 문제에 대해서 절대적으로 복종하지 않으면 안 되었다(이것이 특히 푸펜도르프로 하여금 군후에게 신교(新教)를 수용하도록 말하는 프라그마틱한 충고를 하도록 만든 것이었다. 왜냐하면 신교의 교의는 신민에 대한 권력을 군후에게 부여하기 때문이다).25) 관헌 — 종교개혁이라는 역사적 상황에 있어서 영방주(Landesherr) — 은 이러한 신학상의 이유에서, 따라서 이미 그 주의로부터 정치적 질서를 체현하고 있었다. 이에 더하여 루터의 설은 사회(Gesellschaft)의 이론에 대해서 거의 아무런 관련점도 없었으므로, 그 설에 의해서 발견된 관헌에게 사회적·정치적 질서에 대한 임무를 말한 것이다.26) 푸펜도르

— 잘못되어 있다.

22) Hobbes, De Cive, Kap. XII, 8 (이준호 옮김, 『시민론』, 2013, 209면); Pufendorf, De Jure Naturae et Gentium, 7. Buch, Kap. II, 14.

23) Stintzing-Landsberg, Bd. III/1, S. 20 ff.를 보라.

24) 루터 이론의 정신사적·정치적인·일반적 문제나 영향에는 여기서 들어가지 아니한다. 이 점은 예컨대 P. Joachimsen, Zur historischen Psychologie des Deutschen Staatsgedankens, Die Dioskuren, Jbch. der Geisteswissenschaften, Bd. 1 (1922), S. 106 ff.; Ders., Die Reformation als Epoche der deutschen Geschichte (hrsg. von O. Schottenloher, 1951); E. Troeltsch, Deutscher Geist und Westeuropa (1920); Plessner, a. a. O., S. 58 ff., 60 ff., 92 ff.; H. Holborn, Der Deutsche Idealismus in sozialgeschichtlicher Beleuchtung, HZ 174 (1952), S. 359; v. Raumer, a. a. O., S. 83 f.를 보라.

25) Stintzing-Landsberg, Bd. III/1, S. 18을 보라. 그럼에도 불구하고 루터를 무제한한 절대주의의 정치적 옹호자로서 본다면, 난폭한 오해인 것에 대해서는 J. W. Allen, Political Thought in the Sixteenth Century (1928), Teil I, Kap. 2를 보라.

26) 이 점에 대해서는 Joachimsen, Zur historischen Psychologie des deutschen Staatsgedankens, S. 109 ff., 147 ff. 우리나라의 「국가개념」의 발전에 상응하는 우리나라의 「사회개념」의 발전에 대해서는 다음에 더욱 들어갈 것이다.

프의 경우는 이 문제가 **사회성**(*socialitas*)의 이론, 즉 인간은 과연 구제를 필요로 할 뿐만 아니라 구제할 능력과 구제할 의무도 있는데, 그러나 인간에게는 실제로 구제할 준비가 결여되어 있다는 이론의 형태로 다시 나타난다.27) 이처럼「사회적으로 결여된 것」에 들어가면서, 그리하여 (관헌인)「국가」[즉 관헌국가(Obrigkeitsstaat)]인 것이다.28)

그러나 푸펜도르프에 있어서의 루터의 영향뿐만 아니라 다음의 사실도 착안하는 것이 중요하다. 그것은 푸펜도르프가 영역「국가」를 발견한 것만이 아니라 루터도 또한 영방군후제에 관헌이라는 구체적인 하나의 형태를 발견하였다는 것이다(관헌이라는 형태가 종교개혁의 이론을 보증한 것과 마찬가지로 그것이 지지된 것이기도 하다). 같은 관헌이론도 제네바의 도시국가라면 다른 모습으로 나타날 것이며, 통일 독일제국이라면 다른 모습으로 나타났을 것이다. 루돌프 스멘트는 이것을 아주 간결하게 정식화하였다. 즉

「한편 독일의 영방교회제에서, 다른 한편 서구의 저항운동과 종교개혁, 또는 북아메리카의 건국(칼뱅주의)에서, 출발점은 아주 극단적으로 다르지 아니한 속에, 외적인 상황의 차이가 이들 측에서는 본질적으로 루터적으로 규정된 군후 · 신민 · 관료의 에토스라는 유형, 향하는 측에서는 저항 · 민주주의 · 기본권에서 작용하는 행동정신(Aktivismus)이라는 유형의 대비를 생성시켰다」.29)

나치스에 저항한 고백교회의 투쟁이 야기한 루터의 이론을 둘러싼 논쟁에서 볼프강 트릴하아스(Wolfgang Trillhaas)*가 우리나라의 전개의 결과를 회고하면서, 정치적 공동체에게 향해진 오늘날의「사회학적」국가개념의 기초로부터 서술한 것은, 근대의 국가라는 관념은 세속권력에 대해서 이전의 종교개혁의 이론보다도 **완전사회**(*societas perfecta*)인 국가라는 가톨릭 이론에는 아주 끝없이 근접하고 있다는 것이었다.30)

푸펜도르프에 대해서도 사회학적 · 정치적 의미에서의 **시민사회**(*societas civilis*)는 중요하지 아니하였다. 그가 설정한 역사적 상황의 모든 본질적 문제에 대해서는 오히려 ─ 신민의 정치적 의사를 배제하는 ─ 지고의 국가의사인 군주의 의사가 그의 이론의 중심에 있었다. 따라서 푸펜도르프는 홉스로부터「지배」(imperium)와「자치」(civitas)와의 혼동을 계수하였다는 비난이 그의 주석자들에 의해서 이미 행하여져 온 것은 결코

---

27) 이 점에 대해서는 이제 Rabe, Naturrecht und Kirche bei Samuel von Pufendorf, S. 23 ff., 45, 80 f. 또한 Welzel, a. a. O., S. 62 ff. 참조.

28) 이 문제는 ─ 이미 Joachimsen, a. a. O., S. 132 ff.가 지적한 바인데 ─ , 시민에게는 국가의 이익만을 위하는 의무가 부과될 수 있거나, 또한 다른 시민의 이익을 위해서도 부과될 수 있는가 하는 프로이센 일반 란트법의 창설자를 강렬하게 동요시킨 문제의 정신사적 배경에도 있다. 이 점을 ─ 본질적으로 내재적인 그 해석에서 ─ 개관하는 것이 G. Kleinheyer, Staat und Bürger im Recht (Bonner Rechtswissenschaftliche Abhandlungen, Bd. 47, 1959), S. 38 ff., 114 ff.이다.

29) Artikel "Staat" im Evangelischen Kirchenlexikon, Bd. III, Sp. 1107.

30) Die lutherische Lehre von der weltlichen Gewalt und der moderne Staat, in: Macht und Recht, Beiträge zur lutherischen Staatslehre der Gegenwart (hrsg. von H. Dombois und E. Wilkins, 1956), S. 22, 27.

놀랄 일은 아니다.31)

그러나 이제 푸펜도르프의 국가론의 이와 같은 행론을 강조하는 것에 대해서 망각해서는 안 될 것은, 푸펜도르프가 단순히 우리나라의 절대주의적 영역국가의 이론가였을 뿐만 아니라 그의 ─「국가인격」의 구성의 기초이기도 한 ─ 자연법론에서는 동시에 「인간의 존엄」과 아울러 그 당연한 귀결인 인간의 자연적 자유와 평등의 위대한 스승이었다는 것이다. 그러한 인물로서 그는 벨첼(Welzel)이 지적했듯이, 미국 민주주의 사상의 발전에 각별한 영향을 주었다.32) 여기에는 모순이 있는 것처럼 보이는데, 그 모순에는 30년 전쟁 후의 독일과 서양 사이에 있는 경제적 · 사회정치적 상황의 차이가 나타나고 있다. 서양에서는 세계의 유럽화를 담당한 강대한 국민국가(Nationalstaat)의 태내(胎內)에서 강력한 시민계급이 발전하였다. 이 시민계급은 마침내는 **시민사회**의 이론을 국민주권의 이론과 결합한 것인데, 그러나 권력분립과 기본권에 의해서 국민주권론을 헌법상 제약하였다. 우리나라에 있어서는 민주적 입헌주의 이론은 ─ 란트 제도의 현저한 차이 때문에 ─ 무엇보다도 먼저 사회적으로는 거의 아무런 계기도 되지 못하였다.33) 따라서 푸펜도르프의 국가론이 한편으로는 그처럼 분명히 유럽에 보편적인 자연법의 전통 속에 있더라도, 우리의 구체적인 사회적 및 정치적 상황은 이러한 공통된 전승물(傳承物)의 특수 독일적인 개조에로 그렇게 인도한 것이다. 기이르케(Gierke)는 이것을 이 이론 속에서 국민(인민 또는 시민사회 또는 국가공동체)은 계약 체결 속에서 죽어버렸으며, 국민은 통치자에 의해서 동화되었다고까지 서술한 것이다.34)

그러나 자연법의 맹아는 우리 국가학의 발전에 대해서 결코 의미 없이 머무르지는 아니하였다. 이것은 기이르케가 푸펜도르프의 이론을 ─ 보다 엄밀하게 ─「계약 체결 시에 총체를 사멸시키며 **또한 개개의 신민에 대해서만 권리와 의무를 발생시킨**」이라고 불렀을 때,35) 이미 명백히 하였다. 이와 같은 기초 위에 독일에서는 정치적 공동체의 이론에 대신하여 나타난 우리나라 국가론의 일부인, 나중의 「법치국가」론이 생성하였다. 우리나라에서 절대주의적 국가론과 법치국가론이 공생한 것 중에 우리나라 절대주의의 강함과 법치국가론의 약함이 있었다.36) 당시 독일의 계몽절대주의가 ─ 독일 이외의 국가에서도 오랫동안 그러하였으나 ─ 바로 「좋은 통치」의 모델로 간주된 것은 여기서

---

31) v. Gierke, Genossenschaftsrecht, Bd. 4, S. 419 Anm. 146. 동시에 푸펜도르프가 독일의 국가론에 미친 중요한 영향에 대해서는 S. 419 ff., 456 ff., 476 ff., 484 ff.를 보라.

32) A. a. O., S. 46 ff.; Ders., Ein Kapitel aus der Geschichte der amerikanischen Erklärung der Menschenrechte (John Wise und Samuel Pufendorf), in: Festschrift für Rudolf Smend (1952), S. 387.

33) 등족의 발전에 있어서의 란트 제도의 차이에 대해서는 Carsten, oben Anm. 8에 인용한 것을 보라.

34) Genossenschaftsrecht, Bd. 4, S. 458 f., 462.

35) A. a. O., S. 458 ff. 진하게 표시한 것은 인용자. 푸펜도르프의 제자인 티티우스(Titius)는 계약에 의해서 이루어지는 국가인격의 창출에 의한 어떠한 공적인 지위도 신민(臣民)에게는 인정하지 아니한다. 신민은 국가에서는 「사인」(私人)에 불과하다고 한다. Gierke, ebd., S. 458 Anm. 148).

36) 다양한 원천에서 가져온 자유의 이념과 국가의 이념과의 결합에서 독일의 발전을 이해하는 주목할 만한 시도의 하나를 L. Krieger, The German Ideas of Freedom (1957)이 연구하고 있다.

다시 증명할 필요는 없다.37) 지나가 버린 18세기에 대해서 헤르만 콘라트(Hermann
Conrad)는 그가 스바레즈(Svarez) 강연집을 편집[클라인하이어와 공편으로]하였을 때의
저작에서,38) 프로이센 일반 란트법을 예로 하여 다시 눈앞에 인도한 것은, 결국 그
계몽적「법치국가」이념에 의해서 우리의 절대주의는 가득 차 있었다는 것이다.39) 그러나
이러한 유산을 얼마나 높이 평가해야 할 것인가도 국가학에 대해서 우리의 법치국가론의
고유한 문제성 ― 이것은 스바레스의 경우도 아주 명백한데 ― 은 소극적 측면에 있다.
울리히 쇼이너(Ulrich Scheuner)는 이러한 문제성을 우리의 법치국가론에는 서구의 이론
에 대해서 본질적인「자유로운 국가체제」라는 계기가 결여되어 있다고까지 둘러말했으
며,40) 프란츠 노이만(Franz Neumann)에 이르러서는 우리의 법치국가론은 예컨대 영국의
「법의 지배」와 아무런 공통점도 가지지 아니한다고까지 말한 것이다.41)

  신민의 기득권 보호에만 본질적으로 한정된 법치국가론42)은 상술하였듯이, 그러나
우리 국가이론의 특유한 발전의 일부에 불과하였다. 왜냐하면 기이르케가 언명한 계약
체결에 의한 공동체의「죽음」은「국가인격」의 관념을 지양하지 아니하였기 때문이다.
그「죽음」은 이러한 관념을 공동체라는 사회학적ㆍ정치적 이론에 결국은 대립되는「관념
성」(Idealität) 중에 밀어 넣었다. 프리츠 하르퉁(Fritz Hartung)은 이러한 사정을 그가
1791년의 프로이센 일반 법전에 대해서 말할 때에, 그 법전은 확실히 절대주의를 기초로
하여 생성하였을지라도, 그러나 거기에서도 법전은 절대적 왕권을「의식적으로 국가에
종속시키고」있었기 때문에 법치국가에의 발전의 정점이었다고,43) 매혹적으로 첨가하여
서술하고 있다. 여기서는 어떠한 의미에서「국가」를 말한 것인가? 명백히 이미「고권의
총체」라는 의미에서는 아니며, 국가인격과 통치자인격과의「혼동」이라는 의미에서도

---

37) 이 점에 대해서는 예컨대 이러한 사정을 눈앞에 있는 인상적인 사례로서 다룬 R. Stadelmann, Deutschland
   und Westeuropa 1948, S. 11 f., 26 f.을 보라. 나아가 H. Heffter, Die Deutsche Selbstverwaltung
   im 19. Jahrhundert (1950), insb. S. 63 ff.을 보라.
38) Conrad/Kleinheyer (Hrsg.), Vorträge über Recht und Staat von Carl Gottlieb Svarez, 1746-1798
   (Wissenschaftliche Abhandlungen der Arbeitsgemeinschaft für Forschung des Landes
   Nordrhein-Westfalen, Bd. 10, 1960).
39) Die geistigen Grundlagen des Allgemeinen Landrecht für die Preußischen Staaten von 1794
   (Schriftenreihe der Arbeitsgemeinschaft für Forschung des Landes Nordrhein-Westfalen, Heft
   77, 1958); Ders., Rechtsstaatliche Bestrebung im Absolutismus Preußens und Österreichs am
   Ende des 18. Jahrhunderts (Schriftenreihe der Arbeitsgemeinschaft für Forschung des Landes
   Nordrhein-Westfalen, Heft 95, 1961); Ders., Inididvidium und Gemeinschaft in der
   Privatrechtsordnung des 18. und beginnenden 19. Jahrhunderts (Juristische Studiengesellschaft
   Karlsruhe, Heft 18, 1956). 나아가 Kleinheyer, oben, Anm. 28의 인용을 보라.
40) Begriff und Entwicklung des Rechtsstaates, in: Macht und Recht, Beiträge zur lutherische
   Staatslehre der Gegenwart, S. 76, 85. 나아가 Ders., Die neuere Entwicklung des Rechtsstaates
   in Deutschland, Festschrift Deutscher Juristentag, Bd. II (1960), S. 229 ff. (독일에서의 법치국가의
   근대적 전개, 본서 282면 이하)를 보라.
41) The Concept of Political Freedom, 53 Colum. L. Rev. (1953), S. 901, 910.
42) 경제적 권리와 경제적 자유를 강조하는 것으로서 Krieger, a. a. O., S. 27 ff.를 보라.
43) Deutsche Verfassungsgeschichte (6. Aufl. 1950), S. 131.

아니지만, 그러나 **시민사회**란 의미도 아닌 것은 전적으로 확실하다. 「국가」는 여기서 오히려 의무를 지는 이념으로 간주된다. 이러한 이념성 중에서 우리의 「국가인격」은 통치자에 대한 자립성을 획득하였으며, 이러한 이념성 중에서 「국가인격」은 영방주(領邦主)의 영역상의 「Status」보다 한 단계 높게 둥글게 만들었다.

이러한 발전이 프로이센 국가라는 「인조물」 중에 어떠한 발단의 점을 발견하였는가 하는 것은 여기서는 그대로 놓아두지 않으면 안 된다.44) 우리의 「국가개념」의 이념을 형성하는 일반적인 정신사상의 근거의 하나로서는 자연법 이론의 개조가 다시 다루어야 할 것이다. 그러나 보다 중요한 근거는 아마 그러한 한에서는 루터의 이론에도 있었다. 이 이론은 신에 의해서 설정된 관헌에게 도덕적 질서의 유지도 그 임무로서 부여하였다. 그리하여 관헌에게 부여된 도덕적 권위는 영방 군후의 영방 교회에 있어서의 교회와 국가와의 2원론의 — 여하튼 조직적인 — 지양에 의해서 제도적으로 정착되었다. 관헌의 도덕적인 임무와 근거지움은 그러나 그 고유한 구속과 의무를 가져왔다. 루돌프 스멘트는 국가에의 근무(Dienst am Staat)는 루터 이론에 따르면, 「새로운 의미에서 예배 (Gottesdienst)」이며, 신교에서 말하는 관헌 및 관료국가는 교회의 특질을 많이 가지고 있다고 말하였다.45) 국가인격이 통치자인격을 초월하여 이념을 확대한 것은 그러한 한에서는 아마도 이러한 종교적 내실의 세속화로서 이해될는지도 모른다. 이러한 전개는 최초는 통치자 (그리고 신민의) 의무라는 이 이론에 의해서, 다음에는 통치자의 의무의 객체에 대한 이해의 발전에서 이것을 추구할 수 있다.

의무이론의 계보는 명백하다. 그것은 자연법적 계기와 결부되면 푸펜도르프 국가론의 본질적 구성요소를 구성하며, 계몽적 절대주의 속에서는 짐은 국가의 첫 번째 공복이라고 하는 국왕의 말에 나타나며, 그리고 칸트의 의무이론에 있어서의 관념론 속에서는 그 세속적 열성화(列聖化)를 발견하는 것이다.46)

통치자의 의무의 대상으로서 나타난 것이 — 통치자 인격을 능가하는 — 「국가」이며, 프리드리히 대왕이 1752년의 정치적 유훈 중에서 「숭고한 것」(Majestät)의 이름을 부여한 것이다. 여기서는 임무(Aufgabe)의 원래의 성격, 즉 맡겨진 임무(das Aufgegebenen)라는

---

44) 예컨대 O. Hintze, Die Hohenzollern und ihr Werk (1915), S. 202는, 진실은 대선제후(大選帝侯)가 「국가의 창설자이며 그 이념은 장기간에 걸쳐서 그의 정신 속에 살아 있으며, 매우 완만하게 그 모습을 나타내어 왔다」고 서술하였다.

45) Protestantismus und Demokratie, jetzt in: Staatsrechtliche Abhandlungen, S. 297, 298.

46) 이러한 의무이론이 독일의 전개 경과이며, 특히 문제가 된 것은 노동과 직업에 대한 강렬한 에토스로 뒷받침된 군주제가 점차 근대 세계와의 항쟁에 빠지고, 거기에서는 「개인적 지배」를 속행하려고 하더라도 정치적 군사적인 오락으로 끝나버리기 때문이었다. 예컨대 영국의 모델에 따라서 왕제(王制)를 「형이상학적 내실」에 철퇴시키는 것은 불가능한 일이었다. 왜냐하면 독일의 의무 전통은 지배의 단념 등일 수는 없다고 보려는 것은 도외시하더라도, 왕제가 철퇴할 수 있는 것처럼 「형이상학적 내실」 등까지 존재하지 아니하였기 때문이다. 「신의 은총으로부터 군주제원리에로」의 도정은 오토 브룬너가 최근 Das Königtum (Vorträge und Forschung hrsg. vom Institut für geschichtliche Landesforschung des Bodenseegebietes in Konstanz, 1956, Bd. III), S. 279, 302에서 일층 긴밀한 관련이 있음을 서술하였는데, 프로이센의 독일 군주제에 대해서는 어떤 의미에서 이미 종교개혁의 이론 중에서 시작되었던 것이다.

성격은 아직 소실되지 않고 있다. 이것은 공공의 안녕(Gemeinwohl)이라는 이론, 즉 「salus publica」라는 이론에도 말하는 것이며, 이 「salus publica」 속에서 유럽에 공통되는 자연법의 전통은 계속하여 살아 온 것이다. 서양에서는 특히 사회학에 의해서 받아들여 온[47] 이러한 전통과의 단절을 가져온 것이 칸트이며, 그는 ― 매우 부당하게도 ― [48] 행복설에 입각한 경찰국가의 폐해를 공공의 안녕이라는 이론의 책임으로 돌렸다. 에리히 카우프만(Erich Kaufmann)은, 칸트에 의해서 이루어진 전통파괴를 철저하게 서술하였으며,[49] 또한 최근에는 칸트가 국가로부터 그 실질적 내용을 박탈하였다[50]고까지 그 결과를 정식화하는 자가 있다. 아마도 보다 정확하게는 이렇게 말해야 할 것이다. 즉 칸트는 국가로부터, 임무가 주어진 존재(Aufgegebensein)라는 단순히 그것만의 의미로 이해된 국가의 사회적 내실마저 ― 그것도 모든 「서양적」인 정치적 용어법에 거역하여 ― 박탈하였다[51]라고. 그러나 칸트의 국가는, 국가가 그의 경우에는 「이성의 이념」이라는 객관적인 서계(敍階, Weihe)를 향수하는 한에서, 어떤 「실질적」 내실을 더욱 가지고 있었다.[52] 이러한 계기야 말로 칸트의 「국가론」을 [18]48년의 자유주의의 패배 이후 우리나라 국가사상을 규정하게 된 이론들과 결합하는 것이다.

이들 이론에서 국가는 「객관적 정신」이나 「도덕적 이념의 현실태」(헤겔)로 간주되며, 「도덕의 왕국」(sittliches Reich)(슈탈), 마침내 「도덕적 정신의 유기체」(sittlich-geistiger Organismus)(블룬칠리)로서 나타나는 것이다. 철학적 및 정치적인 모든 차이를 넘어서 이른바 구 입헌주의 국법론에 공통되는 것을 에리히 카우프만은 ― 슈탈에 의거하면서 ―「군주제의 원리」라고 불렀다.[53] 페터 폰 외르첸(Peter von Oertzen)은 구 입헌주의 국법론에 관한 그의 기초적 연구 중에서, 카우프만의 분석을 확실히 개개의 점에서 반증하였는데, 그러나 「군주제의 원리」라는 공통의 특색은 그것만으로 더욱 강하게 부각시켰다.[54] 이들 연구에 따르면 구 입헌주의 국가론의 총체(슈탈[Stahl], 쬐플[Zöpfl],

---

47) 이 점에 대해서는 A. Menzel, Naturrecht und Soziologie (1912)을 보라.

48) 이 점에 대해서는 K. Wolzendorff, Der Polzeigedanke des modernen Staates (1918)을 보라.

49) Kritik der neukantischen Rechtsphilosophie (1921), S. 92 ff. 나아가 Joachimsen, a. a. O., S. 135 ff.; H. Welzel, Naturrecht und materielle Gerechtigkeit (1951), S. 165 ff.; F. Wieacker, Privatrechtsgeschichte der Neuzeit (1952), S. 219 f.를 보라.

50) W. Hennis, Zum Problem der deutschen Staatsanschauung Vieteljahrshefte für Zeitgeschichte (1959), S. 1, 16.

51) 그러한 의미에서 기본법의 「사회적 법치국가」란 칸트에 대해서 뒤늦게 대답한 것이다.

52) 그 실제적 귀결에 대해서 상세한 것은 v. Gierke, Althusius, S. 120 ff., 207 ff.; 315; Ders., Genossenschaftsrecht, Bd. 4, S. 441 ff.를 보라. 칸트에 있어서 일반의사는 경험적이 아니며 이성적인 의사의 총계였기 때문에 「경험적 소여인 국가권력의 지배를 요청함에 있어서는 지고의 이성법(理性法)이라는 추상적 원리를 통하여」 결말을 본다는 것이다(Althusius, S. 122). 또한 Krieger, a. a. O., S. 86 ff.를 참조.

53) Studien zur Staatslehre des monarchischen Prinzips (1906).

54) Die soziale Funktion des staatsrechtlichen Positivismus (Diss. phil. Göttingen 1952). 나아가 H. Zwirner, Die politische Treupflicht des Beamten (Diss. jur. Göttingen, 1956), S. 8-86의 연구를 보라. 또한 T. Ellwein, Das Erbe der Monarchie in der deutschen Staatskrise (1954)을 참조.

헬드[Held], 마이어[Mejer]와 같은 좁은 의미의 군주제 원리의 국가론, 몰[Mohl], 슈미트헨너 [Schmitthenner], 뢴네[Rönne], 배어[Bähr]와 같은 좁은 의미의 자유주의적 법치국가의 국가론, 그리고 차카리아에[H. A. Zachariae], 블룬칠리[Bluntschli], 슐체[H. Schulze]와 같은 주권적 유기체의 국가론)는, 개별적인 모든 차이점에도 불구하고, 다음과 같은 공통된 기본구조를 가지고 있었다. 그것은 국가란 객관적, 정신ㆍ도덕적 및 법적인 질서로서 전제되고 있어서, 그 질서는 인간의 ― 군주든 국민이든 ― 의사에 기초지워진 것이 아니라 그것들을 초월해서 존재하며, 국가는 「이념」, 「라이히」, 「유기체」로서 그 질서에 침투하며, 그 질서를 포함해 넣는다고 하는 구조이다. 국가의 전체가 체현된다는 것은 서로 변함 없이 군주에 의해서지만, 그러나 군주는 이미 절대적 주권자는 아니며, 주권을 가진 국가권력의 「담당자」에 불과하다(그리고 마침내는 「국가기관」이 된다). 국가권력은 통치자와 신민을 초월하여 존재하는 객관적 법질서, 즉 「법치국가」에 의해서 구속되고 있다. 신민은 그의 시민적 자유와 권리를 인(Person)으로서 향유하는데, 그 대신 국가권력의 행사에 관여하는 것은 아니다. 헌법상 인정된 국민대표란 국가권력을 행사하는 것이 아니라 군주에게 체현된 국가권력에 대립하여 신민을 「대표하는」 것이다.

「군주제원리」의 이러한 국가론은 우리나라 입헌군주제의 정치적 타협의 표현이었다. 이 국가론은 절대주의와 서구 입헌민주제와의 정치적 중간점을 왕정복고와 혁명과의 어느 것에도 대립하는 독일 국가의 고유한 가치로서 정당화하려고 하였다. 그럼으로써 그것은 봉건적ㆍ관료제적으로 조직된 군주제를 정당화하는 데에 확실히 봉사하였으나, 그러나 다른 한편, 지배자가 「국가」의 하위에 종속한다는 것과 그 정신의 확대에도 봉사하였다. 그 결과가 어떠하였는가를 ― 해명하는 것이 아니라 ― 설명하려고 한다면, 이렇게 말하면 좋을 것이다. 즉 이러한 국가론은 궁극적으로는 지배자를 우리들의 「국가인 격」에 종속시키며, 동시에 거기에는 사회적 내실이 결여되어 있음을 이념적 측면에서 보충하려고 한 것이다 라고. 그 때에 그 국가론은 맡겨진 임무를 이념적으로 미리 주어진 것이라고 주장하는 것으로 「국가」를 어떤 종류의 이념적 공동체이게 하였다. 마르크스의 헤겔 법철학 비판의 한 구절을 바꾸어 본다면, 이 이론에서 중요한 것은 국가를 가진 국민이 아니라 국민을 가진 국가였다[55]고 말할 수 있을 것이다. 이러한 해결책을 완전히 혐오할 수 있게 되는 것은 독일의 발전을 어디까지나 서양의 발전과의 대비에서 측정할 수 있다고 믿는 자뿐일 것이다.[56] 다른 한편, 세 가지의 것이 간과되어서는 안 될 것이다.

---

55) Frühschriften (hrsg. von S. Landshut, Kröners Taschenausgabe Bd. 209, 1953), S. 47을 참조.

56) 이에 대항한 ― 대체로 J. R. Seeley, Introduction to Political Science (1896), S. 130 ff.를 그 인증의 뒷받침으로 삼은 ― 명제는 이러한 독일의 내적 발전과는 독일의 대외적 상황의 하나의 나타남이었다 고 하는 것인데 ― 예컨대 O. Hintze, Das monarchische Prinzip und die konstitutionelle Verfassung, jetzt in: Staat und Verfassung (1941), S. 349, 354 ff. 나아가 S. 380 ff., 414 ff.를 보라. ― 이 명제는 틀림 없이 문제를 너무나 단순화하고 있다. 이에 대해서 E. Kessel, Der "Inselstaat" in der Geschichte, in: Die Welt als Geschichte, Bd. 10 (1950), S. 168, 176 ff. 그리고 ― 마이네케와 논쟁한 ― H. Holborn, Irrwege in unserer Geschichte?, Der Monat, 2. Jhrg. (1949/50), S. 531, 533을 보라.

첫째로, 국가를 윤리적 질서로 보는 관념론적 파악은 개인과 사회적 현실로서의 국가와의 윤리적 긴장을 간과하거나 또는 부인할 위험성이 있었다는 것, 둘째로, 「윤리의 왕국」인 국가는 그것을 예컨대 반동기의 프로이센에 투영하면, 그 천상의 광채를 아주 상실한다는 것, 셋째로, 결국 이 국가이론은 현실에 대한 해결 불능의 모순에 빠졌다는 것이다. 이러한 현실은 사회였던 것이다.[57]

독일 근대 사회와 독일 국가가 서로 대립한 원인을 이해하여 볼 때에, 우선 첫째로 이해하려고 노력해야 하는데 이 「국가」의 특성, 즉 구성상이라고 한다면, 다른 한편에서 분명히 알아야 할 것은 독일의 「사회」가 이 국가와 밀접하게 관계되어 생성하였다는 것, 그러므로 독일의 「국가」를 서양의 사회상과 단순하게 대결시켜서는 안 된다는 것이다.

이에 관련하여 파울 요아힘젠(Paul Joachimsen)*은, 독일은 이탈리아, 영국, 그리고 프랑스와 달리 르네상스 사회를 알지 못하며, 르네상스의 전개는 독일에서는 오히려 종교개혁에 의해서 차단되고 대체되어 온 것이라고 지적하여[58] 다음과 같이 말한다. 루터주의는 그러나 루터측에서 본다면, 사회형성을 위한 것이라는 입장에는 아니며, 따라서 루터의 눈앞에 있었던 영역 국가에 사회적으로 정치적인 임무를 할당하였다. 르네상스의 서양적 사회개념은 이미 정치적·경제적 계기를 포함하고 있었으므로, 계몽주의에서는 감성론적 개념에서 사회적 개념으로 되었으나 우리들 독일인은 그 계몽주의 중에서 비로소 르네상스의 발전을 뒤로부터 섭취하려고 하였다.[59] 대체로 1770년 경부터 독일에서 생성된 사회는 교양귀족적이었으며 군후에 대한 관계를 가지지 아니하였다. 그 사회의 정치적 내지 비정치적 표현은, 예컨대 국가의 한계를 규정하는 훔볼트(Humboldt)의 유명한 시도에서 칸트에 따른 국가가 우리들에게 대립하는 듯한, 국가 일반을 거부하는 개인주의였다.[60] 정치적·사회적 계기는 여기서는 ― 실러(Schiller)와 괴테(Goethe)의 경우는 특히 ― 교육론과 감성론 속에 해소되어 버렸다. 이 사회는 규범이 아니라 [불가결하면서 증명불가능한] 공준(公準)을 믿고 있었다 라고.

요아힘젠이 제시한 이 특징이 우리나라의 전개를 어떻게 강하게 규정하였는가는 근대 산업사회라는 것을 프랑스의 선진적 상황에 근거하여 비로소 실제로 개념화 한 로렌츠 폰 슈타인이 그의 1868년의 『행정학』에서도 우리의 진정한 입법은 교육용의 문헌에 있다고 적을 수 있었던 것에[61] 명백하게 된다. 슈타인은 독일이 법제정보다도 더욱 통일적인 학문을 가진다고 확증하는 문맥에서 이와 같은 판단을 내리고 있다. 실제로

---

57) 이에 대해서는 W. Conze, Staat und Gesellschaft in der frührevolutionären Epoche Deutschlands, HZ 186 (1958), S. 1을 보라.

58) A. a. O., S. 109 ff., 147 ff.

59) 예컨대 18세기 독일 철학에 있어서의 "sensus communis"(공동체 의식)라는 중심 개념의 도덕적·사회적·정치적 의미가 계수되지 못한 것에 대해서는 H. G. Gadamer, Wahrheit und Methode (1960), S. 23 ff. (이길우·임홍배 외 옮김, 『진리와 방법』, 2012)*를 보라.

60) 이미 상술한 독일 법치국가론이 가진 문제성을 필연적으로 감소시켜 보는 사회적 배경이라는 것은 명백하다. Krieger, a. a. O., S. 42 ff., 71 ff., 252 ff.를 참조.

61) Die Innere Verwaltung (Die Verwaltungslehre, 5. Teil, 1868), S. 43.

서양 사회에 비하면 우리의 사회가 통일된 정치적 테두리의 내부에서는 발전하지 못했다는 점에 일층 광범하고 본질적인 차이가 있는 것이다. 이러한 사정이 독일 학문의 탁월한 지위에 대해서 어떠한 의의를 가졌는가는 여기서 다시 강조할 필요가 없다. 시민적 자기 이해를 위한 학문이 우리나라에서 얻은 위대한 역할 중에서 결국 명백하게 되는 것은, 「시민 사회」가 독일의 경우에는 서양에서보다도 훨씬 강한 정도로, 무엇보다도 먼저 교양 있는 사회이며, 소유하는 사회는 아니었다는 것이다.62)

구 입헌주의 국가론에 대한 「시민 사회」의 관계에 관해서 바로 고려해야 할 것은, 우리의 자유주의적 시민층의 성격이 신분으로서의 (더구나 압도적으로 교양신분으로서의) 그것이며 계급으로서의 그것은 아니며, 그것이 우리의 헌법적 타협과 그것을 정당화하는 군주제원리의 국가론을 대체로 가능하게 하였다는 사실이다.63) 거기에서는 [한편으로] 산업에 있어서의 중대한 계급대립에 의해서는 더욱 파악할 수 없는 경제적·사회적 영역, 즉 아직 「시민적인」, 그러므로 이미 부르주아적이 아닌 사회는 사적인 것으로 취급되며, [다른 한편] 단순히 경제적인 영역에 덮여 있는 정신적·도덕적인 통일체로서의 국가라는, 모든 실천적 문제에 관해서는 핵심적인 곳에서 비정치적인 관념적 이해를 하는 것이다.

그러나 우리들에게서는 자본주의적인 산업발전이 상대적으로 뒤떨어져 도래한 것만으로 그 발전은 더욱더 신속하였다. 그 발전은 한편으로는 봉건적 관료국가에 적중하였으나, 이념에까지 들어가서 그 국가를 확장해서 보더라도 분출하는 사회적 및 정치적 문제를 극복할 만큼 국가 역량을 높일 수는 결코 없었으며, [다른 한편] 비정치화 된, 사적인, 개인주의적이며 비사회적으로 이해된 사회에 적중하였다. 중농주의자나 아담 스미스 (Adam Smith)에 의해서 전개된 사회개념을 독일에 도입한 헤겔은 제기되고 있는 시민 사회의 문제를 그에 앞서 누구보다도 명확하게 인식하고 있었다. 그는 시민 사회를 도덕적 이념의 현실태인 국가에 의해서 충전되고 덮여지는 「욕망의 체계」에 한정하는 데에 해결을 구하였다.64) 그러나 우리의 「뒤떨어진」 사회적 및 정치적 상황에서도 사회의 발전이 사회적 및 정치적 의문이 된 때에, 바로 이러한 분리가 사회측에서 문제가 되었다. 로렌츠 폰 슈타인은 이러한 분리가 던져지는 문제를 본질적으로는 더욱 헤겔 체계의 틀 안에서 해결하려고 하였다. 로베르트 폰 몰(Robert von Mohl)은 이에 반하여 헤겔의

---

62) 독일 시민층의 경제적 지위에 관해서는 서구의 사정과 비교하여 독일 국토가 30년 전쟁 후에 처한 상황을 지적하는 것으로 여기서는 충분해야 할 것이다.

63) 이에 관하여 상세한 것은 v. Oertzen, a. a. O., S. 323 ff., 345 ff., 356 ff.를 보라. 프로이센에서는 행정이 헌법으로 대체한다는 명제가 당연시되고, 그나이스트로 하여금 19세기의 최후의 3반 세기에 이르러서도 여전히 행정에 있어서의 「국가」와 「사회」의 결합 ─ 그것은 이 시점에서 이미 환상이었는데 ─ 을 기도시킨 프로이센의 특수 사정에 대해서는 Zwirner, a. a. O., S. 15 ff., 80 ff.를 보라. 그나이스트의 기도에 대해서는 Heffter, a. a. O., insb. S. 372 ff., 620 ff.를 보라.

64) J. Ritter, Hegel und die französische Revolution (Schriftenreihe der Arbeitsgemeinschaft für Forschung des Landes Nordrhein-Westfalen, Heft 63, 1957)(김재현 옮김, 『헤겔과 프랑스혁명』, 1983) ; F. Rosenzweig, Hegel und der Staat, Bd. 2 (1920), S. 119 ff.를 보라. 나아가 K. Barth, Die protestantische Theologie im 19. Jahrhundert (1947), S. 342 ff.를 보라.

「시민사회」가 「현실적 생명을 가지지 아니한다」고 분명히 밝혔으며,[65] 루돌프 폰 그나이스트(Rudolf von Gneist)는 헤겔이 「국가와 사회의 상관 관계」를 간과하고 있기 때문에 그 사회 개념을 「불충분」하다고 불렀다.[66] 몰은 ― 구 입헌주의 국가론의 기초를 상실하지 않고 ― 사회적 및 정치적 사회이론에의 단서를 발전시킨 인물인데,[67] 그러나 바로 그야말로 「국가」의 과학들로부터 「사회」의 과학들의 분리를 도입함으로써 구질서의 해체를 승인한 것이다.[68] 이러한 해체에 반대한 트라이치케(Treitschke)의 교수자격논문은 국가개념을 확장하는 것으로, 보다 정확하게는 국가개념을 격상시키는 것으로 통일성을 확보하려고 하였는데, 그 격상이 기대한 것은 **국가**와 인민이 서로 보완하는 독일 국민국가에 의해서 모든 모순을 해결하는 것이었다.[69]

근대의 문제들을 사상적으로 극복하려고 한다면 「국가개념의 확장」은 근본적으로는 항상 여전히 군주제적·관료적 국가권력의 경향에 있는 「국가인격」으로부터 「정치적 공동체」에로 이행하지 않으면 안 된다. 정치적 현실은 ― 독일 국가를 최종적으로 쟁취한 바로 그러한 방법으로 ― 이러한 이행을 배제하였다.[70] 여기에 고유한 문제가 있었다는 것은 바로 비스마르크 제국에로의 이행이야말로 낡은 관념론적 입헌주의 국가론의 완전한 붕괴를 수반하고 있었던 것에 이미 명백하게 된다. 국법에 형식주의적 실증주의가 생겨난 시점은 제국 창설과 부합하고 있었다. 문헌상 이러한 이행은 카를 프리드리히 폰 게르버(Carl Friedrich von Gerber)의 저작에서 일어나고, 라반트(Laband)의 국법에서 그 전성기를 맞이한 것이다.[71]

유의해야 할 중요한 것은 바로 관념론적 국가론이야말로 그 입장에서 「국가」와 「사회」

---

65) Gesellschaftswissenschaften und Staatswissenschaften, ZStW, Bd. 7 (1851), S. 3, 18.

66) Der Rechtsstaat (2. Aufl. 1879), S. 259. 또한 oben, Anm. 63 참조.

67) v. Oertzen, a. a. O., S. 107 ff.를 보라.

68) Oben Anm. 65에서 인용한 논문을 보라. 나아가 Ders., Die Geschichte und Literatur der Staatswissenschaften, Bd. I (1855), S. 69 ff. 더하여 E. R. Huber, Die Deutsche Staatswissenschaft, ZStW. Bd. 95 (1934/35), S. 1-27.

69) Die Gesellschaftswissenschaft (1859), in: Aufsätze, Reden und Briefe (hrsg. von K. M. Schiller), Bd. 2 (1929), S. 737.

70) 그리하여 독일 국가의 「신비」(Treitschke, a. a. O., S. 735)가 특히 거기에 이르자 「국가」와 「사회」라는 독일에 특유한 분열이 밖으로 투영되고, 독일의 국가 개념과 아주 마찬가지로, 특히 영미적인 사고와는 생소한 독일의 사회 개념을 서구인에게 전가한 것이다. 그리하여 제1차 대전 이후, 예컨대 베스트팔(O. Westphal)은 이렇게 쓸 수 있었다. 즉 「국민에 대해서 기초가 되는 통일을 부여하는 개념을 국가 중에서 찾아야 하는가 사회 중에서 찾아야 하는가 하는 이해의 차이는 앞의 대전 시에 그 현재화를 본, 독일의 감성이나 사고와 서구적으로 방향지워진 감성이나 사고와의 어떤 대립에 대해서 바로 주요한 현상형태의 하나에 첨예화되었다」. Bemerkungen über die Entwicklung einer Allgemeinen Staatslehre in Deutschland (Festschrift für Erich Marcks, 1921), S. 27.

71) v. Oertzen, a. a. O., S. 63 ff., 171 ff., 191 ff., 277 ff.; Zwirner, a. a. O., S. 80 ff., 86 ff.를 보라. 실증주의에로의 이행에 대해서 알브레히트(Albrecht)의 Maurenbrecher Staatsrecht에 대한 논평 (Göttingische gelehrte Anzeigen, 1837, S. 1489, 1508)은 언제나 반복하여 잘못되게 나타내고 있는데, 이것은 여전히 낡은 입헌주의 국가론의 기반 위에 서 있다. 특히 횐(Höhn)의 연구에 대표된 ― 독일 문제의 관념론적인 주요 면은 완전히 간과하고 있는데 ― 반대의 견해(oben, Anm. 21 참조)는 v. Oertzen, a. a. O., S. 218 ff.과 Zwirner, a. a. O., S. 49 f.에서 반증되고 있다.

의 분리를 극복할 수 없었다는 것, 국법실증주의 그 자체가 이러한 분리의 붕괴의 단순한 소산에 불과하였다는 것이다. 실증주의를 그것만으로 설정하거나, 그것과의 논전을 관념론과의 논전까지는 확장하지 않는 것은「국가와 사회」라는 우리의 문제의 뿌리깊음을 잘못 보는 것을 의미한다.72) 그리하여 유보를 붙여서만 실증주의와는 구 입헌주의 국가론 전체와의 완전한 단절이었다고 말할 수 있는 것이다. 여러 세대에 걸쳐 국가와 국가상태의 실체적 내용이라고 간주되어 온 것 전부가「정치적 근거」로서, 또한「초법률학적」으로「자연법적인 사변(思辨)」으로서 배격되었다. 객관적이며 도덕적·정신적인 질서인 국가에 대신해서 나타난 것이 의사의 결합체로서의 국가였다.

이러한 관념에 의하면, 국가의 중심점에는「국가권력」이 있고, 그 국가권력은 국가의 의사로서 그 의사가 상위의 의사, 즉 지배라고 하는 사실에 의해서만 사적(私的) 의사로부터 구별된다. 19세기 후반의 민사 법학에서 계승된 의사 도그마의 도움을 받으면서, 모든 국가 관계가 여기서부터 이른바「순수하게 법률학적인」관계로서 구성되었다. 기본권이「공권」으로서 신민(臣民)에게 자신으로 의사력을 부여하고, 그러한 한에서「국가로부터 자유로운」영역을 기초지우고, 그것이 아닌 한 신민은 국가에 대해서 명령과 복종을 특징으로 하는「권력관계」에 있다. 그때에 법치국가 사상은 완전히 형식화된다. 이와 같이 구성된 국가는 모든 역사적·사회적·윤리적 계기를 배제하고, 이번에는 법인으로서 나타난다.73) 자신의 문제를 내포한 사회는 이에 대항하여 이번에는 국가와 현저하게 대립하는 위치에 있고, 경제와 문화의 자율적인 — 정치적인 것과 국가적인 것을 동일시하는 견해에 선다면 이제 비로소 진실로 비정치적인 — 영역으로서 나타난다. 법 대신에 등장한 법률의 임무는「한계선을 긋는 것」이 된다.

실증주의가 그 내실의 결여에서도 그 기술적 **효율성**(efficiency)에서도 빌헬름 시대의 완전한 표현은 아니었는가의 여부에는 의론의 여지가 있을 수 있다. 그러나 여하튼 실증주의는 이 시대와 함께 붕괴한 것이다. 그런데 그 개념의 세계는 — 매우 자주 일어나듯이 — 그 정치적인 세계보다도 오래 살아왔기 때문에, 실증주의가 말하는「국가」와「사회」의 분리가 오늘날에도 더욱 우리의 문제인 것이다.

III

나는 끝으로 이것이 지닌 문제를 근대의 헌법이론적 및 헌법적인 약간의 문제에 관련하여 간단히 언급해 보고 싶다. 먼저 다원주의의 헌법이론적 문제에 대해서.

---

72) 독일 관념론과의 논전에 대한 주목할 만한 사회사적 시도는 홀보른(H. Holborn)의 oben, Anm. 2에 인용된 연구에서 이루어졌다.

73) 상세한 것은 v. Oertzen, a. a. O., S. 181-264, 277-312를 보라. 그는 국법상의 합리주의와 산업 교역경제상의 합리주의와의 관련을 정당하게 강조한다(S. 237 ff., 367 ff.). 또한 Zwirner, a. a. O., S. 86 ff.를 보라.

1. 국가는 법인으로서 국가권력으로 구성된 것인데, 그 국가권력을 하나의 — 가령 때가 지남에 따라서 부분적으로 루소식으로 강도 있게 된 근본적으로는 여전히 변함 없이 군주와 그 군사·관료 장치에서 구상된 — 통일적 실체라고 전제한다면, 사회적 및 경제적 집단에 의한 다원주의란 어쩔 수 없는 국가의 주권의 암살계획으로서, 또한 해체의 징조로서 나타날 수밖에 없다.74) 사회가 국가 속에 침입한다고 말하는 것이다. 「국가의 독자성」의 감축이 탄식되며, 국가장치의, 특히 집행권의 독자화를 상대적으로 크게 하여 구제를 강구하려고 제언이 행해진다. 이른바 「정치적 중립성」이 국가가 진정 국가인 것의 본래의 표현으로서 나타나는 것은 이러한 관련에서이다. 그 때에 간과되는 것은 집행권의 「독자화」라든가 정치적 중립화는 — 의견 내지 의사의 민주적 형성과정을 억제하며, 그러므로 많든 적든 권위적인 통치체제로 이행하는 (그렇게 되면 이 통치체제는 이미 보았듯이, 형식적 「법치국가」와 아마도 결합할 수 있게 된다) 것을 하지 않는 한 — 오늘날에는 집행권을 사회적 및 경제적 압력에 대해서 강화하는 것이 아니라 약화시키게 된다는 것이다. 나아가 의회가 집단의 압력에 오늘날 압도적으로 두어지고 있다는 것이 부당하게도 수용된다. 그러나 이익집단이 이미 오늘날 법적으로 승인되고 있는 유일한 영역이 집행권의 영역인 것은 우연한 일이 아니다. 연방정부의 직무통칙(GGO [Gemeinsame Geschäftsordnung]) II 제23조가 법률과 중요한 명령의 준비에 있어서 「관계 전문가 집단」과 「단체들」에게 의견을 들을 수 있다고 규정하고, 다른 한편 제24조에서 「다른 조직의 보고」를 원칙적으로 금지하는데 (그 때에 「다른 조직」으로서 의심스러운 것에 특히 언론[Presse]과 연방의회 의원이 열거된다), 이것은 오늘날 바로 집행권의 영역에서 야말로 이익집단의 압력이 중요한 것으로 감지되며, 그 협동이 승인되고 있음을 나타내고 있다.75) 요제프 H. 카이저(Joseph H. Kaiser)*가 이익집단에 관한 그의 저서 속에서 상세하게 나타내었듯이, 이 집단은 우리의 복잡한 사회적·경제적·기술적인 관계들에서는 포기할 수 없는 기능을 수행하는 것이다.76)

그러나 다원주의는 「국가」에까지 고양된 국가장치에서 본 경우만큼은 아니지만, 「사적」이며, 「자율적」인 것이라고 해석된 「사회」로부터 보더라도 문제가 있다. 집단의 역할 이 자동적으로 이익들의 조화에, 또는 그것이 어떤 공통의 질서로 인도하리라는 견해는 과연 절멸되었다고 이해되고 있다. 그러나 근래에 예컨대 포르스토프(Forsthoff)는 다원주의의 위협을 받고 있던 바이마르 국가와는 대비적으로, 오늘날에는 사회 자체가 질서를 형성하는 세력들을 창출하였으며, 그러한 힘이 국가도 규정하며 형태를 보증하였다고 주장한다.77) 그 증거로서 포르스토프는 1945년 이후 우리 사회는 그 새로운 질서의

---

74) 예컨대 W. Weber, Spannungen und Kräfte im westdeutschen Verfassungssystem (2. Aufl. 1958), S. 50 ff.를 보라.

75) 이에 대해서는 W. Hennis, Verfassungsordnung und Verbandseinfluß, Politische Vierteljahresschrift, 1961, S. 23을 보라.

76) Die Repräsentation organisierter Interessen (1956), insb. S. 182, 272, 338.

전제를 단기간에 스스로 창출한 것은 아닌가 하고 말한다. 그는 사회가 국가를 더욱 일정한 임무를 위해서만「필요로 하며」, 사회가 국가에게 일정한 영역을「맡기고」, 나머지의 점에서는 그러나 사회는 스스로 독자의 힘으로 평면으로 서있는 듯한 그렇게 말하는 사회상을 전개한다. 이러한 사회이론은 아마도 1945년 이후의 서독의 부흥이라는 포르스토프 자신에 의해서 선정된 사례에 의해서 가장 적절하게 반증될 것이다. 왜냐하면 이러한 재건에는 공장해체반대투쟁, 통화개혁, 마샬 플랜 원조, [전후 서독 통화] 도이치 마르크 개시 대차대조표, 경제촉진 세제 입법, [제2차 대전 직후 구 독일 제국령에서 추방된 독일인의] 난민수용 등등과 같은 각각의 그 단계에서, 하나의 **정치적** 결정이 기초가 되어 있었기 때문이다. 자기 자신으로 질서가 되고 있다면 정치로부터 독립된다고 생각될 수 있는「사회」인 것을 우리들은 1945년 이후 아무것도 보지 못하였다.[78]

국가에서 본 다원주의와「사회」에서 본 다원주의는 그처럼 대조적이지만, 양자의 견해는 모두 본질적으로는 비정치적이라는 점에서 공통된다.「국가로부터」의 견해는 해결을 정치의 말하자면 상부에,「사회로부터」의 견해는 해결을 정치의 하부에서 구한다. 이에 반하여 국가와 사회의 대립 ― 그 전개를 나는 위에서 개관하는 데에 고심하였는데 ― 을 중지한다면, 우리들이 넓은 의미에서「국가」라고 부르는 인간단체의 속성을 그들이 **정치적** 공동체라는 것에서 다시 발견할 것이다. 정치란 그들 단체가 공동체의 좋은 질서를 위해서, 또한 대내적·대외적으로 부과된 공통의 임무를 수행하기 위해서 ― 헤르만 헬러(Hermann Heller)의 말을 사용하면 ― 작용과 결정통일체로서 조직되어 있다는 의미에서이다. 중요한 것은 **하나의** 인간 단체이며, 그것이 중복되거나 또는「국가」와「사회」로 분리되는 데에는 아무런 동기도 없는 것이다.

이러한 단체는 이제「국가 장치」에 의해서 방향지워지며, 지배, 상위·하위질서, 명령 등에 의해서 전적으로 특징지워지는 것으로서의 국가개념의 의미에서는 확실히 이해할 수는 없다. 왜냐하면 우선 첫째로 정치적인 것은 명령하는 것 속에는 존재하지 않으며, 나아가 공동체라는 단체의 경제적·사회적·문화적인 생활 전체를 포함하기 때문이다. 이것은 확실히 공동체가 모든 것을「의사형성 과정」에, 또한「국가 장치」에 포함해 넣는 것을 의미하지 않는다. 그러나 이른바 국가 장치와 의사형성 과정에 응시하는 것은 유감스럽게도 매우 많은 우리들의 사회학적 업적에 대해서도 특징적이다.[79] 그러나 그렇게 하는 것이야말로 국가 권력과 의사 도그마의 실증주의적 숭배의 하나의 귀결인 것이다. 정치적 공동체의 의견과 의사형성의 제도들이나 지도·조정·향도와 같은 제도들 ― 내가 이렇게 [제도들(Institutionen)이라고] 부르는 것은 독일어로 나타내는 단어가 아니기 때문이며, 여기서는 실로 *government*인데 ― 은 정치적 공동체와 동일하지도 않으며, 정치적 공동체의 상위에 있는 것도 아니다. 그것은 오히려 정치적 공동체에

---

77) Rechtsfragen der leistenden Verwaltung, res publica, Heft 1 (1959), S. 14 ff.
78) 이에 대해서 상세한 것은 Ehmke, Wirtschaft und Verfassung, S. 45 ff., 65 ff.
79) 이에 관련하여 S. Landshut, Zum Begriff und Gegenstand der politischen Soziologie, Kölner Zeitschrift für Soziologie und Sozialpsychologie, 8. Jg. (1956), S. 410.

불가결한 구성요소이다. 그리하여 헌법도 또한 그 조직적 중점이 [government]나 민주적 의사형성 과정에 있다 하더라도, 정치적 공동체의 헌법인 것이다. 동시에 그러나 그렇지만, 실로 모든 의사형성이 목표로 하는 것은, 다른 구체적 해결을 요구하는 공동체의 실질적 질서라는 다양한 문제들이 있다. 나는 의사형성의 문제에 향하기 전에 오늘날 매우 논의되고 있는 헌**법적인** 문제에 대해서 개관해 보고 싶다. 그것은 이른바「경제체제」에 대해서이다.

2.「국가」와「사회」라는 틀 속에서 생각하는 것이 여기서도 우리들을 해결불가능한 어려움으로 인도한다는 것을 나타내기 위해서, 쿠르트 발러슈테트(Kurt Ballerstedt)*를 예로 인용할 필요가 있을 것이다. 국가 체제와 경제질서의 관계를 상세하게 검토한 후 그는 다음과 같은 결론에 이른다.

「국가와 사회의 2원론의 극복이란 우리들이 파시즘적 내지 전체주의적인 획일적 해결에 빠지지 않기를 바란다면, 우리들이 고전적 권력의 담당자(정치적 단체로서의 국가)와 하나의 완결된 것으로 파악된 공동체를 확대된 국가 개념의 내부에서 구별하는 것을 필요불가결하게 한다」.[80]

여기서는 그렇게 명확하게 문제가 정식화되고 있으나, 그것만으로 해결책은 두 개의 단체라는 관념에서 거의 면제되지 아니한다.[81] 이에 대해서「국가」와「사회」의 카테고리로 생각하는 대신에「정치적 공동체」와「governmnt」라는 카테고리로 생각함으로써 사고상의 어려움을 극복하려고 노력해야 할 것이다.

따라서 우리들의 문제에 대해서 명백한 것은 ― 여하튼 [체제의 법인] 헌법의 의미에서 본다면 ―「국가 체제」와 대치할 수 있는「경제 체제」등은 존재하지 아니한다는 것이다. 존재하는 것은 하나의 체제이며, 그것은 정치적 공동체의 그것이다. 헌법상 문제가 될 수 있는 것은 이러한 하나의 ― 그러한 한에서도 통일체로서 이해해야 할 ― 기본질서가 공동체의 질서이기도 한 경제의 법적 질서에 대해서 어떠한 규준, 어떠한 구속을 포함하고 있는가 하는, 완전히 그러한 한에서만이다. 그 때에 헌법을 위해서도 경제질서를 위해서도 조심해야 할 것은, 헌법 속에 있는 것 이상으로 헌법을 읽어내는 것, 따라서 갱신되면서

---

80) Artikel "Wirtschaftsverfassungsrecht", in: Die Grundrechte, Bd. III/1 (hrsg. von Bettermann-Nipperdey-Scheuner, 1958), S. 1, 48, Anm. 125.

81)「고권적 권력의 담당자」로서의 국가라는 표지는 더구나 우리들 문제의 역사적 근원에까지, 즉 군주의 지위를「국가기관」에까지 저하시키지만, 그러나 동시에 다시 주권의「담당자」로서 치장하는「군주제 원리」의 국가론에 우리들을 환원하는 것이다. 그러면서 예컨대 슈탐머(O. Stammer)가「국가」를 「(그만큼) 역사적으로 특정된 하나의 정치적 질서의, 지배단체로서 조직된 활동의 중심점」이라고 바꾸어 표현하듯이(Gesellschaft und Politik, Hdbch. d. Soziologie, 1956, S. 530, 564, 565), 잘못된 기본 관념을 법률학적인 것으로부터 사회학적인 것으로 번역하면, 거기에서 얻는 것은 아무것도 없는 것이다. 지배단체 ― 거기에 국가소속원 모두가 소속하는 ― 란 정치적 질서가 결합하는 단체이기 때문에 그「활동의 중심점」에 동시에 될 수는 없다.

임무로서 부과된 것을 소여의 것으로서 나누어 주는 것이다. 공동체의 좋은 질서란 그러한 한에서는 무엇보다도 입법의 정치적 임무이며, 헌법해석이라는 법학적 임무는 아닌 것이다.82)

3. 의견과 의사형성과정의 헌법이론적인 문제에 대해서 말하면, 오늘날 어떤 제도가 전면에 드러나며, 실증주의의 지배 아래서는 우리의 국법의 비적출자였던 그것이, 오늘날에는 우리의 입헌 민주주의의 적출자로서 기본법 제21조에서 인지되어 오고 있다. 이것은 정당이다.83) 우리의 국가이론에서는 원래 군주 · 군대 · 관료 장치와 같은 것에 국가의 고유한 「실체」를 보는 데에 익숙하며, 그래서 정당에 대해서는 결코 올바른 관계를 보지 않았으며, 대체로 소극적인 관계만을 발견한 것이다. 일찍이 콘스탄틴 프란츠 (Contantin Franz)*에게는 정당은 단지 「부분에로의 분화」(itio in partes)의 붕괴의 소산으로서만 나타난 것이다.84) 베르너 베버(Werner Weber)에 대해서 정당은 오늘날에도 여전히 「국가 속의 국가」이다.85) 에리히 카우프만에게 정당은 한 때 「불쾌한 사회적 권력」으로서 비치고 있었다.86) 정치적 공동체에서 고찰한다면, 이와는 반대로 정당은 국가이론적 및 헌법이론에서 중심적인 지위를 차지하고 있다. 왜냐하면 정당은 오늘날 루돌프 스멘트가 그처럼 힘주어 묘사한 정치적 통합과정의 본질적 계기이기 때문이다. 정당은 다원주의와 긴밀하게 관련지어 고찰해야 하는데, 특히 어떻게 해서 집단의 다원주의 — 거기에는 정치적 자유의 가장 본질적인 전제들이 오늘날 포함되어 있는데 — 로부터 단순히 개별적 이익 전체의 총계가 아니라 전체로서의 공동체가 관계된 공동의사가 형성되고 관철될 수 있는가 하는 문제와 긴밀하게 관련지어 고찰하지 않으면 안 된다. 정당이 지닌 임무는, 특수 이익을 용해시키고 타협하면서 공동체 **전체**의 질서와 정책을 위한 표상을 전개하는 것이다. 정당을 사회집단이나 경제 집단과 동일하게 다루는 것은 그 임무나 기능을 잘못 보는 것을 의미한다. 정당이 공통의 기초에 의문을 품지 않고, 또한 스스로 사회 이익의 콘체른 조직으로 가라 앉지 않는 경우에만, 과연 정당은 자기의 임무를 수행할 수 있을 것이다. 그러나 여하튼 다원주의냐 정치적 통일이냐 하는 문제를 푸는 열쇠는 무엇보다도 집행권에서가 아니라 강력하고 책임을 지는 정당에 있는 것이다.

4. 정당의 **헌법상** 지위는 여기서는 헌법상의 어떤 문제와 관련하여 구명되어야 할 것인데, 그 처리는 「국가」와 「사회」의 분리에 의해서도 또한 방해되고 있다. 즉 그것은

---

82) 상세한 것은 Ehmke, Wirtschaft und Verfassung, S. 3 ff.를 보라.
83) 이에 대해서는 K. Hesse, Die verfassungsrechtliche Stellung der politischen Parteien, VVDStRL, Heft 17 (1959), S. 11 ff. (현대 국가에 있어서 정당의 헌법상 지위, 계희열역, 『헌법의 기초이론』, 박영사, 2001, 81-122면) 그리고 거기에 인용된 문헌을 보라.
84) Kritik aller Parteien (1862), S. 245.
85) A. a. O., S. 55, 59.
86) Die Regierungsbildung in Preußen und im Reiche, Die Westmark, 1921, S. 205, 207.

기본권의 이른바 「제3자 효력」과 관련을 가지기 때문이다. 제3자 효력의 체계적인 의미나 또는 그 역사적 유래에서 본다면, 기본권은 원칙적으로 「국가권력」에 대한 구속으로서 (그리고 그러한 한에서 좋은 정치적 질서의 계기로서) 이해해야 한다. 이제 이러한 영역을 초월하여 기본권을 확대하는 경향에 대해서 알기 쉬운 근거는 (이른바 「제3자 효력」을 근거지우려는 시도로서 덜 알기 쉬운 것은 여기서 고려 밖에 두기로 한다), 결사의 자유의 기본권을 대(對) 「사인」(私人)에게도 보호하는 기본법 제9조 3항 2문 중에 명백하게 되며, 거대한 경제적 및 사회적 권력의 집단의 형성이 그것에 대한 법적 구속이라는 문제를 던지고 있다. 기본권이 지금까지 오로지 관계를 가져온 이른바 「국가적」 영역은 현대의 사회적 및 정치적 권력집단을 포괄하지 않고, 그 구속을 달성하기 위해서 기본권을 「사회」의 영역 전체에까지 확대하려고 시도하는 것이다. 그러나 이것은 기본권 측에서 본다면, 사법질서의 「국가화」라는 위험을 필연적으로 가져온다. 여기서는 더욱 구별된 해결책을 찾는 것이 필요하다.

정당에 관해서 말하면 「제3자 효력」의 문제는 — 기본법 제21조라는 특수한 규정을 일단 제외하면 — 다음과 같이 나타난다. 즉 기본법 제1조 3항은 「국가권력」의 전래적인 세 가지 형태인 입법 · 행정 · 재판을 열거하고, 그들을 직접적으로 기본권에 구속된다고 선언한다. 이것이 정당을 제외하고 있는 데에는 의문이 없다. 그러나 가령 이 규정이 「government」를 직접적으로 기본권에 구속되는 것이라고 선언한 것이라면, 어떻게 될 것인가? 그렇다면 — 그것은 나의 견해로는 의미 있는 질문인데 — 이렇게 묻지 않을 수 없게 된다. 정당은 오늘날 「government」인가의 여부 또는 어떠한 관계에서 government인가 라고. 후자를 묻는 길을 나아간 것이 미국 연방대법원이었다. 그 때에 연방대법원은 정당이 기본권에 의한 구속이라는 방식을 초월하여 바로 「국가화」될 위험성을 계속 자각하고 있었는데, 흥미 깊게도 특수한 사정에 있는 사태에서만 그 구속을 승인하지 아니하였다.[87] 여하튼 「government」 이해가 있으면 「국가」와 「사회」의 대립 이라는 전부냐 전무냐 하는 양자택일과는 달리 충분하게 의미 있는 보다 구별된 해결책에 이를 수 있는 것이다.

5. 그리하여 나는 마지막 문제인 *government*의 문제에 이른다. 우리의 언어에는 이미 서술했듯이, [이에 합당한] 적절한 말은 없다. 이것은 일련의 근거에 의해서 야기되고 있다. 확실히 어떤 의미에서는 위에서 서술한 국가인격과 통치자인격과의 「혼동」이, 그 통치자가 후에 국가로 편입되었다는 것에 의해서 야기되고 있다. 그러나 결정적인 차이는 무엇보다도 실증주의에 있다. 국가를 오로지 「Herrschaft」라고 이해하면, 지도 · 조정 · 향도와 같은 특유한 작용은 그 국가 속에서는 보이지 아니한다. 거기에서 염두에 두어지는 것은 추상적인 「국가」의 Herrschaft인가? 그렇지 않으면 실증주의적 · 형식주 의적 법률의 Herrschaft인가는 그러한 한에서는 변함이 없다. 형식주의적으로 오해된

---

87) 상세한 것은 Ehmke, Wirtschaft und Verfassung, S. 607 ff.를 보라.

권력분립에서도 동일한 결론이 될 수 있는 것이다. 그래서 예컨대 오토 마이어(Otto Mayer)는 국가권력을 입법과 사법으로 구분하였으며, 행정을 입법과 사법이 아닌 것으로서 소극적으로 정의하였는데, 결국 Regierung에 대해서는 「그들을 초월하여 존재하는 보편적인 것 이외에는 아무것도 남지 아니한다」고 설명하였다. 이것은 순수하게 정신적인 성질을 가지는 것이라고 그는 설명했는데, 그리하여 그는 실증주의적인 시종일관성을 보존하면서, 「우리들에게는 그 이상 아무것도 없다」고 서술한 것이다.88) 이에 대해서 루돌프 스멘트와 울리히 쇼이너는 독일의 헌법이론에 대한 Regierung의 영역을 다시 구축하였다.89) 그러나 Regierung의 개념도 또한 이미 그것만으로서는 결코 아닐지라도, 그러나 오로지 집행권의 곳에서 서로 변함 없이 생각되고 있다.90) 영국의 의회나 미국의 의회가 government에 속하는 것은 영국인이나 미국인에게는 아주 자명한 것인데, 우리 독일인은 연방의회를 Regierung에 거의 산입하지 않을 것이다. 독일에서는 연방의회도 또한 지도·조정·향도의 작용을 수행하며, 그것도 쇼이너가 최근 우리 독일은 무릇 행정국가가 아니라 입법국가라고 말했을91) 만큼 그것을 수행하고 있다. 여기에 필요한 것은 우리의 헌법상의 제도들의 통일성을 보다 좋은 것으로 만드는 일이다. 반대로 여기에 시사된 시점에서는 다분히 법원의 특수한 지위가 비교적 잘 규정될 수 있을 만하다.

  government에 의한 지도·조정·향도와 같은 임무가 매우 의미 있는 역할을 수행하는 시대에, 우리들은 임무가 위탁된 제도나 사람이 정치적 공동체에 대해서 가지는 관계에 대해서 일층 명백하게 하도록 노력하여야 한다. 왜냐하면 치자와 피치자의 동일성이라는 명제에 대립하여 치자와 피치자의 비동일성이 독일의 정치적 공동체의 구조에는 적합하기 때문이다. 이러한 사정을 알고 인정하는 것만이 민주주의 중에서도 행해지는 Herrschaft에 대해서 그 책임을 명확하게 분담시키는 것을 가능하게 한다. 이때에는 「인간학적 낙관주의」에서나 저 「인간학적 비관주의」에서도 똑같이 거리를 두지 않으면 안 되는데, 그 「인간학적 비관주의」의 정치적 문제성은 그 비관주의에 있다기보다는, 비관주의가 오로지 피치자에게 향해진 것에 있다 — 그렇지만 비관주의가 치자에게 적용되면 많은 보다 아름다운 성과가 얻어지게 될 것인데, 그 까닭은 인간의 본성이 굴복할 수 있는 유혹에 매우 강력한 정도로 치자가 몸을 내맡기고 있기 때문이다. 피치자 측에서와 아주 마찬가지로, 치자 측에서 좋은 정치적인, 즉 좋은 인간적인 질서의 문제가 중요하다고 인식한다면, 미국 독립혁명의 위대한 보수파의 지도자의 한 사람이었던 제임스 매디슨

---

88) Deutsches Verwaltungsrecht, Bd. I (1895), S. 3 ff.

89) R. Smend, Die politische Gewalt im Verfassungsstaat, jetzt in: Staatsrechtliche Abhandlungen, S. 68 (김효전 옮김, 헌법국가에 있어서 정치권력과 국가형태의 문제, 『헌법학연구』 제27권 4호, 2021; 본서 781면); U. Scheuner, Der Bereich der Regierung, in: Festgabe für Rudolf Smend (1952), S. 253.

90) Regierung 개념을 집행권에 좁혀서 국법실증주의에로 길을 열은 게르버(C. F. Gerber) 저작의 의의에 대해서, 또한 그 과정의 전제에 대해서는 v. Oertzen, a. a. O., S. 206 ff.를 보라.

91) Die Aufgabe der Gesetzgebung in unserer Zeit, DÖV 1960, S. 601.

(James Madison)도 함께 이렇게 말해도 좋을 것이다. 즉「government의 권한남용을 통제하는 데에는 고안이 필요하다는 것은 아마도 인간의 본성에 대한 고찰일 것이다. 그러나 인간의 본성에 대한 모든 고찰 가운데 가장 위대한 것이 government라고 본다면, 그것을 결여한 government 그 자체는 무엇일 것인가?」[92]

---

92) Federalist, No. 51. 김동영 옮김, 『페더럴리스트 페이퍼스』(새 번역판, 한울, 2024).

제3편
법치국가의 원리

법치국가냐 독재냐?[*]

헤르만 헬러

[제1차] 세계 대전이 끝날 때까지 유럽에서 법치국가는 자명한 것이었다. 법치국가가 완전히 부인되거나 혹은 충분히 인정되지 않거나 또는 실현되지 않는 것에서도 법치국가는 요청으로서 이론이 제기된 적은 거의 없었다. 마르크스주의의 프롤레타리아 독재마저도 볼셰비키 혁명에 이르기까지는 커다란 사회주의정당을 다소간에 민주적·법치국가적 의미에서 이해하였다. 이 시대에는 비록 아주 모호하나마 법치국가의 적(Gegner)으로 설명된 것은 프랑스와 이탈리아의 생디칼리스트들의 영향력 없는 작은 집단뿐이었다. 이러한 상황은 최근 10년 사이에 근본적으로 변화되었다. 법치국가냐 독재냐 하는 문제가 진지하게 논의되었다. 그리고 독일의 어느 저명한 국법학자가 독재를 현대 국가의 특수형태로, 그리고 법치국가를 시대에 뒤떨어진 헌법에 부수적인 것으로 규정했던 것을 너무 중시하지는 않는다고 하더라도, 그러한 주장의 가능성은 어떤 징후를 나타내고 있다.

이러한 급격하고 급진적인 변화는 무엇을 의미하는가? 이탈리아와 스페인, 남부 슬라브, 그리고 비교적 군소 국가들에서의 정치변혁이나, 우리나라(독일)나 오스트리아 기타 국가들에서의 독재로의 지향이 공통분모를 가지고 있는가? 유럽에서 독재가 증가하는 것은 법치국가의 종말을 의미하며 오늘날의 사회현실에 더 적합한 국가형태에 의한 법치국가의 대체를 말하는가? 사회적 현실에서 어떠한 변화가 그러한 정치적 변혁과 정신사적 변화에 반영되어 있는가?

우리는 서유럽에서 파시즘의 깃발 아래 알려져 있고, 또 여기서 독재의 유일한 현실적 형태에 우리의 문제제기를 한정하고자 한다. 즉 전체적으로 보아 표트르 대제의 통치형태를 복제한 것에 불과한 볼셰비키 독재는 법치국가냐 독재냐 하는 양자택일의 문제를 전혀 알지 못한다. 따라서 우리들의 고찰에서 제외시킬 수 있다.

---

[*] Hermann Heller, Rechtsstaat oder Diktatur? J. C. B. Mohr, Tübingen 1930, 26 S. (Recht und Staat in Geschichte und Gegenwart, Heft 68). jetzt in: Martin Drath, Otto Stammer, Gerhart Niemeyer, Fritz Borinski (Hrsg.), Hermann Heller, Gesammelte Schriften, A. W. Sijthoff, Leiden 1971, Bd. 2, S. 445-462.

제기된 문제에 대답하기 위해서는 우선 첫째로, 법치국가의 사회적·정치적·정신적 기초를 명확하게 밝힐 필요가 있다. 왜냐하면 이들 모든 유럽의 독재와 그 이데올로기는 오직 법치국가를 부정하는 점에서만 일치하는 것이 명확하기 때문이다. 그러나 법치국가의 사회적 기초는 문화의 발전이란 언제나 분업이 발달하고 동시에 지역적으로 상이한 사회집단이 상호거래의 필요 때문에 서로 의존하게 되고, 그 속에서만 가능하다는 점을 고려할 때에만 비로소 이해할 수 있다. 분업과 거래가 발달하면 그에 따른 보다 고도의 거래안전이 필요하게 되는데 그것은 법학자들이 통상적으로 법적 안정성이라고 부르는 것과 대체로 동일한 것이다. 거래의 안전이나 법적 안정성은 사회적 관계들의 계측가능성 (Berechenbarkeit)과 계획가능성(Planmäßigkeit)의 향상을 통해서 가능하게 된다. 왜냐하면 이러한 계측가능성은 사회적 관계들, 특히 경제적 관계들이 보다 통일적 질서에 종속됨으로써, 즉 어떤 영역의 중심점에 의해 규범화됨으로써만 이룩될 수 있기 때문이다. 이 사회적인 합리화 과정의 잠정적인 최종결과가 근대 법치국가이다. 이 근대 법치국가는 본질적으로는 점증하는 입법, 즉 사회적 작용에 대한 의식적인 규칙(Regeln)의 정립을 통하여 성립하였다. 점차 확대되어가는 인간과 사물의 범위를 규율하기 위한 이 규칙은 중심적 규범정립과 그 집행을 위해서 자력구제를 배제한다.

근대의 법치국가를 법률의 창조자라는 의미에서「법률의 지배」(Herrschaft des Gesetzes)로 파악하는 경우에 법치국가의 사회학적·정치적·법학적 의미가 파악된다. 구 독일 제국에서 아메리카 발견 3년 후 제국최고법원의 설치는 란트 평화보장의 역사에서 위대한 종착점이 되었다. 이 법원은 지방 영주와 신민 간의 분쟁을 재판의 형식으로 해결해야 했고, 여기서도 폭력과 자력구제는 배제되었다. 절대주의 시대에 초기 자본주의 경제가 형사재판과 민사재판의 상대적 독립을 필요로 하였다는 사실은 상수시 (Sanssouci)*의 방앗간 주인에 관한 전설을 통하여 대부분의 사람들에게 알려져 있다. 절대군주의 권력은 이 경제의 계측가능성에 기반을 두고 있었다. 절대군주가 봉건적 종속관계의 계측불가능성으로부터 벗어나 반항적 봉건영주들과 그들의 무수한 기득권을 배제하여 자기주권 하의 통일적인 질서에 복종시킬 수 있었던 것은, 사회적으로는 융커 (Junker)*로부터 독립되지만, 재정적으로는 군주에게 예속되었던 용병대와 관료제를 그가 장악하였기 때문이다. 이를 위해서는 경제의 화폐경제적 계측가능성과 통일적인 로마법을 교육받은 관료층이 필요하였고, 이 관료층의 도움으로 게르만법의 잡다성이 극복되었다. 절대군주는 용병과 관리를 이용하여 그때까지 봉건영주가 자기의 전속사항으로 여겼던 전쟁수행·입법·판결·행정 등의 중앙집권화를 서서히 달성시켰다.

18세기 말 법치국가와 법률의 지배라는 요구가 보편화 되었을 때 사람들은 군주에 의해서 공포되고 ― 위대한 행정법학자 오토 마이어의 말에 의하면 ―「전문적인 예측가능성으로」군주의 지방법원에 의해서 적용되는 법을 이상적인 법이라고 보았다.[1]

---

1) Otto Mayer, Deutsches Verwaltungsrecht, Bd. 1, 2. Aufl. München 1914 (Systematisches Handbuch der deutschen Rechtswissenschaft, Abt. 6, 1), S. 44.

　이러한 이중적 구속력을 갖춘 불가침의 법률이 모든 국가활동을 단지 사법뿐만 아니라 행정까지도 지배하게 되었다. 그리고 시민의 재산과 자유에 대한 침해는 이제부터 법률의 근거 아래서만 가능하게 되었다. 그러나 국가질서의 합리성과 계측가능성은 또 다른 방향에서도 향상하게 되었다.

　우리는 권력의 분립과 균형에 관한 몽테스키외의 학설이 법치국가의 조직상의 기초를 특징지우고 있음을 알고 있다. 몽테스키외는 시민의 정치적 자유 속에는 「각자가 자신의 안전에 대하여 가지고 있는 신뢰에서 나온 정신의 평온이 있다」[2]고 생각하였다.* 이 자유는 동일한 사람, 동일한 집단이 입법권・사법권・집행권을 동시에 행사하게 될 때에는 결정적으로 상실하게 된다. 인간을 깊이 알고 있는 이 사람의 견해에 대한 근거를 통제되지 않은 모든 권력은 조만간 예측할 수 없는 자의의 위험에 빠지게 된다는, 일반적으로 타당한 사회학적 명제로 표현할 수 있다. 그러므로 입법부는 모든 국가활동을 규정하는 최고의 권력이어야 하며 — 조직상으로는 독립적인 사법부와 국왕에게 위임되어 있는 행정부로부터 분리되어 — 국민에게 위임되어야 한다. 국왕이 법률을 제정하거나 폐지하고 그 법률이 추밀원에서 초안되어 결코 공개되지 않는 한, 불안정성과 계측불가능성의 요소가 상존하게 되는데 국민이 자신의 대표를 통한 공개된 의회에서 자신에 관한 법률을 의결하고, 이렇게 하여 스스로 자유의 옹호자가 될 때에 그 요소는 사라지게 되는 것이다.

　이러한 사회적・정치적 발전과 더불어 이념사적인 발전이 진행된다. 그 기원도 역시 르네상스 시대로 거슬러 올라간다. 볼테르・생시몽*・칸트・마르크스에서처럼 케플러・갈릴레이・가상디,* 그리고 그로티우스에게도 탈인격적인 법률에 대한 신뢰(Gesetzesglaube)가 있음을 발견하게 된다. 윤리적・정치적으로 표현되는 공리는 이렇게 말한다. 즉 인간은 인간이 아닌 법률에만 복종해야 할 때에 비로소 자유롭다. 그러나 시간이 지날수록 사람들은 법률을 인격신이나 신의 은총을 받는 전제군주의 의지가 아닌, 모든 의지와 자의를 초월한 규범으로 이해하게 된다. 즉 이 법률의 내용을 현세적・이성적으로 인식할 수 있는 자연과 사회의 존재(Sein)로부터 파악하려는 경향이 점점 높아지고 있다.

　법치국가이상의 고전주의자인 빌헬름 폰 훔볼트가 말한 이 「합법적 자유의 확실성」[3]은 18세기 전환기에 정신적・경제적으로 강화된 시민층의 요청이었다.* 시민의 정치적 및 경제적 안전은 권력분립의 법치국가에 있어서의 입법에 대한 시민층의 영향력을 요구했고, 정치적 자유와 평등이라는 이상은 개인적 자율(Autonomie)이라는 시민층의 윤리에 일치하는 것이었다. 이러한 민주주의가 「교양과 재산」에 한정되어 있었다는 것은 교양을 가진 자가 재산을, 재산을 가진 자가 교양을 가진 자였던 시대이었기에 어쩔 수 없었다.

---

2) Montesquieu, De l'esprit des lois (1748), liv. xii, ch. 2.
3) Wilhelm v. Humboldt, Ideen zu einem Versuch die Gränzen der Wirksamkeit des Staats zu bestimmen (1792), in Gesammelte Schriften (Hg. Kgl. Preußische Akademie), Bd. 1. Berlin 1903, S. 179.

그것은 자본주의가 발달하고 조직화하는 시대에는 근본적으로 변하지 않을 수 없었다. 끊임없이 증가하는 프롤레타리아트는 자의식에 눈을 떴고, 시민적 민주주의의 요구를 사회적 민주주의의 형태로 자신의 것으로 만들었다. 그들은 당(Parteien)과 노동조합(Gewerkschaften)을 조직하여 자립하고 법치국가적 입법부에 대한 참여를 강하게 요구하였다. 그러나 이리하여 인민입법부(Volkslegislative)는 시민계급이 그것을 근본적으로 부인하지 않고 독재라는 악마왕의 힘으로 추방하려고 한다면, 그것은 시민계급이 불러들였다가 다시 추방할 수 없는 유령이 된다.

왜냐하면 정치라는 우회로를 돌아서 이제는 법률적·정치적으로 동등한 권능을 가지게 된 프롤레타리아트가 경제적으로도 시민층을 위협하려 하기 때문이다. 경제적 약자는 입법의 힘에 의하여 경제적 강자를 구속하고, 이들에게서 더욱 많은 사회적 급부를 강요하거나 소유권을 빼앗으려고 한다. 이리하여 자본주의는 그 창조자인 시민계급의 지배를 위협하게 되는 민주주의원리라는 결론에 이르게 되었다. 프롤레타리아트를 입법부로부터 영원히 추방하는 것은 법치국가적 수단으로는 불가능한 것으로 보인다. 또한 현대의 의식으로 보아서도 민주주의를 교양과 재산에 한정하는 것은 더 이상 기대할 수도 없다. 왜냐하면 소유의 이동이 매우 신속하게 이루어지는 시대에서는 재산은 교양을 통해서도 전통을 통해서도 존엄시 될 수 없기 때문이다. 시민계급은 법치국가의 이상을 의심하고 자기 자신의 정신적 세계를 부인하기 시작한다.

독일에서 이러한 법치국가사상의 부인과 공동화는 1848년 혁명의 좌절과 더불어 시작되었다. 그러나 1859년에도 로베르트 폰 몰은 법치국가라는 이름 아래 국가성원이 「무엇보다 먼저 **법률 앞의 평등**, 즉 개인적 사정을 고려하지 않는 모든 사람의 생활목적의 배려와 개개인의 지위·신분 등에 상관하지 않는 일반적 규범의 객관적 적용」에 대한 청구권을 갖는 어떤 단체를 생각하였다.4) 불과 몇 년 후에 이 실질적 법치국가이념은 공허하게 되고 탈정신화되어 형식주의적·기술적인 것으로 변모되었다. 그 이후 1918년의 혁명까지는 다음과 같은, 예컨대 법률 앞의 평등을 보장하는 1850년의 프로이센 헌법 제4조는 입법자에 대한 자의의 금지를 의미하지 않고, 단지 이미 완성된 법률을 적용하는 관리에게 대한 것임을 의미한다는 학설이 통설이었다. 그와 동시에 입법자에 대한 정의이념은 쓸데없게 되었고, 입법내용의 정당성 여부와는 상관없이 개별적인 경우에 그 계측가능한 적용을 요구하는 형식적인 행정상의 공리로 전락해 버렸다. 이제 이 법률의 예측가능성(Rechenhaftigkeit)과 시민의 안전만이 문제이고 법률의 정당성은 문제되지 않았다.

그런데 1918년의 혁명 이후 바이마르 헌법 제109조를 통하여 시민계급의 지배가 위협받는 것으로 볼 수 있을 때에 이 평등조항을 입법자에 대한 「자의의 금지」로 보는 쪽이 우파에 속하는 법학자이고, 이에 반하여 시민적·민주적인 법학자는 낡은 해석을 고수하고 있었던 점이 특징적이다. 물론 이러한 보수적 법학의 견해변화의 뚜렷한 정치적

---

4) Robert v. Mohl, Encyklopädie der Staatswissenschaften, Tübingen 1859, S. 329.

의의는 법률적으로는 잘못된 라이히 최고법원의 판결에 의해서 판사층이 독일에서 이룩한
거대한 정치적 권력신장과의 관련 속에서 비로소 이해될 수 있다. 말하자면 사법관료들은
1925년 11월 4일의 판결에 의해서 모든 법률이 라이히 헌법과 실질적으로 일치하는지의
여부를 심사할 권리를 스스로 행사하는 데에 성공하였으나, 그들은 이전부터 이러한
권리를 가지고 있었다는 명백히 부당한 주장에 이를 근거시켰다.5) 압도적인 다수가
지배층의 후손인 재판관이 법률의 평등원칙과의 일치여부를 검토한다는 것 때문에 시민계
급은 인민입법부가 자유주의적 법치국가를 사회적 법치국가로 이행시킨다는데 대한
효과적인 안전책을 미리 마련하였다. 왜냐하면 무엇이 평등하고 무엇이 불평등한 것으로
간주되어야 하는가는 아주 본질적으로는 그것을 판단하기 위해서 소집된 자들의 역사적·
국민적으로 뿐만 아니라 사회적으로도 다른 가치관에 의해서 결정되었기 때문이다.
그때에 판단자가 자신의 절대적 객관성을 확신하지 않는 편이 판단의 정당성을 위해서
더 좋은데, 그것은 단지 이 경우에만 판단자가 필요한 자기비판을 보존하게 될 것이기
때문이다.

그러나 재판관을 통하여 이루어지는 이러한 인민입법부에 대한 감시로서는 사회적
법치국가의 위험이 결정적으로 제거되지는 않는다. 인민입법부가 언제 자신에게 종속하
는 정부를 통하여 다른 재판관을 임명하거나 헌법개정으로 자신의 감독자인 재판관을
전적으로 제거하는 시기의 문제만은 아직 남아있다. 이러한 정치적인 방법 또는 그
외의 방법으로 입법자로부터 재판관에게로 위험스러운 권력이동에 있어서는 어떤 경우에
도 실질적 법치국가의 르네상스를 찾아볼 수는 없다. 입법자를 판단하는 판결이 사법부와
입법부의 분리라는 원칙을 침해한다는 점을 별도로 하고도 오늘날의 통설과 종종 실무에
서도, 평등명령, 즉 「모든 사람의 생활목적의 배려」, 예를 들면 라이히 헌법 제156조(공용
징수)와 관련하여 행해지는 바로 그 특유한 해석에서도 법치국가사상의 오래된 공허화가
인식된다.

법치국가사상의 이러한 퇴보로 말미암아 「법률의 지배」 역시 근본적으로 변화된 의미를
가지게 되었다. 윤리적·이성적 법률이 지배력을 가지는 것은 살아있는 사람들이 그것을
자기와 다른 사람에게 적용하기 때문이다. 윤리적 필요성은 자기 자신을 규정하는 자유
속에서 긍정된다. 그러나 단순히 경제적 안전의 보장을 위하여 마련된 생활의 법칙화
(Vergesetzlichung des Lebens)는 개성 없는 기계화를 위한 기술화에 불과하다. 윤리적으
로 이해된 법률은 그 실증적·국가적 효력에도 불구하고 절대적인 것과 생을 담당하는
근원(Grund)과 심연(Abgrund)에 대한 관계를 보존하고 있었다. 그것은 언제나 구체적·
개인적 의지의 주관적 결단을 요구하였다. 이에 반하여 기술적으로만 이해된 법률은
주관적 결단으로부터 분리되어 버렸고, 그것은 윤리적·수학적 객관성을 가지고 우선
무한한 낙관주의(Optimismus) 속에서 자신을 결정적으로 법칙화 함으로써 법률에서
모든 개인적 결단의 악으로부터 현세적 해방을 기대했던 인간 위에 군림하게 되었다.

5) Urteil des Reichsgerichts in Zivilsachen vom 4. November 1925, Bd. 112. S. 67 ff.(71).

오늘날에는 공허화한 규범주의(Nomokratie), 모든 개인의 결정적 법칙화를 통한 영구평화라는 유토피아를 신봉하는 사람은 이미 거의 없다. 순수문화 속에서 형성된 이 신앙이 어떤 국가에서도 법치국가를 인식하게 하고 「지도자가 없는 것」(Führerlosigkeit)을 민주주의의 이상으로 여겼던 켈젠6)과 그 학파의 순수법학의 기반이라는 것은 쉽게 이해할 수 있다. 이러한 규범주의적 사고의 공허한 추상화는 바로 윤리적 근거를 추구하고 현실에 굶주린 청년들 사이에 독재사상을 촉진시키는데 크게 공헌하였다.

그러나 시민층은 현재의 사회적 사정으로 보아 이러한 법칙화가 비관적으로만 해석되는 것으로 여겼다. 프롤레타리아트에 의한 사회민주주의의 요구는 실질적 법치국가사상의 노동질서와 재화질서에로의 확장을 의미하는데 불과하다. 시민층에게는 옛 법률(Gebot)을 새로이 실행할 힘이 거의 없다. 그들은 자기 자신의 정신적 존재를 부인하고 스스로 비합리주의적인 신봉건주의에 종속되었다. 법률이란 가축(Herde)을 사육하기 위한 주인(Herrenmenschen)의 기술로서의 의미를 가질 뿐이며, 주인의 자의가 모든 법률에 우선한다고 한 니체가 시민층의 대변자로 되었다. 주인의 입장에서는 법률에 구속받는 것은 가축에 구속받는 것을 의미한다. 주인은 모든 사회적 강제뿐만 아니라 자기의 「고귀한 본능」을 제지하는 문화까지도 불편하게 여긴다. 니체가 말한 주인은 가끔 「해방된 맹수」(losgelassen Raubtiere)처럼 행동할 필요가 있다. 「그들은 그곳에서 모든 사회적 구속에서 벗어나 자유를 즐긴다. 그들은 사회의 평화 속에 오랫동안 감금되고 폐쇄되었기 때문에 나타나는 긴장을 황야에서 해가 없는 것으로 간주한다. 그들은 아마도 소름끼치는 일련의 살인·방화·능욕·고문에서 의기양양하게 정신적 안정을 지닌 채 돌아오는 즐거움에 찬 괴물로서 맹수적 양심의 순진함으로 **되돌아** 간다. 그것은 마치 학생들의 장난을 방불케 하는 것이며, 그들은 시인들이 오랫만에 노래를 부르고 기릴 수 있는 것을 가졌다고 확신한다」.7)* 모든 「귀족」의 근저에서 찾아낸 「황금의 야수」에 관한 니체의 이러한 표현은 원한(Ressentiment)에 관한 논문에서 볼 수 있는데, 이 표현에서 자신의 심리학적 방법을 적용하면 시민의 자기 자신에 대한 원한이라는 것이 쉽게 드러난다.

자본주의가 한층 더 발달한 프랑스에서는 부르주아의 이러한 반부르주아적인 법률증오는 이미 일찍부터 만연되고 있었다. 한때 존칭(Ehrennamens)이었던 것의 의미타락은 이미 왕정복고시대의 문학에서부터 유래하고, 자신의 경제적 안전만을 염려하고 모든 참된 정신과 모든 비합리적인 기본적 권력을 이 안전에 대한 위험이라고 두려워하고 경원하는 시민의 비열함이 그 의미타락을 특징지우고 있다. 또 그 당시 부르주아에 대한 문학적 대상으로 묘사되는 것은 모든 법률을 전적으로 무시하는 대범죄자였는데 가장 인상 깊게 구체화된 것이 발자크의 장 보트랭*이다. 당시에는 천재나 몇몇 낭만주의적인 문인들의 문제였던 이 법률증오가 오늘날에는 대소 부르주아와 정신적 중산층의

---

6) Hans Kelsen, Vom Wesen und Wert der Demokratie, 2. Aufl. Tübingen 1929, S. 79.

7) Friedrich Nietzsche, Zür Genealogie der Moral, in Werke, Bd. 7, Leipzig 1899, S. 321 f. (김정현 옮김, 『도덕의 계보』, 『니체 전집』14, 책세상, 2002, 372면).

공동자산이 되었다. 특히 [제1차] 세계대전 이후에는 재향군인회의 회원은 선과 악을 초월한 천재신앙(Geniereligion)과 반부르주아적 영웅적 신념을 갖도록 규약상으로 의무화되어 있었다. 모든 동업조합장은 소비조합과 백화점의 탈인격적 작용에 사로잡혀 있었다.

이러한 신봉건주의는 자신의 **권력의 비밀**(arcanum imperii)로서 완전한 신화를 발전시킨다. 생활의 법칙화를 통한 합리주의인 현세의 해방(Diesseitserlösung)과 개성 없는 법칙에 대하여 법칙 없는 개성의 천재신앙을 대치시키고, 또 안전과 필연 대신에 모험과 위험, 규정 없는 자유와 기적을 찬양한다. **이성**(ratio)을 극복하기 위하여 **비이성**(irratio)을 만들었고, 또 모든 반이성적인 것을 그것이 불리함에도 불구하고 경탄하는 것이 아니라 바로 불합리하기 때문에 경탄한다는 것이다. 사회학적 상황을 정신적으로나 윤리적·정치적으로도 극복할 수 없기 때문에 권력 그 자체, 즉 자기목적으로서의 권력이 신봉건주의의 최고의 신조가 된다. 그것은 탈인격적 법률에 대항하기 위하여 행동을 위한 개인적 행동의 철학, 「행위의 이상주의」를 그 수단으로 한다.

그러나 이제 이 권력행위를 미화하는 종교를 감당할 수 있는 것은 지배자의 강력한 혼(Seele)뿐이다. 군중의 약한 마음을 그 종교의 구멍이 뻥 뚫린 공허를 은폐하기 위한 특이한 신화를 필요로 한다. 이 목적을 위하여 우선 국가주의(Nationalismus)가 이용된다. 「우리들은 우리의 신화를 창조하였다. 그 신화는 하나의 신앙, 하나의 정열이다. 그것이 현실의 것일 필요는 전혀 없다.[…] 우리의 신화는 국민이다」라고 무솔리니는 로마를 진군하기 며칠 전에 이렇게 말했다.[8] 이 국가주의는 개인과 공동체와의 긴장상태를, 전자는 평준화하는 억압을 통하여 완화하는데, 현재로는 군중의 지배를 위한 최적의 종교인 것 같다. 가끔 지배계급의 이름을 혼동하여 유사하게 바라보는 국가의 **신성한 이기주의**(sacro egiosmo)와 국가라는 이름 속에서 사람들은 그 내부적 음성이 마비되고 이른바 유일한 공동체라는 용어에 도취되어 버린다. 이 공동체의 객관적 정신의 절대적 권리를 위해서는 기독교를 이용하는 것도 꺼리지 않는다. 이전에는 민족개성의 매혹적 가치에 대한 지각이었던 국가의식이 지금에 와서는 하나의 「신조」(Gesinnung), 즉 가능한 모든 종류를 신성화하고, 또 유일한 「국민」이라는 가축을 양과 염소로 선별*하는 지배기술적 기능을 지닌 일종의 도덕법전이 되었다. 국가주의가 언제나 국민적 공동체를 지배조직인 국가와 동일시하고, 다시 국가를 지배자와 동일시한다는 사실을 아울러 생각하면, 근원적으로 완전히 무정부주의적인 천재신앙이라는 국가신격화가 명료하게 된다. 정치적 실제에서 볼 때 이 신격화는 지배자의 자의를 이상화하는 것이며, 군중에 대한 법률을 이상화하는 것이다.

지배자는 전통적 교회종교 내에서도 무시할 수 없는 지배신화를 보게 된다. 더욱이 그는 교회종교 내에서 기독교적 내용이 매우 방해된다고 여긴다. 그러나 그에게는 지배의

---

8) Hermann Heller, Europa und der Fascismus, Berlin und Leipzig 1929, Anm. 119 (유럽과 파시즘, 김효전 옮김, 『바이마르 헌법과 정치사상』, 산지니, 2016, 271면 주 119) 참조

신성화를 위하여 교회가 불가결하다는 것을 제외한다면, 기독교도를 제외한 가톨릭주의는 지배조직으로서 그에게 크나큰 경의를 바쳤다. 「나는 가톨릭교도지만 무신론자이다」(Je suis catholique, mais je suis athée)라는 것이 악시옹 프랑세즈*의 가톨릭교도인 샤르르 모라(Charles Maurras)9)의 의미 깊은 정식화인데 무솔리니가 정식화해도 똑같은 표현일 것이다.

민주적·의회주의적인 부패를 제거하기 위해서 독재를 요구하는, 오늘날에 특히 호소력 있는 표어 역시 독재의 은폐에 포함되어야 한다. 확실히 민주주의는 완전히 깨끗한 손을 갖지 못한 민주주의 기관을 즉시 포기할 뿐만 아니라 스스로 가차 없이 반대하는 모든 동기를 가지고 있다. 왜냐하면 부정상인(Schiebern)과 결탁하거나 그들의 상행위에 참여하는 한 사람의 민주적 정치가나 공무원 또는 민주주의를 옹호하는 한 사람의 무책임한 문필가는 수백의 극우파나 극좌파의 공격자보다 훨씬 더 이 국가형태에 유해할 것이 분명하기 때문이다. 부패에 관한 소문이 독재국가에서보다 민주적 법치국가에서 더 많이 들린다는 것은 분명한 사실이며, 그것이 통치형태의 탓이라는 것도 틀림없다. 그러나 민주주의에서보다 독재에서 부패가 더 적다고 믿는 것은 잘못이다. 정확히 말하면 그와 정반대이다. 이 경우에도 민주적 법치국가는 외관보다는 더 나은 것이고 독재국가는 ― 적어도 멀리서 보면 ― 실제보다 더 좋게 보인다. 그것을 증명하기 위해서 이탈리아 파시스트 독재의 실례를 들 필요는 전혀 없으며, 이탈리아의 상급, 최상급 국가기관의 가장 악랄한 치부(Bereicherung)가 거의 상례이고, 청렴한 손(reine Hände)이 거의 예외라는 것을 지적할 필요도 없다. 또 파시스트를 포함한 이탈리아 국민 전체가 이 만지아레(mangiare), 즉 이탈리아 권력자들의 자기살찌움(Sich-Mästen)을 그들의 심한 농담거리로 삼고, 이탈리아국민·파시스트당, P.N.F*를 깔끔하게 페르 네체시타 파밀리아레(per necessità famigliare), 즉 가족의 배려에서(aus Familienrücksichten)로 해석한다는 것을 지나치게 언급할 필요도 없다. 이미 말했듯이 분명한 사실을 지적할 필요는 전혀 없는 것이다. 왜냐하면 전혀 통제되지 않는 독재기관의 권력이 언제나 그러한 결과에 이르게 된다는 것은 인간을 기피하는 모든 사람들에게는 자명한 일이기 때문이다. 민주적인 법치국가에서 서로 경쟁하는 각 정당은 다른 정당의 부패를 폭로하는 데에 최대의 관심을 가지며, 모든 정당은 가능한 한 깨끗한 조끼[청렴]를 제시하는데 역점을 두어야 한다. 그러나 같은 이유에서 독재의 단일정당도 자기 조끼의 더러움[오점]을 보이지 않도록 하여야 한다. 여하튼 이 정당은 모든 다른 정당에 대한 억압과 자신의 배타적인 지배독점의 근거를 그들의 당원이 「엘리트」이고 국민의 신흥귀족이라는 주장에서 도출되고 있다. 그 정당은 모든 정보를 그 발생 초기에 진압하지 않으면 안 된다. 또한 독재정당에는 한 사람의 감시자도 없고 권력분립이나 기본권도 제거되었기 때문에 독재 하에서는 상당한 인사들에게서 마저도 신문에서, 의회에서 또한 법정에서 조차 폭리자(Geschäftemacher)에게 책임을 물을 수 있는 모든 가능성이 배제되어 있다. 민주적

---

9) AaO., Anm. 59 참조.

법치국가와 독재의 구조상, 전자에서는 부패에 대한 공적인 고발이 빈번하게 되고 후자에서는 드문 것은 그 때문이다. 그러나 두 정치형태의 구조 속에 두 체제가 가지는 부패의 실제 규모는 수적으로 공적 고발과는 반비례한다는 것도 필연적인 근거를 가진다.

　서유럽의 독재를 특별히 분석함에는 정치를 통한 순수한 경제적 치부보다도 결국에는 국민건강을 훨씬 더 위태롭게 하는 부패의 한 형태가 있다. 내가 주장하는 것은 정치적인 정신과 의지의 부패인데, 나는 그것을 현재의 서유럽 독재가 모두 어떤 중대한 경우에 전체 국민의 의지결정이 단 한 사람의 의지, 즉 독재자의 의지와 완전히 일치한다는 허구(Lüge)에 근거하고 있다는 점에서 발생한다고 본다. 자본주의의 유럽에서 독재라는 것은 언제나 군사적·정치적·경제적 억압수단을 행사하지 않을 수 없고, 이 수단 특히 위(Magen)에 대한 억압을 통하여 거의 전 국민을 정치적 위선과 허구에 복종시킬 수 있다. 오늘날 이탈리아의 상류층 국민들이 자국의 독재의 결과로 생긴 무엇보다 가공할 정치적 풍화현상(Zersetzungserscheinung)으로 여기는 것이 바로 이러한 부패이다. 이탈리아에서는 당의 휘장을 달거나 파시즘을 위하여 공개강연을 하거나 저술하는 사람들을 도처에서 만나게 되는데, 그것은 그렇게 하지 않고는 자신과 그의 가족이 아사의 위험에 직면하게 된다는 것을 그들은 알고 있기 때문이다. 확실히 민주주의 내에도 전혀 개성 없는 작가가 있고, 우리들의 법치국가에도 언론이 놀라울 정도로 부패한 것은 사실이다. 그러나 독재국가에서는 언론인, 그리고 언론인뿐만 아니라 모든 지식인은 모든 정치적·경제적 억압수단을 동원한 국가에 의해서 이러한 부패를 야기하도록 교화된다. 그렇기 때문에 독재자의 부패퇴치에 관한 신화보다 더 허위인 신화는 없다.

　이미 언급한 모든 신화적인 독재의 은폐는 종파적으로 통일된 국민 국가에서만 순수한 형태를 취하는데, 그러한 국가에서는 프랑스와 이탈리아에서처럼 좌파에 의해서 지배되었거나 지배되고 있다. 본질적으로 동일하면서도 실제 사회학적으로 이러한 은폐가 전혀 없는 운동(Bewegung)이 어떻게 보이는지는 오늘날 오스트리아에서 규명될 수 있다. 축적된 부패를 일소한다는 독재자에 관한 신화는 오스트리아에서는 통용될 수 없다. 왜냐하면 첫째 오스트리아의 좌파는 이렇다 할 부패현상이라고는 전혀 나타내지 않기 때문이고, 둘째는 특히 오스트리아에 독재를 촉구하는 계층이 오래전부터 그들 자신이 완전히 독점된 권좌를 차지하고 있기 때문이다. 다른 나라의 그 밖의 다른 신화도 오스트리아에서는 역시 쓸모가 없다. 이 나라에서는 국가의 신격화가 의도와는 달리 필연적으로 타락될 수밖에 없고, 국가주의가 은폐사상으로서 사용될 수가 없다. 국가주의는 기독교적 사회주의의 향토방어파(Heimwehrflügel)가 독일 제국과의 합병이라는 내정상의 결과를 적어도 현재로서는 원하지 않고, 또 가톨릭주의는 반교권적인 도시 부르주아가 원하지 않기 때문이다. 따라서 아직도 숭고한 투쟁목표로 남아있는 것은 사회주의적으로 관리되고 있는 빈(Wien) 시의 세금이다.

　새로운 봉건주의의 힘을 과시하고 강력한 사나이를 구하는 함성을 시민의 절망적 표현으로 인식하는 것은 매우 중요한 일이다. 시민은 노동자 대중의 전진에 놀라 그들

자신의 정치적·경제적 지배권이 위협받고 있을 뿐만 아니라 동시에 전 유럽 문화의
종말이 다가오고 있다고 믿게 된다. 그때에 시민은 많든 적든 계급이라는 것을 무작정
문화외적인 집단(Masse)과 종족(Rasse)으로 혼동하게 된다. 즉 시민은 분명히 모든 계층
속의 비창조적인 인간집단을 오늘날의 노동자계급과 단순히 동일시하고, 자신을 문화엘
리트로 간주하며, 종종 프롤레타리아가 종족상으로도 열등하다고 주장함으로써 어렵지
않게 사회적 법치국가와 현대에 있어서의 사회적 법치국가의 시초를 열등자의 지배로
낙인찍게 되었다.『서구의 몰락』의 저자가 동시에 독일의 폭력신앙과 천재신앙, 즉 독재사
상에 대한 대표적 주창자라는 사실은 당연한 논리적 귀결이다. 오스발트 슈펭글러*에게는
「신분국가, 즉 단 하나의 신분만이 통치하는 국가」가 있을 뿐이다.10) 그러나「진정한」
신분,「혈통과 종족의 화신」11)은 귀족뿐이다. 농민과 시민은 모두「무신분」12)이기
때문에 더욱이 제4의 신분인「대중」은「말단, 즉 생래적인 무」13)다. 이 절망한 시민에게
유일하고 강력한 자에 대한 기대, 즉「완전한 개인적인 힘」14)으로 시민의 모든 결단을
인수하는「씨저형」(cäsarischer Schlage)의 인간에 대한 희망이 남아 있음을 알 수 있다.
왜냐하면 모든「쇠퇴하는 문화」의 질서는 그런 것이기 때문이다. 따라서 지배자는 독재의
의미에 대한 아무런 환상도 가지지 않는다. 즉, 그는 독재가 모든 정치형태의 기형현상
(Deformierung)을 의미하며, **독재는 사회적 무질서의 정치적 현상형태**에 불과하다는
것을 알고 있기 때문이다.

　그러나 그러한 지배지식이 군중에게는 위험할 수도 있다. 군중에게는 그것의 환상적
은폐가 필요하고 또한 정치전선의 위장이 필요하다. 그 때문에 사람들은 의회주의를
공격목표로 삼지만 적극적 목적으로서는 독재 따위가 아닌 직업단체적 또는 직능대표적인
국가를 공격목표로 삼는 것이 상례이다. 두 주장 모두가 많든 적든 의식적인 허위이다.

　왜냐하면 미합중국의 모범에 따른 권력분립적 법치국가의 지속 하에서 의회주의를
배제한다는 것은 여전히 민주주의적 법률, 즉 다수의사에 의한 지배자의 구속을 의미하고,
또한 헌법재판소와 행정재판소에 의한 통제를 의미하기 때문이다. 그러나 이러한 비의회
주의적 법치국가는 폭력신앙과 천재신앙의 요청에 일치하는 것도 아니고 그렇다고 ─
이것이 요점인데 ─ 기술한 지배계급의 정치적·경제적 어려움을 제거할 수 있는 것도
아니다. 법치국가적 인민입법부를 공공연히 공격해서는 안 된다. 왜냐하면 민주주의에
대한 명확한 부인은 원한(르상티망) 이상의 것, 즉 민주주의에 대치될 수 있는 어떤
독자적인 생산적 법이념과 국가이념을 구사한다는 것이 전제될 필요가 있기 때문이다.
이러한 반민주적인 해답의 감각(Antwortgefühle)이 실제로는 얼마나 무력한 것인지,

10) Oswald Spengler, Der Untergang des Abendlandes. Umrisse einer Morphologie der
　　Weltgeschichte. Bd. 2, München 1922, S. 457 (박광순 옮김,『서구의 몰락』, 범우사, 1995).

11) AaO., Bd. 2, S. 414.

12) AaO., Bd. 2, S. 412.

13) AaO., Bd. 2, S. 445.

14) AaO., Bd. 2, S. 541.

또는 그 감각의 정치적 형성력이 얼마만큼 불충분한 것으로 평가되어야 하는지를 보다 분명히 나타내는 것은, 그 감각이 그의 진정한 적인 민주주의 앞에 머리를 숙이지 않으면 안 된다는 데에 있다.

오늘날 독재자 및 독재자가 되려는 모든 사람들은 자신들이 바로 「진정한」 민주주의를 실현해 왔다거나 실현하려고 한다는 것을 우리에게 확언하고 있다. 그들은 그와 달리 무슨 말을 하겠는가? 유일하고 진정한 신의 은총을 받은 군주의 시대가 사회적·종교적 이유 때문에 끝나게 되었다는 것을 소시민층도 결국은 이해하게 된다. 세습귀족정치도 유동적 소유의 시대에 있어서는 법률상으로 승인된 자본주의적 계급지배와 다를 바 없다는 생각에는 거의 누구도 이의를 제기할 수 없을 것이다. 따라서 남은 것은 민주주의를 민주주의로써 극복하고 말로써는 반복하여 긍정하면서 사실상의 내용에서는 그것을 부정하는 것뿐이다.

이러한 목적을 위하여 독재 역시 민주적이라거나 오히려 더욱 민주적인 것처럼 보여야 하고, 어떤 형태로건 민주적인 국민의사라는 권위를 통하여 정당화되어야 한다. 권위주의적인 독재의 목적을 위하여 특유한 민주적 정당성의 원리가 적용되는 방법이 참으로 흥미롭다. 그러기 위하여 우선 민주적 법치국가에 일치하는 여러 자유권이 오늘날 그렇게 일반화된 반자유주의적 감정에 대한 호소를 통해서 「시민적인」 것으로 비난에 맡겨진다. 또 독재가 시민의 언론·집회·출판의 자유, 그리고 개인의 비밀투표를 「사실은」 비민주적인 것으로 경멸하는데 성공한다면 국민의사의 확인을 위한 유일한 민주적인 보장은 제거된다. 그렇게 되면 이제 자유로운 선동, 압력 없는 투표, 선거절차의 감독은 더 이상 존재하지 않기 때문이다. 독재자는 국민의 의지를 전적으로 자기가 원하는 여러 가지 방법으로 조작할 수 있고 나폴레옹 3세와 무솔리니의 인민투표(Plebiszite) 자체도 「갈채에 의한 결정」(Akklamation)이라고 스스로 칭할 수 있다. 즉 프랑스인이 독일의 국법학자 카를 슈미트 ─ 비록 그의 외정상의 의도에는 아주 반대되는 것이지만 ─ 를 원용하여 1939년 자르(Saar) 지방에서 베르사유조약 제34조에 규정된 자유, 비밀 그리고 압력 없는 개인투표[15) 대신에 이러한 환호에 의한 결정을 시도할 수 있다고 생각한다면, 그것은 외정상으로도 위험한 도박이다. 그러나 파시스트가 집권하고 있는 이탈리아에서도 이러한 인민투표가 불가결하다는 사실에서 바로 독재사상의 비생산적인 원한적 성격이 나타난다.

독재를 촉진하는데 이용될 외관상 민주적인 또 하나의 은폐책은, 직업단체적 내지 직능대표적인 국가라는 이데올로기이다. 이 이데올로기가 유효한 것은 그것이 현대의 진정한 정치적 욕구에 결부되어 있다는 사실에 기인한다. 분명히 오늘날까지 국가에 대하여 너무나 많은 것이 기대되어 왔다. 즉 현대국가는 확실히 입법에서는 그렇지 않지만 행정에 있어서는 과중한 일을 해왔다. 그리하여 법치국가가 노동질서와 재화의 질서에 개입하는 일이 많으면 많을수록 자치를 위한 국가 자신의 제거가 필요하게 된다.

---

15) RGBl. 1919, S. 687 ff. (797).

이러한 점에서 직업단체적 사상은 민주적 요청에 완전히 일치하며, 또 법치국가의 적대자들이 이 사상으로 시도하는 것의 반대이기도 하다. 실제로 그들의 공격도 국가행정의 확대에 대한 것이 아니라 국가입법의 사회·경제적 영역에의 확대에 대한 것이다. 그러나 또한 그들이 직업단체적 국가라는 말로 이해하는 것은 정당 대신에 「직능대표」에 의해서, 즉 정치적으로 무기력한 대중에 의해서 영위되는 국가이다. 그러한 국가가 민주적인 구조를 가지는 것은 불가능하며, 그 실현을 위한 시도는 결국 국가의 종말은 의미하게 된다는 것을 지도자들은 충분히 알고 있다. 이탈리아의 가장 저명한 파시스트들은 이것이 불가능하다는 것을 저술을 통해서도 상세히 설명하고 있다. 정치적인 것의 본질은 바로 다수로부터 성립되는 영역사회의 의지를 통일하는데 있다. 그러나 「직능대표적」 단체는 잠시 우리가 이 잘못된 명칭을 통용시키고자 한다면, 오늘날에는 이전보다도 경제적 조직, 즉 정치적 통일체로서의 자기형성을 위한 정치적 계기를 더욱 자신의 내부에서 필요로 하는 조직인데, 그럼으로써 이 경제적 조직은 필연적으로 정당이 된다. 정치적 근본문제는 정점에 있어서의 통일형성과 최고대표자 및 그것에 의한 국가 자체의 성립 (Entstehung)이며, 이는 앞으로도 변함이 없다. 그런데 이러한 형성은 어떻게 이루어질 것인가? 경제적인 이익단체로부터 민주적인 방법으로 정치적 통일체가 형성되지는 않고 오히려 지속적인 계급투쟁이 생긴다는 것을 직업단체적 이데올로기의 주창자들도 아주 잘 알고 있다. 바로 이 때문에 그들은 직업단체적 국가에서의 정치적 통일형성의 유형에 관해서는 침묵한다. 가장 유명한 독일의 프로그램 저작인 오트마르 슈판*의 『진정한 국가』는 이에 대해서, 중앙권력은 「모든 요소로부터 평등하게 유도되지」 않으며 「더 정확하게[!] 말하면 원래 아래에서 위로가 아니라 오히려 위에서 아래로 향하여 형성되어야 한다」고 말할 뿐이다. 그래서 새롭다고는 할 수 없는 요구 「가장 우수한 자가 (말하자면 [!] 위에서부터 아래로) 지배해야 한다」[16]에는 오늘날 독재만이 유일하게 일치할 수 있다.

그러나 독재는 언제나 독재자가 장악하고 있는 중앙집권적인 권력통합(Gewalten-vereinigung)을 의미하기 때문에 원래는 직업단체주의(Korporativismus)의 반대물이다. 그렇지만 후자는 자본주의적 독재의 내부에서 현대의 독재에 불가결한 대중의 경제통제를 위한 조직을 이데올로기적으로 은폐하는 임무를 유일하고 독자적으로 담당한다. 노동자는 여러 가지 조합을 통하여 경제적으로 독재자를 종속하고, 또 그럼으로써 독재자에게 맹종하게 된다. 그리하여 이탈리아에서는 파시스트 노동조합의 독점이 존재하며, 그것은 최소한의 자치권도 없는 독재자의 개성 없는 도구인 것이다. 그러므로 가장 근대적인 노동헌장으로 찬미되는 **카르타 델 라보로**(Carta del Lavoro)[17] 제23조에서는 이렇게 규정한다. 즉 직업소개소는 국가기관의 감독 아래 상호동등의 원칙에 따라 설립되고, 고용자는 이 소개소를 매개로 하여 피고용자를 고용해야 하도록 의무화되어 있다. 고용자는 등록자 중에서 선택할 — 1928년 12월 6일의 명령 이후는 의무이기도 한 — 권리를

---

16) Othmar Spann, Der wahre Staat, Leipzig 1921, S. 274.
17) Vom 21. April 1927.

가지는데, 더구나 파시스트당과 파시스트 노동조합에 등록된 사람들은 그 등록순위에 따라 우선시키는 방법으로 고용하지 않으면 안 된다. 파시스트 법무장관 로코(Rocco)*가 1928년 3월 9일 의회의 연설에서 행한 다음과 같은 설명도 이러한 의미로 이해되어야 한다. 즉「조합중심적 또는 직업단체적 국가에 대해서 말하려면 그 용어의 의미를 이해한 다는 것이 전제될 때에 비로소 그것은 정당하다. 직업단체적 국가라는 것은 직업단체의 수중에 있는 국가가 아니라 국가의 수중에 있는 직업단체적인 것이다」.[18]

이리하여 경제를 예속시키려고 하는 독재가 법치국가 대신에 내세우는 것은 아주 이데올로기적으로 은폐된 폭력에 불과하다는 사실이 포괄적으로 확인되어야 한다. 파시즘 영웅의 한 사람이었던 국가주의자 엔리꼬 꼬라디니(Enrico Corradini)*는 이러한 문제를 논하는『생산적 시민층의 체제』(Il regime della borghesia produttiva)라는 제목의 저서(1918)에서 이것을 증명하고 있다. 「근대적인 정치공동체, 보통선거권, 사회주의적 계급투쟁 가운데서 어떻게 생산적 부르주아체제가 가능할까? 우리의 해답내용은 이렇다. 즉 생산적 부르주아는 계급투쟁을 대담하게 받아들이며 이 체제가 사물의 논리에 따라 언젠가는 틀림없이 변할 것이라는 기대에서 보통선거권의 행사를 위해 모든 것을 다해야 할 것이다. 왜냐하면 관례적인 허구는 다행히도 한정된 현실을 지니고 있으며 의회주의도 하나의 관례적 허구이기 때문이다」.[19]

시민층은 법치국가, 민주주의, 그리고 의회주의를 관례적 허구라고 명명함으로써 스스로 자기기만에 빠지게 된다. 그들은 신봉건주의적 법률증오 때문에 가장 독자적인 자신의 정신적 존재에 대한 자기모순에 빠질 뿐만 아니라 자신의 사회생활의 존재조건 마저도 부정하게 된다. 그러나 합법적 의견발표의 자유·신앙·학문·예술·출판의 자유에 대한 확신이 없거나, 또 독재자에 종속된 법관에 의한 자의적 구금과 자의적 유죄판결에 대한 법치국가적 안전책이 없거나, 그리고 행정의 합법성의 원리가 없다면 시민은 정신적으로나 경제적으로도 존립할 수 없다. 원래 시민층은 르네상스를 거쳐 나온 존재이기 때문에 자신들의 감각·의욕 그리고 사고에 대해서 독재자로부터 지도를 받거나 예컨대, 도스토옙스키나 톨스토이에 관한 독서를 금지하는 것은 자살을 강요하는 것과 동일할 것이다. 그런데 그러한 일 — 수많은 실례 중에 하나를 들면 — 이 1929년 9월 이탈리아에서 일어났다.

무엇보다 우선 시민에 의해서 창조된 오늘날의 문화와 문명이 보존되어야 하고 더구나 개선되어야 한다면, 어떤 상황에서도 사회관계의 계측가능성이 지금까지의 정도로 유지되어야 할 뿐만 아니라 오히려 향상되어야 할 것이다. 시민층이 절대군주를 타도한 것은 합법적 자유의 확신이 그들에게 불가결하게 되었기 때문이다. 오늘날 시민층은 독재적인 자의는 절대군주 자의보다 훨씬 더 큰 것이 분명하기 때문에「경제의 합리화」와 독재를 한꺼번에 요구할 수 없다. 미국의 경제가 비교적 합리적인 것은 분명히 그 합리성의 세력범위가 거대한 하나의 대륙이고, 이에 반하여 유럽의 경제는 지리학상

---

18) Heller, Fascismus (siehe Anm. 8), Anm. 312.
19) AaO., Anm. 276.

군소구성체(Zwerggebilde)의 집합체라는 점에 기인한다. 사람들은 오늘날 국가를 신격화하는 국가주의자가 될 수 없으며, 모든 유럽국가의 국민경제가 서로 시장을 좁히면서 최후까지 경쟁하기 때문에 북미인이 유럽의 모든 국민국가(Nationalstaat)를 점차적으로 백인의 노예식민지로 변화시킬 수 있다고 인식할 수도 없다. 유럽의 시장사정에 대한 고려도 없이 설정된 각국의 관세장벽, 이와 똑같이 생겨난 유럽 군소제국의 국민적 군사산업, 국민적 자동차공장들이 여전히 몇몇 자본가집단의 개인적 이해에만 봉사하고 국민적 문화공동체에서는 몰락을 의미한다는 사실로부터 볼 때, 유럽 전체의 수요를 위한 합리화된 생산에 대한 요구와 모든 국가의 유지를 위한 범유럽 동맹(Duodezstaat)에 대한 요구가 점점 더 강화되고 있음에 틀림없다. 독일에서는 독일자동차를 사자!는 「국민적」요구가 진지하게 받아들여져 독일 최대의 자동차공장이 미국인의 소유로 이전되기까지 독일의 자동차는 엄청나게 비싼 가격을 지불하고서만 살 수 있었다. 그 다음 모든 독일인은 스스로 자문하지 않을 수 없었다. 도대체 누구의 이익을 위하여 엄청난 가격을 지불했는가, 즉 국가의 이익을 위해서인가 아니면 오펠(Opel)* 일가와 미국의 제너럴 모터스사의 이익을 위해서인가? 국가주의적 독재가 이 세계경제적 필연성에 대하여 국민경제를 손상시키지 않고는 결코 대항할 수 없다는 것은 자명한 일이다.

국가주의적 교수나 저술가들은 유럽 통일국가에 「서양정신에 대한 배반」(Verrat am Geist des Abendlandes)이라고 낙인찍고, 전술한 사실들에서 서양과 유럽 국가들이 수행할 임무는 이제 명예롭게 몰락하는 것뿐이라는 결론을 얻을 수도 있을 것이다. 그러나 국가에 정신적인 힘이 결국 정신으로부터의 도피를 부끄럽게 여기기 시작하고, 또 그것이 현재의 사회상황 속에서 우리를 인격으로 만드는 시대적으로 요청되는 법률의 내용을 인식한다면, 나에게는 그것이 더욱 국민적일 뿐만 아니라 명예롭고, 모든 경우에 두 세대 전에 이해되었던 서양의 정신에 더욱 일치하는 것으로 생각된다. 이렇게 함으로써 국가의 정신적인 힘은 경제를 법치국가적으로 법칙화하는 것이 생활수단을 생활목적에 종속시키는 것에 불과하며, 따라서 이 법칙화는 우리 문화의 개혁을 위한 전제를 의미한다는 것을 분명히 인식해야 한다. 국가의 정신적인 힘은 서양문화의 미래는 법률과 법률의 경제영역에로의 확장이 아니라 바로 무질서와 그것의 정치적 현상형태인 독재에 의하여 위협받으며, 육체노동자에게도 정신노동자에게도 문화 창조 활동을 위한 여가와 기회를 허용하지 않는 우리의 자본주의적 생산이라는 무질서한 광기에 의하여 위협받는다는 것을 통찰해야 한다. 이러한 인식으로서 국가의 정신적 힘은 냉혹한 합리주의자와 잔인한 비합리주의자들의 무책임한 수다(Geschwätzes) 앞에서 견딜 수 없는 메스꺼움과 같은 느낌을 털어버리고 파시스트 독재와 사회적 법치국가 사이에서 결단을 내려야 한다.

법치국가를 둘러싼 논쟁의 의의(1935)[*]

카를 슈미트

I.

「법치국가」에 관한 법학적 및 국가학적인 논쟁 문제는 파시스트 이탈리아 국가에서나 국가사회주의[나치스] 독일 제국에서도 합법적인 권력장악 이후에 곧 일어났다. 우리들이 과학적으로 정당하게 인정해야 할 것은, 이 논쟁에 대해서는 1922년 당시의 이탈리아의 국가철학과 법철학 쪽이 독일 대학들을 지배하고 있던 1932년 당시의 철학보다도 더 많이 준비하였다는 사실이다. 그리하여 예컨대 당시 볼로냐 대학의 사강사였던 세르지오 파눈치오(Sergio Panunzio)[*]의 「법치국가」(Lo Stato di diritto)처럼, 그 제1부는 1921년에 나타났는데, 이것을 1932년에 발간한 당시의 하이델베르크 대학 강사 프리드리히 다름슈태터(Friedrich Darmstaedter)의 「법치국가냐 권력국가냐?」[*]하는 저서와 비교한다면, 그것은 의심할 것도 없이 보다 깊고 중요한 것이다. 어쩌면 1933년과 1934년에 발간된 법치국가에 관한 독일의 작은 책자나 논문[*]의 대부분은 공허한 동어반복에 불과하며, 초보적인 사고상의 오류를 벗어나지 못했다는 것이 인정된다. 즉 **「법치국가」를 「불법국가」**(권력국가 · 폭력국가 · 자의국가 · 경찰국가)**라는 의미에서의 「비법치국가」**에 대한 반대개념으로서 제시하며, 그리하여 쉽게 법치국가를 그러한 반대에 우월하도록 하는 것이다. 그러나 민족과 시대의 위대한 정신적 투쟁이라는 점에서 볼 때 그것은 정당하지 않다. 여기서 대립하는 것은 의미와 무의미가 아니라, 의미와 반대 의미(Gegen-Sinn)이며, 생명과 생명이다. 그러한 투쟁만이 현실적으로 「만물의 아버지이며 왕」이며, 풍부한 법학적 · 국가학적 인식의 기초이다.

---

[*] Carl Schmitt, Was bedeutet der Streit um den "Rechtsstaat"? in: Zeitschrift für die gesamte Staatswissenschaft, Bd. 95, Heft 2 (1935), S. 189-201. jetzt in: Günter Maschke (Hrsg.), Staat, Großraum, Nomos. Arbeiten aus den Jahren 1916-1969, Duncker & Humblot, Berlin 1995, 2. Aufl. 2021, S. 121-131; ders., Gesammelte Schriften 1933-1936 mit ergänzenden Beiträgen aus der Zeit des Zweiten Weltkriegs, Duncker & Humblot, Berlin 2021, S. 296-307.

불법국가 또는 권력국가에 대한 단순한 대립으로서의 법치국가의 견해에서는 법과 국가에 대한 시민적·개인주의적 사회의 승리 이외에는 어떠한 것도 인정하지 아니한다. 이 견해는 그 징후적인 의의를 별도로 한다면, 오늘날 결코 과학적인 중요성이나 지위를 가지지 못한다. 현실적으로 법치국가는 바로 **「직접적으로 정의로운 국가」에 대한** 반대개념이다. 그것은 국가 그 자체와 개별적인 경우의 직접적 정의 간에 「확고한 규범화」를 삽입하는 국가이다. 법치국가에 대한 유일한 함축 있는 반대개념은, 정의에 대한 단순한 간접적 「규범적」 관련 이외의 것을 가지는 국가형태이며, 따라서 그것은 **「종교적」** 또는 **「세계관적」** 또는 **「윤리국가」**이다. 법치국가라는 말과 개념이 1830년대에 이르러 비로소 독일에 나타났다는 것은 우연적·역사적인 것이 아니라 정신적으로 필연적이었다. 법치국가의 법학적 및 국가학적 개념의 아버지라고 생각되던 로베르트 몰(Robert Mohl)[1]*은 1832년에 발표한 논문(『법치국가의 원칙에 따른 경찰학』)에서 국가를 개인주의적·시민적 사회 아래에 종속시키는 결과 이상의 것을 도달할 수는 없었지만, 그러나 거기에 세계관적 기초를 부여하려고 시도하였다.

즉 「국민의 종교적 생활의 방향에 일치하는 것이 즉 **신정제**(神政制)이며, 단지 감각적인 것에 일치하는 것이 **독재제**이며, 단순한 가족적 견해에 일치하는 것이 **가산적**(家產的) 국가이다. 그리고 감각적·합리적 생활목적에 일치한 것이 이른바 **법치국가**이다. … 그러므로 법치국가는 국민 각자의 전체의 힘들을 가능한 한 자유롭고 다방면으로 행사하고 이용할 수 있도록 그 공동생활을 질서지우는 이외의 목적을 가지는 것은 아니다. … 이 견해에서는 시민의 자유가 최고의 원칙이다. … 따라서 국가의 보호는 소극적인 것에 불과하며, 더구나 개인의 힘으로 제거하는 것이 상당히 어려운 장애를 제거하는 데에서만 성립할 수 있는 … 전체 국가는 (시민의) 이러한 자유를 보호하고 이것을 가능케 하기 위해서만 규정되는 것이다.[2]

19세기 독일의 역사적 지위에서 법치국가는 두 가지 종류의 국가, 즉 기독교적 국가, 따라서 **종교**에 의해서 규정된 국가, 아울러 **윤리**의 왕국으로서 파악된 국가, 바꾸어 말하면 헤겔*의 국가철학에서 말하는 프로이센적 관료국가에 대한 반대개념이다. 이러한 양 반대자와의 투쟁 속에 법치국가는 자라난 것이다. 이것이 그 유래이며, 그 원리이며,

---

1) 로렌츠 폰 슈타인과 그나이스트는 몰을 아버지 격으로 인정하며, 비스마르크는 「로베르트 폰 몰이 발견한 법치국가라는 술어」에 대해서 언급한다. Carl Schmitt, Staatsgefüge und Zusammenbruch des zweiten Reiches, 1934, S. 21(「제2제국의 국가구조와 붕괴」, 김효전 옮김, 『헌법과 정치』, 산지니, 2020, 86면) 참조. 실제로 몰이 법치국가라는 말을 발견하였지만, 보다 상세한 이 말의 유래는 서술하지 않고 있다. 이에 대한 논평은 Richard Thoma, Rechtsstaatsidee und Verwaltungsrechtswissenschaft, Jahrb. des öffentlichen Rechts der Gegenwart, Bd. 4 (1910), S. 197 참조. 흥미있는 초기의 예시들은 Adam Müller, Elemente der Staatskunst, 1809 (진정한 조직적 법치국가), 그리고 그의 Deutsche Staats-Anzeigen, Bd. 2, 1817, S. 33에서 발견되는, 특히 후자에서는 「**법치국가**의 위엄을 회복하기 위해서」 여러 어려움들과 투쟁해야 하는 「**단순한 자본·군사 및 관료국가**」의 관련에 대해서 말한다.*

2) R. Mohl, Die Polizeiwissenschaft nach den Grundsätzen des Rechtsstaates, 1832, Bd. I, S. 5, 7, 14 usw.

감히 말하는 것이 허용된다면, 그 계보이다. 로렌츠 폰 슈타인,[3] 루돌프 그나이스트[4]와 같은 위대한 사상가와 학자는 「독일적」인, 국가와 사회의 조화를 목적으로 하는 법치국가의 개념을 이용하여 국가를 시민적 사회 아래 종속시키는 것을 억제하려고 전력을 다하여 시도하였다. 그러나 그들도 또한 그러한 유래의 법칙을 극복할 수는 없었다. 법과 종교와 윤리와의 분리, 루돌프 조옴(Rudolf Sohm)*이 특히 「법의 법적 개념」이라고 부르는, 법의 「순수 법학적」인 개념[5], 권리의 확보, 즉 그 타산성을 정의의 본질로 삼는 실증주의적, 「민사적 강제질서의 조직」[6]에로의 법과 정의의 변형, 모든 국가행위의 사법형식성의 이상과 행정의 「적법성」의 원칙, 실로 권리와 법률을 관료적 기구의 단순한 기차시간표로 만드는 전체 국가생활의 규범주의적 구속, 이러한 모든 것들은 그 기원으로부터의 당연한 발전에 불과한 것이다.

기독교국가는 당시 여전히 전적으로 기독교적이었던 국민의 종교적 신앙으로부터 그 전체성을 획득할 수 있었던, 윤리성과 객관적 이성의 왕국으로서의 국가는 마찬가지로 전체성을 획득하였는데, 항상 시민적 사회에 종속하고 있던, 이에 반하여 19세기의 법치국가는 개인주의적·시민적 사회의 수단과 도구가 된 중립적 국가 이외의 아무것도 아니다.

II.

기독교 국가와 아울러 **헤겔적** 윤리국가에 대한 이러한 시민적 법치국가의 승리가 결정적으로 된 것은, 「보수적」 사상가로 인정받던 프리드리히 율리우스 슈탈(욜존)(Friedrich Julius Stahl[Jolson])*이 헤겔의 국가철학을 독일 보수당의 입장에서 「비독일적인」 것으로

---

3) L. von Stein, Die Verwaltungslehre I (1. Aufl. 1865, 2. Aufl. 1869), S. 297.

4) R. Gneist, Der Rechtsstaat, 1. Aufl., 1872, S. 1 f., 180 f. 특히 S. 181 f. 참조. 즉 「법치국가는 분업조직에 의해서 그 공권을 개개의 등족에 위임하며, 다른 한편, 그 밖의 사회가 그 이득과 향락을 추구하며, 그리고 신문이나 결사권에 의해서 그 이익을 조직하는 법조국가는 아니다. … 사회의 과격한 요소들이 국가의 법과 그 생존을 반박하는 경우에 국가권력의 본질적인 법이 간단하게 더구나 반박적으로 경찰·관료 그리고 자의로서 표시되는 경우에 독일국가는 본래 법치국가라는 것, 그것은 ‘관료제’는 아니며 우리들의 사회에 대한 오해가 법치국가를 파괴하여 왔다는 것, 우리들의 국가는 법과 재정의 질서를 국민대표제에 의해서 비로소 배운 것이 아니라, 우리들은 유럽의 현재의 가장 유용한 국가조직을, 사회의 질서지워진 협동 아래 계속하고 완성하려고 바랄 뿐이라는 것을 상기하는 것은, 법률가의 직분일 것이라고 생각한다」. 가장 우수한 전문가, 당파적으로는 아무런 혐의도 받지 않는 사람의 이러한 종류의 경고에서 마저도 「법학적」이며 엄격하게 「과학적」인 식별로서의 경찰국가 대 법치국가라는 소박한 정치적 표어가 시대 전체를 통하여 독일의 법학도 및 청년 관리들에 대해서 수많은 교과서 내지 독일의 강단으로부터 「지배적인」 학설로서 다져넣어온 것은 억지할 수 없었던 것이다.

5) 이에 관하여는 베를린대학 학위논문 Günther Krauss, Das rechtswissenschaftliche Denken Rudolf Sohms, 1935 참조.* [저서로서는 “Der Rechtsbegriff des Rechts”, Hamburg 1936. - 마슈케].

6) 이 적절한 표어를 나는 파울 리터부슈(Paul Ritterbusch)로부터 인용하였다. 그의 논문 “Recht, Rechtsetzung und Theorie der Rechtsetzung im mittelalterlichen England,” in der Festgabe für Richard Schmidt, 1932, S. 212 f., bes. S. 233 f. 참조.

서 배척하고, 그리고 기독교국가를 「기독교적 법치국가」라는 결합으로 법치국가의 개념 그물 속에 용인할 수 있었던 때에서부터였다. 기독교국가와 법치국가 간의 투쟁에 있어서 사람을 아연케 한 「기독교적 법치국가」라는 단순한 개념 결합은 내용 없는, 「순 형식적인」 개념의 기교를 가지고 행하여졌다. 「법치국가란 일반적으로 국가의 목적과 내용을 의미하는 것이 아니라 이들을 실현시키려고 하는 방법과 성질을 의미한다」.* 이 유명한 명제는 목적과 내용을 방법과 성질로 대립시키고, 주지의, 즐겨 사용하는 목적과 수단의 분리를 특수한 방법으로 이용하고 있다. 슈탈은 그 밖의 경우와 마찬가지로, 목적이 수단을 신성화하는 것이 아니라 이와는 반대로, 수단, 단순한 수단이 되는 법치국가가 목적을 신성화할 수 있는 결론으로 인도하지 않을 수 없었다. 따라서 모든 자유주의자가 그러한 「보수주의자」의 법치국가의 개념과 상술한 명제를 일치시킨 것은 명백하다. 오토 배어 (Otto Bähr)*는 슈탈을 그의 저서 『법치국가』(Der Rechtsstaat, 1864)의 선구로 삼는다. 또한 루돌프 그나이스트는 「슈탈이 **법치국가**로서 제시하는 것은, 그의 모든 반대자로부터도 말 그대로 시인될 수 있었다」[7]라고 말했으며, 또한 리하르트 토마도 이처럼 드물게 모순적인 사상가가 항상 유동적인 상태에 있는 국가목적을 법적으로 보증된 그 실현의 형태들로부터 구별한 「깊이와 명확성」에 경탄하고 있다.[8]

법치국가개념의 형식적 개념에로의 변화는 중립화와 기술화를 의미하며, 더구나 특히 이중적인 봉사화를 의미한다. 우선 첫째로, 법치국가의 개념은 국가 최초부터 법을 위하여 봉사시키는 국가의 법에의 이러한 복종으로부터 자유주의는 국가에 대한 그 투쟁의 관념적 이유를 이끌어 내는데, 국가의 법에의 이러한 복종의 파토스는 슈탈(욜존)로부터 라스커(Lasker)와 야코비(Jacoby)[9]를 거쳐 전술한 다름슈태터와 그 밖의 「법치국가이상주의자」에 이르기까지 항상 동일한 것이다. 둘째로, 그러나 슈탈의 기교에 의해서 법도 또한 이후 형식화되고 어떠한 임의적인 내용이나 목적을 실현하기 위한 도구가 되었다. 그리하여 이제 기독교적 및 비기독교적, 자유주의적·국민적 및 비국민적인 법치국가도 존재할 수 있으며, 따라서 법치국가는 이미 종교적·세계관적 또는 윤리적 국가에 대한 반대개념이 아니라 단순한 수단과 방법이 되고 있다. 헤르만 옹켄(H. Oncken)이 「법치국가의 이상주의자」로서의 국민자유주의자 라스커를 「민족국가의 이상주의자」로서의 국민자유주의자 벤니히젠(Bennigsen)에 대립시켰을 때,[10] 「민족적 법치국가」를 결합하는 것을 저지하는 내용적 세계관의 잔재가 거기에 제시되는 것이다. 콘스탄틴 프란츠*가 국민자유주의에 대해서 시도한 논쟁에서,[11] 법치국가는 「기독교적 세계관」의 국가에

---

7) R. Gneist, Der Rechtsstaat, 1872, S. 16.

8) R. Thoma, a. a. O. S. 198.

9) 1866년 8월 23일의 프로이센 하원에서의 야코비의 연설에서 법치국가와 국민국가와의 대립이 특히 예리하게 나타난다. 즉 이 연설에서 「법치국가와 헌법국가」(Rechts- und Verfassungsstaat)를 위하여 투쟁하는 사명 아래 비스마르크의 사퇴를 요구하고, 또한 프로이센 군대의 승리에 대해서는 이것은 「프로이센 국민에게 명예가 되는 것도 아니며 독일 조국 전체의 행복도 되지 아니한다」고 말한다.

10) R. Thoma, a. a. O. S. 200, Anm. 1 참조.

11) Constantin Frantz, Die Religion des Nationalliberalismus, 1872, S. 258. 즉 「이것(하나님이 인간과

대한 전형적으로 자유주의적인 반대개념이다. 그러나 그것은 형식적 법치국가개념의
중립성과 실정성에 의해서 적어도 외관상은 곧 극복되고 있다. 이「형식적인」개념은
이미 아무런 내용도 가지지 않지만, 그러나 어떠한 내용도 허용하는 것이다. 다만, 그것은
이 내용이 형식적 법치국가성의 규범주의에 복종한다는 조건 아래서만 가능하게 된다.

이것은 그리고 더욱 상세하게 본다면, 이 내용이「법학적」이 되기 위해서 자기의
내용성을 기각하고, 내용으로서 (종교·세계관·윤리로서) 자신을 지양하는 것을 의미한
다. 형식적 법치국가의 법학이 항상 **규범의 설정과 규범의 적용**(「규범의 구체화」)을 구별할
수 있다는 것은 법치국가의 국법과 행정법상 이미 명백하다. 따라서 규범주의는 이미
실질적 개념을 용인할 수 없다. 오늘날까지의 지배적인 헌법학과 행정법학이「실질적
의미」에서의 입법이나 행정이나 사법으로서 부여하는 것은,12) 항상 규범설정과 규범의
적용과의 구별에 귀착하며, 그리고 그것은 언어의 어떠한 의미에서도 어떤「물질적인
것」또는 실질적으로 규정된 것은 아니다. 더구나 규범을 설정하거나 규범을 적용하는
것은 결코 물질적인 것이 아니며, 물질적 영역에 속하는 것도 아니다. 규범이나 법률에
대해서는 결코 물질적인 개념을 얻을 수 없다. 그러므로 이러한 법률국가적 규범주의가
수중에 넣는 것은 입법이나 법률적용에 변형되고, 그리하여 사법과 행정의 구별가능성이
소실될 뿐만 아니라 어떠한 합리적이며 실질적인 구별의 모든 가능성도 또한 소실하기에
이른다. 필경 인간의 모든 행위는 어떤 타당한「규범」에 관련되며, 또한 구두장이는
올바르고 따라서 규범에 적합하도록 구두창을 붙여야 하며, 또 붙이려고 하며, 축구선수는
올바르게 축구경기를 해야 하며, 또한 경기하려는 그들의 행위는 절차의 결정으로서나
행정행위로서도 오히려 규범의 구체화로서 해명될 수 있다.

그러한 경우에는 조르주 르나르(Georges Renard)*가 정당하게 보았듯이,13) 모든 법적
규범을 **제재법규**(制裁法規, leges mere poenales)이게 하는 강제의 특징만이 법적 규범으
로 남는다. 더구나 공적 생활에 본질적인 법적 과정들은 이러한 종류의 규범주의적
법치국가론에서는 무시되거나 또는 그 법적 본질을 변개시키지 않을 수 없다. 국가적
행위의 적법성의 추정, 행정행위의 집행력, 행정행위에 의하지 아니한 직접적 강제의
가능성, 오토 마이어가「준수되는 국가의 위대한 법」이라고 명명한 것14), 모리스 오류*가
뒤기*의 법률국가론의 무정부주의에 대해서 설명한 때에,「일시적인 준수」,「잠정적인
복종」에 의한 법으로서 서술한 것15), 또는 내가「합법적인 권력소유에 의한 정치적

맺은 언약이라는 기독교의 관념)에 반하여, 그 자체 이미 인간을 인간과 결합하고, 따라서 또한 인간을
하나님과도 결합하는 유대이려고 하는, 찬미된 법치국가는 결코 소멸하지 아니하는 것이다」라고.

12) E. R. Huber, Wirtschaftsverwaltungsrecht, 1932, S. 150 f. 그리고 거기에 열거된 문헌 참조.

13) Mélanges Maurice Hauriou, 1929, S. 623, 629.

14) Otto Mayer, Deutsches Verwaltungsrecht, 3. Aufl., 1924, Bd. 1. S. 104 f.

15) Maurice Hauriou, Principes de droit public, 2. Aufl., 1916, S. 799 f., bes. S. 804. 즉「명령하는
당국의 측면 또는 복종하는 신민의 측면, 그 어느 쪽이 선결문제인지를 아는 것이 중요하다. 또 복종하기
전에 신민의 질서(ordre)의 합법성이라는 선결문제를 제기할 수 있는지, 또는 그 반대로 합법성의 문제를
제기하여 이전에 신민이 복종해야만 하는지를 아는 것이 역시 중요하다. 합법성의 문제를 선결문제로
인정하는 것은 정부의 질서에 선결적으로 복종을 대립시키는 것이며, 또한 그것은 정부의 정당한 권한을

프리미엄」으로서 설명하려고 시도한 것,16) — 이러한 것들은 모두 규범과 법률에 관한 사고의 공허한 일반성 내지 일반적인 공허함 속에 해소한다. 구체적 질서의 모든 강력한 실시, 경찰에 의한 범죄의 방지만이, 그 경우에 국가의 「긴급권」으로서 이해되며, 따라서 그러한 경우에는 국가는 이러한 긴급권도 포기할 수 없는 것인가의 여부 문제가 아마도 제기될 것이다.17)

그럼으로써 모든 실질적·내용적 합법성의 배제는 그와 함께 완료되며, 법치국가는 순수한 법률국가(Gesetzesstaat)가 되기에 이른다. 이전의 자유주의적 법치국가가 여전히 하나의 세계관을 가지며, 정치적 투쟁의 능력을 가지고 있었던 동안에는 유일한 세계관 — 그러한 실증주의적 법률국가가 특히 이에 속한다 — 은 법을 「윤리적 최소한」이라고 하는, 「사실적인 것의 규범력」*이란 존재를 신뢰하거나 또는 「범죄 없이 형벌 없다」 (nullum crimen sine poena)*는 명제의 직접적 정당성에 의해서 위협을 받는, 구제할 수 없는 상대주의, 불가지주의 또는 허무주의에 불과한 것이다.

III.

이러한 법률국가를 정복한 것은 국가사회주의의 혁명이다. 혁명은 법치국가 속에 합류되거나 결코 법치국가 속에 매몰될 수 없다는 것은 자명하다. 그것은 혈연적으로나 지연적으로도 무관계한 법률국가의 개념과는 일치하지 않는, 새로운 기본질서를 독일인에게 부여하였다. 그러나 이 혁명의 합법성 수행에 의해서 새로운 법치국가에 관한 문제가 제기되었다. 이 문제의 해답에는 여러 가지의 관점과 태도가 가능한데, 이 경우에 불필요한 적응의 시도(예컨대 오늘날 「국가를 강조하는 법치국가」에 대해서 논하는 것처럼, 구제할 수 없는 법과 국가에 관한 완전히 법치국가적 2원론을 드러내는 제안)는 이를 고려 밖에 둘 수 있을 것이다.

1. 적법성의 원칙에 따라서 행위하는 행정조직이 형식화와 기술화 된다면, 「사실적인 것의 규범력」에 바로 복종하는 동시에, 각각의 목적과 내용에 의해서 처리되는, 이처럼 탁월한 수단을 이용하는 것은 국가권력의 그때그때의 소유자에 대해서도 가장 간단한 것일 수 있는 것으로 보인다. 자신의 입법기관을 존중하고, 더구나 오늘날처럼 정보가

손상시키는 것이다. 주리오(Jurieu)는 '주권은 그 행동을 정당화하는 데에 근거를 가질 수 없다'고 말한다. 복종을 선결적으로 요구하기 위해서는 정당한 근거를 가지고 있다는 것을 증명할 필요가 없다는 데에 유의하라. 그 정당성을 요구하는 것은 주권의 정당한 권한을 손상시키는 것이며, 또한 그것은 무정부 상태를 의미하는 것이다」. 동일한 것은, 내 생각으로는, 단순한 「긴급법」을 위해서 직접적이며 「잠정적인」 복종에 대해서 이러한 정상적인 법을 왜곡하는 데에도 타당한 것이다.

16) Carl Schmitt, Legalität und Legitimität, 1932, S. 35 f. (김효전역, 『합법성과 정당성』, 1993, 51면 이하).

17) W. Jellinek, Verwaltungsrecht, 3. Aufl., 1931, S. 342.

단순한 정부의 결정에 의해서 말의 형식적 의미에서의 법률, 때로는 헌법을 변경하는 법률마저도 작성할 수 있다면, 법률국가를 지배하고 사법과 행정의 적법성원칙에 의해서 자기를 유지하는 것 이상으로 안이한 것은 무엇일 것인가? 기차시간표를 작성하는 사람은 시간표대로 운행되는 것에 관심을 가진다. 만약 기독교적·국민자유주의적·파시스트적 그리고 공산주의적 법치국가라는 것이 존재한다면, — 그것은 실제로 실천의 문제이며 내용이나 목표의 문제는 아닐 것이다 — 국가사회주의적 법치국가를 조직하는 것도 또한 방해를 받지 아니할 것이다.

이러한 사상은 국가사회주의적인 내용을 형식적인 법치국가개념에 의한 상대화와 무내용화라는 방법 아래 복종시키고, 그리고 그것을 규범주의적인 법치국가의 개념그물 속에 도입하려는 의미를 가질 수 있었다. 국가사회주의적인 사고의 입장에서는 이러한 가능성을 해결하기 위해서는 이것을 의식하는 것만으로 충분하다. 그러나 이러한 대답을 가지고서 **균제화**(Gleichschaltung)*의 실천적·기술적 제안이 의미있게 된다는 것도 또한 가능할 것이다. 오늘날의 국가의 복잡한 관청조직이 완전히 자유주의적인 세기 이래 사실 그러니까 자유주의적·법치국가적 원칙과 척도에 따라서 정비되고, 그리고 이러한 종류의 법치국가성의 사상과 개념 속에서 교육받은 관리가 또한 **기능양식** (Funktionsmodus)으로서의 그것에 익숙하기 때문에, 새로운 방법, 새로운 개념과 새로운 관리교육을 도입하려고 시도하지 않는 한, 법치국가의 방법과 형식을 지지하고, 그리고 이것을 — 정신적이며 내부적으로 소유하지 못하고 — 이용하는 것은 완전히 합목적적일 수 있는 것이다. 그러면 오늘날 법치국가의 전체 문제는 여전히 실천적·기술적인 **과도기 적인 문제**일 것이다.

2. 그러나 **법치국가**라는 말의 도입과 계속은 더욱 깊은 의미를 가질 것이다. 유효한 형식과 인상 깊은 말이 정신적 투쟁에서 극복되고 **변경된다**는 것은 정신사에서의 전형적 인 사건이다. 모든 위대한 종교는 각종의 이단자의 신들이나 성도를 타도하고, 그들로 하여금 자신의 팡테옹에 종속케 하였다. 즉 많은 정신적 승리는 이단자의 의식·성가 그리고 형식의 수령에 의해서 증명되는, 항상 전체적이며 따라서 최고의 정도에서 정신적 인 정치적 투쟁에서는 사람들은 자주 반대자의 가요나 행진곡을 습득하기 위해서 이에 맞추어 다른 문구를 만드는 것이다.[18] 19세기의 독일의 군사국가가 권리·헌법·법률· 자유 그리고 평등과 같은 모든 본질적인 개념의 법학적 규정을, 더구나 특히 법치국가의 개념을 자유주의적인 반대자가 하는 대로 맡겨졌다는 것은, 그 정신적 수세(守勢)의 징표였으며, 더구나 무방비의 그것이었다.* 이에 반하여 국가사회주의의 운동은 이미 많은 유력하고 좋은 말을 그 부당한 소유자의 손에서 탈취했으며, 그리고 이와 동일한

---

18) 바이마르 국가에서는 1922년 8월 2일과 1924년 5월 15일의 명령에 의해서 당파적으로 개작된 진군가를 부르거나 행진곡 — 그 음률로 당파적 가사가 군사 이외의 방면에 의해서 불려지는 — 을 연주하는 것이 국방군에게 금지되었다. Alfons Maier, Die verfassungsrechtliche und staatspolitische Stellung der deutschen Wehrmacht, Verw. Arch., Bd. 39 (1934), S. 291 Anm. 53 참조.

것이 법치국가에 대해서도 타당한가의 여부는 문제이다.

이 문제는 법과 정의에 향해진, 따라서 법과 윤리의 분리를 이미 인정하지 않는 세계관국가와 단순한 법률국가와의 대립을 인정하는 국가사회주의의 법학자, 특히 헬무트 니콜라이[19]와 하인리히 랑게[20]*에 의해서 결정적으로 긍정되고 있다. 니콜라이는 그의 견해를 가장 엄격하게 다음의 견해를 요약하는데, 자유주의적 법치국가는 실로 법도 국가도 아니었으며, 국가사회주의적 국가에 이르러 비로소 법치국가의 이름을 얻을 가치가 있다는 것이다.[21] 하인리히 랑게는 법률국가와 시민사회의 법개념과의 관련을 명백하게 강조하고, 법·도덕 그리고 윤리의 분리를 배제하고 있다. 거기에서 시민적 법치국가는 단순한 법률국가인 것이 증명되며, 「법치국가」라는 말은 바로 국가사회주의적 국가를 유력하게 표시하는 것이 된다. 그럼으로써 동시에 방지되는 것은, 전후 시대에 바이마르 입법자가 자유주의적이 아니었던 한, 자주 그들에게 제출된, 자유주의적 법사상에서 인정된 법과 법률에 관한 낡은 구별이 여기서도 문제가 되는 것 같은 혼동이다.[22] 국가사회주의는 입법권을 그 수중에 가지는 때에도 세계관적으로 기초지워진 법·도덕 그리고 윤리의 통일을 지지한다. 다른 한편, 자유주의적 법개념은 항상 개인주의적·시민적인 자유·평등 그리고 소유권의 개념만을 파악하려고 하며, 필연적으로 법·도덕 그리고 윤리의 분리에, 따라서 또한 내용적인 법개념의 결여에 의해서 법률국가로 인도되는 것이다.

법치국가라는 말과 개념의 정신적인 극복은 커다란 공적이다. 자유주의적 사상은 오늘날 이미 더 이상 공개적으로나 직접적으로도 활동하지 못하며, 그것은 세속적 내지는 통속적으로 되어버린, 표면상 중립적인 개념의 여파 내지는 잔존적 영향에 의뢰할 뿐이다. 그러나 바로 그렇기 때문에 정신적 생활, 특히 법학적 및 국가학의 많은 영역의 「분위기」는 거의 전부 이러한 종류의 의향과 이념의 소지자의 발광(Ausstrahlung)에 의해서 지배되고 있다. 「법치국가」라는 말은 항상 자유주의적 암시의 가장 유효한 수단의 하나이다. 시민적 시대의 강력한 잔재가 존속하는 한 법치국가개념의 비자유주의화 개정은 새로운 운동의 위대한 승리와, 법치국가의 독일적 개념을 획득하려고 한 로렌츠 폰 슈타인과 루돌프 그나이스트의 상술한 노력의 한층 다행한 계속을 의미한다. 「국가사회주의적 법치국가」 또는 「국가사회주의적 독일적 법치국가」[23]와 같은 명쾌한 호칭에 의해서 가장 명확하게

---

19) 니콜라이(H. Nicolai)의 저서 『인종법칙의 법학』(Die rassengesetzliche Rechtslehre, Nationalsozialistische Bibliothek, H. 39, 1932, S. 50)에는 법치국가의 개념과 시민적 사회의 요구들과 이념들과의 불가분의 결합을 특징으로 하는 다음의 명제가 발견된다. 즉 「잠을 잘 자려면 프로이센의 정리공채를 매입해야 한다고 로트실트(Rothschild)는 말했으며, 그것은 결국 프로이센이 법치국가라는 것, 사람은 이 법치국가의 체면을 신뢰할 수 있다는 것 이외에 아무것도 증명할 수 없는 것이다」.

20) H. Lange, Vom Gesetzesstaat zum Rechtsstaat, 1934 (Recht und Staat, Heft 114).

21) Reichsverwaltungsblatt, 1934, S. 862.

22) 그리하여 예컨대 Freiherr Marschall von Bieberstein, Vom Kampf des Rechtes gegen die Gesetze, 1927, bes. S. 45 Anm. 146이 흥미있다. S. 160에는 법치국가에 관한 문헌지시가 있는데, 거기에서는 특히 벨커(Welcker)에 대해서 지적하고 있다.

23) 1934년 2월 12일 쾰른에서의 나의 강연, 「국가사회주의와 법치국가」(Nationalsozialismus und

는 지도적인 법학자 한스 프랑크(Hans Frank)*가 말하는「아돌프 히틀러의 독일적 법치국가」24)라는 정식에 의해서 깊은 의미의 변화가 의심할 것이 없이 이루어진다. 한스 프랑크가 편집하고 발간한『법과 입법을 위한 국가사회주의적 편람』(Nationalsozialistische Handbuch für Recht und Gesetzgebung, München 1935) 속에 발표된 나의 논문「법치국가」*에서, 나 역시 이러한 개정에 따른다.

3. 국가기관의 기술적 균등화로 향해진, 법치국가라는 말과 개념의 경과적·기술적인 의미 외에, 더구나 정신적인 부흥과 수정을 넘어서 다가올 세기를 전망하는 **이 논쟁적인 말의 종국적·정신사적 운명**에 관한 문제가 다시 여기에 제기된다. 이것은 물론 매우 이론적인, 더욱이 곤란한 문제이며,「엄정한」방법에 의해서도 거의 해결되지 않는 먼 장래에 관한 문제이다. 그러나 나는 무엇보다도 솔직히 말하기 위해서는「법치국가」에 관한 논쟁의 이러한 의미에 대한 의견을 회피하려고는 생각하지 아니한다.

「법치국가」라는 말은 주지하듯이, 오늘날에는 많은 것에 대해서 절대적·초시대적인 의미를 가지며, 따라서 또한「영원한 가치」를 가진다. 발터 메르크(Walter Merk)와 같은 저명한 법제사가는 태고의 게르만적「법치국가」에 대해서 논하며, 그리하여 시민적인 19세기에 특수한 말로써 완전히 다른 종류의 시대와 상태를 설명하고 있다.25) 앞서 인용한 아담 뮐러(Adam Müller)의 문장에는(Anm. 1, S. 190), 이 말의 그러한 초시대적인 의의가 매우 강하게 부여되고 있다. 로렌츠 폰 슈타인과 루돌프 그나이스트는 말과 개념을 특수 독일적인 것이라고 생각하였다.26) 시민적인 19세기가 영원한 말을 발견하려고 하였다는 것도, 또한 아마도 가능할 수 있었을 것이다. 그러나 매우 경미한 남용도 이 말을 더 이상 파괴하거나 사용할 수 없게 만들 수는 없을 것이다. 예컨대 권리와 자유와 같은 말은 수 천 번씩이나 남용되고 모독되었으며, 그럼에도 불구하고 용기있는 국민이 진지하게 그것을 의식하는 경우에는, 그것은 순수하게 순결한 것이다.「법치국가」라는 말도 독일 법제사와 국민 사이에서의 그러한 불멸의 언어에 속하는 것은 아닐까?

나는 그것을 믿지 아니한다. 모든 시대 중에서 가장 위대하고 가장 진정한 국민시인의 한 사람인 예레미아스 고트헬프가「법치국가」에 가공할 만한 사형선고를 내렸을 뿐만 아니라,27) 그것은 결코 단순한 말이 아니며, 언어상으로나 개념적으로 하나의 창작품이기

Rechtsstaat, abgedruckt in der Jur. Wochenschrift, 1934, H. 12/13, S. 713 f.)(김효전 옮김,『헌법과 정치』, 406면 이하) 참조.

24) Deutsches Recht, 1934, S. 120 (본서에 수록).

25) W. Merk, Deutsche Rechtserneuerung, H. 5 des 31. Jahrganges der Süddeutschen Monatshefte, Februar 1934, S. 263.

26) 전술한 S. 191 Anm. 2 und 3 (앞의 주 3과 4) 참조. 그 밖에 언어의 의미에 관하여는 로렌츠 폰 슈타인이「법치국가」에서의「법」이라는 말을 **통치법**의 의미에서만, 법 일반의 의미로 새기지 **않는** 것 (Verwaltungslehre Ⅰ. S. 298), 그리고 그나이스트도 그 점에서는 그에게 일치하는 것(Rechtsstaat, S. 183, Anm. 2)을 주의해야 한다. 법치국가 = 국가법에 관한 후기의 추상적·규범주의적 궤변철학에 대해서는 여기서 생각하지 않기로 한다.

27) 고트헬프에 대해서 법치국가의 이념은「이기심의 합법적 승인」그리고 모든 해악의 원천이다. 오스발트

때문이다. 비스마르크처럼 매우 위대한 독일의 정치가이며 언어창조자도「폰 몰씨의 술어」에 대해서 논한 때에는,[28] 그것을 인정한 것이다.「법」과「국가」라는 두개의 말을「법치국가」에 결합하였는데, 이 결합은 시대적으로 구속되며, 또한 이 두 개의 말의 매우 문제적인 2원론에 강하게 사로잡혀서, 여기서는 그 각각의 사상은 하나의 영구적 내지 절대적인 말이 되고 있다. 라인하르트 횐(Reinhard Höhn)*의 국가개념, 특히 법학적 국가인격이라는 이론구성에 관한 연구들[29]은 19세기적 사상의 개념적 토대에 일격을 가한, 법치국가라는 말과 개념도 또한 이러한 일격에 만난 것이다. 3중적으로 구성된 국가・운동・민족 속에 살아있는 정치적 통일체에서「법치국가」라는 말은 근본적인 개조가 새로운 질서 위에 실현되는 한, 쓸데없는 것인지도 모른다. 사람은「법치국가」에 관하여 언급할 수 있지만, 그러나 같은 방법으로「법치국민」(Rechtsvolk)이라든가 또는「법적 운동」(Rechtsbewegung)에 관하여 말할 수는 없으며, 더욱이「법치제국」(Rechtsreich)을 말할 수도 없다.「법치국가」(Rechtsstaat)의 결합이 일정한, 국가와 사회에 대해서 2원적으로 사고하는 시대의 법개념과 아울러 국가개념에 의해서 구속된다는 것은 특히 상술한 불가능한 일로서 나타난다. 다른 국가, 예컨대 세계관국가가 완성되고, 그리고 종래의 법치국가의 최후의 영향이 종료할 때에는, 국가사회주의운동의 반대자가 오늘날 여전히 이 말에 대해서 가지는 관심도 머지않아 매우 커다란 의미를 지니는 법치국가의 의미전환이라는 가치도 자유주의적 법률국가에 대한 논쟁적인 극복이 된다. 이 경우에 사람은 이 말을 아마도 시민적 개인주의와 그 법개념의 곡해에 대한 정신사적 승리의 전리품으로만 여길 것이다.

(Oswald)의 논문 Jeremias Gotthelf über Staat, Recht und Gesellschaft, Deutsche Juristen-Zeitung vom 15. Okt. 1934, S. 1259 참조. 법치국가 개념과 국민을 파괴하고 독일 농민을 부정하는 자본주의와의 관련에 대해서는 고트헬프의 위대한 소설의 제목「부채 농민 요글리 또는 법치국가」(Joggli, der Schuldenbauer oder der Rechtsstaat)가 매우 시사적이다. 로트실트는 이 불쌍한 독일의「부채 농민」에 대해서 아마도「법치국가의 이상주의자」가 되고 있다.

28) 전술한 Anm. 1, S. 190 (앞의 주 25) 참조.

29) Reinhard Höhn, Der Wandel im staatsrechtlichen Denken, 1934; Der individualistische Staatsbegriff und die juristische Staatsperson, 1935.

권력분립 · 인권 · 법치국가[*]
― 개념형식주의와 민주주의 ―

카를 폴락

《차 례》

I. 바이마르 헌법비판에 대해서

권력분립 · 인권 · 법치국가라는 세 개의 개념이 19세기에 결정적으로 형성되었듯이, 근대 헌법학의 기본개념을 의미한다는 것은 의문의 여지가 없다. 어떠한 근대 헌법도 이러한 개념과 대결하지 않으면 안 된다. 국가체제의 구축에서 그것들을 무시하는 것은 헌법발전의 가장 중요한 단계를 건너뛰는 것을 의미할 것이다. 왜냐하면 이러한 원리를 낡은 형식 그대로 무조건적이며 무비판적으로 수용하는 것은 국가질서를 19세기 이론의 수준에 머물게 하며 이 100년 동안에 발생한 사회정세의 변화에 눈을 감는 것을 의미할 것이다.

국가의 건설과 민주주의의 형성에 대한 독일 사회주의 통일당(Sozialistische

---

[*] Karl Polak, Gewaltenteilung Menschenrechte Rechtsstaat. Begriffsformalismus und Demokratie, in: Einheit, Heft 7, Dezember 1946, S. 385 ff. jetzt in: ders., Reden und Aufsätze. Zur Entwicklung der Arbeiter-und-Bauern-Macht, Staatsverlag der Deutschen Demokratischen Republik, Berlin 1968, S. 126-144.

Einheitspartei Deutschland)의 입장은, 독일의 현상을 올바르게 평가하고 독일에서 한 번도 존재한 일이 없는 민주주의를 완전히 실현하려는 노력에서 유래한다. 독일의 민주적 헌법을 구축함에 있어서는 민주주의가 독일의 공식적인 국가와 헌법사에서 원래 어떠한 전통도 모범도 가지고 있지 않다는 사실을 의식하지 않으면 안 된다. 민주주의는 독일 시민계급의 생활에서나 이론에서도 가련한 존재였을 뿐이며, 형식주의적 국가학은 모든 것을 비호하는 단독지배의 길을 나아갔다. 그리하여 독일에 있어서 우리들에게 민주주의의 현실적 실현의 길이 곤란하면 할수록 우리들의 민주주의의 기본원리를 이론적으로 연마하는 것도 또한 곤란할 것이다.

오늘날 1919년에 바이마르 헌법을 만들 때처럼 19세기의 48년의 헌법도식에 근거하여 헌법을 조립하는 것은 용이할 것이다. 그러한 태도를 취하는 것은 역사의 교훈에 대해서 맹목이라는 것, 무책임한 도식주의에 빠지는 것을 의미할 것이다. 독일의 정치사는 관제 (官製)의 독일 국가학이 발전시키고 제공한 「민주적」 헌법들이 독일의 민주적 개조를 완성하거나 또는 단지 촉진하지도 못하였다는 것을 가르치고 있다.

여러 헌법들이 좋았다고 하는 것, 특히 바이마르 헌법이 그 외관상 「세계 최상의 헌법작품」이었다는 것은 자주 이론이 제기되었으며, 오늘날에도 여전히 즐겨 반복되고 있다. 그것을 거부한 것은 단지 이 헌법을 불가결한 민주적 정신으로 가득 채우지 못한 독일 국민이었다는 것이다. 그러한 연역은, 그러나 사태를 완전히 왜곡하고 민주주의에 대한 심각한 오해를 증명하고 있다. 민주주의 ── 그것은 규범의 체계가 아니라 사회현상이다. 민주주의, 그것은 인민에 의한 국가권력의 해방의 과정, 인민 위에 군림하는 권력으로부터 인민의 수중에 있는 권력에로 국가권력을 변경하는 것이다. 인민의 해방을 저지하는 국가권력과 그 제도들의 비판적 해체에 의한 이 해방의 조건을 인식하는 것 ── 이것이 그때문에 민주적 국가학의 과제일 것이다.

그러나 19세기까지는 20세기의 공인된 독일 국가학과 법학의 이러한 성향을 폭로하려고 하는 것은 쓸데없는 시도일 것이다. 우리들이 도처에서 보는 것은 사회의 움직임의 연구가 아니라 성문 헌법에 대한 경련성의 구속이며, 현존하는 사회관계가 산출한 고정된 원리나 법적 도그마의 주변적 해석이다. 이러한 관계의 틀을 벗어나지 못하고 사람은 그 가운데를 즐겁게 움직이고 있다. 그러나 그럼으로써 자주 현존하는 질서의 초극에로 향하는 사회의 전체성에의 운동이 막혀버린다.

법률 아래의 자유라는 칸트(Kant)의 명제는 독일 국가학의 궁극의 이해이다. 국가는 민주주의가 요청하듯이 자유**획득**의 수단은 아니며 그 **한계**가 되는 것이다. 민주주의 진정한 본질은 독일의 이론에는 의식되지 아니하였다. 즉 국가에 있어서의 인민에 적대적인 제도들의 제거라는 목적에서의, 인민에 의한 국가권력의 장악이라는 본질은, 민주주의는 인민 대중의 자유획득의 노력과 단절될 수는 없다. 승리하고 있는 인민의 지배를 표현하지 못하고, 인민의 억압에 봉사하는 제도들의 제거를 지향하지 않는 헌법은 **결코** 민주적인 헌법은 아니다.

의심할 것 없이 바이마르 헌법은 그때까지 알려지지 아니한 민주적인 인민운동의 고양을 가져왔다. 그러나 그럼에도 불구하고 민주주의를 실현하는 데에는 성공하지 못하였다. 반동이 승리한 것이다. 바이마르 공화국의 헌법정서에 대한 분석은 독일 국가이론이 오늘날 당면하고 있는 가장 중요한 과제이다. 독일의 국가이론은 바이마르 공화국의 불충분한 점에서 배워야할 것이다. 즉 독일의 국가이론은 이 공화국이 어떤 점에서 결코 민주주의가 아니었는가를 보여주어야 할 것이다.

바이마르 헌법을 만들어낸 바이마르 국민의회의 의사록을 연구하면, 독일의 실제 사회세력들에 대한 오늘날에는 완전히 경이로운 국민의회의 오인이 나타난다. 국민의회는 그의 세력들에 입각한 것이 아니라 오히려 법학적 형식주의에 경의를 표하고 있다. 1919년에 바이마르에서 만들어진 것은 모두 과거에 그 가치가 증명되고, 1848년 이래 독일의 국가이론에 의해서 「민주적」이며 국가공민의 자유의 담보라고 언명된 모델, 즉 권력분립, 기본권, 법치국가 등등에 입각하고 있었다. 이들이 과거에 가져온 원리는 그 완전한 형태에서 바이마르 헌법에 내포되었다. 그러나 비밀리에, 말하자면 눈치 채이지 않게, 그리고 철의 자유원리의 모두에 반대하여, 공화국에 대해서 숙명적으로 결정적인 사실, 즉 빌헬름(Wilhelm) 2세 치하의 국가장치의 부활이 생겼다. 인민대중에게는 국가장치에의 접근은 폐쇄된 그대로 였다. 국가권력의 문제는 그럼으로써 반인민대중적으로 결정되고 민주적 발전에의 길은 단절되었다.

부르주아 국가이론은 권력분립, 인권, 그리고 법치국가 ──헌법의 이러한 낡은 자유의 원리── 에도 불구하고 왜 독일에 독재가 성립하였는가 하는 패러독스의 해명에서 여전히 우리들에 대해서 책임을 지고 있는 것이다. 단순한 형식의 배후에서 이러한 개념의 내실, 사회의 총체에 대한 그 현실적 의의도 관찰하는 것이 주춤한다면, 부르주아 국가이론은 이 패러독스를 해명할 수는 없을 것이다. 이것을 할 때에만, 이러한 헌법제도가 왜 대두하고 있는 야만에 대해서 무력하였던가 하는 것이 명백해질 것이다. 이러한 헌법제도는 그 현실의 역사적 의의를 상실하고 이미 현실의 사회세력들을 표현하지 못한 것이다. 그 배후에는 대중의 어떠한 이익도 어떠한 역사적 필연도 없었던 것이다. 그것들은 공허한 개념이 되었으며, 민주주의의 적이 인민 대중의 자유획득의 노력을 압살하기 위하여 자유를 취하였을 뿐이며, 더욱 위험한 슬로건이 되었던 것이다. 그러나 그렇게 타락한 것은 공인된 독일 국가학처럼, 형식주의에 빠져버린 이론을 살아있는 현실로부터 재생시키지 못한 국가학뿐이다.

II. 권력분립의 원칙

권력분립의 이론은 19세기의 고전적인 독일 국가학의 핵심을 이루고 있다. 이 이론은 절대주의적 경찰국가에의 비판, 이 국가에서 지배하는 국가권력의 전단을 한계지우는

노력에서 생긴 것이다. 경찰국가에서는 전체의 국가권력이 군주와 그 관료의 어떠한
점에도 제한받지 않는 재량결정에 대해서 행사되었다. 그것은 시민의 자유와 안전에
대해서 참을 수 없는 것으로 생각되었다. 권력을 장악하고 있던 부르주아지는 군주의
권력적 지위를 그들의 안전을 위하여 제한하는 것을 추구하였다. 권력의 분립이라는
이론은 이러한 목적에 봉사하는 것이었다. 그 이론은 서로 독립한 담당자를 가진 세
개의 자립한 권력에로 국가권력을 분할하였다. 즉

- **입법권**(Legislative). 그 담당자는 인민이 선출한 의회이어야 한다.
- **행정**(Exekutive). 그 담당자는 통치의 정점에 서는 관료장치이어야 한다.
- **재판**(Rechtsprechung). 그 담당자는 독립한 재판소이어야 한다.

그러므로 군주는 통치활동에서 인민에 의해서 제정된 법률에 구속되며, 이 법률은
구속되며, 이 법률은 국가의 법질서의 지배원리가 되고, 재판도 이에 근거하는 것이
되었다. 그리하여 국가에 있어서의 격렬한 세력 ── 인민과 군주 ── 이 서로 균형을
유지하고, 군주의 전단에 대항물이 마련되어야 한다는 것이었다.

독일 부르주아지의 국가이론에 특징적인 것은, 그것이 그 진보적 요소를 가장 전개한
시기에마저 권력의 분립이라는 이 이론을 한 발자국도 넘어서지 못하였다는 것이다.
권력의 분립은 그것에 대해서, 무릇 국가가 이성적인 것 일반의 신성한 기초이며, 전제에의
유일한 대항수단인 것이다. 지배적인 독일 국가이론은 「자유로운」 국가의 조직의 그
밖의 가능성은 보지 못하였다. 여기에는 그러나 독일의 이론의 결코 우연하지 아니한
한계성이 드러나 있다. 권력의 분립은 부르주아 국가이론의 완성은 결코 아니다. 그것은
실은 ── 무엇보다도 독일의 이론은 이것을 침묵하고 있는데 ── 부르주아 국가사상의
형성에서의 하나의 단계를 의미할 뿐이다.

이러한 권력분립의 이론은 어떻게 되어있는가? 그것은 어떻게 성립한 것인가? 그
본질은 무엇인가?

권력분립의 이론은 프랑스 혁명의 이데올로기적 준비의 과정에서 성립하였다. 그
이론이 지배적으로 된 것은 샤르르 드 몽테스키외(Charles de Montesquieu)에 의해서
되었다. 그의 유명한 작품 『법의 정신』(L'esprit des lois)은 1748년, 즉 프랑스 대혁명이
발발하기 40년 전에 발간되었다. 이것은 프랑스 시민계급의 요구가 아직 절대왕제에
대한 권력의 제한을 넘어 서지 못한 시기였다. 입법은 이미 국왕이 아니라 인민이 선출한
의회에 있게 되고, 재판관은 이 법률에만 복종하며, 행정, 집행만이 국광과 그 관료의
수중에 남게 되었다. 그리하여 왕권은 의회와 법률에 의해서 제한받게 되었다. 그것은
절대주의적 권력과 부르주아지와의 타협의 이론이었다.

그러나 절대주의의 붕괴를 일관하여 추구하고 프랑스혁명의 이데올로기적 기초가
된 본래 혁명적인 이론은 권력분립론에서가 아니라 루소(Rousseau)의 일반의사(volonté
générale)의 지배의, 즉 인민주권의 이론이다.

루소는 권력분립론을 가장 예리하게 배척하였다. 왜냐하면 권력분립론은 국왕의 수중

에 여전히 통치권이 머무르며, 그러므로 인민의 지배를 확보하는 것은 아니었기 때문이다. 루소는 독재적인, 인민으로부터 단절된, 인민 자신과 동질적이 아닌 국가장치가 존재하는 바의, 입법에서나 법률의 실시 —— 행정과 사법 —— 에서나 인민이 국가권력의 방향과 내용을 스스로 그리고 직접적으로 결정하지 못하는 도처에서 전제정치를 보았다. 우리들은 루소에게서 처음으로 공권력이 인민에 의한 지배에 입각하지 않는다면 그것은 공공의 복리와 평등의 실현을 내용으로서 가져와야 한다는, 모든 진정한 민주주의의 위대한 사상을 발견한다. 모든 개별의사가 일반의사에서 합류한 때에만 평등과 자유가 가능하다. 한 개인 또는 한 개별 집단의 수중에 있는 국가권력은 항상 개개인의 이기적인 목표가 일반을 지배하고 그때문에 일반과 대립하기에 이르지 않을 수 없다는 것에 대한 표현일 뿐이다.

인민주권, 일반의사는 그러므로 루소에 있어서의 형식적인「국법상」의 개념은 결코 아니다. 그것은 오히려 인민 속에 살아있는 자유획득과 모든 소원한 권력의 불식을 추구하는 것에 부합된다. 일반의사가 아닌 국가권력은 모두 전제이다. 선이란 오직 일반의 사이며, 그러므로 사람의 사람에 대한 전단지배를 제거하는 국가권력 뿐이다.

몽테스키외의 이론과 루소의 그것과의 차이는, 단순히 이론적인 차이는 결코 아니다. 국가실천상의 양자의 다른 의미는 프랑스 혁명의 경과 중에서 분명하게 나타났다. 몽테스키외의 국가이론은 지롱드파, 즉 혁명의 경과 중에서 절반 도상에 머물렀으며 봉건주의의 붕괴의 추구로 일관하지 못한 온건파에 의해서 수용되었다. 혁명의 물결이 고양되었을 때에 그들은 기존의 국가장치에 매달렸으며, 봉건반동의 품으로 피난하고, 국왕과 반인민적인 타협을 맺었다. 이에 대해서 루소의 인민에 의한 지배의 이론은 봉건주의를 급진적으로 단절하고 시민의 발전을 위한 길을 자유로이 여는 것만이 가능하였던 프랑스 혁명의 당파인 자코뱅파의 슬로건이며, 자코뱅파는 그것에 투쟁하였다. 이들 양자의 국가파악의 본질적인 차이는 국가권력이 추구하는 문제에 있다. 즉 몽테스키외에 있어서는 지배권력이 제한은 되지만, 이 권력 자체가 내용적 정서(整序)를 수취한다는 것은 아니며, 오히려 그것이 현재 있는 그대로 수용되는 것이다. 이에 반하여 루소에 있어서는 국가권력의 내용적 정서가 행해지며, 국가권력은 그 내용에 의하면,「일반의사」, 즉 평등의 관철이어야 하며, 그 담당자는 평등의 옹호자이어야 한다.

이와 같은 본질적인 차이는 국가조직상은 광범위한 귀결을 수반한다. 몽테스키외에 있어서의 기존의 국가권력의 수용은 이 권력의 담당자인 국가장치의 승인과 그와 함께 그 유지로 끝맺는다. 몽테스키외에 있어서는 인민에 의한 어떠한 직접적 지배도 존재하지 않으며, 입법의 힘을 빌린 인민의 국가장치에 대한 영향행사가 존재할 뿐이다. 이와 같이 몽테스키외의 이론은 필연적으로 독립한 국가장치의 승인에 이른다. 행정과 사법은 전단적인, 국왕에게만 복종하며 인민으로부터는 독립한 관료의 수중에 남았다. 의회에 의해서 제한된 왕권이며, 몽테스키외는 그것을 소망하였으며, 지롱드파가 바란 것도 그것이었다.

루소의 이론에 뒷받침된 자코뱅파는 그것과는 완전히 달랐다. 그들은 인민으로부터 독립한 모든 국가장치와 투쟁하였다. 인민으로부터의 국가의 모든 소외는 그들에 대해서 국가가 전제의 도구가 되어버렸다는 것을 표현하고 있다. 그러므로 국가의 활동을 현실에서 담당하는 모든 자들이 인민에 대해서 책임을 지며, 그들이 인민으로부터 유리하고 그들의 활동이 더 이상 인민의 의사의 표현이 아닐 때에는 그들은 언제나 파면될 수 있다는 것은 루소의 국가이론의 본질에 속한다. 그러므로 입법이 인민의 수중에 있을 뿐만 아니라 행정과 사법도 인민대표에 의해서, 즉 인민에 의해서 임명된 대리인에 의해서 행사되며, 그들은 인민에 의한 통제 아래 활동하며, 인민의 명령에 구속되며, 인민에 의해서 언제나 파면될 수 있다는 것은 자코뱅파의 요구였다.

프랑스 혁명 중에 이미 존재한, 시민계급에 의한 지배의 형태의 이러한 차이, 즉 지롱드파적인 그것과 자코뱅파적인 그것의 차이는 그 후의 시민사회의 발전 중에서 전면적으로 전개하기에 이른다.

마르크스(Marx)는 지난 세기 중엽에 있어서의 부르주아 혁명의 전개의 탁월한 분석, 특히 그의 저작『프랑스에 있어서의 계급투쟁』(Klassenkampf in Frankreich),『루이 보나파르트의 브뤼메르 18일』(Der achtzehnte Brumaire des Louis Bonaparte), 그리고 1848년의 독일의 혁명운동에 관한 논문*에서 부르주아 사회의 이러한 정치적 전개방향, 즉 한편으로는 반동에 뒷받침된 부패한 타협의 길인 입헌주의, 그리고 다른 한편으로는 혁명적 인민에 뒷받침된 국가권력의 완전한 장악의 길인 민주주의를 추적하고 연구하였다.

독일에서는 1848년 혁명의 시대에 이러한 대립이 명백히 나타나고, 프랑크푸르트 의회에 그것이 반영되었다. 의회의 극좌파, 「철저한 민주주의자」는 통일 독일 공화국, 모든 왕권의 철폐, 관료제와 군국주의의 제거를 요구하였다. 의회다수파를 형성한 「자유주의자」, 「온건파」는 입헌군주제를 요구하는 것으로 만족하였다. 그들은 프랑크푸르트 의회의 헌법을 만들고, 프로이센 국왕의 승인을 얻으려고 제안하였는데, 그것은 완전히 삼권분립의 도식에 입각한 것이며, 입법권은 인민이 선출하는 의회에, 행정은 독일 황제로서의 프로이센 국왕에 종속하는 관료장치의 수중에, 재판은 「독립한」 신분이 보장된 재판관에게 라는 것이었다.

그러나 독일에 있어서의 그 후의 발전 속에서는 독일의 시민계급의 두 가지의 정치적 조류, 즉 한편 권리보장과 헌법제도에 모든 것을 기대하고, 다른 한편 지배계급의 붕괴를 추구한다는 양자의 명백한 분리는, 양 집단이 공통적으로 호헨촐레른 체제와 적대하고 있었던 것에서 해소되었다. 그러나 이러한 공동투쟁 속에서 민주주의자는 그 독자성을 상실하고 타협을 추구하고 있던 「자유주의자」의 정치적 수준으로 내려앉았다. 호헨촐레른 왕제에 대한 이와 같은 부르주아적 대항은, 이것을 민주주의적이라고 부를 수는 없다. 이러한 대항에 대해서는 자의적인 행정의 제한만이 중요하며, 그것은 반절대주의적(半絶對主義的)인 호헨촐레른 국가의 행정을 일정한 합법성에 복종시키려고 하였으며, 그리하여 「견고한」 추상적 법질서를 수립하려는 것이었다. 그러나 독일 부르주아지에 대해서는 이러한 국가장치를 붕괴시키고 관료제를 철폐하고 인민 자신을 국가권력의 담당자이며 실행자에로 높인다는 것은 결코 문제가 아니었다.

이와 같은 민주주의의 진정한 본질은 독일의 특수한 정세에 직면하여 다시 명확하게 강조되어야 하며, 그것에 우리들은 반복하여 의식을 환기하지 않으면 안 된다. 왜냐하면 우리들은 나중에 바이마르 헌법의 제정에 결정적으로 관여한 호헨촐레른에 적대적인 국민자유주의 그리고「자유사상가」를 본질적으로 민주주의적 조류와 아주 안이하게 보는 경향에 있었기 때문이다.

독일의 사회주의의 문헌에서도 19세기 말과 20세기 초에는 기만적인 방식으로 민주주의적으로 간주된 독일 부르주아지의 입헌주의적 조류와의 연속의 경향이 등장하였다. 반비스마르크적 자유주의가 독일의 발전에 있어서의 이른바 가장 나아간 부르주아지의 입장이었던 한에서 이것은 이해할 수 있다. 그러한 입장은 독일 부르주아지 내부에 대체로 더욱 일정한 기초를 가지고 있었으며, 그때문에 공인된 국가이론 속에 반영될 수도 있었다. 독일 부르주아지는 1848년 이후는 이미 민주주의를 강령에 싣지 않고, 그러므로 민주주의는 독일인의 국법상의 사고와 독일의 공인된 국가이론과 법이론에서 이미 명백하게 나타나지는 아니하였다.

그러면 바이마르 헌법은 어떠한가? 그것은 민주주의적이 아니었던가? 바이마르 헌법이 입법권을 인민의 수중에 둔 것은 확실하다. 라이히 의회는 전체 독일 시민의 평등·직접·비밀선거에 입각하며 최고의 입법자였다. 그러나 거기에서는 라이히 의회에 정치권력도 집중되어 있었던 것인가? 헌법에 의하면 과연 법률은 국가의 권력의사의 최고의 표현이었는가? 우리들은 이것저것 듣기 좋게 울리는 헌법규정에 현혹되어서는 안 되며, 사실 그 자체를 바라보지 않으면 안 된다. 즉 이 시대의 국가의 메커니즘 말이다.

정말 바이마르 공화국은 독일 국가의 낡은 전통적인 것과 절연하고, 국가권력에 또 다른 방향성을 부여하고, 진정한 인민주권을 수립한 것인가? 결코 그렇지 않다. 우리들은 바이마르 공화국이 구래의 빌헬름 2세의 국가의 기초였던 국가장치 자체와 구래의 관료제를 건드리지 아니하였다는 것을 알고 있다. 헌법은 카이저 라이히에 비해서 일정하게 확대된 양보를 인민에게 부여하였다. 그러나 관료제와 국가장치의 독립성은 바이마르 공화국 아래서도 계속 지켜졌다. 그것도 카이저 독일의 행정, 사법장치의 잔존에 의해서 사실상이라는 것만이 아니라 헌법 자신에 의해서 법적으로도 그러한 것이다. 과연 정부가 라이히 의회의 신임을 필요로 한다고 서술한 바이마르 헌법규정은 행정이 의회에 종속하고, 그때문에 그러한 형태로 최저한 간접적으로 인민에 의해서도 통제될 수 있는 것 같은 인상을 준다. 그러나 그것은 단지 외관만이다. 실제로는 집행권의 정점은 의회에 대해서 책임을 지는 정부가 아니라 의회로부터 완전히 독립한 라이히 대통령이었다.

이제 바이마르 공화국 자신의 전개과정을 추적해 보더라도 그것이 매우 명료하게 우리들에게 보여주는 것은, 권력분립 원리의 내적 모순과 그때문에 이 원칙이 독재의 대두를 저지할 수 없었던 것이다. 행정권의 담당자가 사실상 국가장치를 수중에 흡수하고 있었기 때문에, 그것은 모든 권력을 자신에게 집중하는 가능성도 가지고 있었다.

마르크스는 이미 지난 세기 중엽에, 1848년 이후의 반혁명의 승리는 국가조직상은 입법권의 희생 위에서의 행정권의 강대한 팽창을 가져온다고 지적하고 있었다. 모든 권력이 각 부처・관료장치・상비군・경찰・사법 등 강력하게 팽창된 정부에게로 이행하였다. 이에 대해서 의회는 거대한 통치기구의 사무의 진행에 있어서의 다소 불편한 장애로 간주되었다. 의회의 토의는 정부에 의해서 연출되고 지휘된 전람의식이 되었다.

그리하여 바이마르 공화국에서도 인민대표인 라이히 의회는 많든 적든 국가관료제 —— 그 정점에 있던 것이 라이히 대통령 —— 에, 즉 관료장치・각부 기구・라이히 국방군에게 굴복시키지 않을 수 없었다. 라이히 대통령은 라이히 의회가 통치사무에 참견하기에 이른 경우, 라이히 의회를 내쫓아 버릴 수 있었다. 실로 (제48조에 근거하여) 의회를 완전히 배제하여 스스로 입법권을 장악하고 헌법의 기본권마저 실효(失效)시키고, 그리하여 독재에로 뛰어 오를 수 있었다. 확실히 바이마르 헌법은 라이히 대통령의 그러한 독재를 예외상태로서만 규정하고 있었다.

그러나 예외상태가 존재하는가의 여부를 결정하는 것은 라이히 대통령의 재량사항이기 때문에, 이「예외상태」(라이히 대통령의 독재권)는 원래 바이마르 헌법의「정상상태」라고 하는 것은 이미 1929년에 바로 실증된 것이었다.

라이히 대통령이 인민에 의해서 파면될 수 있다는(바이마르 헌법 제43조) 독재에 대해서 매우 문제가 많은 구실이다. 인민투표에 의해서 어떠한 독재가 일찍이 붕괴될 수 있었을 것인가? 라이히 대통령의 파면은 단 한 번도 실제로 사용되지 아니하였으며, 실로 에베르트(Ebert)와 그 이후에 힌덴부르크(Hindenburg)가 그 독재권한을 풍부하게 이용하였음에도 불구하고 한 번도 고려되지 아니하였다.

국가권력의 또 다른 요체인 사법도 바이마르 공화국에서는 마찬가지로 인민으로부터 소외되고 전단적인 독재장치에로 성장하였다. 재판관의 인민에 대한 무책임은 헌법에 의해서 보장되고, 재판관은 종신직으로서 임명되며 파면되지는 아니하였다. 그러나 그것만이 아니다. 독일의 최상급의 재판소인 라이히재판소는 최고의 입법기관인 라이히 의회에 대해서 의식적으로 대항하였다. 1928~29년, 라이히 의회의 의석배분에서 좌익의 현저한 세력신장이 일어났을 때, 라이히 재판소는 라이히 의회에 의해서 가결된 법률의「합법성」을 심사하고, 그러므로 라이히 의회의 입법활동을 통제하는 권한을 스스로 행사하였다.

라이히 재판소가 그 반동적 방향성이란 점에서도 그것이 행사한 권력적 지위란 점에서도 영국의「상원」을 거의 능가하는「제2원」이라고 바이마르 공화국 시대에 말하여진 것은 그다지 부당하지는 않다.

바이마르 헌법시대의 헌법의 전개는「국가권력의 담당자」가 국가의 어디에 자리를 차지하고 있는가, 즉 국가장치 속에서 어딘가라고 한다면, 행정에서, 사법에서였다는 것을 충분히 명백하게 독일 인민에게 제시하였다. 이러한 국가권력의 입법과 의회에 의한 경계설정이라는 요설은 공허한 기만이라는 것이 명백하게 되었다. 국가의 내적 긴장이 증대함에 따라서 의회와 법률은 후퇴하며, 적나라한 독재가 전면에 나와서 합법성은 붕괴되고 전단이 지배적으로 되었다.

　반동과 반인민적 요소들의 무력화는 입법에서만이 아니고 행정과 사법에서의 법률의 집행도 마찬가지로 인민의 손에 이행할 것을 요청한다. 법률의 집행은 제2차적이며, 법률은 그것을 집행하는 자를 구속한다는 것에 이의는 없을 것이다. 독일의 최근의 20년은 사법과 행정에 있어서 타락한 관료제가 어떻게 가공할 법률의 왜곡을 행할 수 있는가를 보여주었다. 우리들이 원하는 것은 법률의 정확이며 자의적인 변경을 받지 않는 공정한 실시이다. 그러나 그 유일한 보장은 그러한 법률의 실시가 인민의 매우 광범위한 참가와 끊임없는 통제 아래 행해지는 것만이다. 인간의 존엄을 박탈하는 계급제도를 파괴하고 쓸데없는 더러운 것 속에 동여매어버린, 법과 합법성의 복권을 우리들은 바란다. 우리들은 그러므로 구래의 형식에서의 권력분립의 원리를 거부한다.

　유감스럽게도 그것은 바이에른 헌법에서 재차 확정된 것을 확인할 수 있다. 그 제4조는 말한다.

　입법권은 국민과 국민대표에게만 속한다. 집행권은 국가의 정부와 그 관할 하의 기타 집행관청에 위임된다. 재판권은 독립한 재판관에 의해서 행사된다.

　이에 대하여 우리들은 다음의 원칙을 제시한다(독일 민주공화국 헌법초안 제2조). 즉

　모든 국가권력은 인민으로부터 나오며, 인민에 의해서 행사되며, 인민의 복지에 봉사하여야 한다. 인민대표의 선출, 인민결정, 행정과 재판에의 참가, 공공행정기관의 포괄적인 통제에 의해서 인민은 자신의 의사를 실현한다.

　우리들이 권력분립의 원칙을 포기하였기 때문이라고 하여 우리들이 세 개의 다른 국가작용 — 입법 · 행정 그리고 사법 — 의 엄격한 구별을 중단한다고 말하는 것은 결코 아니다. 근대의 행정은 모두 이 구별 위에 구축되어 있다. 그러나 우리들이 방지하려 하고 또한 방지해야 하는 것은, 이러한 작용 특히 행정과 사법이 — 권력분립 이론의 도움을 받아서 —「국가 속의 국가」,* 전단의 장치에로 나아감으로써 반동세력의 노리개감이 되는 법과 인민을 손상하기에 이르는 것이다.

III. 인 권

우리들은 법적 문제의 도식적 처리에서 생기는 커다란 위험을 본다. 법적 원칙들이 그것을 양육한 기초로부터 해방되고, 그것을 낳은 구체적 사회상황으로부터 추상화되는 경우에는 이러한 원칙들은 그 의의와 내용이란 점에서 정당하게 이해될 수는 없었다. 그러나 이에 대응하지 못하는 사회적 관계들에의 도식적인 이전은 매우 손해가 크다. 역사적 현상의 올바른 이해의 첫 번째 전제는 그것이 사적으로 고찰되는 것, 즉 그것이 성립하고 전개하는 역사적 상황에서 그것이 분석되는 것이다. 그것은 즉자적 관념(卽自的 觀念)인 원리만을 기존의 완성된 결과로서 연구하는 것이 아니라 — 마르크스가 일찍이 서술하였듯이 —「이와 같은 관념에로 압박한 현실」을 연구하는 것이다.

인권의 실현 — 그 슬로건 아래 근대의 문화, 즉 시민적 문화는 낡은 문화 즉 봉건적 문화와 투쟁한 것이다. 봉건사회의 심부에서 새로운 시민사회가 발전하였다. 17세기에는 낡은 봉건질서는 부르주아지가 경제적 및 문화적 발전을 위하여 필요로 한 경제적·사회적 및 법적 형식에 대응하지 못하고 그것과 모순된다는 것이 명백하게 되었다. 이러한 발전의 담당자는 봉건영주나 그 복종자가 아니라 비특권계급, 보통 사람들, 인민이었다. 그들의 일상생활, 경제적 존재는 기존의 봉건질서로부터 서서히 해방되어온 것이며, 기존의 봉건제도는 그들에 대해서 질곡(桎梏)이 되었다. 이러한 모순이 일정하게 성숙한 때에 신흥 부르주아지의 요구는 새로운 법원리라는 형태로 형성되었다. 독창적으로 이 소상인의 진보적 경제의 기본원리를 인식하고 그것을 인간의 새로운 질서의 기초로서 선언한, 홀랜드인 후고 그로티우스(Hugo Grotius)는 이 새로운 법의 선구자였다. 그가 인간의 모든 질서에 절대로 필요하다고 주장한 것은 원래 두개의 원칙뿐이다. 즉 계약자유의 원칙과, 재산이 받은 손해의 배상의 권리라는 원칙이다. 만인에 대해서 절대적으로 규정하는 것과 같은 성질을 이러한 법원리에 부여하기 위해서, 그 효력은 국가권력에 의해서 정립된 모든 실정법에서 독립이라고 그로티우스는 말하였다. 이러한 원칙은 초국가적 기원을 가지며 인간의 본성 그 자체에서 유래한다는 것이다. 자연권, 즉「어떠한 국가권력도 인간으로부터 박탈할 수 없는 우리들에게 태어나면서 가지는 권리」라는 이론은 부르주아지의 슬로건이 되고, 그들은 그 아래 타락한 인간의 압도적 다수에 대해서 불합리하게 된 봉건질서에 대해서 자신의 생명의 권리를 주장하고, 부르주아적인 경제적·사회적 그리고 법적 관계들을 발전시켰다. 「인권」은 이와 같이 성립하고, 시민혁명, 특히 1789년의 프랑스 혁명에 의한 봉건제의 최종적인 제거와 함께 사회 생활과 국가생활의 지배원리가 되었다. 이러한 인권은 그 이후 그 완전성의 대소는 어떻든 모든 부르주아 헌법에 들어가 있었다. 인권이 명시적으로 헌법의 조문 속에 채택되지 아니한 곳에서는 인권을 기초지우는 법원리는 개별 법률에 의해서 실현되었다. 왜냐하면 「인권」 그것은 **부르주아적** 사회관계와 **부르주아** 경제발전의 불가결한 기초이기 때문이다.

유명한 프랑스 혁명의 「인권」은 무엇을 가져왔는가? 두 개의 중요한 혁신, 즉 하나는 추상적 · 보편타당한 합법성과 권력분립에 입각하는 부르주아적 국가질서의 선언에 의한, 봉건적 · 종교적 국가질서에 의한 후견으로부터의 완전한 해방이다. 그것은 나아가 사유재산의 완전한 보장을 가져왔다. 「인간은 자유롭게 태어났다」라고, 거기에 적혀있다. 그럼으로써 농노제가 폐지되었다. 「자유의 한계를 법률로써 결정할 수는 없다」, 「모든 시민은 법률 앞에 평등하다」, 「누구든지 법률에 의하지 않고는 처벌받지 아니한다」. 따라서 봉건적 · 절대주의적 국가의 경찰국가적 전단이 제거되었다. 「모든 시민은 자유롭게 발언하고 저술하고 인쇄할 수 있다」. 이것으로써 공적 생활의 교회에 의한 후견이 파멸되었다. 더욱 나아가 「인권」의 마지막 제17조는 말한다.

소유권은 신성불가침한 권리이므로, 누구든지 적법하게 확인된 공공 필요성에 의하여 명백하게 요구되고, 사전의 정당한 보상이라는 조건 하에서가 아니면 이를 박탈당하지 아니한다.

이것으로써 확인된 것은, 국가권력은 스스로 전개하는 재산관계에의 어떠한 간섭도 내포해서는 안 된다는 것이다. 바꾸어 말하면 부르주아 경제 중에서 스스로 전개하는 재산관계가 지배적 관계가 되며, 그것이 국가권력의 내실이 된 것이다.

마르크스주의의 입장, 프랑스 혁명의 이러한 인권문제에 대한 마르크스의 입장은 어떠한가?

마르크스와 엥겔스의 프랑스 혁명과 인권선언에 대한 감탄은 매우 커다란 것이다. 프랑스 혁명은 인간존재의 역사의 매우 빛나는 하나의 측면이며, 또한 계속하고 있다. 그러나 이 혁명을 그처럼 역사상의 탁월한 사건으로 만든 것은 혁명에 의해서 제기된 인권의 **내용**인가? 물론 아니다. 마르크스와 엥겔스도 매우 예리하게 강조하고 있었으나, 「인권」에서 제기된 원리들은 대망의 자유를 가져오지는 못하였다는 것을 현실은 곧 보여주었다. 여기서 선언된 「인권」은, 곧 그 진정한, 즉 그 사회적인 모습을 나타내었다. 그것은 자본주의 발전의 전제조건이라는 것이 명백해졌다.

나폴레옹은 부르주아적 프랑스의 형성에 즈음하여 「인권」을 정치적 슬로건의 고공(高空)으로부터 사회적 생활의 현실에로 끌어 들였다. 그리고 보라. 「나폴레옹 법전」, 자유경쟁, 만인에 대한 투쟁의 원리에 근거하여 자본주의의 신기원인 민법전이 성립하였다. 「형법전」, 즉 이전에 성립한 준엄하고 냉혹한 형벌을 과하고 국가에 대한 부르주아적 신기원인 형사법전이 성립하였다.

「인권」이 오늘날에도 여전히 가지고 있는 강대한 영광을 거기에 부여한 것은 인권의 내용이 아니라 단지 그 **공포와 시행의 양식**이다. 인권은 그 당시 혁명의 슬로건이며, 그 점에 의의가 있었으며, 그것이 궁극적이며 영원히 역사적 상황에서 초월한 진리를 선언하였다는 점에 있었던 것은 아니다. 우리들이 프랑스 혁명에 그처럼 놀라는 것은 여기서 구사회가 전복된 그 방법이다. 그 이전의 어떤 때에도 역사가 그 진정한 본질 — 계급투쟁이라는 것 — 을 프랑스 혁명의 시기만큼 명료하게 드러낸 일은 없었다. 또한 그 이전의 어떠한 때에도 당통(Danton)*, 마라(Marat)*, 생 쥐스트(Saint-Just)*, 로베스피에르(Robespierre)*처럼 역사상황의 최고조에 있으며, 모든 선입관을 초월하여 역사의 순간의 과제를 올바르게 인식하고 올바르게 해결한 사람들도 존재하지 아니하였다. 마르크스나 레닌(Lenin)도 이러한 사람들이 크게 존경받을 만한 가치가 있다고 생각하였다. 그러나 그들이 위대한 것은 혁명가로서 실천가로서인 것이다. 이에 대하여 그들의 이론은 시대의 모든 구속성을 부담하고 있다. 이러한 사람들은 그들의「인권」과 함께 사회에 관한 이론을 마르크스와 엥겔스가 행한 높이까지 높이는 것은 당시 할 수 없었다. 왜냐하면 자본주의는 아직 완전히 전개되지 아니하였으며, 그 발전의 경향이나 모순은 아직 완전히 드러나지 아니하였기 때문이다. 발달된 자본주의가 자본과 노동, 부르주아지 와 프롤레타리아트 간의 대립에 의해서 어떠한 문제를 제기하였는가? 이 문제에 대답한 것은 마르크스주의뿐이다. 즉 착취자의 착취와, 자본주의의 사회질서와 사람에 의한 사람의 착취라는 그 시스템의 전복이라는 문제이며, 인간의 자유로운 결합에 의한, 자본주 의적인 억압과 국가적인 것의 초극이라는 문제이다. 마르크스주의자에 대해서 인권의 실현이란 일의적(一義的)이며 명확하게 사회주의를 위한 투쟁과 결부되고 있다.

독일 사회주의 통일당(SED)에 의해서 작성된 독일 민주공화국의 헌법초안은 사회주의 적이기에는 거의 멀지만, 그 근저에는 우리들이 현재 있는 구체적 상태를 올바르게 평가하고, 자유의 현실적 억압자, 평화와 번영의 적을 억압하는 노력이 있다. 독점자본주 의와 대토지 소유는 분쇄되고, 군국주의·쇼비니즘·인종박해는 반인민적으로서 금지된 다고 한다. 민주주의와 자유 자체를 파괴할 목적으로 인민의 민주적 권리를 이용하는 것을 기도하는 자는 이 질서 밖에 있다. 인간의 평등은 단지 형식적인 것에 머물러서는 안 되며, 모든 시민은 노동을 구하는 권리, 교육을 구하는 권리, 노령과 질병의 경우에 보양과 배려를 구하는 권리를 가진다고 한다. 이와 같이 자본주의 자체의 가공할 폐해가 제한되고 극복될 때에만 자유가 발전할 수 있다. 억압과 자본주의 세계의 선입관으로부터 의 자유이다. 전체 인민의 압도적 다수, 도시와 농촌의 노동자에 대해서는 자본주의 **아래에서의** 어떠한 자유도 존재하지 않으며, 자본주의**로부터의** 자유뿐이며, 자본주의**로 부터의** 인민의 해방은 사회주의를 위한 자신의 투쟁에 의해서만 가능하다.

마르크스의 커다란 저작에 대해서 조금밖에 알지 못하는 자도 마르크스에 대해서 인간의 부자유와 예속은 자본주의사회의 이런 저런 법제도에 있는 것이 아니라 경제·사 회 시스템으로서의 자본주의 자체에 있는 것, 그리고 인간의 해방 — 인권의 확립 — 은 이런 저런 법원칙의 개혁이나 채택에 의해서가 아니라 자본주의적 생산·사회관계 자체의 철폐에 의해서만 달성될 수 있다는 것을 알고 있다.

마르크스와 엥겔스는 자본주의를 인류발전의 전단계라고 불렀는데, 그것은 처음에 인류발전의 완성을 의미하는 사회주의의 전제가 거기에서 창조되기 때문이다. 사회주의 실현의 투쟁은 인권의 투쟁이며, 인권의 길은 사회주의의 길, 인권의 내용은 자본주의적 사회질서의 속박과 선입관으로부터의 해방이다.

이와 같이 더욱 충분하게 명확한 상황에서 오늘날 — 이해하기 어려운 식으로 — 사회민주당의 정치선전에서는 사회주의를 위한 투쟁의 인권과의 개념적 구별이 관철되고 있으며, 양자는 비록 공공연하지는 않지만 그러나 은연 중에 서로 대치하고 있다. 「인권 없이는 어떠한 사회주의도 없다」는 것을 이 당은 당기(黨旗)에 써넣고 있다. 사회주의 없이는 어떠한 인권도 없다는 명확한 정식을 사용하지 않고 있다. 사회주의인체 하는 이 정당은 그럼으로써 인권 없는 사회주의라는 것이 아마 존재하는 것 같은 인상을 일깨우려고 한다. 그것은 이미 마르크스의 과학적 사회주의의 엄청난 오해를 내포한 것이다. 사회주의란 개념적으로 인권의 실현이며, 인권은 — 그것이 공허하지 아니한 원리를 계속한다면 — 사회주의가 현실로 되는 정도에서만 실현되는 것이다.

그러나 마르크스의 이처럼 완전히 명확한 문제설정에도 불구하고, 「인권」이 사회주의 실현의 투쟁과 개념적으로 구별된다는 혼란은 어떻게 해서 생긴 것인가? 이 견해에 의하면, 사회주의가 그 자체로서는 아직 포함하고 있지 않다고 하는 인권을 특별한 필요조건으로서 다시 부가함으로써 사회주의실현의 정치투쟁을 「수정」하지 않으면 안 된다고 믿는 것도 있을 수 있는가? 소련에 대한 빤히 들여다 보이는 빈정거리는 외에 「인권 없는 사회주의」의 공포를 환기하려고 한다면, 그것은 마르크스 이론의 의식적인 중상이 아니라면 엄청난 왜곡이다. 그럼으로써 혼란이 생기며, 인민이 사회주의를 위한 투쟁의 올바르고 철저한 길로부터 유리되는 것이다. 부르주아 사회학에 의한 마르크스 이론의 빈번한 「수정」과 「개량」을 알고 있는 자에 대해서는 이와 같은 생각은 새로운 것이 아니며 그 방법은 상당히 눈에 보이는 것이다. 일반적인 슬로건 속에서 움직이며 그들이 무엇을 생각하고 있는가가 마지막까지 말하지는 아니한다. 「인권」을 말하지만 부르주아적 인권, 부르주아 혁명의 인권인 것을 생각한다고 말하지는 아니한다. 이 인권의 부르주아적 본질을 폭로하는 곳은 아니다. 스스로 모든 점에서 부르주아적 세계에 속박되어 부르주아적 법원리가 유일 가능한 것이라고 생각하고 사회주의에로의 이행에 두려워 주춤하는 것이다. 앞을 바라보고 현재의 사회상황이 제기한 — 사회주의에로의 이행이라는 문제를 해결하는 대신에, 뒤를 바라보고 외친다. 즉 「프랑스 혁명으로 돌아가라!」라고. 부르주아적 원리들에 대한 마르크스주의의 그러한 전환은, 마르크스주의의 근본적 위조, 마르크스에 의해서 제시된 사회주의에의 길로부터의 일탈에 의해서만 가능하였다.

베를린 사회민주당이 공인하는 마르크스 해석자인 클라우스 페터 슐츠(Klaus Peter Schultz)는 최근 많은 장문의 신문기사에서 마르크스를 수정하고 논란을 가했다. 이처럼 열심인 집필자이며 「마르크스 극복자」는 이미 자주 행하여 왔듯이, 위험하고 자본가에 대해서는 당연히 견디기 어려운 마르크스 이론의 예봉을 꺾는 것을 반복하여 시도하였다. 즉 매우 박학하게 들리는 연역으로 그가 주장하기에는 근대적인 개명된 인간으로서 마르크스가 완전히 학문적 연구자이며 자본주의 사회의 발전법칙의 발견자라는 것은 누구도 부정할 수 없을 것이라고. 그러나 그렇다고 하여 법을 포함한 자본주의적 사회질서의 전복을 위한 혁명투쟁이 불가피하다는, 마르크스에 의해서 「이끌어낸 결론」을 수용할 필요가 있다고 말할 것까지는 없는 것이다. 사회주의에 도달하기 위해서 마르크스의 원리를 추구하지 않고서도 「시대의 정신」에 보다 일치한 다른 윤리적이며 법적인 원리들을 추구하는 것도 있을 수 있다고 말한다.

  그러한 마르크스 해석은 독창성을 요구하는 것은 아니다. 그러한 해석은 이미 90년대에 가톨릭 교회에 의해서 교황 레오 13세를 통하여 그가 가톨릭 노동조합을 허가함으로써 교회의 노동운동을 조직한 때에 주장된 것이다. 그는 그 때에 마르크스의 강대한 권위와 자본주의에 관한 마르크스 이론의 완전히 설득적인 성격을 다 이용하였는데, 그러나 또한 그는 마르크스를 수정하는 것도 허락하였으며, 교황 레오 13세는 1891년에 「회칙」(回勅, rerum novarum)에서 「신앙의 개조(個條)와 교회의 질서 없이는 어떠한 사회주의도 없다」고 외쳤다. 오늘날 슐츠씨가 외치는 것은 「부르주아적 인권 없이는 어떠한 사회주의도 없다」는 것이며, 그 인권이란 자본주의적 사회질서를 보장하는 것이다. 그는 사회주의에의 부르주아적인 길을 창안하고 있다. 그러나 양자, 즉 교회의 길과 부르주아적인 길은 모두 마르크스 이론과는 거리가 멀며, 양자가 모두 사회주의에로 인도하는 것은 아니다.

IV. 「법치국가」

  사회민주주의자들에 의해서 「인권」이 그렇듯이, 부르주아 정당 특히 자유주의자에 의해서 「법치국가」라는 슬로건이 오늘날 정치투쟁에 던져지고 있다. 「우리들은 법치국가를 바란다」라고, LDP의 슬로건이나 포스터에서는 과시하고 있다. 우리들의 당 SED에 대해서 빈정거리는 것에 불과하다. 오늘날 「법치국가」라는 슬로건 아래서 부르주아지는 우리들의 사회적·경제적 생활의 모든 결정적인 개혁에 대항한다. 그럼으로써 마치 사회주의의 시대와 함께 동시에 무법이 시작하기라도 하는 듯이, 그리고 또한 당이 바란 것만이 법인 것 같은 인상이 불러일으키게 된다.

  이처럼 기분을 상하게만 하는 자만심은 법의 개념이 그것과 함께 어떤 정치적 방향에 의해서 독점되고 있는 것인데, 문헌에서는 자주 폭로되어 오고 있다. 한 번 유럽을 여행하고 유럽에서는 모든 여성들이 매우 추하다고 놀랍게도 단정하는 그러한 중국인처럼, 이 「법치국가」의 기사(騎士)가 확인하기에는 원래 인간은 자신의 「법치국가」의 원리에 의해서 생활하지 않기 때문에 「법에 의해서」는 완전히 생활하지 않는 것이다. 중국인이 아름다움에 대한 자신의 **관념**을 아름다움의 **본질**이라고 혼동하였듯이, 법치국가의 창도

자도 법에 관한 자신의 관념을 법 일반이라고 혼동하는 것이다. 각 민족과 각 시대는 여성의 아름다움에 관한 그것에 고유한 관념을 가진다. 그때그때의 국가가 기초지워지는 규범이나 질서, 그것이 그의 국가의 법이다. 그러므로 고대의 법치국가가 있고, 봉건적 법치국가가 있으며, 경찰법치국가가 있으며, 부르주아적 법치국가가 있으며, 그리고 사회주의적 법치국가가 있는 것이다. 파시즘의 법률가도 주지하듯이, 그들의 국가를 국가사회주의적 법치국가라고 불렀다.「법치국가」라는 개념은 그러므로 완전히 내용 없는 것이다. 왜냐하면 어떠한 정치적 및 역사적 구성체에서도 법치국가를 요구할 수 있으며, 요구하였기 때문이다. 법치국가라는 개념은 그러므로 어떠한 과학적 분석에도 견디지 못한다.

그러나 정치적 선전에서는 이 개념은 그것만으로 더욱 위험하다. 어떤 당파가 법치국가의 렛테르를 몸에 붙임으로서 그 당파는 정적을 중상한다. 그러나 동시에 이 정치적 선전에서 법의 개념은 완전히 불명확한 그대로이기 때문에 누구나 뜻대로 법의 개념을 마음에 그릴 수 있다. 법은 그러므로 단순한 선전의 트릭으로 전락하는 것이다.

물론 자신의 원칙을 선전하는 것은 부르주아적 경제 · 사회관계의 부흥을 믿는 부르주아 정당의 정당한 권리이다. 그러나 이와 같은 부르주아 정당의 대변자는 이 경우에 오늘날 우리들의 정치투쟁은 이전과는 다른 수준에서, 그리고 바이마르 공화국과도 다른 수준에서 움직이는 것을 알아야 한다. 과장되고 추상적인 문구들이 불명확한 것은 정치적 지평뿐이다. 이러한 사람들에 대해서는 정치적 계몽을 촉진하거나 사회의 발전이나 법의 진실한 인식을 대중에게 전달하는 것이 아니라 선동적인 슬로건에 대해서 머리를 혼란시키는 것이 중요하다. 왜냐하면 그들이 법의 개념을 방치해 두고 절대적 몽매함에서 야말로 이 당파만 자유주의자만이「법」의 동지이며, 그들이 정치적으로 구하는 것만이 법인 것 같은 인상이 야기되는 ― 그리고 그것이야말로 이 선전의 목적이다 ― 것이 가능하기 때문이다.

이러한 ― 자유주의자에 의해서 선전되는 ― 법치국가의 본질에 대한 명료한 통찰은, 그러나 오늘날 우리들의 인민에 대해서 절대로 필요한 것이다. 왜냐하면 이 개념은 우리들을 그처럼 용이하게 파국으로 빠트리며, 그리고 그 극복에 오늘날 우리들이 자신의 전력으로 집중하고 있는, 독일의 중대한 유산의 일부를 그 속에 체현(體現)하고 있기 때문이다.

「법치국가」란 특히 독일의 자유주의 부르주아지의 절대주의적인 국가의 자의에 대한 투쟁에서의 슬로건이었다. 그 사상의 핵심은 국가권력의 법률에의 구속이며, 국가권력보유자, 특히 법관으로부터 재량의 자유를 빼앗고, 그것을 전면적이며 절대적으로 법률에 구속함으로써 국가의 자의적 지배를 극복하여야 한다고 믿었다. 국가활동은 추상적인 법률의 명령의 실시에 불과하게 되었다. 법률은「이러 이러한 행위를 하는 자는 이러 이렇게 처벌된다」고 가설적으로 구성요건을 확정한다. 법관은 피고인이 이러 이러한 행위를 하였는가의 여부를 확정하고, 법률에 의해서 확정된 법적 효과를 과하는 것만을 행해서는 안 되며, 구체적으로 누가 행위자인가를 그것에 이어서 묻지는 아니한다. 「법률 앞에 모든 사람은 평등하다」.

이러한 (특히 칸트에 의해서도 주장된) 엄격하게 형식적인 합법성은 귀족계급의 특권을 타파한 지배적 봉건계급을 위한 국가장치의 일면적 입장에 대항한다는 것이 타당하였던 시대에는 의의있고 진보적이었다. 귀족도 부르주아지도 법률 앞에는 평등하게 되었다. 인간의 법적 취급에서는 어떠한 차별도 없게 되었다. 형식적 합법성의 원리 아래에서 부르주아지는 자신의 실력을 강고하게 하였다. 이 원리는 부르주아지가 대두하는 시대에는 귀족계급의 특권에 대한 투쟁의 수단으로서 봉사하였다. 그런데 부르주아지가 스스로 지배계급이 된 때에, 이 원리는 **자신의** 지배를 견지하기 위한 투쟁의 기초가 되고, 그럼으로써 억압된 계급의 해방의 노력에 대한 투쟁의 수단이 된 것이다.

형식적 합법성의 원리가 억압된 계급에 대해서 무엇을 의미하는가, 그것을 부르주아 이론가는 원래 설명하지 아니한다. 왜냐하면 그들은 그것을 모르기 때문이다. 그것은 아나톨 프랑스(Anatole France)*의 짧은 장면에서 비할 데 없이 묘사되고 있다. 거지가 다리 밑에서 한 밤을 지냈다고 하여 소송을 한다. 그는 법관에게 향하여 필사적으로 절규한다. 이러한 법률들은 언제나 가난한 자에게만 향하고 있는가 라고. 법관은 놀라서 이해하지 못하고 거지를 바라 보면서 대답한다. 즉 「법률은 그 장엄한 정의에서 부자나 가난한 자에게 마찬가지로 거리에서 구걸하거나 다리 밑에서 잠자거나 빵을 훔치는 것을 금지한다」라고.

한때 정치적 의미를 가지고 있던 것 ─ 형식적 평등의 관철 ─은 정치적으로 무의미하게 되고, 동시에 불합리하고 비인간적으로 된다. 그러나 바로 이 무의미함이야말로 형식적 합법성의 본래의 의미이다. 사법이 그 기능을 충분히 발휘하기 위해서는 그것은 맹목적인 기계가 되어야만 한다. 그러므로 부르주아 법학에 있어서의 건전하고 정치적인 모든 감정을 억제하고, 법률가의 조문 로보트에로의 변화가 생기는 것이며, 거기에는 그 이상으로 그 「예증」(例症)이 던져지며, 다음에는 「처방전」이 발견된다. 부르주아 사법은 저울가지고 눈을 가린 여신으로 상징된다. 여신은 살아있는 현실의 차이는 보지 못하며 생활에 대해서 맹목적이다. 그녀에게 가치가 있는 것은 오직 하나, 즉 추상적인 법률만이다. 이 맹목의 여신은 공평의 심벌, 「객관성」의 심벌, 모든 인간적·정치적 감정이 없는 것의 심벌이 된다.

「비정치적인」 법관, 이것이 부르주아적 법치국가이념과 그 추상적 합법성 개념의 혼이며, 「비정치적」 법관이란 눈을 법전에서 구체적인 「사례」에, 그가 결정을 내려야만 하는 행위에로 향하며, 나아가 다시 행위로부터 법전에로 되돌아가는 법관이다. 성문 법률, 국가의 법률명령(Gesetzesbefehl)은 법 그 자체로 간주된다. 재판이란 매끄럽고 논리적으로 이론의 여지가 없는 법률의 적용으로 이해된다. 그러면 추상적 법률이란 무엇인가? 그것은 법과 동일한 것인가?

독일 법학의 거장 구스타프 라드브루흐(Gustav Radbruch)* ─ 수 십 년 간에 걸쳐

법치국가이념과 엄격한 합법성의 주창자 —— 는 히틀러의 제국이 붕괴된 후에 다음과 같이 썼다. 즉

「국가사회주의는 두 가지의 원칙을 사용하여 복종자를 자기에게 붙들어 매어두는 것, 즉 한편으로는 병사를, 다른 한편으로는 법률가를 알고 있었다. 즉 명령은 명령이며 법률은 법률이라는 원칙이다」.

독일의 가장 유능한 법률가는 여기서 형식적 합법성 원칙의 중대한 역할의 인식에로 도달하였다. 법의 법률개념에 대한 엄격한 결합, 국가권력의 법률명령에 대한 사법의 엄격한 결합은 라드브루흐의 확인에 의하면, 독일의 법관을 무력화하고 그들은 완전히 히틀러 독재의 지배 아래 두었다. 그러나 그것은 비정치적 법관의, 순수하게 「객관적」이며 「비정치적」인 사법의 귀결이었다. 형식적 합법성의 「객관성」은 히틀러 사법의 야수성과 같이 그처럼 가공할 형태를 취한 때에 처음으로, 이 「객관성」과 「합법성」의 본질이 이 부르주아 학자에게 명백하게 되었다.

독일의 법학과 독일의 법관이 법의 **정치적 기능**을 결코 보지 못한 것은 그들에게 숙명이 되었다. 「비정치적」으로 맹목이며 사려를 결여하여 형식적 합법성과 법치국가라는 문구에 굴종하면서 그들은 정치의 맹목적인 도구가 되었다. 사법이 가공할 나락으로 전락하고 범죄적 국가권력의 온순한 도구가 될 수 있었던 것은 자기 자신의 맹목성에 의해서만 가능하였다.

우리들이 사법의 여신으로부터 눈가리개를 빼앗고 사법의 시력을 회복할 때는 왔다. 사법과 법은 오늘날 다시 의미있는 것이 되어야 하고, 사회 전체에 있어서의 존재자격을 획득해야 한다면, 법률형식주의를 불식하고 사회생활의 리얼한 사실의 인식이나 역사의 발전법칙에 관한 눈을 자유롭게 하지 않으면 안 된다. 그들은 그때에 사회 전체에서의 그들의 기능이 **정치적**인 것이라는 것을 인식할 것이며, 여기에서 그들은 결정을 내려야 한다. 즉 진보에 대한 찬성이냐 아니면 반대인가를.

자유주의자의 「법치국가」는 무의미한 법률형식주의에의 후퇴를 의미하는 것이며, 그것은 정치적으로는 반동적이다. 우리들의 시대의 모든 정치적 · 경제적 및 사회적인 성과를 포괄하는 법, 그리고 그 성과를 옹호하고 발전시키는 사법만이 오늘날 존재할 자격을 가지는 것이다.

본 기본법에 있어서 사회적 법치국가의 개념*

크리스티안 -프리드리히 멩거

I.

1945년의 붕괴 이후 3년 되는 해에 독일 사람들은 「철의 장막」 이쪽에서 새로운 국가형태를 건설하려고 착수하였을 때에, 그들은 다시 소생하는 공동체를 「**사회적 법치국가**」(sozialer Rechtsstaat)라고 불렀다.[1] 그러한 언명은 이전의 독일 헌법에게는 생소한 것이었다. 1871년의 독일 제국헌법도 법치국가에 대한 명백한 신앙고백을 내포하지 않았으며, 1919년의 바이마르 공화국 헌법도 이를 내포하지 않았다. 그리고 새로운 독일의 각 주헌법들에서도 그것은 가끔 발견될 뿐이다.[2] 카를로 슈미트(Carlo Schmid)* 의원에 의해서 제안된 「사회적 법치국가」[3]라는 정식은 무엇보다도 **정치적인** 고려에서

---

* Christian-Friedrich Menger, Der Begriff des sozialen Rechtsstaates im Bonner Grundgesetz, J. C. B. Mohr, Tübingen 1953, S. 3-31 (Recht und Staat im Geschichte und Gegenwart, Heft 173).

1) 1949년 5월 23일의 독일연방공화국 기본법(BGBl. S. 1) 제20조와 관련한 제28조 1항 1문 — 기본법(GG) 제28조 1항 1문은 또다시 포괄적인 방법으로 연방공화국의 국가형태와 정부를 규정하며, 이것은 기본법 제20조에 확정되었다는 것을 적절하게 강조한 것은 예컨대, Wilhelm Grewe, Das Grundgesetz, die verfassungsrechtlichen Grundlagen, DRZ 1949, S. 313 ff. (315); Theodor Maunz, Deutsches Staatsrecht (2. Aufl. 1952), S. 127 f. 그리고 Ulrich Scheuner, Grundfragen des modernen Staates, Recht-Staat-Wirtschaft III (1951), S. 126 ff. (154).

2) 연방공화국의 구성국가들 중에서 기본법의 정식을 수용한 것은 1952년 6월 6일의 자유 한자도시 함부르크 헌법(HamburgGVBl. I S. 117) 제3조 1항과 1951년 4월 13일의 니더작센 잠정헌법 제1조 1항이다 (NdsGVBl. S. 103). 1946년 12월 2일의 바이에른 자유주 헌법 (BayGVBl. S. 333)은 제3조 1항에서 이 주를 「법치국가, 문화국가 및 사회국가」(Rechts-, Kultur-und Sozialstaat)라고 부른다. 바덴 주 헌법 (1947년 5월 22일 — BadRegBl. S. 129 — 제50조 1항), 라인란트-팔츠 주 헌법 (1947년 5월 18일 — RhPfVOBl. S. 209 — 제74조 1항), 그리고 뷔르템베르크-바덴 주 헌법 (1946년 11월 28일 - WüBadRegBl. S. 277- 제43조 1문)은 「민주적 및 사회적」 국가를 언급하고 있다.

3) 여기서 우리는 당시의 국회의원 헤르만 폰 망골트(Hermann von Mangoldt)의 구두에 의한 정보에 언급한다. — 헤렌힘제 초안은 오늘날의 기본법 제20조에 상당하는 규정을 알지 못했으며, 오늘날의 기본법 제28조에 비견할 수 있는 그 제29조는 그러한 종류의 정식화를 아직 내포하지 않았다. Werner Matz, in: Entstehungsgeschichte der Artikel des Grundgesetzes, JböffR. NF 1 (1951), S. 195,

나온 것이 틀림 없다. 연방공화국을 법의 토대 위에 확고하게 정착시키려는 것은, 실로 아주 최근의 국가사회주의 시대에 독일 인민의 이름으로(Im Namen des deutschen Volkes) 감행되었던 각종의 불법에 직면하여 요구된 것이었다.[4] 다른 한편, 소련 점령지구 에서의 권력결합적인 이른바「인민민주주의」(Volksdemokratie)에로의 발전은, 자의와 불법에 대한 보장을 위해서 필요한 권력의 분리와 재판하는「제3의 권력」의 독립을 명백하게 확립하고 헌법적 효력을 부여하는 것이 권장할 만하게 보여졌다. 법치국가성에 로의 명백한 신앙고백은 또한 자신의 과거에 대해서, 그리고 동쪽의 현재에 대한 이와 같은 이중적인 전선(戰線)의 형성으로부터 정치적으로 설명하지 않으면 안 된다.

그러나 헌법의 부분으로서 독일연방공화국은 사회적 법치국가라는 언명은 하나의 법규(Rechtssatz)이며, 그 명확한 해석은 학문과 재판의 과제인 것이다.[5]

본 기본법의 발효 이래 짧은 시간 안에 헌법규정들 중 그처럼 모순되는 해석들이 나타난 일은 거의 없다. 이 때에 빌헬름 그레베(Wilhelm Grewe)*가 정식화했듯이,[6] 정말「실체 없는 공백개념」만이 중요하다면, 그 개념은 의심스러운 것인지, 그 개념은 「실제로 의미있는 법적 효과를 발생」할 수 있는 것인가? 거기에서 최소한 **법치국가의 개념** 자체는 명확한 윤곽을 나타내고 있는가?

본 기본법에 관한 문헌들을 개관하는 경우에, 여하튼 두 번째의 질문을 긍정할 수 있는 것같이 생각된다. 거기에서 자주 발견되는 대표적인 견해로는, 의회위원회 (Parlamentarischer Rat)는 역사적으로 전래된 법치국가라는 관념을 —— 이는 19세기의 관념 중에서 특징적인 것인데,[7] —— 고수하였다는 것이며, 또한 의회위원회는 단지 약간의 사람들이 강조하듯이,[8] 사람들이 바로「재판국가」(Rechtsprechungsstaat) 또는는

245, 250-253 참조. 개념 자체는 무엇보다도 더 오래되었으며, 예컨대 이미 Hermann Heller, Rechtsstaat oder Diktatur (1930), S. 9 u. 26 (본서 177-190면)에서 발견된다. 트리펠은 이미 1931년에 헬러에 대해서 비판적으로 반대하였다. Heinrich Triepel, in: Veröff. Verein. Dt. Staatsrechtsl. 7 (1932), S. 197.

4) 그리하여 명백하게는 Hermann von Mangoldt, Das Bonner Grundgesetz (1949 ff.), S. 139 (zu 6).

5) 마찬가지로 Wilhelm Grewe, Der Begriff des "sozialen Staats" in der deutschen Verfassungs-entwicklung, Der Arbeitgeber 1950/51 (Heft 24/1950=1/1951) S. 39 ff. (42).

6) Wilhelm Grewe, Das bundesstaatliche System des Grundgesetzes, DRZ 1949 S. 349 ff. (351).

7) 그리하여 Ernst Friesenhahn, Die politischen Grundlagen des Bonner Grundgesetzes, Recht-Staat-Wirtschaft II (1950), S. 164 ff. (175); ders., Die rechtsstaatlichen Grundlagen des Verwaltungsrechts, ebenda S. 239 ff. (241); Friedrich Giese, Grundgesetz für die Bundesrepublik Deutschland (2. Aufl. 1951), S. 56; Wilhelm Grewe, Die Bundesrepublik als Rechtsstaat, DRZ 1949, S. 392 ff. (293); Friedrich Klein, Bonner Grundgesetz und Rechtsstaat, ZgesStW 106 (1950), S. 390 ff. (404); Maunz, Staatsrecht S. 53; Hans Nawiasky, Die Grundgedanken des Grundgesetzes für die Bundesrepublik Deutschland (1950), S. 66 ff.; Kurt Georg Wernicke im Bonner Kommentar (1950 ff.) Art 20 zu 3.

8) 그리하여 특히 Grewe, Rechtsstaat, DRZ 1949, S. 393; Hans Peter Ipsen, Über das Grundgesetz (1950) S. 14; Klein, Grundgesetz, ZgesStW 106 S. 407 f.; Werner Weber, Weimarer Verfassung und Bonner Grundgesetz, in: Spannungen und Kräfte im westdeutschen Verfassungssystem (1951) S. 35 ff. (zu VIII).

「권리구제국가」(Rechtsweg-Staat)라고 부를 수 있는, 그러한 종류의 재판하는 「제3의 권력」의 통제기능을 강화시켰다는 것이다.9) 그러나 개별적으로 검토한다면, 어떤 본질적인 요소들에서 여러 저자들은 「전래의」 법치국가개념의 실현을 보는가는 실로 상당한 견해의 차이가 발견된다. 그러나 사회주의 국가마저도 자신의 국가를 「국가사회주의 법치국가」(nationalsozialistischer Rechtsstaat)라고 칭할 수 있었던 것을 상기한다면, 이것은 그리 놀랄 일은 아니다. 사실 법치국가의 개념은 매우 다의적인 것이다.10)

국가사회주의 「불법국가」11)를 건설하기 전의 마지막 독일 국법학자 대회에서 무엇보다도 독일 국법학의 대가 중의 한 사람인 하인리히 트리펠(Heinrich Triepel)*은 (통일적인) 법치국가개념의 모든 분열에 대해서 예리한 말로써 반대하였다. 당시 그는 다음과 같이 상술하였다. 즉 「만약 사람들이 법치국가라는 완전히 초시대적인 가치를 보통 행해지는 ‘자유주의적’이라는 표어로써 혼동하고, 그럼으로써 법치국가를 축소하려고 한다면, 또한 동일한 의도 아래 법치국가를 자신의 ‘안전’을 도모하는 부르주아지의 법치국가 정도를 의미할 뿐이라는 ‘시민적’ 법치국가로서 묘사한다면, 또한 이에 대한 대립물로서 ‘사회적’ 법치국가를 이론적으로 구성하려고 한다면, ── 이러한 모든 시도는 우리들 법률가들이 피해야 할 과오인 것이다. 왜냐하면 여기서는 영원한 가치가 세속적인 하찮은 것 속에 묻혀버리기 때문이다」.12)

이것은 ── 바로 이와 같은 말에서 ── 매우 존경할 만한 이의이다. 그렇지만 트리펠의 상술은 그가 무법의 위협적인 시대에 대한 그의 불안 속에서 「법치국가」를 윤리적 국가론의 한 개념으로서 파악하려고 하였던 것을 보여주고 있다.13) 트리펠이 염두에 두었던 것은 법치국가의 사상이 일반 국가학에서 발견한 여러 가지의 특징들이 아니라, 법질서의 실현만이 국가권력의 행사를 정당화 한다는 아우구스티누스에 거슬러 올라가는 인식의 방어인 것이다.

---

9) Hermann Jahrreiss, Demokratischer Rechts-Staat und Rechtsprechung, Recht-Staat-Wirtschaft II S. 203 ff. (213).

10) 그리하여 또한 Hans Peters, Rechtsstaat und Rechtssicherheit, Recht-Staat-Wirtschaft III S. 66 ff. (66). 나아가 Carl Schmitt, Verfassungslehre (1928) S. 129 f. (김기범역, 『헌법이론』, 151면 이하) 참조. Erwin Ruck, Schweizerisches Verwaltungsrecht I (3. Aufl. 1951), S. 192; Luis Legaz y Lacambra, El estado de derecho, Revista de Administración pública, No. 6 (1951), S. 13-34. ── 법과 국가를 동일시하는 켈젠적 관점에서는 결국 법치국가의 개념은 일반적으로 그 의미를 상실한다. Hans Kelsen, Der soziologische und der juristische Staatsbegriff (2. Aufl. 1928), S. 184-191 참조.

11) 국가사회주의 정권에 대한 「불법국가」(Unrechtsstaat)라는 적절한 묘사는 브라운슈바이크 주 재판소에서 오토 에리히 레머(Otto Erich Remer)에 대한 판결이유 속에서 사용하고 있다. "Die Gegenwart" vom 1. April 1952 (7. Jg. Nr. 152 S. 194 f.)의 보고 참조.

12) 1931년 10월 28일과 29일 할레에서 개최된 국법학자협회 제7차 대회의 토론에서의 하인리히 트리펠, Veröff. Verein. Dt. Staatsrechtl. 7. S. 197.

13) 말하자면 동일한 윤리적 법치국가개념을 사용하는 것은, Peters, Rechtsstaat und Rechtssicherheit, Recht-Staat-Wirtschaft III S. 67. 그리고 Richard Lange, Der Rechtsstaat als Zentralbegriff der neuesten Strafrechtsentwicklung (1952) S. 62는 동일한 의미에서 법치국가에서는 「항상 이념이며 결코 개념만이 중요한 것은 아니다」라고 서술하고 있다.

II.

그렇지만 법에 봉사하는 국가의 이상은 여러 가지의 시기에 다양한 형태로 추구되었다. 우리는 여기서 **법치국가론의 발전**을 단지 개략적으로만 묘사할 수 있을 뿐이며, 또 법치국가의 주요 형태를 정치적 기초개념의 특징으로서, 「시대양식」의 특징으로서 그때 그때 제시하는 데에 국한하려고 한다.14)

법적으로 구속된 국가라는 사상은 본질적으로 「법치국가」라는 표현보다도 더 오래된 것이다.15) 그 시초는 케플러(Kepler)와 갈릴레이(Galilei) 이래의 자연과학적 인식에서 비롯된다. 즉 근대의 인간은 인격적인 신의 의사에 복종하는 것이 아니라 모든 의사와 모든 자의(恣意)보다 우월하고 예측가능한 (자연) 법칙에 복종하고 있다는 것을 점차 더욱 느끼게 되었다는 것이다.16) 이러한 관념에 의해서 결정적으로 영향을 미치고 발전된 것은 ― 니콜라스 쿠자누스(Nicolaus Cusanus)*에 의해서 최초로 정식화 된 ― 윤리적·정치적인 격률이다. 즉 인간은 더 이상 인간에 복종하지 않고 단지 법률에만 복종하여야 할 때에 비로소 자유롭다는 것이다.17) 이러한 법칙은 인간에게 자연법으로서 표현될 수 있으며, 이 자연법은 단지 발견될 수 있을 뿐이다. 그러나 자연법은 이미 신에 의해서 설정된 것으로 생각되지는 않으며 인간공동체의 본질 속에 기초를 두고 있는 법으로 생각하는 것이다. 아주 최근에 지배적이었던 세속화의 과정은 이성법적으로 인도하는 것이다.

이와 같은 이념사적인 발전과 병행하여 사회적·정치적인 발전이 진행한다. 일진월보하는 문화는 분업의 증대를 촉진하고 있다. 개별적인 인간과 장소적으로 분리된 인간 집단들은 나날이 더욱 상호의존하게 되며, 그러므로 보다 큰 계획성과 사회적 및 특히 경제적 관계의 예측가능성을 필요로 하게 된다. 말의 가장 넓은 의미에서의 교역의 안전에 대한 요청이 야기되는 것이다. 그리고 이러한 교역의 안전은 국가내적 생활의

---

14) 법적 발전을 위한 「시대양식」(Zeitstil)의 의미를 위해서는, Heinrich Triepel, Vom Stil des Rechts (1947) S. 67 ff., insbes. S. 79 f. 그리고 Alfred Müller-Armack, Zur Metaphysik der Kulturstile, ZgesStW 105 (1948) S. 29-48 참조.

15) Robert von Mohl (Encyklopädie der Staatswissenschaften, I, 1859, S. 324 f.); Otto von Gierke (Das deutsche Genossenschaftsrecht, IV, 1913, S. 276-331) 등을 인증으로 내세워 날짜를 기입하는 Kurt Ballerstedt, Rechtsstaat und Wirtschaftslenkung, AöR 74 (1948) S. 129 ff. (132)는, 법치국가의 이념은 게르만 시대에까지 거슬러 올라간다. 우리는 이것을 허용할 수 없는 것으로 여긴다. 고대와 중세의 「국가」는 근세의 근대국가와는 기본적으로 상이하기 때문에, 오늘날의 국가학의 개념들을 근세 초기에 전용하는 것은 반드시 오류로 인도하는 것이다. 이에 관하여 Ernst Kern, Moderner Staat und Staatsbegriff (1949), pass. 참조.

16) 이에 관하여, 그리고 결과에 관하여는 Heller, Rechtsstaat oder Diktatur? S. 4-8 (본서 178-180면) 참조.

17) 볼테르(Voltaire)에 의한 거의 동문의 정식화를 Lange, Rechtsstaat, S. 66가 인용하고 있다.

항상 포괄적인 규범화에 의해서 달성되는 것이다.

18세기 말에 이러한 과정을 추적함에 있어서 신민 상호 간의 관계는 영주들에 의해서 공적으로 발포되었고, 그의 법원에 의해서 「전문적인 예측가능성」[18]을 가지고 적용된 법률에 의해서 규율되었다. 그러나 나날이 강력해지는 시민층의 요구는 더욱 확대된다. 장래에는 국가활동 그 자체도 법률의 양면적 구속력에 복종해야 하며, 더구나 재판뿐만 아니라 특히 행정도 이에 복종하여야 하는 것이다. 경찰국가 시대의 「인용적이며 유동적인」것 대신에 이제는 법률의 유보, 즉 자유와 재산권의 침해는 오직 법률의 근거에 의해서만 허용되어야 한다는 격률이 나타난다.

그러나 이와 같은 국가와 시민 간의 법적으로 규율된 관계의 체계는 권력의 분립과 균형이론에 의해서 보완되고, 또 어떤 의미에서는 더욱 발전되었다. 이와 같은 볼링브로크 (Bolingbroke),* 로크(Locke), 그리고 몽테스키외(Montesquieu)에 거슬러 올라가는 요구의 등장으로 인하여 예측가능성과 법적 안정성의 원리는 국가조직 그 자체 내에 도입되게 되었다.[19]

이와 같이 이해된 국가는 임마누엘 칸트(Immanuel Kant)의 철학체계에서 그 최초의 포괄적인 정식화를 발견하였다.[20] 칸트는 한 국가의 다른 국가에 대한 관계와 그 국가의 그 시민에 대한 관계를 구별한다. 대외정책에서 그는 오직 무법과 자의만을 발견한다.[21] 그러나 국가내적으로 법과 자유는 그의 국가개념의 기둥이 되고 있다. 국가공동체는 바로 정당한 것을 지향하는 국가시민의 **욕구**(Bedürfnis)에서 도출된다. 칸트는 국가를 「법적인 법률(Rechtsgesetz) 아래 다수 인간의 결합」으로 정의하며,[22] 또한 그는 국가에 있어서의 법적 요소는 권력요소로부터 명백히 구별하는데, 물론 그는 국가생활에서의 권력요소의 의미를 부인하지 않는다. 그러나 그는 적어도 국내적으로는 단순한 힘에 대한 법의 우위를 보장하기 위해서, 권력분립론에 대해서 그의 국가체계에 우월적인 지위를 부여하고 있다.

법에 기초를 둔 국가사상은 칸트에 비견할 수 있는 **정치적** 현실화를 빌헬름 폰 훔볼트

18) Otto Mayer, zit. nach Heller, a. a. O., S. 6 (본서 178면). 또한 Gisbert Uber, Freiheit des Berufs, Artikel 12 des Grundgesetzes (1952), S. 36 f. 참조.

19) 또한 Peters, Rechtsstaat und Rechtssicherheit, Recht-Staat-Wirtschaft III S. 66은, 법치국가에 있어서 우선 첫째로 법적 안정성을 달성하기 위한 하나의 수단을 인정하고 있다.

20) Immanuel Kant, Metaphysik der Sitten (2. Aufl. herausg. von Karl Vorländer, 1907) S. 133 ff. (백종현 옮김, 『윤리형이상학』, 2012). - 이에 대해서는 또한 Friedrich Darmstaedter, Die Grenzen der Wirksamkeit des Rechtsstaats (1930) S. 1-5, 9-15; Erich Kaufmann, Die anthropologischen Grundlagen der Staatstheorien. Bemerkungen zu Rousseau, Luther und Kant (Rechtsprobleme in Staat und Kirche, Festschrift für Rudolf Smend, 1952) S. 177 ff. (182-188); Kelsen, Staatsbegriff, S. 140-143 참조.

21) Kant, a. a. O. S. 173.

22) Kant, a. a. O. S. 135. — 동일한 국가개념은 Julius Ebbinghaus, Sozialismus der Wohlfahrt und Sozialismus des Rechts, SJZ 1947 Sp. 137-150에서 나오며, 에빙하우스는 (Sp. 139)에서 상세히 설명한다. 즉 「... 자신의 자의에 따라서만 이를 취급하는, 하나의 의사 아래 복종하는 존재는, 내가 결코 어떤 법률적인 상태, 즉 국가 속에 살고 있지 않다는 바로 이것 이외에 아무것도 아니라는 것을 의미한다」.

(Wilhelm von Humboldt)의 유명한 청년시대의 저작인『국가작용의 한계를 규정하는 시도에 대한 이념』(Ideen zu einem Versuch, die Grenzen der Wirksamkeit des Staates zu bestimmen)23)*에서 발견된다. 훔볼트의 정치사상은, 인간의 인격의 자유는 국가의 불법적인 침해로부터 보호해야 한다는 것이 중심 관념이 되고 있다.24) 그는 이와 같은 입장에서 국가는 신민의 행복을 적극적인 조치를 통하여 촉진하여야 한다는 당시까지 지배적인 견해와 투쟁하는 것이다.25) 훔볼트에 있어서 국가의 과제는 단지 개인들로부터 (소극적인) 위험을 방어하는 것이다. 따라서 국가와 개인의 영역들은 법률상 서로 명백히 구별되어야 하며, 또한 국가는 훔볼트가 ── 특별히 ──「적법적인 자유의 확실성」이라고 정의하는,26) 개인의 안전을 보장하는 데에 그 활동을 한정하여야 한다.

우리들은 법적으로 구속된 국가의 최초의 법학적인 분석을 튀빙겐의 법학자 로베르트 폰 몰(Robert von Mohl)에게서 발견한다.27) 그에 의해서 그 후 일반적으로 사용된「법치국가」라는 표현은 학문에 도입되었다.28) 몰에 있어서 법치국가는 기술적(記述的)인 일반 국가학의 한 범주이다. 그는 법치국가를 ── 다섯 번째로서 ── 그가 역사와 현실 속에 존재한다고 생각하는 다른 국가 종류들, 즉 가부장적 국가, 가산적(家産的) 국가, 신정제 그리고 전제제 국가와 함께 열거하고 있다.29) 몰도 법치국가를 무엇보다도 먼저 각각의 합리적이며 이지적인 국가로 이해하기 때문에, 그에게는 현대의, 행정의 적법성을 보증하는 입헌국가야말로 법치국가의 가장 훌륭하고 확실한 형태라고 생각한다.30)

이와 같은 학설 모두에 공통되는 것은, 그 법치국가개념이 국가와 시민 간의 관계의 **내용**에 대해서 그 무엇을 말하고 있다는 점이다.31) 개인과 그의 권리영역과 자유영역의 우월에서 나오는 고찰방법에 대해서는 이때에 국가의 **목적**, 더욱 정확하게는 국가목적의

---

23) 인용은 Hubert Tigges besorgten Neudruck, Düsseldorf 1947. 이에 관하여는 Darmstaedter, Grenzen S. 17-23 참조. 오늘날에도 여전히 훔볼트의『현대적인 현실성』에 관하여는 Robert Haerdter, Der Mensch und der Staat (W. v. Humboldt), Die Gegenwart 1947 Nr. 13/14 S. 23-26.

24) Siegfried Kähler, Wilhelm von Humboldt und der Staat (Klassiker der Politik, herausg. von Friedrich Meinecke und Hermann Oncken, Bd. 6, 1922) Einl. S. 21 ff. 그리고 Traugott Konstantin Oesterreich, Die deutsche Philosophie des XIX. Jahrhundert und der Gegenwart (IV. Teil von Friedrich Ueberwegs Grundriß der Geschichte der Philosophie), 13. Aufl. (1951) S. 67 참조.

25) 아주 명백하게는 이미 1791년에 훔볼트의 처녀작 Ideen über Staatsverfassung인데, 이는 프랑스 새 헌법에 의해서 야기된 것이다(Klassiker der Politik Bd. 6, S. 1 ff., 8).

26) Humboldt, Ideen, S. 97 f. ── 완전히 일치된 것은 이미 Montesquieu, De l'esprit des lois (인용은 dt. Übersetzung, eingel. u. herausg. von Ernst Forsthoff, I. Bd., 1951, Buch XI Kap. 6 S. 215), 즉「시민의 정치적 자유는 각자가 자신의 안전에 대해서 가지는 신뢰에서 생겨나는 정신의 안정이다」.

27) Robert von Mohl, Geschichte und Literatur der Staatswissenschaften I. Bd. (1855), S. 227 ff. 다음에는 또한 Klein, Grundgesetz, ZgesStW 106 S. 392 참조.

28) Robert von Mohl, Das Staatsrecht des Königreichs Württemberg I. Bd. (1829), S. 8, zit. nach Richard Thoma, Rechtsstaatsidee und Verwaltungsrechtswissenschaft, JböffR IV (1910) S. 196-218 (197).

29) Thoma, Rechtsstaatsidee, JböffR IV S. 197 f.와 Klein, Grundgesetz, ZgesStW 106, S. 392 참조.

30) Robert von Mohl, Enzyklopädie der Staatswissenschaften (2. Aufl. 1872) S. 324 ff.

31) 이에 관하여는 또한 (실질적) 법치국가를 아름답게 서술하는 Eduard Lasker, Polizeigewalt und Rechtsschutz in Preußen, Deutsche Jahrbücher für Politik und Literatur 1 (1861) S. 44 참조.

제한이 판단의 중심점을 이루고 있다. 국가의 법창조 독점과 권력독점은 국가시민이 공적으로 권력에 복종하는 것의 영역만을 포괄하여야 하며, 이와 반대로 개별적인 인간의 사적인 자기책임의 영역을 포괄해서는 안 된다.[32] 그러므로 국가목적을 실현하는 **형식**들은 일정한 강제성을 가지고 전체개념으로부터 명백해 진다. 따라서 그 형식들은 제2차적으로만 흥미 있는 것이다.

국가활동의 목적과 내용으로 인하여 법치국가로서 특징지워진 국가형태를 우리는 자유주의적 특성과 실질적 법치국가(materieller Rechtsstaat)라고 부를 수 있다.[33] 이러한 실질적 법치국가는 전능하며 경찰국가적으로 조직된 복지국가에 의한 간섭으로부터 개인을 해방시키고, 국가의 활동을 자기 고유의 한계 내로 한정하는 여전히 생생한 체험인 시대의 소산이다.[34]

그러나 19세기 초기의 자유주의에 대해서는 「신성동맹」시대에 「기독교적 보수적인」 국가철학에서 하나의 강력한 반대운동이 일어나고 있다. 특히 프랑스에서 국가는 「자유방임주의」의 격률에 따라서 통치하는 반면에, 오스트리아와 프로이센에서는 이른바 「야경국가」에 대해서는 냉소적인 말로써 대하고, 강력하고 활력 있는 국가제도를 요구하는 것이다. 이러한 사람들이 법치국가로서의 성격이라는 요청을 포기했던 것은 아니다. 그러나 거기에서 법치국가는 목적과 내용에 따른 국가활동의 특징을 의미하는 것이 아니라 그 **목적과 내용의 실현**이 법적으로 규정되고 보장된 **형식**만을 의미할 뿐이다.

이와 같이 보다 좁은, 이른바 **형식적 법치국가 개념**(formaler Rechtsstaatsbegriff)은 사람들이 보통 —— 비록 완전히 적절하지는 않지만 —— 시민적 자유주의적 법치국가라고 부르는데, 이는 프로이센의 법철학자이며 정치가인 프리드리히 율리우스 슈탈(Friedrich Julius Stahl)에게서 비롯한다고 생각된다. 「국가」는 —— 우리는 그의 법과 국가론에서 그렇게 읽는다 ——「법치국가이어야 한다. 이것이야말로 표어이며 실로 새로운 시대의 발전의 원동력이기도 하다. 국가는 당연히 그의 시민의 자유로운 영역과 마찬가지로 그의 활동의 궤도와 한계를 법적으로 정확하게 규정하고 불가침하게 보장하여야 한다」.[35] 슈탈은 형식적 법치국가 개념을 나중에 실현한 것처럼 아직 극단적인 형식으로 나타내지는 않고 있다. 슈탈은 후에 관철된 극단적 형식에서 형식적 법치국가 개념을 대표한 것은 아니었다. 그는 법치국가에 법질서의 윤리적 이성을 실현하는 과제를 부여하고, 헤겔과 비슷한 국가에 어떤 윤리적 내용을 부여하였다.[36] 그러나 그는 특수한 법치국

---

32) Ballerstedt, Rechtsstaat, AöR 75 S. 129 ff. (136)는 이렇게 말한다.

33) Peters, Rechtsstaat und Rechtssicherheit, Recht-Staat-Wirtschaft III S. 66은 이 경우에 「법치국가의 정치적 개념」에 관하여 언급한다.

34) 그러나 완전히 적절하지 못한 것은 토마가 Rechtsstaatsidee, JböffR IV S. 198에서 「법치국가이념의 핵심은 몰(Mohl)에 있어서 경찰국가의 침해에 대한 정신적 반동이 그를 덮어 씌운 껍질에 여전히 그대로 덮여있는 것이다」라고 상술하는 경우이다. 역사적인 경과는 과연 정당하게 보았지만, 그러나 19세기의 최초의 전반은 다른, 바로 실질적인 법치국가개념을 가지고 있었다는 사실을 잘못보고 있었다는 것이다.

35) Friedrich Julius Stahl, Rechts-und Staatslehre, II. Bd. (3. Aufl. 1856) S. 137 [이 논문에서 이탤릭체로 강조한 것은 필자에 의한 것임]

36) Stahl, a. a. O. S. 137. —— 슈탈의 이론에 관하여 일반적인 것은 Peter Drucker, Friedrich Julius

가적인 것을 형식 속에서 발견하였다. 그리고 「법치국가 개념에서 사실적 요소의 애매하고
불명확한 수용은 ― 리하르트 토마(Richard Thoma)가 표현하듯이,37) ― 그 다음 시기에
서는 거의 관찰되지 않았다.38)

경찰국가적 시대가 생동적인 의식 속에서 사라질수록, 강한 국가라는 기독교적-보수적
구상은 후기 자유주의의 견해와 더 약하게 결합하였다. 일반의사(volonté générale)의
대표자, 국민대표에게 그 과제가 위임되었기 때문에 자유주의적 시민층은 입법자의
전권을 신뢰하였다.39) 헌법의 형식에만 충분함이 발생한다면 법규는 구속력 있는 **모든**
내용을 가질 수 있었다.40)

따라서 독일에서 형식적 법치국가 개념이 철저히 관철되어 제1차 세계대전 이후까지
학계에서 지배적으로 되었던 것이 결코 우연은 아니었다.41)42) 또 나아가 법치국가
개념 그 자체가 일반 국가학의 범주로서 금후 점점 더 소멸하고 점점 더 행정법학의
확고한 구성부분에 속하게 된 것도 결코 우연이 아니었다. 왜냐하면 행정도 이질적인
특정한 국가과제의 수행에 한정되어 있기 때문에, 행정법은 개별적인 경우에 국가의
목적과 실현을 위한 법적 **형식**을 발전시켜야 했기 때문이다.

국법학이 법치국가 개념과 함께 작용을 하는 한, 국법학은 본질적으로 행정법학의
관점과 조화를 이루고 있다. 게오르크 마이어(Georg Meyer)는 법치국가를 행정의 권한이
분명하게 한정되어 있고 법률과 일치해서만 그 권한이 행사될 수 있는 국가라고 정의하였
다.43) 또 1919년에 게르하르트 안쉬츠(Gerhard Anschütz)*는 법치국가를 신민에 대한
사법부의 관계뿐만 아니라 행정부의 관계도 법질서 속에 끌어들이는 국가라고 정의하면
서, 행정은 결코 법률적 규정에 위반해서 작용해서는 안 되며, 신민의 자유는 법률이
허용하는 경우에만 침해할 수 있다고 설명하였다.44)

Stahl (1933), passim 그리고 Oesterreich, Philosophie S. 256 f. 참조.

37) Thoma, Rechtsstaatsidee, JböffR IV S. 201 Anm. 1.

38) 이에 관하여는 Ulrich Scheuner, Grundfragen des modernen Staats, Rechts-Staat-Wirtschaft III S. 126 ff. (152) 참조.

39) 특정한 정식화는 J. C. Bluntschli, Allgemeines Staatsrecht (4. Aufl. 1868) S. 562.

40) 예컨대 Otto von Gierke, Johannes Althusius und die Entwicklung der naturrechtlichen Staatstheorien (1913) S. 316 참조. 그리고 Thoma, Rechtsstaatsidee, JböffR IV S. 201 ― Ballerstedt, Rechtsstaat, AöR 74 S. 134는 법치국가의 개념을 바로 「법창조의 원리적으로 유일한 형식으로서, 그리고 국가주권의 표명으로서의 법률의 이중화 된 의미에」 구축하고 있다. 이 문제에 대한 비판으로서는 Ruck, Schw. Verwaltungsrecht I S. 192와 Lange, Rechtsstaat S. 66 참조.

41) 그리하여 Maunz, Staatsrecht S. 53은 1952년에 여전히 「법치국가성」은 「비정치적인 형식원리」라고 기술하고 있다.

42) Friesenhahn, Grundlagen, Rechts-Staat-Wirtscaft II S. 239 ff. (242)는 이와 같은 법치국가개념의 순수하게 형식적인 성격을 논란하고 있다. 즉 기본권과 권력의 분리를 가지고 있는 자유주의적 입헌국가는 그 무언 중의 전제들에 속한다는 것이다. 그렇지만 이것은 무언 중의 전제가 시간과 함께 망각된다는 것을 배제하는 것은 아니다. Lange, Rechtsstaat S. 66 f.는 정당하게 다음을 지적한다. 즉 법치국가도 「철학의 쇠퇴로부터, 법률실증주의로부터, 각각의 임의적인 내용에 대해서 단순한 껍질을 위한 법률이 공동(空洞)하게 만든, ... 그러한 법치국가가 파악」되었어야 한다는 것이다.

43) Georg Meyer, Lehrbuch des Deutschen Staatsrechts (1878), S. 22.

오토 배어(Otto Bähr)45)와 루돌프 폰 그나이스트(Rudolf von Gneist)46) 이후로 법치국
가의 전제에는 이른바 이러한 행정의 법률적합성과 법률유보의 원칙 이외에 집행권의
행정에 대한 **사법적 통제**라는 요소가 포함하게 되었다. 오늘날에는 선제후국의 항소
참의원(Appellationsrat)인 배어와 국법학자이며 정치가인 그나이스트 간의 유명한 논쟁
은 말하자면 이러한 사법적 통제를 (일반) 법원에 위임하여야 하는지 또는 (특별) 행정재판
소에 위임하여야 하는지의 여부에 관하여 여전히 역사적 의미를 가지고 있다. 1849년의
바울교회 헌법47)은 예외적으로 독일의 입법자는, 비록 최근에는 순수한 사법국가의
변호가 결여되어 있음에도 불구하고, 두 번째의 해결안을 결정하였다.48) 우리들의 연구를
위해서는 우선 사법적 통제의 보장과 함께 형식적 법치국가 개념이라는 기준이 완결된
방법으로 획득된다는 것만이 중요하다.49) 그리고 1932년에 리하르트 토마는, 국가는
그 법질서가 공권력의 진로와 한계를 규범화하고 독립된 법원을 통하여 통제되고 그
권위가 존중되는 기준에서 법치국가라고 기술하였다.50)

우리가 최근까지 이러한 발전을 계속 추적하기 전에, 우리는 시대구속성51)에도 불구하
고, 그의 실무적 행정활동의 경험에서부터 법치국가에 관한 독자적인 관념을 전개한
한 사람의 이론에 눈길을 돌리고자 한다. 로렌츠 폰 슈타인(Lorenz von Stein)은 법치국가
의 종점을 개인적 자유가 아니라 **법적 평등**의 보장에로 이전하였다. 시민적 평등과
사회적 불평등 간의 변증법에서 그는 국가와 사회의 위임을 도출하였다. 국가는「그
모든 힘으로 그 모든 구성원의 경제적 및 사회적 발전을 장려한다. 왜냐하면 결국 한
사람의 발전은 다른 사람의 조건이자 결과이기 때문이다」.52) 슈타인은 1789년의 프랑스
혁명 이후로 헌법의「국민」이 인권의「인간」에 대립된 입헌주의적 국가의 문제점을

---

44) 게르하르트 안쉬츠가 수정한 위에 인용한 책 Georg Meyer-Gerhard Anschütz, Lehrbuch, 7. Aufl.
S. 29.

45) Otto Bähr, Rechtsstaat, eine publizistische Skizze (1864).

46) Rudolf von Gneist, Der Rechtsstaat (1872). 1899년에 발간된 제2판은 ― 특색을 나타내어 ― 제목을
Der Rechtsstaat und Verwaltungsgerichte in Deutschland라고 한다.

47) 1849년 3월 28일의 독일 제국 헌법 제182조. 즉「행정재판은 중지한다. 모든 권리침해에 대해서는
(「통상의」) 재판소가 결정한다」.

48) 특히 Ernst Friesenhahn, Justiz und Verwaltungsrechtsschutz, Justiz und Verfassung (1948) S.
130 참조.

49) 마찬가지로 명백하게 Hans Peters, Lehrbuch der Verwaltung (1949) S. 71.

50) Richard Thoma, Der Vorbehalt der Legislative und das Prinzip der Gesetzmäßigkeit von
Verwaltung und Rechtsprechung, Handbuch des Deutschen Staatsrechts, herausg. von Gerhard
Anschütz und Richard Thoma, II (1932), S. 221 ff. (233). ― 형식적 법치국가개념의 내부에서의
변형에 관해서는, 특히 토마에 의해서 빗나간 형식적 법치국가의 구축에 대해서는 (Carl Schmitt,
Verfassungslehre S. 123 ff. 또한 HdbDStR II S. 572 ff., 580), 여기서 연구할 수 없었던 것은 Uber,
Freiheit S. 39-41 참조.

51) 이러한 방법으로 적절하게 지적하는 것은 Ernst Forsthoff, Lehrbuch des Verwaltungsrechts I (2.
Aufl. 1951), S. 41.

52) Lorenz von Stein, Gegenwart und Zukunft der Rechts-und Staatswissenschaft Deutschlands
(1876) S. 215.

알고 있었다.[53] 「제4」 신분의 발생과 함께 위태로운 정치적 폭발력의 차이가 발생하였다. 그리고 정치가 슈타인은 법치국가를 「사회적 관리의 원칙」[54]과 결부시키려고 하면서 이를 극복하고자 했다.[55]

슈타인의 사고과정은 구 독일 관료의 실무적 행정활동에서 가치 있는 성과를 올렸다. 독일 행정은 이에 지향된 사회적 위임을 지각했으며, 오랜 기간 동안 모범적으로 수행하였다. 그러나 법치국가의 이념에 보다 실제적 힘을 부여하는 것을 슈타인은 할 수 없었다.

III.

독일이 그 역사에 있어서 그 신민의 복지에 대하여 책임 있는 영주를 거의 갖지 못했다는 것이 우리 민족의 비극의 가장 깊은 원인에 속한다. 다른 민족의 상응하는 경험도 없이 거의 최근까지 관료가 신이 의욕하는 것과는 달리 활동하였다는 것을 상상하지 못했다. 그래서 1933년에 인격화 된 불법이 권력을 강탈하자 독일 국민은 극단적으로 내적으로 속수무책으로 되어 저항할 수가 없었다. 헌법적으로 보장된 형식적 법치국가 제도는 그 자체로는 그럼에도 불구하고 거의 침해될 필요가 없었다.[56] 행정은 1933년 이후에도 법규적으로 구속되어 있었고, 형식적 행정행위라는 수단으로 관리되었으며, 법원은 행정관청으로부터 본질적으로 독립되어 있었다.[57] 그러나 공포에 질린 공공은 이러한 형식의 도움을 받은 국가지도가 범죄적 **목적**을 추구한다면 국가활동의 **형식**이라는 구속은 충분하지 못하다는 것을 알고 있었음에 틀림없다. 1904년에 리하르트 토마는 다음과 같은 문장에 반대하였다. 즉 「불법이 법률적으로 존재하거나 또는 존재할 수 있는 국가는 법치국가가 아니다」.[58] 토마는, 이 명제는 「지배적 견해」에 모순된다고 비난하였다.[59] 그러나 형식적으로 타당한 법률이 내용적으로 심한 불법일 수 있다고 하는 지배적 견해는 비참한 경험을 통하여 신속하고도 근본적으로 논박되었다.[60]

1949년의 헌법제정자에게는 그래서 19세기의 관념에 의해 특징지워진 전래의 법치국

53) 이에 관해서는 Haerdter, Mensch und Staat, Gegenwart 1947 Nr. 13/14 S. 23.
54) Lorenz von Stein, Die Verwaltungslehre I (1865) S. 31.
55) 슈타인의 법치국가 개념에 관하여는 Forsthoff, Verwaltungsrecht I S. 40 f. 외에, 또한 Grewe, Sozialer Staat, Arbeitgeber 1950/51 S. 39 f.
56) Hans J. Wolff, Die neue Regierungsform des Deutschen Reiches (1933) S. 6 und 10은 그 때문에 당시의 「실증주의적인, 단지 합법적인 법치국가」에 대해서 비판적으로 말하며, 또한 Ruck, Schweizerisches Verwaltungsrecht I (2. Aufl. 1930) S. 130은 같은 의미에서 「이와 같이 가엾은 법치국가개념」에 관하여 언급하고 있다.
57) 이와 같이 본질적인 징표들 속에서 Walter Jellinek, Verwaltungsrecht (3. Aufl. 1930) S. 96은 법치국가를 실현하는 것을 발견한다. 또한 Uber, Freiheit S. 36 f.도 참조.
58) H. Maurus, Der moderne Verfassungsstaat als Rechtsstaat (1878) S. 109 f.
59) Thoma, Rechtsstaatsidee, JböffR IV S. 200 Anm. 1.
60) 마찬가지로 Scheuner, Grundfragen, Recht-Staat-Wirtschaft III S. 152.

가 개념을 받아들이는 것에 결코 만족할 수 없었다. 헌법제정회의(Parlamentarischer Rat)도 과거에 대해 때때로 비난받은 관점의 적용과 함께,[61] 대부분 완전히 새로운 방법을 논의하지는 않았으며, 바이마르 공화국의 약점이 그에게는 항상 현재화되어 있었다. 그리고 국가적 공동체의 적에 대한 방어수단으로서 형식적 법치국가 이념의 부적절함이 명백하게 인식된 이러한 약점에 속했다.

사실 본 기본법의 법치국가적 보장은 형식적 법치국가 개념의 한계를 능가하며 실질적 요소를 포함하고 있다. 기본법 제20조 제3항에서 **입법**이 헌법적 질서와 결부되어 있다고 하더라도, 이것으로 초기의 지배적 견해는 법치국가에서 불법도 법률적으로 존재할 수 있다는 것을 반박한다.[62] 왜냐하면 헌법적 질서에는 특히 기본권이 속하는데,[63] 이것은 위법성에 대한 완전한 차단벽을 건설하고 기본법 제19조 제4항[64]의 형식적 주기본권에 의해 독립적인 사법권의 보호를 신뢰하기 때문이다. 독일연방공화국이 스스로 법치국가라고 한다면, 국가와 개인의 관계의 내용에 관하여 무엇인가도 언급이 되게 된다.[65] 「입법자의 전권」에는 한계, 즉 연방헌법재판소가 감시하는 한계가 설정되어 있다.

본 기본법상의 법치국가 개념은 지금까지 행정법학의 형식적인 것이 아니다. 독일연방공화국은 오히려 **실질적 법치국가**로서 조직되어 있다. 기본법 규정에 토대가 된 실질적 법치국가 개념은 물론 18, 19세기 전환기 경에 칸트, 훔볼트 그리고 몰에게서 발견되는 것과 동일시되지 않는다.[66] 그 사상가들은 법치국가를 「계몽된 절대주의」의 경찰국가와 복리국가에 대한 방어라고 주장했다. 이들은 국가의 목적을 내적 및 외적인 안정의 유지에 한정되는 것으로 보았다. 그러면서도 자본주의 초기 발전 전개에서 현대적 산업 프롤레타리아의 대량 빈곤화가 사회를 분열시키고, 한편 혁명적 항의를 발생시키고, 다른 한편 소요와 국가적 사회정책에 대한 요구를 발생시킨 후에 복지국가적 관념이

---

61) 특히 Weber, Weimarer Verfassung und Bonner Grundgesetz, Spannungen S. 7 f.

62) 입법자는 「기본권상의 가치결정들에 구속된다」라고 Albert Hensel, Grundrechte und politische Weltanschauung (1931) S. 9는 정식화하였다. 유사한 것은 Uber, Freiheit S. 43-45. 이러한 법치국가를 이제는 1951년 8월 30일의 형법개정법률의 규정에서 형법 제88조 2항 2호와 5호가 보호하고 있다. 이에 관하여는 Lange, Rechtsstaat S. 61 참조.

63) 기본법 제1조 3항 참조. 뮌스터 상급행정재판소는 —— 무엇보다도 더욱 광범하게 —— 헌법적 질서에 대한 해석을 1950년 9월 20일에 내리고 있다. Amtl. Sammlg. Bd. 3 Nr. 31 S. 85 ff. (94 f.). 적절하게도 1952년 10월 23일의 연방헌법재판소(1 BvB 1/51) 판결은 Das Urteil des BVerfG v. 23. Okt. 1952 betr. Feststellung der Verfassungswidrigkeit der Sozialistischen Reichspartei (1952)*에 수록되어 있으며, 이 책 S. 16 참조. 문헌은 많은 것 대신에 Mangoldt, Grundgesetz S. 178 f.

64) Friedrich Klein, Tragweite der Generalklausel in Art. 19 Abs. 4 des Bonner Grundgesetzes, Veröff. Verein. Dt. Staatsrechtl. 8 (1950), S. 82 ff., 91, 123; Leits. III 1, 2 참조.

65) 마찬가지로 Forsthoff, Verwaltungsrecht I S. VI와 Lange, Rechtsstaat S. 71은 본 기본법에 있어서의 법치국가의 「실질적인 내용과 요청들로 채워진 개념」에 대해서 언급하고 있다. —— 기본법 제1조, 제3조 그리고 제104조에서는 또한 Scheuner, Grundfragen, Recht-Staat-Wirtschaft III, S. 153이 「법치국가의 진정한 내용상의 기초」를 인정하고 있다.

66) 초기 자유주의로부터 이완된 실질적 법치국가개념을 이미 Darmstaedter, Grenzen S. 129가 전개하고 있다.

다시 점차 관철되었다.[67] 국가의 과제에는 오늘날 ──여하튼 양적으로── 안전과 질서의 보장이 공적인 「생존배려」(Daseinsvorsorge) 뒤로 물러났다.[68] 왜냐하면 오늘날 국가는 과거 100년 전과 같이 사회적 질서를 본질적으로 주어질 것으로 전제할 수는 없기 때문이다. 오히려 국가는 사회적 질서를 광범위하게 스스로 새로이 만들어 내야 한다. 그리고 이러한 새로운 사회적 질서는 광범위한 범위의 비참한 빈곤이라는 관점에서 붕괴된 세계의 파편에 도달하게 된다.

따라서 시대에 맞는 법치국가의 형식으로서 「**사회적 법치국가**」가 절대적으로 자각되고, 이것은 대부분 **형식적 법치국가적으로 구속되고 조직된 복리국가**라고 이해되었다.[69]

여기서는 이제 특히 예리하게 본 기본법에서 유명한 저자들의 비판을 열거한다.

「이러한 국가목적 조항의 형성에서」 ── 우리가 한스 입센(Hans Ipsen)[70]*에게서 읽을 수 있기를 ──「기본법은 두 가지 점에서 바이마르 헌법과 구별된다. 그 법치국가성에서 본 기본법은 개인의 지위와 보호를 위해 생각할 수 있는 헌법적 보장을 바이마르 헌법을 훨씬 능가하는 정도와 생각할 수 있는 최대한까지 높였다. 그 사회성, 사회헌법에 대한 고백에서는 기본법은 실현 없이 선언된 헌법원칙에 만족했으며 수많은 바이마르 기본권 조항의 다양한 법가치와 현실가치가 고려되어 있다면 그 측면에서는 바이마르 헌법에 미치지 못하고 있다」. 또 프리드리히 클라인(Friedrich Klein)[71]은 기본법 제20조와 제28조의 형식적 조항과 헌법전의 실질적 내용 간의 모순에서 「본 헌법제정회의에 의한 법치국가적인 것이 아니라 오히려 전형적으로 시민적-자유주의적 법치국가적인 것이라고 보기 때문이다」.

사실 기본법 제정자를 옹호하기 위하여 제시된 논거는 이러한 비판을 무력하게 할 수 없을 뿐만 아니라 오히려 묵시적으로 동일한 개념해석에서 출발하고 있다.[72] 어떠한

---

67) 이러한 ── 그렇게 강하고 거칠게 특징지어진 ── 발전에 대해서는 특히 Forsthoff, Verwaltungsrecht I S. VI f., 31 f. 그리고 Anton Huber, Das Privateigentum und das arbeitsfreie Einkommen im Lichte der christlichen Soziallehre, Zur sozialen Entscheidung, herausg. von Nikolaus Koch (1947) S. 102 ff. (103-106), 아울러 Theodor Steinbüchel, Karl Marx, Gestalt-Werk-Ethos, ebenda S. 5 ff. (15).

68) 이에 관하여는 또한 BVerfG vom 19. Dezember 1951, BVerfGE 1, 97=DÖV 1952 S. 215 ff. (216) 참조.

69) 예컨대 Wolfgang Abendroth, Zwiespältiges Verfassungsrecht im Deutschland, AöR 76 (1950), S. 1 ff. (8-10); Hans Peter Ipsen, in Anm. zu dem in Anm. 68 zit. Urteil des BVerfG, DÖV 1952, S. 215 ff. (217 f.); Ekhard Koch, Die Aufgabe der Justiz bei der Gesetzgebung des Rechtsstaates, MDR 1947, S. 42 f.; Weber, Weimarer Verfassung und Bonner Grundgesetz, Spannungen S. 17 Anm. 11; Werner, Das Problem der Kodifikation des Baurechts, DVBl. 1952, S. 261 ff. (262 f.) 참조. ── Ballerstedt, Rechtsstaat, AöR 74, S. 129 ff. (140 f.)는 이러한 출발점으로부터 「바이마르 헌법에서 ... 사회적 법치국가의 유형을 앞서」 찾아내는 데에 도달하고 있다.

70) Ipsen, Grundgesetz S. 10 f. 또한 ders., Enteignung und Sozialisierung, Veröff. Verein. Dt. Staatsrechtl. 10 (1952), S. 74 f., 80 und 82 ── 그에게 동조하는 Ulrich Scheuner, ebenda S. 154 참조.

71) Klein, Grundgesetz, ZgesStW 106, S. 398.

72) 특히 Mangoldt, Grundgesetz S. 134와 Wernicke im Bonner Kommentar Art. 20 II 1 d 참조. ── 완전히 색채 없는 Giese, Grundgesetz Art. 20 Anm. 4.

특징과는 관계없이 연방공화국은 복지국가로서 주장될 수 없다.

예컨대 본 기본법의 **기본권 목록**을 조사해 보면, 여기에는 국가의 침해에 대하여 개인을 보호해야 하는 모든「고전적」자유권이 발견된다. 그러나 현대의 국법학은 다른 기본권도 알고 있다. 1941년 1월 6일 미국의 대통령 루즈벨트(Roosevelt)*가 미래의 세계질서가 구축되어야 하는 그의 유명한 네 가지 자유를 공포했을 때, 그는 전래적인 의견표현의 자유와 종교의 자유 외에 물질적 궁핍으로부터의 자유와 공포로부터의 자유도 열거했다.[73] 나중에 열거한 이러한「사회적」자유는 국가적 강제로부터의 자유로운 존재를 의미하는 것이 아니며, 개인을「고립된 국민 개인이라고」[74] 말하지도 않았다. 전래적 자유는 인간을 그 사회적 관계 속에서 파악하여, 오히려 개인적 생활을 위협하는 사회적 상황으로부터 보호를 약속하며 국가에 대한 적극적 요구를 포함하고 있다.

그러한「사회적」기본권은 독일의 헌법사에서도 몰랐던 것은 아니다. 1848년의 헌법심의에서는 물론 근로의 권리, 실업부조권 및 빈민구제권의 승인을 간청하는 요구가 관철될 수 없었다.[75] 바울교회 헌법은, 그 기본권 규정에서는 입법자를 수범자(受範者)로 하는 사회적 개혁 프로그램에 한정되어 있었다. 이에 반하여 바이마르 헌법은「독일인의 기본권과 기본의무」라는 제2부에서 개인 또는 집단에 대한 국가의 적극적 복지수행의 확약을 가지는 포괄적 사회 프로그램의 기초, 사회적 생활의 형성에 대한 사회적 의존자들의 영향권과 협력권, 그리고 마지막으로 몇몇「사회화」규정을 포함하고 있다. 비록 이러한 헌법적 법규의「프로그램」이 다수 그대로 남아 있다 하더라도,[76] 기본법 제정자가「사회적 법치국가」를 법치국가적으로 조직된 복지국가라고 파악한다면, 기본법 제정자는 그곳에서 계속 형성할 수도 있다. 연방공화국의 다수의 지방국가 헌법과는 달리,[77] 우리는 기본법에서는 관철할 수 있는 사회적 급부에 대한 법적 청구권을 거의 발견할 수 없다.[78]

---

73) Ernst Friesenhahn, Die internationale Deklaration der Menschenrechte, Recht-Staat-Wirtschaft II S. 61 ff. (64-67) 참조.

74) Grewe, Sozialer Staat, Arbeitgeber 1950/51 S. 40.

75) 이에 관하여는 Grewe, Sozialer Staat, a. a. O., S. 4와 Alfred Voigt, Geschichte der Grundrechte (1948), S. 84, 88 ff. 참조. ── 바울 교회에서의 심의와 같은 시기에 파리에서는「프랑스 공화국 임시정부(라마르틴[Lamartine], 아라고[Arago], 루이 블랑[Louis Blanc] 등)가 근로의 권리를「국민의 공장」에서 실제로 실현하려는 시도는 좌절되었다.

76) 신랄한 비판은 Adolf Arndt, Das Problem der Wirtschaftsdemokratie in den Verfassungsentwürfen, SJZ 1946, S. 137-141 (131 f.)와 Hensel, Grundrechte S. 24-27 참조.

77) 총괄은 Grewe, Sozialer Staat, a. a. O. S. 41 f.에서 발견된다. 이에 관하여는 1948년 12월 10일의 세계인권선언(Universal Declaration of human rights)에서의 국가의 급부에 대한 권리, 제22조~제28조도 참조. 인용은 "Die Friedenswarte" 1949, Nr. 1/2.

78) 마찬가지로 1951년 12월 19일의 연방헌법재판소, DÖV 1952 S. 215 ff.는 입센의 각주에 한정적으로 동의하고 있다. 또한 기본법 제14조와 제15조에 유일하게 일치하는 바이마르 공화국 헌법 제153조~156조에 대해서 매우 지속력을 지닌 정식과, 이에 관한 보고 Hans Peter Ipsen과 Helmut K. J. Ridder, Enteignung und Sozialisierung, Veröff. Verein. Dt. Staatsrechtsl. 10, S. 74 ff.도 참조. ── 이 때에 무엇보다도 고려해야 할 것은, 기본법의 제정자들이「현재의 불투명한 상황에서」에서 마치 국회의원 호이스(Heuss) 박사가 의회의 심의에서 상설했듯이,「다가오는 시대의 사회경제적 구조」에 대한 인식을 불가능한

다수의 행정재판소는 물론 사회적 법치국가의 형식에서 직접적인 법적 효과를 도출하고, 도움이 필요한 사람들에게 오래 전부터 배려급부에 대한 직접적인 법적 청구권을 승인하기 위하여 기본법 제20조와 제28조를 이용하였다.[79] 그럼에도 불구하고 사회적 법치국가라는 조항 만으로부터, 또는 다른 법규와 결합하여 그러한 결정을 할 수 있는지는 매우 의심스럽다. 말하자면 본 헌법제정회의가 사회적 법치국가라는 명제의 제안에 찬성하였으나 연방공화국의 독자적인 복지국가적 형성을 거부하였을 때, 헌법제정회의는 — 비록 잠정적일 뿐이지만 — 헌법제정자에게 어울리는 **법원칙적 결정**을 내린 것이다.[80]

상세히 하기 위해서 문제를 뚜렷하게 밝히는 UNO에서의 논의에서부터 한쌍의 문장이 다시 제시될 수 있다. UN 인권위원회에서 영국 대표 듀크스톤(Dukestone) 경은 다음과 같은 문장으로 전통적인 「국가로부터의 자유」를 옹호하였다. 즉 「우리는 자유인이고자 하지 살찐 노예이기를 원하지 않는다」. 이에 대하여 우크라이나 대표가 다음과 같이 응답했다. 「자유인은 굶주릴 수 있다」.[81] 여기에 사실 — 에른스트 프리젠한(Ernst Friesenhahn)*이 공식화한 바와 같이 —「엄밀하게 우리 모두가 개인적으로 결정해야

것으로 여겼다는 점이다(Sten. Ber. 3. PlenSitzg. S. 44).

79) 1949년 3월 8일의 바이에른 헌법재판소, BayVGH NF Nr. 4, S. 14 ff. = VerwRspr. 1 Nr. 107, S. 351 ff. = DV 1949, S. 440 ff. (Richard Naumann의 동조와 함께) DÖV 1949, S. 375 ff. (Karl Weinmayer의 비판적 주와 함께); 1950년 4월 13lf의 뮌스터 상급행정재판소, Amtl. Sammlg. Bd. 1 Nr. 44, S. 124 ff. = VerwRspr. 2 Nr. 119, S. 497 ff. = DVBl. 1951, S. 84 (Herbert Krüger의 부분적으로 비판적인 각주를 포함하여) = DÖV 1950, S. 718 f. = MDR 1050, S. 571 = Selbstverwaltung 1950, S. 234; 1951년 1월 22일의 함부르크 상급행정재판소, VerwRspr. 3 Nr. 136 S. 606 ff. = DVBl. 1951, S. 311 ff. = DÖV 1951, S. 330 (Held의 비판적인 각주와 함께); 1951년 3월 14일의 뤼네부르크 상급행정재판소, JZ 1951, S. 524 f. (Otto Gönnenwein의 동조하는 각주의 성과와 함께) = VerwRspr. 4, Nr. 53 S. 245 ff. — 1949년 2월 18일의 슈투트가르트 헌법재판소, DÖV 1950, S. 442 f.; 1949년 3월 16일의 헤센주 헌법재판소, DV 1949, S. 439 f. (Richard Naumann의 비판적인 각주와 함께) = DÖV 1949, S. 377; 1950년 6월 23일의 헤센주 헌법재판소, VerwRspr. 2 Nr. 118 S. 496 f. = DVBl. 1951, S. 83 ff. = DÖV 1951, S. 26 f.

80) 입법자는 그와 함께 동시에 독일의 전통에 따르고 있다. 그 전통이란 그것만으로 자라나지 아니한, 불가피한 격변 시에 대해서 경제적인 약자의 보장을, 1881년 11월 17일의 황제의 보고(Botschaft) 이래 법률적으로 조직된 「동료적인」 자조(Selbsthilfe)에 의해서 해결하려는 데에 있는 것이며(사회보장), 두 번째로 국가적인 도움에서 비로소 다시 출발하는 것이다. 이에 관하여는 예컨대 Walter Bogs, Entwicklung und Rechtsformen der Selbstverwaltung in der Sozialversicherung (1950), pass.; Grieser, Die deutsche Sozialversicherung, Der Arbeitgeber 1950/51, S. 42/46. 그리고 이 문제에 관한 오늘날의 토론에 대해서는 Karl Osterkamp, Soziale Selbsthilfe oder Sozialplan, Die Gegenwart 1952 Nr. 153, S. 250 f.

81) Friesenhahn, Menschenrechte, Recht-Staat-Wirtschaft II S. 66 f.에 따라서 인용. — 복지국가적인 윤곽을 독일에서 특히 현저하게 대표하는 것은 Arndt, Wirtschaftsdemokratie, SJZ 1946, S. 137 ff. (141). 즉 「경제적 노예에게 기본권은 무가치한 것이다. 왜냐하면 필요의 자유 없는 자유란 결코 존재하지 않기 때문이다」. 이에 대한 비판은 Franz Böhm, Die Bedeutung der Wirtschaftsordnung für die politische Verfassung, SJZ 1946, S. 141-149. 그리고 Ballerstedt, Rechtsstaat, AöR 74, S. 129 ff. (129 f.) 참조. —「자유주의와 사회주의, 기초적으로는 자유의 이념과 평등의 그것 간의」 커다란 이율배반에 대해서는 Bernhard Guttmann, Freiheit und Gleichheit, Die Gegenwart 1949, Nr. 11 S. 7 f. (8)과 Ernst Friedländer, Das Schlagwort Mitbestimmung, Die Zeit 1949, Nr. 52, S. 1 참조.

하는 점이 있다」.82) 그리고 기본법 제정자는 자유로운, 스스로 책임지는 인간을 선호했고, 복지국가의 포기를 감내하기로 결정하였다.

IV.

본 기본법의 「사회적 법치국가」는 실제로 「실체 없는 공백개념」,83) 단순한 프로그램84) 일 뿐인가? 이것은 그 제정시 직접 유효한 권리를 설정하는 것에 가치가 부여된 서독 헌법의 그 밖의 특성과 모순된다고 본다.85) 우리는 또 다른 이율배반에 직면한다고 본다.

이러한 최종적인 문제에 대답하기 위해서는 **「사회적」이라는 용어의 의미**로 되돌아 가야 한다.86)

「사회적」이라는 형용사는 라틴어 어원인 「사회적」(socialis)인 것과 마찬가지로, 명사 「사회」(Socius=Gesells)에 속한다. 우리는 이를 처음부터 「하나 또는 여러 가지와 결부되어 있다」는 의미에서, 「한동아리가 된」(gesellt) 것으로 번역하였다. 처음에는 순물리적인 것과 관련된 용어의 의미가 나중에는 약간 정신적 또는 영적인 것으로 바뀌어졌다. 존재에 적합한 사실내용의 표현으로서 우리는 오늘날 「사회」(Gesellschaft) 또는 「사회과학」(Sozialwissenschaft)87)이라는 용어에서도 그 뿌리를 발견할 수 있다. 모든 공동생활은 고려를 요구한다는 사실이 이제 「사회적」이라는 개념이 규범적으로 확대되어 존재론적인 것 외에 윤리적인 용어의 의미가 나타났다. 19세기에는 그 개념은 수많은 다른 개념의 운명을 공유하여 슬로건이 되었다. 이것은 장 자크 루소의 유명한 논문『사회계약론』(Du contrat social)의 1762년 발간과 관련하여 점점 발생하였다. 그 이후로 정치적 투쟁이 「사회적」이라는 용어와 결합시킨 혼란스럽고 불명확한 관념을 무시한다면, 이제부터 이 용어는 사회에서 개인의 복지와 관련된 제3의 — 정치적 — 의미를 포함하고 있다는 것을 확인할 수 있다. 우리가 **「공동생활」**, **「고려」**, 그리고 **「생존배려」**라는 핵심적 용어로 표현할 수 있는 세 개의 기본 의미를 확인해야 한다.

이들 의미 중 어느 것이 이제 사회적 「법치국가」라는 형식의 기초가 되는가? 첫 번째의 존재론적인 것은 「국가」라는 용어와 관련해서 불필요한 중복 이상의 것을 거의 포함하고

---

82) Friesenhahn, a. a. O., S. 67.
83) Grewe, Bundesstaatliche System, DRZ 1949 S. 351.
84) 그리하여 Giese, Grundgesetz S. 55; Mangoldt, Grundgesetz, S. 134; Wernicke im Bonner Kommentar, Art 20 II 1 d.
85) 예컨대 기본법 제1조 3항 참조.
86) 다음에 우리는 본질적인 것을 게크의 추론에서 얻어낸다. Adolf Geck, Erkenntnis und Heilung des Soziallebens, Soziale Welt 1. Jgg. (1949/50) 1. Heft S. 3 ff. (5 f.).
87) 이러한 의미에서 그 용어를 사용하는 것은 예컨대 Martin Drath, Zur Soziallehre und Rechtslehre vom Staat, ihren Gebieten und Methoden, Smend-Festschrift, S. 41-58.

있지 않은 것 같다. 세 번째의 정치적인 것은 의심 없이 비슷하게 들리지만, 우리가 보는 바와 같이, 연방공화국에서는 순수한, 즉 복지국가적인 것의 실현을 발견하지 못하였다.[88] 「사회적 법치국가」라는 개념을 분명히 파악하기 위하여 두 번째의 윤리적인 용어의 의미를 끌어들여야 한다.[89]

기본법 제2조 제1항에서는 상호 고려에 대한 요구가 헌법원칙으로서 규정되어 있다. 그곳에서는 다음과 같이 규정하고 있다.[90] 즉 「모든 사람은 타인의 권리를 침해하지 않고 헌법질서 또는 도덕률을 위반하지 않는 한 자유로운 인격의 발현권을 가진다」. 이 문장에 의해서 기본법의 제정자는 기본권의 정점에서 인간의 존엄에 대한 고백 외에 정의의 법원칙을 설정하고 있다. 왜냐하면 이것은 ── 한스 J. 볼프(Hans J. Wolff)*의 공식에 의하면 ── 다른 더 높은 이익의 추구가 낮은 가치의 추구에 의해서 좌절된다면, 그리고 좌절되는 한, 더 낮은 이익의 실현을 유예하는 것을 요구하기 때문이다.[91]

기본법 제2조 제1항[92]의 주된 자유권에는 인간 상호 간의 관계와 정의의 원리에 따른 인간의 국가에 대한 관계가 질서지워져 있다. 자신의 자유로운 인격의 발현에는 두 개의 한계가 그어져 있다. 즉, 타인의 권리의 침해에 의해서 **상호 간**의 관계에 있어서 **인간**에 대한 고려라는 사회적 요구가 부과되어 있다. 이것은 성 토마스 아퀴나스의 체제에 있어서 「교류의 정의」(justitia commutativa) 이외의 다른 것이 아니다.[93]

여기에서 인간은 처음부터 공동체의 구성원으로 규정되어 있는 것이 아니라 서로 독립하여 존재하는 개별적 인격으로 규정되어 있다.

헌법적 질서와 도덕률을 존중하는 의무에 의하여 **공동체에 대한 시민**의 지위는 '간단히' 규정된다. 여기에서 우리는 그 목적 대상이 공공복리(bonum commune)인 토마스주의적인 「일반적 정의」(jutitia generalis) 또는 법률적 정의(justitis legalis)를 발견한다.[94]

이제 본 기본법은 이 양자의 관계를 명시적으로 정의의 원칙 아래 두면서, 동시에

---

88) 마찬가지로 Flume in der Diskussion der 10. Deutschen Staatsrechtslehrertagung, Veröff. Verein. Dt. Staatsrecht l. 10, S. 157과 Werner Weber, ebenda S. 164 f. 이에 관하여는 또한 Raiser, ebenda S. 158 f. und 157 참조.

89) 이에 관하여는 또한 Hans Welzel, Über die ethischen Grundlagen der sozialen Ordnung, SJZ 1947, Sp. 409-415, insbes. II, 2.

90) 이미 1789년 인간과 시민의 권리선언 제4조는 「자유는 타인을 해롭게 하지 아니하는 모든 것을 할 수 있다는 데에 있다」는 것을 참조.

91) Hans J. Wolff, Die Gerechtigkeit als principium juris, Festschrift für Wilhelm Sauer (1949), S. 103-120 (113). ── Ebbinghaus, Sozialismus, SJZ 1947 Sp. 137 ff. (141-145)는 동일한 원리를 평등의 원칙에서 도출하고 있다.

92) 그 밖의 모든 기본권들은 「기본법 제2조에서 그 법적 기초」를 가지며, 「그 때문에 그들에게는 기본법 제2조 1항에 관련된 범위 내에서 유지」되어야 한다는 것은, 1950년 9월 20일의 뮌스터 상급행정재판소가 명백하게 강조하고 있다. Amtl. Sammlg. Bd. 3, Nr. 31 S. 85 ff. (91). 마찬가지로 Uber, Freiheit S. 64 f.

93) S. Thomas Aquinatis Summa Theologiae (Ausgabe 1948), II, II, 61, 100 (이진남 옮김, 『신학대전 28 법』, 2020).

94) Mangoldt, Grundgesetz, Vorbem. 6 vor Art. 1은 적절하게도 「각 개인의 사회적 배열」에 관하여 언급하고 있다. 이에 관하여는 Uber, Freiheit S. 51-54도 참조.

지난 150년의 정치적 발전에서부터 필연적인 결론을 이끌어 내었다. 자유주의적 법치국가 개념 —— 그 실질적 및 형식적 특징에서 —— 은 여전히 국가와 사회의 대립에 지향되어 있다. 이러한 법치국가는 우선 왕조, 군대 및 행정에서만 구체화 되어 있는 절대주의적 권력국가의 반대문제로서 형식화되었다.95) 19세기에는, 실로 현재에 이르기까지 시민은 국가를 그 책임과 활동의 외부에 놓여 있는 것으로서,「단순히 대립된 것」으로만 지각하였다.96) 그리고 그 국민대표의 기능은 그 국가의 통제, 국가적 권력의 제한에서 종료되었다. 그러한 법치국가의 개념은 외부로부터의 침해에 대해 사회와 그 구성부분을 보호하고자 했다.

그러나 오늘날의 민주적 국가에 있어서는 시민과 국가는 통일체이며, 국가는 시민의 결합체(Genossenschaft)를 위한 조직형식만을 의미한다. 따라서 국가는 —— 개인과 사회의 긴장을 흡사 그 속에 수용하기 때문에 —— 보다 내적인 공동체에 대한 희생을 필연적으로 감수한다.97) 그러한 국가에 있어서 —— 우리는 이를 매일 경험한다 —— 관료주의의 자의에 대한 개인의 보호는 전혀 불필요한 것이 아니게 된다. 그러나 여기서는 국가적으로 조직된 공동체를 개인의 이기주의로부터 방비하는 문제가 과거 관헌국가에서보다 강하게 제기된다. 이러한 필연성, 공동체의「자기유지 법칙」의 유지98)를 자유주의적 법치국가 이념의 대표자들은 충분히 명백하게 인식하지 못했다. 민주주의의 적에 의한 바이마르 공화국의 내적 해체는 여기에서도 경고적인 예가 된다.

그리하여 본 기본법의 사회적 법치국가는 시민에 대해서 그 국가에 대한 고려를 요구하였다. 개인의 거침 없는 생활의 즐김으로부터 국가의 후퇴만이 옛날과 같이 자유주의적 법치국가와 이러한 국가유형을 특징지우는 것이 아니라, 오히려 상호 고려가 이러한 국가유형을 특징지운다.「오늘날 국민의 자유는 더 이상 19세기의 그것과 유사하지 않다. '재산권은 의무를 진다'는 문장에는 한 측면에서는 '자유는 의무를 진다'는 문장이 필적한다」.99) 또는 프란츠 비아커(Franz Wieacker)*는 간결하게 정식화하였다. 즉「개인의 과제 없는 공동사회에 대한 책임」.100)

특히 국민만이 정의의 요구에 구속되는 것이 아니다. 고려의 의무는 **국가 자체도**

---

95) 예컨대 Fritz Hartung, Deutsche Verfassungsgeschichte vom 15. Jahrhundert bis zur Gegenwart (1950), S. 104; Carl Schmitt, Der Hüter der Verfassung (1931), S. 73 ff., insbes. S. 75 (김효전 옮김,『헌법의 수호자』, 2000) 참조.

96) Wilhelm Flinter, Die Erziehung und der neue Staat, Neue Jahrbücher für Wissenschaft und Jugendbildung 6 (1930), S. 696 f.

97) 그 때문에 Lange, Rechtsstaat, S. 69 f.는 연방헌법재판소의 보수적인 판례를 환영하는데, 이는「주민의 법률충성과 법률에 대한 충성심이라는 평가불가능한 법익을 가능한 한 적에 침해하는 것이다」.

98) Uber, Freiheit, S. 53.

99) Eberhard Schmidt, Strafrechtsreform und Kulturkrise (1931), S. 20. 우리가 동일한 사상을 발견하는 것은 예컨대 Hensel, Grundrechte S. 28-31; Hans Planitz, Zur Ideengeschichte der Grundrechte, Die Grundrechte und Grundpflichten der Reichsverfassung, herausg. von Hans Carl Nipperdey, III (1930), S. 597 ff. (619-622); Uber, Freiheit S. 50 f.

100) 아직 발간되지 않은 강연에서.

구속한다. 이것은 그 밖의 기본권과 헌법의 조직적 부분의 주도적 사상에서 도출된다. 사회적 법치국가 개념의 이러한 측면에서 지금까지의 법치국가 관념의 핵심적 부분이 다시 수용되고 발전한다.

국가에 의해 행사되는 정의는 때때로 받아들여지는 바와 같이, 법적 **평등**의 보장에서만 완결되는 것이 **아니다.**101) 기본권에서 규정되어 있는「국가에서 자유로운 영역」은 오히려 일반적으로 그곳에서 보장된 개별 시민의 상위 가치의 이익을 위해서 낮은 가치의 국가이익의 실현을 거부하는 것을 암시한다. 그리고 기본법의 연방적 특성과 기본법 제28조 제2항의 자치행정권의 보장은 —— 비록 제한되어 있으나 —— 보충성의 원칙의 승인으로 이른바「보다 작은 단체」를 위한 동등한 요구를 포함하고 있다.102)

이들에게는 모두가 국가에서부터 정의가 됨이 틀림 없다. 즉 국가는 그 법적 지위에서 아무도 불법적으로 침해할 수 없으며, 어떠한 형태의 **재화의 분배**가 그에게 맡겨진다면 국가는 모두에게 자신의 것을 주어야 한다.

보장된 사회적 및 경제적 관계라는 측면에서부터 프리드리히 다름슈태터(Friedrich Darmstaedter)*는 두 번째의 선택가능성은 배제되어야 한다고 믿었다. 그의 저서『법치국가의 활동한계』(Die Grenze der Wirksamkeit des Rechtsstaates)에서 그는 이렇게 설명한다. 즉「법치국가에서 국민을 위한 복지의 원천은 다른 국민, 공동생활, 이들과의 공동체가 되어야 한다. 국가의 지배력은 국민의 복지를 부여하는 것과 취득하는 것을 매개할 수 있고, 여기에서 복지수행 가능성에 근거해 있는 것이 실현될 수 있도록 하는 데에 기여해야 한다. 법치국가는 복지의 중재자이어야 하지 복지의 사용자이어서는 안 된다」.103)

이러한 문장은 세계경제의 위기가 시작되기 전인 1929년에 서술되었다. 대량 실업과 대량 빈곤의 우리 시대에는 다름슈태터를 더 이상 그렇게 추종할 수 없을 것 같다. 복지국가를 불가피한 필연이 되게 할 수 있는 사회적 상황의 발생을 방지하기 위하여 공적 수단의 생존배려가 요구된다. 이러한 과제의 구제에는 이미 발생한 손해를「나중에」치유하는 배려라는 정의의 원칙이라는 의미에서 경제적 영역의 재편을 통한「예방적」생존배려가 선호된다는 것이 놓여 있다. 기본법 그 자체도 제14조 제1항 제2문 그리고 제3항 제1문에서,104) 그리고 특히 제15조에서 단순한 복지매개의 가능성을 능가하고 있다. 사회화의 목적은 경제에 변화된 인간적·윤리적 내용을 부여하는 것이며, 특히 사회적 생산물을 올바르게 분배하는 것이며, 재건에 참여한 모든 사람의 부담을 올바르게 고려하는 것이다.105) 사회화의 목적을 위하여 공공재산에로의 이전 또는 기타 공공경제의 형식은 오늘날

---

101) 그 때문에 헤르만 헬러에서의 사회적 법치국가의 관념은 완전히 평등의 원칙을 목표로 삼는데, 적어도 그 정식화에서는 너무 협소하게 보인다. Heller, Rechtsstaat oder Diktatur? S. 9 f. (본서 180면 이하).

102) 이에 관하여는 그러나 Georg Erler, Freiheit und Grenze berufsständischer Selbstverwaltung (1952), S. 9-13도 참조.

103) Darmstaedter, Grenzen S. 191 f.

104) 이에 관하여는 Ipsen, Enteignung und Sozialisierung, Veröff. Verein. Dt. Staatsrechtl. 10, S. 85 f., 88 und 89 (공용수용과 사회화, 김효전 옮김, 『독일 헌법학의 원천』, 산지니, 2018) 참조.

기본법 제2조 제1항에 규정된 원칙 때문에 단순히 국고적 근거에서만 추구될 수 있을 것 같지는 않다.106) ― 이것은 명백하다. 이것은 국가적 경제정책의 단순한 보조수단도 아닌 것 같다.107) 기본법에서 예정된 「사회화」는 국가에 의한 재화 흐름의 매개적 규제에만 봉사하는 것이 아니다. 오히려 독자적 수집과 분배가 중요하다.108)

그러나 경제생활의 올바른 질서를 넘어서 사회적 법치국가의 원리는 아리스토텔레스적·토마스주의적 「분배의 정의」라는 의미에서 공동체의 힘이 적극적으로 사회적·경제적 약자를 위하여 행사되어야 할 것을 요구한다. 공동체의 조직원리로서의 국가와 지역단체가 이러한 ― 정치적 의미에서 ― 사회적 과제를 수행해야 한다는 것은 오늘날 우리에게는 자명하다.109)

이러한 한에서 사회적 법치국가에서도 공적 생존배려의 의무가 존재한다. 그러나 이것은, 복지국가에서와 같이 헌법적 지도원리가 아니며, 오히려 정의라고 불리는 국가목적의 실현을 위해 다른 것 밑에 놓이는 단순한 수단일 뿐이다. 이러한 수단이 오늘날의 긴급한 시기에는 입법적 및 행정적 국가활동의 전면에 놓이게 되는 것은 자명하다. 그러나 정의의 원리는 여기에서도 다시 한계를 두고 있다. 왜냐하면 헌법에 규정된 자유로운 개별 인격의 발현에 대한 고려 의무는 경제적 약자를 위한 생존배려에서부터 ― 모든 자발적 행위를 저해하는 ― 국가의 후견이 되는 것을 금지하기 때문이다.110)

---

105) Hans Jürgen Abraham im Bonner Kommentar, Art. 15 II 5. 마찬가지로 Ipsen, a. a. O., S. 103 und 122 (Leits. 12) 그리고 Ridder, Enteignung und Sozialisierung, Veröff. Verein. Dt. Staatsrechtl. 10, S. 132 und 148 (Leits. 5 즉 「국가적인 사회화 조치들은 무엇보다도 사회정의의 봉사에 입각하는 것이다」) ― Ballerstedt, Rechtsstaat, AöR 74 S. 129 ff. (151 ff.)는 그러한 종류의 국가적 경제형성을 허용되지 않는 것으로 본다. 국가는 「그 주권의 탄생시간에서 ... 개인의 사회적 전체라는 영역으로서 ... 경제를 자유롭게 부여하였다」는 것이며, 그의 주권의 활동영역을 단순하게 확대할 수는 없다는 것이다. 「윤리적으로 의심을 벗은 목표들」은 「경제적 유출에 대한 (국가의) 새로운 종류의 활동성이라는 정당화를 위하여 충분하지는 않았다. 나중에 같은 저자는 이러한 ― 자유방임, 지도적인 모든 방임이라는 「야경국가」에로의 의심스러운 근처에서 ― 명제를 뚜렷하게 제한하였다. Kurt Ballerstedt, Sozialisiertes Aktienrecht (6. Beiheft zur DRZ, 1948, S. 4 참조.

106) 그처럼 명백한 것은 또한 Ipsen, a. a. O., S. 107 f., 110.

107) Abraham, a. a. O., II 5.

108) 기본법 제15조의 적용가능성에 관한 한계에 대해서는 매우 진지하게 취하는 상세한 설명으로는 Ridder, a. a. O., S. 145-147 참조.

109) 적절한 지적은 ― 무엇보다도 어떤 다른 관련에서 ― Thoma, Das System der subjektiven öffentlichen Rechte und Pflichten, HdbDStR II S. 607 ff. (622). 그리고 Forsthoff, Verwaltungsrecht I S. 248 f.가 그와 같은 법규를 확대 해석하려는 경향은 제어하기 어려우며, 보다 커다란 일반성에 대한 일반적인 생활의 위험과, 그와 함께 궁극적으로는 국가에 대한 위험을 제거한다는 것이다. 마찬가지로 무엇보다 다른 측면에서 적절하게 Bill, Drews, Der Entwurf eines preußischen Polizeiverwaltungs-gesetzes, RuPrVBl. 52 (1931) S. 3은 「국가의 비용에 대한 일반적인 상해보험」에 관하여 경고한다.

110) Ebbinghaus, Sozialismus, SJZ 1947 Sp. 137 ff. (149)는 바로 여기서 「지명성의 기본권」에 관하여 언급하는데, 이것은 「복지의 사회주의」에 대해서 개개인을 보호하는 것이다. 비록 어떤 일면적이기는 하지만, Ballerstedt, Rechtsstaat, AöR 74 S. 136도 적절하게 실질적인 법적 가치를 보고 있다. 현대의 법치국가 사상은 「신민(臣民)의 공적인 권력복종성과 그 사적(私的)인 자기 책임의 한계」에서 「법창조와 권력독점의 소지자에 대한 사법영역(私法領域)에서의 차단」에서 그 법적 가치의 보호를 봉사하고 있다. 요컨대 또한 Uber, Freiheit S. 147 f. (151)도 「자기 목적국가」 앞에서의 그의 인상적인 경고를 참조.

　기본법 제28조 제1항의「공화적」및「민주적」이라는 법치국가는 Epiteta만이 기본법
의 개별 규정에서 그에 상응하는 표현을 발견하는 것이 아니다.「사회적」이라는 계기도
── 상호 고려라는 윤리적 용어의미에서 ── 기본법 제2조 제1항과 기타 기본권에서
헌법적으로 실정화되어 있다. 그리고 사회적 법치국가라는 개념에는 정의의 요구가
결정적인 요소이다.[111]

　이러한 사회적 법치국가의「정의국가」로서의 해석에 깊이 들어가면, 이것은 본 기본법
제정자의 관념과 부합하지 아니한다. 사실 헌법제정회의에서는 사회적 법치국가라는
명제의 내용에 관하여 거의 아무런 사고도 하지 않았다.[112] 그러나 과거 라틴어의 변형에
서 말하면 habent sua fata leges! 일단 유효한 법이 된 법률용어는 그 고유한 운명에
따른다! 그리고 특히 설명적 해석을 통하여 이 운명을 형성하는 것은 학문의 과제이다.
특히 독일 국법학에 대해서는 너무 비정치적이라고 자주 비난이 가해졌다. 이제 사회적
법치국가라는 개념에 의해서 국내적으로는 국가에 대하여 숙명적인 문제가 제기되었다.
우리 모두는 그에 대하여 결정을 내려야 한다. 우리들은 사회적 법치국가를 실현하는
것은, 모든 독일인에 대한 것과 마찬가지로 입법자에 대해서 최고의 이상, 즉 인간의
영역에서 인간을 설정한 정의에 봉사하는 것 이외에 아무것도 아니라고 주장한다.

---

111) 마찬가지로 1951년 12월 19일의 연방헌법재판소에 따른 의미로, BVerfGE 1, 97 - DÖV 1952, S.
　　215 ff. (215); Ebbinghaus, Sozialismus, SJZ 1947 Sp. 137 ff. (Sp. 145)는「법치국가이념의 사회적
　　힘」이라는 이러한 원칙에서 인정한다. Forsthoff, Verwaltungsrecht I, S. VI는 개인적 자유와 사회정의
　　라는 필요한 척도와 결합하여 법치국가를 실현하는 데에 찾는다. 정의의 원리에 따른 사회질서는 Böhm
　　Wirtschaftsordnung, SJZ 1946 S. 141 ff. (142)도 요구한다. 끝으로 Edgar Tartarin-Tarnheyden,
　　Staat und Recht in ihrem begrifflichen Verhältnis, Festgabe für Rudolf Stammler (1926), S.
　　477 ff. (547) 참조.
112) Matz, JböffR NF 1, S. 195, 245, 250-253의 보고를 참조.

사회적 법치국가의 개념과 본질*

에른스트 포르스토프

우리들의 대화는 오래 전부터 대담하게도 테마의 취급에 대해서 보고자들에게 광범위한 자유를 인정하여 왔다. 나의 공동보고자와 나는 이러한 자유를 향유하는 데에 합의를 보았다. 우리들은 소재를 내가 사회적 법치국가의 서술을 헌법적 관점에서 시작하고, 그 후 바코프(Bachof)*씨가 사회적 법치국가에 대해서 행정법적인 관점에서 이야기 하도록 구분하였다. 따라서 두 개의 보고는 우선 서로 변증법적인 보완관계에 있는 것이 아니라 소재적으로 보완관계에 있는 것이다.

그것은 테마의 일정한 한정화를 의미한다. 왜냐하면 그것은 사안의 성질상 당연하다. 그것은 첫 째로, 사회적 법치국가가 출발점이 되는 소여성(所與性, Gegebenheit)이라는 것을 명백히 한다. 나아가 그것은 테마의 헌법상의 국면과 행정법상의 국면이 항상 독자적인 요구권을 가지며, 필연적으로 보완할 것을 나타내는 것이다.

사회국가가 소여의 것이 아니라면, 사회적 법치국가는 헌법상의 문제는 아닐 것이다. 이 소여성을 이해하지 않고서는 기본법은 테마에 포함된 문제를 독자에게 제시하지 못할 것이다. 왜냐하면 제20조와 제28조에 있어서의 사회적이라는 말이 두 번에 걸친 형용사로서의 용법은, 그것 자체로서는 그럼으로써 헌법의 전체 구조에 대한 원칙적 표명이 당연하게 부여되었다고 하는 추정을 거의 환기시키지 못할 것이기 때문이다.

따라서 우리들은 성문 헌법전 밖에 있는 입장에서만 테마를 이해한다. 그것을 우리들은 그만큼 불안하게 생각할 필요는 없다. 왜냐하면 우리들은 법률의 문언에 대한 법학상의 시야를 실증주의적으로 협소하게 생각할 필요는 없다. 왜냐하면 우리들은 법률의 문언에 대한 법학상의 시야를 실증주의적으로 협소하게 만드는 데에 더 이상 관여하지 않기 때문이다. 우리들은 불문헌법도 승인하며, 특히 우리들은 헌법규범을 규범 그 자체로만 고찰하며, 단지 거기에서만 해석하는 것이 다른 규범의 경우보다 더욱 허용되지 않는다는

* Ernst Forsthoff, Begriff und Wesen des sozialen Rechtsstaats, in: Veröffentlichungen der Vereinigung der Deutschen Staatsrechtslehrer, Heft 12, Walter de Gruyter, Berlin 1954, S. 8-36.

것을 알고 있다. 헌법해석은 헌법현실의 소여성을 도외시할 수는 없다. 전통적 법규범의 해석의 커다란 변천은 예컨대 그것을 우리들이 평등원칙, 사유재산권의 보장 또는 법원의 심사권에 의해서 최근 수 십년의 경과 속에서 경험했듯이, 이 시대의 사회적 현실이 나타내는 변화의 변경에서만 이해할 수 있는 것이다. 그러나 확실히 이와 같은 해석은 법이 그 기준이어야 할 공적인 상태의 현실성에의, 법이 굴복하는 것을 의미하지 않는다. 헌법의 해석은 사회적 현실성의 변화로 인하여 야기되는, 헌법규범의 의미내용과 기능양식의 변화에 대해서 맹목적인 것은 허용되지 아니한다. 그러나 그것은 헌법에 아무런 기준도 부가할 수 없으며, 헌법과 현실 간의 진정한 모순을 짜 맞춘 조화의 뒷전으로 사라지게 할 수는 없다.

그리고 또 한 가지의 점. 해석이 현실에 대해서 가지는 모든 해방성은 그 제약을 헌법구조에, 즉 그럼으로써 헌법이 그 목적을 실현하는 제도, 형식 그리고 기술에 가지고 있다. 이 확인은 이와 같은 제도, 형식 그리고 기술이 바로 본질규정적인 의의를 가지는 법치국가 헌법에 대해서 특별한 방법으로 타당하다. 이것에 대해서는 다시 논할 것이다.

나의 보고의 중심 문제는 사회보험법・노동법・임대차법・건축법 그리고 기타 많은 법생활의 영역에서 현실화되고 있으나, 그렇지 않고도 원칙적으로 긍정되며, 그리고 얻으려고 노력한다고 생각되는 사회국가가 우리들의 헌법의 구성요소인가의 여부, 즉 사회국가성이 헌법의 법치국가적 구조에 해소된 것인가 또는 그렇지 않다면 법치국가적 구조와 결합하고 통일체를 형성하였는가의 여부라고 생각한다.

입센(H. P. Ipsen)이 「공용수용과 사회화」(Enteignung und Sozialisierung)*에 대한 정당하게도 많은 주목을 받은 그의 강연 속에서, 기본법의 재산권보장은 「기본법의 국가가 자신을 사회국가라고 선언하고 있는」 것과의 내적인 관련에서 고찰해야 한다는 요구를 내세운 이래, 이 문제에 우리들은 대립하고 있는 것이다. 이러한 요구의 사정(射程, Tragweite)은 입센이 「기본법의 사회국가에의 결정」을 그 일반적인 의미에서 개관한 강연의 첫머리의 말에서 명백히 하고 있다. 사회적 법치국가라는 정식이 현실의 문제를 그 자신 속에 포함하고 있다는 것을 입센은 이미 19세기에 고유한 국가와 사회의 구분과 관련되는 기본법의 고전적인 법치국가적 요소와, 현대의 현실에 의한 국가형성에 대한 요구를 대결시킴으로써 강조하였다.

법치국가의 특징을 지닌 새로운 헌법유형 속에서의 법치국가와 사회국가의 융합이 기본법에 의해서 의도되고 있는가의 여부, 그리고 원래 그것이 가능한가 하는 문제는 개별적인 헌법규범의 해석문제는 아니다. 그것은 기본법이 —— 권한의 목록과는 별도로 —— 수많은 대규모적이며 중요한 사회적 제도에 대해서 아무런 언급도 하지 않는 것을 지적해서도 결정되는 것은 아니며, 마찬가지로 제21조와 제28조에 있어서의 사회적 법치국가의 정식을 원용해서도 결국 해당되지는 아니한다. 이 정식의 법적 평가에 대해서 입센과 리더(Ridder)*의 보고 이래 의견은 완전히 논쟁적으로 되고 있다.[1]

---

1) Grewe, DRZ 1949, S. 351; Klein, Bonner Grundgesetz und Rechtsstaat, Ztschr. f. d. ges. Staatswiss.,

연방공화국을 사회적 법치국가로서 스스로 규정하는 것에 주어지는 승인과 주목의 증대에는 충분한 이유가 있다. 19세기 이래 광범하게 전래되어 온 기본법의 질서 그리고 제도와 우리들 시대의 근본적으로 변화된 현실성 간에는 깊은 간극이 존재하며, 그 균열이 많은 사람들에 대해서 현대의 헌법해석의 고유한 과제라고 생각된다는 감각이 침투하고 있다. 이러한 상태에 있는 것은 물론 독일 국법학만은 아니다. 이러한 상태는 원칙적으로 서양의 모든 법치국가 헌법에 존재한다.2) 법치국가의 위기라는 자각은 일반적이다. 법치국가를 사회적 법치국가로서 개조하거나 또는 설명함으로써 급박한 사회적 과제에 법치국가를 적합하게 하는 것이 이러한 위기로부터 탈출구로서 등장한다.

법치국가에게 자유라는 내용과 아울러 사회적 내용도 부여하려는 시도, 따라서 자유(liberté)와 평등(égalité)과 아울러 박애(fraternité)*에도 헌법상의 보장을 부여하려는 시도는 법치국가의 시초에까지 거슬러 올라간다. 지롱드 헌법초안에서는 기본권 중의 제24조에 다음과 같은 조문이 포함되어 있었다. 즉 공공의 구제는 사회의 하나의 신성한 부채이다. 그리고 그 범위와 적용을 규정하는 것은 법의 임무에 속한다(Les secours publics sont une dette sacrée de la société; et c'est à la Loi en déterminer l'étendue et l'application)*라고. 그것에 대응하는 정식화를 1793년 6월 24일 헌법의 기본권 목록은 제21조에 유지하였다. 구제와 생존배려에 대한 이 최초의 언급은 프로그램 규정에 불과하며 구체적으로 아무것도 보장 못하는 것이 아니라 의무의 언명에 한정되며, 그 의무의 구체화와 이행은 여전히 입법과 행정에 맡겨지고 있다. 그것은 1795년 8월 22일의 헌법에 있어서의 기본의무의 도덕설교적인 목록과 마찬가지로 아무것도 계승되지 못하였다. 박애는 19세기의 법치국가 헌법의 그 후의 역사 속에서 이미 언급할 가치 있는 역할을 수행하지 못하였다. 그것은 저작에도 타당한 것이다. 예컨대 네자르(Nézard)3)가 그의 『공법의 기본원리』(Eléments de Droit Public) 속에서 사회적 의무라고 정의하는 박애에 또한 한 장을 할애하더라도, 그것은 법치국가 헌법의 본질적 요소를 제시하기 위한다기 보다는 혁명의 유명한 세 요소에 경의를 나타내기 위함이라는 것이 명백하다.

공산당선언에서 비롯하는 「부르주아적 법치국가」에 대한 마르크스주의의 비판에 대해서 여기서 언급할 필요는 없다. 그것은 부르주아의 계급지배의 안정화를 위한 제도로서의 법치국가를 원칙적으로 공격하는 것이기 때문에, 그것은 사회적 법치국가와는 아무런 관계도 없다. 법치국가는 부르주아적·자본주의적 경제와 필연적이며 불가분하게 결부되고 있다는 그 테제만은 여전히 간단하게 반복해서 말해야 할 것이다.

Bd. 106, S. 390 ff., insbes. S. 400 ff. 이에 대해서 Menger, Der Begriff des sozialen Rechtsstaats im Bonner Grundgesetz, 1953 (본서에 수록); Fechner, Freiheit und Zwang in sozialen Rechtsstaat, 1953; Dürig, Verfassung und Verwaltung im Wohlfahrtsstaat, JZ. 1953, S. 193 ff.; Scheuner, Grundfragen des modernen Staates, in Recht-Staat-Wirtschaft, Bd. 3, 1951, S. 126 ff. (S. 154).

2) Ripert, Le déclin du Droit, 1949; Huber, Niedergang des Rechts und Krise des Rechtsstaates, in Demokratie und Rechtsstaat, Festgabe für Giacometti, 1953, S. 59 ff. 참조.

3) Eléments de Droit Public, 5. Aufl. 1931, S. 68 ff.

바이마르 공화국 헌법은 그 기본권에 수많은 사회적 보장을 수용함으로써 바이마르 헌법 나름의 방법으로 사회적 법치국가에 진지하게 구성하였다.4) 바로 이 헌법조항이 해석에 어려움을 가져온 것은 유명하다. 사회적인 것의 규범화는 압도적인 부분이 단순한 프로그램 조항으로서, 말하자면 현행 헌법의 뒷마당으로 추방되지 않을 수 없었다. 이것은 물론 기본권의 부분에서 매우 고도의 직접적 효력을 이끌어 내는 것이 헌법해석자의 임무라고 하는 첨가를 수반하였다. 바이마르 헌법 아래에서 법치국가적 헌법규범화의 한계가 명확하게 되었는데, 그 한계는 사회적 법치국가의 현대적 문제성에 대해서도 중심적 의의를 가지고 있다.

스멘트(Smend)5)는 이러한 어려움에서의 탈출구를 기본권 규범, 그 중에서도 「비기술적」 사회적 보장에, 특별법에 제시되는 기술적 제정법이라는 것을 면하고, 대치함으로써 지시하였다. 그는 헌법규범으로서의 기본권에 독자적인 특유의 의미를 부여하는데, 그 본질은 헌법을 특정한 지배체제의 질서로서 정당화하고, 마찬가지로 입법과 행정에 있어서의 모든 국가기관의 재량을 구속도 하는 가치, 즉 가치체계와 문화체계에의 신앙고백에 있는 것이다. 기본권은 스멘트의 이론에 의하면 물적(sachlich) 통합의 요소이다.

헌법규범이 직접적으로 적용되어야 할 것인가, 그렇지 않고 단지 입법자를 당위로서 의무지우는데 불과한 프로그램 규정이 아닌가 하는 문제 앞에, 바이마르 헌법에 의해서 도처에 두어지는 것을 경험한 헌법학에 대해서, 일반 국가학에 대한 그 의의에 이론(異論)이 없는 기술적 제정법(Gesetzesrecht)으로부터의 헌법의 이러한 구별이 현실적으로 더 나아가 도움이 되는가의 여부에 대해서는 그대로 둘 수 있을 것이다.

기본법은 그 기본권 부분에서 제1조 제3항에 의해서 입법, 사법, 그리고 행정을 직접 구속하는 기술적 제정법으로서 자신을 성격지우고 있다. 법치국가 헌법의 조직적 부분에 대해서, 이 직접적 구속은 논란되지 않았기 때문에, 그리고 그 때문에 결코 특별한 뒷받침도 필요하지 않기 때문에, 기본법에 대해서 전체로서의 출발점이 되는 그것이 엄격한 제정법을 보존한다는 것이며 프로그램적으로 약속된 규범화에 의한 물적 통합을 거부한다는 것이다.

따라서 기본법의 기초자는 법치국가와 사회국가를 헌법에 적합하도록 한데 묶는 것이 실패한 것은, 헌법규범의 형식적 구조적인 소여성과 그 집행가능성의 문제성으로, 헌법제정자의 관심사가 좌절되지 않을 수 없었기 때문이다. 그동안에 프랑스의 법이론과 실제는 1946년 10월 28일의 헌법 전문에 의해서, 바이마르 헌법에 의해서 제시된 문제와 밀접하게 관련된 문제에 직면하였다. 그것은 전문의 내용에 대해서도 그것에 내재하는 구속성에 대해서도 타당한 것이다. 바이마르 헌법의 사회적인 것의 보장을 「당파 간의 정당 강령」으로 하는 특징지움이 전문에 의한 사회적인 것의 약속에의 비판 속에 다시 나타나고

---

4) 「일찍이 바이마르의 성과만큼 사회적인 것의 생각을 다양하고 광범하게 표명한 헌법초안은 없었다고 할 것이다」. Hensel, Grundrechte und politische Weltanschauung, 1930, S. 24.
5) Verfassung und Verfassungsrecht, 1928, S. 158 ff. (본서 766면 이하) 참조.

있다.6) 그리고 스스로 복종하는 것을 알 필요가 있는 직접 효력을 가지는 법적 제약을 전문에서 도출하는 것은 명백히 의회가 바라지 않는 것이다.

이러한 총괄적인 회고가 제시하는 것은 법치국가를 사회적 내용으로 가득 채우려는 시도에 대한 법치국가의 비상한 견고성이다. 어떠한 법치국가 헌법도 전래의 기본권에 있어서의 고전적 자유주의의 고정화로부터의 전향에 지금까지 실효적으로 성공하지 못하고, 법실무에 대해서는 필연적으로 성공하지 못하였다.

최근 100년간의 행정의 역사는 아주 다른 모습을 제공하고 있다. 그것은 놀랄 일이 아니다. 행정은 사회적 현실과 가장 직접적으로 마주 보며, 그 요구를 피할 수는 없다. 국가를 사회국가라고 특징지어온 우리들의 공법의 거의 모든 제도는 입법과 행정의 소산이다. 헌법이 그것들에 주의를 기울이지 않았다고 하더라도, 그것들은 성립하였으며 몇 년과 몇 십년에 걸쳐서 존재하고 있다. 헌법의 영역이 아니라 행정의 영역에서 사회국가는 공법학에 수용되었다.

입헌군주제의 상태에서의 사회적 헌법국가의 사고방식을 최초로 상론한 것을 우리들은 로렌츠 폰 슈타인(Lorens von Stein)의 저작 속에서 발견한다.7) 공민의 평등에 입각한 국가와 자연의 불평등상태가 지배하는 사회 간의 변증법적 대립에서 출발하여 그는 국가의 사회적 임무를 법적 계급의 성립을 저지하는 데에, 따라서 공민의 평등의 제거 또는 침해의 저지에서 본다. 그것은 국가 속에, 모든 특수 이익에 우위하며, 그리고 전체에 의무를 부담하는 의사가, 즉 결정기관이 존재하는 경우에만 가능하다. 이 기관은 슈타인에 있어서는 모든 사회적인 편입을 밀어낸 군주이다. 바로 슈타인이 사회적 질서의 형태 아래에서 헌법에 대해서 말하지 않을 수 없었던 것은 거기에서 고갈되고 있다. 사회성(Sozialität)이란, 그에게는 헌법 레벨에서의 평등이다. 사회적 욕구에 대한 배려는 슈타인에 의하면 행정의 문제이다. 거기에 그의 본래의 관심이 바쳐지고 있다. 사회적인 것의 충격은 그를 헌법학이 아니라 행정학으로 인도한다. 1872년 뢰슬러(Rösler)의 사회적 행정법이 발간되었으나 사회적인 행정법과의 이러한 결합이라는 점에서 그것은 아무런 후계자도 발견하지 못했다. 그러나 사회적 생활(Sozialleben)의 실천적 요구를 통해서 형성된 국가의 사회적 작용들은 그들의 계속적 세분화 속에서 본질적으로 행정법과 결부된 채 그대로이다.

이리하여 사회국가적 견지에서 보면 헌법과 행정법이 전혀 다른 모습을 제공하는 것이 관찰되고 있다. 전통적·법치국가적·권력분립적 헌법이 사회국가적으로 형성하려는 노력을 본질적으로 거부한다는 것을 보여주는데 대하여, 행정법은 그 전 체계에 걸쳐 깊은 곳까지 미치는 개조의 과정을 경험하고 그 결과로서 오늘날 사회국가가 과연 아직 완료되지 않았지만, 그러나 나아가 형태를 발전시키면서 우리들 앞에 존재하는

---

6) Ripert, a. a. O., S. 23. 「서로 다른 목소리의 합창이 들리는 것 같은 기분이다. 즉 늙은 자유주의자와 젊은 사회주의자는 헌법 속에 그들의 당의 강령을 가지고 들어온다」.

7) Verwaltungslehre, Bd. I, 2. Aufl. 1869, S. 26 ff., S. 133 ff. u. pass.

것이다.

행정법의 이러한 개조에 수반하여 법률가가 직면하는 곤란함은 우리들 모두에게 맡겨지고 있다. 낡은 양식의「침해행정」(Eingriffsverwaltung)과 아울러 현대적인 생존배려(Daseinsvorsorge)의 급부행정이 나타났다. 그것은 행정활동이 전통적인 법형식을 사용할 수 없었던 것이다. 거기에서 그것은 부분적으로는 활동의 새로운 형식을 산출하고 부분적으로 사법(私法)의 법형식으로 도피하고, 부분적으로는 우리들이 그 활동에 어떠한 법적 해석과 의미를 부여해야 하는가에 대해서 불분명한 채로 있었고, 또한 있다. 법률개념과 법률에 의한 행정의 원리로부터 본질적으로 발전된 행정법의 전통적 구조는 광범위하게 해체되었다. 그리고 어떤 목적을 위하여 모든 것을 희생하는 사고방식에서 획득하려고 시도하는 것이다. 사태는 여기서는 그 법적 정식화와 아울러 그 법학상의 통찰과 처리보다도 본질적으로 훨씬 더 진척되었다. 침해행정과 생존배려를 통일적 법체계로 정리한다는 과제는 해결되지 못하고 ── 그리고 그것은 오히려 그 과제가 실제로 해결불가능하기 때문에 그러한 것이다. 아마도 진정한 것은 현대 행정법이 학문적인 불능 때문이 아니라 사물의 논리에서 2원적이며, 머무르게 되리라는 것이다. 다음의 고찰은 이러한 확인을 더욱 명백히 할 것이다.

법치국가와 사회국가는 다양한 레벨에서의 법적 형식부여 속에 발전한 우리들의 국가생활의 두 개의 결정적인 구성요소이다. 양자는 강력한 정신적·정치적 능력의 표현이다. 사회국가적 구성 요소는 수 십년이 지나는 동안에 특히 사회적 위기의 각인 아래 와해된 후에 점차 힘을 얻은 것이다. 그것은 새로이 그 헌법상의 실현을 촉구하고 있다. 다시 법치국가적 요소와 사회국가적 요소의 융합이 헌법의 통일성 속에서 가능한가 하는 문제가 제기되는 것이다.

이 문제에 대답하려면 ── 평범하게 말하면 ── 절반의 법치국가와 절반의 사회국가라는 것에서는 결코 사회적 법치국가를 산출하지 못한다는 것을 의식해 두어야 할 것이다. 그것은 방해가 되는 것을 이쪽에서도 사라지게 하고 저쪽에서도 사라지게 하는 방법으로 발견되는 타협적 해결은 존재하지 않는다는 것을 의미한다. 오히려 중요한 것은 법치국가를 그 완전한 엄격성 그대로 받아들이는 것이며, 그리고 법치국가가 사회국가적 요구와 내용에 적합한가의 여부, 그리고 그들에 따라서 열려지는가의 여부, 그렇다고 하여 어느 정도 그러한가를 법치국가의 개념, 형식, 그리고 제도를 근거로 하여 검증하는 것이다. 이 출발점을 선택하는 것 속에는 법치국가에의 선택이 존재하는 것이다. 그렇지만 이러한 선택은 개인적 결정에 근거한 것은 아니다. 그러나 기본법에 의해서 주어진 것이다.[8] 기본법에 있어서의 법치국가에의 결정은 제1의적이며 명백하게 기본법 제20조에서

---

8) Radbruch-Zweigert, Einführung in die Rechtswissenschaft, 1952 (정희철·전원배 공역,『법학원론』, 1971)은 적절하다. 즉「기본법에 있어서의 사회국가성은 바로 절박한 강령으로서 그 수단과 원칙에 대해서 상세한 형식화를 결여한 채 언명되었지만, 그러나 난민과 소매상의 궁핍의 존재로 우연의 소유와 파괴된 것의 빈곤과의 거리에 의해서 그 수단과 원칙의 현실화에의 정지 없이 돌진하는 것에 대해서, 다른 한편 법치국가적 성격은 직접적으로 현실화되었다」. 등등.

표명되고, 기본법 제79조에서 매우 고도의 효력으로 뒷받침되었다.

법치국가는 그 역사적 유래에 의하면, 19세기의 정치적·사회적 상태에 결부되고 있다. 국가로부터 구별된 것으로 간주되고, 그 구조에서 시민적인(bürgerlich) 사회의 자율성이 법치국가의 자유보장과 조직의 기초가 된 것은 명백하다. 합리적·규범적 법치국가와 자본주의적 유통경제와의 구조적 대응은 막스 베버(Max Weber)의 법사회학적이며, 경제사적 연구9) 이래 유명하며, 따라서 그 설명은 불필요하다. 그것에 의하면 법치국가는 시민적 법치국가로서만 가능한 것은 아닌가, 즉 법치국가는 사회국가와의 헌법상의 융합이 이러한 이유에서 이미 좌절되어야만 할 정도로 고도로 지적된 사회학적 소여성에 결부된 것은 아닌가 하는 고려가 시사되는 것이다.

크리스티안 프리드리히 멩거(Christian Friedrich Menger)는 사회적 법치국가의 개념에 관한 그의 논문 속에서 하인리히 트리펠(Heinrich Triepel)이 1931년에 할레에서 개최된 국법학자대회에서 법치국가를 자유주의적인, 시민적인 또는 바로 사회적인 법치국가와 같이 형용사에 의해서 대소화되고 협소화하는 것에 대해서 행한 예리한 항의를 인용하였다.10) 그러한 정식에 의해서 트리펠이 서술했듯이, 「영원한 가치가 세속의 사소한 먼지 속에 빨려들어」간다. 이 항의는 정의의 질서의 실현만이 국가권력을 정당화한다(멩거)는 인식의 변호 이상의 것을 의미한다. 그것은 리페르(Ripert)의 다음과 같은 경고와 부합된다.11) 「의심할 것 없이 정의를 실현하여야 한다는 것이 말해지고 있다. 정의에 첨가되는 모든 형용사에 주의하자」. 실제로 40년의 역사는 개념과 제도가 그 존재가 위협을 받을 때에 자유주의적 시민적 사회적 국민적, 그리고 마침내는 국가사회주의적 법치국가와 같이, 생각할 수 있는 모든 형용사의 렛텔이 붙었다고 하는 주목할 가치있고 경고적인 선례를 제공하고 있다. 그러한 모든 것들은 몰락의 단계들을 나타낸 것이다.

그러므로 트리펠에 의해서 표현된, 법치국가에 대한 절대적 견해가 이해할 수 있더라도 ── 그것은 법치국가의 사회적 질서에 대한 관계를 명백히 하는 것을 면할 수는 없다. 왜냐하면 법치국가는 서양의 헌법발전의 매우 후기의 산물이며, 그리고 그 성립이 시민층의 해방에 의해서, 따라서 새로운 역사의 특정한 단계에서 야기된, 특유의 정신적 사회학적 상황과 끊을 수 없다는 것은 여하튼 다툼이 없기 때문이다. 이러한 정황은 과거에 속하며, 그 이후 발전이 보였는데, 그것은 각자 법치국가를 자기의 목적에 합치하여 재단할 수 있다고 믿음으로써, 각각의 방법으로 법치국가를 스스로 당연한 것으로서 요구한, 매우 다양한, 부분적으로는 대립하는 편성에 의해서 행해지는 것이다.

따라서 구출할 수 있다고 자주 진지하게 믿은 법치국가는 실로 그럼으로써 중대한 손해를 입은 것이다. 캐기(Kägi)12)*에 의해서 인상적으로 서술된 「법적 헌법의 해체」

---

9) Wirtschaft und Gesellschaft, 2. Aufl. 1925, S. 504 ff., 650 ff. u. pass. (최식역, 『법과 사회』, 1959; 신판 『동아법학』 제71호, 2016); Derselbe, Wirtschaftsgeschichte, 2. Aufl. 1924, S. 289 ff. (조기준역, 『사회경제사』, 1976).

10) 1953, S. 6 (본서에 수록); Veröfftl. d. Verg. dt. Staats R. L., Heft 7, S. 197.

11) a. a. O., S. 7.

(Abbau der rechtlichen Verfassung), 즉 변동하는 정치적 상태의 동태에 즉응한, 규범적인 것의 항구적인 희생은 이러한 사건들 속에 그 본질적 원인의 하나가 있는 것이다. 변동하는 사회적 및 정치적 관계들을 법치국가 헌법 속에 투영하고, 그리고 그럼으로써 거기에 상황적합적인 내용을 부여하려는 노력은 실제로는 필연적으로 그 내적 붕괴에로 인도하는 것이다.

아마 어떠한 헌법도 사회적·정치적 현실과의 적합 없이 존속하지 못하며, 그 때문에 이 적합이 법치국가 헌법에 대해서도 만들어 내어야 하기 때문에, 이 노력은 불가결하리라는 이의가 제기될 것이다. 그러나 이 이의는 타당하지 않다. 그것은 법치국가 헌법의 현실에 대한 관계를 잘못 보는 것이다.

법치국가 헌법은 고도의 형식화에 의해서 특징지워진다. 따라서 다음과 같이 말해도 좋을 것이다. 권력분립·법률개념·법률에 의한 행정의 원리·기본권의 보장과 재판의 독립과 같은 법치국가 헌법의 본질적 구성 요소는 그 실현양식의 조건을 스스로 몸에 지니고 있다 라고. 이들 구성 요소가 유효하게 움직이려면 그것은 특유의 효과를 가져온다. 이 효과는 개별적으로는 그들 구성 요소가 적용되어 가는 사회적 공간의 조건에 따라서 수정되는데, 그러나 전체로서 그 효과는 동일한 그대로이다. 이러한 신뢰성과 계산가능성이 옛적부터 바로 법치국가 헌법의 특징적 징표로서 칭찬받아 온 것이다.

이러한 사정은 일찍이 법치국가적 헌법 요소가 그 위에 19세기의 그것과는 크게 다른 오늘날의 관계들 아래서의 법치국가의 운명과 존재가 근거하는 것이며, 법치국가적 구조를 유연하게 하고, 그리고 시대의 요청에 따라서 개조하는 것이 필요하며, 또 성공하여야 한다는 데에 근거할 수는 없다. 그것에 대해서 필요성마저 존재하지 않는다. 왜냐하면 이 경우에만 미리 받아들일 수 있는 엄밀하게 기술적 의미를 가지는 법치국가는 사회적 법치국가를 둘러싼 의론에서는 바로 고려되지 않거나, 또는 당연하게 고려되지는 않는 매우 다양한 사회적 현실성에 적합한 가능성을 최대로 제공하기 때문이다. 이것은 다시 설명할 필요가 있을 것이다.

법치국가의 구성 요소의 체계는 본질적으로 확정되어 있으며, 그리고 거기에서 이들 구성 요소의 상호관계에 대한 귀결이 생겨난다. 그들의 무시는 법구조와 헌법구조의 중대한 장애를 야기할 것이 틀림 없다. 법치국가의 논리는 헌법규범과 단순법률의 규범을 구분하는데, 그것은 그들의 서열에 착안하여 형식적으로 행해질 뿐만 아니라 헌법규범이 단계지움에 적합지 아니한, 간결한 법원칙을 가지지 않는 경우에, 단순법률이 헌법과 집행권력 간의 필연적 매개자인 한에서 대상에 따라서도 행해진다. 그러나 헌법이 기본법 제1조 3항에서와 같이, 약간의 헌법규범을 직접 적용할 수 있는 법이라고 선언하고, 더구나 이들의 규범이 부속 법률에 의한 구체화 없이 집행에 성숙한가의 여부 ── 예컨대 제6조를 또는 제9조 제2항의 자동적 금지를 상기하라 ── 에 대해서 주의 깊게 유념하지

---

12) Die Verfassung als rechtliche Grundordnung des Staates, 1947, S. 94 ff. (홍성방 옮김, 『국가의 법적 기본질서로서의 헌법』, 2011, 137면 이하).

않는 경우에, 법치국가적 질서의 고장은 불가피하다. 왜냐하면 그 경우에 집행권력은 법률의 매개적 기능을 자기 스스로 행사하여야 하며, 그럼으로써 권력분립에 의해서 거기에 할당된 지위를 유월하여야 하기 때문이다. 그러나 법치국가의 구성요건에서의 이와 같은 일탈이 우리들을 곤란한 문제에 직면케 한다는 사실은, 환경의 변화에서 단절된 현대의 법치국가 헌법이 그 확고한 논리를 유지하여 왔다는 것을 인식시키고 있다. 첨가해야 할 것은 법치국가 헌법에 대해서 이 논리는 거기에 이 헌법의 의의, 정당화, 그리고 적용이 고갈되어 있기 때문에, 그것만으로 더욱 진지하게 받아들여야 하는 것이다.

이러한 엄격함 때문에 법치국가 헌법은 임의적인 것이 아니라 특수한 것을, 즉 그 구조에 따른 헌법에 알맞은 것을, 그러나 바로 정말 그 기술적 엄격함 때문에, 또한 확실한 것을 부여하는 것이다. 따라서 법치국가 헌법은 현실과 특정한 관계에 선다. 이 관계는 원칙적으로 추상적·일반적 규범이란 의미에 있어서의 법률의 개념에 의해서 특정된다. 제1차 대전 이후 법률의 형식을 갖춘 조치가 반복하여 등장한다는 사실은, 법치국가 헌법이 원칙적으로 보장하는 헌법이라는 것을 결코 반영하지는 아니한다. 그리고 현존하는 이러한 의미에서 보장되며, 그러나 계획 또는 강령은 그렇지 않기 때문에 그것은 고도로 사회적인 현상(status quo)에 구속되는 것이다.

법치국가 헌법의 보장은 법률개념에 의해서 제시되는 고유한 논리를 가진다. 그것은 첫 째로 한계획정(Ausgrenzung)이다. 인신의 자유·평등·신앙의 자유·의견표명의 자유·결사와 집회의 자유·재산권과 상속권의 보장 — 모든 고전적 기본권은 한계획정, 즉 국가권력이 그 앞에서 서서 머무르는 영역의 설정이다. 한계획정은 사안의 기술적·규범적 측면만의 특정지움이다. 그것은 어떠한 이유에서, 그리고 어떠한 강도(强度)로 한계획정이 행해지는가에 대해서 아무것도 말하지 못한다. 기본권이 전(前)국가적으로 부여된 권리로서의 성격을 가지는가, 또는 국가적으로만 부여된 그것인가는 이러한 관련에서는 미결정 그대로이다.

법치국가 헌법에는 한계획정에 의한 보장의 어려움이 없이 알맞은데 대하여, 다른 한편 다른 종류의 보장에 대해서는 그것을 예외로 헤아려야 할 만큼 좁은 한계 내에서만 타당한 것이다. 거기에는 다음의 헌법보장이 생각되는 것이다. 즉 개인을 한계획정적으로 국가로부터 거리를 두는 것이 아니라 개인에게 국가의 제도, 절차 그리고 집행에 참여(Teilhabe)하는 권리를 인정함으로써 개인을 국가에 결부시키는 헌법보장이다. 참여로 향해진 이와 같은 보장에서 기본권의 고전적 존재에 속하는 것이 있다. 법률에 의한 법관을 요구하는 청구권, 즉 어떤 일정한 방법으로 사법의 조직과 과정에 참여하는 것을 요구하는 권리이다. 만약 법치국가 헌법이 이러한 참여를 강령적으로 뿐만 아니라 직접 타당한 권리로서도 보장하는 데에 성공한다면, 그 경우에는 이와 같은 규범의 직접적 집행을 가능케 하는 두 개의 존재가 존속하기 때문이다. 첫째로 단계지워지고 세분화에 적합지 아니한 항상적 보장내용이 문제로 되며, 그리고 둘째로 이 내용이 특별히 면밀하고 완전하게 형성된 법원제도에 의해서 내용적으로 남김 없이 구체화되는 것이다.

이와 같은 고려들은 직접, 사회적 법치국가의 문제성에로 인도한다. 사회법상의 보장은 우선 첫째로 한계획정이 아니라 적극적 급부에로 향하며, 자유가 아니라 참여로 향한다.13) 자유와 참여는 오늘날 개인의 국가에 대한 관계를 규정하는 기본적 개념이다. 그 어느 것이나 매우 다양하며 대립하기도 하는 국가적 적용과의 관계를 나타내고 있다. 한계획정에 의해서 확보된 자유는 이러한 관계에서 현상(status quo)을 승인하는 국가와 관련을 가진다. 권리와 청구권으로서의 참여는 개인을 사회의 상황에 맡기는 것이 아니라 공여에 의해서 원조하는, 급부하고 부여하고 분배하며 배분하는 국가를 생각하는 것이다. 그것이 사회적인 국가이다.

그러므로 법치국가와 사회국가는 그 의도에서 볼 때 대립한다고 말하지는 않더라도 전적으로 다른 것이다. 법치국가는 그 고유의 제도, 형식 그리고 개념을 가지고 있다. 그것은 자유를 목표로 한다. 관여를 지향하는, 시종일관 현실화 된 사회국가도 본질적으로 다른 종류이어야 하는 고유한 제도, 형식 그리고 개념을 가져오는 것이다.

법치국가는 추상적·일반적 규범이란 의미에서 법률의 우위와 운명을 함께 한다.14) 규범 내용도 자의적일 수는 없으며 — 이미 강조했듯이 규범이 집행될 수 있을 만큼 구체적으로 표현되어야 하는 것이다. 그것은 자유권을 구성하거나 승인하는 한계획정에 대해서 계속 가능하다. 그러므로 — 그 밖의 점에서 이미 명백한 — 법치국가 법률의 자유에 대한 친화성이 존재한다. 관여에 향해진 사회적 규범화도 단결권, 쟁의권 그리고 예컨대 교재의 자유 (또는 마찬가지로 허용하는 것)에 타당하도록 그것들이 한계획정에 근거하는 한, 법치국가 법률에 친숙하다. 그러나 다수의 사회법상의 공여는 관여로 향하고 있다. 자유권과는 달리 관여권은 원래 규범화할 수 있는 항상적 범위를 가지지 아니한다. 그것들은 단계지워지고 세분화를 필요로 한다. 왜냐하면 그들은 개개의 경우에 적당한 것, 필요한 것, 그리고 가능한 것이라는 틀 내에서만 합리적인 의미를 가질 뿐이기 때문이다. 이러한 정도를 규정하는 것은 입법과 법률을 집행하는 행정에 맡겨야 할 것이다.15)

---

13) 자유와 참여에 대해서는 나의 저서 Die Verwaltung als Leistungsträger, 1938을 참조.

14) 현대 법률 아래에서 다양한 조치법률이 존재하는 것은 Dürig, JZ. 1953, S. 193 f.가 강조하듯이, 확실히 적절하다. 기본법은 적어도 기본권의 영역에 대해서는 제19조 제2항에 의해서 조치법률을 방해하는 것을 시도한다. 그러나 기본법은 제14조 3항 2단에서 「법률에 의한」 공용수용을 승인함으로써 이러한 노력을 일관하지 않고 있다. 그럼에도 불구하고 기본법은 일반규범으로서의 법률의 성격을 예컨대 바이마르 헌법에 의해서 참말로 받아들였다는 것을 확인하는 것이 허용될 것이다. 그것을 기본법 제79조 1항에 있어서의 헌법파기의 배제도 또한 보여준다. 물론 조치법률의 일반적인 금지를 이 규정에서 도출할 수 는 없을 것이다. 다른 한편 기본법의 법치국가적 성격은 이와 같은 조치법률에 의해서 상대화된다.

15) 예전부터 지방자치단체법에 알려진 낡은 참여-규범(Teilhabe-Norm)의 정식화, 즉 예컨대 독일 게마인 데법(DGO) 제17조와 다음과 같은 그 승계 규정, 바이에른 게마인데법 제21조, 헤센 게마인데법 제18조, 노르트라인-베스트팔렌 게마인데법 제18조, 라인란트-팔츠 게마인데법 제12조, 슐레스비히-홀슈타인 게마인데법 제18조에 있어서의 게마인데의 설비를 이용하는 게마인데 주민의 권리 보장을 참조. 독일 게마인데법 제17조의 전신에 대해서는 Surén-Loschelder, Kommentar z. DGO, Bd. I, 1940, S. 280 f. 참조. 이들 모든 규정은 참여권을 그 자체로서 보장하는데, 그러나 그 범위에 관하여 「이미 어떤

그러므로 근로의 권리·배려를 구할 권리·교육·훈련 그리고 수업을 받을 권리·가족·모성 그리고 청소년의 보호를 구할 권리와 같은 사회적 권리는 집행에 숙달된, 추상적 규범에는 적합하지 않다. 이에 더하여 그 내부로부터 이와 같은 사회적 보장이 나타나는 개별적인 법소재(法素材, Rechtsmaterie)는 법구성에서 자명한 것으로서 가정하는 것이 허용되는 규범적 완성도를 가지는 상태에 있지 아니한 것이다.

헌법은 사회적인 것을 위한 법률(Sozialgesetz)일 수는 없다.16) 그것은 전체를 지향하는 것이다. 세분화 된 소재의 규율은 그 임무가 아니며, 그것이 비문체의 간결한 것에 몰두해야 하기 때문에 임무일 수는 없다. 그러므로 그것은 규범의 직접적 집행을 가능케 하는 내용적 규정상의 단계에 도달하지 못한다. 이 경우에 헌법규범을 그 집행이 이미 공포된 법률의 시행에서 가능할 정도로 구체화하는 것은 입법자의 임무이다. 이미 언급한 법률성 숙성의 문제는, 바로 사회적 규범화의 경우에 반복하여 등장한다. 바이마르 공화국 헌법의 발효에 의해서 법학과 재판은 광범위하게 이 문제에 직면하게 된 것이다.17)

물론 사회국가적 발전은 사회적 「보장」을 거기에 구속되는 입법자가 비로소 증명하는 단순한 프로그램적 약속이라는 불안정한 상태 그대로 두는 것이 아니라 그들에게 직접적인 법적 구속력을 인정하는 방향으로 나아간다. 그럼으로써 비로소 그것은 진정한 보장이 될지도 모른다. 그 경우에만 헌법은 사회국가적 헌법의 성격도 부여될지 모른다. 왜냐하면 그럼으로써 이와 같은 특징지움을 의미 있는 것으로서 나타내라는 헌법구조상의 요소가 부여될지도 모르기 때문이다.

이러한 방법에 의해서 헌법규범과 헌법집행 간에 있어서의 단순법률의 매개적 작용이 제거된다는 법치국가적 의념에 대해서는 아마도 기본법 자신이 제1조 3항에서 기본권 조항의, 입법, 행정 그리고 사법에 대한 직접적 구속을 명시적으로 규명함으로써 매개적 법률을 기본권에 관하여 배제하였다는 이의가 주장될지도 모른다. 그러나 그 사정(射程)이란 점에서 더욱더 두드러지게 되는 이 규정을 일반화하려고 권장한다면, 곧바로 불운하게 될 것이다. 제1조 3항은 국가와 개인 간에서 생각될 수 있는 다툼의 대부분을 헌법의 해석을 둘러싼 다툼에로 변환하는 것이다. 제1조 3항은 입법부가 그 직무를 아직 처리하지 않는 곳에서는 집행부가 입법부에 대해서 관계되는 것을 지시함으로써 입법부와 집행부의 관계를 근본적으로 변경하는 것이다. 그럼으로써 규범정립권한과 직접적 침해의 권한

규정」을 지시하는 것을 넘지 아니한다. 이들 규정의 직접적으로 실현할 수 있는 내용은 이용의 허가가 게마인데의 자유재량에 맡겨지는 것이 아니라 이용규정에 규율되어야 할 적절한 이유에 의해서만 거부될 수 있는 데에 그친다. 그것은 확실히 의미 없는 것은 아니지만 그러나 사회적인 것이라고 생각되는, 이용규정의 형성의 보장을 이와 같은 규범은 제공하지 아니한다.

16) Smend, Verfassung und Verfassungsrecht, 1928, S. 75 ff. (본서 704면 이하).

17) 이것에 대해서 Anschütz, Kommentar, 4. Bearb. 1933, S. 154 ff. 특히 권한 있는 입법에 의한 상세한 규율의 유보에도 불구하고 이 규정에 직접적으로 적용할 수 있는 규범의 성격을 인정하는 제131조에 대한 판결을 참조하라(RGZ, Bd. 102, S. 168, 393; Bd. 103, S. 430; Bd. 104, S. 291 f.. Bd. 105, S. 335; Bd. 106, S. 31 ff.). 안쉬츠는 그의 콤멘탈의 논술에서 그의 이론(異論)을 분명히 마지 못해서 포기하였다 그 밖에 Carl Schmitt, Handb. d. dt. Staatsr. Bd. 2, 1932, S. 694 ff. 그리고 derselbe, Rechtsstaatlicher Verfassungsvollzug. gedr. Rechtsgutachten, 1952, S. 11 ff. 참조.

간의 엄격하게 법치국가적인 구별은 상실하는 것이다. 이 구별은 필연적으로 법률국가인 법치국가를 행정국가로부터 나누는 징표이다. 따라서 기본법 제1조 3항은 필연적으로 행정의 독립성과 권력의 강화를 귀결하는데, 그것은 특히 기본법 제9조 2항의 자동금지에서 명백하게 되고 있다. 기본법의 기초자가 기본법 제1조 3항의 이러한 효과를 그 전체 사정(射程)에서 고려하였는지는 당연히 의심해도 좋을 것이다. 개인의 기본권리 보호에 최고의 법적 효력을 부여하려는 조항의 의도는,[18] 그 반대물에로 전환할 우려가 있다. 기본법의 전체 구조의 틀 내에서 기본법 제1조 3항을 평가함에 있어서 헌법제정자가 기본권으로서 보장된 자유의 재건에 부여한 특별한 우선도를 간과하는 것은 허용되지 않을 것이다. 나아가 본질적인 것은 제2조 · 제9조 · 제12조 그리고 제14조와 같은 개개의 기본권이 야기하는 해석상의 어려움에도 불구하고, 본질적으로 집행가능성이 어떤 규범의 무리에 대해서 명하고 있으며, 그들에 대해서 즉 고전적 기본권에 대해서 직접적 집행가능성은 이전부터 존재하고 있었다는 것이다. 따라서 기본법 제1조 3항에 일반화되지 아니하는 특별규율을 발견하는 것이 허용된다. 그 밖에 기본법이 법치국가적 법률개념과 헌법개념에 알맞게 짜맞추는 것을 제19조 1항, 제79조 1항 그리고 제80조가 보여주고 있다.

다른 선택은 있을 수 없다. 여기에 법치국가의 절대적 한계가 존재하며, 그것은 법치국가 자신이 포기될 때에만 포기되는 것이다. 이러한 확인은 우선 첫 째로 란트 헌법들[19]에 기초된 사회프로그램적 조문에 타당하다. 란트 헌법들은 기본법 제28조에 의해서 기본법 제20조에 기초한 법치국가의 기본구조에 구속받고 있다.

그러나 바로 이 규정들이 연방공화국을 「사회적 연방국가」(제20조), 그리고 「사회적 법치국가」(제28조)라고 하는 특징지움을 포함하고 있으며, 이 특징지움에 의거하여 독일 국법학의 중요성을 증대하는 최근의 경향은 형식적이며 보장적인 시민적 법치국가의 후계자로부터 연방공화국을 일정한 정도 해방하려고 노력하며, 그리고 일정한 실질적 내용에 구속하는 것으로부터 그 법치국가성을 새롭게 정식화하려고 노력하고 있다. 이러한 경향의 대두는 그 대표적 논자인 한스 페터 입센의 논문들에서 특히 명료하게 제시되고 있다. 「기본법에 대해서」(Über das Grundgesetz, 1950)라는 그의 논문에는 과연 이미 기본법의 사회국가에의 신앙고백의 강조가 포함되어 있다. 이러한 강조는 기본법이 「바이마르 헌법보다 훨씬 현재를 견고하고 부동적인 것으로서 고정화하고」(S. 16), 그리고 입센의 견해에 의하면, 이러한 현상보장과 전쟁의 종결로 야기된 현존하는 「사회적 예외상태」 간을 지배하는 대조를 기본법이 예리하게 묘사한다는 것을 기본법

---

18) 바이마르 라이히 헌법의 기초자는 기본권과 기본의무에 「라이히와 란트의 입법, 행정, 그리고 사법을 위한 기본방침과 계약」이라는 성격을 부여하려고 한, 제4초안(제107조)의 대응규정을 「쓸데없고 실무상 사용불가능한 것」으로서 삭제하였다. Anschütz, a. a. O., S. 515. 직접집행의 규정은 상당한 부분에서 자각적으로 프로그램 규정을 포함한 바이마르 라이히 헌법의 제2편에 대해서 문제가 되지는 아니하였다.

19) 특히 바이에른 헌법 제151조 이하. 헤센 헌법 제27조 이하. 라인란트-팔츠 헌법 제23조 이하. 제51조 이하. 브레멘 헌법 제37조 이하, 노르트라인-베스트팔렌 헌법 제5조 이하. 제24조 이하 참조.

제14조, 제15조의 원용 이래 확인하는 서술의 틀 안에서 행하고 있다. 여기서 또한 사회국가에의 신앙고백에서 구체적인 귀결이 도출되지는 않더라도, 그것은 생각건대 강조적으로 기본법에 부여된 잠정적 성격에 그 이유가 있는 것이다. 그 후 괴팅겐에서의 보고에서 비로소 입센은 기본법이라는 잠정적 제도가 보다 장기간 계속하리라는 이해에서 이러한 자제(自制)를 명백히 포기하고, 기본법은 제20조, 제28에서 사회국가에 대해서 결정한 것이며, 이제 이 결정을 유효한 것으로 하는 것이 중요하다고 의견을 진술하였다.

이미 그 사정(射程) 때문에 중요한 이 명제는 그것이 지금까지 존재한 제20조, 제28조의 해석에서 완전히 빗나가자 더욱더 센세이션을 일으키게 되었다. 그레베(Grewe)[20]는 사회적 연방국가로서의 성격지움을, 거기로부터는 법적 귀결을 도출할 수 없는「실체 없는 백지개념」이라고 선언하였던 것이다. 클라인(Klein)[21]은 제20조, 제28조와 기본법의 자유주의적・법치국가적인 전체적 내용 간의 이율배반의 확인을 넘어서지 못하였다. 프리젠한(Friesenhahn)[22]은 사회적 법치국가에의 신앙고백에 입법자의 의무를 발견하고, 그리고 일면적으로 개인주의적인 기본권의 해석을 배제하는 해석준칙을 발견하고 있다. 실제로 이러한 최초의 평가들은 바이마르 헌법의 법에 주지하였듯이. 사회적 법치국가에의 신앙고백에 프로그램 규정의 성격을 부여한다는 결과에 이른 것이다.

그렇지만 바이마르 헌법과의 본질적인 차이가 다음의 한도에서 존재한다. 즉 바이마르 헌법이 이와 같은 프로그램 규정을 제2편의 사회적 보장의 틀 안에 포함하는데 대하여, 다른 한편의 사회적 법치국가 또는 사회적 연방국가에의 신앙고백은 제20조에서 기본법의 불변의 핵심적 존재에 속하며, 그리고 제28조에서 의심의 여지 없이 직접적・법적 구속력이 인정된 헌법규범의 일부라고 하는 한에서이다. 사회적 법치국가의 의미내용에 의해서 기본법의 소재가 여기서 작용하지 아니할 때에는 더욱 더 그러한 것이다.

기본법 제28조가 법치국가로서의 연방공화국을, 공화제적・민주적 그리고 사회적이라는 형용사에 의해서 특징지우는 경우에, 최초의 두 개의 것은 해석에 아무런 특별한 어려움을 가져오지 아니한다. 왜냐하면 그것은 국가형태(Staatsform) 규정적이며, 기본법 자신에서 충분히 정밀하게 규정되고 있기 때문이다. 그에 대해서 거의 아무런 사회적 규범화를 포함하지 않으며, 또 사회적 임무와 제도에 관하여 권한규범에서만 언급할 뿐인 기본법에 의해서는, 사회적이라는 국가내용(Staatsinhalt) 규정적 형용사는 구체화되지 못한다. 기본법은 결코 특수한 사회적인 것이라는 내용을 가지지 아니한다.

따라서「사회적」이라는 말은 기본법을 초월한 곳을 가리키며, 그리고 헌법외적 영역으로부터만 특수한 내용을 얻을 수 있는 것으로 생각된다. 그렇지만 외부로부터의 이와 같은 의미부여에 대해서는 원칙적인 의념이 제기되고 있다. 즉 어떤 법개념이 어떠한

---

20) Das bundesstaatliche System des Grundgesetzes, DRZ 1949, S. 349 ff.
21) Bonner Grundgesetz und Rechtsstaat, SGes. StW Bd. 106, S. 390 ff.
22) Die politischen Grundlagen im Bonner Grundgesetz, in Recht, Staat, Wirtschaft, Bd. 2, 1950, S. 164 ff. (178 f.), 본질적으로 그에 따르는 것으로서 Wernicke im Bonner Kommentar, zu Art. 20, Anm. II, e. 마찬가지로 또한 v. Mangoldt, Kommentar zum Grundgesetz, S. 134.

규범적 관련과 사물적 관련 속에 나타나는가는 결코 아무래도 좋은 것은 아니다. 예컨대 사회보험법의 틀 안에서는 이 법영역에 타당한 사회적인 것의 개념이 실정법과 소재의 논리에서 충분히 의심 없이 탐구될 수 있을 것이다. 동일한 것은 사회적 안전 또는 사회부조가 말해지는 경우에도 타당하다.23) 노동법의 사회적 요소들도 또한 주어진 소재로부터 명백하게 설명된다. 그러나 사회적인 것의 이러한 의미내용을 곧바로 헌법 속에 가지고 들어올 수는 없다. 마르틴 볼프(Martin Wolff)24)* 이래 헌법개념은 독자성을 가지고 있으며, 그것은 권리라는 특별한 소재에 의해서 매우 확고히 한 각인(刻印)에서마저도 헌법개념을 멀리한다는 것이 알려지고 있다. 재산권개념은 그것에 대한 절호의 예이다. 다른 선택의 여지는 있을 수 없다. 왜냐하면 이와 같은 개념은 헌법의 레벨에 옮겨진 경우에, 그럼으로써 그것은 전적으로 고유한 종류의 논리적 의미관련과 정치적인 그것에로 이전되며, 그리고 그럼으로써 어떠한 특별법상의 고정화와 기초자의 예견으로부터도 고도로 격리된 의미내용을 얻기 때문이다.

기본법 제20조와 제28조에 있어서의 사회국가에의 신앙고백이 진지하게 다루어진 이래, 매우 다양하고 또한 지금까지의 말로부터는 예측하지 못하는 「사회적」이라는 말의 해석이 사회적 법치국가라는 정식에 접착된 것은 놀랄 일이 아니다. 약간의 지시만을 언급하면 사회적 법치국가에의 신앙고백으로부터 정치적 스트라이크와 공동결정권이 도출되었다.25) 어떤 상급행정재판관은 토지개혁법률들과 기본법 제28조를 원용하고 사회적으로 바람직하지 않거나 또는 반사회적인 토지소유는 원래 헌법의 보호를 향유하지 못하며, 그 때문에 그것을 다루는 것은 「재산권에 반하는 공용수익은 이를 인정하지 아니」26)할 수 있다는 명제를 전개하였다. 이제 이미 정치적 원망에 따라서 사회적인 것이 무한하게 확대될 위험은 명백하다.

이와 같은 사정 아래서는 기본법 제20조, 제28조에 있어서의 「사회적」이라는 형용사의 의미에 대해서 약간의 매우 일반적인 확인만이 가능하다. 사회적이란 여하튼 분배 · 배분 그리고 부여27)라는 과정을 명하고 있으며, 그리고 공여와 결부한다는 점에서 보장하는 법치국가와는 다른 기본 관련을 가지고 있다. 정치적 어법에서 사회적이라는 용어가

---

23) 이에 대한 저작으로서는 Hans Achiger, Soziale Sicherheit, 1953; Zur Neuordnung der sozialen Hilfe, 1954.

24) Reichsverfassung und Eigentum, Berliner Festgabe für Wilhelm Kahl, 1923.

25) Abendroth in Schnorr v. Carolsfeld und Abendroth, Die Berechtigung gewerkschaftlicher Demonstrationen für die Mitbestimmung der Arbeitnehmer in Wirtschaft, 1953. 그것이 전면적으로 부정되어야 할 것은, 공동결정권이 경제적 권력관계의 조정수단인데 대해서, 다른 한편 사회적인 것은 비록 그것이 어떻게 정의되더라도 여하튼 권력관계에서 엄격하게 구별되어야 하기 때문이다. 그것에 대해서는 나의 저작 Verfassungsfragen des Sozialstaates, 1954, S. 6 ff.

26) 전국장, 현 재판부 부장 크놀 박사(Dr. Knoll)의 법률감정은 자영 농가 함커(Hamker)의 헌법소원 사항에서 노르트라인-베스트팔렌 주에게 보상을 명하고 있다. 이에 관해서는 새로이 Diester, Enteignung und Entschädigung, 1953, S. 121 ff., Reinhardt in Reinhardt-Scheuner, Verfassungsschutz des Eigentums, 1954, S. 39 f.

27) 이에 대해서는 현재 Carl Schmitt, Nehmen, Teilen, Weiden, in Gemeinschaft und Politik, 1. Jahrg., S. 18 ff. (22 ff.).

등장하면서부터, 따라서 지난 세기의 중엽 이래 이 말은 사회와 정치의 현상에 대해서 향해진 논쟁적 경향을 가지고 있다. 오늘날, 즉 약 한 세기에 걸치는 사회국가적인 발전 이후, 그 말은 이중적인 의미로 사용되고 있다. 그것은 그 본래의, 논쟁적 의미에서 이해될 수 있다. 그 경우 사물의 추이에서 생기게 될 재화의 배분에 비교하여 보다 적절하고 보다 정당한 재화배분이 생각되고 있다. 그러나 사회적이라는 말은 비논쟁적으로, 현존하는 것과 관련될 수도 있으며, 사회적 발전에 의한 보다 좋은 재화의 부여를 나타내며, 우리들의 법질서의 구성부분이 되고 있는 제도, 개념, 그리고 법규를 의미할 수 있는 것이다.

사회적 법치국가라는 정식에서의 사회적이라는 말을 현존하는 재화의 분배에 대해서 향해진 논쟁적 의미로 이해한다면, 두 가지의 상이한 의도 아래 구성된 이율배반의 관계에 들어간다. 이 이율배반은 결정에 의해서만 극복될 수 있으며, 「사회적 법치국가」라는 정식의 의미는 그 경우에 어떤 요소가 결정되는가에 좌우되는 것이다.

사회적 요소에의 결정은 철저하게 한다면, 기본법이 그 (법치국가적) 보장작용을 그때그때의 다수파와 그 정부에 의해서 사회적인 것이라고 이해되는 것의 틀 내에서만 행사한다는 데에로 인도할 것이다. 왜냐하면 이에 더하여 헌법에서 뒷받침 된 사회적 본질규정에 모순되는 것을 국가가 헌법에 의해서 보장한다는 것은 불합리한 일이기 때문이다. 그것은 틀림 없이 외관이 제시할는지도 모를 만큼 공상적인 것은 아니다. 왜냐하면 바로 위에서 언급했듯이, 토지개혁에 의해서 생각된 토지소유권에 대해서는 이미 이러한 귀결이 도출되기 때문이다. 이 경우에 사회적 법치국가라는 정식은 간과할 수 없는 차별과 상실을 위한 하나의 수단이리라고 생각한다. 그러나 그것은 법치국가의 부정이 될 것이다.

기본법 제20조, 제28조에 있어서의 사회적이라는 말을 이러한 논쟁적 의미로 파악하는 것이 아니라 법질서의 사회적 요소의 총체로 받아들인다면, 「사회적」과 「법치국가」와의 의도적인 대향성(對向性)은 과연 피해지는가? 그러나 충분히 규정하지 못한다는 어려움이 남는다. 확실히 개별적인 법소재의 사회적 요소가 지적되는 것이다. 사회보험이, 노동협약체결권, 노동보호와 해고로부터의 보호가, 공적 부조의 제도가 사회적 주택건축, 부담의 조정, 난민구호 기타 전후 처리를 위한 조치들이, 재산권의 사회적 제약이, 수업료의 무상과 교재의 무상이, 그리고 기타 사회적 보장과 기타 많은 것이 지시될 수 있을 것이다. 그러나 여기서도 정의를 내리려고 하는 경우에, 불명료함과 의견의 차이가 야기될 것이다. 어떤 사람은 사회화와 공동결정권과 같은 권력상태의 조정도 사회적인 것에 산입할 것이며, 다른 것은 그것에 반대할 것이다.[28]

그러나 그것은 그대로 둘 수 있다. 왜냐하면 사회적인 것을 충분하고 명백하게 내용규정하는 데에 성공한다고 가정하더라도, 기본법 제28조 1항의 해석에 대해서 다음의 양자택일이 생길 것이기 때문이다. 즉 이 조항은 사회적이라는 말로 생각되는 법적 사실을

---

28) 이에 대해서는 나의 저서 Verfassungsprobleme des Sozialstaats, S. 10 f. 사회화에 대해서는 Huber, Wirtschaftsverwaltungsrecht II S. 149.

보장하는 것이다. 그렇다면 그것은 연방과 란트들에 있어서의 그때그때의 사회법적인 질서들과의 관련만을 취하고 있음에 불과한 것인가 하는 양자택일이다. 이 두 번째의 경우에 사회적이라는 말은 보잘 것 없을 것이다. 그것은 결코 구속을 포함하지 않을 것이며, 그 의도와 그 문헌에서 볼 때 바로 당연하게 구속하는 법규 속에서 자리를 차지하지 못할 것이다. 그 조항은 그것이 그때그때 타당한 란트법을 지시함으로써 스스로를 지양할 것이며, 그것이 사회적 연방법을 의미하는 한에서 기본법 제31조와 병립하는 것에 불가결할 것이다. 기본법 제28조에서의 사회적 법치국가의 정식에 공화제적 법치국가와 민주적 법치국가의 문언과 동일한 보장작용을 부여하려고 결의하는 경우에만 직접적 구속의 효과가 그 정식에 요구될 것이다. 그 경우 적절한 것인지 가령 제도적 보장만이 받아들여진다고 하더라도, 그것은 간과할 수 없는 귀결을 가질 것이다. 바이마르 공화국 헌법 제17조에서의 「자유국가의 헌법」이란 개념과 마찬가지로, 지금까지 헌법조직상의 의미로 이해되어 온 란트들의 헌법적 질서의 개념은 그럼으로써 한정화가 전혀 불가능한 실체법상의 내용을 획득하도록 생각된다.[29] 따라서 「사회적 법치국가」의 정식은 고유의 제도적 각인과 특수한 내용을 가진 특별한 법치국가개념을 특정지운다는 의미에서의 법개념은 아니라는 것이 확인되어야 할 것이다. 이와 같은 정식에서만이 권리나 의무도 성립시키지 못하며, (공동결정과 같은) 제도도 도출하지 못하는 것이다.[30]

그런데 이와 같은 도출을 주장한 것이 입센이었다. 그 주장은 사회화(기본법 제15조)가 기본법 제20조 1항에서 개정불가능한 것으로서 고정화 된 사회적 법치국가의 구체화이기 때문에, 헌법개정의 수단에 의한 제거를 면한다는 결론을 사회국가에의 신앙고백(기본법 제20조 1항)에서 이끌어냄으로써 행하였다. 앞에서 제시한 견해와 반대로 사회화를 사회국가에 가산하려고 가령 의욕한 경우에도, 이러한 결론은 기본법 제20조 1항을 그것을 위한 아무런 근거도 존재하지 않는 사회적 법치국가의 개념으로 뒷받침하는 것이기 때문에 설득적인 것은 못 된다고 생각한다. 더구나 우선 생각할 것은, 노동자를 위한 공동재산에의 이행이 결코 반드시 노동조건과 생활조건의 개선에 결부된다고는 한정하지 않기 때문에 이 경우 더욱 근거가 요구되어야 할 것이라고 생각한다.

그럼으로써 사회적 법치국가에의 신앙고백에 모든 법적 의의가 부정되는 것은 아니다. 입센은 함부르크에서의 강연에서[31] 사회국가에의 신앙고백을 국가목적규정(Staats-

---

29) 「사회적」이라는 형용사가 법학상의 개념형성에 대해서 사용불가능하다는 것은, 다른 헌법규정에서도 명백하게 된다. 수권의 범위가 「사회적 욕구가 필요에 한해서」와 같은 정식에 의해서 규정하게 되는 명령의 방식으로 보충적 규범정립을 위한 법률에 의한 수권이 발동되는 경우를 가정하라. 이와 같은 정식은 의심할 것 없이 기본법 제80조에 대해서 충분하지 않을 것이다. 왜냐하면 그것이 수권을 거기에서 요구되는 정확함으로 한정하지 않기 때문이다. 사회적이라는 형용사는 상응하는 모든 경우에 허용되지 않으면 안 된다. 그것은 특정한 의미에 있어서의 사물관련에 의해서 그것이 구체화되는 곳에서는 경우에 따라서는 법개념을 정식화 하는 데에 적합하다. 그러나 그것은 기본법 제28조에도 제20조에도 적절하지 않다.

30) 마찬가지로 제도가 이러한 방법으로 배척되는 것은 아니다. 즉 기본법 제20조 1항에서, 예컨대 카르텔 금지는 근거가 되지 아니한다.

31) Über das Grundgesetz, 1950, S. 14, 17.

zielbestimmung)이라고 특징지었다. 거기에는 동의할 수 있다. 내용적으로는 이러한 국가목적규정은 바이마르 공화국 헌법 제151조에 대응한다고 생각된다.32) 그것은 입법자에 대해서 구속적이며, 따라서 프로그램적 성질을 가질 뿐만 아니라 사법과 행정에서의 법적용도 직접적으로 구속한다.

행정의 영역에서 침해행정이 대응한, 국가와 사회의 이원론이 붕괴하면서 함께 그 극복을 이미 단순한 법형식적 기본으로 측정할 수 없는 사회형성적 임무가 입법과 행정에 귀속하였다. 이러한 사회형성적 작용에 대해서 그들이 헌법과 법률의 틀 안에 있는 것만으로는 이미 충분하지 않으며, 그것들은 대상에 맞는다는 의미에서 적정하게 규율되고 행사되어야 하는 것이다. 그것은 새로운 시대의 국가발전과 사회적인 것의 발전에서 필연적으로 야기되는 것이며, 그리고 나는 이러한 결론을 이미 기본법의 발효 이전에 특정한 헌법을 근거로 하지 않고 이끌어 내었다.33) 그것 자체를 위해서 사회국가에의 헌법상의 신앙고백은 필요하지 않다. 그러나 신앙고백은 이 요구를 뒷받침한다. 왜냐하면 기본법에 대해서 신앙고백은 그것이 기본권의 극단적인 개인주의적 해석을 금지하는 한에서는 특별한 의의가 부여되는 것이 허용될 것이다. 그러므로 기본권이 이미 사회적 유보를 포함한 경우에 기본법 제20조 1항에 의뢰할 필요는 없다. 기본법 제14조 2항이 이미 바이마르 공화국 헌법 제153조 3항과 같이, 단지 입법자의 지침일 뿐만 아니라 재산권자도 직접 구속하는 규범이라고34) 하는 요해가 오늘날 성립한 이래 그것은 재산권 보장에 타당한 것이다. 이러한 사회적 구속에 의하여, 나아가 기본법 제20조 1항의 원용이 인정된다면, 그럼으로써 기본법의 의미에 대응하지 못하는, 사회적 구속의 중복이 생긴다고 생각된다. 그것에 반대되는 별개의 고려도 있다. 사회국가에의 신앙고백은 설명했듯이, 재화배분의 시스템에 관계된다. 기본법 제14조와 제15조는 (말의 넓은 의미에서) 재산권이 문제가 되는 한에서 결정적인 규정을 포함하고 있다. 여기서 행해진 규율은 사회국가의 선언에 대한 특별법의 성격을 가진다. 즉 기본법 제20조 1항은 재산분배에 대해서 기본법 제14조, 제15조에서 행해진 규정을 조건으로서 타당한 것이다. 이러한 이유에서 기본법 제20조 1항은 기본법 제14조, 제15조의 해석에 대해서 이용될 수 없다.35) 물론 이러한 종류의 규정은 헌법의 기본권 부분에서 그 비교적 적절한 위치를 발견한 것이라고 생각한다.

사회국가의 신앙고백의 법적 효과는 기본권에 한정되지 아니한다. 기본법 제20조 1항은, 법률의 가능한 해석 속에서 사회적 요구에 가장 일찍 대응하는 해석을 선택하는 일반적 의무를 표명하고 있다. 동일한 것은 재량의 활동에도 타당하다. 따라서 과연

---

32) Huber, a. a. O., I, S. 36 ff.

33) Verwaltungsrecht, Bd. I, 1. Aufl. S. 57 ff.

34) v. Mangoldt, Kommentar zum Grundgesetz, S. 101, Bonner Kommentar zu Art. 14, Anm. II, 5. 최근의 것으로는 Huber, Wirtschaftsverwaltungsrecht, Bd. 2, S. 14.

35) 이 이론(異論)은 Enteignung und Sozialisierung, Veröfftl. d. V. dt. StaatsrL. Heft 10, 1952, S. 74 ff. (공용수용과 사회화, 김효전 옮김,『독일 헌법학의 원천』, 659-700면에 수록)에 대한 입센(Ipsen)과 리(Ridder)의 보고에 대해서 해야 할 것이다.

기본법 제20조와 제28조의 원용에 의해서만 1924년 2월 14일의 배려의무명령에 근거한 급부에 대한 출소가능성(出訴可能性)은 정당화되지 못할 것이다. 그러나 개인적 곤경의 심각화와 관련된 기본권보호의 확대와 출소가능한 권리의 확장이라는 일반적인 경향이 명령의 최초의 해석에 더욱 집착할 수 있는가 하는 당연한 의념을 환기한 이래, 기본법의 사회국가적 목적규정은 배려를 구하는 출소가능한 청구권의 긍정을 위해서 매우 잘 이용할 수 있을 것이다.36)

　따라서 법치국가는 사회국가의 신앙고백에 의해서 일정한 방법으로 내용적으로 결정되는 것이다. 그렇지만 이 신앙고백은 그것이 이러한 뒷받침이 없었다 하더라고 존재할 것이라고 생각되는 국가의 행위에의 요구에 뒷받침을 의미할 뿐이기 때문에 헌법제정자의 결정이라고 평가하는 것은 곤란하다. 사회국가의 신앙고백은 무엇보다도 결코 제도적 의미를 가지지 않는다. 그것은 연방공화국의 구조적인 헌법형태(strukturelle Verfassungs-form)에 관련되지 아니한다. 이것은 여전히 법치국가의 개념에 의해서 남김 없이 표현된다. 따라서 법치국가와 사회국가는 헌법 레벨에서는 혼합되지 아니한다. 헌법, 입법 그리고 행정이 결합하는 곳에 비로소 법치국가와 사회국가도 또한 결합한다. 여기서는 사회적 법치국가도 또한 국가유형(Staatstypen)을 규정하는 일반적 표시로서 그 충분한 자격을 가지는 것이다.

　이러한 확인은 사회적인 충격에 의해서 매우 강력하게 움직이고 규정된, 현대적인 현실에 있어서의 법치국가적 헌법의 상황을 특징짓고 있다. 사회국가를 법치국가 헌법의 틀 안에서 구조적으로 형성하는 것이 불가능하다는 것은, 1945년 이후 전 세계에서 공포된 새로운 헌법에서 명백하게 되고 있다. 뢰벤슈타인(Loewenstein)37)*에 의해서 적절하게 강조된 이러한 헌법들의 획일성은, 우선 첫째로 과연 사회국가적 전문, 프로그램 규정과 신앙고백을 휘감을 수는 있지만, 그러나 구조상 다소 항상 동일한 것인, **하나의** 법치국가 헌법만이 실제상 존재한다는 사실에서 설명되는 것이다.

　이러한 획일성은 비난되어 왔다. 현실에 있는 국가를 충분히 아직 장악하지 못한다고 하는, 현대의 헌법제정자의 무능함의 나타남이 거기에 보여진 것이다. 사태는 보다 복잡한 상태에 있다. 독일민주공화국의 헌법도 또한 도처에서 법치국가의 도식을 이어 받으며, 따라서 법치국가 헌법을 극단적으로 다른 정치질서를 포괄할 수 있다는 생각이 들 때에, 제정된 헌법문언의 힘은 일단 성문 헌법 시대의 종말에 가까운 우려가 있을 만큼 쇠퇴한 것은 아닌가 하는 의념이 생길지도 모른다.

---

36) 이 문제는 주지하듯이 다툼이 있다. 긍정적인 것은 크뤼거(Krüger)의 찬성의 논평을 첨가한 OVG Münster v. 13. 4. 1950. DVBl. 1951, S. 84. 나우만(Naumann)의 논평을 첨가한 VGH München v. 8. 3. 1949 VRspr. Bd. I, S. 351=DV 1949, S. 440; Klinger, Kommentar z. MRVO Nr. 165, 2. Aufl., 1953, S. 151; Forsthoff, Lehrbuch des Verwaltungsrechts I, 3. Aufl. 1953, S 161. 부정적인 것은 VGH Kassel; v. 16. 3. 1949 VRspr. Bd. I, S. 481 und v. 26. 6. 1950, DV 1091, S. 82. 특히 Held, ÖV 1951, S. 8; Klinger, a. a. O.에서의 상세한 소개.

37) Verfassungsrecht und Verfassungsrealität, Arch. öff. R. 77, S. 387 ff. (김효전 옮김, 『독일 헌법학의 원천』, 2018, 902면 이하; 동 『비교헌법론』, 1991, 225면 이하).

이제 확실히 동쪽과 서쪽 간의 헌법의 획일성은 기묘한 현상이다. 그러나 그것은 법치국가의 헌법수행의 의의를 인식시키기 때문에 일반적으로 계발적이다. 왜냐하면 독일민주공화국의 단일정당 지배는 법치국가적 헌법수행의 형식과 절차를 거부하기 때문에 법치국가의 헌법과 화해할 수 있는 것이다.

원래 시민적인, 그리고 19세기의 시민사회와 결부된 법치국가를 서구의 세계는 많은 점에서 근본적으로 다른 것이 된 현대의 현실을 위해서 보유하며, 그리고 그것이 파괴된 곳에서는 재건하여 온 것이다. 그것은 법치국가의 제도들이 그들이 정서하고 있던 본래의 사회의 현실로부터 실제로 분리되는 것이 증명되었기 때문에, 단지 가능하였다. 환경의 변동에 대한 법치국가적 제도의 독립성은 이들 제도의 기술화에 의해서만 달성 가능하였다. 자율적·정치적 세력들의 승인을 반대하는 평등사상을 가지는 현대 대중민주주의 속에서 법치국가 헌법의 구성 요소는 필연적으로 기술적 성격을 몸에 지니고 있다. 이러한 기술화는 법치국가의 모든 제도에 지적되고 있다. 그것은 권력분립에 관하여 특히 명료하게 나타나고 있다. 본래 그것은 억제를 위한 수단으로서 뿐만 아니라 균형화를 위한 수단으로서도 생각된 것인데, 현대 세계의 국가들에 있어서 이러한 포괄적인 사항은 상실되었다.[38] 그것은 국가권력의 조직을 위한 기술적 수단이 되었으며, 그리고 그러한 것으로서 개인적 자유를 위해 국가권력을 제한한다는 목적을 철저하게 이행하고 있다. 앞서 서술한 의미에서 기술적으로 된 헌법 시스템은 그 본성에서 볼 때 거기에 실제적 내용을 부여하려는 모든 시도를 배척할 뿐만 아니라 그 제도 속에 특별히 엄격하게 받아들이려고 하는 청구도 제기한다. 환경의 변화로부터 이탈된다는 것에 법치국가적 헌법의 요소는 고유한 가치를 가지게 된다. 그러므로 법치국가적 제도라는 시스템의 완결성에로 끼어드는 모든 것은 높은 댓가를 요구한다. 그것에 대한 매우 명확한 사례는 라이히 재판소의 재판[39]에 의해서 이루어지고, 다방면에 영향을 미친 법률에 의한 (이미 단지 그 뿐만 아니라 법치국가의 논리에 대응하도록 법률에 근거하여) 공용수용의 승인이다. 법치국가적 수법에서 나온 이 첫걸음은 지금까지 아무도 탈출구를 발견하지 못한, 법적 불안정성과 문제성에 의해서 획득한 것이다.

법치국가 헌법의 획일성은 바로 사회국가가 법치국가의 헌법질서에 편입되는 것은 아니라고 하는 결과를 수반하는 이러한 기술성의 표현이다. 이 결과는 사회국가적 발전에서 볼 때 불안한 것은 없다. 왜냐하면 국가는 어떤 시대에나 단지 기술적인 그 어떤 것이기 때문이다. 그러므로 실체적 내용에 의한 보완을 필요로 한다. 이러한 보완을 오늘날에는 사회국가가 제공하는 것이다. 그러나 사회국가를 헌법 속에 투영하는 시도가

---

38) Werner Weber, Spannungen und Kräfte im westdeutschen Verfassungssystem, S. 43 ff.; Montesquieu, Vom Geist der Gesetze, 1950, Bd. I, S. LII ff. u. pass. (신상초역, 『법의 정신』, 1963)에 대한 나의 서문. 권력분립의 테두리에서의 사법의 지위에 대해서는 Draht, "Die Gewaltenteilung im heutigen deutschen Staatsrecht" in Faktoren der Machtbildung, 1952, S. 99 ff.

39) RGZ Bd. III, S. 325에 포함된 문언, 즉 「공용수용이 법률에 의해서 직접 행해지는 곳에서 법률상의 기초는, 법률 그 자체 속에 포함된다」는 문언이 법치국가적으로 불합리한 까닭은, 법률은 동시에 자기 자신의 법률상의 근거가 될 수 없기 때문이다.

기도된다면, 그것은 법치국가 헌법의 오인을 의미한다. 그러한 시도의 기초에는, 헌법은 말하자면 전체적으로 본질적인, 법적으로 질서지워진 국가현실의 거울상이어야 한다는 생각이 있다. 이전의 시대에 법치국가 헌법이 그러한 거울상이었는가의 여부는 결정되지 않은 채 있다. 옛부터 헌법이 형식적 의미와 실질적 의미로 구별되어 왔다는 사실은 그것을 의심스럽게 한다. 여하튼 이러한 관념은 현대의 법치국가 헌법에 대해서 완전히 포기되지 않으면 안 된다.

사회적 법치국가가 비록 의미 있는 헌법개념이 아니라고 하더라도 역시 그 정식은 확실하며, 독일연방공화국에서 나타나는 국가의 본질적 요소를 포괄하는 특징지움으로써 그 자격을 지니고 있다. 그러나 그것을 넘어서 그 정식은 더욱 그 이상의 의미를 가지고 있다. 법치국가 헌법은 실제로 사회국가를 가능케 하며, 그리고 그 전개를 위하여 특수한 법적 계기를 사용한다. 국가의 과세고권(Steuerhoheit)에 포함되는 것이 그 계기이다. 현대의 법치국가는 본질적으로 조세국가로서의 그 작용에서 사회국가이다. 세원(稅源)을 흡수하는, 법적으로 무제약한 국가의 권한은, 국가에게 그 사회적 임무의 상당한 부분을 돈을 흡수하고 부여함으로써 재화배분 체계의 수정이라는 방법으로 이행하는 능력을 부여하는 것이다. 그럼으로써 사회국가의 전개는 법치국가에 적합한 특정한 방향에로 압박한 것이다. 그 기초에는 제1차 세계대전에 의해서 해방된 국가의 과세권의 변천이 있는 것이다.

요제프 슘페터(Joseph Schumpeter)*40)는 1919년『조세국가의 위기』에 관한 논문을 기고하고, 그 속에서 그는 조세국가가 패전의 막대한 부담을 지게 될 것이며, 그리고 패전은 경제의 조직의 자유형태를 포기하는 이유가 되지는 않을 것이라고 지적하였다. 그 후의 역사에 의해서 조세국가는 직접적인 전후 부담을 담당할 뿐만 아니라 비대한 사회국가적 급부의 비용도 담당하는 것이 증명되었다. 그 점에서 당연한 일이지만 과세의 의미의 이해는 19세기와는 근본적으로 변화되었다.

조세국가로서의 법치국가는 법치국가 헌법에 포함된 특수한 전제에, 즉 기본권에서 보장된 재산권의 보호에 의한 과세고권의 엄격한 한계획정에 근거하고 있다. 그럼으로써 과세고권을 넘어서 소득과 재산을 침해하는 것은 가능해지며, 그러한 침해는 그들이 (넓은 의미에서의) 재산권에 대해서 동일한 강도(Intensität)로 향해질 경우에 공용수용이라고 형용되며, 손실보상청구권을 발생시킬 것이라고 생각한다. 조세에 의한 침해와, 재산권에의 침해와의 이러한 구별이 해소되는 경우에는 오늘날의 사회국가에서 헌법상의 기초가 대폭적으로 박탈되리라고 생각한다. 그러한 사상은 거의 예측하기 어려운 과정을 거칠 것이라고 생각한다.41) 왜냐하면 그것에 의해서 구래의 법치국가 헌법에 고유한, 근본적

---

40) Die Krise des Steuerstaates in Aufsätze zur Soziologie, 1953, S. 1 ff.

41) Ipsen, Rechtsfragen der Investitionshilfe, Arch. öff. R., Bd. 78, S. 284 ff. (S. 317 ff.)은 과세와 재산권에의 침해 간의 경계가 불명확하게 됨에 따라서 사회국가에 생기는 위험을 다음과 같은 경우에 반드시 회피하지 아니한다. 즉 그가 이러한 경계의 강조에도 불구하고, 투자원조법에 근거하여 조달되어야 할 지불을 기본법 제14조의 원칙에 따라서 손실보상이 제공되어야 할 지불능력에 손실을 가져오는

구별이 희생될 것이라고 생각하기 때문이다.

따라서 법치국가 헌법은 사회국가의 방해가 되지는 않는다. 그것은 결코 국가에 의한 사회적 생활(Sozialleben)의 형성이 장애물은 아닌 것이다. 사회적 생활이 이미 자율적으로 내재적 힘들에 의해서 움직이고 스스로 쉬는 것이 아니라 국가에 의한 질서지움을 필요로 한 이래, 사실상 이 절박한 국가적 임무에 여지를 남김없이 헌법은 고려하지 않는다고 생각한다.42) 사물의 논리에서 본다면, 기본권의 사유재산과 재산보장에 사회적 유보를 끼워넣음으로써,43) 법치국가 헌법은 이 임무에 대해서 개방되었다는 것이 된다. 그러나 기본권상 보장된 법적 지위를 직접적으로 박탈하거나 또는 무가치화 하는 것에 의한 사회층의 형성 앞에, 사회국가의 가동성(可動性)은 그 한계를 지니고 있다. 법치국가 헌법은 과세고권을 초월한 간접적 방법에만 개방되어 있으며, 그 방법은 무엇보다도 영국의 예가 보여주듯이, 오랫동안 성과도 없이 진행된 것이며, 장기에 걸친 작용은 사회층 형성의 직접적 형태에 이르지 못하고 있다.

법치국가와 사회국가의 결합은 하나의 사실이며, 미리 확립될 필요는 없다. 사회국가적 질서는 입법에 의해서 형성되고 행정에 의해서 집행되며, 법의 형식의 서열에서 본다면 법치국가적 헌법 아래 위치하는 것이다. 그러나 헌법상의 보장이라는 점에서 그것들에 결여된 것을 그들은 사회적 생활의 소여성과 필연성에서 사회국가적 충동을 이끌어내는 세력들에 의해서 대체하는 것이다.

법치국가와 사회국가는 서로 긴장의 계기를 상실하지 않는 보완관계에 질서지워지고 있다. 또한 그래서 좋은 것이다. 법치국가가 소유한 것의 행복(beati possidentes)을 보장하는 성채로서 남용된다면, 그것은 그 사회적 임무를 저버리고, 그럼으로써 자신을 위험에 내놓는 것이다. 급진적인 사회적 국가성은 필연적으로 이미 법치국가는 아닌 행정국가로 끝나는 것이다. 그것은 연방공화국이 놓여 있는 상황이다. 그것은 결코 위기적인 상황은 아니며 항상 조정을 필요로 하는 실로 풍부한 긴장의 상황이다. 이러한 조정을 하는 것은 우선 첫 째로 정치적으로 책임 있는 사람의 임무인데, 그러나 또한 법학자와 법률실무가의 임무이기도 하다. 법치국가 그리고 사회국가가 정당한 것이 되도록 감시하는 것은 법원의 숭고한 직무이다.

것이기 때문에, 이 결론에 의하면 조세와 전세권의 침해는 서로 예사롭지 않을 만큼 가까워 진다.

42) Forsthoff, Vewaltungsrecht, Bd. I, 3. Aufl. S. 51 ff.

43) 사회적인 것에 구속된 자유에 대해서는 Dürig, JZ 1953, S. 196 f.

사회적 법치국가의 개념과 본질에 대한 보고와 요지
헌법적 관점에서 본 사회적 법치국가

I.

사회국가는 법의 주요한 영역 (예컨대 행정법·경제법·노동법)에서 실현되며, 따라서 법적 소여성이다.

II.

테마가 제기하는 문제는 사회국가가 헌법의 레벨에서 보장되는 것이 가능한가의 여부, 그리고 보장되는가의 여부이며, 따라서 법치국가적 구성요소와 사회국가적 구성요소의 융합으로부터 사회적 법치국가는 제도적으로 실현된 헌법유형으로서 성립할 수 있는가의 여부, 그리고 성립하고 있는가의 여부이다.

III.

이 문제가 단지 개개의 헌법규정의 해석의 방법에 의해서만 결정될 수는 없다. 그 해답은 오히려 본질적으로는 법치국가 헌법의 어떠한 한계가 거기에 고유한 법형태 (권력분립·법률개념·헌법집행과 법률집행 등등)에 의해서 구조적으로 설정된 것인가에 관련되어 있다.

IV.

법치국가는 기본법의 질서에 의하면 제1위의, 그리고 모든 법적 보장이 부여된 가치이다. 법치국가적 헌법요소를 축소하여 법치국가와 사회국가를 결합하는 것은 기본법에 의해서 배제되고 있다.

V.

역사적 발전 속에서 법치국가의 요소는 헌법과, 사회국가의 요소는 행정과 결합한 것이 명백하게 된다. 그것은 바이마르 공화국 헌법에 대해서도 타당한 것이다.

VI.

법치국가 헌법은 원칙적으로 보장하는(gewährleistend) 헌법이며, 따라서 상대적으로 고도로 사회의 현상에 구속된다.

VII.

법치국가적 보장은 원칙으로서 한계획정(Ausgrenzung)의 형태에서 행하여진다. 고전적 기본권이란 이와 같은 한계획정을 의미한다.

VIII.

참여(Teilhabe)로 향해진 보장(Verbürgung)은, 그 보장된 참여권이 절대적인 경우에, 즉 어떠한 단계지움이나 세분화에도 알맞지 아니한 경우에, 또한 그 내부에 그 참여권을 생기게 하는 법영역이 고도로 규범화를 하는 경우에만 법치국가 헌법에 적합한 것이다.

IX.

사회적인 참여권은 그것들이 그때그때에 있어서 적절한 것의 틀 안에서만 의미가 있기 때문에 단계지움을 필요로 한다. 그러므로 그들이 특별한 법률상의 규율에 대체물이 아닌, 필연적으로 간결한 헌법규범에 의해서 보장되지는 아니한다. 그와 같은 규범은 여하튼 법치국가의 헌법규범은 아닐 것이다. 그것들은 법치국가 형태에서는 집행될 수 없는 백지규범일 그러한 집행은 이미 기본법 제20조에 필연적으로 규정된, 법률에 의한 행정은 아니라고 생각한다.

X.

한계획정에 근거한 사회적 보장은 법치국가적 헌법규범화에 어려움 없이 적합하다.

XI.

사회적(sozial)이라는 말은 재화의 배분(Güterverteilung)에 관련된다. 그것은 두 분야의 의미를 가질 수 있다. 그것은 논쟁적으로 재화배분의 기초의 체계에 대해서 향해질 수 있는, 그것은 또한 법에서 실현된 사회적 제도와 규범의 총체로서도 이해될 수 있으며, 따라서 비논쟁적으로 의미 있는 것을 지시할 수가 있다.

XII.

논쟁적 개념으로서의 사회적인 것(sozial)이 법치국가와 의미있는 결합을 하지 못하는
것은, 그 논쟁적 경향이 법치국가가 보장하는 의도와 일치하지 않기 때문이며, 이러한
의미에서의 사회적인 것을 법으로서 사용할 수 있는 구체적으로 확정하는 것이 불가능하
기 때문이다.

XIII.

사회적인 것으로부터 이미 어떤 사회법상의 제도와 규범의 총체를 이해한다면, 역시
사회적 법치국가는 법개념으로서 집행하지 못하는 그대로이다. 란트들에 있어서의 사회
법적 현상(現狀)의 보장을 기본법 제28조 1항이 받아들인다는 것은, 그것이 간과할
수 없는 귀결을 가져오기 때문에 동의할 수 없다. 란트법의 그때그때의 사회법의 사실을
단지 지적하는데 불과한 경우에, 기본법 제28조 1항은 공전하며 무의미하다.

XIV.

기본법의 사회국가에의 신앙고백은 재량에 향해지며, 그리고 법률해석에 대해서 구속
적인 국가목적규정(Staatszielbestimmung)이다.

XV.

사회국가와 법치국가는 헌법적 레벨에서는 이것을 융합할 수 없다. 사회국가가 전개되
는 장소는 입법과 행정이다. 사회적 법치국가는 국가의 유형규정적(typusbestimmend)
표상이며, 헌법, 입법, 그리고 행정을 포함한다. 그것은 결코 법개념은 아니다.

XVI.

이러한 확인은 국가작용과의 관계에서 현대 행정이 지닌 강도와 중요성에 비추어
본다면, 법질서의 사회국가요소의 의의에 결코 손해를 가하는 것은 아니다. 사회국가와
법치국가의 긴장관계는 실로 풍부한 것일 수 있다. 양자가 정당한 것이 되도록 감시하는
것이 사법(司法)의 임무이다.

독일연방공화국 기본법에 있어서 민주적 · 사회적 법치국가의 개념에 대해서 (1954)*

볼프강 아벤트로트

I.

기본법 제20조는 독일연방공화국을 「민주적·사회적 연방국가」라고 특징지웠다. 기본법에 여러 가지로 그 기초로서 공헌한 바이마르 헌법[1])에는 이러한 종류의 명시적인 표시(Firmierung)는 없었다. 국민의회는 한편 전문에서 독일 인민은 자신에게 「사회적 진보를 촉진하기 위해서」 헌법을 제정하였다고 명시하고, 또한 동시에 제2편에서 그 사회적 관심을 많은 개별 청구권에서 표현하는 것에 만족하였다. 바이마르 국가의 붕괴와 국가사회주의적 전체국가의 제압의 경험에 근거하여 독일에서 성립된 정치 시스템이 민주적 국가권력의 사회적 의무를 이미 국가의 명칭에 명시적으로 표현한 것은 결코 우연이 아니다. 소비에트 점령지구 공화국의 헌법은 제29조 제1항에서 기본법 역시 자신의 것으로 만든 것과 동일한 용어에 의한 방법을 채택하였다. 이른바 DDR*가 소비에트에 의한 후견의 영향에 의해서 채택하지 않을 수 없었던 전개 방향의 배후에는 민주주의의 사상도 사회국가적 의무지움의 목표도 파괴하는 경향성이 은폐되고 있었다[2])는 것은, 1945년 이후 현대 민주주의의 문제를 둘러싸고 진지하게 논쟁이 벌어진 곳마다 바이마르 국가가 붕괴된 가장 중요한 원인의 하나가 적어도 단순한 형식적인 민주주의로부터 사회적 민주주의에로의 이행을 실행하는 것을 바이마르 국가는 이루지 못한 데에 있다고 보는 견해에 모순되는 것일 수는 없다.

---

* Wolfgang Abendroth, Zum Begriff des demokratischen und sozialen Rechtsstaates im Grundgesetz der Bundesrepublik Deutschland, in: Aus Geschichte und Politik. Festschrift zum 70. Geburtstag von Ludwig Bergstraesser. Droste, Düsseldorf 1954, S. 279-300.

1) 이에 대해서는 특히 Werner Weber, Spannungen und Kräfte im westdeutschen Verfassungssystem, Stuttgart 1951, S. 7 ff. 참조.

2) 이에 대해서는 나의 논문 "Zwiespältiges Verfassungsrecht in Deutschland," AöR 1950 (Bd. 76), S. 7 ff. 참조.

기본법 제28조 제1항 제1단에서 제20조 제1항의 신앙고백이 각 주들의 헌법질서에 대해서 규범적 규정으로서 반복되고, 법률학적으로 보다 명백하게 문장화된다. 각 주들은 그 헌법질서가 「민주적·사회적 법치국가」의 「원칙들」과 일치해야 한다는 것에 구속된다. 그렇다고 하여 과연 제20조에 대해서 어떤 고유하게 새로운 것이 서술되는 것은 아니다. 왜냐하면 국가를 민주적이며 사회적으로 특징짓고 있는 제20조 제1항은, 내용적으로는 제20조 제2항과 제3항에 의해서 이러한 국가가 법치국가적 관념과도 일치해야 한다고 함으로써 이미 보다 상세하게 규정되기 때문이다. 그러나 제28조에 의해서 명백해지는 것은 제20조 제1항이 포함하는 국가의 표시가 어떠한 사정 아래서도 비구속적 명명(命名)으로서 이해되는 것이 허락된다는 것이 아니라, 그 표시는 기본법의 헌법체계의 불가침의 원리를 구성하는 「원칙들」에 속한다는 것이다. 그것에 의해서 동시에 민주적 구조와 사회적 국가성은 제79조 제3항이 파기불가능하다고 특징지운 기본법 제1조에서의 인간의 불가침의 존엄에 대한 신앙고백과 마찬가지로, 기본법의 헌법개정의 대상이 되지 아니하는 기본사상에 속한다는 것이 선명되고 있다.3)

II.

민주적·사회적 법치국가성이라는 이 파기불가능한 헌법원칙은 따라서 **헌법질서의 구조원리**를 구성한다. 이 원칙은 세 개의 사상적 요소를 하나의 통일체에 결부시킨다. 그러한 요소들은 그럼으로써 이 통일체에서 서로 침투하여 **고립적** 해석에는 이미 적합지 아니한4) 모멘트가 된다.

이와 같은 구조원리는 그렇지만 규범에 따르는 행동을 직접적으로 가능케 할 수 있는5) 개별 구체화가 결여되어 있기 때문에 더욱 어떤 실정적 법규를 표현하지 아니한다.

그렇다고 하여 결코 민주적 자기결정, 사회적 의무, 그리고 법치국가적 안정성을 통일체로 결부시키는 이러한 법원칙이 연방공화국의 법적 및 정치적인 이해에 대해서 의미가 없는 것이라고 말할 수는 없다. 오히려 어떤 법질서 그리고 어떤 정치질서의 기초를 형성하는 법원칙은 그 질서의 법체계에 도덕적으로 의무지우는 능력을 부여하는 권능을

---

3) 마찬가지로 Herrfahrdt, in Bonner Kommentar zu Art. 79 II 3, S. 4; v. Mangoldt, Kommentar, Art. 79, Ziff. 3, S. 428 und Art. 20, Ziff. 2, S. 132; Ipsen, Enteignung und Sozialisierung, VVDStRL Heft 10, S. 103 (공용수용과 사회화, 김효전 옮김,『독일 헌법학의 원천』, 659-700면; Erich Fechner, Freiheit und Zwang im sozialen Rechtsstaat, Tübingen 1953, S. 4.

4) 마찬가지로 또한 Helmut Ridder, Gutachten für den 40. Juristentag (Empfiehlt es sich, die vollständige Selbstverwaltung aller Gericht im Rahmen des Grundgesetzes gesetzlich einzuführen?) Verhandlungen des 40. Juristentges, 1953, Bd. I, S. 115.

5) 이에 대해서는 Hermann Heller, Der Begriff des Gesetzes in der Reichsverfassung, VVDStRL Heft 4, S. 119 ff. (라이히 헌법에서의 법률의 개념, 김효전 옮김,『바이마르 헌법과 정치사상』, 148면 이하;『동아법학』제17호, 1994) 및 Staatslehre, Leiden 1934, S. 224 ff. (홍성방 옮김,『국가론』, 1997) 참조.

가진다.

한편, 이것은 그러한 법원칙이 모든 법규의 해석에 대해서는, 비록 이들 법규가 기본법이 발포된 지금에는 관련지어야 하는 법원칙보다도 오래된 법의 퇴적물에 속한다고 하더라도, 이제 논리적 전제를 형성하며, 또한 그 때문에 모든 법규의 그 이상의 운명을 결정한다는 것을 의미한다. 기본법의 타당범위에 있어서의 현행 법률과 헌법의 전체는 그러므로 이제 이 원칙에서 생기는 **해석준칙**에 복종하고 있다.[6]

다른 한편, 미래의 법형성 전체가, 따라서 입법자와 마찬가지로 연방공화국, 그리고 각 란트들의 집행부(통치자와 행정)의 형성적 활동이 이 법원칙에 의해서 강령적으로 구속되고 있다.[7] 연방헌법재판소는 과연 전적으로 정당하게도 입법자가 이 원칙에서 유래하는 자기의 의무를 실정적 및 입법적 조치에 의해서 수행할 수 있을 것인가의 여부를 연방헌법재판소에 의해서 사후 심사케 하는 개별 청구권이, 이러한 우월에서 생기는 것은 결코 아니라는 것을 지적하였다.[8]

그러나 다른 한편, 연방헌법재판소는 입법자의 조치가 이 원칙에 반하는가의 여부를 기본법을 해석함에 있어서 재판소가 심사할 수 있다는 것, 더구나 입법자가 **자의적으로** 침묵할 때에는 헌법소원에 의해서 소송가능한 개별 청구권을 이 원칙에서 도출할 수 있다는 것을 확실히 하였다.[9]

그리하여 연방공화국은 민주적이며 사회적인 법치국가이며, 그 자체에서 통일적인 법원칙은 그 때문에 재판을 구속하는 현행 헌법, 그리고 법률의, 현재 실효적인 **해석준칙**을 포함하는 동시에, 연방공화국과 그 각 란트들의 법질서의 계속적인 전개에 대한 **형성기준**, 행정활동, 그리고 통치활동에 대한 형성기준을 포함한다.

III.

사회국가성의 모멘트는 이 법원칙의 내용을 확인함에 있어서 우선 가장 큰 어려움을 가져온다. 왜냐하면 법치국가성과 민주주의의 모멘트는 과거 수 십 년간에 걸친 공법학과 정치학의 연구에 의해서 거의 해결되었다고 보기 때문이다.

크리스티안-프리드리히 멩거(Christian-Friedrich Menger)가 보고하였듯이,[10] 기본법에 있어서의 「사회적 법치국가」라는 표현은 기본법 제정의회의 당시의 의원 카를로

---

6) 이에 대해서는 마찬가지로 Martin Drath, Die Grenzen der Verfassungsgerichtsbarkeit, VVDStRL Heft 9, S. 109 ff. 그리고 나 자신이 같은 날 독일 국법학자대회에서의 토론의 각서, a. a. O., S. 126/127; Ipsen, a. a. O., S. 74/75 ff. 참조.

7) 마찬가지로 정당한 것으로서 Erich Becker, in VVDStRL Heft 8, S. 150, Ziff. 4.

8) BVerfGE, Bd. 1, S. 101 (Nr. 22, Beschluß des I. Senats vom Dezember 1951).

9) a. a. O., S. 105.

10) Christian-Friedrich Menger, Der Begriff des sozialen Rechtsstaats im Bonner Grundgesetz, Tübingen 1953, S. 3 (본서 수록).

슈미트(Carlo Schmid)의 제안에 거슬러 올라간다. 카를로 슈미트가 헤르만 헬러(Hermann Heller)에 의해 각인된 개념에 의거한 것은 확실히 당정책상의 연속성의 이유만으로 설명되어야 할 것은 아니다.11) 그렇지만 사회국가성이라는 이 모멘트와의 내용적 의미를 민주주의와 법치국가성의 모멘트들의 논리적 연관과 아울러, 이 모멘트에 각인한 상황과의 사회사적 및 정치적인 관련 없이 이해하려고 한다면 그것은 불가능할 것이다.

헤르만 헬러가 사회적 법치국가의 개념을 자유주의 법치국가에 대한,12) 그리고 파시즘 독재13)에 대한 대립물이라는 이중의 관계에서 구성한 것은 결코 우연이 아니다. 바이마르 공화국의 사회적·경제적 위기 속에서 1929년 이후에 처음으로 공법학이 인식할 수 있도록 뚜렷해진 이러한 긴장의 정치적·역사적 관계 속에서 이 개념은 기본법에 계수될 때에도 여전히 존재하고 있었다. 과연 1931년 하인리히 트리펠(Heinrich Triepel)은 독일 국법학자대회의 토론 과정에서 「시대를 초월한 가치인 법치국가」에 형용사를 붙이고, 그럼으로써 그 가치를 「축소하고」, 그리고 부르주아지의 안전을 보장하는 「시민적」 법치국가와 사회적 법치국가의 대립을 구성한다는 것에는 반대하여 격렬하게 항의하였다.14) 그러나 기본법은 그 서술 속에서 트리펠의 의견을 명백히 거부하였다. 그의 의견은 바이마르 공화국의 위기 후 몇 년 동안의 체험에 의해서 여하튼 역사적으로 반증되고 있었다.

에른스트 포르스토프(Ernst Forsthoff)는 이에 반하여 완전히 정당하게도 헤르만 헬러가 사회적 법치국가라는 용어와 논쟁적으로 대치한 시민적 법치국가에 대해서는 사회적 관계들의 현상과 재화배분의 시스템이 전제적인 것이라고 간주된 것이 특징적이었다고 지적하였다.15) 사회국가성의 본질은 바로 이제 현존하는 (즉 사실상 자유주의적 자본주의의) 사회질서가 더 이상 원칙적으로 정당한 것이라고는 승인되지 않으며, 따라서 사회가 —— 이미 원칙적으로 자립적인 것이기 때문에 —— 국가에 의한 개입이 면해진 것이라고는 받아들일 수 없다는 점에 있다고 한다. 사회질서는 국가에 대해서, 국가가 만족해야만 하는 소여성(所與性)인 것을 중지하고 국가에 의한 형성의 대상이 된다는 것이다.

민주적으로 조직된 질서에서 사회질서는 그 결과 직접적으로 민주적으로 설정된 국가기관, 즉 입법자에게 복종하게 된다. 기본법의 법원칙이란 관계에서의 사회국가성의 사상의 결정적인 모멘트는 그 때문에 현존하는 경제질서와 사회질서의 내재적 정의에로의 신앙이 포기되고 있는 것에, 또한 그 때문에 경제질서와 사회질서가 인민의 **민주적인** 자기결정을 표현하는 국가기관들에 의한 형성에 복종된다는 데에 있다. 그래서 기본법의 이 원칙의 입법자의 형성활동에 의한 그때그때의 의미충전에는, 이 의미충전이 기본법의 원칙들이

---

11) Hermann Heller, Rechtsstaat oder Diktatur? Tübingen 1930, S. 9/19 und 26 (본서 181/187면, 190면).
12) a. a. O., S. 9.
13) a. a. O., S. 26.
14) VVDStRL Heft 7, S. 197.
15) Ernst Forsthoff, Lehrbuch des Verwaltungsrechts, Allgemeiner Teil, 1. Aufl. München 1961, S. 59 ff.

라는 테두리 안에 머무르는 한, 다른 모든 국가기관들이 원칙적으로 구속되고 있다.

IV.

기본법은 그 기본권 부분에서 인간의 존엄을 보장하고 보호하는 제1조의 법원칙의 귀결로서 개별적인 인간과 시민의 권리들을 가능한 한 구체적으로 정식화하였다. 기본법은 그때에 의심도 없이 특히 전통적·자유주의적인 자유권은 확보하였지만 사회적 기본권은 만약 그것을 정식화한다면 그것은 현존하는 사회상황에의 광범위하고 또한 입법자에게 완전하게 간과할 수는 없는 침해를 필요로 하기 때문에 본질상 형성적인 강령원칙이라는 것으로 그것을 형성하는 것을 단념하였다. 기본법 제정의회는 그럼으로써 바이마르 헌법이 그 제2편에서 마주친 것과 동일한 어려움에 기본법이 직면하게 된다는 것, 즉 단지 장래의 입법자에게만 호소하는, 그러나 현실적으로 적용불가능한 원칙과 현실적으로 적용가능한 규범이 법학교육을 받지 아니한 시민에 대해서 구별할 수 없게 병존한다는 것을 피하려고 하였다.16)

그 때문에 기본법의 기본권 부분은 사회국가적 목표 관념의 현실적 형성에서는 바이마르 공화국이 사회국가성의 법원칙을 더욱 명료하게 정식화하지는 못하였음에도 불구하고, 바이마르 공화국에 비하여 훨씬 뒤떨어지고 있다.17) 만약 기본법의 기본권 목록을 유엔의 인권선언과 비교해 본다면, 기본법의 기본권 목록은 바로 사회국가적 문제와의 관련성에서는 매우 빈약하게 보인다.18)

그러므로 자유주의적 자유권의 이러한 확정에서 본다면, 기본법은 현존하는 사회질서와 그 기초가 되는 경제구조를 보수적으로 추인하려고 한다는 견해가 도출될는지도 모르며, 또한 때때로 도출된다.19) 강제적으로 관리된, 처음에는 점령법에 의해서 파악되

---

16) 이에 대해서는 v. Mangoldt, Kommentar, S. 134. 나아가 v. Mangoldt: in AöR Bd. 75 (1949), S. 275 ff. 그리고 Karl Schmid, Die politische und staatsrechtliche Ordnung der Bundesrepublik Deutschland, DÖV 1949, S. 202 ff. 참조. 발터 멘첼(Walter Menzel)은 나에게 다음과 같은 것을 지적하였다. 즉 이러한 단념에 대한 가장 중요한 동기는 기본법 제정의회가 하나의 단지 잠정적인 헌법질서에서 복잡한 문제의 완전주의적 해결을 단념하지 않으면 안 되며, 그리고 기본법에서 본질적으로 서독 영역에 대한 단순한 조직적 규약을 창설하는데 불과하다는 본래의 생각에 고집해야 할 것이라고 믿은 데에 있다.

17) 이에 대해서 정당한 것은 Hans Peter Ipsen, Über das Grundgesetz, S. 14-17 ff.; Werner Weber, a. a. O., S. 16/17. 나아가 Ipsen, VVDStRL Heft 10, S. 74 ff. 참조.

18) 이에 대해서는 특히 제22조(사회보장의 권리), 제23조(근로의 권리), 제24조(휴식의 권리), 제25조(최저생활의 기준과 건강보호의 권리), 제26조(교육과 학교교양의 권리) 제27조(문화생활에 대한 참여권)가 참조될 것이다.

19) Flume, VVDStRL Heft 10, S. 157. und nach einem unkontrollierbaren Bericht im Bundes-länderdienst, 1953, Nr. 42, S. 3 ff.; Karl Josef Partsch in seiner Antrittvorlesung vom 14. Juli 1953 vor der Bonner juristischen Fakultät über: "Die verfassungsrechtliche Sicherung von Wirtschaftsprinzipien"을 참조. 내용상 Flume와 동일한 것은 Hans Nipperdey, Die soziale Marktwirtschaft in der Verfassung der Bundesrepublik, Karlsruhe 1954.

고 그 때문에 독일인에 의한 사회화에 이르기 어려운 기업집단의 사적·자본주의적으로 조직된 소유자에로의 이관은, 마치 제3제국에 의해서 비본질적으로 수정된 데 불과한 1933년 이전의 사회상(像)의 단순한 보수적 보존뿐만 아니라 복고적 재건마저 기본법이 의도한 것과 같은 생각마저 들게 하였다.20)

이에 반하여 기본법 제20조와 제28조에서 사회국가 사상의 정식화는 위의 오해를 배제하는 기능을 가지며, 또한 **균형의 요소**로서는 기본권부분이 현존하는 사회질서와 경제질서의 견고한 보장이라고 오해되는 것을 방지하는 기능을 가진다. 확실히 이 기본권 부분은 모든 전체주의적 영위에 대해서는 여전히 항의적이며, 기본법 제1조 제1항의 법원칙이 파기불능한 것으로 유효하도록 해준다. 이 기본권 부분은 인간이 고유한 가치를 가지지 않는 정치적·사회적 시스템의 단순한 인자로 매몰되는 것을 방해한다. 그러나 민주적 법치국가에 있어서의 사회국가성의 사상은 인간의 이 고유한 가치를 존중함에 있어서 사회질서와 경제질서가 민주국가 자체에서 스스로 결정하는 사회의 처치에 맡겨져 있다는 것을 분명히 보여준다.21)

V.

그 때문에 이 법원칙에서 생기는 것은 기본법 제2조(헌법질서와 도덕률의 테두리 안에서의 인격의 자유로운 발현에 대한 권리), 제12조(직업·직장 및 직업훈련소의 자유로운 선택에 대한 권리), 그리고 제14조(재산과 상속의 보장)를, 종래의 자유주의적 자본주의의 경제질서와 사회질서의 보장으로 해석하는 것은 허용되지 않을 것이라는 것이다. 한스 니퍼다이 (Hans Nipperdey)*가 최근 노동법상의 어떤 감정서*에서 영업경영에의 권리는 민법 제823조 제1항에 의해서 보장된 권리에는 속하지 않는다는 이전의 그의 견해의 포기를 기본법의 이 조항을 원용하여 근거지우려고 하였다.22) 그런데 이 민사법상의 문제를 어떻게 평가하든지 간에 역시 이 논거는 지지를 받을 수 없다. 영리적 기업에 대한 사적 처분권에 대한 가능한 한 포괄적인 보호는 **자유주의적** 법치국가의 사상계에 적합하지 아니한 법질서의 내적 관심사였다. 그러나 **사회**국가성의 법원칙을 신조로 하는 국가의 입법이란 기본법의 기본권 부분이 이제 보다 명료하고 일의적(一義的)으로 나타나 있다는 이유만으로 자유주의적 해석 이전의 법사적 축적에서 보통 그랬던 이상의 가치가 있다고 믿으려고 한다면 그것은 잘못일 것이다. 즉 기본법 제2조의 자유보장은 경제자유주의의

---

20) 이에 대해서 정당한 것은 Ipsen, VVDStRL Heft 10, S. 103 참조.
21) 유사한 것으로서 Ipsen, a. a. O., S. 85 (재산권의 내용규정에 관하여) 및 S. 75 ff. 참조.
* 포르스토프가 편집한 책 속에는 「영업경영」 앞에 「설립된」(einrichteten)이라는 형용사가 붙어 있다. (역자 주)
22) Rechtsgutachten zum Zeitungsstreik vom 27. bis 29. Mai 1952, Schriftenreihe der Bundesvereinigung der deutschen Arbeitsgeber-Verbände, Heft 9, Köln 1953, S. 38 u. S. 41.

사상에서 말하는 경제인(homo oeconomicus)을 생각하는 것은 아니다.[23] 한스 페터 입센(Hans Peter Ipsen)은 이에 대하여 아주 정당하게도, 예컨대 **재산권**은 이제는 이미 그 법률적 내용결정이 재산권을 그때마다 규정하는 이상으로 널리 미치지는 않으며, 그 이상으로 많은 것을 부여하지 않는다고 주장하였으며, 이러한 법률적 내용결정에 대항하는 기본법 제2조 제1항의 어떠한 원용도 있을 수 없다고 주장하였다.[24] 그러나 이러한 이해는 결코 재산권의 내용결정에만 한정될 수 있는 것은 아니며, 고전적·자유주의적 기본권 관념의 영역 전체를 커버하지 않으면 안 된다.[25]

다른 한편, H. P. 입센은 1951년 괴팅겐에서 개최된 국법학자대회에서의 보고에서 설명했듯이, 사회국가 신조에 의해서 기본법 제14조 제1항 제2단과 제2항과 아울러 제15조도 또한 그 구체적 의미를 받아들인다.[26] 이러한 돌파구에 의해서 이제 자기결정적 행위를 하는 사회가 된 민주국가[27]에는 경제질서나 사회질서의 개변을 헌법개정의 필요에 의해서 구성되리라는 제한 없이 자신의 수중에 수용할 가능성이 열리게 되는 것이다. 바이마르 헌법 제153조에서 빌려 온, 기본법 제14조 제2항에서의 재산권의 사회적·윤리적 구속은 이제 그 내용과 한계가 법률에 **의해서 「규정되는」**, 즉 능동적으로 형성된다고 하는(제14조 제1항 제2단) 사상에 의해서 보완되고 있다. 바이마르 헌법 제153조 제1항 제2단의 병렬적 정식화는 당시 그 내용과 제한이 법률**로부터** 「규정」되고, 또한 「생겨난다」는 것이 화제였을 뿐이라는 것에서도 이미 외관상 능동적 성격은 적었던 것이다. 그리하여 이처럼 단순한 전환에서 이미 기본법이 사회를 대표하는 입법자에게 그 내용이 사회국가성의 법원칙에서만 도출할 수 있는 일의적 위임을 여기서 부여하였다는 것이 보여지고 있다. 이 법원칙이 반복하여 특히 언명하는 것은 민주국가가 사회질서의 내용적 형성의 사명을 띠고 있다는 것이다.[28] 거대한 생산수단에 대해서 사적 처분권력을 가능하게 하거나, 그것에 의해서 민주주의에서 본다면 정당화되지 않는 경제적 또는 사회적인 권력지위에 대해서 지배를 가능케 하는 듯한, 재산권에의 국가의 사회화침해를

---

23) 그것을 아주 놀랄 만큼 순수한 마음으로 주장하는 것은 Hans Nippedey, Soziale Marktwirtschaft, S. 11, 14, 16 und insbes. 18이다. 그에 의해서 피용자의 노동력을 수의로 처분하는 기업가의 「자유」는 완전히 승인된다(위의 S. 21). 그는 과연 그의 테제를 위한 유일한 논거를 기본법의 조항들로부터 이끌어낼 수는 없다. 그렇지만 역시 연방공화국에 있어서의 현재의 역관계 아래서는 법원이 30년 전에 바이마르 헌법의 규범의 공동화를 정당화 한 것과 마찬가지로, 기본법의 성립사와 의미에 반하여 인격의 자유를 경제사령관의 착취의 자유와 피용자로 이루어지는 다수의 독일 주민의 자유를 파기하는 경제사령관의 권한에로 전형하는 것을 정당화 할 위험이 좋든 싫든 존재한다(* 포르스토프가 편집한 책에는 이 주가 생략되었다 - 역자).

24) a. a. O., S. 86 und S. 120. 찬성하는 것은 Erich Fechner, a. a. O., S. 7.

25) 이에 대해서는 Günter Dürig, Kritik an Menger, Begriff des sozialen Rechtsstaat, in: AöR Bd. 79 (1953), S. 258도 참조.

26) Ipsen, a. a. O., S. 85, S. 108 und S. 122 ff. (These 12).

27) 이에 대해서는 Karl Marx, Kritik des Hegelschen Staatsrechts, Gesamtausgabe Abt. 1, Bd. 1, S. 436. 나아가 (전적으로 다른 근거에서, 그리고 민주주의의 모멘트와의 결합도 없이) Ernst Forsthoff, a. a. O., S. 3 (Problem der Aufhebung der Schranke zwischen Staat und Gesellschaft).

28) 이에 대해서는 또한 Günter Dürig, AöR. Bd. 79 (1953), S. 83 insbes. Anm. 79도 참조하라.

위한 수권(授權)을 의미하는 제15조는 동일한 관련에서 이해되어야 할 것이다. 아주 정당하게도 입센은 기본법 제79조 제3항이 사회국가성의 법원칙에 부여한 보호 앞에서는 제15조에서 부여된 사회화의 목표 설정의 수정을 위한 기본법 개정의 방도가 열려있는가의 여부를 이러한 내적 결합은 의심스러운 것이라고 생각된다고 지적하였다.29) 그 때문에 기본법 제15조는 장기간 사용하지 않음으로써 무력화 될 수 있으며, 재산형태라는 형식을 취하는, 그러한 경제적 권력지위의 「사회적 수용」(Sozialentwährung)은 그것이 예측가능한 기간 내에 실시되지 못하는 한 허용되지 못하게 된다는 헬무트 리더(Helmut Ridder)*의 생각은 잘못이다.30) 기본법은 오히려 오랜 기간을 가지고 현존하는 사회의, 사회민주주의 사회에로의 전환을 예기하고 있으며,31) 나아가 그 때문에 재산질서에의 사회적 수용에 의한 침해의 **계속적인** 헌법적 가능성을 열어놓았다.

　사회국가 신조에 의해서 끝으로 기본법 제3조 제1항의 **평등원칙**에 그 전개의 방향설이 나타나 있다. 기본법 제1조 제3항은 입법자도 이 근본규범에 구속되게 하였으며, 그럼으로써 법률의 정당성의 내용적 심사를 배제하는 실증주의의, 형식적으로만 이해된 법치국가 사상을 거부하였다. 그러므로 평등원칙의 해석과 그 내용적 전개는 연방헌법재판소의 장래에 공통되며, 원칙적으로 그러한 결정에 준비 작업을 부여해야만 하는 국법학과 정치사회학적으로 이해된 국가학의 가장 곤란하고 가장 중대한 문제의 하나가 되었다.32) 여기서는 연방헌법재판소의 포괄적 사후심사의 가능성에 직면하여 중요한 실천적 의의를 가질 수 있는, 정치학과 국가학 간의 폭발의 한계영역(ein explosives Grenzgebiet)이 성립하였다. 과연 헌법재판은 **민주적** 법치국가의 테두리 안에 존재한다는 것, 그리고 그 때문에 민주적으로 정당화 된 입법자를, 만약 입법자가 기본법의 법원칙이 그에게 부여한 궁극적인 바깥 테두리를 대담하게도 파괴한다면, 그때에는 시정하는 것이 허용될 뿐이라는 것을 항상 의식하고 있어야 할 것이다. 왜냐하면 이 궁극적인 바깥 테두리의 내용적 충전에 맡겨진 것은 민주주의에서는 우선 입법자이기 때문이다.33) 그러나 평등원칙은 그 본질상 입법부의 거의 모든 결정에서 요청되고 있으며, 그리하여 기본법 제1조 제3항과 제3조 제1항에 대해서는 간접적으로, 입법자의 모든 행위가 헌법재판소의 논의로 두어지게 될 위험에 빠질 수 있는 것이다. 그 때문에 연방헌법재판소가 민주주의를 위태롭게 할 수도 있는 잘못된 결정을 내림으로써 위험이 발생하지 않도록 하자면 제3조 제1항과 민주적·사회적인 법치국가성의 법원칙 간의 내적인 관련은 정치학뿐만 아니라 국가학에도 항상 의식되고 있어야 한다. 평등원칙은 입법자에게 동일한 구성사실과 동일한 권리주체를 동일하지 아니한 기준으로 자의적으로 다루는 것을 금지한다. 그러나

---

29) a. a. O., S. 102/103.
30) Helmut Ridder, VVDStRL Heft 10, S. 147 und S. 149 (These 9).
31) 이에 대해서는 Angelos Angelopoulos, Planisme et Progrès social, Paris 1953, S. 42 ff.를 참조.
32) 이에 대해서는 Martin Drath, Die Grenzen der Verfassungsgerichtsbarkeit, VVDStRL Heft 9, 1952, S. 109 ff. und S. 116 (These 18) 그리고 1953년 12월 17일의 연방헌법재판소 판결(1 BvR 147/52), S. 103 참조.
33) 이에 대해서는 나의 뮌헨 국법학자대회에서의 토론 발언 VVDStRL Heft 9, S. 127을 참조.

무엇이 동일하며 무엇이 동일하지 아니한 것으로 간주되어야 할 것인가? 그것은 본질적으로는 역사적이며 국민적일 뿐만 아니라 사회적으로도 다른 가치파악, 즉 실제로는 그것을 판단하기 위하여 맡겨진 사람들의 가치파악에 따라서 자주 결정된다.34) 그 때문에 다음과 같은 것을 명백히 하는 것이 절대로 필요하다. 즉 평등원칙은 민주적이며 사회적 법치국가성이란 법원칙에로의 내재적 구속에서만 이해하는 것이 허용된다는 것이다.

VI.

그러므로 기본법은 이러한 법원칙에 의해서 자유주의적 법치국가의 전래의 사상재(思想財)를 개조하는 것을 승인한다. 기본법이 그 제1조 제3항과 제3조 제1항과의 내적 관련에서 이러한 법원칙을 규정함으로써 기본법을 보다 이전의 자유주의적 법치국가사상의 실증주의의 단순한 형식적 법치국가사상에로의 내용의 공동화(空洞化)를 승인할 가능성을 명백하게 부정한다.35) 그러나 기본법은 지난 세기의 실질적 법치국가 이념이 눈앞의 경제질서와 사회질서의 내재적 정의의 원칙적 승인에 근거하는 한에는 지난 세기의 실질적 법치국가 이념의 무비판적인 재생과도 마찬가지로 일치하지 아니한다. 기본법은 오히려 사회국가사상을 승인함으로써 경제질서와 사회질서가 고유한 자유로운 활동에서 정의를 창출할 수 있다는 관념과 최종적으로 관계를 끊었다. 사회적 구조에로의 국가에 의한 항상적이며 형성적인 침해의 객관적 필요성과 불가피성이 공업사회의 성립의 시대를 지배하는 사정이 원칙적으로 자유주의적인 국가에도 자신의 보신을 위하여 행동하는 것을 강하게 한 시대에 성립한 이래, 경제와 사회에로의 국가적 개입의 범위가 항상적으로 확대되고, 그 때문에 국가와 사회의 원칙적 분리를 유지하는 것은 단순한 이데올로기로 가라앉고 있다. 헤르만 헬러는 이와 같이 잘못된 이데올로기 속에 결코 불간섭이 아니라 국가권력의 **사적인** 동원, 더구나 경제 영역에의 매우 강력한 간섭이 시민적 사회질서의 진정한 슬로건이 되었다는 것을 보여주었다.36) 그러므로 에른스트 포르스토프는, 현대의 국가는 사회생활을 자유롭게 형성된 질서의 상태 속에서는 찾을 수 없기 때문에 국가와 사회 간의 한계는 최종적으로 와해되었다고 주의를 주었다.37) 그 결과 적절한 사회질서의 건설과 유지는 국가의 절박한 과제가 되었다고 한다. 그러므로 눈앞의 사회질서와 경제질서에는 원리상 그것이 시민적 법치국가에 대해서는 일찍이 본질규정적이었던 정의는 더 이상 부여될 수 없다는 것이다.38) 기본법의 민주적이며 사회적 법치국가에로의 신앙고

---

34) 이에 대해서는 Hermann Heller, Rechtsstaat oder Diktatur? Tübingen 1930, S. 10 ff. 참조.
35) 이에 대해서는 Hermann Heller, a. a. O., S. 8 ff. 참조. 그것이 명백한 것은 로베르트 폰 몰(Robert von Mohl)의, 아직 실질적 내용으로 가득 차 있던 법치국가로부터 실증주의적 법치국가사상에로의, 이러한 변천에서는 군주주의적 관헌국가와 자유주의적 시민층과의 정치적 타협에 대한 법률학 대비가 문제라는 것이다. 나아가 Menger, a. a. O., S. 10 ff. 참조.
36) Hermann Heller, Staatslehre, Leiden 1934, S. 113.
37) Ernst Forsthoff, a. a. O., S. 3.

백은, 그러므로 그 균형이라는 점에서 위협을 받지만 원칙적으로 확정적이며 또한 정당하게 인정된 하나의 사회질서의 균형을 유지하기 위해서는 때때로 국가개입에의 길을 열 **뿐만 아니라 원칙상 이러한 사회질서와 경제질서 자체를 인민의 민주적 의사형성의 처치에 맡기는 것이다.** 그러므로 그 신앙고백은 국가권력의 우연적이며 특별한 침해(ad hoc-Eingriffe)를 가능케 할 뿐만 아니라 민주국가에서 대표된 사회에게, 그 고유한 기초를 재설계하는(umplanen) 가능성을 부여한다. 그러나 사회와 국가를 이와 같이 동일시함으로써 국가를 사회세력들에 대해서 중립적인 제3자로 이해할 가능성도 없게 되었다.39)

그러나 다양한 사회집단들 간의 정의의 기준이 거의 대립적이므로 여기서는 사회적 법치국가사상의 내용을 규정함에 있어서 새로운 곤란이 생긴다. 그 곤란은 특히 평등원칙의, 사회적 법치국가 사상에 적합한 해석을 결정하는 것이다.40) 그 곤란이 해결책을 찾을 수 있는 경우는, 민주적이며 사회적인 법치국가성이란 법원칙에 있어서의 사회국가사상의 지위가 민주주의의 실질적 법치국가상을 경제질서와 사회질서에, 그리고 문화생활에 확장하는 것을 목표로 한다는 것을 의식하는 경우뿐이며, 그리하여 거기로부터 사회국가사상에 구체적 내용을 부여할 수 있는 것이다.41)

민주주의의 모멘트와 사회국가성의 모멘트의 내적인 착종은 단순히 정치적·형식적으로 이해된 민주주의에서 경제적 권력지위가 상당한 정도로 정치적 지배력을 부여하는 것에 생각이 미치게 되면, 곧 명백해 진다. 국가와 사회 간의 경계의 실제의 제거는 결코 기본법이 사회국가성에로의 신앙고백을 한 결과가 아니라 그보다 훨씬 이전의 자유주의적 법치국가사상을 하나의 환상으로 바꾸어 온, 사회에 있어서의 경제적 권력담당자를 보다 강한 정도로 국가에 대해 영향력을 행사하고, 또한 그 동안에 생성된 형식적 민주주의의 여론형성수단을 자신에게 예속시키도록 강압하였다.42) 가령 기본법 제21조의 집행법률에 의해서도 부분적으로만 조정될 뿐 폐기되지는 않는 이러한 간접권력에 의해서 사회의 민주적이며 (그러므로 평등원칙에 근거하여) 자유로운 결정의 가능성은 따라서 필연적으로 협소해진다. 이에 더하여 민주적 통제에 복종하지 않는 사적 지배에 있어서의 경제적 권력은 국가권력에 대항하여 직접적으로도 강한 정도로 자신의 목적을 달성할 수 있다. 이 점에서 본다면 민주주의와 사회국가성의 내면적인 결합은 개인들 상호 간의 관계에서 뿐만 아니라 사회집단들 상호 간의 관계에서도 이러한 사실을 **사회의 민주화의 방향에서** 조정하는 평등원칙의 해석을 강하게 한다. 여기서는 재산권의 내용이

---

38) a. a. O., S. 59.

39) 이에 대해서 적절한 것은 Fritz Bauer, Der politische Streik, Geist und Tat, 1953, S 263 및 Juristen-Zeitung 1953, S. 641 ff. 참조.

40) 이에 대해서는 발터 보그스(Walter Bogs)와 나의 논쟁, in: 'Gegenwartsfragen sozialer Versicherung,' Heidelberg 1950, S. 201 ff. und S. 205 ff. 참조.

41) 이에 대해서는 Hermann Heller, Rechtsstaat oder Diktatur? S. 11. 그리고 나의 논문 Zur Funktion der Gewerkschaften in der westdeutschen Demokratie, Gewerkschaftliche Monatshefte 1952, S. 642 참조.

42) 이에 대해서는 Hermann Heller, Staatslehre, S. 137 ff. 참조.

생산수단의 모습으로 형성됨에 있어서의 공동결정 사상의 내면적 연관이 다른 경제적 지휘명령소와 대립하는 형태로 직접적으로 명백하게 된다. 여기에서 본다면 제14조 제1항 제2단은 재산권이 타자에 대한 경제적 권력, 그리고 그것에 의해서 정치권력도 창출하는 곳에서는 특별히 공격적인 의미를 가져야 하며, 또한 그 때문에 경제유도적 조치를 행하는 국가와, 그리고 정치적 또는 그 밖의 권력집단과 적어도 그들이 기업의 활동에 이해관계를 가지는 세력들을 대표하는 한, 기업의 경영은 그 지배를 그들과 나눠야함을 감수하여야 한다는 라이저(Raiser)*의 괴팅겐 국법학자대회의 토론에서의 적절한 고찰도 또한 그 중요성을 가진다.[43] 이러한 고찰에서 궁극적으로 망각해서는 안 될 것은 정치적 지휘명령과 경제적 지휘명령의 분리가 단순히 형식민주주의적으로 조직된 국가에서는 오랫동안 유지될 수 없는 긴장상태를 산출한다는 것이다. 위기의 시대에 있어서의 민주주의에서는 대중이 운동에 참가하게 되는 것이므로 민주적으로 정당화되지 않는 경제적 권력지위의 보유자는 국가에 있어서의 민주적 의사형성에 의해서 그 권력지위에 의한 앞에 놓여 있는 위험을 제거하기 위해서 정치적 공동사회의 민주적 조직을 폐지하려고 하는 경향이 항상 있다.[44] 1922년 이탈리아, 1933년 독일, 1934년 오스트리아, 그리고 1936년 스페인이 제공한 경험은 망각해서는 안 된다. 그러나 이와 같은 종류의 전개의 종말에는 그때마다 민주주의의 폐기뿐만 아니라 법치국가성의 **모든** 형식의 제거도 또한 행해진다. 그러므로 기본법 제28조에서의 민주적·사회적 법치국가 성이라는 세 개의 음색 중 사회국가의 모멘트의 구체적 내용결정은, **민주주의사상이 법치국가적 방법으로 경제질서와 사회질서에 투영된다**는 방향에서만 이해될 수 있는 것이다. 그것이 이루어지지 않으면 이러한 통일체의 세 개의 모든 모멘트가 있는 사회적인 위기의 경우에도 여전히 같은 문제가 된다.

현대의 상황은, 이러한 고찰에 의해서 규정된 평등원칙의 해석이 사회집단들 상호 간의 관계를 판단함에 있어서 아직 완전히 충분하게 의식되기에 이르지 않았다는 것에 대한 실마리를 제공한다는 것을 간과해서는 안 된다. 가령 사회집단에 의한 정치적 과정에의 영향에 대한 학계와 언론계의 평가에는 논리적으로는 이해하기 어려운 모순이 생긴다는 것을 상기해 보려 한다. 그리하여 정치적 시위 스트라이크 문제에 대한 노동재판 소와 주 노동재판소의 판례에서는[45] 오늘날의 상황에는 부적절한 방법으로 외견상 「중립적인」 국가의 이데올로기에 의거하고 있으나, 그것은 사회국가성의 원칙과도 국가 와 사회의 분리의 폐지와도 이미 일치하지 않는다. 그때에 간과된 것은 여론을 형성하는 본질적 핵심부분의 지배를 위한 실질적이며 효과적인 독점에 대해서는,[46] 이 독점에

---

43) VVDStRL Heft 10, S. 159 und S. 167.

44) 그에 대해서는 Hermann Heller, Staatslehre, S. 138 참조.

45) 1953년 8월 13일의 베를린의 주 노동재판소가 매우 흥미 있는 근거에서 하나의 즐거운 예외를 제공하고 있다. NJW 1954, S. 124 f. 및 Recht der Arbeit 1954, S. 76 ff.

46) Hermann Heller, a. a. O., S. 137이 피용자계급은 그 자기의 신문에 의해서만 정신적으로 저항력 있는 것으로서 머무른다고 지적하더라도 망각하는 것이 허용되지 않는 1933년 이전 시대에 독일에서 당출판이 얼마나 커다란 의미를 가지고 있었다고 하더라도, 연방공화국에서는 민주적 당파들에 의해서

무관계한 사회집단들 측에서 만약 그들이 그 구성원들의 고유한 정치적 및 사회적인 의사형성에의 항상적 통합을 실행하려고 원한다면, 그것에 귀속되는 사람들의 공동행위에의 능동적이고 직접적인 관여의 수단에 의해서만 효과적으로 대처할 수 있다는 것이다. 나아가 피용자의 대표조직, 즉 독일 노동총동맹의 1953년의 연방선거전에의 관여가 정치적 중립의무의 표면상의 침범을 이유로 하여 대학교사와 언론에 의해서 광범위하게 부당하다고 된 것은, 다른 한편 반대로 통제하지 못하는 경제적 권력지위의 보유자에 의한 선거전에의 대규모적인 자금의 대량 투입,47) 그리고 이른바 중산계급 블록의 숨김없는 충실한 지지표명48)이 당파적 중립의무의 침범으로서는 일찍이 거의 느끼지 못했다는 것이 뚜렷하다.

 이와 같이 보면, 민주적이며 사회적인 법치국가성의 법원칙은 필연적·직접적으로 사회집단들과 그리고 그들을 대변하는 사회적 견해들의 투쟁 대상이 된다는 것이 명백해진다. 기본법이 그 형성을 국가에게 부과한, 이 법원칙의 그때그때의 구체적 내용에 대해서는 그러므로 사회 속에서 모순되는 커다란 사회적 이익들이 서로 투쟁하는 한, 불가피하게 항상 다툼이 존재할 것이다. 그렇다고 하여 오늘날에도 역시 국가활동 전체를 의무지우는 구체적 내용충전에의 최소한 강령이 내용적으로 결정할 수 없다고는 결코 말하지 못한다. 오히려 사회적 법치국가 사상과 민주주의사상의 결합은 이러한 국가에 의해서 사회집단들 간에 **모두에게 지지될 수 있는 공통된 가치기준에서의 최소한 강령을 보장하는** 타협 상황이 그때그때 마련되어 온 것을 분명히 하고 있다. 적어도 경제질서와 사회질서의 개조를 위한 국가에 있어서의 정치적 및 사회적 세력들의 공동결정에 근거하여 사회국가적 개입은 어떤 집단의 인간다운 생존이 위협을 받는 경우에는 불가결한 것이라고 승인하여야 한다는 것에 의해서 이 최소한 강령은 규정되고 있다.49) 그러므로 적어도 그러한 한에서는 사회적 원칙이 법률학적으로 선명하게 구성되지 못한다는 프리드리히 기이제(Friedrich Giese)*의 견해는 적절하지 않다.50) 공적인 **생존배려에의 의무**는, 그러므로 그때마다 민주주의적으로 규정가능한 헌법상의 지도원리가 되었으며, 또한 법치국가원리에 있어서의 정의의 모멘트에는 들어갔다.51) 나아가 그것을 넘어서 사회국

형성되고, 또 한 통제된 당출판의 특징적인 모멘트는 이미 존재하지 않으며, 또한 경제적 및 기술적인 이유에서 다분히 낡은 기준으로 이미 성립할 수 없다는 것이다.

47) 그 사실보고에서 여전히 다툼의 여지가 없는 SPD의 각서, Unternehmermillionen Kaufen politische Macht, Bonn 1953 참조.

48) 그 중에서도 1953년 5월 5일의 "Industriekurier", 1953년 6월 30일의 "Neue Zeitung"과 "Die Welt", 1953년 7월 4일의 "Deutsche Zeitung und Wirtschaftszeitung," 1953년 8월 29일의 "Deutscher Kurier," 그리고 1953년 9월 3일의 "Weser-Kurier" 참조.

49) v. Mngoldt, Kommentar, Art. 20, Anm. 2 b, S. 134; Wernicke, in Bonner Kommentar, Anm. II d, S. 4. 그리고 1951년 12월 19일의 BVerfGE, Bd. 1, S. 105.

50) Kommentar zum Grundgesetz, 3. Aufl. Art. 20, Anm. 4.

51) 그 때문에 만약 Menger, a. a. O., S. 30이 공적 생존배려에의 의무가 중심적 지도원리가 되는 복지국가에 사회적 법치국가를 대립시키고, 사인의 이니시아티브의 사상을 전면에 내세우기 위해서 이제 일면적인 자유주의적인 해석으로 사회적 법치국가를 정의의 모멘트로부터 제거한다면, 그것은 잘못이다. 그것에

가원칙의 최소한의 내용이라고 간주된 것은 국가권력에의 의존의 문제가 단순히 개인의 자유의 문제로서 뿐만 아니라 특히 민주적인 참여의 문제로서도 보지 않으면 안 된다(그러나 마찬가지로 또한 사회적으로도 자유로운 자기결정에 있어서의 관여의 문제이기도 하다)는 것, 그리고 관여의 이러한 원칙이 사회 자체의 내부에도 확대되어야 한다는 것이다.[52] 그러므로 민주적이며 사회적인 법치국가성의 사상은 법률학적으로 구체적으로 구성할 수 있는 방법으로 입법, 재판, 그리고 행정을 **특정한 관념의 최소한 강령**에 구속한다. 나아가 그것을 넘어서 이 사상은 특히 입법에게 호소하며, 보다 상세한 규정을 더욱 요구하는 형성임무를 포함하고 있다.

VII.

이러한 형성임무는 기본법에서 내용상 구체적으로 해결되지 **못하였다.** 이미 지적한 것은 기본법이 제20조와 제28조에 가지고 있는 신앙고백에 의해서 당시의 민주적인 국가를 강령적으로 유효하게 특징지우는 것을 단념한 바이마르 헌법은, 일련의 수많은 조항에서 독일연방공화국의 기본법보다 일층 광범위하게 이러한 방향에서 언명하였다는 것이다. 입센은 이 관계에서는 아주 정당하게도 제151조(모든 국민에게 인간다운 생활의 보장을 목표로 하는 정의의 원칙에 적합한 경제생활의 질서), 제155조(남용방지 아래서의 토지의 배분과 이용, 주거와 가산의 확보), 제156조(사기업의 사회화, 공동경제의 목적을 위한 통합, 협동조합제도의 촉진), 제157조(노동법제정, 노동력의 보호), 제162조(노동법의 국제적인 규율), 제163조(노동의 의무와 노동에 대한 권리), 제164조(중산계급의 보호), 그리고 제165조(피용자의 공동권)를 들었다. 이러한 목록은 바이마르 헌법 제2편 제5장에 다른 많은 규정들에 의해서 더욱 보완될 수 있었을 것이다. 이미 입센의 기본법에 대한 보고 이래,[53] 왜 기본법제정의회가 사회적 생활질서를 이 강령적 구속의 실시에서마저 규율하지 않았는가에 대해서는 서독에서 상세하게 논의되어 오고 있다. 그 경우 한편에서 확실히 결정적이었던 것은 바이마르 헌법의 당해 조항들도 하등 구체적인 규율을 가져오는 것이 아니라 입법자의 장래의 활동에 대한 강령적인 헌법적 구속을, 그러므로 국가에 대한 과제설정을 가져오는 것에 불과하였는가? 그것에 대해서 기본법은 바이마르 국가의 해체에 상당히 공헌한 헌법의 문언과 헌법현실 간의 저 공공연한 불일치가 다시 한번 전개됨으로써 기본법의 권위가 위험에 놓이게 된 사태가 학문, 집행부, 그리고 재판에 이제 한번 부여되는 것을 회피하기 위하여 직접적이며 구체적으로 적용가능한 결정을 확보하는 것에 자신을 한정하려고 했다는 것이다.[54] 그러나 다른 한편, 기본법을 공동으로 형성한

　　대해서 정당한 것은 Erich Fechner, a. a. O., S. 8, Anm. 13 참조.

52) 이에 대해서는 Erich Fechner, a. a. O., S. 23 및 Konrad Hesse, Der Gleichheitsgrundsatz im Staatsrecht, AöR, Bd. 77 (1951), S. 220 참조.

53) Ipsen, Über das Grundgesetz, Hamburg 1950, S. 10 und 14 ff.

정치적 세력들이 경제질서와 사회질서의 장래의 형성에 대해서, 그리고 또한 그들이 결정하지 않으면 안 될 가치파악에 대해서 내용상 일치된 의견에 도달할 수 없었던 것은 거의 다툴 수 있다. 사회의 경제질서의 구조에 근거를 두는 다양한 사회적 계급들 간의 모순되는 이해상황을 산출하며, 사회적으로 분열된 사회에서는 이들 이해대립이 불가피하게 정당들의 구조에 들어간다. 기본법 제정의회는 과연 이 문제를 완전하게 의식하지는 못했다. 1945년의 붕괴와 통화개혁 이전의 시기에 독일 경제의 혼란은, 이러한 종류의 사회적 긴장의 시대는 지나가 버렸다는 환상을 사회의 모든 집단들에게 일시적으로 지니게 하였다. 생산시설 전체가 파괴되고, 또 더하여 더욱 점령권력 측으로부터의 해체에 의해서 위협을 받고 있던 시기에 생산수단의 처분권 문제는 상대적으로는 아무래도 좋은 것 같이 보고, 또한 전 독일인의 이러한 생산장치의 광범위한 교란에 대한 방위에의 공통된 이해와 피해 생산시설의 공동체에 의한 재건의 목표가 다른 모든 고려가 뒷전으로 물러난다는 형식으로 전면에 부각된 것이다. 이에 더하여 통화가치의 상실과 붕괴된 전쟁경제가 남긴 배급제도에서 가장 중요한 생활수단의 불충분한 공급은 어떠한 재화를 다시 가질 수 있고, 또한 그것을 공동으로 산출한 사람들이 그것을 자연경제적인 방법으로 무질서한 지배조직에 은폐하고, 마찬가지로 공동으로 이용하는 경향을 야기하지 않을 수 없었다. 거기에서 사회적 긴장의 문제는 자유주의적 자본주의의 소유관계에 근거하여 구축되고 작동하고 있던 경제 시스템에서는 거의 아무런 역할도 수행하지 못하였다. 통화개혁으로 사실상 종결된 이 상태는 기본법 제정의회에서 심의하던 시대에는 정신적으로 여전히 결코 완전하게 극복되지는 못하였다. 그것은 우선 대정당에서 반영하고 있으며, CDU*에서도 계획관념과 중요한 생활수단의 사회화의 사상이 완전하게 자명한 것으로 간주되고, 더구나 이 정당이 헤센 헌법 제41조의 사회화 조항에 찬성하였을 뿐만 아니라 기본법이 시행된 후에도 여전히 노르트라인-베스트팔렌 주 헌법 제27조 중에 사회화 사상을 견지시켰을 정도로 장기간에 걸쳐 사후효과를 가진 것이다.

그럼에도 불구하고, 영미 점령지구의 경제조직의 시대에 이미 명백하게 된 것은 대립적인 사회집단의 이러한 접근이 완전히 외견에 불과하였던 것, 그리고 통화개혁이 사회에서의 진정한 권력지위로부터 인플레이션에 의한 혼란이라는 은폐의 베일을 거두어 버리느냐 아니냐 하는 대립이 다시 나타나게 된다는 것이다. 그리하여 기본법 제정의회에서는 사회와 경제를 장래에 어떻게 구축하는가 하는 기본 문제에서 대립적인 견해들을 가령 이 모순의 의미가 더욱 충분하고 명백하게 인식되지 않았다고 하더라도 병기(倂記)해야 한다는

---

54) 이에 대해서는 v. Mangoldt, Kommentar, Vorbemerkung 3 zu den Grundrechten, S. 36 참조. 만약 v. Mangoldt (in Kommentar zu Art. 20, Anm. 2 b S. 134)가 노동에 대한 권리의 구성이 제1조 제3항의, 이하의 기본권은 입법, 행정, 그리고 재판을 직접 구속해야 한다고 하는 사상과 일치한다는 의견을 주장한다면, 이 논거는 전적으로 설득적이지 못하다. 한편으로는 예컨대 제1조 제3항에도 불구하고, 제15조에 의해서 기본권 부분 중에 단지 프로그램적으로 수권적인 성격을 가지는 규범이 받아들여지고 있으며, 그리고 다른 한편으로는 직접 구속적이며 집행가능한 **완전고용정책**에 대한 국가의 의무라는 사상의 확보를 현대의 국민경제학의 이론과 일치하는 형식으로 정식화하는 것이 전적으로 가능하다. 이에 대해서는 Angelopoulos, a. a. O., S. 165 ff.

것은 불가피하였다. 이러한 대립의 본질적인 내용은, 거기에서는 예전이나 지금도 한 면에서 개인적 영역의 법치국가적 보장이, 전면적으로 계획적인 민주적 복지국가와의 불일치성이 주장됨으로써 규정되었고 또한 규정된다. 그 때문에 이러한 면에서는 과연 현존하는 경제질서와 사회질서의 명백한 결함을 수정하기 위한 개별 조치로서의 사회국가 적 침해는 허용되는 것이라고 볼 수 있으나, 그러나 경제와 사회의 전면적인 민주화는 바람직하지 않다고 생각되는 한편, 다른 면에서는 전체 사회질서와 그 경제적 기초를 의식적이며 계획적으로 개조하는 사회적 복지국가, 민주적 의사형성의 방법을 경제와 사회에도 적용하는 사회적 복지국가는 민주적인 법치국가 사상을 사회적 내용으로 채우는 유일한 가능태로서 특징짓는 것이다.

이러한 의견대립은 현실적으로는 **법치국가 사상 자체를 대립적으로 해석하게 한다.** 만약 우리가 법치국가 사상을 그것이 근대 민주주의 사회의 특정한 기본가치들을 어떤 방법으로, 즉 그 전 구성원에 같게 그의 자기결정의 보호와 법질서의 테두리 안에서의 그 개인적 처치의 장래적 귀결의 예측가능성을, 법적 쟁송의 사건에서 독립한 법관 앞에서의 규율된 절차의 보장에 즈음하여 확보하는 방법으로 실현하는 것을 본질적 기능으로서 이해한다면, 법치국가와 사회국가는 안티테제라고 하는 민주적이며 사회적 인 복지국가의 반대자의 주장은 논리적으로 이미 유지하기 어렵다. 물론 소유관계를 개조하거나 또는 계약의 자유를 제한하는 경제적인 권력구조 속에서의 국가의 모든 계획적 개입이 사회의 개별적인 구성원에 대한 법적 조처의 결과의 예측가능성이라는 모멘트를 제한한다는 것은 정당하다. 그러나 이 예측가능성(그리고 그와 함께 법적 안정성의 모멘트)은 오늘날의 사회에서는 여하튼 항상 사회의 특정한 집단에 한정되고 있다. 에리히 페히너(Erich Fechner)*가 적절히 지적했듯이,55) 고전적 자유주의 국가의 사회적·정치 적 구조를 완전하게 유지하는 경우에도 그 사회의 고유법칙성은 형식적으로는 사적인 경제지도자의 독점과 과점에 내맡겨지고, 그럼으로써 장래의 전개를 공동결정하거나 예측하는 가능성도 상실한 사회구성원의 다수에 의해서는 계약자유의 모멘트의 **사실상의** 제거를 가져온다. 그것은 예컨대 현대의 카르텔 형성에서 형식적으로 그 계약의 자유가 박탈된 사회구성원에게 타당할 뿐만 아니라, 사회적 현실 중에서 타자에 의해서 확정된 조건들에게 그때마다 예속될 수밖에 없는 모든 사람들에게도 타당하다. 이와 같은 전개에 대해서는 사회적 책임의식에 호소하는 것도 아무런 도움이 되지 아니한다. 왜냐하면 이들의 전개는 그 경향에서 본다면 경제적 권력지위의 불가피한 집중 속에서, 그리고 산업화 된 대중사회의 생산양식 속에서 행해지기 때문이다. 미국의 반트러스트 입법도 또한 그 결과는 결코 아무래도 좋은 것이라고 간주되어야 할 것은 아니나, 압도적인 전제권력과 사회권력을 가지는 독점과 과점으로서의 전개를 저지할 수는 없었다. 현실적 으로 자유로운 경쟁경제가 경제과정의 참가자 전체가 참으로 대등하고 자유롭다면 확립될 수 있다는 관념에는 현실은 명백히 일치하지 않는다. 그 때문에 현실적 대안은 모든

---

55) 이에 대해서는 Erich Fechner, a. a. O., S. 11 und S. 12 참조.

개인들의 완전한 경제적·사회적 결정의 자유를 조성하거나 아니면 사회를 민주적으로 대표하는 국가의 계획권력에 개인의 예속을 조성하려는 것이 아니라 사회의 대량의 구성원을 사회에서 경제적인 권력의 지위를 결정적으로 처리할 수 있는 그러한 사회구성원이 형식적으로는 사적인(더구나 개별적인 이익을 지향하며 공공복리를 지향하지 않는) 권력 아래 대다수의 사회구성원을 복종시킬 것인가, 그렇지 않으면 사회적 생산과 사회생활 속에서 필연적이며 불가피한 계획을 소집단의 사적인 처분이라는 우연성으로부터 빼내고, 그 최상급의 결정통일체를 국가로 하고, 공동체적 생산과정에 참가한 모든 사회구성원의 공통된 통제 아래 둘 것인가의 여부에 있다.56) 양자의 경우에도 사회구성원의 사적 처분의 귀결들에 관한 법적 결정들의 예측가능성은 제한된다. 그러나 민주적이며 사회적인 복지국가의 계획조치를 함에 있어서 이 예측가능성은 개별 사항에서는 아니지만 그러나 역시 일반 지침에서는 여전히 유지되고 있으며, 또한 규율된 절차에 의해서, 경우에 따라서는 손해배상의 보장에 의해서도 수용가능한 것으로서 형성될 수 있다. 이에 대하여, 자유주의적 자본주의를 토대로 한 사회의 과점체(寡占體)와 독점체에 의해서 파기불가능하게 관철된 조직의 경우는 예측가능성은 개개인에서 본다면 사적 결정에 근거하여 완전히 우연한 장면전환에 내맡겨 있으며, 거기에서는 예기될 수 있는 아무런 일반적 경향도 인식가능하게 나타나지 않는다. 그러므로 여기서는 그 사회적 입장에서는 사회의 경제적 약자인 구성원은 결코 손해배상 없는 변경에 항상 노출되어 있다. 그러므로 현실적으로는 공적으로 통제된 공간의 영역이 이전의 단순한 사법의 통제 영역에 대해서 확장된다고 한다면, 법의 영향력은 약화되는 것이 아니라 강화된다.57) 사회의 영역에서 민주적으로 이해된 평등사상의 영향의 확대는 그러므로 어떠한 경우에 그때마다 경제적으로 기초를 가진 권력의 지위가 그 활동에 의해서 이 권력지위의 성립에 협력하는 사람들의 **공동체적** 결정에 복종시키지 않으면 안 되며, 그리고 어느 정도로 이러한 종류의 권력지위가 **전체** 사회에 의해서만 효과적으로 통제될 수 있는가를 주의 깊게 고려하는 방법으로 실현될 수 있다. 그러한 한에서는 페히너가 국가를 그 시민의 조합으로 이해하는 사상의 정당한 확대만이 사회국가성이란 문제의 해결을 가져올 수 있다는 의견을 주장한58) 것은 전적으로 정당하다.

그리하여 여기서도 사회국가성의 모멘트는 그것을 민주주의의 모멘트와 결합하고, 또한 그러므로 민주적 평등사상에 근거하여 해석하는 경우에만 이해가능하다는 것이 명백해 진다. 민주주의는 민주적이며 사회적인 법치국가성의 개념에서는 공민의 형식적이며 정치적인 지위에 관련될 뿐만 아니라 공민의 생활관계 전체에, 그리고 사회질서와 아울러 인간이 **물질적 및 문화적 필요**의 기준(Regelung)을 포함한다.59) 왜냐하면 에리히

---

56) 이에 대해서는 W. Friedmann, Law and social change in contemporary Britain, London 1951, S. 282 ff. 및 Angelopoulos, a. a. O., S. 129 ff. 참조.
57) 이에 대해서는 Friedmann, a. a. O., S. 292 및 Angelopoulos, a. a. O., S. 37 참조.
58) a. a. O., S. 8. Anm. 13.
59) 마찬가지로 정당한 것은 Wilhelm Keil, Die Festigung des demokratischen und sozialen Staates,

페히너가 이끌어내는 조합사상(組合思想)은 그 **자체 전원의 동권적 관여**(gleich-
berechtigte Beteiligung aller)의 사상에서만 파악할 수 있는 것이기 때문이다.[60] 이러한
관점에서만 공평한 법관의 결정에 의해서 보호되는 개인의 권리의 확보와 실질적으로
이해된 법률 앞의 평등사상을 서로 융화시키는 것이 가능하다.[61] 그러나 만약 우리가
이러한 고량에 따른다면, **민주주의는** 여기서 **단순한 정치적 헌법인 것을 중지하고,** 사회의
포괄적인 활동통일체로서의 국가에서 스스로 자기결정하는 **전체 사회의 헌법이 된다.**[62]

기본법은 그 사회국가 선언의 이러한 해석에 찬성하여 **일의적으로** 결정되었다는 것은
이제 결코 주장되어야 할 것은 아니다. 오히려 확실한 것은 민주적이며 사회적인 법치국가
의 법원칙은 그 경향에서 일치하지 않는 정치적·사회적 세력들의 **타협**에 근거하여
정식화되었다는 것이다. 권위주의적 및 전체주의적인 사회국가 사상에 대립하는 **민주적**
사회국가 사상 아래서 경제과정과 사회과정을 종속시키는 것의 사정(射程)과 귀결에
대해서 기본법을 형성한 대정당 간에는 상당한 모순이 존재하였다. 그러나 이 타협에
관여한 집단 모두에게 명료했던 것은 그 타협에 협력한 중요한 정치적 및 사회적 세력들이
사회적 복지국가에의 이행을 희망했다는 것이며, 그 국가란 사회의 민주화의 사상과
그때그때의 생산과정에의 관여자에 의해서 사회적으로 생산되고, 또한 종래의 경제질서
와 사회질서에서 사인(私人)의 처분권 아래 있었거나 또는 여전히 그 아래에 있는 생산재에
대한 그 관여자에 의한 통제의 사상을 완전한 정도로 진지하게 취급하려고 한다고 말하는
것이다. 그리하여 기본법의 사회화 조항에 대한 기본법제정의회에서의 논쟁에서 이러한
측면에서 강조된 것은 기간산업을 공동소유로 이관하고, 경향으로 보아 계급투쟁을
계급을 폐지함으로써 종결시키려는[63] 경제체제의 구조전환을 그것이 희망하고 있다는
것이었다.[64] 이러한 방도는 이미 기본법에 의해서 열려져 있다는 것이다.

민주적이며 사회적인 법치국가성의 법원칙의 정식화에 의해서, 그러므로 기본법은
확실히 이 원칙의 내용에 관한 관념들, 즉 그들에 대해서 타협에 관여한 세력들이 직접적으
로 의견 일치를 본 관념들에 대한 최소한을 현실적으로 확보하려고 하였다. 이 최소한은
이미 위에서 설명한 의미에서 법률학적으로 구성할 수 있다. 그러나 더 나아가서 이
법원칙의 선언은, 이 선언이 입법단체에서 그때그때 다수관계를 결정하는 정도로 실현될
수 있게 하기 위해서 **사회적 민주주의에로의 장래의 전개에 대한 길을 열어 놓는다**는
의미를 가지고 있었다. 거기에서는 한편 서로 투쟁하는 사회적 견해들 간의 구체적인
결정을 위해서는 연방의회와 연방참의원에서의 헌법을 개정하는 다수가 형성되어야

Bildungsfragen der Gegenwart (Festschrift für Theodor Bäuerle), Stuttgart 1953, S. 188.

60) 이에 대해서는 Erich Fechner, a. a. O., S. 22/23 참조.

61) 이에 대해서는 Friedmann, a. a. O., S. 288 참조.

62) 이에 대해서는 Karl Marx, Kritik der Hegelschen Rechtsphilosophie, Gesamtausgabe I, 1, S. 436
참조.

63) Karl Schmid in der 8. Sitzung des Grundsatzausschusses des Parlamentarischen Rates vom
7. Oktober 1948, Kurzprotokoll 10, 48-172, S. 7.

64) Menzel im Plenum des Parlamentarischen Rates, 3. Lesung, Stenographischer Bericht, S. 205.

한다는 어려움을 가능한 한 광범하게 제거하고, 다른 한편으로는 **이러한 균형상태가 헌법개정절차에서 조차도 더 이상 해소될 수 없다**는 것을 보장하는 것이다. 그러므로 기본법제정의회에서는 사회질서의 장래의 형성은 과연 관념들에 대한 공통된 최소한에 복종해야 하지만, 그러나 다른 점에서는 실제로 동권적인 것으로서 승인된 다양한 사회철학 사이에, 즉 합법적으로 실현의 기회가 부여되어야 할 것으로 된 사실상 대립적인 사회적 이해들을 대변하는 다양한 사회철학65) 사이에 다툼이 있다는 것에 대해서는 전적으로 명백성이 존재하였기 때문에, 민주적이며 사회적인 법치국가성의 원칙을 대립적인 사회적 견해들의 하나에 불과한 의미를 이미 변경할 수 없는 내용으로써 가득차고, 또한 그 내용에 이러한 구체적인 사회철학을 **궁극적으로** 따르게 한다는 방향으로 민주적이며 사회적인 법치국가성의 원칙을 경직하게 해석하는 것은 방법적으로 허용되지 아니한다. 그러므로 복지국가의 사상과 기본법의 사회국가 사상 간의 원리적 대립을 구성하는 멩거에 의한 이 법원칙의 해석66)은 실정에 맞지 아니한다. 멩거의 해석은 개개의 시민의 보다 높은 가치의 이익을 공적 영역보다 작은 가치의 이익에 원리적이며, 말하자면 파기불능하게 **대립**시켜 확보하는 것이며, 또한 페히너의 정당한 논평에 따르면,67) 이러한 고찰방법에서는 시종 자유주의적 해석의 테두리 안에 머무르는데, 그것은 공동체적 · 사회적 계획에서의 개인적 이익과 전체 이익이 일체화함으로써 바로 민주적이며 사회적인 복지국가 중에 자유의 모멘트와 평등의 모멘트를 실천적으로 결합할 가능성을 발견한 세력들이 타협의 정식화의 형성에 관여하고 있던 것을 무시하는 것이다.

이러한 고찰에 반대하여 기본법에 나타난 권력들의 교차(Gewaltenverschränkung)에 대한 명백한 신앙고백이 민주적으로 계획하는 사회복지국가의 방향으로 그 어떤 시종일관된 모든 해결도 배제하고 있다는 이의도 또한 제기될 수 없다. 민주주의에서 권력들의 균형이라는 자유를 보장하는 원리는 결코 국가권력이 원칙상 기능적으로 분리된다고 생각되는 부분들 간의 장래의 전개에 길을 막는 경직된 제한을 세우는 것은 아니었다.68) 기능상의 권력분립의 원칙은 현대 민주주의 국가에서는 법관 결정의 독립과 아울러 행정과 통치의 일정한 기능적 자립화가 민주적으로 선거된 국가기관들이 대표하는 민주적 의사형성에 원리상 예속하는 것으로 보장된다는 것이며, 그를 위한 보장 이상의 것을 결코 의미하지 않는다.69) 그러므로 의회에 의한 법률의 형식으로 표현된 국가활동의 그때그때의 방향지정에 지도권이 부여되고, 행정과 재판과 같이 형성하는 활동은 그 의사에 스스로를 적합시켜야 한다.70) 자립화하고 있다고 생각되는 국가활동의 기능들의

---

65) 이에 대해서는 Hermann Heller, Rechtsstaat oder Diktatur? S. 10 참조.

66) a. a. O., S. 27 ff.

67) a. a. O., S. 7. Anm. 13. 마찬가지로 Günter Dürig, AöR 79 (1953), S. 257 (258) 참조.

68) 이에 대해서는 Werner Weber, Spannungen und Kräfte, S. 25 ff. 그리고 Martin Drath, Die Gewaltenteilung im heutigen deutschen Staatsrecht, Faktoren der Machtbildung, Berlin 1952, S. 99 ff. und insbes. S. 135 ff. 참조.

69) 이에 대해서는 Friedmann, a. a. O., S. 296 참조.

70) 이에 대해서는 Hermann Heller, VVDStRL Heft 4, S. 116 참조.

이러한 교차는, 그러나 전체 사회를 개조하는 민주적이며 사회적인 복지국가의 사상에 의해서 원칙상 위험에 놓여 있다는 것도 침해되어서는 안 된다. 그러므로 기본법은 권력들의 교착이라는 이러한 원리를 고수하는 제20조 제2항에서 제20조 제1항의 타협에 포함된 서로 다투는 사회철학의 목표설정의 그 어떤 것과 대치하는 어떠한 결정도 내리지 않은 것이다.

헌법학자의 법률가로서의 기본법의 사회국가사상의 사정에 관한 언명은, 그러므로 그가 기본법 제20조 제1항과 제28조 제1항 제1단이 첫째로 사회정의의 개념에 관한 일정한 최소한을 확보하고, 둘째로 민주적으로 조직된 국가에 원리상 경제질서와 사회질서를 민주적 평등사상의 내용실현이라는 방향에서 개조할 가능성을 보장한다는 두 개의 확인을 초월한다면, 그러한 한에서 그의 정치철학에 여전히 구속되고 있다. 법률가가 그것을 넘어서 내용적 입장을 표명하거나 않거나 그는 법률가로서가 아니라 특정한 정치철학의 신봉자로서 발언하고 있다.[71] 정치철학의 이 문제에 대해서 비판적으로 입장을 표명하고, 또 현실의 사회적 및 정치적 세력들과의 그때마다 그 관계를 고찰하는 것은 **학문의 영역에서는** 정치학의 과제이며 헌법학의 과제는 아니다. 이 문제의 결정에의 **실체적** 타협을 위하여 기본법에서는 제21조에 의해서 정당이, 그리고 제9조 제3항에 의해서 바이마르 헌법에서 이미 제159조에 의해서 헌법상으로 확고한 지위가 부여된 사회적 단체가 맡고 있다. 이러한 형성적 세력들과 사회적이며 민주적인 법치국가성의 법원칙의 내용을 그때마다 구체적으로 형성하는 민주국가의 그들 활동에의 그때마다 협동권과의 대립적인 상호제한은 그 자체 다시 기본법 제3조 제1항에서의 법률 앞의 평등보장의 원칙에서 판단되어야 한다.[72] 그러나 만약 법학이 형식적·법률학적 방법으로는 비판적으로 해명도 폭로도 하지 못하는 환상적 이데올로기화를 여전히 방지해야 한다면, 여기서도 또한 학문적 태도표명의 중점은 불가피하게 공법학 측에서가 아니라 정치학 측에 있어야 할 것이다.

VIII.

그리하여 기본법이 개별 인간의 존엄을 보장해야 할 기본법 제1조 제1항의 원리와 동격의 것으로서 그 시스템의 지도적 법원칙에까지 고양된 사회적이며 민주적인 법치국가성의 사상은 직접적 효력에 있어서 사회정의 관념에의 최소한의 확보를 국가에게 의무지울 뿐만 아니라 동시에 사회를 민주적으로 대표하는 국가에 대하여 국가의 형성적 활동을 경제질서와 사회질서에 항상적으로 확대하는 것을 과제지우는 의사를 그 사상 속에서

---

71) 이에 대해서는 W. Friedmann, Legal theory, 2. Aufl. London 1949, S. 406 참조.
72) 이에 대해서는 나의 논문 Funktion der Gewerkschaften in der westdeutschen Demokratie, in Gewerkschaftliche Monatshefte 1952, S. 641 ff. 참조.

인식할 때에만 정당하게 이해될 수 있다. 그러나 그때에 기본법은 오늘날의 사회상황을 대변하여 기본법제정의회에서 대표되고 있던 세력들의 항쟁적 사회철학 간에 **궁극적으로** 내용을 결정하려고 하지는 않았으며, 또한 할 수도 없었다. 기본법은 오히려 이들 세력들에 대해서 그들의 형성의사를 정치적 민주주의의 테두리 안에서 사회질서에 전용하는 자유를 남겼다. 이러한 타협상황은 민주적으로 계획하는 사회복지국가의 사회철학을 위해서도 의식적으로 모든 가능성을 열어 놓은 것인데, 제79조 제3항에 의해서 기본법의 헌법 시스템 안에서 파기불가능한 성격이 수여되었다. 그 때문에 민주적으로 조직된 국가로부터 그 사회질서와 경제질서가 민주주의의 실질적 평등사상이나 국가에 대표된 국민 자신이 결정하는 자유의 사상으로 완전하게 충만할 가능성을 또 한 번 제거하는 것은 허용되지 않을 것이다. 기본법의 모든 법치국가 사상은 이것을 기초로서 보아야 할 것이다. 기본법 자체를 개정할 수 있는 연방의회와 연방참의원에서의 다수도 이러한 원칙결정에 여전히 구속되는 것이다.

독일에 있어서의 법치국가의 근대적 전개[*]

울리히 쇼이너

I. 법치국가와 정치구조

운명과 헌법(Verfassung)의 모든 변천을 통하여 법치국가의 사상은 근대 독일 헌법사의 중심개념으로서의 지위를 유지하였다. 19세기 초의 표현은 맨 먼저 매우 광범하고 불확정한 의미로 독일의 법관념에 도입되었는데,[1] 그 때에 특수 독일적인 개념의 표현으로서 시민권(Heimatrecht)을 획득하였다. 오랜 세월 동안[2] 헌법국가의 실현과 절대주의적

---

[*] Ulrich Scheuner, Die neuere Entwicklung des Rechtsstaats in Deutschland, in: Hundert Jahre deutsches Rechtsleben. Festschrift zum hundertjährigen Bestehen des Deutschen Juristentages 1860-1960. Hrsg. von Ernst von Caemmerer, Ernst Friesenhahn, Richard Lange. Bd. 2, C. F. Müller, Karlsruhe 1960, S. 229-262. jetzt in: ders., Staatstheorie und Staatsrecht. Gesammelte Schriften, Hrsg. von Joseph Listl und Wolfgang Rüfner, Duncker & Humblot, Berlin 1978, S. 185-221.

[1] 이 말의 보다 상세한 유래는 아직 명확하지 않다. 관념론 철학에서는 특히 칸트에서, 아직 나타나지 않고 있다. 끝으로 이 문제를 연구한 토마(R. Thoma, JöR 4 [1910], S. 197, Anm. 2)는 정당하게도 몰(R. v. Mohl)을 이 개념을 이식한 저술가라고 부른다. 그러나 몰은 이미 그 개념을 발견한 것이다. [논문 발표 이래 나는 라이문트 아상거(Reimund Asanger)가 뮌헨 대학에 제출한 학위청구논문 Beiträge zur Lehre vom Rechtsstaat im 19. Jahrhundert (1938)에 주목하게 되었는데, 거기에서는 이미 Elemente der Staatskunst (1809)에서 「법치국가」라는 표현을 최초로 사용한 아담 뮐러(Adam Müller)가 지적되고 있다(Bd. 1, S. 232/33. 277)].

행정이라는, 나아가 낡은 형태들의 극복으로 향해진 다면적인 노력을 위한 용도를, 법치국
가에의 요구가 그때그때 형성되고, 그러므로 강도 있게 정치적인 성격을 띠었다. 특히
로베르트 폰 몰(Robert von Mohl)과 루돌프 폰 그나이스트(Rudolf von Gneist)는 헌법질서
전체와 국가제도 전체와의 이와 같은 관련에서 법치국가의 원리를 보았다. 19세기 중엽
이래 입헌적 제도가 확고한 지위를 차지한 때에 법치국가의 실현을 둘러싼 논의는 오히려
보다 좁은 분야로 집중되었다. 이제 중심은 행정의 범위로 옮겨지고 주요 관심사는
행정 영역을 법적으로 완성하는 것이 문제로 되었다. 법률에 의한 행정과 권리의 보호
문제가 ─ 오토 배어(Otto Bähr)에서 특히 명확하게 되었듯이 ─ 전면에 나타나고,
개념은 비교적 좁은, 오히려 형식적인 형태를 얻었다. 19세기 초두의 후기 입헌주의
국가에서는 국가 중에서 정치권력을 억제하는 것, 인간의 인격을 존중하는 것, 그리고
입법 자신에서 실질적 정의가 헌법국가에 의해서 충분한 정도로 보장되는 것이 기대되
고,3) 행정의 영역에서 실현되어야 할 상당히 광범위한 결과에 대해서 법치국가가 지향되
었다. 정치적 형태와 법치국가적 원리들과는 어떤 의미에서 서로 나누어서 나타났다.
1918년의 국가형태의 변경도 또한 오토 마이어(Otto Mayer)의 유명한 말에 표현되었듯
이,4) 법치국가 사상과 마찬가지로 행정의 영역에는 저촉되지 않았던 것처럼 보였다.5)
국가활동 전체를 법률에 적합하게 함으로써 법치국가는 준수되는 것으로 생각하였다.
정치적 자유와 법치국가의 결합은 이미 부분적으로 이 시대의 시야에서 제외되고 있었다.
그리고 바이마르 시대에 영향력이 있었던 헌법학설은 시민적 법치국가의 원리를 고유한
정치적 구성요소, 즉 권력형성적인 요소를 대조시키고, 그리하여 특히 법치국가를 비정치
적인 시민적 안정과 국가권력의 통제라는 영역으로 내쫓는 것을 가능케 하였다.6) 인신의
자유나, 법과 국가의 법치국가적 제한과 자유로운 헌법의 필연적인 결합에 권력을 구속하
는 것으로 법치국가의 실질적인 기초는 너무 지나치게 법률의 지배와, 시행을 엄격하게
구속하는 것의 강조의 배후로 후퇴되고 있었다. 다수의 독일어권에서는 민주주의 없이도
또한 법치국가를 유지할 수 있다고 믿고 있던, 즉 영국의 역사가가 생각한 것은 과장된
평가이다.7) 그러나 확실히 법률이 전체주의 정당의 무제한한 권력의사의 도구로 화해

---

2) 여기에 독일어권의 특별한 표현이 있는 것은 이미 L. v. Stein, Verwaltungslehre, 2. Aufl., Bd. I, 1,
   1869, S. 296이 이미 지적하고 있었다.
3) 오토 마이어는 그의 법치국가에 대한 정의에서, 이미 (「정서된 행정법의 국민」 Dt. Verwaltungsrecht,
   3. Aufl., Bd. 1, S. 58 참조) 형식적인 행정법의 측면만을 강조하고 있을 뿐이지만, 그러나 역시 (S.
   55 ff.) 전체로서 헌법국가를 지적하고 있다.
4) Verwaltungsrecht, 3. Aufl., 1924, Vorwort S. VI.
5) 새로운 내용 결정의 가능성은 Thoma, HdbDStR, Bd. 2, 1932, S. 233이 적어도 시사는 하고 있었다.
6) C. Schmitt, Verfassungslehre, 1928, S. 125 ff., 200 ff. (김기범역, 『헌법이론』, 147면 이하; 220면
   이하). 그에게 있어서 법치국가란 국가의 정치적인 형태원칙의 조절이며, 국가권력의 제약에 불과한
   것이다. 혼합헌법과 권력억제의 원칙은 적지 아니한 국가의 정치적인 형태에 속하며, 적어도 이 원칙은
   권위주의적 내지 전체주의적인 국가구조와는 결합될 수 없다는 사정과 마찬가지로, 정치적인 자유란
   민주적인 국가가 근거를 두는 하나의 국가창설적인 정치원리라는 것은 여기서도 마찬가지로 오해되고
   있다.
7) A. J. P. Taylor, Bismarck, 1955, S. 267은 바이마르 시대의 독일 자유주의에 대해서 다음과 같이

버리자, 형식적 법치국가의 사상은 그 무력함을 드러내었다. 법률의 형식을 빙자한 불법에 대해서 형식적 법치국가의 사상은 필연적으로 기능마비에 빠지지 않을 수 없었다.8)

1945년 이래 국가질서를 재건하는 시대에 이전 세대의 불법에 대해서 바로 독일에 있어서의 법치국가의 부흥이 강조되고 장려되었다. 첫 째로 그 정확한 정의를 둘러싸고 아직도 학설과 판례에서는 다툼이 있으나 이제는 물론 「사회적」(기본법 제20조, 제28조)이 라는 부가와 결합하여 문언이나 개념도 헌법전 자체에 수용되었다. 이전과 마찬가지로, 이제 법치국가는 생생한 감정적 가치로 일관된 독일의 헌법발전에 대해서 기본적인 중요성을 지닌 관념적 표상 이상의 것을 나타내고 있다. 독일의 법사상에서 법치국가는 적어도 프랑스법에서의 「법의 지배」(régne de la loi)라는 약간 퇴색된 표상보다 훨씬 중요한 지위를 차지하며, 오히려 앵글로색슨의 법적 전통에 대해서 「법의 지배」(rule of law)가 차지하는 중심적 의미에 가깝다.9) 독일 국법학에서 기본법은 법실증주의의 형식적 법치국가의 개념을 재건한 것이 아니라 국가지도의 내용적 정의로 향한 실질적인 표상을 받아들였다는 점에서 널리 일치하고 있다.10) 그러나 현실적으로 오늘날 법치국가 원리의 정치적 내용, 즉 자유로운 헌법과의 해결할 수 없는 그 결합은 명확하게 인식되었다 고 말할 수 있는가? 많은 설명에서는 국가로부터의 개인의 자유라는 생각이 여전히 선행한다는 것이 명백하며, 시민과 국민 간의 경계획정에서 관념의 핵심인 것처럼 생각된 다.11) 다만, 거기에서는 법률 그 자체가 아니라 자유롭게 선거된 국민대표에 의해서 결정되거나 또는 수권된 규범이 필요한 보장을 하며, 개개인의 국가로부터의 거리를 최대한으로 하는 곳이 아니라 자유로운 국가의 시민으로서의 정치적인 책임이나 의무와 조화하는, 적절하고 동시에 정치제도에서 보장된 자유가 법치국가의 핵심을 구성한다는 것이 명백하게 되고 있지는 않다. 오늘날 초기 입헌주의적 법실증주의적 법사상에 특유한 형식적 법치국가의 해석이 정당하게 포기된다면, 그것은12) 특히 법치국가가 지닌 이와

서술하고 있다. 즉 「그들은 민주주의 없이 법의 지배를 가지는 것이 가능하다고 믿고 있었다」. 이것은 전체적인 평가로서는 정당하지 않지만 (예컨대 헬러[H. Heller]의 논쟁적인 논문 Rechtsstaat oder Diktatur? 1930 [본서 수록] 참조), 그러나 그 시대에 법치국가를 상당히 형식적으로 해석하는 것의 위험성에 대해서 말하면, 정당한 지적이라고 하겠다.

8) 이러한 약점을 Menger, Der Begriff des sozialen Rechtsstaats im Bonner Grundgesetz, 1953, S. 17 (본서 227면)은 정당하게도 지적하고 있다. 또한 W. Kägi, Rechtsstaat und Demokratie, in: Festgabe Giacometti, 1953, S. 132 f.도 참조.

9) 법의 지배의 기본적인 의미에 대해서는 Sir Alfred Denning, The Changing Law, 1953, S. 5 ff.; Sir Carleton Kemp Allen, Law and Orders, 2. Aufl., 1956, S. 22를 보라.

10) 그리하여 Menger, S. 17; Bachof, VVDStRL (1954), S. 39 ff.

11) 페히너(Fechner)의 노작 Freiheit und Zwang im sozialen Rechtsstaat, 1953도 또한 자유와 국가에 의한 강제와의 이율배반에 대해서 명백하지는 않다. 그것도 개인을 전제로만 하는 시민(civis)에 대해서 말하는 것은 불충분하다는 것을 인식하지 못하고 있다. 공동사회에 의한 강제와 구속은 반드시 법치국가적 인 자유의 반대는 아니다. 그것들은 자유로운 인격의 발전이라는 핵심의 오해에서, 절차의 자의성에서 비로소 과잉적인 것이 된다.

12) 포르스토프와 같이, 물론 형식적·기술적인 법치국가 개념에 고집하는 사람이나, 「법률상의 자유를 보장하 기 위한 법기술적인 기교의 체계」, 즉 단순한 법률성만을 발견하는 자는 기본법의 정당한 이해와 그 내용에 의해서 형성된 관념에로의 길을 열 수 없을 것이다. 그런데 거기에서 조작된 「자유주의적인」

같은 보다 깊은 정치적 기초를 명확히 하는 데에 기여한다. 이러한 관계에서 독일적인 법관념에는 이와 같은 것이 여전히 결여된 것같이 생각된다. 확실히 학설과 판례는 법치국가의 귀결을 세심하고 세련된 방법으로 조탁하는 데에 크게 주의를 기울이며, 의심도 없이 개별적으로 원리를 철저하게 통찰한 것은 매우 커다란 가치가 있다. 그러나 — 여기서는 판례에서의 주목할 만한 예외를 참조해도 좋지만,13) — 절도 있는 정치구조에 있어서의 법치국가에 불가결한 기초는 거기에서는 오직 드물게만 인식도 강조도 되지 않고 있다. 그러나 자유로운 헌법질서 중에서 실현될 수 없는 정치적인 형태원리를 법치국가가 제시하는 것은 이러한 기초에서만 명백하게 된다. 그리고 법치국가의 주체로서 고립된 개인이 아니라 자유로운 국가의 자유로운 시민이 인식되는 경우에만 법치국가적인 자유의 의의는 법적으로 무제약한 것이라고 오해되는 것이 아니라 개인적인 생활영역의 보호에 근거한 정치질서의 요소로 파악된다. 법치국가의 관념을 국가의 집행적인 작용에 한정하려고 계속할 수는 없으며, [법치국가] 원리의 개별적인 귀결은 자주 거기에 그 자신의 역점을 발견한다. 법치국가의 기초적인 보장은 이미 헌법 속에 그 자유로운 구조 속에, 기본권 속에, 그리고 적절하게 조정적인 입법의 보장 속에 존재한다. 오늘날 계속적 규범적으로 정서한다는 것보다는 형성적으로 행정을 행하는 법률상의 규정을 급속한 전개 속에서 일반성과 계속성의 요소를 불가결한 것으로 하는 법치국가적 입법유형이 해체의 위협을 받고 있을 때에 그것과 함께 법률에의 구속의 기초가 언급되고 있다.14) 그리고 국가가 사회적 집단이나 사회적 세력에 대해서 공공복리의 비당파적인 수호자로서의 그의 임무를 태만히 할 때에, 그들은 시민의 개인적인 자유는 행정의 재료를 법률상 형성함에 있어서의 근소한 결함보다도 더욱 커다란 위험에 빠지게 될 것이다.

이러한 관점 아래에서 오늘날의 법치국가에 대한 사고방식의 다른 경향도 또한 우리들은 비판적으로 평가해야 할 것이다. 그것은 법치국가에 고유한 핵심을 점차 사법의 형식으로만, 즉 재판에 대한 권리보호의 확립에 인정하는 경향에 타당한 것은 아니다. 거기에서는 행정 자신의 내부에서 독자적인 적법성을 통제한다는 뚜렷한 가치만이 경시되

법치국가란 무엇이 비정치적인 것이라고 이해될 것인가, 그것은 사람을 현혹시키는 표현이다. 몰이나 그나이스트와 같은, 법치국가를 자유주의적으로 이해하려고 한 위대한 선구자들이야말로 철저하게 정치적인 개념으로서 이해한 것이다.

13) 연방헌법재판소(Entsch. 9, S. 268, 281)는 칭찬할 만한 방법으로, 법치국가의 전제로서 주어진 작용을 수행할 능력을 가지며, 책임 능력 있는 정부의 유지를 긍정하며, 그 때문에 브레멘의 1957년의 직원대표법(Personalvertretungsgesetz)에 의해서 이 작용이 침해되었다고 판시하였다. 그것은 다음과 같이 서술한다. 즉「기본법의 의미에서의 법치국가는 (기본법 제28조 1항 1단) 민주적인 법치국가는 반드시 주어진 작용을 수행하는 능력을 가지며 책임 있는 정부를 전제로 한다」.

14) 이에 대해서는 Hans Huber, Niedergang des Rechts und Krise des Rechtsstaates, in: Festgabe Giacometti, 1953, S. 39 ff.; ders., Das Recht im technischen Zeitalter, 1960, S. 5; M. Imboden, Gestalt und Zukunft des schweizerischen Rechtsstaats, 1960, S. 13 ff. 나아가 나의 논문 Die Aufgabe der Gesetzgebung in unserer Zeit, in: Mitt. der Kommunalen Gemeinschaftsstelle für Verwaltungsvereinfachung 1960 = DÖV 1960, S. 601-611.

는 것이 아니라 인격의 존중과 사회정의에의 노력으로 인도된 입법 자체가 이미 가지고
있던 의미도 오해된다. 법치국가의 사정(射程)은 권리보호의 영역을 초월한다. 시민
간의 조정과 급부에의 그러한 참여권을 대상을 하는 사회적 법치국가의 문제는 오로지
입법상의 해결을 요구하며 재판상의 처리를 인출한다.15) 그러나 다른 한편, 법치국가의
기본적 구성요소로서의 억제의 요소는 어떠한 방향에서도 도외시될 수 없다. 그것은
법치국가적인 제도나 절차 자체의 형성에 대해서도 타당성을 가진다. 만약 통제가 과도하
게 쌓여 중복된다면, 만약 개인적인 보호의 정도가 비본질적인, 부차적인 문제에까지도
미친다면, 거기에서는 근본적으로 중요하고 커다란 인격적 가치가 오히려 애매하게
되며 약화된다. 행정재량의 배제가 필연적으로 보다 큰 개인적 자유로 인도하는 것이
아니라 경우에 따라서는 행정이 이미 개인의 사정을 유형적인 것으로서만 취급하지
않는 획일화 된 융통성 없는 평등이라는 가장 나쁜 압정으로 인도하는 일도 있다.16)
법치국가 사상이 항상 개개의 인격과 그 자유의 위치에서의 사상의 근본이 되는 원칙으로
환원되고, 시민적인 자유와 무정부주의적인 개인주의를 구별할 능력을 유지시켜 나가지
못한다면, 법치국가 사상의 유효성을 보존할 수는 없다.

　지금까지 보다 강하게 독일 법학에서는 자유로운 정치질서와 법치국가와의 필연적인
결합이 강조되며,17) 법치국가의 관념은 인격적 가치라는 표지 속에 있는데, 기본이
되는 그러한 인격적 가치를 개개의 모든 귀결을 초월하여 빛나게 하는 것이 요청되는
것처럼 생각된다면, 그것은 오늘날의 연방공화국의 법질서 중에, 그리고 바로 헌법 속에도
법치국가적인 제도를 설립하는 것이야 말로 바이마르 헌법 아래서도 여전히 존재한
상태에 대한 근본적인 강화라고 생각해도 좋을 것이다. 그것은 권리보호의 확대(기본법
제19조 4항)에 대해서 뿐만 아니라, 행정 자신의 점차 증대하는 법적인 완성과 마찬가지로,
기본권적인 보장과 아울러 판례와 행정의 모든 영역에의 그 고양된 효력에 대해서 특히
타당하다. 이와 함께 국가제도라는 정치적 구조도 또한 중요하다. 민주주의와 법치국가와
는 결코 반대물이 아니며 서로 조건지우며 보호하는 것이다.18) 법치국가적 억제는 현실의
다수결이 급진전화하는 위험 혹은 평등원칙의 절대화 —— [그러한 것이 된다면] 그것은

---

15) 이에 관해서는 Reuß, in: Reuß/Janz, Sozialstaatsprinzip und soziale Sicherheit 1960, S. 9, 16
　　ff. 또한 BVefGE 1, S. 104를 보라.
16) 연방헌법재판소(Bd. 7, S. 129, 154)가 광범위한 재량영역을 승인하는 것을 인정한다고 선언한 사례는
　　이러한 인식에 적합하다(그러나 이에 반하여 과도한 재량을 보증하는 방향으로 향하는 판결로서 BVerfGE
　　7, S. 282, 302 und 8, S. 71, 76을 보라).
17) 일정한 헌법상(Verfassungsbild)에 있어서의 법치국가라는 전제에 대해서 프리젠한(Friesenhahn,
　　Recht, Staat, Wirtschaft, Bd. 2. 1950, S. 242)도 주의를 환기시키고 있다. 그가 적절하게 서술하듯이,
　　권력분립이나 국민대표 (또는 국민)에 의해서 결의된 법률과 마찬가지로, 법치국가는 헌법국가를 전제로
　　한다.
18) 정당하게도 K. von Orelli, Das Verhältnis von Demokratie und Gewaltenteilung und seine
　　Wandlungen insbes. im schweizerischen Bunde, 1947, S. 44 f., 49 f.는, 특히 민주주의 관념과
　　법치국가 관념에 대해서 일치된 인간학(인간의 전개가능성과 좋은 성질에 대한 신앙)에 주의를 환기한다.
　　마찬가지로 Imboden, a. a. O., S. 6/7; R. Bäumlin, Die rechtsstaatliche Demokrarie, 1954, S.
　　49 ff.

필연적으로 현저한 강제와 부자유를 내용으로 하여 포함하지 않을 수 없을 것인데 ——
에 압도되는 것으로부터 민주주의적인 국가를 지킨다.[19] 따라서 오늘날의 독일 헌법이
억제되고 시민의 자유 위에 구축된 국가라는 성격을 강하게 담당하면 할수록 법치국가의
기초도 또한 점차 확고하게 놓는 것처럼 보인다.

　그러한 경우, 법치국가의 관념은 불변의 성격을 가지고 있지 않다는 것에서 출발할
수 있을 것이다. 중요하고 영속적인 모든 정신적 관념과 마찬가지로, 어떤 시대에 대해서
법치국가적인 질서를 체현하는 제도나 표상형태는 변천할 수 있다.[20] 법치국가의 결정적
인 계기는 어디에 있는 것일까? 현대에도 우리들은 그것에 대해서 만장일치의 대답을
듣지 못하고 있다. 법치국가적인 구조의 핵심은 형식적 법치국가론이 말하고 있듯이,
집행의 적법성이 만들어내는 것일까?[21] 또는 정의의 실현을 목표로 한다는 국가의
실질적 목표가 결정적일 것인가?[22] 법치국가의 기본적 요소는 개인의 자유와 국가목표
설정의 보호에 있는 것일까?[23] 그렇다면 결국 [법치국가] 사상의 실현은 특히 재판의
형식에서 포괄적인 권리보호의 보장에 인정되어야 할 것인가?[24] 이와 같이 법치국가
관념을 어떻게 바꾸어 쓰더라도 법치국가 현상의 요소가 언급되거나 또는 그 타당성의
정체가 지적되고 있다. 여러 가지 견해가 병존하는 것, 일정한 법적인 요구를 근거지우기
위해서 자주 극도로 일반적으로 법치국가 관념을 사용하는 것은 오늘날에도 아직 이
개념에 커다란 과정이 있음을 나타내고 있다. 실제로 법치국가의 역사를 일별하기만
한다면, [법치국가] 원리로부터의 실천적 귀결의 많은 것에 대해서는 상당히 광범한
범위에서 일치를 보는 것의, 시류 속에서 견해가 어떻게 격렬하게 변했는가, 그리고
오늘날에도 여전히 변화가 진행 중에 있음을 알 수 있다는 것이다. 따라서 [법치국가]
사상의 역사적 전개를 전망하는 가운데 그 본질적인 성격에의 길을 확실히 나아가게
하는 것이 적당한 것으로 생각된다.

---

19) 이러한 위험에 대해서 W. Kägi, Die Verfassung als rechtliche Grundordnung des Staates, 1945,
　　S. 153 ff. (홍성방 옮김, 『국가의 법적 기본질서로서의 헌법』, 219면); ders., Zur Entwicklung des
　　schweizerischen Rechtsstaats, in: Hundert Jahre Schweizerisches Recht, Jubiläumsgabe der
　　Ztschr. f. Schweiz. Recht 1952, S. 205.

20) 영국의 법의 지배에 대해서는 Sir Carleton Kemp Allen, a. a. O., S. 22가 변천을 지적하고 있다.
　　독일에서의 전개에 대해서는 Apelt, VVDStRL 12, S. 108을 참조하라.

21) 예컨대 Thoma, JöR 1910, S. 214와 오스트리아의 순수법학에 관계되는 관념에 대한 Antoniolli,
　　Allgemeines Verwaltungsrecht, 1954, S. 51, 102를 참조하라.

22) 그와 같이 법치국가를 피하기 어려운 불확정으로 하는 것의 의미에 대해서 Darmstaedter, Die Grenzen
　　der Wirksamkeit des Rechtsstaats, 1930, S. 129 ff.

23) 이에 대해서는 Darmstaedter, a. a. O., S. 7 ff.와 비판적인 Bäumlin, a. a. O., S. 58을 참조하라.

24) 이러한 방향에서 예컨대 Fleiner, Verwaltungsrecht, 8. Aufl., 1928, S. 37. 또한 Friesenhahn, a.
　　a. O., S. 267에서의 이러한 계기의 강조도 참조하라.

II. 19세기에 있어서의 법치국가의 기원과 형성

법치국가의 개념은 19세기에의 전환기에 먼저 등장하였다. 다시 설명하게 되겠지만, 국가권력을 법적으로 구속하고 억제한다는 사상과 개인적 자유를 보호한다는 사상 속에 법치국가의 핵심을 발견할 수 있는 것이라면, 이 두 개의 주요한 관심사의 정신적인 근원은 고전 고대와 중세에까지 소급할 수 있는, 확실히 오래고 폭넓은 국가학상의 관념권에로 도달하는 것이다. 지배자를 법 아래 복종시키는 것은 자유의 사상과 마찬가지로, 고대 이래의 정치사상의 기본 요소에 속한다. 인간이 아니라 이성(logos)이 지배해야 한다는 것을 이미 아리스토텔레스에서 우리들은 읽는다.25) 중세 세계에서 지배하는 법률로부터 해방되어 있을 뿐만 아니라 한편 법률 아래 있다는 사상이 확고한 지위를 차지하고 있다.26) 지배자는 그 국가의 기본법에 구속된다는27) 생각은 법을 보호한다는 지배자의 의무로부터 중세 후기에 발전하며, 그리고 유럽 대륙의 절대군주제에서는 물론 그 이상으로는 전개에 이르지 아니한 것, 앵글로색슨 영역에서는 근본적인 의의를 획득한 발단이기도 하다.28) 이러한 이념계의 더 한 층의 형성은 근대 헌법에 대해서 대단한 영향력 있는 로크(Locke)의 명제에 통하고 있다. 즉 모든 지배는「공포된 항상적인 법」(promulgated standing law)에 따라서 실행되어야 하며, 제한된 신탁(trust)이어야 한다는 명제이다.29)

마찬가지의 의미에서 이미 오래된 시대에는 혼합헌법이 국가권력을 제한한다는 것에서 출발하고 있으며, 그리고 법적으로 질서지워진「억제된」지배에, 폭군에 의한 무제약적인

---

25) Eth. Nicom. 1134 a in fine. 이러한 생각은 항상 다시 이루어졌다. 우리들은 17세기 영국의 투쟁시대에 이러한 생각에 마주치며(J. W. Gough, Fundamental Law in English Constitutional History, 1955, S. 137을 참조하라), 1780년 10월 25일이 매사추세츠 헌법 제1장 제10조, 즉「... 결국 법에 의한 정부이며, 사람에 의한 정부는 아니다」에서도 만난다(텍스트는 Perry-Cooper, Sources of Our Liberty, 1959, S. 378에 수록). 또한 Imboden, S. 7도 참조.

26) 결합에 대해서 거기에서는 제후의 이러한 법적 구속에 대해서 지배자의 초법적인 지위가 나타나는데, Ernst H. Kantorowicz, The King's Two Bodies, 1957, S. 143 ff.의 깊이 탐구한 논문을 보라. 거기서는 S. 163에서 Humphrey of Bohun v. Gilbert of Clare의 판결(1282)에서의 1절「그 왕국에 관하여 모두이며 유일한 지배자인 군주가 법적으로 의무를 진다」가 있다. 나아가 의회에 의한 리차드 2세에 대한 상주(上奏, 1399)「그 왕국의 정당한 법과 관습을 지키며, 보호할 것을 바라는 왕이 아니라 그때그때의 자유의사에 따라서 그 바라는 어떠한 것도 하려는 ...」(E. C. Lodge and G. A. Thornton, English Constitutional Documents 1307-1485 (1935), S. 28). 이에 대해서는 B. Wilkinson, Constitutional History of Medieval England 1216-1399, Bd. 2 (1952), S. 294.

27) 니콜라우스 쿠자누스(Nicolaus Cusanus, Concordantia Catholica III, 12)에서 발견되는 그 신분에 적합한「보편적인 정치의 전체에 관여할 수 있는 법과 명령」이라는 것과 이 법의 집행자인 것, 즉「왕권이 질서지워진 것을 신하는 바라는데, 그와 같이 통상의 헌법 그 자체가 있어야 한다」는 것이 원수에는 의무지워지고 있다는 표현을 여기서 참조해도 좋을 것이다.

28) 근본법에 대한 지배자의 구속의 형성에 대해서는 J. W. Gough, a. a. O., S. 40 f., 66 ff.를 보라. 나아가 M. A. Judson, The Crisis of the Constitution 1603-1645, New Brunswick 1949, S. 55 f., 99 f.

29) On Civil Government, Teil II §§ 136, 139. 이에 대해서는 J. W. Gough, Locke's Political Philosophy, 1950, S. 143 ff.

전제를 대립시키고 있다.30) 그리고 18세기에는 이러한 방향에서 개인의 자유의 이익을
위한 정치권력의 억제에의 하나의 수단으로서의 권력분립의 원리가 유래하는 것이다.31)

제3의, 마찬가지로 확실히 소급하는 전통은 지배자의 자의에 제한을 두고, 법에 있어서
의 자유32)로서 보호되는 시민의 전래적인 자유를 국가권력에 대립시키고 있다.33) 자연법
상 존재하는 인간의 자연적 자유라는 관념을 수반하는, 17세기 영국에서의 전통적 자유의
옹호를 성립시키는 이러한 결합은 아메리카 초기의 특허장 속에 들어가고, 다른 한편으로
는 로크에 의해서 앵글로색슨 세계에 대해서 결정적으로 정의된 자연권의 이념의 출발점
이 된다.34) 나아가 18세기에 서구적 견해에 있어서의 자유는 국가의 경계선과 목적이
된다. 또한 권력분립의 원리와 억제된 국가라는 상(像)도 또한 이러한 견해에 봉사하는
것이다. 법치국가적 전개의 기초를 부여하는 헌법원리의 주변은 이미 계몽주의적인
국가철학의 이러한 경향과 요구에서 본질적으로 특징지워지고 있다. 18세기 말에 아메리
카 합중국과 프랑스에서 만들어진 헌법 속에 이러한 요소 —— 즉 권력분립, 기본권과
개인적인 자유의 보호, 그리고 법률의 강조35) —— 가 집적되고, 현재에 이르기까지 법치국
가의 전제를 제시하는 헌법국가의 모습이 되었다.

법치국가의 이념에 대응하는「법의 지배」(rule of law)의 관념은 영국에서 계몽사상의
시대에 이미 권리장전의 명제들이나「전제정치」에 대한 투쟁의 시대로부터의 다른 법률과
코먼로의 요소를 일치시킨다는「법의 지배」관념의 기초를 확정하였다.36) 영국적 관념의
핵심은 매우 밀접하게 서로 결합된 개인적 자유와 정치적 자유의 사상 속에 있다.37)

30) 법률에 구속된, 정치적인 지배를 행하는 군주와 폭군을 대치하는데, Sir John Fortesue, De Laudibus
Legum Angliae (1471), Ed. Chrimes, 1949, Cap. 9.
31) 자유를 촉진하는 권력분립의 규정에 대해서는 Imboden, Die Staatsformen, 1959, S. 53 ff. (홍성방
옮김,『국가형태』, 유로, 2011); ders., Montesquieu und die Lehre der Gewaltentrennung, 1959,
S. 14 ff.를 보라.
32) 중세의 자유는 결코 법적인 구속으로부터의 자유가 아니라 항상 그 신분에 뿌리를 둔 지위에 있어서의
그것이었다. O. Brunner, Land und Herrschaft, 4. Aufl. 1959, S. 137 f.
33) 중세 생활에서의 세속적인 자유의 사상에 대해서는 이제 H. Grundmann, HZ 183 (1953), S. 23 ff.를
보라.
34) Civil Government, Teil II §§ 131, 138과 이에 대해서는 J. W. Gough. Locke's Political Philosophy,
1950, S. 24 ff.
35) 1791년 9월 3일의 프랑스 헌법은 국가목적을 인권의 유지에 한정하고(제2조), 기본권과 권력분립 없는
국가는「헌법을 가지는 것이 아니다」(제16조 ... n'a point de constitution). 즉 억제된 국가가 아니라고
선언하며, 법률은 일반의사의 표현이라고 인식한다(제6조). 1787년 7월 17일의 미국 헌법은 3권을
엄격하게 구별하여 취급하며(제1조~제3조), 전문 등에서「정의」(justice)와「자유의 축복」(the blessing
of liberty)을 국가의 목적이라고 부른다.
36) 그 오랜 시대를 통하여 구속력 있는 해석은 물론 우선 최초로 A. V. Dicey, The Law of the Constitution
(1. Aufl. 1885)(안경환·김종철 공역,『헌법학입문』, 경세원, 1993)을 통하여 개념에 접하였는데, 그
파악은 —— 특히 그가 말하는「행정법」도 비영국적이며 권위적이라고 하여 거부한 파악 —— 오늘날 급속히
후퇴하고 있다. Sir Ivor Jennings, The Law and the Constitution, 3. Aufl., Reprint 1948, S. 53
ff., 289 ff. (박일경역,『법과 헌법』, 민협사, 1961); W. Friedmann, Law in a Changing Society,
1959, S. 490; S. A. de Smith, Judicial Review of Administrative Action, 1959, S. 9 f. 참조. 거기에서
영국에서는 1689년 이래 법의 지배가 존재하고 있다고 젠닝스(S. 46)는 강조한다.
37) Jennings, S. 47, 59 참조.

왜냐하면 개인의 자유는 국민의 정치적 공동결정, 공적인 의견과 출판의 자유, 그리고 정치상의 반대자의 승인이 보장된 「자유주의적」 국가 속에서만 존재할 수 있기 때문이다.38) 이러한 기초에서 영국에서 개개의 실정법의 지배의 기준이 되는 특색이 생기는 것이다. 개인적 자유(인격의 보호, 사상과 출판의 자유 등)나 평등의 강조와 아울러 미국법39) 과 마찬가지로 영국법은 그때에 역사적 전통에서 오늘날에는 물론 특별한 행정재판소의 부정이라는 다이시(Dicey)적인 경향 없이 보통 재판소에 의해서 설립된 보호 위에 특별한 중심을 두고 있다.40)

대륙 국가에서 그 발전은 보다 천천히 실현되었다. 예컨대 군주의 직접적인 재판(대명[大命, Machtsprüche])의 거부로 인도하고,41) 척도로서의 억제된 국가라는 모습을 떠올리게 하는42) 계몽주의 사상의 침투에도 불구하고, 18세기의 독일 영방국가(Fürstenstaat)는 그 근본사상에서는 아직 합법성에의 구속과 개인의 권리의 보장으로부터 확실히 격리되어 있었다. 일반적인 「지복」(至福, Glückseligkeit)의 촉진으로 향해진 그 목표43)의 폭에 대응한 것은 관리에 대해서 폭넓은 무구속의 전권과 위임이 결정적인 행정이며, 법률은 그것에 결정적이지 못했다. 법학은 확실히 신민(臣民)의 시민적 자유의 개념을 알고 있었으나, 그 개념 아래서는 통치권에 대한 복종 이후에 남는 자연적 자유44)라는 잔류물만

---

38) 영국의 파악은, 어떠한 국가에서도 「법률성」은 타당하기 때문에(공산주의 시스템에 있어서의 법률성에 대해서 현재 O. Kirchheimer, AöR 85 [1960], S. 34 ff. 참조) 단순히 구속적인 법질서를 요구하는 것만으로는 법의 지배에 대해서 불충분하다는 것을 정당하게 강조하고 있다. 근대 영국의 저술가들이 그것에 주목했는데, 법의 지배라는 실질적 정치적인 개념은 비록 원래 언제나 막연한 관념이었지만 항상 민주적인 국가제도에 대해서만 전개 가능하다. 그러한 것으로는 Jennings, S. 59/60; Friedmann, S. 491; ders., Law and Social Change in Contemporary Great Britain, 1952, S. 282 f. 나아가 "Begriff und Entwicklung des Rechtsstaates," in: Macht und Recht, Beiträge zur lutherischen Staatslehre der Gegenwart. Hrsg. v. Dombois, 1956, S. 83 f.에서의 나 자신의 논고도 참조할 것을 제시하고 싶다.

39) 양 체계의 구별은 미국에 있어서의 경성헌법의 존재와 사법심사권의 존재에 있는데, 여기서는 그 이상 들어가지 아니한다. W. Friedmann, Law and Social Change, S. 491 ff. 참조.

40) 미국의 학설에 관계되는, 원래는 절차적인 적법절차(Due Process of Law)의 개념에 이러한 경향이 특히 인정되는데, 그것은 후에 실체적인 적법절차에서 기본적 인권을 위한 내용상의 보호형식으로서 전개되었다. E. Dumbauld, The Bill of Rights and What it Means Today, 1957, S. 90 ff.; R. Deppeler, Due Process of Law, Bern 1957, S. 20 ff., 55 ff. 참조.

41) J. J. Moser, Abhandlung von den Kaiserlichen Machtsprüchen, Frankfurt 1750; Eb. Schmidt, Rechtsprüche und Machtsprüche der preußischen Könige des 18. Jahrhunderts, 1943.

42) 프로이센 국무상이며 과학 아카데미 원장인 폰 헤르츠베르크 백작(Grafen von Hertzberg)의 1789년 10월 1일의 연설 "Abhandlung über das dritte Jahr der Regierung Friedrich Wilhelms II" 중의 말을 보라. 거기서는 프로이센 군주는 「억제된 정부」라고 불린다.

43) 이러한 국가목표에 대해서는 Achenwall, Ius Naturale Pars II 5. Aufl., 1763, § 102, 103; Carl von Dalberg, Von der Erhaltung der Staatsverfassungen, 1795, S. 8 (모든 국가제도의 궁극적인 목적으로 서의 「참된 至福」)을 보라.

44) Achenwall, § 107을 보라. 이러한 시민적 자유가 어떻게 퇴색하게 되었는가는 물론 영주로부터 불법을 당하는 신민은 온당한 관념을 가지고 거기에 대항할 수도 있었으나, 소원으로써 공공의 안녕을 방해하기 보다는 오히려 이주하는 것이 보통이었다고 하는, 이 저자의 참사회(Rat)가 나타내는(§ 202) 그대로이다. 물론 사실 그 영지의 경계를 넘기 위해서 당시의 독일 신민은 자주 2, 3마일 걸어서도 이주하였다는 사정은 이 참사회를 부드럽게 하는 것이다.

을 이해할 뿐이었다. 이러한 역사 시대의 종말에 비로소 국가권력의 법적 제한의 단서로서 인식될 수 있는 사고방식이 나타난 것이다. 그것은 프로이센 일반 란트법의 기초자에서 인식될 수 있었듯이, 법의 안정과 보호의 보다 좁은 영역에 국가목적을 확정하는 이론에 타당하다.[45] 특히 형사사건과 그 원칙의 성립에 있어서의 법적으로 질서지워진 절차의 엄격한 강조, 그리고 「법률 없으면 형벌 없다」(nulla poena sine lege)는 원칙도 또한 이에 속한다.[46]

그러한 관념을 다시 형성하는 데에는 확실히 칸트(Kant)의 철학이 영향을 미치고 있었다. 여기에 우리들은 국가목적을 확정하는 것, 국가를 법 아래 복종시키는 것,[47] 국가의 기초로서의 시민의 자유와 평등의 강조,[48] 전제에 대한 권력분립적 국가의 대립[49] 을 발견한다. 개개의 인간의 도덕적 자유의 사상으로부터의 국가의 구축은 그것이 법의 보편적 요구의 성격을 갖추고 있는 것만으로, 그리고 나아가 보다 강한 영향을 미치지 않을 수 없었다.[50] 철학적 자유의 이념은 특히 국가를 법목적의 추구에만 제한한다는 이론을 야기하였다.[51] 그러한 전회(轉回)의 틀 속에서 법치국가 개념이 비로소 등장한 것인데, 헌법국가에의 방향에 있어서의 일층 정치적인 전회는 초기 자유주의의 일반적인 입법운동에서 유래하는 것이다. 그것은 특히 R. 폰 몰에서 인정할 수 있다. 그에게 있어서 법치국가는 개인의 계약에서 도출되며, 개인의 자유의 이익을 위하여 그 활동을 제한하며 면밀한 법률을 공포하며, 그리고 신민의 보호를 위한 재판소를 설치한다는 근대적 국가의 유형에 불과하다.[52] 행정상의 영조물도 그러한 원칙 아래 두어야 하는 헌법에, 국가의

---

45) 여기서는 특히 1791-1792년에 수아레스(Svarez)가 황태자에게 한 진강(進講)이 지적되어야 할 것이다 (Vorträge über Recht und Staat, Hrsg. v. Conrad Wiss. Abhandlungen der Arbeitsgemeinschaft für Forschung des Landes Nordrhein-Westfalen 10, 1960, S. 9/9). 이에 반하여 보다 좁은 경찰개념이란 의미에서의 일반 란트법 제10조 2항 제17문의 나중의 해석에서 법률에 대응하는 경향에 대하여 반대로 추론하는 것은 잘못일 것이다. 이에 관하여는 이제 철저한 연구, G. Kleinheyer, Staat und Bürger im Recht (Bonner Rechtsw. Abh. 47), 1959, S. 114 ff. 참조.

46) 권력자의 결정에 대한 수아레스의 말 Vorträge, S. 428/29과 그것에 대한 Kleinheyer, S. 112 f., 245 f.를 보라. 1794년 프랑스 황제가 몇몇 빈(Wien) 서클의 「자코뱅주의적인」 책동을 재판하기 위해서, 빈 특별재판소를 설치했을 때에, 상급재판소 부소장 프라이헤르 폰 마르티니(Frhr. von Martini)는 1794년 10월 15일, 그와 같은 조치에 반대하는 의견구신을 하였다. [그러한 조치는] 「법률상의 정상적인 방도」로 부터의 이탈이라는 위험을 지니며, 어떤 위반자에게나 귀속하는 「법률의 보호」의 근거가 되며, 또한 그 밖에 특별재판소에서 유월하는 손해를 가지고 법적 수단의 근거로 삼는다. 프랑스 황제는 양보하고 소송을 통상적인 빈 형사재판소에 부탁하였다. Ernst Wangermann, From Joseph II to the Jacobin Trials, Oxford 1959, S. 160 ff. (Text der Eingabe Martinis dort S. 188 ff.).

47) Metaphysik der Sitten (Philos. Bibl. 47 Neudruck 1959), § 45 (백종현 옮김, 『윤리형이상학』, 2012, 266면).

48) § 46; Zum ewigen Frieden, Kleinere Schriften (Philos. Bibl. 47 I. Neudruck 1959), S. 128 ff. (이한구 옮김, 『영원한 평화를 위하여』, 1992).

49) Zum ewigen Frieden, S. 128.

50) 칸트의 의미에 대해서 R. v. Mohl, Die Geschichte und Literatur der Staatswissenschaften, Bd. 1, 1855, S. 241 f. 참조.

51) 이러한 파악을 비판하는 것이 Mohl, Das Staatsrecht der Kgr. Württemberg, Bd. 1, 1829, S. 11, Anm. 4; System der Präventiv-Justiz und der Rechts-Polizei, 1834, S. 15. 국가란 법의 보호에 한정되는 것이 아니라 예방도 해야 한다고 말한다.

이러한 성격에 대해서 결정적이 되고 있다. 이와 같이 몰에서는 법치국가의 이해는 헌법국가의 일반적인 제도에로 흘러 들어가는 것이다.53) 법치국가의 사상 아래 국가의 전체 구조를 주시하는, 어떤 정치적인 생각을 우리들은 로렌츠 폰 슈타인(Lorenz von Stein)에게서도 발견한다. 이미 몰에서 국가와 사회의 구별이 감지되었다면, 그 구별은 슈타인에게 있어서 근본적인 것이 된다. 「자유로운 행정체」(자치제와 조합)의 시스템으로서의 전체에 적합한 사회적인 세력들의 자유로운 발전을 유효하게 하기 위한, 국가에 있어서의 시민의 자기결정이 그에게는 궁극적으로 중요한 것이다.54) 요컨대 슈타인에게 있어서 법치국가는 중심 개념이라고 부를 수 없고, 그는 행정을 집행이라는 개념에서, 즉 지도적인 행정(명령을 포함하여)에서 그 고유한 형식적인 독립성을 파악하였는데, 그것을 국민의 자유로운 자기결정의 표현에서 유래하는 법률 아래 두기를 희망한 것이다.55) 그와 같은 국가상에서는 개인의 자립적인 자유의 전개가 그 출발점을 형성하며, 국가와 사회세력들이 반대물이 아니라 보완물을 의미하는데, 거기에서 저절로 실제적인 법치국가적인 귀결, 권리보호,56) (관리[官吏]가 아니라) 국가의 책임,57) 자유로운 행정체58)의 자치가 생기는 것이다. 즉 전체로서는 국가조직과 사회세력들 간의 협동의 모습인 것이다.

국가현상의 전체에 눈을 향한 법치국가에 관한 이해의 관련에 R. 폰 그나이스트도 포함된다. 전통적인 설명에서는, 그는 배어(Bähr)의 사법국가적(司法國家的) 경향에 대한 특별 행정재판의 주창자로서만 거론되고 있다. 그러나 이러한 특징지움은 매우 협소하다. 그것은 그의 필생의 저작의 본래적으로 정치적인 기본 자세를 정당하게 평가하지 못하고 있다.59) 그나이스트에 대해서도 또한 국가와 사회의 구별과 동시에 그 결합과 융화가

---

52) Staatsrecht des Kgr. W., Bd. 2, S. 3 ff.; Gesch. u. Literatur der Staatsw., S. 230; Aretin-Rotteck, Staatsrecht der constitutionellen Monarchie, 2. Aufl., Bd. 2, 1838, S. 198에서는 권력분립과 국민대표의 지위가 법치국가에 헤아려지고 있다.

53) 몰에서는 (Staatsrecht, Bd. 2, S. 24), 행정과 낡은 「가산적 견해」에 있어서의 무제약한 지배의 나머지가 법치국가라고 특징지워지고 있다.

54) Verwaltungslehre, 2. Aufl. 1869, Bd. I, 1, S. 25 ff., 294 ff.; Bd. II, S. 5 ff., 27 ff., 148 ff. 특히 그의 후기 저작에 기본이 명맥하게 나타나 있다. 즉 헌법과 행정의 통일성이 강조되며(S. 27), 자치와 조합제도에 있어서의 사회의 자기결정에 대한 기술이 발견된다(S. 67 ff.). HB der Verwaltungslehre, 3. Aufl. 1887. 기본적으로 이러한 생각은 그의 젊은 시절의 저작 Der Socialismus und Communismus des heutigen Frankreichs, 1842 (S. 446)의 결론에 이미 명백하다. 거기서는 이미 국가가 사회를 조건지우는 것이 아니라 사회가 그 발전을 통하여 국가를 조건지운다고 서술한다.

55) Verwaltungslehre, Bd. I, 1, S. 82 ff.

56) Bd. I, S. 440 ff.

57) Bd. I, S. 368 ff.

58) Bd. II, S. 148 ff.

59) 전개라는 통상적인 파악은 O. 마이어의 논술(Verwaltungsrecht, 2. Aufl., Bd. 1, S. 38 ff., 60 ff.)에 의거하는데, 그것은 여하튼 중대한 수정을 필요로 한다. 경찰국가의 개념은 이미 극복되었다. 그와 함께 기득권을 위한 이미 널리 구축된 권리보호를 수반한, 공공복리를 지향하는 후기 절대주의적인 능동적 국가는 이해할 수 없다. 자유주의에서 성립한 이러한 개념에 대한 동시대의 말로서 H. Zoepfl, Grundlagen des allg. Staatsrechts, 3. Aufl. 1846, S. 56 f.를 보라. 그나이스트에 대해서는 R. Thoma, JöR 1910, S. 209 ff.

그의 정치적 견해의 중심점에 위치하고 있었다.60) 국가에 있어서의 능동적인 협동에 대한 사회의 적합 속에, 행정에 있어서의 시민의 명예직 속에, 그나이스트는 법치국가의 실현에의 결정적인 첫걸음을 발견하였으며, 그러한 법치국가에서는 정당제도에 의한 지도에 내맡기는 것도 가능할는지 모르지만, 자기완결적이며 중앙집권적으로 관리되고 있던 관료제도만이 아니라 사회 전체의 세력들이 결정적이었다.61) 즉 그나이스트에 있어서 법치국가는 헌법구조 전체에 관련되어 있었다. 그러나 그에게 1849년 이후의 프로이센의 반동의 시대는 바로 유용한 행정제도와 마찬가지로, 입헌적인 제도들을 정당지배에 의한 남용을 방지하기 위해서는 불충분하였다는 것을 명확히 한 것이다.62) 따라서 자치제도에 의한 보완이 그의 요구를 형성하였다. 그것은 그나이스트에 대해서 우선 첫 째로는 명예직적인 비전문가의 요소를 행정에 편입하는 것이 문제라고 하는 그의 이러한 기본적인 입장에 대응하고 있었다. 그에 의해서 요구된 법적 통제를 위해서 ── 그와 아울러 그는 대신책임제(大臣責任制)로부터 공적인 의견에 이르기까지 매우 광범위하게 정치적인 통제도 인정했는데 ── 만약 그것 이전에, 불충분한 행정사법(行政司法)의 시스템이 폐지된다면, 또한 하급심에서는 결정하고 재판하는 기관으로서의 합의관청 (프로이센의 크라이스 위원회와 베치르크 위원회[Kreis-und Bezirksausschüsse])가 설치된다면, 그는 만족이었다.63) 정당하게도 현존하는 보통재판소에서 통제작용을 위임하는 것에 대해서 구별된 행정재판의 옹호자로서 그나이스트는 주장될 수 있는데,64) 그는 결코 권리보호를 유일하고 독립된 결정이라고 보지 않았다.65) 좋은 행정제도 그 자체의 보장과 좋은 법률의 의미를 그는 오해하지 아니한다.

프로이센이나 다른 독일 란트들에서 역사적인 전개는 그나이스트에 오랫동안 따라

---

60) 「국가의 헌법은 사회와의 유기적인 결합이다」(총장 취임강연 "Die Eigenart des preußischen Staates," 1873, S. 23). 이 점에 대해서는 Garzoni, Die Rechtsstaatsidee im schweizerischen Staatsdenken des 19. Jahrhunderts, 1952, S. 87 ff.의, 독일과 스위스의 법치국가에 대한 특히 탁월한 묘사도 오해되고 있다. 그것은 그나이스트를 형식적 법치국가 사상의 대표자로 보고 있다. 그것은 슈탈과 배어에는 이유가 있으나 그나이스트에게는 이유가 없다.

61) Verwaltung, Justiz, Rechtsweg, 1869, S. 86 ff., 186 ff.; Der Rechtsstaat, 2. Aufl. 1879, S. 278 ff. 참조.

62) Verwaltung, Justiz, Rechtsweg, S. 184 ff.; Der Rechtsstaat, S. 157, 216 ff., 229 ff., 247 ff., 291. Verhandlungen des 12. DJT (1875), Bd. 2, S. 226 참조. 1840년 이래 베를린 대학에서 연구한 그나이스트는 정교수에의 취임 자체를 오랫동안 지연됨으로써 냉대를 받고 있었다. 그 냉대는 확실히 학부의 자세에 의한 것이라고는 하지만 정치적 이유가 없었다고도 할 수 없을 것이다. Max Lenz, Geschichte der Kgl. Friedrich-Wilhelms-Univ. zu Berlin, Bd. II, 2, 1918, S. 124, 283 ff., 325 참조.

63) 합의제 관청에 있어서의 명예직의 강조에 대해서는 Rechtsstaat, S. 292 ff.; Verhandl. d. 12. DJT, Bd. 2, S. 239.

64) Rechtsstaat, S. 265 ff., 352 Anm. 62, 354 Anm. 63 a; Verhandl. d. 12. DJT 1875, Bd. 2, S. 231 ff.

65) "Rechtsstaat," S. 330에 있어서의 그의 주의를 참조.「법치국가란 나머지의 사회(Gesellschaft)는 수입과 향락을 추구하며, 조합법과 프레스에서 그 이익을 조직하는 한편, 분업에 의해서 개개의 직능신분에게 법을 위임할 수 있는 것 같은 법률가 국가는 아니다」.

왔다. 그 발전은 행정으로서의 행정재판소, 독립한 기관에 의해서 보장된 행정 자신에 의한 통제의 수단으로서의 행정재판소를 창조하였다. 합의적이며 비전문인을 배치하고 지시에 따르지 않는 중요한 행정결정을 행하는 재정위원회(Spruchausschüss)를 설치함 으로써 그러한 전개는 [헌법재판소의 설치를] 보완하였다. 그나이스트는 철학적인 두뇌를 가지고 있지는 않았으며, 또한 그의 실제적인 눈은 특별히 예리함을 가지고 법치국가 행정과 자유주의적인 헌법제도 전체와의 불가분의 관계를 파악하고 있었다. 아마 거기에 그의 변호론은 전래적인 국가장치와 시민적인 단체가 결집된 헌법국가의 사실상의 상태에 대응하고 있었다.66)

그의 견해로부터 여전히 그 이상의 것을 인식할 수 있다. 법치국가는 억제된 국가제도를 전제로 하지만 반드시 민주적인 체제를 전제로 하지는 않는다. 그나이스트가 나타낸 것은 민주주의적인 요소가 결핍되어 있을 때에는 국가관리가, 예컨대 폭넓은 명령권력을 자유롭게 사용하거나 또는 법원의 독립이 충분하게 보장되지 못하거나, 또는 기본권이 법원의 통제를 결여하기 때문에 결코 진정한 효과를 발휘하지 못하는 동안은 헌법의 비민주적 계기를 철저하게 활용하여 불충분한 법치국가적 보장을 수반한 당파적인 지배가 구축될 위험이 여전히 존재할 가능성이 있다는 것이다.67)

실제로 법정립과 법적용에 있어서 완전한 법치국가 형성에로의 이행은 바로 그의 영향의 결정적인 시대에 대체로 1850년과 1880년 사이에 실현되었다. 전개는 18세기 이래 등장하였는데, 19세기가 되어서 비로소 완전하게 전개된 바로 그러한 관념이며, 행정의 고유한 영역은 재판상의 통제에 복종하지 않으며, 내부적인 행정감독 아래서만 존재한다는 행정사법의 부정을 가지고 시작하였다.68) 이미 프랑크푸르트 국민의회는 그 헌법초안에서(제182조) 이러한 관념에 반대하는 태도를 취하고 있었다. 법치국가의 핵심부분, 즉 행정의 법률에의 엄격한 구속은 두 개의 단계에서 그 실현을 보았다. 법률의 개념도 또한 아직 입헌적으로는 「자유와 재산」이라는 형식에 고정되고, 그 때문에 입법의 대상 영역이 한정된 비교적 낡은 시대에는, 행정은 현행 법률에 반하여 행동하지 않는다는 것만이 의무지워지는데, 그 이전의 전입헌적(前立憲的)인 수권(授權)과 자유를 계속 보전

---

66) 유사한 협동 관념에 대해서는 Sybel Seier, HZ 187 (1959), S. 106/107을, 시민의 세력들을 수반한 관료제 국가의 이러한 연합성에 대해서는 일반적인 것으로서 Th. Schieder, HZ 177 (1954), S. 59 ff. 참조.

67) 그나이스트의 반동적인 실무에 대해서 보다 상세한 논고인 Gneist, Rechtsstaat, S. 216 ff.를 보라. 이러한 생각은 과거의 것이 되었다고 할 수 없다. 1959년의 행정재판소법의 심의에서, 국회의원 아른트 (Arndt) 박사는 항소심에 있어서의 명예적인 배심판사의 유지를 힘주어 주장하고, 그때에 1883년의 프로이센 입법의 견해를 근거로서 내세웠다(Sten. Ber. BTg. 3. Wahlp., 89. Sitzung v. 11. 11. 1959, S. 4820 C).

68) 여기서 사법사안과 행정사안의 분리에 대한 복잡한 역사에 들어갈 수는 없다. 여기서도 통상의 관념에 대해서 부분적으로 수정할 필요가 있다. 여기에서의 전개는 일직선으로 된 것이 아니라 다양하게 — 때로는 프랑스의 영향 아래 — 19세기가 되어서 비로소 그때까지 기득권의 보호라는 점에 대해서 행정권한의 문제에 대해서도 가지고 있던 법원의 권한이 더욱 더 제약되고 있다. 이에 대해서는 Gneist, Verwaltung, Justiz, Regierung, S. 162 ff. 참조.

하고 있다.[69] 제2단계에서 비로소 행정의 어떠한 침해도 법률에 의한 수권에 돌려야 하며, 행정에 의한 이전의 「복지」의 보호는 존재하지 않는다는 견해가 지배적이 되었다.[70] 이러한 전개는 아직 입헌주의적인 헌법의 도입을 달성하지는 못하고, 그것은 이론과 실무의 보다 엄격하게 파악한 성과에 불과하다. 프로이센의 판례에서는 이미 이러한 견해가 상급 법원의 개별적인 판결에서 관철되고 있었다. 그것들은 법률상 인정되지 않는 재위임(Subdelegation)을 처분의 기초로 하여 충분하지 않다고 선언하고,[71] 법률상 수권된 관청에 의한 명령이 법률의 위임의 한계 내에서 나온 것인가의 여부가 법원이 심사하더라도 무방하다는 원칙을 명확히 하였다.[72] 이전의 지시(1880년 12월 3일의 정부에의 지시)에서의 국가의 임무의 보다 광범위한 확정을 원용함으로써 크로이츠베르크 (Kreuzberg) 기념비의 보호를 목적으로 하는 건축제한의 명령을 변호하는 베를린 경찰장 관의 기도를 좌절시키고, 일반 란트법 제10조 제2항 제17호를 위험회피라는 보다 좁은 의미에서 경찰권한의 근본규범으로서 도입한 1882년 6월 14일의 프로이센 상급행정재 판소의 유명한 크로이츠베르크 판결에 새로운 학설은 결정적으로 관철하고 있다.[73] 그러므로 이 학설이 승리를 거둔 것은 이제 행정의 법률상의 근거를 보다 엄격하게 심사한다는 상태가 된 행정재판소와 명백한 관계가 있다. 물론 역사적으로 법률의 개념을 좁힌 것, 행정질서, 영조물 권력이나 행정의 유사한 개념들의 이름 아래 행정활동의 광범위한 영역을 자유롭게 한 결과로서 물론 점차 협소해지고 있으나 자유로운 영역이 오늘날 여전히 온존되고 있다.[74]

그리하여 19세기 최후의 4반 세기에 있어서의 완성된 법치국가에로의 전개는 자기완결 적인 것으로서 통용할 수 있다. 가령 동 시대의 법학의 실증주의적 조류와 상호 조건지워지 고 있다고는 하지만, 이 시점에서 보다 광범하고 정치적인 헌법으로서의 법치국가의 측면들이 후퇴하고, 법치국가 개념을 형식적으로 법률에 의한 행정과 권리보호의 위치에 서 이해하는 경향이 생긴 것은 아마 우연이 아니다. 여하튼 그 중심은 — 앞서 오토

---

69) 행정법률들이 존재하지 않는 곳에서는 그럼으로써 행정은 보다 광범위하게 자유로웠다. 이에 대해서는 O. Bähr, Der Rechtsstaat, 1846, S. 63 f. 참조.

70) Thoma, S. 212는 이러한 관점을 문장상 확정한 것을 라반트(1878)에서 비로소 인정한다. Thoma, Die Polizeibefehl im badischen Recht I, 1906, S. 98 ff.도 참조. Pözl, Bayerisches Verfassungsrecht, 3. Aufl. 1860, S. 369/70도 또한 낡은 파악인데 그에 의하면, 정부는 목적으로서 헌법이다. 입법에 의해서 제외된 아무것도 추급해서는 안 되며, 헌법과 헌법률에 의해서는 승인된 (획득된) 관계를 침해해서 는 안 되는데, 그 목적 수행의 수단은 실제로는 자유이다. 실정법적으로만 금지된 수단이 거부되고 있다.

71) Pr. OTr., Urteil v. 1854, Entsch. Bd. 26, S. 136.

72) Pr. OTr., Urteil v. 8. 5. 1865, Entsch. Bd. 55, Anh. S. 5.

73) Pr. OVG 9, S. 353. 이에 대해서는 W. Jellinek, Verwaltungsrecht, 3. Aufl. 1931, S. 424 참조.

74) 이것은 — L. 폰 슈타인의 이론에서만이 아니고 — 법률의 근거가 없는 행정명령, 조직법(Gneist, Gesetz und Budget, 1879, S. 66 f. 참조), 공무원법·군대·학교 등을 위한 원래 매우 광범위한 영역을 포괄하는 것이며, 학설로써 서서히 좁혀져 왔는데, 오늘날에도 여전히 행정명령의 개념과 [특별] 권력관계 의 개념 속에 살아있다. Imboden, Das Gesetz als Garantie rechtsstaatlicher Verwaltung, 1954, S. 14 ff.가 법률로부터 자유로운 범위의 관념을 낡은 법관념의 잔재라고 비판한 것은 부당하지는 않다. 여기서는 확실히 법률에 의한 완성을 확장하는 것이 문제가 아니라 오늘날의 역사적인 기득권적 근거 대신에 법률에 의한 수권을 — 충분히 광범하게 — 주장하는 것이 가능하다.

마이어의 이론에 언급했는데 ─ 행정의 영역으로 전이된다. 이러한 전개에 대해서 프리드
리히 율리우스 슈탈(Friedrich Julius Stahl)과 오토 배어(Otto Bähr)의 영향도 또한 들
수 있을 것이다. 「국가는 법치국가이어야 하며 그것은 표어인 동시에 실제로도 또한
근대의 전개 방향이다. 법치국가는 법이라는 수단으로 시민의 자유로운 영역과 마찬가지
로, 국가활동의 궤도와 한계를 정확하게 규정해야 하는 동시에 확고하게 보장해야 할
것이며, 국가에 의해서 윤리적 이념을 법영역에 관계하기까지, 즉 필요 최소한이라는
정도까지, 즉 직업적으로 윤리적 이념을 실현(강제)해야 하는 것이다. 이것이 법치국가의
개념이며, 예컨대 국가란 행정목적을 갖지 아니하며, 단지 법질서만을 혹은 그 이상으로
단지 개인의 권리만을 보호한다는 것은 아니다. 원래 법치국가는 국가의 목적이나 내용을
의미하는 것이 아니라 국가를 실현하는 방법과 성격만을 의미한다」[75]는 그의 유명한
정의에서, 그 후 그는 반복하여 높이 평가되었다.[76] 그의 국가철학과 일치하는데, 한편으
로 국가의 윤리적 성격은 모든 생활과정을 지배하는 시설로서 국가의 지위와 마찬가지로,
결코 법률상의 확정을 필요로 하지 않는다는 확신을 표명하고 있다. 국가목적을 법의
추구에 한정하는 것에서 떠나는 것은, 또한 국가의 임무에 대한 슈탈의 확대된 견해,
즉 정치적 계기와의 결합을 포기하고, 행위형식을 확정하는 것, 기독교 국가에서 지배자의
지위를 한정하려고 하지 않는다는 파악과 일치한다. 따라서 지적하여 왔듯이, 어떠한
경우에도 슈탈의 정의는 완전한 법률에 의한 행정에의 요구를 표현한 것도 아니다.
오히려 슈탈은 법률의 구속 없이,[77] 독립하여 결정하기 위한 광범위한 명령의 영역을
정부에 유보하고, 소정의 행정의 대상은 결코 사법의 대상이 되지는 아니하는, 즉 재판상의
심리에 복종하는 것은 결코 있을 수 없다는 견해이다.[78] 그의 사상은 오히려 법치국가의
낡은 단계에 가깝다. 그러나 그의 이론에서의 자유로운 질서의 단서 ─ 국가권력의
억제와 기본권의 승인 ─ 가 군주의 지위를 견고하게 확보하는 것과 일치하듯이,[79]
그가 법치국가를 형식적으로 묘사하는 것도 또한 헌법상의 여건의 범위를 제한한다.
그에게는 재판상의 권리보호만이 ─ 그 위에 정식의 법원에 의한 권리보호만이 아니라
그는 하급심에서 공법상의 특별법원을 우대한다[80] ─ 전면에 나타나며, 그리하여 그의
파악도 또한 행정의 보다 좁은 영역과 형식적인 법치국가 보호라는 계기에 눈을 향하는
데로 기울고 있다.

여기서는 그 후의 법치국가 이념의 운명을 따를 장소는 아니다. 이제 형식적인 법치국가
개념이 우세를 차지하였고, 바이마르 시대의 종말까지 계속 지배한 것을 확인하면 충분하

---

75) Die Philosophie des Rechts, 3. Aufl. 1856, Bd. II, 2, S. 137.

76) Gneist, Rechtsstaat, S. 33은 물론 슈탈이 법치국가적인 원칙의 왜곡의 가능성을 헌법 영역으로부터
   보지 못했다는 비판과 함께 찬성하고 있다. 전면적으로 찬성하는 것은 Thoma, S. 201.

77) Bd. II, 2, S. 194. 좁은 의미에서의 정부의 영역 (우편법규, 여권법규 등의 발포 전반)은 법률에 의해서
   「소극적으로만」 확정되며, 즉 법치국가의 오랜 단계란 의미에서 명백하게 되고 있다.

78) S. 608 f. 이에 대해서 Bähr, S. 77 ff.에 의한 비판이 있다.

79) 슈탈의 생애에 대해서는 G. Masur, Fr. J. Stahl, Geschichte seines Lebens, 1930, S. 187 ff.를 보라.

80) Bähr, Rechtsstaat, 1864, S. 71 참조.

다. (예컨대 직무책임의 영역에서의) 보완적인 보장의 창출에서와 마찬가지로, 적법성에서, 재판상의 보호의 구축에서, 이 시대는 시대의 임무를 발견하였다. 그것과 동시에 1918년까지 법관의 심사권의 흠결에 대해서는 다른 장소와 마찬가지로 여기서도 —— 예컨대 공용징수에 있어서 보상을 할 것인가의 여부에 관한 문제의 경우 —— 주권자의 처분이 종국적인 결정을 의미한다는 최고의 틀을 법률은 형성하였다. 바이마르 시대가 되어서 비로소 진정한 헌법 서열을 가진 기본권의 출현과 법관의 심사권의 승인에 의해서 법치국가적 보장이 강화되기 시작하였다. 그러나 행정재판 권한에 대한 개괄조항의 도입, (관리의 책임 대신에) 국가책임을 도입하는 영역을 서서히 나아가는 행정실체법의 법률적인 철저연구에 중요한 성과를 기록하지 않을 수 없었는데, 19세기의 종말 이래의 법치국가적 보장의 일층 강화를 요구하는 부단한 노력 그것이야말로 상술한 전개를 스스로 서명한 것이었다.[81]

이와 같은 법치국가의 구축에 독일 법조대회도 강력하게 공감을 나타내었다. 확실히 독일 법조대회에서는 1906년 규약개정까지 행정법은 그 심의의 대상으로 인정하지 않았다.[82] 그러나 그럼에도 불구하고, 그 이전에 이미 공법상의 테마가, 바로 법치국가적 영역의 테마가 또다시 심의에 회부되고 있었다. 관리의 하자 있는 행위에 대한 국가책임의 법을 반복하여 다룬 것은 민사법에 대응하는 당시의 파악에 일치하는 것인지도 모른다.[83] 그러나 법관은 법률이 헌법에 적합하게 성립한 것을 심사하더라도 무방한가의 여부 —— 그나이스트는 이러한 형식적인 심사권은 긍정하였으나 실질적인 심사권은 부정하였다[84] —— 문제를 논의하는 것도, 그리고 재차 그나이스트에게 의뢰하였는데 행정재판[85]에 대한 제12회 독일 법조대회의 논의는 법치국가의 근본문제에의 중요한 공헌을 의미한다.[86] 확실히 실정법상의 영향을 미친 것은 오랜 세월이 지난 후 (제2차 세계대전 중)인데, 오늘날의 연방행정재판소의 역사적 기초를 형성하는 테마도 1910년[87] 제30회 독일 법조 대회에서의 라이히 행정재판소 제도의 논의를 가지고 제출된 것이다.[88]

---

81) Thoma, S. 212 f.

82) Conrad, in: Hundert Jahre deutsches Rechtsleben, Bd. 1, S. 6 참조. 이미 제12회 독일 법조대회(12. DJT, 1875)에서 그나이스트는 공법의 확대에 대해서 제안하고 있었다(Verh., Bd. 2, S. 8).

83) 제6회 독일 법조대회(1867)에의 블룬칠리(Bluntschli)의 감정서 Bd. 1. S. 45 ff. und die Verhandlungen, Bd. 3. S. 55 ff. 제8회 독일의 법조대회(1869)에의 키쓸링(Kißling)의 감정서 Bd. 1, S. 388 ff. und die Verhandlungen des 9. DJT (1871), Bd. 3. S. 26 ff., 50 ff., 340 ff. 그리고 제28회 독일 법조대회(1906), Bd. 1, S. 102 ff.; Bd. 2, S. 324 ff. 참조.

84) 4. DJT (1863), S. 4 ff.

85) 12. DJT (1875); Bd. 2, S. 222 ff.

86) 제26회 독일 법조대회(1902)에의 슐첸슈타인(Schultzenstein)의 감정서에는 나아가 행정관청의 판단의 법적 효력에 대한 논의가 언급되어 있다(Bd. 1, S. 86 ff.).

87) Gutachten in Verh. des 29. DJT (1908), Bd. 2, S. 1 ff. (Schultzenstein) 그리고 des 30. DJT (1910), Bd. 1, S. 51 ff. (Thoma), Verhandlungen dort Bd. 2, S. 309 ff.

88) 최근 특히 제41회 독일 법조 대회(1955)에서의 공법상의 보상에 대한 토론이 지적되고 있다.

III. 실질적 법치국가와 사회국가사상

19세기 중엽의 위대한 정치적 토론의 종결 이후, 그리고 실증주의적인 사고방식의 침투와 함께 법치국가의 형식적 이해가 우세하게 되었듯이, 그러한 이해는 법치국가에의 개념에의 국가목적의 획정이나 헌법상의 전제에 대한 언명을 받아들이는 것을 회피하였다. 그것은 행정에 [법치국가] 원리의 본래의 적용영역을 발견하고, 국가에 있어서의 모든 법적용의 적법성, 행정권한의 명확한 확정과 질서지워진 권리보호의 보장을 법치국가의 내용으로서 특징지웠다.89) 법률에 의한 행정의 원리를 중심에 둠으로써 이 이론은 확실히 헌법국가와의 관계를 간과한 것은 아니지만, 더구나 역사적 전개를 오해하여 법치국가의 새로운 단계가, 즉 행정을 법률상의 수권에 일반적으로 구속하는 곳이 이미 법률의 영역에 대한 헌법의 규정들에 포함되어 있었다고 생각했는데,90) 법치국가란 국가권력의 행사라는 형식에 관련될 뿐이라는 점에 머물렀다. 법치국가 사상의 이와 같은 협소화와 형식화는 [법치국가] 원리로부터 별개로 전개된 형식적·제도적 각인에 대해서 본질적인 의미를 가지지 못했다. 법률적합성에서는 실질적인 행정입법을 강화하는 요구나 명령권한의 제한, 재량통제나 충분한 권리보호의 요구가 곤란하게 인도될 것이다. 그러나 [국가] 구조 전체의 이러한 기초가 특히 입법의 법치국가적 내용이 동요하기에 이르자 개인적인 기초에, 그리고 억제된 헌법의 존재에 대한 명확한 내용상의 관련성의 결여는 숙명적으로 그 효과를 발휘하지 않으면 안 되었다. 기본권과 함께 개인적 자유의 기초가 무시되고, 입법자가 전체주의 정치의 도구로 전락한 때에 결국 어떠한 근대 국가에서도 중앙집권적인 향도라는, 순수하게 관리상의 이유에서 법률성 (Gesetzlichkeit)이 존속해야 하듯이, 법치국가로부터는 이미 법률성이라는 껍데기만이 남았을 뿐이다.91)

따라서 1945년 이후 법치국가의 제도들을 재건함에 있어서는 형식적인 [법치국가]

---

89) Meyer-Anschütz, Lehrbuch des Dt. Staatsrechts, 7. Aufl. 1914/19, S. 29; Fleiner, Institutionen des deutschen Verwaltungsrechts, 8. Aufl. 1928, S. 130 ff.에서의 정의를 참조하라.

90) 행정의 구속은 비로소 나중에 침투하였다는 뷜러(O. Bühler, Die subjektiven öffentlichen Rechte, 1914, S. 71 ff.)*의 지적은 도처에서 거부되었다(Fleiner, S. 131, Anm. 3; W. Jellinek, Verwaltungsrecht, 3. Aufl. 1931, S. 88). 그러나 실제로 행정을 예외 없이 법률에 구속한다는 의미에서의 법치국가의 건전한 침투는 헌법의 공포와 중복되는 것은 아니다. 차카리에(H. A. Zachariae)와 같은 매우 유명한 저자가 1867년이 되어서도(Dt. Staats-und Bundesrecht, 3. Aufl., Bd. 2, S. 201) 주 70에서 특징지은 견해에 대응하여 집행은 법률상 배척되지 아니하는 목적을 추구하며, 법률상 금지되지 아니한 수단을 사용하더라도 무방하다고 설명하며, 국가권력의 권리를 「법률에 의해서, 또는 필요에 의해서 생기지 않을 수 없는 모두를 실현하는 것」이라고 보고 있었다(S. 198). 여기서는 행정의 어떠한 행위를 위해서는 법률에 의한 수권이라는 뒷받침에 대한 의론은 없다. 게오르크 마이어(Georg Meyer, Lehrbuch des deutschen Verwaltungsrechts, Teil I, 1883, S. 63)에서도 확실히 (라반트와 로진[Rosin]을 참조한다면) 명령에 대해서 명문에 의한 법률상의 수권이라는 요구가 주장되고 있는데, 그러나 (상술한 것에 대해서) 국가에 있어서의 경찰의 일반적인 법적 지위를 근거로 하는 처분의 발포 역시 인정되고 있다(S. 64).

91) 이러한 법치국가 개념의 형식화와 공동화의 위험에 대해서는 Kägi, Festgabe Giacometti, 1953, S. 132 ff. 참조.

이해의 회피를 수반한 것이었다.92) 단순한 적법성으로는 이미 충분한 기초가 되지 않는다
는 것이 명백하게 되었다. 법치국가의 이념이 뿌리내리고 그 유지와 불가분하게 계속
결합하는, 보다 깊은 폭넓은 층을 명확히 하는 것이 중요하다. 법치국가 개념은 단순히
국가의 행위형식에 관련될 수 있을 뿐만 아니라 외면적인 법질서에도 관계될 수 있는데,
그러한 개념을 유럽의 법발전의, 전적으로 특정한 실체적 기본가치에의 신앙고백, 즉
인간적·정치적 생존의 자기완결적인 모습과 자기 동일화하는 것을 의미한다. 어떠한
것이 이 기본 요소가 되어야 하는가?

　법치국가를 실질적인 정의의 국가라고 특정짓는다면, 그것은 법치국가의 유용한 말바
꿈이 되지는 아니한다. 법치국가는 정의의 실현이라는 것에 그 본질이 있는 것은 아니다.
여기에는 어떠한 척도가 마련되어야 할 것인가? 전체주의 국가도 또한 가령 거기에는
인간의 존엄과 자유가 그 움직임을 정지하더라도 그 자신을 위한 정의를 요구하려고
한다. 법치국가를 정의의 국가로 명명하는 것은 또다시 결국 형식적인 정의(定義)에
의뢰하는 것을 의미한다. 어떠한 종류의 정당한 형성물이 법치국가의 본질에 속하는가,
이것을 명확히 서술하지 않으면 안 된다.93)

　개인권의 보호를 오로지 강조하는 것도 법치국가의 이해에 길을 여는 것은 아니다.
그러한 설명은 법치국가에서는 고립된 개인들이 국가에 대해서 주장해야 하며, 법치국가
란 무제약한 개인주의의 표현이라고 칭하는 잘못에 손을 빌려주는 것이 된다. 그것은
구속의 계기를, 즉 법치국가적인 구조물에서 자유의 상관개념을 형성하는 것인 국가의
자유로운 정치생활에 참가하는 계기를 결여하고 있다.

　그것만으로 우선 법치국가는 그 만들어내는 것이나 그것이 귀결하는 것의 각각과, 즉
법률적합성이나 권리보호와도 등치(等置)되지는 아니한다. 그 기본적인 가치가 스스로
나오는 정신적인 관념계에 거슬러 올라가지 않으면 안 된다. 이러한 관념 아래서는 두
개의 관념권이 법치국가에 대해서 결정적인 것으로 생각된다. 우선 첫 째로는 개인의
자유이다. 모든 법치국가적 제도들의 보다 깊은 의의는 인간이 그 생존을 강제적으로
소외되거나 감독받는 일도 없이 진정한 자기결정 속에 생활할 수 있는 국가의 기초로서
개인의 자유를 존중하고 유지하는 것이다. 따라서 법치국가의 이러한 내용은 특별한 방법으
로 기본법이나 그것에 대응하는 법질서의 규범적인 상태에 구체화되고 있다.94) 여기서
중요한 것은 자유인데, 시민의 자유란 고립된, 국가와 무관계한 개인의 그것이 아니다.95)
그것은 개인을 위해서만 존재하는 것이 아니며 동시에 자유로운 정치적 질서의 본질적
요소이다. 즉 자유란 강제로부터의 해방이라고만 이해해서는 안 된다.96) 자기 책임에

---

92) 실질적인 법치국가 관념이라는 이 기초를 가장 일관되게 서술하는 것은 Kägi, in: "Hundert Jahre
　　Schweiz. Recht" S. 173 ff.
93) Kägi, S. 178 (법치국가는 정의의 국가는 아니다)은 정당하다. v. Mangoldt-Klein, Grundgesetz, S.
　　600의 정의는 의문이 없지는 않다.
94) 그리하여 Kägi, S. 175는 정당하다.
95) 이러한 의미에서 BVerfGE 4, S. 1, 13에서는 개인의 공동체와의 관련성과 공동체에의 구속성이 강조되고
　　있다.

따라서 생활을 영위하는 현실의 노력이 국가권력과 단체권력에 대한 독자성에 일치될 때에만 자유는 주장되며, 그 의미에서 자유는 실현될 수 있다. 자유에 대한 이러한 감각, 「자유의 정신」(spirit of freedom)을 결여한 곳에서도, 이러한 감각 대신에 순수한 개인적 청구의 생각이 우위를 차지하는 곳에서는 법치국가의 기초는 위협을 받는 것이다.97)

법치국가의 두 번째의 기본적인 요소는 권력을 법적으로 구속하는 것과, 국가가 행하는 형성적인 조정과 마찬가지로, 국가의 침해를 법적으로 구속하는 것이다. [법치국가의] 요구는 단순한 합법성을 훨씬 초월한다. 그 본래의 목표는 불평등이며 당파적인 무구속의 정치적 지배의 행사에 존재하는 자의와 불법에 대한 투쟁이다. 그 때문에 이러한 법적 구속의 의의를 단지 집행의 제약에만 향한 것이 아니라 내용적으로 정의와 평등의 정신에 의해서 뒷받침되고,98) 개개인 시민의 생활영역을 확실하고 항상적으로 확정하는 입법에 도 향하고 있다. 여기서도 다시 시민의 단순히 수동적인, 요구하는 역할을 수행할 뿐만 아니라 시민 자신이 그 형성에 대해서도 결정하며, 입법에 참가하는 것, 바꾸어 말하면 법치국가의 법률은 국민에 의해서, 혹은 국민대표에 의해서 결정된 법률로 행해야 한다는 것은 법치국가의 질서에 속하는 것이다.99)

우리들은 결론을 내리기로 하자. 법치국가란 법률에 적합한 행정의 국가나 또는 포괄적인 재판통제의 국가만은 아니며, 법적 안정성과 집행의 구속의 원칙만도 아니다. 실질적인 의미에서 이해한다면, 법치국가는 개인의 자유의 존중과 그 보호를 위해서 억제되며, 확고하게 질서지워진 국가권력의 원리 위에 설립된 공동체를 의도하며, 국민에서 유래하는 그 법질서는 국가의 모든 행위를 이러한 기초에, 그리고 정당하고 평등한 인간관계의 형성을 지향하는 노력에 결부된다. 요컨대 법치국가는 자신 속에 시민의 개인적·정치적 자유의 보호와 모든 공적 권력행사의 억제와 법적 구속을 구체화하는 것이다.

따라서 법치국가는 유럽적 법문화의 일정한 전통적인 가치의 승인과 헌법상 일정한 제도에의 구속에 근거를 두고 있다. 그 이념적인 기초는 기본가치로서의 인간의 존엄과 자유의 승인을 포함하며, 내용상 인간의 공동생활을 규정하며, 입법자에게 실현이 의무지워진 실질적 정의에의 신앙과 정치권력의 확정이라는 필요성에 대한 신앙을 포괄한다.

---

96) 따라서 사회적 구속성이 부가되고 있음에도 불구하고(Anm. 25), 마운츠-뒤리히(Maunz-Dürig, Grundgesetz, Anm. 26 zu Art. 2)에 있어서의 단지 소극적인 방어청구권으로서의 기본법 제2조라는 자유의 기본적인 특정지움은 불충분한 것이라고 인정하지 않을 수 없을 것이다. 기본법 제2조에서 말하는 자유란 시민의 정치적 참가에의 관련 없이 규정된 것은 아니며, 따라서 헌법질서에 있어서 책임 있는 자유로운 생활방식에의 의무에도 결부되고 있다. Fechner, Freiheit und Zwang im sozialen Rechtsstaat, 1953, S. 52 ff.; Hennis, Vierteljahreshefte f. Zeitgeschichte, 1959, S. 16; W. Friedmann, Law in a Changing Society, 1959, S. 495.

97) 이러한 「자유의 기율」에 대해서는 Clinton Rossiter, in: "Aspect of Liberty," Essays presented to Robert E. Cushman, 1958, S. 19 ff. 즉 「인간이란 자유로운 것을 바라지 않으면 안 된다」 참조. 또한 Leibholz, Das Wesen der Repräsentation, 2. Aufl. 1960, S. 217 f.도 보라.

98) 법치국가의 구성 요소로서의 법적 평등은 독일법에서 자주 강조되지는 않았다. 그러나 스위스에 있어서의 관념에 대해서는 Kägi, a. a. O., S. 193 f.

99) W. Friedmann, S. 493; Friesenhahn, Recht, Staat, Wirtschaft, Bd. 2, S. 242 참조. 또한 형법 제88조, 제234 a조, 제241 a조도 보라

이러한 사고방식과의 관계에서 단적으로 자유로운 공동체(헌법국가)의 모습에서 이해할 수 있는 법치국가의 헌법상이 요건이 존재한다. 그것들은 특히 권력분립과 기본권100)을 포괄하는데, 다시 법률의 우위와 법원의 독립도 포함한다. 기본권이 특별한 자유보장의 형태로 헌법상 정서되어 있는가의 여부 또는 영국에서처럼 법질서 속에 그 내용이 보장되어 있는가의 여부, 거기에 나누어 생각할 이유는 없다.101) 나아가 헌법은 그 이상의 보장, 특히 그것으로 입법자도 헌법의 기본적인 규정이라는 기준으로서 통제에 복종하게 되는데,102) 법원의 심사권한, 특별한 법적 통제의 보장(헌법소원) 또는 향도적인 정의관념(사회국가원리)에 대해서 다시 상세한 설명을 부가할 수도 있다.

그러므로 어떤 때에는 인간상과 국가상에의 일층의 착종에서 파악하며, 또 어떤 때에는 형식적인 것에서만 한정되는 법치국가의 본질규정에서, 더 한층 차이가 명백하면 할수록 법치국가를 제도적으로 만들어내는 일련[의 생각]에 대해서 일반적인 견해가 크게 지배하고 있다. 현대에도 또한 그것들로부터 그때마다 충분한 실천적 결론을 얻기 위해서 심사숙고하고 음미할 필요는 있다 하더라도, 법발전은 오랫동안 원칙적으로 승인되는 일련의 법치국가적 원리의 귀결을 만들어 왔다. 근대에 비교적 잘 보장된 이 법치국가적 제도의 상태에서도 법학설이나 실무는 여전히 많은 문제를 내포하고 있다.103) 그것은 다음과 같다.

1. 수행하는 국가활동의 합법성은 그것 자신으로서는 이미 근거지움을 필요로 하지 않는다. 오늘날의 독일법에서는 여기서 엄격한 기준이 마련된다. 법정립행위에 대한 수권은 직접적 집행에 대한 그것과 마찬가지로, 내용적으로 확정되며, 그 목적 설정에 의해서 임무영역에 두어지고 있음과 아울러 한정되어야 하며, 애매한 일반적 수권도 완전한 백지위임도 해서는 안 된다.104) 권리제한의 본질이 법률에 이미 규정된 경우에도,105) 근래에 때때로 연방헌법재판소가 여기서 청구권의 과도한 요구에 가령 반대한다

---

100) Friesenhahn, Bd. 2, S. 242; Kägi, S. 175, 176은 정당하다.

101) 영국적인 자유의 보장은 인신보호(Habeas Corpus)법 (이에 관해서는 Sir Alfred Denning, Freedom under the Law, 5. Aufl. 1952, S. 3 ff. (윤세창역, 『법과 자유』, 일조각, 1960)와 권리장전, 그리고 단순 법률과 전통 위에 있다. W. Friedmann, S. 492 f. 참조.

102) 사법심사권은 법치주의적인 경향만을 띠는 것은 아니다. 그것은 헌법의 우월성을 유지하기 위한 수단으로서 (개별 주들에 대한 연방헌법재판소에 특수하게) 입법자에 대한 일정한 유보의 표현으로서 정치적인 측면도 가진다.

103) 이에 대해서는 Bachof, VVDStRL 12 (1954), S. 55 ff.; Menger, in: Bettermann/Nipperdey/ Scheuner, Die Grundrechte III/2, 1959, S. 751 ff.에 개관되어 있다.

104) 완전히 일반적인 것으로서 BVerwGE 2, S. 116/117; BVerfGE 6, S. 32, 42; 8, S. 276, 325; 9, S. 137, 147. 이에 대해서는 Ule, in: Staats-und verwaltungsrechtliche Beiträge, hrsg. v. d. Hochschule für Verwaltungswissenschaften, Speyer 1957, S. 157 f.; Neumann, Wirtschafts-lenkende Verwaltung, 1959, S. 76 ff.

105) BVerwGE 2, S. 121, 330 참조. BayVerfGE, NF 1 II, S. 91; 4 II, S. 141 f., 191 f.; BVerfGE 1, S. 14, 60; 3, S. 307, 333/34; 5, S. 71, 76; 7, S. 282, 320/04; 8, S. 71, 77; 9, S. 83, 87; 10, S. 251, 255. 이에 대해서 Bachof, S. 66 참조.

하더라도, 전술한 것은 특히 명령에 대해서 기본법 제80조와 그것에 대응하는 란트 헌법의 규정을 적용하는 판결에 의해서 서술되었다.106) 그러나 이상의 것은 개별적인 처분에 대한 수권에 대해서도 타당하다. 그러한 수권도 더구나 그 보다 높여진 정도에서 — 그것은 물론 일반조항을 그 자신으로써 배제하지는 않지만 — 명확한 목표설정, 인식가능한 확정과 계측가능한 안정성의 필요에 대응하지 않으면 안 된다.107)

2. 행정관청에의 재량의 부여는 법치국가의 요구와 불일치해서는 안 된다. 그 경우에 법치국가에 있어서의 재량은 결코 법으로부터 자유로운 결정의 자유를 만들더라도 법원의 통제가 면해진 영역을 만들지도 않고 목표와 목적에 의해서 정해지며, 헌법과 법률에 의한 기준에 (평등, 비례성, 비당파성) 의해서 구속된 명확하게 윤곽지어진 틀 속에서 가부와 방법에 대해서 선택의 자유를 형성한다는 것을 전제로 할 수 있다.108) 어떠한 재량행위도 그것에 대해서 두어진 이러한 법적인 한계를 유월한다면, 재판상 심사가능하다.109) 근대 재량이론의 이러한 형성물을 얼핏 보면 나에게는 재량개념에 대하여 스위스의 학설에서 제기된110) 의문을 함께 할 수는 없다. 그러나 「자유」재량, 즉 통제되지 아니한 재량에 대해서만은, 즉 재량행사의 전 영역에서 확정적인 법원리에 의한 제한을 실효적인 것으로서 받아들이는 것은 아니며,111) 자유로운 선택이라는 내부적으로 심사불가능한 영역을 주어진 것으로서 받아들인다는 견해에 대해서만은 그와 같은 의심은 전적으로 정당하게 타당하다. 특히 자유롭게 형성하는 이니시아티브와 선택의 영역 없이 근대적 생활의 수용을 만족시키기 위해서 행정이 능동적으로 작용할 수 없다는 것을 오해해서는 안 된다. 대극에 있다는 것은 — 유감스럽게도 사회보장법과 공적 부조법의 많은 영역에서 획득하거나 또는 획득하려고 하는데 — 완전하며 고정된 규범명제에 근거하여 모든 [행정] 관청의 조치와 급부의 기계적인 획일화와 그것에 따른 위축적인 평등화와 관료주의적 리바이어던이라는 고정성일 것이다.

따라서 최근의 학설과 판례가 불확정한 개념의 적용에서도 또한 확실히 통제가능하기는

---

106) BVerfGE 4, S. 7, 21.
107) 법치국가적 경찰 개념의 귀결에 대해서는 BVerfGE 9, S. 201, 217 참조.
108) 따라서 법으로부터 자유로운 행정의 본질적 요소로서의 재량에 관한 모든 낡은 관념은 망각된다. 오늘날의 독일의 학설은 구속된 재량만을 알 뿐이다. 재량의 내부적인 구속에 대해서는 (법률의 목적, 대상의 정당성), Menger, System der verwaltungsgerichtlichen Rechtsschutzes, 1954, S. 128 f.; ders., Die Grundrechte III/2, S. 753 ff.; Bachof, S. 7 ff. 참조.
109) 이러한 의미에서 재량의 승인은 법치국가적으로 의문이다. BVerfGE 9, S. 132, 147 및 BVerwGE 9, S. 287/88.
110) H. Huber, Festgabe Giacometti, S. 66 (「법치국가적인 행정법의 트로이 목마」); Imboden, Das Gesetz als Garantie rechtsstaatlicher Verwaltung, 1954, S. 4 f. 이에 대해서 비판적인 것은 Menger, S. 752 ff.
111) 그것에 의하면 내부적인 한계와 구속(평등, 목적의 유지)은 재량의 외부적인 제약(권한, 선택의 제약, 일정한 수단의 지시)에 접근한다. 「자유로운 개념의 핵심」을 수용하는 것은(S. 211) 물론 옳지 못한 방법이지만 정당한 것으로서 Jesch, AöR 82 (1957), S. 209 f. 참조. 재량개념에 대해서는 많은 문헌으로부터 Ule, Gedächtnisschrift f. W. Jellinek, 1955, S. 309 ff.; Bachof, JZ 1955, S. 97 ff. 참조.

하지만 행정의 해석에서 그 본래의 선택의 자유의 폭이 남아있는112) [행정] 관청의 일정한 「판단여지」(Beurteilungsspielraum)를 승인할 때에, 진술한 것은 철저하게 법치국가원리와 합치하는 것처럼 생각된다. 동일한 것은 일반조항의 이용에 대해서도 그것이 내용과 목적에 근거하여 충분하게 규정되고 확정되고 있는 한에서는 타당하다.113)

3. 여기서는 간단하게 언급할 수밖에 없지만 법치국가의 원리로부터 학설과 판결은 법규범과 처분의 공포와 해석을 위한 일련의 법적인 원칙을 인도한다. 여기서는 우선 첫 째로 소급효의 금지가 그것에 대해서 규정이 겨우 간신히 예측할 수 있는 효과를 수반하는 것이 아니면 그 효과에 대해서 시간적으로 소급하거나 또는 현존하는 법관계가 그것에 의해서 근본적으로 기득의 지위에 대한 고려 없이 변경되는 한,114) 언급되어야 할 것이다. 이러한 정식 아래서는 공법상도 또한 적용되는 신의성실의 정식으로부터 전개된 신뢰보호의 원칙이 특별한 의미를 얻었다. 이 원칙은 확실한 이유도 없이 행정이 오래 존재하는 관계를 변경하거나 시민이 하는 행위가 신뢰하고 [그러한 행위가] 그 위에 구축된 바의 행정 그 자신의 이전의 확약(Zusage)과 입장을 부정하여 보거나, 또는 행정의 하자를 개개인의 부담에서 정정하려는 것 같은 때115)로부터 보호한다. 여기서는 명백하게 될 수 없는 문제만이 법률이나 계획에 쓰여진 처치나 개별적인 조치의 기초가 된 시민의 완전한 초청에, 국가도 입법자도 구속한다는 문제도 이러한 관계에 속한다. 계획보장의 이러한 원리는 공동적이며 그곳에 따라서 개인적인 결정과 재산처분을 자극하고 지도하는 작용을116) 국가가 인수하는 만큼 점차 커다란 의미를 지닌다. 그러나 최근 개인의 보호를 목적으로 하여 행정에 위법한 처분의 취소를 시키지 않기 위해서 신뢰보호가 사용될 때, 그것은 법치국가원리의 오해이다. 이러한 생각에 처분이 행위에 대한 신뢰 위에 행해질 때에도 (예컨대 허위의 봉급 계산),117) 여기서는 개별적 사안에서 경과기간이 적절할 수 있다는 귀결이 도출된 것이다. 그러나 불법적인 보호의 유지는 평등조항의 근본적인 침해와 그것에 함께 헌법의 근본적인 위반을 동시에 의미한다. 그와 같은 것이 있다면, 그러한 상태의 유지는 보호된 시민을 이유 없이 보다 좋은 법상태에 둘 것이며, 법의 비당파적인 운용에 대한 신뢰를 위협할 것이다.118)

---

112) 불확정개념에 대해서는 Bachof, JZ 1955, S. 97 ff.; Ule, Verwaltungsgerichtsbarkeit (v. Brauchitsch, Verwaltungsgesetze, Bd. I), 1960, S. 319; Menger, S. 717 ff.; Werner, DVBl. 1957, S. 226; BVerwGE 6, S. 177 und 8, S. 192 참조.

113) 이에 대해서는 H. J. Wolff, Verwaltungsrecht, 3. Aufl. 1959, S. 130; BVerfGE 8, S. 71, 79 참조.

114) 소급효과가 일반적으로 배제되는 것은 판례가 항상 승인하는 바이다. BVerfGE 7, S. 92, 93 (요건: 예견가능성 · 대상의 정당성 · 비중요성) 그리고 7, S. 129, 153 아울러 10, S. 141, 177 참조. Forsthoff, Lehrbuch des Verwaltungsrechts, 7. Aufl. 1958, S. 14 ff.에 문제 상황이 개설되어 있다.

115) H. J. Wolff, S. 129가 잘 정식화하고 있다.

116) Ipsen, VVDStRL 11 (1952), S. 129; Forsthoff, S. 181; Neumann, S. 91 참조.

117) 이와 같이 한정된 의미에서 BVerwGE 9, S. 256. 또한 Bd. 10, S. 12도 참조.

118) 정당하게도 판례에 대해서 (BVerwGE 5, S. 312), 포르스토프 저작집의 서론 S. V.

행정을 침해의 비례성의 기준에 구속한다는 점에서, 즉 가장 부담이 적은 수단의 선택 또는 필요 최소한의 침해제약의 의무에 행정을 구속한다는 점에서, 법치국가로부터 나아가 귀결되는 원리가 만들어 졌다. 여기서는 [행정] 관청의 무사태평이나 불완전한 고려가 예방된다.119) 물론 이러한 원칙은 이미 학설도 판례도 자주 인정하고 있듯이,120) 그만큼 단순하게 입법자에게 위탁할 수 있는가 하는 문제처럼 생각된다. 그러나 결정의 폭은 다른 기본권상의 기준을 첨가할 때에 그러한 좁은 한정에 복종할 수는 없을 것이다.

4. 법적 평등의 형태에서, 즉 자의와 당파성에서 해방된 평등한 법운용에서 법치국가이론은 확실히 이전부터 평등조항의 적용을 알고 있었다.121) 그러나 그것을 초월하여 평등한 법적용도 또한 오늘날에는 보편적 정의관념의 요청이다. 여기서 다른 관점이 함께 영향을 미치는 것이 간과되어서는 안 될 것이다. 하나는 오늘날 평등한 국가적인 급부에의 평등한 관여를 압박하는 사회[국가]원리이다.122)

5. [행정] 관청의 명령에 대한 시민의 포괄적인 권리보호의 요구는 이미 그나이스트와 배어 이래 법치국가사상에 견고하게 결부된 명제이다. 그것은 오늘날의 독일 입법에서는 행정재판123)에서의 개괄조항의 도입 속에, 그리고 그것을 초월하여 모든 공권력의 운용에 대해서 권리보호를 승인하는 기본법 제19조 4항이라는 헌법 규정 속에 충분한 만족을 발견하였다.124) 연방헌법재판소에 할당된 법률의 통제를 통하여 더욱 법률이 헌법과 합치되는 것 외에 강화된 이러한 일반적인 권리보호의 작용은 매우 광범위하게 미친다. 그것은 아직 불충분하게만 규율되고 있는 행정의 영역 (예컨대 학교법)125)을 법적으로 완전하게 형성하는 것을 점차 압박할 뿐만 아니라 법관에게 법의 보충적 형성에 대한 매우 커다란 관여와, 그것과 함께 법치국가의 관철도 할당한다는 입법자와 법관 간의 중심의 이동도 이끌어내는 것이다. 마찬가지로 재판상의 이러한 포괄적인 심사는 실체법 자체에도 영향을 미친다. 즉 그러한 심사는 필연적으로 재량개념과 불확정개념의 운용에 대한 새로운 논의를 불러일으키듯이, 주관적 권리의 개념을 좁게 획정하는 종래의 개념에

---

119) BVerfGE 8, S. 71, 76. 그리고 R. v. Krauss, Der Grundsatz der Verhältnismäßigkeit, 1955를 보라.

120) BVerfGE 8, S. 71, 80; Krauss, S. 42 ff. 참조.

121) BVerfGE 9, S. 137, 147. 그리고 이에 대해서는 Hesse, AöR 77 (1951), S. 213 ff.을 참조.

122) 이러한 변천에 대해서는 Hesse, S. 219 ff. 참조. 국가적 급부에의 평등한 참여라는 보다 강력한 사회국가적인 특성과 아울러 침해의 경우에 평등취급에 있어서의 기준의 엄격화가 병행하여 진행한다. 예컨대 세액의 협정을 통하여 개개인을 후원하는 것은 오늘날의 법으로는 더 이상 수용하지 못한다. BVerwG, in: VerwRspr. 12, S. 411을 참조.

123) 현재에는 1960년 1월 21일의 행정재판규칙(BGBl. I, S. 17) 제40조에서.

124) 따라서 프리젠한(Friesenhahn, S. 269)이 이러한 전개를 법치국가의 최고조로서 정당하게 특징짓고 있다. 기본법 제19조 4항에 대해서는 현재, Bettermann, in: Bettermann/Nipperdey/Scheuner, Die Grundrechte, Bd. III/2, 1959, S. 782 ff.

125) 병역법과 같은 다른 소재는 그동안 상세한 법률상의 규율을 받았다.

도 크게 영향을 준다. 재판상의 통제에의 접근을 용이하게 하는 절차적 관점 아래서는
── 보장된 이익에 관계되는 ── 그러한 [개념의] 이용이 한계를 초월하는 것이 아닌가
하고126) 반복하여 질문하여 왔는데, 이러한 개념에는 확장이 가져오고, 그 한편 예컨대
건설법에서의 인근 사람의 이익, 시설의 이용자의 이익도 또한 법관의 운용을 통한
보호라는 의미에서 다른 한편으로는 강화된다.127)

6. 재판에 의한 보호와 아울러 법치국가의 요구는 ── 오늘날 이러한 측면은 자주
등한시되는데 ── 고유한 행정절차를 법적으로 완전하게 조형하거나 구성하는 것에도
관철한다. 행정 자신의 과정 속에 이미 존재하는 바로 이러한 보장이야말로 결코 과소평가
되어서는 안 된다. 행정절차에 의해서 법원에 대한 소구가 지연되거나 또는 완전히
불필요하게 되었다는 이유에서, 즉 그렇게 생각하려면 그것은 모든 재판권의 치안 임무의
오해일 것이라는 이유에서 행정절차의 형성을 법치국가 위반이라고 생각하는 것은 완전히
그릇친 것이다. 법관에게 소구하기 전에 질서지워진 절차에 의해서 관계자를 만족시키는
조정을 시도할 수 있다면, 행정절차는 결코 법치국가적인 요구에 대한 위반을 내용으로서
포함하는 것은 아니다.128)

7. 법치국가는 민사소송이나 형사소송, 그리고 공권보호에 있어서의 재판절차의 형성
을 위한 본질적인 원칙도 포함하는 것이다.129) 이러한 원칙 아래서 재판은 근래의 판결에
서는 특히 관계자의 충분한 참가를 보장하며, 그리고 「법적 청문」이라는 형식 아래
이해되는 규칙이 만들어진 것이다.130)

8. 여기서는 그 위에 헌법의 특별 규정에 의해서 특별하게 규정되고 있는 (기본법 제102
조~제104조) 형사실체법에서의 법치국가적 원리의 작용을 지시할 수 있을 뿐이다.131)

---

126) 통설은 물론 주관적 권리를 유지하고 있다. Bachof, VVDStRL 12 (1954), S. 72 f.와 마찬가지로
    Naumann, S. 115 참조.
127) 여기서 미국의 판례가 적법절차의 원칙에서 전개하였듯이, 기본법 제19조 4항이 질서지워진 국가에
    의한 침해에도 같은 기초적인 기본권의 실질적인 보호를 내용으로서 포함하는가 하는 보다 광대한
    문제에 들어갈 수는 없다.
128) 이러한 의미에서 정당하게도 행정에서 명령으로부터 독립한 사법유사(司法類似)한 결정기관도 법적으
    로 허용될 것을 명백히 한, Bachof, Wehrpflichtgesetz und Rechtsschutz, 1957, S. 25 ff.은 적절하다
    (S. 47). Bettermann, VVDStRL 17 (1959), S. 168에서의 행정절차의 개선에 대한 견해는 행정의
    사법형식에 대하여 ─법치국가적으로 근거 없는 의미에서─ 반대를 서술하고 있는데, 잘못이다. 유사한
    잘못은 Reuß, DÖV 1958, S. 659이다. 빈에서의 (1958년) 행정절차에 대한 국법학자대회에서의
    토론 전체, VVDStRL Heft 17, S. 118 ff.
129) 이에 대해서 BVerfGE 8, S. 174, 181. Bettermann, Grundrechte III/2, S. 811 ff.
130) BVerfGE 7, S. 53, 57; 275, 279; 9, S. 89, 95.
131) 이에 대해서 Lange, Berliner Kundgebung des Deutschen Juristentages, 1952, S. 61 ff.; Der
    Rechtsstaat als Zentralbegriff der neuesten Strafrechtsentwicklung; Sax, Die Grundrechte,
    Bd. III/2, S. 909 ff.

9. 이전부터 그 기관의 행위에 대한 국가책임의 형성 역시 법치국가적 보장에 헤아려 왔다. 옛날 시대에는 이 점에 대해서 나아가 대신책임(대신소추를 포함하여)이 역할을 수행하고 있었으나, 오래 전에 행정의 잘못된 행위에 대해서 국가 자신이 원칙적으로 충분하게 책임을 진다는 것으로 중심은 이전되었다.132) 여기서 전개는 물론 매우 유동적이다. 책임주의에 입각한 관리의 개인책임이라는 민법전의 불충분한 해석은 확실히 훨씬 이전부터 (1909/1910년 이래) 국가에 대해서 책임을 지움(기본법 제34조)으로써 부분적으로 수정되었으나, 사법상(私法上)의 거래보증, 공권력의 행사, 오늘날 사법상(司法上) 동렬에서 논해지는 귀책 여부에 관계없이 희생을 부담케 하는133) 하자 있는 국가행위에의 국가책임의 분리에 대한 객관적인 책임에서는 이미 충분한 법적 상태가 아닌 것이 명백해 진다.134) 법치국가적인 원칙은 여기서 위험책임으로서의 국가조직의 관리상의 하자에 대한 책임이라는 공법상의 원칙을 명확하게 만들어 낼 것을 요구할 것이다.135)

10. 전체에 대해서가 아니라 개인에게, 이미 단순한 사회적인 의무라고는 생각할 수 없는 특별한 희생을 부담시키는 국가의 그와 같은 적법한 작용에 대한 조정도 또한 법치국가의 귀결에 속한다. 그러한 한에서 공용징수와 희생은 법치국가와의 명확한 관련을 가진다. 그것의 오늘날의 전개는 물론 보다 많은 사회국가적인 관점 아래에 있다. 여기서도 현존하는 헌법상 보장된 법상태(기본법 제14조)는 결코 충분하게 만족할 만한 정도는 아니다. 가령 국가를 모든 사회적인 생활위험의 담당자로 하거나, 국민적인 파국과 경제위기를 보상원칙에 따라서 재정적으로 처리하는 것이 불가능하더라도 개개의 시민의 일방적인 동원이라는 방법으로 시민에게 그 부담을 전가하거나, 적어도 불충분한 보장에 의해서 완화하는 공권력의 시도는 국민소득의 40%를 분배하는 사회국가에서는 점차 의미 없는 것으로 생각된다. 이러한 문제 영역은 침해행정이라는 낡은 관념계로부터 사회적 급부와 분배라는 영역에로 현저하게 발전한다.136)

---

132) 이미 Thoma, JöR 1910, S. 208; Friesenhahn, S. 278 f.가 그렇게 말하고 있다. 완전한 법적 상태에 대해서는 Bettermann, Grundrechte, S. 830 ff.에서의 우수한 개관을 보라.

133) BGHZ 13, S. 88 이래. 이에 대한 나의 상론은 Gedächtnisschift für W. Jellinek, 1955, S. 334 ff. 이제 BGHZ 30, S. 123 참조.

134) 현재의 상태에 대한 비판에 대해서는 Reinhardt, 41. DJT (1955), Bd. I, 1. S. 233 ff.의 상론도 보라.

135) 외국법에 있어서의 상태가 별로 좋지 않다는 것은 거의 위로가 되지 아니한다. 프랑스법에서는 적어도 법학은 행정의 잘못된 급부라는 위험을 국가에게 인수시킨다는 원칙적인 요구를 명확하게 만들어 내고 égalité devant les charges publics 라는 생각으로부터, 또한 사회원리로부터 근거지웠다. Waline, Droit Administratif, 8. Aufl. 1959, S. 725 ff. 참조. BGHZ, in: DVBl. 1960, S. 480도 참조.

136) 공법상의 손해보상에 대해서는 Verhandlungen des 41. DJT (1955) Bd. I, 2, S. 5 ff., 233 ff. (샤크 [Schack]와 라인하르트[Reinhardt]의 감정), Bd. II C, S. 1-114 (쉐퍼[Schäfer]와 피셔[Fischer]의 보고)를 참조. 나아가 Bettermann, S. 861 ff.

11. 헌법재판의 영역에서는 헌법소원, 즉 명확하게 법치국가적 경향을 지닌 법적 수단과 함께 넓은 의미에서 규범통제도 법치국가적 관련 속에 헤아릴 수 있다. 연방국가와 주 간의 분쟁은 그것에 대해서 다른 헌법상의 관념 영역에 속한다.[137]

법치국가적 제도를 확정하는 이러한 완성에 대해서라면 전개를 거의 완결한 것이라고 생각하게 되어 버릴지도 모른다. 그러나 우리들에게는 이미 개개의 영역에서 새로운 문제가 발생하는 것을 보았듯이, 오늘날에도 독일법에는 법치국가적인 요구의 보다 일층의 실현을 둘러싸고 다투는 많은 문제 영역이 더욱 존재한다. 우선 여기서는 다시 스위스의 학설[138]에 의해서 —— 이번은 정당하게도 —— 다루어진 이른바 특별권력관계의 영역이 있다. 여기서도 오늘날 철저하게 법적으로 완성하는 것의 추진, 그리고 특히 권리보호의 조장을 추진한다면, 거기에는 여전히 이러한 영역이 법률에 의한 형성의 원칙으로부터 개념적으로 박탈된 것이 아니라 단순히 법규 개념의 역사적인 협소화에 의해서 그러한 개념을 알지 못한다는 기본적인 통찰을 결여하고 있다. 거기에서 법률의 근거 아래 두는 것은 결코 여기서 필요로 하는 수권의 포기를 의미할 필요는 없지만, 그러나 근본에 있어서 관습법적인 낡은 권원(權原)에 근거한, 오늘날의 법적 상태에서 현저하게 불명확함이 많은 곳에서 일소(一掃)하게 될 것이다.[139] 유사한 것은 입법 또는 집행에서의 그러한 부여(Zuschreibung)의 문제를 그렇게 간단히 원칙적인 법적 위탁의 문제로 혼동하는 조직권력의 영역에도 타당한 것이다.[140] 여기서는 [특별] 권력관계에서처럼 의심은 법률의 유보로부터의 개념적인 해방이 문제인데, 의심은 법률상 또는 헌법적인 기초 위에 권한이 집행부에게 위임되며, 필요한 광범위한 수권을 포함한다는 요구에 대한 것은 아니다. 오늘날 증대하는 사법상(私法上) 또는 여하튼 비고권적(非高權的) 형식에서의 행정의 활동과 결부된 문제가 원칙적이 아닌 것은 결코 아니다. 이 점에 대해서 국가가 법치국가적인 원칙에 어느 정도 계속 구속되는가, 이 점에 대해서 특히 통상적으로는 관청을 의무지우는 기본권상의 구속은 비고권적인 영역에서도[141] 점차 받아들이는 경향에 있다. 침해행정에서가 아니라 사회적인 배분과 배려에 속하는 행정의 조치를 전체로서 법치국가적으로 구속하는 것에 관계되는 광범위한 문제성은 그러한 영역과 관련을 가진다. 여기서는 완전히 반대로 시민은 공동체의 이익과 급부에 대한 평등한 몫을 열망하기 때문에, 그러한 영역에서 국가의 행위로부터 방어하기 위해서 전개해 온 원칙의 대부분은 적합하지 않다. 여기서는 우선 첫째로 평등의 사상이 전면에

---

137) 법치국가적인 관점 하에서 완전한 헌법재판제도를 두는 하나의 평가는 Wintrich/Lechner, in: Bettermann/Nipperdey/Scheuner, Die Grundrechte, Bd. III/2. S. 649.

138) Imboden, S. 13 f.

139) 오늘날의 관념에서의 권력관계에 대해서 Krüger und Ule, VVDStRL 15 (1957), S. 109 ff., 133 ff.; Obermayer, Verwaltungsakt und innerdienstlicher Rechtsakt, 1956, S. 84 ff. 참조.

140) 조직권력에 대해서 Köttgen, VVDStRL 16 (1958), S. 154 ff. 참조. 이것은 조직권력의 법적인 기초와 집행권에의 배분을 헌법상 근거지우려고 노력한다. 또한 그곳 S. 191 ff.에서의 오스트리아 학설을 기초로 한 에르마코라(Ermacora)의 다른 입장을 참조.

141) Bachof, VVDStRL 12, S. 56 f.; Ipsen, DVBl. 1953, S. 485 ff.; Neumann, S. 89 f. 참조.

나타나며, 그것은 이미 사회적 법치국가를 넘어서 지시하는 것이다.

또한 전개의 문제는 이미 법치국가의 전통적인 귀결의 영역, 특히 새로운 사회적 관계들이 등장하거나, 또는 행정활동의 형식과 내용이 변화하는 영역에서 이미 생기고 있다. 그러나 그 이상으로 현대에는 법치국가의 근원에 훨씬 깊게까지 미치는 변화가 생기고 있다. 그것은 현대 세계의 경제적·사회적인 생활조건의 변화에서 생기는데, 부분적으로는 근저에 있는 정의 관념이 변천한 데에도, 특히 사회적인 사상과 평등화의 경향이라는 전진 중에서 일반화 된 정의관념이 변천한 데에도 유래한다. 그것은 어떤 곳에서는, 즉 이미 이전부터 논의되던 것인데 법관에 의한 강화된 통제가 가져오는 영향이 문제가 되는 곳에서는 새로운 법적 형성의 귀결이기도 하다. 기본권의 역할과 법률에 대한 법관의 심사권한과의 관련에서 법형성에 있어서의 법원의 비중이 결정적으로 고양된 것은 이미 지적되고 있었다. 현대의 파악은 정당하게도 법관의 재판에 법원(法源)으로서 법을 형성하고 창조하는 능력을 인정하고 있다.[142] 즉 독일의 헌법질서와 법질서의 현대적 법구조에 있어서 법원에는 법창조의 불가결한 부분이 사실상 할당되고 있다는 것은 확인할 수 있다. 그러나 그와 함께 이러한 측면에서 적법성의 원칙이 일정한 범위에서 변화되고 있다. 입법자와 아울러 집행의 법적인 기초를 형성하는 것으로서 법관이 특히 법률의 심사를 다루는 헌법재판관이 등장한다. 그것은 헌법의 기본적인 기준을 유지하기 위해서, 그 중에서도 기본권의 보장을 유지하기 위해서 단순한 법률의 입법자를 제약하는 기본법에 근거한 오늘날의 헌법상태에 대응하고 있다. 이러한 전개에 비판이 없는 것은 아니다. 최근 그것은 근본적으로 에른스트 포르스토프(Ernst Forsthoff)[143]에 의해서 이루어지고 있다. 그에게 있어서 법관의 이러한 지위는 견고한 법률기준의 안정성을 붕괴시키는 것이다. 오늘날 법률의 조문에서 도출되는 것이 아니라 헌법의 위나 배후에 잠재하며, 어떤 가치체계 속에 발견하려고 하는 가치관념에 의해서 헌법이 해석되고 있다[고 그는 말하는데], 바로 그것을 포르스토프는 비난하는 것이다. 그러한 정신과학적인 해석방법은 「그 어떤 사람의 정신과학적인 해석방법」[144]을 위해서 법학적인 방법의 해체를 초래한다고 말한다. 이러한 견해는 기본법의 의미와 정신이라는 점에서도 현대 법학의 기본 방향이라는 점에서도 결정적인 흠결이 있다. 헌법의 하위에 법률을 둔다는 것은 기본법의 기본 결정이며, 법률이 법관의 통제 아래에 있기 때문에(기본법 제93조, 제100조) 법관의 법적 작용은 필연적으로 강화된다. 그러나 현대의 해석방법은, 이미 실증주의적인 의사주의나 문리해석에 따르는 것이 아니라 객관적이며 전개능력이 있는 법률의 의미, 그 중에서도 근본에 있는 역사적인 법관념이나 가치설정을 그 해석학적인

---

142) Esser, Grundsatz und Norm in der richterlichen Fortbildung des Privatrechts, 1956, S. 20 ff. 참조.

143) Forsthoff, DÖV 1959, S. 41 ff.; Die Umbildung des Verfassungsgesetzes, Festgabe für C. Schmitt, 1959, S. 36 ff. (헌법률의 개조, 계희열 편역, 『헌법의 해석』, 고려대출판부, 1993, 89면); NJW 1960, S. 1273.

144) Festgabe, S. 41.

과제에 포함하는, 나아가 그러한 헌법규범의 해명에 있으며, 그것이 명문으로 기본권의 우위를 보장하는 것을 의도하며(기본법 제1조 3항), 법관에게 「법률과 법」을 지시하는(기본법 제20조) 헌법에만 오로지 일치하는 해석방법이다. 포르스토프의 입장이란 근본적으로 엄격한 실증주의적 법학방법론에 대한 역행에서 출발하며, 그의 법치국가 개념도 또한 대체로 법치국가의 핵심을 「기교」로 해소하는 것이 아니라고 한다면, 순수하게 형식적인 것이다. 그러나 법률실증주의에의 그러한 역행은 법률에 대한 우위와 기본권을 수반하는 헌법에서는 불가능하다. 결국 포르스토프가 자신의 해석과 적용에 의하면, 사회적 법치국가라는 헌법상의 명제는 헌법을 해체하는 것이라고 특징지을 때, 이전의 카를 슈미트(Carl Schmitt)가 헌법의 정치적인 형식원칙과 비정치적인 법치국가와의 대립에 대해서 주장했듯이, 관련되는 헌법제도들을 나누어 적용하는 것이다. 이제는 규범적 요소에 대항하여 정치적인 결단이 요청되는 것이 아니라, 헌법질서의 기본가치에 대항하여 형식적 법률론이 오히려 상위에 있는 헌법질서에의 입법자의 최고성이 전제되어 있기 때문이다.

　오늘날의 상태는 사실 법관이 헌법을 다루는 결과로서 대폭적인 법의 보충적 형성의 요소를 통용시키고 있다는 점에서만은 포르스토프의 관찰이 정당하다. 여기에는 법치국가에 대해서도 중요한 문제가 존재하고 있다. 법치국가에서 법률은 견고한 기준으로서 뿐만 아니라 특히 국가에 의한 급부와 원호의 영역에서는 사회적으로 정당한 형성의 수단으로서 중심적인 역할을 수행하지 않으면 안 된다. 규범에 구속된 집행과 이울러 법치국가적인, 즉 아주 정당한 조정과 지속적인 질서를 구하는 입법도 적지 않게 법치국가에 속한다. 헌법상의 기준에 대한 법관의 심사가 입법자에게 결정의 자유를 존중하는 것을 알지 못하는 곳에서는 법률의 이러한 작용이 침해된다. 민주적인 입법자의 자유로운 결정이 헌법상 규정된 확정적이며 영속적인 기준과 명백한 모순에 빠지지 않는 한, 헌법 아래에서 입법자의 행위가 법관에 의해서 의문을 받는 일이 있어서는 안 될 것이다. 최근 헌법재판소는 거듭 입법자의 형성의 자유를 인정하였는데, 그것은 기쁜 일이다.[145] 「입법자의 재량」이라는 그와 같은 정식들은 법적 상황을 반드시 적절하게 재생하는 것은 아니며, 입법의 영역에서 의문에 직면하게 되는데, 거기에서도 기본권의 규범적인 확정에 의존해서는 의지할 곳이 발견되지 아니한다.[146] 법률과 법관의 힘 사이에는 임무 분담이 존재하며, 양자가 그것을 유지하는 것은 법치국가적인 발전의 조건을 나타내고 있다.

　물론 그 경우에 간과해서는 안 될 것은, 현대적인 전개가 규범의 많음과 그 빈번한 변동, 하위의 규칙이 점차 법률에 편입됨으로써 법률을 약화시키고 있다는 사실이다. 곧 과거의 것이 되어버리는 법률의 이러한 숫자를 생각하면 물론 법적용의 견고한 기초로서의 법률개념의 침식에 대해서 말할 수 있다.[147] 그러나 이러한 경향에 대한 대항물로서

---

145) BVerfGE 8, S. 28, 37; 9, S. 291, 302. 바이에른 헌법재판소의 법작용의 영역에서 그다지 중요하지 않은 상황을 가지고 나오는 것이 법치국가적인 원칙의 침해로서 각하하는 경우와 같은 방향에 있다 (BayVerfGH 8, II, S. 48).

146) 「입법자의 재량」에 대해서는 또한 Fuß, JZ 1959, S. 331.

헌법규범은 고유의 안정적인 법적 기초로서, 또한 그것에 의해서 권위와 중요성을 법관의 작용이 획득한다.

그러나 법치국가의 가장 근원적인 변천은 오늘날 변화된 사회구도에서 유래한다. 일찍이 법치국가는 독립된, 자유를 요구하는 시민을 고려에 넣을 수 있었다고 하더라도, 현대의 인간은 현저하게 종속상태에 빠져 있는 것이다. 즉 생존을 그 원호에 의해서 보장하며, 그럼으로써 눈에 띠지 않게 향도하는 국가에게 또한 한편으로는 그것 없이는 경제적인 안정도 찾지 못하게 되어버리는데, 동시에 그 존재를 일반적인 대강 설정 속에 규제하듯이, 인간을 강제적으로 편입시키는 단체들의 권력에 종속하는 것이다.148) 여기서는 모든 자유의 진수, 생활결정의 자기책임은 어디에 남아 있다는 것일까? 가령 점차 종속성이 강화되더라도 자기 책임은 위험 없는 안정을 획득하는 것에 바꾸어버린 것인가?

행정상과 함께 입법상의 정의의 규범적인 기준으로서의 기본법이 사회국가를 받아들인 때에(기본법 제20조, 제28조), 그것은 이미 이러한 전개를 고려에 넣은 것이다. 법치국가적인 방식에 의한 권리의 평등과 정의의 추구는 모두 같은 방향을 지향하지 않으면 안 되었다. 오늘날 사회적 법치국가의 원리는 구속력 있는 헌법규범이라는 것은 거의 이구동성으로 승인되고 있다.149) 따라서 우선 일면적으로 개인주의적인 헌법해석을 배제하는 것이 해석의 기준으로서 제시되고 있다. 그러나 예컨대 사회보장법과 공적 부조법의 영역에서는 직접적인 법적 귀결도 또한 사회국가라는 명제를 그 의지처로 삼을 수 있다.150) 그러나 헌법의 근본적인 모든 기준과 마찬가지로 사회국가는 입법자에 대해서 일정한 가치관념을 확정함으로써 다시 구속적인 지시이기도 하다. 사회국가는 일반적인 평등의 강조, 사회적 약자를 위한 원조, 사회에 있어서의 사회적 긴장의 조정을 의미한다. 그것은 법적용보다 오히려 입법자의 형식적인 작용과 국가가 행하는 분배와 향도에 속하는 임무이다. 그러한 한에서 사회적 법치국가의 사상이란 바로 법률에 의한 행정이라는 예전의 원칙으로는 거의 파악할 수 없는 국가의 급부와 경제향도의 영역을 위한 특히 중요한 기준을 의미한다.

그러나 사회보장과 조정적인 분배의 모든 단서에 대해서 법치국가의 기본적 관심사, 즉 개인의 자유의 유지라는 것이 결코 무시되어서는 안 된다. 사회적 법치국가는 국가에

---

147) 법률의 동요에 대해서 H. Huber, Recht, Staat und Gesellschaft, 1954, S. 13 ff.; ders., Festgabe Giacometti, S. 71 ff.

148) 이러한 상태에 대한 인상 깊은 분석으로서 W. Friedmann, Law in a Changing Society, 1959, S. 485 ff.

149) 이러한 의미에서 Bachof, VVDStRL 12, S. 38 ff.; Reuß, in: Reuß/Janz, Sozialstaatsprinzip und soziale Sicherheit, 1960, S. 8 ff. (그리고 거기에서 나아가 열거한 것). 규범적인 내용의 다른 부정으로서 Forsthoff, VVDStRL 12, S. 8 ff.; Festgabe Schmitt, S. 48 ff. 헌법상의 효력은 연방헌법재판소에 의해서도 승인되고 있다(Entsch. Bd. 8, S. 274, 329). 정치적 이념으로서의「사회적 법치국가」에 회의적인 것으로서 W. P. Berghuis, Rechtsstaat en Welvaartsstaat, Kampen 1956, S. 11 f., 22 f.(독일에서의 논의에 관련하여).

150) 특히 생활보호청구권의 승인에서 Reuß, S. 30이 그렇다. BVerfGE 10, S. 15도 참조.

대해서 향해진 것이 아니라 사회집단이나 단체에 대해서도 의미 있는 것이 보다 명확하게 인식된다면, 여기서 사회국가의 원리는 유익할 수 있다. 물론 그와 같은 집단이나 단체에 대해서 그러한 원리는 권리부여로서 보다는 오히려 구속으로서 작용한다. 개인의 자유라는 고유한 가치는 여전히 법치국가관념의 출발점으로 남는데,151) 그것을 집단의 사회적인 우세를 제한함으로써 보호하는 것이 국가에 명해지고 있다. 따라서 최근 기본법 제19조 제3항을 가능한 한 넓게 해석하고 사회세력을 가진 집단에게도 무제약하게 개인적 자유권의 적용을 인정하는 경향이 있으나 그것은 정당하지 않다. 적어도 단순한 사적인 단체가 아닌, 개인의 영역에 근접하는 지위를 차지하는 단체에게는 기본법 제19조 제3항이 여기서 표명하는 기본권의 적용에서 유보를 보다 엄밀하게 심사하도록 하는 것이 허용될 것이다. 결국 여기서 나아가 그 기본에서 오늘날의 견해에 아직 모습을 나타내지 아니한 장래의 문제에 입법은 만나게 된다. 사회적인 종속성의 용인은 결코 법치국가의 요소는 아니다. 오늘날 국가와 사회에 의해서 제공된다고는 하지만 고도의 사회적 안정이 인격의 발전의 불가결한 요소에 속할 때에 복종 중에서 대가를 치른 안식과 안정이 아니라 능동적인 정치적 공민의식을 수반한 책임과 자유가 법치국가의 사활적인 요소를 형성하는 것을 끊임없이 염두에 두는 것이 중요하다.152)

---

151) 사회국가원리의 이러한 설명은 Fechner, S. 5 f.; Menger, S. 27/28; Partsch, Verfassungsprinzipien und Verwaltungsinstitutionen, 1958, S. 29 f.; Reuß, S. 16에 있다.

152) 개인적 자유와 정치적 자유 없는 법적 안정성이란 법치국가적인 원칙의 희화일 뿐이다. 그것은 안정된 영방국가 시대의 정치적인 자유에 대해서 이탈리아의 저술가가 명확히 한 것과 마찬가지로, 국가와 자치에의 관심이라는 의미에서의 자유는 아니다. Battista Guarini, Trattato della politica libertà, 1599 (인용은 Rudolf Albertini, Das florentinische Staatsbewußtsein im Übergang von der Republik zum Prinzipat, 1955, S. 294에 의함) 참조. 즉 「좋은 시민을 요구하고, 정치적 자유로부터 생기는 과실은 평온한 공적 질서 중에서 그 나름대로의 형태에서의 사적인 것을 향수하는 데에 있다. 그러한 사적인 것은 책략으로부터 대내·대외 전쟁으로부터 그 생활, 부인들의 명예, 자녀들의 교육, 그 소득의 처분, 이동의 자유를 지킨다...」. 여기에 우리들은 오늘날에도 때때로 위협을 받는 것, 즉 개인주의적인 향락이나 국가로부터 이탈하는 것과 실제적 자유와의 혼동을 읽는다.

법치국가 개념의 성립과 변천[*]

에른스트-볼프강 뵈켄회르데

> 「법치국가라는 말은 사태가 이미 진행된 후에 생겼다. 이 말은 아직
> 없는 것, 어떤 경우에도 완결되지 아니한 것, 그러나 형성되어야
> 하는 그 무엇을 나타내고 있다. 이 개념은 모두 언제나 자신의 법률적
> 이상을 그 속에 포함시키는 경향이 있기 때문에 매우 동요하고 있다」.
> Otto Mayer, Deutsches Verwaltungsrecht, 1. Bd., 1895, S. 61.[*]

　아돌프 아른트(Adolf Arndt)[*]는 진정한 확신에서 1945년 이후의 독일의 정치질서를
개조하는 데에 결코 지칠 줄 모르는 정력으로 참여하여 협력하였다. 여기서 법치국가의
재건과 구성은 그 중심 과제 중의 하나였다. 이와 같은 법치국가의 재건은 한편으로는
전통적인 독일의 국가사상과 헌법사상에 그 목표가 결부되었으며, 거기에서 법치국가개
념은 19세기 초 이후 그 자리를 잡았다. 그러나 동시에 이 전통에 반하여 하나의 계속적인
발전과 새로운 방향정립을 보게 되었는데, 즉 형식적인 법치국가 대신에 이제 실질적인
법치국가가, 자유주의적인 법치국가 대신에 사회적 법치국가가 나타나게 되었다.[1] 이러
한 동시적인 사건 속에서 우연적일 뿐만 아니라 구조적으로 서로 뚜렷하지 아니한 법치국
가의 일정한 유형을 구별하려는 시도의 가능성은 법치국가개념이 다른 기본적인 국가이론
적 및 헌법이론적인 개념들과 공유하고 있는 법치국가개념의 특성을 나타내고 있다.
법치국가라는 개념은 말의 뜻에서부터 막연하고 설명할 수 없는 水門[불확정] 개념

---

[*]　Ernst-Wolfgang Böckenförde, Entstehung und Wandel des Rechtsstaatsbegriffs, in: Festschrift
　　für Adolf Arndt zum 65. Geburtstag, Frankfurt a. M. 1969, S. 53-76. jetzt in: ders., Staat,
　　Gesellschaft, Freiheit. Studien zur Staatstheorie und zum Verfassungsrecht, Suhrkamp, Frankfurt
　　a. M. 1976, S. 65-92.

1)　이에 관하여는 논문집 Rechtsstaatlichkeit und Sozialstaatlichkeit, hrsg. von E. Forsthoff, Darmstadt
　　1968 참조. 여기에는 이 테마에 관한 중요한 모든 논문들이 수록되어 있다.

(Schleusenbegriff)에 속한다. 이 개념은 '객관적'으로 그 자체로부터 결코 완결하게 정의되지 않고, 오히려 변천하는 국가이론적 및 헌법이론적인 관념들의 유입(流入)에 대하여 개방되어 있으며, 또한 내용상 아무런 변경도 하지 않고, 즉 그 계속성을 상실하거나 단순히 공허한 형식 속으로 가라앉지도 않은 다양한 구체화에 대해서도 개방되어 있다.2) 그리하여 이 개념의 역사적 발전에 대한 지식은 비로소 법치국가 개념의 체계적인 이해의 가능성을 마련하는 것이다.

다음의 서술은 법개념 속에 서로 분리되어 있고 동떨어진 상세한 규정들의 특수한 성격을 밝히는 동시에, 그 속에서 나타나는 국가이론적 및 헌법이론적인 기본관념들을 선명히 부각시키는 데로 향하고 있다. 또한 이에 반하여 법치국가사상의 현존하는 공통점과 그 구체화는 서구의 국가사상과 서구의 헌법발전의 전통과 함께 퇴보하고 있다.3) 그것들은 법치국가사상의 어떤 특수한 것을 밝히지 못하고 있다.

I

「법치국가」(Rechtsstaat)는 독일어권에 고유한 복합어이며 개념형태로서 다른 언어에서는 여기에 해당되는 것을 결코 찾아볼 수가 없다.4) 또한 이 개념이 나타내는 사항도 독일의 국가사상에서 나오는 것이다. 법치국가라는 개념은 이성법(理性法, Vernunftrecht)에서 형성된 독일의 초기 자유주의의 국가사상에서 유래한다. 즉 로베르트 폰 몰(Robert v. Mohl)은 법치국가 개념을 1829년에 발간한 그의 『뷔르템베르크 왕국 국법론』(Staatsrecht des Königsreichs Württemberg)에서 일반 국법학적 및 정치적인 논의에 도입하였다.5) 그의 최초의 사용은 상당히 정확하게 서술하고 있는 것 같다. 이 법치국가 개념은 1813년 벨커(Carl Th. Welcker)6)에 의해서 처음으로, 이어서 1824년 아레틴(Joh. Christoph Freiherr v. Aretin)7)의 『입헌군주제의 국법론』(Staatsrecht der konstitutionellen Monarchie) 속에서 사용되었다. 이들 세 사람의 저자 모두 법치국가를 어떤 혼합

---

2) 그러한 수문[불확정] 개념의 다른 예시로서는 입헌주의 헌법에서의「자유조항과 재산권조항」, 경찰법에서의「공공의 안녕과 질서」라는 개념과 함께 기본법의 의미에서의「자유민주적 기본질서」를 들 수 있다.

3) 그러한 것들은 U. Scheuner, Die neuere Entwicklung des Rechtsstaates in Deutschland, in: Hundert Jahre deutsches Rechtsleben, Bd. 2, Karlsruhe 1960, S. 235 ff. (김효전역, 독일에 있어서 법치국가의 근대적 전개, 본서 282면 이하에 상세히 기술되어 있다.

4) 앵글로 색슨법에서의「법의 지배」(rule of law)는 결코 내용적으로 서로 대비할만한 개념을 형성하지 못하고 있으며, 프랑스의 법률어는 대체로 법치국가와 비교할만한 언어의 형성이나 개념형성을 알지 못한다.

5) Robert von Mohl, Das Staatsrecht des Königreichs Württemberg, Bd. 1, Tübingen 1829, S. 8. 이것은 H. Krüger, Staatslehre, Stuttgart 1964, S. 776에서의 논평에도 불구하고 타당하다.

6) Carl Th. Welcker, Die letzten Gründe von Recht, Staat und Strafe, Gießen 1813, 1. Buch, Kap. 6, S. 25.

7) Joh. Christ. Frhr. v. Aretin, Staatsrecht der konstitutionellen Monarchie, Bd. 1, Altenburg 1824, S. 163.

상태(status mixtus)라는 의미에서의 특수한 국가형태 내지는 통치 형태로서 이해하지
아니하고 고유한 국가**종류**(Staats*gattung*)로 이해한다. 법치국가는 벨커8)가 말하고 있듯
이 「이성국가」(Staat der Vernunft), 「오성국가」(Verstandesstaat)[몰]9)이며, 「이 국가에
서는 이성적인 전체의사에 따라서 통치되며 공공의 복리만을 목적으로 한다」(폰 아레틴
).10) 따라서 여기에서 다음과 같은 하나의 명확한 설명이 나타난다. 즉 법치국가는
이성법 국가이며, 이 국가는 인간의 공동생활 속에서 그리고 인간의 공동생활을 위하여
이성법론의 전통 속에 나타난 이성의 원리들을 실현한다.

이와 같은 기본규정에는 다음과 같은 것이 내포된다.

1. 모든 초인간적인 국가관념이나 국가목적설정과의 결별. 즉 국가는 신(神)에 의한
창설이나 신의 질서가 아니라도 모든 개개인의 복지에 관심을 두는 공동체(res publica)이
다. 국가질서의 출발점과 연결점은 개개의 자유롭고 평등한 자주적인 개인과 그의 현실적
인 생활 목적이다. 이것을 촉진시키는 것은 목적(Um-willen), 즉 국가를 정당화하는
근거이다. 「인간의 초감각적인 경향들, 윤리와 종교는 법치국가의 권한 범위 밖에
있는 것이다」.11)

2. 개인과 재산의 자유와 안전에 대하여 국가목적과 국가과제를 한계지우는 것은
개인적 자유의 안전과 개인적인 자기발현(自己發現)을 가능하게 하는 것이다. 이것은
반드시 권리보호기능에 대한 국가목적의 한계지움을 의미하는 것은 아니다. 그러한
한에서 훔볼트(W. v. Humboldt)는 초기 법치국가 사상에서의 대표자는 아니다. 「외부적
장애의 제거」, 즉 위험에 대한 방어와 보조적인 복지의 촉진이라는 의미에서 경찰의
과제들도 법치국가적으로 정당화된 국가목적에 포함된다.12)

3. 이성(理性)의 원칙에 따른 국가의 조직과 국가활동의 규제. 여기에는 무엇보다도
우선 기본적인 국민의 권리(이른바 국민으로서의 자격)13)에 대한 승인이 속한다. 예를
들면, 시민의 자유 (개인적 자유의 보호, 신앙과 양심의 자유, 출판의 자유, 거주 · 이전의 자유,
계약과 영업의 자유), 법적 평등, (취득한) 재산권의 보장을 말한다. 나아가 법관의 독립(사법
의 안전, 배심재판), 책임을 지는 (입헌적) 정부, 법률의 지배, 국민대표의 존재와 입법권에

---

8) Welcker (Anm. 6), S. 25. 이에 관하여는 또한 H. Krüger (Anm. 5), S. 777.

9) Mohl (Anm. 5), Bd. 1, S. 11, Anm. 3.

10) v. Aretin (Anm. 7), Bd. 1, S. 163.

11) Mohl (Anm. 5), Bd. 1, S. 9; v. Aretin (Anm. 7), Bd. 12, S. 163 f.

12) Mohl (Anm. 5), Bd. 1, S. 8 f.; ders., Die Polizeiwissenschaft nach den Grundsätzen des
Rechtsstaates, Bd. 1, 3. Aufl. Tübingen 1866, S. 4-7; v. Aretin-Rotteck, Das Staatsrecht der
konstitutionellen Monarchie, Bd. 2, 1, Altenburg 1827, S. 177 ff.; 나아가 H. Krüger, Staatslehre,
S. 780 참조.

13) 이에 대하여 상세한 것은 Mohl (Anm. 5), Bd. 1, § 63, S. 268 f.

대한 그들의 참여14)가 이에 속한다. 입법권의 독자적인 조직을 고려할 때에만 비로소 「권력의 분할」(Gewaltenteilung)은 주장되거나 받아들여진다. 이러한 권력의 분할 자체는 당시 몽테스키외를 불러들여 다양한 정치적·사회적 세력들에 대한 국가기능의 분배라는 의미에서 더욱 요구되었으며,15) 단순히 기능상의 편성으로서 요구된 것이 아니라 ― 애써 이룩한 ― 통일적인 위험을 거부하는 것이다.16)

이와 같은 기본규정이라는 의미에서 법치국가 개념은 이미 이성법의 국가이론에서 형성되었으며,17) 임마누엘 칸트(Immanuel Kant)에서 가장 잘 나타나고 있다. 칸트가 국가를 선험적으로 (즉 계몽적인 이성에 따라서) 고찰하여 「법질서 아래 결합된 인간의 집단」으로서 정의를 내리는 경우,18) 그가 상세히 설명한 법질서란 본질적으로 이성의 원리이며, 국법학에 의해서 더욱 구체화된다.

「단순히 법적 상태로서 간주하는 시민상태는 다음과 같은 원리들에 선험적으로 기초를 두고 있다.
1. 인간으로서의 모든 사회성원의 자유
2. 신민(臣民)으로서의 모든 다른 성원과의 평등
3. 시민(市民)으로서의 모든 공동체 구성원의 독자성
이러한 원리들은 기성국가(旣成國家)가 부여하는 법률들이 아니라 이 원리에 따라서 외부적 인권의 순수한 이성의 원리들에 대체로 적합한 하나의 국가설립만이 가능한 것이다」.19)

그리고 주지하는 바와 같이, 칸트는 「그 자신이 동의한 법률 이외의 다른 어떠한 법률에도 복종하지 아니하는」 법률상의 자유, 시민적 평등, 그리고 그의 생존과 부양이 다른 사람에게 종속하는 것이 아니라(임금노동자·하인 등), 자기 자신이 그의 재산이나 영업에 의존하는 시민적 독자성을 국민의 「불가결한 속성」으로 열거한다.20)

---

14) Mohl (Anm. 5), Bd. 1, S. 451 ff. (453 f.), 529 f.; v. Aretin (Anm. 7), S. 165-168.
15) 이에 대하여는 M. Drath, Die Gewaltenteilung im heutigen deutschen Staatsrecht, in: Faktoren der Machtbildung, Berlin 1952 참조.
16) Mohl (Anm. 5), Bd. 1, S. 18 mit (Anm. 10), S. 453 mit Anm. 5; v. Aretin-Rotteck (Anm.12), S. 18 mit (Anm. 12), S. 168 f.; v. Rönne, Das Staatsrecht der preußischen Monarchie, Bd. 1, 3. Aufl. 1881, S. 345 Anm. 4.
17) Gerd Kleinheyer, Staat und Bürger im Recht, Die Vorträge des C. G. Suarez vor dem preuß. Kronprinzen (1791-92), Bonn 1959, S. 29-52, 143 ff.
18) Immanuel Kant, Metaphysische Anfangsgründe der Rechtslehre, Königsberg 1797, §45 (백종현 옮김, 『윤리형이상학』, 아카넷, 2012). 나아가 또한 §§ 43 u. insbes. 52.
19) Kant, Ueber den Gemeinspruch…, 1793, Ⅱ: Vom Verhältnis der Theorie zur Praxis im Staatsrecht (gegen Hobbes).
20) Kant, ebd. § 46; ders., Ueber den Gemeinspruch, ebd.(Ausg. Weischedel), Bd. 8, 1968, S. 151.

우리들이 이와 같은 법치국가 개념의 핵(核)에 관하여 **국가철학적으로** 묻는다면 그것은 국가가 그 목적(단지 그 이상)을 시민의 자유와 재산의 보장에 둔다는 것이며, 그 목표는 개개인의 복지의 촉진에 있으며, 바로 이것이 「공동체」(res publica)의 특색을 나타낸다는 데에 있다. 인간이라는 존재의 실체는 공공적이고, 일반적인 것의 영역으로부터 공공적인 것이 기능적으로 관련된 사적(私的)인 영역으로 이행된다. 초개인적인 소재(素材)에 대한 방향설정 대신에 국가적·공공적 질서라는 의미로서의 개인적 주관성의 자기성취(自己成就)가 나타난다.21) 이러한 자기성취에 대해서 국가적으로 창조될 전제들이 자유와 재산의 보장 속에(어떤 사회적 평등에서가 아닌) 나타남으로써 법치국가적 질서의 시민적 (영업과 소유에 관련된) 성격이 구성된다.

이와 같은 시원적인 법치국가 개념에서 특징적인 것은 법치국가의 개념이 실질적 또는 형식적 법치국가의 양자택일로 환원되지 아니한다는 사실이다. 법치국가 개념은 하나의 통일적인, 즉 실질적으로나 형식적으로 특징지워지는 국가원리(바로 하나의 국가종류)를 정립하며, 하나의 새로운 국가의 「정신」을 수립하는데, 그 정신의 실현은 전래의 국가형태를 정부형태로 상대화한다. 논쟁적인 반대개념들은 군주제나 귀족제가 아니라 신정제(神政制, Theokratie)와 전제제(專制制, Despotie)이다.22) 이성(理性)의 원칙에 결부되지 않으며, 이성의 원칙에 의하여 제한을 받지도 아니한다. 신정제는 자신이 믿고 있는 종교의 지배 속에 그 원리를 가지고 있으며, 전제제는 지배자의 자의적인 의사 속에 그 원리를 가지고 있다. 우리들은 전제정치는 절대 군주제의 형태 속에서뿐만 아니라, 또한 절대적이고 무제한한 민주정치의 형태 속에서도 나타날 수 있다는 사실에서부터 출발한다. 법치국가 개념은 하나의 자유주의적인, 그러나 반드시 민주주의적이지는 아니한 경향을 지니고 있다. 시민의 정치적 자유, 즉 국가 생활에의 적극적인 참여는 시민적 자유의 완성과 보장으로 통한다.23) 시민의 정치적 자유는 자신이 시민의 자유를 더 이상 보호하지 못하고 위태롭게 하는 곳에, 더 이상 이성이 아니라 열정을 후원하는 곳에 자신의 마지막을 보게 된다.24)

이와 같은 법치국가 개념의 형성과 계속적인 구체화를 위해서는 **법률의 개념**이 그 중추적인 의미를 지니게 되는데, 그것은 법치국가 헌법의 기축(基軸)이다. 법치국가의 법률개념은 '실질적'인 개념이나 '형식적'인 개념이 아니라 하나의 **통일적인** 개념 (einheitlicher Begriff)이다. 이 개념은 사물적·내용적인 징표와 형식적·절차적으로

---

21) 헤겔의 윤리적 국가(Grundlinien der Philosophie des Rechts, §§257 ff.)(임석진 옮김, 『법철학』, 한길사, 2008)는 결코 법치국가에 관한 부분을 가지고 있지 않다. 헤겔에 있어서는 「강제국가 및 오성국가」 (Not-und Verstandesstaat)로서 나타나는 것이 법치국가와 일치한다. 같은 곳 §183 및 그 이하.

22) Carl Th. Welcker (Anm. 6), Kap. 3, S. 11; v. Aretin (Anm. 7), S. l f.; Mohl (Anm. 5), §2.

23) v. Aretin (Anm. 7), S. 159 f.; Mohl (Anm. 5), Bd. 1, S. 453 f. 몰은 「등족회의에 의한 국민의 권리방어에 관하여」라는 제목 아래 국민대표의 지위와 권한에 관하여 장(章) 전체를 할애하고 있는 것이 이채롭다. S. 451.

24) Bluntschli, Allgemeines Staatsrecht, Bd. 1, 4. Aufl., 1863, S. 318-324 참조. 국민의 정치적인 권리들은 교양있는 계층이 중개하는 이성의 지배를 확립하여야 한다. 거기에 철저하게 받아들인 평가선거법 (Zensuswahlrecht)에 대한 법적 확신이 있는 것이다.

적합한 징표를 하나의 분리할 수 없는 통일체로 결합시킨다. 즉 법률은 국민대표의 동의 아래 토론과 공개성으로 특징지워진 절차 속에서 성립하는 하나의 일반적인 규칙(일반규범)이다.25) 법치국가에서의 모든 본질적인 원칙들은 이러한 법률개념 속에 제도적으로 포함되며 형식을 갖추고 있다. 국민대표의 동의는 자유의 원리와 시민의 주체성을 보호하며, 법률의 일반성은 법률의 일반적인, 즉 균등하게 적용되는 모든 내적 한계 내지 외적 한계를 넘어서 시민적 및 사회적 자유의 영역에서 목표가 된 침해들을 제거하며, 토론과 공개성으로 규정된 절차는 법률내용의 합리성에 대하여 인간이 도달할 수 있는 정도를 보증한다. 이와 같이 제정된 법률은 행정작용에 대하여 법적 구속력이 있으며 이 행정작용은 법률에 의하여 구속되고 한계지워진다(행정의 합법률성). 이 경우 우선 법률은 행정에 대하여 어느 정도 그 행정작용에 대한 제한 내지는 조건이 되는가 하는 문제가 남아 있으나,26) 여하튼 입법권의 범위는 국민의 자유와 군주적·관료적 행정을 교차시키는 접점(接點)이 될 것이다.27) 법치국가의 법률은 「자유로운」「국가의사이며 개개인의 일반의사와 자기결정은 국가의사 속에 개재(介在)된다. 이러한 법률의 지배는 「국민적 자유라는 원칙의 지배」28)를 의미한다.

II.

이와 같은 특색에서의 법치국가개념은 시민계층의 정치사상과 아울러 3월혁명 시대 이전의 입헌적 생활과 이것을 넘어선 생활을 지속적으로 규정하였다.29) 19세기에서의 법치국가 개념의 계속적인 발전은 그러는 동안에 이른바, 형식적 법치국가개념으로 연역(演繹)하는 징후를 나타내고 있다. 물론 이러한 운동은 그 자체가 통일적은 아니며, 이행(移行)의 기반들은 다양하고 그 기반의 정치적 경향에 있어서 부분적으로는 서로 상반되기도 한다. 이와 같은 것은 형식적 법치국가 개념의 명확한 특색으로 간주된다.

---

25) Mohl (Anm. 5) §§36 u. 37; v. Aretin-Rotteck, Staatsrecht der konstitutionellen Monarchie, Bd. 1, 2. Aufl., 1838, S. 16; Carl Th. Welcker, Artikel »Gesetz«, in: Staatslexikon, hrsg. v. Rotteck u. Welcker, Bd. 6, 1838, S. 739, 743; L. v. Stein, Die Verwaltungslehre, Bd. 1, 1, 2. Aufl., 1869, S.74 f., 85-87. 법치국가의 법률개념에 있어서 사물적·내용적인 징표와 형식적이며 절차에 적합한 징표간의 밀접한 관련은 카를 슈미트(Carl Schmitt)의 헌법론에는 뚜렷이 나타나 있지 않다. 거기에서 법치국가의 법률개념은 「일반 규범」, 의지에 대한 이성으로서 나타나며, 형식적 법률개념은 「정치적」 법률개념으로서 대립시키고 있다(Verfassungslehre, 1928, S. 138-141, insbes. 142 ff.).

26) Scheuner (Anm. 3), S. 243 참조. 여하튼 H. J. Wolff, Verwaltungsrecht I, 7. Aufl., 1967의 구별을 받아들이기 위해서는 문제의 「소극적 의미의 적법률성」이 어느 정도로 「적극적 의미의 적법률성」, 즉 법률의 유보가 이미 효력을 지니고 있었는가 하는 점이 중요시되었다.

27) 이에 관하여는 E.-W. Böckenförde, Gesetz und gesetzgebende Gewalt, Berlin 1958, 2. Aufl., 1981, S. 130 f.

28) L. v. Stein (Anm. 25), S. 87.

29) 그 구체화는 특히 두 개의 커다란 시민적·자유주의적인 국가사전, 즉 Rotteck u. Welcker, Staatslexikon, 16 Bde. 3. Aufl.와 Bluntschli und Brater, Staatslexikon, 11 Bde.에서 확립되었다.

고전적으로 되어버린, 또한 그의 반대자들로부터도 승인을 받은 슈탈(F. J. Stahl)의
다른 표현이 있다.「국가는 법치국가이어야 한다. 이것은 현대의 요청이며 사실상으로도
현대의 발전을 위한 추진력이다. 그것은 국가 현실의 진로와 한계를, 또한 시민의 자유영역
을 법적 수단으로 정확히 규정해야 하며 파괴할 수 없도록 보장해야 한다. 그리하여
국가를 위하여 윤리적 이념을 직접적으로 법영역에 속하고 있는 이상으로, 즉 꼭 필요한
범위를 초월하여 실현(강제)할 필요는 없다. 이것이야말로 법치국가의 개념이며, 따라서
국가가 행정적인 목적 없이 단순히 법질서를 유지하거나 완전히 개인의 권리만을 보장하
는 것은 법치국가가 아니다. 법치국가는 결코 국가의 목적이나 내용을 의미하는 것이
아니라, 오히려 그것을 실현하기 위한 방법과 성격을 의미할 뿐이다」.30) 이 표현의
전반 부분에서는 윤리국가에 대한 거부와 신정제에 대한 직접적인 거부가 함께 약동하고
있으며, 중점은 문장의 후반 부분에 있다. 법치국가는 이제 하나의 새로운 국가원리를
구성하는 국가종류가 아니라 국가의 목적이나 내용에서 구별되는, 정치적 지배권력
―그것이 어떠한 종류의 것이든― 을 사람들의 의사대로 조절하는 그러한 한에서, 비정치
적인 형성요소인 것이다.31)

만약 이러한 정의가 법치국가 개념의 핵심적 내용의 표현으로서 앞으로 일반적인
승인을 얻는다면, 물론 여기에는 다음과 같은 사실이 고려되지 않으면 안 된다. 즉 이
정의에는 ―두 메클렌부르크(Mecklenburg)를 제외하고― 입헌적 헌법의 기반이 확립된
독일 전역의 상황에 직면하여 이것이 비로소 영향을 미친다는 사실이다. 법치국가 개념이
당초에 표현한 요구들 가운데 적지 않은 것이 다음과 같은 것을 통하여 실현되었다.
즉 그 현상형태의 다수는 시민적 자유의 보장, 법적 평등, 그 내용적 및 조직적인 면에서의
법치국가적 법률개념, 법관의 독립, 형사절차의 법치국가적 형태 등이다. 또한 입헌국가들
은 공동체(res publica)의 성격을 비록 의도적으로 자유주의적인 특색을 강조하지는
않는다고 하더라도 하나의 장점으로 취하였다. 따라서 법치국가개념에 수반되어 있는
프로그램적 성격을 고려하여 법치국가개념의 특수한 것, 다시 말하면 아직도 성취할
가치가 있는 것 속에서 찾아보는 데에 그 목적이 있었다. 이것은 실제로 무엇보다도
형식적 절차에 적합한 영역이 있었으며, 특히 행정에 관계되어 있었다. 법치국가 개념은
이 행정에서 더욱 전개되어야 한다. 행정작용을 위해서도 법률의 불가침성과 우위,「양면
적으로 구속을 받는 행정법」의 형성―민법과 유사함, 행정에 대해서도 효과적인 재판에
의한 권리보호의 존속, 시민적 자유의 실현이라는 의미에서의 실질적 및 조직적인 행정법
의 입법창출의 증가는 법치국가 개념의 본질적인 특징이었으며 또한 근본적인 특징이
되었다.32) 오토 마이어(Otto Mayer)는 이러한 의미에서 법치국가를「잘 정비된 행정법의

---

30) F. J. Stahl, Die Philosophie des Rechts, Bd. 2, 3. Aufl. 1856, §36.

31) 이러한 의미에서 법치국가를「비정치적인」형성요소로서 특징지울 수 있는가의 여부는, 그 근저에
   가로 놓여있는 정치적인 것의 개념에 좌우된다. 이 문제는 여기서 논의하지 않기로 한다.

32) 이에 관하여 상세한 것은 당시의 문헌에서 자세한 보고를 하고 있는 Otto Mayer, Deutsches
   Verwaltungsrecht, Bd. 1, München u. Leipzig 1895, S. 61-65 참조.

국가」33)로서 정의하며, 이 때에 헌법적 차원에서의 법치국가가 전제로 된다. 그리고 슈타인(L. v. Stein)은 그의 「독특한 개념」에서 법치국가는 「국민이 국가의 합헌적인 권리를 통하여 권한이 부여되고, 국민 각자는 그에게 법률적으로 귀속된 일단 취득한 권리를 법률의 이름으로 집행권에 대해서도 효력을 발생케 하는 곳」34)에서 시작한다고 본다. 슈타인에게 있어서 법치국가는 「국가개념의 특별한 종류와 카테고리」로서가 아니라 「자유로운 국가생활의 어떤 발전단계」35)로서 생각되며, 이 단계는 자유로운 (법치국가적) 헌법의 실현을 추구하는 것이다.

그럼에도 불구하고 이러한 '형식적' 법치국가 개념의 명확한 특징상의 구별이 간과되어서는 안 된다.

1. 슈탈에게는 보수적이고 종교적으로 기초를 둔 그의 국가사상에 걸맞게 법치국가를 연역적으로, 단지 형식적으로 규정함에 있어서 전면에 나타나는 초기 법치국가 개념의 이성법적 및 개인주의적인 목적 달성에 대한 거부가 존재한다. 국가는 법치국가일 뿐만 아니라 동시에 신의 세계질서에 기초를 둔 제도 속에 있는 「윤리국가」(sittliches Reich)이다.36) 초인간적인 국가설립으로부터 흘러나오는 포괄적인 (「관헌」으로서의) 과제와 목적들은 초기 법치국가 개념의 자유주의적인 주장에 대하여 보류되어야 한다. 이 법치국가 개념은 단지 국가의 「외부적인」 측면에만 관계하고 있다.

2. 루돌프 폰 그나이스트(Rudolf von Gneist)는 비록 슈탈의 정의(定義)에 명백하게 연결되어 있지만,37) 그에 있어서 법치국가 개념은 하나의 특수하게 형성된 **제도적인** 형성물을 내포하고 있다. 이것은 또한 슈타인 남작(Freiherr vom Stein)의 사상을 받아들이는 「사회의 국가질서」라는 개념에 의하여 규정되는데, 그는 이것을 영국의 자치(selfgovernment)형태를 상기시키면서 1789년 이념의 의미에서의 「국가의 사회질서」라는 자유주의적·민주적 개념에 대립시키고 있다.38) 그렇게 함으로써 국가목적의 자유적·개인주의적인 규정도 또한 포기하였다. 법치국가는 그나이스트에 있어서 한편으로는 「법률에 따른 통치」를 의미하며, 그것은 특히 법률이 기초가 아니라 자신의 권위로부터 행위능력이 있는 집행의 범위와 제한을 형성한다는 방식으로 이루어진다. 다른 한편,

---

33) Ebd., Bd. 1, 3. Aufl. 1924, S. 58.

34) L. v Stein, Rechtsstaat und Verwaltungsrechtspflege, in: Grünhuts Zeitschrift für das private und öffentliche Recht, Bd. VI, 1879, S. 50.

35) L. v. Stein, ebd., S. 55.

36) Stahl (Anm. 30), S. 138; Dieter Grosser, Grundlagen und Struktur der Staatslehre Friedrich Julius Stahls, Köln u. Opladen 1963, S. 54 ff., 74 ff., 101 ff.

37) R. v. Gneist, Der Rechtsstaat und die Verwaltungsgerichte in Deutschland, 2. Aufl. 1879, S. 33.

38) R. v. Gneist, Der Verwaltung, Justiz, Rechtsweg, Berlin 1869, S. 57. 또한 G. Chr. v. Unruh, Spannungen zwischen Staats-und Selbstverwaltung im bürgerlichen und im sozialen Rechtsstaat, in: Der Staat 4, 1965, S. 442-444 참조.

법치국가는 자치(selfgovernment)라는 형태에서의 행정의 「조직적인 편성」을 의미하며, 그는 이 자치를 국가로부터의 자유 속에서의 고유한 업무의 자치행정으로서가 아니라 국법에 따른 국가 관청에서의 사회의 자기통치를 통한 지방적인 국가과제의 해결로서 이해한다.39) 끝으로 조직과 절차에서 독자적인, 즉 행정으로부터 생겨나오는 행정재판을 의미하는데, 이는 멀리 떨어져 있는 판사단(Richterkollegium)이나 사법형식적(司法形式的)인 것이 아니라 사물과 장소 가까이에 내포되어 있는 절차에 따라서 행정에 대하여 꼭 필요한 통제를 행사한다.40) 그나이스트의 법치국가 개념은 그리하여 주로 의회구성(議會構成)의 하부구조를 위한 하나의 독자적인 법개념으로 압축된다. 그는 이것을 시・읍・면의 차원과 군(郡) 및 지방적인 차원에서 사회 세력들이 국가의 능동적으로, 그리고 제도적으로 결합된다면, 그리고 국가의 과제들에 대한 시민층의 (명예직으로서) 참여에서 공적 의무와 사적 생업(生業)의 화해가 다시금 실현됨에 따라서 단지 기능가능한 것으로 생각한다.41) 그나이스트에게는 그 당시 가장 우선적으로 지속적인 행정법률, 자치단체의 개혁 ―그는 프로이센에서 이러한 업무에 커다란 영향을 미쳤다― 그리고 독자적인 행정재판소의 설치라는 업무이다.42)

3. 다시 우리들은 이러한 법치국가 개념의 또 다른 하나의 특색을 오토 배어(Otto Bähr)와 오토 폰 기이르케(Otto v. Gierke)에서 만나게 된다. 배어와 ― 그를 따라서 ― 기이르케가 법치국가의 이름으로 주장하는 행정에 대한 권리보호의 「사법국가적(司法國家的)인」 형성과 그나이스트의 「법치국가적인」 해결 간의 구별은 오늘날에 세부적인 것과 권한을 위한 논쟁만큼 일찍 나타나고 있는 것 같다. 그러나 그 배후에는 언제나 하나의 다양하고 구체적인 국가학이 그에 상응하는 헌정상의 개념을 지니고 서있다.

배어와 기이르케는 단체적인 국가이론에서 출발한다. 그들에게 국가는 발생적으로 기타의 단체들, 특히 국내의 인적 단체들과 같은 부류로 생각되며, 나아가 국가는 국민의 최고 단체이며, 결코 행정을 위한 지배자의 영조물이나 신민(臣民)의 지배기관은 아닌 것이다.43) 따라서 행정법은 고작해야 현상형태에 불과하지만, 그 실체에 따르면 기타의 단체법과 다를 바가 없다. 국가는 법치국가로서 다른 인적 단체와 마찬가지로 법 속에 서야 하며, 법 위에 서서는 안 된다. 법치국가에는 다음과 같은 방법으로 「국가와 법의 통일」이 속한다. 즉 그 「유기체」 다시 말하면, 국가기관의 창조와 관계 서로 서로가

---

39) R. v. Gneist (Anm. 37), S. 286 ff.

40) Ebd., S. 270 ff.

41) Ebd., S. 278 ff., insbes. 317 ff.

42) 그나이스트적 법치국가개념의 본질적인 의도를 실현하기 위한 예로서는 1872-1886년의 프로이센 대행정 개혁을 들 수 있다. 이 개혁에서는 지구(地區)개혁(1873년)과 지방개혁이 의결되었고, 주(州)행정법률 (1883년)과 관할법(1886년)이 제정되고, 베를린에 하나의 독립된 (상급) 행정재판소가 설치되는 등 (1875년) 여러 가지가 이루어졌다.

43) O. v. Gierke, Das deutsche Genossenschaftsrecht, Bd. 1, 1868, S. 831 f. 이와 비슷한 견해는 일찍이 Beseler, Volksrecht und Juristenrecht, 1843, S. 159 f., 169 ff.

「법 자체」라는 것, 모든 국가적 권능은 법의 기초, 즉 구체적으로 헌법의 기초 위에서만 존속하고 행사되며, 「실질적인 권리」로서의 공권이 인정되고 보호된다는 것이다.[44] 사법재판소의 통제 아래 행정을 종속시키는 것은 그리하여 단체적인 국가구성의 완성으로서, 그리고 국가에 있어서 법의 지배의 확고한 보장으로 나타난다. 또한 사법(司法) 및 재판의 형식을 취하는 헌법재판도 비록 배어와 기이르케가 이를 명확하게 주장하지는 않지만, 이러한 법치국가 개념에 포함되어 있다. 최고의 국가기관은 모든 나머지 다른 기관과 마찬가지로 「법 속에」 존재하며, 헌법도 기타 동료적인 단체의 조직상의 지위와 발생적으로 동류이기 때문에 ─국가권력의 주권과 국가권력의 보유자에 대한 문제는 「국가와 법의 통일」 속에 지양되어 나타난다 ─ 어떠한 부수적인 문제도 발생하지 아니한다.[45]

4. 후기 입헌주의의 국법학은 이에 반하여 법치국가 개념으로부터 모든 국가이론적 및 헌법이론적인 관념들을 벗겨 버리려고 한다. 그러한 관념들은 후기 입헌주의의 국법학에게는 법학적 고찰로부터 분리하려는 「정치적 통견」(politische Raisonnement)으로서 법실증주의의 지배라는 표지를 달고 나타난다.[46] 이러한 국법학은 법학적 국가개념으로부터 모든 목적의 동기도 제거한다. 여기에서 비로소 본래의 이론적인 연역과 동시에 법치국가 개념의 형식적·법학적인 엄밀성은 시작한다. 법치국가는 국가이론적 및 헌법정치적인 개념으로부터 국법학적·교리적인 개념으로 된다. 이 개념은 안쉬츠가 정식화하고 있듯이, 「법률, 행정 그리고 개인 간의 관계의 어떤 일정한 질서」를 나타내고 있으며, 더욱이 「행정은 법률에 반하거나(contra legem) 법률적인 기초도 없이(praeter, ultra legem), 개인의 자유영역에서 침해하여서는 안 된다」[47]고 할 정도이다. 반대의 개념은 이제는 전제정치나 신정제(神政制)(다른 국가종류로서)가 아니라 18세기의 경찰국가이며, 거기에서 법률, 행정 그리고 개인의 관계는 근본적으로 다르게 형성되었다.[48] 시민적 자유의 보장으로서의 「법률의 지배」(Herrschaft des Gesetzes)는 이러한 법치국가 개념 속에서 시종일관 존속한다. 이 법률의 지배는 그 재판의 형식을 취하는 안전과 함께 법치국가

---

44) Gierke (Anm. 43), S. 831. 이러한 견해 등등은 A. Haenel, Deutsches Staatsrecht, 1892와 Hugo Preuß, Gemeinde, Staat, Reich als Gebietskörperschaften, 1889에서 상술되었다.

45) (완결된 법인 대신에)(유기체적) 전체 인격으로 보는 기이르케의 국가이론은 그 밖에도 법치국가적으로 의도된 「국가의 법에로의 투입」을 위하여 광범위한 영향을 미쳤으나, 거기에서 이 이론은 국가기관 특히 헌법기관, 이를테면 권리주체나 관리관계로서의 관계와 같은 것을 이해하기 위한 구성의 기초를 마련하였다. 또한 E.-W. Böckenförde, Gesetz und gesetzgebende Gewalt (Anm. 27), S. 234 f. mit Note 46, 246 ff. 참조.

46) Carl Friedrich Gerber, Über öffentliche Rechte, Tübingen 1852, S. 27 참조.

47) Gerhard Anschütz, in: Meyer-Anschütz, Lehrbuch des deutschen Staatsrechts, 7. Aufl. 1919, S. 29, Note b; ders., Deutsches Staatsrecht, in: Enzyklopädie der Rechtswissenschaft, hrsg. v. Holtzendorff-Kohler, Bd. 2, 1904, S. 593.

48) Anschütz, in: Meyer-Anschütz (Anm. 47); Otto Mayer, Deutsches Verwaltungsrecht, Bd. 1, 1895, S. 53/54.

의 고유한 내용이 되고 있는「행정의 합법률성」으로 집중한다(그리고 환원한다).[49]

또한 이 범위에서도 그러는 동안에 실증주의적인 환원(還元)이 나타난다. 왜냐하면 이 법치국가는 입법자의 법률적인 전능의 모든 한계지움이 단호히 거부되는 한 형식적이기 때문이다. 즉 법률의 이성적 관계는 초기 법치국가 개념에 대해서는「법률의 지배」의 내적 정당성이며 하나의 초법률적인 범주가 된다. 법률에서의 실체(real)는 입법기관의 의사작용뿐이다. 그리고 입법기관의 침전물인 법률의 일반성은 결국 법률개념의 자연적인 것(naturale)이며, 결코 본질적인 것(essentiale)은 아니다.[50] 법률의 기본개념으로서 순수하게 형식적인 법률개념에 대해서 고려하지 않는 것은 법치국가적 의식의 변화를 나타내고 있다.[51] 리하르트 토마(Richard Thoma)는「전체로서의 국가를 어떤 인간적인 규정권(Satzungsgewalt) 아래에서 비웃는 절대적인 법」을 가져오는 것을 법치국가이념의 포기로 간주한다.[52] 분명히 그는 ─카를 슈미트에 반대하여─ 헌법을 개정하는 입법자의 법적 권능에 찬성을 표명한다.[53] 이러한 그의 견해를 단순히 법실증주의의 표현으로만 이해한다면, 물론 사람들은 토마의 단호하게 자유주의적이고 민주적인 기본태도를 부당하게 취급한다고 할 것이다. 그 배후에는 또한 사회적 및 세계관적으로 더 이상 동질적이 아닌 사회에 직면하여 실정법의, 그리고 입법자의 최종결정의 평화적 기능에 대한 통찰이 있다. 이 사회에서는「절대적인 법」이나「절대적인 가치」를 끌어내는 것이 일정한 집단의 관념과 집단의 목표를 위한, 다시 말하면 **사회의** 법관념의 절대성을 방패삼아서 예견되는 입법절차 속에서의 강제적인 통일을 피하는 하나의 정치적인 특권을 포함하고 있다.

법률적 자유의 보장을 위한 형식적 및 절차적인 보장의 창조에로 되돌아가는 개념의 의미 속에서, 즉 그 속에서 법치국가 개념이 물론 실증적으로도 보증되는 그러한 의미에서 형식적 법치국가 개념은 바이마르 공화국 말기까지 여전히 지배적이다. 법치국가 개념의「형식적」성격은 결코「공허한 형식」을 의미하는 것이 아니라 법치국가적 발전의 기본원칙, 즉 자유와 재산의 안전이라는 의미에서의 하나의 형성과 객관화를 의미한다. 형식적 법치국가 역시 그것이 재화의 분배를 변경시키는 대신에 이를 보장하고, 자신의 형식과 절차를 통하여 사회적 재분배의 목적을 위하여 개인의 재산에 대한 직접적인 장악을 거절하는 한 **시민적** 법치국가이다.[54] 바이마르 공화국에서 나타난 바와 같은 사회적

---

49) Richard Thoma, Rechtsstaat und Verwaltungsrechtswissenschaft, in: JöR, Bd. 6, 1910.

50) Laband, Das Staatsrecht des Deutschen Reiches, Bd. 2, 4. Aufl. 1901,S. 2; Georg Jellinek, Gesetz und Verordnung, 1887, S. 239. 약간의 차이는 있으나 Georg Meyer, Der Begriff des Gesetzes und die rechtliche Natur des Staatshaushaltsetats, in Gruchots Zeitschrift, Bd. 8, 1881, S. 15; Richard Thoma (Anm. 49)는 개별 규칙으로부터 일반적인 규칙의 우대를 항상 법치국가의「요청」으로 간주한다(S. 213).

51) 이에 관해서는 E.-W. Böckenförde (Anm. 27), Teil 3, passim. 참조.

52) Thoma (Anm. 49), S. 204.

53) R. Thoma, Die juristische Bedeutung der grundrechtlichen Sätze der Deutschen Reichsverfassung im allgemeinen, in: Die Grundrechte und Grundpflichten der Reichsverfassung, hrsg. v. H. C. Nipperdey, 1. Bd., 1929, S. 42-44.

54) 법치국가적 수용법률에 대하여 특정적인 것은 그 법률 속에 예정하고 있는 공공복리라는 이유에서의

대립 속에서 법치국가는 비록 「형식적」이었지만, 그러나 결코 정치적 중립은 아니었으며 기존 재산의 질서를 안정시켰다.[55]

III.

나치스 정권에 의한 법치국가의 해체와 경시(輕視) 후에[56] 현대의 법치국가 사상은 법치국가 개념을 두 가지의 방향으로 계속 형성하여 나아가고, 또한 새롭게 규정하려고 노력한다. 즉 하나는 자유주의적 (시민적) 법치국가 대신에 사회적 법치국가에로의 방향이며, 다른 하나는 형식적 법치국가 개념 대신에 실질적 법치국가개념에로의 방향이 그것이다.

a) 헌법유형으로서의 자유주의적 (시민적) 법치국가는 그것이 마치 시원적인 법치국가 개념으로부터 나왔듯이, 법치국가 자체가 야기한 사회적 문제에 대하여 어떠한 대답도 그 원리들로부터는 제공할 수 없었다. 법적 평등, 시민적 (영업의) 자유, 그리고 기득한 재산권의 보장이라는 3화음(和音)은 법치국가적 보장의 핵심으로서 신분적·봉건적 및 단체적인 구속들로부터 해방시켰을 뿐만 아니라, 이 3화음은 또한 영업이익과 —— 신분에 따른 법적 제한을 철폐함으로써 —— 개개인의 본래의 불평등을 완전하게 발현할 수 있도록 하였으며, 그 발현은 타인의 동일한 자유를 통해서만 한계지워진다. 법적으로 자유롭고 평등한, 자본을 형성하는 인간의 원리는 시민법 전체의 원리로 설명되었다.[57] 그와 함께 진행 중에 있는 역사적 운동은 필연적으로 소유규정적인 사회적 불평등뿐만 아니라 그 안정화와 첨예화에서 사회의 계급적인 길항작용(拮抗作用)과 아울러 법적 평등이라는 기반 위에 새로운 사회적 부자유도 초래하였다. 슈타인(L. v. Stein)과 카를 마르크스(Karl Marx)는 이러한 운동을 그들의 역사적 변증법에서 완전히 이해한 최초의 사람이었다.[58] 이에 더하여 산업의 발전으로 야기된 손실이 지배적인 생활공간에서

개인적 재산권 박탈의 가능성이 법제도로서의 개인적 재산권의 승인과 결합되어 있다는 사실이다. 즉 수용은 재산권 보유자의 변경을 의미하며, 재산권 자체의 몰수나 폐지는 아니며 이것은 단지 완전한 (앞의) 보상을 의미할 뿐이다. 법치국가적 수용은 L. v. Stein. Die Verwaltungslehre, Bd. 7, 1868, S. 76 f.에서 말하고 있듯이, 재화와 가치의 구별에 근거를 두고 있다. 재화에서의 소유는 위치를 바꿀 수 있으나 가치에서의 소유는 불가침 그대로 머무른다. 또한 Carl Schmitt, Verfassungsrechtliche Aufsätze, Berlin 1958, S. 119 ff. (논문 : Die Auflösung des Enteignungsbegriffs von 1929의 후기) 참조.

55) Hermann Heller, Rechtsstaat oder Diktatur?, Tübingen 1930, S. 9-11 (법치국가냐 독재냐?, 본서 181-183면 참조)의 비판적인 논평들은 따라서 단지 실질적 법치국가뿐만 아니라 형식적 법치국가에도 미치고 있다.

56) 1933년 이후의 독일 국법학에 있어서의 법치국가 비판에 대한 학문적인 노력은 여러 가지 이유에서 여전히 소외되고 있다.

57) L. v. Stein, Gegenwart und Zukunft der Rechts-und Staatswissenschaften Deutschlands, Stuttgart 1876, S. 141.

58) E.-W. Böckenförde, Lorenz v. Stein als Theoretiker der Bewegung von Staat und Gesellschaft

나타났다(포르스토프).59) 양자는 시민적 법치국가를 초월하도록 명하며, 사회적으로 간섭하고 배려하는, 그리고 배분하는 국가를 요청한다. 이 국가는 법치국가적 보장에서 의도한 개인의 자유와 점점 증가하는 다수 시민의 법적 평등이 공허한 형식이 되지 않도록 하기 위하여 사회의 불평등에 대하여 능동적으로 작용한다.

그와 함께 문제 자체가 특정지워진다면, 그 해결은 정도는 다르지만 더욱 어렵게 된다. 사회적 법치국가의 개념에서 나오는 사회적인 호소는 일반적이다.60) 그러나 생생하지만 결코 완결적이 아닌 학문적 논의61)가 보여주듯이, '사회적인' 구조요소(Struktur-elemente)가 어느 정도로 법치국가적 헌법구조 속에 법치국가의 본질적인 헌법요소들을 포기하지 아니하고 건설되는지, 그리고 어떤 종류가 개별적으로 사회적 구조요소가 되어야 하는지에 관하여는 전혀 일치하지 않고 남아 있다. 여기서 몇 가지의 입장들을 열거하면「사회적 고려」(멩거 [Menger])에 대한「헌법적 차원에서의 법치국가와 사회국가의 불일치」(포르스토프), 사회적 법치국가의 특징으로서「사회적 및 경제적 약자」의「사회형성의 위임」(Sozialgestaltungsauftrag)과 보호(니퍼다이[Nipperdey])로부터 포괄적인 사회적 재분배와 경제계획(아벤트로드[Abendroth])62)에로의 위임까지 이른다.

이러한 논의가 상호간 사물적·개념적인 관련 없이 일련의 모호함 속으로 분해되어서는 안 된다면, 사회적 법치국가의 개념 속에는 사회국가적으로 동일한 등급에 대비한 법치국가적인 요소를 보유해야 하며, 그리하여 사회국가의 요청과 성립이 법치국가적 보장과 형식 그리고 절차라는 틀 속에 삽입해야 할 것인가, 또는 사회국가는 법치국가와 대립하는 하나의 새로운 헌법유형으로서 지향하고 있는 것인가에 관하여 명백히 밝힐 필요가 있다. 이 사회국가는 여전히 약간의 법치국가적인 장식물을 부착하고 있다. 이 경우에 정당한 방식으로 사회적 **법치**국가에 관하여는 더 이상 말하지 않아야 한다.

만약 전자의 견해에서 출발한다면, **헌법적** 차원에서 특별한 비중을 차지하는 법치국가와 사회국가의 불일치에 관한 포르스토프의 명제를 획득한다. 이 명제는 결코 사회국가

---

zum Sozialstaat, in: Alteuropa und die moderne Gesellschaft, Festschrift för Otto Brunner, Göttingen 1963, S. 263/264 참조.

59) Ernst Forsthoff, Verfassungsprobleme des Sozialstaats, 2. Aufl. Münster 1966.

60)「사회적 법치국가」의 개념을 해석하기 위한 기본법의 성립사에 관한 성과는 제로나 마찬가지이다. Werner Weber, Die verfassungsrechtlichen Grenzen sozialstaatlicher Forderungen, in: Der Staat 4, 1965, S. 411-416의 서술 참조.

61) 1965년까지의 사회국가 또는 사회적 법치국가의 개념에 관한 발표들은 Werner Weber, ebd., S. 419 Anm. 9 und 420 Anm. 10에 목록이 작성되어 있다. 보다 최근에는 Stern, Artikel »Sozialstaat«, in: Evangelisches Staatslexikon, 1966 및 Badura, Auftrag und Grenzen der Verwaltung im sozialen Rechtsstaat, DÖV 1968, S. 446 ff.

62) E. Forsthoff, Begriff und Wesen des sozialen Rechtsstaates, in: VVDStRL 12 (1954), S. 8-36 (본서 238-261면); Christ. Friedr. Menger, Der Begriff des sozialen Rechtsstaates im Bonner Grundgesetz, Tübingen 1953 (본서 218-237면); H. C. Nipperdey, Freie Entfaltung der Persö nlichkeit, in: Die Grundrechte, Bd. IV, 2, Berlin 1962, S. 806, 808; W. Abendroth, Zum Begriff des demokratischen und sozialen Rechtsstaats im Grundgesetz der Bundesrepublik Deutschland, in: Festschrift für C. Bergstraesser, 1954, S. 279 ff. (본서 262면 이하).

자체의 권능이나 필연성으로 향하고 있는 것이 아니라, 단지 (기존) 법치국가의 조건 아래서의 사회국가의 실현은 헌법적 차원에서가 아니라 다만, 그리고 바로 입법과 행정의 차원에서 이루어질 수 있으며 이루어져야 한다는 것을 말하고 있다.[63] 법치국가는 자신의 자유를 보장하는 구조 속에서 직접적이고 불가침한 **헌법적** 보장에 결부되어 있으며, 특히 법적 평등, 영업의 자유, 그리고 재산권이라는 3화음에 결부되어 있다. 마찬가지로 직접적이고 불가침한, 그리고 사회적 급부와 참여권을 목표로 하는 실시가능한 헌법적인 보증들(Verbürgungen)은 이러한 법치국가적 보증들을 폐지하지 않고서는 불가능하다.

그리하여 「근로의 권리」의 헌법적 보장은 국가적 부양의무의 결과로서 근로의 기회를 상실할 때에는 즉시 국가의 직업선택에 대한 지도와 직**장**의 관리를 포함하며, 이와 아울러 기본법 제12조 1항으로부터 기본권의 본질적 제한을 포함하는데, 이는 재정적인 관점 아래서도 실시할 수 있게 하기 위해서이다. 헌법원리로서의 생산수단의 사회화는 시민적 영업의 자유와 ([영업의] 자유의 실질화로서) 재산권의 보장이 본질적으로 침해되지 않고, 당해 작업과정과 결정과정이 국가적으로 또는 사회적 집단적으로 조직되고 직접 지도되지 않고서는 생각할 수 없는 것이다. 이러한 사태의 내적인 이유는 어디에 있는가? 슈타인[64]은 자유의 형태는 법치국가의 헌법으로써 이미 이루어져 있다는 것을 지적하였다. 사회에 있어서의 사회적 대립의 해소는 따라서 헌법적 차원에서가 아니라 오히려 이러한 대립이 발생한 곳, 즉 자본과 노동 그리고 노동의 가능성이라는 관계질서 속에서 소유의 취득을 통하여 달성되는 곳에서 찾아야 한다는 것이다. 헌법에 관한 이러한 명제를 평가선거법(Zensuswahlrecht) 시대를 위한 자유의 형태로서 제기한다면, 즉 보통·평등 선거권이 속하고 있는 법치국가적·**민주적** 헌법을 위해서 제기한다면 이 명제는 타당하다. 그리하여 사회국가는 법치국가적 자유가 후퇴되거나 제거되어서는 안 된다면, 모든 사람을 위한 법치국가적 자유의 실현을 위한 사회적 전제들을 마련한다는 것, 즉 특히 사회적 불평등을 철폐한다는 의미만을 가질 수 있다. 따라서 사회국가는 필연적으로 입법을 포함한 행정의 차원에서 나타나며 여기에서 자신의 완전한 힘을 전개하는 것이다.

연방헌법재판소는 자신의 지금까지의 판례에서 결과적으로 이러한 견해에 따르고 있다.[65] 이 재판소는 기본법에서의 사회국가에 대한 신념은 첫째로 입법자에 대한 헌법위탁(Verfassungsauftrag)을 내포하며, 그것은 헌법의 테두리 안에서 사회정의와 사회균형

---

63) E. Forsthoff, Begriff und Wesen des sozialen Rechtsstaates = ders., Rechtsstaat im Wandel, Stuttgart 1964, S. 38 ff.; Th. Tomandl, Der Einbau sozialer Grundrechte in das positive Recht, Tübingen 1967, S. 12 ff.

64) L. v. Stein, Geschichte der sozialen Bewegung in Frankreich von 1789 bis auf unsereTage, Bd. 3 (Ausg. Salomon), Neudr. Darmstadt 1961, S. 193-195, 143. 이에 관하여는 또한 E.-W. Böckenförde (Anm. 58), S. 271.

65) 이와 관련된 연방헌법재판소 판례의 상세한 서술과 분석은 Werner Weber (Anm. 60), S. 41 9-43 참조. 나아가 P. Badura, Die Rechtsprechung des BVerfG zu den verfassungsrechtlichen Grenzen wirtschaftspolitischer Gesetzgebung im sozialen Rechtsstaat, in: AöR Bd. 92, 1967, S. 382 ff.

을 도모하기 위하여, 그리고 나아가 국가목적규정(Staatszielbestimmung)으로서 헌법과 법률에 대한 하나의 해석원칙을 이루는 것이라고 거듭 강조하였다. 그러나 연방헌법재판소는 어떠한 직접 헌법적 효력을 가지는 권리나 제도를 — 입법적인 조치(legislatoris interpositio) 없이 —사회국가로부터 도출해 내지는 아니하였다.66) 사회국가의 기본원칙은 입법자와 행정작용을 통한 내용상의 정확성을 필요로 하며, 이 경우 행정작용은 헌법의 법치국가적 보증과 결부되어 있다.

이러한 법치국가적 결합을 통하여 사회국가적 요소가 실현되고 **사회적** 법치국가 자체가 공허하게 되리라고 말할 수는 없다. 연방공화국에서의 입법자의 사회국가적인 활동들은 그 반대를 나타내고 있다. 그것은 다만 커다란 균형입법, 사회자치를 포함한 연금 및 사회보장입법, 그리고 사회부조법에 대한 개정이 상기될 뿐이다. 오히려 우리들은 이러한 사회국가적 활동이 자발적으로 되고 사회적 급부와 법적 구속의 체계로 압축되는 경향을 나타낸다고 말할 수 있을 것이다. 이 체계는 법치국가적 자유의 보증을 비록 형식적으로 지양하지는 않지만 그러나 내용적으로는 내부로 침식해 들어간다.

그렇게 이해된 사회적 법치국가는 두 가지의 점에서 법치국가적 헌법구조의 틈 사이로 인도한다. 하나의 점은 특수구체적으로 규제하고 지도하는 이른바 처분적 법률(Maß-nahmegesetz)을 허용하도록 급부행정의 영역을 위하여 일반규범으로서의 법률개념으로부터의 전향이다. 이러한 처분적 법률들은 입법자의 필수적인 도구이며, 입법자는 사회국가적 목적설정을 위하여 형성·지도·촉신하면서 경제와 사회 속에 개입하는 것이다. 만약 이러한 처분적 법률들이 어떤 형식적 의미에서 추상적·일반적이라면, 법치국가적 법률개념이라는 의미에서의 사물적·내용적인 일반성은 이 처분적 법률과 함께 사라진다.67) 또 다른 하나의 점은 고권적인 조세권(Steuergewalt)과 재산권보장의 원리적인 분리이다.68) 조세권을 수단으로 한 국가의 사회적 생산과 수입의 확보는, 그것들이 「재산」으로서 법치국가적 재산권보장의 보호 아래 들어오기 전에 입법자와 행정의 사회국가적 활동을 위하여 불가결한 기반이 된다. 특히 사회적 불평등을 제거하기 위하여, 그리고 이른바 사회적 균등을 만들어 내기 위하여 입법자가 지속적으로 실현하는 사회적 **재분배**(Umverteilung)라는 조치를 위한 불가결한 기반이다. 조세와 기타 공과금의 부과는 법치국가적 재산권보장에 원리적으로 저촉되지 아니한다69)는 연방헌법재판소의 판례에 의해서도 확립된 이 명제는, 국가를 통한 사회의 안전보장과 사회진보의 촉진을 위하여 불가결한 대가(代價)이다. 이 명제는 헌법의 사회국가적 위탁(Sozialstaatsauftrag)을 통하여 정당화되며, 오늘날 국가로부터 이것이 기대되고 있다. 국가는 사회생산(Sozial-

---

66) Werner Weber (Anm. 60), S. 430-432. 청소년복지법과 사회부조법(Jugendwohlfahrts-und Sozialhilfegesetz) 규정들의 합헌성에 관한 최근의 판결 속에서 이러한 기본 입장은 확인되고 있다. BVerfGE 22, 187 (204).

67) 근본적인 문제에 관하여는 Konrad Huber, Rechtsgesetz und Maßnahmegesetz, Berlin 1963; Karl Zeidler, Klassisches Gesetz und Maßnahmegesetz, Karlsruhe 1961.

68) 최초로 Forsthoff (Anm. 63), S. 52/53, auch daselbst S. 9에 의하여 강조되었다.

69) 이에 관하여는 비판적인 저음(低音)으로 W. Weber (Anm. 60), S. 436 bis 438.

produkt)과 그 분배를 동시에 제대로 처리할 수 없으면 그것을 부여할 수 없는 것이다.[70]

여기서 「조세국가」(Steuerstaat)의 활성화를 위하여 수문(水門)을 열어놓는 것은 사회적 법치국가의 가능성을 위한 필수 **조건**이다. 법치국가와 사회국가의 지속적인 공존(共存)의 문제는 물론 이것으로써 아직 해결된 것은 아니다. 사회적 재분배의 목적을 위한 국가의 조세권의 무제한적인 요구는 사회적 안정을 위한 제도의 창조가 법치국가의 자유의 보증을 그렇게 하듯이, 법치국가적 재산권보장을 그릇치고 약화시킬 수 있다. 이 두 경우에 **정당한 척도**의 문제가 결정적이다. 이러한 정당한 척도의 발견과 법률적 구체화만이 사회적 법치국가가 자신을 표현하는 것으로서의 법적 연계와 사회국가적 활동과 법치국가적 불가침성의 상호간의 한계지움을 보장할 수 있다. 바로 이 점에서 「사회적 법치국가」라는 개념에 대한 계속적인 논의와 파악가능한 법개념의 형성을 위하여 하나의 넓고 시사하는 바가 많은 분야가 나타나는 것이다.[71]

b) 실질적 법치국가개념에로의 전환은 이미 바이마르 공화국 말기에, 그리고 독일을 넘어서 나타나는 법실증주의로부터의 전향에 힘입고 있다. 이 전환은 나치스 정권에 의한 법의 오용(誤用)이라는 경험을 통하여 강화되었다. 상이한 정식화의 다양성의 배후에서 실질적 법치국가개념은 국가권력이 무엇보다도 특정한 최상의 법원칙들(Rechtsgrundsätze)이나 법적 가치들(Rechtswerte)에 결부되어 있다고 간주하고, 국가활동의 중심은 우선 형식적인 자유보증의 보장에서가 아니라 실질적으로 정당한 법적 상태의 제조 속에서 본다는 것을 통하여 특정지워져 나타난다.[72] 자유의 보증은 계기로서 이러한 법적 상태에 포함되며, 또한 동시에 그것을 통하여 상대화된다. 헌법은 이제 시민의 자유에 대한 국가권력의 한계의 확정과 정치적 의사형성과 지배행사의 (편성하고 제한하는) 조직에 국한하지 아니한다.[73] 헌법은 공동체의 생활질서의 「기본가치」(Grundwerte)에 대한 법적인 실증화가 된다. 거기에는 물론 하나의 새로운 전체성에의 접근이 있다.[74] 어떤 헌법의 실질적인 확정이 「객관적인 가치질서」로서 또는 초실증적인

70) 이에 관하여는 Carl Schmitt, Verfassungsrechtliche Aufsätze, 1958, S. 496 ff., 503 f. (논문 : Nehmen, Teilen, Weiden과 거기에 수록된 후기)도 참조.

71) 사회국가행정의 필요성과 법치국가적 한계를 창설하려는 하나의 인상적인 시도는 오늘날 여전히 L. v. Stein, Handbuch der Verwaltungslehre 3. Aufl. 1888, Bd. 3: Die soziale Verwaltung에서 주의를 끌고 있다. 현대의 문헌은 Hans J. Wolff (Anm. 26), S. 50 ff. 참조.

72) 많은 것 중에서 Werner Kaegi, Rechtsstaat und Demokratie, in: Demokratie und Rechtsstaat, Festgabe für Giacometti, Zürich 1953, S. 107-142 (133 ff.); Maunz-Dürig, Grundgesetz, Rdn. 59 f., 72-73 zu Art. 20. 정의국가로서의 실질적 법치국가의 해석에 대해서 비판적인 Scheuner (Anm. 3), S. 248은 무엇보다도 유럽적인 법발전의 실질적인 가치들에 대한 고백을 목표로 하고 있다.

73) 이에 대하여 기본적인 것은 Rudolf Smend, Das Recht der freien Meinungsäußerung, in: VVDStRL 4 (1928), S. 46-48, 51 ff. (김승조 옮김, 의사표현의 자유권, 동『국가와 사회』, 1994, 74면 이하); ders., Verfassung und Verfassungsrecht, 1928, S. 44 ff. = Staatsrechtl. Abhandlungen, 1955, S. 160 ff. (본서 682면 이하). 나아가 Dürig, in: Maunz-Dürig, Grundgesetz, Rdn. 5-16 zu Art. 1. I.

74) Helmut Quaritsch, Kirchen und Staat. Verfassungs-und staatstheoretische Probleme der

정의원리(正義原理)의 침전물로서 이해된다면, 마치 연방헌법재판소가 이러한 헌법이해
를 위하여 신념을 토로하고 시종일관 주장하였듯이, 그러한 가치체계는 「법의 모든
영역을 위한 효력」을 요구하지 않으면 안 된다.75) 실질적 법치국가적으로 구상된 헌법은
가치의 사고와 정의의 사고라는 논리에 입각하여 사회생활의 모든 영역에 파급하는
두 조건적인 타당성의 요구를 제기한다. 이 헌법은 그 타당성의 요구로서 일정한 정치적·
윤리적인 기본신념들을 승인하며, 그 기본신념에 대하여 일반적인 법의 효력을 부여하며,
이것들과 배치되는 다른 것들을 제거한다. 이 헌법은 자유를 이제 무조건 법적·형식적으
로 외적 한계를 설정하는 방식으로 보장하는 것이 아니라, 단지 헌법의 가치기초
(Wertgrundlage) **내부에서만** 보장한다. 즉 불가침성 조항 속에 있는 다른 것 아래에서
실증되는, 이른바 이 가치기초 밖에 놓이는 자는(예컨대 기본법 제20조와 비교하여 제79조
3항) 정치적 자유를 더 이상 법적으로 주장할 수는 없다(기본법 제21조 2항, 제18조).76)

이와 같은 방식으로 전승된 법치국가적 헌법구조의 융화가 필연적으로 나타나게 되며,
시원적인 법치국가개념의 자유보증적인 근본의미에 대한 긴장이 증가하게 된다.77) 마찬
가지로 가치대유적으로 기초를 둔 실질적 법치국가개념은 널리 동의를 얻으며, 특히
법치국가는 무내용(無內容)과 형식적인 공허화에 대하여 안전하게 되어야 한다는 주장과
일치된다.78) 실질적 법치국가에 대한 이러한 요구는 그러는 동안에 자신의 고유한 의미를
간과하든가 과소평가한다. 더욱이 형식적·법적인 보장과 정리된 절차와의 실질적인
고유의미를 간과하든가 과소평가한다. 바로 형식적인 보장과 절차들은 개인적 및 사회적
자유를 감싸고 보호하며, 이것들은 절대적으로 정하여졌거나 믿어진 실질적 내용 또는
이른바 가치라는 이름으로 개별적 및 사회적 집단에 대한 직접적인 장악을 방어한다.

---

staatskirchenrechtlichen Lehre der Gegenwart, in: Der Staat 1 (1962), S. 184 f. 참조.

75) BVerfGE 7, 198 (205).

76) 적절하게도 H. Quaritsch (Anm. 74), S. 185는 이렇게 말한다. 즉 「헌법적으로 규범화 된 가치대유적인
생활질서는 논의할 수 없는 것이다. 우리는 이 생활질서를 법적인 중요성을 가지고 받아들이지 않거나
거부할 수는 없으며, 다만 이를 준수할 수 있을 뿐이다. 이 생활질서를 준수하지 않으려는 자는 법적인
감각에 대한 청구서를 상실한다」.

77) 예컨대 자유주의적 법치국가의 정당법은 법적 자유라는 관점에서 고찰한다면, 비스마르크 제국에서의
사회주의자통제법(Sozialistengesetz)*의 그것보다도 나쁘다. 자유민주적 기본질서를 침해하거나 폐지하
려는 정당들은 기본법 제21조 2항에 따라서 연방헌법재판소의 판결로써 금지될 수 있으며, 정당 해산의
결과 정당 후보자의 더 이상의 선거 참여는 불가능하며, 기존 국회의원 대표는 탈락한다(연방선거법
제49조). 군주적 권위주의적으로 구성된 비스마르크 제국에게 사회주의자통제법은 이에 반하여 의미를
지니지 못한다. 왜냐하면 사회민주당은 정당결합의 금지에 관한 그 자신의 가치기초에 입각한 정치적인
목적설정이 일치하지 않았기 때문에 그 집회와 인쇄물에서 그 밖에 사회민주적인 후보자들을 위한 투표의
자유도 정치 선거에의 참여를 철회하거나 심지어 애써 획득한 라이히 의회의 대표를 포기하는 것은
의미가 없기 때문이었다.

78) Scheuner (Anm. 3), S. 243 f.; Kaegi, a. a. O. (Anm. 72), S. 133 ff.; K. Hesse, Der Rechtsstaat
im Verfassungssystem des Grundgesetzes, in: Staatsverfassung und Kirchenordnung, Festgabe
für Rudolf Smend, Tübingen 1962, S. 78 f., 84 f. (기본법의 헌법체계에 있어서의 법치국가, 계희열역,
『헌법의 기초이론』, 박영사, 2001) 참조. 특히 헤세는 형식적 법치국가성과 실질적 법치국가성을 결합하려
고 하는데, 그러나 거기에서 법적 자유의 개념은 그 윤곽과 구별하는 힘을 상실한다(특히 S. 85 f.)
참조.

이것들은 그 속에서 자유를 위한 제도임이 증명되며, 형식주의 또는 더구나 실증주의와는 관계가 없다. 전체주의 정권에서의 자유의 폐지는 결코 형식적인 보장과 절차의 이용과 함께 시작하는 것이 아니라, 항상 보다 고차적이고 실질적이며 전실정법(vor-positives Recht) ─ 그것이 「진정한 종교」이든, 「동종의 민족공동체」이든 또는 「프롤레타리아트」이든 ─을 불러 들여서 보장과 절차를 경시하기 시작한다. 두 번째의 국면에서 비로소 새로운 법이 통치를 위한 혁명적 변혁의 수단으로 사용된다면, 그것은 전체주의 정권의 실증주의와 합법주의로 나타난다.

만약 윤리적·도덕적인 요구들이나 실질적인 가치들이 모든 사람의 균등한 자유의 보장과 정리된 공동생활의 기본 요구를 초월하여 법적 구속력을 갖추게 된다면, 그것으로부터 필연적으로 개인의 자유와 자율의 사회화가 나온다. 그것은 이러한 요구 또는 가치에 대한 해석의 독점을 점유 내지는 자신의 것으로 만드는 자들의 지배에 예속된다. 이것이 실질적인 **가치**에 근거할 때에는 어느 정도 타당하다는 것은, 가치 그 자체가 합리적이고 간주관적으로 (intersubjektiv) 중개할 수 있는 근거가 될 수는 없고,[79] 오히려 궁극적으로 체험·가치감정·명증체험 그리고 이것들을 통하여 중개되는 신조로 되돌아가고 개인적인 (이데올로기적인) 생각과 소신, 그리고 일상적인 평가의 실증주의에 대해서도 문(門)과 대문이 열려져 있기 때문이며, 그리고 이보다도 상충되는 가치들을 위한 합리적으로 근거지울 수 있는 기초 자체가 또한 명백하지 않기 때문이다.[80]

이러한 견해는 물론 아돌프 아른트가 정치적 의사형성과 법형성의 형태로서의 투표는 표결할 수 없는 것에 대한 통일을 전제로 한다[81]는 정식에 대하여 이의를 제기하고 있다. 이것은 분명히 정당하다. 그러나 정치적 공동체에 있어서 불가결한 이 통일이 **전제**되어서는 안 되는지, 그리고 통일이 논쟁거리가 되었을 경우에 요컨대 헌법명제나 법명제(Verfassungs-oder Rechtsgebot)를 통하여 다수자의 분쟁 속에서 나오는가 하는 문제는 처리되거나 그대로 남을 수 있다. 이 속에 입헌적 전체주의에의 성향이 있는 것은 아닌가?[82] 한 민족이 자신의 생활질서나 자신의 정치적 질서형태라는 이른바 기본가치를 법적 강제로써 불가침하게 확정해야 한다고 믿는다면, 자기 자신을 위하여 그리고 그들로부터 그들 자신의 성년이 그것으로써 미리 인정되지 않는 후세대를 위하여 어떠한 자기 확신을 가지고 있는가? 여기에서 전제된 상황은 그 속에서는 모든 것이 자유로이 처리될 수 있고 이제 아무것도 자명하지 않은 무정부의 상황이나 어떤 전체적인

79) 이에 관하여 많은 것 중 Arnold Brecht, Politische Theorie, Tübingen 1959, S. 155 ff., 342 ff. 또한 A. Podlech, Grundrechte und Staat, in: Der Staat 6 (1967), S. 348 ff.

80) 또한 Carl Schmitt, Die Tyrannei der Werte, in: Säkularisation und Utopie. Ebracher Studien, Stuttgart 1976, S. 57 ff. (가치의 전제, 김효전 옮김, 『헌법과 정치』, 2020에 수록) 참조.

81) Adolf Arndt, in: Christlicher Glaube und politische Entscheidung, München 1957, S. 157: ders., Demokratie -Wertsystem des Rechts, in: Notstandsgesetz - aber wie?, Köln 1960, S. 12.

82) 헌법의 제정가능성에 관한 헤겔의 말은 가치가 있으며 좀 더 상세히 살펴보면 다음과 같다. 즉 「누구에게 무엇이 어떻게 조직된 권위가 권력을 부여하고 제정하는가 하는 문제는 누가 민족의 정신을 만드는가 하는 문제와 동일한 것이다」(Enzyklopädie der philos. Wissenschaften im Grundrisse, 1830, § 540).

혁명화의 상황이다. 만약 그러한 상황이 실제로 주어진다면 정치적 공동체가 살아남기
위해서는 아마 이러한 형태의 방어가 불가피할 것이다. 그러나 그러한 다음에도 법치국가
적 자유의 질서가 어느 정도로 문제시 될 것인가? 외부적인 한계를 통하여 보장된 법치국가
적 자유가 존속할 수 있기 위해서는 내적인 규제력(Regulierungskräfte)을 필요로 한다는
사실은 아주 확실하다. 법치국가는 이러한 규제가 개인의 도덕적 실체와 사회의 동질성에
서 **스스로** 만들어진다는 사실에서 건설된다. 그 후에 법치국가적인 제도들이 건설된다.
이러한 신뢰는 사람들이 이러한 규제력을 법적 강제로써 보장하려고 해야 한다면 법치
국가적 자유는 종말을 고한다는 환상으로서 밝혀진다.

IV.

법치국가 개념의 역사적 발전에 대한 고찰이 제시하는 법치국가개념의 상이한 내용상의
특성을 무시한다면, 그것은 언제나 아직도 강조를 필요로 하는 하나의 징표를 통하여
규정되고 있다. 즉 이것은 정치적 지배현상에 대한 난처함이다. 법치국가는 항상 국가권력
의 제한과 한계설정 그리고 개인적 자유에 대한 관심 속에서의 지배, 「법률의 지배」를
위하여 인간에 의한 지배의 철폐를 목표로 한다. 정치에 대한 법의 우위는 법치국가적
사상의 항상 회귀를 요청으로서 나타난다.83) 그렇지만 법치국가는 법치국가적 자유의
질서를 무엇보다도 먼저 가능하게 하는 **전제들**, 말하자면 정치적 권력통일체로서의
국가의 존속, 합법성에 대한 구속력 있는 최종 결정을 위한 법치국가의 권능, 그리고
그것을 통하여 만들어지고 보장된 국내적 평화질서에 대해서 묻지는 아니한다.84) 법치국
가적 사고는 현대 국가만을 법에 근거지우고 법으로부터 설명하며,85) 그러나 동시에
현대 국가를 정상사태를 만들어냄으로써 ─ 국내적 평화상태 ─ 비로소 제정법의 규범효
력을 위한 조건을 만들어 내는, 법형성의 결정적인 담당자로서 파악하지 않는 경향이
있다.86) 법과 국가의 변증법처럼 법과 권력의 변증법은 법치국가 개념에는 반영되지
않고 있다. 따라서 법치국가는 (단지) 하나의 부분으로서가 아니라 국가질서의 전제로서
취급된다면, 법치국가를 가능하게 하는 조건을 도외시하는 하나의 「내향적」 법치국가
사상87)이 성립한다. 오늘날 국가질서를 위하여 법치국가적 자유의 보장이 아무리 중요하

---

83) K. Hesse (Anm. 78), S. 75 참조.

84) 근대 국가의 하나의 계속적인 성과이며 인간 공동생활의 「자연적인」 선소여(先所與)가 아닌 국내
   평화질서에 관하여는 일찍이 Kant, Metaphysik der Sitten, T. 2, § 52 A. 참조.

85) Adolf Arndt (Anm. 81), S. 10. 즉 「법치국가성의 원리로부터 국가는 찾아낼 수 있고 법에서만 형성되는
   소재와 같이 미리 주어지는 것이 아니라 법으로부터, 법을 통하여 그리고 법과 함께 국가는 성장하는
   것이다」.

86) 법형성의 결정적인 담당자로서 또한 법의 규범성을 가능하게 하는 정상성(Normalität)의 보장자로서의
   국가에 관하여 상세한 것은 Hermann Heller, Staatslehre, Leiden 1934, S. 183 ff., 253 ff. 이러한
   방향에서의 부가적인 서술은 K. Hesse (Anm. 78), S. 75 f.에도 있으나 그 이상의 성과는 없다.

다고 하더라도 어떠한 국가도 단지 법치국가적 자유의 보장으로부터만 제정되던가 보존될 수는 없다.[88] 법치국가는 통일적인 유대, 즉 이 자유에 앞서 있고 정치적 통일체로서의 국가를 유지하는 동질성을 보증하는 힘을 필요로 한다.[89]

---

87) Ernst Forsthoff, Der introvertierte Rechtsstaat und seine Verortung, in; Der Staat 2, 1963, S. 385 ff. = ders., Rechtsstaat im Wandel, 1964, S. 213 ff.

88) 이와 같은 이해는 K. Hesse (Anm. 78), S. 88 f.에서 공명하고 있다.

89) 바이마르 공화국의 예는 여기서 하나의 명백한 것을 말하고 있다. 그 몰락을 야기한 것은 법치국가적 자유의 빈곤이 아니라 상이한 집단과 국민 자체 내의 정치적 동질성과 민주적인 충성심에 대한 결여였다. 아메리카 합중국은 현재 인종문제라는 출발점에서 볼 때 이와 유사한 위기에 빠져 들어갔다.

법치국가와 민주주의에의 시각*

울리히 K. 프로이스

I.

독일에 있어서의 법치국가의 짧은 역사와, 그보다도 더욱 짧은 민주주의의 역사 속에서 그들의 계속적인 발전을 위한 전망은 실로 끊임없이 음울한 색채로 칠해지는 계기였을 뿐이다. 이미 19 세기의 국법학자들의 다수에서 칸트적인, 이성법을 강조한 법치국가의 근거지움이 매우 급속하게 퇴색되고 있었던 것과 함께,[1] 그 결과로서 민주주의로부터 이론적·실제적으로 법치국가를 단절하는 것은 양자에 대해서 어떤 좋은 것을 약속하였 다. 1919년까지의 입헌주의 이론에서 법치국가는, 민주주의적인 요소가 남자에 대한 평등선거권에 한정되고 더구나 라이히에서만 한정되던 동안에, 힘세고 정치적으로 우위 를 차지하며 국가고권(Staatshoheit)의 휘장으로 치장한 집행부에 대해서 피마르고 매우 상처받기 쉬운 조정작업으로서 머물렀다. 그리고 1919년에 남녀 양성에 대한 평등선거권, 비례대표선거권, 의회에 대한 정부의 책임이나 의견의 자유, 출판의 자유, 집회의 자유, 결사의 자유, 단결의 자유와 함께 정치적인 민주주의의 입헌주의적인 전제들이 창출되었 을 때에, 그들이 작용하기 위한 사회적인 전제들은 이미 취약한 것이 되어있었다.

바이마르 헌법에서는 자본주의 경제 위에 성립한 정치적인 민주주의의 구조적인 문제나 위기적인 모순이 완전히 명료하게 제시되고 있었다. 그때까지 군주제적·권위주의적인 국가관료제라는 억압적인 방패 아래서 개개인의[2] 「시민적인」 사회 속에 속박되고 봉합된

---

* Ulrich Klaus Preuß, Perspektiven von Rechtsstaat und Demokratie, in: Kritische Justiz 1989, 1. S. 1-12. 이것은 1988년 10월 15-16일 프랑크푸르트에서 개최된 Kritische Justiz 발간 20년 기념 심포지움, "Demokratie und Recht und Streit"에서의 강연이다.

1) E.-W. Böckenförde, Entstehung und Wandel des Rechtsstaatsbegriffs, in: ders., Staat, Gesellschaft, Freiheit. Studien zur Staatstheorie und zum Verfassungsrecht, Frankfurt/M. 1976, S. 65 ff. (본서 참조); I. Maus, Entwicklung und Funktionswandel des bürgerlichen Rechtsstaats, in: dies., Rechtstheorie und politische Theorie im Industriekapitalismus, München 1986, S. 11 ff.

2) 이에 대해서는 N. Elias, Die Gesellschaft der Individuen, 2. Aufl. Frankfurt/M. 1987의 사회철학적인

계급 간의 적대관계가 정치의 무대에 등장하였다. 즉 임금에 의존하는 대중의 정치적인 요구는 고도로 조직화된, 관료 — 산업계 — 자본가의 권력복합체와 직면한 것이 명백하였는데, 민주적 법치국가의 자유주의적인 관념에 따라서 그 복합체의 정치적·법적 질서는 사회주의 운동이 민주적인 대중사회의 수요에 대응하는 정치적 질서에 대한 독자적인 질서의 대안을 달성하는 힘을 가지지는 못했지만 시대에 뒤떨어진 것이었다. 민주적인 합법성은, 라이히 대통령의 플레비지트적인 정당성에 근거할 수 있었던 국가관료제와, 기본권적으로 재산권 보장을 초월하여 보장된 경제권력 간에 협조하게 되고, 결국 그들 간에 분쇄되었다. 불가피하게 되는 독재를 회피하기 위해서,3) 사회적 민주주의로서 민주적인 법치국가를 완성시키려고 하는 헤르만 헬러(Hermann Heller)의 필사적인 호소는 잘 알고 있듯이, 들려지지 아니한 채로 끝나고, 국가사회주의라는 국가적인 범죄에로 대통령독재가 전락해 가는 것을 저지할 수는 없었다.

　그리고 전후에 여하튼 바이마르와 국가사회주의를 교훈으로 한 민주적인 헌법이론에 대해서 법치국가와 민주주의에 대한 시각은 명백하게 되었다. 그것은 볼프강 아벤트로트(Wolfgang Abendroth)가 매우 명확하게 정식화한 양자택일에 직면하였다. 즉 「사회에서 경제적인 권력의 지위를 결정적으로 처리할 수 있는 그러한 사회구성원이 형식적으로는 사적인 (더구나 개별적인 이익을 지향하며 공공복리를 지향하지 않는) 권력 아래 대다수의 사회구성원을 복종시킬 것인가, 그렇지 않으면 사회적 생산과 사회생활 속에서 필연적이며 불가피한 계획을, 소집단의 사적인 처분이라는 우연에서 빼내고, 그 최상급의 결정통일체를 국가로 하고, 공동체적인 생산과정에 참가한 모든 사회구성원의 공통된 통제 아래 둘 것인가」4), 하는 양자택일이다. 이러한 물음에 대한 대답에 의문의 여지는 없었다. 즉 개별적인 자기결정을 보장하기 위하여, 개별적인 행위의 결과에 대한 신뢰성과 예측가능성을 보호하기 위한 제도적인 배열로서의 법치국가의 실현은, 국가공민적인 평등의 차원을 둘 자유의 보장에 한정된 법치국가개념의 확장을 요구하였다.5) 왜냐하면 모든 국가공민(Staatsbürger)의 진실로 평등한 자유만이 특수한 권력에 대한 법의 지배를 보장할 수 있기 때문이다. 그리고 동시에 집단적인 자기결정이라는 민주적인 원리도, 또한 많은 국민의 진정한 생존조건이 결정되는 영역에서의, 국민의사의 권한확대 — 즉, 국가에 있어서의 민주주의로부터 사회에 있어서의 민주주의에로의 확대, 자본주의 경제의 관제고지(管制高地, Kommandohöhen)에로의 민주주의의 확대를 요구하였다.6)

연구 참조.

3) H. Heller, Rechtsstaat oder Diktatur?, in: ders., Gesammelte Schriften. Bd. 2. Leiden 1971, S. 443 ff. (법치국가냐 독재냐? 본서 참조).

4) W. Abendroth, Zum Begriff des demokratischen und sozialen Rechtsstaates im Grundgesetz der Bundesrepublik Deutschland, in: ders., Antagonistische Gesellschaft und politische Demokratie. Aufsätze zur politischen Soziologie, Neuwied / Berlin 1967, S. 109 ff., Zitat S. 131 f. (본서 262면 이하).

5) 이에 대해서는 J. Perels, Der Gleichheitssatz zwischen Hierarchie und Demokratie, in: ders. (Hrsg.), Grundrechte als Fundament der Demokratie, Frankfurt / M. 1979, S. 69 ff.

6) H. Ridder, Zur verfassungsrechtlichen Stellung der Gewerkschaften im Sozialstaat nach dem

바꾸어 말하면 법치국가의 실현이란 민주주의의 완성인 것이다. 주지하듯이, 연방공화국의 발전은 별개의 방향으로 향하고 있다. 이미 바이마르에 특징적이었던「조직의 사회화」속에서의 사회적 갈등의 정치화, 특히 계급 간의 갈등의 그것을 파시즘의 경험을 가지고서도 완전히 제거할 수는 없었다. 그것은 임금에 의존하는 대중에게 발언권을 부여하도록 도왔는데, 민주주의를 사회국가적으로 감축하는 데에서만 권리로도 되는 것을 도울 뿐이다. 노동쟁의를 권리화하고, 커다란 사회단체와 국가관료제의 행동을 협정함으로써, 그리고 전자적인 매스 커뮤니케이션의 공법적인 체제와의 상호작용에서 공적인 토론을 지배한, 과두제적인 정당제도에 의해서 계급투쟁을 길들인 것은,「합의에 의한 민주주의」의 유형을 가져왔으나, 그 내적인 안정성은 민주적인 국가공민의 역할과 사회국가적인 피호민(被護民, Klient)의 그것과의 융합에로 향하는, 불가역적(不可逆的)이라고 생각되는 경향 속에서 오랫 동안에 걸쳐 보여졌다. 특히 70년대라는 사회국가의 황금시대에는 수요지향적인, 그리고 대중의 구매력의 향상을 목표로 한 성장지향적인, 케인즈주의적으로「조작된」경제와 정당에 의한 충성을 형성하고 충성을 약속하는 경쟁의 체제와는 서로 강하게 합치한다는 가설이 유력하였다. **선거민**은 그 행동에서 **피호민**으로서의 그 이익에 따르기 때문이라는 것이다.[7]

이어서 언급한다면, 사회적인 합의의 보호를 목표로 하는 민주주의의 내적인 논리에 의해서 사회적으로 승인된 의견의 차이와 법적으로 제재가 가해지는 비획일성 간의 경계는 제거되었다. 왜냐하면 이미 복지국가적인 가치공동체를 의문시하는 것은 사회적·정치적 안정성을 위협하는 것으로 생각되고 있기 때문이다. 70년대와 80년대에 많은 생활영역에서의 민주화의 과정과 병행하여 한편으로 공안장치의 정비가 진행된 것은 결코 우연이 아니다. 그 정비는 특히 예방적인 사회통제를 목표로 하였으며,[8] 언론범죄와 사상범죄의 르네상스로 인도하였다. 가능한 방법으로도 19세기에 있어서의 억압의 정도를 능가하지 못하고 ― 그러나 이것은 중요한데 ― 그것은 민주적 법치국가의 정상적인 기능 속에 포함된 것이다. 즉 사라진 것은 정치와 경제, 공적인 것과 사적인 것, 또는 행위와 사상 간의 경계만이 아니라, 정상상태와 예외상태 간의 경계도 그렇다.

Grundgesetz für die Bundesrepublik Deutschland, Stuttgart 1960; ders., Die soziale Ordnung des Grundgesetzes. Leitfaden zu den Grundrechten einer demokratischen Verfassung, Opladen 1975 참조.

7) 이에 대해서는 C. Offe, Democracy against the Welfare State. Structural Foundations of Neoconservative Political Opportunities, in: Political Theory, Vol. 15 (1987), S. 501 ff. 참조.*

8) 이에 대해서는 P.-A. Albrecht, Das Strafrecht auf dem Weg vom liberalen Rechtsstaat zum sozialen Interventionsstaat, in: KritV 1989, (im Erscheinen).

II.

70 년대 초 이래 우리들에게는 이러한 시각은 익숙한 것이기 때문에, 복지국가적인 대중민주주의 자체의 몇 개의 중심적인 전제가 침식의 과정에 놓여있는 것은 80년대에 특유한 현상이라고 생각하지 않을 수 없다. 이들 전제 가운데 가장 중요한 것은 임금에 의존하는, 상대적으로 동질적인 임금노동자 집단이며, 당해 집단의 복지국가적인 급부나 보장에 대한 사회적·정치적 지향성과 이데올로기는 사회적·경제적 지위와 그 지위에 특유한 보장이 공통의 성질을 가짐으로써 보장된다고 생각하고 있다. 그동안 우리들은 10년 이상 전부터 사회보험의무를 부담한 통상의 노동관계에 있어서의 산업의 핵이 되는 노동자집단으로부터 계속적이 아닌 취업, 시간제나「비공식적인」노동과 같은 다양한 변종, 계속적인 실업자 계급, 비숙련으로 실업 중인 젊은이, 정년 전에 퇴직한 해고자를 거쳐 최저한도의 생활수준 이하로 살고 있는 빈곤자에 이르는 여러 가지의 노동시장·노동인구 그리고 생계수단의 분해를 경험하고 있다. 이러한 사회경제적인 분열이나 분해가 반드시 생활의 전망에 대한 세분화와 연대의 해체로 인도되는 것은 아니지만, 이것은 바로 사회국가적 위기에 대한 신보수주의적인 전환의 표시로서 근래에 영국·미합중국 그리고 그들보다 약한 형태이기는 하지만 연방공화국에서도 일어나고 있었다.

이것은 복지국가(Wohlfahrtsstaat)를 어느 정도 말 그대로 받아들이는 정치적 세력이 있었으나 복지국가 자신이 공격을 받았기 때문이라고 설명한다. 이 말이란 즉 배분적 정의이다. 현대의 사회국가는 평준화를 가져오며, 국가개입의 배분기능과 재배분기능을 그 정치의 질의 기준으로 하며, 거기에서 사회국가의 정당화의 확실한 부분을 이끌어 낸다. 이것이야 말로 모든 인간과 시민의 평등한 자유라는 초기의 시민적·자연법적 파토스의 복지국가적인 실체화이다. 사회적 생산이 증대하는 국면에서 사회적 연대의 보편주의적인 규범으로서의 배분적 정의가 기능하며, 매우 다양한 사회적 집단이나 이익의 결합을 만들고, 사회적으로 평등한 국가공민(미국에 있어서의 60년대의 민주당, 또는 독일연방공화국에 있어서의 70년대의 소연립 정권이 두 개의 적절한 예이다)의 에토스를 정의한다. 그렇지만 19세기에 있어서의 보편주의적인 자유의 이념이라는 초기의 시민적 인 낙관주의 후에, 정치경제학의 현실주의와 그와 같은 정치경제학과 친화성을 가지는 공리주의적인 윤리가 계속하였듯이,[9] 사회적 생산의 정체나 또는 완전한 축소 때문에 사회국가가 제로 섬 게임이 되자 마자, 그 부정적인 배분작용들은 크게 전면에 부각되는 것이다.[10] 아무도 패자에게 속하지 않으려고 하기 때문에, 경제의 급부능력이나 국제적인 경쟁력, 또는 재정의 안정과 같은「상위에 있는」추상적인 이해(利害)라는 명목으로 연대계약은 취소되며, 그것은 집단이 경쟁하는 정치적인 시장에로 옮겨진다. 거기에서는

---

9) N. Bobbio, Die Zukunft der Demokratie, in: Prokla H. 61 (1985), S. 23 ff., 26 f. 참조.
10) 이에 대해서는 Offe (Anm. 7), S. 530.

노동시장의「충분한 위험」이 생활에 필요한 재화나 서비스 제공의 부조에서, 점차 사경제적인 선택으로 향하는 한편, 사회국가의 급부에 가장 의존하는 자가 변두리로 밀리게 된다.

복지국가의 이처럼 의심의 여지없는 위기는, 세속적인 개인화에의 경향과 관련지어 왔는데, 개인화란 그들 측에서는 복지국가의 현대화의 과정에 특징적인 징표로 간주되고 있다.11) 그것과 관련하여 설명되는 것은 자본주의적인 가치증식과정에 내재하는 역학은 그것이 자본주의의 비자본주의적인 기초를, 즉 임금노동자의 건강이나 노동능력으로부터 개인의 자유의 정치적·제도적인 대강조건, 나아가 그 내면의 심리(forum interum)를 통한 주체의 도덕적인 구성에 대한 그것을 거쳐 전승된 문화적인 환경이나 사회적인 소집단(특히 가족)에 이르기까지 파괴하는 한에서, 전진적으로 자기파괴적이라는 우로부터 좌까지의 모든 자본주의 분석자에게 주지의 사실이다. 19세기와 20세기에 있어서의 빈곤화와 착취에 대한 공통된 운명과 집단적인 경험이 노동조합·정당 그리고 다른 사회단체에 의해서 테마로서 이루어지고, 사회·경제적인 그리고 사회·문화적으로 특징지워진「집단적인 동일성」의 형성으로 인도된 데 대하여, 명제로서 말한다면 복지국가의 건설과 함께 연대관계가 구상되고 그 물질적인 보장이 국가공민으로서의 지위의 구성요소가 되었다는 척도에서는 이와 같은 공통된 경험에 결부될 요소는 약화되고 있다.

경제적으로 말하면 사회국가적인 급부는 — 도로의 건설에서 교육제도의 확충에까지 — 국가공민의 **사적인** 소비의 구성요소인데, 그럼에도 불구하고 프레드 히르쉬(Fred Hirsch)*가 매우 설득력 있는 방법으로 지적하였듯이, 이러한 소비는 항상 커다란 부분이「사회적인 측면을 획득하는」것이다.12) 이것은 공적인 수단으로부터, 즉 재배분에 의해서 이들 재화의 조달이 이루어진다는 의미뿐만이 아니라 재화의 소비의 결과로서 생기는 주관적인 만족과 마찬가지로 객관적인 사용도 점차「어느 정도 인간이 이들 재화를 마찬가지로 가지고 사용하는가 … 그 한계는 산업적인 대중사회에서 훨씬 이전에 초월하였는데, 어떤 일정한 한계로부터 재화의 이용이 확대되면 될수록 그 사용조건은 악화된다」13)는, 매우 중요한 의미에서도 그렇다. 그것과 관련하여 내가 믿는 복지국가의 위기의 본질적인 징표는 다음과 같다. 즉 현재의 상황은 우선 첫째로 복지재화의 물리적·물질적 부족의 문제에 의해서가 아니라 **사회적인** 부족에 의해서 특징지워지며, 거기에서 물론 그 미해결이 새로운 대량의, 그리고 물질적인 불행도 가져오는 것이다. 복지국가적으로 조달되는, 예컨대 보다 높은 교육의 성취와 같은 재화의 획득은 다른 모든 사람이 그 재화를 가지고 있지 **아니한** 것에서 가치를 도출할 때에 — 왜냐하면 모두가 그것을

---

11) U. Beck, Risikogesellschaft. Auf dem Weg in eine andere Moderne, Frankfurt / M. 1986, S. 115 ff. (홍성태 옮김,『위험사회』, 새물결, 1997).*

12) F. Hirsch, Die sozialen Grenzen des Wachstums. Eine ökonomische Analyse der Wachstumskrise, Reinbek b. Hamburg 1980.

13) Hirsch, a. a. O., S. 17.

가지고 있다면 그 이상의 사회적인 상승의 기회를 손에 넣는 것은 아니므로 ― 사회연대의 사상에 근거한 복지국가는 이른바 「지위재화」, 즉 타인에 대한 우월을 둘러싼 투쟁으로 화해 버린다. 사회연대라는 심정적인 원리로서의 타인에 대한 고려는 바로 ― 음울한 의미를 부여한다. 즉 그것은 생활재화의 향수로부터 타인을 배제하는 다툼 속에서 존재하는 것이다. 왜냐하면 다툼은 재화의 향수 자신의 조건이기 때문이다. 사회주의적 및 복지국가적 이론이나 실천에서 항상 **집단적인 전진**이라고 이해되는 생활관계의 개선이란 이념은, 이제는 국가공민적인 지위에 대한 위협으로 화하고, 구체적으로는 영국이나 미국, 그리고 연방공화국에서 발견할 수 있듯이, 상대적으로 소수의 부동(浮動) 유권자가 결정적인 영향을 미치는, 정당간의 경쟁이 개입함으로써 시장을 통해서는 기본적인 생존의 조건을 손에 넣을 수 없는 사람들, 그때문에 그러한 사람들에 대해서는 사회국가의 평등한 ― 집단적 조치가 사회적인 생활에의 국가공민적인 참가의 기초를 의미하는데, 그와 같은 사람들이 가장 의존하지 않을 수 없는 사회국가적인 급부나 제도의 질이 점차 악화되는 것을 초래한다. 그리하여 여기서도 복지국가와 민주주의의 연관이라는 부정적인 역학은 표면화 되며,14) 양자의 기초는 아래로부터 무너지는 것이다.

　오해하지 않기를 바란다. 현대 사회국가가 내적인 자기 모순으로 붕괴된다거나 또는 복지국가와의 대중민주주의와의 결합이 ― 말하자면 역사적으로 잘못된 길이었다는 것을 밝히는 것이 나의 명제는 아니다 ― 오히려 나는 격렬한 투쟁 속에서 자본주의적인 가치증식의 역학에 저항하여 싸워 얻은 제도적이며 규범적인 요소들을 분쇄하고, 권력과 예방적인 통제에 의해서 가장 엄격한 시장경제에도 의뢰하지 않을 수 없는 최저한의 사회적 협력을 억압적으로 강요하고, 남은 자로 취급함으로써 주민의 다른 부분을 사회적인 생활관계로부터 배제하는 경우에, 여기서 약술하는 소견을 자본주의적인 가치증식역학이 이때에 보다 강력하다는 것의 증거로 간주하였다. 거기에서 나는 이전과 마찬가지로 앞으로도 전통적인 마르크스주의적인 통찰은 정당하다고 생각한다. 즉 국가에 의한 억압이 격렬하면 격렬할수록 개개인의 사회화의 진정한 정도와 제도간의 모순은 점점 집중되며, 제도는 개개인을 사적인 생활형성과 이익추구의 개별화에로 강제하며, 오늘날 ― 역사적으로 미증유의 정도로 ― 농축된 개개인의 관련을 그것에 적합한 사회적 · 정치적 그리고 문화적으로 표명하는 것을 허용하지 아니한다. 전술한 사회연대의 부인과 개별화에의 경향, 그것을 울리히 베크(Ulrich Beck)*는 「계급 없는 자본주의」의 역설이라고 서술하였는데,15) 그것은 개개인의 사회적인 상호의존이 퇴화하는 방향으로 향한다는 현실의 사회적 경향을 표현하는 것은 결코 아니며, 반대로 커뮤니케이션, 협력, 그리고 수요의 만족가능성, 그것도 인간의 내적인 성질을 포함하는 자연을 자유롭게 사용하는 가능성이 민주적인 복지국가의 사회형태를 분쇄하는 것을 지적한다. 해답은 시장사회의 후퇴에 있지는 않으며, 이미 서술한 사회연대를 부인하는 과정보다도 강력하게 표현되고

---

14) 이에 대한 상세한 것은 Offe (Anm. 7), S. 508 ff.
15) Beck, a. a. O., S. 117.

사회적인 수요로서 표현되는 집단적인 합리성에의 저 잠재세력의 전개에 있다.

그 때에 나는 이른바 저 사회운동의 새로운 것을 끌어대는데, 이는 높은 정식교육에 의해서 특징지워지는 중간층의 구성원에 의해서 압도적으로 담당되고 그들의 전문적인 능력과 교육·과학제도, 관료제나 미디어, 그리고 사법당국에서도 또한 그들의 차지하는 전략적인 지위를 위하여 「정치의 시장」에 있어서의 그들의 높은 유연성을 위하여 그 수를 훨씬 초월하는 정치적인 영향력을 가지고 있다.16) 이미 17세기의 프랑스 정치파 (Politiques),* 18세기의 「법복귀족」(noblesse de robe) 또는 19세기 전반의 독일에 있어서의 고등교육을 받은 관료제17)와 같이, 이 중간층은 새로운 정치적 토론을 만드는데, 그 토론은 계급투쟁, 지위나 수입을 지향하는 복지국가적인 정치구조나 정치과정을 횡단하며 인권과 시민적 권리·성교육·자연지배나 기술발전의 경제적 한계 또는 국제관계의 정의라는 문제 — 즉 우선 물질적인 재화의 재배분의 모럴이 아니라 「올바른 생활」의 모럴을 그 근저에 가진 문제를 둘러싼 분쟁을 야기한다. 그리고 최근의 가장 과격한 결론에서는 정치적 공동체 자신을 국가적으로 조직하는 것이 역사적으로 시대에 뒤떨어진 것으로서 의문시되는 것이다.18)

III.

이와 같은 집단에 의해서 민주적인 원리가 의문시되는 것이 아니라 후기 산업사회에의 이행의 조건 아래에서 그 실현이 추구되는 것은 명백하다. 내가 개설한 양자의 전개 — 연대의 부인이라는 부정적인 역학을 야기시킴으로써 민주주의적 복지국가적인 규범과 제도가 붕괴되는 것과, 전통적인 계급의 전위(前衛)를 횡단하는 (부분적으로는 前정치적인) 「문제」를 새로운 사회운동을 통하여 정치화하는 것 — 를 받아들인다면, 이 점에서 민주주의의 새로운 구조의 징표를 발견할 수 있는가의 여부를 묻지 않으면 안 된다. 이 물음을 음미하기 위해서 나는 모든 민주주의 이론의 근저에 명언되거나 명언되지 아니한 채 가로놓여 있는 민주주의 원리의 기본적 가정의 요지를 다시 설명하기로 한다.

우리가 민주주의를 국가의 단순한 민주주의로서 제한적으로 관념하는 것을 뛰어 넘는다면, 민주적인 요구의 실현은 진정한 의미에서, 즉 국민에 의한 자기 지배라는 의미에서 사회의 민주화에 — 민주주의의 사회화에, 라고 말할 수 있는데 — 있다. 총체로서의 국민은 그 구성원의 모두에 구속력을 가지고 경우에 따라서는 강제적으로 관철하는

---

16) Th. Blank, Autonomie und Demokratie. Die Krise der Integrationskraft des Rechts und die Wiederbeleg und Demokratiediskussion, in: KJ 1986, S. 406 ff., 416 ff. 참조.

17) 이에 대해서는 U. K. Preuß, Bildung und Bürokratie. Sozialhistorische Bedingung in der ersten Hälfte des 19. Jahrhunderts, in: Der Staat, Bd. 14 (1975), S. 371 ff. 참조.

18) Th. Schmid (Hrsg.), Entstaatlichung. Neue Perspektiven auf das Gemeinwesen, Berlin 1988 참조.

질서에 도달한다. 그렇지만 이 구성에서는 동시에 민주주의에 대해서 완전한 딜레마도 명백하게 된다. 민주주의란 통일을 만들어 내고, 집단적인 복지와 집단적인 전진을 지향하는 집단적 의사와, 타자의 이익과 일선을 그으며, 바로 그것과 대립하는 개별적인 이익을 대상으로 하는 많은 개별적 의사에의 분열에 근거하는 것이다. 개인 레벨에서는 이러한 절단과 대립은 우리들에 대해서 친숙한 시트와이엥(citoyen)과 부르주아 (bourgeois)라는 구별에서 반복된다. 이러한 절단이 숙명적이 아닌 것, 동포에 대립하는 경향을 가진 사적인 이익에 개개인이 고집하는 것은 타고난 것이 아니라 사회적인 합리화의, 자본주의적인 사회화에 독특한 형태로 나타나는 것은 자명한 것으로서 알고 있다. 그러나 이 통찰에 대해서 말한다면, 쓸데없는 것과 귀중한 것을 함께 버려서는 안 되며, 총체의 구성원으로서 인간과 개인으로서의 인간, 더구나 삶과 쓰라린 죽음이라는 불가분의 경험에 내맡겨진 인간의 이중 역할을 부정해서는 안 될 것이다.

비자본주의적인 민주주의도 또한 사회질서를 형성함에 있어서 개별적인 합리성과 집단적인 합리성 간의 차이를 고려하지 않을 수 없는데, 비자본주의적인 그것은 「재화의 배치」의 집단적 절차와 개별적 절차의 그때그때의 사정거리를 다른 모양으로 규정하게 된다. 따라서 자본주의적인 경제와 문화의 현재의 조건 아래에서 우리들은 민주주의를 어디까지나 다수의 부르주아지 의사에 대한, 일치된 시트와이엥 의사의 지배로서 정의할 수 있다. 이 원리의 실현이 요구하는 것은 부르주아의 영역으로부터의 모든 동기의 침입에서 집단적인 시트와이엥 의사의 통일성을 지키는 것이다. 따라서 루소(Rousseau) 이래의 민주주의와 민주주의 이론의 역사는 어떠한 방법이 이 목표를 추구할 것인가 하는 관점 하에서도 또한 분석할 수 있다. 루소 자신에게서 일반의사에 의해서 구성된 이 정치적 단체의 형성은 다만 사회구성원의 도덕적인 자질에 의존하는 것은 아니며 충분하게 평등한 소농민적 · 소시민적인 사회의 구성에 특히 의존하고 있다.[19] 그리고 로베스피에르(Robespierre)에 있어서는 그것에 의한다면 모든 부르주아가 시트와이엥으로 변화되지 않을 수 없는, 「덕」의 요구가 우위를 차지하고 있었다. 개개인이 단절되는 것이나 사회가 공적 · 정치적인 영역과 사적인 영역으로 단절되는 것을 극복하기 위한 구조적인 전제가 생산수단의 사회화에 있다고 마르크스의 이론은 보았으며 또한 보고 있으며, 공적 · 정치적인 영역과 사적 영역과의 단절이라는 경우에 프롤레타리아트 독재라는 레닌(Lenin)의 이론에서는 이 양자의 차원이 두 개의 다른 계급에 배분되며 (그리고 그럼으로써 부르주아지의 억압을 정당화) 하고 있다.

그럼에도 불구하고 자본주의적인 사회에 있어서의 민주주의는 현실적으로는 다른 모습으로 전개하였다. 영미적인, 홉스(Hobbes)와 로크(Locke)에 의해서 개인주의적으로 만들어진 미국의 「건국의 아버지들」과 19세기 영국의 자유주의이론의 전통은 그 밖의 모든 차이점에서 민주주의의 딜레마를 해결하기 위한, 방법론적으로는 대극(對極)의

---

19) I. Fetscher, Rousseaus politische Philosophie, Neuwied 1960. insbes. S. 111 ff., 213 ff.; ders., Politisches Denken im Frankreich des 18. Jhdts. vor der Revolution, in: ders. / H. München (Hrsg.), Pipers Handbuch der politischen Idee, Bd. 3. München / Zürich 1985. S. 423 ff.

길을 걸었다. 그들도 또한 명백히 인간이 한편으로는 사회의 보편적인 복지를 통찰하는
능력을 가지면서, 다른 한편으로는 끊임없이 이 보편적인 이익에 대한 위험을 보여주는
이기적인 행위에의 경향을 가지고 있는 것을 묘사하고 있었다. 거기에서 에드먼드 버크
(Edmund Burke)*는 현명하게도 이익에서 독립한 사람들의 소집단에 의한 국가의 전체적
인 이익의 「실질적인」 대표라는 엘리트주의적인 이론을 도출하는 한편, 이러한 기본적
사실관계로부터 미국 헌법의 기초자들은 이기적인 이익의 상호적인 억제와 균형이라는
원리에 근거하여, 그럼으로써 사회에 대한 개별적 이익의 우월을 배제해야 할 것이라고
한 대표의 관념을 전개하였다.[20] 그것은 기본적으로 17세기 이래 다양하게 다른 중심사상
으로서 사회이론에 의해서 추적할 수 있는, 「공적인 선행으로서의 사적인 악덕」[21]이라는
원자유주의적(原自由主義的, urliberale) 꿈이다.[22] 자유주의적인 이론에서 오늘날에 이르
기까지 대표, 이익집단, 그리고 권력분립의 문제가 탁월하게 수행하는 역할은 다음에
명백하게 된다. 즉 시트와이엥에 의해서 구성된 집단적 의사에의 모든 영향으로부터
부르주아 의사를 가능한 한 충분히 차단하는 것이 중요한 것이 아니라, 반대로 「경험적인」
그리고 그때문에 대체로 근시안적이며 이기적인 부르주아 의사를 공화국에 대한 책임을
선언하는 전체의사로 통합해야 하는 절차나 제도를 최량화(最良化)하는 것이 중요하다는
사실이다. 경제적인 이익, 즉 수입이나 지위의 동기는 완전히 소비되고, 개인성이 부정될
수 없는 부분은 경우에 따라서는 억압과 공포에 의해서 강제적으로 차단된다. 반대로
이기적인 이익추구를 막지 않고 방치해 두는 것은, 홉스의 리바이어던에서 — 급진적
· 개인주의적으로 기초지워진 정치적 지배의 모델에 — 모범적인 명료함을 가지고 분석된,
전면적인 공포의 아노미를 산출한다. 즉 이 「공포의 공화국」에서는 커뮤니케이션 불능의,
침묵한, 맥락 없는 국가권력에 같이 장사된 개개인의 공동이익을 발견하게 된다.

IV.

「보이지 않는 손」 (invisible hand)*이나 국가와 단체의 네오 코포라티즘적인 「볼 수
있는 악수」에 대한, 정치적 다원주의에 대한, 단체와 정당의 작용에 대한, 또는 이해들의
정치적 대표에 대한 여러 가지로 다른 이론들은 단 하나의 테마의 변종이라고 생각할
수 있다. 즉 부르주아의 자기파괴성이 인식되었다고 하여 그것을 시트와이엥이라는
「보다 좋은 자아」와 그것에 적합한 공화국으로 이행시킬 수 있는 민주적인 제도를 어떻게
생각해야 할 것인가 하는 테마이다. 그때에 중심적인 의미는 시트와이엥에 적합한 국가공
민의 범주에 있다. 최근 클라우스 오페(Claus Offe)*는 그것을 다음과 같이 이념적인

---

20) 상세한 것은 H. Pitkin, The Concept of Representation, Berkeley u.a. 1967, insbes. S. 190 ff.
   참조.
21) B. Mandeville, Die Bienenfabel oder Private Laster als öffentliche Vorteile (1714), Berlin 1957.
22) A. O. Hirschman, The Passions and the Interests. Political Arguments for Capitalism before
   Its Triumph, Princeton 1977 참조.

특징으로서 묘사하였다.[23]   즉 그것은

 - 「인지적(認知的)으로 열려진」 그리고 「사실지향적인」, 즉 사회적인 현실에 대해서 편견으로부터 해방되고 합리적인 판단을 하는, 자기 기만과 자기 신비화를 피하는

 - 「미래지향적인」, 즉 현대의 문제를 미래에로 앞서 보낼 위험을 자각하고 있는

 - 타자에 대해서 책임을 지는, 즉 타자에 대한 자기 행동의 결과의 통찰 아래 행동하며, 자기 행동의 결과로부터 일어날 수 있는 도덕적인 분쟁의 자각 아래 행동하는

이러한 묘사는 주목할 만 하다. 왜냐하면 거기에는 새로운 요소가 인식되어 있기 때문이다. 그것에 의하면 「좋은 국가공민」은 「부르주아적인」 요소를 일체 내포하지 아니한 「순수한 시트와이엥」인 것에 의해서, 즉 「공공복리」 이외의 어떤 것에 의해서도 도출되지 않는 것에 의해서 특징지어지는 ― 오히려 그는 철두철미하게 자기의 이익과 우월을 추구하지만, 자기의 행동에 대해서와 마찬가지로 그들에 대해서도 **반작용적인** 태도를 취한다. 즉 이념적으로 행동한다면, 그가 자신의 「진정한」 이익을 통찰할 수 있음으로써, 그때에 이 「진정한」 이익은 항상 타자와 장래의 세대의 이익을 고려하는 것도 요구한다.[24] 거기에서 타자에 대한 그의 행동의 작용은 자기 자신의 이익의 구성요소가 된다. ― 그것은 타자를 자기의 이익의 만족의 수단으로 삼을 수 있는 한에서의 전략적인 계산이라는 의미에서가 아니라, 타자의 자유가 자기 자신의 자유의 조건이라는 마르크스 명제의 도덕적인 성찰의 의미이다. 그의 행동의 모럴은 이미 ― 시장 모델에서처럼 ― 행동의 **전제**에 대한 모럴일 뿐만 아니라, 특히 행동의 **결과**에 대한 모럴이다. 행동의 도덕적인 질은 그 후 후회할 필요가 없는 결과가 나왔는가의 여부에 따라서 평가된다. 왜냐하면 행동의 결과는 「보다 좋은」 통찰과의 일치에도 없으며, 책임에 대한 기준과의 일치에도 없기 때문이다.

마르크스의 이론에 근거하듯이, 단지 객관적으로 진정한 이익으로 향한 것이 아니라 시민의 의식 속에서의, 철두철미하게 주관적으로 의식된 이익에로 향해진, 이 성찰적인 전향은 개인이익과 집단적인 이익과의 새로운 관계를 시사하는 것이다. 19세기의 경제적 자유주의학설은 개인적인 이익이 사적·개인적인 행위에 의해서 최고로 충족되는 것에서 출발하였는데, 집단적인 행위에 의해서 개인적인 이익을 추진하는 것은 가장 타락적인 것으로 여겼다. 이에 반하여 복지국가에 특징적인 것은 ― 계급투쟁이 정치화된 결과로서와 마찬가지로, 생산과정이나 재생산과정의 사회화의 정도가 고양된 것에 대한 반작용으로서 ― 수많은 공적인 재(財)(교통기관·에너지 설비·쓰레기처리 등등)를 집단적인 행위에 의해서 제공할 뿐만 아니라 이러한 방법으로 개인적인 이익도 만족하는 것이다. 즉 주택공급, 교육이나 문화의 제공, 사회부조 등등은 그 예이다. 이에 반하여 오늘날 우리는 이익충족의 상황을 알고 있는데, 이는 완전히 새로운 것은 아니지만 여전히 우리들의

---

23) C. Offe, Questions and Proposals Concerning Representation Vouchers.   Unveröffentl. Manuskript Stanford 1988.

24) 이에 대해서는 U. K. Preuß, Politische Verantwortung und Bürgerloyalität. Von den Grenzen der Verfassung und des Gehorsams in der Demokratie, Frankfurt/M. 1984, S. 272 ff.

물질적인 풍요함의 증대의 한계와 매우 밀접한 관련을 가지고 있기 때문에, 사회적인 주목을 받는 전면에 나타나는 것이다.

나는 이러한 상황을 다음과 같이 서술한다.[25] 즉 어느 정도 청결한 도시에서 생활하는 이익을 내가 향유하는 경우에, 나는 나 자신의 쓰레기를 근처에 버리지 못하게 된다. 바꾸어 말하면 다른 모든 사람들도 나 자신과 마찬가지로 행동하는 경우에 비로소 청결한 도시에서의 나의 이익은 만족된다. 즉 나의 개인적인 이익의 충족은 집단적인 (즉 국가적인) 행위에 따르나 ― 통행인의 모욕에 소극적인 것을 관찰하거나 경우에 따라서는 그것을 처벌하는 순경이 모퉁이 마다 서 있다 ― 또는 사실상으로도 같은 **시민동무의 같은 방향성을 가진 행동에의 신뢰**에서 이익의 충족에 이르기 적합한 개개인의 행동을 통하여 다른 개인이 그 개인적인 이익을 충족하는 것에 따르는가 어떤가이다. 즉 여기서 우리들은 집단적으로 이익을 충족하는 것도 아니며, 또한 개인적으로 이익을 충족하는 것도 아닌, **개개인의 쌍방향적이며 상호적인 신뢰**에 근거한 이익의 충족이 중요하다. 그것에 대해서 주목할 만한 것은, 「다음의 질서를 우선」하도록 내가 억제함으로써 다른 사람의 신뢰를 상실하는 것을 피하려는 나의 행위는 단순한 도덕적인 충동에 의뢰하는 것이 아니라 나 자신의 이익을 만족하는 단 하나의 선택지인 것이다. 나의 이익의 「사회계약성」은 동시에 나의 「이기적인」 이익의 충족이기도 하다 ―「고전적인」 이기적인 이익에 대하여, 타자와의 관련과 타자에 대한 신뢰를 그 속에 포함하는 반작용의 과정을, 이 이익의 내용이 비로소 명백히 한다는 중요한 차이와 함께, 이미 서술하였듯이, 직접적인 이익과 반사적 이익 간의 긴장은 역사적으로 새로운 것은 아니다. 그러나 그것이 등장하는 사회적인 문맥은 새로운 것이다. 즉 획득한 재(財)가 ― 거주가능한 도시에 시작하며, 기본적인 신체의 안전, 건강을 훼손하지 않는 환경으로부터 「생물학적인 안전」에 이르기까지 ― 불가역적(不可逆的)으로 집단적인 성격을 띠게 되며, 즉 전원이 한결 같이 손에 넣을 수 있거나, 또는 반대로 누구 한 사람으로서 동일한 손에 넣을 수 없거나 하는 성격을 띠게 되며, 개인적인 효용계산에 의해서 개인적인 이익을 충족하는 개연성은 약화된다. 다른 한편, 집단적인 이익집합체의 민주주의적인 제도 ― 특히 단체나 정당 ― 는 그 구성원의 이익을 지향하기 때문에, 또한 개별적인 이익과 충분히 조직가능한 이익을 구조적으로 특권화하기 때문에 보편적인 이익을 충족하는 범위는 매우 한정된다.[26] 그 때에 새로운 종류의 이 상황은 새로운 사회운동이 즐겨 다루는 테마, 즉 가장 넓은 의미에서의 생태학적인 이익에만 관련되는 것은 아니다. 이른바 「포스트 물질주의적」 가치의 의미가 총체로서 증대한 것에서 제1차적으로 물질주의적인 이익지향을 수반한 부분에서도, 예컨대 대량의 실업은 경우에 따라서는 물질적인 보장을 통하여 조정되어야 할, 당해 실업자의 개인적인 불행으로 만이 아니라, 사회적 상태라는 점에서 취업하고

---

25) 이에 대해서는 A. Sen, Behavior and the Concept of Preference, in: Economica, Aug. 1973 그리고 Hirsch (Anm. 12), S. 197 f.에서의 이러한 예의 토론 참조.

26) 특히 소비자 보호와 환경보호의 영역에서의 이익정치에 특수한 것은 N. Reich, Förderung und Schutz diffuser Interessen durch die europäischen Gemeinschaften, Baden-Baden 1987 참조.

있는 부분의 주민의 만족도 관계된 소극적인 공적 재화(財貨)로서 인정되는 것이 가능하듯이 생각된다.

따라서 앞서 강조한 국가공민이란 범주에 있어서의 반작용적인 요소가 어떠한 의미를 받아들이고 있는가 하는 것이 명백하게 된다. 즉 국가공민에 대해서 일정한 재(財)에 대한 희망과 일정한 재화를 향유하는 희망과의, 즉 우월과 전위된 우월27) 간의 내적인 긴장은 본질적인 것이다. 첫 번째 질서의 우월과 두 번째 질서의 우월의 이러한 구분은 ― 나는 일정한 재에 대한 우월을 향유하는 동시에, 타자가 우월을 향유하는 것도 희망하는 ― 타자와의 관련이나 미래와의 관련을 반영할 뿐만 아니라 동시에 나 자신의 사회적인 행위와의 관련도 반영한다. 그리고 이 구분은 어떠한 자기기만도, (정신분석적인 의미에서의) 합리화도 피하는 것을 요구하며, 그 때문에 매우 높은 이상을 가진다.

내가 언젠가 이「쌍방향적 이익」(Reziprozitäts-Interessen)이라고 명명하려고 한 특성이란, 집단적 행위에 관하여 우리들이 잘 알고 있는 형식에서, 즉 국가에 의한 강제를 통하여 받아들이지 않을 정도의 대상(代償)을 지불하더라도 그러한 이익은 만족되어야 한다는 데에 있다. 국가는 그 강제수단을 통하여 물질적인 재화를 재배분할 수도 있으며, 급부권(給付權)을 통하여 사회적 연대의 원리를 관철할 수도 있다. 물론 이론적으로는 공포를 이용하거나 보다 면밀한 감시수단이나 정보수집수단을 통하여, 그 밖의 형태의 억압적인 사회통제와 **동시에** 그들에 대한 지식을 유포시킴으로써 획일적인, 국가의 눈에서 볼 때「사회계약적인」행위를 국가가 강제할 수도 있다. 이러한 종류의 예방국가와 공안국가28)에의 경향은 오인할 여지가 없는 것이다. 이것은 결정적으로 높은 댓가이며, 우리 모두 그와 같은 댓가를 고려에 넣는다 하더라도 결코 약속된 반대급부를 향유하지는 못한다. 왜냐하면 전술한 공적 안전이란 그 이름 아래 국가에 의한 통제의 가능성이 구성되고 확대되며, 그렇지만 실로 사회질서와 그 정치적 제도들의 인정이며, 좋게 말하여 복지국가의 위기를 생각도 없이 관리하는데 그치며, 보다 나쁜 경우에는 신자유주의적인 반동을 장식하는 데에 이용한다. 이러한 위기의 기회는 개인의 반작용능력에서 출발하여 정치적인 것을 재차 획득하는 데에 있는 ― 그리고 이것은 우선 첫째로 법에 의해서 제도적으로 보호된 개인의 발전의 영역을 요구한다.

이러한 발전의 영역은 개인적인 의사형성의 단계에서와 마찬가지로, 집단적인 의사형성의 단계에서도 만들어질 수 있으며 만들어져야 한다. 양쪽의 단계에서 중요한 것은 소비자의 우월과 마찬가지로, 선거민이나 피호민(被護民)의 우월에도 제도적인 발언의 가능성이 주어지듯이, 집단적인 의사형성의 단계에 있어서의 개인의 반작용의 가능성에도 발언의 기회가 주어지는 것이다. 이러한 방향에서 최근 필립 슈미터(Ph. C. Schmitter)*는 (여기서는 거칠게 소개하는데) 일정한 금액에 대해서 모든 시민에게 상품권을 배분하고,

---

27) 이에 대해서는 A. O. Hirschman, Shifting Involvements. Private Interest and Public Action, Princeton 1982, S. 69 ff.

28) 이에 대해서는 E. Denninger, Der Präventions-Staat, in: KJ 1988, S. 1 ff.

시민은 (일정한 절차에 근거하여 신탁된) 단체를 위해서 이를 사용할 수 있다는 제안을 하였다. 즉 그렇게 함으로써 현재의 이익대표의 체제가 사회에 있어서의 본질적으로 불평등한 자원의 재배분을 묘사(描寫)하며, 재생산할 뿐인데 대해서는 일정한 조정이 마련되어야 한다는 것이다. 조직하기 어려운, 이른바 「산만한」 이익 — 즉 거의 듣기 어렵고 또한 고려되지 아니한 이익 — 을 대표하는 단체는, 그럼으로써 그 주장에 대해서 보다 높은 전문성의 기회를 얻을 뿐이다.29) 그에 대해서 얼마나 상세하게 이의를 제기하더라도 정당이나 선거나 의회에 의한 지역적인 대표, 단체에 의한 기능적인 대표와 아울러 「반작용적인 대표」라는 새로운 영역이 만들어지고 그것을 통하여 현존하는 사회적인 반작용의 가능성이 수동적으로 발언할 뿐만 아니라 능동적으로 추진되고 형성될는지도 모른다는 생각은 중요하다.

그럼으로써 우리들은 개인적인 의사형성의 단계에 도달한다. 지금까지의 서술로부터 다음의 것이 귀결된다. 즉 민주주의의 미래는 개인의 반작용의 가능성을 보호하는 데에 있다. 전통적인 범주를 향한다면 개인과 개인의 인격적인 발전의 보호는 우선 첫째로 법치국가의 작용이라고 생각되고 있었다. 그리고 그것이 우리들을 역설적인 결론, 즉 법치국가의 발전은 민주주의 발전의 조건이 된다는 결론으로 인도하였을지도 모른다. 예시적인 것으로 헤르만 헬러(Hermann Heller)와 볼프강 아벤트로트(Wolfgang Abendroth)에서 볼 수 있듯이, 우리들의 지금까지의 예지는 반대였음을 알 수 있다. 즉 법치국가의 보장은 민주주의의 발전을 요구한 것이다. 이와 같은 시각 전환의 근거는 확실히 사회적인 보수주의가 점차 그 계획을 위한 제도적이며 이데올로기적인 장식으로서 민주주의를 발견한 데에 있다 — 기술적 진보의 동태적인 힘에의 열광에 자주 은폐되고 있는 것이 발전이다. 사회적인 반작용의 가능성을 해방하고 발전시키는 것이 좌익의 이론과 정치적 실천에 대해서 중요하다는 점에서 그것을 특색지을 수 있다면, 왜 근래에 좌익이 인간과 시민의 권리선언을 찾고 그들에게 새로운 요소를 첨가하여 왔는지는 분명하다. 왜냐하면 그들의 반작용의 가능성에는 역사적인 기회가 있으며, 그 가능성이야 말로 새롭게 이해된 역사적 진보의 추진력이 되며, 새로운 집단적 합리성의 수단이 되기 때문이다.

---

29) Ph. C. Schmitter, Corporative Democracy : Oxymoronic? Just Plain Moronic? Or a Promising Way out of the Present Impasse? Unpublished Paper Stanford 1988 참조.

법치국가와 전법치국가적 과거의 극복*

크리스티안 슈타르크

《차 례》

I. 문제 : 무엇이 어떻게 극복되어야 할 것인가?

제1절 극복의 임무

법치국가와 전법치국가적 과거의 극복(Aufarbeitung)이라는 과제는 구동독에서의 사회주의 정당독재의 붕괴와 그에 이어지는 독일의 국가 통일의 회복에 의해 다시 우리들에게 현실적인 것이 되었다. 수 십 년간 구 서독은 나치스의 불법을 법률・재정・형사재판의 측면에서 극복(Bewältigung)하려고 노력해 왔다.[1]

1949년의 기본법 전문은 서독 각 란트의 독일 국민은 기본법의 제정에 즈음하여

---

* Christian Starck, Der Rechtsstaat und die Aufarbeitung der vorrechtsstaatlichen Vergangenheit, in : Veröffentlichungen der Vereinigung der Deutschen Staatsrechtslehrer, Heft 51. 1992, S. 9-42. jetzt in: ders., Der demokratische Verfassungsstaat, J. C. B. Mohr, Tübingen 1995. S. 297-325.

1) 보상에 대해서는 Bundesminister der Finanzen und Walter Schwarz (Hrsg.), Die Wiedergutmachung nationalsozialistischen Unrechts durch die Bundesrepublik Deutschland, Bd. I-Ⅵ, München 1974-1987 참조.

협력할 수 없었던 그 독일인들 위해서도 행동하였다고 규정하고 있다. 그 독일인들은 지금에야 우리들과 함께 다시 하나의 국가로 통일되고, 그 과거와 함께 기본법의 타당영역 으로 들어 왔다. 기본법에 의해서 본질적으로 구성되고 지금에야 달성된 재통일의 임무를 지닌 법치국가는 구동독의 과거를 무시할 수는 없다. 법치국가에 위반되는 구조들 (rechtsstaatswidrige Strukturen)은 장래를 위해서 제거되지 않으면 안 된다. 사람들을 괴롭혔던 불법(Unrecht), 즉 법적 평등과 법적 평화에 대한 중대한 위반에는 변상이 따라야 한다. 즉 보상이나 경우에 따라서는 범죄자의 처벌이 필요해 진다. 보상에 따른 재정적 부담은 국가 전체가 연대하여 부담해야 하며, 즉 주로 구서독 시민이 부담하게 되는 것이다.

제2절 전법치국가성과 불법

법치국가의 개념은 무엇이 전법치국가적인가? 즉 무엇이 법치국가의 원리에 반하는가 를 결정하는 데에 사용된다. 법치국가의 요구는 극복되며, 그 때에 법적으로 평가하게 되는 과거에도 미친다. 그것을 위한 기준은 기본법에서 규정된 법치국가개념일 수는 없다. 즉 기본법의 많은 개별 규정에서 표명되고, 그리고 연방헌법재판소의 판결에서 전개된 것과 같은 법치국가개념은 아니다. 국가의 불법(staatliches Unrecht)이나 그 밖의 법치국가위반을 확정하는 기준으로서는 오히려 우선 첫째로, 근대 민주국가(zivilisierte Staaten)에 의해서 승인되고 있는 형식적이며 실체적인 기본원칙이라는 의미에서의 법치 국가개념이 문제가 된다.

통일조약에서는 이러한 의미에서 전반에 걸쳐 몇 번이나 법치국가의 원칙들과의 불일치 에 관해서,2) 「인간성 또는 법치국가성의 원칙」(Grundsätze der Menschlichkeit oder Rechtsstaatlichkeit)에 대한 위반에 관해서, 3) 그리고 또한 정치적 동기에 의한 형사소추조 치(刑事訴追措置)나 법치국가위반 또는 헌법위반의 판결에 대해서4) 언급하고 있다. 여기 서 중요한 것은 무엇보다도 행정처분이나 유죄판결에 의한 시민의 신체 · 생명 · 자유 및 인격권 · 재산권에 대한 사회주의 국가의 위법한 침해를 확정하고 평가하는 동시에, 또한 공무원 · 정당조직 등에 있어서의 그 밖의 법치국가위반의 구조를 확정하고 평가하는 것이다.

---

2) 통일조약 (Einigungsvertrag; EV) 제18조, 제19조: Anlage I Kapitel Ⅲ Sachgebiet A Abschnitt Ⅲ Nr. 14 Maßgabe d; §64 a Abs. 3 Bundeszentralregistergesetz; §2 Gesetz über die innerdeutsche Rechts-und Amtshilfe in Strafsachen.
3) 통일조약 Anlage Ⅰ Kapitel ⅪX Sachgebiet A Abschnitt Ⅲ Nr. 1, sowie Sachgebiet B Abschnitt Ⅱ Nr. 2 §7 Abs. 2.
4) 통일조약 제17조: Protokollvermerke Nr. 10 zum EV.

제3절 법치국가의 가능성의 한계

개개인이 입은 독재에 의한 피해 모두가 변상되거나 다른 형태로서 법적으로 극복된다는 것은 아니다. 왜냐하면 법치국가의 수단은 한정되어 있기 때문이다. 많은 사람들은 수 십 년간이나 배반이 두려워 자기 자신을 위장하고 자기의 생각을 감추고, 의견의 교환을 피하지 않으면 안 되었다. 많은 사람들은 이른바 국가보안당국과 타협하지 않을 수 없었지만 이 타협 때문에 이러한 사람들의 체면은 오늘날 상처를 입고 있다. 여기서부터 정신적인 마음의 상처(geistig-seelische Verletzung)가 생겼다. 우리들이 무엇보다 더 존중하는 인격의 자유로운 발전은 많은 사람들에 대해서 생활에 관계될 만큼, 그리고 돌이킬 수 없는 형태로서 방해된 것이다. 그러한 마음의 상처는 상처를 입은 자가 그것에 관해서 말할 수 있고, 또한 이해와 동정심으로서 의견을 들어 주어야만 극복할 수 있다. 필요하게 되는 이러한 대화(Aussprechen)와 경청(Anhören)에 대해서는 국가가 제공할 수 있는 법치국가적으로 규정된 절차라는 것은 없다.

나아가 법치국가의 한계상에 나타나는 것이 도덕적인 시민의 의무이다. 우리들은 모두 개인이든 집단이든 개인적인 대화나 논쟁이 발생한 경우에는 언제나 우리들이 표시할 수 있는 모든 동정심과 배려로서 정신적인 마음의 상처의 극복에 협력하도록 요구되어 있다. 이러한 시민의 의무를 느끼게 되면 독재를 직접적으로 경험하지 못한 우리들도 독재 하의 생활에 대한 정확한 지식을 얻을 수 있으며, 또한 보다 명확한 정치적 판단을 내릴 수 있을 것이다. 그러나 이것은 오늘의 나의 테마가 아니다. 여기에 언급한 것은 오로지 법치국가의 가능성의 한계를 명확히 하였으면 하는 생각일 따름이다.

제4절 극복의 법치국가성

법치국가적 극복은 규범이나 인간이나 집단에 의해서 산출된 법치국가위반의 구조에 관하여, 그리고 절대적 권리의 침해에 관해서 가능하며 또한 필요하다. 여기에서 법치국가 개념은 전법치국가적 과거가 현재 기본법의 지배 하에서 극복되는 제반 상황을 위한 기준으로서 기능하는 것이다. 즉 다음과 같은 문제에서 이다.

  * 현상회복 또는 다른 방법에 의한 보상(Wiedergutmachung)과 다른 한편 기득권의 보호.
  * 유죄판결의 취소 및 명예회복과 보상에 대한 절차법적 및 실체법적 요구.
  * 죄형법정주의(nulla poena sine lege)의 준수 하에서의 범죄자의 처벌.
  * 행정 · 대학 · 사법(司法)에 있어서의 직원의 처우.
  * 동독 국가와 구분하여 생각할 수 없는, 독재권력을 휘두르던 정당과 그 추종자의 재산의 취급

* 이전 국가보안성과 그 하부관청의 문서(이른바 슈타지 문서[Stasi-Akten])*를 법치국가적으로 보장된 형태로 취급하는데 따른 희생자의 인격권과 결과적 침해의 저지.

II. 전법치국가성의 기준과 유형

제5절 국가의 불법(staatliches Unrecht) 가능성

전법치국가적이라는 표현이 사용되는 경우, 그 기초에 있는 것은 무엇이 법인가를 국가가 아주 자유롭게 결정해서는 안 된다는 국가관이다. 국가가 특정한 법원칙을 승인하고, 국가의 법질서를 그 법원칙과 일치시키는 경우에만 그 국가는 법치국가인 것이다. 즉 가령 각각의 국가가 규범에 구속력을 부여하여 그것을 법이라고 부르고 실시한다는, 단지 그것만의 사정으로 법치국가라는 자격을 부여할 수 있다면,「전법치국가적」과거라고들 하는 것은 아마 존재하지 않을 것이다. 국가의 행위가 법치국가위반일 수 있다는 것, 특히 불법일 수 있다는 것은, 특히 서구 입헌국가에서는, 일반적으로 확신되고 있다. 권력분립제를 취하는 국가에서는 불법행위(Unrechtsakte)는 체제의 내부에서 확정되며, 그것이 아직 무효가 아닌 경우에는 제거되며, 경우에 따라서는 보상되기도 한다.

우리들의 과제는 그와 다른 형태의 국가적 불법에 관한 것이다. 주로 문제가 되는 것은 독립한 재판권이 존재하지 않았기 때문에 체제 내부에서는 방지할 수 없었던 형사소추나 소유권의 박탈이나 스파이 행위 등에 의한 불법인 것이다. 불법은 불법에 봉사하거나 또는 해석에 따라 불법적으로 봉사할 수 있었던 법률에 기인한 것도 드문 일은 아니었다. 그것을 가능하게 한 정당독재는 1968년과 1974년의 동독 헌법 제1조 1항으로, 최고의 헌법원리로서 보장되고 있었다.5) 개개의 불법행위는 결국 법치국가위반의 구조 속에 파묻혀 있었던 것이다. 그렇다면 어떠한 기준에 의해서 법치국가위반과 구조와 개개의 불법행위를 확정할 수 있을 것인가?

제6절 법치국가원칙(Rechtsstaatliche Grundsätze)의 구속성

이전의 SED(Sozialistische Einheitspartei Deutschland, 독일 사회주의 통일당)*의 지배영역이 기본법의 타당영역 아래 들어가고, 그 과거가 법치국가의 기준에 의해서 판정되어야 한다고 하더라도, 그렇다고 기본법에 있어서 특별히 각인된 법치국가개념이 항상 기준이 되는 것은 아니다. 그러면 무엇이 전법치국가적인가를 결정할 수 있는 법치국가개념은 어디서 유래하며 어떤 내용을 지닌 것인가?

---

5)「독일 민주공화국은 노동자와 농민의 사회주의 국가이다. 그것은 노동자 계급과 그 마르크스·레닌 정당의 지도 아래서의 도시와 농촌의 근로자에 의한 정치적 조직이다」.

출발점으로 우리들은 하나의 법치국가개념을 들 수 있다. 그것은 서구적 특질의 입헌국
가의 역사적 발전의 성과이며, 프랑스 인권선언 제16조에서 권리의 보장과 권력의 분립이
보장되지 않으면 안 된다6)라는 점에 표현된 법치국가개념이다. 즉 오늘날 그것은 특히
법률의 지배(Gesetzesherrschaft), 재판의 독립, 나아가서는 기본권의 실효적 보장과
신뢰보호를 전제로 한 복수정당제이다.7)

　법치국가개념에 포함된 근대 민주국가의 법원칙은 인간의 자유, 즉 자기 자신에 대해서
결정하는 능력에 기초를 두고 있다.8) 인간에 있어서 절대적인 것(Unbedingte)으로서의
자유는, 최고의 법원칙을 획득하기 위한 인간학상의 관련점(anthropologischer
Bezugspunkt)이다. 이 인간학적 관련점은 역사적으로 각인된 법원칙과 실정법이 인간학
상의 결과를 정당하게 평가하는지의 여부에 대해서는 부정적인 확인을 허용할 뿐이다.
즉 자유로부터 도출되는 인간의 자기결정의 능력은 모든 법질서에서의 인간의 공존을
고려하여, 인간의 행위가 전체와 조화되어야 한다는 데에서 제한을 받게 된다. 인간의
자유의 의지가 그에 대해서 보장되지 않으면 안 된다고 하는, 법을 제정·적용하는
공동체권위(Gemeinschaftsautorität)는 바로 법에 의해서 존재하는 것이다. 국가권력은
항상 제한된 것으로서의 이것만이 허용되는 것이다.

　법치국가개념은 나아가 동독이 1973/1974년의 유엔 가맹에 의해서 국내적으로 존중
해야 할 의무를 지니게 된 고전적 인권의 국제법적 보장9)안에도 부분적으로 나타나
있다. 관련된 것은 특히 개인의 생명, 자유와 안전의 권리,10) 독립한 법정 앞에서 공개심리
를 요구할 권리,11) 자국(自國)을 떠날 권리,12) 자의적인 박탈에서의 재산의 보호13)
등이다.

제7절 불법의 체제(Unrechtssystem)와 필연적 귀결

　국가의 법률이나 조치가 이 법원칙과 반드시 일치하지 않을 경우에는 그것은 불법이라

---

6) 프랑스의 인간과 시민의 권리선언 제16조 : 「권리의 보장이 확보되지 아니하고 권력의 분립이 규정되지
　아니한 모든 사회는 헌법을 가지고 있지 않다」.
7) 연방헌법재판소는 판결(84, 90, 124)에서 초국가적 법원칙에 대해서 서술하고 있다.
8) 이에 대해서 상세한 것은 Christian Starck, Die Bedeutung der Rechtsphilosophie für das positive
　Recht, in: Alexy/Dreier/Neumann (Hrsg.), Rechts- und Sozialphilosophie in Deutschland heute,
　Stuttgart 1991, S. 376, 389 ff.; jetzt in: ders., Der demokratische Verfassungsstaat, 1995, S.
　403 ff.
9) GBl. 1973 II, 14/15: Bekanntmachung über das Inkrafttreten der Charta der Vereinten Nationen
　für die Deutsche Demokratische Republik vom 24. 9. 1973. 이 법률은 동독이 국제연합에 가맹함에
　따라서 세계인권선언을 목표설정 함으로써 승인한 것에 근거를 두고 있다. 나아가 Bekanntmachung
　über die Ratifikation der Internationalen Konventionen vom 19. 12. 1966 (GBl. 1974 II, 2/5).
10) 세계인권선언(AEMR, Allgemeine Erklärung der Menschenrechte) 제3조. 9 IPbürgR. 제6조.*
11) 세계인권선언 제10조. IPbürgR. 제14조.
12) 세계인권선언 제13조 2호. IPbürgR. 제12조 2항.
13) 세계인권선언 제17조 2호.

고 평가된다.14) 그러한 법률과 조치를 대량으로 산출해 내면서 이것들을 체제내적으로 불법이라고 인식할 수 없는 국가를 우리들은 거의 모든 법철학적 견지에서 불법의 체제라고 부른다. 구동독에서는 이 불법의 체제는 주로 SED의 독재지배 속에 나타나 있었다. 이러한 결과 거기서는 권력분립도 통제도 없었고, 또한 가장 기본적인 인권이 계속적으로 침해되고 있다.

「전국가적」 법원칙("vorstaatliche" Rechtsgrundsätze) 그 자체를 실정법이라고 인정하지 않는 자일지라도, 이 법원칙을 기준으로 하여 국가법을 평가하지 않을 수 없을 것이다. 그리고 이 평가에서 밝혀질 수 있는 것은, 이 전국가적 법원칙과 모순되는 국가행위의 결과는 사회전반(Allgemeinheit)의 급부(給付)에 의해서, 그리고 특히 이 법원칙에 따른 의무를 지닌 국가(기본법 제1조 2항, 제79조 3항)에 의해서 조정되지 않으면 안 된다는 것이다. 만약 법치국가가 희생자에게 급부를 부여함으로써 전법치국가 시대에 일어난 불법에 대해서 보상하는 것이라면, 그 법치국가는 물론 일반적인 (최소한도의) 법치국가 원칙보다도 엄격한 기준으로 과거의 국가체제를 평가할 수 있게 되는 것이다. 또한 이것과 엄밀히 구별되어야 할 문제는 불법의 체제 아래서의 범죄자에 대해서 그 체제가 끝난 후에 일반적 법원칙에 의해서 책임을 물을 수 있는가의 여부, 특히 형벌을 부과할 수 있는가의 여부이다. 그러기 위해서는 법치국가의 요구를 충족시키는 기준이 어느 정도까지 존재하는가를 검토하지 않으면 안 된다.

제8절 구동독의 형법전의 기능

동독 형법전에 근거하여 근대 민주국가에서는 범죄행위라고 하는 SED 독재시대의 불법행위를 불법행위로 인정하고, 행위자에게 유죄판결을 내리는 것이 허용될 것인가? 이에 대해서는 즉, 전술한 법원칙과 일치하도록 동독 형법을 해석하고 이해할 수 있게 된다면, 그 범위에서 그 법원칙에 위반되게 이해하고 법률을 적용한 판결을 동독 형법에 의거해서 불법이라고 평가할 수 있다고 생각한다. 이러한 사태가 발생하는 것은 동독 형법전의 거의 모든 범죄구성요건이 서구 입헌국가의 대응하는 법과 구별하지 못할 방법으로 규정되어 있기 때문이다. 불법은 다음과 같은 경우에 비로소 발생한다. 즉, 그러한 법률이 사람들을 소추하기 위해서 이데올로기적으로 적용되는 경우, 이와 같은 법률이 체제의 상급 간부에는 적용되지 않는 경우, 또는 형사절차가 외견적으로만 수행되고 실제로는 형벌이 정당의 서기장 그 밖의 권력자의 기록 메모에 의해 미리 확정된 경우이다.15)

---

14) 나치스 독재에 관해서는 BVerfGE 23, 98, 106. 또한 그것과 관련하여 BVerfGE 3, 58, 119; 6, 132, 198.

15) 이에 대해서는 Frankfurter Allgemeine Zeitung v. 6. 4. 1991/Nr. 80, S. 65에 게재된 예시적인 기록 "Tod durch Hausmitteilung"(Walter Ulbricht, 1955)와 v. 21. 5. 1991/Nr. 115, S. 4, "Das Verfahren ist geeignet, aus erzieherischen Gründen gegen Smolka die Todesstrafe zu verhängen"(Erich Mielke,

　　그러한 법치국가위반의 조치는 형법의 해석학설에 의해서 보다 용이하게 할 수 있도록
되었다. 이것은 공동으로 집필된 공식 교과서인『독일민주공화국헌법』16) 속에서 로타르
로이터(Lothar Reuter)에 의해 설명된 그대로이다. 그것에 따르면 형벌법규의 해석은
이렇게 특징지어져 있다. 즉「해석은 사회의 구체적인 발전단계에 있어서의 노동자계급과
그 정당의 정책에 의거하지 않으면 안 된다. 해석은 주어진 조건 하에서 사회주의 형법의
내용을 인식하기 위한 열쇠를 형성하고 있다」라고. 정당에 봉사한다는 법의 순수한
도구적 성격17)은 동독의 종합대학·단과대학의 교육을 위하여 고등·전문교육장관에
의해서 승인된 게르하르트 슈틸러(Gerhard Stiller)의 교과서『마르크스·레닌주의의
국가론과 법이론』18) 속에 이렇게 서술되어 있다.「해석은 법규범 안에 표현된 계급의
의사의 내용과 그 사회적 목적을 탐구한다. 그것은 당파적 과정(parteilicher Vorgang)이
다」. 그리고「모든 사회주의법규범의 해석의 기초는 변증법적 유물론과 마르크스·레닌
정당의 결정이다」라고.

　　이러한 법 이해에 직면하면 일반적으로 구동독의 법률이 불법의 기준으로서 고려의
대상이 되는가의 여부는 상당히 의문이 생긴다. 왜냐하면 법률은 모든 것을 지배하는
정당의 마음대로 하도록 되어 있었으며, 법률의 문언은 단순한 겉치레에 불과하기 때문이
다.19) 그런데 동독 형법전의 대부분의 범죄구성요소의 문언에는 지금까지 계수되어
온 근대민주적 법원칙(zivilisierte Rechtsgrundsätze)에 비추어 보아도 형벌에 해당하는
불법으로 보이는 것이 쓰여져 있다. 이것을 기초로 한다면 유죄판결은 자의적 판결로
평가될 수 있었으며, 또한 중요한 당간부의 범죄행위의 불기소는 불법이라고 간주될
수 있는 것이었다. 그렇기 때문에 형사절차나 유죄판결이 많은 경우에 공개되지 않았다는
점, 예를 들면 국경에서의 총살과 같이 국가행위의 흔적이 없어진 점, 나아가 중요한
당간부의 법위반이 밝혀져서는 안 되었다는 설명이 따르게 된다. 이것이 비밀리에 이루어
진 것은 권력자의 뒤가 켕기는 결과였다. 국민에 대한 끊임없는 선전의 집중포화에도
불구하고, 적어도 기본적인 문제에서는 국민 대다수의 법의식을 바꾸지는 못한 것 같다.
그렇지 않으면 비밀이나 위압은 필요하지 않았을 것이다. 혜택받은 국제정치상황 속에서
정당독재가 붕괴되었지만, 그 붕괴는 법과 불법에 대한 의식이 국민 속에 널리 살아
있고, 그리고 그들의 대다수가 SED 체제를 정당하지 않다고 여긴 것만으로 이해할
수 있는 것이다.

　　1960) 참조.

16) 1. Aufl. 1988, S. 140 f.

17) 이에 대해서는 또한 Ernst-Wolfgang Böckenförde, Die Rechtsauffassung im kommunistischen
　　Staat, 1967, S. 33, 36 ff., 40 f.

18) 3. Aufl. 1980, S. 580.

19) 따라서 그것을 부정하는 견해로서 Josef Isensee, Staatseinheit und Verfassungskontinuität, VVDStRL
　　49 (1990), S. 39, 61.

제9절 기본법의 예외적인 소급효(Rückwirkung)

앞에서 서술하였듯이, 법치국가의 원칙들이 ── 그것은 기본법에서 확정된 법치국가개념은 아니지만 ── 동독의 과거를 평가하는 기준이 된다. 재통일의 임무라는 다리를 건넜다고 하더라도, 기본법을 모든 요청을 갖춘 총체로서 사후적으로 구동독의 SED 체제의 국내적 조치를 평가하는 기준으로 할 수는 없다.

그러나 구동독의 국내문제의 평가에 규제적 법률효과를 함께 소급시키는 것은 그것이 독일의 민주적 의사형성과정에 대해서 불가결하다는 이유로 예외적으로 인정될 여지는 있다. 가장 중요한 예는 정당법에서 볼 수 있다. 1990년의 동독 정당법과 통일조약20)에 의하면, 1945년 5월 8일에서 1989년 10월 7일까지의 그 동안 구동독의 정당들과 대중조직의 모든 재산취득은,「그것이 기본법의 의미에서의 실체적 · 법치국가적 원칙에 따라서」실시되어 왔는지의 여부라는 점에 관하여 심사된다. 기본법의 법치국가 개념이 소급하는 근거는 다음의 점에서 찾아볼 수 있다. 즉, 전술한 조직들의 재산취득의 효과가 계승되어 있을 것, 그리고 전술한 조직들에 관해서는 독일의 국가통일이 회복된 후에 기본법 제21조에 의해서 명확하게 정치적 의사결정에 참가하거나, 또는 기본법 제9조에 의거하여 정치적 의사결정에 참가할 수 있는 정당과 대중조직이 문제가 되어 있다는 점이다. 구동독의 정당과 대중조직이 기본법의 의미에서의 자유민주주의 하에서는 결코 획득할 수 없었던 재산을 자유롭게 처분함으로써 부당하게 유리한 지위에 서서 그 결과 재통일된 독일의 정치참가에 있어서 정당의 기회균등21)이 침해되는 일이 있어서는 안 되는 것이다.22)

그래서 무엇이 전법치국가적인가를 판단하는 보다 엄격한 기준이 요구된다. 나아가 보상에 의한 극복과 규제(Eingriff)에 의한 극복과의 이미 전술한 구분에 배려한다면, 무엇이 전법치국가적인가의 기준은 극복이 어떠한 목적을 위한 것인가라는 것에 따라 단계지어지지 않으면 안 된다.

제10절 불법의 유형

국제법, 일반적인 법원칙, 그것에 상응하는 동독법, 그리고 또한 부분적으로는 기본법이 SED 독재의 구조와 개별적 조치를 법치국가위반이라고 판단하기 위한 기준이 된다. 법치국가위반의 구조는 인적 조직 · 정당조직 · 감시제도에서 볼 수 있었다. 그러나 여기서 문제가 되는 것은 실제로 일어난 모든 불법행위를 명확한 카테고리로 파악하는 것은

---

20) §§ 20 a, 20 b des Gesetzes vom 21. 2. 1990 (BGBl. I, S. 66), i. d. F. des Änderungsgesetzes vom 31. 5. 1990 (BGl. I, S.275); Anlage II Kapitel Sachgebiet A Abschnitt III Nr. 1 zum EV.

21) 이에 대해서는 BVerfGE 84, 290, 300 f.를 보라.

22) 이에 대해서 상세한 것은 Christian Starck, Die Behandlung des Vermögens der Parteien und Massenorganisationen der ehemaligen DDR, in: Staatswissenschaften und Staatspraxis 2 (1991), S. 316, 322 ff. 참조.

있을 수 없다. 오히려 문제가 되는 것은 과제로서 설정된 「극복」이라는 관점 아래 사람들이 입어온 현저한 불법행위이며, 또한 법치국가가 더욱더 결정을 요하는 방법으로 대처하지 않으면 안 되는 불법행위의 유형인 것이다. 다음과 같은 법익(法益)이 주로 문제가 된다.

(1) **생명 및 건강**의 침해는 여기서 명확해진 기준에 의하면 사형판결이 내려지고 집행된 한에는, 여하튼 불법이라고 간주되지 않으면 안 된다. 다만, 사형판결이 입증된 중대범죄를 변상하는 경우에는 제외된다. 마찬가지로 불법이라고 판단할 것은 군대 또는 행정측에서 행해진 살인이나 중대한 신체손괴(身體損壞)이다. 그것은 예를 들면 미결구류나 형의 집행과의 관련에서 행해졌거나, 또는 가령 도망자의 도망을 저지하기 위해서 라고 해도 국경을 넘는 것을 방해하기 위해서 행해지기도 했다.

(2) **자유**의 침해가 불법이 되는 것은 자유형이 행위에 비추어서 불균형하게 길었던 경우나 범죄행위가 증거의 위조로 인하여 날조된 경우, 또는 예를 들면 언론의 자유나 집회의 자유의 기본권을 행사한 것에 불과하므로 행위가 일반적 법원칙에 비추어 전혀 처벌할 수 없는 경우이다. 경찰과 행정당국에 의한 자유와 박탈도 마찬가지로 불법이라고 평가할 수 있다.

(3) **인격권**의 침해는 불법의 체제 하에서는 일상 다반사이다. 왜냐하면 체제의 비정당성은 감시나 위압에 의해 보충되기 때문이다. 이것은 슈타지·신드롬을 지적하면 충분할 것이다.

(4) **친권**(Elternrecht)은 기본법이 그것을 자연적 권리(natürliches Recht)라고 부르며, 모든 근대 시민국가에서 인정되는 것인데, 그 친권은 「정치적으로 신뢰할 수 없는」부모로부터 그 어린이를 빼앗아 시설에 넣거나 양자로 보낸 경우에 침해되어 왔다.

(5) **소유권**의 침해는 형법상의 이유가 없는 몰수나 보상이 주어지지 않는 수용이라는 점에서 볼 수 있다.

(6) 많은 사람들의 **직업상의 성공**은 특히 대학에의 입학허가가 정치적 신념에 의존하고 있었던 것으로 이미 방해되어 있었다.

III. 법치국가적 극복

제11절 부당한 형사소추에의 대응

(a) 불법인 판결(Unrechtsurteile)
동독과 구소비에트 점령지구에서는 소비에트와 독일의 재판소에 의해서 수많은 부당한 형사판결이 내려져 왔다. 특히 생각나는 것은 1949년의 동독 헌법 제6조 2항[23])에 의거한

---

23) 제6조 2항 「민주적 제도 또는 조직에 대한 보이코트의 선동, 민주적 정치가에 대한 살인선동, 신앙·인종·

유죄판결이다. 이 조항은 형벌법규의 모든 본질적 특징을 결여하였음에도 불구하고, 1958년까지 사형을 포함한 중죄가 과해진 많은 판결의 기초가 되었다.[24] 발트하이머 (Waldheimer) 재판[25]에서 헴니츠 지방재판소 형사부는 관리이사회법 제10조 (Kontrollratsgesetz Nr. 10)에 의거하여 언어의 진정한 의미에서 단기재판(kurzes Prozess)을 하여 이른바 전쟁범죄인에 대해서 후에 베를린 상급지방재판소가 「치유불가능한 절대적 무효」라고 불렀던[26] 유죄판결을 내리고 있다. 1989년 10월까지 동독에서는 사상 · 의사표명 그 밖의 기본권의 행사를 범죄로 하는 형벌규정이 적용되고 있었다. 또 당국에 의한 증거조작에 의해서 아무런 죄도 범하지 않은 사람들이 범죄행위를 이유로 유죄판결을 받은 것도 고려되지 않으면 안 된다. 자주 불균형하게 무거운 자유형이 부과되었다. 이리하여 유죄판결을 받은 자가 독일연방공화국으로 돌아왔을 경우에 그들을 억류자원호법(抑留者援護法)[27]에 의거하여 약간의 사회조정급부를 받았다.

형사판결의 불법이 보이는 것은 한편으로는 법적용 레벨에서이다. 즉 법률의 문언상, 그 자체로서 명확하게 불법이 기재되지 아니한 경우에,[28] 재판관이 자발적 또는 정당의 지시에 의거해서 범죄상 불법이라고 볼 수 없는 행위를 처벌하도록 법률을 적용하는 경우나, 재판관이 증거의 조작에 의거하여 유죄판결을 내리기도 하고, 또는 불균형하게 무거운 형벌을 과하는 경우가 언제나 그에 해당한다. 다른 한편 불법이 이미 명확히 형벌법규 안에 뿌리가 내린 것도 있다. 예를 들면 기본권의 행사가 범죄라고 해서 그 때문에 그러한 형벌법규를 그대로 적용하는 것이 법률상의 불법이 된다는 경우이다.[29]

(b) 파기(Kassation)와 명예회복(Rehabilitierung)

이미 재통일 이전에 동독의 인민의회(Volkskammer)는 이 두 가지 종류의 불법[법적용의 불법과 법내용의 불법]을 그것이 발생한 그때그때의 정도에 따라서 확정하고, 무효로 하고, 변상하려고 하였다. 형사재판관이 법률을 적용함에 있어서의 불법은 파기판결에 의해서 제거되지 않으면 안 된다. 그러기 위해서 사회주의소송법[30]이라는 도구에 손을

민족에 대한 증오의 표명, 군사적 선전, 진쟁의 선동, 기타 권리의 평등에 반하는 모든 행위는 형법의 의미에서의 범죄이다. 헌법의 의미에서 민주적 권리의 행사는 보이코트의 선동은 아니다」.

24) Karl Wilhelm Fricke, Politik und Justiz in der DDR. Zur Geschichte der politischen Verfolgung 1945-1968, 1979, S. 201 ff. 또한 S. 250 ff.에 서술된 판결도 보라.

25) Fricke (Anm. 24), S. 205 ff.

26) KG, NJW 1954, S. 1901. 이제는 Art. 1 §1 Abs. 2 Erstes SED-Unrechtsbereinigungsgesetz v. 29. 10. 1992 (BGBl. I, S. 1814).

27) I. d. F. der Bekanntmachung vom 4. 2. 1987 (BGBl. I, S. 512), zuletzt geändert durch Art. 6 des Gesetzes vom 4. 2. 1987 (BGBl. I, S. 2398). 거기에서는 피해자원호(제4조), 유족원호(제5조), 친족을 위한 부양보조(제8조), 그리고 여러 가지로 단계지워진 사회복귀원조(제9 a조 · 제9 b조 · 제9 c조)가 규정되어 있었다.

28) Erich Buchholz, Wiedergutmachung von Unrecht, ZRP 1990, S. 466, 468.

29) 1990년 9월 6일의 명예회복법(BGl. I, S. 1495) 전문에 의하면 (동독) 헌법상 보장된 기본권과 인권이 기준으로 된다.

30) Strafverfahrensrecht, Lehrbuch, 2. Aufl. 1982, S. 330 ff. 또한 Kurt Kemper/Robert Lehner,

대게 되며, 그것은 그 본질적인 개정[31]에 의해서 유죄판결을 받은 자의 이익을 위하여 그 신청에 의거하여 형사의 확정판결을 심사하도록 되었다. 그 심사에서는 그 확정판결이 법률의 중대한 위반에 의거한 것인가의 여부, 또는 형의 선고의 점에서 매우 부당한가의 여부가 문제가 된다. 파기의 청구는 통일조약에 의해서 법치국가적 기준에 일치하지 않는 형의 선고도 포함한다는 데까지 넓혀졌다[32]. 이로써 파기는 법률내재성(法律內在性, Gesetzesimmanenz)을 상실하게 된다. 파기의 신청에 이유가 있는 경우에 파기신청에 관한 판결은 재판절차에서 취소되고, 변경되거나 또는 되돌려 보내게 된다.

형사판결의 파기 외에 불법으로 유죄판결을 받은 자에 대한 명예회복이 문제가 되고 있다. 통일조약은 제17조에서 정치적 동기에 의한 형사소추조치의 희생자 또는 그 밖의 법치국가 위반 그리고 헌법위반의 희생자에 대한 명예회복을 규정하고 있으나, 1990년 9월 6일의 명예회복법[33]은 이미 오랫동안 논의되어왔음에도 이 통일조약 체결 후에야 겨우 공포되었다. 1990년 9월 18일의 「통일조약의 해석과 시행을 위한 협정」에 의해서 단축된 문언에서의 명예회복법[34]은 헌법에서 보장된 기본권과 인권에 위반하여 형사소추된 자의 명예회복을 목적으로 하고 있다.[35] 명예회복은 유죄판결을 전제로 하지 않으며, 형사소추가 수사절차에서 종료된 경우(제1조 3항)나 구속(Haft)되거나 또는 고문을 받는 경우에도 고려된다.

제3조 2항에 열거된 명예회복의 사례는 표준적 사례이다. 그것은 불법의 확정을 재차 동독법 내부에서 행하려는 것을 나타내고 있다. 동독 헌법의 의미에서의 헌법상의 정치적 기본권[36]을 행사한 자, 비폭력으로 저항한 자, 평화적 수단에 의해서 동독으로부터의 출국허가에 영향을 미친 자, 또는 스파이 또는 첩보기관이 아닌, 동독 영토 외의 관청 · 조직 · 인간과 접촉한 자로서, 그리고 이러한 행위 때문에 유죄판결을 받은 자는 명예회복을 받을 수 있다. 또 마찬가지로 공화국 도망(Republikflucht)의 범죄구성요건(제3조 2항)에 의거 유죄판결을 받은 자에게도 이것은 타당하다.

그 동안에 파기와 명예회복이라는 두 가지 절차를 병합하여 보상급부를 상당히 증액한 제1차 SED 불법제거법안(SED-Unrechtsbereinigungsgesetz)이 제출되어 있다.[37] 그것

Überprüfung rechtskräftiger Strafurteile der DDR, NJW 1991, S. 329, 330 f. 도 참조.

31) §311 StPO-DDR sowie Einigungsvertrag Anlage I Kapitel Ⅲ Sachgebiet A Abschnitt Ⅲ Nr. 14 lit. h. 참조.

32) Anlage I Kapitel Ⅲ Sachgebiet A Abschnitt Ⅲ Nr. 14 lit. h, hh

33) GBl. I, S. 1459.

34) Einigungsvertrag Anlage Ⅱ Kapitel Ⅲ Sachgebiet C Abschnitt Ⅲ Nr. 2.

35) 이에 대해서는 특히 Buchholz, ZRP 1990, S. 466 ff.; Kemper/Lehner, NJW 1991, S. 329, 332 f.; Wolfgang Pfister, Das Rehabilitierungsgesetz, NStZ 1991, S. 165 ff. 참조.

36) Staatsrecht der DDR, 2. Aufl. 1984, S. 188을 보라 「평등, 공동결정권과 공동형성권, 선거권과 피선거권, 자유로운 의견표명의 권리, 그리고 출판 · 방송 · 텔레비전 방송의 자유, 집회 · 결사의 자유」.

37) BR-Druckt. 483/91 vom 16. 8. 1991. 다음의 인용은 초안 제1조 1절 1항에 의함. 이제는 Art. 1 §1 Abs. 2 Erstes SED-Unrechtsbereinigungsgesetz v. 29. 10. 1992 (BGBl. I, S. 1814) = Gesetz über die Rehabilitierung und Entschädigung von Opfern rechtsstaatswidriger Strafverfolgungsmaßnahmen im Beitrittsgebiet.

에 의하면 1945년부터 1990년 사이에 독일 국가의 재판소나 행정청에 의해서 편입지역 (구 동독지역)에서 행해진 형사재판·형사처분·정신병원에의 강제입원지시는[38] 「자유로운 법치국가적 질서라고 하는 본질적 원칙과 일치하지 않는 한에서」재판절차에 있어서 법치국가위반이라고 선언할 수 있다.

(C) 보상(Wiedergutmachung)

금전보상(Entschädigung)으로서는 단계적인 조정급부가 규정되어 있다. 그것은 자유 박탈의 월수(月數)에 따라 최저 300마르크, 통상 450마르크를 지불하며, 또한 연방전쟁희 생자원호법(Bundesversorgungsgesetz)의 원조금액까지 증액할 수 있다는 것이다. 통일 조약 제17조 2문에 의하면 SED 불법체제의 희생자의 명예회복은 적절한 보상규정과 결부되어야 한다고 되어 있다. 국가가 하회(下回)해서 안 될 기준은 나치스 독재가 끝난 후의 보상법에 의해서 규정되고 있다.[39] 국가적 불법에 대한 보상은 평등보장의 원칙이 다. 왜냐하면 개인이 입은 불법은 시민간의 평등을 항상 극단으로 침해하기 때문이다.[40] 국가는 한편으로는 위법으로 다룬 재산 그 자체를 반환하거나 또는 다른 방법으로 가치에 따라서 보상할 수 있으나, 다른 한편 위법하게 박탈된 자유나 손상된 건강은 다시 원상태로 되돌릴 수는 없으며, 적정하게 평가할 수도 없다. 가능한 것은 금전에 의한 보상뿐이다. 그 액수는 수용재산에 대한 보상에 대응할 수 있도록 규정해야 하며, 특히 억류자원호법과 같이 단순히 상징적인 것이 되어서는 안 된다.

교도소에서 건강을 해친 자는 건강상의 장해없이 부당한 자유박탈을 참고 견딘 자보다 도 고액의 보상을 요구하는 청구권을 ── 그 장해의 정도와 기간에 따라서 ── 가지게 된다. 이에 대응하는 구별은 법률안에 규정되어 있다. 보상청구권을 가지지 못하는 것은 「인간성 또는 법치국가성의 원칙에 위반한」자 (예를 들면 스파이나 밀고자) 또는 「자기의 이익 또는 다른 불이익을 위해서 그 지위를 중대한 정도로 남용한」자이다. 소련 점령당국 에 의한 법치국가위반의 형사소추에 대한 보상에 관해서는 아직 규정되어 있지 않으나 희생자의 연령을 생각하면 시급하다.

제12절 행정의 불법(Verwaltungsunrecht)

명예회복은 통일조약에 의해서 규정된 곳에서는 형사소추에서 생긴 불법에 한정되어 있다. 그러나 중대한 불법은 행정·경찰당국에 의해서도 행해져 있다. 이러한 불법의

---

38) Protokollvermerk Nr. 10 zum Einigungsvertrag.

39) 이에 대해서는 특히 Ernst Féaux de la Croix, Vom Unrecht zur Entschädigung, in: ders./Rumpf (Hrsg.), Der Werdegang des Entschädigungsrechts, 1985, S. 1 ff. 이제는 Art. 1 §17 des in Anm. 37 zitierten Gesetzes를 보라.

40) 파기결과에 대해서는 Einigungsvertrag Anlage I Kapitiel Ⅲ Sachgebiet C Abschnitt Ⅱ Nr. 4=§16 a Gesetz über die Entschädigung für Strafverfolgungsmaßnahmen vom 8. 3. 1971 (GBl. I, S. 157), zuletzt geändert durch Gesetz vom 24. 5. 1988 (GBl. I, S. 638) 참조.

더욱 다양한 형태도 보인다. 이 때에 문제가 되는 것은 통일조약 제19조에 의해서 법치국가의
원칙들 또는 통일조약의 원칙들에 적합하지 않은 경우에 취소할 수 있는 행정행위만은
아니다. 불법은 고등학교 또는 대학에서의 배제, 정치적 신용도의 결여를 이유로 하는
직업상의 차별 —— 이것은 직업상의 불법의 거대한 복합물(Riesenkomplex)이지만 ——
국가보안당국에 의한 스파이 행위·협박·강요에서도 볼 수가 있다. 동독의 국경보안시설
을 넘으려다가 사망한 경우에 대해서는 명예회복법 제3조 4항은 유족이 동독국가책임법에
의한 손해배상청구권을 가질 것을 명시하고 있다. 그리고 통일조약에 의해 변경되고 나서
계속해서 적용하게 된 이 법률[41]은 SED의 불법조치에는 적용되지 않는다고 생각된다.

제13절 범죄자의 처벌

(a) 동독 형법의 적용

전법치국가적 과거의 극복에 포함되는 것으로서는 다음과 같은 범죄행위의 소추와
처벌이 있다. 즉 직접적으로 불법체제를 유지하기 위해서 행하였고, 그 때문에 당연히
소추되지 못했던 범죄나 또는 체제유지의 목적으로 사용되지는 않았지만 정치적 이유에서
특권계급을 우대하기 위해서 처벌하지 아니한 범죄행위이다. 제2차 세계대전 직후의
나치스 독재의 극복에 대해서 생각한다면 일반적 법원칙에서 인도에 대한 범죄
(Verbrechen gegen Menschlichkeit)라는 법률범죄 구성요건을 만들어 내고, 그것을 1945
년에서 1989년 동안의 소련 점령지구와 동독에서의 사건에 소급적으로 적용하는 것이
생각될는지도 모른다. 그것에 대응해서 연합국은 1945년에 「인도에 대한 죄」(Crimes
against humanity)를 가지고 대처하였다.[42] 이 소급적인 형벌규정에 의거해서 수많은
유죄판결이 우선 최초는 점령국의 재판소에 의해서, 나중에는 몇몇 사건에서 독일 재판소
에 의해서도 내려졌다.[43] 내가 이 재판에 언급한 것은 그것이 심한 논쟁을 일으키고,[44]

---

41) 1969년 5월 12일의 법률 (GBl. I, S. 34)은 1988년 12월 14일의 법률 (GBl. I, S. 329)에 의해서
통일조약 Anlage Ⅱ Kapitel Ⅲ Sachgebiet B Abschnitt Ⅲ Nr. 1 에서의 비율과 함께 개정된다. 직업상의
명예회복에 대해서는 이제는 Art. 2 des Zweiten SED-Unrechtsbereinigungsgesetzes v. 23. 6.
1994 (BGBl. I, S. 1311) 참조. 이 법률 제1조는 편입된 영역에서의 법치국가위반의 행정판결들의
극복과 거기에 관련된 후속 주장들에 관한 법률을 포함하고 있다.
42) Kontrollratsgesetz Nr. 10 v. 20. 12. 1945 (ABl. des Kontrollrats 1946, S. 22) 참조. 인도에 관한
죄 「잔학행위와 범죄행위로 다음의 것을 포함하나 그것에 한정되지 아니한다. 모든 일반 인민에 대해서
행해진 살인·절멸적인 대량살인·노예화·강제이송·투옥·고문·강간 기타의 비인도적 행위 내지는
범죄가 행해진 국가의 국내법이 위반되는가의 여부를 불문하고 정치적·인종적 또는 종교적 이유에
근거한 박해」 참조.
43) 영국 점령지구 최고재판소(OGHSt. 2, 269, 271 ff. 또한 OGHSt. 1, 217-229도 참조)는 소급적 범죄구성요
건을 이렇게 정당화하였다. 즉 「모든 문화민족의 영역에서 인간의 인격의 가치와 존엄과 함께, 인간의
행위에 대한 특정한 원칙들이 있다. 그 원칙들은 인간의 공존과 개인의 존재에 대해서 본질을 이루며,
그 때문에 그 영역에 속하는 어떠한 국가도 거기에서 일탈할 권리를 가지지 아니한다. 이러한 인간성(인도)
의 원칙들에 위반하는 것은, 즉 그것이 국가에 의해서 허용되고 촉진되고 지시된 것일지라도 처벌해야
할 불법인 것이다」.
44) Hodo v. Hodenberg, Zur Anwendung des Kontrollgesetzes Nr. 10 durch deutsche Gerichte.

그 결과 소급적 범죄구성요건은 이미 적용되지 않게 되어 죄형법정주의의 원칙이 승리를 거두었기 때문이다. 우리들은 SED의 불법체제의 극복에 임해서도 이것을 문제로 삼을 것은 없다. 따라서 구동독에서 다시 통용하고 있던 형법만이 적용될 수 있다.45)

범죄행위의 처벌을 위해서 특히 문제가 되는 것은 학살(Mord)(제112조), 고살(故殺, Totschlag)(제113조), 신체의 상해(Körperverletzung)(제115조 이하), 감금(Freiheits-beraubung)(제131조), 어린이의 유괴(Entführung von Kindern)(제144조) 또는 강요(Nötigung)(제129조), 공갈(Erpressung)(제127조) 그리고 중죄(重罪)에 의한 협박(Bedrohung mit einem Verbrechen)(제130조) 등의 범죄구성요건이다. 독일 연방공화국의 현행 헌법에 있는 것과 같은46) 개인의 생활 내지 비밀영역의 침해를 처벌하는 범죄구성요건은 동독 형법전에는 없으며,47) 따라서 그러한 한에서 처벌은 문제가 되지 아니한다. 유죄가 되어야 하는 것은 특히 이전(移轉)의 자유의 제한과 관련하여 실행되거나 명해진 살인·살인미수 그리고 중대한 신체장해이며, 또 형사소추나 형집행시에 행해진 폭행이며, 나아가 정치적 이유에서의 강제양자입양(强制養子入養)에 의한 어린이의 유괴이며, 국가보안국의 멤버에 의한 강요, 협박과 같은 범죄행위이다. 정당화의 이유가 존재하는가의 여부는 우선 동독법에 따라서 검토해야 할 것이다. 여기서 이미 자주 —— 당시의 실제에 반하여 —— 정당화의 이유는 부정하지 않을 수 없게 될 것이다.48) 동독법에 따라서 정당화의 이유가 구성될 수 있는 경우들에는 다음의 사실이 타당하다. 즉, 근대 민주국가에 있어서 국제법적으로도 오늘날 거의 승인되고 있는 법원칙 외에 행해진 국가의 명령은 정당화의 이유가 될 수 없다는 것이다. 그러면 행위자는 금지착오에 있는가의 여부를 더욱 검토해야 할 것이다.49)

Süddt. JZ 1947, Sp. 113-124; August Wimmer, Die Bestrafung von Humanitätsverbrechen und der Grundsatz "nullum crimen sine lege", Süddt. JZ 1947, Sp. 123-132; Gustav Radbruch, Zur Diskussion über die Verbrechen gegen die Menschlichkeit, Süddt. JZ 1947, Sp. 131-136; Martin Broszat, Siegerjustiz oder strafrechtliche "Selbstreinigung", in: Vierteljahresschrift für Zeitgeschichte 29 (1981), S. 477, 516 ff.의 보고 참조. 마지막 논문은 국내 각 부처의 견해를 널리 포함한다.

45) Art. 315 Abs. 1 EGStGB.(Einführungsgesetz zum Strafgesetzbuch, 형법시행법) 참조.

46) §§ 201, 202 a, 203, 204 StGB.

47) 1988년 12월 14일의 제5 형법개정법(GBl. I, S. 335)은 고문의 처벌가능성(제91 a조)과 개인정보에 관한 권리의 침해(제136 a조)를, 1990년 6월 29일의 제6 형법개정법(GBl. I, S. 526)은 권한 없는 도청의 처벌가능성(제135 a조)을 도입하였다.

48) 위법한 국경통과(동독 형법 제213조)는 비록 중대사태라는 형태일지라도, 동독형법 제1조 3항의 의미에서 중죄(重罪, Verbrechen)가 아닌 범죄구성요건이었다. 왜냐하면 규정된 최저형은 명확하게 2년 이하였기 때문이다. 1982년 3월 25일의 국경법(BGl. I, S. 197) 제27조 2항에 의하면, 총기의 사용은「상황에 비추어 중죄가 되는 범죄행위가 이미 압박하여 실행 또는 계속되는 것을 방해하기 위해서」만 **정당화되고** 있었다. 뒤에 자유형을 2년 이상으로 규정함으로써 확실히 그 행위는 중죄(동독형법 제1조 3항)가 된다. 그러나 그것은 시간적으로 선행할 수 없는 것이기 때문에 범죄행위는 제27조 2항에서 말하는「상황에 비추어 중죄인」것이 되지는 아니한다. 도주의 시도에 대해서는 그것을 항상 중죄의 시도로 본다는 명령은 법적 근거를 가지지 못하며, 모든 시민에게 자기 나라를 떠날 권리를 보장해야 하는 동독의 국제법상의 의무에도 모순되고 있었다. 이제는 Mauerschützen-Urteile BGHSt 39, 1 ff., 168 ff.; 40, 48 ff.을 보라.

49) 특히 BGHSt, 2, 173, 175 ff.; 2, 234, 236 ff. 참조.

(b) 특히 법의 왜곡(Rechtsbeugung)

앞에서 불법적으로 유죄판결을 받은 자에 대한 명예회복과 보상에 관해서 서술한 데에서 다시 그러한 유죄판결에 관여한 자에게 형법상의 책임을 물을 수 있는가의 여부에 관한 문제가 생긴다. 동독 형법전도 법의 왜곡범(歪曲犯)(제224조)을 규정하고 있으며, 그에 따르면 관계인의 이익 또는 불이익을 위해서 사정을 알면서도(wissentlich) 위법으로 판결·결정을 내린 재판관, 검찰관 및 수사기관의 협력자는 처벌받는다고 되어 있다. 거기에는 직접 고의가 필요하지만 재판관의 이데올로기 통제에 대해서 고려한다면, 그것은 겨우 입증할 수 있을 뿐이다. 어떠한 경우에도 법의 왜곡의 직접적 고의를 증명하는 것은 나치스 시대의 재판관에 대한 것과 마찬가지로 거의 곤란하다고 생각된다. 따라서 재판관은 매우 드물게만 형법상의 문책을 받게 된다. 나아가 합의제재판소의 판결에서 법왜곡의 죄로 처벌하려면, 피고인인 재판관이 그 판결에 찬성투표를 한 증명이 전제가 된다. 1968년까지 동독에서 여전히 통용되고 있던 구 형법 제336조에 대해서, 연방통상재판소는[50] 동독 형사재판관이 가령 그 유죄판결에 고의적인 법의 왜곡이 포함되어 있지 않더라도 그 양태와 정도에서 행위의 중대성과 행위자의 책임 간에 현저한 불균형이 존재하는 형벌을 의식적으로 부과한 경우에는 법의 왜곡을 범했다고 판단하고 있다. 법을 왜곡하는 판결에서 자유형이 부과된 경우에는 그것이 집행된 한에서 단일범(單一犯, Tateinheit)[여기서는 관념적 경합의 의미]으로서 자유박탈의 죄(동독 형법 제131조)를 범하였고, 자의적인 사형판결의 경우에는 살인죄를 범한 것이 된다.

(c) 서독 형법의 적용

서독 형법은 제5조에서 열거된, 국내법익으로 향한 국외에서의 행위에 대해서도 적용된다. 거기에는 포함되는 것으로서 국내에 주소 또는 거소를 가진 독일인에게 향해진 경우에 있어서의 국외납치의 죄(Verschleppung)(제234a조[타인을 궤계(詭計), 협박 또는 폭력으로 본법의 적용구역 이외의 영역에 연행하고, 이로써 정치적 이유로 소추될 위험에 놓이게 하는 등을 처벌하는 규정])와 정치적 혐의의 죄(politische Verdächtigung)(제241a조[타인을 고발함으로써 그 자를 정치적 이유로 소추될 위험에 놓이게 하는 것 등을 처벌하는 규정])가 있다(제5조 6호). 연방통상재판소의 확립된 판례[51]에 의하면, 규범의 보호목적이 바로 동독에 거주하는 행위의 희생자인 독일인에게도 미치기 때문에 동독도 또한 그러한 한에서 국내이며,[52] 또한 동시에 그 행위가 법률에 따라서 행해진 것이 틀림없는 경우에는 국외이기도 하다는 것이다. 연방통상재판소에 의한 국내개념의 해석은 다투어지고 있

---

50) NJW 1960, 974 f. 이제는 BGH-Urteil v. 13. 12. 1993, JZ 1994, S. 796, 800. 법의 왜곡으로 인한 동독 재판관의 처벌은, 판결의 법위반이 그처럼 명백하였고 또한 특히 타인의 권리들이 주로 인권에서 판결이 자의적인 행위로서 자명할 정도로 심각하게 침해된 경우로 제한되어야 한다.

51) BGHSt. 30, 1; 32, 293; 33, 238.

52) Denkschrift des Bundesjustizministeriums, DRiZ 1951, S. 162 f. 참조.

다.53) 지금까지는 형법 제234a조, 제241a조에 의한 처벌은 행위자가 예외적으로만
독일연방공화국에 오지 않았기 때문에 거의 없었으나 재통일 후로는 수많은 밀고자
재판(Denunziantenprozessen)과 그 유죄판결이 예상된다. 그 문제점에 대해서는 여기서
상세히 서술할 수가 없다. 연방통상재판소는 국가통일이 회복된 후 이에 대응하는 사건에
대해서 아직 판결을 내리지 않았다. 그러나 연방통상재판소가 새로운 상황에 비추어서
판례를 변경한다고는 예상되지 아니한다. 기소된 사건이라도 행위자의 개인적 책임이
입증되지 않으면 안 된다. 행위자는 자신이 무엇을 했는가를 알고 있어야 하며, 다른
행동을 취할 수 있었어야만 한다. 그리고 그의 행위가 위법이라는 것을 상당한 양심의
긴장을 가지고(bei gehöriger Gewissensanspannung) 알고 있었던 것이어야 한다.54)
이 양심의 긴장은 법공동체의 관념을 기초로 하여 일어나야 하는 것이다.55) 법공동체란
특권계급이 아니라 그 법의식이 전통적인 법원칙에 일치하던 시민 전체였던 것이다.
그러기 때문에 많은 것이 시민에 대해서 비밀로 되어 있었다.

　서독의 형법에 의하면 동독의 스파이 기관의 협력자에 대해서도, 또한 국가 배반죄
(Landesverrat)도 대외적 안전을 위태롭게 하는 죄(Gefährdung der äußeren Sicherheit)에
의해서 소추할 수 있다. 형법 제5조 4g는, 형법 제92조에서 제101a조(Landverrat und
Gefährdung der äußeren Sicherheit의 규정들)의 범죄행위를 국내법익에 향해진 국외에서
의 행위라고 하고 있다. 그것에 상당하는 공소(公訴)는 연방검찰청에 의해서 제기되고
있다. 연방통상재판소는 이와 같은 형사소추를 가능하다고 판단한다. 왜냐하면 상응하는
피고인의 구류이의(句留異議)를 각하하기 때문이다.56) 동독 첩보기관의 어떠한 하부첩보
원도 그 신분이 노출되었을 경우에는 서독 형법의 국사범규정(國事犯規定, Staatsschutz-
bestimmungen)에 의거해서 기소되는 것을 고려하지 않으면 안 되었다. 구동독의 평화혁
명과 그에 따르는 재통일에 의해서 동독에 거주하고 있는 첩보기관의 간부도 또한 서독
사법(司法)의 추궁을 받으며, 그들이 서독에 대해서 범한 국사범을 이유로 기소할 수
있게 되었다.

　통일조약에서는 그러한 소추를 배제할 수 있었을는지도 모른다. 그러나 그렇게 되지는
않았다.57) 기본법은 소추를 포기할 것을 요구하고 있는가?58) 평등조항에서는 동독의

---

53) Volker Krey, Anwendung des Internationalen Strafrechts im Verhältnis der Bundersrepublik
　　Deutschland zur DDR, JR 1980, S. 48; ders., Schutz von DDR-Bürgern durch das Strafrecht
　　der Bundesrepublik Deutschland?, JR 1985, 406; Wilhelm Wengler, Anmerkung, JZ 1981, 208;
　　Christian Friedrich Schroeder, Anmerkung, NStZ 1981, S. 179; Gerald Grünwald, Die
　　strafrechtliche Bewertung in der DDR begangener Handlungen, in: Strafverteidiger 1991, S.
　　31, 34.
54) BGHSt. 2, 194.
55) BGHSt. 4, 1, 5.
56) BGH, Beschl. v. 30. 1. 1991, JZ 1991, S. 713 ff.; BGH, Beschl. v. 29. 5. 1991, NJW 1991, S.
　　2498 ff.; anders KG, Vorlagebeschl. v. 22. 7. 1991, NJW 1991, S. 2501 ff.
57) Arg. Einigungsvertrag Anlage I Kapitel III Sachgebiet C Abschnitt II Nr. 2 lit. b (=Art. 315 Abs.
　　4 EGStGB); sowie a. a. O. Abschnitt III Nr. 1(=Unanwendbarkeit des 5 Nrn. 8, 9 (StGB). StGB).

첩보기관의 협력자와 그에 대응하는 서독의 정보기관의 첩보원을 평등하게 취급할 의무는 생기지 아니한다. 왜냐하면 서방측의 첩보원은 민주적 법치국가의 방위를 위해서 활동하고 있었기 때문이다. 이에 대해서 동독의 첩보원은 독일연방공화국이라는 법치국가의 대외적 안전을 위협하고, 시민에 의해서 타도된 정당독재의 목적들을 추진해 온 것이다. 정당독재의 붕괴, 그리고 최종적으로는 재통일에 의해 동독 첩보기관의 구성원은 행위의 실행 이전부터 그 처벌가능성이 법률로 규정된 행위에 대해서(기본법 제103조 2항[소급처벌의 금지] 참조) 형사소추할 수 있다고 되었다.[59]

그러나 다음과 같은 문제가 생긴다. 즉, 동독에서 사회주의 정당독재가 붕괴되고 독일연방공화국의 대외적·대내적 안전에 대한 위험의 원천이 없어진 후에, 동독 첩보기관에서 일하던 자는 순수한 국사범죄가 행해진 한, 사면에 의해서 불소추로 되어야 할 것인가의 여부에 관한 문제이다.[60] 이것은 연방의회가 결정해야 할 정치적 현명성의 문제이다. 거기에서는 사면이 평화를 추진하는 효과를 가질 수 있는가의 여부에 대해서 의회는 유의해야 할 것이다.

(d) 시효의 정지(Ruhen der Verjährung)

동서독 쌍방의 형법전의 형사소추의 시효에 관한 규정[61]에 의하면, 일정한 시점 이전에 행해진 범죄행위의 대부분은 시효에 걸리도록 되어 있다. 다른 한편, 시효의 정지에 대한 법률의 규정은 범죄행위가 정치적 이유로 인하여 조직적으로 소추되지 못하는 경우에 대해서는 규정하지 않고 있다. 그래서 정치적 이유에서 소추되지 않는 범죄행위의 시효가 재통일의 그날까지 정지되어 있었다는 것을 일반적 관점에서 근거를 둘 수 있는가의 여부에 관한 문제를 검토할 필요가 있다.

국가에 의한 형벌권의 행사는 평화를 지킨다. 형사소추의 시효가 의미하는 것은 범죄행위가 그 중대성의 단계에 응해서 ─ 일정한 시점 이전에 행해진 경우에는 국가는 그 처벌요구의 실현을 포기한다는 것이다. 그동안에 통상 살아있는 법적 평화는 흐트러져서는 안 된다. 그러나 만약 독재체제가 정치적 이유에서 특정한 범죄행위와 특정한 행위자를 소추하지 않는다면 사회질서와 법적 평화는 현저하게 혼란하게 된다. 이것은 예를 들면 국가의 최고간부에 의해서 지시된 어린이 유괴, 국가보안국원에 의한 협박, 또는 교도소 내의 학대자의 일을 생각하는 것으로 충분할 것이다. 형사소추를 방해하는 정치관계가

---

58) 국제법과의 적합성에 대해서는 BGH, JZ 1991, S. 713, 714 f. 참조. 이제는 또한 BVerfGE v. 15. 5. 1995 - 2 BvL 19/91 u.a. - unter C III der Gründe.

59) A. A. C. D. Classen, Anmerkung, JZ 1991, S. 717, 718; Günter Widmaier, Verfassungswidrige Strafverfolgung der DDR-Spionage, NJW 1991, S. 2460. 이제는 또한 BVerfG (Anm. 58) unter C V der Gründe.

60) 같은 뜻 BGH, JZ 1991, S. 713, 716 f.; Bruno Simma/Klaus Volk, Zur BGH-Entscheidung über die Strafbarkeit der DDR-Spione, NJW 1991, S. 871, 875; Helmuth Schulze-Fielitz, Der Rechtsstaat und die Aufarbeitung der vor-rechtsstaatlichen Vergangenheit, DVBl. 1991, S. 893, 902.

61) §§ 82, 84 DDR-StGB; § 87 StGB.

존재하는 한, 형법에 내재하는 법적 평화의 사상은 시효의 정지를 요구하는 것이다.
또 법적 평화의 일부를 이루는 것으로서 독재의 틈바구니에서 현저하게 해를 입어온
형사소추에서의 원리적 평등이 있다. 시효의 정지가 판례법에 의해서 산출되지 아니하는
경우에는,[62] 그것에 대한 법률이 제정되지 않으면 안 될 것이다.[63] 나치스의 전제지배에
관한 그와 같은 법률의 합헌성은 1952년 연방헌법재판소(E 1, 418, 422 ff.)에 의해서
확인되고 있다.

제14절 소유권박탈(Eigentumsentziehung)의 보상(Wiedergutmachung)

소비에트 점령군과 SED 정당독재는 사회관계를 근본적으로 변경하기 위해서 보상없이
— 또는 극단적으로 낮은 보상으로 — 즉, 법지국가위반의 형태로서 — 소유권과 그
밖의 재산을 박탈하였다. 박탈된 재산은 인민소유권(Volkseigentum)으로 이전하여 양도
되거나 간부의 사용으로 위임되었다. 기본법 제14조는 소련 점령지구와 그 후의 동독에서
는 효력을 가지지 못하였으므로, 재매입(再買入)하는 청구권(Rückübereignungsanspruch)
이나 보상청구권(Entschädigungsanspruch)을 직접 제14조에서 근거지을 수는 없다. 기본
법의 타당영역에 들어온 전법치국가적 과거를 극복하는 법치국가는, 지금까지 논하여
온 생명, 건강 및 자유의 침해와 마찬가지로, 소유권의 박탈에 대해서도 방치해 둘 수는
없다.[64] 이러한 모든 침해는 법적 평등에 위반된다.

소유권 그 밖의 재산이 1949년 이후에 박탈되고 있는 한, 통일조약의 일부를 이루는
「미해결 재산문제의 규율에 관한 법률」[65]은 원칙적으로 반환(Rückübertragung)을 규정
하고 있다(제3조 1항 1문). 이것이 불가능할 경우에는(제4조), 가능한 한 동가치의 토지의
양도에 의해서, 또는 금전으로 보상할 수 있다(제9조). 이러한 규정의 관련에서 명백해지는
것은 금전에 의한 보상이 박탈된 재산의 당시의 유통가치에 상응해야 한다는 것이다.
그렇지 않으면 평등조항에 위반될 것이기 때문이다.[66] 저하된 보상의 수준에서 다시
양여된 토지재산은 상응하게 부과되지 않으면 안 되었다.

통일조약에 의하면 1945년에서 1949년 사이에 점령법 내지 점령고권(占領高權)에
근거하여 행해진 소유권의 박탈은 이제는 취소되지 아니한다.[67] 이 소유권 박탈의 경과는

---

62) 문제로 되는 것은 소추의 장해와 결부된 시효의 정지에 대한 규정의 유추적용이다.(형법 제78 b조 1항
   1문, 동독 형법 제83조 3호)

63) 이제는 Art. 1 des Gesetzes über das Ruhen der Verjährung bei SED-Unrechtstaten vom 26. 3.
   1993 (BGBl. I, S. 392)를 보라. 나아가 §315 a EGStGB i.d.F. des Gesetzes v. 27. 9. 1993 (BGBl.
   I, S. 1657)을 보라.

64) 같은 뜻 Peter Badura, Der Verfassungsauftrag der Eigentumsgarantie im wiedervereinigten
   Deutschland, DVBl. 1990, S. 1256, 1262.

65) EV Anlage II Kapitel III Sachgebiet B Abschnitt I Nr. 5. 이제는 in der Fassung der Bekanntmachung
   v. 3. 8. 1992 (BGBl. I, 1446)을 보라.

66) 같은 해석을 취하는 것으로서 BVerfGE 84, 90, 128 f.

67) 제41조 1항 Anlage III Nr. 1과 관련하여. 기본법 제143조 3항 n. F.

그 격심함과 또 자주 소유권의 추방, 납치 또는 살해까지 이르게 된 부수적 사정 때문에 매우 완곡하게 「수용(收用)」이라는 법개념으로 불린다. 이것은 통일조약 부속서 Ⅲ에서 알 수 있다. 그러나 오히려 문제가 되는 것은 형벌의 성격을 지닌 의식적인 권리박탈이라고 생각된 몰수(Konfiskation oder Einziehung)이다.[68] 이 「이 민주적 토지개혁」이라고 불린 조치는 법치국가의 기본원칙을 비웃는 것이며, 소비에트 점령권력이 책임을 지고 있는 한 국제법과도 합치되지 않았다.[69]

이러한 조치에 방치하는 것은 그 당시 빈사상태에 있던 정당독재의 대표자의 희망이었을 뿐만 아니라 자유롭게 선출된 최초의 인민의회에서 성립된 정부의 희망이기도 하다.[70] 이 말은 기본법 제143조 3항[통일조약의 체결에 수반되어 추가된, 동독에서의 1949년 이전의 재산권의 제한에 관해서는 이미 현상회복을 할 수 없다 라고 규정하는 수정추가조항]에 의해서 헌법상 규정되고, 연방헌법재판소에 의해서 기본법 제79조 3항[헌법개정의 한계에 대해서 기본법 제1조와 제20조에서 정하는 기본원칙은 개정할 수 없다 라고 규정한 조항]에 비추어 심사되고, 그 합헌성이 확인되고 있다.[71] 즉 이 판결에서는 문제가 된 수용이 현상회복의 방법으로는 깨끗하게 되지 않는다는 경우에, 기본법 제79조 3항에서 그 이상의 것을 연역(演繹)하고 있지 않다. 재판소는 스스로 서술하는 「제79조 3항에 의해서 불가침으로 되는 평등조항의 기본요소」가 재정상의 조정(finanzieller Ausgleich)을 요구하는지의 여부에 대해서 심사하지 않는다. 그러나 그것은 긍정되어야 한다. 불법행위에 포함된 심한 법적 평등의 침해에는 보전(補塡)이 필요하다. 연방헌법재판소는 1949년 이후의 소유권 박탈에 대한 보상이 규정된 것을 이유로 평등조항에 의거한 조정의무를 근거지우고 있다.[72] 그리고 전쟁에 의한 손해를 조정하기 위하여 발전해 온 원칙이 적용되어야

---

68) 통일조약 이에 대해서는 특히 Weißbuch über die "Demokratische Bodenreform," bearbeitet von Joachim v. Kruse, hrsg. von der Arbeitsgemeinschaft Deutscher Landwirte und Bauern, Hannover 1955; Die Enteignungen in der Sowjetischen Besatzungszone und die Verwaltung des Vermögens von nicht in der Sowjetzone ansässigen Personen, hrsg. vom Bundesministerium für Gesamtdeutsche Fragen, 3. Aufl. Bonn 1962; Gerhard Fieberg/Harald Reichenbach (Hrsg.), Enteignungen und offene Vermögensfragen in der ehemaligen DDR, Bd. I, Köln 1991 참조.

69) Alfred Verdroß/Bruno Simma, Universelles Völkerrecht, 1984, § 581 참조. Seidl-Hohenveldern, Völkerrecht, 6. Aufl. 1987, S. 411에 의하면 헤이그 육전 법규는 1945년 이후 독일에도 통용되고 있었다.

70) 이 점을 지적하는 것으로서는 Gerhard Fieberg/Harald Reichenbach, Zum Problem der offenen Vermögensfragen, NJW 1991, S. 321, 322 f. 참조. 또한 Eckart Klein, Der Einigungsvertrag, DÖV 1991, S. 569, 574 참조.

71) BVerfGE 84, 90, 126, 128, 131.

72) 연방헌법재판소와 같은 결론을 취하는, 판결 이전의 논문으로서는 Badura, DVBl. 1990, S. 1256, 1262; v. Mangoldt/Klein/v. Campenhausen, Das Bonner Grundgesetz, 3. Aufl., Bd. 14, 1991, Art. 143 Rdnr. 56; Matthias Herdegen, Die Verfassungsänderungen im Einigungsvertrag, Heidelberg 1991, S. 19 ff. 국가의 조정 의무를 부정하는 논문으로서는 Edzard Schmidt-Jortzig, Sind nicht in Wahrheit bloß Hoffnungen enttäuscht worden?, in: FAZ v. 22. 9. 1990/Nr. 221, S. 10; Hans-Jürgen Papier, Verfassungsrechtliche Probleme der Eigentumsregelung im Einigungsvertrag, NJW 1991, S. 193, 197; Schulze-Fielitz, DVBl. 1991, S. 903. 몰수의 무효를 전제로 하는 논문으로서 Otto Kimminich, Die Eigentumsgarantie im Prozeß der Wiedervereinigung (Landwirt-

한다고 하고 있다. 자유롭게 처리할 수 있는 자금이 무제한이 아니라는 것을 감안해서, 계량할 수 있는 물질적 손해를 조정함에는 계량할 수 없는 신체의 불가침이나 자유의 손해조정을 배려하지 않으면 안 된다.

제15절 공무원의 처우

(a) 구 간부체제

대학교수나 법관도 포함하여 구동독의 공무원은 특별히 마르크스 · 레닌주의 정당과 그 주장하는 이데올로기에 속박되고 있었다. 그들은 행정,73) 학설과74) 교육,75) 그리고 판례76)에서 강력하게 정당의 입장을 대표하지 않으면 안 되었고, SED의 결정을 실현한다는 임무를 지니고 있었다. 따라서 잠재적으로 모든 공무원이, 그리고 현실적으로는 그 대다수가 불법국가의 도구였으며 그에 따라서 체제의 지배를 받고 있는 사람들은 괴롭힘을 당하고 동요당하고 적응의 압력 하에 놓여져 생의 기회를 빼앗겨 온 것이다. 여기에는 다른 영역에서는 볼 수 없듯이, 극복되어야 할 전법치국가적 과거가 결정화(結晶化)되어 있다. 이에 더하여 학문, 행정 그리고 재판에 있어서 많은 공무원에게 치우친 이데올로기 통제를 한 결과, 공무원은 전문적 능력이나 개인적 적성의 결여로 인하여 사회주의 정당독재가 제거된 후에 법치국가체제 하에서 그들에게 부과된 요구에 응할 수 없도록 되었다.

(b) 해고(Kündigung) 또는 청산(Abwicklung)

이 결과에 대해서 통일조약은77) 자격이나 적성의 결여에 의한 통상해고와 중대한 이유에 의한 특별해고에 관한 규정으로 대처하고 있다. 후자의 중대한 이유는 다음과 같은 경우에 생긴다. 즉 피용자가 인간성 또는 법치국가의 기본원칙에 위반하고, 즉

---

schaftliche Rentenbank, Frankfurt, Schriftenreihe Bd. 3), 1990; Hans-Herbert v. Arnim, Entzug der Grundrechte aus Oppotunität?, FAZ v. 6. 9. 1990/Nr. 207, S. 8.

73) BVerfGE 27, 253, 284 f.; 38, 128, 133 참조.

74) 국가기구의 「간부」에의 이데올로기적 요구에 대해서는 Verwaltungsrecht, als Lehrbuch für die Aus-und Weiterbildung an Universitäten und Hochschulen der DDR vom Minister für Hochschul-und Fachschulwesen anerkannt, 2. Aufl. 1988, S. 86 참조.

75) 대학에 있어서의 정당지배에 대해서 상세한 것은 관련된 명령과 국가평의회의 결정의 인용과 함께 Julius Schoenemann, Verzweifelte Oppotunisten, arrogante Karrieristen, FAZ v. 3. 1. 1991/Nr. 2. S. 5.

76) 특히 Karl Polak, Reden und Aufsätze, Ostberlin 1968, S. 431 참조. 「법의 정당의존성(Parteilichkeit) 과 그것에 의한 법의 관철의 문제, 노동자계급의 마르크스 · 레닌주의정당에 의한 사회적 발전의 의식적 형성의 레벨에로 법을 고양시키는 것, 그것은 즉 법에 있어서의 마르크스주의적 변증법의 관철과 같은 것이다」. 마찬가지로 Günther Lehmann/Hans Weber, Theoretische Grundfragen der sozialistischen Rechtspflege, in: Neue Justiz 1969, S. 608. 나아가 Böckenförde (Anm. 17), S. 68 ff.

77) 통일조약 Anlage I Kapitel XIX Sachgebiet A Abschnitt III Nr. 1 Absätze 4 und 5.

1966년 12월 19일의 시민적 및 정치적 권리에 관한 국제규약으로서 보장된 인권, 또는 1948년 12월 10일의 세계인권선언에 포함된 기본조항에 위반한 경우나, 또는 그 전에 국가보안성을 위해서 활동한 경우로서 그 때문에 고용관계의 계속을 요구할 수 없는 것 같이 보이는 경우이다.

해고에 관한 규정이 개개의 공무원의 종전의 행동이나 적성과 결부되어 있는데 반하여, 통일조약 제13조가 규정하는 시설의 (해산[Auflösung]과) 청산[78]은 객관적 필요성에 의해서 결정된다. 그 객관적 필요성은 연방헌법재판소의 대기선회비행판결(待機旋回飛行判決, Warteschleifen-Urteil)에 의하면, 특히 중요한 사회적 이익을 위한 위험의 방지에 상응하는 것이어야 한다.[79] 해산된 시설에서 일하던 공무원은 그 고용관계가 이미 이전에 해소되지 아니한 청산에 의해서 사회적으로 완화된 형태로 [즉, 일반적인 고용보다도 우대된 형태로][80] 고용되게 된다.

훔볼트 대학의 종전의 법학 부분이나 다른 몇 개의 극단적인 이데올로기로 굳어진 부문의 청산이 계획되었을 때에 다음과 같은 문제가 제기되었다. 즉 통일조약에 의해서 요청된 대학제도의 쇄신과 학문의 자유의 기반의 수복[81]은, 적어도 SED에 전적으로 정신적으로 의존해서 운영되던 전문영역에 대해서는 해산, 청산, 그리고 신설(新設)에 의해서 실현되어야 하는가의 여부에 관한 문제이다. 단지 SED 독재를 이데올로기적 실질적으로 지지하는 것만을 임무로 삼던 종전의 법학 부문은, 법치국가적 데모크라시의 기초로서의 법학을 가르치는 법학부와는 다른 기능과 조직통일체인 것이다. 이 본질적인 기능의 차이가 강하게 염두에 떠오르며,[82] 또 이 차이는 십분 강조되지 않으면 안 된다. 왜냐하면 새로운 지금까지와는 다른 직무(Funktion)를 수행하는 것은 종래의 교수의 대다수에게는 불가능하기 때문이다. 종래의 교수를 법학부에 남게 한다면, 그것은 새로운 세대의 법률가를 교육함에 있어서 법치국가에 대한 지도를 근본에서부터 손상되게 할 것이다.

베를린 상급 행정재판소는 가처분(假處分)의 발포에 관한 소송[83]에서 훔볼트 대학의 몇몇의 구부문(舊部門), 특히 법학 부문의 청산에 관해서 그 시점에서 기능통일성의 쇠퇴가 보이지 않는다고 해서 청산을 부적법하다고 판단하였다. 순수하게 고용법상의

---

78) 청산의 개념에 대해서는 BVerfGE 84, 133, 149 ff.를 보라. [이 판결에 의하면 해산은 청산의 필요적 전단계이며, 시설은 해산을 거쳐 청산된다. 또한 시설의 해산이란 시설의 조직적 통일성이 계속하지 않는 것을 의미하며, 따라서 시설이 제3자에게 위양되는 경우에는 시설이 실제로 유지되는 한 해산이라고 간주되지는 아니한다. - 역자]

79) BVerfGE 84, 133, 151 f.

80) 통일조약 Anlage I Kapitel XIX Sachgebiet A Abschnitt Ⅲ Nr. 1 Absätze 2 und 3.

81) Denkschrift zum Einigungsvertrag, BT Drucks. 11/7760, S. 353 ff. 이에 관하여는 제37조 참조.

82) Ulrich Karpen, Den Dienern des Systems die Freiheit schenken, FAZ vom 17. 8. 1991/Nr. 190, S. 23.

83) Beschluß vom 6. 6. 1991, DÖV 1991, S. 746, 748 = DVBl. 1991, S. 762, 766. 신문보도(FAZ v. 17. 8. 1991)에 의하면 에어푸르트 · 뮐하우젠 교육대학의 교육학 부문에 관하여 에어푸르트 군법원도 같은 결정을 내리고 있다.

카테고리에 잡혀서 재판소는 법학부와 그 구조와 임무가 제한되어 있는 행정 또는 사법이라는 그 밖의 통일체제와의 차이를 인정하지 않았던 것이다. 즉 법학부의 교수들은 연구와 교수에 있어서 자유로운 데에 대해서,84) 행정청의 모든 결정은 그 합법성과 합목적성에 관해서 심사할 수 있다. 또한 법원은 합의제의 표결기관에서 판결을 내리고, 그 판결은 항소(抗訴)나 상고에 따르는 것이다.

법원이 이데올로기적으로 특별한 임무를 띠고 있던 대학의 부문들의 청산과 그것에 이은 신설을 허용하지 않아야 한다면, 해고의 가능성이 고려되지 않으면 안 된다. 행정청은 재심사위원회(Überprüfungsausschuß)와 협력해서 개개의 경우 모든 것에 대해서 해고이유가 존재하는 것을 입증하지 않으면 안 된다. 어떤 해고라도 법원의 심사를 받을 수 있다. 그 재판절차는 청산에 대한 가처분과 마찬가지로 대학의 쇄신을 몇 년이나 연장하게 될 것이다.

(c) 법관의 재심사(Überprüfung)

구동독의 법관 수는 약 1,200명에 지나지 않았다. 그리고 그들은 항상 기한부로 임용되어 있었다. 부적격한 법관을 법관조직에서 배제하는 것은 이미 1990년 7월 5일의 동독 법관법85)에 의해서 시작되고 있었다. 이 법률은 이른바 법관선출위원회란 제도를 규정하고 있으며,86) 그 동의 없이는 어떠한 법관도 임명할 수 없다고 되어 있다. 통일조약의 규정은 독일법관법에 대한 몇 가지의 지시87)를 포함하며, 그 지시는 현재 각 란트의 권한에 이양되어 있는 동독 법관법과 결부되었다. 법관선출위원회에서 실제로 문제가 된 것은 법관재심사위원회(Richterüberprüfungsausschuß)이며, 그것은 SED 독재시대에 임용되어, 다시 그 지위에 머물려고 하는 모든 법관의 심사에 몰두하고 있다.88) 전술한

---

84) 이에 대해서는 v. Mangoldt/Klein/Starck, GG, Art. 5. Rdnr. 221 ff.; Starck (Anm. 8), S. 380.

85) GBl. I, S. 637.

86) Beschluß der Volkskammer der Deutschen Demokratischen Republik zum Richtergesetz — Ordnung über die Bildung und Arbeitsweise der Richterwahlausschüsse— vom 22. Juli 1990 (GBl. I, S. 904) 참조. 그것에 의하면 위원회는 다음의 임명요건을 심사하여야 한다. 자유주의적·민주주의적·연방적·사회적, 그리고 생태지향적 법치국가에의 충성, 도덕적·정치적 결벽성, 전문적 자질, 자기연찬의욕, 직업윤리의 특성.

87) EV Anlage I Kapitel Ⅲ Sachgebiet A Abschnitt Ⅲ Nr. 8, insbesondere Maßgabe o.

88) 독재시대의 직무활동 때문에 공직을 떠나지 않을 수 없었거나 또는 스스로 그 직을 떠났던 법관, 검찰관 기타 법학교육을 받은 공무원은 1990년 2월 22일의 「독립영업의 변호사의 활동과 인가에 대한 명령」(GBl. I, S. 147)에 의해서 길이 열려진 변호사업에 쇄도하였다. 통일조약의 조인 후에 발포되고 협정된 (vereinbart)(통일 조약 제9조 3항[통일조약의 조인 후에 발포된 구 동독의 법률은 양 독일 간에 합의된 (vereinbaren) 한에서 효력을 가진다고 규정한다.]) 1990년 9월 13일의 동독 변호사법(GBl. I, S. 1504)은, 「변호사업을 영위하는데 적합하지 않다고 생각되는 행위를 한」 자는 변호사로서 허가되어서는 안 된다고 규정하고 있다(제7조 2항). 같은 이유에서 허가는 취소할 수 있다(제16조 2항). 예전의 법관 또는 검찰관으로서 소관 재심사위원회에 의해서 거부된 자, 또는 만약 재심사를 받으면 거부될 것이 틀림없는 자는 변호사, 즉 사법의 독립기관으로서(제1조) 활동하기에는 적합하지 않다. 특히 슈타지와의 음모적 공동은 변호의뢰인의 손해를 고려한다면 불허가 또는 허가취소의 사유가 된다. 변호사법은 이제는 Rechtspflegeanpassungsgesetz v. 26. 6. 1992 (BGBl. I, S. 1147)에서 생긴 변경된 조문 속에서 타당하다.

통일조약의 지시에 의하면, 위원회는 동독 법관법의 규정에 의하여 재판권행사의 권한을 가지는 법관의 고용관계의 계속에 관하여 늦어도 1991년 4월 15일까지 결정하지 않으면 안 되는 것, 그리고 또 법관선출위원회의 결정까지는 현직에 재직하고 있는 법관은 재판권행사의 권한을 가진다라고 되어 있다.

법관의 재심사는 필요하다. 왜냐하면 법치국가원칙에 따라서 판결을 내리는 독립된 법관에 대한 시민의 신뢰는 새로운 란트에서의 법치국가의 건설에 대해 불가결한 전제이기 때문이다.[89] 그리고 재심사를 지지하는 데에는 두 번째의 이유가 있다. 만약 법관이 법을 왜곡할 의도가 없이 불법판결을 내렸다는 이유로, 형법상 그 법관을 유죄라고 할 수가 전혀 없다면(전술한 제13절 b 참조), 적어도 그러한 법관이 다시 그 직에 유임되는 것은 저지되지 않으면 안 된다. 또한 법관이 구 국가보안당국과 모든 음모를 공모하고 있었다면 그것도 그 법관의 적성을 부정하는 이유가 된다.[90] 계속해서 임용되기를 희망하는 법관에 대해서는 그 법관이 모드로우(Modrow)* 정권하에서 「정정」(訂正, bereinigen)하였을 것이다. ― 이것은 지나가버린 정당독재의 최후의 못된 짓이지만 ― 개인기록을 다시 완전한 것으로 하도록 요구할 수 있다고 생각된다. 법관의 재심사를 위한 중요한 증거방법은 잘츠기터(Salzgitter)의 란트 사법행정의 중앙통계조사국(Zentrale Erfassungsstelle)의 서류,[91] 그 대개의 정치적 이유로 인해 유죄판결을 받아서 독일연방공화국의 몸값의 지불로써 자유롭게 된 수형자의, 베를린·룸멜스부르크에 집중적으로 보존되어 있는 형벌기록, 그리고 또 시민 특히 유죄판결을 받은 자로부터의 개별 법관의 직무상의 행동에 대한 통보와 같은 것이 있다.

제16절 개인에 관한 슈타지의 문서의 취급

(a) 문서기록(Aktenbestand)

구 동독 국가보안기관(Staatssicherheitsdienst, Stasi-, 슈타지)*은 약 800만의 문서를 남기고 있으나, 거기에는 600만인의 구 동독 주민과 200만의 구 서독 주민이 리스트에 올라있다.[92] 문서에 포함된 정보는 조사대상이 된 자의 직장에서의 행동에서부터 지인관계나 편지의 왕래, 나아가서는 성생활까지 그 생활 전체에 미치고 있다. 정보는 비밀리에 편지를 개봉하여 복사하기도 하고 전화를 도청하기도 하고, 소형 도청기를 장치하여 취득되었다. 그 밖의 조사의 대상이 된 자는 정탐하게 되었으며, 더욱이 그것은 종종

---

89) 주 37)에서 인용한 초안은, 재판소의 명예회복부(部)에는 3인의 재판관 중 1인까지만이 1990년 10월 3일 이전에 편입지역에서 직업법관 또는 검사로서 활동하는 자는 추가할 수 있다고 규정하고 있다.

90) 어떤 법관이 슈타지 문서에서 언급되었다는 것만으로는 물론 음모를 추정하기에 충분하지 않다.

91) Heiner Sauer/Hans-Otto Plumeyer, Der Salzgitterreport 1991 참조. 여기에서는 통계조사국의 법적 근거와 활동, 특히 살인행위, 정치적 유죄판결, 국가보안기관과 교도소에 억류 중의 학대, 그리고 정치적 협의와 같은 기록이 참고가 된다.

92) Erläuterungen zu den Anlagen zum Einigungsvertrag, BT-Drucks. 11/7811, S. 2; Joachim Gauck, Die Stasi-Akten, 1991, passim 참조.

측근자에 대해서까지도 행하여 졌다. 슈타지 문서는 국가충성(Staatstreue)이라고 불려진 정당독재에서의 충성의 평가로 사용되었었다. 그것은 사람들을 강요하고 협박하고 불안에 빠뜨려서 위압하기 위한 근거였던 것이다.

문서의 규모와 내용에 관해서는 그런 분류에 따라 찾아볼 수 없다. 문서기록은 복종하는 시민(Untertan)을 앞에 두고 안전하지 못하다고 느낀 정당독재의 비정당성과 국가의 무분별성을 여실히 나타내고 있다. 그리고 또 거대한 감시체제를 만들어서 그것을 움직여 온 지배자들의 불안은 광기와 망상이라는 특징도 나타내고 있다. 문서기록은 수백만 번이나 인격권에 대한 매우 중대한 침해에 근거하고 있으며,93) 광범한 권리침해의 근거로 사용되었으며, 오늘날에도 여전히 리스트에 오른 사람의 인격권을 광범위하게 위협하고 있다. 국가보안기관의 음모의 행동형태에 관해서는 고유한 문서가 협력자(Mitarbeiter)에 의해서 은닉장소나 비밀보관소에 운반되기도 하고, 또 적당한 시점에서 악용될 수 있도록 복사되고 있었다고 상상된다.

이 슈타지의 문서는 하나의 정보체계를 형성하는 것이지만 그러나 그 규모는 아직 충분히 알지 못하며, 또 그 내용은 알고 있는 범위 내에서도 그 주요한 부분에 관해서는 아직 밝혀져 있지 않으며, 나아가 그 적절한 이용에 대해서는 알려진 내용에서 마저 매우 큰 어려움이 있다. 왜냐하면 슈타지 당국이 정보자료를 음모에 의해서 입수하고 가공하여 보관하고 있었기 때문이다.

(b) 문서의 법치국가적 취급

슈타지 문서는 명예회복과 보상, 범죄자의 처벌, 행방불명자의 운명이나 미해결의 사망사건의 해명, 보상을 받고 행해진 슈타지 당국을 위한 공식 · 비공식의 활동을 입증하기 위한 기초가 되는 중요한 증거자료를 지닌 것이 밝혀졌다.94) 그러므로 이 문서는 필요로 하는 전법치국가적 관계들의 법적 극복에 대해서 절대로 필요한 것이다. 따라서 슈타지 문서에 포함된 정보는 파기되어서는 안 된다.95)

슈타지 문서의 보관과 이용은 법률로써 규율되지 않으면 안 된다. 대부분의 정보가 위법하게 수집된 점, 인격권이 계속해서 위협당하고 있는 점을 고려하면 슈타지 문서의

---

93) 통일조약 Anlage I Kapitel II Sachgebiet B Abschnitt II Nr. 2 lit. b. 이 조항 전문(前文)은 「위법 내지 위헌적으로 취득된 개인에 관한 정보」라고 서술되어 있다.

94) 슈타지 문서 중에 정보제공자(Informant)라고 기재된 사람 모두가 슈타지 협력자(Mitarbeiter)는 아니다. 「인간의 운명을 걸고 악마와 포카를 한 자는 슈타지 문서에 흔적을 남겼다」. 이 문제에 대해서는 Richard Schröder, Soll die Zersetzungsarbeit endlos weitergehen? Wie man zum Mitarbeiter des Staatssicherheitsdienstes gepreßt werden konnte, was erwartet wurde und warum man es tat, in: FAZ vom 2. 1. 1991 Nr. 1, S. 23.

95) 인민의회가 발포한 다음의 법률도 이것을 전제로 한다. Gesetz über Sicherung und Nutzung der personenbezogenen Daten des ehemaligen Ministeriums für Staatssicherheit vom 24. 8. 1990 (GBl. I, S. 1419). 명확하게는 §2 Abs. 1 satz 2 Überleitungsregelungen über die Behandlung von Unterlagen des ehemaligen Ministeriums für Staatssicherheit = Einigungsvertrag Anlage I Kapitel II Sachgebiet B Abschnitt II Nr. 2. lit. b.

이용은 법률의 유보 하에 놓여진다.96) 법치국가는 여기서 이상한 도전 앞에 놓여있는
것이다. 통일조약은 잠정적인 규정만을 규정할 뿐이다.97) 그리고 1990년 9월 18일의
「통일조약의 시행과 해석에 관한 협정」98)에서의 당시의 조약체결국[구동독]은 전독일의
입법자가 8월말에 공포한 인민회의의 법률[1990년 8월 24일의 「국가의 안전을 위한 구국가보
안성의 개인정보의 보전과 이용에 관한 법률」 주 95) 참조]의 기초가 되어 있는 기본원칙을
전면적으로 고려할 것이라는 기대를 강조하였다. 이 인민회의 법률에 대한 최초의 법적
분석이 나타내는 것은, 이 법률은 문제를 법치국가적 방법으로 해석하기에는 매우 불충분
한 시도에 불과하다는 것이며,99) 그 때문에 이 법률은 통일조약에 의해서도 효력이
부여되지 않았던 것이다.

　앞으로 발포되어야 할 법률은100) 우선 첫째로 모든 슈타지 문서와 그 복사물을 그것을
보관하는 권한을 가진 부서에 반환해야 할 의무를 규정하고, 위반에 대한 제재를 규정하지
않으면 안 된다. 예외가 되는 것은 슈타지 당국에 의한 희생자의 자기에 관련된 문서만이다.
이 규정은 마찬가지로 인격권의 보호와 증거방법의 보전에도 쓰인다. 그래서 둘째로
이 법률은 인격권의 보호와 증거방법을 얻는 필요성을 비례원칙을 엄격히 준수하면서
조정하지 않으면 안 된다. 이 경우 희생자에 관한 정보의 보호에는 범죄자(＝슈타지의
협력자)에 관한 정보의 보호보다도 높은 우선순위가 주어져야 한다. 이것은 설령 범죄자가
처음은 희생자이고 나중에는 범죄자가 된 경우였더라도 마찬가지이다. 희생자의 문서와
범죄자의 문서를 엄격히 구분하는 것은 가능하다. 문서의 열람을 보장할 때에는 인격권의
보호를 위하여 이점에 충분히 주의하지 않으면 안 된다. 즉 정보제공을 구하는 권리(Recht
auf Auskunft)와 문서를 열람할 권리(Recht auf Akteneinsicht)는 따로 따로 규정되어야
한다. 슈타지의 희생자, 경우에 따라서는 희생자의 친족에게는 희생자에 관한 기록에
대한 무제한의 정보제공의 권리와 열람권이 보장되지 않으면 안 된다. 또한 슈타지
희생자 내지 그 유족에게는 그들에 향해서 배치되고, 그들에 대한 정보를 제공한 스파이와
그 상사의 성명을 알 권리가 보장되어야 한다. 스파이 행위에 의해서 파괴된 인간관계는
영구히 공표함으로써만 정상적인 상태로 될 수 있다. 종전의 슈타지 협력자에게는 정보가
소추를 위해서 필요하며, 또한 보호되어야할 타인의 이익에 우월하지 아니한 한에서만
정보제공의 권리가 부여된다. 슈타지 문서가 자기에 관한 정보를 포함하고 있는지의
여부에 대한 정보제공을 구하는 모든 사람의 권리는, 문서가 그것에 대응해서 정리된

---

96) BVerfGE 65, 1, 44.

97) 주 95)를 보라.

98) BGBl. Ⅱ 1990, S. 1239.

99) 이 점에 대한 비판론으로서는 Klaus Stoltenberg, Zur Regelung des Umgangs mit den Stasi-Akten,
　　ZRP 1990, S. 460, 461-463; Klaus Martin Groth, Das Stasi-Unterlagengesetz, Krit. Justiz 1991,
　　S. 168 ff. 참조.

100) Der Gesetzentwurf der Bundesregierung vom 12. 6. 1991, BR-Drucks. 365/91 mit Stellung-
　　nahme des Bunderates und Anträgen des Länder Bayern, Niedersachsen und Sachen. 지금은
　　Stasi-Unterlagen-Gesetz vom 20. 12. 1991 (BGBl. I, S. 2272), Gesetz v. 22. 2. 1994 (BGBl.
　　I, S. 334)에 의해서 개정 참조.

경우에 비로소 법률로 규정하는 것이 가능하게 된다. 법률에 의해서 청구권을 인정하는 경우에는 그것이 얼마만큼 직원의 증원을 가져올 수 있는가 라는 것도 고려되어야 한다. 문서를 취급하는 직원이 많아지면 많아질수록 자료의 비밀보존이 어려워지고 자료의 남용 위험도 증대한다. 특히 종전의 슈타지 협력자가 기록보관소에 근무할 경우에는 그렇게 되지만, 이것은 슈타지 문서에 관한 법률안을 위한 독일연방의회 내무위원회 (Innenausschuß)의 청문과정에서 알 수 있었던 것이다.[101]

개개의 개인정보의 말소를 요구하는 희생자의 청구권은 법률로 규정되어서는 안 된다. 왜냐하면 희생자가 다시 범죄자라고 판명될지의 여부가 분명하지 않기 때문이다. 그리고 슈타지 문서를 역사적·정치적으로 총괄한다고 하는 일반적인 이익도 있다. 이 목적을 위해서 개인에 관한 정보는 후일 익명화되지 않으면 안 된다. 그러나 슈타지 당국이 개개의 정보에서 만들어낸 인간상(Persönlichkeitsbilder)이 문제가 될 경우에는 그 서류를 폐기하는 희생자의 이익이 우선한다.

슈타지 문서는 형사소추기관에 의해서 사용되어도 좋은가? 나는 이 물음에 긍정하고 싶지만 하나의 예외를 둔다. 희생자에 관한 개인정보에 대해서는 소추기관은 이용할 수 없다. 다만, 중대범죄 또는 테러의 혐의가 문제될 경우 또는 국가보안기관의 활동과 관련되는 범죄행위의 소추가 문제되는 경우는 별개이다.

조급하게 필요한 것은 SED의 문서를 보전하고 그 이상 조작되지 않도록 하는 것이다. 국가권력을 보존한 마르크스·레닌정당인 SED는 국가에서 떼어낼 수는 없다. 그러므로 SED의 문서는 국가문서(Staatsakten)와 동등하게 취급되지 않으면 안 된다.

제17절 결 어

결론으로 한 마디만 서술하려고 한다. 우리들의 눈은 정당하게도 미래를 향하고 있다. 왜냐하면 SED 독재의 구 지배 영역의 경제재건과 생태적 개량(ökologische Sanierung)이 오늘날 우선 첫째로 문제가 되기 때문이다. 강력한 기업가나 정치가가 거기에 골몰하고 있다. 새로운 란트의 란트 의회는 법치국가의 장래의 기초가 되는 헌법과 법률을 제정하고 있다. 그러나 이것으로써 불법의 극복이 소홀히 되어서는 안 된다. 독일 국민의 법문화에 있어서 중요한 것은 재인식된 다음의 이론이다. 즉 법적으로 제한된 국가통치만이 정당하다는 것, 그리고 통치자일지라도 범해진 불법에 대해서는 책임을 져야 한다는 것이다.

---

101) FAZ vom 28. 8. 1991/Nr. 199, S. 5 참조.

제4편
독일 헌법사

입헌군주제의 독일형[*]

에른스트-볼프강 뵈켄회르데

I

에른스트 루돌프 후버(Ernst Rudolf Huber)[*]는 그의 『1789년 이후의 독일헌법사』 제3권 속에서 특히 1850년의 프로이센 헌법에서 완성된 19세기의 독일 입헌군주제는 절대주의와 의회주의와 아울러 하나의 독자적인 정치형태이며 완결적인 질서였는가,[1] 또는 절대주의와 의회주의라는 두 개의 순수한 정치질서 모델 간의 하나의 타협이며 과도기 현상에 불과하였던가 하는 문제를 제기하고 있다. 후버는 이 문제를 상세하게 논하고, 독일의 입헌주의는「헌정의 발전에 있어서 하나의 체계적인 모델」로서의 지위를 가진다고 하지 않을 수 없다는 자신의 견해로 논증하고 있다. 그에 의하면 입헌주의에서는 군주제의 원리와 대표제원리와의 결합이 나타나는데, 이러한 두 개의 구조원리 간의 대립은 양자를 결합하는 하나의 기능연관에서 해소되었다는 것이다.[2]

후버는 그와 동시에 이미 3월혁명 시대 이전으로 그 시초가 거슬러 올라가는 논의를 재연(再燃)시켰다. 거기에서 이 논의는 독일의 정치적 자유주의 속에 병존한 두 개의 기본방향 속에 그 출발점을 지니고 있었다.[3] 비스마르크 제국의 건설과 함께 그리고

[*] Ernst-Wolfgang Böckenförde, Der deutsche Typ der konstitutionellen Monarchie im 19. Jahrhundert. in: Beiträge zur deutschen und belgischen Verfassungsgeschichte im 19. Jahrhundert. Hrsg. v. Werner Conze, Klett, Stuttgart 1967, S. 70-92. jetzt in: ders., Staat, Gesellschaft, Freiheit. Studien zur Staatstheorie und zum Verfassungsrecht, Suhrkamp, Frankfurt a. M. 1976, S. 112-145; ders., Recht, Staat, Freiheit. Studien zur Rechtsphilosophie, Staatstheorie und Verfassungsgeschichte, Suhrkamp, Frankfurt a. M. 1991, 6. Aufl. 2016, S. 273-305.

[1] Ernst Rudolf Huber, Deutsche Verfassungsgeschichte seit 1789, Bd. 3, Stuttgart 1963, S. 4 ff.

[2] Huber, a. a. O., S. 11 und 20. 나아가 같은 책 S. 18은 입헌군주주의를 의회주의로부터 구별하는 「실질적 차이」에 대하여 서술하고 있다. 또한 Huber, Die Bismarcksche Reichsverfassung, in: Reichsgründung 1870/71, hrsg. v. Th. Schieder u. E. Deuerlein, 1970, S. 164 (187 ff.) 참조.

[3] 정치적 자유주의의 이와 같은 두 개의 기본 방향은 각각「역사적=유기체적」자유주의와「계몽적」 자유주의라고 부를 수 있다. 전자에는 특히 역사법학파(게르마니스텐)의 대표자가 속하였는데, 이것은 아리스토텔레스의 사고를 받아들인 유기체적 국가관이며,「1789년의 이념들」에 명확하게 반대하는

그 이후에 이 논의는 변경된 논쟁의 전선(戰線) 속에 재개되고 계속되었다.[4] 오토 힌체 (Otto Hintze)*는 1911년에 군주주의적·입헌주의적인 통치형태로부터 구별하여 「프로이센·독일에 특유한」 체제라고 부르고, 그 특질을 독일 특유의 정치적·사회적 조건들로부터 설명하였다.[5] 세기 말로부터 금세기 초에 이르는 시기 이래 국내 정치적으로 규정된 일상적인 논의 속에서 입헌군주제는 독일정신 내지 그 정치적 질서 감각의 발현으로서 간주되었다. 그것은 독일 민족의 본선과는 거리가 먼 서구적 (앵글로색슨적인) 자유주의와 민주주의와는 대립되는 것이었다.[6] 이 논의는 제1차 세계대전 중에 그 절정에 달하였다. 독일의 정치체제는 1789년 이후의 「서구적」(welsch), 비독일적인 이념과 형식들과의 투쟁 속에서 성립하였다.[7] 1917년에도 에리히 카우프만(Erich Kaufmann)*에 있어서, 아니 그 혼자만이 아니고, 제1차 세계대전은 동시에 비스마르크제국의 국가주의적·권위주의적인 헌법형식과 앵글로색슨적 민주주의와의 헌법전쟁이라고 할 수 있으며, 독일에 있어서 민주주의의 이입(移入)은 재앙과 민족성의 오탁(汚濁)을 초래하게 되리라고 생각하였다.[8]

이리하여 입헌군주제와 의회주의적 군주제와의 차이는 본질적인 것이 되기에 이르렀으

독자적인 **국민적=입헌주의적** 헌법 이념을 형성하려는 것이었다. 이러한 헌법이념은 국민적 헌법 전통에 의하여 정당화된, 주권과 국민의 자유(Volksfreiheit)를 유기적으로 결합하는 입헌군주제의 **독일적** 형태를 내용으로 하였다. 이 정치이론과 그 주창자들에 대하여 가장 상세하게 논한 것으로서 Ernst-Wolfgang Böckenförde, Die deutsche verfassungsgeschichtliche Forschung im 19. Jahrhundert, Berlin 1961, S. 92 ff. 후자는 로베르트 폰 몰(Robert v. Mohl)과 카를 폰 로텍(Carl v. Rotteck)이 그 주창자이며 국가계약론, 나아가 널리 이성법적 국가론 그리고 개인주의적 자유 개념 일반에 근거를 두고 있다. 이 경우 헌법정책적으로는 계몽 절대주의 또는 국민주권에 입각하는 국가구조에의 접근이 나타났다. 그러나 3월 혁명 이전의 시기에는 그러한 정책은 약간 나타났을 뿐이다. 로텍과 벨커(Rotteck und Welcker)의 유명한 국가사전(Staatslexikon)에서는 이러한 두 개의 방향이 도처에 깔려있다. 또한 Ernst Rudolf Huber, Deutsche Verfassungsgeschichte, Bd. 2, S. 371 ff. (§31: Der deutsche Liberalismus)도 참조. 그러나 후버는 정치적 자유주의 내부의 이러한 차이를 충분하고 명확하게 하고 있지 않은 것으로 생각된다.

4) 여기서는 또 하나의 새로운 문제가 제기된다. 즉 자유주의적 시민층은 프로이센 헌법분쟁이 그러한 형식으로 종결됨으로써, 그리고 또한 비스마르크의 제국 건설에 능동적·적극적으로 가담함으로써 기본적인 타협을 하였으나, 그와 같은 타협은 그들 시민층에 대하여 무엇이었던가 하는 문제이다. 비스마르크가 시민적= 국민적인 운동에 대하여 제공한 국민적 통일은 자유주의적 헌법관념에 매우 불충분하게 밖에는 대답하지 못하였는데, 그 결과로서 시민적 = 국민적 운동은 진퇴양난의 상황에 놓여졌다. 그러나 이 운동의 목표는 바로 국민적인 것과 입헌적인 것과의 통일, 즉 자유주의적 입헌국가로서의 국민국가였기 때문이다. 이 운동이 일치하여 지지한 상술한 기본적 타협은 그러므로 운동의 정치적 정열을 소멸시켰다. 이 타협의 결과로서 독일 입헌군주제의 특별한 「국민적」 기초지움과 정당화가 필요하게 되었다. 1866년 사건에 의한 정치적 자유주의의 위기에 대한 새로운 연구로서 Heinrich August Winkler, Preußischer Liberalismus und deutscher Nationalstaat, Tübingen 1964, S. 99 ff.가 있다.

5) Otto Hintze, Das monarchische Prinzip und die konstitutionelle Verfassung (1911) = Hintze, Staat und Verfassung, 2. Aufl. Göttingen 1962, S. 359.

6) Gustav F. Steffen, Das Problem der Demokratie, Jena 1912; Werner Sombart, Der Bourgeois, München 1913 참조.

7) 이에 대한 개관은 Hermann Lübbe, Politische Philosophie in Deutschland, Basel-Stuttgart 1963, S. 173-238. 많은 논거를 제시하고 있다.

8) Erich Kaufmann, Bismarcks Erbe in der Reichsverfassung, Berlin 1917, S. 1-9, 100-106. 또한 Otto v. Gierke, Der deutsche Volksgeist im Kriege, Stuttgart 1915 참조.

나, 이 견해를 비판적으로 음미한 것은 특히 카를 슈미트(Carl Schmitt)였다. 그는 먼저 1928년의『헌법이론』에서 비판을 시작하고, 1934년의『제2 제국의 국가구조와 붕괴』에서 철저하고 도전적인 비판을 전개하였다.9) 이른바 입헌군주제의 정치적 핵심을 형성하고 규정한 것은 슈미트에 의하면, 독자적인 정치형식이 아니라 하나의 중간상태, 즉 군주제와 국민주권 사이의 결정을 여러 가지의 타협이나 법률적인 구성을 통하여 회피하려는 시도에 불과하다. 19세기의 정치상·헌법상의 대립은 원래 입헌군주적인 통치와 의회주의적 통치와의 대립이 아니라「프로이센 군사국가」와「시민적 헌법국가」와의 대립이었으며, 그 경우 프로이센 군사국가는 결국 시민적 헌법국가에 비하여 정신적·정치적으로 저열하다는 것이었다. 그러나 이와 같은 이설(異說)은 곧 프리츠 하르퉁(Fritz Hartung)*의 날카로운 비판을 받게 되고, 그는 주로 개별적인 비판과 구체적인 사료에 의하여 슈미트의 설이 역사학적으로 유지될 수 없다는 것을 명백히 하려고 시도하였다.10)

이상과 같은 연구사의 개관에서 볼 때 독일 입헌군주제의 특질에 관한 문제는 단순한 역사적 추억을 벗어나지 못하고 있다는 사실이 명백할 것이다. 그것은 동시에 자신의 정치적·민족적인 헌법발전의 이해에 대한 물음을 내포하고 있다. 즉 이것은 현대에 있어서의 헌법의 문제 상황의 기초에도 미치는 문제이다.

그러면 우리들은 문제 자체에 들어가 보기로 한다. 이른바 독일 입헌군주제를 특징지우는 징표는 무엇인가? 이러한 징표에 근거하여 이것을 하나의 독자적인 유형의 군주제로 볼 수 있는가? 그렇다면 그것은 정치구조 그 자체와는 관계없는, 중요하지 아니한 수정에 불과한 것인가? 독일의 입헌군주제에서 고유한 정치적 형식원리에 근거한 독자적인 헌법유형(Verfassungstyp) ― 헌법(Konstitution)으로서의 Verfassung이 아니라, 오토 브룬너(Otto Brunner)11)에 따라서 정치적·사회적 구성형식으로서 이해된 Verfassung ― 이 실현된 것인가? 그렇다면 그것은 군주제와 국민주권과의 과도기적인 상태이며, 시간적으로 뒤떨어진 타협에 불과한 것인가?

이러한 물음들은 역사가에 대해서 이미 아마 너무 법률적·추상적이고, 현실 생활의 다양성과 유동적인 변화에 비추어 본다면 너무나 양자택일적인 것 같다. 물론 역사가는 「실제로 어떠했는가」를 정확하게 기술하려고 한다면, 주문장에서 확인한 것을 바로

---

9) Carl Schmitt, Verfassungslehre, München-Leipzig 1928, S. 288-290; ders., Staatsgefüge und Zusammenbruch des Zweiten Reiches. Der Sieg des Bürgers über den Soldaten, Hamburg 1934, Passim, insbes. S. 9-13, 16-20, 24-30 (제2 제국의 국가구조와 붕괴, 김효전 옮김,『헌법과 정치』, 2020). 1928년의『헌법이론』(Verfassungslehre)에서는 물론 일반적으로는 계속 국법학의 통설에 따라서, 입헌군주제와 의회제적 군주제 사이에는 현저한, 그러나 헌법상의 본질적인 차이가 있다는 견해가 고수되고 있다. 특히 Verfassungslehre, S. 55 f., 313 f., 330 ff. 참조.

10) Fritz Hartung, Staatsgefüge und Zusammenbruch des Zweiten Reiches: HZ 151 (1935), S. 528-544 = Hartung, Staatsbildende Kräfte der Neuzeit, Berlin 1961, S. 376 ff. 이 논쟁에 대한 나의 견해는 본문에 나타나 있다.

11) Otto Brunner, Land und Herrschaft, 3. Aufl. Baden b. Wien 1943, S. 187; ders., Moderner Verfassungsbegriff und mittelalterliche Verfassungsgeschichte: MIÖG Erg. Bd. 14 = Herrschaft und Staat im deutschen Mittelalter, hrsg. von Hellmut Kämpf, Darmstadt 1956.

두 개의 부문장에서 한정하고 약화시켜야 한다는 독특한 입장에 서있다. 원래 이와 같은 역사가의 방법은 역사적 과정과 역사적 상태에 대하여 명확한 회답을 부여하는 일의적(一義的)인 언명이 불가능하게 되어 버린다는 위험이 내포되어 있다. 그러나 독일 입헌군주제를 특징지우는 것은 무엇인가 하는 물음을 제기한다면 일의적인, 그리고 어느 정도까지 양자택일적인 문제 설정에서 출발할 필요가 있다. 그리하여 비로소 이 논문의 주제인 독일 입헌군주제의 구조적 특질과 그 내부적 골격을 해명할 수 있다. 그 결과 얻어진 언명은 아마도 많은 점에서 한정되고 약화된 부문장에서 필요하다는 사실은 명백하게 인정할 것이다.

II

1. 독일 입헌군주제의 첫 번째 특징이며 그리고 반복되는 표지로서 열거되는 특징은 이른바 군주제원리(monarchisches Prinzip)이다. 그 고전적인 정식은 1818년의 바이에른 헌법(bayerische Verfassung) 제2장 제1조에서 발견된다.

「국왕은 국가의 원수이며 국가권력의 모든 권리를 일신에 통합하는 것이며, 국왕 자신이 부여하고 이 헌법에서 확정된 규정들 아래에 이러한 권리를 행사한다」.

빈 최종규약(Wiener Schlußpakte) 제57조[12)]는 이 원리를 자유도시 이외의 모든 독일 연방구성국에 대하여 구속력이 있는 것이라고 선언하고, 그와 함께 E. R. 후버가 말하고 있듯이,[13)] 독일 입헌주의의 제도적 보장을 창조하였다.

그러면 이와 같은 이른바 군주제의 원리는 무엇을 의미였는가? 그것은 헌법학적으로는 국가권력의 담당자는 주권자인 국민도 아니며, 또한 국왕과 국민이 공동으로 행사하는 것도 아니며 국왕뿐이라는 의미이다. 헌법은 군주의 권력의 (물론 구속력 있는) 자기제한이라는 형태를 취한다. 군주의 지배는 헌법에 의하여 한계지워지거나 기초지워지는 것은 아니다. 국왕은 방대한 국가권력을 장악하고 있으나 그 행사에 있어서 헌법상의 제약을 받으며, 바로 그 때문에 절대군주로부터 「입헌적」 군주가 되는 것이다. 스콜라학적인 구별을 한다면 국왕은 행사에 관한 한(quoad usum) 헌법 아래에 있지만 실체에 관한 한(quoad substantiam) 헌법 위에 선다. 물론 이러한 구별은 스콜라학적 구별 일반에서와 동일한 사정(射程)만을 가져온다. 여하튼 국민은 국민대표를 통하여 국가권력의 행사에

---

12) 빈 최종규약 제57조는 다음과 같다. 즉 「독일 연방은 자유 도시들을 제외하고 주권자인 군주들로 구성되기 때문에 여기에서 유래하는 기본 개념에 따라서 전 국가권력은 국가 원수에게 통합되어 유지되어야 하며, 주권자는 신분대표제적 헌법에 의하여 일정한 권리의 행사에 있어서만 신분제 의회의 협동으로 구속될 수 있다」.

13) A. a. O. (Anm. 1), Bd. 3, S. 13.

관하여는 하지만 본래 내용적으로나 절차적으로도 주도권을 장악하고 있기 때문은 아니다.[14] 국민의 권능은 헌법이 규제하는 범위에 한정되며, 그 이상으로 미치지는 아니한다. 국민과 국민대표는 그들이 요구하는 모든 정치적 권리에 대하여 헌법에 의하여 권원(權原)을 인정하여 가져오는 것이 필요하며, 권원 그 자체는 본래 군주가 장악하고 있는 것이다.[15]

이러한 특질은 벨기에 헌법과 비교하면 더욱 뚜렷하다. 독일의 입헌주의적 헌법들에서의 군주제원리와는 대조적으로, 벨기에 헌법은 1791년의 프랑스 헌법에로 거슬러 올라가는데,[16] 제25조에서는 「모든 권력은 국민으로부터 나온다. 이러한 권력은 헌법에 의하여 확정된 방법으로 행사된다」는 명제를 나타내고 있다. 여기서는 군주제적 정당성 대신에 민주주의적·국민적 정당성이 등장하고 있다. 국왕은 헌법 이전에 국왕인 것이 아니라 헌법에 근거하여서는 국왕일 수 있으며, 헌법제정권력(pouvoir constituant)에서가 아니라 헌법에 의하여 인정된 권력(pouvoir constitué)이다. 벨기에 헌법 제78조에 의하면 국왕은 헌법과 그것에 대응하는 법률들에 의하여 명시적으로 부여된 권능만을 가진다. 국왕은 주권자가 아니라 국가의 기관이며, 벨기에인의 국왕이며 벨기에의 국왕은 아니다.[17]

이것이 군주제원리의 표면에 나타난 법률적·정치적 특징이다. 그러면 그 역사적 배경은 어떠한 것인가?

입헌군주제는 민주주의적 혁명에서 생겨난 것이 아니라 군주제의 개혁의 소산이다. 그것은 외부에 나타난 정치적 현상으로서는 단절 없는 역사적 연속성 속에, 즉 군주제적 지배의 연속성 속에 자리잡고 있다. 신성로마제국이라는 기반 위에 국가발전의 담당자이며 결정핵(結晶核)이 된 것은 란데스헤르(Landesherr) 내지 영방군주(領邦君主, Territorialfürst)로서의 입장에 있던 군주들이며, 신분제적인 의회나 민주주의 운동은 아니었다.[18] 그리고 절대 군주제가 완성된 곳에서는 그것은 대체로 자발적으로 자기를 해체하고

---

14) 그것에 대하여 특정적인 것은 「각 원(院)」이 예외 없이 스스로 집회할 권리를 가지지 못하였다. 의회는 군주의 소집에 의해서만 집회하였으며, 군주는 1848년 이후에는 매년 소집할 의무를 지게 되었으나, 그 이전에는 3년 또는 2년마다 1회 소집하면 족하였다. 나아가 군주는 국민대표를 자유롭게 해산할 권리를 가지고 있었다. Ernst Rudolf Huber, Deutsche Verfassungsgeschichte seit 1789, Bd. 1, 1957, S. 343 (초기 입헌주의에 대하여). 나아가 Georg Meyer/Gerhard Anschütz, Lehrbuch des deutschen Staatsrechts, 7. Aufl. München-Leipzig 1919, S. 359 ff. 참조.

15) 이것은 법률적으로는 관할권한의 추정이 국민대표가 아니라 군주에게 있었다는 것을 의미한다. 헌법이 권한의 문제를 명문으로 규정하지 아니한 경우에는 「의심스러운 때에는」 군주가 권한을 가졌다. Meyer/Anschütz, (Anm. 14), S. 273; Carl Schmitt, Verfassungslehre (Anm. 9), S. 55.

16) 이에 대하여는 John Gilissen, Die belgische Verfassung von 1831 - ihr Ursprung und ihr Einfluß, in: Beiträge zur deutschen und belgischen Verfassungsgeschichte, hrsg. v. Werner Conze, Stuttgart 1967, S. 54 ff. 참조.

17) Paul Errara, Das Staatsrecht des Königreichs Belgien, Tübingen 1909, S. 36 f.의 다음과 같은 견해는 정당하다. 「우리들의 군주제는 국민이 창조한 것이다. 그것은 헌법에 근거하여 존립하는 것이며 그 반대는 아니다」. 이 원리의 자명한 귀결로서 헌법을 수호한다는 국왕의 선서는 왕위에 취임하기 위한, 그리고 또한 통치권력을 행사하기 위한 **조건**인 것이다(제80조 2항·3항). 이에 대하여 독일의 입헌군주제에서 널리 행해지고 있는 군주와 헌법에 대한 의원의 선서는 벨기에 헌법은 알지 못한다.

18) 그것이 이와 같은 것으로서 성립한 군주제의 국가생활에 있어서의 국민 대표의 지위를 어떻게 좌우하였는가 프로이센의 경우를 예로 들어 로렌츠 폰 슈타인에 의하여 선명하게 묘사되고 있다. L. v. Stein, Zur preußischen Verfassungsfrage (1852), Neudruck Darmstadt 1963, S. 25 ff. 참조.

입헌주의적 형태로 이행시켜 가는 힘만 가지고 있었다는 것이 독일에 있어서의 헌법발전의 하나의 독특한 특징으로서 열거된다. 물론 그때에 외부로부터의 자극은 필요하였다. 프랑스 혁명과 나폴레옹의 지배가 그러한 자극 중에서 중요하였다는 것에는 의문의 여지가 없다. 그러나 입헌군주제에의 전개 과정은 역시 계몽절대주의가 스스로 개시한 내재적 발전에 대응한 것이었다. 그것을 잘 나타내는 것은 요제프 2세의 오스트리아 개혁계획, 1794년의 프로이센 일반 란트법, 1806년 이후의 프로이센 개혁, 그것에 라인 동맹 시기의 바이에른에 있어서의 몽젤라(Montgelas)*의 활동이다.[19) 군주제는 자기를 구속하는 법률적 질서에 스스로 복종한 것이며, 1750년부터 거의 1850년에 이르는 유럽에서 발생한 정치적·사회적 전체 구조의 근본적인 변혁은 독일에서는 — 다시 개괄적으로 본다면 — 군주 자신의 통치와 군주에 의한 해방의 소산이었다.[20)

그러한 한에서 군주제의 원리는 단지 주어진 권력상황의 법적인 안정화일 뿐만 아니라, 동시에 입헌주의의 세기의 시초에 성립한 독일의, 정치적 전체 구조의 표현이었으며, 이러한 세기를 통한 독일의 발자취는 거기에서부터 출발하게 되었다.

2. 입헌군주제의 두 번째의 특징은 위의 군주제의 원리와 밀접하게 관련하고 있다. 국가의 지배권력은 헌법에 의하여 입헌주의적인 형식을 부여하는데, 그 헌법은 헌법제정권력의 담당자로서의 국민에 의하여 결정된 것도 아니며, 복수의 헌법제정권력으로서의 국왕과 국민의 양자에 의하여 합의된 것도 아니며, 국왕이 일방적으로 자신의 방대한 국가권력 속에서 부여하고 흠정(欽定)한 것이다.[21) 물론 이러한 단점은 바로 보충과 수정을 필요로 한다. 국왕의 완전무결한 권력에 의한 행위라는 형식으로 헌법을 부여하려는 군주의 요구는 독일의 모든 국가에서 실현된 것은 아니다. 이 점에 관하여 군주제의

---

19) 이에 대응하여 (계몽) 절대주의의 확립이 이룩되지 못한 구신분제적 영방들, 예를 들면 하노버(Hannover), 브라운슈바이크(Braunschweig), 작센(Sachsen), 그리고 특히 메클렌부르크(Mecklenburg)에서는 입헌주의적 형태에의 이행은 특별한 곤란에 부딪쳤다. 뷔르템베르크(Württemberg)에서도 입헌주의에의 발전을 저해하는 요인이 된 것은 국왕이 아니라, 헤겔의 말을 빌리면「세월을 잠자버린」「아무것도 배울 점이 없었던」— 자기의 (봉건적인) 좋고 오래된 권리(gutes altes Recht)를 위하여 투쟁하는 — 등족이었다. 독일에서는 대체로 절대주의가 국가관념을 지배에도 사용하였기 때문에 입헌주의에의 길, 따라서 정치적인 그리고 또한 — 시민의 법적 평등을 준비함으로써 — 사회적인 진보에의 길을 차단하였다.

20) Werner Conze, Staat und Gesellschaft in der frührevolutionären Epoche Deutschlands: HZ 186 (1958), S. 1 ff. 나아가 Staat und Gesellschaft im deutschen Vormärz, hrsg. v. W. Conze, 2. Aufl. 1970 참조. 프로이센의 상태에 대하여 1815년 이후의 시기에 대하여 본문에서 서술한 견해를 보다 상세하게 음미하고 상대화하여 논한 것으로서 Reinhart Koselleck, Preußen zwischen Reform und Restauration, 1967, insbes. Kap. 3 (S. 337-640).

21) E. R. Huber (Anm. 14), Bd. 1, S. 651 ff. 참조.「주어진」헌법이라는 원칙에 단호하게 반대한 것은 구래의 등족만은 아니었다.「유기체적인」자유주의의 대표자들도 또한 같은 태도를 취하였으며, 그들은 국왕과 국민을 두 개의 헌법제정권력으로 보는 견해에 따라서「협정된」헌법을 요구하였다. 특히 Welcker, Art. Gesetz, in: Staatslexikon, hrsg. von Carl von Rotteck und Karl Theodor Welcker, 3. Aufl., Bd. 6, S. 472 ff.; Carl Schmitt, Verfassungslehre (Anm. 9), S. 51 f., 63 f.; E. R. Huber (Anm. 14), Bd. 1, S. 318 참조.

원리는 한편으로는 이미 19세기 초에 성장하고 있던 민주주의적 정당성의 저항에 부딪쳤으며, 다른 한편으로는 도처에 「신분제적 자유들」을 완전히 극복한 것은 아니었다. 적지 않은 수의 입헌주의적 헌법은 군주와 신분들과의 법적인 협정에 의하여 성립한 것이며,[22] 법적으로는 군주가 부여한 헌법 중에서도 실제로 몇몇은 신분들과의 상담과 협의에 의한 것이었다.[23]

그러나 헌법의 형성에 있어서 군주 자신의 통치가 보여준 이러한 한계보다도 더 중요한 것이 있다. 일단 제정된 헌법의 개정은 어디에서나 헌법에 적합한 형식으로만, 즉 국민대표의 전폭적인 관여 아래에서만, 가능하였다. 그와 함께 부여된 헌법이 합의에 의한 헌법인가 하는 문제는 그다지 중요성을 지니지 않게 되었다. 군주의 자기구속은 그 자기구속이 비록 자발적으로 된 경우에도 헌법의 제정과 동시에 확정적인 것이 되었다. 일단 부여된 헌법은 이미 일방적으로 철회할 수 없는 것이며, 「합의에 의해서」만 이것을 개정할 수 있었다.[24] 여기에서 군주는 그 권력의 일부를 「행사에 관하여」 뿐만 아니라 「실체에 관하여」도 수중에서 내어주었다. 그 때문에 헌법이 일단 탄생되면 헌법제정권력의 담당자에 관한 문제는 미해결인 채로 남았다. 분쟁이 발생해야 비로소 누가 헌법제정권력의 진정한 소유자인가를 결정할 수 있었다. 하노버의 국왕 에른스트 아우구스트(Ernst August)가 1837년에 헌법을 일방적으로 폐기한 것은 자유주의적 이론뿐만 아니라 입헌주의적 헌법론에서도 위법행위였으며, 결코 헌법에 적합한 주권행위는 아니었다.[25]

3. 입헌군주제의 특색을 이루는 세 번째의 표지는 입법권의 조직이다. 입헌군주제에서는 입법권은 국왕과 국민대표에 의하여 **공동으로** 행사되었다. 모든 법률은 그것이 성립하기 위해서는 국민대표라는 양원의 의결이 필요할 뿐만 아니라 군주의 동의, 따라서 또한 정부의 자유로운 동의를 필요로 하였다. 프로이센 헌법 제62조 2항은 「국왕과 양원의 합치는 모든 법률에 대하여 필요하다」고 하여 그것을 모범적으로 정식화하고

---

22) 협정된 헌법으로서는 특히 작센-바이마르(Sachsen-Weimar) 헌법(1816), 뷔르템베르크 헌법(1819), 작센(1831), 헤센 선제후국(Kurhessen) 헌법(1831), 브라운슈바이크 헌법(1832), 립페-데트몰드 (Lippe-Detmold) 헌법(1836)이 있다. 이러한 헌법의 열거는 Pölitz, Die Konstitutionen der europäischen Staaten, Bd. 1-3, Leipzig 1817-1820 그리고 Bülau, Darstellung der europäischen Verfassungen in den seit 1828 darin vorgegangenen Veränderungen, 1841 참조.

23) 그와 같은 것으로는 1820년 12월 17일의 헤센 대공국(大公國) 헌법이 있다. 이것은 단지 형식상 「주어진」 헌법이었다. Huber (Anm. 14), Bd. 1, S. 335 f. 참조. 나아가 1833년의 하노버 헌법도 마찬가지이다. Huber (Anm. 3), Bd. 2, S. 90. 또한 바덴(Baden) 헌법을 확정함에 있어서도 의회는 은밀히 참여하였다. Huber (Anm. 14), Bd. 1, S. 326.

24) 이것은 입헌주의적 국법의 일반 원칙이었으며, 이 원칙은 모든 헌법에 대체로 특별한 형식과 절차를 예정한 것으로서 어떠한 형태로든지 명문화되었다. Meyer/Anschütz (Anm. 14), S. 661, Note 12에서의 지시 참조.

25) Huber (Anm. 14), Bd. 2, S. 92 f.의 상세한 논술 참조. 1837년에 하노버 국왕이 된 에른스트 아우구스트는 국가권력의 담당자로서의 군주의 주권을 부인하고, 그 때문에 왕실의 남계 혈족의 동의 없이 자기의 「지배권들」을 처분하는 것은 무효라고 하는 전(前) 절대주의적·봉건법적 견해에 입각하여 이의를 제기하였다.

있다. 그것은 자유주의적 이론과 엄격한 권력분립론의 요구를 만족시키는 것은 아니었으나, 군주제적 지배가 그 자체로서 유지하려고 하는 한 양보할 수 없는 선을 초월한 것이었다. 이리하여 입법권의 범위는 매우 정치적인 의미를 지니게 되었다. 그 범위에 의하여 국민대표, 즉 그것이 대표하는 사회 그 자체가 어디까지 군주제 국가에 관여할 수 있는가를 규정하였으며, 또한 입법권의 범위는 법률이 행정에 대하여 가지는 구속력 때문에 동시에 군주의 행정부가 어느 만큼 법적 규제를 받는가를 보여주는 것이기도 하였다. 물론 이러한 법적 규제를 행정부에 대하여 일방적으로 억누를 수도 없으며, 법적 규제의 유효성은 행정부가 이에 동의하는가의 여부에 달려 있었다. 국왕은 집행권의 소유자였을 뿐만 아니라 입법권의 완전한 분담자이며 연기적 거부권뿐만 아니라 절대적 거부권도 가지고 있었다. 입헌군주제의 이론가들에 의하면 바로 이와 같은 결합에서 「국가권력의 유기적 통일성」이 나타난다고 한다.26)

그러므로 입법의 영역은 민주주의적 입법부가 지배하는 영역이 아니라 왕권과 국민의 자유가 — 또는 군주제 국가와 시민사회가 — 만나고 중개되는 장이었다.27) 물론 이와 같이 한정된 의의를 가지는 입법의 영역에서 특히 「법률의 유보」 그리고 그 대립물인 「국왕의 자주적 명령권」과 같은 문제가 19세기의 국법학에 의해서 항상 자주 논의되고, 전통적인 군주제의 원리와 새로이 융성하는 민주주의와의 경계를 구체적으로 획정하는 역할을 하였다. 대부분의 입헌주의적 헌법은 「법률의 유보」, 즉 국민대표의 참가가 법적으로 필요하게 되는 영역을 신분제 국가로부터 받아들인 「자유와 소유권에의 개입」이라는 정식으로 획정하려고 시도하였다.28) 그와 함께 국민대표는 국민 각인의 인신에 관한 이해(利害) 그리고 사회적 이해에 한하여 발언권을 인정하였다. 그것에 대하여 국가적·정치적인 문제, 예를 들면 행정조직이나 군제는 군주의 행정명령권에 유보되었다. 이리하여 오토 힌체가 정식화하였듯이, 입헌주의적 헌법인 것은 국민이 시민사회로서의 측면을 나타내는 한에서만 국민에 관계되는 것이었다.29)

이러한 자유와 소유권이라는 조항으로부터 독일 국법학의 현저한 특질을 나타내는 이른바 실질적 법률의 개념이 나타났다. 이 법률개념이 19세기를 통하여 나타난 변천을

---

26) 많은 것 중 Welcker, Artikel »Gesetz«: Staatslexikon, hrsg. von Rotteck und Welcker, 3. Aufl., Bd. 6, S. 472 f.; Friedrich Julius Stahl, Philosophie des Rechs, T. 2, 2, 2. Aufl., Stuttgart 1846, S. 54; Lorenz v. Stein, Die Verwaltungslehre, Bd. 1, 2. Aufl., Stuttgart 1869, S. 88 f.은 성립의 모습에서 볼 때 국가의사와 개인의사와의 중개를 내재시키는 입헌주의적 법률에「자유로운」국가의사를 인정하고, 이 법률의 지배에「공민적 자유의 원리의 지배」를 인정하고 있다.

27) L. v. Stein, Zur preußischen Verfassungsfrage, Neudruck 1963, S. 21 참조. 나아가 Ernst-Wolfgang Böckenförde, Gesetz und gesetzgebende Gewalt. Von den Anfängen der deutschen Staatsrechtslehre bis zur Höhe des staatsrechtlichen Positivismus, Berlin 1958, S. 130 f., 151 f.

28) 상세한 재료의 열거로서는 Dietrich Jesch, Gesetz und Verwaltung. Eine Problemstudie zum Wandel des Gesetzmäßigkeitsprinzips, Tübingen 1961, S. 123 ff., insbes. S. 125, Note 106. 「자유와 소유권 조항」의 역사 그리고 로크의 국가론에서의 그 기원에 대해서는 Franz Rosin, Gesetz und Verordnung nach badischem Staatsrecht, Karlsruhe 1911, Kap. 2; Jesch, a. a. O., S. 117 ff.

29) Otto Hintze (Anm. 5), S. 377. 또한 Jesch (Anm. 28), S. 128/129 참조.

본다면 입법의 사항적 영역 — 따라서 또한 국민대표의 참가 영역 — 이 끊임없이 내용적으로 확대하여 온 것이 나타난다. 이와 같은 확대는 두 개의 방향에서 이루어졌다. 첫째로 자유와 소유권의 조항은 때때로 점차 확장적으로 해석되었다. 이 조항은 불특정적인 정식으로서의 성격을 지니는 것이며, 다양한 해석을 가능케 하는 것이었으나, 그것이 확장해석의 형성에 적지 않게 기여하였다.[30] 둘째로, 입법권이 광범위한 영역을 「점령」하여 가는 체계가 생겼다. 이와 같은 체계는 군주의 정부가 본래 법률의 유보에 복종하지 아니하는 사항에 대해서도 입법의 길을 걷고, 또한 이것을 허용함으로써 생겨나게 된다.[31] 법률의 우위라는 국법학적 원칙 아래에서는 법률에 의한 규율(規律)의 개폐에는 새로운 법률이 필요하며, 행정명령에 의하여 이를 개폐하는 것은 불가능하였으나, 이 원칙에 의하여 일단 법률로써 규율된 사항은 영원히 입법권에 복종하게 되었다.[32] 이리하여 민주주의의 원리는 바로 법률의 유보와 법률의 개념을 통하여 때와 함께 군주제적 국가구조 깊숙이 뿌리를 내렸다.

4. 입법권과는 달리 통치와 행정은 본래 군주제의 손에 유보되었다. 물론 독일 입헌군주제에서도 영국이나 벨기에의 경우와 마찬가지로, 대신이 통치를 담당하는 체계가 존속하였다. 군주는 전단적인 친정(親政)을 하지 않고 소관 대신의 부서(副署)*에 구속되었다.[33] 그러나 정책을 결정하고 개개의 행정 분야를 지휘한 이들 대신은 의회의 다수파의 대변자로서, 따라서 독자적인 권력으로서 군주와 대치한 것이 아니라 군주에 의하여 임명되고 군주의 신임에만 의존하는 조언자이며 협조자였다.[34] 독일의 입헌군주제에서는 프랑스 7월왕정의 원칙인 「국왕은 군림하되 통치하지 않는다」*는 타당하지 않으며, 국왕은 군림하는 동시에 실제로 통치하였다. 정부는 제도적으로나 인적으로나 국민대표로부터 독립이며, 군주측에 서서 군주의 영분(領分)에 속하였다. 정부는 국왕의 정부이며 의회의

---

30) 그 예증은 Rosin (Anm. 28), S. 88 ff.; Jesch (Anm. 28), S. 129-132; Böckenförde (Anm. 27), S. 75 f., 225 f.

31) 이러한 관련에서 »Präokkupierung«의 개념을 사용한 것은 Rudolf v. Gneist, Artikel »Verordnung«, in: Holtzendorffs Rechtslexikon, 3. Aufl. 1881, Bd. Ⅲ, 2, S. 1064.

32) 「법률의 우위」의 고전적인 서술로서 Otto Mayer, Deutsches Verwaltungsrecht, Bd. 1, 3. Aufl., München u. Leipzig 1924, S. 64 ff. (68). 법률의 우위라는 이 개념에 근거하여 게오르그 마이어(Georg Meyer, Artikel »Behörden«, in: Wörterbuch des deutschen Staats-und Verwaltungsrechts, hrsg. von Karl von Stengel/Max Fleischmann, 2. Aufl. Bd. 1, 1911)는 행정관청의 조직을 행정명령으로써 규정할 수 있다는 기본적 권리가 인정되고 있음에도 불구하고, 거의 모든 국가에서 일반적인 행정의 조직이 실제로는 법률로써 규정되고 있는 것, 행정명령은 각 부나 특별한 관청의 조직을 정하는 경우에만 어느 정도 독자적인 의의를 가지고 있음을 확인하고 있다.

33) 부서와 책임성의 원리는 초기 입헌주의의 헌법들에서는 아직 널리 인정되고 있지는 아니하였다. 예를 들면 바이에른 헌법, 그리고 또한 바덴 헌법도 이 원리를 인정하지 아니한다. 그러나 그것은 곧 특히 1848년 이후 서서히 입헌주의적 국법의 요소가 되고, 성문헌법에도 채택되게 되었다. Huber (Anm. 14), Bd. 1, S. 338 f. 나아가 Meyer/Anschütz (Anm. 14), S. 276 mit Note 18에 열거된 예를 참조.

34) Georg Jellinek, Die Entwicklung der Ministerien in der konstitutionellen Monarchie = Jellinek, Ausgewählte Schriften und Reden, Bd. 2, Berlin 1911, S. 107/108; Huber (Anm. 1), Bd. 3, S. 64 참조.

정부가 아니며, 국민대표가 불신임에 의하여 도각(倒閣)을 실현시킬 수는 없었다. 이것이 입헌군주제와 의회주의적 군주제와의 형식적인 차이이다.

그러나 이 문제에 대해서도 헌법상의 중점으로부터 그 배후에 있는 실제 정치에로 시선을 돌리는 것이 중요하다. 입헌주의적 통치양식과 의회주의적 통치양식 사이에는 정부가 국민대표의 신임에 의존하는가의 여부보다도 확실히 중대한 차이가 있었다. 입헌주의적 통치양식에서는 정당정치가 거부되며,「정치가적」대신이 거부되고, 관리로서의 대신이 임명되고, 정부와 국민대표가 외견상 이원적인 것으로서 대치되었을 뿐만 아니라 내실에 있어서도 이원적인 것으로서 분리되었다. 주로 군주 쪽을 향한 본질적으로 관헌적이며 제도적인(anstaltlich) 특징을 지닌 관료행정이 존속하였다. 재산이나 교양을 가진 시민층이 지방자치에 의해서 이러한 행정에 편입되는 시도는 루돌프 폰 그나이스트 (Rudolf von Gneist)에 의하여 실행되었는데, 영속적인 성과를 거두지는 못하였다.[35]

그럼에도 불구하고 이 점에 관해서도 여러 입헌주의적 헌법은 균형을 유지하기 위한 요소를 갖추고 있었다. 이러한 균형을 유지하기 위한 요소는 군주의 무책임성과 대립되는 이른바 대신의 책임성이었다. 대신의 지위는 국민대표에 의존하지는 않았으나 대신은 국민대표에 대하여 책임의무를 지고 있었다. 그것은 의회주의적인 책임성에서가 아니라 독특한 「입헌주의적」인 — 국법상의 — 책임성이었다.[36] 그것은 헌법에 합치된 통치를 담보하기 위한 수단으로서 생각된 것이며, 때로는 여론에 대한 책임성을 의미하였는데, 나아가 대신이 요구에 따라서 의회에 출석하고 의회에 정보를 제공하고 대신 내지 국왕의 정책에 대하여 연설하고 질의에 응답할 의무도 근거지웠다. 이리하여 이 책임성은 결과적으로는 역시 의회에 상당한 감독권과 발언권을 부여하게 되었다. 의회가 정치적으로 활발하고 이 책임성을 구체적인 내용으로 본 경우에는 이리하여 (인정하기가 불가능한) 특별한 법적 강제기구 (그것은 의회에 부여되지 않았다) 없이도 군주제적 정부와 국민대표와의 관계를 당초의 이원적 관계와는 완전히 다른 것으로 할 수 있었다.[37] 영국의 경우는

---

35) 이 행정개혁과 그 배후에 있는 루돌프 폰 그나이스트의 국정에 대한 생각은 제1차적으로는 국가에 **대항하는** 국민의 자치행정(Selbstverwaltung)을 완성하는 데 있었던 것이 아니라, 국가의 관직(명예직)에 의하여 국가의 법률에 따르면서 **국가의** 임무 수행에 사회를 관여시킨다는 데에 있었다. 즉 자치 행정으로부터 구별된 이른바 자율적 통치(selfgovernment)를 말한다. 그나이스트에 있어서 자율적 통치의 이념은 사회의 국가적 질서라는 형식으로 국가와 사회를 제도적으로 결합하려는 것이었는데, 그것은 가능한 한 「국가로부터 자유로운」 시·읍·면의 자치를 요구하는 자유주의의 관념보다도 확실히 프라이헤르 폼 슈타인(Freiherr vom Stein)의 생각에 가까운 것이었다. 또한 Georg Christoph v. Unruh, Spannungen zwischen Staat-und Selbstverwaltung im bürgerlichen und im sozialen Rechtsstaat: Der Staat 4 (1965), S. 441 ff.

36) 이 책임성을 법적으로 구성하는 것은 국법이론에 대하여 항상 어려운 일이었다. 이러한 곤혹을 명백히 보여주는 것으로서는 Meyer/Anschütz, a. a. O., §184, S. 798 ff. 참조. 거기에서는 특히 효과적인 법적 제재의 결여가 강조되고 있다. 그것이 기본적으로 하나의 정치적 개념에 불과한 것, 그 의의가 입헌주의적 헌법 체제의 전체적 관련 속에서 명백히 되는 것이며, 실제의 정치생활에 있어서의 「현실화」의 방법에 어떠한 관계가 있는가는 아직 인식되지 아니하였다. 현재 이것을 정당하게 지적하는 것으로는 Huber (Anm. 1), Bd. 3, S. 20 ff.이 있다.

37) 카를 슈미트(Carl Schmitt, Staatsgefüge und Zusammenbruch (Anm. 9), S. 28. (제2제국의 국가구조와 붕괴, 김효전 옮김, 『헌법과 정치』, 372면)는 Verfassungslehre, S. 331 f.에서 그 자신의 오히려

별도로 하고, 이른바 의회주의적 군주제에서도 의회주의적 통치양식은 특별한 헌법상의
강제기구에 의하여 성립한 것이 아니라 입헌주의적 책임성이 여론과 정치적 세력관계에
의하여 의회주의적으로 기능하는 것이 된 결과 생겨난 것이었다.38)

5. 입헌군주제에서의 군대는 의회의 군대가 아니라 국왕의 군대였다. 이 점에 대해서는
특히 프로이센의 사정이 제국의 군제에도 커다란 영향을 미치고, 독일의 입헌군주제에
대하여 결정적인 의미를 가지게 되었다. 예를 들면 벨기에 헌법이 제118조·제119조
그리고 제122조~제124조에 의하여 민병의 조직과 소집을 포함한 군제에 대한 모든
중요한 결정을 법률에 의하도록 하고, 군사에 관한 국왕의 모든 행위에 대하여 대신의
부서를 필요로 한데 대하여,39) 프로이센에서는 이른바 통수권(Kommandogewalt)이
초헌법적인 [국왕의] 유보권으로 되었다. 헌법은 확실히 군대에 대한 최고 명령권을
국왕에게 부여하였으며(제46조), 그럼으로써 이를 헌법에 편입시켰으며, 또한 국내에서
비상사태에 군대를 출동시킬 수 있는 것은 법률로써 규정된 일정한 위험한 상황이 있는
경우로 한정하였다(제36조). 그러나 헌법으로서의 효력을 가진 관습법에 의하여 최고군령
권(最高軍令權)에서 유래하는 모든 행위는 부서를 필요로 하지 않았다.40) 그뿐만 아니라
국왕은 헌법의 제정에 있어서 군대는 헌법에게 아니라 대원수 폐하에게만 충성을 맹서해
야 한다고 주장하고 이것을 실현하였다. 즉 프로이센 헌법 제108조 2항은 매우 간결하게
「군대는 헌법에의 선서는 하지 아니한다」고 규정하고 있다. 군대는 이리하여 원래 국왕의
대권에 속하는 것이 아니라 초헌법적인 것으로서 국왕의 손에 유보되었다. 헌법상의
것, 즉 대신의 부서와 책임성에 의하여 제약된 것은 의회의 예산승인권과 관련된 사항,
또한 이른바 수요(需要) 행정이었으며 그러한 의미에서 「헌법상의」 성(省)이었던 국방성
과 아울러 헌법상의 국가구조의 외부에 이른바 통수관청, 즉 군사내각(Militärkabinett),

전통적인 견해를 넘어서 다음과 같은 정당한 견해에 도달하고 있다. 즉
　「책임성을 헌법상 확정하는 것은 결정적으로 중요하며, 단순한 원칙이기는 하나 장기적으로는 — 합헌적인
　것으로서 인정된 어떠한 정치세력이 이러한 헌법상의 문언을 이용하려고 하는 한에서만 — 이것을 실현하는
　절차를 만들어내는데 충분할 만큼 정치적으로 강력하다. 책임의 의무가 있는 대신이 의회에 법률안을
　제출하거나 또는 예산의 문제가 생긴 때에 설명과 답변을 해야 한다는 것만으로 대신의 책임성에 정치적인
　의의를 부여함에 충분하다. 그것은 의회의 불신임결의에 의하여 사임하여야 한다는 헌법상의 의무보다도
　더욱 효과적일는지도 모른다」.
38) 특히 벨기에와 네덜란드에서 그러한데, 이러한 국가의 헌법은 대신의 일반적인 헌법상의 의무 이상으로
　규정하지는 아니한다. 벨기에 헌법 제64조 및 88조와 1815년의 네덜란드 헌법 제55조·제88조 참조.
39) 필자는 벨기에 학자와의 토론에서 이와 같은 헌법의 규정에도 불구하고 국왕의 통수권은 벨기에에 있어서도
　현저한 헌법외적인 특징을 가지게 된 것을 알았다. 이것은 헌법에 있어서의 정치적 관행·관습의 법형성력
　의 증명인 동시에 프로이센=독일적인 군사제도의 영향력을 증명하는 것이기도 하다.
40) 이에 대하여 상세한 것은 E. R. Huber, Heer und Staat in der deutschen Geschichte, 2. Aufl. Hamburg
　1943, S. 198, 200 f.; ders., Verfassungsgeschichte (Anm. 1), Bd. 3, S. 71, 76 ff. 참조. Fritz Hartung,
　Deutsche Verfassungsgeschichte vom 15. Jahrhundert bis zur Gegenwart, 8. Aufl. Stuttgart 1964,
　S. 286에 의하면, 통수권은 1861년의 국왕 관방령(官房令)에 의하여 비로소 본래의 헌법 규정에 반하여
　부서를 필요로 하지 아니하는 것이 되었다고 한다. 그러나 이미 1849년 프리드리히 빌헬름 4세가 이러한
　권리를 주장하였다는 후버의 상세한 검토에 의하여 이와 같은 하르퉁의 견해는 정당하지 못하게 되었다.

참모본부(großer Generalstab), 그리고 나중에는 해군 군령부(Marinekabinett)가 설치되고, 그 관할을 각각 군사적으로 보는 모든 사항에 미치고 있었다.[41] 이리하여 「프로이센적 군사국가」가 「시민적 헌법국가」와 아울러 현실로 되었다.[42] 군대는 군주의 국가제일주의, 그리고 관료층과 아울러 프로이센을 대국에로 성장시키기 위한 힘이 되었는데, 그 군대를 프로이센의 국왕은 군주제의 종말까지 손에서 놓지 않았다.

이와 같은 사태에 대해서는 그 헌법상의 의의 외에 더욱 넓은 정치적인 의의도 주의하지 않으면 안 된다. 후자에는 두 개의 측면이 있었다.

첫째로 헌법외적인 군령권의 완비에서 집행 부문에서의 국왕의 대권은 내정집행권(군주의 행정권), 외교권 그리고 군주유보권으로서의 통수권에 의하여 이루는 삼위일체로 완성되었다.[43] 그것은 특수 국가적인 것, 고유한 정치 또한 고차의 정치가 종전대로 군주에 의하여 결정되고 조종되는 것을 의미하였다.[44]

두 번째의 측면은 다음과 같은 것이다. 일반적인 병역의무는 원칙적으로 2년이며 어떤 시기에는 3년에 걸치는 군사 근무를 요구하였는데, 이것으로써 헌법외적인 「프로이센적 군사국가」는 실제로 국민 교육을 위한 학교가 되었다. 그것은 국민이 사회에 들어가기 전 내지는 사회에 복귀하기 전에 그 정신과 신념을 형성하였다. 그것은 프로이센에서 특히 현저하였는데 사정에 따라서 완화된 형태로 독일의 입헌군주제 일반에서 인정되는 현상이다.

6. 이상 서술한 여러 가지의 중요한 표지는 독일 입헌군주제의 정치적 특질을 나타내는 것이며, 그와 아울러 다른 여러 나라, 특히 의회주의적 군주정체와 공통되는 특징도 또한 존재하였다는 것을 지적해 두지 않으면 안 된다. 그것은 첫째로 시민적 자유와 법적 평등, 지배신분(Herrschaftsstände)으로서의 신분들의 해체, 따라서 또한 일반적인 공민사회의 형성이며, 다음에 그 결과로서 봉건제 사회의 질서화 수단에 불과하였던 특별한 권리 내지 특권을 일반적 제정법에 의해서 바꾸는 것이었다. 이러한 일반적 제정법은 일반적으로 타당한 것인 동시에 여러 가지 「시민적」인 기본 원리로부터 이루고 있으며, 단체적 구속·지위에 따른 구속으로부터의 해방, 토지소유의 자유·거래의 자유·영업의 자유를 가져오며, 그 고유한 내부 대립을 전개하는 영리사회를 기초지운 것이다. 이러한 발전은 독일의 입헌군주제에서는 역사적인 단절에 의하여 혁명적으로 수행된 것이 아니라 역사적인 연속성을 유지하면서 점진적으로 수행하였다. 그것은 한꺼번에 생긴 것이 아니며 19세기라는 시간을 걸쳐 한 걸음씩, 그러나 전체로서는 저지할 수

---

41) 이에 대하여 보다 상세한 것은 Hans Otto Meisner, Der Kriegsminister 1814~1914. Ein Beitrag zur militärischen Verfassungsgeschichte, Berlin 1940, S. 23-29, 35; Rudolf Schmidt-Bückeburg, Das Militärkabinett der preußischen Könige und deutschen Kaiser, Berlin 1933, S. 124-151; Huber, Heer und Staat (Anm. 40), S. 324-326, 332 ff. 참조.

42) 이에 대해서는 Carl Schmitt, Staatsgefüge und Zusammenbruch (Anm. 9), passim 참조.

43) Huber (Anm. 1), Bd. 3, S. 13 참조.

44) O. Hintze (Anm. 5), S. 378.

없는 추세에 의하여 이루어진 것이다.[45] 그것은 좁은 의미의 사회의 영역에서 중요한 의미를 지녔을 뿐만 아니라 동시대의 사람들에게는 오히려 의식되지 않고 정치적·사회적 전체구조의 재편성을 가져왔다. 그것은 군주제의 사회적 기반을 이루고 있던 많은 전통적인 제도나 생활질서의 기초를 무너뜨리고, 그 대신에 평등한 인간의 다양한 새로운 결합, 최종적으로는 재산에 의한 계급으로 나누어진 영리사회·대중사회를 가져왔다.[46] 여기서 이러한 징표는 열거하는 것만으로 충분할 것이다. 이와 같은 징표의 원리적인 의의는 다시 논하게 될 것이다.

III.

이상과 같은 서술에 따라서 먼저 제기한 문제를 다시 한번 검토하기로 한다. 위에서 본 성격을 가진 입헌군주제를 하나의 독자적인 정치형식으로 보는 것은 가능할 것인가? 그렇다면 그것은 군주제와 국민주권, 절대주의와 의회주의의 중간적·과도적인 상태에 불과하며, 하나의 통일적인 것을 창조하는 독자적인 정치적 힘을 가지는 것이라고 할 수는 없는 것인가?

이 문제를 검토함에 있어서 입헌군주제의 시간적인 기간은 그다지 중요하지 않다. 만약 그것이 결정적으로 중요하다고 한다면, 여하튼 거의 1세기 가까이 존속한 입헌군주제라는 것을 독자적인 정치형식으로서 인정하여야 할 것이다. 그러나 중간적·과도기적인 상태도 또한 왕왕 장기간 존속하는 것이며, 특히 그것이 정치적·사회적인 질서원리의 변경을 — 급격한 방법에 의하지 않고 — 점차적·계속적인 해체와 건설에 의하여 가능하게 되어 간다는 형식을 그 나름의 형식으로 보여주는 경우에는 장기간 존속한다. 이에 대하여 독자적인 정치형식의 존재를 인정하기 위해서는 무엇보다도 다음의 두 가지

---

45) 이러한 발전의 기본적인 것에 관하여는 Werner Conze, Staat und Gesellschaft in der früh-revolutionären Epoche Deutschlands; HZ 168 (1958), S. 1-34. 1789년의 인간과 시민의 권리선언이 처음으로 명언한 일반적인 시민적 자유, 법적 평등, 소유권보장의 승인이 정치적인 의의뿐만 아니라 무엇보다도 사회적인 의의를 가졌던 것, 그리고 그것이 필연적으로 국민 전체의「사회적 변력」을 내용으로 하고, 거기에서 또한 정치적인 파급효과를 발생케 한 것은 로렌츠 폰 슈타인이 처음으로 인식하였다. Lorenz v. Stein, Geschichte der sozialen Bewegung in Frankreich von 1789 bis auf unsere Tage, Bd. 1, Leipzig 1850, S. 63 f. 이에 대해서는 또한 Ernst-Wolfgang Böckenförde, L. v. Stein als Theoretiker der Bewegung von Staat und Gesellschaft zum Sozialstaat, in: Alteuropa und die moderne Gesellschaft, Festschrift für Otto Brunner, Göttingen 1963, S. 248 ff. (255 ff.), S. 170 ff.도 참조. 이러한 사회적 변력의 개별적인 단계와 형식에 관한 가르침은 Adolf Zycha, Deutsche Rechtsgeschichte der Neuzeit, 2. Aufl. Marburg 1949, §§43-49.

46) 이 과정을 그 깊이에서 파악한 것은 역시 로렌츠 폰 슈타인이었다. 예컨대 그의 Verwaltungslehre, Bd. 1, 2. Aufl. S. 34에 의하면, 독일에서는「장래의 헌법의 원리를 포함함에도 불구하고 항상 행정이 가져온 것으로 간주되어온 영역에서 공민 사회는 가문이나 신분에 의한 질서에 대하여 서서히, 그러나 확실히 승리를 거두었다. 그것은 **토지의 부담의 제거**이며 가문의 소유권에 대신하는 국민의 소유권의 형성이며, **영업 및 직업의 자유**의 확립이며 신분적인 단체의 노동에 대신하는 국민의 노동의 형성이었다」.

요건을 결여해서는 아니된다. 첫째로 구체적인 헌법형태가 의거해야 할, 독자적인 통일적인 정치적 형식원리(Formprinzip)가 있어야 하며, 둘째로 독자적인 정치적 정당성(Legitimität)이 있어야 한다.

입헌군주제의 헌법에 나타난 현상형태를 살펴본다면, 모든 점에서 이것을 독자적인 정치형식이라고 인정하여도 좋을 것 같이 생각될 것이다. 입헌군주제의 기초를 이룬 것은 법적으로 승인된 ―그러나 국민에 의해서가 아니라 자기 자신에 의해서 정당화된 (군주제의 원리)― 군주의 지배였다. 이러한 지배는 단순한 상징적인 것이 아니라 현실적인 지배였다. 이 군주의 현실적인 지배가 입헌주의적인 변용을 받고 그 결과 제약되었던 것이다. 그것은 발흥하는 정치적인 힘으로서의 국민을 일정한 범위에서 국가권력의 행사에 관여시켰다. 그러나 그때에 군주와 그의 대신이나 군인이나 관리가 지배를 위한 중요한 지위로부터 완전히 축출된 것은 아니며, 국민대표가 **유일한** 지배권을 주장한 예도 전혀 없었다. 이렇게 본다면 독일의 입헌군주제는 실제로 하나의 독자적인 정치적 형식원리였음을 인정하여도 좋다고 생각된다. 군주제는 자기를 입헌주의적으로 형태지우고 법률이 규정한 질서와 절차에 자기를 합치시키고, 일정한 민주주의적인 헌법요소를 도입하여 자기에게 결부시킨 반면에, 실질적·본질적으로 군주제적 지배이기를 중단한 것은 아니었다. 예를 들면 오토 힌체는 1911년에 입헌군주제의 「프로이센=독일적 형식」을 대체로 이와 같은 것으로서 묘사할 수 있었던 것이다.

그러나 입헌군주제라는 정치형태는 정말 그만큼 명확한 것이었는가? 위와 같이 묘사된 구조도(構造圖)는 헌법적·정치적 현실을 진실로 반영하고 있는 것인가?

우리들은 이제 입헌군주제라는 이 국가구조를 담당하는 요소들을 더욱 정확하게 음미해 보기로 한다.

1. 먼저 입헌주의적 헌법 그 자체부터 시작하기로 한다. 이 헌법이 등장한 이래 그것이 헌법제정권력의 담당자 여하라는 문제에 시원한 대답을 할 수 없었다는데 대해서는 이미 서술한 바이다. 입헌군주제에서는 군주의 헌법에의 구속은 움직일 수 없는 것이 되었다. 군주가 스스로 자기에게 남겨진 국가권력에까지 「몸을 이끄는」[47]것마저도 헌법 개정의 문제가 명문으로 규율하고 있는 이상 불가능하였다. 그 결과 입헌군주제에서 강조되는 국가권력의 소속(所屬)과 행사와의 구별은 이와 같은 중요한 점에서 무의미한 것이 되었다. 군주와 국민대표는 여기서는 실질적으로 동권이며, 동격이었다. 실제로 분쟁이 발생한 경우에는 헌법이라는 토대 위에 민주제의 원리와 군주제의 원리가 보다 고차의 통일에로 지양되지 아니하고 아무런 중개도 없이 대치한 것이다.[48]

---

47) 이 표현은 Max v. Seydel, Über konstitutionelle und parlamentarische Regierung = Seydel, Staatsrechtliche und politische Abhandlungen, Freiburg u. Leipzig 1893, S. 140에 있다.

48) 이에 대하여 Huber (Anm. 1), Bd. 3, S. 20은 이러한 두 개의 구조원리는 하나의 「양자를 결합하는 기능관련」인 것으로 지양되었다고 주장한다. 그러나 헌법분쟁의 경우 바로 그와 같이 커다란 기능관련은 보이지 아니하였다. 나아가 본문에서의 상술과 비교하라.

2. 그러나 헌법의 이와 같은 불투명한 성격 이상으로 중요하고 영향이 많은 것은 두 번째의 구조요소이다. 이 요소에는 지금까지 고의적으로 언급하지 않은 채 남아있는데, 그것은 이 요소를 중요한 의미를 가지는 것으로서 여기서 비로소 강조하기 위한 것에 불과하다. 그 요소란 **의회의 예산권**이다. 이 예산권은 국민대표의 입법에의 관여 이상으로 입헌주의적 헌법에 있어서의 군주제원리의 본래의 대항물이었다. 그것은 예산권의 ─ 역사적 전통에서 유래하는 ─ 구체적 내용에 근거하는 것이다. 즉 의회의 예산권의 기원은 등족의 조세승인권에 있었다. 이 조세승인권의 의미와 기능이 신분제적 지배질서로부터 입헌주의국가에로의 이행으로 변화하였기 때문이다. 신분제적인 조세승인권이란 란데스헤르(Landesherr)에 대한 어떤 종류의 공조(貢租) ─ 원래는 **예외적인**, 따라서 미리 용인되지 아니한 공조 ─ 에 대한 동의권과 어느 정도의 지출감독권이었다. 란데스헤르는 자기의 직할권역(直轄權域), 봉신(封臣)으로부터의 공조·관세·재판 수수료 등에서 나오는 (정상적인) 수입에 더하여 예외적인 공조를 요구한 것이다. 군주가 그의「통치」(Regiment)를 수행하기 위하여 이 예외적 수입에 의존하는 한에서만 궁정(宮廷)이나 행정조직이나 군대를 위한 재정적 수요의 증대에 비추어 자주 원칙이 되었으며, 군주는 등족의 동의와 협력을 필요로 하며, 경우에 따라서는 등족에게 수지를 보고할 의무를 지고 있었다. 이러한 조세승인권이 입헌주의국가에서는 근대 국가의 일원적인 조직형태 때문에 국가수입 그리고 특히 전국가지출에 대한 **일반적** 동의권이 된 것이다.49) 이리하여 국민대표는 예산에 관하여는 이미 국한된 권리가 아니라 포괄적인 권리를 획득하였다. 그러므로 국민대표는 국가 전체에 대한 책임도 인수하여야 한다는 것이 되었다. 의회의 동의권이 등족의 동의에 의하여 지변(支辨)해야 하는 지출뿐만 아니라 모든 국가지출에 미치게 된 결과, 계속적인 국가 생활을 장래에도 가능케 하고 전 국가활동을 국민대표에 의한 1년마다의「자유로운」동의라는 제약으로부터 해방하기 위하여 필연적으로 일정한 승인**의무**라는 것이 발생하게 되었다. 여기에서부터 19세기의 예산문제가 발생하게 되었으며, 그 상세한 고찰은 여기서는 불필요할 것이다.50)

이제 입헌주의적 헌법이 신분제국가의 모범이 되어 예산동의권을 국민대표의 고유한 권리라고 정의내리고, 이것을 입법의 형식 또는 국민대표의 명시적인 의결이라는 형식으로 결부시킨 결과,51) 헌법은 국민대표가 예산에 동의함에 있어서 광범위한 자유도 기초지

---

49) 의회주의적인 예산권의 이러한 발달에 관하여 상세한 것은 Johannes Heckel, in: Handbuch des Deutschen Staatsrechts, Bd. 2. Tübingen 1931, S. 361-371.

50) 이 예산문제는 입헌군주제의 문제 또는 프로이센 헌법분쟁의 문제가 아니라 근대 국가에의 이행에서 생겨난 문제이다. 그것은 프랑스 제3공화국에서도 전적으로 같은 문제였다. Esmein-Nézard, Éléments de droit constitutionnel, 8. Aufl. Paris 1928, Bd. 2, S. 458 ff. insbes. S. 464-466 참조. 1859년에 간행된 ─ 또한 프로이센의 분쟁이 알려지기 바로 **전에** 집필된 ─ Artikel »Budget« im Staatslexikon von Rotteck und Welcker, 3. Aufl., Bd. 3, insbes. S. 124 f.

51) 이에 대해서 개별적인 것은 Heckel (Anm. 49) 참조. 바이에른의 예산법과 프로이센의 예산법에 따른 차이에 대해서는 Max v. Seydel, Über Budgetrecht = Seydel, Staatsrechtliche und politische Abhandlungen, Neue Folge, hrsg. von Karl Krazeisen, Tübingen und Leipzig 1902, S. 6-25

우게 되었다. 이리하여 헌법은 명시적 또는 간접적으로 자유로운 예산동의권의 존재를
주장하는 학설을 지지하게 되었다. 이 학설은 등족의 조세승인권이라는 역사상의 권리를
그대로 입헌주의 국가에 가지고 들어온다는 것이었다. 이것으로써 입헌주의적 헌법은
국민대표와, 국민대표에 체현된 민주제의 원리에 전개의 장(場)과 무기를 주었다. 이
무기는 때가 지남에 따라서 군주제원리와 의회로부터 독립한 군주의 통치를 공동화(空洞
化)하고, 정부를 사실상 국민대표에 의존시키는 데 점차 역할을 하게 되었다. 입헌주의적
예산권이라는 토대 위에서 군주제와 국민주권의 확고한 균형을 유지하여 가는 것이
어떻든 필요하게 되었다.

이러한 상황을 가장 명백하게 보여준 것이 프로이센 헌법분쟁의 결말이었다. 이 헌법분
쟁에서 입헌군주제가 안고 있는 헌법문제가 결정에 직면하고, 또한 이 헌법분쟁에 비추어
서 ― 또한 예외적인 사태로부터 ― 정상적인 헌법상태가 확대경에 비치듯이 명백하게
되었다.

헌법분쟁의 사태는 다음과 같았다.52) 분쟁의 발화점이 된 것은 정부에 의하여 제출된
군제개혁을 위한 법률안이다. 이것은 특히 상비병력의 증강, 3년의 병역 기간의 확정,
정규군을 강화하기 위한 후비군(後備軍)의 축소를 예정하는 것이었다. 프로이센 의회는
국왕과 정부가 요구하는 형태대로 이 법안을 인정하는 것을 거부하였는데, 이에 대하여
정부는 군제개혁을 법률로써 규율하는 것은 법적으로는 필요하지 않다고 하여 군대의
재편성을 위하여 필요한 지출에 대한 동의만을 요구하였다. 의회는 두 번에 걸쳐서
이 지출에 잠정적인 ― 역시 1년 한도의 재정입법의 형식으로 ― 동의를 부여하였다.
그런데 군제개혁의 최종적인 형태에 대한 다툼이 재연하게 되자 중의원은 필요한 지출을
거부하였다. 귀족원은 [중의원에서] 삭감된 예산을 배척하였으므로 결과적으로는 매년
의결해야 하는 예산법이 성립하지 아니한 다른 사태를 발생케 하였다. 거기에서 비스마르
크(Bismarck)는 이른바 흠결이론(Lückentheorie)을 내세워 4년간 정상적인 절차로써
의결된 예산없이 통치하였으며, 분쟁은 1866년의 전승 후에 「사후승인요청」이 승인됨으
로써 마침내 종결되었다.

이 분쟁의 헌법적 및 정치적인 핵심문제는 E. R. 후버가 정당하게 지적하듯이,「의회가
예산권을 공격용 무기로서 사용하여 군주제의 원리에 대하여 결정적인 승리를 거둘
수 있는가의 여부」에 있었다.53) 그리고 의회는 분쟁이 드러낸 외관과는 다르며, 또한
유포되고 있는 견해에 반하여, 적어도 중요한 한 점에서 승리를 거두었다. 즉 입헌주의적
헌법이 가지고 있던 타협의 소산으로서의 성격이 명백한 것이 되고, 예산권의 자유주의적
·입헌주의적인 해석이 장래에 향하고 확고부동한 것이 되었다. 오늘날의 국법학은
당시를 돌이켜 볼 때 비스마르크의 흠결이론은 이론적 뒷받침에 관하여는 무조건 찬성하

참조.

52) 상세한 것은 Huber, Heer und Staat (Anm. 40), S. 212 ff. 그리고 Verfassungsgeschichte (Anm.
　 1), Bd. 3, S. 281-290, 305-310, 314-316, 324-327, 333 f. 참조

53) (Anm. 1), Bd. 3, S. 282.

는 것은 아니지만 적어도 결론에 있어서는 지지할 수 있는 것이라는 견해로 기울고 있다.54) 헌법이 규정하고 있는 방법으로 예산법이 성립하지 아니하는 경우에 바로 국가생활이 정지할지도 모른다면 헌법이 그러한 분쟁을 명문으로 규율하고 있지 아니한 한 군주제의 원리에 입각하여 국민대표가 아닌 국왕 내지 정부가 구속력 있는 행위로 나올 권한을 가진다는 것이다. 그러나 다른 한편 입법을 담당하는 기관들의 의견이 일치되지 아니할 때에는, 헌법에 근거하여 제정되는 예산동의를 위한 법률을 무시하여도 좋고, 정부가 단독으로 행위하여도 무방하다고 하게 되면, 예산권이 헌법상 규율되고 있는 의미는 거의 없어져버릴 것이다. 헌법은 바로 법률이라는 형식을 취한 예산동의 절차에 의하여 국왕과 국민대표를 「대항관계에 두는」것,55) 즉 두 개의 정치적인 힘의 균형을 유지하려고 한 것이다. 그러므로 「국법학은 여기서 끝난다」라는 게르하르트 안쉬츠 (Gerhard Anschütz)의 유명한, 자주 인용되는 말은 역시 하나의 깊은 의미를 지니고 있다.56) 군주제 원리의 입장에서 이 분쟁에 영속적인 법적 해결을 부여하려고 한다면, 입헌주의적 헌법 그 자체를 근저로부터 변경하고, 입헌주의를 「가장 입헌주의」 (Scheinkonstitutionalismus) 내지 은폐된 절대주의로 변화시켜버렸을 것이다. E. R. 후버가 명백히 하였듯이, 비스마르크도 그러한 것을 의도하지는 않았다.57) 그러므로 사후승인 요청에 의한 분쟁의 종결은 입헌주의라는 체제의 내재적인 논리에 완전히 들어맞는 것이었다. 분쟁의 씨가 된 본래의 문제는 미해결인 채로 남았다. 사람들은 그것을 다시 문제삼으려하지 않으며, 그것을 결정하려고 하지 아니하였다. 장래에 대해서는 (다시) 「입헌주의적 엄밀성」으로 향하여 간다는 것이 되었다. 이와 같은 형태에서의 분쟁의 해결은 이미 반복되지는 아니하였다. 그러나 입헌주의적 엄밀성이라는 것은 종래대로의 범위에서 입헌주의적 예산권을 인정한다는 것을 의미하였기 때문이다. 비스마르크가 그것을 의식하고 있었던 것은 확실하다. 분쟁 종결 후 바로 북독일 연방헌법을 제정함에 있어서 그는 한편으로는 모든 군사지출을 연방 (뒤에는 제국) 예산에 계상함으로써 프로이센을 「분쟁의 화근」으로부터 가능한 한 회피하려고 하였는데, 동시에 헌법상의 「영구조

---

54) 특히 Ernst Forsthoff, Deutsche Verfassungsgeschichte der Neuzeit, 2. Aufl. Stuttgart 1961, S. 140; Huber (Anm. 1), Bd. 3, S. 333 ff., insbes. S. 341-348. 또한 Fritz Hartung (Anm. 40), S. 263 ff.도 참조.

55) Forsthoff (Anm. 54), S. 135도 같은 뜻.

56) Meyer/Anschütz (Anm. 14), S. 906. 이 명제에 대한 카를 슈미트의 예리한 비판(Carl Schmitt, Verfassungslehre, S. 56; Politische Theologie, 2. Aufl. Vorwort; 정치신학, 김효전 옮김,『헌법과 정치』, 2020)는 안쉬츠의 정식이 그 객관적인 표현에서 입헌주의적 헌법체제의 내적 논리에 합치하고 있으며, 슈미트 자신이 선명하게 묘사한 입헌주의적 헌법에의 타협적 성격에 대하여 이론적으로 적절한 표현을 부여하고 있는 한 지지할 수 없다. 그러한 한에서 정당한 지적을 하고 있는 것은 Kurt Kaminsky, Verfassung und Verfassungskonflikt in Preußen 1862-1866, Königsberg 1937, S. 32 f., 36 und 94. 안쉬츠의 명제에 대한 Huber (Anm. 1), Bd. 3, S. 338 ff.의 비판은 군주제와 국민주권의 어느 것을 택할 것인가 하는 결정에 대해서도 입헌주의적 헌법은 「무흠결」이라는, 나의 생각으로는 틀린 전제에 입각하는 것이다. 그러나 후버 스스로 그가 제창하는 해결을 위하여 「초실정적인」 헌법을 원용하고 있다.

57) E. R. Huber, Nationalstaat und Verfassungsstaat, Stuttgart 1965, S. 198 ff. 참조.

항」에 의하여, 즉 헌법상 장래에 미치는 확인을 해 둠으로써 군사지출을 제국의회의
예산권으로부터 해방시키려고 하였다.58) 그러나 비스마르크는 입헌주의적 기본권을
단호하게 지키려고 하는 제국의회 다수파의 반대에 부딪혀 이러한 기도를 실현할 수
없었다. 구래의 예산권은 최저 현유 병력(現有兵力)을 그때그때의 법률로써 (1871년까지는
헌법 자체에 의하여) 확정한다는 형태로 유지되었다.59) 나아가 제국에서는 현유 병력을
7년간, 6년간, 5년간 또는 겨우 3년간 고정하려고 하는 문제를 둘러싼 논쟁에서 끊임없이
잠재적인 분쟁상황이 존재하였으며, 이 논쟁의 역사를 본다면 군주제 측과의 역관계(力關
係)는 명백하게 된다.60) 저 사후승인 요청은 본래 누구로부터 누구에게 향하여 나온

---

58) 이에 대해서는 Huber, a. a. O., Bd. 3, S. 663 f. 참조. 헌법을 심의하는 제국 의회에 제출된, 비스마르크의
생각에 의한 바가 큰 연합 정부들의 헌법초안은 그러한 한에서 매우 시사하는 바가 많다. 그 중에는
프로이센 분쟁이 원리적으로 해결 불능하다는 것이 인상적으로 나타나 있다. 특히 그 제55조~59조
참조(Stenographische Berichte über die Verhandlungen des Reichstages des Norddeutschen
Bundes im Jahre 1867, Bd. 2, Anlagen).

59) Huber (Anm. 1), Bd. 3, S. 664. und insbes. Hartung (Anm. 40), S. 282 f. 참조. 군사예산에
대한 제국의회의 권리는 어느 정도 분열된 성격을 나타내고 있다. 즉 예산권과 아울러 헌법 제60조에서
평시의 현유 병력이 법률로써 규정되도록 되어 있다. 그 결과 예산심의에 있어서 병력의 규모는 법률로써
규정된 여건으로 되었다. 물론 제국의회는 그 법률의 제정에 관여하였다. 그러나 제국의회는 1874년
이래 1867년과 71년의 잠정적 해결에 따라서 이 문제에 대하여 7개년법, 5개년법, 6개년법에 의하여
각각 7년, 5년 내지 6년간 [병력을 고정하고] 자기를 구속하고 있었으므로, 군사예산에 관한 의회의
권리는 — 각 연도마다 특정된 군사예산에 동의를 부여하도록 되어있음에도 불구하고 — 제한된 것이
되었다. 그러므로 결정적으로 중요한 정치적 대결은 예산심의에서가 아니라 항상 평시 현유 병력의
확정을 위한 법률의 심의 시에 발생하였다. 따라서 7개년법은 당시의 세력 관계에 대하여 특징적인
타협이었다고 말한다. 비스마르크는 그가 1867년과 74년에 추구한 목표, 즉 이른바 영구법(Aeternat)의
제정을 실현시키지 못하였다. 즉 그는 법률로 별도의 양식으로 규정하기까지 영구히 일정한 병력을
가지는 것에 대한 동의를 받지 못하게 되었다. 영구법이 제정된다면 최소한의 병력이 영구히 확보되었을
것이다. 왜냐하면 병력감축에는 연방 참의원의 동의가 필요하였기 때문이다. 7개년법 아래서는 그 기한
만료에 있어서 그때마다 군비전체에 대한 논쟁이 재개되고 새로이 동의를 얻는 것이 필요하게 되었다.
그러나 영구법과 7년법과의 차이는 병력 **감축**의 문제에 있었던 것에 불과하다. 병력증강이 요청된 경우에는
여하튼 제국의회의 동의가 필요하였다. 실제로는 곧 현유 병력의 증강만이 문제로 되었기 때문에 양자의
법적 차이는 무의미한 것이 되었다.

60) 최초의 세 개의 7개년법(1874-81, 1881-88, 1887-94)에 이어서 두 개의 5개년법(1894-99,
1899-1904. 후자는 1905년까지 연장), 하나의 6개년법(1905-1911), 그리고 다시 하나의 5개년법
(1911-1916)이 제정되었다. 그동안 제국의회는 정부가 바라는 형태 그대로 정부안에 찬성하지 않았기
때문에 두 번 해산되었다(1877년과 1893년). 7개년법이 5개년법으로 감축된 것은 역관계(力關係)가
서서히 변화된 것을 보여주고 있다. 그것은 이러한 법안을 둘러싸고 그때마다 전개된 의회에서의 토론에서
도 알 수 있다. 이미 비스마르크 시대에 끊임없이 전개된 논쟁에 대해서는 예컨대 Stenographische
Berichte, 2. Periode, 1. Sess. 1874, Bd. 1, S. 72 f. (Eugen Richter), 83; Bd. 2, S. 75 ff. (v.
Bennigsen), 764 (Reichensperger); Stenographische Berichte, 4. Periode, 3. Sess. 1880, Bd.
1, S. 181 (Richter), 189 f. (v. Bennigsen), 204, 206 f., 580 (Lasker); Stenographische Berichte,
6. Periode, 4. Sess. 1886/87, Bd. 1, S. 71, 81 (preuß. Kriegsminister Bronsart v. Schellendorf),
S. 98 f. und 347 ff. (Windhorst), S. 96, 103/104, 333, 351 ff. (Bismarck); S. 357-359 und
418 ff. (v. Helldorf), S. 396 f. (E. Richter) 참조.
이에 더하여 제국 의회는 예산이라는 것이 점점 전문적인 것이 되었기 때문에, 집행부에 대한 통제권을
점차 강화시켰다. E. R. Huber, a. a. O., Bd. 3, S. 957은 매년의 예산 논의는 의회에 있어서의 대규모적인
권력투쟁이며, 그때 정부는 다름 아닌 외교와 군사의 영역에서「많은 고통스러운 예산 패배」를 감수하였
다고 하는데 이것은 정당한 견해이다. 원리적인 문제에 대해서는 Hartung, a. a. O., S. 283 ff.도 참조.

것인가, 아직 결코 완전하게 명백하게 되지는 않았을지라도, 여하튼 그것으로 자유주의적
예산권은 영속적인 승리를 얻은 것이다.[61]

3. 입헌군주제의 우리들의 문제에 대하여 중요한 제3의 구조요소는 책임성의 원리이다.
이미 보았듯이 그것은 입헌주의적 책임성이며 의회주의적 책임성은 아니다. 그러나
입헌주의적 책임성도 또한 의회에 대한 관계에서 존재한 것이다. 책임성이 있는 대신은
그 자신의, 내지는 국왕의 정책을 의회에서 근거지우고 정당화하고 변호하지 않으면
안 되었다.[62] 이 책임성이 일단 승인되면 그것은 스스로 일종의 추진력을 발휘하지
않을 수 없게 된다. 이러한 힘은 국민대표의 예산권과 아울러 매우 강한 것이 되었다.[63]
그 결과 책임성은 ― 명시적인 불신임투표없이도 ― 어떤 종류의 강제력을 수반하게
되었다. 국민대표는 이 책임성을 원용함으로써 원한다면 바로 자기가 정부에 대한 설명의
무를 과하는 기관에 다름없다는 것을 명확히 하였다. 이 책임성의 원리가 한편으로는
군주에 대한 대신(大臣)의 독립성 강화에 기여하면 할수록 다른 한편 그것은 대신에
대한 의회의 실질적 구속력을 강화하고 있었다. 그러므로 이 입헌주의적 책임성으로부터
의회주의적 통치 양식이 생기는가의 여부는 원리의 문제가 아니라 상황과 정치적 세력
배치의 여하에 달려있었다.

독일의 제국의회는 특히 19세기 말 이래 이와 같은 목표에 대하여 많은 발자취를
남겼는데, 거기에서 예산권은 다시 기연점(機緣點)이 되었다.[64] 그럼에도 불구하고 제1차
세계 대전에 이르기까지 제국 정부의 「의회주의화」가 실현되지 아니한 것은 주로 이데올
로기적 이유에 의한다. 그러나 국민대표 내부의 여러 정치 세력, 그 다수파가 그러한
「의회주의화」를 바라지 않았기 때문에,[65] 입헌주의적 헌법 체제 아래에서 「의회주의화」

---

61) 이것은 Carl Schmitt, Staatsgefüge und Zusammenbruch (Anm. 9), S. 10 ff., 20 ff. (김효전 옮김,
　　『헌법과 정치』, 산지니, 2020, 357면 이하, 366면 이하)의 묵시적으로 주장하는 것이다. 나는 슈미트에
　　대한 비판에도 불구하고 위와 같은 이유로 이 주장에 동의한다. 자유주의적인 예산권이라는 토대 위에서
　　그 후에도 군주제적 권력과의 타협이 필요하였기 때문이라고 하여 이 예산권이 원리적으로 승인되지
　　않았다는 것을 제외하고 있다. 그러나 그러한 타협은 입헌군주제의 하나의 본질적인 특징이다. 프로이센의
　　헌법분쟁이라는 「선례」는 바로 그 후의 발전에 대하여 일정한 방향에로의 철길을 부설하는 것이었다.
　　그 철길은 비록 단계적으로만 실현되는 것이었다고 하더라도 ― 의회주의적으로 향하는 것이었다. 슈미트
　　가 헌법분쟁에 대해서 내린 판단과 관련하여 도출한 결론과 역사적·정치적인 가치판단이 어디까지
　　정당하였는가, 혹은 오히려 반대의 결론, 가치판단이 나오지 않게 되었는가 하는 것은 별개의 문제이다.
　　그러나 Huber (Anm. 1), Bd. 3, S. 366이 슈미트의 주장과 판단을 비스마르크의 사후승인 정책에
　　대한 「초보수주의자들의 비판」에 가까운 것이라고 보는 것은 나의 생각으로는 오해이다. 게를라흐 형제와
　　십자장신문당(十字章新聞黨, Kreuzzeitungspartei)의 군주제에 대한 정통주의적·낭만주의적인 견해와
　　슈미트가 주장한 「프로이센적 군사국가」 대 「시민적 입헌국가」라는 대치의 도식 사이에는 천양지
　　차이가 있다.
62) 상술한 본서 S. 286 f. (382면 이하) 참조.
63) 이에 대해서는 특히 Huber (Anm. 1), Bd. 3, S. 956/957 참조.
64) 특히 Hartung (Anm. 40), S. 286 ff.
65) 그것을 정당하게 지적하는 것은 E. R. Huber (Anm. 1), Bd. 3, S. 957이다. 물론 후버는 이 지적에
　　의하여 입헌군주제는 독자적인 정치형태이며, 제1차 대전 중에 있어서의 의회주의적 통치체제로의 이행은
　　「헌법변혁」, 「기본적으로는 이질적인 국가형태」에로의 이행이었다고 하는 그의 주장 (ebd., S. 16)에

가 법적으로 불가능하였다는 것은 아니기 때문이다. 그 후 제1차 대전 중에 초당파적 위원회에 의하여 마침내 의원내각제가 실현되게 되었는데, 이것은 구조적으로 본다면 단절을 나타내는 것이 아니라 입헌주의적 헌법의 유기적 전개의 소산이었다.[66]

여기서 상세히 검토한 입헌주의적 헌법의 세 개의 구조요소를 조망하고, 동시에 매우 균형을 이룬 입법권의 조직을 함께 생각한다면, 하나의 통일적인 정치적 형식원리가 있다는 것은 실제로 매우 의문스럽게 된다. 모든 판단 재료로부터 거기에는 오히려 하나의 중간적 상태, 즉 과도기에 있어서의 상이한 정치 형식의 힘의 균형을 인정하는데 불과한 것 같이 생각된다. 그렇다면 입헌군주제의 의의는 후버가 시사하는 것[67]과는 달리, 군주제의 원리와 대표제의 원리가 결합하여 양자를 지양하는 하나의 독자적인 정치형식을 탄생시켰다는 점에 있는 것이 아니라 군주제적 통치로부터 의회주의적 통치에 의, 군주제로부터 국민주권에의, 일련의 타협에 근거하는 계속적인 이행을 가능케 하였다는 데에 있었다고 보겠다.

4. 이와 같은 추론은 나아가 입헌군주제의 정당성 여하라는 문제를 제기하여 본다면, 더욱 강하고 확실한 것이 된다. 입헌군주제의 자기이해에 의하면, 그 정당성은 역사적으로 계승되어온 군주의 지배, 즉 군주제의 원리에 근거하는 것이었다. 그러나 이 군주제의 원리는 정말로 하나의 정당성을 기초지우는 데에 족한 것이었을까? 특히 1789년 이후 억눌려온 일반적 자유와 평등이라는 민주주의적 정당성에 대항하여 어떠한 정당성을 기초지울 수 있었을 것인가?

오토 브룬너는 군주제의 원리는 그와 같은 정당성을 기초지울 수 있는 것이 아니었다고 한다.[68] 브룬너에 의하면 군주제의 원리는 주어진 권력상황의 안정화를 표현하는 것이며, 고유한 정신적 기초지움을 결여하고 있다고 한다. 나의 생각으로는 브룬너의 이 견해는 정당하다. 군주제 원리의 정당화에 기여해야 하는 왕권신수의 관념은 당시 이미 내용 없는 것이 되고 있으며, 어떤 종류의 정치적인 기능을 수행하는데 불과한 것이 되고 있었다. 이러한 관념은 본래 구속력있는 종교적·신적 세계질서의 일부로서만 자기의 의의를 나타낼 뿐이었다. 그러나 그와 같은 세계질서는 19세기에 있어서는 이미 완전히 존재하지 아니한다. 그것은 세속적·합리적인 지배의 형식으로서의 근대 국가에의 발전에 의하여 완전히 해체되어 버리고 있었다. 그렇다고 하여 예를 들면 프리드리히 빌헬름

스스로 의문을 제기하고 있다.

66) 그그러므로 이 발전에 반대하는 자는 헌법상의 논거에서가 아니라 이데올로기적·정치적인 논거에 의하였 다. 예를 들면 주 8)에서 인용한 에리히 카우프만(Anm. 8)의 저작을 참조. 이에 대한 예리한 비판으로서 Max Weber, Parlament und Regierung im neugeordneten Deutschland = Webers, Gesammelte politische Schriften, Tübingen 1921, S. 128 f., 130 ff.(주수만역, 신질서 독일에 있어서의 의회와 정부, 동『막스 베에버어의 정치사상』, 경희대출판부, 1982)가 있다.

67) Huber (Anm. 1), Bd. 3, S. 13-20.

68) Otto Brunner, Vom Gottesgnadentum zum monarchischen Prinzip, in: Das Königtum (Vorträge und Forschungen, Bd. 3), Lindau u. Konstanz 1957, S. 279 ff. (301 ff.).

4세(Friedrich Wilhelm IV)나 게를라흐(Gerlach) 형제*에서 보듯이, 약간의 국왕이나 그 추종자에서 그러한 종교적·신적인 세계질서가 관념으로서 생겨나고 있던 것은 부정할 수 없으나, 그것은 역사적 현실의 피안(彼岸)에 있으며, 이미 공적인 의미를 가지는 것은 아니며 사적인 의미를 지니는데 불과하였다. 군주가 성화된 인격으로서 신의 도유(塗油)를 받은 자로서 또는 신의 직접적인 위임에 근거하여 국가권력을 담당하는 자라는 관념은 정당성을 기초지우는 것으로서 이미 성실하게 이용할 수 없는 것이었다.69) 프리드리히 율리우스 슈탈(Friedrich Julius Stahl)을 제외한다면, 19세기에 있어서 군주제의 정당화를 위하여 전개한 모든 이론 — 예를 들면 헤겔이나 방자맹 콩스탕(Benjamin Constant)*이나 로렌츠 폰 슈타인(Lorenz von Stein)의 이론 — 은 기능적 이론이었다. 그것은 국왕의 지위를 그 정치적 기능에 의하여 국가에 있어서의 다양한 임무나 조직상의 필요 등등에 의하여 기초지웠다. 군주제는 이미 서로 바꿀 수 없는 자기 자신에게 근거를 가지는 제도는 아니게 되었다.

그러므로 군주제의 원리는 기본적으로 하나의 역사적 사실임에 불과하였다. 그것은 당초는 더욱 상당하게 활력 있는 역사적 사실이었으나 정당성을 내재시킨 풍요로운 정치적 형식원리는 이미 아니었다. 이러한 군주제의 원리가 해체되어 가는 것, 자유와 평등이라는 이성법론에서 준비되고 프랑스 혁명에서 비로소 실현된 — 사회적 기본구조로부터 정당성을 도출한 민주제의 원리가 군주제의 원리를 점차 잠식해 들어가는 것은 피할 수 없다. 군주제적 국가형태가 도처에서 곧 민주제적인 그것에 의하여 해결되지 않을 수 없었던 것은 아니지만, 국가가 사회적 단체(corps social)로서 기초지우고 정당화된 결과 군주제의 원리는 해체되어 가게 되었다. 이제 국가의 근거와 목표는 모든 개인의 복지를 균등하게 증진하는 데에 있으며, 국가는 그 지배권력을 피치자의 동의에서 도출하게 되었다. 이에 관하여 로렌츠 폰 슈타인이 프랑스 사회운동사에 대한 저작 속에서 제시한 논증은 나의 견해로는 아직 능가할 수 없는 것이다.70) 초입헌주의적인 프로이센 군사국가마저도 이 운동에 대한 하나의 저해 요인에 불과하였으며, 이에 대립되는 원리는 아니었다.71)

이와 같은 결론에 대해서는 다음과 같은 의문이 제기될는지도 모른다. 즉 입헌군주제는

---

69) 프로이센 국왕 빌헬름 1세는 1861년 쾨니히스베르크(Königsberg)의 성당에서 자기대관식을 거행하고, 또한 프랑스 국왕 샤를 10세는 1815년 고래의 즉위의식(卽位儀式)에 따라서 나병환자의 신체에 손을 올려놓는 것에 의한 나병치료를 하였는데 — 그때에 그는 물론 손장갑을 끼었다 — 이러한 행위는 후기 신수왕권(神授王權)의 비현실성을 명백히 하는 것으로 전하고 있다.

70) 이에 대해서는 Böckenförde, L. v. Stein als Theoretiker der Bewegung von Staat und Gesellschaft zum Sozialstaat (Anm. 45), S. 248 ff. insbes. S. 258 ff., 265 ff., 273 ff. 이 책 S. 170 ff., insbes. S. 180 ff., 187 ff., 194 ff. 또한 Otto Brunner, Vom Gottesgnadentum zum monarchischen Prinzip (Anm. 68), S. 303 f.도 참조.

71) 그러한 한에서 『국가구조와 붕괴』(Staatsgefüge und Zusammenbruch)에서의 카를 슈미트의 논쟁을 부르는 주장은 뒤집어 볼 필요가 있다. 프로이센 군사국가는 스스로 나아가 시민적 입헌주의에 정신적으로 굴복하고, 자기의 본질을 스스로 포기한 것은 아니었다. 그것은 입헌주의, 그리고 그 배후에 있는 시민사회에의 적극적인 관계와 결부를 간과하지 아니하는 한 역사적 운명에 의하여 몰락을 면치 못하였다.

「군주제」냐 「국민주권」이냐 하는 문제와는 무관계하게 영국 헌법과 같은 독자적인 **역사적** 정당성을 지니고 있었던 것은 아닐까?

그에 관한 단서는 확실히 존재하였다. 에르빈 휠쩌(Erwin Hölzer)는 독일의 국가관념, 자유관념이 깊이 역사에 뿌리내리고 있는 것을 지적하고 있다. 그것은 18세기 독일 교양 세계의 여론과 19세기 초의 초기 자유주의에서 정당성의 관념으로서, 또는 정치적 형성의사를 기초지우는 것으로서 널리 보여진,「독일적 자유의 역사적 권리」에 대한 확신이었다.[72] 여기에 헌법 발전의 국민적·입헌주의적 연속성이 생기고, 또한 자기의 역사적 전통이 법을 형성하는 힘을 가지고, 정당화의 힘을 가진다는 역사적 신념이 생긴 것이다. 그 전통에서는 군주제의 고유한 「독일적」 형식은 왕권과 국민의 자유와의 결합에 있다고 되었다.[73] 그러나 이와 같은 역사적 정당성의 관념은 역사적 현실로부터 상당히 떠오르고 있었으므로 역사학파의 내부에서는 통용된 것의, 광범위한 정신적·역사적인 힘이 되지는 못하였다. 역사적 연속성에 근거하는 정당성은 영국 헌법사의 특징을 이루는 것이지만,[74] 독일에서는 그것은 완전히 「역사가 만들어낸 건물」로서의 구제국, 역사적 연속성에 의해서 생활하여 온 구 제국에 결부된 것에 그쳤다. 이러한 역사적 연속성의 관념을 ─ 나폴레옹과 제국 대표자 회의의 주요 결의에 의하여, 나아가 빈 회의에 의하여 주로 국력론(國力論)과 국가이성의 관점에서 적절히 잘라진 ─ 독일의 각 개별 국가에 이식하는 것은 이미 불가능하였다. 여기서는 역사와의 단절이 상당히 본질적인 원리가 되어 있었으며, 그것은 군주의 지배의 연속성에 의해서도 극복될 수 없었다.[75] 국민적 통일로 향하여 비스마르크가 걸은 길도 그러한 연속성에의 복귀를 가져오는 것은 아니었다.[76] 독일 제국은 여러 군주의 연합으로서, 또한 새로운 국민적 정당성을 기초로 하여 구성되었다.[77]

따라서 독일의 입헌군주제에는 독자적인 정치적 형식으로서의 힘을 나타내어 군주제의 원리와 민주제 원리의 양자를 상대화하고, 보다 고차적인 통일로 편입할 수 있었던 역사적 정당성이 결여되어 있었다. 그와 함께 이른바 입헌주의적 체제에 있어서의 군주제

---

72) Erwin Hölzle, Bruch und Kontinuität im Werden der modernen deutschen Freiheit, in: Das Problem der Freiheit in der deutschen und schweizerischen Geschichte (Vorträge und Forschungen, Bd. 2), Lindau u. Konstanz 1955, S. 159 f.

73) 이에 대해서는 Ernst-Wolfgang Böckenförde, Die deutsche verfassungsgeschichtliche Forschung im 19. Jahrhundert, S. 74 ff., 84 ff. 참조.

74) 이에 관하여는 이제 William Ivor Jennings, Der Übergang von Geschichte im Gesetz, Opladen 1966.

75) Otto Brunner, Vom Gottesgnadentum zum monarchischen Prinzip (Anm. 68), S. 300 참조. 빈 회의에서 각국과 각 국민들이 바지와 상의처럼 잘라 버렸다는 비스마르크의 말은 유명하다. Johannes v. Eckardt, Lebenserinnerungen, Bd. 1, München 1910, S. 139 참조.

76) 프로이센적 국가이성의 정신에 의해서 규정된 비스마르크의 병합 정책(1866년)을 생각해 보면 좋다.

77) 비스마르크 제국이 탄생시킨 새로운 소 독일주의적 국민감정은 역사적 정당성의 담당자도 가능한 연결점도 아니었다. 그것은 근대적인, 이데올로기적 특징을 가지는 국민 관념이라는 **새로운** 토양 위에 성장한 것이었다. 이 문제에 대해서는 Theodor Schieder, Das deutsche Kaiser-Reich von 1871 als Nationalstaat, Köln 1961, S. 10 ff.도 참조.

의 원리와 민주제적·대의제적 원리와의 결합이 독자적인 정치 형식을 기초지우는 것이
아니라, 원리적으로 본다면 자유와 평등이라는 민주주의적 질서에로의 이행을 규율할
수 있었다는 사실을 재확인하고 있다.78)

이와 같은 결론을 가지고 독일 입헌군주제에 대한「역사의 판결」이 내려진 것은 결코
아니다. 독일 입헌군주제를 이행상태·중간상태로서 특징지움으로써 적절한 역사적인
위치를 확립해야 한다는 것뿐이다. 그것이 혁명적인 단절없이, 또한 프랑스의 왕정복고나
7월왕정과 같은 퇴보 없이 군주제의 시대로부터 민주제 시대로의 연속적인 이행을 가능케
하는 헌법상의 용기(用器)를 준비하는 것이었다는 사실은 이러한 입헌군주제의 특별한
역사적 의의를 명백히 하는 것이다. 거기에 존재한 기회는 물론 부분적으로 실현되기에
그쳤다. 입헌군주제의 과도성에서 오는 그 역사적 운명에 대한 통찰을 당시 실제로
행동하고 있던 사람들은 많은 경우 가지고 있지 아니하였다. 그들은 — 대립적으로
이해되고 이데올로기적으로 기초지워진 군주제와 국민주권과의 각각의 입장에서 —
협력한다기보다는 대립하여 행동한 것이며, 시대의 요청에 답하여 전통으로부터 진보에
로의 이행을 실현하는 기회를 놓친 것이다.79)

---

78) 입헌군주제는 고유한 정치적 형식원리를 가지지 아니하는 타협 형태, 이행 형태라는, 여기서 제시한
　　견해에 대하여 주 2)에서 인용한 E. R. Huber, Die Bismarcksche Reichsverfassung, a. a. O., S.
　　191 ff.는 반론을 제시하고 있다. 후버는 입헌군주제가 지니는 타협적 성격을 부정하지는 않으나, 그럼에도
　　불구하고 이 타협이 단순한 전투 중지에 그치지 않고, 양 세력에 의하여 승인된「공통된 보다 높은
　　것」(후버에 의하면 비스마르크 제국에서는 그것은 국민적인 황제권이라는 정당화의 원리였다고 한다)에
　　있어서의 통일에 결부되고 있었기 때문에, 이것을 고유한 국가 형태·헌법 형태로 인정하는 것이다.
　　나는 입헌군주제라는 헌법 형태에 대하여 고유한, 바로 그것을 뒷받침하는 정당화 원리의 존재가 증명되는
　　경우에는 입헌군주제가 제시하는 타협도, 또한 보다 고차적인 통일에 이를 수 있다는 점에 관하여는
　　후버에 동의한다. 그러나 나의 생각으로는 후버가 주장하는 국민적 황제권의 정당성이라는 것은 국민적인
　　주권 위에 성장한 정당화의 원리이며, 그것에 대하여 군주제적 요소는 불가결한 요소는 아니다. 이와
　　같은 원리는 나폴레옹 3세에서와 같은 국민적 시저주의(Cäsarismus)에 의해서도 완전히 마찬가지로
　　담당될 수 있을 것이다. 그것에 대하여 이 원리는 독일의 각 개별 국가의 입헌군주제를 정당화하는데
　　— 이것도 또한 역시 매우 중요한 것이다 — 에 적합한 것이 아니라고 본다.
79) 이것은 한편으로는 비스마르크의 내정상의 행동에 대하여 타당하며, 다른 한편으로는「프로이센적 군사국
　　가」와「시민사회」가 서로 일정한 상대방의 적대적인 태도에 대하여 타당하다. 주 71) 참조.

근대 독일 헌법사

크리스티안-프리드리히 멩거
김효전·김태홍 옮김

《차 례》

서 문

이미 제6판 서문에서 언급했듯이, 이 제7판은 약간의 개정과 보충이 포함되어 있다. 그러나 전체적인 구조에 있어서는 변함이 없다. 나는 이 판 역시 우리들의 헌법의 역사적 배경을 명확하게 이해하는 데에 공헌하기를 희망한다.

1989년 10월 뮌스터/베스트팔렌에서　　　　　　　크리스티안-프리드리히 멩거

제1판 서문에서

대학교육에서 법의 역사적 기초에 대해서 특히 강조하는 것은, 법조양성에 관한 규정 모두가 정도의 차이는 있을지라도 확실히 요구되는 점이다. 그리고 실제로 헌법은 그 역사적 배경으로부터 분리해서는 이해할 수 없다. 원래 과거의 각 시대에 살았던 사람들이 자기들의 국가와 헌법질서를 형성하는 과정에서 찬반양론으로 다투며 몰두해야만 했던 여러 가지 이념들과 제도들이 있었다. 그러한 것들은 오늘날에도 그 영향력을 가지고 있으며, 우리들의 법질서 속에서도 다른 법영역 이상으로 헌법이야말로 그러한 전통적 이념과 제도가 미친 영향의 공과를 현저하게 인정하는 것이다. 이러한 문제구조를 독자의 눈앞에 구체화하는 것이 이 책을 집필할 때에 저자가 항상 염두에 두었던 것이다.

서 론

제1절 문제의 제기

【1】 A. 이 책에서는 이른바 근대 초에서부터 현재까지의 독일 헌법사를 다룬다. 뒤의 제2절에서 소개하듯이 이 테마에 관하여는 이미 많은 저작들이 출판되었지만 저자는 그것들을 비판하거나 대항할 생각은 없다. 오늘날의 학생들은 대체로 역사적인 문제들에는 매우 밝다고 할 수 없기 때문에, 오히려 저자의 목적은 학생들에게 가장 중요한 사항에 한하여 개설서를 제공하려고 한다. 이러한 목적을 내세운 이상 이 책이 사용하는 방법은 분명하다. 이를테면 우선 지금까지 위의 역사 일반의 관계를 분명히 하는 데에 주력하고, 그 다음에 그것을 헌법사의 개별적인 논점에 결부시킨다. 그 반면에 해설을 **가장 중요한 점에 한정**하기 위해서 커다란 윤곽을 묘사하는 데에 그쳤다. 그리하여 완성된 이 책은 목판화(holzschnittartig)와 같이 대상을 단순화한 모습이 된 것은 어쩔 수 없는 일이기도 하다.

다음에 또 한 가지 점만을 미리 말하고 싶다. 그것은 저자가 객관성에 충실하려고 하였다면 우선 첫째로 명심해야 할 것은 사실이 어떠했는지가 아니라, 왜 그렇게 되었는지를 분명하게 하는 일이다. 여하튼 현재는 과거의 산물이기도 하기 때문이다. 따라서 이 책에서는 사실을 시종 엄밀하게 연대순으로 서술하는 것이 아니라, 오히려 어떤 사건과 이론이 그 뒤의 역사발전에 중요한 의미를 가진다면 그 중요성이 특히 발휘된 국면마다 그것을 논의한다.

【2】 역사발전을 주로 **사회 경제적 요인**으로 돌리는 것이 최근에 논자들 사이에 유행하고 있다. 확실히 역사의 전반적 흐름에 관해서 그 의의는 부정될 수 없지만 과대평가는 금물이다. 여하튼 그러한 원인이 이 책의 대상인 헌법사에 미친 실제적인 영향은 19세기까지는 **비교적 적다.** 이에 반해서 국가이론이 얼마나 국가제도(Verfassungen)의 생성과 소멸에 강하게 **작용하였는지는 많은 점에서 인정할 수 있으며**, 또 실증할 수도 있다. 이 책에서는 이 부분의 안배를 충분히 고려할 작정이다. 그래서 굳이 역점을 종래와는 약간 달리 한 곳도 있다. 이 책에서는 이 점에서 다른 종류의 독일 헌법사의 책을 보충하는 것인지도 모른다.

【3】 B. 독일 근대헌법사를 논하는 경우에, 우선 먼저 직면하는 것은 왜 하필 이 **15세기에서 16세기의 전환기**라는 시대를 논술의 출발점으로 삼는 것인지가 문제이다. 이에 대한

대답으로서 우리들은 이 시기가 서양 역사상 하나의 전기를 이룩하며, 문화적으로 양식(樣式)의 전환(Stilwende)이라고 부를 수 있다고 생각하기 때문이다. 문화양식의 경우에 양식은 사실 생명체의 핵심을 지적하는 것이며, 트리펠의 말을 빌리면,[1] 어떤 공동사회가 외부에 대해서 나타나는 모든 것은 바로 여기에서 나온다. 이러한 양식의 전환은 일련의 정신적·정치적 그리고 경제적 대변혁 속에서 틀림 없이 나타난다. 그것들은 유럽의 상황을 크게 변화시켰으며, 그 발단은 예외없이 이미 중세 말기부터 발견할 수 있다.

그러한 변화의 특징을 미리 매우 일반적으로 말하면, 결국 **종래의** 종교적·사회적 **속박에서 개인이 해방된다**는 것이다. 결국은 구질서라는 것이 점차로 붕괴되고 이성에 기초한 자유로운 인간 인격에 의해 새로운 활력이 해방된 것이다. 이러한 발전을 뒷받침한 개별적인 요소로서 반드시 들 수 있는 것은 인문주의(Humanismus)와 르네상스(Renaissance)이다. 이 두 가지는 1453년 오스만 투르크에 의한 비잔틴 제국의 정복의 결과로서 그 지방에서 추방된 그리스 학자와 예술가들에 의해서 촉진되었다. 형태의 조화(Harmonie der Formen)를 특히 강조한 결과, 인간 인격 속에 있는 자연미를 재발견한 것이다. 종교개혁의 징후는 이미 루터, 칼뱅 그리고 츠빙글리 이전에도 존재하였으며, 그것은 교회의 통일성을 파괴하고 교회의 구속력과 규제력에 의문을 던져 사제(司祭)의 중개자로서의 역할을 부인하고 신앙에 의해서만 의무를 설명하였다. 그래서 니콜라우스 코페르니쿠스(Nicolaus Kopernikus, 1473-1543)가 발견한 우주체계와 아메리카 대륙의 발견이 정신적, 그리고 지리적 한계를 타파하였다. 한스 프라이어*의 말을 빌리면, 「지구는 둥글고 우주는 무한하게 된」[2] 것이다.

【4】다시 트리펠을 인용하면,[3] 법의 양식(Rechtsstil)은 모든 (문화) 양식에서 유출되는 하나의 국면이다. 따라서 법과 국가생활도 그 발전과 무관한 것은 아니다. 독일의 유명한 사회주의자인 페르디난트 라살레(Ferdinand Lassalle, 1825-1864)가 제창한 이래 일반적으로 승인된 구별에 의하면, 법과 국가생활 양식은 사실로서의 헌법 또는 **실질적 의미의 헌법**이다. 이것과 대비되는 것이 성문헌법 또는 형식적 의미의 헌법으로서, 헌법전(Verfassungsurkunde)이 이에 해당된다. 근대 초에서 현대에까지 이 실질적 의미의 헌법 발전의 발자취를 더듬는 것이 이 책의 연구과제이다. 이 경우에 독일 헌법사의 진행 중에 중점이 놓이지만 외국 학설과 법형식에 관해서도 독일의 발전에 결정적인 영향을 미친 경우에는 고려하였다.

---

1) Triepel, Vom Stil des Rechts, 1947, S. 64.
2) Freyer, Weltgeschichte Europas II, S. 779.
3) Triepel, a. a. O., S. 67.

제2절 참고문헌

【5】지면이 한정된 대학 교재의 목적은 새로운 지식을 여러 곳에 소개하거나, 또는 그것만을 개진하는 데에 있는 것은 아니다. 따라서 이 책은 오히려 기존의 연구 성과에 근거해서 구성되었다.

저자에게 매우 큰 감명을 준 것은 은사인 한스 J. 볼프(Hans J. Wolff)*의 미간행의 강의록『법과 국가철학사』(Geschichte der Rechts-und Staatsphilosophie)이다. 거기에서 얻은 지식이 없었더라면 이 책을 이러한 모습으로 학계에 공표한다는 것은 불가능했을 것이다.

이 절에서는 독자의 기대에 어긋나지 않도록 어디서나 쉽게 입수할 수 있는 첨고문헌을 적는다. 따라서 그것들을 참고하면 이 책에서 이른바「목판화」로밖에 묘사할 수 없었던 문제점을 더 깊게 파헤치는 데에 도움이 될 것이다. 그래서 비교적 오래된 문헌으로서 콘라트 보른하크(Conrad Bornhak)의『베스트팔렌 조약 이후의 독일 헌법사』(Deutsche Verfassungsgeschichte vom Westfälischen Frieden an, 1934)와 『헌법의 계보』(Genealogie der Verfassungen, 1935)를 참조하면 좋을 것이다. 최근의 문헌으로서 에른스트 포르스토프(Ernst Forsthoff)의『근대 독일 헌법사』(Deutsche Verfassungsgeschichte der Neuzeit, 1961), 발터 하멜(Walter Hamel)의『독일 국법학 제2권 ― 헌법사』(Deutsche Staatsrecht II, Verfassungsgeschichte, 1974), 프리츠 하르퉁(Fritz Hartung)의『독일 헌법사 ― 15세기부터 현대까지』(Deutsche Verfassungsgeschichte vom 15. Jahrhundert bis zur Gegenwart, 9. Auflage, 1969), 오토 킴미니히(Otto Kimminich)의『독일 헌법사』(Deutsche Verfassungsgeschichte, 1970), 아돌프 라우프(Adolf Lauf)의『독일법의 발전』(Rechtsentwicklung in Deutschland, 1937), 그리고 로베르트 샤이힝(Robert Scheyhing)의『독일 근대 헌법사』(Deutsche Verfassungsgeschichte der Neuzeit, 1968)를 참고하면 좋을 것이다. 나아가 게르하르트 안쉬츠(Gerhard Anschütz) 등이 집필한『독일 국법 편람』(Handbuch des Deutschen Staatsrechts, Bd. I. 1930, S. 17-146)과 게오르크 담(Georg Dahm)의『독일법』(Deutsches Recht, 2. Auflage, 1963, S. 194-272)에서는 간단한 개설이 있다.

근대 헌법사를 다룬 저작 중에서 특별한 지위를 차지하는 것은 에른스트 루돌프 후버(Ermst Rudolf Huber)의 7권으로 된 저서『1789년 이후의 독일 헌법사』(Deutsche Verfassungsgeschichte seit 1789, 1957, 1960, 1963, 1969, 1978, 1984)이다. 이 책은 특수한 문제점의 전반에 걸쳐 빠짐 없이 언급하고 있으며, 프랑스혁명에서부터 바이마르 공화국 말기까지의 시대를 대국적으로 전망하고 있다.

그런데 역사적인「배경」(Hintergrund)을 알기 위해서 반드시 필요한 것이 일반 역사서 이다. 이 책에서는 이 문제를 당연히 조금만 할애할 수밖에 없었다. 그래서 이러한 결함을 보충하기 위해서 독자들에게 진심으로 권유할 수 있는 저작은 한스 프라이어(Hans Freyer) 의 두 권으로 된『유럽 세계사』(Weltgeschichte Europas, 1948)와 요한네스 할러(Johannes Haller)의『독일사의 시기』(Die Epochen der deutschen Geschichte, letzte Auflage, 1951) 이다. 이 두 책은 본서에서 자주 인용되었다.

사료집으로서는 에른스트 루돌프 후버의 『독일 헌법사료집』(Dokumente zur deutschen Verfassungsgeschichte, 3 Bände, 1961-1966)과 귄터 뒤리히(Günter Dürig)와 발터 두돌프(Walter Rudolf)가 편집한『독일 헌법사 원전집』(Texte zur deutschen Verfassungsgeschichte, 1967)을 들 수 있다. 필요한 경우에는 개별적인 장과 절 속에서 특수한 문헌으로 지적할 것이다.

제1장 중세 말기의 헌법이론과 헌법상태

제3절 신성로마제국

【6】A. 15세기 말에서 16세기 초에 이르는 시대는 헌법사에서 하나의 커다란 전기를 의미하지만, 이 책의 서술을 여기서 시작할 수는 없다. 왜냐하면 이 책에서 논하는 각 시대를 결정하는 여러 가지 힘은 과거 수 세기에 걸쳐 누적되어 온 것이기 때문이다. 모든 사회적 현상은 이전에 성립한 모든 이념과 상태에서 발생한다. 특히 이론이 되려면 그것이 사회적 현실, 특히 정치적 현실을 형성하거나 그것에 영향을 미치기까지는 대체로 100년은 아닐지라도 10년 단위를 필요로 한다.

중세 절정기의 국가제도는 몇 개의 확립된 일반 **원리**로 구성되었다.[4] 당시 사람들은 당연히 국경을 알지 못하였으며, 서양은 보편적 통일체라고 생각하였다. 통치는 주로 대인적인 것으로서 독재제는 아닐지라도 군주제의 형태를 취하였다. 그리고 봉건제의 근본사상에 의하면 통치자는 봉건법상 충성의무(Treupflicht)에 복종하였다. 통치가 합법 적인 데에는 신의 재가(裁可)를 필요로 하며, 그것은 황제와 교황 쌍방 권력에 대해서 타당하였다. 이러한 두 개의 권력의 병존과 대립이 중세 절정기의 특징이었다.

---

4) 연구의 기초는 언제나 여전히 Heinrich Mitteis, Der Staat des hohen Mittelalters, 2. Auflage, 1944이며, 또한 Hellmut Kampf (Hrsg.), Herrschaft und Staat im Mittelalter, 1956도 참조.

【7】이에 반해서 이 책의 서술의 종착점인 **20세기 중반**에 눈을 돌려보면, 거기에서의 주역은 국민국가화 된 관료제이며, 관료에 의한 통치이다. 그들은 합법성의 원리에 따라 「법률의 지배」(Herrschaft des Gesetzes)에 복종하고, 자신이 책임을 지는 행위에 대해서는 매우 적은 재량을 가질 뿐이다. 즉 여기서 통치는 사회적인 시인(사회에 의해 통치가 정당하다고 인정되는)이 필요하고, 또 완전히 세속화되었다.

이러한 근본적 변화는 근대가 시작되면서 발생하였다. 그러나 이미 14세기 이후 거의 모든 점에서 이론적으로 뒷받침되었다.

【8】B. 앞서 언급한 중세의 헌법원리의 대부분은 최후의 위대한 교부 아우렐리우스 아우구스티누스(Aurelius Augustinus, 354-430)의 교의에 근거하였으며, 그것은 13세기 까지 사람들의 사고를 거의 독점적으로 지배하였다. 그의 교부철학 체계 속에는 이전의 **스토아학파** 사상에 기독교적 의미가 첨가되어 계승 발전한 것이었다. 이제 다시 신앙과 학문을 생각함에 있어서 하나로 분리되지 않음으로써 사람들은 신을 몸 가까이서 느끼면서 신에 생각을 의지하면서 살았다. 이것은 **황제는 하나로 된 「제국」을 형성하는 기독교도를 단독 지배한다**는 헌법사상으로 나타났다. 이것은 마치 신이 세계를 단독으로 통치한다는 것과 같은 사고였다. 확실히 실제적으로, 즉 정치적으로 보면 기독교를 믿는 사람들이 「신의 은총을 받은」 한 명의 황제 아래서 하나로 된 상태는 카를 대제 (Charlemagne, Karl der Große)에서만 존재하였을 뿐이다. 그러나 이러한 황제권이 신의 계시에 복종하고, 제국은 기독교도를 포괄하는 통일체라는 사고는 이념적으로 중세 전체를 통해서 살아 있었다.

최초의 2세기 동안에 황제는 교회를 보호할 의무를 가지고 있었기 때문에 그 한도에서 교회마저도 황제에게 복종하였다고 할 수 있다. 더구나 주교(主敎)와 제국승원장 등, 교회의 고위 성직자들은 황제가 제국 통치권을 행사함에 있어서 최대의 협력자이며, 제국 통일을 뒷받침한 최강의 방패이기도 하였다.

【9】이러한 관념에 따르면 제국과 선출된 제국 원수는 강력한 권력을 보유하기 위해서 절대적인 통치권을 가지기에 이른 것은 아니다. 자신이 부담한 **윤리적 책임**의 정도를 분별한 데에서 그들의 **통치**는 생겨난 것이다. 여하튼 제국의 권위는 권력과 책임의 균형 위에서 성립되었다. 이러한 관념에서 황제에게 법외적인 요구가 부과되었지만 그것은 실현 불가능하였다. 그것은 황제가 외부 강제력을 사용하지 않고 다른 사람들을 납득시킬 수 있는 개조력을 가져야만 한다는 요구였다. 신성로마제국의 흥망사는 이러한 요구가 어떻게 인간 가능성의 한계를 초월하였던가를 명확히 하고 있다. 그래서 매우 적은 황제만이 이 요구에 충분히 응할 수밖에 없다고 해도 그것은 쉽게 이해될 것이다.

나중에 이탈리아 법이론의 영향을 받아 앞의 사고는 점차로 폐지되었고, 제국과 제국 원수는 강제권력이라는 의미의 통치권을 획득하였다.

【10】 대영주와 그를 섬기는 「소영주」(Dynasten) 등 **제국의 유력자들**은 제국의 일부를 봉토(封土)로 받았다. 그들도 역시 통치는 그리스도의 가르침을 명심하여 자신들에게 맡겨진 영방을 번영시키기 위해서 행사해야만 할 의무인 동시에 권리라고 생각하였다. 황제는 단지 위계질서상 그들 위에 있을 뿐이다. 근대에 이르러 비로소 이성에 숨겨진 가능성에 눈을 돌리게 되자 이러한 관념들은 쇠퇴하여 갔다.

【11】 C. 그러나 13세기 이후에 이 확고한 세계를 뒷받침한 **정신적 기반**은 서서히 무너지기 시작하였다. 당시 아리스토텔레스의 합리주의 철학이 재발견되어 신학은 이것과 결합하였다. 요컨대 스콜라철학은 알베르투스 마그누스(Albertus Magnus, 1193-1280)와 토마스 아퀴나스(Thomas Aquino, 1225-1274)와 함께 전성기를 맞이하고 결국 **이성**(Ratio)**의 승리가 진행**하기 시작한 것이다.[5] 물론 이 「이성」에는 아직 신학적인 색채가 농후하였고, 그러한 상태는 변함 없이 장기간에 걸쳐 계속되었다. 카를 슈미트(Carl Schmitt)는 「근대 국가철학상의 중요한 개념은 모두 ... 신학의 개념들이 세속화 된 것이다」[6]고 말한 것은 진리일 것이다.

이미 13세기 말 둔스 스코투스(Duns Scotus, 1265-1308)는 신학은 본래의 의미의 학문(scientia proprie dicta)은 아니며, 교리는 명증성(evidentia rei)을 가지지 않는다고 하였다. 더구나 14세기 초 윌리엄 오브 옥캄(Wilhelm von Ockham, 1298-1350)이 학문과 신앙을 완전히 분리하고 신학상의 교의는 합리적으로 증명할 수 있다는 사고에 반대하고, 또 신이 존재한다는 증명도 비판하였다. 유명론(Nominalismus)이 다시 발견됨에 따라 독립된 학문으로서 여러 가지 자연과학이 발생하였다. 종교생활에서는 점차 속인이 성직자를 밀어내는 것처럼 되었다. 이러한 합리주의는 특히 남부와 서부에서 독일에 전해진 라틴어 문헌들, 라틴어의 침투, 그리고 로마법의 계수에 의해 뒷받침되었다. 이 로마법의 계수는 거기에 합리주의적 요소가 많이 포함되어 있기 때문에 정치, 사회 그리고 경제 분야에서 중세 유럽 세계를 뒤흔들어 놓기에 충분한 중대한 변혁을 가져다 주었다. 그래서 이 변혁은 법이라는 좁은 영역을 넘어서 이른바 보편적 혁신운동으로도 이해되어야 하며, 이 책의 서론에서 말한 「양식의 전환」의 일부인 것이다.

---

5) 이에 대해서는 Wilhelm Sauer, System der Rechts-und Sozialphilosophie, 2. Auflage, 1949, §§32 V 2, 40; Friedrich Ueberweg, Geschichte der Philosophie. 12. Aufl. Neudruck 1951, Bd. II, herausgegeben von Bernhard Geyer, §§ 35, 36, 42, 46; Reihnhold Zippelius, Geschichte der Staatsideen, 1971, §54를 참조.

6) Carl Schmitt, Politische Theologie, 2. Aufl. 1934, S. 41 (김효전 옮김, 『정치신학』, 법문사, 1988, 42면; 동인, 『헌법과 정치』, 산지니, 2020, 31면).

【12】**위에 대항하는 움직임**으로서 물론 독일에서는 신앙 분야에서 신비주의(Mystik)가 새롭게 흥미를 일으켰다. 여기서는 그 주장자로서 에케하르트(Eckehardt), 타울러(Tauler), 「독일 신학」(Theologia teutsch), 그리고 토마스 아 켐피스(Thomas a Kempis)의 이름을 열거하는 것이 좋을 것이며, 이러한 생활 감정을 표현한 것이 바로 고딕식 대성당과 중세 말기의 회화들이었다.[7]

제4절 통치의 사회적 정당성에 관한 이론

【13】A. 어떻게 통치의 정당성을 인정할 것인가 하는 고찰은 중세의 마지막 두 세기 동안에 뚜렷이 변화하였다. 이 변화는 헌법이론적으로 고찰함에 있어서 가장 먼저 우리의 흥미를 끄는 문제이다.

게르만의 대영주(Stammensherzog)는 자유민인 종족 구성원의 손에 의해 지도자로 선출되고, 그들에 대해서 공정한 통치를 할 책임을 지고 있었다. 그것이 중대한 변화를 한 것은 이미 **중세의 단계에서 왕을 선출할 자격이 제국의 유력자**에게만 한정되었을 때이다. 물론 그들이 왕을 선출할 때에 자신들이 스스로 지배하는 민중의 대표자라는 자각을 가지고 있었던 것은 아니었다. 중세의 사고에 의하면, 왕의 선출은 신이 정한 지배자를 발견하는 것이었다. 그러나 실제로 선출함에 있어서 상당한 정도의 현실의 역학 관계가 작용하였다는 것은 틀림 없다.

영국과 프랑스의 왕가에서는 당시 이미 장자세습제(Primogenitur)까지 이행하였다. 이것은 현실적으로 통치를 일신전속적 소유권으로 이해한 제도였다.

독일의 대영주 세력은 서로 비슷했기 때문에 한 가계(家系)가 다른 것에 우월한 지배적 지위를 가지는 사태는 발생하지 않았다. 독일왕은 당연히 자신이 봉임한 신하들 중에서 최상위자들의 표결과 지지에 의존하는 일이 많았다. 이것은 근대 초기에 특히 선거협약(Wahlkapitulation) ─ 뒤에 상세히 설명한다 ─ 으로 나타났으며, 또한 국왕이 수봉자(受封者)의 집행권과 방위력에 의지하는 현상으로 나타났다. 그것은 어떤 의미에서 영국에서의 발전과 비슷하였다. 영국에서는 1205년 존(John) 왕이 영토를 상실할 위험에 처한 것을 틈타서 귀족과 성직자들은 자신들의 권리를 계약상 확보하기 위해서 마그나 카르타(Magna Charta)를 발포케 하였다.

【14】 사회적 정당성으로부터 도피하기 위해서, 다시 말하면 신하에 대한 정치적

---

7) Ueberweg-Geyer II §54, Sauer, §32 V 3 참조.

종속을 피하기 위해서 **카를 대제**(800년) 때부터 **하인리히 7세**(룩셈부르크 家, 1308-1313) 까지의 **역대 독일 왕들**은 특히 어떻게 해서든 **황제의 지위를 차지하려고 노력하였다.** 황제만이 사회적 정당성이 불필요하며, 중세적 의미로서는 유일한 구속력을 가진다고 생각된 신의 재가(裁可)가 주어졌기 때문이다.

【15】 물론 이러한 노력이 독일왕들을 숙명적인 모순에 빠지게 한 것은 주지하는 바이다. 결국 자신의 선거인이기도 했던 수봉자로부터 독립을 쟁취하려고 함으로써 도리어 독일왕은 **새로이 로마 교황에게 종속하는** 파국에 빠졌다. 교황은 신의 재가를 지상에서 위임받은 유일한 자로 인정되었다. 교황에게의 종속을 강조하고 황제에 대한 교황의 영향력을 더욱 강화시키기 위해서 **마네골드 폰 라우터바흐**(Manegold von Lauterbach, 1050년경)는 황제와 영주가 하는 통치는 세속적 성격을 가질 뿐이라고 주장하였다. 세속군주는 「단순히」 선출될 뿐이기 때문에 「민중」(Volk)에게 종속되었다. 이에 반해서 교황은 (기독교도로서)「민중」을 직접 감화시킬 수 있다는 것이다.[8] 왕이 「민중」에게 종속한다는 주장은 당시로서는 분명히 문제를 너무 단순화한 것이었다. 그러나 300년 뒤에 (프랑스 왕이 교황을 아비뇽에 유폐시켰을 때) **바이에른 공 루트비히** (Ludwig der Bayern)는 일종의 민중 집회에 의해서 황제로 선출되었고(1314), 속인의 손에서 「로마 민중의 이름으로」 제관(帝冠)을 받았다.

【16】 이러한 표현과 대공위시대(1256-1273) 이후에 일반화 된 「신성 로마 제국」 (Sacrum Imperium Romanum)의 명칭은 **중세의 제국이 고대 로마 제국의 후계자**이며, 제국 황제는 로마 황제와 비잔틴 제국 황제의 후계자라고 이해한 것을 나타낸다. 그것은 광범위하게 승인되었고 뒤에 서술하듯이 후세에까지 오래 지속되었다. 그러나 통치가 어떻게 사회적으로 승인될 것인가 하는 점에 대해서는 이러한 사고에서 통일적 결론이 도출될 수는 없었다. 예컨대 호헨슈타우펜가의 황제 **프리드리히 2세**는 **아우구스투스** (Augustus)의 후계자임을 자임하였다. 아우구스투스는 기원전 31년 로마 시민의 투표로 황제가 되어 어떠한 세속권력에도 책임을 지지 아니하는 절대적 지배자이다. 이에 대해서 황제 **바이에른 공 루트비히**는 자신이 민중을 위해서 위임된 통치권의 관리자일 뿐이라고 이해하였다.

【17】 따라서 거기서는 분명히 사고의 변화가 생겼다. 그 이후 사회 및 국가이론가들은 「사회적 자연상태」를 전제로 하였다. 사회적 자연상태는 이전부터 민중이 생활하는 상태, 사회적 권력관계의 원천으로 생각되었다. 이 자연상태는 원죄 때문에 유지될 수 있었다. 그 결과 상실된 질서를 회복하기 위해서 민중은 **계약에 의해 질서를 지키고 평화를 유지할 사명을 군주에게 신탁하였고**, 군주세력을 부득이 인정해야 한다고 생각하

---

8) Ueberweg-Geyer II §20.

게 되었다.

그러나 이러한 발상 — 여러 세기에 걸쳐 반복해 나타나는 — 은 본래 중세에 있었던 기독교 제국관과 「양검설」(Zwei-Schwerter-Lehre)이 함께 복합된 것은 아니었다. 후자는 교회법에서 유래한 것으로 처음에는(1050년경) 신이 황제와 교황에게 세속과 종교적 권력이라는 두 개의 칼을 직접 주었다는 것을 의미하였다. 그러나 **그레고리우스 7세** 이후는 지상에서 신의 대리인인 교황이야말로 이 두 권력의 소유자이며, 황제가 즉위하면 교황은 그에게 세속의 「칼」을 준다는 형태로 양검설이 주장되었다.

그런데 여기서 다시 주목할 것이 지도자 선출에 관한 「단체」(genossenschaftliche) 사상이다. 이 게르만 사상은 고대 로마사상과 결부되었지만, 그 근거는 처음의 것과 아주 달랐다. 특히 북부 이탈리아와 독일에서 번창한 도시국가에서는 단체적인 통치형태가 발달하였고, 그것이 군주에 의한 통치를 고찰할 경우에 영향을 미쳤다는 것은 쉽게 이해된다. 이 단체사상을 통치자의 지위로 전용한 하나의 단서가 로마법에서 발견된다. 거기서는 이렇게 규정하고 있다. 황제의 명령은 법률로서의 효력을 가진다. 왜냐하면 「황제의 통치를 인정하는 법률에 의해서 민중은 황제에게 통치의 모든 것을 위임하였기 때문이다」(Inst. I, 2 §6). 물론 『법학제요』의 이 부분의 해석에 대해서는 의견이 분분하다. 우선 이른바 「전부양도론자」(Translatist)들은 민중이 황제에게 양도한 것은 통치권 그 자체라는 견해를 취하였다. 이에 반해서 「민중주권론자」(Concessionalist)들은 통치권 그 자체가 아닌 단지 통치권의 행사만을 황제에게 양도했다고 생각하였다. 따라서 이러한 사고에 의하면 민중의 의사를 헤아려 권력을 행사해야 하고, 만약 권력을 남용함으로써 민중이 황제권력을 박탈하면 권력은 당연히 상실되는 것이다.

【18】B. 민중주권론을 처음 주장한 사람 중 유명한 사람이 **파두아의 마르실리우스** (Marsilius von Padua, 1270-1340)이다.9) 이 사람과 같은 견해를 가진 **윌리엄 옥캄** (Wilhelm von Ockham, 1298-1350)은 이미 후세의 **자연법론과 그것이 설명된 계약론에서 전형적으로 볼 수 있는 사상**을 거의 전부에 걸쳐 논술하고 있다.

마르실리우스는 국가란 자유로운 인간의 결합체라고 주장하였다. 그러므로 누구도 단독으로 타인에 대해서 어떠한 제한(법률)을 정할 수 없다고 한다. 그는 — 아리스토텔레스처럼 — 입법과 집행을 구별하고, 거기서 입법은 시민 전체 「또는 시민의 유력한 부분」에 속하는 것으로 이해하였다. 「시민은 심의와 표결, 즉 민회에서 표명된 의사에 의해 속죄 또는 형벌로써 위협하면서 공민에 대해서 일정한 작위와 부작위를 요구하였다」. 이미 마르실리우스는 이와 같은 입법형식을 다음과 같은 이유에서 인정하였다.

---

9) Zippelius, Staatsideen, S. 63 ff. 참조.

즉「대체로 법안이 보편적 가치를 가지는지 여부의 심사와 평가는 거기에 관여하는 단체에 분별력과 의사력이 있으면 있을수록 공정하고 성실하게 수행된다. 누구도 고의로 자신을 해치려고는 하지 않기 때문에 공민 그 자체는 법안에 포함된 결함을 가장 예리하게 발견하고 공동이익에 가장 민감하게 주목한다」. 그러므로 민중의 대표자 중에서 다수는 아니더라도 전체의 공동체 구성원의 다수가 판단을 내려야 한다. 그리고「민회에서 법안이 공동체 전체 또는 다수 이익이 아니라 개인 또는 소수이익에 봉사한다고 생각하는 자는 누구든지 이의를 제기할 기회를 주어야만 한다」. 뿐만 아니라「자신이 제출한 법안에 대해서는 누구든지 이것을 주의깊게 관찰하는 것이다」(De translatione imperii; defensor pacis de re imperatoria et pontifica, 1324).

마르실리우스는 만약「개인 또는 소수자가 독단적으로 통치권을 탈취하여 옛날의 동료에 대한 지배자가 되자마자」,「시민의 자유」는 상실될 것이라고 일찍이 지적하였다. 그 결과 법률의 재가(그리고 해석)만이 아니라 지배자 선출에 관해서도 민중이 해야만 한다. 지배자 쪽은 단지 민중의 의사를 실행할 권리와 의무를 가질 뿐이다. 민중은 의무를 이행하지 않는 지배자를 폐위시키고, 경우에 따라서는 처벌도 할 수 있다는 것이 그의 주장이다. 그럼에도 불구하고 (중세에서는 부득이 했지만) 변함없이 여전히 국가권력의 원천을 신에게서 구했다. 민중은 선거와 입법을 할 때에 신에게서 영감을 받을 뿐이었다 (「신이 지시하고 민중이 행한다」). 따라서 마르실리우스가 의미하는 군주제는 실질적으로는 민주제이며, 다만 그것은 민중이 선출하고 폐위할 수 있는 국가원수로서의 군주를 받드는 군주제였다. 더욱이 그의 이론에 따르면 교회조차도 민중에게 복종하는 것이다. 교회의 권위는 성서와 교도들의 자발적 승인에 기초하기 때문이다. 계시를 전달하는데 있어서 어떠한 교회의 독점권도 인정되지 않았다.

【19】 C. 이처럼 일찍이 마네골드(Manegold)가 교회를 옹호하기 위해서 주장한 이론이 이번에는 교회를 공격하는 무기로 사용되었다. 즉 통치의 사회적 정당성의 이론은 교회도 표적으로 삼았다. 그것은 **공회의 수위설**(Konzilslehre)에서 분명히 나타나 있다. 이것은 교회의 계층조직을 해체하는 것이었다.

클뤼니 수도원 개혁 뒤에 또한 스콜라 철학이라는 확고한 기반에 뒷받침한 (물론 세속 영주들의 불협화음에 의한 것만은 아니지만) 교회는 13세기에 권력의 절정에 달하였다. 그러나 교황 보니파키우스(Bonifacius VIII)가 칙령「유일한 성역」(Unam Sanctam, 1302) 속에서 교회지상권을 주장한 이래 교회는 7년에 걸쳐 중대한 위기에 봉착하였다. 교회가 독일왕과 투쟁하는 동안에 프랑스왕은 우월한 권력을 축적하기에 이르렀으며, 1309년 필립 4세는 교황을 체포하여 아비뇽에 유폐시켰다. 이 사건과 계속된 교회의 대분열 (Schisma)은 교황의 권위를 추락시켰다.

【20】이러한 사정을 고려하면 **통치의 사회적 정당성에 관한 이론이 왜 교회에도 적용되었는지** 쉽게 이해될 것이다. 더구나 사람들은 원시 기독교에서 주장하는 통치와 의사형성의 형식을 논거로 할 수 있었기 때문에 이것은 중대하였다. 그런데 이른바 「공회의 수위설」에 의하면 교회에 관한 모든 문제의 최종적 판단권은 교황이 아니라 주교(主敎)와 이와 동등한 고위 성직자의 총회에 주어졌다. 이 주장의 이론적 근거는 다음 두 가지이다. 우선 첫째로,『법학제요』제1권 제2절 5에서 「... 로마 민중은 너무 많기 때문에 법률의 재가를 위해서 한 장소에 모이는 것은 어렵다. 그러므로 민중 전체를 대신해서 원로원의 조언을 받는 것이 적절하다고 생각한다」는 부분에 근거해서 국법에 관해서도 같은 결론을 로마법에서 도출할 수 있었다. 둘째로는 파두아의 마르실리우스의 권위있는 학설에 근거하였다. 그는 교회에 관해서도 모든 권력은 공회의가 대표하는 교회의 민중에게만 귀속한다고 주장하였다. 민중에게는 교회의 각종 업무 수행자의 임명과 그 업무수행의 감독권, 그리고 경우에 따라서는 해임권이 인정되었다. 또 공회의만이 교회의 교의를 확립할 수 있다고 주장하였다.

【21】그리고 이 공회의 수위설은 두 명의 교황을 폐위시키고 세 번째 교황을 선출한 피사 공회의(1409), 세 명 전부를 폐위시키고, 네 번째 교황을 선출한 콘스탄츠 공회의 (1414-1417), 그리고 마찬가지로 한 명을 폐위시키고 다른 한 명을 교황으로 선임한 바젤 공회의(1431-1439)에서 실행되었다.

제5절 국가주의(Nationalismus)의 발단

【22】이미 언급한 바젤 공회의 석상에서 처음으로 국가(국민)으로 분리하여 표결하였다. 그래서 하나의 새로운 개념이 확립되었고,[10] 그것은 뒤에 수 세기에 걸쳐 중요한 의미를 가지게 되었다. **국가의 자주성이라는 것이** 이전에도 많이 **강조되었고**, 그 결과 중세적인 보편주의의 붕괴가 **독일 이외의 제국 영토에서** 시작되었다. 즉 먼저 영국, 스페인과 프랑스에서, 나중에는 보헤미아에서, 그리하여 마침내는 어느 정도의 독일 내부의 영방들에서도 파괴되었다. 이러한 국가에 대한 자각의 기원은 중세 말기 대학에서 학생들이 몇 개의 「동향」(nationes)(「동향자」(Landesmannschaften)) 나누어져 있었다. 대학(Universirtas)의 어원은 본래 「학문의 종합」(universitas literarum)의 의미가 아니라, 몇 개의 「국가」 전체를 지시하는 의미로 사용되었다.

【23】중세 말기 국가사상이 **가장 강렬했던 곳은 프랑스**이다. 거기서 처음으로 국가의

---

10) 기초 자료는 Hans Kohn, The Idea of Nationalism, 1945이다. 이 책의 독일어 번역은 G. Nast-Kolb, 1950이 있다.

고유한 권리의 정당화의 국민감정이 형성되었고, 이 새로운 국가사상을 이전의 기독교 교도의 일체성 사상과 통합하려는 시도도 엿보인다. 필립 미왕(Phillips des Schönen)의 교사였던 애기디우스 로마누스(Aegidius Romanus, 1247-1316)[11]는 이미 『군주정치론』 (De Regimine Principum)이란 책 속에서 이전의 제국이 아닌 왕국(Regnum)이야말로 가장 완성된 정치적 통일체라고 하였다. 파리의 요한(Johann von Paris)[12]에서는 이미 서양 유럽을 복수의 국민국가로 분할된 것으로 파악하였다. 1302년에 저술한 『국왕과 교황의 권력에 관하여』(Tractatus de potestate regia et papali)에 의하면, 교회 분야에서 신의 세계질서 통일을 도모하기 위해서 사람과 교회조직이 단계적으로 통일될 필요성이 있지만 세속 분야에서는 그렇지 않았다. 이 분야에서 인간은 각자 다르며 정치단체도 다종다양하기 때문에 세계질서나 자연법 따위는 필요 없다고 주장하였다. 파리에서 출판된 『성직자와 군인론』(Disputatio in clericem et militam)에 의하면, 군인이야말로 프랑스 국왕의 입법권을 황제의 입법권과 동격에까지 높였다고 한다. 그러므로 (이것은 오늘날 史實로서 나타난 바이지만) 카를 대제의 제국이 분할되었기 때문에 프랑스 왕국은 구제국의 나머지 부분과 동등한 자격을 얻었다. 따라서 프랑스 국왕은 황제가 발포한 법률에 구속되지 아니한다. 끝으로 이러한 사고와 같은 목적을 지닌 것이 로마법의 현실적인 적용에 관한 주석학파(Kommentatoren)의 해석이다. 키누스(Cinus)*의 지적에 의하면, 이론적으로는 세계는 모두 제국의 지배 아래 있지만 실제로는 그렇지 않았다.[13] 존 오브 솔즈버리(Johannes von Salisbury)의 견해도 이와 마찬가지로 영국왕은 「그의 영토에서는」 황제와 동격이라고 하였다.[14]

【24】 프랑스와 영국에서 제국권력에서의 이탈은 당시 융성하고 있었던 국가적 권력에의 요구였던 것이다. 이에 대해서 루폴트 폰 베벤부르크(Lupold von Bebenburg)의 저서 『왕국과 신성 로마 제국의 법에 관하여』(De jure regni et imperii Romanorum, 1340) 속에서 제국에서의 이탈은 **단념의 표현**을 의미하였다. 루폴트도 제국과 왕국의 통치권을 구별하였다. 그래서 제국의 구성원이 동일하지만 각각 독립한 공동체인 복수의 왕국이 존재한다고 주장하였다. 이리하여 제국과 왕국은 패권을 둘러싸고 서로 다투게 되었다. 그는 양자를 조화시키려고 했지만 양자의 대립은 극복 또는 은폐될 수 없었다.

【25】 이와 같이 본다면, **이미 중세 말기에 두 개의 근대 지도원리**가 형성되었다는 것이 이해될 것이다. 그것은 **민주주의 사상**과 **국민국가 사상**이다. 이 두 사상은 그 후 수 세기 사이에 더욱 더 많은 변천을 거듭한다. 결국 양자는 결합하지만, 제1차 세계대전

---

11) Ueberweg-Geyer II §44 B. 참조.
12) Ebenda.
13) Dieter Wyduckel, Untersuchungen zu den Grundlagen der frühmodernen Rechts-und Staatslehre, Diss. Münster 1977, S. 92 참조.
14) Wyduckel, a. a. O., S. 212.

이후의 시대를 보면 양자의 결합은 근대 말기의 헌법사상의 집대성인 동시에 거기에 포함된 위험성도 명백히 나타났다.

제2장 1486년부터 베스트팔렌 조약까지 제국헌법의 발전

제6절 제국의 일반적 상태와 특히 국가제도의 법적 상태

【26】 A. 이상 개략적으로 살펴 본 새로운 국가제도의 정치이념은 제국에 대해서 그 영향을 미치기 시작하였다. 그러면 그것이 제국의 국가제도 구조와 어떻게 하나가 되었을까? 그러나 근대 초의 국가제도를 개관하는 것은 결코 쉬운 일이 아니다. 이미 헤겔은 그 이유를 다음과 같은 말로 표현하고 있다. 독일 국법은 「원리와 원칙에 근거한 학문이 아니고 사권(私權)과 같은 형태를 취하며 매우 복잡한 국가원리를 기록한 장부(Urbarium) 이다. 독일 국왕과 각 영방 군주인 지도자들은 「고권의 묶음」(Bundel von Hoheitsrechten) 을 한 손에 장악하였다. 그 속에는 군주가 상속한 것도 있고 자신의 봉토로서 얻은 것도 있으며, 더구나 매입하거나 약탈한 것도 포함되어 있다. 그러므로 국가제도의 법적 상태를 체계적으로 서술한다는 것은 처음부터 불가능하다. 그래서 오히려 역사의 추이를 기록함으로써 특정한 시대상황을 분명히 하고, 그리하여 거기서 어떻게 하나의 제도가 성립한 것인지를 나타내는 편이 훨씬 중요하다. 미리 결론을 내린다면, 15세기의 제국제도 는 장기간에 걸쳐 계속된 붕괴의 결과였다고 할 수 있다.15)

【27】 B. 앞서 언급한 국민국가 관념의 성립은 15세기에 들어서면 이에는 보편적으로 이해된 제국을 변화시키는 결과가 되었다. 즉 1486년의 어떤 제국 법률은 최초로 「독일 국민의 신성 로마 제국」(das Heilige Römische Reich Deutscher Nation)이란 말을 사용하였 다. 17, 18세기에 들어서면 이 명칭은 독일 국민이 (보편적인 그리스도의) 제국에 대해 우월한 것을 나타내는 것으로 이해되었다. 그러나 그것은 잘못된 것이다. 오히려 앞에 **붙은 말은 하나의 한정사**이며, 결국 유럽에서 성립한 독일 이외의 국민국가의 독립을 승인한 것을 **의미**하였다.

【28】 **막시밀리안 1세가 황제 대관식을 취소한 것도** 같은 취지이다. 더욱이 이미 렌제 (Rhense)의 선제후 회의는 교황이 하는 국왕 선거 결과의 승인을 법적으로 불필요한 것으로 이해하였다(1338). 그러나 역대 황제는 로마 교황의 교지를 관례로 하였다. 따라서 막시밀리안이 이러한 전통을 취소하고 국왕으로 선출된 뒤에 「선출된 로마 황제」라는 칭호를 사용한 것(1493)은 더 진일보한 것이었다. 그의 후계자 카를 5세가 (적어도 사후적으

---

15) Hartung, Verfassungsgeschichte, S. 8.

로) 독일 황제로서 교황에게서 대관을 받은 최후의 사람이었다. 그 이후 황제는 이미 그러한 대관식을 두 번 다시 하지 않았다. 그러나 대관식의 폐지와 이에 따른 칭호의 변경은 로마 교황청이 국왕선거에 관여하는 영향력을 배제하는 것이지만, 동시에 **로마 황제의 지위에 따른 포괄적인 권리도 모두 포기하는 것**을 의미하였다. 그 후 제국은 실제로 단순히 「독일 제국」(Deutsches Reich)으로 불렸다. 다만, 이 명칭이 공식 용어로 처음 사용된 것은 겨우 뤼네빌레 조약(1801)이었다.

【29】 제국 영역도 단순하게 결정할 수 없었고 그 **경계는 유동적이었다.**

근대 초기에 하나의 단서를 준 것은 1500년에 있었던 관구분할(Kreiseinteilung)이지만 뒤에 더 상세하게 설명하기로 한다. 이것은 1512년에 수정되었으며, 다음과 같은 상태였다. 서쪽 경계는 안트베르펜에서 쉘데강, 마우스강, 소네강과 르네강을 따라 지중해에 이르는 선, 따라서 네덜란드 서북부, 로트링겐, 부르군드 자유백령과 사보이를 포함하였다. 그 다음 남쪽 경계는 1499년 바젤 강화조약 이후 사실상 제국에서 이탈한 스위스 서약동맹을 완만한 곡선으로 그리며 우회했지만 티롤과 트리엔트 주교구는 포함되어 있었다. 그러나 밀라노와 모데나 기타 북부 이탈리아 도시들에 대한 봉토 종주권 (Lehnshoheit)은 정치적 의미를 가진 것이 아니라, 단지 이탈리아 원정의 전통 때문에 형식적으로 유지될 뿐이었다. 다른 한편 베네치아와 교황령은 법적으로도 제국 영토 밖에 있었다. 또 동쪽 경계는 크라인, 슈타이어마르크, 오스트리아, 그리고 메렌 (따라서 나중에 19세기 오스트리아와 헝가리 국경에 걸쳐 있었던 모라비아)을 포함하고, 더욱 북쪽으로 향해 보헤미아의 동쪽 끝 노이마르크와 폼메른에 접하고 발트해까지 이어졌다. 마지막으로 북쪽 경계는 아이더강이었다.

그러나 이 경계선은 정치적으로 결정된 것이라고는 할 수 없다. 예컨대 외국 영주도 제국 영토의 일부에 대한 지배자 자격으로 (단 독일 내의 영토에 한정해서) 제국의 여러 기관에 의석과 투표권을 가지고 있었기 때문이다. 반대로 독일의 영주가 제국 경계선 밖에 영토를 가지는 경우에는 그 한도에서 제국 권력에 복종하지 않았다.

제국 경계선은 역사적으로 볼 때 일정한 것이 아니며 오히려 축소되는 경향이 있었다. 1548년 조약에 의해 시작된 네덜란드의 이탈은 스페인 합스부르크가와의 동맹, 그리고 독립전쟁으로 첨예화되었고, 결국 1648년 이후에는 결정적인 것이 되었으며, 또 1552년 프랑스의 동진이 시작되었고, 루이 14세의 「재통합전쟁」(Réunionskriege)으로 절정에 달하였다. 그런데 시간의 진행이 너무 앞으로 나아갔기 때문에 시대를 거슬러 올라가 보자.

【30】여기서 **제국의 사회학적 및 경제적 구조**를 나타내는 약간의 통계 자료가 이미지를 더 보충해 줄 것이다. 우선 인구는 1000년부터 1347년까지 약 700만에서 1300만으로 증가했지만, 그 후 잠시 동안의 페스트의 유행으로 말미암아 반감되었다. 그러나 1500년 전후에 다시 1000만 내지 1200만명으로 회복한다. 그 이후 19세기까지 인구는 완만하게 또는 거의 균등한 비율로 증가된 것이 기록되어 있다.

그런데 인구의 약 80%는 농업에 종사하였다. **농민의 법적 상태**는 제국의 각 지역마다 매우 달랐다. 이른바 프리스란트에서 보이는 약간의 자유농민 이외에도 예속 농민이 있었고, 그 중에서도 또 각종 계층으로 나뉘었다. 권리가 수봉에 근거한 것을 원칙으로 한 시대에는 농지에의 예속은 인신의 자유와 완전히 조화하는 것으로 생각되었다. 그러나 **농민의 경제적 상태**도 법적 상태에 중대한 영향을 미쳤다. 그것은 처음에는 그들에게 유리하게 진행되었다. 요컨대 농산물은 높은 가치가 있었기 때문에 경지의 페스트 유행으로 인구가 감소하여 농촌 중에서 약 20%가 황폐화하는 대정체기가 시작되었다. 이전에 이미 영국과 프랑스에서도 발생했지만 이러한 경제적 파국의 결과는 농민봉기라는 형태를 취하였다. 그 밖의 결과로서 영주의 재정을 궁핍화시켰다. 그것은 이른바 1410년의 독일 기사단(Deutscher Ritterorden)의 경제적 붕괴의 도화선이 되었다.

그리고 **도시**에는 인구의 약 12~15%에 해당하는 사람들이 거주하였다. 다만, 만명 이상의 인구를 가진 도시는 12개 정도밖에 없었다. 이에 대해서 약 2800개의 도시에서 인구는 천명을 밑돌았다. 그러나 「**도시의 공기는 자유를 가져다 준다**」(Stadtluft macht frei)는 원칙이 있었기 때문에 도시인구는 항상 증가일로에 있었다. 일부 도시에서는 행정수단을 사용해서 인구증가를 막으려고 했던 것도 당연하였다. 중세 절정기에 상업과 수공업이 가격면에서 유리하였고, 활발했기 때문에 도시가 번창하였다. 어용상인이 힘을 가지고 있었던 지역은 도시귀족(Patriziat)이 있었지만, 수공업자가 우세한 곳에서는 도시귀족은 14세기 중반까지 동업자조합에 의해 도시지배(일부는 혁명에 의해)에서 배제되었다. 그러나 도시는 여하튼 경제력이 있었기 때문에 국왕, 영방군주와 귀족들은 끊임없이 새로운 재정적 요구를 하였다. 그 결과 「금인칙서」(Goldene Bulle)에서 금지하고 있음에도 불구하고 라인란트와 슈바벤에서 **도시동맹**(Städtebund)이 **결성**되었다. 1377년에 벤첼(Wenzel)왕이 무력으로 동맹을 해산시키려고 했지만 되지 않았다. 도시는 정치적으로 중요했지만 국가제도상으로는 확고한 법적 지위를 얻을 수 없었다. 다시 말하면 도시는 **중세 말기까지는 아직 「제국신분」**(Reichsstand)**이 아니었다**. 도시가 제국의회에 소집된 것은 재정이라는 실제상의 필요가 있는 경우에만 한정되었다.

【31】C. 옛날 게르만적 사고에 의하면 **독일왕은 제국**의 소유자가 아니고 「**기관**」(Organ)이었다. 뒤에 왕은 이론상 거의 절대적인 지배자로 승인되었다. 결국 로마법이

국가 이론에 유입됨으로써 왕에게는 로마황제가 가진 모든 권리가 인정되었다. 그러나 현실적으로 왕의 지위가 반드시 절대적일 수 없었다면 그 원인은 그가 선거에 의해 취임되었다는 사정일 것이다. 합스부르크가가 제위를 사실상 세습하는 시대까지도 **독일 왕이 행사하는 권리**는 선제후가 가지는 **선거권에 의해 위임되었다는 이미지**가 여전히 따라다녔다. 그것은 왕이 (나중에는 「선출된」 황제) 대관식 석상에서 법을 지키며, 부정을 막고 제국을 확대한다는 취지를 엄숙히 서약할 의무가 있다는 점에서도 나타나 있다. 이 의무가 장기간 이행되지 않을 경우 선제후들은 황제의 책임을 묻고 경우에 따라서는 그를 파면할 권리까지도 가졌다. 이러한 사상은 결국 황제 프리드리히 3세 치하에서 중요시되었지만 물론 실행되지는 않았다.

【32】제국의 정치적 구조에 의하면 **황제의 권력은 관습에 의해 뚜렷이 제약을 받는다**는 사실이 있었다. 이 관습은 등족(신분들)이 황제의 법적 지위를 제한한다는 내용으로서 중세 말기부터 근대 초기에 문서화되었다. 이른바 1495년의 「평화와 법의 관장」(Handhabung Friedens und Rechts), 1500년의 「통치부령」(Regimentsordnung), 그리고 1519년 이후의 일련의 「선거협약」(Wahlkapitulationen)이다. 카를 5세 이후 역대 황제는 그것에 대한 선서의무를 가졌고, 당초의 조건에 의한 것도 있었지만, 보다 엄격한 조건이 추가된 것도 있었다.

그러나 바로 중요한 것은 이미 중세 말기에 **각 영방의 힘이 강대했기 때문에 왕의 권력기반이 상실되었다**는 사실이다. 이러한 「국가의 개별화」는 독일 헌법사에서 매우 중요한 의미를 가지는 것으로, 그 발전과 구조에 관해서는 뒤에 별도로 상세히 검토해야만 한다. 여기서 논하고 있는 것과의 관계에서 우선 흥미의 대상이 되는 것은, 이 영방의 대두가 제국의 국가제도에 어떠한 영향을 미쳤는지 만에 대해서이다. 그 특징을 한마디로 말하면 **영방은 제국을 붕괴시켰다.** 각 영방은 「제국을 희생시켜, 즉 제국영토와 제국재정에 관한 국왕의 권력을 희생시켜 생겨난 것이다」[16]. 유스투스 뫼저(Justus Möser)는 18세기 독일황제에 대해서 「손바닥만한 넓이의 땅과 인민도 가지지 못하였고, 거기서 어떠한 수입도 얻을 수 없었다」고 말하였지만 그것은 이미 1500년경에 말할 수 있었다.

【33】이리하여 황제의 절대권력은 **유보권**(Reservatrechte)**으로까지 축소되었다.** 그 내용은 최상급 재판권, 여러 가지 특권을 부여한 신분을 승격시킬 권리, 봉토종주권과 봉토재판권 등이다. 특히 루돌프 폰 합스부르크로부터 프리드리히 3세까지 역대 독일 황제의 영토확장이 보여주듯이, 황제의 봉토종주권은 실제로 중요하였다. 그러나 **영토확장은 황제와 제국에 대한 것이 아니라** 왕가의 **개인적 이익**으로 되었다. 그것은 다음과 같은 이유이다. 제위는 세습되지 않았기 때문에 황제가 원수로서 대표하는 제국이익과 황제의 출신 영방의 이익

---

16) Hartung, Verfassungsgeschichte, S. 8.

사이에 충돌이 생겼기 때문이다. 그러나 만약 황제가 자기 왕조의 이익을 바라지 않고 어떤 영토를 자신의「영토권」(Hausmacht)을 위해서가 아닌, 제국을 위해서 획득하려고 해도 그것은 허용되지 않았다. 왜냐하면 왕은 공위로 되었던 제국봉토를 1년과 하루 이상 제국의 관리에게 맡겨서는 안 된다는 사고 때문이다. 또 왕은 가상의 적에 대해서 제국에 복귀한 영토를 봉토로 수여할 의향이 없는 경우에, 그는 자신(영방군주의 자격으로)이나 상속인 및 예정된 후계자에게 그것을 봉토로서 주어야만 하였다. 따라서 제국에 복귀하고 또 수봉가능한 영토는 제국이 아닌 황제 출신 왕가의 **영토권**에 귀속되었다.

이「영토권 정책」을 최초로 실행한 자가 룩셈부르크의 카를 4세였다. 후에 합스부르크가 이 정책을 점차로 완성시켰다. 그러나 여기서 확인해 둘 것은 영토권은 첫째로 황제 출신 왕가의 이익만을 위한 것이 아니며, 또한 그래서도 안 된다는 것이다. 왜냐하면 영토권이 인정되는 것은 잘 알려져 있듯이, 유력 가신이 제국의 방위에 협력을 거부한 경우에 황제가 제국을 혼자서 방위하기 위한 실질적 기반이기 때문이다. 앞서 살펴본 카를 4세의 기도, 결국 독일왕으로서는 정치권력을 가지지 아니하지만 영방군주의 지위를 강화시키는데 힘쓰는 기도는 곧 순수한「영토권 에고이즘」(Hausmachtegoismus)으로 되었다. 그것은 간접적으로 결코 제국에 도움이 되지 않았다.

1495년 이후로 제국 신분들은 이 유해로운 경향을 저지시켰다. 황제 막시밀리안 1세에게 억지로 승인시킨「평화와 법의 관장」과 이후에 몇 개의 선거협약에서 옛날 관습이 정한 원칙과는 반대로 전쟁에서 획득한 영토와 공위로 된 봉토는 제국에 귀속해야 한다는 취지가 정해졌다. 그러나 이러한 협약들도 이미 시작된 제국의 해체를 막을 수도, 또한 역행할 수도 없었다. 독일 역사에서 잘 나타나듯이, 여기서도「이미 시간은 너무 늦었던」것이다.

【34】이러한 제국과 왕가의 영토권의 이해대립은 제위가 사실상 합스부르크가에 세습된 뒤에도 결코 해소되지 않았다. 오히려 이러한 제국에서 **왕의 권능은 영토권을 위해서 행사된** 예가 많았다. 그런데 힘있는 인물들(예컨대 카를 4세)은 이러한 이해대립을 조화시켜 정말로 활력 있는 긴장관계를 만들 수 있었다. 확실히 제국국법의 상태는 매우 혼돈되어 있었지만, 그것은 강렬한 목적의식을 가진 인물에게는 영주 상호간의 대립에 편승하여 영향력과 권력을 장악하기 쉬웠던 것이다. 그 경우 왕의 권리 속에는 제국이익도 포함된다고 생각하였다. 그러나 그러한 인물이 바로 이 시대 독일 왕위에 앉은 것은 희박하였고, 또 만약 앉았더라도 권력의 실체를 후계자에게 넘겨줄 수 없었다. 그것은 그 인물의 개인적 자질 때문이지, 결코 왕위가 가지는 권위에서 유래한 것이 아니었기 때문이다.

【35】이러한 대립과 긴장관계가 생겼기 때문에「황제와 제국」(Kaiser und Reich)이라는 **상투적인 말**의 의미도 점차 변화하였다. 본래「황제와 제국」은 불가불리의 것이며, 또한

거의 동일한 것을 의미하였다.[17] 요컨대 황제는 교체가능한 원수이지만, 제국은 보편적·영속적 조직이었다. 그러나 양자 사이의 **대립**이 점차 확대되었다. 그래서 마침내 「제국」은 바로 황제를 제외한 신분들 전체, 요컨대 황제의 반대세력으로 이해되었다.

【36】 D. 카를 4세가 수행한 역할과 관련해서 이미 언급한 것처럼 제국국법과 헌법의 법적 상태는 혼란되어 있었다. 당시는 **유일한 제국법률**만이 있었으며, 더구나 **시간적 효력의 한계도 가지지 않았다.** 즉 그것은 황제 카를 4세의 **금인칙서**로서 1356년 1월 뉘른베르크와 동년 12월 메쯔 제국회의에서 의결되었다.「금인칙서」라는 명칭은 문서에 찍힌 인장을 보관하는 용기가 황금제였던 사실에서 유래한다. 그 내용은 7명의 선제후, 즉 마인쯔, 쾰른, 트리어, 그리고 보헤미아왕, 라인 궁중 백작, 작센-비텐베르크 공 그리고 브란덴부르크 변경백작의 법적 지위에 관해서 종래의 관행을 확인하는 것이었다. 구체적으로 선제후 회의의 황제선거권, 선제후 영토의 불가분성, 4명의 세속 선제후 지위에 관한 장자상속의 순위, 불상소특권(不上訴特權), 그리고 마지막으로 경제적으로 중요한 화폐주조, 제염, 광산수익권 등이 정하여 졌다.

기타의 사항에 관해서는 규정이 없는 것이 많았다.

【37】 이 「금인칙서」의 예가 보여주고 있듯이, 제국법률은 **제국의회**(Reichstag)에 의해 의결되었다. 그러나 이 **제국기관의 조직**에 관한 우리들의 지식은 그다지 확실한 것이 아니다. 우리가 아는 바는 기초의 아주 중요한 기본문제에 대해서는 확립된 규정이 없었다는 것이다. 예컨대 누가 제국의회에 참석할 권리를 가지는가? 그 권리에는 참석의무가 따르는가? 로마 황제로서 독일왕은 출석시키는 것이 중요하다고 생각되는 제국신분만을 소집한 권리를 가지는가? 아니면 출석권을 가진 신분들 전원을 소집할 의무를 가지는가? 그리고 마지막으로 제국의회는 왕이 소집하지 않아도 소집할 수 있는가? 또는 왕의 의사에 반해서 소집할 수 있는지의 점에 관한 것들이다. 마찬가지로 투표방법과 제국의회 결의는 결석한 신분들에게 구속하는지의 문제에 대해서도 규정이 없다. 그런데 사료(史料)에 의하면 이 경우에 왕은 그러한 구속력을 가지고 있다는 취지를 항상 주장했던 사실이 인정된다. 그러나 왕의 주장을 관철시키지 않았다는 것이 통례였다는 것도 사실이다.

근대 초기까지 제국의회는 정기적으로 개최되지는 않았다. 제국의회의 내부적인 이야기로서 제국신분들의 의견이 일치한 것은 대개 왕에 반대하는 경우에 한정되었다고 전한다. 이에 대해서 제국정책과 제국입법이라는 독자적인 정책 형성에 관해서 그들은 결코 자발적으로 집회를 할 수는 없었다.

【38】 마찬가지로 구성원이 많은 **선제후회의**(Kurfürstenkollegium)에서도 대체로 타

---

17) Hartung, Verfassungsgeschichte, S. 10.

당하였다. 여기서도 이 회의의 헌법상의 지위를 높이려는 노력이 있었지만, 왕이 고의로
시기했기 때문에 선제후 사이에 불화가 생겨서 모두 실패로 끝났다.「선제후연합」
(Kurverein)을 확고히 결성하여 허구적이고 무능한 왕에 대신해서 자신들이 제국통치를
담당하려는 기도는 실패로 끝났다. 본래 독일 국가제도의 발전에서 중요한 것은 앞서
언급한 1338년의 렌제 선제후회의의 결의뿐이었다. 그것에 의하면 이미 왕의 선출에
교황의 승인이 필요없게 되었다.

제7절　제국개혁의 여러 가지 시도

【39】A. 제국의 국가제도에 각종의 결함과 불명료함이 있었다고 생각되며, 신성로마제
국의 헌법사는 **15세기 이후로 여러 가지 제국개혁**의 노력의 역사로 이해된다. 중세에서
근대에로의 전환기에 많은 개혁안(우선 이론적으로)이 있었다. 개혁의 실제를 논하기
전에, 개혁안 중에서도 가장 주목할 만한 것인 니콜라우스 쿠자누스(Nicolaus Cusanus)*의
개혁안을 먼저 보도록 한다.

【40】니콜라우스 쿠자누스는 1401년 모제르강 근처 쿠에즈(Cues)에서 포도재배농가
의 아들로 태어났다. 성직자가 된 그는 1448년에 추기경이 되었다. 1464년 사망했을
때 유럽세계는 당시 가장 뛰어난 학자였던 그의 죽음을 슬퍼하였다.[18] 많은 사람들은
그를 근대철학의 시조로 불렀고, 또 다른 사람들은 그를 신비주의자(Mystiker)로 평가하였
다. 실제로 그는 확실히 중세와 근대, 신학과 철학, 그리고 신학과 국가학의 중간에
위치하였다. 1433년에 유명한『보편적 조화에 관해서』(Concordantia catholica) 속에서
쿠자누스는 당시의 모든 사조, 예컨대 제국은 그리스도의 사명을 계승해야 한다거나,
그것과 통치의 세속적 기능은 구별해서 생각해야만 한다든가, 제국은「각 동향국」
(Nationes)으로부터 조직되었다거나, 그리고 통치의 사회적 정당성은 세속적으로 황제선
거원리(Churprinzip)에, 또는 교회에서는 공회의수위원리(Konzilprinzip)에서 찾아야 한
다는 여러 가지 사상을 통합하여 하나의 장대한 법철학 체계와 국법학 체계를 구축하였다.

이 저작의 주제는 이미 토마스 아퀴나스와 마르실리우스 폰 파두아 등이 주장한 **자연법
의 개념**이었지만, 쿠자누스는 많은 점에서 **새로운 것을 주장하였다**. 그에게 있어서 자연법
은 이성의 표현이기 때문에「현자」(der Weise)를 바로 납득시키기에 충분한 것이어야만
하며, 입법은 자연법에 적합해야 한다. 그는 이 책의 제2권 14장에서 이렇게 말하고
있다.「국가제도는 자연법(Jus naturale)에 근거로 하기 때문에 그것과 모순되는 국가제도
는 올바른 것이 아니다. 본래 자연법은 이성에 내재하는 것인 이상, 각기 법률의 근거는
누구에게도 자명한 것이다. 현자와 가장 뛰어난 인물이 이성과 지혜를 가지고 있는

---

18) Sauer, §33Ⅱ, Rudolf Schulz, Die Staatsphilosophie des Nicolaus von Cues (1948) pass.를 참조.

것은 당연하기 때문에 그야말로 스스로 공정한 법률을 정하고 다른 사람들을 통치하기 위한 지배자로 선출된다」. 또 「자연적 권리는 인간이 국법에 관한 고찰을 하기 이전에 존재한 것으로 국법의 기초에 있는 원리이다」(이 책의 제2권 제18장).

그러나 쿠자누스에 의하면 소수만이 이성을 독점하는 것은 아니다. 이성은 지능을 가진 존재인 인간본성 속에 존재한다. 「노예를 만든 것은 본성이 아닌 무지이다. 따라서 해방이 아니라, 아는 것에 의해 자유인은 생긴다」. 그는 「석판에 끌로 새겨 두거나 철판에 적은 법률이 아니라, 정신에 새겨지고 오관에 근거한 규칙에 따라 생활하는 사람만이 자유인이다」라고 말하였으며, 이것은 한 시대를 앞선 통찰이다. 따라서 이성과 자유인은 어떠한 외적 권위와 타자가 명령하는 절대적 명령에 굴복하는 것이 아니다. 이성은 자율적이다. 그래서 현자는 이성에서 유래한 통찰력을 가지고 법률을 정하며, 자신과 그 법률이 본성과 이성에 비추어 어떻게 정당한지를 이해할 수 있는 다른 사람에게 준다. 하지만 무지한 사람도 당연히 법률에 복종해야 한다. 왜냐하면 무지한 사람도 이성을 원하는 사람이기 때문이다. 이러한 자연법을 전제로 하면 뒤의 이른바 토마스 홉스와 근대 독재자들이 시도했던 것처럼 전부양도설이라는 단일자의 절대지배의 요청으로 귀착된다. 그래서 쿠자누스 자신은 「이성에 근거한 자신을 안다는 것은 누구에게나 공통된 보편적인 것이다」라는 근본명제를 견지하고, 더구나 마르실리우스와 마찬가지로 이렇게 말하였다. 「대개 법률은 그것에 구속되는 인간들 전체에 의해서 정해지든지, 만일 그렇지 않으면 선거의 방법으로 사람들의 다수결로 정해져야만 한다. 왜냐하면 공동선(das allgemein Wohl)이 문제되는 한 만인에게 관계되는 사정은 역시 만인에 의해서 승인될 필요가 있기 때문이다」. 이것은 이미 공동체라는 개념 자체에서 당연한 귀결로서 생긴다. 「공동체」(Gemeinwesen)라는 것은 일반 또는 다수의 동의에 근거하는 것이다. 이러한 공리가 있음에도 불구하고 쿠자누스에 의하면 (마르실리우스와는 다르게), 지배자는 이미 제정된 법률을 집행하기 위해서만 민중으로부터 임명되는 것은 아니다. 지배자는 자신이 총명하기 때문에 자신 스스로 법률을 정할 수 있다고 한다. 그러나 물론 그러한 법률은 일반적 승인을 받는 데에 적합해야만 한다.

쿠자누스에 의하면 법률은 바로 중세 영주와 성직자라는 「두 개의 신분공회의」에서 결정되는 것이 바람직하다고 한다. 이러한 국가제도가 영주권력의 한계로 된다. 그것은 재판관이 법률에 복종하는 것과 마찬가지이다.

쿠자누스는 공의회수위설을 주장하고 그 논거는 다음과 같다. 즉 황제와 제국의 관계와 마찬가지로 교황과 공회의, 교회의 장과 교구도 여하튼 불가분의 일체를 형성한다. 그래서 공회의야말로 최상급의 심판기관이며, 공회의 (교황이 아닌)는 불가오류한 것이다. 다만 이러한 공의회수위설의 편의적 운용은 르네상스기의 교황들의 치하에 들어가면서 곧 절대주의에 굴복해 버렸다.

【41】 쿠자누스의 사고는 후세에까지 세속의 정치분야에 광범위한 영향을 미쳤지만, 그것이 일반적으로 판명된 것은 더욱 더 뒤였다. 그러나 쿠에즈의 니콜라우스는 결코 정치적인 제도의 일반원칙만을 창출한 것은 아니다. 오히려 『**보편적 조화에 관해서**』 제3권에서 그는 **상세한 헌법의 초안**을 작성하였다. 그 속에서 그는 당시 각종의 정치적 조류에 새로운 통일을 가져다 줌으로써 제국을 구제하려고 하였다. 따라서 그의 저작의 이 부분을 실천적인 개혁안으로 이해해도 좋으며, 당시의 사람들도 사실 그렇게 이해하였다.

쿠자누스는 제국이 곤경에 빠질 동안에 제국재정을 풍부하게 하지 않은 영주에 대해서 강력한 어조로 경고하였다. 그것은 영주의 제국 이탈의 경향이 강하면(이념으로서 또 정치적 공동체로서의) 제국에서 위험이 증대한다는 것을 그가 명료하게 인식했기 때문이다. 왜냐하면 수족과 건강한 육체를 연결하는 조직이 결여된 경우 수족도 역시 죽기 때문이다. 그래서 그는 후세가 더듬어 갈 말로를 다음과 같은 예언적인 문장으로 요약하고 있다. 「오늘날 영주들이 제국을 탐욕스럽게 먹어 버린다면 언젠가 이번에는 인민들이 영주들을 먹어치워 버릴 것이다」. 물론 쿠자누스는 현실주의자였기 때문에 이러한 형편이 불가피하다는 것을 충분히 알고 있었다. 만약 그렇게 가르쳤을지라도 영주들은 결코 다시 황제권력에 복종치 않았을 것이라고 한다. 그래서 그는 가장 강력한 정치세력 자체(바로 영주들이나 그들이 대표하는 각 국가)를 정치적 의사형성의 주체로 하여 제국의 지주로 하려는 시도이다. 그들은 결국 점차로 그 모습을 드러내고 있었던 「영방군주」로서, 청종해야만 할 「현명한 지배자」인 것이고, 그들은 이성을 가지고 있기 때문에 만인이 따르는 법률을 제정할 수 있는 존재이다.

그러나 영주가 매우 현명하다고 할지라도 교황에게 추기경회의, 황제에게 선제후회의가 있는 것과 같이 신민으로부터 구성된 상임고문단, 이른바 「민중지도단」(viri praefecti)이 영주를 보좌해야 한다고 한다. 이것은 또한 당시로서는 얼마나 탁월한 근대적 사상이었는가? 이 고문단의 직무는 지배자와 신민 사이에 발생하는 대립의 조화를 꾀하고, 한편으로 신민의 정치사상을 영주에게 이해시킴과 동시에, 다른 한편으로 영주의 권위를 신민에게 알려 주는 것이 되었다.

그런데 영주 전체는 제국의 주요기관인 제국의회(Reichstag)를 구성한다. 황제는 그것을 매년 소집할 의무를 진다. 이 회의에서 영주들은 3개의 다른 신분으로 나누어져 각자의 국가를 대표하고 그들의 지혜를 발휘한다. 제국의회는 제국의 최고의 입법권을 가진다. 이에 대해서 제국행정의 중점은 제국참의회(Reichsrat), 즉 황제를 의장으로 해서 매년 프랑크푸르트에서 모이는 제국의회의 위원회로 존속하도록 하였다.

제국의회와 제국참의회의 직무 중에서 특별한 것으로서 쿠자누스는 독일의 법원(法源) 전부를 수집, 정리 그리고 기록을 들고 있다.

제국은 각기 하나의 제국재판소를 설치해서 12개의 제국 「관구」로 분할하였다.

이 재판소는 귀족, 성직자와 도시시민 각각 1명으로 구성되고, 상소에 근거해서 최종심으로 판단을 내리게 되었다. 특히 쿠에즈의 니콜라우스는 각종의 실력행사(Fehde)를 금지하고, 위반하면 중벌을 과해서 제국재판소에 의해 처벌될 것을 요구하였다.

쿠자누스의 개혁안에 의하면 황제라도 동료들 중의 제 1인자(primus inter pares)에 불과하였다. 또「제국기관」으로서의 황제는 제국신분들의 전체가 제정한 법률에 구속되었다. 자기의 (지분) 영방에 대한 지배, 요컨대「영토권」을 별도로 하면 이 국제초안에 의한 황제의 직무는 다음 3가지이다. 우선 첫째로 가장 중요한 것으로, 신교의 보호를 들 수 있다. 이것으로서 종교분야에서 교회와 당시 독립한 기독교 국가들과 밀접한 결합이 유지되고, 그러한 국가가 정치적으로 독립했었는지의 여부는 별로 문제될 필요가 없게 되었다. 둘째로, 황제는 제국의 통일과 존엄을 일신에 체현하여야만 한다. 셋째로, 일상적인 직무로서 제국의 결정기관의 소집과 운영, 제국법률의 집행, 제국의 정치적 의사의 관철 등, 요컨대 후에「제국집행권」또는「동맹강제집행권」이라고 불렀던 것이다. 더구나 황제는 제국권력을 가졌다. 단지 이것은 1명 내지 복수의 적대적 신분들에게 필적해야만 했지만, 그렇다고 제국신분들의 총체적 힘보다도 커서는 안 되었다.

쿠자누스는 황제선거의 근거를 이미 당시의 현행법인 제국법률인「금인칙서」에서 구하였다. 그러나 그는 선거라는 것에 하나의 새로운 해석을 하였다. 즉 그것은 이미(이념에 있어서도) 중세처럼 신이 지배자로서 정한 인물을 발견하는 것이 아닌, 교리적 집계, 즉 최초의 이른바「선거제도」의 소산이었다. 이 제도에 의해 각 선거인이 각 후보자에 대해서 가지는 의견이 파악되며 그 결과가 집계되었다. 다시 말하면 각 선거인은 복수의 후보자에 대해서 황제로 되기에 적합하다고 생각되는 순서에 따라 위에서부터 순위를 붙였다. 그 결과 합계에서 최고의 득표를 한 자가 황제로 선출되었다.

【42】B. 이 쿠자누스의 포괄적인 개혁안에 포함된 많은 요소들은 시대를 앞선 것으로 현재까지 단절되지 않고 주장할 수 있다. 이른바 **초기 입헌군주제 이론과 근대 연방 국가사상에 쿠자누스가 영향을 미쳤다**는 것은 확실한 사실이다. 그러나 이에 대해서 15, 16세기의 제국개혁의 구체적 과제에 관해서 본다면 적어도 그의 직접적 영향은 증명되지 않는다. 결국 당시의 제국개혁에 있어서 쿠자누스가 제시한 많은 이념은「혁명적」이라고는 할 수 없어도 아주 참신한 것이다.

그것보다도 실제 개혁에 중요한 영향을 미쳤던 것은 당시 신흥으로, 그것만으로 비교적 양호하게 운영된 국가들(영국, 프랑스, 사보이)로부터 얻은 여러 가지 교훈들이었다. 이러한 서방에서의 제국개혁에 대한 영향은 15세기 중엽과 후반의 제국의회에서 교환적으로 분명히 나타났다.

【43】1438년 뉘른베르크 제국의회에서 **선제후 고문관들**은 제국쇠퇴를 가져온 주요

원인인 법적 불안정성을 제거하기 위해서 완전히 실용을 뜻하는 **개혁안**을 제시하였다.19) 그 때문에 이 회의는 7명의 선제후 연서로 아래의 제안을 하였다. 그것은 실력행사의 완전한 배제, 재판권의 지방분산을 포함한 재판법의 확립, 제국을 4개의 「관구」 (Reichskreis)로 분할함으로써 판결집행의 확보와 란트의 평화유지라는 것이었다.

이 개혁안의 정치적 문제점은 그것이 최강의 영방군주인 4명의 세속 선제후들의 일방적인 이익으로 된다는 점에 있다. 그러므로 만약 4개의 관구로 분할된다면 그것은 귀족, 성직자와 여러 도시들을 각 선제후의 지배 아래 두고, 약소 제국신분들에 대한 황제의 영향력을 배제하려는 의미를 가지고 있었기 때문이다.

그러므로 이 개혁안은 황제와 신분들 쌍방으로부터 저항에 부딪쳤다.

거기서 **국왕측의 고문관들**은 이미 말한 계획 전체의 골격은 유지하면서, 그러나 국왕의 지위와 하급 제국귀족, 제국직속 성직자와 제국 자유도시들의 독립을 유지할 수 있도록 **계획을 변경하였다**. 그러나 이러한 대안에 선제후들은 흥미를 보이지 않았다. 결국 **대안은 무시**되었다. 황제 프리드리히 3세는 1442년에 「국왕 프리드리히의 개혁」(Reformatio König Friedrichs)이라는 최종안을 작성했지만, 그것은 매우 조잡한 것이며 현상을 타개할 수는 없었다. 자칭 「치안법」(Landfriedensgesetz)은 실력행사를 금지하지도 않고, 종래의 아주 불충분한 재판소의 구성과 판결집행제도의 개선도 하지 않았기 때문이다.

거기에 이어서 「무질서의 수십년」 ─ 레오폴드 폰 랑케의 말 ─ 이 계속 된 뒤에는 제국개혁의 계획들도 정체되기 시작하였다. **무거운 절망감**이 제국을 지배하였다. 그리고 선제후와 제국의 유력자들은 황제 프리드리히 3세의 무기력에 편승해서 앞선 1438년 개혁안에서 중요하다고 생각되는 부분을 여하튼 실현시킬 수가 있었다. 그들은 약소 신분들과 많은 도시를 자신들의 지배하에 두는 것에 성공했기 때문이다. 이리하여 독일에서 영역지배권(Territorialherrschaft)의 국가로서의 성격의 기초가 구축되었다. 그러나 그 때문에 더욱 더 제국은 약체화되었다. 왜냐하면 하급 제국신분들과 함께 제국에 가장 충실한 신봉자, 요컨대 여전히 국왕에게 충성을 선서한 나머지 제국신분들을 격감시켰기 때문이다.

【44】 C. 황제 프리드리히 3세는 제국에 대해서 무관심하였고, 영토권 에고이즘이 강했으며, 각종의 개혁을 원칙적으로 거부하였다. 그것이 **15세기 말의 여러 가지 제국개혁의 시도들의 예봉**이 처음부터 **황제로 향해진** 원인이었다. 그 결과 대주교 베르톨드 폰 헨네베르크(Berthold von Henneberg, 1484~1504년의 마인쯔 선제후) 아래서 제국신분들

---

19) 이것과 다음의 서술은 Hubert Hans Hofmann (Herausg.): Quellen zum Verfassungsorganismus des Heiligen Römischen Reiches Deutscher Nation 1495-1815 (1977)을 참조.

은 동맹을 하였다. 황제가 금전청구를 하였을 때 제국신분들은 이것을 거부했을 뿐만 아니라, 반대로 정치적 요구를 황제에게 증대시켰다. 처음에 그것은 상설제국재판소의 설치라는 것 뿐이었지만 점차 신분들측의 요구는 증대되었고, 뒤에는 황제와 제국신분들에게도 우월하는 하나의 제국중앙권력을 설치할 것에까지 이르렀다. 이처럼 헨네베르크가 이끄는 **신분들의 개혁운동**은 이미 언급한 뉘른베르크 제국의회에서의 제안들을 훨씬 능가했고 쿠자누스의 개혁안에도 필적하기에 이르렀다.

【45】1493년에 프리드리히 3세가 죽고 아들 막시밀리안 1세(최후의 기사왕)가 독일왕으로 선출되었다. 그는 로마교황의 교지를 받지 않고 「선출된 신성로마제국 황제」의 칭호를 받았다. 하지만 막시밀리안은 보름스 제국의회(1495년)에서 중요한 양보를 해야만 하였다. 그것은 1495년의 **「영구란트평화령」**(der ewige Landfriede)**이라는 제국개혁안의 기초**가 되었다.

이 제국법률은 실력행사의 절대적 금지를 규정하고, 더구나 그것은 개개의 제국 주민만이 아니라 제국의 각 신분들에 대해서도 적용되었다. 이리하여 요구와 목표로서 본다면, 국내적으로는 자력구제로 바뀌었고 오직 통상재판소에서의 권리보호의 소송이 정해졌던 것이다. 그것으로서 제국은 점차로 평화공동체(Friedensgemeinschaft)가 되고(그것도 역시 마찬가지로 중요한 것이지만) 또한 법공동체(Rechtsgemeinschaft)로 되었다. 지금까지 (그리고 또 그 후 7년전쟁에 이르기까지) 개인적 분쟁이 무력으로 해결되었다고 생각한다면 이것은 아주 중요한 의미가 되었다. 여하튼 종래에 무기를 사용하는 것이 「오래되고 좋은 (실력행사의) 권리」였다고 한다면, 이제는 그 법률상 근거는 상실되었다. 이 「영구란트평화령」은 모든 제국신분들의 세속영토의 안전을 폭력적인 공격으로부터 보호하려는 이유든지, 아니면 본인이 단지 그렇게 주장하든지 간에 **요구가 있으면 모두 재판소에 청구**할 수 있다는 취지를 명령하였다. 점차로 제국신분들과 개개의 제국시민 상호간의 관계는 여하튼 법적으로는 종래처럼 임시변통적인 최후수단으로서 전쟁을 수반하는 이른바 「외국」 상호 간의 관계와 같은 것은 아니었다. 그러므로 법적 기반 위에 구축되고 국내적으로 평화를 획득한 이 독일의 공동체를 사람들은 **법적 의미에서의 국가**(Staat im Rechtssinne)라고 부를 수 있게 되었다. 단지 이러한 근대국가에로의 발전을 완전히 달성한 것은 **영방에서의 지배권**만이었다. 제국은 한 번만이라도 본래의 법적 또는 평화공동체로서는 되지 않았다. 영방들이 강대하게 될 뿐이며, **제국국가로서의 성격을 희생시킴으로써** 자신들의 국가성을 완성했던 것이다.

【46】본래 「영구란트평화령」의 실시는 재판권이 확고한지의 여부에 관련되었다. 그래서 제국신분들은 황제에 대해서 종래 황제의 궁정에서 행사되었던 최상급재판권을 상설 **황실재판소**(Reichskammergericht)로 이관하도록 압력을 넣었다. 이 재판소는 황제가 임명한 장관 1명과 제국신분들이 임명한 16명(1521년 이후로는 50명)의 재판관으로 구성

되었다. 재판관의 절반은 귀족계급으로서, 나머지 절반은 박사학위를 취득한 법률가일 것을 요구하였다.「란트평화령」에 근거해서 재판소는「보통법」, 즉 로마법에 따라서 재판을 할 의무가 있었기 때문에, 재판관은 로마법에 정통할 필요성이 있었다. 그것으로써 동시에 독일에서 **로마법 계수**가 본격적으로 **추진되었다.**

　1495년 8월 7일 최초의 **황실재판소법**(Kammergerichtsordnung)에 의하면, 재판소는 제국 직속 신민에 대해서 관할 영방재판소가 재판을 거부한 경우에 제1심으로서, 또 그 밖의 경우에는 항소(抗訴)에 의해서만 판결을 내렸다. 세속선제후들은 1356년의 「금인칙서」를 근거로 하여 불상소특권(jus de non appellando)을 가졌고, 그것은 황실재판소에서도 원칙적으로 승인하였다. 황실재판소 본거지는 처음엔 프랑크푸르트 암 마인에, 1527년 이후로는 슈파이어에, 그리고 일련의「재통합전쟁」(Reunionskriege) 과정에서 재판소가 완전히 파괴된 뒤, 1693년 이후로는 베츨라(Wetzlar)에 설치되었다. 그런데 거기서 아주 짧은 기간 괴테(Goethe)가 근무하였다. 황실재판소의 재원(財源)으로서는 제국세, 이른바「캄머칠러」(Kammerzieler)가 예정되었다. 그러나 제국재무행정이 없었기 때문에 이러한 방법으로 재판소의 활동을 가능케 할 충분한 경비를 확보하는 것이 불가능하였다. 각 영방국가에 대해서는 후에 부족분을 충당하기 위해서 분담금을 부과했지만, 그것도 재판소의 예상 인원에게 주기에는 불충분한 액수이다. 또한 절차의 번잡함과 재판소의 판결집행제도의 불비는 악명 높은 소송처리 지연을 가져왔다. 예컨대 1521년에 이미 약 3000건의 사건이 미결인 채로 남아 있었다. 뒤에는 소송기간이 수 십년 걸린다는 사례가 많았다. 그 중에는 종국판결이 내려지기까지 100년 이상 걸리는 소송도 있었다.

　【47】신분들에 의한 제국개혁은「**제국통치부**」(Reichsregiment), 즉 제국정부의 **설치**로써 완료되었다. 그것으로 황제의 자의적인 제국통치는 완전히 저지되었다. 그러나 황제 막시밀리안은 잠시도 통치에서 손을 떼지 않았다. 이 때문에 하나의 타협이 시도되었다. 그것은 이미 서술한「평화와 법의 관장」(1495년)이었다.「영구란트평화령」이 제국법률이 었던 것에 대해서「평화와 법의 관장」은 각종 선거협약과 마찬가지로 **황제와 제국신분들 사이의 협약**(Vertrag)이었다. 이 협약 속에서 황제는 제국과 자기 세습 영지에서「란트(국내)의 평화」를 확립할 것을 약속하고, 제국신분들도 각자의 영방에 관해서 동일한 것을 약속하였다. 더구나 황제는 제국의회를 매년 적어도 한 달간 소집할 의무를 졌다.

　【48】**제국의회 내부의 조직도** 이 시대에 확고해졌다. 제국의회는 **황제에 대한 독일제국 신분들의 대표**였다는 점에 관해서 이견이 없었다. 이 의회의 구성원은 제국직속신분들 (Reichsunmittelbare)만이지만, 그것들이 전부는 아니었다. 제국기사신분과 제국자유촌락의 주민은 대표자가 없었기 때문이다. 제국의회는 선제후회의(Kurfürstenkollegium), 제국영주회의(Reichsfürstenrat)와 제국도시회의들(Kollegium der Reichsstädte)이라는

3개의 합의체로부터 구성되었다. 그러나 제국도시가 표결권을 가지는지의 여부는 베스트 팔렌 강화조약 때까지 다툼이 있었다. 또 제국영주 표결권에 대해서도 확실한 규정이 없었다. 처음에는 황제로부터 직접 수봉받은 제국영주는 모두 표결권을 가졌다. 그 결과 봉토분할 때마다 표결권이 증대했고, 반대로 사망함으로써 후손이 단절된 가계분만 감소하였다. 1530년 이후로는 표결권의 상속가능성이 원칙으로 됨으로써 표결권이 봉토 에 존속하는 것 같은 외관을 나타내었다. 그러나 이 원칙이 반드시 지켜졌던 것은 아니었다. 겨우 1500년에서야 제국도시는 그 이후로 정기적으로 제국의회에 소집되었다.

1489년 이후에 **심의형식**이 확정되었다. 즉 선제후, 각 영주와 제국도시들은 3개의 합의체(부회, Kurien)에 나누어 심의하였고, 계속 어려운 교섭을 되풀이하면서 전체의 일치된 의결을 얻어야만 하였다. 어떤 합의체의 표결수도 나머지 다른 두 합의체의 합계를 넘어서는 안 되었다. 1497년이 지나면 제국의회의 **모든 결의는 매번 황제와 제국신분들 사이의 협약의 형식으로 정리되어 「제국의회 최종결정」**(Reichsabschied)**으 로 공포되었다.**

【49】그러나 제국의회의 심의는 시간이 걸리는 것이기 때문에 제국신분들에게 의회에 의 출석은 점차로 부담이 되었다. 또 제국의회의 활동도 통치권을 현실적으로 행사하려는 것과 거리가 멀어졌다. 거기서 제국신분들은 1500년 아우크스부르크 제국의회에서 이전 의 1495년에 한 번 황제에게 반대해서 좌절한 「제국통치부령」(Regimentsordnung)의 채택을 강행하였다. 그래서 「(제1차) **제국통치부**」(Reichsregiment)가 제국신분들에 의해 만들어졌다. 그것은 황제 또는 황제가 임명하는 대리인을 의장으로 하여 제국신분들 (선제후, 각 영주, 고위성직자, 제국도시들) 속에서 선출된 20명의 구성원으로 구성되었다. 또 지역적 이해관계를 지키기 위해서 제국통치부에 합스부르크의 오스트리아와 부르군드 영방이 신설된 제국관구의 대표자로 각 1명씩 참가하였다(합스부르크가 각 선제후의 영토를 제외한 제국영토는 6개의 관구로 분할되었다). 황제 막시밀리안은 (이른바 「제1차」) 제국통치 부에 **통치권 전체를 이양**해야만 하였다. 제국통치부의 동의없이 한 황제의 행위는 처음부 터 소급하여 무효라고 해석되었다. 이에 반하여 제국통치부의 행위는 황제의 동의가 필요없었다(이른바 제국의회의 소집 등). 이와 같이 제국에서는 종래의 군주제(단독통치)에 대신해서 신분들(등족)에 의한 통치가 행해지게 되었다. 그러나 그때까지의 황제에 의한 통치와 매년 소집된 제국의회가 하였던 것처럼, 이 제국통치부도 그다지 실효성을 발휘하 지 못하였다. 대영방은 냉담한 태도로 임하였고, 일부에서는 통치부의 의석마저 받지 않으려는 정도이다. 더구나 중대한 것은 제국통치부(그것으로 말한다면 황제도 마찬가지였지 만)는 권력의 실체와 재정수단을 결여하였다. 이 때문에 제 1차 제국통치부는 이미 1502년 에 해산되었다.

【50】지금까지 본 것처럼, 1495년에서 1500년 사이에 질서의 재편이 있었지만 그것이 매우 단명으로 끝났던 것은 확실하다. 그럼에도 불구하고 **일련의 제국개혁의 시도라는 골격에 비추어 보면**, 이러한 재편은 무시할 수 없는 **중요성**을 가지고 있다. 예컨대 하르퉁 (Hartung)은 그것을 「진정한 제국개혁」이라고 평가하고 있다.[20] 그러므로 이 질서의 재편성 과정에서 처음으로 황제와 신분들 사이에 권한분배를 할 필요성이 있다는 것이 의식되었고, 그것과 함께 제국신분들의 동질성과 결속의 필요성이 통감되었던 것이었다. 따라서 이후의 새로운 제국개혁의 시도의 출발점은 직접 여기서 구해질 수 있었다.

이미 언급했듯이, 황제 카를 5세(Karl V, 1519-1556)는 자신의 국왕선거에 앞서서 **최초의 선거협약**에 서명해야만 하였다. 그리고 거기서는 다시 제국통치부를 설립하려는 요구도 포함되어 있었다. 이 (제2차) **제국통치부**는 보름스 제국의회(1521년)에서 실현되었고, 그 구성과 권한에 대해서는 제1차의 것과 비교해 거의 완전한 것이었다. 그러나 황제 자신이 자주 독일에 없었으며 그것을 위한 행동의 자유도 가지고 있지 않았기 때문에, 제2차 제국통치부도 영방이 힘을 증대시킴으로써 개혁과 통치계획을 실행할 수 없었다. 제2차 통치부도 1500년 제1차와 같이 진정한 권력을 가지지 못하였다. 그 후 카를 5세의 독일 귀환에 따라 제2차 통치부는 1530년 암암리에 해체되었다.

제8절 종교개혁에서 베스트팔렌 조약까지의 제국제도의 발전

【52】A. 종교개혁(Reformation)이 제국 국제의 발전에 영향을 미치기 시작한 것은 대략 1529년 이후이다. 그것은 전술한 제국신분들(등족)에 의한 중앙집권적인 제국개혁의 시도가 좌절되고, 루터의 교설과 사회적 불평등에 단서를 둔 개혁의 시도가 모두 실패로 끝난 후이다. 또 목표라는 점에서 본다면 제국개혁의 필요성이 통감된 1525년의 독일농민전쟁(Bauernkrieg)도 많은 점에서 개혁의 시도였다고 말할 수 있다.

주지하듯이 마르틴 루터는 보름스 제국의회(1521년)에서 일찍이 그가 1517년에 제출한 문제를 철회할 것이 요구되었지만 거부하였다. 그 때문에 루터는 파문되고 바르트부르크로 피신하여 거기서 성서를 번역하였다. 그의 교설에 대해서 「보름스 칙령」(Wormser Edikt)이 발표되었다. 그러나 슈파이어의 제1회 제국의회 석상에서 신교를 신봉하는 신분들은 이 「보름스 칙령」이 바로 시행되어야만 하는 것이 아니라는 결정을 도출하는 데 성공하였다(1526년). 그런데 제2회 슈파이어 제국의회(1529년)가 되면 카를 5세와 제국신분들의 다수를 차지하는 가톨릭파는 반격을 해서 1526년의 제국의회 최종결정을 취소하고, 보름스 칙령의 실시를 결의하여 제국법률로써 신교 소수파를 탄압하려고 획책하였다. 이러한 움직임에 대해서 신교 제국신분들은 항의(Protest)하였다. 그들은

---

20) Hartung, Verfassungsgeschichte, S. 21.

「프로테스탄트」(항의하는 자)로 불리게 되었다.

그러나 그것은 형식적인 항의에 그치는 것이 아니었다. 오히려 신교신분들이 생각한 것은 황제권력일지라도 「기껏 선거에 의해 위탁된 것에 불과 한」 것에 대해서, 자신들의 「영주로서의 권력은 세습적인 것이다」고 함으로써, 처음으로 황제권력에 대한 이론무장을 개시한 것이다. 그것은 당시 성립하고 있던 독일 영방국가의 권력과는 모순되는 것이 사실이지만, 당연히 「신분들의 자유」라는 관념에는 합치하였다. 여하튼 제국기관들에 대한 복종의 영속적 거부를 법학적으로도 정당화하려는 것으로 생각되었다. 그럼으로써 한편 구신분제 사상을 지닌 황제의 반대파는 첨예화되어, 마침내 슈말칼덴 동맹(der Schmalkaldische Bund)을 결성하여 정식으로 황제권력에 적대하는 조직을 만들어 황제와 패권다툼을 하였다(1546-1547년). 그러나 그 반면에 종교적 분열은 신분들의 세력을 크게 약화시켰다. 가톨릭 신분들이 황제를 지지했더라도 그것은 단지 그들의 이익에 합치하는 한도에서이다. 따라서 슈말칼덴 동맹을 타파하고(1547년) 그 여세를 몰아 신분들 전체에 대한 황제권력의 강화를 기도했을 때, 황제는 곧 다시 신분들의 통일전선에 직면하게 되었다. 그 뒤 프로테스탄트 측은 작센공 모리츠(Moritz) 아래 결집하고 다시 황제를 공격하였다. 이 때 지금까지 황제와 동맹한 가톨릭 신분들이 그를 방관해 버렸기 때문에, 프로테스탄트는 1552년에 아직 **신성 로마 제국적인 여러 중세의 이념들을 가지고 있던 황제에 대해서 결정적인 승리**를 쟁취할 수 있었다. 그 이후 카를 5세와 또 그의 후계 황제들은 이미 언급한 복고적인 사고방식을 다시는 주장하지 않았다.

이에 대해서 제국 내부구조는 파괴되지 않았다. 제국 신분들의 압도적 다수(가톨릭이나 프로테스탄트도 함께)는 자신들이 얼마나 약체였던가를 자각해서 구제국의 국제와 제국의 옛 법상태를 지지했기 때문이다. 여하튼 이 양자가 있었기에 그들은 자신의 존립을 완전하게 할 수 있었다고 생각하였다.21) 그래서 당사자 전원은 파사우 조약(1552년)이 규정한 잠정조처에 만족하지 않고, 더 나아가 영속적인 효력을 가지는 화해를 얻으려고 노력하였다.

【53】B. 이 화해가 있었던 것은 **1555년의 아우크스부르크 제국의회 최종결정**이며, 그것은 다음과 같은 내용을 포함하였다. 즉 앞서 「영구 란트 평화령」은 종교상의 분쟁에 대해서도 영향을 미쳐서 **종교화의**(宗敎和議, Religionsfriede)가 성립하였다. 이것은 제국 신분들과 제국 직속자의 종교적 신조만을 보호한 것이 아니었다(더욱이 제국 비직속자에 관해서는 거의 규정하지 않고, 그들에 대해서는 오히려 「지배자의 종교, 그의 땅에서 실행된다」 (cuius regio, eius religio)는 원칙이 적용될 정도였다). 종교화의는 교회가 보유하는 재산과 권리를 담보하는 것도 있었다. 그러나 이러한 해결방법의 결정적인 약점은 황실재판소에 상당하는 쟁송재판기관이 결여된 것이다.

---

21) Hartung, a. a. O., S. 25.

【54】 더구나 종교화의는 **제국집행령**(Reichsexekutionsordnung)의 성립에 따라 필요한「영구 란트 평화령」의 보충을 의미하였다. 그리고 집행령을 실시하기 위한 전제로서 제국은 새로운 **10개의 관구**로 재분할되었다. 그것은 이전과 달리 선제후 영토도 포함하였다. 이 규정에는 이미 1500년, 1512년과 1521년에 준비되었지만 실시되지 못한 규정을 관철할 근본사상이 다시 고개를 들었다. 처음(1500년), 6개의 제국 관구는 선제후령과 황제세습령 이외의 제국 영토만 포함되었다. 그리고 그 뒤(1512년), 황제세습령과 선제후령도 앞서 말한 관구와는 별도로 4개의 관구로 유기적으로 편성되어, 결국 10개의 관구가 성립하였다. 1521년의 규정도 여하튼 이것을 변경하는 것이 아니었다.

그러나 (당시의) 관구 분할은 순수하게 지형에 따른 것으로서, 사실 두 번에 걸쳐 실시된 제국통치부의 기관을 설치하기 위한 편의조치에 불과하였다. 따라서 이 통치부의 해산에 따라 관구 분할의 의미도 상실하였다. 이것에 대해서 이제 **관구는 제국헌법에 확고하게 뿌리를 내려서 현실적인 직무를 하게 되었다**. 결국 제국집행령은 각 관구에 대해서(오늘날의 말로 표현하면) 제국의「직할」행정으로서 란트의 평화유지의 감시, 평화파괴행위의 진압과 처벌, 그리고 황실재판소의 판결집행이라는 직무를 부여하였다. 이러한 목적을 달성하기 위하여 각 관구에는 세속의 제국신분들 중에서 최고 유력자 3명이 관구장관(Kreisoberst)에 임명되었다.

【55】 C. 이와 거의 같은 시기에 황제의 **중앙관청의 조직**도 최종적으로 정비되었다. 1559년에 제국 궁정서기국, 줄여서 제국서기국(Reichshofkanzlei, kurz: Reichskanzlei)이 황제 유보권 사항을 처리하는 중앙행정관청으로서 설치되었다. 신분들은 마인쯔 선제후가 가지는 제국 부서기국장의 임명권, 뒤에는 추천권을 통해서 제국 서기국에 대해서 영향을 미쳤다. 황제는 장기간 외국에 체류했고 거기서 서기국장관이 보좌했기 때문에 그 공백을 메우는 제국 부서기국장은 매우 중요하였다. 더구나 같은 해 1559년에 **제국궁정법원**(Reichshofrat)이 설치되었다. 이것은 수봉관계의 사항에 관해서 일정한 부가적 권한이 주어진 재판소이다. 황제 유보권 사항은 제국궁정법원의 전속관할이지만, 기타의 사항에 관해서는 황실재판소(Reichskammergericht)와 경합관할로 되었다. 요컨대 궁정법원의 설치는 제국개혁으로 반동을 의미하고, 재판권을 황제의 직접적인 영향 아래에 두려는 것이었다.

【56】 D. 지금까지 서술한 것에 대한 간단한 **중간 요약**이 필요하다고 생각한다. 우선 그 때까지 서서히 진행된 제국해체는 1495년 이후 저지되었다. 요컨대 일련의「근본법」(Grundgesetz)(이 명칭이 처음으로 등장한 것은 1636년 황제 페르디난트 3세의 선거협약이다)에 의해서 제국의 기초가 확립되었다. 근본법으로서 1356년의「금인칙서」, 1495년의「영구란트평화령」, 1555년의「종교화의」, 그리고 역시 같은 해의「제국집행령」이 있다.

각종 제국개혁안을 비교해 보면 이러한 근본법들은 성과라고 하기에는 약간 미약하였다

(이 때 니콜라우스 쿠자누스의 개혁안 등은 전혀 염두에 둘 필요가 없다). 그러나 공정하게 본다면 15세기의 혼란한 상태에 비해서 커다란 진보였다는 것이 확인된다.

【57】 E. 그런데 아우크스부르크 종교화의는 여러 대립을 극복해서 성립한 것만은 아니었다. 오히려 본질적으로는 대립당사자가 총체적으로 소모해온 것에 대한 것이었다. 황제 카를 5세는 중세의 보편적인 제국을 재건하려고 시도했지만 이 시도만은 수포로 돌아갔다. 그런데 「보편적 제국」이라는 이념은 기독교 신앙의 일체성을 이론적 전제로 했기 때문에, 그것은 종교개혁이 있는 뒤에 파탄되면서 황제의 시도는 당연히 무산되었다.

종교화의에 의해 종교개혁을 더욱 보급시킨데 대해서 법적으로는 하나의 한계를 노출시켰다. 그러나 1555년의 제국의회 최종결정은 현실적으로 종교개혁의 확대를 저지할 수 없었다. 이것이 17세기 초까지 새로운 분쟁, 즉 **30년 전쟁**(der dreißigjährige Krieg)을 발생시킨 원인이었다.

【58】 1608년 가톨릭 제국신분들은 종교화의를 경신하는 조건으로 1555년 이후 프로테스탄트 소유로 귀속한 교회 영토 전부의 반환을 요구하였다. 이것은 법적으로는 정당한 주장이었다. 그 때까지 잠시 양 종파의 상대적인 평화공존이 계속되었지만, 그것으로써 제국 정치에서 반동종교개혁(Gegenreformation)의 뚜렷한 영향이 인정되기에 이르렀다. 이처럼 (정치적으로 실행 불가능한) 요구에 항의하기 위해서 프로테스탄트 측은 레겐스부르크 제국의회의 해산을 강행하고, 이른바 「동맹」(Union)을 결성하였다. 이에 대해서 다음 해 가톨릭 측도 「연합」(Liga) 아래에 집결하였다. 그 결과 **제국에서 종파적 분열이 정치적 사실**이기도 하다는 것이 완전히 노출되었다. 따라서 30년 전쟁(1618-1648)은 옛날 1546년에서부터 1555년에까지 걸쳐 존재한 모든 대립의 (국제적 규모로) 확대 재생산일 뿐이었다.

이 때 **황제**(페르디난트 2세, 1619-1637)는 무분별하게 **제국 신분들 전체** — 요컨대 정적 프로테스탄트에 대해서 뿐만 아니라 — **에 대해서 자기의 지위를 강화하려고 획책하였다.** 신분들이 장래에 독자적인 정책을 취하는 것을 방지하기 위해서 황제는 발렌슈타인 휘하의 자기 군대를 소집하고, 「가톨릭 연합」과 단교하였다. 그리고 모든 제국신분들에게 동맹결성을 금지하였다. 더구나 페르디난트는 옛날 관습법상 승인되었고, 제국집행령에서도 확인된 무장권(jus armorum), 바꾸어 말하면 독자의 군대를 유지할 권리마저도 부인하였다. 이에 대해서 제국신분들은 또한 신앙상의 대립을 유보하고, 황제의 절대주의에 대항하려고 결속하였다. 레겐스부르크 선제후회의(1630년)는 발렌슈타인의 해임을 황제에게 강압하였다. 그러나 스웨덴(구스타프 아돌프왕, 1611-1632년)의 개입으로 전쟁이 재개되었기 때문에, 황제에 대한 성과를 얻었던 신분들도 당분간 그것을 이용할 기회를 잃었다. 그러나 레겐스부르크 제국의회(1640년부터 말에서 1641년 초까지)는 전술한 선제후들의 시책을 다시 채택하였다. 즉 황제가 군대를 소유하는데 대한 불만이 고조되어 제국의회는 황제군을 제국군(Reichsheer)으로 개편할 것을 골자로 한 제안을 하였다.

그러나 전황은 그것을 허용치 않았기 때문에 **제국신분들은 자력구제**(Selbsthilfe)**의 길을 택하였다.** 결국 황제나 스웨덴·프랑스 동맹군에도 속하지 않는 자들(요컨대 종파를 불문하고 제국신분들이 대체로 그러하였다) 속에서 이른바 「제3의 당파」가 만들어졌다. 그 목적은 마치 1950년대에 미소 대립의 중간에 있었던 「제3세력」(die dritte Kraft)이 만들었던 것과 아주 똑같이, 「대국」간의 전쟁에 말려들지 않으려고 하였다. 그것을 위한 수단으로 된 것이 앞서 말한 **관구제**(Kreisverfassung)**이다.** 왜냐하면 1555년의 제국집행령은 각 관구가 란트의 평화유지를 위해서 군대를 보유하고(일종의 사법과 행정의 공조로서), 서로 제휴하는 것을 허용했기 때문이다. 그래서 황제가 명령한 무장과 동맹금지령에 대항하기 위해서 확고한 법적 근거가 마련된 것이다.

【59】이른바 「방위」(Defension)와 「연합」(Conjunction)을 전제로 한 **뮌스터와 오스나브뤼크 강화회의**의 석상에서 제국신분들은 「제국」(황제에 대비되는 의미로서)에 특별한 대표권을 주려고 하였다. 그러나 그것이 성공한 것은 단지 형식적인 면이다. 전쟁에 정력을 소비한 신분들은 실질적 영향력을 행사하는데 그다지 힘이 없었다. 그들과 제국 자신도 강화 체결 시에 군사와 정치력 행사에 미약했다고 할 수 있다. 이미 1552년과 1555년에 신분들과 제국은 외국 세력의 개입을 배제하는데 성공하였다. 따라서 아우크스부르크 종교화의는 독일 제국신분들과 황제 페르디난트 1세 사이의 자유로운 결정에 근거하였다. 그런데 베스트팔렌 강화조약의 경우에는 전체로서의 제국은 심의에서와 본래의 강화체결에서도 관여하지 않았다. 독일의 운명은 유럽열강, 특히 프랑스와 스웨덴에 의해 결정되었다. 이러한 열강의 이해야말로 베스트팔렌 강화조약에 따라서 생긴 **제국헌법의 변천**을 규정하는 것이다.

【60】이러한 외국들의 의도는 주로 제국의 재편을 요구하는 황제권력의 약체화에 있었다. 그러나 그것은 또한 합스부르크가를 약체화시키는 것도 의미하였다. 이 가문은 유럽열강에 끼여들 가능성이 있었기 때문이다. 따라서 합스부르크가에서 본다면, 제국과 제국 신분들의 세력을 자신의 영토권정책에 이용할 길이 장차 상실될 것과 같았다. 여하튼 전술한 사정에서 황제는 제국의 모든 사항에 관해서 제국의회의 동의에 구속되게 되었다. 예컨대 입법, 전쟁과 군제에 관련된 모든 사항과 강화 그리고 동맹조약체결 등이었다. 그런데 이 조치는 단순한 문서상의 것에 그치지 않고 **반대파 신분들의 지위**, 예컨대 제국 신분들의 「자유」(Libertät)가 더욱 **강화**되었다. 그리하여 다시 신분들은 진정한 승리를 쟁취하였다. 왜냐하면 신민에 대한 신분들의 「국권」,「봉토고권」(jus territoriale) 또는 (프랑스어의 강화조약안 중의 말을 빌리면) 「주권」(droit de souveraineté)이

절대적인 것으로 승인되고, 그 결과 (뒤에 상세히 말하지만) 분열된 신분제(등족)국가를 극복하여 장차 절대주의 국가의 성립을 가능하게 하는 길을 열었다. 또 황제는 오랫동안 영방군주 상호간의 동맹체결권을 부정해 왔지만 이제야 그것을 정식으로 승인하였다. 다만 황제와 제국에 적대하는 것이 명백한 동맹은 인정되지 않았다. 이리하여 황제에 대한 영방군주의 독립성은 더욱 강화되었다고 할 수 있다. 이에 대해 좁은 의미의 국가제도법(Verfassungsrecht)은 선제후의 수가 8명으로 증가했음에도 불구하고 크게 변하지 않았다. 그 이외에 제국개혁 시대의 단서를 연 전통적 국가제도는 변함 없이 그대로 (또 약점도 그대로 있었을 뿐이다) 남아 있었다. 아우크스부르크 종교화의는 명문으로 재확인되었고 또 실효성이 강화되었다. 결국 종교상의 쟁송에 관해서는 모두 제국의회는 먼저 두 개의 새로운 부회, 요컨대 가톨릭과 프로테스탄트 부회로 나뉘어 문제를 따로 심의했고, 이어서 우호적으로 통일적 견해를 모색하는 형식으로 만들어졌다. 따라서 하르퉁이 정당하게 말한 것처럼,[22] 1529년의 프로테스탄트의 근본사상이 승리를 쟁취한 것이다.

제3장 독일 영방국가의 성립과 근대 초기의 국가이론

제9절 영방군주

【61】중세 초기의 단계에서 가우에(Gaue)가 매우 완만한 형식으로 붕괴된 후에, 독일 **영방들**(Territorien)은 단순한 봉토권을 초월해서 여러 **독립국가로 발전**하였다. 그러나 그 발전과정은 아주 파행적이어서 상당한 시행착오가 뒤따랐다. 이러한 과정을 일관되게 완료한 것은 대영방만이었다. 그것은 또한 영방군주가 각 영방의 중요한 여러 가지 권리를 가졌던 단순한 수봉자(Lehnsträger)에서 독립된 군주로서 성장한 과정이기도 하였다. 왜냐하면 그 후 수십 년 간 영방군주와 직속 가신을 중심으로 「국가」라는 이름에 적합한 조직기반을 만들었기 때문이다. 그러므로 다음에는 우선 **영방군주의 지위변화**를 고찰할 필요가 있다.

【62】원래 각 영방에서의 영방군주의 지위는 황제에 비하면 유리한 것이었다. 여하튼 전자는 **영방의 상속권**을 가졌기 때문이다. 그러나 물론 여기서 말하는 「권리」는 문자 그대로의 의미로 이해된 것은 아니다. 영방군주로서의 지위를 획득한 자는 각 영방의 중요한 고권들을 수봉한 자이다. 따라서 영방군주는 「고권들의 묶음」(ein Bündel von Hoheitsrechten)을 한 손에 쥐었지만, 그것은 결코 한 가지의 성질만 갖는 것은 아니었다. 그러한 권리는 교묘한 정책을 통해서 시대가 흐름에 따라 수가 늘어났고, 더구나 완전한

---

22) Hartung, Verfassungsgeschichte, S. 34.

모습으로 정비되기에 이르렀다. 그것을 가능하게 한 첫째는 상속에 의해서 각 영주가문 사이에 잡다한 친척관계가 형성되는 데에 기인하였다. 또 둘째로는 특히 합스부르크가가 개척한 효과적인 족벌형성에 의한 것이었다. 더구나 영방군주에 있어서 더 좋은 사정은 봉건적 계층질서 속에는 어떠한 수봉강제(Leihezwang)도 존재하지 아니하였다(제국에서는 사정이 다르다). 따라서 만약 이전에 영방군주가 수봉한 소영주의 가계가 끊어지면 공위로 된 문제의 봉토는 영방군주의 손에 되돌아 왔다.

【63】실력자들은 영방 내의 통치권을 완전무결한 것으로 하기 위해서 **지세에 근거한 영지의 통폐합**(Arrondierung)도 실시하려고 하였다. 그 중에서도 보헤미아, 오스트리아, 벨프가와 비텔스바흐가의 소유령은 이미 중세 단계에서 내부적·외부적으로 어느 정도 완결된 통일체를 형성하였다. 그러나 특히 소규모의 많은 영방들은 근대까지 매우 분열된 상태에 있었다. 19세기 중엽까지 브란덴부르크·프로이센도 그 예외는 아니었다.

【64】이처럼 내외 양면에 걸쳐 영지를 통폐합하려는 노력이 확대되었다고 한다면, 그것은 중세의 제국구조 속에서 이미 「국민국가적」 관념이 흡입된 것을 명백히 말하는 것이다. 그러나 이 국가사상이 시초(그것이 처음에 상당히 이론적 성격이 강한 것이다)라는 것만으로는 역사적 사실이 보여주듯이 결정적인 충격을 독일의 영방들에게 주기에는 불충분하였다. 그러므로 그 이상으로 중요한 것은 근대의 시작과 함께 생긴 **영방군주의 법적 지위의 이해를 둘러싼 변화**였던 것이다. 요컨대 이전의 중세 영주는 자기 영토에 대한 통치권을 아직 하나의 사적 권리(ein privates Recht)로 이해하였다. 그들은 그것을 권리자로서 자유롭게 사용하고, 이른바 상속 등으로 분할하거나 매각 또는 저당잡힐 수 있었다. 상속에 의한 통치권 분할은 비교적 장기간에 걸쳐 매우 일상적인 것이며, 고권(이른바 과세권)의 저당도 빈번히 있었다. 그러나 그럼에도 불구하고 대국적으로 볼 때 통치권에 대한 세련된 견해는 확고한 것으로 되어 있었다.

그 **원인**은 몇 가지로 생각할 수 있다. 우선 첫째로 공법과 사법을 준별하는 로마법의 계수를 들 수 있다. 영방군주의 서기국(Kanzlei)에서 로마법학을 공부한 법률가를 통해서 군주 자신도 로마법에 익숙하였다. 그러나 더 강한 영향을 미친 것은 이탈리아와 프랑스의 국가사상가의 확고한 이론이며, 그 이론에 감화를 받은 여러 국가들, 특히 프랑스와 이탈리아 르네상스 시대의 여러 나라에 나타난 선례가 영향을 미쳤다. 따라서 우리들이 전망한 수십 년간의 시대의 발전을 이해하는 데에는 우선 그들의 이론을 살펴볼 필요가 있다. 다음에는 그 처음부터 현재까지 수많은 정치가와 정치이론가의 사고방식을 항상 매료시킨 한 인물을 든다. 그는 니콜로 마키아벨리이다.

제10절 마키아벨리에 있어서 덕성과 국가이성

【65】A. 니콜로 마키아벨리(Niccolò Machiavelli, 1469-1527)*는 피렌체의 시민이었고, 르네상스 전성기의 여러 가지 이념들과 열광적인 애국심, 그리고 정치 분야에서의 탁월한 천성을 가지고 있었다.23)

당시 카를 8세의 이탈리아 침공(1494년)을 발단으로 서부 지중해의 패권을 둘러싸고 25년간에 걸친 프랑스와 스페인 간의 싸움이 시작되었다. 양자는 중세의 여러 전투에 관여하였고, 이미 근대국가의 길에 선두로 서서 매진한 열강이었다.

이탈리아는 야콥 부르크하르트(Jacob Burckhardt)가 묘사한 것처럼 르네상스 정신이 충만한 무대였다. 사람들은 종교·도덕상의 모든 속박에서 해방되어 생의 기쁨을 구가하였다. 그러나 마키아벨리와 동시대인들이 그의 비도덕적인 **국가권력**(der necessità, 이른바 후세 사람들이 「**국가이성**」(staatsraison)이라고 부른 것)의 **자기목적설**(Lehre vom Selbstzweck)을 비판적으로 수용했는지의 여부는 알 수 없다. 요컨대 마키아벨리는 단지 그를 둘러싼 정치·사회적 상황을 냉정히 환상을 배제하고 관찰한 결과를 다른 사람들보다도 약간 철저하게 생각해 진술한 것이다.

【66】마키아벨리는 그의 고향 피렌체시가 메디치가를 축출하고 공화제를 수립했을 때에 외교활동에 종사하였다. 그러나 그는 고위직에 승진하는 것이 불가능하였다. 1512년 메디치가의 복귀에 의해서 공화제는 붕괴되었다. 그 때 「이 부실한 논객은 동일한 상태에 놓였고, 어디에서나 볼 수 있는 시정속물마저도 발휘할 수 있는 빠른 변신, 요컨대 기회를 보아 민첩하게 행동하며 자신의 민첩함에 기뻐하면서 새로운 사태에 몸을 맡기는 변신의 신속함을 그는」24) 가지고 있지 않았다. 그 때문에 마키아벨리는 작은 영지에 은거하면서 자신의 체험을 적었다. 어떤 편지 속에서 그는 스스로 이렇게 적고 있다. 「나는 군주에 관한 소책자를 저술했으며, 그 속에서 전력을 기울여 주제의 핵심에 다가가서 군주의 존엄이란 도대체 무엇인가? 어떠한 성질로서 어떻게 획득하고 유지되는가? 그리고 왜 상실하는가? …를 규명하였다」. 유명한 『군주론』(Principe, 1527년, 저자가 죽고난 뒤에 간행됨)과 1522년에 저술한 『티토 리비우스의 최초의 10권에 관한 논고』(Discorsi sopra la prima deca di Tito Livio) 속에서 **그는 정치 분야에서 국가와 국가지도자의 권력의 번영과 몰락을 결정하는 힘과 원인에 관한 문제를** 분명하게 논하려고 하였다.25) 그의

---

23) 마키아벨리의 생애와 업적에 대해서는 엄청나게 많은 문헌이 있다. 여기서는 다음의 것을 나타내는 것으로 그친다. Hans Freyer, Machiavelli(1938), Erich Brandenburg, Machiavelli und sein Principe (1938); Friedrich Meinecke, Die Idee der Staatsraison in der neueren Geschichte (1924, Neudr. 1957), S. 31 ff.; Gerhard Ritter, Das sittliche Problem der Macht (1948), S. 40 ff.; Ders. Die Dämonie der Macht (6. Auflage 1948), S. 29 ff., Dolf Sternberger, Machiavellis principe und Begriff des Politischen (1974); Zippelius, Geschichte der Staatsideen, S. 81 ff.

24) Alexander von Müller, Corona V, S. 225.

사고대상은 『군주론』에서는 군주제 국가이며, 『논고』(Discorsi)에서는 대부르주아지 공화제 국가였다. 마키아벨리가 이 책들을 단지 「아는 대로」(um des Wissens willen) 썼다는 것은 확실하지만, 그는 결코 이론가는 아니었다. 정치적 재능이 있었던 그는 오히려 이 두 책을 쓰는데 매우 불우한 것에 대한 보상을 구하였고, 자기의 체험을 모두 투입하였다. 그것을 분명히 보여주는 것이 그의 저작 속에서 사용된 방법의 참신함이다. 한스 J. 볼프*의 말을 빌리면, 「그의 방법은 학문상의 전기를 이룩하였다」. 대체로 새로운 방법론이 지배적이었던 정신풍토 속에서 성장한 자는 아니며, 이른바 「아웃사이더」로서 생활 그 자체가 자신에게 던져진 여러 가지 문제에 대한 대답을 얻으려고 모색하는 사람이다. 마키아벨리는 통치기교와 기술은 어떻게 있어야만 하는지를 물었다. 자세히 말하면, 『군주론』에서는 독재국가, 그리고 『논고』에서는 공화제 국가의 통치에 관한 것이다. 그가 발견한 대답인 그의 사상의 소산은 당시의 의미로서 「정치의 학문」 (Wissenschaft von der Politik)이었다. 바꾸어 말하면, 그것은 민중정치의 근거를 주장하고 그것을 유지하며 확고한 것으로 하기 위한 수단의 체계적 서술을 의미하였다.

【67】 이러한 문제를 해결하는 데에는 앞서 언급한 새로운 방법이 필요하였다. 요컨대 마키아벨리의 전제는 어떤 이론적 상정이 아닌, **사회·심리학적 현실**이었다. 르네상스 초기에는 자연주의(Naturalismus)라는 사고방식이 보통이었으며, 그것에 의해 그는 국가란 신의 의사의 선물이 아닌 자연과 역사의 산물로 이해하였다. 그 때문에 그는 「현실 밖에 있는 비현실적인 것」(Utopia)을 모두 배척하였다. 그는 말하기를, 「환상보다도 물체의 실상을 보는 편이 옳다고 생각한다」고 말한다(Pr. Kap. 15). 마키아벨리의 역사에 관한 지식은 상당히 애매한 것으로서 그가 한 역사적 비교에는 차이점이 많았던 것이 사실이다. 그러나 그의 「학설이 타당한지의 여부와 그가 예증으로서 인용한 역사적 사실이 정확한지의 여부의 문제는 전혀 관계가 없다. 여하튼 그의 견해는 완전히 역사적 고찰을 전제로 하지 않고 역사상의 실례에 연관시키면서 서술했을 뿐이었기 때문이다」.[26] 선구자들과 많은 정치이론가들은 대개 대조적으로 그에게 중요한 것은 정치적 현실을 자각한 안목으로 인식했던 결과인 것이다. 그러므로 오늘날의 분류법에 의하면 그가 제창한 학문은 **「경험적 정치사회학」**(empirische politische Soziologie)**으로 불리기도 하며, 이데올로기를 모두 배척함과 동시에 어떤 규범에도 근거해서 평가하는 것을 부정하였다.** 그 결과 그는 현실을 있는 그대로의 모습으로 파악하려고 하였다. 따라서 이러한 현실이 바람직하지 않은 방향으로 흘렀기 때문에 조용히 말없이 있는 것은 비겁하다고 생각하였다. 즉, 「세상에서 선행만을 하려는 무리들은 결국 선인이라고 말할 수 없는 많은 무리들 속으로 들어가게 된다. 그래서 군주는 자신이 옳다고 생각한다면, 사태가 급박한 경우(이것이 그가 말하는 「la necessità」이다)에 한해서 선을 만들기 위해서

---

25) Brandenburg, a. a. O., S. 10.
26) Brandenburg, a. a. O., S. 13.

불선도 할 각오를 가져야만 된다」(Pr. Kap. 15). 이것이야말로 바로 자연주의의 발로라고 말할 수 있다. 다윈(Darwin)이 주장한 것처럼 자연상태에서는 여하튼 「강자」의 권리가 현실적으로 통용되기 때문이다.

【68】 그러나 마키아벨리에 대한 첫번째 **반론**은 그가 인간의 정신력을 완전히 무시한 점에 있다. 그가 주장한 정치적 인간심리학은 일면적이기 때문에 잘못되었다. 아리스토텔레스, 스토아학파와 토마스 아퀴나스마저도 인간은 천성적으로 사회에서 공동생활을 영위하기 위해서 끊임없이 노력하는 이성을 가진 존재이며, 선천적으로 정의감을 갖고 있다27)는 것을 전제로 해서 인간을 이상적으로 파악하였다. 그러나 마키아벨리는 그 정반대이다. 요컨대 인간을 성악설적이며 타락한 것으로 생각하였다. 「인간 일반에 관해서 이렇게 말할 수 있다. 그들은 은혜를 모르고 변덕스럽고 위선적이다. 위험에 대해서는 극도로 겁이 없는 것처럼 대하고 이익에 대해서 탐욕스럽다. 그들과 (지도자를 지칭) 이익이 함께 하는 한 그대들에게 몸과 마음을 다 바칠 것이다. 그래서 만약 위험이 없다면, 피와 지식 그리고 재산을 그대들에게 바치는데 인색하지 않는다. 그렇지만 위험이 닥쳐오면 인간들은 등을 돌려 그대들에게 반항한다」(Pr. Kap. 17)고 그는 말하고 있다.

따라서 마키아벨리는 인간을 개인심리학적 대상으로서가 아닌(사회심리학 더구나 **대중 심리학적 수법으로), 대대수의 평균적 인간을 전제**로 해서 대강 다음과 같은 도식을 그렸다. 그들 평균적 인간들은 「자신들의 성향과 전통적 관습에 따라 생활하고 권력과 전제(專制)에 대해서 안주하고 싶어하며, 포식하지 않으면 만족치 않는 필요 이상으로 활동하지 않는다. 그들은 이로움과 해로움을 민감하게 느끼는 건강한 감각을 소지하고 있지만 장기적으로 신중한 계획을 세우는 데는 결코 적합지 않다. …그들은 다른 사람의 기분에 맞추려는 본능이 뛰어나며 쉽게 공명과 권력에 복종한다. 그들은 나쁜 예를 통해서 쉽게 악행에 빠진다. 따라서 종교상의 엄격한 규율에 의해서만 전체를 위한 품행방정함과 희생정신이 장기간에 걸쳐 유지될 것이다」.28) 그러므로 마키아벨리는 이러한 「속물」 (Spießbürger)**에 대비해서 천부적인 지배자**(geborener Herrscher)**의 유형을 제시한다.** 그것은 의사력과 지성으로 다른 사람들을 통솔할 수 있는 능력을 가진 사람이다. 이러한 인간은 국가에서 아주 유용하며 또 불가결하다. 여하튼 「국가 간의 권력투쟁은 계속되고 불가항력으로 감수할 수 밖에 없는 일종의 자연상태」(브란덴부르크의 말)가 있는 이상, 공동체는 이러한 지배자적 천성을 구비한 자를 지도자로 필요로 한다. 단 마키아벨리는 이미 지도자가 갖고 있는 위험성도 인식하였다. 지배자는 일단 권력을 장악하면 그것에 의해 항상 동포시민의 자유를 억압하려고 하기 때문이다.

【69】 B. 마키아벨리가 『군주론』 속에서 규명한 것은 지도자적 능력을 가진 자는 이러한

---

27) Ritter, a. a. O., S. 26.
28) Brandenburg, a. a. O., S. 14.

인간의 심리를 전제로 해서, 도대체 어떠한 수단을 사용해서 통치권을 주장, 확보 또는 가능한 확장시키려고 하는지의 문제이다. 해답으로서 인간은 성악이라는 전제, 그리고 국가간의 권력투쟁은 끊이지 않는다는 인식 — 요컨대 내정과 외정이라는 두 개의 이유 — 에서 무엇보다도 국가는 하나의 권력조직(Machtorganisation)일 필요가 있다. 그러나 권력조직에는 소수 혹은 가능한 한 명에 의해 엄격한 통솔이 전제되었다.

【70】 이러한 지배자를 위해서 마키아벨리는 『군주론』의 수 많은 장에서 저 유명한 **정치행위의 기법**을 전개하고 있다. 그것에 의하면 세계운명은 인간 이외의 힘에 의해 규정된다. 결국 「necessità」와 「fortuna」의 힘에 의한 것이다.

그런데 이탈리아어 necessità를 단순히 독일어 Notwendigkeit(필연성)으로 바꾸어 놓는 것은 허용되지 않는다. 「necessità」라는 것은 **경험으로 파악할 수 있는 현실에서 얻어지는 것**이고, 특히 대중심리적인 사실에서 도출된 것으로서 목적의식을 가진 군주는 항상 그것을 고려해야만 한다. 예를 들면 어떠한 장소에 다리를 설치하려는 기사는 주어진 조건 내에서 목적을 가장 잘 달성할 수 있는 수단이 무엇인지를 숙고하듯이, 행동력을 신조로 하는 정치가도 특정한 목적을 추구하려면 우선 그것을 실현시키는 데에 가장 적합한 수단이 무엇인지를 묻는 것이다. 「목적실현을 원하는 것은 동시에 유일한 수단으로서 그것을 달성하려고 생각하는 것은 당연한 이야기이다」. 이러한 견해에 의해 마키아벨리는 가능한 논리에 따라(그러므로 논리 이외의, 즉 도덕론 따위는 배제하고) 목적을 위해 필요한 수단을 도출하였다.29) 그래서 용기, 행운, 간계, 폭정과 구빈 등 거의 생각할 수 있는 전부를 그는 매우 냉철하게 고찰하였다. 이러한 사고방식을 전제로 하는 이상, 마키아벨리가 생각하고 그린 지배자상은 바로 권력과 인간모멸만으로 뒷받침된 통치양식의 원형으로 된 것도 당연하다. 이와 동시에 그의 국가와 교회의 관계에 대한 견해도 일종의 독특한 것이었다. 확실히 그는 종교와 교회를 불가결한 것으로 생각하였다. 단지 그것은 무지한 민중을 복종시키고 이 세상적인 것이 아닌 권위가 발하는 명령을 전달하기 위한 수단이다. 따라서 마키아벨리에 있어서 국가권력은 계시된 종교와 주권적인 법에 봉사하는 시녀가 아니라, 오히려 이 양자야말로 완전히 도덕적 색채를 포함하지 않는 정치를 위한 도구이다.

【71】 그러나 역시 마키아벨리에 있어서 사회와 정치의 세계는 완전히 계산할 수 있는 것이 아니다. 왜냐하면 necessità와 대립하면서도 그것과 결부되는 「**운명의 여신**」 (fortuna)이 나타나기 때문이다. 그것은 이성과 경험에 근거한 예측을 항상 뒤엎는 **눈에 보이지 않는 우연**이다. 정치적 계략 속에 항상 이러한 비합리적 요인이 포함되어 있기 때문에 그것에 거역한다는 것이야말로 매우 중요하다고 한다. 그러므로 마키아벨리가

---

29) Brandenburg, a. a. O., S. 17.

주장하는 중요한 정치적 미덕은 힘과 굳센 기상이다. 더구나 앞서 언급한 우연이라는 예측불능의 존재가 있기 때문에 만전을 기해서 더욱 잔인한 정치를 하는 것이 바람직하다. 다만, 통치자는 굳이 억지로 무엇을 하여서는 안 된다. 도가 지나치면 운명의 여신이 출현하기 때문이다. 이처럼 절제를 주장했을지라도 그것은 결코 어떤 도덕적 근거에서가 아니라, 단순한 생활의 지혜에 근거한 것임은 틀림없다.

【72】 그러나 이렇게 주장했기 때문에 마치 마키아벨리가 목적을 위해서 수단방법을 가리지 않는다고 주장한 것처럼 받아들여서는 안 된다. 그것은 오해이다. 그가 말하고 싶었던 것은 이른바 비인간적이든지 비도덕적이라는 이유를 붙여 어떤 목적실현을 위해 필요한 수단을 취하는 것을 거부하는 자는 처음부터 그 목적을 노려서는 안 된다는 것이다. 우리들이 지배하는 운명은 불확실하고, 눈에 보이지 않으며 예측불가능하다. 그리고 인간의 본성은 터무니없이 어리석다. 그렇다면 취해야할 방법은 바로 객관적으로 확정된다. 그래서 어떤 목적밖에 달성할 수 없는 수단을 가지고서 다른(그것으로는 달성할 수 없는) 목적을 실현하려고 생각하는 것은 어리석음의 극치이고 지적 불성실이다. 이상과 같이 이 근대 국가사상의 선구자는 가장 비난받을 만한 것을 포함해 군주가 거의 모든 수단을 이용하는 것을 인정했지만, 그것은 공동체의 존망이 화급을 다툴 때에 한해서이고, 결코 군주의 사리사욕을 위해서 인정한 것은 아니다.

【73】 또 앞서 언급한 정치행위의 기교론이 **마키아벨리의 국가이론 체계의 전부**라고 생각한다면 그것은 **틀린 것**이다. 특히 『군주론』에서 문제설정의 방법이 특수했기 때문에 확실히 이러한 종류의 오해를 불러일으킬 수 있는 부분도 있다. 그러나 저자 자신은 권력행사의 기교를 신뢰한 것만은 아니다. 단지 기술자는 기술의 포로가 되어 상황의 주체가 객체로 바뀔 가능성이 있다는 것을 그는 잘 알고 있었다. 거기서 더 생각해야 하는 것은 게르하르트 리터(Gerhard Ritter)*가 말하는 「권력의 마력」(Dämonie der Macht) 이다. 그것은 결국 고금을 통해서 보듯이, 권력을 장악한 자가 권력에 따르는 윤리적 억제를 상실하여, 공명에 눈이 어두워 다시는 자신의 능력한계를 알지 못하는 현상을 지적한다.

【74】 마키아벨리는 이러한 위험성을 발견했기 때문에 지배자를 일단 높은 수준의 가치에 구속시키려고 하였다. 군주는 그러한 가치를 실현하고 그것을 위해서 피치자를 훈육할 의무를 가진다. 고대 로마인들은 기독교의 가치평가를 의심했지만, 그들을 찬미한 마키아벨리는 이 높은 가치를 「덕성」(virtù)이라고 이해하였다. 이 개념은 로마 이후의 전통에 근거하여 인문주의에 의해서 발견된 것이지만 내부적으로 변질된 것이다. 마키아벨리는 거기에 새로운 내용을 채웠다. 여하튼 라틴어의 비르투스(virtus)와 그리스어의 카로스 카가토스(Καλος Κ'αγατος)는 마찬가지로 다의적이었다. 마키아벨리는 「비르투」

(virtù)는 담력과 지혜, 유능성과 공공심의 복합체로서 동적으로 파악하여 이해하였다. 그러한 속성에서 지배자는 운명의 여신과의 싸움을 통솔해야 하는 담력(Willenskraft)이 중요하고, 이에 대해서 민중에게는 (『Discorsi』에 명시된 것처럼) 고대 로마의 공공심 (Gemeinsinn)이 우선한다. 그는 이미 이탈리아에서는 무리일지라도, 당시 독일의 여러 도시에서라면 이 공공심을 재발견할 수 있다고 믿었다. 덕성(virtù)의 유지와 육성이야말로 건전한 국가질서에 불가결한 기초이며, 그 퇴조는 모든 파멸의 시작이라고 생각하였다. 「덕성」은 **정치적 최고 가치**이며, 종교와 도덕은 거기에 이르는 수단적 가치로서 전자에 종속한다. 그러므로 모든 정치목표는 시민을 훈육해서 「덕성」에 도달하도록 하는 데에 있다. 따라서 그에게 이상국가는 고대 로마를 모범으로 하는 공화제이다. 다만 공화제에 이르기까지 국가는 「덕성」을 가지고 있는 인물(uomo virtuoso)을 받드는 군주제이어야만 한다. 이러한 인물은 고대 로마의 선례에 따라 ― 만약 가장 잔인한 폭력적 수단을 사용해도 ― 앞서 언급한 훈육작업을 완성시켜야만 한다. 『군주론』은 메디치가야말로 당시 이탈리아를 위해서 이 「uomo virtuoso」로서의 지도자 역할을 담당해야만 한다고, 이 가문에 대한 강렬한 기대를 가지고 끝마친다.

【75】이러한 마키아벨리의 대단한 애국심은 그의 정치적 기교론이 냉소적인 솔직담백함에 대해서 반감하는 사람들을 포함해서 수 백년에 걸쳐 끊임없는 공감과 감탄을 자아내었다. 이렇게 본다면 그의 업적이 단순히 권력투쟁과 참주정치의 기법에 기여하는 것만은 아니라는 것을 인정해야 한다. 그는 「덕성」라는 개념을 사용해서 **일급의 정치신화**를 만들어, 신비적인 국가형성력으로서의 「덕성」을 그때부터 장래에까지 국민에게 계승시켜 그것을 각 시대의 천재적 지도자의 인격에 체현시키려고 하였다. 그러나 이 「덕성」을 비판적으로 검토하면, 사실은 그것은 **정치적 권력의사 그 자체** 외에 아무것도 아니라는 것이 인정된다. 그래서 확실히 권력과 권력행사의 문제를 사고의 중심에 놓았기 때문에, 마키아벨리의 정치이론은 당시 대두하고 있었던 강력한 권력적 국민국가에서 결실을 맺었다.

제11절 미셀 드 로피탈과 장 보댕의 학설에서의 새로운 국가개념의 발전

【76】A. 독일에서는 황제가 로마교황과 싸움에 말려들어 제국은 점차 이전의 수봉자 중의 유력자들의 손에 탈취된 반면, **프랑스에서는** 반대로 전개되었다. 영국왕과의 「백년 전쟁」(hundertjähriger Krieg)에서 얻은 교훈에 기초하여 프랑스의 지배자들은 가신에 대한 지상권(至上權)을 확립하고 완성시키기 위한 한결같은 노력이 더해져 그것이 서서히 성공을 거두었다. 발로와가 출신 루이 11세(Louis XI, 1461-1483)는 부르고뉴의 샤르르 공을 굴복시킴으로써 최초의 중요한 성과를 얻었다. 루이의 후계자들은 그것을 더욱 확고히 하여, 드디어 앙리 2세(Heinrich II, 1447-1559)는 메스, 토울, 그리고 베르댕을 취득하고 부르고뉴를 최종적으로 병합하였다.

【77】이 무렵 프랑스에서도 **종교개혁**이 세력을 얻고 있었다. 요컨대 제네바에서 나온 칼뱅의 교설이 그것이다. 종교개혁파는 프랑스에서「위그노」(Hugenotten)로 자칭하였다. 이 명칭은 Hausgenosse에서 유래된 것으로 추측되지만, 여하튼 오래된 견해에 의하면 그들은 숲에서 은거생활을 했다고 전해진 전설상의 위고(Hugo)왕의 시종으로서, 그를 수호자로 받들고 사람들 눈에 띄지 않고 예배하기 위해 모였던 것으로 되어 있다.

위그노파는 그 후 100년 간 상세히 말하면, 프랑스의 종교전쟁을 종결시킨 앙리 4세의 관용칙령(Toleranz-Edikt, 1578)이 나오기까지 이 나라를 3분한「**정치적 당파**」속에 하나를 형성하였다. 거기에 속한 자들은 특히 경건한 지방귀족과 광범위한 도시시민층이었다. 그들의 정치후원가는 부르봉가이며, 1572년까지의 군사적 후원자는 콜리니(Coligny) 제독이었다. 이에 적대자는 기즈(Guise)가의 여러 영주들에 의해 통솔된 가톨릭파이며, 신봉자는 성직자와 파리시, 그리고 프랑스 중부에서 많이 발견된다. 위그노와 가톨릭의 두 개의 주요 당파 사이에 온건한 개혁을 원하는 가톨릭집단, 이른바「정치파」(Politiker)*도 세력을 가지고 있었다. 그 구성원은 관리, 학자, 고등법원(결국 재판관)과 프랑수아 라벨레(Fracçsois Rabelais, 1495-1553)와 미셸 드 몽테뉴(Michel de Montaigne, 1553-1592)로 대표되는 자유사상가, 이른바 온건한 회의주의와 후기 르네상스의 개인주의 사상을 혼합한 사람들이다. 근대적 용어로 말하면 (물론 일정한 조건이 붙지만) 그들은「자유주의파」로 부를 수 있다.

처음에 위그노파를 이단으로 전멸시키려는 음모가 시도되었다. 그 후 이러한 정책, 특히 어린 프랑수아 2세를 섭정한 기즈(Guise) 추기경[샤르르 드 로랭]이 수행한 정책에 대한 반발로서, 1560년 삼부회에서 종교문제의 박해를 금지한 제2신분과 제3신분의 결의가 성립하였다. 이 결의야말로 미셸 드 로피탈의 발안에 의한 것으로, 그는 당시「정치파」의「자유주의적」경향을 대표하고 분쟁의 중재역을 수행한 우두머리로 보인다.

【78】로피탈(Michel de l'Hopital, 1504-1573)*은 재판관 출신으로 트리엔트 공회의에서 프랑스대표로 근무하였고, 마침내 프랑스왕국 대법관까지 승진한 인물이다. 그는 동지인 몽테뉴와 함께 군주주의와 초당파적 강령을 제시하였다. 예컨대 신학자 카스텔리오(Castellion) 등도 주장하였지만, 정치적 영지가 명령하는 대로 로피탈은 양심의 자유, 즉 관용이 승인되어야 한다고 주장하였다. 그는 종교적 대립이 생기면 국왕의 지위가 손상된다고 생각하였다. 그러므로 종교적·사회적 대립에서 몸을 피해, 전체에 대해서만 의무를 지고 종지(宗旨)를 초월한 **왕권의 권위**를 어떻게 확보할 것인가? 이것이야말로 이 놀랄만한 정도의 근대적 감각을 가진 정치가에게 매우 중요하였다. 그는 왕권을「**중립적 권력**」(pouvoir neutre)으로 이해하였다.

위그노파가 주장한 왕권에 대한 충성에 — 이것은 당연한 것이지만 — 감복한 로피탈은 악한 위정자에 대한 저항권 이론을 비난함과 동시에 이단사상을 가진 사람들(그에게는 위그노파)을 실력으로 탄압하고 절멸시키려는 견해도 배척하였다. 이처럼 극단적인 정책에서 유래하는 내란(독일의 실력행사로 일어난 현상)에 대한 구제책으로 그는 모든 당파를 초월하고 각 신분에 상응한 것을 줄 수 있는 지배자가 필요하다고 생각한 것이다.

로피탈에 의하면 지배자 권위의 원천은 그 직책에 대한 신이 준 재가와 통치권행사의 공정함에 있었다. 그러나 이미 로피탈은 **법률**을 지배자의 상위에 놓았다. 왜냐하면 이성에 근거한 법률이 있고 지배자측은 단지 그것을 공포하고 집행할 뿐이기 때문이다. 이처럼 법률이 지배해야만 평온, 질서, 그리고 관용이 보장된다. 로피탈이 말하는 법률은 (실질적) 정의에 합치할 것을 요구한다(즉 그것이야말로 뒤에 순수형식주의적 실증주의를 극복하는 노력의 선구였다고 말할 수 있다). 그래서 법률이 정의에 합치하는지의 여부의 심사권한은 이른바 위그노파가 주장하는 것처럼, 피치자의 집회인 삼부회가 아닌 「최고법원」(Parlament)에 귀속한다. 즉 이전의 왕회(Pairskammer)를 전신으로 하는 국왕최고재판소인 것이다.

그런데 로피탈이 지배자에 부과한 **책임은 신에 대한 것**뿐이었다. 어떠한 방법에 의해서도 지배자에 대한 신민의 문책권은 부정된다. 반대로 신민은 절대복종의 의무를 부담한다. 이렇게 보는 한, 그는 가톨릭 동포의 생각보다도 오히려 루터의 교설에 가깝다. 후자는 결국 지배자의 직무는 신이 부여한 것이기 때문에 정의의 행사에 구속된다고 그는 주장했기 때문이다. 그래서 로피탈이 종교적 관용을 주장했기 때문에 확실히 위화감을 조성하거나 빈축을 많이 받았던 것은 틀림없다. 결국 1563년 트리엔트 공회의는 그의 견해도 이단설로 낙인을 찍었다.

【79】로피탈의 재직기간에 세 번의 **내란**(Bürgerkrieg)이 있었고, 은퇴한 뒤에도 세 번 더 내란이 발생하였다. 따라서 그가 겨우 할 수 있었던 것은 항상 패배하는 것이 뚜렷한 위그노파를 계속 관용칙령으로 보호하는 것뿐이었다. 그처럼 점차로 새로운 투쟁의 실마리를 제공한 것은 위그노가 아닌, 기즈(Guise)공 프랑수아를 따르는 가톨릭파였다. 그 뒤에 위그노전쟁의 과정에서 기즈공은 한 명의 광신적인 위그노교도의 손에 살해되었다. 그래서 그의 동생인 추기경 샤르르 드 로랭(Charles de Lothringen) 때에는 이미 한 발자국도 물러날 수 없는 국면이 되었다. 그래서 당시 섭정 카틀리느 드 메디치(Katharina von Medici)에 대한 샤르르와 가톨릭 세력이 미치는 영향은 한층 강력하였다. 우선 세 번째 내란 초기에 로피탈은 해임되었다(1568년). 그러나 곧 전쟁은 위그노파에게 유리한 강화체결로 끝나고, 콜리니(Coligny) 등 유력한 위그노파 교도들은 파리 궁전에 모습을 나타내었다. 여기서 로피탈의 이념은 달성된 것처럼 보였다. 그러나 가톨릭파는

과감한 수단으로 바로 마키아벨리가 주장한 것처럼 모든 장애를 한 순간에 제거하려고 기도하였다. 즉 1572년 8월 23일 심야에서부터 24일 새벽까지 걸친, 이른바 **성 바돌로매 제야**에 섭정은 파리에 있는 약 2000명과 지방에 있는 약 2만명의 위그노교도를 잔인하게 학살하였다.

그러나 국가는 이러한 범죄행위에 손을 쓰지 않는 것이 분명하였다. 살아남은 위그노교도들은 무기를 들고 봉기하였고, 결국 새로운 내란이 일어났다. 그래서 소년 국왕 샤르르 9세는 그날 밤에 죽었다. 그의 동생으로 즉위한 앙리 3세는 독실한 가톨릭교도였음에도 불구하고 다시 로피탈의 사고에 깊은 관심을 두어, 1577년에 이른바 **포와티**에서「**국왕 강화**」(Königsfrieden)를 체결하였다. 그러나 이것도 기즈가의 어린 세대에 지도된 가톨릭의「구교 동맹」이, 더구나 스페인의 참가 때문에 다시 전투를 개시하는 요인을 만드는데 불과하였다. 결국 위그노교도이며 부르봉가 출신 앙리 4세가 동맹에 대해서 승리했으며, 그 후 가톨릭으로 개종함으로써 국내의 치안을 회복하는데 성공하였다. 그는 술리(Sully) 대신의 협조를 얻어 로피탈의 생각을 실현하였다. 이 때문에 그는 오늘날까지도 프랑스 민중 사이에「착한 왕」(le bon roi)으로 불린 것이다.

【80】B. 로피탈은 앙리 3세와 부르봉가가 근대 절대주의 국가를 수립하는데 필요한 실천적 정치근거를 제공하였다. 그러나 거기에 법과 국가이론적 기초를 제공한 것은 사실 한 명의 다른 인물이었다 . 즉 그는 장 보댕(Jean Bodin)이다. 그의 저작은 프랑스 밖에서도 널리 읽혀지고 마키아벨리처럼 한 시대를 긋는 의무를 지녔다. 이 두 사람은 오늘날까지 근대국가 이념의 개척자 중에서 가장 영향력을 미친 인물로 들 수 있다.

장 보댕(1530-1596)은 위그노파의 학자로서 로피탈처럼「자유주의적인 정치파」에 속하였다.30) 1576년에 그는 주저인『국가에 관한 6권의 책』(Six livres de la république)*을 발간하였다. 그것은 무엇보다도 그의 국가사상을 구체적으로 나타낸 가장 중요한 저작일 것이다. 더구나 그는 브로와의 삼부회에서「제3신분」(당시는 대부르주아지)을 대표하였다. 이것은 결코 우연이 아니다. 왜냐하면 당시 시민층은 강력한 왕권이야말로 많은 전제적인「소」영주에 대한 최량의 수호자라고 생각하였다. 특히 그들은 유럽 전체에 밀어닥친 중상주의 시대에 있어서 평온과 질서가 유지되는 것에 최대의 관심을 보인 이상, 그것은 더욱 그러하였다.

보댕 역시 **열렬한 관용사상의 옹호자**였다. 확실히 피상적으로 보면 프랑스에서 일어난 여러 가지 내란은 종교전쟁(위그노전쟁)이었다. 그러나 그 내실, 즉 이러한 대립의 정치적 배경은 결국 신분(등족)들과 유력자 상호간의 권력장악을 둘러싼 투쟁이었다. 보댕도 로피탈과 마찬가지로 이러한 것이 반복되면 국가는 멸망할 수밖에 없다는 것을 분명히 인식하고, 그것에 대한 종교상의 관용을 주장한 것으로「우리들은 단지 이단자를 징벌하기

---

30) 보댕에 대해서는 다음의 문헌을 참조하라. Helmut Quaritsch, Staatsraison in Bodins "republique," in: Staatsraison, herausg. von Roman Schnur (1975), Wyduckel, Grundlagen, S. 231 ff. 그리고 Zippelius, Staatsideen, S. 90 ff.

위해서 싸우고 있을 뿐이다」라는 유력자들의 단언을 막았다.

【81】보댕은 그리스 로마의 고전뿐만 아니라 성서에도 정통하였다. 특히 젊은 사람으로서 불가피한 마키아벨리와의 대결에서 그는 그러한 지식에 의존하였다. 그래서 저 피렌체 시민이 주장한 「덕성」(virtù)보다도 더욱 시대에 적합하고, 또 그것에 대신하여 효과적인 군주독재에 대한 방지책을 규명하였다. 그러나 국가이성이라는 선험적 이념은 긍정하면서도, 보댕은 마키아벨리가 권유한 군주의 잔인한 통치기법에 관해서는 거부하였다. 당시 프랑스는 이미 한명의 국왕 아래 통일되어 있었기 때문에 이렇게 주장하는 것은 보댕에게는 쉬운 일이었다. 거기서 중요한 것은 민중이 자유를 향유하며 생활하고 노동할 수 있도록 통치권을 확보·강화시키는 것뿐이었다.

보댕은 이처럼 민중을 높이 평가했으며, 그 점에 관해서 민중은 선천적으로 열악하며 태만하다고 생각한 마키아벨리와는 분명히 달랐다. 결국 보댕이론에서 인간은 선한 존재이다. 그래서 인간의 이상과 신앙을 별도로 하면 사회적 생활환경의 안정성과 합법성이라는 것이 된다. 따라서 바로 이 「**법적 안정성**」을 보장하는 것이 보댕이 의미하는 **국가목적**이다. 그리고 그 이전의 수많은 사람들과 그 이후 거의 대분의 국가사상가들에 관해서도 동일하게 말할 수 있다.

【82】보댕이 이 목적을 달성하기 위한 수단은 **정의를 실현하는데** 있다고 생각한 것은 정당하다. 그에게 국가공동체는 가족의 집합이다. 그리고 가족의 평화적 공존을 보장하는 것이 바로 정의이다. 또 정의를 유지하는 자는 지배자이고, 그것은 민중 전체, 귀족 그리고 군주의 3자 중에서 모두이다. 그렇지만 가족이 가장(pater familias)이라는 한 사람의 인물에 통솔되는 것이 가장 바람직하듯이, 민중에 의해 조직된 국가공동체도 한 사람의 군주에 의해 통치되는 것이 가장 바람직하다.

이 **지배자**(개인 또는 집단으로서)**에게** 최고권력(suprema potestas), 즉 주권(souveraineté)이 **귀속한다**고 말한다. 물론 이것은 결코 참신한 사상은 아니다. 이미 12세기에 황제나 교황에게 이 최고 권력이 인정되었다. 다만, 그것이 인정된 것은 우선 황제에 대해서이며, 그것은 무엇보다도 그가 제국의 유력자에 대해서 수봉자(授封者)의 지위에 있었다는 사실에서 단적으로 나타난다. 그러나 이 만능의 권력(plenitudo potestatis)의 존재에 관해서는 계속 반복해서 의심되었다. 그것은 먼저 교황으로부터, 그리고 그의 신하로부터, 끝으로 마르실리우스 폰 파두아와 니콜라우스 쿠자누스 등의 통치의 사회적 정당성이론의 주장자들에 의해서 제시되었다. 봉건제(Lehnswesen) 때문에 바로 근대 초기에서 보듯이, 황제는 역시 만능의 권력주체로 말할 수 있지만, 이미 현실적으로는 그런 권력을 소지했다고 말할 수 없고, 오히려 가신에 대한 통치자라는 의미에서 「동료 중의 제1인자」에 불과하였다. 마찬가지로 역대 프랑스왕이 왕국의 유력자들에게 대해서 우월한 것은 겨우 그들에게 기름바르는(塗油) 권리(Salbung)를 가진 정도였다. 루이 11세(1461-1483)에 이르러서야 왕은 동료들 중의 제1인자가 아니라 최고의 군주(supremus princeps)가 되었다. 그러나 루이와 그의 후계자들도 보댕이 의미하는 주권자는 아니었다. 왜냐하면 최고법원과 삼부회의 여러 권력이 이른바 「입헌주의적」 구속력을 변함 없이 계속 가졌기 때문이다. 따라서 보댕 이전에 「절대권력」과 「최고권력」이라는 두 개의 수식어를 붙이더라도 어떤 내실 있는 내용을 가진 것이 아니고 오히려 형식적인 의미가 강하였다.

그러나 보댕이 주권론에서야 비로소 이 **「입헌주의적」 구속력을 배제**하였다. 그는 주권이란 「공화제의 절대적 또는 영속적 권력」이거나, 그의 자필의 프랑스어판에서 「시민과 신민의 법률에서 해방된 여러 권력의 총체」라고 이해함으로써 후기 로마시대의 「법에서 해방된 원리」(Legibus-solutus-Prinzip)를 다시 채택하였다. 요컨대 보댕이 주장하는 주권은 「다른 모든 권력에서 독립된 영속적이며, 어떠한 위임에도 기초하지 아니한 독립적이며, 법률구속에서 면제된 신민에 대한 최고권력」(한스 J. 볼프의 말)이다. 따라서 이 개념은 우선 먼저 국내법의 수준에서 사용되었다. 그러나 그는 프랑스왕의 주권에 우월하는 교황과 황제권력을 부인함으로써, 그가 주장한 주권은 이미 후세에서 언급하는 국제법상의 의미의 싹을 포함했음에 틀림 없다.

【83】 그러나 보댕의 주권개념은 통치의 목적과 한계에 대해서 어떤 언급도 없었다. 오히려 이 두 문제는 주권과 무관하다. 정의를 유지하는 지배자의 임무에서 그 목적과 한계는 자명한 것이기 때문이다. 결국 보댕이 지배자에게 주권을 인정한 것은 곧 정의를 유지하기 위한 것이다. 따라서 여기서 말한 주권은 단지 **세속의 사회적 권력행사권한에** 불과하다. 그런데 그것은 바로 실정법 개념으로서 이론구성을 해 두고, 보댕은 주권의 필요성을 주어진 정치 사회 상황 속에서 실현해야만 하는 전제에서 도출하였다.

결국 보댕이 말하는 주권의 주체는 19세기 이후에 주장된 「국가」가 아니면, 그 전후에 나타난 독일 단체법사상=민중국가론에서의 민중인 것이다. 결국 **주권의 주체는 지배자만으로서** 그는 통치권을 가지는 군주, 귀족 그리고 민주제에 근거해서 통치하는 민중 속에 있다. 따라서 보댕은 예를 들면 독일 선제후 회의에 주권을 인정하였다. 왜냐하면 황제는 (적어도 1519년 이후로는 선거협약에 근거해서) 이 회의에 종속했기 때문이다. 더구나 그는 지배자의 주권이 어떻게 성립하는지를 문제시하지 않았다. 그가 주장한 것은 단지 어떠한 지배자일지라도 국가목적을 실현하기 위해서는 주권에 의해서 지배해야 한다는 것을 주장하였을 뿐이다.

【84】 그런데 보댕은 주권을 여러 가지 권리로 나누었다. 그 중 가장 중요한 것이 입법권으로서 그 밖의 다른 모든 권리, 예컨대 사활결정권인 선전과 강화의 결정권 등이 포함된다. 입법권은 주권의 중요한 표현이다. 그러므로 입법권은 지배자에게만 귀속하고, 그는 그것을 조타수와 키에 비유하여 조타수는 키를 조종하고, 후자는 전자를 구속하지 않는다고 한다.

【85】 이처럼 지배자는 법률에 초연하지만 보댕은 결코 지배자를 법에 우월시키려고는 하지 않았다. 이러한 「**법**」(jus)과 「**법률**」(lex)의 구별은 보댕의 체계에서 매우 중요한 것이며 경시해서는 안 된다. 우선 정의의 총화인 법은 신의 규칙과 자연법칙 속에 명시되고, 실정법적으로 전국민에게 공통적인 법으로 표출된다. 결국 법의 본질은 (실정법률이 명령하는지의 여부를 불문하고) 그것이 정당하고 공정하다는 점에 있다. 이에 대해서 법률은 실정적으로, 즉 국내법으로서 정립되어도 그 정립권은 명령을 하는 주권자에게 속한다.

지금까지 보았듯이, 보댕은 그의 학설 속에서 국가의 최고통치권으로서의 세속적 주권의 근거를 규명하였다. 그러나 동시에 그것을 정의라고 하며 더욱이 고차의 「주권」에 복종시켰다. 그 때 이 정의는 (합의제 또는 군주제라는) 지배자를 설치하는 것으로서 그의 일신에 구현시켰다. 그리고 지배자는 사람이 아닌 신에 대해서만 책임을 진다고 주장한다. 그러나 지배자의 이 (세속적) 주권은 **절대적인 것이 아니다**. 오히려 그것은 신이 정한 여러 가지 권리와 의무를 존중함으로써, 결국은 「정의라는 조건에 의해 제한되는」 것이다. 그러므로 정의의 요청의 중대한 침해는 주권을 부정한 보유자에 대한 저항권 (Widerstandsrecht)의 근거이기도 하다. 그리고 보댕이 지배자 「인격」의 주권에 대해서 말하기 때문에, 사실 그것은 지배자 개인이나 지배자의 자리에 있는 자연인이 아닌, 이른바 법인(Rechtsperson) ― 또는 오늘날의 용어로 말하면 ― 국가의 통치기관을 의미하는 것에 주의해야 한다. 이것을 전제로 해서 군주인 인격자, 즉 군주라는 속성을 가진 인간에게 주권이 필요하다고 주장한다. 따라서 이 단계에서 군주는 역시 국민공동체에서 해방되는 반면에, 시민은 신민으로 격하됨으로써 아주 절대적인 지배자의 전제가 가능하였다.

【86】 C. **근대국가**의 **개념**은 위에서 본 것처럼 학설과 실제 정치에 근거해서 성립하였다. 이미 서론(제1절 B)에서 언급하였듯이, 중세에서 근대로의 전환기는 다음 세 가지 변혁이 거의 동시에 중세의 세계질서와 생활질서를 뿌리채로 흔들었기 때문에 인류사에서도 하나의 획기적인 전기를 만들었다. 첫째, 르네상스 시대에는 고대를 모범으로 삼으려는 노력이 있었다. 그러므로 종래에는 자명한 것으로 생각한 여러 가지 질서가 의문시되고, 전통에 대한 속박은 해체되지 않아도 이완되었다. 둘째로, 종교개혁은 신앙을 종교의 분야에 한정한다는 것을 의미하였다. 지금까지 개인과 신의 관계가 여러 가지 객관적

제도에 개입되어 있었다면, 이제는 책임 있는 개인이 신의 피조물 질서의 일원으로서 신에 직접 가까이 갈 수 있는 것처럼 되었다. 그것은 다음 시대에게 지상의 여러 권력의 세속화를 촉진하고, 더구나 제3의 변혁이 생기는 것을 가능케 하였다. 그것은 절대주의적 중앙집권의 성립으로서, 중세에 있어서 복수 공동체의 병존상태를 배제하고 군주(단일자)가 통치하는 절대주의 국가를 성립시키는 기반이 되었다.

【87】 그런데 고대와 중세의 공동체(respublica)를 「**국가**」(Staat)라고 부르는 것은 완전히 사실에 반한다. 이 용어를 사용하려면 이제 생성하고 있는 정치적 공동체의 완성을 기다려야만 한다. 거기서 국가개념의 **가장 중요한 원천**이 무엇인지를 말한다면, 그것은 이탈리아의 시노리(Signorie)이다. 이미 13세기 후반에 북부 이탈리아의 대부분의 도시에서 종래의 도시 공화제는 세습 절대영주제, 결국 시노리에 의해서 해체되었다. 「시노리」는 본래 귀족 상호간의 분쟁을 중재하기 위한 독립적인 관리이다. 그러나 시대가 변함에 따라 그들은 자신들의 권력적 지위에 의해 성립한 여러 세력으로부터 해방되었을 뿐만 아니라, 황제와 교황의 인격에서도 해방되는 데에 성공하였다. 이리하여 영주와 그에 의존하고 동시에 행정관리로 임명된 가신단에 의한 통치가 시작되었다. 예를 들면 시칠리와 남부 이탈리아를 무대로 한 호헨슈타우펜가의 프리드리히 2세의 「국가」(Staat)도 이러한 종류의 시노리의 하나로 부를 수 있다. 이처럼 영주의 권력장치, 즉 영주 가문 자체와 거기에 종속하면서 영주가를 지지하는 문무관의 일단을 「로 슈타토」(lo stato)라고 불렀다.

【88】 시간이 흘러 이 명칭이 의미하는 것이 라틴어 'status'에서 생긴 독일 중고어 'stät'와 동일한 어근에서 유래한 프랑스어 'estat'가 가지는 의미와 **혼합**되었다. 이 두 가지 말은 어떤 공동체의 지배질서에 주목해서 그 정치·사회적 상태, 즉 「헌법」(Verfassung)을 표시하였다.

【89】 여기서 생겨난 새로운 국가개념은 헤겔이 말한 의미에서 「**변증법적**」(dialektisch)이다. 왜냐하면 그것은 한편에서는 적어도 지상에서 어떠한 제한도 받지 않는 지상권이라는 (실질적) 개념을 포함하는 동시에, 다른 한편으로는 당해 공동체의 조직형태에 관해서 (형식적) 개념을 포함하기 때문이다. 후자는 구 공동체(res publica) 개념이다.

【90】 그런데 아우구스티누스는 이미 조직화된 공동체를 지배하는 절대권력은 엄격한 통솔을 자랑하는 도적단(Räuberband) 속에서도 존재한다는 견해에 반론을 제기하였다. 그러나 국가라는 권력장치와 도적단의 차이점은 (독일의 이른바 「제3제국」 말기의 비극적 체험이 보여주듯이) 단지 **목표를 설정하는 방법**에서 뿐이다. 당시의 국가사상가들도 이것을 인정하였다. 이른바 마키아벨리는 고대 로마의 「덕성」(virtù)을 그가 묘사한 르네상스 국가의 목표로 삼았고, 루터도 신이 죄 많은 인간을 훈도할 도구로서 관헌(Obrigkeit)이

필요하다고 주장하였다. 그리고 그 권력은 당연히 기독교 윤리학의 여러 가지 계율에 복종되었다. 결국 그들에 비하면 차라리「자유주의적인」프랑스인 로피탈과 보댕은 세속화가 진행된 근대에서 국가목표의 설정은 지상의 것에 한정해서만 만인과 압도적 다수의 동의를 얻을 수 있다는 인식을 내심에 품었다. 다시 말하면 그들에게서 국가목적은 각인에 대해서 관용과 정의이다. 이처럼 **정의의 이상에 맞추어졌기 때문에 그처럼 엄격하게 조직된 주권이 부여된 공동체는 국가로까지 고양**되었다. 따라서 이른바 17, 18세기에 있은 커다란 상사회사(Handelskompanie)는 외형적인 특징은 모두 갖추었지만 역시 국가는 아니었다. 그 목적은 경제적 이익이지 공정한 법질서의 실현은 아니었기 때문이다. 그리하여 이 정의의 실현이라는 국가목적에서 (법적 안정성의 유지도 정의의 원리의 일부인 이상) **법의 정립과 유지는 국가의 전속적 권리**라는 결론이 나온다. 그러므로 실력행사와 자력구제의 권리가 극복되고 처음으로 근대적 의미의 국가가 성립할 수 있었다.

제12절 독일 영방군주제에서 신분제국가로의 발전

【91】 근대 초기의 국가이론이 중세의 것에 비해 보다 강한 관심을 끈 부분은 **통치권 행사**의 문제이다. 요컨대 마키아벨리가 개발한 통치기술론과 거기에 관련된 국가이론 일반, 그리고 로피탈과 보댕이 주장한「초당파적」중립적 주권자 개념 등을 보면 알 수 있듯이, 중요한 것은 (이른바 황제, 선제후, 제국신분 등) 제도화 된 개개인의 인격의 대립병존을 문제로 삼는 것이 아니라. 오히려 **통치기구의 구성과 작용**을 해명하는 것이다.

이러한 변화는 결코 우연히 생긴 것은 아니다. 왜냐하면 이미 언급했듯이, 통치행정 기구가 형성되고, 점차 완성되는 과정은 사실 우선 그러한 기구로 이해된 근대 국가의 개념적 특징의 중요한 핵심이었다. 그리고 다음의 고찰에서 명백하듯이, 영방군주라는 인격자와 결합한 전술한 기구는 전통적 질서에 병존하거나 대항하면서 형성되었다. 이리하여 신분국가의 성립에 전형적으로 나타나는 영방군주권력과 여러 신분권력 사이의 일종의 독특한 **이원적 대립**(Dualismus)이 생겼다.

【92】 A. 먼저 **영주권력**의 근거와 영주의 국가관의 근거를 보자. 물론 그때 주의해야 할 것은 중세 후기에 여러 영방들의 성립과 발전을 논하는 경우, 무엇보다도 필요한 것은 더욱 상세한 차이점을 식별해야만 한다. 즉 옛날의 여러 영방들의 성립과 발전과정은 동일했다고 하면, 이제 이 중세의 영방 전체가 근대 영방국가로의 발전을 계속한 것은 아니다. 여기에 중세 후기와 근대 초기를 구별하는 결정적인 **차이**가 있다. 따라서 제국 직속 영방 속에 작거나 아주 작은 영방은 오히려 중세의 상태로 변함 없이 머물러, 결국 그들은 프랑스혁명을 거쳐 1803년 2월 25일의 제국대표자회의의 주요 결의에 의해 강제적인 결말로 끝나기까지 그 발전을 정지하였다. 특히 제국 남서부에서는 백작

(Grafen)과 영주들, 제국 도시와 제국 기사신분이 매우 강력해서 대영방에 편입되지 않았다. 그러나 그들은 대영방국가 발전에 보조를 맞추는 데에는 너무나 작으며 약체이다. 중요한 이유는 분쟁이 발생할 때마다 그들은 황제와 「제국」(Reich) 사이를 왔다 갔다 했기 때문에 황제의 지지를 얻을 수 없었던 점에 있다.

그러나 역시 대영방의 발전도 시간적·내용적으로 전혀 다른 것이었다. 중세는 특권의 시대였지만, 이에 반해서 근대 영방국가(Territorialstaat)는 보통법과 공통의 관헌을 창설하고 여러 가지 중세적 자치권을 억압하려고 하였다.

【93】각 영주는 이것을 자력으로 수행하였다. 다만 영주들 사이에 어느 정도의 연대관계도 생겼다. 여하튼 황제의 관심의 대상은 약소 신분들이었다. 따라서 그들을 사실상 무기력한 상태로부터 탈출시키는 것은 무리일지라도, 황제가 이러한 신분들을 추종하려는 각 영주들의 의도 등을 지지할 까닭이 없었다. 이처럼 점차 각 영주는 부하인 기사층과 도시들에 대해서 자력으로 통치권을 관철시키는 것이 어려웠기 때문에, 그 결과 개별적으로 영주의 역량으로 또는 그들이 얼마큼 교묘한 솜씨를 보였던가에 따라서 달랐다. 대국적으로 보면 제국의 남서부는 예외일지라도 **이러한 대결의 승자는 여전히 영주들**이었다. 결국 그들은 군사적인 면에서 우세하였고, 특히 정치적으로도 우위였다. 더구나 가장 중요한 전투에서 그들은 단결했기 때문에 역시 그러하였다. 이에 비하면 도시들은 경제력이 있어도 (그 후에도 유지되었으며 영주는 그것을 촉진하였다) 정치적으로는 너무 분열하였다. 마찬가지로 특히 영주재판권에 굴복시킬 수 없었던 귀족들에 대해서도 같았다. 그러므로 약간의 남서부 독일에 한해서 제국직속귀족들은 「제국기사신분」(Reichsritterschaft)을 유지하였다.

【94】이러한 대결에서 영주들은 **로마법**의 규정을 논리의 근거로 많이 삼았다. 그것은 물론 영주의 법적 지위가 강대한 사실을 말하기 위한 것이 아니라, **목적달성에 필요한 수단**으로서 교묘하게 사용하였다. 왜냐하면 로마 황제의 여러 권리를 무비판적으로 영주에게 전용하거나, 마찬가지로 로마 시민의 의무를 그대로의 모습으로 신민에게 (특히 종래에 특권이 부여된 신분들) 전용하는 것을 생각하는 것도 어리석었다. 로마법을 논거로 한 진정한 이유는 대영주 가문이 정치적 야심을 품었다는 데에 있었다. 그들은 결국 고대 영웅들의 지위를 꿈꾸었고, 이른바 브란덴부르크가의 역대 선제후인 알프레히트 아킬레스(Albrecht Achilles), 요아힘 네스토르(Joachim Nestor), 헥토르 요아힘 2세 (Joachim II. Hector)의 이름을 보면 분명하다. 이 야심은 또 도처에 나타난 것처럼 영방의 권력을 남김없이, 그리고 영주가 자유로이 결정한 목적을 위하여 투입하려는 노력을 지지하였다.

이러한 **가문적 야심**(dynastischer Ehrgeiz)은 영주 사이에 수많은 전쟁을 일으켰지만, 독일 영방들 간의 역학관계를 본질적으로 변화시키지는 못했기 때문에 다음에는 무시할 수 있었다. 그러나 (여하튼 간접적으로) 각 영방에서 **국가형성**을 현저하게 **촉진시킨다**는 이유에서, 이 야심은 우리들의 고찰에서 중요한 것이다. 결국 영주들 간의 대결은 결과적으로 서로 영토를 승인한 것이 되었고, 그리하여 **국가영토**(Staatsgebiet)가 외형상 확정되었다. 다음으로 그때까지 영방 내부의 분쟁에서 굴복한 제국 직속신분들은 영방군주에 따르는 단일한 **국민**(Staatsvolk)으로 편성되었다. 끝으로 이 내부와 외부의 투쟁은 독일 영주들에게 고권(Hoheitsrechte)을 확고히 할 필요성을 통감케 하였다. 그러한 고권은 16세기 초 이후가 되면 특히 각 영주의 고문관들이 로마법 교육을 받았기 때문에 점차로 통일적인 영주권력=**국가권력**(Staatsgewalt)으로 이해하고 그렇게 주장하였다. 즉 여기서 오늘날 일반 국가학(Allgemeine Staatslehre)이 주장하는 국가의 3요소(drei Elemente des Staates)가 인정된다. 그것은 국가영토, 국민, 그리고 국가권력을 가리킨다. 그리고 또 이 시대에 **국가제도에 근거한 조직에서 불가결한 또 하나의 조건**이 형성되었다. 그것에 관해서는 다시 서술한다.

【95】영주에 의한 통치는 (계속 빈번히 영방의 분할이 있었음에도 불구하고) 이미 이전처럼 사법상의 소유권이 아니라 **신에게서 위임된 직무**(Amt)로 이해하였다. 이러한 해석 자체는 훨씬 이전부터 있었고 성서에서 도출되어 각 영주에 의해 승인된 일도 있었던 것이 확실하다. 그러나 이제야 겨우 이 견해는 통치활동에 대해서 실제의 영향력을 미치기 시작한 것처럼 되었다. 이에 대한 루터의 교설은 프로테스탄트뿐만 아니라, 간접적으로 가톨릭 영주들에게도 침투하였다. 종교개혁과 반동종교개혁은 신앙생활을 일반적으로 고양시켰고, 그것에 수반하여 영주측도 신에 대한 신민의 영혼을 구제하려는 책임감을 자각케 하였다. 이것은 프로테스탄트파 영주의 경우에 **교회통치**(Kirchenregiment)에서 나타난 그들의 입장에서 바로 명백하게 된다. 다시 말하면 그들 스스로가 최고의 교부라고 말하는 것이 많았다. 가톨릭 영주에 대해서 이 책임감은 각 영토에서 가톨릭 신앙을 유지 부흥시키려는 노력을 매개로 하여 도출되었다. 요컨대 「신앙의 차이를 불문하고 16, 17세기의 독일 영주들의 통치는 신이 부여한 직무이며, 자신의 이름으로 자신의 명예를 위하여 수행해야 할 의무가 있다고 해석하였다. 통치활동의 최고 목표는 가문의 영광이 아니라, 신에게서 신탁된 신민과 자손의 복지증진에 두었다」.[31]

【96】B. 앞서 언급했듯이, 영주의 권리가 증대하고, 또 영주의 의무가 점차로 강조되는 듯 하였기 때문에 국가활동은 이 시대에 새로운 단계에 도달하였다. 그것을 단적으로 보여주는 것이 14세기 중반 이후로 중단된 **영방군주에 의한 입법활동**의 전개이다. 그것과 제국 입법이 서로 영향을 미쳤다는 것이 분명하다. 제국 입법이 모범으로 되기도 하고,

---

31) Hartung, Verfassungsgeschichte, S. 63.

또 반대로 영방 입법이 제국 입법의 모범으로 된 경우도 있었다. 이른바 1532년 카를 5세의 형사재판령 (카롤리나 형법전, Constitutio Criminalis Carolina)은 내용적으로 1507년 프라이헤르 요한 폰 쉬바르첸베르크(Freiherr Johann von Schwarzenberg)에 의해 기초된 밤베르크 형사재판령(Bambergische Halsgerichtsordnung)을 모범으로 하였다.

물론 영주에 의한 입법은 그 자체로 어떤 새로운 질서를 창출한 것이 아니고, 기존의 것을 법전화·통일화하려는 것이었다. 즉 관습과 법률은 모두 「**영방조령**」(Landesordnung)의 형식을 취하여 성문화되었다. 그러한 영방조령은 15세기, 특히 16세기에 들어오면 거의 모든 영방에서 발포되기 시작하였다. 다만, 17세기에 그러한 것들은 원칙적으로 다시 개별적인 법률로서 이해되었다. 그런데 이 영방조령에 나타난 목적은 공통적으로 적용된 법을 기록하고 가장 넓은 의미의 교통의 안전과 법적 안정성에 기여하고 (부차적으로는) 중세에 있었던 여러 가지의 자유와 관습을 배제하는데 있었다.

그리고 영방조령의 제정은 로마법의 교육을 받은 법률가들(영주 고문관)에게 많이 맡겨졌다. 그런데 그들은 옛날 독일 관습법을 전혀 몰랐다. 이 때문에 많은 독일 영방조령은 **로마법의 정신에 기초하였다**. 이리하여 로마법은 황실재판소(시간이 걸리는)의 판결이 나오기 전에, 이미 입법과 실무를 통해서 「공통법」(gemeines Recht)으로 침투하였다. 이 사실은 매우 중요하다. 왜냐하면 제국은 쇠퇴일로를 걸어갔음에도 불구하고, 영방조령을 통해서 개별적인 영방국가에서 **법적 통일성**이 기본적으로 유지되고, 경우에 따라서는 새롭게 성립하였기 때문이다.

【97】 영방조령은 먼저 「경찰적」(polizeylich) 규정을 포함하였다. 그것은 내무행정의 여러 가지 수단을 사용해서 시민생활 전체에 대한 규제로서, 이른바 착의조령, 위생경찰, 도박경기 금지와 같은 것이었다. 그리고 영주의 행정권이 증대함에 따라서 경찰적 규정도 직접 그 범위를 확대하고, 영방조령의 범위를 넘어서 「경찰조령」(Polizeyordnung)이라는 특별한 형식에까지 이르렀다.

【98】 이상에서 고찰한 법전편찬 활동 전체의 목적은 공공의 복리를 증진하는 것이기 때문에, 그 국가는 「**복지국가**」(Wohlfahrtsstaat)라고도 불렸다. 물론 이 명칭은 동일한 국가를 표현하는 「**경찰국가**」(Polizeystaat)라는 명칭과 어떤 모순이 있는 것이 아니다. 왜냐하면 「경찰국가」는 수단을 나타내는데 대해서, 「복지국가」는 그 수단으로 달성해야만 할 목표를 나타내기 때문이다. 당시의 「폴리차이」(Polizey)는 오늘날 말하는 내무행정 (innere Verwaltung) 개념에 포함된 전부인 것이다. 그래서 이 내무행정, 즉 「경찰」은 이미 말한 여러 조령에 의해 시민생활을 규제 및 통제하기 위한 준칙을 규정한다.

【99】 관헌이 시민의 사생활에 깊이 개입함에 따라, 앞서 언급한 공공복리에 대한

배려는 **경제생활**에도 미치게 되었다. 그런데 뒤에 중상주의(Merkantilismus) 시대에 발견되는 비슷한 여러 규정이 있지만 그 동기는 아주 다른 것이다. 왜냐하면 중상주의가 영방의 경제생활에 규제적으로 개입한 것은 국가의 경제력, 넓게는 재정력을 높이기 위한 것인데 반하여, 여기서 고찰한 초기 시대의 복리국가는 각 신분, 특히 약소 신분의 욕구에 응하기 위해서 경제를 통제하려고 했기 때문이다. 그 기준 속에서 전혀 경제와 관계없는 것도 있었다. 이른바 통상은 상품을 등귀시키고 각종 사치는 기독교의 가르침에 반한다는 이유에서 각기 벌칙을 부과해서 금지하였다. 따라서 당시 아직「중상주의적」경제정책은 인정되지 않는다고 하더라도 고찰의 대상으로 삼은 것은 지금까지 없었던 새롭고 중요한 원칙을 포함한 것이기 때문이다. 즉 앞서 언급한 경제정책과 경제입법은 **영방을 하나로 파악**해서 개개의 신분과 도시는 만인의 복리를 위한 통일체로서 영방에 편입시켜야 한다고 이해하였다. 그러나 여기서 고찰한 영방국가에 의한 경제생활의 규제는 거의 특별히 쓸만한 가치 있는 성과를 거두지 못하였다. 대체로 영방들은 이러한 (오늘날의 표현인) 자급경제(Autarkie)를 하는 데에 규모가 작았고, 지나치게 분열된 것이 많았다. 따라서 그 뒤의 자본주의(Kapitalismus) 경제 양식의 싹은 각 영방이 아니라 제국 대도시에서 성립하였다.

【100】C. **영방군주**의 **교회통치** 활동이 시작될 때 교의상의 여러 가지 문제가 중요한 것이 아니라, 오히려 교회에 대한 통치를 통해서 국가권력은 교회의 정치적 독립에 대항하면서 스스로의 존재를 주장하려고 하였던 점이다.

아래에서 교회통치의 제2 단계를 보면, 그 초점이 된 것은 세속의 여러 가지 문제에 대한 교회재판권(geistliche Gerichtsbarkeit)의 강제적 배제이다. 교회재판권은 영방의 경계를 초월해서 행사되었기 때문에 (따라서 영주는 거의 그것에 영향을 미칠 수 없었다) 영방 군주에게는 의외로 위험한 존재였다. 두 번째 초점은 대영방에서 주교구(Bistum)를 영방의 지배 아래 두려고 하였다. 이 기도는 오스트리아, 브란덴부르크와 작센에서 성공하였다. 주교가 영방의 지배에 복종하지 않는 경우에도 여하튼 재판권의 행사는 당해 영방에 정주하는 관리의 손에 맡긴다는 선까지 도달하는 일이 많았다. 세 번째의 초점으로서 영주는 성직자로부터 여러 가지 영방세(Landessteuer)를 징수하는데 성공하였다. 그러나 동시에 주교들은 이러한 과세권을 부정하였다.

【101】이리하여 국가의 교회통치권을 행사하는데 그치지 않고, 영주들은 근대 최초의 100년 간 교회에 대해서 관헌이라고 생각하기 시작하였다. 그리고 교회의 복리를 증진시키는 것은 자신들의 권리인 동시에 의무라고 생각하였다, 여기서 영주의 포괄적인 **교회감독권**이 파생되었다. 그리고 교회의 재산관리뿐만 아니라 예배와 계율까지도 국가의 감독에 복종하였다. 그 결과 프로테스탄트 영방들에서는 종교개혁 후, 잠시 영방교회(Landeskirche)가 설립되었다. 다시 말하면 각 영방은 독자적인 교회를 소유하였다.

그 세력범위는 영방 국경을 한계로 하였고, 영방 내부에서는 그러한 교회가 외국 교회에
대해서 완전한 자치권을 소유하였다. 최고의 교부(summus episcopus)는 영방 군주이며,
종무국(Konsistorium)이 군주의 여러 가지 종교상의 직무를 관장하였다. 이에 대해서
가톨릭 영방에서는 당연히 영방 교회라는 것은 없었다. 그러나 가톨릭신앙의 유지를
둘러싸고 다툼이 있었기 때문에 이러한 영방들도 영주에게 강대한 지위를 부여하였다.
결국 가톨릭파 영주들은 독일 반동종교개혁(Gegenreformation)의 진정한 담당자였다.
그러나 영주가 교회에 대해서 취한 실제적 입장은 프로테스탄트와 가톨릭 간에 거의
차이가 없었다. 요컨대 가톨릭 영주도 엄격한 교회통치를 하고, 예를 들면 바이에른의
「종교고문관」(der Geistliches Rat)처럼 이것을 위해 특별 관청까지 설치한 것이다.

16, 17세기 독일 영방국가 전체에 공통된 것은 「국가생활 전체에 어떤 곳에서도 신앙의
정신이 미쳤다 … 그러므로 신의 영광은 국가의 궁극목표라고 생각되며, 그것은 결국
순수한 교의를 유지하는 것이다」.[32] 당시 독일 국가는 「이단자의 추방을 감수했을 뿐만
아니라 오히려 진보된 순수한 교의를 배려하였다」. 그리고 그것의 가장 중요한 수단이
학교제도(Schulwesen)였다. 그래서 16세기 중반에 가톨릭과 프로테스탄트 쌍방에 최초
의 학교조령(Schulordnung)이 성립하였다.

【102】D. 지금까지 서술하였듯이, 국가활동이 증대하는 모습은 괄목할만 하였다.
그러나 그것은 「권력장치」, 즉 **국가의 관청조직**이 본질적으로 증대하지 않고서는 불가능
하였다. 이 양자의 증대현상은 서로를 규정함으로써 한쪽이 다른 한쪽의 원인인 동시에
결과이기도 하였다.
중앙행정(Zentralverwaltung)은 처음에는 궁내행정(Hofverwaltung)에 한정하였다. 이
것은 국왕의 궁정행정을 모방한 것으로 그 범위는 많은 경우에 매우 협소하였다. 따라서
영방 자체의 행정에 관하여 말할 수 있는 것은 궁내장관직(Hofmeister)의 창설에 따라
가장 빠른 시기에 영주의 전방적인 대표권을 부여한 관청이 만들어진 13세기 이후이다.
그리고 본래 영주에 대한 인적 봉사와 영주의 재산관리권한을 가진 **관리국**(Kammer)에서
점차 영주의 개인적인 수입과 지출을 관리하는 재무관청이 파생하였다. 그것에 대해서
영방의 재무행정은 **회계국**(Rentei)의 손에 맡겨졌다. 이것은 각 영방에서 영방 서기국
(Landesschreiberei)으로 불렸다. 마지막으로 본래 순수한 문서실에서 시간이 흘러 서기
국 장관(Kanzler)을 정점으로 한 **서기국**(Kanzlei)이 성립하였다. 그 권한은 일반적인
문서 접수와 공증사무였으며, 이 때문에 옥새(Siegel)를 보관하고 아울러 회계검사 권한도
가졌다.

【103】그러나 그 후의 발전에서 **가장 중요한 조직**은 전술한 관청들과 거의 같은

---

32) Hartung, a. a. O., S. 71 f.

시대에 성립한 **영주 고문관**(der fürstliche Rat)이었다. 영주에게 조언할 의무는 처음에는 가신 전체에게 있었기 때문에 그러한 가신들은 「자택 대기의 고문관」(Räte von Haus aus)으로 불렸다. 그러나 영주들은 「궁정 상근고문관」(Wesentliche Räte)으로 인재를 등용하였다. 이 영주 고문관들은 항상 궁정에 머물러 특별한 복무선서를 하고, 한시적 또는 영구적으로 이 직책에 근무하고 그 대가로 보수도 받았다. 유력 가신과의 다툼 속에서 영주는 (오스트리아가 처음이다) 이른바 「**추밀고문관**」(der heimliche Rat)을 통치에 추가하였다. 그들은 가신보다도 많은 법학교육을 받았고 능력을 발휘함으로써 영주의 신뢰를 받은 사람들이었다. 그리고 추밀고문관은 반드시 그 영방 출신일 필요는 없었다.

15세기 말까지 영주 고문관은 아직 특정한 권한을 가진 위원회나 관청도 아니며 필요할 때마다 참석하는 고문관들의 회의였다. 그런데 앞서 언급했듯이, 국가활동은 증대일로에 있었지만 그 과정에서 사태가 변하였다. 결국 프랑스와 부르군드의 선례에 따라 고문관 회의는 제도화된 합의체, 즉 기술적 의미의 관청으로 개조되고, 전부 법학교육을 받은 전문법조인(Doctores)에 의해 독점되었다. 그래서 영주의 내정상의 적대세력, 특히 토착 귀족에 대한 영주 중앙행정 (고문관이 그 예로서)의 독립성은 보존되었다. 이 영주 고문관은 행정기관인 동시에 재판기관이었다. 그러나 그들의 상세한 권한은 영주가 자주하는 권한분배에 완전히 종속하였다. 원리적으로 「권한을 가지는」 것은 단지 영주뿐이다. 따라서 영주는 고문관의 보좌를 받으며 그들에게 적절한 자주적인 결제를 할 직무를 위임하였다. 아직 포괄적인 수권은 없었다.

【104】 **재무행정**(Finanzverwaltung)은 고문관처럼 독립기관인 회계국과 영방 서기국의 손에 장악되었다. 그러나 회계검사원은 고문관에게 위임되어 하나의 위원회를 구성해서 직무를 수행하였다. 그것은 대체로 황실 재산 관리국(Hofkammer)으로 불렸다. 이 황실 재산 관리국은 16세기말부터 17세기 초에 걸쳐 대영방국에서 독립된 「추밀원」(der Geheime Rat)으로 명칭이 바뀌었다. 나중에 추밀원은 본래의 의미로서 「**통치의 중추**」 (Mittelpunkt der Regierung)[33]를 형성하고, 이에 대해서 옛날 고문관은 권한이 추밀원으로 넘어갔기 때문에 그 존재의의를 상실하였다.

【105】 영주는 영방을 비울 때가 많았기 때문에 통치, 행정과 사법 사항을 영주가 부재중에도 처리할 수 있도록 고문관과 황실 재산 관리국을 상설기관으로 승격시킬 필요성이 점차 생겼다. 영주는 그 후에도 오랫동안 계속 영주 고문관과 황실 재산 관리국 (뒤에 추밀원)의 명목적인 장의 지위에 머물렀지만, 실제로는 장의 직무를 한 사람의 고관, 이른바 서기국 장관(Kanzler), 원수(Marschall) 또는 궁내장관(Hofmeister) 등으로 임명하였다. 이 합의체에서는 다수결이 채택되었다. 시대가 지나 물론 그다지 중요하지

---

33) Hartung, a. a. O., S. 79.

않은 사항과 중요한 결정의 준비에 한정되었다고 할 수 있어도, 이러한 합의체는 자주적인 처분권을 획득하였다.

【106】그런데 각 영방은 일찍이 중세 단계에서 **지방행정**(Lokalverwaltung)의 토대를 만들었다. 즉 거의 명목적 존재로 된 백작령(Grafschaften)과 군사단체(Hundertschaften)를 배제하여 새로이 영방을 구분하였다. 이 행정구획의 구조는 영주가 획득하고 새로이 건설한 성채(Burg)를 중심으로 진행된 것이 일반적이다. 성채와 성채의 가신단의 정점에는 성주(Burgvogt)가 설치되었다. 그는 군지휘관인 동시에 모든 행정사항에 걸쳐 영주 권한의 수임자이기도 하였다. 예컨대 치안의 유지, 그것에 따른 경찰권의 장악과 재판권의 행사 등이었다. 그러나 물론 그것으로써 귀족과 도시의 참사회가 가진 가산재판권과 그 보증인 경찰권은 배제되지 않았다. 14세기 이후가 되면 그것은 이미 성주가 아닌 관구장(Amtmann)으로 불렸다. 그리하여 성구역은 「**관구**」(Amt)로 명칭이 바뀌었다. 다음 시대에서는 지방행정은 모두 이 「관구」에 집중되었다. 더구나 관구에 속하지 않는 영주의 행정직원도 점차 관구장의 지휘 아래 놓였다. 이 관구행정(Amtsverwaltung)은 근대에도 (부분적으로는 20세기까지) 실질적으로 변함 없이 그대로 유지되었다.

【107】이처럼 행정이 유일한 「관리」(Beamte)의 손에 집중된 것은 전적으로 각 영방에서 행정작용의 보유자의 세습화(Feudalisierung)를 극복하는데 성공하였기 때문이다. 그러나 그것은 제국을 쇠퇴시킨 원인이기도 하였다. 이 세습방지의 수단이 된 것은 **직무철회제**(이른바 「**미니스테리알레**」Ministrialität)의 도입이었다. 그것은 「관료국가」, 정확하게는 남부 이탈리아와 시칠리에서 호헨슈타우펜가의 황제 프리드리히 2세가 한 대시노리 (Großsignorie)를 모방한 것이었다. 여하튼 이리하여 직무에 부수한 이익 세습화는 방지되고, 영방 내부에서의 세습제는 극복되었다. 그리고 본래 직무철회제가 소멸된 뒤에도 (기관담당자는 파면될 수 있다는 점에서 가장 명확한 특징이 나타난다), 관직개념(Amtsbegriff)만은 남았다. 더구나 직무철회제에서 유래하는 국가근무제(Staatsdienertum)는 후세의 직업 공무원제(Berufsbeamtentum)와 비교할 수는 없을지라도, 이미 신분제국가 행정과 근대국가 행정을 구분하는 모든 특징을 갖춘 것은 확실하다. 일반적 그리고 개별적 훈령에 따른 활동, 관직 단위마다의 권리와 의무의 확고한 범위를 가진 분할배분 (오늘날 권한에 맞는 것), 그리고 관리의 고유한 권리로서가 아니라 직무수행을 위하여 관리에게 인정된 행정수단들의 관장이었다. 이것은 막스 베버의 말을 빌리면, 「직무상의 것이며 권리는 아니다」(quoad exercitium, non quoad jus)[34]고 한 것과, 구스타프 슈몰러는 직무철회제를 「근대 관리와 사관 신분의 선구자」[35]라고 평가한 것은 정당하다.

---

34) M. Weber, Wirtschaft und Gesellschaft, 4. Aufl. 1956, S. 650 ff.

35) G. Schmoller, Straßburgs Blüte und die volkswirtschaftliche Revolution im 13. Jahrhundert, 1875, S. 28.

【108】다만, 대영방에서는 중앙과 지방행정 사이에 **중간행정기구**(Mittelinstanz)를 설치할 필요가 있었다. 예를 들면 바이에른은 뒤에 회계국(Rentamt)으로 개칭된 재산관리국(Viztumsamt)을, 그리고 작센은 군(Kreis)을 설치하였다. 이에 대해서 란트 크라이스가 모범이 되고 그 선구적 형태를 한 브란덴부르크 프로이센의 군제도(Kreisordnung)는 겨우 17세기에 시작되었다.

【109】지금까지 고찰했듯이, 관청조직의 개혁과 영주권력 자체의 강화는 사실 **영주의 재무행정**의 재편과 밀접한 관계가 있다. 중세 말 각 영방에서 재원확보의 최대의 것은 장원영주(Grundherr)와 영주재판권의 주체(Gerichtsherr)로서의 여러 권리에서 구성된 잡다한 영주권력이었다. 그 중에서 중요한 것은 장원영주 지위에서 얻은 여러 가지 수입이다. 그 실체는 토지생산물(Naturalien)로서 영주의 고유 영지에서 얻은 것도 있지만, 토지 예속농민으로부터 공과로 징수한 것도 있었다. 더구나 영주유보권(이른바 관세, 화폐주조권, 소금정제권 등), 재판권(벌금)과 서기국(여러 가지 수수료)에서 얻은 이른바 「공법상의」 수입이었다. 끝으로 자유민에게도 공과납입의무를 부과하였다. 이것은 처음에는 현물로 납부했지만, 나중에는 조세(Bede)의 형태를 취하였다. 그런데 농업의 중대위기(제6절 B 참조)에 처하여 영주의 수입은 격감하였다. 「공법상의」 수입도 대부분의 영방에서는 매우 적었다. 거기서 바로 「조세」야말로 가장 중요한 재원이 되었다. 그러나 조세징수권의 남용으로 말미암아 이미 13세기에 들어서면 신분들이 반대하게 되었다. 결국 영주는 도처에서 일시금이나 연간 당연히 바쳐야할 액의 공과금을 취득하는 대신, 자의적인 조세를 징수할 권리를 포기해야만 하였다. 이상 고찰한 것은 영주의 재정적 궁핍의 악화이다. 왜냐하면 현물 소득이 침체상태에 있음에도 불구하고 지출은 증가일로에 있었기 때문이다.

근대 초의 신분제 국가에서 이상과 같은 상황 아래 그것을 전제로 어떤 개혁이 가능했다면, 그것은 재무행정을 매우 효율적으로 합리화 하는 이외에는 방법이 없었다. 즉 수입지출 관리행정은 영주의 금고인 회계국이나 영방 서기국 손에 집중되고 이리하여 엄격한 회계검사제도가 발달하였다. 그러나 수입 그 자체에 관해서 보면 영방 영주는 그대로 영방 신분들에게 의존하였다.

【110】E. 다음에 우리들은 점차로 근대 초기 신분제 국가를 둘러싼 중심과제, 이른바 **영방등족제**(신분제, Landständische Verfassung)라는 문제에 직면한다. 중세의 영방들이 변해서 근대 영방국가로 발전한 결과, 중세 이래의 전통을 보여주는 여러 가지 신분제 요소가 결집되어 하나의 영속적인 국가제도가 형성되었다. 그것은 주로 영방군주에 의해서 강행되었다.

영방신분들(Landstände)**의 성립**은 중세 말기로 거슬러 올라간다. 당시 기사와 성직자, 그리고 도시들은 옛날의 제국 신분들이 성공한 것과 같은 방법으로 영방 군주에서 해방되어 자유롭게 되려고 하였다. 기사 신분의 대다수는 옛날 공훈귀족(Ministerialität) 출신이었다. 다시 말하면 공훈귀족들은 매우 소수의 명문 자유귀족과 경합하여 점차로 그 이하의 신분에 대해서 폐쇄적인 세습신분을 형성하였다. 따라서 이러한 신분의 단체화가 진행됨으로써 옛날 주인인 영방군주와의 연결은 약하게 되었다. 더구나 영주들은 재정난으로 인하여 매우 어려웠기 때문에 영주의 권익을 기사에게 저당잡힌 결과, 기사들은 조금씩 영주에게서 독립하였다. 이처럼 기사신분은 영방에서 자주적인 통치권을 손에 넣었고, 종래에 있었던 영주와 영방주민과의 결합은 단절되었다. 마찬가지로 각 도시들도 영주가 이전에 가진 많은 권리를 서서히 취득하였다. 이에 대해서 성직자편은 영방에 대한 특권적 지위를 장악하는데 그쳤다.

【111】 이처럼 영방신분들은 「**국가체제**」(Staatsverfassung) **속에 편성되었다.** 또 그들은 「사회적으로 훈련」되었다. 이것은 이미 서론에서 언급했듯이, 자신의 권력을 관철하기 위해서 지불한 여러 가지 영주의 노력의 결과였다. 신분들의 자치권을 타파한 영주는 그들을 규합하여 영방 전체를 대표하는 하나의 대표기관을 만들었다. 그리하여 신분들은 한곳에 모여 영방 전체에 대한 구속력을 결의할 수 있게 되었다. 결국 영주 만능의 사상(프랑스의 로피탈과 보댕의 예에서 보았듯이)도 당시 조금은 독일에 유입되었는지 몰라도, 겨우 영주는 영방을 위하여 법률을 제정하는 정도에 그쳤다.

영방신분들은 **영방의회**(Landtag)라는 형태를 취하여 회의를 열었다. 그 자리에서 영주는 반대 신분을 다수결에 따르도록 하기 위한 노력을 강화하였다. 심의 형식은 제국의회를 많이 모방하였다. 영방의회의 중심은 여하튼 기사와 도시들의 부회였으며, 그 밖의 매우 작은 집단으로 고위 성직자와 농민부회도 있었다.

【112】 그런데 입법에 미친 영향은 접어두고, 영방신분들이 받은 큰 성과는 겨우 하나, 즉 **재정기본제도와 재무행정분야**이다. 본래 영주는 통치와 궁정 유지에 필요한 비용, 즉 당시 국가지출에 대해서는 직할권역, 영지와 여러 영주보유권에서 수입을 가지고 조달하는 것이 근간이었다. 그러나 그것만으로써는 지탱할 수 없었기 때문에 영주는 조세징수를 필요로 하였다. 그러나 앞에서 언급한 「조세」(Bede)권 소멸에 관한 옛 협약(Vertrag)에 근거한다면, 영주가 과세할 수 있는 것은 영방신분들의 동의를 얻은 경우에만 한정되었다. 더구나 이러한 동의를 얻더라도 거기에는 가끔 영주측도 일정한 정치적 양보를 한다는 교환조건이 붙여질 때가 많았다. 그렇기 때문에 신분들의 과세동의권(Steuerbewilligungsrecht)을 방해하지 않는 것처럼 과세를 하지 않고서 금전을 차입할

방도를 선택하였다. 이것은 시기의 차이에도 불구하고, 거의 모든 영주가 그러하였다. 그러나 영주의 채무금의 결산 결과가 바로 영방신분들에게 돌아오는 것은 분명하였다. 왜냐하면 영주의 본래 수입만으로 그러한 채무를 변제하거나 이자를 지불하기란 불가능했기 때문이다. 그러므로 뒤에 영방신분들에 대한 영주의 요구는 점점 증대했으며, 또한 영주에 대한 담보의 요구도 엄격한 것으로 되었다.

【113】16세기 말까지 신분들은 영주의 신용을 유지하고 질서있는 행정을 계속가능케 하기 위해서 각지에서 영주 개인의 채무를, 이른바 「국가채무」로서 (즉 영방 전체로서) 스스로 인수하고 특별한 조세를 징수하여 이자를 지불하고 채무변제를 하였다. 그리고 이러한 채무관리와 변제를 위하여 징수된 조세를 관리할 목적으로 여러 신분들의 손에 특별한 재무행정이 만들어졌다. 그러므로 1550년 이후, 독일 영방국가의 재무행정은 이중적 구조를 가지고 전개되었다. 요컨대 하나는 궁정회계국과 황실 재산 관리국을 정점으로 보통의 국가지출을 조달하는 영주의 재무행정이며, 다른 하나는 영방신분들에 의한 채무변제행정(Schuldentilgungsverwaltung)이었다.

【114】이와 같이 재정이 국가제도에 대해서 가지는 의의는 매우 컸다. 이 점에 착안하여 오토 폰 기이르케(Otto von Gierke) 이후 **독일신분제(등족) 국가는 이원적**(dualistisch)**이었다**고 한다. 물론 기이르케의 평가는 의문점도 많지만 대체로 정당한 것이다. 왜냐하면 영주와 신분들은 각각 별도의 독자적인 법에 따랐기 때문이다. 나중에 비로소 자연법론이 등장하여 영주와 신분들을 종래 분리된 양자의 법영역을 연결하면서, 더구나 고차법에 의해 통일시키려고 주장하였다. 여하튼 신분제 국가는 이원적 구조를 가졌기 때문에 항상 영주와 신분들 사이에 일정한 타협이 뒷받침되었다. 왜냐하면 처음에 이 양자는 상대방을 완전히 배제할 정도로 강하지 못했기 때문이다. 그러나 장기적 안목으로 볼 때 중요한 역할을 한 것은 역시 다음의 고찰에서 보듯이 계속 영주쪽이었다. 신분들은 자신들의 직무는 단지 영주권력을 제한하는 데에만 있다고 이해하고, 국가공동체 형성을 추진하는데 어떠한 주체성도 발휘하지 못했다. 그 결과 이른바 통상에 관한 법률은 당연히 영주의 손에 빼앗겨 버렸다.

제4장 절대주의 국가의 완성

제13절 프랑스 절대군주제의 관철

【115】A. 신분제(등족) 국가의 이원주의가 극복되고 독일 영방국가36)의 절대군주제가

---

36) 기본서로서는 Walter Hubatsch, Absolutismus (1974)가 있다.

완성되는 과정을 보기에 앞서, 먼저 눈을 서유럽으로 돌려야만 한다. 여하튼 프랑스의 선례는 독일에 모범이 된 것이 많으며, 독일 절대주의 국가 성립에서도 사정은 같았으며, 이 경우에 **부르봉 왕조**의 절대군주제가 모범이 되었다. 그렇지만 독일이 프랑스의 발전에 맹종했다는 식으로 이해해서는 안 된다. 모범으로 된 것은 어디까지나 권력행사의 방법과 화려한 양식에서 피상적인 부분만이었다. 전체적으로 프랑스는 동일한 여러 가지 문제에 직면한 것은 독일의 여러 국가에 비해서 언제나 약 50년 내지 100년 정도 빨랐다. 더구나 프랑스국법의 상태가 비교적 단순하고 명료한데 주목한다면, 이 나라가 사용한 문제해결의 방법은 확실히 다른 유럽 국가들에게 (막스 베버가 말하는 의미에서) 「이념형」 (Idealtypus)으로 된 것이 많았다.

우리는 다음 절에서 한 사람의 영국 국가이론가가 구축한 사상체계를 살펴볼 예정이다. 확실히 그의 사상은 독일에 직접 영향을 미친 것은 아니지만, 그의 절대주의 국가론의 체계는 마치 거울처럼 근대 절대주의의 이론적 근거를 남김 없이 묘사하며 일신에 집중시켰다. 즉 그것은 토마스 홉스의 『리바이어던』이다.

그러면 프랑스 절대군주제가 승리하기까지의 역사를 살펴보는 데에서 시작하기로 한다.

【116】 B. 앞에서 언급했듯이, 보댕은 절대군주(이것은 통상 한 사람의 자연인이 바람직하다)는 국내외의 다른 세력으로부터 독립하여 스스로 법과 평화를 유지해야 한다고 주장한 것을 잘 생각해 보면, 그는 처음부터 불가능한 것을 요구하였다. 물론 보댕은 군주에게 신의 권위를 부여하여 암암리에 각 세력 간에 균형을 취할 역할을 부여하였다. 그래서 당시의 정치파, 특히 대부르주아 제3계급을 대표하는 위그노 당원으로서, 보댕은 군주에 대한 제3계급의 지지를 얻었다. 그러나 이러한 주장 사이에 논리적 일관성을 발견할 수는 없다. 여하튼 그처럼 보댕에 의하면 여러 세력들은 주권을 가지는 군주에게 점차 복종해야 하고, 군주는 그들에게 종속하지 않으면 안 되었다. 결국 단순한 신의 권위를 근거로 하거나, **통치세력들이 서로 조화를 이루게 한다는 의제**를 논거로 하는 것은 이미 마키아벨리 이후의 사상가들에게는 허용되지 아니하였다.

【117】 따라서 보댕의 이론이 실현된다면 그것은 주권을 가진 군주의 「국가」(Staat), 즉 통치기구(Herrschaftsapparat)를 의미하는 이탈리아어 "stato"와 같은 의미로 이해하는 경우에만 한정되었다. 바꾸어 말하면 국가란 지배자에게 복종하고 그 일신에 대해서 의무를 지는 군인과 「관료」이거나, 또는 적어도 **통치조직으로서의 공동체**라고 이해할 뿐이다. 왜냐하면 이러한 강대한 통치기구를 배경으로 모든 적대자에게 우월한 것이야말로, 군주의 통치는 「지고의 것」(주권적)이라고 말할 수 있기 때문이다. 그리고 이러한 것을 최초로 생각하여 정치원리에까지 높인 자가 리실리외이다. 그러므로 마키아벨리가

아닌 리실리외야말로 근대 국가의 내정에서 모범이 되었다. 이미 근대 국가의 권력도 이러한 「기구」, 특히 경찰기구의 완성을 전제로 했기 때문이다.

【118】리실리외 공작(Armand Jean du Plessis, Herzog von Richelieu, 1585-1642)은 앙리 4세의 서자인 루이 13세 하에서 국무회의의 수반을 역임했으며, 당시의 지도적인 정치가였다. 그는 라 로셸(La Rochelle)을 거점으로 하는 위그노파를 굴복시키고(1628년), 이에 공헌한 가톨릭 유력 가신들의 영향력도 배제해서, 권력에 관한 한 모든 적대자에 대해서 국왕의 주권을 최종적으로 확립하였다.

삼부회(전체 신분회의)의 영향력은 배제되었다. 결국 삼부회는 본래의 목적을 위해서 제한되고, 순수한 「하명자」(Befehlsempfänger)로 격하되어 모든 신민은 평등하게 되었다. 따라서 고위 귀족과 국왕 인척마저도 이미 특권을 가질 수 없었다. 또 최고법원과 교회도 이 절대주의 체제에 편입되었다. 파를라망(Parlament)은 최고재판소이지만 그에게 남은 중요한 직무는 고작해야 국왕의 「칙령」을 기록하는 정도이며, 국왕에 대한 「건의권」(droit de remonstrance)은 실질적 의미를 상실하였다. 귀족, 삼부회, 파를라망과 교회는 이리하여 동등하게 국가라는 권력장치의 부분과 국가에 대해 봉사하는 것이 되었다. 그런데 리실리외가 취한 교회정책은 여하튼 1941년 이후 러시아가 그리스정교에 대해서 취한 정책을 상기시킨다. 즉 교회는 국가의 내정과 외교를 관철하기 위한 수단에 불과하다는 것이다. 그리고 이러한 「국가」(état)의 권력은 중앙의 집행·감독관리인 「지방감찰관」(Intendanten)의 조직화를 통해서 지방 구석구석에까지 미치게 되었다. 그러므로 지방자치라는 것은 완전히 허구화되었다. 또 정치적으로 중요한 문제가 계류되면 재판관들은 이미 독립적이지 못하고, 「형사 피고인들을 처분하기 위해서 임명된 특별 판사」(juges extraordinaires taillés à la mesure des accusés), 즉 중앙통치기구의 하수인이 되어버렸다.

이러한 정책에서는 신민과 신민의 복리 등이 대단한 의미를 가지지 못하고, 이른바 보댕이 또한 강력하게 주장한 통치권의 행사는 사회를 초월한 여러 가지 요청에 구속된다는 주장에 대해서도 거의 고려하지 않았다. 이러한 권력기구를 조작하기 위한 **원리**는 오직 통치권의 행사와 유지 그 자체, 즉 **국가이성**(Staatsraison) **속에** 있었다. 그것은 마키아벨리의 「덕성」이라는 이상(理想)으로 향한 것도, 또 보댕의 정의의 원리를 목적으로 하는 것도 아니며, 더구나 국왕의 복리를 추구한 것도 아니다. 국가이성은 단지 그 자신을 위해서 생겼다. 다시 말하면 리실리외가 말하는 국가는 자기목적화 된 권력에서 흘러나오는 당연한 귀결에 불과하며, 그것으로 보충하는 것이 바람직하다는 정도이다. 리실리외의 정치적 유언 속에서 마키아벨리에 대한 의미 있는 비웃음을 많이 읽을 수 있다. 즉 적과의 투쟁에서 고려하는 냉정함, 무미건조함, 그리고 모든 고려에서의 이해타산이다.

마키아벨리가 주장한 정치행동의 기법이 절대군주제나 기타 각종의 절대주의 국가(그는 이것을 「민주제」라는 명칭으로 위장하였지만)를 위한 교본이라고 한다면, 리실리외가 실천한 정책은 절대주의 국가의 경험에 근거한 시각교재를 제공한 것이 된다.

【119】리실리외는 하나의 국무회의의 제1인자이며 주권자는 아니었다. 즉 그는 「그의」국가를 통치했지만 그것은 또한 타자의 대리인이었다. 그런데 루이 14세는 그러한 자격(가장 중요한 최초의 절대군주)에서 자신의 통치기구를 복종시켰다. 루이는 리실리외보다도 더 엄격하게 기구를 조직했으며, 바로 국가의 체현자로 상징된 자기 일신에 대해서 그 이상의 주의를 한 것은 틀림없다. 그것을 보여주는 것이 그가 말했다고 전해진 「짐은 국가이다」(L'État, c'est moi)라는 말이다. 그는 성직자마저도 중앙통치조직의 구성원으로 취급하였다. 결국 은전과 성직록을 하사하는 자는 국왕이며, 교황에게는 단지 인정권을 맡긴 것에 불과하였다. 신분들과 귀족도 이제 완전히 권리가 박탈되어 버렸다. 요컨대 행정권은 국왕에게만 종속하는 지방감찰관의 손에 독점되었다. 더욱이 국민은 피통치 신민을 모은 것, 즉 권력기구의 객체적 지위로 격하되었다.

【120】그러나 절대주의는 결코 프랑스만의 특유한 현상은 아니다. 실질적으로 1530년 이후의 피렌체의 메디치가는 이미 그것을 실천하였고, 바울 4세(Paul IV, 1555-1559) 아래의 바티칸에서도 절대주의 국가에로 변모하였다. 그 사이의 간격은 미미한 것으로서 실정법에 대한 교황의 우위를 의도적으로 주장한 교회법 학설에 의해서 절대주의 국가에로의 길이 열렸다. 그래서 12세기 이후, 이미 절대주의 국가관념의 성립을 촉진한 중요한 기폭제가 효과를 미치기 시작하였다. 끝으로 절대주의는 필립 2세(Philipp II, 1556-1598) 치하의 스페인에서도 실시되었다. 이것은 스페인 왕권에 대한 네덜란드의 저항과 이탈을 발생시킨 원인의 하나가 되었다.

제14절 절대주의의 근거를 자연법에서 찾는 토마스 홉스의 이론

【121】A. 토마스 홉스(Thomas Hobbes, 1588-1679)는 영국의 학자로서,[37] 근대 세계관을 개척한 인물 중의 한 사람이다. 그는 초기 「계몽주의자」(Aufklärer)이다. 특히 타협을 배제한 사상방법을 선호한 그는 여러 가지 사실과 사실 간의 인과율에 대해서만 흥미를 가졌다. 그의 연구의 대부분이 자연과학에 있었던 것은 이유가 있다. 그런데 그의 국법학

---

37) 토마스 홉스에 관해서는 문헌을 일일이 나열할 수 없기 때문에 다음의 것을 나타내는데 그친다. Winfried Föster, Thomas Hobbes und der Puritanismus (1969), Reinhard Koselleck und Roman Schnur (Hrsg.), Hobbes-Forschungen (1969), Helmut Schelsky, Die Totalität des Staates bei Hobbes, ArchRSozPhil. 31 (1938), S. 176; Carl Schmitt, Der Staat als Mechanismus bei Hobbes und Descartes, ArchRSozPhil. 30, S. 158 (김효전 옮김, 홉스와 데카르트에 있어서 메카니즘으로서의 국가, 1992); Ders., Der Leviathan in der Staatslehre des Thomas Hobbes (1938)(김효전 옮김, 홉스의 국가론에서의 리바이어던, 『헌법과 정치』, 산지니, 2020).

관계(우리들의 관심대상은 오로지 여기에 있다)의 중심문제는 인간 상호간의 자연적 행동에 있었다. 그래서 홉스는 개인이 충동적 행동을 취하기 쉽다는 점에서 강력한 통치가 필요한 이유를 찾은 것이다. 이렇게 이해하는 것이야말로 타인을 돌보지 않는 **인간의 에고이즘**에 제동을 걸 수 있다고 한다. 인간의 본성은 결코 공동생활에 있지 않으며, 따라서 만약 강대한 지배자가 만인에 대한 만인의 투쟁을 금지시키지 않는다면 인간은 서로를 죽일 것이다. 그의 사상이 그리는 인간상은 「사람은 사람에 대해서 늑대이다」(homo hominis lupus)라는 말이 단적으로 보여준다.

이처럼 홉스의 근본사상은 매우 비관론이지만 거기에는 (대체로 인간에게 보여지듯이) 긴 인생에서 얻은 그의 수많은 경험이 쓰여있다는 것을 알 수 있다. 마치 마키아벨리가 이탈리아 르네상스의 무질서한 혼란의 시대와 보댕이 프랑스의 수많은 내전의 영향을 받은 것처럼, 홉스의 국가사상도 영국의 여러 가지 내란, 당시 도처에서 아주 만연된 종교전쟁과 계속된 국제적 대립 (이러한 집약적 대립이 독일의 30년전쟁이다) 등에 의해 규정되었다.

【122】영국은 1625년 이후, 마리아 스튜어트의 후손인 찰스 1세가 통치하였다. 그리고 아버지 제임스 1세와 마찬가지로 찰스도 신분제의회(Parliament)와의 치열한 투쟁에 들어갔다. 신분제의회는 아주 옛날부터 입법권, 과세동의권과 행정통제권이 인정되었다. 동시대의 프랑스에서 리실리외가 국가는 의회에 종속하지 않는다고 주장했지만, 이러한 발상은 영국에서는 생기지 않았다. 왜냐하면 신분제의 귀족재판소와 신분제의회가 관장하는 「**보통법**」(Common Law)이 있고, 거기서는 1215년의 마그나 카르타(대헌장)와 같은 봉건적 법규범과 동맹한 대부르주아지와 지방 귀족의 여러 가지 관습법상의 특권이 포함되었기 때문이다. 더구나 로마법은 절대국가 성립에 기여했지만, 그것은 스코틀랜드와는 달리 영국에서는 전혀 계수되지 않았다는 사정을 들 수 있다. 따라서 영국을 통치한 것은 신분제의회에 참석한 지방귀족과 도시 대부르주아지 대표자들이었다. 국왕은 단지 집행부의 장에 불과하고, 물론 엘리자베스 1세와 같이 신분들을 자기 의사에 따르도록 한 예도 있지만, 대체로 의회에 종속하는 존재였다. 스튜어트가의 역대 국왕, 특히 찰스 1세는 의회에 종속할 수 없었으며, 당시의 풍조를 반영하여 의회에서 독립을 구하기 위해서 끊임없이 노력하였다. 영국교회의 성직자들은 국왕의 이러한 시도를 지지했지만, 확실히 비슷한 신앙을 가진 청교도는 격렬하게 저항하였다. 그들과 영국교회의 하이 처치파*는 프랑스의 위그노파와 로마 가톨릭교회 사이에 있었던 적대관계와 비슷했기 때문에, 청교도들은 영국교회의 박해를 받았던 것이다. 그 결과 이미 제임스 1세의 치하에서 청교도 필그림 파더스(Pilgrim Fathers) 제1진이 뉴잉글랜드로 향해서 이민을 개시하였다.

찰스는 통치 초기에 몇 번이나 신분제의회(Parliament)를 해산하였다. 그러나 자기의 주장을 관철시킬 수 없자, 1628년에 5건의 과세동의를 얻는 대신에,「권리청원」(Petition of Right)의 승인을 해야만 하였다. 그것은 집행권의 지위를 더욱 약화시키는 것이기 때문에 **기본권의 선구적인 형태**로 드는 것은 정당할 것이다. 이「권리청원」은 의회의 동의가 없는 과세와 채무부담, 법률이 정한 요건을 따르지 않는 체포와 사인의 가택에 군대를 숙영시키는 형태를 금지하였다. 그러나 찰스는 이러한 원칙을 지키지 않았기 때문에, 국왕과 의회의 여당의 대립은 점점은 점점 더 첨예화하고, 결국 1642년에는 내란이 일어나게 되었다. 찰스는 스코틀랜드 군대로 피신했지만 의회에 신병이 인수되었다. 의회군 속에 올리버 크롬웰이 지휘하는「독립파」(Independent)가 권력을 장악하였다. 그들의 주장은 (기독교) 모임의 독립, 평신도 전도제, 그리고 국민주권이었다. 의회 내부에서 크롬웰에 반대하는 자는 모두 제거되었으며, 나머지 의회는 자신들이 주권자임을 선언하고, 특별히 소집된 재판소에서 찰스의 사형선고를 내려 처형하였다. 잠시 후 군주제와 상원을 폐지하여 영국은 11년간 공화제가 실시되었다. 크롬웰은 잉글랜드, 스코틀랜드 그리고 아일랜드 3국의 호국경(Lord Protector)이 되어 국내 질서를 재건하고, 영국에서 유럽 최초의 프로테스탄트 정권을 수립하였다. 이러한 새 질서를 옹호한 문학자로서 존 밀턴(John Milton, 1608-1674)을 들 수 있다. 그는 국민주권론을 주장한 근대 초기 영국의 국가사상가의 한 사람이었다. 크롬웰 사후(1658년), 그의 무능한 자식이 또 2년간 호국경으로 있다가 1660년에 왕정이 복고되었다.

【123】토마스 홉스는 이러한 전란의 시대를 도피생활(프랑스에도 갔다)로 보냈으며, 또 영국의 유력한 보호자에게 몸을 의탁해야만 했다. 그는 보댕처럼 적극적인 정치생활을 하지 않고, 오히려 그 사이에 주의깊게 관망하는 유형의 인물이었다. 1651년 홉스는 프랑스에서『리바이어던』을 저술하였고, 1675년에는『비히모스』(Behemoth)라는 제목으로 영국 내란사를 논하였고, 그 밖에도 많은 철학과 자연과학에 관한 저작을 남겼다. 그는 1679년 12월 4일 타계했지만, 여하튼 사망 몇 주 전에 인신보호법(Hebeas Corpus Act)의 성립을 알았다. 이로써 그가 말하는「몰록 신인 국가」(Moloch Staat)에 대해서 개인을 보호하기 위한 일보 전진이 있었다.

【124】B. 앞서 언급했듯이, 홉스는 자기의 **국가론**을「리바이어던」, 영국 내란사를 「비히모스」라는 말로 상징하였다. 카를 슈미트의 말을 빌리면, 그는 그것으로써「숨겨진 깊은 의미를 가진 신화적 상징을 땅 속에서부터 축문으로 불러내었다」[38]는 것이다. 이 양자에 대해서는 구약성서 욥기에 서술되어 있다. 즉 리바이어던과 비히모스는 각각 육지와 바다에 사는 거대한 괴물로 묘사되어 있다. 홉스는『리바이어던』속에서「지상에는 이것에 필적할만한 것이 없다」(Non est potestas super terram quae comparetur ei)는 욥기 제41장 제25절의 인용구를 쓰지만, 아마 이 구절은 그가 생각한 국가를 적절히

---

38) C. Schmitt, Leviathan, S. 9 (역서, 265면).

표현하였다. 여하튼 그는 국가를 **지상에서 비유할 수 있는 최대의 권력**(unwiderstehlich größte Macht auf Erden)이라고 말했기 때문이다. 이에 대해서 「비히모스」는 혁명을 상징하는 것으로, 「리바이어던」은 그것을 사력을 다해서 절멸시켜야 한다고 한다. 다시 카를 슈미트의 말에 따르면, 홉스의 리바이어던은 대표자로서의 주권적 인격, 「가사의 신」(sterblicher Gott), 그리고 거대한 기계라는 세 가지 성격을 포함한 것이다.39)

【125】홉스는 오랜 생애 속에서 유혈의 종교전쟁에서 얻은 교훈에 기초하여 이렇게 적고 있다. 인간의 자기 보존본능 (이것이야말로 그에게 「최선」이다)은 서로 파멸을 초래할 위험이 있기 때문에 그들은 그것을 제한할 필요성을 느꼈다. 그래서 이 목적을 달성하기 위해서 **계약**을 체결하고, 그 속에서 자신의 생존을 도모하는 의미에서 자유를 포기한다. 비슷한 사고방법을 오늘날 확실히 보여주는 것이 이전에 국제연합 석상에서 소비에트 우크라이나 공화국 대표가 말한, 「자유로운 인간은 굶을 자유도 가지고 있다」*는 말일 것이다. 여하튼 홉스가 생각한 계약에서 만인은 자기가 가지는 권리를 모두 특정인이나 특정한 연합체에게 위임한다. 그들은 평온과 질서 (이른바 그것이 감옥일지라도!)를 유지한다는 계약목적을 담보하기 위해서 임명된다. 그리고 권리의 양도에 의해서 「정치사회」(civitas) 또는 「국가」(res publica)가 성립한다. 즉 국민을 구성하는 다수인 속의 유일한 자가 「국가」가 된다(고 생각한다). 따라서 국가란 「물론 보호나 방위대상인 자연인에 비하면 구조와 힘의 관점에서 우월한 것, 요컨대 인공의 인간임에는 변함이 없다」.

【126】이와 같이 홉스가 말한 국가는 인공의 산물이다. 그것은 원시계약(Urvertrag)에 근거한 것으로, 어떠한 기존의 사회질서(국가의 성격을 가지지 아니한)를 전제로 하지 않는다. 홉스 자신은 기계라는 말을 사용하였다. 이것은 오늘날의 말로는 「기구」 또는 「조직」에 해당하는 말이다. 결국 그가 주장하려는 것은 **다른 것과 비교할 수 없는 중립적 명령장치**로서, 그것은 통치와 보호대상인 인간의 현세에서 물리적 생존을 확보하기 위한 것이었다.40) 그렇기 때문에 리바이어던은 많은 각종의 정치적 경향에 봉사할 가능성을 가진 기구이다. 이 때문에 리바이어던 국가는 17세기 이후, (특히 우리 시대까지) 유럽 대륙에서 융성이 극에 달하였다. 홉스가 본 것처럼, 「리바이어던」을 정당화 할 근거는 결코 자연법이 아닌, 그 조직이 완결하는 계산가능한 명령장치가 합리적으로 기능하는 점에서 구하였다. 만약 실정법을 초월한 법적 효력이 인정된다면, 그 필연적 귀결로서 이 자연법을 둘러싼 분쟁이 발생하기 때문이다. 결국 **홉스의 근본사상**은 무력으로 귀결하는 끊임없는 법적 쟁송과 내란에 종지부를 찍었다. 그가 생존한 시대를 비추어 보면, 1651년의 저작출판이 30년전쟁의 3년 뒤이며, 영국 내란의 2년 뒤라는 사실을 생각하면 쉽게 수긍된다. 그리고 이 사실은 홉스가 그 이전의 자연법론의 주장과는

---

39) C. Schmitt, a. a. O., S. 63 f.
40) C. Schmitt, a. a. O., S. 48 f., 53.

달리 국가 형성계약(Staatsvertrag)의 목적을 오직 제3자의 주권에 설정하는 것에 한정시키려는 진정한 이유이다. 따라서 중요한 것은 「제3자를 위한 계약」(Vertrag zugunsten Dritter)인 것으로, 이것은 국가질서의 전제인 통치계약이며, 동시에 체약자인 국가구성원이 하나의 인공적 인격자를 만들어 그 속에서 피치자가 대표된다는 구성을 취하였다.

【127】 그런데 홉스가 생각한 리바이어던의 「머리와 마음」(Haupt und Seele)은 지배자이다. 이미 고찰했듯이, 홉스가 인공적 국가인격자를 매개물로 개입시킨 주된 목적은 오직 **지배자의 주권**을 계약자인 다수 신민의 의사에 두지 않는다는 배려 때문이다. 그러므로 이러한 이론구성을 취함으로써 주권자는 **계약**「**원시집회**」의 구성원으로부터 **법적으로 해방되었다.** 쉽게 말하면, 계약은 신민 상호간에만 존재하는 것으로 지배자와 신민은 어떤 계약도 체결하지 않았다. 따라서 계약에는 제3자로서의 지배자 권리만 포함되어 있지만, 계약에 의해 구속받는 것은 단지 신민이며 지배자는 아니다. 이처럼 지배자는 신민에게 불법을 하고 싶어도 할 수 없을 뿐이다. 위에서처럼 이론을 구성한 그 자체는 얼마나 홉스가 인간 동포에 대해서 숨기고 싶은 불신의 감정을 품었는가를 말한다. 특히 안전을 위해서 모든 자유를 희생시키려고 하였다. 그리고 이성의 이름으로 국가, 즉 주권자로서의 지배자에 대한 절대적 복종이 요구되고, 무질서와 불안을 떨쳐버리기 위해서 만인은 **자발적으로** 「**범죄예방의 구금실**(Schutzhaft)로」 들어간다고 주장하였다.

홉스가 말하는 국가에서 正과 邪, 선과 악의 결정권을 가진 것은 한 사람의 주권자뿐이다. 이 결정에서 지배자는 객관적 정의나 자기의 양심에 구속되지 않는다. 따라서 그것이 바로 법률이다. 더구나 실정 법률의 시비를 측정하는 자연법은 존재하지 않기 때문에 지배자의 말은 법이기도 하다. 이 점에서 실증주의 법학과 그 가치중립적 순기술적 사고방법의 싹이 분명히 인정된다. 실증주의 법학은 그때까지 전혀 생각되지 않았지만 홉스 이후 점차로 힘을 얻었다. 그런데 지배자가 구속되는 한 가지 점은 치안과 질서의 보장이라는 국가목적이다. 그렇다면 법은 신체안전을 위한 요청이나 강제를 정하는 질서일 뿐이다.

【128】 주지하듯이, 홉스는 신민에 대해서 이른바 안전판으로서 양심과 **사상의 자유**를 인정함으로써 법과 질서에 만전을 기하였다. 그러나 그것은 일관된 그의 사상체계에서 「약점」(verwundbare Stelle)[41]이 되었다. 왜냐하면 그러한 자유를 인정함으로써 이 완결적인 국가질서 속에서 혁명의 싹이 돋아나기 때문이다.

【129】 홉스는 국가이성을 강조함과 동시에 절망적인 인간상을 묘사해 보였다. 이것은 그가 마키아벨리의 입장에 가까운 것을 보여준다. 그러나 양자 사이에는 중대한 차이점이

---

41) C. Schmitt, Leviathan, S. 84, 86.

있다. 즉 마키아벨리는 사회적 여건을 고찰하는 경우에 자칭「철학적」편견에는 사로잡히지 않는 피렌체 시민으로서 공정한 판단력을 가지고 있었고, 또 결점은 많았지만 광대한 세계관과 생명관의 약동으로 충만하였다. 그가 주장한「덕성」(virtù)이라는 이상을 지지한 것은 사실 그것 때문이다. 그러나 이러한 특징은 홉스에게는 없었다. 단지 홉스가 매우 경직된 절대주의를 설파한 본래 의도는 시민을 포함한 **안전에로의 욕구**에 국가를 대응시킨다는 욕망 때문이다. 이러한 이상에 도달하기 위해서 그는 **정치적 자유**를 완전히 **희생**시켰을 뿐만 아니라, 결국 악정도 불가피한 것으로 이해하였다. 만약 국가에 의한 불법이 자행되어도 홉스에게는 그것에 대한 저항으로서 투쟁과「무질서」가 생기는 것보다는 더 나았다.

제15절 독일 절대군주제의 완성
― 브란덴부르크 · 프로이센을 예로서 ―

【130】A. 여기서 다시 독일헌법사에 눈을 돌려, 이미 서술한 정치적 발전과 국가이론이 국가제도의 현실에 어떠한 영향을 미쳤는가를 절대국가의 성립과 구조의 관점에서 보면서, 여기서도 신분국가 시대와 같이 개요에 그친다. 왜냐하면 국가형태에 관한 한 17세기 중엽 이후의 여러 독일 영방은 여하튼 기본적으로 아주 비슷했지만, 국가의 운영에서 절대주의가 구체적으로 어떻게 구현되었는지에 대해서는 각 영방의 규모와 의미에 따라 매우 달랐기 때문이다.

【131】그런데 다음에는 독일 절대국가의 성립과 성장과정을 **브란덴부르크-프로이센을 실례로 고찰하고**,[42] 예상되는 이의와 비판에 한 마디 덧붙인다. 확실히 레오폴드 폰 랑케와 하인리히 폰 트라이치케와 같은 19세기 역사학의 태두의 업적의 영향으로, 지금까지 독일사에서 수행한 프로이센의 역할이 과대평가되고, 그 반대로 오스트리아가 과거 100년 동안의 독일의 정치발전에 뚜렷하게 방해가 되었다는 식으로 부당하게 왜곡되어 왔다. 우리들은 이 지적이 정당하다고 생각한다. 그러나 **헌법**의 역사적 고찰이라는 이 책의 성격을 생각하면, 당시 성립한 이 북독일의 맹방을 대표적인 예로 들어 독일 전체의 흐름을 보는 것도 허용될 것이다. 이것은 프로이센의 국가형태가 특이한 것이 아니라, 각지에서 발생하기 시작한 절대주의가 프로이센에서는 17세기 다른 독일의 여러 영방과는 비교할 수 없을 정도로 **강력히** 추진되었다는 이유 때문이다.

즉 당시 중부 및 서남 독일은 상당히 정치적 무기력감에 빠져 있었던 반면에, 여기서 예로 든 프로이센은 웅대한 가문과 국가적 야심을 일신에 체현한 호헨촐레른가가 한 세기 반에 걸쳐 **강력히 국가형성 활동**을 한 결과, 종래의 복수 영방을 통일하고 일대

---

42) 브란덴부르크-프로이센의 의의에 대해서는 Hans-Joachim Schoeps, Preußen ― Geschichte eines Staates (8. Aufl. 1968) u. Ders., Preußen ― Bilder und Zeugnisse (o.J., 1967) 참조.

강국을 만들었다. 무엇보다도 프로이센가와 다른 가문(야심에 불탄 것은 완전히 동일하지만)
을 구분하는 것은 결코 무력에 의한 정복에 있었던 것이 아니라, 상속법(Erbrecht)이
가져다 준 우연한 행운이었다. 호헨촐레른가에 동부와 서부의 새로운 영토를 가져다
준 상속법은 브란덴부르크-프로이센을 유럽 정치의 영광스러운 무대로 통하는 기회를
주었다. 여하튼 당시 호헨촐레른가는 이 새롭게 얻은 영토를 세습령 브란덴부르크에
병합하고, 점차 단일의 국가제도를 형성하려고 하였다. 그 결과 브란덴부르크-프로이센
은 그 광대한 영토로부터 다른 독일 국가들과는 결정적으로 다른 존재가 되었다.

그러나 호헨촐레른가의 정책은 훨씬 군국주의와는 무관하였다. 그런데 프리드리히
빌헬름(대선제후)은 일찍이 통치 초기에, 그리고 특히 베스트팔렌조약의 과정에서 얻은
교훈으로 인하여 약간 다른 정책을 취하기 시작하였다. 그는 단순히 법에 근거한 요구는
이를 뒷받침할 정치권력이 없다면 실현될 수 없다는 것을 장기간에 걸쳐 절감하였다.
이러한 경험을 통해서 그는 군대를 확대하고, 열강의 정치에 적극 참여하는 길을 열었다.
따라서 군사국가 프로이센을 탄생시킨 것은 프로이센 밖에서나, 경우에 따라서는 독일
이외의 힘에 있었다고 할 수 있다. 그러나 다시 군사강국의 건설의 결정이 내려졌기
때문에, 그것은 장래의 정세에 프로이센의 국가제도를 결정하는 것이 허용되었다. 왜냐하
면 상비군의 편성과 유지에는 막대한 비용이 들며, 역대 선제후들은 호헨촐레른가의
각 영역에서 여러 신분들과 대결을 강화했기 때문이다. 그들은 이미 정말로 과세동의권을
가졌다. 더구나 역대 프로이센 제후는 (아마 상비군의 수요에 대응할 정도로) 통일적인
행정조직을 신설하고, 영방의 경제와 재정력을 모두 한 몸에 집중시켰다.

【132】그리하여 영방의 각 부분은 본래 신상연합(Personalunion)에 의해서만 결합된
독립된 복수의 영방국가였지만, 이제 **하나의 전체국가의 「속방」**으로 격하되어 버렸다.
그런데 이 점만 본다면, 프로이센도 당시 다른 대규모 독일 영방 국가, 예를 들면 바이에른
과 거의 동일하였다. 브란덴부르크-프로이센의 내부 구조의 **특수성**에 대해서 말하면,
17, 18세기에 유럽 대륙을 지배한 절대주의라는 국가유형[43]을 **매우 엄격한 형태**로
채택한 점이다. 그 당시 성행한 프랑스 절대주의가 모범이 된 것은 틀림없다. 그러나
몇 가지 중요한 점에서 근본적으로 독일 국가의 고유사상이 유지되었다. 이것은 이른바
군주의 국가관과 행정관청조직의 합의제에서 분명히 드러내었다.

【133】B. 이미 우리들은 근대 영방국가의 성립에 대해서 언급한 곳에서 여러 신분권력
과 영주권력이 확립된 과정을 보았다. 이 단계에서 영주는 여러 신분들의 권력을 박탈하는
것이 불가능하였고, 단지 그들을 새로운 국가제도에 편입하여 어느 정도 세력균형을
도모하는데 그쳤다. 그러나 절대국가의 완성은 **이 균형을 붕괴시켜 영주권력이 우월하다**
는 것을 의미하였다. 그 결과 영방신분들은 정치권력을 박탈당하였다.

---

43) Gerhard Ritter, Europa und die deutsche Frages, S. 23.

【134】이 정책에서 처음 성공한 것은 **제국 남부**의 영방의 영주들이었다. 우선 30년전쟁 시대에 바이에른 선제후, 막시밀리안 1세가 성공한 방법은 비텔스바흐 가문이 자기 혼자서 한 과세를 저지하지 못하는 위원회를 만들어 이것을 영방의회의 대용물로 하였다. 페르디난트 2세도 이와 같은 방법으로 합스부르크가의 영방신분들의 영향력을 미칠 수 없도록 하는 것을 골자로 하였다.

【135】한편 브란덴부르크-프로이센에서는 **상비군**(stehendes Heer)의 **문제**를 둘러싼 대립이 생겼다. 여기서 상비군은 30년전쟁에서 전황의 필요에서 1644년에 창설되어. 1648년 이후는 강화조약에 근거하여 병력수를 감소시켰지만, 1945년까지 완전히 해체되지 않았다.

영방신분들은 다음 두 가지 이유에서 상비군에 반대하였다. 첫째, 그들은 군대에 따르는 조세를 계속 부담하는 것을 반대하였다. 둘째, 영방군주 권력의 증대를 두려워하였다. 즉 상비군을 통해서 군주는 여러 신분들로부터 이른바 「여러 국외의 주」(선제후국의 다른 영토)에 관한 외교권을 수중에 장악하고 여러 신분들의 감시를 초월해 버렸기 때문이다.

【136】프리드리히 빌헬름 대선제후는 신분들에게 **매우 점진적으로 자기의 입장을 주장하였다.** 다시 말하면, 우선 그는 브란덴부르크의 상비군의 유지를 위한 조세, 이른바 「군사부담금」(Contribution)을 신분들에게 면제시켰다. 신분들은 경제적 특권의 승인, 특히 기사령의 소유자에 대한 농민의 예속관계의 인정을 교환조건으로 1653년 7월 26일의 영방의회협약(Landtagsrezeß)에서 그들의 정치적 요구를 철회하였다. 이것은 특히 그 후, 수년 간의 그들의 태도에서 볼 수 있다. 또 클레베와 마르크 백작령에서 처음으로 신분들의 세력이 우월했지만, 선제후는 올리버 강화조약에서 얻은 강력한 지위에 근거하여 1660년 11월 3일의 영방의회 협약 속에서 브란덴부르크와 거의 같은 조건을 그들에게 제시하는데 성공하였다. 여하튼 가장 집요한 저항을 한 것은 프로이센의 여러 신분들이었다. 원래 선제후는 이러한 지역에서 영방 서부에 비해 그들에게 약한 입장에 놓여있었다. 왜냐하면 그는 이 영역에서 올리버 강화조약에 이르기까지 폴란드의 봉토종주권에 복종했기 때문이다. 이것은 1410년 탄넨베르크 전투 후에 독일 성당기사단에서 폴란드가 탈취한 것이었다. 그러나 프리드리히 빌헬름은 프로이센에서 신분들과 타협의 길을 선택하였다. 즉 1663년 3월 23일의 보증장(Assekuration)에서 신분들의 특권(법적으로는)을 승인했지만, 그 행사는 (사실상) 선제후의 주권을 방해하지 않는 것으로 하였다. 그래서 선제후의 지배영역 전체에서 이미 신분들을 상비군으로 상징되는 **새로운 국가에 대해서 어떠한 저항도 할 수 없는** 상황에 놓였다.

이런 성과를 거둠으로써 선제후는 만족하였다. 당시 절대주의는 아직 완성된 것이 아니기 때문에 신분들을 배제하는 것을 그는 생각하지 않았다. 그러나 영주의 직무는 전체이익을 위하여 신에서 위임받은 것으로 이해하고, 거기서 특히「국가긴급상태」 (Staatsnotstand)에서 영방 전체를 위해서 신분들의 특권을 무시해도 좋다는 결론에 도달 하였다.

【137】따라서 신분의회는 브란덴부르크-프로이센의 어떤 영역에서도 결코 폐지되지 않았다. 오히려 그들은 점차 **자멸하고 있었다**. 겨우 라인란트 지방에서만 신분제의회는 19세기 초 슈타인개혁에 근거해서, 새로운 자치형태로 이행하기까지 자신에 관한 사항은 자신이 결정한다는 일종의 자치로서 존속하였다.

【138】이러한 사정은 **다른 독일 영방국가들**에서도 거의 비슷하였다. 결국 당사자의 일방인 영방신분들이 점차로 내부로부터 약체화되고, 이 때문에 영방군주와의 이원적 대립이 해소되었다. 단지 약간의 영방국가에서는 신분제의회가 유지되었다. 예를 들면 양 메클렌부르크, 동부 프리스란트(1744년 프로이센에 병합된 뒤에도)와 뷔르템베르크가 그러하였다. 그것은 많은 경우 절대주의가 지나쳤기 때문에 신분들이라는 적대세력을 자각시키거나 연명시킨 것이다. 그 뚜렷한 예가 하노버로서 선제후의 지위가 영국 왕위와 결합되어 있고, 그 결과 이 영방에서는 18세기를 통해서 강력한 군주권력이 없었다. 결국 여러 신분들이 일방적으로 통치하는 사태가 되었다.

【139】그런데 그 이후 프로이센의 발전에 중대한 의미를 가진 것은 국왕이 종래의 여러 신분들의 중추였던 **지방귀족**(Landadel)을 정치적으로 배척한 후에도 그들에게 공적 생활을 그만두게 하지는 않았다. 국왕 프리드리히 빌헬름 1세(1713-1740)는 국가에 서 공출하기 위해 토지귀족의 자제들을 사관으로(나중에는 고급관료로서) 임명할 정도였 다. 프리드리히 빌헬름은 완강한 저항을 배제하고 결국 이를 실현하였다. 그리고 국왕의 정치적 적대자인 귀족을 배제하였을 뿐만 아니라, 동시에 국가에 봉사하도록 만들었다. 그러나 그 이후 프리드리히 대왕의 통치에 이르면, 특히 경제 분야에서 그들을 우대하는 정책을 개시하여 1918년까지 역대 프로이센 국왕은 이것을 계승하였다.

【140】C. 그런데 절대주의 국가의 완성은 **프로이센 행정의 재편성**이라는 것과 불가분의 관계에 있었다. 우선 **중앙행정**의 레벨을 보면, 통치의 일체성은 처음 군주 자신에게만 맡겨졌다. 따라서 각종 고문관의 합의체는 각 영역에 관한 권한을 가지는데 그쳤다. 그런데 1651년 이후 브란덴부르크 추밀원을 선제후국 전체의 중앙관청으로 승격시키려 고 하였다. 그러나 전체 사무를 합의제에서 처리하는 것은 무리가 있었기 때문에 처음부터 이 시도는 실패하였다. 그래서 기존의 고문관 제도를 폐지하는 것이 아닌, 전문 분야에서만 특별한 관청이 설립되었다. 우선 먼저 설치된 것은 왕의 영지를 관리하는 추밀 황실

재산 관리국(Geheim Hofkammer)이었다(1689년). 이것은 나중에 「재정총독부」 (Generalfinanzdirektorium)로 명칭이 변경되었다(1713년). 다음에 이것과 나란히 또 하나의 재무관청인 「병참총국」(Generalkriegskommissariat)이 설립되었다. 본래 병참총 국은 일종의 총감리국(Intendantur)으로서 군사 전반에 관한 권한을 가지는 것이었지만, 곧 국가재정을 뒷받침하는 중상주의 경제정책을 관장하는 순수한 문민관청으로 모습을 바꾸었다. 이러한 움직임은 1712년을 기해서 끝마쳤다. 그리고 장기간의 권한쟁의의 끝인, 1723년에 두 관청은 통합되어 「최고 재정 병참 황실 재산 총독부」(General-ober-finanz-kriegs-domänen-direktorium), 약자로 「총독부」(Generaldirek- torium)로 개칭 하게 되었다.

이때에도 우선 토지관할적인 관점에 근거해서 사무는 4개의 주의 부국에 배분되었다. 그러나 점차 계속해서 **사물관할방식**(Realsystem)으로 이행해 왔다. 이것은 우선 각 부국 이 약간의 사항을 국가 전체에 관해서 통일적으로 처리한다는 형태를 취하였다. 다음으로 프리드리히 2세는 주(州)별로 부국제를 개조해서 오늘날 직무별 관청의 전신인 전문부국 (Fachdepartements)제를 최종적으로 만들었다. 그것과 병행해서 브란덴부르크 추밀원도 사법과 문교사항의 전문부국의 모습으로 변경되었다. 일찍이 1728년에 프리드리히 빌헬 름 1세는 외교를 위한 특별부국의 필요성을 역설하였고, 이것은 그의 주장을 고려한 것이다.

그런데 각 부국의 조직은 합의제이며, 두 명 내지 세 명의 대신으로 구성하는 것이 원칙이었다. 대신은 전원이 형식적으로는 추밀원 국무회의(der Geheime Staatsrat)에 속하였다. 따라서 사실상 세 개의 중앙 관청이 독립 병존하였다. 즉 외교에 관한 이른바 관방부(Kabinettsministerium), 종무와 사법에 관한 추밀원, 그리고 총독부이다. 여기서 통치의 일체성을 유지한 것은 국무회의가 아니라 지배자 자신이었다. 결국 군주는 (일찍이 명목적인 의장으로 있었다) 모든 합의제 관청에서 분리되었다. 각 관청은 문서로 군주에게 상주하고, 군주는 「관방」(집무실)에서 거칠 것 없는 「관방령」(Kabinettsordre)이라는 결제문서를 각 관청의 이름으로 발하였다.

【141】 브란덴부르크·프로이센에서는 특히 **중급 행정관청**의 재편은 국가의 새로운 권위를 뒷받침하는 문민적 기반이 되었다. 대선제후 시대에는 또한 영방(주) 관청들이 있었다. 프로이센의 최고 고문부(Oberratsstube), 나중에는 국무관청(Etatsregierung), 클레베의 추밀통치부(Geheime Landesregierung) 등을 말한다. 이러한 것들은 영방신분 들에 의해 구성되었지만, 선제후가 권한을 점차로 다른 하급관청에 이양시키기 위해서 권력을 상실하게 되었다. 또 황실 소유지, 영주유보권, 그리고 조세를 관리하는 권한을 가지는 직할지국(Amtskammer)도 종래에는 영방 정청 아래에 있었지만, 추밀 황실 재산

관리국청과 재무총독부에 직속하게 되었다. 그 밖에 병참총국의 하급 관청으로서 복수의 지방 병참국(Kriegskommissariate)이 설립되었다. 이것들은 직할 지국에서 조세수입을 수령하고 군대를 유지하는 직무를 가지는 총감리국이었다. 지방 병참국의 관심은 어떻게 하면 많은 국가수입을 얻을 수 있는지에 있었기 때문에, 그러한 수입을 기대할 수 있는 상공업(Handel und Gewerbe) 진흥에 전념하였다. 그러므로 지방병참국은 더욱더 경제관청으로 변하고 있었다. 그리하여 지방 정청의 직무는 약간 중요하지 아니한 행정사무에 한정되었다.

프리드리히 빌헬름 1세는 1723년에 앞서 언급한 직할 지국과 지방 병참국을 통합해, 이른바 병참·직할지국(Kriegs-und Domänenkammer)을 설치하여 총독부 직할의 중급 관청으로 하였다. 이와 동시에 지방 정청의 임무는 사법작용에 한정되었다. 이것은 도시 재판소와 가산재판소의 상소심과 아울러 여러 특권신분들에 관한 제1심이었다. 이 지방 정청은 콕세이(Cocceji)*에 의한 사법개혁 후에「일반」재판소가 되었다. 한편 병참직할지국은 경찰국가와 중상주의의 용어에 의하면「행정」(Polizey)의 전문 분야를 관할하는 것이었다. 국가가 재정의 관점에서 법적 쟁송에 관심을 가졌던 이 분야에서 병참직할지국에서는 이른바 확장된 재판권이 이양되었다. 이른바「재무행정재판」(Kammerjustiz)이다. 이 때문에 재판소 간에 권한쟁의가 발생하는 경우도 빈번하였다.

【142】프로이센에서는 앞서 살펴 본 영방행정과 본래의 지방행정(Lokalverwaltung) 사이에 또 하나의 **군**(Kreis) **수준**에 중급 관청이 설치되었다. 즉 지방의 군수(Landrat)와 도시의 세무관(Steuerrat)이다. 우선 군수는 17세기에 만들어진 행정직이었지만, 처음부터 다른 데에서는 비슷한 것을 찾아볼 수 없는 이중적 성격을 가졌다. 결국 군 신분들의 신임을 받은 대리인인 동시에 영방군주의 관리이기도 하였다. 그러나 군수는 병참직할지국 직속의 내무행정기관에 불과하고, 당시의 다른 여러 국과 지방 기관에서 보이는 것처럼 행정권과 재판권을 병유하는 것은 아니며, 봉급액이 낮았기 때문에 군수직은 장기간에 군 소속의 기사령 소유자의 명예직화 되었다. 이에 대해서 세무관 또는 코미사리우스 로키(Commissarius Loci)*는 많은 경우에 복수의 도시를 감독하는 영주의 관청이었다. 본래 세무관은 도시행정과는 어떠한 제도적 관련도 가지지 않고 활동하였다. 도시행정이라는 것은 18세기에 들어오면 지방의 독자적인 행정이 되었다. 그러나 이것은 국왕에게는 바람직한 것이 아니었기 때문에 프리드리히 빌헬름 1세 시대에 도시행정은 시민대표의 관여를 인정하지 않는 국왕의 관리에 의한 국가행정으로 바뀌어졌다. 그러나 세무관 제도는 19세기의 슈타인-하르덴베르크(Stein-Hardenberg)의 개혁과정에서 도시의 국가행정과 함께 폐지되었다.

【143】각종의 관청은 전체로서 **관료제**를 구성했지만, 관리층 속에서 학문교육을 받은

자는 처음부터 매우 적었다. 많은 고급 관리는 퇴역 사관이나 총감리부국의 관리에
의하며, 하급 관리는 옛 하사관 출신자에 의해 점유되었다. 이러한 방법은「문관후보자」
(Militäranwärter)라는 형태로 오늘날 그 잔재가 남아있지만, 나중에는 점차로 특히 고급
관리의 경력에는 대학에서 관방학의 수학이 필요하게 되었다. 관리와 국왕 사이에는
매우 친밀한 충성관계(Treuverhältnis)가 지배하였다. 처음에는 일방적으로 국왕이 그렇
게 생각했지만 곧 관리들도 같은 사고를 품기 시작하였다. 즉 관리의 근무는 의무와
명예를 위한 것이었다. 따라서 봉급은 매우 낮았다. 이러한 인식에 근거해서 직업 관리층의
기질이 형성되었고, 이것은 오늘날에도 맥을 이어 가고 있다. 물론 이른바「프로이센
국왕을 위한」(pour de roi Prusse) 근무라는 상용어는 군주 일신에 대한 충성스러운
근무를 의미하였지만, 나중에는 객관화된 국가근무(Staatsdienst)를 의미하였다.

【144】지금까지 약술한 행정구조는 주로 프리드리히 빌헬름 1세 시대에 만들어졌지만,
그 후에도 아주 충실히 유지되었다. 그래서 프로이센 행정은 옛날부터 유럽의 모범이
된 합스부르크가의 관청조직에 견줄 정도로 성장하였다. 그리고 어쩌면 아담 반드루스추
카(Adam Wandruszka)*의 지적처럼, 합스부르크가의 것을「훨씬 상회하는 것이다」[44]라
고까지 말할 수 있다. 상비군의 수가 8만까지 증대했음에도 불구하고, 국가재정은 건전한
편이었다. 그 결과 1740년에 즉위한 프리드리히 2세(대왕)는 프로이센이 얼마나 근검절약
을 신조로 하여 관리되고 정비된 국가인지를 알았다. 만약 프로이센 정신의 발전을
영속적으로 규정하는 그 무엇이 확실히 있다면, 그것은 프리드리히 빌헬름 1세의 시대보
다도 오히려 아버지 프리드리히 1세 치세에서 찾을 수 있다.

【145】그런데 절대국가의 건설은 대체로 1740년에 완료된다. 프리드리히 2세는 이미
구조를 바꾼 것이 아니었다. 먼저 그가 총독부의 조직 개편을 했다고 하지만, 이것도
사실 아버지가 내세운 노선을 답습한 것에 불과하였다. 기존의 것에 변화를 준 것은
겨우 콕세이(Cocceji)에 의한 **사법개혁**(Justizreform)이었다. 이것으로 재판소조직과 소
송법의 번잡한 절차를 간소하게 개량하였다. 더구나 콕세이는 재무행정재판을 완전히
폐지할 예정으로 처음에는 국왕의 동의도 얻었지만, 결국 재무행정측의 저항에 부딪쳐
이 시도는 좌절하였다. 그러나 특히 일반 재판권과 재무행정재판권의 권한 범위는 명확히
되었다.

【146】전술했듯이, 프리드리히 대왕은 확실히 부군이 남겨 둔 통치조직에 관해서
거의 손을 대지 않았지만, 그가 현실로 한 통치방식은 프로이센 국가의 발전에 하나의
커다란 발자취를 남겼다. 프리드리히는 이른바 **「계몽절대주의」**(der aufgeklärte

---

44) Adam Wandruszka, Die europäische Staatenwelt im 18. Jahrhundert, in: Propyläen-
   Weltgeschichte, herausgeg. von Golo Mann u. August Nitschke, B. VII (1964), S. 393 (415).

Absolutismus)를 대표하는 인물이기 때문이다. 이 개념이 의미하는 바는 아마 선인들의 사고와 비교하면 명백해 질 것이다. 우선 대선제후는 이원적 대립이 지배하는 신분제 국가를 「옛 영방적으로」 이해하였다. 당시의 정치정세의 현실에서 볼 때 이러한 사고방식은 극복되어야 했다. 그러므로 나중의 프리드리히 빌헬름 1세는 프랑스류의 주권개념을 계수함으로써, 이 이원적 대립을 해소시켰다. 그의 견해에 의하면, 주권은 국가의 대외적 독립뿐만 아니라 국내적으로 절대적 권력을 의미하였다. 이것은 「짐은 청동반석처럼 주권을 확고히 한다」는 그의 유명한 말에 극단적으로 나타나 있다. 그러나 그가 의도한 것은 결국 가문의 주권이었다. 따라서 그의 정치적 유언에서 말하는 국가는 오늘날의 의미가 아닌, 단지 국왕이나 왕위를 의미하는데 불과하였다. 그러나 프리드리히 대왕은 처음으로 **국가는 가문을 초월한 것으로 자각하였다.**[45] 이것은 다음에 말하는 두 가지 의미로서 중요하다. 첫째, 하르퉁의 적절한 표현에 의하면, 그러한 국가개념에 의해 프로이센은 「오직 가문적 관계를 통해서 애매모호하게 가졌던 복수 독립국가의 자의적 결합체라는 성격」[46]을 상실하기에 이르렀다. 즉 지금까지는 오히려 연방제에 가까운 국가구조가 오랫동안 계속되어 왔지만, 그것이 결합되어 「하나의 살아있는 통일체」가 완성된 것이다. 둘째, 프리드리히는 그것으로 통치자와 신민의 관계에 새로운 의미를 부여하였다. 이른바 프랑스 루이 14세처럼 이미 국왕은 국가의 소유자가 아닌 「**국가의 첫 번째 공복**」(der erste Diener des Staates)이라는 자각처럼, 다른 국가구성원도 모두 국가에 대해서 응분의 봉사를 할 의무를 부담한다. 그리고 국왕은 자신에게 맡겨진 재산을 공공복리를 위해서 관리할 책무를 진다는 것이다.

【147】 이처럼 영주제와 영주의 의무라는 개념이 완전히 세속적인 것으로 이해된다면, 그것은 거의 모든 분야에서 근본적인 대변혁이 생기는 것을 의미한다. 우선 교회와의 관계에서 국가의 완전한 중립화가 요청된다. 바꾸어 말하면 이제 종교전쟁의 시대가 막을 내린다는 것이다. 즉 프로이센에서는 각자 「자기의 규칙에서 구제된다」는 것이 가능하게 되었다. 다음으로 경제정책에 관해서 말하면, 단지 재정이 중요한 종래의 중상주의(Merkantilismus) 대신에 국민경제의 상태를 고려에 넣는 입장이 대두하였다. 결국 진정한 국가이익이란 영방이 번영할 수 있는 것이기 때문에 지금까지와 같이 국민을 희생시켜 국가수입의 증대를 도모하는 것은 되지 않게 되었다. 그리하여 적어도 일부의 분야에서는 국가와 영방이 동일함을 의미하기 시작하였다. 마지막으로 재판에서도 영주 자신은 점차 제정법에서 구현되는 국가의 그림자에 가리워 졌다. 예를 들면 프리드리히 대왕은 사법상의 쟁송에 관해서 친재(親裁, Machtspruch)를 내리는 것을 의식적으로 삼갔다.

---

45) Ernst Rudolf Huber, Die friderizianische Staatsidee und das Vaterland, in: Nationalstaat und Verfassungsstaat (1965), S. 30 ff. 참조.
46) Hartung, Verfassungsgeschichte, S. 121.

따라서 「계몽 절대주의」라는 것은 결코 지배자가 철학자이며 문예애호가였던 것 (이른바 프리드리히 대왕과 그의 제자이면서 숭배자이기도 한 오스트리아의 요제프 2세)에 착안해서 명명한 것은 아니다. 오히려 「계몽 절대주의」는 매우 완만했지만 **영주직이 국가의 소유자로부터 국가기관으로** 변화한 것을 파악한 통치형태를 의미하였다.

【148】이 새로운 국가관은 사무엘 푸펜도르프(Samuel Pufendorf, 1632-1694), 크리스티안 토마지우스(Christian Thomasius, 1655-1728) 또는 크리스티안 폰 볼프(Christian von Wolff, 1679-1754) 등 계몽주의 국가학설에 의해서 준비된 것이다. 그렇지만 이 국가관은 결코 지배자 측에서만 발견되는 것이 아니라, 오히려 고급 관리 등도 같은 확신을 품고 이것을 주장하였다. 이것은 그들이 만든 1794년의 「**프로이센 일반 란트법**」(Allgemeines Landrecht für die preußischen Staaten)에서 단적으로 발견된다.47)

아직 전체적으로 계몽주의로 채색되지 아니한 이 새로운 대법전에 대해서, 겨우 한 세대 뒤에 제정된 나폴레옹 민법전(code civile)과 오스트리아의 일반 민법전(das Allgemeine Bürgerliche Gesetzbuch)을 보면, 거기에서는 이미 19세기의 숨결이 느껴진다. 따라서 프로이센 법전편찬사업은 절대국가의 형성과 완전히 병행해서 진행되어 한 시대에 종지부를 찍었다. 30년전쟁 뒤에 인구는 다시 급증하고, 사람들의 문화적·경제적 욕구는 점차로 생산을 세분화하는 분업노동의 길을 걷기 시작하였다. 더구나 영방군주는 중상주의 정책을 염두에 두고 있었기 때문에 자기 영방의 경제력을 높이기 위해서 이러한 경향을 조장하고 도리어 강제시켰다. 그러나 그럼으로써 사람들은 이전처럼 점점 서로 의존하게 되고, 그 때문에 경제과정은 한층 계획적으로 계산가능해야만 한다는 것이 요청되었다. 사람들은 가장 넓은 의미의 교통의 안전(Verkehrssicherheit)을 요구하였다. 즉 단순히 길에서 도적에게 습격당하지 않을 뿐만 아니라, 특히 상호간의 경제와 법적 교통에서도 마찬가지였다. 그리고 이 교통의 안전은 프로이센 일반 란트법에서 절정을 이룬 **제정법으로 국내생활을 빠짐없이 규정한다**는 방법으로 달성되었다. 그리고 신민 상호간의 관계는 영방군주가 공포하고 군주의 재판소가 사명으로 하는 예측가능성을 통해서 적용하는 법에 의해서 규정되게 되었다.

【149】이러한 발전이 지향한 것은 **사법**(Justiz)의 지위 향상이었다. 후기 신분제국가에서 사법은 넓게 국가활동의 중심에 위치했다고 해도 과언이 아니다. 사법권의 행사는 기독교의 유지와 같이 당시 국가활동의 주요 목적이었다. 각종의 국가사명 속에서도 사법은 17세기 말까지는 첫째로 지적할 존재였다. 왜냐하면 재판권은 신민 각자가 관계하는 국가활동 영역의 최고의 것이었기 때문이다. 재판권이 정상적으로 기능한다면 영방치

---

47) Hermann Conrad, Die geistigen Grundlagen des Allgemeinen Landsrecht für die preußischehn Staaten von 1794, 1958, pass. 그리고 Ders., Das Allgemeine Landsrecht von 1794 als Grundgesetz des friderizianischen Staates, 1965, pass. 및 Zippelius, Staatsideen, S. 121 ff., 133 ff. 참조.

안이 유지된다고 생각하고, 반대로 재판권이 지장이 있다면 공동체 전체가 위기에 빠진다고 이해할 정도이다.

물론 18세기에 들어서면 이러한 사법에 대한 높은 평가는 다시 자취를 감춘다. 그 이유의 하나는 영방국가에서 국가제도를 만들 때에 군사, 조세와 복지행정이 점차로 중요성을 차지했기 때문에, 국가생활의 중심에 위치하던 사법의 권위가 실추된 점에 거슬러 올라간다. 그러나 그것은 앞서 언급한 과정을 거쳐 단지 국가활동이 사법 이외의 영역에도 미치게 되었다는 것을 의미하는 것은 아니다. 바로 프로테스탄트 영방들에게서는 실정법 질서는 순수하게 세속적인 사항에만 한정하였고, 기독교인에게는 제2차적인 것이었다고 생각되었다. 결국 본래는 신이야말로 만물의 심판자라고 이해되었기 때문에, 기독교 세계관에서 차지하는 사법의 역할은 넓고 위대한 세계를 움직이는 톱니바퀴 속에서 가장 중요한 것이었다. 그런데 이제 기독교 시민의 눈에 이 법의 가치상실이 은폐할 수 없는 것으로 반영되었다. 그러나 절대주의 국가에서, 또 그 아류인「계몽」절대주의에서도 사법의 중요성이 견지되었다. 사법이 이처럼 높은 평가를 얻은 것은 독일에 관해서 말한다면, 현재의 본(Bonn) 기본법 하에서와 또 외국에서 유례를 찾는다면, 이 당시의 사법권의 지위에 견줄 수 있는 것은 영국의 재판관 정도일 것이다.

제5장 프랑스혁명의 정신적 세계

제16절 계몽주의

【150】A. 유럽과 독일의 헌법사에서 1789년의 여러 이념들로 채색된 시대를 다루기에 앞서, 시대를 조금 거슬러 올라가 영국과 미국의 헌법발전에 주목해야만 한다. 왜냐하면 양자는 다 함께 프랑스혁명의 정신적·정치적 토양을 준비하는데 결정적인 역할을 하였기 때문이다.

지금까지의 서술에서 명백하듯이 (특히 제8절과 제11절) — 한스 프라이어의 표현을 빌리면48) —「고유한 객관법칙으로서의 정치는 선과 악, 정통과 이단, 신과 악마의 대립에서 벗어나」 왔다. 전술했듯이, **국가는 이러한 세속화과정의 결과**이기도 하며, 그 발전을 **함께 추진하는 주체**이기도 하였다. 그래서 국가는「최고기관으로서 모든 종교적 대립을 약화시켰다. 더구나 이것을 달성함으로써 비로소 국가의 재판권과 주권이 성립하고, 또한 국가의 통일성도 점차 달성되었다」.49) 국가가 세속화의 원인과 결과이기

---

48) Freyer, Weltgeschichte II, S. 847.
49) Freyer, a. a. O., S. 847.

도 하다는 두 개의 사실은 서로 다른 쪽을 조건으로 하면서, 한쪽이 없으면 다른 쪽은
생각할 수 없는 것이다.

　종교로 야기된 내란은 결국 국가에 의해서 극복되었다. 종교개혁운동과 반종교개혁운
동의 자유로운 전개가 가능하였을 동안에는 독일의 예에서 나타난 것처럼, 이러한 종교
운동은 대체로 왕권보다는 여러 신분들에게 이익을 가져다 주었다. 프로테스탄트 영방교
회의 형태에서나 바이에른처럼 반종교개혁의 색채가 강한 가톨릭 국가의 형태나, 또는
앙리 4세 치하의 프랑스처럼 국가가 종교적 관용을 강제함으로써 신앙투쟁을 종결한다는
형태로든, 군주 자신이 이 운동의 주체가 되는 방법을 터득함으로써 절대왕정에로의
길을 열었다.

　이것은 결과적으로 다음과 같은 것을 의미한다. 다시 프라이어를 인용하면,[50] 「이처럼
흥미 깊은 사정을 거치면서 유럽은 주권을 가진 몇 개의 권력체로 세분되었다. 인민들의
국민적 성질은 아직 완전히 형성되지 않고, 국민성이 다르다는 것만으로 이 세분화
과정을 설명할 수는 없다. 오히려 이 과정을 통해서 국민성은 환기되고 서로 의식되었다.
여하튼 국가는 각자 고유한 판단에서 종교문제를 처리함으로써 통합하였다. 이러한
판단을 내리면서 국가는 강고해졌으며 절대주의에의 길을 걸었던 것이다」.

【151】B. 이 세속화된 세계, 더구나 고도의 자율성을 갖는 독립된 권력의 축으로 더욱더
분열된 세계에서는 이성 ― 보다 정확하게는 **이성에 대한 신앙** ― 이야말로 「객관성이
있는 보편적 결합력을 가지는 궁극적인 것」[51]이다. 이성에 대한 신앙은 수 세기에 걸쳐
인류를 매료시켜 왔다. 이성이 무제한하게 인간들의 정신을 지배한 시대에는 그것이
최고의 중심, 오히려 창조력의 원천으로까지 생각되었다. 이성은 현대에 이르기까지
「무조건 신앙의 대상이 되었고 … 항상 어둠을 밝히는 빛으로 신격화되어 왔다. 투쟁의
결과에 의심의 여지가 없었다. 이성에 위배된 자는 이미 그것만으로 제재를 받았던
것이다」.[52] 이성은 말하자면 인류의 목표이며 숭고한 존재이며 바로 신이었다.
　즉 「계몽주의」(Aufklärung)란 프라이어가 확신한 것처럼,[53] 「대체로 이 말이 표현하는
것처럼 제한된 역사현상만이 아니라, 유럽 정신의 주류의 하나이며 유럽 역사 전체의
경향이기도 하다」. 「계몽주의」라고 부르는 정신적 운동에는 분명히 개인의 영역에 한정시키
려는 경향이 명백히 인정된다. 그러나 동시에 유럽 계몽주의는 세계사적 의의를 가지는
것이 사실이며, 특히 정치사적 사실이며 근대사 전체를 장식하는 세속화 과정의 총결산이다.
　이성의 시대에 탄생된 고도의 문화는 열강이 국가이성이 명령하는 바에 따라서 유지된

---

50) Freyer, a. a. O., S. 849.
51) Freyer, a. a. O., S. 865.
52) Freyer, a. a. O., S. 865 f.
53) Freyer, a. a. O., S. 866.

세력균형에 기초해서만 가능하였다. 왜냐하면 대군주국은 국내가 안정됨에 따라 전쟁이 30년 가까이 서로 파괴적인 자멸행위로 되는 것을 결코 바라지 않았기 때문이다. 그 위에 여러 나라들은 경제정책에 의해서 정신문화를 확고히 하기 위한 물질적인 조건들도 정비하였다.

합리주의의 세계는 확실히 완벽하였지만, 결국 그것은 **이 세계를 변화시키는 원인**이 되었다. 즉 합리주의의 구조와 체계는 완전무결하게 완성되었기 때문에, 이에 비하면 현실의 국가나 사회질서 전체는 실제적 모습 이상으로 불완전하게 생각되었다. 따라서 합리주의 시대 말기에 혁명이 일어난 것은 확실히 18세기 말 프랑스의 특수한 정치적 경제적 상황에서도 기인하지만, 동시에 혁명의 정신사적 근원이 계몽주의 철학의 변질 속에 있었던 것을 간과해서는 안 된다.

다음의 고찰에서는 프랑스혁명에 선행한 시대의 여러 사상과 사실 속에서 국가이론과 헌법사의 발전에서 가장 중요한 의미를 가지는 것을 다루는 동시에 혁명의 시대를 주의 깊게 검토하고자 한다.

제17절 로크와 몽테스키외의 권력분립과 균형이론

【152】A. 이미 살펴 본 영국의 헌법투쟁(제14절 A)에서는 여러 가지 국가이론이 예리하게 대립하였다. 자연법론의 입장에서 극단적인 절대주의 국가의 구상을 주장한 것은 이미 말한 토마스 홉스이다. 그러나 17, 18세기 경에도 상당히 자유스러웠던 이 나라에서 절대주의를 비판하는 견해도 비교적 솔직하게 서술할 수 있었다. 따라서 영국은 19세기에 있어서의 헌법형성의 실제적인 모범이 될 뿐만 아니라 이론적으로도 형성의 기초가 되었다.

권력분립과 균형이론은 **영국 국가제도의 발전의 하나의 결과**이다.

크롬웰의 막간 연극같은 공화제 이후에 부활한 **스튜어트가**(찰스 2세와 제임스 2세)는 완전히 프랑스의 영향 아래 있었으며, 그들은 가톨릭교도들이었다. 이에 대해서 영국의 절대다수를 차지하는 프로테스탄트들은 제임스 2세의 사위로서 프로테스탄트인 반프랑스동맹의 지도자 오렌지공 윌리엄(Prince William of Orange)을 영국에 초청하였다. 제임스는 프랑스로 도망하고, 윌리엄 3세가 부인 메리와 함께 영국의 왕위에 올랐다. 동시에 신상연합인 네덜란드의 총독으로도 그대로 있었다. 그리고 몇 년간 영국은 프랑스에 대한 종속에서 벗어나 국내적으로도 평화가 확립되었다. 윌리엄은 그 당시 자주 의회와 다투었지만 양대 정당[휘그당과 토리당]의 어느 쪽과도 제휴하지 않았다. 이 때문에 그는 의회 전체에는 종속했지만 (즉 **입헌주의에 의해서**) 어떠한 정당에도 구속받지 않는 **왕권**을 보유하는 데 성공하였다. 그들을 지지한 것은 시민층이었다.

【153】오렌지공 윌리엄과 함께 존 로크(John Locke, 1632-1704)는 영국으로 돌아왔다. 그는 재상 샤프츠베리경의 비서로서 1683년 영국을 떠나야만 하였다. 로크는 철학자이며 정치이론가인 동시에 실천적 정치가이지만, 그 후에 왕성한 문필활동과 공적인 활동을 전개하였다. 정치이론가로서의 로크는 홉스와 가장 예리하게 대립하였다. 로크는 영국의 자연법을 절반은 대륙풍으로, 나머지는 새롭게, 즉 자유주의적인 방향으로 전개하였다. 홉스는 국민에게 종속하지 않는 절대주의적 통치권 사상을 옹호함으로써 스튜어트가의 절대군주도, 또한 나중에는 올리버 크롬웰의 독재체제도 지지하였으며 모든 혁명을 비난하였다. 이에 반하여 로크는「명예혁명」(Glorious Revolution), 즉 스튜어트가의 추방을 정당화 했으며, 국민의 의사에 기반을 둔 오렌지공의 입헌군주제를 지지하였다. 약 90년 뒤에 태어난 스코틀랜드인 아담 스미스(Adam Smith)가 경제적 자유주의의 창시자가 되었던 것처럼, 로크는 **정치적 자유주의의 창시자**이다. 또 실천적 정치가로서도 로크는 자유주의적이었다. 당시 매우 진보적인 나라인 네덜란드에서의 개인적 체험에 근거하여, 그는 인신의 자유, 신앙의 자유, 정치적 또는 경제적 자유의 확립을 위해 노력하였다. 그러나 동시에 그가 주장했던 것은 바로 윌리엄 3세 치하에서 점차 국가법으로 결실하고 있던 영국의 일반적인 시대사조에 불과하였다.

존 로크의 공적은 원리적으로 새로운 사상을 주장한 것이 아니라, 당시 국내법의 현실을 체계적으로 파악한 점이었다. 그의 공적인 **입헌국가의 체계화**와 이 국가가 가지는 여러 가지 권력의 구별은 20세기까지 유럽과 미국의 국가제도의 발전에 영향을 주었다.

【154】B. **로크의 법과 국가이론**54)은 1690년의 저서인『정부 2론』(Two Treatises of Government)에 서술되어 있다. 이 두 개의「시론」제1편은「장기의회」(Long Parliament, 1640-1660) 무렵에 절대주의를 비판한 입장을 적은 팸플릿의 일부이다. 로크가 이 속에서 비판한 것은 두 세 번에 걸쳐 반복한 다음의 논의, 즉 왕권은 로마법의 부권(父權)과 완전히 동일하게 신으로부터 받았기 때문에, 인정법(人定法=법률)이 미치지 않는 가부장적 직무를 담당한다는 주장이었다. 이러한 주장에 대해서 로크는 다음과 같은 근거로 반론한다. 국가권력은 국가사회의 구성원 상호간의 자유로운 합의의 소산이며, 국왕일지라도 이에 반하여 절대권력을 행사하는 것은 불가능하다는 것이다.

---

54) 방대한 문헌 중에서 다음을 참조하라. Bornhak, Genealogie, S. 1 ff. 그리고 Zippelius, Staatsideen, S. 106 ff.

이 책의 제2편에서 로크는 법과 국가의 문제를 직접 논하고 있다. 홉스와는 달리 그가 원시상태로 상정하는 자연상태에서, 홉스와는 달리 인간은 타인의 의사에 종속하지 아니하고 완전히 평등하게 자유로운 생활을 영위한다. 이 상태는 이미 자연법(law of nature)이라는 법의 지배 하에 있고, 결코 홉스가 말한 것처럼 만인에 대한 만인의 투쟁상태는 아니다. 이「자연법」에 의하면 만인은 자유롭고 평등하기 때문에 누구도 타인의 생명, 건강, 자유와 재산을 침해할 수는 없다. 인간이성이 우리의 욕망에 의해 흐트러지지 않는다면 이 자연법이 가지는 효력만으로써 모든 일은 해결될 것이다.

그러나 재판관과 엄정한 집행기관이 없기 때문에 이 법의 효력은 확실하지 않다. 거기서 이성이 자연상태로부터「정치사회」(political society)의 상태로 이행하는 것처럼 인간에게 권유한다.

이 이행은 **계약**(Vertrag)에 의해 수행된다.「인간은 자연상태에서 자유롭고 평등하고 완전히 독립해있기 때문에, 누구든지 자신의 동의 없이 타인의 정치적 지배의 복종할 수 없다. 그러나 동의만 있으면 누구든지 타인과 함께 상호방위, 안전과 평화로운 생활을 위하여 발전된 하나의 사회를 만들 수 있다」. 이렇게 하여 생긴 사회가「시민사회」(bürgerliche Gesellschaft)이며, 이것을 로크는 국가와 동일시하였다. 로크가 생각한 국가가 부담하는 임무는 각인이 타인을 동등하게 이성적 존재로 존중하도록 하는 것이며, 또 이미 언급한 자연법이 침해되지 않도록 배려하는 것이다. 결국 로크는 절대주의적 권력은 자연법에 반한다고 생각하였다. 확실히 그는 군주제야말로 최량의 (가장 목적에 적합하기 때문에) 국가형태라고 생각하였지만, 거기서도 군주의 주권을 사회의 다수의견에서 도출하였다. 거기서 군주권의 남용을 막기 위해서는 이러한 제약 이외에 우선 법률에 의한 제한도 추가해야만 하였다. 이처럼 먼저 순수하게 실천적 고려에서 로크는 영국에서 여러 세기에 걸쳐 형성되고, 윌리엄 3세 아래의 지금처럼 정치적 현실로 되어 있는 각종의 국가권력 상호간에 구별을 설정하는 획기적 결론에 도달하였다. 헌법사에서 존 로크 사상이 가지는 의의는 무엇보다도 이러한 역사를 거쳐 서서히 성숙된 관행 속에서 **근본적인 정치적 헌법원리를 발견**한 점에 있다.

【155】C. 존 로크의 **권력분립론**(Gewaltentrennungslehre)은 역사적으로 발전하여 온 영국의 헌법현실의 경험적 파악을 토대로 하여 직접 그 위에 수립된 것이다. 앵글로색슨 시대에 국왕이 제정하는 법률은 이미「국민대표」, 즉 현자회의(Witenagemot)의 동의를 필요로 하였다. 노르만 시대에 이 역할은 왕실고문회의(Reichsrat)로 옮겨지고, 그 모임을 **팔리아먼트**(Parliament)라고 불렀다. 왕실고문회의(나중에는 이 자체가 팔리아먼트라는 명칭으로 사용되었다)는 처음에는 재판소였다. 왜냐하면 추상적 입법행위와 구체적 입법행위가 아직 구분되지 않았기 때문이다. 13세기 전반에 팔리아먼트는 다시 발전하여 주(州) 대표기관의 성격이 첨가되었다. 1215년의 마그나 카르타 자유헌장(Magna Charta

Libertatum)에서 국왕의 권한과 의회에 대표를 보내는 여러 신분(등족)들의 권한 사이에 경계선이 정해지고, 의회는 특히 과세에 관한 의결권을 얻었다. 법률발안권은 처음에는 국왕에게만 있었지만 곧 — 나중에 명칭이 보여주듯이 — 상하 양원으로 나누어진 의회도 권한을 가졌다. 의회가 의결한 법안은 국왕의 승인이 필요하였다(「King in Parliament」).

   크롬웰 시대인 1642년에 비로소 의회는 국왕의 관여 없이 독립된 입법권을 요구하였다. 제2차 「인민협약」(Agreement of the People)에서 의회에 최고의 입법권, 집행권, 그리고 재판권이 부여되었다(1649년). 이로부터 4개월 후, 이 의회는 영국이 공화제(Republik)를 채택한다고 선언하였다. 곧 크롬웰은 이처럼 권력이 집중된 의회는 아주 위험하다고 생각하였다. 왜냐하면 그는 의회의 절대적 지배는 절대군주제와 완전히 동일하게 전제화될 수 있다는 것을 경험해야만 하였기 때문에, 거기서 입법권을 지도적 또는 집행적 행정권과 분리할 것을 요구하였다. 1653년 그는 「장기 의회」를 해산하고, 최초의 근대적 성문헌법 —「통치장전」(Instrument of Government) — 을, 그리고 의회의 관여를 부인하고, 군사독재자로서 발포하였다. 따라서 이 최초의 성문헌법은 「흠정헌법」(oktroyierte Verfassung)이기도 하였다. 「통치장전」에 의하면 입법권은 의회의 협력 하에 호국경(Lord Protektor)이 장악하게 되었다. 그러나 새로이 선출된 의회는 적어도 입법권은 의회가 독점해야 한다고 주장했으며, 크롬웰도 이것을 인정하였다. 결국 그에게는 국가 지도와 법률집행에 있어서 자기의 독립성을 확보하는 것이 무엇보다도 중요하였으며, 이것은 특히 의회의 폐회 중에 명령권(Verordnungsrecht)과 관련된 것이다.
   복고된 스튜어트가 수행한 절대주의의 막간 연극에 대해서는 이미 언급한 바와 같다. 즉 의회에 모인 귀족들이 마지막 스튜어트의 왕을 추방하고 오렌지공에게 즉위를 요청한 결과, 분명하게 된 것은 **군주**가 정치적으로 **의회에 종속**된다는 사실이다. 그러므로 로크가 행정부의 장인 왕권에 대하여 의회가 종주권(Suprematie)을 가진다고 주장한 것은 기존 상태를 단순히 서술할 뿐이었다.

【156】그 후에 **입법권**이 대의제 의회에 있다는데 대한 이의는 없었고, 국왕은 의회가 의결한 법률을 승인해야만 하였다(1707년 이후 영국 국왕은 자신이 가진 형식적인 승인거부권을 한 번도 행사하지 않았다). 로크에 의하면 이렇게 구성된 이원제 입헌주의 국가는 아리스토텔레스가 분류한 3개의 고전적 정치형태를 교묘하게 혼합하였다(하원의 민주제, 상원의 귀족제, 그리고 군주제). 물론 로크는 입법권이야말로 국가의 최고권력이라고 생각했지만, 그것이 절대적일지라도 자의적일 수 없다는 제한을 하였다. 왜냐하면 입법권은 국민으로부터 신탁된 권력(fiduciary power)에 불과하고, 입법부가 자연법을 존중해야 할 자신에게 부과된 가장 중요한 임무를 태만히 하여 국민의 신뢰를 배신했을 때, 국민은 그것을 폐기하거나 변경할 수 있기 때문이다. 이 신뢰관계는 의회의 해산과 개선(改選)의 경우에 실제로 시험된다. 그리고 이 입헌제의 특징은 의회해산권(경우에 따라서 의무이기도 한)이

왕권에 위임되어 있고, 이러한 자기임무를 수행하지 않는 의회에 대해서 「국가의 최종심판에 호소할」 권리가 왕권에 있다는 점이다.

【157】 로크는 (의회의) 입법권과 「헌법제정권력」(pouvoir constituant)(국민의 헌법제정권력)을 구별한 최초의 사람이다. 이 두 가지 권력의 구별은 미국과 유럽 대륙에서 특히 실천적으로 매우 중요성을 가지게 되었지만, 영국에서는 (불문)헌법밖에 없다는 특수한 사정 때문에 오히려 이론적 성격이 농후하였다.

【158】 로크의 경우, 과세동의권(Steuerbewilligungsrecht)을 포함한 입법부의 입법권은 의결된 법률의 집행과는 확실히 구별되었다. 후자는 의회의 권한에 속하지 않는다. 그렇지 않으면 로크가 주장한 것처럼 의원이 자신에게 불리한 법률의 적용에서 제외된다든지, 자기 이익에 따라 법률을 집행하게 될 것이기 때문이다. 법률집행은 오히려 행정부의 수반인 국왕의 권한이며, 그러한 한 국왕은 의회에 종속한다.

【159】 로크는 입법과 집행의 두 권력을 더욱 별도의 다른 권력으로 구분하였다. 몽테스키외 이후의 근대 헌법이론과 달리, 「제3의 권력」인 사법권은 없었다. 영국의 상황에 비추어 보면, 로크는 사법권을 입법권의 일부로 파악하였다. 이를 테면 동맹권(federative power), 즉 외무행정(외교)을 제3의 권력으로 이해하였다. 이것은 다른 주권국가와의 관계에 관련되어 있었기 때문에 법률의 적용을 받지 않고 처음부터 법률의 관여에 적합하지 않는 성질의 것이었다. 로크는 합목적성의 견지에서 이 동맹권을 국왕권한에 포함시켜 생각하였다.

【160】 그러나 동맹권은 본래 로크가 말한 제4의 권력인 국왕대권(royal prerogative)을 구성하는 하나의 요소에 불과하다.

왜냐하면 헨리 8세 이래로 국왕은 법률의 집행권 외에도 고유한(처음에는 의회에 의해서 승인되었지만 나중에는 독립한) 명령권을 가졌다. 이 명령권(이미 말한 것처럼 크롬웰도 여기에 고집했다)과 입법(또는 외교)작용을 제외한 후에 남는 여러 가지 통치권능을 로크는 군주의 독립적 권력으로 일괄하였다. 이것은 본래 최고위의 봉건영주가 가지는 봉건법상의 여러 가지 특권에서 발전하였으며, 거기서 나중에 등족국가적 의미로서의 대권(大權)개념이 성립하였다. 제국의 장인 국왕은 제국을 지휘, 관리하기 위해서, 이러한 모든 권력의 집중을 필요로 하였다. 절대주의이론에 의하면 이 대권은 무제한이었다. 왜냐하면 이 이론은 완전히 홉스(당시 바로 찰스 1세의 대권을 옹호하기 위해 노력하였다)가 말하는 의미에서 국왕은 법 위에 존재하였기 때문이다. 이에 대하여 입헌주의이론은 보통법(common law)이 아직 이 대권을 다른 어떤 기관에게도 주지 않은 재량이라고 생각하고, 법률집행처럼 군주의 권한으로 이해하였다. 따라서 영국에서는 재판을 제기할 수 없는, 이른바 「통치행위」(Regierungsakt)가 성립하였다. 결국 이것은 행정부의 행정행위(Verwaltungsakt)와는 달리 시민법에 복종하지 않는다. 결국 「국왕은 잘못을 범할 수 없다」(The King can do no wrong!)고 말할 뿐이다.

로크의 이론(이것은 다음과 같은 점에서도 영국의 정치관행에 대응하였다)에 의하면, 군주는 이 대권에 의해서 법률이 예상하지 못한 공동체의 이익이나 자연법의 실현을 위해서 필요한 모든 것을 할 수 있었다. 그리고 군주는 ─ 이른바 사면(Beganadigung)의 경우처럼 ─ 법률이 명하는 내용을 파기하는 것까지도 가능하였다.

【161】D. 약 50년 후에 프랑스인 몽테스키외는 이 사상을 계승하여 더욱 발전시켰다.55) 그는 이것을 「3권분립」(trias politica)의 기초로 삼았으며, 이 삼권분립론은 19, 20세기의 모든 국법과 국가이론에 결정적인 영향을 미쳤다.

몽테스키외 남작(Charles de Sécondat, Baron de la Brède et de Montesquieu, 1689-1755)은 오랜 법관 가문 출신으로서, 보르도 최고법원 평의관, 즉 고급 재판관의 아들이었다. 이미 13세기 말 경에, 프랑스왕은 시민 출신의 학자인 「레지스트들」 (Legisten)*을 국왕 평의회 위원으로 임용하여, 그들의 로마법의 지식을 봉건제후와의 투쟁에 이용하였다. 같은 예들이 독일 영방국가 성립 때에도 나타났다. 법률가들은 나중에 파를라망(Parlament)에도 등용되었지만, 이 프랑스의 파를라망은 영국과는 달리 대혁명 까지 일관해서 재판소였으며, 또한 영국의 배심재판소(Geschworengericht)와도 달리 항상 직업재판관으로 구성되었다. 그들이 가진 전문지식 때문에 특히 통치행위를 인정하 였고, 법률위반을 사면할 권리에 의해서 이 프랑스 최고법원(Parlament)은 독자적인 정치적 의의를 담당하였다. 17세기 초 이후 이미 삼부회는 소집되지 않았고, 그것의 중요한 권한이 파를라망으로 이양되었기 때문에 그 정치적 역할은 더욱 증대하였다. 그래서 프랑스에서는 이른바 「법복귀족」(noblesse du robe)이 나타났는데, 그것은 유럽 다른 곳에서는 찾아볼 수 없는 현상이다. 젊은 몽테스키외도 역시 그 일원이었다. 몽테스키외 는 처음에는 재판관으로, 나중에는 자유로운 정치저술가로 활약하였다. 1748년, 그는 20년 간의 준비 끝에 저 유명한 저작인 『법의 정신』(De l'esprit des lois)을 출판하였다. 이것은 18개월 동안 22판을 출판했으며, 그 장황함(31편 600장)과 내용적으로도 결함이 많음에도 불구하고, 당시로부터 오늘날까지 국법사상과 정치사상에 결정적인 영향을 미쳤다.

【162】몽테스키외의 이 책의 제목, **법의 정신은 자연적·역사적 여러 조건(풍토·국민 성·종교 그리고 관습)에 의해서 규정된다**는 그의 지론에서 유래한 것이다. 그러므로 그는 자연법의 추상적 존재를 거부하고, 거의 모든 「계약이론」의 전제로 된 가설인 「자연상태」를 부인하며, 과거는 사실 알 수 없으며, 그의 동시대는 더욱 복잡하다고

---

55) Bornhak, Genealogie, S. 6 ff. 및 Zippelius, Staatsideen, S. 112 ff. 참조.

설명하고, 추상적 이성 등으로 말한 것을 입법의 근거로 삼는 것은 있을 수 없다고 생각하였다. 그의 저작은 많은 점에서 완전히 일관성을 상실했으며, 또 많은 모순을 내포하였다. 이것이 바로 그가 성공한 하나의 원인일지도 모른다. 왜냐하면 그의 의도는 이상국가의 정체를 간파하려는 것이 아니라, 당시 프랑스에서 가능하다고 생각된 사정을 정치가로서 실현하려고 했기 때문이다. 그러므로 이론상은 민주주의자였음에도 불구하고, 그는 프랑스 부르주아지의 희망인 제한적 입헌군주제를 옹호하였다. 그러나 그것은 특이한 형식을 취하였다. 왜냐하면 제한적 입헌군주제는 바람직하여도 몽테스키외 자신이 「법복귀족」의 일원이라는 입장으로 제약되었기 때문이다. 그는 프랑스의 현상을 고려하면서 이미 정평이 나있는 영국의 입헌제를 프랑스에 이식하려고 하였다. 거기서 그는 서로 대립되는 왕권, 3부회, 그리고 재판소의 여러 세력을 조화시킴으로써 개인의 자유가 확보될 수 있는 정체를 제안하였다. 만약 그의 제안을 받아들였다면, 1789년의 프랑스혁명은 아마 발발하지 않았을 것이 확실하다. 오렌지공 윌리엄이 즉위하기 전에 프랑스와 정세가 비슷한 영국에서도 이미 말한 입헌제의 성립으로 혁명은 피할 수 있었기 때문이다.

【163】『법의 정신』에서 가장 중요한 곳의 하나는 시민적 자유를 규정하는 법률이 정체에 어떠한 영향을 미치는지에 관해서 논한 제11편이며, 그 중에서도 특히 영국의 정체를 다룬 제6장이다.

여기서 몽테스키외는 **3개의 권력**을 구별하였다. 즉 그것은 (여기서 그는 로크를 완전히 오해했지만) 「입법권, 국제법에 관한 사항의 집행권(따라서 외교), 그리고 시민법에 관한 모든 사항의 집행권」이다. 결국 입법부 이외에 두 개의 행정부가 있는 것으로 되었지만, 제2의 행정부, 즉 「제3의 권력」은 몽테스키외에 있어서 법률의 집행 전반이 아니고, 「범죄를 처벌하고 소송을 처리하는」 임무밖에 없었다. 따라서 그것은 사법권이다. 이에 대해서 몽테스키외 시대에 매우 효과적이었던 국왕의 「지방감독관」(Intendent)(제13절 참조)의 내무 행정은 권력구분에서 무시되었다.

【164】이러한 권력 상호간의 관계는 최대한의 **정치적 자유가 확보**될 수 있는 관점에서 고찰되었다. 몽테스키외는 이 자유가 — 나중에 빌헬름 폰 훔볼트(Wilhelm von Humboldt) 처럼 — 각인이 스스로 안전하다고 생각하는 것에서 생기는 마음의 평정이라고 정의하였다. 이 정치적 자유는 권력분립, 보다 정확히 말하면 권력의 배후에 있는 정치적 세력들의 분리를 필요로 하였다. 만약 어떤 때에 두 개의 권력이 한 곳에 집중된다면 그것만으로도 위험한데, 3개의 권력이 전부 한곳에 집중되면 — 몽테스키외가 말하듯이 — 「전부를 상실하게 될」 것이다. 왜냐하면 권력을 가진 자는 누구든지 힘이 다할 때까지 권력을 남용하려고 하기 때문이다. 따라서 권력분립론은 이러한 힘의 **남용을 미리 방지하기** 위해서 여러 기관과 여러 정치적 세력들의 힘을 제한하려는 것이었다. 이것이 유명한

권력분립 사상의 핵심이다.

【165】몽테스키외는 권력집중의 위험성을 특히 이탈리아 르네상스 시대의 도시국가의 예를 들어 논증하고 있다. 그 때, 그는 먼저 **재판권**(richterliche Gewalt)을 들어 다음과 같이 논하였다. 재판권이 상설재판소에 맡겨지지 않고, 영국처럼 국민 전체로부터 선출되어 수시로 필요한 경우에 한해서 소집되는 사람들에 의해서 행사되어야 한다고 주장한다. 그래서 「사람들의 눈에 항상 무섭게 비추어진 재판권」도 특정 신분과 직업에 결부되지 않는, 이른바 「눈에 보이지 않게」(unsichtbar)된다고 한다. 따라서 이 주장에는 19, 20세기의 배심재판소 형성에 있어서 하나의 중요한 논리가 포함되어 있다. 이에 대해서 판결은 영속성과 오늘날의 표현인 「확정력」(rechtskräftig werden)을 가지며, 또한 법률의 내용에 정확하게 합치되어야 하며, 이른바 재판관의 개인적 견해를 나타내어서는 안 된다. 여기에 법실증주의의 선구자로서의 몽테스키외가 나타나 있다. 다음 몽테스키외는 재판권을 「본래의 권력은 아니다」라고 말했기 때문에 입법권과 집행권에로 중점을 옮겨 논하고 있다.

【166】그는 **입법권**(gesetzgebende Gewalt)에 대해서 「자유로운 국가에서는 자유로운 정신을 가진 사람들이 모두 스스로 통치해야 하기 때문에, 국민 전체가 입법권을 가져야 할 것이지만, 이것은 커다란 국가에서는 불가능하고, 작은 국가에서는 많은 불편이 있기 때문에, 국민 스스로가 실행할 수 없는 모든 사정을 대표자를 통해서 해야 한다」고 주장한다. 그러므로 몽테스키외는 편의적인 이유에서 대의제도를 찬성하였다. 그는 이웃 사람들이 능력을 가장 잘 판정할 수 있기 때문에, 각 대표자는 그다지 넓지 않은 지역에서 선출되는 것이 바람직하다고 생각하였다. 대표자들은 사실 다양한 여러 가지 문제를 토의할 수 있지만, 전국민은 이것이 완전히 불가능하기 때문에 이 대의제에 의해 직접민주제의 결함을 피하게 되었다. 또 몽테스키외는 「명령적 위임」(imperatives Mandat)에 대해서는 대표자들의 심의를 곤란케 할 실제적 이유 때문에 이를 거부하였다. 그는 입법과 법률집행의 감시만이 대표자의 임무라고 생각하였다. 그 반면에 대표자는 구체적 사례에 대해서 의결해서는 안 된다. 입법기관은 아주 단기간에 해산되어서도 안 되지만, 또한 지나치게 오랫동안 모여서도 안 된다. 의원은 정기적으로 개선(改選)되어야 하며, 그렇지 않으면 「만일 폐단이 확대되어도 그것은 변경하는 것이 불가능할 것이다」고 주장한다.

몽테스키외의 사고 속에서 국민대표만이 법률을 제정하는 것은 아니다. 요컨대 그는 권력을 입법권, 「대외적」 집행권, 그리고 재판권으로 3분했지만, 입법의 내부를 또다시 3분하여 영국에 따라 입법을 국민대표, 귀족 그리고 국왕에게 분배하였다. 국가에서는 (그리고 그는 이 제안의 이유를 서술한다) 출신, 재산 그리고 명예가 우월한 인간들이 반드시 있기 때문에, 그들이 입법에 참가하는 비율은 입법 이외의 부문에서 가지는 특권에 비례하는 것이어야 한다. 다른 시민과 평등하게 취급한다면 그들은 투표에서 패배할 것이다. 몽테스키외는 이러한 난점을 극복하기 위해서 귀족을 특별한 하나의 집단으로 모아 그들에게 국민대표가 제정한 법률에 대해서 거부권(Vetorecht)을 행사하도록 하였다. 이 거부권은 세법(稅法)에 있어서 연기시키는 효과만을 인정할 뿐이었다.

입법에 관한 한 제3자인 군주(Monarch)도 거부권을 가질 뿐이었다. 몽테스키외가 군주의 관여를 불가결하게 생각한 이유는 그렇지 않으면 곧 집행권의 수반으로서 군주의 권한마저도 모두 박탈될 것이라는 점에 있었다. 입법권이 법률을 사용하여 군주의 권한을 군주로부터 박탈할 것이라고 그는 생각하였고, 19, 20세기에 사태는 역시 반드시 그처럼 진행되었다. 군주는 거부권 이외에 입법기관을 소집하거나 정회할 권리(그러나 의회를 해산할 수는 없다)에 의해서 간접적으로 입법에 많이 관여하였다.

【167】 **집행권**이 군주에게 있고, 거기에서는 내정권도 포함된다는 것은 오늘날 명확하다. 몽테스키외에 있어서 그것은 역시 실천적 필요에 의한 것이었다. 그에 의하면 행정활동은 거의 항상 신속한 결정이 필요하기 때문에 합의제보다는 독임제가 실행하기 쉬웠기 때문이다. 행정활동이 현대 의회제도에서처럼 입법기관 속의 몇 명의 구성원에 위임된다면, 실제로 입법과 행정의 두 권력이 틀림없이 한 곳에 통합된다. 그는 이것을 자유를 크게 위협하는 위험한 것이라고 생각하였다. 법률상 처벌되는 불법행위를 하였을 경우에만 집행권은 (행위자를) 체포하는 것이 허용된다. 여기서 몽테스키외는 명백하게 「봉인왕장」(封印王狀, lettres de cachet)[국왕이 친재하기 위한 수단으로 書狀은 밀랍으로 봉인되었다]의 관행에 반대하였다. 입법기관의 감독권은 개인적으로 책임이 없는 군주 한 사람을 제외하고 집행권 전체에 미친다.

【168】 몽테스키외는 세 가지 국가권력을 이상과 같이 분리하고, 또 그 중에서 가장 중요한 입법권을 3개의 정치세력에게 배분했지만, 이것만으로 만족하지 않았다. 오히려 세 권력을 조화시키고, 결국 **균형상태**(Gleichgewichtslage)에 둠으로써, 국가를 한층 안정시키려고 하였다. 지금까지의 논술에서 몽테스키외는 아주 많이 존 로크의 사고에 논거했지만, 특히 여기서는 영국의 조나단 스위프트(Jonathan Swift)를 지지하고 있다. 1700년 발간된 저서인 『아테네와 로마에서 귀족과 평민의 논쟁 및 여러 논설에 대해서』 (Discourse of the contest and dissertations between the Nobles and the Commons in Athen and Rome) 속에서 조나단은 하원과 적대자인 오렌지공 윌리엄과 상원이 분리되어 싸우며 대립하는 것을 보고, 국가권력에는 항상 국왕, 귀족, 그리고 국민의 세 구성요소가 있다고 설명하였다. 이 경우에 중요한 것은 이 세 요소를 균형시키는 것이라고 말한다. 쉽게 설명하기 위해서 조나단은 저울의 비유를 들어 설명한다. 국왕이 저울을 가지며, 국민과 귀족은 각 접시에 정치적 힘의 저울추를 단다. 여기서 국왕의 역할은 국왕 자신의

정치적 힘의 저울추에서 저울이 균형을 이룰 수 있을 만큼 중량을 가벼운 쪽에 더하여
준다. 이 경우 세 요소가 전부 똑같이 강할 필요는 없다. 저울을 가지는 쪽은 약한 요소와
협력하고, 세 요소와 균형을 여하튼 확보할 정도의 강력함을 가지고 있으면 된다. 몽테스키
외는 이 설명을 수용하여 그가 말한 세 개의 권력으로 바꾸었다. 즉 입법, 집행과 사법의
세 개의 권력은 두 개의 권력을 합하면, 거기서 제3의 권력이 우세함을 저지할 정도로
강하여야 한다. 이미 그는 입법권의 내부에서도 군주와 귀족이 가지는 거부권에 의해서
이러한 균형을 확보하려고 하였다.

【169】몽테스키외의 권력분립론을 간단히 요약하면 다음과 같다. 이 문제 영역에서
이론적 모범인 존 로크와 완전히 동일하게, 그에게서 「**권력**」은 정치력 바로 그 자체이거
나 또는 **잠재적 정치세력**을 의미한다. 이러한 여러 정치세력은 그 중 어느 한 정치세력이
우월하거나 전능해지는 것을 저지하기 위해서, 또는 그 때문에 필연적으로 생기는
시민적 자유에 대한 위험을 방지하기 위해서 국가작용의 상호관계, 즉 정체 속에 편성되
든지 편성되어야만 하는 것이다. 개혁을 기도한 정치가로서의 몽테스키외는 국가작용의
구별에는 사실 많은 관심을 가지지 않았다. 그가 분리한 입법, 대외적 정치집행과 사법이
라는 조잡한 세 가지 구분은 그가 「권력」이라고 부른 기존의 여러 정치세력(왕권, 귀족과
국민)을 정체 속에 편성하여, 거기서 필요한 균형상태를 구성하기 위한 수단에 불과하였
다. 국가작용을 「권력들」로 배분할 때에 제3의 재판권은 다시 사라진다는 것은 아마
이 이론의 정치적 성격을 증명한다. 즉 「재판권은 '말하자면 무(無)'다」(en quelque
façon nulle)라는 유명한 말은 「법복귀족」의 정치적 비중이 국정에 참여하는 다른 정치세
력에 비교될 수 없을 정도로 감소하고 있다는 몽테스키외의 인식에서 유래한 것이다.

또 하나 더 지적하면, 몽테스키외의 권력분립론과 관련하여 여러 가지 정치적 세력의
균형상태를 보유하기 위한 그의 시도를 「권력억제」(Gewaltenhemmung)라고 말하는
것은 적절치 못하다. 「권력이 권력을 억제한다」(Le pouvoir arrête le pouvoir)는 몽테스키
외의 말은 오히려 어떤 권력이 다른 권력을 정치체제가 미리 지시하고 있는 궤도에
묶어둔다는 정도의 취지라고 해석해야 할 것이다.

제18절 근대 민주주의의 기초로서의 자유와 평등
― 장 자크 루소의 이론 ―

【170】A. 민주주의(Demokratie)라는 말은 주지하듯이, 그리스에서 기원하며, 민주주
의에 대한 근대 이론과 발현형태를 그 고전적 원형과 동일시해서는 안 된다. 고대 중세
사회와 근대국가의 차이점에 관해서는 이미 지적한 바와 같다(제11절). 이것은 사회적
공동체에서 인간의 공동생활과 협력, 요컨대 우리가 「민주주의」라고 부르는 것에 대해서

도 그대로 타당하다. 고대 민주주의는 수적으로 아주 한정된 지배층 내부의 한 집단이 하는 통치를 지적하는 명칭이다. 이것은 국민에 의한 통치라는 관념과는 아무런 관계가 없었다.

【171】한편 **민주주의 이념**도 프랑스혁명 직전에 처음 발전된 것은 아니다. 여기서 장 자크 루소(Jean Jacques Rousseau)는 그것을 확대하는데 가장 공헌한 인물이지만, 결코 이 사상을 최초로 표명한 논자는 아니다. 그 이념이 역사상 효과를 발휘하기 위해서는 특정한 정신풍토(geistiges Klima)가 매우 중요하며, 아마 장구하게 지표 아래에 숨어있었던 싹이 그러한 풍토에서 갑자기 완전하게 성장할 수 있었다. 현대 민주주의 사상처럼 ― 중세로부터 근대에로의 바로 운명적 전환기에서만 찾아야 한다. 최초로 나타난 것이 **자유에의 요구**(Forderung nach Freiheit)였다. 대체로 공동생활에서 인간은 두 개의 근본적인 요구원리의 긴장관계 사이에 서게 된다. 다시 말하면 공동생활은 사실 그 자체로서 사회질서의 강제에 복종하는 것을 전제로 한다. 그리고 공동생활이 영위되는 공간이 좁을 정도로 이해대립이 격렬해지면 해질수록 더욱 이 강제는 엄격히 부과되어져야 한다. 이에 대해서 만인이 생존하면서 가지는 자유에로의 의사가 복종의 강제, 「타율의 고통」(Qual der Heteronomie)[56)에 반항한다. 오늘날에도 타당한 이 모순의 해결법을 이미 니콜라우스 쿠자누스(Nicolaus Cusanus)는 다음과 같은 간단한 문장으로써 해결하였다. 「인간이 아닌 법률에만 복종하여야 할 때 비로소 인간은 자유롭다」. 여기서 자유에의 요구에 덧붙여 **평등원리**(Prinzip der Gleichheit)가 처음으로 표명되었다. 왜냐하면 **추상적 법률**이 평등한 것에 평등한 법률효과를 가져오는 경우에만 그 법률은 부정을 허용치 않는다는 보증과, 동시에 결국 부자유를 면하기 위한 보증을 줄 수 있다는 것은 분명하기 때문이다.

쿠자누스의 이론(이것은 그 후에 계속 새롭게 구성되어 반복되었다)은 법률이 모두 신에게서 유래한다고 믿는 동안에는 전제 정체의 국가에서도 사회적 긴장을 완화하려는데 유용하였다. 법률이 신의 명령에 불과하다면 입법의 역할은 신의 의사를 탐구하고 그것을 알리는데 한정된다. 구체적으로 어떠한 인물에게 이 역할을 맡기는가는 우선 중요한 것이 아니었다. 왜냐하면 통치자만이 이 역할을 담당한다고 하였고, 그는 역시 보다 고차의 정의에 봉사해야만 하는 한 명의 해석자에 불과하기 때문이다. 신하에 대한 통치자의 지위는 그 범위 안에서는 사회적으로 문제시되지 않았다. 신의 의사인 자연법이 세속화를 거쳐 이성법(Vernunftrecht)으로 변화한 후에도 사정은 마찬가지이다. 왜냐하면 초자연적인 것이 아니더라도 이성(ratio)은 역시 객관적인 것으로 생각된 숭고한 존재였기 때문에 입법자는 이성의 의사를 찾아 고지할 의무를 진다. 입법이 통치자의 직무라는 관념은

---

56) Hans Kelsen, Vom Wesen und Wert der Demokratie (2. Auflage 1929), S. 3 (한태연·김남진 공역, 『민주주의의 본질과 가치』, 위성문고, 1961, 3면).

법이 인간의 소산이라고 생각되기 시작하면서 점차 의문시되었다.「법은 모두 인간에 의해 인간을 위하여 만들어졌다」(Karl Binding)*는 확신이 퍼지면서, 본래는 이론상 대립하였던 것이 오늘날 현실적인 것이 되어, 사람들 사이에 매우 예리한 모습으로 나타났다. 다른 인간이 가지는 명령적 권력에 대해서 자유로운 인간이 반항하는 사태에까지 이르자, 마침내 서양 기독교 세계 전체의 문제로 되었다. 즉 대혁명의 시대가 도래하였다. 평등의 요구(이것은 중세나 근대 초기의 사상에서는 아무런 관련이 없었다)가 처음에는 간접적인 의의밖에 가지지 않았던 것에 대해서, 오늘날 점차 자유의 이념과 동격의 지위를 차지하였다. 이러한 발전단계에서 무대의 전면에 등장한 것이 장 자크 루소이다.

【172】B. 제네바의 시계공이며 댄스 교사의 아들인 루소(1712-1778)는 평민 출신의 최초의 정치철학자였다. 이것은 그가 죽은 뒤에 제3신분의 지도적인 정치철학자로 되고, 시민시대의 정치사상에 아주 커다란 영향을 미친 이유 중의 하나인 것이 분명하다.57) 루소는 어머니를 모르고 성장했으며, 아버지로부터 매우 왜곡된「교육」을 받았기 때문에 세상과 인간에 대해서 아주 잘못된 생각을 품었고, 이것을 완전히 극복할 수는 없었다. 그는 이미 10대 중반부터 거친 방랑생활을 시작하여 프랑스・벨기에・네덜란드와 영국 등지를 순회하였다. 그동안 나쁜 일을 몇 번이나 저지르고 직업도 자주 바꾸었으며, 어디서도 자신을 정착시키지 못하였다. 거기서 생긴 열등감을 그는 나중에 허황된 자부심으로 메꾸려고 하였다. 젊은 시절부터 그 생애 전체를 통해서 그는 정착하지 못했다. 예를 들면 칼뱅주의에서 가톨릭으로, 또 그 반대로 몇 번이나 개종하였다. 우리들이 이 책에서 고찰하는 인물들 중에서 그는 전체적으로 가장 인간적으로 공명하고 싶은 인물의 한 사람이며, 내면적인 허약한 성격과 불행한 처지에 의해서 생긴 노이로제적 증상을 가진 사람이었다. 빛나는 지성도 그가 가진 많은 여러 가지 결함을 감추지는 못했다.

루소에게 최초의 명성을 가져다 준 것은 디종 아카데미의 현상 논제「학문과 예술의 진보는 도덕을 타락케 했는가 아니면 그 순화에 기여했는가」에 응모한 논문이었다. 백과전서파 디드로(Diderot)의 제안에 의한 것이지만 부정적 결론에 도달한 루소는 당시 진보에 대한 절대적인 신앙에 대항해서「자연으로 돌아가라」(Retour à la nature)고 부르짖었다. 루소가 프랑스 백과전서파와 밀접한 관계에 있으면서도 결코 계몽주의자는 아니고, 오히려 그 적대자로 열거된다는 사실이다. 이전의 (세속화 된) 자연법에서 자연(Natur)이라는 말이「이성」정도의 의미를 갖고 있었다면, 루소의 자연은 충동, 본능, 감정으로 바꾸어 말해야 할 것이다. 감정이야말로 그의 본성과 세계관의 기초였다. 그래서 그에게 **감정**은 우선 먼저 인식의 수단이 아니라, **인식의 원천**이었다.

---

57) 루소의「사회계약」에 대한 소개로서 중요한 판은 Romain Rolland이 저술한 것(1948)과 Ueberweg, Geschichte der Philosophie Bd. III, herausgeg. von Max Frischeisen-Köhler 그리고 Willy Moog (Neudr. 1953) §43 등을 참조.

【173】그가 『사회계약론』(Le contrat social)에서 공표한 사회-국가론도 이와 같은 근원에서 나왔다. 그런데 이 저작은 프랑스에서는 거의 관심을 끌지 못하고, 제네바에서 주목을 받았지만 곧 금서가 되었다. 루소의 커다란 명성은 다른 많은 저작, 이른바 교양 교육 소설인 『에밀』, 연애 자유 소설인 『신 엘로이즈』, 그리고 유명한 『고백론』 등에 근거하였다.

루소는 또한 정치문제에 관한 이 저서를 낭만주의적 역사체로 시작하여, 인류사를 선사시대와 문명시대로 나누었다. 그러나 역사에 대해서 드물게 그처럼 평가를 한 저술가는 거의 없었다. 본래 로코코풍의 궁정문화를 허무하다고 느낀 그는 **모든 발전을 저주**하였다. 그는 사회적·정치적 발전은 모든 인간의 본래의 선량한 성질을 왜곡하며, 소박, 순결, 평화 그리고 쾌적함을 특징으로 하는 자연상태를 부단히 혼란시키는 것으로 생각하였다. 그러므로 사회적·정치적 영역에서 **자연에로의 회귀**를 그처럼 격렬하게 요구했던 것이다. 그의 명제는 일체의 진보를 퇴보라고 하였다. 즉 부정적으로 모든 도덕적·사회적 진보는 지금까지 실제로 인간의 상태를 악화시켰을 뿐이며, 긍정적으로는 진정한 도덕적·사회적 진보는 인간의 활력의 원천인 자연에로의 회귀에 의해서만 달성될 수 있다는 것이다. 물론 그의 사고과정(그 자체는 바로 당시 사회비평적 고찰에 근거했지만)에서는 위험한 모순이 숨겨져 있었다. 그것은 그가 찬미하는 자연상태가 어떤 때에는 야생에 가까운 원시적 민족 — 혹은 **자국민**의 그러한 계층 — 의 생활과, 또 다른 때에는 고대 유토피아적·건설적 「황금시대」와 동일시되는 모순이 있다. 이러한 두 개의 이미지가 루소의 경우에 항상 들어가 있었고, 그의 명제의 논거로서 필요에 따라 어떠한 모습으로도 나타난다.

그러나 바로 이 모호함(이것은 본래 루소 저작의 특징이다)으로 인하여 자연과 역사를 대립한 것으로 파악한다면, 어떤 집단이 자연 또는 다른 집단이 역사와 동일시한다면, 그의 명제는 바로 **혁명적 파괴력**(revolutionäre Sprengkraft)을 가지게 된다. 이러한 등식이 아주 손쉽게 생각되어져 실제로 끊임없이 사용되었다. 곧 「제3신분」인 「자연 그대로 생겨나」 「노동하는」 민중은 자연의 원리에 맞기 때문에 바로 선량한 것으로 숭상되고, 이에 반하여 귀족적·종교적 문화와 전통은 — 그것이 전승되고 여러 세기에 걸쳐 세련된 것일지라도 — 저주되어야 한다. 이러한 단순화(만약 그것이 루소의 의도가 아니라면, 적어도 그의 명제에서 바로 연역되어 생긴 단순화)는 실제로 과도한 개량으로, 뿐만 아니라 도리어 가공, 개량, 그리고 일반적인 전통의 승계에 근거한 모든 것을 부정한다. 병과 건강마저도 「자연에 가까운(natur-nahe)」 것이 아닌 한 박멸되어야 한다는 것이다. 그의 학설을 숙고하면 이것은 전인류 문화의 포기를 의미한다. 확실히 루소 자신이 분명히 말한 것은 아니지만, 많은 후계자들은 분명히 이를 인용해서 그러한 결론에 도달하고 있다. 이른바 카를 추크마이어(Carl Zuckmayer)*가 적절히 지적하듯이,58) 약 백년 뒤에 하인리히 하이네는 카를 마르크스(Karl Marx)의 매력에 유혹되어 청년 사회주의자 운동에 투신했지만, 간신히 중지한 것 같은 위험이 루소의 사상에 포함되어 있었다.

【174】 C. 루소의 국가이론과 사회이론을 결론적으로 다음과 같이 요약할 수 있다.

절대군주의 주권은 무제한 그대로 똑같이 국민에게 이전한다. 국민은 대의제와 권력분립에 의해서조차도 그의 절대적 지배권을 방해받지 아니한다. 즉 그가 말하는 계약국가는 절대민주제이다.

철학자이며 근대 교육의 창시자로서 그의 의의에 대해서 판단을 내릴 의향은 없지만, 전체적으로 확인할 수 있는 것은 루소의 이론은 **법학적으로** 그다지 유용하지 않다는 점이다. 자주 천재적 재능을 보여 준 반면, 그의 학설은 충분히 재고되어 있지 않기 때문에 호의적으로 해석하지 않으면 법학적으로는 확고한 사상내용을 가지고 있다고 할 수 없다.

루소의 출발점은 만인이 가지는 **자연적 자유**이다. 자연상태에서 인간은 자기를 보존하고 타인을 침해하지 않는다는 두 가지 법칙을 가지고 있다. 그에게서 선량함은 그저 먹고, 성교하며, 휴식할 뿐이다. 자연상태에서 사람은 이웃과 충돌하지 않고 이러한 동물적 본능을 만족시킬 수 있다. 따라서 자연상태에서 인간들은 서로 독립하여 평화롭게 산다. 그리하여 「인간은 자유롭게 태어났다」.

이러한 목가적 자연상태를 혼란시킨 것이 바로 루소가 상정하는 역사의 모습에서, 이른바 「원죄」(Sündenfall)라는 **소유의 발생**이었으며, 또 일반화하여 말하면 법의 성립이었다. 「어떤 토지에 울타리를 치고 '이것은 내 것이다'라고 최초로 선언한 자가 시민사회의 창설자이다. 그 말뚝을 뽑아 '이 사기꾼의 말을 듣지 말라! 수확은 만인의 것이며 땅은 누구의 것도 될 수 없다는 것을 잊지 말라! 너희들은 파멸하였다'고 사람들에게 호소하는 자가 있다면 인류는 얼마나 많은 전쟁과 범죄 그리고 살인, 얼마나 많은 비참과 공포에서 구제될 수 있었을까」. 그러므로 소유와 시민사회가 발생함에 따라 재산과 불평등이, 그리고 동시에 인간의 불평등이 생겨난 것이다. 그 불평등과 소유를 시인함으로써 자연적 자유를 영구히 매장시키는 법률이 성립하였다. 루소는 이른바 「공산당선언」(kommunistische Manifest)과 사유재산의 철폐의 요구를 결부시켜 무정부주의에로의 믿음을 나타낸 것은 아닌지 생각될 정도이다. 실제로 루소는 그러한 말과는 전혀 관계가 없었다. 그는 소유가 바로 권력을 발생시켰다는 것을 근거로 그것이 무효라는 결론을 도출하려는 것은 아니었다. 오히려 소유는 자연에 반한다는 것으로부터 이상한 논리적 비약에 의해서, 루소가 도달한 결론은 이미 로크가 주장한 것처럼 혼란된 조화의 회복을 임무로 하는 **국가가 필요하다**는 것이다.

---

58) Carl Zuckmayer, Aufruf zum Leben (1976), S. 316 f.

【175】그러나 그는 이러한 결론에 이르기까지 또한 많은 우회를 거쳤다. 우선 소유가 자연에 반하고, 이 반자연상태를 유지하려는 법률은 자유에 반한다는 명제(These)에서 인간은 자연적 자유를 결코 포기할 수 없다는 반명제(Antithese)를 제시하였다. 이것도 또한 이상한 이야기가 된다. 잘 생각해 보면, 루소는 자기의 저작을 『사회계약론』이라고 불렀고, 그럼으로써 「자신의 자유 영역을 계약에 의해 스스로 한정한다」는 근본명제를 표현하려고 하기 때문이다. 지나치게 감정을 넣어 자연상태를 묘사한 결과, 그 역시 그러한 자연상태가 과거에 존재한 것처럼 믿어버렸다고 생각해야 할 정도이다. 그러나 그의 사회계약론의 전개과정에서 분명하게 된 것은 그것과 정반대이다.

루소는 이론의 출발점으로 인간이 자유롭게 태어났음에도 불구하고, 도처에서 사슬로 묶인 것은 어찌된 것인가 하는 의문을 제기한다. 어떻게 해서 그러한 변화가 생겼는지를 자문하고, 「나는 이해할 수 없다」고 대답한다. 하지만 이러한 변화가 어떻게 정당화될 것인지가 문제라면 그는 대답할 수 있다고 생각하였다. 이에 대한 해답으로서 루소가 시사한 것은 **자발적 복종계약**(Vertrag zur freiwilligen Unterwerfung)으로서 인간은 혼자만으로 자연이 가진 적대적인 모든 힘에 대항할 수 없기 때문에 계약을 체결할 것이라고 말한다.

그러나 뒤에 다시 독자들이 알게 되는 것은 여러 번 논의된 자연상태는 (폭력적 점거와 사회계약에 의해서도) 폐지될 필요가 없다는 것이다. 왜냐하면 자연상태는 — 노아의 홍수 이전에도 존재한 예가 없었기 때문이다. 이제 완전히 머리가 혼란된 독자들에게 알려지는 것은 자연상태와 인간의 자연적 자유가 모두 **픽션**에 불과하고, 지금까지의 모든 설명과는 달리, 계약도 국가의 역사적 기원을 나타내는 것이 아니고, 국가의 윤리적 기초, 즉 국민 전체의 부단한 동의를 표현하고 있다는 것이다. 즉 루소의 사변적·합리적 계약이론은 순수하게 역사적인 종래의 계약이론보다 한층 예리하게 국가의 구속력, 의미 그리고 정당성과 법의 타당성의 어떠한 계통적인 문제를 제기하였다. 그리고 동시에 계약과 「자연적 자유는 포기할 수 없다」는 명제 사이에서 모순도 드러났다. 이 포기불가능성도 역사적인 사실은 아니며, 사회계약의 내용을 적절하게 완성하기 위해서 설정된 픽션적인 것이다.

【176】거기서 우선 루소가 논쟁의 대상으로 삼은 것은 군주에 대한 인민의 복종계약에서 국가의 근거를 직접 구한 수많은 계약이론가, 특히 후고 그로티우스(Hugo Grotius)였다. 루소는 다음과 같은 반론을 주장하였다. 인민(Volk)은 아직 전혀 존재하지 않기 때문에, 존재하는 것은 통합되지 아니한(amorph) 다수의 개인에 불과하다. **그 군중들은 사회계약에 의해 비로소 인민이 된다.** 그런데 또한 조직은 각 구성원의 신체와 재산을 지키고, 각인은 만인과 결합하지만, 여전히 각인은 자신 이외에는 복종하지 않고 여전히

자유스러운 사회형태(Gesellschaftsform)는 어떻게 발견할 것인가? 이것이 사회계약에 의해 해결되어야 할 중심 문제이다.

사회계약에 근거하여 사회의 성원은 그의 모든 권리와 함께 전체에 편입된다. 이 때문에 만인의 법적 지위는 평등하게 되며, 누구도 타인의 계약상 의무를 무겁게 하는데 관심을 갖지 아니한다. 이러한 사회편입은 완전히 무조건적으로 수행된다. 결국 권리를 유보하는 자는 아무도 없다. 그러므로 계약내용은 다음과 같다. 「우리들은 누구라도 공동으로 각자의 신체와 재산을 일반의사의 최고 지휘 아래 둔다. 그래서 우리들은 각 성원을 전체의 불가분의 일부로서 받아들인다. 계약당사자 개개인에 대신하여 바로 정신적 공동체가 출현한다. 그 성원은 투표권을 가지는 사람 전원이며, 계약행위에 의해서 공동체는 통일성, 공통적 자아, 생명과 의사를 가진다. 이 공적 인격이 국가이며, 다시 말하면 공화국, 즉 정치적 통일체이다」.

정치적 통일체가 일단 성립되면 구속력을 가진 기본법은 이미 존재하지 않는다. 왜냐하면 그 성원은 전체에 대해서 어떠한 권리도 가지지 않기 때문이다. 그리고 전체는 자기 자신에 대해서 권리만 가질 뿐 의무는 지지 아니한다. 특히 사회계약은 이미 해약할 수 없다. 그 근거로서 루소는 「계약은 지켜야 한다」(pacta sunt servanda)는 원칙을 들고 있다. 그러나 그는 실제로 사회현실이야말로 진실이며, 사회계약은 (그것에 근거해서 사회가 수립된다고 생각된다) 픽션에 불과하다는 사실에서 이러한 결론을 도출하였다.
「계약은 지켜야 한다」는 원칙은 루소의 사상적 운영의 새로운 약점을 드러낸 것이다. 즉 그는 「정치적 통일체」는 독립된 생명체로서, 또한 동시에 계약당사자로서 사회의 각 성원과 상대하고 있다고 가정한다. 따라서 그는 개념실재론(Begriffrealismus), 즉 보편개념의 객관적 실재를 인정하는 철학적 견해를 가장 극단적으로 신봉하는 한 사람으로 이해된다. 그리고 이 점에서 그는 이전의 단체이론(Korporationslehre)의 전통을 답습하고 있다. 그러나 사실 「전체」는 「개개인의 결합」과 같은 것이다. 실로 전체는 개개인의 결합인 것이다. 그러므로 루소는 어떤 때에는 「전체」로부터, 또 다른 때에는 「개인의 결합」에서 논의했지만, 거기서 유용한 결론이 얻어질 수는 없었다.

【177】그와 동시에 그의 이론의 ― 아마 가장 반론이 많은 ― 핵심 부분이 분명해진다. 루소는 인간의 의사를 단체(공동)의사와 개별의사로 구분한다. 개별의사는 이기적 동기에 의해 지배된다. 그것은 단순한 욕망이며, (필연적으로) 욕망에 의해 유혹된다. 개별의사의 총화, 즉 전체의사(volonté de tous)도 사적 이해를 지향하는데 불과하다. 그러나 루소는 이 (총화적) 전체의사와 별도로 또 하나의 (통합적) 일반의사(volonté générale)를 설정한다. 이것은 (여기서 루소의 개념실재론의 의문이 나타나있지만) 만인의 일치된 의사는 아니며, 이것과 별도의 「정치체」(corps politique)의 의사, 즉 루소가

고유한 자아, 고유한 생명과 고유한 삶의 활기를 받은 저 신비적 공동체의 의사라고 한 것이다.

일반의사는 이성에 의해 인도되고 동포에 대한 배려에서 생겨난다. 그것은 계약에 의해 사회를 형성한 인간들의 진정한 의사이다. 이 진정한 의사가 전체이익으로 향할 때, 그 의사는 동시에 모든 구성원의 개별이익도 대표한다. 이러한 막연한 설명에 대해서 법률가로서 비판적 해석을 해야만 한다. 따라서 문헌 중에서는 매우 다양한 해석이 시도되고 있다. 루돌프 슈탐러(Rudolf Stammler)*에 의하면, 일반의사는「만인의 복지 일반을 규준으로 하는 격률이며, … 도덕관의 윤리적 규정이다」고 한다.59) 레즈로브(R. Redslob)*와 볼프(H. J. Wolff)는「진정한 의사」를「진정한 이해」로 바꾸어 놓는 것으로서 개별의사에 따르는 자는 자기의 진정한 의사를 알 수 없다는 모순에 빠져 있다고 한다. 헬프리츠(H. Helfritz)*는 일반의사의 이론 전체는 기관행위에 관한 이론을 철학적으로 표현한 것으로 해석하지만, 루소는 대의제도를 거부했기 때문에 실제로 기관행위는 불가능한 딜레마에 빠진다고 볼 수 있다. 여하튼 루소 사상에서 일반의사 이론은 사상 구조 전체의 중심에 놓여 있는 것이다.

【178】이 일반의사 이론에서 그는 주권개념을 연역하였다. 즉 주권(Souveränität)이란 전체의 복지를 지향하는 일반의사의 집행이다. 그 결과 주권은 일반의사의 담당자인 인민에게 귀속할 뿐만 아니라, 인민은 그것을 양도할 수도 없다. 여기서 다시 루소는 인민은 일반의사의 집행에서 대표될 수 없다고 결론짓는다. 그는 의회에 정당이 존재하게 되면, 모든 대의제는 일반의사를 왜곡하게 된다고 생각하였다.

루소가 말하는 주권으로서의 일반의사는 엄격한 강제력을 가지고 있다. 루소는 자기가 구상한 국가의「실태」를 믿지 않고, 사회계약은 일반의사에 복종하는 것을 거부하는 자는 누구라도 공동체 전체에 의해서 복종이 강제된다는 의무를 은연 중에 포함시켜야 한다고 주장하였다. 그는 개인에게 자유를 강제시키는 의미를 부여한 조건에 의해 처음으로 시민의 모든 의무의 정당성이 확보되었다고 말한다. 그러나 이 증명은 잘못된 것이다. 왜냐하면 루소는 의무의 정당성을 그것이 강제될 수 있는가의 여부에 의해서 설명하기 때문이다. 이것이 바로 전제정치(Tyrannis)의 방법이다. 결국 거기서 국가는 역시 법에 기초하지 않고, 법의 이름을 빌려서 행하는 강제에 기초를 두고 있기 때문이다.

【179】그러나 이러한 모든 사정에서 루소는 **일반의사**는 (더구나) **잘못을 범할 수 없다**고 태연히 단정한다. 제2편 제3장에서 일반의사는 그 개념적 귀결로서 결코 잘못할 수 없다고 한다. 그러나 이 문제에 대한 설명이 루소의 일반의사를 진정한 이해로서 해석하는 것이 가장 적절하다는 사실을 보여준다. 왜냐하면 실제로 모든 국가에서는

---

59) Hans Helfritz, Allgemeines Staatsrecht (1949), S. 394 ff. (398) 참조.

어떠한 상황 하에서도 하나의 이해(利害)가 있다는 것은 당연하기 때문이다. 다만, 이 진정한 이해가 많은 경우에 당사자(특히 국민 전체)에게 인식될 수 없다. 이것은 루소도 이해하고 있다. 약간의 뒤의 장(제2편 제6장)에서 인간은 자신의 진정한 이해에 대해서 생각이 다를 가능성이 있다는 것뿐만 아니라, 현실적으로도 아주 많이 이해관계가 다르다는 사실을 인정하고 있다.

그런데 일반의사의 무오류성과 인간의 이해대립 간의 모순을 그는 어떻게 해소시킬 것인가? 루소에 의하면 인간은 의사형성의 바른 길을 지시해 두는 한 사람의 **입법자**(Gesetzgeber)를 필요로 한다. 그러나 거기서도 새로운 난점이 발생한다. 그는 이렇게 말한다. 「인민의 복지에 유용한 최량의 사회질서의 원칙을 발견하기 위해서는 뛰어난 정신의 소유자가 필요할 것이다. ... 인간에게 법을 부여하는 데에는 신과 같은 존재가 필요할 것이다」. 루소는 ― 특징적으로 ― 이 신적 존재가 현세에 있어서 천재적 지도자의 인격으로 체현된다고 생각하였다. 그는 계속해서 다음과 같이 적고 있다. 「입법자의 숭고한 영혼은 그 사명을 입증할 진정한 기적이다」. 그래서 그는 「영속적인 제도를 만든 위대하고 숭고한 정신」에 감탄하면서 고개를 숙였던 것이다. 결국 우리들에게 보여주는 것은 실천적으로 유용하지 않은 사변, 이 세상에서 우리에게 부여된 사명을 스스로 수행하는 것의 포기와 자조(自助) 대신에 신의 도움을 기대하는 태도이다. 또한 루소의 민주주의 사상은 히틀러(Hitler)와 스탈린(Stalin)에게 이르기까지의 독재자들에게 몇 번이나 사용된 것처럼, 대중 심리에 정통한 폭군들이 행하는 독재의 은폐로 될 것이다.

제19절 북아메리카에서의 자연법 이론의 법전화

【180】A. 이론과 실천이 일정한 상호작용을 한다는 것에 대해서는 이 책에서 이미 몇 차례 보아 왔다. 근대 자연법론도 처음부터 그러한 모습으로 전개되었다. 오렌지공 윌리엄과 존 로크 시대의 영국, 그리고 프리드리히 대왕과 철학자이며 자연법학자인 크리스티안 폰 볼프(Christian von Wolff, 1679-1754)의 사상 교류를 배경으로 하는 프로이센이 그 실례이다.

그러나 자연법론이 구체적 형태를 취한 것은 북아메리카의 영국 식민지가 처음이며, 그 다음이 미합중국이었다.[60] 왜냐하면 이 지역에서 성립한 새로운 정치사회는 토착의 전통적인 국가체제를 전혀 고려할 필요가 없었고, 이른바 진정으로 새로운 「**근대적**」 헌법을 만들 수 있었기 때문이다. 그래서 「신세계」에서는 근대 유럽사에서 배운 경험과 이론 그리고 최신 국가이론이 함께, 유효하게 활용될 수 있었다. 그런데 여기서 분명한

---

60) Bornhak, Genealogie S. 13 ff. 참조.

것은 미국의 헌법발전이 나중에는 정반대로 유럽에 영향을 미쳤다는 사실이다. 그 예로서
프랑스혁명의 여러 헌법들과 1849년의 프랑크푸르트 헌법초안을 들 수 있다.[61] 1606년
제임스 1세가 버지니아로 이주한 필그림 파더즈에게 준 「버지니아 제1 헌장」(The first
Charter of Virginia)은 물론 헌법전이라기 보다는 오히려 식민지 개척의 특허장(Freibrief)
이었다. 이 문서에 근거하여 특허장에 의해 창설된 두 개의 식민지는 각각 「13인 참의회」
(Rat der 13)를 구성하였다. 그들은 영국 국왕이 제정한 법률에 따라 통치할 의무가 있었다.
동시에 영국에서도 동일하게 「13인 참의회」, 요컨대 두 식민지를 관할하는 일종의 성(省)이
설치되었다. 그리하여 이 식민지들은 국왕의 직접적인 감독 아래 두었던 것이다.

【181】1620년 11월 영국의 청교도의 일단이 버지니아 북부에 신천지를 개척하기
위해서 「메이 플라우어」호로 아메리카에 상륙하였다. 그때 그들은 아주 새로운 **「진정한」
사회계약**을 서로 체결하였다. 이 속에서 그들은 신의 이름으로 「우리들의 보다 좋은
질서와 보호 그리고 촉진을 위해서」(우리의 공동생활에 보다 좋은 질서를 가져 오고, 우리를
보호하고 우리의 목적을 촉진하기 위해서) 「정치단체」(civil body political)를 결성한 것이다.
그리고 식민지 전체의 행복에 가장 유용하며 공정하고 평등한 법률·명령·처분과 규칙을
이 공동체에 대해서 수시로 발포하고, 공직을 임명할 것을 결의하고, 또한 자신들이
만든 법령과 관청에 완전히 의무적으로 복종할 것을 약속하였다.

【182】다음에 **최초**의 완전하고 자주적인 성문헌법은 1639년 1월 14일의 「코네티커트
기본법」(fundamental orders of Connecticut)이었다. 이 기본법도 자유와 진정한 복음에
기초해서, 코네티커트의 주민은 하나의 「인민국가 또는 공화국」(Public State or
Commonwealth)을 결성한다는 사회계약으로부터 기술되어 있다. 이 헌법은 민주주의적
인 것으로 참사관과 관리의 선거, 그리고 필요한 법률을 의결하기 위해서 매년 2회의
대표자 전원회의를 소집하였다. 행정부의 장으로서 지사(Gouverneur)와 6명의 참사관이
정무에 종사하였다. 그들은 모든 관리와 마찬가지로 1년의 임기로 선출되었다. 모든
행정기관은 법률집행만 인정되었을 뿐이다. 지사의 선거를 실시한 곳은 코네티커트와
로드아일랜드뿐이었고, 다른 모든 식민지는 영국 국왕과 의회의 대리인인 영국 총독에
의해 통치되었다.

【183】1643년 5월 19일 「매사추세츠, 뉴플리머스, 코네티커트와 뉴헤이븐 관할 하의
식민지」는 「뉴잉글랜드 연합」(New England Confederation)을 결성하였다. 여기서 중요한
점은 공동방위와 권리보호를 위한 일종의 이 국가연합(Staatenbund)이 4개의 주로부터
각 2명의 대표가 모인 사절회의를 가지고, 거기서 의결은 6명의 찬성을 필요로 했던 점이다.

---

61) 이에 관해서는 Georg Christoph von Unruh, Nordamerikanische Einflüsse auf die deutsche
　　Verfassungsentwicklung, DVBl. 1976, S. 455 ff. 참조.

【184】몇 개의 식민지가 「국가」 또는 「공화국」이라고 자칭했어도, 역시 그들은 당연히 **영국의 식민지**라는 데에는 변함이 없었다. 이 점에서는 국가연합의 형태를 취한 뉴잉글랜드연합의 식민지도 예외가 아니었다. 몇 개의 북아메리카 식민지는 이른바 상사회사에 주었던 것이거나, 영국 귀족에게 봉토로 준 것이었다. 예컨대 샤프츠베리경은 찰스 2세의 각료 시절에 버지니아 남부에 있는 식민지 캐롤라이나를 봉토로 받았고, 당시 비서인 존 로크에게 이 지방을 위해 일종의 헌법을 만들도록 하였다. 이리하여 1669년 로크의 「캐롤라이나 기본법」(Fundamental Constitution of Carolina)이 만들어졌지만, 이것은 아직 로크 자신의 국가이론을 전개하기 이전에 초안된 것이기 때문에 전체적으로 그다지 주목할 문서는 아니다.

【185】북아메리카 식민지 여러 지역의 새로운 헌법에서는 아직 민주주의와 새로운 자유정신이 보이지 아니하였다. 특히 「자유」는 **종교적 자유**일뿐, 정치적 자유는 아니었다. 그러나 본국에서 지리적으로 멀리 떨어져 있고, 그 사이의 항해에 장시간이 필요하다는 사정은 이미 이러한 식민지에게 약간의 독립성과 근대의 다양한 이상을 실현할 가능성을 보장하였다.

【186】B. 북아메리카에서 근대 국가이론이 실천적으로 강력한 돌파구를 열었던 것은 이러한 식민지가 영국 **본국으로부터 이탈**된 후였다.

프랑스 식민지의 포위망을 — 북부, 남부와 서부의 일부에서 — 타파한 7년전쟁 중에 영국 식민지는 본국에 충성을 하였다. 본국은 전비를 충당하기 위해서 스페인의 선례에 따라 해운과 수입의 독점 및 세금의 재인상을 시도하려고 했을 때 처음으로 대립이 표면화하였다. 식민지들은 본국이 식민지에 대해서 세금과 관세를 부과할 권리가 없다고 주장하였다. 왜냐하면 식민지 주민은 그러한 의결을 하는 영국 의회의 선거에 관여하지 않았기 때문이다. 영국은 세관 관리를 보호하기 위해서 군대를 파견하였고, 식민지 민병 사이에 전투가 벌어졌다. 그 결과 식민지는 — 그 사이에 영국에 대항하기 위해서 허술한 모습의 의회를 개최하고 — 1776년 7월 4일 의회를 통해서 본국으로부터 독립을 선언하였다.

【187】이미 1776년 5월에 의회는 본국으로부터 분리를 결정한 13개 식민지에 대해서 각각 국가를 수립하고 헌법을 제정할 것을 권고하였다. **국가의 수립**은 어떠한 식민지에서도 사회계약에 의거하였다. 헌법은 헌법제정을 위한 목적으로 특별히 만들어진 회의에 의해 결정되었다. 1776년 6월 12일의 버지니아의 헌법은 대체로 세 부분으로 나누어졌다. 권리장전(Bill of Rights)은 자연법적 견지에서 개인에게 속하는 모든 자유를 「**기본적 인권**」(Grundrechte)으로 열거하였다.[62]

---

62) Fritz Hartung, Die Entwicklung der Menschen-und Bürgerrechte von 1776 bis zur Gegenwart,

버지니아 권리장전은 조지 메이슨(George Mason)이 매디슨(Madison)의 협력으로 기초한 것이지만, 영국의 1628년의 권리청원, 1689년의 권리장전, 그리고 「영국 인민의 권리와 자유의 선언」을 모범으로 하였다. 기본적 인권은 — 헌법의 유무에 관계없이 유효한 — 전국가적 권리(vorstaatliches Recht)로 보았기 때문에 그 열거는 불완전하며, 단지 확인적 성격을 가지는데 불과하였다. 아메리카 식민지인들은 자기들의 저항 (물론 이것은 앞에서처럼 주로 경제적 이유에 의한 것이지만)에 대해서도 단지 천부적 권리이며, 헌법에 보장된 권리를 수호하기 위한 것에 불과하다고 믿었다. 그것은 자기들이 파견한 대표 없이는 과세 없다는 이미 로크, 블랙스톤(Blackstone), 그리고 루소가 인정한 권리였다.

그것을 특징적으로 보여주는 것이 버지니아 권리장전의 처음 몇 가지 조문이다.
1. 만인은 태어나면서 평등하고 자유롭고 독립적이며, 일정한 천부적 권리를 가진다. 정치사회의 수립에 있어서 어떠한 취급에 의해서도 그들의 자손으로부터 이러한 권리를 박탈하는 것은 … 불가능하다. 그 권리는 생명과 자유, 재산의 취득과 유지, 그리고 행복과 안전을 추구하거나 달성할 권리이다.
2. 모든 권력은 인민에게 있으며, 인민에서 유래한다. 모든 공직자는 인민의 수탁자이고 봉사자이며, 언제나 인민에 대해서 책임을 진다.
5. 입법권, 집행권과 재판권은 분리되어야 한다.
이러한 약간의 규정 속에서 자유롭고 민주적인 신 세계의 신조가 나타나 있다.

독립국가로서의 구성과 **조직**에 관해서는 「통치기구」(frame of government) 부분이 규정하고 있다. 여기서 이른바 양원제가 본국으로부터 계승되어 선거에 의한 인민대표기관, 즉 하원(Assembly)과 함께 동일하게 선거에 의한 상원(Senat)이 구성되었다. 지사와 집행권을 위임받은 다른 관리들은 원칙적으로 선거에 의해 선출된다. 대부분의 주에서는 재판관도 그러하였다.

모든 헌법은 권력분립제를 채택하였다. 이 제도는 또한 기본적 인권에서도 그 근거를 가지고 있다. 그러나 영국에서 관습법으로 성립한 이른바 「의원내각제」(불신임투표의 무기를 가지는 의회에 대해서 정부가 책임을 지는)는 계승되지 않았다. 왜냐하면 인민주권은 지사와 중요한 관리의 선거가 행해지면 충분히 보장된다고 생각했기 때문이다.

대부분의 헌법의 세 번째 주요 부분은 이른바 「**스케쥴**」(문자 그대로 「일람표」)이었고, 우선 단지 초안으로 작성된 헌법 본문의 국민에 의한 승인, 결국에는 헌법비준에 관한 규정이었다. 그와 동시에 이미 존 로크가 이론적으로 자세히 말하였고, 여기서 실천적으로 활용된 새로운 독특한 헌법제정의 개념이 성립하였다. 그것은 「형식적 의미」의 헌법제정

1972, pass.와 G. Oestreich, Geschichte der Menschenrechte und Grundpflichten in Umriß, 2. Aufl. 1978, pass. 참조.

을 보통의 입법절차와는 달리 특히 가중된 조건을 붙이는 것이었다. 헌법을 일반의사의 직접적 표현으로 생각하였다. 「스케줄」에는 헌법 전문과 경과 규정을 포함하였다.

자연법이론, 특히 로크와 루소의 이론이 미국인의 국가관에 얼마나 강한 **영향**을 미쳤는가는 1780년 매사추세츠 헌법 전문에 다음과 같이 아주 잘 나타나 있다. 즉 「정부 ... 설립의 목적은 정치단체의 존재를 보장하고 보호하며, 단체를 구성하는 모든 개인의 자연권과 삶의 혜택을 확실하고 안심하게 향유할 가능성을 보장하는 데에 있다. 이 위대한 목적이 달성되지 않거나 지켜지지 아니할 경우에, 인민은 정부를 변경하고 스스로의 안전, 복리, 그리고 행복에 필요한 조치를 강구할 권리를 가지고 있다.

정치단체는 모든 개인이 자유의사에 의해서 사회를 결성함으로써 형성된다. 이 결합은 사회계약에 의해 성립하며, 계약에 의해서 인민 전체는 각각의 시민으로서, 그리고 각인의 시민은 인민 전체와 일치하고, 모든 것은 일정한 법률에 의해 공공의 이익에 부합하도록 통치된다. 그러므로 헌법을 제정하는 것은 인민의 의무이다」라고.

【188】C. 1776년 10월 4일, 독립전쟁에서의 공동방위와 자유의 확보, 그리고 공동의 상호이익을 위하여 13개 주는 상호우호동맹조약을 체결하였다. 이것이 북아메리카 합중국 연합(Konföderation Vereinigten Staaten von Nordamerika)이며, 법적으로는 **국가연합**이었다.

본국으로부터 식민지가 이처럼 분리된 것, 또는 북아메리카의 그때까지의 발전에서 볼 때 완전히 일관된 민주주의적·자유주의적 헌법의 제정과 옛 영국 식민지의 연합 등은 미국 역사상 **참으로 혁명적인 일**이었다. 왜냐하면 그때까지 이러한 식민지들은 정치적·경제적으로 결합되어 있지 않았으며, 수도는 런던이었다. 그러나 영국에 공동으로 적대함으로써 비로소 각 식민지는 결합하였다. 그래서 옛날의 적국인 프랑스의 원조를 받아 베르사유조약(1783년)에서 마침내 독립을 법적으로 승인받았다.

【189】다음에 이 **새로운 여러 주들의 상호관계**를 어떻게 해야 할 것인지가 필연적으로 국정상의 문제가 되었다. 그때 1776년에 결성된 **국가연합**은 적어도 존속해야 한다는 점에서는 찬성하였으나, 이것을 다시 연방국가(Bundesstaat)로 할 것인지에 관해서는 논의가 나뉘어졌다. 그러한 **연방국가**의 수립을 기도한 자들은 당시 양당의 하나인 연방주의자(Federalist)당(정확히는 통일주의자)이었다. 이 당에서는 당시 정계와 군부의 지도적 위치에 있었던 모든 자들이 소속되어 있었다. 그들의 주장은 무엇보다도 우선 전후 부흥을 위해선 모든 힘을 한곳에 집중시키는 것이 절박한 과제라는 점에 있었다. 각주에서 이것을 반대하는 사람들은 그것과 반대로 각기 독자적으로 관세 장벽과 그 밖의 자급 노력으로 경제를 부흥시켰다. 쌍방은 서로 양보할 기색이 없었다. 그러므로 1787년 대부분의 반대자들이 회의장 밖으로 퇴장한 후, 마침내 새로운 **연방국가제**를 다수결로

결정한 것은 쿠데타(Staatsstreich)와 비슷한 사건이었다. 그 후 비로소 1790년 경에(완전히 현대풍의 캠페인이 있은 후에) 대체로 근소한 과반수로 연방제는 각 주에서도 승인하였다.

이러한 성과의 달성에 특히 기여한 자는 연방주의자당의 창립자이며, 『연방주의자』(Federalists)라는 제목의 논문집으로 역사에 이름을 남긴 알렉산더 해밀턴(Alexander Hamilton)과 독립전쟁에서 총사령관이며, 국가의 권위와 질서를 중시하는 열정적이며 근본은 보수적인 인물, 즉 초대 대통령 조지 워싱턴과 오히려 연방분리주의자였으나 이 그룹의 유능한 외교관이며, 뒤에 제3대 대통령이 된 토마스 제퍼슨이었다.

【190】 **연방헌법**(Unionverfassung)은 상당한 부분에서 각 주의 헌법을 모범으로 하였고, 주로 다음 여섯 가지의 원칙 위에 성립하였다.

1. 연방은 **대의제 민주주의** 형태를 취하였다. 국가기관은 직·간접적으로 국민에 의해 선출된다. 국가기관은 국민에 대신하여 국가권력을 행사한다. 하원의 선거는 직접 국민에 의하고, 상원의 선거는 각 주의 입법기관에 의하며, 대통령선거는 국민이 선출한 대의원에 의해 실시된다. 해밀턴의 제안에서 유래하는 간접선거는 그 후 점차 중요성을 상실하고, 오늘날에는 실제상 제퍼슨이 처음에 요구한 직접선거로 되었다.

2. 연방은 **이원적 국가형태**를 취하고 있다. 왜냐하면 ― 종래의 모든 이론과 달리 ― 국가권력이 연방국가와 각 주에 분할되어 있기 때문이다. 즉 연방은 65개의 권한(그 중에서 43개는 전속적이며, 18개는 경합적인)을 보유하고, 75개의 권한은 행사할 수 없었다. 그 중에서 66개는 각 주가 보유하고, 13개는 ― 불가침의 인권과 공민권으로서 ― 각 주의 입법관할에서도 제외되었다.

시간이 지나면서 연방헌법의 기초자들의 의도에 반하여 각 주보다도 연방의 역할이 점점 증대하여 왔다.

3. 헌법에 각종의 제한을 설정함으로써 연방헌법은 **인신의 자유**(persönliche Freiheit)를 보장하고자 하였다. 이러한 특징은 독립선언이나 연방헌법에서 「주권」이란 말이(인민주권이란 말마저도) 나오지 않는다는 점이다. 아메리카인의 사고에 의하면 인민이라고 할지라도 절대적 권력을 가지는 것은 아니다. 왜냐하면 책임 있는 존재로서의 어떠한 개인을 국가와 인민이 법의 이름으로서 박탈할 수 없는 불가양의 권리를 가졌기 때문이다. 이 개인주의적 자유주의가 오늘날까지 아메리카 입헌주의의 전형적인 특징이다. 이른바 헌법에 인권 규정이 설정된 것은 1787년 최초의 헌법전이 아니고, 오히려 1791년 제1차 수정(Amendment) 10개조이다. 이것은 인권 규정의 효력이 법전편찬과는 무관한 것으로 보이는 증거이다.

4. 미국 헌법의 특성의 하나는 **대통령의 강력한 지위**에 있다. 대통령은 대신(大臣) 없이 그의 훈령에 구속되는 국무장관(Staatssekretär)만을 거느리고 연방정치를 통괄한다. 동시에 그는 국가원수(Staatsoberhaupt)의 대외적 대표기능과 영국 내각 전체가 가지는

것과 같은 정치적 기능(단 의원내각제에는 따르지 않는)을 겸비하였다. 합중국 대통령은 재임 중에 당시 보통의 군주보다도 더 강력한 권력을 가졌다. 다만, 외교에 관해서만 상원의 승인을 받아야만 하였다.

5. **사법권의 독립**은 처음부터 매우 중요시되었다. 그것은 다음과 같은 임무가 부여되었다. 즉「민주주의가 가지는 불관용과 사회주의의 망상으로부터 아메리카 개인주의를 지키는 방파제」로서, 기본적 인권의 옹호와 연방에 대하여 주를 보호하는 것이다. 이 제3 권력의 강력한 지위는 선례로 된 소송(「Test Case」)에 근거해서 대법원(Supreme Court)이 위헌법률심사를 하였을 때 특히 분명해졌다.

6. 연방헌법은 「**권력분립과 균형**」을 일관해서 유지해 왔다. 연방과 각 주 사이에서 이것은 엄격하게 권한을 구분하고, 그 준수를 사법기관이 감독하도록 부과하였다. 이 원칙의 결과로서 연방 내부에서는 행정권과 입법권이 서로 독립적으로 병존하였다. 결국 의원내각제가 채택되지 않았기 때문에 대통령에게는 의회해산권이 없었다. 권력남용에 대한 보장으로서 임기를 짧게 하는 것으로 충분히 대처할 수 있었으며, 입법과 행정행위는 사법권에 의해 위헌심사를 받기 때문에 더욱 더 고려되었다. 이러한 규정에는 몽테스키외의 직접적인 영향이 인정된다. 그의 이론이 공리로서 채택된 것이다. 그러나 상호 「억제효과」(Hemmungswirkung) — 이 경우에 이 말을 예외적으로 사용해도 관계없다 — 는 미국적 제도 하에서는 작용하지 않게 될 가능성이 있으며, 이 점은 몽테스키외의 의도에 반한다.

나중에 미국의 연방헌법은 그것이 직접 적용되는 지역을 넘어서 우선 프랑스 혁명기의 여러 헌법과, 다음으로 유럽과 특히 남아메리카의 연방국가적 헌법발전에 커다란 영향을 미쳤다.

제20절 프랑스혁명의 헌법사적 의의

【191】 A. 이미 자주 인용한 『유럽 세계의 역사』(Weltgeschichte Europas) 속에서 한스 프라이어는 1789년의 대혁명의 역사적 현상의 특징을 「기정 사실로 된 **여러 가지 사회적 관계의 변동**의 현재화」라고 하였다. 당연히 그는 그 원인, 즉 그것을 현재화시킨 요인을 「국가 (동시에 교회의) 대권의 단호한 거절, 즉 권위의 실추」였다고 하며, 더구나 계몽주의의 여러 이념의 세례를 받은 사람들은 그때까지는 국가와 공민질서의 편에서 서 있었지만, 지금은 혁명파가 그것을 얻었다는 점을 지적한다.63) 즉 인간이 천부적으로 자유롭고 평등하다는 자연법에서 도출한 원리는 정치운동의 강령으로 높여졌지만, 여러 가지 시대와 사람들(!) 속에서 도대체 어떤 집단이 이 원리의 실현을 깃발에 새겼으며, 그리고 어떤 세력이 이것에 대항했는지에 따라 내용과 형태가 전혀 달라졌다.

사회구조와 정치체제의 혁명적 변혁을 노리는 부단한 투쟁은 당시 **네덜란드**에서는

---

63) Freyer, Weltgeschichte II, S. 888.

외국 스페인에 의한 전제적 지배와 부분적으로 이와 결탁한 국내의 귀족에 적대하는 대상업 부르주아지에 의해 추진되었다. **영국**에서의 이 투쟁은 의회에 대표를 보내는 귀족과 자본가가 왕권에 대항하여 동맹을 함으로써 결말이 났다. **북아메리카**에서는 런던의 의회에 대해서 사회적으로 매우 같은 상태에 있던 식민지 주민들에 의해서 수행되었다. 그리고 또 **프랑스**에서는 제3신분이 다른 두 신분, 즉 귀족과 성직자에 대해서 투쟁하였다. 그 당시 영국, 북아메리카와 프랑스의 혁명은 모두 화폐경제상의, 정확하게는 세법상의 조치로 발단한 점에 주목할 만한 공통성이 인정된다. 요컨대 당시 자유와 평등은 주로 조세강제로부터 자유, 조세의 평등으로 실제적으로 이해하고 있었다. 그리고 신분국가의 역사에서 보듯이, 경제·재정상의 이해는 사회와 국가의 새로운 질서를 강행적으로 산출하는 지렛대의 역할을 수행하였다.

【192】 **프랑스의 특수한 사정**을 들 수 있는 것은 너무 거액의 국가부채였다. 이것은 비용이 많이 드는 침략전쟁과 「태양왕」 루이 14세와 그 후계자들이 소비한 막대한 궁정비용의 결과였다. 칼론(Calonne)*의 대규모 공채정책과 네케르(Necker)의 절약정책도 사태를 변화시킬 수는 없었다. 객관적으로 조세수입을 3배로 하는 데에는 무리일지라도 2배로 하는 것은 확실히 간단하였다. 이를 위해 귀족과 교회의 면세특권(Steuerfreiheit)의 폐지를 단행했더라면 좋았을 것이다. 이전의 면세특권은 국왕에게 충성을 맹세한 신분에 대해서 그 공로의 보상으로 주었던 것이다. 그러나 18세기에는 이미 어떠한 공적에도 근거하지 아니한 증여물, 즉 본래 국민 중에서 가장 부유한, 즉 토지의 3분의 2를 소유한 사람들에게 국민으로부터 증여된 것이었다.

【193】 **신분**(Stände)을 문제삼는 경우, 물론 단순한 3분법은 사회적·경제적 발전의 결과로서 이미 시대에 뒤떨어진다는 사실을 잊어서는 안 된다. 귀족신분에는 부유한 궁정귀족과 지방귀족 이외에, 「법복 귀족」과 때때로 자산이 없는 관료귀족도 포함되었다. 성직 신분에서는 사치는 고사하고, 「절대적」으로 빈곤한 생활을 하며, 파리 사회와는 무관한 다수의 지방 주재 성직자와 수도사가 있었다. 마지막으로 「제3신분」은 아주 이질적인 5개의 집단을 포함하고 있었다. 즉 그들은 부유한 부르주아지, 수공업자, 자작지나 소작지를 가진 약 4백만의 농민과 무산 도시주민, 그리고 농업 노동자였다.

시대가 흐름에 따라 생긴 이러한 변동과 분화는 통치조직의 편제에 반영되지 않았다. 왜냐하면 신분조직인 3부회(État Généraux)는 수 세기에 걸쳐 유명무실한 존재였고, 1614년 이후 전혀 소집되지 않았기 때문이다. 1787년 팔라망(Parlament)이 세법과 공채법의 등록, 다시 말하면 양자의 내용의 승인을 거부했기 때문에, 국왕은 재정위기에 직면하여 1788년부터 1789년 겨울까지 **3부회를 소집**하고 재정재건계획을 결정할 수 있도록 결의하였다. 그러나 3부회는 이제 그것에 유용하지 아니한 것으로 판명되었다.

【194】B. 1789년 5월 5일 3부회가 베르사유궁에서 소집되었다. 그 때 궁전에 모인 사람들은 그것이 옛날 신분회의일 뿐이라고 생각하였다. 네케르의 제안으로 「제3신분」의 대의원 수를 두 배로 늘렸지만, 이 조치는 각 신분이 따로 심의와 결의를 하며, 총회 (Plenum)의 의결에 대해서는 각 신분에게 한 표만 인정했기 때문에 사실상 무의미한 것이었다. 그러므로 절대적으로 자신들의 특권을 지키기 위해서 제1신분과 제2신분은 완전히 소수파임에도 불구하고 특권폐지를 요구하는 다수파에 대해서 무조건 우위에 서 있었다.

【195】「제3신분」의 대표자들의 **의도**는 『제3신분이란 무엇인가?』(Qu 'est-ce que le Tiers État)라는 독특한 제목을 가진 아베 에마뉘엘 시에예스(Abbé Emmanuel Sieyès, 1748-1836)의 유명한 논쟁서에서 분명히 나타나 있다. 시에예스는 (모든 시대를 통하여 가장 극단적인 합리주의자의 한 사람으로서 본래 교회 행정관이었고, 그 후에 여러 혁명 정부의 외교관과 각료를 거쳐 1799년 브뤼메르 18일의 쿠데타에서 나폴레옹편에 섰으며, 나폴레옹 시대에 원로원 총재였다) 이 책자에서 우선 세 가지 문제를 제시하였다. 「제3신분이란 무엇인가」라는 표제의 물음에 대해서 그는 완전히 루소의 정신에 입각해서 「국민 전체」라고 대답하였다. 다만, 그가 제3신분으로 의미한 것은 주민 중에서 노동하는 유용한 계급만이었다. 두 번째의 물음은 「정치체제 속에서 지금까지 제3신분은 무엇이었는가?」에 대해서, 그는 「무」(無)라고 대답하였다. 마지막 물음은 「제3신분은 무엇을 요구하는가?」에 대해서, 시에예스는 서로 관련된 몇 개의 답을 제출하였다. 그는 특히 3부회에서의 의결을 의원수에 의할 것을 요구하였다. 이 경우 제3신분의 대표수는 다른 두 신분 대표 의원수의 합계와 같아야 한다고 주장하였다. 더구나 그는 보통·평등 선거권에 근거하여 국민의회 (Nationalversammlung)를 조직할 취지의 결의를 3부회에 요구하고, 이 국민의회의 임무로서 프랑스를 (당장) 입헌군주제로 개조할 것을 요구하였다.

【196】이러한 단호한 요구에 대해서 정부는 어떤 독자적인 제안을 가지고 대항하지 못했으며, 완전히 보수적인 태도를 취하였다. 그러나 특권신분들은 이 경우에도 제3신분과 합동으로 심의하는 것을 거절할 정도였다. 만약 심의에 들어갔다면 의외로 4표 차이의 다수로 이길지도 몰랐는데, 6주간에 걸쳐 쓸데없는 교섭을 하였고, 1789년 6월 17일 시에예스의 제안으로 제3신분은 단독으로 「국민의회」를 발족하였다. 그러나 국왕이 명백히 반대했기 때문에 그것은 **혁명**을 의미하였다. 1789년 7월 14일 국립 감옥 「바스티유」(Bastille)를 습격한 민중 봉기는 국왕에게 국민의회의 승인을 강요하였다.

1789년 7월, 이미 자신들의 승리를 확신한 제3신분의 혁명은 **프랑스 역사**에 있어서 하나의 결정적인 **전기**를 이룩하였다. 역대 국왕이 구축한 영광으로 충만한 국가유산은 이제 스스로「국민」으로 자칭한 제3신분에 의해 상속되었다. 혁명의 지도자들이 본 것은 비로소 **「국민」**(Nation)이 자신들의 역사에 책임지는 주체로 된 것이었으며, 이제 국민 이외의 어떠한 주권자도 존재할 수 없다는 것이다.「이점이야말로 새로운 내셔널리즘 이 … 고전적인 모습으로 실현되고, 또한 고전적인 표현이 주장된 것이다. 1789년은 법적 자유와 정치적 주권을 전국민이 쟁취한 승리의 해로서, 지금까지도 처음의 의의를 상실한 것은 아니다」.[64]

【197】파리에서의 유혈 폭동에 직면한 국민의회는 우선 긴급한 여러 문제들을 토의하였고, 봉건제도와 특권계급의 모든 특권의 폐지와 농민해방과 지대의 유상폐지를 결의하였다.

재정위기에 대해서는 교회 소유지를 몰수하고 그것을 새로이 발행하는 지폐의 담보로 이용하여 타개하려고 하였다. 그런데 교회재산의 대부분은 매각할 수 없었기 때문에 이 화폐가치는 급속히 하락하여 근대 역사상 최초의 **인플레이션**을 유발하였다. 이 때문에 지대는 사실상 보상 없이 폐지되었고 부유한 부르주아지도 아주 많은 재산을 상실하였다. 이러한 배경 때문에 관리와 장교들은 완전히 정부에 종속하는 것처럼 되었다.

【198】동시에 국민의회는 (제1의) **헌법**초안에 착수하였다. 라파예트(Lafayette)의 제안 으로 아메리카에서 배운 인신의 자유와 안전에 관한 **인간과 시민의 권리**가 첫머리에 놓였다. 여기서 로크, 몽테스키외와 루소 이후로 이미 주지의「고전적인」기본적 인권목록 의 모두가 포함되었다.[65] 이것과 미국의 권리장전의 차이점은 단지 이론적 성격이 강하다 는 것뿐이었다. 국가철학에 있어서의 정의와 학설들이 거의 같은 문제가 되어 있었다. 반면 프랑스 인권선언의 의의는 미국과 영국에서의 권리장전이 가지는 의의보다도 훨씬 중대하였다. 여기서 중요한 것은 역사적으로 승계되고 여러 세기에 걸친 논쟁 속에서 서서히 발전해 온 모든 원리가 성문화되었는지가 아니라, 봉건제도와 군주주권에 동시에 타격을 하고, 사실 그러한 것에 치명상을 입힌 격렬한 **혁명적 변혁**이었다.

【199】헌법은 **인민주권**(Volkssouveränität) 사상에 의거했으며, 급진적 자코뱅당이 명백한 공화주의적 경향을 가졌음에도 불구하고 **입헌군주제의 형태**를 취하였고, 루소의 이론이 이 그룹에 영향을 주었음에도 불구하고, 권력분립과 균형을 실현하였다. 입법권은 단원제 의회가 행사하고, 거기서 결의된 법률에 대해서 국왕은 두 입법회기에 한해서 정지적 거부권을 가졌지만, 그것에 대해서 강력한 반론 때문에 결국 귀족과 성직자의 보호라는 목적에 한해서 이것을 행사할 수 있었다. 의원을 선거하는 자격은 납세액에 따라서 제한되었다. 국왕 자신은 책임을 지지 않는 불가침의 존재였지만, 행정권의 행사에

---

64) Freyer, Weltgeschichte II, S. 899.
65) 이에 관해서는 Roman Schnur (Hrsg.), Zur Geschichte der Erklärung der Menschenrechte (1964)를 참조.

는 대신의 부서가 필요하였다.

폭도들의 지배가 확대될 것이 두려워 국왕은 도망을 가려다 실패했지만, 결국 이 1791년의 헌법은 시행되었다. 의회는 매우 활발한 입법활동을 통하여 행정권도 획득하였다. 각 지방의 ─ 반혁명적이기도 한 ─ 독립운동에 대한 투쟁의 결과, 종래의 주(Provinz)가 폐지되고 현(Départment), 군(Arrondissement), 그리고 시(Mairie)라는 통일적이고 엄격한 중앙집권적 행정구획이 등장하여 오늘날까지 존속하고 있다.

【200】 C. 제3신분의 혁명은 거대한 활기 속에서 이미 최초의 순간에 성공하고 있었다. 그러나 「다음 순간에는 더욱더 방탕자와 낙오자 대중에게 도움을 청하였다」.66) 로베스피에르는 최초의 폭도진압법에 관한 결의 중에서 「국민」(la nation) 개념에 단호히 반대하고, 「인민」(le peuple) 개념을 제기하였다. 거기서 분명한 것은 **프랑스 부르주아지는** 국가를 편성하고 그곳을 차지하기에는 **약세에 놓여 있었다.** 1789년 10월 이후로 프랑스의 대도시에서 우세한 것은 이미 투쟁한 부르주아지도 프롤레타리아 (이것은 아직 거의 존재하지 않았지만)도 아니고, 주민 중의 침전물, 즉 일부는 범죄자인 대도시 하층민(Pöbel)이었다.

항상 어떠한 과격한 요구가 목적을 달성하면, 군중심리의 법칙에 지배되어 바로 그 이상으로 과격한 요구가 그것에 대체된다는 메커니즘이 이 당시에도 작동하기 시작하였다. 혁명기의 10년 간은 파리에서 전혀 타협을 허용하지 않는 세력이 나타났고, 그들은 「이 급진화의 메커니즘」에 의한 것이었다. 「무정부상태를 이용해서 권력투쟁을 전개하려는 소수파는 어느 쪽이나 머지않아 독재정치를 가져왔다. 그러한 독재정치는 그 기반이 협소하면 할수록 한층 더 철저하였다. 결국 실제로는 기요틴만 한층 바쁘게 사용되었다」.67) 당시 풍자 만화는 로베스피에르가 일면에서는 기요틴에서 처형된 사람을 직접 목격하면서, 스스로 최후의 프랑스인으로서 끝에서 두 번째의 인물, 즉 교수형을 집행하는 인물을 처형하는 그림이었다. 프랑스혁명의 이 국면을 프랑스혁명 사상을 탄생시킨 사람들의 이론과 대조해 보면 루소의 이념이 강력하고, 그것이 몽테스키외의 이념을 추방한 것으로 이해된다.

【201】 이상 매우 간결하게 서술한 혁명의 제2 단계는 1791년 제1 혁명의 헌법 발효 직후에 시작된다. 이 헌법에 의해 소집된 입법의회, 이른바 「입법회의」(Législative)는 점점 하층민의 영향 아래 놓이고, 가두 시위의 압력 하에서 왕위의 폐지와 국왕의 처형을 결정하였다(1792년 9월 21일과 1793년 1월 21일). 거기서 물론 이제까지와 같이, 인민주권 사상에 근거한 새로운 (**제2의**) 헌법이 제정되어야 하였다. 그것은 **공화주의적**이며 또 매우 **민주적인** 헌법이었다. 매우 확대된 보통·평등선거권에 의해서 단원제 의회가

---

66) Freyer, Weltgeschichte II, S. 889.
67) Freyer, Weltgeschichte II, S. 890.

구성되었다. 루소의 이념이 수많은 인민투표와 관리의 선거에서 구체화되었다. 그러나 이 헌법은 **전혀 실시되지 않았다**. 왜냐하면 루이 16세의 처형으로 발단한 전쟁이 유럽 열강들과 프랑스 공화국 간에 발발하여 전쟁 종결까지 임시혁명정부로 인해서 헌법 실시가 연기되었기 때문이다. 국민공회(convention nationale)는 이리하여 손에 장악한 임시의 정치권력을 각종의 위원회, 특히 악명 높은 공안위원회(Comité de Salut public)를 통하여 행사하였다. 프랑스 역사상 이 시기는 공포정치로 알려졌고, 그 사이에 온건파 지동드당은 로베스피에르의 통솔 아래 있는 급진파 자코뱅당에 의해서 남김 없이 축출되었다. 그리고 왕비 마리 앙투아네트를 시작으로 다수의 귀족을 기요틴으로 끌어내었다.

【202】D. 1794년 7월 27일 (9. Thermidor [熱月]) 로베스피에르가 실각하고, 자신이 처형될 차례가 되었다. 「혁명은 자기 자식을 잡아먹는다」(Die Revolution frißt ihre eigenen Kinder!)라는 말이 이때부터 유래하였다. 이번에는 프랑스 민중이 질서를 회복하려고 하였다. 이러한 민중의 분위기를 반영한 문서가 (제3의) **헌법**, 이른바 집정부 헌법이다. 초안자 시에예스는 이 헌법 규정에서 폭도 지배를 반복하지 않기 위한 보장으로서 입법기관에서 다수파 몇 명에게 권력을 맡겼다. 이러한 목적을 위해 5명의 **집정관**(Direkteurs)을 국가의 정상에 두고, 그 구성원이 서로 감시하였다. 집정부의 임기는 상당히 길었고, 항상 일부만이 교체되어 선거에 의해 보충됨으로써 계속성이 확보되었다. 입법권은 양원제 의회, 즉 「500인 회의」(Conseil des Cinq-Cents)와 「원로원」(Conseil des Anciens)에 속하고, 양자가 함께 법률을 의결하며 서로를 통제하였다. 양자는 간접선거로 선출되며 선거권은 일정한 납세액으로 제한되었다. 원로원은 집정부의 후보자명부를 작성할 권한을 가지며, 헌법개정에 대해서는 「인민투표」가 예정되어 있었다.

【203】국가의 경제상태가 위기에 처했음에도 불구하고, 이 헌법이 유지될 수 있었던 것은 오직 이 정체의 진정한 동반자, 청년 장교 나폴레옹 보나파르트가 대외 정책에서 프랑스에게 군사적 그리고 정치적 성과를 가져다 준 덕분이었다. 지중해의 승리로 나폴레옹이 군대를 이끌고 이집트를 건널 무렵에, 유럽 대륙에서는 여러 열강과의 전투에서 실패했기 때문에 집정부는 곤경에 처하였다. 그때에 시에예스는 ― 5명의 집정관의 한 사람으로 정부에 있었다 ― **쿠데타**를 결의하였다. 그는 집정부의 다른 한 명의 구성원과 이집트에서 불시에 귀국한 나폴레옹과 함께 1799년 11월 9일(18. Brumaire) 정부를 타도하고 자신과 공모자가 통령(Konsul)이 된다고 공포하였다.

【204】E. 혁명의 시대를 사실상 종료시킨 이 해의 프랑스 (제4의) **헌법**은 이른바 **통령 헌법**(Konsulatsverfassung)이었다. 이것은 또다시 시에예스가 작성한 실로 복잡한 초안에 기초했지만, 두서너 개의 중요한 규정이 보나파르트에 의해 수정됨으로써, 이 코르시카인의 독재에 커다란 길을 열은 결과가 되었다.

입법권은 여러 기관에 분산되었다. 법률발안권은 참사원(Staatsrat)에 속하고, 100명 정도의 호민관(Tribunat)이 그 법안을 심사하고 토의하는 권한을 가지며, 다음으로 본래의 입법원은 그것을 일괄해서 가결하든지 아니면 부결할 수 있을 뿐이었다. 더욱이 원로원은 가결된 법률에 대해서 거부권을 가지고 있었다. 원로원은 정부와 입법원이 공동으로 작성한 후보자명부에서 선출되었다. 원로원은 헌법의 수호자로 간주되었다.

입법원은 선거인(名士)에게 3 단계의 등급을 매긴 간접선거권에 의했지만, 이론상은 국민에 의해 선출되었다. 그러나 관리들은 자동적으로 유력자(Notabel)이었기 때문에 인민의 영향력은 사실상 미미하였다. 그러므로 이 제도는 소비에트 평의회제(Rätesystem)와 거의 비슷하였다. 입법권이 복잡하게 세분화되어 있었기 때문에, 모든 권력은 정부, 즉 그 뒤에 제1집정에 취임하고, 더 나아가서 다른 두 명의 동료 위에 있었던 나폴레옹 보나파르트의 손에 장악되었다.

【205】이미 자기의 후계자를 결정할 권리를 가졌던 보나파르트는 1802년 인민투표 (Plebiszit)에 의해 **종신 통령**에 취임하고, 1804년에는 동일하게 **프랑스 황제**에 즉위하였다. 나폴레옹 1세는 프랑스혁명의 완성자인 동시에 억제자이기도 하였다. 그와 함께 19세기가 시작되었다. 다시 프라이어의 말을 인용하면, 「19세기를 특징짓는 모든 것이 그의 자질 속에 악마적일 정도로 갖추어져 있었다. 즉 대중조직력, 섬멸전 전략, 정치수단으로서의 저널리즘과 전체주의 국가의 파토스」,68) 원하기만 하면 자의적으로 세계를 만들 능력이 있었다.

【206】나폴레옹 1세의 개성이 그의 시대와 그 후 19, 20세기의 미친 매혹적인 영향에 비하면, 프랑스의 여러 가지 헌법상의 실험의 경험이 후세에 준 영향은 퇴색되어 보인다. 그러나 프랑스인들이 **여러 가지 헌법에서** 실제로 **경험**한 사정은 역시 유럽 전체의 헌법발전에 매우 중요하였다. 현대에까지 유럽 헌법사의 중요한 부분이 말하자면 프랑스가 실험장이 된 것처럼, 겨우 20년이란 짧은 기간에 「연출된」 것이기 때문이다.

제6장 프랑스혁명 이전의 세계로 부활시키려는 시도

제21절 신성로마제국의 종말과 메테르니히의 정치기술에 의한 나폴레옹의 패배

【207】A. 프랑스혁명과 혁명사상은 그 당시와 후세의 사람들에게 강렬한 인상을 주었고,

---

68) Freyer, Weltgeschichte II, S. 896 f.

혁명에 대한 찬반양론을 불러일으켰다. 비스마르크가 보수주의자 레오폴드 폰 게를라흐 (Leopold von Gerlach)에게 개탄하면서, 다음과 같이 물은 것은 정당하다. 즉 「혁명의 토양에 뿌리를 내리지 못한 것이 정치적으로 볼 때 오늘날 어느 정도 남아있는가?」. 혁명을 완전히 부정하고, 「구체제」(ancien régime)를 신봉하는 프랑스의 대내외의 의견은 무시해도, **1789년의 혁명이념에 대해서** 매우 보수적이지만 경청할 가치가 있는 **비판**이 생겨났다. 그리고 이러한 비판이 당시의 혁명과는 무관한 지역에서 발생했다는 것이 특징적이다. 계몽시대(18세기) 중엽 두 사람의 논객이 저작 속에서 합리주의, 개인주의, 그리고 자유주의를 비판하였다. 그 논객들은 유스투스 뫼저와 에드먼드 버크였다. 그 둘은 또한 정치적 낭만주의의 선구자이기도 하였다.

【208】유스투스 뫼저(Justus Möser, 1720-1794)는 오스나브뤼크 주교구의 법률고문의 조수와 역사가이며 저널리스트로서 활약하였다. 괴테는 그를 「다른 사람과 비교할 수 없는 남자」이며, 「자신이 다룬 대상보다도 항상 우수한 인물」이라고 칭찬하였다. 뫼저가 말하는 데는 합리주의와는 일맥상통하지 않는 추상적 사상이며, 그는 합리주의를 비판하고 분노하며 비웃음을 퍼부었다. 왜냐하면 「그의 견해에 의하면 이 건조한 것처럼 보이는 합리주의는 훨씬 이전에 이론의 영역을 넘어서 사회의 여러 관계들을 공동화(空洞化)하여 법과 국가에 대해 … 혁명에 착수하는」[69] 것이기 때문이다. 그는 합리주의에 대항하여 개인의 생(生)을 구현하고, 결국에는 다양성 속에서 통일에 관한 역사적·사회적 전체 구도를 작성하였다. 인간은 전부 결합되어 있다는 확신에 근거하여 계몽주의와 프랑스혁명에 포함된 자유의 이데올로기에 대하여 진정으로 대항하였다. 뫼저는 이 이데올로기에 대해서 과거와 현재, 지리적 공간과 「이웃」이라는 것으로부터의 속박과 현재의 사회형태를 강조하였다. 그는 자유의 가치를 전면적으로 부정하지는 않았지만, 자유가 방종으로 흐르는 것을 엄격하게 질책하였다. 그의 사상의 특징은 **국가를 하나의 수리조합** (Deichverband)**에 비유하여** 이해한 점이다. 결국 수리조합에서는 개인의 이해보다도 공동의 의무가 강조된다. 그는 이러한 사고에서 출발하여 인간이 평등하다는 사상에 대해서도 자연의 모습에 반한다는 이유로 부인하였다.

뫼저의 역사법학과 역사적 국가관은 특히 카를 프리드리히 폰 사비니에게 강한 영향을 주었다. 이른바 슈타인(Stein) 개혁도 뫼저의 사고방식에서 유래한다. 그러나 여러 가지 점에서 그는 시대에 뒤떨어졌다. 시대의 발전은 그를 훨씬 초월하여 나아갔다.

【209】또 한 사람의 위대한 합리주의의 비판자인 에드먼드 버크(Edmund Burke, 1729-1797)는 본래 자유주의적 정치가로서 출발하여 영국 하원에서 자유주의 정당(휘그 당)을 대표하였다. 프랑스혁명의 체험과 영국에 불러일으킨 영향이 그로 하여금 급진주의

---

69) Freyer, Weltgeschichte II, S. 884.

와 합리주의에 반대하는 선봉으로 만들었으며, 그의 자유주의 사상을 재검토하게 되었다. 1790년에 출판된 유명한 『프랑스혁명에 대한 성찰』(Reflections on the Revolution in France)에서 그는 자의적 이성에 기초한 정체와 **자생의 귀족제적 정체**를 대비하였다. 혁명을 실현하려는 루소의 이론에 대해서 버크는 영국의 생활현실을 중시하였다. 즉 국가는 철학과 수학을 사용하여 계산해도 해답이 나오지 않는 경험이 풍부한 전통에 의해 뒷받침되어 형성된 존경할만한 가치가 있으며, 정치적 지혜를 결집한 고도의 예술작품이라는 것이다.

　버크에 있어서 혁명은 경솔과 악행, 그리고 어리석음으로 이룩된 세상에서 흔하지 않은 혼합물, 즉 혼란(Chaos) 그 자체이며, 전체의 자연체계를 무질서로 빠트리는 것이었다. 정말로 버크다운 것은 루소식의 일반의사 등을 찬미하지 않고, 대중이 갈망하는 의사는 대중의 이익과는 많은 차이가 있다는 실생활에서 얻은 체험을 말했던 점이다. 그는 인권을 철학적 의미에서는 정당한 것으로 인정하면서도, 실용성이 없는 것으로 생각하였다. 왜냐하면 만약 품격이 높은 자가 능력과 의무에 합치된 권리를 가진다고 가정하면, 소시민적 증오와 탐욕의 덩어리인 속물시민에게는 그와 동일한 권리를 인정할 수 없게 된다. 버크의 사상에서는 역사적으로 형성해 온 신성한 전통과 계속 승계된 질서와 양식을 존경하는 영국인의 기질이 나타나 있다. 이 기질은 오늘날까지도 계속되고 있으며, 그것이 버크에게 부과한 바도 적지 않다. 버크의 명언에 의하면, 현재, 과거, 그리고 미래에 걸쳐 생활하는 사람들의 공동체인 국가(Nation)는 그들이 정치적으로 유능했기 때문에 정체를 변경하는 실험을 하지 않고 해결하거나, 또는 모든 제도를 파괴하지 않고 사정에 따라서 매우 신중하게 확대 재생시켜 왔다는 것이다.

【210】B. 대륙에서는 이처럼 확고하게 만들어진, 사고방식을 좌우할 자생적 질서는 보이지 않았다. 거기서 「**신성로마제국**」(das Heilige Römische Reich Deutscher Nation)은 베스트팔렌 조약 이후로 **빈사상태**에 있었다. 마지막 역사상 위업인 튀르키예 제국에 대한 방위전쟁(1683-1699)도 제국을 재생시키지 못하였고, 오히려 합스부르크가의 패권을 완성시켰다. 사보이공 오이겐(Prinz Eugen von Savoyen)은 제국 최고사령관이며 마지막 제국원수의 한사람으로서 제국 전체의 운명에 강한 책임감을 짊어지고 있었다. 그 혼자만으로는 이미 몰락하고 있는 제국의 이념을 부활시킬 수는 없었다. 전술했듯이, 신성로마제국은 근대국가로의 길을 걷는 것이 불가능하였다. 제국이 쇠퇴하는 대신에 제국을 구성한 영방들이 국가로 성장했기 때문이다. 사무엘 폰 푸펜도르프는 그의 저서 『독일제국의 상태에 대해서』(De statu imperii Germanici 1667년 세베리누스 몬잠바노(Severinus Monzambano)라는 가명으로 출판됨) 속에서 제국은 「매우 비통일적인 국체이며 이상 발육한 것으로」 통렬한 야유를 넣어 서술하였다. 마리아 테레지아에 대한 프리드리히 대왕의 전쟁으로 표면화된 프로이센과 오스트리아의 패권다툼은 완전히 제국의 숨통을 멈추게 하였다.

제국은 **법적으로 붕괴되기 시작하였다**. 그것은 혁명적·제국주의적 프랑스와의 군사적 대결 속에서 생겼다. 라인강 좌안을 프랑스에 할양함으로써 손해를 입은 제국신분들에게 영토를 보상해 주기 위해서 우선 제국 대표자회의의 주요 결의(Reichsdeputations-hauptschluß)를 하였으며, 이로써 1803년 2월 25일 교회령과 제국도시들은 거의 완전히 독립을 쟁취하였다. 존속이 인정된 곳은 겨우 재상인 마인츠 대주교의 새 영토 레겐스부르크 제후국, 독일과 몰터 기사 수도회(Malteserorden), 함부르크, 브레멘, 뤼벡, 프랑크푸르트 암 마인, 아우크스부르크와 뉘른베르크의 여러 제국 도시들만이었다. 그 밖에 여러 교회령과 제국 도시영토는 세속영주들로 분할되었다. 그 결과 특히 바이에른, 뷔르템베르크, 바덴과 헤센이 독일의 중규모국가(Mittelstaaten)로 대두하였다.

선제후 회의에서 제외된 쾰른과 트리어 대주교구 대신에 잘츠부르크, 뷔르템베르크, 바덴과 헤센-카셀이 선제후국(Kurfürstentum)으로 승격하여 제국의회의 구성이 영토변경에 따라 바뀌었다. 이처럼 새로운 상태에 적합하도록 제국 국제를 재편성하려는 노력이 반복되었고, 이제 제국은 거의 사멸한 것이나 다름 없었다. 1806년 8월 1일에, 같은 해 7월 12일부터 라인동맹(Rheinbund)을 결성하고 있던 남독일의 여러 국가들은 **제국에서의 정식탈퇴**를 선언하였다. 이에 따라서 마지막 **황제 프란츠 2세**는 선언을 발표하고, 1806년 8월 6일자로 **제위에서 물러났다**. 프로이센의 주도로 북부 독일권에서 제국을 유지시키려는 시도는 예나와 아우에르슈테트에서의 패전으로 무너져버렸다. 1806년 8월로서 신성로마제국은 장장 900년에 걸친 역사의 막을 내린 것이다.

【211】C. 계속 제국신분은 단결하여 있다는 공감이 지배하였으며, 이 분위기는 3년전쟁 이후 시대를 반복하여 새로운 시도로 되어 결실하였다. 그것은 중앙권력이 결여되어 있었기 때문에 연합(Assoziation)으로 불비를 보충하려는 것이었다. 거기에 편승한 것이 이미 말한 제국대표자회의의 주요결의가 제출된 뒤에 프랑스가 취한 외교정책이었다. 즉 나폴레옹 1세는 처음에 16개의 남부 독일 국가들에게 자기를 비호자로 하여 「라인동맹」을 결성케 하였다. 나중에 이 라인동맹에는 오스트리아, 프로이센, 쿠어헤센과 브라운슈바이크를 제외하고, 동맹을 창설한 것을 묵인한 독일영방 전체가 가맹하였다. 라인동맹은 가맹국들이 독립성을 가지도록 강조된 느슨한 국가연합체(Staatenverbindung)였다. 공동의 기관으로서 프랑크푸르트에 동맹의회(Bundestag)를 설치할 것을 예정했지만, 한 번도 소집되지 않았다. 라인동맹 그 자체는 전혀 역사라는 것을 가지지 않았다. 달베르크(Dalberg)가 초안한 기본규약안에 대해서 바이에른과 뷔르템베르크가 특히 반대했기 때문에 성립하지 못하였다.

그러나 라인동맹은 헌법사에서 중요한 존재이다. 주권국가에 가까운 가맹국의 내정에 미친 영향은 별도로 하고, 이 동맹은 구 제국으로부터 **새로운 헌법형태로 진행된 하나의**

이정표(Wegmarke)를 구축하였다. 특히 최고권력인 황제를 두지 아니한 사고방식은 신성로마제국 시대에 있었던 실질과 형식 사이의 영원한 모순에 종지부를 찍었다. 결국 이리하여 동맹의 가맹국은 이제 완전히 독립된 국가이며, 동맹의회에 나타난 총의에 복종하는 것으로 이해되었다.

이리하여 그 후 약 75년간 독일의 헌법은 **독일영방들의 동맹**(Bündnis)에 기초를 두었다. 제국과 각 영방이 서로 다툰 구 제국제도에서 보여진 주된 난제는 확실히 해결되지 못했을지라도 제국의 소멸로 인하여 의미가 상실되었다. 그러나 동시에 각 영방이 다른 것으로부터 제약을 받지 않는 절대주권을 획득한다는 목표에 도달했다고 판단했기 때문에 벌써 그것에 역행하는 움직임이 시작되었다.

【212】D. 프랑스혁명은 신성로마제국의 최종적 붕괴에 서곡을 울렸다. 국민에게 주권을 부여함으로써 혁명은 프랑스 국가의 기초를 굳건히 하였고, 다시 이 국가가 강대한 권력을 가지는 것을 가능케 하였다. 프랑스가 독일의 상당히 넓은 지역을 직접 간접으로 지배하려고 한 사실은 **독일 국민에게 새로운 자각을 일깨웠다.** 이제 독일인의 국민의식은 문학적 관심을 넘어서 정치에로 향했으며, 독일 제국의 부흥을 갈망하는 것처럼 되었다. 새로운 국가통일에 대한 국민적 염원은 천신만고 끝에 얻은 독립을 놓치지 않으려는 각 독일 국가들의 의도와는 대립하면서, 그 후 약 1세기 동안 독일 헌법사를 만드는 또 하나의 요소를 형성하였다.

지금까지의 제국의 역사는 황제와 신분만이 ― 결국「황제와 제국」― 주체였지만, 이에 대해서 이제 독일에서도 국민이 역사를 발전시키는 또 하나의 주체로서 등장하였고, 스스로의 운명은 스스로 결정하려는 시도였다. 그래서 19세기의 헌법발전을 규정하는 제2의 요소인 **입헌주의 운동**이 나타났다. 이 운동 역시 서유럽, 특히 프랑스와 영국으로부터 많은 영향을 받았다. 그러나 그 반면에 구 신분제 국가에 존재한 이원주의에 대한 기억이 사람들 사이에 있었다. 이것은 곧 (제27절에서 언급한다) 독일의 입헌군주제라는 특이한 유형을 발생케 하였다. 그 특징은 국가와 사회의 이원적 대립에 다른 어떤 국가보다도 강하게 의존하며, 국민대표회의와 거기서 활동하는 여러 정당의 직무를 국가 전체를 지배하는 데에 두지 않고, 단지 군주의 통치를 감독하는 데에 구한 점이다.

바로 이 두 번째의 요소, 즉 독일인의 국민의식을 자각하게 만든 입헌주의운동의 출현이 나폴레옹의 외국 지배를 극복하는데 기여했다고 해도 그것을 과대평가해서는 안 된다. 그것의 공헌도는 매우 미미하였다. 독일 국민국가 탄생의 순간은 그 후 1848년이 되어서야 겨우 찾아왔다.

【213】E. 나폴레옹에게 있어서 **유일한 원수**는 오스트리아 제국 재상 클레멘스 메테르니히 후작(1773-1859)[70]이었다. 메테르니히는 외교관으로서 처음에 드레스덴과 베를린에서 오스트리아 황제의 사절로 근무하였고, 그 다음 1806년부터 1809년까지 파리의 나폴레옹궁에서 오스트리아 대사로 근무하였다. 1809년 프랑스-오스트리아 전쟁에서 빈이 함락된 후, 처음으로 외무대신이 되었으며 1810년에는 재상이 되었다. 1848년의 혁명까지 그는 이 자리에 있었다. 같은 시대의 탈레랑(Talleyrand)과 나란히 메테르니히는 오늘날에도 근대의 외교관 중에서 가장 중요한 인물의 한 사람으로 간주된다.

메테르니히는 프랑스 황제의 가장 중요한 **정치적** 원수였다. 그는 오스트리아, 러시아, 그리고 프로이센 3국을 동맹시켜 결국에는 나폴레옹을 타도하였다. 파리의 오스트리아 황제 대사의 시절부터 메테르니히는 나폴레옹이 가진 놀랄만한 특성, 다른 사람보다도 뛰어난 자질, 그리고 동시에 그의 중대한 약점도 상세히 알고 있었다. 거기서 얻은 지식을 바탕으로 그는 정책을 다듬어 내었다. 그리하여 나폴레옹이 자신의 능력을 맹목적으로 과신하여 러시아 내륙 깊숙이까지 침입함으로써 불타는 모스크바에서는 격렬한 저항에 부딪혔고, 러시아의 동장군이 한창인 얼어붙은 베레시나 강에서 대군을 상실했을 때 메테르니히의 정책은 주효하였다. 계속해서 1813년 여름에 치른 이른바 「해방전쟁」 (Befreiungskrieg)은 나폴레옹 제국의 운명을 끝내었다. 최초의 유배지인 엘바섬에서 나폴레옹이 프랑스로 귀환했지만, 이것도 이미 실지를 회복할 수는 없었고, 오히려 워털루 전투에서 최후의 일격을 당하였다.

그러나 **이데올로기**라는 말이 별뜻없이 사용한다면, 메테르니히는 그 의미에서도 나폴레옹과 정반대이다. 프랑스혁명을 완성하고 격동의 유럽의 근원을 한 몸에 체현한 것이 나폴레옹이라면 메테르니히는 단지 이 코르시카섬 출신의 침략자에 대한 방어전을 조직하였고, 그것으로 이 격동의 대륙에 다시 내부적인 균형을 가져다 주었다. 탈레랑과 협력해서 **정통성**(Legitimität)**의 근본원리**에 입각하여 유럽을 부활시킨 사실이 메테르니히를 「반동주의자」 또는 반동의 원흉으로 만들었다는 것은 물론이다. 다만, 「반동」(Reaktion)이란 말에서 모든 당파적 색채를 제거한다면, 다음과 같은 프랑스말은 수긍될 것이다. 즉 반동은 「하나의 태도를 나타내는 것은 틀림 없지만, 그뿐만 아니라 운명도 … 나타낸다」.[71] 회상록과 편지에서 메테르니히는 혁명 전의 구 유럽이 종말을 고할 것이라는 것을 내심 확신하고 있었다. 예컨대 「새로운 유럽은 아직 생성 중에 있다. 모든 것의 시작과 끝에는 혼란이 뒤따른다」라고 적고 있다. 이러한 상황 하에서 그가 사명으로 생각한 것은, 염려되면서도 불가피한 이 혼란이 시작되는 것을 어떻게 하면 지체시킬 것인가였다. 또한 그의 유언 속에서 이렇게 반복하였다. 「생각건대 아무리 정세가 심각하거나 중대하고, 아무리

---

70) 메테르니히에 대해서는 Walter Pollak, 1848 - Revolution auf halbem Wege (1974), S. 12 ff. 참조.
71) Freyer, Weltgeschichte II, S. 912.

행동이 필요하더라도, 내 눈에 항상 분명한 것은 단지 지금의 시점에서 새로운 질서를 구축하는 것은 불가능하다고 인식했다는 것을 솔직히 고백해야만 한다. … 철저한 변혁을 시도하면 당장 위기가 닥쳐올 것이다. 그러므로 내가 분골쇄신한 표적은 단 하나의 점이었다. 즉 연명할 수 있는 것은 유지시킨다는 것, 그리하여 내가 말하는 새 질서의 구축이 가능한 날까지 그것을 지속시킨다는 것이다」. 메테르니히는 성년에 달한 시민층에 대해서 스스로 통치해야 한다는 새로운 시련에 점차 순응해가기 위한 시간을 주려고 하였다. 결국 독일이 영구 혁명의 여파를 받지 아니할 것을 원하였다.

역사에 나타난 메테르니히의 모습을 이러한 목표달성을 위하여 내정상 사용한 정책에만 착안하여 왜곡하는 것은 부당하다. 그 수단은 검열제도와 경찰력을 남용했기 때문에 실제로 매우 호감이 가는 것은 아니며, 「암흑의 반동」(schwärzeste Reaktion)이란 별명이 붙었다. 그러나 이 점을 일단 제외하면, 유럽에서 수 십 년에 걸쳐 평화를 가져다 주었고, 이것을 유지시킨 메테르니히의 외교 분야에서의 역사적 위업은 변함없이 남아 있다.

제22절 독일동맹

【214】A. 해방전쟁 시대를 대략 전망해 보면, 이 막대한 희생을 치른 전쟁은 ― 요한네스 할러의 말을 빌리면 ―「본래 마이너스의 결과를 남기며 끝났다」[72]는 것으로 이해된다. 그 이유로서 할러가 드는 것은 확실히 나폴레옹에 의한 외국 지배로부터 해방이라는 본래의 목적은 달성되었지만, 「독일 국민이 계속 발전한 것은 아니다」는 점이다. 실제로 나폴레옹과의 대결 속에서 새로운 자각, 즉 정치적 자각을 파악하려는 독일 국민의 **숙원은 달성되지 않은 채로** 끝났다. 그 숙원은 황제를 받드는 독일 제국의 부흥이었다. 1815년 메테르니히의 주도로 결정된 독일의 운명은 본질적으로 지금까지 계속된 헌정에 어떠한 참신함도 주지 못했다. 이제 베스트팔렌조약 이후 발전해 온 헌법의 귀결은 단지 굳게 지켜졌을 뿐이다. 그것은 제국 대표자회의의 주요 결의와 1806년 신성 로마 제국의 법적 종료 간의 시기에 잠정적으로 결정되었다. 이처럼 제국은 계속 소멸된 그대로였으며, 이에 대신하여 몇 가지의 국가의 단순한 연합, 즉 독일동맹(Deutscher Bund)이 창설되었다.

이 독일동맹에 대해서 국민의 대다수가 얼마나 실망했는지는 쉽게 이해가 간다. 그러나 당시의 정치적 상황을 생각하면, 이것은 지나친 소망으로 인정해야만 한다. 할러의 말을 다시 인용하면, 「어떠한 시대에서나 정치가 최후의 희망을 충족시켜준다고 기대하는 사람은 정치의 본질을 잘못 알고 있다. 정치가는 마술사가 아니다. 그가 할 수 있는 것은 주어진 소재를 사용하여 그 정치적 소재의 본성에 따라서 무엇을 만들어 낼 정도이다. 반대로 1815년의 단계에서 그 이상의 것을 할 수 있었을까? 독일 전체를 개입시키지

---

72) Haller, Die Epochen der Deutschen Geschichte, 1951, S. 257.

않고 완전한 국가통일을 이룩하려고 생각한 자는 없었으며, 또 생각할 수도 없었다」.73)
많은 남부의 독일 영방들은 이것을 「환상」(Phantasterei)으로 일축하였다. 프로이센의
지도적 애국자들도 — 프라이헤르 폼 슈타인마저도 — 국가통일은 「현재 상황이 허용하지
않으며 또 불필요한 것이다」라고 거부하였다. 이처럼 독일 통일국가 성립의 전망은
있을 수도 없었다. 거기에는 프로이센과 오스트리아 이외에도 신상연합(Personalunion)
에 의한 열강인 영국의 지배를 받는 하노버가 있었고, 바이에른, 뷔르템베르크와 바덴이
있는 남부의 중규모 국가들이 겨우 수중에 장악한 주권을 지키는데 급급하였고, 영토확장
에 도취되어 제법 유럽 열강에 들어갈 의도가 있었던 것인가?

【215】메테르니히의 이름은 **국가의 법적 재편**과는 불가분의 관계에 있으며, 그는
그 원흉으로서 독일의 숨통을 끊었다고 보는 것은 아주 역사적 사실에 반한다. 많은
실례가 보여주듯이, 메테르니히는 독일인으로서의 강한 자각을 지녔고, 독일에 대해서
염려하였다. 이것은 — 특히 프로이센을 중심으로 하는 — 그의 비판자들 이상이었다.
다민족 국가인 오스트리아의 책임 있는 정치가로서 메테르니히가 제국 사상에 관련된
국민운동에 대해서 의외로 민감한 것은 틀림 없는 사실이었다. 회상록 속에서 그는
이렇게 말했다. 「국민운동은 한 민족이 다른 민족을 착취하는 것을 너무 쉽게 조장한다든
지, 아니면 한층 착취를 가능케 하여 민족주의자들에게 힘을 불어넣는 구실을 주어
새로운 혁명의 준비를 시켰다 …」. 오스트리아가 처한 특수한 사정에 관해서도 같은
글에서 언급하고 있다. 「오스트리아는 다민족 국가이다. 각 민족은 현재 공동이해로
결속된 부분도 있지만, 또한 인위적으로 결속할 필요가 있는 부분도 있다. 각종의 국민운동
을 조장해서도 안 되며, 그 속에서 하나만을 탄압하려고 해도 안 된다. 오히려 그들에게
공통된 목표를 제시해 주어야만 한다. 오스트리아의 국민의식은 존재하지 않기 때문에
구원은 다양함 속에서 통일을 추구하는데 있다」.
　내셔널리즘이 지나치게 고양되어 유럽이 「발칸」(Balkan)화 되어, 두 개의 세계대전으로
파멸을 경험한 오늘날, 모든 것이 국민국가적 발상에 사로잡혀 있었던 19세기 말에서부터
20세기 초의 사람들과 비교해 보면, 오히려 우리 현대인들이 메테르니히의 사고방식에
포함된 지혜를 이해할 수 있을 것이다. 자국민을 신격화하는 사상에는 엉뚱한 위험이
잠재한다는 것을 의식시켜 준 자가 경세가 메테르니히의 공적이며, 그것을 이제는 정당하
게 평가해야만 한다.

【216】B. 여하튼 메테르니히의 사고를 이어 받아 **독일동맹**(Deutscher Bund)이 창설되
었다. 이것은 유럽권에서 국가 간의 평화적 공존을 승인하려는 시도였다. 더구나 특히
중부 유럽의 동남부에 거주하는 비독일계 민족을 배제하는 것도 아니며, 강국이 소국을
제국주의적으로 억압하거나 합병하려는 것도 아니었다. 결국 옛날의 신성 로마 제국의

---

73) Haller, Epochen, S. 258.

영토에는 두 개의 독립된 열강 이외에 중규모의 국가군과 — 특히 북서부 중부 독일 — 소국가와 아주 작은 국가군이 성립하였다. 그들은 이미 언급한 제국 대표자회의 주요결의가 한 대규모의 영토 편성을 통해서 생겨난 여러 국가들이었다. 독일동맹은 결국 실패로 끝났고, 그 원인은 동맹의 구성이 불충분하거나 불안정했기 보다는, 오히려 설립의 취지가 시대적 조류를 막는 댐의 역할을 하는 것임에도 불구하고, 그 사명을 완수하는데 동맹은 **너무 약체였다**는 점에 있었다. 국민국가 사상과 거기에서 유래하는 국민제국주의는 줄기차게 흘러 작은 장애물을 일소하여 버렸다.

【217】독일동맹은 라인동맹의 연장선 위에 있는 것이 아니며, 오히려 의도적으로 그것과 대립시키기 위해서 창설되었다. 그러나「**당시 유행한**」**동맹형태**가 답습되었다. 1815년의 빈 회의 동맹규약은 1814년의 제1차 파리조약이 정한 기본결정을 실시하는 형태로 독일의 여러 국가들을 결집시켰다. 우선 그것은 국가연합(Staatenbund)이라는 **국제법상**의 매우 느슨한 형태를 취하였다. 그러나 1820년의 빈 회의 최종결정서는 동맹집행기관(Bundesexekution)을 설치함으로써 동맹에 **연방국가의 성격**을 부가하였다. 이와 같은 의도를 가진 것이 1821년에서부터 1822년에 걸쳐 설립된 동맹병제(Bundeskriegs-verfassung)였으며, 같은 취지의 동맹재판소(Bundesgericht)의 계획은 바이에른의 반대로 유산되었다.

독일동맹의 창설자는 빈 회의에 참석한 독일 제후들이었다. 이전의 조약과는 대조적으로 외국은 조약체결에 관여하지 않았다. 따라서 외국 열강이 개입하지 않는다는 보증이 없었다. 확실히 독일동맹은 1813년 3월 25일 칼리쉬 선언(Kalischer Aufruf)*에 규정된 독일 국민에 의한 헌법제도는 아니며, 이미 보았듯이 그러한 것은 있을 수도 없었다. 그것은 단순한 국가연합이며, 구 독일 영토에 평화를 확보하고 동맹에 참가한 영방 군주들과 여러 도시들의 정당한 권리를 확보할 목적을 가지고 있었다.

【218】**동맹규약과 최종의정서**가 보장한 것은 전체 독일인의 권리였지만, 그것은 매우 미미한 것에 불과하였다. 예컨대 3심제 재판소(재판이 거부될 경우에, 동맹의회에 항소할 수 있다), 공통의 국적, 동맹 내에서의 독일인 전체의 원칙적 평등, 특히 거주이전의 자유, 토지소유의 자유, 동맹 영토 내의 각지에서 문무관의 취임권과 병역의무 등이 규정되었다. 그 밖의 점에서 빈조약은 영방 군주와 여러 자유도시들의 권리, 즉 신하가 된 구 제후들의 권리와 기독교 종파의 평등을 보장한데 불과하였다.

오스트리아의 비독일계 영토와 동, 서 프로이센과 포젠으로 불린 구 제국에 포함되지 않는 프로이센의 속주는 동맹에 가담하지 않았다. 그것은 양국이 유럽 열강으로서 **독자적인 정책**을 취하는 것을 가능케 하였다. 동일한 방향을 노린 것이 신상연합에 의한 외국과

연합한 독일의 여러 영방들이었다. 예컨대 하노버는 영국 국왕을 군주로 하고, 홀슈타인은 마찬가지로 덴마크 국왕, 그리고 룩셈부르크는 네덜란드 국왕과 결합하였다.

이 동맹제는 구 제국의 신분제가 불충분한 것에 비하면 현저한 진보를 한 것이다. 유일한 기관은 동맹의회이며, 「**분데스타크**」(Bundestag)라고 명명되어 브란덴부르크에 상설시켰다. 동맹의회는 다음의 두 개의 회의로 구성되었다. 우선 「플레눔」(Plenum)이라 불린 사절 회의로서의 대회의였다. 가입한 맹방은 처음에는 40개였지만, 점차 33개로 감소되었다. 각 영방은 1표 내지 4표의 표결권을 가졌다. 그리고 또 하나는 소회의(der Engere Rat)이다. 이것은 대회의 상임위원회로서의 성격을 가지며, 11개의 큰 영방이 각각 1표, 그리고 작은 영방은 공동으로 6표를 가졌다. 양 회의의 의장국은 오스트리아가 수행하였다. 대회의의 권한은 규약의 변경이었다. 동맹은 국제법상의 성격을 가지고 있었기 때문에 그 의결에는 만장일치를 필요로 하였다. 더구나 「기본법」(Grundgesetz), 즉 동맹의 여러 제도의 조직을 정하고, 통칙을 정하는 법률의 제정과 변경도 대회의의 권한이며, 거기에는 3분의 2의 다수결이 필요하였다. 그 밖의 권한은 소회의에 속하고 단순다수로 결정하였다. 다만, 가부동수인 경우에 의장단이 결정권을 가졌다. 그러나 대회의는 1815년부터 1866년까지 겨우 16회밖에 열리지 않았다.

동맹의 어려움은 **어떻게 하면 가맹 영방들의 주권을 되도록 침해하지 않고 해결**하는가에 있었다. 동맹규약 제13조는 「모든 동맹 영방들에게서는 영방 의회제를 채택한다」고 규정하였다. 그러나 문구만 보면 그 결합은 느슨함에도 불구하고, 동맹은 대외적으로 구 제국보다 결속이 확고하였다. 동맹규약 제11조에 의하면, 전독일과 각 가맹국에 대한 공격이 있을 경우에 모든 가맹국은 이를 보호하고 동맹 영토 전체를 보존할 것을 약속하였다. 중립과 단독 강화권은 부인되었다. 1821년과 1822년의 대회의의 결의에 의해서 창설된 동맹병제는 선전포고와 강화체결이 동맹의회 대회의의 3분의 2의 특별다수로 결정해야 한다는 취지를 상세하게 규정하고 있다. 동맹군은 이 「기본법」에 의해 10개 군단 이상으로 편성되었다. 그 내역은 오스트리아와 프로이센이 각각 3개 군단과 기타 여러 영방이 4개 군단을 가졌다. 더구나 3개, 나중에는 5개의 동맹의 요새가 있었다. 이처럼 전시에 관해서는 동맹의 통일적인 외교가 보장되었지만, 그 반면에 평상시에는 통일적인 외교활동은 없었다. 가맹국은 각자의 외교사절을 외국에 가지고 있었기 때문이다.

동맹은 독자적인 입법과 행정, 그리고 사법권을 가지지 않았다. 더구나 독자의 각료와 기타의 관청도 없었다. 동맹의 지출은 동맹 고유의 재정권에 의한 것이 아니고, 가맹 영방들의 갹출로 조달되었다. 가맹 영방 간에 분쟁이 발생할 경우에는 중재재판소(Austrägalgericht)를 제3심으로 하여 재판절차가 수행되었다. 재판소의 결정은 동맹의회가 집행하였다(1817년에 중재법, 1820년의 집행법). 하나의 가맹 영방 내에서 정부와 의회

간에 헌법쟁의가 발생한 경우에, 빈 최종의정서 제60조 이하에서 동맹의회는 중재재판소로서도 일정한 직무가 부여되었다. 마지막으로 이 의정서 제53조부터 제61조까지와 1820년의 집행법은 동맹결의를 관철하기 위해서, 의결에 반대하는 가맹국에 대해서는 동맹에 의한 강제집행의 가능성을 규정하고 있었다.

동맹규약은 독일동맹에 **국가연합**으로서의 성격을 부여하였다. 따라서 동맹의 결합은 단순한 국제법상의 국가연합보다는 긴밀했지만 연방국가보다는 느슨하였다. 그러나 동맹은 중소규모의 영방에 대해서는 여하튼 정치적으로 권위를 보여주었다.

【219】C. 특히 빈 최종협약(Wiener Schlußakte)에 의해서 동맹은 **메테르니히의 내정상의 도구**가 되었다. 이 내정은 이른바 「민중선동가」에 대한 칼스바트 결의 이후 내셔널리즘 사상 전반을 억압하는 것에 한정되었다. 이러한 정책을 통해서 독일동맹 구상의 어두운 측면과 그 후의 발전에 미친 나쁜 결과가 나타났다. 그래서 정치적으로 적극적인 역할을 하고자 한 국민세력은 저절로 급진화 할 수밖에 없었다. 프로이센에서 특히 해방전쟁 이전과 전쟁 중에 형성된 건설적 보수주의는 탄압 당하였다. 그러므로 자유주의 사상을 가진 독일의 광범위한 시민층 사이에서 독일동맹이 극단적인 불평을 샀던 것은 지극히 당연하였다. 독일 시민층은 서구 여러 나라의 헌법이념에 매우 접근하고 있었다.

독일동맹은 독일 전체의 운명을 개척하는데 부적절하였다. 실질적으로 **오스트리아와 프로이센의 이원적 대립**으로 동맹은 약하게 되었고, 형식적으로 볼 때 동맹규약에 내재하는 결함이 너무 지나쳤다. 왜냐하면 그 결함을 시정하려면 규약을 개정하는 것 이상의 전원일치의 의결이 필요하다고 생각했기 때문이다. 뒤에서 자세히 보듯이, 이리하여 그 후 독일통일에로의 진행은 이외의 형태를 취하게 되었다.

제23절 복고주의와 보수주의의 국가학설

【220】A. 앞서 보았듯이, 압도적인 다수의 자유주의 독일 시민층이 메테르니히와 독일동맹의 정책에 반대했음에도 불구하고, 이 정책을 수용하려는 중요한 사상적 경향도 있었다는 것을 잊어서는 안 된다. 이러한 경향에 공통된 것은 버크와 뵈저의 이론처럼, 처음에는 프랑스혁명의 역사적 현상에 대한 반발에서 발생하여 혁명의 단순한 부정으로부터, 그 다음에는 독자적인 국가관을 가지게 되었다.

보수주의는 사회학적으로, 특히 토지소유 귀족, 자작농, 국왕과 밀접한 관료, 장교단, 그리고 교회에 가까운 시민층에 지지 기반을 가지고 있었다. 이러한 보수주의자는 출신이 아주 달랐기 때문에 당장 확고한 정책을 가지고 있지는 않았다. 물론 그들은 개별적인 개혁은 거부하지 않더라도 일반적으로 전통적 질서를 옹호하였다.

이러한 정치관에 대응한 것이 역사적·유기체적 국가론을 포함한 낭만주의(Romantik)
라는 광범위한 정신활동이었다. 예컨대 프리드리히 폰 하르덴베르크 ― 노발리스
(1772-1801) ―, 프리드리히 슐레겔(1772-1829), 철학자 프리드리히 빌헬름 셸링
(1775-1854)과 베를린의 성직자 프리드리히 슐라이어마허(1768-1835) 등이 그 대표자
들이다. 낭만주의는 「의식할 수 없는 것과 국민 고유의 것, 즉 자연과 역사, 정체를
알 수 없는 것, 그리고 신성한 것을 새롭게 자각」74)시켜 사람들에게 과거의 유산으로부터
현재를 인식시키기 위해 새로운 길을 개척하였다. 18세기의 합리주의는, 이성을 가진
인간정신은 절대로 자유롭다는 신앙을 가지고 있었다. 그런데 무의식 중에 이에 대한
반발로서 자연의 존재는 자연법칙에 절대적으로 속박된다는 사고방식이 등장하였다.
셸링이 말하는 「절대국가」에서는 모든 것이 필연이고 자유는 아니며, 모든 행위가 「자연에
의해 정해지며」 책임있는 행위는 존재하지 아니한다. 인간정신도 궁극적으로는 자연에
흡수되었다.

【221】 B. 보수주의가 목표로 하는 정치에 **이론적 뒷받침**을 제공한 자는 우선 스위스
학자인 카를 루트비히 폰 할러(Karl Ludwig von Haller, 1768-1854)였다. 할러는 처음에
베를린에서 활약하였고, 다음에는 7월혁명까지 파리의 부르봉 궁에서, 그리고 만년을
솔로투른에서 보냈다. 그가 1816년부터 1828년에 걸쳐 집필한 주저『국가학의 부흥』
(Restauration der Staatswissenschaften)은 당시를 「복고의 시대」라고 명명하였다.

할러는 프랑스혁명 이념에 대한 예리한 대표적인 비판자였다. 즉 혁명이념은 역사와
자연에 반하며, 자의적이며 해로운 허구라고 말하였다. 그가 이해한 국가는 있는 그대로의
본성에 근거한 것이기 때문에, 사회질서는 군중과 그렇지 아니한 자들이 혼합하여 구성되
고, 인류는 동질적이 아니며 거기에는 강자와 약자가 있다. 중세적인 사고방식에 근거하는
것이지만, 그가 말하는 국법은 사법과 구별되는 것이 아니었다. 왜냐하면 국가라 할지라도
군주, 신분, 단체, 가족과 개인 간의 계약, 이처럼 많은 계약관계로 분화되기 때문이다.
그는 다윈(Darwin)보다 약 반세기 앞서 이렇게 말하였다. 즉 「자연법칙」은 「우월자」,
즉 「강자」에게 지배권을 주었다. 물론 그것이 정당하다고 생각되는 것은 신이 인간의
마음 속 깊이 심어준 의무의 법칙을 존중하는 경우에 한해서이다. 그리고 이 의무인
법칙은 선행을 하고 악행을 하지 않도록 명령하며, 그 법칙을 인식할 수 있는 것은
이성으로서 그것을 국민의사에서 찾아서는 안 된다. 지배자가 권력을 남용한다고 해도,
그것은 신민이 신이 정한 질서에 저항하는 것보다도 훨씬 덜 위험하다. 그의 말에 의하면,
권력의 남용을 헌법으로 제약하거나 권력분립으로 방지하려는 시도는 모두 「교만한
우쭐함」일 뿐이다. 개인이거나 다수이거나 권력이 가지는 마력에 대한 구제책은 단

---

74) Freyer, Weltgeschichte II, S. 916.

하나밖에 없다. 그것은 권력을 보유하는 자의 양심과 도덕성이다. 군주나 귀족 공화제 (Condominium)도 전래(위임)된 권력이 아닌, 고유한 권리에 근거해서 지배한다. 국민이 그들을 임명한 것이 아니라, 국민이 점차 지배에 복종해왔던 것이다.

【222】할러의 이론은 바른 인식과 오류 그리고 편견이 혼합된 기묘한 것이지만, 그것은 사보이가의 백작 드 메스트르(Josef de Maistre, 1753-1821)의 이론과 매우 비슷하다. 드 메스트르는 사르디니아 왕국의 사절로서 러시아 황제 알렉산더 1세의 궁전에서 활동하였고, 만년에는 사보이 왕국의 재상이 되었다. 그의 저서『국가체제를 창조하는 진정한 근거에 관하여』(Über den schöpferischen Urgrund der Staatsverfassung) 속에서 하나의 계층적 국가질서를 고안하였다. 이것으로 세속적 지배권은 모두 직접 신이 명한 것을 기초로 하고 그것으로 정당화된다. 그리고 지배자의 지위는「신의 은총으로」(von Gottes Gnaden) 신성한 것이며, 국민의 권리는 직접 신이 정한 세계질서에서 유래하는 것이 아니기 때문에, 지배자가 단지 그것을 승인함으로써 발생한다.

마찬가지로 메테르니히를 섬긴 저널리스트 아담 뮐러(1779-1829)도 국가는 신이 창조한 우주질서의 한 요소에 불과하다고 생각하였다. 물론 뮐러는 현실의 역사 속에서 유기체로서 생성해 온 국가의 개성을 강조하였다.

이와 같은 신정국가론에서 도출된 결론이 어떠한 것인가는 명백하다. 예컨대 뮐러와 함께 메테르니히에게 봉사한 겐츠(Friedrich von Gentz, 1764-1832)는 분명히 이렇게 말한다. 국가에 대해서만이 아니라, 국가 기존의 질서에 대한 공격은 이미 신의 세계질서 자체에 대한 직접적 공격으로 이해된다. 이처럼 신분제에 의해서 완화된 절대주의의 전통적인 (그래서 빈회의가 다시 열렸다) 헌법에 대한 비판은 신에 대한 모독으로 이해되었다.

【223】C. 이러한 보수주의 국가이론을 집대성한 자는 유대교에서 프로테스탄트로 개종한 프로이센의 학자 프리드리히 율리우스 슈탈(1802-1861)이었다.[75] 1848년부터 사망할 때까지 슈탈은 귀족원의 의원이었다. 의회에서 계속적으로 프로이센 보수주의자의 저명한 정신적·정치적 지도자였으며, 상대방의 약점을 철저하게 폭로하고 냉엄하면서 초연하게 자기파의 목적을 실행하는 웅변가였다. 슈탈의 이론은 주저『역사적으로 본 법철학』(Die Philosophie des Rechts nach geschichtlicher Ansicht)에 서술되어 있다. 이것은 제1차 세계대전까지 그 후의 독일 보수주의를 부분적으로 규정하는 것이었다. 이 책에서 그는 셸링과 프리드리히 카를 폰 사비니의 견해를 충실히 따르고, 루소, 칸트와 헤겔에 이르는 합리주의와 자연법사상을 단호히 배격하였다. 유럽의 모든 보수주의자처럼 슈탈은 국가의 기원을 바로 **신의 명령**에서 구하였다. 신의 명령에 의해서만

---

75) Peter Drucker, Friedrich Julius Stahl - konservative Staatslehre und geschichtliche Entwicklung (Recht und Staat H. 100), 1933 참조.

역사의 발전은 의미가 풍부해지는 것이다. 이러한 근본명제만이 매우 다양한 국가형태를 인정할 수가 있다고 한다. 그러나 독일 국법의 기초가 되고, 독일에서 신이 명령한 질서는 슈탈에 의하면 군주제이다. 그는 국가에서 나타나는 신적 요소를 「인륜의 제국」(das sittliche Reich)이라는 사상으로 종합하였다. 「인륜의 제국」은 윤리적·지적 동기에 뒷받침되고, 자유의사에 기초해서 순종을 보여주는 인간에 대해서 이것을 충분히 의식한 지배이다. 이것의 결과로서 그는 「단순히 법률이 아닌 현시의 권력, 즉 지고한 것에서 유래한 인류를 초월한 권위가 필요하다」고 말한다. 이것이 **정통성**(Legitimität)의 원리이며, 국민주권(Volkssouveränität)에 대립하는 것이다. 이 권위를 제한하는 것이 「국가법」(Gesetz des Staates)이며, 이것은 과거로부터 승계되어 온 지배자와 국민을 초월하고 있다. 이 법률은 내재적인 조건에 의해서만 개정가능하다. 슈탈은 역사적으로 생성해 온 이러한 국가의 「살아있는 법률」이야말로 「진정한 입헌주의의 원리」라고 생각하였다. 「인륜의 제국」을 실현하는 것이 국가목적이다. 이 경우, 법의 유지가 국가의 주된 목적이다. 결국 슈탈은 근대 법치국가론의 창시자의 한 사람이었다.

슈탈의 모든 이론은 **신의 은총**(Gottesgnadentum)에 향하고 있었다. 신의 법과 지배자의 정통성은 「국가통치에 있어서 세속을 초월한 장엄함을 부여하였다. 그것은 군주만이 인정되는 것이다」. 그러므로 군주제는 신이 정한 것이므로, 그것이 개별적으로 신의 법에 반할 경우에도 복종을 요구할 수 있다. 그래서 슈탈은 특히 19세기에 널리 퍼진 법실증주의이론의 선구자의 한 사람이 되었다. 법실증주의는 법이 효력을 가지는 것은 법 그 자체에 힘이 있기 때문이라는 것이다.

제24절 「신성동맹」과 유럽 열강 간의 균형사상

【224】 A. 프랑스혁명에 의해서 **모든 국가공동체의 구조가 현저하게 변모하였다.** 국민을 국가권력의 주체로 승격시킨 이상, 혁명의 의의는 우선 국가 내부에만 한정되었다. 그러나 혁명의 지도자와 대변인들은 혁명이념이 보편타당한 원리라고 표방하였기 때문에, 혁명의 원칙은 동시에 국제적인 영향력도 가지고 있었다. 혁명의 지도자들은 자신들이 단순히 프랑스의 대표만이 아니라, 전인류의 대표자라고 생각하였다. 이것은 이른바 1790년 5월 18일자 헌법제정의회의 의원 볼루니(Voluney)의 연설이나, 프랑스 인권선언과 필적하는 아베 그레고와르(Abbé Gregoire)에 의한 「만인의 권리선언」(Déclaration du droit gens)의 초안을 보면 분명하였다. 전술했듯이, 나폴레옹은 프랑스혁명을 억압했을 뿐만 아니라 그 완성자이기도 하다. 여하튼 국제관계에서 나폴레옹의 군사력에 의한 침략정책과 동족 지배에 의한 다수의 위성국가 건설은 자코뱅당이 내걸었던 「누추한 집에 평화를! 궁전에 전쟁을!」이라는 슬로건과 완전히 동일하게 혁명적인 힘을 발휘하였다.

【225】혁명적 민주주의와 혁명적 시저주의라는 두 개의 제국주의를 체험한 후 **새로운 질서는 법에 의한 왕위계승의 근본원칙에 근거**해야 한다고 생각한 것은 쉽게 이해가 간다. 나폴레옹 지배의 붕괴 후에 새로운 질서를 어떻게 할 것인가의 문제에 맨 먼저 직면한 프랑스에서는 특히 추방된 부르봉 왕가의 부흥사상이 일정한 역할을 하였다. 그리하여 나폴레옹에 승리한 동맹국은 탈레랑의 조언을 받아들여 부르봉가와 이것에 알맞은 형태로 독일과 이탈리아의 다른 왕가에게 정권을 반환하였다. 따라서 이러한 왕가는 정통성의 원리, 즉 조상 전래의 왕가에 고유한 권리에 근거해서 다시 지배하게 되었다.

【226】B. 더구나 **정통성의 원칙**(Grundsatz der Legitimität)은 1815년 9월의 나폴레옹 1세의 재추방 뒤에도 메테르니히와 탈레랑의 손에 의해 **유럽 복고의 기초**로서 고양되었다. 나폴레옹을 추방한 동맹국은 공통적으로 프랑스혁명 이념에 공포심을 가졌기 때문에, 이른바 「**신성동맹**」(Heilige Allianz)이라는 형태로 영속적인 동맹관계를 결성하였다. 이 동맹이 표방한 목표는 당시 공동보조를 취한 민주주의와 자유주의, 그리고 내셔널리즘의 이념을 억압하고, 그 대신에 군주의 정통성을 강화하는 데에 있었다. 러시아의 알렉산더 1세가 명명하고, 러시아, 오스트리아 (처음에 메테르니히는 강한 의심을 품었지만, 조약안을 대폭 수정한 후 승인하였다)와 프로이센 3국으로 결성된 이 동맹에 나중에 영국과 로마 교황청과 튀르키예를 제외하고, 모든 유럽 국가가 가담하였다. 그 결과 물론 느슨한 결합에도 불구하고, **최초의 국제조직**의 단서를 열었다. 군주들은 종파의 차이를 초월하여 신이 위탁한 동포에 대해서 동일한 기독교를 신봉하는 지체들을 지배한다는 뜻을 엄숙히 선언하였다. 프랑스가 가입함으로써 유럽 열강은 확대되어 5국동맹(Pentarchie)으로 되었지만, 그들은 1818년의 아헨 회의 석상에서의 모든 방해에도 불구하고, 빈회의가 확립한 평화를 유지할 것을 약속하였다. 그러므로 열강은 단순히 현상태를 교란하는 국제적 방해만이 아니라 국가 내부의 모든 혁명운동에 대해서도 전쟁으로 간주하여, 필요하다면 집단적인 무력개입으로 진압하였다. 이처럼 신성동맹은 **열강의 패권과 다른 국가의 내정에 원칙적 개입**이라는 원리에 의해 지지되었다. 물론 유보할 수는 있지만 이것은 1968년에 여러 소비에트 연방사회주의 국가들에 대해서 표명한 이른바 「브레즈네프 독트린」(Breschnew-Doktrin)*과 비슷하였다.

각국의 이데올로기의 일치 여부는 별도로 하고, 여하튼 거기에는 일정한 원만한 균형체제가 있었기 때문에 열강 사이의 공동패권은 가능하였다. 영국은 전통에 따라 저울침의 역할, 다시 말하면 정치적 비중을 조정하는 역할을 하였다.

【227】C. 「신성동맹」은 그다지 오래 가지 못했다. 그것은 오스트리아와 프로이센 간의 대립으로 **자멸**한 것이었다. 그 원인은 1821년부터 1828년까지의 그리스 독립전쟁

의 정전을 명령해야 하는지 (그것은 본래 신성동맹의 목적에 적합한 것이었다), 아니면 러시아는 튀르키예 황제에 대립하고 같은 그리스정교를 믿는 신앙상의 동포국 그리스를 지원해야 하는지의 문제 때문이었다. 그러나 1830년 이후가 되면서 점차로 국민국가원리가 승인됨에 따라서 신성동맹은 존립의 기반을 상실하였다.

【228】 이에 대해 빈회의와 아헨 회의의 성과는 가치있는 것이었다. 거기서 확립된 **열강 간의 세력규형이라는 국제적 구조**는 완전한 평화는 아니었지만, 그 후 100년간 유럽에 상대적인 안정상태를 가져다 주었다. 그것은 전대미문의 문화적·경제적 발전의 시대였다. 아주 국지적인 분쟁이 있어도 이러한 발전은 분쟁에 의해 거의 본질적으로 방해받지 아니하였다. 강화의 기교가 사라지고, 강화가 다음의 새로운 분쟁의 싹을 가져다 주는 오늘날에 있어서도, 1815년의 「평화제작자들」이 수행한 위업을 충분히 평가할 수 있다.

제7장 입헌주의 국가

제25절 자유주의와 입헌주의의 국가학설

【229】 A. 프랑스혁명의 큰 풍랑과 혁명을 완성하면서 극복한 나폴레옹의 시저주의 (Cäsarismus)는 성년에 도달한 「대국」(Grande Nation) 프랑스의 혁명적 비약과 함께 유럽 국가 통치의 뿌리마저 흔들어 놓았지만, **기본구조** 자체는 변함 없이 **유지되었다.** 1812년 겨울 전쟁에 고배를 마신 나폴레옹이 1815년 마지막 패배로 세인트 헬레나 섬으로 유배되었을 때, 모든 유럽의 군주국가들이 마치 외국 지배와 거기에서의 해방이 단순한 과거의 일이었던 것처럼 이전으로 복귀하고자 한 것은 이유가 있었다. 물론 독일에서 영토 재편이 1803년부터 1806년에 걸쳐, 이어서 빈회의 석상에서도 있었고, 그것이 유지되었다. 확실히 이처럼 혁명 이전의 시대로 역행한 것은 해방전쟁을 통해서 분명하게 된 여러 국민의 의도와 명백히 반대되었다. 그러나 대혁명, 특히 공포정치가 준 충격은 군주와 귀족뿐만 아니라 광범위한 시민층 사이에서도 혐오시되어, 독일 국민국가를 건설하려는 정치적 요소는 완전히 거의 자취를 감추었다.

【230】 검열제도와 경찰이 여론을 막았지만 다시 환기된 사상은 은밀하게 살아 있었다. 민주주의와 자유주의 사상은 국민국가 사상처럼 쉽게 없어진 것은 아니었다. 그러나 이러한 사상의 옹호자들은 상황이 변화된 이상, 그들의 요구를 너무 과격한 형태로 주장하지 않으려고 유의하였다.
예컨대 프랑스의 1814년의 헌장은 이미 이전의 절대왕권과 신흥시민의 자유를 가교하려고 모색하였다. 그러나 시민의 자유제한이 너무 많았던 데에 대해서 특히 탈레랑

(Talleyrand)과 같은 당시의 냉철한 관찰자는 온갖 표현으로 경고하였다. 이리하여 **입헌주의 시대**(Zeit des Konstitutionalismus)가 개막되었다. 이것은 헌법전에 명시된 국민의 여러 가지 권리와 특히 국민대표 의회에 의해서 군주의 절대권력을 제한하려는 국가체제이다.[76]

【231】 B. 독일에서 입헌주의가 겨우 확립된 것은 약간의 예외를 제외하면 1848년의 혁명 이후이다. 하지만 그것을 탄생시킨 기반은 나폴레옹 1세와의 대결과 복고주의 시대에 이미 **이론**으로서 준비되어 있었다. 다음에서는 그 전모를 알기 위한 단서로서 약간의 예를 살펴보려고 한다.

칸트의 법과 국가철학은 이미 **자유의 이념**에 입각하였다. 『도덕 형이상학』(Metaphysik der Sitten)의 제1부는 「법이론이 성립한 형이상학적 근거」를 논하고 있는데, 그는 이 책 속에서 국가는 「법에 복종하는 다수 인간의 집합체」이며, 세 가지 권력을 가진다고 설명한다. 즉 「다음 세 가지 인격에 나타난 보편적으로 합의된 의사, 첫째 입법자의 인격에 나타난 통치권(주권), 둘째 (법률에 따라) 통치자의 인격에 나타난 집행권, 셋째 재판관의 인격에 구현된 (법률에 따라 각인에게 그의 것을 승인하는) 재판권이다. ... 이러한 세 개의 명제는 이른바 하나의 실천이성(praktische Vernunft)과는 다른 것이다. 대전제는 전술한 의사가 성립되어야 한다는 것이다. 소전제는, 절차는 법률이 규정한 바에 따라야 하는 것으로서, 즉 법률에의 포섭의 원리를 가리킨다. 결론은 발생한 사건에서 무엇이 정당한지의 선고(판결, Sentenz)가 내려져야 한다는 것이다」.[77] 이처럼 권력분립과 거기에서 도출된 법치국가사상은 칸트에 있어서 「명백한 실천적 실재를 가진 순수이념」으로 고양된다.[78] 결국 사회논리적 필연으로서 최종적으로 국민의 대표자가 정하는 법률이 자유를 보장하는 역할을 한다는 특정 요소를 포함한 구조의 국가가 **요청될** 뿐이다.[79]

칸트의 법이론의 중심에 자유(Freiheit)라는 이념이 위치하는 것은 결코 우연이 아니다. 왜냐하면 자유는 절대주의 극복의 시대의 핵심문제이며, 자유방임의 시대에는 언제나 핵심문제로 되어야만 했기 때문이다. 프랑스혁명에서는 자유에 대한 충동이 반대로 무정부상태와 자유 없는 상태로 변경되어 버렸다. 이러한 경험을 거쳐서 가장 중요한 문제는 각 개인이 원하고, 칸트가 실제로 필요하다는 것을 증명한 자유를 어떻게 실현할 수 있는가에 있었다. 그러나 동시에 이 자유를 지키기 위해서 필요한 통치권과 자유를 어떻게 조화시킬 수 있는가 하는 문제도 중요하였다. 혁명의 생생한 인상이 지워지지 아니한 1792년 훔볼트는 저서 『국가작용의 한계론』(Ideen zu einem Versuch, die Grenzen

---

76) 이에 대해서는 Ernst-Wolfgang Böckenförde (Hrsg.), Probleme der Konstitutionalismus im 19. Jahrhundert, Der Staat, Beiheft 1 (1975) 참조.

77) Kant, Metaphysik der Sitten, Ausgabe der preußischen Akademie der Wissenschaften VI (1923), S. 313 f.

78) Kant, a. a. O., S. 338.

79) 칸트에 관해서는 Christian Ritter, in: Staatsdenker im 17. und 18. Jahrhundert, herausgeg. von Michael Stolleis (1977), S. 272 (280 f.) 참조.

der Wirksamkeit des Staates zu bestimmen) 속에서 이 문제에 대해서 철저하고 논리일관
된 답을 제시하였다.

　훔볼트는 이 저작에 앞서, 1년 전에 이미 같은 문제로 『헌법에 관한 이념 ― 프랑스
신헌법을 계기로 하여』(Ideen über Staatsverfassung, durch die neue französische
Constitution veranlaßt)라는 소책자를 지었다. 앞의 『한계론』은 1840년대와 1850년대의
자유주의운동에 커다란 영향을 미쳤고, 그 가치는 오늘날까지 살아 있다. 이 책은 이념사에
있어서 가장 중요한 문서이다. 그것은 이 책에서 절대주의적 복지국가에 대한 18세기
말의 개인주의, 자유주의에 입각한 사고방식이 충만하였을 뿐만 아니라, 완전히 칸트의
정신적 가르침을 계승한 합리주의적 자유주의가 표명되었음에도 불구하고, 이미 많은
비합리성과 낭만주의에로의 경향이 포함되었기 때문이다.
　다음에는 그의 사상의 대강만 고찰한다. 프랑스혁명의 경위를 살펴본 훔볼트는 정부가
국민의 행복(신체적이며 도덕적인)과 복리를 배려할 의무를 가진다는 원리는 잘못이라고
판단하였다. 그것은 자연법론에서 유래하는 「이성적」 요청과 17, 18세기 복지국가정책이
혼합된 사상이라는 이유이다. 왜냐하면 이 원리가 귀착하는 것은 결국 「매우 억압적이며
열악한 전제주의」이기 때문이다. 이에 대해서 자유를 내세운 훔볼트가 요구한 것은
국가활동은 공안을 유지하는 직무에 한정되어야만 한다는 것이다. 훔볼트가 생각한
정치사상의 중심점은 국가에 의한 부정한 침해에 대해서 인간이 가지는 자유를 지키려고
하는 사고이다. 그러므로 국가는 적극적인 조치를 강구해서 신민의 복리를 촉진할 의무를
지거나, 아니면 국가는 필요하다면 신민에게 복리를 강요할 수 있다는 지배적인 견해에
대해서 그는 투쟁하였다. 이러한 견해는 프랑스혁명을 수행한 사람들에게도 발견된다.
훔볼트가 말하는 국가의 책무는 단순히 (소극적으로) 위험에 대해서 개인을 방어하는데
있었다. 따라서 국가와 개인의 영역은 법률로써 명백하게 구분되어야만 한다. 국가의
책무는 시민의 안전을 대내적으로나 대외적으로 보장하는 것에 한정된다. 이것을 훔볼트
는 ― 일찍이 몽테스키외가 말한 것처럼 ―「자유가 법률로써 명확하게 규정되는 것」
(Gewißheit der gesetzmäßigen Freiheit)으로서 정의하고 특히 강조하였다.

　이 이후로 헌법을 역사적으로 고찰할 경우, 다음 두 가지 점에 유의해야 한다. 첫째
종래의 국가활동보다도 강력하게 **국가와 시민의 관계**는 병존하는 것이 아니라 **대립관계**에
있다고 생각되었다. 국가는 여전히 기구(Apparat)였다. 국가는 기구로 창설된 것이지만
시민이 국가를 민주주의로 구성할 것인지, 아니면 단체주의에 의할 것인지에 관해서는
아직 말하지 아니하였다. 오히려 훔볼트가 강조한 것은 경계를 명확하게 규정하는 것이었
다. 따라서 전술한 사고방식이 훔볼트에게서도 여러 곳에서 보이지만, 시민이 스스로
행정권과 통치권까지 장악하여 자유를 담보하는 것은 생각하지 않았다. 왜냐하면 국가권
력을 대폭적으로 제한함으로써 동일한 목적을 달성할 수 있었기 때문이다. 보통 단절된

시민(사회)과 국가기구를 연결하는 것은 단지 법률(Gesetz)뿐이며, 이 법률은「국외중립적으로」각자에게 그의 것을 부여한다. 이리하여 훔볼트는 근대 법치국가(moderner Rechtsstaat)의 선구자의 한 사람으로 열거되었다.

【232】C. 훔볼트가 프랑스혁명의 생생한 체험을 기초로 해서 저작을 서술한 반면에, 그와 같은 시대에 방자맹 콩스탕(Benjamin Constant, 1767-1830)의 저작은 나폴레옹의 제국주의와 시저주의의 체험에 의해서 뒷받침되었다. 콩스탕은 스위스인이었지만 나중에 독일에서 살았으며, 또 1815년과 더구나 1816년 이후로는 프랑스에 있으면서 의원으로 근무하였다. 1813년 그는 하노버에서 유명한 처녀작『정복과 찬탈의 정신에 대해서』(De l'esprit de Conquête et de l'Usurpation), 1814년에는『헌법론』(Constitution)을, 그리고 1815년에는『정치원리론』(Principes de la politique)을 집필하였다. 콩스탕은 아담 뮐러 그리고 프리드리히 폰 겐츠와 나란히 초기 저널리스트의 한 사람이었으며, 그들은 정치이념사 속에서 중요한 역할을 하였다. 근본적으로 휴머니스트인 콩스탕은 모든 전제(專制)를 증오하였다. 그의 명석한 통찰은 그를 항상 예리한 비판을 하는 평론가로 만들었다. 그러나 그는 매사에 좀처럼 깊이 파고들지 않고, 피상적인 여론 사이를 떠돌아 다녔다는 점에서 저널리스트이다. 그가 여론을 선도했는지는 모르지만, 반대로 여론도 그를 지지하거나 매사에 몰아세웠다.

그의 사고에서 입헌주의는 당연히 나오지 않았다. 그가 의거한 것은 밀턴, 로크 그리고 몽테스키외 등의 고전적 입헌주의 이론과 1년간의 실생활에서 배운 영국 정치의 실제뿐이었다. 확실히 시류에 영합한 입헌주의 국가의 이념을 약간 과장해서, 명료하고 실득적인 문체로 **보급한** 점에 그의 존재이유가 있었다. 그는 국가유기체 관념에 대한 의도를 알아차리지 못하였다. 콩스탕에 있어서 국가는 불변의 거대한 기계(Maschine)이다. 국가의 각종 권력은 차량에 있어서 핸들과 바퀴가 구분되어야 하듯이 확실히 구별되어야만 하였다. 그러나 이러한 권력은 서로 방해하거나 저지하지 않고 병존하며 협동할 수 있는 것이기 때문에, 그 경계를 구분하고 역할을 분배하는 것도 필요하다. 그러므로 그는 몽테스키외의 3권분립론을 채택하였을 뿐만 아니라, 중재나 조정을 맡는「왕권」(pouvoir royal)을 도입하여 그 결함을 보충하였다. 그는 다음과 같이 말한다.「정치라는 기계의 세 개의 바퀴를 가지런히 본래의 바른 위치로 되돌려주는 힘이 필요하다. 그러나 세 개의 바퀴가 여하튼 이 힘을 가졌다고는 생각되지 아니한다. 만약 그렇지 않다면 하나가 다른 바퀴를 파괴해 버릴 것이다. 이 힘은 외부로부터 중립적이어야 한다. 그리하여 필요하다면 언제라도 이 힘을 개입시켜 서로 방해하지 않고 원상회복을 할 수 있도록 작용할 수 있다」. 입헌군주제에서 이 **중립적 권력**(pouvoir neutre)은 **국왕의 인격**에서 구현되어 있다. 국왕의 권력은 전통과 여론에 뒷받침되기 때문이다. 국왕은 법률을 재가하고 대신을 임명하며 재판소의 극형 판결에 대해서 사면을 한다. 이리하여 국왕은 자칫하면 분열되기 쉬운 세 개의 권력을 통합한다. 따라서 이러한 사고에 의하면 군주는 이미 지배자가 아니고, 저울의 눈금일 뿐이기 때문에 군주제의 이념은 실제로 폐기된다.

입헌주의의 헌법원리는 19세기에 널리 퍼져 있었지만, 그 **목적이 개인의 자유를 보장**하려는 것임에는 틀림없었다. 이것은 다음과 같은 [그의] 말에서 분명하다. 즉「자유는 개인의 승리로 이해됨과 동시에 소수는 다수의 노예라고 주장하는 대중에 대한 개인의 승리이기도 하다」. 그 필연적 결과로서 나오는 것이 국가로부터의 자유(국가부재의)의 영역의 보장이며, 국가의 소극적 목적(치안유지)으로의 한정이다.

【233】D. 지금까지 언급한 것과 관련하여 독일 후기 자유주의의 대표자에 관해서도 간단히 언급하면, 자유주의 시민층에 매우 많은 영향을 미친 것은 카를 폰 로테크(Karl von Rotteck, 1775-1840)와 카를 테오도르 벨커(Karl Theodor Welcker, 1790-1869)가 편집한『국가사전』(Staatslexikon)이다. 더구나 로테크는 자유주의의 정치적 지도자이기도 하였다.「괴팅겐 7교수」(Göttinger Sieben) 중의 한 사람이며, 역사학자인 달만(Friedrich Christian Dahlmann, 1785-1860)은 저서『정치학』(Die Politik auf den Grund und das Maß der gegebenen Zustände zurückgefürt, 1835)에서 역사에 기초한 자유주의의 헌법이론을 이론화하였다. 또 스위스인 요한 카스파르 블룬칠리(Johann Caspar Bluntschli, 1808-1881)도 특히 자유주의 사상의 보급에 공헌하였다.

【234】E. 서방의 국가관념을 의식적으로 계수하려고 노력하였음에도 불구하고, 독일의 입헌주의는 완전히 **독특한 형태**를 취하였다. 그것은 확실히 구영방 신분의회제의 전통을 바로 계승할 수는 없었다. 독일 초기 입헌주의의 모범이 된 여러 영방의 신분(귀족)제도는 거의 남아있지 아니하였기 때문이다. 그러나 뷔르템베르크에서 나타나듯이 신분의회제도에 대한 추억은 매우 강한 것이며 정당과 국민대표의회에 대해서도 이원적 성격이라는 종래의 사고방식이 잔존하였으며, 영국과 프랑스와는 달리 당장 독일에서는 의회제 이념이 국가제도 전체를 장악하려고는 하지 아니하였다. 19세기적 자유주의를 신봉하는 독일 시민은 국가를 자기에게「대립하는 것」으로서 파악하였다. 국가를 지배하는 권리를 내 것으로 하지 않고, 법률이 경계를 정한 시민 고유의 영역을 자율적으로 관리하는 것이 가능하도록 국가가 장벽을 넘어서 침입하지 않을 것을 원하였을 뿐이다. 19세기와 20세기 초에 국가와 사회의 이원적 대립이 자주 거론되었지만, 이것은 독일 특유의 현상이라고 할 수 있다.

그 밖에도 등족국가의 이원적 발상이 국가제도를 형성하는 데 있어서 세부에까지 영향을 남겼다는 사실을 보여주는 것이 제한선거제(납세액의 과다로 선거권의 등급이 결정된다)였다. 그러한 제한은 특히 프로이센의 3등급 선거법(Drei-Klassen-Wahlrecht)에서 나타났고, 정도의 차이는 있어도 19세기에 공통된 생각이었다. 이것은 국민대표의회의 가장 중요하고 거의 유일한 직무는 조세와 기타의 공과(公課)의 승인과 예산의 의결이라고 생각하는 데에서만 설명이 가능하였다. 의회에는 전반적인 입법권이 부여되었기 때문에 이러한 제한은 본래의 취지에 어긋난 것이었다.

【235】훔볼트에 의하면, 법률이란 국가와 사회의 두 개의 영역을 연결하는 것이지만, 이 **법률**에는 새로운 측면이 부가되었다. 요컨대 법률은 여러 국가기관에 **자유와 재산을 침해할 권한**을 부여할 수 있도록 되어 있었다. 이것이 오늘날 행정법학에서 말하는 「법률의 유보」(Vorbehalt des Gesetzes)의 원칙이다. 그러므로 입법에의 협찬이야말로 입헌주의 운동의 핵심이었다. 그러나 동시에 법률개념을 구분할 필요성도 생겼다. 즉 **실질적 의미의 법률**이 「자유와 재산」이란 공식에 의해서 이러한 것을 침해할 권한의 부여와 동일시되었던 결과, 의회가 가진 나머지의 또 하나의 중요한 직무, 즉 예산안에 대한 의결에 대해서는 **형식적 의미**의 법률이라는 개념이 떠오르게 되었다. 예산의 의결도 바로 법률의 형식을 사용했기 때문에 그 옳고 그름은 고사하고, 여기서 주목해야만 하는 것은 국가와 행정조직 분야에서의 입법행위가 법률개념에서 벗어났다는 것이다. 이러한 입법은 헌법과 달리 국가법에 속하지 아니함으로, 그러한 한에서 「비법」 (Nicht-Recht)으로 격하되어, 그것에 관한 입법은 군주의 자유에 맡긴 것이다.

【236】독일 시민층은 같은 자유주의를 신봉하는 서방 국가들의 시민들에 비해서 목표추구에 있어서 소극적이었다. 그들은 국가기관에 힘을 합쳐 대항하려고 하였지만, **각국으로 분산되어** 있었기 때문에 충분한 힘을 발휘할 수 없었다. 그 결과 군주와 그와 가까운 관료와 장교단은 토지소유 귀족과 동맹하면서 영국과 프랑스에 비해 훨씬 확고한 지위를 구축할 수 있었기 때문에, 자유주의자들이 요구한 의회제도에 관해서는 그 이상으로 확실하게 인정되지 않았다. 이리하여 독일 입헌군주제라는 특수한 헌법유형이 나타난 이유가 설명될 수 있었다.

다시 덧붙여 말하면, 두 개의 운동이 19세기의 시민층 사이에 발생하였고, 동시에 국가에 대한 시민의 지위도 규정하였다. 그것은 **자유주의적 입헌주의** 운동과 이미 말한 **내셔널리즘** 운동이었다. 그러나 이 두 개의 운동은 **결코 병행한 것은 아니었다.** 이러한 운동은 하나의 평행사변형을 그리는 합성력과는 달리, 어떤 명확한 방향을 지시할 정도로 통일되어 작용하지는 아니하였다. 물론 힘을 결합한 부분도 있었지만, 반대로 서로 부정하기도 하였다. 국가(국민으로서) 통일 등은 처음에는 단지 꿈과 같은 이야기이다. 이에 반해서 입헌주의 운동은 우선 각 국가가 그 발전을 촉진하는 무대이다. 그러나 입헌주의 사상이 그러한 국가에 침투한 과정은 결코 독일의 통일로 이르는 길의 첫걸음이었다는 것은 아니며, 오히려 통일을 방해하였다. 그러므로 개별 국가는 고유한 헌법과 의회를 가졌으며, 옛날부터 있었던 지방적 특수성이 강조되었다. 이 특수성으로부터 국가통일운동에 대한 격렬한 저항이 있었다. 이처럼 입헌주의와 지방분권주의(Partikularismus)가 혼합된 점에서 1806년 이후의 독일 국가제도 발전의 특이성과 쓰라린 고통의 원인을 찾을 수 있다. 헌법에 자유가 보장되는 것으로서 바로 국민국가통일이 달성될 수는 없었다. 개별 국가는 쉽게 제거할 수 없는 장애 앞에 가로 막혀 있었기 때문이다. 거기서 우선 개별 국가의 발전 상태에 주목하여 본다.

제26절 초기 입헌군주제

【237】A. 이미 언급한 것처럼(제24절 A), 나폴레옹 1세의 실각 뒤에 복고된 여러 왕조들은 정통성(조상 전래의 왕조의 일원으로서의 권리)에 근거하여 여러 영방통치를 승계 하였다. 그 당시 전혀 단절되지 아니하고 그들이 통치를 계속해 온 것처럼 의제되었다. 그들은 이른바 군주제 원리(das monarchische Prinzip)에 의해서 계속 신의 은총에 근거한 군주라고 자칭하였다. 국민주권론에 의하면 지배자의 직무는 국민으로부터 위탁된 것이 라고 생각하지만, 만약 그렇다면 이것은 본래의 정통성 원리와 상치되는 것으로 되어버리 기 때문이다.

특히 프랑스에서 약 25년간 존속한 새로운 사회체제를 뒤로 후퇴시킨다는 것은 정치적으 로나 민중의 심정에서도 보아 불가능하였다. 프랑스에서는 여하튼 수 십 년간 성문헌법의 관행에 친숙했기 때문에, 루이 18세는 왕위에 복귀하면서 1814년의 헌장(Charte constitutionelle)을 발포하였다(이것에 대해서는 이미 약술하였다. 제25절 A 참조). 군주제원리 에 입각한 이 헌법은 주권을 국왕에게 부여하였다. 그리하여 국왕은 자기 소유의 강대한 권력의 일부를 이른바 단순한「하사품」(Gnadengeschenk)으로서 다른 국가기관에게 하사 한 것이다. 따라서 이것은 국민이 제정한 것이 아닌 국왕의 흠정헌법이었다. 양자의 차이점은 명백하다. 즉 국민이 스스로 국가형태를 결정하는 것이 아니라, 국왕이 어디까지 나「자발적으로」자기에게 속하는 국가권력의 행사에 국민을 관여시켜 준 것이다.

【238】헌장의 **내용**이 우리에게 중요하다고 하더라도, 그것은 이 헌법이 유럽 국가들, 특히 독일의 여러 국가의 **모범으로 되었다고 생각될 정도**이다.

헌장은 서두에서 일반적 자유권을 열거하고 있다. 그러나 이것은 이전의 혁명헌법들이 규정한 자유권과는 대조적이며, 이미 자연법사상에 기초한 인간의 권리(Menschen- rechte)는 아니고,「프랑스인의 권리들」(Rechte der Franzosen)이라고 규정되었다. 이른 바 양원제가 채택되어 국민대표의회는 두 개의 의원(議院)으로 구성되었다. 즉 세습적 특권을 가지는 대귀족으로 구성된 프랑스 상원의회(Kammer der Pairs)는 영국의 상원을 모방하였다. 영국의 하원에 해당하는 하원의회(Deputiertenkammer)는 국민이 선출한 의원으로 구성되었다. 그러나 유권자는 상당한 고액납세자에 한정되었고, 또 간접선거였 기 때문에 하원은 거의 유산시민층의 대표에 가까웠다. 또「의원관선」(Pairsschub), 즉 정부가 좋아하는 귀족을 상원의원으로 임명하는 것이 많았고, 하원해산권도 갖고 있었기 때문에 정부의 입장은 매우 강하였다. 정부는 국왕에 속하고 그는 자신이 선임한 대신들로 하여금 정부를 다스리게 했으며, 대신들은 의회제에 복종하지 않았다. 다시 말하면 의회는 대신의 퇴임을 강요할 수 없었다. 사법권의 행사는 독립된 재판소의 직무였다. 중죄에 관해서 「배심재판소」(Schwurgericht)가 관할권을 가지며, 거기서 전문법조인 이외의 사람들로 구성된 배심원이 사실문제에 관해서 판단을 내렸다.

【239】B. **남독일의 영방들**은 헌법 발포의 필요성을 통감하였고, 그것은 우선 정치적 이유 때문이다. 이미 말한 것처럼(제21절 B), 이러한 여러 영방들은 지금까지의 과정과는 전혀 달리 1803년에서부터 1806년까지의 나폴레옹 시대에 영토가 통합되어 성립하였고, 이른바 뷔르템베르크 등 옛 영토에 남아있던 영방신분제 의회는 이러한 과정에서 폐지되었다. 그러나 이미 베스트팔렌 왕국을 모범으로 하여 새로운 헌법을 발포하려는 것도 불가능하였다. 특히 남서부 독일에서는 시민 사이에 뚜렷이 「민주주의적 경향」이 나타난 것이 특징적이며, 그러므로 이 지방에서 헌법제정의 움직임이 활발하였다. 그뿐만 아니라 더욱 더 강력하게 정치적 요청이 충만하였다. 그것은 대외적으로 통일적인 행정에 의해서, 대내적으로는 영방 전체에 통용되는 헌법에 의해서 새로이 획득한 영토를 통합하려는 것과 함께 이 영토에 **새로운 통일을 가져다 주려는** 요청이었다. 그 때에 앞서 말한 헌장이 예외 없이 모범으로 되었다. 예컨대 바이에른과 바덴은 1818년, 뷔르템베르크는 1819년, 헤센-다름슈타트는 1820년에 헌법을 제정하였다. 다만, 뷔르템베르크만은 국왕과 의회 간의 협약(Vertrag)의 형태로 헌법을 제정하였다. 다른 영방들의 헌법은 약간의 중부 독일 영방, 이른바 작센-바이마르 헌법을 비롯하여 모두 흠정헌법이었다. 결국은 군주의 은총에 의해서 신민의 통치협조가 인정될 뿐이었다.

【240】이러한 헌법이 가지는 **의미**는 군주권을 제한한다는 점이 아니었다. 그것은 미미한 의미만을 지닐 뿐이며, 본질적으로는 지배자가 집행권을 행사함에 있어서 대신의 부서(副署, Gegenzeichnung)를 필요로 하는 것과, 그 다음에는 양원제의 국민대표의회가 입법에 관여하는 것과, 사법권의 독립이 인정되었다는 점이다. 오히려 이러한 초기 입헌주의가 그 후의 발전에 있어서 중요한 것은 곧 시민층의 지도자들이 정치에 관여함으로써 **경험을 축적**시킬 수가 있었던 데에 있다. 더구나 초기 입헌주의는 여론의 형성을 가능하게 하였고, 그것은 관료층에게도 많은 영향을 미쳤으며 자유주의를 보급시켰다. 마지막으로 의회제라는 관습이 생겼으며, 다가올 국민대표의회의 준비작업을 마련할 수가 있었다.

【241】프랑스 **7월혁명**(1830년)에 따라 작센, 쿠어헤센, 하노버와 브라운슈바이크에서도 폭동이 일어났고, 그 결과 이러한 영방들도 남부 독일을 모범으로 헌법을 채택하였다. 분명히 하노버에서는 영국과의 신상연합(Personalunion)을 해소한 뒤, 1837년 새로운 국왕 에른스트 아우구스트(Ernst August)는 다시 곧바로 헌법을 파기하였다. 그 이유는

색다른 것으로서 자신은「국부」(Landesvater)이며 왕가의 일원으로서 헌법에 동의할 수 없다는 것이다. 이것은 괴팅겐 7교수의 반발을 사서 그들은 파면되었다. 19세기 후반부터 또 일부는 20세기 초에 이르러 선거법의 개혁과 국민대표제가 재평가되면서 점차 초기 입헌주의는 서서히 고전적인 입헌군주제의 모습에 접근하였다. 그리고 거기서 이미 한 걸음 진보한 것도 서술한다(제30절 C 참조).

제27절 독일에서의 고전적 입헌군주제

【242】A. 영국에서의 신분제 국가는 하이 처치파 영국 교회의 영향이 강하였고, 수많은 개별적인 입법에 의해서 전통을 유지하면서 점진적으로 발전했으며, 마침내 군주를 받드는 의회민주주의라는 오늘날의 형태에 이른 데에 비해서, **프랑스의 발전**은 순탄하지 못하고 돌발적인 혁명행위로 나타났다. 루이 18세의 후계자, 샤르르 10세가 이른바 출판칙령과 하원의 선거권을 제한하는 반동적 헌법개정을 했을 때, 민중은 샤르르의 퇴위를 요구하고 국민주권의 원리에 근거해서 샤르르의 사촌인「시민왕」(Bürger König), 루이 필립에게 왕위를 양여하였다(1830년 7월). 이것은 헌법사에서 중요한 사건이었고, 그와 동시에 유의해야 할 것은 루이 필립 시대의 프랑스에서 사실상 의회제가 기능을 했다는 점이다. 요컨대 국왕은 항상 대신을 의회 여당에서 선임하였다. 이러한 새로운 사태의 특징은「국왕은 군림하지만 통치하지 아니한다」(Le roi regne, mais il ne gouverne pas.)는 티에르(Thiers)의 명언에 나타나 있다.

【243】그러나 이 프랑스 7월혁명은 간접적으로 유럽의 헌법 발전에 커다란 영향을 미쳤다. 1815년 이후 통합된 네덜란드 왕국에서 분리된 벨기에가 독립국가로 되기에 이르렀기 때문이다. 벨기에 임시정부는 영국 헌법과 프랑스 7월왕정을 뒷받침한 사상에 근거하여, 권력분립론에 기초한 헌법을 매우 신중하게 작성하였다. 그 후 1841년에 겨우 정부는 코부르크 공을 레오폴드 1세(Leopold I)로 즉위시켜 **왕권을 맡겼으며, 그의 지위는 처음부터 헌법에서 유래하는 몇 개의 법률상의 제약을 수반하는 것이었다**. 국민주권원리를 승인한 위에 레오폴드는「벨기에 국왕」(König von Belgien)이 아닌,「벨기에 국민의 국왕」(König der Belgier)으로 칭하였다. 국왕은 양원과 공동으로 입법권을 행사하였다. 의회는 원로원(Senat)과 대의원(Kammer der Volksvertreter)으로 구성되었으며, 후자에게 약간의 우월성이 인정되었다. 의회제에 따라 국왕은 대의원 여당의 신임을 받은 자만을 대신으로 임명할 수 있었다. 나아가 대의원은 영국을 본받아 파훼원(der Oberste Gerichtshof)에 대신(大臣)을 소추할 권리가 있었다. 기본권은 상세하게 규정되었고, 벨기에는 민족과 종교를 달리하는 국민에 의해 구성되었기 때문에 그것에 각별한 주의를 하였다. 각 주의 자치에 관해서도 동일하게 말할 수 있다. 헌법은 새로운 여러 주에 관해서 광범위한 자치행정권을 보장하였다. 벨기에 헌법은 19세기 중엽에 있어서

입헌주의의 모범적 헌법이었다.

【244】B. 1840년 경을 보면, **독일**에서 헌법전을 가지지 아니한 곳은 불과 오스트리아, 프로이센, 양 메클렌부르크, 하노버(여기의 헌법은 1837년에 폐기되었다)와 한자 동맹의 여러 도시 정도였다. 이러한 영방들은 이론적으로 아직 절대주의국가였으며, 독일동맹규약 제13조(모든 동맹의 가맹방에서는 「영방의회제가 실시되어야」한다는)의 규정은 실행되지 아니하였다.

【245】그 이후 독일 역사의 흐름을 생각해 보면, 다음에 고찰할 대상은 다시 **북독일**의 **맹방 프로이센 헌법의 발전**이다. 빈회의 석상에서 프로이센 대표의 태도와 1815년 5월 22일 칙령에서 국왕의 명백한 의사에 나타나 있듯이, 이 나라는 처음에는 아주 「헌법제정에 호의적」이었다. 그러나 과연 프로이센이 헌법을 제정할 수 있는지는 상당히 어려운 문제였다. 빌헬름 폰 훔볼트를 중심으로 착수한 준비작업이 진행되었지만 구 신분측의 저항이 강하였다. 노련한 하르덴베르크마저도 이 저항에 손을 쓸 수가 없었다. 1819년의 「칼스바트 결의」(Karlsbader Beschluß)가 나온 뒤, 독일 동맹 내부에서는 전체적으로 앞서 살펴보았듯이 반동화의 경향이 뚜렷하였고, 그것은 입헌주의 사상에 부정적이었다. 더구나 프로이센의 특유한 문제로서 정치와 경제구조가 불균형적이라는 것을 들 수 있다. 즉 영방의 서부는 경제적·문화적으로 아주 발달되어 있지만, 포젠과 서프로이센주를 포함한 동쪽(동프로이센과 슐레지엔주에서는 사정이 달랐다)은 비교적 후진 지역이었다. 끝으로 이 나라를 장래에 어떻게 건설해야하는지가 문제로 제기되었을 때, 프로이센 지도자층 속에서 두 개의 대립된 견해가 충돌하였다. 이 대립의 배후에 잠재하는 사상을 명확히 하기 위해서 다시 한번 시대를 거슬러 올라가 보자.

【246】1806년 10월 14일 예나와 아우엘슈테트에서의 완패는 「군사국가」(Militärstaat) 프로이센을 뿌리채로 흔들어 놓았다. 그 뒤 국가, 국가행정과 군대의 **재편**이 착수되었다. 이 **전면적인 붕괴**는 프로이센에게 있어서 충격적인 사건이었지만, 그것이 얼마나 충격적이었던가를 알기 위해서 여기서 다시 한번 더 이 국가의 특유한 구조를 상기해 볼 필요가 있다. 이른바 계몽 절대주의를 채택한 프리드리히 2세의 통치 하에서 확실히 종래의 군주의 자화상이 변화하였다. 군주는 「국가의 첫 번째 공복」이 되었다. 그러나 여기서 말하는 국가는 영방이나 국민과도 동의어는 아니었다. 오히려 바로 계몽 절대주의의 사고에 의하면 국가는 자기목적이라는 것과 거의 비슷하고, 그것은 국가이성의 고유한 법칙에 따라 활동한다. 이러한 사고방식은 벽에 붙은 다음과 같은 포고문에 집약적으로 나타났다. 베를린 사령관은 이 포스터에서 프로이센의 수도 주민에 대해서 국민과 단절된 프로이센 국가의 종언을 고하려고 하였다. 군사적 파국을 전하는 포고는 그 중요한 부분에서 이렇게 적고 있다. 「국왕 폐하께서는 패전하셨다. 평온만이 시민의 첫 번째

의무이다」.

우리는 프랑스혁명에서부터 제1차 세계대전이라는 물량전으로 끝마친 유럽 역사에서
도 특별한 시대, 즉 19세기라고 불리는 시대를 개관하고 있지만, 이미 언급했듯이 (제25절
B) 이 시대를 지배하는 공리는 일반적으로 **국가와 사회의 이원적 대립**이라고 일반적으로
말할 수 있다. 그리고 실제로도 이러한 사고방식은 적어도 연구 가설로서 19세기에
일어난 각종의 현상을 우리들에게 한층 구체적으로 이해시켜 준다. 그러나 그때에 주의해
야 할 것은 이 「대립」(Gegensatz)에 대해서이다. 그것은 말하자면 과거에 비해서 국민과
국가의 관계가 훨씬 친밀해졌다는 것을 보여준다. 왜냐하면 프랑스혁명 이전의 국민(본래
한 영방의 주민을 이렇게 총칭해도 좋은지 문제이지만, 그것이 허용된다면)은 단지 영방 군주의
정책의 객체에 불과하였다. 이를테면 독일에서는 이 정책은 항상 매우 후견적·복지적이
었다. 즉 다시 약간 과장해서 말하면, 국가는 영방과 그 주민에 봉사하지만, 그것은
양자가 국가주도에 의한 사회형성의 계획에 불가결의 요소로서 생각되기 때문이다.
프로이센은 이른바 「프리드리히 대왕의 위업 위에 걸터 앉아 있었다」. 그 국가가 붕괴됨으
로써 바로 분명하게 된 것은 국가가 엄격하게 통제되고 정치적으로 활성화된 국민[역주
- 프랑스국민]을 상대로 하였다면, 이 쪽도[*역주 - 프로이센] 동일한 방법을 취할 때에만이
그것이 가능하다는 것이다. 붕괴된 국가를 재건한다는 것은 결국 **국민에게 기반을 둔
국가를 만드는 노력**을 의미하였다.

이 재건이 계획되고 실시됨에 있어서, 그것이 정복과 점령된 **영방을 해방한다는 목적을
가지고** 수행된 것은 그 이후의 프로이센 국가발전에 영향을 미치지 않을 수 없었다.
그러므로 슈타인과 함께 프로이센개혁 구상을 가장 적극적으로 추진한 것은 군부(Die
Militärs)이다. 바로 군사분야야말로 가장 혁신의 필요성이 통감되었기 때문이다. 개혁론
자들은 권리와 동시에 의무도 이행되어야 한다고 생각하였다. 다음에 다시 상세히 설명하
지만, 「슈타인의 도시제도(都市制度)」(Städteordnung)는 귀족과 시민, 그리고 농민간에
있었던 신분적 차별을 모두 철폐하는 것과 군형법전에서 파렴치죄를 삭제하는 것을
표리일체로 이해하면서 이것을 행한 것이다. 샤른호르스트(Scharnhorst)가 그나이제나
우(Gneisenau)에게 보낸 편지에서 이렇게 적고 있다. 「폐허에서 일어서는 데에는 한
가지 방법밖에 없다. 국민에게 자립성을 심어주는 것이다. 국민에게 자신의 것을 알고
자조할 기회를 주어야 한다」.

【247】 그러나 국가의 재건이 모두 이 방침에 따라 수행된 것은 초기 단계에서만
그러하였다. 그것을 상징하는 것은 프라이헤르 폼 슈타인(Reichsfreiherr vom Stein,
1757-1831)이었다. 슈타인은 나싸우 제국 기사 신분의 출신이며, 1807년 프로이센
경제 및 재정 대신으로, 그때까지 잔존한 관방정치(Kabinettssystem)와 대립하여 실각하

기까지 프로이센 행정조직의 정상에까지 올랐다. 그러나 곧 다시 총리대신으로서 부활한 다. 그는 프로이센의 내정책임자로서는 겨우 16개월밖에 활약하지 않았지만 (1807-1808), 그 사이에 **공공심과 시민정신을 재생시키려는** 의도 하에서 일관되게 국가재 편을 추진하였다. 그 일환으로서 전술한 모든 신분차별의 철폐를 들 수 있다. 당시에는 일반적으로 프랑스를 모방하는 것이 유행이었고 슈타인도 마찬가지였다. 그러나 그 밖에도 그는 특히 몽테스키외의 영향을 받았고, 더구나 몽테스키외를 통해서 본 영국의 국가체제, 그리고 샤프츠베리경에게서 단서를 발견할 수 있는 선악판별을 설명하는 윤리학에 영향을 받았다고 할 수 있다.80) 그러나 슈타인의 행정개혁 계획을 보면 매우 중앙집권화되고 평균화된 프랑스 행정조직을 그대로 계수하려고는 생각하지 않았다. 오히려 이전의 독일과 영국의 선례에 따라, 1808년 11월 19일의 **도시제도**(都市制度)에서 는 시민의 자치행정을 확립하고, 거기서 행정의 지방분권화를 도모하려고 하였다. 이 중요한 입법에 의하면 시민은 매우 민주적인 선거법(즉 보통·평등·직접선거를 규정한)에 근거하여 시 대의원회(Stadtverordnetenversammlung)를 선출하도록 되어 있다. 시 대의 원회는 나아가 본래는 합의제 행정관청인 시참사회(Magistrat)를 선출하였다. 시 참사회는 일정한 국가의 감독을 받으면서 자기 책임으로 시 사무를 처리하였다. 또 슈타인은 군과 지방촌 제도(Kreis-und Landgemeindeordnung)도 생각했지만 당시로서는 무리였 다. 여하튼 군주제가 있는 이상 거기에 적합하지 않은 부분이 많았기 때문이다. 슈타인의 구상에 기초하여 주신분제의회(Provinzialstände)가 설립된 곳은 우선 1813년의 봉기에 서 중요한 역할을 한 동부 프로이센주만이었고, 다른 주에서는 이에 상당한 제도가 설치(겨우 1823/1824년에)되었다. 주 신분제의회는 명망가의 회의이며, 주 법률을 심의하 는「자치행정단체」(Selbstverwaltungskörperschaft)였다. 나아가 이 의회에는 국왕에 대 한 청원권(Petitionsrecht)이 인정되었다. 독일동맹 규약 제13조에 의하면 프로이센 국민 을 대표하는 신분제의회가 설립되도록 되어 있다. 그리고 1820년 1월 17일 국채칙령 (Staatsschuldenedikt)은 신규의 기채(起債)에는 제국신분의회의 동의가 필요하다고 규정 했지만, 당시 이러한 프로이센 전체를 대표한 제국의회(Reichstände)는 결코 창설되지 않았다.

【248】 슈타인의 후계자는 하르덴베르크(Fürst von Hardenberg, 1750-1822)였다. 하르 덴베르크는 하노버의 관리로 시작하여, 1782년 이후는 프로이센의 각종 분야에서 대신을 역임하였다. 그는 국가재편이 필요하다는 목표에 대해서는 프랑스의 침략으로부터 프로 이센을 해방시킨 전임자들과 완전히 견해가 일치했지만, 국가에 있어서 시민의 지위와 국가에 대한 시민의 지위에 관해서는 완전히 **기본적 견해를 달리하였다.** 즉 슈타인은 개인의 윤리적 책임을 모두 인정하면서도 단체법상의 제약에 복종시키려고 하였다.

---

80) Dieter Schwab, Die "Selbstverwaltungsidee" des Freiherrn vom Stein und ihre geistigen Grundlagen (1971), pass., insbes. S. 24 ff., 155 ff. 참조.

이것은 자치행정을 단계적으로 구성하려는 그의 사고방식에서 분명히 나타나 있다. 이에 반해서 하르덴베르크와 그의 보조자인 알텐슈타인(K. F. v. Altenstein)은 **개인의 자유**는 경제적 분야를 포함해서 **무제약**적이라고 생각하였다. 슈타인은 국가와 사회의 대립을 극복하려고 했지만, 바로 하르덴베르크는 이러한 대립을 다시 강조하였다. 이 때문에 하르덴베르크는 종래의 합의제를 후퇴시켜, 나폴레옹에 따라 단독제 원리에 근거하여 국가행정을 편성하였다.

【249】그리하여 1808년 12월 16일의 고시(Publikandum)에 근거하여 **행정조직의 정상에는 5개의 전문성**[省](뒤에 「기본」성이라고 불렸다)이 설치되었다. 이것은 종래 상호 조정되지 않고 병존한 3개의 합의제 관청(제15절 C 참조)을 대신한 것으로 일체가 되어 내각(Staatsministerium)을 형성하였다. 에른스트 포르스토프(E. Forsthoff)의 지적에 의하면, 이 기본성의 설치는 약간의 합리성에 근거해서, 단순히 행정의 수반을 경질하는 것이 아니고, 그 이상으로 오히려 관방고문관(Kabinettrat)의 영향력을 배제하고 관방제도 자체를 약화시킬 의도를 가졌다는 것은[81] 정당한 지적이다. 그런데 기본성의 장은 행정관의 최고위직이면서 군주에게 직속되어 있었다. 결국 관방고문관과 같은 매개체는 존재하지 않았다. 자신감에 찬 슈타인과 그 동료는 자신들이 매우 깊은 전문지식을 갖고 있었기 때문에 당초 이러한 매개체는 불필요하다고 생각하였다.「고문관의 영향력을 배제시키는 것이 내각 설치의 원칙적 의의이며, 그것은 다음과 같은 행정을 둘러싼 정치 정세의 결과이다. 즉 군주에 대해서 책임있는 조언을 하는 데에는 이미 단순한 군주의 신임을 얻었다는 것만으로는 불충분하고, 이 신임이 전문 분야의 지도에서 얻은 경험에 의해 뒷받침되어야 한다고 생각하였다. 입헌군주제에 있어서 대신의 지위는 이러한 근본사상에도 입각하고 있었다. 이 단계에서 비로소 행정은 국가제도의 영역에서 모습을 완전히 나타낸 것이다」.[82]

이전의 주 관청들의 잔재는 **주지사**의 직(Oberpräsidium)으로 개조되고 내각에 종속하였다. 주지사는 프랑스군 점령시대에는 외국 군대에 점령당했지만 프로이센에 잔존하는 각 주로부터 북동부 끝까지 뻗어 있는 프로이센 국가의 있는 그대로의 모습을 체현하였다. 1817년의 이 관직의 개조 뒤에도 주지사는 각 주의 수도에 설치되어 각 주에 대한 전반적인 감독권을 가지고 있었다. 중급 행정조직으로서는 주지사 이외에 **정청장관**(Regierungspräsident)이 설치되었는데, 양자의 관할구역의 분명한 구획에 관해서는 이 이중구조가 폐지될 때까지 뚜렷한 구상이 나타나지 않았다. 정청장관이라는 관청은 이전의 병참직할지국(Kriegs-und Domänenkammer)에서 발달한 것으로 국가(중앙)행정

---

81) Forsthoff, Lehrbuch des Verwaltungsrechts I, 10. Auflage, 1973, S. 30 f.
82) Forsthoff, a. a. O., ― 히틀러는 1942년 실질적으로 관방제도를 부활시켰다. 따라서 18세기의 절대국가와 근대의 독재제의 지도 방법이 일치한 것이 특징적이다. 이에 대해서는 Albert Speer, Erinnerungen (1969), S. 266 참조.

쪽에 역점이 두어졌다. **군행정**(Kreisverwaltung)에 대해서는 손을 대지 않았다. 군행정의 장은 군수(Landrat)로서 국가관리와 지방관리를 겸직하였다. 지방제도와 군제도는 빈회의 결의에 근거한 것으로서 새로이 병합된 영역에도 미치게 되었다.

이처럼 매우 중앙집권적 행정조직을 가진 국가라는 것은 슈타인 본래의 의도에 반하는 것이었는데, 1817년에는 최고위급 관료와 장교로 구성된 **국가자문원**(Staatsrat)이 설치되어 국가행정의 정점에 위치하였다. 자문원의 의장은 재상 하르덴베르크였다.

【250】 C. 칼스바트 결의가 나올 때까지 프로이센에서는 자유주의적 경향이 강하였다. 이것을 뒷받침한 것은 주로 고급관료층이며, 그 원형을 형성한 것은 「자유주의적 추밀고문관」(der liberale Geheimrat)이라고 불린 사람들이었다. 그러나 그 후에 주의회(Provinziallandtag)가 설립되고 보다 보수적인 분위기가 지배적으로 미쳐 **국가제도를 어떻게 할 것인지의 문제에 관한 논의는 우선 자취를 감추었다.** 확실히 프로이센의 태도가 이렇게 후퇴한 이상, 그것은 진보적인 남독일의 영방에 대해서 프로이센이 어느 정도 자취를 남겼던 것을 의미하고, 이 북독일의 강국은 지나치게 충실한 메테르니히 내정의 추종자였다고 생각되었다. 그러나 신성동맹의 전조를 나타내는 이 시대에 그것은 당장 직접적으로 악영향을 미치지는 않았다. 더구나 여기서 고려해야 할 것은 점령과 거기서 계속된 해방전쟁으로 인하여 전부 황폐화 된 영방의 경제를 재건하는 것이야말로 내정상 중요하였다.

프리드리히 빌헬름 3세가 타계함(1830)에 따라 국가제도를 어떻게 할 것인가 하는 문제에 다시 착수하려는 자세가 나왔다. 헌법제정을 기도하려는 그룹의 지도자들은 **자유주의자들**이었다. 그들은 라인주에서는 경제에, 동부 프로이센주에서는 주로 윤리에 중점을 두어 강령을 내세웠다.

【251】 1847년에 베를린에서 쾨니히스베르크까지의 동방 철도 건설을 위하여 기채(起債)의 필요성이 명백하게 되었다. 이 철도는 전략상 중요하지만 거기에서의 이윤은 기대할 수 없었다. 다시 대은행에 의한 사적 융자의 형태가 보급되었지만, 그것만으로 철도건설이 불가능하였다. 이미 말한 국채칙령에 의하면 기채를 하기 위해서는 영방의회의 동의를 얻어야만 했기 때문에 프리드리히 빌헬름 4세(1840-1861)는 베를린에서 **합동영방의회**(der Vereinigte Landtag)를 소집하였다. 이것은 각지의 주의회에 의해 구성되었다. 이 의회의 석상에서는 다른 법안도 몇 가지 제출되었다. 그러나 국왕은 합동영방의회의 정례 집회권을 인정하려고 하지 않았다. 내심으로는 자유주의의 세력들을 인정해야 한다고 생각하면서도, 교만한 국왕은 자유주의자가 세력을 떨치는 것이 두려웠기 때문이다.

파리 **2월혁명**의 여파는 1848년 3월에는 독일에도 파급되었다. 그때에 베를린에서는 시가전이 일어나고, 그 결과 군대는 철수하고 국왕은 권위를 상실하였다. 같은 해 4월에 다시 합동영방의회가 개최되고, 보통 평등 그리고 직접선거에 의해서 **프로이센 제헌국민**

의회(verfassunggebende Preußische Nationalversammlung)의 소집이 결의되었다. 이 국민의회는 주로 소시민과 민주주의자들로 구성되고, 캄파우젠과 한제만(Camphausen-Hansemann)의 자유당 내각이 제출한 **헌법초안**을 급진적인 형태로 개정하려고 하였다. 이 초안은 벨기에 헌법을 모범으로 하면서 국왕의 희망을 넣어서 그의 권리에 매우 많은 고려를 한 것이다. 이 초안의 개정은 야당의 반발을 초래하였다. 그들은 여전히 강력한 보수주의자 집단으로서, 뒤에 「십자가신문」(Kreuzzeitung)이라고 개칭하는 기관지를 발행하고, 군주에게도 영향력을 미쳤다. 새롭게 브란덴부르크와 만토이펠의 보수 내각이 임명되고, 이 내각은 베를린 시가전의 영향을 배제하기 위해서 우선 국민의회를 브란덴부르크에서 소집하고 이어서 이것을 해산하였다. 그리고 국왕은 헌법초안을 **잠정적으로 발포하였다**(흠정). 이른바 이 제1차 (흠정) 헌법에 근거해서 하원(Abgeordnetenkammer)이 보통 · 평등 그리고 직접선거에 의해 선출되었다. 하원은 정부에 대해서 프랑크푸르트 헌법(Frankfurter Reichsverfassung)을 승인시키려고 하였고 베를린의 계엄상태의 해제를 요구하였다. 이 때문에 하원도 해산되고 종래의 평등선거 대신에 이른바 **3등급 선거법**(Drei-Klassen-Wahlrecht)이 적용되었다. 이것은 1845년 라인주 시촌조례(市村條例) 제정시에 만들어진 것으로서 납세액에 따라서 유권자를 3등분하였으며, 이리하여 유산계급을 우월시하였다. 새로이 선출된 란트의회(Landtag)는 이른바 **수정헌법**(revidierte Verfassung)을 승인하고, 국왕은 상당히 지체시켜 1850년에 이 헌법을 발포하였다.

【252】이 **수정헌법** 역시 외관상은 벨기에 헌법에 의거하였다. 이 헌법도 기본권의 열거에서 시작했기 때문이다. 벨기에와 마찬가지로 란트의회는 귀족원(Herrenhaus)과 대의원(Abgeordnetenhaus)의 양원으로 구성되었다. 그러나 귀족원의 구성에 대해서는 1818년부터 1820년에까지 남부 독일 영방의 헌법을 따랐다. 국왕은 대신의 임명에 있어서 의회제의 제약을 받지 아니하고, 따라서 국왕의 지위는 통수권 문제에 대해서 대신의 부서를 불필요하다고 생각했기 때문에 강력하였다. 특히 군대는 헌법이 아니라 국왕 일신에 대해서만 충성을 맹세하였다. 특히 이 점에서 **벨기에 헌법과의 차이점**이 발견된다. 왜냐하면 벨기에 국왕은 이미 만들어진 헌법을 승인해야만 했던 것에 반해서, 프로이센에서는 과대한 요구를 했기 때문에 란트 의회 자신이 반동의 물결에 휩쓸려 버렸다.

【253】독일의 **중규모 국가**에서도 1848년의 파리 2월혁명의 여파를 받아 우선 자유주의적 입헌운동이 높았지만, 1850년 중반에 이르러 다시 거기서도 반동이 나타났다. 선거법이 자유주의적 민주주의적으로 수정되었지만 다시 폐지되거나 이러한 선거법에 의해 선출된 제2원이 해산되었다. 그 결과 법상태는 낡은 국가제도에서 일정한 신분국가적 잔재를 제거한 것과 비슷하였다. 양 메클렌부르크에서는 1755년의 신분제 의회가 부활되

기도 하였다. 1848년 세 개의 **한자동맹의 도시**(Hansestadt)가 독일 헌법의 발전대세에 따랐다. 즉 시 참사회(Senat)는 도시귀족으로 구성되었고, 그 중심 멤버 속에서 정부가 형성되었다. 이 시 참사회에는 시민에서 선출된 의회가 대립하였다. 다만 이러한 현실에서 존재하는 공화제의 국가형태는 되도록 눈에 띄지 않게 시도되었다. 오스트리아의 발전은 특수한 것이었고, 이것에 대해서는 뒤에 다른 사항과 관련하여 서술하고자 한다(제 28절 B, E).

【254】D. 독일 전체의 입헌주의 발전을 살펴보기 전에, 이 장을 정리하는 의미에서 조금 더 그 이후의 **프로이센의 입헌군주제의 전개**에 관해서 고찰해 본다. 왜냐하면 그것은 독일 특유의 입헌주의라는 국가형태를 전형적으로 나타내었다고 생각하기 때문이다. 앞서 말했듯이(본절 C), 프로이센 국왕은 내각과 협동하여 통수권을 보유하고 있기 때문에 매우 강대한 지위에 있었다. 그러므로 국왕과 의회의 자유주의적 여당 사이에 군대를 둘러싼 새로운 정치적 대립이 가열되었다.

프리드리히 빌헬름 4세 아래서 1860년 이후 보수내각이 형성되었지만, 그의 동생 빌헬름 1세(1861-1888)는 처음에 자유주의 내각을 임명했기 때문에 「**새로운 시대**」(neue Ära)가 도래한 것처럼 생각되었다. 그러나 다시 프로이센에서 국민개병제를 실시하고, 군대에 만연한 부조리를 척결하려고 생각한 국왕은 바로 의회의 저항에 부딪혔다. 즉 인구가 거의 두 배로 증가했음에도 불구하고, 매년 징병수는 변함없이 1815년 단계의 인구수에 기초하고 있었다. 국왕은 군대제도 개혁에 의해서 그때까지의 부조리를 시정하고, 프로이센의 군사와 외교력을 강화하려고 하였다. 그러나 의회의 여당은 당시 자유주의 시민층이 상비군의 설치에는 원칙적으로 반대한다는 것을 들어 군대유지에 필요한 장기지출에 대한 동의를 거부하였다. 이 군제개혁을 둘러싼 논쟁은 이른바 **헌법분쟁**(Verfassungskonflikt)을 유발시켰고,[83] 그것이 단서를 제공하였다는 것은 분명하다. 문제의 핵심은 입법절차에 관여하는 동격의 국가기관들(국왕, 귀족원과 대의원)의 판단이 분분하게 되어 통일을 기할 수 없는 경우에 어떻게 조치를 해야 할 것인가에 대한 것이며, 비스마르크가 초기 입헌주의 학설로부터 빌려온 「**흠결이론**」(Lückentheorie)에 의하면, 헌법이 규정하지 않는 것에서 생긴 흠결은 과연 자유주의의 사고로 보충할 것인가 아니면 입헌군주제의 사고로 할 것인지 이다.

【255】이러한 상태에서 국왕은 육군대신 론(Roon)의 조언에 따라 파리의 나폴레옹 3세의 궁정에 있었던 프로이센 대사 오토 폰 비스마르크(Otto von Bismarck, 1815-1898)를 수상에 임명하였다. 비스마르크는 옛날 변경지방에서 살았던 지방귀족(융커) 출신으로,

---

83) 다음의 서술에 대해서는 E. R. Huber, Bismarck und der Verfassungsstaat, in: Nationalstaat und Verfassungsstaat, S. 188 ff. (193 ff.)를 참조.

법학을 공부하고 국가관리로 단기간 근무한 후 자기소유지의 관리에 전념하였다. 1847년 의 합동영방의회에서 그는 보수당에 소속하였고, 그 뒤 1848년 혁명의 가장 예리한 적대자가 되었다. 1851년 이후는 독일동맹의회, 그 후 페테스부르크와 파리에서 프로이센 사절을 역임하였다. 테오도르 호이스(Theodor Heuss)*는 비스마르크의 초기 정치활동의 단계에서「그는 훌륭한 풍채에 맞지 않는 외교수완을 보였다」고 비웃었다.[84] 나중에 그는 사려 깊은 정치가로서 대성했지만, 가장 뛰어난 분야는 역시 외교였다. 이 때문에 1862년부터 독일제국 재상을 사임한 1890년까지 그는 항상 외상을 겸임하였다.

그런데 프로이센의 새로운 재상이 된 비스마르크는 절친한 친구 론과 협력하여 의회의 여당과의 **대립을 타파**하였다. 즉 정부는 증강된 군대에 필요한 조세를 의회의 동의없이 징수하고, 의회가 가결한 예산 중에서 해당 항목이 없음에도 불구하고 군사비를 지출하였 다. 결국 그 정책을 지지하는 귀족원의 동의만 의지할 뿐이었다. 이것이 허용된다고 하면, 이유는 두 가지 밖에 생각될 수 없었다. 우선 첫째로 프로이센 헌법 제109조에 의하면 다음과 같은 예산제도(Budget-System)가 있는데 조세법은 예산과 같이 매년 의결되는 것이 아니고, 그것이 폐지되거나 개정될 때까지 계속해서 존속하는 것으로 되어 있었다. 둘째는 당시 프로이센에서는 경기가 상승하였고, 그것은 전술한 조세법을 통해서 국가수입을 자연히 증대시키는 것이었다. 이러한 분쟁을 해결하기 위해서 비스마 르크는 **사후승인을 요구하는 법률**(Indemnitätsgesetz)을 제출하고, **이것으로** 전술한 **헌법 위반의 사태**를 종식하였다. 프로이센·오스트리아 전쟁 뒤에 새로이 선출된 의회는 이 법률로 예산법의 수권 없이 한 지출을 추인하고, 그것으로 정부에 대한 헌법상의 필요한 면책을 주었다(1867년). 오늘날까지 논의되고 해결되지 아니한 의문은 도대체 누가 이 헌법분쟁에서 진정한 승리자인가 하는 점이다. 우선 국왕 정부라는 학설이 있다. 정부는 사후승낙을 받음으로써 유사시에 동의 없이 지출도 가능하다는 취지를 의회에서 인정받았다는 것이다. 또 정부는 의회에 대해서「사후에 자세히 사과」했기 때문에 승리자는 하원이라고 생각할 수도 있다. 그러나 이 두 가지 해석도 사태를 정확하게 파악하지는 못한다. 오히려 사후승낙을 구하는 법안이 제출되어 가결되었다는 것은 **확실히 하나의 타협**을 의미한다. 비스마르크는 의회의 자유주의 여당과 결탁하였다. 따라서 본래의 패자는 프로이센의 극단적 보수층이 된다. 그들은 헌법분쟁을 절호의 기회로 하여 헌법에 포함된 입헌주의적 요소를 제거하든지, 거기까지 미치지 못하더라도 결정적으로 약체화 시키려고 획책하였다. 따라서 이러한 의회와 타협했다는 것은 비스마 르크가 독일통일을 달성하려는 야망을 깊숙히 품고 있었던 것이 나타난 것이라고 하겠다. 제국건설을 위해서는 시민층의 대부분을 차지하는 자유주의자의 지지가 필요하였고, 또 현재 지지를 받고 있었기 때문이다.

---

84) Heuss, Profile (1964), S. 135.

【256】프로이센에서 **의회제가** 완전히 **후퇴되었다**는 것은 우선 1862년부터 1866년까지의 헌법분쟁의 **헌법상 결말**이었다. 이 경우에도 일방적으로 사태의 책임이 국왕과 정부에 있다는 견해는 정당하지 않다. 에른스트 루돌프 후버[85]와 프리츠 하르퉁[86]도 정당하게 지적하듯이, 1862년에 자유주의 정당의 지도자들을 권유해서 입각시킨 것은 바로 비스마르크였다. 물론 그것은 통수권의 문제에서 의회의 지지를 얻으려는 보증을 기대하였기 때문이다. 하지만 지도자들은 입각하지 않고 야당으로 남는 길을 선택하였다. 이것은 단지 그들이 국가와 사회의 이원적 대립이라는 사고에 강하게 집착했다는 것만으로는 설명할 수 없다. 그들은 하원의 야당석에 안주하고 정부를 체크하는 것이 사명이라고 생각하였고, 입각하여 책임을 질 생각은 결코 없었다. 이것은 그 이후 프로이센과 독일의 **역사의 본질을 어느 정도 규정하는** 것임에 틀림없다. 왜냐하면 이처럼 원외에서의 사태해결이 통용된다고 간파한 것과 비스마르크는 재차 입각을 권유하지 않고 가능한 이미 말한 타협을 하려는데 그쳤기 때문에 자유주의자들은 결정적인 기회를 상실해 버린 것이다(!).

【257】이 나라의 **입헌주의 헌법의 형태**는 더구나 벨기에와는 동떨어졌고, 오히려 **남부 독일형태**에 가까웠던 것은 프로이센의 헌법분쟁이 가져다 준 또 하나의 결과였다. 비스마르크는 하원에서 가장 우세한 정당으로부터 입각시켜 책임을 함께 지우려고 시도했지만 실패하였다. 이것과 헌법분쟁 자체가 의미하는 것은 자유주의 시민층은 이때까지도 1808년 이후의 프로이센의 개혁들이 기대한 역할을 수행할 수 있을 만큼 성장하지 못하였다는 점이다. 그러므로 **특수한 독일의** 19세기 **입헌주의 국가유형**은 지방자치나 또는 뒤에「정치적」자치에서도 발견된 단체적 성격은 거의 희박하였다. 그래서 입헌주의적 제약을 가해 보아도 결국 프랑스혁명의 법률에서 시작된 19세기보다도 오히려 절대주의 이전의 신분제 국가의 무기고에 적합한 것 같은 통치기구였던 것이다. 요컨대 지배자와 정부 그리고 시민이라는 양 당사자의 의사와 그들이 그린 자화상에 따르는 한, 항상 이 국가유형에는 통치에 있어서 이원적 구조라는 특징이 그 뒤의 시대에까지도 붙어 다니게 되었다.

제8장 새로운 독일제국의 건설

제28절 민주주의에 기초한 제국건설의 최초의 시도 ― 1848~1849

【258】A. 이미 언급했듯이(제22절), 독일동맹의 조직은 매우 불충분한 것이기 때문에,

---

85) Huber, Verfassungeschichte III, S. 305 f.
86) Hartung, Verfassungeschichte, S. 263.

그 규약에 따르는 한 국민국가의 통일이란 독일 국민의 숙원의 성취는 사실상 불가능하였다. 요컨대 독일 전체를 포함하는 국가의 건설은 규약의 개정에 해당하므로, 동맹의회의 대회의에서 만장일치의 의결이 필요하였다. 그러나 프로이센과 오스트리아의 패권다툼과 독일의 중규모 국가들이 독립유지에만 전념한 점을 생각하면 그것은 거의 무리한 논의였다.

【259】독일 각지에서 공업화의 진전으로 분업경제(die arbeitsteilige Wirtschaft)가 형성되었다. 따라서 당장 필요한 것은 **경제적 통합**이었으며, 당시 독일의 여러 영방들이 독립관세 구역이었다는 사실이 상품의 유통을 저해한 것은 당연하다. 그런데 독일동맹에서는 이 문제를 해명할 능력마저 가지고 있지 않았기 때문에 경제적 통합은 동맹의 차원 밖에서 진행되었다. 그렇지만 극복해야 할 문제가 여전히 많이 남아 있었다. 먼저 각각의 특수 사정으로 오스트리아와 한자동맹의 도시들은 통일적인 조정에 관심이 없었으며, 다른 독일 영방들도 비로소 광역경제의 이점을 조금씩 이해하기 시작하였다. 이러한 사정으로 우선은 지역적으로 부분적 통합이 이루어졌다. 즉 프로이센과 헤센 및 다름슈타트는 관세동맹을, 바이에른과 뷔르템베르크는 남독일 관세동맹을, 그리고 몇몇의 중부독일의 영방들은 중부 독일통상동맹을 각각 결성하였다. 1833년에는 나아가 프로이센의 주선으로 이른바 「**독일관세동맹**」(der Allgemeine Deutsche Zollverein)이 성립하고, 거의 모든 독일국가들이 이에 가맹하였다. 그러나 오스트리아와 이에 경제적으로 의존한 리히텐슈타인, 다른 한편 룩셈부르크(홀란드와 관세동맹 결성), 하노버, 올덴부르크, 홀슈타인, 양 멕클렌부르크, 그리고 한자동맹의 여러 도시들은 여전히 관세동맹의 국외자로 남아 있었다. 하노버와 올덴부르크는 하노버 관세동맹을 따로 결성하여 1853년까지 계속하였다. 독일관세동맹 조약은 그때마다 기간을 한정하여 체결하였기 때문에 조약의 경신에 앞서 항상 어떤 종류의 타협이 필요하였다. 프리드리히 리스트(Friedrich List)는 통일적인 통상연합을 제창하였지만 결국 실현을 보지 못하고 말았다.

【260】그런데 독일동맹에서는 분명히 결함이 많았기 때문에 1840년대에는 여러 영방들이 **개혁안**을 제출하였다. 하나의 예를 들면 프로이센 국왕 프리드리히 빌헬름 4세와 대신 폰 라도비츠(Radowitz)는 1840년과 1847년에 오스트리아에 대하여 다음과 같은 내용의 제안을 하였다. 즉 각 정부의 자유로운 합의에 근거하여 동맹규약에 포함된 결함 중에서 두드러진 것만을 개정한다. 특히 방위력의 부족과 권리보호가 철저하지 못한 점을 개혁하고, 또 법적 통일성이 서서히 붕괴되어 국민의 물질적 수요에 부응할 정도의 준비가 없기 때문에 개선한다는 것이었다. 다만, 이러한 제안을 실현하는 데에는 프로이센과 오스트리아라는 두 열강의 합의가 선결 요건이었는데, 이러한 합의의 불성립으로 이 개혁안은 유명무실하게 되어버렸다. 역사가 프리드리히 마이네케(Friedrich Meinecke)가 파악했듯이 대증요법만 시도하였을 뿐, 가맹국들의 주권이란 병의 근원적

치료에 대한 노력이 없었기 때문에 이 개혁안은 깨어지고 만 것이다.[87] 1845년 2월 프리드리히 빌헬름 4세는 다시 같은 종류의 제안을 했지만 때는 이미 늦었다. 파리 2월혁명과 독일 각 영방에서의 혁명운동의 급속하고도 싱거운 승리에 상징되듯이, 국가를 대신하여 독일국민이 나설 차례가 돌아왔기 때문이다.

【261】B. 독일 자유주의 시민계층의 혁명적 돌격에 직면하여 군주통치는 급속히 붕괴되어 갔다.

오스트리아에서[88] 프랑스 2월혁명의 영향을 받아 처음 봉기한 것은 독일계 이외의 국민의, 즉 롬바르디아·베네치아왕국의 이탈리아인, 헝가리인, 그리고 체코인들이었다. 오스트리아 의회는 빈에서 집결하고 1848년 3월 13일 메테르니히는 해임되어 영국으로 망명하였다. 새로운 정부는 같은 해 4월 25일에 대체로 벨기에를 모방한 흠정헌법을 발포하고, 제국 내의 독일계 이외의 국민이 거주하는 구역에 대해 광범한 자치권을 부여할 것을 확약하였다. 그러나 5월 15일에 이르러 군중들이 재차 봉기하여 흠정헌법의 폐지와 헌법제정 제국의회의 선거고시를 정부에 요구하였다.

베를린에서는 이미 3월 단계에서 동일한 결과에 이르고 있었다. 앞서 말했듯이(제27절 C), 거기에서도 시가전이 일어났으며, 어떠한 헌법을 제정할 것인지의 판단은 국민 각층으로 구성된 제헌국민의회에 위임되어 있었다. 다른 독일의 영방에서도 사정은 대체로 마찬가지였다. 군주의 **정부**는 각지에서 **완전히 기능상실**이나 적어도 정치의 핵으로부터 배제되었다.

【262】C. 이러한 상황 아래서 독일 국민은 스스로가 주권자라는 사실을 자각하고, 1848년 봄 정부를 몰락시키거나 정부에 대립해서라도 스스로의 새로운 국가를 건설하려고 폭동에 나섰다.

국민주권을 대외적으로 과시하려고 통일헌법을 심의·제정할 독일 국민의회를 설치하라는 요구가 각지에서 일어났다. 일찍이 1814년 에른스트 모리츠 아른트(Ernst Moritz Arndt)는 독일 동맹의회에는 국가의 대표 이외에 국민대표기관이 필요하다고 설파하였다. 따라서 이러한 발상은 전적으로 시류에 의해 무시되지는 않았다. 그러나 독일동맹이 불평의 대상이었던 혁명세력은 동맹규약을 개정하여 동맹을 재건하려는 것은 생각하지도 않았다. 전술한 요구가 보여 주듯이, 역시 사람들은 동맹의회에 참가하여 의견을 진술하지 않고, 오늘날 서방측 국가들의 선례를 따라 **국가주권에 근거한 새로운 국가제도**를 창설하려고 의욕하였던 것이다.

---

87) F. Meinecke, Radowitz und die deutsche Revolution (1931), S. 52.
88) 이 사건을 오스트리아 측에서 본 것으로서 Pollak, 1848 - Revolution auf halbem Wege, S. 49 ff. 참조.

【263】1848년 3월 5일 하이델베르크에 집결한 서부와 남서부 독일의 정치가들은 **제헌준비회의**(Vorparlament)의 소집을 결의하였으며, 이 준비의회는 같은 해 3월 31일에 서부터 4월 3일에 걸쳐 프랑크푸르트에서 개최되었다. 거기에는 각 영방의회의 의원 약 500명 이외에 자유주의 정치가들이 모였다. 따라서 그것은 내용적으로 보면 자유주의자들의 당대회와 같은 것이었다. 그리고 준비의회는 본래의 의회, 즉 프랑크푸르트 제헌국민의회를 소집할 것, 동 의원 선거에 관한 원칙들(선거실시에 관해서는 각 영방에 위임하고 있었다)과 「오로지」독일의 새로운 헌법제정을 완전히 국민의회에 위임할 것의 3가지를 결의하였다. 같은 시기에 독일 동맹의회도 국민운동의 주도권을 잡으려고 획책하였지만 실패로 끝나 버렸다. 그 때문에 동맹의회는 준비의회의 결정을 추인하고, 1848년 7월 12일, 동맹의회의 권한은 그동안에 국민의회가 선임해 둔 독일국 섭정(Reichsverweser)에게 위양되었다. 개별국가들도 예외없이 준비의회의 결의를 승인함으로써 국민의회 선거가 각지에서 실시되었다. 이리하여 같은 해 5월 18일 「**독일헌법제정국민의회**」(Deutsche verfassunggebende Nationalversammlung)(이것이 정식명칭)가 프랑크푸르트의 바울교회(Paulskirche)에서 개최되었다. 이상의 과정에서 본다면, 초대의장 하인리히 폰 가게른(Heinrich von Gagern)이 강조했듯이, 이 의회가 「주권을 가진 독일국민이 사명과 전권을 부여한 대표의회」라고 자부할 만한 것이라고 하겠다.

【264】이 의회의 구성을 보면, 당시의 지도적인 학자, 작가, 그리고 문화인이 기라성과 같이 그 전면에 나타나 있으며 자주 칭찬되었다. 사실 「시인이나 사상가」가 정치분야에서도 독일 국민을 대표한 것은 전무후무한 일이다. 국민의회의 선출은 직접·평등 그리고 비밀선거로 실시되고 자산의 다과와는 관계없이 성년 남자 5만명 당 1명의 의원이 선출되었다. 이 선거법은 당시로서는 매우 급진적이었음에도 불구하고, 선출된 의원의 압도적 다수는 유산·교양시민계급이 차지하였다. 이와 관련하여 영국은 국민대표의회에 관한한 다른 유럽 국가들의 모범이 되고 있었다. 당시 영국은 1830년경 의회제의 위기를 맞이하였지만 이를 극복하고 1832년에는 선거법을 개정하였다. 그 결과 유권자는 국민 전체의 겨우 3%에 달할 정도였다. 국민 전체가 선거권을 갖게 된 것은 제1차 세계대전 이후의 일이다. 이러한 사실에서 프랑크푸르트 의회의 선거법이 얼마나 진보적이었는지를 알 수 있다. 그런데 **국민의회의 구성**을 보면 1848년의 독일혁명은 사회개혁이 없는 순수한 정치운동이었다는 사실을 알 수 있다. 즉 독일의 시민계급은 입헌주의 국가에서의 권리의 평등을 목표로 투쟁하였던 것이다. 군주제 자체를 붕괴시키려고 한 자들은 극소수였으며, 공화주의자는 준비의회나 국민의회에서도 아주 소수파에 그쳤을 뿐이었다.

【265】헌법의 심의에서는 처음부터 **난관**이 예상되었다. 입헌군주제를 지지하는 자유주의자가 다수를 차지하였지만, 그들은 정당조직 뿐만 아니라 국민의회 내부에서의 회파마저 결성하지 못하였다. 그 원인의 하나는 정당에 소속되는 것을 좋아하지 않는 개성이

강한 인물이 너무 많았다는 사실이다. 그러나 단적으로 말하면 **의회제의 훈련이 없었다는** 사실이 국민의회의 심의를 방해했다는 것은 분명하다.

【266】더 중요한 사실은 심의의 전제가 될 만한 **온전한 헌법초안조차 없었다**는 점이다. 의장 가게른(Gagern), 국법학자 달만(Dahlmann), 그리고 준비의회 자신도 간결한 제안이 유서를 제출하고는 있었지만, 그것은 기껏 지침의 정도였지 심의의 대상으로서는 쓸모가 없었다. 그러나 이 초안의 결여를 오로지 당사자들의 책임으로 돌릴 수는 없다. 오히려 그것은 많은 어려운 객관적 정세에 기인하였다. 적어도 **두 가지 기본적 대립**을 극복하는 일이 긴요하였다. 먼저 첫째로 **국민적 통일**이라는 이념과 **현실적으로 개별국가들이 존재한다는 사실** 사이의 모순이다. 이러한 개별국가들은 주민들 사이에 강력한 지방독자주의라는 정서가 뒷받침하고 있다. 또 하나의 모순은 강력한 **중앙권력**의 확립이 절실했음에도 불구하고, 현실적으로는 **오스트리아와 프로이센**이란 두 강국이 존재하였다는 사실이다. 바로 이 이원적 대립이 독일동맹의 기능을 마비시켰다는 선례로 파악된 것이다. 따라서 하르퉁의 다음과 같은 견해는 정당한 것으로 생각된다. 즉「이 객관적 정세는 너무나 곤란하여 의회가 사명을 다한다는 것은 처음부터 불가능하였다. 장광설이 의회의 심의를 지체시키는 사이에 희망에 찬「독일국민의 봄」(Völkerfrühling)은 지나가 버렸고, 정부는 혁명의 공포를 느끼고 희생을 각오하였지만 그것도 소멸되어 버렸다. 그러나 그것은 어떠한 중요한 일이 아니었던 것이다」.[89]

【267】국민의회가 해결해야 할 첫째 문제는 **개별 국가들에 대한 관계**이다. 즉 의회는 헌법을 독자적으로 제정해도 되는가? 그렇지 않으면 지금까지 독일의 정통권력이었던 영방들과 합의해야만 하는가의 문제이다. 이 문제는 혁명이 상당히 급진적 성향을 추구하는 것이었음에도 불구하고, 사람들의 내심은 여전히 얼마나 보수적이었던가를 보여주고 있다. 바로 그러한 사실을 나타내는 것이 가게른의 제안에 기초하여 도모된 타협책이었다. 사람들은 국민주권을 수중에 넣고 동시에 영방정부의 주권도 유지하려고 하였다. 이 사이의 모순은 해결할 수 없는 것이었다.

【268】물론 개별국가들의 존재를 무시할 수 있었던 것은 처음의 짧은 기간뿐이었다. 가게른은 유명한「영단」(kühner Griff)을 내렸고, 국민의회는 사전에 어느 여러 영방들의 의사도 묻지 않고 여전히 활동을 계속하고 있던 독일동맹의회의 상부에 **잠정중앙정권**을 수립하였다. 독일국 섭정에는 오스트리아의 요한 대공이 선출되고, 그는 카를 폰 라이닝겐(Karl von Leiningen) 공을 수상으로 하는 내각을 임명하였다. 요한은 좌파 민주주의자들 중에서도 매우 유명한 인물인 동시에, 임명형식에는 전술과 같은 문제가 있기는 했지만 정통권력인 영방들의 정부도 이 인선에는 만족하였다. 이리하여 새로운 정부는 그다지

89) Hartung, Verfassungsgeschichte, S. 182.

특별한 반대도 없이 발족하였다.

그러나 국민의회가 창설한 이 정권에 권력의 실체가 결여되어 있다는 사실이 곧 드러났다. 독일국 섭정과 입헌주의 원리로 보좌되는 독일국 책임내각(수반은, 라이닝겐의 후임으로, 먼저 오스트리아인 슈메어링, 이어서 가게른이었다)은 독일동맹의회보다 더 무력한 존재였다. 섭정과 내각은 통수권, 관리임명권과 재정권을 갖지 않았을 뿐 아니라, 영방들의 후원마저 받지 못하였다. 대영방의 다수는 자국의 섭정에 대한 충성서약을 시키지 않았던 것이다. 나아가 다른 국가들은 모두 이 새로운 중앙정권을 승인하지 아니하였다.

【269】D. 헌법의 심의는 「**독일 국민의 기본적 권리**」(Grundrechte des Deutschen Volkes)를 규정하는 데서부터 시작되었다. 그리고 이것은 헌법 전체에 우선하여 1848년 12월 27일 단행 법률로 발포되었다. 그 내용으로는 특히 통일적인 독일국 공민권, 모든 신분의 특권폐지, 법률 앞의 평등, 자의적 체포의 금지, 통신의 비밀, 출판의 자유, 개인과 기독교 교회의 종교의 자유, 집회와 결사의 자유 등을 들 수 있다. 더욱이 이 기본권의 내용에는 이전의 프로이센의 재무행정재판(Kammerjustiz)에 상당하는 행정사법(Administrativjustiz) — 이것은 아직 많은 영방들에 잔존하고 있었다 — 마저 폐지되고, 상급기관의 훈령에 구속되는 행정청이 아니라, 독립된 재판소만이 행정소송의 판단을 내릴 수 있음이 규정되어 있다. 이것은 그 후 사법과 행정의 관계변천에 있어서 중요한 것이었다. 이러한 기본권 목록이 제정되자, 곧바로 거센 비판이 일어났는데 그것은 잘못된 것이다. 실제로 이 목록은 혼잡하여 매우 체계성을 상실한 것이었다. 그리고 도대체 아직 성립하지도 않은 국가의 권한을 제한한다는 것도 생각해 보면 기묘한 일이다. 그런데 이 기본권이란 곧 1819년 이래 반복되어 온 경찰권의 남용에 대한 반발로 해석되며 그것은 당연한 것이었다. 그리고 각 영방의 권한이 많이 폐지된 결과 독일인의 자유의 영역이 발생되었는데, 이를 보장하는 일이 장래 독일국(Reich)의 사명으로 생각되었다. 따라서 이러한 기본권들은 독일통일을 향한 거보를 내딛은 사실을 뜻하는 것이다.

【270】다음에 **국가조직의 기본원칙**에 관해서는 합의가 빨리 이루어졌다. 그것은 라이히 헌법이 독일의 영방들에게 예외 없이 구속력을 갖는다는 사실(외국원수를 두는 영방에 대해서도), 독일 영방들과 독일 이외의 국가와의 연합이 허용되는 것은 신상연합이라는 이완된 형식에 한정된다는 두 가지 점이었다. 이에는 각 영방의 폐지는 고려되지 않는다는 부수적 판단도 포함되어 있었다. 그러한 것도 이미 1806년에 신하화된 영방군주들은, 적어도 작은 영방이 많았던 튀링겐에서는 영토를 재편성하여 영방의 수를 줄이자고 제안하였지만, 다수의견을 차지하지는 못했던 사정이 존재한 것이다. 이리하여 아메리카에 모범을 둔 **연방국가제**를 채용하는 이외에 다른 방도가 없게 되었다.

【271】프랑크푸르트 헌법은 라이히와 영방들 간의 **권한분배**가 매우 **잘 되어** 있었는데, 후에 비스마르크가 북독일연방과 독일제국 헌법에 대폭적으로 채택할 정도였다. 라이히에 부여된 권한은 다음과 같다. 외교관계에 관한 권한, 선전강화 결정권, 해군건설에 관한 배타적 권한, 군령권(이에 대해 병력 할당 결정권은 유력한 여러 영방에 유보되어 있었다), 교통(철도·해운과 우편) 감독권·도량형·관세·통화·통상관계 입법권, 그리고 독일의 법적 통일을 도모할 권한, 이에 필요한 비용을 라이히 고유의 수입으로 지출하도록 하고 라이히는 관세와 보통소비세의 수익으로 이에 충당하는 것으로 되어 있었다. 그리고 이 수입만으로 부족할 경우에 한하여, 연방 국비분담금(Matrikularbeitrag)이 여러 영방에서 징수되었다. 라이히 직접세와 국채는 비상시에만 인정되었다. 라이히의 자기증식 능력을 담보하기 위해서 헌법 제63조는 헌법을 개정하는 법률을 제정하여 권한을 확대시키는 권한을 라이히에게 부여하였다(이른바 권한결정권(Kompetenz-Kompetenz)).

【272】이에 비하여 **라이히 권력의 조직에 관한 규정**은 그다지 성과가 훌륭한 것이라고는 할 수 없다. 그 때까지 군주제를 채택해 온 여러 영방들이 하나의 연방국가를 결성해 본 선례가 없었기 때문에 그 조직은 **순이론적으로 구성되었다.** 즉 라이히의 정점에는 황제가 위치하며, 그는 직무를 행사함에 있어 책임있는 라이히 대신들의 협력을 필요로 하였다. 요컨대 훌륭한 입헌주의적 사고였다. 라이히의 가장 중요한 기관은 의회, 즉 라이히의회(Reichstag)로서, 이는 중의원(Volkshaus)과 영방의원(Staatenhaus)으로 구성되어 있었다. 중의원은 영방의원보다 훨씬 중요하였고, 보통·평등 그리고 직접선거에 의하여 선출되며, 그 의원의 수는 미국의 예에 따라 그때마다의 인구수에 비례하도록 되어 있었다. 영방의원에는 여러 영방의 대표가 파견되었는데 영방의 크기에 따라 (선출의원은 1명에서 40명이라는) 차이가 있었다. 영방정부와 영방의회는 다수결에 따라 각각 의원의 절반씩을 임명하며, 이에 대한 훈령권을 가지고 있었다. 이러한 구성의 이론적 결함은 첫째, 독일의 유일한 권력의 실체인 유력한 여러 영방들의 존재를 무시하고 있다는 점, 둘째, 독일 전체의 군주로서의 황제와 여러 영방들의 군주인 제후와의 관계가 애매했다는 점에 있다.

【273】E. 1849년 1월 헌법초안의 제1회독(die erste Lesung)이 종료했을 때, 각 영방으로부터 많은 **비난**이 쇄도하였다. 프로이센과 여러 소영방들은 초안 수정으로 족하다고 한 데에 대해서, 여러 중규모 영방들은 중앙권력을 유일한 왕가에 위임하려는 바울교회의 초안에 정면으로 반대하였다. 그들은 「군주의 군주」(Ober-Monarch)로서의 황제의 하위의 위치를 거부하고 집정부(Direktorium)를 요구하였다. 그러나 가장 중대한 반론이 오스트리아에서 제기되었다.

【274】이미 언급하였듯이(본절 B), **오스트리아**는 1848년 5월에 국가를 구성하는

각 민족단위로 분열되어질 위기에까지 이르고 있었다. 그러나 혁명운동과 민족운동은 상승효과를 발휘하지도 못한 채 곧 대립관계로 전락할 것이 분명해졌다. 메테르니히가 염려하고 그 실현을 저지하려고 했던 사태가 이제 그 모습을 드러내기 시작한 것이다. 즉 다른 민족성을 가진 국민들은 이 사태를 이용하여 여러 민족들의 동격과 자치를 요구하였을 뿐만 아니라, 각각의 소수민족의 권리를 박탈・탄압하였다. 그 대상들은 독일인만이 아니라, 특히 마자르지역에서는 슬라브계의 모든 주민들이었다. 이러한 상황에서 국민 전체를 위한 치안을 회복한 것은 군대였다. 뷘디쉬그래츠(Windischgrätz)는 1848년 6월 프라하의 질서를 회복시키고, 원수 라데츠키(Radetzky)는 같은 해 7월에 봉기한 이탈리아인을 쿠스토짜로 추방하는 결정을 하였다. 프란츠 그릴파르쩌(Franz Grillparzer)는 이 승리를 평가하여 「오스트리아는 군주의 아성」이라고 서술하였다. 왜냐하면 도나우 제국[오스트리아 헝가리 제국의 별칭]에서는 각 민족이 서로 반목한데 대해서, 이러한 상황에서 오스트리아 국가를 실질적으로 체현한 것은 오로지 무장한 군대뿐이기 때문이다. 같은 해 10월 다시 빈 시민의 봉기가 일어났을 때, 정부는 이제 평정을 잃지 않고 뷘디쉬그래츠 군대의 도움을 받아 빈의 치안을 회복한 것이다. 약체 정부를 대신하여 정력적인 펠릭스 슈바르첸베르크(Felix Schwarzenberg)공이 수반에 임명되고, 정신병이 든 황제를 대신하여 통치하고 있던 섭정단이 물러나고 프란츠 요제프(Franz Joseph I, 1848-1916년)가 즉위하였다. 마침내 헝가리인 코슈트(Kossuth)의 반란도 러시아의 원조로 진압되었다. 이것이 저 「신성동맹」이 낳은 피비린내 나는 만년의 성과였다.

　비록 이 헝가리 전쟁이 더 길어졌다 하더라도 (실제로 1849년 여름까지 이어졌는데) 오스트리아의 내정은 1849년 1월에는 독일문제에 다시 관심을 가질 정도로 안정되어 있었다. 독일의 정치에 참가할 수 있는 길이 차단될 상황에 놓여 있었기 때문에, 오스트리아는 완강한 조직을 갖춘 독일 라이히의 건설에 반대하였던 것이다. 독일 중규모 여러 영방에서도 이 반대에 대하여 역시 관심을 가졌다. 그들은 프로이센과 오스트리아를 대립시킴으로써 어부지리로 독립성을 유지하려고 하였다.

　【275】1849년 초, 오스트리아에 대한 관계에 관하여 **국민의회 내부에 새로운 당파적 재편**이 이루어졌다. 황제세습론자(die Erbkaiserlichen)들은 종래의 초안을 견지하려고 하였다. 이것은 실제로 제위를 프로이센 국왕에게 위임한다는 의도였다. 이에 대해 「대독일주의자」(die "Großdeutschen")들은 오스트리아 내의 독일계를 참가시킴으로써 그에 적합한 헌법의 개정을 요구하였던 것이다. **대독일주의자**들은 바로 슈바르첸베르크 자신이 그들의 승리를 탕진했음에도 불구하고 승산있는 것으로 예견하였다. 즉 1849년 3월 4일 슈바르첸베르크는 오스트리아제국 제헌의회를 해산하고, 헝가리와 이탈리아령을 포함하는 합스부르크제국 전체에 적용된다는 통일헌법을 흠정하였다. 그리고 프랑크푸르트 헌법초안을 개정하여 독일계 이외의 영토를 포함한 오스트리아 전체를 다가올

독일 라이히에 편입하도록 압박하였다. 그 결과 벨커(Welcker)를 필두로 대독일주의자의 일부는 황제세습론측으로 가담하였다. 그러자 헌법제정에 필요한 과반수를 확보하기 위해 대독일주의자는 민주주의자에 대한 포섭공작을 폈다. 후자는 프로이센의 개정안에 반대함으로써 대독일주의와 같은 생각을 가지고 있었다. 이리하여 같은 해 3월 27일 황제세습파의 「소독일안」이 267대 263으로 채택되고, 그 다음 날 찬성 290, 반대 0, 기권 248표로 프로이센 국왕 프리드리히 빌헬름 4세가 「독일국민의 황제」(Kaiser der Deutschen)로 선출되었다. 그러나 프리드리히 빌헬름은 프로이센이 헌법에 의문을 가지고 있다는 이유와 또한 국민주권사상 자체를 받아들이고 싶다는 이유로 그 선출을 거부하였다.

【276】그 때문에 의원의 대다수는 단념하고 프랑크푸르트를 떠나버렸다. 왜냐하면 이런 상황으로는 헌법초안을 각 영방에게 승인시키기 어려울 뿐 아니라, 일반 시민에 대한 길거리에서의 호소(그것이 큰 효과를 기대할 수 없는 점을 별도로 하더라도)도 대부분의 사람들이 거부하였던 것이다. 마지막으로 슈투트가르트에서 개최되어 계속 정부에 대한 인민무장봉기를 조직화하려고 기도하였던 **잔존의회**(Rumpfparlament)도 결국 1849년 6월 18일 경찰권력에 의해서 해산되어 버렸다. 이와 같이 권력에 굴복한 잔존의회 의원 가운데에는 노시인 루트비히 울란트(Ludwig Uhland)도 포함되어 있었다. 이러한 가운데 계속해서 반항하려고 한 약간의 무장봉기도 있었지만 군대에 의해서 진압되었다.
　이리하여 자력으로 국가를 건설하려고 한 독일국민은 독일에서의 권력의 실체인 개별 영방에 부딪쳐 좌절한 것이다.

【277】F. 1849년 여름 프로이센은 프랑크푸르트 헌법초안을 모방하면서 독일 여러 영방들의 자유로운 연합에 기초한 하나의 헌법을 창출하려고 하였다. 이 프로이센안은 세습황제를 폐지하고, 초안 중 매우 급진적이며 중앙집권적 규정을 수정한 것이었다. 독일의 여론은 이를 매우 차갑게 받아들였지만 프로이센안은 적어도 장래의 논의의 대상이 될만한 원안을 제공할 정도의 예상은 하였다. 그러나 헝가리를 타파하고 최종적으로 행동의 자유를 회복하는 등, 오스트리아는 바로 프로이센에 대하여 이 안을 철회시키도록 압박을 가하였다. 1850년 11월 28일의 올뮈츠조약(Konvention von Olmütz)*은 프로이센에 의한 통일의 기도에도 종지부를 찍었다. 이 통일안은 확실히 프랑크푸르트 국민의 회가 범한 과오의 하나, 즉 각 영방의 입장을 경시하는 전철을 밟지는 않았지만 한 가지 사실을 간과하고 있었다. 그것은 독일통일은 헌법을 여하히 하느냐 하는 단순한 독일의 내정문제가 아니라, 동시에 유럽외교상 중요한 문제라는 사실이었다. 이 외교라는 레벨에서 볼 경우, 유럽 국가들은 모두 오스트리아를 배후에서 지원하여 프랑크푸르트 의회에 의한 것인지, 프로이센의 발안에 의한 것인지를 불문하고 독일통일의 움직임에는 반대하였던 것이다. 이것을 상징하는 것이 당시 프로이센 영방의회 의원이었던 비스마르

크의 올뮈츠 조약 옹호론이었다. 그는 의회에서 국제정세는 정부가 양보하는 이외의
방법을 전혀 허락하지 않았다고 말하였다.

제29절 비스마르크에 의한 독일통일

【278】 A. 독일의 통일연방국가를 건설하려는 독일국민의 노력이 수포로 돌아간 후,
여러 독일정부들은 1850년부터 1851년 겨울까지 오스트리아의 주재로 **드레스덴 회의**
(Dresdener Konferenz)를 개최하였다. 여기에서는 독일동맹의 흠결 중 현저한 것을
동맹규약 개정으로 시정하려는 시도가 행하여졌다. 그러나 이 시도가 이번에는 프로이센
의 반대로 좌절되었다. 프로이센은 북부 독일에서의 자국의 우위를 희생시키려하지
않았으며, 또 희생이란 불가능하였던 것이다. 이러한 상황에서 1851년 여름 **독일동맹의회**
는 **이전의 형식**과 구성으로 활동을 재개하였다. 그러나 그 동안 계속된 사건들로 의회의
분위기는 상당히 변해 있었다. 혁명적 계략에 대해서 저항한다는 점에서는 견해가 일치한
것은 당연하였다고 하더라도, 종래 프로이센과 오스트리아의 이원적 대립구도에는 새로
운 변화의 조짐이 나타나기 시작하였다. 즉 추축국 오스트리아와 아주 교묘하고 정력적인
새로운 사절 비스마르크에 의해 대표되는 프로이센 사이에서 독일 중규모 영방들은
자신들의 표결수를 합산하면 상당한 발언권이 된다는 사실에서, 이른바 「세 개의 축」(「제3
세력」) [dia Dritte Kraft])으로서 독자적 정책을 추진하려고 하였다. 이 두 숙적 열강은
자신의 진영강화를 위해 각각의 범위에 그쳤을 뿐이었다. 그것이 정치에서의 포커 게임이
었다는 사실을 고려한다면, 독일 공통의 이익에 비중을 두지 않았다는 것은 당연한
일이다. 이 시대의 공적으로 지적될 수 있는 것은 **독일통일상법전**(das Allgemeine
Deutsche Handelsgesetzbuch)의 제정 정도이며, **독일통일어음수표법**(die Allgemeine
Deutsche Wechselordnung)은 독일동맹의 발안에 의해서가 아니라, 관세동맹의 노력의
결과였다.

【279】 B. 1850년대 말, 독일 통일운동(특히 1859년 프랑크푸르트 암 마인에 설립된 독일국
민협회[der Deutsche Nationalverein]가 담당하였다)은 **이탈리아 통일**로 새로운 자극을
받았다. 이탈리아에서는 우선 순수한 혁명운동이 일어났지만(1846년), 이것은 교황 피우
스 9세와 그 뒤 사보이 왕가가 지도하는 국가연합 안에 흡수될 수 있는 성격을 띤 것이었다.
그러나 이 안은 1848년 혁명의 발발로 수정되지 않을 수 없었다. 즉 롬바르디아 지방을
오스트리아로부터 무력으로 해방하려는 시도는 라데츠키의 군사적 승리 앞에 무너지고,
교황은 로마에서 도피하여 프랑스군대의 비호 아래 간신히 다시 로마로 귀환할 수 있었던
것이다. 그러나 1859년에 이르러 프랑스황제 나폴레옹 3세와 그와 동맹한 사르디니아왕
가는 카보우르(Cavour)* 백작을 지도자로 하여 마침내 오스트리아인을 북부 이탈리아에
서 몰아내었다. 이탈리아의 다른 지방(프랑스가 점령하고 있던 로마를 제외한)은 혁명으로

혹은 국민투표로 사르디니아를 따랐다. 그 결과 사르디니아는 **사보이**가 통치하는 이탈리아 왕국으로 승격한 것이다. 이리하여 이탈리아가 부분적으로는 민주주의적 혁명으로 통일을 섭취하였다는 사실은 바울교회에서 혹독한 경험을 한 독일인들에게 곧 매우 인상적인 사건으로 후대에까지 영향을 미치게 되었다.

【280】 C. 1815년의 독일동맹 규약 제11조에 의하면 독일동맹이나 프로이센도 오스트리아의 이탈리아계 영토를 방위할 의무를 지지 않았다. 그러나 프로이센은 프랑스에 대해서 병력을 증강하여 오스트리아·프랑스전쟁이 동맹지역 내로 확대하는 것은 저지하였다. 다시 말하면 이 출병시에 프로이센 육군의 결함이 밝혀짐으로서 전술한(제27절 D) 프로이센 군제(軍制)개혁의 필요성을 자각케 하고, 나아가 1862년 프로이센 헌법분쟁의 계기가 되었던 것이다.

이와 같이 독일동맹이 현실적으로는 방위력을 결여하고 있다는 인식이 **동맹을 개혁하려는** 마지막 몇몇 **시도**의 원인이 되었다. 1861년 프로이센은 광의의 독일동맹 내부에 협의의 영방국가 건설을 제안하였으며, 오스트리아도 1863년 프랑크푸르트 영주회의에서 프로이센에 대항하는 개혁안을 주장하였던 것이다. 그러나 이 두 독일 열강의 대립은 이미 융화하기 어려운 데에까지 이르러 개혁안은 모두 유명무실하게 되어 버렸다. 결국 내재적으로 통일이념에 입각한 독일동맹의 개혁은 전혀 불가능하다는 사실이 명백해진 것이다. 메테르니히가 설립했다는 사실을 보여 주듯이, 독일동맹은 결국 당시 대두하고 있던 국민국가사상과는 서로 모순되는 제도였다. 따라서 동맹에 독일 국민국가 형태의 변혁을 기대한다는 것은 무리한 주문이었다고 하겠다.

【281】 덴마크가 슐레스비히의 결합을 위법으로 해소하려고 한(1864년) 것을 저지하려고 프로이센과 오스트리아는 (독일동맹의 이름으로) 공동작전으로 대항하였다. 이 행동은 단기간이었지만 프로이센과 오스트리아의 대립을 잊게 해주었다. 덴마크는 1864년 12월 빈 강화조약에서 이 두 공국을 프로이센과 오스트리아에 할양하였는데, 양자는 이 한 건으로 동맹개혁 문제를 전쟁의 도구로 이용하였다. 결국 이 슐레스비히·홀슈타인의 운명에 관한 다툼이 **독일동맹을 붕괴시킨** 것이다. 마침내 1866년 7월 **프로이센과 오스트리아 사이에 전운**이 감돌았다. 여러 중규모 영방들이 오스트리아를 따랐고, 북부 독일의 여러 소영방들과 이탈리아는 프로이센에 가담하였다. 약간의 전투가 있은 후 몰트케(Moltke)가 쾨니히그래츠에서 승패를 판가름하였다(1866년 7월 3일).

1866년 8월 23일의 **프라하 강화**에서는 그때까지의 독일의 정치세력도는 완전히 바뀌어져 프로이센과 오스트리아의 이원적 대립은 그 종지부를 찍었다. 오스트리아와의 우호관계를 이 이후에도 유지하기(비스마르크는 독일제국 건설을 위해 이것이 필요하다고 생각하였다) 위해서 프로이센은 오스트리아령을 병합하지 않았지만, 하노버·쿠어헤센·헤센-나사우 그리고 프랑크푸르트 암 마인시에 대해서는 이를 병합하였다. 오스트리아로부터 슐레스비히·홀슈타인에 관한 권리를 취득함으로써, 프로이센은 동부와 서부의 각주를 가교하여 광범한 판도를 완성시켰다. 그 결과 프로이센의 정치적 우위도 비할 데 없을 만큼 현저하였다. 독일동맹은 정식으로 해체되고, 오스트리아는 독일에서 탈퇴함으로써 **프로이센의 주도 하에 독일재편**이 승인된 것이다.

프라하 강화는 **대독일주의의 포기**를 의미한다. 이러한 포기를 의도적으로 추진한 것은 비스마르크였다. 이제 그는 프로이센 외교의 책임있는 지도자로서, 또한 소독일주의에 기초한 독일제국 건설의 성취자였다. 그 때문에 불평을 사기도 했지만 그러한 평가는 편협적 판단에 지나지 않는다. 비스마르크는 단지 당시의 정치적 현실을 배려하여 통일을 성취했을 뿐이다. 19세기의 현실 가운데서 가장 중요한 것은 국민국가사상이다. 그런데 그 단일적인 독일 국민국가 이외에 다민족국가인 오스트리아가 참여할 여지는 없었던 것이다. 따라서 소독일주의에 따른 통일의 책임은 비스마르크가 아니라, 국민국가 건설로 기울어졌던 당시의 일반적 풍조로 돌아가야만 한다. 그렇다면 비스마르크는 다민족국가 오스트리아를 나누어 독일계 부분을 제국에 편입시켜야 하지 않았느냐하는 반론이 나올 수 있다. 그러나 그러한 비난은 잘못된 것이다. 이미 언급한 분단책을 강구한다면 유럽이 프로이센을 상대로 전쟁을 유발하게 될 것이다. 가령 그것을 고려하지 않는다 하더라도 유럽 남동부에서의 평화유지를 위해서도 오스트리아(그리고 그 뒤의 오스트리아·헝가리)의 존재는 불가결하였다. 생제르맹 조약(1919년)에서 이 이중제국은 해체되었지만, 그것은 오늘날의 유럽을 붕괴시킨 원인 가운데 상당 부분을 차지하고 있는 것으로 생각된다. 정상적으로 운영되고 있는 한 오스트리아 및 오스트리아·헝가리 제국은 유럽에서 평화유지자였던 것이다. 따라서 하인리히 만(Heinrich Mann)과 같은 안정된 시대의 증인이 회상록 속에서 말하고 있는 사정은 아주 정당하다. 그는 말한다. 「오토 폰 비스마르크가 독일을 오늘날과 같은 모습으로 만들었다. 그것이 보수적이기는 하지만 독일에 좋은 일이었다는 사실은 역사가 증명해 갈 것이다」라고.

이미 말했듯이, 프로이센이 주도하는 독일재편은 국민국가사상 자체를 제외하고서는 실현불가능하였다. 그러한 이상 「소독일주의」에 의한 해결은 처음부터 암시되고 있던 것이다. 그러나 그렇다고 하여 독일통일이 독일동맹의 역사를 장식하는 통일의 움직임에서 직접 발생했다고는 할 수 없다. 오히려 독일통일의 달성은 **프로이센국가 단독의 위업**, 보다 엄밀히 말하면 프로이센 수상 비스마르크의 위업이었다. 비스마르크는 국민국가사상이 흘러넘치는 독일 통일운동의 움직임을 이용은 했지만, 결코 그 취지에 조종당하지는 아니하였다.

【282】 D. 프로이센은 독일통일을 **2단계로 나누어** 달성하였다. 통일의 전야로 해석되는

것이 독일관세동맹(1833년)이었다. 관세동맹은 적어도 경제분야에서는 오스트리아를 배제하면서 프로이센이 맹주가 되어 대부분의 독일 영방들을 통합하는 것이었기 때문이다 (제28절 A 참조). 그러나 이 관세동맹으로부터 정치적 통일은 이루어지지 않았다. 오히려 독일 중규모 영방들은 대부분 여전히 프로이센을 정적으로 보았으며, 1866년에는 프로이센에 반기를 들어 오스트리아 진영에 속하였다.

　오스트리아와의 군사적 대결에 이르기 전에 프로이센은 마지막 시도를 행하였다. 그것은 바울교회의 헌법초안과 직접 결부되는 것이기 때문에 다시 한번 살펴보기로 하자. 그런데 비스마르크는 **독일동맹의회의 결함을 시정하기 위해서** 국민 전체가 납세액의 여하를 불문하고, 보통·평등 그리고 직접선거로 선출한 **의회**가 필요하다고 생각하고 명확히 프랑크푸르트 선거법을 그 예로 들었다. 당시 독일의 여론이 이 제안을 진실로 받아들이지 않은 것은 실패였다. 그러나 그는 진심이었던 것이다. 사후승낙법을 제출하여 프로이센 헌법분쟁을 가급적 빨리 종결시켰던 때에도 그러했지만, 비스마르크는 자신이 생각하는 국가를 건설하기 위해서는 독일국민에게 책임을 지워 협력시켜야 한다고 생각하여, 그러한 권리를 부여할 것을 진심으로 검토하고 실현하려고 하였다. 오스트리아를 배제하고 독일통일이 가능케 되었을 때 비스마르크는 이미 언급한 견해에 입각하고 있었다.

　【283】 앞에서 독일통일이 2단계로 나뉘어 이루어졌다고 하였는데, 그 **제 1단계는 마인 이북의 독일령 재편**이었다. 즉, 프랑스황제 나폴레옹 3세가 프로이센과 오스트리아 간의 분쟁에 개입하는 것을 막는 의미에서 1866년 여름, 비스마르크는 나폴레옹에 대해 마인강 이남의 여러 영방들이 주권국가로 존립할 수 있도록 승낙하지 않을 수 없었다. 여기에서 훗날 독일제국의 전신인 **북독일연방**(der Norddeutsche Bund)이 발족하였다. 1866년 8월의 프라하 조약 후에 프로이센은 헤센 중에서 오버헤센을 포함한 북부 독일의 21개 영방들 사이에 이른바 **8월조약**(Augustverträge)을 체결하고 이 영방들을 하나의 연방국가(Bundesstaat)로 결성한 것이다. 프로이센이 헌법의 골자를 만들었는데 그 속에는 프랑크푸르트 헌법의 내용과 독일동맹규약의 프로이센 개혁안에 담긴 내용이 교묘하게 조화되어 있었다. 이에 기초하여 프로이센은 1866년 12월 15일자의 헌법초안을 작성하였다. 그것은 확실히 비스마르크 색채가 매우 강한 것이었다. 이 초안에서는 주권, 국가권력 등에 관해서는 회피하고 있다. 따라서 그것은 순수한 조직규범으로 기본권 규정은 포함되어 있지 않았다. 왜냐하면 국가와 시민의 관계에 관해서는 각 영방이 결정해야 할 직무로 생각되었기 때문이다.

　곧 바로 이 초안은 여러 관계 정부회의에 제출되었지만 본질적 변경은 없었다. 그리고 그것은 1867년 2월 24일(프랑크푸르트선거법에 의해 선출된) **헌법심의 북독일연방의회**

(der verfassungsberatende norddeutsche Reichstag)에 상정되었다. 연방의회는 이 초안
을 약간 수정하여 연방의 입법권한을 영방에 대해서 강화시켰다. 이리하여 이후 독일
헌법사를 관철하는 하나의 레일이 부설된 것이다. 각 영방정부의 저항을 배척하면서
연방을 차제에 통일국가의 체제를 갖춘 공동체로 형성시켜 나간 것은 언제나 연방의회의
국민대표들이었다. 더욱이 연방재상(Bundeskanzler)의 지위의 변경도 의회가 제출한
제안에 근거한 것이다. 비스마르크는 당초 이 연방재상이라는 지위를 단지 프로이센
수상의 직무보다 조금 나은 정도로만 생각하였다. 요컨대 프로이센 수상은 국왕의 제1보
좌이며 연방사무를 수행함에 있어서는 연방 참의원의 주석(Präsidium des Bundesrates)으
로서의 입장에서 프로이센 국왕을 보좌한다고 생각하였던 것이다. 그러나 국민자유당의
지도자이며 국회의원이었던 벤니히젠의 제의로 헌법초안 제17조는 (물론 매우 애매한
형태이기는 했지만) 연방재상이 연방의회에 대해서 책임을 진다는 취지를 규정하였다.
이 규정의 논리적 귀결은 그러한 지위에 있는 연방재상이 북독일연방정치, 나중에는
독일제국정치의 책임있는 리더가 된 것이다. 1867년 4월 17일 연방의회는 이 헌법을
성립시켰다. 이에 이어 22개 연방의 영방들은 각각의 헌법규정에 따라 이 헌법을 승인하고
이 헌법은 법률로서 발포되었다. 같은 해 7월 1일 **북독일연방**이 발족한 것이다.

【284】프랑스의 침략위협으로 연방에 가입하지 못한 남독일 영방들이 셋 정도 있었다.
프로이센은 전술한 이른바 8월조약과 같은 시기에 이러한 영방들과 군사공수동맹을
맺었다. 다른 한편 경제 분야에서는 1867년 7월 8일의 조약으로 **독일관세동맹이 확대되
고**, 그 후 독일제국 영토 전역에 미치고 있었다. 관세동맹규약은 개정되어 북독일 연방헌법
에 조화되었다. 즉 북독일연방의 기관인 연방참의원과 연방의회는 경제문제에 관해서
남독일 영방들의 대표자들이 가입함으로써 관세동맹 참의원(Zollbundesrat)과 관세동맹
의회(Zollparlament)라는 조직으로 승격하고 있었다. 바꾸어 말하면 과거 「관세에 관한
국가연합」이던 것이, 이제 「관세연방국가」로 불릴만큼 변화한 것이다. 부언하면 북독일연
방 헌법에서는 남부독일 영방들이 가입하는 길을 열어두고 있었다. 따라서 북독일영방을
독일제국으로 승격시키는 데에는 새로운 헌법제정이 불필요하고, 연방입법권이 통상의
입법을 하는 것으로 족하였다. 또 이미 북독일연방을 구성하고 있는 영방들의 특별결의도
필요하지 않았다.

【285】**독일통일의 제 2단계**는 **북독일연방**의 **독일제국으로의 개편**이었다. 이것은 나폴
레옹 3세와의 대결에서 승리한 뒤의 일이었다(다만 1870-1871년 보불 전쟁이 종결되기
이전의 단계였다). 전쟁이 개시된 후 비스마르크가 바이에른, 뷔르템베르크, 그리고 바덴과
조약을 체결하는 방법을 채택하였다. 여기에서 종래 프랑스에 대한 이들 영방의 두려움이
소멸되었다. 이 1870년의 이른바 **11월조약**에서는 특히 바이에른에 대해서, 그리고 뷔르
템베르크에 대해서도 약간의 유보권과 특권이 승인되었다. 그에 따라 북독일연방 헌법도

약간의 수정이 이루어졌다. 특기할 만한 것은 바이에른의 희망을 수용하여 프로이센국왕은 연방주석위(Bundespräsidium)로서의 입장에서는「독일황제」(Deutscher Kaiser)라는 칭호를 사용하기로 한 것이다. 남독일영방들의 가입으로 그 형태를 정비한 독일제국은 1871년 1월 1일에 성립하였고, 황제 즉위식은 같은 해 18일에 베르사유 궁전「거울의 방」(Spiegelsaal des Schlosses)에서 거행되었다.

【286】다음에는 주로 독일제국의 발전을 살펴보기로 한다. 그러나 저 불길한 프로이센 3등급 선거법과 같이 제국헌법의 법적 상태와 그 후의 전개에 영향을 미쳤다고 생각되는 경우에 한하여 헌법의 문제에 언급하기로 한다. 에른스트 포르스토프가 적절히 지적하듯이,90) 내용을 이렇게 한정시키더라도 문제는 없을 것이다. 제국이 건설된 후에는 **영방헌법은 별의미를 가지지 못하기** 때문이다.

제30절 1871년 1월 1일의 독일 제국헌법

【287】A. 북독일연방은 법적으로는 독일동맹의 후계자가 아니었다. 오히려 1866년의 출병 이후에 프로이센을 동맹의 해체를 선언하고, 이러한 일방적 행위를 정당화한 것이 프라하 조약이었다. 따라서 **북독일연방**은 완전히 **새로이 창설된 것**이다.

지금까지의 역사적 고찰에서는 이 새로운 연방국가를 건설함에 있어 프로이센이 얼마나 중요한 역할을 수행하였는지를 강조하였다. 그러면 다음으로 법학적 관점에서 밝혀야 할 것은, 이 국가는 어떠한 행위에 의해서 성립되었는가 하는 점이다. 먼저 헌법심의 북독일연방 국회의 결의는 단순한 준비작업이었다는 사실을 확인할 수 있다. 연방의 설립이 전국민의 대중운동의 소산이 아니었던 것처럼, 북독일연방 헌법도 국민주권원리에 기초하는 것이 아니었다. 그것의 국회의 명칭을 보면 알 수 있다.「헌법제정」(verfassunggebende)이 아니고「헌법심의」(verfassungberatend) 국회로 불린 것은 결코 우연이 아니다. 또 북독일 연방은 이미 말한 8월조약으로 성립된 것도 아니었다. 이 국제법상의 조약은 오히려 우선 어떤 연방국가를 공동으로 **형성할 의무를 부과하는 데**에 있다. 따라서「북독일연방」이라는 새로운 법주체가 창설된 것은 이 조약이 과하는 의무를 이행한 결과인 것이다. 요컨대 각 영방의회가 8월 조약을 승인하고 비준함으로써 비로소 의무는 이행된다. 따라서 북독일 연방의 설립은 **여러 군주들과 정부의 의사가 합치된** 하나의 **합동행위**(Gesamtakt)에 의한 것이라 할 수 있다. 이러한 군주와 정부들은 각각의 영방을 대표하여 이러한 권한을 가지는 기관으로서 의사표시(Willenserklärung)를 하고 그것이 합치되었다. 그 내용은 이미 말한 합동행위로 설립될 새로운 국가는 1867년 7월 1일의 헌법시행과 동시에 성립한다는 것이다.

---

90) Forsthoff, Verfassungsgechichte, Vorwort zur 3. Auflage.

【288】**북독일연방과 독일제국의 관계**를 법학적으로 이해하는 데는 전혀 다툼이 없는 것은 아니다. 예컨대 파울 라반트(Paul Laband)는 이른바 **계속설**(Identitätstheorie)을 주장하였다. 이것은 과거의 통설로서 양자를 동일한 것으로 본다. 이 설에 따르면 남독일영방들은 11월조약으로 이미 성립하고 있는 국가에 가입했을 뿐이라고 하게 된다.[91] 이 견해는 11월조약 속에 북독일연방의 종료에 관하여 언급되어 있지 않다는 점을 주된 논거로 하고 있다. 그러나 그것은 지지할 수 없다. 이것은 특히 후버[92]가 증명하고 있듯이, 체약영방들의 의사는 독일의 새로운 연방국가를 설립한다는 데 향하고 있으며, 조약과 그것을 비준한 각 영방법률도 동일한 구성을 따르고 있었다. 그렇다면 여기서도 합동행위에 의한 것이었음이 분명하며, 따라서 독일 제국은 북독일연방의 **법적 지위를 계승한 것**(Rechtsnachfolger) 이었다.

【289】B. 북독일 연방과 독일제국의 각 헌법의 내용은 이를 일괄적으로 논할 수 있다. 왜냐하면 남독일영방들의 가입 여부의 미세한 차이를 무시한다면, 양자의 내용은 거의 일치하기 때문이다.

비스마르크 헌법은 당시 다른 어떤 헌법보다도 법학적으로 세련된 것이었다. 그것은 어떤 특정한 국가이론에 입각한 것이 아니라 국가의 현실적 필요성에 기인한 것이었다. 이 헌법의 특징은 현실적 기능에 착안해야만 파악되는 것이다. 즉 이미 언급한(제29절 D)것처럼, 이 헌법은 **제국의 여러 조직**에 대해서만 규정할 뿐 **기본권 규정을 포함하고 있지 않았다**. 시민과 국가의 관계는 각 영방의 문제로 생각되었기 때문이다. 제국은 헌법에서 단지 영방 상호 간의 관계와 영방과 그 「상위국가」(Oberstaat)로서의 제국의 관계를 정할 뿐이었다. 그러나 다음에 서술하듯이, 이 한정은 현실적으로 거의 무의미한 것이 되어버렸다. 독일제국은 엘자스·로트링겐(알사스·로랭) 지방을 「제국직할령」으로 편입하고, 후에 이른바 「보호」(식민령)를 취득하여 제국 고유행정을 설치하였다. 이리하여 제국은 더욱 시민과 직접 관계하게 되고, 독일 국민도 서서히 제국**이야말로** 국가라는 의식을 가지게 된다.

【290】헌법전문에서 독일제국은 「영구동맹」(ewiger Bund)일 것을 구가하고 있다. 그러한 용어가 사용되고 있는 점에서 제국이 주권을 가진 여러 영방들의 조약에 의한 동맹관계라고 이해하는 것은 잘못이다. 헌법의 문언을 살펴보면 그렇지 않다는 것을 알 수 있다. 제국헌법의 개정(이론적으로는 제국해체까지 포함한 것이다)은 「동맹영방들」의 합의 이외에도 제국의 입법이 있어야 한다. 요컨대 제국참의원과 제국의회의 의결을 요하는 것이다. 더욱이 헌법을 개정하면 여러 영방들의 권한을 축소시키고 제국의 권한을

---

91) 예컨대 Anschütz, HBdtStR I, S. 68 참조.
92) E. R. Huber, Verfassungsgeschichte III, S. 760-765.

확대시킬 수 조차 있으며, 그것은 실제로 몇 번 실시되었다. 따라서 **제국을 어떻게 영속화시키고 융성하게 이끌지를 결정할 권한**은 역사적으로 보면 제국을 창건한 여러 영방들이 아니라 제국 **고유의 여러 기관**에 있었다. 요컨대 이제 제국이야말로 주권을 가진 국가이며, **개별국가들**은 더 이상 주권을 갖지 않으며 단지 **제국의 국가권력의 담당자**로서 **제국의** 주권을 공동으로 받들고 있는 존재에 불과하였다. 그 논리적 귀결로서 독일동맹과는 달리 제국법률은 여러 영방들만이 아니라 제국국민을 직접 구속하였다. 그리고 제국법률은 영방들의 법률에 우선하였던 것이다.

그렇다면 토마도 지적하듯이,[93] 이「제국 국가」는 국가연합(Staatenbund)이 아니라 **연방국가**(Bundesstaat)였다. 바꾸어 말하면 그것은 주권을 가진 국가들의 연합을 목적으로 하는 국제법상의 조직이 아니라, 국내법(헌법)에 근거한 제도로서 국가권력은 하나의「머리에 해당하는 국가」와 복수의「수족에 해당하는 국가」사이에 (수직적 방향으로) 분할되어 있었던 것이다. 제국이 연방국가로서의 성격을 가진다는 결론은 다음의 헌법 규정들에서 생겨났다.

【291】지분(支分) 영방(헌법전 자체는「연방의 여러 영방」이라고 칭한다)에 유보되는 권한은 제국헌법의 명문으로, 또는 조리상 제국에 위임된 권한 이외의 것이었다. 의심스러운 경우에는 여러 영방들에게 관할권(권한)이 있다고 추정되었다. 시대가 지남에 따라 헌법을 개정하는 법률에 의하여 **여러 영방들의 권한**이 점차 축소되어갔음은 분명하다. 그러나 남은 권한만으로도 여러 영방들은 비스마르크 제국의 종말 때까지 독자적인 국가로서의 생명을 영위해 나갈 수 있었다. 다시 말하면 영방들의 권한 중에서 일정한 것, 즉 앞서 언급한「유보권」(Reservatrechte)에 관해서는 당사자인 영방의 동의가 없으면 폐지 또는 변경할 수 없었다.

【292】제국 참의원에서 14표의 반대가 있을 경우 헌법을 개정하는 법률은 부결된 것으로 본다는 규정이 있었다(제국헌법 제78조). 이때문에 여전히 커다란 영방의 권리는 지켜졌다. 예컨대 프로이센은 단독으로 그리고 다른 3왕국도 협력하면 각각 **헌법개정**은 저지할 수 있었기 때문이다.

【293】앞서 말한 **연방참의원**(Bundesrat)은 **제국의 최상급 기관**이었다. 이것은 프랑크푸르트에 있던 독일 동맹의회를 모방한 것이지만, 그 결함은 제거되었기 때문에 지장없이 기능할 수 있었다. 연방참의원은 일종의「사절회의」(Gesandtenkongreß)로서, 제국을 구성하는 25개 지분 영방은 각각 최저 1명의 전권대표를 파견하였고, 투표수는 영방의 크기에 비례하였다. 예컨대 브라운슈바이크와 작센, 바이마르는 각 2표, 헤센과 바덴은

---

93) Richard Thoma, HbdtStR I, S. 71.

각 3표, 작센 및 뷔르템베르크는 각 4표, 바이에른은 6표 그리고 프로이센은 17표를
행사하였다. 합계 58표였다. 연방 참의원에서의 복수투표권은 일괄적으로만 사용할
수 있었다. 본래 프로이센은 영토의 팽창과 다수의 인구로 말미암아 더 많은 다수의
투표권을 가져야했지만, 비스마르크는 의도적으로 이 사실을 간과하여 연방참의원
내부의 정치적 균형을 위협하지 않고, 또한 프로이센의 절대적 우위를 초래하지 않도록
배려하였던 것이다.

연방참의원은 제국의회와 공동으로 제국법률을 제정하였다. 이에 대해 집행명령의
제정과 제국법률의 실시를 위해서는 필요한 관청 기타 제도의 설치에 대해서는 이를
단독으로 행할 권한을 가지고 있었다. 나아가 제국참의원은 대부분의 조약 비준권과
황제의 선전포고권에 대한 동의권을 보유하였다. 마지막으로 헌법재판소로서의 권한도
어느 정도 행사하였다. 제국법률의 집행에 관하여 제국재상과 영방정부 사이에 견해가
다를 경우, 재판거부를 이유로 소원이 제기된 경우, 그리고 한 지분 영방 내부에서 일정한
헌법분쟁이 있는 경우(이에 대해서는 부차적으로)에 연방참의원이 판단을 내리게 되어
있었다. 시대가 지남에 따라 연방참의원에는 많은 법률에 의해 광범한 권한위임이 있게
된다. 이 기관은 독일 제국의 국가권력의 보유자를 대표하는 것이었다. 제국은 단일
지배제가 아닌 여러 영방정부의 복수지배체제를 채택하고 있었다. 그럼으로 말미암아
의심스러운 경우의 권한 추정은 황제가 아니라 연방참의원에게 주어졌다.

【294】제국법률을 집행할 권한은 약간의 중요한 예외를 제외하고는 **지분 영방**
(Gliedsstaaten)**에게 있었다.** 제국은 다만 그것이 적법하게 행사되는가를 감독할 권한밖에
없었다. 그러나 이 감독권을 담보하기 위해서 최종수단으로서 연방 강제 집행권(Bundes-
exekution)이 인정되어 있었다.

【295】개병제를 취하는 육군의 **군제**(Militärverfassung)는 연방제였다. 영방군을 가지
고 있던 것은 바이에른・작센・뷔르템베르크・프로이센이며, 다른 작은 영방의 군대는
프로이센에 편입되었다. 물론 황제는 육군대원수였다. 다만, 평상시의 바이에른군에
대해서는 예외였다. 프로이센 육군성은 군의 교육과 장비의 통일화에 진력하였다. 이에
대하여 해군(Kriegsmarine)에 대해서는 제국의 권한으로 되어 있었다.

【296】재정(Finanzwesen)은 본래 헌법문언에 따르는 한 연방제가 아니었다. 제국재정
은 관세와 간접세로 조달되게 되어 있었다. 그것은 제국의 엄격한 감독 아래 각 방이
징수하였다. 그러나 사무가 계속 증대함에 따라 제국의 수입은 그것만으로 충당할 수
없게 되었다. 그리하여 본래 제국의 수입을 부차적으로 보충하기 위해서 고안된「연방국비
분담금」(Matrikularbeitrag)을 이제 이용할 수밖에 없게 되었다. 말하자면 제국은「여러
영방의 하숙인」으로 되었던 것이다.

【297】 제국의 **입법**(Gesetzgebung)은 프랑크푸르트 헌법의 권한분배를 참고하여, 극소수의 전속적 입법사항과 상당히 많은 경합적 입법사항으로 나뉘어져 있었다. 당초 입법권의 중심은 여러 영방들에게 있었지만 경합적 입법권이 이용되었고, 또 많은 헌법개정으로 서서히 제국입법권의 비중이 증대되었다. 시대가 지남에 따라서 매우 급속한 법적 통일이 이루어졌다.

【298】 **제국 고유행정**(reichseigene Verwaltung)의 진전은 상당히 완만하였다. 이 점에 대해서는 뒤에 또 다루기로 한다. 재판권은 각 영방에 속하였지만, 제국도 상고심으로서 **제국최고재판소**(Reichsgericht)와 약간의 제국행정재판소를 설치하였다.

【299】 연방은 형식으로서는 순수한 연방제 구조를 나타내고 법형식으로도 연방주의적이며 행정은 지방분권이었다. 그럼에도 불구하고 제국정치의 방향에 **큰 영향을 미친 것은 프로이센 국가**였다는 사실을 간과해서는 안 된다. 프로이센의 우위는 최대규모였다는 선천적 이유에 기초하는 것만이 아니다. 그것은 프로이센에 유리한 일련의 헌법조항에 의해서도 보장되어 있었다.

프로이센이 반대하면 제국헌법이나 군사관계입법도 개정할 수 없었다. 제국지출은 이러한 관세와 직접세수입으로 충당되었다.

【300】 제국 주석위(Präsidium)는 역대 **프로이센 국왕**이 차지하고 이 지위에 근거하여 「**독일황제**」라고 **칭하였다**. 이론적으로 본다면 독일황제의 권한은 국가원수(Staatsoberhaupt)에게 전통적으로 인정되는 것뿐이다. 즉 황제는 제국의 각료, 제국재상 기타 제국관리에 대한 임면권, 국제법상의 제국대표권, 제국참의원과 공동으로 선전 · 강화를 결정할 권한, 제국법률의 재가 · 공포(「명령」)권 그리고 제국 참의원의 동의에 근거한 제국의회 해산권을 가지고 있었다.

이처럼 황제의 지위는 이론적으로는 대표적 색채가 농후했는데, 그것은 다음 두 가지 사정으로 더 현저해졌다. 먼저 프로이센 국왕이 독일 황제로 취임한다는 사실에서 헌법 자신이 양자의 관계를 인정하고 있었다. 그럼으로써 제국을 대표하는 원수의 정치권력은 현실적으로 비대화되었다. 더구나 황제권력은 제국 내부에서는 프로이센 국가를 체현하는 것으로 이에 앞서 말한 프로이센 특권 조항도 더해져 그것은 헌법이 보장하는 바이기도 했던 것이다. 그리고 또 하나의 사정은 엘자스 · 로트링겐 제국직할령과 독일보호령에 대해서는 제국이 직접 통치권을 가지고 있었고, 제국의 권한은 계속 확대되고 있었다는 사실이다. 그것은 제국의 행정구조가 매우 비대해진 사실에서 나타나는 동시에 제국과 제국 주석위의 세력을 강화시킨 데에서도 살펴볼 수 있다.

【301】이에 더하여 헌정상의 필요에서 **제국재상**(Reichskanzler)도 언제나 **프로이센 대신**이어야 하였다. 제국헌법은 재상이 황제를 대리하여 제국참의원 의장의 역할을 수행하도록 규정하고 있다(제15조). 확실히 프로이센 전권대표의 자격까지 있다면 재상은 연방참의원에 소속할 수 있다. 그런데 제국재상이 프로이센 대신의 한 사람이어야 한다면 (그것이 좋지 못한 정치방식임은 분명하다), 그는 논리필연적으로 프로이센 외상의 지위를 보유하여야 하게 된다. 요컨대 외상은 연방참의원 프로이센 파견대표단의 장으로서의 직무를 가지고 있었기 때문이다. 이것은 과거 제국설립에 관한 국제법상의 흥정이 행해졌던 시대의 잔재였다. 실제로는 역대 제국재상은 프로이센 외상이었을 뿐 아니라 매우 단기간의 예외를 제외하면 모두 프로이센 수상도 겸직하고 있었다. 앞서 말한 이유로 연방참의원과 그 통치권자인 프로이센 국왕에 의한 양극 지배를 사람들은 「양두제」 (Dyarchie)라고 불렀다.94)

【302】그러나 이 「양두제」와 대립하는 존재로서 의회와 **입헌주의라는 제약**이 가해졌다. 즉 근대 입헌국가의 어느 곳이나 마찬가지로 제국입법의 권한분배에 따르면, 입법에 관하여 연방참의원은 **제국의회**(Reichstag)의 동의를 요하였다. 제국의회는 유일하거나 우월한 입법기관은 아니었지만 입법에 관한 한 연방참의원과 동격이었다.

【303】제국의회의 선거권은 25세 이상의 모든 남자에게 부여되었고, 그들은 보통·평등·직접 그리고 비밀**선거**로 의원을 선출하였다. 당시의 선거방법은 아직 다수대표제 밖에 알려지지 않아서, 이 원칙에 따라 397 선거구에서 한명의 의원씩 선출하였다. 이 제국의회 선거법은 그 당시 세계에서 가장 진보적인 것이었다. 처음에는 인구 10만 명당 한 명의 의원이 선출되었다. 작은 연방에서는 일정한 예외가 인정되어 소선거구제가 실시되었다. 그러나 중대한 결함도 내포하고 있었다. 선거법은 선거구 분할을 수시로 변경하도록 규정하고 있는데도 그것이 실시되지 않았다. 그 결과 인구수가 증가하고 국내 이동이 활발하였음에도 불구하고, 제1차 세계대전까지 처음의 선거의 분할이 그대로 유지됨으로써 불평등을 초래하였다. 예컨대 인구 7만 5천명 이하와 인구 40만 이상의 선거구가 각 12개씩 나타났고, 가장 극단적인 불평등의 예는 샤움부르크-립페의 46,650 명에 대해 텔토프-샤로텐부르크의 1,282,000명이었다. 이러한 정치적 불평등은 입법자의 태만에 기인하였는데, 그것은 특히 1914년 이전 10년 간에 야당의 현저한 급진화를 촉진시켰다.

【304】제국의회의 의결은 설령 **헌법개정**(Verfassungsänderung)이라 하더라도 단순다수결로 충분하였다. 따라서 개헌저지의 기능을 기대할 수 있는 것은 연방참의원 뿐이었다.

---

94) Thoma, HbdtStR I S. 76.

그런데 정치 관행에서는 연방참의원의 단순다수결로 법안을 성립시키고, 그 중에서 단지 헌법이 개정된 사실을 확인하면 그것으로 충분하며, 헌법조문은 변경되지 아니하였다. 그리하여 헌법개정에 필요한 다수만 모이면 헌법파기(Verfassungsdurchbrechung)까지도 가능하였다. **비스마르크** 헌법은 이렇게 연성(beweglich)이었음을 알 수 있다. 그러나 제국은 그 후 지나치게 엄격한 분권주의로부터 단일 국가주의 색채가 강한 형태로 이행하였는데, 이를 위해서는 이 연성헌법이 역할을 수행하였다.

【305】제국의회는 본래 **국민 전체를 단일적으로 대표한다**는 목적에서 설치되었다. 이 특징은 제국의회에 대표를 가지고 있는 여러 정당들의 거의 전부가 제국 전역에서 활동하는 범독일적이었던 사실에서 나타나 있다. 또 그 뿐만 아니라 연방참의원의 의사는 비공개인데 반해서, 제국의회의 의사는 공개되었다. 따라서 후자의 활동이 국민에게 훨씬 강한 인상을 주었다는 의미에서도 단일적이었다.

【306】황제가 하는 통치행위(Regierungsakt)의 효력발생 요건은 **제국재상** 또는 그 대리인의 **부서**(Gegenzeichnung)이다. 그럼으로써 재상 등에게 당해 통치행위, 나아가 제국정치 전반에 관한 책임을 지우는 것이 그 취지였다. 그러나 제국이나 프로이센에서도 의회제라는 제도는 존재하지 않았기 때문에, 제국재상에게 책임이 있다고 해도 실제로 의회는 그것을 추궁할 수 없었다. 더구나 보다 문제인 관습법이 있어서 그것에 의하면 통수권(militärische Kommandogewalt)에 관한 행위에는 부서가 필요없었다.

【307】제국정부(Reichsregierung)라는 명칭은 헌법이나 공식용어에도 없는 것이었다. 여기에서는 「연맹한 정부들」(verbundete Regierungen)이란 용어가 사용되고 있었다. 헌법은 **유일한 대신인 제국재상에 대해서만** 규정하고, 이를 보좌하는 사무국으로서 제국재상관방(Reichskanzlei)이 설치되었다. 그러나 곧 제국재상이 단독으로 산적한 사무를 모두 처리하는 것이 불가능하다는 사실이 판명되었다. 제국재상부(Reichskanzleramt)에 관해서도 마찬가지였다. 그리하여 후술할 관청들이 점차 독립하여 제국성(Reichsamter)들이 설치되기에 이르렀다. 이들에 대한 지휘감독권은 각 국무장관(Staatssekretäre)에게 위임되었고, 그들은 제국재상의 통할 하에 두어졌다. 그 구성은 다음과 같다. 외무성(프로이센 외무성과 겸직), 제국해군성, 제국식민성, 제국내무성, 제국사법성, 제국재무성 그리고 제국철도성, 그 중 앞의 4성은 독자적인 하부조직을 가지고 있었으며, 나머지는 각 영방관청과 협력하여 사무를 처리하였다.

1878년에 이르러 제국의 각 성의 정점에 위치한 국무장관은 제국재상을 대리하여 제국법률에 부서할 권한을 취득하였다. 이리하여 그들은 조직적 측면에서 사실상 제국의 각 대신에 필적한 지위를 갖게 되었다. 그러나 대신과의 유일한 차이는 국무장관은 당연히 제국재상의 훈령에 구속된다는 사실이다.

【308】 나아가 프로이센 최고회계검사원을 모방하여 **독일제국 회계검사원**
(Rechnungshof des Deutschen Reiches)이 설치되었다. 이것은 재판관과 유사한 독립성이
부여되어 회계검사, 즉 재정감독의 기본이 되는 사무를 수행하는 것이었다.

【309】입법사항에 관한 영방의 권한이 축소된 반면 **제국의 권한이 계속 확대된** 사실은
이미 말한 바이다. 이 사실은 제국의 헌법발전에 현저한 영향을 미쳤다. 그 결과 영방의
국가로서의 성격이 약화되고, 양차 세계대전 사이에 완성되는 단일국가주의에로의 길이
개척되었다. 제국은 헌법이 명시한 입법사항에 관한 권한만이 아니라, 헌법을 개정하는
법률로써 끊임없이 새로운 권한을 취득해갔다. 이리하여 비로소 19세기 말에서 20세기
초경에 걸친 여러 대법전, 예컨대 독일민법전(BGB)과 제국사법에 관한 법전편찬사업이
가능하게 되었다. 이 과정을 통하여 제국행정, 또는 간접적으로 황제의 행정에 대한
영향력이 강화되었다. 그러나 그것만이 아니라, 특히 제국헌법 속의 단일주의적 요소인
제국의회의 비중이 점차 높아져 갔다. 왜냐하면 입법권, 과세동의권, 그리고 예산의결권의
증대가 제국의회의 활동을 확대시켰기 때문이다.

【310】C. 그럼에도 불구하고 **비스마르크 제국**시대 전반에 걸쳐 **독자적인 입헌주의를
영위**할 여지가 제국의 영방들에게는 여전히 남아 있었다. 제국헌법은 이것을 부정하지
않았던 것이다, 더욱이 제국이 국가활동의 집행에 개입했기 때문에 그것은 행정과 사법에
까지 미친 것은 아니다. 이러한 작용의 중심은 항상 영방들의 수중에 유보되어 있었다.

【311】 **남북 양 독일 사이**에는 어느 정도의 **차이**가 인정되었기 때문에 헌법의 레벨,
특히 그 현실을 감안했을 때 통일을 달성하려는 경향은 현저하였다. 그것은 경제적
발전으로 더 촉진되었다. 경제구조에서도 역사적 발전(많은 점에서 다른 영방들과는 달랐다)
에 관해서도 프로이센을 포함한 북독일에서는 어디에서나 권위국가적 색채가 일반적으로
강하였다. 이에 대하여 남독일의 주민은 총체적으로 민주주의 사상을 품고 있는 사람들이
많았다. 이 차이는 특히 **선거권 문제**에서 상징되고 있었다. 프로이센에서는 영방 중의원
선거에 관하여 불평등한 3등급 선거법이 시행되고 있었는데, 대부분의 북독일 여러
영방들에서도 복수의 투표권을 주어 최고액 납세자의 특별한 대표를 보내든가, 또는
영방군주의 칙임(勅任)의원을 포함시킴으로써 국민대표의회의 구성에 영향력을 행사하
려고 획책하고 있었다. 그 예가 1909년 5월 5일의 작센 복수선거법이다. 그에 대하여
바덴, 바이에른, 그리고 뷔르템베르크에서는 1904년부터 1906년에까지 걸쳐 제2원선거
에는 보통·평등·직접 그리고 비밀선거권이 도입되었다. 바이에른에서는 1912년 이래
사실 이미 의원내각제가 실행되었다고 해도 과언이 아니다.

【312】제국에서는 프로이센의 주도권이 특히 중시되어 헌법발전을 저해하였지만, 다른 한편 1872년부터 1891년 사이에 슈타인과 하르덴베르크시대 이후 거의 중단되었던 **행정개혁**이 재개되어 그 정착을 보았다. 즉 1872년 12월 13일에는 프로이센 동부 6주에 대해서 군제(Kreisordnung)를 실시함으로써 종래 군행정의 중심이었던 영주경찰권(gutsherrliche Polizei)이 폐지되고 장원영주(Rittergutsbesitzer)의 우위는 제거되었다. 이어 1875년 6월 29일의 주제도(Provinzialordnung)가 각 주의 자치행정권을 본격적으로 확대하였다. 더구나 1872년 내지 1875년에는 자의적인 행정에 대한 권리보호와 함께 행정의 자기감독을 위해 3심제의 행정재판제도(Verwaltungsgerichtsbarkeit)가 설치되었다. 다만, 그 중 제2심까지는 합의제 행정관청이 재판하도록 되어 있었다. 이에 앞서 이미 바덴이 1863년에 행정재판소를 설치하고 있었다. 1883년 7월 30일에는 프로이센 행정에 관한 일반법이, 또 같은 해 8월 1일에는 행정관청과 행정재판소의 권한에 관한 법률이 발포됨으로써 내무행정 전반이 정비되었다. 그것은 당시로서는 법치국가원리를 구현한 모범이었다고 이해될 수 있다. 이러한 일련의 개혁작업은 1891년 7월 3일 지방교구제(Landgemeindeordnung)로써 완성되었다.

비스마르크는 옛 프로이센 보수주의자들의 일부 강한 저항을 배척하고 앞서 말한 개혁을 성취하였다. 그것은 주로 베를린의 국법학자 루돌프 폰 그나이스트(Rudolf von Gneist)의 견해에 의거한 것이었다. 이 개혁은 확실히 슈타인과 하르덴베르크가 착수한 작업을 완성시키기는 했지만 앞서(제27절 B) 말했듯이, 그 방법선택에 관해서는 당시 이미 견해가 나뉘어져 있었다. 그리하여 다른 기회에 하나의 새로운 견해가 개혁의 기초가 되었던 것이다. 그나이스트는 영국의 자치(self-government)를 모범으로 생각하였다. 그러나 그것은 인적 기반을 결여하고 있었기 때문에 고스란히 그대로 프로이센에 도입하기는 어려웠다. 이전에 슈타인은 이미 지방자치행정으로서 시민과 국가의 관계에 긴밀화를 도모하려고 하였으며, 그것은 또한 이미 실현되고 있었다. 이에 더하여 그나이스트는 동시에 명예직 시민을 참가시켜 국가행정 쪽도 민주화하려고 노력하였다. 시군현위원회(Stadt, Kreis-und Bezirkausschüße)는 합의제 행정관청인 동시에 행정재판소이기도 했는데, 거기에서의 명예직 구성원의 수는 직업관리의 수를 상회하였다. 이 때문에 위원회는 총체적으로 중앙정부에 대해서도 상당한 실질적 독립성을 보유했던 것이다.

이리하여 재편된 프로이센 행정은 그 이후 시대에 독일제국의 다른 지분 영방에서의 행정구조와 사무분배에 영향을 미치게 된다. 그 결과, 정도의 차이는 있었지만 현저한 동화현상(Angleichung)이 생겨났다. 독일행정이 제1차 대전 이전에는 전세계의 모범으로 이해되고 모방된 부분도 있었다고 한다면, 그것은 일반적으로 말하여 프로이센 행정이 독일행정의 '**핵심**'이 된 원인 때문이다.

제9장 비스마르크 제국 말기까지

제31절 제국에서의 주요 정당의 발달

【313】A. 앞 장에서는 독일 제국헌법에서 비스마르크적 색채가 얼마나 강하게 나타나고 있으며, 그 후의 헌법발전이 어떠하였는가를 약술하였다. 그러나 제국의 역사를 상세히 논술하는 것이 이 책의 목적은 아니다. 왜냐하면 그것이 헌법발전에 많은 영향을 끼쳤다고 는 생각되지 않기 때문이다. 결론적으로 말하면, 그 이상의 영향을 헌법에 미친 것은 **정당**(politische Partei)이었다.

19세기의 역사의 흐름 속에서 가장 주목할 만한 현상의 하나는 통치자와 피통치자 사이에 종래부터 있었던 사회적·정치적 격차의 시정이다. 이 시대에 이른바 「**권력**」의 배후에 잠재했던 「**엘리트**」는 그 존재의의를 상실하였다. 먼저 자의식의 상실이, 이어서 그들의 정치권력이 상실되었다(미리 말한다면, 오늘날에는 이미 그들이 의존하던 사회적 기반 은 상실되었다). 지금까지 각 시대에서 서술하였듯이, 이러한 엘리트 상실의 과정은 우여곡 절을 거쳤지만 그것(엘리트들이 없어진 것)으로 말하면 공백상태(Vakuum)가 생겨났다. 엘리트 축출을 위해 투쟁한 선구자, 특히 루소와 그 후계자들의 이론에 따르면, 그 공백을 메우는 것은 단지 능동적 시민의 총화로서의 국민이었다. 그러나 인간의 생활은 언제나 긴장을 내포하고 있으며, 이것은 바로 정치생활에 대해서도 타당한 것이다. 따라서 정도의 차이는 있지만 지금까지의 적대자로부터 권력을 탈취한 정도일 뿐, 아직은 국민 자신들 속에서 앞서 말한 긴장관계가 전위되어 있었다. 결국 정치적 의사형성의 주체인 능동적 시민층은 분열하게 된다. 더구나 국정을 결정하는 것은 오늘날에도 국민 전체가 아니며, 루소가 생각했듯이 개개인의 집합체인 대중도 아니다. 오히려 그것은 그 시대에 이해나 권력획득을 공통목적으로 하는 집단, 즉 정당에 의하여 결정되는 것이었다.

【314】헌법제정자나 국법학설에서도 20세기에 들어오기까지는 이 정당의 존재를 묵시 또는 무시하여 왔다. 1920년대에 이르러서도 역시 정당은 「**헌법제도 밖의 현상**」 (extrakonstitutionelle Erscheinung)으로 이해되고 있었다.[95] 이와 같이 중요한 헌법의 현실문제에 눈을 감는 태도야 말로 곧 제1차 대전 이전의 시대에 제국의 내부붕괴를 초래하였는데, 그 붕괴의 중대한 원인을 차지하는 것이 바로 이 때문이었다. 성문헌법에 기록된 것만을 문제로 삼았기 때문에 현실이 헌법전의 문언과 아주 격리된 상황에까지 이르러도 관망하기만 하였던 것이다.

【315】B. 독일에 있어서 정당은 19세기 중엽에 성립하였다. 처음에는 보수·복고주의

---

95) Heinrich Triepel, Die Staatsverfassung und die politischen Parteien (2. Auflage, 1930), S. 29 f. (김효전 옮김, 헌법과 정당, 『독일 헌법학의 원천』, 산지니, 2018, 208면 이하).

와 자유·민주주의의 이데올로기로 양극의 분리상태였다. 처음에는 국민국가주의자, 자유주의자와 민주주의자들은 서로 손을 맞잡고 있으면서도 그들 사이에 존재하는 내부모순을 의식하지 못하였다.

보수주의사상은 메테르니히 시대부터 있었던 잔존 복고세력과 제휴하여 여러 영방과 영방왕실을 완전히 포섭하였다. 그리하여 그들은 국민국가 건설운동과 제국통일사상에 대해서 적대시하였다. **프로이센 보수주의**는 1848년 이래 정당을 조직하고 있었다. 그들은 1862년에서부터 1866년까지 사이의 헌법분쟁 때에는 무조건 비스마르크를 지지했지만, 그가 사후승인법을 제출하여 의회와 화해한 것은 용인하지 않았다. 그들은 정치적 가치서열의 정점에서 국가(프로이센 보수주의자들에게는 왕가)는 강력해야 한다는 견해가 있었기 때문이다. 프로이센 구 보수파는 입헌군주제 시대가 되고서도 최후까지 절대주의를 신봉하였다. 그들은 국가의 통치권 절대사상을 국왕에 대해서 반항하면서까지 관철시키려 하였다. 제국통일에 즈음하여 그들은 프로이센 중심의 지방독자주의 입장에서 비스마르크에 반대하였다. 양자가 공동보조를 한 것은 대략 1876년이다. 제국통일사업에는 의회의 지지가 불가결한 요소였는데, 국민자유주의자(die Nationalliberalen)들이 그를 지지하였다. 비스마르크가 통치한 시대에는 보수주의자들의 영향력은 그다지 크지 않았다. 특히 프로이센에서 비스마르크는 그들을 이용하기도 했지만 결정을 좌우할 만큼 중요한 지위에 있었던 것은 아니었다. 그러나 이 시대에 보수주의자들은 이미 프로이센 동부 여러 주에서 세력강화를 위한 포석을 하는데 성공하였다. 1860년 이후에는 프로이센 국가관리층은 점차 권위국가사상으로 기울어졌다. 특히 이 점에서 활약한 자는 보수파 국무대신 푸트카머(Puttkamer)였다. 1881년 그는 지금까지의 자유주의자와 교대로 내무대신이 되었다. 그러나 1880년대에 들어와서 프로이센 3등급 선거법이 우대하던 유산유권자의 생각도 급속히 변화하였다. 요컨대 이 선거제도는 1860년대에는 동부 프로이센에서는 그런대로 자유주의적인 진보당에게 대부분의 의석을 주었다고 한다면, 이제이 불평등한 선거법의 수익자는 보수주의자가 되었다. 이 때를 전후하여 프로이센 행정에서는 '**자유주의 추밀고문관**'이라고 불리던 자들이 제거됨으로서 설령 의회로부터 독립이 형식상으로는 본래대로 유지되었다고 하더라도, 이미 정부는 각지에서 세력을 강화한 보수주의에게 저항할 수 없었다.

【316】제국권력과 프로이센의 국가권력은 독특한 형태로 유착되었기 때문에 비스마르크가 물러난 후 프로이센 보수주의자들은 급속히 **제국정치**도 좌우하게 되었다. 특히 새로운 세대가 대두함에 따라서 보수주의는 국민국가사상과 제국주의 사상까지도 결합하였다. 제국정치에 대한 이와 같은 보수주의의 영향은 확실히 숙명적이라고도 할 수 있는 것이었다. 이리하여 프로이센은 특히 남서부 독일에서 융성한 민주주의와 자유주의 사조의 대항세력으로 화하였다. 그러나 그러한 중에서도 완전히 시대에 뒤떨어진 3등급 선거법을 고집하는 태도에 대해서 시민들은 국가의 체면을 손상시키는 것이라고 생각하였

다. 왜냐하면 그것은 국가의 법률이라는 형식을 빌린 것, 부정이 규범으로까지 고조되었기 때문이다. 프로이센 국가는 제국과 밀착되어 있었기 때문에, 이 비난은 제국에 대해서도 그대로 해당된 성질의 것이다. 그런데 보수주의자들은 제국의 이익을 자기들의 당파적 이익에 우선시키려고 하지 않았다. 이것이 제국을 내부적으로 붕괴시킨 중요한 원인이 되었다.

이러한 자칭 「보수주의자들」이 본래의 보수주의와 얼마나 동떨어져 있었던가를 여실히 보여주는 것이 현대의 철학자이며 자연과학자인 카를 프리드리히 폰 바이재커(Carl Friedrich von Weizsäcker)*의 다음과 같은 문장이다. 「통치 이미지로서의 보수주의는 오늘날에는 이미 과거에 매몰해버렸다. 그것에 관한 두 가지의 경험을 든다면, 일반적인 것과 기독교이다. 오랜 옛날부터 사람들은 통치구조 속에서 자기의 주변에 누가 있는지를 잘 알고 있었다. 따라서 경험이 일반적으로 생각하는 바에 따르면, 그러한 전통을 자랑하는 통치야말로 … 고도 문화를 가진 인류가 오늘날 알고 있는 장기적으로 인정된 사회구조로 서는 어쩌면 유일한 것이었다. 사람들은 사회에 적합한 지위를 얻고 있음을 믿어 의심치 않았는데, 전통적 통치는 이들의 사회적 지위에 대한 만족을 현세에 가능한 한 보장할 수 있는 유일한 사회구조로 생각되어졌다. 그러나 기독교에서는 예외 없이 일견 평화로운 이 세계도 사실은 고통과 부정으로 가득 찬 것으로, 이 세계가 정당화된다고 하더라도 그것은 전혀 없는 것보다 낫다는 정도의 의미라고 본다. 그리하여 당연한 일로서 영혼의 불안을 두려워하면서 기독교인들은 주위의 사람들에 대한 최대한의 원조를 부담하고 있는 것이다」.96)

【317】C. 이미 언급한 것처럼 바울교회의 프랑크푸르트 국민의회에서 **자유주의진영**은 아직 하나의 통합된 당파를 형성할 정도로 단결되어 있지는 못하였다(제28절 C). 각 영방에서도 정당조직은 있었지만 그 결합은 완만한 것이 일반적이었다. 프랑크푸르트 의회에서 자유주의자들은 헌법문제에 대해서 처음부터 급진적 민주주의자들과는 결별하 였는데, 바울교회의 계획이 무너지고 나서 양자는 비로소 다시 공동보조를 취하게 되었다. 1860년대 프로이센에서는 잡다한 자유주의자 집단 가운데서 먼저 「**진보당**」(Fort-schrittspartei)(1861년)이 결성되고, 그 후 루돌프 폰 벤니히젠(Rudolf von Bennigsen)이 이끄는 「**국민자유당**」(Nationalliberale Partei)(1867년)이 발족하였다. 이 국민자유당은 제국건설에 있어서 중요한 역할을 수행하였다. 즉 앞서 본 것처럼(제29절 D), 비스마르크 외교를 무조건 지지한 대가로 국민자유당은 제국헌법초안의 입헌주의적 요소를 강화시키 는데 성공하였다. 1867년부터 1878년까지 이 당은 여론에서만이 아니라 현실정치 속에 서도 지도적 입장을 차지하였다. 이 당의 발안에 기초하여 1870년대에 제정된 제국의 권한확정을 내용으로 하는 일련의 헌법개정법률은 폐지되었다. 또 이 당의 찬성이 있음으 로서 비로소 제국의 각 성이 제국재상으로부터 분리되었다.

---

96) Deutsches Allgemeines Sonntagsblatt Nr. 50/1977 vom 11. 12. 1977, S. 12에서 인용함.

이 시대에 「진보당」 측은 대체로 「국민자유당」과 제휴하는 정도에 그쳤다. 이 두 자유주의정당은 이른바 「교황지상주의」(Ultramontanismus)와 이를 의회에서 주장한 중앙당(Zentrumspartei)에 반대하는 것으로 공동전선을 펴고 있었다. 이른바 「문화투쟁」 (Kulturkampf) (본절 D에서 상세히 다룬다)을 통하여 독일자유주의 진영은 장기간에 걸쳐 활발한 정치활동을 전개하였는데, 그러한 활동으로서는 이것이 마지막이었다. 그들은 본래 국가는 가능한 한 약한 것이 좋다고 생각하였다. 그런데 이러한 당의 취지를 버리고 그들은 제국건설에 진력하였다. 그리고 그 후 자유주의자들은 큰 사상적 대립 속에서 국가에 있어서의 개인의 자유라는 그들의 정치이념을 실현하기 위한 최후의 노력을 하였다. 그러나 비스마르크는 문화투쟁을 종결짓기 위해서 자유주의를 파괴시켜 갔던 것이다. 제2차 대전이 종료하기까지 자유주의 정당들은 또다시 이 손실로부터 회복할 수 없었다. 제2대 독일황제 프리드리히 3세는 자유주의를 기조로 한 통치를 행할 것으로 기대되었는데, 재위 99일 만에 돌연 사망하였기 때문에 이 뜨거운 기대도 사라진 사정이 설상가상으로 더해진 것이다.

【318】D. 1879년 이후에는 **중앙당**이 제국의 정당정치에서 중요한 지위를 차지하게 되었다. 이 당은 단기간의 예외를 제외하고 1933년까지 계속 군림할 수 있었다. 즉 1879년 이후로 어떤 정부도 중앙당에 적대시하고서는 장기집권을 유지할 수 없었기 때문에, 이 당의 협력이 불가결하기까지 하였다. 동당의 핵심은 요컨대 독일 가톨릭주의였다. 오스트리아가 독일동맹에서 제외됨으로써 새로운 제국에서의 가톨릭교도는 극소수였지만, 그들은 일치단결하여 통일적인 정치대표를 보내었던 것이다. 중앙당에는 지방독자주의를 신봉하는 일정한 집단, 예컨대 하노버의 베르흐가, 알자스인 등이며, 그보다 약한 결속력을 가진 포젠과 서부 프로이센에 거주하는 폴란드인들이 결집하고 있었다. 이들에게 공통된 것은 프로이센과 프로이센의 통일방식에 대한 반감이었다.

【319】그런데 **정치적 가톨릭주의의 정신적 기반**은 전통주의의 강조에 있으며, 거기에서는 뒤의 괴레스(Görres)의 예에서 보듯이, 보수주의 기조가 도출되었다. 그리고 이 입장이 취하는 국가관은 교의와 교회의 교조에 규정되어 있었는데, 많은 점에서 토마스 아퀴나스와 연결되는 것이었다. 그의 견해에 따르면, 신이야말로 모든 국가통치의 원천이다. 이에 대하여 누가 이 국가통치권을 행사하는가의 결정권, 즉 주권의 주체 선택권은 인간의 권리이며, 국민 또는 그 대리인이 행사한다고 본다. 또 국가의 기원은 본래의 인륜을 실현하기 위한 수단인 것이다. 다만, 국가의 책무에 속하는 것은 개인과 가족의 영역을 초월한 곳에 위치하는 인륜뿐이었다. 그러나 이것은 국가발생 이전부터 존재하는 책무이다. 이 사상에서 국가의 근거에는 스스로 한계가 있다는 결론이 나온다. 국가는 본래 자기의 활동을 항상 확대하려는 성질(결국은 「**권력의 마성**」)이란 말에서 상징되는 위험성을 지니는 것이기 때문에 명확한 한계가 확정되어야 한다. 따라서 가톨릭 국가관은

이 점에서는 자유주의의 생각과 완전히 일치하는 것이다.

가톨릭교회는 이미 본 국가관의 개요가 개개의 신도를 구속하는 것으로 생각하였다. 그러나 그 이외에는 교도는 독자적 입장을 취할 자유를 가지고 있다. 이러한 가톨릭 국가관을 새로운 시대에 적응시키기 위해 체계적으로 총괄한 자가 교황 레오 13세(Leo XIII)이며, 이것은 1881년에서부터 1889년까지의 대교서와 회칙의 형태로 행하여 졌다. 그러나 독일 중앙당이 추진한 현실정책은 이상의 가톨릭국가론 체계에서 도출한 것은 아니었다. 오히려 그때그때의 일상정치의 관점에 따라 정책판단이 이루어졌다.

【320】 그런데 이른바 **문화투쟁**(Kulturkampf)을 이해하기 위해서는 국가에 대한 책임있는 입장의 사람들이 다음과 같은 우려를 갖고 있었다는 사실만 확인하면 족하다. 즉 제1회 바티칸 공회의는 교황의 무오류성을 교의로까지 고양시켰는데, 그것은 국가에 대한 시민의 복종의무를 면할 가능성을 내포함으로써 국가와 교회의 관계를 위험 속으로 빠뜨렸다는 것이다.

이 교의를 부정하는 점에서 계몽적 자유주의, 권위국가 사상과 국민국가사상의 이해는 일치하였다. 대개 역사상의 큰 대립이 그러하듯이 문화투쟁이라는 것도 본래는 당사자 모두의 뜻에 반하여 발생하였다. 그러나 일단 발생하면 그것은 상당히 심각한 것이었다. 프로이센 의회와 제국의회의 유력한 자유주의 정당들이 공동보조를 취하자, 가톨릭교도들은 자신의 지위가 위협당할 것을 두려워하였다. 그 때문에 「프로테스탄트는 제국을 말아먹는다」라는 격렬한 말이 퍼지게 되었다. 1870년대에 행하여진 중앙당 결성의 목표는 제국과 프로이센에 있는 가톨릭교회들의 권리를 옹호하고, 제국헌법이라는 제도 속에서 지방독자주의를 견지하는 점에 있었다. 그러나 비스마르크는 중앙당 지도자들의 몇 마디 발언이 진의가 아니라 말꼬리를 잡아 새로이 건설된 제국에 대한 공격이라고 확신하였다. 그리하여 그는 엄격한 반교회정책으로 응수하였고, 제국의회에서는 자유주의 진영의 도움을 받아 프로이센 문화대신 팔크(Falk)가 기초한 일련의 이른바 「문화투쟁법」을 성립시킨 것이다. 그런데 그것은 오히려 더욱 가톨릭측을 결속케 하여 정당을 만들게 하는 결과가 되었다. 그러한 가운데 점차 비스마르크는 승산이 없음을 깨닫고, 투쟁은 1876년에 종식되었다. 1880년대 들어오자, 이번에는 전술한 팔크법이 단계적으로 폐지되고 있었다. 그 원인의 하나는 1878년 이래 국민자유당이 두 번이나 정부를 지지하지 않게 되자, 비스마르크는 자신이 취한 경제정책에 중앙당의 협력이 불가피해졌던 것이다. 이 당은 1879년 비스마르크가 실시한 새로운 보호관세(이 경우는 보수당과 단결하여)뿐만이 아니라, 기타 새로운 제국수입을 설정하는 것도 승인하였다.

비스마르크가 해임된 후에는 제국의회에서 정부를 지지하는 여당을 독자적으로 형성하는 데에는 중간의 여러 정당들은 언제나 힘이 모자랐다. 이 때문에 안정된 지지층을 확보하고 있었던 중앙당이 언제나 캐스팅 보트를 쥐게 되었다.

【321】E. 정치원리에서 볼 때 당시 야당의 입장에 있었던 것은 「진보당」이었는데, 이것은 곧 온건한 「자유사상연합」(freisinnige Vereinigung)과 급진적인 「자유사상인민당」(freisinnige Volkspartei)으로 분열되었다. 이 정당들은 1880년의 선거에서 정부에 대한 불평불만을 품고 있던 사람들의 표를 얻음으로써 도약하게 되었다. 그러나 「사회민주당」(Sozialdemokratische Partei)이라는 유력한 라이벌이 등장하자 사태는 갑자기 변하였다. 이러한 동향과 함께 독일에서는 제4 계급이 자신들도 정치결정에 참가하려는 요구를 내세웠다. 그 바닥에는 바로 **사회비판**(Sozialkritik)이 존재하고 있었다. 그런데 사회비판이라는 것은 인간사회의 형태와 근본적 조직과 그러한 것에 부수하는 경제체제가 불충분한 한 언제나 존재하는 것이다. 그리고 실제로 인간이 만든 제도란 언제나 불완전한 것이다. 그런데 19세기 사회경제(독일만이 그러했던 것은 아니지만)의 특징은 (제1차) 「산업혁명」과 「인구의 폭발적 증대」의 시작이라는 두 가지 점에서 나타난다. 더구나 양자는 새로운 경제의 중심지로 향한 국내 인구의 이동으로 더욱더 지역집약적으로 증폭되었다. 이리하여 사회적 격차는 나날이 악화되고 산업노동자들의 비참함은 말할 수 없었다. 이러한 점에서 특히 경제적 및 정치적 자유주의에 책임을 물어야 한다는 주장이 나타났는데, 이에 관하여는 보수당 측이 분명한 인식을 가지고 있었기 때문이다.

그런데 사회비판은 다음 두 가지 형태 중 어느 하나의 형태로 나타난다. 하나는 **현실적** 사회비판이라는 것으로 이것은 이미 존재하는 여러 조건을 참작하여 계속 개량시키려는 것이다. 이 때문에 이러한 생각들은 기존의 결함을 가능한 한 시정하려고 국가와 밀접히 제휴하는 경향이 있다. 이에 대하여 이른바 **공상적 내지 천년지복설적** 사회비판 측에서는 그러한 사회 및 경제조직의 결함을 시정하는 일은 불가능하다고 본다. 따라서 이 입장은 현재 또는 현존하는 국가를 부정하고 그와 대결하게 된다.

【322】19세기 유럽 사회주의에서는 처음에 공상적-천년기설적인 견해가 유력하였다. 그 사회비판의 근저에 있었던 것은, 인간은 자력으로 구제하여야 하며, 인간의 역사성은 극복되어야 한다는 신앙이었다. 나아가 사회주의는 말 그대로 사회와 경제의 근본적 재편으로 인류 전체의 구제에 착수할 수 있다고 생각하였다. 바로 이와 같이 엄청난 수의 **구제신앙이 세속화되어** 사회주의 운동과 합류함으로써, 이 운동은 엄청난 활력과 열광을 이끌어 낼 수 있었다.

【323】이러한 **사회주의의 진전**은 다음 4단계로 나뉘어진다. 즉 19세기 초의 전(前)고전적, 마르크스와 엥겔스의 고전적, 19세기 후반부터 제1차 대전까지 나타난 대중운동

으로서의 후기 고전적, 그리고 제1차 세계대전 후의 후기 자본주의 시대의 사회주의이다. 한편, 그락쿠스형제와 스파르타쿠스, 토마스 뮌쩌와 독일농민전쟁의 참가자 또는 「유토피아」의 토마스 모어를 「사회주의 선구자」로 설명하는 것은 본래 비교할 수 없는 것을 공통분모로 삼는 것이기 때문에 그것은 역사에 반한다. 진정한 사회주의라고 칭할 수 있는 것은 자본주의에 반대하여 자본주의의 제약을 받고 있는 프롤레타리아의 존재에로 향한 운동 뿐이다. 이러한 의미에서의 **전기 고전적 사회주의자**로서는 프랑스 귀족 생시몽(Saint Simon), 그의 수제자 앙팡탱(Enfantin), 장 피에르 브리소(Jean Pierre Brissot), 루이 블랑(Louis Blanc)과 독일의 빌헬름 바이틀링(Wilhelm Weitling)이다.

【324】다음으로 **고전적 사회주의**는 독일인 카를 마르크스와 프리드리히 엥겔스가 창시자이며, 일찍이 1848년에 이른바 『공산당선언』(Kommunistisches Manifest)에서 이론의 골자가 완성되어 있었다. 이 고전적 사회주의(마르크스주의)도 또한 전술한 의미에서는 공상적인(utopisch) 것이다. 왜냐하면 그것은 과학 이전의 역사형이상학 공식에서 나오기 때문이다. 헤겔의 변증법적인 학문의 방법에 의거하면서 변증법적 역사형이상학의 공식이 세워지고, 역사의 흐름도 자연법칙과 마찬가지로 불가항력적인 것이라고 주장되었다. 그것은 먼저 소유와 계급차별이 없는 원시 공산사회라는 테제(These)에서 시작되며, 다음에는 안티테제인 계급분화가 생겨나는 「선사시대」를 거쳐, 마침내는 역사의 위대한 결말, 즉 진테제로서의 계급 없는 미래사회에 이른다는 것이다. 그 결과로서 경제발전에 상응하여 경제적 결정론과 사적 유물론이 설명된다.

헌법사를 연구하는 본서에서는 마르크스와 엥겔스의 경제이론에 들어갈 수는 없지만, 그들의 국가관만큼은 확인해 둘 필요가 있다. 고전적 사회주의는 19세기 자유주의 국가를 유산자의 계급국가로 파악하여 이를 타도하기 위해 투쟁하였다. 국가의 즉각 폐기를 요구하는 무정부주의(Anarchismus)의 정치강령을 제외한다면, 국가폐기에 남겨진 방법은 강권국가, 즉 프롤레타리아 독재(Diktatur des Proletariats)라는 과도기를 거치는 것뿐이다. 이 강권국가를 「사멸」(Absterben)시키기까지는 노동자계급이 지도한다고 한다. 그런데 실제로는 예컨대 근대 러시아사 등에서 보여 주듯이, 이것은 작은 난제를 피하려다가 큰 난제에 봉착하게 되는 결과를 초래하였다.

【325】**대중운동으로서** (후기 고전적) **사회주의** 시기는 독일에서 사회민주당의 역사와 부합된다. 1875년 마르크스와 라살레의 지지자들은 「독일 사회주의 노동당」(Sozialistische Arbeiterpartei Deutschlands)을 결성하였다. 이 신당은 처음에는 제국에 대해 어떤 태도로 일관할 것인지에 대해 일치를 보지 못하였다. 페르디난드 라살레(Ferdinand Lassalle)와 그의 사후에 「독일 노동자 총동맹」(der Allgemeine deutsche Arbeiterverein)을 이끈 요한 바티스트 폰 슈바이처(Johann Batist von Schweizer)는 독일 통일에 관한 소독일 프로이센주의로서 국민국가를 지향하고 있었다. 이에 대하여 빌헬름

리프크네히트(Wilhelm Liebknecht)와 아우구스트 베벨(August Bebel)은 국제적 노동자 계급의 승리에만 기대를 걸었다. 이 양파는 1875년 고타회의(Gothaer Tagung)에서 통일되었지만, 그것은 결국 하나의 타협에 지나지 않았다. 이것은 당시까지의 단계상 순전히 공상적으로 되었던 사회주의가 현실주의에 대해서 행한 최초의 양보였다. 그럼에 도 불구하고 기본적으로는 마르크스-리프크네히트-베벨(Marx-Liebknecht-Bebel)이라 는 국제적 진영이 국가의 힘을 빌어 사회주의의 여러 가지 요구를 실현하려고 한 라살레의 주장이 승리한 것이다.

【326】1878년 비스마르크는 황제 빌헬름 1세에 대한 두 건의 암살계획을 이용하여, **사회주의자진압법**(Sozialistengesetze)이라는 엄격한 내용의 특별법을 제정하여 사회주 의운동에 대처할 계기로 삼았다. 이후 이 법률은 12년간 효력을 지속하였다. 이 때문에 사회주의 운동은 이전보다 더욱 결속을 강화하였을 뿐만 아니라, 모처럼 이 운동이 국가에 대해 현실적 또는 적극적인 태도를 보이기 시작했는데 그 싹을 밟아버렸던 것이다. 그러나 이러한 수난을 받은 운동은 조금도 정체되지 않고 오히려 더욱 강하게 일어났다. 1890년대에는 사회주의자진압법이 폐지되자, 그 후 운동은 강하고 안정된 세력을 과시하 게 된다. 한편 1881년 이후 비스마르크는 당시로는 세계적으로 모범이라 할 수 있는 대규모의 여러 가지 **사회입법**(soziale Gesetzgebung)을 단행하여 국가에 대한 노동자의 지지를 얻으려고 노력하였다. 그리고 1881년부터 1889년에 걸쳐 건강·산재·질병 그리고 노령보험법이 제정되었다. 그러나 국가와 노동자계급의 대립의 골은 매우 깊어져 서 이러한 시도도 거의 성과를 거두지 못하였다. 이 사회입법의 효력의 혜택은 아주 느리게 나타났기 때문이다.

【327】현실적 사회비판으로의 행동의 전환은 사회주의 정당 내에서는 간접적으로 행하여졌다. 의회에 급속히 진출(1887년에 12 의석이었던 것이 1903년에는 103 의석)했음에 도 불구하고, 이 당의 태도는 원칙적으로 소극적이어서, 예컨대 전술한 사회입법에도 반대표를 던졌을 정도이다. 이에 비해 보다 현실적인 견해를 가지고 있던 **노동조합** (Gewerkschaft)이 사회주의 정당에 침투함으로써 서서히 현실적으로 되었다. 이러한 진전의 결과로 국가관도 변화하였다. 즉 국가를 부정하는 것이 아니라, 집중계획경제에 의한 복지국가라는 슬로건을 내걸어 오히려 그것을 긍정하였다. 이와 함께 프롤레타리아 독재를 목표로 하는 볼셰비즘과 공산주의, 그리고 사회민주주의는 이데올로기상 분화하 였다. 사회민주주의 쪽은 공상적 사고를 내버렸던 것이다. 비스마르크 제국에서 사회주의 자들은 의회에서의 정치적 금욕을 지켰는데, 이것은 중앙당에 이로운 결과로 되었다. 이미 서술했듯이, 이 당은 거의 모든 결의를 저지할 수 있는 결정권을 가진 정당이 되었기 때문이다.

제32절 제1차 세계대전, 제국헌법의 개정, 그리고 혁명

【328】 A. 「대체로 근대의 전쟁은 기존의 국가질서에 있어서의 내구(耐久)시험이다. 그러나 (제1차) 세계대전에서는 당시 아직 권위에서 유래하는 군주제를 채택하고 있던 국가들에서의 이 시련은 특히 혹독한 것이었다」.[97] 1871년 이후 비스마르크가 취한 정책은 의도적으로 유럽의 평화, 나아가 전세계의 평화유지를 목표로 한 것이었다. 이것은 「베를린 회의」(1878년) 석상에서 비스마르크가 「강력한 중재역」을 수행한 사실에서도 알 수 있다. 그렇지만 그가 지도하는 제국이 전쟁에 대한 만반의 준비를 소홀히 하지 않았다는 사실은 분명하다. 대중은 정서적이어서 악선전에 현혹되기 쉬웠고, 국제정치, 요컨대 선전강화의 결정을 그들로부터 단절시키려는 바로 외교상의 이유로 인하여, 비스마르크는 당시 대중의 지지를 받는 정당이 간섭할 수 없도록 하나의 **국내정치의 체계**를 구축하고 있었다. 그러나 점차 시대에 뒤떨어지게 된 사실을 배제하더라도, 이 체계에는 아주 민활하고 **폭넓은 시야를 가진 국가지도자를 필요로 하였다.** 그런데 비스마르크가 해임된 후, 독일에서는 과연 (내정, 외교의) 정상에 유능한 행정관료는 있었는지 몰라도, 창조력을 발휘하여 새로운 질서를 이끌어 갈 수 있는 정치가는 없었다. 그것은 단순한 우연으로 치부될 수는 없는 것이다. 이러한 사태는 무엇보다도 프로이센이 제국 구석구석까지 영향력을 독점하였던 데에서 오는 결과의 하나이기도 했기 때문이다.

19세기 프로이센의 문무 양 분야에서 지도적 지위에 있었던 많은 저명인사들을 살펴보면, 그 중 적지 않은 부분이 사실 처음부터 프로이센인이 아니었다는 사실을 주목해 볼 수 있을 것이다. 예컨대 슈타인과 하르덴베르크, 샤른호르스트와 그나이제나우 등은 프로이센에 임관하였을 때 정도의 차이는 있었지만 이미 지도적 지위에 있었다. 몰트케 (Moltke) 장군도 프로이센 출신이 아니었으며, 비스마르크는 프로이센인이기는 했지만 당시로서는 거의 이례적이라고 할 수 있는 대의사(代議士)를 거쳐 외교관직에 있었던 사람이다. 창조성이 풍부한 인간은 그럭저럭 궁핍한 하급관료의 지위에 놓이는 것이 일반적 세태인데, 이렇게 본다면 **프로이센의 정신풍토**는 엄격한 위계질서 속에서 그러한 인재를 등용하기에는 아주 적합하지 않다는 사실을 알 수 있다. 프로이센 관료제는 프리드리히 빌헬름 1세의 통치 때에, 그리고 특히 만년의 프리드리히 대왕의 손으로 만들어졌다. 그것은 확실히 「보통 인물」의 평가에서는 유용하며 적절하였지만, 오늘날에는 그 마이너스면이 나타난다고 할 수 있다. 나폴레옹 해방전쟁 전과 전쟁 중의 개혁자들이 보여준 진취적 기상, 특히 구 프로이센적 생각을 1870년대 중반부터 또다시 보수세력이 주장하고 촉진하게 된다. 그러나 그것보다도 앞서 언급한 관료제 형태가 더 강하였다는 사실이 분명해졌다. 이리하여 제국이 건설되고 프로이센이 다른 독일에 대해서 모범이라고 생각됨에 따라 이러한 프로이센 정신은 더욱더 보급되었다. 이 프로이센의 위계질서는

---

97) Friedrich Meinecke, Die Revolution. Ursachen und Tatsachen, HbdtStR I, S. 95 ff. (95).

권력수단으로서 경직되어 있었고, 과장해서 말한다면, 「만사에 융통성이 없는」 (Gamaschendienst)것이기는 했지만, 그것은 동조자를 얻어 일파를 형성하여 지도력 있는 많은 유능한 인재를 관료가 아닌, 예컨대 당시 대두하고 있던 경제계 등 다른 분야로 몰아 내버렸다.

【329】나아가 앞서 본 비스마르크가 만든 내정구도는 여러 가지 사회집단의 욕구를 충분히 균등하게 채우지 못했기 때문에 재고되지 않을 수 없었다. 제국건설 당시에는 이미 **시민사회에 뿌리를 내린 세력들**은 충분한 힘을 가졌으며, 이것들은 내정구도에 편입되어 있었다. 이것은 문화투쟁을 거친 후에는 중앙당에 의해 대표되는 독일의 가톨릭 지역에 대해서도 그대로 적용된다. 그러나 「제4계급」, 즉 성숙하고 있던 노동자의 사회주의 운동은 여전히 그러한 구도 밖에 놓여 있었던 것이다.

【330】또 제국에는 그보다 더 큰 약점이 있었다. 그것은 통치기구가 제국건설에 공로가 있는 자들에게 맞도록 지나치게 개성적으로 조직되어 졌다는 점이다. 즉 자력이든 목적에 적합하도록 선임된 정치가의 지도력에 의하든, 여하튼 권위주의와 입헌주의에 기초하는 군주제의 통치기능을 발휘할 수 있는 **지배자**를 프로이센, 나아가 제국의 정점에 둘 것을 전제로 한 것이었다. 그런데 빌헬름 2세는 이 둘 중 어느 점에서 보더라도 능력이 없었다.98) 제국이 프로이센과 유착되었던 것은 기술하였지만 더구나 비스마르크의 후계 자가 될 만한 인물을 찾아내는 일도 정말 힘들었던 것은 물론이다. 달리 방법이 없었지만 겨우 카프리비(Caprivi) 또는 베트만-홀베그(Bethmann-Hollweg)의 후임 미하엘리스 (Michaelis)와 같은 작은 인물을 지도자로 삼아버렸다. 여하튼 그들은 제국정치의 책임있 는 정치에 적합한 인물은 아니었다. 또 빌헬름 2세마저도 처음에는 친정에 가까운 정치를 하였다. 그러나 이른바 데일리 텔레그라프 사건(Daily Telegragh Affaire, 1908년)에서는 인격적인 불평을 사고, 본의 아닌 전쟁을 유발시킨 후에는 친정을 단념하였다. 이리하여 빌헬름은 명령권과 통치권을 각 전문성에 위임함으로써, 이제는 입헌군주제의 중요한 특질이라 할 수 있는 중심으로부터 멀어지려는 여러 세력들을 집결하고 통제하는 역할을 상실하고 말았다. 이리하여 **정치의 정점에 공백상태**가 발생하였다. 그 결과 장기적 안목에 서 보면 권력은 다른 세력에 의해 침탈당하게 된 것이다. 사실 제국의 정치적 지도권도 전황의 진전에 따라 점차 참모본부의 손에 넘어갔다. 이것은 참모총장 힌덴부르크 (Hindenburg) 원수의 가장 심복 부하였던 루덴도르프 장군(Ludendorff)의 **사실상의 군부독재**가 시작된 것을 뜻한다.

【331】B. 전쟁이 발발했을 때 광범위한 국민층에 기초를 둔 입헌군주제의 새로운

---

98) 이 점에 대해서는 E. R. Huber, Das persönliche Regiment Wilhelms II. in: Nationalstaat und Verfassungsstaat, S. 224 ff. 참조.

시대가 도래한 것으로 생각되었다. 정부와 사회민주당은 국내의 **정치적 투쟁을 일시 유보하자**는데 합의하였다. 사회민주주의자에 대해서는 약간의 제약이 남아 있었으나, 이것은 1914년 8월에 모두 철폐되고, 그 대신에 제국의회 내에서 전시국채 또는 기타 전시의 여러 조치에 사회민주당이 찬성하기로 결정한 것이다. 그 이유는 국민은 연대해야 한다는 당연한 감정이 발동된 이외에, 원칙적으로 평화주의를 취하면서도 사회민주주의 자가 이 전쟁을 방위전으로 생각하고 그것을 정당화했다는 사실을 들 수 있다. 독일이 패배하면 노동자에게 불리한 결과를 초래할 것이라는 사상은, 당시에는 아직 주장되지 않았다. 그러나 그것은 후에 일단 채택된 정책을 계속해야만 하는, 이 정당의 노선을 결정하게 되었다.

이 새로운 내정에서는 전쟁목적은 분명히 순수한 방위에만 국한되어야 하다는 것, 노동자에게는 국내에서 완전한 동격이 부여되어야 한다는 결론이 도출된 것은 당연하다. 그리고 이것은 확실하게 약속되었다. 그러나 서전에서 승리를 거두기 위해서 우파 사람들은 그 실시를 방해하였다. 황제와 제국재상 폰 베트만 홀베그(Theobald von Bethmann-Hollweg)는 그들보다는 나은 이해력을 가졌지만, 특히 군부에 대해서 자기의 견해를 주장하기에는 유감스럽게도 약체였다. 결국 베트만은 1917년 7월 11일에 프로이센 3등급 선거법의 즉각적인 폐지와 제국선거구의 재분할을 내용으로 하는 각령(閣令)을 황제의 이름으로 발포하였는데, 그 다음날 루덴도르프는 최후통첩으로 베트만의 해임을 압박하였다. 이 조치가 여러 정당들의 뜻에 부합되지 않았다는 사실은 며칠 후 제국의회에서 압도적 다수로 체결된 강화결의를 보아도 알 수 있다. 이것은 간접적으로는 이미 실각한, 협조성이 준비된 재상을 사후적으로 신임한다는 의사표시였던 것이다.

【332】 영국은 독일에 대해 경제봉쇄를 단행하였다. 이 때문에 독일이 경제적으로 고립된 사실을 국민이 명백히 인식하게 된 데에 비례하여, 사민당 수뇌부에서는 당 내부에 증대해 온 비판에 대항하여 종래의 노선을 유지하기 곤란하게 되었다. 반년이 지나서 사민당 의원단에서는 전시국채의 연장에 반대하고, 나아가 당의 공식정책에 반대하는 숫자가 눈에 띨 정도로 증대하였다. 1917년 봄, 마침내 **사민당**은 온건한 다수와 사민당과 급진적인 독립사민당으로 **분열되었다**. 독립사민당(USPO) 중에서 가장 과격파는 카를 리프크네히트와 로자 룩셈부르크(Rosa Luxemburg)가 이끄는 「스파르타쿠스단」 (Spartakus Gruppe)으로, 그들은 프롤레타리아 독재를 달성시키기 위해 공공연하게 독일의 패전을 목표로 활동하였다.

【333】 1917년 여름에 선전포고된 무제한 U 보트전도, 러시아의 군사적 붕괴를 초래한 러시아혁명도, 그리고 독일군이 1918년 봄에 서부전선에서 감행한 봄의 공격도 결국은

독일에 유리한 전국의 타개는 되지 못하였다. 그 후 내정분야에서는 마지막 순간에 방침이 급격하게 변경되었다. 즉 **제국헌법이 개정**된 것이다.

【334】C. 1918년 8월 24일의 법률로 지연된 **제국선거구를 재분할** 하였으며, 특히 산업인구가 많은 대선거구에서는 비례대표가 도입되었지만 다른 선거구에서는 여전히 다수대표제에 머물러 있었다. 같은 해 10월에는 **프로이센 3등급 선거법**도 폐지되기에 이르렀다. 그러나 새로운 선거법은 제정되지 아니하였다.

중요한 헌법개정은 1908년 10월 28일의 두 개의 개정법률로 행하여졌다. 이리하여 **의원내각제가 채택**되었다. 따라서 제국재상은 이제 직무수행에 관한 제국의회의 신임을 요하게 되었다. 제국재상은 제국의 통치행위에 대한 부서의 의무를 지고 있었는데, 이 의무는 통수권 관계의 행위에도 확장됨으로 그 결과 군사에 관해서도 의원내각제가 타당하게 된다. 선전강화권은 연방참의원과 제국의회가 동의한 경우에만 황제가 이를 행사할 수 있게 되었다. 이리하여 최종적으로는 **입헌주의 국가로부터 군주를 둔 의회제 민주주의에로의 이행**이 이루어졌다. 그와 동시에 제국정부의 조각은 제국의회 여당과의 협조에 의한다는 1917년 가을 이래로 행해진 관행이 국법상으로도 추인되었다. 그런데 헤르틀링(Hertling) 백작의 조각시에는 중앙당, 진보인민당, 그리고 사회민주당의 세 여당은 단지 자문밖에 받지 않았다. 그러나 1918년 10월 3일에 조각한 바덴의 막스 공(Prinz Max von Baden)이 이끄는 정부는 진정한 의원내각제에 의한 것으로, 그 내각 내에서 여당의 각 영수는 개개의 전문적인 성(省)을 관장하게 되었다.

【335】D. 그러나 국가위기는 이를 극복하기에는 너무 늦은 상태까지 진행되었다. 이것은 루덴도르프의 해임에 나타난 군사정세에 대한 전망의 부족이란 사실에서만 생겨난 것은 아니다. 제국정부의 이익을 위해 정책적으로 퇴임한 황제는 이미 회피할 수 없는 패배의 책임을 제국정부에게 지웠던 것이다. 더욱 더 중요한 것으로 헌법개정이 국민다수 및 그에 따르는 군주의 자발적 의사가 아니라 적국의 지시에 의하여 행해질 수밖에 없었다. 즉 1918년 10월 3일의 독일의 정전 요청에 응하여 미국 대통령 윌슨(Wilson)은 동년 동월 14일자로 제2차 각서를 발하여, 종래 황제의 지위는 너무 강하기 때문에 이를 사실상 무력화시키는 것이 최소한의 요구라고 밝혔다. 같은 달 23일자 제3차 윌슨 각서는 연합국(Entente)측이 황제의 퇴위를 요구한다는 사실을 분명히 하였다. 이 각서에 서는「독일의 지금까지의 권력보유자와 얼굴을 맞대게 된다면, 평화의 교섭이 아니라 항복을 요구한다」고 기술되었다. 이 문제가 매듭되기 전에 킬 원양함대에서 반란이 일어났고, 이것과는 무관했지만 1918년 11월 7일에 뮌헨에서도 **혁명**이 발발하였다. 이 혁명운동은 요원의 불길같이 48시간 이내에 독일의 전 도시를 석권하였다. 혁명 물결의 중심은 특히 베를린에서는 좌익과격파인 스파르타쿠스단으로서, 그들이 내건

목표는 독일에 볼셰비즘(Bolschewismus)에 의한 (평의회)공화국(Räterepublik)을 수립하는 것이다.

이러한 상황에서 진퇴유곡에 빠진 것은 다수파 사회주의자들이었다. 그들은 혁명은 반드시 예정되어 있다고 생각했기 때문에, 종래의 생각에 따르는 한 이 혁명을 긍정할 수밖에 없었다. 그러나 독일이 볼셰비키화 될 직접적 위험이 있다는 이유로 그들은 이 시점에서는 혁명을 거절하였다. 대단히 유능하고 책임감이 강했던 다수파 사회주의자들의 지도자 프리드리히 에버트(Friedrich Ebert)와 그의 협력자 노스케(Noske) 그리고 샤이데만(Scheidemann)이 당시 특히 진력한 것은 대중이 더 이상 좌경화되는, 즉 볼셰비즘화되는 것을 방지하는 것이었다.

【336】에버트는 원칙적으로 군주제 자체의 폐지에는 반대하고 있었다. 왜냐하면 그가 확신하는 바에 따르면, 독일은 공화제라는 통치형태를 채택하기에는 미숙하였다. 그 때문에 그는 만들어진 데 불과한 군주를 정점으로 하는 의회제 민주주의를 유지하면서, 다만 황제와 황제의 아들에게 개인적으로 제위를 포기케 할 정도로 그칠 속셈이었다. 그리하여 국가형태에 관한 최종적 결정이 있기까지 섭정에게 국가원수의 기능을 대행시키려고 하였다. 그러나 당사자인 호헨촐레른가에게도 책임의 일단이 있는 일련의 사건이 연달아 일어났다. 즉 황제는 제국황제로서는 퇴위하지만 프로이센 국왕의 자리에는 계속 머무른다는 정치적으로나 국법적으로 불가능한 방법의 선택을 결정하였다. 그러자 샤이데만은 1918년 11월 9일에 제국의회 의사당의 계단 위에서 **독일의 공화제**를 선언함으로써 기선을 제압하였다. 이리하여 이미 불변의 기성 사실이 형성되었다. 군주제에서 공화제로의 이행이 원활했던 것은 다수파 사회주의자들이 바랐던 것이기도 했지만, 11월 9일 바덴 공 막스가 제국재상의 지위를 프리드리히 에버트에게 이양함으로써 가능케 되어졌다. 다만, 이것은 전술한 공화제 선언 전에 행해진 것으로 에버트는 마지막 재상이 된 것이다. 그런데 에버트는 이미 현행 제국헌법의 여러 조항들에 따라 통치할 수는 없었다. 즉 독일은 새로운 헌법을 필요로 하였다.

제10장 제1차 세계대전에서 제2차 대전까지

제33절 바이마르헌법

【337】A. 1918년 11월 노동자와 반란 수병, 그리고 병사들은 자신들이야말로 내정상의 승리자라고 느꼈다. 그 때문에 각지에서 지방의 권력을 독점하려는 이른바 **노병평의회**(Arbeiter-und Soldatenräte)가 결성되었다. 그 결과 에버트마저도 정상적인 정권을 수립할 수 없었다. 결국 그는 다른 두 명의 다수파 사회민주당원과 세 명의 독립사회민주당원과

같이 「**인민대표위원 정부**」(Rat der Volksbeauftragten)를 만들었다. 이 정부는 노병평의회에 의해 승인되었다. 이것을 받아들인 에버트는 새로운 정부의 강령을 말하는 호소문을 공개하였다.

에버트가 이 호소문에 서명할 단계에서는 역시 구 제국재상이었지만, 그의 호소에 따라서 각 관청도 이 정부를 승인하였다. 그와 동시에 에버트와 참모본부에서 루덴도르프의 후임인 그뢰너(Groener) 장군 사이에 합의가 성립되었다. 이 합의에 의해 육군은 새 정권에 굴복하고, 한편 에버트는 질서, 기율의 유지, 그리고 볼셰비즘 혁명운동에 대한 방위에 있어서 장교단의 지지를 약속받았다. 마지막으로 노동조합과 사용단체로 구성된 「중앙노동협동체」(Zentralarbeitsgemeinschaft)가 설립되어, 인민대표위원정부는 그것을 승인하였다. 이것은 이후에 실시해야 할 사회정책의 안정화를 느끼게 하는 것이었다. 그래서 새로운 정권이 거부한 「노동협약 당사자 쌍방」의 전면적 대결 등의 사태가 발생하면 당연히 불가피한 혼란은 봉쇄되었다. 프리드리히 마이네케는 「독일혁명이 처음부터 보수적 경향을 띠고 있었다는 것은 주목할 만한 가치가 있다」고 평가하였다.99) 그렇지만 베를린에서는 독립 사회민주당원(공산주의자)들이 다수파를 차지하고 있었다. 이 때문에 에버트는 정치가답게 온건한 방법으로 대처하려고 해도 그것은 아주 곤란하였다.

【338】 그러나 에버트가 독일의 지방분립주의의 도움을 받았던 것은 상징적이다. 즉 베를린의 프롤레타리아들은 독일 전국에 독재가 행해져야 한다고 요구했지만, 그것을 거부했던 것은 단지 각 영방의 혁명정부만은 아니었다. 전독일노병평의회 대회도 당시 매우 우세한 다수파 사회민주당의 노선을 지지하였다. 그래서 일찍이 1919년 1월 19일에는 각주 정부의 동의를 얻어 **헌법제정 국민의회 선거**가 고시되었다. 그 목적은 국내외 헌법상황을 정리하고 목전에 임박한 강화교섭을 위하여 일반적으로 승인된 정부와 의회를 성립시키는 것이었다. 공산주의자들은 처음부터 노병평의회를 국가의 질서의 요체로 하려고 했지만 그것으로 인하여 그 기반을 상실해 버렸다. 물론 이러한 생각을 힘으로 실현하려는 시도도 있었지만 좌절되었다.

1919년 2월 6일에 국민의회(Nationalversammlung)가 소집되었다. 이것은 20세 이상의 모든 성인 남녀의 보통·평등·비밀 그리고 직접 선거권에 근거해서, 처음으로 새롭게 채택된 비례선거제도에 따라 선출된 것이다. 주지하듯이, 이 의회는 베를린의 급진세력으로부터의 압력을 피하기 위해서 **바이마르**에서 소집되었다. 의회에서 의석 점유율을 보면, 사회민주당이 약 40%, 중앙당이 19%, 그리고 민주당이 18%이었다. 이 세 정당은 그 이후에 이른바 「바이마르 연합」(Weimar Koalition)을 형성하고 역대 정부의 중심이 되었다. 이에 대해서 공산주의자(독립사민당), 그리고 두 개의 우익정당은 각각 의석의 70%와 15%를 획득하였다. 따라서 다가올 새 헌법은 자연히 사민당, 민주당과 중앙당이라

---

99) Meinecke, HbdtStR I, S. 113.

는 세 정당 사이의 타협의 산물로 될 것이 예상되었다.

【339】바울교회에서의 최초 독일 제헌국민의회 때와 마찬가지로, 바이마르에서도 당초 잠정적인 중앙정권이 수립되어야만 하였다. 그것은 1919년 2월 10일의 **잠정적 국가권력에 관한 법률**에 근거해서 성립되었다. 아마 이 점에서 독일혁명의 보수적 경향이 확실히 나타나 있다. 더구나 일반론적으로 말하면 독일인의 국민성 자체가 보수적 경향을 가지고 있었다. 그렇지만 이른바 이「임시헌법」(Notverfassung)은 이미 1918년 10월의 구제국시대에 확립된 통치양식으로 이행한 것에 불가하였다. 결국 군주와 정부를 폐지하고 국민을 국가권력의 담당자로 한다는 중요한 의도는 이미 앞선 시점에서 수행되었다. 그런데 그 뒤에 남겨진 것을 말하면 (특히 임시헌법은 혁명의 성과를 법학적 형식으로 합법화시켰을 뿐이었기 때문에), 국권의 주체변경에 미세한 것, 즉 국가원수를 군주에서 대통령으로 바꾸어 놓았을 뿐이다. 그래서 1918년 10월에 도입된 의원내각제를 유지하면서 국회가 선출한 라이히 대통령이 황제에 대체되었다. 정부의 직무를 수행한 것은 대통령이 임명하고 국민의회에 대해서 책임을 지는 라이히 내각이었다. 또 대통령은 거부권과 의회해산권을 가진 것은 아니었다.

【340】확실히 혁명은 여러 왕가들을 폐지함으로써 국민의회의 지위를 당시 바울교회와 비할 수 없을 만큼 강화시켰지만, 그때에도 독일 국민의 대표인 국민의회의 주권은 절대적이 아니었다. 왜냐하면 혁명은 **독일의 지방분립주의**를 약화시키는 것과 더구나 완전히 제거시킬 수는 없었기 때문이다. 오히려 반대로 각 주정부는 확실히 각 주에서 주권을 가지는 국민의 대표자로서의 입장에서 잠정적 라이히 정권에 참가하려고 하였다. 이 각 주정부의 요구에 근거해서 비스마르크 헌법 하의 연방참의원은 **연방의회**라는 형태로 부활하였다. 법률은 국민의회와 각 주위원회의 일치된 의결에 의해 성립했지만, 헌법의 가결에 관해서는 국민의회의 수중에만 맡겨졌다. 다만, 이 경우 주의 동의를 얻지 못하면 의회는 그 주의 영토변경이 허용되지 아니하였다.

1919년 2월 10일의 임시헌법의 실시와 함께 인민대표위원 정부는 소멸하였다. 결국 혁명의 제 1 단계는 종말을 고하고, 라이히는 다시 법률에 근거하여 통치되기 시작하였다.

【341】B. 이미 임시헌법 제정 때에도 분명히 되었지만, **중앙정부와 각 주와의 관계를 어떻게 할 것인지**가 헌법심의에서 가장 곤란한 과제였다. 그러므로 국민의회에 제출된 제1초안이 있고 난 뒤에 하나의 타협이 있었다. 우선 군주제가 붕괴된 직후에는 이것으로써 독일 통일을 저해한 마지막 장애가 제거되었다는 견해가 상당히 유력하다고 할 수 있다. 이러한 입장을 채택한 것이 특히 인민대표위원 정부의 신임 내무부장관 후고 프로이스(Hugo Preuß)가 작성한 각서와 헌법초안이다. 베를린대학의 국법학자이며, 오토 폰 기이르케(Otto von Gierke)의 수제자인 프로이스는 종래의 란트에서 자치행정권

만을 인정하는 지방분권적인 통일국가를 추구하였다. 그는 이 때문에 가장 작은 란트를 몇 개로 합병하여 활동능력이 있는 자치단체를 만드는 동시에 프로이센을 주와 같이 분할하려고 생각하였다. 이 프로이스 초안의 특징은 아주 논리적으로 명석하고 수미일관한 점에 있었다. 그러나 그것이 좌절되었다면 그 원인은 역사적으로 형성되어온 독일의 영방분권주의라는 현실에서만 구할 수는 없다. 여하튼 프로이센 정부는 1918년 11월 13일의 정부 성명에서도 보듯이, 「가능한 한 신속히 프로이센을 변혁하여 통일공화국에서 가장 민주적 요소가 강한 란트로 할 것」을 결정하였다. 더구나 1919년 12월에 라이히 헌법이 가결되고 성립한 시점에서도 프로이센 헌법제정 란트의회는 독일 통일국가를 탄생시키기 위해서는 프로이센 독자의 헌법을 제정하지 않아도 좋다는 의욕을 표시할 정도였다. 따라서 프로이스의 초안이 좌절된 결정적 원인은 아마 좌익의 과격한 혁명운동이 끊임없이 위협해 왔고, 구 국방군에서 탄생한 의용군에 의해서 간신히 지지된 라이히 정부 자체가 변함없이 안정된 구조를 가지고 있었던 프로이센의 해체를 바라지 않았다는 사실에서 구할 수 있을 것이다. 결국 스파르타쿠스단의 봉기에 대해서 방위하고 현재 또한 생겨나는 위험한 일반적 혼란을 저지하기 위해서 특히 프로이센의 행정권과 경찰력이 필요하였던 것이다.

【342】그 밖의 점에서도 국민의회는 몇 개의 중대한 문제에 직면했지만, 그것과 병행하여 수행된 베르사유 강화교섭을 구실로 인한 수많은 격한 대립을 완화하여, 1919년 7월 31일에 262대 75표로 **헌법을 채택하는데** 성공하였다. 동년 8월 11일 라이히 대통령 프리드리히 에버트는 새 헌법을 공포하고, 같은 달 14일부터 이 헌법을 실시하였다.

【343】C. 바이마르 헌법은 **독일국민의 자결권**에 근거를 두었다. 물론 이 권리는 1919년 6월 28일의 베르사유 강화조약에 의해 당초부터 제한을 받았다. 요컨대 북부 슐레스비히, 동서부 프로이센과 오버슐레지엔에서는 그 이후에도 라이히에 귀속하는지의 여부를 둘러싸고 주민투표가 예정되어 있었고, 국방에 관해서도 제한이 부과되어 있었다. 또 독일과 오스트리아 병합에 관해서도 이미 1918년 1월 12일에 오스트리아 국민의회가 의결하였고, 이제 바이마르헌법은 이것을 새롭게 시도했지만 전승국측의 반대로 말미암아 다시 단념하여야만 하였다.

【344】헌법 제2장은 **기본권**(Grundrechte)에 관해서 상세한 규정을 두고, **기본의무** (Grundpflicht)도 규정하였다. 확실히 기본권 속의 일부는 18·19세기의 자유주의 헌법에 열거된 개인의 자유권(Freiheitrecht)이었지만, 그 속에는 일반적 방침을 나타내는 것도 있고, 또한 「기본권」이라고 하더라도 몇 가지는 각 정당 간에 일치를 본 장래의 입법에 대한 프로그램적 규정(Programmsatz)에 불과하였다. 기본권의 실제적 의의는 주로 그것에 위배되는 조치를 할 때에는 헌법개정법률을 요한다는 점에 있었다.

【345】다시 **헌법개정**에 관해서 명문의 규정이 없었기 때문에 라이히 의회 의원 3분의 2의 출석, 또는 라이히 의회와 라이히 참의원 3분의 2의 특별다수를 얻으면, 법률에 의한 헌법개정이 가능한 것으로 되었다.

【346】헌법제정자의 의사에 의하면, 라이히의 지배적 기관은 **라이히 의회**(Reichstag)였다. 그것은 4년마다 행한 20세 이상의 모든 남녀에 의한 보통·평등·직접 그리고 비밀 선거권에 근거해서 상당히 대선거구(인구가 약 15만명씩)에서 **비례선거**(Verhältniswahl)의 원칙에 따라서 선출되었다. 이러한 방식을 취하면, 모든 유권자의 의사를 가능한 한 정확히 정치에 반영할 수 있는 것은 확실하였다. 더구나 복수투표와 보궐선거도 피할 수 있게 되었다. 요컨대 어떤 의원이 의석을 상실할 경우에, 당해 정당의 명부에 기재된 다음의 후보자가 승격한다는 방식이 채택된 것이다. 그러나 여기서 유권자가 대표와의 접촉을 상실하고 인물보다는 정당을 선택하게 되었다. 더구나 이 비례선거제는 「퍼센트 조항」의 제한을 만들지 않았기 때문에, 각각의 「세계관」에 따라 매우 다양한 관점에 입각한 수 많은 정당으로 분열을 촉진시켰다. 이것이 라이히 의회의 활동능력을 얼마나 현저히 저하시켰는지는 그 직후에 분명하게 된다. 스위스의 예에 따라 **국민발안**(Volksbegehren)과 **국민표결**(Volksentscheid)을 많이 사용해도 이러한 결함을 치유할 조치는 되지 못하였다. 여하튼 수많은 정당으로 분열된 국민은 이러한 직접민주제의 형태에는 매우 친숙하지 못했기 때문이다. 사실 바이마르 시대를 통해서 이 제도는 거의 활용되지 아니하였다.

더욱 중요한 것으로 원래 많은 독일인의 심정은 정당제도 자체에 회의적이었고, 아주 많은 정당의 분립상태는 이것을 확인시키고 그것에 족쇄를 채운 결과로 되었다. 필자는 다른 논문에서 말한 바 있지만,[100] 이 독일인의 정당반대감정에는 여러 원인이 있었다. 첫째, 국민의사는 하나라는 관념이다. 이것은 헤겔과 낭만주의에까지 소급할 수 있는 것으로서, 그에 의하면 복수정당의 존재는 이 이념에 반하는 나쁜 것으로 느꼈다. 둘째로, 프로이센의 전통도 영향을 미쳤다. 그것은 군주주권의 원리를 채용한 결과로서 국가의사도 하나의 것으로 표현해야 된다고 생각한 것이다. 마지막으로 장 자크 루소의 헌법에 대한 사상을 들 수 있다. 그는 일반의사를 왜곡시키는 것 때문에 정당을 민주주의의 요소로서 승인하는 것을 거부하였다. 이러한 사상은 19세기 전체에 걸쳐 매우 중요한 의미를 가지지만, 그것은 또한 바이마르 시대에서도 변함없이 지속되었다. 그러나 최근 헬무트 쉘스키(Helmut Schelsky)*가 적절하게 지적했듯이,[101] 바이마르 공화국 말기에서 「제3제국」의 초기까지 나치스가 교묘히 선전한 국내평화를 위해서는 「민족공동체」

---

100) Zur verfassungsrechtlichen Stellung der deutschen politischen Parteien, AöR 78 (1952) S. 149 (153).
101) Helmut Schelsky, Ortsbestimmung einer Generation, Frankfurter Allgemeine Zeitung 88/1977 vom 16. 4. 1977, S. 23.

(Volksgemeinschaft)를 말하는 강령이 아주 많은 매력을 발휘했다고 하더라도, 그것은 결코 이상할 만한 것이 아니었다.

【347】 그런데 법률을 가결하는 데에는 라이히 의회의 의결 이외에 **라이히 참의원**의 동의를 필요로 하였다. 만약 참의원이 부결하더라도 라이히 의회는 3분의 2의 특별다수로 그것을 다시 반복할 수 있었다. 이른바 라이히 참의원의 설립취지는 라이히 정부의 자문기관으로 하기 위해서였다. 따라서 그것은 이미 라이히 최고기관이 아니고, 그 중요성을 말한다면 라이히 의회, 라이히 대통령, 그리고 라이히 정부 다음에 있었고, 정치적으로도 매우 약한 지위에 있었다. 참의원은 여전히 각 란트인 프로이센에서는 인구수에 비례해서 몇 개의 의석밖에는 배분되지 않았으며, 또한 그 절반은 프로이센의 란트법률에 따라 프로이센 각 주 의회에서 선출되었다. 그 결과 이렇게 선출된 라이히 참의원 대표는 프로이센에 관해서도 라이히 참의원에서의 란트표의 일괄투표가 규정되어 있지는 않았다.

【348】 더구나 사회·경제정책에 관한 법안은 **라이히경제평의회**(Reichswirtschaftsrat)의 자문을 거쳐야만 하였다. 이 평의회는 독일국민의 직능대표기관으로 간주되었다. 그것을 위해서 예정되어 있었던 것은 각 경영협의회(Betriebsrat), 각 지구노동자평의회(Bezirksarbeiterrat), 그리고 단일의 라이히노동자평의회(Reichsarbeiterrat)에로의 노동자대표기관의 설치와 상공업회의소를 개조하여 경영자측에서의 수공업 또는 농업생산, 그리고 마지막으로 소비자에 대해서도 동일한 기관의 설립이 예정되었다. 이러한 기관은 모두 지구노동자평의회와 라이히노동자평의회에서 소집될 예정이었다. 그러나 이 중 실제로 설립된 것은 몇 개의 개개의 경영체마다 경영협의회와 각 경영단체로 구성되는 잠정 라이히 경제협의회만이었다. 이 평의회에서는 또한 라이히 정부와 라이히 참의원 구성원의 약간 명의 보좌기관으로 추가되었다. 그러나 이 라이히 잠정경제평의회도 정치적 중요성을 가지지는 못하였다.

【349】 아주 간단히 말하자면, 바이마르 헌법은 다른 헌법기관들을 입법과정에 참가시킴으로써 **일원제**(Einkammersystem)라는 원칙을 **완화한** 것이다. 그 때문에 입법과정은 상당히 불투명하고 또 복잡하게 된 것은 물론이다. 더욱이 라이히 대통령은 의결절차를 완료한 법률을 인정·공포하지 않고, 국민표결에 붙이거나, 그 이외에도 라이히 의회의 해산권과 새로운 선거고시권을 가졌기 때문에, 이것들은 라이히 의회 권한의 제한을 의미하였다. 확실히 같은 이유로 **라이히 의회**를 두 번 **해산시키는** 것은 허용되지 않았다. 그러나 해산은 실제로 자주 있었고, 바이마르 시대의 각 라이히 의회에서 소정의 4년간의 입법기(Legislaturperiode)를 실제로 다 채운 것은 한 번도 없을 정도이다.

【350】 앞서 말한 것처럼, **라이히 대통령**(Reichspräsident)의 지위는 의외로 강하였다.

대통령은 7년의 임기로 국민으로부터 직접 선출되었다. 첫 번째 투표에서 투표총수의 절대다수가 필요하며, 그렇지 못할 경우 다시 두 번째 투표에서는 상대다수로서 결정되었다. 초대 대통령 에버트는 「임시헌법」의 규정에 의해서 제헌국민의회에 의해 선출되었기 때문에 바이마르헌법 제41조는 겨우 두 번 밖에, 예컨대 1925년과 1932년에 힌덴부르크가 대통령에 선출된 때에만 적용될 뿐이었다. 그래서 이 규정의 진가는 발휘되지 않았다. 에버트가 일찍 사망한 후에, 정치력의 관점에서 대통령직에 적합한 인물은 아무도 당선가능할 정도로 충분히 국민에게 알려져 있지 않았고, 더구나 인기가 있어도 불가능할 것이 분명하게 되었다. 그리하여 저명하지만 정치적으로는 완전히 미숙한 노인을 라이히 대통령이라는 책임있는 지위에 앉히는 것 이외에는 다른 방법이 없었다. 그런데 이 노인은 내심 군주제 신봉자로서, 옛 황제의 원수임을 스스로 자인하며, 수많은 기회에 그처럼 활동할 수밖에 없었던 것이다.

【351】 라이히 대통령은 국가원수의 전통적 권리인 라이히의 국제법상의 대표권, 관리와 장교임명권, 그리고 사면권 등을 가지는 이외에 중요한 정치적 기능을 담당하였다. 즉 대통령은 라이히 총리(Reichskanzler)를 임명하고, 그 추천에 의해서 라이히의 여러 각료들을 임명하였다. 라이히 정부는 직무수행에 있어서 라이히 의회의 신임이 필요했지만 임명을 요하는 것은 아니었다. 임명권은 라이히 의회가 아닌 대통령에게만 있었고, 의회는 대통령에게 어떠한 제안도 허용되지 않았다. 더구나 대통령은 국방군의 통수권을 가지고 있었다. 이것은 특히 힌덴부르크의 임기 중에서는 물론 단순한 형식적 권리는 아니었다. 왜냐하면 그는 모든 군 사령관에 대해서 또는 어느 정도의 라이히 국방상에 대해서 마저 일정한 고도의 군사적 권위를 가지고 있었기 때문이다. 이 권위는 지난날 「전선병사들이 만든 신화」(Frontsoldaten Mythos)를 통해서 정치분야에도 스며들었기 때문이다. 그것은 이른바 라이히 수상이며, 중앙당의 정치가였던 하인리히 브뤼닝(Heinrich Brüning)이 힌덴부르크에 대해서 취한 태도에서 확실히 나타났다. 그것은 일관해서 전선장교가 최고사령관에게 대한 태도와도 비슷한 것이었다.

【352】 바이마르 헌법 제48조 1항에 의하면 라이히 대통령은 라이히 헌법 또는 법률의 소정의 의무를 이행할 수 없을 경우에 국방군의 손을 빌려서 의무를 이행할 수 있도록 강제할 수 있었다(**라이히 강제집행권**, Reichsexekution). 좌우익의 혁명운동이 중부와 남부독일을 뒤흔들 때에, 에버트는 자주 이 권한을 행사해야만 하였다.

더욱이 동 헌법 제48조 2항에 의하면, 라이히의 공공의 안녕과 질서가 현저히 침해되거나 그 위험이 있을 경우에 라이히 대통령은 질서회복을 위하여 필요한 조치를 취하고, 비상시에 국방군을 사용할 수 있다(**라이히대통령의 독재권**[Diktaturgewalt des Reichspräsidenten])고 규정하고 있다. 또 그러한 경우 대통령은 기본권도 정지시킬 수가 있다.

「공공의 안녕질서의 침해」라는 법개념은 바이마르 시대에 극단적으로 확대해석되어, 결코 혁명운동과 정치적 위기에만 한정되었던 것은 아니었다. 특히 앞서 제48조 2항을 원용하여 긴급명령권(Notverordnungsrecht)이 도출되었다. 이것으로서 대통령은 경제적인 긴급상태에 대처할 수가 있었다. 에버트는 1919년에서 1925년까지 이 명령을 163건을 발하였고, 그 속에는 일련의 경제정책에 관한 조치, 증감세, 자본도피방지 및 외국환거래규칙이 포함되었다. 그것은 라이히 의회의 여러 정당들이 그것을 필요해도 불평을 살 조치를 꺼려 했기 때문이다. 1929년과 1932년의 세계공황에 대처하기 위한 절약에 대해서는 같은 방법을 취하였다.

【353】그런데 **라이히 정부**(Reichsregierung)는 비스마르크 시대와는 달리 합의제기관으로 조직되었다. 예컨대 라이히 각 장관들은 소관사항을 독립하여 관장하고, 또한 라이히 의회에 대해서 독립한 책임을 졌다. 라이히 수상은 동료중의 제1인자(Primus inter Pares) 일 뿐이며, 정치의 방침을 결정하는 권한을 통해서만 우월적인 지위를 차지할 뿐이었다. 또 수상에 대한 불신임투표는 정부 전체의 붕괴를 초래하지만, 개개의 각료에 대한 것은 그러한 법률효과를 가지지 않았다. 그러나 내각에서 「한 명의 각료를 배제시켜」 연합정권의 균형이 붕괴되었기 때문에 내각 총사퇴가 불가피한 경우도 많았다.

【354】더구나 재정권한에 관해서 본다면 라이히가 각 란트에 비해 강하였다. 에르츠베르거의 **라이히 재정개혁**(Erzbergersche Reichsfinanzreform)으로, 국민회의가 긴급과제로서 의결한 두 건의 법률에서 라이히 재무행정과 통일라이히 조세법이 만들어졌다(1919년). 이것은 각 란트의 독자적인 국가로서의 성격을 기초로부터 위협하는 것이었다. 왜냐하면 종래에는 란트의 여러 재무장관이 라이히조세를 병합해서 징수하고, 라이히측은 각 란트로부터 교부금으로 재정을 조달하였다면, 이제 라이히 관청이 란트조세 중의 일정액을 징수해서 란트는 라이히로부터 재정교부금(finanzielle Zuweisung)으로 존립하게 되었던 것이다. 그래서 이 교부금의 정치는 각 란트에게 라이히에 대한 충성 행위를 취하도록 하기 위한 유력한 무기로서 활용되었다.

【355】또 1921년 7월 9일자 법률에 의해 라이히 최고재판소에 **독일 라이히 국사재판소** (Staatsgerichtshof für das Deutsche Reich)가 설치되고, 이 재판소는 다음의 헌법쟁의를 결정할 의무를 가지게 되었다. 즉 고의로 헌법침해의 의심을 가지는 라이히대통령, 수상, 그리고 각료의 소추(일종의 헌법형사재판권), 라이히와 각 란트 간의 헌법쟁의, 그리고(부차적으로는) 복수의 란트 간의 헌법쟁의 등이었다.

【356】마지막으로 바이마르 헌법 제17조에 의하면, 독일의 각 란트헌법은 민주공화국의 원칙에 적합할 것을 요구하였다. 라이히 선거제도와 의회제도 지적되어 각 란트에서도

같은 제도가 만들어져야만 되는 취지가 정해졌다. 이것을 **헌법의 동질성원리**(Prinzip der Verfassungshomogenität)라 부르며, 그것과 대비되는 것이 비스마르크 제국시대에 행하여진 관용원리(Prinzip der Toleranz)이다. 당시는 군주제와 공화제를 채택한 여러 영방이 통일되어 하나의 연방국가를 구성했기 때문이다.

제34절 1933년까지의 바이마르 공화국의 발전

【357】 A. 이러한 새로운 독일공화국과 그 헌법발전을 바로 이해하려면, 다음의 두 가지 결정적인 요인에 주목해야만 한다. 우선 바이마르 헌법은 패전의 영향, 그리고 총체적으로 보면, 장래에 대한 전망보다도 과거의 부정을 노린 혁명의 영향 아래에서 제정되었다는 것과, 1919년의 베르사유 강화조약의 조인으로 라이히는 항상 심각한 외교·경제상의 압력을 받았던 점이다. 예컨대 우선 어느 정도인지 예상되지 않았던 전시손실보상, 이른바 배상금(Reparation) 징수 때문에 전승국은 위압적인 최후통첩과 모욕적인 각서를 보내어 역대 라이히 정부를 곤경에 빠뜨렸다. 프랑스에서는 1923년 여름에 다시 명백한 교전상태에 가까운 행동을 취할 정도였다. 이러한 외교·경제상의 곤경이야말로 1920년부터 1923년까지의 공화국 초기의 수년간 라이히를 엄습한 수많은 격동의 진정한 원인이었다. 그 예로서 카프의 봉기, 라이히각료 에르츠베르거(Erzberger)와 라테나우(Rathenau)의 암살, 그리고 마지막으로 루르분쟁 종결 후의 히틀러의 봉기를 들 수 있다.

그 이후, 수년 간 사정은 어느 정도 완화되었다. 우선 1924년의 **런던회의**는 미국인 도즈(Daws)의 제안에 근거해서 배상문제에 관한 잠정적 해결에 도달하였다. 그 결과 독일 라이히는 당초 요구된 2,260억 마르크의 42년 간의 분할에 대신해서, 1927년까지 매년 10억 내지 10억 7천 500백만 마르크를, 그리고 1928년 이후는 매년 25억 마르크를 지불하도록 되었다. 그 정치적 대가로서 1925년 여름에 루르 지방에서의 외국군대철수가 개시되었다. 그러나 이 도즈안은 1929년 영(Young)안에 의해 수정되었다. 그것은 독일의 배상잔액을 345억 마르크로 1988년까지 지불할 의무를 부과한 것이다. 역시 이 때에도 정치적 분야에서의 반대급부가 있어 라인 전지역에서 외국군대가 철수하였다. 또 외교적으로 보면, 1925년의 **로카르노**(Locarno)**조약**에서 종래의 교전국들과의 사이에 화해가 성립하였다. 그 결과 1926년에 라이히는 **국제연맹**(Völkerbund)에 가입하였다. 이것은 여하튼 오랫동안 외무장관직에 있었던 슈트레제만과 프랑스 외무장관 브리앙의 공적이라고 말할 수 있다.

【358】 그러나 이러한 순조로운 발전도 1930년 이후는 **세계공황**(Weltwirtschaftskrise) 때문에 위기에 빠졌다. 이것은 미국에서 발단하여 순식간에 선진공업국 전체에 파급되었

다. 특히 독일 라이히는 배상의무, 거액의 대외부채, 기타 전후처리부담 등으로 엄청난 재정부담을 짊어졌기 때문에 그 충격은 한층 컸고, 경제공황이 높아짐에 따라 바로 국가위기로 발전하였다. 미증유의 실업(1932년 실업자 수는 600만을 돌파하였다)과 거기에 기인하여 라이히를 국가적 파탄의 갈림길에까지 압박한 재정위기의 증대로 독일민주주의는 이것을 억제할 힘을 가지지 못하였다.

이것은 전쟁이 가져 온 결과이다. 그 의의에 관해서는 여하튼 다음에 간단히 언급할 필요가 있을 것이다. 전쟁의 결과, 국가와 행정구조는 본질적으로 변하였다. 그 당시 상당히 유효한 작업가설로 된 것은 제1차 세계대전 개시까지 국가와 국가기관은 경제·사회질서를 국가 이전의 존재, 국가의 권한이 미치지 않는 존재로 이해한 사실이다. 「시민사회는 근본적으로 자주적 원인에 의해서 활동하고 이전부터 존재하는 자율적인 것으로서, 따라서 법질서는 그것을 자생의 것, 그러므로 공정한 소여의 사회질서로 승인하였다」.102) 그렇지만 물론 앞서 말한 사회보험제도의 창설의 예가 보여 주듯이, 사회에 만연된 부조리를 제거하려는 노력까지 부정되었던 것은 아니었다. 그러한 종류의 부조리는 이상한 것이지만 사회 전체를 좀먹는 진행성 질병의 증상이라고만 이해된 것은 아니었을 뿐이다. 그러한 전후 인플레이션을 일단락해 보면, 패전의 경제적 영향으로 악화된 국민의 궁핍상태가 현실로 눈에 띄게 나타났고, 이 때문에 이미 종래의 태도를 견지할 수 없게 되었다. 즉 국가는 필연적으로 경제·사회질서도 직무의 대상, 요컨대 질서형성의무의 대상으로 생각해서 국가는 「급부주체」(Leistungsträger)로, 그리고 국가가 하는 급부는 「생존배려」(Daseinsvorsorge)103)로 되어 점차로 시민은 이 생존배려에 의존하게 되었다.

이 현상은 결코 독일 특유의 것은 아니다. 그러나 이것은 앞서 말한 이유 때문에 이 나라가 가지고 있는 어려움을 한층 더 증폭시켰다. 결국 시민의 국가에 대한 의존도가 높고, 그것이 더욱 족쇄를 채워 촉진시켰기 때문에 라이히의 재정위기도 악화되고, 최종적으로 직접 대다수의 국민의 부담으로 돌아올 수밖에 없었다.

【359】이와 같은 상황 아래서는 1919년 이후 헌정은 한 번도 정상적으로 기능했다고 말할 수는 없다. 그렇기 때문에 헌정은 자력으로 유기적 발전을 계속할 수도 없었다. 왜냐하면 그것은 **끊임없는 분열의 시련**에 처해 있었기 때문이다. 그럼에도 불구하고 공화국으로서의 라이히 역사에서 어느 정도 그 발전의 경향을 밝힐 수 있을 것이다.

【360】B. 하르퉁이 정당하게 지적하듯이,104) 이러한 발전에 일관된 하나의 주된 흐름은 **단일국가주의**(Unitarismus)라고 할 수 있다. 물론 이것은 헌법전의 문장에서도,

---

102) Ernst Forsthoff, Verwaltungsrecht I, S. 68.
103) 이 「생존배려」라는 유연한 용어의 명명자도 포르스토프이다.
104) Hartung, Verfassungsgeschichte, S. 326.

또 아홉 번이나 실시된(많은 경우, 그다지 중요하지 않다) 헌법개정에서도 읽을 수는 없었다. 오히려 이 단일국가주의라는 경향이 인정된 것은, 헌법에 포함된 프로그램적 규정과 수권규정을 집행하기 위해서 1919년 이후에 제정된 다수의 개별적인 법률이었다. 바이마르 공화국은 구독일제국에 비해서 훨씬 신속하고 철저하게 권한을 행사하였다.

바이에른과 뷔르템베르크의 우편은 이미 1919년의 단계에서 라이히 우편으로 흡수되었다. 또 라이히는 곧 수로관리권도 장악하였다. 마지막으로 배상의무에 근거해서 남독일의 여러 란트의 독자적인 철도사업도 폐지되었다. 결국 모든 국유철도사업은 라이히의 감독권에 종속하는 라이히 철도회사(Reichsbahngesellschaft)로 이관되었고, 이 회사는 전승국에 대한 부채, 즉 전술한 배상금의 지불을 라이히에 대신하여 인수하였다. 그러나 더 중요한 것은, 앞서 언급한 **라이히 재무행정**(Reichsfinanzverwaltung)의 창설이었다. 이 때문에 각 란트는 라이히 재정에 종속하게 되었다. 여하튼 란트의 경제적 자립성을 위협한 것은 관청의 기술적 측면보다도 오히려 재정개혁의 실질적 측면이었다. 결국 재정수요가 핍박했기 때문에 (각종의 전후 처리부담에 근거해서) 라이히는 각 란트의 주요 세원, 특히 그때까지 란트가 격렬하게 저항한 소득세와 재산세를 빼앗고, 여기서도 란트에게는 라이히 수입의 일부를 분배한다는 방식을 취하여야만 하였다. 또 경제생활의 분야에서도, 라이히의 지위는 점차로 강화되어 갔다. 특히 석탄과 칼리(Kali)는 라이히의 기관에 의해 관리되고, 다나트 은행이 파산하고 드레스덴 은행이 파산 직전에 이른 1930년 이후는 금융업 전체가 라이히의 재정적 감독에 놓이게 되었다. 실업자 수가 다시 증가하는 것을 억제하기 위해서 라이히 정부는 자금교부정책(Subventionspolitik)을 취했지만 이것은 오히려 나쁜 부산물을 발생시켰다. 결국 라이히에게 담보가 제공되어 라이히는 실제로 수 많은 대기업의 공동소유자가 되었다. 마지막으로 사회보험은 1927년 만들어진 실업보험제도를 통해서 눈에 띄게 보급되었다. 이 사회보험도 라이히 수준에서 조직된 자치단체에 맡겨져 라이히의 감독 하에 있었다. 이 사회보험조합의 관할구역은 각 란트의 구역을 상회하는 것이 많았다.

【361】앞서 말한 단일국가주의는 **정치적 선동**과 비밀결사의 **금지**를 통해서 더욱 강화되었다. 에르츠베르거의 암살 후에 발해진, 1921년 8월 29일자의 명령은 헌법보호(Verfassungsschutz)라는 중요한 직무를 라이히 내무장관에게 맡겼다. 그 후 라테나우가 암살되었기 때문에 이 명령은 형식을 확대하여 라이히 의회는 공화국보호법(Republikschutzgesetz)으로서 가결하였다. 이 법은 공화국에 대해 적대하고 공격이 라이히로 향했을 경우에는 라이히 내무장관의 활동과 함께 독일 라이히 국사재판소를 개입시켰다. 마지막으로 이와 같은 날 제정된 라이히 형사경찰청법(Gesetz über das Reichs-kriminalpolizeiamt)은 역시 각 란트의 경찰권에 간섭하는 것이었다. 이것에 대해 당연히 각 란트의 저항이 제기되었다[105](결국 이 법은 실시되지 않았다). 특히 바이에른은 모든

란트분립주의의 선봉이 되어 반대를 제기하였다. 그래서 라이히 정부가 어느 정도의 양보를 하기 시작하자, 바이에른은 더욱 진일보하여 헌법상 유효한 공화국보호법에 대해서도 복종을 거부하고, 거의 같은 내용을 포함하고 있는 바이에른의 명령을 제정하였다. 이처럼 라이히 의회와 각 란트대표가 정식으로 가결하고 국가원수가 인정·공포한 법률에 대해서 라이히 구성국이 복종을 거부한 것은 미증유의 것이었다. 그러나 분쟁이 더 이상 악화되는 것을 두려워한 바이에른은 라이히 정부와 교섭을 시작하였다. 그 결과 다음과 같은 타협이 성립하였다. 즉 바이에른은 앞서 말한 명령을 철회하는 대신에 라이히쪽도 공화국보호법의 실시를 완화하고 라이히형사경찰법을 사실상 폐지한다는 것이다.

이러한 범법자에 대한 양보는 곧 반발이 제기되었다. 당초 공산주의자가 정권을 장악한 작센은 1923년 라이히에 대한 복종을 거부하였다. 그런데 라이히 대통령은 앞서 말한 헌법 제48조 1항에 의거해서 바로 국방군을 투입하여 라이히의 입장을 관철하였다. 그러나 이와 같은 시기에 사소한 계기로 인하여 바이에른과 라이히 사이에 새로운 분쟁이 생겼다. 요컨대 루르분쟁 말기 또는 인플레의 절정기에 정부가 라이히의 존립을 위하여 필사적으로 투쟁하고 있을 때, 바이에른 정부는 이 정세를 자기의 독립성을 강화하기 위하여 이용하려고 하였다. 그 당시의 특징은 조국의 중대한 위기를 용의주도하게 이용하여 난장판에서 이익을 취하려는 무리는 바로 「국수파」("nationale" Kreise)였다. 1923년 9월 26일 바이에른은 비상사태를 선포하고 국가총독(Generalstaatskommissar)을 임명하여 집행권을 위임하였다. 이에 대해서 라이히 전체의 공동보조를 취하기 위해서 라이히 정부측도 전국적으로 비상사태를 선포하고, 라이히 국방상인, 뒤에 육군사령부 장관이 된 폰 제크트(von Seeckt) 대장에게 집행권을 맡겼다. 그러나 바이에른의 란트총독이 라이히 총독의 명령의 복종을 거부했기 때문에, 후자는 바이에른에 주둔하는 국방군 사령관 폰 로소(von Lossow) 장군에게 이러한 라이히 명령의 집행을 명령하였다. 그런데 바이에른 정부의 지시에 근거하여 장군도 상관의 명령에 복종을 거부하였다. 당연한 것이지만 바이에른 정부측은 그를 란트군사령관에 임명하였다. 이 라이히에 대한 공연한 반항의 종말이 1923년 11월 9일에 일어난 히틀러의 봉기였다. 히틀러는 이때 바이에른 정부의 동맹자 카르(Kahr) 총독과 로소 장군을 속이려고 뮌헨의 군사령부까지 계속하여 데모 행진을 했지만 장군기념관 앞에서 바이에른 경찰과 국방군의 발포를 받았다. 이것은 운명의 장난이었다. 즉 히틀러는 뒤에 복수를 기도해서 1934년 6월 30일에 반항적인 돌격대 지도자들에게 「피의 숙청」을 했을 때 카르와 로소를 함께 암살하였다.

히틀러의 봉기가 좌절되었어도 란트와 라이히의 정책에 대한 바이에른의 저항은 결코 끝나지 않았지만, 그 후 이런 종류의 공공연한 불복종은 회피되었다. 그 대신에 1924년

---

105) 이에 대해서 Ernst Rudolf Huber, Bewährung und Wandlung, Studien zur deutschen Staatstheorie und Verfassungsgeschichte (1975), S. 971 참조.

바이에른은 라이히정부에 각서를 보내어 비스마르크 제국 때의 헌법의 여러 원리에 입각해야 한다는 취지를 요구하였다. 그러나 이 각서는 뒤에 있는 여러 가지의 시도와 마찬가지로 전혀 효과를 거두지 못하였다. 여하튼 전체의 추세는 다시 영방분리주의를 채택하기보다는 단일국가주의로 압박하였다.

【362】 그런데 바이마르 헌법 제18조는 **라이히 영토의 통폐합**을 규정하고, 이것을 란트가 아닌 라이히 사무로 했지만 거의 유명무실한 것이었다. 겨우 1920년에 튀링겐의 작은 여러 란트들이 통폐합되어 통일적인 튜링겐 란트가 성립하였으며, 퓌르몬트와 발덱의 프로이센에의 병합(1922년과 1929년)만이 어느 정도 영역정리를 의미하였다. 이에 대해서 함부르크의 항만의 구획정리는 오랜 현안이었음에도 불구하고 진척되지 않았다. 그러나 겨우 1937년에 「대함부르크법」(Großhamburg Gesetz)이 성립하고, 뤼벡의 슐레스비히-홀슈타인주에로의 편입과 함께 이 구획정리도 실시되었다. 그래서 1871년 당시에는 모두 25개로 있었던 란트 수는 1933년에는 17개로 감소하였다. 그럼에도 불구하고 라이히 개혁구상은 변함없는 초점이었다. 왜냐하면 각 란트에서는 다른 영토가 포함되거나, 그 반대의 경우 때문에 행정능률이 악화되고, 또한 비용도 많이 들었기 때문이다. 그러나 그것만이 아니다. 당연한 것이지만 그 최대의 난점은 프로이센의 해체문제였다. 당초 프로이센을 해체시켜 라이히에 편입시킬 계획이 결정되었지만, 이 예상은 빗나가 뒤에 라이히의 핵심으로서 개성 있는 하나의 란트가 되었다. 여하튼 라이히와 프로이센에서 거의 동일한 정당연합이 정권을 장악한 동안에는 별로 큰 파란이 생기지 않았다. 그런데 1932년에 이르러 프로이센 정부와 정치적으로 정반대의 입장을 취한 라이히 정부가 성립하였다. 이 때문에 양자는 급속히 대립하게 되었고, 이것은 국사재판소의 판결로써도 명확히 해결할 수 없었다. 그러나 그 직후에 히틀러정권이 탄생함으로써 이 문제는 의미를 상실하게 되었다.

【363】 C. 앞서 말했듯이(제34절 C), 헌법에 따르는 한 가장 중요한 라이히의 기관은 의회가 되었다. 그런데 실제로는 그렇지 못하였다. 그 이유는 의회에 대표를 가진 **여러 정당이 기능하지 못하였다**는 점에 있었다. 국민 간에는 정치·종파·경제·사회와 또한 지역의 차이를 둘러싼 수많은 신구대립이 뿌리깊게 존재하였다. 이것은 소수파에 유리한 비례선거제도와 아울러 안정된 여당의 성립을 방해하였다. 따라서 복수정당으로 구성되었기 때문에 매우 중요한 문제들에 대해서 서로 견해를 달리하는 연합(Koalition)이 정권수립의 유일한 방식이었다. 그러나 통치능력을 가지는 다수파를 완전히 찾을 수 없는 사태도 자주 있었다. 이 때문에 역대의 소수파 정부가 직무를 수행할 수 있었던 것은 단지 불신임의결이 명시되어 있지 않았다는 사실에 근거할 뿐이었다. 1919년에서부터 의회주의 위기가 나타난 1930년까지의 사이에 모두 19번 라이히 정부가 출현해서 소멸하였다. 또한 많은 여당들은 필요해도 다음 선거를 고려해서 불평받을 의결을 회피하

였다. 이러한 경우 바이마르 헌법 제48조 2항에 근거해서, 라이히대통령에게 긴급명령을 발해서 적절한 조치를 취할 권한이 부여되었다. 그 때문에 대통령의 독재권을 헌법제정자가 생각한 것보다도 분명히 커다란 의의를 가지게 되었다. 그런데 1923년 말부터 1924년 초까지 대규모 재정·경제상의 개혁들이 있었다. 이것은 인플레로 말미암아 무가치한 라이히 마르크를 렌텐마르크(Rentenmark)라는 안정된 새로운 통화로 교환하려는 것이었다. 여하튼 이러한 것들의 실시는 의회가 일련의 수권법(Ermächtigungsgesetz)인 특별법을 제정해서 자발적으로 포기한 권한에 근거하였다.

【364】1930년 이후가 되면, 곤란의 정도는 더욱 심하다.106) 많은 대외차관은 분명히 일시적 경제번영을 가능케 했지만, 차관의 대부분이 단기신용이었기 때문에 그것을 상환한 뒤에는 **지독한 불황**으로 변하였다. 그 결과 조세수입도 눈에 뜨게 감소하였다. 이미 말한 라이히 정부의 자금교부정책은 이전에는 충분한 직장을 유지하기 위한 수단으로 생각되었다. 그런데 이 목적은 거의 달성되지 않았으며, 그 반면 전술한 정책은 그렇지 않아도 무거운 부담을 짊어진 라이히 재정을 자주 파탄시키는 한 요인이었다. 이처럼 이전에 라이히 정부가 직면하고 스스로 내린 정치, 재정과 경제상의 결단은 점차 라이히를 붕괴의 연못으로 빠뜨린 것이다.

【365】또한 성립 초기부터 많은 국민이 내심으로 공화국을 국가로 인정하지 않고, **구 제국에 대한 동경의 감정을 품고** 있었기 때문에 공화국은 시달렸다. 이것은 대부분의 관리와 재판관에 있어서도 마찬가지였다. 그들도 분명히 외관상 충성심을 가지고 근무했지만 그것은 내심이 아니었다. 라이히 국기색은 흑·적·금으로 할 것인지, 아니면 흑·백·적으로 할 것인지를 둘러싼 다툼이 있었다. 이것은 헌법 제3조로부터 힘든 타협이 있었지만, 결론을 내렸다기 보다는 사실을 은폐한 것이며, 그것은 1919년부터 1933년까지 끊임없는 내정상의 논란의 종류가 되었다. 이 다툼이야말로 확실히 국민의 운명을 좌우하는 여러 가지 문제에 대해서 독일국민을 갈라놓는 심각한 분열의 전조였다고 할 수 있다.

【366】세계공황 때문에 매우 광범위한 국민 각층은 물질적 궁핍에 허덕였고, 그것은 국민분열을 심화시켰다. 궁핍이 대중의 **정치적 급진화**를 촉진시켰기 때문이다. 인플레이션과 그 극복을 위한 1923년의 통화개혁(Währungsreform)은 아마 독일에서 가장 국가에 충성한 중간계층을 피폐시킨 것이다. 그리고 이제 점차로 수입의 길마저 막힌 노동자층의 궁핍도 여기에 더하였다. 가령 노동자 한 명이 평균적으로 최소한 두 명의 부양가족을 가진다고 계산한다면, 1932년의 단계에서는 실업보험 또는 공적 부조에서 얻어지는

---

106) 이하의 서술에 대해서는 Karl Dietrich Bracher, Die Auflösung der Weimarer Republik, 2. Auflage. 1957, pass. (이병련 외 옮김, 『바이마르 공화국의 해체』, 나남, 2011) 참조.

약간의 금액으로 생계를 해야만 하는 사람들의 수는 1800만명을 상회하였다. 이러한 정세를 고려하면, 희망을 잃은 사람들이 점차 좌우 급진파의 표어, 또한 야콥 부르크하르트 (Jakob Burckhardt)가 예언한 말을 빌리면, 「무섭게 단순화 된」 표어에 따라 「우리들은 강한 자를 요구한다」라는 그들의 호소에 귀를 기울였다고 해도 결코 이상할 것이 없었다. 1930년 가을에 이미 국가사회주의노동자당(NSDAP)과 공산당은 라이히 의회 의석수를 급증시켰다. 그래서 이 좌우 양익의 급진 두 정당은 이제는 사회민주당 다음으로 제2, 제3세력으로 성장하였다. 요컨대 1930년 가을의 선거결과를 보면, 사민당이 143석, 국가사회주의 노동당은 그때까지 12석이었던 것이 107석이며, 공산당은 77석 그리고 중앙당은 겨우 68석을 의회에서 보유하였다. 그런데 1932년 초여름을 지나면 나치스당이 독일의회의 608석의 전체 의석 중에서 230석을 차지하는 최대의 정당이 되었다. 여러 정당들의 대결은 단지 토론이나 기관지를 통한 논쟁에만 한정된 것은 아니었다. 이른바 급진정당들이 가졌던 준군사조직, 이른바 나치스당의 「돌격대」(Sturmabteilung)와 「친위 대」(Schutz Staffeln) 그리고 공산당의 「적색 전선 군사동맹」(Rotfrontkämpferbund) 등은 오히려 서로 시가나 옥내 집회장에서 유혈전을 연출하였다. 즉 1932년의 독일에서는 내전에 가까운 상태에 있었고, 이미 경찰력으로써도 그것을 진압할 수 없었다.

【367】세계 공황이 가져온 여러 가지 문제와 불안, 그것을 해결할 수 없었기 때문에 「바이마르 연합」은 붕괴되었다. 이때부터 **라이히에서의 의회주의는 실질적 활동을 정지 하게 되었다.** 중앙당의 정치가, 하인리히 브뤼닝(Heinrich Brüning)은 1930년부터 1932 년까지 정권의 자리에 있으면서 라이히 재정위기를 극복하기 위해서 철저한 조치를 취했지만, 이것은 모두 헌법 제48조 2항에 근거하는 대통령의 긴급명령으로써 수행되었 다. 그러나 1930년 9월의 선거 결과 이 정권은 이미 의회의 여당 지위를 상실하고, 나중에는 오로지 자신의 권위와 특히 대통령의 권위에 의해서 겨우 정권을 유지할 뿐이었 다. 그런데 의회는 정부에 추종하였다. 의회에 대표를 보낸 정당들을 보면, 사람들의 불평을 산 브뤼닝의 절약정책에 대해서 책임을 질 수 없다는 태도를 취했기 때문이다. 그 결과 정권은 점차로 광범하게 고급 관료의 손에 맡겼다.

【368】이러한 사태는 **라이히 대통령의 강력한 지위**를 더욱더 높였다. 대통령은 단지 입법기관화 할 뿐만 아니라, 그의 신임에만 의거하는 정부의 정책에 대해서도 영향력을 미칠 수 있게 되었다. 앞서 말한 것처럼, 의회는 스스로 권한을 포기했기 때문에 의회주의는 그 기능을 정지하였다. 이렇게 되자 정부의 임면은 대통령 혼자서 할 수 있게 되었다. 1932년 여름, 이제 85세의 고령인 힌덴부르크는 그의 개인적인 추종자들이 하는 말을 믿고 라이히 총리 브뤼닝을 파면하였다. 그러나 총리파면권을 가진 유일한 기관인 라이히 의회는 아마 당시 브뤼닝의 불신임을 인정하지 않았을 것이다. 왜냐하면 의회는 이미 같은 해 5월 13일에 브뤼닝에 대해서 정권 담당을 원하였고, 명확히 신임 결의를 했기

때문이다. 힌덴부르크는 중앙당 우파의 대변자인 파펜(Papen)을 주로 고급 관료로 구성되는 내각의 수상에 임명하였다. 여기에는 여러 가지 이유가 생각되지만, 특히 정치적 영향력이 큰 국방군의 슐라이혜르(Schleicher) 장군의 추천이 있었다는 점이다. 파펜은 라이히 의회 의원의 겨우 10%밖에 가지지 않았고, 또 차기의 의원선거에서도 대략 충분할 정도의 다수파를 획득하지 못하였다. 그럼에도 불구하고 파펜이 임명되었다. 이 의회 선거에서 주목할 만한 것은 나치당이 처음으로 의석이 감소되고, 이 때문에 파펜의 후임 슐라이혜르가 수상에 있었던 기간에 나치당 내부에 분열가능성을 내포한 중대한 위기를 가져왔다는 점일 것이다. 그래서 아마 파펜이 뒤에 1933년 1월 히틀러와 손을 잡고 대통령에게 책모를 하여 슐라이혜르를 실각시켰고, 또한 그는 오랫동안 완고한 힌덴부르크를 설득하여 히틀러를 내각 수상에 임명시킨 장본인이었다. 파펜은 히틀러 내각의 부수상으로 입각하였고, 단기간 프로이센 총독을 지냈다. 그것과 함께 바이마르 공화국의 종언은 확실하게 되었다. 더욱이 파펜이 일찍이 1935년 여름이란 시점에서 나치당의 정책에 대해서 예리한 비판을 공공연히 함으로써, 그 직후에 외국 주재 대사직으로 좌천되었다는 사실을 부언하지 않으면 불공평하다고 할 것이다.

【369】바이마르 공화국 말기의 2년 간의 헌정에 대해서 보면, 이 기간에 라이히 헌법이 정한 **헌법체제가 완전히 반대방향으로 바뀌어 버렸다**는 것을 알 수 있다. 요컨대 본래는 정치적 의사형성을 임무로 한 정당이 스스로 그것을 포기했기 때문에, 의회주의는 활동을 정지하였다. 대통령은 당파를 초월한 헌법의 수호자(Hüter der Verfassung)가 되어야 한다는 것이 기대되었으나, 그것이 바뀌어 라이히 운명을 좌우하는 기관으로 되었다. 이처럼 바이마르 시대 말기에 헌법 규정들의 제한을 거의 받지 않는 라이히 대통령의 독재가 존재하였다.

【370】D. 그런데 양차 대전 사이의 시대에 나타난 **의회주의의 위기**는 결코 **독일에만 한정된 것은 아니었다**. 오히려 그것은 당시의 유럽 전체에 공통된 현상이라고 할 수 있다. 의회주의가 한 번도 확실히 확고한 뿌리를 내리지 않았던 남아메리카 뿐만 아니라, 많은 유럽의 여러 나라에서도 의회제라는 통치형태에 대신하여 독재제가 출현하였다. 예를 들면 1922년의 이탈리아, 그리고 스페인·폴란드·유고·그루지아 기타 작은 국가군이 그러하였다. 또 영국도 전후 시대에 특유한 필요성에 소수파 정권의 연합의 실험을 시도하게 되었을 정도였다.

이에 대해서 독일에서는 이 일반론에 더하여 더 고유한 문제점이 있었다. 즉 독일 국민은 자신들이 가진 문제는 한 덩어리가 되어 스스로 해결해야 하는 (과도한) 임무에 짓눌렸던 것이다. 그러나 이러한 임무에 인내하는 데에는 국민들은 미숙하였다. 그들은, 자유는 「국가로부터의 자유」(Freiheit vom Staat)라는 발상, 다시 말하면 자신들의 정치적 운명의 결정을 「관헌」(Obrigkeit)의 손에 맡긴다는 사상에 너무 오랫동안 친숙하게 지내왔던 것이다. 결국 독일 국민이 바이마르 공화국 시대에 자신들의 운명을 거부했다면, 그것은 독일 국민의 역사에 하나의 당연한 귀결이었다고 이해해야만 한다.

제35절 국가사회주의 시대의 헌법발전

【371】A. 오토 킴미니히는 그의 『독일 헌법사』 중 「제3제국」이라는 제목의 장에서 이렇게 서술하고 있다. 「독일에서 국가사회주의자들이 지배한 시대는 헌법사상 결실이 풍성하지 못하였다. 왜냐하면 나치스 국가의 제도들은 결코 그 뒤의 시대의 헌법에 영향을 미치지 못했기 때문이다」.[107] 다만, 이 시대를 헌법사의 기록 속에서 말살하거나, 「그것은 법학적으로 보면 추종자를 가지지 아니한 특수한 시대였다고 한 마디로 정리해 버린다」는 것은 허용되지 않는다고 킴미니히는 말한다.[108] 국가사회주의의 자취를 가능한 한 말살하려는 시도는 전적으로 정당한 것이다. 그러나 도대체 무슨 이유로 이러한 전체주의 비법치국가가 존재할 수 있었는지를 아는 것도, 또한 불가결한 것이다. 「자신의 행적을 두려워하지 않는 자가 없기」(Vestigia terrent!) 때문이다.

【372】전술했듯이, 바이마르 시대의 독일은 확실히 객관적으로 볼 때 여러 가지의 곤경에 직면해 있었다. 그러나 **우익 급진주의의 승리는 결코 피할 수 없는 운명이라고 말할 성질의 것은 아니었다.** 확실히 볼셰비키가 소비에트 연방을 건설할 때에 수많은 잔학행위를 한데 대한 반동이라는 것도 한 몫을 하였고, 특히 남부, 남동부와 동부 유럽에서 권위국가에로의 호의를 가진 「우경화」 현상이 넓게 보였던 것은 사실이다. 그러나 나치의 이데올로기는 이러한 것들과는 약간 달랐다. 다시 킴미니히의 적절한 지적을 빌리면,[109] **나치의 이데올로기**는 빛을 모으는 렌즈처럼 19세기 이념사(Ideengeschichte)를 모으는 렌즈처럼 19세기 이념사 속에서 힘을 가졌던 각종의 사상을 한 몸에 집중시켰다. 따라서 거기서 주장된 것은 단지 극단적인 국가주의라는 매력적인 사회주의의 이념에서 빌려온 사상만은 아니었다. 또한 낭만주의에 뿌리를 가지는 「피와 대지」의 이데올로기, 그리고 프리드리히 실러는 「정신이야말로 육체를 만든다」고 말했지만, 나치즘은 이것을 부정하는 완전히 조잡한 유물론이었다. 그것은 결국 인종학설(Rassenlehre)이었으며, 흉악한 반유대주의(Antisemitismus)라는 것에 접목되었다. 그러나 세계정치에 있어서 유럽중심주의 사상, 그것은 20세기 외교의 현실을 완전히 착각한 것이었다고 말할 수 있다.

독일의 전설 속에 「하멜른의 피리부는 자」(Rattenfänger von Hameln)*라는 것이 있다.

---

107) Kimminich, Verfassungsgeschichte, S. 541.
108) Kimminich, a. a. O.
109) Kimminich, a. a. O. S. 542.

이것은 결국 나치스 이데올로기 탄생의 아버지인 아돌프 히틀러의 출현을 예언했다고
말할 수 있을 것이다. 왜냐하면 이 전설의 주인공과 마찬가지로, 히틀러는 피리소리로
독일 민중의 (독일만이 아닌 것은 물론이고) 마음을 흔들어 매료시켰고, 결국에는 민중을
심연으로 이끌었기 때문이다. 그런데 여기서도 킴미니히가 정당하게 지적하고 있지
만,[110] 히틀러의 인격 형성은 빈의 청년 시대에 이룩된 것이다. 결국 거기서 유대인과
슬라브인에 대한 그의 사고방식이 확립된 것이다. 이러한 민족 출신의 벼락 출세자들에
대해서 시기와 증오를 품었고, 그 반면 그다지 성공하지 못한 사람들을 경멸의 눈초리로
보았다. 이러한 생각을 품은데 더하여, 그의 마음 속에 이른바 「인종망상」(Rassenwahn)이
생긴 것이다. 그것은 자칭 고등의 「북유럽계」 인종을 숭상하는 것으로서 다른 모든
것들을 열등 인종이라고 주장하였다. 이처럼 격한 반감과 우월 의식이 뒤섞여 있었기
때문에, 이 주장은 인간의 가장 저급한 본능에 호소되었고, 그의 **선전**을 매우 위험한
것으로 만들었다. 그렇지만 도대체 그것이 왜 그처럼 **효과적**이었던가? 더구나 그것이
바로 히틀러와 같은 전형적인 인물이라고 말할 수 있는 사이비 교양인에게만 그치지
않고 어떻게 해서 진정한 교양인에게까지도 미쳤던가? 필자는 이것을 설명할 방법을
모르겠다. 더구나 대중심리학이라든지 역사변증법을 가지고서 설명해도 가장 적절하게
나타내 보일 수가 없다. 이것은 이렇게 설명할 수밖에 없다. 그것은 바이러스에 의한
일종의 전염성 정신병이었다고 하는 의학적 설명이 하나이다. 혹은 토마스 만이 1945년
여름에 발터 폰 몰에게 보낸 편지 속에서 말한 것처럼, 독일인은 「12년간 … 악을 먹어
왔다」. 이 글의 마지막에서 「악마에게 마음을 빼앗겨 버렸다」고 설명하고 있다.[111]
독일인의 감염성 체질의 소지는 원래 「시와 사상을 좋아하는 국민」이 정도의 차이는
있어도 조잡한 유물론 (여기서는 가장 넓은 의미에서 반드시 경제적인 것에 한정되지 아니한다)
을 점차 받기 시작한 19세기 말 이후 사실 이미 준비되었다. 이것은 확실히 **하나의**
원인일지라도 완전히 이해할 수는 없는 것이기 때문에 이 하나만을 가지고 앞의 현상
전체를 설명할 수는 없다.

그런데 히틀러가 꿈꾼 국가의 기본원리는 그의 신앙 고백인 『나의 투쟁』(Mein Kampf)
속에 이렇게 정리되어 있다. 「이리하여 민족 국가의 최고의 목적은 이른바 문화에 공헌하
기 위해서 보다 고등의 인류가 가지는 미와 존엄성을 산출하는 원소인 인류의 유지를
도모하는 데에 있다」.[112] 물론 이처럼 낭만적이며 모호한 근본 사상은 곧 권위국가의
과도한 강조와 일치하여, 이른바 「지도자원리」(Führerprinzip)로 결실하였다. 그것이
대체로 생각할 수 있는 한 얼마나 위험한 생각이었는지는 분명하다. 그 표현의 결과가
「유대인 문제의 최종적 해결」(Endlösung der Judenfragen)이라는 이름을 빌려 수 백만

---

110) Kimminich, a. a. O. S. 543.
111) Thomas Mann, Briefe 1937-1947, 1963, S. 444. 또한 이에 대해서는 Carl Zuckmayer (Als wär's
    ein Stück von mir, 1966, S. 385)가 알려주는 1923년의 시대 고찰을 참조하라.
112) Hitler, Mein Kampf, Bd. II (1927), S. 25.

명에 대하여 살육행위로 나타났기 때문이다.

【373】B. 1933년의 비극의 가장 깊은 원인은, 아마도 독일인이 역사상 신민의 복지에 전혀 책임을 지지 않는 군주를 가졌다는 데에 있을 것이다. 다른 국민이라면 이런 체험을 거듭함으로써 그렇지는 않았을지도 모르지만, 당시 독일 국민에게는 「상부(정부)」가 신의 의지와 다른 행동을 취할 가능성이 있다는 것은 상상도 못하는 일이었다. 따라서 1933년 1월 30일에 불법의 화신이라고도 할 인물이 독일의 권력을 장악했을 때, 독일 국민은 내심으로 매우 곤혹스러웠으며, 이것을 막을 방법을 몰랐다. 그러므로 **「합법적」 방법에 의한 독재제의 성립**이라는 것이 일어날 수도 있었다.

당시 경솔한 방관자라면 히틀러가 수상으로 임명되었을 때, 바이마르 헌법이 정한 정상적인 의원내각제가 회복되었다고 착각할 정도였다. 그것은 오해였고, 여하튼 이 정부의 새로운 수반이 헌법에 대한 충성을 선서했던 것도 사실이었기 때문에 그렇게 보아도 무리는 아니었다. 그래서 당시 정평 있는 「부르주아적」 일간지들이 「그때까지 의회가 관대했던 대통령내각제」를 폐지하고 의회제로 복귀하려고 한다고 생각하였고, 라이히 대통령은 제1당 당수를 우파 연합 정권의 수반으로 임명했다고 보도하였던 데에도 이유가 있었다. 사실 이 연합 정권을 구성한 두 정당은 각각 3명의 각료를 배출하는데 만족했고, 다른 5명은 무당파의 각료였다. 그들은 이미 파펜과 슐라이헤르 내각 시대부터 각료였으며, 또한 전문가들로서 명망이 있어 존경을 받았고, 주로 보수적인 사고방식을 가진 인물들이 새 정권에 협력하였다. 특히 그들이 비교적 후에 까지 내각에 남겨두었던 것은 의도적으로 나치스 본래의 목적을 숨기기 위해서 사용되었던 것이다. 확실히 우리들은 변함 없이 비스마르크 제국 시대의 사고방식에 사로 잡혀있었던 그러한 보수주의자들이 취한 태도는 이해하기 어렵다. 그러나 당시의 정세를 생각하면 물론 정당화될 수는 없어도 설명은 가능하다. 그것은 그들이 바이마르 공화국 말기에 라이히 몰락에 실망했고, 그래서 「권위국가」라는 것이 필요하다고 생각했던 것이며, 그들은 나치스 체제라면 해로운 것이 아니라고 생각했을 것이다. 이 체제의 「명예로운」 간판의 역할을 맡았던 것이 얼마나 중대한 공동책임을 질 것인지를 그들 중의 대다수는 곧 자각하게 되었고, 정신을 차렸지만 이미 때는 너무 늦었다.

【374】그런데 1933년 2월 1일에 해산된 라이히 의회 선거의 고시도 헌법 소정의 규정 범위에서 행해진 것처럼 생각되었다. 새로운 정권은 의회 다수파의 지지를 얻을 수 없었고, 따라서 유권자에게 호소할 필요가 있었기 때문이다. 그런데 그 자체는 보통 민주주의에서도 간단히 볼 수 있는 것이었다. 그러나 문제는 이미 1933년 2월 4일에 발표된 「독일 민족을 보호하기 위한」 긴급명령, 또 이것에 근거하여 프로이센의 새 총독 헤르만 괴링(Hermann Göring)이 제정한 요강이 다음의 사실을 분명히 했다는 점이

다. 즉 나치스는 파펜의 추종자들이 자신들에게 물려준 권력을 방약무인하게 자신의 이익을 위하여 이용할 것을 결정했다는 사실이다. 이러는 동안에 라이히 국회의사당 방화 사건이 일어났다. 이것은 공산주의자의 범행이라고 말했지만, 아마 나치스 자신들의 손에 의한 것일 가능성이 높다. 그리고 이 사건 후에 「민족과 국가를 보호하기 위한」 긴급명령(1933년 2월 28일)을 발포하였다. 이것은 분명히 위헌적 명령이지만, 여하튼 이 명령에 의해 나치스의 테러는 합법화되고 최후의 제약마저 상실해 버렸다.

그러나 아무리 테러나 터무니 없는 선전을 전개해도 나치스는 1933년 3월 5일의 라이히 의회 선거에서 희망한 절대다수를 얻지 못하였다. 오히려 그들은 변함 없이 독일 국가인민당이라는 연합 파트너의 지지를 기대할 수밖에 없었다. 또 충분한 근거도 없이 공산당을 금지하거나 라이히와 란트의회에서 공산당 의석을 박탈했지만 그래도 연합정권이 바라던 헌법개정에 필요한 3분의 2의 다수를 획득할 수 없었다. 그러나 1933년 3월 23일 중앙당을 포함한 중간정당들은 「**민족과 국가의 위기를 극복하기 위한**」 **헌법개정 수권법**에 찬성하였다. 그들에게 위협이 가해졌지만, 그 반면 그 때까지 자신들이 취한 노선에 확신이 없었던 것도 사실이었다. 그리하여 나치스는 교묘하게 연립 파트너[국가인민당]의 허를 찔러 완전히 국가권력 행사권을 손에 넣었다.

역시 그 때까지도 국내외의 특별한 긴급상태에 한정된 수권법(Ermächtigungsgesetz)의 존재가 헌법상 허용된 예는 발견된다. 처음부터 민주주의 국가인 스위스 동맹에서도 제1차 대전 중에 이러한 예가 있었다. 그러나 앞서 말한 1933년 3월의 법률은 그 이전의 수권법이 정부에 부여한 권한과는 비교할 수 없는 내용을 포함한 것이다. 요컨대 동법은 정부에 무제한한 권한을 주었다. 지금까지의 수권법의 예를 보아도, 또 바이마르 헌법 제48조 3항의 규정을 보아도 알 수 있듯이, 의회에 이의신청을 제기할 권리가 유보된 것이 골격이었다. 그런데 동법은 이것을 인정하지 않고 헌법개정을 하는 무제한한 권한을 부여하였다. 그 결과 입법권과 집행권이 라이히 정부의 손에 집중되어, 그 당시로부터 멀지않은 시기에 「권력을 집중시켜서는 안 된다」고 절규한 몽테스키외의 경고가 얼마나 정당했던지가 증명되었다. 사실 독일의 자유는 이제 끝장 났다. 왜냐하면 이 새로운 권력자들은 여하튼 손에 든 권력을 용서없이 남용하는데 주저하지 않았기 때문이다.

【375】예상한 대로 그들의 행동의 제1탄은 유대인과 공산주의자에게로 향하였다. 우선 전자는 경제활동, 후자는 정치활동의 자유에 대해서 권한남용과 폭행에 의해서 철저히 박해되었다. 나치스당의 지역 활동가들은 대체로 작지만 독자적인 강제수용소 (Konzentrationslager)를 가지고 있었다. 거기서 고문과 살인이 자행되었지만 경찰은 이러한 악행의 중지를 명령할 수 없었다. 국민 전체를 굴복시키기 위해서 히틀러와 괴링이 의도적으로 이러한 테러를 묵인하거나 또는 장려마저 했기 때문이다.

【376】행동의 제2탄은 지금까지 존속한 **복수정당제의 폐지**였다. 1933년 7월까지 모든 정당이 해산 또는 금지되고 그 재산은 몰수되었다. 더구나 같은 달 14일자의 법률에서는 종래의 정당존속과 신당결성을 중벌로써 금지시키는 동시에, 나치스당만이「유일한 정당」이라는 취지가 선언되었다. 그 때문에 독일 국가인민당 당수 알프레드 후겐베르크 (Alfred Hugenberg)는 각료에서 제외되었다. 이것과 마찬가지로 우려의 눈으로 본 것이 노동조합이었다. 노동조합은 같은 해 5월 2일에 강제적으로 해산되고, 그 재산은 나치스 노동전선에 이양되었다.

이론적으로 보면, 수권법에 의한 라이히의 정치적 지도권은 오직 라이히 정부만이 가지고 있었다. 그러나 바로 분명하게 된 것은 나치스의 집단에 가장 가까운 각료는 별도로 한다면, 라이히 각료들은 단순히 소관 사항의 관리자로 격하되었고, 그들의 정치적 발언권은 점차로 약화되었다는 데에 있다. 1942년 이후, 옛날의 절대주의 시대의「관방제」(Kabinettssystem)가 다시 부활되었다고 해도 좋을 것이다. 왜냐하면 히틀러의 비서관인 마르틴 보르만(Martin Bormann)이 모든 정치적 결정을 스스로 조작하거나 또는 방해하기도 했기 때문이다.113)

【377】C. 수권법에 근거하여 다음에 나치스는 바이마르 헌법을 형식적으로 준수하면서 국가제도를 개조하기 시작하였다. 수권법이 실시되기 전인 1933년 3월 초, 이미 정부는 각 란트에 라이히총독을 파견함으로써 지금까지 대부분 나치스 정권이 수립되지 않았던 란트의 독립을 박탈하였다. 이「균제화」(Gleichschaltung)라고 불린 조치는 뒤에 1934년 1월 30일의「**라이히 대관법**」(Reichsstatthaltergesetz)에 의해서 법적으로 승인되었다. 라이히대관(Reichsstatthalter)은 처음에는 각 란트정부에서 라이히수상 대리인이었지만, 곧 라이히 내무상 직속의 라이히 기관화되어 각 란트정부는 이에 종속하게 되었다. 이러한 제도를 만들어 그것을 순식간에 상설적인 제도로 만드는 따위는 나치스가 절대주의 시대의 행정에 전형적으로 발견되는 상투적인 수법을 사용하는 것을 말한다. 이 점에 대해서는 이미 제1차 대전 전에 발표된 오토 힌체(Otto Hintze)의 연구 성과114)에 근거해서 하르퉁도 정당하게 지적하였다.115) 그리하여 이러한 일련의 움직임의 귀결은 1934년 1월 30일의 **라이히개조법**(Neuaufbaugesetz)과 같은 해 2월 14일의 법률이었다. 우선 전자는 종래의 **연방국가제를 폐지**하고 각 란트의 통치권을 라이히에 이관시킨 것이며, 후자는 이에 무용지물이 되어버린 라이히 참의원의 폐지를 규정한 것이다.

【378】이리하여 이제 **각 란트**는 지방분권을 가미한 단일국가의 단순한 **자치행정구획**

---

113) 이에 관해서는 또한 RdZiff. 249 Anm. 1 참조.
114) O. Hintze, Historische Aufsätze 1910, wieder abgedr. in: Staat und Verfassung, 2. Auflage 1962, S. 242 (273).
115) Hartung, Verfassungsgeschichte, S. 346 f.

(Selbstverwaltungsbezirk)으로 몰락하였다. 그럼으로써 라이히 영토의 유리한 재편이 가능하게 되었는지도 모른다. 그것을 행하려고 한다면, 일찍이 후고 프로이스가 1919년에 라이히헌법 초안과 함께 제출한 전술한 각서를 약간 상기하는 것만으로 족할 것이다. 그러나 나치스는 그대로 인내할 수 있는 능력을 한 번도 발휘하지 아니하였다. 약간의 경계선이 수정되어 양 메클렌부르크가 통합되는 것을 제외하면 란트의 경계선은 종래 변함없이 구영주의 영방으로 정해진 그대로이다. 각 란트 정부도 라이히 직속관청으로서 존속이 인정되었다. 다만, 프로이센만은 특별한 형태를 취해서, 그대로 잔류한 재무성을 제외하고 다른 각 성은 각각 대응하는 라이히 각 성과 통합되었다. 그 결과 아무래도 전체적으로 정리되지 아니한 광경이 눈에 띄었다. 예컨대 라이히대관 이외에 아직 수상이 남아있는 곳도 있었으며, 이 양자를 동일 인물이 겸직한 곳도 있었다. 또 라이히대관법에 의하면 대관은 란트 수상의 상관임에도 불구하고, 동시에 란트 내무성이기도 했기 때문에 실제로는 수상의 부하로 된 예도 발견될 정도였다. 왜 이러한 비상사태가 생겼는지를 설명한다면, 그것은 나치스가 취한 그러한 조치가 사리사욕이 없는 것이 아닌 많은 경우 당의 특정 간부와 그들의 개인적 희망에 편의를 보아주었을 뿐인 점이다.

【379】 이리하여 나치스는 라이히의 영역개혁 문제와 프로이센과 라이히 관계를 어떻게 할 것인지에 관해서는 해결할 수가 없었고, 마찬가지로 **행정개혁의 단서**에 관해서도 그 이상의 것을 할 수 없었다. 이른바 「권력장악」(Machtergreifung) 뒤에 단시일 사이에 다수의 고급관리가 해임되고, 그 대신에 거의 교육부족의 당간부가 집무하게 되었다. 이것이 발단이다. 그것을 보여주는 것이 「**직업공무원제도 재건법**」(Zur Wiederherstellung des Berufsbeamtentums)의 제정이었고, 동시에 앞서 말한 현실은 숨겨지게 되었다. 그 뒤가 되면 나치스의 여러 가지 목표를 무조건 지지하는 뜻의 증거를 제시하지 않는 자는 모두 행정기구의 최말단에 이르기까지 배제되거나 정치적으로 중요성을 가지지 않는 한직으로 좌천시켰다. 형식적으로는 여전히 효력을 가지는 바이마르 헌법 제130조 1항에 의하면, 「공무원은 전체의 봉사자이며, 일당일파의 봉사자는 아니다」라고 되어 있지만, 이제 이 규정 내용의 전후가 뒤바뀌었다. 왜냐하면 나치스원칙은 「당이 국가에 명령한다」는 것으로써 관리에 대해서도 국가보다 나치스당에 대한 의무 쪽이 우선할 뿐이었다. 그럼에도 불구하고 각계 각층의 관리 등 속에는 자주 자신의 생명의 위협을 무릅쓰고도 의연히 전통적 의미에서의 국가봉사자(Staatsdiener)라고 하는 사람들이 있었다는 것도 인정치 않는다면 공평하지 못할 것이다. 베를린의 프린츠 알브레히트 거리에 있었던 저 악명높은 국가비밀경찰본부에서도 이러한 사람들이 있었다.116)

【380】 그러나 타고난 기질이 정직한 관리들에게 있어서 그러한 태도를 계속 취한다는

---

116) 이 사실은 "Verfolgung und Rettung des Werner Krauss" von A. von Schlotheim-Wilmsen, Frankfurter Allgemeine Zeitung Nr. 57/1977 vom 9. März 1977, S. 21에 근거하였다. 이것은 저자 자신의 체험과도 일치한다.

것은 다음 사정에서 점점 더 곤란하게 되었다. 즉 행정의 법률에의 구속, 즉 법치국가에 있어서 「**법률에 의한 행정**」의 원리가 **점차로 침투되기 시작**했기 때문이다. 확실히 바이마르 시대부터 있던 법의 통일을 위한 준비작업에 입각하여, 1935년 1월 30일의 독일의 게마인데법(Gemeindeordnung)과 1937년 1월 26일의 독일공무원법이 「나치스국가의 기본법」으로 제정되었다. 그러나 주된 내용인 「지도자 원리」 등의 나치스 특유의 색채를 제거한 뒤에도, 양자는 1945년의 패전 후에도 계속해 효력을 가졌다. 그러나 시민과 국가의 권리의무를 규정하는 각 법률 속에서 「너희가 가치를 가지는 것이 아니라, 너희들의 민족 전체가 가지는 것이다」라는 원칙에 근거해서, 시민은 국가행위의 객체, 즉 신민(Untertan)으로 격하되었다. 이른바 새롭게 만들어진 국가비밀경찰(geheime Staatspolizei)은 기존의 경찰법의 제약에 복종하지 않고, 또 그들이 취한 조치가 행정재판소의 통제에 복종치 아니하여도 그것은 어떠한 의미에서 당연한 결과였다고 말할 수 있다.

【381】 지금까지 살펴보았듯이, 대체로 법률은 자의에 대한 방벽, 예컨대 국가통치와 그것을 수행하는 개인의 임의적인 것을 방지하기 위한 영속적인 법질서로서 나타난 것은 아니었기 때문에 그러한 의미는 상실되었다. 바꾸어 말하면, 법률은 국가를 통치하기 위한 단순한 수단이 되었다. 물론 이러한 변화의 조짐은 이미 일찍부터 나타났다.[117] 19세기 후기의 **법실증주의**(juristischer Positivismus) (이것은 세속화된 스콜라학이 모습을 바꾸어 놓은 것이다)에 크게 실망한 법률가들은 확실히 우수한 두뇌를 가지고 있었기 때문에 과연 법률은 정말 전술한 직책을 수행할 수 있는지 오랜 의문이 계속되어 왔다. 왜냐하면 실증주의와 그 귀결인 개념법학적 법해석이 성행한 것은 19세기 후반의 법과 국가질서가 상당히 높은 수준에 있었다는 사실[118]에서 설명될 수 있고, 당시로서는 그 밖에 방법이 없었다고 할 수 있다. 당시의 학설과 판례는 정도의 차이는 있어도 「무비판적으로」 현행법을 채택했으며, 그래도 「제1차적 규범인 윤리나 정의 등으로 이해했던 모순에 그다지 빠지지 않았다」[119]는 것이었다. 그러나 19세기 말과 20세기 초가 되면 실증주의는 흔들리기 시작하였다. 왜냐하면 교양과 재산에 기초한 시민사회와 그러한 사회에 적합한 법이 점차로 제4계급의 주장하는 타당한 요구와 대립한다는 사실이 분명하게 되었기 때문이다. 현대문명의 대중화가 새로운 법개혁을 압박했다고 말할 수 있다. 전쟁과 패전에 의해 종래의 시민사회질서라고 할 수 있는 것이 의문시되기에 이르렀을 때, 그것은 완전히 명백하게 되었다. 왜냐하면 실증주의와 개념법학이 극복된 것은 결코 법률학에 있어서 이론적 노력(물론 이것도 중요한 것이지만)의 결과였다고만은 단정할 수 없다. 이와 동시에 입법과 재판소법을 기능적·정책적으로 취하려는 움직임이 진행되었다. 법률의 지배와 개념의 지배의 정도가 느슨해지면서, 법에서의 중점은 종래의

---

117) 이하의 서술은 Hans Hattenhauer, Zwischen Hierarchie und Demokratie, 1971, S. 235 ff. 참조.
118) 이에 대해서는 Georg Dahm, Deutsches Recht, S. 134 f. 및 Menger, Moderner Staat und Rechtsprechung, 1968, S. 18 f. 참조.
119) Dahm, a. a. O., S. 134.

법률 그 자체라는 것에서 행정관리와 재판관에 의한 법률의 실무처리의 어떤 문제로
이행하였다. 1933년 이전에도 이미 **일반조항**(Generalklausel)이나 **법률의 불확정개념**
(unbestimmter Gesetzesbegriff)이라는 것이 많이 사용되기 시작했고, 특히 법률에서
재량의 여지가 확대되었다. 이러한 것들이 이제 **나치스의 법관념의「합법적 돌파구」**로
사용되는 결과가 되었다. 그러므로 나치스의 법관념은 법과 국가의 합리적 파악 등과는
완전히 정반대의 것이었다. 나치스의 법학설은 비합리적 신앙과 감정이라고 할 수 있는
성질에 대한 신봉의 표명을 의미하였다. 그럼으로써 나치스 학자들은 공산주의자의
진정한「골육상쟁의 형제」인 것을 자인하였다. 양자의 국가관에 소급할 수가 있기 때문이
다.「제3제국」에서는 이런 종류의 근본사상은 개개의 법률에 붙여진 전문에 길게 기술되
어 있다. 그러나 그 이외에는 법률의 내용을 의도적으로 추상적으로 써서 명확히 규정을
하지 않는 일반조항이 사용되었다.120)

【382】**내무행정의 재편**과 행정 각부의 권한분담을 어떻게 명확히 할 것인지는 오랜
숙원의 문제이지만, 이 점에 관해서 보아도 나치스는 그것을 해결하지 않았을 뿐만
아니라, 다수의 행정각부를 신설함으로써 한층 문제를 복잡하게 만들어 버렸다. 이른바
자아르, 오스트리아, 주데텐, 메멜강 지역, 거기에 포젠과 서부 프로이센 란트가 새롭게
라이히의 영토에 편입되었지만, 거기에는 여하튼 완전히 다른 원리에 근거한 행정조직이
만들어져 국법상의 위치가 정하여졌다. 하르퉁은 이러한 재편에 대해서 의심스럽게
이야기하였다.「분명히 명백한 심사숙고한 계획없이 독일국가질서의 재편을 공포하였
다」.121) 이 점은 여러모로 **권한의 명료화**를 혐오한 히틀러의 개인적인 성격이 결정적인
영향을 미친 것으로 생각된다. 만약 권한이 명확히 되면 그것은 히틀러와 그의 일당에게
법적 제약을 과하는 것이 되기 때문이다. 그들에게는 자신들이 구축한 체제를 그러한
제약에 복종케 하는 것은 참을 수 없는 것이고, 독재제를 채택해서 편리한 대로 통치하는
것을 원하였다.

【383】그러므로 새 **헌법**을 제정한다고 몇 번이고 반복하면서도, 결국 그것이 허무맹랑
한 말로 끝났던 것은 헌법을 제정하면 제한이 과해져 역시 국가에 족쇄가 되기 때문이다.
또 만약 그것이 실현되어도 거기에서 기본권은 포함되지 않았을 것이다. 왜냐하면 앞서
말한「너희가 가치를 가지는 것이 아니라, 너희들의 민족 전체에 있다」는 원칙에 의하면,
국가에 대한 시민의 권리존재는 부정되었기 때문이다. 그러나 이 공권부인론은 국가철학
원리의 수준에서 야기된 것에 그치지 않으며, 잔악한 방법으로 실현되었다. 즉 국가비밀경
찰에 대한 자유권 따위는 전혀 존재하지 않고 또 반유대주의에 입각한 일련의「뉘른베르크

---

120) Dietrich Kirschenmann, 'Gesetz' im Staatsrecht und in der Staatsrechtslehre des NS (1970)과
　　　Michael Stolleis, Gemeinwohlformeln im nationalsozialistischen Recht (1974) 참조.
121) Hartung, Verfassungsgeschichte, S. 349 f.

법」(Nürnberg Gesetze)으로 이야기되는 법률은 평등원칙을 유린하는 것으로서, 여하튼 이러한 종류의 예는 열거할 수 없는 정도이다. 다음에는 국가의사형성의 방법에 관한 규정은 헌법이 제정되면 통치기구의 부분에 포함될 것이지만, 이 점에 대해서는 다음의 것을 지적하는 것만으로 충분하다. 나치스의 국법학설은 헌법의 본질을 「지도자(총통)가 민족의사의 집행자의 입장에서 내린 정치적 결단」으로 이해한 것이다. 이것은 물론 정치적으로도 실행되었다. 「총통은 명령하며, 우리는 따른다」(Führer befiehl, wir folgen)라는 당시 선전된 원리가 있었다. 따라서 나치스라는 독일 라이히 헌법은 사실 이 원칙의 하나로 구성되었다고 말할 수 있다.

【384】**국방군**(Reichswehr)에 대해서는 건군의 아버지 폰 젝크트(von Seeckt) 장군은 그것을 **정치적으로 중립적 국가권력수단으로 창설하였다.** 그런데 국방군 수뇌들은 1930년 이후 일찍이 정치에 깊이 관여하였다. 결국 국방성 장관 슐라이헤르 장군 자신이 파펜 내각의 각료에 그리고 계속해서 내각수반으로 되어 정치적 각광을 받았다. 물론 군 자체는 그것과는 거의 무관한 입장을 견지하였다. 단지 1930년 이후가 되면, 많은 젊은 장교(그들에게만 한정된 것은 아니다)들이 히틀러에게 공명하기 시작했기 때문에 정치적 항쟁이 발생하고 군의 내부적 결속은 혼란되었다. 1933년 이후에도 돌격대 지도자들은 군을 통수하는 장교의 지위를 원하였지만, 히틀러측은 마치 국방군과 장교의 지위에 손을 쓰지않는 듯한 단안을 보였다. 그러나 히틀러는 이 돌격대 간부를 자신에게 위험한 라이벌로 생각해서 1934년 6월 23일 그들의 암살을 명령했고, 이 때 다수의 정적과 나란히 슐라이헤르와 그의 협력자인 브레도브(Bredow) 장군을 숙청하였다. 장교단은 이에 대해서 어떠한 납득할 만한 대항수단을 취하지 않았기 때문에, 이 사건으로 국방군의 위신은 현저하게 저하되었다. 이것이 군 내부에 싹튼 히틀러에 대한 내심적 저항의 원인의 하나였고, 이 때문에 국방군은 장기간 특히 보수파 반체제층에 있어서 일종의 은신처가 되었다. 힌덴부르크가 사망한 1934년 가을, 라이히 대통령과 수상직은 통일되어 군대는 히틀러에게 직속하게 되었다. 그럼에도 불구하고 용기있는 사람들은 가능한 한 저항을 계속하였다. 또 1938년에 「육군의 획일화」를 한 후, 히틀러는 스스로 라이히국방장관을 겸임하고, 당시 최고사령관 폰 프리취(von Fritsch)와 참모총장 베크(Beck)를 해임하였다. 이 때에도 국방군 수뇌부 속에서 **저항세포**는 발생해 있었다.

【385】앞서 말한 힌덴부르크의 사망과 동시에 히틀러에 대한 마지막 제어장치마저 상실하였다. 확실히 자주 **라이히 의회**의 개선이 있었고, 그와 동시에 유권자를 유도하기 위해서 최근의(현실 또는 허위의) 외교상의 성과에 관한 문제점이 제시되었다. 그러나 이미 의회는 나치스의 구성원으로 채워졌기 때문에, 이미 정부에 대한 감시기관으로서의 기능이 아니라 순수한 **박수기관**(Akklamationsorgan)으로 되어 버렸다. 이리하여 권력분립과 권력상호간의 억제와 균형에 기초를 둔 법치국가는 사멸하였다.

【386】이것을 가장 극단적으로 보여주는 것이 **재판소의 지위변화**였다. 이제 재판소는 모두 라이히의 관할로 옮겨졌다. 민사재판소는 무해한 것으로 묵인되었지만, 행정재판소처럼 위험한 것에 대해서는 재판소의 권한이 점차로 축소되고, 더구나 히틀러 일당의 권력을 확립하기 위하여 불가결하다고 생각된 경우에는 권한이 완전히 부정되기마저 하였다. 이것은 특히 형사사법에 대해서 말할 수 있다.

나치스 초기 1년 반 동안, 각 지역의 당 활동가가 모든 정치적 이단자에 대해서 무제한의 테러를 하였을 때에, 이것을 「혁명」이라는 말을 사용해서 변명하려는 시도가 자주 있었다. 그러나 이것은 오해를 초래하기 쉬운 표현일 것이다. 왜냐하면 이 경우 테러리즘에 치우쳤던 것은 전제적 통치에 대해서 봉기한 민중이 아니라 국가지도부와 그 전능한 당활동가였기 때문이다. 그러나 나치스 체제의 본령이 가장 명확히 발휘되었던 것은 이 시기가 끝날 때 쯤이었다. 히틀러는 온갖 수단을 사용하여 죄인으로 불리던 돌격대 수뇌의 신병을 재판소에 인도하지 않았다. 만약 그렇게 된다면 그들은 중형에 처해질 것이라고 생각했기 때문이다. 히틀러는 수치를 모르며 스스로 재판관이 되어 죄를 저질렀기 보다는 위험한 정적이라는 이유로 그들을 냉혹하게 총살형에 처했다. 이처럼 귀찮은 존재인 돌격대 동지들 이외에도 그는 다수의 정적의 살해를 명령하였다. 1934년 6월 30일의 만행은 히틀러가 모든 적대자를 위협하기 위해서 의도적으로 했던 분명한 살인행위이다. 왜 살인행위인지를 말한다면, 사건의 전말을 보아도 즉결 군법회의 절차마저도 거치지 않고 처형했기 때문이다.

히틀러는 결코 재판소의 독립을 승인하지 않았다. 그러나 통상재판소 재판관들을 생각한대로 움직일 수 없었기 때문에 형사재판권에 대해서는 일찍이 특별재판소를 만들어 제한하였다. 이 특별재판소의 정점에 위치한 것은 민족재판소(Volksgerichtshof)이며, 소장 프라이슬러(Freisler)는 예전에는 열광적인 공산주의자였지만, 나중에 똑 같은 정도로 광신적인 나치스 당원으로서 전향한 인물이며, 다른 재판관도 모두 나치스 당원으로 독점되었다. 이 재판소는 테러 재판소로서 그 악명을 떨쳤다.

【387】D. 독일 나치즘 시대는 아마 **4 시기**로 구분할 수 있을 것이다. 제1 시기는 1933년 1월 30일에 시작하여 오로지 새로운 체제 확립을 위하여 소비한 시기이다. 이 새로운 체제의 방법적 특징은 앞서 말한 것처럼, 불손하게도 「혁명」이라는 말로 정당화했던 것으로 1934년 6월 30일의 유혈숙청으로 끝났다.

제2기는 1934년 7월에서 1939년 9월의 제2차 대전 발발까지의 권위국가의 시대이다. 이 시기도 당시의 다른 권위국가와 비교하면 테러가 연출한 역할이 컸다. 이것은 이른바 강제수용소의 존재와 더욱 증대되어 도를 넘은 유대인 동포에 대한 부당한 처우를 떠올리면 쉽게 이해될 것이다. 특히 유대인 처우 문제는 괴벨스가 연출한 1938년 11월 9일의 이른바 「라이히의 크리스탈 밤」(Reichskristallnacht)*에 있었던 유대교회의 방화, 유대인 가옥과 상점에서의 약탈행위로서 그 정점에 달하였다. 그러나 국민 의식의 중심에 있었던 것은 경제공황이 쇠퇴함에 따라 호전되며 재군비에 박차를 가하는 경제부흥이었다. 이리하여 실업은 감소하였다. 또 특히 매우 위험하게 보였던 계획이었음에도 불구하고, 이상할 정도의 성과를 거둔 외교 때문에 국민들은 흡족하였다. 1938년까지의 외교는 점차로 공갈과 같은 수법이 취해졌다고 한다면 그런대로 승인되어야 하는 전통적인 목표의 범위에 그쳤다. 1939년 봄을 넘기면 히틀러는 종래의 민족권(民族圈)에 대한 병합정책의 제한을 벗어던지고 분명히 제국주의적 정책을 취하기 시작하였다. 그것은 체코슬로바키아의 기습과 해체, 그리고 「라이히 보호령 보헤미아-뫼렌」을 설립하면서, 그 후 반년 사이에 제2차 대전에 이르렀다.

【388】 전시 초기에는 큰 전과를 올렸다. 이 시기는 이론상 전체국가 시대로 주목되지만, 실제로 히틀러는 예컨대 처칠(Churchill)이 영국 국민에 대해서 부과한 것보다는 훨씬 적은 물자의 제한을 자국민에 대해서 행하였다.

그러나 연합군의 독일 여러 도시에 대한 폭격이 개시되고, 스탈린그라드 공방전에서 제6군단이 전멸하자, 이 전쟁수행에 대한 독일 국민의 우려와 반대의견은 광범위하게 인정되는 듯 했고, 그와 동시에 히틀러는 최후의 억제를 상실하였다. 즉 각종의 비판적 언동은 엄벌로써 금지되고, 국가는 **불법국가의 극치**에 달하였다. 그리고 독일 국민의 모든 계층 사람들이 특히 1944년 7월 20일 히틀러 암살계획이 실패한 후에는 형장의 큰 손도끼와 교수대의 이슬과 함께 사라졌다. 전면적인 붕괴의 못에서 구할 수 없다는 의미에서 그들의 죽음은 헛된 것이었다. 그러나 독일의 윤리적 재생을 기도하고, 독일인의 전체가 이 범죄적 체제에 협조한 것만은 아니라는 것을 전세계에 보여주었다면, 그 죽음은 결코 헛된 것은 아닐 것이다. 여하튼 어떠한 테러를 하더라도 이미 히틀러의 무운은 끝난 것이다. 폭격을 받아 남김 없이 파괴되고, 더욱이 독일 국민을 최종적 파멸로 이끌려는 그들의 계획도 「총통으로서의 품위를 손상시키는 것이 분명하다」는 이유로 라이히 장관 슈페어(Speer), 원수 케셀링(Kesselring), 함부르크 관구장관 카우프만 (Kaufmann) 등의 측근의 반대에 부딪쳐 수포로 돌아갔다. 여하튼 전쟁은 완전한 패배였다. 히틀러와 괴벨스는 러시아군에게 포위되어, 일부는 함락된 라이히 수도 베를린에서 자결하는 것으로 책임을 청산하였다.

【389】 히틀러는 유언으로 해군 대제독 되니츠(Dönitz)를 후임 총통으로 지명하였다. 되니츠는 플렌스부르크에서 종래의 라이히 각료로 생존한 자들을 모아서 **새로운 내각**을 발족하였다. 이 내각의 주요 임무는 되도록 많은 독일 민간인과 군인이 닥쳐올 러시아군의 손을 피해서 서방으로 이동하기까지 독일 국방군의 항복을 연기하는 정도였다. 결국

1945년 5월 7일 연합국에 대해서 무조건 항복이 있었다. 그로부터 2일 뒤에 소련에 대한 무조건 항복이 또 한 번 선언되었다. 되니츠 정권은 그 후 수주일 동안만 직무를, 그 뒤에는 포로의 신세로 바뀌었다. 이리하여 1945년 5월 9일, 이 총력전은 독일 라이히의 전면적 붕괴를 남기며 끝났다.

【390】이 패전의 **원인**을 추구해 보았자 쓸데없는 일이다. 전투에서 예상 밖의 것도, 또한 사보타주(Sabotage)도 그 원인은 아니다. 오히려 독일 국방군과 독일 경제의 잠재력은 여하튼 장기간에 걸쳐 적국과 싸울 정도로 충분한 것은 아니었다. 더구나 히틀러의 무제한한 여러 가지 계획과 전쟁목적이 적국의 수를 더욱 증가시킨 것이다. 특히 적국이 압도적으로 우세했다는 것을 생각한다면, 독일의 수많은 전선을 그 만큼 장기간 유지할 수 있었던 것은 참으로 놀랄만하다.

제11장 제2차 대전 후의 독일

제36절 점령통치

【391】A. 제2차 세계대전의 종결로 **유럽의 정치적 양상**은 **크게 변하였다.** 그 최대의 원인은 소비에트 연방이 서방으로 팽창한 점에 있었다. 소련은 발트 3국과 북동부 프로이센과 폴란드의 대부분을 병합하고, 그리하여 이들 국가의 영토와 국민은 서쪽으로 향하여 내몰리게 되었다. 이른바 오데르-나이제 선의 동방, 예컨대 동서부 프로이센·포젠·폼메른·노이마르크와 슐레지엔 지역에서는 930만의 독일인이 추방되고, 더구나 주데텐 지방에서의 230만 명이 여기에 더하였다. 그 과정에서 이전의 전시 중에 독일인이 점령한 지역에서 범한 잔학행위에 대해서 무시무시한 복수가 있었다. 이로 인하여 200만 이상의 독일인이 생명을 잃었고, 이 숫자는 당시 다른 국가의 국민들이 치렀던 희생에 비교해서 생각해야만 한다. 이른바 폴란드의 독일 점령지역에서는 420만 명의 민간인이 목숨을 잃었다. 이에 대해서 소련 점령지역에서는 150만 명이었다.

【392】그런데 **독일의 국법상의 상태**에 대해서 결정적인 변화는 뤼벡에서 체코-독일 국경까지, 이른바 「철의 장막」(Eiserner Vorhang)이 독일 영토를 비스듬히 드리운 것이다. 이를 테면 이것은 영국 수상이었던 윈스톤 처칠의 명령에 의한 것이다. 여하튼 소련은 이 철의 장막 뒤에서 단기간 동안에 위성국 조직, 이른바 「인민민주주의 국가군」을 수립했지만, 실상을 보면 그곳은 공산주의 독재제였다. 1945년 5월 독일 국방군의 항복에 따라, 거의 모든 독일 영토는 전승 4개국 군대에 점령되고 그 상태는 변함 없이 계속되었다. 그 결과 독일 민족은 **두 개의 부분으로 분할**되고, 한 쪽은 소련의 정치 이데올로기적

세력 범위 위에, 그리고 다른 한쪽은 서방측 세 열강의 세력 범위에 들어가게 되었다. 이것은 옛날 아우크스부르크 종교화의에서 확립된 「지배자의 종교 그 땅에서 행하여진다」 (cuius regio, eius religio)는 원칙이 세속화되어서 부활한 것이라고 할 수 있다.

【393】 여하튼 그 기본이 된 것은 1945년 2월의 얄타 회담 석상에서 스탈린, 미국 대통령 루즈벨트와 처칠이 교환한 협정이었다. 이에 의하면, 연합국이 요구한 무조건 항복을 한 후에 이전의 계획을 수정하여122) 독일은 몇 개의 점령지구(Besatzungszone)로 분할하게 되어 있었다. 그래서 이 계획은 독일의 점령에 관여한 4개국의 군정장관의 손에 의해서 실행에 옮겨졌다.123) 1945년 6월 5일, 그들은 3개의 선언에 서명하고 이리하여 독일의 통치권은 상실되고, 앞의 4개국 정부는 독일에서 최고권력을 획득하였 다. 이 선언의 목적을 달성하기 위해서 1937년 당시의 국경선에 기초하여 독일은 4개국 점령지구로 분할되었다. 또 베를린도 4개의 지구로 나뉘어져 4개국의 공동관리 아래 놓이게 되었다. 앞서 얄타협정과 이 선언의 차이점은 전자의 단계에서는 아직 프랑스 점령지구와 베를린의 프랑스 지구가 예정되어 있지 않았던 점에 있다.

그 결과 우선 소비에트 점령지구는 「철의 장막」과 오데르-나이제 선에 둘러싸인 구 라이히 영토에 베를린을 더하였다. 베를린의 서쪽 3개 지구는 당초 미군이 점령했던 튜링겐과 프로이센의 구 작센주와 교환하였다. 오데르-나이제 양 강의 서쪽의 독일령은 1937년 당시 구 라이히령에 포함되었지만, 소련 자신이 병합한 부분을 제외하고 폴란드에 관리권이 맡겨져, 영국과 미국은 이것을 사후승인을 하였다. 그러나 폴란드와 소련 사이에 는 동부 여러 주를 상실한 댓가로서 폴란드가 이 지역을 영속적으로 취득하려는 뜻의 합의가 이전부터 성립하였다. 다음 영국 점령지구는 「철의 장막」의 서북과 북서부 독일이 었다. 다만, 브레멘은 「교두보」로서 미국이 점령하였다. 여기는 1945년 12월에서 1947년 1월까지 영국 점령지구였지만, 그 뒤 최종적으로 미국 점령지구로 되었다. 기타의 미국 점령지구는 바이에른, 북부 바덴, 북부 뷔르템베르크와 헤센이었다. 이에 대해서 프랑스 점령지구는 남부 라인주에서 보덴(콘스탄츠) 호수 사이에 이르는 삼각지대로 되었다.

【394】 각국 점령군은 독일에서 최고의 통치권을 보유하고, 4개국 군정장관이 동등한 자격으로 의장에 취임한다는 **관리위원회**(Kontrollrat)를 통해서 통치권을 행사하였다. 그뿐만 아니라 각 점령군은 1907년 헤이그 육전조약이 정한 권리 이외에 각 점령지구의 군정을 통해서 독일 전체의 관리권도 취득하였다. 이것을 결정한 것이 1945년 7월 17일에서 8월 2일까지 개최한 미국, 소련, 영국 3개국 수뇌의 포츠담 회담이었다. 그래서

---

122) 이에 대해서 Tony Sharp, The Wartime Alliance and the Zentral Division of Germany (Oxford 1975) 및 Kimminich, Verfassungsgeschichte S. 588 ff. 참조.

123) 이하의 서술은 Friedrich Klein, Neues Deutsches Verfassungsrecht (1949) passim.을 참조.

최종의 결정인 「포츠담 협정」(das Potsdamer Abkommen)이 말하는 것처럼, 「장래 평화적이며 민주적인 기초 위에 생활재건의 실현을 준비하기 위한」 가능성이 독일 국민에게 주어졌다. 그리고 관리위원회의 주선으로 독일 전체에 통일적인 지도가 불가결하다고 이해된 약간의 행정 부분, 특히 재정·교통과 해체 배상을 면한 독일 산업에 대해서 독일 행정청(deutsche Staatssekretariate)이 설립될 예정이었다. 이처럼 일종의 독일 중앙정부를 재건하기 위한 기회는 프랑스의 반대로 상실되고 말았다. 프랑스는 앞서 말한 주요 전승 3개국의 포츠담 협정에 약간 늦게 가담하였었다. 이러한 계획이 존재한 것과 포츠담 회담의 최종 결정에서도 이미 분명하듯이, 전승국은 여하튼 1937년 12월 31일 당시의 (즉 제1차 세계대전의 결과에 근거해서) 국경을 가진 통일 독일을 결국 법적으로 존속시키는 것을 전제로 하였다. 결국 독일 영토는 오데르-나이제 양 강의 서쪽이어야 한다는 스탈린의 견해는 지지되지 않았다. 이 문제는 뒤에 다시 한번 다루기로 한다.

【395】 B. 점령정책의 궁극적 목표는 독일 국민을 **나치즘에서 해방**시켜 **민주화**시키고, 독일을 완전히 **비군사화**하는 것이었다. 그래서 이 중에서 최후에 제기된 목적을 위해서 대개 군사적으로 이용될 가능성이 있는 독일 산업은 모두 해체 또는 파괴된다든지 손해배상으로 철수되었다. 이처럼 전쟁에 따른 파괴, 이미 말한 해체, 각종의 해외재산, 화폐와 외화준비금과 아울러 특허 등의 상실로 인한 독일 국민의 재산은 전체의 47%를 넘었다.[124] 앞서 말한 독일 산업의 대부분이 철수됨에 따라서, 수 백만의 독일인의 전쟁포로와 「전문가」가 (특히) 프랑스와 소련에 노동을 위해서 연행되어 그들이 귀환한 것은 수년 후이다.

【396】 독일의 공적 생활에서 나치즘의 모든 자취를 말살하기 위해서 점령군은 일련의 조치를 강구하였다. 이것은 **네 개로 나눌** 수 있다. 즉 나치스 법률의 폐지, 전범자의 처벌, 나치당과 그 조직원이었던 모든 독일인의 권리 박탈, 이른바 「비나치스화」 (Entnazifisierung), 그리고 독일인 전원의 재교육이다.

이 취지에 따라서 1945년 3월 20일자 관리위원회 법률 제1호는 25개의 나치스 **법률**과 집행명령을 지명해서 폐지하였다. 폐지된 것 속에는 1933년 3월의 수권법, 「뉘른베르크」 인종법, 기타 나치당과 관리조직의 특권을 규정한 법률 등이 포함되었다. 이 관리위원회 법률 제1호는 나중에 이 법률 제11호와 제55호로 보충되지만, 그 밖에도 일련의 법령이 개별적으로 폐지되었다. 이러한 움직임과는 별도로 독일의 재판소도 이전부터 이른바 「나치스 사상」의 세례를 받아 법치국가와 민주주의 관념에 배치되는 규정은 이미 적용할 수 없다는 취지를 선언하였다. 이에 대해서 바이마르 헌법이 아닌 수권법의 규정에 근거해서 제정되었기 때문에 1933년 3월 24일부터 라이히 붕괴에 이르는 사이에 제정된

---

124) "Dokumente deutscher Kriegsschäden," hrsg. v. Bundesminister für Vertriebene, Flüchtlinge und Kriegsgeschädigte, Bd. III, 1962, S. 24에 의해 인용하였다.

법규정은 모두 자동적으로 실효한다는 견해는 채택되지 아니하였다. 법적 안정성이 중요시되고 그러한 규정의 개폐는 오히려 점차 입법자에게 맡겨졌다.

【397】 그러나 단지 나치스의 법규범을 말살하는 것만으로는 불충분하다는 것은 분명하다. 거기서 우선 모든 **관청**과 **재판소**에서 과거에 나치스의 활동에 가담한 사람들이 추방되고, 그 후임으로 신뢰할 수 있는 민주주의 사상을 가진 사람이 차지하였다. 그러나 이것은 말처럼 간단하지 않았다. 이것이 어느 정도 실현된 것은 이전에 망명해서 귀국한 독일인과 교도소 및 강제수용소에서 해방된 사람들이 과격한 테러에도 굴복하지 않고 히틀러에 대해서 계속한 저항운동에서 길러진 힘을 발휘한 것 때문이었다.

【398】 그러나 연합국측은 이러한 「또 하나의 독일」을 주장한 자들에게 전범자 수괴의 처형을 맡길 의향은 없었다. 즉 연합국은 이 문제에 관해서 1945년 8월 4일에 전승 4개국 사이에 협정을 체결하고, 동시에 뉘른베르크 **국제재판소 조례**를 공포하였다. 이 재판소의 임무는 평화에 대한 범죄, 전쟁범죄 그리고 인도에 대한 범죄의 처벌이었다. 연합국이 근거로 한 것은 전쟁의 일반적 금지를 규정하고, 이미 63개국이 조인한 1928년의 **브리앙-켈록 규약**이었다. 이 재판소는 프랑스, 영국, 소련과 미국의 재판관으로 구성되었다. 최초의 소송은 1945년 11월 22명의 나치스 지도자와 일련의 조직에 대해서 개시되었다. 이로 인하여 12명의 사형, 7명의 금고형, 그리고 3명의 무죄 판결로써 종결했으며, 더구나 나치당의 총통 직속 군단인 친위대, 보안경찰, 그리고 국가비밀경찰을 범죄적 조직으로 지정해서 1939년 9월 1일 이후 이러한 조직에 속한 자는 자동적으로 유죄라는 취지를 선고하였다. 미국, 영국과 프랑스의 3개국은 계속해서 1948년 여름까지 독일에서의 전범을 재판하였다. 그 법적 근거는 관리위원회 법률이었다. 소련은 이러한 권한을 거의 사용하지 않고, 그 대신에 다수의 자들을 전쟁범죄인으로 다른 여러 나라에 인도하고, 자국 내에서 수 천명에게 유죄판결을 선고하였다. 마찬가지로 독일 형법전에 근거한 전쟁범죄에 대한 절차도 독일의 재판소에서 다수 수행되었다. 지금 회고해 보면, 새로운 국제형법을 확립하려는 이러한 시도는 지금까지 어떤 종류의 결론에도 도달하지 못했다는 의문은 변함 없이 남아 있다.

【399】 이른바 「비나치화」에 대해서는 당초부터 독일의 기관, 즉 사법권의 독립이 보장된 「재판소」의 손에 맡겨졌다. 우선 성인 전체는 상세한 설문지에 대답하고 기입할 의무가 부과되었다. 이 설문표에 의거해서 재판소는 각 개인의 정치적 경력을 심사할 권한을 가졌다. 그 법적 근거는 1946년 말부터 1947년 초에 걸쳐서 제정된 「나치즘과 군국주의에서의 해방에 관한」 연합국 법률과 명령이었다. 절차는 형사소송 법규에 비슷하게 규정되고, 항소재판소의 항소를 인정하였다. 이에 따르면 책임은 다음의 4 단계로 나뉘었다. 즉 중대한 책임이 있는 자, 책임이 있는 자, 편승자 그리고 책임이 면제된

자이다. 이 중 앞의 두 번째까지 인정되면 모든 공직에서 추방되었다. 기타의 경우에는 재산몰수에서 10년 이하의 금고형까지 일련의 광범위한 처벌이 과해질 가능성이 있었다. 그러나 이 비나치즘화의 여러 조치들은 미국이 특히 기대한 것 같은 성과를 거둘 수는 없었다. 결국 독일 국민 전체를 재판소에 출정시키는 것이 불가능하다는 것이 분명하게 되었기 때문이다. 이에 더하여 앞서 말한 재판소의 판결은 경우에 따라서 자의적인 것으로, 판결이 어느 시점에서 내려졌던가에 따라 구구하게 나뉘었다. 처음에는 비교적 경미한 사례를 유죄로 하고 이것을 엄격하게 처벌했지만, 나중에는 어느 정도의 「관례」에서 실제로는 유죄인데도 가벼운 형벌을 과하는 것도 드물지 않았기 때문이다. 이 때문에 절차 전체가 신빙성이 희박한 것이 되었다.

【400】 독일 국민에게 민주주의 **재교육**(Umerziehung)을 실시함에 있어서 소비에트 점령 당국과 서방 3개국의 점령 당국과는 완전히 정반대의 **방법을 선택**하였다. 우선 **소비에트 지구**에서는 처음부터 **공산주의 독재제**의 채택이 **시도**되고, 종래의 사회민주당과 공산당을 규합해서 독일 사회주의 통일당을 결성시킴과 동시에, 기독교 민주주의와 자유주의를 주장하는 정당의 존속을 처음에는 형식적으로 승인함으로써 이러한 시도를 캄플라주하였다. 그 결과 16년 간 300만 이상의 독일인이 서쪽으로 대량 도망하였다. 이에 대해서 **서방 점령지구**에서는 **민주주의와 법치국가의 관념**이 넓은 범위의 사람들 사이에 침투하였다. 그 출발 당초의 조건은 그다지 좋은 것은 아니었고, 이제 다시 1918년처럼 「민주주의가 위기라고 회색의 옷을 걸치고 독일 국민을」 찾아온 것이다.125) 그러나 당시와는 달리 이제 또 하나의 「비수의 전설」(Dolchstoß Legende)*도 생기지 않았고, 「전장에서는 패하지 않았다」라는 표어도 허위 선전의 온상이 될 수 없었다. 특히 전시와 전후 초기의 괴로운 체험을 경험한 젊은 세대는 자신들이 자유롭게 자신의 책임으로 생활을 이룩할 수 있다는 상황을 손들어 환영하였다. 그러나 독일인 전체가 모든 것을 제쳐놓고 해야만 했던 것은 상상할 수 없을 정도의 혹독한 물질적 결핍에 직면해서 여하튼 이것을 참고 살아남는 일이었다는 것은 명백하다.

【401】 C. 그래서 「또 한 번 구사일생한 많은 사람들」이 어떻게든지 살아남을 수 있었던 것은 **독일 행정**이 특히 크게 공헌하였다. 우선 앞서 말한 「포츠담 협정」에 나타난 방침에 따라 서방 점령당국은 지방자치제 수준에서 독일 행정의 재건에 착수하였다 이 수준의 행정은 당연하지만 한 번도 활동을 완전히 정지한 적이 없었다. 거기서 점령당국은 행정기구를 위에서 아래로 향하여 정비하려고 생각했지만, 독일 행정은 이것과는 반대의 원리가 타당하였다. 이전에 저자는 별도의 논문에서 지적했지만,126) 점령군에 의해서 절반은 지지되었으나, 절반은 정도의 차이는 있지만 방해받으면서, 굳이 과거에

---

125) Kimminich, Verfassungsgeschichte, S. 610.
126) Menger, Rechtsschutz im Bereich der Verwaltung, DÖV 1969, S. 153 ff.(153).

유례를 찾는다면 30년 전쟁의 경우와 필적하는 것처럼 극도로 어려운 상황을 극복하기 위해서「맨 처음 행동했던 것」은 행정, 구체적으로는 **군읍면의 행정**(Kreis-und Gemein-deverwaltung)이었다. 독일 국민이라면 심신이 다 소진되었고 나치스가 국민의 이름을 빌려서 어떻게 극악무도한 범죄행위를 하였는지 점차 밝혀지게 됨에 따라서 치욕과 자책의 감정으로 가득차게 되었다. 또 수백만의 피추방자와 피난민이 서독에 유입된 데에 대해서, 이전에 노동을 위해서 강제 연행되어 온 약 800만명의 외국인이 그대로 국내에 잔류하였다. 그들의 대다수는 공산화된 조국에 귀환할 의사를 가지지 않았다. 그런데 행정관청이 기아와 주거의 결핍상태를 극복하기 위해서 사용한 법적 수단은 전시 중에 계속 효력을 지녔던 라이히 급부법과 주택과 각종의 생활 필요 물자에 대한 통제법이었고, 특히 국가부조법과 경찰긴급권에 근거한 주택 곤궁자에 대한 지정제도도 많이 사용되었다. 지금 회고해 보면, 독일 행정이 이처럼 그다지 적절하다고 할 수 없는 수단을 사용해서 당시의 절박한 혼란을 어떻게 회피할 수 있었던지 단지 놀라울 뿐이다. 따라서 이러한 상태에 있으면서「또 한 번 구사일생한 사람들」의 자유와 재산에 대한 침해가 의외로 심했던 것은 당연하지만, 보다 중요한 것은 전쟁에 패배한 독일 국민에게 내려진 자업자득의 소산과 책임을 어떻게 각인이 되도록 평등하게 부담하는지의 문제였다. 그러나 독일 행정당국이 거기에서 근거한 수권 규정은 궁극적으로는 전승 각국이 제정한 점령법규였다. 확실히 법치국가의 재건이야말로 전승국의 최종 목표였다고 생각한다면, 독일 당국은 그러한 것을 근거로 할 수밖에 없었다. 그런데 전승국은 헤이그 육전조약의 효력을 라이히 영토와 그 주민에게는 인정하지 않았기 때문에, 이러한 여러 나라들은 독일 국가의 재건에 관해서 완전히 자유재량권을 가졌다.

【402】그런데 지방자치제 수준에서 행정을 재건할 때에는 서방 점령 각국은 거의 같은 사고방법으로 보조를 취한데 대해서, **국가행정을 새롭게** 건설하는 단계가 되자 그 방법은 각국에서 차이점을 드러냈다. 간신히 견해가 일치된 것은 장래 독일은 연방주의적 구조를 가져야 한다는 것, 따라서 상당히 자율성이 강한 복수의 란트로 분할되어야 한다는 점만이다. **미국**은 이미 1945년 5월에 바이에른 란트 정부를 임명한 이후, 같은 해 말까지 미국의 점령지구에 포함된 란트는 모두 독일인의 최고행정책임자를 정상에 두기에 이르렀다. **영국**은 당초 구 프로이센 각 란트에 각각 지방장관을 두는 것으로 충분하다고 생각하였다. 그래서 도시이며 국가이기도 한 함부르크를 별도로 하면, 영국 점령 지구의 각 란트는 겨우 1946년 하반기가 되어 독일인의 정부를 가지게 되었다. 함부르크에서는 국가행정과 지방자치행정이 거의 동일한 것이었기 때문에 이미 1945년 5월에는 독일인의 지휘 아래 활동을 재개하였다. 마지막으로 **프랑스** 점령지구의 각 란트가 독일인에게 통치되었던 것은 1946년 10월에서 1947년 7월에 걸치게 되었다. 여하튼 이러한 주 정부는 각 점령당국의 훈령에 따라 그 포괄적인 감독권에 복종하면서 직무를 수행하였다.

【403】앞서 언급한 각주는 각각의 점령당국이 합목적성의 관점에서, 그리고 각 점령지구의 경계선을 고려하여 만든 인위적인 것이었다. 다만, 바이에른은 프랑스 점령지구에 속한 팔츠와 역시 프랑스에서 관리하던 린다우를 포기한 점을 제외한다면, 구 바이에른 공화국과 동일한 것이었고, 함부르크와 브레멘의 양 한자 도시에 대해서도 그 예외였다. 이와 같이 각 주가 인위적으로 재편성할 수밖에 없었던 이유는 새로운 주의 영토가 복수의 점령지구에 거쳐 있는 것이 허용되지 않았기 때문이다. 그 결과 미국은 구 헤센주의 라인강 이동의 영역, 구 프로이센의 헤센주와 다른 프로이센의 여러 영역을 통합해서 대 헤센의 여러 주로 만들었고, 또 미국의 점령지구에 포함된 구 바덴주와 뷔르템베르크의 북부를 합쳐서 뷔르템베르크-바덴주를 만들었다. 프랑스는 자알란트를 계속 직접 관리한다고 생각하였다. 거기서 프랑스 점령지구 속에 구 프로이센의 라인란트와 구 바이에른의 팔츠를 통일해서 새롭게 라인란트-팔츠주를 만드는 동시에, 구 바덴의 남부를 남부 바덴주로서 독립시켜 구 프로이센의 호헨촐레른에 합쳐서 뷔르템베르크-호헨촐레른주로 만들었다. 각 주가 인위적으로 만들어진 것은 영국의 점령지구에 대해서도 마찬가지였다. 즉 구 프로이센의 베스트팔렌주, 라인주 북부와 구 립페주는 통합되어 새롭게 노르트라인-베스트팔렌주가 되고, 마찬가지로 구 프로이센의 하노버주, 올덴부르크, 브라운슈바이크와 샤움부르크-립페의 구 여러 란트에서 니더작센란트가 탄생하고, 그리고 구 프로이센의 슐레스비히-홀슈타인주는 새로운 슐레스비히-홀슈타인주로 승격하였다.

【404】앞서 말했듯이, **프로이센**은 이미 「철의 장막」과 오데르-나이제 선에 의해 3개로 분할되었다. 이처럼 프로이센의 옛 란트는 새롭게 여러 주들과 소비에트 점령지구로 분할되었다는 사실들에서 1947년 2월 25일의 관리위원회 법률 제46호는 프로이센을 형식적으로 **소멸시켰다.**

【405】**소비에트 점령지구**에서도 처음에는 연합국의 연방주의화 정책에 따라 **복수의 란트**가 신설되었다. 이른바 구 튀링겐 란트와 동일한 튀링겐 란트, 구 작센에 구 슐레지엔의 나이제 강 서쪽 부분을 더했던 작센 란트, 멕클렌부르크-포어폼메른 란트, 브란덴부르크 란트와 구 프로이센의 작센 란트와 안할트에서 만들어진 작센-안할트이다. 그런데 그 후 소비에트 군정당국이 취한 조치는 이 나라가 점령지구에 일종의 분리된 중앙집권국가를 건설하려고 하는 야망을 품고 있었던 것을 분명히 하였다. 이것은 「철의 장막」이라는 것이 사실은 소비에트 러시아의 서방에로의 팽창정책의 당면한 국경선이라는 것이 나타나게 되고, 그 때문에 폴란드, 헝가리와 체코에서 보여지듯이 독일 전토에 공산당 독재체제를 확립하려고 하는 기도가 무너진 뒤의 일이었다. 이리하여 1945년 7월 단계에서 이미 소비에트 점령지구 전체를 관할하는 **독일 중앙행정**이 설치되었다. 이것은 사실상 각 부처에 맡겨진 것이었다. 계속해서 1947년 6월에는 (나중의 이른바) 「독일 경제위원회」가

임명되었다. 이 조직은 소비에트 점령지구에 대해서 일종의 내각기능을 담당하였다. 그래서 임무를 다한 점령지구의 각 란트는 1952년에 폐지되고, 그 영역은 뒤에 독일 민주공화국을 구성하는 14개의 행정구역으로 분할되었다.

【406】앞서 살펴 본 소비에트의 정책과는 대조적으로 **서방 3개국**은 **연방화**라는 원리를 견지하였다. 그 때문에 이러한 국가의 점령지구에서 만들어진 각 주는 점차로 진정한 국가로서의 성격을 갖추기에 이르렀다. 우선 미국 점령지구에 속하는 여러 란트는 이미 1946년에 선출된 헌법제정 란트의회가 **각 주 헌법**을 제정하였다. 같은 해에 실시된 주민투표로 여하튼 필요한 3분의 2의 다수에 의한 지지를 얻어 각 헌법은 시행되었다. 다만, 브레멘에 대해서는 이전에 잠시 동안 영국의 점령지구에 포함되었던 관계로 헌법제정은 이보다도 1년 지체되었다. 또 이러한 각 주에서는 헌법시행과 동시에 최초의 정식 란트 의회가 선출되어 의회의 신임에 기초한 각 주정부가 만들어졌다. 다음으로 영국 군정당국은 처음에는 입법권의 전부와 집행권 속에서 중요한 통치기능에 대해서는 모두 자신들이 직접 행사하였다. 그러나 1946년 말부터 1948년 중반에 걸쳐서 당국은 그동안에 신설된 각 주에 개별적인 입법과 집행 양 권한을 단계적으로 이양하였다. 그래서 각 주는 1950년부터 1952년까지의 사이에 앞의 미국 점령지구에서와 거의 같은 방법으로 헌법을 제정하였다. 예외는 함부르크로서 여기서는 이미 1946년 5월 이래 잠정헌법을 가지고 있었다. 이것은 1952년 정식의 헌법이 제정됨에 따라 폐지되었다. 이와 같은 주들에서도 이제 각 주의회가 선출되고, 의회는 정부를 임명하였다. 마지막으로 프랑스 점령지구에서도 1947년 5월에 이와 같은 절차로 각 주헌법이 제정되고, 주의회를 선출하여 의원내각제를 실시하였다. 서베를린은 약간 늦게 1950년 10월 1일부터 헌법을 가지게 되었다. 이리하여 모든 란트에서 국내법상의 잠정상태가 종료하였다. 즉 점령당국과 그것이 제정한 법이 허용한 범위 안에서 이러한 각 란트는 독자적인 국가로서의 운영을 개시하였다.

【407】전후의 어려운 상황에서 유래한 곤란한 여러 가지 문제를 각 주에서 해결하는 것은 부담을 주는 것이기 때문에 서방 3개국의 점령지구에서는 **각 주간의 협력**이 행해지게 되었다. 물론 그것은 우선 각 점령지구 내부의 것에 한정되었다. 먼저 1945년 10월에 미국 점령지역의 각 주 상호간의 조정기관인 「**란트 이사회**」(Länderrat)가 슈투트가르트에 설립되었다. 당초의 구성원은 각 주의 수상만이었지만, 나중에 개조되어 란트 정부의 대표회의로 되고, 각 란트 의회가 임명한 의회 대표회의를 보좌하게 되었다. 다음에 영국 점령지구에 대해서 보면, 1946년 3월에 지방 행정당국의 장, 기타 각 관청의 장, 정당, 노동조합 그리고 소비자협동조합의 대표로 구성되는 「**지역 고문 회의**」(Zonenbeirat)가 만들어지고, 나중에 각 주의회에서 선출된 의회대표 회의로 바뀌었다. 더구나 이 지역에서는 각종의 지역 중앙관청이 설치되었다. 그러한 것은 단일의 독일

전문 관청으로서 성립하고 있는 각 란트와는 독립적으로 영국 군정당국에 조언하고 지지하는 직무를 지니며, 예컨대 구 라이히의 각 기관의 권한에 속했던 직무를 수행하였다. 각 란트가 성립한 뒤에는 지역 중앙 관청은 「란트 의회」(Länderkonferenz)에 흡수되고, 주된 직무로서 4개의 란트의 입법조정권을 가졌다. 마지막으로 프랑스 점령지구에서도 사회보험, 전신과 교육제도의 공법상의 지역 전체를 관할하는 약간의 공법상의 영조물과 병립해서, 이미 각 「**란트 의회**」가 창설되어 각 주정부 간의 활동을 조정하였다.

【408】1946년 말부터 1947년 초까지의 겨울은 이상할 정도로 혹한으로서 1947년은 흉작이 되었다. 이 사태는 독일 전토를 휩쓴 결핍상태를 더욱 심화시켜 견딜 수 없게 만들었다. 식료품배급량은 더욱 감소하고 과학적으로 산출된 최소 필요한 양의 영양을 밑도는 것이 분명하게 되었다. 그래서 수천 명의 아사자가 나왔다. 이러한 상황 아래서 「독일 국민이 이 이상의 절망적인 경제・정치상의 혼란에 빠지는 것」을 막기 위해서 당시의 바이에른 란트 수상 한스 에하르트(Hans Ehard)는 독일 전란트의 정부 수반을 뮌헨에 소집하여, 1947년 6월 6일 **전란트 수상회의**를 개최하였다. 그런데 소비에트 점령지구의 각 란트 대표들은 앞서 말한 과제보다도 이 회의의 심의를 일종의 중앙집권적 독일 통일국가 건설의 건으로까지 확대해야만 한다는 의제를 제출하였다. 그러나 이것이 받아들여지지 않자 동쪽의 대표들은 뮌헨을 떠났다. 그 이후부터 단절되어 오랫동안 독일 전체가 공동보조를 취할 기회를 상실하였다. 전란트 수상회의가 실패로 끝난 이유는 서방 여러 국가들에게 지도되었던 각 란트 정부 수반이 3개의 점령당국이 나타낸 이 회의의 목적에 반대할 수 없었던 것과, 또 중부 독일의 공산주의 정부 대표의 앞서 말한 제의는 사실 쿠데타로의 첫걸음이 아닌가 하는 의구심이 있었기 때문이다. 이러한 예는 폴란드, 헝가리와 체코에서도 보이며, 거기에서는 종래의 자유민주제가 부정되고 「프롤레타리아 독재」, 엄밀하게 공산주의 독재제가 성립한 것이다.

【409】D. 지금까지 서술한 어려운 상황을 직접 목격한 미국과 영국 점령당국도 이것을 극복하는 데에는 광역경제정책을 할 수밖에 없다는 사실을 인식하였다. 그렇기 때문에 양국 외상은 이미 1946년 12월에 협정을 체결하고, 양 지역의 경제적 통일을 시도하였다. 단지 정치적 통일에 대해서는 이 범위에서는 없었다. 이 때문에 독일인 수뇌를 정점으로 하는 「**합동경제지구**」(vereinigte Wirtschaftsgebiet) 행정 기관들이 설치되었다. 이것은 실질적으로 보면 경제・식료・농업・재정・교통과 우편전신에 대한 전문 부서였다. 또 1947년 6월 이후로는 양국의 군정당국 사이의 체결에 근거해서 「합동 경제지역 경제평의회」가 새롭게 추가되었다. 이것은 각 란트 의회에서 선출된 52명의 의원으로 구성되었다. 1948년 1월이 되면 의원수는 배로 늘어나, 이른바 「영미 통합지구」(Bi-Zone)에 또 하나의 기관, 즉 일종의 제2원으로서 란트 위원회가 설치되고, 각 란트는 각각 2명의 대표를 보내었다. 그것에 따라 앞서의 행정기관들의 장은 「장관」 1명을

의장으로 하는 「행정 평의회」를 조직하였다. 이것은 실질적으로는 앞의 경제평의회에 책임을 지는 이른바 내각과 같은 것이었다. 그런데 경제평의회는 합동 경제지역의 관할 지역에서 입법권을 가지고 있었다. 평의회는 각 분야에서 각 전문 부서에 의해서 대표되었다. 마지막으로 「영미 통합지구」에서 공통의 최고재판소가 쾰른에 설치되었다.

이 통합 경제지구의 기관들은 프랑스 점령지구의 각 관청과 밀접하게 연락을 취하면서 활동하였다. 그러나 「영미불 통합지구」(Tri-Zone)가 형성된 것은 겨우 독일연방공화국이 성립된 이후이며, 합동 경제지구의 권한은 이 나라의 여러 기관들에게 이양되었다.

【410】 지금까지 살펴 본 란트와 점령지구를 넘어서 광역 행정이 만들어진 최초의 계기는 1947년 4월의 모스크바 외상 회담이 의견의 불일치로 끝나고, 전승 4개국이 공통의 독일 정책을 취하는데 대해서 의견일치를 거의 기대할 수 없다는 정책적 배려 때문이다. 유럽의 심장부에 거대한 빈곤지대를 만든다면, 유럽의 정치적 안정을 위태롭게 하는 동시에 경제적 재건을 위태롭게 할지도 모른다. 확실히 미국은 이른바 **「마샬 플랜」**으로 경제 재건의 실마리에 착수할 정도였다. 그러므로 이러한 사태를 피하기 위해서 미국과 영국은 결속해서 앞서 말한 독자적인 행동으로 나왔다. 이전에 미국은 독일을 개조해서 순수한 농업국가이어야 한다고 생각하였다(모르겐타우 계획). 그런데 이제 미국은 이러한 생각을 버리고 독일도 경제원조 계획의 대상국 속에 포함시켜, 독일 산업의 재건을 도울 의향을 결정하였다. 그러나 이를 위해서는 영미 양 지구의 행정을 관리하고 그 지구의 상황에 정통한 각종의 중앙 관청이 필요하였다. 이리하여 서독에 대한 마샬 원조 계획은 1948년 4월에 개시되었다.

【411】 물론 마샬 계획이라도 가령 경제 재건의 요체인 통화제도(완전히 붕괴되었다)가 궤도에 오르지 않았다면 거의 가시적인 성과를 거둘 수 없었을 것이다. 이 때문에 서방 3개국은 당시 경제 행정부서의 장관이었던 루드비히 에어하르트(Ludwig Erhard)의 제안을 수용해서, 1948년 6월 20일 **통화개혁**을 단행하고 무가치하게 된 라이히 마르크를 회수해서 새로운 도이취 마르크를 발행하였다. 그 수일 후 소련도 이것을 따라 점령지구와 베를린 전역에 대해서 같은 조치를 취하였다. 거기서 서방 3개국은 베를린 서부 지역에 관한 한 소련이 취한 조치는 무효라는 성명을 발표하고, 이 지역에서 서독 통화를 도입하였다. 이에 반발한 소비에트 군정당국은 서베를린을 통한 모든 통로를 단절하고, 그 이후 소비에트가 양보해서 봉쇄를 해제하기까지 13개월 동안 서베를린은 「공중보급」(Luftbrücke)으로 필요한 물자를 보급하지 않을 수 없었다. 이리하여 베를린은 정치적으로도 두 개로 분할되었다. 사실은 이미 그 이전에 **연합국 관리위원회는 사실상 그 활동을 정지하는 사태에 들어갔다.** 즉 1948년 런던 6개국 회의(제37절 A)의 결정에 항의하여 소비에트 대표가 퇴장하였다. 이 회의에서는 독일 통일을 회복하기 위한 전제로서 독일에

연방제를 채택해야 한다는 권고가 제출되었다. 그런데 소비에트는 전술했듯이(본절 C) 점령지구에서 독자적으로 독일 국가의 건설을 채택하였다. 따라서 「합동 경제지역」 행정을 설치하고 통화개혁을 촉진한 것은 앞서 본 경제적 필요에서만은 아니었다. 서방의 국가들과 소련의 대립가능성은 점점 명백해 지고, 서베를린의 봉쇄로 「냉전」은 최초의 정점에 도달하였고, 그와 함께 쌍방이 점령한 독일의 지역에서 경제력이 있고, 또 특히 (각각의 점령당국에 의해) 정치적으로 안정된 국가를 건설하는 것이 동서 양쪽의 중대한 관심사가 되기에 이르렀다.

제37절 독일연방공화국과 독일민주공화국의 탄생

【412】 A. 1947년 11월과 12월에는 런던 4개국 회의가 열려서, 같은 해 4월의 모스크바 외상 회담에서 제출된 결론이 재확인되었다. 즉 영국, 미국과 프랑스의 서방 국가들과 소련은 독일의 장래 운명을 결정하는 정책을 공동으로 추진하는 것이 불가능하였다. 이것을 받아들여 동서 양 진영은 각각의 생각을 별개로 실현할 것을 결정하였다.

우선 서방 3개국은 벨기에, 네덜란드, 룩셈부르크와 함께 1948년 봄, **런던 6개국 회의**를 개최하고 그 자리에서 3통의 문서를 작성하여, 1948년 7월 1일에 서독 11개 란트의 수상에게 각각 교부하였다. 이것이 이른바 **「프랑크푸르트 문서」**(Frankfurter Dokumente)로서 역사상 그 이름을 남겼다. 제1 문서가 요구한 것은 이러한 각 란트는 1948년 9월 1일까지 헌법제정 국민회의를 소집해야 한다는 것이었다. 다음 제2 문서에 의하면 각 란트 수상에게 독일 국내의 란트 경계선 변경에 관한 심사권이 맡겨졌다. 그리고 제3 문서는 점령군 당국의 권리를 정하고, 새로이 건설할 서독 국가의 권리를 제한하는 점령규약(Besatzungsstatut)의 개요를 나타낸 것이었다.

만약 점령국측의 이 제안을 전면적으로 수용한다면 독일의 분열은 더욱 심각하게 될 것이라는 우려에서 각 란트 수상은 1948년 7월 8일부터 10일까지의 코플렌츠 회담에서 이 문제를 심의해서, 그 결론에 근거한 역제안을 하였다. 결국 그들은 점령국측으로부터 위임된 직무를 원칙적으로 수탁했지만, 독일 국민의회의 소집과 헌법제정의 건에 대해서는 시기상조라고 이해하였다. 헌법을 제정하는 것은 독일 전체의 문제이며, 그것을 위한 규칙을 제정하는 것이 선결로 되었다. 여하튼 독일의 주권이 원리상으로 만이라도 회복되어야 한다는 것이다. 그러므로 각 수상은 서방 3국 점령지구와 서베를린 지구를 통일적으로 관리하기 위해서 기본법(Grundgesetz)의 제정을 임무로 하는 의회 평의회 (Parlamentarischer Rat)의 설치를 제안하였다. 프랑크푸르트 제2 문서에 대한 회답도 전 독일의 장래에 대한 깊은 배려를 나타내었다. 결국 그들은 단기에 이 문제를 해결하는 것은 비현실적이라고 생각했을 뿐만 아니라, 동시에 특히 소비에트 점령지구를 포함한 독일 각 란트를 조직할 가능성을 장래에 남겨 놓았다. 끝으로 그들은 또한 점령규약의 내용에 관해서도 그 후 수 주 간에 걸쳐 각 군정장관과 절충하여 서로 대립되는 입장을 더욱 합치하도록 노력하였다.

【413】1948년 7월 25일 란트 수상회의는 **전문가위원회**(Sachverständiger Ausschuß)를 임명하였다. 이 위원회는 8월 10일부터 23일까지 **헤렌킴제 성**에서 개최되어 완전한 헌법초안을 작성하였다. 다만, 이 작업에 들어가기 전에 중요한 여러 가지 점에 대해서는 사전에 결정되었다. 왜냐하면 프랑크푸르트 제1 문서는 「민주적인 헌법」의 제정을 명령하였기 때문이다. 이른바 「이 헌법은 현재 분열 상황에 있는 독일 통일을 궁극적으로 다시 회복하기 위해서 가장 적절한 것처럼, 관계 각 란트에 대해서는 연방제의 통치형태를 채택하고, 각 란트의 권리를 보호하고 적당한 중앙 기구를 만들어 개인의 권리와 자유의 보장 규정을 포함해야 한다」고 규정하고 있었다. 이처럼 처음부터 규정한 것은 서독의 새로운 국가질서는 연방국가와 자유민주주의적 성격을 가져야 한다는 것이다. 헤렌킴제 성에 모인 전문가들은 그 작업 과정에서 어떠한 정치적 결단도 내리지 않는 것처럼 스스로 자제했기 때문에, 초안이 양론 병기의 형태를 취하는 것도, 그리고 초안이 바이마르 공화국의 좌절, 그리고 동유럽과 소비에트 점령지구에서 동시에 진행될 움직임에 대해서 얻은 경험과 교훈에 강하게 뒷받침되었던 것은 틀림없다.[127]

【414】그런데 앞서 말한 **의회대표회의**(Parlamentarischer Rat)는 1948년 9월 1일 본에서 소집되었다. 이것은 각 란트 의회에서 선출된 65명의 의원으로 구성되고, 그들은 각기 소속 정당별로 바로 회파(의회 내 정당)를 결성하였다. 의장은 콘라트 아데나워 (Konrad Adenauer, 기독교 민주 동맹), 그리고 헌법개정 문언을 최종적으로 작성하는 전문위원회(Hauptausschuß) 위원장은 카를로 슈미트(Carlo Schmid, 사회민주당)였다. 이 회의의 심의는 장장 1949년 5월까지 걸렸다. 각 점령당국은 각각의 **군정장관을 개입시켜** 심의에 자주 영향을 미쳤다. 그들은 1948년 11월 의회평의회의 의제로 제정되어야만 하는 기본법의 내용에 관한 「연합국측의 해석집」을 교부하고, 더욱이 1949년 3월에는 기본법과 선거법에 대한 2통의 각서를 발하여 다시 심의에 간섭하였다. 이 각서들은 확실히 표면상은 「권고」의 형식을 취했지만, 실제로는 매우 커다란 정치적 의미를 지녔고, 이 때문에 이 회의의 심의는 자주 좌초될 위험에 부딪쳤다. 특히 연방과 각 란트의 관계를 어떻게 할 것인가? 연방 입법과 행정권의 범위, 재정제도, 법관과 공무원의 지위, 그리고 베를린과 연방의 관계를 어떻게 할 것인지가 초점이었다. 의회평의회 대표와 각 군정장관 법률고문의 절충은 난항을 거듭하다가 결국 합의가 도출되어 독일측의 견해를 중요한 여러 가지 점에 대해서 고려한다는 타협이 성립하였다.

본 **기본법**은 1949년 5월 8일에 53 대 12의 다수결로 의회평의회에 의해서 **채택되고,**

---

127) 이에 대해서는 Theodor Maunz, Deutsches Staatsrecht, 19. Auflage 1973, § 2 II 참조.

같은 달 12일에 연합국측의 승인을 얻었지만, 특히 (서)베를린의 특별한 지위에 관한 약간의 조항에 대해서는 유보가 있었다. 또한 이 지위는 오늘날까지 변함이 없다. 요컨대 서베를린이 독일 연방의회에 파견하는 의원은 국민이 아닌 베를린 의회가 선출한 자이며, 연방의회에서는 표결권을 가지지 않으며, 따라서 연방 법률은 바로 (서)베를린에 대해서 적용되지는 않았다.

그런데 이것에 이어서 기본법은 11개의 서독 주의회의 논의에 붙여졌다. 다만 바이에른 란트 의회만은 승인을 거부하였다. 그러나 동시에 바이에른은 변함없이 독일연방공화국의 일원이라는 취지의 확인 결의가 추가된 것은 물론이다. 점령 각국은 기본법 성립에 관한 란트 의회의 3분의 2의 다수결을 예정하고 있었기 때문에 이로써 기본법은 성립하였다. 이리하여 기본법은 1949년 5월 23일 새로운 연방 관보 제1호로 공포되고, 다음 날 24일에 시행되었다.

【415】B. 이 책의 역할은 기본법의 내용을 상세히 논하는 것은 아니다. 그것은 오히려 현행 헌법의 해석을 다루는 교과서의 역할이다. 따라서 다음에는 약간의 기본원칙을 나타내는 데에 그치기로 한다. 우선 **본 기본법이 내린** 정치적 **결단**은 점령군 당국의 의향에 의한 것을 별도로 하면, 주로 독일의 과거와 또 하나의 독일의 현재라는 두 개의 것과 대비시켜 보면 잘 이해할 수 있을 것이다. 여하튼 헤렌킴제 성에 모였던 전문가위원회 회원도, 또한 의회평의회 의원의 대다수는 바이마르 공화국 시대의 경험을 깊이 마음에 새겼던 것이다. 더구나 레지스탕스나 망명 시절의 체험이 여기에 덧붙여졌다. 이것은 또 기본법의 규정들에 나타났다고 할 수 있을 것이다.

【416】그러므로 그들은 **기본권 규정**의 서두에 인간의 존엄(Würde des Menschen)에 대한 신념의 표현이 있으며, 그것을 존중하고 또 보호하는 것은 모든 국가권력의 의무로 하였다(기본법 제1조 1항). 그 아래에서는 기본권이 열거되고, 다른 조항에서도 그 보호규정과 이른바 사법적 기본권(기본법 제101조 이하) 등이 존재하였다. 이러한 것들은 모두 「고전적」자유권으로서 국가의 침해에 대해서 개인을 보호하는 것을 목적으로 한다. 또 그것들은 이전의 바이마르 헌법이 정한 기본권과는 달리 직접 적용되는 법이다. 물론 현대의 국법학은 이것과는 별개의 기본권의 존재를 알고 있다. 일찍이 미국의 대통령 **루즈벨트**가 1941년 1월 6일, 유명한 「4개의 자유」를 들고 그것을 기초로 장래의 세계질서는 수립되어야 한다고 주장했을 때, 그는 당시 특히 위협을 받고 있던 전통적 의미의 즉 표현의 자유와 신앙의 자유 이외에도 물질적 결핍에서의 자유와 공포로부터의 자유를 제시하였다. 이 양자는 「사회적」자유("soziale" Freiheit)라고 불린 것으로서, 국가에 의한 강제가 존재하지 않는 상태(고전적인 자유의 경우)를 상정한 것이 아니며, 또한 개인을 고립적인 공민으로서의 개체로 이해한 것은 아니다. 사회적 자유란 인간을

사회에서의 여러 관계 속에 파악하여 개개인의 생활을 위협하는 사회적 상태에 대한 보호를 약속하고, 국가에 대한 적극적 요구를 그 내용으로 하는 것이다. 일찍이 바울교회 헌법과 바이마르 헌법에서는 이미 사회적 자유의 맹아가 많이 포함되어 있었기 때문에, 기본법 제정자들은 아무리 그것을 승계할 수 있었다고 할지라도,128) 그것을 주장하는 것이 매우 어려운 사회적 급부를 요구하는 권리를 헌법전에 규정하는데 그치고, 뒤에 「사회적 연방국가」(제20조)와 「사회적 법치국가」(제28조)라는 문언을 삽입하는 것으로 만족하였다. 이것은 하나의 원칙적인 결단이었다. 그러나 그것은 인간이 「계획에 맞추는」 것을 두려워한 것이며, 자유롭고 자율적인 시민상을 견지하기 위해서 감히 복지국가의 길을 단념하였다.

　이상은 정치적 결단인데, 경제적 분야에서 그것에 대응한 것은 통제경제의 폐지이다. 즉 당시 거의 모든 경제 물자에 대해서 통제하던 것을 앞서 말한 통화개혁 직후에 루드비히 에어하르트가 자신의 책임으로 폐지하는 결단을 내렸다. 이와 같이 **사회적 시장경제**(soziale Marktwirtschaft)에로의 첫걸음을 내디딘 것이야말로 다음 세대에 있어서 예상 밖의 경제적 도약을 이룩할 수 있었던 것이다. 사회적 시장경제는 독일 국민의 잠재적인 활력을 모두 발산하였기 때문이다. 그리고 이 비약이 처음으로 정치적 안정의 기반을 만들었다. 거기서부터 4반 세기 이상 경과한 현재, 독일연방공화국은 이러한 선택을 내린 것을 기뻐해야만 한다. 그러므로 에어하르트는 「독일에서 거지를 인간으로 높였다」고 오스카르 코코쉬카(Oskar Kokoschka)*가 그의 회고록 속에서 확인한 것은 정당하다. 이러한 발전에는 현재나 과거에도 어두운 측면이 뒤따랐다. 그러나 이것은 또한 별개의 차원의 문제일 것이다.

　【417】본 기본법은 **법치국가성**(Rechtsstaatlichkeit)의 채택을 명언했으며, 법률에 의한 행정과 재판의 권리, 그리고 자유와 재산의 침해에 대한 법률의 유보와 같은 자유주의적 원리를 보장하고, 이것으로 통제하는 것은 불충분하다고 생각하였다. 왜냐하면 바이마르 공화국의 붕괴가 가르치듯이, 단지 「형식적」 법치국가, 즉 「법률국가」만으로는 「합법적」 수단에 의한 잠식과 공동화에 대처할 수 없기 때문이다. 거기서 독일연방공화국은 「실질적」 법치국가로서 건설되었다. 그 목표는 국가에 있어서, 또 국가가 영향력을 미치는 영역에서 실질적 정의를 실현하는 것이다. 그것의 당연한 귀결로서 기본법 아래서는 모든 국가행위는 합법의 여부에 대해서만이 아니라, 입법자의 행위도 포함하여 정당한지를 묻게 되었다. 다시 말하면 우리들의 헌법질서는 합법성과 정당성, 즉 법률과 법이 일치하지 않는 것도 있을 수 있다는 쓰라린 경험으로부터, 양자가 모순되는 경우에 법을 우선시켜 법률에 나타난 입법자 의사가 잘못되었다면 그것을 부정하는 것이다. 즉 사법심사(Justiziabilität)는 단지 행정의 각종 조치에 대해서(기본법 제19조 4항) 뿐만

---

128) 이에 대해서 Menger, Der Begriff des sozialen Rechtsstaates im Bonner Grundgesetz, 1953, S. 21 (김효전 옮김, 본 기본법에 있어서 사회적 법치국가의 개념, 동인 편역, 『법치국가의 원리』, 법원사, 1996, 67면 이하 및 본서) 참조.

아니라 입법자의 행위 전체에 대해서도 미친다(기본법 제93조 1항, 100조).

【418】연방헌법재판소를 정점으로 하는 **법원**이 앞서 말한 정당성 심사를 할 수 있듯이, 기본법은 법원의 지위, 특히 그 독립성을 현저하게 강화하였다. 그 때문에 자주「재판국가」 (Rechtsprechungsstaat) 또는「권리구제 국가」(Rechtwege-Staat)라고 말했다.

【419】법치국가를 뒷받침하는 또 하나의 제도는 **권력분립**과 **균형**이다. 기본법이 채택한 이 제도는 단지 각종의 국가작용을 형식적으로 구별하는 데에 있는 것이 아니라, 국가권력을 절도 있는 것으로 하기 위하여 특히 입법권의 절도와 균형을 갖추기 위해서 진정한 정치세력을 헌법제도 속에 편성하여 이들의 균형을 취하도록 하는 것이었다. 그 수단은 복수정당제에 기초를 둔 의회제도와 연방국가제이며, 그리고 연방헌법재판소의 직무인 규범통제기능(Normenkontrollfunktion)이다. 거기서 극단적으로 보이는 것처럼, 독일연방공화국의 헌법에 의하면, 법의「최고성」에 구현된 국민주권이 하나의 대항력으로서의 역할을 수행하게 되었다.

【420】기본법의 두 번째의 특징은 **지방분권주의적 성격**이다. 서방 각 점령국과 의회평의회의 이른바「헌법의 아버지들」은 여하튼 연방국가를 건설하여 각 란트의 지위를 바이마르 헌법 시대보다도 강화하려고 생각하였다. 그러므로 각 란트는 헌법을 제정하여 국가로서의 독자적인 운영을 보장한 것이다. 물론 기본법 제28조에 의해서 각 란트 헌법은 기본법이 채택하는 근본원리에 적합해야만 한다. 더구나 각 란트 대표의 의회인 연방참의원(Bundesrat)의 지위는 강력한 것이기 때문에, 입법절차를 통해서 연방의 장래의 선택에 대한 각 란트에 상당한 영향력을 행사하는 것이 가능하게 되었다. 더구나 기본법 제정자들은 이 연방국가원리를 매우 중요한 것으로 이해하고, 기본법 제1조와 제20조에 나타난 원리와 나란히「연방이 각 란트로 구성된다는 것과 각 란트가 원칙적으로 입법에 관여한다는 것」의 두 가지 점을 헌법개정에 의해서도 변경할 수 없다고 선언하였다 (그렇지 않으면 연방의회와 연방 참의원의 3분의 2의 다수결로 개정이 가능하였다). 다만, 이 규정은 민주주의 원리와의 관계에서 보면 전혀 문제가 없는 것은 아니다.

기본법 전문(Präambel)에 의하면, 독일 국민은 각 란트에 있어서 국민생활에 새로운 질서를 부여하였다. 그러나 이 각 란트 속에 **자알란트**는 포함되지 않았다. 이 지역은 1948년까지 정치와 경제면에서 점차로 프랑스와의 결합을 강하게 하였다. 거기서 독불 양국 사이에는 합의가 성립하고, 1954년 10월 23일의 자알 협정에 의해서 이 지역에서 이른바「유럽적 해결」을 시도하려고 하였다. 그러나 1955년 10월 23일에 실시한 주민투표로 자아르 주민의 3분의 2의 다수가 이 해결방법에 반대했기 때문에 독불 양국은 1956년 10월 27일의 자아르 조약에서 독일 복귀를 결정하였다. 1957년 1월 1일자로

이 지역은 독일연방공화국의 한 주가 되었다.

【421】기본법이 채택한 민주주의 원리는 거의 완전한 모습의 **대표제 민주주의**이다. 그 예외는 기본법 제29조가 정하는 연방 영토의 재편성으로서 이것에 관해서는 주민발안과 주민투표가 예정되었다. 그러나 「남서국가」(Südwest-Staat), 바덴-뷔르템베르크 란트의 신설은 기본법 제118조의 특별 규정에 근거해서 행해졌기 때문에 앞의 제28조의 헌법상의 요청은 아직 실행되지 않았다. 그런데 바이마르 시대에 얻은 교훈에서 공화국 국가원수, 즉 주로 국가를 대표하는 것에 한정된 직무를 가진 연방대통령은 연방회의 (Bundesversammlung)에 의해서 선출되었다. 이 회의는 연방의회 의원과 각 란트에서 선출된 이와 동수의 란트 의회 의원으로 구성된다. 다음에 연방의회(Bundestag)의 선거방식은 기본법 자체에서가 아닌 연방선거법이 규정하였다. 동법은 다수대표제에 비례대표제를 가미하여, 이른바 5% 조항(Fünfprozentklausel)을 채택해서 이전과 같은 군소정당의 분립상태의 발생을 방지하고 있다.

【422】독일의 헌법으로서는 최초의 시도인 기본법 제21조는 **정당**을 헌법질서 속에 편입하였다. 이에 따르면 정당의 내부질서는 민주주의 원칙들에 합치해야만 한다. 특히 주의해야 할 것은, 이 조항은 「자유민주적 기본질서」(freiheitliche demokratische Grundordnung)를 침해 또는 제거거나 독일연방공화국의 존립을 위협하는 입장을 취하는 정당은 위헌이며, 이 문제에 관하여는 연방헌법재판소가 판단을 내린다고 규정하고 있다. 그러므로 특정한 기본권을 자유민주적 기본질서를 공격하기 위해서 남용하는 자는 연방헌법재판소의 절차를 거쳐서 이들의 기본권을 상실한다는 규정은 독일연방공화국이 이른바 「전투적 민주주의」(streitbare Demokratie)를 채택한 것을 말한다. 이것은 바이마르 공화국의 전철을 밟지 않기 위한 배려이다. 그런데 어떠한 정당이 위헌이라고 선언되면 물론 당해 정당은 금지된다. 그러나 그것은 진가를 충분히 발휘하지 못했다. 즉 이 사고는 좌우익의 급진주의와의 정치적 대결에 유연하게 대처할 가능성도 있다는 것을 충분히 계산에 넣지 않았으므로 헌법에 적대하는 정당을 후하게 대우하는 결과가 되었다. 왜냐하면 연방헌법재판소에 정당금지의 신청을 할 권한을 가진 헌법기관들은 내정이나 외교상의 이유에서 금지하는 법률효과가 생기는 것을 두려워했기 때문이다(기본법 제정자들은 결코 이러한 사태를 바랐던 것은 아니었음에도 불구하고 말이다).

【423】바이마르 헌법의 교훈은 이른바 「**건설적 불신임투표**」(das konstruktive Mißtrauensvotum)(기본법 제67조)에 관한 규정에서도 확실히 알 수 있다. 즉 연방수상은 연방에서 선출되지만, 불신임결의에 의해서 파면되는 것은 의회가 아울러 의원의 과반수를 가지고 후임자를 선출하고, 또 대통령에게 그 자의 임명을 요구하는 경우에만 한정된다. 따라서 가령 좌우익의 급진 정당들이 과반수를 넘어서 내각을 전복할 수는 있어도 공통의

건설적 정책이 정리되지 못하면 조각 불가능한 사태의 발생이 방지되도록 되었다. 이 규정과 기본법의 통치기구에 관한 부분의 여러 규정은 안정된 효력을 가지며, 연방수상과 대통령의 지위를 아주 강화하였다. 그 결과 가끔 「수상 민주주의」(Kanzler-Demokratie)라는 등의 소리가 들릴 정도이다.

【424】 건설자의 의사에 따르면 독일연방공화국은 「잠정국가」(ein Provisorium)이며, 가급적 빨리 통일 독일국가에 그 자리를 물려주어야 한다는 것이다. 이와 마찬가지로 본 기본법도 이러한 국가의 「임시변통으로서의 잠정헌법」(Notdach)이라고 이해하였다. 그러므로 기본법 전문은 「과도기의 국가생활에 새 질서」가 부여되었다고 말하고, 이 법의 제146조는 「독일 국민이 자유로운 의사로 결정한 헌법이 실시되는」 날에 기본법은 그 효력을 상실한다고 규정하였다.

【425】 C. 무엇보다도 먼저 이러한 **국가를 건설**해야만 하였다. 1949년 8월 14일에 최초의 연방의회가 선출되고, 9월 7일 그 제1회 회의가 개최되었다. 이와 동시에 연방 참의원도 활동을 개시하였다. 그리고 계속해서 초대 연방수상에 콘라트 아데나워와 연방대통령에 테오도르 호이스가 선출되었다. 그 결과 가장 중요한 각종의 헌법기관의 활동을 예정하는 기본법의 여러 규정, 특히 조각과 입법권에 관한 규정이 효력을 발휘하게 되었다.

【426】 그런데 이미 1949년 4월 10일에 최초의 **점령규약**(Besatzungsstatut)이 공포되었으며, 이것은 계속해서 점령 각국과 독일의 국가기관들과의 관계 근거가 되었다. 이 규약은 1951년 5월에 수정된 후 1955년 5월 5일에 폐지되었다. 따라서 독일연방공화국은 본질적 의미에서의 주권국가로 되었다.

【427】 D. 1946년 9월 마침내 연합국 관리위원회가 활동을 정지하기 1년 반 정도 전에, 소비에트 점령지구에서는 통일독일의 새로운 헌법에 대한 논의를 하려는 움직임이 보였다. 이 헌법은 바이마르 헌법에 의거하는 것이지만, 물론 같은 해 11월에 공포된 독일 사회주의 통일당(SED)의 초안에 따라야만 하였다. 그리고 1947년 12월 이 정당의 위원장의 초청으로 **「통일과 진정한 평화를 위한 독일 인민회의」**가 개최되었다. 이것은 소비에트 점령지구에서 인정된 여러 정당과 사회주의 통일당의 입장에 가까운 여러 조직으로부터 「이중의 대의제」[129]인 평의회제도의 원리에 따라 선출된 1729명의 위원으로 구성되었다. 서방 점령지구의 여러 정당들도 초청을 받았지만 대표를 보낸 것은 독일공산당(KPD)뿐이었다. 인민회의는 구성원으로부터 **「독일 인민위원회」**(der Deutsche Volksrat)를 선출하여, 1948년 10월 22일 「독일 인민의 유일 정통한 대표」라는

---

129) Maunz, Deutsches Staatsrecht, 22. Auflage 1978, §1 VI.

것을 선언하였다. 그리고 동 위원회는 통일당의 헌법 초안을 「독일민주공화국 헌법 초안」으로 채택하고, 「독일 인민의 자유로운 태도 표명」에 맡겼다. 여하튼 이 단계에서 구 라이히는 이후 「독일민주공화국」으로 불려야만 하는 것이 예고되었다.

이 초안은 약간의 수정을 거쳐 1949년 3월 19일 인민위원회에 의해 「**독일민주공화국 헌법**」(Verfassung der Deutschen Demokratischen Republik)으로 가결되고, 개선(改選) 후 선거 뒤의 독일인민회의에 제출하여 승인을 받게 되었다. 그 때 당연히 견지된 것은 이 헌법이 **독일 전체에 대해서 효력을 가진다**는 입장이다. 다시 이중의 대의제 원리에 따라 선출된 인민위원회는 1949년 5월 15일에 있었던 인민투표로 58. 1%의 찬성표와 41. 9%의 반대표를 얻었다. 그러나 이것은 본래의 의미에서의 선거라고 할 수 없으며, 미리 사회주의통일당이 중심이 되어 작성한 후보자명부를 일괄해서(en bloc) 승인 여부를 물었던 것이다(이른바 블록 체제[Blocksystem]). 이리하여 성립한 인민의회는 1949년 5월 30일에 헌법을 승인하고, 같은 해 10월 소비에트 군정당국은 이것을 재가하였다.

【428】그리고 1949년 10월 7일 새로운 독일인민위원회가 발족하였다. 그 구성은 사회주의 통일당원과 관계 조직의 구성원은 기독교민주동맹(CDU)과 자유민주당(LDP) 의 양 부르주아지 정당이 22.5%를 차지하고 있었다. 이 위원회는 그날 3건의 법률을 가결하고, 이것으로 위원회는 잠정인민의회, 즉 국민대표로 승격하고 잠정 정권을 임명함과 동시에 각 주의회의 대표로 구성하는 잠정 참의원(Länderkammer)을 만들었다. 또 베를린 동부 지역에는 「독일민주공화국 수도」라 부르고, 참의원에 7명의 옵서버를 보냈다. 나아가 2건의 법률로써 헌법이 공포되고, 그때까지의 중앙 행정 권한을 독일민주공화국의 새로운 각종 기관에 이양하였다.

이 새로운 각종 국가기관이 설립된 뒤, 1949년 10월 11일에 인민의회와 참의원은 공동으로 사회주의 통일당 위원장 빌헬름 피크(Wilhelm Pieck)를 독일민주공화국 초대 대통령으로 선출하였다.

【429】이 **헌법**은 그 후 1968년 4월 6일에 폐지되고, 새 헌법을 제정하게 되는데 외관상으로는 바이마르 헌법에 따른 것이었다. 기본권은 사회주의적 인격권으로 전화하고 국가에 의한 침해에 대해서 어떠한 보호도 없었다. 또 본래의 인민지배가 아니고 노동자 계급이 주체가 되는 「진정한 민주주의」(reale Demokratie)라는 것이 채택되었고, 특히 선거와 조각에 있어서 이른바 블록 체제라는 형태로 나타났다. 더구나 헌법은 권력분립제를 취하지 않고, 각 주도 명목상은 잔존했지만 실제로는 단순한 행정구역으로 격하되었다. 진정한 사법권의 독립도 인정되지 않았다. 따라서 실질적으로 보면, 독일민주공화국은 처음부터 독일사회주의통일당의 완전한 일당독재에 의한 **권력집중제 단일국가** 였다.

1968년 4월 6일의 헌법은 1974년 10월 7일에 개정되었는데, 새로운 제3의 헌법에 대해서 이렇게 말할 수 있다. 새로운 본문에서는 모든 문구, 즉 유일한 독일 국가 또는 통일이라고 표현된 것들은 효력을 상실한다는 것이다. 따라서 이제 독일민주공화국(DDR)의 헌법은 구별된 국적을 가지는 두 개의 독일 국가가 존재한다는 것에서 출발하고 있다.

제38절 독일의 법적 상태

【430】 A. 오늘날 이 책의 마지막 절인 이 절의 표제에 붙인 문제를 논하자면, 사실 그것은 아직 전혀 미해결의 어려운 문제를 이해하는 것과 비슷한 곤란에 직면하는 것을 의미한다.[130] 즉 **헌법문제는 독일의 분할과 깊은 관련을 가지고 있으며**, 그것은 변함없이 유동적인 것이며, 그러므로 지금도 역시 언제나 논쟁적으로 대답된다. 그렇다면 헌법사의 연구자가 할 수 있는 것을 이야기한다면, 고작해야 하나의 움직임의 각 단계를 추적하고 기술할 정도일 것이다. 여하튼 이 움직임의 최종적 결말은 정해진 것이 아니기 때문이다.

【431】 지금까지 말한 것과 관련하여 우선 문제로 되는 것은, 1945년 5월의 독일 국방군의 **무조건 항복**과 그것에 이어서 라이히 영토의 완전한 점령이, 국가이며 국제법상의 주체이기도 한 독일 라이히의 존립에 도대체 어떠한 영향을 미쳤는가 하는 점이다. 이 문제에 대해서 내외의 학설과 판례가 내린 대답 중에서 압도적인 다수를 차지한 것은, 독일 라이히의 국가로서의 성격은 항복과 점령에 의해 결코 상실된 것은 아니라는 것이다. 그 논거가 된 것은 앞서 말한 국가 3요소설(Drei-Elemente-Lehre)(제12절 A 참조)이다. 그런데 이 학설의 증명력을 둘러싸고 전혀 다툼이 없는 것은 아니다. 이 학설이 가능케 하는 것은 만약 국가의 3요소라는 것의 모두가 확정적으로 존재한다면, 국가로서의 성격이 승인된다는 것이다. 확실히 학문적으로 3요소설의 추상화된 개념은 어떤 종류의 사회적 현실을 전제로 하고 있다. 그러나 그 현실이라는 것은 독일의 현재의 법적 상태, 더 일반적으로 말하면, 제2차 세계대전 후에 현저한 이데올로기적 이유에 근거해서 국민과 국가의 분할이라는 사태는 사고상에는 관련이 없거나, 또 관련 지을 수 없는 성질의 것이다. 그러므로 이른바 「고전적」 국가의 3요소 속의 하나가 결여했다고 하더라도 바로 국가가 소멸했다고 하는 부정적 결론을 도출할 수는 없다. 정치적 현실이, 이 학설이 주장된 당시의 것과 멀어져버렸다면 더욱 이것은 타당하다. 다만, 독일 전후사의

---

130) 많은 문헌 중에서도 Kimminich, Verfassungsgeschichte, S. 638 ff.; Jens Hacker, Der Rechtsstatus Deutschlands aus der Sicht der DDR, 1974, passim; Maunz, Deutsches Staatsrecht, 22. Aufl. 1978, §2; Menger, Die Teilung Deutschlands als Verfassungsproblem, Der Staat 1 (1962), S. 3 ff.와 Gerhard Scheuer, Die Rechtslage des geteilten Deutschlands, 1960, passim 참조. 또한 Dietrich Rauschning (Herausg.), Verträge und andere Akte zur Rechtsstellung Deutschlands (1975)도 참조.

초기, 즉 점령통치시대(제36절)에 대해서 보면, **3요소설이 작업가설로서는 유용한 것이기** 때문에, 그 한도에서 1945년 이후 주장된 이 지배적인 학설은 긍정될 수 있을 것이다.

이와 같이 3요소설을 원용하면, 다음과 같은 결론에 도달한다. 우선 국민은 전쟁으로 상실되었고, 도망과 추방으로 거의 10분의 1까지 감소한 것은 사실이지만, 그래도 결코 멸망한 것은 아니다. 여하튼 독일 민족 전체를 선동하여 집단자살을 시키려고 한 히틀러의 악마적인 계획은 여지없이 파탄하였다.

하나의 독일 국가 영토가 법적으로 존속한다는 사고는 다음 두 가지의 이유에서 의문이 있다고 생각된다. 즉 우선 국경선이 명확하지 않다는 점, 그리고 또 하나는 라이히 영토가 그 당시 점령국들에게 병합되었을지도 모른다는 사실이다. 확실히 1945년 6월 5일의 주요 전승국의 이른바「베를린 선언」에 의하면, 독일 국가의 국경선의 획정은 다가올 강화조약에 맡겨졌다(이것은 아직까지도 체결되지 않았다). 그러나 이미 그날 체결한「점령 지구에 관한 4개국 정부의 확인」에 따르면, 강화조약 체결시까지는 1937년 12월 31일 현재의 경계선을 라이히 국경선으로 인정하는 것이다. 이「베를린 선언」에서는 각 점령국 이 라이히 영토의 병합을 하지 않았다는 결론도 나온다. 왜냐하면 유효한 국제법에 의하면, 병합을 할 때에는 완전한 군사적 점령을 전제로 하는 이외에, 점령의사를 가지고 그 상태를 계속하고, 또 명확한 병합선언을 필요로 하기 때문이다. 그런데「베를린 선언」 전문 제5단에서는 명문으로 이렇게 말한다.「앞서 말한 통치권과 앞서 든 목적 달성을 위한 여러 권한을 승계하는 것이 독일의 병합을 의미하는 것은 아니다」.

끝으로 국가요소의 세 번째인 국가권력에 관해서 보면, 그것은 1945년에 이른바 전쟁종 결(Debellatio)로써 부정되거나 또 부정되어야만 하였다. 1945년 5월 8일부터 23일 사이에 독일의 통치권을 행사할 권리와 사실로서의 가능성은 각 점령국에로 이행하였다. 그러나 행정의 최말단에서는 독일의 국가권력은 건재하고, 쉬지 않고 활동을 계속하였다. 그래서 이것은 이미 서술했듯이(제36절 C), 독일 행정의 능력을 무엇보다도 웅변하는 말이며, 동시에 그것은 저 붕괴하는 날에 전면적인 혼란의 발생을 방지하기 위한 임무라고 말할 수 있다. 그리고 이 임무는 점령국만으로서는 수행할 수 없었다.

【432】또 입법, 행정 그리고 사법의 최상급 권리의 행사권한이 이양되었다고 하더라도, 그 당시 독일의 국가권력이 소멸했다는 논거는 되지 아니한다. 이것은 이미 몇 번이나 말한「베를린선언」의 문언을 보지 않더라도, 특히 **「점령권력」**(Besatzungsgewalt)**의 본질** 에서 명백하다. 점령권력은 두 가지 작용을 가진다. 우선 점령국들은 점령자로서의 입장에 서 헤이그 육전조약이 허용한 범위 내에서 군사적 점령권력, 즉 고유한 국가권력을 행사한다. 그러나 또한 점령국은 수탁자로서의 입장에서「베를린 선언」에 의해 전승국의

권리로서 승계한 독일 국가권력의 일부를 입법과 행정 분야에서 행사한 것이다. 따라서 1945년에 독일의 국가권력은 소멸하지 않았다. 이미 저자가 다른 논문에서 지적했듯이,131) 그것은 이른바 「수탁적 사무관리에 근거해서」 점령 4개국이 행사하였다.

이와 같이 **독일은 패전의 결과에서 바로 국가로서 소멸한 것은 아니다.** 오히려 독일은 변함 없이 권리능력이 있었다. 또 백보를 양보하더라도 행위능력을 가진 국제법상의 법주체였다. 일방적인 선언에 의해서 종료하기까지의 햇수는 다르지만, 그 이전은 법적으로는 여전히 점령국들은 독일과 교전상태에 있었던 것이다.

【433】B. 1949년 독일연방공화국과 독일민주공화국이 수립된 결과, 과연 독일 라이히는 국가로서 소멸한 것인지, 또는 독일 전체의 국내법상의 상태는 도대체 어떻게 되는가 하는 문제가 새로 생겼다. 전술한 국가 3요소이론을 근거로 해서 대답해도, 1945년부터 1949년까지의 시기보다도 중대한 의심이 있었던 것이다. 왜냐하면 새로운 국내법상의 변화가 일어났기 때문에 「철의 장막」의 이쪽과 상대쪽의 정치적 현실과 국가의 사회학적 현실은 고전적 일반 국가학의 창시자가 생각한 전형적인 경우와 확실히 다르고, 1945년 이후의 전개는 이 일반 국가학의 방법을 가지고서는 거의 정확한 평가를 내릴 수 없게 되기에 이르렀기 때문이다.

이미 루돌프 라운도 지적했듯이,132) **3요소설의 약점**은 그것이 심리적 요소를 무시했다는 점에 있었다. 일반의사라는 개념을 구성했을 때, 루소는 아직 명확한 형상과 결합하지 않고 막연히 무엇인가를 느꼈는데 그것은 일면적인 것이었다. 그것을 라운은 전체의식에 관한 심리학의 지식을 사용하여 「**국가의식**」(Staatsbewußtsein)이란 형태로 일반 국가학의 고찰대상으로까지 높였다. 그래서 이러한 방법의 또 하나의 단지 새로운 진척인 귄터 뒤리히가 「이른바 '제4의' 새로운 **국가요소**」를 제창한 것은 시간 문제였다. 그는 그것을 적절하게도 「국가요소 그 자체」라고 칭하였다. 「왜냐하면 그것은 두 개의 자연적 국가요소를 더욱 높이고, 국가권력이라는 **부분** 요소에 활력을 준 원천이며, 더 나아가서는 비정신적인 천연의 요소와 국가권력이라는 정신 활동 사이에 존재하는 **틈**을 메꾸기 때문이다. 또 그것은 어떤 공동체인 국가에 관한, **자기** 이미지로서 중대하고 계속성을 방해하는 **타자에 의한 결정**이 없는 한, 그 계속성을 좌우하는 것으로서 국가실재를 나타내기 때문이다」.133)

이와 같이 어떤 단일적인 국민의 일원이라는 의식, 그리고 그 귀결로서 다시 단일한

---

131) Menger, Die Teilung Deutschands als Verfassungsproblem, Der Staat 1, S. 9.

132) Laun, Studienbehelf zur Allgemeinen Staatslehre, 4. Auflage 1947, S. 31 ff.

133) Dürig, Der deutsche Staat im Jahre 1945 und seither, in: Veröffentlichungen der Vereinigung der Deutschen Staatsrechtslehrer, Heft 13 (1955), S. 25 ff.(37)(단 방점은 뒤리히의 원문대로).

독일 국가 속에서 생활하고 싶다는 의사는 여하튼 연방공화국과 민주공화국의 건설
햇수만큼 **계속하고 있다**. 예컨대 1953년 6월 17일의 동베를린 인민봉기, 민주공화국에서
서쪽으로 300만명의 탈주, 그리고 거기에 이어서 연방공화국과 서베를린에 대한 국경선
봉쇄라는 사실이야말로 1970년 빌리 브란트가 에어푸르트를 방문했을 때의 대환영과
함께 이러한 의식과 의사가 현존한다는 것은 인상깊은 증거이다. 그러나 무엇보다도
1989년의 늦여름과 가을에 수 만명의 동독 시민의 대량탈출이 독일인들의 귀속의식의
지속을 증명하였다. 따라서 만약 이 하나의 독일 국가에로의 귀속의식이 최종적으로
소멸한다면, 연방공화국과 민주공화국이라는 두 개의「부분 국가」로 분해됨에 따라,
독일 라이히도 또한 소멸하는 것은 물론이다.

【434】다만 적어도 1949년 이후의 최초의 10년 동안에 관한 한, 독일 라이히가 소멸했
다고 볼 수는 없다. 따라서 당시에 대해서는 **분할된 독일의 법적 상태**가 어떤 것인지의
문제를 제기하는 편이 상당히 중요한 것이었다. 그러면 그 때까지 존속해도 행위능력을
결여한 독일 라이히, 그러므로 독일연방공화국과 독일민주공화국이라는 세 국가가 과연
정립한 것일까? 이것이 이른바「**지붕이론**」(Dachtheorie)의 주장자들의 근본사상이었다.
아니면 연방공화국과 민주공화국의 어느 한쪽이 독일 라이히의 지위를 전체로서 법적으로
승계하고, 다른 쪽은 정통이 아닌 것은 아닌지? 이 사고방식은 각종의 이른바「**동일성이
론**」(Identitäts-Theorie)에 공통되는 것이었다. 원래 역대 연방 정부(그 정권의 차이를
불문하고)와 독일 연방의회의 정당들, 그리고 독일민주공화국의 각료평의회와 독일 사회
주의통일당 수뇌부는 여하튼 공식 견해에서는 동일설을 채택하였다. 그런데 나중에
민주공화국측이 먼저 견해를 변경하여 소련의 이론에 따라 두 개의 국가를 인정하고
동시에 라이히의 존속을 부정하였다.

독일연방공화국도 1972년 12월 21일의 독일연방공화국과 독일민주공화국 간의 기본
적 관계에 관한 협약으로 인하여 이러한 입장을 취하게 되었다. 이 협약 이후에 양
협약 당사자들은 서로가 동등한 권리에 기초하는 우호적인 관계로 발전하였다. 그리고
양 국가의 각 주권은 그들의 국가 영역에만 한정되고, 그들 중의 한쪽이 다른 한쪽을
국제적으로 대표하거나, 또는 독자적인 이름으로 행동할 수 없다는 것에서 출발하였다.
즉 그들은 내부적 또는 외부적 사무에 있어서 각자의 독립성과 자주성을 존중하며,
또한 상대편의 권력포기를 명백히 하고, 현재와 미래에 있어서 그들 간에 존재하는
경계의 불가침성을 확고히 했으며, 그리고 그들의 영토 보존에 대한 무제한의 존중을
약속하였다. 그 이후로 업무를 수행할 상설 대표부(ständige Vertretung)의 교환이 합의되
었음에도 불구하고, 근본적인 문제들, 그 속에서 국가의 문제(nationale Frage)에 대해서
양쪽은 그들의 여러 가지 해석을 유보하였다.

독일 통일에 대한 서한(Brief zur deutschen Einheit) 속에서 독일연방공화국 연방정부는 독일민주공화국 정부에 대해서 다음과 같은 확인을 요구하였다. 즉 협약은 그들의 정치적 목적에 모순되지 않으며, 유럽의 평화에 일조하며, 독일 국민이 자유로운 의사결정을 할 수 있을 때에 그들의 통일을 회복한다는 점이다. 이 기본협약은 1973년 6월 21일부터 유효하였다.

독일 연방헌법재판소는 1973년 7월 31일의 판결[134]에서, 물론 결정이유로서 밝히는 견해지만, 이 협약에 대한 동의안은 기본법과 합치된다는 것을 분명히 하였다. 따라서 존속하는 전독일(Gesamtdeutschland)의 두 개의 국가부분이 있듯이, 그들의 관계도 일부는 국내법적이며, 또 일부는 국제법적 성질을 가지며, 이 협약은 단지 독일민주공화국을 사실상 승인하는 특별조항(faktische Anerkennung besondere Art)을 내포하고 있을 뿐이다. 그러나 독일민주공화국 정부는 연방헌법재판소의 협약에 대한 이러한 해석을 거부하였다.

여하튼 4개국 열강의 권리와 책임이 협약 속에 언급되지 않았다는 것에 고정되고 있었음에도 불구하고, 기본협약과 계속적인 통일의 행렬을 통해서 독일적인 기반 위에 있는 양 국가의 관계는 확고한 법적 기초 위에 서게 되었다.

그러나 이 책이 헌법사적 고찰에 관한 한, 이러한 결론을 확인하는 것만으로 만족하지 않고, 더욱 개별적인 단계를 헌법의 시각에서 음미하는 것이 필요하다.

【435】 이와 같은 유보 아래, 여기서 저자는 1957년의 강연에서 말하고, 1962년에 발간한 개요를 다시 서술하고 싶다.[135] 우선 저자가 생각한 전제는 당시 논의되었던 것보다도 더욱 명확히 **국가권력 자체와 국가권력 행사라는 것을 구별해서 생각할** 필요가 있다는 점이었다. 우선 앞서 말한 것처럼(제36절), 지방의 각 기관 활동을 제외하면, 독일의 국가권력을 행사하는 권력은 1945년 단계에서는 완전히 점령국 측에 이양하였다. 따라서 점령국은 독일 기관들에게 대리시키거나 반환한 것이다. 그러나 점령 4개국이 독일 전체에 관한 국가권력의 행사권을 독일 국민 전체에 반환하는 데에 합의했던 사실 등은 전혀 없었다. 따라서 연합국 관리위원회의 분열·해체는 잠재적으로 계속 엉켜있었던 상태가 표면에 나타난 것에 불과하다. 그러므로 적어도 이 사태는 각 점령국에게 자유재량을 주었다. 그 결과 서방 3개국은 각 점령지구와 베를린 서부 지역에서, 그리고 소련은 중부 독일에 대해서 각기 「**배가된 자치권**」이라고도 할 것을 부여한 것이다.

---

134) BVerfGE 36, 1.
135) Der Staat 1, S. 3 ff.(14 ff.).

처음과 수정한 후의 점령규약에서 말하듯이, 서방 점령 3개국이 「프랑스, 미국과 영국 정부의 손에 맡겨졌던 최고권력을 행사하는 것은 점령의 계속이 필요하다고 이해되는 기간, 독일 국민들이 스스로 통치할 수 있도록」이라는 희망을 표명하는 것이었다. 얼핏 보면 이 상태는 소비에트 점령지구의 것과 큰 차이가 없다고 생각될지도 모른다. 그러나 자세히 보면, 하나의 중요한 **차이점**이 있다는 것이 확실하다. 즉 연방공화국에서는 서방 점령 3개국의 자기구속에 의해서 가능한 범위에서 독일 기관들이 고유한 권리에 근거해서, 즉 국가 주체의 민주적 정당성에 입각해서 앞서 말한 자치권을 행사하였다. 이 「국가 주체」는 서방 3개 점령지구와 서베를린의 독일 국민을 의미하였지만, 그들은 단계적으로 반환된 자결권을 사용하여 독일연방공화국이라는 잠정형태를 취하면서 독일 국가를 재건하였다. 우선 이 국가는 대외적 행위능력의 면에서는 또한 중대한 제약 하에 있었다. 그러나 점령통치의 종료와 함께 **독일의 국가권력을 독일연방공화국에 관해서 행사하는 권리는 모든 독일 국민 전체의 손에 넘겨졌다.** 이와 같이 해석함으로써 연방공화국에 있어서 「독일 주권의 회복」이라는 오해를 초래하기 쉬운, 그리고 자주 오해되었던 문언의 진의가 분명하게 되었다.

이에 대해서 독일민주공화국의 권력 주체는 자유로운 선거에 근거한 것이 아닌, 소비에트 점령군이 손을 뻗친 지역에 포함되어, 여전히 점령군의 위임에 의해서 행동하였다. 다시 말하면, 민주공화국의 권력 주체는 이 위임을 근거로 소비에트 점령지역을 소련의 대리인으로서의 입장에서 관리하였다. 그러나 그들은 **어떤 국가도 창설한 것은 아니다.** 그것은 불가능하였다. 원래 국가를 성립시키는 데에는 국가주체의 의사행위이거나, 최소한 국가주체의 의사행위가 관여할 것이 필요하였지만, 실제로는 그렇지 않았기 때문이다. 1949년 10월 7일의 독일민주공화국 헌법 제3조에 의해서도 독일의 국가 주체가 독일 국민이라는 데에는 의문이 없었다. 그런데 당시 독일국민은 소비에트 점령지구에서 독자적인 국가를 건설하기 위해서 필요한 의사행위를 하지 않았다. 결국 제3회 인민회의 (그 이전 제2회 인민회의는 선거에 의해 선출되었다고 말할 수 없다)는 블록 체제와 의문이 있는 선거방식을 채택했고, 굳이 그것을 묵인하여 그것이 헌법제정국민의회 선거였다고 승인한다고 가정하더라도, 선출된 인민회의는 소비에트 점령지구만 분리된 국가로 성립시키는 것은 절대적으로 불가능했을 것이다. 왜냐하면 위임이 유효했다는 것을 전제로 해도, 인민회의가 **수임한 직무**는 당시 또 존속한 라이히를 위해서 **독일 전체의 새 헌법을 제정하는 것**이었다. 따라서 독일민주공화국을 건설하기 위한 정당화가 당시 소비에트 점령지구에서 생활하고 있던 독일 국가 주체의 부분에 의해서 부여된 것은 아니었다.

【436】독일의 법적 상태에 대해서 **사실적인 것의 규범력**(die normative Kraft des Faktischen)이 영향을 미쳐왔거나 또한 영향을 줄 수 있는 한, 여하튼 그것은 헌법사적 고찰이 아니며, 오히려 그것은 현재와 장래의 정치문제인 것이다. 그리고 정의·관용

그리고 평화라는 척도에 비추어서 문제를 해결하려는 경우에만, 이 정책은 성과를 거두었다고 평가할 수 있을 것이다.

물론 우리들이 그렇게도 사려 깊은 관찰자에게 인식을 강요한 과거 수백년의 독일사를 개관한다면, 제2차 세계대전 이후의 시대에 독일에서 일어난 사건들은 거의 새로운 것이 아니라는 것이다. 여하튼 다른 국민들이 자기 자신과 자신들의 국가를 자명한 것으로 생각한 것에 대해서, 우리들은 국가는 도대체 무엇인가 하고 물으며, 절망에는 빠지지 않았어도 항상 의심이 멈추지 않았기 때문이다. 프리드리히 아우구스트 프라이헤르 폰 데어 하이테 (Friedrich August Freiherr von der Heydte)도 말하듯이,136) 독일인이 「어떤 의심과 의문도 느끼지 않고, 그 구조·본질·지도이념과 공간적 넓이의 모두를 일관해서 진정한 독일국민의 정치적 조직체, 마침내는 '독일'이라고 부르는데 적합한 국가제도를 가졌던 것」은 매우 희박할 수밖에 없었다. 확실히 신성로마제국 시대의 오랜 투쟁, 19세기 중엽에 대독일주의와 소독일주의에 의한 통일을 둘러싸고 다투었던 오스트리아와 프로이센의 이원적 대립도, 또는 히틀러의 불법국가에 대해서 우리들이 양심을 걸고 시도했던 허망한 저항도, 이 하이테의 말이 정당하다는 것을 명백히 하고 있다. 그리고 우리들은 오늘날 시인의 시편을 인용하면서 다시 이렇게 물어야만 한다. 독일인의 조국은 무엇인가? (Was ist des Deutschen Vaterland?)

---

136) Frhr. von der Heydte, Der deutsche Staat 1945 und seither, VVDStRL 13, S. 6 ff.(6).

인 명 색 인

* 숫자는 본문의 일련 번호를 가리킨다.

사 항 색 인

* 숫자는 본문의 일련 번호를 가리킨다.

제5편
통합이론과 그 비판

헌법과 실정헌법*

루돌프 스멘트

≪차 례≫

---

* Rudolf Smend, Verfassung und Verfassungsrecht, Duncker & Humblot, Berlin und Leipzig 1928, 176 S. jetzt in: Staatsrechtliche Abhandlungen und andere Aufsätze, Duncker & Humblot, Berlin 1955, 4. Aufl. 2010, S. 119-276.

머리말

이 책의 제목으로 이 책의 내용과 의도는 불완전하게만 표현할 수 있을 뿐이다.

이 책의 중점은 그 세부적인 것에 있지 않다. 즉 그것은 국가학의 단편들 속에도 헌법이론의 시도에도 또는 실정적인 독일 국법을 위해서 이들의 탐구에서 시사된 개별적인 추론(결과들)에도 있지 않다. 오히려 이 책의 고유한 명제는 이것들의 여러 가지 연구 영역과 연구 양식의 물음에는 필연적으로 내적인 관련성이 있다는 것이다. 즉 하나의 일반적인 국가학이며 헌법학에 있어서의 자각적이며 방법적으로 명석한 근거 없이는 만족할 만한 참으로 충실한 국법학은 있을 수 없으며 고유한 — 법학적 방법이 아니라 — 정신과학적 방법 없이는 만족할 만한 충실한 국가학도 헌법학도 있을 수 없다. 이 정신과학적 방법은 그 무엇인가 정신과학의 방법과 아주 마찬가지로 엄밀하고 인식론적으로 근거짓지 않으면 안 된다.

따라서 도입에 있어서 이 국가이론적인 논구들은 바로 이러한 인식론적 기초를 얻으려고 한다. 이러한 논구들의 과제는 이 기초를 고유한 철학적인 도정들에서 얻으려는 시도로부터 실제에 가장 충실하고 가장 사용가능한 시도를 선택하고, 이 선택된 시도는 국가학이 특수한 형태로 필요로 하는 것에 적용가능한 것을 증명하는 것, 이것 이외에는 아니었다. 국가학과 법학의 방법상의 근거에 대해서 말하면, 이 책의 시도와 병렬적인 다른 여러 가지가 시도되고 있다. 나는 본질적으로 한편으로는 사회학적인, 다른 한편으로는 목적론적인 성격을 가지는, 그러한 노작들만을 상기할 뿐인데, 이러한 여러 다른 시도는 여기서는 조금만 다루었을 뿐이다. 나는 여기서 자신이 해야 할 것을 다음과 같이 자각적으로 한정하였다. 즉 내가 의론에 근거를 부여하는 테오도르 리트(Theodor Litt)*의 기본적인 저작들에 비추어 보아 얼만큼 정신과학의 그러한 일반적인 이론은 국가학의 기초로서 결실할 수 있는가, 이것을 보여주는 데에 자각적으로 한정하였다. 그리고 나는 이러한 목적을 위해서 자질구레한 것을 두려워하지 않고, 자기 자신의 견해들을 가능한 한 해당되는 리트의 저작들에서 인용한 곳에 의거하고, 그 위에 방법상의 기초들을 개별적으로 검증하고 가능한 것으로 하였다. 다른 정신과학은 대체로 무의식적으로, 그러나 매우 효과적으로 필요한 변경을 첨가한다면(mutatis mutandis) 상응하는 절차를 수행하는데, 이것을 보다 인상 깊게 논증하는 것은 여기서는 여러 가지의 명백한 이유들에서 완수하지 못했다.

국가이론적 기초의 소재상의 내용은 여기서는 자기목적이 아니었기 때문에 그 내용은 전체적인 관련에 대해서 본질적인 논점들에 한정하고 있다. 그 내용은 국가이론 전체의 하나의 개관을 시사할지라도 말하자면 그것을 대신하는 것도 아니기 때문이다. 여기서 전개한 통합(Integration)이라는 의미원리는 국가 일반의 그것이 아니라 국가의 헌법

(Verfassung)의 그것이다.

제2부에서의 하나의 일반 헌법이론의 개관은 법이론을 기초로 해서가 아니라 정신과학적 국가이론을 기초로 하여 구상한 것, 이것은 여기서는 보다 상세하게 근거를 제시하지는 않았다. 물론 그것은 또한 어떠한 방향에서도 완전한 것이라고 생각하지는 않는다.

그 위에 제3부에서의 실정적 독일 국법에 대해서 제1부와 제2부의 성과들이 개별적으로 적용가능하다는 것을 시사하는 곳은, 우연한 선택으로서만, 그리고 결실이 풍부한 일들이 가능한 것의 개략적인 예시들로서만 이해하지 않으면 안 된다.

이러한 개별적인 것은 모두 그대로 평가하려는 것이 아니라, 즉 국가이론, 헌법이론, 국법학은 불가분리하게 관련된다는 이 책의 일반적인 주장의 논거로서, 즉 제1부, 제2부, 제3부의 모두는 서로 뒷받침하며, 증명하며, 정당화한다는 것의 전거로서 평가하였으면 한다. 전체는 우선 많은 관점에서 오히려 하나의 스켓치, 하나의 작업 프로그램일 뿐이다. 모든 정신과학의 본질에서 근거가 놓여 있는 것인데 이 프로그램의 정당성은 그것의 관철 속에서 비로소 완전하고 궁극적으로 증명될 수 있다. 이것은 이 책의 일반적 근거에 대해서도, 이 책의 개별적인 국가이론적인 개념세계나 직관세계의 설득성에 대해서도 동일하며, 그리고 나아가 이 책이 실정 국법을 다룰 때에 결실을 맺는 것과 불가결한 것에 대해서와 마찬가지로 타당한 것이다.

많은 어려움 때문에 이 책의 발간은 지연되었고, 이 책의 체재는 내용적으로나 형식적으로도 균형을 잃은 것이 되었다.

베를린-니콜라제에서　1928년 새해　　　　　　　　　　　　　　**루돌프 스멘트**

제1부 국가이론적 기초

제1장 국가학의 위기

독일에 있어서의 국가이론과 국가학은 지금까지 위기, 적어도 과도적인 징후를 드러내고 있다. 물론 이러한 상태는 실정 국법학의 영역에서도 나타나는데 그 본성에서 볼때 본래적인 국가이론의 영역에서처럼 예리하게 나타나지는 않는다. 법률가들에게 대해서 자신의 기술적인 작업수단은 정신적 혁명에 의해서도 정치적 혁명에 의해서도 여전히 파괴되지는 않았기 때문이다. 여기서 신구 양파의 신봉자에게 공통되는 하나의 기초가여전히 널리 존재하며, 위기는 ― 여하튼 그 심층에서는 아직 일반적으로 인식되지아니한 ― 방향상의 대립에 한정되고 있기 때문이다.[1] 이에 대하여 국가이론에서는정치에서처럼 붕괴와 퇴위의 심상(心像, Bild)이 있다. 왜냐하면 4반 세기 이래 아주정당하게도 일반 국가학을 대표해 온 게오르크 옐리네크(Georg Jellinek)*의 서술이 인식론적 회의에서 국가이론의 커다란 문제들의 전체 계열에서 그 문제설정의 정당함과진솔성을, 또는 그렇지 않으면 문제설정에 해답을 주는 재료를 상실함으로써 그 의의와중요성을 박탈하였다면, 이것은 퇴위에 다름 아니기 때문이다.[2] 이 저작에는 여전히가치가 많은 부분이 있는데, 이 부분은 (명시적이든 묵시적이든) 방법적으로 죽음이 선고된사람을 위해서 건립하는 이념사적인 기념비이며, 이것은 바로 이 시대를 특징짓고 있다― 이러한 여러 인간적 오류의 역사라는 동일한 과제의 한스 켈젠(Hans Kelsen)*에의한 새로운 해결책은 선행하는 세대에 당연히 보여야 할 예우마저 거부하는데, 이것은또한 옐리네크의 국가학에서 나온 추론들을 가차 없이 정확하게 도출하는 것을 특징짓고있다.

상황의 고유성을 특징짓는 것인데 독일어권의 국가이론과 국법상 최대이며 가장 성공한학파의 제1 교훈(Lehrsatz)에 따르면, 국가를 현실태의 한 단면으로서 고찰하는 것은허용되지 아니한다. 이러한 상황은 국가학의 위기뿐만 아니라 국법의 그것도 의미한다.왜냐하면 국가에 대한 확고한 지식 없이는 결코 충실한 국법이론은 존재하지 않으며― 이러한 지식 없이는 결코 국법 자체를 만족게 하는 생활은 지속적으로 존재하지않기 때문이다.

---

1) 홀슈타인(Holstein)의 1926년 3월의 독일국법학자협회(Vereinigung der deutscher Staatsrechts-lehrer)의 대회에 관한 보고* 참조. Archiv des öffentlichen Rechts, N.F. Bd. 11, S. 1 ff.
2) 「유형들」(Typen)에 따른 옐리네크 자신의 문제설정(G. Jellinek, Staatslehre I³ 34 ff.; 김효전 옮김, 『일반 국가학』(법문사, 2005), 27면 이하)에는 엄격한 인식론적 정당화나 결실 있는 성과도 결여되어있다.

*

국가학의 위기는 반드시 전쟁이나 체제변혁에만 기인하지는 않는다. 그것은 정신사적
인, 우선 학문사적인 사건이다. 전적으로 정당한데 사람은 국가학의 위기를 신칸트주의*
에로, 또는 보다 일반적으로 말하면 그것을 신칸트주의가 철학적으로 대표하는 방식의
학문적 신조에로 소급하여왔다.3) ― 결코 우연은 아닌데, 켈젠의 방법상의 기초들은
실증주의에 대한 신칸트주의적인 투쟁 정식들에 근거하는데, 이러한 정식들은 신칸트주
의 자체를 특히 포기해 버렸다.4)

   그러나 이러한 현상의 전제들과 작용들을 학문적 인식의 영역에서만, 그리고 특히
국가와 국법에 대한 이론의 영역에서만 탐구하는 것은 정당하지 않을 것이다.

   그러한 학문외적인 전제들은 독일에서의 국가이론의 원래 살아 있는 현재의 사상적
수준의 대표자들 ― 그들은 매우 좁은 전문의 여러 경계 밖에 있는 ― 에게서 예컨대
막스 베버(Max Weber)*나 마이네케(F. Meinecke)*에서 더욱 명백하게 된다. 여기서는
적어도 하나의 현실적이며 실증적인 국가이론이 전개된다. 즉 이러한 국가이론은「경영
체」(Betrieb)*로서의 국가에 대해서 전개한다. 이 국가의 내재적 목적론은 개인을 타율적
으로 자기 속에 그 수단의 악마성 아래로 모면하기 어려운 인류적인 책임으로 강제한다.
그리고 또 이러한 국가이론은 자연력과 운명으로서의 국가에 대해서 그「국가이성」이라는
생의 이념에 대해서 전개한다. 이 이념은 크라토스와 에토스(Kratos und Ethos)*의 해결하
기 어려운 이율배반 속에 도입되는데, 크라토스와 에토스는 모두 자신 속에 폐쇄된
고유한 법칙을 가지는 운명의 힘들이며, 그러한 힘들에 개인은 다소간 객체이며 희생으로
서 대립한다. 여기서 이론의 회의는 실천적 신조의 진정한 독일의 궁극적인 국가소원성
(Staatsfremdheit)*에 의해서 뒷받침되는 ― 이 사고방식은 내면적으로 궁극적으로는
국가에 관여하지 않는다는 의미에서 자유주의적이다.* 어떻게 해서 이러한 결함이 여기서
도 이외에서도 하나의 기본적 오류로서 인식론적 기초에 대해서도 영향을 미치는가,
이것은 곧 제시할 것이다.

   이와 함께 이 국가이론적인 사고방식의 작용들은 매우 밀접하게 관련되어 있다. 하나의
특히 뚜렷한 예를 제공하는 것은 정치적 윤리이다. 운명적인 곤궁함은 여기에 있으며,
그리고 트뢸치(Troeltsch)*, 막스 베버, 마이네케의 저작에서 현저하게 나타나 있는데,
이러한 곤궁함은 이론의 기능부전을 의미하며, 그러나 동시에 여기에서 바로 독일을
위해서 그처럼 절박하고 필요한 설명과 안전에 기여하는 대신에 우리들의 실천적 태도의

---

3) E. Kaufmann, Kritik der neukantischen Rechtsphilosophie, 1921. 이것은 불가피한 삭제임에도 불구하
   고 이것들에 관련되는 것에 대한 매우 인상 깊은 서술이다.
4) 인과과학과 규범적 학문과의 배타적 양자택일을 상기하는 것만으로 좋다. 이 양자택일은 이론적인 자연주의
   와 기계론에 대해서 가치세계를 구제하려고 하는 절망적인 시도로서 설명할 수 있다(E. R. Jaensch,
   Über den Aufbau der Wahrnehmungswelt, 1923, S. 411 f.). H. 헬러(H. Heller, Souveränität,
   S. 78; 김효전 옮김,『주권론』, 관악사, 2004)는 빈학파에 의한 사고의 오늘날의 상태의 무시에 대해서
   정당하게도 항의하고 있다. 나아가 Hold-Ferneck, Der Staat als Übermensch, S. 19; H. Oppenheimer,
   Logik der soziologischen Begriffsbildung, S. 33.*

불안정성에 근거를 부여하고, 이러한 불안정성을 높이고 있다. 여기서는 지배적인 윤리적 회의와 아울러 다시 이론적인 불가지론과 내면적인 국가소원성이 오인할 여지 없이 작용하고 있다.

이와 같이 이론적이며 실천적인 국가소원성에 근거하여 마찬가지로 다양하게 동일한 영혼 속에서 독일인의 두 개의 정치적인 주요한 결함이 비정치적인 국가포기와, 동일하게 비정치적인 권력숭배가 자라고 있다. 그것들은 동일한 사안의 두 개의 측면이다. 국가에 대한 내면적인 불안정성은 국가의 과소평가와 과잉평가 간에서 동요한다. 이 문제에서의 차질은 국가이론적 문헌에서의 국가학의 위기가 본격적인 국가이론 외부에서 명백하게 되는 형식이다. 그러나 원인은 도처에서 동일하다.

*

이처럼 목하 여전히 존재하는 상태를 극복하는 것은 여러 가지 측면에서 이미 효과적으로 다루고 있다. 다음의 논구들은 이러한 시도에 결부되어 있다. 이 논구는 하나의 개별적인 국가이론적 문제에 한정되는데, 이 문제는 여하튼 법학자들에게는 가장 중요한 것이며, 그리고 모든 국법에 관한 일은 국가이론적으로 선행하는 일에 의해서 제약되는 것을 특히 명백하게 한다. 이러한 대립적인 제한에도 불구하고 문제들의 오늘날의 수준에 비추어 볼 때, 방법상의 기초와 국가이론적인 그것이 어느 정도 불균형으로 되는 것은 불가피하였다.

제2장 방법상의 기초들

제국 창설 이래 독일 국가이론사의 하나의 주목할 만하고, 자주 확정된 고유성은, 대체로 인식론과 방법에 대해서 심정적으로 숙고한 개별적인 저술가들 쪽이 오히려 반대로 지속적이며 사실적인 성과들을 올렸다는 사실이다. 기이르케(Otto von Gierke)*의 비비판적 내지 전비판적인 연구방법은,5) 그 방법상의 소박함에도 불구하고, 또는 아마 바로 그때문에 커다란 문제들을 불후의 방법으로 촉진하였다. 이에 대해서 옐리네크-켈젠 노선은 전진적이며 매우 의의 있는 비판의 노선인데, 그러나 동시에 실질적인 성과를 전진적으로 공허하게 만든 노선이며, 이 노선은 켈젠의『일반 국가학』(1925)에 의해서 이제 아주 자각적으로 달성된 영점에까지 이르고 있다.

이러한 노선이 실질적인 노작에 대해서 계속하여 의의를 가진 것은, 켈젠의 커다란 비판 이래 저 소박함, 방법상의 전제들의 완벽한 명석함 없는 노작들이 이미 불가능한 한에서이다.

이것은 여하튼 이 노선은 목적과 목표가 없는 막다른 길이다. 왜냐하면 이 노선은

---

5) 기이르케를 숨은 비판자(Kryptokritizisten)로서 파악하는 시도에도 불구하고. Gurwitch, Logos XI 86 ff.

방법에 얽매이지 않음으로써, 동시에 또한 종래의 사고나 노작의 방식에서 언제나 여전히 결실이 풍부했던 모든 것을 파괴하기 때문이다. 이 노선은 대체할 가능성마저 허용하지 않으며, 일반 국가학을 전부 지금까지 가치 있는 것이든 가치 없는 것이든 모두 일소해 버렸다. 이 노선은 그 가장 고유한 영역, 일반 국법학과 실정 국법의 영역, 이러한 영역에서의 전진을 지금까지 마무리짓지 못했다. 이 노선은 그것이 자기 자신을 포기하지 않는다면 그것들을 결코 마무리짓지 못할 것이다. 아무도 켈젠 이상으로 잘 나타내지 못했는데, 소박한 형식주의는 실제로 순수한 형식주의도 방법일원론도 아니었다. 그러나 그 때문에 그처럼 소박한 형식주의에는 가능하였던 업적들이 순수한 형식주의에는 바로 이것이 순수하기 때문에 거부되는 것이다.

법학적 형식주의는 오히려 그 규범들의 전제이며 대상인 실질적인 — 사회학적이며 목적론적이라고 말하지 않더라도,[6] — 내실들을 방법적으로 처리하는 것을 필요로 한다. 따라서 특히 국법학은 하나의 실질적인 국가이론을 필요로 한다. 그러나 그것은 여하튼 이러한 국가이론은 또한 국가생활의 자립적인 정신이나 문화*의 영역에 대한 정신과학 (Geisteswissenschaft)으로서 그 고유한 권리를 가지고 있다.

이러한 방향성에서 사람은 또한 빈 출신이 아닌 한, 적어도 매우 일반적인 의미에서는 일치한다. 이에 대해서 이러한 국가학의 방법론상의 기초에 대한 일치는 아직 보지 못하고 있다. 다음의 논고는 이러한 기초를 시사적이며 잠정적으로 시도한다.

이를 위한 인식론적이며 문화철학적인 전제들은 여기서는 짧게 특징지을 뿐이다. 여기서 기도하는 탐구는 이러한 전제들에 대해서 입증책임을 지지 아니한다. 이 탐구는 그 권리를 그 가장 고유한 영역에서만 그것이 국가에 대한 이론과 국법의 해석에 대해서 결실 있는 것, 이것을 논증하는 것을 통해서 증명하지 않으면 안 된다.

*

지금까지의 실질적 국가이론의 기능부전은, 그것이 모면하기 어렵게 그 속에 연루된 일정한 이율배반에서 매우 명확하게 된다. 개인과 공동체, 개인과 국가, 개인주의와 집단주의, 인격주의와 초인격주의, 이들의 이율배반의 문제는 도처에서 해결하기 어려운 질문으로서 가로막고 있다.[7] 자주 명백하게 인식하는 것인데, 이 문제는 대체로 가치서열 (Wertrangordnung)*의 문제로서 이해되며, 개인주의냐 집단주의냐, 그 어떤 것을 결정하는 의미에서 또는 보다 현대적으로 말하면, 그리고 자주 상대주의적인 곤혹함으로 말하면, 양자 간의 해결하기 어려운 「긴장」이란 의미에서 결정된다. 그러나 실제로 이 문제는 가치 문제가 아니라 구조 문제이다.

이 문제는 구조 문제로서 모든 정신과학들에 대해서 현존하는데, 자아와 사회적 세계라

---

6) Heller, Archiv f. Sozialwissenschaft u. Sozialpolitik, 55, 310* (김효전 옮김, 국가학의 위기, 『바이마르 헌법과 정치사상』, 산지니, 2016, 144면).

7) 다른 평면에는 개체성과 규범이라는 문제가 있다. 이 문제를 헬러(Heller, Souveränität, 1927)가 전면에서 압박하는 것은 매우 정당하다.

든가 강력한 실체성에서 서로 대치되는 한, 도처에서 마찬가지로 해결하기 어려운 것이다. 그러나 양 영역의 이와 같은 대치와 객관화하는 고립화는 모든 소박한 사상에는 그 무의식적인 기계론적 공간화(Verräumlichung)에 대한 경향 때문에 자명한 것이다. 그 위에 법학의 수련을 쌓은 사회이론가에 대해서는, 그것[이율배반의 문제]은 한편으로는 물리적 인격의, 다른 한편으로는 법학적 인격[법인]의 권리영역들이 엄격하게 닫혀있는 데에 익숙함으로써 특히 가까이 놓여있다.

그러나 이러한 사고방식은 어떠한 정신과학적 영역에서도 관철되지 아니한다.

정신과학에서의 자아의 현상학적인 구조는 정신생활의 하나의 객관화 가능한 요소 ― 이 요소는 이 생활과 인과적 관계에 있을 것인데 ― 의 그것은 아니다. 정신생활은 즉자적이며 대자적(an und für sich)으로 미리 선험적으로 사유할 수 있고, 그리고 그 후에 이 생활에 대해서 인과적인 것으로서 생각할 수 있는 것은 아니다. 그렇지 않고 정신생활은 그것이 정신적으로 생활을 영위하고, 자기를 외재화(sich äußern)하며, 이해하며, 정신세계에 관여하는 한에서만, 즉 무엇인가 매우 일반적인 의미에서도 또한 공동체의 구성원이 의도적으로 타자들에게 관계짓고 있는 한에서만, 생각할 수 있는 것이다. 그 정신생활이 본질 존재를 충전하고 형상화하는 운동은 그 구조에서 볼 때 사회적인 것인 정신생활에서만 완수된다.[8]

자기 속에 의거하는 집합적 자아는 여전히 더 적게 존재한다. 집합성(Kollektivität)들은 개인들의 의미체험이 구성된 통일체에 불과하다. 여하튼 그것들[의미체험]의 산물이 아니라 그것들의 필연적인 본질존재이다. 본질존재의 발전과 의미형상화는 필연적으로 「사회적으로 교차하며」, 본질존재에 비추어 본다면 개인적인 생활활동과 초개인적인 생활활동의 상호관계이다.[9]

심리학은 개인을 고립화하고 객관화할 수 있다. 그러나 그것으로 심리학은 정신생활 그 자체의 통찰을 포기한다.[10] 하나의 문화영역의 객관적인 의미구조(Sinngefüge)*에 대한 과학들은 동일하게 그들의 대상을 객관적 시스템으로서 고립화할 수 있으며, 오로지 그 대상의 내재적 내용에 따라서 취급할 수 있다.[11] 생활, 생활과정(der Lebensvorgang), 문화의 현실태는 어떤 경우에도 파악하지 못한다. 생활활동에 대해서 정당할 수 있는 것은 그 전제가 시사된 그 현상학적 구조이며, 따라서 개별적인 영혼이나 의미체계들 (Sinnsysteme)*의 객관화에 철두철미 대립해서 선행하는 그러한 고찰방식만이다.

따라서 정신생활에 대한 모든 학문은 그 가장 중요한 대상들, 즉 개인, 공동체, 객관적 의미관련 ― 이들의 상호관계를 그 학문은 탐구해야 할 것이다 ― 을 정신생활의 고립화된

---

8) 이 점에 대해서는 다음을 참조. Th. Litt, Individuum und Gemeinschaft, 2. Aufl. 1924, S. 54 ff., 85, 3. Aufl. 1926, S. 46 ff., 142 ff., 174 ff., 187 ff. und passim.

9) Litt³ passim, bes. 246 ff., 258 ff., 292 ff., 360 ff.

10) Litt passim, z. B. ³ 71 ff., 376 f. ― 켈젠이 심리학의 「창문 없는 모나드」로부터 사회적인 것에 이르는 어떠한 길도 보지 못하였다면, 그러한 한에서 정당하다.

11) Litt ³ 312 ff., 375 ff. ― 표시된 활동현실태의 구조에서 아무것도 변경하지 못한 의미에서의 의도적인 제한에 대해서. S. 214 f., 338 ff.

요소들, 요인들, 담당자들이나 모든 대상들로서가 아니라 그러한 분지(分枝)가 모든 경우에 (열거된 사례들에서처럼) 서로 양극적으로 정돈된, 그러한 하나의 변증법적인 상호질서화의 계기들로서만 파악할 수 있다.[12] 여기서 정신생활에 관한 어떠한 학문도 그 아프리오리 (Apriori)를 가지고 있으며, 더구나 이것은 초월론적인 아프리오리가 아니라 그[학문의 대상의] 내재적 구조의 하나의 아프리오리이다. 이 아프리오리는 현상학적 추상화라는 특수한 도상에서 얻어지며, 여기서 전제되어야 한다.[13]

정신과학적 방법에로의 이러한 전환이 정당하게도 국가이론과 국법학을 위하여 시대의 요청으로서 요구되었다면,[14] 여기서는 이 전환이 나아갈 방향을 특징짓고 있다. 정신과학 은 이해하는 학문이며, 그리고 여기서 문제가 되는 것은 개별적인 정신과학들에서 경험적으 로 또한 대체로 무의식적으로 된 그러한 이해(Verständnis)의 전제들을 설명하는 것이다. 자아개념의 변증법[15]만이 이 자아개념에 「분지들과 관절들에서의 내적인 유연성과 운동 성」[16]을 부여하는데, 이것 없이 현실태의 사회적 구조 속에 자아개념을 편입하는 것은 불가능하며, 자아개념의 절대화 내지 객관화적인 고립화는 불가피하다. 집합 개념들의 변증법만이 정신적 세계의 운명적인 객관화와 실체화에 대해서 「비아」(Nicht-Ich)와 모든 「유기체론적인」 사회이론을 위해서 유효하게 대치할 수 있다.[17] 정신세계의 전체는 하나의 변증법적 구조로서만 이해할 수 있는데, 이 전체를 고정적인 논점들 간의 「관계들」 이나 「상호작용」 속에 해소하는 것은 지배적인 사회학의 쓸데없는 시도이다.[18]

따라서 이러한 종류의 기초는 정신적이며 사회적인 세계의 실체화와 기능화라는 지배적 인 양자택일에 대립하여, 즉 동시에 지금까지의 「사회학」에, 즉 기계론적·공간화적인 사고에로의 모든 경향에 대립하여, 그리고 그 위에서 나아가 상세하게 전개해야 할 것인데, 이러한 것들을 어떤 목적론적 도식으로 환원하는 데에 대립하게 된다.

제3장 실재적 의사단체로서의 국가

다음에 전개할 것은 국가학의 개관이 아니라 단지 하나의 헌법학의 국가이론적인 전제들 만이다.

여기서 전개하는 출발점은 아직도 여전히 완전히 사라지지 아니한 세 가지 요소설일 수는 없다. 이에 대해서는 정당하게도 이미 다음의 것이 제시되었다.[19] 즉 이 직관적

---

12) 참조. Litt ^{3} 10 ff. — 특히 중요한 적용 사례: ^{2} 164 f., ^{3} 248 f., 284, 292 ff., 361 ff.

13) 참조. Litt ^{3} 25 ff., 6 — 전체적으로 S. Marck, Substanz-und Funktionsbegriff in der Rechtsphilosophie, 1925, S. 96 ff. 국가이론적 프로그램은 부적절하다. das. S. 148 ff.

14) Holstein, a. a. O. S. 31.

15) 이에 대해서는 나아가 Marck, a. a. O. S. 89 ff.

16) 매우 적확하다. Litt ^{1} 210.

17) Litt ^{3} 222, 281 ff., 285 ff., 290 f., 327 ff. — 피어칸트(Vierkandt)*의 「심리학적 형상」에 대립하여. das. 249, Anm. 2.

18) a. a. O. 204 f., 227 ff.

견해는 인간, 영토 그리고 권력을 신체처럼 정돈하고 ― 여하튼 그 견해는, 이 영토상의 인간들을 출발점으로서, 그리고 동시에 심적인 지배력의 객체로서 상정하고 ― 전체로서의 국가를 바로 신체처럼, 더욱 불명료하기 때문에, 더욱 거슬리게 그 자체로서「파악할 수 있는」심적·물적인 형성물(Gebilde)로서 상정한다는 것이다.20) 3 요소설은 의심할 것 없이 국가이론의 문제들로서, 그리고 특히 헌법문제21)로서 존속하는 문제들을 생각하는데, 그러나 국가학의 기초로서는 공간적·정태적인 사고라는 사도에 빠진다.

그러나 출발점은 고립된 개인일 수는 없다. 즉 국가는 개인에서 출발하는 하나의 인과계열로서 또는 개인에서 일정한 목적들로 향하여 움직일 목적론적 계열로서 이해되리라는 의미에서 그 출발점은 고립된 개인일 수는 없다.

집단생활은 개개인의 생활에서 인과적으로 연역되지 아니한다. 사회생활을 위한 정신의 장비는 가장 넓은 의미에서 여전히 더욱 포괄적으로 해명되어도 좋다.22) 사람은 개체성(Individualität)의 이러한 형상화로부터 초개인적·사회적 형식들에 이르지 않으며, 국가에 이르지 않는다. 왜냐하면 이러한 초개인적·사회적 형식들은 하나의 특수한 개념형성을 독자적으로 요구하기 때문이며, 그리고 전술한 요소들로부터는 설명하지 못하기 때문이다.23) 이미 그러므로 사회적 개인이 사회적 개인인 것은 바로 그것이 집단생활에 관여하는 한에서만이며, 이미 즉자적으로 그 자연적「장비」에 의한 것은 아니기 때문에 그럴 수는 없다. 그러면 사회적 개인은 또한 사회적인 것(das Soziale)에서만 개념파악할 수 있을 뿐이다. 물론 이 사회적인 것은 그것은 그것으로 또한 초개인적인 것이라는 단순히 구조화된 실체로서가 아니라 개인들에 의해서 담당된 것으로서, 그리고 개인들에서만 생활을 영위하는 것으로서 ― 즉「사회적 교차」(soziale Verschränkung)의 본질인 개인과 공동체의 양극성에서 ― 만 이해하지 않으면 안 된다.24)

사회적인 것은 개인에서 전체로의 인과적 계열 ― 단지 전체로부터 개인에로의 역방향의 계열과 같은 맥락에서 ― 로서는 이해되지 아니한다. 그러면 이와 함께 목적론적 계열로서, 즉 개인에서 출발하는 계획적이거나 무의식적인 목적실현화로서 그것[사회적인 것]을 파악하는 것도 불가능하다. 따라서 국가에 대해서 알기 쉬운 종류의 사고는, 즉 국가의 목적, 국가의 문화 업적들로부터의 국가의 설명과 정당화는 여하튼 출발점으로서는 차단되고 있다. 사회적인 것, 그리고 특히 정치적인 것, 국가적인 것, 이러한 것들의 고찰은 사회적인 것의, 국가적인 것의 범역(Bereich)을 즉자적으로 초월하고 있다. 의미라는 영역들(Sinngebieten)에서 이러한 범역 그 자체를 위하여 기초를 주는 설명을 얻으려는

---

19) Kelsen, Allgemeine Staatslehre, S. 96 (민준기 옮김, 『일반 국가학』, 민음사, 1990, 143면).
20) Vierkandt, Gesellschaftslehre, S. 40. 이에 관하여는 Litt, S. 249, Anm. 2.
21) 법적 문제들처럼 이것은 아직 동일한 사안은 아니다(Kelsen, a. a. O.).
22) 슈프랑거(Spranger)의 『생활형태들』(Lebensformen, 5. A., S. 193 ff., 212 ff.)*에서의 사회적 인간과 권력적 인간 또는 피어칸트의 사회학(Gesellschaftslehre, S. 58 ff.)에서의 사회적 설비(Ausstattung)에 관한 장절이 이것을 기도하고 있다.
23) Spranger, a. a. O. S. 280, 443은 피어칸트와 대립한다.
24) Litt, 246 ff.

시도는 허용되지 아니한다. 여하튼 문화생활 전체의 고찰은 가장 넓은 의미의 사회적인 것을 이에 대립하는「실질적인」다른 의미 영역들과의 관계에서, 그 구조에서 본다면 형식으로서 그 서열에서 본다면 보조적 가치로서 이해하는 데로 기울 것이다.[25] 그러나 이와 함께 여기서 바로 문제가 되는 그 고유한 법칙성에 대한 통찰은 포기하는 것이다. 합리주의는 그 목적론적 사고에 의해서 모든 정신과학들을 해명하며, 그 위에 그것들을 위험에 노출하였다. 그리고 오늘날의 언어학·종교학·예술학은 이러한 목적론의 자각적 극복 없이는 생각할 수 없다. 이에 대해서 법이론과 국가이론에서 이 목적론적 지향은 나머지의 오류의 원천들에, 즉 아직도 여전히 완전하게 극복되지 아니한 개인주의적인 사고방식에 덧붙이고 있다. 이러한 개인주의적인 사고방식은 개인들을 고립화하여 서로 병렬하는 것으로 생각하고, 그 위에 공간화하는 사고의 형상들에서 법적 관계들을 통해서 결합하며, 하나의 국가인격을 통하여 고양하며, 그리고 이 모두를 법외적으로, 국가외적인 목적들에로 높이는데, 이러한 목적들은 설명원리로서는 모든 특수 과학들에게 부과된 그 대상의 우선 한 번은 이해해야 할 고유한 법칙성을 탐구하는 것을 방해하고 있다. 특히 자유주의적인 국가소원성(Staatsfremdheit)은 물론 국가 속에 문화의 한 기술로서만 보이며, 이러한 목적론을 개입하여 국가의 고유한 구조법칙에 따르는 제1의적이며 본질적인 문제제기를 무시하고 있다.

나아가 우리들의 사고의 기계적인 습성과는 상용하기 어렵더라도, 정신적·사회적 생활이 나아가는 경로들에 대해서는 어떠한「실체적인 지점」[26]도 존재하지 아니한다. 개인들은 그러한 실체적 지점은 아니다. 왜냐하면 개인들이 정신적·사회적 생활에 관여하는 능력을 가지게 되는 것은 정신적 공동체로부터의 자극을 통해서만이며, 따라서 이 자극은 개인들에서 도출될 수는 없기 때문이다.[27] 전체(das Ganze)는 이러한 실체적 지점은 아니다. 왜냐하면 개인들의 유동적인 여러 의미체험에서 조성된 통일성으로서의 전체의 역할을 넘어서 전체를 높이고 실체화하는 것은 (실제로 객관화 가능한 체계적인 의미내용을 서술하는 것만이 아니라 정신생활의 현실태를 이해하는 것이 문제라면) 정신적·사회적인 생산성을 집합적 전체로 환원하는 것, 그리고 모든 이해적인 정신과학들의 아프리오리와는 무릇 전적으로 상용하지 않는 수용적·수동적인 역할에로 개인들을 제한하는 것 ― 이러한 것을 의미하기 때문이다.[28]

정신적·사회적인 현실태의 구조에 상대적으로 가장 가까운 것은 이 현실태를 상호작용의 체계[29]로서 파악하려고 하거나 또는 하나의 순환처럼 테오도르 리트(Th. Litt)에 의해서 받아들여진 ― 프리드리히 슐레겔(Fr. Schlegel)*의 표현으로 말하면,「순환적으

25) 참조. 많은 것 대신에 Spranger, S. 66 f., 193, 213, 294; Scheler, Der Formalismus in der Ethik und material Wertethik, S. 108; S. Marck, S. 153 f.
26) 그것들이 명백하게 Vierkandt, S. 40에 의해서 주장되고 있듯이.
27) Litt, S. 225. 참조. 대체로 221 ff., 226 ff., 293, 334, 399 f.
28) Litt, S. 247, 260 f. 참조. 대체로 S. 246 ff., 258 ff., 274 ff., 279 ff., 285 ff., 292 ff. 특히 국가에 대한 1. Auflage, S. 172.
29) 독일 사회학의 지배적인 방향이 그렇다. ― 여기서는 실질적으로 시사된 근거들에서 거부되고 있다.

로」30) 추구하는 ― 하나의 서술 방식이다. 정신적 현실태의 계기들이 서로 존재하는 변증법적 관계에 대해서는 이처럼 잘못하기 쉬운 서술형식만이 존재하며, 적절한 서술형식은 존재하지 아니한다. 따라서 다음에 시도한 국가생활의 도식적인 스켓치에 대해서 여기서는 어떠한 계기도 다른 계기로부터는 개념적 내지 인과적으로 연역하지 못하며, 모든 계기는 전체로부터만 이해할 수 있다는 것이 확보되지 않으면 안 된다. 그러므로 문제가 될 수 있는 것은 또한 하나의 이해적 기술이며, 유창한 의미에서의 하나의 설명은 아니다.

*

이러한 유보와 함께 국가생활의 고찰은 국가를 위한 개인의 자연스러운 장비(Ausstattung)에서 출발할 수 있을 것이다. 여기서는 예컨대 정치적 권력충동에서 아주 명백하게 되는 혼란한 충동이 문제로 된다.31) 그리하여 막스 베버는 감수성이란 멋진 직접성에서 권력을 충분히 갖춘 국민을, 권력을 충분히 생래적으로 갖춘 인간의 확대된 신체로서, 그리고 그 긍정을 자기 긍정으로서 특징지었다.32)

그렇지만 국가를 이러한 충동의 기초에서 설명적으로 도출하는 것은 불가능하다. 사람에게 국가는 여러 자연적 소질이 풀기 어렵게 편입된 것을 요구하기 때문이다.33) 나아가 개별적인 생활영역에서의 활동성의 배후에는 개별화 된 「소질」(Anlage)만이 아니라 인격성 전체가 작용하기 때문이다.34) 그러나 특히 정치생활은 모든 정신생활과 마찬가지로, 이념적·몰시간적인 의미관련들 속에 들어가며, 그러므로 한편으로는 생활의, 다른 한편으로는 의미의 법칙성에서 총괄되어서만 이해할 수 있기 때문이다.35) 국가세계는 개인에 대해서 정신적 작용의 하나의 가능성을, 그리고 그것에 따라서 동시에 인격적인 자기형상화(Selbstgestaltung)를 의미한다36) ― 여기서는 지금까지의 서술로써는 대체로 간과해 온 정치윤리의 가장 중요한 계기점(Ansatzpunkt)이 존재하는데, 그러나 여기에 있는 것은 국가이론에 대해서 그 대상의 기초라기보다는 오히려 거기에 그것이 그러한 것으로서 복귀하리라는 그 대상의 하나의 일관된 계기이다.

*

다음에는 국가의 현실태로부터 국헌(Staatsverfassung)의 개념과 대상이 전개될 것인

---

30) Litt, S. 19.

31) 상술 S. 9 Anm. 3(본서 655면 주 22)에서 인용한 문헌과 그 밖의 문헌, 예컨대 Aloys Fischer, Psychologie der Gesellschaft (Handbuch der vergleichenden Psychologie II, 4) 참조.

32) Marianne Weber, Max Weber (1926) S. 133 (조기준역, 『막스 베버』, 소이연, 2010).

33) 참조. 많은 것 대신에 Spranger, S. 222.

34) 이 관련이 가장 잘 나타난 것은 Litt, S. 346 ff. 특히 국가에 대해서는 1. Aufl., S. 169.

35) Litt³에서의 하나의 예시 S. 294, 문제 전체 S. 312 ff. 고찰의 양면성 S. 373 ff., 324, 또한 Spranger, S. 413 f., H. Oppenheimer, Logik der soziologischen Begriffsbildung, S. 33.

36) 참조. 일반적으로는 Litt, S. 142 f., 212, 174 ff., 187 ff., 177 f.

데, 이 국가의 현실태는 지금까지의 논구에 따라서 제시된 의미에서의 정신적 현실태의 한 부분 영역일 뿐이다. 이 현실태는 그것에 대해서 주장하는 여러 의문들에 대한 옹호를, 나아가서는 그 구조의 보다 상세한 특징을 필요로 한다.

국가는 결코「사회적 실재성」(soziale Realität)이 아니라는 것이 켈젠의 국가이론의 기초를 이루는 소극적 명제이다.37) 이 명제는 그것이 통상의 법학적 사고의 기계론적·공간화적인 전제들에 대해서, 짐멜(Simmel),* 피어칸트, 폰 비이제(v. Wiese)*적인 사회학*에 대해서, 그리고 모든 종류의 실체화적인 기관론(器官論, Organologie)에 대해서 반대하는 한, 많은 찬동을 얻고 있다. 이 명제가 오래 전에 극복된 인식론에 근거하여 하나의 정신적 현실태의 모든 인식가능성을 부정하는 한, 이 명제의 정신과학적인 허무주의는 다행이도 학문사(史)의 그 밖에 차단된 장(章) 속에 속한다. 그 명제가 여기서 여전히 반론을 필요로 하는 것은, 그것이 여기서 주장하는 입장에서도 심각한 어려움들을 나타내는 의문들을 유효하게 만드는 것을 주장하는 한에서만이다.

폐쇄된 집단,「폐쇄된 권역」(ein geschlossener Kreis)38)*이 문제가 될 수 있는 것은, 많은 인격들의「각인이 각인과 함께 본질존재를 형상화하는 관련에 있는」39) 곳에서만이다. 초개인적 인격이라는 것은 성립하지 아니한다. 왜냐하면 전체는 어디까지나 체험총체에 대해서 개인들이 참여한「통일적 구조」(Einheitsgefüge)일 뿐이기 때문이다.「실체적 담당자들」로서의 개인들 간의「관계」나「상호작용들」도 문제가 되지 아니한다. 왜냐하면 정신생활의 본질은 바로 고정적 실체로서 생각해서는 안 되는 정신적 모나드 [단자]가 이 생활에 관여함으로써 수행하는 자기형상화이기 때문이다. 그러나 이 통일적 구조 그 자체는 상징·형식·규약들에서 고정되더라도 역시 항상 유동적이다. 왜냐하면 그것은 항상 현실화되거나40) 또는 오히려 새롭게 산출되는41) 한에서만 현실적이기 때문이다.

국가에는 폐쇄된 집단으로서의 그「사회학적 실재성」은 이중적인 의미에서 부정된다. 하나는 여기서는 어느 정도 지속적·고정적인 집단이 대체로 문제로 되는가의 여부, 이것이 의심스럽다는 의미에서다. 그리고 나아가 다음과 같이 주장함으로써 말이다. 즉 여하튼 법 때문에 국가에게 귀속하는 자들의 총체 ― 그 중에는 어린이도, 광인, 잠자는 자, 그리고 이 귀속의식을 완전히 결여한 사람들이 있기 때문에 ― 실재적인 국가 단체를 위해서 요구되는 영혼의 상호작용 속에 사실상 존재하는 사람들의 권역으로써는 중요하지 아니한, 따라서 모든 국가사회학의 국가개념은 현실의 고찰의 그것에서가 아니라 순수하게 규범적인 법학적 개념형성의 그것일 뿐이라고 주장함으로써 말이다.42)

---

37) 총괄적인 것은 Der soziologische und der juristische Staatsbegriff, 1922, S. 4 ff., Allgemeine Staatslehre, S. 7 ff.(민준기 옮김, 19면 이하).
38) Litt, S. 234 ff. 다음의 곳이 도처에서 참조가능하다.
39) Litt, S. 239.
40) Spranger, S. 393.
41) 예컨대 Litt, S. 361 f.
42) Kelsen, Soziologischer und juristischer Staatsbegriff, S. 8 f.

이러한 것에 지배적인 상정들(Annahme)의, 즉 다음의 탐구의 본질적 전제인 「사회학적」 국가의 현실태와, 그리고 국법의 대상과의 그러한 사회학적 국가와의 자기동일성(Identität)의 정당함은 대립하고 있다. 이러한 탐구 그 자체는 그 전제를 지금까지 해온 것보다도 효과적으로 논증하고, 그리고 보다 강고하게 국법학을 위해서 결실 있게 만들어야 한다. 그러므로 규범론적인 논쟁에 대한 이 전제를 위한 결정적인 근거들은 여기서 잠정적으로만 시사할 뿐이다.

문제는 이미 의식적·능동적인 국가시민(Staatsbürger)*의 인격에 있다. 그러한 국가시민은 그의 정치적인 생활공동체와 운명공동체의 모든 나머지의 구성원들과 지속적 본질형상화적으로 관련해야 한다는 요구에는, 얼핏보면 이미 간과하기 어려운 것이, 그리고 나아가 다른 사람들의 정치태도의 간과하기 어려운 숫자와 또한 정치 공동체의 실질적인 내용의 간과하기 어려운 것이 대립한다. 그리고 그럼에도 불구하고 여기서 요구된 관련은 바로 이미 이해가능성이라는 의미에서 국가적 환경에 반대해서 존속한다. 이해하는 것(das Verstehen)은 별개의 한 인격태(Persönlichkeit)에 대해서도, 동일하게 보다 커다란 한 공동체에 대해서도 이러한 인격태를 다시 나타내는 개별적인 계기와 표출에서 이해하는 자의 필요를 충족하는 하나의 전체상을 확립한다. 여기서 창조된 것은 바로 이해를 가능케 하는 특수한 기술들이다.43) 여기서는 특히 공동체의 정치적 체험의 사물내용(Sachgehalt)에 관한 보고가, 그리고 개인의 이해의 필요에 항상 유연하게 적용하고, 그리고 개인에게 전체 관련을 대체로 전망 가능케 하는 모습이 이와 함께 능동적인 공동체의 가능성을 부여하는 그러한 동료의 정치적 의사의 동향들에 관한 보고44)가, 그러나 그것보다도 더욱, 나아가 「사회적 매개작용」45)의 그 밖의 무한한 방도들 모두가 창출되는데, 이들 중 정치적으로 가장 중요한 것은 이 책의 경과에서 보다 상세하게 해명될 것이다. 여기서는 바로 이러한 전망에서의 파악에 근거하여, 한편으로는 인간의 파악가능성을 전망하는 한계들의, 그리고 다른 한편으로는 한계 없는 이해가능성의 ― 모든 정신생활에 근거를 부여하는 ― 의의만이 기본적으로 지적될 뿐이다.

본질적으로 다르지 아니한 것은 다소간 수동적인 구성원들의 사실상의 국가귀속성의 문제이다.

잠자는 국가시민에게 이 귀속성이 부정된다면,46) 과연 이것은 개인 속에 순간적인 자극과 반응의 기점만을 보는 자연주의적 심리학의 관점에서 정당화되고 있다. 그러나 현실적인 체험내용(Erlebnisgehalt)이 자신 속에 이미 진로가 결정된 미래와 마찬가지로,

---

43) 이러한 「체험관련의 확대」에 대해서는 원칙적으로 Litt,³ 252 ff., 276 ff.

44) 타자의 각각은 공통의 대상을 자신에 대해서 별도로 개체화하는 자신의 특수한 시각(Perspektive)을 가지고 있는데, 이 시각은 관련된 통일성을 대상의 통일성 때문에 폐기하지 않으며, 그런데 대상의 통일성을 이 시각의 제한을 통해서 바로 비로소 살아있는 것으로 한다 ― 이러한 의식에 의해서 담당되고 말이다. 「시각의 상호성」에 대해서 잘 알려진 리트의 교설, S. 109 ff. und passim.

45) Litt, S. 265 ff., 274 ff. 1. Auflage S. 169-188, 144 ff.에서 국가에 대해서 시사적으로 관철하고 있다. 나아가 Litt, Geschichte und Leben (1918) S. 79 ff., 91 ff., 95 ff., 101 ff.

46) Kelsen, Staatsbegriff, S. 9.

지나가 버린 것을 여전히 계기로서 함께 포함한 것을 논증하기 위해서는 시간의 현상학과 형이상학에 대한 유명한 문헌을 상기하는 것만으로 좋다.47) 「수동적 대중」이나 바로 「죽은 대중」48)의 심층으로 내려가더라도 거기서도 역시 대체로 한번은 이해하면서 국가적인 생활관련에 의해서 — 예컨대 세계전쟁의 운명들에 대한 참여를 통해서 — 파악되며, 그리고 그 이래 이 압도적으로 불가항력적인 (자유의사에 의해서 임의로는 거역할 수 없는) 의지관련을 (예컨대 망명에 의해서) 바로 절단하지 못한 누구에게나 이 관련의 하나의 고리는 잔존하는 것이다.49) 법적인 귀속성은 여기서 어느 정도 수동적이거나 또는 어느 정도 모순되더라도 저항하기 어려운 의식의 대상이 되는 강력한 사실상의 (행위결과로서의) 질서에 대한 정서(Einordnung)를 의미한다. 그리고 이 귀속성은 여전히 계속 존속한다. 왜냐하면 인간이란 자신이 순간적 의식의 점적인 자아(das punktuelle Ich)가 아니라 자신의 본질과 체험의 전체의 모나드적인 통일성이며, 그가 잠자고 있는 동안에도, 또는 그것을 생각하지 않는 동안에도 그러한 것이다.50) 그리고 완전히 이성이 없는 자가 그 자신이 정신적 존재가 아니기 때문에 정신적 통일화로서의 국가에 관여하지 못했다면, 그는 역시 그가 나타내는 인간성의 단편에로의 경의에서 법적으로, 그리고 사실상 (행위결과로서) 마치 그가 그렇게 관여하는 것처럼 취급된다. 더구나 어린이는 무한한 관계들 속에서 초기부터 더구나 그것을 위한 모든 계획적인 교육 이전에 국가귀속성을 지향하여 성장하며, 이 국가귀속성에로의 지향은 대부분의 정신병자들에서도 또한 완전히 끊어진 것은 아니다.

법적으로 국가에 귀속하는 자들의 단체로서의 국가의 사실성에 대해 의문시 할 여지는 없다. 그럼에도 불구하고 이 사실성은 동시에 지배적인 국가관이 상정하듯이, 보다 높은 정도에서 하나의 문제이다. 그 현실성은 이 인식론적으로 의문에 붙어있기 때문이 아니라, 그것은 하나의 실천적 문제이기 때문이다. 그것은 받아들일 수 있는 하나의 자연적 사실이 아니라 정신생활의 모든 실재성(Realität)과 마찬가지로, 그 자체 유동적인 생활이며, 따라서 끊임없이 경신되는 전개를 필요로 하며, 그러나 바로 그 때문에 또한 물음에 붙여지는, 그러한 하나의 문화적 성과이다. 모든 집단에서처럼, 특히 국가에서 그 국가의

---

47) 베르그송(Bergson)*을 들지 않는다면, 특히 J. Volkelt, Phänomenologie und Metaphysik der Zeit, 또한 Litt³ S. 80 ff., 대체로 48 ff., 74 ff.

48) Wieser, S. 61.

49) Litt, S. 296. 불명확한 것은 Vierkandt, S. 31. 이 문맥에서는 (「행위하는 자들[Handelnden]에 대한) 「방관하는 자들」에 대한 피어칸트의 가치 있는 교설(a. a. O. S. 392 ff.)도 결실 있는 것이다. 이 교설은 많은 사례에서 외관상의 수동자들을 외관상 가장 능동적인 자들과 대립하는 집단생활의 본래적인 담당자들로서 논증하고 있다.
   탁월한 것은 Heller, Souveränität, S. 85 ff., bes. S. 87이다. 아마 상당히 위축된 것은 S. 88, 62이다. 마찬가지로 아마 그런 것은 A. Menzel, Handbuch der Politik ³ I 46, Anm. 24이다. 또한 정당한 것은 Fröbel, Politik, I 152: 「이것을 바라는 것은 언제나 모든 하나의 정부이며, 그러나 아마 결코 모든 정부는 아니다」, 일반적인 자에 대한 개인주의자의 자유의지적이 아닌 관여에 대한 괴테, 즉 Roethe, Goethes Campagne in Frankreich 1792, S. 4 f.

50) 유사한 것은 Heller, S. 44 f., 86.

생활과정들(Lebensvorgänge)의 뚜렷한 부분은, 실로 근거를 부여하는 부분은 이 끊임없는 자기 경신에, 즉 국가에 귀속하는 자들을 지속적으로 새롭게 파악하고 총괄하는 데에 존속한다. 법으로 확정되지 아니한 집단형성에서는, 예컨대 우정이나 사랑의 관계에서 이것은 누구에게나 자명하고 명백하다. 이에 대해서 법으로 규범화된 집단형성에서는 고유한 정태적인 고찰방식이 등장하는데, 이러한 방식은 지속적인 규범에 의해서 함께 총괄된 자의 공속성(Zusammengehörigkeit)을 주어진 것으로 전제하며, 그리고 집단이론으로 관찰할 수 있는, 법으로 규범화할 수 있는 그러한 생활로서 이 주어진 기초에서 출발하며, 그리고 이 공속성을 전제로 하는 그러한 집단생활의 부분만을 시야에 넣는다. 이러한 절차를 취하는 국가이론은 그 첫 번째 대상을 보지 못하고, 실제로는 그것이 비난받고 있듯이,51) 하나의 순수하게 규범적·법학적인 국가개념을 기초로 하여, 그리고 그 후에 이 개념을 정태적으로 공간화·기계론화하는 것으로 연기하고, 이를 통해서 독자적인 정신과학적 방법에서의 고유한 작업을 생략하고 또 절단하려고 한다. — 이것을 보여주는 것이 이 책의 과제이다. 그때에 이러한 결함은 국법학으로 이전한다. 왜냐하면 이 국법학은 그 인접한 대상을 보지 못하고, 그리고 그것은 — 그 핵심적인 점과 함께 그 체계성을 상실하고 — 실정헌법에 의해서 규범화 된 제2차적인 대상들만을 볼 뿐이기 때문이다.

제4장 국가의 기초적인 생활과정으로서의 통합

국가학과 국법학은 정신적 현실태의 일부로서의 국가에 관련된다. 정신적인 집합형상들(geistige Kollektivgebilde)은 현실태의 부분들인 이상, 정태적으로 정주하는 실체들이 아니며 실재적인 정신생활의, 정신적인 능동행위들의 의미통일체이다. 그 현실태는 기능적인 활동현실화, 재생산화의 보다 엄밀하게 말하면 (그 가치에서 볼 때 진보일수도 퇴화일 수도 있는) 지속적이며 정신적인 극복으로 이루는 형성(Bildung) 그 자체이다. 이 과정에서만, 그리고 이 과정에 의해서만 그들은 모든 순간에 새롭게 활동현실적으로 존재하거나 또는 현실적으로 생성한다.52)

---

51) Kelsen, Staatsbegriff, S. 9, Anm.
여기서 서술하는 국가의 현실태는 언제나 동시에 법적으로 규범화 된 그것이라는 것은 자명하다. 그러나 특히 Heller, Souveränität, S. 62가 켈젠에 결부하여 그렇게 서술하듯이, 이 현실태를 단지 규범적인 것 속에서 찾고, 그리고 텍스트 속에서 전개하는 의미에서의 모든 국가귀속자들의 실재적 관계를 부인하는 것은 정당하지 않다. — 사회적 현실의 계기로서의 규범성: 예컨대 E. Kaufmann, Kritik, S. 70, Hold-Ferneck, Staat als Übermensch, S. 27.
이것과 아주 독립한 것은, 중심개념은 초경험적·초규범적인 가치세계에서 도출해야 하는가의 여부 — 모든 정신과학에 대해서 균일하게 타당하고 긍정되는 — 라는 물음이다. 이 「규범적인 것의 우위」에 대해서는 예컨대 H. Oppenheimer, a. a. O. S. 83. — 더구나 무엇 때문에 국가는 단순히 이념형적인 가치개념일 뿐만 아니라 하나의 초경험적인 가치개념인가, 이에 대해서 여기서는 보다 상세하게 근거지을 필요는 없다. — 반대의견은 예컨대 Oppenheimer, S. 27, 49 ff.에 있다.
52) 참조. 전술 S. 13, Anm. 5, 6 (본서 658면 주 40, 41)

그리하여 특히 국가는 개별적인 활동의 표출을, 즉 여러 법칙, 외교문서, 판결, 행정행위를 스스로 나오게 하는 하나의 정태적인 전체는 아니다. 그렇지 않고 국가가 이러한, 개별적인 생활의 표출에서 대체로 현존하는 것은, 이러한 표출이 하나의 정신적인 관련전체를 확증하는 것인 한에서일 뿐이며, 더구나 전적으로 이러한 관련전체 그것만을 대상으로 하는, 더욱 중요한 경신과 형성들(Erneuerungen und Fortbildung)의 작용들에서이다. 국가는 부단한 경신화의, 지속적으로 새롭게 체험되는 것의, 과정에서만 활동을 영위하며, 그리고 정재(定在, dasein)*한다. 국가는 여기서도 또한 르낭(Renan)*의 유명한 국민의 성격을 적용한다면, 매일 반복되는 국민투표*에 의해서 활동을 영위하는 것이다.53) 국가생활의 이러한 핵심적 과정을 위해서, 바란다면 그 핵심적 실체를 위해서, 바로 이를 위해서 나는 이미 다른 곳에서 통합(Integration)으로서 특징지을 것을 제안하였다.54)

여기에는 활동현실태의 영역에서의 국가적인 것의 요점이 있다. 따라서 국가학과 국법학은 이 요점에서 출발하지 않으면 안 된다. 그것들이 그렇지 않으면 그들에 현존하는 것은 다음과 같은 거의 피하기 어려운 양자택일이다. 즉 국가사회학적인 기계론을 허용하기 어려운 실체화 된 고정적인 일정한 사회학적 세력들의 담당자에게 (즉 개인들이 또는 불명확한 방법으로 절반은 법학적으로, 절반은 공간적으로 생각하는 하나의 국가 전체가, 이 어느 것에) 의존케 하거나55) ― 또는 국가이론의 대상으로서의 이 세계의 현실태를

---

53) 예컨대 이제는 또한 Heller, Souveränität, S. 32.

54) Die politische Gewalt im Verfassungsstaat und das Problem der Staatsform, Festgabe der Berliner Juristischen Fakultät für Wilhelm Kahl, 1923, III 16* (김효전 옮김, 헌법국가에 있어서 정치권력과 국가형태의 문제, 『헌법학연구』제27권 4호, 2021) ― 이 말[통합]은 Wittmayer, Zeitschrift f. öffentl. Recht, III 530, Anm. 4가 논란하고 있듯이, 아직은 바로 「유행하는 표현」이 되지는 않았지만, 그러나 여하튼 독일에서도 이미 일반적으로 사용하지 않는 것은 아니다. 참조. 예컨대 Kelsen, Wesen und Wert der Demokratie (1920) S. 28 (= Arch. f. Soz.-Wiss. u. Soz.-Pol. 47, 75), Thoma, Handwörterbuch der Staatswissenschaften⁴, VII 725, Chatterton-Hill, Individuum und Staat, S. 18. 또한 자주, 여하튼 v. Gottl-Ottlilienfeld, Wirtschaft als Leben, S. 522.
그동안에 비트마이어는 통합개념을 명백하게 자신의 여러 설명에서 하나의 중심개념으로 높였다. Die Staatlichkeit des Reiches als logische und als nationale Integrationsform, Fischers, Zeitschrift für Verwaltungsrecht (hrsg. v. Schelcher) 57 (1925) 245 ff. 통합은 여기서는 (S. 145 Anm. 1) 「모든 정치적인 통합화의 표상들과 통합화하는 힘들의 총괄개념(Inbegriff)로서 정의한다. ― 나는 이 논문의 실질적인 내용에 대해서 뒤에 나오는 곳에서 검토하지 않으면 안 된다.
이 말은 사회학에서는 스펜서(H. Spencer)가 보편적으로 사용하고 있다. 무엇보다 그는 다른 의미로 사용하지만 말이다. 국가생활은 그에게는 일관하여 기계론적·정태적으로 사고하며 그리고 정치적 조직 (Principles of sociology p. V. 1882, §§ 440 ff., p. 244 ff.)을 의미하는데, 이에 대해서 정치적 통합(a. a. O. § 448, p. 265 ff.)으로써는 제1 원리의 협악한 기계론적 설명으로 되돌아가며(§ 451), 관련지음과 결합에 의한 기계론적 성장이 특색을 이룬다(§ 169, p. 480 der 3. Ausgabe von 1870). ― 스펜서에 의해서 이 말은 영국과 미국의 사회학으로 이전되었다.
여하튼 여기서 정신과학에서 적용할 때에는 여기서 제안되고 명백하게 점차로 시민권을 얻고 있는 용어법에로 올바른 길로 인도하고 있다. 보다 더 적합한 말이 바람직할 것이지만, 그러나 그것은 쉽게 찾을 수 없다. 「조직」은 시의에 맞게 같은 것을 특징짓고 있는데(예컨대 O. v. d. Pfordten, Organisation (1917)) (특히 Plenges Organisationslehre), 자연주의적인 법학적인 의미를 부담하고 있다.
본문에서 전개하는 견해들을 활력주의자(Vitalisten)의 일정한 개념들과, 예컨대 규제화 (참조. 특히 Driesch, Die organischen Regulationen, S. 95. 「조직규제와 적응규제」)(이에 대해서 나에게 주의를 촉구한 것은 Walther Fischer Rostock이다)와 관련하는 것은 용어법에는 가치가 없다.

켈젠과 함께 대체로 부정하거나 — 또는 마침내는 미학적으로 하는 불가지론으로 되돌아가는[56] 이 양자택일이다.

모든 정신적인 생활은 개인의 자기형상화(Selbstgestaltung)인 동시에 공동체의 그것이라고 한다면, 이러한 형상화를 그 정신적 실재성의 근거로서의 의의는 전술한 생활을 도외시하고도, 또한 생물학적 정재를 인도하는 개별적 인간에서보다도 공동체 쪽에서 보다 납득할 수 있는 것이다.[57] 국가는 그것이 지속적으로 통합되기 때문에만, 그리고 그러한 한에서만 개인들에서, 그리고 개인들로부터 구축된다. — 이 지속적인 과정은 정신적·사회적인 현실태로서의 국가의 본질이다. 이 본질을 근거지우는 것은 국가이론의 첫 번째 과제이며, 이것에는 문화의 나머지 영역들과의 그 관계들을 명백히하는 것이 두 번째 과제로서 첨가된다. 이 두 번째의 과제는 여기서는 첫 번째 과제를 적어도 스케치하는 식으로 해명하는 것이 요구하는 한에서만 언급하게 될 뿐이다.

*

이전의 방법상의 논구들이 국가이론적인 문제설정의 대상을 보다 엄밀하게 규정하는 것을 목적으로 하고 있었다면, 여기서는 적어도 이 문제를 해결하기 위한 방도의 또 하나의 방법상의 어려움을 가능한 한 간단히 지적하지 않으면 안 된다.

일반적으로 정신과학적인 하나의 방법상의 어려움은 다음의 점에 있다. 즉 인간의 모든 집단생활의 구조는 여러 가지의 세계들로 이루는 두 가지의 요소(Elemente)를 계기들로서 포함한다는 점에서 말이다.[58] 한편으로는 본래적으로 시간적·실재적인 그것으로서의 사회적 관계를 통하여 주어지는, 그 구조적 교차에서의 인격적인 생활의 요소가, 그리고 다른 한편으로는 이념적·몰시간적인 의미의 왕국에 대한 관여라는

---

55) 개인주의적인 방법에 반대하여 여기서 다시 한번 포괄적인 반론을 인용한다면, Litt³ S. 226 f. 외에 그것에 반대하여 S. 178 ff. (우선 스펜서에 반대하여. Heller (a. a. O. S. 315, Anm. 750)는 스펜서의 정태적 국가개념을 의아하게 시인하고 있다).
가장 넓은 의미에서 우리들의 사회과학들의 최악의 오류의 원천으로서의 정태적 사고라고 할 것은, 켈젠적 비판의 방법에 따른 하나의 포괄적 연구이다. 그 자연본성적인 명명백백한 뿌리는 소박한 사고의 무비판적인 공간화의 경향이다(이러한 종류의 전형적인 예시들, Litt³ passim, 예컨대 10 f., 42, 47, 58, 62 ff., 92, 175, 222 f., 228 f., 286 Anm. — 법학 문헌에서는 참조. J. Goldschmidt, Der Prozeß als Rechtslage (1926), S. 177, Anm. 966에서 인용한 것, 또한 Hellwig, Zivilprozeßrecht, I 255, E. v. Hippel, Untersuchungen zum Problem des fehlerhaften Staatsakts (1924), S. 132, C. Schmitt, Jurist. Wochenschrift 1926, 2271 links oben.* 이것은 첫째로, 그리고 자연과학적이며 이와 관련된 개인주의적인 사고의 개인주의적인 적용에서 도출할 수 있다(Troeltsch, Historismus, S. 258). 비로소 둘째로, 그리고 독일 이념사의 특수한 전제들에 대한 공동체들의 소박한 존재론에로 그 정태적 사고의 경향에서(E. Kaufmann, Kritik der neukantischen Rechtsphilosophie, S. 94).
56) 마이네케(Fr. Meinecke)에서의 국가의 「고유한 생명이념」 또는 「진정한 국가이성」이라는 분명치 않은 개념이 그렇다. Die Idee der Staatsräson (1924 u. ff. 이광주 옮김, 『국가권력의 이념사』, 한길사, 2010). 여기서 한 비판과 나아가 관련된 것은 C. Schmitt, Archiv f. Sozialwiss. u. Sozialpolitik, 56, 226 ff.*(김효전·박배근 옮김, 프리드리히 마이네케의 『국가이성의 이념』에 부쳐, 동인, 『입장과 개념들』, 세종출판사, 2001, 61면 이하)이다.
57) Litt³ S. 333 f., 312 f.
58) 이에 계속하여 Litt, S. 312 ff., 323 ff., 373 ff.

요소가 그것이다. 변증법적으로만 이해할 수 있는 이들의 통합질서는 해결될 수 없는 것은 아니다. 사회적인 것의 본래적인 실체로서의 인격적인 생활의 교차를 위해서 그들 양 요소의 통합질서가 해결된다면, 사회학적인 형식주의 또는 활력설(Vitalismus)*이 성립하며, 그 추론들은 결국 시종일관된 기관론(Organologie)으로 귀착한다. — 실질적인 의미내용을 위해서 그들 양 요소의 통합질서가 해결된다면, 이에 수반하여 이미 이전에 배척한 국가의 다소간 합리주의적인 목적론이 주어지게 된다.59) 양 계기는 또한 형식과 내용의 상호관계 있는 것도 아니다.60) 모든 정신적 교환은 그것이 동시에 전제로 하는 몰시간적인 의미의 영역 속에 불가피하게 도입된다. 그리고 반대로 의미와 가치는 정신적 공동체의 생활에서만 의미와 가치의 활동현실태가 된다. 그럼에도 불구하고 그들은 개념적으로는 매우 예리하게 구별되지 않으면 안 된다.61)

또 다른 어려움은 정신의 가치법칙성에 의해서도 동일하게 국가의 실정법에 의해서도 또한 설정되는 과제를 수행하는 것으로서의 국가적인 생활의 이중적 성격에 근거하고 있다. 이러한 양 계기도 또한 국가이론적인 고찰에 대해서는 끊기 어렵다. 국법 (Staatsrecht)은 저 정신법칙적인 가능성과 과제의 실정화일 뿐이며, 따라서 이들로부터만 이해할 수 있을 뿐이며, 그리고 반대로 이들은 지속적이며 충분히 수행하기 위해서는 법적인 실정화(rechtliche Positivierung)를 필요로 한다. 따라서 한편으로 국가이론적인 고찰은 본질에 적합한 기초 위에 주요한 중점을 두며, 그리고 그 결과들로서의 국법 질서에 제휴하게 될 것이다. 반대로 국법적 고찰은 이 국법질서를 그것의 본래적 대상으로 하는데, 그러나 그 의미를 정당하게 의거할 수 있기 위해서는 그것을 전술한 국가이론적 고찰에서 도출하고, 이해하려고 할 것이다.

*

국가의 초경험적으로 주어진 본질은 주권적 의사단체로서의 그 성격이며, 그리고 그 활동현실태 그 자체에로의 지속적인 통합이라고 한다면, 경험적 고찰이 수행하는 일은 이 활동현실화의 요인들을 제시하는 것이다.

그러한 요인들로서 뚜렷한 것은 한편으로는 여러 가지 종류의 형식적 과정(Vorgänge) 이며, 다른 한편으로는 가장 여러 가지의 유형의 실질적인 내용(sachliche Gehalte)이 다.62) 이러한 유형은 실재적인 생활의 기능과 이념적인 의미내용과의 위에서 제시한 대립을 혼동해서는 안 된다. 왜냐하면 이것들은 양쪽 모두 실재적(real)이기 때문이다. 여기서 문제가 되는 것은 경험적 집단화이며, 이 경험적 집단화 속에 활동현실태의 개별적인 현상들이 순수하게 나오지는 않지만 그러나 이 경험적인 집단화는 국가적인 활동현실태의 근거의 주요한 유형들을 그들의 특성에서 등장케 하는 것을 지향하고

---

59) 상술 S. 9 f. (본서 655면 이하)
60) 참조. 예컨대 Litt³ S. 357.
61) a. a. O. S. 324 f.
62) 이전에 시사했던 것은 Kahl-Festschrift, III 22 ff.

있다. 전술한 과정들 아래서는 한편에서의 특정한 인물들(Personen)에, 가장 넓은 의미에서의 「지도자」에 결부된 종류의 「통합」은, 다른 한편에서의 그 밖의 종류의 기능적 통합(funktionale Integration)과는 구별하게 된다. 사물내용들과 의미내용들로서의 공동체를 근거짓고 또한 공동체를 제약하는, 그러한 내용들의 가장 중요한 유형은 사실에 적합하게도 동일하게 또한 과제들에 비추어서도 통합적으로 설정하게 된다.

이때에 전제되어야 할 것은 물론 집단들의 총체를 관통하는 구조유형들이다. 이러한 구조유형으로서의 국가생활에서 특히 구별해야 할 것은 한편에서의 1회한의 등장의 그러한 (일정한 지도자인격, 1회한의 운동, 그 내용을 수반하는 1회한의 운명)과, 다른 한편에서의 지속적인 통합작용의 그러한 것이다. 후자는 다시 사실상 존립하는 것 (지리적 요인들, 역사적인 부채와 자질이 부여된 것, 그리고 그 계기들의) 지속 또는 규범화하는 정립조문화(eine normierende Satzung)의 지속일 수 있다. 그 외의 유형은 특히 역사적으로 변화하는 정신구조들의 그것이다. 예컨대 콩트(Comte)*나 스펜서(Spencer)*에서의 3단계의 그것, 독일적 이론(퇸니스[Tönnies]*와 그들의 자극을 받은 자들)에서의 비합리적인 것과 합리적인 것과의 그것, 문화의 차이화의 단계들(딜타이[Dilthey])*와 그 학파, 짐멜과 그것, 무엇보다 유명한 개별적인 적용으로서는 카리스마적·전통적·합리적인 지배유형의 구별(막스 베버)[63]이다.* 나아가 구조유형에는 국가적 통합의 국민적인 특수유형이 있다. 예컨대 로만[라틴]적 민족들에서의 감성적인·시각적·청각적·연극적·수사적·율동적·신체적인 통합의 우위 (영국 의회주의에 대한 프랑스 의회주의의 대립,[64] 또는 파시즘의 방법들, 이러한 것만을 지적하기로 한다) ― 그리고 끝으로 통합해야 할 국가민족(Staatsvolk)*의 범위에서 생기는 유형들(대규모적인 민주적 대중국가라는 통합유형에로의 진보).

*

지금까지의 국가이론적인 문헌은 이러한 문제를 설정하지 않았으며, 그러므로 또한 이러한 문제를 다루지 않았다. 지도자제(Führertum)에 대한 이데올로기와 사회학적인, 그것이 대체로 학문으로서의 성격을 요구하는 한, 압도적으로 기계론적으로 고찰하고 있다. 그리하여 그것은 바로 여기서 주장하는 문제설정을 고찰하는 것이 아니다. 국가기능들에 대한 교설은 국가의 기능적 통합을 다루지 않고, 세 권력의 법을 다루고 있다. 그리고 국가의 의미내용에 대한 교설은 세심한 문제설정에도 불구하고,[65] 국가의 정당화와 국가의 목적들에 대한 교설로 해소되며, 그리하여 국가의 생활의 구성요소로서의 의미내용의 곁을 지나가 버린다.

보다 많은 소재를 포함한 것은 기술하는 정치적 문헌이다. 특히 그것이 이 문제를

---

63) 예시로서 라드브루흐의 입법유형들을 다시 열거할 수 있을 것이다(Einführung in die Rechtswis-senschaft, 5. und 6. Aufl. S. 36 ff.; 정희철·전원배 공역, 『법학원론』(박영사, 1971). 슈타인(L. Stein) 그 밖의 많은 권위의 유형들.

64) 시사적인 것은 Kahl-Festschrift, III 23.

65) 예컨대 Jellinek, Staatslehre³, I 184 ff., 230 ff.

또는 이 문제의 부분들을, 그들의 실천적인 측면에서 — 특히 앵글로색슨적 국가세계들로 부터 — 시야에 들어오는 한에서 그러하다. 그런데 이 방면에서의 연구들에 대해서 풍부한 보고(寶庫)는 오늘날 파시즘의 문헌이다. 이러한 문헌은 폐쇄된[완결된] 국가학을 부여하려고는 하지 않더라도, 국가의 새로운 성립과 창조의, 국가적인 생활의, 즉 엄밀하 게 말하면 여기서 통합으로서 특징짓는 것66)의 여러 방도와 가능성들은 그러한 문헌의 대상이다. 그리고 그러한 문헌이 여기서 행한 문제제기의 관점 아래서 계획적으로 일관하 여 모델화한다면, 풍부한 성과를 가져올 것이며, 이 성과의 가치는 파시스트적 운동의 그 자체의 가치와 미래로부터 독립한 것이 될 것이다.

새로운 민족공동체와 국가공동체를 계획적으로 구축하려는 운동은 무한한 반성에 의해서 뒷받침되는데, 이 운동에서 의식된 것은 보통 무의식인 것에 그쳤다. 국가이론과 국법학의 침묵은 그러므로 결코 놀랄 일은 아니다. 합리주의적 과학은 의식된 것과 자연주의적 사고가 파악할 수 있는 것만을 볼 뿐이며, 그리고 비합리주의적 과학은 여기서는 유기체이론의 불가지론에 머무른다. 특기할 것은, 바이마르 헌법기초자들이 여기에 있는 첫 번째의 헌법문제를 간과해 버렸다는 사실이다. 이에 대해서 비스마르크 헌법*은 여전히 보여주게 되는데, 통합하는 헌법의 실로 반성하지 아니한, 그러나 완전한 예시이다.

여기서 시사하는 정신적인 생활과정들은 개인의 과정들인 동시에 전체의 과정들이다. 주로 그것들은 그들의 의미를 완전하게 의식하지는 못하고, 경과한다. 그러므로 그들은 역시 하나의 인과적 법칙성으로 환원하는 것을 통해서는 설명하지 못하며, 정신의 가치법 칙성의 활동현실화로서 그들의 의미관련의 질서 속에 편입됨으로써만 이해할 수 있다.67) 생성 중인 정신은 그 발전을 자극하는 것이 어떤 의미(Sinn)를 가지는지 이를 알지 못하며, 성장해 온 정신은 이성의 교지(List der Vernunft)* 때문에 어떤 문화적 관련들 중에 그 활동이 들어가서 작용하는지를 알지 못한다.68) 그럼에도 불구하고 그것들이 이해되는 것은, 그들의 의식에서가 아니라 그들의 객관적·정신적인 관련들에서인데 — 정신은 정신 뒤의 단계에서 (하나의 규범과 가치의 법칙성인) 그러한 자신의 고유한 법칙성의 통찰을 통해서 자기 자신으로 환원하는 것이다.

*

세 가지의 통합유형에 대한 다음의 개관은 최초의 그리고 잠정적인 시도에 불과하다. 특히 여기서 기초에 두고 있는 세 가지 구분은 실천적인 이유에서 본 선택에 불과하다.

---

66) 파시스트적인 조합주의(Korporativismus)*는 그러므로 또한 분명히 「통합적」(integral)으로서, 즉 통합 하는 것으로서 특징짓고 있다. 이것은 그 말이 「완전한」(vollständig), 즉 급격한(radikal) 것을 의미할 때의, 그 말의 정치적 적용의 유명한 보다 오랜 사례들의 의미에서와는 좀 다르다. 참조. 예컨대 L. Bernhard, Das System Mussolini, S. 93 f., 97 ff.

67) Spranger, Lebensformen,⁵ 432 ff., 413 f., Psychologie des Jugendalters, ⁴ 3 ff.

68) Spranger, Jugendalter, 8 f., Litt³ 323, H. Oppenheimer, S. 74 ff.

개별적인 유형 아래에서 상론한 현상들은 거기에 속하는 소재들을 고갈시키는 것이 아니라 예시로서 생각할 뿐이다.

이러한 예시들에 관해서도 결국 순수하게 그 아래에서 그것이 상론한 유형에만 속한다는 의미에서의 예시는 존재하지 아니한다. 실질적 내용이란 이름에서거나 또는 실질적 목표를 위한 집단과 지도의 운동에서는 아닐 것인, 그러한 지도(Führung)는 존재하지 아니한다. 능동적·지도적·수동적인 관여자들을 포함하지 아니한 실질적인 의미나 목적 없는 그러한 집단형성적인 운동은 존재하지 아니한다. 그리고 지도나 움직이는 집단적인 생활 없는 의미 또는 목적현실화는 존재하지 아니한다. 활동현실태의 모든 통합 과정은 모든 이러한 계기들을 포함하며, 그리고 기껏해야 주로 그들의 하나를 통해서 성격지워진다는 유보를 붙여서만 통합유형들과 거기에 포섭되는 개별적인 사례들을 통해서 다음과 같은 각각 다른 고립화가 도모되고 있다.

제5장 인적 통합

인물들에 의한 통합은 특히 「지도」(Führertum)[69]의 사회학과 이데올로기에서 문헌학적으로 대부분 취급하는 통합유형이다. 인물들에 의한 통합이 우선적 지위를 차지하는 것은, 여하튼 그것이 현실적인 의의를 가지기 때문만이 아니라, 동시에 그것이 실천적이며 이론적인 오류들을 띠기 때문이다. 이러한 실천적인 오류는, 특히 세계대전의 패자들에서 「지도자」를 찾는 절규가 자기 자신의 무력감, 의지할 데 없고, 돕는 사람 없는, 이러한 표현이었던 한에서이며,[70]* 이런 상태로부터 점차 해방된 것은 개인의 재능만이 아니라 단지 이 정치가의 지도와, 개선되는 정치적 가능성들 아래에서 이 지도에서 체현된 민족의사(Volkswille)가 점차 견고하게 되는 것, 이들 양자의 상호작용에서이다. 자유주의적 사고는 또는 프로이스(H. Preuß)*라면 그렇게 서술하였을 듯이, 관헌국가적 사고는 국가적 지도의 문제를 지도자들 속에 추구하고, 적어도 동일하게 지도해야 할 자들 중에는 추구하지 아니한다. 이론적으로 그것[자유주의적 사고]이 작용하는 것은, 지도되는 자들(die Geführten)을 하나의 세력이 밖에서 작용하는 (물리적 의미) 태만한 대중으로서 고찰하는 데에 있다.[71] ─ 이러한 기계론적 사고는 지도되는 자들에게도 또한 필연적인 자발성과 생산성이 있는 것을 보지 못한다. 과연 그들은 집단생활에로 자극되는데, 그러나

---

69) 학문적 문헌에서는 막스 베버의 지배의 사회학(Soziologie der Herrschaft)만을 상기해 둔다. 참조. 또한 Wieser, Gesetz der Macht, S. 47 ff. (현동균 옮김, 『권력의 법칙』, 2023). 가치 있는 개별적인 논평들이 특히 풍부한 것은 회르스터(Fr. W. Förster)의 정치적 윤리에 관한 (좀 낡은) 저작들이다. 그것들이 정치가·지도자·상사 등등의 윤리적으로 제시된 태도를 요구된 지도의 방법이라는 통합적 힘과 함께 근거짓는 한에서 말이다. ─ 그의 유명한 일하는 방법은 여기서는 이론적인 윤리학의 입장에서 실천적인 인륜성을 자극하는 것이며, 그것에 대해서 결실이 많은 것인데, 마찬가지로 논의의 여지가 있는 것이다.

70) 매우 정당한 것은 예컨대 B. C. Geyer, Führer und Masse in der Demokratie, S. 10 ff.

71) 특히 특징적인 것은 Wieser, a. a. O.

곧 이 집단생활을 그들의 고유한 생활로서 영위한다. 이러한 생활의 체험(Erlebnis)에서는 지도자는 유일한 세력이 아니며, 그리고 그 자신은 수동적으로 밀린 자들은 아니다. 그렇지 않고 그러한 체험에서는 그들 자신은 살아 있는 생활을 영위하며, 그리고 지도자들은 그들에서 사회적이며 정신적으로 살아 있고 적극적으로 생성하는 것의 생활형식이다.72) 이러한 견해만이 이론적으로는 정신적인 생활 일반의 기본구조에 일치하며, 그리고 실천적으로는 정치적 주술사에게 모든 것을 기대하며, 그러므로 민족동포(Volksgenosse)*에게는 아무것도 요구하지 않는, 지도자 이데올로기를 마비시키는 수동성에서 해방된다.

지도 없이는 어떠한 정신적인 생활도 존재하지 않으며, 적어도 문화적인 공동의사의 형성과 규범화의 영역에서 그것[정신생활]은 거의 존재하지 아니한다. 일반적인 법적 확신의 형성과 전진적인 생활과 같은 외관상 매우 동포적인 기능은 보다 상세하게 탐구하면, 하나의 지속적인 지도와 피지도인 것이 판명된다.73) 국가생활에서는 이 현상은 특히 명백하며 그리고 다양한 모습을 취하고 있다. 그러므로 여기서 가장 중요한 유형들에 대한 개관을 시도하는 것은 결코 할 수 없다. 내가 보기에는 지금까지의 이론에 의해서 아직 충분히 해명되지 못한 모든 국가적인 지도에 일관해서 공통되는 본질을 다음에 전개하기로 한다.

기계론적인 지도자 이데올로기는 지도자 중에 내정이나 외정에 관계된, 객체화 된 목적 설정과 목적 실현의 기술자만이 보이며, 이러한 지도자 이데올로기가 배척되는 것은 이미 시사하였다. 그러나 이러한 기술자는 언제나 동시에 두 번째의 과제를 가지고 있다. 즉 이들 실질적인 기능들에서 그들의 기술적인 성공은 여하튼 자신이 그들에 의해서 지도되는 자의 지도자라는 것을 증명한다는, 두 번째의 과제를 가지고 있다. 이것은 정당간부(Parteifunktionär), 저널리스트, 의원내각제에서의 장관들에서 매우 명백하다. 그들은 그들의 선거인, 독자 등등을 이미 더 이상 배후에 없게 되자마자 곧 전복된다. 그리하여 그들이 사명으로서 직업적으로 수행해야 할 것은 특히 그들을 뒷받침하는 정치적인 집단들을 정리해서 유지해 두는 것이다. 의원내각제에서 이러한 유형은 최상위의 입헌제도(Verfassungseinrichtung)에까지 고양되고 있다. 내각은 통치와 행정에 관계된 그 기술적 이행들은 여하튼 의회의 다수파를 정리하여 지도하며, 그리고 정리하여 보존하고, 그리하여 ― 뒤에서 해명할 기능적 통합방식으로 매개되어 ― 국가시민(Staatsbürger)의 일부분을 통치적인 연립(eine regierende Koalition)에까지 통합할 뿐만 아니라 국가민족 전체(das ganze Staatsvolk)를 국가적 통일체에까지 통합하게 된다.74)

---

72) 아마 동일한 것이 생각되는 것은 마이네케의 다음과 같은 그 밖의 점에서는 일관하여 대립한 관련에서의 ― 논평이다. Staatsräson¹ S. 12. ―「국민(Volk)은 그 고유한 잠재적인 권력충동과 생의 충동을 통해서 지배자들의 그것에도 가깝고 있다」.
  이론적으로 불행한 기계론적 파악에서의 이러한 관련에서의 정당한 관찰은 피어칸트의 위(S. 134 Anm. 329)에서 인용한 「방관자」(Zuschauer)론이다.

73) Wieser, S. 127 f.

74) 지도자교체로 향한 민주제적인 경향은, 책임성과 단일화 된 지도체제[독재]의 저지라는 경향에서가 아니라, 반드시 언제나 변화 있는 방향과 변화 있는 의미의, 지도를 통한 통합의 필요에서 귀결한다(켈젠에

그러나 확고하게 「임용된」 국가 공무원들(Funktionäre)의 과제는 본질적으로 다른 종류의 것은 아니다. 무엇보다 알기 쉬운 예시는 군주제의 그것이다. 통수나 내정과 외정에 관한 그 기술적인 장점, 그리고 정치가와 장군이었던 왕들의 장점 또는 그렇지 않으면 그 기술적인 단점들, 그리고 이들의 과제를 수행하지 못했던 군주들의 단점 — 이러한 여러 기술적인 장점과 단점을 매거함으로써 군주제가 설명되거나 정당화되거나 또는 배척된다면, 이러한 것은 또한 그 본질의 기계론적이고 불충분한 파악이다. 역사적인 실례를 열거한다면 군주가 수행해야 할 과제의 의미의 이러한 오해의 매우 충격적인 사례는 빌헬름 2세[*재위 1888-1918]의 통치양식이다. 그의 통치양식은 최상위의 국가지도의 기술적인 이행들을 지배자의 인격적인 힘들로써 강인하게 무리하게 억누르는 것 — 이것은 군주에 대해서 자의적인 것이며 더구나 오늘날에는 이전 이상으로 의심스러운 것인데 — 속에, 즉 불가피한 아마추어 속에 해소되어 버리고, 그에 관해서 고유한 인격에서 민족전체(das Volksganze)를 체현하고, 통합한다는 불가결한 과제를 완전히 간과해 버린 것이다. 국가민족의 통일성을 「다시 나타내거나」 또는 「체현화」하는 것, 즉 오히려 실질적이며 기능적인 유형에서의 국기, 문장, 국가(國歌)*가 그렇듯이, 그러한 국가민족의 통일성을 위한 하나의 상징인 것 — 이것이 다소간 모든 국가원수의 지위의 의미인 것이다.[75] 그러나 이러한 통일성 그 자체는 여기서는 약간 가시화되고 표시되고 기억 속에 불러일으킬 뿐인 고정적인 것, 정적인 것은 아니다. 그렇지 않고 이 통일성은 정신적인 활동현실태로서 정신생활의 끊임없는 유동 속에서만 생활을 영위할 뿐이다. 그리고 특징지어진 종류의 모든 「재표현」(Repräsentation),* 「체현화」, 「상징」은 이 끊임없는 전진적으로 경신되는 체험을 위한 확고한 것이 된 자극들이며, 형식들이다. 군주제적인 통합의 특수성[76]은 다음의 점에 있다. 즉 정통적 군주는 특히 국가공동체의 가치들의 역사적인 존속을 상징화하며, 따라서 동시에 실질적인 가치들에 의한 통합의 하나의 사례를 보여준다는 점에 말이다. 그[정통적 군주]는 여기서는 예컨대 공화제에서는 대체로 텔(Tell)*이나 빙켈리드(Winkelried)[77]*와 같은 이야기적인 또는 그런데 신화적인 인물들만이 수행할 수 있는 역할을 한다. 주권자에 대한 환호는 이러한 인격의 존숭이라기 보다는 오히려 「통일적인 국가민족의 자기의식」의 하나의 능동적 행위,[78] 보다 엄밀하게 말하면 토마스 만*이 성격지웠듯이, 이 자기의식의 하나의 현재화(Aktualisierung), 이 자기의식의 자기직관의 경신화이다.[79] 그리고 이에 따라서 국가정점에서의 인격성의 과제는 기술적인

서의 자유주의적 · 개인주의적인 어긋난 설명, Verhandlungen d. 5. dtsch. Soziologentages, S. 60).*
75) C. Schmitt, Geistesgeschichtliche Lage des Parlamentarismus², S. 50에서 이러한 것에 속하는 왕의 기능의 이미지가 열거되고 있다.
   어떤 의미에서 이 문맥에 속하는, 특히 교훈이 풍부한 예시, 힌덴부르크가 퇴역 장군의 사령부 정상에 유임하였다는 사실의 강력한 통합작용이다. "Heimatdienst" zum 2. 10. 1927 기념호에서의 노스케 (Noske).
76) 간결하게 전개한 것은 Kahl-Festschrift, III 23 f.
77) 참조. Wieser, S. 364 — 인격성은 동시에 역사적이며 악취알한 것으로서 비스마르크나 마사리크 (Masaryk)처럼, 그때에 원수가 되며, 거기에 그치는 창설자들에 의해서 작용하는 경향이 있다.
78) H. Preuß, Wandlungen des Kaisergedankens (Rede zum 27. 1. 1917), S. 20.

종류의 것이 아니라 무엇보다도 먼저 특정한 국가적 업무의 영역에 있는 것이 아니라 인격성의 본질과 태도에 있는 것이다. 그들의 본질에서 볼 때 통합하는 기능에는 일치하지 않는 인물들이 존재한다[80] — 이 과제란 일치하기 어려운 태도들이 존재한다[81] — 여기서 기술적인 기능과 통합하는 인격적인 기능의 대립이 특히 분명히 한다.

그때에 군주제적 인격성의 통합효과는 때로는 오히려 전승된 정치적 내용의 제도적 체현화로 해소될 수 있으며, 때로는 이 내용을 창출하거나 또는 나아가 형성할 수 있다. 그 통합효과는 거기에서는 끊임없는 규정적이며, 통합적으로, 정치적인 생활에로, 국가동포들에 대해서 자극적으로 작용한다. — 창조적인 인격성의 사례에서 이 통합화작용은 모든 개인을 활기차게 할 뿐만 아니라 형상화한다. 노인 슐뢰쩌(Schlözer)*는 매우 예민하게 이것을 보고 있었다. 「독수리 프리드리히의 두 눈이 감긴 것으로 600만인의 형상이 변형된다」.[82]

국가를 위한 통합적 활동과 기술적 활동의 대립에도 불구하고, 행정과 사법에서의 관료제도 또한 통합하는 인격들의 권역에 속한다. 합리주의 이래 더욱이 막스 베버의 빛나는 묘사들 이래 여기에는 행정 중에 합리적 기구만을 그 관료들 속에 그들의 기술적 직능만을 보고 있는, 그러한 극복하기 어려운 편견이 존재한다.[83] 과연 이러한 성격지움에서는 정치가의 활동과 인격성의 본질의 대립이 날카롭게 표현되고 있다. 그러나 어떠한 정신적 활동도 그 본질에서 볼 때 고립화될 수 없으며, 더구나 사회적 전체란 이름에서 행하는 그것은 고립화될 수 없는데, 이것은 간과되는 것이다. 판사나 행정관료는 단지 영혼 없는 존재(être inanismé)가 아니라 정신적 존재로서도 사회적이다. 그의 활동은 하나의 정신적 전체의 내부의 하나의 기능이며, 이 전체로부터 한정되고, 이 전체를 지향하고 그리고 본질을 한정하면서 전체로 되돌아 작용한다. 예컨대 공복(공무원)의 윤리는 자신의 과제를 정확하게 이행하는 것만이 아니라 공공권(Publikum)의 정신에서도 또한 이 공공권의 벗으로서 이행하는 것을 관료의 가슴에 새긴다면, 이 공복의 윤리는

---

79) Königliche Hoheit[20] (1910), S. 163, 25, 52.

80) 그리하여 막스 베버는 분명히 동부의 유대인들을 혁명에서 조차 독일적 국가생활의 있을 수 없는 지도자로서 느끼고 있었다(Max Weber, S. 672). Th. Mann, a. a. O.에서의 세련된 논평들.

81) 그리하여 오일렌부르그(Eulenburg)는 황제에 대해서 긴장을 극한 국제정치 상황의 기간의 황제의 불필요한 여행(1893)이 불러오는 일겨울 것이 틀림 없는 호의적이 아닌 인상을 비난한다. J. Haller, Aus dem Leben des Fürsten E., S. 120 f.

82) 1790년 7월 19일자 편지 L. v. Schlözer, Dorothea v. Schlözer, S. 242.
정부의 통합적 기능에 대해서 고전적인 것은 Ranke, Sämtl. Werke, Bd. 30 (Zur Geschichte von Österreich und Preußen) S. 55 f.이다. 「(정부의 통합기능은) 그렇지만 결국 그 (국가의) 정신적 통일성을 대표하는데, 이 정신적 통일성에 국가의 발전, 국가의 진보, 국가의 운명은 달려 있으며, 이 정신적 통일성은 국가에게 처음으로 그것이 무엇인가를 나타내며, 그리고 국가를 불모한 이념에서 생긴 이해관심의 한 가운데로 이끌어 넣는다」.

83) Max Weber passim. 특히 강렬한 것은 Gesammelte Politische Schriften, S. 151. — 정당한 것은 Thoma, Max-Weber Erinnerungsgabe, II 58 f.
더욱이 그렇게 말할 수 없는 것은, 민주주의에서 지도자들은 「그들의 특수한 기능에서 법률의 집행에 제한된다」(Kelsen, 5. Soziologentag, S. 55)는 것이다.

이에 수반하여 아무런 특별한 것도 초특권적인 것도 요구하지 않고, 일정한 색채를 띤 이처럼 즉자적으로 자명하고 불가피한 요소(Elemente)를 요청할 뿐이다. 따라서 공공 활동은 모든 사정 아래에서 영향을 받으면서 또한 영향을 주면서 활동적인 공무원 (Funktionäre)의 권역과「공공권」과 유동적인 관계에 있다. 이러한 관료가 자신의 활동을 수정할 우려가 없는 판단의, 엘레간트한 업무처리 내지 무감각한 서류처리의 단순한 기술 속에 보고 있다면, 그것은 잘못이다. 왜냐하면 그는 자신의 활동으로 그의 주위에 존재하며, 그에게 영향을 미치며, 그리고 그가 그나름대로 모든 종류의 판단·배려·행정 을 통하여 내용과 방향을 부여하면서 형상화하고 있는, 그러한 일정한 정신을 활동현실화 하기 때문이다. 그러한 한에서「부르주아적」판사들에 대한 사회주의적 비판은, 즉 그것을 문자대로 대표하는 것이「사법」(Justiz)이라는 그러한 사고방식84)은 그 이론적인 기본견 해에서 부당하지 않다. 공적 기능들의 이론에 대해서는 장래의 관료들의 실천적인 교육에 대해서와 마찬가지로, 이 점에서 아직 충분히 착수하지 아니한 과제이다. 여하튼 이러한 통합적 작용은 그 첫 번째 과제가 아니라 기술적인 국가업무를 실질적으로 한정된 형태로 이행한다는, 관료의 본래적인 과제의 배후로 밀려나고 있는데 — 이것은 통합하는 인격들 의 나머지의 유형에서 관료를 구별하고 있다. 이에 대해서 특히 전술한 통합적 기능들을 천직으로 삼는 자들은 본래적인 정치적 직무의 권역을 형성하고 있다.

　— 여기서 도처에서 문제가 되는 국가적 공동체의 통합적인 본질규정은, 물론 자국의 국가민족에 대한 내정적인 그것만이 아니며 외국에 대한 외정적인 그것이기도 하다. 한 내각은 그것이 이미 다수파를 가지지 못하기 때문에, 즉 이미 그것이 국가민족의 충분히 효과적인 내정적 본질규정의 힘을 가지지 못하기 때문에, 전복될 수 있다. — 그러나 또한 한 내각은 그것이 외교정책을 계속하지 못하고, 그리고 그 이어지는 계속을 후계자에게 맡기지 않을 수 없으므로 물러설 수도 있다. 이러한 퇴진의 필요성을 막스 베버는 부당하게도 단지 지배하거나 지나갈 뿐, 복종할 수 없는 권력적 인간으로서의 지도자의 개인 심리학에서, 그리고 이것들에서 귀결하는 개인윤리에서 설명하였다.85) 그러나 실제로 양 사례에서 지도적인 정치가들이 물러가는 것은 그들의 바로 그들 자신을 그들의 정책과 동일시한 것으로 다른 정책은 그들에게는 기대할 수 없을 것이며, 또한 요구할 수 없을 것이기 — 관료는 확실히 바로 다른 것일 수 있음에 틀림 없기 — 때문은 아니다. 그렇지 않고 그들은 바로 국가 전체의 그 시대의 성격을 통합적으로 규정하며, 그들의 정책에 수반하여 거기에서 국가민족 그 자체가 정치적으로 하나라는 것의 표징이 므로, 대내적 내지 대외적인 정책의 성격의 전환은 그들의 지도자적 지위가 이러한 성격을 종래 규정하고, 국가민족을 이러한 정책에 고정화하고 종래 이러한 강령의 의미에 서 통합해 온 인격들의 전환으로서만 가능하기 때문이다.

　— 여기서는 도처에서 인적인 통합과 물적인 통합의 모든 이론적 분리에도 불구하고

---

84) Herausgegeben von Kroner, Mittermaier, Radbruch, Sinzheimer, 1925 ff.
85) 예컨대 Ges. Politische Schriften, S. 154.

불가피한 관련이 분명해 진다. 왕들이나 지도적인 정치가들을 통한 통합은 동시에 보다 역사적으로 지속적인 — 또는 보다 과감한 — 국가적·정치적인 사물내용(Sachgehalt)을 통한 통합이다.

*

　서술한 것에서 본다면 국가기관들에 대한 종래의 교설은 적어도 그것이 국가이론적인 교설로서 나타나는 한, 심각한 치환(Umstellung)을 필요로 한다. 한 개의 법학적인 개념기술로서 기관 개념(der Organbegriff)은 거기에서의 그 통상의 적용에서 불가결하다. 이 개념이 거기에서 손쉽게, 그리고 보다 상세한 검증 없이 국가학 속으로 이입된다면, 그것은 거기에서는 아주 당연하지만 법학 이외의 아무것도 아닌 국가이론에 대한 켈젠의 판단 아래 속해버릴 것이다. 여하튼 기관에 대한 그 교설은 다소간 동시에 기계론적인 사고에 의해서 담당되고 있는데, 이러한 기계론적인 사고는 국가를 실체적·목적론적인 전체로서 이해하고, 이러한 목적들에 봉사하여 그 때문에 필요한 도구들을 스스로 만들어 낸다.86) 그러한 오류들에 대한 경향 속에 국가이론에 대한 이 개념의 위험성이 있다. 다만, 이 개념이 국가이론을 위해서 여전히 계속하여 적용가능한 것은 여기서 주장하는 일반적인 정신과학적인 개념형성의 한계들에서만이다.

제6장 기능적 통합

　통합화하는 인격들과 아울러 — 사물내용과는 대립하여 — 모든 종류의 인간공동체의 생활에서의 두 번째의 형식적 계기는 통합화하는 기능들이나 절차방식들, 집산화하는 생활형태(die kollektivierenden Lebensformen)*이다. 이들은 내가 보는 한 종래의 문헌에서는 종합화하는 형태로는 다루지 아니하였다. 여기서 매우 가치 있는 예비적 일을 수행한 것은 사회심리학(Sozialpsychologie)이다. 이에 대해서 국가의 기능들에 대한 법학의 영향을 받은 이론은 여기서도 또한 이 문제를 간과하고 있다.

　다음에 시도하는 것은 대상을 고갈하거나 체계화하는 것이 아니며, 단지 대상을 약간의 특히 중요한 예시에서 가시화하는 것이다.

　이때에 도처에서 문제로서 다루는 과정들 — 이들의 의미는 하나의 사회적 종합(Synthese)87)이다 — 은 공동체와 마찬가지로, 거기에 관여하는 개인과의 높아진 생활의 이중적 작용을 수반하여 어떠한 정신적 내용을 공통으로 만들려고 하거나 또는 그 공동성(Gemeinsamkeit)의 체험을 강화하려고 한다. 이러한 과정 그 자체는 즉자적으로 감각적인

---

86) 그러한 것은 Vierkandt, S. 352 f., besser S. 354. Litt, Individuum und Gemeinschaft[1], S. 132 ff.에서마저 전체적으로 법학적 국가학의 속박 속에 있다. 특징적인 것은 「사실적인」 기관 개념도 또한 존재한다는 것의 통찰에도 불구하고, 국법론의 일부로서 기관론의 G. 옐리네크의 설명에, 이 점에서 이론적인 불안정성이 현존하는 것이다.

87) 프라이어의 표현, H. Freyer, Theorie des objektiven Geistes, S. 81.

영역상에 있을 수 있으며, 정신적 내용에 수반하며, 그것을 자극하고 상징화할 수 있다. 가장 알려진 예는 「노동과 리듬」에 관한 카를 뷔흐너(Karl Büchner)*의 유명한 연구 이래 공동활동의 청각적 내지 기동적인 율동이다. 군대의 행진이나 데모 행진에서의 율동은 신체적 운동에 직접적으로 참가하지 않는 사람들을 심리적으로 관계를 가지는 것에로 가장 넓은 의미에서 시위하는 작용 때문에 바로 신체를 움직이는 사람들을 자신을 통합하면서 총괄하는 수단으로서 국가 생활에서 응용한다. 그리하여 비이저(Fr. v. Wieser)*는 권력단체들과 권력을 창출하는 것(그와 함께 국가의 창출과 유지)을 감정과 의사의 바로 군대적인 동일보조에 대중을 동조케 하는 것으로서 묘사하였다.88) 이것은 파시즘이나 국기의 흑·적·금의 시대[바이마르 공화국]에 있어서의 한편으로는 활동현실 태의 (그 영향들을 포함하여) 사물에 적합한 기술(記述)이며, 한편으로는 적확한 상징화이다.

한편으로는 감각적인, 한편으로는 정신적인 통합과정들의 — 아마 구성되었을 뿐인 — 하나의 예시로서 들 수 있는 것은 헬파흐(Hellpach)*의 「공장에서의 집단적 작업」의 예시, 즉 노동자가 생산과정 전체를 감각적이며 정신적으로 조망하는 것을 가능케 하여, 이 과정에 관여하는 자들을 하나의 정신적 통일성에로 총괄하는 것, 그리고 이것을 통하여 동시에 개인의 내적 관여와 실제적인 작업업적을 높이는 것, 이러한 사상의 예시이다.89)

무용이나 체조의 양식철학(Modephilosophie)에 관한 것은 여하튼, 종교학·의전학· 미학·니체(Nietzsche)에서 출발하는 제안들의 이러한 것에 해당되는 문제들을 상기하는 것만으로 좋다.

순수하게 정신적인 통합방식으로서 잠정적으로 선거와 표결을 들 수 있을 것이다. 그것들의 의의는 특별한 국가적 통합문제와의 관련에서만 나타낼 수 있을 뿐이다.

*

일정한 공동체 유형의 통합화하는 과정들의 특수성은 이렇게 주어진다. 즉 이러한 과정들은 대체로 공동체의 사물내용을 구성하는 의미내용(Sinngehalt)의 산출화·활동현 실화·경신화, 나아가서는 형성화의 과정들에 의해서 말이다. 따라서 특히 국가생활에서 는 의사형성의 과정들이 존재한다. 여하튼 법학적 고찰의 의미에서가 아니라, 따라서 법적으로 현저한, 가장 넓은 의의에서의 법실무적인 의사형성의 의미에서가 아니라, 여하튼 전적으로 그러한 의미에서가 아니라 의사단체 일반으로서의 국가공동체의 언제나 새로운 정책이란 의미에서, 따라서 생활의 표현들과 성과들에 대한, 특히 또한 국가적 의사공동체의 전술한 법실무적인 작업수행에 대한 전제들의 지속적인 창조라는 의미에서

---

88) a. a. O. S. 23.

89) R. Lang und W. Hellpach, Gruppenfabrikation (Sozialpsychologische Forschung, hrsg. von W. Hellpach, I 1922). — S. 133 f., 66, 79, 88 ff., 91. 통합이라는 말은 어떤 때는 여기서 제기한 의미에서, 어떤 때에는 스펜서에 의해서 보급된 의미에서 사용된다. 이에 대해서는 J. Gerhardt, Arbeits- rationalisierung und persönliche Abhängigkeit, 1925, S. 70 ff.

말이다.

― 자연법론은 지배가 아니라 계약을 그 국가이론의 기초를 이루는 사회학적 범주로 하였는데, 그러한 자연법론은 합리주의적 개인주의[90]로부터 그러한 것만이 아니라 지속적인 법으로써 그러한 것이다.[91] 즉 지배는 특히 막스 베버가 보여주듯이, 사회적 현상으로서는 결코 최종적인 것이 아니며 언제나 정당화를 필요로 하며, 동시에 그 본질에서 바로 이 정당성(Legitimität)에 의해서 규정되고 있다. 지배의 배후에는 언제나 거기에서 지배가 도출되는 다른 가치들이나 질서가 또는 여기서 사용하는 말을 사용한다면 그 내부에서 지배가 행할 수 있는 하나의 공동체를 이미 근거짓고 있던, 그리고 지속적으로 다시 근거짓는, 그러한 통합화하는 요인들(Faktoren)이 있다. 그러므로 주로 지배적인 국가유형도 또한 가치들이나 질서의 주로 사물적·정적인 하나의 세계를 전제로 한다. 이러한 세계라는 이름에서, 그리고 이러한 세계를 통해서 정당하게 이 지배는 행사될 수 있기 때문이다.[92] 이에 대해서 계약·표결·다수결원리는 보다 단순하고 본원적인 통합형식들이다.[93] 이들에서는 정신의 사회적 가치법칙성은 가장 직접적으로 작용한다. 그것들은 그것들이 결말을 짓는 투쟁에 근거하고 있다. ― 그것들이 결말을 짓는가의 여부는 통합 경향을 수반하는 이러한 투쟁의 특수한 종류에 달려 있다. 형식 없는 합의원리나 형식화된 다수결원리[94]는 이러한 투쟁들에 결말을 짓는 형식들이며, 그리고 사람이 다수결원리 속에 단지 의사가 공동체에로 합리적으로 작용하는 것[95]을, 또는 단지 다수의 사의 정당성에로 오늘날 상실한 신앙의 침전물을 본다면, 다수결원리는 아주 오해되는 것이다.[96] 다수결원리가 역사적으로 성립한 것은 한 집단의 내부에서 투쟁을 형식화하는 것으로서이며, 그리고 소수파의 ― 형식화되지 않고 ― 대부분 바로 물리적인 ― 압도를 형식화하는 것으로서이다.[97] 다만, 그 한 집단은 공통의 가치전유를 통해서, 그리고 특히 이 투쟁을 위해서 투쟁의 규칙들을 통해서 총괄하여 보존되며, 그리고 이 투쟁에서 긴장들의 해소에로 고양된 통일성을 획득하려고 하기 때문이다. 내정적 투쟁들의 결판(Austrage)에서의 체험은 건전한 정치적 관계에서는 긴장의 기분 좋은 해소의 체험,

---

90) E. Kaufmann, Kritik der neukantischen Rechtsphilosophie, S. 90처럼.

91) 자연법이론의 이러한 사회학적 측면에 대해서는 Kaufmann, a. a. O. S. 88 ff., Heller, Arch. f. Soz.-Wiss. 55, 290 ff. (김효전 옮김, 국가학의 위기, 『바이마르 헌법과 정치사상』, 125면 이하).

92) 참조. Kahl-Festschrift III 23 ff.

93) 이러한 것으로써 그들이 본원적인 국가형태들에 대해서 특징적이리라고 말할 수는 없다. ― 국가형태들은 나중의, 그리고 그러므로 지배적인 국가형태들에서 조장되기보다는 보다 미분화하고 또한 보다 정태적인 배치상황에 의존한다.

94) 양자의 발전사적인 관계에 대해서는 W. Starosolskyj, Das Majoritätsprinzip (Wiener staatswissenschaftliche Studien, XIII 2, 1916), S. 6 ff.

95) 예컨대 Litt, a. a. O.[1] S. 121 ff., bes. 125 f.

96) R. Haymann, Die Mehrheitsentscheidung, Festgabe für Stammler, S. 395 ff. 예컨대 S. 451에서처럼, 관청들과 법정들에서의 기술적으로 생각된 다수결과 선거와 의회에서의 정치적·총합적인 다수결과 구별 없이 같이 취급하는 것은 아주 정당하지 않다.

97) 어떻게 그것(다수결의 그러한 형식화)을 오늘날에도 여전히 약간의 스위스의 란트 게마인데에서의 옛 게르만적인 전회일치원칙(Einstimmigkeitsprinzip)의 기초로서 관찰할 수 있는가?

카타르시스의 체험이며, 게임이 끝났을 때의 그것에 유사하다.[98] 이러한 기분 좋은 카타르시스적 작용의 보다 깊은 곳에 있는 근거는, 실질적인 정화한 성과를 개입한 만족이나 형식적인 통일성의 제조와 보존을 매개로 한 충족에는 의존하지 아니한다. 결판은 공동체를 통합하는 본질적인 생활행동이며, 그러므로 동시에 결판이 다수파를 이롭게 하거나 또는 소수파를 이롭게 성립하는가의 여부와 관계없이 개인의 생활감정을 높이는 것이다.[99]

여기서 다루는 문제는 근래의 가장 매력적이고 교훈이 풍부한 국가이론적인 논쟁들 중의 하나, 즉 의회주의의 본질에 관한 슈미트(C. Schmitt)*와 토마(R. Thoma)* 간의 논쟁이 원래 대상으로 삼는 것이다.[100] 이 문제는 여기서 그 물음의 본래적인 핵심을 이루는데 양 논쟁자의 누구로부터도 다른 여러 이유들에서 인식되지 않고 있다.

C. 슈미트에 따르면 의회는 19세기에 발전했듯이, 그 지금까지의 기초와 의미를 상실하였다. 왜냐하면 의회의 「이념」, 「원리」는, 즉 공개성과 토론의 원리들과 이것들에 결부된 진실성과 공정성을 보증하는 것인데, 이것들은 오늘날 정치적 현실에서와 마찬가지로 정치적 신앙에서 사멸했기 때문이다.[101] 토마의 (근거가 불충분하지만) 정당한 설명에 의하면, 이러한 연역은 너무나 이데올로기적이며 문학적인 것이다. 실제로 하나의 제도의 성부는 그 이데올로기로써가 아니라 C. 슈미트 자신이 그 활력・실체・힘으로서 특징지은 것이다.[102] 그러나 후자는 전자와 동일한 것은 아니다. 그리고 바로 합리주의는 그러한 정치적인 힘(Kraft)을 추상적이며 합리적인 이데올로기들의 개념적인 모습에서 파악하는 것에,[103] 즉 우리들의 사례에서는 하나의 정치적 통합체계를 궁극의 추상적인 가치들을

---

98) 막스 베버와 마이네케의 모범에 따라서 「긴장들」에서 앞서 나오지 않는 모든 정치이론은 불충분하다. 왜냐하면 그것은 정치적 심리학의 이러한 계기를 오인하고 있으며, 그리고 또한 윤리적으로 해결을 가져오지 못하기 때문이다.

99) 그런데 이러한 작용은 특히 즉자적으로는 결코 이 제도적 의미를 가지지 아니한 투쟁에서, 예컨대 내란에서 출발할 수 있다. — 내가 상기하는 것은 고트프리드 켈러의 「특별동맹전쟁*이라는 죄상을 취소하기 위한 란트 집회」(Gottfried Keller, Landessammlung zur Tilgung der Sonderbundskriegsschuld 1852) Str. 3, 5, 7에서의 한 사람의 위대한 시인에 의한 이러한 사실의 정식화이다.

100) C. Schmitt, Die geistesgeschichtliche Lage des heutigen Parlamentarismus 1923, 2. Aufl. 1925 (김효전 옮김, 현대 의회주의의 정신사적 지위, 동인 옮김, 『헌법과 정치』, 2020) — R. Thoma, Zur Ideologie des Parlamentarismus und der Diktatur, Arch. f. Soz.-Wiss. u. Soz.-Pol. 53, 212 ff.(박남규 역, 의회주의와 독재의 이데올로기에 대하여, 동인역, 『현대 의회주의의 정신』, 탐구신서, 1987, 156면 이하) — C. Schmitt, Der Gegensatz von Parlamentarismus und moderner Massendemokratie, Hochland, Bd. 23, S. 257 ff.(김효전 옮김, 의회주의와 현대 대중민주주의와의 대립, 칼 슈미트, 『입장과 개념들』, 75면 이하). 기본적으로 앞에 열거한 그의 저서의 제2판의 서문으로서 재수록한 것이다.

101) Geschichtliche Lage², S. 63, 61.

102) a. a. O. S. 22 f.

103) 일찍이 내가 유사한 방법으로 전개한 18세기와 19세기의 의회주의적 이데올로기(Maßstäbe des parlamentarischen Wahlrechts in der deutschen Staatstheorie des 19. Jahrhunderts, 1912, S. 4 ff., Die Verschiebung der konstitutionellen Ordnungen durch die Verhältniswahl, Festgabe der Bonner Juristischen Fakultät für Karl Bergbohm, 1919, S. 280 ff.)에 관하여 내가 이것을 다음과 같이 표현하였다. 즉 「이러한 이데올로기에서 본래적인 — 텍스트에서 특징지어진 — 제도의

실현하는 기계론적·목적론적인 메커니즘으로서 합리화하는 데로 기울고 있다. 여기서 이데올로기는 무너질 수 있으며, 그리고 통합은 존속할 수 있다. 프랑스에서는 의회의 이데올로기는 실천적 경험에 굴복하듯이, 특히 이 나라의 독특한 정치풍자적인 힘에 굴복했는데 그러나 의회는 명맥을 유지하고 있다. 왜냐하면 의회는 여전히 더욱이 일정한 감각적으로 전망하는 능력과 정치적 과정들의 수사적·연극적인 변증법에 익숙한 낭만주의적인 부르주아지에 일치한 정치적 통합형식이기 때문이다.104) — 보다 강력하게 민주화 된 독일에서는 신문을 구독하는 한정된 부르주아지가 계산에 넣은 통합방식은 잘 작동하지 아니한다. 여기서 본원적인 이데올로기는 아마 구조전환에서 쓸데없게 될 통합의 한 계기에 불과할 뿐이다. — 이데올로기가 오로지 가진 의미심장함에 대한 신앙은 합리주의 또는 (C. 슈미트에서처럼) 개념실재론이다.105)

따라서 C. 슈미트에 의한 「의회국가의 오로지 정신사적인 사망선고」106)에 대한 토마의 비판에 근거가 없는 것이 아니라면, 슈미트의 반비판은 그것이 토마에 대해서 본질적으로 기술적인 헌법상의 사고를 비난하는 한에서는 역시 매우 정당하다.107) 제도는 목적의 변용 또는 구조의 변화가 있더라도 생활능력을 보존할 수 있다는 것은 정당하다.108) 그러나 자유주의적인 초기 의회주의의 창조적인 — 즉 통합화하는 — 토론이 「당파회의, 내각 관방, 당파간 협의, 사무관이나 경제 서클의 창조적인 토론」109)에 의해서 대체된다고 보는 것은 허용되지 아니한다. 후자는 일정한 업무목적의 하나의 기술이며, 전자는 자기목적으로서의 통합화하는 — 즉 민족과 국가의 본질을 규정하고 근거짓는 — 제도였다. 그런데 기술과 제도는 정신과학적 사고의 최상위의 카테고리들인데, 이러한 카테고리는 혼동되어서는 안 된다.110) 토마가 이러한 관련에서 막스 베버를 원용하는 것은 우연이 아니다. 베버는 국가이론에서, 특히 헌법이론에서 이러한 혼동을 하고 있는 고전적 이론가이기 때문이다. 여기서 주장하는 사고방식과 베버-토마적인 그것과의 대립은 원칙적으로

의미에 도달하기 위해서는 여기서는 안이한 합리주의적인 껍질을 벗어버리지 않으면 안 된다」(Bergbohm-Festschrift S. 280)라고.

104) 시사적인 것은 Kahl-Festschrift S. 23.

105) 그 밖에 슈미트도 정당한 것을 느끼고 있다. 전술한 Anm. 1의 표현들과 고립된 비밀선거에 대한 훌륭한 설명을 참조. 이러한 선거에 의하면 한 국민의 어떠한 의사 내지 공론 (국민은 공공성(Publizität)의 영역에서만 존재한다고 하는)도 활력있는 힘으로써 나타낼 수 있다고 한다(2. Aufl., S. 22). 비밀선거인이란 바로 국가와는 소원한 자유주의적 사고의 통합되지 아니하는, 그리고 또한 통합을 필요로 하지 않는 그러한 개인이다. 오늘날 문제가 되는 것은 이미 한 국가형태의 「이념」 또는 「원리」가 아니라 그것으로써 지배하기 위한 다수자의 획득이라는 것, 이것을 물론 슈미트도 보고 있다(S. 11 a. a. O.). 그러나 이것은 백년 전에는 다르지 않았다. 자유주의 시대의 프티 부르주아의 통합의 이데올로기와 기술만이 민주적 대중의 그것과는 달랐을 뿐이다.

106) a. a. O. S. 216.

107) 2. Aufl., S. 7, 12 f.

108) Thoma, S. 214.

109) Thoma, S. 214.

110) 모든 정신과학적 사고를 거부하는 것에만 그러한 혼동은 정당화될 뿐이다. — 즉 예컨대 내각 회의의 토론과 의회의 그것과의 과격한 등치에 대해서는 Kelsen, Allgemeine Staatslehre, S. 327. 마찬가지로 정당하지 않은 것은 Fr. Haymann, oben S. 35, Anm. 6.

지금까지 이미 시사하였다. 국가이론의 성과들에 대한 이 대립의 의의에서, 이 대립은 뒤에 평가할 것이다.

*

선거·의회 협상·내각 형성·인민투표 — 이러한 것들은 모두 통합화하는 기능들이다. 즉 이것들이 자신의 정당화를 찾는 것은 국가기관들과 기능들의 지배적 이론이 그 법학적 출신 때문에 가르침과는 달리 다음의 점에서만은 아니다. 즉 여기서 국가나 민족 전체를 대표하는 사람들111)은 전권을 가지고 임명되며, 그리고 이제 이 전권에 의해서 타당한 — 피대표에게 찬반하는 작용과 함께 — 법실무적인 의사선언들을 한다는 점에서만 있는 것은 아니다. 또한 막스 베버의 의미에서의 헌법 기술자들이 생각하는 것과는 달리 여기서는 선한 결의들이 행해지고, 선한 지도자들이 선발된다는 점에서도 아니다. 그때에 기초에 있는 정신적 과정(geistige Vorgang) — 이것을 이해하는 것이 정신과학의 첫 번째 과제일 것이다 — 은 불명확한 그대로이다. 그러나 이러한 과정은 이러한 절차방식들의 첫 번째 의미이다. 이것[방식]들은 이들의 부분으로서 민족 전체의 그때그때의 정치적인 개체성(Individualität)을, 그리고 그와 함께 그 민족 전체가 — 내용적인 선이나 악은 여하튼 법적으로 파악할 수 있는 — 활동적으로 되는 것의 전제를 통합하는, 즉 창출하는 것이다. 의회국가의 궁극적인 의미에 대해서 문제가 되는 것은, 의회가 대체로 결의하는가의 여부,112) 그리고 의회가 특히 선한 결의를 하는가의 여부가 아니라 의회의 변증법이 의회 내부에서, 그리고 공동으로 체험하는 국가민족에서 집단형성·연결·일정한 정치적 통합의 형성, 이것을 초래한다는 것이다.113) — 선거권이 바로 정당형성과 그 후의 다수파형성에 작용하며, 단지 개별적인 대의사를 제공하는 것만이 아닌 것처럼 말이다.114) 의회주의적 국가에서 민족은 이미 즉자적으로 (그대로) 현존하지 않으며, 그리고 그 후에도 한 번, 특히 선거에서 선거까지, 조각에서 조각까지, 정치적으로 특히 자격을 부여하는 것이 아니며 — 그렇지 않고 민족이 정치적 민족으로서, 주권적 의사단체로서 정재(定在)를 가지는 것은 무엇보다도 그때그때의 정치적인 종합(Synthese) 때문이다. 이 종합에서 민족은 언제나 새롭게 대체로 국가적인 활동현실태로서 현존하게 된다. 여하튼 이러한 절차는 결코 한 국가민족의 유일한 통합요소, 그 정치적인

---

111) 종래의 이론에서의 대표와 기관의 관계는 대리(Stellvertretung)로써 아주 은폐해서는 안 된다는 것이 여기서 무시될 수는 없다.

112) 그러나 물론 이 결의들은 공동체의 이름에 있어서의 모든 법적으로 가치지을 수 있는 의사행위와 마찬가지로 함께 통합적 기능에로 반작용한다. — 인간의 개별적 인격성이 현실화와 체험화에 대해서 동시에 그 자신 만들어지도록 말이다.

113) 사실상의 「의회의 지도기능」에 대해서는 예컨대 C. Geyer, Führer und Masse in der Demokratie, S. 80 ff., 88 ff.

114) 참조. 예컨대 Leo Wittmayer, Die organisierende Kraft des Wahlsystems, Wien 1903. — 보다 일반적으로는 H. Preuß, Um die Reichsverfassung von Weimar, S. 139:「민주적 자기조직화의 원리를 통하여 거기에서 대중이 낡은 권력들 아래에서 소외되고 있던 국민적 자기의식에 대중이 다시 획득하게 하지 않으면 안 될 것이다」.

의사능력과 활동능력의 유일한 조건이라는 것은 아니다. 그러나 그것은 하나의 의회주의적인 국헌이라는 의미에서 배타적인 조건이며, 이 조건에 의해서 그때그때의 정치적인 개체성은 우선 규정된다.

이러한 통합화하는 기능의 효력은 모든 다른 통합화하는 기능의 그것처럼 두 가지의 계기들, 즉 그 원리(여기서는 다수결원리)는 대체로 통합화하는 힘을 가지며, 그리고 그것은 이 힘을 국가민족 전체에 대해서 가진다는 것에 의존한다.

이[다수결] 원리는 대체로 이러한 작용을 한다는 것은, 정치투쟁에 의해서 문제가 제기되지 않는 하나의 가치공동체(Wertgemeinschaft)에 의해서 조건지워진다. 이러한 가치공동체를 전제로 하여 이러한 투쟁은 수행되며, 이 가치공동체는 이 투쟁 그것에 통합화하는 집단생활의 한 기능인 규칙과 의미를 부여하기 때문이다. 그러한 가치공동체에 의해서 전체를 충분하게 결합하지 못하는 부분적 집단들은 쉽게 투쟁의 게임규칙에서, 그리고 따라서 그 통합하는 작용에서 벗어나게 될 것이다. ― 예컨대 방해라는 수단으로 말이다.115) 또는 규칙들은 확실히 준수되더라도 그러나 완전한 의미에서는 준수되지 않고, 적대적 세력들 간의 교섭 규칙처럼 준수될 뿐이다. 예컨대 문제를 잉태한 다민족국가의 규칙들의 사례가 그것이다. 이러한 국가의 의회는 오스트리아 제국의회에 대해서 말해지듯이, 자주 「분방주의적인 공통법규들을 위한 민족들의 회의」에 불과하며, 더 이상 연대하는 헌법생활의 한 수단은 아니다. ― 다른 한편, 헌법체제의 방식들로 통합화하는 투쟁들을 미리 고려하는 국가형태는, 특정한 민족 부분들의 지속적인 소수파의 지위를 비교적 쉽게 방해한다는 이점을 가지고 있다. 다만, 그러한 특정한 민족부분은 정태적인 헌법체제에서는 그것들에 의해서 배척된 객관적인 가치들을 지속적으로 대표함으로써 지속적으로 소수파의 지위에 있을 수 있으며, 그리고 그것을 통하여 지속적으로 소외될 수 있는데, 반면에 지배를 둘러싸고 항상 경신되는 투쟁은, 예컨대 의회주의적 국가에서는 장래의 권력관여의 가능성을 가지고 이 지배를 달래며, 그리고 이 지배를 이러한 관여를 둘러싼 투쟁을 통하여 항상 반복하여 능동적으로 국가생활 속으로 이끌어 넣는다.

헌법생활이란 의미에 적합한 통합작용의 두 번째 전제는 만인의 그것에로의 내면적인 관여이다. 국가와 국가형태는 법과 마찬가지로 그것들에 종속하는 자들에 의한 승인에 의해서 생활을 영위한다면,116) 국가의 이러한 「승인」은 개인이 가장 본질적인 국가적 통합요인들의 작용에 복종하는 것을 통하여 완수될 것이다. 대표적인 국가생활에 관여하

115) 정치적 가치공동체의 결여와 그리고 이와 함께 동시에 정치적 통합의사의 결여, 이것들을 비스마르크는 「국가를 긍정하는」 당파들에 대립하는 「국가를 부인하는」 당파들에 대해서 비난하려고 하였다. ― 이것은 Meinecke, Preußen und Deutschland im 19. und 20. Jahrhundert (1918) S. 516에도 불구하고 원칙적으로 매우 정당화된, 그리고 결코 선악의 이원론으로 은폐되지 아니하는 구별이다. 텍스트에서 말하는 것은 자주 다음과 같이 표현된다. 즉 당강령은 하나의 가치 코스모스의 보완되는 부분들 또는 역시 그 관찰할 수 있거나 동일한 것으로서 생각된 하나의 목적을 위한 여러 가지 기술에 불과하다 라고. J. Cohn, Logos 10, 225 (라드브루흐에 반대하여), Hamann, a. a. O. S. 467, Stammler, Rechtsphilosophie, § 174.

116) R. Hübner, Die Staatsform der Republik (1920), S. 36 f. ― H. Triepel, Unitarismus und Föderalismus (1907), S. 27 f.

는 것은 능동적인 선거인과 열심인 신문구독자의 그것일 수 있다. — 여기서 사람은 이 활동현실적인 작용효과에 의문을 품지 않을 것이다. 피어칸트가 매우 정당하게 지적한 것인데, 집단 내부의 「관중」(Zuschauer)은 외관상의 행위자들에 대해서 사실상 보다 능동적으로 활동하는 자들이기도 하다.117) 「관중」의 이러한 역할은 다양한 단계에서 형상화한다. 보다 포괄적인 체험연관들에 대한 관여는 대부분의 경우 간접적인 것에 불과하며, 「보고」나 다른 「사회적 매개」의 기술을 개입해서만 가능할 뿐이다.118) 개인은 자신이 이용하는 이 매개의 범위를 매우 다양하게 측정할 수 있다. — 즉 광범위한 신문구독에서 정치를 그것을 위한 시간을 가진 사람들에게 맡기고, 그리고 자신의 감각이 차지하는 곳에 있는 동시대인들에 대해서 대체로 불가피한, 정치적 세계에 따르는 감정에 자기를 제한해 버리는 태도에 이르기까지 말이다. 그리고 이 관찰하는 관여자들의 다양성은 — 지도자나 정치적으로 능동적으로 활동하는 국가시민으로부터 F. v. 비이저가 말하는 아주 「수동적인」대중에 이르기까지 — 이 다양성의 기초에 있는 정서적이며 「사회학적인」관여의 다양성을 표현할 뿐이다. 이러한 대중에 의한 국가의 긍정은 다음의 것에 근거한다. 즉 이 대중은 다른 아마 순수하게 인격적인 종류의 그 어떤 가치들을 긍정하며, 그리고 그와 함께 대체로 무의식적으로 동시에 그들의 가치들을 조건짓고 있는 나머지의 모든 끝없이 조합된 가치들 — 그중에는 물론 국가도 들어가는데 — 을 긍정한다는 데에 근거하고 있다. 이러한 긍정을 통해서 이 국가와 함께 절반은 무의식으로 동일보조를 취하는 것은 대중에 대해서 불가피하게 된다.119) 개인의 이처럼 여러 단계지워지고, 매우 다채롭고 다양하게 된 의미에서 매개가능한 정치적 통합은 원래 중요한 정치적 사실에서는 아닐지라도 가장 중요한 정치적 사실의 하나로서 매우 세심하게 탐구할 가치가 있다. 여기에는 지도자를 비로소 통합요인으로 만드는 인격적 지도(persönliche Führerschaft)라는 매개작용이 있다.120) 이러한 매개작용은 다른 한편으로는 현대의 정치적인 이론과 실천이 본래적으로 취급하는 논점인데, 이러한 이론과 실천은 민주주의, 자유주의 그리고 의회를 직접적인 행동들에 의해서 또는 파시즘적인 방법들(faschistischer Methoden)을 특징짓기 위해서 말해지는, 보다 직접적인 통합으로 대체하려고 한다. 소렐(Sorel)*에 의하면, 직접적 능동행위에서만 개인도 또한 직접적으로 참가하고, 정치적으로 활발한 것이다. — 파시즘이 조합주의(Korporativismus), 군국주의, 신화 그리고 다른 무수한 기술을 통한 직접적인 통합으로 향하여 설정한 것은 다음과 같은 역설적인 통찰에서이다. 즉 비교적 소수의 국가시민만이 국가와의 매개된 관계 속에서 생활을 영위할 수 있을 뿐이며, 이에 대해서 대중은 부르주아적인 대표제국가의

---

117) Gesellschaftslehre S. 392 ff. — 반드시 텍스트에서의 의미는 아니다.

118) 참조. 전술 S. 14, Anm. 2, S. 15, Anm. 1, 2 (본서 659면 주 43, 44, 45)

119) 이러한 여기서는 표면적으로만 시사될 뿐인 의미에서는 트리펠(Triepel)이 숫자에 포함하지 아니한, 「심술쟁이와 몽상가」는 결국 법과 국가를 단지 부정할 뿐만 아니라 동시에 그들의 담당자인 것이 일상이다.

120) 참조. 상술 S. 27.

비교적 부드러운, 그리고 덜 문학적인 생활형태에 의해서 정당하게 파악되지 아니한 오늘날의 민주주의를, 즉 현대의 인민투표적, 생디칼리스트적,* 감각적, 자주 여하튼 비교적 직접적인 생활형태들을 필요로 한다는 역설적인 통찰에서이다.

*

헌법체제에 적합하게 미리 예비된 의회국가적 또는 인민투표적인 유형의 투쟁을 통한 통합과 아울러 통합화하는 기능의 두 번 째의 형식으로서 지배(Herrschaft)가 등장한다. 이 지배는 통합화하는 투쟁보다도 더욱 직접적으로, 사물적인 가치들에 의해서 조건지워진다. — 전자[투쟁]에서는 하나의 가치공동체만이 요구될 뿐인데 대해서 후자[지배]에서는 바로 특정한 가치들이 지배를 근거지운다. 지배에 정당성을 부여하는 비합리적인 가치들, 지배를 행정으로서 정당화하는 합리적인 가치들이 그것이다.[121] 지배는 이러한 가치들의 실현화이며, 따라서 이러한 가치들에 의해서 총괄되는 공동체의 한 생활형식이다. 그 지배의 모든 작용들, 통치와 행정, 법형성(Rechtsbildung, 입법)과 사법에서, 하나 그리고 동일한 지배 아래 있는 것은 그것들에 의해서 조건지워진 가치공동체와 나란히, 특히 또한 이러한 형식적인 공동체 기능들의 체험공동체도 의미한다. 거기에서 이러한 기능들의 체계는 확실히 의회제적 내지 인민투표적인 헌법생활의 체계처럼, 하나의 폐쇄된 누구에 대해서나 자기동일적인 통일성을 형성하지 않는데, 그러나 그 대신에 각인을 그보다 더 강하고 보다 다면적으로 보다 자주 파악한다. 지배는 또한 모든 국가형태에 있어서의 헌법생활이 결국은 지배적 의사의 형성과 표출을 목표로 하는 한 기능적 통합의 가장 일반적인 형식이다. 여하튼 지배는 개인의 생활형태인 것처럼 전체의 생활형태이다. 그 개인은 지배를 함께 담당하고 가능케 하며, 지배를 경험하고 그리고 바로 그것을 통해서 전체와 타자들과의 정신적인 상호작용의 관계에 들어가며, 바로 또한 피지배로서는 통합화하는 정신적 교환의 관계에 있다.

지배의 이러한 이해는 사람이 지배를 규범론적으로 법규범들의 타당으로서 이해한다면, 내쫓아 버린다.[122] 사람이 지배를 임의의 공간상에서 계층이나 권력의 보다 높은 지위를 통하여 하위의 자를 억누르는 것으로 파악한다면, 또는 지배를 — 대상의 정신과학적으로는 허용되지 않는 객체화에서 — 복종의 기회*로서,[123] 즉 인과과학적 · 사회공학

---

121) 가치와의 이러한 관계 때문에 지배 그 자체의 가치가 매우 강조된다. — 예컨대 C. 슈미트에서의 지배자의 결단으로서의 또는 반대의 표지로써 부르주아적 질서라는, 사회주의자들에서 부정적으로 평가되고 있는 요소로서 (예컨대 Max Adler, Staatsauffassung des Marxismus (Marx-Studien, hrsg. v. Adler und Hilferding, IV 2, 1922), S. 209 ff., 214 ff., 223, 198 f., Paul Tillich, Die religiöse Lage der Gegenwart, 1926, S. 43, 54, 64, 65, 81, 95, 125. 여기서는 부르주아 시대의 과학 · 기술 · 헌법 · 교양 · 교회가 지배적인 것 또한 그것으로 타협된 것으로서 현상하고 있다).
  지배와 대표 간의 텍스트에서 시사된 구별들과 매우 밀접하게 관련된 것은 지배자와 지도자는 전적으로 다른 의미에서 동시에 인적 통합의 요인들로서 대표자로서 고찰된다는 사실이다. A. Fischer, a. a. O. S. 387 ff.의 「지배 · 지도 · 대리」의 장 참조.
122) Kelsen, Allgemeine Staatslehre, S. 38 f.
123) Max Weber, Wirtschaft und Gesellschaft, 1922, S. 122.

적으로 파악된 하나의 상태로서 정의한다면, 마찬가지로 지배의 이러한 이해는 내쫓긴다. 여기서도 도처에서 그러하듯이 인과과학적 방법과 규범론적 방법은 국가에서 문제가 되는 정신적 생활의 현실태에 대한 통찰에 대해서 동일하게 운명적으로 대립하는 것이다.

*

모든 형식적 통합화 과정들에 공통된 본질적인 것은, 그들 자신은 목적이 없다는 것, 그것들은 기술적으로는 실질적으로 개별적인 공동체의 목표를 추구한다는 의미에서 생각되지는 않는다는 것이다. ― 오히려 비교할 수 있는 것은 그것들을 통하여 통일성이 성립하며, 평시의 군대의 훈련이나 연습이며, 또한 사교,124) 댄스, 체조이다. 사람이 조세와 병역의무 없이 대중을 국가로 연결할 수 없다고 생각한다면,125) 매우 특징적으로, 재정적 · 군사적인 권력수단이라는 그들의 실질적 · 기술적인 의미와 대립하여 생각하는 것은, 이러한 국가제도들과 개인을 이러한 것 속에 관계짓는 것의, 밖으로 향한 목적 없는 통합화 작용이다.

여하튼 결국 실질적인 가치공동체 없이 형식적 통합은 존재하지 않는다. 이것은 기능적 형식 없이 실질적 가치들을 통한 통합화는 존재하지 않는다는 것과 마찬가지이다. 그러나 대체로 한쪽이나 다른 어느 한쪽이 결정적으로 지배적이다. 즉 집단생활의, 그리고 특히 국가생활의 능동행위(Akte)에서는 그러한 의도에서 형식적인 통합화 기능이 전면에 나타나며, 다른 능동적 행위들에서는 실질적 · 기술적인 내용이 전면에 나타난다. 첫 번 째 경우에는,126) 통합화하는 형식이 어느 정도 대상적 소재에 승리한다. ― 여기서는 특히 분명히 형식적인 공동체의 가치들은 그것들의 자립성에서 실질적인 공동체의 가치들, 국가의 목적들 등등에 대항하여 나타나며, 그리고 이것들과 일정한 통약가능성(Kommensurabilität)의 관계에 들어간다. 양 계기가 하나의 동일한 헌법제도의 측면들로서 여러 차례 결합되었을지라도, 국가이론과 국법이론은 역시 양자를 세심하게 주의해서 구별하지 않으면 안 된다. 실질적인 가치공동체를 통한 공동체의 근거의 유형은 형식적인 계기들을 통한 통합의 지금까지 다루어 온 유형들과는 예리하게 대립한다.

제7장 물적 통합*

국가는 공통의 목적들을 실현하기 위해서 창설되었다든가 또는 국가계약론의 원시적인

---

124) 예컨대 짐멜(Simmel)의 유명한 시론의 의미에서 (Verhandlungen des ersten deutschen Soziologentages von 1910, 1911, S. 1 ff. 특히 유희의 통합적 의의에 대해서 S. 9).

125) 요르크가 딜타이에게 보낸 1879. 5. 7. 편지. Briefwechsel zwischen Wilhelm Dilthey und dem Grafen Paul Yorck v. Wartenburg 1877-1897, 1923, S. 13.

126) 예컨대 다른 전체적인 예산권, 조세권 등등과 대립하는 헌법들의 입헌주의적 예산권에서. 나는 뒤의 곳에서 이러한 사례와 그 밖에로 되돌아 갈 것이다.
그러한 예시들에서 특히 명백한 것은 통합 작용은 입법자 또는 통합할 수 있는 국가구성원들에서의 통합하는 의도의 의식(意識)에는 의존하지 않는다는 것이다.

목적론을 세련화한다면, 국가는 이러한 목적들을 통해서 언제나 정당화된다는 것 ―
이것이 근현대의 국가이론적인 사고의 주안점이다. 그러나 이러한 테제는 그 진실성의
내용이 명백하게 되려면 정확한 정식화를 필요로 한다.

모든 이념적인 의미내용의 실재화는 공동체를 전제로 하며, 그리고 다시 이 공동체를
높이고, 풍부하게 하고, 확고한 것으로 하며, 실로 근거지운다. 사람은 의미체험의 사회성
에 대해서, 그리고 특히 「문화의 성과로서의 공동체」에 대해서 말할 수 있다.127) 가치들이
실재 생활(ein reales Leben)을 인도하는 것은 그것들의 가치들을 체험하고, 실현하는
공동체에 의해서만이다. 그러나 반대로 공동체 역시 이러한 가치들에 의해서 생활을
영위한다. 이미 개별적 인간은 가치의 실현화를 통하여 오로지 정신적인 인격성이 되며,
오로지 정신적인 의미에서 생활을 영위하며 현존할 뿐이다. 그리하여 나아가 집합적인
본질존재는 모두 그렇다. 실로 심리적·생리적인 생활의 현실태라는 「즉자적인 측면」을
결여하기 때문이다.128)

그리하여 국가도 또한 그때에 그 외부에 있는 목적들을 실현하기 위해서 수단으로서
이용될 수 있는 하나의 실재적인 본질존재 그 자체는 아니다. 그렇지 않고 국가는 대체로
그것이 의미의 활동현실화(Sinnverwirklichung)인 한에서만 활동현실태이다. 국가는 이
의미의 활동현실화와 동일한 것이다. 따라서 국가는 또한 그 밖에 있는 목적들과의
목적론적인 관계를 통해서 설명되거나 정당화되는 것이 아니라 그 실체에서의 가치의
활동현실화로서 이해하지 않으면 안 된다.

이것은 국가생활의 측면들에 대해서는 더 없이 명백하다. 이러한 측면들은 주권적
의사단체로서 그 국가생활의 본질에서 직접적으로 추론한 결과들이기 때문이다. 사람은
권력적 지배나 안팎으로 향한 관철을 매우 안이하게 인간개인의 심리적·생리적인 생활과
유비해서 국가의 고유한 본질로서 통용시킬 것이다. 국가는 그 기반 위에서 주인이어야
하며, 개인들의 활기로 가득 찬 권력충동은 이 지배를 완수하는 공동존재에로의 관여를
통하여 충족되는, 그리고 그렇게 해서만 동시에 과제가 된 문화의 의미관련의 일부는
현실적으로 되며 ― 그러므로 국가는 다음의 때에만 활동현실적이다. 즉 국가가 국내에서
법에 의해서, 그리고 권력이 사실상 저항하지 못하는 것을 통해서 지배할 때, 그리고
국가가 대외방위에 승리를 거둘 수 있을 때, 이러한 때만이다.129)

---

127) Litt, ³ S. 323 ff., 320 ff.
128) Litt, S. 333 f., 373 ff.
129) 그러므로 각국이 그 국가적인, 그리고 특히 군사적인 상징들을 승리의 상징들과 결부시킨다면, 그것은
각국의 본질의 하나의 적절한 표현이며, 그리고 아나톨 프랑스(Anatole France)*는 모든 군대가 자신을
세상에서 제일이라고 선언하는 경향에 있는 것을 비꼬는데(L'Ile des Pingouns 1. V. ch. V), 이것은
절반만 정당하다. ― 군대의 임무에 대해서 이것은 군대의 의미에서 볼 때 극복하기 어려우며, 그리고
첫째이며 동시에 본질에 적합한 「문화국민들의 무적」이라는 부적절하지 아니한 표현이다(Wieser,
a. a. O. S. 280, 393).
독일의 무장해제가 하나의 위대한 국민의 생활활동 기능들과 본질과의 훼손이라는 관점 아래서가
아니라 기술적 수단만의 훼손이라는 관점 하에서 비난되는 것은 베르사유 강화조약의 비판에서의
결함에 속한다. 이 차이가 미국인에게는 이해하기 어렵다는 것은 이해할 수 있다. ― 이 차이가 많은

그런데 국가의 이른바 법적이며 문화적인 목적들의 영역에서도 사정은 다르지 않다. 여기서도 국가는 자신의 기술적이며 권력적인 수단들에 의해서 특정한 자신 밖에 있는 객관적·사물적인 과제들에 편입되고 처리하리라는 즉자적으로 존속하는 하나의 인격은 아니다. 그렇지 않고 국가가 그것이 정신적인 생활공동체로서 가지는 활동현실성을 대유하는 것은, 동일하게 이러한 공동체를 구성하는 모든 의미내용에 의한 것이다. 사람은 여기서 특히 형식과 내용을 구별하지 아니한다. 사람은 국가에 대해서, 국가는 문화의 한 형식이라고 말할 수 있을 뿐만 아니라 마찬가지로, 국가에 의해서 보호된 문화영역들에서 그것들은 국가라는 하나의 생활형태라고 말한다. ― 그것들[국가와 문화]의 관련은 형식과 내용이라는 정신과학적으로는 대체로 위험한130) 범주를 통해서가 아니라 하나의 통일적인 현상의 계기들의 관련으로서 파악해야 하는 것이다.

일정한 국가의 「목적들」이나 「과제들」의 총체는 문화전체로부터의 한 단면을 나타낸다. 하나가 선택되는 것은 그것이 대체로 국가적 공동체 생활의 평면에 투영될 수 있는 한에서 최대치131)로 향하는, 즉 문화의 전체 영역 속에 파급하는 ― 국가가 모든 다른 문화영역과 공유하는 ― 그러한 경향 때문이다. ― 그런데 이 하나의 선택은 모든 국가적인 플레오넥시아(Pleonexie; 무제한의 소유욕)에도 불구하고, 그렇지만 동시에 이러한 방법에서의 바로 이러한 공동체의 목적들의 국가화와의, 그 시대의 일정한 친근성에 근거하고 있다. 이 친근성이 존속하는 까닭은, 전체로서의 국가생활은 하나의 총계가 아니라 하나의 개체적인 통일성, 즉 하나의 전체성(Totalität)이며, 이 구체적인 역사적 관계들에서의 객관적 가치법칙성들의 구체화에 의해서 규정되기 때문이다. 이러한 가치충만에 의해서만 국가는 지배하는 것이다.132) 즉 국가는 그것에 귀속하는 자들에 대해서 동기를 부여하는 지속적 통일적인 체험연관이다. ― 그러나 국가는 하나의 가치전체성으로서만, 하나의 통일적 체험이다.

이러한 가치충만에 의하거나 그것들로 이루는 개별적인 계기를 국가 그 자체의 본질적인 계기들로서 체험함으로써, 사람은 국가를 체험하고 국가에 통합된다. 그때에 지도(Führung)와 통합하는 절차의 계기는 하나의 역할을 한다. 그러나 이에 반하여 하나의 실질적인 가치내용에 관여한 결과 통합은 또 하나의 다른 제3의 통합유형이다.133)

독일인에 대해서도 또한 그러한 것은 고통스럽다. 세계전쟁에 대한 독일적 평화주의는 독일 민족의 군사적 제압이 아니라 프로이센 군국주의의 제압에 희망을 품고 있었던 것인데, 이러한 생각 없는 것도 또한 그러한 결함에 속한다(베베르크의 자기 증언. H. Wehberg, Als Pazifist im Weltkrieg, S. 21).* 군대는 단지 장치 또는 도구일 뿐만 아니라 특히 국가국민(Staatsvolk)의 하나의 생활형식이다. 이 문제에 대해서 상세한 것은 다시 다음에.

130) Litt,³ S. 360 ff.

131) v. Wieser, Gesetz der Macht, S. 104 ff.의 표현.

132) 참조. 예컨대 Spranger⁵, S, 230에서의 권력의 심리학을 위한 논평.

133) 바로 사물의 이와 같은 측면에 관하여 Kracauer, Die Gruppe als Ideenträger, Arch. f. Soz.-Wiss. u. Soz.-Pol. 49, 594 ff.에서는 아무것도 없는 것같다.
이에 대해서 Rothenbücher, Über das Wesen des Geschichtliche, 1926, 예컨대 S. 15 f.에는 많은 것이 있다.

국가적 공동체의 사물내용의 통합작용은 그 특수한 어려움을 가지고 있다. 오늘날의
국가에서 바로 이 내용의 충만은 그 통합작용에 대립하여 작용한다. 이 통합작용은
그처럼 거대하기 때문에 그것은 개인에 의해서 더 이상 간과될 수 없으며, 그리고 그것은
동시에 이 거대한 것과 그 합리성에 의해서 개인에 대해서 매우 소원하며, 그 결과
개인은 그 인상을 소외하는 것으로서 느끼며, 그것[통합작용]에로 자신의 고유한 관여를
결코 체험하지 못한다.134) 어느 만큼 통합화하는 작용을 국가공동체의 물적 생활이
그 개별적인 경우에 눈에 띄지 않게 가지고 있더라도, 이 생활의 전체성은 어떤 경우에나
포괄적인 그것으로서 간과할 수 없으며, 그러한 한에서, 즉 포괄적인 것으로서 파악할
수 있는 것은 아니다. 체험되기 위해서, 즉 통합적으로 작용하기 위해서 이 전체성은
어느 정도 하나의 계기로 압축되고, 이 계기에 의해서 대표되지 않으면 안 된다. 이것이
제도적으로 되는 것은 국기, 문장, 국가원수(특히 군주), 정치적 의식, 국민적 제전과
같은 정치적 상징에서의 역사적으로 악츄알한 가치내용을 통해서이다.135) 이것은 역사의
경과에서 한 나라의 정치의 의미내용을 가시화하는 대표적인 과정들을 통해서 행해진다.
— 헤르베르트 비스마르크*에게 보낸 솔즈베리의 회답에 의하면, 이것은 민주주의 시대의
대중을 정치 밖에서 규정하는 유일한 가능성이다.136) 특히 다른 국가들과의 대립은
자국의 가치와 존엄 그리고 자국에의 인격적 관계를 갑자기 경험하게 한다. 그 경우

---

134) Litt[1] S. 174 ff., 179 ff.에서의 이러한 상황의 하나의 탁월한 서술.
여기에는 물적 통합문제의 특수한 역설이 있다. 이 역설은 보다 포괄적으로, 물적으로 보다 중요한
집단에 대한 참가는 참가자수, 내용, 지속기간에 의해서 보다 보잘 것 없는 집단에 대한 참가보다도
체험하는 것, 여하튼 자각적으로 체험하는 것이 보다 어렵다는 점에 있다.

135) 상징에 의한 통합은 물론 언제나 상징화된 내용에 의한 통합만일 수는 없다. 따라서 사람은 하나의
존재하지 않는 내용을 위한 어떠한 상징도 「생각해」낼 수 없다(R. Coester, Die Loslösung Posens,
1921, S. 62 f.가 회고적으로 요구하듯이). — 흑백적[제국 깃발]과는 대립한 그러한 색채[공화국
깃발]에 의해서 상징화 된 적극적인 내용의 불명료함에 의한 흑적금의 라이히[공화국 깃발] 색채의
어려움들은 부분적으로는 이 방향에 있다.
파시즘에 관한 문헌 중에는 정치적 상징의 이론과 실제에 대해서 특히 많은 것이 있다. — 여기에는
또한 신화와 상징의 관련에 대해서 그렇다. 키에르케고르(Kierkegaard)가 합리적인 상징화에 의해서는
정식화하기 어려운 국가의 (교회처럼) 기본원리, 근원적인 생활을 논의에서 이끌어 내려고 할 때에,
그 역시 이 신화와 상징의 관련을 생각한다. Der Begriff des Auserwählten, dtsch. v. Haecker,
1917, S. 41.*
상징이라는 개념은 여기서는 본질적으로 리트(Litt[3], S. 153)에서 보다도 좁거나 또는 프라이어(Freyer)*
의 객관적 정신의 이론에서의 「표식」(Zeichen)의 개념으로서 파악한다.

136) 이 세대는 사건들에 의해서만 가르쳐질 수 있다. 1889년 3월 22일자. Die große Politik der
europäischen Kabinette 1871-1914, IV 405.
특히 상징화하는 사건들에 대해서 Rothenbücher, a. a. O. S. 38 ff. 하나의 멋진 예시 A. Heusler,
Schweizer Verfassungsgeschichte, S. 85에서의 (1315년 모르가르텐[Morgarten]에서의 전투*)는
스위스인들의 의식 속에 그들의 투쟁과 이에 따른 그들의 정치적 통일과의 역사적인 의의를 마련해
주었다.
부분적으로는 여기에 무솔리니(Mussolini)와 파시즘에 의한 로마로의 진군*의 혁명적인 성격을 지속적
으로 강조하는 의미가 있다. 그와 같이 파악해서만 그것은 낡은 세계와의 단절을 상징하는 사건이며,
그리고 아주 새로운 국가적 내용들의 도입이며, 그리고 정말 그러므로 바로 그 혁명적 성격에는 또한
특수 파시스트적 정당성의 근거가 있다.

사정에 따라서는 국가의 본질충만의 대표적인 계기는 눈앞에서 가시화될 수 있기 때문이다. 국가는「그 무한성과 명예를 어떤 개별적인 사안 중에도 둘 수 있으며」,137) 그리고 그들에서 그 작용에 수반하여 훼손된 것을 찾을 수 있다. 그리하여 국가에 귀속하는 자들도 또한 이 체험을 자신의 것으로서 분유하는 것이다.

여하튼 상징화된 사물내용의 고양된 통합력은 그 내용이 비합리적이고 개체적인 충만으로서 특수한 강도(Intensität)를 가지고 체험될 뿐만 아니라 그 내용이 이러한 형상(Gestalt)에서 동시에 확장적·합리적·법칙적인 정식화(Formulisierung)의 모습에서보다도 유연하다는 것에도 근거하고 있다. 정식화된, 즉 명제로서 위축된 내용으로서, 이러한 내용은 타율적이며 고정적이며, 그리고 전체 속에 관계지워진 것을 의식시키며, 동시에 또한 개인과 공동체 간의 긴장을 의식시킨다.138) 이에 대해서 상징화하는 것은 역사적으로 볼 때 미분화의 가치세계를 가지고 보다 근원적인 시대를 표현할 필요에서 근거지워지는데, 이러한 필요[禍]에서 바뀌어 가치내용의, 특히 효과적이며, 동시에 특히 유연한 대표라는 덕(die Tugend)을 만든 것이다. 하나의 상징화된 가치내용을 누구나 그렇게 체험할 수 있는 것은, 정식화나 명제규약이 불가피하게 불러일으키는 긴장이나 모순 없이「내가 그것[가치내용]을 이해했듯이」말이다.139) 그리고 동시에 아무도 그 가치내용을 다른 어떠한 방법으로도 달성하지 못하는 방법으로 전체적인 충만으로서 체험하는 것이다.

특히 그러한 양식에서, 즉 확장적이 아닌 강도 높은 전체성140)에서 전체로서의 국가의 가치충만은 강도 높고 의식적인 통합작용을 수반하여 체험할 수 있다. 그러한 — 그 본질상 다수자에게서 지나가는 — 통합상태의 의의는 다음의 점에 있다. 즉 예컨대 전쟁에서 국가가 개인에 향하여 가장 고차의 요구를 할 수 있는 가능성은, 오늘날 아마 대체로 이러한 가치충만에 결부되었다는 것이다. 그러한 종류의 특수한 전제들 아래서만 이러한 요구는 사실상 가능하다. 그리고 아마 이러한 요구는 자주 그 경우에만 인류적으로 견딜만한 것이다.141) 그리하여 사람이 근거를 가지고 서술해 온 것인데 정치적 내용을

---

137) Hegel, Rechtsphilosophie, §334.

138) Litt¹, S. 117 ff., 129 ff.에서의 우수한 설명을 참조.

139) 내가 상기하는 것은 다음과 같은 유명한 전례의 경험(liturgische Erfahrung)이다. 즉 동일한 교의상의 내용이 종교시(詩)의 형식에서는 그것이 정식화되고 정립된 신앙고백이라는 신학화된 것으로서 현상하는 경우에 게마인데를 통합하는 작용을 방해하려는 어려움들에 결코 부딪히지 아니한다는 경험이다.

140) 예컨대 G. v. Lukács, Theorie des Romans(반성완역, 『소설의 이론』, 1998)에서와 같은 의미에서 반드시 대립하는 것은 아니다.

141) 여기서 전개한 그러한 관련들에서 명백한 것은, 적어도 부분적으로는 국가에 대한 통합의 결합과 신성에 대한 통합의 종교적 결합 간의 친근성이다. 이것들은 예컨대 짐멜의 종교사회학(Die Religion, Bd. 2 der "Gesellschaft", hrsg. von M. Buber, 1906, S. 22 ff.)에서 관찰되며, 그리고 보다 깊은 의미에서 「근대 유럽적인 사고의 라이히·신·개념들」("Reich-Gottes-Begriffe des neueren europäischen Denkens" (1921)에 대한 히르쉬(E. Hirsch)의 기본사상과 같은 것이다. 그러나 또한 소렐(Sorel)이나 파시스트들에게서 정치신화의 정치학 (참조. 예컨대 Mannhardt, S. 125, 219, 262, 278 f., 327 ff.)에 의해서도 실천적으로 적용된다. 정치신화는 여기서 제기된 언어 사용에서는 정치적 가치들의 상징적으로 정식화된, 그리고 그것을 통해서 강도 높은 전체성으로서 체험되는 것에 적합하게 된,

신앙의 내용으로서 파악하는 것을 배제하는 정치적 사고의 합리화는 이에 수반하여 동시에 모든 구속력 있는 정치적 내용을 의문에 붙이는 것이다.[142]

물론 이와 아울러 국가적인 사물내용의 지속적이며 조용한 통합작용은 모든 종류의 앞에서 시사한[143) 「매개작용」을 통해서, 그리고 특히 모든 생활의 영역이 서로 ― 특히 국가와 ― 무한하게 맞물려 있는 것을 통해서 간과되어서는 안 된다.

사물내용은 하나의 의사단체가 통합화하는 사물존립(Sachbestand)을 구성하는 것으로, 그 생활의 한 계기로서 그것[의사단체]이 전체로서 그렇듯이, 유동적이다. 더구나 전체 생활의 전진에 의한 그들의 지속적인 변화라는 의미에서만이 아니라, 그것은 여하튼 그들[사물내용]은 언제나 정적인 점유물이 아니며, 의사에 적합한 실재화의 언제나 새롭게 부과된 목표라는 한에서도 또한 그렇다. 켈렌(Kjellén)*은 이러한 정황에서 국민의 본질을 뤼틀리슈부어(Rütlischwur)*의 말로 적절하게 표현하였다. 「우리들은 형제처럼 단결한 한 민족**이려고** 한다」[144) 그러므로 예컨대 연방국가에서의 실질적인 관할권의 확장은 반드시 또한 실제로는 단일국가화하는 형태로, 즉 통합화하는 형태로 작용하지 아니한다. 왜냐하면 국가활동의 법적인 가능성은 여전히 이 방향에서의 통합화하는 하나의 단체의사의 현실태를 의미하지 않으며, 그러한 활동에 대한 민족의 한 부분이 저항하는 때에 이러한 법적 가능성은 또한 전체에 대해서 탈통합적으로, 즉 부담을 지는 형태로 작용할 수 없기 때문이다. ― 이것은 바이마르에서 라이히의 관할권확장과 강화가 원칙적으로 동일시된 때에 공공연하게 간과된 가능성이다.

이와 같이 국가 「목적들」과 「과제들」의 본질을 국가적인 통합과정의 물적인 계기로서 통찰하는 것은, 그것들에 국가가 수단으로서 봉사해야 하는 것이 되며, 그것들의 목적론이 국가를 정당화하게 되며, 그러한 진정한 「목적들」로서, 그것들[목적과 과제들]을 파악하는 것과는 대립한다. ― 이러한 통찰은 국가생활이란 의미를 대체로 정당하게 취급하기 위해서는 하나의 본질적 전제이다. 사람이 국가를 그 표면상의 목적들에 봉사하는 하나의 시설화(Veranstaltung)로서 고찰한다면, 국가에 대한 이 판단은 단지 부적절할 수 있다. 그 경우에 국가는 그러한 목적들을 조잡하게 제조된 기계가 「언제나 뻑뻑하며 간신히 돌아가듯이」,[145) 매우 불충분한 방식으로 이행하는 것이다. 그러나 이 점에서는 개별적인 인간에서도 사정은 다르지 않다. 개별적 인간의 목표, 이상, 천직으로서의 임무, 바람은

그러한 하나의 충만에 의한 통합을 의미한다.

물론 켈젠이 말하는 신과 국가 간의 유사성(최근 Allgemeine Staatslehre S. 76 ff.)은 이것과 아무런 관계가 없다.

142) 요르크가 딜타이에게 보낸 1887년 1월 13일자. a. a. O. S. 66.

143) S. 41 f.

144) Der Staat als Lebensform, 1917, S. 110. ― 어떤 국가형태론, Kahl-Festschrift, III 22 ff.에서는, 다른 보다 좁은 의미에서 압도적으로 사물적으로 통합된 국가형태들의 정태가 자유주의적 · 의회주의적 인 국가형태론들의 동태에 대치하고 있다.

145) 탁월한 것은 Fr. Curtius, Hindernisse und Möglichkeit einer ethischen Politik, 1918, S. 6. 정신적 생활의 본질에서의 대신에, 「자연과 이성의 이러한 상호관계」에서의 거기에서 주어진 설명은 여하튼 정당하지 않다.

완전히 충만하게 이행하지는 않지만 그러나 그에게 부과된 생활의 충만함은 그러므로 역시 가능하다. 바로 이 생활의 충만함에 의해서 전술한 체념은 요구된다. 한 인간도 국가처럼 그들이 매우 많은 부분적 성과와 실패의 끊임없는 투쟁에서 자신을 공고히 하고, 정신적 본질태로서 언제나 새롭게 자신을 형성하지 못했다면, 그것들은 결코 바로 그러한 것인, 정신적인 현실태들은 아닐 것이다. 이처럼 항상 새로운 본질형성과 본실충만 속에 그것들을 이해하게 만드는 그들의 생활이란 의미는 존재한다. ― 그것은 하나의 목적론적인 이득효과 속에 존재하는 것은 아니다. 이러한 이득효과의 관점 아래서는 인간의 생활과 국가생활의 이해와 정당화는 동일하게 불가능한 것이다.

모든 목적론적인 국가이론은 전술한 합리주의적인 언어이론의 입장에 서있다. 이 언어이론은 언어를 의사소통이라는 목적을 위한 이성적인 ― 즉 기술적인 ― 고안 (Erfindung)으로서 하나의 본원적인 인공물(Urvolapük)로서 설명하였다. ― 이것은 성직자의 기만에 대한 종교철학과 다른 합리화들에 대응하는데, 이것들은 합리주의적 계통의 근현대의 국가이론보다도 이른 시기에 그들에게 상응한 결말을 발견하였다.146)

*

이러한 사물내용은 거기에 전부는 아닐지라도 대부분 국가질서의 정당성이 근거하고 있는 한, 법이론의 대상이다. 정당성을 근거짓는 것은 일정한 국가적 법질서의 타당을 한편으로는 촉진하고, 다른 한 편에서는 담당하는, 구체적인 가치들이다. 이러한 가치들은 매우 여러 가지 종류를 가질 수 있기 때문에 여러 가지 정당성과 특히 또한 정당성의 여러 가지 등급이 존재한다. 형식주의는 이 문제를 물론 탈락시켜 버린다. 왜냐하면 법의 실정성의 문제는 예 또는 아니오로써만 대답할 수 있을 뿐이며, 형식주의에 대해서는 그 이상으로 이미 어떠한 법적 문제도 존재하지 않기 때문이다. 민법처럼 본질적으로 기술적인 법학의 분과는 문제를 회피할 수 있다. 형법에서는 문제를 끈질기게 파고들며, 국법에서는 문제는 불가피하다.147)

*

이러한 문맥에서 여전히 두 가지의 문제가 역사의 문제와 국가영역의 문제가 그러한 것들의 체계적인 장소를 차지한다.

*

국가생활의 의미내용은 역사적인 활동현실태이다. 즉 그것은 인간의 개별적인 현존재의

---

146) 오늘날의 국가학에서의 이러한 종류의 가장 중요한 사례는 켈젠의 「가면」이론("Masken"-Theorie)이다. ― 예컨대 Logos XI, 267 f.

147) 나는 뒤에서 개별적인 적용사례에서 이 문제에 되돌아간다. 참조. C. Schmitt, Geistesgeschichtliche Lage des Parlamentarismus, 2 S. 39 ff.(『헌법과 정치』, 98면 이하), Heller, Souveränität, S. 19(역서 19면), v. Marschall, Vom Kampf des Rechtes gegen die Gesetze, S. 228 ff., Anm. 381 f.

정신적인 활동현실태와 마찬가지로, 단순히 과거와 미래 간의 점적인 경계(punktuelle Grenze)가 아니며, 단순한 임재성(Gegenwärtigkeit)은 아니다. 정신적인 활동현실태가 이념적 의미내용과 구별되는 것은 바로 다음과 같은 것을 통해서이다. 이념적인 의미내용은 이념적인 몰시간성 또는 일회성의 평면에 존재하는데, 이에 대해서 실재적 내용(reeller Gehalt)은 그 내재적 폐쇄성에서 이해할 수 있는 것이 아니라 다음에서 이해할 수 있다. 즉 생활의 흐름은 실재적 내용 속으로 도입되며, 그리고 이 실재적 내용 중에 지나가버린 것으로서 (그러나 몰락한 것으로서가 아니라) 포함된다는 것, 그리고 이 흐름은 실재적 내용을 관철하며 흐르고, 이 실재적 내용에 하나의 변화된 미래에의 경향을 본질존재의 계기로서 부여한다는 것, 이러한 것들에서 이해할 수 있다. ― 이러한 것을 통하여 그러므로 이념적인 의미내용에 대립하는 현실적인 의미내용은 단지 역사적으로 근거지워진 것으로서만, 그리고 미래를 지시하는 것으로서만 의미로 충만하고 이해할 수 있다. ― 활동현실적인 의미내용의 전체성은 역사적으로 유동하며 활동현실적인 전체의 전체성이며, 일회적으로 체계적인 전체의 그것은 아니다. 역사와 미래의 경향은 변증법적 계기들로서 현재의 의미의 현실태 속에 포함되며, 그러므로 그것들은 최강의 통합력으로서 작용한다. ― 여하튼 그것들은 피상적인 당파 이데올로기가 생각하듯이 자립적이 아니고 활동현실태를 구성하는 계기들의 이러한 고유성에서, 더구나 그것들이 이 고유성을 가지고 있는 한에서만 자립적이다.

역사를 현재의 인과적 기초로서 또는 전진적으로 지속적인 귀책의 대상으로서 평가하는 것은 역사의 ― 작용하는, 특히 통합화하는 ― 힘의 의의와 한계를 동시에 인식하지 못한다.[148]

*

국가영역의 문제는 두 가지의 관점 아래 이러한 관련에 귀속한다.[149]

하나는, 하나의 통합화하는 물적 내용의 ― 즉 아마 국가적인 생활공동체에 대해서도 가장 중요한 물적 내용 일반의 ― 관점 하에서 말이다. 최근의 지리학과 「지정학」의 하나의 주요 업적은 그것이 어떻게 국가적인 생활활동이 그 「생활공간」(Lebensraum),* 국가영역, 그 속성들, 경계 그리고 공간적인 관계들에 의해서 규정되는가, 이것을 절실하게 보여준다. 그리하여 사람은 바로 각각의 국가의 「특수한 국가이념」을 그 특수한 지리적인 요인들에 대한 자신의 적응능력으로서 흔히 말한다.[150] 여기서는 이 연구영역

---

148) 참조. 예컨대 문헌은 Litt³ 80, Anm. 1, 그리고 M. Scheler, Versuche zu einer Soziologie des Wissens, 1924, S. 115 f., Anm.
   로텐뷔허(Rothenbücher)의 생각이 풍부한 저서는 비판주의의 최후에 시사한 정당하지 아니한 양자택일에 굴복하며(참조. besonders, S. 59, 74 ff.), 그러므로 탁월하다고 보는 개별성들의 충만함을 그것들에 일치한 정신과학적 관련 속에 두지 아니한다.

149) 이처럼 이중화된 것의 불명확함은 Waldecker, Staatslehre, S. 481 f.

150) 예컨대 Sieger, Staatsgebiet und Staatsgedanke, Mitteilungen der Geographischen Gesellschaft in Wien 62 (1919), 1 ff., bes. S. 8, u. ff.

에서 다루는 사실과 관점들의 성과를 대체로 상기해 둘 수 있을 뿐이다.

이 연구영역에 대해서 여기서 비판적인 주의가 필요한 것은 단지 다음과 같은 한에서만 이다. 즉 이러한 지리학적 고찰이 그 자연과학적인 출발점과 그 대상의 외관상의 공간적·신체적인 자연에 대응하여 국가영역을 국가생활의 인과요인으로서 다루는 경향에 있는 한에서이다. 즉 동물지리학적이며 식물지리학적인 생활공간을 자연과학의 대상인 유기적 생활의 생활조건으로서 이해하는 것과 아주 동일하게, 정치적인 공간을 인간들의 생활활동을 조건지우는 자연적인 생활공간으로서 이해하는 경향이 있는 한에서이다.151)

그리하여 국가영역과 인간의 신체와의 임의의 유비가 일반적으로 말해서 기본적으로 잘못되었지만, 이 유비는 여기서 가르치는 바가 많다. 모든 정신생활이 인간의 신체적 정재(定在, Dasein)*에, 그리고 신체적·생리적인 과정들에 구속되듯이, 역시 이 정신생활 과 그 인식은 공간을 채우는 신체의 (기계적이며 유기적인) 법칙들에는 구속되지 않으며, 그 정신생활에는 그 정신적인 고유한 법칙성이 맡겨지고 있다. 왜냐하면 전술한 신체성은 인과적 요인으로서가 아니라 변증법적 계기로서만 그 정신생활 속에 포함되기 때문이다. — 이와 마찬가지로 국가생활 역시 그 지리적 구속에도 불구하고, 자연과학의 유기적 생활처럼 그 지리적인 구속으로부터는 설명하지 못하고, 이러한 그 본질존재의 계기의 관계지움 아래에서만 정신적인 활동현실태로서 이해할 수 있을 뿐이다. 즉 모든 국가학은 정신적인 체험들의 대상으로서의 — 그것이 공동의 정치적 운명의 계기인 한, 특히 그것이 과제인 한 정치적인 공동체를 통합화하는 계기로서의, 즉 방어·배제·거주·이용 등등의 대상으로서의 — 영역에 관계된다.

정치지리학의 자연주의적·기계론적인 오류들이 면책할 수 있는 것이며, 그리고 작업가 설로서 여러 가지로 결실 있는 것이라면, 근래의 독일 국법학의 무거운 영역자연주의에는 변명의 여지가 없다. 그러한 독일 국법학은 명백히 공간적인 활동현실태로서의 국가를 쟁반위에 두듯이, 공간적으로 뒷받침하는 기반으로서의 그 영역 위에 두고 있다.152) 통례의 학설은 3 요소설을 조잡하게 접목하는 것인데, 이러한 3 요소의 접목은 그때에 국가민족을 이러한 토대 위에 두고, 그리고 그것들을 그 위에서 (자주 적용하는 이미지로는) 국가권력의 둥근 지붕(Kuppel)에 의해서 효과적으로 고양하거나 또는 그것들이 이것[국 가권력]에 의해서 인형극의 인형들이 인형극 놀이를 하는 사람들의 실묶음에 의해서 그렇게 되듯이 함께 보존되도록 한다. 독일적인 정신이 결여된 역사의 이처럼 수치스런 장은 물론 빈 학파의 비판이 감사할만한 한 분야이며, 그러므로 그것을 참조하도록

---

151) 많은 것 대신에 Fr. Ratzel, Lebensraum, 1901. — Heller, Souveränität, S. 85 und Anm. 2에서는 텍스트에서 말하는 것과의 한계들에서만 국가이론에 대한 「지정학」의 거부가 정당화될 뿐이다. — 지정학 의 전진들에서조차 오늘날의 (나폴레옹 모델에 따르는) 이탈리아의 문헌에서는 정치적 지리학은 자연적 지리학 아래로 순수한 굴복까지 한걸음 더 나아간다. 이러한 굴복과 비교하면서 지각·하천·산악 중에 조국을 인식하는 것을 배척하는 「현대의 기본적인 특징들」(Fichte, Werke, 7. 212)에서의 특히 유명한 곳은 여전히 정당하다.

152) 특히 특징적인 곳들. 이러한 곳에 많은 다른 곳은 준거한다. Kelsen, Souveränität, S. 73, Staatslehre, S. 294.

지시할 수 있다.153) 그러나 빈 학파의 비판에는 이러한 오류들에 대한 간단한 설명이 첨가되지 않으면 안 된다. 즉 이 소박한 실재론의 조야함은 국법학적이며 국가이론적인 형식주의에 대해서도 현존하는 공허함을 보완하는 것으로서 필연적으로 모습을 나타낸다는 설명말이다.

영역의 두 번째의 통합화하는 기능은 영역 중에, 영역과 함께 서 있는 국가적인 과제들의 수행이 가라앉는다는 점에 있다. 영역은 형상을 변화시키며, 하나의 문화적 산물이 된다. 더구나 모든 종류의 개별적이며 경제적·문화적인 가치들의 담당자로서 뿐만 아니라 하나의 국가와 민족의 가치를 점유하는 전체성의 직관적인 총괄로서 말이다. 그러한 한에서 영역은 대체로 「조국」, 「고향」 등등으로서 특징지워진다. 영역은 그러한 한에서 예컨대 전쟁기의 언어사용이나 감정세계에서 그 어떤 무엇인가 다른 것 이상으로 정치생활의 공동체와 가치공동체를 대표한다. ― 때로는 그것[영역]은 그것으로 다시 일부분에 의해서 신성한 경표(sacri termini), 그 「역사적 측면」, 예컨대 라인강에 의해서 대표된다. 이러한 기능에 수반하여 영역은 하나의 정식화하지 못하는 가치충만의, 하나의 가치전체성의 통합화하는 상징화들의 계열에 들어가며, 더구나 이 계열의 첫 번째 자리를 차지한다. 그 최초의 패러그라프에서의 통일규약이 통일목적을 정식화하듯이, 헌법체제들은 그것들이 이 내용의 상징화들 ― 영역, 깃발과 문장, 국가형태와 국가성격 ― 을 전치함으로써 그것들에 의해서 규칙지워진 국가생활의 정식화하지 못하는 내용을 특징짓는다.

이러한 의미에서 국가는 그 영역에 의해서 그 매우 본질적인 구체화를 경험하는 것,154) 그리고 이 영역의 변경들은 국가의 양적인 본질변경이 아니라 질적인 그것인 것, 이러한 것은 정당하다. 영역은 국가의 물적 통합 요인들 중에서 첫 번째 자리를 차지하며, 그리고 이 관점 아래서 ― 국가의 요소들에 대한 무의미하고 불가능한 교설의 관점 아래서 ― 국가이론의 대상이다.

제8장 통합체계의 통일성 ― 상호관계에 있는 통합 종류 ― 내정과 외정

모든 정신생활은 부여된 의미관련들을 실현하는 하나의 단편이다. 그것이 이럴 수 있는 것은 그것이 하나의 특수한 가치법칙성의 담당자이기 때문이다. 이 가치법칙성 때문에 거기에는 그처럼 최고도의 활동현실화로 향한 경향, 「경도」가 내재하고 있다. 문제가 되는 가치영역에 따라서 이 경향에는 특히 그 어떤 종류의 하나의 체계적 통일성의, 하나의 객관적 전체성의, 즉 하나의 통일적인 총체인식의 제작이 포함되어 있다. 각각의

---

153) Kelsen, a. a. O. 그리고 아마도 그 밖에 W. Henrich, Kritik der Gebietstheorien, 1926.

154) Braubach, Schmollers Jahrbuch 48, 232.
   특히 현저한 것은 영역과 그 한계들의 이러한 통합작용이다. 거기에서는 이러한 작용이 19세기 초의 많은 독일의 방언 한계들의 경계변경들에로의 동화(同化)에서처럼, 국가 밖의 자유로운 「사회」로 파급하고 있다.
   상당히 일탈한 것은 Scheler, Formalismus, S. 580 f.

개별적인 통찰은 이 통일적인 총체인식의 일부분이려고 한다. ― 이 통일적인 전체인식은 관련을 가지고 모두를 포괄하는 규범체계의 하나인데, 각각의 개별규범은 그 통일적인 총체인식의 부분으로서만 그 의미를 가질 것을 요구한다. ― 이 규범체계의 하나는 그 어떤 종류의 한 사회체계이며, 각각의 개별적인 사회적 활동은 이 사회체계의 실재화를 지향한다.

사회생활에서 이러한 경향은 이미 가장 일시적인 인간관계의 내부에서 나타나는데, 전술한 리트[155])에 의해서 매우 인상깊게 묘사된 ― 이해(Verständigung), 즉 정신적·사회적인 종합의 제작이라는 사회생활의 목표를 지닌 ― 를 「전달하고 이해하는 능동행위들의 왕복진동」에서, 비록 그다지 얼마 안 되는 것일지라도 말이다. 보다 고차의 창조에서 그 경향은 모순 없이 폐쇄된 통일성이 언제나 새롭게 제조되는 과정에서, 즉 하나의 실정적인 법질서가 학문과 실천에 의해서 하나의 살아있는 정신적 통일성으로 향하여 언제나 새롭게 고양되어가는 것에서, 또는 끊임없는 법의 역사에 대해서도 동일하게 혁명에 의한 급격한 단절에 대해서도, 하나의 실정적 규범체계의 결함들이 언제나 새롭게 보완되는 것에서 작용한다. 특히 국가에서 상술한 경향은 개인과 집단 전체의, 실로 압도적 다수자의 모든 수동성과 저항에도 불구하고, 모든 국가에 귀속하는 자들의 의사단체로서의 그 국가의 활동현실태의, 지속적인 경신에 의해서 실현된다.

국가생활의 활동현실태가 그 활동현실태를 주권적인 의사단체로서 지속적으로 제조하는 것으로서 나타낸다면, 그 활동현실태는 그 통합체계로서의 그것이다. 그리고 이 통합체계는, 즉 국가활동의 현실태 일반은 그것이 정신의 가치법칙성에 대응하여 언제나 새롭게 자동적으로 통일적인 총체적 작용에로 총괄되는 모든 통일적인 통합 요인들의 통일성의 작용으로서 파악될 때에만, 정당하게 이해된다. 즉 국가의 다양한 측면은, 특히 국가의 통합의 특징지어진 다양한 양식은, 또는 예컨대 국가 생활의, 그것들의 상호작용에서 매우 문제적인 두 개의 주요한 방향, 즉 내정과 외정은 국가의 통일적인 생활체계의, 즉 통합체계의 계기들로서만 이해할 수 있다.

이러한 관점 아래에서 통합양식들의 상호관계와 내정과 외정의 관계와의 이러한 두 개의 문제를 적어도 시사하는 것으로 간단히 해명하기로 한다.

*

여러 가지 통합방식들의 관계는, 특히 각각의 통합체계의 양극의 관계는 한편에서의 물적 통합양식과 다른 한편에서의 기능적 통합양식의 관계는 이론과 정치의 하나의 중요한 문제이다. 여하튼 이 문제는 명백하게 그처럼 특징지워지지 않거나 또는 또한 그렇게 이해할 뿐이다. 왜냐하면 그 문제는 체계적인 문제로서 원칙적으로 파악하여 취급하지 않으며, 역사적인 문제로서 관찰하기 때문이다. 그때에 특히 문제가 되는 것은 역사적 경과의 두 개의 가능성, 즉 한편에서는 기능적 통합에 의한 물적 통합의 교차,

---

155) 2. Aufl., S. 78.

다른 한편에서의 물적 통합에 의한 기능적 통합의 교차이다.

첫 번째의 가능성은 근대의 정신사 일반의 과정에 일치한다. 중세적 가치체계의 붕괴는 동시에 성장해 온 자연적·몰문제적인 가치공동체의, 퇸니스(Tönnies)의 의미에서도 또한 「게마인샤프트」의 붕괴를, 즉 압도적으로 물적 통합 시대의 종언을 의미한다. 정신적으로 원자화·탈실체화·기능화 된 근대인은 가치나 기체(Substanz)를 결여한 인간이 아니라, 동시에 필연적으로 문화질서와 사회질서인 공동체 형성적인, 특히 전통적인 가치들을 결여한 인간이다. 따라서 공동체의 형성은 그[근대인]에 대립하여, 또한 그 이상으로 기능적인 통합기술들에 의존하고 있다. 정태적 질서의 인간이 존속하는 국가와 등족의 위계제에 편입됨으로써 통합되었듯이, 19세기의 부르주아는 의회제 국가의 형식적인 놀이에 의해서 민주주의 시대의 부르주아는 대중국가의 인민투표적인 생활형태에 의해서 통합되고 있다. 그러한 한에서 대중심리학이 현대의 국가이론적인 사고 속에 침투하는 것은 그 심리주의적이며 회의주의적인 불충분함에도 불구하고 일정한 정당성을 가진다. 그러한 한에서는 또한 매우 현대적인 정치집단의, 예컨대 공산주의「과도적인 모양」(das Prozeßartig)이 보다 낡은 정당형성의 구조와 대치되는 것은 부당하지 않다.156)

그러한 세계사적인 발전계열들에서는 아주 독립하여 이런 종류의 과정들이 때로는 작은 일에서도 관찰할 수 있다. 카를 빌핑거(Karl Bilfinger)*가 인상깊게 서술한 것인데, 국민국가들과 대립한 생활형태로서의 독일의 개별국가에 대해서 특징적인 것은 이렇다. 즉 독일의 개별국가가 통합되는 것은 실질적인 계기·경제·문화·출신 그리고 이것들과의 관련된 물적인 관할권들을 통해서라기 보다는 오히려, 특히 「국가적 지배원리」를 통하여, 즉 국가적 지배행사의 형식적 기능의 형식적인 놀이를 통해서 — 즉 그 물적인 내용이 전혀 도외시 된 그 주민들이 이러한 기능적 생활에로 함께 생활하고 관여한 결과 기능적 통합을 통해서 — 라는 것이다.157)

국가이론에 대해서 그러한 개별적인 사례들의 수, 종류, 진실성의 내용보다 더 중요한 것은 다음과 같은 원칙적 사실이다. 즉 대립하는 경과도 또한 등장하는 것, 더구나 마찬가지로 개별사례로서, 그리고 이 개별사례에서는 여기서 특히 여전히, 등장하는 것, 그리고 그러한 한에서 실천적·정치적인 프로그램으로서 최대의 실천적인 의의를 가진 것, 이러한 원칙적 사실이다.

한 번은 보다 낡은 생활공동체가 퇸니스의 의미에서의 합리화 된 근대적 「이익사회」(Gesellschaft)로 붕괴한 것은 비합리적인 공동사회(Gemeinschaft)의 내용이 합리화되고, 의식화되고, 정식화 된 — 국가계약론, 인권, 근현대적인 국가이론과 정당강령이 전개하는 — 의미내용과 가치내용에로 변화한 것, 이것을 의미한다. 그리하여 사람은 바로 보다 낡은 공동체 형태에 대해서 보다 새로운 그것의 본질적인 측면을 다음의 점에서 찾으려고

---

156) G. Lukács, Geschichte und Klassenbewußtsein, S. 319 ff.(박정호·조만영 옮김, 『역사와 계급의식』, 1992).

157) 라이히 의사의 형성에 대한 개별국가들의 영향, S. 85.

해 왔다. 즉 보다 본원적인 공동체 형태에 대해서 지도자(Führer)는 특정적이며 본질규정적인 통합요인인데, 이에 대해서 보다 새로운 공동체 형태에 대해서 이 지도자에게는 이념들과 추상화들이 대체한다는 점에서 말이다.158)

하나의 상응하는 경로는 많은 구체적인 개별적인 현상 속에서 추구할 수 있다. 잉글랜드에서 인민투표적인 헌법유형은 인격적인 유형에서 실재적(real) 유형에로 변화하며, 이것이 정점을 이룬다. 이것은 카를 뢰벤슈타인(Karl Loewenstein)*이 서술한 것인데 나는 여기서는 그의 이 중요한 서술만을 제시해 둔다.159)

내가 보는 한, 특히 이곳에서 사회주의적 국가이론의 수수께끼들을 푸는 열쇠가 정돈되고 있다. 이것은「인간에 대한 통치에서 사물의 관리와 생산과정들의 지도(Lenkung)에로의 이행에 대한, 따라서 국가의 폐기」160)에 대한 엥겔스(Engels)*의 정식이 사회주의에서 국가이론을 해명하는 주요 동기가 되면 될수록 그만큼 명백해진다.「지배」의 폐기의 전제인 연대*의 제조(Herstellung der Solidarität)는 물적으로 정당한 경제적이며 사회적인 질서를 제조하는 데에 근거한다. 이것이 현존한다면 그때에 의사의 통일성은 특히 정치적인 그것은 이미 지배에 의해서, 압정에 의해서 대체로 의사행위(Willensakte)에 의해서 제조되는 것이 아니라 이 질서의 정당성에 대한 통찰에 의해서 제조된다.161) 마르크스주의가 교육에 매우 커다란 비중을 두는 것은, 이 새로운 질서의 인간들은 종래의 인간들과는 필연적으로 다르지 않으면 안 되며, 그리고 종래의 인간들보다도 보다 선한 것이어야 하기 때문이다.162) 그러나 여하튼 완수된 사회주의는 정치적인 통합체계를 이미 필요로 하지 아니한다. 그러나 여하튼 그것은 완수된 물적으로 새로운 질서에서 이미 점유하고 있기 때문이다. — 그러므로 예컨대 막스 아들러(Max Adler)*에 대해서는 이론을 제기하는 소수파의 문제는 이미 결코 현존하지 않기 때문이다.163)

---

158) 프로이트의 대중심리학이 그렇다. 여기서는 손쉽게 Kelsen, Staatsbegriff, S. 31 f.에 따라서 인용한다. — 현저한 자연주의와 초기 낭만주의의 오늘날의 여전히 불가피한 상호관계를 포함한 하나의 특히 대표적인 의견.

159) Archiv für Sozialwissenschaft und Sozialpolitik, Bd. 51, S. 671, 683.

160) 예컨대 Herrn Eugen Dührings Unwälzung der Wissenschaft, 11. A. (Dietz 1921), 277 (김민석 옮김, 『반뒤링론』, 새길, 1987, 301면).

161) 매우 특정적인 것은 제3회 청년사회주의자 라이히 회의에서의 막스 아들러(Berlin 1925, Arbeiterjugend-Verlag, S. 12)이다.「사람들의 두뇌를 전원일치로 하고, 그들의 의욕을 거기에서 그것이 비로소 지속적인 힘에 도달하는 하나의 공통된 일선에 가져오는, 과학 이외의 수단은 아직 한 번도 존재하지 않았다. ... 한 영역에서만 모든 정신은 합치하지 않을 수 없으며, 하나의 강제는 누구도 면할 수 없다. 이것은 논리적 사고의 강제력이다」. 등등.
그리하여 과학적 진리와 그 실현은 유일한 통합요인으로서 말이다. 거기에서「국가」는 지양된다는 한 주지주의적 정식을 어떠한 변증법도 부정하지 못한다. 정확하게는 Adler, Staatsauffassung des Marxismus (Marx-Studien IV 2), bes. 209 ff., 또한 129, 146, 223 und passim.

162) 그러므로 모든 미래의 민주주의의 중점은 정치가 아니라 교육에 있을 것이다. 이에 대해서는 S. 185.

163) Staatsauffassung, S. 197, Anm.
부르주아 사회에 대해서 그 가치들의 고정화를 비난하고, 그리고 새로운 교육에는「하나의 형식적으로 전면적으로 기능하는 교육생산물」을 목표로 하는 사회주의는(A. Siemsen, Erziehung im Gemeinschaftsgeist, bes. S. 13 f.), 그러한 한에서 사회주의적 기반 위에는 없다.

우리들에게 익숙하게 된 정치생활의 현실태는 하나의 의사의 세계이다. 다만 이 살아 있는 — 그러므로 투쟁적인 — 의사야말로 이 투쟁에서 국가를 형성하고 역사를 가능케 하는 것이다. 이러한 정치생활의 현실태가 배제되면, 대체로 그 밖의 마르크스주의에 대한 모든 반론들(Einwänden)은 여하튼, 「부르주아적」 국가이론의 의문점들은 제기되는 것이다.

오로지 통합화하는 사물내용에 의해서만 정치적인 통합의 하나의 상태는 비국가이론 — 마르크스주의가 그러할 것인데 — 의 대상이거나 또는 하나의 유토피아의 대상일 뿐이다. 이것은 잃어버렸거나 미래의 낙원이며, 그렇게 성격지워진다. 따라서 모든 천년왕국설적인* 유토피아의 낭만주의적 특징들에로 기우는 것을 보여준다. 이것과 로마 교회에서의 세계사적인 실현의 한 사례라는 사실은 모순되지 아니한다. 한편으로는 여기서도 물적 통합의 체계는 순수한 것에 머무르지 아니하며, 다른 한편에서 특징적인 것은 그 교회의 고유한 법체계와 그 교회가 모방한 정치체계들은 물적인 중심가치의 담당자에서 파생하고 도출되는 권위들의 전체적인 계통적인 질서들이라는 것이다. 이 도식에 따라서 국가의 한 이론을 전개하려고 하는, 즉 국가의 현실태를 체계적으로 파악하려고 하는, 모든 시도의 법과 가능성에 대해서 가르침이 많은 것은 카를 슈미트의 국가이론에서 제시하는, 이러한 종류의 가장 의의 있는 근래의 시도이다. 이 시도는 국가이론이 아니라 법이론이며, 그 전제들에서 그 이외의 것일 수 없다. — 그러므로 막스 아들러가 가치정당화된 법적 관계들의 이러한 이론 중에서, 적어도 특정한 의미에서 한 사람의 동지를 발견할 수 있다는 것은 특징적이다.[164]

그것보다 주목할 만한 것은 우리들의 문화 전체의 내부에서의 문명적인 사물가치들(Sachwerte)에 대해서 인문적인 인간가치들의 일반적인 후퇴로서 국가적인 통합요인들의 상대적인 의의에 일치하는 전위(Verschiebung)를 스스로 연장하고, 특히 의회주의의 몰락을 좋은 부분으로 설명하는 변화이다.[165]

예컨대 그것은 많은 단계이론에서 해명할 수 있듯이, 통합유형들의 현실적이거나 구성된 경과들의 보다 많은 예시들에 대해서는,[166] 여기서 제외하기로 한다. 그러한 고찰들의 모든 권리가 제약되고 있음에도 불구하고, 고집할 것은 국가단체(Staatsverband)가 그 통일성을 가지는 것은, 통합요인들의 총체에 의한 것이며, 따라서 그 사물내용과 그 의사생활(Willensleben)의 결과라는 것이다. — 개별적 인간의 인격적인 생활이 회상·과제·장래의 경향에 관하여 그 기능들의 놀이에서, 그리고 그 사물내용에서 통일성을 위한 완결을 체험하듯이 말이다. 정신의 가치법칙성은 여기서도 자신을 혼자 힘으로 언제나 변모하면서 실로 이들 개별적인 요인들의 끊임없는 조화화에서 확증하는 것이다.

---

164) Staatsauffassung, S. 193 ff.

165) Hellpach-Graf Dohna, Die Krisis des deutschen Parlamentarismus, 1927, S. 8.

166) 비교적 새로운 예시로서 여기서 언급할 것은 Max Scheler, Versuche zu einer Soziologie des Wissens, S. 99, 109, Anm. 99 (엥겔스에 반대하여), 28, 30, 31 ff., 37 f. — 방법론적으로 의심스러운 것은 「이념적 요인과 현실적 요인」의 관습적인 대조화이다. 이에 대해서는 S. 9.

파시즘은 전면적인 통합의 이러한 필연성을 매우 명확하게 보았는데, 자유주의적인 것과 의회주의적인 것을 배척함에도 불구하고, 기능적 통합의 기술을 교묘하게 제휴하고, 그리고 배척된 사회주의적인 물적 통합을 의식적으로 별개의 (국민적 신화, 직업국가 등등의) 그것[물적 통합]과 대체하고 있다. 파시즘에 대해서는 그 밖에 판단해도 좋으나, 이러한 것은 파시즘의 강력한 측면들에 속한다.

— 끝으로 다시 한번 다음의 사실을 상기하기로 한다. 즉 통합유형의 어느 것도 통상 순수하게 등장하지 않으며, 단지 규칙적으로만 하나의 통합유형 또는 다른 유형이 개별적인 사례에서 우세하게 된다는 것이다. 때때로 그것들은 분리하기 어려운 통일성에서 현상한다. 그리하여 정치적 성과의 통합작용167)에는 동일하게 공동적 점유물로서 획득된 사물내용과 국가적인 공동체를 통하거나 또는 역시 적어도 그 이름의 기관을 통한, 이러한 획득(Erringen)의 체험이 관여하고 있다.168)

*

국가생활의 통일성, 통합의 종류와 그것들의 체계적인 상호작용의 종류들은 지금까지 본질적으로 내정의 관점 아래서 다루고, 그리고 그 가장 중요한 현상형태들에서 직관화되고 있다. 그러나 그러한 고찰은 느끼는 사람의 흠결을 열린 그대로 두고 있을 것이다. 즉 그 고찰이 국가, 정치 그리고 통합을 이 측면에서 보아 시야에 넣고, 그리고 국가생활의 전개된 체계는 외정이라는 얼핏 볼 때 매우 다른 종류와 다른 법칙의 영역과 어떤 관계에 있는가 하는 문제를 무시하는 경우에 말이다. 국가는 외관상 후자[외정]에서는 권력으로서, 즉 견고하게 폐쇄된 통일성으로서이며, 전자에서는 개별적인 요인들과 기능들과 그들의 끊임없이 교체하는 상호작용 속에 해소되고 있다. 후자에서는 외정적인 세력들의 놀이(Kräftespiel)라는 타율성이, 전자에서는 국가적 특성이라는 자기형상화(Selbst-gestaltung der staatlichen Eigenart)의 자율성이 존재한다. 따라서 후자에서는 자주 불러내

---

167) 거의 고찰하지 않는 것은 Norbert Einstein, Der Erfolg (1919), bes. S. 50 f.
 — 통합 종류들의 관계에 대해서는 또한 상술한 S. 44 f.도 참조.
168) 정치적인 주요 방향의 헌법이론들만이 위에서 시사한 방법으로 개별적인 통합요인들의 적용과 결합에 의해서 구별되며, 다양한 통합 프로그램으로서 성격지워질 수 있는 것은 아니며, 마찬가지로 국가형태들 (이에 대해서는 후술)과 국민적 국가유형들도 그렇다. 여하튼 이러한 대립들은 (약간 단순하게 일관된 대립들, 예컨대 특정한 감각적·시각적·율동적인 통합 계기들의 상당히 커다란 역할은 여하튼) 매우 혼란하며, 단순한 정식으로 환원되지 아니한다. 그럼에도 불구하고 이 문제는 개인주의적·집단주의적이라는 대립의 변형으로의 임의적인 환원이 빠지지 않을 수 없는 불명료함에 대해서 보다 상세히 탐구할 만 하다. 이러한 한 쌍의 대립은 모든 정신적 생활과 각각의 정치적 개체성의 필연적인 계기들을 특징짓는다. 카를 포슬러(Karl Vossler)가 고전적으로 서술한 것은 이렇다. 즉 프랑스 문화는 얼마나 강력하고 sozial 하고 soziabel 한가, 그렇지만 프랑스적 국가감정은 동시에 주관적 권리에서의 객관적 권리의 농민적·소부르주아적인 체험에 상응하여, 그 주관적 소유(Haben)의 명료한 대상들에 대해서 냉혹한 개인주의에 둔다는 것이다. — 베르사유 강화질서의 견해에서처럼 말이다. 반대로 프랑스인은 앵글로색슨적 고유성으로서 모든 개인주의에도 불구하고 역시 정치적 관점에서는 정치적으로 원자론적인 프랑스인과는 대립하는 선한 의사와 협동에로의 경향을 느끼고 있다(A. Tardieu, Devant l'obstacle, l'Amérique et nous, 1927, p. 53 s.).*

는 「외정의 우위」라는 의미에서 전자에서 존립하는 자유를 제한하며, 이것과 대립한다는 필연성이 있다.

다른 문맥에서 내가 제시하려고 시도하였는데 정치생활이란 내정과 외정의 통일성이며, 이 통일성은 양 방향이 국가적인 개체성(staatliche Individualität)의 자기형상화라는 점에 근거한다.[169] 내가 이러한 설명에 첨가할 것은 거의 없다.

내정과 외정의 깊은 본질적인 대립에 대한 종래의 견해들은, 그리고 이들 양자의 서로 소원한 세계들과 정치 세력의 영역들 간의 관계 — 이 관계는 다른 한편이 한쪽에 영향을 미치는 관계, 즉 규칙적으로 한 편이 다른 한편에 대해서 우위에 있는 관계이지 않을 수 없는데 — 이러한 관계의 문제에 대한 종래의 견해는 규칙적으로 한정된 역사적 · 실천적인 전제들을, 그러나 또한 보다 깊은 곳에 있는 이론적인 전제들을 가지고 있다.

이론적으로 말하면 외정이나 내정의 어떤 것을 우위에 두는가 하는 양자택일은 정치적인 목표설정의 최종적인 담당자로서, 그리고 그와 함께 정치생활의 최종적인 기동력으로서, 한편에서의 권력으로서의 국가 또는 다른 한편에서의 개인, 이 어느 것을 기체화(그리고 고립화)하는가 하는 양자택일이다. 이 어느 것에 따라서 다음과 같은 양자택일이 성립한다. 즉 외정에서 내정을 — 특히 국가형태들을 — 규정하는 정치적 사건의 궁극의 원인은, 국가들과 그들의 권력관계들 (이것은 독일의 역사가들에 의해서 넌더리나게 반복해온, 그리고 특히 독일적 군주제의 정당화를 위해서 사용되어 온 유명한 테제인데), 또는 개인들과 그들에서 출발하는 내정적인 형상들(매우 자주 보이는, 예컨대 평화주의적 이데올로기가 그렇다)이라는 것이다.

양쪽의 사고방식은 정신과학적으로는 동일하게 지지하기 어렵다. 두 번째의 사고방식은 고정적 · 실체적인 관계의 담당자로서의 개인들의 지배적인 관계사회학과 상호작용 사회학의 사고방식이다. — 이 사고방식은 정신과학적으로는 불가능한 것으로서 이전의 연구들에서는 항상 반복해서 배척되고 있다. 첫 번째의 사고방식은 그 영역에 대해서 동일하게 정당하지 않다. 이 첫 번째의 사고방식도 또한 정치적 단체들을 경직하게 주어진 것들에 고정하고, 그것에 수반하여 그것들을 정신과학적인 이해에서 빼앗아버린다. 다른 한편 역시 그것들[단체들]의 관계도 또한 그러한 정신적인 교환과 생활의, 즉 상호적인 형상과 특히 이 점에서 완수되는 자기형상의 관계들이며, 그러나 실체적이며 고립된 단체들 간의 인과적 · 기계적인 관계들은 아니다.[170]

따라서 외정과 내정의 어느 것이 본질적으로 우위에 있는가, 여하튼 이 물음에 대한 답은 이론적으로는 지지하기 어려운 전제들에 귀착하는 논의들을 가지고만 근거를 둘 뿐이다. 그리하여 역사적 · 실천적인 논구의 영역에서는 (독일의 역사적 · 정치적인 문헌 중에서 이 문제는 대체로 이러한 영역에서 다룬다), 물론 한쪽이나 다른 한쪽의 대답은 특정한

---

169) Kahl-Festschrift III 17 f. 내가 한 소명자의 동의로서 Mendelssohn-Bartholdy, Europäische Gespräche, I 168을 해석한다.

170) 특히 Litt³ 379 ff., bes. S. 381에서의 「생활권역의 교착」의 우수한 설명을 참조.

상황들을 위해서 실제로 확실한 근거가 있다. 그 국경에 대한 강압 없는 국토, 예컨대 합중국에서 내정은 세계대전을 전후한 독일에서 보다도 오히려 전면에 나온다. 앵글로색슨적인 자기감정에 대해서 자명한 것은, 「국민생활이 국제관계에 우선한다」(the national life precedes international relations)171)는 것으로, 이는 외정에 대해서 수동적・방관자적으로 쉽게 심미화하는 독일적인 종류에 대한 것보다도 자명하다.172) 혁명적이며 내정적으로 확고하지 아니한 나라들에서 외정은 안정적인 헌법형태들 아래 있는 국가들에서 보다도 쉽게 내정에 의존하게 된다.173) 이 모든 가능성들에 대해서 여기서 문제가 되는 것은 다음의 것뿐이다. 즉 본질에 적합하게 말하면 외정은 내정이 그러하듯이 국가 전체의 본질규정, 통합을 확정하는 것만이다. 종래의 논구의 궤도에 머무르기 위해서는 이 사실도 또한 약간의 예시들에서 직관화되어야 할 것이다. 누가 생각해도 자명한 것은 모든 외정은 대상을 결여하였다는 것이다.174) 이것은 특히 제국주의이론에서 크게 논구되고 있다. 라인 문제의 안목은 라인 국경보다도 오히려 독일 민족과 프랑스 민족의 타당성의 총체(Gesamtgeltung)이다.175) 일찍이 들어낸 외교 노선의 전체적 성격은 항상 그 노선의 물적인 동기를 초월하여 규칙적으로 지속하고 있다. 왜냐하면 그러한 성격은 「그 그늘에서 벗어나지 못하는」 국가의 본질적인 자질을 증명하는 것이 되었기 때문이다.176) 보다 위대한 국가들은 리실리외(Richelieu)*에 의하면, 보다 약소한 국가들보다도 성실하게 조약을 준수한다. 왜냐하면 그들은 명성에, 보다 고집하지 않을 수 없었기 때문이다.177) 즉 그들은 보다 강력한 본질존재로서 또한 그들의 정치와 보다 강력하게 일치하고, 이 정치에 의해서 자격이 부여되기 때문이다. 특히 주지하듯이 정치적인 조약과 상황은 예컨대 경제정책적인 그것들보다도 변경하기 어렵다. 왜냐하면 전자는 보다 높은 정도에서 관여자들의 이러한 본질규정으로서 존재하기 때문이다.178) 바로 국가의

---

171) Seeley, International Journal of Ethics, I 444 f. 어떻게 이 명제가 외압과 국내의 과점체 간의 관련에 대한 동일한 저자의 상당히 알려진 것으로 보이는 대립하는 명제와 합치할 수 있을까, 나는 해명할 수 없다.*

172) 많은 것 대신에 대표적인 예시로서 현대에서의 세계정책의 뤼도르퍼(Ruedorffer)의 기본적인 특징을 열거한다.

173) 지속적인 동맹정책의 전제로서의 군주제에 대한 비스마르크의 수많은 표명 ― 예컨대 Srbik, Matternich II 662 zu 551. 또한 553 unten에서의 구성을 참조. ― 내정이 외정을 제약하는 한에서 내적 세력들을 재량하는 것이 외정적 상황의 이용을 가능케 하는 것, 이에 대해서는 H. Göring, in "Die neue Front" S. 397 참조.

174) 이에 관하여는 Kahl-Festschrift III 18, ― 예컨대 어느 하나의 집단에 귀속하지 않는 많은 국가들 안의 한 국가가 하나의 이점을 얻는다면, 그 밖의 국가들은 보장을 요구하는 것인데, 그것은 각각의 국가가 동일하게 많은 것을 가져야 할 때문이 아니라 다른 모든 국가의 외정적인 권력관계에 의해서 한정된 본질은 그렇지 않으면 침해될 것이기 때문이다. ― 대상 없는 외정과 오히려 대상이 강조된 외정과의 여기서 가능한 여러 미묘한 차이에 대한 사례로서 Vagt, Europäische Gespräche I 261 참조,

175) H. Göring, Die Großmächte und die Rheinfrage in den letzten Jahrhunderten (1926), S. 72.

176) H. Göring, a. a. O. S. 80.

177) Meinecke, Staatsräson,¹ S. 516.

178) 1887년 1월 11일의 비스마르크의 제국 의회 연설에서의 유명한 말을 상기할 것. H. Kohl, Polit.

본질존재의 자질의 적격화로서 국가의 외교자세는 국가에 대해서 명예에 관한 점이며, 통합 계기이며,179) 그리고 예컨대 베르사유조약처럼 억압된 조약은, 그것이 희생을 강요할 뿐만 아니라 당사자의 합의 없이 당사자에게 특히 불가변의 본질존재를 강제하기 때문에 매우 인륜에 벗어나는 것이다. 독일-오스트리아 동맹을 헌법체제에 맞게 확정한다는 비스마르크의 생각은 외교정책을 통하여 끊임없이 다소간 초래해 온 관여자들의 전체적인 국가적 본질이라는 자질의 적격화를 양적으로 높이고 강화하는 것을 의미하였을 뿐이었다. 그리하여 건전한 외교정책에서의 실천은 끊임없이 한 민족의 내정상의 국가적 건전성의 한 조건뿐만 아니라 바로 그 한 계기를 본 것이다.180) 그리고 이론은 정당하게도 어떤 형태이든 정치적인 본질을 외측과 내측으로 찢는 것에 대해서 항의하는 것이다.181) 국가의 내정적 내용과 외정적 관계는 국가의 현실태와 개체성이란 두 가지의 부분이 아니라 두 가지의 계기에 불과하다. 이 진실성을 오인하는 것은 이론적으로나 실천적으로도 마찬가지로 오류로 인도한다. — 예컨대 다음의 경우가 그렇다. 즉 마이네케(Meinecke)는 윤리와 정치의 문제를 오로지 외교정책에서만 볼 뿐이며 정치적인 것의 통일성에서, 그리고 문제의 본래적인 대상에서, 즉 물적 충만에서의 정치적인 통합의 유동적인 생활에서 보지 않으며, 그리고 생활에 대한 인격적 관여의 풍부함 전체로써 투쟁하는 세력들의 고정적인 모습 — 이것들에 대해서 윤리를 결여한 안티테제 속에 있는 — 을 대체하지 않는데,182) 이 경우가 그렇다.

제9장 통합이론과 국가이론

지금까지의 논구들은 국가이론인 것을 요구하지 않으며, 말하자면 결코 국가이론의 요강인 것도 요구하지 아니한다. 이 최초의 구상이 잠정적인 것이라는 것은 도외시하고, 지금까지의 논구가 추구하는 것은 국가이론 중에서 지금까지 소원해 온 주요한 문제에

Reden, 12, 217에서.

이것은 바로 그러므로 정치적 교섭들은 오로지 기술적 교섭들보다도 유연하게 행해진다는 것을 배제하지 아니한다. — 1909년의 함대협정에 대한 킨털렌(Kinderlen)의 유명한 설명은 Jäckh, Kinderlen, II 50, 57.

나는 국제법의 명예조항과 다른 이것에 속하는 현상들을 상기하는 것만을 사용한다.

179) 참조. 인용은 Hegel, Rechtsphilosophie, oben S. 49, Anm. 1.

180) 예컨대 K. Riezler in "Die deutsche Nation" 1922, S. 991. 그리고 특히 Mannhardt, Faschismus, S. 88, 128, 39, 121, 119, 274 f., 142 f.

181) C. Schmitt, Schmollers Jahrbuch 48, 2 S. 774 ff., Heller, Souveränität, S. 118, Hauriou, Précis de droit constitutionnel (1923), 446, 397, Sieger, a. a. O. S. 11. 역사가들의 다수파와 대립하여 매우 한정적으로 그러한 것은 M. v. Szczepanski, Rankes Anschauungen über den Zusammenhang zwischen der äußeren und der inneren Politik der Staaten, Ztschr. f. Pol. 7, 489 ff., bes. S. 620. — 이것은 우리들에 대해서 보다 외국에 대해서 보다 자명하다. — 국제연맹 규약 제1조 2항은「구성국가들은 자유롭게 통치한다」(se gouvernent librement)는 요구에 수반하여 내정과 외정을 아마 동일하게 의미하고 있다.

182)『국가이성의 이념』서론과 결론.

빛을 던지는 것이다. 그리고 이것 역시 헌법체제의 이론과 실정헌법의 이론의 기초라는 관점 아래서 행하여졌다. 국가이론의 그 밖의 문제들에 대한 통합의 문제의 의의를 내가 나중의 연구로 유보하지 않을 수 없다.

그 대신 내가 이 국가이론적인 기초를 마치면서 시도하는 것은 이 기초의 기본사상을 국가학의 역사적이며 현재적인 사상의 존속들에 관련을 짓는 것이다. 이 관계지음은 본질적으로는 논쟁적인 성격을 띠고 있다. 그렇더라도 일치하거나 또는 적어도 친근한 사고와의 접촉점도 발견된다.

그러한 접촉은 바로 고전고대의 모든 사고와 함께 또는 고전고대적 기초 위에서는 차단된다. 사회적 질서개념들의 범주적인 고정성은, 세계질서의 존재적인 고정성에 근거하며, 그리고 특히 이러한 세계질서의 최상위의 유출로서의 사회구조의 우위[183])에 근거를 둔다. — 이것들은 고전고대적인 사고와 아리스토텔레스 · 스콜라적학적인 사고를 지배하며, 그리고 여전히 카를 슈미트의 국가학에서의 이러한 사고의 화려한 오늘날의 대표에 특징적인 것인데,[184]) 여기서 정치 현상들이 제안한 이해와는 정반대되는 것이다. 이에 수반하여 사회적 구성요건의 현상학적 파악을 물적으로 훨씬 초월하여 도입하는 하나의 대립이 주어지는데, 나는 여전히 이 대립으로 돌아가지 않으면 안 된다.

아주 다른 것은 세속적 자연법과의 관계는 여하튼 정당하게 이해된 그것과의 관계만이다. 종래의 비판이후적인(nachkritisch) 국가학과 국법학에서의 오늘날의 비판은 정당하게도 존재론과 윤리학의, 사회학과 법학적 기술의, 그리고 소박한 실재론의 비판적이 아닌 혼란을 설명하고 또 제거하려고 한다. 이것과 아주 동일하게 전비판적인 이론에서도 또한 그 대상의 전면적 파악이라는 이러한 의도는 인식하지 않으면 안 되는데, 그러나 여기서는 동시에 정신과학적인 것으로서 정당화되며, 그 강함으로서 가치지워져야 한다.[185]) 국가계약설은 단지 신비적인 역사구성으로서만, 국가비판의 보조 이미지로서만, 법적인 근거로서만 생각되며, 그리고 평가될 수 있는 것이 아니라 사회학적인 또는

---

183) 많은 것 대신에 Scheler, Die Wissensformen und die Gesellschaft, S. 134. — 저 대립과 내적으로 밀접하게 관련된 하나의 유사한 대립을 의미하는 것은 형식의, 즉 유기체적 형식의 항상성에로의 로만적 경향이다. 참조. 예컨대 K. Vossler, Die romanischen Kulturen und der deutsche Geist, S. 23.

184) C. 슈미트가 여기서 제안한 견해들에 언급한 곳에서마저 고전고대적 현상과 결합한 갈채(Akklamation)라는 현상이 일어난다(Volksentscheid und Volksbegehren, S. 34. 김효전 옮김, 국민표결과 국민발안, 동인, 『헌법과 정치』, 161면).
대공 프리드리히 폰 바덴에 의해서 1871년의 새해에 환영된 프리드리히 4세의 — 아마 출전이 의심스러운 — 성명. 이 중에 이 갈채*의 역사가는 카이저의 역사의 한 조각으로서 그의 다음과 같은 서술을 합류시키고 있다(Stengel in: Historische Aufsätze Karl Zeumer dargebracht, S. 310). 즉 제관(Kaiserkrone)은 전장(戰場)에서만 획득할 수 있다는 것은 이 문맥에서는 승리만이 승리를 거두는 군대와 그 배후에 있는 민중에서 통합을 국민에로 가져올 수 있다는 것을 의미한다. 이 국민의 표현으로서만 왕관은 의미를 가진다. 대립이 특징적인 것은 이렇다. 즉 군대의 고전고대적 갈채는 세계의 고정적인 위계제에 의해서 주어진 장소를 일정한 인물로 충당하는데, 근대의 동작에서는 이미 더 이상 위계적으로 정서되지 아니하는 세계에서 통합의 새로운 모습이 나타난다.

185) 정당한 것은 Heller, Krisis, S. 290 f. 김효전 옮김, 국가학의 위기, 동인 편역, 『바이마르 헌법과 정치사상』, 125면 이하.

선하게 말하면 현상학적인 이해의 시도로서도 생각되며, 그리고 평가될 수 있다. 독일에서는 거의 주목을 받지 못하는데 의의 깊은 연구에서 오류(M. Hauriou)*는 루소에서의 일반의사(volonté générale)는 사회학적인 활동현실태라는 것을 나타내려고 하였다(적어도 루소에 의해서 이것과 결부된 의미의 구성요인들에 의해서 부가되는 것이 허용된다). 즉 오류는 조직화되지 아니한 방법으로 또는 묵시적이며 거의 주목되지 않거나 또는 (예컨대 커다란 국민적 폭발에서) 원소적으로 돌발하며, 직접 지배하지는 않지만 그러나 통치를 정당화하고 고무하면서 ― 그 대상이 사회질서의 이론의 여지 없는 요소(éléments incontestés de l'ordre social)인 이론의 여지 없는 이념들의 혼(bloc des idées incontestables)이다 ― 전원일치의 정치 생활의 의사는 국가를 담당한다는 취지를 보여주려고 한 것이다.186) 이것은 어떻게 말하면 어느 정도는 정치적 이념들의 고전고대적인 고정성을 도외시한다면, 전체 체험으로서의 국가의 현실태로서의 매일 매일의 인민투표*로서의 통합이다.187) 이에 더하여 오류는 정당하게도 이렇게 지적한다. 즉 이것은 또한 사회계약의 실재적 내용(der reale Gehalt), 운동 속의 사회계약, 그 정태와 동태적으로 등가인 것이라고 말이다.188) 그러한 동태를 개념파악하는 것을 자연법은 개념들의 전통적인 정태(Statik) 때문에 루소 이전에는 존재하지 아니하였다. 그러나 우리들이 루소를 제외하고 자연법학자들에서도 또한 이전에 전개되었던 의미에서 국가계약의 엄밀성에 수반하여 불충분하게 표현되고 있던 국가동포(Staatsgenosse)의 지속적인 합의(Consensus)189)*의 진실성을 찾는 것을 아무것도 방해하지 아니한다. 그들은 그들을 가장 잘 알고 옹호하는 사람들이 상정하기보다도 훨씬 커다란 사상적인 충만을 가지고 있다. 볼첸도르프(Wolzendorff)*가 국가계약의 이념 속에 국가는 민족의 조직이다190)라는 것의 오래된 정식 이상의 것을 찾지 못하면, 그것은 기본적으로 잘못이며, 그리고 사람이 그 이념 속에 하나의 유토피아만을 본다면 일반의사에 대해서 부당한 것이 행해진다.191) 그래서 독일의 전비판적인 사고의 이해는 대체로 모든 외국의 그러한 사상적 이해가 그러하듯이, 사람이 그것을 우리들의 비판적으로 순화된 방법일원론의 외곽으로 몰아넣는 순간에 끝나버린다. 자연법학자들은 국가에 대해서 라반트(Laband)와 막스 베버보다도 많은 것을 알고 있었다. 그러나 이 역사는 그 서술이 그 재료를 그 무엇인가

---

186) Recueil de législation de Toulouse, 2ème sér. t. 8 (1912), p. 16 ss., bes. p. 17, 20, 23, 24, 29 s., 33, 34.

187) 그리하여 또한 Alfred Weber, Die Krise des modernen Staatsgedankens in Europa, S. 35 f., Heller, Souveränität, S. 82.

188) p. 20, 23 n.

189) 합의 개념의 기능화의 역사(Braubach, Schmollers Jahrbuch 48, 646에서의 시사들)는 바람직할 것이다. ― 이 개념은 퇴니스(Tönnies)와 오펜하이머(Oppenheimer)에서는 고정적으로 적용되고 있다.

190) Widerstandsrecht, S. 525. 상당히 좁은 것은 (G. 옐리네크와 다른 사람들에서의 비판주의적 오해와 결부하여) Scheler, Formalismus, S. 545도 그렇다.

191) Thoma, Max Weber-Erinnerungsgabe, II 57. 여하튼 보다 정당한 것은 M. Adler, Wegweiser, S. 23.

「순수한」 방법의 평면에로 투영하는 것에 제한되고, 그것을 통하여 그 재료로부터 모든 진실성의 내용과 그 존엄을 빼앗아버리는 한, 진부하게 중언부언하는 문구로 머무를 것이다.

독일 고전철학에서의 접촉점들은 특히 상세한 연구가 필요할 것이다. 여기서는 1798년의 『자연법』192)에서의 피히테(Fichte)*의 「떠도는 것」의 독특한 논구 — 이 떠도는 것에서 국가적 보호의 대상이 발견되며, 이것을 통하여 바로 실재적 전체(reeles Ganze), 하나의 총체(Allheit)라는 개념이 생겨나온다 — 그리고 국가 개념 일반의 그의 동태화, 이것들만을 나는 잠정적으로 열거해 둔다. 상기하는 것만으로 좋은 것은 슐라이어마허 (Schleiermacher)*의 양극성의 철학과 진동(Oszillation)의 철학이며,193) 마찬가지로 헤겔에서의 「살아 있는 전체성, 국가 일반과 그 헌정질서의 유지」, 「즉 그것들의 지속적인 산출」, 「국가의 유기적 생활의 과정」,194) 슈탈(Stahl)에서의 기술적인 것으로서만 이해된 국가에 대한 인륜적인 것으로서 파악된 국가의 생활활동태(Lebendigkeit)195)이다.

19세기 중엽 이후의 독일적 국가이론에 있는 것은, 내가 보는 한 여기서 대표된 견해뿐이다.196)

이 독일적 국가이론의 방법론적으로 특수한 입장은 지금까지의 논구들에서 전개되었다. 여기서는 여전히 확정적이며 총괄적으로만, 논쟁적인 측면에서 이것을 특징짓기로 한다.

이러한 특수한 입장은 실로 지금까지의 방법절충주의와 부적절한 방법일원론에서 나타나고 있는 경향 간의 오늘날 지배적인 양자택일을 벗어나려고 한다.

이 입장은 무비판적인 절충주의의 가장 중요한 오류의 원천들을 개인들197) 또는 사회적 단체198)의 실체화와 고립화 속에 기계론적 사고199)와 사람을 잘못된 공간상

---

192) Werke 3, 202, 참조. Metzger, Gesellschaft, Recht und Staat in der Ethik des deutschen Idealismus, S. 178 ff.

193) 예컨대 Metzger, S. 292 f., Holstein, Schleiermacher, 여러 곳에서.

194) Enzyklopädie § 541(박병기·박구용 옮김, 『엔치클로페디』, UUP, 2000), Rechtsphilosophie §§ 271, 299 (임석진 옮김, 『법철학』, 2008).

195) 예컨대 Philosophie des Rechts ³ II 2, S. 260 f., 455 ff.

196) J. Fröbel, Theorie der Politik, I 196 f., Adler, Staatsauffassung, S. 130 f.에서, 멘첼(A. Menzel)의 정력적인 국가이론 중에서는 특정한 공명(Anklänge)이 있으며, 로하우스(A. L. v. Rochaus)의 「동태적인」(「현실정치」(Realpolitik)는 「국가본질의 동태적 기본법」이란 장에서 시작함에도 불구하고) 중에서는 반대하지 아니한다. 이러한 계열은 증가할 것인데 물적으로 얻는 바는 없다.
국민과 국가에 대한 반정태적인 테제로의 결정적인 전환을 고지한 것은 뵘(M. H. Boehm)이다 (Rundbriefe 4/5 des Instituts für Grenz-Auslandsdeutschtum, Okt./Nov. 1926).
빈학파의 「국가단체의 지속적인 자기산출」(예컨대 Verhandlungen des 5. dtsch. Soziologentages, S. 52)은 이것과는 아무런 관계가 없는 것은 명백하다.

197) Haenel, Staatsrecht, I 75 또는 Hauriou, a. a. O. p. 144 n. 1에서는 놀라운 견고함을 수반하여, 그가 헌법에 적합한 권력들을 다른 것 위에 우뚝 선 개체적 자유로서 이해할 때가 그렇다.

198) 마이네케가 국가를 「유기체적 형상이며 역사의 엔테레케이아[목적]」으로서, 동시에 여러 가지 종류의 개체적 충동의 산물로서 이해할 때(a. a. O. S. 12)의 양자의 고유한 결합에서. 양자는 절반은 정당한데, 그러나 양자의 어느 것도 그것이 여기서 행하듯이 고립화하거나 객체화되는 것은 허용하지 아니하다. 왜냐하면 정신과학적인 이해의 가능한 대상은 하나의 전체의 계기들로서만 존재할 뿐이기 때문이다.

199) 여기에 속하는 것은 특히 나라에 보급하는 지도자 이데올로기이다.

속에, 법학적·형식적인 개념기술과 소박한 존재론의 혼합 속에서 찾는다. 그리하여 예컨대 지배관계와 동료관계 (이에 유사한 것) 등의 임의적인 한 쌍의 개념 속에는 불명확한 공간상, 법기술적인 계기와 법이론적 계기, 윤리적·가치평가적 계기와 심리학적200) 계기 — 그러므로 (독일적인 법사와 사회사라는 기이르케의 커다란 개념설정에서처럼) 생활의 충만한 직관화가 문제로 되는 것이 아니라 개념적 논구가 문제로 될 때, 그 한 쌍의 개념을 적용하는 것의 위험성이 — 포함되는 것을 일상으로 한다. M. 오류의 그러한 생산적인 이념론은 국법학적인 것, 심리학적인 것, 생리학적인 것201) 속에 그 이념론을 투영하는 것이 가능한데, 이러한 생산적인 이념론의 독특한 힘은 독일적인 비판 이후의 과학의 영역에서는 이미 생각할 수 없다. — 그러한 이념론은 대체로 우리들에게 존속하지 않는 정태적인 문화질서를 전제로 한다는 것은 도외시하고 있다.202)

다른 한편 비판주의적인 반응이 정당화됨에 따라서 그만큼 그 방법일원론은 국가학에 대해서는 숙명적인 것이 되었다. 이것을 모범적으로 보여주는 것은, 어떻게 G. 옐리네크가 정신적 세계의 한 단편으로서의 국가에 대해서 그가 눈앞에서 찾은 사고를 정당화문제와 목적문제로, 즉 한쪽의 규범적인 판단가능성의 문제로, 다른 한편의 목적합리적인 현실성의 문제로 나누었는가 하는 방법이다. 국가적인 현실태에 대한 이러한 것에 근거하여 이론은, 그 대상에로의 인과적 통찰의 가능성을 전제로 하고,203) 이것을 기초로 하여 국가를 반드시 언제나 명확하지 아니한 목적을 위한 기술들의 한 덩어리로서 이해하고, 그리고 국가적인 현실태를 이러한 목적들의 실현화의 「기회」(Chance)*로서 개념파악하지 않으면 안 되었다. 국가의 본질과 실체에 대해서 이 이론은 아무것도 알지 못한다. 이 이론은 국가를 관계들로 해소하고, 국가를 그 기술적 수단들에서 보아 정의할 수 있을 뿐이다.204) 이 이론은 물적으로 말하면 자유주의의 완전한 국가소원성에 의해서 규정되고 있다. 자유주의는 국가의 본질 문제를 무릇 보지 않고,205) 기술로서의 — 또는 보다 작은 악206)으로서의 — 국가를 초월하여 앞서 나아가지 못한다. 기술로서의 국가 또는 「경영」207)으로서의 국가, 막스 베버의, 특히 헌법정치적인 저작의 이러한 기본 테제는

---

200) 이것은 예컨대 Spranger, S. 63 f.의 의미에서.

201) Leçon sur le mouvement social, 1899, bes. p. 396, 398에서 특히 명석하게.

202) 이에 대해서는 상술 S. 61 (본서 694면).

203) 이러한 관계에서의 막스 베버에 대해서는 Troeltsch, III 566 ff. 이에 대해서 Litt, Erkenntnis und Leben, S. 134 u. ff.의 간결한 형량들.

204) M. Weber, Grundriß der Sozialökonomik, III 29 f. 정치적인 것의 본래적인 본질에 대한 이처럼 곤혹스런 것의 보다 깊은 근거에 대해서는 C. Schmitt, Arch. f. Soz. Wiss. u. Soz. Pol. 31 (윤근식역, 『정치의 개념』, 법문사, 1961). 원래 처음부터 결여된 양자택일은 G. Marck, Marxistische Staatsbejahung, S. 11 참조.

205) 매우 정당한 것은 M. Adler, S. 142 f.

206) 좋은 예는 C. Schmitt, Geistesgeschichtliche Lage, S. 7 f.

207) Max Weber, passim, besonders in "Parlament und Regierung im neugeordneten Deutschland." (주수만역, 신질서 독일에 있어서의 의회와 정부, 『막스 베에버어의 정치사상』, 경희대출판부, 1982). 나는 동일한 울림을 가진 것으로서 Th. Mann, Betrachtungen eines Unpolitischen, S. 269, Kelsen, Wesen und Wert der Demokratie, S. 17, Anm., Marck, Substanz- und Funktionsbegriff, S.

최근의 전쟁 시기와 전후 초기의 독일의 정치적 문헌의 매우 의의 깊은 이러한 표현을 결국은 불모한 「비정치적인 것의 고찰들」로서 성격짓고 있다. 방법론의 비판주의적인 과잉은 정신과학적 노작의 하나의 커다란 아포리아의 표현으로 만들고,[208] 그리고 그 정신과학적 노작에 맡기고, 가능하게 될 결실 있는 통찰을 가벼운 인상이나 생각(Aperçu) 으로 바꾸어 버린다. 그때에 막스 베버의 후예들에게서 그의 기술적인 국가사고는 대체로 눈치 채지 않게 조잡한 기계론적인 국가사상으로 이행하고, 그리고 예컨대 이 나라에서 보급되는 다음과 같은 민주주의 이론으로 인도한다. 이 민주주의 이론의 구성요인들을 카를 브링크만(Carl Brinkmann)*은 「토대로서의 평등사상과 기동력으로서의 지도자사 상」으로서 적확하게 성격짓고 있다.[209] 마지막 예를 든다면 비이저(Fr. von Wieser)의 「권력의 법칙」의 심각한 불모성도 또한 그러한 기계론적 사고에 근거하고 있다.

여기서 제시된 논구들은 바로 H. 헬러에 의해서 정당하게도 등한시된 것으로서 특징지워 진 문제, 즉 「개체 의사들을 하나의 공동의사의 작용통일체로까지 공동화(共同化)한다」[210] 는 문제로 다룸으로써 정신과학적인 국가이론에 궤도를 놓고 있다. 그때에 변증법적 내재라 는 낭만주의적이며 자유주의적인 사상 — 이러한 사상은 카를 슈미트에 의해서 결정적으로 논란되고 있는데 — 과의 특정한 접촉은 불가피하다. — 다른 한편 카를 슈미트에 대해서 전면에 있는 정당성의 문제가 여기서는 바로 후퇴하는 것, 이것이 불가피하다. 통합이론이 제공하는 하나의 국가이론은, 우선 먼저 적어도 다른 가치들을 통하여, 특히 법적 가치를 통하여,[211] 국가의 본질 규정이나 정당화를 도외시할 수 있으며, 그리고 임의의 「기본변수」 (Grundvariablen) 또는 「우위의 요인」(Primatfaktoren)[212]을 수반하는 모든 문화체계를 위해서 통합요인들의 체계의 — 특히 물적 통합요인들의 체계의 — 유연성 때문에 타당성을

---

153 f.을 인용한다. 게오르게 서클(George-Kreis)의 대응하는 신탁(神託)은 예컨대 Gundolf, Nietzsche als Richter, S. 23 f.은 밝은 데에서는 대체로 바덴의 속물 자유주의의 정체가 뚜렷하게 된다. — 상술한 S. 51 f.도 참조.

208) 그 표현이 예컨대 — 베버·토마적인 입장에서 근거지워진 — 국가이론의 과학적인 성격에 대한 회의이다 (참조. Handwörterbuch der Staatswissenschaften⁴ VII 728).

209) Demokratie und Erziehung in Amerika, S. 88.
국가적 활동현실태에 관한 기본적인 개념들의 오류에서 귀결하는 하나의 예시를 제공하는 것은, 헬파흐가 현명하게 설명하는 「의회의 황혼」(Hellpach, "Parlaments-Dämmerung" Neue Rundschau, April 1927)이다. 그러한 설명들은 정치 제도들의 통합력의 설명이 문제로 되는 일반적인 정신사와, 특히 문화사 속에 탈선하고 있다. 「전경」(前景)으로서의 의회는 이념사적 연관 때문에 불려나온 르네상스 건축과 고전주의 건축의 전경과 같은 성격(S. 341)과는 아무런 관계도 없다. 왜냐하면 통합력 있는 의회는 바로 결코 전경이 아니라 하나의 살아 있는 기능적 통합의 방식이었기 때문이다. 이와 마찬가지로 군주제는 결코 바로크의 기능이 아니라(S. 347 ff.) 무한하게 확장된 정신적 상황의 정치적인 생활형태였 다. 근대의 예술사는 정치제도사도 도해(圖解)하는 많은 기능을 수행하였다. 예술사를 그 정치제도사의 설명에 적용하는 것은 그 본래적인 기초에 대한 통찰이 결여되었다는 것을 보여준다.

210) Souveränität, S. 83 (김효전 옮김, 100면). 또한 Kelsen, Staatsbegriff, S. 9, Anm. 1도 참조.

211) C. 슈미트에서는 특히 강하게, 그러나 또한 H. 헬러에서도 그렇다. 여기서는 「국가의 권위와 국가의 가치와의 불가분성」(C. Schmitt, Diktatur, Vorbemerkung, S. XI f. 김효전 옮김, 『독재론』, 서문, 10면 이하)은 부정할 것은 아니라는 것을 이 관련은 명백히 하고 있다.

212) 라테나우(Rathenau, Brief I 142)와 셸러(Scheler, Die Wissensformen und die Gesellschaft, S. 36 ff., 109 ff., 134)와 함께 말하면서.

요구할 수 있다. 헬러와 슈미트에 의해서 법학적으로 주권적 「결단」(die souveräne "Dezision")이 국가 문제의 핵심으로서 제시된다면, 여기서는 정신과학적으로 정치적인 자기형상화로서의 이러한 결단의 현실태를 증명하려고 시도할 것이다.

*

외국의 사고에 대해서 이 논구에서 다룬 사고의 경과들은 독일적인 사고에 대해서 그러하듯이 소원하다. 이것은 결코 놀랄 일이 아니다. 외국의 국가이론은 비교적 나이브하고 문제적이 아니며, 그리고 그때에 프랑스, 잉글랜드, 합중국에서는 국민국가적 통일성의 자연 그대로의 소박한 자명성을 기초로 하기 때문이다. 독일에서는 이러한 전제가 결여되어 있다. 그러나 다른 한편, 전체국가(Gesamtstaat)*와 개별 국가들 간에 많은 긴장을 안고 있는 연방국가에서는, 즉 자명한 국민국가적인 폐쇄성을 결여한 한 민족(Volk)에서는 모든 국가질서의 통합적인 의미로 향하여 생각을 집중하는 것은 바로 그러므로 또한 그것만으로 더욱 적절한 것이다.

제2부 헌법이론적 추론

제1장 헌법의 본질

앞에서 시사한 국가이론의 기본적인 특징들에서 각각 개별적인 국가이론적 문제들을 해결하기 위한 상당히 한정된 전제들이, 특히 또한 상당히 한정된 헌법이론이 도출된다.

지배적인 이론이 헌법(Verfassung)이라는 말로 이해하는 것은 한 단체의 의사형성의 질서와, 그 구성원들의 법적 지위의 질서이다. 또한 그러한 이론이 국헌(Staatsverfassung)이라는 말로 이해하는 것은 최상위의 국가기관들, 그들의 형성, 그들의 상호관계, 권한, 국가권력에 대한 개인의 원칙적 지위, 이들에 대한 법명제들(Rechtssätze)*이다.[213] 헌법은 국가에게 기관들을 장비케 하고, 그리고 국가를 의사와 행위의 능력을 가진 것으로 한다. 그리하여 국가는 헌법을 통하여 법인(Rechtspersönlichkeit)이 된다.[214]

이러한 법학적인 실증주의와 형식주의의 견해에 대립하는 또 하나의 견해는, 한 국가의 정치생활의 총체의 (반드시 법적인 그것이 아닌) 법칙으로서 고찰한다. 매우 광범위하게 보급된 것은 라살레(Lassalle)*의 유명한 정식으로서 「문서」, 성문화된 헌법전에 대립하여, 국토에서 존립하는 사실상의 권력관계들을 그 본래적인 헌법(Verfassung)으로서 특징짓는 것이다.[215] 레즈로브(Redslob)*가 「헌법의 궁극적 문제」를, 즉 그 본래적인

---

213) G. Jellinek, Staatslehre, I ³ 505.
214) Fleiner, Institutionen ³ S. 3.
215) Über Verfassungswesen, 1862.

의미에서 「유기체에 자극을 주고 그 조화있는 활동을 규율화하는 깊은 법칙」[216]에서,
즉 그가 여하튼 그때에 18세기의 궤도들에서 기계론적인 균형구성 속에서 찾는, 그러한
하나의 법칙에서 추구할 때 그는 진실성에 가까운 것이다. 끝으로 카우프만(E. Kaufmann)*
은 「살아 있는」 헌법을 위해서 「현실적으로 척도기준을 부여하는 사회학적인 세력들의
연구」를 — 즉 특히 「살아 있는 헌법의 본래의 창조자이며 변경자」로서의, 그들의 「모든
국가에서의 다양한 구조와 심리학」에서 말하면, 모든 민주적 헌법들의 개체적인 특성의
고유한 기초로서의 의회실천이나 정당들을 — 「연구할 것」을 주장한다.[217]

　여기에 존속하는 문제를 G. 옐리네크는 처음으로 상세하게 다루었다.[218] 그가 문제의
핵심을 찾은 것은 「법명제들은 국가적인 권력배분을 사실상 지배하지 못하는 것」,「실재적
인 정치세력들은 모든 법적인 형식들에서 독립하여 작용하는 **그들 고유의 법칙들에
따라서** 움직이는 것」 — 이러한 것들에서이다.[219] 이러한 세력들이 헌법변천이 가능한
한, 그것들이 법을 형성하는 한, 따라서 헌법(Verfassungsrecht)의 특수한 법원(法源)들에
대한 이론에서 감안하지 않으면 안 된다. 왜냐하면 이 나라에서 보급되고 있는 법원들에
대한 이론은 그것들을 다루지 못하기 때문이다.[220]

　그리하여 헌법의 영역에서, 특히 포괄적인 실효성이라는 점에서 의심스러운 「사실적인
것의 규범력」[221]이거나 아니면 성문헌법과 「현실적」 「사회학적」 세력과의 불명료한
병립과 대립이다.

　여기서 정확하게 보았거나 부정확하게 나타낸 문제는, 헌법이론의 핵심적 문제이다.
이 문제는 당위와 존재와의, 의미와 생활현실과의 긴장이라는 일반적인 정신과학적
문제의 한 적용은 아니다. 그것은 또한 법원이론의 문제도 아니다. 그렇지 않고 그것은
국헌에 의한 법적 규율의 대상으로서의 국가라는 특수한 기체(Substanz)의 문제이다.

　우선 문제가 되는 것은 그것이 모든 정신과학의 기본적인 어려움을 형성하듯이, 생활현
실과 의미질서와의 일반적인 대립이다. 여하튼 모든 정신적인 현실태의 양 계기는 한편으
로는 그 구체적인 생활활동태(Lebendigkeit), 즉 그 시간에 구속된 심리학적 실재성이며,
다른 한편 그 몰시간적 유의미성, 즉 그 물적·내재적·이념적인 의미구조이다. 그리고
정신생활에 대한 모든 학문이 그 대상을 일탈하는 경우는 이렇다. 즉 그것이 「사고의
불가피한 진동」에서 대상을 그 양면성에서 생활질서와 의미질서로서 파악하지 않고,
그 대신 자연과학들에 유보하고 있어서 쓸데없는 그러한 방법일원론에서 생생한·유기체
론적인 학문으로서, 다만 현실적인 생명의 흐름 그 자체만을 처리하거나, 그렇지 않으면

---

216) Die parlamentarische Regierung, S. 1.

217) Die Regierungsbildung in Preußen und im Reiche, "Die Westmark," I, 1921, S. 207.

218) Verfassungsänderung und Verfassungswandlung, 1906 (김효전 옮김, 헌법개정과 헌법변천, 『독일
　　헌법학의 원천』, 2018에 수록).

219) S. 72 a. a. O.

220) 예컨대 그러한 것은 S. 2.

221) 특징적인 방법으로 Jellinek, a. a. O.가 부여하는 것은 중요한 사례들이나 유형들의 하나의 경험적
　　기술에 불과하며, 어떠한 이론도 아니며, 특히 어떠한 법학적 이론도 아니다.

(빈학파의 규범논리학이 그렇듯이) 이념적으로 체계화하는 학문으로서, 단지 몰시간적으로 이념적인 내실만을 처리하는 경우이다.222) 그러나 여기서 문제가 되는 것은 이념적 의미체계로서의 국헌의 통일성이다. 이 이념적 의미체계를 파악하기 위해서는 물론 성문화 된 헌법전과 아울러 전술한 「사회학적인 세력들」과 관계를 가지는 것도 요구된다. 즉 여기서 문제인 것은 이 정신과학적인 특수 영역의 한 특수한 문제이다.

이 문제는 또한 다음과 같은 일반적인 법학적 형량(Erwägung)에 의해서도 해결할 수는 없다. — 즉 하나의 구체적인 사례에만 관계될 뿐이며, 하나의 법적 규칙화는 바로 그렇기 때문에 많은 적용 사례들의 추상적인 규칙화와 개별 사례의 구체적인 개체성과의 불가피한 긴장관계에 있을 필요는 없으며, 이 사례의 개체적인 법칙으로서 처음부터 보다 유연하게 생각하고 또 해석할 수 있다는 일반적인 법학적 형량에 의해서도 생각할 수 없다.223) 왜냐하면 헌법들은 대체로 바로 명백하게 전술한 유동적인 사회학적인 세력들에 대해서 고정적이며 탄력성이 없는 것으로 생각되며, 그러한 법명제들도 포함하기 때문이다. — 특히 (그러나 이것만은 아닌데) 기본권들에서의 초국가적·일반적인 기본적 법명제의 실정화에서, 또는 개체적인 특성과 국가의 다수파 형성과 대립해서도 타당하는 소수파의 권리들에 대해서도 말이다. 여하튼 헌법들의 일정한 부분에 대해서, 특히 민주화 된 국가들에서224) 사정은 다르다. 그러나 이러한 특수성이 「개체적인 법칙」으로서 설명되는 것은 헌법의 고유성에서가 아니라 그 대상의 고유성에서이다.

헌법(Verfassung)은 국가의 법질서이다. 보다 엄밀히 말하면 거기에서 국가가 자신의 생활현실성을 가지고 있는 생활의,225) 즉 국가의 통합과정의 법질서이다. 이 과정의 의미는 국가생활의 전체성을 항상 새롭게 창출하는 것이며, 그리고 헌법은 이러한 과정의 개별적인 측면들의 법률적인 규범화이다.

국가는 물론 그 헌법에서 규율화 된 생활의 계기에 의해서만 생활하는 것은 아니다. 헌법 그 자체는 그 보완을 위해서 대체로 정치생활 속에 치환하기 위해서 이 생활에 있는 충동과, 그리고 사회적으로 동기짓는 것들의 나머지 충만 전부를 고려하여야 한다. 그러나 헌법은 그 자신에 의해서 규칙화 된 국가생활의 기능들도 완전하게 파악하지는 못한다. 이것들 역시 모든 정치생활처럼 개별적인 인격성의 전체성에서 유래하며, 그리고 모든 순간에 국가라는 초인격적인 전체성을 위해서 함께 작용한다. 그러한 생활의 충만함은 소수의, 여전히 이에 더하여 대체로 바로 도식적인, 언제나 새로운 소문의 수용에 근거한 헌법조항들에 의해서는 완전하게 파악할 수 없고 또한 규범화되지 아니한다. 그렇지 않고 그것[생활의 충만함]은 시사할 수 있을 뿐이며, 그리고 그 통합화하는 세력에

222) Litt³ 373 ff.와 결부하여.
223) 다른 한편 헌법 역시 후설*이 말하는 의미에서 추상적인 법적 타당(Rechtsgeltung)의 한 사례는 아닌가 하는(G. Husserl, Rechtskraft und Rechtsgeltung, S. 17), 이것은 여기서는 미해결 그대로 둘 수 있다.
224) E. Kaufmann, a. a. O.
225) 참조. 상술 S. 57 f. (본서 691면 이하)

대해서 말하면, 자극될 뿐이다. 그러한 헌법조항들로부터 과연 충분한 통합이라는 과제가 달성될 것인가의 여부와 방법 — 이러한 것들은 대체로 민족 전체의 정치생활의 모든 세력들의 영향력에 좌우된다. 그때에 이처럼 달성된 성과는 정치생활의 흐름에 의해서 많은 경우 엄밀하게 헌법에 적합하지 아니한 궤도들에서 달성하게 될 것이다. 그때에 헌법조항들에 의해서 부과되었을 뿐만 아니라 정신의 가치법칙성(Wertgesetzlichkeit des Geistes)에 의해서도 부과된 통합과제들의 충만함은, 이러한 개별적인 일탈에도 불구하고 단락적으로는 충실하지만, 성과에서는 더욱 결여된 헌법생활이 그렇기보다도 오히려 헌법의 의미에도 적합할 것이다.

따라서 헌법 그 자체의 의미는, 국가의 개별성이 아니라 국가의 전체성에로 향하고 있으며, 모든 다른 법해석에서 크게 일탈하는, 전술한 탄력적이며 보완적인 헌법해석을 허용할 뿐만 아니라 더구나 촉진하는, 즉 국가의 통합과정의 전체성으로 향한 그러한 지향인 것이다.

헌법들은 이를 위해서 결코 특별한 전권을 표명할 필요는 없다. 헌법제정자에 대해서 헌법의 정신법칙적 의미가 자각될 필요는 없다. 그것은 개인에 대해서 그의 정신생활의 의미관련이 특히 국가적 통합과정의 구성요인으로서의 그의 정치생활의 의미가 자각될 필요가 없는 것과 마찬가지이다. 보통 하나의 헌법전은 그 과제들에 대한 다른 교의적 견해들에서 성립한다. 내가 보는 한, 이러한 과제들에 대해서 완벽한 — 반성하지 않았을 지라도 — 명확성에서 단 하나의 근대적인 헌법, 북독일연방과 카이저 라이히[독일 제2제국]의 헌법이 개념구성화되고 있다.226) 그러나 이것은 다른 것도 대응하는 형태로 적용하는 것을 배제하지 아니한다. 규범화 된 통합체계들은 스스로 정신의 가치법칙성에 의해서, 그리고 국민의 의사를 형상화함에 있어서, 이 정신의 가치법칙성의 작용효과에 의해서, 실로 민족들의 다소간 위대한 정치적 재능에 따라서 자발적인 형성체(정당들, 관습들, 기타)를 통하여 보완된다. 그것만이 아니다. — 규범화 된 제도들 자체도 그들의 입법자의 의식이나 의도의 유무와 관계없이 그것들에 부과된 의미관련 속에 들어가며, 이 의미관련에 대응하여 작용하며, 이러한 그들의 과제들에 따라서 자신을 보완하고 수정한다. — 이것들 속에 하나의 특수한 법학적 문제가 있지는 않을 것이다. 그야말로 정식화 된 헌법의 내재적이며 자명한 의미는, 헌법이 이러한 탄력성을 가지는 것, 그리고 그 체계는 주어진 사례에서 스스로 보완되고 변경된다는 것이다. 그리하여 헌법에 의해서 의사되고 규율된 대상을 사실적인 통합체계를, 그러나 또한 그 고유의 객관적인 의도를 관련지으면서 이해하는 것이 가능한 것은, 전적으로 이러한 탄력성을 이러한 변경과 보완의 능력을, 그리고 이것들에 근거하여 의미법칙적으로 완수하고, 현실적이며 규범보완적으로 생성된 그 체계의 변경들과 확장들을 — 이러한 것을 하나의 관계짓는 것에서만이다.

따라서 헌법들이 그 대상을 도식적으로만 하고, 개별적인 논점들에서만 파악할 수 있더라도 결코 놀라운 것이 아니며, 결함도 아니고 비난할 것도 아니다.227) 헌법들은

---

226) 나는 이에 관하여 후술한다.

(적어도 객관적인 의도에서) 시사할 수 있을 뿐이며, 그러려고 할 뿐이다. 그것들은 이것을 대체로 구래의 방법으로 수용의 모습으로 행한다.228) 그러나 또한 그러므로 그것들은 많은 개별적 사례를 추상적으로 도식화하지 않을 수 없는 하위로 질서지워진 단체들의 법을 요구하지 않도록, 유사하게 고정적·타율적인 타당성을 요구하지 않는다. 그것들은 개별적인 규정들에 의해서 특정한 여기에서만 실정적으로 고정화될 뿐인 헌법생활의 일반적인 통합 경향과 자기형상화(Selbstgestaltung) 경향이 자유롭게 진전하는 것을 허용한다. ― 다음과 같은 사례들은 도외시하기로 한다. 즉 그것들에서는 그들의 헌법들이 이 생활을 엄격하게 고정화하고, 이 생활에 대해서 엄격하게 타율적인 규범으로서 타당케 하려는 ― 이러한 경우에는 또한 이러한 규범은 진정한 관습법을 통해서만 배제될 수 있을 뿐인데― 그러한 사례들은 도외시하기로 한다.229)

*

헌법의 이러한 의미는 ― 다른 법규범의 복합체들이 자신에 관련된 다른 실질적 생활영역을 가지고 있듯이 ― 그것[헌법]에 대해서 하나의 고유한 실질적인 생활영역을 그 대상과 과제로서 요구하는 것을 의미한다. 이 헌법의 의미는 그것을 모든 법질서 그 자체의 하나의 본질적 계기에로, 하나의 조건에로, 실로 그 타당의 조건에로 고양하려는 규범론적인 시도를 거부하는 것, 이것을 의미한다.230) 따라서 헌법에는, 그러나 그 이상으로 법과 법이념의 존엄에는 매우 무거운 불법(Unrecht)이 행하여진다. 「헌법이론」의 이러한 종류의 반박은 이미 자주 성공리에 기도되어 왔다. ― 그러나 이러한 반박은 헌법의 고유한 실질적인 과제들의 실증적인 검증에 의해서 비로소 완전하게 된다.

실정법으로서의 헌법은 규범일 뿐만 아니라 현실이기도 하다. 헌법 그 자체는 통합화하는 현실태이다. 이 현실태는 역사적으로는 특히 근대의 입헌적 헌법들이 독일 국가들의 ― 그것으로 만난 ― 영역적인 분열에 미친 작용으로서 관찰해 왔다.231) 그것들은 지속적이며 일상적인 현실태로서 각각의 법공동체의 의심없는 통합작용의 특히 인상 깊은 사례로서 쉽게 증명할 수 있다.232) 여하튼 그것은 지배적인 기계론적 사회학의 보조수단들로써도 동일하게 규범논리의 그것들로써도 증명하지 못한다.

이러한 현실태는 「국가생활에서의 정태적·고정적인 계기」233)로서의 헌법에 의해서

---

227) 따라서 E. Kaufmann, a. a. O. S. 207 f.가 성문헌법, 특히 바이마르 헌법전을 「단락의 구조물」이라고 예리하게 비판한 아마 반드시도 정당하지는 않다.

228) 정신적 생활에서의 수용의 의의에 대해서는 Litt³ 181 f.

229) G. 옐리네크에 의해서 열거된 사례들은 분명히 이런 종류의 것은 아니며, 통합과정의 자극되었거나 또는 적어도 허용된 자기형상화의 헌법이라는 영역 속에 있다.

230) Husserl, a. a. O.에서도 또한 헌법의 이러한 의미에서.

231) 예컨대 Fr. Hartung, Deutsche Verfassungsgeschichte ², S. 130 u. Anm.

232) 상술한 S. 12 ff.(본서 657면 이하)의 시사들을 참조.

233) 그리하여 Montesquieu, Esprit des lois III 1, 국가기능들과의 임의적인 대치는 법학적인 것으로 번역한다. 예컨대 Fleiner, Institutionen des deutschen Verwaltungsrechts³, S. 3. ― 교훈이 많은 것은 독일적 사고가 그것을 버린 어느 때이다. 청년 헤겔에서는 여전히 발견된다 (System der

가 아니라 끊임없이 경신하는 헌법생활에 의해서, 항상 새롭게 만들어진다. 이 점에서 그것은 나머지 집단들의 — 예컨대 집회들의 —「구성화」에서와 다를 바가 없다. 형식법학적인 정태적인 사고는 이 현실태 아래서 그것을 통해서 한 집회가 그 의장을 모든 사례에서 그 사무질서를 스스로 부여하며, 자신을 개방한다고 선언하는 협약행위를 이해한다. — 이 모든 것은 그 기술적 의미는 여하튼 이러한 것을 통해서 의장과 발언자에 대한 의무가 규범화될 뿐만 아니라 그것에 수반하여 지금까지의 개인들의 자기완결적인 존재 (Fürsichsein)에서 결집된 존재의 사회성에로의 이행이 완수된다는, 보다 중요한 사실적인 의미를 지니고 있다. 이러한 이행은 모든 결집된 사람들에 의해서 예외 없이 하나의 실재적인 체험(Erlebnis)으로서, 모든 사람을 일관하는 통일적인 과정(Vorgang)으로서, 그것을 형성하며, 그것으로서 교섭하는 것이 결집하는 것의 의미였던 집단에로의 통합화로서 느낀다. 그러나 모든 집회지도자들이 아는 바인데 규약구성(Konstituierung)을 수반한 집회는 태엽 풀린 시계처럼, 이번만으로 운행하는 것이 아니라, 규약구성의 행위는 어느 정도는 모든 순간에 경신하지 않을 수 없으며, 통합하는 힘은 모든 순간에 새롭게 전개되며 연출되어야 한다. 이러한 것은 특히 기관들과 발언자들의 사무질서에 적합한 활동을 통해서 일어난다. 즉 결집된 집단이나 그 조직의 규범, 규약구성체(Verfassung)는 즉자적으로 주어진 지속적으로 존립하는 것과 그 외부에로의 작용의 규칙에서가 아니라 그것은 이처럼 존립하는 것의 근거를 끊임없이 경신하고 제조하는 형식이다.

정치적인 생활형태, 한 민족의 통합의 새로운 근거는, 한 집회를 구성하듯이 언어로 특징짓는 것은 우연이 아니라 보다 근거지워진 것이다.[234] 이미 시사했듯이,[235] 여기에는 자연법적인 국가계약이론의 하나의「사회학적」인 의미 구성요소(Sinnkomponente)가 있으며, 여기에는 또한 정당성이론의 핵심적 진실성이 있으며, 그리고 한 라이히를 근거짓고 유지하는 수단들이 동일한 것에 대한 고전적인 명제의 핵심적인 진실성이 있다.

*

헌법과 실정헌법의 통합화하는 의미를 제시함으로써 동시에 그것을 이루는 그 밖의 관련들 속에 정서하기 위한 기초가 획득된다.

대내적인 법과 함께 국가목적의 이론들에서는 항상 새로운 전환들에서 언제나 반복하며, 국가의 법적 목적, 권력목적 그리고 복지목적이란 세 가지 구분의 낡은 교설이 관철된

Sittlichkeit, Schriften zur Politik und Rechtsphilosophie, hrsg. v. Lasson, Philos. Bibl., Bd. 144, S. 467)이 Enzyklopädie (§ 536:「스스로 관련을 가지는 전개에 대해서 자신의 내적인 형성 그 자체」)와 Rechtsphilosophie (§ 271:「국가의 조직이며 유기적인 생명이 자기 자신과의 관계 속에서 전개되어나가는 과정으로, 이러한 관계 속에서 국가는 내부적으로 자신의 계기로 구별되며, 독자적인 존립체로 전개한다」(임석진 옮김, 486면).

234) 특히 명확한 것은 피히테에서의 등치인 ("Staatslehre" von 1913, Werke 4, 510)「Constitution= 통치단체의 설치에 관한 법칙(Gesetz über Errichtung des regierende Körper). 나는 Genesis(생성) 을 Errichtung이라고 말한다」.

235) 상술 S. 68 ff.(본서 699면 이하)

다.236) 이러한 교설은 국가이론적으로 불가피한데, 그러나 그것은 또한 점차 법이론적으로도 불가결한 것이 판명된다. 커다란 법적 영역들(Rechtsbereiche)의 의미는 이렇게해서만 정확하게 해명된다. 이것을 특히 행정형법에 대한 야메스 골드슈미트(James Goldschmidt)*의 노작들이 보여주었다. 왜냐하면 그들의 기본 사상은 역시 다음과 같기 때문이다. 즉 그것은 공적인 형법의 일부를 — 오히려 공적인 기능 일반들을 — 지배하는 것으로서의 법적 가치(Rechtswert)와 아울러 (형법의 그것만이 아니라) 공적인 기능들의 또 하나의 다른 부분에 대해서 아주 다른 규제적 원리로서의「행정가치」가 존재한다는 사상이기 때문이다.237) 그러나 이「행정가치」는 본질적으로 보통은 대부분 복지목적이라고 불리는 것과 다르지 않다. 그리고 이러한 양 가치와 이들의 관계 — 이 관계의 상세한 설명을 피할 수 있는 것은 완고한 유명론(Nominalismus)뿐이다 — 와 아울러 제3의 가치가 등장하는데, 이 가치의 특수성은 바로 또한 그것을 법학적 문제들에로, 법적 기능들의 의미에로 투영하는 것에서 명백하게 된다. 베그너(A. Wegner)*는 이 가치를 특정한 사법형식을 가진 기능들 — 이것들은 그러나 사물에 적합하게 말하면, 다른 사법(Justiz)처럼 법적 가치에는 기여하지 못하고, 국가의 권력관철 즉 특정한 전쟁범죄자, 스파이, 프랑스 파르티잔의「징벌」그 밖에 기여하는 것인데238) — 특수한 양식에서 설득적으로 논증하였다. — 이러한 일련의 사례는 국가형태를 방어하기 위한 포획심판소 설립의 가능성(Prisengerichtsbarkeit), 즉결재판(Standgerichte), 특별재판(Ausnahme-gerichte), 특수재판(Sondergerichte) 그리고 소비에트 재판소의 설립의 가능성의 유명한 정치적 고유성, 그리고 그 밖의 예시들을 둘러싸고 증가할 것이다. 카를 슈미트는 이것[제3의 가치]을 독재나 그 행위의 특성에서, 특히 국가의「특수한 의미에서의 법적인 규범들이나 행위들의 라이히 헌법 제48조의 조치」의 깊은 본질적 차이에서 제시하였다. 그러나 그 영역은 훨씬 확대한다.239) 그 영역은 옐리네크(G. Jellinek)가 표현하듯이, 지배하는 가치로서의 국가, 그「유지와 강화」,240) 우리들이 여기서 다루는 문맥에서는 국가의 통합이다. 이 통합은 제3의 동일하게 정서된 가치로서 법적 가치, 복지가치(또는 행정가치)와 아울러 등장하며, 그리고 그 인식은 규제적 원리로서 지금까지의 모든 당연한 현상들의, 무엇보다 헌법과 그 의미의 이해를 위한 기초이다.241)

---

236) 예컨대 Jellinek, Staatslehre³, 255 ff., Scheler, Formalismus S. 568 f.

237) 참조. 또한「질서규범과 방향규범들」은 v. Marschall, Vom Kampf des Rechtes, S. 116, 12.

238) Kriminelles Unrecht, Staatsunrecht und Völkerrechts, Hamburgische Schriften zur gesamten Strafrechtswissenschaft Heft 7, S. 21. 오인한 것은 골드슈미트에 대한 논쟁에서의 전체관련이다. Goldschmidt das. S. 65.

239) Veröffentlichungen der Vereinigung der deutschen Staatsrechtslehrer, Heft 1, S. 101. 참조. S. 96 ff. (김효전 옮김, 바이마르 헌법 제48조에 따른 라이히 대통령의 독재, 동인 옮김,『독재론』, 법원사, 1996, 247면 이하).

240) a. a. O. S. 256.

241) 정당하게 Scheler, S. 569는, 여기서 문제인 것은 세 개의 실질적 가치이념이라는 것이다. 그의 특징지움(Rechts,- Macht-und Wohlfahrtswert)은 반드시 이론(異論)에서 자유롭지 않다.
보다 명확한 것은『현대 국가의 비판』(Kritik des gegenwärtigen Staats)에서의 파울 요르크 백작(Graf

여기서의 법이론과 국가이론에 대해서 존속하는 과제는 이곳에서 시사할 뿐이다. 이 과제를 어렵게 하는 것은 어떠한 국가 기능도, 어떠한 국가제도도 세 가지의 가치 안의 하나에 의해서 순수하고 배타적으로 지배되지 아니한다는 자명한 사실이다.[242] 그러므로 그 정도는 먼저 가장 기준이 되는 가치를 성찰하는 것인데, 공법의 개별적인 법명제(Rechtssatz)의 이해에 대해서, 그리고 특히 공적인 제도와 상태 일반의 이해에 대해서 근거를 부여하게 된다. 뒤의 문맥에서 개별적인 적용 사례에 내가 되돌아 가지 않으면 안 된다.

*

하나의 통합질서로서의 국헌이 통합가치를 지향하는 것은 다른 단체들의 그것 (Vebandsverfassung)에 대해서 그 최초의 기본적인 특수성이다.

국가를 다른 단체들로부터 구별하는 규준은 여기서는 원칙적으로 논구하지 않는다. 여하튼 국가의 특별한 지위에 수반하여 두 가지가 주어진다. 하나는 국가의 존립은 대체로 다른 단체들의 그것과는 달리 국가 밖에 있는 권력에 의해서 보증되지 아니한다는 것이다. 국가는 그 자신의 구성체(Gefüge) 외부에 있는 동력(Motor) 내지 재정자에 의해서 그 경과에서 유지되지는 않으며, 하나의 타율적인 원인 내지 보증에 의해서 담당되지도 아니한다. 국가는 단지 자기 안에 중심 있는 통합체계에서의 객관적인 가치법 칙성에 의해서만 통합된다. ― 이러한 관계에서 몽테스키외(Montesquieu), 페더럴리스트 (Federalist)* 또는 레즈로브(Redslob)의 그것과 같은 기계론적인 고유한 법칙성 ― 윌슨 (Wilson)*이 정당하게도 그것을 뉴턴의 시대의 법칙성이라고 성격지었음에도 불구하고 ― 에 근거하는 국가의 구성체들은 현실태의 하나의 적절한 비유이다.[243]

그러므로 하나의 사단규약(Vereinsverfassung)과는 아주 다른 의미에서 국가의 성문 헌법은, 오히려 단지 자기 안의 중심에 있는, 타율적으로는 보증되지 아니하는 이 헌법생활

Paul York)에서의 3중성(Dreiheit)이다. 거기에서는 이렇게 말한다. 「(현대 국가는) 법적이며 복지행정적인 통일성인 것에 제한되는, 「통치(Regierung) 개념은 상실되었다 ― Regieren(통치)는 Administration(행정)을 의미한다」(Briefwechsel Dilthey-Yorck S. 141, 170). ― 참조. 나아가 Gierke in Schmollers Jahrbuch 1883, 1186. ― 어느 정도 이러한 관련에 속하는 설명들은 C. Schmitt, a. a. O. S. 97 f., Ders., Unabhängigkeit der Richter, Gleichheit vor dem Gesetz und Gewährleistung des Privateigentums nach der Weimarer Verfassung, bes. S. 13 f. 그리고 여하튼 R. Grau, Die Diktaturgewalt des Reichspräsidenten und der Landesregierungen, S. 97, 99. 빈학파의 무의식적인 최종적 기초인 가치일원론에 대한 사물적일 뿐만 아니라 가치이론적인 대립은 단적으로 명백히 되고 있다.

242) Jellinek, a. a. O.: 「모든 국가활동 중에는 국가 그 자체의 유지와 강화를 목적으로 하는 하나의 요소가 존재한다」.

243) 아마 Heller, Souveränität, S. 81(역서 99면)에서도 그렇게 생각한다. 그가 국가의 다른 단체들과의 차이를 이렇게 볼 때 그러하다. 즉 「국가를 현실화하는 행위들은 이 영역에서의 상호작용의 전체의 보장을 나타낸다」, 따라서 그 자신 역시 이러한 타율적 보장을 결여하였다는 점에 말이다. ― 또는 S. Marck, a. a. O. S. 123. 여기서는 어떤 상당히 일반적으로 공법상 단체들의 고유한 법칙성이 「법질서의 인위적 산물들」에 의한 것으로서의 사법적인 그것의 성격에 대치된다.

을 자극하거나 제한하는 것 이상일 수 있다. 나아가 그러나 「영역보편적인 결단의 통일체」244)로서의 국가의 이러한 통합체계로부터 항상 새롭게 전개되는 주권적인 「결단」은 제1의적인 정신의 법칙성에 의한 형식적 지배와 최종심급적 질서화권력(Ordnungsmacht)으로서 필연적인 것이다. 이에 대해서 전술한 단체들 일반은 특정한 개별적인 물적 목적들을 위한 임의의 수단들이다. 이 점에서 국헌의 특수한 지위가 근거지워진다. — 즉 하나는 다른 단체들의 임의적인 성격에 대해서 그것에 입각하는 통합과제의 정언적인 필연성에서, 그리고 다음에 이들의 과제들을 해결하기 위한 그 자신에 내재하는 세력들과 보증들에 그것[국헌]이 제한된다는 것에서 말이다.

*

여기서 전개하는 종류의 헌법학은 특히 정신과학적인 문제설정에 의해서 지배적인 헌법학과는 대립한다. 그러므로 이 헌법학은 다음과 같은 이론들을 모두 배척하지 않으면 안 된다. 즉 헌법에서 특정한 목적들을 위한 하나의 기계론적으로 객관화 된 기술적 장치를 보는 이론을, 따라서 무엇보다 막스 베버의 헌법이론245)(이것은 예컨대 적절한 지도자의 인격성을 헌법의 전체적인 의미로서 획득하는 것을 가리킨다)246)을, 그리고 그러므로 또한 기술적인 목적이 동일하기 때문에 국가의 단체조항(Verbandssatzung)과 그 밖의 단체조항들을 모두 동일시하는 것을 거부하지 않으면 안 된다.247) 여기에서의 헌법학은 헌법의 모든 실체화와 일치하지 아니한다. — 이 실체화 때문에 고전고대적인 실재론은 헌법과 국가를 동치한 것이다.248) 그러나 또한 그것은 모든 공간화 하는 사고(verräumlichendes Denken)도 일치하지 않는다. 아마 이러한 사고는 대체로 헌법을 국가기능들과는 대립하여 쉬고 있는 정태적 질서로서 성격짓는 데에 기초할 것이다. 이러한 사고는 또한 다음의 사안 배후에 불가피하게 기초하고 있다. 즉 그것인 미리 주어진 것으로서 상정하는 헌법의 요소들을 기계론적으로 조성한다는 생각의 배후에,249) 이러한 요소들 간에 현전하는 것으로서 전제된 「권력」의 「분할」이라는 심상(Bild)의 배후에,250) 그리고 국가권력을 한 사람의 「담당자」에서 통일하고, 이 담당자로부터 행사에로 유출시키는 모든 유출론(流出論, Emanatismus)의 배후에, 즉 군주주권과 인민주

---

244) Heller, S. 102.
245) 특별한 예리함을 지닌 것으로 Ges. polit. Schriften S. 128, 469 f.
246) 카를 야스퍼스(Karl Jaspers) 급의 한 사상가에서의 — 그러나 아마 막스 베버에 의해서 규정될 것인데 — 공적 질서의 이상은 최선자들의 지배라는 고전고대적 사고에 대해서 자연적 명제의 수용은 개념파악하기 어렵다(Idee der Universität S. 28 [이수동역, 『대학의 이념』, 학지사, 1997] 또한 Simmel, Soziologie, S. 238 f.). 그는 고전고대의 정태적 질서와, 그리고 정치적 과제를 보편적인 그것으로서, 그러므로 최고의 그것으로서 가치를 부여하는 것을 전제로 한다. 이 명제에 대해서 신랄하지만 정당한 것은 Kelsen, 5 dtsch. Soziologentag, S. 114.
247) Kelsen, Demokratie, S. 17, Anm.
248) Aristoteles, Politik 3, 4, 1276 b, 그리고 Redslob, Abhängige Länder, S. 41, Anm. 1에 따라서.
249) Wieser, Gesetz der Macht, S. 107.
250) Wieser, S. 48 f.

권에 대한 이 나라에 보급된 표상들의 배후에 불가피하게 숨어있다. 이 공간화적·정태적 인 사고는 지배자주권에 대한 구래의 교설의,[251] 그리고 동시에 1919년에 받아들인 헌법도식의 일정한 고정성의 귀결일 것이다. 그럼에도 불구하고 또한 그 고찰이 그 대상을 지나가 버릴 계획이 없다면, 그러한 사고는 법학적 고찰의 기초에 두어서는 안 된다.[252]

*

국헌은 다른 단체들이나 결사들의 사단체제와는 다른 대상과 내용을 가진다. 후자가 단체의 의사형성과 영역의 경계지움과 성원들의 지위를 규정한다면,[253] 이들의 개별적인 관계들을 법의 강제와 법원의 강제라는 타율성 아래 두는 것은, 단체 그 자체의 존립을 보장한다. 국헌은 이러한 보증을 내재적으로 그 통합 요소들의 자유롭게 떠다니는 체계에 서 보증하지 않으면 안 된다. 다른 한편, 국가목적 내지 국가적 활동영역, 그리고 그 구성원들의 지위, 이것들을 확정하는 것은 본질적인 요구는 아니다. ― 그렇지만 실로 국가의 형식적인 정재(Dasein)와 생활은, 그리고 이 정재와 생활을 보장하는 것은 바로 자기목적이며, 그것에 따른 헌법(Verfassung)의 유일한 본질적인 과제이다.

그러므로 국가의 이른바 「요소들」은 ― 여하튼 그것들의 구성적인 경계지움은 ― 헌법에 적합한 규칙화의 규칙적인 대상은 아니다. 여하튼 영역은 국가의 본질을 가장 기초짓고, 물적으로 본질적으로 구체화하는 것이며, 그리하여 사단규약조항들에서 사단 목적이 문제가 되는 것과 유사한 의미에서 헌법전의 최초의 조항에서 그 영역이 몇 번씩 문제로 된다. 그러나 이 사단법상의 목적규범화가 구성적인데 대해서, 이웃 국가와의 관계에서 국제법적으로 확정된 영역에 대한 언급은 통상 이러한 의의를 결여한다. 그리하 여 그 언급은 많은 헌법에서 특징적인 형태를 결여하고 있다.

유사한 사정은 인격적인 「국가의 요소」에도 있다.[254] 누가 국가에 속하는가, 이것은 영역과 함께 주로 실천적으로 주어진다. 국적의 획득과 상실에 관한 개별성들은 국가의 본질에 관련된 문제가 아니라 본질적으로 기술적인 특수입법의 문제이다. 마찬가지로 헌법에 대해서 국가에 귀속하는 자들의 성원의 지위는 문제가 되지 아니한다. 국가가 정재(da sein)하는 것은 이러한 지위에서가 아니라, 예컨대 이러한 권리들에서가 아니라 자기목적으로서이다. 그리고 예컨대 기본권목록에 의한 법적 지위의 규칙화는 물적인 계기들에 의한, 즉 일정한 법치국가적이고 문화적인 성격에 의한 국가의 구성화이며, 사단법적인 성원규칙화와 동일한 것은 아니다.

---

251) 이것[지배자주권]을 사람은 종래 지배적인 국가학에 대해서 Heller, S. 71에서 행하듯이 간결하게 설명하지 못한다.

252) 이 점에서 적어도 오해한 것은 E. Kaufmann, a. a. O. S. 207 f.

253) 그러한 것은 Jellinek, Staatslehre I³ S. 505 ― 특징적인 것은 국헌의 내용을 스케치함에 있어서 차이들이다(das selbst).

254) 국가는 인간들로 이룬다는 진부한 것은 유감스럽게도 여전히 강조되지 않으면 안 된다. 그처럼 정당한 것은 Heller, Souveränität, S. 81(역서 98면).

이에 대해서 기관들, 형식적인 기능들, 그리고 물적인 과제들은 헌법의 본질적인 단편들이다. 기관들의 형성, 정재 그리고 헌법에 적합한 활동에서 국가는 생활하며, 인격적으로 통합된다. 형식적인 기능들에서 국가의 과정으로서 생활은, 즉 국가의 기능적 통합(funktionelle Integration)은 존립하고 있다. 사물내용은 국가의 영역에 의해서, 즉 국가의 헌법에 적합한 성격과 과제들에 의해서 국가에 주어지는데, 이 사물내용 속에 국가공동체를 근거짓는 제3의 요소가 존재한다. 그렇다고 해도 이 마지막 요소는 뒤에 나타난다. 이 요소는 영역에서 본질필연적으로 주어지는데, 그 밖의 현상형태들에서는 유기체적·인격적인 통합과 기능적인 통합과의 다른 양 체계에 대립하여 그것만으로 본질필연적으로는 주어지지 아니한다. 그러나 세 가지의 요소 모두는 헌법의 실질적인 내용을, 즉 헌법의 실질적인 법을 함께 형성한다. ― 바이마르에서 저명한 민법학자가 형식적·유기체적인 부분으로서의 이 헌법의 제1부를 실질적인 법의 부분으로서의 그 제2부에 대립하였다면, 그것은 이 헌법의 이러한 본질의 오인이다.[255]

제2장 국가의 기관들

헌법과 정신적 현실태로서의 그 생활의 최초의 단편은 국가기관들이다.

독일적인 이론에서는 보다 오랜 세월에 걸쳐 기관개념(Organbegriff)*으로써 오로지 그 개념의 형식법학적인 의미내용이 생각되고 있다. 그러나 옐리네크 자신은 이러한 사회적 형상의 정신적인 현실태를 인식하고 있었으며, 또 뚜렷하게 하였음에도 불구하고 국가기관들에 대한 교설을 「국가의 사회적 이론」에서 배제하고 오로지 법학적 문제로서 다루어 온 것 ― 이것에 대해서는 종래 정당하게도 이론이 주장되어 왔다. 실제로 사람은 헌법전들을 법학적인 기관개념에서 천편일률적으로 다룰 때에, 특히 그것들을 오해하고 부적절하게 해석한 것이다.

국가기관에서 법실무적인 의사기관만을 볼 뿐인 지배적인 교설에 대해서 (가장 넓은 의미의) 법실무적 활동이, 즉 형식적인 국가기능이 제1의적인 것이며, 그리고 조직화는 제2의적인 것이며, 법실무적인 (또는 켈젠에 따르면 법 또는 국가를 산출하는) 의사형성이라는 것이 제1의적인 목적을 위한 기술적 수단에 불과하다. 따라서 현실적으로 생각해낸 헌법조문들은 국가기능들의 규제화를 미리 설정하고, 그리고 기관들의 법을 국가기능들과의 관계에서 오로지 형식적·조직적인 기술로서 이것[국가기관들의 규제화]에 따르지 않으면 안 될 것이다. ― 예컨대 1921년 7월 9일의 국사재판소에 관한 독일의 법률이 개별적인 권한들을 미리 정하고(§§ 2, 16, 17), 이들의 권한들에 ― 그 정도 미리 설정된 권한의 단면에 기술적으로 정확하게 적합시킨 ― 재판소의 특수구성을 따르고 있듯이 말이다.

---

255) Düringer 11. Juli 1919, Stenogr. Berichte, S. 1496. 상당한 정당성을 가지고 사람은 헌법 전체를 전문과 제1조부터 3조까지의 최고위의 원리들을 위한 상세규범으로서 이해할 수 있을 것이다. 이에 관하여 상세한 것은 후술 S. 159 f.

현대의 헌법률제정자들이 다른 절차를 밟고 있는 것에 대해서는 보다 상세한 서술을 필요로 하지 아니한다. 그들이 하나의 헌법을 권력에 따라서 편성한다면, 그들이 그것으로 생각하는 것은 법적인 기능 집단들이 아니라 기껏해야 실재적인 권력들이다. 이러한 권력들을 실제적으로 결합하는 것은 헌법기초의 문제이며, 그것이 이러한 문제로서 가장 형량되는 것은 페더럴리스트들에서만은 아니다. 바이마르 헌법이 세 개의 기관집단을 미리 설정하고, 그리고 그것들에 세 개의 기능 집단을 따르게 하였다면, 이 바이마르 헌법에 대해서 제1 계열의 구성(Konstituierung)은 바로 자기목적이며, 그리고 비로소 제2 계통에서 기능법 (보다 상세하게 말하면 라이히 입법에 대한 장절)에 의해서 요구된 기관의 지위들(Organposten)의 보충이다. 바이마르 헌법에 대해서 자기목적으로서 무엇보다도 중요한 것은 기관들의 형성과 정재 그 자체이다. 그리하여 그 계열 순서는 (흠정 제국 헌법의 계열 순서와는 대립하여) 새로운 입헌주의적 서열(Rang)의 관계들과 가치관계들의 본질적인 표현이다. — 그리하여 인민투표적 대통령은 그의 개별적인 기능들은 아주 도외시하고, 바이마르 헌법이라는 구조물의 하나의 본질적 부분이다(다른 한편, 이 헌법의 이 부분은 오로지 그의 개별적인 기능들을 위한 기관으로서만 이해한다면, 그가 인민투표를 위해서 허비하는 노력과 이러한 기능들과는 균형을 결여하며, 이 불균형은 자주 그러나 부당하게 비난되고 있다). — 그리하여 내각256)도 라이히 의회도 그[대통령]의 정재를 통해서 의사된 헌법생활의 일부이다. 이러한 헌법생활을 란트들은 그 관할권들은 여하튼 즉자적으로 촉진해 왔다. 왜냐하면 그의 정재에서 그들 란트들의 국가적 성격은, 즉 그들의 정치적 실존은 하나의 본질적인 표현을 발견하기 때문이다.257)

다만 하나의 근대적인 헌법 — 북독일 연방헌법(Verfassung des Norddeutschen Bundes),* 그리고 여하튼 제국 헌법 — 은 현실적으로 제1차적인 기능들과 이것들에 바로 봉사하는 기관들이라는 도식에 따라서 이해할 필요가 있을 것이다. 그것은 새로운 것으로서의 연방의 입법화를 전제로 하며, 그리고 연방기관들을 이 기능들을 위한 가능한 한 외관상이 아닌 완수기관(Vollzuorgane)으로서 그 법을 기관적으로 수행하는 규범으로서 그 연방의 입법화에 따르도록 한다. — 이 하나의 특성에 대해서는 뒤에서 보다 상세하게 제시할 계획이다. 이 특성은 연방주의자가 이 특성을 소중히 여기는 그의 경향과 함께 희귀한 사례들의 하나를 보여준다. — 그러한 희귀한 사례들에서는 켈젠의 기만이나 환상의 구성들이 현실에 일단은 어느 정도 장소를 차지하지만 말이다.

기관들의 통합작용은 그것들의 존립에서, 그것들의 형성과정에서, 그리고 그것들이 기능하는 것에서 출발할 수 있다.

그들 기관들의 존속에서, 무엇보다도 상당히 좁은 의미에서 정치기관들의 존속에서, 그러나 그것보다도 압도적으로 기술적인 기관들에서, 즉 관료제의 기관들에서 출발할

---

256) 이에 관하여 상세한 것은 예컨대 토크비유,* 참조. H. Göring, Tocqueville und die Demokratie (최근 Oldenburg에서 발간).

257) 「외국들과의 관계의 보호육성(Pflege)」(제78조)이 바로 외교 기관들의 단순한 정재에서 이행되는 것과 유사한 형태로, 그들의 국제법적인 법적 행위는 전혀 도외시하고 말이다.

수 있다. 이러한 현상은 위에서는 「인적 통합」으로서 원칙적으로 성격지웠다. 이러한 것에 대해서 나는 지적할 수 있다.

나아가 그러한 형성과정에서, 여하튼 이 과정이 통합수단에로 발전할 때, 즉 이 과정이 통합화하는 투쟁일 때, 이때만이다. 그러한 통합화하는 투쟁으로서 기관들의 형성과정은 「기능적 통합」으로서 총괄될 수 있는 과정들에서 가장 중요한 한 부분이다. 가장 중요한 예시는 정치적 선거이다. 정치적 선거의 통합의 역할은 반복해서 인식되며,258) 그리고 반복해서 망각된다. ― 그러한 것은 비례에 의해서 보통평등선거권의 개체주의적인 의미구성요인(Sinnkomponente)이 상승하는 나머지 그러한 선거권의 통합력이 동시에 감소한다는 것이 간과될 때이다. 이 통합력은 다수결선거라는 과제, 그 창조적 변증법, 승리 또는 패배의 상당히 강렬한 체험(Erleben), 그리고 후보자선출과 선출맹약에서의 지역적인 정치활동에로의 다양한 자극 ― 이러한 것들과 불가피하게 결합되기 때문이다.259)

끝으로 그것들이 기능하는 것에서, 더구나 이중적인 의미에서, 즉 기관들의 ― 헌법에 적합한 권한[관할권]에 근거한 의사행위들로 인도하는 ― 절차에서, 그리고 이러한 행위들 그 자체에서 [출발할 수 있다].

두 번째의 것은 결코 국가나 또는 집합적 단체들만의 특성은 아니다. 그것은 생활행동들에 의한, 특히 표현들(Äußerungen)에 의한 인격성의 자기형상화라는 유명한 사실이다. 바로 거기에 국가행위들의 의미가 주로 존재하는, 지속적인 규범적 확정의 의도는 그 표현들에 결부되고 있다.

기능의 제1 단계인, 그 기능을 미리 준비하는 절차는 보통 그것이 통합작용을 위하여 공공성* 속으로 이전될 때에만 의의를 가진다.260) 그러나 그 후에 그것은 선거, 공개토론, 표결, 의회와 정부 간의 또는 다른 정치기관들 간의 논쟁과 같은 일련의 통합화하는 투쟁 속에 들어간다. 그것들의 통합화하는 의도는 그것이 본질적으로 자기목적이며, 그리고 밖으로 향하여 작용하는 행위에서 정점으로 높이는 것이 없을 때, 또는 반드시 그러한 것이 없을 때, 특히 명확하게 된다. ― 예컨대 정부의 강령들에 대한 모든 확정과

---

258) 여하튼 그 경우 관찰자의 정치적인 기본 태도에 따라서 다양하게 평가된다. 그리하여 예컨대 마이네케가 보통선거권 중에 본질적으로 소극적인 계기, 「안전판」, 「상쇄하고 안정화시키는 일정한 효과」를 본다면, 그것은 특정적으로 자유주의적이다(Probleme der Weltkrieges S. 89). 이에 대해서 나우만(Naumann)이 우리들은 그것으로 비로소 「하나의 정치적으로 호흡하는 전체신체(Gesamtkörper)를 가진다」라는 것을 확정한다면, 그것은 민주적이다(Demokratie und Kaisertum⁴ S. 51). ― 대체로 예컨대 N. Einstein, Der Erfolg, S. 98 f.

259) Festgabe der Bonner Juristischen Fakultät für Karl Bergbohm, S. 283 f. 아주 개념파악하기 어려운 것은, 더구나 제6회 독일 사회학자대회에서 미헬즈(R. Michels)*가 구두로 서술한, 선거는 의사의 위양이라는 이념사적인 고대박물관으로부터의 테제라는 것이다.

260) 여기에 오늘날의 정치질서의 계기로서의 공공성의 의미가 있다(Hegel, Rechtsphilosophie §315, und Zusatz). (Kelsen 5. Soziologentag S. 60가 생각하는 것처럼) 독재제(Autokratie)의 통제되지 아니한 상태에 대립하는 민주주의의 통제 욕망에서는 아니고, 독재제는 개별적으로 기술적인 헌법(Verfassung)을, 민주주의는 정치적인 헌법을 가진다. 여기에서 절대주의에서의 기술적인 집단지도원리(Kollegialprinzip)는 의회들의 통합적 그것과는 비교할 수 없는 것이 귀결한다(Kelsen, a. a. O. S. 46, 53, Staatslehre S. 327의 등치는 이해하기 어렵다. 또한 상술 S. 35, Anm. 6도 참조).

비판, 결정들, 많은 경우 국가 간 협정 기타 그것이다. 통합작용이 목표로 삼는 것은, 그때에 다음과 같은 유명한 조건들에 의존한다. 즉 상당히 많은 서로 어느 정도 성장하는 대항자들이 이러한 변증법261)의 담당자로서 현전하는 것, 공통의 기초와 이와 함께 투쟁의 통합화하는 지도를 기할 의도가 현존하는 것, 끝으로 이 투쟁으로 주민들을 파악하는 것,262) 이러한 것들에 의존한다. 바로 이러한 작용이 달성되는 곳에서 이러한 작용은, 다수결은 자유의 최고도의 실현이라는 명제의 실재적인 진실성의 핵심이다.263)

기관들의 이러한 종류들의 기능적인 통합작용은 대체로 헌법들에서 다소간 전형적으로 재귀한다. 그것들이 가장 강하게 차이가 나는 것은 상당히 많은 기관들의 상호관계의 기능적 작용이 문제가 되는 곳이다. 카우프만(E. Kaufmann)은 물론 정당하게도 여기에 바로 하나의 헌법을 성격짓는 측면이 있다고 서술하였다.264)

여기서 시사한 의미에서만 국헌의 이 부분은 정당하게 보이며 또한 판단된다. 기관이라는 것이 단지 법학적으로만 타당성을 가지는 국가행위들의 목표달성을 위한 하나의 시설로 볼 때, 또는 그 기관의 물적인 「이행들」(sachliche "Leistungen")이라는 관점 아래 판단될 때 그 기관의 본질은 오인된다.

적어도 부분적으로 이러한 관점들 아래 두 개의 논구된 헌법조직(Verfassungs-organisation)이라는 이론적 문제는, 즉 최고기관의 문제와 대표의 문제에 속한다.

최고기관에 대한 교설은 또한 이 문제와 그만큼 여러 가지의 근원을 가지고 있는데,265) — 헌법생활이라는 실천적인 현실태의 문제는 해넬(Haenel)*에 의해서 「각각의 공동목적을 수반하여 정립되는 실천적 통일성에로의 압박에서」266) 간결하고 적확하게 근거지웠다. 여러 가지 통합요인들의, 특히 여러 가지 기관들의 통합작용은 현실적인 통일성의 작용이란 보증 아래 설정되어야 하며, 그리고 이를 위해서는 하나의 최고심급(Instanz)은 가장 단순한 해결로서 나타날지도 모른다. 법치국가적 사고는 이러한 심급을 「최고법원 판사들이 최종적 판결들을 탈정치화하고 중성화하기 위한 가장 상위이며 가장 고결한 무책임한 지위」 속에, 즉 국사재판소(Staatsgerichtshof) 속에 탐구할 것이다.267) 유럽에서의 이러한 역할을 위한 입법부의 우위와 대립하여 (그다지 자각하지 못하고 비로소 역사적으

---

261) 많은 국가지도자에게 백 퍼센트의 선거의 승리보다 나쁜 것은 만날 수 없다는 주석은 정곡을 찌른다(G. Bernhard, Voss. Ztg. 20. 3. 1927).

262) 영국의 의회주의는 그 최성기를 정당하게 제한된 선거권을 기초로 하여 체험하였다(K. Loewenstein, Arch. f. Soz. Wiss. u. Soz. Pol. 51, 675)*라는 사실은, 선거인들의 구분이 아니라 신문구독자들의 구분에 근거한다. 그것들의 보다 좁은 권역은 더구나 이러한 무대를 통하여 파악되며, 그리고 이것에 생생하게 반작용했는데, 이에 대해서 오늘날의 능동적 시민층은 여전히 인민투표적으로만 통합할 뿐이다.

263) Kelsen, Staatslehre, S. 323, 5. Soziologentag, S. 62; daselbst S. 63 f., Demokratie S. 28. 그것(민주주의)과 아울러 어떤 특수한 것으로서 승인하는 통합작용.

264) Bismarcks Erbe in der Reichsverfassung S. 9.

265) Kelsen, Staatslehre, S. 307 ff.에서의 시사들은 불완전하며, 정신사적인 문제 일반을 인식시키지 못하고 있다.

266) Staatsrecht I 92.

267) Wittmayer, Österreiches Verfassungsrecht, Nachtrag 1926, S. 7.

로 전개한) 미국268)이 그러한 것과 유사한 형태로 말이다. ― 오늘날에는 의회주의가 유연한 최종심급적인 조정가능성을 제공할 것이다. 이 최종심급적인 조정가능성은 카이저적 연방국가[독일 제2 제국]에서는, 특히 연방참의원의 외교에 의한 연방에 유리한 협조나 그러한 연방국가의 운용(Handhabung)이라는 원칙에서 국지화되고 있었다. ― 여하튼 독일의 도처에서 문제인 것은 통합체계라는 초석이다. 그리고 이러한 의미에서 또한 최종적인 통합심급은 물론 적어도 매우 바람직하다. 비록 헌법들이 아마도 명백하게 의식적으로 그것을 예상하지 못할지라도 말이다.269)

마찬가지로 대표[Repräsentation; 再現前]*라는 사고의 혼란한 이념사적인 체계의 약간의 가지[枝]는 여기서 다루는 관련 속에 도입된다. 의회제적 대표라는 사고에 대해서 대륙적 출발점이 다수자들[대중] 속에서 졸고 있는 이성 ― 이것은 한편으로는 대표하는 자를 통하여 대표되는 자들에서 각성되며, 그리고 의식 중에 불러일으키며, 그리고 다른 한편으로는 밖으로 향하여 대표된다270) ― 이란 개념이라면, 이것은 ― 다수자들의 실재적으로 앞서 현존하는 이성 점유(Vernunftbesitz)라는 합리주의적인 사고범주가 여하튼 현존하는 구체적인 의사의 개체성(Willensindividualität)에 의해서 대체되는 것에서 ― 단적으로 말해서 여하튼 이 개체성에 결부된 통합화하는 지도를 의미한다.271) 그것으로 헌법의 텍스트가 의회제적 대표의 본질을 표현하려고 하는,272) 두 개로 분지되는 정식*에서 두 번째 부분이 의원들의 구속이 증대하는 것으로 진실성을 상실하면 상실할수록273) 그만큼 많게 여기에서 하나의 기본원리의 ― 현대의 의회제 국가의 그것은 아닐지라도 ― 완전한 내용을, 특히 지배적인 기관론의 형식주의의 희생으로 제공하는 대신에 시사한 의미에서의 첫 번째의 명제에로 음조를 바꾸어 놓음으로써 이 정식을 추완(konvaleszieren)시키는 것이 정당화된다.

정치적 통일체의 대표의 이러한 의미는 기술적인 업무처리와는 대립하여274) 의회제적 대표제를 그 밖의 정치적인 국가기관들에 연계시키고 있다. 여하튼 이 대표된 자는

---

268) E. Kaufmann, Auswärtige Gewalt und Kolonialgewalt in den Vereinigten Staaten, S. 177 f.
269) 거칠게 기계론적인 것은 Jhering, Zweck im Recht, 3 I 327. 즉「국가적인 강제기계에서 어떤 점에서 강제되는 것은, 종말을 보아야 하며, 그리고 단지 강제하는 것만이 남아야 한다…」…「시계는 자기 자신을 감지 못한다. 그러기 위해서는 인간의 손을 필요로 한다. 이 손은 군주제에서는 군주이다. …」(부분 번역 이주향 옮김,『법에서의 목적』, 범우사, 1990). 이에 반대하는 것은 H. Preuß, Das Völkerrecht im Dienst des Wirtschaftslebens (Volkswirtschaftliche Zeitfragen, Heft 99/100, 1891), S. 53.
270) B. Braubach, Der Begriff des Abgeordneten, Staatswiss. Diss. der jur. Fak. Bonn 1923 (Auszug).
271) 그러한 것은 예컨대 Heller, Souveränität, S. 76(역서 92면).
272) 예컨대 바이마르 헌법 제21조「의원은 전국민의 대표자이며, 그 양심에 따라 행동하고 위임에 구속되지 아니한다」.
273) 많은 것 대신에 Triepel, Die Staatsverfassung und die politischen Parteien, Rektoratsrede 3. 8. 27, S. 11 ff. (김효전 옮김, 헌법과 정당,『독일 헌법학의 원천』, 213면 이하).
274) C. Schmitt, Volksentscheid und Volksbegehren, S. 49 (김효전 옮김, 국민표결과 국민발안,『헌법과 정치』, 171면).

이러한 국가기관들에서는 다방면에서 일반의사의 유동적인 현실태에서가 아니라 오히려 정태적인, 그리고 국가를 보다 강력하게 초월하는 가치들의 하나의 존속275)이며, 특히 군주제적인 대표의 경우에 그러하다. 양 경우에 공통된 것은 대표의 단계지움이다.276) 즉 민주주의에서는 의회로부터 「정부관직의 대표들」277)에로, 군주제에서는 관청들의 위계제를 통하여 하강한다. 그때에 대표는 보다 하급의 심급에서도 예컨대 판사가 국왕의 이름으로 판결을 내릴 때,278) 분트(W. Wundt)*에 의해서 적확하게 관찰된 작용을 수반하여,279) 강화될 수 있다. 이러한 강화는 그 기능의 정당화가 고양된 것을 의미하며, 그리고 이와 함께 대표의 문제 전체가 동시에 물적 통합의 영역 위에 있다는 사실을 증거하고 있다. 왜냐하면 정당성은 끊임없이 (정당화되는 것을 대체로 초월한다) 물적인 가치내용에 비추어 근거지워지는 것이기 때문이다.

빈학파 사람들이 그렇듯이, 정신적인 현실태를 가능한 한 널리 허구, 환상, 은폐, 그리고 사기 속에 해소한다는 목표를 추구하는 국가학은 — 합리주의의 낙후된 후예로서 — 여기서 물론 특히 감사해야 할 전거를 찾고 있다.280)

*

통합개념에 근거한 기관학(Organlehre)은 지배적인 기관이론의 두 개의 주류의 말하자면 중간 지점을 보존할 것이다. 이 통합개념에 근거한 기관학은 국가를 하나의 그 어떤 형태로 (대체로 완전히 불명확한 형태로) 주어진 기체(Substanz)로서 전제로 하며, 그리고 이제 국가의 기능들을 기관화하는 모든 견해를 거부하지 않으면 안 된다. — 그것이 「기관들」을 목적합리적인 장치로서 이해하려고 함으로써 「사회학적인」 의미에서든, 그것이 「기관들」을 실재적 또는 허구적인 한 인격의 일종의 법업무적인 대리자들로서 구성함으로써 법학적이든 말이다. 그러나 이 통합개념에 근거한 기관학은 또한, 국가는 그 기관들에서만 정재하며, 이것을 도외시한다면 원래 정재하지 않는다는 사고상에 의해서 보다 명확하고 보다 순수한 의견을 거부하지 않으면 안 된다.281) 이러한 의견에 수반하여 정신적인 현실태에 대해서 부당한 것이 행해지고 있다. 다만 정신적인 현실태는 통합과정들에서, 그리고 기관들에서 잇달아 생활하고 경신되며, 이 정신적인 현실태에

---

275) 예컨대 유사한 것은 C. Schmitt, Römischer Katholizismus und politische Form, S. 54 ff. (김효전 옮김, 로마 가톨릭주의와 정치형태, 『헌법과 정치』, 67면 이하).

276) 가치 위계제의 유비적인 대표에 대해서는 예컨대 P. L. Landsberg, Die Welt des Mittelalters und wir, S. 23 ff.

277) Heller, S. 75 (역서 91면).

278) 「국민의 이름으로」(im Namen des Volkes)에서의 사법은 엄밀하게 대응하는 것은 아니다. 후술 S. 99, Anm. 4 참조.

279) 예컨대 Völkerpsychologie VII 37 — 왕국의 고유한 종교적인 정서에의 사법의 관여 아래. das VIII 275 f., Hans Schwarz, Europa im Aufbruch, S. 68 f., 242.

280) Kelsen, Staatslehre, S. 315, 319.
아주 잘못되고 단지 기술적인 것은 Simmel, Soziologie, S. 551 ff.

281) 예컨대 해넬과 트리펠, Heller, S. 60에서의 개소들 참조.

대해서 이러한 과정들과 기관들은 형식들이며 담당자일 뿐이기 때문이다.

제3장 국가기능들

통합이 대체로 정신생활, 기능이라면, 그때에 국가기능들은 통합의 매우 납득할 수 있는 요인이다. 국가기능들은 사실 (특히 기관형성에서 그리고 개별적인 기능들을 미리 준비하는 단계에서의) 통합하는 투쟁의 여러 가지 현상형태와 아울러 위에서282) 시사적으로 특징지은 기능적인 통합 유형들의 주요한 부분을 형성한다.

근대적인 헌법들은 기능들을 각각의 개별성으로서가 아니라 하나의 체계적 전체로서, 권력들로서 (국가에 대한 그들 권력들의 공통된 관계는 도외시하고) 다루는데, 이러한 권력들은 권력분립의 체계를 통해서 하나의 통일체에로 총괄된다. 이 체계의 의미는 종래의 헌법해석으로부터는 본질적으로 하나의 목적합리적인 분업으로서 이해되는데 국가생활 일반의, 따라서 또한 특히 여하튼 기능적 통합의 한 체계로서 완수되는 한에서 그 국가생활의 통합체계의 여기서 주장하는 견해에 적합하다.

권력분립은 그 복잡한 교리사에 의해서, 그리고 특히 이러한 유산의 모든 부담을 수반하는 정신적 유산으로서의 그 오늘날의 헌법상의 의의를 탐구하는 것이 어려운 것으로 특징짓고 있다. 따라서 그 권력분립의 본래적인 의미와, 그리고 그와 함께 우리들의 헌법들의 이러한 핵심의 의미를 해명하는 것은 바로 이념사적인 과제이다.

18세기의 권력분립론 이전에 세 가지의 권력은 그것들이 문제로 되는 한, 국가 제도들 일반이 그렇듯이, 국가를 초월하는 하나의 근거지움을 가지고 있다. 아리스토텔레스의 권력들은 각각 범주적으로 주어진 것을 띠고 있다. 그리고 근대적인 국가학은 국가권력을 자연법과 국가와 국가의사라는 그 합리적인 출발점에서, 또는 그렇지 않으면 고권 (Hoheit)*의 도식으로써 (군주제원리와 국가권력의 담당자라는 개념적으로 파악하기 어려운 것 속에 계속 살아있는) 적극적인 종류의 하나의 국가외적인 정통성의 원천에서, 이 어느 것에서 도출한다. 이러한 것에 대해서 권력분립론이 가져온 원칙적으로 아주 새로운 것은 국가체계의 ― 무자각적이지만 그러나 불가피한 ― 내재적인 중심화, 즉 자기에서의 일종의 코페르니크적인 근거지움이다. ― 이것은 제도로서의 국가에 대해서는 적어도 특정한 의미에서 (몽테스키외의 프로그램 속에는 거의 없었던) 방법론상의 고립화의 최초의 시도를 의미한다. 그것은 마키아벨리가 생명의 현상(Lebenserscheinung)으로서 국가에 대해서 그러했던 것과 유사한 최초의 시도이다. 국가를 자유롭게 떠도는 균형에서 서로 유지하고 합력하는 세력들의 하나의 인위적인 체계로서 구축한다는 요구는, 국가를 자신 속에서 자유롭게 떠도는 세력들의 하나의 놀이로서 제도화하려고 하였다기 보다는 오히려 바로, 그리고 특히 이해하려고 한, 그러한 하나의 사고의 최초의 소박한 형식이었다.

여기에서 합리주의적인 국가기계론과 합리주의적인 법칙개념의 포기를 거쳐 헤겔

---

282) S. 34 ff.(본서 673면 이하)

(Hegel)로, 그리고 그가 권력들을 「정치적 국가」[283]의 변증법적 계기들로서 파악하는 것에로, 즉 헌법에 적합하게 정서된 그 생활의 현실태에로 일직선으로 인도한다. 이 생활의 현실태는 권력들의 인위적인 상호적 저지 때문에 그 생명을 연기하는 것이 아니라 필연성을 수반하는 정신의 변증법 때문에 역사적 구체성에서 필연성을 수반하여 권력들로부터 자기구축하는 것이다.[284] 따라서 하나의 헌법의 권력분립은 정치적 정신의 전술한 통합의 법칙성의 실정법적인 규범화이다.

여하튼 우리들의 헌법들의 권력체계의 이해는 여전히 두 개의 현저한 어려움에 직면하고 있다.

하나의 어려움은 이 권력체계 속에는 하나의 이물질이 들어있다는 점이다. 이 이물질은 과연 불가피하게 그 지위를 가지고 있는데, 그렇지만 역시 이 체계의 한 계기는 아니며, 여하튼 우선 이 체계의 하나의 계기는 아니다. 이것은 여기서 입법과 사법으로서 국가의 손아귀에서 질서화 된 법생활의 요인들인데, 그러나 역시 국가에 대해서 독자적인 다른 정신적 체계의, 즉 법생활의 계기들이다.

또 하나의 어려움은 이 체계 중에는 결정적인 계기가 결여된 것, 권력분립에 대한 헤겔의 이해는 몽테스키외나 우리들의 헌법 텍스트의 파악에 앞선 것, 이러한 것들 속에 있다. 사람은 그 앞선 헤겔의 파악을 통치, 「군주권」* 또는 달리 명명할지라도 말이다.

*

사람이 그것을 여기서 전제로 했듯이, 국가와 법을 과연 분리하기 어렵게 결합된, 그러나 역시 각각 자기 안에서 폐쇄된, 각각 하나의 특수한 가치이념의 현실화에 봉사하는, 그러한 정신생활의 두 가지의 영역으로서 이해한다면, 그때에 한편에서의 국가의 현실태는 통합으로서, 그리고 질서화하고 형상화하는 권력들의 전개로서, 그 국가생활에서 존속하며, 다른 한편에서의 법의 현실태는 입법, 재판, 생활을 통한 그 법의 실정화, 안정화, 적용화에서 존속한다. 전자[국가]에서의 통합요인들이 그러한 것과 동일하게, 후자에서의 법생활의 커다란 요인들은 서로 담당하고 보충하며 요구한다. 그때에 조직화 된 기능들, 입법과 사법이 근대 국가에서 지배적인 법학에서 그러하듯이,[285] 오히려

---

283) Rechtsphilosophie §§ 273, 286, 272 Zusatz.

284) 트레셔의 면밀한 노작 『헤겔의 국가론의 철학적 기초들에 미친 몽테스키외의 영향』(H. Trescher, Montesquieus Einfluß auf die philosophischen Grundlagen der Staatslehre Hegels, Phil. Diss. Leipzig 1918)이 권력분립론의 몽테스키외로부터 헤겔에로의 발전의 성과로서, 헤겔에서의 권력분립론은 「국민이라는 신체(Volkskörper)의 모든 활발한 세력들을 국가 전체를 위해서 획득한다는 일반적인 목적을 위해서, 모든 사회 영역이 국가에 매우 생생하게 침투하는 것」(S. 105, 또한 S. 100도 참조)을 의미한다는 것을 확정한다면, 이것은 정확하게 이 연구가 탐구하는 통합 개념이다.
켈젠(Kelsen, Staatslehre S. 255 ff.)에서의 대상의 서술은 여기에서 주어진 어떠한 것도 공유하지 않는다는 것을 나는 먼저 강조할 필요는 없다.

285) 예컨대 Schönfeld, Die logische Struktur der Rechtsordnung, S. 44 ff. — im Archiv d. öffentl. Rechts, N. F. 12, 178 f. 여하튼 단계론(Stufentheorie)의 의미에서.

전면에 나서거나 또는 중세에서 또는 에얼리히(Ehrlich)*의 법사회학에서 그렇듯이, 법동
료(Rechtsgenossen)에 의한 법의 적용이 오히려 전면에 나타나오는데, 이것은 여하튼
말이다. 여하튼 이러한 요인들은 하나의 체계를 서로 간에 형성한다. 이 하나의 체계는
정신의 가치법칙성 때문에 전자에서 통합요인들의 체계가 국가적인 현실태의 체계에로
수렴되는 것과 동일하게, 후자에서 법공동체의 구체적인 법생활의 실정적인 현실태에로
수렴된다. ― 이 하나의 체계는 어떤 경우에도 성문화된 법에 의해서 일부에서는 지시되고,
일부에서는 자극되며, 일부에서는 허가된다. 이러한 의미에서 법생활의 체계의 부분으로
서의 입법과 사법은 그것들이 정립된 법에 의해서 규제되는 한에서는 법적 기능들의
자기 속에서 폐쇄된 체계를 서로 헌법의 내부에서 형성한다. 그들의 변증법적 통일성에서
법생활의 체계는 그 현실태를 또는 (에얼리히와 함께 또는 에얼리히에도 불구하고) 적어도
그 현실태의 커다란 부분을 가지고 있다. 바로 그러므로 그것들은 일정한 의미에서
헌법에서의 어떤 하나의 이물질이다. 그것들은 그것들이 또한 국가생활의 형태들이기
때문에 거기[헌법]에 속하는데, 그러나 그것들의 중점은 중세적인 재판국가
(Jurisdiktionsstaat)가 극복된 후에는 더 이상 이러한 그 국가적 속성 중에는 없다.
그러나 이러한 이중적인 역할은 매우 일반적인 의미에서만 그것들에 공통될 뿐이며,
개별적인 의미에서는 완전히 다른 의미를 띠고 있다.

사법(Justiz)은 국가권력들의 체계의 부분으로서는 말하자면 영(nulle)286)이다. 즉
사법이 봉사하는 것은 통합가치가 아니라 법가치이다.287) 이 가치는 국경들을 초월하여
타당하다. ― 이것에서 통치의 문제와 행정의 문제들과는 대립하여 연방국가에서의
개별국가들의 연대성이며, 동일하게 그것들이 진실한 사법사안들인 한에서,288) 사법사
안들에서의 문화국가 일반의 연대성이다. 사법 역시 통합해야 하는데 ― 그러나 사법이
통합하는 것은 법공동체이며,289) 국가공동체는 아니며, 따라서 적어도 원리적으로는
다른 권역(Kreis)이다. 실제로 그것은 동시에 국가적 통합에 봉사할지도 모르지만,290)

---

286) Esprit des lois XI 6 (진인혜 옮김, 『법의 정신』, 나남, 2023) 이래 자주 그렇다. 예컨대 Klüber,
    Die Selbständigkeit des Richteramtes, 1832, S. 24. 사법을 여전히 몽테스키외적인 방법으로 정서하는
    청년 헤겔(System der Sittlichkeit, Schriften zur Politik und Rechtsphilosophie, hrsg. v. Lasson,
    Philos. Bibl. 144. S. 489; 김준수 옮김, 『인륜성의 체계』, 울력, 2007, 97면)로부터 사법의 이름을
    열거하지 않거나 (Rechtsphilosophie § 272 추가 앞의 주 끝과 추가 끝) 또는 통치권에 복종하는(§
    287) 후기 헤겔에로의 전진은 주목할 만 하다.
287) 대립의 유명한 심리학적인 파악은 여기서 특히 사용하지 아니한다.
    참조. 또한 v. Marschall, Vom Kampf des Rechtes, S. 150 ff. 그리고 특히 Gierke in Schmollers
    Jahrbuch 1883, 1185.
288) 문제는 여기서는 다른 경계에도 불구하고 물적인 것은 상술 S. 83(본서 710면)과 동일하다.
289) 예컨대 W. Simons, Mitteilungen der Deutschen Gesellschaft für Völkerrecht, Heft 6, S. 25,
    29.
    특히 법정들의 국가성을 특징지은 (「국왕의 이름으로」) 이전의 그것 (판결의 고지 정식)에 대립하는
    「국민의 이름으로」 판결의 고지 정식, 오늘날의 법동료의 공동체의 기능으로서의 사법의 특징짓는
    것이 그렇다. 그리하여 자료들은 정확하지만 (프로이센 헌법 제8조에 대한) 발데커(Waldecker)의
    회의는 반드시 정당화되지 아니한다.
290) 상기해야 할 것은 법의 심급(Rechtszüge)에 의한 중세적 국가통일성의 빈번한 제작, 앵글로색슨적

그러나 헌법(Verfassung)은 사법을 국가의 지도에서 독립시킴으로써 사법을 행정과의 예리한 대립 속에서 [국가통합이란] 과제로부터 명백하게 해방한다. 행정은 바로 그것이 통치에 종속하기 (그리고 그때그때 그것이 의회제에 의존하는) 때문에 기술적인 행정가치에 의해서, 그리고 적어도 경우에 따라서는 또한 정치적인 통합가치에 의해서 지배되기 때문이다. ― 사법을 둘러싼 오늘날의 투쟁에서 이 대립의 감쇄 또는 배제는 적어도 부분적으로는 문제가 된다.[291]

국가체계와 법체계는 서로 입법에서 보다 밀접하게 유착하고 있다. 입법은 양 체계에서 동시에 최고의 기능적 역할을 하기 때문이다. 입법은 한편으로는 국가에 내재하는 한 기능이며, 국가적인 권력분립의 일부이며, 따라서 이러한 그 특성에서 집행부(die Exekutive)와의 그 관계에 의해서 규정되고 있다. 즉 그것은 그러한 한에서 오늘날의 정식에서 말하는 「형식적인 의미」에서의 입법이다. 특징적인 것은, 「법률」이라는 말이 나타내는 수많은 헌법규정들은 이 형식적인 개념을 기초로 해서만 의미를 충족한다. 입법은 다른 한편 법생활을 일반적으로 규범화하는 기능, 「실질적인 입법」이다.[292] 입법은 그러한 한에서 정의가치(Gerechtigkeitswert)에 의해서 규정된다. 따라서 「실질적인 법률」의 모든 정의(定義)는 이러한 관계를 표현하는, 다소간 운이 좋은 시도이지 않으면 안 된다. 물론 이러한 개념이 생각하는 것은, 국가생활의 기능들의 체계가 아니라 법생활의 기능들의 체계가 문제로 되는 곳에서이며, 특히 사법에 관한 법률들 (Justizgesetze)의 유명한 합법적인 정의들에서이다. 이러한 의미에서의 입법은 그 공간이 경계지워지고, 그 과제는 특히 사법과의 그 관계에 의해서, 즉 이 사법이 그것에 기대하고 그것에 활동의 여지를 허용함으로써 설정된다. 따라서 여기서 적용을 위해서 일반적으로 규정된 규범으로서의 개념규정 말이다. 그러나 동시에 여러 가지로 다른 시대에 대해서 여러 가지로 다른 것이 정의가치의 실정화에 있어서 내용적으로 본질적인 것이다. 따라서 실질적인 법률개념은 시대적으로 제약되며, 교체되며 국가적 입법에로의 여러 특정한 정의요구에 비추어[293] 언제나 상대적이기 때문에 형식적인 법률개념과는 대립한다. 즉 도처에서 완전히 같은 의미는 아니지만, 그러나 여하튼 다른 권력들의 형식적인 특성들과의 관계 그 자체에 의해서 형식적이며 고정적으로 규정된, 그러한 형식적인 법률개념과 실질적인 법률개념은 대립하는 것이다.

따라서 법률은 사법에 대해서는 목적이며, 행정에 대해서는 제한이라는 자주 사용되는 명제는 이중의 방법으로 오류로 인도한다. 한편 실제로는 두 가지의 상이한 체계의

사법국가에서의 국가기능으로서의 사법의 비교적 커다란 의의다. 부분적으로는 적어도 또한 카우프만 (E. Kaufmann, Auswärtige Gewalt, S. 177 ff., 182 ff.)에 의해서 이념사적으로 근거지워진 현상도 미국에서의 연방국가의 법정심급과 각 주의 법정심급의 예리한 분리와 마찬가지로 이것에 속할 것이다.

291) Hellpach, Neue Rundschau, Juli 1927, S. 5 f.

292) 이에 관하여는 많은 것 대신에 v. Marschall passim, 예컨대 S. 140, 61 Anm.

293) 참조. 특히 Holstein in der Bonner Festgabe für Ernst Zitelmann 1923, S. 361 ff., 366 ff. 또한 Thoma, Festgabe für O. Mayer S. 176.

내부에서 「법률」의 관계들이 문제인데, 그것이 하나의 통일적인 기능체계의 내부에서의 관계들을 확정하는 한에서, 그리고 다른 한편, 법률이 행정에 대해서 문제가 되는 것은 첫째로 형식적인 법률이며, 사법에 대해서 문제가 되는 것은 단지 실질적인 법률인 한에서이다. 이 명제는 대체로 슈탈(Stahl)*에게 돌아가는데, 이 슈탈이 정의(따라서 정의가치)를 (통합가치와 복지가치에 의해서 지배되는) 헌법과 행정의 영역에서 단지 제한으로서만 타당케 하고, 사법의 영역에서는 「실정적인 목표, 유일한 목표」로서 타당케 한다면, 그는 본질적인 것을 서술하지만, 그러나 보다 후기의 형식주의에 대해서는 이해하기 어렵고 불쾌한 것을 서술하는 것이다.294) 이러한 관련에는 또한 행정은 그 고유한 법을 산출할 수 있는가 하는, 반드시 충분히 진지하게 받아들일 수 없는 의문도 속한다.295)

한쪽의 국가체계와 다른 한쪽의 법체계가 균형을 이루는 중심기능으로서의 이러한 이중적인 위치를 통하여 입법의 상태(Lage)는 헌법에 대해서 철저하게 주변에 있는 사법의 위치로부터 구별된다. 이것을 통하여 그 의미와 그 장소는 헌법에서 이중적 의의를 획득한다. 이러한 이중적 의의를 형식적이며 실질적인 법률에 대한 교설은 정당하게 인식했으나, 그러나 아직도 여전히 최종적으로 만족할만하게 만들어내지 못했다. 여하튼 이 점에서 국가주의와 규범논리는 마찬가지로 이 이중적 의미를 올바르게 다루지 못한다.

오늘날의 법률개념의 양 측면은 원래 매우 밀접하게 관련되어 있다.296) 이러한 관련은 그때에 오늘날 매우 오인된 기능을 가지고 있다. 즉 국가를 자연법에 의해서 요구된 정당화하는 가치들의 세계에로의 관계 속에 두는, 그러한 법률의 내재적으로 정당화하는 힘(이러한 힘이라는 매우 웅대한 표현은 언제나 일반의사의 이론에 머무른다)의 기능을 가지고 있다. 이에 따라 극복된 것은 단순한 국가이성에 의한 절대주의적 권력의 불충분한 정당화이며, 그러나 또한 이러한 정당성(Legitimität)을 무엇인가 (자연법적 또는 실정법적으로) 초월적인 법질서에서 도출하는 것 ― 이것은 근대적 국가개념에 견딜 수 없는 것인데 ― 이다. 그보다 더욱 결정적으로 근대국가는 그것이 고유한 권력으로서의, 그리고 동시에 그것을 정당화하는 권력으로서의 법률로 풀기 어렵게 결합하는 것 위에 근거하고 있다. ― 또한 매우 역설적이지만, 근대국가는 바로 정치적 영역들을 초월하는, 모든, 그리고 각각의 지금까지의 정당화로부터의 최종적인 자기해방을 통해서 마침내 비로소 근대적인 법치국가가 된 것이다.

*

따라서 사람은 정당하게도 이렇게 서술하였다. 즉 「하나의 국가는 그 개체성을 집행기관과 입법기관 간에서 완수하는 특수한 종류의 상호작용을 통하여 획득한다」297)라고.

---

294) Philosophie des Rechts³ II 2, S. 609.

295) J. Goldschmidt, Verwaltungsstrafrecht, S. 572, Begriff und Aufgabe eines Verwaltungs-
strafrechts S. 21, Anm. 일반적으로 Holstein, a. a. O. S. 368 f.도 참조.

296) 참조. 특히 C. Schmitt, Geistesgeschichtliche Lage, ³ S. 52 ff.(역서 107면 이하)

이들 양자는 현실태에서의 [활동현실적으로 작동하는] 국가적 기능체계들과 통합 체계의 부분들에 불과하다. 비록 또한 이에 대해서, 실질적인 입법과 사법이 국가를 도외시하였더라도, 이들 양자는 단지 국가 속에서 생각될 뿐이다. 후자[실질적인 사법]는 헌법을 통해서 국가 속에 어느 정도 편입될 뿐이며,298) 전자는 헌법을 통해서 구성된다.

*

근대 국가의 통합화하는 기능체계들이 통상의 헌법도식의 세 권력에서 차이가 나는 두 번째는, 이 통상의 도식에서는 특수한 통합과제를 수반하는 사물의 본성에 의해서 요구되는 하나의 기능이 결여되었기 때문에 이 도식은 불완전하다는 것이다. 이러한 기능의 필요성은 유사한 형태로 근거지워지는데, 그러나 「최상위의 기관」의 필요성보다도 훨씬 의문의 여지는 없다. 세 권력의 협주의 귀결들로서 바람직한 국가적인 본질규정과 본질관철이 성립하는가의 여부, 이것은 이 협주에만 어디까지나 맡겨둘 수는 없으며, 대내적이며 대외적으로 고유한 방법으로 이들 목적들에 봉사하는 하나의 고유한 국가활동, 즉 통치가 형성되는 것이다.299)

프랑스의 추밀원(Staatsrat)*의 실천이야말로 행정과 통치의 차이를 하나의 국법적 차이로서 처음으로 뚜렷하게 하였다.300) 물론 이 차이를 실제의 정치가들은 여전히 면하지 못했으며,301) 그리고 이 차이는 19세기의 정치적 문헌 중에서도 또한 전진적으로 일관하여 보여주고 있다.302) 여하튼 국가이론은 국법학과 마찬가지로 내가 보는 한, 그 차이의 의의를 아직도 충분하게 정당한 형태로 다루지 못하고 있다. 더구나 다음과 같은 경우 실천은 이 차이를 간과해 버리기 일쑤이다. 즉 실천이 정치적 논쟁에서 매우 본의 아니게 매우 자주 사용하는 술책의 하나로써 정치적 행위를 기술적 관점에서 비판할 때, 그리고 반대의 경우가 그렇다. ─ 특히 독일에서 이러한 것은 야당과 정부에 언급하지 않고 말단지엽적인 논의에 빠지는 것이 주요한 이유이다.

이러한 관련에서 독재권력에 대해서 언급하지 않는 것은 허용되지 않을 것이다. C. 슈미트와 그라우(R. Grau)303)가 충분히 제시했는데, 독재권력은 세 권력체계 중에는 편입되지 않지만 그러나 무엇 때문에 독재권력은 다른가에 대해서는 엄밀하게 표현하지

---

297) Redslob, Die parlamentarische Regierung, S. 1. 물론 이러한 것이 말하는 것은 통합 체계의 기능적 부분에 대해서 한정하는 것을 수반한 것에만 타당하다. ─ 참조. 또한 O. Mayer, Deutsches Verwaltungsrecht, ³ I 56.

298) 물론 그 때에 이러한 관계지움은 매우 여러 가지 양식들이 가능하리라는 것 없이는 이렇게 말하지 못한다. 참조. 특히 E. Kaufmann, Auswärtige Gewalt, S. 177 ff.

299) 참조. Kahl-Festschrift III 16 f.

300) a. a. O. S. 5 ff. 또한 C. Schmitt, Arch. f. Soz. Wiss. u. Soz. Pol. 58, 3, Anm.

301) 대체로 메테르니히(Metternich)가 고전적인 것으로서 인용된다. 참조. Srbik, Metternich I, 392 f. 정확한 것은 Barthélemy, Organisation du suffrage p. 640에서의 강베타(Gambetta).*

302) 예컨대 Comte, Cours de philosophie positive, 3. éd. IV 430. Fröbel, Politik, I 144 f., 151, 191 ff., Ranke, Sämtl. Werke, 30. S. 55 f.

303) Dieser, a. a. O. S. 104 f.

않는다. 다시 말하면 그 규제적 원리로서의 통합가치, 이것이야말로 독재권력에 그 특별한 지위를 부여한다. ― 여하튼 오히려 외면적 현실에로의 「독일 라이히에서의 공공의 안전과 질서」(바이마르 헌법 제48조 제2항)*에 그것을 투영하는 것에서만 그러하다. 이러한 수정에서 통합가치는 잠정적으로 공공의 법적 가치를, 복지가치를, 실로 더구나 관습적으로 보다 완전하고 보다 깊은 의미에서의 통합가치를 뒤로 압박하고, 독재적인 「조치들」(제 48조 a. a. O.)의 행정관리에 유사한 기술적인 권력을 위하여, 그 통합가치 고유한 창출에 기여할 여지를 얻는다. C. 슈미트는 이것을 이렇게 표현하였다. 즉 「법은 후퇴하지만 국가는 계속 존속한다」, 「국가의 실존은 여기서 법규범의 타당에 대한 의심 없는 우위를 확증한다」[304]라고. 문제는 일면에서의 이 예외권력, 다른 면에서의 사물의 정상적인 규제화, 이것들이 국가의 본질 그 자체에 관계되었는가 하는 것뿐이다. C. 슈미트가 화려하게 근거짓고 더구나 타당한 법에로 적용했듯이, 「예외사태는 국가권위의 본질을 가장 명확하게 계시하는가」[305] 또는 예외사태는 사물의 규범질서에서 보다 명확하게 계시되는 국가본질의, 하나의 혼탁화, 하나의 정지에 불과한가 하는 것이 묻게 된다. 명백한 것은, 국가라는 범주적인 본질존재를 하나의 형식적·궁극적인 결단권력은 바로 거기에 있다는 점에서 발견하는, 그러한 사고방식에 대해서 이러한 권력은 독재에서 가장 순수하게 나타난다. ― 바로 이러한 것, 결국 하나의 법학적인 고찰은 예컨대 다음과 같은 곳에서는 도처에서 타당하다. 즉 신분제국가에서처럼 규범질서가 법권리상(quoad jus) 지배자에서 통일된 권력의 행사를 단지 제한하고, 즉 순수하게 본래적인 국가형태를 혼탁케 하는 곳에서는 어디서나 타당하다. 이러한 법학적인 고찰이 정신과학적인 평가로서 정당화되는 것은, 이러한 최종적인 「주권적」인 심급이 또한 전체를 물적으로 통합하는 가치들의 대표인 곳에서는, 즉 로마 교회에서, 입헌적·국민국가적인 시기 이전의 군주제에서이다. 이러한 법학적인 고찰이 타당하지 않은 것은, 이러한 전제들이 결여된 곳, 즉 국가적 현실태의 핵심이 규범적인(정상적인) 헌법생활 속에 있는 곳이다. ― 이것은 여기서 어쩔 수 없이 잠정적으로, 하나의 「기술적 긴급원조」를 위해서 후퇴하며, 이 「기술적 긴급원조」는 규범적인 헌법생활에서 전술한 국가의 본질을 지속적으로 현실화하는 것에 비교한다면, 잠정적인 기술에 불과하며, 결코 본질을 나타내는 것은 아니다. C. 슈미트가 화려한 형식으로 재연한 것은, 바로 고전고대적인 국가상과 고전고대화하는 고찰방식이다. ― 이것을 거부하는 국가이론에 대해서도, 그리고 독재권이라는 어려운 법적 문제 ― 이것들은 뒤에서 다시 검토할 것이다 ― 에 대해서 거기로부터 얻는 것이 없지 않다. 그러나 오늘날의 국가에 대한 이론은 국가의 본질에 적합한 중점을 다른 장소에서 발견하지 않으면 안 되며, 따라서 헌법이론적이며 국법이론적으로 가치의 강조(Wertakzente)를 달리 분배하지 않으면 안 된다.

---

304) Politische Theologie S. 13 (김효전 옮김, 정치신학, 『헌법과 정치』, 17면).
305) S. 14, 15 a. a. O. (역서 17, 18면).

*

그리하여 자세히 본다면 헌법전의 단순한 권력분립 대신에 세 가지의 기능체계가 나타난다. 즉 입법기관과 집행기관의 협주, 그리고 이에 더하여 직접적으로 정치적으로 통합하는 기능들로서의 통치와 독재, 거기로부터 법생활의 담당자로서의 입법과 사법, 끝으로 국가에 의한 개별적인 기술적 복지촉진으로서의 행정*이 그것이다. 여하튼 수많은 국가행위들은 그것들이 첫째로 바치는 가치영역에만 배타적으로 공헌하는 것은 아닐 것이다.306) 그러나 어떠한 국가행위도, 어떠한 국가제도도 일정한 경계들을 넘어서 그것들의 사명에 소원한 목적들에 사용하는 것은 허용되지 아니한다. 그렇다면 형식의 남용307)이라는 문제가 나타난다. 이 문제를 E. 카우프만과 C. 슈미트는 수많은 예증(조사위원회, 국제연맹, 라이히 헌법 제48조의 「조치들」, 군주재산몰수에 바치는 법률과 수용308))에서 법정책적이며 법적인 문제로서 해명하였다.

일정한 경계들 안에 존속하는 것은 물론 이러한 가능성인데, 그것은 동시에 정치적이며 법적인 그러한 문제들을 위해서,309) 실정 규범에 의해서 한쪽이나 다른 한쪽의 척도기준을 결정하는 그것으로서 확정할 수 있는 가능성이다. 이러한 한정은 분쟁사례들에 대한 결정을 위해서 분명한 정치적인 심급이 설정되거나 또는 재판형식의 심급이 설정되는 것을 통해서 보통 일어난다. — 이러한 심급의 선택은 동시에 결정을 위해서 우선 척도를 부여하는 실질적인 원리를 선발하는 것을 의미한다. 이러한 선택은 개별 사례에 맡길 수 있다. — 그리하여 칼스바트에서의 메테르니히(Metternich)*의 제안에서는, 연방 구성원들의 모든 분쟁을, 이것을 결정하기 위해서 연방회의에 회부하였다. 즉 「어떤 범위에서 그러한 분쟁은 정치적으로 다룰 수 있는가, 그리고 그 자신에서 이미 처리될 수 있는가 또는 같은 분쟁이 재판에 의한 결정을 필요로 하는가, 그리고 그 후 그러므로 질서잡힌 (…) 심급을 필요로 하는가, 이것은 역시 연방의회에 의해서만 회부될 것이다」310)라고. 그러나 이러한 선택은 대체로 하나의 일반적인 규칙의 대상일 것이다. 국제법의 유명한 사례들에서도 그러하며, 또는 바이마르 헌법 제19조*의 차이화에서처럼, 한편으로는 그것을 위해서 항상 재판상의 처리심급(Erledigungsinstanz)이 존재하는 하나의 란트 내의 헌법쟁송들과, 다른 한편으로 제19조(또는 모든 사례에서 제13조 내지 제15조)로는 그것들의 재정자를 발견하지 못하는 라이히에서의 헌법쟁송들 간의 차이화 말이다. 심급을 규제하는 이러한 차이는 뒤의 관련에서 제시하듯이, 하나의 실질법적인 상황의

---

306) 상술 S. B 84 참조.

307) 이에 관한 말은 예컨대 Kaufmann, Untersuchungsausschuß und Staatsgerichtshof, S. 63, 66.

308) 참조. 특히 여전히 C. Schmitt in Schmollers Jahrbuch 48, 2, S. 753 ff., bes. S. 778 그리고 그의 감정서인 Unabhängigkeit der Richter, Gleichheit vor dem Gesetz und Gewährleistung des Privateigentums nach der Weimarer Verfassung (1926).

309) 참조. Triepel, Kahl-Festschrift II 17 ff. 그리고 거기에서 제창한 사람들.

310) Klüber-Welcker, Wichtige Urkunden für den Rechtszustand der deutschen Nation, S. 178. 연방권 그 자체에 대해서는 Klüber, Öffentl. Recht des Teutschen Bundes, 4 215, H. A. Zachariä, Deutsches Staats- und Bundesrecht, 3 II 736 ff. 참조.

차이도 의미한다.

모든 이러한 문제들에서는 단지 법적 가치(Rechtswert), 행정가치(Verwaltungswert), 통합가치(Integrationswert)의 세 영역과, 거기에 속하는 기능들의 특성을, 그러나 동시에 그것들이 교차하는 가능성과 한계들을 만들어내는 헌법이론만이 명석할 것이다.

*

여기서 시사한 문제설정을 수반한 국가기능들의 한 이론의 의미는 그 반대사례인 빈학파의 단계이론들에 비추어 완전히 명백해 진다. 「법창설의 단계들」이란 의미와 관련은 부과되고 관철된 생활현실태의 부분들로서의 이들 단계들이 가지는 의미로써 주어진다. 그러나 그러한 현실태의 부분들은 상호관계에서 변증법적인 계기들로서만 이해할 수 있으며, 직선적인 연쇄의 분지들로서는 이해하지 못한다. 그리고 더구나 국가를 모든 고유한 본성에서, 모든 정치적인 성격에서 과격하게 탈본성화하는 것은, 물론 국가의 개별적인 계기들의 특수한 성격을, 그리고 그와 함께 마찬가지로 현실태로서의 국가의 이해를, 그리고 국가를 헌법에 적합하게 규범화하는 것의 사물적합적인 해석 등 모든 통찰을 막는 것이다.

제4장 근대 헌법들의 통합화하는 사물내용

사물내용(Sachgehalt)에 의한 통합은 일반적·국가이론적인 문제로서 앞의 장소에서 다루었다. 여기서는 종결하는 절을 위해서 일정 수의 순수하게 법학적인 문제들을 유보하고 근대적인 헌법사의 한 장으로서의 일반적·국가이론적인 문제에 대해서 언급하기로 한다.

그러한 사물내용이 근대 헌법의 발전 속에 등장하는 형식은 바로 자연법의 법칙개념이다. 법칙(Gesetz)은 국가공동체의 유일하고 동시에 필연적인 기초로서의 자연질서(ordre naturel)*를 정식화한 것이다.311) 이러한 법칙개념과 함께 18세기의 국가이론에는 그것이 국가를 하나의 자신 속에 폐쇄하고, 또 중심화 된 세력들의 유희로서 구축하려고 하여도, 그것이 당시의 가치 세계의 전체와 결부된 안개의 실마리(Nebelschnur)가 어느 정도는 계속 보존하고 있다. 왜냐하면 아직도 여전히 그 국가이론이 자신의 체계 속에 중심으로서 관계짓고 있는 법칙개념은, 그 (국가이론의) 체계에 자주 서술해 온 전사(前史)를 부여한 전체적인 실질적인 충일을 가지고 있기 때문이다. 달리 표현한다면 이 법칙개념은 18세기의 국가구조물에, 그 특수한 정당성을 부여하고 있다. C. 슈미트가 아주 정당하게 주의를 촉구했는데,312) 정당성의 문제는 군주제에 대해서 뿐만 아니라 마찬가지로 모든 다른 국가형태에 대해서도 존속한다. 정당성 없이, 즉 국가와 국법을 초월하여

---

311) 많은 것 대신에 Heller, Souveränität, S. 17 f. (역서 16면 이하)
312) 특히 Geistesgeschichtliche Lage S. 39 ff.

역사적으로 타당한 가치들에서 타당의 바탕 없이는, 실정적인 헌법질서와 법질서 그 자체의 어떠한 타당도 존재하지 아니한다.313) 자연법적 법률개념의 이러한 정당화하는 충일에서만, 그것으로써 유일 창조적이며 공적인 기능으로서의 법칙에 대한 표상이 그처럼 오랫동안에 걸쳐 유지된 힘을 설명한다. 그러나 역시 그러한 법칙을 입법권으로서 실정적인 헌법들 속에 도입함으로써 실정화와 거기에 따른 형식화는, 불가피하게 그 법칙의 형해화를 결과로서 가져오며, 그 법칙의 내재성을 설명함으로써 그 법칙을 정당화 하는 세력에 의문을 제기한다. 이러한 탈락에 대한 정당한 감정에서 최초의 헌법기초자 (Verfassungsgesetzgeber)들의 즉각적인 반응은 설명된다. 그들은 타당의 보증과 규제원 리로서의 자연질서의 정당화하는 가치내용을 내용적으로 정식화하려고 하며, 그리고 이 정식화를 그들의 헌법작품에 대해서 상위에 질서지워진 규범들로 고양함으로써, 이러한 가치내용을 동시에 그들의 (규범들의) 실정적 질서에도 보존하려고 한다. 이것이 인간의 권리를 정당화하는 것의 의미이다. 이러한 의미를 나중의 자유주의적 오해는 그들의 부차적인 국가를 제한하는 기능을 위해서 완전하게 간과해 버렸다.

여하튼 정당화하는 가치들을 형식적으로만 실정화하는 것은 불충분하다. 왜냐하면 그러한 가치들은 그것들이 구체화될 때에만, 그리고 그들이 구체화됨으로써만 실정적으 로 되기 때문이다. 이것은 몽테스키외에 의한 민족의 개체성에서 나오는 제도들을 도출하 거나,314) 또는 정신의 역사적인 변증법에로 제도들을 편입하는 의미내용의 일부이다. 그리고 동일한 것은 내정적으로 자기를 구성하는 것(Selbstkonstituierung), 외정적으로 자기를 한정하는 것(Selbstbestimmung)이 오늘날의 민주적인 정당성의 요구를 의미한 다.315) 비트마이어(Wittmayer)*는 정당하게도 바이마르 헌법의 전문에 대한 그의 우수한 평가에,316) 다음과 같은 논평을 미리 붙였다. 즉 민주주의만이 헌법을 자기구성화라는 행위에로의 관여를 통하여 도입할 수 있다 라고. 이 행위는 동시에 최상위의 정치적 가치들의 하나의 실정화의 시도로서 감수되며, 그리고 바로 이를 통하여 거기에 이은 헌법내용에 민주적인 사상세계의 특별한 정당성을 부여한다.

그리하여 여러 가지의 정당화하는 요인들이 그와 함께 여러 가지 종류의 정당성이, 특히 여러 가지 정당성의 등급도 존재한다. — 정치 윤리와 실천을 위해서 근거를 부여하는 문제들을 결코 보지 못하는 실증주의적 국가학에도 불구하고 말이다.

---

313) 상술 S. 52(본서 687면) 참조.
314) 참조. 헤겔에 의한 평가. Hegel, Wissenschaftliche Behandlungsarten des Naturrechts, Werke I 417 (김준수 옮김, 『자연법』, 한길사, 2004).
315) C. Schmitt, Geistesgeschichtliche Lage, S. 39 f.(역서 98면 이하). 여기서는 여하튼 — 슈미트가 민주주의를 독특하게 오해하는 것에 상응하여 — 다음을 오인하고 있다. 즉 형식적 과정이 아니라 이 과정을 담당하는 내용(이것을 슈미트 자신은 다른 곳[Schmollers Jahrbuch 48, 777]에서 그처럼 진정한 보편적 공동체의 고유한 위엄, 고유한 정신으로서 정당하게 특징짓고 있다)이, 이러한 정당화하는 세력의 원인이라는 것 말이다. 마찬가지로 로마로의 진군*이라는 파시스트의 이데올로기는 혁명적인 — 즉 새로운 내용을 조건지우며, 그리고 그것을 통해서 새롭게 정당화하는 — 새로운 이탈리아를 근거짓는 이데올로기로서 생각하고 있다.
316) Die Weimarer Reichsverfassung, S. 39 ff.

그러나 이처럼 정당화하는 물적 내용은 동시에 물적 통합의 요소들이다. — 사람이 이 의미에서의 정당화를 물적 통합과 등치하려고 하지 않는다면 말이다. 그러나 그것들은 유일한 물적 통합은 아니며 물적 통합의 체계 전체의 일부일 뿐이다. 이 체계 전체는 이전의 관련에서 시사적으로 전개되고 있다. — 국가영역이 그 가장 구체적인 부분이듯이, 그 요소들은 이 체계의 가장 원칙적인 부분이다. 헌법들이 이러한 계기들, 인권, 전문, 국가영역, 국가형태의 원리, 국기를 총괄하는 것은 우연이 아니다. 이러한 계기들은 무엇보다도 한 국가존재의 본질과 활동현실태를 구성한다. 따라서 헌법들에서 그 후에 이어서, 그를 위한 일종의 시행규범이라고 생각되는, 그 밖의 모든 계기들은 국가질서의 전술한 최초이며 최상위의 가치들에 대해서 두 번째의 서열을 가질 뿐이다.

이러한 요소들의 헌법에 적합한 확정은 다음과 같을 수 있다. 즉 기본명제(전문과 기본권)에 대한 하나의 신앙고백, 다른 곳에서 확정된 구체적인 존속(국가영역)의 확인, 그리고 헌법유형(국가형태와 국기)의 확정과 상징화이다. 그러나 이 확정은 엄격한 권리요구의 엄밀한 법명제들(Rechtssätze)에서도 존속할 수 있다. 이러한 관할권규정은 연방국가에 그 물적 의미와 내용을, 그 본질존재를, 그리고 그와 함께 그 통합하는 세력의 커다란 부분을 부여하기 때문이다.

모든 개별성은 여기서는, 한편으로는 특별한 국가학의 주제이며, 다른 한편으로는 법학적인 헌법해석의 주제이다. 헌법이론의 입장에서는 여전히 하나의 자명성만이 지적될 수 있다. 정당화하고 통합화하는 기도된 작용은, 헌법조문들로써 이미 더 이상 주어진 것은 아니다. 매우 자명하거나 또는 말하지 않거나 또는 문제적인 것이어서, 한 민족을 하나로 통일하는 규범적인 이념들의 내용에 대해서, 결코 어떠한 성장도 의미하지 않는, 그러한 기본권들이 존재한다. 우월적인 가치공동체의 상징이 아니며, 그러므로 그 의미에 적합한 통합기능을 결여한, 국기가 존재한다. 통일을 지향하여 작용해야하는데, 그러나 대립의 과중한 긴장으로 반대방향으로 작용케 하는, 그러한 연방국가에서의 관할권규정들이 존재한다.

제5장 국가형태들

국가형태의 문제는 국가이론과 특히 헌법이론의 가장 어려운 문제이며 동시에 최초이며 최후의 문제이다. 이 문제를 해결하기 위한 전제들은 국가학의 일반적인 위기의 덕택으로 일찍부터 강하게 문제가 제기되고 있어서 이 해결 그 자체가 아주 특히 나쁜 상태에 있다는 것은 결코 놀랄 일이 아니다.

국가와 그 헌법의 본질이 거기에서 국가가 지속적으로 활동현실태와 개체성으로 되고, 동시에 그러한 것으로서 현실화하는, 그러한 생활에 있다면, 그때에 국가형태는 이 생활의 특수한 유형이며, 국가형태의 교설은 통합체계들의 유형들에 대한 교설이다.317) 따라서

---

317) 이러한 종류의 국가형태론은 Wittmayer, Die Staatlichkeit des Reichs als logische und als

고전고대적인 방법에 따라서 국가를 소박하게 주어진 것(Gegebenheit)이 전제로 되며, 그리고 한 사람, 소수자 또는 다수자에 의한 국가의 지배가 유일한 차이로서, 그러나 국가의 주어진 본질에는 언급하지 않는 외면적인 차이로 구분의 근거를 삼아서는 국가형태의 교설은 얻을 수가 없다.[318] 이 고전고대적인 세 가지 형태론보다도 근대적인 국가이론의 불가지론은 훨씬 지당한 것이다. 이러한 불가지론은 추상적인 국가를 그 어떤 형태로 주어진 것으로서 전제하며, 그리고 국가조직의 백지어음을 여러 가지 수의 지배자들로써 충족하거나[319] 또는 그렇지 않으면 그 불가지론이 특수정치적인 국가형태로서 개념파악할 수 없거나 하려고 하지 않는 그러한 국가형태에 의해서 정치적 소재의 생각할 수 있는 수정들을 비정치적인 계기들에로 해소하는 것,[320] 중의 하나이기 때문이다. 이러한 근대 국가이론의 불가지론에 속하는 것은, 정신사적인 발전이나 일정한 양식단계들에로의 환원 또는 막스 베버에서의 연속된 지배유형들과 같은 어떤 양식의 단계들에로의 환원,[321] 예술사에로의 ― 시대정신에 그토록 매우 일치하는 ― 경감,[322] 사회적 내지 문화적인 목적을 위한 (보다 화근이 적은) 기술로서 특징짓거나,[323] 또는 토마(Thoma)가 「특권국가」 ― 이것에는 전술한 비가치판단의 부정을 통해서만 그 특성에서 특징지을 수 있는, 최근 전개되고 있는 국가가 대립하는데 ― 와 같은 진화론적인 가치판단들에로의 해소,[324] 이러한 것이다.

　정당한 길은 여기서 거기에서만 문제가 새롭게 결실있는 것이 되도록 촉진하는 노선으로 방향을 제시하고 있다. 한쪽에서의 자유주의와 의회주의에 대한, 다른 한쪽에서의 민주주의에 대한 해명들에서,[325] 하나에는 비정치적인 문제설정과 정치적인 그것과의

---

nationale Integrationsform, Fischers Zeitschr. f. Verwaltungsrecht, hrsg. v. Schelcher 57 (1925) 145 ff.에 의한 설명들의 ― 물론 과격한 르상티망에 의해서 불명확하게 되었는데 ― 목표라고 생각한다. 그러나 군주제적·국민적·국가적인 통합의 병치는 명확한 구분근거를 결여한 그대로이다.

318) Hegel, Rechtsphilosophie, § 273.

319) 이에 반하여 또한 Hegel, a. a. O., E. v. Hippel, Die Tatwelt, III 61 f. (또한 단독으로: Der Sinn des Staates und die Lehre von den Staatsformen bei Platon, Mann's Pädagogisches Magazin, Heft 1165, S. 21 f.). 랑케의 유명한 곳(Ranke, Politische Gespräch)과 관련하여.

320) 아마 그렇게 이해할 수 있는 것은 H. Oppenheimer, Logik der soziologischen Begriffsbildung, S. 89 이점에서 예민하고 탁월한 것은 C. Schmitt, Politische Theologie, S. 56.

321) 이에 더하여 여전히 여러 가지 이유에서 이것들은 결코 현실적인 계열은 아니다. 카리스마들은 끊임없이 존재했지만, 카리스마적 헌법이라는 형용모순은 그 자체 본원적 공동체(Urgemeinde)에서는 현존하지 않았다. 전통적 지배는 정치적 생활형태로서도 존재한다. 합리적 지배는 다시 난센스이다. 합리적 「장치」(Apparat), 「경영체」(Betrieb)는 이미 개념적으로 사고가능한 생활형태와는 반대되는 것이다.

322) Hellpach, a. a. O.에서.

323) 민주주의에 대해서조차 그렇다. R. Michels, Soziologie des Parteiwesens, 1 391 (김학이 옮김, 『정당제도의 사회학』, 한길사, 2003), Renner, Verhandlungen des 5. Soziologentages, S. 90.

324) Handwörterbuch der Staatswissenschaften[4] VII 730 ff. 기술적으로 적용한 국가학의 문제설정과 이와 함께 국가형태의 평가는 S. 745.
민주주의 중에서 「발전사적인 의미에서의 목표」, 「완성」을 찾는 「순수한 이데올로기」에 예리하고 탁월하게 반대하는 것은 R. Michels, Zeitschrift für Politik, 17, 290.

325) 슈미트-토마 논쟁 이외에 특히 거명할 것은 F. Tönnies, Demokratie und Parlamentarismus, Schmollers Jahrbuch 51, 2, S. 173 ff.

방법상의 대립이 예리하게 나오며, 그리고 동시에 의회주의와 민주주의의 과격한 내면적인 대립이 명백하게 되었다. 자유주의 국가이론은 결코 국가이론이 아니다. 왜냐하면 그것은 윤리화하는, 기술화하는 길과 그 밖의 갈림길에서 벗어나 움직이기 때문이다. ― 자유주의적 국가형태, 즉 의회주의는 결코 국가형태가 아니다. 왜냐하면 기능적인 통합에 근거해서만은 어떠한 국가도 근거지을 수 없으며, 이와 마찬가지로 정확한 사회주의적 헌법이론에 따라서 물적 통합만으로도 근거지을 수는 없다.326) 이로써 정치적인 것327)의 본질파악에 대한 길과, 우리들의 현재와 그 문제점들에 대해서 가장 중요한 형상유형들(Gestalttypen)의 본질파악에 대한 길은 열린다. 의회주의의 본질은 그때에 이미 어느 정도 명백하게 되는데, 의회주의의 적수인 민주주의의 본질은 그것만으로 더욱 논쟁적으로 된다.328) 그러나 동시에 점차 명백해지는 것은, 국가형태 문제의 안목은 통합체계의 문제, 즉 통합요소들이 결합하는 유형의 문제라는 것이다.329) 그때에 고찰하는 요소들은 그것들의 가능성과 결실 있는 적용가능성에 대해서 말하면, 일반적인 정신사와 시대사 그리고 특수한 국가의 종류(Landesart)를 허용하는 가능성들에 구속된다. 이 요소들이 이러한 조건들에 상응하여 유동적인 연속성에서 발전한다면, 다음과 같은 헌법들이 성립한다. 즉 그것들에서는 잉글랜드 헌법에 대해서 말해 왔듯이 ― 자라나는 몸에 맞지 않는 옷처럼 살고 있는, 반성하고 수용하는 헌법과는 반대로 ― 하나의 민족이 자연 그대로 피부감각으로 생활하는, 그리고 그것들에서 헌법의 문제는 통합력의 문제인 것이 명백하게 되는, 그러한 헌법들이 성립한다. 이러한 통합력과 결합하려는 계기들의 충만함 속에, 그리고 이러한 결합 체계들의 각각의 역사적인 유일한 특성(Einzigartig) 속에 만족할만한 국가형태들에 대한 교설의 거의 해결할 수 없는 어려움이 있다.

나는 다른 곳에서 그러한 국가형태론에 대한 교설의 몇 가지 기본 라인을 시사하려고 하였다.330)

군주제는 본질적으로는 논란되지 않는 가치들의 하나의 세계를 통하여 통합한다. 이 군주제는 이 가치들의 하나의 세계를 상징화하며, 그리고 대표(再現前)한다. 그리고 이 군주제는 그 가치들의 하나의 세계를 통해서, 그것이 바로 그때문에 그것은 그것으로

---

326) 내가 강조할 필요가 없는 것은, 이 비판이 사고의 순수한 유형과 국가형태에 타당하다는 것이다. 막스 베버조차 학문적으로는 결코 아주 순수하게 자유주의자는 아니었다. 그리고 더구나 자유주의의 위대한 인물들을 존경할만한 것으로 만드는 독특한 인간적 귀족의 정신적이며 자유주의적인 높이에 대해서는 자유주의의 역사적 의의에 대해서와 마찬가지로 다툼은 있을 수 없다.

327) C. Schmitt, "Der Begriff des Politischen," Arch. f. Soz. Wiss. u. Pol. 58, 1 ff.에서의 이 규정을 나는 다행으로 여기지 않는다.

328) C. 슈미트의 동일성론(Identitätslehre)은 핵심을 찌른 것이 아니라, 하나의 징후이며 그리고 빈 사회학자 대회의 노력들은 유감스럽게도 의장의 예리한 비판을 받을만한 것이다(Verhandlungen S. 12).

329) 아마 그렇게 생각하는 것은 Wittmayer, a. a. O. S. 168 ― 텍스트에서 말한 것에 따르면 「정치적 지배에서 나타내는 사회적 에너지의 총계」는, 따라서 내가 사용하는 언어로는 통합작용(Integrationsleistung)은, 국가형태의 교체에 항상적으로 머무른다는 것은 확실히 정당하지 않다. ― Kelsen, 5. Soziologentag, S. 57.

330) Kahl-Festschrift III 21 ff.

정당화한다. 그리하여 군주제는 모든 시대에 지배적인 국가형태이며, 압도적으로 공통으로 타당한, 의심스럽지 않은 가치세계들을 수반하며, 그 고유한 타당은 이러한 가치세계들의 타당에 의존한다. 그러한 한에서 일정한 정태(Statik)는 군주제를 특징짓고 있다(물론 역사적인 불가변성이라는 의미에서는 아니지만). 이 군주제의 정태에 대해서 의회주의적 협력의 대상으로서 논의가능한 것의 영역은 아주 잘 분리할 수 있다. 그리하여 군주제는 내정적 및 외정적으로 본질존재에 적합한, 다소간 확정된 정치적 성격을 수반한 국가형태이다.331)

의회주의는 제한적 요소로서 또는 전지배적인 요소로서도 군주제에 부가할 수 있는데, 이에 대해서 공화제는 군주제와는 배타적으로 대립한다. 그러나 단지 군주제의 배제에 의해서만 규정된 국가형태로서 공화제는 그 고유한 정치적 본질을 충분하게 특징짓지는 못한다. ― 따라서 국가형태의 파토스는 오늘날 민주주의라는 보다 내용이 풍부한 개념 위에 있다. 그러나 민주주의는 군주제와 마찬가지로, 하나의 내용에 의해서 총괄된 국가형태이다.332) ― 그러나 민주주의는 이 내용을 통해서 군주제를 끝낼 필요는 없으며, 군주제와는 접촉할 수 있으며, 실로 군주제와 동행할 수 있다. 민주적인 군주제가 존재하는 것은 결코 모순이 아니며, 마찬가지로 공화제의 개념은 그 자신이 하나의 형식적인 부정이 아니라 칸트(Kant)*에서처럼 내용적인 충만함이 특징이었던 한 군주제의 개념을 배척하지 못했다.

본원적으로 민주주의의 개념에서 물적인 내용의 계기는, 즉 자연법의 합리적인 진실성들과 가치들의 계기는 만인의 다수결이라는 형식적인 계기와는 끊을 수 없다. 18세기에서의 일반의사와 법칙[률]의 개념사는 대체로 이러한 관련을 특징짓고 있다. 양 계기의 불가피하게 전진해 가는 분열의 역사는 여전히 추구해서는 안 된다. 그러나 이 역사의 귀결은 올바른 노선에서 민주주의를 성격짓는 사물내용의 보다 상세한 특징과 격투하는 사람들에 의해서 탐구된다.333) 그렇게해서만 국민국가적인 운동의 민주적인 경향은 설명된다. 그렇게해서만 민주주의는 동질성을,334) 즉 하나의 동질적인 내용을 전제로 한다. 그렇게해서만 민주주의는 그 다수결원리에도 불구하고 소수자 속에 편입되며, 그러므로 그것을 관철하기 위해서 독재를 필요로 할 수 있다.335) 프랑스 의회와 동일하게 그 정치가들의 공식적인 표명들이 지치지 않고 비프랑스인들의 심미적이며 인륜적인 감정에 대해서 이해하기 어려운 방법으로 그들의 고유한 정의, 아량 등등을 찬양하는 것은 민주적이며, 의회제적인 것은 아니다. 나라가 요구하는 정치적으로 뛰어난 덕성들은, 거기에서 이러한 팡파레에서 통합하는 자기칭찬이 의식 속에 불러일으키는 곳이 민주주의

---

331) 개별적인 것은 a. a. O. S. 23 f.

332) 아마 그러한 것은 E. v. Hippel, Arch. d. öffentl. Rechts, N. F. 12, 406.

333) 참조. Tönnies, 5. Soziologentag, S. 12 ff., Koigen, das., S. 78 ff., Tönnies, Schmollers Jahrbuch 51, 2, 173 ff., Adler, Staatsauffassung, bes. S. 129, 특히 미국에 대해서는 A. Walther, Ethos Jahrg. II, S. 37.

334) C. Schmitt, Geistesgeschchtliche Lage, S. 13 f.(역서 83면)

335) Daselbst S. 37(역서 97면).

로서 하나가 되는 곳이다. 미국적 민주주의가 신봉하는 의미내용, 거기에서 미국적 민주주의가 일치해서 정치적인 세계사명의 담당자로서 느끼고, 자기 자신을 공격적 민주주의 (aggressive democracy)로 특징짓는 의미내용, 이러한 의미내용도 본질적으로 다른 것은 아니다.336) 군주제 또는 오히려 ─ 여기서 존속하는 대립의 의미에서 ─ 관헌국가의 통합하는 의미내용과 민주주의의 그것이 구별되는 까닭은 이렇다. 즉 민주주의의 의미내용은 가능한 한 확대된 능동적 시민층에 의해서 담당되며, 그리고 고유한 소유물로서 체험되며, 나아가 형성된다는 것이다. 「관헌국가」의 억압적인 면은 그것이 사물에 적합한 불법(Unrecht)을 가질 것이라는 점보다는 오히려 그 관헌국가가 피치자들이 더 이상 그들에 의해서 산출되었거나 능동적으로 시인한 것이라고 느끼지 않는, 그러한 의미관련들과 정치적인 가치세계의 이름으로 관리한다는 점에서 발견된다. 국가적인 의미내용의 이러한 현실적이거나 잘못 생각한 타율성을 배제하는 데에 「국민국가」를 창출하는 핵심이 있다.

그리하여 군주제와 민주주의는 그들 양자가 일정한 사물내용에서 그것들의 궁극적인 본질지표를 가지며, 그 본질지표 때문에 양자가 그들의 특수한 정당성을, 그들의 특수한 에토스와 파토스를 가지고 있는 한, 국가형태들 아래에서 하나의 집단을 형성한다. 이미 그 때문에 막스 베버에 의한 단순한 국가기술로서의 국가형태들의 성격지움은 근본적으로 그르치고 있다. 자유주의와 이 자유주의에 근거한 의회주의와의 일정한 궁극적인 비국가성(Unstaatlichkeit)은, 특히 또한 그것에는 그러한 파토스, 그러한 가치타당요구가, 그리고 이와 함께 이 요구에 고유한 정당화하는 세력을 얻도록 노력할 필요가 전혀 없다는 점에서 나타난다.

인민주권이 실정헌법상 「모든 정치적 문제들에 대한 궁극적 결단은 인민의 의사에서 직접적으로 나타난 기관인 곳에」 있어야 한다는 것을 말한다면,337) 그것으로써 표명된 것은 바로 의회주의의 원리이다. 이 원리와 심층에 있는 민주적 핵심 간의 파탄이나 접합면(Bruch-oder Lötstelle)은 국가의 정치적인 본질규정의 이러한 자유가 헌법개정들의 어려움을 통해서 의회에 제한되는 곳에서 명백해지며, 그리고 궁극적인 사물에 적합한 핵심, 즉 국가형태가 그러한 개정을 대체로 면한 곳에서 보다 명백하게 된다.

여하튼 국가형태들은 포괄적인 전체성의 통합체계들을 의미한다. 따라서 그것들은 필연적으로 모든 통합의 종류들을 결합하며,338) 그러므로 그것들은 모든 국가기관이나 국가기능들을 개별적으로 관통하지 않으면 안 되는, 그러한 구조원리들로서 이해해서는 안 된다.339)

---

336) Europäische Gespräche I 262.

337) E. Kaufmann, Grundfragen der künftigen Reichsverfassung, S. 26.

338) 이에 대해서 Stier-Somlo, Reichs- und Landesstaatsrecht, I 101은 부당하게도 충돌하고 있다. 상술 S. 62(본서 694면) 참조.

339) 따라서 (기능들에 관하여) 정당하지 아니한 것은 Kelsen, Staatslehre, S. 361, 5. Soziologentag, S. 50 f. 그리고 이러한 (여기서는 기관과 관련된) 오류의 개별적인 실제 적용에서 특히 의심스러운 것은 E. v. Hippel, Archiv für öffentl. Recht, N. F. 10, 150.

제6장 연방국가의 본질

여기서 근저에 있는 국가이론적인 견해들은 최종적으로는 종래의 연방국가이론에서는 상이한 견해로 인도한다.

연방국가와 개별국가들과의 종합질서(Zusammenordnung)라는 문제는 자주 한 면에서는 양 부분의 병렬적 질서 또는 다른 면에서는 그들의 상하질서, 이 양자택일로 해소된다.[340] 그러나 이러한 종류의 공간화적이며 기계화적인 사고의 모습들은 정신적 현실태의 파악에는 적합하지 않다.[341] 그것들은 사실 보통 개별적으로 한정된 법적 관계들의 개념적·직관적인 기초(하부구조)를 위한 보조 관념들 이외에 아무것도 아니다.

연방국가적인 문제해결의 본질을 첫째로 분업을, 둘째로 실행의 종합작용과 통일성을 규제화하는 하나의 기술적으로 사고된 총합계획에로 환원하는 것에 대해서도 사정은 본질적으로 다를 것이 없다.[342] 이것은 객관화하는 기계론과 목적론이며, 이러한 기계론과 목적론은 그들의 입장에서는 정당할지라도 (그들의 권리를 가지고 있는데) 그러나 정신적 현실태를 이해하기 위한 본래적인 열쇠를 제공하지는 못한다.

더구나 여기서 연방국가의 모든 단순한 법이론은 제외하지 않으면 안 된다. 여기서 진실한 국가일 수 있는 것은 연방국가 뿐이거나 또는 개별적 국가들뿐인가 하는 양자택일에서 어느 정도 진실성의 내용이 포함되는가 하는 것은 미결정 그대로 둘 수 있다. 여기서의 안목은 어떻게 해서 이 특수한 국가유형은 그 종합국가적인(gesamtstaatlich) 극과 개별국가적인 극이라는 그 두 가지의 극을 함께 현실태로서 이해할 수 있게 되는가 하는 물음이다. 이를 위해서는 이 관계를 상사법의 범주들에로 라반트식으로 환원하는 것도 도움이 되지 아니한다. 그것들은 단지 법학적인 구성들에 불과하며, 더구나 그것들의 형식주의 때문에 결코 사용가능하지 않지만, 그것들은 어떠한 이론도 포함하지 않고 있다.

현상의 개별적인 계기들도 이 현상을 전체로서 만족스럽게 성격짓는 데에는 충분하지 않다. 우성 첫째로 라이히 감독은 「조립된 국가존재라는 작업기계에서의 우수한 규제자인

텍스트에서 말한 것과 함께 토마에 의해서 국가학 한트부흐(Handbuch der Staatswissenschaft⁴ VII 730 ff.에 주어진 의의와 마찬가지로 특히 현재의 헌법형태에 대한 매우 가치 있는 전망들의 의의는, 논란할 것도 없다. 그때에 현실적인 체계 대신에 린네(Linné)식 체계에 매몰될 위험은, 물론 지속적으로 제안된 방도에서만 회피할 것이다.

국가형태가 국가적 전체성의 실현 유형들이라면 그 경우 그러한 구별의 지표들은 통합 요인들이며, 국가형태들의 분류에 대한 이들 요인들의 의의는 그것들의 등급에 따라서 통합체계의 위계제에서 규정된다.

340) 문헌은 예컨대 Triepel, Kahl-Festschrift, II 50 ff.에서

341) 관헌국가와 국민국가, 「진정한」 의회주의와 「비진정한」 그것과 같은 개념쌍의 일치하는 사고상의 요소들과 마찬가지로.

342) Haenel, Staatsrecht, I 209 f. 헌법국가의 이론에 대해서 권력분립의 분업적·목적론적인 이해가 그러하듯이, 그것은 연방국가의 이론에 대해서도 마찬가지로 정당하지 않은 접근이다.

가」,343) 그것만이 매우 중심적이며 그러므로 특징적인 하나의 계기인가,344) 또는 빌핑거
(Bilfinger)가 커다란 현상관련으로서 해석한 계기들은 유사한 의의를 지녔는가의 여
부,345) 이러한 것은 미결정 그대로 두기로 한다. 여하튼 그때에 문제가 되는 것은 바로
「작업기계」를 규제하기 위한, 전술한 해넬(Haenel)적인 종합계획을 실행하기 위한 하나
의 법제도만이다. ― 그러나 그때에 생활의 의미와 이 착종한 질서의 정신적 가능성은
어떤 점에 존재하는가는 전제로 하며, 그리고 그것이 정신과학적인 이론의 과제인 것처럼
이해해서는 안 된다.

빌핑거 저작의 공적은, 이 정신적 현실태에 적어도 하나의 관계에서, 즉 연방국가의
정치생활에 대해서 개별국가들의 능동적인 관여라는 관계에서 관련지으면서 빛을 던진
것이다. 그러나 연방국가이론은 그것에 관하여 무엇보다도 전체를 이해할 수 있어야
한다. 그러므로 연방국가이론은 또한 연방제적 형상의 기초로서 연방주의적인
(föderalistisch) 그것과 단일주의적인 그것이라는 두 개의 정치적인 기본충동을 상정하는
것346) ― 그 경우 두 개의 기본충동 간에서 하나의 타협이 결합하게 되는데 ― 으로
만족하는 것은 허용되지 아니한다.347) 왜냐하면 그들의 당파적인 담당자들에서의 양
경향의 모든 분리에도 불구하고, 역시 연방국가의 의미는 그들의 충동을 두 개의 적대적
세력들로서 아말감처럼 접합하는 것에도, 하나의 타협을 통하여 외면적으로 서로 긴장상
태에 두는 것에도 아니고, 내적인 필연성을 통하여 그들의 생활의 통일성(Lebenseinheit)
이 존재하는 것, 즉 거기에서 그들은 두 개의 구성부분이 아니라 두 개의 계기들이며,
그리고 그것은 그들 측에서 본다면 그들에 대해서 타율적인 질곡이 아니라 그들에게
고유한 공통된 본질법칙인, 그러한 (생활의) 통일성이 존재하기 때문이다.348) 하나의
연방국가이론은 어찌하여 연방국가가 하나의 의미 있는 정치적 단체일 수 있는가, 이것을
보여주어야 한다(물론 구체적인 상황에서 그것이 바람직한가의 여부는 차치하고 말이다). 그러
므로 연방국가이론은 다음의 것을 나타내야 한다. 즉 어찌하여 의미에 적합한, 연방국가에
서의 개별국가들은 이상으로서 바라는 견고하게 된 종합국가에로의 통일성이라는 국가특
성 위에 불가피하게 설정된 담보들이 아니고, 또한 단지 그들의 즉자존재(Ansichsein)에서
유용한 전체의 부차적인 제도들과 부담을 완화하는 장치들도 아니며,349) 그렇지 않고

---

343) Triepel, Reichsaufsicht, S. 3.

344) Triepel S. 2:「바로 설명의 중심점에 둔다」는 「하나의 단적으로 결정적인 역할」.

345) Der Einfluß der Einzelstaaten auf die Bildung des Reichswillens, 1923.

346) 두 개의 지향 중 한쪽은 출신이나 다른 형성으로 이루는 국민을 통일국가의 형식에 강제하고, 이에
대해서 다른 한편은 국민을 독자적인 국가들의 연방으로서 조직화하려고 한다(Triepel, Zeitschr.
f. Politik, 14, 197). 유사한 것은 트라야누스* 제국의 묘사로의 도입에서의 진정한 랑케적인 대조화
(Weltgeschichtliche12 III, S. 261):「이러한 양 지향(집권적과 지역적·단체적과 개인적)은 끊임없이
서로 대립한다. 권력은 한쪽에 근거하며, 내적 성장은 다른 쪽에 근거한다」.

347) Triepel, a. a. O.

348) 그러한 것은 예컨대 Gierke, Schmollers Jahrbuch, 1883, 1167.

349) 사태의 이 측면은 매우 본질적이고 중요할 것이다. 예컨대 노조의 합동에 대해서 사활적으로 필요한
연방주의의 유연성(N. M. Butler, Der Aufbau des amerikanischen Staates, dtsch. Ausg. 1927,

바로 전체에 대한 하나의 적극적인 힘의 원천350)이며, 그들의 자립성에서 「바로 라이히의 강함」351)이며, 그리고 어떻게 바로 그러므로 동시에 전체의 질서 중에 정서되는 것이 정서된 분지들에 대해서 적극적으로 본질존재와 생활을 충만케 하는 것인가, 이러한 것을 나타내야 한다. 국가생활의 현실태는 통합이다. 그리고 사람은 바로 항상 어떤 당연한 것인데 개별국가들의 생활 전체의 질서 속에 지속적으로 정서되는 것을 연방국가적 통합의 가장 가까운 의미로 보아 왔다. — 감독을 통하여 보다 수동적으로(트리펠), 매우 여러 가지 종류의 의사의 참가를 통하여 보다 능동적으로(빌핑거) 말이다. 그러나 핵심은 다음의 점에 있다. 즉 하나의 건전한 연방국가에서의 개별국가들은 단지 통합의 객체만이 아니고, 특히 또한 통합의 수단이기도 하다는 점이다. 그리하여 독일적 연방주의의 본래적인 정당화가 사상과 회상들의 「왕조와 계통들」의 장(章)에서 기도되고 있다. 이미 언급한 1922년 7월 22일의 라이히 대통령의 축하 선언에서는 특히 그 후의 1922년 8월 11일의 라이히 정부의 선언의 보다 명백한 어조로 이렇게 말한다.352) 즉 「살아 있는 비교적 좁은 공동체에서의 출신 의식의 보호육성은 국민의 전체 속에 라이히에 우호적인 형태로 정서되는 것을 최선의 형태로 보증한다」라고. 독일적인 예시로서 여러 가지 독일 지역들의 정치적인 고려의 가능성의 — 비로소 여기 저기서 엄밀하게 탐구되었던 — 대립들이 거론되고 있지만 말이다. 즉 근대의 국민국가 — 이것은 또한 단일적인 것이기도 한데 — 에 의해서 파악되는 근대의 국가시민적인, 즉 본질적으로는 도시민의 사회와의, 그리고 본질적으로 또한 다른 영역국가적인, 신앙상의 계기들을 통하여 총괄되는 주민들과의, 따라서 그들에게 개별국가는 라이히 통합을 필연적으로 돕는 것인,353) 그러한 주민들과의 [대립들이 열거되고 있지만]. 이러한 의미에서 란트들의 고유한 국가특성은 그 가치를 국민적인 민족공동체의 존속에서만 도출한다는 것은 정당하다.354) 그리고 그 태도의 이러한 의미를 통해서 연방주의자는 분방주의자로부터 구별된다.

그들에 의해서 종합국가(Gesamtstaat)가 개별국가들에 대해서 그 정재가 정당화 된 것(daseinsberechtigt)으로서 정당화되며, 실로 더구나 그들을 스스로 기여케 하도록, 그러한 요인들은 그 종합국가의 특수한 정당성을 구성한다. 연방국가에 대한 교설은

S. 109) 또는 소수파의, 특히 소수종파와 소수민족의 보호로서의 스위스의 칸톤(Fleiner, Zentralismus und Föderalismus in der Schweiz, 1918, S. 16 f. (Weiteres S. 24 ff.), Schweizerisches Bundesstaatsrecht, S. 24 f.).

350) 스위스에 대해서는 Max Huber, Der schweizerische Staatsgedanke (1916) S. 14. 그리고 직관적으로는 Gottfr. Keller, Nachgelassene Schriften und Dichtungen (1893), S. 360.

351) 라이히 대통령 에버트(Ebert)가 바이에른 수상에게 보낸 1922년 7월 27일자 편지, Jahrb. d. öff. Rechts, 13, 82. 유사한 것은 (여기서 물적으로 그것에 대해서 입장을 취해야할 것은 아닌데) die Bayerische Denkschrift von 1927.

352) Jahrb. d. öff. Rechts, 13, 85.

353) 참조. 예컨대 좋은 논평은 Schierenberg, Die Memelfrage als Randstaatenproblem, 1925, S. 27에서.

354) Koellreutter, Der deutsche Staat als Bundesstaat und als Parteienstaat, S. 18. — 개별국가들이 그리하여 (그리고 바이마르 헌법 제18조의 도입 문언의 기술적인 목적론의 의미에서는 아니며) 전체로부터 정당화되고 있다면(rechtfertigt), 이것은 아직 필연적으로 그것들이 또한 모든 관점에서 전체로부터 실정법적으로 「정당화되고 있다(legitimiert)」는 것을 의미하지 않는다. 이에 관하여는 다음에.

그 궁극적인 근거에서 그 정당성에 대한 교설이다.

그러나 정당성은 본질적으로 물적 가치들을 통한 통합이다. 그리하여 기능적 통합이 연방국가에서 얼마나 중요할지라도, 즉 독일에서는 라이히 감독과 란트의 영향과의 ― 점점 분명하게 인식되고 있는 ― 그 서로 대비하면서도 통합해 가는 관계에 수반하여 얼마나 중요할지라도, 역시 물적 통합이 첫 번째의 지위에 있다. 이것은 근대의 세 개의 커다란 연방국가의 성립과 작용방식에서 명백하게 된다. 그들에게서 이러한 계기들(다른 연방국가들, 예컨대 오스트리아와 대립하여)이 무엇보다 명백하게 등장하는 까닭은, 특히 다음과 같다. 즉 그들은 국가동맹들(Staatenbünden)에서 성립하였으며, 그리고 그러므로 (사회계약이론과 유비적으로) 그들의 성립시에 지금까지 주권적이었던 개별국가들에 대해서 필연적으로 정당화되지 않으면 안 되었기 때문이다. 내가 근대의 연방국가 문제를 순수하게 이론적으로 전개하는 대신에 이들의 가장 중요한 사례들에 비추어 가시화하는 것을 시도하기로 한다.

고유한 방법으로 두 집단의 물적 내용이 총괄을 교체하면서 이 세 가지의 연방국가의 역사에서 반복하고 있다. 하나는 민족전체(Gesamtvolk)를 외교적·군사적·재정적·상업정책적으로, 대체로 능동적인 행위능력이 있게 하기 위한 기술적 필요성의 집단이며, 그리고 나아가 그 이름으로 사람이 일치하여 국가에게 그 고유한 에토스를 부여하는, 그러한 하나의 민족이려고 하는, 그러한 이념적 내용의 집단이다.

미국적인 연방국가의 역사는 그 창설의 최초의 순수하게 기술적인 의미를 가지고 시작한다. 특징적인 것은, 헌법이 어떠한 기본권도 포함하지 않은 것이다.* (먼로주의*에서 유럽적인 정치적 에토스와 대립하는 것으로서 명백하게 전제했듯이) 정치적 에토스의 통일성은 바로 모든 대립에도 불구하고 매우 자명하기 때문에 정식화할 필요는 없으며, 그리고 공화주의적 헌법의 보증(제4조 제4항)*은 (바이마르 헌법 제17조*와 같은) 공화제의 강요가 아니라 하나의 보호의 약속을 의미한다. 마침내 19세기에 비로소 국가의 특수한 민주적인 에토스를 둘러싼 투쟁을 가져온다. 이러한 국가는 이제 제15조 수정 조항* 이래 헌법 때문에 또한 특정한 이념적 원리들의 나라이기도 하다.

반대의 길을 걸은 것이 스위스이다. 스위스 연방국가는 이념적 프로그램을, 즉 분리주의자 동맹전쟁*에서 승리를 거둔 자유사상(Freisinn)을 확정한 국법의 형식이며, 이것은 특히 강력한 소수파보호 ― 인구가 적은 소수파 칸톤에 대한 의회에서의 불균형한 의석배분 ― 를 통하여 사려 깊게 완화하고 있다. 기술적인 관점은 이에 대해서 1874년의 개혁을 지배하고 있다.

이러한 관점은 또한 비스마르크의 라이히 창설의 독자성을 더욱 명확하게 한다.

바울 교회*가 기술적으로, 특히 외교정책적이며 경제정책적으로 실무능력을 가진 국민국가를, 그리고 정신적으로 요구되는 국민국가를 창설하려고 한 것에 대해서, 비스마르크 헌법은 전적으로 오로지 기술적인 것으로서 부여하고 있다.

이미 헌법을 제정하는 제국의회에서 황제가 행한 개회식사는 이것을 예리하게 표현하고 있다. 이 때 이 식사는 통치의 통일화를 표명하기 때문이다. 즉「관습적인 이전의 관계들과 결합하고, 직접적인 가능성의 영역에서도 마찬가지로 의심 없는 필요(Bedürfnis)의 영역에서도 존재하는, 한정되며, 그리고 경계지워진, 그러나 실제로 중요한 일정 수의 제도들을 초월하여」하나의 제한을 표명하는데, 이 제한은 그 경우 개별국가들을 고려하여 다음의 것으로써 근거지워진다. 즉 이들 개별국가들에 요구되는 것은 단지「평화를 옹호하고 연방영역의 안전과 그 주민들의 복지의 발전을 보장하기 위해서 불가결한」희생만이라는 것을 가지고 말이다.355)

이것에 헌법의 성격 그 자체가 상응한다. 특정한 팡파레의 취주와 함께 오늘날의 하나의 국민국가는 그 헌법에서 그 본질의 자기정식화를 도입하는 것을 일상으로 한다. 감격적인 전문(Präambel)356) — 그러한 헌법정책적인 모토의 파토스를 가진 원칙적 성격, 즉 국가형태의 정식화 —, 문장과 색채에서의 국가의 하나의 상징 (이것들은 1867/71년에 눈에 뜨이지 않는 형태로 엄격하게 기술적인 요건으로서 제55조*에서 나타난다) — 하나의 기본권목록에서의 근대적인 국민국가의 자유를 구하는 기초에 대한 신앙고백357) — 이 모든 것에는 아무런 문구도 없다. 명백하게 주어진 것은「방위를 위한, 상업교역을 위한, 정책을 위한, 그리고 최초의 단락(전문이 생각된다)에서 지명된 다른 대상들을 위한 하나의 정치적 목적단체로서의 — 그리고 아직 국민의 규범적 통일체와 정신적 통합으로서는 아닌 — 새로운 정치적 전체」358)이다. 그리고 이것에 일치하는 것은 이 단체의 조직화이다. 다만, 이러한 기술적 목적을 위해서 연방과 라이히의 최초의 양 기관으로서, 단순하게 연방회의와 의장이 프랑크푸르트로부터 받아들이고, 그리고 다시 그 위에 하나의 제국의회를 첨가할 뿐이다. — 하나의 조직적인 전체는 매우 잘「연방집행부의 개혁」, 따라서 독일 연방의 개혁, 적어도 기초형식(Fassung)에서는 본질적으로 기술적인 강령 논점의 개혁이라는 낡은 요구를 충족하는 것으로서 나타난 것이다. 그리고 제3의 기관의 국민적 충만함이라는 파토스가 연방의회(Bundestag, 1815-1866)로부터 차용한 그 영역에도 파급하며, 그리고「의장」을 카이저에로, 그리고 그에 수반하여 최고의 힘 있는 하나의 국민적 통합 요인에로 고양했을 때조차 헌법은 그것에 대해서 아무런 주의도 하지 않고, 새로운 라이히의 주권자를 도입하지 않고「카이저」도 또한「의장」이라는 서열에서의 색깔 없는 타이틀 아래에서 제2의 라이히 기관으로서 방치하고, 그리고 국법 밖에 머무르는 베르사유 선언의 변경이라는 정식화 된 표현에 맡긴 것이다.359)

---

355) v. Holtzendorff-Bezold, Materialien, I 72.

356) 1867년과 1871년의 헌법의 그것들은 국제법의 조약들의 전형적인 도입정식과 뚜렷하게 구별되지 아니한다. — 물론 필요한 변경을 첨부하는 한(mutatis mutandis)에서지만 말이다. 이와 같은 정식들의 개별적으로 주어진 목적에로의 불가피한 적용에서조차 빈(Wien)의 비판에서는「반자연적」(widernatürlich)이라는 술어를 입히고 있다(Wittmayer, Reichsverfassung, S. 39).

357) 이러한 결함을 비스마르크의 인격적인 경향과「시대의 순수한 국가실증주의와 법실증주의」에로 환원하는 것(Beyerle, Bericht und Protokolle des Verfassungsausschusses, S. 367)은 고작해야 제2 랭크의 모티브를 적중할 뿐이다. 정당한 것은 여기서는 자주 그러하듯이 Naumann, a. a. O. S. 176에서 보았다.

358) Naumann, a. a. O.

359) 국제법적인 행정협정의 톤으로 인정되는 비스마르크 헌법의 냉철하게 주의 깊은 말에 비추어 보면,

헌법이론으로 말하면 개별국가들과 왕조들의 보호와 획득이 계산된 1867/71년의
제국 창설의 이와 같은 고유성의 핵심사상은 다음과 같다. 즉 그것은 새로운 전체는
자기에서 나오는 국가적 개체성에서가 아니라 단지 헌법의 패권적·연방적·국민적인
구성요인들로부터의 귀결들이어야 하는 사상이며, 더 엄밀하게 말하면 그 새로운 전체는
어떠한 국가형태도 가지지 아니하며, 그리고 거기에 수반하여 자기에게서 나오는 어떠한
정당성도 가지지 아니한다는 사상이다. 한 연방은 결사형태만을 가질 수 있으며, 어떠한
국가형태도 가지지 못하며, 그리고 비스마르크적 제국(라이히)이라는 국가형태의 문제에
서의 국법론적 문헌의 곤혹은 그리하여 매우 빈약한 방법으로 해소되어 버린다.360)
이러한 관련 속에 적어도 「제국통치」의 헌법에 적합한 가능성에 대한 비스마르크의
생애에 걸친 투쟁을 위한 하나의 동기도 있는 것이다.

　　이것과 일치하는 것이 라이히라는 적극적인 구조물이다. 라이히는 여하튼 얼핏보면,
본질적으로 기능적 통합의 한 체계이다. 자주361) 묘사해 온 걸작품[이 기능적 통합의
한 체계]은 그것들에서 바울 교회가 실패한 소방분립적인 권력(die partikularen Gewalten)
을 다음의 것으로 라이히라는 수레(Reichwagen) 앞에 묶어 놓은 것이다.362) 즉 그것이
연방참의원에서 「각각의 통치주권에게 그것이 논쟁의 여지 없는 표현을 찾게」함으로써,
즉 그것이 특히 전체의 존립과 생활을 첫째로 「계약의 충성」 위에, 특히 프로이센과
이와 함께 실제로 일체가 된 라이히의 정점에 있는 란트들363)처럼 참가하는 개별국가들의
「연방우호」 위에, 그리고 라이히의 생활에 이 정신에서의 개별국가들의 지속적인 참
가364) 위에 기초가 마련됨으로써 말이다. ─ 그때에 연방적 영역과 단일적 영역은 프로이
센의 헤게모니에 의해서 풀기 어렵게 제약되고, 그리고 전체는 제국의회(Reichstag)에
의해서 정초되지 않고,365) 여하튼 여러 사건들에 의해서 정당화된 비스마르크의 기본
계획에 따라서 영향을 받고 담당되는 것이다.

　　이 라이히에는 국가본성과 진정한 국민국가에 속하는 (불가결한) 정신성이 부정되었다

　　사람은 황위계승자의 유명한 비판에 델뤼크(Delbrück)가 제국의회에서 카이저의 관(冠)을 말하자면
　　바지 주머니에서 꺼내어 보여주려고 한 것을 상기한다.

360) 예컨대 G. Jellinek, Staatslehre ² I 695, 3. Auflage에서는 그다지 명확하지 않다. 정당한 것은
　　Wittmayer, in Fischers Zeitschrift für Verwaltungsrecht, 57, 149. 여하튼 그는 이 점에서 「훌륭한
　　곡해」와 「무제한한 자의」를 발견한다(Weimarer Reichsverfassung, S. 469). Festgabe für O. Mayer,
　　S. 268 f.도 참조.

361) 특히 Triepel, Unitarismus und Föderalismus im Deutschen Reiche, E. Kaufmann, Bismarcks
　　Erbe in der Reichsverfassung.

362) 어떻게 보다 낡은 이론이 개별국가들의 대표들을 구신분적인, 여하튼 자유주의적인 의미에서 본질적으로
　　연방국가의 기관들로서가 아니라 교정적인 것으로서 이해했는지 이것은 교훈이 많지만 아직 충분하게
　　추구되고 있지 않다. 예컨대 Brie, Bundesstaat, S. 115, 181에서의 인용한 곳을 참조.

363) 이에 대해서는 나의 연구 Ungeschriebenes Verfassungsrecht im monarchischen Bundesstaat,
　　Festgabe für O. Mayer, S. 245 ff.(김효전 옮김, 군주제 연방국가에서의 불문헌법, 『세계헌법연구』
　　제32호, 2020, 155면 이하).

364) 이에 대해서는 Bilfinger, Der Einfluß der Einzelstaaten auf die Bildung des Reichswillens 그리고
　　정확한 것은 Veröffentlichungen der Vereinigung deutscher Staatsrechtslehrer, I, S. 35-37.

365) 1880년 5월 8일의 제국의회 연설, 특히 H. Kohl, Reden, 8, 188 f.에서의 개소.

는 것은 결코 놀랄 일이 아니다. 그러나 이것은 정치적으로는 결코 비국가(Unstaat)가 아니라 바로 구하려고 한 독일적 국민국가였다. 다만, 이것이 실현된 것은 말하자면 간접적인 경로였다. 왜냐하면 국민국가 그 자체를 통상의 입헌적인, 그러므로 거의 통일국가적인 실정헌법으로써 규범적으로 질서를 세운다는 직접적인 길은 걸을 수 없었지만, 바울교회를 통하여 명백하게 되었기 때문이다. — 따라서 독일 국민의 새로운 라이히는 말하자면 다음과 같은 헌법과 병행하여, 그리고 다음과 같은 헌법에도 불구하고 성립하게 된 것이다. 이 헌법에서는 커다란 국가국민(Staatsnation)을 통합하여 창설한다는 원대한 파토스가 말해지는 것은 고작해야 제국의회라는 제도에서이며, 의심 없이 카이저의 제관은 뒤로부터 몰래 끼워 넣었을 뿐이다. — 이에 대해서 오늘날에는 더 이상 의심할 수가 없다. 순수하게 법적으로 고찰해 보아도 여하튼 이 라이히가 가지고 있었던 것은 법적 관계 또는 법주체, 국제법 또는 주권자라는 공명심에서가 아니라 정당적이라는 대체로 오해된, 그러나 실제로는 아주 중요한, 완전히 다른 공명심이었다. 비록 이 라이히 는 19세기의 정당성을 근거짓는 통상의 계기를, 즉 일정한 국가형태를 가지고서 그 특수한 정당성을 실현하는 것을 바로 세심한 주의로 회피했음에도 불구하고 고유한 형태로 그러하였다. 비스마르크는 바울교회보다도 명확하게 연방국가적 양자택일을 다음의 점에서 찾았다. 즉 전체는 국가형태를, 그리고 이와 함께 개별국가들의 정당성을 근거지어야 하거나 또는 그 반대라는 점에 말이다. 왜냐하면 그 연방국가에서는 전체와 분지들이 몇 개의 다른 국가적 에토스를 생각할 수 없기 때문이다. 그리고 모든 모범과 이론과는 대립하여 비스마르크는 전체의 본질규정을 부분들로부터 (물론 최강의 구성요인 으로서의 프로이센의 헤게모니를 포함하여) 나타나게 하였다. — 그러므로 라이히 고유의 국가형태와 고유한 정치적 에토스를 상기할 수 있었던 모든 계기들을 멀리한 것(그 위에 나중 시대의 국가실증주의[Staatspositivismus]) — 비스마르크 자신은 부당하게도 그렇게 비난받았는데[366] — 는 라이히의 국가본성에 대한 그 의문을 근거지었다)과, 그러므로 계약의 기초와 계약에 대한 충성을 지속적으로 강조하였다. 국민국가적인 사상과 국민의회와의 정당화하는 힘은 이미 저절로 설정되었다. — 개별국가들과 그들의 아직 힘을 가지고 있는 정당적인 국가 에토스에서 볼 때, 가능한 정당화(Legitimierung)는 공법의 근원적 기초에 대한 감각을 결여한 실증주의적 법학자들이 여하튼 오해하는 이러한 구조물을 통해서만 획득한 것이다.

그리하여 마침내 비로소 비스마르크적 헌법정책의 통합체계의 전모가 빛을 보게 된다. 이 통합체계는 라이히의 중심, 프로이센 그리고 개별국가들, 이들의 기능적인 협주의 능숙한 안정화를 통해서만 존립하는 것은 결코 아니다. — 그렇다면 니체(Nietzsche)*나 라가르데(Lagarde)*의 낭만적인 국가소원성(Staatsfremdheit)을 수중에 넣어, 더욱이 당시의 국가생활의 활동가능성과 필연성에 대한 통찰과 그 현실성에 대한 그 어떤 통찰을 하지 않고 성장하면서, 비스마르크적 라이히의 정신소원성(Geistfremdheit)을 주장하는

---

366) Beyerle, a. a. O.

문필가들의 요설은 아주 근거 없는 것은 아닐 것이다.367) 한 국가의 정신성이란 국가를 정당화할 수 있는 세력들과 가치들의 요구이다. — 바울교회와 바이마르가 라이히 창설처럼 동일하게 성공하여 이러한 과제를 제대로 수행했는가 하는 여부의 물음은 아직 대답하지 못했다.

바이마르 헌법은 사물들의 이러한 질서를 일부는 파괴하였으며, 일부는 전도하지 않을 수 없었다. 전술한 통합의 구조물은 파괴되었는데, 이는 군주와 관료와의 카르텔에서의 라이히의 정점과 개별국가들과의 흔들림 없는 연대화에 근거하고 있었으며, 유일하게 헤게모니와 제국의회의 압력 아래서만 책임을 지지 않는 연방참사원이라는 방파제를 통해서 제국의회와 여론에 대해서 보호되고 있는 것이다. [라이히와 란트 간의] 왕복운동의 체계는 그 유연성을, 여하튼 이미 1890년 이전에, 그리고 그 이래는 남김 없이 점차 상실하고 있었는데, 그러나 그 통합의 힘을 감소하지 않고 보존하고 있었다. 이제는 오히려 저항하는 것으로서 평가하고 편입하기 보다는 오히려 봉쇄된 란트들 위에 라이히라는 구조물이 부과되고 있다. 그럼에도 불구하고 사물의 본성을 통하여 연방국가적인 통합체계는 잔재들 속에서 계속 보존되었다. 빌핑거에 의해서 증명된 란트들의 영향과 그것에 상응하는 영향권(Einflußrecht)은 라이히를 위한 그것들의 성과들을 통하여 정당화되며,368) 그리고 라이히의 하나의 본질적인 기초로서의 그것들[란트들]의 승인은 1922년에 라이히 대통령과 라이히 정부를 통하여 정당화되었다. 그리하여 란트들에게 오늘날 여전히 남아 있는 법적 지위를 보증하는 것은 단순한 특수이익의 보호로서는 이해되지 아니한다. 란트들은 그것들을 통합적으로 라이히 전체에 편입해야 하는, 그들의 권리행사에서 그들이 란트의 정책보다도 오히려 라이히의 정책을 수행함으로써 바로 그들의 고유한 특성을 상실하게 된다.

혁명헌법으로서 바이마르 헌법은 나아가 정당성의 심급과정을 역전시키지 않으면 안 되었다. 이제 라이히야말로 전문, 국가형태의 규정, 색채에 의한 국가 에토스의 상징화에서, 기본권목록 등등에서 독일적인 국가생활 그 자체의 최종적인 기초들과 정당화를 규정하고, 그리고 그것들을 란트들에게 강제하는 것이다(헌법 제17조).

바이마르 헌법을 위해서 원칙적으로 주어진 시사된 방향들에는, 개별적인 점에서는 헌법정책적인 계산상의 잘못을 저지르고 있었다. 프로이센적 독일이라는 문제와 란트들의 의의 일반은 과소평가되고 있다. 라이히는 그 자신에 의해서 제18조를 통하여 호출된 망령들에 대해서 저항하지 않으면 안 되었는데, 이와 동일하게 비례선거를 수반하는 란트들에게 부과된 의회주의는 라이히에 대해서는 불쾌한 것이 되었다. 국기 문제의 해결, 특정한 단일국가주의적인 과잉의 긴장, 기본권의 내용, 이것들은 통일성의 촉구와 전체의 힘이라기보다는 오히려 부담이 되는 것이다. 헌법의 이러한 약점의 보다 깊은

---

367) 많은 예시들 대신에 여러 이유들에서 보다 저열한 것으로 되어버린 하나의 예. H. Mann, Macht und Mensch, z. B. S. 144, 176.

368) 예컨대 카프 폭동에 대해서는 Jahrb. d. öff. Rechts, 13, 5, Anm. 1 참조.

근거는 한편으로는 규범화 된 과제들의 고유한 뒤바꿈(Verwechselung) 속에 있으며, 그리고 다른 면에서는 목표들, 전제들, 헌법의 이상들, 주어진 수단들, 했어야 하는 것과 할 수 있는 것, 이러한 것들의 보다 확실한 기초로서 보증된, 통합하는 세력들과 정당화하는 가치들 속에 있다. 유사한 상태에서 스위스는 그 헌법의 통일성을 분리주의자동맹(Sonderbund)과, 스위스의 헌법생활의 물적 통합, 특히 형식적 통합을 매개로 한 승리 위에 구축하였으며, 그와 같이 근거지운 정치적 현실성에 목표로서의 새로운 서약공동체적 정신을 관철시켰다. ― 마찬가지로 연방전체(Gesamtunion)에서의 북부의 국가정신의 관철은 단지 분리전쟁(Sezessionskrieg[남북전쟁])*과 그 밖의 형태로 확보된 통일성의 성과일 수 있었을 뿐이듯이 말이다. 바이마르의 헌법정책 ― 바울교회의 헌법정책과 마찬가지로 ― 과 비스마르크의 헌법정책적인 기교(Kunst)의 구별은, 후자가 국가적 정당성의 당시의 원천들을 매개로 통합하는 수단과 직관적인 명석함을 주권적으로 지배하는 점에 있다. 비스마르크의 일에 관하여 특별한 연방국가적인 통합문제와 특수한 연방주의적 정당성의 문제가 존재한다는 것은, 아직도 여전히 충분하게 나타나지 못하고 있다.369) 문제는 이론적인 것으로서 제시해야 하는데, 그러나 여하튼 매우 커다란 실천적·정치적인 직관력과 형상화하는 힘에 근거하여 해결해야 할 것이다. 내가 보는 한, 문제의 정당하지 못한 실천적·부분적 해결은, 특히 라이히 감독(Reichsaufsicht)과 국사재판소의 가능성에 대한 작금의 관련에서 지배적인, 비판적으로 되는 과대평가 속에 있는 것이다.

연방국가의 본성과 함께 종합국가(der Gesamtstaat)와 개별국가들과의 정치적인 양극과, 전자에 의한 통일적인 정당화 또는 후자에 의한 그것이라는 양자택일적인 필연성을 수반하는 통일적인 통합체계로서 설정된다는 문제들의 탐구 속에는, 국가이론에 대해서 현실적인 연방국가들의 사고가능성 일반에 대한 항상 새로운 이론화(Theoretisieren)에서보다도 더 보람 있는 과제들이 있다.

제3부 실정법적 추론들

제1장 전체로서의 헌법의 해석

여기서 기도하는 시론은 정신적인 활동현실태로서의 국가와 헌법에 대한 정신과학적인 이론의 기초에 대한 하나의 기여가 될 뿐만 아니라 동시에 국법학에의 한 기여가 되는 것이다. 왜냐하면 이러한 견해들은 바로 실정 국법에 종사하는 것에서 나타나온 것이기 때문이다.370) ― 따라서 이러한 견해들은 실정법에서 다시 증명되지 않으면 안 된다.

---

369) 「연방국가이론은 정치적이며 법적인 통합개념을 파괴한다」는 비트마이어의 상당히 불명확한 정식화에도 불구하고(Fischers Zeitschr. f. Verwaltungsrecht, 57, 151).

＊

하나의 국법체계 전체를 다룸에 있어서 지금까지 지배적이었던 국법학에 대항하는 것의 의의는 무엇인가, 이것은 카이저 라이히의 고전적인 국법학자들을 보면 일목요연하다. 라반트의 서술에 대해서 해넬(Haenel)의 서술이, 더구나 자이델(Seydel)＊의 서술이 함의하는 상대적으로 보다 커다란 진실성은 무엇인가, 그것은 다음의 점에 있다. 즉 전술한 노작들은 라이히의 국법을 우선 하나의 정신적 전체성(geistige Totalität)이며 국법상의 개별성(Einzelheiten)으로서, 즉 끊임없이 이러한 의미의 전체성이란 모습 아래 (sub specie) 파악하려고 한다는 점에 있다. 이러한 출발점의 원칙적인 정당함이 조금도 바뀌지 않은 것은, 양 저술가가 그때에 원래부터 총체파악이라는 점에서 어떤 일면성에 고정되고 있었는데(여하튼 자이델은 매우 높은 정도였다), 이 일면성은 그때 개별적인 적용에서 여기 거기에서 오류의 원천이 되고 있었다는 사실이다. 그 경우에마저 이러한 오류의 원천은 적어도 곧 통제가능한 것인데 반하여, 이에 대해서 라반트의 그것은 부분적으로 무의식적이고 여하튼 정식화하지 못했는데, 그 까닭은 원리에 반하는 물적인 전제들이 라반트의 부당하게 형식주의적이며 전제 없이 주어진 그의 논의들의 통제불가능한 오류의 원천이기 때문이다. 라반트식 방법의 위험은 그의 노작의 흠결들에서 보다 명백해 진다. 즉 그 노작은 보다 의식적으로 또한 보다 인상 깊게 국법에 관한 소재의 총체를 완벽하게 달인적인 수법으로 처리하고, 더구나 개별적인 처리가 완벽하게 된 형태로 부여하려고 하는데, 그러면 그럴수록 헌법의 단일국가적인 측면에 관해서는 트리펠(Triepel)＊의 기념비적인 라이히 감독권이 연방주의적인 측면에 관해서는 다른 사람들의 노작들[371]이 가져온 소재상의 결함과 법원칙적인 오해들에 대해서 동시에 행한 논증은, 그것만으로 더욱 감정적인 것이 되고 있다. 비스마르크 헌법에 대한 대표적인 저작은 헌법(Recht der Verfassung)이 잉태한 문제성도 마찬가지로 실정헌법 일반이 잉태한 문제성도 거의 보지 못했다. ― 형식주의적인 방법에 대한 신앙에 의해서, 그리고 실증주의적으로 파악된 개별성을 초월한 모든 활동현실태와 규범의 내용에 대한 보완하는 불가지론적인 회의에 의해서 뒷받침되고 있었기 때문이다. 라반트가 다룬 비스마르크 헌법은 그것이 의례적인 무미건조한 성격을 보여주는 점에서, 이러한 취급방법을 추측케 하도록 보였는데, 이것은 원래 부합한 것이다. 해넬의 통찰이 보다 깊었던 것은 다음의 점에서 증명된다. 즉 그에게는 이러한 헌법기술에도 불구하고, 바울교회의 의미에서 하나의 국가전체성(Staatstotalität) 을 개념파악하는 것의 필연성은 비스마르크 헌법의 결실 있는 처리의 기초로서도 또한 자명한 것이었다는 점에서 말이다.

그런데 라반트의 방법의 최고도로 고양된 개념기술은 모든 명성을 얻었지만, 동시에

---

370) 참조. Arch. d. öffentl. Rechts. N. F., 9, 38.＊
371) Bilfinger, Einfluß der Einzelstaaten; E. Kaufmann, Bismarcks Erbe; 나의 Ungeschriebenes Verfassungsrecht (김효전 옮김, 군주제 연방국가에서의 불문헌법).

그 대상의 보다 깊은 파악을 방해하는 것임이 판명되었다. 따라서 이 개념기술은 비스마르크 라이히에서 자라난 세대를 탈정치화하는 교육의 징후이며, 또 동시에 그 원인이다. 이 개념기술은 이 탈정치화의, 아마 가장 현저하고 가장 순수한 사례이며, 동시에 특히 어렵고 우려해야할 사례였음에도 불구하고, 놀라운 방법으로 독일의 탈정치화의 고발자들에 의해서, 비스마르크에 의해서, 그리고 비스마르크 이래 완전히 간과되었다. — 여하튼 그 탈정치화에 책임을 진 것은 국가가 아니라 오늘날 국가를 고발하는 사람들의 비정치적인 정신이다.

*

법실증주의도 또한 일반적인 의미지향들(Sinnorientierungen) 없이는 성립하지 못하였다. 이러한 의미지향은 항상 반복해서 논의들에서「사물의 본질」등등에서 명백하게 되었는데,372) 그러나 방법상의 작업으로 논구된 것은 아니며, 그러므로 학문적인 책임을 지지는 않았으며, 그와 함께 작업하는 자들에 대해서 자주 거의 의식되지도 않았다. 따라서 사람은 이러한 작업방식을 바로「자기 자신의 행위에 대한 무지의 방법」373)으로서 특징지었다. 그리하여 여기서 시도하는 것은 이러한 의미지향을 의식화하고, 그 내용을 계획적으로 논구하려는 것이다. 기이르케(Gierke)는 — 그의 유기체론은 전비판적인 (vorkritisch) 소박한 것이었는데 — 이러한 명확함을 지니고 있었다. — 그것은 (빌핑거에서처럼) 일정한 한정된 문제 권역을 위해서 바로 포괄적인 경험에서 얻어진 것일지라도 말이다. — 법학 일반은, 그리고 그중에서 객관성의 문제에 의해서 아주 특히 위협을 받는 국법학은, 그것을 오늘날 비판적인 감각에서 방법적으로 획득해야 하며, 실정법의 그러한 해석을 의식적으로 기초놓아야 할 것이다.

시사한 의미에서의 국가적인 통합체계가 현실적으로 과제가 주어진 의미관련 (Sinnzusammenhang) 속에 있고, 국법학은 이 의미관련에 기초를 두어야 한다면, 국법학 작업의 이러한 지향은 그것이 정당한 것이라면, 이 작업의 성과에 대해서 결실이 풍부한 것으로서 명시하지 않으면 안 된다. 물론 국법학은 이러한 과실을 즉시 담을 수 없으며, 그것들의 보존, 진실성의 존부의 증명은 상당히 오랜 검증을 거쳐 그 성과를 얻을 수 있을 뿐이다. 따라서 나는 다음에 그것들에서, 그것들에 대해서, 이러한 지향이 직접 해명을 촉진하는 것을 기대케 하는, 하나의 수의 방향과 개별적 문제들을 시사하는 것을 시도한다. 그때에 내가 전제로 하는 것은 바로 전체로서의 헌법(Verfassung als Ganzes)이며, 더구나 그 내용을 경계짓는 문제와 그 해석의 원칙적 방법의 문제이다.

*

---

372) 참조. 라반트의 예시는 Bilfinger, S. 6 f.에서.

373) E. v. Hippel, Arch. d. öffentl. Rechts, N. F., 12, 418. Das. S. 401 일반적인 이러한 불명확성과 정치적 객관성에 대한 그 위험에 대해서. 텍스트에서 주장하는 견해들은 폰 히펠(v. H.)이 요구한 방향에 있을 것이다.

최초의 체계적으로 경계짓는 문제는 국법과 행정법 간의 성층화(Abschichtung)의 문제이다. 국법에 정태적인 존속을, 행정법에 국가의 기능화를 대상으로 하여 부여하는 종래의 규정은, 이미 지금까지의 관련에서 배척되었다.374) 국법은 행정법이 공공생활을 그렇게 하듯이, 부분으로서, 특히 같은 공공생활을 규제화한다. 예컨대 양자가 행정을 한쪽의 경우에는 권력분립의 부분으로서의 집행권력으로서, 다른 한쪽의 경우에는 국가적 목적활동의 고립된 체계 그 자체로서 대상을 삼는 한에서 말이다. 따라서 명백한 것은 문제설정과 대상의 차이다. 국법은 통합의 법(Integrationsrecht)이며, 행정법은 기술적인 법이다. 한쪽의 규범 집단의 주도적인 사고는 국가생활의 전체를 위한 제도들과 기능들을 통합화하는 협주이며, 다른 한쪽의 규범집단의 그것은 행정의, 즉 그 개별적인 복지목적들의, 기술적 달성의 즉자태(das Ansich)이다.

문제는 단지 소재를 한쪽이나 다른 한쪽의 강의나 교과서 서술에 안배하는 것만이 아니라 특히 이러한 소재를 해석하고 가치짓기 위해서 개별적으로 척도기준을 부여하는 의미관련에 대한 물음이다. 법명제는 그것이 의미에 준해서 속한 연관 이외의 연관의 분지로서 이해되고 평가된다면, 오해하고 거기에 부당한 것이 생긴다. 하나의 법명제가 공법 또는 사법, 형식법 또는 실질법, 정치적 법 또는 기술적 법, 이 어느 관련에 설정하는가는 어떻든 그 법명제가 이르는 곳에서 동일한 해석과 적용을 찾는다면, 그것은 아마 형식주의자들에서 조차 드문 환상이다.

하나의 개별적인 점은 실천적 의의를 보다 명확하게 할 것이다. 즉 조직권력과 법률의 유보의 문제가 그것이다. 조직권력을 집행부의 정상들에 할당하는 지배적인 교설도,375) 조직권력을 입법부에 산입하는, 드물게 주장되는 교설도,376) 만족할 만큼 올바르지는 않다. 유일하게 온당한 해결책은 전통적인 관할권, 즉 역사적 우연을 통해서 근거지워진,377) 한쪽 또는 다른 한쪽의 관할권이다. 모든 논구의 오류는 그것들이 모든 조직사례를 일률적으로 다룬다는 사실이다. ― 즉 마치 어떤 특수한 행정의 중급이나 하급관청들에서의 기술적인 변경들이 관리단체(Beamtenkörper) 등등을 보완하여 의회로부터의 영향의 가능성들, 정치적인 경합관계들을 변경하는 중앙심급들에서의 변경과 동일한 관점 아래에 있는 것처럼 말이다(조직 사례를 일률적으로 취급한다는 오류이다). 기술적 성격을 변경하는 문제와 국가의 정치적 본질규정들인 그러한 변경 문제가 물론 동일하지 않다는 것은 명백하며, 그리고 때로는 문헌상의 취급에서 그러한 차이에 대한 일정한 감정이 발견된다. 법률의 유보를 위한 낡은 개인주의적인 자유와 소유의 정식을 정초함에 있어서마저,378) 행정기술적인 조직규범들과 정치적으로 유효하게 작용하고 통합하는

---

374) 상술 S. 81 f.(본서 709면 이하)

375) 그 개인주의적인 핵심사상이 특히 예리한 것은 G. Jellinek, Gesetz und Verordnung, S. 387에서.

376) 최근에는 L. Richter, Die Organisationsgewalt, 1926.

377) 그처럼 정당한 것은 Hellpach, Neue Rundschau, Juli 1927, S. 5.

378) 예컨대 그러한 것은 G. Jellinek, a. a. O. 문제에서의 지향상실을 특징짓는 것은 M. E. Mayer, Rechtsphilosophie, S. 55 f.

— 바로 그러므로 개인에 더 관련되고, 그러므로 더욱 더 그 개인의 의회대표자들의 결정영역에 속하는 — 조직규범들 간의 대립은 엎치락 뒤치락한다.

*

이것에 밀접하게 관련된 두 번째의 문제는 실질적인 의미와 형식적 의미에서의 헌법의 구별의 문제이다. 바로 형식주의적인 불가지론이 의문을 나타내는 것은, 성문화 된 헌법조문들의 우연적인 내용에서 독립하여 한 국가민족(국민)에게 설정된 통합질서라는 과제의 실정법적 해결을 위한 시도의 본질적인 구성부분인 규범들의 한 체계를 제시하는 것이다.[379] 물론 해결은 단순하지 않으며,[380] 여하튼 그것은 동요하면서 매거하는 것 (Aufzählung) 속에는 있을 수 없다.[381] 해결은 국법적 소재를 그것이 지향하는 단순한 의미원리(Sinnprinzip)로 정력적으로 관계짓고, 환원시키는 것에서만 얻을 수 있다. 이러한 과제를 해결불능하다고 설명하는 것은 체계적 학문으로서의 국법학에 대한 사퇴가 될 것이다.

*

헌법을 그 밖의 법질서로부터 구별하는 규준은 항상 반복해서 그 헌법의 대상의 「정치적」 성격이다. 그리하여 독일 혁명에서 자명하게 이해하는 것과 일반적으로 이해하는 것의 대립이 표현된 것은, 노병평의회(Arbeiter-und Soldatenräte)*가 「정치권력」의 보유자로서 선언되었을 때,[382] 그리고 이에 상응하여 다른 면에서 연방참의원에게 그 「행정권한들」이 유보된 때이다.[383] 그러므로 정치적인 것의 개념은 국법학에 대해서 불가결한 것이다. 그러나 바로 여기서 문제가 되는 구별하고 대비되는 사용에 대해서, 그것은 「하나의 국가목적에 대한 관계」[384]를 통하거나 또는 최근 C. 슈미트가 기도한 방법[385]에

---

379) 그러한 회의적인 것의 예시들은 Nawiasky, Arch. d. öffentl. Rechts, N. F., 9, 13 f., Lammers, Juristische Wochenschrift 1925, 986, Anm. r. — [이 문제의] 해결은 그 경우 국사범의 대상으로서 헌법의 본질적인 기초들을 형법적으로 경계짓는 것에 맡긴 그대로이다(예컨대 ERG. Strafs. 56, 173 ff., 259 ff.). 문제의 문헌은, 여기서 헌법이론이 실정법의 절박한 문제를 대답하지 않고 내버려 두었다는 것을 보여준다.
참조. 문제를 위하여 특히 여전히 Bilfinger, Arch. d. öffentl. Rechts, N. F. 11, 181 ff.
노르웨이 헌법 제112조(헌법의 「원리들」의 변경불가능성)에서의 특히 특징적인 사례에 향하여 내가 주의를 환기한 것은 볼가스트(E. Wolgast)이다.

380) 여하튼 C. 슈미트의 정식, 조직=정상질서(Veröffentlichungen der Vereinigung der deutschen Staatsrechtslehrer, I 91 f.)처럼 단순하지는 않다.

381) G. Jellinek, Staatslehre, ³ I 505 (역서 412면)에서처럼.

382) 11월 10일의 독립사회민주당(die Unabhängige Sozialdemokratische Partei)의 지도부의 설명. F. Runkel, Die deutsche Revolution, S. 118에서. 인민위원회(Volksbeauftragten)와 베를린 집행협의회(Berliner Vollzugsrat) 간의 11월 22일의 협정. Anschütz, Verfassung des deutschen Reichs, ³·⁴, 14, Anm. 12에서.

383) 1918년 11월 14일의 명령, RGBl. 1311.

384) Triepel, Kahl-Festschrift, II 17.

385) Arch. f. Soz. Wiss. u. Soz. Pol. 58, 1 ff.(윤근식역, 『정치의 개념』, 법문사, 1961).

의해서만이 아니고, 이러한 논구들의 기초에 있는 의미에서만 정의할 수 있다.

*

보다 중요한 원칙적 추론들은 실정헌법의 해석을 위해서 행해진다.

형식주의적인 방법은 여기서 그 대상의 특수한 실질적인 본질에 대한 이론인 정신과학적 국가이론의 자각적인 근거지움을 법학적 작업의 출발점으로서 포기한다. 그것은 그 대상에 잘 알려진 「일반적인」 법학적 개념들을 대부분 매우 지배적인 색채를 띤 하나의 결사법의 개념들을 적용한다. 그리하여 형식주의적인 방법은 실정헌법을 개별적인 규범들이나 제도들의 하나의 집적체 속으로 분해하는데, 그것들의 내용을 형식적·법적인 의사권능(Willensmacht), 형식적인 의무들의 근거지움에 비추어 정사함으로써 잘 알려진 일반적 도식들 아래로 포섭한다(subsumieren). 형식주의적인 방법은 그때에 원래부터 여기서 다른 모든 법적 소재들에 대립하여 존속하는 차이를 간과한다. 즉 다른 법적 관계들의 규제에서 문제가 되는 것은, 기껏해야 평균적 적합성이라는 목표를 수반한 무수하게 많은 사례들의 추상적인 규범화인데, 이에 반하여 여기[실정헌법]에서는 유일하게 구체적인 생활현실태의 개체적인 법칙(das individuelle Gesetz)이 문제가 되는 것을 형식주의적 방법은 간과하는 것이다. 적어도 이러한 개체적인 법칙을, 모든 헌법해석자는 헌법조항들의 처음부터, 즉 전문에서부터, 영역, 국가형태들, 색채 등등에 대한 규정들로부터 읽어내야 할 것이다. 헌법해석자는 그것들을 그 밖의 다른 점에서는 「의사영역들의 경계지움」이 결여되었기 때문에, 또는 그것이 애매하기 때문에 법학적으로는 불모인 것으로 생각하더라도 말이다. ― 문제가 되는 것은 하나의 구체성을 가진 생활법칙이며, 더구나 이 구체성은 하나의 조각상이 아니라 이 현실태를 언제나 새롭게 창출하는 통일적인 생활과정이기 때문에 이러한 통합의 법칙이다. 거기에서 약간의 아주 일반적인 규칙들만을 열거한다면 적어도 세 가지가 귀결한다.

여하튼 모든 국법상의 개별성은 즉자적이며 고립된 것으로 이해할 것이 아니라 그것들을 통하여 현실화하는 의미관련의, 즉 통합의 기능적인 전체성의 계기들로서만 이해할 수 있다. 다음의 개별적인 논구들은 그것을 위한 예시들을 제시해야 하는데, 여기서는 약간의 사례만을 선취하여 시사하기로 한다.

라이히 감독권은 바로 지방자치적인 감독권과의 유비에 따른 취급을 유발한다. 전자에서도 후자에서도 공법상의 상위단체와 하위단체 중, 하위단체는 상위단체에 대해서 특정한 과제들의 이행의무를 지며, 이 의무를 확정하기 위해서 상위단체의 특수한 「감독권」에 복종한다. 그런데 지방자치의 감독권은 법률들의 유지와 주의 이익(Staatsinteresse)이 요구하면 게마인데(Gemeinde)*에 대해서 행사한다. 물론 일반적인 지방정치적인 고려들을 하지 않는 것은 아니지만 그러한 고려들은 역시 법적으로 명해진 것은 아닐 것이다. 이에 대해서 라이히 감독권은 헌법 때문에도 그렇게 고립되지는 않는다. 라이히 감독권은 라이히와 란트와의 유동적인 관련질서의 한 계기이며, 란트들로

부터 라이히에 대한 헌법에 적합한 영향이라는 역방향의 운동과 끊임없이 상관해 볼
수 있으며 (그리고 이러한 관련에서만 란트들의 정치적 자기감정에 대해서 견딜 수 있으며),
이러한 영향권과 함께 보다 고차의 연방우호관계의 — 즉 끊임없는 의사소통에로의,
끊임없는 의사소통으로 충만한 협조에로의, 모든 참여자들의 의무를 띤 경향의 — 라이히
와 란트들의 관계를 지배하는 법칙을 통해서 유지된다. 따라서 바이마르 헌법에서의
감독권 그 자체를 의례적으로 정식화하는 것은, 실제로는 「신하에 대한 지배자」386)의
관계인 것같은 관계에 대한 관용구로서만 이해하는 것은 허용되지 않으며, 지방자치권의
— 전술한 외관상 아주 유비적인 — 법적 상황과의 깊은 곳에서의 차이를 적절하게
표현하는 것으로서 이해할 것이 허용된다.

　유사하게 국사재판권*은 민사재판권이나 행정재판권과 유비적으로 이해해서는 안
된다. 의회소수파의 헌법재판상의 보호는 개체적인 이익들을 가진 주주 집단의 민사재판
상의 보호와는 다르다. 왜냐하면 그것은 당파들을 통합하여 협조케 하는 것에 기여해야
하기 때문이다. — 라이히에 대한 란트들의 재판상의 보호는 국가감독권에 대한 지방자치
단체의 행정재판상의 보호와는 다르다. 왜냐하면 그 보호는 여기서 병렬적인 의사소통의
하나의 가능성이기 때문이다. 민사소송 또는 행정소송에서의 당사자들은 그들이 바라거
나 바라지 않음에도 불구하고, 판결이나 판사의 최후수단(ultima ratio)을 통하여 지속적으
로 강제할 수 있다. — 그러나 방해, 분리 그리고 그와 동등한 것에 대해서는 결코 규칙에
맞는 그러한 수단은 존재하지 않는 것, 이것은 실정헌법의 성과 기회와 헌법재판관의
그것과의 사실상의 차이일 뿐만 아니라 이것은 이러한 법과 이러한 재판권이 다른 본성이
라는 것을 의미한다.387) 여기서는 지속적이며 자주 무릇 강제할 수는 없으므로, 의무이행
은 항상 반복하여 의사소통을 위한 헌법에 적합한 공동작업을 위한 선의와 의무에 맡기지
않으면 안 되기 때문에, 그러므로 이러한 재판권은 — 여하튼 바로 가장 어려운 경우들에서
— 또한 선의적인 것으로 전제된 그러한 당사자들의 의사소통(Verständigung)의 하나의
수단과 단계일 뿐이며, 이러한 당사자들은 그들 측에서도 역시 이 의미에서만 이러한
수단에 손을 내밀어야 한다는 것이다. 라이히 감독권이 「명령하지」 않듯이, 제19조에
따른 계쟁자들도 법적 승리를 둘러싸지 않고, 의사소통을 둘러싸고 다투도록 되어 있다.
재정조정법 제5조 제2항에 따를 의무적인 합일화 교섭에로의 의무지움은 여기서 문제가
된 것을 적확하게 특징짓고 있다. 이러한 합의 교섭에 대해서 국사재판소의 판단은
일종의 중재재정(Schiedsspruch), 합일화의 대체(Einigungsersatz)이다.388)

　개별적인 국법 규범들을 국가적인 통합연관의 의미체계 속에 질서지우는 것에서,
이 체계에 대한 거기에서 일어나는 그들의 여러 가지 가치, 그들의 우선순위의 차이가
다시 추론된다. 이 순위 문제는 하나의 법적 문제이다. 명백한 것은, 국법 교과에서

---

386) 바이마르 헌법, Anschütz, Anm. 6 zu Art. 15.
387) 상술 S. 105 f.(본서 727면 이하) 참조.
388) 이 문제에 대해서는 후술 S. 171 f.(본서 775면 이하) 참조.

「진실을 서술한 의무」에는 개별적인 규범들과 제도들의 적절한 가치판단도 들어간다.389) 바이마르 헌법 제3조의 불충분한 해석인데, 지도적인 주석은 라이히의 색채의 확정을 통해서 행정과 상선항행에 대해서 특정한 의무들만이 성립한다는 것을 강조하는데, 그러나 다음의 것을 인식하지 않은 채 그대로다. 즉 (이미 그 위치에서 헌법전의 처음에 나타난) 헌법제도는 헌법 때문에 매우 높은 순위를 차지하며, 이 순위는 예컨대 공화국보호법의 형벌규정을 통하여 비로소 창출된 것이 아니라 바로 전제되고, 그리고 형벌보호 아래 둔다는 것을 말이다.390) 의회제도는 라이히 헌법에 의해서 첫 번째 순위의 헌법원리로서 가치평가할 것인지, 또는 두 번째 순위의 그것으로서 가치를 평가할 것인지는 하나의 법적 문제이다.391) 다른 모든 법의 영역에서도 사정은 다르지 않다. 다만, 국법상 통합체계의 개별적인 부분의 순위의 문제는 그 체계의 특히 강력한 체계적 폐쇄성에서, 특별한 정도에서 역시, 그 체계의 — 법학적으로 인식해야 할 — 법적 내용에 속한다. 이것은 법실증주의가 규범 논리학으로서 완성되지 못한 한, 아마 실증주의마저 인정할 것이다. 규범 논리학의 왕국에서는 낮에도 모든 고양이는 회색이기 때문이다.

끝으로 헌법개정의 가능성, 「헌법변천」의 가능성, 실정헌법의 전체성과 함께 주어진 이 법적 영역의 고유성이 존재한다.392)

실정헌법은 통합체계로서 끊임없이 어떤 의미에서 최고도로 해결해야 하는, 하나의 언제나 부단하게 스스로 변천하는 과제의 이행을 확정하지 않으면 안 된다. 이러한 해결의 요인들은 변화된 시대와 상황에 따라서 변화한다. 이러한 변천은 그것이 헌법에 의해서 전제된, 아마 계산되었겠지만, 그러나 규제되지 아니한 사회적 자발성들의, 「헌법 외부에 있는」393) 세력들의, 특히 당파 생활의 영역 위에 있다면, 실정헌법 밖에서 전진할 것이다. 그것[변천]은 헌법 그 자체에 관련될 수 있는데, 그것은 한 걸음 한 걸음 헌법에 적합한 요인·제도·규범들의 순위나 비중관계를 연기함으로써 가능하다.394) 그것은 바로 헌법생활의 하나의 새로운 요인을 도입할 수 있다. — 헬파흐(Hellpach)는 이전에 각료들의 창조적인 명령발포의 증가에 의한 의회주의의 제한에 대해서 말했는데,395) 이러한 것이 나타난다면 상술한 것을 말하게 될 것이다. 마지막 두 가지 경우에 문제가 되는 것은 「헌법변천」인데, 이것은 헌법의 내용을 실질적인 의미에서 변경하는 것이다.* 이러한 변경은 「관습법의 형성」이란 요구들에 결부될 수 없는 것은 명백하다. 이것은 지속적으로 의미를 충만케 하는 통합체계를 규범화하는 헌법의 성격에서 설명된다. 이러한 의미충만은 헌법률제정자에 대해서만이 아니라, 특히 정립된 실정헌법의 타당성

---

389) E. v. Hippel, Arch. d. öffentl. Rechts, N. F., 12, 417.

390) 참조. Veröffentlichungen der Vereinigung der deutschen Staatsrechtslehrer, IV 48 f.

391) Wittmayer, Reichsverfassung, S. 38.

392) 결과를 위해서는 또한 Bilfinger, a. a. O., S. 175 ff.

393) Triepel, Die Staatsverfassung und die politischen Parteien, S. 24 (김효전 옮김, 헌법과 정당, 『독일 헌법학의 원천』, 212면 이하).

394) 예컨대 Koellreutter, Der deutsche Staat als Bundesstaat und als Parteienstaat, S. 29.

395) Neue Rundschau, Juli 1927, S. 3 ff.

의 유동적인 전진적 형성에 대한 「규제원리」이다.

*

외국의 이론적·실천적인 헌법해석이 독일의 그것과 자주 구별되는 것은 다음에 의한다. 즉 외국의 헌법해석은 의식적이든 무의식적이든, 그리고 자주 아주 소박하게 오히려 헌법 전체(Verfassung im ganzen)의 의미와 본질에서 논의하는데. 이에 대해서 독일의 헌법해석은 오히려 개별성에서 논의하며, 이 개별성을 다소간 형식주의적으로 취급하고, 그때에 자주 무의식적으로 이 방법의 무엇인가 필요한 보완을 정치적인 언급들에서 얻는다는 것이다. 따라서 독일의 법이론과 특히 독일의 법원에서 헌법해석이 결여된 것은 어느 정도 대상을 전체로서 정신적으로 지배하는 것과 함께 외국의 헌법해석이 가진 여러 일정한 결실성과 민족성이다. 이 점에서 외국에서 존속하는 정신적 전제들은, 특히 사고활동의 「전비판적인」 소박함은 독일에서는 복원되지 않고 있다. 여기서 시사한 의미에서의 하나의 기초에는 독일적인 작업방식에 결여된 것을 가시화하려고 하며, 그리고 그 방법에 대해서 개별성에서도 실정헌법의 정신적인 의미관련에서 그 작업을 가능케 할 것이다.

제2장 헌법에 적합한 기관들의 법을 위하여

헌법을 통합질서로서 파악하는 이론은 지배적인 국법학에서의 국가기관들의 법적 취급을 결함 있는 것으로 보는데, 이러한 방향성은 지금까지의 문맥 중에서 특징짓고 있다.396) 지배적인 교설이 헌법전을 그것들이 기초되고 의도된 것과는 다른 형태로 읽는 경우는, 국가기관들의 법을 그들이 봉사하고, 「조직화해야 하는」 국가기능들의 법 아래 논리적으로 종속시키는 때이다.397) 그러나 이 법은 단지 입법이나 집행의 전권을 담당하는 자를 창출한다는 의미와는 다른 의미를 지닌다. 기관의 형성, 정재 그리고 기능에서 국가는 생생하게 활동하고, 스스로 통합한다. 개별적인 기관 행위들의 법적 내용은 여하튼 말이다.

이러한 견해에서 여기서는 약간의 법학적인 추론을 도출하기로 한다.

*

기관을 형성하는 법의 영역에서 거기로부터 명백한 것은, 의회제도, 특히 내각법 (Kabinettsrecht)의 많이 논구되어 온 문제들을 해결하는 것이다. 그것들은 뒤의 장소에서 다루기로 한다.

---

396) 상술 S. 88 ff.(본서 714면 이하).
397) 서술들 속에서의 하위구분(Unterordnung)이 표현되지 못한다면, 이것은 하나의 논리적 결함이다. ― 이 조직이 즉자적으로 가지고 있을 하나의 의미를 (그들 측에서는 자기목적인) 국가기능들의 이행은 여하튼 그것들은 제시할 것을 알지 못한다.

아주 일반적으로 말하면, 통합하는 자기목적으로서의 기관형성의 법(Organbildungs-recht)이라는 성격에서 귀결하는 것은, 그 규범들은 형식적 법이 아니라 실질적인 법이라는 것이다.398) 이것 역시 나는 뒤에서 논할 계획이다.

*

특히 명백한 것은 최상위의 국가기관들의 존속 그 자체의 통합적인 의의에 비추어 볼 때, 지배적인 교설이 소용 없다는 것이다. 지배적인 교설은 한 국가기관의 실정헌법상의 의미를 단지 그 기능상의 관할권들을 추가함으로써만, 그리고 정치적인 의의 ― 고작해야 이러한 관할권의 총계라는 정치적인 기본사상의 ― 논구를 통해서만 얻을 수 있을 뿐이며,399) 그리고 그와 함께 예컨대 라이히 대통령의 권한들을 프랑스 공화국 대통령의 그것들과 비교함에 있어서 부득이 어려움에 빠지게 된다. 이에 대해서 실천이 헌법의 참된 의미를 나타낸다면, 예컨대 제2대 라이히 대통령[힌덴부르크]*이 그의 취임 연설에서 라이히 원수는 「국민의 통일의사를 체현한다」400)는 것을 자신을 위해서 요구한다면, 이러한 것은 통상의 헌법해석에 따르면 하나의 「정치적」, 「사실적」인 의미를 가질 뿐이며, 헌법에 적합한 기초도 가지고 있지 않다. 그때에 결코 의문의 여지가 없는 것은, 바로 헌법에 의해서 라이히 대통령은 이러한 통합적 역할을 요구할 권리와 의무를 가지며, 그리고 바로 헌법에 의해서 그러한 통합적 역할을 승인하는 라이히 기관들과 라이히에 귀속자들에 대한 의무가 존속한다는 것이다. 마찬가지로 군주제 국가에서의 군주의 무게와 위엄도 또한 (오늘날에는 대체로 겸손하고 명목적인) 기관의 권한들의 총계와 마찬가지로, 기껏해야 여전히 의례적인 규칙들을 존칭으로서 근거짓지 않을 수 없는데, 그러나 여하튼 충만함에서는 실정헌법에서 도출하지 않을 수 없을 것이다. 이러한 것은 헌법의 하나의 조잡한 오해인 것, 라이히 원수의 인용된 엄숙한 선언은 오히려 바로 라이히 헌법의 엄격한 의사의 충만함인 것 ― 이러한 것에 대해서는 결코 허비할 말이 없다. 그러나 이에 대한 근거는 여기서 제시된 방법으로만 찾을 수 있을 뿐이다.

*

라이히 참의원의 의의가 주로 기능적 통합의 영역 위에 있는 것은 다음의 한에서이다. 즉 라이히의 생활에 대해서 필요하며, 그러므로 라이히 헌법에 의해서 의지되는, 그러한 라이히와 란트들 간의 협주의 주요 부분이 이러한 관계들의 대상들은 여하튼 그 교섭들과, 그것과 관련하며 그것에 의해서 제약된 라이히 중앙과 란트들 간의 모든 감정들 속에

---

398) 선거절차의 법이 형식적인 것인지 또는 실질적인 것인가 하는 문제는 실제로 중요하게 될 수 있다는 것을 바이에른 행정재판소의 (보다 깊게 근거지워진 것은 아니다) 판결은 보여준다(Sammlung von Entscheidungen 46, 59 ff.). 이것에 E. v. Scheurl, Einführung in das verwaltungsrechtliche Denken S. 63 f.는 주의를 환기한다.

399) 이에 대해서 정당한 것은 Gierke, Schmollers Jahrbuch, 1883, 1136.

400) Voss. Ztg. 12. 5. 1925.

있는 한에서이다.[401] 그러므로 연방참의원이나 라이히 참의원(Bundesrat oder Reichsrat)의 헌법에 적합한 의결이 란트 대표들 외부에서의 모든 란트들의 전회일치의 합의로 대체되더라도,[402] 그것은 — 여하튼 이전의 법에 따르면 — 그다지 심각하게 받아들이는 것은 허용되지 않을 것이다. 여하튼 규범의 통합하는 의미는 이것으로 상당한 정도로 충족되었기 때문이다.

통합의도라는 것이 그때그때가 아니고 대체로 비로소 하나의 기관의 의미와 그 기관의 실정헌법적인 정당화를 산출하는가의 여부가 이것에 대해서 적어도 언급하지 않으면 안 된다. — 예시로서 전쟁책임 문제를 조사하기 위한 — 많이 설명해 온 — 라이히 위원회를 들어보자. 사람이 지배적인 의견과 함께[403] 여러 조사위원회의 설치를 라이히 의회의 결의를 준비하기 위해서만, 따라서 본질적으로는 입법 또는 정부통제를 준비하기 위해서만 허용될 뿐이라면, 여하튼 이 경우에는 카우프만(E. Kaufmann)[404]과 함께 이 위원회를 정당화 할 것은 아니다. 그 과제는 다른 영역에 있다. 즉 여기서는 외국에 대한 정당화를 위해서, 그리고 국내에서의 이러한 문제들에 대한 계쟁을 명확화하기 위해서, 이러한 위원회의 조사작업을 통하여 — 바로「도덕적인」단죄는 여하튼 — 내외의 평화를 위한 가장 강력한 효과를 수반하여 확인하고, 그리고 그 후에 엄숙하게 고지해야 할 것은 — 여전히 외교와 기록문서와의 공개성의 통일하는 힘에 대한 그 신앙을 수반하는 전쟁종결이라는 이데올로기라는 의미에서 — 바로「역사의 심판」인 것이다. 그러한 종류나 그 어떤 국가적 절차에 의해서 그러한 역사적 진실과 가치판단들을 얻는다는 환상의 기초에 있는 충만한 사고상의 오류를 E. 카우프만은 철저하게 나타내었다. 마찬가지로 공공생활의 진실성들을 변증법적으로 목표화할 가능성에 대한 신앙, 그리고 이러한 진실성들의 얻어진 명증성의 통합하는 힘에 대한 신앙 — 이러한 신앙의 역사와 이러한 신앙의 종말은, C. 슈미트 이래 널리 알려진 일이다. 그러나 이 위원회의 설치로 기도된 시도가 불가능하다는 통찰들은 그것이 헌법에 적합하다는 것을 배제하지 않는다. 헌법 그 자체는 위원회들과 라이히 의회 전원의 단순한 보조기관의 역할에 명백하게 결부된 것은 아니다. 독일의 정치단체(Körper)에서 본질적으로 통일화를 방해하는 하나의 쐐기를 드러내는 정치적 문제들을 명증화하는 것을 통한 정치적 통일화는 대체로 헌법의 일반적인 통합과제들의, 그리고 특히 바이마르의 다수자의 사고방식의 일직선상에 있다.[405] 따라서 다른 라이히 기관들 또는 란트의 관할권에 의해서 획정된

---

401) 라이히 헌법이 란트들의 기관 일반의 정재를 예정하고 있다는 것은 동시에 기능적 접촉의 법규 (Rechtsgebot) 일반의, 따라서 특히 란트들의 일반적인「영향권」(Einflußrecht)의 조직론적 정식화로 서 타당할 것이다. — 개별적으로는 라이히 의회를 위한 형식적 권한규정이 (예컨대 라이히 관리임명에 있어서의 협력을 위해서) 란트들의 상대적인 참가라는 실질적인 법규칙의 옷을 걸칠 수 있듯이 말이다 (Festgabe für Otto Mayer S. 252 f.).

402) a. a. O. S. 262 f. — 여하튼 오늘날에는 라이히 의회의 공개성의 이제 나타나고 있는 훼손에 의해서 어렵게 되고 있다.

403) 예컨대 라이히 헌법 제34조에 대한 안쉬츠와 거기에서 인용한 것. 불충분한 것은 레발드(W. Lewald)에서 의 대치된 의견의 근거지움. Archiv des öffentl. Rechts, N. F., 5, 292.

404) Untersuchungsausschuß und Staatsgerichtshof, S. 22 ff.

경계들 중에서 이와 같은 위원회는 헌법에 적합할 것이다. — 적어도 전쟁책임위원회는 그들[위원회들]의 헌법적합성에 대한 하나의 중대한 선례를 창출하였다.

*

아주 유력한 것은 물론 여기서 문제가 되는 바로 최상위의 국가기관들의 법이다.

중급과 하위 기관들의 주로 기술적인 과제들과는 대립하여 최고위의 국가기관들의 과제들은, 바로 통합하는 성격을 띠고 있다. 그리고 그러므로 그들의 법은 개별적인 직무상의 분국(Geschäftszweige)으로 구성되는 관청조직의 법과는 대립하여, 먼저 이러한 의미관련에서 이해하지 않으면 안 된다.

이러한 대립에서 예컨대 일반적으로 말하면, 기관들의 법적 의무(Rechtspflicht)*에서 기관들은 그들의 관할권들을 인수한다는 결과가 귀결한다.

직무상의 한 분국의 개별적인 관청들은 그들의 법을 다른 분국들에 대해서 자신의 분국의 폐쇄성을 보존하는 것으로 그들의 관할권을 보존해야 하며, 그것을 넘어서는 안 된다. 이에 대해서 최상위의 국가기관들의 협주에서 국가전체(das Staatsganze)는 통합화 되어야 한다. 여기에서 이러한 국가기관들에 대해서 다른 규칙들이 귀결한다. 그것[규칙들]은 사실상 감정과 공동작업에 의존할 뿐만 아니라,[406] 법적으로 그들에게 의무지우기도 한다.[407] 「최고 국가기관들 간의 관계라는 문제가 법을 결여한 공간에 해당되는 것이 아니라」,[408] 하나의 법적 문제이다. 그리고 라이히 참의원에 대한 라이히 의회의 특히 비융화적인 태도에 있어서 매우 직업적인 사명을 띤 판사들(berufenste Beurteiler)의 한 사람에 의해서, 정당하게도 「라이히의 최상위 기관들 간에 여러 차이가 있어도, 교섭들에서 조정이 요구되는 것은 바이마르 헌법의 정신에 일치한다」[409]는 것이 확정되었다면, 이러한 것은 하나의 법명제(Rechtssatz)라는 것, 그리고 이 법명제의 기본사상은 바이마르 헌법의 기초에만 있는 것은 아니라는 것, 이것들만은 주의하지

---

405) 참조. 유비적인 사고의 전거로서는 예컨대 Max Adler, Dritte Reichskonferenz der Jungsozialisten (1925), S. 12.

406) 아마 그러한 것은 E. Kaufmann, Bismarcks Erbe S. 58 f. — Herrfahrdt, Kabinettsbildung, S. 24, 52 f. 에서의 다른 경우에서 생기는 결과들의 의심스러운 모습들, — 그 특수한 규제 중에 그들이 바로 「헌법의 특징적인 것」을 찾는 이러한 상호작용의 중요성에 대해서 E. Kaufmann, a. a. O. S. 9.

407) 라이히 각 부처의 공동업무질서가 이러한 국법상의 자명성을 나우만의 기본권구상을 연상하는 방법으로 명백하게 생각하게 한다면(Allgemeiner Teil, § 58), 이것은 — 역사적인 동기, 변혁 이후의 최초의 수년의 유명한 어린이 질병인 것은 여하튼 — 확실히 어떤 「진부한 것」은 결코 아니다(Brecht, Die Geschäftsordnung der Reichsministerien, S. 14). 「보고자들, 부국들 그리고 부처들은 서로 도우면서 협동작업해야 할 것이다. 협동작업은 국가를 유용하게 하며, 대립적인 작업은 국가를 해롭게 한다」. 어떤 다른 것은 그것이 다른 관청들의 발언들에 대립하는 한에서 행정권의 순수하게 기술적으로 생각된 「청허의무」(Berücksichtigungspflicht)이다. W. Jellinek, Verwaltungsrecht, S. 37 f.

408) Herrfahrdt, S. 25. 따라서 그러한 한에서는 야코비(Jacobi, Vereinigung der Staatsrechtslehrer, I 130)가 여기서 최고위의 국가기관들의 단지 「도덕」에 근거한 「선한 의사」를 요구하였다면 그것은 정당하지 않다. — 국사재판소 역시 이러한 선한 의사를 법 때문에 요구하지 않으면 안 될 것이다.

409) Poetzsch, Deutsche Juristenzeitung 1925, S. 1545.

않으면 안 된다. 물론 이 기본사상은 최상위 라이히 기관들 상호의 관계(Verhältnis)에 강력하게 타당한데, 그들의 관계들(Beziehungen)은 란트들에서의 최상위 기관들의 관계들이 그렇듯이, 분쟁사례(Konfliktsfall)에서 국사재판소에 의해서 명확하게 되지 않으며, 그리고 그것들은 다른 면에서는 — 주어진 사례에서의 공동작업에서 — 결코 최종적·주권적인 결단을 거부할 수 없다.[410] 이처럼 의무에 적합한, 통합화하는 합의 (Verständigung)는 적절하게 하나의 보조적인 법원의 결정에 의해서 대체할 수 있는가, 즉 그러한 의무에 적합한 통합화하는 합의는 시의에 맞는 법원의 판단에 맡겨질 수 있는가, 이러한 것에 대해서 1924/26년의 하이델베르크와 쾰른의 법조대회(Juristentag) 는 그러한 취지의 결의들에 있어서 크게 신경쓰지 않았다. 그러나 특징적인 것은, 라이히와 란트들이 절실히 필요로 하는 통일화(합의, Einigung)는 바로 보다 심각한 분쟁사례들에서는 국사재판소의 판단을 바라는 것이 아니라 합의(Verständigung)로 흔히 유도할 것이다. 바이마르 헌법 제19조에서 모든 라이히 헌법분쟁을 위한 국사재판권의 원칙적인 관할권이 결여된 것은 입법자의 과실이었는가 또는 입법자의 의도였는가 하는 것은 역사적으로 탐구할 것은 아니며, 헌법해석에 대해서도 본질적인 것은 아니다. 그러나 본질적인 것은 이러한 흠결이 존속하며, 이러한 흠결이 있는 것에서 귀결하는 것은, 조정과 합의 (Ausgleich und Verständigung)를 위한 — 즉 통합하는 공동작용을 위한 — 최고위의 라이히 기관들의 실질법적인 의무의, 보다 고차의 요구, 보다 커다란 의의이다. 라이히 참의원에 대한 라이히 의회 측으로부터의 그때그때 느끼는 이러한 의무의 훼손에는, 이러한 법명제를 충분히 명확하게 조탁하지 못한 국법학의 태만에 책임이 없지 않다. 이러한 의무는 제19조의 전술한 흠결을 채운 것으로도, 없어지지 않으며, 더구나 반대로 국사재판소의 그 어떤 판결에서도 그 관할권의 이러한 새로운 영역에서 그러한 판결에 불가결한 실질법적인 척도기준인 것이 판명될 것이다. 이를 통해서 이러한 의무는 바로 마침내 발견하게 될 것이다. 그러나 이 의무는 동시에 최고 라이히 기관들의 공동작업에서의 효과적인 통합의 유일한 보증인 것을 중지할 것이며, 라이히 실정헌법의 전체에서의 강도(Intensität)와 의의를 상실할 것이다. — 즉 법조대회의 전술한 결의들의 실행은 라이히 실정헌법을 실질법적으로 변경할 것이며, 그리고 법조대회에서 완전히 간과한 제19조의 확장의 이러한 불가피한 실질법적인 의의는 적어도 헌법률제정자 자신에는 그가 이러한 결의들의 관철에 접근했을 때 자각했어야 할 것이다.

동일한 것은 헌법이 그들의 자발성을 계산에 넣은 정치세력들에게는 타당하지 않다. 그리하여 당파들과 회파들은 연립이나 내각의 형성에서 공동작업할 의무를 지지 아니한다. 그들에게는 통합하는 과정들(Vorgänge)을 헌법과 업무질서에 모순되는 형태로는 — 예컨대 방해 등을 통해서 — 교란하지 않는다는 의미에서 단지 소극적인 제한들만이 이끌릴 뿐이다.

---

410) Heller, Souveränität, S. 113 (역서 140면).

*

여기에 있는 문제들의 주요 논점은 의회제 내각과 그 형성의 법에 있다. 바로 바이마르 헌법의 법에 대해서 언제나 새롭게 솟아나는 의문은, 여기서는 본래적인 기본사상은 아직 충분하게 만들어내지 못했다는 것을 증명하고 있다.

문제의 문헌적인 현황은 자주 상술하고 있다.411) 한편으로는 라이히 대통령에 의한 라이히 수상의 선출, 라이히 수상에 의한 또는 내각형성에 따른 전권위원들에 의한 각료 선출과 강령 확정, 새 내각의 수락에 관한 라이히 의회 전원(Reichstagplenum)의 교섭과 결정, 이것들에 대한 자유의 요구가 있으며 — 이들 모두는 라이히 헌법의 문언과 그리고 자유로운 발안과 공개적인 비판과의 생산적인 힘에 대한 신앙에 뒷받침되고 있다. 이에 대해서는 회의(懷疑)가 있다. 이 회의는 공칭 법의 원리 — 이 법원리에 따르면 내각은 「라이히 의회 다수파의 집행위원회」에 불과하다 — 에 의거하거나, 또는 「소재에 내재하는 법칙」에, 즉 정치적으로 불가피하거나 역시 규칙에 적합한 출발점으로서의 연립부인이라는 「정치 현실들」에 의거하는 것이다.412) 끝으로 정당하게 요구된 「실질적 내각형성의 법」413)을 (국가복지라는) — 라이히 대통령이 그의 선출시에 거기에 구속된다는 — 하나의 객관적・내용적인 척도기준에서 찾으려는 시도가 있다.414)

교설에서 설명하는 이 모든 의견들은 변천하는 실천에 의해서 거짓말로서 비난되며, 그리고 그것을 도외시하더라도 공격할 수 있는 것이다. 최초의 의견은 C. 슈미트가 그 행운과 종언을 고전적으로 상술한 하나의 이데올로기에 의거하고 있다.415) 여기서 슈미트의 정신사적인 논증은 그것이 세 가지 중 의심 없이 사상적으로 가장 풍부한 시도에서 그 본래의 기초를 취함으로써 직접적으로 실천적인 의의를 얻는다. 이러한 시도는 또한 다음 사실로도 반박된다. 즉 1923년까지의 초대 라이히 대통령*의 실천은 — 보다 넓은 권역들의 법감정도 이에 대해서는 항의하지 않았을 것인데 — 그 시도의 본래의 기초와는 매우 예리하게 모순된다는 사실 말이다. 반대로 말하면, 연립 부인이라는 기준에 대해서 회의적인 교설은 법학적 교설로서는 평가되지 아니한다. 명백하게 어떠한 국사재판소도 라이히 의회로부터 그[라이히 대통령]에게 제시된 조각 제안에 대해서 다른 조각으로써 답변할, 그러한 라이히 대통령을 헌법침해를 이유로 단죄하지는 못할 것이다. 헤어파르트(Herrfahrdt)*식 해결의 시도는 결국 그 핵심적 개념의 내적 모순에서 좌절한다. 정치적 사안에서는 그 중에 무엇인가 특정한 최적화의 통합작용의 계기가, 즉 여기서는 라이히 의회와 국민을 얻는 것을 고려하는 것이 함께 포함되지 아니한, 물적인 객관성과 초당파성의 어떠한 척도도 존재하지 아니한다.416) 달리 표현한다면, 의회제도는 무엇보

---

411) 예컨대 Herrfahrdt, a. a. O. S. 9 ff. 또한 Glum, Die staatsrechtliche Stellung der Reichsregierung, sowie des Reichskanzlers und des Reichsfinanzministers in der Reichsregierung, bes. S. 13 ff., 29 ff., Giese, Deutsche Juristentag, 1927, 278.

412) 예컨대 E. Kaufmann, Westmark, I 206 ff.

413) Herrfahrdt, S. 54.

414) Herrfahrdt, S. 55 ff. 또한 41, 47.

415) 참조. 특히 Geistesgeschichtliche Lage, ² 6 ff.(역서 78면).

다도 기능적 통합의 체계이며, 따라서 정치의 사물내용(Sachgehalt)에 관하여 말하면 (사람이 민주주의 그 자체에 대해서 부당하게 뒷말을 한 것) 상대주의의 한 체계이며, 「중재재판에 의해서」 확정할 수 있는 객관성의 한 체계는 아니다.

따라서 「실질적인 조각권」이라는 기본사상은 규정된다. 라이히 대통령은 자신이 사물적으로 정당하다고 여기는 정치를 위해서 자신이 해야 할 것(das Seinige)을 수행할 권리와 의무를 가진다. 그러나 이 과제는 동시에 라이히 의회와 국민을 그토록 아주 가능하도록 이 정치를 위해서 획득한다는 다른 과제들로부터 개념적으로는 결코 구별하는 것이 허용되지 아니한다. 통합작용의 이러한 최적 상태는 과제로서 부과된 것이다. 라이히 대통령이 이 최적 상태를 그에게 제시된 연립 내각을 받아들임으로써, 즉 (헌법과 공인된 민주적인 교설의 문자 그대로의 의미에서의) 창조적인 주도와 경쟁적인 비판의 변증법에 의해서, 또는 일정한 인민투표적인 울림을 수반하는 조각 행위에 의해서 달성할 수 있다고 시도하는가의 여부, 이것은 라이히 대통령의 재량에 맡기고 있다. 이 재량의 자유는 내각, 라이히 의회, 국민전체의 공동보조라는 목표를 위해서 모든 것을 수행한다는 의무에 의해서만 제한되고 있다. ― 여기에 라이히 대통령의 국법상의 불법의 가능성들이 있다.[417] 다른 면에서는 라이히 의회는 이 재량의 자유를 이들의 한계에서 승인하며, 그리고 모든 정부형성에 대해서 헌법에 적합한 입장을 거부하는 것을 통하여 인퇴하는 것을 강화한, 1924년 6월의 프랑스의 각 의원(Kammer)의 그것과 같은 태도는 위헌일 것이다.

라이히 헌법이 예정한 형식적인 절차는 다른 방도가 막혔을 때에는 적절할 것이다. 그러나 조각권의 정식화는 프랑스적 모범을 지향하여, 프랑스에서는 불가피한데 독일에서는 결코 필연적이 아닌 정부형성의 방도를 그 헌법에 적합한 기본사상에 따라서 명확하게 특징짓기보다도 오히려 기술적으로 묘사하는데, 다음과 같은 헌법에 적합한 기본사상 앞에서 물러서지 않을 수 없다. 즉 문제는 라이히 의회와 국민과의 신뢰에 의해서 담당된, 그리고 이 신뢰를 얻는 데에 일치한, 그러한 정부(Regierung)이며,[418] 그리고 그러므로 라이히 대통령의 의무에 적합한 재량에 따라서 가장 나아갈 수 있는, 이 목표로 향한 길은 헌법에 가장 적합한 길이라는 헌법에 적합한 기본사상을 앞에 두고 있다는 말이다.

하나의 유사한 해결을 라이히 정부의 조직화의 문제는 요구한다. 보통 기도하는 시도는, 주교구 체계, 관구 체계 그 밖의 체계들이 이 라이히 기관의 형상화에 참여하는 할당(Prozentsätze)을, 헌법의 개별적인 규정들에서 산출하는데, 글룸(Glum)*은 정당하게도 이러한 시도를 배척하였다.[419] 그가 의회에서의 연립 형식에 대한 강제를 문제 해결의 출발점으로서 삼을 때, 그 자신은 고유한 우회로를 걸어 정당한 것을 표현한다.[420]

---

416) 헤어파르트 자신은 아주 정당하게도 내각형성이 국민 전체에서 찾으리라는 기반에 대한 고려의 증대에서 승인되듯이, 이 계기를 보다 강하게 고려하는 것의 필요성을 강조한다(S. 31, 40 f., 43, 48, 56).

417) 여기서 Herrfahrdt, S. 52 ff. 내가 보는 바로는 상당히 관대하다.

418) 그러한 것은 예컨대 Herrfahrdt, S. 58, Satz 1, Wittmayer S. 341.

419) a. a. O. S. 4.

연대 원리(das Solidaritätsprinzip)를 내각법의 핵심적인 사상으로서 요구하는 것은 연립의 기반이 아니며, 바로 거기에서 시작하는, 그러나 나아가 지속하는 통합의 과제이다. 이와 함께 주어진 것은 라이히 수상의 권리들은 과도한 것이 되어서는 안 되며,[421] 대체로 이러한 내각법은 「유연성」이나 「정치적 합의」(politische Kollegialität)라는 의미에서 「법적으로 어렵고 강경한 형식에는 구속되지 않는」[422] 것으로서 이해해야 하는 것, 이러한 것이다. 글룸이 정당하게 시사한 것은, 이른바 「각료 협의」는 ― 여기서는 내각의 정치적 연대가 끊임없이 창출하는 한[423] ― 정부의 본질에 대해서 형식적인 결의 대상을 수반하는 형식적인 그 회의들보다도 훨씬 특징적이다. 거기에는 헌법에 의해서 의사된 그 내각 활동의 중점이 있기 때문이다. 더욱 놀랄만한 비판은, 그가 「관료제의 정신에서 태어나고」, 그러므로 헌법을 개정하는, 그러한 라이히 재정규율의 규정들을 재무장관(과 라이히 수상)을 위해서 비판한 것이다.[424] 여기서 문제인 것은 이러한 특별 규범들이 기여한다는 검소함[재정긴축]이라는 아주 한정된, 본질적으로 기술적인 관심이다. 내각의 정치적으로 생각하는 통상의 질서는 검소에 대한 관심이 특히 타당하다고 하는 한, 사물적으로 고립된 목적을 위해서 행정에 적합하게 생각하는 규제화를 통해서 깨져버린다. 이러한 규제화는 통상은 (관습적으로는) 정치적인 것으로서 다루어야 할 이러한 문제들을 빼앗아버리기 때문이다. 그러한 내각 자신에서의 연대와 내각과 의회와의 연대를 창출하는 데에 기여하는 정상적인 내각법에 하나의 이질물이 삽입된 것이다. 한쪽은 정치적 법이며, 다른 한쪽은 기술적 법이다 ― 양자는 전혀 다른 평면상에 있는데, 정치적인 통합법으로서의 헌법은 본질적으로 결코 변경하지 못한다. 헌법의 기본사상은 정부 내부에서의 유동적인 협조이며, 그리고 라이히 의회와 정부의 유동적인 협조이며, 또한 이것에 머무른다. ― 그때에 누가 주도권을 장악하는가, 어떠한 안건이 이 협조의 대상인가, 특히 또한 어느 범위에서 이를 통하여 소관 각료의 자립성 중에 개입하는가, 이러한 것은 여하튼 말이다. 실정헌법의 개별적인 규정들은 이러한 기본사상에 앞서는 것이 아니라 그것들이 이 기본사상 중에, 그리고 그 아래 질서화 될 때에만 정당하게 이해되는 것이다.

*

하나의 헌법의 법적 특성은 특히 그 최상위의 정치적인 국가기관들의 결합의 특별한 체계에 있다면,[425] 이 특성은 권한목록들을 제시하는 것이나 기관 상호간의 관계들의 형식법학적인 분석으로 파악되지 않는다. 각각의 개별 기관이 헌법의 의사에 따라서

---

420) S. 22.
421) 일반 정책의 문제들을 위해서 수상의 기본방침 독점(제56조)를 라이히 의회에 대한 그 수동적 정당화의 근거로서 설명하는 것은 적어도 대체로 정당하다. Glum S. 23.
422) 헌법위원회에서의 프로이스, Protokolle S. 300.
423) S. 36 f.
424) S. 56 f,
425) Kaufmann, Bismarcks Erbe, S. 9.

법 때문에 가지고 있는 무게가 그 법적 업무상의 관할권에 따라서가 아니라 그 헌법에 적합한 통합 과제에 따라서 한정될 수 있듯이, 기관들 간의 전술한 결합도 또한 넓고 좁은 대리권(Vertretungsvollmachten)의 배분이 아니라 국가적인 통합체계에 대한 여러 가지 종류의 참여권의 배분이다.

이러한 방도에서만 헌법해석의 최초의 과제들 중 하나의 과제는, 즉 그 조직유형 — 그 특수한 국가형태 — 을 확정한다는 과제는 해결할 수 있다.

이러한 문제들은 단지 그러한 일반 국가학의 문제들일 뿐만 아니라 그때그때의 아주 구체적인 국법상의 개별 문제들에 대한 선결문제들이다. 이것을 1924년의 양 라이히 의회의 해산과 결부시킨 해산권에 대한 논구가 보여준다. 이 문제의 가장 면밀하고 매우 결실이 풍부한 연구[426]가 그 선결문제를 명백히 한 것은 단지 다음을 통해서였다. 즉 그 연구는 의회해산의 여러 가지 기능들을 헌법 일반에서의 정치 기관들의 결합에 따라서 가능한 것으로서, 그리고 바이마르 헌법의 단순한 명제들을 보다 많은 이러한 가능성들의 하나의 결합으로서 증명했다는 것을 통해서였다. 「군주에 의한」, 「대신에 의한」, 「대통령에 의한」 해산이라는 구별이 헌법에 적합한 통합체계의 전체에서의 해산의 역할에 일치한 구별에 의해서 대체된다면, 이러한 구별들은 보다 설득력을 가질 것이다. 즉 또 하나의 정치 기관 (더구나 보다 약하거나 보다 강한 기관, 입헌군주제 또는 의회제)에 대한 통일화(Angleichung)의 시도로서의 해산, 즉 의회 그 자체의 작업력과 통합력의 결함을 개선하는 시도로서의 해산, 최종심급적이며 그 어떤 근거들에서 필요하다고 생각된 「실재적인 인민투표」의 도입으로서의 해산, 이러한 것들이 그것이다. 그러나 이러한 해석은 헌법의 통합체계의 특성에서, 즉 바로 그것에 의해서 근거지워진 이러한 국가형태의 개체적인 의미의 특성에서, 개별적 제도의 — 여기서는 해산의 — 특수적인 통합기능에 대한 결론으로서만 가능할 뿐이다.

제3장 국가기능들의 법을 위해서

국가기능들의 법에 대해서는 여기서 얻은 전제들을 근거지움에 있어서 여러 가지 종류와 방향성을 띤 추론들이 귀결한다. 그것들은 너무 다면적이기 때문에 여기서 완전하게 망라하기는 어렵다. 그것은 바로 개별적인 기능을 국가적 기능체계 전체의 특정한 부분에 정돈하는 것에서 나온다. 그리고 적어도 이런 관점 아래서 여기서는 일정한 수의 적용가능성을 시사할 계획이다.

*

사람이 법적 기능들의 체계를 권력분립에서 단절하고 자기완결적이며 자립적인 것으로서 취급한다면, 지배적인 교설에 대한 소재적으로 매우 포괄적인 전위(轉位)가 나타난

---

426) C. Schmitt, Archiv d. öffentl. Rechts, N. F., 8, 162 ff.*

다.427) 이러한 특별한 입장에서 귀결하는 것은 입법자와 재정자에 대해서 그 밖의「본래적인」국가기능들에 대해서 기준이 되는 동기와는 아주 다른, 아주 한정된 의무에 적합한「동기들」이 타당하다는 것만이 아니라,428) 그것들의 기능들은 대체로 전적으로 다른 성격을 가지며,「법이념과 법형식성에 의해서 지배된다」429)는 것, 그리고 그들의 법은 따라서 법생활의 의미관련에서만 이해할 수 있고, 이 법생활은 본래적인 국가생활과 함께 결코 집중적으로 배치되지 않는다는 것이다.

*

여기서 귀결하는 첫 번째 집단은 법의 형성과 법원(法源)이 관계된다.

첫째로 국가적인 법정립의 내용이란 문제들의 영역에서, 이제 일단 불가결한「실질적」법률개념은 이러한 관련에서만 얻을 수 있다. 그것은 일정한 시대에 대해서 국가적인 법정립으로 객관적인 법을 실정화함에 있어서 본질적이고 특징적인 것을 특징짓는다.430) 그렇게 설명하는 것은, 개념의 변화하는 내용(예컨대 합리주의적 [일반성의 기준], 개인주의적 [자유와 소유], 형식주의적 [해넬], 자유권적 등등으로)인데 대해서, 이 내용을 규정하는 것의 잘 알려진 어려움이 대응한다.

다음에 국가법의 타당한 전제들이라는 문제 권역에서, 규범들이 저촉하는 법이 이러한 관련 속에 들어간다.431) 여하튼 바로 진정한 국법은 국가적인 법을 정립하는 형식들과 여러 가지 그것에 관여하는 기관들의 관계를 규제화한다. 이에 대해서「라이히법은 란트법을 깨트린다」(바이마르 헌법 제13조)라는 명제는 사람이 이를 다음과 같이 이해한다면, 오해할 것이다. 즉 이 명제는 사람이 이를 국법상의 명제로서,432) 따라서 특히 입법의 영역에서 란트들에 대해서 라이히가 우위에 있다는 것을 표현하는 것으로서433) 이해한다면, 오해할 것이다. 이러한 해석은 켈젠(Kelsen)이 단적으로 제시했듯이,434) 완전히 관철할 수는 없는 것이다. 라이히 법률은 입법을 위한 라이히 관할권 때문에 타당한 것이라면, 그 때에 이 명제는 필요 없게 된다. ― 또는 그렇지 않고 라이히는 어떠한 입법권한도 가지지 않으며, 이 사례를 위해서도 또한 권한의 확장으로, 즉 헌법개정의 요구들을 충족함으로써 이 입법권한을 근거짓는 것이 아니라면, 그 때에 이 위법한

---

427) 상술 S. 98 ff.(본서 721면 이하) 참조.

428) 그리하여 R. Grau, Die Diktaturgewalt des Reichspräsidenten und der Landesregierungen, S. 97 ff.

429) C. Schmitt, Vereinigung der Staatsrechtslehrer I 101 또한 96 ff.

430) 상술 S. 100 f.(본서 723면 이하) 참조.

431) 정당한 것은 v. Marschall S. 125.

432) 그리하여 명민한 논문은 Doehl, Archiv d. öffentl. Rechts, N. F. 12, 37 ff. 이 논문은 그 명제를 명백하게「란트법은 보통법*을 깨트린다」("Landrecht bricht gemeines Recht")는 명제와 대립하여 규범충돌이란 명제의 하나로서가 아니라 국가들의 승계(Staatensukzession)의 하나로서 이해한다(S. 121).

433) Haenel I 249.

434) Allgemeine Staatslehre S. 221.

라이히 법률을 그것으로도 역시 타당케 하는 것은 확실히 이 명제가 의도하는 바는
아니다. 따라서 이 명제는 하나의 저촉규범이다. 북독일 연방 헌법 제2조*는 연방영역을
하나의 통일적인 법의 영역으로서, 즉 그 법을 하나의 통일적인 — 연방법과 란트법으로
나누고 있을지라도 — 체계로서 선언하였다. 그 이념적·체계적인 통일성은 실천적으로,
특히 이러한 (당시의 교통, 경제, 법의 필요에 의해서 요구된) 규칙의 적용으로 실현하게
되었다. 이 명제의 국법적인 해석은 1867년 이래 헌법들에 의해서 근거지워진 독일
법질서의 이러한 내재적 성격을 라이히와 란트들의 일정한 국법적 관계에서 무너지게
하고 있다. — 특징적인 것은 이러한 해석을 매우 주의 깊게 관철하는 데에는 법률과
지배의사를,435) 타당과 권력에 의한 사실적인 종속 확보를,436) 이들[양자]을 — 법이론적
으로는 불가능할지라도 — 지속적으로 등치하면서 작업해야 한다는 것이다. 양 해석이
완전히 다른 평면에 있다는 것은 강조할 필요가 없다.437) 그것들이 여러 가지의 성과들로
인도하는 것은 제13조의 기본명제에 결부된 문제들의 충만함에 비추어보면 명확하게
된다.438)

유사한 것은 예컨대 입법자의 대리권한들(Delegationsbefugnisse)이라는 문제에 대해
서 말한다. 여하튼 문제는 제13조의 문제가 그렇듯이, 오로지 한쪽이나 다른 한 쪽의
영역에만 있지는 않을 것이다. 그러나 여하튼 논의는 양자 중 어떤 것에서 그 논의가
그때그때 움직이는지, 그리고 특히 양자 중 어디에 그 중점을 두어야 하는지, 이러한
것에 대해서 항상 명확해야 한다는 의미에서 말이다.439)

두 번째 집단의 작용사례는 법적용의 영역에 있다.

물론 여기에는 맨 먼저 법관의 심사권(das richterliche Prüfungsrecht)의 문제가 있다.
이 문제는 그것들에 대해서 모든 생각할 수 있는 논의가 매우 자주 타당하게 되며,
그리고 매우 자주 반박되며, 그 결과 「논리」의 영역에서 「의사」의 영역에로의 토마
(Thoma)의 회의론적 후퇴440)가 최후의 도피길처럼 보이는, 그러한 문제들에 속한다.
그럼에도 불구하고 하나의 계기는 여전히 충분하게 해명되지 못했다. 즉 그 문제는
국법의 문제인가, 아니면 법기능체계의 문제인가, 그리고 어느 범위에서 그러한가 하는
선결문제이다. 이 선결문제는 일반적으로 말하면, 로마니스트적 외국[대륙법권]에 대해서
권력들의 국법상의 공동질서의 문제이며, 앵글로색슨적 외국에 대해서는 반드시 그러한
문제는 아니다. — 독일에 대해서 그 문제는 형식주의적인, 즉 실제로는 국가주의적인
취급에서 규칙적으로 국법의 문제,441) 즉 물적으로, 특히 국가적인 의사표명의 기술적

---

435) Doehl, a. a. O. S. 39, 41.
436) S. 110.
437) 많은 사람들 대신에 Triepel, Völkerrecht und Landesrecht, S. 156 ff.
438) Doehl passim.에서.
439) 푀취(Poetzsch)는 밤베르크(Bamberg)에서의 설명에서 관점들의 양 집단을 여하튼 트리펠(Triepel,
     das. S. 20 ff., bes. 23 ff.)보다도 예리하게 구별하였다(Verhandlungen des 32. Deutschen
     Juristentages, S. 37 ff.).
440) Archiv d. öffentl. Rechts, N. F., 4, 272.

정치적으로 최고도의 폐쇄성(Geschlossenheit)이 지목된, 국법의 문제로 되는데, 이에 대해서 이전에 지배적이었던 취급에서는 형식적인 법적 안정성과 물적인 법의 정당성을 형량하기 위한 법적 기능체계의 문제로서 말이다. 양 논의의 어느 것도 제외되어서는 안 되는데, 그러나 문제의 논구의 최초의 과제는 한쪽이나 다른 한 쪽의 우선순위에 대한 결정이다. 실정헌법적인 측면을 후퇴시키고, 관할권의 측면과 법-정치적인 측면을 전면에 내세운 것은 토마의 공적이다.[442] ― 다만, 그에 의해서 경계지어진 영역에는 우리들의 법생활이란 기능들의 법적인 (국법적이 아닌) 공동질서의 정신적 및 기술적인 특성에서 법학적인 (형식「논리」적도 아니며 「의사」에 적합한 것도 아닌) 추론으로서 법관의 심사권을 위해서 무엇을 얻어야 하는가 하는 문제의 하나의 포괄적 연구의 여지가 있을 것이다.[443]

여전히 더욱 자명한 것은, 예외법원의 금지(라이히 헌법 제105조)*가 이러한 관련에 속한다는 것이다. 여기서는 「자유주의적・입헌주의적인 사상의 경과들」[444]에서 나오는 개념의 유래에 결부하여, 전적으로 지배적인 의견은 예외법원이라는 개념을 위한 특정한 형식적인 규준들을 얻는데,[445] 그러나 이들 규준은 그때에 현저하게 적용시에 기능부전이 되며, 사물적인 척도기준들에로 소급하지 않을 수 없다. 여하튼 ― 평등의 기본권에서처럼 ―「편향적이 아니며 자의적이 아닌」[446]이라는 척도기준의 소극적인 이해들(소극적인 파악 방법)로 향한 경향 아래 말이다. 그러나 이 특별한 사례에서 적극적인 척도기준은 ― 여하튼 정식화에서는 ― 제109조*의 일반적인 사례에서보다도 더 쉽게 얻을 수 있다. 법원조직법은 법적 가치라는 규제적인 원리 아래 있는데, 이 법적 가치는 여기서 기술적인 행정가치와, 특히 통합가치에 대해서, 특히 예리하게 대립할 수 있으며, 그리고 예외법원들의 설치나 형성은 법적 가치에서가 아니라 정치적 가치에 봉사하도록 규정하는 것이다.[447]

*

---

441) 예컨대 F. Schack, Die Prüfung der Rechtsmäßigkeit von Gesetz und Verordnung, 1918, S. 121. 국가에서의 최고권력으로서의 입법의 지위에 비추어 본다면, 「법원들이 음미하는 것이 허용된다...」고 서술하는 것은 난센스다. 마찬가지로 최신의 취급(Morstein Marx, Variationen über die richterliche Zuständigkeit zur Prüfung der Rechtsmäßigkeit des Gesetzes (1927), S. 34 ff., 47도 그렇다. 이에 대해서 예컨대 Gierke in Schmollers Jahrb. 1883, 1187 참조.

442) a. a. O. S. 273, 275.

443) 그러므로 나였다면 골드슈미트(J. Goldschmidt)의 헌법적합성에 비추어 판사가 법률들을 음미한다는 문제와, 양속(guten Sitte)의 합치에 비추어 본다는 문제 간의 「원칙적」 구별(Juristische Wochenschrift 1924, 247)을 여하튼 다음의 경우에는 배척할 것이다. 즉 그것으로써 한쪽이 국법적인 법원(法源)의 문제 내지 법적용문제로서, 다른 한쪽이 통상의 그것으로서 특징지었어야 한다는 경우말이다.

444) E. Kern, Der gesetzliche Richter, 1927, S. 152.

445) 예컨대 Kern, a. a. O. S. 231 f.

446) 예컨대 Kern, S. 342, 그 이전의 라이프홀츠(Leibholz, Die Gleichheit vor dem Gesetz, S. 107)와 마찬가지로. 유사한 것은 E. R. Huber, Die Garantie der kirchlichen Vermögensrechte in der Weimarer Verfassung, S. 7, 94.

447) 참조. 상술 S. 83(본서 710면)의 예시들.

여기서 주장하는 견해는 한편으로는 헌법의 고유한 정치체계로부터 법생활의 특수한 기능들을 사고상으로 단절하는 것을 요구하며, 그리고 이것으로부터 이러한 기능들의 법을 위해서 모든 추론들을 이끌어낸다. 그리하여 이 견해는 다른 면에서 이러한 정치체계의 영역 그 자체를 위해서 그 특수한 의미를 상당히 강조할 것을 요구한다.

이것은 본래의 「정치적」 기능들이라는 매우 좁은 단면에 대해서, 특히 이러한 의미에서의 「통치」(Regierung)에 대해서는 자명하다. 여기서 「정치적」 안건들과 그 밖의 안건들은, 한쪽에서의 정치 기관들로서의 중앙관청들의 활동과, 다른 한 쪽에서의 기술적인 행정의 정상으로서의 중앙관청의 활동 간의 경계는,[448] 아마 특히 한쪽에서의 「외부 국가들과의 관계들의 배려」와 다른 한쪽에서의 란트들의 입법권한이라는 사안에서의 단순한 계약체결(라이히 헌법 제78조)* 간의 경계는 — 여기서는 여하튼 매우 경합적인데 — 다만 여기서 전개한 「정치적인 것」[449]의 매우 한정된 개념을 기초에 둠으로써만 얻을 수 있을 뿐이다.

그것은 나아가 모든 본래의 국법상 제도들의 법적인 내용을 명시하는 데에도 타당하다. 그리하여 예컨대 헨젤(A. Hensel)*에 의한 「연방국가의 재정균형」이라는 강력하게 기술적으로 조심스런 서술로써는 바로 그러므로 문제의 특수국법적인 내용은 고갈되지 않으며, 그리고 트리펠(Triepel)의 「라이히 감독」에 대한 이론(異論)을 사람은 아마도 다음에서 도출할 것이다. 즉 그 라이히 감독권은 이 라이히 기능과 개별국가의 영향권이라는 대립하는 구성요인들과의, 헌법에 의해서 의사된 고유한 결합(Verbindung)을 의식적으로 배척하거나 또는 비판한다 — 여하튼 전체를 라이히 헌법의 의견이 그러했으리라기 보다는 기술적으로 적게 보는 — 는 것에서 말이다. 이러한 것에 의회의 법, 입법절차의 규제화, 업무질서, 이들의 통합하는 의미를 오해하는 것은 속한다. 레들리히(J. Redlich)*의 대저에서 매우 인상 깊게 전개한 이러한 변증법적인 구조물은, 바로 이 변증법으로써 사태에 적합한 결정들의 달성만을 지향하는 것이 아니라, 의회 그 자체에서, 그리고 특히 국민전체에서의 기능적 통합작용을 적어도 같은 정도로 지향하며, 그리고 이러한 의미에서 이해할 수 있고 또 해석할 수 있다.[450] 거기에 속하는 것은 의회에 의한 예산가결인데, 이는 헤켈(J. Heckel)*이 정당하게도 통합과정으로서 특징짓고, 그리고 정부강령의 제시와 비판으로써 하나의 계열로 밀어넣은 것이다.[451] 여기서 「법률」 또는 「행정행위」라는 종래의 양자택일로써는 변통하지 못하는 것을 이 영역에서의 모든 법적 문제가 보여준다. — 정부의 바람에 반대하는 의회에 의한 세출인가의 의무화작용이라는 법적 문제이거나 또는 다른 모든 임의의 그것이든 — 제도의 이러한 의미가 출발점으로 될 때, 마침내 비로소 정당한 해결이 기대될 수 있을 것이다.[452]

---

448) 라이히 정부의 업무질서에서의 구별을 참조. 또한 1924년 11월 14일의 라이히 법원의 판결도 아마 그렇게 생각한다. Jur. Wochenschr. 1925, 482 l. 나아가 Lammers, Jur. Wochenschr. 1924, 1479. 그리고 Kahl-Festschrift III 13 ff.의 사례들.

449) 상술 S. 133(본서 747면) 참조.

450) 따라서 예컨대 Thoma, a. a. O. S. 267, Anm. 1에서의 실정헌법의 이 부분의 「형식적인 그것」(즉 단순한 절차의, 기술적인, 자기목적 없는) 법으로서의 성격부여는 정당하지 않다.

451) Archiv d. öffentl. Rechts, N. F., 12, 438 f., 443 f.

＊

끝으로 이러한 관련들에 올바르게 정돈하는 것은 라이히 헌법 제48조의 독재권 문제를
최종적으로 명확하게 하기 위한 전제이다. 이러한 기본적 문제를 분명히 전면에 내세운
것은 1924년의 국법학자대회＊에서 지배적인 교설을 공격한 커다란 공적이다. 부분적으로
정상적인 헌법생활을 지배하는 세 가지의 가치에 병행하여, 그리고 부분적으로는 이들
대신에 「독일 라이히에서의 공공의 안전과 질서」(제48조 제2항)라는 독재전권을 적용함에
있어서, 내가 위에서453) 외면적인 현실에의 통합가치의 투영으로서 정의하려고 시도한,
여하튼 통합가치의 변용인, 그러한 하나의 국법상의 개념454)이 등장한다. 그리고 정상적
인 기능들 대신에 독재의 「조치들」, 즉 기술적으로 이해해야 할 행위들(Akte)이 등장한다.
이 행위들은 그런 한에서 통합하는 기능들의 영역과는 대립적이며, 또한 통상의 의미에서
의 어떠한 법설정[입법]이나 사법도 아니라고 한다.455) 독재권의 세 번째의 기초로서,
끝으로 ― 여기서는 특히 카를 슈미트와 대립하여456) ― 그 궁극적인 의미에서 통합하고
본질을 규정하는 것이 아니라 하나의 긴급원조의 방법으로 외면적인 질서를 창출하는,
그러한 기술적인 성격이 설정될 수 있다.457) 독재권의 이처럼 규정된 특수법적인 특성에
서 그 개별적인 규범들의 해석이 귀결하는데, 다른 한편으로는 그 독재권의 개별적
형식적인 계기들에로의 해소,458) 그리고 제48조와 그 속에서 지명되거나 지명되지
않은 기본권들의 그처럼 면밀한 해석이, 사물적으로 충분하게 지향성을 안정시키지
못하는 형식법학의 모든 위험을 감행하게 된다.

＊

법 때문에 존속하는 국가기능들의 실질적인 집단화를 그처럼 명백하게 하는 것만이
마침내 국법상의 형식남용의 문제를 관련시켜 다루기 위한 전제들을 제공한다.
입법을 위해서 형식주의적 국법학은 다른 기능들에 대한 그러한 종류의 경계를 근거지
을 수는 없다. 형식주의적 국법학은 입법자가 경찰처분을 발포하고, 공용수용을 기도하고,

---

452) 정치적인 예산권과 기술적인 예산권 간의 구별의 필요한 심화에 대해서는 상술한 S. 44 und Anm.
   3도 참조.
453) S. 103.
454) C. Schmitt, Veröffentlichungen der Vereinigung der deutschen Staatsrechtslehrer, I 92. 법관의,
   행정기관의 그리고 입법자의 이러한 독재법상의 「계기들」의 특별한 지위는 Grau, Diktaturgewalt,
   S. 103에서 이 국법적 성격을 뚜렷하게 나타내지 못하고 있다.
455) C. Schmitt, a. a. O. I 101, Unabhängigkeit der Richter usw. S. 13 f. 「조치들」의 기술적, 행정적합적인
   본성을 ― 물론 너무나 행정적인데 ― 부각시키는 것 중에는 동시에 C. 슈미트(Vereinigung S. 92,
   Anm.)에 의해서 비난된 그라우(Grau)의 저작의 특성의 공적이 있다.
456) 이에 관하여는 상술 S. 104.
457) 이것은 핸첼(Häntzschel, Zeitschr. f. öff. Recht, 5, 218 f.)에 의해서 형식주의적으로 예외규칙
   (Ausnahmeregel)과 그 기초를 통해서 제한된 전권(Vollmacht)의 범주들로써 근거지워진 독재권의
   한계들의 물적인 의미이다.
458) 예컨대 특별법상의 조직과 권한의 할당. Nawiasky, Arch. d. öff. Rechts, N. F., 9, 47.

민사소송을 결정하더라도 그것에 어떤 위화감도 품지 아니한다. 이러한 입장에 대해서 정당하게도 행한 비판459)은 그것에 대해서 그들의 상호관계에서 국가기능들의 실질적인 의미로부터의 도출을 필요로 한다. 동일한 것은 독재권력에 대해서도 말한다. 여기서 지배적인 교설은 확실히 제한들(Schranken)을 이끌어내는 것을 배척하지 않았는데, 그러나 그 제한을 제도라는 물적인 핵심적 사고 ― 이것들로부터만 다른 국가권력들과의 그 관계(Relation)는 추론할 수 있는데 ― 위에서가 아니라 형식주의적인 구성들과 언어해석 위에서만 근거지을 뿐이다.460)

그러나 형식의 남용은 또한 다음의 점에도 있을 수 있다. 즉 입법이나 독재권력은 그들 고유의 한계를 유월하는 것이 아니라 하나의 다른 기능에 한계를 유월케 한다는 점에 있을 수 있다.461) 이 문제 역시 여기서 시사한 종류의 기초 없이는 존재하지 않거나 해결불능한 것 중의 하나이다.

더구나 사법과 행정과 같은 의존적인 기능들에 이끌린 제한들(Schranken)은 그것들의 적법성이라는 법률과, 그 밖의 형식적 유보조항들(formale Kautelen)에 대한 그들의 형식적인 구속(Bindung)으로써는 충분하게 특징짓지 못한다. 법의 기능체계들의 변증법적인 통일성을 ― 그 체계의 형식적으로 매우 예리하게 차별화함에도 불구하고 ― 인식하는,462) 그러한 하나의 실질적인 기능론은 E. 카우프만이 마침내 이를 성공적으로 기도했듯이, 여기에 그럼에도 불구하고 입법과 사법 간에 존속하는 최종적인 사물적인 한계를 제시하는, 그러한 필요성과 가능성을 가지고 있다.463) 이에 상응하는 것은 행정에 대해서도 타당한데, 다만 여기서는 정치권력과의 관계가 복잡한 형태로 부가된다. 여하튼 여기서 문제의 실천적 의의는 행정의 의존성 때문에 본질적으로는 보다 적은 것이다.

제4장 헌법들의 통합화하는 사물내용 ― 특히 기본권

국가는, 즉 국가생활은 국가적 현실태의 한 측면으로서의 물적 통합 때문에 사물내용 (ein sachlicher Gehalt)을 통해서도 현실적(wirklich)이다. 이 사물내용은 국가에게 부과되었으며, 그리고 내용과 위엄이 부여되는데, 바로 그것을 통해서 국가국민(das Staatsvolk)을 언제나 새롭게 통일체로 통합하며, 그리고 그것(이 사물내용) 자신, 국가생활에서 끊임없이 경신되며, 전진적으로 형성된다. ― 이러한 사물내용의 문제는 여하튼 이러한 파악방법에서는 지금까지 국가이론과 헌법이론의 대상은 아니었다.464) 이에 대해서 거기로부터 실정법상의 추론들은 특히 바이마르 헌법의 기본권들의 해석을 위해서,

---

459) C. Schmitt, Unabhängigkeit der Richter usw., S. 10 f., 13 f., 16 ff.

460) C. Schmitt, Vereinigung der Staatsrechtslehrer, I 95 ff.

461) 하나의 예시는 C. Schmitt, Schmollers Jahrbuch, 48, 2, S. 778에서.

462) 상술 S. 98 f.(본서 721면 이하) 참조.

463) Veröffentlichungen der Vereinigung der deutschen Staatsrechtslehrer, III 20 f.: 입법자에 대한 「척도가 되는 정의원리들의 선택」과 법기술적인 형식들과 규범들의 창조」라는 유보.

464) 참조. 상술 S. 45 ff., 107 ff.(본서 681면 이하, 728면 이하)

이미 자주 적어도 개별적인 방향성에서 여하튼 대체로 국가이론적인 근거지움보다도
오히려 법이론적인 근거지움으로써 전개되고 있다.465) 나는 다음에 나의 논의를 본질적
으로 이 대상에 대해서 나 자신이 지금까지 상설한 것에 연결한다.

이 통합하는 내용은 우선 바이마르 헌법의 입구에서 전문, 국가형태의 규범화, 영역,
[국기] 색채를 통해서, 즉 주로 상징들을 통해서 특징짓는다면, 그 경우 이러한 헌법
부분의 의의에 대한 지배적인 해석은 정당하지 않다. 특히 (라이히 국기색에 대한) 제3조*는
그 법적 의의에서 다음의 것으로써는 고갈되지 아니한다.* 즉 거기[제3조]에는 행정명령의
의무가, 상선에 대해서는 법규명령의 의무가 발견되는 것,466) — 색채에는 「장식적 · 의식
적인 의의뿐만 아니라 일정한 법적 의무도」 인정되는데, 그러나 상선기에는 국기에
대해서 특히 「고양된 법적인 의의」가 인정되는 것467) 말이다. 이에 따라 본다면 이
공화국보호법*은 이 관계에서 색채의 형사보호에서뿐만 아니라, 특히 그것에 갑자기
색채에 첨가하였을 고양된 의의에서도 하나의 쇄신일 것이다. 물론 이러한 것은 문제가
되지 아니한다. 바로 지배적인 법개념의 개인주의적인 일면성은 모든 종류의 정당화
된 것과 의무지워진 것 간의 의사영역들의 직접적인 경계지움에서만, 즉 사법과 공법에서
만 법명제들(Rechtssätze)을 볼 뿐인데 이것을 넘어서 그 이외의 법적 내용(Rechtsgehalt)
을 간과하고 있다.

라이히의 색채를 확정한다는 것은 하나의 아주 한정된 의미를, 즉 국가의 내외로
향하여 종래의 체계에 대한 엄숙한 거부의 의미와, 그리고 하나의 「새로운 정치 원리」468)에
대한 신앙고백의 의미를 가진 것, 그리고 그것은 법적 내용(Rechtsinhalt)으로서의 이러한
의미를 매우 높은 서열의 하나의 법명제(Rechtssatz)로서 가지고 있으며, 공화국보호법은
이 법명제에 이 서열을 매길 필요는 없으며 형법상의 위하를 첨가하는 것만으로 좋은
것 — 이것들에 대해서 법률가가 아닌 독자는 의문을 품지 않을 것이다. 여하튼 법률가에게
는 이런저런 명명된 헌법의 도입부 명제들을 정당하게 평가하는 것은 반드시 쉬운 일이
아니다 — 왜냐하면 그 명제들은 실제로 그 밖의 법질서에서는 그것들과 동일한 것을
가지고 있지 않기 때문이다.469)

사람은 우선 그리고 특히 제3조에서 한 국가의 엄숙한 확정이 일정한 정치적 노선,
태도, 격률들에 주는 주지의 효과를 생각할 수 있을 것이다. 이 국가는 이것을 통해서

---

465) E. Kaufmann, Die Gleichheit vor dem Gesetz im Sinne des Art. 109 der Reichsverfassung,
Veröffentlichungen der Vereinigung der deutschen Staatsrechtslehrer, III 2 ff., Holstein,
Elternrecht, Reichsverfassung und Schulverwaltungssystem, Arch. d. öffentl. Rechts, N. F.
12, 187 ff., bes. 199 ff., Smend, Das Recht der freien Meinungsäußerung (Mitbericht),
Veröffentlichungen (wie oben), IV 44 ff.

466) Anschütz, Kommentar zu Art. 3.*

467) 기이제(Giese)의 라이히 헌법에 관한 그의 보다 낡은 판들, 여전히 프로이센 헌법 (1926) 제1조에
대한 제 2판에서도.

468) v. Marschall, Kampf des Rechts, S. 25, Anm. 88.

469) 모든 법명제가 일정한 규범적 구조를 가질 필요는 없다는 것에 대해서는, Hold-Ferneck, Der Staat
als Übermensch, S. 33.

그 자신의 본질을 규정하며, 비록 그것이 그것으로써 어떠한 법적인 구속도 자신을 이끌지 못할지라도 본질에 적합하게 확정된다. 예컨대 그러한 종류의 외교적 행위들의 잘 알려진 효과가 그것이다.

그러나 여기서는 이러한 법명제들은 하나의 법률의 — 그 나라의 최상위의 법률의 — 관련에서, 그리고 그 매우 뚜렷한 곳에 있다. 따라서 이러한 법명제 그 자체는 명백하게 이 법률의 일부로서 국민적 법질서의 특히 중요한 한 단편으로서 자격이 주어진다. 그러나 그것들은 그것이 개별적인 권한들, 기술적인 개별규제들을 포함하는 한 이러한 단편은 아니며, 또한 그것들이 국가기능들을 위한 장소적인 권한규범인 한에서도, 이러한 단편은 아니다(왜냐하면 그것들은 영방적인 경계들[die territorialen Grenzen]을 역시 구성하지 않기 때문이다). 그 대신에 그것들[법명제들]이 수행해야 할 것은 다른 방향에 있다. 하나는, 그것들은 여러 가지 측면에서 그것들이 그 헌법을 도입하는 국가의 영토적이며 정치·내용적인 구체성을 특징짓고, 그리고 그와 함께 다른 법률들처럼 무한정하게 많은 사례들의 추상적인 규범이 아니라, 이 하나의 사례의 개체적 규범이라는 헌법의 특성을 표현한다. 나아가 그것들은 이 개체적인 법률이 타당하다는 것을 여전히 반복하며, 이 법률이 담당하고 정당화하는 일정한 — 여기서 간결하게 정식화되고, 특히 상징화된 — 내용에 연결한다. 바이마르 헌법 제1조와 제3조는 그 실정성에, 아주 한정된 정당성의 수정을 부여한다. 끝으로 그것들은 국가의 정당성유형을 확정하는 것으로서 국가생활 속에서 작용하며, 국가의 법의 정신을 위한 해석규칙들로서, 특히 입법자의 구속 아래 타당하려고 한다. 그것들은 거기에서 독일 국민이 통일하게 되며, 헌법의 취지에 따라서 매우 용이하게 통일할 수 있는, 그러한 징표를 세운다. — 사물통합 (Sachintegration)과 특수한 정당성 간의 관련은 여기서 특히 명백하다. 그리고 이러한 사물들(Dinge)의 가치를 헌법의 형식적인 기관질서와 기능질서들을 위해서 폄하하는 형식 법학은 헌법에 의해서 의사된 중점배치를 바로 뒤집는 것이다.[470]

*

국가형태와 색채가 상징화하는 것을 기본권들은 그들의 부분들에서 정식화하려고 시도한다. 여하튼 헌법 내용의 이러한 의의 역시 지배적인 국가학에 의해서 거부된다. 지배적인 의견은 기본권들 속에 적어도 하나의 현저한 부분 속에, 그리고 바로 그것들의

---

470) 헌법이 인정하고 그 자신을 뒷받침하는 기초로서 얻으려고 추구하는 정당성의 원천들은, 국제법(제4조)과 자기규정(제2조), 양친의 권리(제120조, 146조), 그리고 직능신분적 협동(제165조)과 기타이다. 그 모든 것들은 라이히 헌법의 정당성유형을, 즉 이러한 법의 타당자격을 함께 규정한다. 이러한 법은 정신적 현실태로서 자격들을 매우 잘 받아들일 수 있으며, 이러한 자격들은 타당한가 타당하지 아니한가 하는 양자택일을 넘어서 해야 하는데, 그러나 그럼에도 불구하고 이러한 법의 법학적 처리의 하나의 대상이어야 한다. 이렇게 볼 때 이러한 명제들의 의미 그 자체는 완전히 이해할 수 있게 된다. 그것들은 그 자신 실정법을 규범화하려는 것이 아니라 다른 형태로 타당한 것을 자격있게 하려고 하며, 그리고 정당화하려고 한다.
특히 기본권들의 정당화작용에 대해서는 후술 S. 164 f.(본서 770면 이하).

고전적·전승적인 존속(tralatizischer Bestand) 속에, 특히 행정의 적법성이라는 그렇지 않아도 자명한 기본명제의 특수화들을 발견한다.471) 이러한 기본명제의 특수화들로서 그것들[기본권]은 특수한 행정법인 것이다. 그리하여 그것들은 그것들이 다른 모습으로 존속하는 법률적인 법적 상태의 변경으로서 가지고 있는 의의에 비추어 면밀하게 탐구된다. ― 이러한 탐구에서 모든 「단지 강령적인 것」, 즉 의심 없이 기술적인 특별법이 아닌 것은 모두 배제된다. 이러한 탐구의 성과는, 그의 높은 지위에도 불구하고, 그로부터 의도적이거나 의도하지 않은 수정된 특별입법보다도 기술적으로는 훨씬 졸렬하게 작업한, 그러한 헌법률제정자에 대한 유일하게 커다란 비난이다. 수많은 불명료함과 어려움이 생기는데, 이것들에 대해서 기본권상의 자유들은 특별권력관계와 의무관계와 어떠한 관계에 있는가, 특히 그것들은 관리들에 의해서 요구될 수 있는가의 여부, 그리고 어떤 범위에서인가 하는 문제만이 상기될 뿐일 것이다.

이 어려움은 다음에서 간단히 설명된다. 즉 기본권들은 바로 행정법, 특별경찰법, 사법 등등이 아니라 실정헌법이기 때문이다. 즉 기본권은 결코 기술적인 특별법을 위한 어떤 개정 법규도 아니며, 그러므로 그것들은 그 자체 우선 첫째로 기술적으로는 이해되지 않는다.472) 그것들은 그 대상을 개별적·기술적인 법의 영역이란 관점에서 규칙짓는 것이 아니라 실정헌법이란 법영역(Rechtsgebiet)에서 규칙짓는다. 그것들이 하나의 특수 법률상의 규범을 문자 그대로 인수할 때조차, 그것들은 거기에 따라서 다른 의미를 부여하는 것이다.473) 그러므로 적어도 부분적으로 기본권들은 기술적인 관점에서 매우 성가시고, 무관심한 것이다. ― 예컨대 그것들의 신속하거나 또는 시행입법에 의존하는 타당요구의 ― 그것들을 적용하는 기술적 측면을 위해서 근거를 부여하는, 그리고 자주 라이히 법원의 단정(Machtspruch)으로만 해결할 수 있는 ― 문제에서 말이다.

이러한 ― 종래의 지배적인 견해에 대립하여 ― 기본권들을 위해서 요구되는 특수한 국법적 성격은 그것들의 소재적인 내용의 새로운 해석과 그것들의 형식적인 타당성의 의미의 새로운 성격화를 요구한다.

그러한 기본권의 소재적인 의미는 기술적인 특수입법의 성격을 가질 수 없다. 이미 거기에서 귀결하는 것은, 그것들이 주로 동일한 대상에 타당하는 기술적인 특별법률과의 관계를 전혀 고려하지 않으며, 그리고 이를 통해서 이러한 관계에서의 수많은, 대부분 거의 해결하지 못하는 의심스러운 문제로 인도한다는 것이다. 그러나 그것들이 특별입법과 아무런 명백한 관계도 없다는 것은, 그것들이 서로, 그리고 실정헌법의 전체와 적극적으로 관계된다는 것의 이면에 불과하다. 이미 그것들의 텍스트 표현이 다음을 시사한다. 즉 그것들은 크게 강조해서 그들이 신봉하는 하나의 물적인 문화영역(ein sachliches Kulturgebiet)474)을 미리 설정하거나, 또는 그렇지 않으면 명제마다 시작하도록 한다.

---

471) 예컨대 Anschütz, Kommentar, 3/4, S. 301.

472) 이것은 오래 전에 다른 법학 부문의 대표자들에게서 엄격하게 기술적인 입법에 익숙하게 이해하고 있었던 것이다. 특히 정확한 것은 M. Wolff, Kahl-Festschrift, IV 6, Anm. 2.

473) M. Wolff, a. a. O.

「모든 독일인은 ...」,「각각의 독일인은 ... 」등등이 그것이다.[475] 그 중에는 두 계기가 의문 없이 표현되고 있으며, 그것들 속에는 기본권목록의 내용적인 의미가 존재한다. 그 내용적 의미는 일련의 물적인 하나의 일정한 폐쇄성을 가치체계(Wertsystem)나 재의 체계(Gütersystem), 문화체계(Kultursystem)*를 규범화하려고 하며, 그리고 이 체계를 국민적 체계(nationales System)로서, 즉 보다 일반적인 가치를 국민적으로 실정화하는, 바로 그러한 독일인들의 체계로서 규범화하며, 그러나 바로 이를 통하여 이 국가국민의 귀속자들에게 그 무엇, 즉 하나의 실질적인 지위를 부여하는데, 이러한 지위를 통해서 그들은 사물적으로 서로, 그리고 다른 국민들에 대해서 하나의 국민(Volk)이 된다는 것이다. 문화체계와 국민통합이라는 이러한 이중의 의미는 기본권들의 적극적인 지향이 며, 이 적극적인 지향에 기술적인 특별법에로의 ─ 법기술적으로 다양하게 그처럼 좋지 않은 ─ 기본권들의 소극적인 지향은 근거하고 있다.[476] 그러나 이처럼 소극적인 지향은 고립이 허용되지 않으며, 또한 이 헌법 부분의 상대적인 몰가치성을 위한 논의는 허용되지 않을 뿐만 아니라, 거기로부터만 그 형식적인 타당요구라는 특성에 대한 물음은 정당한 답변도 줄 수 있는, 전술한 적극적인 기능의 소극적 보완으로서 이해하지 않으면 안 된다.

이러한 타당요구는 특별법적인 그것으로서는 매우 여러 가지 종류가 있다. 그러나 이 특징적 기본권적인 타당성은 또 하나의 다른 평면에 있다. ─ 그것은 모든 진정한 기본권에 의해서 균일하게 요구된다.

기술적인 특별법의 영역에서 기본권들은 주지하듯이, 어떤 때는 오히려 입법자에게, 어떤 때에는 오히려 특정한 행정관청들에게, 어떤 때에는 개인에게 관계할 수 있는 ─ 어떤 때는 만인에 관계할 수 있는데, 그리고 어떤 때는 이 계열에서 아무도 관계하지 아니한다. 기본권들은 이 의미에서 모든 직접적인 타당성을 결여하더라도, 그것들은

---

474) 예컨대 자유의 권리들:「인격의 자유 ...」(제114조),「각 독일인의 거주」(제115조),「편지의 비밀 ...」(제117조). 가족:「혼인은 가족생활의 기초로 한다」(제119조),「자녀의 교육 ...」(제120조),「비적출자 ...」(제121조),「어린이 ...」(제122조). 경제:「경제생활의 질서 ...」,「통상과 영업의 자유」(제151조),「소유 ...」(제153조),「상속권 ...」(제154조),「토지의 분배와 이용 ...」(제155조),「노동력 ...」(제157조),「정신적 노동 ...」(제158조),「단결의 자유 ...」(제159조),「자립한 중산신분 ...」(제164조),「노동자와 회사원 ...」(제165조) 등등.

475) 제109조 이하. ─ 모든 결함에도 불구하고 천박하고 비전문적인 편집과 자주 생각 없이 전승한 덕택에 여전히 많은 성과들을 약속하는 기본권 텍스트들의 정식화에 세심한 주의를 기울이는 것을 핸첼 (Häntzschel, Zeitschr. f. öffentl. Recht 5, 222 ff.)은 정당하게도 지지했는데, 여튼 거기에서도 반드시 좋지 않은 적용을 수반하고 있다. Veröffentlichungen der Staatsrechtslehrerrereinigung, IV 61 ff.에서의 하나의 개별적인 적용예 (제118조 1항 1문에서의 「일반성」).
카우프만에 의한 상설, Kaufmann, Veröffentlichungen usw., III 2 ff.는 텍스트에서 이어지는 설명들에 가장 가깝다.

476) 동일한 이유에서 그것들은 상호 간에서도 (헌법 일반이 그렇듯이) 예컨대 민법과 소송법질서들의 기술적으로 서로 맞물린, 기술적으로 폐쇄된 그러한 체계로서 이해해서는 안 된다.
물론 기본권들은 동시에 기술적으로 생각할 수 있다. 1927년의 라이히 학교법 초안을 위한 프로이센의 제안들 중의 이 두 가지의 가능성, 기술적인 그것과「정치적인」그것의 예리하고 명확한 구별은 Landé, Aktenstücke zum Reichsvolksschulgesetz, S. 112 참조.

실로 적어도 특수한 법을 위한 해석규칙으로서 기본권목록에서 규범적으로 기초에 두고 있는 문화체계로부터 타당할 것을 요구한다.477) 적어도 이러한 의미에서 이들 기본권은 항상 「헌법, 입법, 행정에 대한 규준(Richtschnur)」478)인 것이다.

그러나 기술적 특별법에 대한 직접적 또는 간접적인 의의의 배후에는, 전자의 원천인 또 하나의 의의가 있다. 모든 실정적인 법적 타당(Rechtsgeltung)을 아주 도외시하고 기본권들은 일정한 문화체계, 일정한 가치체계를 선언하고 있는데, 이러한 체계는 이 헌법에서 구성된 국가생활의 의미이어야 한다.479) 국가이론적으로 이것은 물적인 통합의 도(sachliche Integrationsabsicht)를 의미하며, 법이론적으로는 실정적인 국가질서와 법질서의 정당화를 의미한다. 이러한 가치체계의 이름으로 이 실정적인 질서는 타당해야 하며, 정당해야 하기 때문이다. 이 정당화하는 가치체계의 정식화로서 기본권목록은 어떤 의미에서 헌법의 전문, 제1장, 제3장에서의 이러한 가치체계의 간결한 특징과 상징화에 대한 하나의 진정한 주석이다. 여기에는 기본권들에 대한 매우 중요한 해석의 기초가 있다. 제152조, 제153조, 제119조, 제154조*가 민법에 대해서 어느 정도의 의미가 있는가, 이것은 의심스러울 것이다. 의문이 없는 것은 그것들이 바이마르 헌법의 라이히에게 문화체계의 정당성을 부여한 것이며, 이 문화체계는 종래의 부르주아적 법질서를 그 핵심적인 제도들(계약의 자유·소유·혼인·상속권)에서 고정되고, 그것을 통하여 부르주아 시대에 대해서 매우 특징적이며 매우 중요한 정당성의 원천을 포함하였다는 것이다. 제22조*는 선거권 제정자(Wahlrechtsgesetzgeber)를 구속한다. 그러나 이 조항은 그 의의가 선거법을 통하여 처리되는 것으로 다루어진다면, 충분히 해석한 것은 아니다. 이 조항은 헌법에 대해서 전술한 조항들과는 대립하여, 그리고 제3 신분의 종래의 보통 및 평등 선거권과는 대립하여 (여기서는 특히 선거 연령과 양성의 평등에서 특징적인), 프롤레타리아 혁명의 선거권의 민주적인 정당성을 얻는다.

이러한 기본권의 체계는 즉자적으로 (그 자체로서는) 역사적으로 근거지워지며 제약되는 하나의 전체(Ganze)로서 순수하게 정신과학적으로 처리(Bearbeitung)되는 대상이다. 법학은 세 가지의 이유에서 이 과제 앞을 지나갈 수 없다. 하나는 이 체계에 의해서 주어진 특수한 정당성은 실정적인 법질서를 자격지우는 것이며, 그리고 실정적인 법질서의 정당성의 유형과 정당성의 정도를 명석화하는 것은 하나의 법학적인 과제이기 때문이다. 나아가 여기에는 적어도 실정법에 대한 해석규칙들이 있기 때문이다. 그리고 끝으로

---

477) E. Kaufmann, a. a. O. S. 18.

478) 법과 경제 협회(Vereins Recht und Wirtschaft)의 헌법초안 제51조. — 따라서 그것들은 헬러가 구별하는 일부는 「법원칙」(Rechtsgrundsätze), 일부는 「법명제」(Rechtssätze)에 속하며(Heller, Souveränität, S. 48), 그리고 헤이그 상설 재판소 규약의 「법의 일반원칙」의 문제성에 대한 완전한 관여 부분을 가진다 (Rabel, Zeitschr. f. ausländisches und internationales Privatrecht, I 17 f.). — 이러한 관련에서 주의를 촉구할 것은 런던 회의를 위한 비준법(Ratifikationsgesetz) 이래 「일반적인 인권」도 독일의 법률언어 속에 침입했다는 것이다. RGBl. 1924, II 289, § 3 a, Ziff. c. 여기서는 물론 직접적으로 타당한 진정한 자연법이란 의미에서.

479) 그처럼 특히 강조하는 것은 Kaufmann, a. a. O. S. 6, 8, 16 ff.

기본권들은 그 자신이 특별법인 한, 이러한 법으로서도 또한 최후의 특별법적인 개별적 문제에 이르기까지 그들의 정신적인 전체관련(Gesamtzusammenhang)에서만 정당하게 적용될 수 있기 때문이다.[480]

이러한 과제는 존속한다. ― 사람이 바이마르 헌법의 기본권들에 첨가할 실천적 의의는 여하튼 말이다. 이러한 의의는 확실히 군주제의 붕괴를 통해서 고양되었다. 군주제가 국가의 역사적인 내용을 상징화하고 대표하고, 그리고 동시에 국가 질서에 필요한 정당성을 부여하고 있었던 한, 기본권들에 단지 그것[군주제]을 부정하는 ― 국가를 제한하는 ― 측면을 보는 것은 당연하였다. 군주제의 전술한 두 가지의 과제는 대체용으로서 등장한 요인들 ― 이것들에 대해서 색채와 국기논쟁의 역할은 특징적인데 ― 이 현저하게

---

480) 마지막 것에 대한 하나의 기여를 나는 앞의 곳에서 교수의 자유(Lehrfreiheit)라는 기본권의 발전에서 부여하려고 하였다. ― 이에 속한 것은, 거명한다면 라이프홀츠(Leibholz, Gleichheit vor dem Gesetz, S. 15)에 의해서 정당하게도 강조되었으며, 안쉬츠(Anschütz 3/4, S. 306, 396)에 의해서 부당하게도 부정된, 그러한 기본권들의 의미변천의 문제가 그것이다.

텍스트에서 요구된 기본권해석의 몇 가지 예시들은 이미 제출되었고, 그리고 부분적으로는 위에서 인용하고 있다. 그것들은 삼중의 형식주의를 회피하는 것으로 종래의 해석양식에서 구별된다. 하나는, 그것들은 기술적으로는 표현되어도 생각하지 않는 이러한 명제들의 문언(Wortlaut)을 그것들의 물적 내용을 위해서 후퇴시키고 있는 한에서 말이다. 그리하여 국내의 칭호나 훈장의 수여금지는 국외의 칭호나 훈장의 수락 금지와 대립하는데 (이 후자는 전술한 전자에 대해서 필요에 눌린 마이너스를 나타내기 때문에)(제109조) 국내의 표창의 수락은 용인될 것이라고 해석하는 것은(안쉬츠의 이곳은 그러한데), 현실로는 허용되지 아니한다. 이 원리는 국가 때문에 그러한 수단들에 의해서 파괴되어서는 안 되는 민주적 평등의 원리이다 (그러나 이 원리는 또한 문자 그대로 적용함에 있어서 모순으로 가득 찬 조잡한 정식화를 고려하지 않고, 원리에 반하는 수여들의 수락을 금지한다). ― 나아가 말하면 그것들이 바로 참여하는 법주체들을 불문하고, 따라서 예컨대 청원권의 능동적 참여자들과 수동적 참여자들을, 그리고 이것으로 근거지워진 형식적인 법적 권력(Rechtsmacht)(비제한, 적극적인 수령, 처리에 대한 청원자의 요구: 안쉬츠의 제126조 해석)을 형식주의적으로는 묻지 않고 , 바로 기본권이 봉사하는 내용적인 선(財, Gut)을 묻는 한에서: 오늘날에는 이전보다도 강하게 요구하는, 공중과 직능인 간의 끊임없는 의사소통에의 욕구를 충족하는 것의 제126조의 사례에서 (이것에는 매우 많은 현재를 특징짓는 제도들, 관청들의 홍보실 등등이 봉사한다. 헌법에 적합한 통합수단으로서의 오늘날의 청원의 기본권의 이러한 이해에서, 기본권을 다룰 때에 안쉬츠가 간과한 두 가지의 실질적인 법명제가 바로 명백하게 된다. 하나에는 그것들의 내부에는 자명하게도 불평가의 편지나 방문에는 타당하지 아니한 처리의무가 현존하는(다만, 전술한 통합관심이 공공연하게 제외되지 않는 한 고충은 순수한 우행이나 혐오는 아니다) 곳의 한계들이, 그리고 나아가서는 제126조의 자구 내용에 대응하여 독일인에 대한 제한이 그것이다. 왜냐하면 독일 국가는 적어도 무엇보다도 지속적인 지도가능성에 의해서 창출되어야 하며, 그 자신의 귀속자의 통합적 이해에 의해서 담당될 것을 의사하기 때문이다 (다른 해석을 하는 것은 Anschütz, a. a. O.이며, 정당하게 해석하는 것은 토마(Thoma, Verwaltungsrechtliche Abhandlungen, Festgabe zur Feier des fünfzigjährigen Bestehens des Preußischen Oberverwaltungsgerichts, S. 198 f.)이다. 토마가 인격적 제한을 제126조의 그것도 또한 분명히 정당화된다고 볼 때가 그렇다). ― 끝으로 형식주의인데, 이는 하나의 기본권을 현재의 생활질서와 헌법에 적합한 가치의 배치상황(Wertkonstallation)과의 전체적인 관련에 따르지 않고, 단지 그 본원적인 의의에만 따라서 해석하는 것이다. 제109조와 제126조는 여기서도 단지 전자와 후자에서 귀결하는 대립들의 특히 특징적인 예시들인 것이다.

텍스트에서 주어진 표현양식(Fassung)은 그 정당화하고 규칙짓는 특성에도 불구하고, 기본권들의 실정성(Positivität)의 보다 강한 강조에 의해서 라드브루흐(Radbruch)*의 표현양식(「모든 실정법을 가치평가하는 초국가적인 척도, 자연법과의 살아 있는 관련」["Der Geist der neuen Volksgemein-schaft"], hrsg. von der Zentrale für Heimatdienst, 1919, S. 78)과는 구별된다.

의의를 높인다는 결과를 동반하여 혁명을 통해서 자유롭게 되었다.[481] 이 점에서 많은 실책이 바이마르 헌법의 기본권들 중에 포함되었으며, 그리고 많은 것이 국기조항에서 시작되었고, 효과적으로 정당화하는 의미에 적합한 작용이라기 보다도 오히려 탈통합화 작용을 미쳤다는 사실을 변경한 것은 아무것도 없다.

바로 국가에 대한 불가지론과 회의론은, 그 본질과 함께 이 헌법의 부분이나 헌법의 계기의 지향도 오인하고 있다.[482] 이 점에서 지배적인 교설은 여기서 시사한 그러한 의미에서의 전제들에서만 결실 있는 형태로 처리할 수 있는 하나의 커다란 작업영역을 자유롭게 놓아둔 것이다.

제5장 연방국가의 법을 위하여

연방국가법의 문제들의 영역에서는 이전의 문맥에서 전개한 국가이론적 및 헌법이론적인 전제들로부터 추론들을 도출한다기 보다는, 오히려 상당한 부분이 이미 문헌 속에서 도출된 추론들을 거기에서 제시된 문맥 속에 정돈하고, 그것들을 거기에서 정당화하는 것이 문제이다.

형식주의적인 연방국가법학에 대해서 특징적인 것은, 그것이 법적 소재(Rechtsstoff)를 개별적인 권리, 의무, 그리고 그 밖의 다른 법적 관계의 하나의 총계 속에 해소하는 것이다. 이것들은 여하튼 일반 사법적(私法的)이거나 그 밖의 형식적인 범주들(서열적 또는 병렬적인 질서 그 밖의 것)로 환원한다. 이러한 연방국가법학과는 대립하여 이 문제들을 다루는 최신의 방법은, 형식법학적 고찰에 정치적 고찰을 결합하려고 한다.[483] — 불행하게도 이러한 것은 실제의 사태(Sachverhalt)를 나타내고 있다. 즉 이러한 취급방법은 충분하게 정당할지라도 실제로는 대체로 법적 소재를 국가생활의 일정한 유형, 즉 국가적 통합의 한 특수한 종류를 규칙화하는 것으로서 개념파악하는 하나의 법학적, 국법론적, 특히 연방국가법적인 방법만을 알 뿐이다. 그리하여 빌핑거(Bilfinger)의 포괄적인 연구는 개별국가의 입장에서 그 개별국가를 전체국가의 생활 속에 지속적 기능적으로 관련짓는 것, 법적으로 의사되고 규칙화되는 것으로서 제시한다. 그리하여 나의 (물론 군주제적인 연방국가법에 제한되지 않는) 교설은 연방국가와 개별국가를 최상위의 법적 의무로서 연방 우호적인 행태에로 의무지운다. 이것은 또한 위에서 시사한 비스마르크 헌법과 바이마르

---

481) 나우만(Fr. Naumann)*의 정치적 혜안에 대해서 특징적인 것은, 변혁의 이러한 귀결들이 바로 명백하였다는 것이며(Protokoll des Verfassungsausschusses, S. 179), 그리고 그 자신의 기본권초안이 절반은 전례상의 불행한 만년의 작품 — 실제로 그러했는데 — 으로서 배척된 것은 물론인데, 그 기본사상은 그렇지만 M. 베버와 H. 프로이스의 본질적으로 기술적인 헌법이론과 비교해서 매우 깊은 통찰이다.

482) 여기서 지배적인 교설의 대표자들과 나란히 거명할 것은 C. Schmitt, Verhandlungen a. a. O. I. 91; 정당한 것의 시초는 Grau, Diktatur, S. 63 f., Häntzschel, a. a. O. 5, 220 f.

483) 그리하여 Bilfinger, Einfluß der Einzelstaaten, S. 5 ff. 보다 일반적인 것은 Triepel, Staatsrecht und Politik — 이러한 결합의 불균형한 것이 아닌, 그리고 그 때문에 오해할 절박한 위험 속에 있지만 말이다.

헌법의 특수한 고유성들에 대한 견해이기도 하다.[484]

나는 지금까지의 문맥 속에서 연방국가의 분지화(Gliederung)라는 과제를 이렇게 특징지으려고 하였다. 즉 이 국가적 통합체계는 개별국가들을 대상으로 하며, 그러나 특히 그 전체국가적인 통합과제의 수단으로서도 자신 안에 정돈한다는 형태로 특징지으려고 하였다. 국법상의 주요 문제들은 여기서 개별국가들의 국가본성 그 자체를 규칙화하는 것,[485] 그것들을 연방국가적인 전체와 함께 질서짓는 것, 이러한 것 속에 있다.

개별국가에 맡겨진 국가적 본성의 계기들은 여러 가지 연방국가적인 헌법에서 여러 가지 형태로 측정된다. 비스마르크 헌법과 바이마르 헌법 간의 하나의 주요한 차이로서 나는 국법상의 정당성의 원천을 국한하는 것(Lokalisierung)으로 명명하였다. 전자에서는 역사적으로 정당한 국가의 개체성에서, 후자에서는 전체의 민주적인 정당성을 국한하는 것이 그것이다. 개별적인 방향성에서 바이마르 헌법은 국가본성을, 즉 란트들의 국가적 통합체계를 보호하고 승인하거나 또는 개별적인 방향성에서 란트들은 이 승인을 특히 강조하는데, 이러한 방향성에 대해서는 단지 개별적으로만 중점을 둘 것이다.

라이히의 사태에 적합한 강력한 단일화(sachliche Unitarisierung)에 비추어 본다면, 란트들에서의 국가생활이라는 매우 강한 계기와, 그리고 이와 함께 국가적 통합력 역시 개별국가의 형식적인 지배권력이다. 란트들이 그들의 경제와 그 밖의 이익들의 보증에 그토록 열심인 것은 이 지배권력과 함께 주어진 사물적·기술적인 이점 때문만이 아니라,[486] 특히 그러한 보증이 그들 란트들의 매우 강력한 생활의 표현이며, 정재형식(Daseinsform)이기 때문이다.

이와 아울러 라이히에 대한 영향이 엄밀하게 말하면, 영향권이 나타난다. 여기서도 란트들이 그들의 사물적인 특수이익을 거기에서 도출할 수 있는 이득(Gewinn)은 사태(Sache)의 이 측면이 얼마나 중요할지라도 결정적인 것은 아니다. ― 주지하듯이 란트들은 라이히에 대해서 많은 부분에서 그들 자신의 정책이 아니라 특정한 방향성을 띤 라이히의 정책을 수행한다. 결정적인 것은 여기서도 역시 오히려 형식적인 계기이다. 라이히 권력에 대한 이러한 참여는 란트들 그 자체로부터 상실한 국가권력으로 대체하는 것인데, 그러나 이 참여에서 란트들은 정치생활의 한 단편을 수행하며, 여기서도 그들의 국가본성을 실현한다.[487] 이것을 특징짓는 것은 또한 란트들에 대해서 1919년 이래 라이히의 헌법생활 일반에 대한 이러한 참여가 ― 그들의 개별적인 형상화(Ausgestaltung)는 여하튼

---

484) Triepel, "Unitarismus und Föderalismus"와 E. Kaufmann, "Bismarcks Erbe" 중에는 비스마르크 헌법의 정치적 의미를 부각하고, 예컨대 빌핑거에서처럼 결정적이지는 않은데, 바로 이 의미와 관련하여 여기서 이해할 법적 내용(Rechtsgehalt)을 보다 엄밀하고 완전하게 구명하는, 그러한 음조가 있다.

485) 그것이 여전히 「진정한 국가들」인가의 여부에 관한 문제는 ― 나는 긍정하며 ― 여기서는 미해결 그대로 둔다.

486) 예컨대 Bilfinger S. 86.

487) 내가 보는 한 이것은 입헌적 북독일 라이히 의회에서의, 연방참의원의 내부에서 각 정부의 주권이 그 부정되지 않는 표현을 찾는다는 비스마르크의 주석의 의미이기도 하다 (1867년 3월 27일, H. Kohl, Reden 3, 237). 또한 Gierke in Schmollers Jahrbuch 1883, 1169 f.도 참조.

— 얼마나 결정적이었는가 하는 것이다. 이 최종적인 의미의 기초로부터 여기서 모든
— 그 자체 실로 자주 정식화되지 않고 정식화하기 어려운[488] 개별적인 것들이 이해되어
야 한다. 여기에서 연방국가적인 평등원리의 의미도 그 여러 가지 변용과 경향에서
이해하여야 한다.[489]

이러한 문맥에 최종적으로 속하는 것은 란트들의 관심(Interesse)인데, 이는 라이히의
사물적인 생활에 개별적인 자기확인(sachliche Lebensbestätigungen des Reichs)으로서
참여하고 있다는 것이다. 그리하여 사람이 이 관심 속에 병역제도에 대한 란트들의
경제적이며 그 밖의 개별적인 관심들의 보증만을 찾는다면, 라이히 방위법에서의 「주병제
도(州兵制度, Landsmannschaft)라는 조항의 의미는 오해된다. 사물의 핵심은 여기서도
군대는 하나의 국가적 생활형식 일반이라는 것, 그리고 란트들은 스스로 그것[군대]에
대한 일정한 참여에서, 특히 란트들에 상응하는 라이히 방위군이라는 폐쇄된 단체들에
대한 권리에서, 이처럼 통합하는 생활형식의 한 단편을 그들 자신의 국가생활을 위해서도
유지하려고 한다는 것이다.

*

그러나 연방국가의 헌법은 개별국가를 그 자신에서 폐쇄된 통합체계의 하나로서만
인정하지 않으며, 특히 전체국가(Gesamtstaat) 그 자체를 위해서 구성한다. 연방국가의
헌법은 란트들을 통해서 그들에게 귀속하는 자들을 간접적으로도 또한 그것을 통해서
란트들의 정재 없이도 가능할 더욱 완전히 파악하고, 통합하려고 한다. 이것은 라이히에
대한, 란트들의 원칙적인 존립의 궁극적인 의미이다. 나아가 연방국가의 헌법은 란트들
자체를 통합적으로 라이히 전체 속에 관계지으려고 한다. 이것은 라이히와 란트들의
관계를 개별적으로 규제하는 것의 주요한 내용이다.

따라서 라반트(Laband)가 란트들의 영향권들을 헌법의 문언에서 「논리적으로」 정확하
게 전개하고, 그리하여 란트들에게 그[영향권]의 사용을 — 여하튼 「애국적」, 「정치적
인」[490] 의무들로 제한하지만 — 임의로, 이기적으로, 무조작으로 재량케 한다면, 그것은
기껏해야 형식주의가 스스로 열어 놓은 진정한 심연이다. 정당하게도 매디슨(Madison)*
은 일찍이 합중국과 그 개별 주들을 경쟁자나 적국으로서 관념하는 것은 단적으로 오류라
고 주장하고 있었다.[491] 확실히 그것은 법학적으로 오류였다. 이러한 가능성을 법적인
가능성으로서 승인하는 것은 하나의 국법학의 귀결인 부조리로의 환원(duductio ad
absurdum)이다.

사단법(Gesellschaftsrecht)의 형식주의적인 도식은 여하튼 독일적 연방국가법의 본래

---

488) 참조. Bilfinger S. 4, 34 ff., Festgabe für Otto Mayer S. 252 f.

489) Leibholz, Gleichheit, S. 143 ff.

490) 전거는 Bilfinger, S. 49에서.

491) Federalist Nr. 46, S. 292 der Londoner Ausgabe von 1888 (김동영 옮김, 『페더랄리스트 페이퍼』,
한울 아카데미, 1995, 288면).

적인 내용에 대해서는 전혀 기여하지 못한다. 이에 대해서는 자이델이 말하는 것이 오히려 비교적 정당하다. 라이히와 란트들의 공동질서라는 기본사상은 연방에 우호적인 태도의 「연방에 관한 일반적인 법명제」492)를 산출한다. 즉 헌법은 라이히와 란트들에게 그들의 국법상의 의무들을 이행하는 것을, 그리고 형식적으로 주어진 권한들을 언제나 용서 없이 적용하는 것, 이러한 것들에서의 형식적인 상호 교정 관계를 시의에 맞게 라이히 감독권과 국사재판소에 의한 절차적인 보장에 호소하여 의무지을 뿐만 아니라 통일성을, 즉 연방에 우호적인 선한 관계를 끊임없이 탐구하고 창출할 의무를 지고 있다. 그러므로 계약 상대가 「홈부르크 강화」493)*에서의 바이에른이 그러했듯이, 불법일지라도 라이히 권력의 행사에 개입한 란트들과 라이히의 합의(Verständigung)는 라이히의 헌법정신에 반하지 않는 것이다. 라이히는 바로 많은 부분에서 다음의 점에 존속한다. 즉 그것[라이히] 은 란트들로부터 자기를 통합하는 것,494) 즉 이들은 라이히를 구성하며495) — 국가의 기술적·보조적 제도들인 지방자치체(Kommune)와는 대립하여, 확고한 법에 따른 감독 권을 통하여 라이히에 의해서 인도되는데, 그러나 그 어떤 형태로 그들에 의존케 하는 그[라이히]의 정재를 함께 담당하는 자는 아니라는 점에서 말이다.

그러나 동시에 바로 과제를 진 연방국가에 우호적인 합의의 이러한 의미는, 이 합의를 내용적으로 구속한다. 즉 모든 명해진 균형에서 라이히의 이익은 선행하며, 개별법은 전체국가적인 법사상 아래 질서지워지지 않으면 안 된다.496) 이 점에서 결국 개별국가들 의 정재는 연방국가로부터 정당화되어야 한다는 일찍이497) 특징지은 연방국가법의 원리는 표현된다.

이 모든 법명제는, 예컨대 국사재판소에 의한 적용에 있어서 명백하게 라반트의 형식주 의가 그렇듯이 분쟁사례들의 보다 정당한 결정들로 인도할 것이다.

*

따라서 동시에 라이히 헌법 제19조에 따른 이러한 관계들에 대한 국사재판소의 재판권 의 의의라는 혼란한 문제에 대한 대답은 주어진다.

여기서 바이마르 헌법에 의해서 선취된 「사법화」(Judizialisierung)는, 그렇게 하나의 법원 아래 설치하는 것은 실질법적인 관계도 변경해야 한다는, 일찍이 발견한 규칙498)의 의미로만 해석하는 것은 허용되지 않을 것이다. 반대이다. 이 실질법적인 관계는 반대로 다시 형식적인 관할권을 제19조에 따라서 원칙적으로 제한한다. 1919년 이래의 전개가

---

492) 이 표현은 Bilfinger S. 55, 참조. S. 8, 52 f., 57 und passim, Festgabe für Otto Mayer S. 261.
493) 다른 것은 Triepel, Zeitschr. f. Politik, 14, 213 f.*
494) 교회는 「교구(Gemeinde)로부터 건설된다」는 보다 더욱 완전한 의미에서(1922년 9월 29일의 옛 프로이센의 복음 교회 헌법 제4조).
495) Wilson, Der Staat, S. 568.
496) Bilfinger S. 20, 47 f.
497) 상술 S. 119 (본서 737면).
498) 상술 S. 105 f., 143 f.(본서 727면 이하, 754면 이하).

가르치는 것은, 연방에 우호적인 행태라는 보다 낡은 「연방」 원리와 「외교」 원리는
라반트 모델에 따라서 상응하는 사법 통제를 수반하는, 즉 유일한 보장으로서의 헌법,
제19조, 제15조 그리고 제48조의 절차방식을 수반하는, 형식주의적인 단체권
(Verbandsrecht)과 동포권(Mitgliedsrecht)이라는 엄격한 법(jus strictum)으로 대체되지
않는다는 것이다. 그렇지 않으면 1921년부터 1923년에 이르는 바이에른에 대한 초대
라이히 대통령의 협조 정책은 일련의 중대한 헌법침해(Verfassungsverletzen)일 것이다.
라이히와 란트들의 관계가 오늘날에도 여전히 무엇보다도 연방국가적인 신의칙(bona
fides)의 ― 즉 연방에 우호적인 행태의 ― 원리에 의해서 지배된다면, 그것으로써 주어지
는 협조의무는 실질적 법의 명제일 뿐만 아니라 무엇보다 명해진, 분쟁처리의 형식적인
방도의 규범화이기도 하다. 이러한 문제들에서의 재판권은 반드시 본질적이 아닌 사물들
(Dinge)의 ― 그것들의 사물적인 성격에 따른 중재재판소(Schiedgericht)에 의한 ―
처리거나, 또는 경우에 따라서는 최대의 란트들에게는 분리독립전쟁의, 특별연방전쟁의
위험을 불러내는 폭력적 수단들을 수반하는 위협을 의미한다. 두 번째의 가능성은 하나의
매우 운명적인 최후 수단(ultima ratio)이다. 아주 비일상적인 사례들은 제외하고, 이
두 번째의 가능성은 그것이 독일에서 적법하듯이, 연방국가적 통합체계의 본질과는
모순된다. 여기에는 국사재판권에 대한 한계들이 있는데, 이 한계들은 사실상의 종류[499]
나 다른 면에서 주권의 본질에 수반하여 주어질 뿐만 아니라,[500] 실정법상으로도 근거지
워진다. 여기서 명해진 참여자들의 충성관계를 「다른 그것들과 아울러 존속하는 요구들과
구속들의 한 체계로」[501] 해소하는 것은 불가능하기 때문에, 즉 이러한 관계는 오히려
무엇보다도 통합하는 합의 의사에 의해서 계속 지배되지 않을 수 없으므로, 그러므로
여기서는 법에 대해서 확실히 권력이 선행하지는 않지만, 그러나 말하자면 통합이 앞서며,
이에 대해서 제19조와 같은 심급규정(Instanzvorschriften)은 오히려 기술적이기 때문에,
두 번째 순위이며, 그리고 그러므로 제19조에 비추어 사정에 따라서는 형식의 남용이라는
중대한 문제가 성립한다.

*

끝으로 말하면 지금까지 서술한 것은 또한 여전히 왜 사람은 라이히 헌법에서 란트들의
국가본성이란 무엇인가 하는 물음에 대한 답변을 헛되이 구하는가 하는 이유를 제공하고
있다. 헌법의 연방국가적인 체계가 규범화하는 것은 라이히와 란트들이 즉자적으로
가질 뿐인 일정한 성격이 아니라 그들의 통합하는 상호작용이다. 그러한 성격에서 이
문제에서의 그 결론들을 도출하더라도, 그러나 그 답변을 기본법(Grundgesetz)에서
직접 읽어낼 수는 없을 것이다. 여기서 기도된 연구들은 국가개념을 그 획득과정의

---

499) 예컨대 아마 Bilfinger S. 6 f.
500) 예컨대 Heller, Souveränität, S. 113(역서 140면).
501) Binder, Philosophie des Rechts, S. 464.

문제에 대답할 것을 필요로 하지 않고 전제로 했는데, 이와 마찬가지로 모든 헌법은 국가생활을 통합하는 것으로서 규칙지어야 하며, 그때에 전술한 문제는 확답을 유보해 둘 수 있다. ― 즉 1922년의 그것들과 같은 관계들이 진정한 또는 적어도 공식적인 확답을 강요할 때까지 말이다.

제6장 교회법체제를 위해서

지금까지의 설명들은, 실정 국법을 해석함에 있어서 여기에 가로 놓인 이론적인 견해는 어떤 방향에서 작용을 미칠 수 있는가를 잠정적이며 표면적으로 시사할 뿐이었다. 이러한 시사들을 여전히 몇 가지 가시적인 것으로 하기 위해서 ― 교회법의 분야 그 자체에 대해서 그 어떤 소원한 것과 새로운 것을 서술하기 위해서가 아니라 ― 나는 여전히 교회헌법상*의 문제라는 인접 영역에 대한 이러한 작용들을 추적하기로 한다.

거기서 국법을 위해서 헌법의 의미관련 전체를 지금까지 행한 것보다 더 결정적인 형태로 모든 국법론적인 개별적 작업의 출발점이며 기초로 하는 것이 시도되었다면, 교회법(Kirchenrecht)을 다룬 절차는 원래 처음부터 그것들의 불가피한 신학적 기초 덕분에, 그리고 특히 그것들의 불가피한 출발점 덕분에 여러 가지 기독교 종파들의 교회 개념을 대치하는 데에 있었다는 것은 자명하였다. 여기서 문제로 될 수 있는 것은, 이미 보통 행해지는 것을 여기서 주장하는 헌법이론적인 기본개념들과 관계를 가지는 것에 불과하다.

*

여하튼 이러한 관계(Beziehung)는 가톨릭 교회법의 개념세계로는 결코 창출할 수 없다. 하나의 폐쇄된 가치체계의 의심할 바 없는 중심 가치에 근거하여, 가톨릭 교회법의 위계질서는 이 중심 가치에서 직접 나오며, 이것을 단계적으로 완벽한 적절성으로써 대표하는 하나의 사회질서의 범주적인 고정성을 가지고 있다.502) ― 즉 하나의 체계적인 폐쇄성은, 폐쇄된 내적 관련에서도 또한 실로 부분적으로는 무차별적으로, 내외의 장에서 (in foro externo und interno) 신법(神法)과 인정법, 그것들의 규칙들 등등의 모든 규범종류 들에서 작용을 미친다. 바로 고전고대는 여기서 초기 기독교적인 교회법에서 로마적·카 논적·반종교개혁적 그리고 바티칸적인 그것에 이르기까지의 모든 변용을 관통하여(슈투 츠[U. Stutz])* 계속적으로 확고한 핵심이었으며, 그러므로 이러한 그 개념적 구조를 통해서만 적절하게 파악할 수 있다.

*

---

502) 참조. 예컨대 Troeltsch, Soziallehre der christlichen Kirchen, S. 211. 그리고 상술한 S. 94, Anm. 6/7, 68. 여하튼 사람은 이 헌법유형을 먼저 무엇보다도 첫 째로 물적 통합의 한 사례로서 볼 수 있을 것이다. ― 여기서는 사회주의적인 국가이론과 헌법이론의 ― 동일하게 고전고대적인 유래를 가진 ― 천년왕국론적인 계기와의 접촉계기가 있을 것이다.

복음교회법은 사정이 아주 다르다. 그것은 고전고대의 문화체계를 관통하여 근대의
균열이 그 교회법도 관통한다는 점에서 근대적이다. 법적인 교회와 가시적인 교화와
불가시적인 교회의 모든 분리(Scheidung)는, 법적인 교회의 (아우크스부르크 신앙고백
제7조*의 의미에서) 가시적인 교회와 불가시적인 교회에로의 — 불가피한 것인데 역시
만족할만하게 파악하지 못하는 — 관계라는 기본문제를 해소하지 못한다. 루터파의
교회마저 그 법적 형상화(Rechtsgestaltung)의 모든 자유에도 불구하고 역시 그 신앙고백
의 피구속성과 언어의 피구속성 때문에 단순한 기술적인 시설(technische Veranstaltung)
이상의 것이다. 루터파 교회는 무엇보다도 이 사물 내용(Sachgehalt)을 통하여 하나의
통일체인데, 여하튼 이 요소들과 조직 질서와의 결합이라는 매우 커다란 어려움 아래에
있다.503) 법적 교회(Rechtskirche)의 본질적 근거에 대해서 언어와 신앙고백의 의의는
오늘날 이전보다도 규정하기 어려우며, 그리고 이 본질적 근거와 그 밖의 체제
(Verfassung)에 의해서 주어진 본질적 근거와의 공동질서는 하나의 거의 풀기 어려운
과제이다. — 교회법사적으로 매우 중요하였던 카프탄(Kaftan)*의 시도만을 상기해 두기
로 한다. 카프탄은 한편으로는 신의 시설(göttliche Stiftung)로서의 교회, 다른 한편으로는
공법상의 사단법인(öffentliche-rechtliche Korporation)으로서의 교회, 한편으로는 성직
에 의해서 조직화 된 교회, 다른 한편으로는 체제(Verfassung)의 그 나머지 기관들에
의해서 조직화 된, 이러한 교회의 이중적 성격을 분리하려고 시도한다.504) 확실히 이것은
최종적인 말은 아닐지라도 역시 성직은 그 교회적·종교적인 중심가치와의 관계 때문에
교회에 대한 그 상대적인 본질적 필연성에서 구 교회적인 성격의 하나의 잔재를 스스로
보유하고 있었다. 나머지의 법체제상의 조직문제(verfassungsrechtliche Organisations-
frage)는 대체로 다음과 같은 문제로 귀착한다. 즉 어느 정도의 것이 — 여하튼 법적
교회 그 자체에 대한 — 본질적 규정에 비추어 아우크스부르크 신앙고백 제7조에 의해서
그어진 한계들의 내부에서 나머지 교회의 헌법생활(kirchliches Verfassungsleben)에
의한 기능적 통합에 맡겨지고 있다는 문제로 귀착한다. 그리고 이 영역의 내부에서는
다시 또한 한편으로는 본질규정적인 역할과 다른 한편으로는 기술적인 역할의 배분이
매우 불투명하다. 쉽게 생각나는 것은, 교회의 행정기구들을 원칙적으로 국가의 행정관청
들에 상응하여 기술적 기관들로 보는 것이다. — 그러나 이 문제는 적어도 국가에서의
그것과는 다르다. 교회의 회의들(Synoden) 속에 국가나 지방자치체의 대표단체와 그들의
정치적·통합적인 성격의 증대와의 유비들을 보는 것은 쉽게 생각된다. — 여기서 역시
부당하게도 오늘날의 라인이나 베스트팔렌 지역들의 구개혁파적인(altreformiert) 교회의
회의들과 동프로이센 지역들의 그것들과의 기본적으로 차이나는 의의가 도외시되고

---

503) 신앙고백의 입법(Bekenntnisgesetzgebung)이라는 문제는 단지 여기서 명백하게 되는 많은 문제들의
　　하나일 뿐이다.

504) 1921년 8월 15일의 복음주의 상급 교회 위원회의 헌법 회고록, Bericht über die Verhandlungen
　　der außerordentlicher Kirchenversammlung zur Feststellung der Verfassung für die
　　evangelische Landeskirche der älteren Provinzen, II 170 f., 174 f.

있다. 끝으로 쉽게 생각되는 것은, 교회의 단계구조에서 국가적·지방자치제적인 그것과의 유비를, 또는 (교구[Gemeinde]로부터의 교회의 구축에 대한 교회법 조문과 결합하여) 그 반대의 것을 보기도 하는 ― 양자 모두 부당하다.

이러한 문제들을 전체로서 설정하는 것, 그리고 그것들의 해답을 역사적인 형량들로나 또는 특히 한편으로는 국가적·지방자치체적인 실정 헌법과의, 다른 한편으로는 사단법(das Vereinsrecht)과의 비교에서 졸속으로 얻지 않은 것, 즉 이러한 것이 복음주의 교회헌법에 대한 교설의 주요 과제이다. 그리고 이 점에서도 적어도 통합문제와 그 법적인 해결을 이 과제의 대상으로서 고찰하는 헌법이론의 기본적 사상은 실로 풍부한 것으로 만들 수 있을 것이다.505)

---

505) 이 문제들에 대한 친절한 격려에 대해서 나는 헥켈(I. Heckel)에게 감사한다.

헌법국가에 있어서 정치권력과 국가형태의 문제[*]

루돌프 스멘트

　권력분립의 일부는 입헌적 용어로는 집행권(vollziehende Gewalt)으로 불린다. 이 부분은 용어와 의미에서도 명확하게 경계를 긋고 내용적으로 한정하기가 매우 어렵다. 입헌주의 체제는 이 부분을 실정헌법의 척도로 체제 속에 도입하는 것을 바로 무엇보다도 먼저 목표로 한다. 다른 양 권력 이상으로, 여기서는 이 개념의 적용은 그 속에 국가활동의 이 영역의 내용적인 표지를 찾으려는 시도와, 이와 함께 이 영역이 헌법에 의해서 초래할 형식적인 법적 상태를 제시하려는 의도 간에 더욱 격렬하게 동요하고 있다. 이 말은 전적으로 잠정적인 두 번째의 적용에만 적합한 것이 지속적으로 제시되면 될수록 빈번하게 이 말과 아울러 이 기능의 실질적인 내용(sachliche Gehalt)을 위한 다른 특징들이 등장한다. 행정, 통치, 지도 기타가 그것이다. 법률개념에 대한 라반트(Laband)의 연구 중에 권력들의 형식적 의의와 실질적 의의와의 대치에 의해서 권력분립의 본질에 대한 매우 중요한 불명확성의 구멍이 도입된 때에도, 여전히 이러한 개념들의 상호관계의 해명은 성공하지 못했다. 그리하여 헌법들의 용어가 여기서 이론의 용어 이상으로 더욱 동요하는 것은 그다지 놀랄 일은 아니다.

　초기 입헌주의에서 (권력분립) 제도의 엄격한 실시에 대응하는 것은 여기서는 항상 제2, 제3의 권력이 집행권으로 불리는 것은 (1787년의 미국 헌법, 1791-1795년의 프랑스 헌법), 또한 그것에 이은 헌법들(예컨대 1831년의 벨기에 헌법, 1848년의 사르디니아 이탈리아 헌법, 특히 최근의 예를 들면, 1921년의 폴란드 헌법, 같은 해의 유고슬라비아 헌법)에서도 같은 것이다. 그것과는 반대로 독일의 헌법상황의 특성과 1814년의 프랑스 헌장의 선례가 이루어 놓은 필연적인 귀결은 3월혁명 이전에는 독일의 어떤 헌법에서도 집행권이 문제로 되지 아니한다는 것이다. 1848년 이래 비로소 그 개념은 벨기에 헌법으로부터 프로이센

[*]　Rudolf Smend, Die politische Gewalt im Verfassungsstaat und das Problem der Staatsform, in: Festgabe der Berliner Juristischen Fakultät für Wilhelm Kahl zum Doktorjubiläum am 19. April 1923, J. C. B. Mohr (Paul Siebeck), Tübingen 1923, Teil III 25 S. jetzt in: ders., Staatsrechtliche Abhandlungen, Duncker & Humblot, Berlin 1955. 4. Aufl. 2010, S. 68-88.

헌법과 일련의 작은 국가들 헌법 속에 포함되게 되었다.1) 적어도 그러한 개념은 군주에
있어서 국가권력의 통일화라는 정식보다도 적어도 보다 입헌주의적이라고 생각되고,
그런 점에서 명확하게 입헌주의를 어느 정도 신봉한다는 것을 의미한다. 그러나 사실상
「집행권」을 가진 독일의 국가들에 있어서 법적 상황과 그것을 갖지 못한 독일의 국가들에
서의 법적 상황과는 다를 바가 없었다. 그리하여 행정(Verwaltung), 집행(Vollziehung),
통치(Regierung) 등등의 동의어로서 다루어지고, 이러한 용어법의 유산이 오늘날의 우리
나라 국법의 헌법용어인 것이다. 그것은 한편으로는 행정2)과 통치,3) 집행4)과 국가지도
(Staatsleitung),5) 이러한 개념의 각각을 영역 전체에 걸친 명칭으로 사용하고, 다른
한편 이런 목적을 위해서 그러한 개념의 어떤 것을 함께 사용하고 있다.6) 이러한 개념의
동요 속에는 하나의 멋진 결함이 인정될지도 모른다. 그러한 결함이 인정되는 것은
헌법제정자가 이러한 명칭의 성격 일부를 정의하는 것이 아니라, 기술적(記述的)이라는
보다 방향이 오인된 경우에, 즉 예컨대 「지도」(Leitung)권한이나 「감독」(Aufsicht)권한의
배분으로 헌법상의 권력들 대신에 행정법상의 심급(Instanzen) 상호를 확정하는 경우도
있다.7)

특히 이러한 용어는 누구에게나, 또한 어떤 시대에나 동의어로 생각되지는 않았다.
특징적인 것은, 1791년, 1793년, 1795년 그리고 1848년의 프랑스 헌법들은 집행권
(pouvoir exécutif)에 대해서만 말하고, 1799년과 1804년의 나폴레옹 헌법은 마찬가지로
정부만을 전적으로, 그리고 1852년의 헌법은 주로 정부(gouvernement)에 대해서만
기술하고 있다.8)* 이와 마찬가지로 특징적인 것은, 프로이센이 그 성격을 헌법에서의
제국(Reich) 내의 단순한 「란트」(Land)로 보고 있다는 것과, 그것은 프로이센이 내각과
그 활동에 대한 통치(Regierung)라는 말로 계속해서 단념하였다는 것이다.

이러한 예에서 다소 중요한 입헌적이거나 연방국가적인 정확성에 대해서 뉘앙스의

1) 총괄적으로 H. A. Zachariä, Verfassungsgesetze S. 1241. 여기서 열거한 것에 대해서는 또한 약간의
   것이 나중에 추가되었다.
2) 독일 제국 헌법, 프로이센 헌법, 튀링겐 헌법, 멕클렌부르크-슈베린 헌법, 단치히 헌법.
3) 작센, 올덴부르크, 안할트, 립페, 경우에 따라서는 함부르크.
4) 바덴, 헤센, 오스트리아.
5) 뷔르템베르크.
6) 집행과 지도(바이에른), 대리, 집행, 행정(통치)(바덴 제56조). 유사한 것은 슈트렐리츠, 브레멘, 뤼벡
   등. 「통치권과 집행권」의 행사에 관한 1867년 12월 21일의 오스트리아 국가기본법은 이점에서 1920년
   체코슬로바키아 헌법(제3편 표제)의 모범이다.
7) 「지도」와 「감독」이 19세기의 독일 관청법에서 중앙관서의 직책으로서 가지는 의의 때문에, 이러한 규정(바
   이에른 제57조; 슈트렐리츠, 브레멘, 뤼벡, 단치히 등)은 거의 마찬가지로 이해할 수 있었다. 특히 스위스
   연방헌법(1874년 제95조)에서는 「집행과 지도」는 그 전사(前史)에서 볼 때(Simon Kaiser und J.
   Strickler, Geschichte und Texte der Bundesverfassungen der schweiz. Eidgenossenschaft, 1901,
   S. 252) 거의 「행정과 통치」와 동일한 것을 의미한다. — 다만, 권력분립이 전혀 없는 헌법에서는 주무관청의
   구성이 조직상의 주요한 규정의 과제이다(1918년 7월 10일의 러시아 사회주의 연방 소비에트 공화국
   헌법, 특히 제24조, 제31조, 제37조).
8) 부분적인 증명은 G. Jellinek, Allg. Staatslehre I³, 617 Anm. (김효전 옮김, 『일반 국가학』, 법문사,
   2005, 500면 주 40).

차이가 문제가 된다면, 많은 경우 자주 기능적인 것으로서 사용되는 이러한 개념들의
적용범위를 엄밀하게 한정할 필요가 있다. 이것은 먼저 집행권의 나머지 영역에 대한
통치, 통치권 또는 정치권력의 개념에 타당하다. 집행권의 나머지 영역은 잠정적으로는
란트에서 보급된 의미에서의 행정의 영역으로 특징지을 수 있을 것이다. 정치권력의
행사는 약간의 란트들에서는 집행권이라는 다른 모습에 대한 특별법(Sonderrecht) 아래
있다. 그것으로 이런 란트들의 사법실무와 행정실무는 통치, 행정, 집행의 개념을 전개하
고 서로 획정하는 것이다. 이러한 란트들에서는 대부분 독일에서와 마찬가지로 법률적으
로 보다 상세하게 규정하지 아니하였다. 그 때 얻어진 성과들은 독일 국법이론에 대해서
가장 흥미 있는 것이다. 오로지 독일의 방법론사의 방향에 대한 외국의 방법의 예로서
독일법에 대한 대응으로서 실무상의 문제를 해결하기 위한 보조수단으로서, 마지막으로
그것에 관련된 국가이론상의 성과를 얻을 수 있는 전제로서, 보다 일반적인 의의를
가지고 있다.

   행정과 대비하여 통치권과 그 특별한 법적 상태를 실무상·이론상 인정하는 고전적인
국가로는 프랑스가 있다. 여기서 선구가 된 것은 참사원(Staatsrat; Conseil d'État)*과
그 우수한 사법관(éminemment prétorienne)에 속하는 판결에 있다. 1822년에 왕녀
보르게제(Borghese)의 청구권의 피양도인이 나폴레옹 왕비에게 대여한 지참금의 이자의
후불을 요구한 때에, 참사원은「그 청구권은 정치적인 문제이며, 그러므로 그 결정은
오로지 정부에 일치한다고 보고, 참사원에는 관할권이 없다」고 설명하였다.9) 그리고
그런 후에 이어진 모든 판결은, 우선 첫째로 참사원 자신의 일련의 결정들이다. 그러면
전쟁행위, 외교조약, 모든 지배가계(家系)들의 기득권들에 대해서 사법상의 논의가 허용
되지 않는다고 설명하고,「그러한 행위는 하나의 정치행위이며 통치행위라고 보거나」
(considérant que l'acte est un acte politique et de governement), 또는「본질적으로
정치적인 성격을 가지는 외교상의 관례나 통치행위의 해석이라고 기대하고 있었다」.10)
정치적 행위들에 대해서 통상의 법원이 논란하는 것의 위험성은, 그들의 관할권이 집행권
에 대해서 제한된 경우에는 원래부터 적었다. 그리하여 이러한 실무는 본질적으로 행정소
송(contentieux administratif)에서의 그들의 논구에 대해서, 더구나 여기서는 유보된
정의(justice retenue)라는, 즉 국가원수의 침해권(Eingriffsrecht)이라는 안전판은 그 의의
를 상실하면 할수록 더욱 결정적으로 향하였다.11) 제3공화국과 함께 일정한 확인이

---

9) J. Fabre, des actes de gouvernement, thèse Monpellier 1908, p. 13 s.

10) Fabre, a. a. O. u. p. 107 s., Lonné, les actes de gouvernement, thèse Paris 1898 p. 19 ss.
    특히 Le Courtois, des actes de gouvernement, thèse Poitiers 1899, 50 ss. ― 그 전개에 대한
    최선의 간결한 소묘는 Sirey 1893 III 129에 대한 오류(Hauriou)*의 논평에 있다. 독일 문헌으로는
    O. Mayer, Theorie des franz. Verwaltungsrechts S. 8 ff., v. Laun, Das freie Ermessen und seine
    Grenzen (1910) 139 ff., 165 ff. 별로 좋지는 않지만 Wodtke, der recours pour excès de pouvoir
    (Abh. a. d. Staats-, Verwaltungs-und Völkerrecht hrsg. v. Zorn und Stier-Somlo XI 3) 45 ff.

11) 1814년과 1817년에 모든「공익의 계획들에 관련될 행정업무」(affaires de l'administration qui se

등장한다. 한편으로는 이미 일찍이 1849년 3월 3일의 법률에서, 이제는 1872년 5월 24일 참사원의 재편성에 관한 법률에서, 행정소송에는 일치하지 아니할(제26조) 소송 부문에 계속하는 문제들에서의 계쟁을 배제하기 위한 대신들의 권리에서의 지금까지의 실무가 법률에 의해 승인되는 것이 보여진다. 다른 한편, 이러한 실무는 지금까지 소홀히 하였던 통치행위의 실질적인 획정이 현재 실무와 문헌에서 추구한 하나의 새로운 입각점에 놓여 있다. 지금까지는 그 동기가 정치적인 목적을 가진 정치적 성질을 지닌 모든 공권력의 행위는 통치행위(Regierungsakt)*로 취급되었다. 이제는 다음의 것이 확정된다. 하나의 방책은 「그것은 정치적 목적을 통하여 질서가 정립된다는 것, 그리고 그 척도는 양원에 의해서 승인되었다는 것, 여러 가지 사정은 그 척도에 행정행위 또는 통치행위라는 성격을 부여할 수 없으리라는 것」,12) 「한 공무원이 결정하는 동기들은 그 행위에 대해서 누가 그 본질적인 성격을 명확하게 했는가를 각인할 수 없다는 것, 그러나 그 대상과 그 본성 자신 속에 그 성격을 찾아야 한다는 것 ― 이러한 사실에 의해서 그 본성은 변함이 없다」,13) 아주 당연한 것인데, 실무는 통치행위들의 이러한 내용적인 성격을 규정할 때 가능한 한 이전의 인식들에 의해서 승인된 실질적인, 특정한 유형들에 의거하려고 하였는데, 그 때에 성과로서 영역의 협소화가 진행하는 것이 명백하게 되었다.

제즈(Jèze)*는 1912년에 다음의 것을 확정해야 한다고 믿었다. 즉 이러한 내용의 감소는 대외활동의 행위들에 한정하는 것을, 이러한 불가침의 영역의 압도적인 내용으로서 초래하였다는 것을, 그러나 이미 1913년에는 외교관이나 영사관원이 처리하는 안건들이 이미 배타적인 대상을 형성하고 있었다는 것을 말이다.14) 문헌들은 판례와 함께 모든 집행행위를 모든 재판관할권으로부터 제외하는 이유로서 정치적인 동기 이론을 포기한 가운데, 네 가지 다른 길을 걸었다. 일부 문헌은 마찬가지로 이러한 의미에서의 통치행위들의 전통적인 유형의 범위를 될 수 있는 한 상세하게 확정한 것에 만족한다. 그때에 실무에서 입증해야 할 사례들 (입헌적 권력들 상호의 관계, 특히 의회(Kammer)의 발의권, 소집 등, 의회선거일의 결정 - 외교관계 - 전쟁행위 - 계엄상태 - 모든 왕가에 대한 조치 - 국외추방 - 작위수여 - 은사행위)에 대해서 문헌에서도 서서히 한정되는 경향이 보인다.15) 둘째로, 통치와 행정을 원칙적으로 정의하고 그것으로 서로 획정하는 시도가

---

lieraient à des vues d'intérêt général)에 대한 국왕의 미결소송 소환권(das königliche Evokationsrecht)은 내각회의에 의해서 명백하게 확정된다. 실제로는 (행정관할권에 대해서 마침내 1872년에 형식적으로 배제되었다) 이미 왕정복고에서 유보된 재판권(justice retenue)은 이미 사용되지 아니하였다. Hauriou, a. a. O., Le Courtois 52 s. 84.

12) 권한재판소(Konfliktshof), 1889년 3월 25일. 일반적으로는 Le Courtois 79 ss. 참조.

13) 파리 항소재판소 1910년 10월 27일. Sirey, 1911 II 204.

14) Französisches Verwaltungsrecht S. 448 ff., Jahrb. d. öff. Rechts VI (193) 397 ff. 통치행위의 특수한 지위가 대체로 가까운 시기에 프랑스 판례에서 사라질 것인가 하는 다툼은 여기서 다루지 않고 그대로 두기로 한다.

15) Fabre 69 ss. 참조. 거기에 속하는 것은 Hauriou, (z. B. a. a. O), Aucoc, conférences sur l'administration et le droit administratif 2. éd. I 1878 nr. 38 p. 78. Laferrière (그에 대해서는

보이지만 그러나 대부분은 기술적(記述的)인 일반성을 넘지 못하고 있다.16) 이점에 관하여 문제가 되는 비교적 예전의 저술가들이 주목한 것은 그런 것이며, 그런 시대에 있어서 정치적 동기가 통치행위의 규준이다. 원칙적인 성격을 가진 이러한 시도는 70년대 이래 새로운 실무가 객관적인 규준으로 삼자마자 별 쓸모가 없는 것이다. 즉 그 이래 거의 예전의 저술가들이 취한 길은 최고로 삼았던 원리로부터 곧 바로 실무의 전례에 따라서 그때까지 기준으로 된 판례로 돌아가거나 또는 모든 통치의 실질적인 (점차 완전히 상세히 규정되지 않는) 개념으로부터 곧 바로 법학상의 적용에만 적합한 것처럼 생각되는 하나의 형식적 규준이 도출되었다. 그러한 규준은 여러 가지의 국가기능을 위한 전권(Vollmacht)의 형식적 기초(직접 헌법에 근거한 것은 통치이며, 법률에 근거하여 이루어지는 것이 행정이다)17) ― 행위의 자유재량적인 성질18) ― 의원(議院)의 참여19) 또는 각의에의 참가20) ― 의원(議院)의 비판권능21) 등등이 있다. 그것들은 전부 많든 적든 쉽게 반박할 수 있다. 특히 최근에 증가한 통치행위 일반의 이론과 실무를 원칙적으로 부정하는 것은,22) 적어도 일부는 학설을 만족케 하는 이론적 기초를 제공하는 데에 실패한 것은 분명하다.

프랑스의 실무는 그 모든 결함과 불명확성을 가지고 있지만 이탈리아에서는 법률로써 도입하였다. 즉 1889년 6월 2일의 참사원에 관한 법률 제24조23)가 무권한을 이유로, 권한남용을 이유로 또는 법률위반을 이유로 참사원 제4 부국에 정치권력의 행사에 있어서

v. Laun 142 f., Wodtke 50 f.), Tirard, de la responsabilité de la puissance publique (1906) 162 ss., Le Courtois 137 (원칙적인 거부 아래 S. 111)이다.

16) 예컨대 이론 전체의 최고의 고전은 Vivien, Études administratives 3. éd. 1859 I 29 ss. 즉 통치의 임무는 모든 발의권, 재량, 지도, 권고이다. 통치가 행정에 대해서 그 일반적인 정신, 그 의도, 그 깃발(drapeau) ― 그와 같이 말할 수 있다면 ― 을 부여하는 것이다. 행정에 남아있는 활동은 법률의 집행과 정부에 위임된 권한의 실질적인 행사(l'exercise matériel)이다. 정치권력은 머리이며 행정은 손이다. (인용은 Le Courtois 31에 의함 ― 내가 사용한 것은 제1판만이다). 유사한 것은 Pradier-Fodéré, Précis de droit administratif 7. éd. 1872 p. 17. Berthélemy, traité élémentaire de droit administratif 5. éd. 1908 p. 108 s.에 의해서 여기에 열거된 저자들은 전부 다음의 집단에 속한다.

17) Ducrocq, Cours de droit administratif 7. éd. I 70 n. 52, 87 s. n. 70, Le Courtois, 111 s.

18) Esmein, éléments de droit constitutionnel 1896 p. 18, Batbie, traité théorique et pratique de droit public et administratif 2. éd. VII (1885) 371 n. 35 s.

19) Berthélemy, 107, Le Courtois 93 ss.

20) Hauriou, précis de droit administratif 6. éd. (1907) 435.

21) Dareste und Teissier bei Berthélemy 109 ― 이 점에서 적어도 근거가 된 참사원의 비판 권한의 사용은, 행정소송절차의 경합적 권한을 배제해야 하는데, 그것이 통치행위의 표지로서 실질적으로 정당한가는 이러한 배제가 없기 때문이며, 또한 그것이 사용할 수 없는 것은 그 제외가 통치의 실질적 개념을 다시 참사원의 권한의 전제로서 필요로 하기 때문이다. ― Berthélemy 108 s.에 의해서 열거된 저자들은 모두 형식적 정의의 이 집단에 속한다.

22) 참조. Fabre 33 s., 125 ss., Le Roux, essai sur la notion de la responsabilité de l'État, thèse Paris 1909, 23 ss. Lonné 52 ss. 비교하라. Le Courtois 4 s., 103 ss., Berthélemy 105 ss. Jèze, a. a. O., v. Laun 144, Wodtke 48, Ésmein 13 b. 1.

23) 1907년 8월 17일 현재의 본문 제22조. 조문은 Raccolta ufficiale delle leggi e dei decreti del Regno d'Italia 1889 II nr. 6166, 1907 nr. 638, A. Bruno, Codice politico amministrativo (Firenze 1914) p. 171에 있다.

정부가 발동한 행위 또는 조치가 문제가 있는가에 대해서 이의한다는 것을 배제한다는 데에 있다. 이러한 규정은 원로원의 위원회에 의해서 처음으로 법률초안에 들어가 프랑스의 선례에 명백하게 관련되지만, 그런데 그렇게 확정된 영역의 내용에서는 완전하게 명확함을 결여한 것이다.[24] 크리스피(Crispi)*는 통치행위(atti del governo)란 국제법, 공법 또는 교회법의 모든 광범위한 영역에서 국왕의 대권이 설명된다고 정의하였다. 이 문제에 대한 예로서는 폭동과 전염병에 대한 처분만이 모든 관계자에 의해서 언급되었다. 실무는 어렵게 발전하였다. 1891년과 1893년에 최고법원(Kassationshof; Corte Suprema di Cassazione)과 참사원은 견해가 분분함에도 불구하고, 단 하나 확실한 것은 이러한 행위의 경우에는 항상 국가의 안팎의 안전에 대한 일반적 이익이 문제로 된다고 판시하였다.[25] 1895년 참사원은 이렇게 판시하였다. 즉 자연법에 따라서 이미 행정으로서의 집행권의 통상의 기능은 행정재판권에 앞서서, 특별한 기능(정치적 필요에 의한 예외 법규)은 오로지 재정자로서의 양원에 선행한다는 것이다.[26] 1906년 최고법원 합동부는 이렇게 판결하였다. 즉 행위의 내용이라기 보다는 오히려 행위의 구속이나 자유의 정도가 결정적이다. 잘 정비된 행정 시스템에 대해서 특징적인 것은, 공무원(Funktionär)의 재량에는 아무것도 또는 거의 아무것도 맡기지 않는다는 것인데, 이에 반하여 정치권력은 바로 재량의 자유에 의해서 특징지워진다는 것이다.[27] 이로써 물론 통치와 행정을 내용상 모두 구별할 수는 없고, 그러한 구별은 이탈리아 법학의 개인주의적인 기본 성격과는 대체로 거리가 먼 것이다. 우리는 여기서도 형식적 규준들이라는 기반 위에 있다. 통치행위의 규준으로서의 정치적 동기(이것은 사실상 오늘날에도 여전히 이탈리아 판례의 최종적인 기초인데)로부터 전통적으로 승인된 실질적인 유형들의 하나에로 소속성을 확정하는 것과, 프랑스적인 실무가 진보해 나아가는 것에 대해서 이탈리아는 아무런 주의도 기울이지 않았다. 그 결과 실제적인 의의는 높아졌지만[28] ― 실천의 내용은 그다지 만족스럽지 못하다.

스페인의 법은 통치행위를 (통제로부터 자유로운) 재량에 편입시켜, 이러한 곤란을

---

24) Atti parlamentari, Camera dei Senatori, Discussioni, Legisl. 16, sess. 2 (1887/88) II 1186 s., 1191 s., 1213 s., 1218. 간단한 기록은 Giurisprudenza italiana 1894 III 71 ss. Anm., Gabba in Reale istituto lombardico di scienze e lettere, rendiconti ser. 2 vol. 29 (1896) 417 ss. 크게 과대평가하는 것은 Le Courtois 247.

25) Giurisprudenza italiana 1894 III 72, 74 Anm.

26) 같은 1895 III 297.

27) 같은 1907 I 214.

28) 그러한 한에서 v. Laun 167은 부정확하다. 이에 대하여 예컨대 참사원이 통치행위로서 심사하지 아니한 국왕의 명령 문제에 대한 참사원 견해의 중요성 (상세한 것은 H. Gmelin, Umfang des königlichen Verordnungsrechts und das Recht zur Verhängung des Belagerungszustandes in Italien. Freiburger Abhandlungen aus dem Gebiete des öff. Rechts XII (1907) 119 f.)을 참조. Giurisprudenza italiana의 거의 모든 권(卷)은 통치행위 문제에 대한 결정을 포함하고 있다(색인에서는 대체로 Competenza civile의 표제어 항에 있다).

배제하고 있다.[29]

　미합중국에서의 독자적인 발전은 정치적 행위의 재판권에 대해서 유사한 예외적 지위라는 결과가 되었다. 18세기의 영국의 실무는 국왕대권의 일반적인 불가침권[30]이라는 것 외에, 외국과의 조약은 법원의 판결의 대상이 되지 아니한다는 원칙으로 발전시켰다.[31] 미국의 실무는 처음부터 원칙적으로 모든 정치적 행위들을 법원들의 관할권에서 제외하고 있는데, 대부분의 경우 그러한 경우 정치적 행위를 확정하기 위한 원칙도, 전형적인 사례의 목록조차도 추구하지 아니하였다. 출발점은 권력분립의 원리에 있다. 이 원리에 의하면 연방이라는 하나의 기관에 관할권을 배분하는 것은 그 밖의 다른 기관들의 배제와 다른 권력의 행위들을 승인하는 그 연방의 의무를 의미한다.[32] 사법부에게 관할권이 있는 것은 인격 또는 재산권(rights of person or property)이 문제로 된 경우에 한정된다. 가령 예컨대 주권, 정치적 재판관할권, 정부, 국가로서의 단체의 존재에서의 권한들이 문제가 된 경우,[33] 또는 최근에 더욱 용의주도하게 말해지듯이 한편이 다른 어느 한 부분을 압도하는 경우에 권한이 없는 것이다.[34] 대통령과 의회가 더욱 헌법상의 정치권력을 확정하는 것을 제외하면, 정치적 행위를 확정하기 위한 원칙은 발견할 수 없으며, 더구나 전형적인 사례의 목록도 볼 수가 없다.[35] 그러나 미국에서는 정치적 행위를 위한 형식적 규준을 추구하려는 경향이 나타나고 있어, 그 규준은 구속된 행위, 즉 사무적 행위와는 다르며 재량의 자유에서 발견할 수 있다.[36] 따라서 정치권력의 불가침권은

---

29) 상세한 것은 v. Laun 169 f. 1847년의 스위스 연방헌법의 초안은 정치적 분쟁을 연방법원으로부터 제외하려고 하였다. 그러나 그 한계설정의 어려움 때문에 중지되었다(E. Nägeli, Entwicklung der Bundesrechtspflege seit 1815, Diss. Zürich 1920, S. 121). 현재 이러한 어려움은 제114조의 제2항까지 규정된 시행입법을 실시하는 경우에, 실질적으로 열거함으로써 극복하려는 것처럼 보인다(Giacometti, Jahr. d. öff. R. XI 339).

30) 그것과 오늘날의 그 의미에 관하여는 Hatschek, Englisches Staatsrecht I 88 ff., Koellreutter, Verwaltungsrecht und Verwaltungsrechtsprechung im modernen England 195 ff. 그처럼 비합리적인 유래의 제도에 대해서까지도 오늘날의 실무에서는 다음과 같은 정당화가 생긴다. 즉 여기서 중요한 것은 사적 이익은 일반 복리에 희생되어야만 한다는 원칙의 적용사례의 하나라고 하는 정당화이다. Roux 33.

31) 인용문은 48 United States Reports (7 Howard) 56. 미국인이 인용한 자료는, 그것에 의하면 영국의 실무는 대체로 정치권력의 재판권으로부터의 독립을 이러한 의미에서 승인하였다는 것인데(73 U. S. Rep. [6 Wallace] 71 Anm., J. B. Thayer, Cases on constitutional law 1895 I 202), 나는 입수할 수 없었다.

32) 예컨대 Thayer 200 (71 U. S. Rep. [4 Wallace] 491), 192 ff.(48 U. S. Rep. [7 Howard] 43 ff.). 때로는 순전히 실제적인 고려가 행하여진다. 즉 사법은 현명하게도 대통령에 대해서 그 경우에 곧 탄핵의 방법으로 죄를 부과하는 행위를 강요할 수는 없거나(Thayer 200) 또는 대통령에 대한 소송상의 강제는 견디기 어려운 정치적 손해를 야기할지도 모른다(U. S. Rep. [4 Wall.] 479, 486 f., 490, 500 f.)는 고려이다.

33) Thayer 204 ff. (6 Wall. 74 ff.)

34) J. W. Burgess, Political science and comparative constitutional law 1890 II 327.

35) 리딩 케이스(일부 위에서 인용한)는 개별 국가의 정부의 법적합성, 재구성법률(Rekonstruktionsgesetz)에 따라서 정복된 남부 주들에서의 독재권력, 국제관계, 국외추방에 관한 것이다.

36) Thayer 198, 199 (4 Wall. 478, 498 ff.)는 「정치권력의 sic volo sic jubeo [나는 그렇게 의욕하고 그렇게 명한다]」에 반대한다(Thayer 203). 자유재량행위는 최근의 문헌에서는 별개의 것을 의미한다.

결국 이탈리아나 스페인처럼 재량의 통제를 배제해버리는 것이다.[37]

정치적이라는 개념과 정치권력의 개념을 둘러싼 외국의 이론과 실무에서의 수많은 노력은 이처럼 만족스럽지는 못하지만 독일에 대해서는 여러 가지 관점에서 유익한 것이다.

첫째로 독일법에서도 이 개념을 실제로 사용한다는 관점에서 계발적이다.

물론 독일에서는 정치권력에 대해서 특권적인 법적 상태가 (일부 프랑스법, 이탈리아법, 미국의 법적 상태에 일치하여) 귀속되어야 할 모든 사례에서 어려움이 배제된다. 그것은 정치권력이 문제로 되는가의 여부, 이 결정이 최고의 정치적 수뇌부 그 자신에게 위임된 것을 통하여 회피되고 있다.[38] 그리하여 라이히 수상은 한 외교직 공무원의 행동이 정치적 또는 국제적 동기에 따른 것인가를 직권에 의한 성명으로 확정하고, 그것으로 그 공무원에 대한 라이히의 책임을 배제하고 있다. 그리고 라이히 정부가 결정하는 것은 심판자가 아닌 공무원이 정치적 성격을 가진 지위를 차지하고, 특히 공화국 보호를 위한 과제를 맡고 있는가, 그리고 그러므로 가퇴직처분으로 전출케 하는 것이다.[39]

이에 반하여 「정치적」 영역을 확정하는 것은 정치적 결사 또는 집회*에 관한 라이히 결사법의 규정을 적용함으로써 더욱 중요한 의의를 가진다.[40] 이 점에 관하여 독일도 입법과 실무는 형식적으로나 실질적으로 적어도 외국에서의 상술한 상응하는 법적인

또한 Le Courtois 256도 참조.

37) 예컨대 E. Freund, Öff. Recht d. Ver. St. v. A. (1911) 100 f. — 모든 주요한 계기는 이미 1803년의 Marbury v. Madison (5 U. S. Rep. [1 Cranch] 170) 사건에서의 대법원장 마샬(Marshall)의 고전적 판결 속에 있다. 즉 법원의 직무는 단지 개인의 권리를 결정하는 것이며, 행정부나 행정관료들이 그들이 가지고 있는 의무를 어떻게 수행하는가를 조사하는 것은 아니다. 그 본질상 정치적인 문제 또는 헌법과 법률에 의해서 행정부에게 맡겨진 문제는 결코 이 법정에서 결정할 수 없다. 그것과는 달리 처리하는 것은 아마도 무절제, 부조리 그리고 월권일 것이다(168). 그 후의 사건에서는 어떤 때는 A의 계기에 의해서, 어떤 때는 B의 계기에 의해서 논증되고 그 경우 계기의 각각이 별개로 또는 단지 몇 개의 계기가 합하여 소송의 방도를 배제할 것인가의 여부는 해명되지 않고 — 선례는 언제나 명백하게 「건전한」 그리고 「합리적인」 판단기준의 명백한 예증으로서만 사용된다.

38) 1910년 5월 20일의 라이히 관료에 대한 라이히의 책임에 대한 법률 제5조 2호. 그 규정은 외국의 유사한 것을 알지 못하고 도입한 것인데, 그러나 이 점에서도 또한 위원회에서의 정부에 의한 이유 속에는 외국의 실무와 유사한 논거가 발견된다. 특히 여기서는 바로 의심스러운 권력분립이라는 논거이다. 즉 어떤 관청의 정치적 성격은 그것이 의회에 대한 책임을 근거지운다는 것에 의해서 필연적으로 법원에 대한 경합적 책임을 배제한다(Verh. d. Reichstags Bd. 275 Nr. 366 S. 1913).

39) 1922년 7월 21일의 공무원의 공화국 보호의무에 관한 법률 제3조, 제4조 2항 3호(RGBl. I 592 f.). 법원은 경우에 따라서는 제3조에 의해서 인정된 상응하는 란트 법률에 대해서 제3조에 의한 정치적 공무원으로서의 란트의 공무원 취급이 헌법상의 기득권의 보장(라이히 헌법 제129조)에 대해서 준수되는가의 여부를 심사하는 입장이 될는지도 모른다.

40) 상세한 것은 어느 정도 결사법이 1918-19년 이래 여전히 타당한가 하는 문제에 대해서는 여기서 들어가지 않고 그대로 둔다. 마찬가지로 그 밖에 여기에 들어가는 라이히 법상의 규정들이 열거되어서는 안 될 것이다. 또한 1921년 3월 23일의 국방법 제36조, 그것은 군인에 대해서 정치적 결사와 집회에 대한 이외에 정치활동 일반을 금지한다. 또는 예컨대 그 원래의 조문에서의 소득세법 제13조 7호(1921년 3월 24일의 법률에 의해서 개정).
    그 밖의 사용예들은, 예컨대 「정치적」 불법행위의 예는 이러한 관련에 속하지 아니한다.

불안정과 마찬가지로 만족스럽지 못하다. 형식적으로 그러한 것은 독일의 실무가 여기서 프랑스처럼「정치적」사항의 승인된 유형을 열거함으로써 자구책을 강구하려고 노력하는 한 나타난다.41) 실질적으로 그러한 것은 그때「정치적」과「국가적」이 근저에서 동일시되고 있는 한에서, 따라서 여기서는 다른 용어법의 개념에 대하여「정치적인 것」이라는 제2의 개념이 도입된다. 예컨대 공무원에 대해서 라이히의 책임에 관한 법률이나 공화국 보호를 위한 공무원의 의무에 관하여 법률에서 사용하는 바와 같다. 또한 이러한 결사법상의 개념이 국내나 국외의 일반적인 용어법의 개념과는 전혀 다른 것인 한 ― 그것은 가장 대중적인 기본권의 하나를 법률적으로 실시하는 경우에 특히 중요한 결함인데 ― 실질적으로 바람직하지 않다.

여기서도 책임을 담당하는 것은 개념들의「사회적」,「메타 법학」,「정치적」인 내용을 가능한 한 제거하고, 도처에서「형식적인」규준으로 환원하려고 하는 경향이다. 이 경향을 독일의 법학은 외국, 특히 라틴 국가들의 법학과 함께 공유하고 있다. 외국에 있어서의 이러한 경향은 순수하게 합리주의적인 기초에 근거하고 있는데 ― 통치와 행정을 구별하기 위해서 합리적인 근거가 결여된 것을 한탄하는 어떤 프랑스의 저술가는 정치권력이라는 개념에 대한 프랑스적인 불안정이나 거부의 궁극적 동기를 폭로한다42) ― 이에 대해서 이 경향은 독일에서 비교적 최근에 일어난 것이며,43) 더구나 우리들의 문제에서 그 의미는 19세기 중엽의 독일 국가이론이 이미 획득한 성과들을 사후적으로 포기하는 것이다. 그리하여 통치와 행정은 외국에서와 마찬가지로, 보통 자유와 구속의 관점에서부터 마치 구속된 정치적 자유나 재량적인 행정행위가 아닌 것처럼 구별된다.44) 앞의「정치적」결사와 집회의 개념규정도 이러한 관련에 속한다. 결국 정치적인 것의 개념은 전통적인 정치적 개념 세계 속에서 당연히 주어진 것이며, 어감이란 점에서 생겨나오지만「정치적인 것」이란 개념이 무시되고, 국가와의 관계에 의해서 대체된 보다 형식주의적인

---

41)「국가, 그 헌법, 그 입법 또는 행정, 신민의 국가시민적 권리와 국가 상호간의 국제관계를 직접 포함하는 사항」― 참조. Delius, Das öffentliche Vereins-u. Versammlungsrecht 5. A. 1912 S. 212 ff. 또한 Verh. des Reichstags 232, 4582 그리고 일반적으로 W. van Calker, Zeitschr. f. Politik III 284 ff.에서 정리된 것.

42) Fabre 126. 프랑스 국가이론이 비합리적인 요소를 담은 것이 이처럼 불가능한 것에 대해서는 E. Kaufmann, Auswärtige Gewalt und Kolonialgewalt in den Vereinigten Staaten von Amerika (1908) 30 ff. 참조.

43) E. Kaufmann, Kritik der neukantischen Rechtsphilosophie (1921), z. B. 50 ff.

44) 많은 것 대신에 G. Meyer-Anschütz, Lehrbuch d. dtsch. Staatsrechts 7. A. (1919) 29; G. Jellinek, Allg. Staatslehre 3. A. I 616 ff. (김효전 옮김, 499면); O. Mayer, Theorie S. 7 ff.; Fleiner, Instit. d. dtsch. Verwaltungsrechts 3. A. 4 f., Schweizerisches Bundesstaatsrecht 216 Anm. 1. 무엇보다 이미 F. J. Stahl, Philosophie des Rechts 3. A. II 2 S. 194도 그렇다. 이 때에 기초가 된 잘못은 공무원의 재량의 자유와 정치적 형성의사의 자유가 동렬에 놓인다는 점에 있다. 정치 기관의 정치 의사는 헌법에 의해서 전제되며 다만 일정한 베트(Bett)로 인도될 뿐이다. 따라서 선거의 의무가 아니며, 군주나 의회의 의무가 아닌 등등. 이들 기관의 특성은 왜곡되고 실질적으로는 아무것도 얻지 못한다. ― 가령 그 기관이 가장 불완전한 법(leges imperfectissimae)에 의해서 그 활동의 의무가 부과되고 있을지라도 그렇다. 그리하여 이러한 정치적 의사는 그 원천에서 볼 때 자유이며, 이데 대해서 자유로운 재량은 단지 그 행사란 점에서 볼 때에만 어떤 의미에서 자유이다.

시대의 경향과 반대로 실질적인 내용규정은 회피되고, 형식적인 규정으로 대체되었다.[45] 그 결과 저 불쾌하고 또한 어떤 실제적인 필요에 의해서도 정당화되지 않는 개념의 확장이다. ― 이러한 개념의 확장은 국법에 있어서 형식주의적 방법을 가진 정치적 위험성이라는 것의 많은 예 가운데 하나이다.

통치의 영역을 적극적으로 규정하는 것은 단지 국가이론상의 포괄적인 서술의 대상일 뿐이다. 그것과 관련하여 국가이론의 이런 부분에서 사용가능이 부족한 개념들의 의의를 확실히 하기 위한 것일 뿐이며 다음에 그러한 결과가 적어도 시사할 것이다.

형식주의적 국법학도 이 점에서 대부분 정당하다고 생각하지만 더구나 외국의 법학에서는 상술한 그러한 공법의 전개에 의해서 다음과 같은 통찰에 도달하였다. 통치와 행정의 양 개념은 결국 입법과 사법을 제외한 국가기능들의 전체의 보충적인 한 부분일 것이므로 통치의 개념은 행정의 개념에 의해서 방향이 정해져야 할 것이다.

이러한 관점에서 통치는 국가가 자신과 자신의 본질을 규정하고 관철하는 정치의 영역에 속하는 위에서 표시된 영역의 부분으로서 규정되는데 반하여, 행정은 국가가 다른 목적을 위해서 봉사하거나 또는 그 정치적 기능을 위한 단순한 기술적 수단만이 되는 부분으로서 기능한다. 그리하여 독일 국가학에서는 이전부터 「통치활동을 특징짓는 통일성」이란 것이 행정과 대조된 방향에서 다룰 수 있을 것이다. 요컨대 「통치의 경우는 전체적으로, 행정의 경우는 특수 개별적으로 지향한다」.[46] 이러한 의미에서 통치이론의 고전적인 학자인 로렌츠 폰 슈타인(Lorenz v. Stein)을 상기할 필요가 있다.[47] 그와 다른 사람들도 정당하게 국가에 있어서의 정치 행위의 특성을 명백히 하였다. 그 특성은 정치 행위가 자주 대상이 없고, 단지 국가의 「정신」을, 국가생활을 위한 통일적 의사의 방향만을 형성하고, 국가생활과 국가기능에 있어서 그때그때의 통일성을 만들어내는 점에 있다. 그 모든 것은 최근 도입된 표현을 사용하면 국가적 통합의 과정(Vorgänge der staatlichen Integration)인 것이다. 이 표현은 비교적 오래된 사회학을 조금 변형하여 빌리고, 그 대상을 나타내 표현하기 위해 반드시 필요한 것이다. 다만, 그것이 대상을 결여한 것으로서, 이러한 통합에 한정되는가의 여부,[48] 또는 외부로 향해서도 동시에 (넓은 의미의) 법률행위상 유효하게 작용하는가의 여부는 그대로 내버려 둔다.

---

45) Delius, a. a. O. 그리고 거기에 열거된 자료 참조. ― 이러한 실무의 역사적 이유는 본문에서 서술한 것을 아무것도 변경하지 아니한다.

46) K. E. Zachariä, Vierzig Bücher v. Staate 2. A. I (1839) 124. 유사하게 많은 그 후의 것들은 예컨대 Bluntschli, Allg. Staatsrecht 4. A. I, 461 ff. II 95 f.

47) 예컨대 Verwaltungslehre 2. A. I (1869) 145, 148 f., 198, 202, 250, 253, 256, 275 ff.; Handbuch der Verwaltungslehre 3. A. I (1887) 94-98.

48) 이 경우만을 O. Mayer 2. A. I 3은 그가 통치를 다음과 같이 정의할 때에 염두에 둔다. 즉 「전체의 최고 지도, 국가의 정치적 운명과 국내의 문화적 발전에 대해서 통일적인 방침을 부여하는 것 ... 통치는 모든 종류의 유효한 국가활동을 좌우하는데, 그러나 그 자체로는 그 어느 것도 아니다...」.

정치적인 것을 이렇게 규정하는 것에 대해 유일하고 진지한 의문은 다음과 같을 것이다. 즉 이러한 개념규정도 국내정치와 대외정치의 대립을 정치적인 것으로 통일성에로 총괄할 수 없을 것이며, 따라서 적어도 그런 점에서는 정치적 영역의 개별적인 부분이 프랑스의 통치행위의 실무와 독일의 결사법의 적용과의 기초가 될 수 있다는 열거를 다시 제기할 필요는 없을 것이다. 바로 독일의 국가이론에서는 국내정치와 대외정치의 관계에서의 전통적인 논의에서 보이는 문제가 된 방향과 논증 방법에 따라서 문제를 근본적으로 만족할 만한 해명을 할 수 없어서 정치의 양 측면의 공통성을 볼 수 없는 경향이 있다.[49] 실제로 국내정치에서도 대외정치에서도 똑 같이 문제가 될 수 있다. 결국 국가의 개별적 특성을 전개하고 확대하는 것이 문제될 뿐이다. 이 점에 관한 한 적어도 제시할 수 있는 것은 상당히 위험한 유추이지만 인간의 인격성이라는 생활의 유추이다. 인격성의 통일이 자연인으로부터 전개될 수 있는 것은, 한편으로는 고립된[50] 행동과 정신생활이 의식적이든 무의식적이든 현실을 형성하거나 또는 자기형성의 행위에서 계속적으로 이 통일성을 만들고, 확인하고 자각하고, 전진적으로 형성함에서이다. 다른 한편, 개별적인 인격성은 개인이 외계와의 대결에서 자기의 과제, 특성, 인생의 의의를 발견하고 주장함으로써 발전된다. 국가생활에서도 이와 유사하다. 즉 국가가 그 개별적 특성을 규정하는 것은, 국가에 대해서 그 정치적 프로그램을 설정해야 할 국내정치의 의식적인 행위(선거, 의회의 심의, 프로그램의 확정 등등)에 의해서, 또한 오로지 기술적인 성격을 가지지 않는 한, 국가의 그 밖의 모든 활동 — 그런 경우에 여기에다 역사나 상황에 따라 우연하게 규정되는 모든 활동이 첨가된다 — 을 통해서이다. 그러나 국가는 대외정치에서도 그 개별적인 특성을 규정하고, 이 특성에 영향을 미치고, 그리고 국가 그 자체가 형성된다. 거기에서 대외정치는 정치생활의 형식이며 그것도 비교적 낡은, 본래 유일하지는 않지만 역시 지배적인 형식이다. 제국주의를 대상이 상실된 특정한 형태의 팽창노력으로 개념 규정하는 것이 최근 나타났고,[51] 또 논쟁이 심하지만, 본질적으로 타당할 수도 있고 그렇지 않을 수도 있다. 그 개념 규정의 경우, 또 이를 둘러싼 논쟁의 경우에 거의 항상 간과하는 것은 대외정치가 정치이고, 단지 기술적 목표만을 노리지 않는 한, 대상이 없다는 계기가 모든 대외정치에 고유하다는 것이다. 결국 대외정치상의 논의에서 논쟁이 있는 것은 일부는 국가의 대상을 둘러싸고 있으며, 일부는 국가의 주체적인 인격성의 영역을 둘러싼 것뿐이며 그래도 공간적 또는 동태적인 관점에서이다. — 그것은 종교전쟁, 왕위계승전쟁, 경제전쟁, 국가병합전쟁과 방위전쟁을 통하여 하나의 동일한 것에 머무르는 계기이다. 그리고 이러한 계기가 국가의 대외관계 속에 포함되는 한에서만 그 관계는 정치이다. 따라서 정치적 요소는 여기서 국가의 내부에서 정치적 통치를 기술적 행정으로

---

49) 특히 예리하고 사려 깊은 것은 — F. Tönnies와 관련하여 — Wolgast, Arch. d. öff. Rechts 44 (N. F. 5) 75.

50) 여기서는 궁극적 의미에서 고립된 정신생활이 존재하지 아니한다는 것을 도외시할 수 있을 것이다.

51) Schumpeter, Archiv für Sozialwissenschaft und Sozialpolitik 46 (1918) S. 13. 나아가 Hashagen, Weltwirtschaftliches Archiv 15 (1919) 165 ff.

부터 분리하는 것과 동일한 것이다.52)

    여기서는 단지 잠정적으로만 획득된 내용적으로 명확한 정치적인 것의 개념은 세 가지의 방향에서 성과가 있을 수 있다. 즉 실정법에 대해서, 국법이론 전체에 대해서, 일반 국가학에 대한 것이 그것이다.

    실정법에 대해서는 정치적인 것의 개념이 법률에 의해서 사용된다는 것이며, 법의 적용을 탐구하는 것에 의한다. 이런 점에서 판결은 그 과제를 달성하지 못하고 있다. 그렇게 된 것은 판결이 형식적인 규준이나 관계로 물러서든가 또는 경험적인 내용의 열거를 누락함으로써 개념의 규정을 회피하는 경우, 그때에 이러한 예를 들면, 모든 행정기술적인 사항을 정치적인 사항에 있다고 선언하지 않을 수 없는 경우이다.53) 독일 국민은 정치적인 것의 본질에 대해서 계발을 확실히 필요로 하는데, 화장(火葬)을 도입하는 것이 정치적 사항이기 위해서는 화장 조합은 정치결사54)의 문제가 된다는 지도적인 최고법원의 판결에 의해서 독일 국민이 계몽된다는 것은 자유로운 국가에서는 적당한 것이 아니다.

    마찬가지로 국법이론 전체도 정치적인 것의 개념을 필요로 한다. 왜냐하면 국법은 정치적인 것을 대상으로 하며, 기술적 법인 행정법과는 달리 정치적인 법이기 때문이다.55) 이 점에 관해서도 개념획정은 양 영역의 본질적인 대비에 의해서만 성공할 수 있으며, 예컨대 헌법으로서는 국가가 정지한 채로 존립하는 경우의 국가조직인데 대하여, 행정법 으로서는 국가가 기능하는 것이라고 잘 알려진 규준이라는 것으로, 보통의 형식적인 규준으로 도피해서는 성공하지 못한다. 그리고 특히 그러한 방법에 의해서만 국법은 그 고유의 대상을 발견할 뿐이다. 즉 제도와 기능들의「총체를 통하여 국가의 의사는 통일체로서 기초지워지며 표명되는 것이다」. 즉 그 총체를 통해서 국가는 지속적으로 또한 언제나 새롭게 통일체에로 통합되는 것이다. 국법은 행정법과는 달리, 제도와 기능들 의 총체라는 규제(Regelung) ― 그것으로 국가의 그렇게 구성된 의사가 다양한 생활관계 속에 실현된다 ― 가운데 있다.56) 그러나 독일 국법학이 국가단체라고 생각하여 가산국가 적 이론(patrimoniale Theorie)*을 극복한 이래 독일 국법학은 이러한 단순한 보조적인 수단의 지배를 받아들여서, 그 이후 독일 국법학의 과제를 사법상의 단체이론의 의미에서 이해하고 있다. 요컨대 전체라는 이름에서의 행위를 위해서, 즉「법률행위적 국가행위」를

---

52) 그 경우 나아가 이러한 통일성에서 결과하는 것은 여러 가지의 기능들이 함께 하나의 전체를 이룬다. 이러한 기능은 얼핏보면 완전히 상반되는 것처럼 생각되는 근거에 의해서 정치권력의 기능으로서 행정의 영역에서 분리된다. 예컨대 오토 마이어가 열거하는 바에 의하면,「헌법상의 보조적 활동」그리고 대외정치 나 전쟁수행의 영역이다(O. Mayer, Verwaltungsrecht 2. A. I 7 ff.).

53) van Calker, a. a. O. S. 303 f.

54) 프로이센 상급 행정재판소(Preuß. OVG) 39, 444. 도시의 토지소유자 조합, das. S. 440.

55) 예컨대 여기서 요구된 의미에서 반대의 것이 이해되는 것은 L. Spiegel, Verwaltungsrechtswissenschaft 33 ff.이다.

56) H. v. Treitschke, Politik II 3.

위한 기관과 그들 기관의 대리권 또는 대표전권의 단계를 명백하게 한다는 데에 의미가 있는 것이다. 그러나 국법의 첫 번째 과제는 국가 전체의 통합, 즉 국법상의 최고기관, 왕권, 의회의 토론과 비판, 조각 또는 그것의 제일 중요한 완전히 통합하는 기능이 대상을 흠결한 존재라는 데에 있다. 통상 그것은 국법이론에 있어서 국법상의 기관대리권의 제도라는 관점에 비하여, 당연히 무시되고 있다. — 마치 여러 가지 국가지배자나 정부나 의회가 할 수 있는 한, 많은 법률행위적 국가의사를 전속적으로 생산하는 권한이 있으며, 그에 의해서만 법적으로 특징지워진다는 그런 점에서 법적 존재의 의미를 찾는듯이 무시된다.57)

이러한 대비는 거의 의식되지 않았다. 그것을 최근까지 매우 예리하게 전개한 사람은 로텐뷔허(K. Rothenbücher)*이다. 「헌법구조의 법적 연구는 국가권력을 중심으로 생각하고, 누구인가 국가에 고유한 명령권과 처분권을 행사하는 권한을 가진다는 것을 확정하고, 이러한 권한행사가 어떤 법적 조건에 구속된다는 것을 확정한다. 이에 대하여 정치적 고찰은 통치권에 의문을 제기한다. 즉 누구인가 모든 실제의 사정 전체를 고려하여 자기 스스로의 의사로 국가의 전체 태도를 내외로 규정하는 것이 가능하며, 그래서 국가에 고유한 권력수단을 자유롭게 행사하는 것이 가능한가 하는 의문을 제기한다.」58) 그러나 이러한 「전체 태도」를 얻는 것은 사실상으로만 제약되지 않고, 헌법에 의해서 동시에 규범적으로도 규정되며, 그리하여 이렇게 규범화하는 것은 더구나 헌법의 가장 중요한 내용이다. 그 내용으로 법률행위상의 전권은 제약되며, 그런 내용의 하위에 두고, 그 결과 전권은 그런 법적 효과라는 점에 헌법의 내용으로부터 대체적으로 이해될 뿐이다.

국법이론이 오로지 이렇게 해서만 그 고유한 대상을 인식하고, 그 대상을 자유롭게 그럼으로써 최초로 그 방법에 의한 확실한 기초를 얻는 바와 같이, 국법이론은 그럼으로써 동시에 최근 논의되는 「국법학자와 정치」라는 문제가 인상 깊게 드러낸 위험, 말하자면 형이상학의 영역에로 도피한다는 것에 사로잡히진 아니하였다.59) 물론 형식주의적 국법학은 형식주의적 개념법학의 논증으로 전제한 많든 적든 자각되지 아니한 가치판단과의

---

57) 후고 프로이스(Hugo Preuss)는 정치 기관의 의의와 거기에서 결과하는 그 특별한 국법상의 지위를 그가 명명한 대표기관에 대한 이론 속에서 대부분은 적절하게 전개하였다(Städtisches Amtsrecht in Preußen 1902 S. 70). 그러나 거기에서 얻은 것은 그가 이 기관을 「공동체의 활동 전체를 규율하는 최고의 의사를 법적 구속력을 가지고 표명하고 밖으로 향하여 표시하는 것」에 한정하는 경우에 다시 상실된다. 이 경우 이러한 기관에 대해서 조차 초월하고 선재하는 공동체의 실재가 전제되어 있으며, 또한 그때 물론 특별한 기관에 의한 이 실재의 고유한 통합의 여지는 없다.
통합의 계기에는 본질적으로 법의 실체와 행사, 특히 국가권력의 실체와 행사의 구별 — 그것은 최근에 이르러 비로소 결정적으로 부정되었는데 — 을 새로이 다시 시작하는 것의 정당한 핵심이 있다. 참조. Carl Schmitt, Politische Theologie 1922 S. 40 (김효전역, 『정치신학』, 28면). 그리고 이에 반하여 E. Kaufmann, Über den Begriff des Organismus in der Staatslehre des 19. Jahrhunderts 1908 S. 8. 국가적 본질과 사고 이전의 단계에 대해서 문제는 완전히 다른 것이다. 결론에서의 시사를 참조.
58) Die Stellung des Ministeriums nach bayerischem Verfassungsrechte (1922) 71.
59) R. v. Laun, Arch. d. öff. R. 43 (n. F. 4) 161.

사이를 여기 저기 동요하는 것이다. 여기서 주장하는 견해는 하나의 매우 분명하고 대단히 확실하게, 실로 대상 그 자체에 의해서 요구된 도피를, 즉 헌법의 고유한 핵심과 의의로서의 정치적 통합의 영역에로의 도피를 제공한다. 이 영역은 성실한 연구에 의해서 접근할 수 있는 영역이며, 따라서 모든 국법상의 개별적 연구에 대해서 결정적인 출발점이다. 오로지 이렇게 해서만 국법학상의 연구는 — 교회법이라는 인접 영역에 있어서 일치하는 상황에 대해서 이른바 칼(W. Kahl)*의 표현으로는 — 「나침판과 키가 없는 항해」가 아니고, 또 그렇게 독일 국법학은 「법명제」(Rechtssätze)만을 전개하는 것이 아니라 「법원칙」(Rechtsgrundsätze)의 확고한 기초 위에 있는 것이다.60)

끝으로 일반 국가학도 정치적인 것의 개념과 정치권력의 개념을 필요로 한다는 것은 물론이다. 일반 국가학이 지금까지 한 것 이상으로 그런 개념을 더욱 실제로 성과 있게 할 수 있다는 것은 여기서 하나의 예, 국가형태론에서 나타날 것이다. 국가기능론이 합리주의적인 권력분립이론으로서 권력 상호 간의 형식적인 관련을 의지하고 있듯이, 또는 독일 국법이론에 있어서 그것이 가산국가적인 정식에 대한 논쟁적인 정점을 통하여 처음부터 본질적으로 소극적인, 그래서 형식주의적인 국왕과 등족신분에 의해서 조직된 국가법인의 형식적인 의사통일성에 대한 관심에 구속되었듯이, 국가형태론도 주로 형식적인 규준에 의해서 규정된다. 그리하여 지배적인 조직형태와 조합적 조직형태의 대립은 점차 형식적인 공동질서관계의 대립이라는 의미로 이해되고, 적어도 그 대립은 끝났다고 생각되지 않으며, 그리고 이 대립은 그 궁극의 실질적 의미를 명백히 하지 못한다. 그리고 국가의사형성의 최고기관 또는 최고의 단계를 형성하는 것이 결정적이라고 선언된 경우에도 형식적 관계가 중시된다.61) 무엇 때문에 위로부터 아래까지 일관되어야 할 모든 기관의 유형이 헌법의 유형 속에 정리함에 있어서 결정적이어야 할 것은 아닌가?

국가에서 정치권력에 관한 이론은 또 다른 하나의 출발점을 제공한다. 정치권력에 의해서 국가가 통일체 그 고유한 본질 전체에로 통합된다는 점에 정치권력의 본질이 있다면, 국가의 특성은 이런 통합요인에 있어서 기초가 되며, 또 국가의 통합요인의 다른 유형이 국가형태의 분류에 대해서 진정한 기초를 제공한다. 여기서 물론 명백한 것은 전통적 분류와는 별개의 분류이며, 특히 고대의 분류나 그에 따른 분류와는 별개의 것이다. 어떤 방법으로 또는 어떤 근거로 행할 것인가는 여기서 역시 간단히 설명할 것이다.

통합요인은 본질적으로 동태적·변증법적인 성질일 수 있다. 즉 여러 모순이 대결하는 과정에서 일반적인 국가의 방향과 본질적 특성은 언제나 반복해서 여론과 선거의 투쟁으로, 의회의 토의와 표결에 의해서 얻어진다. 국가가 자기 자신을 먼저 우선하여 이러한

---

60) Lehrsystem des Kirchenrechts und der Kirchenpolitik I, Vorwort S. VI.
61) G. Jellinek, Allgemeine Staatslehre 3. A. I 655 f. (김효전 옮김, 632면 이하).

형태로, 이런 과정에서 통합하는 것은 다른 모든 국가형태와는 명백히 다르며, 그의 특성을 이룬다. 그러한 한에서 의회주의는 하나의 국가형태 그 자체이다. 의회주의는 19세기의 시민적·자유주의적 문화의 전형적인 국가형태이지만, 원래는 정치상의 진리를 자동적으로 획득하는 형식으로서, 그러한 정치적 토론술의 생산력에 대한 합리주의적인 신앙에 의거하고 있다. 영국의 대화에 의한 통치(government by talking)라는 고전적 시대에서의 형태는 한 나라의 정치세계가 실제로 그런 점에서 다소간 흡수된 대표로 되는 상태인 것이다. 로만적 민족의 토대에서는 자주 동시에 발견할 수 없는 협소한 무대이며, 이 무대 위에서 수사적·변증법적 대결을 요구하는 국민의 요망은 만족되며, 또 중요한 정치상의 결정들은 실제로 이루어진다. 그러한 본질적·기능적인 국가형태에서는 통합요인으로서, 국가생활의 일정한 실질적인, 실체적인 내용이 있지만, 그것들은 어떤 일정한 자유의 파토스를 제외하면, 최근에 보여진 국가 일반에 대한 자유주의적 평가에 일치하여 결코 이의적인 것만은 아니다.62)

의회주의와 그 밖의 다른 모든 국가형태와 구별되는 것은, 후자에 있어서 결정적인 통합요인이 본질적으로 정태적인 성질을 가지고 있다는 것이다.

그리하여 군주제 국가형태의 본질적인 것은 공화제에서의 동료적인 성질과 대비하여 가장 중요한 국법상의 관계들의 지배적인 성질에 있는 것이 아니라, 국가적 통합의 특별한 성질이다. 군주제는 국가공동체가 그에 의거하는 가치들을 군주제의 존속을 통하여 대표하며 상징된다. 그러므로 군주제에서 정치적으로 본질적인 것은 의심할 여지없이 명백하다. 예컨대 현행법에 대해서 1918년 이전의 독일 개별국가들의 영역의 존립, 정치와 국가의 역사적 성격 — 프리드리히 대왕과 비스마르크의 유산은 하나의 군주제 독일만을, 그 유산이 수행한 것 같은 성질만을 나타낼 수 있었다 — 군주제 독일에 의해서 내외에 대표한 가치가 역사적으로 풍부하다는 것 — 포츠담과 바이마르의 대립은 지방들(Landschaften)의 하나의 대립으로만 느껴지고, 국가와 그 밖의 문화공동체로서 느껴지지 않는다 — 끝으로 대외정치상의 지위는 외국에 대해서 풍부한 역사상의 존엄을 가지고 있지만, 그러나 동시에 외국과의 전통적인 우호관계, 특히 왕실의 연대관계도 가지는 것 등이다. 여기에 군주제의 본래적인 기능이 있으며 그것을 독일의 문예작품은 한층 인상깊게, 국가이론으로 표현했듯이, 그것은 문예작품이 군주제의 의의를 가장 튼튼한 기초로 둘 때 반복된 슬로건과 비교를 통하여 확실히 할 때이다.63) 깃발이 그러하듯이, 왕위와 공동체가 본질적으로 정태적인 최고의 가치로 충만하다는 것을 상징하는 것이다.64)

---

62) 국법학은 이처럼 통합하는 기능들(예컨대 선거, 의사규칙, 예산의 확정, 대신의 책임)을 가장 넓은 의미에서의 법률행위상의 작용에 대한 그 특성에서, 그 국가형태가 우선 첫째로 전자에 의해서 결정되지 아니하는 국가의 법에서도 또한 주장해야할 것이다.

63) Habsburg IV (황제 Rudolf), Agnes Bernauer V 10 (Ernst 공작)에서의 형제의 불화.

64) 헤겔 자신을 인용하지 않기 위해서, 그에 의해서 함께 결정된 정식, 군주제의 통합작용에 대한 정식은 L. v. Stein, Verwaltungslehre 2. A. I 148 f. 즉 「인격의 본질이 요구하는 것은, 동일인의 내적 및 외적 활동의 모든 현상이 가장 내면적이며 절대적인 자기결정이란 점에서 다시 한번 집약되며, 그럼으로써

국가의 통합유형으로서 군주제에 반대되는 것이 민주주의이다. 이러한 대비는 너무 자주 행해져서 여기서는 단지 묘사만이 필요할 뿐이다. 진정한 민주주의는 본질적으로 영속적인 것으로서 느껴지는 가치와 진리의 존속에 의해서 대표되고 결합되는데, 이 존립은 절대적인 특성을 가지며, 또한 루소적인 합리주의적 신앙으로부터 민주적인 국민 전체에 한정되지만, 그러나 위대한 민주주의자의 [민주제가 가진] 확고한 국민적 에토스에 비하여 보다 구체적인 형태를 상정하고 있다. 예컨대 그러한 에토스는 먼로주의 (die Monroe-Doktrin)*를 특별한 에토스로서, 간섭행위의 기초를 이루는 신성동맹의 에토스로, 즉 낮게 평가하여 암시되고 동맹국만이 만족하는 모든 원칙65)으로 대립하는 데에 있다. 이러한 기초 위에 민주적인 의사의 작용방식은 군주제의 기초와 전적으로 일치하지만 의회주의의 기초로부터는 멀리 떨어지고, 그것은 특히 민주적인 의사의 플레비지트적인 형태로, 권위적이며 반대할 수 없는 국민적인 대표를 이루며, 하나로 종합하여 생길 수 있는 것이다.66)

오늘날 세계의 국가형태의 본질을 이렇게 근거지우는 동시에 고대의 국가형태이론이 적용될 수 없다는 것을 알 수 있다. 현대의 국가형태론의 전제는 가치내용에 의한 통합화, 개별적 특성의 형성이다. 그 가치내용은 군주제와 민주주의에 있어서 결국은 역사적으로 변화하는 것이며, 의회주의에 있어서 (또는 도처에 현존하는 입헌적 경향의 결과로서, 그 밖의 국가형태에서도) 기능적 변증법적인 통합수단에 의해서 끊임없이 경신된다. 이에 대하여 자신을 비역사적으로 느끼는 고대 국가의 가치내용은 진실로 정태적이며, 따라서 국가형태는 이러한 가치내용에 의해서 이루어지는 공동체를 항상 새롭게 통합해야할 뿐만 아니라 이 내용을 대표하여야 한다. 이것은 진실로 별개의 의미이며, 그것을 가톨릭교회의 — 이런 점에 진실로 고대적인 — 제도가 오늘날의 모든 국가형태에 대해서 가지고 있다.67) 따라서 고대의 국가형태론은 헌법의 순수한 형태의 이론이지만 한편 현대의 국가형태론은 현대의 정치생활의 본질적인 현상형태로서 국가적 통합과정의 사회학적 유형을 대상으로 삼고 있다.

여기서 상세하게 전개하는 것은 적절하지 않다. 다만, 어떠한 방향에서 헌법에 적합한 국가적 통합과 그 요인에 대한 이론이 비교 국가형태론을 위한 하나의 일관된 제3의 비교를 제공하는 데에 적합한가 하는 것만이 시사되어야 할 것이다. 이러한 이론은

최고의 인격적 생활의 내용과 사실에로 만들어진다는 것이다. 개별적인 인간에게 이러한 행위는 생명과 상당히 밀접하게 융합하는 것처럼 보이기 때문에, 우리들은 그 행위를 나누는 것도 또한 그 특수한 기능이란 점에서 그 행위를 설정할 수도 없다. 이에 반하여 국가에서 그 행위는 독자적이며, 동일한 기관의 의욕과 행위에 대해서 인격적인 자기결정이라는 최종적이며 최고의 계기를 부여하는 기관은 국왕이다」.

65) Fleischmann, Völkerrechtsquellen S. 29에 열거한 제49항.
66) Fleiner, Schweizerisches Bundesstaatsrecht 315 f.
67) Carl Schmitt, Die politische Idee des Katholizismus (나는 원고로 접할 수 있었다).

이념형적인 요인들을 명백히 하는 것이며, 그 요인으로부터 오늘날의 국가세계의 구체적인 국가형태가 여러 가지의 편성을 가지고 모든 개별 사례에서 명백해질 것이다.

독일 국법에 있어서의 시민과 부르주아*

1933년 1월 18일 프리드리히 · 빌헬름 베를린대학의 제국 창설 기념일에 행한 강연

루돌프 스멘트

    제국 창설 기념일은 독일의 대학들이 거행하는 커다란 국민적 축제일인데, 우리들은 이 기념일을 이것이 오늘날의 독일의 국민적 축제일에 일치하도록 억제된 어조로 축하합니다.* 1871년 1월 18일의 베르사유 사건은 동일한 무대에서의 다른 사건 — 우리들은 오늘날까지 이 사건의 그늘 아래 살고 있는데 — 에 의해서 벗어나지 못하고 있는데 우리들에게는 어두운 그림자가 드리운 것처럼 생각됩니다. 그리고 그 이래 1월 18일의 우리들의 대학에서의 축제는 자주 오늘처럼 여전히 바로 전후에 시작한 세월이 거의 규칙적으로 무겁게 짐져온, 특수한 정치적인 배려와 인고의 압력 아래 인정하였습니다. 그러나 우리들의 조국의 축제일과 보다 행복한 민족들의 축제일과의 또는 우리들 자신의 과거의 축제일과의 차이는, 우리들의 시대의 답답한 어두움 속에만 있는 것은 아닙니다. 우리들의 연장자들이 체제 전환 이전에 황제의 탄생일 또는 스당[전승] 기념일(Sedantag)* 을 축하하였다면, 우리들은 하나의 현재를, 즉 경신된 황제제에서 건설된 국가적인 통일성과 위세의 건곤일척의 전승에서 새롭게 창설된 권력적 지위와 독일 민족의 역사적인 사명의 현재를 축하한 것입니다. 이러한 현재는 우리들에게는 전적으로 문제가 없는 것으로 생각되었습니다. 이러한 현재는 자명하게 받아들이거나 또는 하인리히 폰 트라이치케(Heinrich von Treitschke)*의 역사적 · 정치적인 필생의 작업에서처럼 정열적인 · 인륜적인 적응에서 수긍되었습니다.

    이에 대해서 오늘 우리들에게 저 1871년 1월 18일의 황제의 대관과 전쟁의 영광은 과거의 것입니다. 그리고 우리들에게는 라이히의 통일성이 남았습니다. 이 통일성은 내던져지고 매도되고 훼손되었습니다. 내용에 대해서 우리들은 전혀 일치하지 않습니다.

---

*   Rudolf Smend, Bürger und Bourgeois im deutschen Staatsrecht. Rede, gehalten bei der Reichsgründungsfeier der Friedrich-Wilhelms-Universität Berlin am 18. Januar 1933. Preußische Druckerei-und Verlags-Aktiengesellschaft, Berlin 1933, 24 S. jetzt in: ders., Staatsrechtliche Abhandlungen, Duncker & Humblot, Berlin 1955. 4. Aufl. 2010, S. 309-325.

우리들은 그 내용을 부르주아적으로 또는 사회주의적으로, 재건으로서 또는 혁명으로서, 급진적으로 또는 타협으로서 그러나 여하튼 매우 다양하게 생각합니다. 남은 라이히의 통일성은 이러한 다양한 내용의 하나의 형식, 하나의 그릇에 지나지 않는다는 것은 아닙니다. ― 그리고 이 통일성이 우리들에 대해서 아마 여러 가지 목적들을 위한 수단에 불과하다면, 그 때에 우리들은 이 기념일을 더욱 공동으로 결합하는 것으로서 진지하게 축하할 수 있겠습니까?

또는 문제의 심각성을 바로 우리들의 학우들의 양심에도 절실한 형태로 움직이도록 말입니다. 오늘의 청년처럼 결연하게 「시민적」이려고 하지 않는 청년(Jugend)[1]에게는, 저 1871년의 사건은 여전히 오늘의 세상 속에 대해서 하나의 축제일로서의 계기가 되는 상당히 「시민적」인 것으로 생각되어야 할 것은 아닌가? 당시 역시 문제가 된 것은 독일의 시민적인 국민운동에 의 동경을 만족시키지 못했기 때문이다. 즉 바로 이 사건에서 야말로 독일적인 시민층과 독일적인 국가에 최종적으로는 서로 발견했기 때문이다. 그리하여 이 비스마르크적인 제국 창설은 우리들의 대부분은 니체 이래, 그리고 더욱이 오늘날, 그리고 특히 청년들 간에서는 모든 재난의 시작 ― 그 후에도 곧 유령 회사 범람 시대(Gründerzeit)*와 물질주의, 정신과 인류의 황폐, 기계화와 대중화, 빌헬름 시대, 끝으로 가혹한 결말이 이어진 ― 이라고 생각한 것은 아니었을까?

이러한 문제에 관련된 하나의 단면에 대해서 나는 오늘 나에게 나의 전문영역의 경계 속에서 가능한 한에서 하나의 부분적인 해답을 제시해 보려고 생각합니다. 물론 여기서 처음에 말할 것은 역사학에 의한 역사적인 고찰입니다. 비스마르크의 인격과 일을 처리함에 있어서 이 역사적인 고찰은 신속하게 전진하고 있는데, 그것은 새로이 개시된 많은 자료의 덕택만은 아닙니다. 이 역사적인 고찰은 비스마르크의 비인격적인 대항자의, 즉 독일적 시민층의, 명확화에서 반드시 그만큼 성과를 올린다고는 나는 생각하지 않습니다. 이 점에서는 수많은 개별적인 특징에서 아직 전체상은 성립하지 못했습니다. 그것은 아마 시간적인 간격이 아직 적기 때문일 것입니다. 이 점에서 그 역사적인 고찰 대신에 당면한 다른 사람들도 또한, 즉 법학자들도 자기 말을 할 수 있을 것입니다. 왜냐하면 시민이란 개념은 법학적인 재고목록에도 속하며, 일정한 시대의 인간과 시민의 개념들과 모습은 한 시대의 법의 여러 생각의 전제들에 속하며, 하나의 실정적인 법은 이러한 전제인 이러한 인간상의 지식 없이는 이해할 수 없기 때문입니다. 그리고 이 점에서 법학자는 역사가보다도 일정한 우위에 있습니다. 왜냐하면 법학자의 개념이나 모습들은 법체계 그 자체가 그렇듯이, 역사가의 그것보다도 더 단순하고 보다 일의적이며 보다 지속적이기 때문입니다. 법체계는 그 성립사와 그 개별성들이 모두 부서지는 경우에도

---

1) [Bürger에 관한] 이러한 거부의 단계들에 대해서는 Th. Geiger, Die soziale Gliederung des deutschen Volkes, 1932, S. 131.
　독일적인 개념과 판단들의 발전을 위한 많은 비교 자료는 예컨대 R. Joannet, Éloge du Bourgeois Français, 1924. 이 비교 자료에 향하여 H. O. Ziegler는 나중에 나의 주의를 촉구하고 있다.

항상 천천히 변천할 뿐인 하나의 체계적이며 통일적인 전체로서 개념 파악되어야 하기 때문입니다. 이처럼 일정하게, 폐쇄된 전체는 또한 그것이 계산에 넣고 있는 일정한 폐쇄된 일의적인 인간 유형과 시민 유형을 전제로 하며, 전제로서의 이러한 유형에서 그 법적 명제들(Rechtssätze)은 비로소 이해할 수 있게 됩니다. 그리고 이와 같이 역사가에게는 19세기와 20세기의 독일적인 시민층의 형상(Gestalt)이 아직 많은 점에서 동요하고 있는 현상에서 떠돌고 있다면, 법학자는 지속적인 생각을 가지고 그 형상을 그보다 더 확정적인 것으로 하는 것이 허용되며, 실로 그렇게 해야 할 것입니다.*

우리들은 모두 「시민」(Bürger)이나 「시민적」(bürgerlich)이라는 말이 많은 문맥에서 어떤 불쾌한 폄하를 받아온 것을 알고 있습니다. 이 말을 입에 올릴 때에 그것들은 아마 이미 오늘날의 독일인의 대다수에 대해서 부르주아(Bourgeois)를, 즉 사랑과 용기, 아름다움과 내면적 생활, 이러한 것과는 거리가 먼 자본주의 시대의 이기적인 타산가를 그 사람에게는 하나의 새로운 살아있는 세계의 창조적 건설을 결코 바라지 않는 과거의 인간을 의미하고 있습니다. 이러한 비판이 오히려 한 계급에 대해서 또는 오히려 하나의 인간 유형에 대해서 향하고 있더라도, 이러한 비판이 그 근거를 청년운동 속에, 또는 프롤레타리아트와의 그 계급 없는 사회라는 요구 속에, 새로운 인류의 추구라는 속에, 지배자의 귀족적인 신조 속에, 또는 생기발랄하고 심미적인 항의 속에 가지고 있더라도, 도처에서 이러한 비판은 시민(Bürger)과 시민층(Bürgertum)에 대한 생각이 일관하여 달려 온 세계사적인 가치폄하의 하강 곡선의 최저점을 나타내고 있습니다. 상기시키는 것은, 원래 무거운 한 조각의 금덩이를 나타낸 것이 시간의 흐름 속에 마침내 하나의 가련한 동전 조각을 의미하게 된 화폐 이야기입니다. 본래적인 관계들에서는 사람은 시민으로서만 완전하고 본래적인 인간이며, 그러므로 고전적인・그리스적인 윤리는 인간 일반의 윤리에서가 아니라 시민의 윤리입니다. 헬레니즘의 몰락기에서는 여전히 신약 성경은 기독교도들의 삶의 내용과 의미에 대해서 그들이 하늘나라에서 가지고 있는 시민권(politeuma)*으로서 말합니다. 따라서 이 politeuma가 의미하는 것은 단지 그들이 시민권(Bürgerrecht)에서가 아니라 그들의 완전한 삶의 현실, 루터가 그렇게 번역하듯이,2) 그들의 [삶의] 「변화」(Wandel)입니다. 그리고 오늘날 시민성(Bürgerlichkeit)은 나아가 삶이 아니고 그리고 특히 가치 있는 삶이 아니라 죽어가고 있는, 증오하는, 패륜적인

---

* 텍스트 속에서 말하는 것에서 나오는 제언은 19세기에 있어서의, 그리고 체제전환[1919년] 이후에서의 독일 국법의 기본적인 개념들과 특성을 해명하기 위한 독일 국법학사의 자료를 확장하고, 그리고 보다 철저하게 이용하는 것인데, 여기서는 이것을 관철할 수가 없다. 텍스트 속에 포함된 명제들은 여기서는 포괄적으로는 논증될 수가 없다. 내가 보는 한 아직 많은 독일의 19세기의 국법적인 유산이 현존하고 있는데, 이 유산은 처음에는 아직 인식되어야 하지 못했으며, 그리고 장래의 국법학적인 새로운 질서도 이 유산을 무시할 수는 없다.

종래의 지배적인 견해에 대한 입장 표명은 전문 동료들에 대해서 더 이상 자명한 것은 아니었다. 개별적인 논점에서만 나는 그 입장 표명을 약간의 언명(Angaben)을 통해서 논증을 시도하려고 한다.

2) 틀림 없이 개별화되어 Phil. 3, 20은 형식적인 시민법이란 의미에서도 설명한다.

경직성과 배타성이라는 유형을 의미하고 있습니다.

그러면 우리들의 물음은 고전 고대의 시민으로부터 오늘날의 부르주아까지의 발전의 계보에서 19세기와 20세기의 우리들의 독일 국법은 어떠한 역할을 하고 있는가 하는 문제입니다. 이러한 우리들의 국법 역시 이 시민의 국법에서가 아니라 부르주아의 국법인 것인가? 우리들의 헌법들도 또한 타락에의, 부르주아지에로의 길의 선도자이며 증거였으 며 또 현재에도 그러한 것인가?

이러한 물음은, 국가는 무산계급에 대한 유산계급의 조직, 프롤레타리아트를 억압하기 위한 부르주아지의 조직인가 하는 주지의 마르크스주의적 테제의 의미에서 생각해서는 안 됩니다. 그렇지 않고 묻는 것은 이러한 헌법들의 기초에 있는 인간상(das menschliche Bild)*이며, 이러한 헌법들은 이 인간상에서 이해할 수 있습니다. 특히 바로 헌법들의 일부로부터, 즉 그러한 헌법들에 포함된 기본권으로부터 이러한 인간상은 해명되는 것입니 다. 1789년의 프랑스의 인간과 시민의 권리선언의 무수한 계승자들은 독일적인 기반에서 는 바이마르 헌법 제2편의 「독일인의 기본권과 기본의무」에까지 이르고 있습니다.

그리고 여기서 최초로 놀라운 인상을 받는 것은 무엇보다 오늘날에 이르기까지의 백년 이상에 걸친 문헌이 기본권들을 고전고대적인 시민의 의미보다도 오히려 부르주아라 는 의미로 이해해 온 것입니다.

이것은 그러한 기본권의 초기 시대에 대해서, 독일의 초기 입헌주의의 시기에 대해서 말합니다. 오늘날 상당히 자주하는 판단에서 말하는 프랑스적인 인권이 이미 부르주아적 인 정신의 증거인가, 그렇지 않고,3) 독일에 있어서의 우선 서남 독일에서의 기본권의 사상과 제도는 불가피하게 이 방향에서 전개되었습니다. 독일에서는 프랑스적인 삶의 개인주의적인 법형이상학4)은 어디에서도 지배적인 것이 되지 않았다고 하더라도 역시 독일에서의 기본권의 사상은 프랑스에서보다도 더욱 개인주의적으로 작용하고 있습니다. 확실히 독일에서의 기본권의 사상에는 민주제적 인민주권이라는 반개인주의적인 보완 ― 프랑스에서의 기본권의 사상은 이러한 이면에 불과 ― 이 결여되어 있습니다. 그리고 독일에서의 기본권의 사상은 프랑스에서처럼 봉건 유럽에 대한 혁명 십자군의 깃발로서 사용되지도 않았습니다. 그리하여 독일에서 기본권의 사상이 남은 것은 개인의 국가로부 터의 일정한 해방이라는 계기, 그리고 국가에 대한 일정한 안전 확보라는, 즉 국가의 외부에 유보된 사적인 영역이라는 계기일 뿐입니다. 이러한 사적 영역이란 시대의 정치적 인 안정적 생활에서 국가시민적인(staatsbürgerliche) 능동적 활동의 어떠한 대응하는 영역도 균형을 보존하지 못했습니다. 로텍(Rotteck)*은 초기에 많은 사람들과의 한 사람으 로서 이러한 사적 영역을 국가에 선행하고 국가의 외부에서 개인을 보존하는 것으로서

---

3) 예컨대 Planitz, in: Die Grundrechte und Grundpflichten der Reichsverfassung, hrsg. von H. C. Nipperdey, III 607, Voegelin, Ztschr. f. öff. Recht 8, 120. 이것은 분명히 J. Jaurès (Histoire Socialiste 1789-1900 I 302 s.)에서의 달리 첨예화된 서술과는 독립하고 있다.

4) 그러한 것은 E. R. Curtius-Bergsträßer, Frankreich, I 180.

이해했습니다.5) 그리고 이 노선의 후기의 지점을 확정하기 위해서 이 의미에서 이러한 사적 영역을 슐체-델리치(Schulze-Delitzsch)*는 북독일연방의 헌법을 위하여 요구하였습니다.6)

이러한 사고방식의 약점이 명백해지는 것은, 이것을 계산에 넣는 인간 유형을 다시 생각하는 경우입니다. 구스타프 라드브루흐*는 법에 있어서의 인간에 대한 그의 연구에서,7) 19세기에서의 거의 법사상과 거의 법질서 전체와의 전제였던 유형, 즉 계산 빠르고 이기적인 개인주의자라는 유형을, 요컨대 부르주아라는 이론적으로 전개된 모범을 해명하려고 시도하였습니다. 이 유형 위에는 이처럼 낡은 자유주의적인 기본권이론이 각인되어 있습니다. 이 유형은 국가에는 고뇌하지 아니한다고 합니다. 왜냐하면 이 유형의 지적인 이기주의는 이 국가로부터의 해방을 확실히 스스로 가장 효과적으로 이용할 것이기 때문입니다. 이것은 프랑스적인 인권이 담당하는 혁명적인 이성에 대한 신앙의 파토스에서는 멀리 떨어진 것입니다. 이미 축제적으로 기본권의 선언에 노력을 들이지 아니합니다. 그리하여 기본권의 개인주의적-부르주아적인 이론이 결국은 그 완전히 이론적인 해체로 인도한 것은 결코 놀랄 일이 아닙니다. 19세기의 최후의 10년 간에서의 형식주의적인 국법학이 여전히 본 것은 개인적 자유의 역사적인, 봉건적인 또는 절대주의적인 제한들 ― 이것들은 특히 대상을 결여한 것인데 ― 을 제거하는 것이며, 그리고 현재에도 더욱 법률적 기초 없는 개입의 ― 여하튼 타당한 ― 금지, 합법적 행정의 법치국가적 원리, 주로 관헌(Polizei)의 자의에 대한 개인의 보전에 불과합니다.8) 개인은 자유, 평등 그리고 소유권을 누리며, 그의 신앙과 그의 신념에 따라서 살며 그것을 표명하고 타자들과 결합해야 한다는 매우 장중하고 긍정적인 헌법 조문에서 개인에게 문서로 보증하고 있으며, 그리하여 매우 냉정하고 소극적으로 이해합니다. 그것은 관헌에 대한 사적 영역의 자유를 의미할 뿐입니다. 그리고 개인이 이 자유의 공간을 신성하게 고요한

5) 많은 전거 대신에 Planitz, a. a. O. S. 613.

6) Fr. v. Holtzendorff u. E. Bezold, Materialien der Deutschen Reichs-Verfassung I 536.

7) Recht und Staat, Heft 46, 1927, S. 8 f. Für das Staatsrecht S. 10 f., der Gegentypus S. 11, 12 ff.

8) P. Laband, Staatsrecht des Deutschen Reiches, 5. A. I, 151 Anm. 2.에서의 최종적인 구성. 이에 대립하는 것은 O. Gierke in Schmollers Jahrbuch 7, 1883, 1132 ff.이다 (그 역시 이 케이스에서 개념들의 형식주의적인 해체가 불충분한 것에 대한 충분한 설명을 결여하고 있다). 「헌법에 적합한 신민의 여러 자유를 고려하지 않는 것」은 라반트 국법학의 「경향」이다(E. Kehr, Die Gesellschaft VI 2, 1929, S. 257 f.)라고 말하는데 이것은 정당하지 않다. 그리고 이 점에 대해서는 기이르케(Gierke), Kehrs Quelle에서 언급하지 아니한다. 유물론적인 폭로 경향은 이 케이스에서 순수하게 학문사적인 진실을 물론 충족하지 못한다. 보다 정당한 것은 H. Heller, Rechtsstaat oder Diktatur? (Recht und Staat Heft 68) 1930, S. 8 f.(법치국가냐 독재냐? 김효전 옮김, 『바이마르 헌법과 정치사상』, 산지니, 2016), S. Neumann, Die deutschen Parteien 1932, S. 19이다. 그러나 여기서도 오인한 것은, 기술화에 대한 경향의 과격한 지배인데 이것은 막스 베버에서 등장하는 것과 일치하듯이 말이다. 이에 관하여는 예컨대 E. Kaufmann, Kritik der neukantischen Rechtsphilosophie, 1921, S. 75 f., Fr. Meinecke, Geist und Persönlichkeit, 1933, S. 163 f.에서의 간결하고 적확한 표현을 참조).

마음의 공간 속에로 도피함으로써, 어떤 편안한 사적인 일상생활에 의해서, 또는 가차
없는 경제적 투쟁에 의해서 충족하는가의 여부는 이를 국가에 관련지우지 아니합니다.
그리하여 카를 슈미트의 재기발랄한 그리고 공적 생활과 정치적 토론에서 매우 주목을
받은 헌법이론이 19세기의 헌법사를 회고하여 권력분립을 수반한 기본권을 비정치적인
시민적인 개인주의의 마그나 카르타로서 헌법들의 비정치적인 일부로서 시민적인 법치국
가로서, 즉 보다 예리하게 표현한다면, 부르주아적인 법치국가로서 이해하고 있다면
그것은 이 노선의 논리적 귀결입니다.[9]

그러나 국가에 대해서 내면적으로 비정치적이며 국가에 소원한 시민층을 비정치적으로
방어하고, 이 시민층에게 국가로부터 거리를 두는 체계로서의「시민적」법치국가라는
이러한 개념은 우리들의 헌법사와 우리들의 현행 국법의 현실에 일치하지 않습니다.
그 시민층은 하나의 항의적인 개념이며 민주주의 그것이든 권위적이며 독재적인 국가형성
의 그것이든, 끝으로 크게 요망되는「전체적」국가의 그것이든, 대립적이며 보다 정치적인
개념 세계를 위해서 두드러지게 하는 역할을 위해서 규정하고 있습니다.

오늘의 그 국민적 결산을 62년 전에 발견한 우리들의 독일 국법은, 이 독일 국가가
그 시민들과 군주제적인 개별국가의 헌법들에 있어서의 기본권의 보장을 통하여, 제국
(das kaiserliche Reich)의 개별적인 기본권적 법률을 통하여 바이마르 헌법의 기본권과
기본의무를 통하여 논의한 때에, 부르주아지의 비정치적인 허약성을 승인하거나, 그리고
영원화하려고 하지는 않았습니다.

독일의 개별국가들에서 근대적인 입헌국가의 제도들이, 그리고 특히 물론 기본권이
도입되었을 때에 그것들은 여기서는 프랑스적 모델 국가의 그것들과는 아주 다른 연관들
속에 나타났습니다. 프랑스에서는 하나의 혁명에서 여러 기본권이 특히 개인의 급진적
세속적인 해방의 표현으로서 성립하였지만, 독일에서는 그들 기본권은 현존하는 상태들
의 하나의 수정을 의미할 뿐이며, 특히 이러한 상태들의 사회윤리적인 전제들과의 급진적
인 단절을 의미하지는 않았습니다.

이것은 무엇을 의미하는가, 이것을 독일 법사의 어떤 보다 오래된 과정에 비추어
명백히 할 수 있습니다. 1794년의 프로이센 일반 란트법*은 주지하듯이, 전승된 제3
신분의 분지화(Dreiständigegliederung)에 고집하고 있는데 그러나 그 법은 이것을 사실로
서 보존하는 것이 아니라, 그것은 이를 국가에 있어서의 이성적인 분업이란 의미에서의
직업의무의 하나의 체계로서 합리화하고 있습니다.「귀족이 주로 해야 할 것은, 그 사명에
따르면, 국가를 방어하는 것, 아울러 국가의 대외적 품위와 대내적 체제를 뒷받침하는
것입니다」.「도시들은 주로 자연산물의 가공이나 세련과 상업에 종사하며, 국가의 이와
같은 거주민들의 거주지로서 (말하자면 국가에 의해서 미리 배려된 노동 봉사를 위한, 국가에
의해서 마련된 사업장으로서) 규정하고 있습니다」.「각 농민은 그들의 토지의 문화이며

---

9) Verfassungslehre S. 125 f., 158 f., 163 ff., 173.

또한 경제를 영위한다는 공통된 필요를 뒷받침하는 데에 책임을 지고 있습니다. 그리하여 그는 국가에 의해서 강제수단을 통해서도 강화될 (...) 수 있습니다」.10) 이와 같은 합리적인 강제적 봉사체계가 전승된 기독교적 직업윤리에서 이미 미리 형성되지 아니하였다면, 절대적 국가도 또한 중상주의적 이성이란 이름에서만 이러한 강제적인 봉사체계는 법의무로까지 고양될 수는 없었을 것입니다. 저 란트법상의 규정들은 법으로서 현존하는 신분들의 분지화만이 아니고 동시에 또한 사실상 타당한 사회윤리도 합리화하고 있습니다.

동일하게 이해할 것은 최초의 입헌주의적인 헌법들의 도입입니다. 그들의 문헌상의 선구자의 이데올로기는 계몽사상과 개인주의적 자연법과의 그것 또는 신분적인 「오래고 좋은 법」*의 그것이었을지라도, 그리고 그것들을 보증하는 군주들의 이데올로기는 군주제적 원리와 1814년의 프랑스의 헌장*이었을지라도 — 민족의 의식에서는 그것들이 타당한 전제들은 동일하게 널리 현전하는 사회적 윤리와 결부되고 있었습니다. 이 사회적 윤리는 — 이것이 의식하고 있었는가와는 관계없이 — 세 신분, 정치·교회·경제의 신분, 즉 관리·성직자·상인과 농민의 신분에 대한, 오랜 기독교적 교리의 재형성으로서 오로지 간결하게 밝힐 수 있습니다.11) 이러한 종류의 하나의 사상적 세계(Gedankenwelt)를 초기의 입헌주의는 눈앞에서 발견하며, 그리고 이 초기의 입헌주의가 이러한 사상적 세계에 대해서 전혀 다른 것은 문필가들에서만이며 민중(Volk)에서는 그렇지 않습니다. 초기의 입헌주의가 의미하는 것은, 프랑스에서와 같은 혁명을 기초로 한 새로운 질서가 아니며, 이제 정치적인 협동의 사명을 띤 신하들을 이미 현전하고 있는 사회적 윤리의 체계에 새롭게 편입하는 것입니다. 사람은 이 체계를 예컨대 다음과 같이 표현할 수 있을 것입니다. 즉 이제 신하들도 또한 정치신분(status politicus)에, 정치적 사명을 띤 신분이 된다는 것입니다. 그리고 그들의 새로운 법적 지위, 특히 기본권들은 말하자면 이 새로운 사명의 신분상의 권리입니다 — 관리의 특별한 권리와 의무가 이 사명을 띤 직업신분의 신분상의 권리이도록 말입니다. 이에 대해서 이 수 십년의 독일 헌법들에서는 이러한 기본권이 국가 이전의 것, 그리고 국가 밖의 것(vor-und außerstaatlich)로서 생각되리라는 어떤 흔적도 발견하지 못합니다. 그때까지는 특수한 신분귀속성이 특별한 신분상의 의무와 신분상의 명예에 의해서 개인을 사회적으로 분지로서 편입하였습니다. 이제 일반적인 국가시민층이 유일한 신분으로서 나타나며 그 법적 지위는 기본권으로서 권리, 의무, 명예에 따라서 형상화됩니다. 그러나 이 국가시민적 신분의 이와 같은 전체 권리는 유보된 사적 영역은 아니며 국가에 있어서의 기본권상의 지위이며, 즉 메테르니히(Metternich)*가 그것을 표현했듯이,「개인의 정치적 실존」이며, 그러므로 또한 연방의 권한과 연방의 재판권의 대상이 될 「독일 민족의 권리들」(die Rechte der Teutschheit)입니

---

10) 제2편 제9장 제35조, 제8장 제86조, 제7장 제8/9조.

11) 이에 대해서는 많은 것 대신에 E. Troeltsch, Soziallehren d. christl. Kirchen (Ges. Schriften I 1912) 522 ff.

다.12) 사적 영역의, 특히 소유권의 보증은 어디에서도 자립적으로 도입되지 않고 있으며, 도처에서 정치적 해방의 한 조각으로서 도입되고 있습니다. 자명한 것인데 그 [정치적 해방의] 기초인 국가시민의 사회적·경제적인 영역이 불가침하지 아니한 곳에서는 진정한 정치적 자유는 존재하지 않기 때문입니다. 그러나 이러한 어느 쪽이냐 하면 소극적인 관련을 넘어서 시대는 국가시민의 인격적이며 사회적인 사정들 속에 바로 그 국가시민으로서의 자격을 부여한다는 적극적인 관련을 느끼고 있습니다. 개혁자들의 국민교육사상이 이 점에 결부된 경우, 슈타인의 나싸우 건의(Steins Nassauer Denkschrift)*가 토지소유권을 그것이 그 소유권자를 그들의 조국에 결부되고 있다는 관점 아래서 평가하는 경우, 또는 그의 이른바 정치적 유언이 토지소유권, 시민적 영업 그리고 정신적 유대를 국가와 결부된 것으로서, 따라서 대표권의 기초로서 서로 병치하고 있다면, 이러한 것은 교조적이거나 유일한 것은 아닙니다.13) 도처에서 보이는 사적인 기본권의 영역은 국가에 대한 분리적인 유보로서가 아니라 국가와의 결합적 관계로서, 정치적 적성(Eignung)의 기초로서 보이고 있습니다. 사람은 이런 생각이 들었습니다. 즉 기본권상의 의견의 자유는

---

12) H. v. Gagern, Mein Anteil an der Politik, 1823 ff., II 213, zit. von F. Gilbert in seiner Ausgabe von J. G. Droysens polit. Schriften (1933) S. 4 Anm. 1.

13) G. H. Pertz, Leben des Ministers Frhn. vom Stein, 1849 ff., I 425, II 311. 참조. G. Ritter, Stein, 1931, 도처에서. 예컨대 I 297 f., 300, 407, 432 그리고 많은 것 대신에 H. Ullmann, Das werdende Volk, 1929, S. 87, 94.

많은 전거의 하나로서 다음과 같은 보이엔(Boyen)의 생각을 열거한다. 「자유로운 시민 — 그는 군대에 무장한 시민으로서만 참가하는 — 의 국가생활에의 정신적으로 관심지워진 윤리적으로 정초된 참가」라는 생각이 그것이다. K. Woltzendorff, Der Gedanke des Volksheeres im deutschen Staatsrecht, 1914, S. 31은 Fr. Meinecke, Leben des G. F. M. H. v. Boyen II 1899 S. 171 ff., 538 ff.에 대해서 좀 더 예리하게 강조하고 있다.

— 당시의 시민층 일반의 종교와 도덕을 지향하는 것은 Fr. Brüggemann, Dtsch. V. J. Schr. f. Lit.-Wiss. u. Geistesgesch. 3 (1925) 102 ff. 126이다.

여기서 문제가 되는 것은 복음주의적인 직업윤리의 복음주의적인 기반에로의 영향력에 불과한가, 그리고 어느 범위에서 그러한가 하는, 이러한 문제를 나는 잠정적으로만 열어 두지 않으면 안 된다. 오늘날의 가톨릭주의에는 그 자신의 입헌주의적인 단서들이 19세기의 사건들에 의해서 혼탁화되고 있으며, 그리고 가톨릭주의는 오늘날 전통적인 「부르주아적」인 견해로 기울고, 예컨대 기본권들에서는 국가의 「최소화」에 대한 경향만을 추구하고 있다(H. Rommen, in: Die berufsständische Ordnung, hrsg. v. J. van der Velden, 1932, S. 18). 다른 한편 독일 가톨릭교도들의 국가정치적인 직업 에토스에 대한 정식 (그것은 여하튼 이제야 간신히 전개된 것인데)은 가톨릭적 독일 민족단체에서 유래한다([A. Pieper] Der Bürger in Staat, Nation und Partei, Gesammelte Vorträge, hrsg. vom Volksverein, 1923, Nr. 9, S. 8). 19세기 후반을 특징짓는 것은, 국법의 정치적인 교육수단으로서 더 이상 기본권들이 아니라 공적인 의무들이 나타난다는 것이다. 많은 인용 대신에 한 사람의 고전적 저술가를 열거하기로 한다. 「한 국민의 흥망에서 결정적인 것은 나날이, 해마다 사회의 세대들의 바뀜에 있어서 국가적인 의무의식을 가르쳐 심고, 그리고 이 의무이행을 자명한 관습에까지 고양시키는 제도들이다. 선거의무, 취학의무, 납세의무, 게마인데 생활에서의 자발적인 활동은 이러한 국민을 교육한 것이며, 그리고 때로는 [그 국민을] 이들의 국가가 사회의 새로운 형성에서 가라앉을 우려가 있는 다른 국민들 위에 높인 것이다」. 즉 R. Gneist, Die Eigenart des Preußischen Staates, 1873, S. 27. 유사한 것은 요르크(Yorck)가 딜타이(Dilthey)에게 보낸 1879년 5월 7일자 편지. Briefwechsel zwischen Wilhelm Dilthey und dem Grafen Paul Yorck v. Wartenburg 1877-1897, 1923, S. 13.

— 한편에서의 동질성, 다른 한편에서의 사회윤리적으로 근거지워진 분지화의 프랑스-독일의 대립에 대해서는 예컨대 H. Naumann, Deutsche Nation in Gefahr, 1932, S. 17 ff.

사인들의 자유이며 이 자유는 여러 가지 의견의 경쟁에 대해서 필요하며 이 경쟁에는
이 경쟁의 생산적인 힘에의 자유주의적인 신앙에 따르면 최선의 의견이 승리할 것임에
틀림없다고 말입니다.[14] 이에 반대해서 「대담한 용기」와 「자유로운 언론의 의분」은
부르주아를 격려하는 것에도 사적인 덕과 선도 아니며 공공적 생활을 장려한다는 것을
명확하게 하기 위해서 나는 아른트(Arndt)*가 철을 중산시킨 신에 대한 노래를 상기하는
것만으로 만족합니다. 1918년에 이르기까지 국가질서를 뒷받침하는 기초로서 우리들의
국민 노래(Nationalhymne)*가 「자유로운 사나이의 사랑」을 요구하였다고 한다면, 그것은
슈타인의 「정치 유언」의 표현 양식을 반향하고 있습니다. 이러한 기본권적인 자유는
국가로부터의 부르주아적 해방에서가 아니라 국가시민적인 기초를 놓는 것입니다.

　바이마르 헌법의 제2부의 핵심을 형성하는 오늘날의 권리도 다른 것으로 생각해서는
안 됩니다. 이 「독일인의 기본권과 기본의무」가 의미하는 것은 시민적인 체계인가, 아니면
사회주의적인 체계인가, 아니면 모든 정치적 색채로부터 이루어진 모자이크, 비판적으로
그렇게 부르는 「초당파적인 강령」인가, 이에 대한 논쟁이 일어나고 있습니다. 여기서는
원래부터 문제의 제기가 잘못된 것입니다. 헌법이 과격하게 두 개의 부분으로 나누어진
결과 기본권이 헌법의 최초의 유기조직적인 부분과 관계된 밀접한 관련이 간과되고
있습니다. 그리고 이러한 관련은 백 년전의 그것과 동일한 것입니다. 바로 여기서 문제인
것은 대체로 독일적인 국가시민의 인격적인 직업권(Berufsrechte)입니다. 나는 이것을
약간의 예증에 비추어 명확화하려고 합니다. 헌법이 근로자에게 단결의 자유와 일련의
다른 사회권과 보호를 보증하고 있다면, 이것은 무엇보다 사회정책으로서 그렇게 생각하
는 것이 아니라 헌법정책으로서 그렇게 생각하는 것입니다. 매우 광범위한 민주제적
기초인 하나의 국가에서는 헌법에 적합하게 근로자의 공동결정권은 근로자가 형식민주적
으로 투표권을 인정하고 있을 뿐만 아니라 사회적으로도 자유롭고 능동적으로 민적인
국가시민의 지위에 있다면, 역시 그 때에만 확보되고 있습니다. 동일하게 소유권의 보장은
민법전이라는 제도의 헌법에 적합한 정착이 아니라 보다 좁은 의미에서의 「시민적인」
민중 부분의 국가시민적 지위의 사회기초의 일정한 확보를 의미하고 있습니다. 그리고
끝으로 헌법상의 관리의 권리는 반드시 현존하는 관리에 의한 입법의 자유주의화는
아니며 민주제에서 즉자적으로 불가피한, 고양된 관리층의 의존성에 대해서 헌법에
의해서 고양된, 관리들의 국가시민적 자유의 전제들입니다. 그리하여 라이히 헌법이
주민의 다양한 부분에 자유와 보호를 부여하고, 그러한 자유와 보호가 이러한 집단에
대해서 단순히 형식적일 뿐만 아니라 현실적인 국가시민적 자유와 그 확증과의 전제들로
서 바로 형식민주주의에 비추어 필연적으로 생각된다는 이것이 라이히 헌법의 기본권이

---

14) C. Schmitt, Geistesgeschichtl. Lage des heutigen Parlamentarismus [2] 1926, S. 50 (현대 의회주의의
　　정신사적 지위, 김효전 옮김, 『헌법과 정치』, 산지니, 2020, 105면).
　　독일적인 기본권들의 정식화는 프랑스적 자연권적인 기본권들과의 대립을 불충분하게 표현할 뿐이라는
　　것에 대해서는 A. Wahl in der Festgabe Karl Müller z. 70. Geburtstage dargebracht, 1922, S.
　　271 f.

의미하는 출발점이며 하나의 주요한 부분입니다.15)

  그러나 — 거의 이론의 제기에 가까운 — 국가시민의 완전히 공적인 법적 지위에
의미를 부여하는 전제로서의 이 국가시민의 인륜적 소명(sittlicher Beruf)이라는 법사상은
공허한 이데올로기는 아닌가? 지난 세기의 경험적인 시민은 독일에서도 대체로 진정하고

---

15) 인격적 정치적인 직업권이란 의미에서의 기본권들의 여기서 제기된 해석과 적용은 (이러한 해석과 적용이
   원래 가능한 한에서) 정지하고 있는 사물적인 체계라는 의미에서의 다른 또 하나의 그것 (기본권들의
   해석과 적용)에 대해서 우위에 있는 것을 요구하지 않으면 안 된다. 그 해석과 적용은 거기에 내가
   자신을 산입하고, 그것과 함께 내가 바로 그러한 문제에서도 단호하게 협동해 온, 국법학에서의 학문적인
   방향으로부터 몇 년 전부터 성공리에 주장해 온 때문이다 (가장 새로운 개관은 아마 G. Giere, Das
   Problem des Wertsystems der Weimarer Grundrechte, Abhandlungen der Rechts-und Staatswiss.
   Fakultät d. Univ. Königsberg Heft 3, 1932, Literaturverzeichnis, und bes. S. 86 ff., 100 ff.에
   있다). 동일한 것은 특히 「제도적인」, 「제도」, 「현상」(Status quo) 등등의 여러 보장에 대한 카를 슈미트의
   개별적으로는 여전히 결정적으로 사물화하고 있는 이론에 대해서 타당하다. — 여기서는 나의 견해로는
   그 「제도보장들」은 상당히 私法的으로 이해되고 있으며(Freiheitsrechte und institutionelle Garantien
   der Reichsverfassung — Festschrift der Handels-Hochschule Berlin 1932 — S. 13 [바이마르
   헌법에 있어서의 자유권과 제도적 보장, 김효전 옮김, 『독일 기본권이론의 이해』, 법문사, 2004, 111면),
   그것들과 인격적 등급(Personenklassen)을 위한 「제도적 보장」(관리권, Beamtenrechte)은 거의 인격적
   으로 이해되지 아니한다. 제159조, 제165조(Handbuch des deutschen Staatsrechts, hrsg. von
   Anschütz und Thoma II 584, Anm. 43)에 근거하여 C. 슈미트 자신에 의해서 내려진 결단들은 사물적이라
   기보다는 오히려 인격적으로 자유주의적인 해석의 의미에서 이해해야 할 것이다.
   사물적인 기본권해석의, 특히 슈미트적인 그것의 성과들을 최선의 형태로 나타낸 것은 키르히하이머의
   『바이마르, 그 다음에는?』(O. Kirchheimer, Weimar ... und was dann? S. 25 ff.)에서의 그러한 해석을
   논리정연하게 관철한 의론이다. 그와 같이 동일한 기본권이 여러 가지 시기에서 매번 하나의 과격하게
   다른 의미를 이해하였다고 한다면, 그것들과 동일한 기본권은 기능하고 있는 국가장치에, 그리고 그것에
   의해서 조작된, 앞으로의 사회질서에 그 내용에 단조로운 합법성의 가상을 제공한다(S. 46). 그들의
   동일한 기본권은 「결단 없는 헌법」이라는 단편으로 특징짓는 것이다. 그러나 사태에 맞게 논리정연하게
   정치적인 그 어떤 사고체계란 의미에서의 「결단」인 것이 헌법의 의미가 아니라 살아 있는 생활활동을
   영위하는 인간들을 하나의 정치적인 공동존재에로 함께 질서지우는 것이 그것이다.
   C. 슈미트가 정당하게 본 것은, 바이마르 헌법의 기본권 부분의 유기적인 그것과의 관계라는 문제에
   새롭게 설정해야 한다는 것이다. 그러나 그의 순수하게 변증법적인 대안(Handbuch II, 579)은 역사적이며
   내면적으로 근거지워진 관계를 구명하려고 하지 아니한다. 이 관계는 바로 단순히 형식적이 아닌 헌법개념
   을 기초로 둘 때에 발견해야 하며, 그리고 히르쉬(E. Hirsch, Staat und Kirche im 19. und 20.
   Jahrhundert, 1929, S. 47 f.)와 같은 법학자가 아닌 사람에게는 원리적으로 아주 명백하다. 그러나
   기본권 부분의 해석수단으로서의 이러한 [역사적이며 내면적으로 근거지워진] 관계를 포기한다면,
   어떤 불확실한 손더듬을 피할 수 없을 것이다. 이것을 C. 슈미트(Handbuch II, 583)에서의 개관과
   노이만(Fr. Neumann, Koalitionsfreiheit und Reichsverfassung, 1932, S. 47 ff.)에서의 논구들이
   보여주고 있다. 기본권의 자유주의적인 성격이냐 사회주의적인 성격이냐와 같은 모든 잘못되었거나
   절반의 잘못된 문제와 대안은, 그들이 현실적으로 당연히 귀결해야 할 의의에로 제한될 뿐이다.
   기본권들이 그들의 기원에 대응하여 우선 (그리고 이것이 본래 가능한) 개인주의적으로 이해된다면,
   대안(양자택일)은 내가 보기로는 「국민주의적」(nationalistisch)이나 「개인주의적이냐」(Anschütz,
   Verfassung des Deutschen Reiches 10. A., 1929, S. 452)가 아니라 대체로 「자유주의적」으로서
   특징지워지는 의미에서의 「시민적」이냐 국가시민으로서의 직업적 자격(Berufsqualifikation)이란 의미
   에서의 「국가시민적」이냐 하는 것이다. 여기서 고찰하는 몇 가지의 기본권은 인륜적이며 법기술적인
   근거들에서 볼 때 국가귀속자들에게 유보되지 않았다는 것은 이 점에서 아무런 변경도 없는데, 여하튼
   더욱 더 상세한 법제사적인 연구를 필요로 한다.
   그럼에도 불구하고 기본권의 그 밖의 주지의 기능들은 물론 논란되어서는 안 되며, 더 나아가 그것들이
   텍스트에서 다루어진 카테고리에 속하지 않는 한 논란되어서는 안 된다.

정당한 부르주아는 아니었던가? 그들은 슈타인의 국민교육의 성과를 특히 도시의 질서들
을 바라지 않았을 뿐만 아니라 더구나 배척한 것은 아닌가? 그들 시민이 일찍이 한
사람의 정치적인 이상가였던 한에서 그들은 비더마이어(Biedermeier) 시대*에, 그리고
나아가 유령 회사 범람 시대에 부르주아로 타락한 것인가? 그의 정치적인 의사의 능동적이
며 인륜적인 긴장은 국민국가적 문제의 비스마르크에 의한 놀랄만한 해결 앞에서 굴복한
것인가? 그리고 그는 거기에서 새로운 국가에 의해서 민족(Volk)을 위한 시야와 감각을
많은 관점에서 운명적으로 짜 맞춘 것은 아닌가?16) 그리고 그는 증대하는 번영 속에서
프롤레타리아트의 파도에 대한 불안에서 점점 수동적으로 관헌국가와 권력국가의 보호
속에 그가 이 국가와 함께 붕괴하기까지 단념하지는 않았는가?

　사회적이며 인륜적인 전체현상으로서의 과거 백 년의 독일적 시민층의 역사는 아마
가까운 장래에 쓰여질 수는 없습니다.17) 그러나 이 시대에 우리들의 국가생활을 지배한
것은 국가에게 인륜적으로 의무지워진 시민이라는 사상 속에, 또는 거기에서 거리를
둔 부르주아라는 것인가 하는 물음은 여하튼 약간의 확실성을 가지고 대답할 수 있습니다.

　하나는 그 세기의 전기적인 사료에서 대답할 수 있습니다. 왜냐하면 여기서 말하자면
통계학적 방법에서 이 시대의 독일적 시민적 인간의 정신적인 평균상이 탐구되리라는
의미에서는 아닙니다. 또한 자신들의 특수하고 고유한 길을 가는, 그 시대의 정치적
문필가와 철학적 사상가들의 저작들이 제공하는 재료에 한정하는 것을 통해서도 아닙니
다. 그렇지 않고 그 시대를 관통하는 법감정과 인륜적 감정을 재표현(대표)하는 인물들의
물음을 통해서입니다. 그리고 여기서 내가 보는 한, 보다 오랜 시대에 대해서 거의 모든
시도도 애매하지 아니한 J. G. 드로이젠(Droysen)*이 1844년에 사람은 국가에 조세와
복종 이상의 것을 바쳐야 한다는 의식으로서 간결하게 특징지운 것 이것을 명백히 합니
다.18) 그 후의 시대에 대해서는 증인들이 우리들 연배의 것에는 더욱 생생한 기억 속에
있습니다. 내가 여기서 특히 이름을 열거하는 것은 막스 베버가 좀 경멸적으로 명사들

---

16) H. Ullmann, a. a. O. S. 52 ff.

17) 특징적인 것은 거의 각 저술가들에서도 텍스트의 관점 아래서 19세기의 독일 시민층의 역사의 시대
　구분이 다른 것이다. 입헌주의적 요구에서는 원래 개인을 보호하는 것과 개인을 적극적으로 질서 속에
　편입하는 것은「근원적으로 결부되고」있었다(Preußen und Deutschland im 19. und 20. Jahrhundert,
　1918, S. 158)는 Fr. 마이네케의 오로지 아주 적절한 테제에 대해서, 인륜적 능동성(sittliche Aktivität),
　현실정치적인 감각 등등은 나중에야 특히 국민적 이념과의 결합을 통하여 바로 본질적인 개인주의적인
　초기자유주의에 부가되었다는 상당히 서남 독일적인 문필가에 결부된 테제(예컨대 A. Salomon, Die
　Gesellschaft 9, 1 (1932) S. 378 ff. 아마도 유사한 것은 H. Oncken, Rudolf v. Bennigsen I, 1910,
　S. 21)[가 자주 대립하고 있다]. 나중 시대의 판단에서의 차이들도 비슷하다. Salomon, a. a. O. S.
　381, S. Neumann, Parteien, S. 19에서 부르주아지에로의 이행이 어느 시점인가를 시도하고 있다.
　초기 자유주의에 대해서는 E. Spranger, Volk, Staat, Erziehung, 1932, S. 188도 참조.「독일적인
　자유주의는 원래 일부는 칸트・피히테적인 의무사상의 자유주의였으며, 일부는 슈타인 남작 스타일의
　신분제적인 자유주의였다. 양자는 자유로운, 따라서 인륜적으로 요구되고 또 긍정된 결합들을 다분히
　포함하고 있다」.
　이러한 문제들은 특히 19 세기의 후반에는 독일 국경 지역의 특수한 관계들에서 더 명확하게 된다.
　예컨대 M. Spahn, Elsaß-Lothringen, der Rhein und das Reich, 1932, S. 41 ff.

18) Polit. Schriften, hrsg. v. F. Gilbert, 1933, S. 4.

(Honoratioren)*이란 유형이라고 특징지은 유형, 란트에서의 공적이며 정치적인 작은 일을 담당하는 사람들, 이전에는 바로 좀 낡은 스타일의 정당들에서의 고유한 인사들입니다. 확실히 이들 사이에서는 자주 매우 인간적이며 깊이 생각하였던 것입니다. 그러나 그들 중 많은 사람은 그들의 공적인 지위는 공공선에 대한 의무에 적합한 국가시민적인 봉사의 표현에 지나지 않았다는 것을 감히 부정하지는 않았을 것입니다. 그리고 내가 상기하는 것은, 이처럼 많은 사례들의 행정실무로부터 그러한 경우에 이러한 인물들은 그들의 기본권상의 평등권과 자유권을 완전하게 내면적인 법을 가지고, 즉 그들은 이 법을 그들의 명예와 의무의 공적인 지위에 지고 있다는 직업적 사명감을 가지고 옹호하고 있었습니다. 우리들의 아버지와 할아버지들이 — 어떤 정당에 귀속했는가와 관계없이 — 거기에 따라서 살려고 시도한 공적 생활에서 독일적인 인물에게 부과되고 있던 이미지는 자랑스럽고 명예로운 것이며, 가치맹목적인 르상티망이나 선동적으로 환상을 파괴하고 있는 역사구성이 오늘날 특징짓는 것이 일상일 정도로 빈약하고 경멸해야 할 것은 아닙니다.[19]

인륜적으로 국가에 결부된 시민이라는 사상은 우리들 사이에 사실상 타협하였었고 또한 타당한 사상인데, 이것은 이러한 사상이 우리들의 실정적인 국법의 전제라는 것에서도 명백합니다. 이것은 이미 19세기에서 그러했습니다. 19세기의 헌법사를 권력을 둘러싼, 주권을 둘러싼 군주제와 관료와의 상승하는 사회적 세력의 투쟁으로서만 이해한다면, 19세기의 헌법들은 이제 원래 누가 승리자이며 주권적 지배자(souveräne Herr)인가 하는 결정적인 물음을 열어 놓은 채로 두고 어정쩡한 타협처럼 생각됩니다.[20] 그러나 19세기의 헌법들을 여러 가지의 관직(Ämter)의, 여러 종류의 봉사의 병렬적 질서로서 이해한다면, 그들에서 어떤 것도 열리지 않으며, 즉 미결정이나 또는 타협이라는 것은 아닙니다. — 그것들은 결국은 그와 같이 생각되었던 것입니다. 완전히 바이마르 헌법은 그러한 것입니다. 이러한 헌법들을 부르주아적인 의미에서, 거기에서는 각인이 오로지 자신의 것만을 구하고 전체를 구하지 않고, 전체에게 의무지운 것을 자각하지 못하는,

---

19) 이 점에서 쿠르티우스(E. R. Curtius)는 일반적인 것을 단호하게 서술하였다. 여기서 문제가 되는, 독일의 법과 사회의 역사의 영역에서는 사회주의적인 연구가 특별히 중요한 과제를 가질 것이다. 쿠르티우스의 매우 예리한 항의들(이제는 Deutscher Geist in Gefahr, 1932, S. 79 ff., bes. 94 f., 99)을 정당화하는 일부의 사회주의적인 연구자는 어떤 의미에서 이러한 과제를 떠 맡았다. 나는 예증으로서 해방전쟁들(Freiheitskriege), 1813년의 향토방위 십자군(Landwehrkreuz)의 — 사태에 적합하고 텍스트의 더 나아간 관련에도 들어가야 할 — 표어, 「신과 함께 왕과 조국을 위한」취급을 열거한다. 그것은 시몬즈(H. Simons, Neue Blätter f. d. Sozialismus 3 (1932) 586)에서 「빌헬름 시대의 모토」로서, 그리고 「신화」로서 나타난다 — 그것에 상기시키는 것은 따라서 하나의 「운명적인 반향」을 가지고 있다. 이것은 아주 최근에까지 독일 정치대학(Deutsche Hochschule für Politik)의 지도자였던 프로이센 정부 대표가 입에 올린 바로는 시대의 하나의 징후이다. 그것은 역사적인 진실을 왜곡하고, 체계적인 개념들을 남용하고 있는데 비속한, 그러나 전형적인 예증이다.

20) C. Schmitt, Verfassungslehre, S. 289, Hugo Preuß, sein Staatsbegriff usw. (1930), S. 7. 후고 프로이스. 그 국가개념과 독일 국가학상의 지위 (1930), 김효전 옮김, 『헌법과 정치』(산지니, 2020), 233면.

그러한 상황의 질서로서 이해한다면, 그러한 질서는 다원주의의,[21] 즉 결국은 정치적 집단들의 무정부적인 병존의, 조직, 그들의 정치적 집단 간의 잠정협정(modus vivendi), 자주 그렇게 성격 지우듯이 계급투쟁에 있어서의 휴전협정 내지 전술적 상태인 것입니다. 헌법 제2부에서 개별적인 국민의 부분에 확약되는 것은, 그 때에 지금까지의 재산가 (Eigentümer)와 근로자, 중산층과 여성, 관리와 교사, 교회와 노조가 바이마르에서 수행해 온 많든 적든 착한 거래라고 생각합니다.[22] 그것들은 여기서 많든 적든 행복을 수반한 부르주아적인 금리생활자처럼 그들의 어린양[私腹]*을, 기술적 표현으로 말하듯이, 「라이 히 헌법의 힘으로」「정초」시킨 것입니다. 그리고 그것들은 이제 이러한 입장에서 만인의 만인에 대한 투쟁을 함께 바라보거나 더욱 수행할 수 있는 것입니다. 이해관계자들 무리 간의 이러한 거래 업무를 문서화한 것은 헌법이 아닐 것이며, 거기에 사람이 관리들이 나 병사들이 수행해야만 하는 충성을 서약할 수 있는 것도 아닐 것 — 이것에 대해서는 보다 상세한 근거의 말을 필요로 하지 않습니다.[23] 사람이 여기서 그의 고유한 특성에 따라서 그의 특별한 국가시민적인 직업과 신분의 권리가 전체의 틀 속에서 분할되는, 그러한 인륜적으로 결부된 시민을 설정할 때에, 그때에만 헌법이라는 기본적인 사상은 여전히 유지되는 것입니다. 이 헌법이라는 기본사상은 민족(Volk)을, 거기에서 그 하나의 민족이 행위하는 통일체가 되며, 그리고 그 하나의 민족에 서 있는 역사적 과제를 이행할 수 있는, 그러한 형식 속에 가져오는 것, 즉 거기에서 우리들 모두가 함께 우리들의 공통된 역사적・인륜적 사명을 국민(Nation)으로서 파악하는, 그러한 형식인 것, 이러한 것입니다.

시민의 시대는 끝나가고 있습니다. 그리고 우리들은 새로운 다른 시대의 닫힌 문 앞에 서 있습니다. 우리들의 시민적인 과거는 신민들로부터 국가시민을 만들고 독일 시민의 이념과 유형을 창조하고, 그리고 그것으로 미래에 작지 않은 정치적이며 인륜적인 유산을 맡겼습니다. 오늘날의 청년은 이 유산을 상속해야 할 사명을 지닌 것으로 보이지는 않습니다. 오늘날의 청년은 자신들의 부친들의 약점을 아주 예민하게 간파하고 있습니다. 그들이 보는 바로는 부친들의 인물상은 반드시 언제나 행복하지는 않았습니다. 부친들은 반복해서 소박하고 불안정하였습니다. 부친들이 걸어간 길은 결국 세계대전과 한정

---

21) C. Schmitt, Kantstudien 35, 41 (김효전・박배근 공역, 『입장과 개념들』, 190면), Hüter der Verfassung, S. 63 (김효전 옮김, 『헌법의 수호자』, 89면).

22) 특히 두드러진 것은 기본권의 내용이 1919년의 「구체적 상황」에 관여했던 사람들에게만 인정되며, 관리들의 기득권이 제129조에 따라서 당시 근무하고 있던 사람들에게만 인정되는 경우이다. 그러한 것은 E. Friesenhahn, Wirtschaftsdienst, 4. 7. 1930, S. 1145의, 여하튼 특이한 — 그리고 사상을 부조리로 인도하는 — 의견이다.

23) 이러한 다원주의의 국가와 헌법에로의 파괴적인 영향을 C. 슈미트는 충분히 기술하였다. 헌법은 여전히 진지하게 받아들여지고 있는가 하는 물음에 있는 것은 「헌법충성」(Verfassungstreue)의 문제인데, 그것은 「헌법충성적인」 정당들, 대학교원 등등의 경계를 지음에 있어서 대체로 생각되는, 공화제적인 신조라는 규준에서 그렇지 않다. 바로 공화적인 권역들에서 헌법은 여러 가지로 오로지 전술적인 자세로서 만 가치지워질 뿐이다. 다른 많은 것 대신에 O. Kichheimer, a. a. O. S. 예컨대 S. 17, 20.

없는 불행으로 끝나버렸습니다. 새로운 시대는 이 시민층이 자신의 정치적 운명을 매우 협소하게 하거나 한정하거나 전환함으로써 나가지 않을 수 없었던 어려운 발전과정에 대해서 공정할 수가 없습니다. 새로운 시대는 시민층에게 고유한 덕성(Tugend)에 대한, 오늘날의 거의 모두가 아주 매도하는 자유주의(Liberalismus)*를 뚜렷하게 하였듯이, 헌신과 인간적인 절도와의 특수한 혼합에 대한, 감각을 가지고 있지 못합니다. 현재 압박하고 있는 것은 정치적 신조의 신봉자에서 커다란 정치적인 운동들의 흡수 능력 있는 종교에 유사한 요구들에서 국가시민이 몰락하는 것입니다.

이러한 사정들 아래서 1월 18일은 우리들에게 무엇을 말하지 않으면 안 됩니까?

이 날이야말로 독일 민족은 여러 세기 이래 독일 민족에서 벗어나고, 그리고 주변의 세계에 의해서 인정받지 못했던 자신의 정치적 사명을 다시 파악한 날입니다. 독일의 통일을 앞에 두고 언제나 랑케(Ranke)*의 말이 반복해서 인용되는 것은, 위대한 민족의 국민의식은 유럽에서의 적절한 위치를 요구한다는 것, 각 국민은 느끼는 것은 그것이 자신에게 상응하는 지위가 아니라는 것을 각성할 때입니다. 거기에 있는 것은 자연적인 플레오넥시(Pleonexie; 한 없는 욕망), 권력욕구, 상처 입은 자존심만은 아닙니다. 거기에는 또한 그것을 가지고 그것을 행사하는 것이 민족들에 대해서 인류적인 삶의 숨소리인, 역사적인 사명이 결여된 것에 대한 인류적인 슬픔이 있습니다. 개인들에게 그들의 인격적인 삶의 과제가 그렇듯이 말입니다. 이 인류적인 고통은 우리들에게는 새롭게 되었습니다. 독일 민족에 대해서 독일 민족이 1871년에 자신에게 주어진 역사적 사명이 다시 빼앗기고, 형사재판관의 명예 박탈이란 판결로 공적인 명예가 부인되듯이, 명예가 박탈된 형태로 부인되는 것 ─ 이것은 기본적으로 역시 아마 베르사유조약이 가장 훼손한 것이며, 모든 상실과 부담, 실로 전쟁책임의 고발보다도 더 견디기 어려운 것입니다.

그리하여 제국창설의 ─ 즉 1871년의 베르사유 회의의 ─ 축제는 불가피하게 1919년 사건의 또 하나의 베르사유 회의에 대한 항의가 되고 있습니다. 이 축제는 1919년의 이러한 사명의 법적인 힘인 형사재판상의 부인에도 불구하고 역사적인 순리에 의해서 인류적인 필연성에서 당시의 전승 기분 속에 휩싸인 국민의 사명(Beruf der Nationen)에 대한 하나의 고백입니다.

그러나 우리들이 베르사유 회의와 운명만을 탄핵하려고 하고, 그것만으로 그 아래 오늘날 우리들이 고통받는 것에 대한 책임을 지우려고 한다면, 그것은 빈약할 것입니다. 우리들은 우리들의 과제, 우리들의 가능성, 우리들의 힘에 의식을 집중하여야 합니다. 이 점에서 독일의 19세기의 희망을 품은 노력을 거듭한 세대들은 하나의 커다란 모범입니다. 아카데믹한 자각이 수행할 일은 우리들의 경신을 위한 이와 같은 국민적인 역사의 힘의 원천으로 인도하는 것이어야 합니다. 독일의 국민국가라는 사상을 정신적으로 노고하여 쌓아 올리고 그 실현을 위해서 투쟁하는 것이 얼마나 고난이었는가(quante molis erat), 그것에 얼마나 희생을 치루었는가 ─ 이것을 우리들이 알지 못한다면 우리들은 우리들 고유의 역사적 과제를 인식하지도 해결하지도 못합니다. 오늘 문제가 되는 것은 우리들의 국가의 새로운 구축입니다. 그리고 다시 우리들에게는 우리들의 아버지와 할아버지들이 그러 했듯이, 사상적인 노고와 이 외면적인 정치적인 노고가 요구되고 있습니다. 그리고 그 이상은 아닐지라도 동일할 정도의 형태로 말입니다. 우리들이 우리들의 시민적 세계를 경멸하려고 한다면 우리들이 그들의 잘못과 업적에 대해서 그들의 정신적·인간적·인류적인 부요함의 전체, 그들의 운명과 매우 많은 실망, 우회 그리고 도처에서 희망을 잃은 인내의 시도에 대한 그들의 조용한 세력들에 대해서 두려운 마음을 품고 배우려고 한다면, 그것은 현명하지도 않고 정당하지도 않습니다.

우리들이 새롭게 행복으로 통일한 독일을 다시 현존한 것으로서 축하할 수 있는 새로운 날을 보게 되리라는 것에서 우리들은 그다지 멀리 떨어진 것은 아닙니다. 우리들은 갈기갈기 찢어졌고, 우리들의 축제는 점유의 축제가 아니라 동경과 희망의 축제입니다. 그리하여 우리들은 휠덜린(Hölderlin)*의 비탄을 새롭게 합니다. 즉

> 너의 델로스, 너의 올림피아는 어디에?
> 우리 모두가 찾고 가장 축하해야 할 것을

> Wo ist dein Delos, wo dein Olympia,
> Daß wir uns alle finden am höchsten Fest?

그러나 1871년 1월 18일에 형상을 얻었듯이, 우리들의 역사적 사명을 확신하고, 우리들은 또한 휠덜린의 말로써 우리들이 오늘날 축하하는 독일에게, 그리고 우리들이 좋아하는 독일에게 이렇게 말합니다.

> 민족들의 신성한 심장이여! 조국이여!
> O heilig Herz der Völker, o Vaterland!

프로테스탄티즘과 민주주의*

루돌프 스멘트

　오늘날의 독일에 그 역사적 각인을 부여해 온 정신적 세력들 속에서 가장 첫머리를 차지하는 것은 프로테스탄티즘이다.

그것만으로 이 프로테스탄티즘과 오늘날의 독일적 민주주의의 관계는 문제를 안고 있다 ― 적어도 문제를 안고 있다고 널리 생각하는 ― 는 사실은 양자에 대해서 보다 심각하다. 이러한 사정은 우선 역사적으로 회고함으로써 이해될 것이다.

　독일이라는 나라는 전체적으로 본다면 종교적인 것 속에 국가의 기반을, 국민적인 것 속에 종교의 확증을 보유하고 있지는 않다. 정당하게도 이렇게 말해 왔다. 그것만으로 개별적인 복음주의적 영방(Länder)들에서는 국가와 프로테스탄티즘의 관계들은 원래 처음부터 보다 긴밀하였다. 교회와 국가의 각각의 영역에 있었던 이유들에서, 복음주의 교회(die evangelische Kirche)는 국가라는 틀 속에서 란트 교회로서 성립한 것이며, 개별적인 독일적인 란트 영주에 의해서 인가되고, 담보되고 보호되고 있었다. 이와 같은 성립은 근대 국가가 생성 중이던 시대에도 속하고 있었다. 이러한 과정은 다시 복음주의 란트 교회의 성립으로 강한 영향을 받고 촉진되고 있었다. 그리하여 이러한 복음주의 란트 교회는 원래 처음부터 국가와의 매우 한정된 가까운 관계를 지니고 있었다. 이 복음주의란트 교회는 루터파의 정치적·윤리적인 사상적 세계(Gedankenwelt)의 지금까지의 통상의 (칼뱅주의의 그것과 비교하여) 낮은 평가를 받은 것보다 더 사상적으로도 훨씬 더 강력하게 국가를 담당해 온 것이며, 그리고 그것[복음주의 란트 교회]은 운명으로 인하여 국가와 매우 밀접하게 결부되고 있었다. 복음주의 란트 교회를 란트 군주제 ― 전자는 그 현존재(Dasein)의 정립과 지속적인 보호를 후자에게 지고 있었는데 ― 에 관계지운 것은 자명하게도 역사적으로 보다 깊게 근거 지어진 경건함(Pietät)이었다.

---

*　Rudolf Smend, Protestantismus und Demokratie, in: Krisis. Ein politisches Manifest. Erich Lichtenstein, Weimar 1932, S. 182-193, also in: ders., Staatsrechtliche Abhandlungen, Berlin: Duncker & Humblot, 1955, 4. Aufl., 2010, S. 297-308.

영방국가(Territorialstaat)와의 이러한 관계는 이 영방국가가 그 최선의 측면들에서 이 교회에 의해서 함께 창출되면 될수록 그만큼 보다 내면적으로 근거가 마련되고 있었다. 오늘날 이것은 너무나 망각되어 버렸다. 한 사람의 유명한 독일 저술가가 지은 정치에 있어서의 화폐에 관한 책이 많이 읽히고 있는데, 이 책이 프로이센의 관료제가 다른 유럽과 비교하여 놀랄만큼 청렴하고 금전적으로 청결하다는 원인을 진지하게 탐구하고, 그리고 마침내는 회계검사원의 엄격한 감시 속에「프로이센 독일 관리의 완벽함이란 궁극의 비결」을 발견한다면, 복음주의 영방들의 행정사와 그것에 속한 전기적인 사료와의 각각의 보다 깊은 검증은 여기서는 복음주의의 직업(소명) 사상이나 그 직업의 인륜성(Berufssittlichkeit)이 몰아가는 세력들이었다는 것을 가르쳐주고 있다. 18세기와 19세기의 인륜적으로 교육된 관료층은 독일 제후 아래서의 훌륭한 행정관들의 정화일 뿐만 아니라 동시에 프로테스탄티즘의 위대한 국가창조적인 성과들의 하나이기도 하다.

　그런데 이전의 프로테스탄티즘과 국가와의 이렇게 근거 지어진 특별하게 가까운 관계는 이중적인 방법으로 영향력을 미치고 있었다. 하나는 이론적으로 국가에 대한 사상은 종교적인 사상세계로부터 매우 강하게 규정된다. ― 여하튼 이러한 과정은 주지하듯이, 독일 밖의 기반 위에서 그 가장 강력한 영향력을 마무리지었다. 그리고 실제로 대응하는 것이 구체적인 국가에 대해서 일어나고 있다. 즉 구체적인 국가[영방]에서의 봉사는 하나의 새로운 의미에서의 신에 대한 봉사이며, 그리고 사람이 다른 곳에서는 교회만이 그 신도들과의 관계에서 나타내는 몇 가지의 특징을 이 복음주의 관료국가에서 발견하였다면, 그것은 아주 부당한 것은 아니다. 여기서는 아마 19세기의 프로이센에 대한 가톨릭교도들의 위화감의, 예컨대 국가행정과 자치행정에 관계된 (그 속에 발을 들여 놓는) 것에 대한 라인란트인들의 혐오감의 매우 깊은 뿌리가 있을 것이다. ― 이러한 혐오감은 라인 지방의 행정과 란트 의회의, 그리고 본(Bonn) 대학의 기록 문서 속에서 크게 비난받고 있는데 그들의 정치적인 위화감 때문만이 아니라 그들의 궁극적인 종교적 인륜적인 특성 때문에 생기는 것이다. 여기에 문화투쟁(Kulturkampf)에서의 양 측면에서의 정서적인 매우 깊은 동기들의 많은 것이 존재한다.

　체제전환(Umwälzung)에 대한 종교적으로 활발한 독일적 프로테스탄트들의 ― 오늘날의 상황을 규정하고 있는 ― 태도는 이러한 노선의 연장일 뿐이다. 가톨릭주의와는 뚜렷하게 대립하여 그들 프로테스탄트는 거의 예외 없이 새로운 상황[민주주의]을 교회정책적인 관점하에서 보고 있으며, 혁명은 가능성·희망·위험에 비추어 교회와 프로테스탄티즘에 대해서 무엇을 의미하는가 하는 물음을 수반하고는 보지 못한다. 1918년의 특히 혼란한 상황은 여하튼, 이 대립이 모두 첨예한 것을 간과하기 위해서, 1848년[3월혁명], 1859년[이탈리아 통일 전쟁, 오스트리아의 패배], 1866년[프로이센-오스트리아 전쟁]에서와 같은 정치적인 사건들과 파탄에 직면하여 독일의 가톨릭교도들이 취한 태도만을 상기해 보기로 한다. 예컨대 복음주의 정교협약에 대한 사상은 그들에게는 여전히 더욱 완전히 소원하였다. ― 기껏해야 새로운 라이히 헌법에 의해서 일정한 종교적·교회적인 이해관심을 확보하는 것이 고려되었을 뿐이다. 그러나 혁명에 대한 특징적인 복음주의적 태도는 교회정책적인 것이 아니라 국가정책적인 것이다. 여하튼 완전히 다른 의미에서 그러하였다. 한편으로는 프로테스탄티즘은 새로운 질서를 능동적으로 담당하는 세력들에게 적지 않은 인물들에게서 하나의 중요한 기여를 제공하였다. 그들은 새로운 관계들과의 내면적인 결합을 찾았거나 또는 적어도 바로 그러한 결합을 추구하였다. 더구나 이러한 변천들에서도 종교적 의무로부터 내면적으로 복종하지 않으면 안 되는, 그러한 국가와 그 법률과의 완전히 특수한 ― 새로운 상태들의 나머지 신봉자들에 있어서는 그처럼 반복하지 않는 ― 깊은 인륜적·종교적인 결부 때문에 그러한 것이다. 진정한 복음주의적 방법으로 바로 이러한 진영에서 다음의 것이 진정한 복음주의적 형태로 반복해서 주장된다. 즉 복음주의 교회만이 그 경건성이라는 보물로부터 이미 신하의 복종 위에 서지 않는 국가가 더 이상 이중적으로 필요하게 된 내면성, 양심성, 직업의 기쁨과 같은 공물을 줄 수 있다고 말이다. 그러나 대다수의 사람들은 체제전환에 적어도 우선 내면적으로는 소원하며, 실로 그것에 대해서는 거부적이었다. 대다수의 사람들은 독일적인 국가체제(Staatswesen)의 역사적인, 군주제적인 ― 여전히 언제나 일정한 의미에서 기독교적인 ― 성격으로 익숙할 뿐만 아니라 아주 내면적으로 구속되고 있었으므로, 이러한 과거에 대한 충성을 통해서 그리고 혁명이 종교와 교회에 대해서 적대관계에 있는 것을 통해서, 정치적으로 대립하는 진영으로 인도하였다. 따라서 다음과 같은, 사람이 오늘날의 독일적 문제로서의 프로테스탄티즘과 민주주의에 대해서 특징짓는 경향에 있는 것이 주어진다. 즉 독일적 프로테스탄티즘은 독일 국가를 뒷받침하는 기초로서의 그 역사적 역할을 결정적으로 상실해버린 것처럼 보는 것, 독일 프로테스탄티즘은 정치적으로 분할되고, 적어도 대부분은 다소간 희망 없는 대립적인 입장에 억눌리고 있는, 복음주의 교회는 실정헌법적으로는 여전히 그 법적 지위에서 소수파로서 보호되는 「종교단체」에 불과하다는 것이다. 더구나 이러한 교회에 대해서 충분히 가치 있는 바이마르 헌법의 보장들마저 라이히 귀속자들의 3분의 2의 복음주의적 신앙에 대한 경외(Respekt)에서가 아니라 또는 이 신앙의 신봉자들의 정치적 중요성에 의한 것이 아니라 본질적으로는 숫적으로 훨씬 약한 가톨릭의 국민부분(Volksteil)과 이 부분의 당시의 정치적 태도에 대한 고려를 가지고 성립한 것이다. 이것은 어느 정도 독일적 프로테스탄티즘이 세계대전과 혁명과의 패자들에 속하는가 이것을 시사해 준다.

그러면 독일 프로테스탄티즘과 오늘날의 독일 민주주의의 관계라는 문제의 본질은 넓은 복음주의 권역들(Kreise)의 이러한 일시적인 소수파의 입장과 대립적인 입장에 있는 것은 아니다. 그러므로 독일 프로테스탄티즘의 전체는 정신적인 통일체인 것을 중단해버린 것은 아니다. 정치적·윤리적인 기본적 확신들에서 독일 프로테스탄티즘의 전체는 여하튼 혁명의 순간에 매우 다양한 결과들을 이끌어 내었는데 이러한 확신들에서도 또한 그러한 것이다. 국가에 대한 이러한 복음주의 전체의 통일체의 의의는 지속적으로 점차 문제가 될 것이다.

이러한 의미는 가톨릭주의와 비교하여 어떤 하나의 의미에서의 통계학적으로 파악할 수는 없다. 이러한 의미가 특징적인 것은, 프로테스탄티즘이 소수파의 역할 — 여하튼 그 이해관심에서 헌법상 보호된 그것 — 을 함으로써가 아니라 그것[프로테스탄티즘]이 오늘날에도 여전히 적어도 숫자상으로는 라이히 귀속자들의 3분의 2의 다수파를 포괄하는 것에 의하는 것도 아니다. 가톨릭적인 국민부분의 상대적인 의미는 많은 관계들에서 거의 통계학적으로 표현할 수 있다. — 대표자 수(Mandatszahl)와 중앙당의 정치적으로 열쇠가 되는 지위에서만이 아니다. 이에 대해서 동일한 것은 프로테스탄트적인 국민부분에 대해서는 불가능하다. 프로테스탄티즘은 많은 관점에서 보다 폐쇄적이 아니며, 보다 간과할 수 있는 조직들을 가지고 있으며, 정치적인 대표 일반을 보유하지 않으며, 그리고 일반적 정신적인 권능으로서도 또한 가톨릭주의처럼 도처에서 그렇게 분명하게 인식하지 못하며, 그렇게 명료하게 한정하지 못한다. 그러나 특히 프로테스탄티즘은 가톨릭주의와는 달리 여전히 그것이 새로운 관계들 속에 궁극적으로 편입된다는 것을 둘러싸고 다투는 한 가운데 있다. 대체로 전쟁과 혁명이라는 커다란 세계적이 지진 뒤의 궁극적인 진정화와 정화(Beruhigung und Klärungen)는 이제 비로소 — 이러한 정화 운동을 방향지우는 것으로서의 전쟁문학의 새로운 물결만을 상기시켰으며 — 흐름에 편승한 것처럼 보이는데, 독일 프로테스탄티즘과 독일 민주주의와의 관계도 또한 단지 새 지향과 정화의 그러한 단계 속에서만 파악한다고 이해할 수 있다.

이러한 정화에 대해서 전쟁 이래의 세월의 과정들은 단지 서곡을 의미할 뿐이었다. 새로운 최전선은 여기서는 대체로 비로소 형성되지 않으면 안 되었다. 이러한 것은 복음주의 교회의 전시의 태도와 혁명에 대한 그 태도 때문에 그 복음주의 교회에 대한 주지의 고발(Anklage)의 형식으로, 그리고 반대로 넓은 교회 권역에서는 새로운 관계들에 대한 내면적 저항과 외면적인 이의의 형식으로 일어났는데, 이것은 당면한 하나의 감정적 부담을 의미하고 있다. 이러한 것에 결말을 본 것은, 1931년 6월에 프로이센과 그 국가영역의 복음주의적 란트 교회들과의 협약(Vertrag)에서 일정한 결정과 정점을 달성한 우선 보다 행정적이며 법적인 잠정협정(modus vivendi)을 작성한 시기이다. 당연하지만 공론은「정치적 조항」을 이 협약의 가장 중요한 항목으로서 느낀 것이다. 왜냐하면 이「정치적 조항」에 의하면, 교회의 최고직의 취임은 [프로이센] 국가정부가 거기에 대해서 정치적 의문을 드러내지 않는 자에게 한정하기 때문이다. 교회에 대해서는 쉽게 받아들이기 어려웠던 이 조항에 대한 [교회의] 복종은 하나는 국가에 대한 교회의 충성선서를 의미하고 있다. 예컨대 모든 교회의 구성원에 대해서 국가질서에 편입되는 것을, 그리고 국가에게 충실한 협조를 양심상의 의무로 하는, 1927년의 쾨니히스베르크의 교회 회의의「조국표명」(Vaterländische Kundgebung)*이란 의미에서 말이다. 그러나 이 표명은 동시에 국가에 대한 신뢰 표명을 의미한다. 따라서 국가가 그 권리를 통용하게 만드는 것은 교회 자신에 의해서 요구된 충성에 대한 의문이 근거를 가지게 되는 사례에서만이며 정당정치적인 이유에서는 아닐 것이다. 여하튼 이러한 협약들은 프로테스탄티즘에게 프로테스탄티즘이 란트 영주의 주교 감독권이란 사례에 수반하여 상실한 정치적 대표기능을 반환하지 아니한다. 그리고 정치적인 대표기능은 오늘날 ― 중앙당과 바티칸에 의한 가톨릭주의의 정치적 대표기능에 비추어서만이 아니라 ― 지금까지 이상으로 프로테스탄티즘에 대해서 필요하며, 이 필요가 충족되지 않는 것은 교회정책적인 상황을 동요케 하는 ― 정당하게 의식되지는 않지만 그러나 중요한 ― 요소를 의미하고 있다. 그러나 이러한 협약들은 여하튼 국가와 교회 간의 긴장과 오해의 시기에 한 획을 긋는 것이며, 그것으로 ― 바람직한 것인데 ― 양자 간에 정밀하고 우호적인 관계들이 시작하는 시기를 의미한다. 그러나 프로테스탄티즘과 민주주의와의 관계는 이러한 협약들에 의해서 대체로 근소하게만 그 어려움을 감소할 뿐이다. 그 때문에 이 관계는 정치적이며 정신적인 문제로서는 여전히 아주 발효되고 유동적인 상태에 있는 것이다.

여전히 우리들 앞에 있는 대결의 보다 중요한 부분은 어떻게 일어나게 되는가? 확실히 독일 프로테스탄티즘은 어떤 형태로 ― 예컨대 앵글로색슨적인 모델에 따라서 말하면 ― 독일적 민주주의와 동일하게 되거나 또는 단지 어떤 형태로 그것과 동화(적응)된다는 것은 아니다. 민주주의를 바로 종교적 요구로서도 현상시키고 있는 미국에서의 종교적 확신들과 민주적인 그것들과의 혼합은 미국사의 특수한 전제들에 근거하고 있다. 독일에서는 혁명은 바로 종교의 상실을, 적어도 국가의 종교적 중립성을 의미한다. 앵글로색슨에 대해서는 자명한 종교적인 사상적 세계와 정치적인 그것과 같은 중심의 성층화 (konzentrische Lagerung)는 독일적 기반 위에서는 지금까지 배제되고 있으며, 그리고 이미 이전부터 오랫동안 배제되고 있었다. 이것은 여하튼 권위주의적인 가톨릭주의에 대립하여 잘 주장되는 민주적 국가시민의 국가와 만인 사제제의 교회(die Kirche des allgemeinen Priestertums) 간의 내적인 친근성은 문제가 되지 아니한다. 복음주의교회 역시 우선 첫째로 동료관계(Genossenschaft)가 아니라 재단(Stiftung), 시설(Anstalt)이며 바로 국가로부터의 분리는 이 교회에 정치적 세계에 대한 이와 같은 고유한 특성과 이에 수반하여 주어진 고유한 권리를 예리하게 자각하는 것을 강조하고 있다.

[가톨릭] 중앙당의 모델에 따라서 복음주의 정당을 형성하는 것도 바람직하지 않다. 그 이유는 많이 해명되고 있다. 즉 쉽게 보고 알 수 있는데 그러한 정당을 형성하기 위한 하나의 공통된 강령은 종교적이고 교회정책적인 직접적인 이해 관심의 한계를 초월하여 생각할 수는 없으며, 그러한 형성에는 또한 ― 모든 것에도 불구하고 ― 중앙당에 대해서 교회의 권위가 그것을 의미하고 있는, 묵시적인 뒷받침이 결여되었을 것이다. 19세기 네덜란드 역사의 그것들처럼 또는 남독일에 있어서의 「크리스천 국민봉사단」(der Christliche Volksdienst)이나 또는 라이히 의회에서의 「크리스천 사회 국민봉사단」(der

Christlich-Soziale Volksdienst)* (이것은 적어도 지금까지는 뷔르템베르크의 그것을 잠정적으로 확장한 것으로 보일 뿐)의 상당히 온건한 그것처럼 정당을 형성하는 것들은 비교적 좁은 권역의 동질성에 근거하고 있으며, 따라서 다양한 모양의 독일 전체 프로테스탄티즘에까지 확장하지 못하고 있다. 복음주의적인 정당형성 — 이것은 독일 프로테스탄티즘을 어느 정도 정치적으로 대표할 뿐인데 — 의 전제는 (미리 예견하기 어려운 이상한 역사적 상황을 도외시한다면) 프로테스탄티즘이 본래적인 소수파의 상황에 억눌리고, 이를 통해서 정치적으로 견고한 연대(Solidarität)가 형성되리라는 것이다. 그러나 목하 프로테스탄티즘은 확실히 다수파는 아니지만 그러나 소수파도 아니다. 프로테스탄티즘은 독일 국민을 그 모든 부분들과 생활의 방향들에서 관철하고 있으며, 그것을 통해서 그 새로운 정치적 형상과의 완전히 다른 종류의 대결에 의존하고 있다.

이러한 대결은 크게 진전하고 있다. 이 진전의 범위와 집중도는 그 장소와 방도, 그 대상과 방법, 그 목적과 성과가 갈기 갈기 찢어지고 여러 모양을 취하고 있어서 특징을 찾거나 나아가 가시화하는 것은 더욱 어려운 일이다.

이러한 진전을 — 아마 가장 중요하지는 않지만 그러나 널리 잘 알려진 형태로 — 표현하는 것은 사회와 조국의 문제에 관한, 학교와 교회의 문제에 관한 「독일 복음주의 교회 대회」(Deutsche Evangelische Kirchentage)*의 훌륭한 성명들이다. 이러한 성명들의 의의는 그 내용적인 세부사항에 있는 것은 아니다. 그리고 그것들은 위원회의 타협으로 성립된 모든 성명의 본성적인 약점을 나누어 가진다. 그 성명들은 하나는 다음의 점에서, 즉 그 성명이 독일 국민에게 이러한 대표적 성명들에서 그들의 배후에 있으며, 그들에서 어쩔 수 없이 불완전한 표현을 찾고 있는 많은 신학적이며 교회정책적인 투쟁들과 작업들이 무엇인가를 이해시키려고 한다는 점에서, 과제를 짊어지고 있다. 그러한 표명들은 그것들이 이러한 문제의 제기의 혁명 이래 바뀐 성격을 의식화하는 것을 통해서 그들의 과제를 수행하는 것이다. 이전에도 교회는, 즉 독일 프로테스탄티즘은 이 문제에 대해서 입장을 취했다. 오늘날 독일 프로테스탄티즘은 새로운 의미에서 변화된 상황에서 국가로부터는 독립해서 이것을 행하고, 그리하여 그 고유한 의식을 위해서 그리고 공적인 의식을 위해서 그 새로운 자립성에서, 바로 마침내 비로소 이러한 사명을 통해서 새롭게 질서지워진 세계에 대한 그 현재의 입장을 한정함으로써 구성하는 것이다. 이것은 어떻게 필요하였는가 그리고 여전히 필요한가, 이것을 교회진영과 세속 진영에 있어서의 국가와 교회의 복음주의적인 협약이라는 단순한 사상에 대한 완강한 저항이 보여주고 있다. 이 저항은 그 주안점에서 사람은 국가와 복음주의 교회와의 새로운 관계에 대한 사상에 아직 익숙하지 않았으며, 실로 이 사상을 대체로 여전히 파악하지 못했다는 것에 근거한 것이다.

교회와 국가, 프로테스탄티즘과 민주주의와의 대결은 교회 회의의 성명이나 「독일 복음주의 교회 위원회」(Deutsche Evangelische Kirchenausschuß)*의 라이히에서의 입법과 행정에로의 지속적인 움직임, 복음주의적인 사랑의 활동이라는 공적인 복지행정과의 협동의 최하층에 이르기까지 매우 확대된 최전선에서 일어나고 있다. 이 때에 실질적으로 문제가 되는 것은, 교회와 복음주의적인 국민부분의 권리를 둘러싼 단순한 투쟁이며, 그것보다도 「쾨니히스베르크 성명」이 표현하고 있듯이, 「입법과 행정에 관한 자립성과 대담한 의견표명」에서 영속적인 인륜적 척도들을 설정하고, 전체 공공생활에서 기독교적인 양심의 요구들을 대표하는 것」이다.

이러한 대결은 교회와 프로테스탄티즘 내부의 중요한 내적인 과정(Vorgang)을 전제로 하며, 동시에 결과이기도 하다. 종교적·인륜적·교회적인 요구들은 그들 자신이 그것들이 하려는 바로 그것, 즉 그들이 이질적인 정치적·사회적·문화적인 색채와 부차적인 사상과의 모든 전통적인 혼동에서 순화되고 있는 바로 그것, 진실로 이러한 것이며, 이러한 것 이외에는 아닐 때에만 주장될 수 있다. 알기 쉬운 역사적인 이유들에서 최근 수 십 년에 프로테스탄티즘과 복음주의 교회에 대해서 프로테스탄티즘과 복음주의 교회의 기독교정신과 교회정신의 「군주제적」, 「국민적」, 「시민적」인 위조(Verfälschung)라는 비난처럼 그토록 자주 비난된 것은 없었다. 이처럼 많은 비난은 이미 혁명 이전에 근거가 없는 것이었다. 혁명 이래 사정은 다르다. 많은 것은 종교적이며 교회적이기조차 아닌 입장에서의 비난에 지나지 않는다. 여하튼 교회와 프로테스탄티즘은 외부로부터나 내부로부터도 신랄하게 비판을 받았다. 밖으로부터의 정치적인 적대자들의 공격들에 종교적인 사회주의자들과 신학적 운동의 비판은 그 단호한 태도보다 못한 것이었다. 그리고 성과는 이미 현존하는 한에서 말하면, 많은 대성공의 옹호론과 아울러 매우 유익한 자기성찰이다. 이러한 성찰이 필요한 것은 특히 두 가지 점이다. 하나는 세속주의에 대한, 즉 종교적이고 인륜적인 모든 구속과 근거로부터의 삶의 해방에 대한, 삶을 무정부주의와 데모니(Dämonie)로 해소하는 것에 대한 투쟁을 위한 것이다. 이 투쟁은 모든 「세속적인」 동기로부터의 그 고유한 순수성을 확신하는 종교적이며 인륜적인 요청이라는 이름에서만 받아들일 수 있다. 그리고 나라가 교회와 프로테스탄티즘에 대한 윤리적 요구로서 제기되는, 국민주의와 국제주의, 평화주의와 사회주의, 사유재산제와 민주주의, 인간성과 연대성이라는 의미에서의 수많은 정치적이며 사회적인 요구들과의 대결을 위한 것이다. 복음주의적 확신에 따르면, 지속적으로 통용되는 종교적 근거를 수반하는 이런저런 정치적 시스템과 사회적 시스템은 존재하지 않으며, 교회와 크리스천은 어떠한 정치적 강령도 가지고 있지 않다. 따라서 그들[교회와 크리스천]은 정치 시스템과 사회 시스템이 그처럼 자주 나타내는 종교의 대체물을 자주 논란하고, 그러한 요구를 지닌 짐(Belastung)을 결정적인 논쟁에서 스스로 물리치지 않으면 안 된다. ― 교회의 내부이든 외부이든 그것들이 설교되는가의 여부는 관계없이 말이다.

아마 여기에 민주주의와 프로테스탄티즘 간의 여러 오해의 핵심이 있다. 민주주의 역시 자신을 그 가치와 위엄을 믿는다는 욕구를 가지고 있다. 민주주의는 특히 세속화된 세계에서 종교와 교회와의 대체하려고 하는 이정한 경향을 가진다. 그리고 바로 세속화

된 종교적 에너지들이 민주주의 속에 살아 있는 한, 그러한 것은 대체로 프로테스탄트적인 기원을 가진다. — 초기에는 자본주의 속에, 그리고 후기에는 사회주의 속에 세속화 되고 있는 다른 그것들이 그렇듯이 말이다. 민주주의는 교회가 무엇인가 위축된 것을, 특히 교회가 여러 세기에 걸쳐 군주제에 대해서 충성적인 태도를 나타내고, 이것이 오늘날에도 망각되지 아니한 것만으로, 이와 비교하는 것만도 더 상처를 입는다고 느낀다. 이때에 민주주의는 교회의 특수하고 오로지 종교적인 지향을 잘못 보는 것이다. 즉 독일 프로테스탄티즘은 무엇인가의 국가형태를 — 군주제도 또한 — 원칙적으로 결코 종교적인데 근거한 것으로 여기지 아니하였다는 것, 독일 프로테스탄티즘은 그 역사적으로 주어진 상위의 관헌(Obrigkeit)으로서의 독일적 군주제에 의무적으로 종속하며, 그리고 [독일적 군주제]에 그것이 보호자로서의 그에게 책무를 지고 있었던 한에서, 충성을 보여주었다는 것 — 이것들을 잘못보고 있다. — 이때에 현대인은 복음주의 교회가 이러한 군주제에 대해서 19세기 말에 이르기까지 많은 장소에서 얼마나 엄격하고 독립한 경고자였는가 하는 것을 망각하는 것이다. 복음주의 교회는 오늘날의 민주적 질서에 — 이것을 지금의 역사적이며 따라서 신이 지시한 권위(Obrigkeit)로서 — 아주 충실하게 종속하고 있다. 복음주의 교회는 다른 모든 것 이전에 교회의 첫 번째 지체(Glied)이려고 했던 관헌에 대해서와는 달리, 종교를 상실했거나 역시 종교적으로 중립적인 상위의 관헌에 대해서 대립한다는 것은 자명한 것이다. 그리고 복음주의 교회는 의식이든 무의식적이든 모든 세속화경향에, 그리고 무엇인가 종교에 대체하는 것에 대한 모든 경향에 저항하는 것, 이것은 그 선한 권리이다. 새로운 상황[민주주의]에 편입됨에 있어서 잘못을 범한 것, 그것도 많은 잘못이 양쪽[교회와 관헌]에서 범한 것, 이것은 결코 놀랄 일이 아니며 이제는 마침내 하나의 지나가는 현상으로서 잊혀질 것이다.

쉽게 생각되는 것은 우리들이 여기서 그 한 가운데 있는 역사적 경과를 그 선구자와, 즉 19세기에서의 가톨릭교회와 국가 간의 화해과정과 비교하여 해명하려는 시도이다. 거기에서도 세기의 초에 [가톨릭] 교회가 자신의 의지에 반하여 자립적으로 행한 일종의 혁명이 있으며 — 거기에서도 교회가 반응하여 (여하튼 특수한 시대상황에 힘입어) 자기성찰과 예상 밖의 힘의 상승이 있으며 — 거기에서도 국가 측에서는 불심과 저항이 있고, 공공연한 투쟁으로 되고, 마침내 가톨릭의 국민부분과 가톨릭교회를 독일의 정치적 질서 전체 속에 최종적으로 새롭게 편입하게 되었다. 19세기 말과 20세기 초의 정치적이며 사회적인 문제들과의 [가톨릭] 교회의 필요에 급박하게 된 대결 — 일련의 커다란 회칙(Enzykliken)만으로도 상기해 보는 — 은 특정한 대비할만한 것을 제공한다. 그러나 특히 교훈적인 것은 여러 차이이다.

가톨릭 사회이론의 척추를 형성하는 것은 이성적이며 통찰할 수 있는 자연법이라는 사상이며, 국가와 교회의 공동질서에 대한 가톨릭적 교리의 척추를 형성하는 것은 계시된 신이라는 사상이다. — 양자가 지속적으로 통용하고 교회에서 이 교회의 가장 높은 지위의 법적이며 교의적인 결정심급(Entscheidungsinstanz)을 수반하여 표준적으로 해석되고 있다. 국가와 사회에 대한 가톨릭주의의 입장은 그러한 해석의 형식에서 완수된다. 이 입장은 따라서 그 권리 때문에 적어도 기본적으로는 교황정책의 손아귀에 있다. 대응하는 문제 ― 자연법에서 연역할 수 있는 무엇인가 어떤 종류의 규범들 일반의 채택에 관한 것, 동일하게 그들 규범들의 내용에 관한 것 ― 은 복음주의 견해에 대해서는 훨씬 더 혼란한 것이다. 그리하여 그러한 최종적인 규범들이나 원리들의 적용은 여기서는 오히려 구체적인 ― 여기서는 특히 역사적인 ― 상황에 비추어 구체적 결정으로서 나타난다. 그리고 끝으로 이러한 적용은 아주 별개의 형태로 조직되며, 정식화되고 있다. 이러한 적용은 양심상의 결정(Gewissensentscheidung)이면 그것만으로, 그 때문에 그만큼 개인적인 자의는 적으며, 대체로 국가에 대해서 바이마르 체제의 새로운 국가에 대해서, 교회의 신앙상의 동료의 결정이 문제가 되는 곳에서는 그 적용은 경건함과 신학적 사상과의 아주 절박한 대결에서 나타날 것이다. 독일 프로테스탄티즘과 오늘날의 독일 민주주의와의 관계는 체제 전환 이래 교회적 지향들과 신학적 지향들 간의 신학적 지도와 교구에서의 종교적이며 교회적인 성찰 간의 이러한 대결의 대상이며, 때때로 교회회의에 있어서의 그러한 공식적인 표명들에서 객관화되고 있는데, 그러나 특히 지속적으로 깊이 나아가는 정신적 운동의 대상이다. 이 운동은 모든 사례에서 독일 복음주의 교회와 신학의 역사에서의, 따라서 독일 정신과 독일 국민 전체의 역사에서의 중요한 하나의 장을 나타낼 것이다. 이 운동의 성과가 그것이 입각하고 있던 물음에 대한 간결하고 일의적인 대답과 태도인 것인가의 여부, 이것은 여전히 미해결 그대로이다. 표면적인 판단을 하는 사람들은 이 점에 가톨릭주의의 정치적·교의적·법학적으로 훨씬 폐쇄적인 태도와 비교해서 하나의 약점을 찾고 있다. 그들이 간과하는 것은 프로테스탄티즘은 여기서는 다른 방향에서 보다 커다란 생산적 기회를 가지고 있다는 것이다. 하나는 프로테스탄티즘은 여기서는 기본적으로 언제나 동일한 것에 머무르는 [가톨릭] 교회적인 태도라는 의미에서 하나의 도식에서 입장을 취하는 것은 아니기 때문이다. 프로테스탄티즘은 오늘날의 상황을 가톨릭주의보다도 더 강하게 그 일회성에서 소진하며, 그 일회적인 물음에 종교적·인류적인 성찰이 충만함에서 대답하며, 그리고 그와 함께 완전히 다른 구체적인 생산성을 가지는 하나의 입각점을 얻으려고 시도한다. 프로테스탄티즘은 그 답변을 오늘날의 국가의 위기와 문화의 위기의 궁극저긴 깊이와의 대결에 근거해서만 부여할 수 있다. ― 그러나 또한 그 점에서 이러한 답변과 그 획득은 또한 바로 이러한 위기의 극복에 대한 아주 직접적인 기여이기도 하다. 거기에 덧붙여서 프로테스탄티즘은 이러한 위기와 가톨릭주의보다도 더 강한 내적인 관계에 있다. 이 관계는 대부분 프로테스탄티즘 자신에서 성립하였다. ― 프로테스탄티즘은 개인주의적인 해방과의, 민주적인 해방과의, 내적인 대립들의, 그러나 또한 단순히 역사적으로 근거지워진 것만이 아닌 내적인 관계들(Beziehungen)의 긴장으로 가득 찬, 그리고 그러므로 생산적인 관계(Verhältnis)를 가지는 것이다.

　여기에 프로테스탄티즘에 대해서 또 하나의 다른 아마 보다 커다란 기회가 앞에 놓여 있다. 이것을 사람은 다음과 같은 양식에서도 간취할 수 있다. 가톨릭주의는 혁명 직후에는 독일 정신의 운동에서, 아주 의심 없이 주도적으로 이 위기에 대한 투쟁에 개입하고 있었으나, 여기서는 명백하게 후퇴하고, 나아가 특수 복음주의적인 정신적 세력들에 의해서 교체되어 버렸다. 이러한 특수 복음주의적인 정신적 세력들에는 이러한 과제를 둘러싼 투쟁에서 동시에 다른 영역들에로의, 바로 또한 국가이론과 사회이론의 영역들에로의, 훨씬 놀랄만한 영향력이, 즉 어떤 종류의 학문적·정신적인 열쇠가 되는 입장이 할당되었기 때문이다. 이 과제의 수행은 권위주의적인, 전원일치로 따르는 교의적 의견이 되어서는 안 되는데, 그러나 하나의 종교적·정신적인 힘의 작용일 것이다. 프로테스탄티즘이 이러한 작용의 담당자인 것은 가톨릭주의가 그렇듯이 형식적으로 폐쇄된 권력으로서가 아니라 오늘날의 정신적·정치적·종교적인 모든 권역(Kreise)을 관통하여 분배되고 유효하게 작용하는, 하나의 산발적인 요소(ein diffuses Element)로서이다. 프로테스탄티즘은 하나의 회칙(回勅, Enzyklika) 배후에서 폐쇄되지는 아니한다. 프로테스탄티즘은 항상 그 태도에서 분열 깨지는 것을 이단(Häresien)으로서 거부하지 않고 인내할 것이다. 예컨대 종교적인 사회주의를 거부하지 않고 인내하듯이 말이다. 그리고 프로테스탄티즘이 그들[분열]에 대해서도 또한 최종적으로 뒷받침하는 공동체로 머무른다면 프로테스탄티즘은 그것을 환영할 것이다. 그리하여 프로테스탄티즘이 조달하는 것은 강력하고 폐쇄된 정당 내지 교회의 중요성이 아니라, 그러나 그것만으로 오히려 직접적이며 정신적인 힘의 작용이라는「도덕적인 것」이 될 것이다.

　가톨릭주의는 독일적 민주주의에 봉사하였다. 즉 국가에 대한 그 자연법적인 기본적 태도에서 헌법체제를 공고하게 만드는 궤도로 향한 독일적 민주주의가 탄생하는 단계에서 독일 민주주의의 형성에 공헌하였다. 그리고 가톨릭주의는 그 이후 이러한 공고화의 매우 강력하고 신뢰할 수 있는 기둥의 하나이다. 가톨릭주의는 그 공고화에 발전을 수행한 하나의 문화국민에서의 내면적으로 영유된 민주주의의 전제인, 정신적인 동질성이라는 척도를 부여할 수 없으며, 그리고 동일하게 또한 하나의 민주적 헌법 역시 그 양식에서 필요로 하는 궁극적인 정당성을 부여할 수도 없었다. 이러한 작용들이 그 어떤 성격의 예견할 수 없는 요소로서의 사건들을 통하여 초래된다는 것은 생각할 수 있을 것이다. ― 그 목적은 문화위기와 국가위기의 정신적·인륜적인 극복의 도상에서 달성되리라는 것은 더욱 개연성이 높으며 바랄 수 있다. 이 위기를 극복하는 것은 인간의 평가에만 따라서 기대할 수 있는, 그러한 독일에 있어서의 정신적 힘은 독일 프로테스탄티즘이다. 독일의 민주주의가 여전히 그 앞에 있는 이러한 과제를 위해서 기대할 것은, 그것[독일의 민주주의]이 그 본래적인 기둥과 맹방으로서 헤아리는 것을 일상으로 하는 세력들(die Mächte)보다도 이 독일적 프로테스탄티즘인 것이다.

군주제 연방국가에서의 불문헌법[*]

루돌프 스멘트

　비교적 오래된 연방국가들, 즉 미국 연방과 스위스 서약동맹에 대해서 독일 제국은 국민적인 헌법전을 보유하지 못한 한에서 일정한 불리한 입장에 있다. 많은 「칸톤」은 연방헌법에 대해서 거의 미신에 가까운 경의를 품고 있었을지도 모른다. 그러나 브라이스 (J. Bryce)[*]가 연방헌법에 대해서 말하는 경우, 아마도 신약 성경, 코란, 모세 5경, 유스티니아누스 학설휘찬 이외에는 연방헌법의 텍스트의 설명에 대해서만큼 많은 정신과 노력을 쏟은 문서는 없을 것이라고 한다면, 이 연방헌법은 바로 이 계열에서, 다른 한편으로는 민족의 책으로서도 또한 그 지위에 걸맞으며, 더구나 로마법 대전 이전부터 보더라도 그러한 것이다. 그리고 이것은 상응하는 보다 절제된 정도로 스위스 서약 동맹에 대해서 타당하다. 두 경우에 헌법전은 이러한 역할을 하는데 그 이유는 민주주의의 교육과 정치적 스타일이 지금까지 주권적인 전체국민의 개별적인 구성원에게 국가기본법을 주지하고 철저하게 배려해 왔다는 것만은 아니다. 양 헌법전의 내면적인 정치적·국민적인 내실 역시 이러한 헌법전의 역할을 정당화하고 있다. 미국 연방 헌법의 전문에는 「우리들 합중국의 인민」은 등등의 간결하고 엄숙한 자랑스러운 말이, 또는 스위스 연방의 헌법전의 그것에는 「전능하신 신의 이름으로!...」라는 엄숙하고 장중한 말이 있다. ─ 이 때에 사람은 실제로 미국적인, 스위스적인 기반 위에 있는 것을 느낀다.

　우리들의 라이히 헌법은 아주 다르다. 이 라이히 헌법은 특별히 엄숙함도 없고, 심금을 울리는 것도 없고, 졸렬하게 기초된, 그리고 완전하게 이해하기 어려운 제정법이다. 아카데믹한 교사는 가장 잘 알고 있지만, 그 법을 우리들의 최고위의 국가기본법과 만족을 주도록 관계지우는 것, 이것을 늘 하는 것은 법률전문가들의 내면 속의 얼마 안 되는 부분일 뿐이다. 독일 국민에게 그들 자신의 라이히 헌법은 항상 소원하고 이해하기 어려운 것으로 남아있을 것이다. 독일 국민은 그 라이히 헌법의 조문들 중에 미국인이나

---

[*]　Rudolf Smend, Ungeschriebenes Verfassungsrecht im monarchischen Bundesstaat (1916), in: ders., Staatsrechtliche Abhandlungen, Duncker & Humblot, Berlin 1955. 4. Aufl., 2010, S. 38-59.

스위스인이 바로 그러므로 매우 존중하게 여기는 그들의 헌법 텍스트에서 보유하고 있는, 독일인의 국민적인 국가생활의 명확하고 국민 고유의 표현을 결코 발견하지 못할 것이다.

공화제적 연방국가의 헌법들은 강제적인 필연성의 힘에 의해서 국민 고유의 법전이다. 라이히 헌법은 동일하게 강제적인 필연성의 힘에 의해서 무엇보다도 먼저 하나의 외교문서이다. 이 문서는 오로지 일부에서는 라이히 헌법의 비민주적인 외교적인 성립에, 일부에서는 군주제적 연방국가의 지속적인 본질에 근거할 뿐이다.

여기서는 이러한 사정을 그들의 완전한 관련에서 전개할 장소는 아니다. 여기서는 이러한 관련에서 한편으로는 라이히 헌법의 「외교적」 스타일의 외면적인 고유성의 일단을 서술하고 동시에 군주제적인 연방국가의 아주 내면적인 본질과 밀접하게 관련된, 지금까지 충분하게 관찰하지 못했던 하나의 개별적인 현상이, 즉 헌법의 **언어**, 헌법의 **기술** 그리고 헌법의 **기초들**이라는 일련의 주제만을 뚜렷하게 살펴보려고 한다. 이 때에 문제로 되는 것은 전혀 작성하지 않았거나 또는 고유하게 오해된 형식으로 작성한, 그리고 그러므로 라이히 국법을 서술할 때에 — 커다란 실천적인 의의에도 불구하고 — 아주 쉽게 완전히 간과되어 버리는 실정헌법이다. 그리고 이 실정헌법은 내용적으로는 그 위에서 군주제적인 연방국가가 아주 원칙적으로 공화제적인 그것에서 구별되는, 라이히 실정헌법의 영역 위에, 즉 라이히와 개별 국가들 간의 관계들의 영역 위에 있는 것이다.

1. 우리들의 현상의 몇 가지 특별하게 명확한 사례들은 무엇보다 라이히에 대한 개별 국가들의 **권리**라는 영역이다.

이에 속하는 것은 예컨대 외교 사항에 관한 연방 참의원 위원회(Bundesratsausschuß)이다.

1913년 초에 뷔르템베르크 의회 제2부의 예산심의 때에 한 의원이 대체로 최근 2년 간의 위원회에의 뷔르템베르크의 관여와 그 위원회의 활동에 대해서 질문하였다. 수상이며 외무대신인 폰 바이재커(v. Weizsäcker)*는 이에 대해서 이 위원회에 관한 몇 가지의 답변을 하였다. 이러한 답변은 물론 이미 공개되지 않았을 것임은 아무것도 포함하지 아니하였다. 이 위원회는 그 존립 초인 35년 간에는 몇 번이나, 1908년 이후에는 일종의 재활성화의 결과, 규칙적으로 가을에 그 밖에 1912년 봄에도 또한 소집되었다. 그 때에는 라이히 수상과 외무 차관에 의해서 라이히 외교의 기본적인 특징들에 대해서 현하의 상황에 대해서, 그리고 가장 가까운 장래를 위한 라이히 지도부의 의도들에 대해서 보고를 하고, 그리고 위원회의 구성원들은 의견표명의 기회를 가졌을 것이며, 따라서 토론이 행해진 것이다. 그 밖에 위원회에서 대표하는 개별 국가들에는 외무부의 중요한 문서나 각서가 보고되었을 것이다. 뷔르템베르크 정부에는 프로이센 사절의 중개를 통해서 였을 것이다.[1]

이해하는 것은 다음과 같다. 즉 질문자는 이러한 회답에 대해서 반드시 만족하지

---

1) 뷔르템베르크 하원의 심의, 39. Landtag, 1913. Protokollband 95, S. 671 f. (29. April 1913).

않았다는 것, 그리고 전체적으로 빈트호르스트(Windhorst) 이래 제국 의회에서도 자주 들은 고충이라는 의미에서 — 「이 통제 기관[연방 참의원 외교위원회]이 그 자신을 위해서 헌법에서 성문화한 기능을 수행하고 있는가의 여부에 대한 완전한 안정감은 아직 존재하지 아니한 것」…「이 기관은 단순한 장식이 되어서는 안 되는 것, 단순한 모놀로그나 각서의 수령이라는 것에만 봉사해서는 안 된다는 것」, 이러한 것을 확인하였다는 것이다.

그러나 이 때에 그는 외무 대신의 최후의 논평을 알아 차리지 못하였다. 외무 대신은 다음의 말로 입을 닫았다. 「나는 나아가 **기본적으로 가장 중요한 것**을, 즉 라이히 지도부와 개별 국가들에서의 지도적인 대신들 간의 인격적인 관계들이 다음의 것을 위해서 최선의 보장을 부여한다는 것을 지적하고 싶다고 생각합니다. 즉 현실적으로 또한 외교에 관한 여러 사안의 경과에 대한 지식은 개별 국가들에게 전하고 그리고 개별 국가들은 그러한 사안의 부분을 위해서 독일의 이처럼 매우 심각한 사항들에서 필요한 하나의 입장을 취할 수 있다는 것을 위해서 말입니다」. 그리고 의원의 대답에 대한 답변으로서 외무 대신은 다시 다음과 같이 덧붙였다. 라이히 수상은 1913년 3월 초 개별 국가들의 지도적인 대신들을 군대와 엄폐의 모범(Heeres-und Deckungsvorlage)에 대해서, 그리고 이에 관련하여 외정 상황에 대해서 협의하기 위해서 베를린에 소집하였다. 당시 위원회는 소집되지 아니하였다. 「왜냐하면 확실히 이 위원회의 구성원들에 의해서 공유된 감정에서 볼 때 또한 눈 앞의 사례에서 보다 좁은 소위원회(Gremium) 속에서만 당해 보고들을 하는 것은 위원에서 대표되지 아니하는 연방 구성원들에 대해서 뚜렷하게 주저하였을 것이기 때문입니다」라고.

그 뷔르템베르크 정치인의 국법에 대한 생각은 대체로 다음과 같다. 외교위원회를 지시하는 라이히 헌법의 규정은 그 의미에 따라서 그 위원회가 종래 수행해 온 중요하지 아니한 역할에 의해서 훼손되지는 아니한다. 라이히 헌법의 의사는 라이히 지도부와 개별 국가들의 정부 간에 외교 사안들에서 위원회의 회의들을 도외시하고도 여전히 현존하는 항상적인 접촉에 의해서 충족된다. 실로 특정한 사례들에서는 바로 위원회를 차단하는 것은 모든 개별 국가들과 긴밀하게 연락을 취한다는 관심에서 대부분은 라이히 헌법에 대응할 것이므로, 위원회에서 대표되고 있는 국가들 자신에게는 외교 상황에 대해서 보고할 때에 그 각별한 고려를 단념하는 것은 바람직하다고 생각되는 것이다.

라이히 헌법[비스마르크 헌법] 제8조 제3절, 「그 밖에 연방 참의원에서는 … 외교 사항들에 관한 위원회가 형성된다…」는, 따라서 외관상으로만 **조직적인**(organisatorisch) 하나의 제도를 창설할 뿐인 하나의 법명제(Rechtssatz)이며, 그러나 주요한 점에서는 라이히와 개별 국가들 간의 하나의 **기능적인** 관계를 더구나 라이히 지도부와 개별 국가 정부 간의 의무적·규칙적인 접촉을 확립하려는 것이다. 이러한 규정은 자기목적인데 그것은 다음과 같은 한에서만이다. 즉 거기에서 약간의 연방 국가들의 우위가 표현되고 있는 한에서,[2] 그리고 그 규정이 동시에 명언하지 않고 그 규정 속에 은폐된 기능적인 기본원칙

---

2) 특히 바이에른 주석은 1870년 바로 외교 사항들에서의 연방 주석(Bundespräsidium)과의 동권을 얻으려

을 관철하기 위한 가능한 한 방책의 하나를 미리 보여주는 한에서, 그리고 그러므로 제8조 제3절의 규정은 추구되고 있는 접촉이 다른 방도로 확립되는 경우에도 또한 이행되고 있다. 루트비히 2세에게 보낸 비스마르크의 고전적인 편지, 외정에 관한 특별히 중요한 문서나 결과의 모든 개별 국가들에 대한 전달,3) 1913년 3월의 그와 같은 지도적인 대신들의 회의들, 끝으로 정부들에 대한 보고를 목적으로 한 최신의 정치나 전쟁의 경과들에 대한 전달의 수령을 위한, 전쟁 발발 이래 매일 개최하는 외무부에 있어서의 개별 국가들의 외교 담당 대표자들의 회의들 — 외교 사항들에서의 이러한 것이나 그 밖의 양해형식들은 라이히 지도부의 연방에게 유리한 태도에만 근거하는 것은 아니며 실정 헌법에 의해서 요구된 양자의 관계를 확립하고 있다. 그러나 라이히와 개별 국가들과의 이러한 관계의 법적인 필연성은 헌법의 제8조 3절에, 즉 그 고유성이 다음에 있는 하나의 규정에 근거하고 있다. 즉 그 규정의 본래적인 기능상의 의미는 외정에 관한 라이히 지도부와 개별 국가들의 정부들 간의 협조관계의 확립의 필연성은 그것을 문자 그대로 적용하는 사정들 아래에서는 외교위원회의 회의 그 자체에 선행하며, 그리고 1913년 3월에서처럼 이 회의를 바로 배제한다는 점에 있다.

문제가 된 법명제의 형식과 내용 간에 이러한 긴장의 근거들은 일목요연하다. 그 법명제가 추구하는 관계는 이미 북독일연방(der Norddeutsche Bund)에서 하나의 정치적 필연성이었으며, 그리고 온전히 남독일 국가들, 특히 바이에른의 가입 이후에는 그러하였다. 이제 하나는 그것을 위한 하나의 실정헌법적인 표현을 발견하려고 하였다. — 엄밀한 정식화는 당연한 것이지만 불가능하거나 여하튼 라이히 지도부에게는 견디기 어려웠을 것이다. 그리하여 외교위원회의 도입으로 독특한 변경(Umschreibung)이 남은 것이다. 그러나 이 변경은 다음을 속이는 것은 허용되지 아니한다. 즉 오늘날 라이히 때문에 연방 구성원의 모든 이해는 외교 문제에서 적어도 원칙적으로는 개별 국가들에 대해서 라이히가 실정헌법적으로 의무를 이행하는 것에 있다는 것을 말이다. 그 때에 라이히는 외교위원회에 의해서 또는 사태의 상황에 따라서 보다 적절한 위원회들에 의해서 헌법에 적합하도록 예견하는 방책을 취하더라도 말이다.

유비되는 것은 라이히 관리의 임명 때에 헌법 또는 법률에 의해서 예견되는 연방 참의원의 협동의 사례들이다. 여하튼 여기서는 이미 기관적인 규범 그 자체 위에 외교위원회의 사례에서보다도 더 커다란 중량이 관련되고 있다. 연방참의원의 관여에서 라이히에서의 개별적인 국가들과의 일정한 공동통치가 표현하게 된다. 그러나 모든 이러한 규정들은 당연하지만 연방참의원의 단순히 형식적인 협동 이상의 것을 의도하고 있다. 개별

고 노력하였었다(Brandenburg, Briefe und Aktenstücke zur Geschichte der Gründung des Deutschen Reiches, II 18). 여기서는 외국 또는 제국 의회에 대한 라이히 지도부의 지위의 강화로서의 위원회의 의의는 도외시할 수 있다. Bergsträsser, Geschichte der Reichsverfassung, S. 108.

3) Fürst Bismarck im Reichstage 4. Dez. 1874, Stenogr. Ber. II. Leg.-Per. 2. Sess. I 484. 또한 v. Roëll u. Epstein, Bismarcks Staatsrecht, S. 125 ff.도 참조.

국가들의 정부는 그러한 규정들을 통하여 이러한 개별적인 [라이히 관리] 임명에 대해서, 즉 임명되어야 할 사람들의 선택에 대해서 사안에 맞는 영향력도 또한 보유하게 된다. 더구나 개별국가들의 이해관심과 라이히 관리의 채용에의 적절하고 상당한 관여에서 말이다. 그리하여 이러한 사례들에서 부분적으로는 차지해야 할 여러 가지 지위의 고정된 배분규범이 개별적인 국가들에 향하여 성립한 것이다. 그리고 이 비례배분의 준수는 차기의 관여자들에 의해서 법적 필연성으로 간주된다. 다른 사례들에서도 또한 연방의 국가들과 그들의 바람은 라이히 관리의 지위들을 보충할 때에 고려된다. — 그러나 그 경우 문제로 되는 것은 최상위의 라이히의 지위들의 — 단순한, 연방에 유리하게 되는 — 행태이며, 고작해야 관례적 규칙을 답습하는 것이다. 이에 대해서 여기서는 — 예컨대 형식적으로 그렇게 정당화된 연방참의원의 다수결을 통하여 라이히 재판소에서 처럼 문제 없이 지위를 보충할 때에는 — 하나의 연방 개별 국가를 후퇴시키는 것은 부당하게 느껴질 것이다. 따라서 예컨대 §127 GVG의 기관에 관련된 형식적인 법명제의 배후에는 개별 국가들에게 라이히 봉사의 이 부분에의 비례적 참여에 대한 요구를 부여하는, 실질적인 그것이 존재하는 것이다. 다만 라이히 입법자는 좋은 이유에서 매우 괴팍하고 확대해석 가능한 원칙 그 자체도 아니며 심지어 더욱 더 어려운 개별적인 관철도 명백하게 확정하려고 하지 아니하였다.

이러한 사례들의 극한적인 경계에서는 연방참의원에서의 부결(Überstimmung)에 대한 보호를 위한 개별 국가들의 권리들을 묻게 된다. — 물론 직무규칙인 제26조에서 연방참의 원과 그 위원회와의 구두 토론을 위해서만 지시하고 있다 — 연방참의원의 영역에서의 경과들의 원칙적인 비밀준수(Geheimhaltung)는 우선 개별적인 연방의 국가들 전체의 이해 관심 속에서와 마찬가지로 각각의 연방의 국가들의 이해 관심 속에도 있다. 그러나 사정에 따라서는 연방참의원에서 소수파인 한 정부는 공개를 호소하지 아니할(「공개성 속으로의 도피」) 가능성에로의 이해관심을 가질 것이다. 어떤 사례에서는, 즉 안건이 제국 의회에서 언급되는 경우에는 따라서, 특히 결의의 대상이 제국 의회로 향하여 연방참의원이 제출하는 의안이었던 경우에는 라이히 헌법은 그 하나의 정부에게 이러한 권리를 인정하고 있다. 그 경우에 그것(하나의 지방 정부)은 그 전권이 위임된 자들을 통하여 그「견해들」(Ansichten)을 제국 의회에서 —「그것들이 연방참의원의 다수파에 의해서 채택되지 못한 경우에도 또한」(제9조) — 통용하게 할 수 있다. 비스마르크 자신 그의 퇴임 후 제2의 길을, 즉 개별적인 란트 의회에 대한 책임성의 길을 자주 추천하였다. — 물론 개별 국가의 정부를 그들의 란트 의회에 대한 입헌주의적으로 약체화한다는 관심에서가 아니라 그것들을 라이히 기관들에게 대해서, 특히 연방참의원에 대해서 연방주의적으로 강화한다는 관심에서 말이다. 그러나 첫 번째 수단이 통상 제국 의회로 향한 연방참의원의 의안에 대해서만 적용가능하며, 그리고 그 경우에도 또한 비교적 뒤진 시점에서 비로소 그렇다면, 두 번째의 수단은 이 목적을 위해서는 언제나 상당히 답답한 것이다. 그리하여 한 정부가 이미 연방참의원의 의결 이전에 제국 의회에 제출하는 한 의안에 관하여 또는 제국 의회의 관할권(권한)에 속하지 아니하는, 그리고 거기에서는 따라서 제9조에 의해서 열려진 가능성이 존재하지 아니하는, 그 위에 하나의 안건에 관하여 공개성에 호소한다는 다른 방법에 의해서,4) 연방참의원에서의 다수결에 의한 부결이라는 위협에 대해서 그 의견의 중요함을 강화하는 것이 허용된다면, 그것은 개별 국가의 정부의 라이히와의, 그리고 특히 연방참의원과의 헌법에 적합한 관계인가의 여부라는 문제가 남는다. 비스마르크는 그의 퇴임 후 이 물음에도 긍정적으로 대답하고,5) 그리고 실천은 특히 작센 정부의 그것은 이러한 자유를 요구하였다. 이러한 실천은 제9조의 규정이 그 전적인 하나의 적용사례인, 하나의 보다 일반적인 원칙 위에서만 뒷받침될 뿐이다. — 이러한 적용 사례는 다시 기관의 지시라는 옷을 입는 것이다. 그리하여 개별적인 연방참의원 구성원은 제국 의회에 대해서도 또한 그들의 고향인 국가의 기관들에 머무른다. 다만 이 사례에서는 일반적 원칙은 자각적으로는 보다 협소하고 별다른 모양의 지시라는 옷을 걸치는 것이 아니라 제9조의 규정에 따라서 그 문자 그대로의 의미 이외의 어떠한 것도 의욕하지 아니하였다.6)

개별 국가들의 라이히 헌법에 적합한 의무와 제한이라는 영역에서의 동일한 현상은 쉽게 파악하기 어려운데, 그러나 전체적으로 보다 커다란 의의를 가지고 있다. 이 때에 여기서는 미리 다음과 같은 아주 명료한 사례는 도외시하기로 한다. 즉 라이히 기관들 내부에서의 권한(관할권)의 배분들의 형식에서 외부로 나타나는, 라이히를 위한 권한의 근거라는 사례 말이다.7)

이에 대한 하나의 중요한 사례는 이른바 「일반적인」 라이히 감독권이다. 헌법은 이러한 권한을 가지는 라이히 기관들을 지명하고 있는데(제17조, 제7조 3항, 19항), 그러나 감독의 대상(에 대해서 말하면 이 대상은 제17조와 제7조에서 반드시 동일하지는 않다)을 전적으로 일반적으로 「라이히 법률들의 집행」으로서만 특징지을 뿐이며, 무엇이 그 때에 본래적으로 감독되는 것인가, 라이히 법률들의 집행에 있어서의 개별 국가들의 전체 국가활동인가, 그렇다면 거기에서의 평균에 불과할 뿐인가, 이것을 더욱 상세하게 열거하지 않는다. 라이히 감독을 대상에 맞게 경계지운다는 이러한 문제는 그 매우 심각한 심의 때에,

---

4) 예컨대 그들 관점의 반관적인 전달을 언론이나 개별 국가의 란트 의회에서의 자발적인 표명을 통해서.

5) v. Roëll-Epstein S. 271 f. Hermann Hoffmann, Fürst Bismarck 1890-1898, II 212 f., III 20 f., 28 f.

6) R. v. Keudell, Fürst und Fürtstin Bismarck, S. 337 (Diktat vom 19. November 1866).

7) 특히 제11조에서. 또한 제18조도. Triepel in den Staatsrechtlichen Abhandlungen (Festgabe für Paul Laband) II 286 f. — 이에 대해서 예컨대 해넬(Haenel)은 이 방향에서 다음의 경우에는 매우 먼 곳까지 행하고 있다. 즉 그가 연방 국가들 간에서의 자력과 자조(Eigenmacht und Selbsthilfe)의 사태에 적합한 금지를 오로지 이와 같은 분쟁들의 「처리」를 위한 당해의 라이히 기관의 **형식적인** 관할권에서 볼 때 일부(제76조 1항)의 요청으로 도출하려고 하는 경우에는 말이다(Staatsrecht I 577 unten). 이들의 기초를 이루는 **실질적인 규범들**은 단순한 **절차의** 규정들로부터 해명할 필요는 없다. 후술 S. 48 Anm. 16과 S. 52 Anm. 21.

즉 제7조 제3항에 따르는 연방참의원의 하자 결의(Mangelbeschluß) 때에 무엇보다도
아마 그만큼 커다란 역할을 할 것이다. 왜냐하면 연방참의원은 분명히 대체로 그러한
관할권을 빈번하게 사용하지 않으며,8) 사용하더라도 예리하게 제한되며, 용서 없이
타당케 하는 그 관할권에 근거한다기 보다도 오히려 외교적 양해9)라는 형식들에서
사용하기 때문이다. 그러나 다른 곳에서는 감독 영역들의 의문의 여지 없는 경계지움이
실제적인 역할을 수행한다. 즉 그 행사에 대해서 제국 수상이 라이히 의회에 대해서
책임을 지는, 황제의 감독권(제17조)에 있어서는 그러하다. 여기서 이 감독권의 한계들은
그리고 이에 수반하여 라이히 의회의 권리의 한계들도 또한 그 감독권 행사의 책임있는
대리에로, 논의의 여지 없이 확정되어야 하며, 그리고 이러한 경계지움은 그러므로 또한
실제로도 다음과 같은 의미에서 행하여진 것이다. 즉 감독권의 대상은 개별 국가들의
중앙관청의 원칙적인 지시들만이라는 것, 그러므로 또한 이 지시들만이 라이히 감독권이
란 관점 아래서 라이히 수상의 직책의 대상이 될 수 있다는 것,10) 이러한 의미에서
말이다. 이러한 경계지움은 헌법의 맥락에서 스스로 필연성을 가지고 성립하거나 또는
그 경계지움에 비로소 나중의 관습법에 근거하거나 또는 그 자체로서는 아직 결코 승인되
지 않거나, 이러한 것은 여기서는 미결인 채로 그대로 둔다. 여하튼 이러한 사안에 맞는
경계지움의 필요는 존속하고 있다. 이러한 경계지움은 라이히 감독권에 대한 라이히
헌법의 기관적인 규정들로부터는 적어도 더 이상의 읽어낼 수 없는데, 그러나 그것들에
수반하여 분명히 그렇지만 적어도 간접적으로 주어져 있다고 할 것이다. 라이히 헌법에
있어서의 사안의 이러한 취급은 오해를 초래하는데 이것을 특징지우는 것은 이러한
경계지움이 라이히 국법의 서술들 속에 이미 언급하지 않은 것, 실로 그 경계지움에의
욕구가 결코 감지되지 않는다는 것이다.11)

---

8) 참조. Thoma, Verhandlungen des 30. Deutschen Juristentages I 67 Anm. 30. 그리고 거기에서는
   일반적으로 알려진 사례들이 인용되어 있다.
9) 자이델(Seydel)의 「연방에 호의적인 머리말」(Staatsrechtliche Abhandlungen II 108) 참조. 그의 상설
   Kommentar² 62. 즉 「... 라이히에 대해서 '복종하지 아니하는 개별 국가들의 정부'는 존재하지 아니한다.
   왜냐하면 문제는 복종의 관계가 아니라 계약의 관계이기 때문이다. 라이히 감독권의 성과들은 단지 라이히와
   국가들 간의 외교적 심의의 대상을 형성할 뿐이다. 그 때에 물론 제19조는 라이히의 견해에 우위를 확보한
   다」. 국법상으로 이 관계는 보다 부정확하지 않으며, 사실상·정치적으로 보다 부적절하지 않게 묘사할
   수 있다.
10) 참조. 예컨대 1913년 3월 4일의 정부 대표의 발언 (Sten. Ber. Bd. 288 S. 4230 B), 27. Mai 1913
    (Bd. 290 S. 5247 C), 4. Februar 1914 (Bd. 292 S. 6998 C), 12. Februar 1914 (Bd. 293 S.
    7254 D).
11) 약간의 저술가들에 의해서 적어도 정확하게 인식되는 것은 라이히 감독권은 개별 국가의 최상위의 기관들에
    대해서만 향하고 있을 뿐이라는 것이다. Haenel, Staatsrecht I 306, 312, 321 f., 798; Kiefer, Das
    Aufsichtrecht des Reichs über die Einzelstaaten S. 57; Anschütz in Holtzendorff-Kohlers
    Enzyklopädie der Rechtswissenschaft⁷ IV 73. 거기로부터 실천에서 귀결된, 사태에 맞는 경계지움이
    아마 추론될 것이다. 최상위의 기관들의 가장 고유한 활동은 바로 원칙적인 지시들의 발포이다. 그러나
    이러한 추론은 어디서도 도출되지 아니한다. 그리고 안쉬츠는 같은 문맥에서 라이히 감독권의 대상으로서
    바로 명백하게 「제4조의 사항들에서의 개별 국가들의 활동의 **전체**를, 또한 입법자의 활동을 동일하게
    판사의 활동을 ... 그러나 특히 집행하는 행정적 활동을 특색지우고 있다」(S. 72). 진실에 가장 가까운
    것은 토마(Thoma)이다. a. a. O. S. 69. 즉 「모든 규칙에서 연방참의원의 결단들을 촉진하는 것은

나아가 이러한 관련에 속하는 것은, 개별 국가들은 라이히에 대해서 그들 고유의 헌법에 관련하여 의무들을 지고 있다는 것이다. 그러한 의무들은, 라이히 헌법에서는 공화제적인 연방헌법들의 규정과의 모든 유비가 결여되었을지라도 존속하고 있다. 공화제적인 연방헌법에서는 그러한 규정들은 그들의 개별 국가들에 대해서 그들의 국가형태를 위한 기본적인 규정들을 이루고 있다. 거기에서 개별국가들은 그들의 헌법에 관한 일정한 최상위의 방침에서, 즉 공화제 국가형태의 유지, 인민발안의 허용 등등에서 규칙적으로 바로, 국가전체의 모범에 구속된다. 라이히에서 상응하는 구속들은 전혀 다른 종류의 것이다.

첫째로 여기서는 라이히에 그 국왕에서 언제나 황제를 옹립하고, 따라서 그 군주제적 헌법체제를 계속 유지한다는 프로이센의 의무가 있다, 라이히 헌법은 이것에 대해서 말할 필요는 없으며, 프로이센의 정치적 자기보존의 충동에 황제(Kaisertum)와 프로이센 왕위의 담당자와의 결합의 고정화를 맡길 수 있었다. 그러므로 이러한 프로이센의 구속은 여전히 정당하게 존속하고 있다. 프로이센 국가의 군주제적인 정점은 황제주의라는 전제이며, 이에 따라 라이히 헌법의 존립의 전제이기도 하다. 그리고 라이히 헌법의 존립의 전제를 의문시하지 않는 것은 라이히의 결속에서 프로이센의 구성원의무에 속하는 것이다. 프로이센은 라이히 법적으로 그 군주제적 국가형태를 포기하는 것을 방해하고 있다.[12]

라이히 수상, 연방참의원, 프로이센 행정부의 관련에서 생기는,[13] 달리 표명되지 아니한 프로이센의 의무들에 대해서는 프로이센 하원의 선거권의 형성을 위해서, 라이히 나 프로이센에서의 의회가 제기할지도 모르는 장래의 우세에서 발생하리라는 그러한 결과들에 대해서처럼 여기서는 도외시하기로 한다.

그런데 프로이센은 라이히에게 그 헌법에 관한 명백하고도 원칙적인 지시 없이도 의무를 지는, 유일한 독일의 국가는 아니다.[14] 개별 국가들의 하나의 의무 권역(Kreis)은 그것들의 헌법들과 그들의 활동과의 전체 영역에 관련을 가지고 있다. 이 의무 권역에 대해서 라이히 헌법은 말하지 않지만 그러나 이 의무 권역은 브라운슈바이크 문제에서 라이히에 의해서 타당하게 되고, 관여한 개별 국가에 의해서 승인되고 있다. 매우 특징적인 것인데 국법상의 문헌은 브라운슈바이크 사안을 논구함에 있어서 규칙적으로, 우선 연방참의원의 관할권의 문제를 제기하려고 하고, 동일하게 규칙적으로 심각한 방법으로 하나의 독일 개별 국가에게 그 적법한 지배자를 포기할 것을 강제한 법규라는, 다른

제7조 3호에 따라서 개별적인 소원인들로부터가 아니고 라이히 관청들이나 라이히 위원회들로부터 나오며. **또한 개별적인 사건들이 아니고 지속적인 상태들이나 제도들에 관계하고 있을 것이다.**

12) Haenel I 351, v. Jagemann, Die deutsche Reichsverfassung S. 103.
13) 참조. 예컨대 Haenel, Organisatorische Entwicklung der deutschen Reichsverfassung S. 28.
14) 개별 국가 실정 헌법의 일정한 제도들의 형성을 위한 명백한 라이히 법률상의 규정들의 사례들에 대해서는 Laband I⁵ 107 Anm. 1 참조.

문제를 제기하는 경향을 보이지 아니한다. 이 후자의 문제는 실질법적인 문제로서는 관할권을 가진 라이히 기관이라는 전자의 문제의 전제가 되는 문제임에도 불구하고 말이다. 라이히 헌법이 정당한 근거를 가지고 그것이 라이히 헌법에 어떤 형태로 가능한 곳에서 말하는 것은 개별 국가들의 의무들에 대해서가 아니라 라이히 기관들의 관할권에 대한 것에 불과하기 때문에 라이히 국법의 이론은 그 체계화 일반에서도, 동일하게 개별적으로 브라운슈바이크 문제를 논구할 때에도 아주 적은 정당성을 가지고 그것(라이히 헌법)에 따른 것이다. 그 때에 사안에 맞게 말하면 여기서 문제가 되는 것은 라이히 법에 의해서 근거지워진 의무의 이행이며, 형식적으로는 이 의무의 확정을 위한 절차이며, 즉 라이히 감독권이라는 사항이다.15) 여하튼 여기서 문제가 된 의무들은 사람이 라이히 헌법만을 기초지운다면 평화유지를 위한 라이히의 관할권에서 나오는 그러한 것 이외의 아무것도 아니라고 추정할 수 있다.16)

3. 한편으로는 라이히에 대한 개별 국가들의 권리라는 영역에서, 다른 한편으로는 라이히에 대한 개별 국가들의 의무들과 종속의, 이러한 개별적인 현상을 가지고서는 그것들에서 문제가 된 현상을 관찰할 수 있는 가장 주요한 방향만이 표현될 뿐이다. 사태에 맞는 그러한 영역은 그것으로써는 만들어내지 못한다. — 이러한 관점에서의 완전성은 또한 매우 복잡한 개별적인 연구 도상에서만 달성할 수 있는데 여기서는 그 장소가 아니다.

그러나 문제는 라이히 헌법과 그 법률기술의 특수성들 속에만 있는 것은 아니다. 문제는 그보다 무엇보다도 라이히 국법의 실천 속에, 즉 사람이 우리들의 국가전체적인 헌법생활의, 연방주의적 언어사용으로서 또는 보다 더 잘 말하면 그 연방주의적 스타일로

---

15) 후술 52 Anm. 21 참조.

16) Haenel I 351은 프로이센만이 그 헌법형태에 관하여 라이히 헌법에 의해서 구속된다는 것을 상술하고 있다. 「그 위에 개별적 헌법들의 견지와 지속적인 형성은 개별 국가들의 내적인 사항이며, 자명하지만 라이히의 권한들(Befugnisse)을 침해하는 것은 아니다. 라이히의 권한들은 라이히에게 평화유지나 헌법 쟁송들의 조정과 같은 다른 권능들(Kompetenzen)로부터 성립할 수 있기 때문이다」. 그러나 이러한 「권한들」에는 개별 국가들의 종속화와 의무화가 대립하지 않을 수 없다. 그리고 그러므로 브라운슈바이크 의 의무화는 프로이센의 특징지워진 의무와 해넬의 병치가 인식되기 보다는 보다 긴밀하게 관련되어 있다. — Laband I 107 Anm. 1에서의 암시적인 논평만을 참조.
　　브라운슈바이크 문제에서의 연방참의원의 결의들을 감시 절차로서 파악하는 견해를 나는 「독일 법조인 신문」(Deutsche Juristen-Zeitung) 1913 S. 1347에서 근거를 마련하려고 시도하였다. 1907년 1월 10일의 브운슈바이크의 제안(Antrag)은 다음의 것을 승인하고 있다. 즉 「공국(Herzogtum)은 .... 독일 제국의 구성 분지로서 이 독일 제국에의 귀속성에서 생겨나오는 의무들도 또한 독일 제국 자신과 그 밖의 연방 국가들에 대해서 이행하지 않으면 안 된다는 것을 말이다. 이 견해에 출발하여 공국의 권위 있는 기관들은 ... 1885년 7월 2일의 연방참의원 결의를 규준으로서 사용하였다. 새로운 사태에 대해서는 ... 이 연방참의원 결의는 역할하지 못한다. 새로운 규준으로 대체하는 것은 개별 국가의 관할권의 한계 밖에 있다. 그러나 브라운슈바이크는 그것을 필요로 하고 있다」. 따라서 문제는 프로이센 (프로이센은 1906/1907년에는 결코 당사자로서 연방참의원에 제안들을 제출한 것은 아니었다)으로서, 이 프로이센과 「전쟁상태에 있는」 쿰버란트 공작(Herzog von Cumberland) 또는 그 란트와의 간의 계쟁에 있어서 결정이 아니라 라이히에 대한 브라운슈바이크의 의무의 확정인 것이다. — 유사한 것은 Kiefer S. 40 ff.

서 나타낼 수 있는 그러한 라이히와 개별 국가들 간의 관계들의 일정한 특성들 속에
현존한다. 간결하게 말하면 문제는 라이히 지도부나 개별 국가들의 정부들의 지배적인
언어사용인 것이다. 그 언어사용에 따르면 라이히는 계약을 통해서 성립한 것이며, 그리고
구성 국가들의 대응하는 연방의 의무들과의 계약에 따른 관계로서, 따라서 연방국가
(Bundesstaat)로서가 아니라 국가연합(Staatenbund)으로서, 나아가 또한 존재하고 있다.
— 그리고 특히 문제인 것은 이 언어사용의 배후에 있는 정치적 현실들이다.

자이델 학파의 작은 서클은 이러한 연방주의적인 언어사용 위에 라이히의 국가연합적인
성격에 대한 국법이론을 — 부당하게 — 기초를 놓았는데, 그것에 수반하여 많은 신봉자를
발견하지는 못하였다. 대부분의 국법 저술가들은 이러한 언어사용을 낮게 평가해 버리거
나, 이러한 언어사용을 하지 않고, 그것을 얼핏 보고 평가하거나 또는 그 법학적인 근거가
박약함에 대한 나름대로 주석을 하는 이상의 평가를 하지 아니하였다. 비로소 최근에야
트리펠(Triepel)은 여하튼 정치적인 고찰에 대해서 「라이히 헌법의 계약상의 여러 기초」에
대한 이러한 연방주의적인 말투는 역시 하나의 매우 주목할 만한 사실이라는 것에 주의를
촉구하였다. 그 역시 그것을 여하튼 법학적 교설로서 지지하기 어렵다고 설명하였다.
「연방주의적 기초라는 것은 헌법체제는 모든 개별 국가들의 의사에 수반하여 탄생의
소리를 내었다고 하는 역사적 사실 이외에는 아니다」. 그러나 이러한 사실은 영향력
있는 매우 커다란 정치적인 의의를 가진다고 한다. 왜냐하면 「구성국가들은 라이히에
대한 충성을 그 사실에까지 소급하기」[17) 때문이다.

비스마르크는 이 「계약상의 여러 기초」에 하나의 다른 의의를 첨가하였다. 앞에서
언급한 여러 사례들과 결부된 예를 추출한다면 그는 자신을 국가연합적인 사고를 효과적
으로 관철함에 있어서 독일의 개별국가 전체의 관리로서 고찰하고 있다. 비스마르크는
호헨로헤(Hohenlohe)*에게 다음과 같이 설명한다. 즉 그는 바이에른 왕에 대해서 「내가
그의 직무로서도 여길 수 없었던 것」에는 어떤 것이든 손을 대지 아니한다고. 그리고
그는 다음과 같은, 왕에 대한 호헨로헤의 표명을 이해하였다. 즉 「비스마르크는 라이히
수상으로서의 그의 고유성에서 자기를 바이에른 왕에 대한 봉사자로 여기고, 왕에게
그의 경의를 표시하는 것이 의무라고 생각하고」, 그리고 그 때문에 프로이센 사절의
중개를 쓸데없는 것이라고 생각한다는,[18) 호헨로헤의 표명을 말이다. — 이것은 오늘날
여전히 일련의 최상위의 라이히 관리들의 취임 인사 때에 상당히 중요한 독일의 궁정들에
서 상기시키는 생각이다. 그러면 비스마르크는 라이히 관리들과 라이히 수상의 국법적
지위에 대해서는 특히 원래부터 불명확하였다는 것은 아니었다.[19) 다른 한편 이러한

---

17) Unitarismus und Föderalismus im Deutschen Reiche, S. 29.
18) 1875년 2월 18일 비스마르크가 호헨로헤에게. Denkwürdigkeiten des Fürsten Chlodwig zu
    Hohenlohe-Schillingfürst II 148; 1873년 4월 21일의 호헨로헤의 기록, das. S. 97.
19) 예컨대 1869년 8월 27일 론(Roon)에게 보낸 편지에서 해운 관료의 국법상의 지위에 관한 대결을 참조
    (Denkwürdigkeiten aus dem Leben des Generalfeldmarschalls Kriegsministers Grafen von Roon[5]

표명이나 이와 유사한 표명은 동일한 관련에서 볼 때 또한 완전히 확실하게 연방에 호의적인 단순한 관용구로서만 이해해서는 안 된다. 오히려 문제는 예컨대 외정적인 사항을 위한 연방참의원의 위원회 때에 그것과 아주 동일한 현상이다. 연방 군주들의 공통된 국가연합적인 관리들로서의 수상의 **기관상의** 법적 지위에 대한 언명은 본래는 **기능적**이라고 생각된 관계의 다음과 같은 하나의 완곡 표현에 지나지 않는다. 즉 수상은 「마치 그의 지위는 개별국가들에 우월한 지위에 두어진 하나의 공동체의 첫 번째 관리로서의 지위가 아니라 그들 개별국가들에 의해서 공통으로 위탁된 자의 지위인 것처럼 그의 직무수행을 제도화한다고 본다는 것이다. 그리고 이처럼 전체적으로 「연방주의적 언어사용」은 생각하고 있다. 라이히 헌법 자체의 법적인 관계들에 대한 고집이 그러한 협정이라는 역사적 사실의 상기를 통하여 감경되고, 그리고 확정될 뿐만 아니라 이 협정은 나아가 영향을 계속 미치며, 라이히 국법에게 라이히 헌법전의 명백한 규정을 상회하는 내용을 부여하고 있다. 라이히와 개별국가들은 라이히 헌법에서의 해석이 우선 그 주요한 내용으로서 받아들여야 할 상하 관계에 있는 것만이 아니라 동시에 결속된 것의 동맹에로의 관계에 있다. 결합된 것의 각각은 다른 그것들과 전체에 대해서 동맹에 대한 충성, 「계약」의 충성이란 책임을 지고 있으며, 그리고 이러한 의미에서 라이히 헌법에 적합한 그 의무들을 이행하지 않으면 안 되며, 이에 대응하는 권리들을 하지 않으면 안 된다. 다른 모든 것 이전에 이것은 프로이센의 의무이다. 프로이센의 권력의 상승으로서 「연방의장의 지위」의 전체 영역은, 즉 황제의 집행권은 이러한 기관들에서 더욱 평가되기 때문이다. 라이히 헌법의 모든 형식적인 규정들과 제한들을 도외시하더라도, 연방의장으로서의 지위라는 영역에서의 「라이히 지도」(Reichsleitung)는 형식적인 국법적 우월의 정신에서가 아니라 하나의 동등한 「결합된 것」의 연방에 우호적인 「계약충성」의 정신에서 도출되어야 한다. 라이히와 개별국가들이, 즉 정치적으로 본다면 특히 프로이센과 그 밖의 개별 국가들이 서로 책임을 지는 것은 이것은 부분적으로만 라이히 헌법에서 취할 수 있을 뿐이다. 개별적인 책임관계들의 내용에 관한 그 밖의 규정들과 아울러 그것들을 이행하는 정신에 대해서 신의성실의 원칙이 법적으로 기준을 부여하는 것이듯이, 라이히 헌법의 규정들의 내용에 대해서 개별 국가들이 어떠한 형태로 관여하는 범위에서 계약충성과 연방에 우호적인 신조의 원칙은 그러한 것이다. 더구나 **법적으로** 기준을 부여하는 것은 대내적인 라이히 정치생활에서는 이러한 원칙들을 추구하는 것은 정치적으로 합목적적인 것으로서 또는 연방국가적인 습속과 유래에 의해서 확정된 것으로서만이 아니라 연방국가적인 관계들의 총체의, 지속적인 **권리들**의 기초와 권리형태로서 고찰되기 때문이다. 「라이히 헌법의 연방주의적인 기초들」은 성문의 명제들에 일정한 정치적 색채와 영향력20)을 부여할 뿐만 아니라 그것들은 중요한 불문의 명제들을 둘러싼 풍요화를 의미하고 있다.21) 국법이론에서의 다수파는 라이히 국법의 이곳을 소홀히 해왔다. 연방주

III 123).
20) 예컨대 Triepel a. a. O.가 그렇다.

의의 작은 소수파가 이것을 과장했듯이 말이다. 이것을 승인함에 따라서 비로소 라이히 헌법의 약간의 빈약한 단편들은 그것들의 본래적인 생명을 유지하고 라이히에서의 상하 체계와 아울러 모든 개별국가들의, 또한 주도적으로 강화된 프로이센의 연방에 적합한 동등질서의, 마찬가지로 근거를 부여하는 시스템이 등장한다. 그러한 고찰만이 라이히에 있어서의 정치적 현실을 라이히 국법의 — 이론에 의해서 주장된 — 기초들에 일치할 수 있는 것이다.

4. 이러한 일치에 결여된 것은 라이히 국법의 이론과 실천의 관계에서만이 아니고 실천의 내부에서도 또한, 즉 한편으로는 연방참의원과 라이히 지도부와의, 다른 한편으로 는 연방참의원과 제국 의회와의 관계에서도 또한 그러하다. 적어도 이러한 상태의 **하나의** 원인은 위에서 전개한 사정들 속에 있다.

먼저 그것은 이러한 관계들의 개별적인 것에서 추구할 수 있다. 여기서 규칙적으로 문제가 될 것은 이론과 의회가 성문의 라이히 헌법에 고집하고 그 불문 헌법의 보완을 오인하는 것이다. 다른 한편 결합된 정부들은 이 후자의 측면을 오히려 지나치게 평가하는 경향에 있을 것이다.

거기에서 외교위원회의 사례를 보기로 하자. 40년 이상 전부터 라이히 의회에서, 그리고 개별국가들의 의회들에서 라이히 헌법과의 모순 — 위원회를 통한 대외 정치의 감시라는 불규칙성과 불충분성 속에 있는 — 에 대한 불평이 반복되고 있다. 이 불평에 대한 회답들은 규칙적으로 뷔르템베르크 수상의 — 위에서 인용한 — 회답들과 같은 것이며 또한 질문자들을 규칙적으로 마찬가지로 만족시키지 못하고 있다. 왜냐하면 그들 질문자들에 대해서 상응하는 헌법규정의 문자 그대로의 의미와 그 본래적인 의의와 의 긴장은, 다른 한편으로는 정부들에 대해서 자명한 것과 마찬가지로 불명확한 그대로이 기 때문이다.

여기서 피치자들 쪽에서 문제가 되는 것은 성문의 헌법 명제 배후에 있는 불문의 실정 헌법을 잘못 본다면, 반대로 통치자들 쪽에서는 바로 이러한 현상의 지나친 평가라는 위험이 있는 것은 명백하다. 라이히 헌법에 적합한 불문의「계약상의 의무들」을 무조건 준수하는 데에 익숙해지면 그만큼 그들은 성문의 헌법규범들의 무시에 이른다기 보다는 오히려 이들 성문의 헌법규범들 속에 쉽게 저 불문의 계약상의 의무가 여러 가지의 부정확하고 불충분한 외관만을 보는 것이 일상이다. 라이히 헌법의 자구는 단지 라이히 헌법의 연방주의적인 성신에만 그 권리가 생긴 것이라면 곤경에 빠질지도 모른다. 그리하 여 라이히 지도부는 다음과 같이 믿을 수 있었다. 외교상의 방책들에 대한 연방 정부들의 이해는 — 그것에 대해서는 본질적이 아닌 형식으로서 나타나는 — 라이히 의회에 의해서

---

21) 여기서는 또한 그 섭정정치(Regentschaft)를 도입하고 계속하는 브라운슈바이크의 의무를 위한 척도를 부여하는 권리의 원천이 있다. 상술한 Anm. 7과 Anm. 15 참조.

결의된 하나의 법률안에 관한 연방참의원의 합의로 대체할 수 있다고 말이다. 이에 대해서는 1913년 8월 8일의 군형법전의 변경에 관한 법률이 성립할 때에의 경과가 알려지고 있다. 외무위원회에 인정된 것에 대해서 말하면 왜 연방참의원의 총회가 ― 즉, 외무위원회라는 **하나의** 가능한 이해형식이 연방에 적합한 협조라는 의미에서 사안에 동등하거나 보다 강력한 효력을 가지는 다른 이해형식에 의해서 대체되는 것인데 ― 정당하다고 할 수 없을 것인가?

그리하여 라이히 헌법의 기반 위에는 일정한 법적 불안정성이 존재하는 것이다. 그러나 이 법적 불안정성은 지금까지 열거한 것 같은 개별적인 점들에는 제한되지 아니한다. 이 불안정성은 라이히의 의회주의의 역사에서 커다란 역할을 하였으며, 대체로 비스마르크의 실정헌법상의 양심 있는 곳에 대한 정당들의 불신 속에 그 표현을 발견해 왔다. 이와 같은 관계들에서의 책임은 확실히 부분적으로는 관여자들에게 ― 정당들의 일정한 입헌주의적인 교조주의(정당들은 이와 아울러 여러 연방주의적인 필요성을 오인하고 있었다)에 ― 있었다. 이 책임은 아마도 마찬가지로 더욱 다음과 같은 폭력성에도 있었을 것이다. 즉 라이히 헌법의 창조자는 이 폭력성으로써 그들에게 부분적으로 압박하고 있던, 그리고 그가 그것을 완전하게 승인하는 것을 결코 결단하지 아니한, 자주 단일주의적·입헌주의적인 여러 필요성들을 면하려고 추구한 것이다. 그러나 그것은 여하튼 라이히에서 통치와 국민대표가 실정 헌법상의 문제들에서 매우 빈번하게 서로 이해하지 못한 것은 우리들의 헌법전의 ― 그 특징이 보여주는 ― 불충분함에 의해서 또한 적어도 함께 조건이 되고 있다. 라이히 정부와 라이히 의회는 라이히 헌법상의 문제들에서 다음 때문에도 그처럼 여러 가지 말을 한다. 즉 정부에 대해서는 「연방상의 계약」이라는 세계 전체가 여전히 헌법의 텍스트에로 덧붙여 나타나며, 라이히 정부에 대해서 정부들 상호의 항상적인 연방우호적인 감정 덕분으로 ― 국민대표에 대해서는 무관심하고 소원하듯이 ― 자명하기 때문이다. 정부에 대해서는 양 요소 ― 해넬(Haenel)의 라이히 국법이론을 지배하는 단일주의적·입헌주의적인 요소와 자이델의 라이히 국법이론을 뒷받침하는 연방주의적인(föderativ) 요소 ― 의 각각이 그 권리를 가지고 있다. ― 후자는 그 자신에서 정당하게 해명할 수 있다기 보다는 오히려 헌법의 묵시적인 전제와 보완에 더욱 관련되고 있다.[22] 이론은 다른 길들을 가고, 따라서 결합된 정부들과 라이히 지도부와의 법적 확신들을 수반하는 감정이 결여되고 있었다. 대립하는 국법적·정치적인 기본견해의 여기서 거명한 문헌상의 양 고전가[해넬과 자이델]에서도 동일하게 예컨대 라반트(Laband) 저작의 상당히 색채가 결핍된 서술에서도 말이다. 라반트의 저작에서는 마찬가지로 양 요소의

---

22) 참조. 중요한 증거는 v. Jagemann, S. 45. 즉 「연방의 실제에서는 다음과 같은 명제가 확정적인 것으로서 간주되고 있었다. 즉 ... 연방계약과 법률, 양자의 특성은 그것들의 작용에 따라서 병렬적으로.. 존립하고 있다. 그러나 이 견해에 따르면 연방 정부들의 권리에 관계되고 있는 (아마 바로 그렇게 생각한다!: "beziehen"), 헌법(Verfassung) 속에 함의된 연방 정부들의 계약의 규정들은 계약들의 해석에 대한 원칙들에 잠겨버리고 있다」.

병렬관계가 충분히 만족스럽게 표현되고 있지는 않다.23) 그러나 이러한 감정의 결여는 적어도 부분적으로는 형식적인 라이히 실정 헌법과 실질적인 그것과의 가려진 불완전성에 근거하고 있다. 이 불완전성은 라이히 헌법전의 해석자를 라이히 국법 체계의 반드시 완전하게는 적격이 아닌 인상을 묘사해내는 위험에 빠진다. 그리고 여기서 이론에 대해서 위험하게 된 동일한 근거들은 동시에 헌법의 민족 고유한 작용 ― 을 그것이 의도하는 것을 고의로 모두 서술하지 아니하는 정치적인 기본법을 ― 방해하는 것이다. ― 그리고 이것은 연방주의적인 측면에서도 단일주의적·입헌주의적인 측면에서도 라이히 헌법에 대해서 말한다.24) ― 그러한 기본법은 또한 한 민족에 대해서 그 민족의 실정헌법적인 확신들의 기초에는, 그리고 그 민족의 정치적 자기의식의 표현에는 결코 될 수가 없다. 이러한 정치적 자기의식은 예전의 공화주의적인 모범들에서는 성공하였으며, 그리고 독일에서도 프랑크푸르트 종류의 헌법에서는 성공하였을 것이다. 라이히에서의 헌법생활의 본래의 담당자들의 라이히 국법에 대한 기본적인 견해들이 (라이히 의회를 도외시하고) 라이히 국민에 의해서 올바로 이해되지 못하고, 그리고 이론으로 분유되지 못했다는 것은 건전한 정치적 법감정에 의해서 뒷받침되고 있는 헌법생활이라는 관점 아래서는 결코 기쁜 상태는 아닌 것이다.

5. 그러면 우리들의 라이히 헌법이 이러한 내용적인 불충분함과 이것과 연관된 사태적인 특성의 최종적인 근거와 의미는 어디에 있는가?

먼저 그것은 물론 여기서 고찰하는 권리관계들에 적확하게 기초된 헌법조문의 겉옷을 입히는 것의 **기술적인 어려움** 속에 있다. 이것은 모두에서 전개한 사례들에 거슬러 올라간다면 개별 국가들에 대한 라이히의 의무들에 대해서도 동일하게 라이히에 대한 개별 국가들의 의무에 대해서도 타당하다.

라이히는 개별 국가들에 대해서 통지를 하거나 또는 심지어 상호적인 협의를 하고 이해할 책임을 지는데, 그 척도는 하나의 조문으로는 확정할 수 없다. 이 조문은 여전히 확대가능하며 필연적으로 오해와 모순되는 해석을 초래할 것은 아닌지 말이다. 그래서 제8조 3항(대외 사항에 대한 위원회)의 완곡한 말바꿈은 생겨난다. 또는 라이히 관청들의 임명에 개별 국가들이 참여하기 위한 비례배분의 원칙이 견딜 수 없는 표현으로 정식화되고 있었다면, 이 원칙은 개별적인 사례에서는 불가능한 것을 명하는 것이다. 예컨대 법원조직법 제127조(연방참의원의 제안에 따른 라이히 법원 구성원의 임명)가 외관을 걸치고 나타난 것 속에 그 원칙은 모든 기술적인 어려움을 회피하고 원만히 통용하게 되는 것이다.

---

23) 매우 순수한 형태로 라이히 국법에 대한 저술가들 간에 실무가, 야게만(v. Jagemann)이 다시 존재한다. (예컨대 앞의 주 참조); 일정한 **지속적인** 연방주의적 측면의 축소화에 수반하는 것은 트리펠이다(앞의 S. 50 Anm. 17을 보라).

24) 여기서는 특히 제17조에 대한 벤니히젠(Bennigsen) 수정에 의해서 야기된, 라이히 국법적인 권력분립의 체계에서의 근본적인 변경들을 헌법의 조문 속에서 시사하는 것마저 완전히 포기되었다.

동일한 것은 라이히에 대한 개별 국가들의 의무에 대해서도 말한다. 어떤 범위에서 개별 국가들은 라이히에 유보된「고차의」정책의 제한들을 유월하지 않고 대외 정책을 계속 추진하는 것이 허용되는가 — 또는 그들 국가 고유의 내적인 헌법생활에서 라이히는 어떠한 고려를 할 책임이 있는가 (브라운슈바이크의 사례에서처럼) — 이러한 것은 헌법 조문들 속에서는 표현되지 아니할 것이다. 표현된다고 하더라도 개별 사례에서 아주 세심하게 주의해서 개별화하고, 조문화되었더라도 유용하기보다는 유해로운 것이 될 것이다. 이에 대해서「연방의 충성」이라는 일반 원칙은 충분하게 유연하며 도처에서 그런 종류의 문제들을 해결하는 정신과 개별성들을 정확하게 규정하고 있다.

따라서 이미 적지 않게 중요하게 되는 근거는, 즉 일정한 **연방국가적 예양**이라는 근거가 언급된다. 개별 국가들은 라이히의 법률들을 실시하여야 하며 그 때에 라이히에 의해서 감독되며, 필요하다면 의무이행이 촉구되며, 또한 강제되어야 한다는 것을 헌법은 그들의 군주제적인 수장(Häuptern)을 수반하는 이들 국가들에게 냉정하고 용서 없는 얼굴로 말할 수는 없는 것이다. 따라서 헌법은 그것을 제4조, 제17조, 제7조 3호, 제19조의 은폐된 조문들에서 완곡하게 표현하고 있다. 공화주의적인 헌법들은 이러한 종류의 고려에서 자유로우며, 그러한 한에서 노골적으로 말하지 아니한다. 스위스 헌법은 칸톤들에게 명백하게 주권을 용인하는데(제3조) — 이것은 라이히 헌법의 냉정한 기술의 문맥에서는 생각할 수 없는 단언(Versicherung)이다 — 그러나 거기에서 당장에 그들에 대해서 경찰명령과 같은 오만한 투로 칸톤들에게 특별한 동맹 등등은「금지된다」고 적고 있다. 왕관을 쓴 수장들에게 이렇게 말할 수는 없다. 또는 라이히 실제의 언어사용이라면 그렇게 표현할 것인데 연방계약은 결속한 국가들에게 이와 같이 말할 수가 없다. 그 때에 국가결합적인 정식은 다시 개별 국가는 단지 라이히에 대해서 결속된 국가 (Verbündete)가 서로 기대할 수 있는 처우의 요구를 가진다는 사안에 적합한 사상을 위한 외면적 표현에 불과할 것이 될 것이다. 라이히에 대한 개별 국가들의 의무들을 용서하는 관대한 표현(die schonende Einkleidung)은 부분적으로는 이러한 것에 근거하고 있다. 이러한 국가들의 의무들은 신하로서의 의무들처럼 이행되며 통용되는 것이 아니라 맹약이행의 정신에서 이행되며 법률로 미리 규정된 관청들의 명령하는 스타일로가 아니라 국제법적인 교섭이라는 스타일로 통용케 하는 데에 있다. 그리고 동일한 것은 당연하지만 국가들에 대한 라이히의 의무들에 대해서도 말한다. 여기서도 황제는 정치적으로는 프로이센은 결속한 국가(Verbündete)에 대해서 대외적 사항에서의 협조라는, 또는 상당한 (비례배분적인) 처우라는, 연방의 의무라는 책임을 동등화된 하나의 결합이 그렇듯이 지고 있는 것이다. 이러한 사상권의 전체는 공화주의적인 전체국가와 개별국가와의 고유하게 비유기적인 상하관계에서는 또는 보다 잘 말하면 그러한 병렬관계에서는 문제가 되지 아니한다.

이상으로 우리들의 최종적이며 가장 깊은 곳에 도달하는 문제는, 즉 군주제적 연방국가의 본질을 수반하는 우리들의 문제 전체와의 관련에서 제기된다.

사람은 최근에 다시 오랫동안 쓸데없는 것으로서 무시해 온 매우 커다란 의의를 가진 대상에 대해서는 아마 반드시 적절하지 아니한 표현으로써 「국가의 심리학」을 묻는다.[25] 국가학은 지금까지 여러 가지 국가유형의 심리학을 특징지으려고 해왔다. 더구나 고대와 같이 윤리화되고 일정한 덕이나 악덕에 의해서 말이다. 오토 마이어(Otto Mayer)는 개별 국가들의 세 개의 오래된 고전적인 형태*를 연방국가에 이식하였다. 공화제적인 연방국가 에서의, 트라이치케(Treitschke)에 의해서 그렇게 불려진 「서약동료적인 권리감정」 (eidgenössisches Rechtsgefühl)에 대응하여 마이어는 군주제적 연방국가의 생활원리로 서 비스마르크의 말로써 「군주들의 계약충성」을 특징지었다.[26] 이에 대해서는 많은 반론이 제기되었다. 하나는 군주들과 개별국가의 연방충성은 심리학적 또는 정치적인 헌법원리라기 보다는 오히려 위에서 제시했듯이, 바로 우리들의 군주제 연방국가의 하나의 법명제에 적합하고 타당한 헌법원리이다. 그리고 다른 한편, 공화제적 연방국가의 많은 시민은 바로 「서약동료적인 권리감정」을 개별 국가의 영역에 대해서,[27] 그 최상위의 원리로서 통용케 하는 데에 의문을 품을 것이다. 군주들의 연방충성은 확실히 독일 라이히의 지주라는 국민적인 통일성의 의사와 병존하고 있다. 이에 대해서 저 「서약공동체 적 권리감정」은 중심화하는 공화제적인 전체의사를 교정하는 것에 불과하다. 물론 한 연방국가의 궁극적인 본질은 항상 그것을 통하여 한 연방국가가 개별국가들에로 그 전체성의 관계들을 규칙화하는 최종적인 원리 속에 존재하고 있다. 그러나 이러한 궁극적 인 원리들은 한편으로는 공화제적 연방국가에서, 그리고 다른 한편으로는 독일 제국에서 오토 마이어가 상정하듯이, 마찬가지로 작동케 하는 것이 아니라 대립적으로 작동하고 있다. 공화제적인 연방국가는 그 고유의 영역에서 개별국가들의 어떠한 작용도 알지 못하는데,[28] 그러나 아마 이 공화제적인 연방국가는 그것 측에서 그것이 개별국가들에게 그들의 헌법들의 기본적인 원리들을 — 공화제적인 국가형태, 인민의 헌법발안 등등을 — 미리 규정하는 것으로 개별국가들의 무엇보다도 신성한 것에 향하여 충분한 권력으로 써 한정적으로 작용한다.[29] 군주제적 연방국가는 개별국가를 그들이 연방참의원에 참여 하는 것을 통하여, 그리고 라이히의 관할권의 기반 위에서 개별국가들이 라이히의 법률들 을 실시하는 것을 통하여 연방국가적 전체성이라는 생활 전체를 결정적으로 한정케 한다. 그러나 이 군주제적인 연방국가는 어떤 형태이든 개별국가의 영역 속에 들어가서 통치하는 것을 신중하게 회피한다. 공화제적 연방국가가 그 개별국가들을 일정한 최고의

---

25) 멘첼(A. Menzel)의 1915년 빈대학 총장 취임 연설.
26) Archiv für öffentliches Recht XVIII 370.
27) 그러한 주장은 Treitschke (Historische und politische Aufsätze ⁴ II 157, 159, 169, 233)에서 하고 있다.
28) 적절한 것은 O. Mayer, a. a. O. S. 354 f. 스위스 연방헌법에서는 1848년의 그것과의 예리한 단절은 엄숙하게 유지하지 않았다. 독일의 정세들의 아마 무의식적인 영향을 생각할 것이다.
29) 미국 연합헌법 제4조 4항, 스위스 연방 헌법 제6조. 동일하게 1849년의 라이히 헌법 제130조, 186조, 187조, 195조; 에르푸르트 연합 헌법 제128조, 184조, 185조, 193조.

공화제적인 헌법원칙에 구속한다면, 그것이 이것을 하는 것은 이 국가형태가 전체국가의 형태이기 때문이다. 이 전체국가의 국가로서의 정신은, 즉 몽테스키외처럼 말할 수 있듯이, 이 전체국가의 「원리」는 개별국가들도 또한 지배한다는 것이다. 이에 대해서 독일 라이히가 외관상으로는 유사한 프로이센 국가를 그 군주제적인 국가형태의 보존에로 의무지우고 있다면, 그것이 의미하는 것은 프로이센의 국가형태를 라이히의 헌법정치적인 「원리」(이러한 원리는 무릇 공화제적 연방국가에서와 같은 의미에서 있는 것이 아닌)에로 종속시키는 것이 아니라 반대로 높은 정도에서 라이히를 프로이센적 군주제의 역사적·정치적인 특성의 영향 아래 종속시키는 것이다. 한 사람의 왕을 가진다는 프로이센의 의무는 전체의 정신에 대응하는 헌법을 가진다는 공화제적인 개별국가의 의무가 아니라 반대로, 전체에 역사적으로 존재하는 그러한 개별국가의 정치적 힘들을 재량케 한다는 의무인 것이다. 프로이센적 3등급선거법의 민주화를 라이히 의회 선거권에로의 평준화라는 필연성으로써 근거지우는 것은 군주제적이 아니며 공화제적인 연방국가라는 기본사상에 대응하고 있다. 그리고 연방국가적 헌법의 「원리」는 후자와 전자로 기본적으로는 다른 것을 의미하고 있다. 즉 공화제적 연방국가에서는 개별국가들에 대한 공화제적 전체국가의 지나친 작용에 대한 제한을 의미하며, 군주제적 연방국가에서는 반대로 라이히에로의 개별국가들의 적절한 작용을 위한 보증을 의미한다.

그런데 이것에 라이히 헌법의 고유한 불완전성은 무엇보다 깊이 관련되어 있다. 독일의 개별국가들은 공화제적인 연방국가에 있어서의 개별국가들이 이 연방국가에 대해서 가지는 것보다도 라이히에 대해서 보다 커다란 권리와 의무들을 가지고 있다. 이러한 권리와 의무들은 라이히에서는 오히려 전체국가의 영역에 있으며, 공화제적인 연방국가에서는 (전체의 기관들에 대한 관여가 결여되었음에도 불구하고) 오히려 개별국가들의 영역에 있다. 공화제적 연방국가는 어느 정도 그 자신의 영역을 뛰어넘어 돌출하며, 한정하면서 개별국가의 영역 속에 돌출하는데, 반대로 독일적인 개별국가는 한정하면서 전체국가의 영역 속에로 돌출한다. 그리고 라이히에서의 독일적인 개별국가의 이러한 역할이 라이히 헌법에 의해서는 오히려 일반적으로는 완곡하게 서술할 뿐인데, 그러나 개별적으로는 아마 충분하게 예리한 표현으로는 확정되어 있지 않다면, 이것은 전적으로 바로 특정지워진 대립의 선상에 있는 것이다. 개별국가들은 그들의 역사적·정치적인 특성의 전체적인 비합리성을 가지고 라이히의 생활에서 영향을 미치며 타당케 하는 것이다. 이 때문에 라이히 헌법은 그들 개별 국가들에게 모든 길을 열어 놓고 있다. 일부에서는 연방참의원과 외교위원회와 같은 외교적인 종류의 길을, 또한 일부에서는 라이히 관리 단체의 보완에로의 비례배분적인 참가를 통한 고유하고 직접적인 라이히 행정에 대한 영향과 같은, 오히려 행정적인 종류의 길을, 그러나 특히 개별국가들의 행정들의 간접적인 라이히 행정의 영역에 있어서의 라이히 과제에 대한 참가를 말이다. 이러한 영역의 각각의 보다 상세한 법률적 규정은 그 영역을 동시에 정치적으로는 공동화할 것이다. 바울 교회의 헌법*, 에어푸르트 동맹 헌법*, 실로 빈 최종 결의*30)는 많은 관점에서 개별적인 국가들의 법적 지위를 라이히 헌법보다도 더욱 엄밀하게 규정하고 있다. 라이히 헌법은 개별국가들이 그들이나 그들의 정치적이며 행정적인 생활의 힘들에 의해서 라이히의 고유한 생활을 도맡으려고 하면 할수록 개별국가들에 대해서 더욱 적게 말하는 것이다.

　개별국가들은 라이히의 헌법생활에서 전시에는 평시보다도 더욱 강력하게 물러난다. 「라이히의 조류는 상승하고 있으며」,[31] 그리고 곧 다시 내려갈 것이다. 거기에서 우리들이 공화제적인 연방국가들과 공유하는 것에 대해서 우리들의 군주제적 연방국법의 배타적인 고유성이 있는 바의, 여러 사안 ― 이들 사안에 대한 오해는 장래에 지금까지보다도 더욱 명백해질 것이다. 공화제적인 연방국법에 의해서 창조되고 모범으로서 강력하게 추천되고 있던 하나의 정식(Schablone)의 일면적 이론적인 지배 덕분에 우리들의 출발점이었던 라이히 헌법의 기술적인 고유성은 그것이 내용적으로 일면적이며 보완을 필요로 하는 것을 상당히 간과하고 있었다. 오토 마이어는 상당히 이전에 여기서 수행해야 할 「해방의 작업」에 주의를 촉구하였다.[32] 그 자신은 그것으로써 착한 출발을 하였는데 그러나 그 후 상당히 많은 후계자를 발견하였다. 계속적으로 여기서도 또한 후계자들이 결여될 수는 없다.

---

30) 예컨대 독일 국가들의 대외 정치에 관련된 제36조 이하.

31) Anschütz in: Die Arbeiterschaft im neuen Deutschland (herausgegeben von Fr. Thimme und C. Legien, 1915) S. 48.

32) A. a. O. S. 372.

통합으로서의 국가[*]
하나의 원리적 대결

한스 켈젠

《차 례》

---

[*] Hans Kelsen, Der Staat als Integration. Eine prinzipielle Auseinandersetzung. Verlag von Julius Springer, Wien 1930. 91 S.

서 문

하나의 **표어**가 독일 국가학 중에 나타나고 있다. 그 말의 주변에는 —— 마치 하나의 깃발 주변에서처럼 —— 일단의 저술가들이 모이고, 그들은 대단한 열의를 가지고 낡은 국가학의 종언과 새로운 국가학의 개막을 고하고 있다. 국가학의 모든 문제에 대해서 그들이 주문처럼 사용하는 말은 **통합**(統合, Integration)이란 것이다. 그리고 루돌프 스멘트(Rudolf Smend) 교수라는 이름의 학자가 그 새로운 학파의 기수이다. 1년 이상 전에 나타난 그의 저작 『헌법과 실정헌법』(Verfassung und Verfassungsrecht, Duncker & Humblot 1928)에서 그는 실로 아직 체계적으로 새로운 학설은 아니지만, 장래의 발전되어야 할 통합이론의 프로그램을 묘사하고 있다. 이 통합이론은 국가를 통합이라고 호칭하는 특수한 사회적인 과정으로서 인식함으로써 국가의 문제와 모든 그의 문제를 해결하려고 하는 것이다. 그리고 당분간은 이 이론의 주요 저작이라고 간주되는 논문의 저자인, 그는 이 논술에서는 결코 단정적인 것은 아무것도 말하지 않았으며, 단지 「윤곽」이나 「소묘」만을, 즉 「잠정적인 최초의 구상」만을, 그리고 특히 **어떠한 체계**도 부정하려고 하지 **않는다**고 계속 확언하고 있으나, —— 그리하여 사방으로 후퇴하는 길을 열어 두고 —— 그러나 그 새로운 학설은 그가 발견한 「통합」이라는 말로 본래 무엇을 의도하는가에 대해서 사람들은 적어도 대략 그 상(像)을 얻을 수 있는 것이다. 그러나 특히 이 표어의 배후에 숨어있는 것에 대한 상은 언어의 마력에 대한 신앙을 가르치는 사람마저도 아마도 그것을 감지하지 못할 정도로 아주 잘 그 말의 배후에 숨어있는 것이다. 이미 이러한 배경이 있기 때문에 스멘트의 통합이론을 면밀하게 관찰하는 것은 보람 있는 일이다.

스멘트와 같은 지위에 있는 저자는 자기의 독자적인 척도를 가지고 평가되는 것을 요구한다. 여기서 기도된 비판은 그러므로 하나의 **내재적인** 비판이려고 한다. 스멘트 자신이 그의 시도로서 선택한 관점에서 볼 때, 그가 자기 자신이 설정한 목적들을 달성하였는지의 여부, 이러한 목적들이 통합이론에 의해서 설정된 특별한 수단에 의해서 대체로 달성될 수 있는가의 여부가 마땅히 검토되어야 한다. 즉 일단 도입된 **개념들**이 처리과정에서 확립되고, 또한 그리하여 그것에 근거하여 조립된 결과에 대해서 충분하게 확실한 기초를 형성하는가의 여부, 특히 의도된 결과를 고려하여 적용된 특별한 인식의 **방법**이, 그것이 이 경우에 약속한 것을 그대로도 행하였는가의 여부, 대체로 그러한 것을 행할 수 있는가의 여부가 검토되어야 할 것이다.

만약 스멘트의 국가학에 대한 나의 분석이, 또는 보다 적절하게 말하면, **하나의 국가론이**

라는 이 **프로그램**의 분석이 ── 비판된 논문과 관련하여 ── 통합이론이 전문가 동료들 중에서 환기시켜 온 정도로 광범하게 언급된다면, 그것은 단지 그 정당화에 강력한 효과만을 가져오는 것이 아닐지도 모른다. 비평가를 평상적으로 필요한 것보다 훨씬 더한 상세함에로 강제하는 것, 그것은 무엇보다도 스멘트식 서술의 독특성이다. 체계적 완결성의 완전한 결여, 견해의 명백한 불확실성, 이것은 명확한 일의적인 결정을 회피하며, 가장 즐거이 막연한 암시만을 나타낼 뿐이며, 또한 얼마쯤 이해할 수 있는 모든 입장을 주의 깊게 제한을 가하고 있다. 따라서 불명료한, 너무나 많게 그 자체의 절반 밖에는 설명할 수 없는 외래어들로 가득 차 있는 극도로 답답한 문장 스타일, 그러한 덮개로부터 판단해야 할 사상이 먼저 수고롭게 도출되어야 할 것이다. 나아가 스멘트의 입장은 대부분 낯선 학설에 의지하고 있으며, 그 때문에 완전히 이해되고 또한 정당하게 평가되기 위해서는 그 원천에까지 거슬러 추구하고, 그리고 여기서 직접 검토되지 않으면 안 된다. 그리고 끝으로 말해 둘 것은, 스멘트가 그의 학설 또는 역시 그의 학설이 기초를 나의 학설이나 기초와 논쟁상 대립시켜 전개하고 있으므로 나는 자신의 학설이나 기초를 그로부터 옹호할 필요가 있다는 것이다. 나는 나의 체계의 하나 내지는 다른 점을 명백히 할 이 기회를 이용하여 장래의 오해로부터 그것을 지킬 계획이다. 그리하여 이 논문은 [여기로부터] 하나의 비판서의 한계를 넘어서 **규범적 국가론과 통합이론의 원리적 대결**에 까지 나아가는 것이다.[1]

---

1) 스멘트의 통합이론에 관한 문헌을 열거한다. THOMA in: Die Gundrechte und Grundpflichten der Reichsverfassung, herausgegeben von NIPPERDEY, I. Bd., 1929, S. 9 ff.; TATARIN-TARNHEYDEN in: Zeitschr. f. d. ges. Staatswissensch., 85. Bd., S. 1 ff.; ROTHEBÜCHER in: Verwalt. Bl. 49. Bd. S. 554 ff.; WALDECKER in: Archiv f. Rechts-und Wirtsch. Philos. 22. Bd. S. 140 ff.; STIER-SOMLO in: Art. "Verfassung" im Handwörterb. d. Rechtswiss. KOELLREUTTER: Integrationslehre und Reichsreform, Recht und Staat, Nr. 65, 1929, S. 3 ff.; S. ROHATYN in: Zeitschr. f. öffentl. Recht, 9. Bd. S. 261 ff.

I. 방법론적 기초

　스멘트의 논문은 대부분 이른바 통설에 대한 비판뿐이다. 즉 이 통설은 게오르크 옐리네크(Georg Jellinek)의 『일반 국가학』(Allgemeine Staatslehre)에서 전형적으로 요약되고 있듯이, 19세기의 국가이론이다. 그러나 바로 이 통설의 비판에서 유래하는 **빈 학파**의 **규범적 국가론**도 스멘트는 명확하게 부정한다. 실로, 빈 학파에 대항하는 것으로서 통합이론은 주로 이해되어야 할 것이다. 이것은 물론 스멘트로 하여금 그 자신이 별로 호의적이지 않게 다룬 학문적 체계의 비판적인 업적을 정말 남김 없이 자기의 것으로 하는 것을 방해하지는 않는다. 이것이 먼저 명확하게 확립되어야 하는 것은, 독일 국법학에 있어서 매우 즐겨 사용하는 방법을 보다 저열한 차원으로 격하시켜 버리기 위한 것이다. 이 방법은 빈 학파의 순수법학*에 크게 흠을 내는 데에, 그러나 이 순수법학에 대항해서 논쟁을 할 수 있다고 믿는 경우에만 이것을 언급하는 것이다. 빈 학파*의 순수법학에 어떤 불가능한 주장을 전가함으로써, 또 어떤 기회를 만들어 내는 것 말이다. 보다 젊고 출세하는 데에 열중하는 저자들이 그렇게 하는 경우라면 사람은 그러한 것에 대해서는 20년 간의 학문적 경험에 의해서 충분히 값비싸게 구입한 상술한 이해의 미소를 지음으로써 간과할 수 있다. 그러나 스멘트와 같은 유력한 학자에 있어서는 스멘트가 그의 비판의 도구 전체를 끌어내는 이론적인 작업을「목적과 목표 없는 막다른 골목」(S. 4)이라고 말하고, 그리하여 그의 견해가 빈 학파의 비판과 같은 비판은 하나의 실증적인 비판의 척도 없이는 가능하지 않으며, 따라서 이 비판은 그것이 유래하는 실증적인 전제들도 적어도 기본적으로 정당하다는 것 없이는 적절할 수 없다는 견해를 은폐하고 있다는 것에 대한 자기의 놀람을 사람들은 표현하지 않을 수 없는 것이다. 가장 보잘 것 없는 저술가들에 대해서마저 그들이 그에게 마음에 드는 의견을 표명한다면, 과분한 칭찬을 거듭하여 대답하는 저술가라면, 바로 그와 이미 세계관적으로 대립한 방향의 하나에 대해서도 보다 주의 깊은 태도를 취해야 할 것이다. 그가 ── 그 자신에 의해서 ── 그토록 악평한 막다른 골목에 어느 정도까지 헤매었는가가 너무나도 용이하게 나타낸 경우에는 그러하다.

　이미 스멘트는 그의 국가론의 앞머리에 ── 만약 그의 잠언적인 논평을 그렇게 명명해도 된다면 ──「인식이론적·방법론적 사고」(S. VII, 4)의 요청을 제기하고 있다! 빈 학파 **이전에는** 국가학에 있어서의 인식이론적·방법론적 사고에 대해서 정말로 별로 느끼지 못하였다. 학문이 이러한 막다른 골목에 들어간 이래 비로소 사람들은 인식이론적·방법론적 문제의 의의를 인식하기 시작한다. 스멘트가 인식이론적·방법론적 사고의 필연성을 그렇게 정력적으로 강조하는 것을, 빈 학파는 스멘트마저 시인하지 않을 수 없었던 성과로서 보아도 좋다. 그러나 특히 무엇보다도 빈 학파의 규범적 국가이론이 ── 그 국가이론적 및 법이론적 인식의 비판에 뒷받침되어 — 통설의 체계를 뒤흔들었다는 것, 그것이야말로 통설의 국가개념이 방법론적으로 허용할 수 없는 통일 관계의 실체화, 즉 하나의 가설화 이외에 아무것도 아니라는 증명이며, 그리고 인간적 주체와 다른, 그 밖에 있으며 또 그것을 초월한 하나의 공간충족적이며, 정신적·신체적 실체의 양식에 따라서 존재하는, 어떠한 권력의 「담당자」로서의 집합적 주체가 국가가 주장되는 것으로서는 실존하지 않으며, 실존할 수 없다는 것의 증명이다.[1] 매우 정확하게도 이러한 것이 스멘트가 통설에 대해서 취하는 주요한 입장이다. 「자기충족적·집합적 자아」(S. 6)의 전제에 반대해서 「숙명적인」 「정신 세계의 실체화」(S. 8)에 대해서, 사회학적인 세력들의 「실체적 담당자」의 「허용할 수 없는」 관념(S. 19)에 대해서, 「국가권력의 담당자의 비개념」(S. 96)에 대해서, 소박한 사유의 「기계론적 공간화」(S. 6, 8)에의 경향에 대해서 「공간적·정태적 사유의 미로」(S. 9)에 대해서, 「통일 구조로서의 그 역할을 초월하는 '전체적인 것'의 실체적 고양」(S. 11)에 대해서 스멘트가 말하는 것은 모두 순수법학의 한 신봉자도 마찬가지로 말할 수 있을 것이다. 그리고 만약 스멘트가 국가는 결코 「초개인적인 인격」이 아니라 유일한 「통일 구조」(S. 13), 하나의 「정신적 일체화」(S. 16)에 불과하다고 지치지 않고 강조한다면 — 만약 스멘트가 빈 학파의 대변자이며 적대자는 아니라고 행동을 한다면 — 그것은 바로 우리들끼리는 이미 훨씬 이전에 저절로 이해되었다고 언급함으로써 그의 지나친 열성을 얼마만큼 억제하지 않으면 안 될 것이다. 만약 순수법학에 대해서 특히 특징적인 것으로서 타당해야 하는 하나의 업적이 존재한다면, 그것은 나의 『국법학의 주요 문제』(Hauptprobleme der Staatsrechtslehre) 이래 인과율적으로 지향된 자연과학적 고찰의 영역으로부터의 가장 정력적으로 관철된 국가이론적 인식의 해체이다. 내가 기뻐하는 것은, 내가 스멘트는 「국가에서 문제가 되는 정신적 생활현실성에 있어서의 통찰」(S. 44, 9, 72)의 가능성을 인과과학적인 방법에서 배제한다는 것을 읽어보니, 스멘트 역시 이러한 방법에서 만난다는 사실이다. 생물학적 국가학의 모든 탐구 — 그럼으로써 그는 순수법학의 하나의 매우 대변자적인 지위에 관련되는데 — 와 심리학적 수법을 취하는 국가론의 모든 탐구도 또한 가망 없는 것으로서 부정하는 것에, 순수법학에 의해서 거기에 도달하기 위해서는 스멘트가 바로 이와 같은 통로를 걷지 않을 수 없기 때문에 순수법학이 스멘트보다 훨씬 이전에 내어 디딘 이 길은 그렇지만 하나의 「목적과 목표 없는 막다른 골목」에로 전적으로 나아가는 것은 아닌 것처럼 보인다(S. 7, 15). 그가 순수법학과 함께 그것을 통하여 이른바 유기체적 국가론의 오해에 반대해서 동일한, 방법론적으로는 동일하게 기초지워진 전선에로 나서는 것은(S. 13) 자명한 일이다. 그러나 가장 눈에 띄는 것은 스멘트가 순수법학과 아주 마찬가지로 인과성뿐만 아니라 국가에 향해진 인식의 방법으로서의 목적론도 배척하는 것이다(S. 9). 바로 목적론적 방법론의 부정으로써 방법론의 순수성의 요청을 완전히

---

1) 나의 Allgemeine Staatslehre, 1925, S. 10, 11 f., 96 (민준기 옮김, 『일반 국가학』, 1990, 23면, 24면 이하, 143면) 그리고 나의 저서 Der soziologische und der juristische Staatsbegriff, 1. Aufl., 1922, S. 205 ff. 참조.

충족시키기 위해서 순수법학은 슈탐러(Stammler)*의 사회이론과 자기의 대결을 기초지운 것이다.[2] 그리하여 순수법학은 「무비판적인 방법론적 혼동주의」에 대한 투쟁을 개시하였다. 이 말은 거의 이미 순수법학에 대해서 하나의 표제가 되고 있으며, 그것에 대해서는 물론 ── 이것이 한쪽의 스멘트에 가장 가까운 측에서 사실상 일어나고 있듯이[3] ── 바로 방법론적 혼동주의의 정당성을 선전하는 정도보다 더 원리적으로는 결코 반대할 수 없는 것이다. 「빈 [학파의] 출신인 한」 ── 이것은 스멘트의 순수법학에 대한 비꼬는 해석인데(S. 5) ── 사람은 스멘트를 「무비판적」 「방법론적 혼동주의」에 대한 투쟁에서도 연합동료로서 경의를 표하지 않으면 안 된다는 데에 얼마나 놀라고 있는지(S. 71). 그러나 아마 [지금까지] 순수법학은 무비판적 방법론적 혼동주의의 진정한 잘못 원인을 파헤칠 수 없었으므로, 따라서 스멘트는 또 한 번 이 문제를 해명하기 위해서 노력하지 않으면 안 된다. 그러나 베를린 [학파의] 출신이 아닌 한, 이러한 빈 학파를 멸시하는 견지에서 이미 빈 학파로부터 듣고 있는 것과 거의 언어상으로는 동일한 것을 듣는 것에 얼마나 실망하는지, 즉 스멘트가 「개인이나 사회적 단체의 실체화와 고립화 속에 기계론적 사유와 잘못된 공간형상 속에 법학적·형식적 개념기술과 소박한 본체론의 혼동 속에」, 「무비판적 혼동주의의 가장 주요한 하자의 원인을 발견하고 있다」는 것이다(S. 71). 그것은 이미 『국법학의 주요 문제』에서 가장 간결하게 읽을 수 있는 것이다.

그러나 스멘트는 빈 학파의 막다른 골목에 들어간 것은 통설의 비판에서 뿐만 아니라 그의 실증적인 프로그램과도, 그는 이러한 막다른 골목에 충분히 끼어든 채로 있는 것이다. 만약 국가와 국가적 행위들의 본질을 그 연관 속에서 규정하는 데 순수법학의 규범적 국가론이 목적과 수단의 관계와 마찬가지로 원인과 결과의 관계를 적합하지 아니한 것으로서 인식한다면, 순수법학의 규범적 국가론은 인과성과 목적론의 이러한 부정을 법과 아주 마찬가지로 국가가 존재하고 있는 그러한 영역의 「고유법칙성」을 나타내는 실제의 요청과 결합하는 것이다. 일반적으로는 사회가, 특별하게는 국가 내지 법이 이와 같은 고유법칙성을 획득하는 것 속에, 빈 학파는 그들의 가장 본질적인 업적 중에 하나임을 인정한다.[4] 왜냐하면 모든 그들의 개별적인 결과는 국가적·법적 영역의, 주지의 특수한 법칙성에서만 일관하여 도출된 것이기 때문이다. 만약 스멘트가 빈 학파의 연구 활동 이전에 요청되지 않은 것과 같이, 즉 국가이론적 인식대상의 「고유법칙성」에의 통찰에 의해서 동일한 요청을 동일한 말로써 시작하려는 상황에 하나의 특별한 의의를 인정하려고 한다면, 이제 아마 외관에 달라붙는 것이 긴요할 것이다(S. 10). 그러나 결정적인 것은 스멘트가 이와 같은 고유법칙성의 본질을 빈 학파와 완전하게 일치시켜

---

2) 나의 Hauptprobleme der Staatsrechtslehre, 1. Aufl., 1911, S. 57 ff.

3) Triepel, Staatsrecht und Politik, 1927, S. 17 ff. 그리고 이에 반하여 나의 저서 Vom Wesen und Wert der Demokratie, 2. Aufl., S. 108 ff. (한태연·김남진 공역, 『민주주의의 본질과 가치』, 1961, 129면 이하) 참조.

4) 예컨대 Der soziologische und der juristische Staatsbegriff, S. 91; Allgemeine Staatslehre, S. 14, 15, 16 und passim (역서, 28면, 29면, 31면 등) 참조.

규정하는 것이며, 그리고 그가 이 점에서 그 말에 무비판적으로 절대적으로 신뢰하는 바로 테오도르 리트(Theodor Litt)*와 같은 저술가의 견해로부터 뚜렷하게 동떨어진 것이다. 그 외에도 스멘트는 리트를 그가 리트 아래서 빈 학파의 규범적 국가론과의 논쟁에서 철학적 뒷받침을 발견한다고 믿기 때문에 스승으로 모신 것이다.

빈 학파는 국가와 법으로 향해진 인식에 기초를 두는 자연과 정신의 대립을 현실과 가치의 대립, (기계론적) 인과율과 규범 (가치법칙)의 대립을 해체시키는 경향에 있다.5) 그러나 빈 학파는 지금까지 하나의 국가학설과 법학설을 발전시켰을 뿐이며, 어떠한 일반적인 사회학설 내지는 문화(정신)철학도 발전시키지 못하였기 때문에, 어느 것이 일반적인, 그 내부에서 사회적인 것과 특히 국가나 법이 전개하는, 원래부터 다른 영역인가, 그리고 어느 것이 사회현상으로서의 —— 아마 특별한 것에 불과한 —— 국가와 법의 법칙성인가 하는 문제만이 빈 학파에게는 현실적인 문제였다. 빈 학파는 일반적으로 사회의, 그리고 특별하게는 국가의 존재영역으로서 **자연**과 상이한 **정신**을, 또한 그 때문에 **국가학을 정신과학으로서** 설명하는 것으로 매우 정력적으로 첫 번째 문제에 대답한 것이다.6) 그러나 두 번째 문제에는 빈 학파는 법과 아주 마찬가지로 국가를 **규범체계** 또는 **가치체계**로서 파악하기 때문에,7) 빈 학파는 —— 아마 일반적으로는 사회적 영역의, 그러나 여하튼 —— 특별하게는 법의 법칙성과 마찬가지로 국가의 법칙성을 하나의 **규범법칙성** 또는 **가치법칙성**을 인식하는 것으로 대답한 것이다. 나는 모든 국가와 법이론의 중심 개념으로서 **법-법률**(Rechts-Gesetz) 개념으로서의 법규범 내지는 **법규**(Rechts-Satz) 개념을 제시하여 왔다. 그것은 두 개의 구성요건을 **당위**의 특수한 방법에 있어서의 조건과 귀결로서 **규범적으로**, 따라서 서로 결합하는 것이다.8) 그리하여 **규범**이 **자연법칙**에, **귀속**(歸屬, Zurechnung)이 **인과성**(因果性, Kausalität)에 대치된 것이다. 그리고 순수법학은 이와 같은 특별한 법칙성을 제시할 수 있었다는 것을 통해서만 인과성을 바로 그것과 결부된 목적론과 마찬가지로, 국가이론적 인식의 영역으로부터 배제하는 권리를 취득하였다.9)

테오도르 리트의 문화철학 —— 그의 저서인 『개인과 공동체』(Individuum und Gemeinschaft, 3. Auflage, 1926)에서 서술된 —— 은 정신의 구조에 관한 학설과 그 자체가 모든 정신과학들, 특히 사회학의 기초이려고 하는데, 정신과 가치의 하나의 동일화를 가장 결정적으로 부정하였다. 하나의 가치법칙성 내지 규범법칙성에 있어서의 정신의

---

5) Allgemeine Staatslehre, S. 15 f. (역서, 29면 이하) 참조.
6) Der soziologische und der juristische Staatsbegriff, S. 75 ff., 92; Allgemeine Staatslehre, S. 14 (역서, 28면) 참조.
7) 나의 저서에서의 다른 무수한 곳 대신에 Allgemeine Staatslehre, S. 14 ff., 16 ff. (역서, 28면 이하, 31면 이하)만을 참조.
8) Hauptprobleme der Staatsrechtslehre, S. 189 ff.; Allgemeine Staatslehre, S. 47 ff. (역서, 75면 이하) 참조.
9) Allgemeine Staatslehre, S. 48 ff. (역서, 76면 이하) 참조.

법칙성을 소멸시키는 만큼 이러한 문화철학에 소원한 것은 아무것도 없다. 과연 리트에 의하면 가치영역과 규범영역은 정신의 영역인 의미의 영역의 내부에 있다. 왜냐하면 정신의 영역은 가치충족적인 것 내지는 가치위반적인 것과 아울러 가치무관심적인 것도 포함하기 때문이다. 그러나 리트의 구조론에서 가치의 문제는 어떠한 지위도 차지하지 않고 있다(S. 27, 28, 216, 304 참조). 특히 리트는 사회적 구성체의 본질을 모든 가치법칙성과 규범법칙성의 완전한 추상화 아래 파악하려고 하였다. 「만약 가치의 차이가 존재론적인 재해석에 의해서 현실적인 것에로 무리하게 집어넣게 된다면」(S. 304), 이러한 사회적 구성체가 표현하고 있는 정신적 현실의 구조는 ─ 리트가 말하듯이 ─「해체」된다. 규범이나 가치의 타당성을 완전히 무시하는 하나의 고찰의 입장으로부터 일반적으로 사회구성체와 특히 그 중에서 가장 중요한 것, 즉 국가가 파악될 수 있는가의 여부는 역시 결정하지 않고 둔다. 오직 리트가 국가에 관한 그의 구조론을 확인하는 것을 원칙적으로 회피한다는 것만을, 그리고 이와 같은 특히 현저한 대상에 관한 그의 방법론의 유용성을 범례적(範例的)만이라도 과시하기 위해서, 그가 그리하여 국가와 같이 존재하는 하나의 사회단체의 예를 이용하는 것을 완전히 포기하는 것만은 확인되는 것이다.

원리적인 편차를 제시하지 않고, 아니 어쩌면 스스로 의식하지도 못한 채, 스멘트가 반복하여 「규범법칙성과 가치법칙성」을 정신의 법칙성으로서 설명함으로써, 리트의 제자인 스멘트는 리트에 의하여 가장 강력하게 기피된 정신 내지 의미의 영역과 가치 또는 규범영역의 동일시를 명백하게 수용하는 것이다(S. 25). 그는 어떤 때는 「정신의 가치법칙성」에 대해서 언급하며(S. 62), 어떤 때는 「정신의 사회적 가치법칙성」(S. 35)에 대해서 말하며, 「정신생활」은 그것이 「의미연관」을 구체화하는 한, 「특별한 가치법칙성의 담당자」라고 설명한다(S. 56). 정신생활에 대해서는 ─ 그리하여 스멘트는 이러한 관련에서 생각하는 데 ─ 의미관련을 가장 유효하게 실현하는 경향이 내재적인 것이라고 한다. 그리고 이러한 경향 속에 「체계적 통일성의 확립, 그 어떤 종류의 객관적 전체성의 확립이 포함되어 있다」는 것이며, 이러한 「체계적 통일성」이나 「객관적 전체성」은 스멘트에 의하면, 하나의 「연관적이며 전체포괄적 규범체계」이며, 하나의 「사회적 체계」이며, 그 현실화에로 모든 개별적인 사회적 활동이 지향하는 것이다(S. 56, 57). 이리하여 「사회적 체계」가 규범체계이기 때문에, ─ 그 견해를 가지고 스멘트는 명백히 빈 학파의 규범적 국가론편이 되는데, 그는 ─ 물론 책 하단의 한 각주에 있을 뿐인데 ─ 국가학뿐만 아니라 모든 정신과학 일반의 중심 개념은 「규범적 개념 세계」로부터 차용되어야 한다는 것을 인정하는 것은 단순한 결론에 불과하다(S. 17). 그것으로써 그는 빈 학파가 규범적 원리에 대해서 주장하는 영역을 심지어는 넘어서 규범적 원리를 더욱 확장하는 것이다. 따라서 스멘트가 ─ 이제 다시 리트의 제자로서 ─ 국가학에서 가장 격렬하게 하나의 규범적이거나 규범논리적인 개념 형성(S. 14, 44)에 반대하는 입장을 취한다는 것은 완전히 이해하기 어려운 그대로임이 틀림 없다. 사회 체계가 규범체계이며, 스멘트에 의해서 추구된 국가의 고유법칙성이 ─ 빈 학파에 의해서 개별적으로 제시된 ─ 규범법칙성이라고 한다면, 그렇다면 논리 이외의, 즉 **규범체계의 인식** 이외의 국가학, 그리고 하나의 규범체계의 타당과 창설의 문제들 이외의 국가학의 문제들을 형성하는 것은 불가능하다. 리트는 그 자신에 대해서는 모순에 빠지지 않고도 하나의 규범적인 사회이론에 대항하는 입장을 취할 수 있는데, 왜냐하면 그가 정신의 규범법칙성에 관해서는 아무것도 알지 못하며, 사회적인 것, 특히 규범적인 것에 대한 그의 구조분석을 비워두고 있기 때문이다. 그러나 스멘트는 그에 의해서 선언된, 일반적으로 정신의, 특별하게는 국가의 규범법칙성과 빈 학파의 규범적 국가론의 부정을 결합시키려고 함으로써 두 개의 의자 사이에 걸친 것처럼 이것과 리트의 문화철학 간에 자리를 차지한 것이다.

　빈 학파가 법을 **규범**체계로서 파악하는 것과 아주 마찬가지로 국가를 파악한다면, 그것은 빈 학파가 그럼으로써 국가를 법과 마찬가지로 **정신적** 구성체로서 파악하며, 또 바로 그 때문에 법학설과 마찬가지로 국가학설을 **정신**과학으로서 확립하기 때문이다. 따라서 스멘트가 국가론에 정신과학적 방법을 요청하는 경우에(S. VII), 또는 그가 「정신과학적 방법에로의 전환」을 「국가이론과 국법학을 위한 현하의 급무」로서 요구하는 경우에 (S. 7), 그는 통합이론의 출현으로써 비로소 이러한 시기가 왔으며, 또한 그럼으로써 빈 학파를 내려쳤다고 믿으며, 그는 하나의 매우 유감스러운 착오 속에 말려들어간 것이다. 국가는 하나의 정신적 구성체이며, 그러므로 국가론은 하나의 정신과학이며, 자연과학이 아니라는 것, 이것은 또한 통설에 의해서도 결코 진지하게 의문시되지 아니하였다. 이와 같은 관점에 게오르크 옐리네크의 『일반 국가학』은 입각하고 있다. 실로 노인 블룬칠리(Bluntschli)는 그의 유기체 국가이론이 사회적 구성체의 종(種, Geschlecht)이라는 규정에까지 몰아 온 (국가는 주지하듯이, 그에 의하면 남성이며, 교회는 여성이다)* 국가를 하나의 「윤리적·정신적 유기체」로서만 승인하려고 한 것이다.10) 그리고 국가는 다른 생물과 마찬가지로 감각적으로 지각할 수 있는 실재라고 하는 기이르케(Gierke)와 같은 유기체 이론의 그처럼 극단적인 대변자도, 또한 사회적인 구성체의 통일은 「정신적 연관」이라는 것, 그리고 「여기서 자연과학의 영역은 끝나며, 정신과학의 영역이 시작한다는 것」을 강조한 것이다.11) 만약 빈 학파의 규범적 국가론이 그 하나의 주요한 명제로서 국가는 자연의 영역에서가 아니라 정신의 영역에서 그 입장을 발견한다고 표방한다면, 빈 학파의 규범적 국가론은 하나의 새로운 방법론적 원리에 의해서는 통설과 구별되지 아니한다. 그렇지 않고 빈 학파의 규범적 국가론이 하나의 새로운 방법론적 원리를 정당하게 인식된 원리로서 시종일관하게 실행하고, 그리하여 옐리네크나 기이르케와 아주 마찬가지로 블룬칠리가 그들이 한편으로는 국가를 정신적 구성체로서 주장하지만, 다른 한편으로는 국가에게 또 하나의 정신물리학적인, 공간충족적인, 즉 그러나 하나의 자연적 존재를 부여하고, 그리하여 그들이 유래하는 자연과 정신, 자연과학과 정신과학의 대립을 다시 폐기하는 것이 모순으로 가득 차 있다고 하여 범하는 오류를 피한다는

---

10) 나의 Allgemeine Staatslehre, S. 376에서의 인용을 참조.
11) 나의 Allgemeine Staatslehre, S. 376/77에서의 인용을 참조.

것에 의해서만 구별되는 것이다. 바로 여기에 저 악명 높은 **양면설**(Zwei-Seitentheorie)의 방법론적 혼동주의가 있는데, 그 논리적 불가능성과 그 정치적 배경을 순수법학의 비평이 순수법학에서만 고정되고 있는 정신과학적인 관점에서 밝혀낸 것이다.

스멘트가 나와 다른 사람들이 이해하는 것과는 결코 동일하지 아니한 「정신」이란 특별한 개념과, 따라서 특별한 종류의 「정신과학」을 가지고 작업한다면,12) 그는 각각의 예증을 들지 않고 내가 「하나의 정신적 현실성의 모든 인식가능성에 이의를 제기한다」고 주장할 권리는 결코 가지지 아니한다(S. 13). 순수법학의 규범적 국가이론은 국가의 특수한 법칙성, 그 규범(가치) 법칙성을 제시함으로써 국가를 정신적 현실로서 파악하려고 하는 체계적인 시도 이외에 아무것도 아니다. 이리하여 스멘트가 어떤 주석에서 「모든 정신과학적 사고의 명시적인 부정」을 나의 책임으로 돌리는 것에 대해서 나는 그러므로 배격하지 않으면 안 된다(S. 38). 이러한 경우에 그는 어느 정도 그의 주장을 뒷받침하는 것으로서 내가 이른바 국무회의와 의회의 논의를 동일시한다는 하나의 증거를 제출하려고 한다.13) 그러나 스멘트가 인용한 곳에서 내가 그 어떠한 것을 전혀 주장하지 않았다는 것을 아주 도외시하더라도, 그러한 어떤 주장마저도 내가 정신과학적 사고를 거부한다는 증명이 될 수는 없을 것이다. 스멘트는 기껏해야 **나의** 정신과학적 방법이 정당하지 않다고 이의를 제기해도 좋으며, 나에게 아마도 그러한 정신과학적 방법의 과정마저 비난할 수 있을 것이다! 그리고 그가 나를 이제 반대파에 대한 경고적인 본보기로서 열거함에도 불구하고, 또한 그는 그러한 것이다. 빈 학파가 「이념적으로 체계화하여」 처리할 뿐인 「초시간적 이념적인 내용만을 다룬다」는 비난을 그는 몇 페이지 뒤에서, 즉 빈 학파에 던지고 있다(S. 77). 그 비난은, 즉 그 특수한 영역이 바로 스멘트에 의하면 초시간적·이념적 내용인 **정신**만을 대상으로서 인식할 뿐이며, 또한 국가학을 아마도 순수한 정신과학으로서만 승인하려고 할 뿐이라는 비난이다. 그리하여 스멘트는 자가당 착에 빠지며, 그리하여 그는 아마 정신과학에 전회함으로써 규범적 국가이론을 극복하려 고 하는 그의 매우 의심스러운 시도를 스스로 포기한다. 왜냐하면 먼저 그에게 빈 학파는

---

12) 이에 관하여는 Julius Kraft, Soziale Erscheinungen als Naturerscheinungen, Kölner Viertel-jahrshefte für Soziologie VIII, 3. S. 273 ff. 참조.

13) 스멘트에 의해서 인용된 곳에서 나는 이렇게 주장한 바 있다. 즉 「추밀원」과 같이 절대군주가 배석하는 단순히 **조언이나 하는** 단체의 내부에서도 입법을 **의결**할 자격이 있는 의회에서와 마찬가지로 「논의」가 행해진다고 말이다. 즉 다시 말해서 어떤 근거와 그와 반대되는 근거, 그리고 논쟁이 있으며 그에 대립하는 논쟁들이 여기저기에서 논구되는데, 두 경우 모두 스멘트가 자신의 저작인 「헌법국가에 있어서 정치권력과 국가형태의 문제」(Die politische Gewalt im Verfassungsstaat und das Problem der Staatsform; 김효전 옮김,「헌법학연구」제27권 4호, 2021, 본서 수록)에서 「동태적」 통합으로 나타내고, 의회주의의 본질적 정표라고 할 수 있는 군주제에서의 정태적인 통합을 대비시키듯이, 변증법적인 방법이 행해지고 있다. 그러한 「추밀원」으로부터 — 여기서는 「내각」, 즉 「대신들」의 일동에 대해서 말하는 것은 결코 아니다 — 말하자면 오스트리아의 구 의회(Reichsrat)로부터 오스트리아 의회가 생긴 것인데, 이때에 추밀원이 단순히 조언하는 단체에서 결정하는 단체로 됨으로써만 가능했던 것이다. 단순히 심의하는 기관이 군주에게 미칠 수 있는 **사실상의** 영향을 고려해 보면 추밀원과 의회 간의 차이점이 **기능적으로** 볼 때 어떤 본질적인 차이는 아닌 것임에 틀림없다. 그것은 단지 법학적이지만은 않은 「사회학적」 고찰을 간과해서는 안 되었다.

너무 적거나 전혀 정신에 향하지 않고 있기 때문이며, 그렇지만 다음에는 그에게 빈 학파가 너무 많거나 너무 전적으로 정신에 향하고 있기 때문이다.

그리고 또한 제2의, 더욱 더 걱정스러운 스멘트의 주장을 나는 전세계 앞에 거부하지 않을 수 없다. 그는 내가「국가는 현실의 한 조각으로서 고려되어서는 안 된다」고 가르친다고 주장한다(S. 2). 거기에서 스멘트는 바로 **국가학의 위기**를 인정하고, 그 속에 이러한 국가학의 분야의 재구축에서 필요성을 인정하며, 그 속에 그가 규범적 국가론에 그의 통합이론을 대치시키는 것의 정당성을 인정하는 것이다. 이제 아마 나의 저작을 읽은 사람이라면 아무도 여기에서의 국가의「실재」의 부정이 가지는 의미에 대해서 의문을 가지지는 않을 것이다. 국가의 실재의 부정이 국가는 어떠한 **자연의 구성체가 아니라** 정신의 구성체라는 것, 국가는 그러므로 ── 전통적인 학설이 인정하듯이 ── 하나의 정신적・신체적인 실존을 가지는 것이 아니라 하나의 전혀 별종의 실존을 가진다는 것, 국가는 그리하여 이미 보급된 관용어가「현실」또는「실재」라고 단순히 표현하고, 그것들이「이념적 실존」에 대치되고 있는, 어떠한 **자연의** 실재도 아니며 자연의 현실의 어떤 한 조각도 아니라는 것의 확신 이외에 아무것도 의미하지 아니한다. 그것에 대해서 나는 이미 나의 저서『사회학적 국가개념과 법학적 국가개념』(Der soziologische und der juristische Staatsbegriff)*에서 명확하게 언급하고 있다(S. 75 ff.). 즉 자연의 사물의 실존이나 존재에 대해서 국가의 실존, 국가의 ‘실제’의 이종성(異種性)에 눈을 돌린다면, 「따라서 국가나 법의 하나의 ‘실재’도 주장할 수 있다. 다만, 그때에 자연의 특수한 실재와 혼동해서는 안 된다」. 그리하여 앞서 인용한 나의 저서 77페이지를 읽어야 한다.[14] 만약 내가 국가에 자연적으로 뿐만 아니라 **정신적・이념적「현실」**도 부인한다면, 나는 그 **실존** 일반을 부정하지 않으면 안 될 것이며, 국가를 **대상**으로서, **정신적 구성체**로서, **이념적 체계**로서 파악하는 것을 포기하지 않으면 안 될 것이다. 그렇지만 나는 국가의 실존의 특수한 양식을 규정하려고 하며, 더구나 그것은 자연의 양식에서가 아니라 그것을 정신의 실존의 양식에서 발견함으로써, 나는 국가에게 **모든** 현실을 부인하는 것이 아니라 오히려 국가에게 하나의 정신적 현실성을 부여하는 것이다. 여러 가지의 법칙성이 있음에도 불구하고 유일한 **절대적인** 현실을 인정하려고 하지 않는다면,「법칙성」과「현실」은 상관관계에 있으므로 국가의 고유의「법칙성」이 추구된 경우, 확정되어야 할 것은 바로 국가의 특수한「현실」이외의 아무것도 아니다. 내가 대체로「현실」(Wirklichkeit)이라는 말을 사용하지 않는 것은 ── 때때로 나는 그것을 아마 또 이용하고, 나에게 대해서 동시에 국가의 현실, 하나의 정신적 현실이기도 한,[15]「법현실」(Rechtswirklichkeit)에

---

14) 규범적 국가론에 대한 홀트-페르네크(Hold-Ferneck)*의 공격에 대항하여 나온 나의 저작인 “Der Staat als Übermensch”, 1926, S. 11에서, 나는 이미『사회학적 국가개념과 법학적 국가개념』이라는 나의 저서 중 텍스트에 인용된 곳을 참조하여 내가 국가의 **모든**「실재성」을 부인하고 있다는 오해를 명백히 거부한 바 있다. 그러나 스멘트는 그것에 대해서 주의해야 한다고는 생각하지 않는다.

15) 이미 나는 논문 “Zur Theorie der juristischen Fiktion,” Annalen der Philosophie, 1919, S. 630 ff.에서 실정법의 존재를「고유한 형태의 실재물」이라고 표현하였다. 또한 Der soziologische und der juristische Staatsbegriff, S. 215도 참조.

대해서 언급하는 일은 있으나 ──「현실」이라는 말이 쉽게 자연적 현실의 의미로 오해되는 것에 그 근거를 가지고 있다. 그러나 **실제로** 스멘트는 바로 정신과학적 국가론의 귀결에 불과한 나의 견해와 적어도 이 점에 이르기까지는 조금도 의견을 달리하는 것은 아니다. 더구나 그는 나와 마찬가지로, 자연과 정신의 대립을 방법론적 기초로 삼는데, 만약 내가 국가를 「이념적 체계」 또는 「정신적 구성체」로서 특징짓는다면, 내가 국가를 그것을 가지고 하나의 정신과학적으로만 인식할 수 있는 정신의 하나의 특수한 법칙성에 의해서 만 규정되는 현실로서 이해하는 것을 스멘트는 알아야 할 것이다. 나아가 만약 「현실」이라 는 말이 그가 그것을 나에게 반대하는 명제 중에서 활용하였듯이, 자연의 현실뿐만 아니라 하나의 정신의 실존도 포괄하는 현실을 의미한다면, **나는 전적으로 또한 어떠한 경우에도** 「국가가 현실의 한 조각으로서 고찰되어서는 안 된다」고 가르치지 않았다는 것을 스멘트는 알아야 한다.

　그러나 정신의 실존도 포괄하는 현실에 이처럼 광범위한 의미에 있어서의 「현실」이라는 말을 유지하는 것은 스멘트 자신에 대해서도 바로 곤란한 것처럼 보인다. 왜냐하면 나의 이른바 국가의 「현실」의 부정에 관하여 그가 분개함에도 불구하고 ── 통합이론에서 국가의 부정된 현실을 실증하기 위해서, 그리고 그리하여 진정한 성 게오르크(Sankt Georg)*로서 국가학의 위기를 불러일으킨 빈 학파의 사악한 악마를 축출하기 위해서, 이와 같은 분개가 스멘트를 통합이론이라는 높은 곳에 올려놓았는데 ── 그가 국가를 「현실의 한 조각」으로서 입증하는 것을(S. 2), 그의 주요 과제로서 설명하고 있음에도 불구하고, 그는 더욱 그 정신과학적 견지에서 모든 집합체에 있어서 ── 정신적 구성체로서 ──「'즉자의' 정신물리학적인 생활현실이 결여되어」 있다는 것, 그리고 그는 그러므로 「그리하여 국가도 즉자적으로는 하나의 실재적인 존재는 아니다」(S. 45)라는 결론에 도달해야 한다는 것을 인정하지 않으면 안 된다. 일반적으로 어떤 사물이라 하더라도 「**즉자**」(an sich) 존재는 아니기 때문에, 국가가 「즉자적으로」 어떠한 실재적인 존재도 아닌 경우에는 마찬가지로 일반적으로는 어떤 실재적인 존재일 수도 없다. 그리고 스멘트 는 이른바 국가의 실재성의 부정을 이유로 하여 규범적 국가론을 부정할 수 있는 사람 중에서는 아마 마지막 차례일 것이다. 왜냐하면 규범적 국가론은 국가를 정신적 구성체로 서 규정하였을 뿐만 아니라 아마 최초의 학설로서 국가의 **존재의 문제**와 **실재의 문제**를 명확하게 제시하고, 또한 해명하려고 하였기 때문이다. 규범적 국가론은 국가를 질서로서, 실로 이 규범적 질서로서, 법질서로서 제시하여 왔기 때문에 규범적 국가론에 있어서는 **국가의 현실성**의 문제가 **법의 실정성**의 문제와 일치하는 것이다. 그리고 바로 이러한 관점 하에서 하나의 정신적 · 이념적 영역, 즉 하나의 이념적 사물내용 내지 의미구조로서 의 규범적 질서와, 자연적 현실과정의 영역(領域), 즉 인간적인, 그리하여 그 정신적 내용을 어느 정도 그 의미에 일치해야만 하듯이 창출하거나 담당하거나 하는 정신적 · 신 체적 행위 사이에 존재하는, 고유한 **병존성**을 규범적 국가론은 지적하여 온 것이다. 규범적 국가론과 법이론에 대해서 정신의 영역은 하나의 가치영역이며, 하나의 당위의 영역이며, 자연적 현실의 행위, 시간과 공간 속에서 경과하는 인간의 행위의 영역이 하나의 존재면을 표현하기 때문에, 나는 존재와 당위 간의 「**긴장관계**」에 대해서 언급하여 온 것이다. 그리고 내가 국가를 하나의 이념적 질서라고 표현한다면, 나는 이러한 이념적 질서 자체가 그것에 상응하는 인간적 태도의 자연적 현실에서 확증되며, 즉 사용가능한 **해명도식**(Deutungsschema)으로서 확인되지 않으면 안 되며, 인간의 행위에 먼저 인과율적으로 규정된 자연의 체계 속에서 그것에 부여되지 않는 국가행위 또는 법행위의 **의미**, 즉 그 **의미**를 부여한다는 것에 관하여, 어떠한 의문도 남겨두지 않았다. 이 행위는 거기로부터 그것이 그 특수한 의의를 받는 규범적 질서와의 관련을 고려하여 규범의 현실화 또는 가치의 현실화의 행위로서도 나타낼 수 있다.16) 하나의 ── 방법론적으로 ── 매우 중요한 문제로서는 국가의 실존, 그러므로 「실재」를 **정신적** 질서 속에 결정된 것으로 두는지, 그때에 그러나 정신적 질서를 「실현하는」, 즉 정신적 질서를 「담당하는」 **자연적인** 사건의 행위들에 대해서, 시간과 공간 속에서 이러한 행위들을 행하는 인간에 대해서 이러한 질서가 존재하는 필연적인 관련을 지적하는지의 여부이며, 또한 사람이 국가의 특수한 정신적 실재를 바로 정신적 질서와 자연의 실재 간의 이러한 관련에서 보려고 하는가의 여부이다. 중요한 것은 ── 사물관계에의 통찰에 대해서 ── 이념적 질서를 초월하여 자연의 현실에 대한 관계가 간과되지 아니한다는 것이다. 그러나 바로 그것을 사람은 규범적 국가론에 비난할 수는 없는 것이다. 만약 내가 두 개의 앞서 언급한 표현의 최초의 쪽을 선택하고, 또한 국가의 **정신적** 실존 내지는 실재를 이념적·규범적 질서에 한정하였다면, 그것은 오로지 인간의 이러한 정신적 내용을 담당하고 있는 정신적·신체적 행위들이 원래 자연의 영역의 것이기 때문이다. 그러나 자연의 시간충족적 및 공간충족적 현실의 영역으로부터 국가는 보통 특수한 권력 내지는 질서 하에서 생활하는 다수의 인간으로서 규정함으로써가 아니라, 인간이 시간과 공간 속에서 진행하는 행위들이 해명되는 이념적 질서로서 개별화함으로써만 특색지워질 수 있다. 국가는 어떤 시간충족적·공간충족적 사물도 아니며, 어떤 자연의 물체도 아니며, 그럼에도 불구하고 규범적 질서로서 시간과 공간에 대해서 하나의 전적으로 특수한 관계에서 존재한다는 것, 이 문제를 먼저 빈 학파가 국가론과 법이론의 내부에 제기하여 온 것이며, 해결하려고 시도해 온 것이다.17) 그러나 빈 학파는 국가를 규범체계 내지 가치체계로서 규정함으로써 그 규범체계 내지 가치체계에 있어서 충분조건(conditio per quam)이 아니라 필요조건(conditio sine qua non)인 규범현실화 내지 가치현실화의 행위들에의 언급을 결코 태만히 하지는 않았다.18)

---

16) 나의 저서 Das Problem der Souveränität und die Theorie des Völkerrechts, 1. Aufl., 1920, S. 88 ff.; Der soziologische und der juristische Staatsbegriff, S. 75 ff.; Allgemeine Staatslehre, S. 18 f. (역서, 33면 이하) 참조.

17) Problem der Souveränität, S. 71 ff.; Der soziologische und der juristische Staatsbegriff, S. 84 ff.; Allgemeine Staatslehre, S. 137 ff. (역서, 199면 이하) 참조.

18) Der soziologische und der juristische Staatsbegriff, S. 94; Allgemeine Staatslehre, S. 14 (역서, 28면) 참조.

　스멘트는 동일한 문제를 둘러싼 그의 노력에서 빈 학파를 능가하지는 못했다. 빈
학파와 마찬가지로 그는 자연과 정신 간의 대립에서 출발한다. 그러므로 그는 그때에
리트(Litt)의 용어를 인용함으로써「현실의 생활기능」, 즉 정신적·신체적 행위들과「이념
적 의미내용」(S. 22)을 대조시킨다. 두 개의「다른 세계」(S. 21)로서의「시간적·실재적」
「개인 생활의 영역」과「이념적·초시간적 의미의 영역」(S. 21) 등이 그것이다. 한편에
있어서의 정신적·신체적「생활」의 법칙성과, 다른 한편에서의「의미의 법칙성」,「생활
현실과 의미질서」,「정신 물리학적인, 시간에 구속된 실재」의「구체적 생활성」과「이념적
의미구조」의「초시간적 의미성」(S. 77) 등도 그렇다. 스멘트는 빈 학파가 그것을 최초의
것으로서 보고, 또한 제시한 것과 아주 마찬가지로,[19] 이와 같은 대조에서「모든 정신과학
들의 근본적 곤란성」을 보고 있다. 더구나 이러한 대조는 스멘트에 있어서는 ─ 리트에
있어서 보다 다르지만 나의 경우에는 아주 마찬가지로 ─ 스멘트에 있어서 ─ 말한
바와 같이 ─ 의미 내지 정신의 법칙성이 하나의「가치법칙성」이기 때문에 현실과
가치, 존재와 당위의 대립의 의의를 승인하는 것이다. 그럼에도 불구하고 스멘트는 이러한
결론을 도출하는 것, 무릇 존재·당위의 문제에 언급하는 것을 고의로 피하는 것이다.
왜냐하면 그가 그것에 관하여 리트에서 이미 서술한 근거들로부터는 아무런 본보기도
발견하지 못하기 때문이다. 그리하여 그는 일탈한다. 자연과 정신의 대립이 ─ 적어도
국가와 법의 영역에서는 ─ 존재와 당위의 대립이라는 명확한 의식이 그에게는 빈
학파가 이와 같은 대립의 표지 아래 존재하는 국가의 실재성 (내지는 법의 실정성)의
문제에 부여한 해결을 반대하는 것을 더욱더 곤란케 할 것이다. 스멘트는 그 내적 불가능성
이 스멘트 자신의 전제들로부터 결과지어지는 하나의 등식을 선호하고 있다. 그러므로
그에 있어서도 또한 매우 유쾌하지 못한 불명확성과 명백한 모순에로 인도하는 것이다.
　그가「생활 현실과 의미질서」간의 하나의「대립」에서 출발함에도 불구하고, ─ 가령
그가 그것을 명백하게 인정하지는 않더라도 그것은 존재와 당위의, 현실과 가치의 사고할
수 있는 가장 원리적인 대립인데 ─ , 그는 하나의 정신과학에 관하여, 정신과학이
자연과 대립하는「정신」으로서만 타당할 수 있는 대상, 즉 의미질서에만 목표를 두는
것이 아니라 그 정신과학이 동시에 생활 현실도 파악해야 한다는 것을 요구하는 것이다.
스멘트는 그리하여 국가의 실존 내지 실재를 ─ 빈 학파처럼 ─ 규범적·정신적 질서에
한정하는 것이 아니라 국가의 실존 내지 실재를 그 관련을 규범적 국가론이 전적으로
무시하지는 않지만 ─ 방법론적인 이유로 ─ 국가개념 속에 집어넣어서는 안 된다고
믿는 자연의 현실과 관련하여 규명하는 것이다. 만약 그가 국가의「실재」를 규정함에
있어서 순수하게 이념적인 영역에서 출발하기 때문에 궁극적으로는 완전히 자연현실의
영역으로 **빠져** 들어가서, 마침내는 국가의 **하나의** 실재 대신에, 국가의 **두 개의** 실재,
즉 정신적 실재**와** 자연적 실재, 그러므로 **하나의** 국가개념 대신에 그 **두 개의** 국가개념,

---

19) Der soziologische und der juristische Staatsbegriff, S. 75. 즉「'존재'와 '당위'의 이와 같은 대립은
　　일반적으로는 정신과학적 방법의 기본 요소이며, 특수하게는 국가학 및 법학적 인식의 기본 요소이다」.
　　스멘트가 주장한「모든 정신과학적 사고의 명백한 거부」역시 빈 학파에 의해서는 그렇게 여겨진다!

즉 하나의 규범적·법학적 국가개념과 하나의 자연적·사회학적 국가개념을 창출할 필요가 없었다면, 두 개의 방향 간의 차이는 그리하여 그 자체로서(an und für sich) 스멘트가 그 차이를 표현하는 노고를 취한 정도로 크지는 않을 것이다. 그는 — 리트의 방법론적 교의를 신뢰하면서, 그러므로 또 그 자신이 어떻게 이것을 생각하는가 하는 점을 해명조차 하지 않고 —「한편에서의 생활의 법칙성과 다른 한편에서의 의미의 법칙성이 종합적으로 이해되어야 한다」(S. 12)는 것에 관하여, 양쪽의 계기의 하나의 「변증법적인」 공동질서에 대해서 언급하고 있다(S. 7). 그는 주장하기를 (S. 77), — 논증을 위한 일체의 시도 없이 — 마치 인식방법의 통일이 인식대상의 통일을 기초지운다는 것은 자연과학에 대해서만 타당할 수 있는 것처럼, 자연과학의 방법론적 일원론이 유보되어 있다는 것이다. 그는 더구나 — 빈 학파에 따라서 — 자연의 현실의 존재로 향해진 고찰과, 규범의 당위에 대한, 가치의 타당에로 향해진 고찰과의 혼동 바로 그 자체에 본질이 있는 무비판적인 방법론적 혼동주의를 부정한다. 그럼에도 불구하고 — 방법론적 이원주의를 가지고 조작하지만 혼동적이지는 아니한 —「불가피한 '사상의 진폭' 속에서의」 정신과학은 「생활질서와 의미질서로서의 그 이중성에서 그 대상을」 파악해야 한다는 것을 요구하고 있다(S. 77). 그리고 따라서 빈 학파에는 이미 오래전에 해결된, 오래고 좋은 시대의 양면설에 도달하게 된다. 이 양면설은 이념적 규범질서와 행동하는 인간의 정신적·신체적 실재가 국가의 동일한 목적의 양측면이라는 피상적이며 방법론적으로 아주 불충분한 정식을 가지고 국가의 실재 내지 특수한 실존의 문제를 해결하여 온 것이 아니라 은폐해 왔다는 것이다. 그러나 그것은 적어도 스멘트의, 리트에서 시작된 외래어를 탐닉하는 용어법처럼 아주 뽐내고 걷지는 않았다. 스멘트의 용어법은 모든 그 「변증법적 공동질서」가 「사상의 진폭」이라는 것으로써 옐리네크(Jellinek)가 그 이전에 이미 도대체 어떻게 전제에 적합한 개념적 대립을 나타내는 이 양측면이 개념적으로 서로 결합하도록 하는가 라는 질문에 대답하지는 못했지만, 국가는 하나의 사회적·실재적인 측면과 하나의 법적·이념적 측면을 가진다고 언급한 것보다 일언반구도 더 말한 것이 없다.

양면설에로의 회귀를 스멘트는 리트의 지도에 힘입고 있다. 리트는 어느 정도 스멘트의 가치체계와 체험 현실과의 혼동에 대한 책임을 부정할 수 있었다. 왜냐하면 그는 이렇게 하기 때문이다. 즉 「가치의 모든 단계지움은 의미의 영역의 내부에서 전개하며, 그리하여 체험현실의 차원에로 투영되어서는 안 된다」(Individuum und Gemeinschaft, S. 217). 그러나 리트 자신은 의미영역 그 자체를 가지고 스멘트가 그에 의해서 의미영역과 동일시된 가치영역을 가지고 하는 것과 아주 동일한 것을 시도한다. 즉 그는 정신생활 내지 살아 있는 정신의 개념을 획득하기 위해서 의미영역을 체험현실의 저편으로 투영하는 것인데, 이 개념이 스멘트의 영혼을 빼앗은 것이다. 리트가 가치의 좁은 영역에서 요청하는 것, 그것은 그러나 보다 광범위한, 가치를 포함하는 의미영역 일반에 대해서도 마찬가지로 타당한 것이다. 즉 이와 같은 의미영역은 생활현실의 영역과 혼동해서는 안 된다. 왜냐하면

하나의 그러한 가치와 현실의 혼동은 의미의 영역 ── 그것은 정신의 영역과 가치의
영역이 하나의 부분 영역에 불과한 것인데 ── 과 생활현실의 영역이 개념적으로 붕괴하기
때문에, 리트의 의미에 있어서는 허용될 수 없을 뿐이다. 더 바랄 것이 없을 정도의
결단성을 가지고 리트는 실재적인, 시간과 공간에서 진행하는 정신적·신체적 행위들과,
그것들에서 의도된 의미, 즉 초시간적·비현실적인 의미를(S. 27, 28) ── 한편에서의
「체험 관련」, 생활현실, 생활질서와 다른 한편에서의 의미구조, 의미내용, 의미질서를
식별하고 있다. 그는「그 속에서 그 의미가 파악되는 체험」과「체험 속에서 파악되는
의미」는 두 개의 다른 질서에 소속한다고 강조한다(S. 315). 그는 이 양자의 질서를
두 개의 서로「비교할 수 없는」「차원」으로서 나누고 있다. 리트가 서술하는 바에 의하면,
「그 양면성」이라고 명명할 수 있는 하나의 상태에 의해서 정신적·사회적 세계의 현상들
이 어떻게「다음과 같은 두 개의 잘 나누어진 관점 아래서, 하나의 사고상의 가공(加工)을
허용할 뿐만 아니라 오로지 요구하는 것를 사람은 이해하는 것이다. 그 두 개의 관점이란,
하나는 이념적 영역에 내재하는 관계의 내부에서 움직이며, 그리고 또 하나는 이 의미형상
을 그것이 정신적 생활의 실재에로 파묻혀서, 그것이 들끓는 운동의 과정에서 출현하는
속에서 관조하는 것이다(S. 375). 그리고 리트는「항상 인식하는 정신이 이러한 정신적
현실의 특정한, 내용적으로 구체화 된 한 조각으로 향하는 곳에서는, 그는 정신적·실재적
인 연관과 이념적·사물적 연관을 구별하는 이중적인 고찰 방향을 잡아 나아가야 한다」는
것을 확인한다(S. 376). 이것은 그것을 사상적으로 내 것으로 삼기 위해서 두 개의 다른
고찰 방향이 취해져야 한다는 것이, 개념적으로 **하나의** 대상으로서가 아니라 이 양
대상, 즉 체험현실과 의미형상이 **전제에 적합하게** 개념적으로 항쟁한다는 **두 개의** 다른
대상으로서 파악해야 한다는 것 이외의 아무것도 의미하지 아니한다. 사람이 정신적·신
체적 체험의 현실을, 그리고 이 현실에서 담당된 의미형상을 파악하려면, 두 개의 완전히
항쟁하는 방향에 따라서 관조하는 것을 리트가 시인하고 있음에도 불구하고, 그는 전제에
따라서 개념적으로 식별해야 하는 것을 하나의 개념으로서 파악하며, 즉 하나의 통일체로
결합하는 하나의 개념에 포괄하려는 시도에서 해방될 수는 없는 것이다. 이것은 원을
4각형으로 하는 것과 같다! 사람은 **인식**에 있어서는 분리하여 하는 ── 더구나 아무도
바로 리트 정도로 예리하게 개념적으로 분리하지는 않는다 ── 생활질서와 의미질서가
「**체험** 중에서는 대체로 외면적으로만, 말하자면 **한** 곳에 접촉하거나 또는 서로 침식하는
것이 아니라 그 이념적 관계의 전체를 암묵리에 체험의 전체에 대해서 의미 깊게 되도록
하는 하나의 관련 속에서 나타나는」것을 리트가 항상 반복하여 지시하는 경우에, 그것은
결코 이러한 ── 전제상 해결불가능한 ── 과제의 어떠한 해결도 아니다(S. 315). 왜냐하면
사회적 구성체를 규정하려는 학문적인 기도 하에서는「체험 중에서의」── 그 밖에
최고로 문제성을 내포한 ── 통일이 문제로 되는 것이 아니라, **인식**에서의 하나의 통일이
문제가 되기 때문이다. 그리고 만약 문제가 있는「연관」을 **파악하려고** 한다면, 이「연관」을
바로「**체험한다**」는 지시를 가지고 질문자를 안심시키는 것으로는 충분하지 않다. 명석함

도 예리함도 결여되지 아니한 대가(大家, bedeutender Geist)가 최초의 학문 이전의 발단으로부터 비판적인 사고에 도달하는 인식과정의 진전에서 이러한 분리를 자신에게 강제시켰다는 이유로 그 자신도 개념적으로 분리시켜버린 것을, 그가 —— 무익하게도 —— 자신이 인식의 무화과 나무(지혜의 나무 - 역주)에서 취해서 먹고, 그 속에서 자신에게는 모든 사람이 모든 사람과 결합하여 일체가 된 것처럼 보이는 무의식의 생활의 낙원을 —— 인간의 타락 **이후**에야 비로소 —— 상실한 것을 어떻게 해서 이제 또다시 개념적으로 결합시키려는 것을 원래의 낙원의 상태로 되돌리려고 하는 것처럼, 관찰하는 것은 보기 드문 구경거리이다. 그러한 많은 시도로부터 예컨대 다음의 것이 도출된다. 즉「실로 풍부한 유기체의 심연으로부터 측정할 수 없는, 그리고 조정할 수 없는, 항상 새로운 중심에로 집중하며, 항상 새로운 표현으로 갑자기 나타나는 거듭하는 생명이 솟아오른다. 얼마나 높게 생명이 정신적인 것의 영역에로 올라오더라도 생명은 결코 그 고유 운동이 자기를 일탈하여 이념적 질서의 단순한 반영이 되지는 않을 정도로, 정신물리학적인 전체로서 애매한 이유들이나 토대들에 결부되어 있으며, 그 위에 숭고한 행위의 실행에 이르기까지 그러하다. 그러나 물론 생명이 일단 이념적 영역의 의미 깊은 연관을 통찰하는 높이에 뻗치자마자, 생명은 또한 정신물리학적인 통일운동에로 자기 자신이 소속함으로써 종식한다. 왜냐하면 이제 그 고유한 심연에서 솟아나오는 생명이 다른 양식이나 유래의 계기들을 가지고 확고한 지반을 차지하기 때문이며, 이제 객관적인 차원의 초시간적 관련들이 확실히 생명이 그것들을 확인하려고 하더라도, 확실히 생명이 그 관련을 소유할 능력이 있게 되더라도 이 '체험시'(Erlebniszeit)를 충족하는 존재의 강고함, 방향, 형식에의 결정적인 영향력을 획득하기 때문이며, 나아가 이제 생활질서와 의미질서가 상호 침투하여 그처럼 특유한 구성체에로 도달하는 때, 그 구성체의 형성을 가지고 정신적 현실이 의미로 압박하면서, 말하자면 그 자신도 초월하여 파악되기 때문이다」(S. 374). 오직 이「생명」은 가령 그것이 정신의 영역에로 고양되더라도 —— 이처럼 잘못된 공간형상을 고집하기 위해서 —— , 생활질서의 특수한 법칙성에 사로잡힌 그대로이며, 그리고 오로지 그중에서 파악될 수 있을 뿐이다.「생명」이「정신의 영역에서 고양된다」는 것은 도대체 무엇을 의미하는 것일까? 즉 인간의 행동들이 하나의 의미내용을 가지고 있는 관념들에 의해서 동기지워진다는 것, 인간의 행태가 하나의 의미질서, 특히 하나의 규범체계를 지향하는 것 이외의 아무것도 아니다. 시간과 공간 속에서 생기하는 이 인간의 행태의 경위가 그러므로 동기의 연관 이외의 것으로서, 즉 다시 한번 **인과연쇄** (Kausalnexus) 이외의 것으로서, 그리하여 **자연**의 한 조각 이외의 것으로서 파악할 수 있을 것인가? 그리고 정신, 의미형상, 규범체계는 어떻게 될 것인가? 얼마나 밀접히 그것이 이「생활」속에「들어오는」이 생활과 결부되었는가 하는 것을 더욱 의식하였다고 하더라도, 완전히 생활질서와 다른 의미질서의 법칙에 따라서 전혀 별개로 파악될 수 있을 것인가? 그 결과 생활을 파악할 계획이라면 의미질서를, 정신을 파악하려고 생각한다면 생활질서를 도외시해서는 안 되는 것인가? 생활질서와 의미질서가 특유의 구성체로

「서로 침투한다」는 것은 하나의 주장이며, 그 진실성은 만약 일반적으로 어떤 곳에서나 여하튼 그 속에서 리트의 시도 전체가 움직이는 그러한 평면, 즉 **인식**의 평면에는 있지 않다는 것이다. 왜냐하면 리트의 주장은 독자에 대해서 강요되고 있는 바로 이 평면에서는 진실로 간주되는 다른 주장과 모순되기 때문이다.

그러나 리트는 하나의 모순 없는 논리학의 속박에서 해방되고 싶어 하는 인식의 방법을 채택하였다고 믿고 있다. 즉 그것은 **변증법**의 방법이다. 그것은 결합할 수 없는 것을 결합하려는 것이다. 그러나 리트가 이러한 인식의 절차에 대해서 부여한 설명을 비판적으로 분석하는 것은 쓸데없는 일이다. 왜냐하면 그 **결과**는 그것이 의도하는 점을 명시하고 있기 때문이다. 무엇을 달성하려고 하는가? 먼저 무엇보다도 두 개의 개념적으로 다른 요소에로 붕괴되어버릴 우려가 있는 하나의 대상의 통일을 사고상으로 구성하는 것이다. 문제가 되는 것은 — 리트 자신도 말하듯이(S. 376 f.) — 하나의 연구 방향이며, 그 연구 방향은 「문화적 생성과 창조의 통일성을 그 사상적인 작업과 설명에서도 또한 축소하지는 않고 또한 늘이지도 않고 명백히 하려고 노력하여」 온 것이다. 리트는 이러한 정신과학의 방향에 대해서, 그것이 — 전적으로 또는 주로 의미질서의 정신적 내용에 관계되는 것에 대립하여, 또는 생활현실에만 관계되는 것에 대립하여 — 「한편이나 다른 한편의 그러한 전질서(前秩序, Vorordnung)를 인정하지 않는」「정신충족적인 현실과 일치하고」 있다는 것을 칭찬하고 있다. 그것으로부터 아마 리트가 바로 이 정신과학의 방향을 정신과학의 대상에 대해서 적당하다고 간주한다는 것이 추론되어도 좋다. 정신과학의 방향은 특히 국가의 구체적인 정신현상으로 향해진 이론에 대해서도 고려되어야만 한다. 적어도 스멘트는 — 리트를 의거하여 — 이러한 요청을 제기하고 있다(S. 77). 그러나 리트는 정신충족적 현실의 「통일성」을 표현하는 것에 노력해 온, 이러한 정신과학적 방법에도 또 무엇을 정립해야 하는 것인가? 「물리적 · 실재적 연관」과 「이념적 · 사물적 결합」을 준별할 「불가피성」이 그것이다(S. 376). 「왜냐하면 하나의 보다 예리한 해석으로는 이 통일성이 제3의, 설명된 일면성을 자기 자신 속에서 '지양'하며, 그리하여 높은 위치를 차지하는 사상 형성의 방법으로 도달되는 것이 아니라 문제 제기의 두 방향 사이를 부단히 왔다 갔다 함으로써 도달되는 것을 그러한 종류의 다양한 정신과학적 설명에서 논증하는 것이 가능하기 때문이다. 사상 운동에는 이제 하나의 정치적 초안, 하나의 전투 계획, 하나의 계약, 하나의 예술적 이념, 하나의 경제 제도, 하나의 학문적 체계, 하나의 국가헌법, 하나의 신앙상의 확신을 그들의 순수하게 내재적인 내용에서, 그러한 사실에 근거한 관련에서 명백히 해 두는 것이 문제가 된다면, 사상 운동은 바로 이러한 측면을 초월하여, 이 구성체를 창출하고, 숙려하고, 촉진하거나 다투며, 계속하거나 변형하는 인간이나 집단이나 정신적 현실의 유발과 운동에로 이행하여 가는 것이다 — 따라서 사상 운동이 이 영역에서 성취되는 생성과정을 모사하였으면 하고 생각하면, 항상 그 자신 그 내재적인 결합이 결코 이 운동에로의 영향을 방치하지 않는 이 내용성에 반환하기 위해서 그러한 것이다. 바로 그러한 사상에의 진폭에서 구체적 · 정신적 현실의

한 조각을 하나의 형상에서 파악하는 이외의 아무것도 아닌 것이며, 그 형상은 내용이나 생활에만 맡겨진 하나의 고찰의 일면성을 자기 자신 속에서 극복하는 것이다. 고찰방향의 이원성은 그 형상 자신의 내부에서 폐기되는 것이 아니라 시인되는 것이다. 그리고 그는 이 진폭의 신속성과 융통성을 통하여 독자 일반을 그와 같은 이원성의 의식에로 이끌어 넣은 것이 아니라 독자에게 우리들 고유의 의미체험의 무반성의 직접성과 마찬가지로, 그 통일성에서 의미와 심리적인 실재사건(實在事件, Realgeschehen)과의 준별에 관하여 별로 아는 바가 없는 하나의 생활을 정말이라고 믿게 하는 것은 연구자나 해설자의 솜씨 중에서 가장 미미한 것은 아니다」. 이처럼 형식상 빛나는 서술 속에 스며들어간 하나의 작은 모순을 제외하면, ― 즉 의미내용의 「내재적인 결합」이 정신적 실재사상의 운동에의 하나의 「영향」을 가진 것, 이것은 바로 사물내용과 생활현실이 인과 관계의 동일 평면에 있는 경우에만 가능할 것인데, 그러나 이것은 전제된 이원성에 위반된다는 주장을 별도로 한다면, **이것은 변증법**의 놀랄만한 성과이다. 그것은 생활현실과 의미질서의 「극복할 수 없는 이원성」아래 머무르며, 그 이원성은 지양되어야 하며, 리트가 다음과 같이 고백하듯이, 「각각의 구체적인 정신형성으로 향해진 고찰을 할 능력이 없는 것」이다.[20] 달성되어야 할 통일은 하나의 개념이나 인식대상의 통일이 아니라 한 책의 ― 거기에서는 두 개의 대상으로부터 두 개의 다른 시점에서 취급되는 책의 ― 통일이다. 저술가가 ― 그리고 그중에 그의 「솜씨」 중의 하나가 있는데 ― 「신속성과 융통성」을 가지고 그의 설명의 대상을 부단히 교체시키며, 그리하여 진폭의 변증법에 대해서도 지양할 수 있는 채로 머무르는「그의 저 이원성을 독자들에게 인식하지 못하도록」하는 것뿐이다. 이것을 가능케 하는 것은 단지, 독자에게 하나의 통일을 「정말이라고 생각하게 하는」 것이며, 이 통일은 ― 아마도 ― 생활 속에서, 여하튼 그 인식 속에는 존재하지 아니하는 것이다. 리트는 여기서는 의미와 심리적인 실재사상의 구별에 관한 통일성에서

---

20) 리트(Litt, a. a. O., S. 377)는 고찰을 함에 있어서 구체적인 정신형상에 주의를 기울이지 않는 그와 같은 것은 형식적인 구조이론에 유보되어 있다고 생각한다. 즉 「거기에서 극복할 수 없는 고찰방법의 이원론을 드러내기 위해서 모든 구체적 사건 속에서 구별 없이 필요하다고 입증되는 일반적인 구조형식들을 제시하는 것을 말한다. 이 때에 이 형식들 속에서는 잇따라 환원되지는 못하면서 서로 뒤섞여 손을 내미는 생활의 질서와 감각의 질서가 신체적・정신적 실재성의 카페트를 자아내고 있다」. 그러나 아름다운 「카페트」는 단지 이러한 '신체적 정신적' 실재성이 ― 좀 더 정확히 말하자면 ― 본래 '육체적・영혼적・정신적' 실재성이어야만 한다는 사실을 감추고 있을 뿐이다. 이것은 사람들이 흔히 쉽게 육체적・영혼적 실재성과 혼동할 수도 있을 '육체적・정신적' 실재성보다 더 문제성이 있는 것으로 들린다. 또한 **구체적인** 사회적 형성물을 인식함에 있어서 **육체적・영혼적** 실재성이 가지는 「생활질서」가 **정신적 구조**의 「의미질서」와는 다른 입장에서, 다른 방향에서 고찰되어져야 하고, 그리고 여기에서 통일성이란 것이 이원론을 「지양하며 사고의 형성을 지나치게 높이는 벙법」으로 이루어지기 보다는 「진동」하는 어떤 방법을 통해서만 이루어질 수 있다면, 왜 정신적 형성물의 **일반** 이론이 **방법론적인 이유에서** 특별한 형성물의 고찰을 그만 두었던 형식적인 구조론을 가져왔어야만 하는지 이해할 수가 없는 것이다. 일반적으로 가능한 것이 특별한 경우에는 불가능해야 하는가? 리트는 생활질서와 의미질서가 「서로 충분히 작용한다」는 사실을 구체적 형성물을 고찰하는 데에도 적용되는 의미에서 이미(S. 374) 말한 바 있다. 그들이 서로 「손을 내민다」는 것은 단지 이와 같은 형성물의 일반적인 구조이론에나 들어맞는 이야기이며, 여기서는 보다 높은 개념적 통일을 의미해야 하며, 구체적인 형성물에 대해서는 적용할 수 없는 인식방법의 결과인 것인가?

아무것도 알지 못하는 「생활」에서마저도 「정말이라고 보게 한」 것에 불과하다고 생각하고 있다. 그것은 ― 리트의 입장에서 본다면 ― 하나의 문체상의 일탈에 불과할는지도 모른다. 그러나 그 주장은 적절하다. 이 생활통일성은 그것이 회고적인 반성의 성과로서 나타날 때에는 하나의 의제이며, 하나의 인식의 요청의 가설화이며, 그 요청의 충족화가 이 가설화를, 그 가설화가 그 요청을 자신이 충족시킬 수 없기 때문에, 모든 반성에 대해서 도달할 수 없는, 모든 반성에 **선행**하기 때문에 존재하는 하나의 진정한 「초월적인 생활」의 단계로 후퇴시키는 것이다.

리트와 아주 마찬가지로 빈 학파의 국가이론도 또한 그것을 두 개의 다른 질서이며, 두 개의 다른 세계이며, 국가는 정신적 구성체로서, 규범체계로서 이들에 귀속하며, 이 규범체계를 창출하고, 담당하고, 현실화하는 정신물리학적인 행위의 생활현실도 이들에 소속하는 것을 강조한다. 또한 그것이 두 개의 항쟁하는 고찰 방향이며, 만약 정신적 구성체를 내 것으로 하려 한다면, 그리고 생활 현실을 내 것으로 만들려고 한다면, 그러한 고찰 방향을 취해야 하며, 그 방향 속에로, 이러한 정신구성체는 특수한 정신적 실재로서 「들어가 있다」는 것을 강조한다. 빈 학파는 이처럼 극복할 수 없는 이원주의로부터 다음과 같은 결론을 도출한다. 즉 각각의 대상은 한편**이나 또는** 다른 한편의 영역의, 어느 한편에만 소속한다는 것, 그리고 그러므로 국가 역시 정신적 구성체로서나 또는 생활현실체로서의 어느 일방으로서만 개념적으로 규정될 수 있으며, **그러나 결코 양자 동시에** 개념적으로 규정될 수 없다는 것이다. 빈 학파는 그 국가론을 정신과학으로서 전개한다. 왜냐하면 빈 학파는 국가를 정신적 구성체로서, 또한 이러한 의미에서 정신적인, 즉 정신의 영역에 제한된 의미 또는 가치의 영역에서 존재하는 현실로서 파악하며, 생활현실로서, 즉 시간과 공간을 충족하는 인과성의 법칙 아래 존재하는, 그러므로 자연의 실재로서 파악하는 것이 아니기 때문이다. 그리고 빈 학파는 국가가 자연의 실재로서, 생활현실로서, 즉 정신적·신체적 사상의 통일체로서 자연의 법칙에 따라서 파악할 수 없다는 논증에 의지하는 것이다. 왜냐하면 우리들이 국가라고 말하는 특수한 통일체는 오직 하나의 규범체계의 통일체로서만 이해되는 것이 파악되어야 하기 때문이다. 따라서 빈 학파는 거기에 국가가 의미형상으로서 근거하고 있는, 그 자연적인, 즉 생물학적이며 심리학적 법칙성에 있어서의 저 정신물리학적인 행위들도 또한 연구해야 할 필연성을 전적으로 부정하지는 않는다. 빈 학파는 그 속에서 국가의 이념적 체계가 「실재화되는」 계기들의 연관을 보다 깊이 통찰하는 데 두는 의의를 특히 과소평가하지 않는다. 그러나 빈 학파에는 인식방향의 이원성에 의해서, 이러한 연구를 **의미형상으로서의 국가**(Staat als Sinngebilde)로 향해진 고찰보다 다른 부문으로 할당하는 것을 어쩔 수 없는 것처럼 본다. 이에 반하여, 그와 같은 소속성이 바로 전개된 의미에서는 의심할 여지가 없는 양쪽 부문의 인식이 동일한 저자에 의해서 아마 동일한 책에서도 서술된다는 것에 대해서 확실히 빈 학파는 아무런 이의를 제기하지 아니한다. 그러나 빈 학파는 ― 여기서야 비로소 빈 학파가, 「진폭」의 방법론에서 구별되기 시작하는데 ― 인식의 양자의, 다양한 고찰방향에 의해서 나누어진 대상 사이에서 「신속성과 융통성」을 가지고 설명을 여기저기 「진폭」시킴으로써 독자를 「전혀 그러한 이원성을 의식하도록 하지 않게 하는」 데에는 자격이 없다고 보고 있다. 빈 학파는 반대로 이러한 이원성의 의식을 독자 속에 분명하게 견지시키며, 그리고 빈 학파가 인식의 수단에 의해서 하나의 통일을 근거지을 수 없는 곳에서는 독자를 기만하여 어떠한 통일도 「정말이라고 생각게 하는」 것을 결코 하지 아니하는 것을 학문적 성실의 하나의 의무로 본다. 바로 이 속에 빈 학파는 **방법의 순수성**에 대한 요청의 충족화를 보는 것이다. 그리고 빈 학파가 **정치**(Politik)의 요구들에 봉사하는 것과 같은 정도로 이러한 요청을 등한히 하는 것은, **학문**(Wissenschaft)의 근본원칙에 모순된다는 논리를 가지면 가질수록 그만큼 더욱 준엄하게 이 요청에 고집하는 것이다.

II. 이론적 성과

1. 초인간으로서의 국가

리트(Litt)를 교본으로 하여 스멘트 역시 결합할 수 없는 것을 결합하려고 하며, 더욱이 그에게 있어서는 규범의 영역인 정신의 영역을, 정신생활의 개념에 이르는 정신물리학적 생활의 영역과 결부시키려고 한다. 그는 그때에 이미 논평했듯이, 진폭(振幅, Oszillieren) 이란 방법론을 사용하는데, 개인적인 특색도 없지 않아 있다. 왜냐하면 그는 신속하고도 융통성 있게 의미내용과 생활현실 사이에서 이리저리 흔들림에 제한을 가하지 않고, 그가 그것을 가지고 작업을 하는 개념조차도 「진폭」시키고 있기 때문이다. 거기에는 물론 **이러한** 「진폭」의 방법론에 가장 알맞으며, 그러므로 앞서부터 그들에게는 일의성(一義性)·명확성 그리고 개념적 예리함이 그들의 대상의 정신에 일치하지 않는 것으로 생각되는 사상가들에게 하나의 강력한 매력을 느끼게 하는 「생활」의 개념이 존재하는 것이다.

「생활」은 ── 그렇게 사고할 수밖에 없지만 ── 시간과 공간 사이에 경과하면서 어떤 심적·신체적 사건(Geschehen)이며, 그 인식은 심리학이나 생물학처럼 자연과학의 과제이다. 그리고 만약 정신이 자연과는 무엇인가 다른 것이라면, 따라서 아마도 정신과학은 이러한 「생활」을 파악하지 못할 것이다. 그것은 그 법칙성을 스멘트가 정신의 법칙성으로서의 의미의 법칙성과 대치하는 「생활」이며(S. 12), 그리고 그것은 그 현실성을 그가 「의미질서」에 대조시키는 생활이며, 그 「구체적 생활성」 그리고 「정신물리학적인, 시간에 구속된 실재성」을 그는 「초시간적 유의미성」, 「관념적 의미구조」로 대조시키는 「생활」이다(S. 77). 그러나 이 시간과 공간 사이에 경과하는 「생활」, 인과율적인 자연의 한 조각으로서, 그리고 생물학과 심리학의 대상으로서의 생활은 초시간적이며, 초공간적인 규범법칙성 아래 존재하는 의미내용, 의미영역인 정신과는 무엇인가 본질적으로 다른 종류의 것이다. 이 생활은 스멘트에게는 마치 그에 대항하는 별개의 다른 법칙성을 가지는 각각의 「정신」에로 변화된다. 그리고 이 「관념적·초시간적 의미연관」에 대하여 심리학이나 생물학도, 그러므로 심리학적으로나 생물학적으로 지향된 하나의 사회학도 그 어떠한 통찰도 할 수 없는 이 정신, 그것은 「생활」에로 변화되며, 그것은 정신적 생활 또는 생활적 정신이 된다. 그러한 것으로서의 정신은 ── 모든 생활처럼 ── 아마 시간과 공간에서만, 또한 인과율 아래서, 즉 그러나 **자연**에서 이루어지는 이 정신생활을 파악하기 위해서는 물론 심리학이나 생물학이 아니면 안 되는 하나의 정신과학의 특수한 대상이 되며, 그것은 실로 그렇지 않으면 자연과학이며 정신과학은 아닐 것이며, 인과율에 의해 문제가 되고, 더구나 규범적 법칙이나 가치법칙성에 의해서 문제가 되지 않으므로 다시 생물학이나 심리학이어서는 안 되는 정신과학의 특수한 대상이 된다. 스멘트에 의하면 일반적으로 사회적 구성체가, 특별하게는 국가가 이러한 정신의 성질에 의해서 존재한다. 스멘트는 모든 인간의 집단생활의 구조는 여러 가지 세계로부터 이루는, 시간적·현실적 생활과 초시간적 의미 내지 가치(S. 21)라는 「두 개의 요소를 계기로서 그 자체 속에 포함하고 있다」. 따라서 그리하여 정신적 존재로서의 사회적 집단은 정신물리학적인 생활을 그 자체 속에 포함한다고 주장한다. 스멘트는 그러므로 하나의 「국가생활의 정신영역」에 대하여 언급한다(S. 5). 특별히 국가는, 국가가 「생활」인 한에서만, 즉 아마도 국가가 하나의 심적·신체적인 어떤 것이나 과정일 때만 「현실적」인 것이다. 국가가 「정신적으로 생활한다」는 것, 「국가가 정신적 생활」을 가진다는 것, 「국가생활」의 「정신적」 현실이 존재한다는 것, 「생활기능들」, 하나의 「국가의 생활충족」, 하나의 「국가적 생활 분류(奔流)」, 하나의 「정신적 생활의 실재」가 존재한다는 것, 나아가 그 모두가 하나의 정신적 생활현실이라는 것, 이러한 것들이 스멘트에 의해서 항상 반복되며, 그가 이러한 것을 통하여 빈 학파와 대립하고 있음을 믿고 있기에 더욱더 강조되고 있다(S. 2, 5, 6, 7, 10, 11, 16, 57, 78). 그가 「생활」이라는 말을 가지고 이를 다루는 것은 하나의 진정한 우상숭배이다. 그러나 그 생활현실을 그가 정열적으로 충분하게 선언하지 못하는, 바로 이러한 국가에 대해서 그가 다시 이렇게 인정하지 않을 수 없다. 즉 국가에는 모든 집합체처럼 「정신물리학적인 생활현실이 결여되어 있다」는 것, 따라서 국가는 「그 자체가」 어떤 「실재적인 존재」도 아니라는 것이다. 그러나 그럼에도 불구하고 국가는 「현실적」이다. 왜냐하면 「국가는 하나의 의미의 실현」이기 때문이다. 「국가는 물론 현실에 불과하다」 ── 이 「불과하다」는 것은 「그것이 의미의 실현인 한에서」 특징적이다! 국가는 이러한 의미의 실현과 동일한 것이다(S. 45). 하나의 「의미」의 실현은, 스멘트에게는 하나의 가치의 실현을 의미한다. 국가의 현실은 스멘트에 의하면 본질적으로 가치실현이다. 그리고 그는 가치법칙성을 규범법칙성과 동일시하므로 그것은 규범실현이다. 스멘트는 물론 이러한 의미실현이나 가치실현의 존재의 장소 이상의 것은 다루지 않았다. 그러나 그가 그것으로 하나의 특정한 의미를 ── 더욱이 그것은 즉 스멘트에게는 하나의

특정한 가치이지만 —— 규범들이 담당하고 설정하고 또는 그러한 가치들이나 규범들이
일치하는 의미 깊은 것으로서, 즉 가치 있는 것으로서 해석될 수 있는 인간의 심적·신체적
행동들을 지칭한다는 것은 전혀 의심할 여지가 없다. 스멘트는 빈 학파와 대항할 수
있기 위하여, 그가 정신적 구성체로서의 국가를 부인하는 바로 그 생활현실로서의 국가를
파악하려고 함으로써 그는 그가 단순한 의미질서로서, 그러므로 정신물리학적인 생활현
실성이 없는 집합체로서 설명하여 온 국가를, 그러나 동시에 정신의 영역, 즉「초시간적인
유의미성」에서가 아니라 스멘트 독자의 말에 따르면「시간에 구속된 실재성」에서 존재하
는, 정신물리학적인, 생활현실적인 행위들의 하나의 집합으로서 타당하여야 한다. 스멘트
는 어느 정도 —— 빈 학파에 따라서 —— 국가는 하나의 공간충족적인 존재라는 견해를
공격하고 있다. 그러나 그는 국가를 그가 국가를 그러한 것으로 규정해야 한다고 압박감을
받고 있는 이념적 의미질서로서, 놓아두는 용기를 가지고 있지 않기에, 또한 그는 국가에
그것에 관해서 국가의「생활」이 상실될 수 있다고 두려워하기 때문에, 빈 학파와 정신적
내용의 실체화에 대하여 다투는 그는 국가를 공간성이 시간적인 계속성과 마찬가지로
부인될 수 없는 하나의「실체」와 동일시한다. 물론 단지 하나의 심적·신체적 생활일
뿐인, 이러한 국가의「생활」은 그렇지만 또다시 정신화 된 신체의 생활이 되어야 하는
것이 **아니라** 정신의 한 생활이 되어야 한다. 즉 그것은 스멘트의 고유한 전제에 의하면,
정신물리학적 행위들의 생활현실로서 하나의 다른 세계에 소속하는, 하나의 의미구조의
생활이다. 왜냐하면 생활은 스멘트에 의하면「이념적」인 정신과 대립하여「실재적」인
것이다. 그러나 국가가 그「생활」인 정신은 하나의 **실재적인** 정신이며, 즉 실재적임과
동시에 이념적인 하나의 존재인 것이다. 그리고 그리하여 스멘트가 다른 한편으로는
「정신」으로서의 의미내용을 다시「생활」시키기 위해서「생활」을 한편으로 의미내용에
대치시킨 것처럼, 그는 어느 정도 실재적인 생활을 이념적인 의미와 대조시켜,「실재적인
생활기능과 이념적 의미내용과의 대립」속에서는 최초의 구성체만이「실재적」이라고
강조한다(S. 22). 그러나 또 다른 곳(S. 53)에서는 다시 하나의「현실적 의미내용」을
하나의「이념적 의미내용」과 구별하고 있다. 의미는 아마도 어떤「이념적인 것」이므로,
스멘트의 학설에서는 하나의 현실적으로 이념적인 것(ein reelles Idelles)과 하나의 이념적
으로 이념적인 것(ein ideelles Idelles)이 존재한다. 현실적으로 이념적인 것은 명백하게
즉자적으로 어떠한 생활도 가지지 아니한 생활적 정신이다.

　빈 학파는 국가를 정신적 구성체로서, 의미질서로서, 즉 **이념적** 질서로서 또한 특별히
규범체계(Normensystem)로서 이해하는데 —— 바로 그 때문에 또한 그것 때문에만 ——
그것에 따르면 국가는 하나의 다종다양한 인간에 의하여 조직된 구성체이며, 그 학설이
국가는 **인간에 의해서 성립되어 있다**는 정식 속에 표현하는 전통적인 학설의 관념을
부정한다. 그리고 빈 학파는 이러한 관념을 국가는 규범화 된 규범적 질서의 내용을
구성하는 인간의 행태의 구성요건의 하나의 체계라고 하는 학설로 대치한다. 스멘트도
—— 빈 학파에 따라서21) —— 국가가 인간에 의해서 성립된다는 통상적인 명제를, 그

속에 포함된 공간적·신체적 국가관념 때문에 거부하지만, 그러나 그는 비로소 빈 학파에 의해서 얻어진 정당한 견해를 「취할 만한 가치가 없는 것」이라고 해도 좋다고 믿기 때문에(S. 87), 헬러(Heller)의『주권론』(Souveränität)*만을 인용해야할 뿐, 헬러의 인식의 원천이기도 한 궁극의 문헌을 인용할 것은 아니다. 그러나 이러한 「진부함」은 바로 국가의 생활과 생활현실성에 관한 스멘트의 이론에는 적합하지 않은 것이다. 도대체 인간인 것 이외의 어느 곳에서 이러한 생활현실성이 발견될 것인가? 인간만이 생활하고 있다. 그리고 그처럼 「생활하는」 국가에 관하여, 그것에 대하여 아마도 스멘트와 함께 이렇게 말하지 않을 수 없다. 즉 국가는 「개개인 중에서, 개개인으로부터 구축된다」라고(S. 20). 그리고 아마도 이것은 이러한 것과 동일할 것이다. 즉 국가는 인간에 의하여 「성립된다」라는 것, 그리고 개개의 인간은 하나의 생물학적 실존을 가지기 때문에 「개개인으로 구축된」 국가가 어떻게 해서 하나의 그와 같은 생물학적 실존도 갖지 않으면 안 될 것인가?

　빈 학파는, 그때에 이 질서 ― 몇 겹의 계단 속에서 ― 가 인간의 심적·신체적 행위들에 의해서 창출되거나 지켜져야 한다는 사실을 경시하지 않고, 어떻게 사람은 국가를 정신적 구성체로서, 즉 의미구조 또는 이념적 질서로서 이해할 수 있을까 하는 것을 보여 주었다. 빈 학파는 그때에 가치실현의 사실을 무시하지 않고, 국가를 가치체계로서 파악할 수 있음을 보여 왔다. 빈 학파는 그럼으로써 국가가 정신의 영역에서 자연의 영역에로 이끌려 들어가지 않고 어떻게 국가가 시간과 공간 사이에서, 즉 그러나 자연 중에서 진행되는 가치실현을 국가의 규범체계와 연관 지어야 할 것인가를 보여 왔고, 국가조차도 하나의 공간과 시간을 충족하는 물체로서, 하나의 자연의 대상으로서 표상되지 않고서는 어떻게 규범들이 국가의 질서를 공간과 시간에 관련지을 수 있을까 하는 것을 보여 왔다. 스멘트는 그가 국가를 마침내 무슨 ― 빈 학파처럼 ― 이념적 질서로서, 특히 인간의 행위들에 의해 실현되는 가치체계로서 규정하려고 하지 않고, 그가 액센트를 가치실현, 이른바 「생활」에로 옮기고 그 때문에 국가를 ― 국가학설을 정신과학으로 확정하려고 하는, 그가 받아들인 요청과 모순되게 ― 바로 다시 자연의 영역에로 끌어들임으로써 이 문제의 해결을 닫아버린 것이다. 실로 빈 학파의 국가이론과 보다 이전의 학설과의 전적인 차이는 후자가 국가를 하나의 법적으로 질서 지워진 권력 아래서 (즉, 하나의 법질서 아래에서) 생활하는 수많은 인간으로서 규정하고, 그러나 한편으로 전자는 국가를 (빈 학파의 이론이 국가를 정신적 존재로 파악하려고 하므로, 또 그러한 한에서) 그 아래에서 인간이 생활하고 있는 법질서로서 규정하고, 그리고 그러므로 국가학의 모든 문제를 하나의 질서, 하나의 규범체계의 타당과 창설의 문제로서 파악하고, 그럼으로써 필연적으로 질서 「아래에」 있는 인간의 생활이 하나의 질서에 의해서 규정된, 질서의 내용을 구성하는 인간의 행태에로 변화한다는 사실 중에 존재한다고 근본적으로 받아들이

---

21) Der soziologische und der juristische Staatsbegriff, S. 85 f.; Allgemeine Staatslehre, S. 149
　　f. (역서, 216면 이하) 참조.

는 것이다. 스멘트는, 이러한 개념규정의 강조를 다시「생활」의 자연적 요소에로 후퇴시킴으로써 그는 낡은 국가학 속에, 그리고 그 때문에 그 오류와 모순에로 다시 떨어지는 것이다.

개별 인간의 의사, 인격성 또는 생활 위에 존재하는, 그리하여 초인간적인 하나의「의사」로서, 초개인적인「인격성」으로서, 또는 초개인적인「생활」로서 제시되는, 하나의 초개인적인 국가실체를 가정하는 것은 — 하자 있는 개념규정의 하나의 귀결로서만 — 후자에 속한다. 왜냐하면 국가가 이러한 통일체를 구성하고 있는 오직 그 특수한 타당성 안에서 객관적 질서로 인식되지 않는다면, 도대체 달리 어떻게 국가의 불가피한 통일이 국가를「구성하는」다양한 인간 속에서, 그리고 특히 국가의 초주관적이고, 객관적인 존재의 기반이 마련될 수 있을 것인가? 나아가 그리하여 스멘트가 그의 빈 학파의 비판적 업적에 압박되어 국가의 하나의 실체에 관한 의제를 부정하고, 그리고 국가의 하나의 초개인적인 인격성의 실존을 강력하게 부인함에도 불구하고, 마침내 동요로 빠진 것은 결코 이상한 일이 아니다. 만일 그가 반복하여 언제나 국가의 하나의「실체」나 전적으로「핵심 실체」에 언급한다면, 그것은 하나의 단순한 언어상의 특수성 이상의 것이다(S. 18, 45). 왜냐하면 국가의「생활」은 가령 그것이 개개인의 생활 중에서 남김없이 동화될 수 없는 것이라면, 더욱이 생활은 개개의 인간과는 동일하지 아니한 하나의 어떤 것이 되어야 한다. 스멘트는 그의 고유한 불확실하고 불명확한 양식에서 일반적으로는 집합체의, 그리고 특별하게는 국가의「정신적 생활」이 개개의 인간의 정신물리학적인 생활과 다른 어떤 것이란 것을 시사하고 있다. 왜냐하면 그러나 하나의 집합체나 특히 국가를 이끄는「정신적」생활 속으로가 아니고, 단지 개개의 인간의 정신생활 속으로만 심리학과 생물학은 통찰을 가하기 때문이다. 진정한 정신과학만이 이러한 정신생활에 접근할 수 있다(S. 7). 물론 이와 같은 정신생활은 — 집단의, 그리고 특수하게는 국가의 생활은 — 개별 인간의 정신물리학적인 생활도 그 자신 속에 포함하고 있으나, 그것은 더욱「이념적·초시간적 의미연관 속으로 들어가며」(S. 12), 그럼으로써 명백하게 하나의 특별한 생활, 바로「정신적」생활로 되는 것이다. 그리하여 스멘트는「개개의 정신」의 하나의 생활(S. 7), 또는 하나의「인격적」생활(S. 21)을 하나의 시간적·실재적 과정이라고 말하고 있는데, 이것은 사람이 그것을 시간적·실재적이 아닌 집합체의 생활, 또는 그것을 초시간적·이념적 생활에서 시간적·실재적 생활을, 그러나 그 자신 속에 포함하는, 이 알 수 없는 존재의 생활을 구별할 때에만 이해될 수 있다. 그리고 이 구별을 스멘트도 예외적으로 명백하고 아주 확실하게 하였다. 그는「어떤 하나의 정신적 내용을 공동화하려고 하거나, 또는 그 공동의 체험을 보다 강화하려는」과정들에 대해서 언급하고 있다(S. 33). 나아가 그는 그것이 공동체의 생활과 마찬가지로 거기에 관여한 개인의 생활도 높인다는 것을, 그와 같은 과정들의 작용으로서, 더구나「**이중의** 작용」으로서 특징짓고 있다(「공동체와 마찬가지로, 그것에 관여한 개인의 높아진 생활의 이중작용을 수반하여」). 만약 공동체의 생활 — 공동체를 구성하는 이 개별 인간의 생활 속에서만 존재한다면,

그러한 「이중작용」에 대해서는 말할 수 없을 것이다. 스멘트가 정신물리학적인 생활현실을 집합체에 부인하는 곳에서도 또한 ― 그가 전술한 몇 곳에서 모든 인간의 집단생활의 구조는 「시간적·실재적 생활」의 계기를 「그 자신 속에 포함하는」(S. 21) 것을 단언하고 있음에도 불구하고 ― 그는 생활을, 개별 인간의 「정신적」 생활과 「집합체」의 생활도 원칙적으로 분리하고 있다. 그리하여 오히려 두 개의 다른 종류의 「생활」이라는 유개념(類概念)과 그 「생활」이라는 유개념의 두 개의 상이한 담당자를 인정하지 않을 수 없는 것이다. 그 밖에 그는 「생활」, 「생활기능들」, 「생활충족」, 「생활체계」, 그리고 특히 「국가의 형식적인 존재와 생활」에 대해서 언급하고 있다(S. 87). 그때에 그가 사용한 하나의 방법이라는 것은 이처럼 순수하게 정신적인 운동을 정신물리학적인 과정과 비교함으로써, 그것을 가지고 하나의 이념적 체계의 형성과 계속이 명백하게 되는 하나의 단순한 형상을 인정하는 것을 저자가 하나의 아주 특별한 편애를 보여주는, 지나치게 자주 사용한 언어를 써서 완전하게 배제하는 방법이다. 그것이야말로 빈 학파가 순수하게 정신적인 의미구조의 영역의 개념파악에 제한해 왔기 때문에 빈 학파가 국가의 「생활」을 파악하지 않았다고 스멘트가 빈 학파를 비난하는 것이다. 이와 같은 집합체의 「생활」은 스멘트에게는 하나의 현실적인 「생활과정」(S. 7)이며, 「체험적 행위들」에서 성립하는 것이다. ― 그는 반복하여 생활을 「체험」(S. 6, 7. 13, 47, 81)과 동일시한다 ―. 그리고 이러한 체험적 행위들은 여전히 정신물리학적으로 그렇게 하는 이외에는 개념화할 수 없는 것이다. 국가의 「생활」은 ― 물론 그것을 명백하게 또한 애매하지 않게 언급할 용기를 가지지 않고 ― 스멘트가 그것을 생각하듯이, 하나의 **초인간적인 존재**의 생활이다. 사회적 구성체, 그리고 특히 국가의 이러한 「정신」은 실제로 하나의 **거시적인 인간**의 **심상**이다. 왜냐하면 거기에 「정신물리학적인 생활현실의 '즉자성'이 결여된」 한의 「통일구조」도 아니며, 하나의 이념적 의미질서도 아닌, 하나의 강력한 물리적인 힘에 못지 않은 정신적인 힘이 주어진 존재의 관념이야말로 스멘트가 국가에 본질적인 것으로 보는 것을 모두 거기에서 서술할 수 있기 위해서 필요한 것이다. 즉 국가는 「그 국토에서 주인이 되어야 한다」. 또 국가는 「사실상 저항할 수 없는 힘에 의해서 지배한다」. 국가는 「외국에 대하여 무적의 방어를 할 수 있다」. 그러므로 「승리의 심벌」은 국가의 「적절한 존재의 표현」인 것이다(S. 46). 국가가 하나의 「의미구조」라면, 국가는 그 명예가 손상된다고 느낄 수 있으며, 나아가 이러한 국가의 「체험」을 국가의 소속자가, 국가의 체험과는 다른 그들의 체험으로서 나눌 수 있다는 것을 국가에 관하여 주장하는 것은 어떻게 가능할 것인가?(S. 49). 이와 같은 「자기의 국토에서 주인인 것」, 이것은 예컨대 빈 학파가 국가의 「사기의」 영토에 대한 관계를 파악하는 것과 마찬가지로, 하나의 이념적 질서의 지역적인 타당영역은 아니다. 왜냐하면 이와 같은 타당영역의 변경은 국가의 어떠한 본질 변화도 아니기 때문이다. 그러나 하나의 영토 변경을 「국가의 성질상 본질 변화」로 평가하는 것(S. 56), 그것이 스멘트에게는 바로 문제가 되기 때문이다. 이 「사실상 저항하기 어려운 것」, 이것은 객관적인 그리고 그러므로 규범에의 복종의 주관적인 원망이나 의욕에서 독립한 하나의 규범체계에 타당하지 않으며, 이와 같은 무적의 군대(S. 46), 이것은 하나의 사물적인 타당영역이 아니며, 국가의 다른 권한들과 나란히 하나의 가능한, 그러나 본질적으로 필요하지 않은 권한이다. 왜냐하면 바로 여기에 「국가인민의 생활형태」(S. 46)를 평화주의적 경향에서 옹호할 수 있는 것이 스멘트에게는 결정적인 것이 되기 때문이다. 그와 같은 정신의 영역에로의 환원은 ― 그것을 빈 학파가 정신적 구성체로서의 국가의 규정이라는 불가피한 귀결로서 기도하고 있듯이 ― 많은 이유에서 회피되어야 한다. 스멘트의 국가개념은, 그러므로 한 개의 달걀처럼 그 절대적인 가치성에서 「전체를 위해서 한 몸을 바쳐, 필요하다면 죽을」[22] 인간의 의무가 도출되어야 하는 「실재적인 생활통일체」의 다른 개념과 유사하다. 이것은 기이르케(Gierke)의 유기체적 국가개념이다. 하나의 유기체적 생활체의 관념에 이르도록 높여진 상대적인 타당성을 가진 하나의 규범적 질서의 가설화의 배후에, 하나의 절대적·초경험적인 가치의 가정이 숨겨져 있다. 스멘트는 기이르케의 유기체적 방법론을 회피하려고 함으로써 그는 방법론적으로 기이르케에 못지않게 다음과 같은 문제를 제시하고 있다. 즉 국가의 「본질」은 「초경험적으로」 주어지는 것, 그러나 그 「실체에로 통합」, 이것을 더 정확히 말하면 「이 실현의 요소들을 제시하는 것」은 「경험적 고찰의 사항」이라고 주장한다(S. 22). 그리하여 국가는 무엇인가 초경험적인 것이며, 동시에 어떤 경험적인 것이다! 그리고 이처럼 놀라운 방법으로 스멘트는 기이르케의 「무비판적이며 전비판적인 연구 방법」(S. 4)을 기고만장 얕보아도 좋은 권리를 획득하였다고 믿고 있다. 분명히 그것은 스멘트가 유기체적 국가학설의 「전비판적 소박성」(vorkritische Naivität)(S. 130)을 하나의 유례 없는 방법론적인 혼란*으로 대치하는데, 마침내 동일한 결론에 도달하기 위하여, 성공한 것으로부터 나오는 것이다. 즉 **초인간으로서의 국가***에서 그러한 것이다.

국가이론이 ― 오직 의식적이든 무의식적이든 ― 바로 이러한 국가에 관한 관념을 ― 그것은 소박한 공민(公民)이 자신에 대한 표준적이며 사회적인 공동체에 대하여 가지고 있는 관념인데 ―「학문적으로」 기초를 두는 쪽으로 향하고 있으므로, 또 그러한 한도에서, 그 국가이론은 국가를 자연적 현실이란 의미에서의 사회적인 「실재」로서 나타내려는 시도를 포기할 수는 없다. 국가이론이 그렇게 함으로써 하나의 국가이론에서 원칙적으로 요청된 정신과학적인 지위와 모순에 빠진다는 것에 대해서는 무관심하다. 그 때에 이 모순이 블룬칠리(Bluntschli), 기이르케(Gierke), 옐리네크(Jellinek)에서처럼, 전적으로 손에 잡히도록 분명한 모습으로 나타나려는지, 또는 스멘트처럼 심적·신체적 생활의 자연적 실재를 정신의 영역에로 투사(投射)하거나 정신(의미, 가치)을 생활영역에로 투사하고, 나아가 그리하여 출발하는 대립을, 방법론적으로 무비판적인 독자에 대해서 눈에 띄지 않는 하나의 방법으로 다시 그 모순을 숨기려고 하는가의 여부는 차이가 없다. 유기체적 국가학설은 그 자연과학적 용어법(국가는 하나의 생명 있는 유기체이다)을 가지고

---

22) Gierke, Das Wesen der menschlichen Verbände, 1902, S. 16/18 und S. 34/35. 이에 관하여는
   나의 Allgemeine Staatslehre, S. 377 참조.

스멘트의 「정신과학적」 국가이론과 가장 날카롭게 대립하는 것처럼 생각되나, 이 학설은 실제로는, 이 학설이 말하자면 공공연하게 치장함으로써만, 정신생활 또는 생활정신의 이와 같은 이론과는 구별되는 것이다. 국가의 강력한 참으로 초강력한 「실재」를 보임으로써 국가의 절대적인 가치를 확인한다는 결정적인 경향 중에서 그 학설들은 완전히 일치하고 있다. 그 때에 그 충족시킴에 이바지하는 욕구는 참으로 모든 이론적인 고려보다도 더 강력하다. 그것은 국가에 관한 하나의 관념을 유지하려는 욕구이며, 그 관념에서 — 추측건대 당연하게 — 관념이 국가적 질서에 대한 복종을 보다 높은 정도에서 하나의 방법론적으로는 정당하게 획득된, 사태를 학문적으로 객관적인 인식만 포함하고 있는 국가개념으로서 보증한다고 상정하는 것이다. 「현실」이라는 말은, 말의 관용적 의미에서는 국가에 유사하지 않다는 견해, 국가는 의미형상일 「뿐이며」, 인식에 의해서 그 타당가치가 가설적으로만 전제될 수 있는 하나의 규범체계에 불과하다는 견해, 국가는 그리하여 하나의 정신적인 실재를 갖는 데 불과하다는 견해, 이러한 견해는 — 그리하여 분명히 두려운 것이지만 — 만일 그것이 아주 광범위하게 보급된다면, 그 고유한 명칭에서가 아니라 「유기체」(Organ)로서만, 즉 그러나 **국가**의 가면의 배후에서 지배를 행사하는 그러한 인간의 힘에 대한 신앙을 동요케 할 수 있는 것이다. 국가와 법에 관한 학설은 오늘날에 이르기까지 결코 객관적인 학문의 이념에만 이바지한 것이 아니라, 끊임없이 정치에도 이바지하여 왔다. 후자도 이 경우 넉넉한 여지를 가지고 있음에도 불구하고, 그것은 참으로 정당정치에 한정된 것은 아니다. 그것은 정치 일반이며, 그리하여 국가 그 자체를 긍정하는 경향이며, 나아가 그 때문에 그것이 국가에 더구나 어떠한 국가이든 도움이 되는, 즉 그 권위를 강화하도록 그것을 형성함으로써 그 본질을 얻으려고 노력하는 하나의 인식의 성과를 위조하려고 하는 경향으로 족하다. 신학 이외의 아무것도 아닌 국가에 관한 이러한 이른바 학문은 이 점에 또한 위치하고 있다. 그리고 이러한 종류의 국가학은 신학과 — 아직도 여전히 — 가장 깊이 내면적으로 관계하고 있다.

그러므로 하나의 방향이 가장 강력하게 쟁취되어야 한다. 그 방향이란 국가학을 현실적으로는 정신과학으로서 전개시키는 방향이며, 빈 학파와 같이 각각의 정치적 이해를 고려하지 않고 국가는 어떠한 자연의 실재도 아니고 하나의 정신적 구성체임에 「불과하다」는 학설을 성실히 다루는 방향이며, 두려움 없이 이 견해의 모든 귀결을 끌어내고 자연에 대한 정신의 사후적인 새로운 해석에 의하지 않고 서글픈 모순의 대가를 둘러싼 이러한 귀결을 회피하는 방향이다. 이와 같은 학문적인 투쟁의 배후에 있는 것이 정치적인 동기가 아니라면, 전경(前景)에서 방법론적으로만 달라진 정식화의 뉘앙스가 문제가 된다고 생각되므로, 그 격렬함은 거의 이해가 되지 않을 것이다. 시종일관된 정신과학적인 국가학설에 대한 이와 같은 투쟁이 참으로 명목상 — 정신과학으로 수행되는 경우에는 물론 우스운 것이다. 스멘트보다 더 공공연하게 「초개인으로서의 국가」에 찬동하는 스멘트보다 소박한 저자들, 예컨대 스멘트가 보증인으로서 끌어낸 홀트-페르네크 (Hold-Ferneck)23)* 등은 어떻게 그들을 빈 학파의 규범적 국가이론에 대한 투쟁에

교사되었는지를 분명히 이렇게 언급하고 있다. 즉 빈 학파의 학설은 **국가를 위태롭게** 한다는 것이다.[24] 국가의 「현실」을 부정하는 자가 그 권위를 위태롭게 한다. 예컨대 신에게서 하나의 초월적인 실재가 아니라, 세계의 통일의 표시만을 인식하고 어떠한 심적·신체적인 힘이나 전능을 인식하지 않고 정신의 하나의 구성체를 인식하는 자는 신의 권위를 삭감하는 것과 같은 것이다. 스멘트는 하기야 ― 홀트·페르네크처럼 ― 이와 같이 그릇된 학설에 대항하여 곧장 검찰관을 부른다든가 하지는 않는다. 왜냐하면 스멘트는 거기에는 「'즉자의' 정신물리학적 생활현실이 결여되어 있기」 때문에 스멘트처럼 「국가는 즉자적으로는 하나의 실재적인 존재가 아니다」라는 명제에서 물론 출발하지 않는 페르네크보다 초인간으로서의 국가에 이르는 방법을 보다 곤란하게 하였기 때문이다. 그러나 스멘트는 만일 그것이 「내부에서는 법 때문에 그리고 권력에 사실상 저항하기 어렵기 때문에 지배한다」고 해야만, 「오로지 현실적이고」 「그 영토에서는 주인이 되어야 한다」는 권력충족적 존재로서의 국가에 마침내 도달한다는 확실한 의식 중에서 이를 숨기지 않고 있다. 왜냐하면 국가는 정신물리학적인 현실의 의미에서는 어떠한 실재성도 가지고 있지 않다는 인식에 빈 학파가 시종일관되게 고집하고 있으므로, 스멘트는 빈 학파에 대해서, 빈 학파는 「비정치적」이라는 비난을 「최종적으로는 내부적으로 국가에 관여하고 있지 않다는 의미로」 던지고 있다(S. 3). 그리고 스멘트의 정치적 이상은 자유주의에 대해서 적대적인 것이므로, 스멘트는 국가는 정신물리학적인 생활현실의 어떤 한 조각도 아니라는 것을 관여치 않는 자들에게 인식시킬 뿐만 아니라 심지어는 그들에게 이러한 견해의 귀결과 관련 지우는 것을 강요하는 그러한 「국가에 내부적으로 관여하지 않는다는 것」을 하나의 「자유주의적인」 사고방식이라고 이름붙이는 것이다. 이제 「자유주의적」인 것이 실로 순수법학의 국가이론은 아니다. 누구도 나만큼 정력적으로 자유주의적인 가치판단을 국가학에서 제거하지는 아니하였다.[25] 그러나 「비정치적으로」든지, 「국가에 최종적으로 내부적인 것에 관여하지 않는다는 의미에서」든지, 학문적 인식의

23) Alexander Hold-Ferneck, Der Staat als Übermensch, zugleich eine Auseinandersetzung mit der Rechtslehre Kelsens, 1926 (또한 나의 반박 논문: Der Staat als Übermensch, Eine Erwiderung, 1926 참조).

24) 나의 논문, Der Staat als Übermensch, S. 24 참조.

25) 예컨대 Allgemeine Staatslehre, S. 31 f., 44, 55 ff., 91, 186, 337 (역서, 53면 이하, 72면, 86면 이하, 136면, 267면, 475면) 참조. 순수법학의 규범적 국가이론이 **보수적** 측면에서 **자유주의**로 오해된다면, 그리하여 특히 Carl Schmitt, Verfassungslehre, 1928, S. 55 (김효전 옮김, 『독일 헌법학의 원천』, 63면; 김기범역, 『헌법이론』, 75면)도 ― **사회주의의** 저술가들에 의해서 정반대의 것으로서, 즉 **파시즘으로** 서 선언된다. 그러한 것은 Hermann Heller, Europa und der Fascismus, 1929, S. 16 ff. (김효전 옮김, 유럽과 파시즘, 동 『바이마르 헌법과 정치사상』, 246면 이하). 이것은 나에게는 규범적 국가이론은 양쪽 다 아니라 국가의 **객관적** 이론이라는 것이기 위한 최선의 증명인 것처럼 생각된다. 바로 그렇기 때문에 규범적 국가이론은 좌우익 양쪽으로부터 투쟁해야 하는 것이다. 더구나 「형식주의」의 관점 하에서 그러하다. 이에 관하여는 또한 나의 논문 Juristischer Formalismus und Reine Rechtslehre, Juristische Wochenschrift, 1929, Heft 23. 나아가 Marg. Kraft-Fuchs, Einige prinzipielle Bemerkungen zu Carl Schmitts Verfassungslehre, Zeitschr. für öffentl. Recht, IX., 4 (김효전역, 칼 슈미트의 헌법이론에 대한 원리적 비평, 동, 『칼 슈미트 연구』, 2001).

대상으로서의 국가에서라든지, 이러한 것들을 적어도 힘닿는 대로 노력하는 것은, 특히 그것은 빈 학파이다. 스멘트 일파처럼 그것이 학문적 객관성을 ― 자유주의로서 고발하는 정도로 하나의 정치적인 그것도 보수정치적으로 지향된 국가에 관한「학문」에 대해서 보다 특징적인 것은 아무것도 없다. 이것은 마르크스주의적 국가이론도 할 수 있을 것이며, 아마도 그렇게 하고 있다. 그리하여 모든 종교의 신학자들은 객관적인 종교과학 대변자들에게 ― 무신론이란 비난을 퍼부으며, 그리하여 ― 그와 같이 ― 국가에 어떠한 정신물리학적인 생활현실을 인식할 수는 없으며, 이것을 그러나 ― 그가 그의「정치적」 사고방식에 의해서, 그리고 국가에 내면적으로 관여함으로써 이루는 것처럼 ― 그럼에도 불구하고 ―「현실의 한 조각」으로서 주장하지 않는 한의 학설을 스멘트는 회의론으로서, 아니 불가지론으로서 낙인을 찍는다. 그는 하나의「이론의 기능상실」이란 것을 말하고 있다(S. 3). 그리고 그 이론은「여기서 바로 독일에 대해서 그렇게 급박하게 필요한 해명과 확실성에 기여하는 대신에 우리들의 실제 행위의 불확실성」(S. 3)을 근거지우며, 동시에 높이고 있는 그 이론에 만일 그가 이의를 제기한다면, 그러한 이론에 사형 판결을 내렸다고 진지하게 그는 믿고 있다. 그리고 전후에서「인식이론적인 사고」에 관하여 말한다. 그러나 그가 생각하는 것은 하나의 특정한 정치적 **성향**이며, 그 상찬(賞讚)해야 할 것이 전혀 문제삼을 것은 아니고, 그러나 하나의 **학문적인** 기도에 대해서 그 중요성이 가장 결정적으로 다투어져야 할 것이다. 그 승인된 목적이 어떠한 견지에서 바람직한 하나의「실제적인 행위」의 창출이라고 한다면, 따라서 그것은 학문으로서 이미 고찰되지 않는 것이다. 그것이 더욱 그와 같이 학문적으로 날뛴다고 하더라도 말이다. 인간의 의사결정에 대한 하나의 수단으로서 학문적인 형식들을 사용하는 것은 신학에 대해서 특징적인 것이다. 스멘트가 다루는 것은 정치신학의 하나의 범례이며, 스멘트는 그의 가장 내재적 성질에서 본다면 한 사람의 **국가신학자**인 것이다.

 그러한 것으로서, 즉 독일의 국익에 있어서 긴급하게 필요하다고 여기는 정치적 성향을 위해서 그는 장래가 없고, 또한 그것을 그의 방법론적 전제와 모순되게 하는 시도를 해야만 하는데, 그 시도란 국가의 자연의 실재성을 그리하여 국가를 정신물리학적인 실재의 영역의 내부에서의 하나의 통일체로서 생활현실로 나타내려는 시도이다. 만일 그가 또한 모순된 것이라는 비난을 미리 방어하기 위하여 그 내부에서 그가 국가의 통일을 구하려고 하는 생활현실을 그가「정신적」인 것으로 특색지움으로써 그의 노력의 참다운 의미를 애매하게 하려고 할지라도, 스멘트가 시도하는 것은 이런 것이며, 그 이외에 아무것도 아니다. 그리하여 참으로 신학자도 신은 일체의「정신」이라는 것을 단언하며, 그리고 신에게 하나의 심적・신체적 존재만을 가질 수 있는 자격을 주려고 말하는 것이다. 이「정신」이라는 말의 애매함은, 바로 유대교적・기독교적 신학의 하나의 유산이다. 신학적인 신개념의 양면성, 이것은「정신과학적인」방법이며, 그 방법은 스멘트 에 있어서는 국가의 두 개의 측면에 관한 학설의 부활에로 인도하는 것이다. 그 귀결에서 「국가의 정신적인 생활현실」에 관한 주장은 최종적으로 다음과 같은 것에 돌아와야 한다. 즉 국가는 정신의 영역에서 **뿐만 아니라 또한** 생활, 즉 자연의 영역에서도 「현실적」
이라는 것, 국가는 그리하여 **쌍방의** 영역의 내부에서 하나의, 그 자체 속에 완결된 전체를
제시한다는 것, 국가는 하나의 **이념적**이며 하나의 **실재적인** 통일체라는 것, 국가는 하나의
의미구조의, 하나의 규범체계의 통일체이며, 또한 **동시에** 거기에서 독립한 실재적인
정신물리학적인 과정들의 통일체이며, 그리하여 하나의 생활통일체라는 것으로 돌아가
야 한다. 쌍방의 통일체가 일치하고 또한 그것들이 **어떻게** 일치하는가 **라는 것**, 이러한
정신적 실재와 자연적 실재의 일치, 그것은 정신생활의 유일한 실재로 위칭(僞稱)되며,
또한 그것은 참으로 가치법칙적인 정신과 인과법칙적·심적·신체적 자연과의 하나의
예정조화라는 것, 이것이야말로 하나의 기적이며, 단지 믿을지어다!

2. 「폐쇄단체」로서의 국가

스멘트의 교의는 아주 불명료한 그의 적극적인 표현에서보다는 규범적 국가이론에
대한 논쟁에서 보다 잘 인식될 수 있다. 그것은 참으로 그의 전체 논문이 규범적 국가이론에
반대하는 것으로서 이해될 수 있는 것 같다. 빈 학파의 국가학설은 국가의 통일을 규범적인
영역에 있어서만 기초짓는 것은 하나의 당위질서의 통일에 불과하다고 주장하며, 또한
국가의 실존과 실재는 인간의 행위들에 국가행위의 특수한 의미를 부여하고 있는 규범체
계의 통일 속에서만 그 통일을 발견하는 다양한 인간의 행위들에 대한 해명도식으로
확증되는 하나의 법규범의 타당함 속에서만 존재한다고 주장한다. 타당해야 할 것으로
전제된 규범적 질서에로의 이러한 관련이 없다면 많은 인간의 행동들(그리고 부작위)에서,
국가의 행위들로서 타당해야 할 것, 국가에 귀속시켜야 할 것을 강조한다는 것은 결코
가능하지도 않을 것이다. 하물며 그것을 우리들이 국가라고 공언하는 그러한 특수한
통일체에로 구성하는 것은 전혀 불가능할 것이다. 규범법칙성을 도외시하면 인간의
행위들을 인과성(因果性)이라는 시점하에서만, 그리고 심적·신체적 사건이 문제가 되므
로 계기, 특수하게는 심적·신체적 상호작용이란 시점하에서만 관련 지울 수 있다. 이러한
종류의 관련에서 내가 상세하게 제시하여 왔듯이, 국가라는 통일체가 인도될 수는 없다.
전통적인 국가학설은 이제 ─ 더구나 거기에서도 또한 그 학설은 양면설로서 제시된다
─ 국가는 하나의 (「그」 그러나 왜 「그」인지?) 규범적인 질서에서 완전히 독립하여 하나의
실재적인, 즉 상호작용에 의해서 또는 하나의 유사한 인과적인 결합 태양에 근거하여
구성된 인간의 통일체이며, **또한** ─ 그에 대하여 타당한 법질서에 의해서 ─ 하나의
규범적인 통일체를 제시하는 인간의 통일체라고 주장한다. 이 규범적 국가이론의 비판적
분석으로 해결된 견해를 스멘트는 반복하여 다룬다. 이미 제시했듯이, 정신과 자연의
이원주의, 규범적 영역과 인과적 영역의 이원주의를 한쪽에서 획득된 통일이 다른 한쪽
속에 존재하는 통일로서 주장될 정도로 희석(稀釋)되는 가운데서만 존재하는 그의 전체
「정신과학적」 방법은 국가가 (더구나 제1의적으로는) 하나의 실재적인, 즉 상호작용의

통일체이며 또한 (더구나 제2의적으로는) 하나의 이념적인, 즉 규범적·법적 통일체라고 하는 이러한 전통적 관념으로 환원하려고 하는 목적을 근저에 가지고 있음에 불과하다. 스멘트는 순수법학의 규범적 국가이론에 대항하여「그것에 **법적으로** 소속된 자의 단체의 사실성으로서의 국가의 **사실성**을 의심할 수 없다」고 설명한다(S. 16). 국가는 그리하여 하나의 법적인 통일체일 뿐만 아니라, 하나의 사실적인 통일체이다. 나아가 다른 곳에서는 이렇게 말한다. 즉「자명한 것은 이런 경우 설명되어야 할 국가의 현실이 항상 **동시에** 하나의 법적으로 규범화 된 현실이라는 것이다. 그러나 그것을」 — 즉, 국가의「현실」을, 스멘트가 이 점에서 동조하는 빈 학파가 국가에게 현실을 주고 있다는 것을 인정하듯이 ―「단지 규범적인 것 중에서 발견되는 것, 그리고 모든 국가소속원의 실재적인 관련을 본문에서 전개된 의미로 다투는 것은 정당하지 않다」(S. 17). 스멘트에 의하면 정신의 법칙성은 하나의「규범법칙성」(S. 25)이라는 것을 고려에 넣는다면, 따라서 스멘트에 의하면 어떠한 규범법칙적이 아닌, 즉 전적으로 어떠한 규범적인 것이 아닌 국가의 그러한「현실성」은 또는 그에 의해서는 단지 어떠한 법적인 통일체도 아니고 단지 어떠한 규범적인 통일체도 아니며, 또는 어떠한 규범법칙적 통일체도 아닌 국가적인 단체의 그러한「사실성」은 거의 자연적인, 즉 인과적, 또는 상호작용적인 성격 이외의 하나의 성격을, 아마도 가지지 못할 것이다. 따라서 이러한 현실은 여하튼 어떠한 정신적인 것일 수는 없다. 왜냐하면 정신의 영역은, 참으로 스멘트에 의하면 규범법칙성의 영역이 며, 그리고 국가의 통일이나 현실은 — 적어도 마지막에 인용한 스멘트의 표현에 의하면 — 특히 우선 첫째로 이러한 규범적인, 즉 정신적인 영역의 **저편**에 놓여야 할 것이며, 그리고 차선적으로, 이러한 내부에도 놓여야 할 것이다. 그러나 그것이 그「사실적인」 현실과 아울러 또 하나의 규범적인, 즉 규범법칙적인 현실이라는 것은 본래 하나의 종속적인 역할을 다하는 것이다. 규범적인「현실」과 병존하는, 보다 정당하게는 그에 **선행**하는, 이른바 국가의 실재적인「현실」은, 또는 그와 병존하는지, 혹은 보다 좋은 말로 말하면, 그에 **앞서서** 국가의 법적 통일을 기초 짓고 있는 법적인 관련이 존재하고 있는, 실재적이며 단지 정신적·규범적이 아닌 국가의 통일을 기초 짓고 있는「실재적인」 국가소속원의 관계는, 또는 이 법칙 성격에서 독립하여 주어져야 할 국가적 단체의 「사실성」은, 또는 국가의 모든 이와 같은 실재성은 스멘트가 논증하려고 하듯이, 하나의 자연적인 인과과학적이며 참으로 심적·신체적 상호 작용의 범주에 따라서 특수하게 규정된 현실 — 그리하여 참으로 이것 — 이외의 아무것도 아니라는 것, 이것이야말로 스멘트는 빈 학파의 비판의 압박 아래로부터 회피하려고 생각하지만, 또 그럼에도 불구하 고 회피할 수 없는 것이다. 이것은 그가「실재적인 의사단체로서의 국가」라는 제목 아래 서술하는 논술에서 명백히 나타나 있다. 왜냐하면 여기서 그가 시도하려는 것은, 국가는 하나의 **자연적인**, 실재물리학적인 인과적으로 규정된 심적·신체적 사상(事象)의 세계에서 존재하는, 하나의 타당한 것으로 전제된 규범체계와 관계없이 확정될 수 있는 통일체라는 가정에 대항하여 내가 주장한 논거를 반박하는 것 이외에 전혀 아무것도 아니기 때문이다. 그리고 스멘트는, 그가 그것을 가지고 그의 반자연주의적, 모든 인과인식, 그리고 특히 모든 심리학을 부정하는, 그리고 바로 그러므로 정신과학상 존재해야 할 기본 입장과 모순된다는 것을 전혀 느끼지 못하고 있다.

다시 스멘트는 국가에 소속하는 인간의 실재적인 통일을, 「실재적인 의사단체」로서의 국가를 규범법칙적인 영역과 관련짓지 않고 얻기 위해서, 먼저 리트에 의거하려고 한다. 스멘트는, 즉 국가를 손쉽게 리트의 구조 분석이란 의미에서 「폐쇄단체」(geschlossener Kreis)*라고 설명한다(S. 13). 리트 자신은 국가를 폐쇄단체로 나타내 보이려고 시도하지는 않는다. 국가에 대해서 이러한 범주의 적용가능성은 그러나 스멘트에 의해서도 개별적으로 설명되지는 않는다. 이것은 단순한 주장에 불과하다. **각인이 각인과** 「상호적 전망」(reziproke Perspektive)의 관계에서 존재하는 한에서, 인간의 ― 한 다수성(eine Mehrheit) (그것은 2인 이상이어야 한다)이 하나의 「폐쇄단체」를 제시한다. 이 「상호적 전망」은 본질적으로는 인간 간의 하나의 심적인 상호 관계이며, 가령 리트가 이것을 승인하지 않음에도 ― 근본적으로는 ― 짐멜(Simmel)*의 심적인 상호 작용이다. 그러나 이것은 이 경우 그 이상 문제가 되지 않는다. 왜냐하면 리트의 「상호적 전망」이 어떻게 해서 짐멜의 상호 작용과 구별되는 것은, 더욱더 바람직한 것이기 때문이다. 국가에 소속하는 인간이 하나의 「폐쇄단체」를 구성한다는 것은 그들의 대부분이 서로에 관하여 직접적으로나 간접적으로도 아무것도 알 수 없다는 이유에서도, 아무튼 무엇이라 말하더라도 그러한 「본질형성적인」, 즉 아마도 상호적으로 그들의 본질을 형성하는 「상호적 전망」에 의해서 구성된 「폐쇄단체」가 제시하는 이해(理解)의 연관 속에 존재한다는 이유에서, 이미 불가능한 것이다. 「폐쇄단체」의 이러한 성질은 최초부터 국가를 하나의 이러한 종류의 사회적 구성체로서 제시하려는 각각의 시도를 가망 없는 것으로 다루어야 한다. 그러한 관련은 사실상 하나의 국가에 속하는 것으로 표시되는, 모든 인간 간에 존재한다는 증거를 신중히 제시해 왔다면, 국가가 그러한 인간 간의 상호 관계의 실재적인 통일체로서 단지 주장되는 것이 허용된다는 사실을 아주 도외시하는 것이다. 그러나 가령 그가 「사회학자」로서 또한 단지 국법학자로서가 아니고 한 사람의 특정한 인간이 독일국의 소속원인가 아닌가 하는 문제에 대답할 수밖에 없다고 하더라도, 스멘트는 먼저 이러한 인간의 심령을 상호 작용이나 「상호적 전망」에 근거하여 연구하지는 않을 것이라고 나는 추정한다. 그러나 거기에는 「각인이 각인」과 직접으로 관련하여 존재해야 하는 협의의, 또한 저 본래적 의미에 있어서 국가를 「폐쇄단체」로서, 리트의 용어법에서 「제1등급의 폐쇄단체」로 보려고 하는 것은 가망성이 없을 뿐만 아니라, 아주 마찬가지로 국가를 「제2등급의 폐쇄단체」로 보는 것도 불가능한 것이다. 후자는 리트에 의하면, 이른바 「사회적인 매개」에 의해서 「제1등급의 폐쇄단체」의 「연속적이며 동시에 일어나는 확대」를 통해서 성립한다. 이러한 사회적 매개의 효과는 리트 고유의 언어를 사용하여 말하면 다음과 같이 표현되어야 할 것이다. 즉 「그러나 사회적 매개의 확대된 효과는 길이의 차원에서처럼 확대의 차원에도 걸쳐 있다」. 그것을 따라간다는 것은 **동시에**

그 단체(Kreis)에 소속하는 자들의 수의 상술한 확립된 한계를 지양한다는 것이다. 그렇지 않으면 우리들의 문제의 견해를 개별화하고 있는 절차의 의미에서 각각의 인격적 존립의 연속적인 교체가 이루어지면 안 된다는 요청이 대두되지 않으면 안 되었을 것이다. 이 경우 그리하여 사회적 매개가 거기에 동시대에 소속하고 있음에도 불구하고 한 번도 직접적인 관련 속으로 들어가지 않는 단체(Kreis)의 그러한 구성원을 그들 양쪽에 맺어진 인격적인 중간 구성체를 등장시킴으로써 하나의 본질형성적인 의미로 결부될 것이다. 우리들은 이러한 경우에는 상술한 기초가 된 도식을 계승할 수 있으며, 그리고 우리들은 그 도식을 다만 달리, 즉 연속적으로 상호 분리하는 것 대신에 상호 접촉의 병존에서의 동시관련이 나타나지 않으면 안 될 것처럼 해석할 필요가 있다. 그리고 여기에서도 바로 이러한 인격적인 축소(Verklammerung)의 복제는 원칙적으로는 어떠한 제한에도 대립하지 않는다는 것이 쉽사리 보이고 있다. 가능성대로 하면 단체의 확장은 시간적인 연속에서와 마찬가지로 넓이의 차원에서도 **무제한한 것**이다(S. 271). 국가는 어떤 그러한 사회적인 매개에 의해서 확장된 단체일 수 없다는 것, 이것은 국가적인 단체는 전적으로 특정한 — 물론 규범적인 질서에서만 규정될 수 있는 — 인적인·지역적인 또한 일시적인 **한계**를 가지며, 이 한계에 리트가 제1 내지 제2등급의「폐쇄단체」로서 특색 짓고 있는, 그러한 형성이 전혀 정지하지 않는 것에서 결과로서 나오는 것이다. 왜「폐쇄단체」로서 특색지운 실재적인 체험연관이, 동일한 국가의 **모든** 소속원을 — 이 소속은 참으로 먼저 **법적인** 관점에 따라서 규정되어야 할 — 파악해야만 하는가, 그리고 특히 왜 체험연관이 동일한 국가의 소속원에게**만** 제한해야 하며, 다른 공간적이든, 시간적이든 붕괴되고 있는 국가들의 소속원을 구속하면 안 되는가 하는 것은 참으로 납득할 수가 없다. 만일 국가를 형성하고 있는 국가에 속한 인간들(또는 인간의 행위들)의 통일을「사회적으로」, 즉 이러한 행위들을 확정하는 규범적인 질서의 통일에서 독립하여 규정하는 것이 가능하다면, 또는 만일 하나의 법학적인 국가관념에서 독립한「사회학적인」국가개념이 존재한다면, 또는 만일 1인의 인간이「사회학적으로」어떤 국가에 속하는가 하는 문제가, 1인의 인간이「법적으로」이 국가의 소속원인가 하는 문제와는 전혀 별개의 기준에 따라서 대답되어야 한다면, 그리고 국가소속원의 법적 기준은 끊임없이 — 하나의 본질적으로 다른 고찰에 대하여 주어져 있으므로 전혀 별종의 — 사회학적인 기준과 결부되었다는 것에 대하여 아무런 근거도 주어지지 않는다면, 따라서 1인의 인간이 국가에「사회학적으로」소속하지 않고 어떤 국가에「법적으로」속한다는 것은 피할 수 없을 것이며, 반대로도 그러할 것이며, 따라서 쌍방을「국가」로서 나타내는 것은 하나의 허용할 수 없는 오류인 **두 개의 서로 다른 사회적 공동체**도 존재하지 않으면 안 될 것이다.

이와 같은 내가 이미 『사회학적 국가개념과 법학적 국가개념』*에 관한 나의 논문에서 전개한 원리적인, 또한 지금까지 반증되지 않은 이의에도 불구하고, 스멘트는 그가 국가를 리트의 의미에서의「폐쇄단체」로서 주장함으로써 법학적인 국가관념에서 독립한 사회학적 국가관념을 얻으려고 한다. 그러나 스멘트가 이러한 주장의 근거로서 제시하는 것은,

참으로 보잘 것 없는 것이다. 그는 먼저 「정신적・이익사회적 현실」을 「상호작용의
체계」로서 「파악하는 것」이 어느 정도 정당한 견해에 가깝지만, 그러나 그는 이 상호작용
의 이론을 사실상 부정하지 않으면 안 되는 것을 인정한 후에(S. 11), 그는 「**법률상
국가**에 속하는 자의 총체」는 「**사실상** 실재적인 국가 단체에 대해서 요구되는 **심적 상호작**
용 속에 존재하는 단체와 부합하지 않는다는 것, 그리하여 모든 국가사회학의 국가개념은
하나의 현실적 고찰의 국가개념이 아니라, 단지 순수하게 규범적인 법학적 개념형성의
국가개념을 가질 뿐이다」는 나의 주장에, 다음과 같은 도전의 말로 반대하고 나서는
것이다. 「그에 반하여 통설의 가정의 정당성, 즉 '사회학적인'의 국가의 현실과 국법의
대상과의 그 동일성이 다음의 연구의 본질적인 전제이다」(S. 14). 이것은 아마도 스멘트가
국가에 **법적으로**도 속해 있는 인간 간의 「심적 상호작용」으로서의 국가의 실재성에
고집한다는 것을 의미한다. 국가는 「국가에 소속하는 자에 대해서는 하나의 영속적인
통일적인 **동기부여의 체험관계**」라고 할 만큼 그는 명백하게 가끔 설명한다(S. 47). 만일
계기가 하나의 초개인적・심적・신체적 주체에서 출발하는 것이 아니라면, 따라서 그
계기는 오직 하나의 인간 **간에** 작용하는 상호작용임에 불과하며, 그 계기는 오직 동기부여
의 상호작용일 따름이다. 그리고 이 상호작용은 ― 국가에 법적으로 소속하는 ― 인간을
― 이러한 심적 상호작용에서만 실재적인 ― 하나의 통일체에로 결합시키는 것이다.
그리하여 스멘트는 국가를 「폐쇄단체」라고 보이기 위해서, 그러나 다시 상호작용 이론에
기초를 두고 있다.

그는 먼저 「사실적인 것」, 즉 「의식적이며 적극적인 국가공민」의 사회학적인, 법학적이
아닌 국가소속성을 분석한다(S. 14, 15). 이것이 영속적으로 모든 다른 국가공민
(Staatsbürger)과 「본질형성적인 관련」 속에 존재해야 한다는 것, 이것에 과연 「한 번
보는 것으로 막대한 수의 다른 국가공민, 그리고 나아가 그들의 막대한 정치적 형태가
대치되며」 정치적인 공동체의 막대한 사물적인 내용도 또한 대치되고 있다. 그러나
「그럼에도 불구하고 여기에서 요청된 연관이 존속하고 있다」. 어떤 것 중에? 그것에
대해서는 「우선 첫째로」 ― 그러나 이 「우선」이란 말 뒤에 어떠한 「다음에는」이라는
말도 나오지 않는다 ―「이미 국가적 외계(國家的 外界, staatliche Umwelt)에 대한 하나의
이해가능성이라는 의미에서」라고 간결히 대답을 하겠다. 「현실」, 사회학적인 국가의
실재적인 통일은, 모든 국가소속원이 서로가 심적 상호작용에 의해서 결합되어 있다는
사실은 하나의 「가능성」이 존속한다는 것 속에 있어야 한다는 것은 이미 충분히 주목할
만한 가치가 있다. 이 가능성은 ― 그리하여 구실이 될 수 있는 것인지 ― 여전히 어떤
현실은 아니며 바로 여기에서 문제가 될 것으로 생각된다. 나아가 한층 주목할 가치가
있는 것은, 가능성의 태양, 즉 이해(理解, Verstehen)의 하나의 가능성이다. 그러나 누가
「이해한다」든가, 또한 누가 또는 무엇이 이해되어지는가 또는 이해될 수 있는가? 그것은
「국가적 외계」를 이해할 수 있는 가능성이 부여되는 「의식적이고 적극적인 국가공민」이라
는 것을 추정하지 않으면 안 된다. 그러면 이 「국가적 외계」란 무엇인가? 그것은 그

속에 국가공민이 생활하는 국가일 수 있으며, 국가야말로 ― 구상적으로 ― 공민의 「외계」를 구성하는 것이다. 그러나 그것은 하나의 부당전제(petitio principii)일 것이다. 왜냐하면 「실재적인」 국가는 공민이 이 국가를 이해할 수 있는 가능성을 가지고 있다는 것 속에는 결코 존속할 수 없기 때문이다. 그리하여 「국가적 외계」 아래서는 아마도 동일한 국가의 다른 공민을 이해하지 않으면 안 될 것이다. 즉 이런 것이다. 국가에 소속하는 인간의 실재적인 결부는, 한쪽이 다른 한쪽의 행동을 이해할 수 있다는 것 속에 존속해야 한다. 어떤 행태로서인가? 그것은 「국가적인」 행태라고만은 할 수 없다. 왜냐하면 그것은 동일한 부당전제일 것이기 때문이다. 그리하여 우리는 이해될 수 있는 타인의 각각의 임의의 행태라는 것을 인정해야만 한다. 스멘트는 여전히 하나의 보다 큰 공동체에서는 「이해가능성의 특별한 기술들」이 만들어져 있다는 것을 제시해야 한다고 믿고 있어, 마침내 「하나의 무제한의 이해가능성」이라고 말한다(S. 15). 그리고 실제로 이 「이해가능성」은 **무제한한** 것이다. 이해의 가능성만이 문제가 되며, 이해의 현실은 문제가 되지 않는다고 가정하면, 그것은 매우 상당한 정도로 전 인류를 하나의 단체로 통일한다. 그러나 그때에 어떻게 해서 국가의 통일이나 「현실」로서의 국가나, 거기에서 더 나아가 실재적인 이해단체로서의 국가뿐만 아니라 실재적인 「**의사**」단체로서의 국가가, 요컨대 하나의 「이해」연관의 통일만이 문제로 된 곳에서 표현되어야 하는가? 국가에게 법적으로 소속하는 인간은, 상호 간에 더 잘 또는 보다 집약적으로 여러 다른 국가들의 소속자보다 이해한다는 것, 그리하여 국가는 그 내부에서 이해의 현실성 내지는 가능성이 다른 인간 간에서 보다 한층 더 높은 정도를 가지는 인간의 단체라는 것, 이것을 스멘트는 주장하지 못한다. 이해가능성의 특별한 기술들 아래서 그는 ― 리트에 따라서 ― 다음의 것, 즉 「특히 정치적 공동체 체험의 사물내용에 관한 **보도**와 동료의 정치적인 의사의 흐름에 관한 보도」를 들고 있는데, 「이것은 부단히 탄력적으로 개개인의 이해욕구에 적합하며, 또한 그 이해욕구에 전망적으로 대체로 가능한 전체관련의 상(像)과 그리하여 적극적인 공통체험의 가능성을 주는 것이다」(S. 14, 15). 그런데, 신문은 ― 적극적인 공민은 더욱 사회학적으로는 특히 신문의 독자이며, 그리고 「보도」라는 말 아래서 스멘트는 명백히 우선 첫째로 신문을 의미한다 ― 여러 가지 국가들에 있어서 정치적 과정들의 보도가 가져온다. 그리고 신문이 그럼으로써 「적극적인 공통체험」의 가능성을 부여하는 한에서는, 「보도」는 매우 상당한 정도로 세계의 모든 국가들에의 관심을 보증하는 것이다. 그것은 분명히 「국가소속성」이라는 개념이 말하는 「국가에의 관여」는 아니다. 이러한 전체관련이 먼저 「보도」에 의해서 고작해야 강화될 수 있는 이해의 가능성에 의해서 비로소 맺어져야 할 것이기 때문에, 그것에 대해서 「보도」가 하나의 상을 부여하는 「전체관련」은 그러나 국가의 전체관련이 아니거나 바로 자국의 전체관련에 불과할 뿐이며, 그것은 결코 있을 수 없다. 이러한 「보도」를 통하여 가장 다양한 과정들이라는 「공통체험」의 가능성이 ― 정치적인 태양뿐만 아니라 ― 창출되는 것이다. 우리는 한 사람의 독일인 노동자가 합중국에서의 어떤 광산의 대참사에 관한 하나의 보도를 통해서처럼,

전적으로 마찬가지로 영국에서의 어떤 광산 근로자의 스트라이크에 관한 하나의 신문보도에 의해서 「적극적인 공통체험」에로 유발되는 것을 상상할 수 있다. 어떻게 하여 사람은 「무제한의 이해가능성」이라는 이 방법으로 어느 하나의 실재적인, 즉 영속적인 「상호작용」 또는 서로 대립하는 「본질형성」에 의해서 구성된 독일국의 모든 소속원의 통일체에까지, 거기에 이것들만 소속된 하나의 「실재적인 의사단체」에까지 도달할 것인가? 이 문제를 스멘트는 가장 자주 「전망적」 및 「상호성」이란 말을 사용했음에도 불구하고, 유감스럽게도 대답하지 않은 채로 두고, 단순히 국가의 「다소간 소극적인 구성원」의 「사실상의 국가소속성」의 문제에로 넘어간다.

　더구나 **법적으로는** 또한 국가에 소속하는 잠든 자들이 다른 모든 공민들과 상호작용하고 있다고 말하기는 어렵다고 내가 때때로 논평한데 대해서 스멘트는 특히 골머리를 앓는 것이다. 그는 나를 반박하기 위해서 「시간의 현상학과 형이상학」을 원용하고 있다(S. 15). 그러면 만일 이것이 깨어 있는 자만을 파악할 수 있다면, 나는 잠든 자를 실재적인 사회학적인 국가에 맡겨 두고자 한다.26) 어떻게 스멘트가 「소극적인」 공민들에 대해서 생각하고 있는가, 그것을 그는 단지 예시함으로써 해명할 뿐이다. 「가령 ‘소극적인 대중’ 그리고 참으로 ‘죽은’ 대중의 심부(深部)로 들어간다 하더라도 국가적인 생활관련에 의해서, 예를 들면 세계전쟁의 운명에 관여함으로써 일반적으로 일단 이해하면서 파악되고, 그리고 이처럼 주로 본의가 아닌 의사연관을 그로부터 참으로 끊어버리지 않고 있다(예컨대 국가로부터 이탈함으로써)고 믿는 자에 대해서는 누구에게나27) 거기에 이러한 연관의 하나의 구성체가 머물고 있는 것이다(S. 15, 16). **어떤** 연관의 한 구성체가 머물고 있는가, 누가 「세계전쟁의 운명」에 관여했는가? 그러나 아마 그것은 전쟁참가자의 체험 속에서의 국가라는 통일체와 아무런 관계가 없는, 단지 세계전쟁이란 연관의 구성체가 그러할 것이다. 왜냐하면 바로 세계전쟁에 ― 참가자의 체험에서도 또한 ― 다양한 국가들의 「대표자들」이 관여하였기에 그와 같은 모자이크식의 전체성(체험의 전체성)에서 모든 것을, 다만 사회학적인 국가의 실재적인 통일체만 빼고, 그리고 가장 적게 자국의 실재적인 통일체를 표현하는 병영에서의 훈련이나 참호나 돌격이나 맹렬한 연속포화나 그리고 수많은 다른 개별 사건을 그것이 체험하기 때문이다. 세계전쟁의 예를 별도로 하더라도, 그리하여 일단 국가적인 생활연관에서 파악되는 자가 이 연관의 한 구성원으로 머물고 있다는 주장이 남는다. 그것은 분명 대체 무엇 속에 이러한 관련이 존속하는가? 그리고 왜 이러한 관련은 **법적으로** 어느 하나의 국가에 속하는 자들만을, 그러나 이들은 **모든 것들**을 파악하는가 라는 문제에 대한 어떠한 회답도 아니다. 그리고 이것이야말로 스멘트가 대답하지 않으면 안 될 문제**이다.** 그리고 그는 역시 답을 준다. 다만, 이 회답은

---

26) 아마도 스멘트는 헤라클레이토스의 말(Ausspruch)을 나에게 반대하여 인용할 수 있었을 것이다. 즉 「잠자는 자들도 노동을 하고, 세상에서 일어나는 것과 함께 작용한다」 Fr. 75 (Diels)라고. 그에 대해서 나는 이 철학자의 다른 말에 의거하지 않을 수 없었다. 즉 「성인에게는 단지 유일하고 **공통된** 세계가 존재할 뿐이다. 그러나 잠자는 중에는 누구나 자신의 **특별한** 세계로 향한다」 Fr. 89 (Diels)라고.

27) 아마 누구나(jeder)라고 해야 할 것이다.

그의 의지에 반하여 어떤 삽입구 안으로 도망하는 것에 불과하다. 어떤 곳 가운데, 즉 이 실재적인 의사나 체험연관이 존속하는가? 그리고 왜 그것은 참으로 법적으로 어떤 하나의 국가에 소속하는 자를, 그리고 이에 더하여 이것을 남김 없이 파악하는가 하는 것을, 즉 그것을 통해서 스멘트에 의하면 그 연관이 끊어지게 되는 사실에서 추론할 수 있으며, 더구나 그것은 국가로부터 「이탈」에 의해서 그렇게 되는 것이다. 이것은 이제 하나의 순수하게 법학적인 사실이다. 만일 그러한 사실을 가지고 「이해가능성」이 폐기되어야 할 것인가 ― 우리들이 「시간의 현상학과 형이상학」의 도움으로 알고 있듯이 ― 더구나 잠자는 자에 있어서도 여전히 계속 활동하는 인간으로부터 인간에로의 실재적으로 심적인 관련이 파기되어야 할 것인가? 우리들이 이 형이상학과 현상학에 도움을 받고 있는 통찰, 즉 공민 전체를 변화시키는 것에 대해서는, 「실제의 체험내용은 그 자체 속에 지나가 버린 것조차 더욱 계기로 하여 함께 포함한다」(S. 15)는 통찰은 어떠한 타당성도 가지도록 해서는 안 될 것인가? 그것은 법학적인 국민 전체와 함께 자동적으로 「사회학적인」 국민 전체도 또한 변화되게 할 것인지? 정말로 「상호적 전망」이 이러한 **법적** 행위(Rechtsakt)에 의해서 그 방향을 바꾸어야 할 것인가? 「이해가능성」이 하나의 다른 측면에서 전용되어야 할 것인가? 어느 누가 국가를 떠날 정도로 악독하고, 그리고 그때에 그러나 그가 사는 장소를 ―「국가적 외계」를 ― 변경하지 않는 것인가? 「법적인 귀속성은」 ― 스멘트가 직접적인 관련으로 말하는 ―「여기에서는 하나의 강력한 사실상의 질서지움을 의미한다」(S. 16). 그렇지만 이것은 법적인 귀속성의 폐기와 함께 형체도 없이 사라지는 것으로 우리는 아마도 그 「사실성」을 의심할 것이며, 문제가 되는 「의사연관」을 하나의 단지 **법적인** 의사연관으로 보지 않으면 안 될 것이다. 스멘트는 가령 그가 그것을 「사회학적인 정신과학의」 모든 항쟁의 구색으로 채색하려고 모름지기 노력한다고 해도 그의 법학적인 본성에서 빠져나오지는 못할 것이다. 나는 아마도 내가 그에게 그것 때문에 ― 그의 눈에는 ― 가장 악의 있는 비난을 한다는 것을 알고 있다. 왜냐하면 그것은 이 하나의 몽롱한 「사회학」 중에 잘못 들어 있는 국법학자와 법학부 교수들이 오늘날 그들이 ― 예컨대 스멘트는 그것을 동일하게 「사회학적으로」 지향한 카를 슈미트(Carl Schmitt)*를 비난하는(S. 61) ― 국가의 하나의 **법**이론을 서술하고 있다는 것 이상의 아무런 불쾌한 말을 할 수 없다는 것이 이상야릇하기 때문이다.

그리고 그때에 그들은 하나의 특수한 **법학적인** 기술을 이용하고, 거기에 더하여 가장 의심스러운 기술, 즉 **의제**(擬制)의 기술을 이용하는 것이다. 즉 스멘트가 하나의 실재적이고 심적인 상호작용에서 뒤섞여 있는 것처럼 깨어 있는 사람과도 함께 있기 때문에 ― 당연히 그들은 동일한 국가에 소속한 것을 전제로 하여 ― 잠자는 자도 또한 하나의 「본질형성적인 연관」에 있다는 것을 증명하였다고 믿은 후에, 그는 내가 부주의하게 표현한 또 하나의 의문과의 싸움을 시작하고, 정신병자와 어린아이도 「상호적 전망」 또는 「무제한의 이해가능성」이란 폐쇄단체에 소속한다는 증명을 등장시키는 것이다. 「그리고 완전히 이성이 없는 자는 어떠한 정신적 존재조차도 아니기 때문에, 그러한 자는 하나의 정신적 일체화로서의 국가에 관여할 수 없다 하더라도, 그러나 그는 그가 제시하는 인간성의 단편에 대한 존경심에서 법적으로나 사실상으로 **마치** 그가 그러한 하나의 관여를 가진 것처럼 취급된다. 나아가 어린아이는 무수한 관련에서 어릴 때부터 또한 이에 더하여 모든 계획적 교육을 앞두고, 대부분의 정신병자에서도 아주 소멸되었다는 뜻이 아닌 국가소속성의 지향에로 성장한다」(S. 16). 이제 「정신적 일체화로서의 국가」는 ― 분명히 「실재적인 의사단체」와 동일한 것이어야 하는 것 ― 확고하게 되고 있다. 그리고 단지, 정신병자와 어린아이가 그 국가에 「관여」하고 있는가의 여부가 문제가 된다. 스멘트가 지금까지 대체 어떻게 해서 이 국가가 잠자는 자, 정신병자, 그리고 어린아이에 의해서 실재적인 의사단체로서 성립되는가 하는 증명을 미해결인 채로 두고 있음에도 불구하고 그러한 것이다. 잠자지 않는, 정신적으로 건전한 성인에 있어서는 그는 그러한 인간 중에 무제한의 이해가능성이 존재한다는 확인으로 만족한 것이다. 그리고 이제 참으로 실재국가에로의 그 귀속성이 문제가 되는 인간은, 상호 간의 본질형성의 하나의 관련에서 존재한다는 것이 문제가 아니라, 단지 그러한 인간이 어떻게든 「취급된다」는 것이 문제이다. 그러나 상호성 또는 상호작용의 원칙에 따르면, 원래 정신병자나 어린아이는 어떤 사람에 의해서 다루어진다는 ― 그런데 누구에 의해서인가? ― 것은 충분하지 못할 것이며, 뿐만 아니라 그들 자신도 그들 자신이 다루어지듯이 다른 사람을 「다룬다」는 것으로 충분할 것이다. 그것은 만일 그들이 우연도 아니고 「완전히 이성을 잃었거나」 또는 여전히 감성에 가득 차 있다면 실로 그대로 가능할 것이다. 그러나 무엇을 위한 그러한 미세한 의심인가? 단번에 우리는 ― 잘 훈련된 법학자로서 ― 모든 난점을 타개한다. 이러한 정신병자와 어린아이들이 현실적으로 국가에 관여하는지의 여부, 즉 **현실적으로** 어느 정도의 심적인 상호관계 속에 있는지의 여부, 이것은 하나의 「현실」로 향해진 고찰에 대해서는 어떻게 되든 좋은 것이다. 그들이 「법적으로」(사실상으로의 여부도 전적으로 문제가 되는), **마치**(als ob) 그들이 관여한 것처럼 다루어지는 것을 확정하는 것만으로도 충분하다. 그러나 만약 이미 하나의 「인간성의 단편」에 대한 경의가 정신병자들을 「마치」 그들이 국가에 관여한 **것처럼** 다루게 한다면, 그리고 만약 이 「마치 근사한」 관여가, 하나의 실재적인 상호관련을 가정하는 데에 충분하다면, 얼마만큼 더 많이 앞선 정신적으로 건전한 사람의 완전한 인간성에 대한 경의는 마치 그들이 정신적 일체화로서의 국가에 관여하는 것처럼 그들을 다루는 데에로 인도하지 않으면 안 되는지? 그리고 한쪽 또는 다른 한쪽이 무슨 이유에서 실제로는 어떠한 그런 관여도 하지 않은 경우에, 건전한 사람들에게는 그들을 포괄하는 의사단체의 **「실재성」에서** 별로 문제가 되지 아니한다. 「마치 근사한」이라는 이 정신과학적인 방법의 유효한 힘에 직면하여 왜 스멘트는 완전히 이성을 잃은 사람이 국가에 어떠한 관여도 하지 않는다는 가정을 마침내 또다시 ― 정신병의사에 의해서 먼저 확증되어야 할 ― 다음과 같은 주장으로 약화시키는가 하는 것은 아주 이해할 수가 없다. 그 주장이란 「국가로의 귀속성의 의향」이 ― 그것은 아마 하나의 국가에 소속하고 싶어 하는 바람이나 의도에 불과한 ―「대부분의 정신병자들에게는 전부 소멸되지 않았다」는 주장이다. 만약 그들이 여하튼 마치 그러한 것처럼 다루어진다면? 이러한 마치 근사하게 라는 실재성 (Als-ob-Realität)이야말로「사회학적인」법학자들의 참다운 현실이다! 그가 특정한 실재적인 상호의 생활연관에 있는가의 여부는 국가에의 귀속성은 하나의 규범적·법적인 귀속성이며, 어떠한 자연적·사실적 귀속성이 아니기 때문에 누가 어떤 하나의 국가에 속하는가의 여부라는 문제에 대해서는 아무래도 좋다고 말하는 대신에, 그는 이렇게 말한다. 즉 국가는 국가를 구성하는 인간의 하나의 실재적인 상호의 체험연관이며, 이 체험연관 속에 있는 사람만이 국가에 속하며, 그리고 **마치** 그가 국가 중에 있는 것처럼 다루어지는 사람이, 국가 중에 존재한다 라고.

이리하여 이미 스멘트 이전에, 또한 그것을 가지고「정신과학적인 사회학」을 다루려고 참칭(僭稱)하지 않고, 국가를「실재적인 의사단체」로서 또는 ― 그것과 같은 것이지만 ―「전체의사」로서 논증해 온 것이다. 어느 하나의 국가에 소속하는 인간은 **동일한 것을 바란다.** 즉 동일한 국가적 질서를 바란다. 왜냐하면 그들은 ― 이 질서에 의해서 즉 ― 마치 그들이 모든 이러한 질서를 알고서, 또한 그 내용에 동의한 것처럼 다루어지기 때문이다. 그것은 오래고 좋은 시대*의 **인지의제**(認知擬制, Anerkennungsfiktion)이다. 국가적 질서를 **정당화하려는** 욕구는 하나의 특정한 가치관이란 견지에서 실재의 사실로서 의제화하는 하나의 근거가 국가적 질서의 타당성에 대해서 존재할 수 있는 것이라는 데에로 인도한다. 국가의 권위를 강화하려고 하는 동일한 노력을 스멘트는 그의 ― 마침내 드러내기조차 하는 ― 국가단체의 실재성의 의제에로 인도하는 것이다. 그때에 특히 특징적인 것은, 그가 한 마디로 어떻게 상호「이해」의 연관에서 하나의「의사」연관이 성립하는가 라는 것을 해명하지 않음에도 불구하고, 그는 마침내 국가를 실재적인「의사」단체로서 나타나게 함으로써, 그 낡은 인지이론과 동일한 관념에로 그의 의제가 흘러들어가는 것이다.

사실 리트의「폐쇄단체」이론도 스멘트 논문의 흐름 속에서 결코 아무런 역할도 다하지 못하고 있다. 스멘트는 그가 추구한「국가의 현실」은 이러한 방법으로는 논증될 수 없다고 스스로 느끼는 것처럼 생각된다. 왜냐하면 그가 적극적인 공민의 사실상의 귀속성을 무제한의 이해가능성이란 주장으로 소극적인 공민, 즉 잠자는 사람이나 정신병자나 어린아이의 귀속성을「시간의 현상학과 형이상학」에 언급함으로써, 그리고 마침내「마치 그러한가」식의 고찰을 도입함으로써 제시하며, 그리고 그것을 가지고 국가를 폐쇄단체로서 증명하였다고 믿은 후에, 그는 이렇게 설명하기 때문이다. 즉「국가에 법적으로 소속하는 자의 단체의 사실성으로서의 국가의 사실성을 의심할 수 없다」(S. 16). 그럼에도 불구하고 그러나 이 사실성은 통설이 믿고 있는 이상으로 커다란 문제일 것이다. 더구나 이「사실성」의「현실성」― 즉 이 현실의「현실성」― 은 인식론적으로 문제가 되지 않을 것이지만, 그러나 국가의 이「사실성」은「하나의 실제적인 문제」일 것이다. 그것은 ― 다른 저자들에게는 ― 무슨 이미 현실적인 것이 아니라 먼저 현실화되어야 할 것,

하나의 과제, 하나의 요청을 의미하며, 존재하는 것이 아니라 하나의 당위되어야 할 것을 의미한다. 그것은 물론 이전의 서술 전체와는 모순되어 존재할 것이다. 그리고 실제로 스멘트에게는 그것과 동일한 하나의 사상이 작용하는 것처럼 보인다. 왜냐하면 그는 이렇게 계속하기 때문이다. 국가의 사실성은 「하나의 자연적인 사실이 아니라」 — 사실성은 자연적 사실도 아니다 —「끊임없는 갱신을」, 「필요로 하는」, 바로 그렇기 때문에 「끊임없이 문제가 되는 하나의 문화성과이다」(S. 17). 그럼에도 불구하고 국가의 사실성은 하나의 요청에 불과하다 — 즉 실로 국가는 하나의 규범적인 통일체에 불과한 것인데 — 는 사상이 이미 다음 문장에서 다시 간과된 것이다. 「각각의 집단에서처럼, 아주 특별하게 국가에서 하나의 중요한, 바로 그 생활과정의 근본적인 부분이 이처럼 끊임없는 자기 갱신 속에 국가의 귀속자들을 간단 없이 새롭게 파악하고 포괄하는 것 속에 존재한다」(S. 17). 즉 국가의 통일성 또는 전체는 어떤 고요한 상태도 아니며, 하나의 항상 반복하여 갱신되는 과정이며, 어떠한 정태적인 통일도 아니며, 하나의 동태적인 통일이다. 그것은 그 체계 전체가 **정태**와 **동태**의 대립을 둘러싸고 있는[28] 빈 학파의 규범적 국가이론이 최후로는 법질서 — 빈 학파의 규범적 국가이론은 법질서로서의 국가를 설명한다 — 는 「그 속에서 국가가 항상 반복하여 새롭게 생성되는 하나의 영구적인 과정이다」라는 방법으로 정식화한 하나의 사상(思想)이다.[29] 스멘트는 「빈 학파의 국가체(國家體, Staatskörker)의 영속적인 자기 창출」을 그의 끊임없는 자기 갱신의 이론과는 전혀 관계없다는 것을 확증하여야 한다고 믿고 있다(S. 71). 이 「끊임없는 자기 갱신」이라는 말과 함께 국가적 현실의 하나의 전적으로 새로운 이론으로 이전하기 위해서 스멘트는 표어를 발견하였다. 그것은 「통합」(Integration)이라는 이론이다. 이 이론은 스멘트가 서문 속에서 그의 국가학설을 — 그리고 그것은 통합이론이어야 할 것이다 — 사회적 현실에 관한 리트의 구조 분석에 근거하여 내세운다고 주장하고 있음에도 불구하고, 스멘트에 의해서 종래 추구된 리트의 구조 학설과는 어떠한 관련도 없는 것이다. 스멘트의 논문은 오히려 두 개의 완전히 다른, 더구나 서로 전적으로 독립한, 서로 미조직적이며 모순으로 가득 차서 교차하고 있는, 국가의 「실재성」을 기초지우려고 하는 시행을 포함하고 있다. 그것들은 리트의 폐쇄단체의 이론과 스멘트의 통합이론이다.

3. 통합으로서의 국가

a) 통합의 개념

「통합」으로서 특정지워진 과정 — 모든 실체화하고 있는 국가관념의 이러한 반대자에게 있어서 이상스럽게도 역시 국가의 「핵심적 실체」이기도 해야 할 「핵심적 과정」(S. 18) — 속에야말로 스멘트에 의하면 「현실의 영역에 있어서의 국가적인 것의 요긴한 것」이

---

28) 나의 Allgemeine Staatslehre, S. VIII, 229 ff., 248 f. (역서, 9면, 325면 이하, 353면 이하) 참조.
29) 나의 논문 Justiz und Verwaltung, 1929, S. 5 참조.

있다고 한다(S. 19). 스멘트에게 하나의 「국가의 이론」은 「국가의 현실성을 체계적으로 파악하고자」하는 시도와 같은 의미이기 때문에(S. 61), 스멘트의 통합이론의 본래적인 목표로서 보아야 할 것은 — 그것은 반복하여 강조하여 두드러지게 하지 않으면 안 된다 — 규범적인 국가이론에 의해 부정된, 각각의 규범적인 질서에서 독립하여 주어진 자연적이거나 「사실적인」 국가의 실재성을 기초 지우는 것이다. 이 목표는 하나의 특수한, 어떤 한 국가의 모든 소속자를, 더욱이 그들만을 포함하는 **실재적인**, 즉 여기서는 규범적인 질서에 의해 창출된 관계와는 독립해서 존재하는 관계의 입증에 의해서만 이루어질 수 있을 뿐이다. 그 관련은 스멘트에게는 — 그가 물론 인정하지 않는 것이지만, 그럼에도 불구하고 그의 모든 노력에 의해 뒷받침되고 있을 뿐이지만 — 하나의 심적·신체적 관련, 일종의 상호작용이어야 한다는 것이다. 그러한 관련으로써 국가를 실재적인 의사단 체로서 기초짓기 위해서는, 그것은 분명히 스멘트가 원래 눈여겨 보고 있던 리트(Litt)가 생각해 낸 하나의 폐쇄단체(geschlossener Kreis)의 인간에 관한 관련일 수는 없다. 바로 그렇지 않으면 왜 스멘트는 여전히 리트가 사회적 현실의 구조 분석을 할 때 찾아내지 못한 하나의 사상인 「통합」을 도입하는 것이 필요하다고 여기는 것이 이해되지 않을 것이기 때문이다. 그러나 이 통합이론으로도 스멘트는 그의 목표에 보다 접근해 있지는 않다. 왜냐하면 「통합」으로써 그는 결코 하나의 종래 알려져 있지 않았던 어떤 하나의 국가에 법적으로 속하는 인간 간의 실재적인 관련을 끌어내지 못했기 때문이다. 그렇지 않고 그는 이러한 **과제**를 특징짓기 위해, 오직 하나의 새로운 **말**만을 선택할 뿐이다. 도대체 「통합」이란 무엇을 의미하는가? 서문에서 스멘트는 그것을 「합일화적 연결」 (einigender Zusammenschluss)이라는 것으로써 바꾸어 말하고 있다(S. VIII). 그것은 이미 하나의 쓸데없는 말의 동어반복이다. 왜냐하면 어떤 합일화도 하나의 연결이며, 또한 어떤 연결도 하나의 합일화이기 때문이다. 때때로 그는 「종합」(Synthese)(S. 33)이라 는 말을 사용하며, 가끔 그는 「일체화」(Einung)라는 것을 말하고 있다. 요컨대, 통합이라는 말은 **가장 일반적이고 사회적인 범주 일반**에 대한 하나의 표현 이외의 어떤 것도 의미하지 않는다. 그것이 결합의 기능을 의미하고, 또한 단체라는 기성품만을 의미하지 않는 한, 우리는 그것을 어떠한 의미도 손상하지 않고 「결합」(Verbindung)*이라는 독일어로써 바꾸어놓을 수 있다. 왜냐하면 「통합」이란 것으로써 다음의 말이 표현되어야 하기 때문이 다. 「공동」(Zusammen)이라는 말은 하나의 정지적 상태가 아니며, 또한 이 핵심적 「실체」 는 「정태적으로 현존하는 실체」로서가 아니라, 동태적인 과정으로서 「기능적으로 현실화 하는 것」으로서 생각해야 할 것이다(S. 18). 이리하여 그것은 영속적인 결합의 기능이며, 단체로서 생각된 결합체는 아니다. 스멘트의 명제는, 그 명제로써 스멘트는 종래의 모든 국가이론을 해결하고, 또한 이 학문의 하나의 새로운 시대를 열려고 생각했는데 이렇게 말한다. 「국가는 그것이 영속적으로 결합하고, 개개인 속에서, 그리고 개개인에게서 자기를 구축하기 때문에, 그리고 그러한 한에서만 존재한다 — 이 영속적인 과정이 정신적·사회적 현실로서의 국가의 본질이다」(S. 20). 우리가 — 전혀 쓸데없는 — 외래어

대신에 그 말의 독일어 번역으로 대치하면, 국가는 하나의 영속적인 인간의 결합의 과정이라는 것이, 새로운 국가학의 지도적 명제로서 생긴다. 스멘트 자신조차도 그의 통합이론으로써, 외국의 국가이론에서와 마찬가지로 독일의 국가이론에서도 생소한 것이며, 또 새로운 것이어야 할 사상의 진로에 발을 들여놓았다고 믿고 있음에도 불구하고, 이것은 좀 유별난다(S. 71, 74). 국가는 인간의 하나의 결합이라는 것보다 더 적게 사람은 국가에 관해서 말할 수는 도저히 없다. **어떤 것** 속에 이러한 결합이 존재하느냐 하는 것만이 문제이다. 그러나 이것은 바로「통합」이 하나의 특별한 종류의 결합을 의미하는 것이 아니라, 결합 일반을 의미한다는 것이다. 그 생소한 말은 당장에는 아무것도 뜻하지 않는 진부한 문구를 숨기고 있을 뿐이다.

　여하튼 하나의 문구는 그 구(句)가 아무것도 말하지 않기 때문에 그 구에 대해서 말할 것이 아무것도 없을 것이다. 그러나 스멘트조차도 국가의 마침내 드러난 본질은 통합, 즉 인간의 합일화적 연결이라는 그에 의해서, 무수한 변형으로 공표된 명제에 대한 신앙을 흔들고 있다. 왜냐하면 서문 속에서 그는, 그가 전개한「통합의 의미원리, 합일화 연결의 의미원리는 국가 일반의 의미원리가 아니라, 그 헌법의 의미원리」라고 설명하기 때문이다(S. VIII). 이리하여 그「근본적인 생활과정」(S. 18)으로서, 그「본질」로서 통합(S. 20), 즉 합일화 연결이 선언된 국가는 어쩌면「합일화 연결」이 아닌, 즉 하나의 결합이 아닐까?「근본적 생활과정」이며, 그「본질」인 것은, 또한 그「의미원리」이어야 하지 않을까? 그 대신에, 그러나 그 헌법의 의미원리인가? 유감스럽게도 스멘트의 논문을 아주 주의 깊게 읽어보아도, 이처럼 사람을 괴롭히는 의문에서 해방되지는 않을 것이다. 바로 그러한 의문들은, 통합은 분명히 국가의「근본적인 생활과정」을 의미하기 때문에, 그 근본원리뿐만 아니라 서문에서 의미원리로서의「통합」이 명시적으로 철회된 **국가 일반**을 의미하는 본 장(章)과 마주침으로써 오히려 강화될 것이다. 그리하여 예를 들면 (Smend, Verfassung und Verfassungsrecht) S. 57에서는, 국가가 통합체계로서 그리고 국가의 현실이 이 통합체계의 현실로서 주장된다면,「국가적 생활의 현실이 그 현실의 영속적인 갱신으로서, 주권자의 의사단체로서 제시된다면, 그 현실은 통합체계의 현실이다. 그리고 이러한 것, 즉 국가의 현실 일반은 모든 정신의 가치법칙성에 일치하여 언제나 새롭게 자동적으로 통일적인 전체작용에로 결합하는 통합요소들의 통일작용으로서 그것이 파악되는 경우에만 정당하게 이해되는 것이다」. 어떤 구절을 스멘트식의 기술(Technik)에 대한 작은 증거로서 제시한다면, 그것은 하나의 평범한 말, 즉 국가는 하나의 주권자의 의사단체이며, 그 자체가 현실적이라는, 동어반복을 유례 없을 정도로 불러들여 의미 깊도록 하는 것이다. 실로 스멘트식 변증법의 모순 속에 빠져 구제를 받을 수 없게 되는 것은 이렇게 읽을 때이다. 즉, **헌법의** ― 그리고 **국가의 것이 아닌** ― 의미원리로서 통합이라고 선언되는 헌법은, 국가의 법질서라는 것(S. 78), 그러나 「생활」 즉, 다시 통합 속에서만 존속하는 국가의「현실」이 **규범적인 법질서**로부터는 완전히 독립하지 않으면 안 된다는 것이다. 어떻게 하나의「**법질서**」의 의미원리는 바로 모든 법질서에서 독립한 현실을 결정할 수 있을 것인가?

스멘트 통합이론의 근저에 깔려 있는 이처럼 해결되지 못하고 해결불가능한 모순에 직면하여, 그 속에서 주요한 말이나 기본이 되는 말이 사용되는 의의는, 다른 경우에도 매우 상당히 흔들리는 — 스멘트의 방법론적 용어로 말하면 — 진폭(振幅)한다는 것이 비교적 부차적인 역할을 하고 있다. 어떤 때는 그것이, 거기에서 통합이 작용으로서 출발하는 국가 내지는 국가의 현실이며, 어떤 때는 그것이 다시 통합인데 그것으로 국가 또는 국가의 현실은 작용된다. 아마 통합이라는 말은 조금도 그 의미를 흐트리지 않고 일반적으로 생략될 수 있는 정도로 사용되고 있다. 일찍이 우리가 국가의 질서 있는 어떤 실효성으로서의 국가의 실존은, 개개인이 가장 본질적인 국가제도들이나 요소들의 지배 아래 들어가는 데에 따라서 좌우된다고 말했다면, 스멘트는 이렇게 말한다. 즉 하나의 「헌법생활의 의미에 적합한 통합작용의 전제」는 「개개인이 가장 본질적인 국가적 통합요소들의 성과에 복종하는 것이다」라고(S. 41). 우리가 일찍이 국가의 의사형성이나 국가생활에 직접 또는 간접적인 관여를 말했다면, 스멘트는 직접적이거나 간접적인 통합을 말하는 것이다(S. 42). 사람이 국가를 체험한다는 것을, 스멘트는 「사람은 국가적으로 통합된다」(S. 47)고 바꾸어 말한다. 군주는 하나의 상징적 기능을 가지고 있다거나 또는 군주는 국민을 대표한다는 것을, 따라서 군주는 국민 전체를 「통합한다」고 바꾸어 말하고 있다(S. 28). 법률의 정당화 하는 기능은 스멘트에 있어서는 하나의 「통합적」 기능이라고 부른다. 이와 같은 통합용어로 말바꿈함으로써 실제로는 이러한 외국어를 사용하지 않고서도 이미 훨씬 이전부터 이야기 되어 온 것보다 더 말한 것이 없다. 즉 이러한 새로운 말의 배후에는 이미 훨씬 이전에 인식되지 않았을 어떠한 새로운 **개념**도, 어떠한 사태도 숨어 있지 않다는 것에 관한 하나의 보다 확실한 징후이다. 그리고 이때에 그것은 매우 **여러 가지** 사태인 것이다. 우리는 그것에 아무것도 말하지 않는 통합이라는 용어를 붙여줌으로써 — 그것은 바로 거의 내용이 없는, 그 의미의 일반성 때문에 가능하다 — 하나의 새로운 사태를 발견했다는 착각을 불러일으킨다.

우리가 스멘트에 의해 조심스럽게 「잠정적」인 것으로서만 특색지워진 시도, 이 시도는 여러 가지 통합유형의 구별로써 통합으로서 특징지워진 과정(Vorgang)을 보다 상세하게 규정하려는 시도이며, 그럼으로써 그것으로 국가에 속한 인간을 하나의 실재적인, 생활현실적인, 하나의 규범적 질서에서 독립하여 존재하는 전체와 결부되는 특수한 관련을 제시하려는 시도인데, 이러한 시도를 검토해 보기만 하면, 그러나 이러한 환상은 너무나 급속히 사라질 뿐이다.

b) 통합의 종류

거기에는 우선 이른바 「인적 통합」(persönliche Integration)이 있다. 이제 그러한 제목이 붙은 장이 새로운 인식에 대해서 무엇을 내포하는가, 어디에 「인적 통합」은 있는가, 그리고 특히 어떻게 그것은 국가에 속하는 모든 인간의 실재단체를 구성하는가? 「인적 통합」이란 「인격에 의한 통합이다」(S. 25)라고 스멘트는 말하며, 인적 통합은 우리가 스멘트 **이전에** 「지도」(Führung)라고 부른 것 속에 존재한다. 「통합하는」 인물은 지도자이며, 인적 통합의 문제는 지도자 문제이다. 우선 첫째로 그리하여 그것은 하나의 새로운 용어법 이외의 아무것도 아니다. 그리고 문제의 장은 사실상 어느 정도 지도자의 문제에 대해서 예전부터 서술해 온 진부한 말, 그것이 통합이라는 말로 표현하는 것을 포함하고 있을 뿐이다. 「지도」는 결코 국가의 영역에만 한정되는 것은 아니기 때문에, 어디에 본래 **국가적인** 지도의 특수한 것이 비국가적인 지도에 대항하여 존속하는가를 배워 아는 것은 아마도 긴요할 것이다. 그것에 관해서는 아무런 흔적도 없다. 스멘트의 이론은 국가적인 지도의 가장 중요한 유형들에 대한 개관조차도 그 독자적인 고백에 의하면 부여할 능력이 없다(S. 27). 스멘트의 이론은 그 대신에 그때에 하나의 사회 **기술적인** 문제가 중요하게 되는 지도자성의 「기계론적」 이론을 부정하는 것에 대해서 서두르게 한다. 즉 지도자는 기술적인 임무와 아울러 또 하나의 다른 임무를 가진다. 그것은 자기를 「그에 의해서 지도된 사람들의 지도자로서 확인하는 것」이다(S. 27). 왜 그것이 하나의 기술적 임무와는 다른 임무이어야 하는 것은 ― 그것은 단순히 기능의 전제이다 ― 이해되지 않는다. 이처럼 아무런 증명도 필요 없는 자명성은 저널리스트나 장관들은 그들이 더 이상 자기의 배후에 그들의 독자나 선거민을 가지고 있지 않다고 하자마자 실각된다는 것, 그러나 그들은 자기의 배후에 그들의 독자나 선거민을 끌어둘 수 있다는 것, 그들은 자신들의 독자나 선거민이 그들에게 만족한 그대로라고 함으로써 증명되며, 이러한 것들을 스멘트는, 그들은 독자 내지 선거민을 하나의 「집단」으로 한데 결집한다고 부른다. 그들이 신문 독자로서 한 사람의 저널리스트로서 만족하며, 선거민으로서 한 사람의 장관으로 만족하는 한, 인간은 하나의 「집단」을 구성한다는 것은 적어도 하나의 희한한 언어의 사용이다. 왜냐하면 그것은 하나의 정당성을 상실한 「집단」이기 때문이다. 그러나 스멘트는 여기서 하나의 집단에 대해서 말하고 있음에 틀림 없다. 왜냐하면 그는 독자나 선거민을 만족시키는 이러한 「직업 활동」을 「통합」으로서 특징짓기를 바라고 있기 때문이다. 그리고 이제 그는 하나의 의회제 정부의 「내각」은 「국민 전체를 국가적 통일에로 통합해야 하는」, 즉 국민 전체가 그 정부에 만족하도록 작용해야 한다는 하나의 새로운 국가이론적 인식의 토대를 가지고 있다. 이것은 의심할 여지 없이 정당하다. 그러나 왜 의회제 정부의 내각만이 국민 전체를 만족시켜 주어야 하는가? 왜 대체로 모든 정부가 그렇게 해서는 안 되는가? 스멘트의 명제는 가장 완전한 보편적 타당성에 확신을 가지고 있다. 왜냐하면 그것은 국민 전체를 통일체에로 결합한다는 것은 의회제 정부에 의한 어떤 지도의 본질이기도 하다는 것을 총명한 절도를 지켜 주장하는 것이 아니라 ― 의회주의 일반은 어떠한 국가형태도 아니며, 그리고 「통합한다는 것」은 하나의 의회제 정부에게는 그 때문에 전혀 불가능하지는 않지만, 특히 곤란하다는 것을 우리는 나중에 듣게 될 것이다 ― 그렇지 않고, 오직 그것은 통합을 「해야 한다」는 것만을 주장하는 것이다. 그리고 만약 그것이 선거민의 일부만을 「통합하고」, 즉 만족시키는 경우는 어떨까? 따라서 국가적인 통일은 상실되어갈까? 국민의 대부분이 만족하지 않는 정부가, 아니 심지어는 의회주의적이 아닌 정부조차도 이미 존재했었다고 한다. 즉 ― 스멘트의 말로 표현하면 ― 그것으로 국민의 대부분이 「통합되어 있다」고는 느끼지 않았던 정부가 이미 존재했었다고 한다. 그것은 국가적 통일을 폐기하지는 않았지만 ― 정부는 오로지 통합「해야 할 것」에 불과한 것이지만 ― 그것은 바로 ― 스멘트가 이설을 내세워도 좋다면 ― 정당한 정부는 아니었다는 것이다. 그리고 이미 스멘트의 통합개념에 의해서 고정적인 형태를 간직하고 있는 첫 번째의 예시에서는, 그의 논문의 이론적 성격을 원리적으로 문제 삼는 하나의 이의성(二義性)이 나타난다. 왜냐하면 그것은 「통합」을 정치적 가치원리로서, 즉 이른바 이론적 본질인식의 배후에 하나의 정치적 가치판단이 숨겨져 있는 정식으로서 인식시키고 있기 때문이다.

이것은 스멘트가 「인적 통합」으로서 부여하는 두 번째의 예시에서 보다 명확하게 나타난다. 그것은 즉 군주이다. 군주의 본질도 또한, 그 사회 **기술적인** 업적(Leistung)에는 존재하지 않는다. 즉 군주에게 헌법에 적합하게 부과된 임무의 수행에는 존재하지 않는다. 그것은 「임의적인」 기능에 불과하다(S. 28). 군주의 본질은 오히려 이러한 점에서, 즉 그 일신에 있어서 국민 전체의 화체(化體)이며 「상징」인 점에 있다. 스멘트가 분명히 군주의 기술적 임무의 부수현상에 불과한, 이처럼 전적으로 제2차적인 군주의 기능을 ― 권력은 분명히 상징을 정당화하는 이데올로기에 대한 실제적인 근거이기 때문에, 군주가 권능, 즉 권력을 가지고 있는 이상으로 그만큼 점점 더 군주는 국민을 상징할 것이다 ― 전경(前景)으로 밀어 붙이는 것은, 그의 근본적인 입장에서는 저절로 이해되며, 그 이상 고려할 필요는 없다. 확인할 것은 다만 다음과 같다. 즉 스멘트는 「화체」, 「상징화」를 「통합하는 것」과 동일시한다는 것이다. 「화체」로써 군주는 국민 전체의 「통합」을 수행한다. 통합은 본질적으로는 하나의 실재관련, 즉 그것으로 한 국가에게 법적으로 소속하는 자 모두가, 어떤 하나의 실재적인 단체로 총괄되는 관련이어야 하기 때문에, 이 경우 하나의 **이데올로기**, 더구나 나아가 하나의 아주 문제가 많은 이데올로기가 **실재성**으로서 나타나게 된다. 그리고 이것은 또한, 국가에 관한 하나의 학문의 과제를 국가에 관한 특정한 이데올로기의 창출과 강화 속에 인정하는 하나의 저자에서는 저절로 이해되는 것이다. 왜 ― 그리하여 사람은 여기서 묻지 않으면 안 된다 ― 지도자, 특히 군주는 국민 전체를 그의 기술적 임무들의 수행에 의해서가 아니고, 특히 그의 조직기술적인 기능들에 의해서 통합하는가? 만약 군주가 법률을 윤허(允許)하고, 국가조약을 체결하고, 전시에는 통수하는 것이라면, 그것은 군주가 머리에 왕관을 쓰고, 손에 옥홀(玉笏)을 가지고, 왕위에 앉아 의회를 개회하는 경우보다도 더 높은 정도로 실제적인 통합을 의미해야 할 것이 아닐까? 스멘트에 의해 승인된 「통합적 활동과 기술적 활동의 **대립**」(S. 29)은 이미 다음과 같은 이유로 부정되어야 한다. 이러한 이른바 통합적 상징기능은, 다만 기술적 기능의 반영에 불과하며, 기술적 기능에 접하여 오직 하나의 기술적 기능을 계기로 실현될 뿐이기 때문이다. 그러나 특히 다음과 같은 문제가 제기된다. 통합기능은 군주에게 **본질적인** 것일까? 만약 상징화함으로써 모든 시민을 하나의 실재적인 통일체로 결합하는 것이 잘 이루어지지 않을 경우에는, 군주가 그렇게 하기를 중단한다면 — 그것이 일반적으로 하나의 의미를 가진 경우에 — 오직 의미할 수 있는 것은, 모든 시민이 군주에 의해서 대표되고, 군주를 상징으로 하고, 그럼으로써 서로 결합되어 있다는 느낌을 야기시킬 뿐이다. 군주의 이러한 기능이 소용 없을 경우, 사회학적인 국가의 통일과, 그리하여 사회학적인 국가가 상실되어 가는 것일까? 당연히 스멘트는 국가의 본질은 통합이며, 또한 군주제에 있어서는 본질적으로 군주가 이러한 기능을 수행하고, 그 본질은 따라서 통합 속에 있다는 이러한 귀결을 그의 학설에서 도출하는 것을 한 순간이라도 생각하지 않는다. 왜냐하면 여기서도 스멘트는 통합으로써 보다 실제로는 전혀 어떠한 **본질인식**도 꾀하지 않고, 하나의 **가치판단**을 도모하는 것이다. 스멘트는 빌헬름 2세의 통치방식에 만족하지 않은 것처럼 보인다. 왜냐하면 스멘트는 빌헬름 2세의 통치방식이 어느 정도 군주의 기술적인 기능들을 다하고는 있지만, 상징기능을 행하지는 않았으며, 그는「그 일신에서 국민 전체의 화체이며 통합이다」(S. 28)는 것을 간과하였다고 설명하기 때문이다. 그러나 독일 제국은 그럼으로써 하나의 실제적인 의사단체임을 포기하지는 않았기 때문에, 군주가 국민 전체를 상징하는지의 여부, 그리고 어느 정도까지 상징하는가 하는 것은, **이러한** 국가의 본질에 있어서는 적어도 어느 쪽이라도 상관 없는 것으로 생각된다. 이러한 예로서, 우리는 또한, 얼마나 사상누각 위에, 객관적으로는 통제할 수 없는 주관적인 자의에 기인하는「국민 전체의 화체」와 같은 요소들로써, 이 경우 통합을 나타난 것으로서 작동하는 하나의 이론적인 체계가 수립되었는가 하는 것을 볼 수 있다. 그리하여 빌헬름 2세가 통합하지 않았거나 또는 충분히 통합하지 않았던 것을 스멘트가 발견하듯이, 아마도 다른 사람들은 다시 빌헬름 1세가 상징하는 힘을 결여하였다는 것을 발견한 것이다. 그러나 모든 세계에서처럼, 사람은 빌헬름 1세 또는 2세가 가장 잘 상징하였는지의 여부, 혹은 통합하였는지의 여부를, 그리고 어떤 호헨촐레른가(家)의 사람이 당연히 보여줄 수 있어야 한다! 그리하여 다만 분명히 스멘트처럼, 단순하게 그것을「완전한 예리함」을 가지고,「보고」있었던 슐뢰저(Schlözer)*의 편지가 인용된다.「독수리인 프리드리히의 두 눈이 감겨진다. 그러자 600만 명의 인간이 개조된다」(S. 29).「독수리인 프리드리히」의 인격성과 관련하여, 슐뢰저의 정신에서「각 개인에 대한 통합적 작용은 생동감뿐만 아니라 형성되었다」고 적고 있다(S. 29). 특별히「생명이 주어진」것이다! 확실한 것은 독수리인 프리드리히의 죽음에 이르는 수많은 전쟁 속에 통합된 사람들은 대체로 느꼈을 것이다.

통합개념의 위대한 행위능력을 다음과 같은 점에서도 인식할 수 있다. 즉 통합개념은 빌헬름 2세를 평가하는 기회를 제공할 뿐만 아니라, 또한 — 동부 유대인을 평가하는 기회를 제공하는 것을 말이다. 즉「그 본질상 통합적 기능에 적합하지 않은」사람들이 존재한다는 의미가 스멘트의 본문에 언급되어 있다(S. 29). 그것에 관계되는 하란(下欄)의 주(註)에서 막스 베버가 — 이 자유주의적인 사회학자마저도 — 동부 유대인을「독일

국가생활의 불가능한 지도자」로서, 더구나 어느 정도 유대인의 한 문제인「혁명 중인데도 받아들이고」있었다는 것을 우리가 알 때까지는, 그가 누구를 의미하고 있는가를 당황하여 묻는 것이다. 동부 유대인은 독일의 국가생활에서는 바람직하지 않다는 것을 사람들은 이미 지금까지 알고 있었다. 그러나 우리들에게는 이 일에 관해서 여전히 학문적인 표현이 결여되어 있었던 것이다. 스멘트의 국가학설은 그것을 가져다 주었다. 즉 동부 유대인은 통합에 적합하지 않다라고.

이러한 능력을 스멘트는 사실 빌헬름 2세나 동부 유대인에게 부인하지만, 그러나 그러한 능력을 **관료제**에 대해서는 인정한다. 그리고 무엇인가가 규정 지을 수 있다면, 따라서 관료제가 하나의 특수한 사회적 **기술**로서만 규정될 수 있다고는 하지만, 스멘트는 그럼에도 불구하고 관료제를 그가 그것을「통합적 인물」의 범위에 넣는 것 이외의 어떤 것으로서도 성격지울 수 없는 것이다(S. 30). 그리고 어떤 것 속에 결코 단순히 기술적인 관료제의 기능이 아니라,「통합적」관료제의 기능이 존재하는가 하는 것은「공무의 윤리학」이 관료에게「그 임무를 올바로 수행할 뿐만 아니라, 그 친구로서의 공중정신에서도 또한 수행할 것을 요청한다는 점에서 구해진다. 그가 대체로 옳다거나 또는 단지 옳다고 함으로써만이 그리하여「통합하는」것이 아니라, 관료가 사랑으로 가득 차고 우호적으로 집행함으로써, 따라서 공중이 관료에게 만족한다는 사실에「통합하는」것이다. 하나의 그러한 행정을 관료제의「본질」로서 거기에 세우는 것은 분명히 스멘트의 의도는 아니기 때문에 — 그는 사실 관료제는 프로이센에 있어서조차 아마 바르게 집행할 뿐이라는 것을 부정하지는 않을 것이다 —「통합」은 그리하여 여기서도 또 하나의 **본질인식**의 내용을 의미하는 것이 아니라, 하나의 **가치판단**의 내용, 하나의 요청의 내용을 의미하는 것이다. 우리가 그 내용을「통합하지」않는다고 말하면, 어째서 그러한 상투적인 문구를 국가이론의 인식으로서 서술할 수 있을까? 그러나 이것은, 바로 그것이 평범한 문구를 통합의 용어로 바꾸고, 또 거기에다 새로운 인식의 환상을 부여한다는 통합이론의 전형적인 절차인 것이다.

내각은 그 내각이 자기의 내정이나 외정을 어떤 이유에서 수행할 수 없다는 이유로 총사직한다. 스멘트는 이러한 사실을 어떻게 서술하는가? 지도적인 정치가들이 물러나는 것은, 하나의 경질은「인물의 경질로서만 가능하며, 그 지도자의 자세가 국민을」그「프로그램이란 의미에서 통합했다」는 정도로,「그들이 국가 전체의 당대의 성격을 매우 통합적이라고 규정하기 때문이다」(S. 31). 정부가「국가 전체의 당대의 성격을 통합적으로 규정한다」는 것을 스멘트 자신은 이렇게 바꾸어 말한다 — 그는 실로 통합은 항상 무엇인가 다른 것을 의미하기 때문에, 언제나 그때그때의 독일어 번역을 제공하지 않으면 안된다 — 즉, 정부는「그 정책과 함께 표식」이며,「그 안에서는 국민 자체가 정치적인 일체이다」라고. 그것은 그 이외에는 오직 정부의 기관지(Regierungspresse)에 의해서만 선호될 뿐인 과장된 문구이다. 왜냐하면 국민은 어떤 정부의 정책이라는 표식 속에서는, 현실적으로 **일체**(一體)라는 것, 이것이 도대체 가능하다면, 아마도 아주 드물게만 일어날

것이기 때문이다. 그러나 정부의 정책은 일반적으로 정부의 기관지에 의해서만 무시할
수 있는 양(量)으로서 취급되는 하나의 반대당을 가지고 있다. 국가 전체의 성격을 통합한
다는 것은, 그러므로 본질적으로 영향을 미친다는 것 이외에 다른 의미가 없다. 정부가
국민을 그 프로그램이란 의미에서 「통합했다」고 하는 것을 스멘트 자신, 「이러한 정책을
확정했다」는 말로 바꾸어 말하고 있다. 만약 한 번은 「영향을 준다」는 대신에, 그리고
다른 기회에는 「확정한다」는 대신에 「통합한다」고 말한다면, 어떤 이득이 얻어질 것인가?

그리고 스멘트가 통합의 두 번째 종류, 즉 「기능적」 통합("funktionelle" Integration)에
부여하는 연구의 이론적 결과도 바로 영(零)이다. 모든 통합은 본질적으로 「기능」이기
때문에, 이것은 스멘트가 특히 역점을 두어 항상 반복하여 강조하는 것인데(예컨대 S.
96), 그러므로 여기서는 하나의 「기능적 기능」이 문제가 되지 않을 수 없을 것이다.
그리고 이 향도개념 자체처럼, 모든 그 적용도 또한 공허한 동어반복으로서 나타난다.
물론 스멘트는 여기서도 「전력을 다하여 서술하거나 또는 체계화하는 것만」을 생각하는
것이 아니라(S. 33), 그는 약간의 예로써 기능적 통합을 「명확히 하는 데에」 만족하고
있다. 「통합적 인물」과 나란히, 마치 그가 방금 이러한 **인물**의 통합적 **기능**에 관해서
언급하지 않기라도 한 듯이, 「통합적 기능」도 또한 존재한다고 그는 말한다. 그리고
그는 그러한 기능들로서, 마치 국가 그 자체가 스스로 하나의 「집합적 생활형태」가
아니었던 것처럼, 「절차양식」, 「집합적 생활형태들」을 특징짓고 있다. 그가 거기에서
바라는 것은 「표결」, 그리고 「다수결원리」, 「선거」, 「의회주의적 토론」의 통합적 기능을
뚜렷이 하는 것이다. 바꾸어 말하면, 그는 이러한 사건들이 하나의 집합적인 경향을
가진다는 것을 아무도 의심하지 않았다고 주장하려고 한다. 이러한 자명성 때문에 스멘트
처럼 여러 말 하는 것은 진정코 헛수고이다. 그러나 분명히 그것만이 문제가 되는 몇
문장이 논쟁의 여지가 없는 상투적인 문구의 한 가운데에 들어 있는 것이 눈에 띈다.
스멘트는 독일에 있어서의 **의회주의**에는 반대하지만, 프랑스에서는 그는 의회주의에
동의하고 있다. 그것을 그는 통합이라는 말로, 그리하여 이렇게 표현한다. 「프랑스에서
의회의 이데올로기는 훨씬 이전부터 실제의 경험이 보여주듯이, 이 나라의 유일무이한
정치적·풍자적인 힘에 저항할 수는 없었지만, 의회가 오래 존재해 온 것은 의회는
여전히 언제나 정치과정의 어느 정도 의미가 있는 명료함과 수사적·극적인 변증법
등에 습관화 된 로만 민족의 한 사람인 부르주아지에 적합한 정치적인 통합형태이기
때문이다 ─ 보다 견고하게 민주화 된 독일에 있어서는 하나의 제한된 신문 독자인
부르주아지를 노린 이 통합방식은 소용 없다」(S. 37)라고. 선거는 어느 정도 일반적으로
「통합적 절차방식」이지만, **비밀**선거는 그렇지 않다. 즉 **「비밀선거인**은 바로 국가소외의
(staatsfremde) 자유주의적 사유를 가진, 통합되어 있지도 않으며, 또 통합을 필요로
하지도 않는 개인이다」(S. 37). 그리고 스멘트는 **비밀**선거만이 아니라 **비례**선거에도
통합적 작용을 부인하고 있다. 왜냐하면 ─ 다른 하나의 관련에서(S. 91) ─ 그는 그가
「개인주의적인 것」으로서 제외시키고 있는 보통 및 평등선거권이 비례선거에 의해서

하나의「그 통합력의 감소화」를 경험하였다고 설명하기 때문이다. 이 모든 것들은 논증되지 않고, 또 논증될 수 없는 주장이다. 스멘트는 또, 도대체 어떻게 해서 특정 인물 또는 제도의 통합작용이 확정될 수 있는지 또는 심지어 평가될 수 있는가를 나타내려는 시도조차 하지 않는다. 그는 주관적 가치판단을 내리고 있다. 그리고 그 결과는 이렇다. 즉「비밀선거인」은 동부 유대인이나 그의 기술적 임무만을 수행하는 군주인 빌헬름 2세와 동등하게 의회 ─ 그러나 이것은 독일에서만! ─ 와 비례선거가 같이 나타난다는 것이다. 후자가 통합할 수 없으면, 전자는 통합될 수 없다. 거기에 한 사람의 통합하는 군주가 없을 뿐만 아니라, 그 가장 중요한 기관이 보통·평등·비밀·비례선거권에 근거하여 구성된 의회이기도 한 오늘날의 독일 라이히가 얼마나 비참한 상태에 있는가를 사람들은 상상할 수 있다. 정치적인 르상티망(Ressentiment: 비통한 잔류감정의 내증적 반복 - 역주)이 이러한 국가이론의 모든 미세한 구멍에서 튀어나오는 것이다.

그러나「물적 통합」(sachliche Integration)을 다루고 있는 이 장에 가장 깊은 어둠이 덮고 있다. 통합하는 인물과 통합하는 기능(이들은 본래「절차방식」또는「생활형태」이다)과 나란히 이제는 통합하는「사물」(Sache)이 문제가 된다. 그것은 어떤 종류의「사물」일까? 이제 그것은 결코 어떠한「사물」도 아니며, 즉 분명히「물적 통합」으로서 특징 지워져 있는 이러한 통합적 작용이 거기에서 출발해야 하는「국가공동체의 사물적 생활」(S. 48) 또는「국가적 공동체의 사물적 내용」(S. 47)이다. 국가공동체의 이와 같은「사물적」생활은 아마 국가공동체의「생활」이외의 아무것도 아닐 것이며, 국가적 공동체의「사물적 내용」은 이러한 국가적 공동체 자체 이외의 것은 아닐 것이다(바로「사물적 내용」은 사물내용을 담당하고 있는 생활과정이 가지고 있는 심적·신체적 행위와 대립해서만 하나의 특수한 의미를, 그러나 여기서는 분명히 양쪽 모두「종합질서화되어」나타나기 때문이다). 그러므로 국가공동체의 생활에서, 또는 국가공동체 그 자체에서 유래하는 통합을, 바로「사물적」통합이라고 이름 붙이는 것은 좀 억지스러운 것이다. 그러나 이러한 용어상의 독특함은 다음과 같은 물음의 배후에서 사라질 것이다. 즉 도대체 어떻게 해서 국가적인 생활공동체 또는 국가공동체의 생활, 즉 산출물이 통합의 결과이어야 할 것이 이제 그 자체가 통합적인 요소가 되는가 하는 문제이다. 스멘트가 목적으로 삼고, 또 아주 자의적으로「물적」이라고 특징짓는 통합의 요소는 전적으로 ─ 보다 광범한 경과 속에서 나타나듯이 ─ 자기 자신을 통합하는 국가공동체가 아니라 다음과 같은 것이다. 즉「깃발, 문장(紋章), 국가원수(특히 군주), 정치적 의식, 국가의 축제 등」(S. 48)의 정치적 상징이다. 그러면 왜 이러한 정치적 상징은 통합하는 인물이나 기능과 마찬가지로 독립된 통합요소로서는 등장하지 않는가? 왜 그것은「통합적으로 작용하기 위해서는 그 속에서 국가공동체 또는 그 사물내용이 압축되지 않으면 안 될 매체(媒體)에 불과한가? 그것을 우리는 통합하는 인물과 기능에 대해서도 말할 수 있을 것이다. 군주나 관료나 의회도 국가의「대표자」로서만 통합하고, 이러한 요소들에서도 ─ 스멘트에 의하면 ─ 국가는 자기 자신을 통합하는 것이다. 그리하여 왜 통합은 특징 지워진 정치적 상징에 의해서는 결코 어떠한 직접적인 통합이어서는 안 되며, 상징화 된, 즉 대표화 된「사물내용」에 의한 하나의 통합임에 불과한 것이어야 하는가? ― 스멘트에 의해서는 아마 의도하지 않은 ― 이 의문스런 문제에 대한 회답을 우리는 하나의 작은 눈에 잘 뜨이지 않는 주(註) 속에서 볼 수 있는데, 이것은 나에게는 물적 통합에 관한 상세하고 혼란된 논술의 유일한 성과인 것처럼 생각된다. 스멘트가 말하듯이, 하나의 현존하지 않는「내용」에 대해서는 어떠한 상징도 찾을 수는 없다.「**흑적금의 독일 국기색**의 난점은 그것들에 의해서 **흑백적**과 대립하여 상징화 된 적극적인 내용의 불명료성에 대해서 일부는 이러한 방향 속에 있다」(S. 48). 그리고 다른 하나의 관련에서, 그는 다시 통합을 상징으로써 반복하여 말하며, 흑적금에 대한 명백한 관계에 관해서 이렇게 말한다.「압도 적인 가치공동체의 상징이 아닌, 또 그 의미에 적합한 통합기능이 그 때문에 결여된 국기라는 것이 존재한다」(S. 110)라고. 확실히 오늘날의 독일에서는 공식적인 국기의 색깔을 부정하는 인민집단(Volkskreis)이 존재한다. 왜냐하면 그들은 독일 국기의 색깔에 의해서 상징화 된 민주적인 공화국에 동의하지 않기 때문이다. 그러나 그것이 민주공화국 에서 가능한 정도로 공공연하게 그 혐오를 나타내는 것을 당시의 정치체계가 그들에게 허용하지 않았을지라도, 제정(帝政) 독일에서도 군주제를 부정한 매우 광범위한 인민계층 은 존재하지 않았던가. 흑백적에 의해서, 또는 흑적금에 의해서, 전자는 1918년에 열렬한 저항도 없이 소멸하고, 혹은 후자는 그 대신에 등장하여 오늘날에도 법적으로 존속하는데, 그 어느 것에 의해서 상징된「사물내용」의 어느 쪽이 보다 더 강력하게 통합한다는 것을 누가 결정할 수 있겠는가? 어떠한 객관적인 증명방법도 없이, 이런 종류의 결정을 내리는 사람은 ― 더구나 그러한 하나의 결정은 바로 전혀 가능하지 않다 ― 그의 의견을 단지 정치적인 가치판단으로서만 감수하는 것을 시인하지 않으면 안 된다. 그러한 것으로 서만 제정 독일의 국가는 통합의 능력을 가지고 있지만, 그러나 독일 공화국의 깃발은 그것을 가지고 있지 않다는 스멘트의 명제를 승인할 수 있는 것이다. 흑적금이라는 독일국의 국기색은 통합이론의 생활, 즉「정신적인 국가생활」에 관한 이 저서에서 말소되 는 것이다. 비록 그 **이론적인** 방법이 바로 애매하더라도 그 **정치적** 목표가 부인되어서는 안 된다.

　그리고 그러므로 그것은, 다음과 같은 원칙을 신봉하는 모든 원인도 가지고 있다. 그 원칙이란「정치적 내용의 파악을 신앙내용으로서 배제하는 정치적 사고의 합리화는, 그리하여 동시에 각각의 정치적 구속력을 갖는 형태를 의문시한다」는 것이다(S. 50). 그러나 학문은 합리화하는 이외의 어떠한 것으로도 처리할 수 없기 때문에, 그것은 **정치**를 위해서 **학문**이 기권하는 것을 의미한다. 스멘트는 빈 학파가「정치적 내용의 파악을 신앙내용으로서」요청하는 국가이론을, 빈 학파가 그 대상, 즉 국가를, 신학이 그 대상을 취급하는 것과 아주 마찬가지로 취급하기 때문에, 국가**과학**으로서가 아니라 국가**신학**으로서 고찰되어야 할 그러한 방향에 소속시킬 것이라는 것을 예견할 수 있었다. 신학은 신의 본질을 인식하는 것을 ― 이것은 여기서 전제에 적합하게는 불가능하며,

대담한 합리주의만이, 헛되지만, 그러나 그러한 것을 시도할 수 있겠지만 ─ 오히려 **신의 권위로서 유지하고 강화하는 것**을 그렇게 크게 문제 삼지 않는다. 그러므로 스멘트는 이미 최초부터 「켈젠의 신과 국가 사이의 평행은 이것과는 전혀 아무런 관계가 없다」고 설명하는 것이다(S. 50).

여러 가지 통합요소들의 제시인 본래적인 통합이론을 스멘트는 「통합체계의 통일」이라는 하나의 장으로써 끝내고 있다(S. 56 ff.). 여기서 그가 밝히지 않으면 안 되었던 것은, 어떻게 인적 통합, 기능적 통합, 그리고 물적 통합의 협력작용에 의해서, 심적 또는 심적·신체적 관련 속에 있기 때문에 **실재적인** 그러한 결합이 그것도 국가를 법적으로 국가에게 속하는 시민의 하나의 단순한 규범적인 생활통일체로서가 아니라, 「현실적」 생활통일체로서 ─ 그리고 후자만을! ─ 형성하는 모든 법적으로 하나의 국가에 속하는 모든 인간의 **결합**이 확립되어 있는가 라는 것이다. 그것에 관해서는 물론 아무런 흔적도 없다. 스멘트의 이론의 커다란 낭비는, 종래 어떤 방면에서도 의심하지 않았던 다음과 같은 결과 이외의 어떤 다른 결과로 인도하지 않는 것이다. 즉 그것은 「국가」라고 일컬어진 질서가 실현될 때에 실재정신적인 구성요건이 나타나며, 그 구성요건은 인간의 상호작용으로서 또는 그 의욕·감정·관념의 정류(整流, Gleichrichtung)로서 제시되며 ─ 만약 원한다면 ─ 사회정신적인 집합들 또는 통합들이라고 할 수 있는 구성요건이다. 그때에 스멘트는 완전히 그러한 인간을 「결합하는」, 즉 스멘트에 의하면, 「통합하는」 과정들의 한 분석이 결여된 채로 두고 있으며, 내가 나의 논문『사회학적 국가개념과 법학적 국가개념』에서 적어도 유형화하려고 한, 또한 하나의 가설화 된 고찰만을 「실재적」 사회적 「구성체」로 간주할 수 있는, 이 ─ 분명히 **사회심리학적인** ─ 구성요건의 각각의 연구가 없는 상태로 두고 있다. 이 사실적인 생기(生起)의 바다에서 파도처럼 부침하는 전적으로 간헐적인 「구성체」의 범위는, 여하튼 영속적인, 권위적인 국가로서 특징지워진 통일체와 부합할 것이라는 것, 이것을 스멘트의 논문은 다른 어떤 종래에 시도된 국가의 사회학과 마찬가지로 극히 미세하게 다루었다. 왜냐하면 여러 가지의 통합요소들은 하나의 통합체계의 통일을, 그리고 이 요소들의 작용이 국가에 법적으로도 속하는 인간의 실재적 통일을 결정한다는 것, 이것이 먼저 스멘트에 의해서 **경험적인 연구에 의하는 대신에** 자명한 것으로 전제**되기** 때문이다. 하나의 「체계적인 통일체」를 수립하려는 경향은 모든 정신적 생활에 내재한다는 것, 그리고 이것이야말로 하나의 「규범체계」의 통일체라는 것, 특별하게는 「사회생활」에서 더구나 이 생활의 보다 높은 정도의 창조물들에서는, 이러한 경향은 하나의 완결적인 통일체의 수립이 진행되는 과정에 효과가 나타나서, 그 완결적인 통일체는 이 경우 ─「사회생활」 일반이 화제가 되며, 아직 국가가 화제로 되는 것은 아니다 ─ 드물게 하나의 「실정적인 법질서」라는 것 등이 주장되는 것이다(S. 57). 그러나 이때에 이러한 경향이 입에 오르는 「정신적」 또는 「사회적」 생활은, 어떻게 이 통일체가 ─ 규범체계의 매개 없이 ─ 확립되는 것인가를 나타내려는 시도만도 하지 않고, 이미 통일체로서 가정하는 것이다. 그리고 스멘트는 이 「경향」을 국가적 생활에서도 추구하는 데에 착수하기 때문에, 「특히 국가에서 그것은 개개인 및 전체의 집단, 아니 압도적인 다수의 모든 소극성과 모든 저항에도 불구하고, 그 현실의 영속적인 경신에 의해서 모든 소속자의 의사단체로서 실현된다」는 내용 없는 문구 속에 그의 표현은 소실되고 마는 것이다(S. 57). 그리고 계속되는 동어반복에 빠진 문장도, 국가는 「현실성」을 가진다는 단언 이외에는 아무것도 가지지 않는다. 그것은 다음과 같은 주장 속에서 정점에 이른다. 즉 국가적 현실은, 그것이 모든 「언제나 새롭게 자동적으로 통일적인 전체작용에로 연결되어 있는 통합요소들」의 통일작용으로서 파악되는 경우에만 정당하게 이해된다는 주장이다. 단지 통합요소들이 하나의 통일적인 전체작용에로 연결되어 있다는 것을, 비록 그것이 논증되지 않더라도 믿지 않으면 안 된다. 그러나 증거를 가지고 작업을 하는 사람은 아마도 정치적인 내용을 신앙내용으로서 파악하려는 사람이 아니라, 정치적 사고를 합리화하려는 사람뿐일 것이다.

그 밖에 이 장에서는 여전히 「내정과 외정의 통일」이 대단히 강조되고 있다. 그러나 이러한 통일은 — 적어도 정치적인 요청으로서 — 누구에 의해서도 진지하게 문제시되지 않고 있다. 어떠한 예증도 없이 스멘트는 — 한 사람의 반대자를 인위적으로 만들어 — 하나의 「내정과 외정 간의 깊은 본질적 대립에 관한 전통적인 견해」를 주장한다(S. 64). 그 통일의 자명성은 물론 본질인식으로서, 그것도 정치의 양쪽 방향은 「통합」으로 표현된다는, 즉 이 말로써 스멘트식의 언어로 바꿔놓는 일상적인 방식으로 서술되는 것이다. 그럼으로써 우리들이 내정과 외정으로서 특징짓고 있는 과정들이 좀 더 밝혀진다는 것을 사람들은 주장할 수 없다. 스멘트가 필요하다고 여기는 말바꿈, 즉 통합이란 여기서 동시에 「국가적 개인성의 자기형성」과 같다 — 라는 다른 말로 뒤바꾸어 옮겨도 어떠한 새로운 인식을 얻을 수는 없다. 때로는 외정이, 때로는 내정이 우위를 차지한다는 것, 그리고 하나의 「건전한」 외정은 「한 인민의 내부적인 국가적 건전성의 하나의 조건일 뿐만 아니라, 바로 그 요인」이라는 발견은, 바로 감동을 주는 작용은 하지 못는다(S. 67). 이처럼 전혀 이해되지 않는 이 「조건」과 「요인」 사이의 차이 없이는, 훌륭한 외정은 한 국민에 대해서 훌륭하다는 것 이외의 아무것도 그 문구는 말하지 않기 때문에, 아무런 내용도 없는 하나의 값싼 신문의 문구인 것이다.

이 장의 중요한 수확은, 이처럼 일부는 평범하고, 일부는 이해되지 않는 표현방법에 있는 것도 아니며, 스멘트가 그의 통합이론으로써 본래 생각하는 것을, 이러한 의미를 애매하게 하는 데 도움이 될 뿐인 모든 방법론적 및 정신과학적·사회학적 설명보다도 더 분명히 하고 있는 하나의 정치적 신조 속에 있는 것이다. 이미 그의 서론적 논술(S. 23) 속에서, 스멘트는 통합에 관한 「연구에 대한 대보고(大寶庫)는 「파시즘의 문헌」이라는, 거기서는 완전히 이해되지 않는 논평을 하고 있다. 이것은 놀라운 사실이다. 왜냐하면, 바로 파시즘은 종래 **권력획득**과 **권력전개**의 수단으로서, 즉 **정치**로서 확인되어 온 정도로 **학문**으로서, 국가이론적 인식으로서는 그다지 확인되지 않았기 때문이다. 그리고 하나의 파시즘적 학문의 발작적인 노력을, 비판적인 의식의 한 잔재만이라도 남아 있는 어느 누구도 파시즘적 정치의 이데올로기와는 다른 어떤 것으로는 간주하지 않기 때문이다. 스멘트는 파시즘의 문헌은 「어떠한 완결적인 국가학설도 주려고는 하지 않고」, 그 대상은 「새로운 국가생성, 국가**창조**, 국가적 생활, 즉 정확하게는 여기서 통합으로서 표현되는 [모든] 것의 수단과 가능성」이라는 것도 인정한다(S. 23). 그리하여 스멘트의 통합이론에서는 지배의 한 수단을 얻으려는 파시즘의 노력들에서와 아주 동일한 것이 문제가 되어야 할 것인가? 그리하여 정치가 문제되어야만 할 것이며, 학문이 문제되어서는 안 되는 것이었을까? 여하튼 스멘트는 「파시즘적인 협동주의」는, 스멘트도 이 말을 그러한 의미로 사용하는데, 「통합적」과 동일한 의미로 나타낸다는 확신, 그리하여 그의 「통합」은 파시즘의 이데올로기에서 유래한다는 확신에 특별한 가치를 두고 있다. 스멘트가 하나의 **일반적인**, 또한 단순히 파시스트적이 아닌 국가학설의 관점에서 **국가 일반의 본질**로서 설명해 온 「통합」은 **파시스트적** 국가의 하나의 특수성이어야 할까? 그리고 실제로 **「통합적인」 또는 「통합된」 국가는 파시스트적** 국가이다. 통합이론의 마지막 장에서 이렇게 말한다. 즉 「파시즘이 전면적인 통합의 이러한 필요성을 매우 명료하게 간파해 오며, 자유주의적인 것과 의회주의적인 것을 모두 부정함에도 불구하고 여전히 기능적인 통합의 기술을 교묘히 취급하고, 그리고 거부된 사회주의적인 사물통합을 의식적으로 다른 하나의 것(국민적 신화, 직능국가 등)으로 대체하는 것은, 파시즘의 ― 이에 관해서 사람들이 제각기 원하는 대로 어떤 판단을 하든지 간에 ― 강력한 측면에 속하는 것이다」(S. 62). 이른바 국가의, **각각의** 국가의 본질을, 국가의 **현실**이기 때문에 탐구하는 통합을, 스멘트가 원래 **「국가이론의 첫 번째 과제」**(S. 20)라고 지적하는 것에 우리는 유의해야 할 것이다. 여기서 먼저 통합은 **정치가들**이나 **정당들**의 하나의 과제이며, 여러 국가에서 **서로 다른 정도로** 완수되는 하나의 과제이다. 그러나 만약 여러 정당들이 통합을 모두 동일한 성과로 추진하지 않는다면, 오히려 한쪽의 정당이 다른 한쪽의 정당보다도 고도의 통합작용을 이룩하는 결과가 된다. 따라서 각종의 국가들의 「현실」은, 이 경우 바로 지배하는 정당이나 정치적 수단 여하에 따라서는 하나의 다른 현실임에 틀림 없다. 우리들은, 통합은 「정신적·사회적 현실」로서의 국가의 본질이며, 이 현실 자체라는 스멘트의 통합이론의, 하나의 아주 이상한 결과에 접하고 있다. 그러나 **이 「현실」은 여러 가지 등급을 가질 수 있다.** 다만, 현실적 국가들만이 ― 아마 ― 존재할 뿐이다. 그러나 보다 현실적인 국가들과 최고로 현실적인 국가들도 존재하는 것이다. 반규범적 통합이론을 연구하는 것을 그 임무로 삼고 있는 국가의 「현실성」은 분명히 ― 규범적인 이론에 의해서도 결코 부정되지 않는 ― 사회 질서의 **실효성**, 그 ― 그러나 여러 가지 등급으로 유능한 ― 계기적 힘 이외의 아무것도 아니다. 「실효성」과 「현실성」만을 놓고 보면 동일한 것이 아니다. 어떤 질서의 실효성이라는 여러 가지 등급에서는, 질서에 의해서 구성된 공동체의 「현실」은 동일한 것으로 머무르며, 그리하여 보다 적은 저항력을 가지는 하나의 생물체가, 그러므로, 하나의 보다 강한 저항력을 가지는 하나의 생물체보다는 적지 않게 「현실적」이라고 하는 말과 동일한 것이다. 어떤 것 속에만이 여러 가지 등급의 하나의 사회적 질서의 실효성이 나타나는가? 그 문제에 대답할 수는 없으나, 그 대신 매우 계발하는 바가 많은 예들이 있다. 사회주의적 국가는 이 — 우선 스멘트에 의해 발견된 —「현실」의 발전단계의 최하위의 위계에, 그러나 파시즘 국가는 그 최고의 위계에 있다는 것이 저절로 이해된다. 그「현실」의 등급에 따른 사회적 구성체의 하나의 완전한 순위질서는 확실히 흥미 있는 것이 될 것이다. 유감스럽게도 여기서도 통합이론은 매우 주의 깊은 암시에 제한되어 있다. 여하튼 사람은 — 스멘트의 국가학설의 하나의 특별한 뉘앙스이지만 — 사회주의적 국가 내지는「마르크스주의적 비국가이론」과 같은 단계에 — 로마 교회가 있다는 것을 배워 알 수 있는 것이다(S. 61). 왜냐하면 그것은 — 주장되고는 있지만 증명되지 않은 것은 — 사회주의와 마찬가지로 — 적어도 원칙적으로는 — 사물내용에 의해서만 통합하고, 그리하여 인적 및 기능적 통합의 기술을 배제하거나, 또는 배후로 밀어붙이기 때문이다. 그처럼 불충분한 통합의 귀결은 따라서 역사 속에서도 분명히 나타나 왔다. 가톨릭교회는 어느 정도 가장 강고한, 그리고 가장 영속적인 조직들의 하나를 제시하고 있지만, 통합이론의 관점에서 보면, 가톨릭교회에는 오직 하나의 열등한 등급의「현실만이 적합할 뿐이다. 아마 그것은 스멘트가 순수법학의 규범적 국가이론에 대항하여 구출하는 것을 그의 사명으로 보고 있는 국가의 그러한 「현실성」의 참된 본질을 해명하는 데에 충분할 것이다.

4. 국가와 법

스멘트의 통합의 일반이론을 이미 충분하고도 명백하게 지배하고 있는 전적으로 일면적이고 정치적인 경향은, 국법학의 개별적 문제에 대한 그 적용에서 더 한층 예리하게 나타나 있다. 가장 중요한 문제에서 이 점이 제시되고 있다.

거기에는 특히 **국가와 법의 관계**가 있으며, 그 관계는 **국가·법**학설의 진정한 핵심적인 문제로서 헌법과 실정헌법의 개념에서 정점에 이르고, 그러므로 그 관계는 바로 **국법학**에 대한 기초로서 권장되고 있으며, 바로 그러므로 이 문제를『헌법과 실정헌법』(Verfassung und Verfassungsrecht)이라는 제목을 붙인 저서에서 제시하고 있는 이론의 학문적인 가치에 대해서 본래적인 시금석이 되지 않으면 안 된다.

우리들은, 스멘트가 헌법을「국가의 법질서」(S. 78)로서 지칭하고, 통합을 이 헌법의 「의미원리」로서 설명하고 있는(S. VIII) 것을 상기한다. 이것을 고집한다면, 우리는, 그 구별은「여기에 속하는 모든 현상들, 특히 헌법과 그 의미의 이해에 대한 기초이다」(S. 83)라고 스멘트가 강조하고 있는 하나의 구별에 의해서 몹시 놀라게 된다. 그것은 **통합과 법** 사이의 원리적인 구별이며, 더 정확히 말하면, 우선 무엇보다도 단지 통합, 법과 행정 간의 원리적인 구별에 지나지 않는다. 스멘트는, 즉 내가 논리적으로 불가능이라고 입증한「법」과「사법」(司法)의 동일화를, 즉 그것으로 인하여 일반적으로 입법과 법선언 (재판)을 함께 파악하는 것을 받아들인다.[30] 그리하여 사법이「법」으로서 바로 행정과

대치됨으로써, 그 기능이 「행정**법**」의 내용으로서 다시 법영역으로 들어오지 않으면
안 됨에도 불구하고, 행정은 법의 외부에 있는 하나의 기능으로서 나타나는 것이다.
광의의 하나의 법과, 협의의 본래적인 의미에서의 하나의 법을 수반한 이 모순으로
가득 찬 1인 2역은, 바로 오직 개념형성을 규정하는 하나의 정치적인 경향의 징후에
불과하며, 그리고 그러한 경향에 대해서는, 행정의 특정한 법적인 구속, 즉 **법률적인**
구속은 특정한 정치제도의 내부에서는 특정한 정치적 관점에서 볼 때 바람직하지 못한
것이다. 스멘트는 자신이 발견한 통합을 법과 그리고 법과 분리된 행정과 **병행하는**
독자적인 범주로 설정하는 한, 여전히 전통적인 견해를 넘어서는 것이다. 그리고 스멘트는
국가를 통합과 동일시하기 때문에, 그에 의하면 **법**과 **행정**과 병행하는 제3의 어떤 것으로
서 등장하는 것이 **국가**이다. 「그것은 G. 옐리네크가 표현하는 지배적인 가치로서의
국가이며, 우리들은 여기에 몰두하고 있는 연관 속에서 그 '보존과 강화'가, 법가치와
복지(또는 행정)가치와 아울러 제3의 동일하게 기초지워진 것으로서 등장하는 하나의
통합이다」(S. 83). 그리고 스멘트는, 그의 헌법이론의 하나의 특별한 장점으로 그의
이론이 「아주 예리하게, 법가치, 행정가치, 통합가치라는 세 개의 영역과 그에 속하는
기능들의 특색을」 뚜렷이 밝히는 것을 칭찬하고 있다(S. 106). 이러한 개념으로부터
(입법과 재판으로서의) 사법과 행정을 분리하는 경우에, (「통합」으로서의) 국가에서 본래
무엇이 남아 있는가에 대해서 사람은 호기심을 가질 수도 있는 것이다. 사법과 행정은
(어떠한 통합기능도 아니기 때문에) 어떠한 국가기능도 아니라는 것, 이것이 여하튼 잠정적으
로 스멘트의 학설로서 확정되어 있다. 나중에 그는 이러한 세 구분을 하나의 국가제도와
하나의 법체계의 일반적인 이원주의로 바꾸기 위해서 이 세 구분을 다시 포기한다.
그 때 행정은 통합체계, 즉 국가제도에 들어가게 된다. 그러나 나는, 먼저 스멘트의
이론에서는, 통합가치와 행정가치와 법가치라는 삼원주의를 대하게 되는데, 삼원주의에
의하면 **국가, 행정** 그리고 **법**은 세 개의 다른 기능복합체(Funktionskomplex)라는 것을
미리 말해 둔다. 이처럼 정말 아연한 결과에 직면하여, 이렇게 묻는 것은 아마 사소한
일일 것이다. 그 물음이란, 바로 「국가의 **법**질서」의, 즉 헌법의 의미원리가 통합이어야
할 경우나, 헌법이 — 불과 책의 몇 페이지 앞에서 — 바로 「실정**법**으로서」 「통합적
현실」이어야 할 경우나(S. 80), 하나의 법질서의, 즉 헌법의 이러한 통합적 현실이, 「각각의
법공동체의 의심할 수 없는 통합작용의 하나의 특별히 현저한 사례로서」 증명되어야
할 경우에(S. 81), 도대체 어떻게 하여 통합가치가, 법가치와 아울러 「동일하게 질서
지워진」 「규제적 원리」로서, 즉 그러나 아마도 그것과는 다른 하나의 원리로서 등장할
수 있는가 하는 물음이다. 하나의 「법」 공동체는, 하나의 「합일화적 연결」, 즉 통합과
무엇이 다를 수 있을까, 하나의 **법질서**에 의해서 통합된 하나의 공동체와 무엇이 다른가?
그리고 스멘트에 의하면, 국가공동체의 현실은 가치실현일 수 있으며, 그러나 **가치**실현은
— 스멘트의, 가치법칙성과 규범법칙성과의 동일화 아래에서는, 사회적이며 특히 국가적

---

30) 그 결과에 대해서는 나의 논문 Justiz und Verwaltung 참조.

현실을 규정하고 있는 법칙성으로서 — 오직 **규범**들의 실현일 수밖에 없기 때문에, **국가**공동체는 바로 **법**규범들 이외의 어떠한 규범들의 실현일 수 있을까? 그러나 법공동체가 공동체로서,「현실」의 사회적 구성체로서 빼놓을 수는 없기 때문에, 스멘트가 통합을 사회적 현실 일반의 원리로서 표방해 왔다는 이유에서,「통합」의 원리 이외의 어떠한 원리가 이 사회적 현실의 기초가 될 수 있을 것인가? 스멘트 조차도 — 그러나 하나의 전혀 다른 연관에서「국**법**」을 언급하고, 이것에「행정법」을 더하여, 국법과 행정법도「규범군(群)들」이라고 지칭한다면(S. 131), 행정뿐만 아니라 (통합과 동일시하는) **국가**를 법에 대치하는 것은 어떻게 해서 가능할 것인가?

   이미 스멘트의 학설이 빠지고 있는 이 기본적인 모순의 확인이 스멘트의 학설을 학문적으로는 가치 없는 것으로서 부정하는 정당성을 부여할 것이다. 그러나 통합이론의 개념의 혼란은, 훨씬 광범위하게 퍼져있다. 스멘트는, 즉 매우 열심히 전통적인 **국가**와 법의 대립을 **통합**과 법의 대립으로서 개별적으로 제시하려고 하였다. 바로 통합이라고 하는 이와 같은 프로테우스(Proteus, 그리스 신화에서 변신 자재의 海神 이름 - 역주)적인 개념의 가장 중요한 업적의 하나로서, **법의 국가로부터의 분리**가 주목되지 않으면 안 되며, 그리고 그 분리에 의해서 통합이론은 가장 명백하게 국가를 법질서로서 개념 지우는 규범적 국가학설과 구별되도록 노력하는 것이다. 스멘트는 국가와 법을 두 개의「불가분하게 결합되어 있지만, 각각 그 자체가 완결된, 각개의 특별한 가치이념의 실현에 임하고 있는, 정신적 생활의 영역」이라고 지칭하고 있다(S. 98). 이미 이것, 즉 국가와 법이「그 자체로 완결하고」, 또한 동시에「불가분하게 결합하고 있다」는 것은 하나의 모순이다. 왜냐하면, 결합은 바로 대립적인 단절을 지양하기 때문이다. 특히 이 결합이, 후에 국가체계와 법체계는「합생(合生)된다」(ineinander verwachsen, S. 100)라고 특징지워지지 않으면 안 될 정도로「긴밀한」경우에 그러하다. 이것을 잘 주의해서 보면, 무릇 단순히 서로가 함께만이 아니라, 서로 뒤섞여서 결합하고, 또한 이때에는 동시에,「자기완결적」인 것이다. 왜냐하면 그것들은 두 개의 상이한 가치이념에 이바지하기 때문이다. 그러나 이 두 개의 상이한 가치이념이라는 것은 어떤 것일까? 통합가치와 법가치라고 스멘트는 설명한 것이다(S. 83). 그러나「통합」은 여전히 하나의「과정」이며, 가치실현의 한 과정이며, 따라서 하나의 가치의「실현」이며(S. 18 f.), 그러므로 먼저 실현되어야 할 어떠한 가치도 아니다. 하나의 **현실의 과정**, 하나의 실현과정으로부터 하나의 **가치**에 이르는 통합과정의 이처럼 전혀 허용될 수 없는 재해석에 의해서만이 — 게다가 이 가치는 어떤 내용을 가져야 했을 것일까? — 마치 **법**가치(그 실현으로서 스멘트는 국가를 결합으로서 지금까지 다루었는데)와 **나란히**, 그 실현이 하나의 법공동체와는 다른 국가공동체인 또 하나의 **다른** 가치가 존재하는 듯한 착각이 환기되는 것이다. 그리하여 물론 스멘트도 국가의 현실을 법의 현실과 구별하고 있다.「한편으로 국가의 현실은 국가생활 안에 통합으로서, 그리고 질서적이며 형성적 권력전개로서 존재하며, 다른 한편 법의 현실은 입법이나 재판이나 생활에 의한 법의 실정화·확실화·적용화 속에 존재하고 있다」(S.

98). 그러나 바로 법질서 이외의 어떤 질서가 국가의 현실인「질서적 권력전개」속에 숨어 있을 수 있을까? 그리고 법의「실정화」속에는, 법의「입법과 재판에 의한 적용」속에는, 국가적인 권력전개는 없는 것일까? **법적** 행위로서는 나타나지 않고, 법의 실정화와 적용의 행위로서 나타나게 될 국가적인 **권력**전개**라는** 하나의 행위는 일반적으로 존재하지 않는가? 두 개의「그 자체 완결된」집단(Kreis)으로서의 국가와 법에 관한 스멘트의 견해에 의하면, 하나의 법관이 하나의 피고에게 사형을 선고하고, 이 판결이 집행되는 경우, 그것은 법의 행위이며, 어떠한 국가의 행위도 아니다. 그와 반대로, 행정관청이 심급(審級)에 적합하게 조직된 행정소송에서, 자동차의 운전자에게 속도위반의 죄로 벌금형을 부과한 경우는, 그것은 국가의 행위이며, 어떠한 법의 행위도 아니다. 행정은, 즉 ― 스멘트의 논문 98 페이지에서는 ― 다시 통합가치에 의해서 규정된 국가의 제도 속에 속해 간다.「국가의 권력전개」는 벌금형을 부과하는 행정관청의 선고 속에 있으며, 법원의 사형판결 속에 있는 것은 아니라는 것, 두 경우에 다 법률이 적용되고, 즉 실정화 됨에도 불구하고 법원의 사형판결이 법의「적용」,「법의 실정화」이어야 하며, 행정적인 벌금 판결이 법의「적용」,「법의 실정화」이어서는 안 된다는 것은 확실히 이해하기 어려운 것이다. 역사적으로만 설명할 수 있는 체계적인 본질인식의 관점에서 본다면, 우발적 관청2원주의(偶發的 官廳二元主義), 즉 근대국가의 활동이 그 밖의 매우 상대적으로 서로 고립화되어 있는 두 개의 관청기구 속에서 수행된다는 사실은, 국가와 법의 대립에로 라는 새로운 해석이 이루어지며, 통합이론에 의해서 전적으로 **두 개의 사회공동체**의 그로테스크한 구별에 이르기까지 높혀지는 것이다. 그것은 도대체 어떻게 해서, 이 권력이 행정에서와 마찬가지로 사법에서도 전개되는 **동일한 국가**라는 것 속에 이 통합체가 나타난다는 것을 의식하지 않고, 이 국가제도와 이것과는 다른 법체계가 궁극적으로는 여전히 동일한 공동체의 통일, 동일한 이익사회적 질서의 통일체를 구성하는가 하는 것, 또는 어떻게 해서 그것이 행정에서와 아주 마찬가지로 사법에서도 창출되고 적용되는 동일한 법인가 하는 것에 관계없이 그러하다. 이것은 진지하게 볼 때 의문의 여지가 없다. 그러나 스멘트는, 그가 국가를 통합과 동일시했기 때문에, 국가와 법의 전통적인 대립을 통합과 법의 이원주의로서 제시하기를 강요당하고 있다. 그러므로 그는 **국가적** 공동체의 현실을 기초짓고 있는 **통합요소들**에「**법생활의 요소들**」을 대치할 강박감에 놓여 있다.「법생활의 요소들」이 모두「통합요소들」로서 ― 더욱이 모두 세 개의 종류, 즉 통합적 **인격**으로서의 법관, 통합적 **기능**으로서의 입법과 법선언, 통합적 상징 또는 통합적 **사물내용**으로서, 눈에는 눈가리개, 손에는 저울을 가진 유스티티아(정의의 여신)는 ― 제시될 수 없는 것처럼, 그리고 스멘트 자신에 의해서도 역시 ― 당초의 관련에 있어서 ― 기술된 것처럼 거기에 있는「통합요소들과 아주 마찬가지로, 여기서 서로 법생활의 커다란 요소들이 담당되고, 보완하고, 요청되고 있다」(S. 98). 이리하여, 그가 예컨대 법관을 사법에서의 관료로서,「통합적 인격」에 산입하는 경우에는 그러하다 (S. 30). 스멘트가 가령 직접적으로 그것에 근거하여 ― 통합적 요소들로서 다루려고

할지라도, 그가 법공동체를 국가공동체와 구별해야 한다면, 이것들은, 스멘트가 「통합적 요소들」에 대치하고, 또 대치하지 않으면 안 될 「법생활의 요소들」이다. 그는 통합요소들에 관하여 이렇게 말한다. 「저쪽에서(국가에서, 라는 의미이다) 통합요소들의 체계가 국가적 현실의 체계에로 연결되는 것과 마찬가지로, 이쪽에서 정신의 가치법칙성의 덕택으로 법공동체의 구체적인 법생활의 실증적인 현실에로 연결되는 하나의 체계를 상호 간에 구성한다」라고(S. 98). 그러므로 「법생활의 요소들」의 기능은, 하나의 사회적 공동체의 현실에로 연결하는 것이다. 한치의 오차도 없는 스멘트 바로 자신이 「연결」이라고 바꾸어 말하는 통합의 기능이다(S. VIII). 그리고 혼란해 있는 모순들이 분명히 아직도 충분하지 않기 때문에, 스멘트는 통합과 법의 대치, 통합요소들과 법생활의 요소들의 대치, 통합된 국가공동체와 통일되어 있지는 않지만, 「함께 연결된」 법공동체의 대치 후에, 다음과 같은 것을 확인할 것이다. 즉 국가생활의 현실에 이르는 이 통합과 법생활의 현실에 이르는 이 연결은, 「양쪽의 경우, 모두 성문**법**에 의해서 때로는 규정되고, 때로는 고무되고, 때로는 허용된다」(S. 98)는 것, 「실정헌법」은 하나의 「통합체계」라는 것(S. 137), 그리고 「그 자체가 폐쇄된 **법의 기능들의 체계**」 — 즉 입법과 사법 — 는 헌법의 내부에서 찾아야 한다(S. 98)는 것을 확인하고 있다. 스멘트가 행정법을 「기술적 법」으로서 특징 지우지만, 국법을 「**통합법**」(Integrationsrecht)으로서 특징 지운다는 것 이외에는, 전혀 그는 「국법」을 「행정법」과 구별할 수 없는 것이다. 이 통합-법(Integrations-Recht)의 개념에서 스멘트는, 그가 어떠한 「첨예함」으로써(S. 106) 국가의 가치와 행정의 가치와 통합의 가치라는 세 개의 영역을 분리해 둘 수 있는가를 가장 명백히 보여주고 있다. 그러나 여하튼, 헌법은 「국가의 법질서」이며, 그 자체가 그 통합이라는 것이 주장되지 않으면 안 된다. 그것은 어느 정도 국가를 법공동체로서 승인해서는 안 될 뿐만 아니라, 국가에 심지어는 하나의 그러한 법공동체를 **대치**할 수 있는 것이다!

그러나 그러기 위해서는 다시 **헌법**을 — 헌법의 **법**질서를 — **법**에서 분리하지 않으면 안 된다. 무엇을 헌법의 본질로 간주하든지 간에, 한 가지 점은 진정으로 부정할 수 없을 것이다. 즉, 기관 및 일반적인 법규범의 창출물로서의 입법절차의 규정이 헌법의 가장 본질적인 구성요소들에 속한다는 것과, 헌법이 바로 그 때문에, 법질서가 법률들과, 사법과 행정의 법률집행의 행위들로써 구성되어 있는 한, 법질서의 기초를 형성한다는 것을 부정할 수는 없을 것이다. 어떠한 임의의 헌법전도 이러한 헌법의 기능을 증명하는 것이다. 스멘트처럼, 그것에 의해서 헌법이 그 밖의 법질서로부터 구별되는 표지를 그 대상의 「정치적인」 성격에서 인정하고 싶다면(S. 133), 이제 그것과는 달리 너무 사용해서 낡고 다의적인 이 말이 하나의 확고한 의미를 가져야 할 경우는, 바로 「정치적인 것」은 가장 중요한 단계의 국가적 의사형성의 조정 속에 있는 것이다. 그러나 스멘트에게, 헌법은 그 때문에 법의 기초여서는 안 된다. 왜냐하면, 헌법은 스멘트에 의해서는 국가의 기초로서 요청되기 때문이다. 그처럼 기괴한 결론에로 이처럼 불행한 이원주의는 인도되는 것이다! 스멘트는 그리하여, 헌법이 각각의 법질서의 하나의 본질적인 계기라는 견해를 부정하지 않으면 안 된다. 왜냐하면, 그 타당성의 조건이, 여전히 헌법의 의의를 가장 올바르게 평가하는 하나의 견해이기 때문이다. 그러나 그러한 견해 자체가 헌법을 「각각의 법질서 자체의 하나의 본질적인 계기에로, 하나의 조건, 아니 그 타당성의 조건으로 **높이려는**」시도라고 지칭하는 스멘트에 의해서, 그러한 견해가 어떻게 부정되는가? 「그와 함께 헌법에는 그러나 그 이상으로 법과 법이념의 존엄에는 매우 무거운 불법 (Unrecht)이 행하여진다」(S. 80). 그것은 아마 헌법에 그 때문에 매우 무거운 불법을 가한다는 것, 헌법을 전체의 법질서의 타당근거에로 **높인다**고 주장하는 것은 뻔뻔스럽다! 스멘트는, 그가 헌법에 「고유한 사물적인 임무」를 부여함으로써, 이처럼 어려운 불법을 고쳐야 한다고 믿고 있다. 그것이 주지의 「통합」이다. 그러나 헌법은, 헌법이 입법을 규제한다는 것으로 바로 그 임무를 충족해서는 안 되는 것일까, 바로 그럼으로써 「통합」해서는 안 되는 것일까? 스멘트 조차도 이 자명성을 피할 수가 없는 것처럼 보인다. 왜냐하면 입법과 사법(이 경우 법원에 의한 법선언이라는 좁은 의미에서), 그러니까 법이 「**헌법의 내부에서**」, 「그 자체가 폐쇄된 **법의 기능들**의 체계」(S. 98)를 구성하며, 그리고 그 체계는, 아마 그것으로서 헌법이 다른 곳에서 설명된(S. 137) 「통합체계」와 전혀 다르지 않다는 것을 그가 인정하기 때문이다. 그러나 스멘트는 더 계속한다. 즉 「바로 그 때문에」 입법과 사법은 「어떤 의미에서는」그러나 그 자체가 하나의 「법질서」이기도 한 「헌법 속에서의 하나의 이질물」(S. 99)이라고! 그리고 그것은 법의 요소들이며, 통합의 요소들은 아니며, 그리하여 **국가적인** 생활공동체의 기능들이 아니라, **법**공동체의 기능들이기 때문에, 스멘트는 입법과 사법은 헌법에 있어서 하나의 「이질물」이라고 설명한 후에, 그는 ― 여전히 같은 문장에서 ― 바로 이 입법과 사법에 관하여 이렇게 설명한다. 「그러나 그것들은 내부로 속해 간다」 ― 즉 헌법 안에서는 하나의 이질물인 입법과 사법이 헌법 속으로 속해 간다고(S. 99). 그리고 왜 그것들은 내부로 속해 가는 것일까? 「왜냐하면 그것들은 **또한** 국가적인 생활형태들이기도 하기 때문이다」(S. 99). 그리하여, 통합요소들, 더구나 이른바 「기능적 통합」의 통합요소들이 스멘트에 의해서 바로 「집합적 **생활형태들**」(S. 32)로서 특징지워져 있음에도 불구하고, 어느 정도 국가적인 생활형태들은 그렇게 특징지 워지는 것이지만, 그러나 통합요소들이 그와 같이 특징 지워지는 것은 아니다. 이 모순된 글을 몹시 경멸하는 것은, 만일 그 의심스러운 양심이 완화를 시도하고자 하는 데서 발각되지 않았다면, 경탄할 만한 것일 것이다. 입법과 사법은 어떠한 통합요소도 아니며, 그리하여 어떠한 국가적인 생활형태들도 아님에도 불구하고, 입법과 사법은 어느 정도 「국가적인 생활형태들」이다. 그러나 「그 요점은」 ― 상술한 국가적 생활형태들의 요점은 ― 「중세적인 사법국가의 극복 이후에는 이미 이러한 국가적인 특색 속에는 존재하지 않는 것이다」(S. 99). **국가의** 요점은, 행정도 또한 사법 쪽으로 가버린 이래, 이미 사법 속에는 존재하지 않는다고 아마 말할 수 있을 것이다. 그러나 중세적인 「사법국가」는 ― 그것은 전적으로 내지는 극히 적게만 행정을 가질 뿐이며, 주로 사법만을 가지고 있음에도 불구하고 ― 의심할 여지 없이 하나의 「국가」였기 때문에 ― 또는 스멘트는 그것을 부정했어야 할 것이었을까? — 입법과 재판의 국가적인 성격은, 이 국가의 기능과 아울러 **국가적인** 행정도 등장해 온다는 것에 의해서, 또는 좀 더 정확히 말하면, 국가적 재판과 더불어 국가적 행정이 더 강하게 나타남으로써 상실될 수도 없고, 약해질 수도 없는 것이다. 그때에 이 행정은, 스멘트의 시원적인 통합, 행정, 법이라는 세 구분에 의하면, 통합목적에 이바지하지 않기 때문에, 전혀 국가에는 속하지 않으며, 그러므로 「사법국가」에서 입법과 사법이 가지고 있는 것과 같은 하나의 국가기능의 성격을 결코 가져서는 안 된다는 것을 상기해야 한다. 통합이론의 명백한 모순들을 스멘트는, 그가 한편으로는 「국가적인 생활형태」이어야 하고, 그러나 다른 한편으로는 「법생활의 요소들」이어야 할, 입법과 사법의 하나의 「이중적 역할」에 대해 언급함으로써 은폐하려는 것이다(S. 99). 이러한 도피의 시도만으로는, 통합이론의 혼란에서 벗어날 수가 없다. 만약 입법과 사법이 동시에 국가적 생활형태들, 즉 통합요소들과 법생활의 요소들일 수 있다면, 따라서 「통합요소들」은 동시에 「법생활의 요소들」이다. 정부·군주·관료·의회·선거·투표·상징 — 이 모든 예시들은, 스멘트가 통합요소들로서 열거하는 것인데, 법생활의 요소들이다. 왜냐하면 국가생활은 예외 없이 법의 형태들 속에서 수행되기 때문이다. 스멘트가 하나의 「이중적 역할」을 보는 데에서는, 실제로 분리할 수 없는 통일, 바로 국가와 법의 동일성이 존재하는 것이다.

스멘트의 논증은 끊임없이 그 근본모순과 동일한 집단(Kreis), 즉 국가는 법이 아니며, 왜냐하면 국가는 통합이며, 법은 통합이 아니기 때문이라는 그것과 동일한 순환논증(circulus vitiosus) 속에서 진행되고 있다. 그러나 법도 또한 통합이며, 법은 그 때문에 국가이다. 사법은 그가 말하는 것처럼, 「국가적인 권력체계의 단편으로서, 말하자면 무(en quelque façon nulle)이다.* 즉 사법은 통합의 가치에 봉사하는 것이 아니라 법가치에 봉사하는 것이다」(S. 99). 통합은 어떠한 가치도 아니며, 그러므로 법가치에 대치될 수 없다는 것은 이미 확인되었다. 그러나 스멘트는 곧 그 후에 「사법도 통합해야 한다」라고 말한다. 이것을 가능하다고 여기지는 않겠지만, 그러나 사법은 통합가치에는 봉사하지 **않지만** 사법은 통합**해야 한다**는 두 문장이, 실제로 불과 몇 행을 사이에 둔 곳에 쓰여져 있다. 그리고 이 모순보다 훨씬 사악한 것은 그것을 은폐하려는 시도이다. 즉 사법은 통합하는 것이다 —「그러나 법공동체로서이지 국가공동체로서는 아니다」. 도대체 스멘트는 그것으로써 모순을 강화할 뿐이라는 것을 모르고 있었을까? 가령 법공동체가 하나의 통합된, 즉 통합에 의한 현실적 공동체일지라도, 법생활의 요소로서의 사법이 통합요소인 경우는 그리하여 국가공동체와 같은 것이다. 따라서 스멘트가 국가적 공동체를 통합요소들에 의해서 통합하고, 그러나 법공동체를 법생활의 요소들에 의해서 단지 「연결」시킴으로써만, 바로 이전에는 식별할 수 있었던 국가공동체와 법공동체가 어떻게 붕괴될 수 있을까? 스멘트가 한쪽의 현실을 구성하는 「통합요소들」과 다른 한편의 현실을 기초 지우는 「법생활의 요소들」 사이에 하나의 본질적인 대립을 전제로 함으로써, 그가 국가의 현실을 법의 현실과 분리할 수가 있다면, 어떻게 해서 국가공동체는 법공동체와 분리될 수 있을 것인가? 이러한 국가공동체와 법공동체의 분리는 이제 스멘트 자신에게도 이미 전적으로 괴상한 것처럼 생각된다. 그가, 즉 국가와 법을 이 논증의 서두에, 두 개의 「그 자체 완결된, 각개의 특별한 가치이념의 실현에 봉사하는 정신적 생활의 영역」으로서 지칭하고 있는(S. 98) 한편, 그는, **법**이 국가와 동일한 가치이념에 봉사한다는 것을 인정하지 않을 수 없기 때문에, 그는 이 조잡한 이원주의를 본질적으로 완화시키고 있다. 그는 사법도 통합시킴으로써 — 국가공동체는 아니지만, 그러나 법공동체를 — 그는 단지 법공동체인 전자는 「적어도 원리상으로는」, 국가공동체와는 다른 하나의 「다른 집단」(Kreis)이라고 주장할 뿐이다. 그러나 원리상에서가 아니라, 즉 「실제적으로」 그것은 같은 집단일까? 바로 그렇다고 스멘트는 이렇게 대답한다. 즉 「비록 그것이 실제적으로 봉사할지라도」 — 통합가치에 봉사하지 않지만, 그럼에도 불구하고 「통합해야 하는」 사법은, 그러나 국가공동체로서가 아니라, 오로지 법공동체만을 통합해야 하는 — 이 사법은 「실제로」「동시에 **국가적인** 통합에 봉사할는지도 모르는 것이다」! 즉, 그리하여 국가공동체는 통합한다. 그럼으로써 국가공동체는 ——「원리상」으로는 아니지만, 그러나 「실제적으로」 — 법공동체로 되거나 또는 반대로 법공동체가 국가공동체로 되는 것이다. 법원은 어느 정도 「실제상」 통합가치에 봉사하지만, 결코 「원리상」 통합가치에 봉사하지 않는다는 것을 어느 정도 신뢰할 수 있다고 믿는다면, — 특히 하나의 전혀 다른 연관에서 — 스멘트에 의하면 결코 단순히 「실제상」이 아니라, 전적으로 원리상 통합가치에 봉사하는 법원과 마주치는 경우에는, 몹시 실망하게 된다. 그것은 예외법원이다. 「예외법원은 그 설치나 형성이 법가치에 봉사하도록 정해져 있는 것이 아니라, 정치적 가치에 봉사하도록 규정된 것이다」(S. 154). 그러나 정치적 가치는 스멘트에게는 통합가치와 동일한 것이다.

그러나 각각의 다음의 고리가 앞서가는 고리를 부정하는 사슬은 아직 닫혀져 있지 않다. 과연 사법은 통합목적에 봉사하지 않음에도 불구하고 사법은 통합「해야」 하는 것이다. 「그러나」「헌법은 분명히 사법을 국가지도로부터 독립시켜 둠으로써, 이 임무에서 해방시킨다」(S. 99, 100). 그리하여 사법은 통합하지 않거나 또는 사법이 이러한 「임무」에서 해방되어 있음에도 불구하고, 그래도 사법은 「실제상」 통합할 것일까? 그러나 사법이 다시 「임무」에서 해방되어 있다면, 왜 여전히 사법은 「통합」해야 하는 것일까? 그러나 특히, 왜 사법이 「독립하고」 있음으로써 사법은 「통합」하는 것을 중지할까? 그것은 이제 통합 - 행정 - 법(입법과 사법)이라는 세 구분에 의해서 통합의 원천으로서, 말하자면 오직 —「통치」(Regierung)가 남아 있기 때문이다. 행정과 사법(입법도 포함해서) 은 좁은 통합영역 밖에 있다. 스멘트는 여기서 — 그의 시원적인 세 구분으로 되돌아와 — 통합으로서의 **국가**를 통치와 동일시한다. 사법은 통치로부터 독립해 있기 때문에, 사법은 통합에서 차단되어 있다 — 이것은 가장 소박한 실체화에는 바랄 여지가 전혀 남아 있지 않다는 하나의 관념이다. 여하튼 그것은 단순 명쾌라는 장점을 가지고 있다. 그러나 그 관념은 스멘트를 하나의 새로운 어려움에 빠트리고 있다. 행정은 결코 통치로부터 독립해 있지 않으며, 그리고 행정도 또한 — 시원적인 세 구분에 대응하여 — 통합가치에 서가 **아니라** 행정가치에 봉사하고 있다. 종래의 이론은, 행정을 **법**의 영역에서 분리하는 데에 만족했다. 그러나 스멘트의 통합이론은 뿔을 고치려다 소를 죽이는 격이었다. 그것은 행정을, 이 경우 통합의 영역이며, 통합가치의 영역인 **국가** 영역으로부터 분리시켰다. 그리고 이제 행정을 다시 국가 속에 끌어 넣으려고 애쓰고 있다. 우리는 그것을 다음과 같이 해서 이루어 낸다. 이전에는 본질적으로, 행정이 통합가치에 봉사하는 것이 **아니라** 복지가치에 봉사함으로써 특징지워진 행정, 즉 이 행정은 — 그렇게 스멘트가 **이제** 말한다 — 단지 「**먼저 기술적인** 행정가치에 의해서만 지배되는 것이다」(S. 100). 그러나 「통치 아래에 행정을 둠으로써」그것은 「적어도 **자칫하면** 정치적 가치에 의해서, 통합가치 에 의해서도 지배된다」(S. 100). 이것을 스멘트가 — 몇 페이지 뒤에서(S. 131) — 단순히 「기술적 법」으로서의 **행정**법(Verwaltungs-Recht)을 독자적인「통합법」(Integrations-recht)으로서의 국가법(Staats-Recht)과 구별하는 것을 방치하고 있다!

언제나 그것이 지금 표방하는 것과는 반대되는 설을 주장하는 하나의 이론에 대항하여, 스멘트가 우선 다수의 서로 독립된 통합요소들을 주장하고, 통치를 유일한 통합의 원천으 로서 취급한다는 것 속에 존재하는 모순을 무시할 수 있을 것이라는 것을 전제로 하여, 바로 행정은 행정**법원**에 의하거나 또는 통치에서 **독립하여** 설치된 합의제 관청 (Kollegialbeförde)에 의해서 국가지도에 대항하며, 사법이, 또한 그러므로 후자가 통치에 서 유래하는 통합에 관여할 수 없는 상황에 있기 때문에, 통합가치와 행정가치 간의 차별에 의해서 통합체계로부터, 그리고 그 때문에 국가영역에서 분리된 행정을 후자 속에 다시 집어 넣으려는 이 시도는, 대부분의 행정에서 반드시 실패하고 만다는 것을 지적하는 것은 거의 가치 없는 일이다. 그러나, 여기서 스멘트에 의해서 요구된 **변증법적인 진폭**의 방법이 하나의 이미 능가할 수 없는 최고의 능률을 올리고 있다는 사실을 인정하지 않으면 안 된다. 사법이 법가치와 통합가치 사이에서 진폭하는 것과 마찬가지로, 행정은 통합가치와 행정(복지)가치 사이에서 매우 신속하고 융통성을 발휘하여 여기저기로 진폭 하기 때문에, 실제로는 뱀과 같이 몸을 도사리고 있는 이러한 개념들의 머리를 붙잡고 그들 개념들의 두 혓바닥을 눌러 빼내는 것은 어려운 일이다.

5. 입법·통치·독재

통합이론을, 모든 표준적인 기능들을 비국가적 기능들로서, 그러나 동시에 국가적 기능들로서 주장하도록 강요하는 유지할 수 없는 국가와 법의 이원주의는, **입법**에 대하여 필연적으로 특히 어려운 상황에 처하게 된다. 왜냐하면 바로 이러한 기능에서 **국가**는 권위로서 특히 명백하게 나타나고, 그리고 바로 그 기능 가운데에서 우리는 이 과정이 사법(司法)의 궤도 위에서 또는 행정의 궤도 위에서 계속하고 있는가의 여부는 관계없이,

법의 생성과정의 특히 함축성 있고 중요한 단계를 인정하지 않으면 안 되기 때문이다. 실로 **법**은 옳지 않은 방법이지만 대체로 **법률**과 동일시되는 것이 통례적인 방법이다. 국가와 법질서와의 동일성이 그 어떤 기능에서 명백하다면, 바로 입법[기능]에서 명백하다. 특히 입법의 기능에서 이러한 동일성을 부인하는 것은 불가능한 것처럼 생각된다. 왜냐하면 법률을 국가의 기능으로서 뿐만 아니라 하나의 이「담당자」와는 다른 법의 기능으로서 설명함으로써, 두 개의 다른 주체를 동일한 기능으로서 구성하려는 시도, 즉 동일한 기능을 두 개의 다른 실체에로 가설화(假說化)하려는 시도는 방법론적으로 허용되지 않는 것이 너무나 눈에 띌 정도로 명확하기 때문이다. 바로 이러한 시도를 스멘트는 하고 있다. 그리고 그는 그때에 이미 본래적으로 매우 의문시되는「형식적 의미에 있어서의 법률」과「실질적 의미에 있어서의 법률」* 간의 구별을 서로 분리된 국가의 영역과 법의 영역으로 입법을 분할하는 것에 이용하려고 하는 자포자기의 생각에 빠져들고 있는 것이다. 그는 **형식적인** 입법은 국가의 기능이며, **실질적인** 입법은 법의 기능이라고 진지하게 주장한다. 그것은 ― 곧바로 명확해지지 않는 ― 다음 문장의 의미이다. 즉「국가제도와 법제도는 동시에 쌍방의 제도들에 있어서 최고의 기능의 역할을 하는 입법에서 서로 매우 긴밀하게 발전해 오고 있는 것이다. 입법은 한편으로는 국가의 하나의 내재적인 기능이며, 국가적 권력분립의 일부분이며, 따라서 이 특색에서 집행과 관련하여 규정되는 것인, 즉 그것은 오늘날의 정식(定式)이 기술하고 있듯이, '형식적 의미에 있어서의' 입법이다」.「그것은 다른 한편으로는 법생활의 일반적・규범적 기능, '실질적인 입법'이다」(S. 100). 스멘트는 그 때에 이른바「형식적 의미에 있어서의 법률」은 결코 어떠한 법률도 아니며, 오직 **형식**에 불과하며, 더구나 **특정한 헌법** ― 입헌군주제와 의회주의적 공화국의 헌법 ― **에 의해서** 성문화된 **법률의 형식**에 불과하다는 것, 그리고 그러므로 하나의「형식적 의미에 있어서의 입법」은 실재적인 **기능**으로서는 전혀 존재하지 않는다는 미미한 것을 간과하고 있을 뿐이다. 하나의 법률 ―「실질적인 법률」이라는 것은 이미 하나의 쓸데없는 어구인 ― 이외에 무엇인가 헌법에 의해서 법률로써 성문화 된 특수한 형식, 예컨대 공용징수 또는 한 외국인을 국가단체에 채용하는 것과 같은 행정행위를 갖는다면, 그것은 **기능적으로** 하나의 행정행위이며, 또한 행정행위로 머무르며, 어떠한 법률로도 되지 않는다. 즉 **그 밖에는** 법률들만이 가지는 형식을 가지고 있는 행정행위이다. 기능으로서의「입법」은 ― 오직 아주 특정한 헌법에 의해서만 국가원수의 승인 또는 발포를 수반하는 의회의 의결이라는 특정한 형식에 구속된 ― 일반적인 규범들의 창출을 의미한다. 그리하여 ― 부정확하고 그릇되게「실질적인」 입법이라고 말하게 되는 것이다. 외관상으로는 두 개의 상이한 입법기능을 나타내는 것처럼 입법의 개념을 분할하는 것은 그럼으로써 **하나의** 가상 대신에, 곧바로 **두 개의** 가설의 대상에 이르는 이외의 어떠한 목적에 대해서도 행해지지 않는 하나의 논리적인 착각이다.

　스멘트에게는 형식적인 입법기능과 실질적인 입법기능을 분리할 때에,「'법률'이라는 말이 나오는 대다수의 헌법규정들은 오직 이러한 형식적인 개념을 기초로 두는 것 아래서만 만족할 만한 의미를 가진다」(S. 100)라는 데에 관련 지움이 아주 특징적이다. 이와는 확실히 반대되는 것이 진실이다! 스멘트의 주장은 그것으로 인하여 국법학설이 하나의 **보수적인** 의미에서 입헌군주제의 헌법해석에 새로운 해석을 결부시키려고 한 전형적인 해석이다. 만약 이 헌법에서「법률」이 장래 이미 군주에 의해서만이 아니라, 국민의회와 협력하여 군주에 의해서 제정되어야 한다 ― 그리고 그것은 결정적인 연관이며, 그 연관에 있어서 이러한 헌법들 중에「법률들」이 말해지고 있으며, 거기에 바로 절대군주제로부터 입헌군주제로의 이행이 있는 것이지만 ― 것을 의미한다면,「법률」은 이 경우 도리상 오직「실질적 의미에 있어서의 법률」, 일반적인 법규범들의 창출만을 의미할 수 있을 뿐이다. 그러한 법설정(法設定)이 의회와 협력해서만 가능하고, 실질적 의미에 있어서의 법률이 특수한 **법률형식**을 가져야 한다는 것은 입헌군주제의 근본원칙이다. 그 제한으로서만 제2의, 입헌군주제의 헌법에 대해서 특징적인 다음과 같은 명제가 이해될 수 있다. 즉 명령은 **법률에 근거해서만** 발포할 수 있다는 것, 즉 의회에 의해서는 완결되지 않고 국가원수에 의해서 승인되거나 또는 발포되는 일반적인 법의 규범들은 법률의 형식으로 성립한 일반적인 법의 규범들보다도 정치(精緻)한 집행 속에서만 발포될 것을 필요로 한다는 명제이다. 군주가 입헌군주제에로의 이행을 통해서 체험한 권력의 상실을 가능한 한 경감하려고 노력하는 속에서, 하나의 보수적인, 정치적으로 완전히 군주제원리를 목표로 한 국가이론이 헌법전에서의「법률」이라는 말을 **형식적** 의미에 있어서의 법률로서 해석하려고 하는 그 밖의 해석기술하에서도 적용되는 것이다. 왜냐하면 그럼으로써 군주에게는 입법의 가능성이 ― 그것을 군주는 헌법의 의도에 따라서 의회와 서로 나누어야 했을 ― 적지 않은 부분에 독자적이고 의회를 배제한 채로 유지되어 남아 있기 때문이다. 법률은 군주와 의회의 공동에 의해서만 발포되어야 한다는 입헌군주제의 근본원칙은, 형식적 의미에 있어서의 법률은 더욱 정확하게 말하면, 법률형식은 법률형식 속에서만 나온다는 것을 필요로 한다는 동어반복에로 약화된다. 그러한 방법으로 누가 법률을 발포하게 되어 있는가 하는 문제는, 법률의 형식을 확정함으로써 ― 하나의「형식적인 입법」이란 제도에 의해서라고 하지만 ― 빠짐 없이 규정되지 않은 것처럼 생각되기 때문에, 국법이론은 헌법 속에서 충분한 돌파구를 만들었으며, 그 돌파구에 의해서 국법이론은「제1의적인」,「형식적 입법」에 의해서 오로지 제한되었지만 제고되지 아니한「고유한」 군주의 입법권을 도입할 수 있었던 것이다.「형식적 의미에 있어서의 법률과 실질적 의미에 있어서의 법률」간의 구별에 대한 정치적인 배경은 하나의 관용어로서는, 그 말의 오류가 오로지 ― 헌법에 의해서 규정된 ― 법률의 **형식**에 불과한 것을 **법률**이라고까지도 지칭하는 하나의 이론의 계기들로 보이듯이 악의 없는 것은 결코 아닌 것이다. 하나의 국가영역을 하나의 법영역으로부터 분리하는 경향 일반과 마찬가지로,「형식적 입법」을 국가의 기능으로서, 실질적인 입법을 법의 기능으로서 해명하려고 하는, 이 군주제 이후에 생겨난 시도 역시 입헌군주제의 보수적 이데올로기에서 유래하는 것이다. 이와 같은 이데올로기에 있어서 편집(偏執)은 스멘트를 귀결들의 불가능성에 대해서 맹목적으로 만든다. 「형식적 의미에 있어서의 입법」은 국가의 기능으로서 그 「집행」과 관련해서 규정되어야 한다. 즉 그 관련은 행정과의 관련이며, 사법에의 관련은 아니다. 그러나 도대체 행정에 있어서 수행되는 것은 단순한 입법의 형식인가? 그것은 **실질적** 행정법률은 아닐까? 그렇지만 스멘트는 어떠한 희생을 치르더라도 입헌군주제의 시대로부터의 보수적 국법이론의 팔다 남은 가장 낡은 상품을 다시 생활 속으로 불러서 되돌아오게 하는 것, 특히 행정을 법적 기능으로서 타당하게 하지 않는 것만을 문제로 삼는다. 행정법률(Verwaltungsgesetz)이 오늘날 효과에 있어서나 범위에 있어서도 사법법률(Justizgesetz)에 뒤떨어지지 않음에도 불구하고, 행정절차가 점점 더 사법절차에 동화되고, 그리고 사법과 행정 간의 어떠한 종류의 **양적인** 차이도 양자 간에는 그들의 법적 성격에 관하여 하나의 **질적인** 차이가 존재하며, 그 결과 따라서 한쪽은 전체적인 법이며, 다른 한쪽은 절반뿐인 법이라는 ― 결코 정당하지 않은 ― 오해에의 계기를 여전히 부여할 수 없음에도 불구하고, 스멘트는 여전히 「행정이 **고유한** 법을 설정할 수 있는가 여부의 의문이」 「충분히 진지하게 받아들여지지 않는다」는 것을 경고해야 한다고 믿고 있다」(S. 101). 더구나 그는 행정**법** 교수인 것이다! 그것은 과연 「법」이지만, 그러나 결코 ―「고유한」 법은 아니며, 명백히 하나의 고유하지 아니한 법이다. 그러나 무엇을 기초로 우리는 「고유한」 법을 인식하는 것일까? 그것은 법률의 단계에서는 용이하지 않을 것이다. 예컨대 의무적 노동보험에 관한 법률은 개인연금보험에 관한 법률과 아주 마찬가지로 법률 ― 형식적이고 실질적인 법률 ― 이다. 한 쪽은 행정관리에 의해서, 다른 한쪽은 법관에 의해서 적용된다는 것은 아마 하나의 조직상의 구별이다. 그러나 노동보험법의 적용을 어떠한 이유들에서 법원으로 옮기는 입법자가 좋다고 한다면 어떨까? 그 경우는 노동보험「법」은 고유하지 아니한 법에서 고유한 법으로 되어야만 했을까? 그러나 스멘트는 하나의 다른, 그가 여기서 믿는 것처럼 보이는 확실한 기준을 부여하고 있다. 법생활은 「정의」의 가치 아래에 있다(S. 101). 법은 그리하여 「본래적으로는」 정의를 의미한다. 그러나 거기에서는 자유주의를 경멸하는 이 인물은 그가 그것을 깨닫지 못하고 하나의 참된 자유주의적인 편견에 **빠진** 것이다! 왜냐하면 본질적으로 인과응보를 목표로 하는 형사재판과 민사재판만이 정의에 봉사한다는 것, 즉 그러나 이 재판에 의해서만 정의가 실현된다는 것, 이것이 국가를 재판기능에 한정하는 **자유주의**의 근본견해이기 때문이다. ― 이 자유주의에 있어서도 ― 정의의 이념에 의해서 정당화되어야 하는 것이 **국가**이다. 그리고 국가는 「법」, 즉 그러나 이 경우 **법원법**(G e r i c h tsrecht) 이외의 아무것도 실현해서는 안 되기 때문에, ― 그 속에 바로 자유주의적인 이른바 「법치」국가의 이념이 있다 ― 정의의 이념은 법원법의 이러한 협의의 법개념으로 경감되지 않으면 안 된다. 그리하여 「유스티티아」(Justitia)로부터 사법이 발생한다. 정의는 사법 속에만 두어져 있다는 것은 국가가 사법에만 업무를 한정하지 않으면 안 된다는 것과 완전히 같은 것을 의미한다. 한 쪽은 다른 한쪽의 정당화적 이데올로기에 불과하다.

그리고 국가적인 기능이 사법을 초월하여 **행정**에로 확대되는 것과 같은 정도로, 정의가 이러한 국가의 활동에 대한 이념으로서도 또한 인정된다. 또는 법률이 노동자의 보호를 위해서 발포되고 — 그리고 — 행정에 의해서 적용되는가의 여부, 그리고 어떻게 그렇게 되는가 하는 것은 어떠한 정의의 문제도 아닐 것일까? 모든 사람들이 교육과 건강에 관하여 국가의 이름으로 배려되는가의 여부, 그리고 어느 정도 그렇게 되는가라는 것, 또는 경제적으로조차 욕구를 만족시키는 데에 충분히 강력한 사람들에게 욕구에 대한 배려를 맡겨야 하는가의 여부라는 것은 어떠한 정의의 문제도 아닐 것일까? 국가가 단순한 사법국가(司法國家)로부터 행정국가, 즉 구빈국가(救貧國家), 복지국가로 되는 것과 같은 정도로, 정의의 이념도 또한 오로지 **사법**에 있어서만 구체화 된 **응보적** 정의로부터, 특히 **행정**에 의해서 실현되어야 하는 **배분적** 정의에로 확대된다. 「기본적인 규정규범의 유스티티아」(justitia fundamentum regnorum)는 이미 행정국가이었던 절대주의적인 경찰국가의 수단이기도 하였다. 나는 스멘트가 이러한 근본원칙을 바로 그것이 경찰국가의 주요한 기능에 관한 한에서만 단순한 이데올로기로서 끝내는 것을 결심할 수 있을 것이라고는 믿지 않는다. 확실히 행정은 자유주의적인 이론에 의해서 오직 사법에 대해서만 요청되었던 이념 아래 치우쳐 있기 때문에, 행정에 의해서 실현되어야 할 배분적 정의를 통하여 사법에서 사용된 응보적 정의가 바로 쓸모 없는 것으로 되어야 할 것이다. 정의의 이념은 바로 오직 그 이념이 **국가**의 이데올로기이기 때문에만, **법**의 이데올로기인 것이다.

  우리들이 보아 왔듯이, 대부분 자유주의적인 이러한 전제들로부터 스멘트는 「형식적인 입법」과 행정은 — 그는 매우 그릇되게 「입법부와 집행부」라고 말하지만 — 「단지 국가 내에서만 생각할 수 있는 것이지만, 이에 반하여 실질적인 입법과 법선언은 국가와는 별도로도 생각할 수 있다」라는 결론에 도달한다(S. 102). 형식적 입법, 즉 입헌군주제와 의회주의적 공화제의 특수한 입법형태는 확실히 국가 내에서만, 더구나 **이들** 국가들에서 만 가능하다. 그리고 「입법」은 만약 사람이 그 말에서 대체로 일반적인 규범들의 설정을 이해하고 있다면, 국가의 외부에서도 가능하다. 그러나 왜 「행정」이 법선언과 마찬가지로 「국가를 제외하고 가능」해서는 안 되는가 라는 것은 솔직하게 발견하기 어렵다. 만약 하나의 비국가적인 재판이 존재해야 한다면, 아마 더 오히려 하나의 비국가적인 행정이 존재하지 않으면 안 될 것이다 — 스멘트가 그것을 종래 사용하여 왔듯이, 이 개념이 특수한 의미로 사용된다면 — 즉 궁극적으로는 강제행위로 흘러들어가는, 하나의 권위적인, 상대적으로 최고의 조직의 기능들로서 — 오로지 바로 그 때문에 법의 기능들의 성격을 가지고 있는 국가적인 기능들로서만, 실제로는 행정이나 법선언과 아주 마찬가지로 입법이 존재하는 것이다. 왜냐하면 그것은 바로, 그것이 또한 **그것만이** 그 기능들로서만 행정과 재판이 특수한 의미에서 등장할 수 있으며, 그 가운데서만 그것들에 관하여 스멘트가 말하는 하나의 강제질서의 성격을 가진다는 국가적 법질서 또는 법적 국가질서의 본질적인 것이기 때문이다.

지금까지 살펴본 바와 같이, 스멘트 자신이 유지할 수 없는 통합 내지 국가-행정-법이라는 스멘트의 세 구분은 특히 전통적인 이론에서는 ― 그럼에도 불구하고 오직 기능들을 **정치적으로 평가하는** 고찰의 견지에서 볼 때 ― 불리하다고 생각되는, 국가의 하나의 활동을 특히 지적하려고 하는 목적을 가지고 있다. 그것은 **통치**(Regierung)이다. 「통치」의 권한에서 행정의 기능들이 입법(법률발안)과 재판(법관의 임명)의 기능들과 결부되어 있기 때문에, 국가기능이론들에 있어서는 최고의 행정기관의 활동에 대해서 어떠한 고유한 개념도 필요하지 않다는 것을 나는 나의 상론『일반 국가학』에서 지적하였다.[31] 스멘트는, 통치는 「하나의 사물의 성질에 의해서 요청된 특수한 통합과제를 가진 기능이다」라는 것 이외의 어떤 것을 가지고서도 그의 정반대의 입장을 기초 지우지 못한다는 것을 알고 있다(S. 102, 103). 그러나 그것을 가지고서는 의회, 국가적인 문장(紋章), 깃발 등등의, 바로 마침내는 국가 일반의 본질과 아주 마찬가지로, 헌법의 본질을 「통합」 가운데에서 발견하는 이론의 입장에서 보면, 아무것도 획득할 수 없었던 것이나 다름없다. 특히 그러나 통치의 통합기능에의 언급은 이미 다음의 이유에서 그것을 행정에 대하여 구별하는 데에 적합하지 않은 것이다. 그 이유란 스멘트가 이 경우, 바로 행정의 본질을 ― 관료제의 활동으로서 ― 어떤 단지 기술적인 기능을 제시하는 것이 아니라 통합을 제시함으로써 실로 비로소 정당하게 인식하였다고 굳게 믿는 것이다(S. 30). 통치가 하나의 특수한 통합을 의미한다면, 통합이론은 완전히 ― 당연히 그 아래에 깊게 존재하는 ― 통치를 특별한 성질을 가진, 즉 특수한 행정으로서 설명하는 전통적 학설과, 통치와 행정의 관계들의 개념규정에서 어떤 점을 통해서도 구별되지 않는다. 스멘트가 **독재**(Diktatur)를 결부시켜서 제기하는 것이 아니라면, 그가 여기에서 「통치」에 관하여 말하는 것은 그 밖의 점에서는 거의 말할 가치가 없을 것이다. 무릇 하나의 특별한 종류의 통치로서가 아니라, 이것과 **더불어** 하나의 특별하고 직접적인 종류의 정치적인 **통합**으로서는 말할 가치가 없을 것이다(S. 105). 왜냐하면 이 이론은 독재의 본질을 또한, 「통합가치」가 그 「규범적 원리」이며, 또한 「그것에 그 특수한 지위」를 부여한다는 것에서 인정되기 때문이다(S. 103). 개념적으로 구별해야 할 과제를, 그것은 그것이 파악하는 것 모두를 단순히 「통합」으로서 낙인 찍고 있다는 사실로써 족하다고 믿는 이론의 자기환상에 관해서는 실제로 놀라지 않을 수 없다. 미리 객체에 통합표지를 부여하지 않고도 가능하였을 방법으로 나중에 특별한 대상과는 다른 계기를 규정하는 것 이외에는 물론 아무것도 남아 있지 않다. 그리하여 **독재**의 규정에서도 그렇다. 독재는 하나의 예외상태이며, 그 아래에서 이 기능들의 하나의 특별한 형식에 자리를 마련하기 위해서 입법, 행정 그리고 재판이란 통상의 형식이 뒤로 밀리고, 그리고 그러한 특별한 형식 아래서는 입법, 행정 그리고 재판은 다소간 동일한 기관의 수중에 집중되는 것이다. 이러한 관념은 스멘트의 논술 중에도 숨어 있거나 또는 그들 논술의 전제가 되고 있다. 그러나 이러한 관념은 다수의 미미한 현란한 문구(Arabeske)로 뒤덮여 있다. 스멘트에

---

31) A. a. O., S. 244 ff. (역서, 346면).

있어서 사법, 행정 그리고 통치는 법가치, 행정가치 그리고 통합가치로서 등장하며, 독재에 의해서 특히 통상의 통치, 스멘트의 특이한 어조로는 「통합가치」가 밀어 내어지기 때문에, 어느 것이나 또한 특히 독재를 「통합」으로서 특징짓고 있는 이론에 대해서는 하나의 기묘한 어려움이 발생하는 것이다. 만약 독재의 본질이 바로 그것이 통합가치, 즉 「통치」「대신에」 등장하는 데에 있다면, 어떻게 하여 독재를 본질적으로 통합가치에 의해서 규정할 수 있을 것인가? 해결은 이에 못지않게 기묘하다. 그리하여 즉, 통합가치는 하나의 「수정」(修正, Modifikation)에서 독재로서 나타난다. 이 수정은 그것이 ― 통합가치가 ― 「겨우 외면적인 현실에의 그 투영 속에서」 나타날 뿐이라는 데에 존재한다(S. 103). 지금까지 「통치」로서의 통합가치는 「내면」의 현실로 투영된다는 것을 경험하지 않았다. 이러한 「외면의 현실에의 투영」은 그때 바이마르 헌법 제48조에서 「독일 라이히 에서의 공공의 안녕질서」라는 문언이 인용됨으로써 더욱더 이해되는 것은 아니다. 그리고 이제 「이러한 수정에서 그것은」 ― 통합가치는 ― 「독재-'조치'(전게 제48조)라는 행정에 유사한 기술적 권력을 위하여 자신의 창출업무에 있어서 활동의 여지를 얻기 위하여, 때때로 법가치, 복지가치를, 심지어는 통합가치까지도 밀어내고 있다」는 것을 의미하고 있다(S. 104). 의미를 확정하기 위해서 먼저 ― 말로든 관용이든(sit venis verbo) ― 사상(思想)의 골자를 노력하여 끌어내지 않으면 안 된다. 즉 그 골자는, 독재에 본질적인 것인 통합가치는 통치에 본질적인 것이기도 한 통합가치를 밀어내며, 그리하여 아마 자기 자신마저 밀어내는 것이지만, 독재권력 ― 그리하여 통합가치 ― 에 대해서 활동의 여지를 획득하기 때문이라는 것이다. 통합가치는 그때에 「자기 자신의 창출이라는 직무 속에」 존재하는 것이다. 그러나 도대체 왜 통합가치는 자기 자신을 위하여 여지를 만들어 내기 위하여, 즉 자기를 재창출하기 위해서 모든 세계에서 자기 자신을 밀어내는 것일까? 스멘트가 통합개념을 그가 통합개념에 의해서 특징 지우려는 특별한 객체와 대신할 만큼 조심성이 없으면, 통합개념의 완전한 내용상실이 바로 드러나는 것이다. 만약 「독재」 가 「통치」, 즉 통합과 동일한 것이라면 ― 이 체계 속에서는 **모두가** 통합이다 ― 따라서 독재에 의한 통치의 대체는 간단히 말해서 이해가 안 간다. 스멘트는 물론, 상황의 불가능을 느끼고, 그가 ― 최후의 순간에서 말하자면 ― 독재권력인 「통합」과 「통치」인 통합 사이를 구별하려고 함으로써 상황을 구출하려고 한다. 그럼에도 불구하고 이 공공연하고 또한 말할 필요도 없는 김빠진 문구가 상세하고 엄밀하게 규정하지 않고, **통치**의 원리로서 의 통합이 **독재**의 원리로서의 통합과는 다른 의미를 가진다는 이 주장, 그리고 어째서 제1의 경우의 의미가 제2의 경우의 의미보다 하나의 「완전하고 보다 깊은」 의미인가 라는 이 주장을 기초 지우려는 가장 경미한 시도조차도 하지 않고, (독재의) 통합가치에 의해서 밀려나는 (통치)의 통합가치는, 즉 「그보다 관습적인, 보다 완전하고 보다 깊은 의미에서의」 통합가치이어야 할 것이다 (이러한 말들은 전술한 인용문에서는 생략되어 있고, 미세한 점으로 바꿔 놓아져 있다). 그리고 스멘트는 그 때문에 통치를 아직 전혀 독재와 구별하지 않았다는 것을 명확히 알아챘기 때문에, 그는 그것을 더구나 「독재조치의 권력」은 ― 이들 조치 중에 실로 독재권력이 존재하지만 ―「행정에 유사한 기술적인」
권력으로서 표현된다는 또 하나의 다른 기준을 가지고 추구한다. 그럼으로써 스멘트는
이제야말로 더 궁지에 빠지고 있다. 왜냐하면 그럼으로써 그는 단지 지금 가장 강조한
행정과 통치 간의 구별을 반만큼 다시 폐기하고 있을 뿐만 아니라 ― 그는 단지「행정에
유사한」기능들의 중간 범주의 접합에 의해서 구제된다 ― 그는 또한 그가 매우 크게
강조한 통합적 활동과 기술적 활동 간의 본질적인「대립」에 관한 인식을 물속에 던지고,
더구나 전부 포기하기 때문이다(S. 29).

　이들 모두가 독재의「이론」으로서 진지하게 고찰될 수 없다는 것은 자명한 일이다.
그러한「이론」은 또한 전혀 문제로도 되지 아니한다. 백 명의 독자 중 거의 한 명조차도,
이처럼 혼란케 하는 사고(思考)의 노정(路程)은 현실적으로도 숙고하며 추구하는 일은
없는 것이다. 대부분의 사람들에게 영향을 미치는 것은 그중에서 이 독재에 관한 논술이
계속 유지되어 온 일반적인 분위기뿐이다. 그리고 이러한 분위기는 독재에 대한 하나의
은연 중의 호의에 의해서 충족되고 있다. 과연 스멘트는 ― 독재의 인식에 적합한 가치를
독재의 정치적 가치와 그렇게 명백하게 구분하지는 않지만 ― 국가의 본질을 가장 순수하
게 독재 가운데에서 발견하는 슈미트만큼 광범하게 나아가는 것을 거부하고 있다. 그러나
스멘트가 통치와 더불어 독재에 부여하는 ― 논리적·체계적으로는 전혀 정당화될 수
없는 ― **특수한 위치**에 의해서, 그리고 아마 대부분의 독자가 행정가치와 법가치보다도
그것이 우수하다는 것을 믿고 있을 **통합가치**로서의 확고한 성질을 부여함으로써, 예컨대
독재에 관한 논술을 스멘트가 의회와 의회주의에 바치고 있는 논술과 비교하면, 사람들이
특히 분명히 감지하는 독재에 대해 매우 유리한 하나의 근본적인 정서가 이루어진다.
정치적 **가치판단**에 대한 표현으로서 스멘트가 사람들이 이것을 **독재의 변호**로서 파악하는
것 속에 그의 객관적인 이론의 오해를 인정할 권리를 가지고 있기에는, 그는 통합의
개념을 지나치게도 많이 또 너무나도 자주 사용하는 것이다.

6. 국가형태들

　스멘트에 의하면「국가형태」의 문제는「국가이론과 특히 헌법이론의 가장 어렵고
동시에 그들의 왕위를 차지하며 또 궁극적인 문제」이기 때문에(S. 110), 이 문제가 통합이
론에 의해서 얻게 되는 해결책은 그 가치를 매우 특별히 평가하지 않으면 안 된다.
그런데 바로 이 장에서는 그 높은 요구(Prätention)가 그 성과와 너무나도 어울리지
아니한다. 지금까지 국가형태들에 관한 학설에 기여한 것의 거의 전부가 완전히 그릇된
것으로서 부정된다. 먼저 통합이론은 오랫동안 열망되었던 광명을 들고 나온다. 실제로는
물론 우선 통합이론을 단지 그와 같이 특징짓고 있는 애매화(曖昧化)의 시론(試論)을
제기할 뿐이다. 부질 없이 사람들은 스멘트의 토대에서, 그에 의해서 참으로 받아들여진
국가형태의 개념의, 하나의 명확하고 일의적(一義的)인 개념규정을 찾을 것이며, 쓸데없

게도 그것으로 여러 가지 국가형태들이 구별되는 하나의 명확하고 일의적인 기준의 규정을 찾을 것이다. 완전히 막연히, 「국가형태의 문제에 있어서는 통합체계의 문제가 중요하다」는 것이 주장된다(S. 112). 그러나 바로 그 인식영역의 모든 객체에 「통합」이라는 레테르를 붙이려는 것에 만족할 만한 이 모든 국가학설의 문제들에 있어서는 그것이 문제이다. 여하튼 여기에서, 통합체계의 문제 — 그것으로써 국가형태의 문제가 지칭된다 — 가 「통합요소들을 결합하는 유형들」의 문제로서 규정됨으로써 좀 상세히 논해지고 있다(S. 112). 여러 가지의 국가형태들은 그리하여 통합요소들의 여러 가지의 결합이며, 이리하여 우선 첫째로 가능한 통합요소들을 식별하지 않으면 안 될 것이다. 유감스럽게도 스멘트는 이 선결 문제를 다루는 때에는 가능한 통합요소들을 남김 없이 서술하는 것이 적합하지 않다고 믿은 것이다. 그는 주의 깊게 오로지 인적, 기능적 및 사물적 통합의 요소들이라는 몇 가지의 견본이나 예시들을 든 것에 불과하였다. 그러므로 스멘트가 적어도 거기에서 여러 가지의 국가형태들이 발생하는 이들 세 가지 요소들의 여러 가지 결합을 제시할 것이라고 기대할 수 있을 것이다. 그러나 유감스럽게도 **사물적** 통합에만 근거하여, 그리고 **기능적** 통합에만 근거하여 어떠한 국가도 기초 지울 수 없다는 것 이외에는 아무것도 경험하지 못하는 것이다(S. 112). 이것은 내가 보는 한에서는, 아무 곳에서도 언급하지 않음에도 불구하고, 그것은 스멘트에 따르면, 인격적 통합에만 근거해서도 가능하지 않다는 것을 추정해도 좋다. 확실히 어떤 국가에서도 세 가지의 모든 — 아마 또 다른, 스멘트와 그러므로 그의 독자들에게도 아직 알려져 있지 아니한 — 통합의 종류들이 관여하고 있는, 즉 결합하고 있음이 틀림 없다. 이러한 주장을 가지고 적어도 이 장은 끝마치고 있다. 즉 「여하튼 국가형태들은 포괄적인 전체성에 관한 통합체계들을 의미하고 있다. 그러므로 그것들은 필연적으로 모든 통합의 종류들을 편성하고 있으며, 따라서 그것들은 같은 정도로 모든 국가기관들 내지는 국가기능들을 각각 따로따로 빠져나가지 않으면 안 되었던 구조원리로서 이해해서는 안 된다(S. 115). 그것에 의해서 하나의 국가형태가 다른 국가형태와 구별되는 통합요소들 내지는 통합 종류들의 특별한 결합이 어디에 존재하는가 하는 본래적인 문제는 유감이지만 대답되지 않은 채 있으며, 그와 함께 국가형태들의 문제는 — 적어도 통합이론의 견지에서 — 해결되지 않은 채 남아 있다. 그 대신에 국가형태의 개념이 결국 국가의 개념으로 해체된 것이다. 왜냐하면 「포괄적인 전체성에 관한 통합체계들」로서 스멘트가 「통합체계의 통일 — 서로 관계하는 통합형태들」이라는 제목 아래 국가 또는 국가의 현실을 제시하였기 때문이다(S. 56 ff.).

스멘트가 국가형태들에 관하여 결정적으로 언급하는 것을 알아보려면, 「국가형태들」이라는 장에서 통합에 관하여 말한 것을 모두 — 그것은 바로 다른 장들에 있는 것과 같은 것이지만 — 태연하게 생략할 수 있다. 그것은 본질적으로는 국가형태에 관한 세간의 교과서나 핸드북의 어디에서나 발견할 수 있는 것과 동일한 것이다. 스멘트는 두 개의 국가형태, 즉 **군주제**와 **공화제** 간에 구별을 하지만, 그러나 공화제의 개념을

민주제의 개념으로 바꿔놓아야 한다고 믿고 있다. 그것은 그만큼 독창적인 것은 아니며, 그것은 이미 또한 규범적 국가이론이 행하여 온 것이다.32) 그러나 아마 그는 하나의 새로운 구별의 기준을 제기하는 것일까? 이제 스멘트에 의하면 민주제와 구별되는 군주제의 본질이라는 것은 어떠한 것인가? 군주제는 「본질적으로 논구되지 아니한 가치들의 하나의 세계에 의해서 통합한다」는 것이다(S. 113). 이와 같이 아주 불명확한 주장을 사람들은 그대로 결정하지 않고 둔다. 왜냐하면 그럼으로써 군주제는 스멘트에 의하면, 그러나 어떠한 국가형태도 아닌 **의회주의**로부터만 구별되는 것이다. 왜냐하면 의회주의는 **자유주의적**인 것이며, 「자유주의적 국가형태」 일반은 「어떠한 국가형태도 아니기」 때문이다(S. 112). 그는 그러나 그 이상 증명되지 않는 것을, 즉 단순히 기능적 통합에 근거해서만 기초 지우려고 한다.33) 민주제는 그러나, 「바로 군주제와 마찬가지로 하나의 내용에 의해서 함께 묶은 국가형태」이다(S. 113). 「군주제와 민주제는 양쪽이 하나의 일정한 사물내용에 있어서 그것들의 궁극적인 본질적 특징을 가지며, 또 그것들의 쌍방에 의해서 그것들의 특수한 정통성을 그것들의 특수한 에토스와 파토스를 가지고 있는 한」 국가형태 아래에서 하나의 집단을 구성하고 있다」(S. 115) ― 그것은 이 경우, 마치 스멘트가 군주제와 민주제 외에 다른 국가형태들을 알고 있는 것처럼 볼 수 있지만, 그러나 유감스럽게도 그는 그것들을 우리들에게 흘리고 있지 않다 ― 에토스와 파토스는 아마 당분간 옆으로 밀어두어도 좋다. 왜냐하면 바로 첫째로, 군주제와 민주제의 궁극적인 본질적 표지를 결정하는 「사물내용」이 문제되기 때문이다. 그렇지 않으면 ― 바로 「본질적 표지」가 문제되기 때문에 ― 군주제와 민주제가 「통합한다」고 말해도 좋을 것인가? 그러나 그것만으로는 어떠한 국가도 기초 지울 수 없으며, 그러므로 어떠한 국가형태도 성립할 수 없는 「**사물적** 통합」 또는 「사물내용」에 의한 통합일 것이다(S. 47)! 군주제를 구성하는 「사물내용」, 그리고 민주제를 구성하는 「사물내용」은 이리하여 유감이지만 하나의 통합적 사물내용으로서 타당해서는 안 된다. 그러나 무엇 속에 본래 군주제적인 사물내용이 있으며, 또한 무엇 속에 민주제적인 사물내용이 있는가를 경험하는 것이

---

32) 나의 Allgemeine Staatslehre, S. 320 ff. (역서, 451면 이하) 참조.

33) 1923년에 발표한 논문 Die politische Gewalt im Verfassungsstaat und das Problem der Staatsform, in: Festgabe der Berliner Juristischen Fakultät für Wilhelm Kahl (김효전 옮김, 헌법국가에 있어서 정치권력과 국가형태의 문제, 『헌법학연구』 제27권 4호, 2021, 본서 수록)에서 스멘트는 국가형태에 대한 아주 완전히 다른 이론을 시도한다. 그는 정태적 통합과 동태적 통합을 구별하고, 동태적 통합으로서의 「의회주의」와 **정태적** 통합으로서의 「그 밖의 모든 국가형태」(S. 23)를 대비시킨다. 스멘트는 그의 가장 최근의 논문에서 이와 같은 이론을 명백히 **포기하였다**. 정태적 통합과 동태적 통합의 근본적인 대립은 사라져 버렸다. 왜냐하면 국가의 본질적인 과정으로서의 통합에서는 바로 이러한 동태(Dynamik)가 표현되고 있다는 새로운 테제와 일치할 수 없기 때문이다. 「정적인 통합」이란 ― 스멘트의 **새로운** 통합이론의 입장에서 보면 ― 그 자체가 하나의 모순이다. 동태가 결정적인 것이라면 **정태적인** 통합에 근거하는 모든 국가형태들은 결코 진정한 「국가」형태는 아닌 것이다. 그렇다면 바로 「동태적」 통합으로 이루어진 의회주의만이 진정한 국가형태란 말인가! 스멘트는 그것을 1923년의 그의 논문에서 철저하게 「국가형태」로 다루고 있다. 그러나 1928년의 저서에서는 이전에는 「동태적인」 통합이던 의회주의가 국가형태로서의 특성을 상실하게 된다. 이에 대해서는 나의 상술 Allgemeine Staatslehre, S. 326 f., 411 f. (역서, 460면 이하) 참조.

가능하다면, 사람들은 그것에 관하여 스스로를 위로할 것이다. 이처럼 결정적인 문제만하더라도 대답되지 않은 채 그대로 있다. 다만, 스멘트의 서술로부터 그만큼 많이 도출할 수 있는 것은, 민주제에 대해서는 표준적인 사물내용은 형식적인 다수결원리가 아니라는 것인데, 왜냐하면 형식적인 다수결원리로부터 표준적인 사물내용이 분리되어야 하기 때문이며, 그리고 이 사물내용은 「동질적」이지 않으면 안 된다는 것이다. 이것과 관련하여 이렇게 말할 수 있다. 즉 「만약 프랑스 정치가들의 그것과 마찬가지로 프랑스 의회의 공식 발표가 프랑스인들이 아닌 자들의 미적이고 윤리적 감정에 대해서는 이해되지 않는 하나의 방법으로, 그 고유한 정의, 커다란 용기 등을 줄기차게 칭찬하게 된다면, 그것은 민주적인 것이며 의회주의적인 것은 아니다. 그것은 요구되는 국가의 정치적인 기본적 덕성이며, 통합하는 자기 칭찬이 이와 같은 팡파레 속에서 의식되는 것, 그 안에서 민주제로서 합쳐진 그 무엇이다. 그리고 그 속에서 그곳이 스스로를 정치적인 세계사명의 담당자로서 유일하다고 느끼고, 또한 스스로를 공격적 데모크라시(aggressive democracy)라고 표현하는 아메리카의 민주주의가 믿고 있는 의미내용은 본질적으로 이것과는 다른 것이 아니다」(S. 114). 그러나 그것을 가지고 민주제의 특수한 「사물내용」에 관한 하나의 죽은 단어가 말해지는 것이 아니라 단지 확정된다는 것, 프랑스나 아메리카에서는 일정한 이데올로기가 활동하고 있다는 것을 완전히 별도로 하면, 왜 자기칭찬이 민주적이어야 하고 의회주의적이어서는 안 되는가라는 것은 전혀 이해되지 않으며, 또한 그럼으로써 군주제와 민주제 간의 구별에 관하여 본질적인 것은 조금도 언급하지 않았다는 것이 명확하다. 왜냐하면 군주제 국가들의 군주들이나 정치가들도 그들 고유의, 또는 그들의 국가의 위대한 용기와 정의 등등을 칭찬하기 때문이다. 그것이 고립화된 개인에 있어서는 윤리(겸손의 요청)에 의해서 억눌려진 그들 고유 가치의 의식이 집단가치의 의식으로서, 집단적·국가적 긍지로서 더욱더 강하게 나타난다는 것이 바로 주지의 사회심리학의 고찰이라는 것과 마찬가지이다. 그가 자기를 가장 고귀한, 가장 심원한, 가장 위대한 용기를 가진 인간으로 간주한다고 스스로 말해서는 안 되는 개개인은, 그것을 바로 하나의 집합체의 복수형에서의 우리들(im plurais majestaticus)로 자신을 말해도 좋은 것이다. 이 점에서는 모든 형태들의 국가가 동일하다. 그리고 그것으로 군주제와 민주제의 본질이 규정되어야 하는 특수한 「사물내용」은, 그것으로는 양 국가형태들이 전혀 구별되지 **않는** 하나의 계기 이외의 관련에서도 다루게 된다. 그 사물내용에 의해서, 그리하여 스멘트가 확언하는 것처럼, 민주제가 「군주제를 배제할 필요가 있는 것이 아니라, 그것과 융합할 수 있다. 바로 그것과 동반할 수 있는 것이다 ― 민주제적 군주가 존재한다는 것은 어떠한 모순도 아니다」(S. 113). 그것에 관해서도 스멘트가 일반적으로 말하는 쌍방의 불가분한 국가형태 간의 구별은 무엇인가? 국가형태가 일반적으로 「국가」, 즉 통합이나 통합체계이므로, 국가형태는 무릇 완전히 일치하는 것일까? 그리하여 통합이론은 하나의 보다 광범위한 차별화를, 그리고 그리하여 일반적으로 국가형태의 문제를 포기하는 것일까? 그런 것은 아니다. 그러나 통합이론은 그 문제를 독자적으로 해결하려는 것을 포기하고 있다. 왜냐하면 결국 아무것도 말하지 않는 일반적인 표현으로부터 어느 정도 파악할 수 있는 국가형태의 기준에 도달하지 않을 수 없는 채, 그것은 다음과 같은 전통적인 견해로 끝나는 것이다.「군주제 또는 오히려 — 여기에 존속하는 대립이란 의미에서는 — 관헌국가(Obrigkeitsstaat)의 통합적 의미내용과 민주제의 의미내용은, 그것이 한 사람의 가능한 한 확대화 된 적극적 시민층에 의해서 담당되고, 또 자기 독자적인 것으로서 체험하고, 계속 형성됨으로써 구별된다. ‘관헌국가’의 압제는, 관헌국가가 피치자가 이제 그들 자신의, 그들에 의해서 초래되었거나 적극적으로 시인된 것으로서 느끼지 아니하는 의미관련과 정치적 가치세계란 이름으로 지배한다는 속에서만큼 관헌국가가 사실상 부당하리라는 것이 발견되지는 않는다. 국가적인 의미내용의 이처럼 현실적이거나 기피할 수 있는 타율성을 제거하는 것 속에 ‘국민국가’의 창출의 핵심이 있는 것이다」(S. 114, 115). **민주제란 자기 결정**이다. 그것은 하나의 단순한 성과를 것치장하는 데에 헛수고 하는 이처럼 많은 말의 구체적인 의미이다. 왜냐하면 그것은 민주제에서는 가능한 한 확대된 적극적 시민층의 일체에 의해서, 그리고 그「자기 독자적인 것」으로서「체험되고 계속 형성되는」「통합적 의미내용」이라는 것으로써, 그리고 군주제는「피치자들이 이제 그들 자신의, 그들에 의해서 제기되거나 시인된 것으로서 느끼지 아니한 의미연관과 정치적 가치세계의 이름으로 지배한다」는 것으로써, 그리고 이러한「국가적인 의미내용의 타율성」을 제거하는 것 속에 국민국가의 창출의 핵심이 있다는 것으로써 **파악할 수 있는** 기준에 민주제의 본질이 적극적 시민층의 가능한 한의 확대 속에, 즉 **자치** 속에 존재하는 것 이외의 아무것도 들고 있지 않은 것에 관하여 사람은 비방할 수 없기 때문이다.

  독창성이라는 것에서는 그리하여 스멘트의 국가형태 학설은 어떠한 요구를 할 수 없는 것이다. 주목할 만한 가치가 있는 것은 이 경우에도 하나의 **이론적인** 성과는 없으며, **의회주의의 부정**이라는 하나의 **정치적인** 경향이다. 이것에는 바로 스멘트가, 그가 의회주의에서 — 특히 독일에 대해서만 — 하나의 **통합요소**라는 칭호와 성격을 빼앗았다고 함으로써 이미 그 밖의 관련에서 근본적으로 관련지어 온 것이다. 이제 그는 의회주의의 모든 일반적인 유죄선언을 할 자격이 있다고 믿고, 의회주의로부터 전 정치적 세계와 모든 역사적 시대에 대해서 하나의 **국가형태**의 칭호와 성격을 빼앗는 것이다.「의회주의는 어떠한 국가형태도 아니다. 왜냐하면 기능적 통합에만 근거해서는 어떠한 국가도 기초지울 수 없기 때문이다」(S. 112). 이것은 아직「기능적 통합」이라는 장을 기억에 새기고 있는 자로서는 거기에서 독일에 대해서는 의회주의에 **각각의** 통합가능성이 부인되며 — 이 경우,「이 — 통합방식이 기능을 발휘하지 못하고 있다」(S. 37)고 표현되어 있다 — 그러나 프랑스에 대해서 의회주의는「적절한 정치적인 통합형태」로서 인정된다는 이유에서 바로 기묘한 것이다. 또한 의회주의는 어떠한 국가형태도 아니라는 이론은 스멘트에 의해서 그처럼 노력된「현실」, 역사적 국가세계의 그처럼 숭배된「생활」과의 하나의 대결을 거의 견디어내지 못할 것이다. 사람이 의회주의적인 영국을「국가」의 계열에서 말살한다든가, 의회주의의 이러한 고전적인 형태를 「의회주의」로서 승인하지 않는다고 결심한 경우에는 이 범위에 들어가지 않는다. 통합이론이 생각하는 것과 같은 의회주의로서, 통합이론은 그러나 유감스럽게도 이러한 의견을 간직하고 있다. 그렇지만 대영제국을, 그것이 바로 의회뿐만 아니라 국가원수, 법원, 행정관청, 함대 그리고 군대를 가지고 있기 때문에, 그 명제에 상대하는 예시로서 간주할 수 없다고 통합이론이 생각하는 것이라면, 그리하여 이것은 어느 국가에도, 따라서 오늘날의 독일에도 해당된다는 것과, 그리고 의회주의 아래서는 결코 국가적 현실의 형성을 **유일한** 기관, 의회를 통하여 이해해 온 것이 아니라, 끊임없이 그 아래에서 의회가 모든 국가기관 중에서 비교적 **국가적인 의사형성에의 가장 강력한 영향력**을 가지고 있는, 국가적 현실의 하나의 형성을 이해하여 온 데 불과하다는 것으로 응수되어야 한다. **이와 같은** 개념규정에 근거하여 의회주의는 어떠한 국가형태도 아니라는 명제가 평가되어야 한다.

이러한 역설적인 과장보다 더욱 기묘한 것은 스멘트가 의회주의에 대한 그의 논쟁에 사용하는 또 하나의 수단이다. 누구나 의회주의와 민주주의는 동일한 개념이 아니라는 것을 알고 있다. 왜냐하면 의회주의적 형태는 **간접** 민주제의 하나의 특정한 형태에 지나지 않으며, 그 형태는 근대의 광범위하게 미치는, 수백만의 인민을 포괄하고 있는 국가에 의해서 강제되기 때문이다. 그리고 누구나 이러한 근대 국가에 대해서는 당연히 여러 가지 변화를 나타낼 수 있는 의회주의가 민주제의 유일하고 가능한 형태라는 것을 알고 있다. 민주제를 제한된 형태 속에서도 — 내지는 바로 — 그 속에서 제한된 형태의 민주주의를, 그 형태 속에서 민주제는 근대 국가에서만 가능한, 거부하는 데에로 집약되는 다수의 충분한 이유에서 거부할 수 있는 형태이지만, 유일한 이유에서 거부할 수 **없는** 형태이다. 왜냐하면 사람들은 이른바 민주제에 **찬성하기** 때문이며, 그리고 이것은 의회주의에서는 실현되지 않거나 불충분하게 실현되기 때문이다. 왜냐하면 민주주의의 원리는 의회주의적인 것 이외의 아무것도 실현시킬 수 없다는 근대 국가의 사정은 그렇다고 밖에 말할 수 없기 때문이다. 그러므로 의회주의에 대한 투쟁은 실제로는 **민주제에 대한 투쟁**이다. 이러한 투쟁을 공공연함과, 즉 그러나 민주제에 대한 투쟁이라고 하는 것은 공정한 요청에 불과한 것이다.

그리고 다음의 것은 **볼셰비키** 정치의 수단에 속한다. 즉 그것은 많은 이유에서 민주제를 원하지 않으며, 아니 민주제를 참을 수 없으며, 그리고 그것은 그 때문에 정반대의 것, 즉 **독재**를 더구나 한 계급의 독재를, 더 정확히 말하면 한 정당의 독재를 목표로 삼는 것이지만, 그것은 이러한 목표를 이데올로기적으로 이렇게 은폐하고 있다. 즉 그것은 **민주제에 대해서가 아니라** 오로지 의회주의에 대해서만 투쟁할 뿐이며, 그리고 바로 그 결과 **민주제를 위하여**, 더구나 「진정한」 민주제, 그것을 볼셰비즘이 생각하는 것과 같은 민주제를 위하여 투쟁한다고 칭찬하는 방법이다. 그리고 볼셰비즘은 바로 **독재**와 동일한 그러한 「민주제」를 생각하고 있다. 이러한 개념의 연결점은 다음과 같이 설명되어야 한다. 즉 볼셰비즘은 민주제의 이념이 확실히 가지고 있으며, 또한 — 그것이 표현하는

자유의 가치를 위하여 ─ 각각의 사회질서에서 출발하는 강제에 인간이 저항하는 한은, 아마 가지게 될 비상한 인력(引力)을, 높은 감정가치를 포기하려고 원하지는 않는다는 것에서 설명되어야 한다. 그러므로 마르크스주의의 정치이론에 대해서 전형적인, 항상 반복하여 시도된 민주제의 개념을 이렇게도 장기간에 걸쳐서 곡해하여 밖으로 향하게 하려는 시도는 민주제의 개념에서 다수결원리, 다수자와 소수자 간의 변증법적 절차, 소수자보호 등에 이르기까지를 밖에서 논증하고, 독재를 민주제의 개념 속에서 논증한 것이다.34)

스멘트가 사용하는 것은 하나의 전적으로 유사한 방법인데, 그에 의해서 다투어진 의회주의를 민주제의 하나의 특수한 사례로서가 아니라 민주제에 대립하는 것으로서, 민주제를 배제하는 형태로서 주장하는 경우이다. 보통 및 평등선거권의 의회는 하나의 발전의 성과였으며, 그 의미가 인민의 국가적 의사형성에의 참가의 가능한 한 확대, **적극적 시민층의 가능한 한의 확대**, 그리하여 바로 즉 스멘트 자신이 민주제로서 표현한 것이었으므로, 그것은 이미 역사적으로는 정당하지 않다. 그리고 스멘트가 의회주의를 **자유주의**와 동일시한다면, 위에 못지 않은 실수이다. 만약 의회주의가 어떠한 국가형태에도 있을 수 없다고 본다면, 그리하여 그것은 의회주의가 「자유주의적인 국가형태」이기 때문이다(S. 112). 그렇지만 그의 완전히 부정적인 이념에 의하면, 자유주의는 국가의 특정한 기능들에의 제한, 특히 경제로부터의 국가의 제외를 의미한다. 자유의 이데올로기는 간접적으로는 자유주의를 지도하고, 귀족의 특권에 대한 투쟁은 경제정책적으로 자유로운 부르주아지를 직접적으로 민주제에로 인도한다.35) 민주제에로 인도하는 것이며, 바로 의회주의로 인도하는 것은 아니다. 후자를 자유주의적 시민층은 정치적인 자기결정으로서의 민주제의 유일하고 가능한 형태로서만 받아들인다. 그러나 스멘트는 그의 민주제에 대한 투쟁 ─ 그리고 그것은 그의 의회주의에 대한 투쟁이지만 ─ 에 있어서, 그것에 의하면 민주제의 이념이 소중히 보존되고 있는 하나의 정식(定式)을 사용하고 있다. 그 정식은 원래 의회주의는 자유주의라는 것이다. 왜냐하면 자유주의는 오늘날 모든 방면에서, 좌익에 못지않게 우익에게도 불신에 빠져 있으며, 자유주의에 대한 돌격은 누구에게도 결코 해를 끼치는 것이 아니며, 일반적인 찬성까지도 기대할 수 있기 때문이다. 그러므로 의회주의가 사실상 제한된 민주제의 특별한 형식으로 행동하는 것으로서가 아니라, 자유주의의 아들로서의 의회주의보다도 무엇이 보다 가까이 있는 것일까? 그런데 스멘트의 이 논증이 실제로는 얼마나 심하게 민주제와는 반대의 방향을 향하고 있는가 라는 것, 그가 의회주의를 타도하는 경우에 어느 정도로 민주제를 생각하고 있는가 라는 것, 이것이 그가 **볼셰비즘**의 정치이론에 얼마나 가까이 접근하고 있는지를 보여주고 있다. 민주제는, 즉 **스멘트에 의해서도 독재와 결부할 수 있는** 것이다. 그는 「민주제는 그 다수결원리에도 불구하고 소수성(少數性)에로 겨우 다다르며, 그리고 그 결과 민주제의

---

34) 이에 대해서는 나의 저서 Sozialismus und Staat, 2. Aufl. 1923. S. 153 ff. 참조.
35) 나의 Allgemeine Staatslehre, S. 31 ff. (역서, 53면 이하) 참조.

성취에 대해서는 독재를 필요로 할 수 있다」라는 것을 강조하지 않으면 안 된다고 믿고 있다(S. 114). 얼만큼 많이 스멘트가 민주제와 군주제 간의 모든 대립을 제외하려고 노력하는가를 상기하게 되면, 민주제의 관철을 위해서 독재를 필요로 하는 민주제는 어떤 종류의 민주제인가에 관하여 무릇 하나의 상(像)을 형성할 수 있는 것이다. 그것은 특정한 사물내용의 본질에 의해서는 참으로 원리적으로는 군주제와 구별되는 것이 아니며, 그것과 「접촉하는」, 바로 그것과 「동반하는」 민주제이다. 그것은 그 이념이 과연 군주제적 헌법에 있어서는 제한되지 않은 채로 있으며,36) 하나의 의회주의적 헌법에 있어서는 그에 반하여 완전히 포기되는 민주제이다. 분명히 그 이유는 이쪽에서는 최고의 기관으로서 전국민에 의해서 자유롭게 선출된 하나의 합의체가 직무를 행하고, 그러나 저쪽에서는 한 사람의 세습의 군주가 직무를 수행하기 때문이다. 요컨대 하나의 군주제적 민주제를, 또한 그 정상에 황제를 모시는 공화제라는 것도 말할 수 있을 것이다.

7. 바이마르 헌법

마지막으로 단지 통합이론의 실정적 헌법, 독일 헌법에의 통합이론의 적용뿐이다. 참으로 이 통합이론의 결실 아래에서 통합이론의 적용이 인식된다! 여기서 스멘트의 이론은 제국의 비스마르크 헌법과 독일 공화국의 바이마르 헌법 간의 지속적인 비교 속에서 확인된다. 그리고 이 비교의 결과는 헌법의 가장 본질적인 과제로서 「통합」을 설명하는 이론에 있어서는 저절로 이해되는 것이다. 비스마르크 헌법은 「비록 이러한 과제들에 관하여 무반성의 명확성」이 일어나고 있다 하더라도, 「보다 완전한 명확성」 속에서 성립하고 있으며(S. 79), 그것은 하나의 「통합적 헌법의, 반성하고는 있지 않지만, 완전한 예」이다(S. 24). 한편 「바이마르의 그것과 같이 헌법제정자의 이론적 유래는 헌법이 당면한 제1의 과제를 간과한 것이다」(S. 24). 독일 공화국은 여전히 「현실적」이지만, 독일 제국은 이제 「현실적」이 아닌, 즉 그러나 여전히 스멘트의 표현에서는 「통합되고」 있기 때문에, 그 논증에 관심을 가질 수 있는 것이다. 그것은 스멘트에 있어서는 실제로 용이한 것은 아니다. 그곳에 특히 **통합적** 기능과 **기술적** 기능 간의 대립이 있다. 스멘트는 비스마르크의 헌법이 — 예컨대 바울 교회의 헌법(프랑크푸르트 헌법)과 달리 — 「전적으로 오로지 기술적인 것으로서」 주어지고(S. 121), 즉 그리하여 통합되지 아니한 헌법이라고 표현한 것을 시인하지 않으면 안 된다. 그리고 실제로 통합이론이 특히 중시하는 계기 모두 — 그것은 본질적으로 **이데올로기적인** 요소들이다 — 그것들은 여러 지분국(支分國)

---

36) 스멘트가 민주주의의 본질을 이와 같이 관조함에 있어서 공화국이라는 개념이 군주제의 개념을 포괄한다고 생각하는 칸트를 끌어대어 논증하고 있음이 틀림 없다. 그러나 공화국이라는 개념이 칸트에게 있어서 — 스멘트가 생각하듯이 — 그가 그것을 「형식의 부정」이라고 생각하지 않고 「내용적 충만함의 표시」라고 생각했기 때문에(S. 113) 군주제의 개념을 포괄하는 것이 아니라 — 공화국의 개념이 내용적으로 규정되면 될수록 점점 더 그것은 군주제의 개념을 **배제**하지 않으면 안 된다 — 칸트에 있어서는 공화국(Republik)이라는 말이 「공화국」(res publica)에 관한 본래의 의미, 즉 완전히 일반적인 「국가」라는 의미를 지니며, 일정한 국가형태라는 의미는 지니지 않기 때문에 그러한 것이다.

의 제후(諸侯)들의 감성에 대한 정치적 고려에서, 이면에서 강하게 또는 전혀 결여되어 매우 객관적인 표현양식을 사용하지 않으면 안 되었던 비스마르크 헌법에 나타나 있다. 「그것들을 가지고 하나의 오늘날의 국민국가가 헌법에서 그 본질의 자기정식화(自己定式化)를 시작하려고 하는」 어떠한 「팡파레의 취주(吹奏), 즉 거창한 전문」(S. 121)도 결여되고, 문장(紋章)이라든가 국기색과 같은 국가의 심벌이 「하나의 엄격한 기술적인 사항」으로서 제55조*에서야 처리된다. 이러한 「지고의 힘을 가진 국민적인 통합요소」인 황제조차도, 비스마르크 헌법에서는 「순위(順位)에 있어서 '의장역'이라는 무색의 표제 아래 두 번째의 라이히 기관으로서」 받아들이고 있다(S. 122). 비스마르크 헌법은 그 본래의 기능에 관하여 분명히 어떠한 주의도 기울이지 않는다. 그리고 「황제의 자리만 하더라도」, 그 실존을 오직 하나의 「은밀한 변조」에 힘입고 있다(S. 124). 기본권의 카탈로그 ― 스멘트에 따르면 통합의 하나의 주요 도구 ― 를 비스마르크 헌법은 전혀 포함하고 있지 않다. 비스마르크 헌법은 ― 스멘트는 말하기를 ― 그것에 근거한 독일 제국이 하나의 「국가형태」를, 그리고 그것으로써 하나의 「정통성을 자기로부터 가져야 했던」 것도 결코 바라지 않았다(S. 123). 비스마르크 헌법에 입각한 제국은 「여하튼 일별하여 본질적으로 **기능적** 통합의 하나의 체계」이며(S. 123), 그것에만 근거하여 ― 그가 그 밖의 연관에서 설명하듯이 ― 어떠한 국가도 창설될 수 없다는 고백까지 하지 않으면 안 될 처지에 스멘트는 놓여 있는 것이다(S. 112). 이 제국은 그럼에도 불구하고 국가였던, 아니 ― 스멘트가 그의 모든 다른 논설에도 불구하고 주장하고 있듯이 ― 「바로 지향했던 독일 국민국가이었던」 것은 어째서 그렇게 되었을까?(S. 124). 그것은 매우 간단하다. 「정통적」 ― 그리고 이것은 스멘트에 있어서는 여기서 통합적인 ―「국민국가적 사상과 국민적 의회의 힘」 ― 그것에 스멘트는 독일의 경우 통합하는 힘을 명백히 부인한 것이다 (S. 37) ― 은 「이미 **저절로** 나타나는 것이다」(S. 125). 그것은 그러므로 분명히 헌법에 기인한 것은 아니다. 이러한 결과로서 실로 제국은 완전히 「어떠한 정통성을 자기로부터는」 가지고 「있지 않았을」 것이다(S. 123). 그러나 이 제국 자신 ― 법주체 또는 주권자들은 아니지만 ― 그러나 「실제로 매우 보다 중요한 것들이라는, 정통한 것들이라는 공명심」을 가지고 있었던 것이다. 「그리고 그것이」 ― 제국과 헌법만이 아니라! ―「즉 특정한 국가형태로서 그 특수한 정통성도 실현하려는 19세기의 통상의 정통성을 기초 짓고 있는 계기를 바로 조심스럽게 회피하고 있음에도 불구하고, 그것은 기묘하게」 ― 그것은 정말로 기묘하다 ― (S. 124). 여하튼 제국은 이러한 정통화를 비스마르크 헌법에는 지우고 있지 않다. 그리고 그 결과 사람들은, 만약 스멘트가 「독일 국민의 새로운 제국이 어느 정도 **그 헌법과 더불어, 또한 그 헌법에도 불구하고**」 성립하지 않으면 안 되었을 것이라고 생각한다면, 아마 한층 이해할 수 있을 것이다(S. 124). 그러나 어떻게 하여 스멘트가 동시에 ― 가령 동일한 논문의 또 하나의 연관에서라고 하더라도 ― , 확실히 이 헌법은 「통합적 헌법의 완전한 예이다」라고 강조하고(S. 24), 바로 어떻게 하여 그가 그것과 「더불어 또한 그럼에도 불구하고」 독일 제국을 통합해 온 이 비스마르크 헌법을 그 기초자의 이론적 유래에도 불구하고 헌법의 기장 중요한 과제, 즉 통합하는 것을 「간과하여」온 바이마르 헌법에 대항하여 승리를 차지할 수 있었는가 하는 것은 전혀 이해되지 않은 채 두지 않을 수 없다(S. 24). 이것은 바로 이 바이마르 헌법이 「전문에서 국가형태 규정, 국기색에 의한 국가 에토스의 상징화를 기본권의 카탈로그 등에서 독일의 국가생활의 궁극적인 기초와 정당화」를 규정하고(S. 126), 그리하여 국가는 스멘트의 이론이 국가적인 자기통합의 특수한 요소로서 표현하는 이러한 수단에 의해서 자기 자신을 독일의 국민국가로 통합시킴에도 불구하고 그렇다! 그러나 그것은 바로 하나의 「혁명적인」헌법이며(S. 126), 그러한 헌법을 통하여 기초가 마련된 라이히에 관하여는 오직 이렇게 말할 수 있을 뿐이다. 즉 그것은 「독일의 국가생활의 궁극적인 기초와 그 정당화를 모든 주(州)에 **강압하고 있다**」라고. 바이마르 헌법은 비스마르크 헌법이 창출하고 있는 — 분명히 유일하고 올바른 —「사물의 질서」를 「파괴하였」고(S. 125), 특히 「제후와 관료의 협정 속에서 제국의 수뇌와 개별 국가의 확고한 유대에 기초하고 있다」는 「통합구조」를 파괴한 것이다(S. 125). 오로지 「남은 것 중에」, 「연방국가적 통합의 체계」가 헌법의 공로에 의해서가 아니라 「사물의 성질에 의해서」만 「여전히 유지되고」있는 것이다(S. 125, 126).

이와 같은 바이마르 헌법에 「그 헌법정치적인 오산」과 「취약함」이 있다고 비난하는 것에 스멘트는 지치지 않을 것이다(S. 126). 그리고 그가 **그렇지 않으면**, 즉 만약 그가 일반적으로 그것들에 대해서 말하는 경우, 그것들이 「통합하는」것 이외의 아무것도, 그리고 보다 좋은 것은 전혀 언급하는 것을 알지 못하는 제도들, 이것들에 그는 바이마르 헌법의 내용으로서 서로 대립하는 작용을 가지게 한다. 그리하여 그는 특히 깃발의 심벌과 기본권을 다룬다. 그것들은 — 바이마르 헌법에서는 —「오히려 전체적인 것의 통일과 힘의 촉진이라기보다는 하나의 부담」이다(S. 126). 특히 이러한 경향은 바이마르 헌법의 **기본권의 카탈로그**를 평가함에 있어서 뚜렷하게 나타난다. 우선 스멘트가 제시하려고 노력하는 것은, 전통적인 국법학은 기본권에 관한 하나의 헌법에 적합한 법전편찬의 본질을 완전히 오해하고 있다는 것이다. 왜냐하면 한편으로는 그 본질적인 의의가 그 **통합**에 있음에 반하여, 그것은 오로지 기본권의 비본질적인 **법기술적인** 측면만을 파악하기 때문이라고 한다(S. 164). 통합요소들의 순위에 있어서의 이러한 기본권의 고양이 놀랄 만한 까닭은, 바로 기본권이 **자유주의**의 근대 헌법들을 계승하여 온 유일하게 현실적인 계승이기 때문이다. 그리고 자유주의는 확실히 스멘트에 있어서는 바로 모든 통합의 반(反)그리스도이다. 물론 별로 이상하지 아니한 것에는 바이마르 헌법 **이전에** 하나의 기본권의 카탈로그를 상기시켰음에 불과한 모든 것을 자유주의적 열변으로서 대수롭지 않게 여기고 부정하였던 보수적 국법학이 — 비스마르크의 헌법은 주지하듯이, 이러한 자유주의적인 편견에 하나의 양보를 하는 것을 포기하고 있다 — 바이마르 헌법에 **따라서** 이러한 기본권에 대해서 관심을 가졌다는 것이다. 참으로 이러한 바이마르 헌법을 위해서가 아닌! 그러나 아마도 그 이유는 헌법이 기본권의 법전편찬으로써, 특히 표현의 자유, 학문과 그 교수의 자유의 보증으로써 **자기 자신에 대한 투쟁**을 법적으로 보증하기 위해서이다. 이러한 사정에서 물론, 스멘트의 반대감정 병존의 태도, 증오의 감정은 바로 바이마르 헌법의 제2편에 향하고 있다. 왜냐하면 그는 기본권의 법전편찬이 어떻게 매우 통합가치에 봉사하는가를 시사한 후에, 그는 마침내 다음과 같은 결론에 도달한다. 즉「여러 가지의 그릇된 개념이 바이마르의 기본권 중에 포함되어 있다는 것, 다수의 깃발 조항에 의해서 시작된, 의미에 적합하기보다는 오히려 **통합하지 않는**, 성공적으로 정통화하는 작용을 해 왔다」는 결론이다(S. 167). 사실상 참으로 어떠한 말도 놓쳐서는 안 된다. 그 이유는 비스마르크 또는 바이마르가 두드러지게「통합하여 왔는가」의 여부라는 문제를 대답함에는 주관적·자의적인, 객관적으로는 전혀 컨트롤 할 수 없는 정당정치적인 근본견해에 의해서 규정된 가치판단이 중요하게 되기 때문이다. 통합이론의 용어법과 증명력에 의해서, 또한 스멘트가 주장할 수 있는 것과 바로 반대의 것을 주장할 수 있다. 확인해야 할 것은 다음과 같은 이 논증의 전체상(全體像)뿐이다. 즉 비스마르크 헌법은 어떠한「통합적」기본권도 포함하고 있지 않으며, 또한 그렇지 않더라도 어떠한 통합적 성격을 가지는 것은 아니며, 오히려 하나의 명료하게 기술적인 성격을 가지는 ― 하나의 최고도로 통합하는 헌법이며, 이에 반하여 바이마르 헌법은 통합적 기본권을 포함하고 있으며, 또한 그 밖에도 가장 강도 높게 통합적 사물내용으로써 작용하고 있다 ― 통합 과제 일반을 간과하고, 또한 확실히 통합하지 않은 채로 작용하고 있다. 만약 여전히 이 전체적인 통합이론이 어떤 목표를 지향하려는가를 의심할 수 있다면, 실증적 독일 국법에서의 취급은「학문적·사회적」이므로 논쟁의 여지가 없는 견지에서, 황제의 제국 헌법을 **좋은 것**으로서, 그러나 독일 공화국의 헌법을 **나쁜 것**으로서 호칭할 수 있다는 모든 의심을 제거할 수 있는 것이다. 그리고 다시 여기서는 처음부터 통합이론에 반대하여 서술한 것이 확인되고 있다. **본질**인식이 아니라 **가치**판단이 이 학설의 목표이다. 즉 헌법의 과제는 국가를 통합하는 것이다. 그러나 국가는 통합되는 이외의 아무것도 가질 수 없기 ― 국가의 존재는 실로 국가의 통합 중에 성립한다 ― 때문에, 국가의 현실은 그「과제」를 나쁘게나 또는 전혀 충족하지 못하는 하나의 헌법과의 모순에 빠지고 있다.「기술적인」비스마르크 헌법은 통합을 전혀 과제로 삼지는 않지만, 그러나 거기에서는 이런 것을 볼 수 있다. 즉 제국은 존재하며, 말하자면 이 헌법과 병존하고 또한 이 헌법이 있음에도 불구하고 훌륭하게 거기에서 통합하고 있다. 바이마르 헌법은 통합을 강조하고 과제로 삼고 있지만, 그러나 ― 유감스럽게도 ― 그것은 이러한 과제를 충족하지 못하고 있다. 이러한 과제는 그렇지만, 충족되어야만 하므로 ― 국가는 여전히 생활하지 않으면 안 된다! ― 그것은 명확하게 하나의 **그러한 헌법에 반해서**만 충족될 수 있다는 것이다. 그리하여 아마 확실한, 통례의 스멘트의 불투명 속에서 견지되었던 **헌법해석**에 관한 논술이 이해될 수 있을 것이며, 그 전체의 성과를 인식하기 위해서는 그 정확한 분석이 필요할 것이다.

　「국가는 생활한다」는 것은,「물론 단지 국가의 헌법에서 규정된 생활계기에 의해서만은 아니다」라는 것을 거기에서(S. 78) 의미한다면, 즉 하나의 「생활계기들에 의한 생활」이란 췌어법에 근거하여 포기할 수 있기 때문에, 단지 헌법에 의해서만이 아니라는 의미이다. 국가의 「생활충족」은 「사소한, 더구나 거기에 더하여 대체로 매우 도식적인, 항상 새로운 제3 및 제4의 손으로부터의 수용에 근거하고 있는 헌법조항으로는 완전하게 파악되지 않으며, 또한 규정되지 않고, 단지 시사할 수 있을 뿐이며, 그리고 그 통합하는 힘에 관한 것이 고무되는 것이다」(S. 78). 스멘트와 같은 헌법이론가가 국가의 생활충족을 다만 「시사」할 수밖에 없다는 것을 사람들은 이해할 것이다. 그러나 「시사하는 것」이 헌법의 과제라고 이해할 것인가? 그러나 헌법은 결코 어떠한 학문적인 서술도 아니다! 또한 지금까지 국가의 생활은 특히 헌법에서 유래하는 하나의 통합 작용인 것처럼도 생각되고 있었다. 이제 통합은 국가생활의 작용이어야 하며, 그리고 이 국가생활이 통합적으로 작용하도록 헌법에 의해서 단지 「고무」되어야 한다. 왜 갑자기 이러한 헌법의 통합이란 의미가 명백히 약화되는가? 왜 통합의 의미를 그처럼 경멸적으로 취급하는 것일까? 헌법은 한 쌍의 도식적인, 항상 반복하여 고쳐 쓴 패러그래프이다. 그것은 그것으로서, 그리고 단지 그 의미원리로서 통합이 표방되었던 것과 동일한 헌법이어야 했던 것일까? 바로 다음에서는, 헌법에서 독립한 결과적으로 헌법에 반하여 향한 국가의 「통합」을 획득하는 것이 문제로 된다. 「그것들(헌법조항)에서 만족할 만한 가치가 있는 통합의 주어진 성과가 유래하는가의 여부, 어떻게 유래하는가라는 것」을 ― 사람들은 다음과 같은 데에 주의하여야 한다. 통합은 헌법의 본질이 아니며, 그러므로 그것이 통합하고 있는 한, 다만 헌법임에 불과한 각각의 헌법의 동등한 기능으로서가 아니며, 하나의 헌법은 「만족하게」, 다른 헌법은 만족하지 못하게, 나아가 제3의 헌법은 아마도 전혀 충족하지 못하는 과제인데 ―「국민 전체 일반의 모든 정치적 생활력들의 성과에 의존하고 있다」(S. 78). 헌법이 만족할 만한 통합작용을 가지고 있는가의 여부는, 「국민 전체의 정치적 생활세력들」이 하나의 특정한 성과를 가지고 있는가의 여부라는 것에 의존해야 한다. 어떠한 작용일까? 분명히 통합작용이다. 헌법이 만족하게 통합하는가의 여부는, 그리하여 국민 전체의 정치적 세력들이 통합작용을 가지고 있다는 것에 의존해야 한다. 그러나 「국민 전체」는, 그렇지만 첫째로 본질적인 것으로 헌법에서 유래하는 통합의 작용이어야 하는 것일까? 이러한 모순을 뛰어 넘어서, 즉 헌법에 관한 이 「이론」은 이제 하나의, 다른 그것과는 상이하고 또한 그것에서 독립한 통합의 원천으로 향하여 도피하려고 한다. 국가를 필연적인 방식이 아니라 국가의 헌법 ― 이러한 한 쌍의 도식적 조항 ― 에 의해서 통합시키는 것, 특히 일정한 상황 아래 하나의 헌법위반의 「국가생활」도 역시 「만족할 만한」 통합으로서 특색 지을 수 있다는 것과, 그것은 그 선두에 프로그램적인 문장을 둔 이론에 대해서는 위험하기 짝이 없는 기도이다. 「여기서 전개한 통합의 의미원리, 합일화적 연결의 의미원리는 국가 일반의 의미원리가 아니라 국가의 헌법의 의미원리이다」(S. VIII). 「이러한 제기의 성과는 그때에 정치적 생활의 흐름(politische Lebensstrom)에 의해서 때때로 헌법에 반드시 적합하지 않은 진로 중에서 도달될지도 모른다」.

그것은 그리하여 헌법이 아니라 「정치적인 생활의 흐름」이며, 이 정치적인 생활의 흐름은 「제기의 성과」, 즉 만족할 만한 통합을 달성하고, 그리고 통합을 그 과제로서 충족시키는 것이다. 이 생활의 흐름의 진로는 그때에 「정확하게는 헌법에 적합하지」 않은 ― 허용할 수 있는 일탈의 정도에 관하여 적절히 논쟁할 수 있다 ― 것은 저절로 이해된다. 왜냐하면 만약 그것이 헌법에 적합한 진로라면, 바로 통합은 **헌법**의 작용이라고 간주할 수 있을 것이며, 헌법 대신에 「생활의 흐름」을 통합의 의미원리 아래 두는 것은 그 결과 필요하지 않을 것이다. 그리고 그리하여 헌법에 적합하지 **않은** 국가생활도 통합의 작용으로서 확실히 ― 사정에 따라서는 심지어 ― **바로 헌법적합적이 아닌 국가생활**이 「만족할 만한」 통합으로서 확인된 후에, 왜 사람들은 대담한 도약으로 통합은 다만 헌법의 의미원리라는 ― 완전히 떨쳐버린 ― 출발점으로 다시 되돌아가서는 안 되는 것일까! 「따라서」 ― 만일, 즉 정치적인 생활의 흐름에 관한 만족할 만한 통합이 헌법적합적이 아닌 진로 속에서 달성된다면 ―「정신의 가치법칙성에 의해서」― 그것은 이 경우 전혀 관계가 없는 ―「헌법의 조항에 의한 것과 마찬가지로」― 그것은 도식적인, 또한 그대로 베껴진 패러그래프로서 국가생활의 충족을 파악할 수는 없는 ―「통합과제의 제기의 충족화」는 ― 하나의 제기된 과제는! ―「이러한 개별적 일탈에도 불구하고」― 왜 거창한 생활의 흐름은 단지 개별적인 일탈에만 한정해야 하는가? ―「하나의 법규의 조항에 충실하지만, 성과에 있어서는 **보다 결점이 많은** 헌법생활보다도 오히려 **헌법의** 의미에도 일치할 것이다」. 스멘트는 「헌법해석」이 아니라 그 아래에서 아마 정치적 생활의 흐름 이외의 아무것도 이해되어서는 안 되는 「헌법생활」에 관하여 말하기 때문에, 정치적 「생활」은 그것이 이제 「현실적」이며, 또한 확실히 「통합되고」 있기 때문에 그것이 헌법에 **적합한** 경우에는 스멘트의 통합이론이라고 일컫는 사회학적 이론의 견지에서 본다면, 헌법위반의 생활보다 더 적지 않고, 또한 더 이상 만족하지 않거나 부족할 수 있다는 것에 이의를 주장할 수 있을 것이다. 그러나 이러한 이의(異議)는 완전히 빗나갈 것이다. 왜냐하면 실로 이 「이론」은 확실히 일정한 상황들 아래에서 헌법에 **위반되는** 사건을 **정당화하는** 것이 문제가 되기 때문이다. 놀랄만한 가치가 있는 것은 단지, 이 이론이 헌법**침해**의 문제는 바로 이러한 헌법의 도움으로 정당화의 시도를 감행한다는 것뿐이다. 「그것은 그리하여 헌법 자신의 의미이며, 그 의도는 개개의 사정에 근거해서가 아니라 국가의 전체성과 국가의 통합과정의 전체성에 근거하여 이러한 탄력적이고 보완적인, 그 밖의 모든 법해석에서 광범하게 일탈하고 있는 헌법해석을 허용할 뿐만 아니라 요청까지도 하는 것이다」(S. 78, 79). 다만, 「정확하게는 헌법적합적이 아닌 진로」만이, 그리고 「개별적인 일탈」만이 말해짐으로써 오류를 범하게 해서는 안 된다. 이것을 파악하는 데에는 통상의 법해석으로 충분하며, 그것은 통상의 법해석이 제한적이면서도 확대적이고, 역사적이며 논리적인, 자구나 의미 또는 의도에 근거를 두는 해석방법이라는 장치를 갖춤으로써 그 자체로서 충분히 「탄력적」이고 「보완적」이기 때문인데, 그래서 서로 어느 정도 다른 대다수의 구성요건을 항상 동일한 규범 아래 포섭(包攝)할 수 있고, 또 이를 동일한 규범에 따른 것이라고 말할 수 있는 것이다. 이러한「법해석」에서 **광범하게 일탈한**하나의「헌법해석」이 문제가 된다. **헌법**해석과 **법**해석의 구별이 기초로 삼고 있는「헌법」과「법」의 대립 속에 충분히 나타난 것을 이「해석」은 지향하고 있다. 그리고 이제사람들은, 왜 통합이론이 헌법을 법의 기초로서 사용할 수 없는가, 왜 그것은 헌법 중에서법질서의 타당근거를 인식하는 견해 속에서 법이념의 하나의 모욕을 보지 않으면 안되는가를 전부 이해한다. 왜냐하면 이 통합이론이 정당화하려는 **헌법**의 침해는, 헌법과법이 서로 아무런 관련이 없으면, 그래야만 **법**침해로서 실격될 수 없을 뿐이며, 그래야만하나의 헌법을 준수한, 그러나「결함이 있는」행태에 대하여「만족한」통합으로서 자격이부여될 수 있을 뿐이기 때문이다. 확실히, 만약 통합이 헌법의 의미원리에 불과한 경우에는, 그리고 바로 헌법에 위반한, 헌법에서 유래하지 아니한 통합이「만족할 만한」것이어야한다면, 따라서 헌법의「의미」는, 헌법은 바로 헌법**위반의** 구성요건을 헌법에 **적합한**것으로서 설명하는 것을 **요청하는** 방향으로 이해되지 않으면 안 된다.

이러한 통합이론의 해석방법이 타당한 것은 **바이마르 헌법**에 대해서이다. 이러한국가의「현실」에 관한 학설이 ― 그것이 그것을 이제 의도하고 있는지의 여부에도 불구하고 ― 궁극적으로 봉사하는 것은 **독일 공화국의 헌법에 대한 투쟁**에 대해서이다.

국가와 헌법 I

초판 1쇄 발행 2024년 7월 31일

지은이 에른스트-볼프강 뵈켄회르데 외
옮긴이 김효전
펴낸이 강수걸
편 집 강나래 오해은 이선화 이소영 이혜정
디자인 권문경 조은비
펴낸곳 산지니
등 록 2005년 2월 7일 제333-3370000251002005000001호
주 소 48058 부산광역시 해운대구 수영강변대로 140 부산문화콘텐츠콤플렉스 626호
홈페이지 www.sanzinibook.com
전자우편 sanzini@sanzinibook.com
블로그 http://sanzinibook.tistory.com

ISBN 979-11-6861-351-5 94360
      979-11-6861-350-8 (세트)